제4판

민사소송법

한충수

박영사

제 4 판 머 리 말

　　2021년 1월에 출간된 제3판에 이어 거의 4년 만에 제4판이 나오게 되었다. 필자의 게으름이 가장 큰 원인이겠으나 세태의 변화도 적지 않은 영향을 준 것으로 보인다. 2020년 2월부터 2023년 5월 펜데믹 종료 선언까지 개인과 사회는 물론 전지구적인 영향을 받지 않은 곳이 없었을 것이다. 학교에서의 비대면수업을 넘어 민사절차에서의 비대면재판의 활성화도 눈에 띄게 늘어났다는 점을 지적하지 않을 수 없다. 민사재판절차의 플랫폼이 확실하게 전환되는데 펜데믹의 영향을 들지 않을 수 없을 것이다.

　　제4판에서는 2020년 중반부터 2024년 6월까지(2024. 8. 15. 판례공보 게재 기준)의 판례 변화를 주로 반영하게 되었다. 종전 판례와 동일한 취지의 판례를 병기하는 것이 큰 의미는 없겠으나 수험을 준비하는 학생들에게는 최신 판례에 대한 관심이 큰 것으로 보여 가급적 병기를 하였다. 위 기간 동안 가장 큰 민사절차의 변화는 2021년부터 비대면 변론준비기일 및 변론기일이 가능해지고 증인신문 역시 인터넷 화상장치를 통해 가능하게 되었다는 점이다. 화상장치를 통한 비대면 재판 절차에서 전통적인 민사소송의 원칙(공개재판의 원칙 등)들이 어떻게 구현될 수 있는가 하는 점이 최대의 화두로 등장하게 된 것이다. 아울러 편면적인 전자소송의 진행을 쌍면적인 전자소송의 형태로 전환하기 위한 획기적인 제도의 도입이 요구된다. 예를 들면, 전자소송의 진행에 동의한 피고에게 부과될 수 있는 소송비용을 일정 부분 감액해 준다거나 검증이나 감정비용의 하향 조정 등이 한 방법이 될 것이다. 종이소송과 전자소송이 공존하는 현재의 상태는 여러모로 낭비적인 요소가 적지 않기 때문이다. 아울러 전자소송으로의 플랫폼 변화에 따른 증거법의 변화 필요성을 상세히 추적 관찰해서 새로운 제도에 걸맞는 증거법 체계를 구현하는 것이 필요하다.

　　2022년 국제사법의 전면 개정(2022. 7. 5. 시행)으로 국제사법 제2조가 선언한 실질적 관련성의 구체화가 이루어지게 되었다. 세부적인 국제재판관할 규정이 설치됨에 따라 섭외사건에 대한 재판의 예측가능성이 제고된 점은 매우 바람직하나 개정 과정의 석연치 않음은 물론 친족·상속, 지식재산권, 비송사건, 해상사건 등 제반 분야의 국제재판관할 규정을 설치할 만큼 다양한 전공의 개정위원들이 참여했는지 하는 부분들은 아쉬움이 남는다. 이 책에서는 가급적 이해의 제고를 위해 국내토지관할 규정의 설명과 함께 국제재판관할 규정에 대한 설명을 간략하게 담고자 했으며 아울러 외국인 당사자의 당사자능력과 소송능력, 송달 등 역시 해당 부분에서 간략히 설명을 부가하였다. 한편, 제9편 국제민사소송편에서는 국제민사소송법을 비롯한 재판권과 그 면제, 국제재판관할, 외국재판의 승인 및 집행 외에 국제재판관할권의 불행사를 추가적으로 기술하였다.

2021년부터 고등법원 부장판사 제도가 폐지됨에 따라 지방법원 부장판사에서 고등법원 부장판사로의 진입 성패는 사라지게 되었고 고등법원과 지방법원 항소부의 대등재판부 구성은 수평적인 합의제의 실현이라는 목적과 달리 단독화의 부작용이 발생한다는 비판이 적지 않은 실정이다. 아울러 로스쿨의 개원에 따라 법조일원화를 위한 초석이라고 생각되었던 법조경력 10년을 요구하는 판사의 임용조건은 실현되지도 못하고 2024. 10. 16. 법원조직법의 개정으로 5년에서 멈추고 말았다. 한편, 2023. 12. 새로운 대법원장의 취임과 함께 신속한 재판의 구현을 일성으로 내놓는 것을 보고 기시감을 갖지 않을 수 없었다. 최근의 사회현상을 지켜보면서 법원이 민주주의의 최후 보루로서 적극적인 기능을 수행하지 않는다면 한 사회의 민주적 질서는 유지되기 어렵다는 것을 절감하게 된다. 재판절차에서 공정한 재판과 신속한 재판의 이상은 언제나 대립 관계에 있지만 지금은 그 어느 때보다도 공정한 재판에의 열망이 큰 것이 아닐까? 공정한 재판의 가장 큰 축을 담당하는 법관에게 요구되는 가장 중요한 자질은 법학지식이 아닌 법관직에 대한 열망과 소신, 건전한 상식과 용기가 아닐까 생각해 본다. 재판연구원 3년, 로펌이나 국선변호인 2년이 법관후보자의 통상의 경력 5년의 모습이라면 그 사람의 열망과 상식, 용기를 파악하기에는 너무 짧다. 기본 5년 외에 법관지망생이 보여주는 나머지 5년 동안의 흔적을 자세히 관찰해 보면 민사와 형사의 기록형 문제에 대한 답안보다 더 큰 자질을 발견할 수 있을 것으로 확신하며 이로써 민주주의의 최후 보루 역할을 수행할 수 있는 열망과 상식, 그리고 용기를 가진 법관이 출현할 수 있다고 생각한다. 이 점에서 2024년 법원조직법 개정은 매우 유감스러운 일이 아닐 수 없다.

이 책의 개정판이 나오기까지 여러 분들의 도움이 많았다. 지면에 일일이 감사드리지 못하는 점을 양해해 주시기를 바란다. 아울러 이 책의 출간을 맡아주시는 박영사의 안종만 회장님과 세심하게 편집을 해주시는 장유나 차장님 그리고 여러 박영사 임직원 여러분의 노고에 깊이 감사드린다.

2024. 12.

牛眠山 자락에서 臥牛山을 바라보며

지은이 씀

제 3 판 머 리 말

2018년 9월에 출간된 제2판에 이어 2년 반 만에 제3판이 나오게 되었다. 개인적으로는 심혈을 기울여 부족하다고 생각한 부분을 보완하였고 학생들의 의견도 최대한 반영하고자 하였으나 역시 머리말을 쓰는 이 순간 아쉬움이 많이 남는다.

2020년 2월부터 몰아친 코로나 질병은 2021년이 되어도 잦아들기는커녕 정점을 향해 달리고 있는 인상을 주고 있다. 이 가운데서도 민사소송법을 비롯한 법조 및 법학교육은 진화가 계속되고 있다고 믿고 싶다. 비록 학생들의 얼굴을 보지 못한 2020년이지만 녹화수업과 비대면 화상수업을 통해 언택트(untact) 시대를 준비하게 된 점은 매우 귀중한 자산이 아닌가 생각된다. 대면수업을 하게 되는 즐거운 시기가 온다 하더라도 비대면 수업 방식의 장점을 살려 수업의 보완 도구로 활용하게 되면 좋을 것으로 생각된다. 다만 비대면 화상수업에 학생들이 적극 참여할 수 있는 인프라 구축이 절실한 실정이다.

제3판에서는 2018년 중반기부터 2020년 중반기까지의 판례 변화를 주로 반영하게 되었다(물론 몇 개의 예외는 있다). 주지하다시피 김명수 대법원장이 이끄는 대법원은 다른 시기와 달리 전원합의체 판결이 유난히 많이 선고되고 있어 연구자의 한 사람으로서 기쁜 마음이 없지 않다. 그러나 그 중 몇몇 판결은 매우 아쉬운 내용을 담고 있어 마냥 즐겁지만은 않다는 것이 나만의 생각은 아닌 듯하다. 다음의 일련의 판례가 대표적인 예라 할 것이다. 즉 대법원은 시효완성을 통해 영원히 소멸하지 않는 채권의 존재를 인정하고(大判(全) 2018. 7. 19. 2018다22008) 있을 뿐 아니라 전소 판결로 확정된 채권의 시효를 중단시키기 위한 조치, 즉 "재판상의 청구"가 있다는 사실에 대해 확인을 구하는 형태의 "새로운 방식의 확인소송"이 허용되어야 한다고 강조한 바 있다(大判(全) 2018. 10. 18. 2015다232316). 나아가 대법원은 2019. 1. 29. 민사소송 인지규칙을 개정하여 새로운 방식의 확인소송의 인지대를 대폭 낮춤으로써 시효완성 저지를 구하는 채권자들의 편의를 최대한 보아주고 있다. 국민에 대한 적극적인 사법서비스 개선 차원에서 본다면 획기적이고 바람직한 조치라고 할 수 있겠으나 채권자의 입장만을 지나치게 옹호하는 내용을 담은 판결들은 아닌지 하는 의구심을 가진 이도 적지 않은 듯하다. 아울러 확인의 이익을 인정할 수 없는 사실관계에 대한 확인청구를 입법절차 없이 판례를 통해 인정하는 것은 법 이론적으로 수긍하기 어렵다.

2020. 9. 현재 집단소송 관련 법안이 6개 정도 국회에 계류되어 있는 상태이다. 증권관련집단소송법에 대한 개정안을 비롯해서 기존의 class action 방식의 집단소송을 전 분야로 확대해야 한다는 내용을 담은 입법안도 존재한다. 소비자, 환경 등의 영역에서 일어나고 있는 집단적인 피해구제를 위해서는 부득이 미국의 class action 방식을 확대할 수밖에 없다고 생각한다. 다만 위 방식의 집단소송도 여러 가지 형태가 있으므로(opt-in 혹은 opt-out 방식 등) 이에 대한 현명한 접근이 요구된다. 한편 소비자는 집단소송 형태의 전면적인 확대의 필요성을, 기업은 남소의 위험을 강조하는 것은 어제 오늘의 일이 아닌데 전문가집단의 목소리가 그다지 들리지 않는 것 역시 과거와 유사한 모습이라 매우 아쉽다. 증권관련 집단소송법이나 소비자기본법 등을 만들 때와 같이 어정쩡한 타협물이 아닌 확실한 제도 개선을 가져올 수 있는 입법이 되었으면 하는 바람이다.

국제적으로는 2019. 7. 2. Hague 국제사법회의에서 "민사 또는 상사에서 외국재판의 승인 혹은 집행에 관한 협약(Hague Convention on the Recognition and Enforcement of Foreign Judgments in Civil or Commercial Matters)"이 채택된 것이 가장 눈에 띈다. 이는 1971년에 발효된 "Hague 민사 또는 상사에서 외국재판의 승인 및 집행에 관한 협약"의 새로운 버전이라고 할 수 있다. 1971년 협약의 가입국이 네덜란드를 비롯한 5개국에 불과해서 사실상 유명무실한 존재였으므로 1992년 미국의 제안에 따라 Hague 국제사법회의는 다시금 세계적인 차원의 국제재판관할에 관한 협약 마련에 착수하였고 비로소 2019년 그 결실을 맺게 된 것이다. 위 2019년 재판협약이 장래에 발효되고(재판협약 28조 2항 a) 우리나라 역시 협약의 당사자가 되어 이를 비준한다면 동 협약의 내용이 국내 민사소송법과 민사집행법의 간접관할 규정과 조응하는 측면도 있지만 충돌하는 국면도 존재하게 될 것이다. 따라서 이를 위한 이행입법을 하는 것도 고려할 수 있지만 이 기회에 민사소송법과 민사집행법의 관련 규정을 국제적인 수준으로 개정하는 것이 보다 바람직하다고 판단된다.

이 책의 개정판이 나오기까지 여러 분들의 도움이 많았다. 지면에 일일이 감사드리지 못하는 점을 양해해 주시기를 바란다. 아울러 이 책의 출간을 맡아주시는 박영사의 안종만 회장님과 세심하게 편집을 해주시는 김선민 이사님 그리고 여러 박영사 임직원 여러분의 노고에 깊이 감사드린다.

2021년 우리 모두가 감사한 일상을 누릴 수 있는 기회가 다시금 그리고 조속히 부여되기를 간절히 기원한다.

2021. 1. 4.

멀리 중랑천을 바라보며 연구실에서

지은이 씀

제 2 판 머 리 말

민사소송법 초판이 나온 후에 이른 시간 내에 개정판을 내고 싶은 생각은 간절하였으나 사정이 여의치 않았다. 초판에서 흔히 보이는 각종 오류에 대한 수정 욕심뿐 아니라 제9편 국제민사소송 부분을 보완하고 싶은 생각이었기 때문이다. 그러나 세부적인 국제재판관할 규정을 담고 있는 국제사법 개정안이 계속 마련되지 않아 제2판에는 이 부분 내용을 담기 어렵게 되었다. 국제사법 개정안이 만들어지기까지의 과정은 온당하지 않았지만 돌이켜보면 그마저도 없었다면 세부적인 규정 마련이 요원했었으리라고 스스로 위로해 본다. 다음 개정판에 그 내용을 담을 수 있기를 고대한다.

2016. 9. 30. 시행된 개정입법을 통해 증인이 수소법원 법정에 직접 출석하지 않고서도 비디오 등 중계장치에 의한 중계시설을 통하여 신문절차를 진행할 수 있게 되었으며(327조의2), 감정인, 감정증인 등이 수소법원 법정에 직접 출석하지 않고서도 비디오 등 중계장치에 중계시설을 통하거나 인터넷 화상장치를 이용하여 신문절차를 진행할 수 있게 되었다(339조의3, 340조 단서 및 341조 3항). 이것은 증인이나 감정인 등에 대한 증거조사 과정에서 법정에 출석하는 불편을 감소시키려는 단순한 목적에서 시행하는 것이 아니고 "열린 스마트 법원"의 구축을 위한 출발이라고 보아야 할 것이다. 법원은 2018. 9. 현재 소위 open smart court를 목표로 국민들이 스마트폰을 이용해서 온라인 재판을 이용할 수 있도록 시스템을 구축하려 하고 있다. 종이소송에서 전자소송으로의 전환이 완전하지 않은 상태에서 다시금 비대면 재판을 지향하고 있는 것인데 나름의 장점도 있지만 우려의 목소리도 적지 않다. 모든 국민이 사법정보에의 접근이 용이할 뿐 아니라 국민 상호간에 기술적 격차가 최소화되어야 할 것이기 때문이다. 그렇지 않으면 스마트법원 활성화는 법원과 법조직역에 있는 사람들에게만 유용할 뿐 국민을 위한 제도로 자리 잡지 못하게 될 것이다. 아울러 재판의 전자화, 온라인화에 따른 여러 법률적인 문제점들도 등장하게 될 것이다. 이 분야에 대한 학계의 적극적인 대응이 요구되는 이유이다.

이번 제2판에서는 2016년부터 2018년 어간에 발간된 최신 판례를 가급적 모두 소개하려 하였으나 큰 반향이 있는 판결은 없지 않았나 생각된다. 초판의 내용 중 전달이 조금 모호했던 부분은 과감히 내용을 바꾸었으며 나아가 최근의 학문적 업적을 많이 반영하고자 하였으나 여전히 미치지 못한 듯하다. 다음 개정판을 고대해 본다. 한편 2017년과 2018년 2년간 민사소송법의 큰 개정은 없었다. 2017. 10. 31. 민사소송법 제153조 등의 개정을 통해 기명날인을 기명날인 또는 서명으로 변경한 것이 거의 유일하다. 다만, 변호사보수의 소송비용 산입에 관한 규칙(2018. 4. 1. 시행), 사법보좌관규칙(2018. 7. 1. 시행) 등이 개정되었다. 그러나 민사소송 관련 인접 영역의 변화는 매우 크다. 우선, 2017. 3. 1부터 서울회생법원이 신설되었으며 중재산업 진흥에 관한 법률이 2017. 6. 28. 시행됨에 따라 중재산업 진흥이 법무부에 귀속되고 국제중재에 대한 전폭적인 지원이 실시되기 시작하였다. 더구나 "중재산업"이라는 표현이 보여주듯이 이제 재판이나 중재 역시 일종의 산업 역할을 하는 시대가 도래한지 오래이다. 이미 싱가포르에서는 2015. 1. 5부터 SICC(Singapore International Commercial Court)를 통해 국제적인 상업 분쟁에 대한 재판의 유치를 하기 시작했으며 중국 역시 一帶一路(One Belt, One Road) 사업의 일환으로 2018년 두 곳에 ICC를 설치하여 운용할 계획을 갖고 있다.

세상은 눈부시게 변하고 있다. 민사재판의 패러다임도 기술의 발전 속도와 함께 빠르게 변화될 것임은 누가 보더라도 명백하다. 그러나 민사재판이 사람들의 스마트폰 안으로 들어가더라도 재판이 추구하는 공정성은 대체되어질 수 없다. 따라서 기술의 변화로 재판의 형태가 변화되더라도 변질될 수 없는 공정한 재판 이념을 구현할 수 있도록 법리적, 제도적 뒷받침이 따라야 할 것이다. 이 책이 그를 실현하는데 조그만 도움이 되었으면 한다.

이 책의 개정판이 나오기까지 여러 분들의 도움이 많았다. 지면에 일일이 감사드리지 못하는 점을 양해해 주시기를 바란다. 아울러 이 책의 출간을 맡아주시는 박영사의 안종만 회장님과 세심하게 편집을 해주시는 김선민 부장님 그리고 여러 박영사 임직원 여러분의 노고에 깊이 감사드린다. 2018년 여름은 몹시 무더웠기에 이 책에 보태준 노력이 더욱 무겁게 느껴진다.

2018. 9. 1.

故 金洪奎 교수님이 선물해 주신
尙友千古 전각 현판을 바라보며 연구실에서

지은이 씀

머 리 말

민사소송법을 대학에서 처음 접한 1982년부터 따져보면 35년이 다 되도록 민사소송법 공부를 해 왔건만 아직도 모르는 부분이 너무 많아 감히 교과서를 집필할 엄두를 내지 못했다. 그러나 민사소송법 강의를 해온 지는 25년이 넘었기에 수강생을 위해서라도 교재는 필요하다는 생각이 떠나지 않았다. 더구나 로스쿨 학생들을 위해 가급적 실무와 이론이 접목된 형태의 교재를 마련해야겠다는 생각도 적지 않았다. 그러나 교재를 집필할 수 있는 좋은 기회가 되는 연구년마다 국제민사소송에 대한 호기심과 열의로 독일, 미국, 일본의 대학을 돌아다니며 체류하느라 교재를 집필하는 작업은 늘 후순위로 밀려나게 되었다. 지금 돌아보면 그 무엇보다 타고난 천학비재(淺學非才)와 게으름이 가장 큰 원인이었음을 고백하지 않을 수 없다. 그럼에도 불구하고 이제는 그간의 연구를 집약하여 정리할 시기가 되었다는 생각과 함께 나름의 새로운 입장과 관점에서 소송법을 바라보아야 할 시기가 되었다는 생각에서 부끄럽지만 이 책을 내놓게 되었다. 이 책이 지향하는 목표는 다음과 같다.

첫째, 민사소송절차는 법 이론과 현실이 교집합을 이루는 곳으로 현실에 바탕을 둔 이론을 펼치는 것이 요구된다고 생각한다. 이러한 의미에서 본서는 우리 실무가 채택하고 있는 구소송물이론에 기초해서 설명하고 있다. 그러나 제도론으로서의 신소송물이론을 높이 평가하며 우리 실무 역시 점진적으로 소송물의 개념을 확대해 갈 필요가 있다는 점은 충분히 공감한다.

둘째, 현실의 재판은 민사소송법뿐 아니라 하위법령인 규칙과 예규 등을 통해 규율되고 있음을 부인할 수 없다. 따라서 가급적이면 관련 규칙과 예규 등에 대한 소개를 통해 현실의 재판 과정을 보다 생생하게 설명하고자 노력하였다.

셋째, 실무에서 발생하는 여러 현실 문제 해결을 위해서는 여러 이론의 개괄적인 설명보다는 이론의 적용결과를 예측하고 그 결과를 상호 비교하는 것이 필요하다. 따라서 가급적 각 이론의 적용결과를 예측할 수 있도록 심도 있는 접근을 실시하였고 그 결과 민사집행법과 관련 법률에 대한 자세한 소개를 담게 되었다. 이 점이 책의 내용을 다소 어렵게 하였는지는 모르지만 연구자나 실무가들에게는 어느 정도 도움이 될 것으로 기대한다.

넷째, CISG(United Nations Convention on the Contract for the International Sale of Goods)는 실체법에 대한 범세계적인 통일작업의 모범적인 사례로 평가되고 있는데 절차법 분야 역시 범세계적인

조화와 통일을 위한 여러 노력들이 경주되고 있음을 유념할 필요가 있다. 특히, ALI와 UNIDROIT 가 함께 만든 세계민사소송법 원칙(Principles of Transnational Civil Procedure)은 그러한 움직임의 모범 을 보여주는 큰 결실이라고 할 수 있다. 더욱이 EU 회원국 간에는 Brussels I 규칙을 통해 외국재판 에 대한 승인·집행이 국내 재판의 그것과 유사하게 이루어지고 있어 재판에 대한 국경개념도 거의 사라지고 있다. 따라서 우리도 동아시아를 중심으로 절차법의 조화와 통일을 도모하여야 할 뿐 아 니라 범세계적인 단일 원칙을 수립하는 데 기여해야 할 것이다. 이러한 차원에서 국제민사소송제도 에 대한 이해를 증진하는 데 노력을 기울였으나 교재의 분량 등 현실적인 측면을 감안하여 내용을 최소화하였다.

위의 원칙에 입각해서 책을 쓰고자 하였으나 재주가 그에 미치지 못해 아쉬운 점이 적지 않다. 다시 되돌아보니 부족한 부분도 많은데 초판인지라 보이지 않는 실수도 적지 않을 것이다. 앞으로 강호제현(江湖諸賢)의 지적과 비판을 겸허하게 받아들여 책을 개선해 나갈 것을 약속할 뿐이다.

이 책은 은사이신 故 김홍규 교수님의 학은(學恩)에서 비롯된 것으로 책의 출발 역시 선생님의 역저인 민사소송법 교과서에서 시작하고 있다. 그러나 선생님의 학설을 모두 좇기보다는 일정 부분 에 있어서는 저자 나름의 비판을 담았는데 이러한 태도가 진정한 제자의 도리라고 생각했기 때문 이다. 또한 실무가에서 국제민사소송법에 관심을 가진 민사소송법 학자로 거듭나는 데 격려와 용기 를 주신 원광대학교의 피정현 교수님과 학자로 자리매김하는 데 필요한 소신과 연구의욕의 본보기 역할을 해주신 건국대학교의 이철송 교수님 두 분에게도 마음 깊이 감사의 인사를 전하고자 한다. 한편, 학자의 길을 걸으면서도 실무적인 감각을 잃지 않도록 격려와 지원을 아끼지 않은 법무법인 원(유한)의 친우(親友) 윤기원 대표변호사에게도 심심한 감사의 마음을 표한다.

이 책이 출간된 것은 박영사의 안종만 회장님을 비롯한 조성호 이사, 김선민 부장님 그리고 여러 박영사 임직원분들의 노고에 기인한 것이다. 이 지면을 빌어 감사의 마음을 전하고 싶다. 또 한 한양대학교 연구소의 이덕훈, 김명수 박사의 적절한 지적과 교정 도움이 없었으면 이 책의 완성 이 어려웠을 것이다. 두 분에게 깊은 감사의 마음을 전하며 아울러 최종 교정 단계에서 많은 도움 을 준 법학전문대학원의 황재근, 김태호 학생에게도 심심한 감사의 마음을 전한다. 끝으로 언제나 묵묵히 내조를 아끼지 않는 아내와 자신의 꿈을 향해 달리는 딸 하린, 아들 성린에게도 고마움을 표한다. 별로 바빠 보이지 않는 삶인데도 늘 입으로는 바쁘다고 해서 더욱 그러하다.

2016. 1.
멀리 중랑천과 청계천의 만남을 바라보며 연구실에서
지은이

차   례

제1편 총   론

제 1 장 민사소송

제 2 장   민사소송법

제 2 편 소송의 주체와 소송행위

제 1 장 법   원

제2장　소송의 당사자와 대리인

제 3 편 소의 의의와 소의 제기

제 1 장 소의 의의와 종류

제 3 장　민사재판의 객체로서의 소송상 청구

제 4 장 소송요건

제 5 장 소의 제기

제 6 장 소 제기의 효과

제 7 장 특수한 소 제기와 간이소송절차

제 8 장　소송구조(訴訟救助)

제 4 편　제 1 심 소송절차

제 1 장　총　　론

제 2 장 심리절차의 기본원칙

제 3 장 변   론

제 4 장 심리절차의 진행과 정지

제 5 편 증 거 법

제 1 장 총   설

제 2 장 증   명

제 3 장　증거에 의한 사실인정

제 4 장　증거조사

제 6 편　소송의 종료

제 1 장　총　　　설

제 2 장　당사자의 소송행위에 의한 종료

제 3 장　종국판결에 의한 소송의 종료

제 7 편 복잡소송형태

제 1 장 복수의 청구

제 2 장　다수당사자소송

제3장　집단분쟁해결제도

제 5 장 당사자변경

제 8 편 상소 및 재심절차

제 1 장 상소제도 개관

제 2 장　항소심 절차

제 3 장 상고심 절차

제 4 장 항고절차

제 5 장 재심절차

제 9 편　국제민사소송

제 1 장　국제민사소송법

제 2 장　재판권과 재판권의 면제

제 3 장 국제재판관할권

일러두기

    (1) 인용한 모든 법령의 기준일자는 2020. 12. 31.이며 민사소송법은 "법 제1조" 등으로 표기하였고 민사소송규칙은 "규칙 제1조" 등으로 표기하였다. 괄호 안에서는 "제"를 생략하였다.

    (2) 판례는 판결의 경우는 大判, 서울高判, 서울중앙地判 등으로 표기하였으며 결정은 大決, 서울高決, 서울중앙地決 등으로 나타냈다. 한편, 지원의 경우는 수원지법 평택支判, 수원지법 평택支決 등으로 나타냈다.

    (3) 법령약어는 아래와 같이 표기하였으며 그 외의 경우는 법령명 전체를 사용하였다. 다만, 왼편은 괄호 안에서의 약어이며 오른편의 괄호 안 약어는 본문에서 줄임말을 사용하는 경우의 것이다. 예를 들어 상고심절차에 관한 특례법이 본문 안에서 인용될 경우는 "상고특례법"으로, 괄호 안에서 인용될 경우는 "상고"로 약칭된다.

    (4) 참고문헌은 인용이 잦은 것만을 표기하였으며 그 외의 저서는 각주에서만 표기하였다.

법령 약어

(괄호약어)   (오른 쪽 괄호 안은 본문 약어)

[법　률]

가소	가사소송법
가족	가족관계의 등록 등에 관한 법률
공직	공직선거법
공탁	공탁법
국가소송	국가를 당사자로 하는 소송에 관한 법률
국민	국제민사사법공조법(민사사법공조법)
국제	국제사법
국제민사	국제민사사법공조법
근기	근로기준법
민	민법
민비	민사소송비용법

민조	민사조정법
민집	민사집행법
법조	법원조직법
변호	변호사법
부등	부동산등기법
부방	부패방지및국민권익위원회의설치와운영에관한법률
부정	부정경쟁방지법
비송	비송사건절차법
사학	사립학교법
상	상법
상고	상고심절차에 관한 특례법(상고특례법)
상표	상표법
소비	소비자기본법
소액	소액사건심판법
수표	수표법
신용	신용정보의 이용 및 보호에 관한 법률
신탁	신탁법
실용	실용신안법
어음	어음법
언론중재	언론중재 및 피해구제 등에 관한 법률
원격특례	원격영상재판에 관한 특례법(원격특례법)
의료	의료법
의장	디자인보호법
인권	국가인권위원회법
인지	민사소송 등 인지법(인지법)
자배	자동차손해배상법
저작	저작권법
제조물	제조물책임법
전자거래	전자문서 및 전자거래기본법(전자거래기본법)
전자문서	민사소송 등에서의 전자문서 이용 등에 관한 법률 (전자문서이용법)
전자서명	전자서명법
중재	중재법

증권	증권관련집단소송법(집단소송법)
지방교육	지방교육자치에 관한 법률
지방자치	지방자치법
집행관	집행관법
통신비밀	통신비밀보호법
특례	소송촉진 등에 관한 특례법(특례법)
특허	특허법
행소	행정소송법
헌	헌법
헌재	헌법재판소법
형	형법
형소	형사소송법
환경	환경분쟁조정법
회생·파산	채무자회생 및 파산에 관한 법률(회생·파산법)

[규칙 등]

가소규칙	가사소송규칙
공고예규	민사소송규칙 및 가사소송규칙에 규정한 공고방법에 관한 업무처리지침
구조예규	소송구조제도의 운영에 관한 예규
담보공탁예규	재판상 담보공탁금의 지급청구절차 등에 관한 예규
대법원배당내규	대법원사건의 배당에 관한 내규
대법원 변론규칙	대법원에서의 변론에 관한 규칙
민규	민사소송규칙(규칙)
변보규칙	변호사보수의 소송비용 산입에 관한 규칙(변호사보수규칙)
사건관리예규	사건관리방식에 관한 예규
사건배당예규	법관 등의 사무분담 및 사건배당에 관한 예규
사물관할규칙	민사 및 가사소송의 사물관할에 관한 규칙
사보규칙	사법보좌관규칙
소액규칙	소액사건심판규칙
소액예규	소액사건심판에 관한 사무처리요령
송달사무처리예규	송달 사무처리의 효율화와 업무상 유의사항에 관한 예규
인지규칙	민사소송 등 인지규칙
전문재판부예규	전문재판부의 구성 및 운영 등에 관한 예규

주요참고문헌

저 자	서 명	발행년도	인용약어
[한국문헌]			
강현중	민사소송법(7판)	2018	강
김상수	민사소송법	2013	김상
김상원	개정 판례실무 민사소송법	1983	김상원
김용욱	민사소송법	1983	김용욱
김용진	다시본 민사소송법	2012	김용
김일룡	민사소송법강의	2015	김일
김학기	민사소송법	2015	김학
김홍규/강태원	민사소송법(2판)	2011	김/강
김홍엽	민사소송법(11판)	2023	김홍
박태신/김상균	민사소송법	2024	박/김
박재완	민사소송법강의(5판)	2024	박
방순원	민사소송법(상)	1989	방
범경철/곽승구	민사소송법(2판)	2024	범/곽
손한기	민사소송법(4판)	2022	손
송상현/박익환	민사소송법(7판)	2014	송/박
이무상	민사소송법 강의	2020	이무
이시윤	신민사소송법(16판)	2023	이시
이영섭	신민사소송법(상)(7판)	1980	이영
전병서	강의 민사소송법(4판)	2023	전병
전원열	민사소송법강의(4판)	2024	전원
정동윤/유병현/김경욱	민사소송법(10판)	2023	정/유/김
정영환	신민사소송법(3판)	2023	정영
피정현	민사소송과정론	2014	피

한종렬	민사소송법(상)	1985	한
한충수	민사소송의 이론과 실무	2006	이론과 실무
호문혁	민사소송법(14판)	2020	호
김능환/민일영 (편집대표)	주석 민사소송법(I)~(VII)	2012	주석민소(I)~(VII)
민일영 (편집대표)	주석 민사소송법(9판)	2023	주석민소 9판
법원행정처	법원실무제요 민사소송 I~III	2014	실무제요 I~III
사법연수원	민사실무 I~II	2014	민사실무 I~II
_____	요건사실론	2015	요건사실론

[독일문헌]

Jauernig/Hess	Zivilprozessrecht, 30. Aufl. 2011	[Jauernig/ Hess]
Rosenberg/Schwab/ Gottwald	Zivilprozessrecht, 17. Aufl. 2010	[Rosenberg/Schwab/Gottwald]
Raucher/Wax/Wenzel	Münchener Kommentar zur ZPO 2008 Bd. I-IV. 3 Aufl.	[MüKoZPO]
Thomas/Putzo	Zivilprozessordnung, 32. Aufl. 2011	[Thomas/Putzo]

[영미문헌]

Rolf A. Stürner/Peter Murray, German Civil Justice 2004   [Rolf A. Stürner/Peter Murray]
Friedenthal/Kane/ Miller, Civil Procedure(5th ed.) 2015   [Friedenthal/Kane/Miller]
Kenneth S. Broun, McCormick on Evidence(6th ed.) 2006   [McCormick on Evidence]
John W. Strong, McCormick on Evidence(5th Ed.) 1999 Vol. 2

[John W. Strong, McCormick on Evidence(5th Ed.)]

ALI/UNIDROIT, Principles of Transnationa Civil Procedure, 2004   [ALI/ UNIDROIT]

[일본문헌]

伊藤 眞	民事訴訟法(第8版)	2023	[伊藤 眞]
新堂幸司	新民事訴訟法(第5版)	2013	[新堂幸司]
三ケ月章	民事訴訟法(第3版)	1996	[三ケ月章]
兼子一 原著	條解民事訴訟法(第2版)	2011	[條解民事訴訟]

新堂幸司/小島武司	注釋民事訴訟法(1)-(9)	1991-1996	[注釋民訴(1)-(9)]
高田裕成/三木浩一	注釋民事訴訟法(4)	2017	[新注釋民訴(4)]
高田裕成/三木浩一	注釋民事訴訟法(5)	2015	[新注釋民訴(5)]
高橋宏志	重點講義 民事訴訟法(上,下/第2版)	2012, 2013	[高橋宏志(上, 下)]

총　　론

제 1 장 민사소송

제 1 절 민사소송의 목적과 소권론

I. 민사소송의 목적론

1. 학설의 변천

민사적인 분쟁을 해결하는 수단으로서 자력구제가 일반적으로 허용되던 시기도 있었으나 근대 이후에는 자력구제가 금지되고 국가의 공권력(특히 법원)에 의한 분쟁해결이 기본적인 제도로 정착을 하기에 이르렀다. 따라서 초창기에는 개인의 사권(私權)보호가 민사소송제도의 목적이라는 견해가 지배적이었다(권리보호설). 그 후 국가 제도의 목적이 개인의 권리보호에 있을 수 없다는 논리에서 사법질서유지설이 등장하였고 사법체계가 형성되기 이전부터 재판제도의 필요성이 제기되었다는 역사적인 현실에서 분쟁해결설 역시 등장하게 되었다. 그 이후에도 분쟁 당사자가 절차과정에 실질적으로 평등하게 참가하기 위한 규칙을 실현하는 것이 민사소송제도의 목적이라는 절차보장설과 종래의 여러 견해가 주장하는 목적들 중 어느 하나가 아닌 이들 모두가 절차의 목적이 될 수 있다는 다원설도 주장된 바 있다.[1] 한편, 다원적인 목적을 인정하면서도 사권보호를 일차적인 목적으로 강조하는 견해(호, 9면; 김홍, 2면)나 사권보호와 사법질서유지를 동시에 추구하지만 사권보호에 일차적인 비중을 두는 견해(이시, 4면) 등도 결국은 사권보호설을 지지하는 견해라고 보아야 할 것이므로 현재 우리 학계의 지배적인 견해는 사권보호설이라고 할 수 있다.[2]

2. 사권보호설의 타당성

(1) 민사소송의 목적을 어디에 두는가 하는 것은 민사소송이라는 개념의 외연을 어느 범위까지로 정할 것인지 여부와 아울러 존재론적으로 파악할 것인지 혹은 당위적인 개념으로 파악할 것인지에 따라 달리 정의될 수 있을 것이다. 민사소송의 범위를 화해나 조정을 넘어 비송, 도산, 집단소송 및 중재까지 포함하는 최광의의 개념으로 파악한다면 사권보호설이

---

[1] 민사소송제도의 목적론에 관한 상세는 김/강, 2–4면 참조. 한편, 우리 목적론에 영향을 미친 일본의 학설 발전의 상세한 전개 내용은 新堂幸司, 1面 참조.

[2] 헌법재판소는 사권의 보호와 사법질서유지를 민사재판제도의 목적으로 설정하고 있는 듯한 설시를 한 바 있으나 구체적으로 어떤 입장인지는 명확하지 않다(憲裁 1996. 8. 29. 93헌바57).

나 분쟁해결설 혹은 사법질서유지설 등 어느 하나의 관점으로 민사소송의 목적을 모두 포섭하기는 어렵다.[1] 즉, 분쟁이 없는 상태에서 재판이 이루어지는 비송절차나 민사 혹은 가사소송절차에서 검사의 관여를 인정하는 것(62조 2항, 가소 24조 3항 등)을 설명하기 어려울 뿐 아니라 소를 제기하는 데 법원의 허가가 필요한 증권관련집단소송절차와 개인이 아닌 소비자단체 등에게 소비자 보호 혹은 개인정보보호를 위한 위법행위의 중지를 구할 수 있는 지위를 인정해 주고 있는 소비자 및 개인정보 단체소송 등은 사권보호설만으로는 설명되기 어렵기 때문이다. 이러한 이유로 현대 사회에서는 다원설, 그 중에서도 사권보호 및 사법질서유지설이 설득력을 갖게 된다. 하지만 이는 현상에 대한 설명으로는 적합할지 모르지만 당위적인 개념으로의 민사소송 목적과는 거리가 있다.

(2) 검사가 민사·가사 소송 등에 당사자로서 관여하고 증권관련 집단소송을 제기하는 데 법원의 허가를 필요하게 한 것은 사법질서유지를 위한 것이 아니라 사권보호를 충실히 하는 차원에서 이루어진 정책적인 타협의 산물이라고 평가하는 것이 타당하다. 집단소송이나 단체소송의 도입은 다수의 소액피해자에 대한 적절한 구제를 위한 것이지만 그로 인한 사회적 파장의 완충을 위해 남소방지의 명목으로 법원의 허가절차나 적격단체 개념 등을 더하게 된 것이다. 즉, 이 부분에서 사법질서유지가 우위 개념에 서게 되는 것이 아니라 다수의 소액피해자의 권리구제 목적 달성을 위해 집단소송이나 단체소송이 필요하지만 제도의 남용방지를 위해 일정한 제한을 가한 것이라고 보는 것이 타당한 시각일 것이다. 이처럼 민사소송제도는 언제나 사권의 적절한 보호라는 그 목적을 잃지 않는다고 보아야 하므로 민사소송의 근본적인 목적은 사권보호에 있다.

3. 회의론과 비판

민사소송의 목적론에 대한 회의적인 시각도 있다. 목적론 자체를 부정하는 것은 아니지만 목적론이 추상적이므로 구체적인 문제에 대한 해석론이나 입법론을 직접적으로 정당화하는 기준이 되지 않을 뿐 아니라 목적론 상호 간에 우열의 기준도 명확하지 않아 비생산적인 논의만을 반복할 우려가 크다는 것이다.[2] 목적론 자체가 민사소송 전 분야에 걸쳐 이론의 일관성을 유지시켜 준다거나 통일성을 더해주지는 못할 수 있다. 그러나 목적론은 민사소송법학을 체계적으로 수립하려는 노력에 반드시 필요할 뿐 아니라 새로운 제도 도입에 있어서도 중요한 판단기준이 되므로 이에 대한 회의론은 바람직하지 않다.[3]

---

1) 김/강, 4면에서는 분쟁해결설을 근간으로 해서 권리보호, 법질서유지 혹은 대등절차보장의 목적이 조화될 수 있도록 포섭하여야 한다고 한다.
2) 高橋宏志(上), 23面 참조.
3) 같은 취지의 입장은 新堂幸司, 4面 참조.

Ⅱ. 소권론(訴權論)

1. 소권을 둘러싼 견해 대립

(1) 소권은 당사자가 갖고 있는 소 제기 권능이라고 한마디로 요약할 수 있으나 소권의 내용이 구체적으로 무엇인가에 대해서는 오래 전부터 견해의 대립이 있었다. 소권을 실체법적인 사권으로부터 파생된 것으로 파악하는 사법적(私法的) 소권설은 과거의 지배적인 견해였지만 이행소송 외에 특히, 소극적 확인소송의 등장으로 사권의 배경이 없는 소 제기가 가능하다는 점에서 그 힘을 잃게 되었다. 그러나 사권을 직접적인 배경으로 하지 않는 소극적 확인의 소는 기술적인 도구에 불과하므로 이러한 소의 형태가 인정된다고 하여 사권을 배경으로 하는 소권의 본질을 근본적으로 부인할 수는 없다.

(2) 그 후 소권을 공법적인 것으로 파악하는 공법적인 소권설이 등장하게 되었는데 이는 국가에 대한 공권이라는 개념이 등장함에 따라 소권을 공권의 하나로 바라보게 된 데서 출발한다. 소권의 내용을 이루는 권리가 구체적으로 무엇인가에 따라 추상적 소권설, 권리보호청구권설, 본안판결청구권설, 사법행위(司法行爲)청구권설 등의 대립이 존재했다.[1] 공법적 소권설 중 추상적 소권설은 원고가 소각하 판결을 받더라도 소권은 만족된다고 보아 소 제기의 자유를 인정하는 것에 그치고 있다. 한편, 권리보호청구권설(구체적 소권설)은 소권의 내용을 원고가 승소판결을 구할 수 있는 권리라고 파악하는 반면 본안판결청구권설(다수설)은 소권이 단순히 원고가 승패를 떠나 본안판결을 요구할 수 있는 권리라고 이해하고 있다. 한편, 사법행위청구권설은 사법권을 가진 국가에 대해 재판을 구할 수 있는 권리가 소권의 본질이라고 함으로써 소권의 내용을 구체적으로 규명하기보다는 헌법상의 재판청구권(헌 27조)의 개념을 통해 소권론을 포섭하고자 하는 견해이다(이시, 221면).

2. 민사소송의 목적과 소권

소권의 본질은 사권보호를 목적으로 하는 민사소송제도와 연계하여 파악하는 것이 필요하며 그러한 점에서 소권의 사권보호적 성격을 전면적으로 부인하는 공법적 소권설은 현재로서는 충분한 설득력을 갖지 못한다. 더구나 소권의 본질이 무엇인가 하는 논의를 하면서 법원에 대한 국민의 헌법상의 재판청구권이 소권의 내용이라고 답하는 사법행위청구권설은 소권의 내용을 특정할 수 없게 됨으로써 논의의 본질을 벗어나고 있다(호, 88면 참조). 한편, 소권을 공법적인 측면(법원에 대한 관계)에서 파악하는 견해 중에는 소를 제기한 원고가 법원에 대해 실체법상의 권리를 보호해 줄 것을 청구하는 것, 즉 승소판결을 청구하는 것이라는 권

---

1) 그 학설 발전의 역사와 내용의 구체적인 변천에 대해서는 호, 85면 이하 참조.

리보호청구권설이 가장 이론적으로 타당하다. 본안판결을 받는 것으로 당사자의 권리구제가 완성될 수 있다는 본안판결청구권설은 당사자의 권리를 극히 소극적으로 파악하는 단점이 있다. 헌법이 보장하는 재판청구권에서 비롯되는 민사상의 소권을 통해 당사자는 자신의 사권보호를 위해 법원에 대해 승소판결을 요구할 권리가 있다. 다만, 법원은 제기된 소의 실체법적·소송법적 요건을 심사하여 판결하게 되므로 당해 소권에 언제나 복종할 의무가 있는 것은 아니다. 그러나 원고가 패소판결을 받는다고 해서 소권의 본질이 달라지는 것은 아니다.[1] 원고가 가진 것은 승소판결을 요구할 수 있는 권리이지 승소판결을 받아야 하는 당위성을 갖고 있는 것은 아니기 때문이다.

3. 소권논쟁의 의의

소권논쟁을 거치는 동안 특히, 권리보호청구권설의 발전을 통해 실체법과 소송법의 구분, 그리고 실체적 요건 외에 소송법적 요건을 구체적으로 분류해서 파악하게 된 점은 소권이론 발전을 통한 큰 업적이라고 할 것이다(호, 88면). 그 결과 현재 소의 이익이나 당사자 적격을 소송요건의 범주로 파악하는 것이 일반적인 견해가 되었다. 그렇다면 현재 시점에서 소권이론은 소송요건론에 흡수되어 독자적인 논의의 가치나 필요성이 사라졌다고 보아야 한다는 소권부정론 역시 경청할 가치가 있다.[2] 그러나 현대 사회라고 해서 개인의 권리가 항상 철저하고도 완벽하게 보장되는 것은 아니며 오히려 사법자원의 한계가 분명해진 현대에서 개인의 권익과 사법제도의 효율성이라는 이념이 충돌하는 경우가 적지 않다.[3] 따라서 민사소송의 목적이 사권보호에 있다는 점을 강조하는 것은 현대 사회에서도 진부한 주장이 아니며 공법적인 소권의 본질 역시 승소판결을 요구할 수 있는 권리보호청구권에 기초하고 있다는 것은 21세기인 현재에도 여전히 큰 의미를 갖는다.

---

1) 원고가 받게 되는 승소판결이나 피고가 원하는 청구기각이나 소 각하 판결 등은 법관의 법 적용에 따른 반사적 이익 내지 가능성에 불과하다는 지적이 있다.

2) 현재 우리 나라에서는 소권부인론을 찾기 어렵다. 다만 일본에서는 三ケ月章 교수가 주장하고 있다(三ケ月章, 13面 참조). 소권부인론에 대한 반론은 新堂幸司, 244面 이하 참조.

3) 소액사건심판법의 적용대상이 지나치게 광범위하여 이들 사건이 전체 민사본안 사건의 60-70%에 이르는 현실이나 민사조정법 제30조에 따른 조정을 갈음하는 결정과 같이 개인의 사권보호보다는 사법제도의 능률이나 편의를 위한 제도가 적지 않다는 점에 주목할 필요가 있다.

제 2 절   민사소송의 이상과 그 구현

Ⅰ. 민사소송의 이상

민사분쟁의 이상적인 해결을 위해서는 소송당사자 및 관계인에 대한 공평한 취급, 신속하고도 경제적인 재판 진행은 물론 적정한 재판진행과 결과 등이 보장되어야 한다(1조 1항). 그러나 이러한 민사소송제도의 이상을 실현하기 위한 요소들은 각기 상호보완적이기도 하지만 상충되는 면을 내포하고 있어 문제가 되고 있다. 특히, 신속하고도 경제적인 재판을 지향하는 소액사건심판의 경우 그 재판진행 및 결과의 적정성 문제가 항시 제기되어 오고 있음은 주지의 사실이다. 또한, 화해와 조정절차를 통해 신속하고도 경제적인 사건해결을 지향하고 있지만 그 과정에서 당사자에 대한 공평한 취급은 물론 적정한 결과의 도출이 보장될 수 있는가의 문제가 지적되어 오고 있다. 결국, 각 나라의 사법제도 현실에 부응하는 특정 요소를 부각해서 강조할 수밖에 없으며 그 결과 다른 요소는 상대적으로 약화될 수밖에 없는 것이 현실이다.

1. 적   정

적정이라 함은 재판의 내용이나 결과가 정당성을 갖고 있어야 한다는 것을 의미한다. 이를 위해서는 법원의 사실인정이 진실에 부합되어야 하고 실정 법규를 정확하고도 충실하게 해석하여 확정된 사실관계에 적용하여야 한다. 사권보호를 목적으로 하는 민사소송의 기본적인 취지를 고려한다면 재판의 적정성 보장이 가장 큰 이상이라고 할 수 있지만 사법자원의 한계를 고려한다면 모든 사건에 동등한 비율로 적정성을 강조하는 것은 바람직하지 못하다. 분쟁의 성격과 내용에 비례하는 적정한 재판제도를 운영하는 것이 보다 바람직하다. 이러한 차원에서 현대에는 재판의 적정성이 사법자원의 효율적인 배분이라는 이념에 의해 자주 제한을 받게 된다. 민사소송 제도의 적정성 보장을 위해 법에는 여러 가지 제도적 장치를 마련하고 있는데 전속관할, 소송심리에 관한 구술주의, 직접주의제도와 석명권, 심급제도와 재심제도 등을 대표적인 예로 들 수 있다.

2. 공   평

공평이라 함은 당사자와 소송의 이해관계인들을 소송에서 동등하게 대우하고 주장과 증명의 기회를 공평하게 부여함을 의미한다. 따라서 당사자의 측면에서는 주로 절차권의 보장으로 나타난다. 공평한 재판을 담보하기 위해서는 우선 재판을 담당하는 재판부의 불편부당

(不偏不黨)함이 요구되므로 심리가 공개된 상태에서 진행되어야 하며 법관과 법원사무관등에 대한 제척제도는 물론 기피, 회피제도 역시 마련되어 있다. 아울러 당사자 간의 무기대등의 원칙이 실현되고 불의타(不意打)를 방지하기 위해 송달제도를 완비하고 쌍방심리주의를 철저히 보장하고 있다. 또한 대리인제도와 소송절차의 중단·중지제도를 통해 당사자에게 주장을 펼 수 있는 기회를 제공하고 있으며 아울러 준비서면을 통해 상대방에게 자신의 주장을 미리 알리도록 요구하고 있다(276조).

3. 신   속

분쟁해결을 위해 적정하고 공평한 재판이 보장된다 하더라도 이를 위해 지나치게 많은 시간이 소요된다면 이상적인 민사소송절차라고 하기는 어렵다. 적절한 시간 내에 권리구제가 이루어지지 않는다면 결론이 정당하다고 하더라도 당사자에게는 아무런 효용이 없기 때문이다. 헌법 제27조 제3항에서도 신속한 재판을 받을 권리를 기본권으로 인정하고 있는데 적정과 공평의 이념을 구현하면서 신속하게 민사재판을 진행하는 것이 가장 바람직한 소송형태라고 할 것이다. 하지만 사법자원의 한계로 인해 이러한 이상적인 재판은 현실적으로 실현되기 어려운 것도 사실이다. 결국, 두 가지 방향에서 절충적인 대안을 마련하게 되었다. 그 하나는 소액사건심판이나 독촉절차와 같은 특수하고 간이한 소송절차제도를 마련하는 방안이다. 즉, 다툼의 가능성이 적은 사건이나 비교적 소송 목적의 값이 소액인 사건을 통상적인 민사재판절차에 따르지 않고 간이한 절차를 통해 재판할 수 있는 길을 열어둠으로써 사법자원의 효율적인 활용을 도모할 수 있게 된다. 다른 하나는 통상적인 소송절차의 소송촉진을 위한 제도라고 할 수 있다. 따라서 재판장의 소송지휘권에 의한 직권진행주의 제도를 주축으로 하여 준비절차제도를 강화하고 적시제출주의 및 재정기간 제도 등을 통해 당사자의 공격·방어를 신속하면서도 적시에 하도록 유도하는 방안이다. 이 모든 조치는 법이 지향하는 집중심리주의로 귀결된다고 할 수 있다. 한편, 당사자의 의도적인 소송지연을 방지하기 위해 지연손해금의 법정이율을 2019. 6. 1.부터 연 12%로 책정하고(소송촉진 등에 관한 특례법 3조 1항 및 특례 3조 1항 본문의 법정이율에 관한 규정 참조), 재산권의 청구에 관한 판결의 경우 원칙적으로 가집행선고(213조)를 하도록 규정하여 남상소를 억제하고 있다. 아울러 법원 역시 신속한 재판진행을 위해 최선의 노력을 다하여야 하므로(1조 1항) 법은 판결 선고기간(199조)은 물론 법원의 소송기록 송부기간 등을 법정화하고 있다(400조 참조). 그러나 대법원은 법원이 준수하도록 부과된 기간의 대부분을 훈시기간으로 해석함으로써 법원에게 부과된 소송촉진방안은 한계를 가질 수밖에 없다.

4. 경　　제

(1) 국가는 국민이 민사소송제도를 이용하는 데 있어 비용과 노력이 최소화되도록 조치하여야 함은 물론 적은 비용과 수고로 재판이 진행될 수 있도록 제도적인 장치를 마련하여야 한다. 재판의 적정, 공평과 신속이 달성된다 하더라도 고비용 구조의 재판제도를 운영한다면 이용자인 국민으로서는 재판제도에의 접근이 차단됨으로써 사권보호의 목적이 달성되기 어렵기 때문이다. 경제적인 재판제도 운영을 위해서는 우선적으로 소송구조(訴訟救助, legal aid)제도(128조 이하)가 정착되어 국민의 사법부에의 접근이 용이하게 보장되어야 하며 장기적으로는 의료보험제도에 준하는 소송보험제도가 정착되어야 한다.

(2) 우리 민사재판제도는 패소자가 승소자의 소송비용까지도 부담하도록 되어 있는데(98조) 소송비용 중 가장 큰 비중을 차지하는 변호사보수를 전액 패소자에게 부담시키는 것은 무리이므로 그 중 일부를 소송비용에 적정하게 산입하여 이를 상환받을 수 있도록 하여야 한다(109조 및 변호사보수규칙 참조). 변호사 보수 중 일부를 적정한 비율로 소송비용에 산입시킴으로써 승소자의 손해를 전보시키는 기능과 남소와 불필요한 방어를 통해 발생하는 비경제를 억지하는 효과를 동시에 달성하여야 하기 때문이다.[1]

(3) 전자소송의 확대를 통해 시간과 공간의 제약을 극복하게 할 뿐 아니라 소송절차진행 과정을 실시간으로 확인 가능하게 하고 각종 송달에 있어서도 인터넷이나 모사전송 등 간이하고 경제적인 수단을 활용함으로써 경제적인 재판을 지향하고 있다. 한편, 소송목적의 값과 사건의 성격에 따라 간이한 절차인 소액사건심판절차나 독촉절차를 운영하는 것 역시 경제적인 재판제도를 운영하기 위함이라고 할 수 있다.

Ⅱ. 민사소송의 이상 구현

(1) 사법서비스의 수요자인 국민은 이상적인 민사재판제도 즉, 공정하고 신속한 민사재판을 경제적으로 이용하고자 한다. 이러한 국민의 사법 수요를 달성하게 하는 각 요소는 불행히도 항상 같은 방향으로 작용하지는 않는다. 오히려 서로 반대 방향으로 작용하는 경우가 많다. 예를 들어, 적정한 재판을 위해서는 재판의 진행 속도는 부득이 더디어 질 것이고, 신속한 재판절차를 위해서는 당사자가 원하는 증거조사를 모두 들어 줄 수 없을 뿐 아니라 상소와 같은 불복절차 역시 엄격하게 제한적으로 운용할 수밖에 없기 때문이다. 한편, 적정한 재판을 위해 영미의 증거개시절차(discovery)와 같은 고비용의 재판제도를 운용하게 된다면 국

---

[1] 憲裁 2002. 4. 25. 2001헌바20 참조. 한편 憲裁 2008. 12. 26. 2006헌마384 사건에서는 변호사보수의 소송비용산입 비율을 소가에 따라 달리 규정한 것 역시 합헌이라고 결정하였다.

민의 법원에의 접근성은 매우 떨어질 수밖에 없을 것이다. 이렇듯 상호 모순관계에 있는 민사소송의 이상을 구성하는 요소를 잘 조합해서 이상적인 재판제도를 만들기 위해서는 제도적인 정비가 선행되어야 할 것이다.

(2) 가장 우선되어야 할 부분은 양 당사자의 법 앞에서의 평등을 실현하는 일이므로 필수적 변호사 선임제도 혹은 필수적 변호사 변론주의 제도[1]가 민사사건 일반에도 도입되어야 한다. 물론, 자력이 없는 당사자를 위한 민사 국선변호사 제도와 소송구조 제도가 정상화되는 것이 전제되어야 하며 궁극적으로는 소송비용에 대한 사회보험화 작업이 이루어져야 할 것이다. 다음으로는 법관 수의 증원과 다양한 형태의 법관제도(미국의 magistrate[2]와 같이 법원의 사정에 따라 다양한 직무를 수행할 수 있는 법관)를 도입하여 재판의 적정과 신속을 동시에 달성하여야 할 것이다. 현재의 법관과 대법관의 수로는 적정한 사실심이나 법률심을 운영하는 데 턱없이 부족하기 때문이다.

제 3 절 민사소송과 비송절차

Ⅰ. 민사소송

1. 범   위

사권의 보호를 목적으로 하는 법원의 재판절차인 민사소송은 사법상의 권리관계, 즉 구체적인 권리·의무를 내용으로 하는 법률적인 분쟁을 그 대상으로 하고 있다. 따라서 추상적으로 법령의 효력을 다투거나 법률관계가 아닌 사실관계 등에 대한 다툼은 민사소송의 내상이 될 수 없다. 한편 넓은 의미의 민사소송은 사법상의 권리관계를 확정하는 판결절차(가장 좁은 의미의 민사소송)는 물론이고 동 판결을 집행권원으로 하여 채무자의 특정한 책임재산에 대해 집행을 실시하는 강제집행절차를 모두 아우른다. 나아가 판결절차를 통해 권리를 확정하는 과정 중 채무자의 책임재산 일탈 등을 방지하기 위한 보전절차로서의 가압류·가처분절차 역시 민사소송의 범주에 속한다. 시간적으로는 이러한 보전절차가 판결절차보다 선행해서 이루어지는 것이 일반적이다. 한편, 동일 채무자에 대하여 다수의 채권자가 경합하고

---

1) 종전의 변호사 강제주의라는 표현이 다소 오해의 소지를 담고 있으므로 최근에는 필수적 변호사 선임제도 혹은 필수적 변호사 변론주의 등으로 칭해지고 있다. 형사소송법 제282조가 규정하는 필요적 변호 제도에 상응하는 것을 의미하는 것으로 파악된다.

2) 통상 치안판사 혹은 부판사 등으로 번역되고 있는데 이들의 구체적인 업무 내용은 각 연방지방법원에 맡겨져 있어 법원마다 상이하다(28 U.S.C. §631 및 FRCP §72 등 참조). 각 법원의 특성에 맞게 이들을 활용할 수 있어 법원의 업무경감에 큰 효과를 거두고 있다.

채무자의 총 책임재산으로는 채권자들의 채권을 만족시키지 못하는 상황이 발생한 경우 채무자의 효율적인 회생을 도모하거나, 회생이 어려운 채무자의 재산을 공정하게 환가·배당하기 위해 도산절차가 개시될 수 있는데(회생·파산 1조) 이 역시 광의의 민사소송에 포함시킬 수 있다.

2. 민사소송절차 개관

민사소송절차는 보전처분절차를 비롯해서 판결절차와 집행, 그리고 도산절차로 구분된다. 이하에서 각 절차에 대한 개관을 하되 시간적인 순서에 입각해서 살펴보고자 한다.

(1) 보전처분절차

2002년 법 개정을 통해 강제집행절차가 민사집행법으로 분리됨에 따라 보전처분은 민사집행법 제4편에 규정되었다. 보전처분은 피보전권리의 성격에 따라 가압류와 가처분으로 대별된다. 가압류는 금전채권이나 금전으로 환산할 수 있는 채권을 보전하기 위해 인정되는 보전처분인 반면(민집 276조), 가처분은 다툼의 대상이 되는 권리나 물건의 현상이 변경되는 것을 방지하기 위해서 뿐만 아니라(민집 300조 1항) 다툼이 있는 권리관계에 대하여 임시의 지위를 정하기 위해서도 인정된다(민집 300조 2항). 전자를 다툼의 대상에 대한 가처분이라 부르며(과거에는 "계쟁물에 대한 가처분"), 후자를 흔히 임시의 지위를 정하는 가처분이라고도 한다. 우리는 독일과 달리 소송승계주의를 취하고 있어 본안소송 제기 전에 보전처분을 하지 않으면 판결이 확정되더라도 다툼의 목적이나 권리의 현상 변경이 있게 되면 확정판결이 무용지물이 될 수 있어 보전처분의 이용도는 매우 높은 편이다. 특히 임시의 지위를 정하는 가처분은 본안소송 전에 확정판결과 같은 법적 효과를 얻을 수 있어 그 효용이 매우 높다. 보전처분절차 역시 집행절차의 일환으로서 밀행성과 신속성이 강조되므로 일방의 신청에 의한 경우(ex parte 절차)가 대부분이며 신청사유에 대한 입증 역시 증명이 아닌 소명자료나 담보제공으로 갈음되는 경우가 일반적이다. 한편, 보전처분의 발령을 위해서는 변론을 열 수도 있으나 이는 법원의 재량이며 아울러 변론을 열더라도 결정의 형식으로 재판한다(민집 281조 1항). 나아가 가압류, 가처분결정에 대한 이의가 있어 변론기일이나 심문기일이 열리더라도 법원은 결정으로 이를 재판하여야 하는데(민집 286조 3항, 301조) 이는 신속한 재판을 위한 조치이다.

(2) 본안(판결)절차

본안의 소 제기를 통해 소장부본이 상대방에게 송달되면 판결절차를 위한 소송계속이 발생한다. 법원은 변론 없이 판결을 하는 경우(257조)를 제외하고 원칙적으로 바로 변론기일을 지정하여야 하지만 사건을 변론준비절차에 부칠 수도 있다(258조 1항). 한편 준비절차가 열리게 되면 쟁점정리는 물론 대부분의 증거조사가 준비절차에서 이루어지게 되는데 종래의 법과는 다른 강화된 형태의 준비절차라고 할 수 있다. 한편, 현행법은 무익한 변론기일의 반복과 공전을 방지하고자 변론기일은 단 한 번 열리는 것을 지향하고 있으며(287조 1항), 부득이한 상황에서 변론기일을 다시 지정하더라도 연속해서 매일 열도록 하여 기일의 반복을 통한 사건의 지연을 저지하고 있다(민규 72조 1항). 이는 종래 무익한 변론기일의 반복적인 되풀이를 방지하기 위한 것이다. 이와 같이 강화된 준비절차와 집중화된 주된 변론기일의 조합을 통한 변론절차의 구조변화는 전 세계적인 현상이라고 할 수 있으며 우리 제도는 독일과 영국, 스페인과 같은 나라가 채택하고 있는 주된 변론기일 모델(main hearing model)이라 부를 수 있다.1) 한편, 현행법은 1심과 항소심을 사실심으로, 대법원을 법률심으로 운용하고 있으며 재산권의 청구에 관한 1심 종국판결은 가집행선고(213조)를 통해 집행력을 갖지만 항소되면 확정되지 않음으로써 기판력은 발생하지 않는다. 그러나 확정된 판결이라 하더라도 일정한 재심사유가 있는 경우에는 재심을 통해 재심리가 이루어질 수 있다.

(3) 집행절차

확정판결에 집행문을 부여받으면 집행력 있는 정본이 된다(민집 28조). 이외에도 가집행선고부 종국판결은 물론 집행력을 가진 여러 집행권원(확정된 지급명령, 항고로만 불복할 수 있는 재판, 공정증서 등)에 기해서도 집행절차가 개시될 수 있다. 민사집행법은 집행목적물의 종류(동산 혹은 부동산)에 따라 집행방법을 달리하고 있으며 집행실시는 원칙적으로 집행관이 담당하지만(민집 2조) 경우에 따라서는 집행법원이 담당하는 경우도 있다. 집행은 기본적으로 압류, 현금화(환가), 배당의 순으로 이루어지며 집행절차에서 각 채권자는 원칙적으로 평등하게 취급되지만 현행법은 일정한 제한을 둠으로써(배당요구의 종기, 배당받을 채권자의 범위 설정) 수정적인 채권자 평등주의를 추구하고 있다. 집행채권자 외의 다른 채권자가 무임승차(free-riding)하는 것을 가급적 제한하기 위함이다. 집행관의 처분이나 집행법원의 재판에 대해서는 이의나 항고 제기가 가능하며 소의 형태로도 이해관계인의 보호를 도모하고 있다. 청구에 관한 이의의 소, 제3자 이의의 소, 집행문부여에 대한 이의의 소, 배당이의의 소 등을 대표적으로 들 수 있다. 한편 집행절차에서의 법원의 역할 중 많은 부분은 사법보좌관이 담당하고 있는데(사보규 2조) 배당표의 작성 등은 중요한 재판행위에 해당하는 것이라고 할 수 있어 이 부분에 대한 타당성에 의구심이 제기되고 있다.

(4) 도산절차

도산절차는 채무자의 책임재산 모두에 대한 포괄적인 집행절차라고 할 수 있는데 이 점에서 개별적인 재산을 대상으로 하는 민사집행절차와 다르다. 도산절차는 채무자의 책임재산

---

1) Rolf A Stürner, "The Principle of Transnational Civil Procedure", RabelsZ Band 69(2005) Heft 2, pp. 224-225.

을 파산선고 시점을 중심으로 모든 채권자들에게 공평하게 배분하는 것을 목적으로 하는 파산절차와 채무자의 회생을 목적으로 하는 회생절차로 크게 대별된다. 종래 개별법으로 존재하던 파산절차와 회사정리절차, 화의절차를 통합하여 회생·파산법으로 흡수, 통합하면서 화의절차는 폐지하고 회사정리절차는 채무자회생절차와 개인회생절차로 변경하였다. 채권자들 간의 합의를 통한 회생절차의 일종인 화의절차를 다룬 화의법은 그 실효성의 문제를 들어 폐지하였으나 기업구조조정 촉진법상의 워크아웃(Work-Out)절차[1]는 여전히 남아 있다. 한편 각 도산관련 개별 법률을 회생·파산법으로 통합하였지만 여전히 신청인은 파산절차나 회생절차 중 하나를 선택하여 신청해야 하므로 관련 법률을 물리적으로 통합한 의미는 그리 크지 않다. 한편, 파산절차는 채무자의 회생을 도모하는 것은 아니지만 그렇다고 해서 채무자의 경제활동 회복을 봉쇄하는 것이 목적은 아니다. 따라서 면책과 복권절차를 통해 채무자는 다시금 경제활동을 할 수 있는 길이 열려있다.

Ⅱ. 비송사건

1. 비송사건의 개념

비송사건 역시 민사사건임은 분명하다. 다만 권리의 존부를 확정하는 민사소송과 달리 법원이 후견적 지위에서 사권(私權, 특히 사인 간의 생활관계와 밀접한 관련이 있는 것에 대한)의 발생·변경·소멸에 직접 관여하는 형태의 절차를 지칭한다. 형식적으로는 비송사건절차법에 정해진 사건과 그 총칙규정의 적용 내지 준용을 받는 사건을 말하는데 개인의 신청이나 주장에 구속되지 않고 법원이 판단할 수 있다는 점이 가장 큰 특징이라고 할 수 있다.

2. 비송사건의 범주

(1) 비송사건절차법이 정하는 민사비송사건(법인, 신탁, 재판상의 대위, 공탁, 법인의 등기, 부부재산약정 사건 등), 상사비송사건(회사의 경매, 사채, 청산 사건 등), 과태료 사건 등이 있으며 가사소송법이 정하는 가사비송사건(가소 2조 1항 2호)도 있다. 아울러 민사조정과 가사조정절차 그리고 중재제도 역시 비송의 성격을 가지며 등기공무원의 처분에 대한 이의(부등 183조 2항)와 가족관계부 등록에 대한 불복절차(가족 112조) 역시 비송사건절차법을 준용하고 있다.

(2) 민사집행절차는 확정된 권리의 내용을 실현하는 데 있어 집행법원이나 집행관의 재량에 의한 개입이 빈번하다는 점에서, 도산절차 역시 집합적인 권리자들의 권익을 보호하기 위해 법원의 재량 판단이 필수적으로 요구된다는 점에서 비송사건의 성격이 강하다. 한편,

---

1) Work-Out은 법률용어는 아니지만 1997년 금융위기 이후 자주 이 용어가 사용되고 있다. 파산이나 회생절차와 같은 법률적인 도산절차가 아닌 채권은행 주도의 사적인 기업구조 조정절차를 지칭한다.

독촉절차와 공시최고절차는 법에서 규율되고 있지만 비송의 성격이 강하며 소위 형식적 형
성소송(공유물분할, 경계확정의 소 등) 역시 비송의 실질을 갖는다.

3. 소송사건과 비송사건의 구분

(1) 구분의 필요성

비송사건절차는 소송사건과 달리 원칙적으로 당사자 대립구조가 아닌 편면적 구조를 취
하며 직권탐지주의(비송 11조)와 비공개주의(비송 13조)를 기조로 하고 있다. 재판의 형식과 불
복절차는 결정과 항고절차(비송 17조, 20조)를 취하고 있으며 기판력도 인정되지 않는다(비송 19
조). 더구나 조서작성 역시 임의적이며(비송 14조), 국가기관인 검사의 관여가 보장되고 있다(비
송 15, 16조). 비송사건절차법에서 정하는 비송사건이나 동법을 준용하는 사건의 경우는 그 구
분에 문제가 없으나 학설과 판례가 소위 실질적인 비송사건을 인정하고 있어[1] 소송사건과
비송사건의 구분이 문제되는 경우가 적지 않다.

(2) 견해의 대립

실정법에서 모든 경우를 망라해서 소송사건과 비송사건을 명확히 구분해 주는 경우에는
아무런 문제가 없다. 따라서 기본적으로는 소위 실체법설에 따라 소송사건과 비송사건을 구
분하는 것이 간명하다. 그런데 우리의 경우 실정법이 침묵하는 사례가 다수 있어 다시금 절
차의 목적이나 대상이 무엇인지에 따라 법원의 합목적적 재량(법관의 형성처분이나 재량에 의한 취
소 등) 및 간이 · 신속한 절차 진행의 필요성과 사건의 공익적 요소 등을 비교 검토하여 비송사
건으로 취급할 것인지 여부를 판단하는 것이 요구된다(절충적인 입장으로 김/강, 23면도 같은 견해임).

4. 비송사건의 관할

(1) 관   할

비송사건에 대한 법원의 토지 관할이 주소에 의하여 정하여질 경우 주소, 거소, 최후 주
소지, 그리고 마지막으로는 재산소재지 또는 대법원 소재지를 관할하는 지방법원이 사건을
관할한다(비송 2조 3항). 관할이 경합하는 경우 최초로 사건을 신청받은 법원이 그 사건을 관할
하되 이송은 가능하며(비송 3조), 관할권 유무에 대해 의문이 있는 경우 직근 상급법원이 관할
법원을 지정할 수 있다(비송 4조). 총칙 관할 규정은 위의 세 조문에 불과한데 비송사건이 매
우 다양하고 각 사안별로 통일적인 원칙을 도출하기 어렵기 때문이다. 국내 비송사건에 대해
서도 통일적인 원칙을 제시하는 것은 사실상 어렵다.

---

1) 大決 1984. 10. 5. 84마카42에 따르면 회사정리절차개시신청에 대한 결정을 함에 있어서 법원의 합목적적
   재량이 요구되고 또 경제사정을 감안하여 유효적절한 조치를 강구하기 위해 절차의 간이, 신속성이 요구되
   므로 회사정리 개시결정 절차는 비송사건으로 취급됨이 상당하다고 판시한 바 있다.

(2) 비송사건과 소송사건 간의 이송

비송사건을 민사소송의 형태로 제소하거나 그 반대의 경우, 상호 간에 이송을 인정할 것인지 사건을 각하할 것인지 문제된다. 판례는 부적법 각하하는 것을 원칙으로 하고 있었으나[1] 그 후 수소법원은 당사자에게 석명을 구하여 당사자의 소 제기에 사건을 소송절차로만 처리해 달라는 것이 아니라 비송사건으로 처리해 주기를 바라는 의사도 포함되어 있음이 확인된다면, 당사자의 소 제기를 비송사건 신청으로 보아 재배당 등을 거쳐 비송사건으로 심리·판단하여야 하고 그 비송사건에 대한 토지관할을 가지고 있지 않을 때에는 관할법원에 이송하는 것이 타당하다고 판시한 바 있다.[2] 전향적인 입장 전환이라고 판단된다. 비송사건도 일반 지방법원의 관할에 속하기 때문이며(비송 2조) 나아가 일반 국민의 입장에서 비송절차를 따를지 민사소송절차를 따를지 여부를 스스로 결정하는 것이 매우 어렵기 때문이다.

(3) 국제재판관할

국제사법에서는 비송사건에 대해서도 국제재판관할 규정을 두고 있는데 성질에 반하지 않는 한 국제사법 제2조 내지 14조까지의 총칙규정을 준용한다는 점(국제 15조 1항), 친족관계나 상속 등의 비송사건은 그에 관한 국제사법 해당 규정에 따른다는 점(2항), 국제사법에서 규율하고 있지 않은 비송사건에 대한 관할은 국제사법 제2조 일반원칙 규정에 따른다는 점(3항) 등을 특색으로 하고 있다.[3]

5. 소송절차의 비송화 경향과 문제점

(1) 편면적 구조에 바탕을 둔 직권탐지주의와 비공개주의는 비송사건절차법의 가장 큰 특징으로 꼽을 수 있다. 이는 일반 민사소송절차와는 조화될 수 없는 결정적인 요소라고 할 수 있다. 최근에는 사법자원이 한계에 이르게 됨에 따라 능률적인 절차를 강조하게 되고 그 결과 법관의 재량권 행사의 폭이 증가되어 소송의 비송화 현상이 다양한 형태로 나타나기에 이르렀다. 구체적으로는 i) 조정제도의 강화를 비롯한 대체적 분쟁해결제도의 활성화(조정전치주의와 조정을 갈음하는 결정 제도 등) ii) 사정판결 제도의 확대 iii) 집단소송법상의 분배절차(증권 39조 참조) iv) 소송절차에서의 준비절차의 강화 등을 대표적으로 들 수 있다.

(2) 특정 사건을 비송절차의 대상으로 할 것인지 여부는 입법정책의 문제라고 할 수 있

---

1) 大判 2013. 11. 28. 2013다50367.

2) 大判 2023. 9. 14. 2020다238622.

3) 국내 비송사건에 대한 연구도 미비할 뿐 아니라 비송사건 자체의 다양성으로 인해 국내 비송사건 절차법의 관할에 관한 총칙 규정도 일반 소송사건의 관할에 비할 수 없이 간소하다. 따라서 국제사법 제15조에서 소송사건의 총칙 규정(1항)과 해당 소송절차 규정 등을 준용하는 것(2항)이 의미가 있는 것인지 의문이다. 국제비송사건이 출현되면 국제사법 제2조에 따라 국내 민사소송법과 비송사건절차법을 종합적으로 참작해서 국제재판관할권 유무를 결정하는 것이 가장 합리적인 방법이기 때문이다.

지만 헌법 제27조와 제109조가 보장하는 재판청구권의 실질적인 침해를 가져오지 않도록 각별한 주의가 요구된다. 한편, 비송사건의 실질을 갖는 절차라 하더라도 소송절차를 통해 진행하는 사건(경계확정소송 및 공유물분할청구 소송 등)의 경우는 심각하게 당사자권이 훼손되는 일은 없겠지만 비공개로 진행되는 준비절차나 조정절차 등에서 당사자의 절차적 권리가 침해되는 일이 없도록 제도적인 정비가 이루어져야 한다.

제 4 절 민사소송과 다른 소송절차

Ⅰ. 형사소송

1. 목적과 기능

형사소송은 국가의 형벌권의 발동을 위한 절차이므로 사인 간의 권리관계를 확정짓는 민사소송절차와는 그 목적을 달리하며 아울러 사회 속에서의 기능 역시 판이하게 다르다. 따라서 행정소송이나 가사소송과 달리 민사사건과 형사사건의 구분이 크게 문제되지는 않는다. 아울러 절차의 목적과 기능이 상이하므로 절차를 운영하는 원칙도 상이하다. 특히 형사소송 절차의 주된 목적은 실체적 진실발견에 있으므로 법원의 직권탐지를 원칙으로 하지만 민사소송의 경우는 당사자에 의해 법정에 현출된 사실주장과 증거에 의해서만 법원이 판단하는 소위 변론주의에 기초하고 있다.

2. 상호접점과 한계

(1) 타인으로부터 폭행을 당한 피해자는 민법 제750조에 따라 가해자를 상대로 손해배상청구를 위해 민사소송을 제기할 수 있으며 아울러 형사고소를 통해 국가의 형벌권 발동을 촉구할 수도 있다. 그러나 엄밀히 말해서 가해자가 폭행죄로 처벌을 받는다고 해서 당연히 민사적인 손해배상책임을 부담한다고는 할 수 없으며 그 역의 경우도 마찬가지이다. 대법원도 민사재판에서 형사재판의 사실인정에 구속되지 않는다는 점을 강조하고 있다.[1] 그러나 형사재판의 사실인정은 유력한 증거자료에 해당하므로 합리적인 이유 없이 이를 배척하는 것은 경험칙에 반하는 것으로 보고 있다.[2]

(2) 개인의 권리구제를 위한 절차를 민사와 형사절차로 명백히 구분하는 것은 양 절차의 목적과 절차적 원칙이 상이한 데서 오는 불가피한 측면이 있으나 개인의 입장에서는 몹

---

1) 大判 1968. 4. 23. 66다2499.
2) 大判 1962. 7. 5. 62다208; 大判 2018. 11. 9. 2016다17262,17279 등.

시 불편한 일이 될 수도 있다. 이에 일정한 경우 형사소송절차에 민사적인 손해배상청구를 결합할 수 있는 제도적 장치를 마련하게 되었다(특례 25조 이하의 배상명령신청, 상세는 제3편 제7장 제1절 참조).

(3) 본질적으로 민사사건임에도 불구하고 증거를 확보하기 위해 형사고소를 통해 "증거 만들기"를 하는 현실 상황을 비판하는 견해가 있다(이시, 9면).[1] 이는 바람직한 현상이 아닌 것은 분명하지만 그만큼 민사소송절차에서 증거확보를 위한 제도적 방안이 미흡하다는 것을 반증하는 것임을 유념할 필요가 있다. 따라서 이 문제에 대한 대안으로서 형사기록에 대한 증거력 인정에 신중을 기하여야 한다는 주장은 설득력이 다소 없다. 오히려 형사기록은 당사자가 획득할 수 있는 유일한 증거인 경우가 많기 때문이다. 따라서 보다 근본적인 대책은 민사소송절차에서의 증거수집을 효율적으로 시행할 수 있는 제도적 장치를 마련하는 것이라고 생각된다.

Ⅱ. 가사소송

1. 개   관

종래의 가사심판법과 인사소송법을 통합하여 1991. 1. 1.부터 가사소송법을 제정, 시행하고 있다. 가사소송법에는 가사소송(2편)과 가사비송(3편), 그리고 가사조정사건(4편)을 관장하는 규정이 담겨있다. 가사소송절차에서는 사건을 가류, 나류, 다류로 분류해서 규정하고 있다(가소 2조 1항). 가류는 혼인, 친생자, 입양 등의 무효를, 나류 사건은 혼인이나 이혼의 취소, 재판상 이혼, 친생부인 및 인지청구 등과 관련된 소를 내용으로 하고 있다. 이와 달리 다류 사건은 혼인이나 입양, 약혼 해제, 재산분할 청구에 따른 손해배상청구나 사해행위취소 청구를 내용으로 하고 있어 가, 나류 사건과는 달리 재산법적인 성격을 갖고 있다(따라서 그 본질은 민사소송이라고 할 수 있다). 한편 가사비송에는 비송사건절차법 제1편을(가소 34조 본문), 가사조정에는 민사조정법을 준용하고 있어(가소 49조 본문) 판결절차와는 근본적으로 성격을 달리한다.

2. 가사사건과 절차적 특성

(1) 가사소송법 제2조 제1항에서는 가정법원의 전속관할 대상이 되는 사건을 나열하고 있는데 이를 제한적 열거사항으로 볼 것인지 단순한 예시 규정으로 볼 것인지에 대해서는 견해가 대립하고 있다. 제한적 열거규정으로 보는 입장은 위 규정에 언급되지 않은 사건은 일반 민사소송사건으로 취급되어야 한다고 주장한다(이시, 13면). 그러나 판례는 예시적인 것

---

1) 조광훈, "민사사건의 형사사건화의 원인과 그 대책", 사법행정 제46권 12호, 9면 이하 참조.

으로 파악하고 있으며 이를 지지하는 견해도 있다(호, 59면).[1] 아울러 가사소송절차에서는 가사소송 사건에 대한 관할법원(가소 13조), 혼인관계 소송에 대한 관할법원(가소 22조) 등 가사소송에서 분류하는 절차에 따라 관할법원을 따로 정하고 있다. 한편, 가사사건에 관한 국제재판관할은 국제사법에서 규정하고 있는데 가사소송절차에서 분류하고 있는 방식에 따라 개별적인 국제재판관할 규정을 두고 있다(국제 56조 내지 62조, 76조).

(2) 가사소송절차에는 가사소송법에 특별한 규정이 없는 한 민사소송법을 적용하고 있으나 청구의 인낙이나 자백에 관한 규정과 같이 특정한 민사소송법 규정은 적용되지 않는다(가소 12조). 한편 가정법원이 신분관계의 속성이 강한 가류 또는 나류 가사소송사건을 심리할 때에는 직권으로 사실조사 및 필요한 증거조사를 하도록 규정하고 있는데(가소 17조) 이는 직권탐지주의를 규정한 것이라고 해석하는 견해(이시, 12면; 김홍, 9면)가 일반적이다. 그러나 판례는 종전 인사소송법 제9조(현행 가소 17조)와 관련된 사건에서 동 규정이 변론주의 원칙 자체를 배제하려는 것은 아니라고 파악하고 있으며,[2] 이혼소송의 당사자가 주장하지도 않고 심리과정에서 나타나지도 아니한 독립한 공격방어방법에 대한 사실까지 법원이 조사하여야 하는 것은 아니라고 판시한 바 있다.[3]

(3) 가사소송법 제17조는 폐지된 인사소송법 제9조에서 비롯된 것으로 조문의 표제나 내용에 의하더라도 사실과 증거에 대한 직권조사만을 규정하고 있을 뿐 변론주의의 핵심인 "당사자가 주장하지 아니한 사실"을 판단할 수 있는 근거는 전혀 없다.[4] 즉 증거조사의 특칙을 규정하고 있을 뿐이라고 해석함이 타당하다. 행정소송법 제26조의 "직권심리"라는 표제 하에 당사자가 주장하지 아니한 사실을 판단할 수 있다는 내용과는 차원이 다르다고 할 것이다. 따라서 가류, 나류 사건에 있어서도 당사자가 주장하지 아니한 사실에 대해서까지 법원이 직권으로 이를 탐지할 의무는 없으므로 판례의 입장이 타당하다.[5]

3. 가사사건과 민사사건

(1) 가사소송 사건 중 혼인(이혼)의 무효나 취소, 재판상 이혼의 소는 전속관할로 규정되어 있으며(가소 22조), 그 외에도 친생부인, 인지무효나 취소의 소(가소 26), 입양의 무효나 취소

---

1) 大判 1993. 7. 16. 92므372. 대법원은 동 판결에서 가사소송법에 규정되지 않은 "양친자관계존재확인청구"를 가사소송의 적용대상으로 보고 친자관계존재확인청구 규정을 유추적용하고 있다. 판례 입장에 대한 비판은 김연, "양친자관계존부확인의 소의 적부", 가족법연구 9호, 219-220면 참조.

2) 大判 1987. 12. 22. 86므90.

3) 大判 1990. 12. 21. 90므897.

4) 가사소송법 제17조의 입법적 연원에 대해서는 권재문, "가사소송법 제17조의 연혁과 문제점", 법사학연구 29호, 251면 이하 참조. 동 논문에서도 위 규정이 직권탐지주의를 규정한 것이라는 것을 전제하고 있으나 의문이다.

5) 물론 입법자의 의도는 독일이나 일본과 마찬가지로 직권탐지주의를 규정하고자 했는지도 모르지만(현재로서는 확인할 길이 없다) 적어도 법문의 내용은 직권탐지주의를 규정한 것이라고 보기는 어렵다.

(가소 30) 등도 전속관할로 규정되어 있다. 따라서 일반 민사법원에 이들 사건을 제소할 수는 없지만 관련 민사사건을 이들 가사소송사건에 병합하여 가정법원에 제소할 수 있는지 여부는 의문이다. 가사소송법에 따르면 가사소송 간의 병합과 가사소송과 가사비송 간의 병합만을 인정하고 있기 때문에(가소 14조) 가사사건에 관련된 민사사건을 병합해서 가정법원에 청구하는 것이 가능한지 여부가 문제된다. 이에 대해서는 민사사건을 지방법원의 전속관할로 보아야 한다는 입장, 비전속관할로 보아야 한다는 입장 그리고 전속관할은 아니지만 이에 준하는 것으로 보아야 한다는 입장 등이 대립하고 있다.[1] 실무는 병합된 민사사건을 변론관할 발생 여부에 상관없이 지방법원으로 이송하는 것이 주류적인 태도라고 한다.[2]

   (2) 1심법원을 지방법원과 가정법원, 행정법원, 회생법원 등으로 구분한 것은 관할의 문제가 아니라 국가가 권리구제의 수단을 다양화한 것으로 보아야 한다. 따라서 병합된 민사사건에 대한 지방법원의 관할이 전속관할에 해당하는 것인지 여부로 접근하는 것은 타당하지 않다. 아울러 가사소송법 제14조에서 병합청구의 원칙을 정한 것이 관련 민사사건에 대한 가정법원의 관할권을 전적으로 배제한 것이라고 할 수는 없다. 따라서 가정법원은 병합된 민사사건에 대해 변론관할이 발생한 경우 이를 심리하는 것이 바람직하다. 다만 병합된 민사사건에 변론관할이 발생하더라도 권리구제의 효율성을 위해 가정법원을 설치한 것인 만큼 가사사건과 전혀 무관한 것이라면 관할 지방법원으로 이송하는 것 역시 인정되어야 한다.

4. 기 판 력

가사소송의 경우 기판력의 주관적 범위에 관해 특칙이 규정되어 있다(가소 21조). 즉 가류, 나류 사건의 경우 청구가 인용된 판결은 대세적 효력이 있는 반면, 배척된 판결이 확정된 경우에는 다른 제소권자는 사실심 변론 종결 전에 참가하지 못한 데 대하여 정당한 사유가 있지 아니하면 다시 소를 제기할 수 없다(가소 21조 2항).

Ⅲ. 행정소송

1. 개   관

행정소송은 행정청의 위법한 처분 그 밖에 공권력의 행사ㆍ불행사 등으로 인한 국민의 권리 또는 이익의 침해를 구제하고, 공법상의 권리관계 또는 법 적용에 관한 다툼을 적정하

---

1) 박진웅, "가사사건과 관련된 민사사건의 처리 방법", 실무연구(Ⅹ), 480-481면 참조.
2) 그러나 예외적인 판결도 있다(서울가정判決 2004. 4. 22. 2002르2424 참조. 동 판결은 大判 2004. 8. 20. 2004므979 심리불속행판결로 확정됨). 동 판결에서는 민사사건이 지방법원의 전속관할에 속하지 않는다고 하면서 병합된 민사사건에 대하여 가정법원이 변론관할권을 갖는다고 판시하고 있다.

게 해결함을 목적(행소 1조)으로 설치된 특별소송절차라고 할 수 있다. 행정소송법에 따르면 행정소송은 행정청의 처분이나 부작위를 다투는 항고소송을 비롯해서 당사자소송, 민중소송, 기관소송 등이 있으나 항고소송이 대부분을 차지하고 있다. 가사소송과 함께 특별 권리구제 절차로 설치된 것이나 근래에는 민사사건과의 경계와 한계가 모호해짐으로써 결국은 국민의 권리구제를 어렵게 하는 결과를 일부 초래하고 있어 그 문제의 시정이 시급하다.

2. 관   할

(1) 1994. 7. 27. 행정소송법 개정을 통해 행정사건의 1심 관할법원은 고등법원에서 행정법원으로 변경되었다(행소 9조). 법원조직법 부칙 제2조(2005. 3. 24. 개정)에 따라 행정법원이 설치되지 않은 지역(서울을 제외한 전 지역)은 행정법원이 설치될 때까지 지방법원 본원 및 춘천 지방법원 강릉지원이 관할하도록 하고 있다.[1] 법원조직법에 따르면 지방법원의 1심 사건은 원칙적으로 단독판사의 사물관할로 되어 있으나 1심 법원에 해당하는 행정법원과 특허법원의 경우는 합의부의 사물관할을 원칙으로 하고 있다(법조 7조 3항). 그러나 1999. 12. 31.자로 법원조직법 제7조 제3항을 개정하여 단독판사가 심판할 것으로 합의부가 결정한 사건에 대해서는 단독판사의 사물관할로 하고 있어(단서 조항) 현재는 행정법원에도 합의부와 단독판사가 공존하고 있다.[2]

(2) 행정소송법 제9조에 따르면 항고소송의 하나인 취소소송에 대해 피고 주소지를 관할하는 행정법원을 관할법원으로 하면서도 중앙행정기관 또는 그 장이 피고인 경우에는 대법원 소재지를 관할하는 행정법원을 관할법원으로 하고 있다. 아울러 다른 형태의 행정소송에 대해서는 동 규정을 준용하는 방식을 취하고 있다(행소 38조, 40조 등). 행정소송법이 정하는 관할은 전속관할이 아니므로[3] 변론관할이나 합의관할이 가능하다. 행정사건이 행성법원의 전속관할에 속하지 않음에도 불구하고 성질상 전속관할로 보아야 하며 이를 위반한 경우에는 절대적 상고이유에 해당한다는 견해가 있으나[4] 1984년 행정소송법 개정을 통해 명시적으로 전속관할 규정을 폐지하였음에도 이를 계속 전속관할로 파악하는 것은 타당하지 않다고 생각된다. 행정소송법 제9조 제2항에서도 토지수용 기타 부동산 혹은 특정의 장소에 관계

---

1) 지방법원 지원에서는 행정사건을 다룰 수 없게 한 것은 행정사건의 특수성을 감안한 것이라는 점에서 수긍되는 면이 있다. 그러나 행정소송을 제기하는 국민의 입장에서는 매우 불편하다. 특히 춘천지방법원 강릉지역에 거주하는 주민은 행정소송을 제기할 경우 춘천지방법원에 제소하여야 하는 불편이 있으므로 2005년 법원조직법 부칙 제2조를 개정하여 춘천지방법원 강릉지원이 행정사건을 재판할 수 있도록 한 것이다.
2) 서울 행정법원은 2024. 6. 현재 14개의 합의부 및 13개의 단독으로 구성되어 있다. 한편 행정법원이 없는 수원지방법원 본원에는 4개의 행정합의부와 2개의 행정단독이 설치되어 있다. 단독판사가 심판하는 행정사건의 대부분은 운전면허 정지나 취소 사건, 산재사고에 있어 장해등급에 관한 사건 등이다.
3) 구 행정소송법(1951. 8. 24. 제정)은 1984. 12. 15. 전면적인 개정을 거치게 되었는데 이때 구법상의 전속관할 규정을 폐지하였다.
4) 김용철/주석행정소송법, 287면.

되는 처분에 대한 취소소송은 그 부동산 혹은 장소의 소재지를 관할하는 행정법원에 이를 제기할 수 있도록 허용하고 있어 관할의 경합을 인정하고 있음을 상기할 필요가 있다.

3. 행정사건과 절차의 특성

국가나 지방자치단체 등으로부터 피해를 입은 국민은 법원에 행정소송을 제기하거나 관계 행정청을 상대로 행정심판을 선택적으로 청구할 수 있어(행소 18조 1항) 전심절차를 반드시 거치도록 한 과거의 제도보다는 개선되었다.[1] 한편 행정소송법은 피고적격자를 민사소송에서는 당사자능력이 인정되지 않는 행정청으로 하는 등(행소 13조) 여러 절차적인 특성을 규정하고 있다. 이 중에서도 행정소송법은 직권탐지주의를 명시적으로 천명하고 있어 가장 큰 특색으로 여겨진다(행소 26조). 즉 법원은 당사자가 주장한 사실에 구속되지 않고 직권으로 이를 판단할 수 있는데 판례는 이 규정에 대한 해석을 함에 있어 변론주의를 근간으로 하는 절차의 원칙은 포기된 것이 아니라는 취지로 판시하고 있다. 나아가 당사자가 주장하지도 아니한 법률효과에 관한 요건사실이나 독립된 공격방어방법을 시사하여 그 제출을 권유함과 같은 행위를 하는 것은 변론주의의 원칙에 위배되는 것으로 석명권 행사의 한계를 일탈하는 것이라고까지 판시하고 있다.[2] 법률규정과 법원의 해석이 정면으로 배치되는 사례라고 할 수 있다.

4. 행정사건과 민사사건

행정법원이 별도로 설치됨에 따라 전문지식을 가진 법관에 의해 행정사건이 다루어지는 장점은 있지만 이용자인 국민의 입장에서는 사건을 지방법원과 행정법원 어느 곳에 제소하여야 하는지에 대하여 새로운 고민이 생기게 되었다. 결국 국가나 공공단체를 상대로 소를 제기하고자 하는 국민은 행정청의 처분이 있는지 여부를 판단해서 항고소송 형태의 소를 제기할 것인지 여부를 판단하여야 한다. 만일 처분이 없어 항고소송의 형태가 아니라면 일반 민사소송으로 할 것인지 혹은 공법상의 당사자소송으로 할 것인지 여부도 아울러 판단해야 하기 때문이다. 이러한 차원에서 국민의 선택에 따라 행정소송이든 민사소송의 형태든 권리구제를 인정해야 할 것이라는 민사·행정 병용설이 설득력을 갖게 된다.[3] 대법원은 국민의

---

[1] 조세부과처분에 불복하는 국민은 행정소송을 제기하기에 앞서 심사청구나 심판청구를 반드시 거치도록 요구하고 있어 문제이다(국기 56조 2항). 과거에는 행정청의 처분에 대해 불복하기 위해서는 필수적으로 전심절차를 거치도록 하였으나 비효율적이라는 이유로 이를 폐지하였다. 그런데도 여전히 일부 행정처분에 대한 불복에 대해서는 전심절차를 거치도록 한 것은 국민에게 오히려 혼란을 가중시킬 뿐이다. 합리적인 권리구제는 단순한 시스템 하에서 가장 잘 이루어질 수 있기 때문이다.

[2] 大判 2001. 1. 16. 99두8107. 대법원은 행정소송법 제26조가 직권조사사항을 규정한 것으로 해석하고 있는데 동 규정 내용에 비추어 다소 의문이다.

[3] 大判(全) 1989. 6. 15. 88누6436의 소수의견은 민사·행정 병용설에 입각하고 있다(이홍훈, "행정소송과 민사소송", 「한국공법이론의 새로운 전개」(2005. 6), 479면 참조).

자유로운 선택을 인정하고 있지 않으며 여전히 민사소송인지 공법상의 소송인지 여부를 국민이 선택하도록 하고 있으나[1] 최근에는 양자 간에 호환을 가급적 넓게 인정해 주고 있어 매우 고무적이다. 즉, 원고가 고의 또는 중대한 과실 없이 행정소송으로 제기하여야 할 사건을 민사소송으로 잘못 제기한 경우 항고소송으로 소 변경을 허용하는 점,[2] 공법상 당사자소송과 민사소송 상호 간에 소변경을 허용하는 점 등을 예로 들 수 있다.[3]

5. 이송과 선결문제

(1) 이송문제

행정사건을 행정법원이 아닌 일반법원에 제기한 경우 이에 대한 처리가 문제되는데 판례는 이송을 통해 문제를 해결하고 있다. 즉, 일반 법원에 제소된 사건을 당시 행정사건의 1심 관할법원인 서울고등법원으로 이송하였으며,[4] 행정법원 설치 이후에는 지방법원에 접수된 행정사건을 행정법원으로 이송하고 있다.[5] 그러나 위 판례들이 무조건 사건을 행정법원으로 이송하도록 수소법원에게 요구하고 있지는 않다. 즉, 판례에 따르면 수소법원은 접수된 사건이 행정소송으로서의 최소한의 요건을 충족하였는지 여부를 검토해서 이를 흠결한 것이 명백하다면 이송의 필요 없이 소를 각하할 수 있다고 판시하고 있다.[6]

(2) 민사소송의 선결문제인 행정처분

민사소송절차에서 행정처분의 유·무효에 대한 판단이 선결문제가 되어 수소법원이 이를 심리·판단하는 경우에는 행정소송법 제17조(행정청의 소송참가), 제25조(기록의 제출명령), 제26조(직권심리) 및 제33조(소송비용 재판의 효력)의 규정 등을 준용하게 되어 있다(행소 11조). 따라서 조세부과처분이 당연무효임을 전제로 하여 이미 납부한 세금의 반환을 청구하는 것은 민사상의 부당이득반환청구로서 민사소송절차에 따라야 한다.[7] 그러나 행정처분의 단순 취소사유가 있는 경우에는 당해 행정처분이 취소되기 전에는 민사법원이 그 효력을 부인할 수는 없다.

---

1) 大判 1961. 11. 23. 4294행상64. 한편, 대법원은 납세의무자의 부가가치세 환급세액 지급청구를 민사소송사항으로 보던 판결을 변경하여 행정소송법 제3조 제2호에 따른 당사자소송의 절차에 따라야 한다는 입장으로 정리하였다(大判(全) 2013. 3. 21. 2011다95564).

2) 大判 2020. 4. 9. 2015다34444.

3) 大判 2023. 6. 29. 2022두44262.

4) 大判 1997. 5. 30. 95다28960.

5) 大判 2008. 7. 24. 2007다25261.

6) 이러한 판례 입장은 행정사건에 대한 행정법원의 관할이 순수한 전속관할의 문제가 아니라 권리구제를 달리하는 절차에 불과하다는 것을 인정한 결과라고 판단된다.

7) 大判 1995. 4. 28. 94다55019.

제 5 절   대체적 분쟁해결(ADR)

Ⅰ. ADR의 개념과 의의

모든 국민은 재판청구권을 갖고 있을 뿐 아니라 법원의 재판을 통한 민사분쟁 해결이 가장 공정한 방법임은 재언을 요하지 않는다. 그러나 재판은 비용과 시간 면에서 보면 가장 비경제적인 분쟁해결수단이라는 것 역시 부인할 수 없다. 우리나라도 민사사건 수의 급격한 증가를 감당할 만한 인력과 시설이 현저하게 부족하게 됨에 따라 오래 전부터 재판외의 다양한 분쟁해결수단을 마련해왔으나(민사조정 등) 그 이용 실적은 미미한 편이었다. 그러나 1980년대 이후 미국에서 발흥된 ADR의 물결이 우리나라에도 적극 소개되면서 소위 대체적인 분쟁해결수단(ADR)이 각광을 받기 시작하였다. ADR은 법원과 연계된 형태로 운영되기도 하지만 본래적인 ADR은 법원 외에서 이루어지는 사적인 분쟁해결수단이 중심이라고 할 수 있다.

Ⅱ. 법원 연계형

판결이라는 일도양단의 칼이 아닌 절충과 협상이라는 카드를 통해 원고와 피고가 모두 합의하여 상호 부분적인 승리를 누릴 수 있는 win-win 방식의 분쟁해결수단으로서 조정과 화해를 대표적으로 들 수 있다. 조정은 법관이나 조정위원의 적극적인 개입을 통해 당사자 간에 합의를 도출하는 절차를 의미한다. 법원과 연계된 화해는 재판상화해와 제소전화해가 있는데 양자 모두 두 당사자 간의 양보를 통해 일정한 합의에 이르게 됨을 지칭한다. 그러나 조정과 달리 조정자의 역할이 강조되지는 않는다.

1. 조   정

(1) 의   의

민사조정법에 의한 조정제도를 대표적으로 들 수 있는데 당사자가 처음부터 조정신청을 할 수도 있고(민조 5조) 일반 재판절차가 진행되는 도중에 수소법원에 의해 직권으로 조정에 회부될 수도 있다(민조 6조). 당사자가 처음부터 조정을 신청한 사건은 조정담당판사가 직접 처리하거나 판사인 조정장과 2인의 조정위원으로 구성된 조정위원회에서 심리를 할 수도 있는데 당사자의 명시적인 요구가 없는 한 그 선택은 조정담당판사에게 일임되어 있다. 조정위원회의 조정장은 조정담당판사나 수탁판사 등이 당연히 맡게 되며(민조 9조) 조정위원의 권한 역시 조정에 관여하는 수준에 그치고 있어(민조 10조) 조정절차가 법관에 의해 전적으로 영향을 받게 되는 구조를 갖고 있다. 더구나 수소법원에 의해 직권으로 조정에 회부된 사건은 수소법원이 직접 조정절차를 진행할 수도 있어 조정제도의 본래 취지와는 다소 거리가 있다.[1]

(2) 조정을 갈음하는 결정

당사자 간의 조정이 결렬되거나 조정된 내용이 상당하지 않다고 인정되는 경우에도 조정담당판사가 직권으로 당사자의 의사에 반해서 조정을 갈음하는 결정(민조 30조)을 할 수 있다. 아울러 피신청인이 조정기일에 출석하지 않은 경우에는 상당한 이유가 없으면 조정을 갈음하는 결정을 하여야 한다(민조 32조). 조정을 갈음하는 결정이 조서에 기재되어 그 정본이 당사자에게 송달되면 2주 이내에 이의신청을 통해 불복이 가능하므로 당사자의 의사에 전적으로 반하는 조정결정이라고 할 수는 없으나 당사자 간의 의사합치에 따른 win-win 방식의 조정제도의 취지와 부합되지는 않으며 만일 수소법원이 조정을 갈음하는 결정을 한다면 재판부의 심증을 미리 드러내는 불합리한 결과를 초래할 수도 있다.

(3) 절차와 효과

조정절차는 조정장의 지휘아래(민조 11조) 비공개로 진행되는 것이 실무관행이며 당사자 사이에 합의가 성립되면 조정이 성립된다(민조 28조). 조정담당판사는 당사자에 대해 기일을 통지할 수 없는 경우에는 조정신청을 각하할 수 있으며(민조 25조), 사건이 조정을 함에 적당하지 않다고 인정하는 경우에는 조정을 하지 아니하는 결정을 할 수 있다(민조 26조). 그러나 당사자 사이에 합의가 성립되지 않거나 성립된 합의의 내용이 상당하지 않은 경우에도 조정담당판사는 상당한 이유가 없는 한 직권으로 조정을 갈음하는 결정을 하여야 한다(민조 30조). 조정을 갈음하는 결정조차도 적절하지 않다고 판단하는 경우에만 조정의 불성립으로 사건을 종결짓는다(민조 27조). 조정은 당사자 사이에 합의된 내용을 조서에 기재함으로써 성립하며(민조 28조) 재판상화해와 동일한 효력이 인정된다(민조 29조).

2. 화   해

(1) 화해는 당사자 상호 간의 양보를 통해 분쟁을 종식시키는 것으로 재판외화해(민법상의 화해계약)와 재판상화해가 있다. 재판상화해는 소송진행 도중에 화해가 이루어지는 소송상화해(220조)와 처음부터 화해조서의 작성을 목적으로 하는 제소전화해 제도(385조)가 있다. 제소전화해는 이미 발생한 민사상의 다툼에 관해 일방 당사자가 화해신청을 법원에 접수한 후

---

1) 조정전담법관이나 조정위원의 전문성(특히 협상이나 교섭의 기술적인 측면)이 문제될 수 있으며 아울러 수소법원이 직권으로 조정절차에 회부해서 직접 조정을 할 경우 당사자는 조정이 결렬되어 다시 재판절차로 회귀될 경우를 대비하는 경향이 있으므로 사건에 대한 솔직한 접근이 어려워질 수 있다. 이러한 점에서 수소법원에 의한 조정절차 진행은 바람직하지 못할 수 있다.

당사자 모두의 화해의사를 법관 앞에서 확인받고 그 내용을 조서에 기재함으로써 재판절차의 진행 없이 사건을 종결하는 제도이다. 그러나 실무상으로는 당사자 간에 이미 합의가 이루어진 상태를 전제로 장래 발생할 분쟁을 미연에 방지하기 위해 미리 집행력 있는 정본을 만들고자 하는 취지에서 법원에 제소전화해 신청을 하는 것이 일반적이므로 본래 의미의 ADR이라고 보기는 어렵다.

(2) 소송상화해는 소가 제기된 후 당사자 간의 합의가 원만하게 이루어져 더 이상의 절차진행이 필요 없게 되고 단지 합의된 내용을 화해조서에 담아 그 이행의 강제를 담보하고자 하는 취지에서 비롯된다. 소 제기 후 화해에 이르게 되는 경위는 여러 가지 원인이 있을 수 있으나 전적으로 당사자 간의 순전한 합의에서 비롯되는 경우와 법원의 권유에 의한 경우가 있을 수 있다. 법은 당사자 간의 합의가 없더라도 법원이 직권으로 당사자의 이익, 그 밖의 모든 사정을 참작하여 청구의 취지에 어긋나지 아니하는 범위 안에서 사건의 공평한 해결을 위한 화해권고결정을 할 수 있도록 하고 있는데(225조) 이는 화해를 촉진하기 위해 법원이 사건에 적극 관여할 것을 주문하는 것에서 비롯된 것이다.

Ⅲ. 법원 분리형

1. 중   재

(1) 의의와 연혁

중재라 함은 사법상의 분쟁을 적정 · 공평 · 신속하게 해결할 목적(중재 1조)으로 당사자 간의 합의로 재산권상의 분쟁 및 당사자가 화해에 의하여 해결할 수 있는 비재산권상의 분쟁을 법원의 재판에 의하지 아니하고 중재인의 판정에 의하여 해결하는 절차를 지칭한다(중재 3조 1호). 제3자의 개입과 판단(중재판정)이 있다는 점에서 조정이나 화해와는 다르지만 판단자인 중재인과 중재절차를 당사자 간의 합의에 의해 정할 수 있다는 점에서 판결절차와는 근본적으로 다르다. 우리나라에서도 의용 민사소송법 시기에는 독일과 마찬가지로 법에 중재규정이 있었으나 대한민국의 민사소송법을 제정하면서 이 부분을 삭제하였다. 그 후 1966년에 별도의 중재법이 제정되었으며 1999년 UNCITRAL 모델법을 수용하면서 국제중재와 국내중재를 포괄해서 규율하는 방식을 채택하는 전면적인 개정이 이루어졌다. 최근에는 UNCITRAL 모델법의 개정을 반영하기 위해 2016. 5. 29. 중재법이 대폭 개정되었다 (2016. 11. 30. 시행).[1]

---

1) 개정 중재법의 상세한 내용은 이호원, "최근의 중재법 개정논의", 중재 341호(2014), 5면 이하 참조.

(2) 중재합의와 본안에 관한 소

중재합의는 서면에 의하여 작성될 것이 요구되지만(중재 8조 2항) 독립된 계약의 형태로 체결되기보다는 관할합의와 마찬가지로 본 계약서에 분쟁해결을 위한 조항에 덧붙여 이루어지는 것이 보다 일반적이다(중재 8조 1항 참조). 그러나 본계약의 효력과 중재합의의 그것은 서로 독립해서 취급되어야 한다. 한편 중재합의의 서면성 요건은 2016년 개정을 통해 매우 완화되어 중재합의의 내용이 기록되거나 전자적 의사표시에 중재합의가 포함되는 것으로 충분하다(중재 8조 3항 참조). 중재합의가 있음에도 당사자 일방이 소를 제기한 경우에는 상대방은 본안에 관한 최초의 변론 전까지 중재합의가 존재한다는 방소항변(妨訴抗辯)을 할 수 있으며 법원은 이 경우 소를 각하하여야 한다(중재 9조 1항).

(3) 중재판정

중재판정은 당사자들에게 법원의 확정판결과 동일한 효력이 발생하지만(중재 35조) 법원에 중재판정 취소의 소를 제기할 수 있는 길이 열려있다(중재 36조). 다만, 취소사유는 법정되어 있으며(중재 36조 2항) 취소의 소는 중재판정 정본 수령일로부터 3개월 이내에 제기되어야 한다(중재 36조 3항). 한편, 해당 중재판정에 관하여 대한민국의 법원에서 내려진 승인 또는 집행 결정이 확정된 후에는 중재판정 취소의 소를 제기할 수 없다(중재 36조 4항).

(4) 중재판정의 승인 및 집행

외국의 중재판정은 물론 국내 중재판정 역시 당사자의 신청에 따라 법원으로부터 집행결정을 얻어야 국내에서 집행력을 가질 수 있다(중재 37조 2항). 필요한 경우 당사자는 승인결정 역시 법원을 통해 받을 수 있으나(중재 37조 1항) 현실적인 수요는 많지 않을 것으로 판단된다. 종전에는 승인·집행절차를 판결절차로 운용하였으나 2016년 개정을 통해 결정절차로 이를 바꾸었으며 이로써 신속한 승인·집행절차를 운용할 수 있게 되었다고 평가된다. 그러나 동 결정에는 이유를 기재하여야 하며(중재 37조 5항) 변론기일을 열어 재판을 할 수도 있어(중재 37조 4항) 순수한 결정절차라고 할 수는 없다. 한편, 뉴욕협약의 적용을 받는 외국중재판정의 승인 또는 집행[1]의 경우에는 당해 협약에 의해 규율되지만(중재 39조 1항) 그 외의 외국중재판정의 승인 또는 집행에 대해서는 법 제217조, 민사집행법 제26조 제1항 및 제27조에 의해 규율되고 있다(중재 39조 2항).

(5) 임시적 처분

중재합의의 당사자는 중재절차 개시 전 혹은 그 후에라도 법원에 보전처분을 신청할 수 있다(중재 10조).[2] 그러나 중재절차를 개시해서 중재판정부가 구성된 후에는 일방 당사자의

---

1) 졸고, "한국에 있어서의 외국중재판정 및 조정의 승인·집행", 국제사법연구 제8호(2003), 419면 이하 참조.
2) 동 규정은 중재합의를 전제로 중재합의의 대상인 분쟁에 관하여 중재판정이 있기 전에 현상 변경을 막거

신청에 따라 중재판정부 역시 임시적 처분을 할 수 있다(중재 18조 1항). 중재지를 관할하는 법원으로부터의 조력 없이 중재판정부가 자체적으로 임시적 처분을 할 수 있게 됨으로써 분쟁해결절차인 중재절차의 완결성을 도모할 수 있게 된 것이다.[1]

(6) 중재기관과 중재산업의 진흥

1) 중재법은 국내외 상사분쟁을 공정·신속하게 해결하고 국제거래질서를 확립하기 위하여 산업통상자원부장관이 지정하는 상사중재를 시행하는 사단법인 형태의 대한상사중재원을 상설중재기관으로 허용하고 있다(중재 40조). 대한상사중재원은 자체의 중재규칙(중재 41조)을 마련해서 독자적인 형태의 중재절차를 운영하고 있으나 독점적인 중재기관의 지위를 갖는 것은 아니다. 중재합의 당사자는 상설중재기관인 대한상사중재원을 선택할 수도 있으나 임의로 제3자를 중재인으로 지정하는 합의를 하는 것도 가능하며 외국의 중재기관을 선택할 수도 있다.

2) 2016. 12. 27. 중재산업진흥에 관한 법률이 제정(2017. 6. 28. 시행)됨에 따라 법무부가 주무관청이 되어 중재산업의 진흥에 필요한 사항을 정하여 국내 및 국제 분쟁 해결 수단으로서 중재를 활성화하고 대한민국이 중재 중심지로 발전할 수 있도록 중재산업 진흥기반을 조성하고자 노력하고 있다.

2. 행정위원회 조정

우리나라에는 여러 행정부처 소관의 각종 위원회가 주관하는 조정절차가 산재해 있다. 인권위원회 내의 조정위원회(인권 41조), 국민권익위원회의 조정(부방 45조), 소비자분쟁조정위원회(소비 65조), 환경분쟁조정위원회(환경 4조), 저작권심의조정위원회(저작 86조) 등을 대표적으로 들 수 있다. 행정부 소관부서별로 거의 모두 조정기구를 두고 있다고 해도 과언이 아니다. 이러한 조정제도의 난맥상은 조정의 효력 역시 서로 다르다는 점에서도 분명히 드러난다. 예를 들어 소비자분쟁조정위원회(소비 67조 4항)나 인권위원회의 조정(인권 43조), 환경분쟁조정위원회 조정(환경 33조 2항), 저작권심의조정위원회의 조정(저작 117조 2항) 등은 재판상화해와 같은 효력이 인정되고 있으나 국민권익위원회의 조정은 민법상의 화해의 효력만이(부방 45조 3항) 인정되고 있다.

나 다툼이 있는 권리관계에 끼칠 현저한 손해나 급박한 위험 등을 피하기 위하여 법원에 보전처분을 신청할 수 있도록 한 것으로 중재판정의 실효성을 확보하기 위한 것이다. 따라서 중재법 제10조는 중재합의의 부존재나 무효 등을 이유로 법원에 중재절차의 정지를 구하는 가처분신청을 할 수 있다는 근거가 될 수는 없는 것이다(大決 2018. 2. 2. 2017마6087).

1) 중재판정부가 구성되기 전에는 긴급중재인 제도를 통해 임시적 처분을 얻어낼 수가 있는데 중재기관에 따라서는 이러한 긴급중재인 제도를 활용하고 있다(대한상사중재원 국제중재규칙 별표 3. 긴급중재인에 의한 긴급처분 참조).

Ⅳ. ADR의 문제점과 해결방안

당사자 간의 자발적인 화해와 조정을 통한 분쟁해결은 최종판단의 부담을 지는 법원의 업무를 경감할 뿐 아니라 당사자 상호 간에도 불만 없는 상호 공생의 해결방안을 제공하는 유용한 것임은 재언을 요하지 않는다. 따라서 현대의 여러 나라들은 ADR을 통한 분쟁해결에 노력을 경주하고 있다. 그러나 법원의 적극적인 개입을 통해 이루어진 화해나 조정은 자칫 사법 불신을 초래할 수도 있어 법원이 조정이나 화해에 개입하는 경우에는 매우 조심스러운 접근이 필요하다. 특히, 우리 실정법은 조정을 갈음하는 결정이나 화해권고결정 등의 제도를 통해 당사자에게 법원의 심증의 일단을 공개함으로써 조정이나 화해를 촉진하고 있어 더욱 신중한 선택이 필요하다. 더구나 우리의 경우 조정이나 중재, 화해 등을 함에 있어 협상(Negotiation)에 대한 전문성을 갖춘 인력이 많지 않을 뿐 아니라, 그 과정에서의 당사자의 진솔한 주장 등에 대해 기밀성이 보장되지 않아 조정 등의 실효성을 확보하기 어려운 단점이 있다.

제 2 장 민사소송법

제 1 절 민사소송법의 의의와 성질

I. 의   의

민사소송법은 형식적으로는 협의의 민사재판절차를 규율하기 위해 제정된 민사소송법전을 의미하며 전통적인 법 분류 방식에 따르면 국민과 국가기관인 법원 사이의 권한배분을 규율하므로 소위 공법에 해당한다. 그러나 민사소송법을 실질적인 의미에서 광의로 파악하는 경우에는 그 외에도 헌법, 민사집행법, 법원조직법, 민사조정법, 중재법, 회생·파산법 등도 여기에 포함된다고 할 수 있다. 나아가 민법이나 상법과 같은 실체법 안에도 절차법적인 성질을 갖는 규정(민 269조 1항, 공유물분할 규정; 상 190조 설립무효·취소판결의 효력 등)이 존재하므로 이들 역시 성질결정을 한다면 절차법규에 속한다.

II. 성   질

민사소송법은 전통적으로 사인(私人)의 국가에 대한 재판청구권을 규율한다는 점에서 공법의 하나로 분류되어 왔다. 그러나 당사자 간에는 처분권주의와 변론주의가 지배하는 사적자치의 원리가 지배하는 민사사법(民事私法)의 성격도 갖고 있음을 유념할 필요가 있다(공법과 사법의 공존). 즉, 민사소송법은 대 국가적 측면에서는 공법적 성격을, 대 상대방 측면에서는 민사사법의 성격을 갖게 된다. 한편, 민사소송법은 절차를 규율하는 절차법에 속하며 행정소송이나 헌법소송은 물론 중재절차나 민사조정절차 등에서도 민사소송법 규정이 준용됨으로써 민사소송절차는 각종 소송절차나 재판 외 절차에서도 기본이 되는 전범으로 활용되고 있다.

제 2 절 민사소송법의 적용 범위

Ⅰ. 시간적 적용범위

　　법이 제정되거나 개폐될 경우 신·구 법의 적용범위가 문제된다. 실체법에서는 개정 규정을 소급하게 되면 당사자의 기득권을 침해할 가능성이 크므로 신법불소급의 원칙이 인정되지만 절차법규인 민사소송법에서는 오히려 새로운 절차 규정을 이미 계속되어 있는 사건에도 적용하는 것이 원칙이다(부칙 2조). 다만, 이미 발생한 소송행위의 효력(예를 들어, 완료된 증거조사의 효력)에는 영향을 미치지 않는 것으로 하였다. 이러한 경우에는 오히려 소송절차의 안정을 해할 수 있기 때문이다(부칙 2조 단서 및 3조 단서). 그러나 경우에 따라서는 개별 사항에 관해 부칙에서 특칙을 설치할 필요가 생기는데 가급적이면 기존의 이익을 해치지 않고자 함이다(부칙 4조, 5조 참조).

Ⅱ. 장소적 적용범위

　　우리나라 법원에 계속된 사건에 대해서는 당해 사건에 적용되는 실체법이 설사 외국법이라 하더라도 절차법은 법정지법인 대한민국 민사소송법에 의한다(소위 lex fori 원칙). 이 점에서 소송절차는 중재와 다르다. 중재절차에서는 중재지와 상관없이 절차 법규도 선택할 수 있기 때문이다. 따라서 적용될 법이 실체법인지 절차법인지 하는 성질결정이 매우 중요한 역할을 하게 된다. 한편, 외국법원에서 한 소송행위나 결과가 국내 법원에서 효력을 갖는지 여부는 우리 민사소송법에 의해 판단하며 아울러 국내법원의 판결이나 소송행위 역시 외국법원에서 효력을 갖는지 여부는 해당국 절차법에 의한다. 따라서 이러한 법적 불안을 해소하기 위해 많은 나라들이 양자 혹은 다자조약의 형태로 민사사법공조를 도모하게 된다.

제 3 절 민사소송법과 실체법

Ⅰ. 상호 관계

　　(1) 실체법은 민사소송절차에 있어 재판의 내용이 되는 권리와 의무의 내용을 제공하고, 절차법은 소송절차의 진행방법, 사실인정을 위한 자료의 수집 및 증거조사 방법과 어떤 방식으로 재판을 할 것인가 하는 등의 재판의 형식적인 측면을 규율한다. 대부분의 경우는 실체

법에 따라 정해지는 권리·의무에 따라 자발적인 의무이행이 이루어짐으로써 소송절차에 의존하는 경우는 상대적으로 적다. 하지만 자발적인 의무이행이 없는 경우에는 실체법상의 권리는 소송으로써 확정되어야만 강제적인 권리의 집행이 가능하게 된다. 연혁적으로 볼 때 실체법인 사법 법규(私法 法規)는 민사재판의 분쟁해결의 기준으로서 절차법보다 후발적으로 생성되었다고 보는 견해(김/강, 5-6면)가 있다. 이 견해가 사실이라 하더라도 법체계가 정비된 근대 이후에는 권리와 의무의 내용을 규정짓는 실체법이 절차법을 재단하는 측면이 오히려 강하다는 사실을 부인할 수는 없다. 즉, 자신의 권리가 침해된 당사자는 소를 제기함에 있어 우선 실체법상 자신이 권리를 소구할 수 있는지 여부를 확인해야 하며 여러 권리 가운데 자신에게 가장 알맞은 권리를 선택한 후에 당해 권리를 주장하는 경우에 필요한 주요사실을 도출하고 이에 대한 주장·증명책임의 분배를 고려해서 소송절차를 진행하게 된다. 이 단계까지는 실체법에 대한 해석론을 통해 문제를 해결하게 됨으로써 절차에 대한 실체법의 관여가 뚜렷하게 나타나게 된다. 더구나 실체법의 내용을 어떻게 정하느냐에 따라 소송의 형태도 결정될 뿐 아니라(소송과 비송사건, 일반 이행소송과 형성소송) 요건사실을 어떻게 구성하느냐에 따라 법원의 판단 대상과 범위도 달라진다.

(2) 제반 법규가 정비된 근대 국가 이후에는 실체법이 절차법을 규정짓는 경우가 더 많아졌지만 절차법 역시 역으로 실체법에 영향을 미치기도 한다. 이는 실체법을 입법할 당시에 절차법의 원칙을 고려해야 한다는 것을 의미한다. 예를 들어 1998년 개정 이전의 상법 제403조 제1항에서는 주주대표소송을 규정하면서 "발행주식의 총수의 100분의 5 이상에 해당하는 주식을 가진 주주는 회사에 대하여 이사의 책임을 추궁할 소의 제기를 청구할 수 있다"고 규정하였는데, 법원은 소송요건과 마찬가지로 주주의 주식보유요건을 변론종결시까지만 충족되면 되는 것으로 이해하였다.[1] 입법자가 주식보유요건을 제소요건으로 하고자 하였다면 제소 시점에 이 조건이 충족되어야 한다는 점을 명시적으로 규정했어야 했다. 뒤늦게나마 1998년 상법 개정을 통해 제403조 제5항이 신설됨으로써 대표소송의 제소 시에는 1/100 이상의 주식을 보유하여야 한다는 해석이 가능하게 되었다.[2]

(3) 현대에는 절차법과 실체법의 구분이 모호해지는 경우가 적지 않다. 민법이나 상법에도 절차와 관련된 규정이 적지 않기 때문이다. 공유물분할청구(민 268조), 채권자대위소송(민 404조)과 채권자취소소송(민 406조) 등과 같은 절차법적 내용이 민법에 규정되어 있을 뿐 아니라 상법, 특히 상법 회사편에는 절차법적 규정(대표소송, 주주총회결의취소소송 등)이 많이 산재해

---

1) 서울地判 1998. 7. 24. 97가합39907 참조(大判 2002. 3. 15. 2000다9086의 1심 판결).

2) 그러나 상법 제403조 제5항에 대해서는 여전히 반대 해석의 여지가 남아 있다. 입법의 의도가 주식보유를 제소요건으로 하는 것이었다면 지금보다 더 분명한 메시지를 규정에 담았어야 했다. 예컨대 법 제33조의 규정 형식은 하나의 모범적인 기준을 제시해 주고 있다. 즉, "법원의 관할은 소를 제기한 때를 표준으로 정한다."라는 정확한 메시지는 불필요한 논의를 차단한다.

있기 때문이다. 한편, 소송법에도 당사자의 권리·의무를 규정하는 경우가 드물지만 존재한
다(123조, 담보물에 대한 피고의 권리를 질권과 동일하게 취급). 더구나 관할합의, 소취하 합의 등과 같
은 계약 형태의 소송행위가 존재함으로써 이를 순수한 소송계약으로 볼 것인지 혹은 사법상
계약으로 볼 것인지 구분이 애매한 경우도 적지 않다.

Ⅱ. 실체법의 흠결과 절차법의 보완

권리·의무관계를 규율하는 실체법 역시 사회·경제변화에 뒤처지는 경우가 적지 않기
때문에 종종 구체적인 구제수단의 흠결 현상이 나타나게 되는데(소위 법의 흠결 현상) 이러한 경
우 권리침해를 당한 당사자는 절차법을 통해 권리를 확보할 수 있는 길이 다소는 열려 있다.
특히, 확인의 소라는 절차 수단과 절차 안에서의 법관의 적극적인 법 형성 기능에 의존해서
피해구제를 도모하는 일이 빈번해지게 되었다.

(1) 확인의 소는 소구하는 당사자의 실체법상의 권리가 다소 모호한 경우에 빛을 발하
게 된다. 이행의 소나 형성의 소는 비교적 실체법에서 권리자의 소구가능성을 분명히 하고
있는 반면, 확인의 소는 모호한 소구권자의 실체법상의 권리를 우회적으로 보호해 주는 기능
을 수행함으로써[1] 침해된 권리의 포괄적인 회복을 위한 효율적인 도구로서 점차 활용의 폭
이 넓어지고 있다.

(2) 헌법이 규정하는 환경권의 구체화 과정을 보면 실정법보다는 오히려 소송절차를 통
해(구체적으로는 법관의 적극적인 법형성 작용) 이러한 권리의 구체적인 모습이 형성되었음을 알 수
있다. 최초에는 일조권이라는 빛과 열에 대한 사람들의 갈구가 권리로서의 모습을 서서히 갖
추게 되자 최근에는 조망이익이라는 개념이 등장해 사실상의 보호 대상을 넘어 권리로서의
모습을 나타내고 있다.[2]

---

1) 아파트 동 대표 선거 과정에서 당선된 주민이 학력을 허위로 기재했다는 이유로 동 대표 선거관리위원회
로부터 당선무효라는 통보를 받았다고 가정해보자. 형식적으로 당선된 주민은 자신이 정당한 동 대표이므로
그에 상응하는 권리행사를 하고자 하지만 아무도 이를 인정해 주지 않는다면 결국 자신이 적극적으로 무엇
인가를 해야 하는데 실체법에서는 구체적으로 어떤 행동을 할 수 있는지에 대해 구체적인 규정이 존재하지
않는다. 결국, 당선된 주민은 입주자대표회의를 상대로 당선자지위확인소송을 통해 포괄적인 자신의 권리(동
대표로서의 지위에서 파생되는 모든 권리)를 회복할 수 있게 된다. 서울高判 2012. 5. 31. 2011나92871 사건
(법률신문 2012. 6. 7.자 기사) 참조.
2) 조망이익을 근거로 한 공사금지가처분 결정(서울중앙地決 2007. 8. 20. 2007카합1546, 법률신문 3581호 2
면)을 그 예로 들 수 있을 것이다. 그러나 조망이익이 당연한 권리로서 인정되지는 않고 있다(大判 2004. 9.
13. 2003다64602 참조).

Ⅲ. 실체법규와 절차법규의 구분과 의미

실체법 규정 내에도 절차법 규정을 포함하고 있는 경우는 물론 그 역의 경우도 적지 않다. 따라서 어느 특정한 실정법을 실체법 혹은 절차법으로 분류한다 하더라도 문제된 어느 규정이 양자 중 어느 쪽에 귀속되는지 여부의 성질결정(Qualifikation)이 필요한 경우가 있다. 국제민사소송 분야에서 당해 사건에 어느 나라의 법이 적용될 것인가 하는 준거법 문제를 다룰 때 이 문제가 종종 발생하게 된다. 예를 들어 국제재판관할합의나 증명책임의 귀속 문제를 규율하는 법 규정이 절차법이라고 성질결정하는 경우에는 국제사법의 오랜 원칙에 따라 법정지법(lex fori)을 적용하여야 하지만 실체법이라고 성질결정하는 경우에는 법정지 국제사법의 원칙에 따라 결정되는 준거법을 적용하여야 하는 상황이 벌어지기 때문이다.

제 4 절 민사소송법의 성격과 소송관의 대립

민사소송법은 그 시대의 사회, 경제적인 사조(思潮)와 철학을 가장 민감하게 반영하는 가치 체계의 결합물이라 할 수 있다. 특히, 민사소송제도는 사법적(私法的)인 분쟁을 국가기관인 법원이 해결하는 이중적인 성격을 갖고 있어 법원과 당사자 간의 권한 분배 측면에서 이념적인 대립이 필연적으로 수반되었으며 당시의 정치체제로부터 자유롭지 못했다.[1]

Ⅰ. 자유주의적 소송관

독일은 18세기와 19세기 초반에 걸쳐 통일 국가를 이루지 못한 상태에서 각 지역(Land)마다 독자적인 민사소송절차를 갖고 있었다. 그 후 1806년에 성립된 프랑스 민사소송법전의 영향으로 당사자에게 절차형성과 절차진행의 주도권을 부여하는 자유주의적 소송관이 확립되었으며 그 결과 독일의 통일과 함께 1877년의 독일민사소송법(CPO)이 탄생되었다(1879. 10. 1. 발효). 이 법에서 비로소 처분권주의는 물론 구술주의가 확립됨으로써 당사자에게 절차진행 및 형성에 대한 통제권이 확립되었다(소위 당사자주의). 이는 당시의 자유주의 사조에 부응한 결과라고 평가된다.[2] 대등한 당사자 간의 사법적인 분쟁에 법원이 적극적으로 관여하는 것은 부적절함을 넘어 불법적인 것으로 취급되었으며, 구술주의 및 변론주의와 처분권주의가

---

1) 소송관에 대한 상세는 호문혁, "민사소송에 있어서의 이념과 변론주의에 관한 연구", 법학 30권 3·4호 (1989), 219면 이하 참조.

2) Rolf A. Stürner/Peter Murray, pp. 30-31.

민사분쟁해결의 핵심적인 화두가 되었을 뿐 아니라 공개재판주의는 법관의 전횡을 방지하는
제도적 장치로서 기능하였다.

Ⅱ. 사회적 소송관

1960년대 들어 자유주의 사조의 팽배와 자본주의의 발전은 사회구조적인 불평등을 초래
하였고 민사절차에서의 당사자 간의 평등은 허구라는 의식이 등장하게 되었다.[1] 결국, 민사
소송절차를 개인의 처분 대상으로 보지 않고 사회적 약자를 위한 국가의 복지 업무의 일환
으로 보는 견해가 등장함으로써 법관의 절차에의 적극적인 개입은 물론(석명의무의 범위와 내
용 강화) 재판자료(사실과 증거)의 수집, 제출책임을 당사자에게만 맡기는 변론주의를 협동주의
로 대체하여야 한다는 주장이 제기되기에 이른다. 이 견해에 따르면 법관은 단순히 재판절차
라는 경기의 심판이 아니라 사회의 질병을 치유하고 새로운 사회를 건설하는 "사회의사
(Sozialarzt)" 혹은 "사회기술자(Sozialingenieur)"의 역할을 수행하여야 한다.

Ⅲ. 소송관의 현대적 의의

(1) 민사소송제도의 이상을 실현하기 위해서는 무엇보다 분쟁을 둘러싼 "실체적 진실"이
무엇인지 확정하는 일이 필요하다. 자유주의적 소송관은 재판자료에 대한 수집, 제출책임을
일차적으로 소송당사자에게 부과하고 법원은 최소한의 개입을 통해 절차지휘를 하도록 하는
것이 실체적 진실 접근에 가장 바람직하다는 믿음에서 출발하고 있다. 아울러 민사재판에서
의 진실은 형사소송 등에서의 실체적 진실과는 다르다는 점도 그 근거의 하나로 삼고 있다.
이는 민사소송제도의 역사적인 발전 과정을 통해 자유주의적 소송관이 민사소송제도의 이상
을 실현하는 데 가장 적합하다는 경험적 판단에서 비롯된 것이며, 우리 민사소송법 역시 일
차적으로 절차적인 통제권을 당사자에게 부과하고 변론주의를 절차의 요체로 삼고 있어 자
유주의적 소송관을 기저로 하고 있다.

(2) 사회적 소송관이 지적하는 바와 같이 사회적 불평등은 재판절차에서도 그대로 드러
나고 있으며 오히려 심화되고 있는 것 역시 어느 정도 사실이다. 그러나 이를 해소하기 위해
처분권주의와 변론주의를 포기하고 법원으로 하여금 실체적 진실 발견의 일차적인 책임을
지도록 하는 것은 올바른 해결책이 아니다. 법관의 권한과 재량 범위의 증가가 반드시 당사

---

1) 독일에서는 1933년 Hitler의 집권에 따라 국가사회주의가 등장하였으며, 제2차 세계대전 후 구 동독에서는
   사회주의소송관이 출현한 바 있으나 이들은 특정 시대의 논의로 그 이상의 의미는 갖지 못하고 있다. 단지,
   소송제도가 그 시대의 사조 및 사회체제와 밀접히 연관되어 있음을 보여주는 예에 불과하다고 할 것이다.

자에 대한 공평한 취급과 실질적 정의의 증대로 연결된다는 보장이 없기 때문이다. 오히려 자유주의적 소송관으로부터 파생될 수 있는 폐해는 다른 제도적 장치를 통해 개선해 나가는 것이 바람직하며 일정 부분 사회적 소송관이 지적하는 문제점을 받아 들여 제도적인 개선을 도모하는 것이 바람직하다. 우선, 민사소송법상의 소송구조(訴訟救助, legal aid)제도를 활성화함으로써 당사자의 법원에의 접근권을 제고하여 저렴한 비용 혹은 무상으로 변호사를 선임할 수 있는 제도적 장치를 마련하는 것이 중요하다. 아울러 집단적인 소액피해자들을 위해 보다 적합한 제도적 장치(class action, 단체소송, 집단분쟁조정 등)를 마련하는 것 역시 필요하다. 이와 같이 절차 외적인 측면에서 사회적인 불평등을 해소하도록 노력하는 것이 자유주의적 소송관의 문제점을 해결하는 보다 바람직한 방안이 될 것이다.

Ⅳ. 소송관과 신의성실의 원칙

1. 신의성실의 원칙과 지도이념

우리 민사소송법은 자유주의적 소송관을 토대로 하고 있지만 소송 당사자의 사회·경제적 불평등이 재판절차에서나마 최소화될 수 있도록 사회적 소송관에 따른 제도 보완을 시행하고 있다. 그 중 대표적인 것이 석명권(136조)제도와 보충적인 직권증거조사(292조), 소송구조(128조 이하) 규정 등이라 할 것이다. 이러한 개별적인 규정을 넘어 법 제1조에서는 민사소송 제도의 이상을 구현함에 있어 그 1차적인 책임을 법원에게 부담시키고 있지만(1조 1항) 당사자와 소송관계인 역시 신의에 따라 성실하게 소송을 수행할 것을 요구함으로써 법원뿐 아니라 당사자와 소송관계인 역시 민사소송의 이상을 실현하는 데 공동의 책임이 있음을 선언하고 있다.

2. 신의성실의 원칙의 보충성

(1) 신의칙은 1990년에 법 개정을 통해 법조문으로 처음 편입되었지만 그 이전에도 신의칙이 민사소송절차를 관통하는 지도이념의 하나라는 것에는 별 이의가 없었다. 따라서 법 제1조 제2항의 신의칙 규정은 독자성을 가진 독립의 법 규정이 아니라 신의칙의 이념이 구현된 각 절차법 규정의 적용을 통해 발생될 수 있는 구체적인 부조리와 부정의를 시정하는 보충 역할을 담당하는 규정으로 봄이 타당하다(신의칙의 보충적 성격).[1]

(2) 신의칙의 보충성은 법 제1조 제2항의 적용에 있어 후순위성을 수반한다. 즉 실정법

---

[1] 소액사건심판법의 적용을 받음으로써 소송을 간이하고 신속하게 진행하기 위해 채권액을 소액으로 분할하여 제기하는 일부청구는 소액사건심판법 제5조의2 규정에 의해서 금지되고 있는데 이는 이러한 소 제기 행위가 신의칙에 반한다는 것이 확립됨에 따라 신의칙이 법규화된 대표적인 예라고 할 수 있다.

규의 적용을 통해 문제를 해결할 수 있는 경우에는 굳이 신의칙 규정을 거론할 필요가 없으며[1] 신의칙 위반 여부에 대한 판단에 있어서도 매우 신중한 접근이 요구된다. 즉, 실체법이나 소송법에 있어서도 일단 유효하게 성립된 계약이나 소송행위가 있는 경우 신의칙과 같은 일반원칙에 의하여 이들을 제한하는 것은 자칫 잘못하면 사적 자치의 원칙이나 법적 안정성에 대한 중대한 위협이 될 수 있으므로 신중을 기하여 극히 예외적으로 인정하여야 할 것이다.[2]

3. 신의성실의 원칙의 내용

신의칙 위반 행위를 유형화하는 것은 쉽지 않다. 하지만 전통적으로 소송상 권능의 남용, 소송상태의 부당형성, 소송상의 금반언, 소송상 권능의 실효 등 네 가지 그룹으로 구분해서 살펴보는 것이 일반적이다.[3] 그러나 이들 네 가지 상황은 신의칙 위반을 인정할 수 있는 유형화된 사유일 뿐 이러한 상황이나 정황이 있다고 해서 언제나 바로 신의칙에 반하는 소송행위라고 단정할 수는 없다. 아울러 어떤 상황이 각기 분류된 범주 안에 정확히 들어맞는 경우도 흔하지 않다. 대부분의 사안은 두 개 이상의 범주에 걸쳐 있는 경우가 많고 따라서 논자에 따라서는 적용 범주를 달리해서 논의하는 사례도 적지 않다. 판례도 이를 정확히 분류해서 언급하고 있지는 않다.

(1) 소송상 권능의 남용

1) 개 념   외적으로는 법률상 흠이 없는 소 제기 내지 절차 내에서의 소송상 행위이지만 그 행위의 목적이 상대방을 괴롭히거나 혹은 무익한 소송행위로서 법원과 상대방에게 불필요한 부담을 지우거나 절차적인 지연을 초래하는 경우는 소송상 권능이 남용되는 것으로 신의칙에 반하는 소송행위에 해당할 수 있다. 소송지연만을 목적으로 하는 기일변경 신청이나 이미 기각되어 확정되었음에도 여러 차례 동일 사유를 원인으로 제기하는 재심청구[4] 등을 그 예로 들 수 있다. 이 경우 법원으로서는 그러한 신청을 배척하거나 당해 소송행위의 효과를 부인해야 한다. 한편 보존행위를 원하는 공유자가 여러 명 있는데 소송비용을 절약하기 위해 그 중 무자력자 1인만을 내세워 소를 제기하면서 소송구조신청을 하는 경우도 소송목적에 위반되는 소송행위로 소송상 권능의 남용에 해당한다는 견해가 있으나(이시, 35면; 호, 48면) 의문이다. 충분한 자력을 가진 원고가 자금능력이 없는 양 구조신청을 하는 것

---

1) 예를 들어 소송지연의 목적을 갖고 제척 혹은 기피신청을 하는 경우에는 법 제45조 제1항에 근거하여 동 신청을 각하하는 것으로 충분하다. 따라서 이를 신의칙 위반(소권의 남용)으로 취급하는 것(이시, 36면)은 신의칙의 보충성에 반한다.

2) 大判 2004. 1. 27. 2003다45410.

3) Rosenberg/Schwab/Gottwald, §65 Ⅶ. Rdnr. 50ff. 참조.

4) 大判 2005. 11. 10. 2005재다303.

은 모르지만 실제 무자력자가 소를 제기하면서 소송구조를 신청하는 것을 소송상 권능의 남
용으로 보는 것은 무리가 있기 때문이다. 특히 무자력자 단독으로 소 제기하는 데 아무런 탈
법도 개재되어 있지 않을 뿐 아니라 다만 경제적인 소 제기 행위를 하는 것을 남용으로 보
는 것은 지나친 염결성을 요구하는 것이라고 판단되기 때문이다. 더욱이 이 정도의 내용을
소송상 권능의 남용으로 본다면 충분한 자력을 가진 사람이 소송비용의 절약을 위해 일부청
구를 하는 것도 당연히 문제삼아야 할 것이다.

　　2) 열후적인 신의칙 적용　　　소 제기 행위가 소송상 권능의 남용으로 인정되면 소송요
건인 소의 이익 역시 흠결되는 경우가 대부분이다.[1] 따라서 제소 행위가 소권을 남용한 것
에 해당한다면 소송요건의 하나인 소의 이익 흠결을 이유로 각하하는 것이 간명하다. 일반조
항인 신의칙위반 여부까지 언급할 이유는 굳이 없다. 예를 들어 회사경영권을 적법하고 유효
하게 양도한 이사가 나중에 금전적인 보상만을 얻고자 이사회결의부존재확인의 소를 제기한
경우는 소권이 남용된 경우로 권리보호의 자격이나 이익을 인정할 수 없다.[2] 이 경우 법원
은 소의 이익 흠결을 이유로 소를 각하하면 충분함에도 신의칙위반을 이유로 소를 각하하는
경우가 빈번하다.[3][4]

　　3) 소권남용의 입법화　　　전자소송의 보편화로 인해 소 제기가 간편해지자 일부 악의
적인 원고가 소권(항소권을 포함한다)을 남용하여 청구가 이유 없음이 명백한 소를 반복적으로
제기하는 현상이 많아지게 되었다. 이에 대하여 법원은 변론 없이 판결로 소를 각하할 수 있
으며 나아가 재판장은 직권으로 피고에 대하여 공시송달을 명할 수 있도록 하였다(194조 4항).
아울러 법원은 원고에게 결정으로 과태료에 처할 수도 있다(219조의2).[5]

　(2) 소송상태의 부당형성

　　1) 일방 당사자가 상대방에게 불이익을 주기 위해 의도적으로 어떤 상황을 만들어 자신
에게 유리한 소송행위를 할 수 있는 여건을 조성하는 것을 소송상태의 부당형성이라고 한다.

---

1) Rosenberg/Schwab/Gottwald, §65 Ⅶ. Rdnr. 53.
2) 大判 1974. 9. 24. 74다767 참조. 이 사건에서 대법원은 제기된 소가 권리보호의 이익도 없으며 신의칙에도
　반한다고 하면서도 양자의 상호관계를 정확하게 제시하지 않고 있다(이 판결의 모순점을 지적하는 호문혁,
　"민사소송에 있어서의 신의성실의 원칙", 판례월보 222호, 40면 참조).
3) 순수한 권리구제보다는 다른 악의적인 목적을 달성하고자 하는 소권의 남용이 있을 때 소의 이익이나 신
　의칙 측면에서 소를 거부하는 것을 잘못이라 할 수는 없을 것이다. 그러나 신의칙은 일반조항으로서 극히
　예외적으로 운용되어야 할 뿐 아니라 소 전체에 대한 이익균형 등도 고려대상이 되어야 하므로 소의 이익
　흠결 여부에 대한 판단보다는 보다 더 많은 고려가 필요할 것이다.
4) 일부 판례에서는 권리보호의 자격이나 이익이 흠결되었으므로 소권이 남용되었다는 표현을 사용하기도 하
　는데 이는 본말이 전도된 표현이라고 생각된다(大判(全) 1997. 3. 20. 95누18383의 별개의견 참조).
5) 변론을 열지도 않은 채 소권이나 항소권 남용 여부를 법원이 결정하는 것은 매우 우려되는 부분이다. 다
　만, 각 법원마다 패소한 동일 소송을 여러 차례 반복하여 제기하는 전문적인 "소송꾼"들이 있으므로 매우 제
　한적으로 이들에 대해서만 동 규정을 적용하여야 할 것이다.

그 전형적인 예는 재판적의 고의적인 창출을 통한 forum shopping,[1] 제3자를 내세워 소를 제기하기 위해 허위로 채권을 양도하는 경우,[2] 그리고 채권자가 채권확보를 위하여 제3자의 부동산을 채무자에게 명의신탁하도록 유도하고 동 부동산에 대하여 강제집행을 하는 경우 등이라고[3] 할 것이다.

2) 주식회사의 종전 대표이사가 회사를 상대로 주주총회결의부존재확인 청구소송을 제기하였으나 회사 경영을 포기하면서 체결한 부제소특약으로 인해 소각하 판결을 받게 되자 종전의 이사와 감사였던 자들이 항소심에서 공동소송참가를 하였는데 이를 소송상태의 부당형성이라고 보는 견해(호, 44-45면)도 있으나 법원은 동 참가가 소권의 남용에 해당한다고 판시한 바 있다.[4] 한편, 선박의 경우 형식상의 회사(paper company)를 통한 편의치적이 일반적인데 이 형식상의 회사가 실제 소유자의 입장에서 제3자 이의의 소(민집 291조)를 제기하는 것은 신의칙상 허용될 수 없다고 하는 것이 판례 입장이다.[5]

(3) 금반언의 원칙

1) 민사소송에서는 주장이나 진술을 변경, 철회하거나 취소하는 것이 원칙적으로 가능하지만 선행행위와 명백히 모순되는 후행행위는 허용되지 않는다. 이를 금반언의 원칙이라고 한다. 예를 들어 피고의 추완항소가 원심에서 받아들여졌으나 항소 자체가 이유 없다고 기각되자 추완항소를 신청했던 피고 자신이 상고심에서 그 부적법을 주장하는 것은 허용될 수 없다.[6] 피고의 주장 변경을 허용하게 되면 상대방의 신뢰는 물론 법원의 종전 재판절차까지도 무용지물이 될 수 있기 때문이다.[7] 그러나 금반언의 원칙을 적용하기 위해서는 상대방과

---

1) 특정한 법원이 관할권을 갖게 하기 위해 일시적으로 원고의 주소지를 옮기는 행위 혹은 제3자를 공동피고로 하여 관련재판적을 활용하는 행위(大決 2011. 9. 29. 2011마62) 등을 대표적으로 들 수 있다.

2) 大判 1983. 5. 24. 82다가1919 참조. 그러나 소송신탁은 법률상 무효이므로(신탁 6조) 신의칙을 거론할 필요 없이 양수인의 청구를 기각하는 것으로 족하다.

3) 大判 1981. 7. 7. 80다2064. 동 판결에서 법원은 채권자인 피고의 본건 부동산에 대한 강제집행은 신의칙에 반하고 권리남용이나 반사회적 행위에 해당되어 허용할 수 없다고 판시하였다. 판례는 신의칙 위반의 유형을 굳이 구분하고 있지는 않는 듯하며 원고의 청구를 허용할 수 없는 여러 가지의 사유를 모두 열거하는 경향이 있다.

4) 大判 1988. 10. 11. 87다카113. 그러나 만일 처음부터 치밀한 계획 하에 대표이사가 소를 제기하고 나중에 이사와 감사가 참가를 하였다면 소송상태의 부당형성의 예라고 분류하는 것이 타당할 것이다.

5) 大判 1989. 9. 12. 89다카678. 아울러 대법원은 기존회사가 채무를 면탈할 목적으로 기업의 형태·내용이 실질적으로 동일한 신설회사를 설립하였다면, 신설회사의 설립은 기존회사의 채무면탈이라는 위법한 목적달성을 위하여 회사제도를 남용한 것이므로, 기존회사의 채권자는 위 두 회사 어느 쪽에 대하여서도 채무의 이행을 청구할 수 있다고 한다(大判 2004. 11. 12. 2002다66892).

6) 大判 1995. 1. 24. 93다25875.

7) 大判 1998. 1. 23. 96다41496; 大判 2008. 6. 12. 2008다11276 등에서는 원고의 부적법한 당사자추가신청이 피고의 동의 하에 법원에 의해 받아들여져 제1심 첫 변론기일부터 새로운 원고와 피고 사이에 변론이 진행되어 판결이 선고되었다면 나중에 피고가 당사자추가신청의 적법 여부를 문제삼는 것은 소송경제적인 측면이나 신의칙의 측면에서 허용될 수 없다고 판시하였다.

법원의 신뢰의 정도는 물론 이로 인한 상대방과 법원의 불이익의 정도, 실체적 진실발견에의
기여도 등을 종합적으로 고려하여야 한다.

　2) 소취하나 자백은 원칙적으로 취소나 철회가 불가능한 것으로 취급되고 있는데 이는
선행행위에 모순된 것에서 비롯되는 것[1]이 아니라 소취하나 자백이 갖는 절차법적 의미에
비추어 그 취소·변경을 허용할 때 야기되는 혼란을 방지하기 위함이다. 한편, 부제소특약에
반해서 소를 제기하거나 혹은 소취하 합의에 반해서 소송을 계속 유지하는 경우도 금반언의
원칙에 반하는 것으로 분류하는 견해가 있으나(이시, 34면) 이는 단지 권리보호의 자격이 흠결
된 소에 불과하다고 보는 것이 타당하다(호, 50면). 나아가 일부청구임을 명시하지 않은 사건이
확정된 후 나머지가 있다고 하면서 잔부청구를 하는 경우 역시 기판력의 저촉이론으로 해결
될 수 있으므로 굳이 금반언의 원칙에 반하는 행위유형으로 분류할 필요는 없다.

(4) 소송상 권능의 실효

당사자 일방이 특정한 소송행위를 장기간에 걸쳐서 하지 않고 방치함으로써 상대방이나
법원이 그 행위를 더 이상 하지 않으리라는 정당한 기대가 형성되고 그 믿음에 따라 절차가
진행되면 더 이상 그 행위를 할 수가 없게 되는데 이를 소송행위의 실효라고 한다. 소 제기
권능 자체가 실효된다는 견해가 있어 이 경우와 그 외의 소송행위가 실효되는 것으로 구분
해서 살펴보는 것이 필요하다.

1) 소권의 실효 여부　　소권 자체가 실효되는가 여부에 대해 이 역시 실효될 수 있다
는 입장(김홍, 26-27면)이 있는가 하면 소권은 공권이자 기본권이므로 실효되지 않는다는 견해
(정/유/김, 36면; 강, 46면)가 대립한다.[2] 한편, 소권은 실효되지 않는다는 입장은 같지만 소권의
기초가 되는 실체법상의 권리가 실효됨에 따라 소권의 행사가 불가능하게 되는 것일 뿐 소
권 자체가 실효되는 것은 아니라는 견해도 있다(호, 50면). 제소 행위는 실체법과 절차법의 접
점에 있으므로 실체법 및 절차법 양자의 관점에서 모두 설명할 수 있어 후자의 견해가 타당
하다. 우리 판례는 소권의 실효를 여러 사례를 통해 인정하고 있으나[3] 그 배후에 있는 실체

---

[1] 호, 45면에서는 소취하나 자백은 그 행위 자체의 취소불가능성으로 인해 소송상황이 확정되었기 때문에
그 취소나 변경이 불가능하다고 주장한다. 그러나 소송행위 자체의 성격상 당연히 취소·변경이 불가능한
것은 아니고 단지 절차의 안정을 위해 취소나 변경을 허용하지 않는 것으로 보아야 한다. 한편, 정영환, "민
사소송에 있어서 신의성실의 원칙", 민사재판의 제문제(13권), 214면에서는 자백의 취소를 제한하는 것은 소
송상 금반언의 취지를 나타내는 것이라고 보고 있다.

[2] 독일에서도 양자를 구분해서 논의하는 것이 일반적이며 소권의 실효 여부에 대해서도 견해가 대립된다.
Rosenberg/Schwab/Gottwald, §65 Ⅶ. Rdnr. 52에서는 소권의 실효는 부정되어야 한다고 주장한다.

[3] 근로자가 부당한 해고처분을 이유로 해고무효확인의 소를 제기한 것에 대해 해고처분은 부당하지만 근로
자가 해고시점으로부터 너무 늦게 제소함으로써 사용자 등에게 이미 형성된 신뢰(해고처분을 다투지 않을
것이라는)를 위반하였다는 이유로 소권의 실효를 인정한 사례가 적지 않다(大判 1989. 9. 29. 88다카19804;
大判 2005. 10. 28. 2005다45827 등 참조). 유독 근로관계 사건에서 소권의 실효를 인정한 사건이 많은 점에
대한 분석은 정진경, "해고무효확인소송과 신의칙·실효의 원칙", 사법논집 43집(2006), 591면 이하 참조.

법상의 권리가 실효되거나 소권의 남용으로 접근함이 타당하다(이론과 실무, 4면).[1]

　　2) 개별 소송행위의 실효　　기간이 정해지지 않은 여타의 소송행위는 실효의 대상이
될 수 있다. 예를 들어 통상항고(439조)는 항고제기 기간이 정해져 있지 않지만 합리적인 기
간 내에 제기되지 않은 경우에는 항고권이 실효된다고 보아야 한다(호, 49면). 한편, 대법원은
권리자가 실효된 권리를 새삼스럽게 행사하는 것은 법질서 전체를 지배하는 신의성실의 원
칙에 위반되어 허용되지 아니한다고 판시[2]하면서 항소권과 같은 소송법상의 권리에 대하여
도 이러한 원칙은 적용될 수 있다고 설시한 바 있다. 그러나 실효의 원칙이 적용되기 위하여
필요한 요건으로서의 실효기간(권리를 행사하지 아니한 기간)의 장단과 의무자인 상대방이 권리가
행사되지 아니하리라고 신뢰할 만한 정당한 사유가 있었는지의 여부는 일률적으로 판단할
수 있는 것이 아니다. 따라서 구체적인 경우마다 권리를 행사하지 아니한 기간의 장단과 함
께 권리자측과 상대방측 쌍방의 사정 및 객관적으로 존재한 사정 등을 모두 고려하여 사회
통념에 따라 합리적으로 판단하여야 한다.[3]

4. 신의성실의 원칙의 법적 지위

(1) 독자적·예외적, 보충적인 소의 적법요건

　　1) 종전의 다수 견해는 신의칙에 위반되지 않을 것을 권리보호자격의 한 요건으로 취급
함으로써 결국 소송요건의 하나로 포섭해 왔다. 따라서 법원은 제기된 소가 신의칙에 위반되
지 않는다는 점 역시 직권으로 조사하여야 한다는 논리를 전개해 왔다(소송요건⊃권리보호자격⊃
신의칙)(이시, 228면; 강, 317면; 송/박, 215면; 김홍, 30면). 이러한 다수 견해에 대해 소 제기 행위가
신의칙에 위배되는 경우는 실체법상의 신의칙 위배이지 소송법상 신의칙 위배가 되는 것은
아니며 신의칙은 예외적으로만 인정될 수 있다는 점에서 적법성을 항상 심리하여야 하는 소
송요건과는 어울릴 수 없다는 소수견해가 있다(호, 52면; 박, 12-13면도 동일 취지로 판단된다).

　　2) 신의칙 자체가 제기된 소 자체의 적법성을 좌우하는 요소임은 부인하기 어렵다. 그러
나 소의 적법성을 좌우하는 것은 곧 소송요건이나 소의 이익 개념으로 편입되어야 한다는
관념 역시 아무런 법적 근거가 없다. 소송요건과 소의 이익 개념은 오랜 기간 동안 쌓여온
학설과 판례의 축적으로 정립된 소송법 독자의 개념이지만 신의칙이라는 불명확한 개념을

---

1) 하급심 판례 중에는 소권을 박탈하거나 제한했던 사례도 있었다. 그 타당성 여부를 떠나 실체법상 권리행
　사의 효과를 부인하기 어려웠던 사안이었기 때문으로 추측된다. 예를 들어 서울중앙地判 2001. 1. 16. 99가합
　30782(항소심에서 파기됨)에서는 반민족행위를 통하여 직접 또는 간접적으로 취득한 재산에 관한 법의 보호
　를 구하는 것은 현저히 정의에 반하는 소권행사이므로 각하되어야 한다고 판시한 바 있다(이론과 실무, 6~7
　면, 13면 판결 참조). 동 판결에 대한 평석은 졸고, "신의칙에 기한 소권의 박탈과 정지의 정당성 여부에 관
　하여", 법학논총(한양대) 23집 1호(2006), 447면 이하 참조.

2) 大判 1996. 7. 30. 94다51840.

3) 大判 2006. 10. 27. 2004다63408.

여기에 포섭하는 것도 바람직하지는 않다. 신의칙 개념은 늘 예외적[1]이고 보충적인 개념이며 독자적인 소의 적법요건이라고 파악하는 것이 타당하다.

(2) 실체법상의 신의칙과 소송법상의 신의칙

소 제기를 통해 실체법상의 권리를 행사하는 경우 그 권리행사의 형식은 제소 행위로 나타나게 되므로 형식적으로는 당연히 소송법상의 신의칙을 위반한 제소 행위로 파악된다. 따라서 소송법상의 신의칙 위반으로 파악되는 제소 행위도 엄밀히 살펴보면 실체법상의 신의칙위반이 병행해서 존재했던 사건이라고 지적하는 소수견해는 법리상 지극히 타당하다. 그러나 실체법상의 신의칙과 소송법상의 신의칙 위반이 병행해서 존재할 경우 반드시 실체법상의 신의칙을 근거로 소를 기각해야 한다는 법리 역시 존재하지 않는다. 더구나 사안에 따라서는 실체법상의 신의칙을 위반한 것인지 아니면 소송법상의 신의칙을 위반한 것인지 구분이 명료하지 않은 경우도 있을 수 있다. 따라서 원고의 제소 행위에 대해 소송법상의 신의칙 위반을 근거로 소 각하판결을 하는 판례 입장을 무조건 잘못된 것이라고 비난할 수도 없다.

(3) 신의칙 위반의 효과

1) 신의칙 위반여부는 직권조사사항이라는 견해(이시, 37면)가 다수 입장이지만 신의칙의 내용이 법 제1조 제2항으로 실정법규화된 현행법상으로는 법원이 직권으로 판단하여야 할 대전제로서 법규에 해당한다고 봄이 타당하다. 따라서 신의칙 규정에 위배된 소 제기는 법 제1조 제2항의 강행규정을 위반한 것이므로 부적법 각하되어야 한다. 아울러 소 제기 외의 당사자의 다른 소송행위가 신의칙에 위반된 경우에는 법원의 판단이 필요하면 이를 배척하고 그 외의 경우에는 무효로 취급되거나 무시되어야 한다.

2) 신의칙 위반의 소송행위를 간과한 채 판결한 경우에는 상소로써 그 시정을 구할 수 있으나 판결이 확정된 경우에는 당연무효인 판결로 볼 수는 없다. 다만, 확정된 판결이라 하더라도 신의에 좇아 성실히 행사되어야 하므로 그 판결에 기한 강제집행이 권리남용에 해당한다면 이를 허용할 수 없고, 따라서 집행채무자는 청구이의의 소를 통해 그 집행의 배제를 구할 수 있다.[2] 아울러, 신의칙 위반이 재심사유에 해당하는 경우에는 재심을 통한 구제도 가능하다(손, 23면).

---

1) 大判 2024. 4. 4 2022다239131,239148에서도 채권자의 권리행사가 신의칙에 비추어 용납할 수 없는 것인 때에는 이를 부정하는 것이 예외적으로 허용될 수 있을 것이나 일단 유효하게 성립한 계약상 책임을 공평의 이념 및 신의칙과 같은 일반원칙에 의하여 제한하는 것은 자칫하면 사적 자치의 원칙이나 법적 안정성에 대한 중대한 위협이 될 수 있으므로 신중을 기하여 가능한 한 예외적으로 인정하여야 한다는 입장을 피력하였다.
2) 大判 2008. 11. 13. 2008다51588.

제 5 절 민사소송법의 연혁

Ⅰ. 대륙법의 계수

조선시대와 대한제국을 거치면서 자주적이고 근대적인 사법제도를 정비하지 못한 우리나라는 1910년 일본의 강제병합에 의해 일본의 사법제도를 타율적으로 도입하게 되었다. 특히, 1912년 제정된 조선민사령 제1조 제13호에 의거 우리나라에서는 일본민사소송법(1892년 시행된 소위 일본의 舊舊민사소송법)이 그대로 적용되는 불행을 겪게 되었다. 결국, 우리나라 최초의 근대적인 민사소송제도는 일본의 민사소송법전을 차용하는 것에서 출발하게 되었다. 그러나 주지하다시피 당시의 일본 민사소송법 역시 일본 고유의 것이 아니라 서구, 특히 1877년 독일의 통일독일민사소송법을 번역하듯이 계수한 것이기에 우리는 간접적·타율적으로 독일 민사소송법을 계수하게 되었다. 그런데 더욱 안타까운 일은 일본의 의용민사소송법이 해방이 된 1945년 이후에도 계속 우리나라에 적용되어 왔다는 점이다. 1960. 4. 1. 법률 제547호로 우리의 독자적인 민사소송법이 제정·공포됨으로써 비로소 우리는 독자적인 민사소송법전을 갖게 되었다. 그러나 이 역시 종전 의용민사소송법을 개정한 것에 불과한 것으로 실질적인 "탈일본(脫日本) 민사소송법"의 과제는 이때부터 부과된 것이라고 평가할 수 있을 것이다.

Ⅱ. 절차촉진의 시기(1970-80년대)

이 기간 동안 민사소송제도의 주요변화는 법 자체의 개정(61년과 63년의 소폭개정)에 의한 것이라기보다는 다른 많은 특별법과 민사소송규칙의 제정을 통해서 이루어졌다고 보아야 한다. 특히, 소액사건심판법과 소송촉진법의 제정은 우리 민사소송절차를 재판의 적정보다는 절차촉진을 강조하는 제도로 자리매김하는 데 큰 역할을 하게 되었다. 즉, 소송촉진법에서는 소구채권의 지연손해금에 대한 법정이율을 현실화하였으며(3조), 기일연장의 제한(4조), 소송지연을 목적으로 한 제척·기피권 남용에 대한 제재(5조), 필수적 가집행선고 제도(6조), 허가상고제도 등을 도입함으로써 절차의 지연과 항소 및 상고를 억지하고자 했다. 한편, 1983. 9. 1.부터 제정, 시행된 민사소송규칙은 법에서 규정하지 않고 있던 소송종료선언제도나 준비절차를 경과한 사건에 대한 계속심리주의, 기일전 증거조사제도 등을 명문화함으로써 민사소송규칙이 법에서 인정하지 않는 제도를 새롭게 도입할 수 있는지 여부에 대해 논의를 촉발시키게 되었다.

Ⅲ. 심리방식 구조개선(1990년 개정)

법원은 소송촉진법을 통한 각종의 소송촉진제도만으로는 국민이 원하는 수준의 소송촉진을 이루지 못하게 되자 독일이나 일본, 미국 등의 심리절차구조 개선 작업에 영향을 받아 이의 도입을 적극 추진하게 되었다. 특히, 1977. 7. 1.부터 시행된 개정 독일민사소송법상의 주요기일제도는 우리나라 실무계에 많은 영향을 미친 것으로 판단된다.[1] 특히, 법원은 1990년의 개정법이 시행(1990. 9. 1.)되기 1년 전인 1989. 9.경부터 당시 서울민사지방법원을 중심으로 실험적으로 집중심리를 위한 시범재판부를 운영하기 시작했다.[2] 그러나 이러한 실무계의 집중심리제도 지향을 뒷받침할 법의 개정은 뒤따르지 못했다. 1990년 이루어진 법의 개정에서는 단지 변론은 집중되어야 한다(90년 개정법 245조)라는 추상적인 선언만이 담겨있었을 뿐 구체적인 집중심리를 위한 규정은 없었다. 법원은 법 제정 당시부터 존재했으나 유명무실했던 준비절차규정과 1983년 제정, 시행된 민사소송규칙상의 기일전 증거조사 및 계속심리주의 규정 등을 토대로 집중심리를 운영하고자 했던 것으로 판단된다. 하지만 구체적인 규정이 뒷받침되지 못하고 강제력을 동반하지 못했을 뿐 아니라 통일된 모델도 형성하지 못함으로써 동 실험은 당사자와 변호사들에게 신뢰를 받지 못했던 것으로 평가된다. 하지만, 1990년의 개정법은 1981년 소송촉진법에서 규정하고 있던 허가상고제를 법에 편입하지 않음으로써 실질적으로 허가상고제를 폐지하는 결과를 초래했고 이는 1990년 개정의 또 다른 큰 특징이라 할 수 있다.

Ⅳ. 업무부담 경감 제도개선(1994년 개정)

1994년에는 법 자체에 대한 개정은 없었지만 법원조직법의 개정과 상고특례법을 제정함으로써 민사소송제도 전반에 걸친 인프라의 변혁을 가져온 해였다. 특히, 법원조직법의 개정을 통해 행정법원과 특허법원은 물론 시·군법원을 상시적으로 운영하도록 한 것은 국민의 권리구제 수단의 확장 및 접근성 제고라는 측면에서 매우 고무적인 일이었다. 더구나 법원조직법상 법관직급제를 과감하게 축소한 것(대법원장, 대법관, 판사)은 법관에게 승진부담을 없애고 소신 있는 재판업무를 할 수 있는 여건을 제공해 줄 수 있는 획기적인 제도개선 방안이었다고 판단된다. 그러나 실제로는 여전히 평판사와 부장판사, 지방법원 부장판사와 고등법원 부장판사간의 인사교류가 이루어지지 않음으로써 법원조직법의 개정 취지가 몰각되었다. 한편,

---

1) 김황식, "제1심 소송절차의 신속·간소화 방안-집중심리를 중심으로-", 법무부 법무자문위원회 논문집 8집 (1984), 259면 이하 참조.
2) 홍기문, "집중심리의 개관", 월간고시 217호(92. 1), 94면 이하 참조. 당시의 집중심리 실험은 시범재판부별로 다소 운영 형태가 달랐으며 홍기문 교수는 제1모델부터 제4모델까지로 이를 분류해서 설명하고 있다.

대법원의 업무부담을 경감하기 위해 상고특례법 제정을 통해 또 다른 형태의 허가상고제도를 부활한 것(심리불속행제도) 역시 국민의 여론과는 배치된다고 생각된다.

Ⅴ. 심리의 충실화와 신모델(2002년 개정)

　　2002년 법 개정은 형식이나 내용 면에서 많은 변화를 내포하고 있다. 용어의 순화와 한글화, 민사집행법의 분리1)와 같은 외관의 변화 역시 주목할 만한 것이었지만 집중심리를 위한 법적 토대를 마련하였다는 점, 아울러 절차의 촉진보다는 심리충실을 위한 개정작업에 초점을 맞춘 점에서 가장 큰 의의를 찾을 수 있다. 집중심리라는 심리구조의 개선작업은 1990년 법 개정을 전후해서 시범적으로 실시된 바 있으나 재판실무 전반에 걸친 제도로 정착되지는 못했다. 당시 대법원은 그 실패의 원인으로 변호사와 당사자의 비협조를 주로 지적했지만 법 규정의 구체적인 뒷받침 없이 시범재판부를 통해 국지적으로 실시함으로써 당사자와 대리인을 오히려 혼란스럽게 만든 점도 없지 않다. 이에 대법원은 서면주의에 의해 형식화·형해화된 구술심리를 충실화한다는 취지 아래 대대적인 개정을 단행하기에 이른 것이다. 우선, 변론준비절차(실무상으로는 쟁점정리절차라는 용어를 선호함)의 충실화를 위해 변론준비기일의 지위를 강화하였다. 구체적으로는 단독, 합의사건을 불문하고 준비절차를 반드시 거치도록 하였으며(2002년 개정법 258조 1항, 이하 같음), 준비절차와 준비기일에서 당사자 주장의 정리는 물론 인증을 제외한 증거 전반에 대한 증거조사(281조)가 종료될 수 있는 법적 장치를 마련하였다. 한편, 개정법은 무변론판결의 범위를 확장하였을 뿐 아니라, 적시제출주의(146조)와 재정기간제도(147조)를 마련함으로써 주장과 증거의 조기제출을 유도하고 편재된 증거에 대한 원활한 확보를 위해 문서제출의무 범위를 확대하였다(344조, 346조, 이 부분에 대해서는 이론이 있다). 결국, 2002년 개정법에서는 준비절차나 준비기일의 지위가 강화됨으로써 상대적으로 변론기일의 지위는 다소 약화되었고 오히려 집중증거조사기일(293조)로서 의미가 강조된 인상을 주게 되었다.

---

1) 종전 법 제7편에 규정되어 있던 강제집행절차를 분리해서 별도의 민사집행법으로 분리, 제정한 것 역시 2002년 법 개정의 큰 특징 중의 하나라고 판단된다. 집행법과 소송법의 이념이 상이하고 외국 여러 나라 역시 이를 분리하는 경향이라는 것이 논거로 제시되었다. 집행절차는 판결절차에 비해 절차의 신속성 및 정형성이라는 측면이 상대적으로 중시되지만 역시 판결 절차의 연장으로서 공정성과 경제성의 원칙 역시 강조되고 있어 양자의 이념적 차이가 법의 분리를 정당화할 만한 것인지 의문시된다. 더구나 그러한 논리에 선다면 일본과 같이 민사집행절차와 보전절차도 분리하는 것이 타당할 것이다.

VI. 민사소송법 및 관련 법률의 개정

1. 의원입법 중심의 개정과 대증요법

(1) 2002년 이후 민사소송법 개정은 의원입법 형태의 단발적이고 대증요법 중심의 개정으로 점철되었다. 2007년에는 두 차례의 개정을 통해 법 제162조의 개정과 법 제352조의2 신설, 그리고 법 제164조의2 내지 8의 신설을 통한 전문심리위원제도를 도입하였다. 나아가 2008년에는 법 제258조의 개정을 통해 준비절차를 선택사항으로 변경하였으며 2010년에는 법 제117조를 개정하여 소송비용에 대한 담보규정을 보완했다. 한편, 2011년에는 법 제24조와 36조를 개정하면서 지적재산권의 용어를 지식재산권으로 변경하였으며 법 제163조의2를 신설하여 확정판결서의 열람과 복사에 관한 규정을 신설하였다.

(2) 2014년에는 법 제217조를 개정하여 외국판결의 효력을 외국재판의 승인으로 조문 제목을 변경하면서 외국판결의 외연을 확대하였으며 법 제217조의2를 신설하여 손해배상청구사건에 대한 승인에 있어 대한민국의 법률 또는 대한민국이 체결한 국제조약의 기본질서에 현저히 반하는 결과를 초래할 경우에는 해당 확정재판 등의 전부 또는 일부를 승인할 수 없다는 규정을 삽입하였다. 이는 영미 국가에서 인정되는 징벌적 손해배상 판결에 대한 제한을 위해 신설한 것으로 평가된다. 아울러 2014년에는 공시송달의 일차적인 주체를 법원사무관등으로 변경하는 개정을 하였고 소장 및 항소장의 심사권 관련 규정을 개정하였다. 한편, 2015년에는 법 제24조와 제36조를 개정하여 특허권 등과 특허권 등을 제외한 지식재산권에 대한 관할규정을 정비하였다.

(3) 2016년에는 법 제55조, 56조, 62조를 개정하여 제한능력자 개념을 도입하기에 이른다. 아울러 법 제62조의2를 신설하여 의사무능력자를 위한 특별대리인 제도를 마련하였다. 아울러 제202조의2를 신설하여 손해배상 액수 산정에 있어 증명이 어려운 경우 변론 전체의 취지와 증거조사의 결과에 의하여 인정되는 모든 사정을 종합하여 상당하다고 인정되는 금액을 손해배상 액수로 정할 수 있도록 하였다. 아울러 법 제327조의2를 신설하여 비디오 등 중계장치에 의한 증인신문이 가능하도록 하였으며 감정인과 관련하여 법 제339조의2 내지 3을 신설하여 감정인에 대한 신문방법을 규정하였으며 감정인에 대해서는 비디오 등 중계장치뿐 아니라 인터넷 화상장치를 통해서도 신문할 수 있도록 법을 개정하였다.

(4) 2017년에는 법 제153조, 161조, 162조, 386조 등을 개정하여 기존의 기명날인 표현을 기명날인 또는 서명으로 개정하였으며 2020년에는 법 제163조의2를 개정하여 열람과 복사의 대상이 되는 판결서의 범위를 확장하는 개정을 함으로써 확정되지 않은 판결에 대한 열람과 복사가 가능하게 되었다.

(5) 2021년에는 코로나 사태의 장기화로 인해 오프라인 상태에서 재판을 진행하는 것이 사실상 어렵게 되자 법 제287조의2를 신설하여 재판장·수명법관 또는 수탁판사는 상당하다고 인정하는 때에는 당사자의 신청을 받거나 동의를 얻어 비디오 등 중계장치에 의한 중계시설을 통하거나 인터넷 화상장치를 이용하여 변론준비기일 또는 심문기일을 열 수 있도록 하였다(1항). 법원은 변론기일 역시 위의 방법으로 열 수도 있으나 교통의 불편 또는 그 밖의 사정으로 당사자가 법정에 직접 출석하기 어렵다고 인정되는 경우, 당사자의 신청을 받거나 동의를 얻어야 한다(2항). 이 경우에도 심리의 공개에 필요한 조치를 취하도록 요구하고 있다. 나아가 2016년에 신설된 법 제327조의2 제1항을 개정하여 인터넷 화상장치를 통해서도 증인신문을 할 수 있도록 하였다. 결국, 2021년 법 개정을 통해 인터넷 화상장치를 통해 변론을 여는 것뿐 아니라 증인신문도 가능하게 됨으로써 코로나 사태가 재판형태의 변화를 급격하게 촉진하게 되었다.

(6) 2023년에는 소권남용에 대한 강력한 대응을 위해 일부 법 개정을 하게 되는데 제194조 제4항을 제5항으로 하고, 같은 조에 제4항을 신설하면서 원고가 소권(항소권을 포함한다)을 남용하여 청구가 이유 없음이 명백한 소를 반복적으로 제기한 경우, 법원이 변론 없이 판결로 소를 각하하는 경우에는 재판장은 직권으로 피고에 대하여 공시송달을 명할 수 있도록 하였고 아울러 제219조의2를 신설하여 500만원 이하의 과태료에 처하도록 하였다. 한편, 법 제163조에 제2항을 신설하여 소송관계인의 생명 또는 신체에 대한 위해의 우려가 있다는 소명이 있는 경우에는 법원은 해당 소송관계인의 신청에 따라 결정으로 소송기록의 열람·복사·송달에 앞서 주소 등 대법원규칙으로 정하는 개인정보로서 해당 소송관계인이 지정하는 부분이 제3자에게 공개되지 아니하도록 보호조치를 할 수 있도록 하였다(2025. 7. 12. 시행).

(7) 2024. 1. 16.(2025. 3. 1. 시행)에는 제400조에 제3항을 신설하여 항소기록을 송부받은 항소법원의 법원사무관등은 바로 그 사유를 당사자에게 통지하도록 하고 있으며 제402조의2 및 제402조의3을 신설하여 항소장에 항소이유를 적지 아니한 항소인은 제400조 제3항의 통지를 받은 날부터 40일 이내에 항소이유서를 항소법원에 제출하여야 한다. 아울러 항소법원은 항소인의 신청에 따른 결정으로 제1항에 따른 제출기간을 1회에 한하여 1개월 연장할 수 있도록 하였다. 한편, 항소인이 제402조의2 제1항에 따른 제출기간(같은 조 2항에 따라 제출기간이 연장된 경우에는 그 연장된 기간을 말한다) 내에 항소이유서를 제출하지 아니한 때에는 항소법원은 결정으로 항소를 각하하여야 하며 다만, 직권으로 조사하여야 할 사유가 있거나 항소장에 항소이유가 기재되어 있는 때에는 예외를 인정하고 있다(402조의3).

2. 사법자원의 한계와 소송경제의 촉진

(1) 사법보좌관제도의 도입

1) 2005. 3. 24. 법원조직법 제54조의 개정을 통해 사법보좌관제도가 우리나라에 도입되었고 사법보좌관 규칙이 같은 해 7. 1.부터 발효됨으로써 법관이 아닌 자에 의한 재판업무(특히, 법률적 판단이 개재된 업무)가 가능하게 되었다. 사법보좌관 제도는 한정된 법관 수로 인해 재판업무의 지연과 차질이 빚어지는 것을 해결하기 위해 재판사무 중 비교적 경미한 업무를 일정한 자격을 갖춘 법원공무원에게 판단하도록 위임한 것이다. 2018. 4. 27. 사법보좌관규칙이 개정됨으로써(2018. 7. 1. 시행) 상속의 한정승인신고 또는 포기신고 등에 대한 가정법원의 사무와 미성년자녀가 없는 당사자 사이의 협의상 이혼의 확인절차에서의 가정법원의 사무 등 역시 사법보좌관의 업무범위에 속하게 되었다(사보 2조 1항).

2) 사법보좌관 제도에 대해서는 헌법이 보장하는 법관으로부터 재판받을 수 있는 헌법상의 권리를 침해한 것이라는 지적이 있었다. 그러나 헌법재판소는 사법보좌관이 법관의 감독을 받아 업무를 수행하며 보좌관의 처분에 대해서는 법관에 대해 이의신청을 할 수 있어(법조 54조 3항) 헌법 제27조 제1항이 규정하는 재판청구권을 침해하지 않는다고 판시하였다.[1]

(2) 전자소송과 비대면 재판의 활성화

1) **전자소송의 대세화**   종이문서를 통한 재판절차를 전자문서를 통한 재판절차로 전환하는 작업이 세계 주요 국가의 법원을 중심으로 전개되고 있다. 우리나라도 2010. 3. 24. 제정·공포된 전자문서 이용법에 따라 단계적으로 전자소송을 실시하고 있다. 먼저 2011. 5. 2.부터 민사소송법, 민사조정법, 특허법상의 본안사건 및 조정신청사건이 전자소송으로 진행될 수 있게 되었다(전자문서이용규칙 별표 참조). 그 후 2013. 1. 21.부터는 가사사건과 행정사건에서, 같은 해 9. 16.부터는 보전처분 절차에서, 2014. 4. 28.부터는 회생 및 파산절차에서, 2015. 1. 1.부터는 시·군법원에서, 2015. 3. 23.부터는 민사집행절차와 비송절차에서도 전자재판이 가능하게 됨으로써 형사사건을 제외한 전 사건에서 전자적인 재판이 가능하게 되었다. 이는 전자재판이 종이문서를 통한 재판보다 신속하고 소송기록의 보존 측면에서도 자원을 절약할 수 있어 매우 합리적이라는 판단에 기인한 것이다. 그러나 현재 전자소송으로 접수되는 건수에 비해 상대방의 동의 건수는 현저히 낮아 전자소송과 종이소송이 공존하는 현

---

[1] 憲裁 2009. 2. 26. 2007헌바8,84. 동 사건에서 위헌을 주장한 소수 반대의견은 사법보좌관에 의한 재판이 헌법이 보장하는 법관에 의한 재판과 재판의 공정성을 침해하는 것이라고 역설하고 있다. 한편, 동 헌재사건에서 문제된 쟁점 외에도 사법보좌관의 자격을 법원공무원으로만 제한한 것(법조 54조 4항) 역시 국민의 공무담임권을 침해한 것이라고 볼 소지가 있다. 더구나 사법보좌관의 업무가 비교적 경미하다 하더라도 사법적 판단이 요구되는 재판업무에 속하는 일이므로 전문적인 법조인의 접근권을 원초적으로 차단한 것 역시 매우 불합리하다고 판단된다.

상이 너무 길어지고 있어 사법자원의 낭비 현상을 지적하지 않을 수 없다.[1]

　　2) 코로나 사태와 비대면 재판의 확대　　법의 개정을 통해 비디오 등 중계장치에 의한 중계시설뿐 아니라 인터넷 화상장치를 통해 준비기일, 심문기일과 변론기일은 물론 원격지에 있는 증인 및 감정인에 대한 신문도 가능하게 되었다(287조의2, 327조의2, 339조의3). 이로써 영상재판[2]의 길이 열리게 되었다. 이에 따라 민사소송규칙에서는 영상기일의 신청 및 동의(민규 73조의2), 실시(민규 73조의3) 규정 등이 신설되었으며 영상기일 운영에 따른 심리 공개 방법에 대해서도 일차적인 기준을 제시하고 있다(민규 73조의4). 특히 영상변론기일(영상지침 2조 2호)에는 법정 등 법원 청사 내 공개된 장소에서의 중계나 인터넷 중계를 예정하고 있다(민규 73조의4 2항). 코로나 사태의 장기화와 심각성으로 인해 심도있는 논의과정은 생략된 채 급격히 영상 변론기일과 영상신문(영상지침 2조 3호) 등이 도입되었지만 불가피한 면이 적지 않았다. 영상으로 진행되는 변론기일과 증거조사가 대면재판에서의 그것과 차이가 나지 않도록 이론적, 기술적 측면의 개발이 시급한 실정이다.

3. 집단분쟁의 효율적 처리 방안 추진

　　집단분쟁의 효율적 처리를 위해 우리나라는 2005. 1. 1. 부터(자산규모 2조원 미만인 기업에 대해서는 2007. 1. 1.부터 시행) 시행된 집단소송법을 통해 미국의 class action 방식의 대표당사자소송을 증권관련분야 손해배상청구 소송에 제한해서 도입을 하였다. 한편, 2008. 3. 21.부터 시행된 개정 소비자기본법과 2011. 9. 30.부터 시행된 개인정보보호법 등을 통해서는 대륙법계의 전통적인 단체소송 방식(위법행위의 중지나 금지를 구하는 부작위소송 방식)을 도입함으로써 소비자와 개인정보보호의 권익증진에 이바지하고 있다. 분야별로 다른 구제 시스템을 운용하는 것이 바람직한 것인지 여부는 차치하고 집단적인 피해구제를 위해 다양한 구제 시스템을 도입하는 것은 매우 다행한 일이다.

4. 도산절차의 변화

　　(1) 도산절차의 통합　　1997년 외환위기를 겪으면서 많은 기업과 개인이 도산의 위

---

1) 2022년 한 해 전국 법원에 접수된 민사본안사건 829,897건 중 전자소송으로 접수된 사건은 805,064건으로 97%에 이른다. 더구나 항소심은 거의 100%에 육박하고 있다(2023 사법연감, 711~712면). 그러나 상대방인 피고가 동의해서 전자소송으로 진행된 비율은 여전히 높지 않다. 전자소송으로 접수된 사건 중 상대방이 이에 동의한 경우는 항소심 56%, 1심 합의사건 57%, 1심 단독의 경우는 27%, 1심 소액의 경우는 11.7%에 불과하다(2023 사법연감, 902~904면).

2) 영상재판의 실시에 관한 업무처리지침[(재일 2021-2) 2023. 1. 9. 개정 2023. 1. 16. 시행, 이하 영상지침이라 함] 제2조 제1호에 따르면 영상재판은 재판부 및 소송관계인의 전부 또는 일부가 법정에 직접 출석하지 않고 영상과 음성을 동시에 송수신하는 장치가 갖추어진 다른 장소에 출석하여 진행하는 절차를 말한다. 유사한 용어로는 비대면재판, 가상재판 등이 있다.

기에 직면하게 되었을 때 우리가 갖고 있던 당시의 파산법, 회사정리법, 화의법 등 도산관련 법률이 1960년대 제정 이후 거의 변화를 거치지 않음으로써 당면한 사회문제를 해결하는 데 아무런 기능을 하지 못했다. 당시 가장 사회문제로서 시급했던 개인채무자들의 회생을 위해 정부는 2004. 3. 22. 개인회생법을 제정하여 9. 23.부터 시행하였고, 2005. 3. 31. 회생·파산법을 제정해서 1년 후인 2006. 3. 31.부터 동법을 시행하게 되었다. 이로써 종전의 회사정리법, 화의법, 파산법, 개인회생법은 폐지되었고(부칙 2조) 회생·파산법으로 모두 흡수되었다. 다만 1997년 외환위기 당시 화의절차에 대한 회의적인 시각 때문에 화의절차는 새로운 회생·파산법에 포함되지 못하게 되었다. 새로운 회생·파산법이 성질과 목적을 달리하는 파산·회생절차 등을 모두 아우르게 된 것은 미국 파산법(Title 11 of the United States Code)의 영향인 것으로 판단되며 그 중에서 가장 고무적인 것은 회생·파산법 제5편에 국제도산 규정을 삽입하게 된 것이다.

(2) 2017. 3. 1.부터 회생사건, 간이회생사건 및 파산사건 또는 개인회생사건을 전담하는 서울회생법원이 신설되었고 2023. 3. 1.부터 수원과 부산에 회생법원이 추가적으로 설치되었다(법조 40조의5 내지 40조의7). 전문법원으로서 필요성이 늘 강조되던 분야였기에 늦은 감이 없지 않지만 일단 서울을 출발로 해서 전국적으로 확대될 것이 기대된다. 한편, 다른 지역은 그 지역을 관할하는 일반 법원에서 위 사건들을 취급하게 되지만 채권자의 수가 300인 이상으로서 대통령령으로 정하는 금액 이상의 채무를 부담하는 법인에 대한 회생사건 및 파산사건은 서울회생법원에도 신청할 수 있게 되었다(회생·파산 3조 4항).

(3) **개인회생절차의 개선**(2018. 3. 13. 시행)   개인회생의 경우 변제기간이 5년을 초과하지 못하였으나, 법 개정을 통해 회생 가능한 채무자들을 조속히 적극적인 생산 활동에 복귀할 수 있도록 미국이나 일본과 같이 개인회생의 변제기간을 3년을 초과하지 못하도록 단축하였다(회생·파산 611조 5항 및 같은 항 단서 신설). 한편, 회생위원은 개인회생절차폐지의 결정 또는 면책의 결정이 확정된 후에도 이자를 포함하여 임치된 금원이 존재하는 경우에는 이를 채무자에게 반환하도록 하되, 채무자가 수령을 거부하거나 채무자의 소재불명 등으로 반환할 수 없는 경우에는 채무자를 위하여 공탁할 수 있도록 하였다(617조의2 신설).

제 2 편

소송의 주체와 소송행위

제 1 장 법   원

제 1 절 민사재판권

Ⅰ. 사법주권(司法主權)

각 나라는 고유의 주권을 갖고 있으며 주권의 사법(司法) 분야로의 발현이 재판권이다. 따라서 재판권은 사법권으로 표현될 수 있으며 국가의 법질서 실현을 위한 권능이라고 할 수 있다. 우리 헌법에 따르면 사법권은 법관으로 구성된 법원에 속하는데(헌 101조 1항) 이는 법원이 헌법에 특별한 규정이 있는 경우를 제외한 일체의 법률상의 쟁송을 심판하고 법원조직법과 다른 법률에 의하여 법원에 속하는 권한을 행사한다는 것을 의미한다(법조 2조 1항). 법원의 재판권의 행사는 분쟁의 사실확정과 법률적용 두 측면에서 보장이 되어야 한다.[1] 따라서 재판의 전심절차로서 행정심판을 둘 수 있으나(헌 107조 3항) 법원의 사실확정과 법 해석적용의 기회를 전적으로 박탈하는 것은 위헌에 해당한다.[2]

Ⅱ. 사법권의 구성과 행사

법원의 사법권은 심판권과 사법행정사무로 구분된다(법조 7조, 9조). 심판권은 대법원의 부(部) 혹은 전원합의체, 그리고 단독판사와 판사 3인으로 구성된 합의부에서 이를 행사한다(법조 7조). 법관은 헌법과 법률에 의해 그 양심에 따라 독립하여 심판하여야 하므로(헌 103조) 심판권의 행사에 있어서는 상급법원의 감독이나 지휘를 받지 않는다. 단지 당해 사건에 관하여 상급법원의 재판에 있어서의 판단에만 기속을 받을 뿐이다(법조 8조). 한편, 사법행정사무는 법원의 조직, 인사, 운영, 재판절차, 등기, 가족관계등록 기타 법원 업무를 지칭하는데(법조 9조 3항) 이러한 행정사무에 대해서는 대법원장이 이를 총괄하며 지휘, 감독권의 일부를 법원행정처장

---

[1] 憲裁 1995. 9. 28. 92헌가11 참조.

[2] 위 92헌가11 결정에서 헌법재판소는 구 특허법(2001년 개정 전) 제186조 제1항이 행정심판임이 분명한 특허청의 항고심판 심결이나 결정에 대한 법원의 사실적 측면과 법률적 측면에 대한 심사를 배제하고 대법원으로 하여금 특허사건의 최종심 및 법률심으로서 단지 법률적 측면의 심사만을 할 수 있도록 하고 재판의 전심절차로서만 기능하게 하고 있는 것은, 앞서 본 바와 같이 일체의 법률적 쟁송에 대한 재판기능을 대법원을 최고법원으로 하는 법원에 속하도록 규정하고 있는 헌법 제101조 제1항 및 제107조 제3항에 위반된다고 판시하였다.

및 각급 법원장 등에게 위임할 수 있다(법조 9조 1항, 2항)[1](재판권에 대한 상세는 제9편 제2장 참조).

제 2 절   국제재판관할권

Ⅰ. 직접관할과 간접관할

우리나라의 재판권이 미치는 사건 중에 외국적 요소가 있는 법률관계에 대해서는 당사자 또는 분쟁이 된 사안이 대한민국과 실질적 관련성을 갖는 경우에만 국제재판관할권[2]을 가진다(국제 2조 1항). 예를 들어, 대한민국 운송회사 甲이 일본국 자동차회사인 乙과 운송계약을 체결하였는데 목적지는 중국 대련항이었다고 가정해보자. 운송도중 운송물이 멸실된 경우 어느 나라 법원이 이 사건에 대해 관할권을 갖는 것이 가장 합리적인가 하는 것을 다루는 것이 국제재판관할의 문제이며 현재는 국제사법(2022. 1. 4. 전부개정, 2022. 7. 5. 시행)에서 세부적인 규정을 설치하고 있다(직접관할). 한편, 위 사례에서 일본국 법원이 위 사건을 재판하였다고 가정할 때 일본에서 확정된 재판이 우리나라에서 효력을 갖기 위해서는 법 제217조가 규정하는 승인요건을 충족해야 한다. 이를 간접관할이라고 한다. 국제재판관할을 여전히 재판권의 대물적 제약이라는 측면에서 다루는 경우가 아직도 적지 않으나(김/강, 37면; 이시, 61면 이하 등), 재판권의 문제가 아닌 국제재판관할권 독자의 영역이라는 점을 유념할 필요가 있다.

Ⅱ. 국제사법의 개정과 민사소송법의 관할 규정

1. 의   의

(1) 2022년 국제사법의 전부개정을 통해 준거법은 물론 국제재판관할에 대한 세부규정이 마련되었다. 따라서 국제재판관할에 관한 직접관할 규정은 국제사법에, 간접관할 규정(승인관할)은 법 제217조에, 외국재판에 대한 강제집행에 대해서는 민사집행법 제26조, 제27조

---

1) 법원재판사무처리규칙 제5조에 근거한 대법원 등의 재판사무 등의 감사와 보고가 법관의 심판권을 해칠 우려가 있다.

2) 국제재판관할이라는 용어는 영미의 international jurisdiction, 혹은 독일법의 internationale Zuständigkeit에서 연원하고 있다. 영어의 jurisdiction 개념에는 재판권과 관할권이 혼재되어 있지만, 독일법과 일본법의 영향을 받은 우리는 재판권과 관할권을 용어자체에서부터 엄밀히 구분해서 사용하고 있으므로 소위 "재판관할권"이라는 용어는 불필요한 혼동을 줄 수 있다(재판권과 관할권을 결합한 듯한 인상을 주므로). 따라서 "국제재판관할"이라는 용어 역시 재판관할이라는 용어가 들어가 있어 문제가 있으며 오히려 "국제관할권"이라는 용어가 적절하다는 지적이 있다(호, 167면). 하지만 국제재판관할이라는 용어를 "국제사건에 대한 재판관할"로 이해해서는 곤란하며 국제재판관할은 "국제사건(섭외사건) 혹은 국제재판에 대한 관할권"으로 파악해야 한다.

에,[1] 외국도산절차에 대한 승인 규정은 채무자회생 및 파산에 관한 법률 제5편(국제도산, 628조 이하)에 각기 규정되는 상황이 되었다. 우리나라는 민사소송법, 민사집행법, 중재법을 분리해서 설치하고 있지만 독일은 이들 모두를 하나의 민사소송법 안에 담고 있으며 일본은 민사소송법에서 민사집행법을 분리하고 다시 여기서 민사보전법을 분리하고 있어 나라마다 민사소송절차를 규율하는 방식은 다르다고 생각된다. 다만, 일본의 경우는 국제재판관할 규정을 민사소송법에 두면서 국내 토지관할 규정과 잘 대비될 수 있도록 설치하고 있어 사법수요자의 측면에서는 접근에 있어 편리하다는 장점이 있을 수 있다.

　(2) 따라서 국내 토지관할 각 규정마다 그에 해당되는 국제재판관할에 관한 세부 규정을 같이 설명하는 것이 간명하고 이해도 쉽다. 나머지 국제재판관할 분야는 국제민사소송 부분에서 상세히 설명하고자 하는데 세부 관할 규정의 이해를 돕는 선에서 간략한 설명을 아래에서 하고자 한다(국제재판관할에 관한 상세는 제9편 제3장 참조).

2. 국제사법의 국제재판관할 규정과 민사소송법의 토지관할

　국제사법 제2조는 국제재판관할에 관한 일반원칙을 담은 규정으로서 2001년 국제사법 전부개정을 통해 처음으로 삽입된 조문으로서 개별적인 세부 관할규정을 설치하기 전까지 지도적인 역할을 수행할 것으로 기대되었다. 국제사법 제2조는 분쟁이나 당사자와 대한민국 간의 실질적 관련성을 요구하면서도(국제 2조 1항) 법의 흠결이 있는 경우 국내 토지관할 규정을 일차적인 참작 대상으로 규정하고 있다(국제 2조 2항). 한편, 2022년 국제사법 개정으로 세부적인 국제재판관할 규정을 일부 설치하였지만 국제사법 제2조는 여전히 존치되고 있을 뿐 아니라 국제사법 관련 규정이 모든 분야를 망라한 것도 아니다. 더구나 현재의 국제재판관할 규정이 그간에 축적된 실무의 경험들을 반영한 것이 아니라 대부분 국제협약이나 다른 외국의 입법례 등을 참고한 것이 많아 앞으로의 판례 형성에 어느 정도 기여하게 될 것인지도 미지수이다. 따라서 민사소송법의 토지관할 규정이 갖는 해석의 기준과 지침으로서의 역할은 축소되지 않을 것으로 판단된다.

---

[1] 외국 중재판정의 승인 및 집행에 관한 협약(소위 NY 협약)을 적용받지 아니하는 외국 중재판정의 승인 또는 집행에 관하여는 법 제217조, 민사집행법 제26조 제1항 및 제27조를 준용하고 있다(중재 39조 2항).

제 3 절 관 할 권

I. 관할권의 의의와 구분개념

1. 의 의

관할 혹은 관할권이라 함은 우리나라에 재판권이 있음을 전제로 특정 법원이 당해 사건을 심판할 수 있는 권한을 의미한다. 국가는 국민의 권리구제의 편의를 위해 심급을 구분하고 특수한 여러 종류의 법원을 설치하고 있을 뿐 아니라 같은 심급의 법원이라 하더라도 대법원을 제외하고는 행정구역별로 다수의 법원을 설치하여 국민들의 사법부에의 접근권을 적극적으로 보장하고 있다. 결국 민사재판권을 헌법 제101조 제2항에 따라 조직된 대법원과 각급 법원에 분장하고 있는 기준과 원칙이 관할이론의 요체라고 할 수 있다.

2. 구분개념

각급 법원 및 지원에서 법관, 사법보좌관 등의 사무분담 및 사건배당에 관한 원칙을 정하여 사무분담 및 사건배당의 공정성과 투명성을 보장함을 목적으로 사건배당 예규가 제정되어 있다. 이는 관할의 문제와는 달리 특정 법원 내부의 여러 법관이나 사법보좌관들 사이에서의 재판사무의 분담을 정하고 있어(일종의 내부의 사무처리 지침) 소송법적인 의미는 크지 않다. 하지만 사무분담과 사건 배당이 적절히 이루어지지 않는 경우 재판의 공정성이 의심받게 되어 사법부의 신뢰가 실추될 우려가 있는 중요한 문제이므로 매우 중요하다.

II. 관할의 종류

관할은 분류기준에 따라 여러 가지 형태로 나뉜다. 전통적으로는 관할의 창설 원인이 법률이나 당사자의 합의·거동에 따른 것인지 여부에 따라 법정관할(직무관할, 사물관할, 토지관할)과 비법정관할(합의관할과 변론관할)로 구분된다. 한편, 대부분의 법정관할은 당사자의 합의 등을 통해 변경이 가능한데(임의관할) 그 중에는 공익적인 견지에서 특정한 법원만이 관할권을 갖는 경우가 있다(전속관할). 그리고 하급심 상호간의 관할권 유무가 불분명한 경우 상급심 법원이 관할을 정하는 지정관할(28조)이 있다.

1. 임의관할과 전속관할

(1) 임의관할

법에서 정한 법정관할이라 하더라도 기본적으로 관할은 당사자 간의 편의와 공평을 고려한 사적 이익의 조정이라는 차원에서 정해지는 것이므로 당사자의 합의에 의해서 혹은 상대방의 적극적인 변론을 통해서 관할이 새롭게 창설될 수도 있다. 이러한 관점에서 사물관할이나 토지관할은 기본적으로 임의관할에 속한다. 한편 직무관할 중 심급관할의 경우도 당사자 간에 비약상고의 합의가 허용되므로(433조) 이 한도에서는 임의관할이다.

(2) 전속관할

1) 의 의 ① 법정관할 중에서 재판의 적정·공평이라는 공익적인 견지에서 당사자 간의 합의 등으로 관할법원을 특정하거나 변경할 수 없도록 정한 배타적인 관할을 전속관할이라고 한다. 따라서 토지관할의 제반 원칙(보통재판적과 특별재판적)이나 관련재판적(25조), 합의관할(29조), 변론관할(30조) 등의 규정이 적용되지 않는다(31조). 통상은 민사소송법이나 실정법규에 전속관할임을 명시적으로 나타내고 있어 구분의 어려움은 없으며 관할이 경합하는 경우도 없는 것이 보통이다(즉, 특정한 하나의 법원을 전속적으로 인정하는 경우가 대부분이었음). 그러나 특허권 등 지식재산권의 경우는 법 제2조부터 제23조까지의 규정에 따른 관할법원 소재지를 관할하는 고등법원이 있는 곳의 지방법원의 전속관할로 하면서(24조 2항) 다시 이들 전속관할 법원 중의 한 곳인 서울중앙지방법원은 토지관할과 무관하게 관할권을 갖는 구조를 취하고 있다.

② 판례는 행정사건에 대한 행정법원의 관할을 전속관할로 파악하고 있다.[1] 특히 행정소송법상의 당사자소송과 일반 민사소송을 구분하는 과정에서 행정법원의 관할이 문제가 되고 있는데[2] 아무런 실정법 규정이 없음에도 행정사건에 관한 관할을 전속관할로 인정하는 것이 가능한 것인지 의문이다. 민사사건과 행정사건에 대한 구분이 법규정에 명시된 바도 없으며 2020년 현재 행정법원은 서울에만 존재하고 있는 상황에서 행정법원의 관할을 전속관할로 취급하는 것 역시 적절하지 못하다고 판단된다.[3]

2) 종 류 직무관할은 명시적인 내용이 없더라도 그 자체의 성질상 전속관할에 속하지만 다른 관할의 경우에는 실정법에서 전속관할 여부를 명시하고 있다. 일반 민사본안사건의 경우는 정기금판결에 대한 변경의 소(252조 2항), 재심절차(453조 1항), 독촉절차(463조),

---

1) 大判 2010. 4. 8. 2009다27636.
2) 大判(全) 2013. 3. 21. 2011다95564. 동 판결의 다수의견은 부가가치세 환급청구를 행정소송의 하나인 당사자소송으로 보고 있다.
3) 황태윤, "행정사건의 전속관할성에 관한 연구", 홍익법학 17권 4호(2016), 726면 이하 참조.

공시최고절차(476조 3항) 등에서 전속관할 규정을 두고 있다. 이와 달리 민사집행법상의 관할이나(민집 21조) 가사소송·회사관계 소송 및 도산절차 등에서도 전속관할 규정을 통해 절차의 신속과 이해관계인의 보호를 도모하고 있다. 사회적 교섭력이 다소 열악한 소비자 관련소송(방문판매, 할부거래)에서도 제소 당시의 소비자 주소지나 거소지를 관할하는 지방법원을 전속관할 법원으로 정하고 있다(방판 46조, 할부 44조).

　　3) 효　　과　　　전속관할은 법원의 직권조사사항(임의관할도 직권조사사항인 점은 마찬가지이다)으로서 그에 대한 위반이 있으면 변론관할이 창설될 여지는 없으므로 전속관할법원으로 사건을 이송하여야 한다. 그러나 법 제35조에 따른 손해나 지연을 피하기 위한 이송은 허용되지 않지만 특허권 등의 지식재산권의 경우는 여기서도 예외여서 다시 이송이 가능하다(36조 3항, 24조 2항, 3항). 한편, 임의관할을 위반한 1심 법원의 판결에 대해 항소를 제기하더라도 항소심에서 관할위반의 주장을 할 수 없으나 전속관할을 위반한 경우에는 항소심에서도 관할권의 유무를 다툴 수 있다(411조). 아울러 전속관할 위반은 절대적 상고이유로 규정되어 있지만(424조 1항 3호) 재심사유에는 해당하지 않으므로 판결이 확정되면 전속관할 위반을 이유로 더 이상 다툴 여지는 없게 된다.

　　4) 국제재판관할　　　섭외사건의 경우에도 전속관할 개념이 인정된다. 국제사법에서는 명시적으로 대한민국 법원이 전속관할권을 갖는 대상을 제시하고 있다. 즉, 대한민국의 공적 장부의 등기 또는 등록에 관한 소(국제 10조 1항 1호), 대한민국 법령에 따라 설립된 법인 또는 단체의 설립 무효, 해산 또는 그 기관의 결의의 유효 또는 무효에 관한 소(2호), 대한민국에 있는 부동산의 물권에 관한 소 또는 부동산의 사용을 목적으로 하는 권리로서 공적 장부에 등기나 등록이 된 것에 관한 소(3호), 등록 또는 기탁에 의하여 창설되는 지식재산권이 대한민국에 등록되어 있거나 등록이 신청된 경우 그 지식재산권의 성립, 유효성 또는 소멸에 관한 소(4호), 대한민국에서 재판의 집행을 하려는 경우 그 집행에 관한 소(5호) 등이 그것이다. 아울러 대한민국의 법령이나 조약에 따를 경우 외국법원의 전속관할에 속하는 것에 대해서는 그 효력을 인정하고 있다(2항).

　　2. 직무관할(직분관할)

　　(1) 개　　념

　　직무(혹은 직분)관할은 이에 관한 명문의 규정은 없지만 법원이 담당하는 직무의 성격에 따라 여러 법원 사이에 사건을 배분하여 정하는 관할이다. 그러나 이를 넓게 본다면 반드시 법원 간의 직무뿐 아니라 법관과 다른 재판업무를 수행하는 직원(사법보좌관이나 집행관) 간의 문제도 직무관할의 범주로 파악할 수 있다. 사건에 대한 공정성 확보는 물론 적정한 법원으

로 하여금 특정 직무를 수행하게 함으로써 소송경제를 도모하고자 하는 취지에서 직무를 분
장하고 있는데 직무관할은 통상 전속관할에 속하게 된다(김/강, 95면; 이시, 94면). 직무관할에는
대표적으로 심급관할이 있으며, 아울러 수소법원과 집행법원 간의 업무분담도 직무관할로 통
상 거론되어 왔다. 현재는 사법보좌관이 재판업무의 일정 부분을 담당하게 됨으로써 법관과
사법보좌관의 업무 분담도 직무관할의 하나로 취급함이 타당하다. 한편, 지방법원 합의부와
단독판사, 그리고 지방법원 본원합의부의 업무분담도 직무관할의 하나로 거론되고 있다(이시,
95면; 호, 184면).

(2) 종   류

1) 심급관할   ① 우리 민사재판제도는 3심제를 유지하고 있으므로 1심 법원과 항소심
법원, 상고심법원으로 구성된 3심급 하에서 각 심급 관할이 정해져 있다. 따라서 1심 사건은
지방법원과 지원의 단독판사(시·군 법원 판사)와 합의부가, 항소심은 고등법원 및 일부 고등법
원 원외재판부[1]와 지방법원 본원합의부 및 일부 지방법원 지원 항소부가 담당을 한다.[2]

 ② 심급관할은 원칙적으로 전속관할이지만[3] 일정부분 당사자의 합의(비약상고의 합의, 390
조 1항 단서)나 정황에 의하여 심급을 생략하는 것이 가능하다. 즉 심급의 이익을 해할 우려가
없는 상황에서 제기하는 항소심에서의 반소(412조)나 1심과 항소심 법원이 같은 사건에 대해
내린 판결에 대해서는 상급법원인 항소심 법원에 재심을 제기하여야 하는 경우(453조 2항) 등
이 그러하다.

2) 수소법원과 집행법원의 직무 분담   본안의 소가 제기되었거나 현재 제기된 법원
혹은 제기될 법원을 수소법원이라고 한다. 이에 반해 강제집행행위에 관한 일정한 법원의 처
분을 담당하는 법원을 집행법원이라고 한다. 본안소송과 집행절차에 대한 업무를 구분해서
법원 간의 직무를 분장하고 있는 것이다. 그러나 수소법원이라 하더라도 경우에 따라서는 집
행절차 업무를 담당하는 경우도 있다[가압류·가처분관할(민집 278조, 303조), 대체집행이나 간접강제 관
할(민집 260조, 261조)]. 예를 들어, 본안소송이 계속되고 있는 가운데 집행절차가 병행해서 진행
되는 경우가 있는데, 1심에서 승소한 원고가 항소심 진행 도중 1심 판결에 따른 가집행을 하
는 상황에서 흔히 발생한다. 이때 가집행의 내용이 금전채권에 기초한 부동산에 대한 강제집
행인 경우에는 부동산 소재지 관할법원(소위 집행법원)에 강제경매 신청을 하여야 한다(민집 79

---

1) 법원조직법 제27조 제4항의 규정에 따라 고등법원 부(部)의 지방법원 소재지에서의 사무처리에 관한 규칙
   이 2013. 12. 12. 개정됨으로써 제주지방법원 소재지와 전주지방법원 소재지에 각 광주고등법원 원외재판부
   를, 청주지방법원 소재지에 대전고등법원 원외재판부를, 춘천지방법원 소재지에 서울고등법원 원외재판부를,
   창원지방법원 소재지에 부산고등법원 원외재판부를 각각 두게 되었다(동 규칙 2조).
2) 춘천지방법원 강릉지원에는 항소심 합의부가 설치되어 있어(법조 32조 2항) 당해 지역에서 항소사건을 처
   리할 수 있도록 배려하고 있다.
3) 大判 1992. 5. 12. 92다2066.

조). 그러나 가집행의 내용이 간접강제나 대체집행을 하여야 하는 경우에는 본안을 담당했던 1심 수소법원에 이를 신청해야 한다(민집 260조, 261조). 물건에 대한 단순한 강제경매가 아닌 대체집행이나 간접강제의 경우는 본안 사건을 담당했던 1심 수소법원이 채무자를 심문하여(민집 262조) 집행의 공정성과 적정성을 판단하도록 함이 타당하다는 정책적인 배려의 결과이다. 이들 관할이 전속관할인 것은 직무관할에 따른 것이라기보다는 민사집행법 제21조에 따른 것이라고 할 수 있다.

　　3) 법관과 다른 재판기관[1] 간의 직무분담　　법원조직법 제54조 및 사법보좌관 규칙에 따라 사법보좌관은 민사소송법이나 집행법상의 일정한 재판행위를 수행하게 되는데 그 직무권한 범위 밖의 재판행위를 할 수 없다. 아울러 민사집행은 원칙적으로 집행관이 실시하지만(민집 2조) 집행법원 역시 집행행위에 관한 법원의 처분이나 그 행위에 관한 법원의 협력사항을 관할하므로(민집 3조 1항) 집행관은 집행법원의 고유 영역에 대한 직무를 침범할 수 없다.

　　4) 지방법원 본원합의부·지방법원 합의부·단독판사의 직무관할 인정 여부

　　① **지방법원 본원합의부의 관할 집중**　　관할의 집중을 위해 지방법원 지원합의부가 아닌 지방법원 본원합의부에만 전속 관할권을 인정하는 경우가 있다. 예를 들어 소비자기본법 및 개인정보보호법상의 단체소송과 증권관련 집단소송이 그러하다(소비 71조, 개인정보 52조 1항, 증권 4조). 이러한 관할 집중은 다른 일반 사건에 비해 상대적으로 사건이 많지 않고 또한 사건을 해결하는 데 전문성이 많이 요구된다는 점에서 그 정당성을 찾을 수 있을 것이다. 일정 규모 이상의 도산사건에 대해서는 서울회생법원이 원래의 관할법원과 함께 관할권을 갖게 되는데 같은 차원에서 설명될 수 있다(회생·파산 3조 4항).

　　② **지방법원 합의부와 단독판사**　　지방법원 합의부와 단독판사의 심판권의 분장은 아래에서 보듯 사물관할에 해당한다. 사물관할은 주로 본안사건의 복잡성이나 소송목적의 값에 따라 나누는 것이지만 그 중에는 직무의 내용에 따라 나눈 것이 있어 직무관할로 취급되어야 하는 경우도 있다(정/유/김, 131면; 호, 183면). 예를 들어, 지방법원 합의부는 사건의 중요성과 비중에 비추어 지방법원 판사에 대한 제척·기피 사건에 대한 직무관할을 가지며(32조 1항 5호) 정정보도청구사건에 대한 직무관할권도 갖는다(언론중재 26조 5항). 반면, 지방법원 단독판사나 시군법원 판사는 간이한 사항이나 급박한 사항에 대한 직무관할을 갖는 경우가 있는데 독촉절차(463조)나 제소전화해(385조), 공시최고 절차(476조) 등을 대표적으로 들 수 있다(법조 34조 1항).

---

1) 법원조직법 제5편에서는 법원직원을 규율하고 있는데 사법보좌관과 집행관 역시 직원에 속하므로 이를 재판기관으로 보는 데 이의가 있을 수 있다. 하지만 적어도 사법보좌관과 집행관의 업무는 실질적으로 법관의 재판행위(판단행위가 개입되는)와 유사하므로 이에 대한 직무분담을 분명히 할 필요가 있다. 특히 사법보좌관의 업무는 종전의 법관의 업무를 인계받은 것이므로 그 실질은 판단행위가 개입되는 재판행위라고 볼 수 있다.

3. 사물관할

우리나라의 1심 법원은 영미와 달리 단독판사와 3인의 판사로 구성된 합의부(법조 7조 5항, 30조 1항, 31조 5항)가 이원적으로 존재하면서 양자의 심판대상을 달리하고 있다. 그러나 지방 법원 등에서의 심판권은 원칙적으로 단독판사가 담당하므로(법조 7조 4항) 합의부의 심판대상 은 예외적으로 인정되고 있다. 한편, 한 법원 내에 존재하는 단독판사와 합의부 간의 심판대 상의 분리는 엄밀히 보아 사무분장이라고 볼 수 있지만 법 제34조에 따르면 합의부와 단독 판사 간의 사건 이동을 재량이송의 대상으로 하고 있으며 사물관할 규칙에서도 이를 사물관 할의 대상으로 취급하고 있다(법조 32조 1항 2호 참조).

(1) 합의부의 사물관할

1) 소송목적의 값이 5억 원을 초과하는 민사사건(사물관할규칙 2조 본문)

2) 재정합의사건   단독판사의 사물관할에 속하는 사건이라 하더라도 합의부는 스스 로 합의부에서 심판할 것으로 결정한 사건에 대해서 심판할 수 있다(법조 32조 1항 1호). 법에서 는 이를 재량이송의 형태로 인정하고 있으나(34조 2항, 3항), 사건배당 차원에서도 이를 실시할 수 있다.[1]

3) 인지법 제2조 제4항의 민사사건   인지법에서는 인지대 산출을 위해 경제적 이익을 목적으로 하지 않는 권리관계에 관한 소(비재산권을 목적으로 하는 소)와 재산권에 관한 소이면서 도 소송목적의 값을 산출할 수 없는 경우에 대해서도 일정한 소송목적의 값을 부여하고 있 다(인지 2조 4항, 인지규칙 18조의2). 한편, 이 두 종류의 소는 사물관할규칙 제2조에 따라 합의부 의 심판대상으로 취급되고 있다. 현실적으로 비재산권을 목적으로 하는 소와 소송목적의 값 산출이 불가능한 소의 구분은 명백하지 않지만 인지규칙에서는 이를 일부 구분하고 있어 아 래와 같이 나누어 살펴본다.

① **비재산권을 목적으로 하는 소**   성명권이나 초상권, 유체인도권(遺體引渡權)[2] 등 인 격권에 관한 소송이 비재산권을 목적으로 하는 소의 전형이라고 할 수 있으나 인지규칙은 일정한 형태의 소송을 비재산권을 목적으로 하는 소로 간주하고 있다. 즉, 민법 제764조 규

---

1) 사건배당 예규에 따르면 사건배당 주관자(법원장·지원장 혹은 그들로부터 권한을 위임받은 수석부장 판 사 등)는 제1심 단독사건 중 중요하다고 판단되는 민사, 형사, 가사 및 가사비송사건 등 재정합의 대상사건 에 대하여 사건배당에 앞서 재정결정부에 회부하여 이를 합의부에서 심판할 사건으로 할 것인가 여부에 대 한 결정을 받을 수 있다. 동 예규 제12조 제1항에서는 사건배당 주관자가 재정결정부에 회부할 사건을 예시 하고 있는데 선례나 판례가 없는 사건 또는 선례나 판례가 서로 엇갈리는 사건(1호)은 물론 사회에 미치는 영향이 중대한 사건(3호) 그 밖에 사건의 성격상 합의체로 심판하는 것이 적절한 사건(6호) 등으로 규정하고 있다.

2) 大判(全) 2008. 11. 20. 2007다27670.

정에 따른 명예회복을 위한 적당한 처분을 구하는 소에 있어 그 처분에 소요되는 비용을 산출하기 어려운 경우(인지규칙 14조), 주주대표소송, 이사의 위법행위 유지청구의 소, 회사의 신주발행유지 청구의 소를 제외한 상법상의 회사관계 소송 및 회사 이외의 단체에 관한 것으로서 이에 준하는 소송(인지규칙 15조 2항, 3항), 해고무효확인소송(인지규칙 15조 4항), 소비자기본법 제70조에 따른 위법행위의 금지나 중지를 구하는 단체소송(인지규칙 15조의2) 등이 그것이다.

② 재산권에 관한 소로서 소송목적의 값을 계산할 수 없는 것   비재산권을 목적으로 하는 소는 아니지만 소구하는 청구의 금전적 가치를 산출하기 곤란한 경우가 있다. 예를 들어 주주의 대표소송은 금전지급청구 소송의 형태를 취하고 있으나 회사에게 손해배상금을 지급하라는 내용의 청구취지를 담고 있어 이를 원고의 이익으로 취급하기 곤란하다. 인지규칙 제15조 제1항은 대표소송, 유지청구의 소, 신주발행유지청구의 소 등을 소송목적의 값을 산출할 수 없는 소송으로 보고 있다. 그 외에도 특허법원의 전속관할에 속하는 사건(인지규칙 17조의2), 무체재산권에 관한 소 가운데 금전이나 물건의 지급을 구하는 것이 아닌 사건(인지규칙 18조)을 소송목적의 값 산출 불능사건으로 간주하고 있다.

③ 구분의 실익   비재산권을 목적으로 하는 소와 소송목적의 값 산출 불능의 소를 엄밀히 구분하는 것은 쉽지 않다. 특정한 청구가 비재산권을 목적으로 하는 소로 보이지만 그 배후에는 경제적인 이익이 존재하는 경우도 적지 않기 때문이다. 예를 들어 낙찰자로서의 지위 확인을 구하는 소송은 경제적인 이익 추구를 목적으로 하는 것이 분명하므로 재산권상의 청구이나 소송목적의 값을 산정할 수 없는 소로 규정하는 것이 바람직하다.[1] 그러나 종중회원지위 확인청구[2]의 경우는 일견 비재산권을 목적으로 하는 청구로 보는 것이 타당한 것처럼 보이지만 이 사건의 궁극적인 목적은 종중재산에 대한 분배청구권에 있으므로 소송목적의 값을 산출할 수 없는 재산권상의 소로 보는 것이 합리적일 수 있다. 그러나 양자 모두 인지규칙에 의해 동일한 소송목적의 값으로 의제되므로 인지대 부담 측면에 있어서는 구분의 실익은 없다고 할 것이다.

(2) 단독판사의 사물관할

합의부의 사물관할을 제외한 나머지 사건은 1심 법원의 단독판사 사물관할에 속한다. 이를 구체적으로 세분해보면 다음과 같다.

1) 소송목적의 값(訴價) 5억 원 및 3,000만 원 이하   소송목적의 값이 5억 원 이하인 사건은 단독판사의 사물관할에 속하며(사물관할규칙 2조) 그 중에서 3,000만 원 이하인 금전 기타 대체물이나 유가증권의 일정한 수량의 지급을 목적으로 하는 청구는 소액사건심판법의

---

1) 大判 1994. 12. 2. 94다41454.

2) 大判(全) 2005. 7. 21. 2002다13850.

적용을 받는 소액사건에 해당한다(소액규칙 1조의2). 소액사건에 대한 특별법원은 설치되어 있지 않으므로 지방법원 본원 및 지원의 단독판사 혹은 시군법원(법조 34조 1항 1호)에서 소액사건을 담당한다.

　　2) 정형화된 사건과 재정단독 사건　　수표금·어음금 청구사건, 금융기관 등이 원고가 된 대여금·구상금·보증금 청구사건·자동차사고나 산재사고를 원인으로 한 손해배상청구사건은 소송목적의 값이 2억 원을 초과하더라도 그에 상관없이 단독판사의 사물관할에 속한다(사물관할규칙 2조 1호 내지 3호). 사건이 정형화되어 있어 심리가 보다 용이하다는 점, 신속한 권리구제가 필요하다는 점에서 정책적으로 단독판사의 사물관할로 취급하고 있다. 한편, 합의부 사건이라 하더라도 사건이 복잡하지 않고 신속하게 처리해야 할 사건은 합의부 스스로가 단독판사의 심판대상으로 할 것을 결정할 수 있는데 이를 재정단독 사건이라고 한다(사물관할규칙 2조 4호).

　　3) 탄력적인 심급관할　　1심 단독사건에 대한 항소심은 지방법원 본원 합의부 및 춘천지방법원 강릉지원 합의부가 담당하게 되지만(법조 32조 2항) 대법원규칙으로 정하는 사건에 대해서는 항소심을 고등법원이 담당할 수도 있다(법조 28조 2호). 따라서 상황에 따라서는 1심 법원의 사물관할 기준과 다른 항소심 관할 기준이 마련될 수 있는데 예를 들면, 소송목적의 값이 소 제기 당시 또는 청구취지 확장(변론의 병합 포함) 당시 5억 원 이하인 사건은 단독판사의 사물관할에 속하므로 그 항소심은 모두 지방법원 본원 합의부 및 춘천지방법원 강릉지원 합의부의 심판범위에 속하지만, 2억 원을 초과한 민사소송사건의 항소심은 고등법원의 심판범위에 속하도록 하고 있다(사물관할규칙 4조 1항 1호). 이는 항소심을 담당하는 지방법원과 고등법원의 사건 부담률에 따른 탄력적인 조정을 위한 것이다. 그러나 법적 안정성을 해친다는 지적도 적지 않다(이시, 67면).

(3) 소송목적의 값

　　소송목적의 값(訴價)은 소로 주장하는 이익을 금전으로 환산한 금액을 지칭하며 사물관할(26조 1항)은 물론 소장에 붙여야 할 인지액을 정하는 기준이 된다(인지법 및 인지규칙 참조). 아울러 소송비용에 산입되는 변호사보수를 산정하는 데도 기준이 된다(변호사보수규칙 별표 참조).

　　1) 산정방법과 기준 시점

　　① 기준시점　　소송목적의 값은 원고가 청구취지로써 구하는 범위 내에서 원고의 입장에서 보아 전부 승소할 경우에 직접 받게 될 경제적 이익을 객관적으로 평가한 금액으로 산정하는 것이 원칙이다(인지규칙 6조). 아울러 소송목적의 값은 소를 제기한 때를 기준으로 산정하므로(인지규칙 7조) 그 후 목적물의 가액 등이 변동되더라도 관할이나 인지액의 변경을 초래하지는 않는다.

② **청구취지의 확장이나 청구병합**   이들을 통해 청구금액이 증액되는 경우에는 그 금액에 비례하여 인지를 추가로 붙여야 하며(인지 5조) 사물관할의 변경도 초래하게 된다. 따라서 단독판사의 사물관할에 속하던 사건이 청구취지의 확장이나 청구병합을 통해 소송목적의 값이 2억 원을 초과하게 되는 경우에는 변론관할이 발생하는 경우를 제외하고는 당사자 보호를 위해 합의부로 이송되어야 한다. 그러나 합의부 관할에 속하던 사건이 청구취지의 감축으로 단독판사의 관할로 된 경우에는 합의부의 재량에 따라 이송을 하거나 그대로 심판하는 것이 가능하다. 당사자에게 불이익이 없을 뿐 아니라 소송경제를 위해서는 합의부에서 그대로 재판하는 것이 오히려 타당하기 때문이다.[1]

③ **변론의 병합**   변론이 병합됨으로써 소송목적의 값이 증가됨에 따라 청구병합이나 청구취지확장과 마찬가지로 관할변동이 발생하게 되는 것인지에 대해서는 견해의 대립이 있을 수 있으나 판례는 같은 법원에 계속 중인 여러 개의 소송을 하나의 절차에 병합하여 심판을 하는 경우라 하여도 그 관할의 유무는 원고가 청구를 확장하였거나 또는 별개의 청구를 추가한 경우와는 달리 소 제기 당시를 표준으로 하여야 할 것이라고 판시하였다.[2]

2) 합산 원칙과 예외   ① 청구가 병합된 경우에는 그 여러 청구의 값을 모두 합하여 소송목적의 값을 정하는 것이 원칙이나(27조 1항) 그 수개의 청구의 경제적 이익이 독립한 별개의 것인 때에 한한다(인지규칙 19조). 아울러 1개의 소로서 비재산권을 목적으로 하는 청구를 병합하는 경우에도 각 청구의 소송목적의 값을 합산하되 청구의 목적이 1개의 법률관계인 경우에는 1개의 소로 간주한다(인지규칙 22조).

② 수개 청구의 경제적 이익이 동일하거나 중복되는 때에는 중복되는 범위 내에서 흡수되고 그 중 다액인 청구의 가액을 소송목적의 값으로 한다(중복청구의 흡수, 인지규칙 20조). 청구가 선택적 혹은 주위적·예비적으로 병합된 경우나 선택적·예비적 공동소송의 경우, 수인의 보증인이나 연대보증인에 대한 청구, 소유권보존등기와 이에 터 잡은 근저당권설정등기나 소유권이전등기에 대한 말소청구,[3] 해고무효확인청구와 이에 터 잡은 임금지급청구[4] 등을 그 예로 들 수 있다.

③ 1개의 청구가 다른 청구의 수단에 지나지 않을 때에는 특별한 규정이 있는 경우를 제외하고 그 가액은 소송목적의 값에 산입하지 않는다(수단인 청구의 흡수, 인지규칙 21조). 대지소유자는 대지를 불법점유하는 건물소유자를 상대로 건물철거와 대지인도청구를 병합하여 청

---

1) 단독판사의 사건에 대해 항소가 있은 후 항소심에서 청구변경 등으로 합의부의 사물관할에 속하는 청구로 변경되더라도 심급관할은 제1심 법원의 존재에 의하여 결정되는 전속관할이어서 이미 정하여진 항소심의 관할에는 영향이 없다(大判 1992. 5. 12. 92다2066).
2) 大決 1966. 9. 28. 66마322.
3) 大決 1998. 7. 27. 98마938.
4) 大決 1994. 8. 31. 94마1390.

구하게 되는데 이때 철거청구는 수단에 불과하므로 대지인도청구에 대해서만 소송목적의 값을 산정하여 인지를 붙이면 된다.

④ 과실이나 손해배상(지연손해금이나 지연이자), 위약금 혹은 비용의 청구가 소송의 부대목적(附帶目的)이 되는 경우에는 소송목적의 값에 산입하지 않는다(27조 2항). 따라서 원금의 지급을 구하는 소송에 부대하는 이자청구는 소송목적의 값에 산입되지 않는다. 그러나 이미 발생한 이자의 일부분을 원금에 산입해서 청구하는 경우에는 소송목적의 값에 산입되며 이자만의 지급을 구하는 소를 제기한 경우에는 당연히 소송목적의 값에 산입된다.

(4) 사물관할의 변동 여부

1) 소액사건에서 단독 혹은 합의부 사건으로 전환   소송목적의 값은 소 제기 시점을 기준으로 결정하므로(인지규칙 7조) 사물관할 역시 소 제기 시점을 기준으로 정한다. 다만, 소송이 진행되는 동안 청구취지의 확장·청구병합 등을 통해 소액사건이나 단독사건의 범주를 초과하게 되면 단독 혹은 합의부 관할 사건이 된다. 한편, 소액사건이나 단독사건 진행 도중 당해 사물관할을 초과하는 반소, 중간확인의 소, 독립당사자참가신청 사건 등이 병합되면 이 경우도 역시 단독 혹은 합의부 관할 사건이 된다(269조 2항 및 소액규칙 1조의2 참조). 따라서 변론관할이 발생하지 않거나 합의부의 재정단독결정이 없는 한 단독판사나 합의부로 이송을 하여여 한다(269조 2항 참조).[1]

2) 변론이 병합되는 경우   소 제기 당시에는 소액사건이나 단독사건이었지만 변론이 진행되는 도중 다른 사건과 변론이 병합되어 소가의 합산액이 단독사건이나 합의부사건에 해당하는 경우에도 원래의 사물관할에는 변동이 없다. 즉, 소액사건 혹은 단독사건이 각기 병합심리되어 원래의 사물관할을 초과하더라도 소 제기 당시 특정된 소액사건과 단독사건의 성격이 바뀌지는 않는다.[2]

4. 토지관할

(1) 의의와 종류

1) 의   의   대법원은 유일한 상고심 법원으로서 대한민국의 모든 민사사건에 대한 최종심으로서의 기능을 수행한다. 그러나 하급법원인 고등법원과 지방법원은 소재지를 달리해서 복수로 설치하고 일정한 행정구역을 기준으로 각 법원의 관할권을 분장하고 있다. 이와 같이 같은 종류의 여러 법원 간의 관할권 분장관계를 정해놓은 것을 토지관할이라 하며 토

---

1) 소액사건은 단독판사의 관할에 속하게 되므로 따로 이송할 필요 없이 재배당 등을 통해 문제를 해결할 수 있으나(소액전담법관이 있는 경우) 시군법원에 사건이 계속되어 있는 경우에는 지방법원이나 지원으로 이송해야 한다.

2) 大決 1966. 9. 28. 66마322; 大判 1991. 9. 10. 91다20579,20586.

지관할의 발생원인 내지 연결점을 재판적(裁判籍, Gerichtsstand)이라고 한다. 재판적에는 모든 사람과 사건에 적용될 수 있는 보통재판적과 특별한 인적·물적 연결점이 있는 경우에만 관할이 인정되는 특별재판적이 있다. 국제민사소송에서는 보통재판적 혹은 특별재판적이라는 용어 대신에 일반관할(general jurisdiction, 국제 3조)과 특별관할(special jurisdiction, 국제 4조, 5조)로 구분하는 것이 보통이다(제9편 제3장 Ⅰ. 참조).1)

　　2) 종　　류　　　인적 재판적은 소송의 당사자, 즉 사람이 연결점이 되는 재판적이다. 이에 반해 물적 재판적은 소송물과 관련되어 인정되는 재판적을 지칭한다. 보통재판적은 사람에 대해 보편적으로 적용되는 연결점이므로 인적 재판적이지만, 특별재판적은 사람뿐 아니라 소송물과 관련되어 인정되기도 하므로 사항에 따라 인적·물적 재판적의 성격을 갖는다.

　　3) 재판적의 경합과 피고의 방어　　　원고가 피고를 상대로 특정한 청구에 기초해서 소를 제기하는 경우 당해 사건을 관할할 수 있는 법원은 원칙적으로 피고의 보통재판적 소재지 관할법원(2조)이다. 보통재판적은 어떤 사람이 어떤 사건을 청구하더라도 언제나 인정되기 때문이다. 한편, 어떤 사람이 어떤 사건을 청구하는가에 따라 특별재판적 소재지 관할법원이 경합해서 발생할 수 있다(물론 전속관할은 제외). 보통재판적과 특별재판적 상호 간에는 어느 것이 우선하지 않으며 모두 동등한 지위를 갖고 있다. 따라서 소를 제기하는 원고는 경합하는 여러 법원 중 자신에게 가장 유리한 관할법원을 찾아 소를 제기하게 되며 피고는 손해나 지연을 피하기 위한 이송신청을 할 수 있을 뿐이다(35조).

　(2) 보통재판적

　　사람의 보통재판적은 그의 주소에 따라 정해진다(3조). 이 중에서 피고의 보통재판적 소재지 관할법원(즉 피고의 주소지를 관할하는 법원)이 모든 사건에 대해 원칙적인 관할권을 갖는다(2조). 따라서 원고는 어떤 사건을 내용으로 하든 피고 주소지 관할법원에 소를 제기하면 관할위반의 우려는 불식된다.

　　1) 사람의 보통재판적　　　사람의 보통재판적은 주소에 의하되 대한민국에 주소가 없거나 주소를 알 수 없는 경우에는 거소에 따라 정하고 거소가 일정하지 않거나 거소도 알 수 없는 경우에는 최후 주소에 따라 정한다(3조).

　　① 우리 민법상 주소는 사람의 생활의 근거되는 곳을 의미하며(민 18조 1항) 복수의 주소도 허용되고 있다(2항). 이로써 우리 민법은 실질주의를 취하고 있다는 데 이론이 없다. 정주

---

　　1) 국제사법 제2조 제1항에서는 실질적 관련성을 국제재판관할권 인정의 일차적인 기준으로 제시하고 있으나 제2항에서 국내 관할 규정을 참작할 것을 주문하고 있다. 따라서 국내 토지관할 규정은 여전히 국제재판관할 인정에 중요한 요소로 작용하고 있으므로 개별 토지관할 규정과 관련해서 국제재판관할 논의를 전개하기로 한다.

(定住)의 사실 외에 정주의 의사를 필요로 하는 의사주의를 취하였는가 여부에 대해서는 견해가 대립되고 있는데 의사무능력자를 위한 법정주소를 정하고 있지 않다는 점에서 다수견해는 객관주의를 취하고 있는 것으로 파악된다.[1] 한편 주소는 가족관계의 등록 등에 관한 법률상의 등록기준지(동법 10조 1항, 과거의 본적지)나 주민등록법상의 주민등록지[2]와는 무관하다. 한편, 국제사법과 협약 등에서는 주소 대신 상거소(常居所, habitual residence)라는 용어를 사용하고 있다. 상거소와 주소와의 관계에 대해서는 심각한 논의가 전개되지 않고 있으나 상거소 개념을 적어도 "생활의 중심지"로 이해하고 우리의 주소개념과 원칙적으로 동일하다고 보는 것이 타당할 것이다.[3] 민법과 국제사법은 주소와 상거소의 대용으로서 거소를 활용하는 점에도 동일한 입장을 보이고 있다(민 19조, 국제 3조 2항).

② 거소는 주소보다는 밀접성이 떨어지지만 일정기간 생활의 근거가 되는 곳이어야 한다. 따라서 일정기간 호텔에 투숙하는 경우나 대학생이 고향을 떠나 기숙사에 기거하는 경우 등을 거소지로 인정할 수 있다. 거소는 대한민국에 주소가 없거나 주소를 알 수 없는 경우 보충적으로 활용되는 것이며 외국에 주소를 갖고 있는 경우에도 거소의 개념이 활용된다.

③ 거소가 일정하지 않거나 거소도 알 수 없는 경우에는 최후의 주소에 따라 보통재판적을 정하게 된다. 최후의 주소에 따라 관할법원을 정하게 되면 결국 공시송달에 의해서 송달할 수밖에 없는데 통상 실무에서는 불거주 증명서를 첨부하여 공시송달을 신청하고 있다.[4] 한편, 외국인인 피고가 국내에 거주하다가 본국으로 귀국한 경우 결국 국내의 최후 주소에 근거하여 공시송달을 통해 소를 제기할 수 있다는 결론에 이르게 된다. 그러나 외국인의 본국 주소를 알고 있는 경우에는 외국에 송달을 하는 것이 바람직하며 본국의 주소지를 알 수 없는 경우에만 국내의 최후주소를 통해 소를 제기하도록 함이 타당하다.

2) 법인의 보통재판적

법인의 보통재판적을 정함에 있어서는 내국법인과 외국법인을 구분해서 규율하고 있다.

① 내국법인   i) 법인, 그 밖의 사단 또는 재단의 보통재판적은 이들의 주된 사무소 또는 영업소가 있는 곳에 따라 정하고, 사무소와 영업소가 없는 경우에는 주된 업무담당자의 주소에 따라 정하고 있다(5조 1항). 법인에는 사법인(私法人)뿐 아니라 공법인도 포함되므로 지

---

1) 한상호/민법주해 총칙(1), 333면. 그러나 의사무능력자에 대한 법정주소를 두지 않은 것은 입법상의 흠결일 뿐 이것이 객관주의의 근거가 될 수 없다는 소수견해도 있다.

2) 그러나 주민등록법상 모든 국민은 거주지를 이전하는 경우 관할관청에 신고를 하도록 요구되고 있어(동법 16조) 주민등록지가 사실상 주소를 나타낸다고 보아도 무방하다. 사람의 최후주소도 주민등록상의 최종주소지로 파악하는 것이 일반적이다.

3) 최흥섭, "국제사법에서 일상거소의 의미와 내용", 국제사법연구 3호, 536면도 같은 취지임. 최흥섭 교수는 상거소 대신 일상거소의 용어를 사용하는 것이 바람직하다고 주장한다.

4) 최후주소가 없거나 알 수 없는 경우에 대해서는 명시적인 규정을 두고 있지 않다. 반면 가사소송법 제13조 제2항에서는 이러한 경우 대법원 소재지 가정법원의 관할권을 인정하고 있다.

방자치단체의 경우도 이 규정의 적용을 받는다.[1] 민법이 규정하는 비영리법인의 경우는 주된 사무소를(민 36조), 상법이 규정하는 회사는 본점소재지를 각기 주소로 보고 있는데(상 171조 2항) 소송법 규정이 이들 실체법과 취지를 같이하는 것이라는 견해[2]가 일반적이다.

ii) 민법상의 주된 사무소나 상법상의 본점소재지 모두 그 소재지에서 설립등기를 하지 않으면 법인이 성립되지 않으므로(민 33조, 상 172조) 양자 모두 원칙적으로 법인의 설립지와 일치한다. 따라서 주된 사무소나 본점 소재지가 이전되면 이에 따라 변경등기를 하여야 하지만 이를 하지 않은 경우에도 실질적으로 법인을 운영하는 중추적인 역할을 수행하는 곳이 주된 사무소나 본점소재지에 해당한다고 보아야 한다.[3] 이 경우 등기부상의 주된 사무소나 본점소재지를 관할하는 법원뿐 아니라 실질적인 주된 사무소나 본점소재지를 관할하는 법원 역시 보통재판적에 의한 관할권을 취득한다고 보는 것이 타당하다. 한편, 법인이 (주된) 사무소나 영업소가 없는 경우에는 주된 업무담당자의 주소에 따라 보통재판적이 정해진다. 법인 대표자의 주소에 의해서 정해지는 것이 일반적이지만 청산법인인 경우에는 대표청산인의 주소가 관할 결정의 기준이 된다.

② **외국법인**   외국법인, 그 밖의 사단 또는 재단의 보통재판적은 대한민국에 있는 이들의 사무소·영업소 또는 업무담당자의 주소에 따라 정한다(5조 2항). 외국법인의 경우는 외국에 주된 사무소나 영업소가 존재하므로 국내법원의 관할권을 인정하기 위해 단순히 영업소나 사무소의 소재만을 요구하고 있는 것이다. 더구나 업무담당자의 주소가 보충적으로만 작용하는 것이 아니라 사무소나 영업소의 주소와 동등한 자격으로 관할원인이 될 수 있다는 점에서 내국법인의 경우와는 차등이 존재한다. 즉, 내국인의 경우는 영업소나 사무소 소재지 관할법원이 관할권을 갖기 위해서는 당해 영업소나 사무소와 관련이 있는 소를 제기하는 경우에만 가능하다(12조). 하지만 외국법인의 경우는 우리나라에 소재한 영업소 등이 당해 사건과 아무런 관련이 없는 경우에도 법 제5조 제2항의 규정에 의해 관할권이 인정될 수 있어 문제이다(이하 상세한 내용은 영업소 소재지 관할 참조).

3) 대사·공사 등의 보통재판적   대사·공사, 그 밖에 외국의 재판권 행사대상에서 제외되는 대한민국 국민이 법 제3조의 규정에 따른 보통재판적이 없는 경우에는 이들의 보통재판적을 대법원이 소재하는 곳으로 의제하고 있다(4조). 대한민국 국민으로서 외국의 대사나 공사, 영사 등 외국의 재판권에서 면제되는 신분을 갖고 있는 자에 대해 보통재판적을 의제하여 국내에서 재판을 할 수 있도록 편의를 제공한 것이다.

4) 국가의 보통재판적   국가의 보통재판적은 그 소송에서 국가를 대표하는 관청(법무

---

1) 김능환/주석민소(1), 147면.
2) 전게서, 같은 면.
3) 이철송, 「상법총칙(11판)」, 151면; 최기원/민법주해 총칙(1), 604-605면도 같은 취지임.

부장관, 국가소송 2조) 또는 대법원이 있는 곳으로 한다(6조). 국가도 재산권의 주체로서 민사소송의 피고로 될 수 있으므로 이 경우 법무부장관이 소재하는 과천시를 관할하는 수원지방법원 안양지원 혹은 대법원이 소재하는 서울특별시 서초구를 관할하는 서울중앙지방법원이 각기 보통재판적에 의한 관할권을 갖게 된다.

　　5) 국제재판관할　　　국제사법 제3조에서는 대한민국 법원의 일반관할(보통재판적)을 규정하고 있다. ① 대한민국에 일상거소(habitual residence)[1]가 있는 사람, 일상거소가 어느 국가에도 없거나 이를 알 수 없는 사람의 거소가 대한민국에 있는 자연인에 대해 대한민국 법원은 국제재판관할권을 갖는다(국제 3조 1항). ② 대사·공사, 그 밖에 외국의 재판권 행사 대상에서 제외되는 대한민국 국민에 대한 소에 관하여도 규율하고 있는데(2항) 법 제4조에서 보통재판적을 의제하고 있는 상황에서 국제재판관할권을 대한민국 법원이 갖는다는 점을 국제사법에서 다시 규정할 필요가 있는지 의문이다. ③ 외국법인이나 단체로서 주된 사무소·영업소 또는 정관상의 본거지나 경영의 중심지가 대한민국에 있는 경우 혹은 대한민국 법에 따라 설립된 경우 대한민국 법원에 국제재판관할권이 있다(3항). 단체는 사단이나 재단을 넘어 어느 범위까지 고려한 것인지 모호하다. 나아가 주된 사무소나 영업소 외에 경영의 중심지를 연결점으로 제시하고 있는데 개념의 모호성으로 인해 혼선이 일어날 가능성이 높다.[2]

(3) 특별재판적

　　피고의 주소지(자연인)와 주된 사무소(법인)를 연결점으로 하는 보통재판적이 있는 곳의 법원에게 기본적인 관할권을 인정하는 민사소송의 기본원칙은 여러 유형의 소의 특성을 감안한 특별재판적 제도에 의해 보완되고 있다. 특별재판적은 보통재판적과 달리 당사자뿐 아니라 소송물 혹은 계쟁물과 관련된 연결점을 관할원인으로 인정하고 있다. 특별재판적을 인정하는 것은 민사소송의 이상(신속, 적정, 공평, 경제)을 실현하기 위해 보다 적절한 관할법원을 찾고자 하는 목적도 있지만 결과적으로는 원고에게 관할선택권을 인정해 준 것과 다름없다. 원고는 사전에 자신의 사건을 분석하여 가장 유리하고 편리한 관할법원을 선택하여 소를 제기할 수 있게 된 것이다. 법은 특히, 재산권상 청구의 경우 특별재판적을 광범위하게 인정하고 있어 피고의 보통재판적 소재지 관할법원을 중심으로 하고자 하는 법 제2조의 기본취지는 무색해지고 있다.

---

　　1) 개정 전에는 상거소라는 용어를 사용하였으나 일상거소라는 용어로 변경하였는데 habitual residence의 번역어일 뿐 변경의 의미는 없다. 법에서는 주소를 중심으로 하고 있으나 국제적인 협약 등에서 일상거소를 흔히 사용하고 있어 국제적인 기준에 맞춘 것으로 보이며 주소의 개념과 동일하게 보아도 무방하다.

　　2) 국제사법 제3조는 외국법인 등에 대해 민사소송법 제5조 제2항과 명백히 다른 기준을 제시하고 있는데 양자의 관계 설정을 입법적으로 해결하지 않고 해석론을 통해 문제해결을 하도록 한 것은 적절하지 못한 방법으로 판단된다. 법 제5조 제2항 외국법인에 대한 부당한 차등 내용을 담고 있는 규정이라고 하더라도 기존에 존재하는 실정법 규정이므로 전혀 다른 내용을 국제사법에서 규정하는 것 역시 바람직하지 못하다.

1) **근무지(7조)와 거소지 관할(8조 전단)**   사무소나 영업소에 계속하여 근무하는 사람에 대해서는 그 곳을 관할하는 법원에 소를 제기할 수 있다(7조). 한편, 거소지를 관할하는 법원은 재산권에 관한 소에 대해서만 관할권을 갖게 된다(8조 전단). 근무지 관할법원은 사건에 제한이 없는 반면 거소지 관할법원은 재산권에 관한 소에 대해서만 관할권을 갖는다는 점에서 균형이 맞지 않는 측면이 있다. 서울에 거주하는 원고가 지방에 주소지를 갖고 있으나 학업이나 직장을 위해 수년씩 서울에 체류하는 사람들에 대해 소를 제기하고자 하는 경우 근무지 관할이나 거소지 관할을 근거로 서울에서 소를 제기할 수 있는 장점이 있다.

2) **의무이행지 관할(8조 후단)**   법 제8조 후단에서는 재산권에 관한 소에 있어 의무이행지 관할법원에도 소를 제기할 수 있음을 규정하고 있다. 민사사건의 대부분이 재산권에 관한 소라는 점, 우리 실체법상 의무이행지는 특정물인도청구의 경우를 제외하고 지참채무를 원칙으로 하고 있는 점(민 467조)에서 피고의 보통재판적 소재지 관할법원보다는 원고의 주소지에서 소를 제기할 가능성이 높다.

① **재산권에 관한 소**   금전적·경제적 가치의 획득을 목적으로 하는 소를 지칭한다. 따라서 청구의 성질이 물권·채권·준물권·무체재산권 등 어느 것이더라도 무방하며 소의 형태 역시 적극적·소극적 확인청구는 물론 이행·형성청구 여부를 불문한다. 재산권에 관한 소는 금전으로 가액을 산정할 수 있는 것이 대부분이지만 가액산정이 불가능하더라도 채권의 목적이 될 수 있으므로(민 373조) 통행방해배제를 구하는 소 역시 가액을 산정할 수 없는 재산권에 관한 소라고 할 것이다. 한편, 비재산권에 관한 소는 신분법상의 법률관계의 형성이나 확인을 구하는 경우, 분묘에 관한 청구, 성명권이나 초상권 등 인격권의 확인이나 유해인도청구 등이 해당된다.[1]

② **의무이행지**   민법에 따르면 특정물의 인도청구는 채권 성립당시에 그 물건이 있던 장소가 의무이행지로 되며(민 467조 1항), 그 외의 채무에 대해서는 채권자의 현주소가 의무이행지로 되지만(지참채무, 민 467조 2항 본문) 영업에 관한 채무의 변제는 채권자의 현영업소에서 하여야 한다(민 467조 2항 단서).[2] 한편 상법 역시 채권자의 지점 거래의 경우 다른 특별한 약정이 없는 한 특정물 인도 이외의 채무이행은 그 지점을 이행장소로 보고 있다(상 56조).[3]

---

1) 김능환/주석민소(1), 152면.
2) 대법원은 민법 제467조 제2항의 '영업에 관한 채무'는 영업과 관련성이 인정되는 채무를 의미하고, '현영업소'는 변제 당시를 기준으로 그 채무와 관련된 채권자의 영업소로서 주된 영업소에 한정되는 것이 아니라 그 채권의 추심 관련 업무를 실제로 담당하는 영업소까지 포함된다고 판시하였다(大決 2022. 5. 3. 2021마6868).
3) 이전등기나 말소등기청구 소송의 의무이행지는 원고 주소지가 아니고 등기할 공공기관이 있는 곳(21조)이다. 大決 2002. 5. 10. 2002마1156에서도 원고가 사해행위취소의 소의 채권자라고 하더라도 사해행위취소에 따른 원상회복으로서의 소유권이전등기 말소등기의무의 이행지는 그 등기관서 소재지라고 볼 것이지, 원고의 주소지를 그 의무이행지로 볼 수는 없다고 판시한 바 있다.

따라서 계약채무관계에서 파생되는 채무불이행으로 인한 손해배상, 계약해제로 인한 원상회복청구의 소도 의무이행지 관할법원(결국 채권자 주소지나 지점)에 소를 제기할 수 있다. 나아가 법정채권에 해당하는 불법행위·부당이득·사무관리 등에 기한 청구도 의무이행지 관할을 적용할 수 있다는 것이 다수 견해의 입장이다.[1] 결국 의무이행지 관할은 형식상으로는 특별재판적이지만 원고에게는 자신의 주소지 관할법원을 이용할 수 있는 광범위한 길이 열려 있어 보통재판적으로서의 역할을 수행하고 있다.[2]

③ 국제재판관할   i) 대법원은 의무이행지 관할을 근거로 섭외사건에 대해서 국내 법원의 국제재판관할을 인정한 바 있다.[3] 의무이행지 관할 규정은 국제재판관할 영역에서는 금지관할(혹은 과잉관할)에 해당하므로 국제재판관할의 연결점에서 배제하는 것이 타당하다.

ii) 국제사법 제41조 내지 43조에서는 계약에 관한 소와 소비자 및 근로자계약의 특별관할을 나누어 규정하고 있다. 계약 일반의 경우는 물품공급과 용역제공계약을 나누어 전자의 경우는 물품인도지, 후자의 경우는 용역제공지가 대한민국에 있는 경우 국제재판관할권을 갖는다(국제 41조 1항). 아울러 보호관할로서 소비자계약(국제 41조)과 근로계약(국제 42조)에서의 국제재판관할을 따로 규정하고 있는데 소비자나 근로자에게 관할선택권을 부여하고 반대로 사업자에게는 특정한 법원에만 소를 제기할 수 있도록 하고 있다.

3) 사무소·영업소 관할(12조)   사무소·영업소가 있는 사람을 피고로 하여 그 사무소·영업소의 업무와 관련이 있는 소를 제기하는 경우에는 그 사무소·영업소가 있는 곳의 법원에 제기할 수 있다(12조). 사람에는 당연히 법인도 포함되므로 법인의 영업소와 거래를 한 경우에는 주된 사무소나 영업소가 아닌 당해 사무소·영업소를 관할하는 법원에 소를 제기할 수 있는 것이다. 개인이 운영하는 영업소의 경우도 영업소의 업무와 관련이 있는 소를 제기하는 경우에는 영업소 소재지를 관할하는 법원에 소를 제기할 수 있다. 그러나 영업소를 운영하는 개인이나 법인 스스로 원고가 되어 타인을 상대로 소를 제기하는 경우에는 법 제12조가 적용되지 않는다는 점을 유의하여야 한다.[4]

---

1) 김능환/주석민소(1), 153면에서는 재산권상의 청구 중 의무의 존재를 전제로 하는 것에 한정된다고 하면서도 의무를 전제로 하는 것이라면 계약상의 청구권뿐만 아니라 유증과 같은 단독행위는 물론 법률상 당연히 생기는 불법행위, 부당이득, 사무관리 등에 의한 채권적 청구권 및 소유권이나 점유권에 기한 물권적 청구권에 관한 소에 모두 적용된다고 한다(이시, 105면도 같은 견해임).

2) 김능환/주석민소(1), 153면에서도 동 규정이 보통재판적의 역할을 하고 있다고 지적을 하고 있다(같은 취지의 비판으로는 이시, 106면).

3) 大判 1972. 4. 20. 72다248(준거법인 일본국 법률에 따라 의무이행지 관할 인정한 사건). 大判 2008. 5. 29. 2006다71908,71915의 사실심에서는 명시적으로 법 제8조에 의한 의무이행지 관할을 인정하였다. 이후에도 대법원은 명시적인 입장을 나타내지 않았으나 하급심 실무는 섭외사건에서 의무이행지 관할을 과도하게 확장해서 인정하고 있다는 평가가 있다[한애라, "국제사법 전부개정안 검토-물권, 계약에 관한 소의 국제재판관할을 중심으로-", 민사소송 22권 2호(2018), 108-109면].

4) 영업소가 있는 자가 원고가 되어 소를 제기하는 경우에는 법 제12조의 적용은 없다(大決 1980. 6. 12. 80마158).

① 사무소·영업소 개념　　사무소는 영업 이외의 업무가 계속적으로 행해지는 중심적인 장소이며 영업소는 영업이 계속적으로 이루어지는 주된 장소를 지칭한다.[1] 그러나 주된 사무소나 영업소와 달리 법인이나 개인이 운영하는 모든 사업체의 중심적 역할을 하는 곳은 아니며 일정한 지역이나 특정업무 혹은 특정 물건의 사무나 영업을 총괄하는 역할을 수행하는 곳이라고 할 것이다. 따라서 업무와 관련되어 하등의 결정권이 없는 출장소나 지소, 지부, 대리점 등은 동 규정에서 말하는 사무소나 영업소라고 할 수 없다. 결국 영업소나 사무소의 지위를 갖고 있는지 여부는 단순히 명칭만을 통해 판단할 수는 없으며 그 실질에 의해 판단을 하여야 한다.[2]

② 국제재판관할　　i) 법 제12조 규정에 따르면 외국법인의 사무소·영업소가 국내에 소재한 경우 이들 사무소·영업소와 관련이 없는 사건에 대해서는 우리나라 법원에 소를 제기할 수 없다. 그런데 외국법인의 보통재판적을 규정하고 있는 법 제5조 제2항에 따르면 외국법인의 보통재판적은 사무소나 영업소, 또는 업무담당자의 주소에 따라 정하도록 되어 있어 영업소와 관련이 없는 사건에 대해서도 대한민국 법원에 제소될 수 있도록 되어 있다. 대법원[3]은 이러한 두 규정의 모순에도 불구하고 후자(외국법인의 보통재판적)만을 언급하면서 국내법원의 국제재판관할권을 인정한 바 있다.[4]

ii) 대한민국 법원은 대한민국에 사무소·영업소가 있는 사람·법인 또는 단체의 경우 사무소 또는 영업소의 업무와 관련된 소에 대해서만 국제재판관할을 갖는다(국제 4조 1항). 나

---

1) 김능환/주석민소(1), 165면.

2) 위 80마158에서 대법원은 계약당사자 및 관할합의의 주체로 되어 있는 "광주시 대의동 58 농업협동조합중앙회 전라남도지부 지부장 A"에 대해 중앙회가 당사자임을 명백히 하고 있다. 지부장 A는 중앙회를 대리하는 지위에 있다고 보는 것이다. 동 판결은 아울러 설사 중앙회의 전남지부가 영업소에 해당하더라도 법 제12조에 따르면 사무소 또는 영업소가 있는 자에 대한 소는 그 사무소 또는 영업소의 업무에 관한 것에 한하여 그 소재지의 법원에 제기할 수 있다고 규정되어 있어 위 중앙회의 영업소의 업무에 관하여 위 중앙회를 상대로 소를 제기하는 때에 한하여 위 영업소 소재지의 법원에 관할이 있다고 할 것이므로 위 중앙회가 스스로 원고가 되어 재항고인을 상대로 소를 제기하는 이 사건의 경우 위 규정이 적용될 여지는 없다고 판시하였다.

3) 서울地判 1996. 1. 12. 94가합66533 중간판결(소위 타이항공 사건, 동 사건의 상고심은 大判 2000. 12. 12. 2000다1006) 참조. 이 사건에서 대한민국 국민인 소외 망 A(원고들의 子)는 태국 방콕에서 타이항공으로부터 네팔행 항공권을 구입하여 탑승하였으나 네팔국 영내에서 항공기가 추락하여 사망을 하게 되었다. 소외 망 A의 유족은 태국항공을 상대로 우리나라 법원에 소를 제기하였는데 우리나라 법원은 태국기업인 타이항공의 영업소가 국내에 있다는 이유만으로(소외 망인의 사고와 국내영업소와는 무관함에도 불구하고) 법 제5조 제2항 보통재판적 규정에 근거하여 국제재판관할을 인정하였다. 한편, 大判 2000. 6. 9. 98다35037에서도 외국법인 등이 대한민국 내에 사무소, 영업소 또는 업무담당자의 주소를 가지고 있는 경우에는 그 사무소 등에 보통재판적이 인정된다고 할 것이므로 응소를 강제하는 것이 민사소송의 이념에 비추어 보아 심히 부당한 결과에 이르게 되는 특별한 사정이 없는 한, 그 분쟁이 외국법인의 대한민국 지점의 영업에 관한 것이 아니라 하더라도 우리 법원의 관할권을 인정할 수 있다고 판시하였다.

4) 판례에 대한 비판과 대안의 제시는 졸고, "국내토지관할 규정의 국제적 정합성-법인의 보통재판적과 영업소 및 재산소재지 특별재판적을 중심으로-", 민사소송 13권 2호(2009), 136-137면 참조.

아가 사무소나 영업소가 없더라도 대한민국에서 또는 대한민국을 향하여 계속적이고 조직적인 사업 또는 영업활동을 하는 사람·법인 또는 단체에 대하여 그 사업 또는 영업활동과 관련이 있는 소에 대해서도 국제재판관할권을 갖는다(2항). 인터넷을 기반으로 하는 사업이 증가일로에 있어 물리적인 영업소 등의 국내 소재가 큰 의미를 갖지 못하므로 대한민국 시장을 목표로 하여 지속적이고 체계적인 영업활동을 한다면 그와 관련된 소에 대해서는 대한민국 법원이 국제재판관할권을 갖는 것은 당연하다.

4) 재산소재지 관할(11조)

① 토지관할   i) 대한민국에 주소가 없는 사람 또는 주소를 알 수 없는 사람에 대하여 재산권에 관한 소를 제기하는 경우에는 청구의 목적 또는 담보의 목적이나 압류할 수 있는 피고의 재산이 있는 곳의 법원에 제기할 수 있다(11조). 사람의 보통재판적을 정함에 있어서는 주소가 일차적인 연결점이 되며 주소가 없는 경우에는 거소, 거소가 없는 경우에는 최후주소가 연결점의 역할을 한다. 그런데 이 조항에 따르면 대한민국 내에 주소가 없거나 알 수 없는 사람에 대해서는 바로 국내 재산소재지를 특별재판적의 연결점으로 인정함으로써 내·외국인(주로 해외교포나 외국인)에 대해 소를 제기하고자 하는 원고의 편의를 도모하고 있다.[1]

ii) 재산 소재지는 문제된 재산과 청구의 성격에 따라 달리 판단되어야 하는데 물건에 대한 집행법원을 정하는 원칙에 따르는 것이 타당하다. 우선, 부동산이나 유체동산을 목적으로 하는 물권의 행사나 물건의 인도를 목적으로 하는 채권과 물적 담보권이 있는 채권 등을 행사하는 경우(민집 224조 2항 단서)에는 그 물건의 소재지가 재산소재지가 된다. 금전채권은 채무자의 보통재판적이 있는 곳이 재산소재지가 되어야 하지만(민집 224조 1항) 채무자가 국내에 주소가 없는 경우에는 제3채무자의 보통재판적 소재지가 재산소재지이다(민집 224조 2항 본문). 유가증권으로 화체된 채권(지시채권, 무기명채권 등)은 증권의 소재지가 재산소재지이다(민집 233조). 한편, 특허·실용신안·디자인·상표 등과 같은 산업재산권의 경우는 등기된 권리자나 대리인의 주소를 재산소재지로 보아야 한다. 저작권의 경우는 권리자의 주소를 재산소재지로 보되 국내에 이것이 없으면 국내에 있는 발행지를 재산소재지로 보아야 한다는 견해가 있다.[2]

② 국제재판관할   i) 국내에는 최후 주소마저도 없었던 외국인 등(심지어 외국인이 국내를 방문하지 않고 자국민과 계약을 체결하는 등 거래를 한 경우 등)의 경우에도 재산이 국내에 소재한 것만으로 관할창설이 가능하다는 것이 법 제11조의 취지로 보인다. 법 제11조 전단과 같이

---

1) 독일 보통법 시대의 가압류재판적(forum arresti)이나 미국법상의 준대물관할(Quasi in Rem Jurisdiction)은 가압류를 통한 본안관할의 창설을 도모하는 제도라는 점에서 상호 유사한 측면이 있으며 법 제11조의 관할도 이러한 제도에서 연원된다고 보고 있다. 그러나 현행법상 본안의 관할법원이 가압류 관할권도 갖지만 가압류를 통해 본안관할이 창설되지는 않으므로(민집 278조) 가압류할 재산이 존재한다는 이유로 본안관할이 창설되는 것은 상호 균형이 맞지 않는다.

2) 김능환/주석민소(1), 163면.

청구의 목적이나 담보의 목적이 된 재산이 국내에 소재하는 경우에는 이를 토대로 국제재판
관할을 인정하더라도 공평과 실질적 정의 관념에 반하지 않을 것이다. 그러나 법 제11조 후
단처럼 압류할 수 있는 재산이 국내에 소재하고 있는 것만으로는 국제재판관할권의 창설은
부당하며 명백히 과잉관할에 해당하므로 청구금액과 재산가액 사이에 어느 정도의 균형이
필요하다. 종전의 우리 판례는 법 제11조를 기계적으로 적용하여 단순히 재산이 소재하는 것
만으로 국제재판관할권을 인정하였으나[1] 고엽제 사건의 항소심에서 이를 제한하려는 움직임
을 보이게 되었는데[2] 최근 대법원은 외국인 피고의 재산이 우연히 대한민국에 있는 경우까
지 무조건 국제재판관할권을 인정하는 것은 피고에게 현저한 불이익이 발생할 수 있다면서
원고의 청구가 피고의 재산과 직접적인 관련이 없는 경우에는 그 재산이 대한민국에 있게
된 경위, 재산의 가액, 원고의 권리구제 필요성과 판결의 실효성 등을 고려하여 국제재판관
할권 유무를 판단해야 한다고 판시하였다.[3]

　　ii) 국제사법 제5조에서는 이러한 판례의 변화를 반영하여 청구의 목적 또는 담보의 목
적인 재산이 대한민국에 있는 경우는 다른 조건 없이 대한민국 법원에 국제재판관할이 인정
되지만(1호), 압류할 수 있는 피고의 재산이 대한민국에 소재하는 경우라도 분쟁이 된 사안이
대한민국과 아무런 관련이 없거나 근소한 관련만 있는 경우 또는 그 재산의 가액이 현저하
게 적은 경우는 국제재판관할이 인정되지 않는다(2호). 재산의 소재만으로 국제재판관할을 인
정하지 않는 태도는 타당하지만 "근소한 관련성", "현저하게 적은 가액" 등 기준이 모호하여
분쟁의 소지가 많다는 점은 아쉬운 부분이다.

　5) 불법행위지 관할

　　① 토지관할　　i) 불법행위에 관한 소를 제기하는 경우에는 불법행위지가 연결점이 되
어 특별재판적이 인정된다(18조 1항). 아울러 선박이나 항공기의 충돌 등의 사고로 말미암은
소를 제기하는 경우에는 선박이나 항공기가 최초 도착한 곳에서도 소를 제기할 수 있는 가
능성을 열어두고 있다(18조 2항). 불법행위지를 특별재판적으로 인정한 것은 사고지를 중심으
로 관련증거가 집중되어 있을 가능성이 많으므로 적정한 재판과 소송경제가 도모될 뿐 아니
라 피해자나 가해자 모두에게 편리한 법정지가 될 가능성이 많기 때문이다. 따라서 피해자가

---

　1) 大判 1988. 10. 25. 87다카1728.

　2) 大判 2013. 7. 12. 2006다17539. 특히 이 사건의 항소심 판결인 서울高判 2006. 1. 26. 2002나32662에서는
매우 전향적인 판결을 한 바 있다. 즉, 원고의 청구가 당해 재산과 직접적인 관련이 있지는 않다 하더라도
적어도 피고의 재산이 국내에 일정기간 동안 계속적으로 소재하고 있다든가 대한민국 법률에 따른 일정한
절차를 거쳐 국내에서 인정받고 있어야 하고 또한, 판결의 실효성을 위하여 그 재산의 가액이 청구금액이나
승소가 예상되는 금액에 상당하다는 등의 사정이 인정되는 경우에만 대한민국 법원에 국제재판관할이 인정
된다고 판시하였다.

　3) 大判 2019. 6. 13. 2016다33752. 앞서 본 2002나 3266 판결과 비교할 때 진전된 것은 거의 없으나 대법원
에서 판시하였다는 점에서 주목을 받는 것으로 생각된다.

원고가 되는 경우뿐 아니라 가해자측에서 손해배상채무의 부존재확인 청구를 제기하는 경우에도 적용될 수 있다.[1]

　　ii) 불법행위에는 민법 제750조가 규정하는 일반적인 불법행위뿐 아니라 다른 실정법에서 규정하는 무과실책임의 특수불법행위도 포함된다는 데 이의가 없다. 그러나 채무불이행으로 인한 손해배상청구에 대해서는 견해가 대립하고 있는데 동 규정이 적용된다고 보는 것이 타당하다(통설). 법 제18조가 민법 제750조가 규정하는 불법행위에 국한하고 있지 않을 뿐 아니라 채무불이행으로 인한 손해배상책임 역시 위법행위에 대한 책임의 성격을 갖고 있기 때문이다(반대, 이시, 107면).

　　② 국제재판관할　　　i) 불법행위지에는 가해행위지(행동지)뿐 아니라 실제 결과발생지도 포함된다. 따라서 불법행위가 일어난 곳과 그 결과로서의 손해가 발생한 곳이 서로 다른 경우에는 두 곳 모두가 특별재판적으로 인정되어 관할의 경합이 발생된다(이시, 108면). 그러나 불법행위지와 관련된 국제재판관할의 경우에는 다소 수정이 요구된다. 우선, 결과발생지에 대한 국제재판관할을 인정하기 위해서는 피해자의 보호, 피해의 경중, 증거수집의 편의, 가해자의 의도와 예측가능성 등도 역시 고려되어야 한다는 점이다.[2] 예를 들어 국내에서 제조생산된 물품이 해외로 수출되어 제품의 하자가 발생한 경우 과연 외국법원의 국제재판관할이 인정될 수 있는지 여부가 문제될 수 있다. 판례는 이 경우 제조자가 당해 손해 발생지에서 사고가 발생하여 그 지역의 외국 법원에 제소될 것임을 합리적으로 예견할 수 있을 정도로 제조자와 손해 발생지와의 사이에 실질적 관련이 있는지 여부에 따라 결정함이 조리상 상당하고, 이와 같은 실질적 관련을 판단함에 있어서는 예컨대 당해 손해 발생지의 시장을 위한 제품의 디자인, 그 지역에서의 상품광고, 그 지역 고객들을 위한 정기적인 구매상담, 그 지역 내에서의 판매대리점 개설 등과 같이 당해 손해 발생지 내에서의 거래에 따른 이익을 향유하려는 제조자의 의도적인 행위가 있었는지 여부가 고려될 수 있다고 판시하였다.[3]

　　ii) 국제사법에서는 이러한 판례 경향을 반영하여 불법행위의 행위지와 결과발생지뿐 아니라 대한민국을 향하여 불법행위가 행하여지는 경우에도 대한민국 법원에 국제재판관할을 인정하고 있다(국제 44조). 다만, 불법행위의 결과가 대한민국에서 발생할 것을 예견할 수 없었던 경우에는 예외로 하고 있다(국제 44조 단서).

---

[1] 김능환/주석민소(1), 172면.

[2] 大判 2003. 9. 26. 2003다29555(소위 새천년민주당 사건)도 같은 취지인데 이 사건은 인터넷을 통한 불법행위에 있어 결과발생지를 인정하는 기준을 나름 제시해 주고 있다.

[3] 大判 1995. 11. 21. 93다39607. 이 판결은 미국의 주류적인 판례들(World-Wide Volkswagen Corp. v. Woodson, 444 U.S. 286(1980); Asahi Metal Ind. v. Superior Court of California, Solano County, 480 U.S. 102(1987)이 사용했던 "의도적인 이용과 이익향유의 원칙(purposeful availment and benefit test)"의 요건을 접목하고 있어 주목되었다.

6) 사원 등에 대한 재판적

① 토지관할   회사나 그 밖의 사단이 사원에 대하여, 혹은 사원이 다른 사원에 대해 소를 제기하는 경우 그 소가 사원의 자격으로 말미암은 것이면 회사나 그 밖의 사단의 보통재판적이 있는 곳의 법원에 소를 제기할 수 있도록 하고 있다(15조 1항). 사단 혹은 재단이 임원에 대해 소를 제기하는 경우, 회사가 발기인 또는 검사인에 대해 소를 제기하는 경우에도 동일하다(15조 2항). 한편, 회사 그 밖의 사단의 채권자가 그 사원에 대해 소를 제기하는 경우(16조), 회사, 그 밖의 사단, 재단, 사원 또는 사단의 채권자가 그 사원·임원·발기인 또는 검사인이었던 사람에 대하여 소를 제기하는 경우와 사원이었던 사람이 그 사원에 대하여 소를 제기하는 경우에는 법 제15조의 규정을 준용한다.

② 국제재판관할   대한민국 법원이 법인 또는 단체에 대해 국제사법 제3조에 따른 일반관할권을 가지면서 법인 등이 사원이나 사원이었던 사람에 대해(국제 25조 1호), 혹은 사원이 다른 사원이나 사원이었던 사람에 대해(2호), 혹은 사원이었던 사람이 법인 등에 대해 소를 제기하는 경우(3호)로서 그 소가 사원의 자격으로 말미암은 경우에는 대한민국 법원이 국제재판관할권을 갖는다.

7) 부동산 소재지 및 등기·등록지 관할

부동산에 관한 소를 제기하는 경우에는 부동산 소재지 법원에 제기하는 것이 가능하다(20조). 따라서 부동산과 관련된 물권(소유권확인 등)은 물론 채권관계 소송(소유권이전등기 청구소송 등)에서도 부동산 소재지 관할법원에 소를 제기할 수 있다. 이를 특별재판적으로 인정하는 이유는 관련증거가 부동산 소재지 주변에 많을 뿐 아니라 여러 이해관계인들을 한 곳으로 모아 재판할 수 있기 때문이다.

① 부동산 소재지   부동산에는 토지와 정착물인 건물 외에 1개의 부동산으로 취급되는 공장재단이나 광업재단(공장 및 광업재단저당법 12조 1항, 54조) 등이 포함된다. 부동산이나 토지에 관한 규정이 준용되는 광업권, 어업권 등도 부동산 개념에 포함된다는 견해(이시, 108면)가 있으나 의문이다.[1] 아울러 등기나 등록을 통해 부동산과 유사한 취급을 받지만 이동가능성이 있는 항공기, 선박, 자동차, 중기 등은 여기에 포함되지 않는다.

② 등기나 등록지   등기 또는 등록이라 함은 공부(公簿)에 권리나 법률관계를 기재하여 공시하는 제도에 의한 모든 기재를 가리킨다.[2] 등기나 등록절차를 이행하라는 의사표시를 구하는 소(민집 263조, 부등 29조 등)뿐 아니라 등기나 등록의무의 적극적·소극적 확인을 구하는 소 등에도 본조가 적용된다. 부동산 등기에 관하여는 등기한 곳과 부동산의 소재지가

---

1) 부동산 소재지를 등기나 등록지와 별도로 특별재판적으로 인정하는 이유는 그 부동성(不動性) 때문이라고 할 수 있다. 따라서 추상적인 권리로서 물권 취급을 하는 광업권이나 어업권 등에 관해서는 그 소재지를 특별재판적으로 인정할 이유는 없다고 판단된다.
2) 김능환/주석민소(1), 180면.

일치하는 경우가 대부분이므로 부동산 소재지를 특별재판적으로 인정하고 있는 현행법(20조) 상 등기나 등록지를 별도의 특별재판적으로 인정할 실익은 적다. 더구나 부동산에 관한 의무 이행지는 등기한 곳이 될 것이므로 역시 이에 관해서도 의무이행지 특별재판적을 인정하고 있는 현행법(8조)에 비추어 그 실익은 크지 않다.

8) **선적·선박소재지·선원·군인·군무원·해난구조 관할**   ① **토지관할**   선원이나 군인과 같이 일정기간 주소나 거소를 떠나 항해 중인 선박이나 군영지에서 생활을 하는 사람들과 관련해서 특별재판적을 인정할 필요가 있다. 잦은 이동이 예상되는 선박과 관련해서는 소 제기자의 편의와 증거소재지를 고려하여 선적지와 선박소재지, 기항지 등이 특별재판적으로 활용될 필요가 있다. 한편, 선원이나 군인·군무원에 대하여 재산권에 관한 소를 제기하는 경우에는 선적(船籍)이 있는 곳이나 군사용 청사가 있는 곳 또는 군용 선박의 선적이 있는 곳의 법원에 제기할 수 있으며(10조) 선박 또는 항해에 관한 일로 선박소유자, 그 밖의 선박이용자에 대하여 소를 제기하는 경우에도 선적이 있는 곳의 법원에 제기할 수 있다(13조). 또한 선박채권, 그 밖에 선박을 담보로 한 채권에 관한 소를 제기하는 경우에는 선박이 있는 곳의 법원에 제기할 수 있으며(14조) 해난구조(海難救助)에 관한 소를 제기하는 경우에는 구제된 곳 또는 구제된 선박이 맨 처음 도착한 곳의 법원에 제기할 수 있다(19조).

② **국제재판관할**   해상사건과 관련해서 국제사법은 선박소유자의 책임제한 사건(국제 89조)을 비롯해서 선박 또는 항해에 관한 소(국제 90조), 공동해손에 관한 소(국제 91조), 선박충돌에 관한 소(국제 92조), 해난구조에 관한 소(국제 93조) 등의 특별관할을 규정하고 있다. 국제재판관할을 결정함에 있어 선박에 대한 압류 등이 이루어진 곳을 특별관할의 연결점으로서 중시하고 있음을 알 수 있다.

9) **상속·유증 관할**   ① **토지관할**   상속이나 유증의 경우 피상속인의 주소지는 상속관계의 중심지로서 상속을 둘러싼 이해관계인이 집결하고 있을 뿐 아니라 상속관련 증거도 소재할 가능성이 매우 크므로 상속을 둘러싼 분쟁해결에 적합하다. 따라서 가급적 상속관련 분쟁해결의 중심지 역할을 맡기고자 특별재판적을 인정하였다(22조, 23조).

i) 상속에 관한 소(상속회복청구, 상속무효, 상속분에 관한 소 등) 또는 유증, 그 밖에 사망으로 효력이 생기는 행위에 관한 소(사인증여나 유언에 의한 신탁 등)를 제기하는 경우에는 상속개시 당시 피상속인의 보통재판적이 있는 곳을 특별재판적으로 인정하고 있다(22조).

ii) 상속채권, 그 밖의 상속재산의 부담에 관한 것으로 법 제22조의 규정에 해당되지 않는 소를 제기하는 경우에도 상속재산의 전부 또는 일부가 법 제22조의 법원 관할구역 안에 있으면 그 법원에 소를 제기할 수 있다(23조). 동 규정은 상속재산의 일부라도 피상속인의 보통재판적을 관할하는 법원 내에 있으면 상속에 따른 재판적을 확장하는 내용을 담고 있다.

따라서 피상속인의 채권자가 상속채무를 승계한 상속인에게 소(상속채권에 관한 소)를 제기하거나 유언집행비용이나 상속재산의 관리비용 등에 대한 소(상속재산의 부담에 관한 소)를 제기하는 경우에도 상속개시 당시 피상속인의 보통재판적이 있는 곳의 법원에 소를 제기할 수 있다.

　　② 국제재판관할　　　상속과 유증 관련한 국내토지관할 규정은 피상속인의 보통재판적이 있는 곳을 중심으로 관할의 집중을 도모하였으나 국제사법은 재산소재지(대한민국에 상속재산이 있는 경우와 유언의 대상이 되는 재산이 있는 경우) 역시 중요한 연결점으로 활용하고 있다(국제 76조 1항 2호, 4항). 아울러 미성년자나 피후견인의 보호를 위해 상속 사건에서 관할합의나 변론관할 창설에 일정한 제한을 가하고 있다(2항, 3항).

　　10) 어음·수표 관할(9조)　　　어음·수표의 발행인이나 배서인 등을 상대로 합동책임을 묻고자 하는 경우 여러 피고에게 공통된 연결점을 찾기란 쉽지 않다. 어음·수표의 소지인은 결국 관련재판적(25조)을 통해 공통의 관할법원을 찾을 수밖에 없으나 동일한 어음·수표가 아닌 경우에는 관련재판적을 통해서도 문제를 해결할 수 없게 된다. 따라서 어음·수표의 지급지를 특별재판적으로 인정함으로써 서로 다른 어음·수표라 하더라도 지급지가 동일하면 하나의 소송절차 안에서 분쟁을 해결할 수 있도록 편의를 도모한 것이다.1) 한편, 법 제9조에 따른 어음·수표에 관한 소에는 어음·수표금의 지급청구나 배서인에 대한 상환청구(어음 43조, 77조 1항 4호, 수표 39조) 등이 포함된다. 그러나 이득상환청구(어음 79조; 수표 63조)나 소구통지의 해태로 인한 손해배상청구(어음 45조 6항, 77조 1항 4호), 악의취득자에 대한 어음반환청구(어음 16조 2항 단서) 등과 같이 이른바 어음·수표법상의 권리에 대한 소에는 적용되지 않는다.2) 한편, 국제사법 역시 어음·수표의 지급지가 대한민국에 있는 경우 대한민국 법원이 국제재판관할권을 가짐을 규정하고 있다(국제 79조).

　　11) 지식재산권과 국제거래 관할　　　전문지식이 요구되는 지식재산권과 국제거래 사건에 대해 고등법원 소재지 지방법원에 사건을 집중하는(소위 관할의 집중) 특칙을 두게 되었다(24조). 소를 제기하는 원고로서는 전문재판부가 설치된 법원에 소를 제기함으로써 보다 적정한 재판을 받을 수 있는 기회를 제공받을 수 있게 되는 반면, 소를 제기당하는 피고로서는 상대적으로 원거리에서 재판을 받게 될 수도 있어 불리한 측면이 있다. 그런데 지식재산권에 관한 소송의 전문성 및 효율성을 제고한다는 명목 하에 2015. 12. 1. 법 개정을 통해(2016. 1. 1. 발효) 지식재산권을 통상 산업재산권으로 지칭되는 특허권, 실용신안권, 디자인권, 상표권, 품종보호권(이하, '특허권 등'이라 한다)과 특허권 등을 제외한 지식재산권으로 구별해서 서로 다른 관할 원칙을 수립하게 되었다.

---

1) 어음·수표의 경우 의무이행지는 원칙적으로 지급지(大決 1980. 7. 22. 80마208)이고 지급지가 없는 경우에도 채무자의 현영업소가 변제장소가 된다(민 516조).
2) 김능환/주석민소(1), 161면, 158면.

① 토지관할

i) 특허권 등의 지식재산권에 관한 소   기술과 산업재산권에 관한 전문성이 강조되는 특허권 등에 관한 소는 고등법원 소재지 지방법원의 전속관할(서울 지역은 서울중앙지방법원으로 한정)이지만(24조 2항) 서울중앙지방법원 역시 관할권을 갖는다(24조 3항). 나아가 위와 같이 전속관할이 정해져 있는 특허권 등에 관한 소의 경우에도 현저한 손해 또는 지연을 초래할 우려가 있는 경우에는 관할법원의 직권 또는 당사자의 신청에 따른 결정으로 소송의 전부 또는 일부를 제2조부터 제23조까지의 규정에 따른 지방법원으로 이송할 수 있도록 하였다(36조 3항).[1] 여러 개의 전속관할 법원을 인정하면서 그 중 어느 하나의 법원(서울중앙지방법원)을 다시 선택할 수 있도록 할 뿐 아니라(소위 선택적 중복관할) 다시 직권 혹은 당사자의 신청에 따른 이송을 인정하고 있어 매우 특이하다.[2]

ii) 특허권 등을 제외한 지식재산권과 국제거래사건   위의 특허권 등을 제외한 지식재산권과 국제거래에 관한 소를 제기하는 경우는 법 제2조 내지 제23조에 따른 관할법원 외에도 당해 관할법원을 관할하는 고등법원 소재지 지방법원(서울 지역은 서울중앙지방법원으로 한정) 역시 경합적으로 관할권을 갖는다(24조 1항).

iii) 특허권 등의 지식재산권 사건의 항소심 관할집중   법 제24조 제2항과 제3항에 대한 항소사건은 특허법원이 심판한다(법조 28조의4 2호). 따라서 특허권 등의 지식재산권 침해로 인한 손해배상청구 사건의 제1심을 지방법원 단독판사가 심판한 경우에도 그 항소사건은 특허법원의 전속관할에 속한다.[3] 또한, 특허권 등의 지식재산권 침해로 인한 손해배상청구 사건이 아니라도 사건의 심리·판단에 특허권 등의 지식재산권에 관한 전문적인 지식이나 기술에 대한 이해가 필요한 경우에는 법 제24조가 정하는 특허권 등의 지식재산권에 관한 소로 보아야 하므로 항소사건은 특허법원의 전속관할에 속한다.[4] 결국, 특허침해를 원인으로 한 직접적인 손해배상 사건뿐 아니라 이 분야의 전문지식이 필요한 사건의 경우도 특허법원이 항소심을 관할하게 됨으로써 기존의 심결 등에 대한 소(특허 186조 1항)와 함께 특허법원으

---

[1] 청주에 거주하는 원고가 전주에 거주하는 피고를 상대로 특허침해를 원인으로 한 손해배상청구의 소를 제기하는 경우를 가정해 보자. 원고는 일단 광주지방법원(피고 주소지를 관할하는 고등법원 소재지 지방법원), 대전지방법원(손해배상청구의 의무이행지를 관할하는 고등법원 소재지 지방법원) 외에도(24조 2항) 서울중앙지방법원(선택적 중복관할 법원, 24조 3항)에 선택적으로 소를 제기할 수 있게 된다(물론 불법행위지 관할이 있을 수 있으나 생략한다). 다만, 원고가 이 중 어느 법원에 소를 제기한 경우라 하더라도 법 제36조 제3항에 따라 사건이 전주지방법원이나 청주지방법원으로 이송될 수 있다.

[2] 특허법원과 여러 지방법원이 존재하지만 서울중앙지방법원과 서울고등법원에서 특허권 등 사건의 대부분 (90% 내외)이 처리되고 있는 현실을 반영한 타협안으로 보인다.

[3] 大判 2017. 12. 28. 2017다259599; 大判 2020. 2. 27. 2019다284186; 大判 2023. 12. 28. 2023다277260.

[4] 大判 2024. 3. 28. 2023다309549. 이 사건의 원고는 주위적으로 피고가 대학의 산학협력단으로부터 지급받은 특허발명에 관한 직무발명보상금 중 원고 지분에 해당하는 보관금의 지급을 구하고 있다. 대법원은 원고 청구에 대한 판단을 위해서는 특허권 등의 지식재산권에 관한 전문적인 지식이나 기술에 대한 이해가 필요하므로 항소사건이 특허법원의 전속관할에 속한다고 판시하고 있다.

로의 관할집중이 이루어지고 있다고 보여진다. 보다 더 전문화되고 심화된 지식을 필요로 하는 미래 사회를 위한 준비과정이 아닌가 판단된다. 따라서 법 제36조 제3항에 따라 지방법원으로 이송된 사건에 대한 항소사건 역시 특허법원에 관할에 속한다고 봄이 타당하다. 법원조직법에서는 법 제24조 제2항 및 제3항에 따른 사건의 항소사건을 특허법원이 심판한다고 규정하고 있지만 특허법원으로의 관할집중을 보다 더 중요한 가치로 우선할 필요가 있기 때문이다.[1]

② **국제재판관할**   국제사법은 지식재산권에 관한 국제재판관할을 규정함에 있어 계약에 관한 소(국제 38조)와 침해에 관한 소(국제 39조)로 구분하고 있다. 지식재산권 계약에 관한 소의 경우는 일반 계약에 관한 소의 특별관할 규정(국제 41조)을 배제하고 있으며(국제 38조 2항) 등록지뿐 아니라 대한민국에서 지식재산권이 보호되거나 사용되는 경우 등도 연결점이 되고 있다(국제 38조 1항 1호, 2호). 한편, 침해에 관한 소의 경우는 불법행위의 경우와 동일하게 행동지, 결과발생지 및 대한민국을 지향한 경우도 포함시키고 있다(국제 39조 1항). 한편, 지식재산권에 대한 주된 침해행위가 대한민국에서 일어난 경우에는 외국에서 발생하는 결과를 포함하여 침해행위로 인한 모든 결과에 관한 소를 대한민국 법원에 병합하여 제기할 수 있도록 허용하는 점이 특이하다(국제 39조 3항).

(4) 관련재판적

1) 의의와 목적   하나의 소에서 여러 개의 청구가 병합된 청구의 객관적 병합(25조 1항)과 공동소송 중 소송목적이 되는 권리나 의무가 공통하거나 사실상 혹은 법률상 같은 원인으로 말미암은 경우(25조 2항)에는 하나의 청구 혹은 한 사람에 대한 관할권이 있는 법원에 소를 모두 제기할 수 있다. 이를 관련재판적이라고 한다. 여러 개의 청구를 하나의 소에 병합한 경우 혹은 여러 사람을 상대로 하나의 소를 제기하는 경우 공통의 관할법원을 찾기란 쉽지 않기 때문에 관련재판적을 이용하여 소송경제를 도모하게 된다. 동일인 간에 청구를 병합하는 청구의 객관적 병합의 경우 관련재판적을 인정하는 것은 어느 정도 이해가 되지만 공동소송의 경우까지 관련재판적을 인정하는 것은 관할권 없는 법원에 제소당하는 공동소송인의 방어권을 지나치게 침해하면서 소송경제를 도모하는 것이 아닌가 하는 의구심을 낳게 한다.[2] 한편, 필수적 공동소송에 대해서는 명문의 규정이 없으나 공동소송인 간의 견련성은 오

---

[1] 이규홍, "특허소송 관할집중에 있어서 특허권 등에 관한 소의 해석상 문제점에 관한 연구", 사법 38호 (2016), 419-420면에서는 이 경우 지방법원을 관할하는 해당 고등법원이 항소심 관할권을 갖는다고 해석한다. 심판의 편의를 위해 1심법원의 관할법원을 이송을 통해 변경했으므로 해당 지역을 관할하는 고등법원에서 심판하게 하는 것도 나름 타당성이 있다. 그러나 우리나라의 국토면적이나 현재의 교통현황 등을 고려한다면 전문성있는 특허법원에서 재판을 받는 이익이 상대적으로 더 크지 않을까 판단된다.

[2] 원고가 연대보증인 A, B를 상대로 소를 제기하는 경우 원고는 관련재판적 규정에 따라 피고 A에 대한 관할법원에 피고 B를 병합해서 소를 제기할 수 있게 된다. 이 경우 피고 B는 자신에 대한 관할권이 없는 법원에 제소당할 수 있게 됨으로써 방어권의 침해를 받게 된다. 당사자의 방어권을 중시하는 독일에서는 관련재판적을 인정하지 않고 있다.

히려 필수적 공동소송의 경우 가장 강하다고 할 수 있으므로 관련재판적을 부인할 필요는 없다. 판례 역시 동일한 입장을 취하고 있다.[1]

2) 사물관할과 관할합의   관련재판적은 토지관할(2조 내지 24조)에 한해서 적용되고 사물관할에는 적용이 없다. 한편 법 제25조 제1항에서는 법 제2조 내지 제24조의 규정에 따라 1개의 청구에 관할권이 있는 법원에 다른 청구를 병합하여 소를 제기할 수 있다고 규정함으로써(소의 주관적 병합의 경우도 준용) 합의관할에 따른 관할권 있는 법원에 다른 청구를 병합할 수 있는지 여부에 대해서는 명시적으로 언급이 없다. 합의관할의 경우에도 관련재판적을 배제할 필요가 없다는 견해가 있으나(이시, 110면) 관련재판적은 법정관할에 대해서만 인정되는 것으로 제한해서 해석함이 타당하다.[2] 관할합의는 특정한 청구에 대해 당사자 간의 합의를 통해 창설되는 것인 만큼 관련재판적을 통해 다른 청구나 다른 공동소송인에게 확장하는 것은 법 규정에 반할 뿐 아니라 관할합의의 특성에도 반하기 때문이다.

3) 국제재판관할   ① 국제재판관할의 경우는 국내관할과 달리 공동소송의 경우는 물론 청구 병합의 경우에도 관련재판적을 쉽게 인정하기 어렵다. 따라서 여러 개의 청구 사이에 그 기초되는 사실관계 혹은 쟁점이 동일하거나 견련관계를 갖는 등의 밀접한 관계가 인정되어야 한다. 만일 위와 같은 밀접한 관계가 없는 상태에서 이를 병합해서 재판한다면 국제사회에서의 재판기능의 합리적인 분배의 관점에서 볼 때 상당하지 않을 뿐만 아니라 오히려 재판이 복잡해지고 장기화될 우려가 있기 때문이다.[3]

② 국제사법에서는 객관적·주관적 병합 청구에 있어 관련사건의 관할을 인정하고 있다 (국제 6조). 우선, 객관적 병합의 경우는 국내 사건에서는 요구하지 않는 청구 상호 간의 밀접한 관련성 요건을 제시하고 있다(1항). 밀접한 관련성 여부를 판단하기 위해서는 청구 상호 간의 법적 관계나 청구의 기초가 되는 사실관계 등을 종합적으로 고려하여야 할 것임은 당연하다. 한편, 주관적 병합의 경우는 공동피고 가운데 1인에 대해 대한민국 법원이 일반관할을 갖고 있고 여기에 다른 공동피고에 대한 청구와 상호 밀접한 관련이 있어 모순된 재판의 위험을 피할 수 있는 경우에만 다른 공동피고를 병합하여 대한민국 법원에 하나의 소로 제기할 수 있다고 규정하고 있다(2항). 주관적 병합에 있어 상호 밀접한 관련성 여부를 판단하는데 있어 일차적인 기준은 공동소송의 요건이 될 것이다.[4] 우선, 합일확정의 필요성이 인정

---

1) 大判 1994. 1. 25. 93누18655.
2) 오정후, "관련재판적과 전속적관할합의의 충동", 민사소송 17권 2호(2013), 42면도 같은 견해이다.
3) 인천地判 2003. 7. 24. 2003가합1768(확정). 대법원은 大判 2003. 9. 26. 2003다29555 판결에서 국제 재판관할에서의 관련 재판적은 피고의 입장에서 부당하게 응소를 강요당하지 않도록 청구의 견련성, 분쟁의 1회 해결 가능성, 피고의 현실적 응소가능성 등을 종합적으로 고려하여 신중하게 인정되어야 함을 강조하고 있다.
4) 공동피고 가운데 1인이 대한민국에 상거소를 가짐으로써 대한민국 법원이 일반관할에 기초한 국제재판관할권을 갖는 것이 다른 공동피고에 대한 관할권 확대에 정당성의 근거가 될 수 있는지는 의문이다. 일반관할과 특별관할 상호 간에 우열은 없으며 전자를 원인으로 한 국제재판관할권이 후자를 원인으로 한 국제재

되는 필수적 공동소송의 경우(67조) 대한민국 법원의 국제재판관할의 확장이 정당화될 수 있을 것이다. 그러나 통상 공동소송의 경우에는 일정한 제한이 필요하므로 법 제65조 제1문에 해당하는 경우에만(권리나 의무의 공통 내지 동일한 사실상·법률상 원인) 국제재판관할의 확대가 정당화될 수 있을 것이다(일민소 3조의6 단서 참조). 한편, 친족관련 사건에서 주된 청구와 부수적 청구 개념을 도입해서 국제재판관할권을 확장하고 있는 점이 눈에 띈다(국제 6조 3항).

5. 지정관할

(1) 의의와 지정의 원인

법 제2조와 제24조에 걸쳐 토지관할 규정을 설치하고 있으나 예기치 않은 상황으로 인해 관할구역이 불분명하게 된 경우에는 관계된 법원과 공통되는 바로 위의 상급법원1)이 관계된 법원이나 당사자의 신청에 따라 관할법원을 정할 수 있다(28조). 이를 지정관할 혹은 재정관할이라고 한다. 이는 재판권의 행사일 뿐 사법행정작용으로 볼 수는 없다. 관할의 지정은 토지관할이나 사물관할에서 발생하는 것이 일반적이지만 전속관할이나 직분관할이라고 해서 대상에서 제외될 이유는 없다(이시, 112면). 하지만 실무상으로는 거의 발생하지 않는 관할이라고 할 수 있다.

(2) 관할지정의 원인

1) **재판권을 법률상 혹은 사실상 행사할 수 없는 경우**   거의 발생할 가능성이 없는 예이지만 관할법원의 법관 전원이 제척·기피·회피 등의 사유로 법률상 재판권을 행사할 수 없는 경우 혹은 전쟁이나 천재지변 등으로 인해 사실상 재판권을 행사할 수 없는 경우가 여기에 해당한다. 당해 사건에 관하여 경합하는 관할권을 갖는 다른 법원이 있는 경우에도 관할지정의 필요가 생길 수 있다.2) 예를 들어 소 제기 당시에는 관할권을 행사할 수 있었던 법원이 나중에 천재지변 등으로 재판을 할 수 없게 되었는데 당해 법원이 이송결정을 하지 못한 경우에는 관할지정신청을 통해 관할법원을 지정받는 것이 바람직하기 때문이다.

2) **법원의 관할구역이 분명하지 아니한 때**   영해나 하천 등에서 어떤 사고가 발생하게 되면 당해 지점이 어느 법원의 관할구역에 속하는지 불분명한 경우가 있다. 한편 사고나 사건발생지 자체가 어디인지 불분명한 경우도 있을 수 있다. 운항 중인 국내선 항공기나 열차에서 사고가 발생한 경우를 대표적으로 들 수 있다. 불법행위를 원인으로 한 손해배상청구를 제기할 때 사고지 관할 법원이 불분명하더라도 의무이행지인 원고 주소지 관할법원에 소

판관할권에 우선할 수도 없기 때문이다.
1) 서울중앙지방법원과 수원지방법원 사이에 바로 위의 상급법원은 서울고등법원이 되지만 서울중앙지방법원과 대구지방법원간의 바로 위의 상급법원은 대법원이 될 수밖에 없다.
2) 같은 취지의 견해로는 김능환/주석민소(1), 205면 참조.

를 제기할 수 있는 경우에는 관할지정의 원인이 있다고 볼 것인지 여부가 문제 된다. 경합하는 관할법원이 있는 경우 소 제기 전이라면 굳이 불분명한 불법행위지 관할법원을 찾기 위해 관할지정 신청을 할 필요는 없다. 하지만 불법행위지를 원인으로 특정법원에 이미 소를 제기한 경우에는 다른 경합하는 관할법원이 있다고 해서 관할지정신청을 거부할 수는 없다고 봄이 타당하다.

(3) 지정절차

1) 관할의 지정신청은 소 제기 전·후 모두 가능하다. 아울러 관계법원이나 당사자의 신청에 의하되(28조 1항), 그 사유를 기재한 신청서를 관계법원의 바로 위의 상급법원에 제출하여야 한다(민규 7조 1항). 소 제기 후에 지정신청을 한 경우, 신청인이 관계된 법원인 때에는 그 법원이 당사자 모두에게, 신청인이 당사자인 때에는 신청을 받은 법원이 소송이 계속된 법원과 상대방에게 그 취지를 통지하여야 한다(민규 7조 2항).

2) 소가 제기된 후 지정신청을 받은 바로 위의 상급법원은 긴급한 경우를 제외하고 결정이 있을 때까지 절차를 중지하여야 한다(민규 9조). 소 제기 전의 사건에 관하여 결정을 한 경우에는 신청인에게, 소 제기 후의 사건에 관하여 결정을 한 경우에는 소송이 계속된 법원과 당사자가 모두에게 그 결정정본을 송부하여야 한다(민규 8조 2항).

(4) 지정의 효력

1) 바로 위의 상급법원의 지정결정을 통해 창설되는 관할권은 관계법원 및 지정받은 법원을 구속하지만 만일 관할지정 결정이 전속관할을 위배한 경우에는 문제이다. 법 제28조 제2항은 관할지정을 신청한 법원이나 당사자에 대한 구속력을 인정할 뿐, 지정된 법원에 대한 구속력을 명시적으로 인정하고 있지 않아 수이송법원에 대한 구속력을 규정하고 있는 법 제38조와 같은 맥락으로 해석하기는 어렵다. 따라서 지정된 법원은 전속관할 법원으로 사건을 다시 이송할 수 있다고 해석함이 타당하다.

2) 당사자는 관할 지정결정에 대해서는 불복할 수 없다(28조 2항). 그러나 지정신청에 대한 기각결정에 대해서는 통상항고가 가능하다(439조). 한편 소송이 계속된 법원 이외의 법원이 관할법원으로 지정된 경우에는 그 법원의 법원사무관등은 바로 그 결정정본과 소송기록을 지정된 법원에 보내야 한다(민규 8조 3항).

6. 합의관할

(1) 의의와 성질

1) 토지관할을 통한 법정관할 외에 당사자의 합의에 의해 제1심 관할법원을 정할 수 있는데 이를 합의관할이라고 한다. 민사소송의 이상을 고려해서 법정관할을 정했지만 개별 당

사자 간의 편의와 사건의 공평한 해결을 위해서는 당사자 간의 합의가 최우선적으로 중시될 필요가 있다. 그러나 개별 합의를 통한 관할의 창설은 자칫 대등하지 못한 당사자 간의 교섭력으로 우월적 지위에 있는 일방 당사자에게만 유리하게 합의관할이 창설될 가능성이 많다. 따라서 법제에 따라서는 일반 개인 간의 관할합의를 통한 관할의 창설을 원칙적으로 허용하지 않는 경우도 있다. 우리나라의 경우는 법 제29조 제1항에서 관할합의를 원칙적으로 허용하면서 그 부작용에 대해서는 약관규제에 관한 법률을 통해 시정을 하고 있다. 즉, 사업자와 소비자 간에는 고객에 대하여 부당하게 불리한 관할합의 조항을 무효로 취급하고 있다(약관규 제 14조 1호). 한편, 섭외적 거래에 있어서도 근로자와 소비자를 보호하기 위해 관할합의의 특칙을 규정하고 있다(국제 27조 6항, 28조 5항). 결국 대등한 당사자 간의 자유로운 관할합의만이 보호받도록 제도적 장치를 마련하고 있다.

　　2) 관할합의(29조)는 매매계약과 같은 사법상계약과 함께 이루어지는 것이 통상적이지만 관할의 창설이라는 소송법상의 효과를 의도한 소송행위로서 소송법에 명문의 규정을 통해 인정되고 있는 소송계약이다. 따라서 관할합의에는 소송능력이 필요하며 그 요건과 효과는 소송법에 의해서 규율된다. 아울러 사법상 계약이 무효, 취소, 해제되더라도 관할합의에는 영향이 없다. 그러나 관할합의는 법원과 무관하게 당사자 간에 이루어지는 계약형태의 소송행위로서 소취하, 청구의 포기 등과 달리 법원의 개입이 없으며 더구나 법원 밖에서 체결되는 것이 일반적이다. 따라서 민법상의 의사표시의 하자 규정을 유추적용해서 그 흠을 치유하는 것이 타당하다. 그러나 일단 합의된 법원에 소가 계속됨으로써 절차가 진행된 후에는 의사표시의 하자를 들어 관할합의를 취소할 수는 없다.[1]

　　(2) 요　　건

　　1) 특정한 1심 법원 및 법률관계에 대한 임의관할　　합의관할의 대상은 임의관할로서 1심 법원에 한정된다(29조 1항). 따라서 토지관할뿐 아니라 사물관할에 관한 합의도 가능하다.[2] 아울러 관할합의는 특정한 법률관계에 대해 제1심 법원을 정하여야 한다(29조 2항). 당사자 간에 체결된 특정한 매매계약이나 임대차계약에서 발생하는 법률분쟁에 관하여 서울중앙지방법원을 관할법원으로 합의한다는 식으로 분쟁 대상과 합의된 법원이 분명하게 특정되어야 한다. 따라서 당사자 간의 모든 분쟁에 대해 관할합의를 한다든지 혹은 소를 제기하는 측이 지정하는 법원을 관할법원으로 한다든지 하는 식의 관할합의는 무효이다.

　　2) 합의의 시기와 방식　　합의의 시기에는 제한이 없다. 따라서 소 제기 전·후를 불

---

1) 김능환/주석민소(1), 209면.
2) 大決 1965. 2. 16. 64마907. 이론적으로는 가능하지만 실제적으로 사물관할에 관한 합의는 거의 존재하지 않는다. 사물관할은 관할의 문제이기도 하지만 법원 내의 합의부와 단독판사 간의 사무분장의 문제이므로 사물관할에 관한 합의를 무제한 허용하는 것은 바람직하지 못하기 때문이다.

문하고 관할합의는 가능하다. 한편, 합의는 서면으로 하여야 한다(29조 2항). 이는 당사자의 의사를 명확히 하고자 하는 취지도 있지만 합의사실에 대한 증명의 편의를 도모하는 것이므로 반드시 하나의 서면(종이문서와 전자문서)으로 작성될 필요는 없다. 즉 관할합의 사실을 추후에 증명할 수 있는 증빙자료로서 서면이 존재하는 것으로 충분하다. 따라서 모사전송(팩시밀리)이나 이메일, 메신저, 에스엠에스(SMS) 등을 통해 관할합의의 청약을 하고 승낙을 함으로써 합의사실을 추후 증명할 수 있다면 유효한 관할합의로 보아야 한다.

(3) 합의의 형태

관할합의는 부가적 합의와 전속적 관할합의 둘로 나눌 수 있다. 법정관할 법원 외에 다른 제3의 법원을 관할법원으로 추가하는 관할합의를 부가적 합의라고 한다. 따라서 당사자는 관할합의가 있더라도 다른 법정관할 법원이 배제되지 않는다. 반면 전속적 관할합의는 특정 법원에만 관할권을 인정하는 것으로 다른 법정관할법원을 배제하는 합의를 지칭한다.

1) **구분방법**   관할합의가 어떤 성격의 합의인지 여부는 당사자의 의사에 의하여 결정된다. 따라서 관할합의 내용에 "동 합의는 전속적으로 한다" 혹은 "부가적으로 한다"라는 식의 표현이 있으면 그에 따르면 된다. 그러나 통상의 관할합의 조항은 "A 법원을 관할법원으로 한다"라는 식의 중립적인 문구로 구성되어 있어 당사자의 의사를 추론하기 쉽지 않다. 이러한 합의조항에 대해 판례와 통설은 법정관할 법원 중 어느 하나를 관할법원으로 합의한 경우에는 전속적 관할합의로 보고 그 외의 법원을 관할법원으로 합의한 경우에는 부가적 합의로 보아야 한다고 해석하고 있다(이시, 116면).[1] 이러한 해석은 당사자 간의 대등한 교섭력이 없음을 전제로 가급적 열세에 있는 당사자를 보호하고자 하는 취지에서 비롯된 것으로 추측된다. 하지만 부당한 관할합의는 약관규제법 제14조에 의해 무효로 처리되고 있어 굳이 이러한 해석을 할 필요는 없다. 더구나 당사자가 특정한 법원을 지정해서 관할합의를 하는 경우에는 다른 법원을 배제하고 합의된 법원에 소가 제기될 것을 염두에 두는 것이 일반적이므로 관할합의는 특별한 사정이 없는 한 전속적 합의로 보는 것이 당사자의 의사를 충실히 반영하는 것이다(같은 취지의 견해로는 김/강, 113면; 정/유/김, 150면; 김상, 47면).[2]

2) **법적 성격**   전속적 합의관할도 전속관할이 아닌 임의관할에 속한다. 따라서 전속적 관할합의를 어기고 다른 법원에 제소하더라도 피고의 응소에 의하여 변론관할이 창설될 수 있음은 당연하다. 합의관할 자체가 전속관할의 영역에서는 성립될 수 없기 때문이다.

---

1) 大判 1963. 5. 15. 63다111.
2) 합의된 법원이 우연한 사정으로 법정관할 법원인 경우에는 전속적 합의가 되고 그렇지 않은 경우에만 부가적 관할합의가 된다는 것도 너무 기교적이고 자의적인 해석이라고 판단된다.

(4) 효   력

1) 관할의 창설과 배제   관할합의에 따라 합의된 법원은 관할권이 창설된다. 전속적 관할합의인 경우에는 다른 법정관할 법원의 관할권을 소멸시키게 된다. 합의에 따른 관할의 창설을 통해 형성되는 관할권은 전속적인 합의라 하더라도 임의관할에 속하게 되므로 변론관할(30조)과 손해나 지연을 피하기 위한 이송(35조)이 가능하다.

2) 효력의 주관적 범위   관할합의는 소송계약이므로 당사자와 그 일반승계인에게 효력이 미치는 것은 당연하다. 특정승계인인 경우에는 원칙적으로 미치지 않는다고 보는 것이 타당하다. 그러나 당사자의 합의로 관할이 변경된다는 것은 권리행사의 조건으로서 그 권리관계에 불가분적으로 부착된 실체적 이해관계의 변경이라 할 수 있으므로 지명채권과 같이 그 권리관계의 내용을 당사자가 자유롭게 정할 수 있는 경우에는 관할합의의 효력은 특정승계인에게도 미친다고 봄이 타당하다.[1] 따라서 당사자가 자유로이 권리의 내용을 변경할 수 없는 물권관계에 있어서는 그 양수인은 관할합의의 효력을 승계하지 않는다.[2]

(5) 국제재판관할 합의

1) 일반관할합의   ① 섭외적인 거래관계에서 외국법원을 관할법원으로 합의하는 경우가 빈번해지고 있다. 외국법원을 국내법원과 함께 부가적으로 합의하는 것은 문제가 없으나 전속적인 관할법원으로 합의하는 것은 우리의 재판권을 배제하는 것이므로 문제가 된다는 것이 일반적인 견해인 듯하다(이시, 117면). 그러나 외국법원을 전속적인 관할법원으로 합의하는 것은 우리의 재판권을 배제하는 것이 아니고 단지 보다 적절한 관할법원을 정하는 것으로서 국제재판관할의 문제일 뿐이다. 따라서 이 문제를 재판권의 제한 문제로 접근하는 것은 적절하지 못하다.

② 외국법원을 전속적인 관할법원으로 합의함에 있어 대법원은 대상이 된 사건이 국내법원의 전속관할에 속하지 않을 것, 합의된 외국법원이 국제재판관할권을 갖고 있을 뿐 아니라 당해 사건과 합리적인 관련성을 가질 것을 추가적으로 요구하고 있다.[3] 여기서 언급되는 합리적인 관련성은 국제사법 제2조에서 규정하는 실질적 관련성이 아니고 관할합의된 법원에 소위 내국관련성(Inlands beziehung)[4]이 있는가 여부를 문제삼는 것이다. 한편, 대법원은 합리적인 관련성 유무를 판단함에 있어 당사자와 관련자의 국적, 증거방법의 소재, 적용법규의

---

1) 大決 2006. 3. 2. 2005마902.

2) 大決 1994. 5. 26. 94마536.

3) 大判 1997. 9. 9. 96다20093. 이 판결을 효시로 2001년 국제사법이 개정된 이후에도 대법원은 줄곧 동일한 입장을 고수하고 있다(大判 2004. 3. 25. 2001다53349; 大判 2010. 8. 26. 2010다28185; 大判 2011. 4. 28. 2009다19093 등).

4) 졸고, "국제재판관할합의에 있어 전속적 관할합의의 유효요건중 내국관련성 문제", 민사소송 제1권, 595면 이하 참조.

유·불리, 내국인의 접근성 등을 열거하고 있다. 합의된 외국법원의 국제재판관할권 유무를 요건으로 하면서도 다시금 당해 법원과 사건 간의 합리적 관련성을 요구하는 것은 합의한 당사자의 의사나 이익을 무시하고 자국 중심의 재판을 영위하고자 하는 것으로 지양함이 마땅하다(이시, 117면도 같은 취지로 보인다).

③ 국제사법에서는 일반 관할합의를 명시적으로 규정하면서 합의로 정해진 관할은 전속적인 것으로 추정하고 있으며(국제 8조 3항), 외국법원을 전속적 관할법원으로 하는 합의도 유효한 것으로 선언하고 있다(5항). 또한 서면성 요건을 국제적 기준으로 완화해서 서면에는 전보, 전신, 팩스, 전자우편 또는 그 밖의 통신수단에 의하여 교환된 전자적 의사표시를 포함한다는 점을 명시적으로 규정하고 있다(2항). 한편, 관할합의와 외국법원을 전속적으로 합의하는 경우를 인정하면서도 각각의 무효사유(1항 1호 내지 4호, 5항 1호 내지 4호)를 개별적으로 제시하고 있어 예측가능성을 높이고 있다.

2) 보호관할합의   2022년 개정 국제사법에서도 소비자와 근로자를 보호하기 위한 국제재판관할 합의 규정을 계속 두고 있으나 계약에 관한 소의 특별 규정 형태로 규율하고 있다. 즉, 관할합의의 경우에도 소비자가 근로자가 대한민국 법원 외에 다른 외국법원에 소를 추가적으로 제기할 수 있도록 합의한 경우나 분쟁이 발생한 후에 관할합의를 한 경우에만 효력을 인정하고 있다(국제 42조 3항 및 43조 3항). 이는 국제간 거래에 있어 열세의 지위에 있는 소비자와 근로자를 보호하기 위한 것이다.

7. 변론관할

(1) 의   의

원고가 관할권 없는 법원에 소를 제기한 경우 피고가 관할위반의 항변을 하지 않고 본안에 관하여 변론을 하거나 변론준비기일에서 진술하게 되면 당해 법원에 변론관할(30조)이 창설된다. 섭외사건의 경우에는 동일한 조건 하에 대한민국 법원에 국제재판관할의 변론관할이 창설된다(국제 9조). 전속관할이 아닌 한 피고의 변론까지 진행된 사건을 관할법원으로 이송하는 것은 소송비경제이며 신속한 사건해결을 방해할 수 있기 때문이다.

(2) 요   건

1) 관할권 없는 1심 법원에 소가 제기될 것   원고가 법정관할(토지관할이나 사물관할)이나 합의관할에 의하더라도 관할권 없는 법원에 소를 제기한 경우 변론관할이 발생할 수 있다. 따라서 경합하는 법정관할 법원 중 어느 하나의 법원, 혹은 관할합의에 따른 법원에 제소를 한 경우에는 변론관할이 창설될 여지는 없다.

2) 이의 없는 본안의 변론   피고가 명시적으로나 묵시적으로 관할위반의 항변을 하

지 않아야 한다. 예를 들어 관할위반이 없음을 전제로 본안의 변론을 한 경우에는 관할위반의 항변이 있는 것으로 보아야 한다. 아울러 피고가 소가 제기된 법원의 관할권 유무에 대해 의식하고 있는지 여부도 불문한다. 따라서 피고가 당시 관할권이 없음을 몰랐다고 하는 것은 적절한 항변이 되지 못한다.

① 피고가 "본안"에 관하여 변론하거나 준비기일에서 진술하여야 한다. 따라서 피고가 단순히 절차적인 이유를 들어 원고청구의 부당성을 지적하는 경우에는 본안의 변론에 해당하지 않는다. 즉, 피고가 기피신청이나 이송신청, 담보제공명령신청, 본안전 항변 등을 한 경우에는 변론관할이 창설되지 않는다. 피고의 최초 답변서에 "원고 청구를 기각한다"라는 취지의 주장만이 담겨있는 경우에도 본안에 대한 변론이 있었는지 여부에 대해 논란이 있었다. 그러나 위 취지의 기재는 원고의 청구취지에 대한 답변에 불과하므로 이것만으로는 피고가 본안에 관한 변론을 할 의사가 있는지 여부를 판단하기 어렵다. 따라서 법원으로서는 개정된 법과 규칙에 따라 방식에 부합하는 답변서의 제출을 촉구한 후(256조 4항, 민규 65조 3항) 이에 따라 변론관할의 창설 여부를 판단하여야 한다.

② 변론과 준비기일에서의 진술은 기일(준비기일)에 당사자가 직접 출석하여 구술하는 것을 원칙으로 한다. 따라서 미리 제출된 답변서 등이 피고의 불출석으로 진술 간주되는 경우에는 변론관할이 창설될 수 없다는 것이 종래의 통설·판례[1]의 입장이다.[2]

(3) 효   과

관할위반의 항변을 하지 않고 본안에 관하여 변론하거나 준비기일에서 진술함으로써 그 시점에 변론관할이 창설된다. 따라서 그 후의 피고의 관할위반의 항변은 허용될 수 없으며 위반의 사실을 알았는지 여부도 관할창설에는 아무런 문제가 되지 않는다.

Ⅲ. 관할결정의 표준시와 관할권의 조사

1. 관할의 표준이 되는 시기

(1) 토지관할

법원의 관할권 유무는 소 제기 시점을 기준으로 정한다(33조). 소송요건이나 본안에 관한 판단의 기준시점은 원칙적으로 변론종결시점이지만 토지관할의 경우는 그 연결점이 되는 재

---

1) 大決 1980. 9. 26. 80마403.
2) 2002년 법 개정 이후 신모델이 도입됨에 따라 변론준비절차가 강화되었으며 그 핵심의 하나는 서면을 통한 사전공방절차의 도입이라고 할 수 있다. 서면에 의한 공방을 통해 쟁점이 형성되면 준비기일 등을 열어 쟁점과 증거를 정리하도록 하고 있는데 이러한 준비절차를 거칠 경우 변론관할의 창설 여부를 판단하는 시점이 너무 늦어진다는 점에서 문제가 될 수 있다. 준비절차에서는 변론관할 발생 시점을 앞당길 필요가 있으므로 별도의 규정을 신설하는 것이 바람직하다.

판적이 수시로 변동되므로 제소 시점을 기준으로 관할을 고정할 필요가 있다. 따라서 소 제기 당시 토지관할의 원인이 되었던 피고의 주소나 주된 영업소, 재산소재지 등이 소송 진행 도중에 변동되더라도 최초 인정된 관할권에는 아무런 영향을 미치지 않게 된다.

(2) 사물관할

제소 후에 목적물의 시가가 변동되더라도 사물관할에는 원칙적으로 영향이 없다. 따라서 제소 당시 대체물의 가액이 소액사건에 해당하였으나 대체물의 시가가 상승하더라도 소액사건으로 재판하는 데는 지장이 없다.[1] 한편, 당사자의 청구 변경을 통한 사물관할의 변동이 관할에 영향을 미치는가 여부는 문제가 된다. 예를 들어 단독판사의 사물관할에 속하던 사건이 청구취지의 확장을 통해 합의부에 속하게 된 경우 혹은 피고가 합의부 관할에 속하는 사건을 반소를 통해 제기한 경우에는 사건을 합의부로 이송하여야 한다(269조 2항 본문). 다만 이 경우에도 상대방이 관할위반의 항변 없이 본안에 관하여 변론을 하게 되면 변론관할이 창설되므로 이송할 필요는 없게 된다(269조 2항 단서 참조). 그러나 소 제기 당시 합의부 관할에 속하는 금액을 소구하였는데 후에 이 중 일부를 취하하여 단독판사의 사물관할이 되더라도 합의부에서 재판받는 것이 당사자에게 불리한 것은 아니므로 관할에 영향을 미치지 않는다고 보아야 한다.

2. 관할권의 조사

(1) 직권조사사항

법원은 관할권 유무를 직권으로 조사할 수 있다(32조). 관할권 유무는 소송요건이므로 당사자의 관할위반의 항변이 없더라도 직권으로 조사할 수 있는 법적 근거를 마련한 것이다. 그러나 전속관할 위반이 아닌 임의관할의 경우에는 변론관할이 창설될 수 있으므로 상대방의 항변이 없는 한 직권으로 조사할 필요는 없다. 따라서 임의관할 위반 사실이 밝혀지더라도 직권으로 이송을 하기보다는 변론준비기일이나 변론기일을 지정함이 타당하다.[2]

(2) 조사결과에 따른 조치

전속관할위반 사실이 드러난 경우 혹은 임의관할에 위배될 뿐 아니라 상대방의 관할위반의 항변이 있는 경우 법원은 직권으로 사건을 관할법원으로 이송하여야 한다(34조 1항). 그러나 당해 소가 관할권 있는 법원에 제기된 경우에는 중간판결이나 종국판결의 이유에서 이에 관한 판단을 하면 된다. 한편, 임의관할 위반이 간과되어 1심 판결이 선고되었다면 항소심에

---

1) 大判 1979. 11. 13. 79다1404.
2) 실무상으로는 소 제기 시점에 법원 접수창구에서 관할위반의 여부를 심사하는 것이 일반적이다. 이 과정에서 걸러지지 않은 관할위반의 소 제기에 대해서는 소송경제와 신속한 재판을 위해 변론관할의 창설 여부를 우선적으로 고려하는 것이 바람직하다.

서는 그 흠이 치유된다. 따라서 항소심에서는 관할위반의 항변을 제기할 수 없게 된다(411조). 그러나 전속관할 위반인 경우에는 상급심에서도 여전히 그 하자를 다툴 수 있음은 물론이다.

Ⅳ. 소송의 이송

1. 의   의

(1) 어느 법원에 제기된 소를 당해 법원의 재판에 의하여 다른 법원으로 이전시키는 행위를 소송의 이송이라 한다. 소장이 법원에 접수된 시점부터 소송계속이 이루어지는 시점까지도 이송이 가능하므로 소송계속이 반드시 전제될 필요는 없다. 제소된 법원에 관할권이 없는 경우에는 소송요건을 흠결하게 되므로 소를 각하하는 것이 원칙이지만 어차피 원고로서는 관할법원에 다시 제소하여야 하므로 소를 각하하는 것보다는 사건을 관할법원으로 이전해 주는 것이 원고에게 도움이 될 뿐 아니라 소송촉진에도 기여할 것이다.

(2) 이송은 재판을 통해 법원을 교체하는 것이다. 따라서 지방법원 본원과 지원 및 시군법원 간에도 이송결정을 통해 사건이 이전되어야 한다(각급 법원의 설치와 구역에 관한 법률). 더구나 같은 법원 내라도 단독판사와 합의부 간의 사건의 이전은 이송으로 취급된다(34조 2항, 3항 참조). 그러나 동일 법원 내의 단독판사 상호 간, 혹은 합의부 상호 간의 사건의 이전은 이송은 아니므로 이부(移部)로 취급하여 사법행정, 즉 사무분담 및 사건배당의 문제로 처리하고 있다.1) 그런데 실질은 이송임에도 불구하고 기록송부라는 사실행위를 통해 문제를 해결하는 관행이 있다. 불복할 수 없는 결정이나 명령에 대해 일반적인 통상의 항고가 있을 경우 이를 접수받은 법원은 바로 각하할 것이 아니라 이를 특별항고로 취급하여 기록을 대법원으로 송부하는 것이 관행으로 굳어져 있는데2) 이를 기록송부라고 흔히 지칭한다.3)

2. 이송의 원인

(1) 관할위반에 따른 이송

관할권 없는 법원에 제소된 사건의 전부나 일부를 법원의 결정으로 관할권 있는 법원으로 이전하는 것을 관할위반에 따른 이송이라고 한다(34조 1항). 전속관할위반에 한정되는 것이

---

1) 사건배당 예규 제14조 제3호에서는 사건배당 확정 후라도 공동소송을 위한 이부신청이나 병합심리를 허용하고 있다. 한편, 같은 법원 내에서는 단독판사와 합의부 간, 혹은 단독판사 상호 간, 혹은 합의부 상호 간에 사건을 하나의 재판부에서 처리하고자 하는 경우에는 병합신청이나 병합결정을 통해서도 가능하다고 할 것이다(변론의 병합 부분 참조).

2) 大決 2014. 1. 3. 2013마2042. 그런데 대법원은 재항고 대상인 사건을 고등법원이 재판한 경우 이를 취소의 대상으로 보고 있어 다소 혼선을 빚고 있다(大決 2008. 5. 2. 2008마427).

3) 그러나 이 경우의 기록송부는 이송의 확정 혹은 상소 등으로 인해 소송기록을 상급심으로 보내는 정상적인 소송기록의 송부(40조 2항, 400조)와는 달리 명시적인 법적 근거는 없다.

아니므로 임의관할 위반의 경우도 피고가 적법한 관할위반의 항변을 제기하면 사건을 다른 적법한 관할법원으로 이송해야 한다. 원칙적으로 1심 법원 간의 관할위반 문제를 해소하기 위한 제도였으나 심급관할위반은 물론 일반법원과 특별법원 간의 이송 등의 문제도 발생하게 됨으로써 이송규정의 유추적용 범위가 논의되어 왔다.

1) 심급관할의 위반

① **제1심 관할법원을 그르친 경우**　　1심 법원에 소 제기 하여야 할 것을 고등법원이나 대법원에 소장을 접수한 경우에도 사건을 1심 법원으로 이송해 주는 것이 타당하며[1] 상급심에 제기하여야 할 소를 1심 법원에 제기한 경우에도 마찬가지로 취급하여야 한다.[2]

② **상소할 법원을 그르친 경우**

i) **원심제출주의 위반의 경우**　　상소장을 제출할 법원을 오인하여 상소장을 원심법원이 아닌 상소법원에 제출한 경우 이를 각하해야 한다는 견해(방, 137면), 상소법원이 원심법원으로 상소장을 보내되 기록송부의 방법으로 처리함으로써 상소제기기간의 준수 여부는 원심법원에 상소장이 접수된 때를 기준으로 해야 한다는 판례 입장,[3] 사건을 이송으로써 해결해 주지 않으면 상소제기 기간을 도과하게 될 수 있으므로 이 역시 법 제34조를 유추하여 이송을 인정해 주어야 한다는 견해(통설) 등이 대립하고 있다. 통설의 입장이 타당하다.

ii) **상소법원의 표시를 그르친 경우**　　상소장을 원심법원에 제출하였으나 상소장에 상소법원을 잘못 기재한 경우(예를 들어 고등법원에서 심판할 사건을 지방법원 항소부로 기재한 경우)에는 원심법원은 적법한 관할법원인 고등법원으로 기록을 송부하여야 하는데[4] 이를 그르쳐 지방법원 항소부로 기록을 송부한 경우 송부받은 법원은 사건을 적법한 관할법원으로 이송하여야 한다.[5]

2) 일반법원과 전문법원 간의 이송
일반 민사사건을 행정법원이나 가정법원 혹은 특허법원, 회생법원 등 전문법원에 제소하는 경우 혹은 역으로 전문법원에 속하는 사항을 민사법원에 제소하는 경우가 간혹 발생한다. 이를 구제수단의 착오라고 보는 입장에서는 관할에 관한 이송규정을 유추적용할 수 있는지 여부의 문제로 접근하게 된다.[6]

① **행정소송사건**　　i) 행정사건을 민사소송으로 잘못 제기한 경우, 행정소송절차에는

---

1) 大決(全) 1995. 1. 20. 94마1961.
2) 大判(全) 1984. 2. 28. 83다카1981.
3) 大判 2010. 12. 9. 2007다42907.
4) 大決 2014. 1. 3. 2013마2042. 특별항고만이 허용되는 재판에 대한 불복에 있어 당사자가 특히 특별항고라는 표시와 항고법원을 대법원으로 표시하지 아니하였더라도 그 항고장을 접수한 법원으로서는 이를 특별항고로 보아 소송기록을 대법원에 송부하여야 한다는 것이 판례의 확립된 입장이다.
5) 大決(全) 1995. 1. 20. 94마1961; 大決 2000. 8. 28. 99그30 등.
6) 일반법원과 전문법원 간의 업무분장 역시 법원조직법에서는 일반법원의 합의부와 단독판사 간의 업무분장과 마찬가지로 "심판권"이라는 표현을 사용하고 있다. 따라서 법원조직법상으로는 일반법원과 전문법원 간의 관계를 관할의 문제로 접근하고 있는 것으로 파악된다. 이러한 입장에서는 당연히 이송규정을 적용할 수 있다고 볼 수 있을 것이다.

민사소송법 규정이 준용될 뿐 아니라 원고의 고의 또는 중대한 과실 없이 행정소송이 심급을 달리하는 법원에 잘못 제기된 경우에도 이송규정(34조 1항)을 적용할 수 있다는 행정소송법 제7조[1]의 규정에 비추어 이송함이 타당하다. 그런데 서울의 경우를 제외하고는 지방법원 본원과 춘천지방법원 강릉지원이 행정사건에 대해서도 관할권이 있으므로(법조 부칙 2조) 항고소송의 형태로 소 변경을 유도하여 지방법원(행정사건 전담부 등)에서 재판하는 것이 가능하다.[2] 따라서 판례는 원고가 고의 또는 중대한 과실 없이 행정소송으로 제기하여야 할 사건을 민사소송으로 잘못 제기한 경우, 수소법원으로서는 만약 그 행정소송에 대한 관할도 동시에 가지고 있다면 이를 행정소송으로 심리·판단하여야 하고, 그 행정소송에 대한 관할권을 가지고 있지 아니하다면 관할법원에 이송하여야 한다는 입장이다.[3] 이송 후 항고소송 등으로 소변경을 한 경우 제소기간 준수 여부는 최초 소를 제기한 때로 보아야 한다.[4] 그런데 판례는 일반법원이 사건을 행정법원 등으로 이송하기 위해서는 행정소송으로서의 소송요건을 흠결하고 있음이 명백하지 않을 것을 요구하고 있다.[5] 한편, 행정사건 제1심판결에 대한 항소사건은 고등법원이 심판해야 하는데 원고가 고의나 중대한 과실 없이 행정소송으로 제기하여야 할 사건을 민사소송으로 잘못 제기하고 단독판사가 제1심판결을 선고한 경우에도 그에 대한 항소사건은 고등법원의 전속관할에 속한다.[6]

　　ii) 민사사건을 행정소송으로 잘못 제기한 경우도 당해 법원이 민사사건에 대해 관할권이 없다면 이송을 하여야 한다. 만일 위 소가 일반 지방법원 등에 제기된 경우라면 민사소송으로 소 변경 절차를 거쳐 지방법원에서 재판하는 것도 가능할 것이다. 판례는 공법상의 당사자소송을 일반 민사소송으로 소변경 하는 것이 가능하다는 입장을 피력한 바 있어[7] 행정사건과 민사사건의 호환 가능성을 긍정하고 있다. 사법수요자의 측면에서 매우 바람직한 판결이 아닐 수 없다.

---

1) 동 규정이 삽입된 것은 1984년 행정소송법 개정을 통해서이다. 1994년 행정소송법이 개정(98. 3. 1.부터 시행)되기 전에는 행정소송의 1심 관할권은 고등법원에 있었다. 따라서 심급을 위반하여 제소되는 경우가 많았으므로 이와 같은 규정을 두게 된 것이다. 행정소송의 1심 관할권이 지방법원이나 서울행정법원으로 속하게 된 현시점에서는 별 실익이 없는 규정이 되었다.

2) 大判 1999. 11. 26. 97다42250; 大判 2020. 1. 16. 2019다264700; 大判 2020. 4. 9. 2015다34444.

3) 大判 2017. 11. 9. 2015다215526; 大判 2023. 6. 29. 2021다250025.

4) 大判 2022. 11. 17. 2021두44425.

5) 大判(全) 2009. 9. 17. 2007다2428; 大判 2018. 7. 26. 2015다221569; 大判 2020. 10. 15. 2020다222382. 행정사건에 대한 관할권이 없는 일반법원이라도 행정소송의 소송요건을 심사하여 행정소송으로서의 소송요건을 흠결한 것이 명백한 경우에는 이송할 필요 없이 바로 소를 각하할 수 있다는 취지로 해석된다. 그러나 이러한 대법원의 입장은 법적 근거가 없다. 소송요건 흠결 여부에 대한 심판은 관할권 없는 법원도 할 수 있다는 결론에 이르기 때문이다. 소의 적부·당부에 대한 판단 모두 관할권을 가진 법원이 심판해야 한다는 원칙을 유지함이 필요하다.

6) 大判 2022. 1. 27. 2021다219161.

7) 大判 2023. 6. 29. 2022두44262.

② **가사사건(가사소송과 가사비송)**　　　가사사건의 경우는 가정법원의 전속관할에 속하는 사항이 대부분이다(가소 2조). 가사사건과 일반민사사건의 구분 역시 매우 어려우므로 지방법원과 가정법원 간의 관할의 지정 규정까지 마련해 놓고 있으나(가소 3조) 행정소송법과 달리 지방법원과의 이송을 규율하는 규정을 두고 있지는 않다. 하지만 가사사건의 경우도 특별한 규정이 없는 한 민사소송법의 규정을 준용하고 있을 뿐 아니라(가소 12조) 행정사건과 달리 취급할 이유는 없으므로 지방법원과의 이송을 원칙적으로 허용함이 마땅하다.1)

③ **비송사건**　　　비송사건과 소송사건 간의 관계도 이송으로 문제를 해결하여야 한다는 견해가 지배적인 학설의 입장이나(이시, 124면; 정/유/김, 164면) 학설 중에는 비송사건절차법에서 항고라는 간이한 권리구제절차를 마련하고 있음에도 불구하고 소의 형식으로 권리구제를 도모하는 것은 권리보호의 자격이 없는 것으로서 각하되어야 한다는 견해가 있다(호, 199면; 김홍, 99면). 행정·가사사건 역시 민사재판과는 다른 권리구제절차이므로 엄밀히 보면 행정사건을 민사법원에 제기하는 것 역시 권리보호자격이 없다고 할 수 있다. 그러나 이들 간의 이송을 인정하는 것은 당사자의 권리보호를 위한 일종의 배려라고 할 수 있다. 당사자로 하여금 민사사건과 행정·가사사건을 엄밀히 구분해서 권리구제의 트랙을 찾도록 하는 것이 가혹할 수 있기 때문이다. 그런데 민사사건과 비송사건의 구분은 행정·가사사건과의 구분보다도 오히려 더 어려우며 그 구분 자체를 포기하는 견해가 나타날 정도이다. 따라서 비송사건과 민사사건 간의 이송을 부인할 이유는 없다. 판례는 부적법 각하하는 것을 원칙으로 하고 있었으나2) 그 후 수소법원은 당사자에게 석명을 구하여 당사자의 소 제기에 사건을 소송절차로만 처리해 달라는 것이 아니라 비송사건으로 처리해 주기를 바라는 의사도 포함되어 있음이 확인된다면, 당사자의 소 제기를 비송사건 신청으로 보아 재배당 등을 거쳐 비송사건으로 심리·판단하여야 하고 그 비송사건에 대한 토지관할을 가지고 있지 않을 때에는 관할법원에 이송하는 것이 타당하다고 판시한 바 있다.3)

(2) 재량이송과 재량사물관할

1) 단독판사의 재량이송　　　① 단독판사와 합의부 간의 사물관할의 일차적인 구분표지는 소송목적의 값이지만 사건에 따라서는 소액의 소송물이라 하더라도 중요한 의미를 담고 있거나 사건이 복잡하여 여러 법관의 합의를 통한 재판이 요구되는 경우도 있다. 이 경우 단독판사가 사건을 합의부로 이송할 수 있는 통로를 열어두고 있다(34조 2항). 따라서 소액사건이라 하더라도 단독판사는 상당하다고 인정하는 경우 사건을 합의부로 이송할 수 있다.4)

---

1) 大決 1980. 11. 25. 80마445.
2) 大判 2013. 11. 28. 2013다50367.
3) 大判 2023. 9. 14. 2020다238622.
4) 大決 1974. 7. 23. 74마71.

② 이송 여부는 직권 혹은 당사자의 신청에 따라 사건의 전부나 일부를 결정으로 재판하여야 한다. 이 결정은 이송결정이므로 법 제39조에 따라 즉시항고가 가능하다. 아울러 이송받은 법원인 합의부를 기속한다(38조 1항). 그러나 단독판사에게 전속관할이 인정되는 사건(제소전화해에 대한 청구이의의 소, 단독판사의 판결에 대한 재심의 소 등)에 대해서는 이송결정을 할 수 없다.

2) 합의부의 재량사물관할   단독판사의 사물관할에 속하는 사건이라 하더라도 합의부는 상당하다고 인정하는 경우 직권 혹은 당사자의 신청에 따라 소송의 전부나 일부를 스스로 재판할 수 있다(34조 3항). 합의부는 직권으로 혹은 당사자의 신청에 따라 스스로 재판할 것을 결정하여야 하며 이 결정으로 합의부에 재량사물관할권이 창설된다.[1] 단독판사의 전속관할에 속하는 사건에 대해서는 재량사물관할이 허용되지 않으며 동 결정은 이송결정이 아니므로 불복이 불가능하다.

3) 같은 법원 내에서의 사물관할에 국한되는지 여부   ① 단독판사의 재량이송과 합의부의 재량사물관할은 같은 법원 내의 단독판사와 합의부 간에만 허용되는 것인지 여부가 문제된다. 즉 A 법원의 단독판사가 다른 관할법원으로 이송함에 있어 그 법원의 합의부에서 심판하는 것이 적절하다고 판단하는 경우 혹은 A 법원의 합의부가 다른 관할법원의 단독판사에게 이송을 하여야 함에도 불구하고 상당성을 인정하여 스스로 재판을 할 것을 결정할 수 있느냐 하는 문제이다.

② 법 제34조 제2항의 경우는 합의부에서 심판할 것이 상당하다는 판단에서 비롯된 것이므로 B 법원으로 이송을 하여야 하는 기회에 덧붙여 합의부로의 이송도 가능하다고 판단된다. 그러나 법 제34조 제3항에 따른 재량사물관할의 경우는 A 법원의 합의부가 B 법원의 단독판사에게 이송하여야 하는 사건을 스스로 재판할 수는 없다고 보아야 한다. 일단 사건은 B 법원으로 이송되어야 하기 때문이다. 이 부분에 관하여는 A 법원의 합의부가 재량을 통해 스스로 재판을 할 권한이 없기 때문이다. 제34조 제3항의 법문에는 분명히 나타나 있지 않으나 지방법원 합의부가 스스로 심판할 수 있는 그 관할에 속하지 않는 경우란 동일 지방법원의 단독판사에게 속하는 사건을 말하는 것이지 다른 지방법원의 관할에 속하는 사건을 말하는 것이 아니라고 하여 제한적으로 해석하는 견해가 타당한 것은 그 때문이다.[2]

(3) 손해나 지연을 피하기 위한 이송

1) 특정 법원에 관할권이 인정되더라도 현저한 손해나 지연을 피하기 위해 다른 관할법원으로 이송할 수 있는 통로가 개설되어 있다. 관할권은 전속관할이 아닌 한 경합해서 인정

---

1) 김능환/주석민소(1), 233면.
2) 전게서, 같은 면.

되기 때문이다. 따라서 법원은 당사자의 신청 혹은 직권으로 사건의 전부나 일부를 제소된 법원이 아닌 다른 관할법원으로 이송할 수 있다(35조). 그러나 관할권이 없는 다른 법원으로 이송할 수는 없다.

2) 현저한 손해는 당사자의 사적 이익으로 보는 반면 현저한 지연 여부는 공적 이익으로 파악하는 것이 일반적이다(이시, 126면; 김홍, 101면).[1] 그러나 현저한 손해 역시 법원의 관점, 즉 공익적인 시각에서 바라볼 필요가 있다. 동일한 청구원인을 가진 사건이 이미 계속되어 있는 경우 별개의 법원에서 당사자만 달리하는 사건을 별도로 심리하게 되는 경우 절차의 지연은 없을지 모르지만 사법자원의 효율적인 배분이라는 거시적인 측면에서 보면 현저한 손해가 발생하는 것으로 볼 수 있기 때문이다. 한편, 판례는 현저한 손해 발생여부를 개인적인 이익으로 판단하고 있을 뿐 아니라 피고 측은 물론 원고 측의 손해도 도외시할 수 없다고 설시하고 있어 양자 간의 균형을 중시하고 있다.[2] 판례의 입장은 양 당사자의 이익형량을 균형 있게 도모하는 듯하지만 어느 한 쪽의 손해는 필수적으로 다른 측의 이익이 되므로 양자를 대등하게 평가한다면 (당사자의) 현저한 손해를 피하기 위한 이송은 사실상 인정되기 어렵다.[3]

3) 이 규정이 영미법상의 불편의법정지 이론(forum non conveniens)과 맥을 같이 한다는 견해(이시, 126면; 정/유/김, 165-166면)가 있다.[4] 본래의 불편의법정지 이론은 단순히 손해나 지연을 피하기 위한 것에 국한되지 않고 현재의 법정지가 국제재판관할권은 있으나 다소 부적절하고 다른 나라의 법원이 보다 더 적절한 법원이라는 취지에서 국내 법원에 제기된 사건을 각하(혹은 중지)하는 것이므로 국내사건의 손해나 지연을 피하기 위한 이송과 비교하는 것은 다소 부적절할 수 있다.

(4) 지식재산권 등에 관한 소송의 이송

1) 2015년 법 제24조의 개정에 따라 지식재산권이 분리되어 관할권이 정해짐에 따라 이송을 규정하는 법 제36조도 변화가 생겼다. 우선, 특허권 등을 제외한 지식재산권과 국제거래에 관한 소는 직권 또는 당사자의 신청에 따른 결정으로 그 소송의 전부 또는 일부를 법

---

1) 大決 2010. 3. 22. 2010마215에서도 현저한 손해를 순수하게 당사자 측면에서만 바라보고 있다.
2) 大決 2007. 11. 15. 2007마346에서는 이송사유의 존부는 이송 여부에 따른 쌍방 당사자의 부담의 증감관계, 심리의 대상과 방법 및 그에 따른 법원의 심리상의 편의 등 여러 사정을 종합적으로 비교·교량하여 결정하여야 한다고 판시하고 있다.
3) 大決 1998. 8. 14. 98마1301 참조. 대법원이 현저한 손해를 이유로 이송을 인정한 예는 거의 찾아보기 힘들다.
4) 일본민사소송법 제3조의9가 규정하는 특별한 사정에 의한 소각하 규정 역시 불편의법정지이론과 맥을 같이 하고 있다는 견해가 지배적이다(동 규정에 대한 소개와 비판은 拙稿, "国際民事紛争の国際裁判管轄に関する規定の定立─日本の「特別の事情による訴えの却下」規定の国際的な整合性について", 神戸法學年報 第28号(2012), 1面 이하 참조).

제24조 제1항에 따른 관할법원(2조 내지 23조의 토지관할 규정에 따른 관할법원 소재지를 관할하는 고등
법원이 있는 곳의 지방법원)에 이송할 수 있다(36조 1항 본문). 다만, 이로 인하여 소송절차를 현저
하게 지연시키는 경우에는 이송이 불가능하다(단서).

　　2) 특허권 등의 지식재산권에 관한 소의 경우는 법 제24조 제2항, 제3항에 따라 전속관
할 규정이 있음에도 불구하고 현저한 손해 또는 지연을 초래할 우려가 있는 경우에는 직권
또는 당사자의 신청에 따른 결정으로 소송의 전부 또는 일부를 법 제2조부터 제23조까지의
규정에 따른 지방법원으로 이송할 수 있도록 하였다(36조 3항).[1]

(5) 반소제기에 따른 이송

　　본소가 단독사건인 경우 피고가 합의부 관할의 반소를 제기하는 경우가 있다. 이때 당
사자는 합의부에서 재판받을 권리를 보호받아야 하므로 법원은 직권 혹은 당사자의 신청에
따라 본소와 반소 모두를 합의부로 이송하여야 한다(269조 2항). 그러나 합의부 관할의 반소청
구에 대해 아무런 이의 없이 변론을 하게 되면 변론관할이 창설된다(269조 2항 단서). 당사자가
단독판사로부터 재판을 받는 것에 아무런 이의가 없다면 소송경제상 굳이 사건 모두를 합의
부로 이송하여야 할 실익이 크지 않기 때문이다.

3. 이송절차

　　(1) 이송신청은 기일에 구술로 하지 않는 한 서면으로 신청하여야 한다(민규 10조 2항). 아
울러 이송신청을 함에 있어서는 신청의 이유를 밝혀야 하며 법원은 결정으로 재판하여야 한
다(민규 10조 1항). 이송재판은 결정의 형식으로 하므로 변론절차가 필수적으로 요구되는 것은
아니지만 관할위반에 따른 이송신청을 제외한 이송신청에 대해서는 결정 전에 상대방에게
의견진술의 기회를 부여해야 한다(민규 11조 1항). 그러나 직권으로 결정을 하는 경우에는 법원
의 재량에 따라 당사자의 의견을 청취할 수 있다(민규 11조 2항).

　　(2) 이송결정과 이송신청기각결정에 대하여는 즉시항고가 가능하다(39조). 어느 법원에서
재판을 받느냐 하는 문제는 당사자의 이익에 매우 중대한 영향을 미칠 수 있으므로 집행정
지효과가 인정되는 즉시항고가 허용되고 있다. 그런데 법 제34조 제1항과 제35조를 비교해
보면 관할위반에 따른 이송의 경우에는 당사자에게 이송신청권을 수여하고 있지 않다는 것
을 알 수 있다. 앞서 본 이송결정 전 의견진술의 기회부여 역시 관할위반의 경우에는 제외되
어 있다. 따라서 관할위반을 이유로 한 이송신청에 대해서는 법원이 답변을 할 필요가 없으

---

1) 특허권 등의 지식재산권에 대한 관할집중을 위해서 법 제24조 제2항을 통해 고등법원 소재지 지방법원에
　전속관할을 인정하였으나 그 1차적인 타협으로 서울중앙지방법원을 선택적 중복관할 법원으로 인정하였는데
　(24조 3항) 다시 법 제36조 제3항에서 각 토지관할 법원으로 이송할 수 있음을 규정하고 있어 전속관할을
　인정한 취지가 무엇인지 다소 의문이다.

며 기각결정을 하더라도 이에 대해서는 즉시항고가 허용되지 않는다고 해석된다.[1] 관할위반 여부는 법원의 직권조사사항일 뿐 아니라 비교적 간단하고 용이하게 그 위반여부를 알 수 있으므로 굳이 당사자에게 이송신청권을 인정하여 절차를 지연시킬 빌미를 제공하지 않겠다는 것이 판례의 입장이다.

(3) 당사자에게 관할위반에 따른 이송신청권이 없다 하더라도 법원이 당사자의 신청에 따른 직권발동으로 이송결정을 한 경우에는 법 제39조에 따라 즉시항고가 허용되므로 항고심에서 당초의 이송결정이 취소되었다 하더라도 이에 대한 신청인의 재항고는 허용되어야 한다. 이송신청권 유무를 떠나 재판에 대한 불복이기 때문이다. 그러나 대법원은 당사자에게 이송신청권이 없다는 이유로 재항고를 허용하지 않고 있어 문제이다.[2]

(4) 당사자의 관할위반에 따른 이송신청에 대해 법원은 답변의무가 없지만 만일 법원이 이송신청을 기각하는 결정을 했다면 이에 대한 당사자의 즉시항고 및 재항고에 대해 심판을 해주는 것이 타당하다. 이 역시 당사자의 이송신청권 유무를 떠나 법원의 재판이 있으므로 이에 대한 불복은 당연히 허용해주어야 할 것이기 때문이다. 그러나 대법원은 위 항고를 부적법한 것으로 보고 각하하여야 한다고 하고 있으며 나아가 항고심 법원이 각하하지 않고 항고이유에 대한 당부판단을 해서 기각하는 결정을 하더라도 이에 대한 재항고 역시 부적법하다고 판시하였다.[3]

(5) 실무상으로 법 제35조에 따른 이송신청이 거의 사문화되어 있고 더구나 관할위반 여부를 쉽게 판단할 수 있다고 하여도 당사자의 입장에서 법원의 조치에 대해 불만이 있을 수 있으므로 관할위반에 따른 이송신청권을 인정해 줌이 바람직하다. 따라서 일본과 같이 법 제34조 제1항을 개정하여 당사자의 신청권을 인정해 주는 입법적 작업이 요망된다.

4. 이송결정의 효력

(1) 수이송법원에 대한 기속력

소송을 이송받은 법원은 이송결정에 구속된다(38조 1항). 따라서 수이송법원은 사건을 다른 법원에 이송할 수 없다(38조 2항). 만일 이송결정이 전속관할에 위배된 경우에도 수이송법원을 기속하는가에 대해서는 견해가 대립되고 있으나 민사소송법 관할편에서는 전속관할에 관한 예외를 항상 명시하고 있음에 비추어(31조, 34조 4항, 35조, 36조 2항) 법 제38조에서 전속관할에 관한 예외를 명시하지 않은 것은 구속력의 예외를 인정하지 않고자 하는 입법자의 의

---

1) 판례 역시 관할위반에 따른 이송신청권을 정면으로 부인하고 있다(大決 1979. 12. 27. 79마377; 大決(全) 1993. 12. 6. 93마524; 大決 2018. 1. 19. 2017마1332 참조).
2) 大決 2018. 1. 19. 2017마1332. 동 판결에 대한 비판은 졸고, "관할위반을 이유로 한 이송결정과 이에 대한 즉시항고 및 재항고", 법조 731권(2018. 10), 562면 이하 참조.
3) 大決(全) 1993. 12. 6. 93마524.

도가 충분히 나타나 있다고 판단되므로 구속력을 인정함이 타당하다.

(2) 기속력과 심급관할

판례 역시 이송결정의 기속력이 전속관할에까지 미친다는 점은 인정하면서도[1] 유일하게 심급관할을 위반한 이송결정은 상급심에까지는 미치지 않는다는 독특한 이론을 전개하고 있다.[2] 즉 제2심 법원인 A 고등법원이 B 고등법원으로 이송하여야 함에도 불구하고 잘못하여 사건을 C 지방법원으로 이송한 경우에는 당해 C 지방법원은 기속되지만 만일 대법원으로 이송하였다면 대법원은 이에 기속되지 않고 사건을 B 고등법원으로 다시 이송할 수 있다는 견해이다.[3] 심급관할의 경우 이송결정의 기속력이 하급심에 대해서만 편면적으로 발생한다는 점에 대한 근거는 매우 미약하므로 심급관할의 이익이 보다 우선하는 이익이라고 본다면 상·하급심 모두를 기속하지 못한다고 일관되게 설명하는 것이 보다 바람직하다.

5. 이송의 효과

(1) 소송계속의 이전과 소급효

이송결정이 확정된 때에는 소송은 처음부터 수이송법원에 계속된 것으로 간주됨으로써 (40조 1항) 이송에 따른 원고의 불이익(소 제기 시점의 지연)이 방지된다. 따라서 소 제기에 따른 시효중단이나 기간준수의 효과도 그대로 유지된다. 이송 전에 이송법원에서 이루어진 소송행위도 이송원인이 무엇이든 상관없이 수이송법원에서 그대로 효력이 지속된다고 보는 것이 합리적이다.[4]

(2) 소송기록의 송부

이송결정의 확정에 따른 행정적 수순으로 소송기록이 수이송법원으로 송부된다. 상소 등의 제기와 다를 바가 없으며 이송결정이 확정된 뒤라도 수이송법원으로 기록이 송부될 때까지는 이송법원이 급박한 상황에서의 필요한 처분을 할 수 있게 된다(37조). 당사자들의 보호를 위해 권리구제의 공백을 허용하지 않고자 함이다. 예를 들어 증거보전이나 보전처분을 급박하게 하고자 하는 당사자는 기록의 소재를 확인한 후 이송법원이나 수이송법원에 필요한 신청을 접수하여야 한다.

---

1) 大判 2023. 8. 31. 2021다243355.

2) 大決 1995. 5. 15. 94마1059,1060; 大決 2009. 4. 15. 2007그154.

3) 이에 대한 비판은 조관행, "심급관할을 위반한 이송결정의 구속력"(이시윤박사화갑기념논문집(하)), 75면 이하 참조.

4) 관할위반에 의한 이송의 경우에도 종전 소송행위의 효력이 지속된다고 하면서 변론의 갱신절차를 밟아야 한다는 견해(김홍, 107면; 이시, 130면; 정/유/김, 170면)가 있으나 의문이다. 이송의 경우는 법관이 바뀐 것이 아니라 법원이 바뀐 경우에 해당하므로 법 제204조 제2항에 해당하지 않기 때문이다. 더구나 법 제40조 제1항에서는 이송결정의 확정으로 사건은 처음부터 수이송법원에 계속된 것으로 간주되고 있어 굳이 변론의 갱신절차가 요구되는지 의문이다.

제 4 절   민사법원의 종류와 조직

Ⅰ. 민사법원의 종류

민사사건을 다루는 법원으로는 지방법원, 고등법원, 대법원이 있으며 가정법원, 행정법원, 특허법원, 회생법원은 원칙적으로 민사사건을 다루지 않는 전문법원이다(법조 3조 1항). 특허법원은 이중적인 성격을 갖는다. 특허 관련 심결에 대한 소 및 심판청구서나 재심청구서의 각하결정에 대한 소에 대한 1심 사건을 관장하고 이러한 특허법원의 재판에 대해서는 대법원에 상고(같은 조 8항)할 수 있도록 되어 있다. 그러나 법 제24조 제2, 3항에 따른 사건의 항소심을 관장함으로써(법조 28조의4 1, 2호) 1심과 항소심의 기능을 동시에 수행한다. 한편, 가사사건을 전담하는 가정법원과 행정사건을 전담하는 행정법원, 회생 및 파산을 담당하는 회생법원은 전문법원으로서 세 법원 모두가 별도의 법원으로 설치되어 있는 것은 서울에 국한되고 있어 다른 지역에서는 법원 내에 가사사건이나 행정사건, 회생사건 등을 담당하는 재판부를 설치해서 운영을 하고 있다.[1]

Ⅱ. 법원의 조직과 구성

1. 헌법과 법원조직법상의 법원

법원은 헌법상의 사법권의 귀속주체로서 법관으로 구성되어 있으며(헌 101조 1항) 최고법원인 대법원과 각급법원으로 구성되어 있다(헌 101조 2항). 아울러 법원조직법을 통해 사법권을 행하는 법원의 조직을 정하고 있다(헌 102조 3항, 법조 1조). 사법권은 법원의 고유 업무로 기본적으로는 법관에 의한 재판권의 행사가 주된 내용을 이루지만 재판권의 적정한 행사를 위한 사법행정기능도 내포되어야 한다. 따라서 대법원의 수장인 대법원장은 사법행정사무를 총괄하며 행정사무에 관하여 관계공무원을 지휘·감독할 권한을 갖는다(법조 9조 1항). 사법행정사무를 관장하기 위해 대법원에는 법원행정처(처장은 대법관)가 설치되어 있으며 사법행정에 대한 자문기관(사법정책자문위원회와 법관인사위원회가 있다)으로서 판사로 구성된 판사회의(판사회의의 설치 및 운영에 관한 규칙)[2]가 있으며(법조 9조의2), 사법행정사무의 일선 업무를 위해 판사가

---

1) 2024. 7. 현재 가정법원이 별도로 설치되어 있는 지역은 서울 외에 인천, 대전, 대구, 부산, 울산, 광주, 수원 등이다(각급 법원의 설치와 관할구역에 관한 법률 별표 5). 다만, 2025. 3. 1.부터 창원가정법원이 설치될 예정이다. 한편, 행정법원은 여전히 서울에만 설치되어 있으나 회생법원은 서울 외에 2023. 3. 1.부터 수원, 부산에도 설치되었다(각급 법원의 설치와 관할구역에 관한 법률 별표 10).

2) 판사회의는 원칙적으로 각급법원에 소속된 판사 전원으로 구성되며 각급법원의 장이 정기적 혹은 부정기적으

아닌 일반 사법공무원(법원이사관·부이사관·법원서기관·법원사무관등)으로 구성된 사무국을 설치하고 있다(법조 10조).

2. 법   관

(1) 법관의 종류

법원조직법이 인정하는 법관에는 대법원장·대법관·판사 세 종류가 있다(법조 5조 1항). 따라서 법률상으로는 대법원장과 대법관을 제외한 모든 법관은 판사로서 동일한 지위에 있다. 한편 고등법원급 이하에 설치되는 부에는 부장판사를 두어 재판에 있어서의 재판장 역할과 그 부의 사무를 감독하는 이중적인 지위를 갖게 하고 있다(법조 27조 2항, 3항, 특허법원. 지방법원, 가정법원, 행정법원 등의 부에도 이 규정이 준용된다). 따라서 부장판사는 보직의 개념일 뿐이므로 지방법원 부장판사나 고등법원 부장판사 상호 간의 실질적인 차이가 있는 것은 아니며 단지 보직의 문제(법조 44조)일 뿐이었으나 사실상 승진의 개념으로 운용되어 법관의 관료화를 심화시킨다는 비판을 받았다. 따라서 법원조직법 개정(일부개정 2020. 3. 24. 시행 2021. 2. 9.)을 통해 고등법원 부장판사 직위를 폐지함으로써(종전 법조 27조 2항 삭제)[1] 법률상으로도 고등법원 부장판사라는 직위가 사라졌다. 따라서 고등법원(특허법원 포함) 판사는 상당한 법조경력이 있는 사람 중에서 지원을 받아 임명하게 되었다(법관인사규칙 10조 2항).[2]

(2) 법관의 자격과 연한

판사는 사법시험에 합격하여 사법연수원의 소정 과정을 마친 자나 변호사 자격이 있는 자 중에서 임용될 수 있었으나 2011. 7. 18. 법원조직법 개정을 통해 변호사 자격이 있는 자로서 동 제42조 제1항에서 정하는 각 직역에서 10년 이상의 경력을 갖춘 자만이 법관에 임용될 수 있게 되었다(법조 42조 2항).[3] 2009년 법학전문대학원의 설치로 법조 교육제도의 중심이 이동되었고 아울러 법조일원화 차원에서 사법연수원이나 법학전문대학원 졸업자들에게

로 소집할 수 있으나 판사회의의 구성원인 판사 1/3 이상의 요구에 의해서도 소집될 수 있다(동 규칙 4조 3항).

1) 법원조직법 제27조 제3항을 개정하여 고등법원에 부는 설치되지만 부의 구성원 중 1인은 그 부의 재판에서 재판장이 되며, 고등법원장의 지휘에 따라 그 부의 사무를 감독할 뿐이다. 법관인사규칙 제10조 제3항에 따르면 고등법원 부의 재판장은 법조경력 20년 이상으로서 고등법원 판사로 보임된 이후 3년 이상 근무한 판사가 될 수 있다(개정 2020. 12. 28. 시행 2021. 2. 9.).

2) 사법연수원 25기 이후로는 15년차 이상 판사들 중 지원을 받아 10년간 고등법원에서만 근무하는 고등법원 판사를 보임한다. 즉, 15년차 이상 판사들은 지방법원 부장판사로 계속 근무하는 것과 고등법원 판사로 지원하여 근무하는 것 두 가지 선택지를 갖게 되었다.

3) 2011. 7. 18. 개정 법원조직법 부칙 제2조에서는 판사 임용에 필요한 10년의 연한을 단계적으로 시행하기 위해 경과조치를 두었다. 따라서 궁극적으로 2022년부터 10년 이상의 법조 경력을 가진 사람만이 법관이 될 수 있도록 여유있게 단계적으로 기간을 설정하였다. 그러나 법원의 지속적인 요구로 부칙이 계속 개정되어 2025년부터 7년 이상의 경력이 요구되고 최종적으로 2029년부터 10년 이상의 경력을 가진 사람만이 법관이 될 수 있게 되었다.

일정한 연한을 요구하게 된 것이다. 그러나 법조 일각에서는 법관 인력 수급의 어려움을 이유로 최소 법조경력 5년 이상으로 경력기간을 축소할 것을 거듭 요구하고 있으나[1] 이는 바람직하지 못하다. 우선, 법조일원화는 미국식 로스쿨을 도입하면서 당연히 수반된 제도적인 변화로서 가장 강조된 개혁 사항 중 하나이고, 법 개정으로부터 20년 가까운 시간의 간격을 인정해 주고 있음에도 법관 인력 충원에 대한 새로운 접근 방법에 대한 연구는 뒤로 하고 다시 5년의 단기간의 경력만 요구하는 것은 매우 유감스러운 일이다.[2][3]

(3) 법관의 독립과 신분보장

법관은 헌법과 법률에 의하여 양심에 따라 독립하여 심판할 것을 헌법이 보장하는 동시에 요구하고 있으며(물적 독립, 헌 103조) 탄핵 또는 금고 이상의 형의 선고에 의하지 아니하고는 파면되지 않을 뿐 아니라 징계처분에 의하지 아니하고는 정직·감봉·기타 불리한 처분을 받지 않는다는 점을 분명히 천명하고 있다(인적 독립, 헌 106조). 법관에 대한 물적·인적 독립을 헌법에까지 규정한 것은 그 중대성을 강조하는 측면도 있지만 그만큼 침해되기 쉬운 측면이 있다는 것을 나타내는 것이라고 할 수 있다. 하지만 현대 사회에서 법관의 독립은 물적·인적 독립의 문제보다는 법원의 내·외적인 압력으로부터의 독립이 더욱 중요한 의미를 갖는다.

1) **법원 내부로부터의 독립**

① **상부로부터의 독립**   법관은 임기제 공무원(법조 45조)으로서 근무평정(법조 44조의2)과 재판사무감사(재판사무처리 규칙 5조)의 대상이 된다. 특히 근무평정 결과는 법관의 연임결정의 주요한 사유로 작용하고 있어(법조 45조의2 2항) 초임판사의 경우 소속된 해당 부의 부장판사나 법원장 등의 영향력을 의식하지 않을 수 없다. 또한 법관의 고유 업무인 재판업무와 사법행정에 속하는 재판사무 간의 경계가 불분명하여 사무감사의 명분으로 법관의 재판업무에 관여할 수 있는 여지가 있다는 점도 간과할 수 없다. 한편, 징계절차에 의하지 아니하고는

---

1) 법률신문, "법관임용 최소 법조경력, 5년으로",(2024. 7. 16. 기사). 제3기 사법정책자문위원회는 2024. 7. 16. 법관의 업무 부담, 처우와 근무여건, 법조 환경 등 현실적 한계를 고려할 때 현행 법원조직법 개정을 통해 5년 이상 법조경력자를 법관으로 임용할 수 있도록 하는 방안을 마련해야 한다고 강조하면서 건의문을 발표했다.

2) 재판연구원 3년과 나머지 2년의 변호사 생활 정도로는 법관으로서 요구되는 자질과 의지 그리고 가치관 등에 따른 법조 생활 경력 내용 등을 파악하기 어렵다. 법원이 요구하는 5년의 기간은 법관 임용을 위해 여전히 변호사 및 재판연구원 시험 성적 그리고 법관 임용을 위한 실무 시험 성적 등에 의존할 수밖에 없는 짧은 기간임을 상기하여야 한다.

3) 2024. 9. 26. 법원조직법 개정안(42조 및 42조의3 개정안)이 국회 본회의를 통과하였다. 개정안은 판사 임용자격으로서의 법조경력요건을 5년으로 완화하는 것을 주된 내용으로 한다. 한편, 충분한 사회적 경험과 연륜을 갖춘 판사에 의한 재판이 실현될 수 있도록 20년 이상의 법조경력이 있는 사람을 특정 재판사무만을 담당하는 판사로 임용할 수 있도록 하고, 원칙적으로 10년 미만의 법조경력을 갖춘 판사는 재판장이 될 수 없도록 하는 내용도 동시에 담고 있다.

정직·감봉·기타 불리한 처분을 받을 수 없다는 헌법 규정을 구체화한 법관징계법에서는 정직·감봉 외에 견책만을 징계절차로 할 수 있도록 규정하고 있으나(법징 5조) 전근이나 보직 변경 등도 이에 못지않은 불리한 처분에 해당하므로 이들 역시 징계절차에 따라 이루어지도록 법 개정이 필요하다.

　　② 동료로부터의 독립　　법원조직법상으로는 대법원장과 대법관, 판사로 구성되어 있어 판사 간에는 상·하가 존재하지 않는 것처럼 규정되어 있다. 그러나 예를 들어 고등법원 부장판사로의 전보발령이 사실상 승진발령의 개념으로 받아들여지고 있어 법관 사이의 보이지 않는 경쟁(미제사건 비율, 화해나 조정비율 등)으로 인해 재판의 적정성을 해칠 우려가 없지 않다.

　　③ 선례로부터의 독립　　물적 독립의 하나로 언급될 수 있는 부분이지만 법률문화 발전에 지대한 영향을 미칠 수 있는 부분이므로 따로 고찰할 필요가 있다. 대륙법계인 우리나라에서는 영미법과 달리 대법원 판례에 구속력을 인정하지 않고 있다. 당해사건에 한하여 상급심 법원의 판단이 하급심을 기속할 뿐이다(법조 8조). 그러나 법령이나 처분에 대한 원심판결의 해석이 대법원 판례와 상반된 경우에는 상고심의 심리속행사유(상고 4조 1항 3호)가 될 뿐 아니라 소액사건에 있어서는 제한된 상고사유만 인정되는데도 불구하고 그 하나가 항소심 판결이 대법원 판결에 상반되는 판단을 한 경우이므로 선례구속의 원칙이 우회적으로 받아들여지고 있다고 볼 여지가 충분히 있다.[1] 선례 구속의 원칙 자체에 대한 객관적인 평가를 떠나 우회적인 방법으로 동 원칙을 수용하는 것은 바람직하지 않으며 하급심 법원으로 하여금 소극적인 자세와 보수적인 경향을 갖도록 할 우려가 적지 않다.

　2) 법원 외부로부터의 독립　　사회가 분화되고 각 이익단체의 활동이 두드러짐에 따라 재판이 진행되고 있는 사건에 대해 많은 의견과 불만이 개진되는 경우가 적지 않다. 경우에 따라서는 재판진행 자체에 대한 방해로까지 연결되어 신변의 위협을 느끼는 경우도 간혹 있다. 법정에서의 질서는 재판장의 법정질서유지권 강화로써 문제가 해결될 수 있으나 이익단체 등의 압력에 대해서는 법관의 소신 있는 판단으로만 해결될 수밖에 없다.

3. 법원직원

　법관 이외의 법원공무원은 대법원장이 임명하도록 하고 있으며 이를 법원직원으로 통칭하고 있다(법조 53조).

(1) 법원사무관등

　법에서는 법원서기관·법원사무관·법원주사 또는 법원주사보를 통칭하여 "법원사무관

---

1) 홍일표, "판례위반을 이유로 한 권리상고와 영미법에 있어서의 선례구속의 원칙", 민사판례연구(Ⅵ), 200면 참조.

등"으로 부르고 있으며(40조 2항) 대법원을 비롯해서 각급 법원에 배치되어 사무국과 사무과의 구성원(법조 10조)으로서 각 법령에서 규정된 독자적인 업무권한을 갖는다. 이를 구체적으로 보면 i) 변론에의 참여와 조서의 작성(152조), ii) 송달사무(175조), iii) 소송기록의 보관과 송부(400조), iv) 집행문의 부여(민집 28조) 등의 업무를 수행한다. 법원사무관등의 업무 역시 법관의 업무와 마찬가지로 당사자들의 이해관계에 중대한 영향을 미치므로 법관에 대한 제척·기피·회피의 규정이 준용된다(50조).

(2) 사법보좌관

1) 임무와 법적 성격　　　사법보좌관은 법관이 아닌 자로서 법관의 재판업무를 보좌하는 것을 주된 임무로 하는데 법원사무관 또는 등기사무관 이상 직급으로 5년 이상 근무한 자, 법원주사보 또는 등기주사보 이상 직급으로 10년 이상 근무한 자 중에서 소정의 교육과정을 이수한 자 가운데 선발된다(사보규칙 11조). 한편, 민사소송법과 민사집행법, 주택임대차보호법 등에서 법원이 행하는 사무 중 일정부분을 사법보좌관이 담당하고 있어(법조 54조 2항) 법원사무관등과 구분되지만 법관의 감독을 받으며 사법보좌관의 처분에 대해서는 법관에 대하여 이의신청이 가능하다는 점(법조 54조 3항)에서 완전히 독립된 지위를 갖고 있지는 못하다.

2) 헌법정신과 사법자원의 한계　　　재판사무의 일부를 법관이 아닌 자가 취급할 수 있는가에 대해 논란이 있다. 이는 사법권이 법원에 귀속되고 법관만이 이를 행사할 수 있다는 헌법 제101조 규정에 따른 것으로 이러한 측면에서 보면 재판사무의 일부를 비법관인 사법보좌관이 행사하는 것은 위헌의 소지가 없지 않다. 그러나 사법자원의 한계가 명백히 드러나고 있는 작금의 현실에서 쟁송의 성격이 적은 분야를 비법관에게 맡길 수밖에 없는 현실적인 제약을 수긍하지 않을 수 없다는 점에서 재판사무 중 쟁송성이 적고 고도의 사법판단이 요구되지 않는 업무를 비법관에게 위임하는 것은 불가피한 현상으로 받아들여야 한다.

3) 사법보좌관의 처분과 불복　　　① 사법보좌관의 처분에 대해서는 법관에 대하여 이의를 신청할 수 있다(법조 54조 3항). 불복절차는 세 가지 유형으로 구분된다. 각 개별법이 규정하고 있는 이의신청에 따른 방법(사보규칙 3조), 단독판사 또는 합의부(이하 "단독판사 등"이라 함)가 처리하는 경우 항고·즉시항고 또는 특별항고의 대상이 되는 처분에 대한 이의신청(사보규칙 4조), 배당표에 대한 이의신청(사보규칙 5조) 등이 규정되어 있다.

② 사법보좌관이 이의신청을 받은 때에는 이의신청 사건을 지체 없이 소속법원의 단독판사 등에게 송부하여야 하고(사보규칙 4조 5항), 이를 송부받은 단독판사 등은 그 이의신청이 이유 없다고 인정되는 때에는 사법보좌관의 처분을 인가하고 이의신청 사건을 항고법원에 송부하여야 한다(6항 5호). 아울러 위 인가결정은 이의신청인에게 고지하여야 하고(6항 5-2호), 이의신청 사건을 송부받은 항고법원은 단독판사 등이 한 인가처분에 대한 항고 또는 즉시항

고로 보아 재판절차를 진행하여야 한다(9항).[1]

(3) 집 행 관

1) 임무와 선임　　집행관은 민사집행에 대한 원칙적 실시자로서(민집 2조) 지방법원 및 지원에 배치되어 있다(법조 55조 1항). 집행관은 그 외에도 야간송달 등 특별송달업무를 수행하기도 한다(법조 55조 2항). 아울러 집행관의 처분에 대해서는 집행법원에 집행에 관한 이의를 신청할 수 있다(민집 16조). 집행관은 10년 이상 법원주사보·등기주사보·검찰주사보 또는 마약수사주사보 이상의 직에 있던 자중에서 지방법원장이 임명하며(집행관 3조) 임기는 4년으로 연임이 인정되지 않는다(집행관 4조 2항). 집행관은 소속 지방법원장 및 지원장의 감독을 받을 뿐 아니라(집행관 7조) 국가공무원이므로 그 위법집행에 대해서는 국가배상법에 따라 국가에 대해 손해배상청구를 할 수 있다.[2]

2) 공무원과 수수료　　우리나라의 집행관은 독일의 일부 주와 마찬가지로 국가공무원이기는 하나 국가로부터 급여를 받는 것이 아니라 의뢰인으로부터 위임을 받은 사무에 대해 집행수수료를 받아 생계를 영위하고 있다. 그러나 위임사무(집행관 5조, 고지 및 최고, 동산의 경매, 거절증서의 작성)와 달리 의무적 사무(집행관 6조, 서류와 물품의 송달, 영장의 집행 등)에 대해서는 수수료를 받을 수 없다(집행관 20조). 집행관에 대해 공무원의 신분과 책임을 인정하면서 봉급이 아닌 집행을 의뢰하는 국민(의뢰인)으로부터 수령한 수수료로 생계를 영위하도록 하는 것은 바람직하지 못하다. 아울러 일정한 경력의 법원 혹은 검찰공무원을 당연히 집행관으로 임명하는 현행제도도 시정되어야 할 것이다. 과거 집행관을 둘러싼 불미스러운 추문 등은 이러한 수수료제와 임명제도에서 비롯된 것이기 때문이다.

(4) 재판연구관·재판연구원·조사관·기술심리관·전문심리위원

1) 재판연구관은 대법원에서 사건의 심리 및 재판에 관한 조사연구를 행하는 재판보조기관으로서 통상은 법관 중에서 임명되지만 판사가 아닌 자(교수 등)도 3년의 기간 내에 범위를 정하여 이 직무를 수행할 수 있다(법조 24조 3항). 한편, 재판연구원은 소속 법원장의 지휘를 받아 사건의 심리 및 재판에 관한 조사·연구, 그 밖에 필요한 업무를 수행한다(법조 53조의2).[3]

2) 조사관은 심판에 필요한 자료의 수집·조사 그 밖의 필요한 업무를 담당하는 자로서

---

1) 신청인이 이의신청 취지의 즉시항고장을 제출하자 사법보좌관이 소속된 제1심 법원의 판사는 동 항고장의 우측 상단에 아무런 문언의 기재 없이 날인만을 하였다. 그러나 이러한 날인만으로는 사법보좌관이 한 처분에 대한 단독판사 등의 판단행위로서 사법보좌관규칙 제4조 제6항 제5호에 따른 '인가'결정이 있었다고 보기 어렵다는 것이 판례 입장이다(大決 2021. 9. 9. 2021마167).

2) 大判 1966. 7. 26. 66다854.

3) 재판연구원의 정원은 최초 200명에서 시작하여 2024. 2. 1. 현재 400명이 되었으나 여전히 부족한 것이 현실이다(재판연구원규칙 2024. 1. 25. 개정, 시행 2024. 2. 1.).

(법조 54조의3) 현재 가정법원 내에 가정조사관이 있으며 형사사건을 위한 양형조사관제도도 시행될 예정이다. 한편, 기술심리관은 특허심리에 필요한 기술적인 자문을 위한 제도로서 심리와 합의에도 참여하여 의견을 진술할 수 있다(법조 54조의2).

3) 일반 민사사건에서도 2007. 7. 13. 신설된 전문심리위원제도에 따라 소송관계를 분명하게 하거나 소송절차를 원활하게 진행하기 위하여 직권 또는 당사자의 신청에 따라 전문적인 지식과 경험을 가진 사람 중에서 전문심리위원을 지정할 수 있다(164조의4, 전문심리위원규칙 2조 참조). 전문심리위원도 기술심리관과 마찬가지로 기일에 출석하여 설명이나 의견을 진술할 수 있으나 합의에는 참여할 수 없다(164조의2 2항). 한편, 전문심리위원에 대해서는 법관의 제척·기피·회피 규정이 준용되며(164조의5) 형법상 수뢰죄와 관련해서는 공무원으로 의제된다(164조의8).

(5) 검사 등과 경찰공무원

1) 국가를 당사자로 하는 소송에 있어 법무부 장관은 국가를 대표한다(국가소송 2조). 법무부 장관은 검사·법무부 직원·공익법무관 등을 국가소송 수행자로 지정하여 민사사건에서 국가를 대리하게 할 수 있다(국가소송 3조 1항). 한편, 민사소송절차에서 미성년자나 제한능력자 등이 소송행위를 하는 데 필요한 경우에는 검사도 특별대리인 선임신청을 할 수 있다(62조 2항). 또한, 검사는 가사사건에 있어 공익을 대표하여 "직무상의 당사자"로 되는 경우가 있다(가소 24조, 27조 등).

2) 민사소송절차에서 경찰은 송달기관이나 검증·감정인으로부터 송달이나 검증·감정 실시에 있어 필요한 경우 원조요청의 대상이 되며(176조 3항, 342조 2항, 366조 3항), 경찰관서의 유치장에 유치된 사람에 대한 송달 수령처가 되는 경우도 있다(182조).

4. 민사재판기관의 특색

(1) 직업법관제도와 국민의 재판참여

1) 우리나라 민사재판에서는 전문 직업법관 외에는 일반인이 재판, 특히 법원의 판단업무에 관여할 수 없다. 전문심리위원 역시 법관을 보조하는 역할을 하는 것에 그칠 뿐 재판부의 합의에 참여할 수 없다는 점에서 일반인의 재판 관여는 제한적이라고 할 수 있다(164조의2 2항 단서). 법관에 의한 재판을 받을 권리는 헌법상 보장되는 기본권의 하나라는 입장에서는 당연한 입법적 조치라고 할 수 있다(헌 27조 1항 참조).

2) 사법판단 과정과 결과가 민주적인 정당성을 갖기 위해서는 국민의 적극적인 사법참여가 필요하다는 의식이 팽배해짐에 따라 영미의 배심제도나 유럽의 참심제도에 대한 관심이 높아지고 있음은 주지의 사실이다. 특히, 형사재판에서는 2008. 1. 1.부터 영미의 배심원

제도와 유사한 국민참여재판 제도가 도입되었다.

　3) 영미의 경우는 일부 민사사건에서 배심원제도가 운영되고 있는데 당사자들의 승패를 배심원들이 결정하게 된다.[1] 한편, 독일에서는 형사는 물론 민사의 경우에도 참심원 제도를 운영하고 있다. 참심원 제도는 전문직 법관이 아닌 비전문직 법관이 재판부의 일부로 참여해서 재판을 하는 것이다.[2] 즉, 민사의 경우는 지방법원(Landgericht) 등의 상사 재판부(Handelskammern)에 법관이 아닌 일반인이 명예법관(ehrenamtlicher Richter)의 자격(형사재판에서는 참심원이라는 명칭)으로 재판부의 일부(2인의 배석판사)를 구성하게 되며 직업법관과 동일한 권한을 갖게 된다.[3]

　4) 배심제도나 참심제도는 각 나라의 법문화와 전통에 터 잡아 인정되는 것이니만큼 그러한 전통이 없는 우리나라에서 비전문가인 일반인에게 판단자의 역할을 부여하는 것은 신중하게 접근하여야 할 사항이다. 특히 배심제도는 배심원의 시간과 노력, 국가의 비용부담 등이 수반되는 제도일 뿐 아니라 증거법 분야 역시 대폭적인 변화가 요구되므로 이에 대한 심층적인 연구가 선행되어야 할 것이다.

(2) 수소법원과 집행법원의 이원화

　소를 제기하는 궁극적인 목적은 판결이라는 집행력 있는 정본을 획득하여 채무자의 책임재산에 강제집행을 하기 위함이다. 이를 위해서는 책임재산의 보전을 위한 가압류나 가처분 등 보전처분이 본안소송에 선행해서 이루어져야 한다. 나아가 재산권상의 소의 경우 1심 종국판결과 함께 가집행선고가 수반되는 것이 일반적이므로 집행절차와 본안소송절차가 공존하는 경우가 매우 빈번하다. 우리 법은 본안소송이 계속되고 있는 수소법원과 보전처분 및 강제집행절차를 주관하는 집행법원을 기능적으로 분리하여 담당업무를 달리하고 있다(직무관할의 문제로 취급). 예를 들어 서울중앙지방법원에서 가집행선고부 제1심 종국판결(금전판결)을 받은 원고는 피고 소유의 부동산(집행목적물)이 수원에 소재하고 있는 경우 가집행선고에 따른 강제경매는 수원지방법원에 신청해야 한다(민집 79조 1항, 21조). 그러나 집행채무자인 피고가 청구에 관한 이의의 소를 제기하는 경우에는 수소법원에 하여야 한다(민집 46조 2항).

(3) 단독제와 합의제 공존

　1) **각급법원의 단독제와 합의제**　　① 지방법원 및 가정법원과 그 지원, 가정지원 및 시군법원의 심판권은 원칙적으로 단독판사에게 귀속된다(법조 7조 4항). 예외적으로 합의부에

---

1) 세부적인 면에서 볼 때 영국과 미국의 배심원제도 역시 차이점을 갖고 있다. 미국 연방법원과 영국의 민사배심에 대한 상세는 박지원, 「미국 연방법원에서의 민사배심재판절차에 관한 일 고찰」,(1999, 한양대학교 석사학위논문) 및 박지원, "영국의 민사배심재판제도와 민사사법참여에 대한 소고", 서울법학 28권 2호 (2020), 215면 이하 참조.

2) Jauernig/ Hess, § 8 I. Rn. 1-2.

3) Jauernig/ Hess, § 8 Ⅱ. Rn. 4.

서 심판하는 경우에는 3인의 법관으로 구성된 합의부에서 재판을 담당하게 된다(법조 7조 5항, 32조). 1심법원에서 합의제를 운영하는 것이 바람직한 것인가에 대해서는 논란이 있다. 소송목적의 값이 고액인 사건이나 사건의 내용이나 중요성에 비추어 3인의 합의를 통한 신중한 재판이 요구되는 경우에는 합의부의 심판대상이 된다.

② 고등법원·특허법원·행정법원의 심판권은 판사 3인으로 구성된 합의부에 원칙적으로 귀속된다. 따라서 지방법원 등과 달리 모든 사건은 합의부에서 재판이 이루어지는 것이 원칙이다. 다만, 행정법원 합의부가 단독판사가 심판할 것으로 정한 사건에 대해서는 단독판사가 심판을 할 수 있다(법조 7조 3항).

③ 대법원은 대법관 전원의 2/3 이상의 합의체(전원합의체)에서 심판권을 행사하는 것이 원칙이며 이 경우 대법원장이 재판장이 된다(법조 7조 1항 본문). 그러나 현재 대법원에 상고되는 사건을 모두 전원합의체에서 다루는 것이 현실적으로 불가능하므로 3인 이상(현재는 4인)으로 구성된 부에서 재판을 하는 것이 오히려 일반적이다. 재판관의 의견이 부에서 일치되지 않거나 명령이나 규칙이 헌법이나 법률에 위반함을 인정하는 경우 혹은 종전의 대법원 판결을 변경하는 경우, 부에서 재판함이 적당하지 않다고 인정하는 경우에는 전원합의체에서 심판권을 행사한다(법조 7조 1항).

2) 합의부의 구성과 심판 방법   ① 합의부가 구성되면 재판장과 주심[1])이 결정된다. 누가 재판장이 되는가에 대해서는 명문의 규정이 없으나[2]) 전원합의체인 경우에는 대법원장이, 하급심의 경우는 각급 법원장 내지 부장판사가 통상적인 관행상 재판장이 된다. 합의부의 재판장은 당해 합의부의 대표기관으로서 소송지휘권, 법정경찰권, 판결의 선고와 석명권 등을 행사하고 합의를 주재하지만 표결권은 부원과 동등하다. 합의부의 경우는 모든 재판을 합의를 통해서 해야 하지만 소송절차나 소송지휘에 관한 간단한 사항 등에 대한 재판은 재판장이 단독으로 할 수 있다. 따라서 법에서는 합의부가 주체가 되어야 하는 경우 "법원"을 주체로 하지만, 재판장이 단독으로 할 수 있는 사항에 대해서는 "재판장"을 주어로 명시해서

---

1) 주심판사는 합의부원 중에서 합의부에 배당된 특정사건에 대해 판결문 작성을 담당하는 법관을 의미한다. 대법원의 경우는 대법원배당 내규가 있으며 그 외 하급법원에서는 사건배당 예규에 따라 주심법관을 지정한다. 하급법원의 경우는 사건배당 시 담당재판부와 주심법관을 동시에 지정하도록 하고 있지만(사건배당 예규 10조 2항) 대법원의 경우는 사건의 접수와 동시에 재판부를 정하되 주심대법관은 상고이유서에 대한 답변서 제출기간 만료 시에 담당재판부의 대법관 중에서 배정한다(대법원배당 내규 5조 1항). 재판부의 배당과 주심판사의 배정은 재판사무의 능률적인 처리를 위한 것으로 재판의 공정성을 좌우할 수 있는 요소가 될 수는 없지만 재판장과 주심판사를 의식한 소송대리인 선임 등의 관행이 아직도 남아 있어 배당 과정에 대한 공정을 기하는 것이 매우 중요하다. 따라서 각급 법원은 사건배당시스템을 도입해서 자동배당실행 프로그램 등을 활용하고 있다.

2) 대법원의 부에서는 주심 대법관의 임명일자 순위와 어긋나게 지정을 하여 주심대법관이 재판장을 겸임하지는 못하도록 하고 있다. 그러나 하급심의 경우는 재판장도 원칙적으로 주심이 될 수 있다(사건기록 표지 주심 기재 란에 재판장은 "가"로 표시하며 우배석은 "나", 좌배석은 "다"로 각기 표시).

표기하고 있음을 유의하여야 한다.

② 재판장의 명령은 합의부의 권한을 대리해서 행사하는 경우와 독자적인 권한을 행사하는 경우로 나눌 수 있다. 재판장의 변론 지휘권 행사(135조), 석명권의 행사(136조), 석명준비명령(137조) 등은 전자에 속하므로 당사자가 이의를 신청할 수 있으며 이 경우 법원(합의부)은 결정으로 이에 대한 재판을 하여야 한다(138조). 결국, 당사자의 이의신청은 합의부의 권한을 대리해서 행사하는 재판장의 단독적인 명령에 대해 합의부의 재판을 구하는 것으로서 상소와는 구분되며 합의부의 감독권 행사를 촉구하는 의미를 갖는다. 따라서 합의부가 아닌 단독판사의 이러한 재판에 대해서는 법 제138조에 따른 이의신청을 할 수 없다.[1] 한편, 재판장의 행위라도 합의부와는 별개로 재판장 고유의 권한으로 할 수 있는 행위가 있다. 예컨대, 소장심사권(254조), 기일의 지정·변경·연기(165조), 변론의 종결 또는 법정질서유지권 및 국가경찰공무원의 파견요구권 등의 행사(법조 58조 1항, 60조) 등이 여기에 속하는데 이는 당사자의 이의신청의 대상이 되지 않는다.[2] 다만 통상항고나 즉시항고의 대상이 되는 경우에만 불복이 가능하다.

③ 합의부 재판장은 법원의 권한에 속하는 사항을 합의부원 중 1명의 법관을 지정하여 그로 하여금 이를 수행하게 할 수 있는데 이러한 기능을 수행하는 법관을 수명법관이라고 한다(139조 1항). 아울러 다른 법원의 법관으로 하여금 특정 재판업무를 촉탁할 수도 있는데 당해 법관을 수탁판사라고 한다(139조 2항). 수명법관제도는 재판의 능률적인 처리를 위해 자주 사용되고 있으며 특히 2002년 개정법 이후에는 변론준비절차를 수명법관이 주재하는 현상이 두드러지게 나타났는데(280조 3, 4항) 직접주의(204조)에 대한 훼손의 문제가 제기되었다. 한편, 수명법관이나 수탁판사의 재판에 대해서는 바로 항고가 불가능하다. 다만 수명법관이나 수탁판사가 한 재판을 만일 수소법원이 하였다면 당해 재판이 항고의 대상이 되는 경우에만 수소법원에 이의신청을 하는 것이 가능하다(441조 1항). 수소법원을 대신하여 수명법관 등이 권한을 행사한 것이므로 일단 수소법원에 이의신청절차를 거치도록 한 후에 동 재판에 대해 항고를 할 수 있도록 한 것인데 이러한 이의신청을 준항고라고 한다. 이러한 이의신청(준항고)에 대한 재판에 대해서는 항고가 가능하다(441조 2항).

④ 심판의 합의는 평의와 결의로 구성되는데[3] 이는 공개하지 않으며(법조 65조) 헌법이나 다른 법률의 규정이 없으면 법관의 과반수로 정한다(법조 66조 1항).[4] 하급심의 경우 소수의견

---

1) 이기택/주석민소(2), 152면.
2) 전게서, 같은 면.
3) 박우동, "재판에 있어서의 합의", 민사재판의 제문제(하)(1995), 230면 참조.
4) 3인의 합의체가 3분되는 경우를 대비해서 수액에 있어서는 과반수에 달하기까지 최다 액수의 의견의 수에 순차 소액의 의견의 수를 더하여 그 중 최소액의 의견이 채택되도록 규정하고 있다(법조 66조 2항 1호). 수액이 아닌 결론에 있어 의견이 3분되는 경우는 이 규정을 준용할 수는 없다(박우동, 전게논문, 230-231면).

은 판결서에 기재되지 않지만 대법원의 경우는 합의에 관여한 모든 대법관의 의견을 표시하도록 요구하고 있어(법조 15조) 대법원 판결서에는 다수의견을 비롯해서 소수의견과 별개의견 등이 기재될 수 있다.

　　3) 합의제의 기능과 문제점　　　　단독제의 가장 큰 장점은 신속한 재판이 가능하다는 점이지만 단독 법관의 독단적인 편견에 흐를 수 있다는 점, 외부의 압력에 취약할 수 있다는 단점이 있다. 합의제는 이와 반대로 재판의 신속성이 다소 떨어질 수 있지만 어느 한 판사의 독단적인 견해에 치우치지 않을 수 있을 뿐 아니라 합의부 법관의 중지를 모아 재판을 할 수 있어 신중한 결론에 이를 수 있다는 장점이 있다. 우리나라에서 1심 법원이나 지방법원 항소부의 합의제는 대등한 역할을 하는 합의부원으로 구성되기보다는 오히려 배석 판사들에 대한 교육적 기능이 강조되는 것으로 판단된다. 따라서 고등법원부터 진정한 합의제의 역할과 기능을 수행하는 것으로 생각되는데 소수의견이 판결문에 담겨지지 않는다는 점에서 완전한 의미의 합의제라고 보기는 어렵다. 한편, 고등법원과 지방법원 항소부 등에 소위 "대등재판부"가 설치되었는데 종래의 합의제와 달리 경력 15년 이상의 3인의 법관이 하나의 재판부를 구성하게 된다. 이러한 대등재판부에서는 과거의 합의제와 달리 재판부 구성원 간에 수평적인 관계에서 실질적인 합의가 이루어질 것으로 기대되었으나 오히려 단독재판부로 운영되는 폐단이 지적되고 있어 문제이다.[1]

　　(4) 전문재판부의 설치

　　사건의 처리에 있어 특정 분야에 대한 전문지식과 경험이 특히 필요하거나 처리 기준의 일관성 및 사건 처리의 효율성을 도모할 필요가 있는 특정 종류의 사건을 신속 · 적정하게 처리하여 재판의 질을 향상시키고 사법수요자들에게 보다 개선된 사법서비스를 제공함으로써 사법에 대한 국민의 신뢰를 제고함을 그 목표로 전문재판부 예규에 따라 각급 법원은 각 법원의 실정에 맞게 전문재판부를 운영하고 있다.[2]

　　(5) 심급제도 운용의 특색

　　1) 헌법 제101조 제2항은 법원은 최고법원인 대법원과 각급법원으로 조직된다고 명기하고 있을 뿐 3심제를 명시적으로 선언하고 있지 않다. 그러나 법원조직법은 각 법원의 심판권을 규정하면서 3심제를 운용하고 있음을 시사하고 있는데 민사법원의 심급제도 구성과 특징은 다음과 같다. ① 소송목적의 값이 3,000만 원 이하인 소액사건(사실상 2심제, 소액 3조)과 함

---

1) 이를 합의제의 형해화 문제로 지적하는 견해가 있으며(이시, 73면), 지방법원 항소부 대등재판부는 90% 이상이 단독재판부처럼 운영된다는 비판도 제기되고 있다(법률신문 2023. 7. 10. 기사 "사실상 단독재판부로 운영되는 대등재판부?").

2) 전문재판부의 구성 및 운영 등에 관한 예규(재일 98-3 개정 2021. 10. 28. 시행 2021. 10. 28.) 별표에서는 민사사건에서 설치할 수 있는 전문재판부를 예시하고 있다.

께 소송 목적의 값이 3,000만 원을 초과하는 사건부터 2억 원까지 모두 단독판사의 사물관할이므로 동 재판에 대한 항소사건은 지방법원 본원 합의부가 담당하는 것이 원칙이지만 춘천지방법원 강릉지원 합의부 역시 제2심으로 항소사건을 심판한다(법조 32조 2항). ② 고등법원은 지방법원 합의부는 물론 특별법원인 가정법원, 회생법원의 합의부 또는 행정법원의 제1심 판결 등에 대한 항소사건에 대한 관할권 역시 갖고 있다(법조 28조 1호).

2) 소액사건이나 단독사건에 대해서는 동일 지방법원 내에서 부(部)만을 달리하여 지방법원 항소부가 항소사건을 담당하는 경우가 많다. 특히, 과거에는 서울지방법원 소속의 동·서·남·북·의정부지원 체제였으나 이들 지방법원 지원을 모두 지방법원으로 승격함에 따라 위 법원들의 소액 및 단독사건은 모두 자체 지방법원의 항소부에서 심판을 하게 되었다. 상소하는 당사자의 입장에서는 편리한 측면이 없지 않으나 새로운 재판 환경에서 새로운 시각으로 사건을 바라보아야 하는 상소의 본질에 비추어 바람직한 것은 아니라고 판단된다. 더구나 민사항소부의 배석판사들의 경우 단독판사보다 법조경력이 짧은 경우도 있을 뿐 아니라 나아가 1심 사건을 단독으로 처리해 본 경험이 없는 경우에는 항소심 판사로서 적절성도 문제될 수 있다.[1] 상소심 법원의 권위 창출은 하급심 법원보다 외관적인 경력 등에 비추어 명백히 우월할 것이 요구되기 때문이다.[2]

3) 법원조직법 제27조 제4항에 따르면 재판업무 수행상의 필요가 있는 경우 대법원규칙으로 정하는 바에 따라 고등법원의 부(원외 재판부)로 하여금 그 관할구역 안의 지방법원 소재지에서 사무를 처리하게 할 수 있다(법조 27조 4항). 이에 따라 현재 일부 지방법원에는 고등법원 원외 재판부가 설치되어 있다.[3] 이 역시 상소하는 당사자에게는 편리한 제도일지 모르나 새로운 재판 환경에서 새로운 시각으로 사건을 바라보아야 하는 상소의 본질에 비추어 바람직한 것은 아니라고 판단된다.

---

1) 물론 법관인사제도 개선에 따라 지방법원 항소부 역시 대등재판부를 구성하는 추세이므로(지방법원 항소부에 단독판사 경력을 가진 배석판사의 배치 등) 이 부분에 대한 비판은 시간이 흐름에 따라 논거가 약해질 가능성은 있다.

2) 새로운 환경에서의 심리를 본질로 하는 상소제도의 취지에 부합하지 않고 동일법원의 동일창구를 이용함으로써 상소권 남용의 원인이 될 수도 있다고 비판하는 견해가 있다(이시, 67-68면).

3) 제주지방법원 소재지와 전주지방법원 소재지에 각 광주고등법원 원외재판부를, 청주지방법원 소재지에 대전고등법원 원외재판부를, 인천지방법원 소재지와 춘천지방법원 소재지에 각 서울고등법원 원외재판부를, 울산지방법원 소재지와 창원지방법원 소재지에 각 부산고등법원 원외재판부를 각각 두고 있다(고등법원 부의 지방법원 소재지에서의 사무처리에 관한 규칙 2020. 6. 1. 개정 2021. 3. 1. 시행).

제 5 절 법관의 중립성 보장(제척·기피·회피)

Ⅰ. 제도의 의의

(1) 제척·기피·회피제도는 법원의 재판에 대한 신뢰를 구축하기 위한 것이다. 법원의 내·외적인 압력이나 유혹으로부터 독립을 보장받고 있는 법관이므로 사건 당사자가 법관의 친족이거나 심지어 배우자라 하더라도 공정한 재판을 하지 않을 수 없을 것이다. 그러나 재판은 패소하는 당사자가 출현하게 마련이므로 공연한 의심을 야기할 요인은 근본적으로 배제할 필요가 있다. 즉 법관에 대한 불신으로부터 제척·기피·회피제도가 탄생된 것이라기보다는 재판에 대한 무의미한 오해나 불신을 미연에 방지하기 위한 차원에서 비롯된 것이라고 봄이 타당하다. 따라서 제척은 일정한 사유가 있는 경우에 당연히 당해 법관이 직무에서 배제되는 것이고 기피는 당사자의 입장에서 당해 법관으로부터 공정한 재판을 기대하기 어려운 사정을 들어 법관의 직무집행을 배제해 줄 것을 요구하는 것이다. 반면 회피는 법관 스스로 오해의 소지를 없애기 위해 스스로 직무에서 물러나는 것을 의미한다.

(2) 법은 법관뿐 아니라 법원직원인 법원사무관등에 대해서도 제척·기피·회피 규정을 준용함으로써(50조) 재판의 청렴성을 담보하고자 한다. 뿐만 아니라 전문심리위원에 대해서도 제척·기피의 규정을 준용하고(164조의5) 있다. 다른 법률에서도 판단자의 입장에 있는 사람들에 대해서는 민사소송법상의 제척·기피·회피 규정 모두 혹은 일부를 준용하고 있다.[1]

Ⅱ. 제   척

1. 제척의 이유

(1) 법관 또는 그 배우자나 배우자이었던 사람이 사건의 당사자가 되거나, 당사자와 공동권리자·공동의무자 또는 상환의무자의 관계에 있는 때(41조 1호)

1) 배우자는 법률상 배우자를 의미한다. 따라서 사실혼관계에 있는 배우자나 내연관계에 있는 경우 등은 기피나 회피의 원인이 될지언정 제척의 원인은 되지 못한다.[2] 당사자라 함은 소송의 원·피고뿐 아니라 당해 소송의 판결의 효력을 받는 모든 이해관계인을 의미한다. 따라서 당사자의 지위를 갖는 독립당사자 참가인·인수인·소송탈퇴자 등도 여기에 포함된다. 엄격한 의미에서 소송당사자라고 볼 수 없는 선정자나 보조참가인은 물론 기판력의 확장

---

1) 가사소송법 제4조에서는 조정장과 조정위원에 대해서는 법관의 제척 등의 규정을, 가사조사관에 대해서는 법원사무관등의 제척 등의 규정을 준용하고 있다.

2) 김능환/주석민소(1), 249면.

을 받는 자(218조), 소송고지를 받은 자 등도 포함된다.1)

2) 법 제41조의 사건이라 함은 현재 계속 중인 사건만을 의미하지만2) 동 사건에 병합된 사건은 물론 동일 분쟁사건의 증거보전절차 등도 포함된다. 법관이 당사자와 공동권리자나 공동의무자 혹은 상환의무자 관계에 있다 함은 판결의 효력을 받지는 않는다 하더라도 소송목적인 권리에 대한 공유나 합유자, 연대보증인, 어음의 배서인 등을 의미한다. 따라서 종중규약을 개정한 종중 총회 결의에 대한 무효확인을 구하는 소가 제기되었는데 재판부를 구성한 판사 중 1인이 당해 종중의 구성원인 경우에도 법 제41조 제1호에서 정한 '당사자와 공동권리자·공동의무자의 관계에 있는 자'에 해당한다.3)

(2) 법관이 당사자와 친족의 관계에 있거나 그러한 관계에 있었을 때(2호)

당사자가 민법 제767조가 규정하는 친족(배우자, 혈족 및 인척)의 관계에 속하거나 속했던 경우(인척의 경우 발생할 수 있음) 당연히 제척사유에 해당한다. 친족의 범위는 민법 제777조의 규정에 따른다.

(3) 법관이 사건에 관하여 증언이나 감정을 하였을 때(3호)

법관의 예단을 방지하기 위한 것으로서 법관이 당해 사건뿐 아니라 여기에 병합된 다른 사건은 물론 증거보전절차 등에서 증언이나 감정을 한 경우도 포함된다.4)

(4) 법관이 사건 당사자의 대리인이었거나 대리인이 된 때(4호)

당해 사건 및 동일 사건에 대한 독촉절차나 제소전화해절차, 조정절차 등을 포함한다. 또한 대리인에는 법정대리인 및 임의대리인 모두가 포함된다. 실체법상의 계약체결의 경우는 여기에 포함되지 않으며 기피사유는 될 수 있을 것이다.5)

(5) 법관이 불복사건의 이전심급의 재판에 관여하였을 때(다른 법원의 촉탁에 따라 그 직무를 수행한 경우는 제외)(5호)

1) 동 규정은 법관의 예단을 방지하여 심급제도의 신뢰를 유지하기 위한 것이다. 이전심급의 재판을 담당한 법관이 다시금 불복된 사건에 대해 심판을 하게 된다면 심급제도의 의미가 상실될 것임이 자명하기 때문이다. 그러나 다른 법원의 촉탁에 따라 수탁판사로서 직무를 수행한 경우에는 사건에 대한 예단 형성의 위험이 적어 이전심급의 재판에 관여한 것으로 보지 않는다(5호 단서).

---

1) 전게서, 같은 면.
2) 大判 1965. 8. 31. 65다1102.
3) 大判 2010. 5. 13. 2009다102254.
4) 김능환/주석민소(1), 250면.
5) 전게서, 같은 면.

2) 이전심급의 재판(전심재판)이라 함은 현재 문제가 된 당해 사건의 동일 소송절차에서의 직접 또는 간접의 하급심 판결로서 종국판결은 물론 종국재판에 영향을 미칠 가능성이 있는 중간적인 재판(201조, 392조 등)을 의미한다. 재심의 소 혹은 청구이의의 소의 대상이 된 확정판결, 그리고 본안소송에 대한 가압류 및 가처분재판 등 역시 전심재판에 해당하는지 문제될 수 있다.1) 이들 재판의 경우도 예단의 염려가 없는 것은 아니지만 위의 재심절차 등이 본안소송절차와 동일 소송절차라고는 볼 수 없다는 점에서 전심재판에 해당하지 않는다고 보는 것이 타당하다.2) 한편, 상고법원의 파기환송(이송)재판에 따라 사건이 원심법원으로 환송(이송)된 경우 환송(이송)전 원심재판은 전심재판은 아니지만 예단의 우려가 있으므로 별도 규정을 통해 재판관여를 금지하고 있다(436조 3항).

3) 재판관여라 함은 법관이 재판에 있어 판단작용에 관여하는 것을 의미하므로 최종변론이나 판결 합의, 판결서 작성 등에 관여하는 것을 의미한다. 따라서 최종변론 전의 변론, 준비절차나 증거조사 또는 기일지정과 같은 소송지휘 등에 관여하는 경우,3) 혹은 본안소송의 재판장에 대한 기피신청사건만을 재판한 경우4) 등은 재판관여에 해당하지 않는다. 그러나 청구변경의 불허, 소송절차의 수계 허부, 소송인수, 공격방어방법의 각하 등에 대한 재판은 종국재판에 영향을 주는 중간재판이라고 할 수 있어 재판관여로 볼 수 있다.5)

2. 제척의 재판과 효과

(1) 제척사유가 있는 법관은 법원의 허가를 받아 스스로 회피함으로써 직무집행에서 배제될 수 있다(49조). 그러나 전심관여사유와 같이 전심에서의 관여정도가 미미하여 제척사유에 해당하는지 여부가 불분명한 경우 법원 스스로 혹은 당사자의 신청에 의하여 제척의 재판을 하게 된다. 제척의 재판은 확인적 성격을 갖게 되며 기피 절차와 동일한 과정을 거치게 된다.

(2) 제척이유가 있는 법관은 당연히 당해 사건에 대한 직무집행에서 배제되므로 일체의 소송행위를 할 수 없다. 다만, 종국판결을 선고하거나 긴급을 요하는 행위(증거보전처분이나 보

---

1) 대법원은 大決 1969. 11. 4. 69그17에서 본안사건에 관여한 법관은 그 집행문부여 이의의 소나 강제집행정지 신청사건에 관여할 수 있다고 판시한 바 있다.

2) 대법원은 大判 1971. 5. 11. 71사27 이래 재심대상인 원재판은 전심재판에 해당하지 않는다는 입장을 고수해 오고 있다(大判 2000. 8. 18. 2000재다87 등 참조). 그러나 재심절차 역시 상소절차와 유사하다는 입장에서 확정된 재심대상 판결 역시 전심재판에 해당한다는 견해도 있다(伊藤 眞, 101面).

3) 大判 1997. 6. 13. 96다56115. 이 사건에서 항소심 재판장은 1심 사건에 관여를 하였으나 제5차 변론기일부터 제9차 변론기일까지 사이에 행하여진 변론·증거조사 및 기일지정 등에만 관여하였을 뿐 그 최종변론기일이나 판결의 합의 또는 원심의 판단 대상이 되는 중간재판에는 관여하지 않았다.

4) 大決 1991. 12. 27. 91마631.

5) 김능환/주석민소(1), 252면.

전처분 등)는 할 수 있다(48조 단서, 구체적인 내용은 아래 기피신청에 대한 재판 참조).

Ⅲ. 기   피

　　법 제41조가 규정하는 제척사유는 없더라도 당사자의 입장에서 법관의 공정성을 의심할 만한 사유가 있는 경우에는 당사자가 법관의 직무집행을 배제할 것을 신청할 수 있다. 이를 기피권이라 한다(43조). 제척의 재판이 확인적인 성격을 갖는 데 반해 기피의 재판은 형성적인 성격을 갖게 되는데 이는 제척사유가 법정화되어 있지만 기피사유는 개별적이고 구체적인 상황에 따라 변동되고 재판에 의해 확정되어야 하기 때문이다.

1. 기피사유

(1) 공정한 재판에 대한 의구심

　　법관에게 공정한 재판을 기대하기 어려운 사정은 매우 주관적이고 다의적일 수 있다. 그러나 이러한 사정은 불공정한 재판이 될지도 모른다고 추측할 만한 주관적인 사정이 있는 때를 말하는 것이 아니고, 통상인의 입장에서 법관과 사건과의 관계로 보아 불공정한 재판을 할 것이라는 의혹을 갖는 것이 합리적이라고 인정될 만한 객관적인 사정이 있는 때를 의미한다. 따라서 구체적인 내용 없이 본안사건의 피고 측이 재판장의 변경에 따라 소송대리인을 교체하였다 하더라도 단순히 그와 같은 사유만으로는 재판의 공정을 기대하기 어려운 객관적인 사정이 있는 때에 해당할 수는 없을 것이다.[1] 그러나 사건을 담당하는 재판장과 사건관계인이 밀접한 관계를 갖고 있다는 것이 보도 등을 통해 알려지는 등 구체적이고 객관적인 의심의 대상이 될 만한 사유가 있으면 기피신청사유에 해당할 수 있을 것이다.[2]

(2) 당사자 · 대리인과의 관계

　　1) 법관이 소송당사자 중 일방과 약혼 혹은 사실혼관계에 있거나 친밀한 우정 내지 친인척관계(친족 범위 외)에 있는 경우는 물론, 원한관계나 특별히 적대적인 관계에 있는 경우도 포함될 수 있다. 법관이 변호사시절 고문관계를 맺거나 사외이사를 하는 등 당사자인 기업과 밀접한 관계를 맺은 전력이 있는 경우에도 기피사유가 있다고 보아야 할 것이다.[3]

　　2) 법관과 소송대리인 간의 관계 역시 기피사유의 하나로 고려대상이 되어야 한다. 기피

---

1) 大決 1992. 12. 30. 92마783.

2) 大決 2019. 1. 4. 2018스563.

3) 법관이 사건의 당사자가 된 기업의 주식을 보유했다거나 현재 주식을 보유한 경우에는 문제이다. 무조건 기피사유가 된다고 보기는 어려우며 주주가 된 경위, 주식보유비율 등을 종합적으로 판단하여 기피사유 유무를 판단하는 것이 바람직하다.

의 경우는 제척과 달리 법관과 당사자 간의 관계를 기조로 하는 것이 아닐 뿐 아니라 법 제
41조 제4호와의 균형을 고려하더라도 소송대리인과 법관 간의 친인척관계를 비롯한 같은 직
장동료였던 점 등의 친소관계 등을 고려할 때 재판의 공정을 담보하기 어려운 경우에는 기
피사유의 존재를 인정할 수 있다. 특히 전관예우의 전통이 강한 우리 법조계의 현실에서는
당사자 일방의 대리인이 사건을 담당하는 법관과 같은 법원에서 재직했던 동료 법관이었다
면 공정한 재판을 기대하기 어려운 사정이 있다고 일반인이 의심할 여지가 충분히 있다고
보여진다. 따라서 2011. 5. 17. 변호사법 개정을 통해 공직퇴임변호사에게 퇴직 전 1년부터
퇴직한 때까지 근무한 국가기관이 처리하는 사건을 퇴직한 날부터 1년 동안 수임할 수 없도
록 한 것(변호 31조 3항)은 부족하지만 매우 바람직한 일이라고 평가된다.

　　3) 법관과 당사자 혹은 대리인 간의 특별한 관계를 당사자 측에서 쉽게 알 수는 없으므
로 결국 법관의 절차진행 과정에서 보여주는 여러 가지 편파적인 행위를 통해 기피사유의
존재유무를 짐작할 수 있을 뿐이다. 따라서 당사자는 법관의 소송지휘나 석명 등이 불공평
하거나 부당하다고 여길 경우에 기피신청을 제기할 가능성이 높다. 따라서 이 부분에 대한 기
피사유 유무는 일률적으로 판단하기 어렵지만 당사자에게 중대한 법익 침해의 가능성이 있
는 경우에는 기피사유를 인정하는 것이 타당하다.[1]

(3) 판례상의 기피사유

　　기피사유의 존재를 인정한 판례는 거의 찾아보기 어려울 정도이다.[2] 이는 법원이 기피
사유의 존재 의심이 있는 경우 사건배당이나 회피제도를 통해 사전에 문제의 소지를 없애고
있기 때문이다. 한편 법조일원화의 확대에 따라 변호사나 교수의 업무를 수행하던 자가 법관
으로 되는 경우가 점차 증가하고 있는데 사건의 쟁점과 관련된 의견을 논문 등을 통해 이미
밝힌 경우가 종종 있을 수 있다. 이 경우에도 법관에 대한 기피사유가 될 수 있는지 문제될
수 있다. 불리한 재판결과를 예상한 당사자 측에서 문제를 제기할 수 있기 때문이다.[3]

---

1) 이충상, "법관기피신청의 남용–간이기각을 중심으로", 법조 51권 4호, 51면 이하 및 강태원, "항변에 대한
　석명과 법관의 기피(상)(하)", 사법행정 430호, 22면 이하 및 431호, 25면 이하 참조.
2) 중재의 경우는 민사소송법과 유사한 기피사유를 규정하고 있다(중재 13조). 대법원은 중재인으로 선정된
　변호사가 당해 사건과 관련된 사건을 수임하는 경우(大判 2004. 3. 12. 2003다21995) 기피사유가 된다고 보
　았다. 한편 중재당사자 일방의 대리인이 중재인과 같은 법무법인에 속한 경우(大判 2005. 4. 29. 2004다47901)
　에는 기피사유가 없다고 판시하였으나 이 사건의 경우는 기피신청 당사자가 기피사유가 있음을 알고도 기피
　신청을 않고 있다가 중재판정 후에 비로소 기피신청을 한 사건이어서 일반적인 법원의 경향을 나타낸다고 할
　수는 없다. 그러나 조무제, "판례에서 보는 중재법", 중재 319호, 60면에서는 이 판결이 법원의 일반적인 경향
　을 나타내는 것으로 분류하는 듯하다.
3) 법관 역시 내심의 의사를 학술논문 등을 통해 표출하는 것이 가능하며 또한 법조직역의 발전을 위해 반드
　시 필요한 것도 사실이다. 또한 논문 등을 통해 어떤 특정 쟁점에 관해 내심의 생각을 표출하지 않은 법관이
　더라도 쟁점에 관해 이미 형성된 의견을 갖고 있는 경우도 있어 단지 논문 등을 통해 견해를 표출한 법관에
　대해서만 기피사유를 인정하는 것도 무리이다. 그러나 문제된 쟁점에 대해 의견을 형성하고 있는 법관으로부
　터 판단을 받아야 하는 당사자로서는 현재 배당된 법관을 기피하고 싶은 욕망이 생기는 것은 당연하며 결국

2. 제척·기피절차

(1) 신청방식

1) 당사자가 기피사유가 있음을 알았더라도 본안에 관하여 변론하거나 변론준비기일에서 진술한 경우에는 기피신청을 하지 못한다(43조 2항).[1] 제척과는 달리 행사시기의 한계가 설정되어 있으므로 기피사유가 있음을 알게 되면 지체 없이 이를 행사하여야 한다. 그러나 변론 전에 기피사유가 존재함을 알지 못한 경우에는 본안의 변론을 하더라도 신청권이 상실되는 것은 아니며 과실로 알지 못한 경우에도 동일하다.[2] 당사자는 기피사유가 변론 전에 존재했었던 경우에는 이를 알지 못했다는 것을, 변론 후에 기피사유가 발생한 경우에는 사후 발생 사실 등을 소명하여야 하며 적어도 차회 기일 이전에 기피신청을 하여야 한다.[3]

2) 당사자는 합의부의 법관에 대한 제척·기피는 그 합의부에, 수명법관·수탁판사 또는 단독판사에 대한 제척·기피는 그 법관에게 이유를 밝혀 신청하여야 한다(44조 1항). 그러나 제척·기피신청이 법 제44조가 규정하는 형식 규정에 어긋나거나 소송의 지연을 목적으로 하는 것이 분명한 경우에는 신청을 받은 법원 또는 법관은 결정으로 이를 각하하되(45조 1항, 간이각하) 이 경우를 제외하고는 신청에 대한 의견서를 제출하여야 한다(45조 2항). 간이각하를 인정하는 취지는 제척·기피 제도가 소송의 지연을 목적으로 하는 경우가 적지 않아 이를 방지하고자 하는 취지에서 제척·기피를 받은 법원 및 법관이 스스로 신청을 각하할 수 있는 장치를 마련한 것이다.

(2) 재판과 불복절차

1) 간이각하의 대상이 아닌 사건은 제척·기피신청을 당한 법관이 속한 법원의 다른 합의부에서 이를 재판한다(46조 1항). 신청을 당한 법관은 실질적으로 피고의 지위에 있음에도 불구하고 이 재판에 관여하지 못하며 단지 의견을 진술할 수 있을 뿐이다(46조 2항). 소속법원이 합의부를 구성하지 못하는 경우에는 상급법원에서 제척·기피 신청에 대한 재판을 하여야 한다(46조 3항).

소취하 등의 방법을 통해 우회적으로 담당법관을 기피하는 방법을 사용할 수밖에 없을 것이다.

1) 법 제43조 제2항의 "본안의 변론과 변론준비기일에서의 진술"은 법 제30조의 변론관할의 요건 내용과 동일하다. 그럼에도 불구하고 제43조 제2항의 본안의 변론은 제30조의 그것과는 달리 해석하여야 한다는 견해가 있다(김능환/주석민소(1), 257면). 즉, 소송요건의 흠결을 이유로 하여 소각하판결을 요구하는 답변을 한다든지 변론기일에서 기일연기신청을 한 때에는 변론관할을 창설하지는 못하지만 기피 신청권을 상실한다고 보아야 한다는 것이다. 소송판결이나 기일변경신청이 법관에 대한 신뢰에서 비롯된다는 전제에서 이러한 주장을 펼치고 있으나 의문이다. 법 제30조와 제43조 제2항의 내용은 동일하므로 기피신청의 경우만 이 조항을 축소해석해서 당사자의 기피 신청권을 제한할 근거는 없기 때문이다.

2) 김능환/주석민소(1), 257면.

3) 김능환/주석민소(1), 258면.

2) 제척·기피신청을 인용하는 결정에 대해서는 불복할 수 없으나 이를 배척하는 각하 혹은 기각 결정에 대해서는 신청인이 즉시항고할 수 있다(47조 2항). 본래 민사소송절차에서는 즉시항고에 따른 집행정지 효력이 인정되지만(447조) 제45조 제1항의 간이각하결정에 대한 즉시항고는 집행정지의 효력이 인정되지 않으므로(47조 3항) 신청을 당한 법관은 계속하여 재판을 진행할 수 있게 된다.

(3) 제척·기피신청의 효과

1) 제척·기피신청 자체만으로도 소송절차의 정지효과가 인정된다(48조 본문). 그러나 명백히 형식을 위반하거나 소송지연만을 목적으로 하는 신청으로 인정되어 간이각하결정을 받거나 종국판결을 선고하는 경우, 혹은 긴급을 요하는 행위(보전처분이나 증거보전신청 등)를 하는 경우에는 그러하지 아니하다(48조 단서). 따라서 동 단서 규정에 따라 법관에 대한 기피신청이 각하되어 소송절차가 정지되지 않은 채 진행된 결과 본안사건이 종국처리된 때에는 담당 법관을 그 사건의 심리재판에서 배제하고자 하는 기피신청의 목적은 사라지고 기피신청에 대한 재판을 할 이익도 더 이상 없다.[1] 이러한 예외적인 경우를 제외하고는 절차정지효가 인정되므로 법관은 더 이상의 소송행위를 할 수 없으며 하더라도 이는 무효이다. 제척의 결정이 확정되면 당해 법관이 한 행위는 처음부터 무효로 되고 기피결정이 확정되면 그 때부터 법관의 행위는 무효가 된다. 따라서 그 전의 법관의 행위는 무효는 아니지만 부적법한 행위로써 이는 상고이유(424조 1항 2호)와 재심사유(451조 1항 2호)에 해당하게 된다.

2) 소송절차의 정지 후에 한 법관의 행위가 위법하더라도 나중에 제척·기피신청이 이유 없음이 불복절차를 통해 확정된 경우 그 하자가 치유될 수 있는가에 대해서는 견해가 대립하고 있다. 대법원은 기피신청을 당한 법관이 그 기피신청에 대한 재판이 확정되기 전에 한 판결은 그 후 기피신청이 이유 없는 것으로서 배척되고 그 결정이 확정되는 때에는 유효하게 된다고 판시한 바 있으나[2] 치유될 수 없다고 본 판례[3]도 있어 대법원의 정확한 입장을 알기 어렵다. 학설 중에는 당사자의 소송상 이익이 침해되지 않는 한도에서 위법성이 치유된다고 하는데(이시, 90-91면) 어떤 경우가 여기에 해당하는지 여부에 대해서는 언급이 없다. 법원의 소송행위의 하자가 사후적으로 치유될 수 있는 것은 그 사후적인 사유에 대한 책임이 없는 경우, 예를 들면 선량한 관리자의 주의의무를 다하였더라도 알 수 없었던 경우로 한정되어야 할 것이다. 법 제48조에서 명백히 제척·기피신청에 대해 소송절차에 대한 정지효과를 인정하고 있고 그 사유가 다름 아닌 해당 법관의 공정성에 대한 의심을 제기한 제척·

---

1) 大決 2008. 5. 2. 2008마427; 大決 2022. 4. 8. 2022마9.

2) 大判 1978. 10. 31. 78다1242.

3) 大判 2010. 2. 11. 2009다78467,78474.

기피신청이므로 이에 대한 재판이 확정되기도 전에 의심을 받는 법관이 판결을 선고한다는 것은 그 스스로 법을 명백히 위반하는 것일 뿐 아니라 다행히 기피신청 등이 이유 없다는 것이 사후에 확정되더라도 당사자는 사법부에 대한 불신을 갖게 될 것임은 너무나 자명하기 때문이다. 따라서 이와 같이 법관이 명백히 의식한 상태에서 행한 위법행위는 사후적인 사유(기피신청 등의 각하)를 통해 하자가 치유될 수는 없다고 봄이 타당하다.

3) 대법원은 법원이 기피신청을 받았음에도 소송절차를 정지하지 아니하고 변론을 종결하여 판결 선고기일을 지정하였다고 하더라도 종국판결에 대한 불복절차에 의하여 그 당부를 다툴 수 있을 뿐 이에 대하여 별도로 특별항고로써 불복할 수 없다고 판시하고 있다.[1]

Ⅳ. 회   피

법관의 회피라 함은 법관 스스로 제척 혹은 기피사유가 있다고 판단하여 당해 사건에 대한 직무집행에서 스스로를 배제하는 것을 말한다(49조). 그러나 독단적인 판단에 의해서 할 수 있는 것은 아니며 감독권(법관이 소속한 법원의 법원장 혹은 지원장)이 있는 법원의 허가를 필요로 한다. 제척이나 기피신청 후 법관 스스로 회피하게 되면 신청에 대한 재판을 할 실익이 없으므로 재판할 필요는 없어지게 된다. 한편 법원의 허가는 재판이 아니고 사법행정상의 처분에 불과하다. 따라서 허가 전·후에 당해 법관이 어떤 소송행위를 하더라도 이는 당연무효에 해당하지는 않는다.[2]

---

1) 大決 2000. 4. 15. 2000그20.
2) 김능환/주석민소(1), 266-267면.

제 2 장 소송의 당사자와 대리인

제 1 절 당사자의 개념과 양당사자 대립주의

Ⅰ. 형식적 당사자와 실질적 당사자

(1) 소송의 당사자는 자신의 이름으로 법원에 대해 재판을 구하는 사람(원고)과 원고에 의해 상대방으로 피소된 사람(피고)을 지칭한다. 과거에는 원고는 실체법상의 권리자, 피고는 실체법상의 의무자인 것으로 인식되었으나 법 이론의 발전과 현실적인 필요에 의해 실체법상의 권리자가 아닌 자 역시 자신의 이름으로 재판을 구하는 형태가 출현되었기 때문에(파산관재인, 유언집행자, 대표소송에 있어 주주인 원고 등) 현재는 실체법상의 권리·의무의 귀속주체가 당사자 개념으로 직결되지 않는다. 즉, 형식적 당사자 개념이 일반화되었다고 할 수 있다.

(2) 당사자는 1심에서는 원고와 피고로 표시되고 호칭되지만 항소나 상고 등을 하게 되면 항소인·피항소인, 상고인·피상고인 등으로 호칭되는 것이 일반적이다.[1] 한편, 참가 및 승계 제도의 인정에 따라 독립당사자참가인이나 공동소송참가인, 승계인이나 인수인 등 최초의 원·피고가 아닌 제3자도 소송의 당사자가 될 수 있다. 그러나 자기의 이름으로 소송을 수행하더라도 공동소송적 보조참가인이나 보조참가인은 당사자가 아니다. 법인 역시 법이 인정한 인격체이므로 당사자가 되며 다만 그 대표자가 실질적인 소송수행을 하게 된다.

(3) 제3자 소송담당과 소송대리의 경우 그 구분이 모호한 경우가 적지 않다. 예를 들어, 공연한 추심위임배서의 피배서인이 제3자 소송담당인지 혹은 배서인의 대리인인지 여부를 두고 의견이 대립되고 있는 것을 대표적으로 들 수 있다.[2]

Ⅱ. 양당사자 대립주의와 평등주의

(1) 민사소송은 양 당사자의 대립구조를 기본축으로 한다. 보전절차나 집행절차에 있어서는 채권자의 일방적인 신청만을 토대로 법원이 판단을 하지만(ex parte) 이 경우에도 채권자

---

1) 그러나 당사자 표시는 언제나 원고·피고를 중심으로 이루어진다. 즉, 원고(항소인), 피고(피항소인) 등으로 표시된다. 원·피고 모두 항소한 경우에는 원고(항소인 겸 피항소인), 피고(피항소인 겸 항소인) 등으로 표시된다.
2) 이동률, "임의적 소송담당의 한계", 법조 56권 10호(2007. 10), 314-315면 참조.

의 상대방은 채무자이며 형식적이나마 대립적인 구도를 유지한다(양당사자 대립구조). 따라서 양당사자의 대립구조를 요구하지 않는 절차는 비송절차에 국한된다. 당사자의 대립구조가 요구될 뿐이므로 당사자가 다수인 경우(공동소송 관계) 혹은 3자간에 이해관계가 대립되는 소송관계(독립당사자참가)도 가능하다.

(2) 대립주의로부터 자기소송 금지 원칙이 도출된다. 양당사자가 동일인일 수 없기 때문이다. 경상남도 교육감이 도를 대표하여 도지사가 대표하는 경상남도를 상대로 소유권의 확인을 구하는 청구에 대하여 대법원은 "지방자치단체로서의 경상남도는 1개의 법인이 존재할 뿐이고, 다만 사무의 영역에 따라 도지사와 교육감이 별개의 집행 및 대표기관으로 병존할 뿐이므로 당해 소는 자기가 자기를 상대로 제기한 것으로 권리보호의 이익이 없어 부적법하다"고 판단한 바 있다.[1] 한편, 원고와 피고의 실체법상 지위가 혼동이 되면 대립당사자구조를 상실하게 되므로 당해 소는 종료되며 소송물인 권리관계의 성질상 승계할 자가 없는 경우에도 동일하다(김/강, 128면; 이시, 133면).[2]

Ⅲ. 당사자의 절차적 권리와 절차적 의무

1. 절차적 권리

(1) 모든 국민은 법 앞에 평등하므로(헌 11조) 민사소송절차의 당사자도 국가기관인 법원으로부터 평등한 취급을 받아야 한다. 아울러 헌법 제27조 제1, 3항에서는 헌법과 법률이 정한 법관에 의하여 법률에 의한 신속하고도 공개된 재판을 받을 권리를 규정하고 있으며 이에 터 잡아 법은 법원으로 하여금 소송절차가 공정(공평과 적정)하고 신속하며 경제적으로 진행되도록 노력할 것을 주문하고 있다(1조 1항). 따라서 우리 법 체계상 민사소송 절차에서의 당사자의 권리는 단순히 미국 수정헌법 제14조의 적정절차원칙(due process)이나 독일기본법 제103조 제1항의 법적심문청구권이 지향하는 재판의 공정성을 넘어 신속하고도 경제적인 소송절차를 요구할 수 있는 구체적인 법적 토대가 마련되어 있다.

(2) 민사절차에서 당사자의 절차적 권리는 자신과 관련(주소나 소송물)이 있는 법원에서 헌법과 법률이 정한 법관으로부터 재판을 받을 권리에서부터 출발한다. 아울러 당사자에게는 소의 내용을 규정하고 주체적으로 절차를 형성해 나갈 수 있는 권리가 보장되며 변론과 증거조사에서 진술할 수 있는 기회 역시 보장된다. 이러한 당사자의 절차참여권이 배제된 상태에서 이루어진 판결의 효력은 원칙적으로 인정되지 않는다. 나아가 당사자는 법원의 재판에

---

1) 大判 2001. 5. 8. 99다69341.
2) 이혼심판청구 도중 원고가 사망한 경우(大判 1982. 10. 12. 81므53)나 의원면직처분무효확인 청구 도중에 원고가 사망한 경우(大判 2007. 7. 26. 2005두15748) 소송은 종료된다.

대해 불복할 수 있는 권리가 보장되는데 소송 중의 재판에 대해서는 항고나 이의를 통해, 최종적인 재판에 대하여는 항소나 상고는 물론 재심청구권도 보장된다.

(3) 당사자의 절차적 권리가 언제나 충분하게 보장되는 것은 아니다. 사법자원의 한계에 따른 소송의 능률화 필요성, 집단적인 피해 구제절차의 필요성과 효율성 제고 등의 이유로 당사자의 권리는 제한되고 있는 것이 현실이다. 소액사건에 대한 각종 증거조사절차의 특칙(소액 10조)이나 상고심에의 진입제한(소액 3조) 등은 소송 목적의 값에 따른 일종의 차별이지만 수인 가능한 불가피한 제한이다.[1] 증권관련집단소송에서 제외신고를 하지 않은 총원의 구성원은 소송에 직접 관여하지 않더라도 판결의 효력을 받게 되는데(증권 37조) 이는 집단적인 피해구제를 위한 불가피한 권리의 제한이라고 할 수 있다. 한편, 공동피고로 인해 자신과 관련이 없는 법원에서 재판을 받을 가능성의 폭이 대폭 확장된 공동소송의 요건(65조)과 관련재판적 규정(25조) 역시 소송경제를 위한 불가피한 조치라고 볼 수 있을 것이다.[2]

2. 절차적 의무

(1) 법 제1조 제2항은 당사자에게 신의칙에 따른 소송수행의무를 부과하고 있다. 이 규정은 종전의 신의칙 논의의 범주를 넘어 새로운 차원에서 재조명되어야 한다. 사건의 계속적인 증가와 사법자원의 한계에 직면한 여러 나라들은 20세기 중반 이후 절차의 효율성을 강조하고 심리구조의 개선작업을 통해 절차촉진을 추구해왔다. 따라서 현재 당사자의 절차적 의무 중에서 가장 강조되어야 하는 것은 법원의 절차촉진의무에 협력하는 것이라고 할 수 있으므로 법 제1조 제2항의 신의칙 규정은 법원의 절차촉진의무에 적극 협력할 절차적 의무를 표상하는 것이라고 해석되어야 한다.

(2) 현행법은 절차적 촉진을 위해 다양한 제도적 장치를 마련하고 있는데 이는 신의칙 규정을 구체화한 것으로 평가될 수 있다. 우선, 현행법은 변론의 집중을 표방하고 있을 뿐 아니라 이를 위해 당사자로 하여금 변론을 서면으로 준비할 것을 요구하고 있으며(272조) 준비절차의 강화를 통해 변론절차의 공전을 방지하고 있다(285조, 287조). 아울러 부적법한 소로

---

1) 소액사건심판법은 수인 가능한 한도에서 불가피하게 당사자의 권리를 제한하고 있지만 동법 제11조의2 판결의 특례는 당사자의 절차적 기본권을 침해할 소지가 농후하다. 판결의 선고를 변론종결 후 즉시 할 수 있도록 한 점(1항)이나 판결서에 판결 이유를 생략하도록 한 점(3항) 등이 특히 문제가 된다. 변론종결 후 즉시 판결선고를 하도록 하는 것은 법관이 변론 전에 사건에 대한 예단을 가져도 좋다는 것을 의미할 뿐 아니라 판결서에 이유를 생략하는 것 역시 당사자의 알 권리를 침해하고 패소한 당사자가 항소이유를 무엇으로 할지를 결정할 수 없도록 하여 당사자의 방어권을 침해하기 때문이다.
2) 법 제65조의 공동소송의 요건 중 소송목적이 되는 권리나 의무가 같은 종류의 것이고, 사실상 또는 법률상 같은 종류의 원인으로 말미암은 경우에도 동일법원에서 공동소송의 당사자로 될 수 있도록 규정한 것은 절차적 기본권을 침해할 가능성이 높다. "같은 종류"의 개념 한계가 불분명하므로 재산권상의 청구라면 모두 같은 종류의 것이라고 볼 수도 있기 때문에 자신과 전혀 관련이 없는 법원에서 재판받을 위험성이 상존하기 때문이다.

써 그 흠을 보정할 수 없는 경우에는 변론 없이 소각하판결을 할 수 있으며(219조), 피고가 일정한 기한 내에 답변서를 제출하지 않으면 변론 없이 패소판결을 받게 된다(257조). 나아가 당사자는 적시에 공격방어방법을 제출하여야 할 뿐 아니라(146조), 기일에 출석하지 않아도 증거조사가 실시될 수 있다(295조).

제 2 절 당사자의 확정

I. 의   의

소송에서 누가 원고이고 피고인가를 정하는 것을 당사자의 확정이라고 하는데 이는 소송절차 전체를 관통하는 중요한 문제일 뿐 아니라 누가 당사자가 될 수 있는가의 당사자능력, 특정 사건에서 누가 정당한 당사자로서 소송수행권이 있는가의 당사자적격 등에 관한 문제와 직결되는 중요한 사항이므로 사건을 심리·판단하는 법원으로서는 직권으로 소송당사자가 누구인가를 확정하여 심리를 진행하여야 한다.1)

II. 당사자 확정의 기준

1. 필 요 성

소송에서 누가 당사자인가를 확정하는 일은 소장에 당사자로 표시된 사람(자연인과 법인)을 기준으로 판단하는 것이 가장 간명하다. 그런데 간혹 당사자로 표시된 사람이 누구인가를 그 자체로 특정하는 것이 어려운 경우(오기나 첨부된 주민등록부상 주소가 다른 경우 등)가 있고 이를 정정하기 위해 당사자표시를 수정해야 할 때도 있다. 한편, 아주 드문 일이지만 표시된 자와 실제 소송을 수행하는 사람이 다른 경우(소위 姓名冒用訴訟), 당사자로 표시된 사람이 소 제기 전에 이미 사망한 경우(死者相對訴訟) 등에는 누가 당사자인가 확정하는 작업이 필요하다. 이러한 상황에 대처하기 위해 과거부터 당사자를 확정하기 위한 여러 가지 견해들이 대립되어 왔다.

2. 학설의 대립

(1) 권리주체설

소송의 목적인 권리관계의 주체를 당사자로 보는 견해로서 실체법설이라고도 한다. 권

---

1) 大判 2001. 11. 13. 99두2017; 大判 2016. 12. 27. 2016두50440.

리관계를 실체법상의 권리 그 자체로 보든, 아니면 관리처분권으로 보든 소송법의 독자적인 지위를 인정하는 입장에서는 수용하기 어려운 견해이다. 더구나 누가 실체법상의 권리자 혹은 의무부담자인가를 확정하는 것이 소송절차의 목적이라고 한다면 본말이 전도된 견해라고도 할 수 있다.

(2) 소송법설(소송현상설)

소송에서 나타나는 현상을 기준으로 당사자를 확정하고자 하는 견해로서 다양한 견해가 제시되고 있으나 대표적으로 의사설·행동설·표시설 등이 주장되고 있다.[1]

1) 의 사 설   당사자(피고)를 확정함에 있어 원고의 내심의 의사를 기준으로 당사자를 정하여야 한다는 견해이다. 그러나 내심의 의사를 객관적으로 확인하는 것이 어려울 뿐 아니라 원고가 누구인가 하는 문제에 대해서는 다시 원고의 의사를 기준으로 정해야 한다는 모순이 발생하게 된다.

2) 행 동 설   실제 소송에서 당사자로 행동한 자를 당사자로 보아야 한다는 견해이다. 예를 들어 A라는 사람이 B의 이름을 도용하여 소를 제기한 경우 당사자는 B가 아니라 A가 된다는 것이다. 그러나 제소행위는 A가 하고 후에 변론은 C가 수행하였다면 누가 당사자인가 하는 문제에 대해 쉽게 답을 하기는 어렵게 된다.

3) 표시설과 실질적 표시설   내심의 의사나 행동을 기준으로 당사자를 정하는 것은 나름의 장점을 갖고 있지만 이를 객관화함으로써 소송의 당사자를 언제나 명백하게 파악하는 것은 쉽지 않다. 따라서 비록 현실에는 부합하지 않더라도 소장에 기재된 당사자의 표시를 기준으로 소송의 당사자를 정하여야 한다는 표시설이 설득력을 갖게 되었다. 따라서 현재 우리나라에서 의사설이나 행동설을 지지하는 견해는 거의 없다. 표시설은 소장에 기재된 당사자표시를 기준으로 당사자를 파악함으로써 명확성과 객관성은 유지할 수 있지만 현실적이고 실질적인 당사자 파악에는 어려움이 있을 수 있다. 따라서 소장의 당사자 표시란에 기재된 내용뿐 아니라 소장에 기재된 청구의 내용 및 청구원인 등을 살펴서 당사자를 확정하여야 한다는 소위 실질적 표시설이 통설, 판례[2]의 입장이라고 할 수 있다. 예를 들어 원고 표시란에 "홍길당"이라고 기재되어 있으나 첨부된 주민등록등본에는 "홍길동"이라고 되어 있을 뿐 아니라 증거방법인 계약서의 당사자 명칭도 "홍길동"이라고 되어 있다면 "홍길당"은 단순한 오기임을 알 수 있고 실제 당사자는 "홍길동"임을 쉽게 알 수 있는 것이다. 이러한 경우 소장의 엄격성을 유지하기 위해서는 법원이나 당사자 임의로 당사자의 표기를 바꿀 수는 없으나 그렇다고 당사자의 변경절차를 거치는 것도 불합리하므로 판례는 당사자표시정정제도를 판례법으로 확립하였다.

---

1) 학설의 자세한 내용은 김능환/주석민소(1), 275면 이하 참조.
2) 大判 1996. 3. 22. 94다61243; 大判 2019. 11. 15. 2019다247712.

Ⅲ. 당사자의 확정 방법

1. 당사자표시정정

(1) 본래의 취지

소는 법원에 소장이 제출됨으로써 개시된다(248조). 따라서 소 개시의 원인이 되는 소장은 절차를 확정하는 기준으로서 엄격성이 요구되며 그 중에서도 당사자 표시와 청구취지는 고도의 간결성과 정확성이 요구된다. 한편, 법은 소 제기 후 당사자의 변경을 극도로 억지하고 있으므로 단지, 피고의 경정(260조)만이 가능하며 당사자의 추가는 필수적 공동소송의 경우에만 허용되고 있다(68조). 따라서 원고가 당사자의 표시를 잘못한 경우 새로이 소를 제기할 수밖에 없는데 이는 소송경제적인 측면에서 매우 불합리하다. 법원은 명시적인 법 규정은 없지만 이러한 단순한 오기나 탈루 등에 대해서는 당사자표시정정이라는 간이한 방법을 통해 문제를 해결하고 있다. 그러나 당사자표시정정은 당사자의 동일성이 전제되어야 하므로 당사자의 동일성 여부가 가장 문제가 된다.

(2) 판례의 동향과 대안

판례에 의해 형성된 당사자표시정정제도는 시간이 흐름에 따라 점차 확대되어 당사자의 동일성이 인정되지 않는 경우에도 당사자의 의사해석과 소송경제에 터 잡아 이를 허용함으로써 당사자 변경과의 경계가 더욱 모호하게 되었다.

1) 표시정정을 긍정한 사례

① 당사자 능력이 흠결된 경우   당사자능력이 없는 학교(영조물)를 상대로 소를 제기한 경우 당사자능력이 있는 학교법인으로 표시정정하는 것을 허용하고 있다.[1] 이외에도 당사자능력에 관한 법률적 평가를 그르친 데서 비롯된 피고표시의 잘못을 정정하는 것을 인정한 예는 많이 있다.[2] 더구나 판례는 항소심에서도 당사자표시정정을 허용하고 있다.[3] 만일 원고가 당사자능력이 없는 자를 당사자로 잘못 표시한 경우 법원은 소장의 표시만이 아니라 청구의 내용과 원인사실을 종합하여 당사자를 확정하여야 하는데 확정된 당사자가 소장의 표시와 다르거나 소장의 표시만으로 분명하지 않다면 당사자의 표시를 정정·보충시키는 조

---

1) 大判 1978. 8. 22. 78다1205.

2) 大判 1996. 10. 11. 96다(피고 "순천향교수습위원회"를 "순천향교재산"으로 "피고 성균관"을 "재단법인 성균관"으로 정정하는 것 모두를 인정하고 있다). 大判 1999. 11. 26. 98다19950(원고 스스로의 당사자능력을 오해하여 "전국운수노동조합 전북지부 정읍 미화분회"에서 "전라북도 항운노동조합"으로 원고 표시 정정을 인정).

3) 大判 1996. 10. 11. 96다3852; 大判 2021. 6. 24. 2019다278433. 그런데 대법원은 민사소송에서 소송당사자의 존재나 당사자능력은 소송요건에 해당하고, 이미 사망한 자를 상대로 한 소의 제기는 소송요건을 갖추지 않은 것으로서 부적법하며, 상고심에 이르러서는 당사자표시정정의 방법으로 그 흠결을 보정할 수 없다고 한다(大判 2012. 6. 14. 2010다105310).

치를 취한 후 당사자능력 유무를 판단하여야 한다.[1]

② 피고가 소 제기 전 사망한 경우   원고가 피고의 사망 사실을 모르고 망인을 상대로 소를 제기한 경우 이를 알았다면 상속인들을 상대로 소를 제기하였을 것이라는 의사해석을 토대로 상속인으로의 표시정정을 허용하고 있다.[2] 이와 관련해서 판례가 의사설을 부분적으로 따른 것이라고 평가하는 견해가 있다(이시, 144-145면).

2) 표시정정을 부정한 사례   ① 판례는 앞서 본 바와 같이 피고의 당사자능력을 오해한 나머지 학교 등을 상대로 소를 제기한 경우에도 당사자능력자로의 표시정정을 허용하고 있으나 반면 법인격 없는 단체 X의 대표자인 개인 A가 자신의 이름으로 소를 제기한 후에 단체 X로 당사자표시정정을 신청한 것은 임의적 당사자변경에 해당하여 허용될 수 없다고 판시하였다.[3] 이러한 입장을 고려할 때 판례가 일견 모순된 입장을 보이는 것으로 보이지만 애초부터 당사자능력이 없는 자를 당사자로 표시한 경우에는 법원이 직권으로 당사자능력 유무를 확인하여야 할 의무가 있다는 점에서 다소 차별적인 취급의 타당성을 엿볼 수 있다.[4]

② 새로운 당사자의 추가를 가져오는 당사자표시정정은 허용될 수 없다는 것이 판례의 입장이다.[5] 그러나 소 제기 전 사망한 사람을 피고로 하였으나 복수의 상속인들로 표시정정하는 경우는 당사자의 추가가 가능하다고 보아야 한다. 한편, 필수적 공동소송의 경우는 필수적 공동소송인의 추가 규정(68조)을 통해 당사자의 추가가 가능하므로 당사자의 추가를 가져오는 당사자 표시정정도 가능하다. 한편 종중의 경우는 종중의 명칭을 변경하더라도 변경 전의 종중과 공동선조가 동일하고 실질적으로 동일한 단체를 가리키는 것으로 보이는 경우에는 당사자표시의 정정이 가능하지만 종중의 공동선조를 변경하거나 종중원의 자격을 특정 지역 거주자로 제한하는 종중 유사의 단체로 변경하는 것은 당사자를 임의로 변경하는 것에 해당하여 허용될 수 없다.[6]

---

1) 大判 2019. 11. 15. 2019다247712. 동 판결에서 대법원은 원고 유치원의 당사자능력을 검토해 보지 않은 원심판결을 직권으로 파기하고 환송하였다.

2) 大判 1983. 12. 27. 82다146; 大決 2006. 7. 4. 2005마425에서는 이미 사망한 사람을 피고로 기재하였더라도 실질적인 피고로 해석되는 사망자의 상속인은 실제로 상속을 하는 사람을 가리키고, 상속을 포기한 자는 상속 개시 시점부터 상속인이 아니었던 것과 같은 지위에 놓이게 되므로 제1순위 상속인이라도 상속을 포기한 경우에는 이에 해당하지 아니하며, 후순위 상속인이라도 선순위 상속인의 상속포기 등으로 실제로 상속인이 되는 경우에는 이에 해당한다고 판시하였다. 판례는 상속포기 등으로 후순위 상속인이 실제 상속인이 된 경우까지도 고려하고 있음을 알 수 있다.

3) 大判 2003. 3. 11. 2002두8459. 이 사건에서 대법원은 소장에 표시된 원고에게 당사자능력이 인정되지 않는 경우에는 소장의 전취지를 합리적으로 해석한 결과 인정되는 올바른 당사자능력자로 그 표시를 정정하는 것이 허용되지만, 그러한 특별한 사정이 없는 한 당사자가 누구인가는 소장에 기재된 표시 및 청구의 내용과 원인 사실 등 소장의 전취지를 합리적으로 해석하여 확정하여야 할 것이라고 판시하고 있다. 한편, 법인 명의로 소를 제기하였다가 법인 대표자 개인으로의 표시정정도 허용하지 않고 있다(大判 1986. 9. 23. 85누953).

4) 大判 2001. 11. 13. 99두2017; 大判 2011. 3. 10. 2010다99040.

5) 大判 1991. 6. 14. 91다8333.

6) 大判 1999. 4. 13. 98다50722.

3) 표시정정의 하자와 치유   당사자 표시정정이 허용될 수 없음에도 불구하고 법원이 이를 허용하고 상대방도 이에 명시적으로 동의한 상태에서 판결이 선고되었음에도 그 후에 비로소 표시정정의 하자를 거론하는 것은 허용될 수 없다. 당사자표시정정신청이 부적법하다고 하여 그 후에 진행된 변론과 그에 터 잡은 판결의 효력을 부정하게 되면 소송절차의 안정을 해칠 뿐만 아니라 소송경제나 신의칙 등에 비추어 허용될 수 없기 때문이다.[1]

4) 평   가   소송경제적인 측면이나 실질적 표시설의 입장에서 볼 때 대법원이 표시정정의 범위를 다소 확대해서 인정하는 것은 불가피한 점이 있다. 더구나 우리 법 제도가 당사자의 변경을 극도로 억제하고 있는 점이나 피고경정(260조)이 1심 절차에 한해서 인정되므로 항소심에서는 표시정정만이 가능하다는 것도 고려되어야 할 것이다.

2. 성명모용소송

(1) 형   태

소장을 실질적으로 파악하여 확정한 당사자와 실제 소송수행을 하는 사람이 다른 경우, 즉 A가 원고로 표시된 B의 이름을 모용하여 소송을 수행하는 경우처럼 원고를 모용하는 경우는 물론 C가 피고 D를 참칭하여 마치 자신이 피고 D인양 소송을 수행하는 경우 모두가 성명모용에 해당한다. 원고 B가 A에 의해서 모용된 경우는 마치 무권대리인이 행위를 한 것과 마찬가지이므로 A의 행위는 무효로 된다. 물론 사후에 원고 B가 이를 추인하는 것은 가능하다. 추인이 없는 한 법원은 제3자인 A가 제기한 소를 각하하여야 하며 소송비용은 A에게 부담을 시켜야 한다(107조 참조). 피고 D가 C에 의해서 모용된 경우 법원은 모용자 C를 소송에서 배제하고 정당한 당사자인 피고 D에게 소장과 기일통지서 등을 송달하여야 한다.

(2) 모용사실을 간과한 판결의 효력

1) 모용사실이 소송 도중에 밝혀진 경우에는 큰 문제가 없으나 법원과 상대방이 이를 간과한 상태에서 판결이 선고된 경우에는 문제이다. 피모용자가 모르는 상황에서 모용자에 의해 소송이 수행된 것이므로 당해 판결은 당연 무효이고 피모용자에게는 판결의 효력이 미치지 않는다고 보는 것이 간명한 해결방법이라고 생각할 수도 있을 것이다. 그러나 표시설의 입장에서는 이를 당연 무효인 판결로 보기는 어렵다. 더구나 판결의 외관이 존재함으로써 발생하는 위험을 피모용자가 제거할 필요가 있으므로 피모용자에게 판결의 효력이 미치지만 확정 전이면 상소(424조 1항 4호)로써, 확정 후에는 재심(451조 1항 3호)을 통해 판결을 취소할 수 있다고 보는 것이 합리적인 해결책이라고 판단된다.[2] 그런데 판례는 이러한 상황에서 피모

---

1) 大判 2008. 6. 12. 2008다11276.

2) 大判 1964. 11. 17. 64다328.

용자에게 유리한 법 해석을 하고 있다. 즉, 원고가 공시송달을 이용하지 않고 피고 주소를 허위로 기재하거나 원고와 공모한 제3자의 주소로 기재하여 소장과 판결문 등을 피고가 받아보지 못한 채 판결을 편취한 경우에는 판결문 정본의 송달을 무효로 보아 상소기간이 진행되지 않는다고 판시하였다. 결국 피고는 편취된 판결에 대해 재심이 아닌 상소를 통해 권리구제를 받을 수 있게 된다.[1]

2) 표시설이 아닌 행동설이나 의사설에 따르더라도 성명모용소송에 대한 완벽한 해석은 어렵다. 즉, 행동설에 따르면 모용자를 당사자로 볼 수 있는 장점이 있으나 당사자로 표시된 피모용자는 선고된 판결의 위험을 제거할 방법이 없어질 수 있다는 점에서 난점이 있다. 나아가 원고의 의사에 따라 당사자를 확정하는 의사설에 따른다면 피고 측이 모용된 경우에는 당연히 원고가 의도하는 바와 같이 피모용자에게 판결의 효력이 미친다고 보아야 하지만 원고 측이 모용된 경우에 대해서는 설명하기 어렵다는 난점이 있다.

3. 사망자를 당사자로 한 소송

(1) 소 제기 전 사망

1) 피고가 사망한 경우   ① 소 제기 전에 이미 사망한 사람임을 알면서도 이를 피고로 하여 소를 제기한 경우에는 당사자 일방이 실재하지 않는 위법한 소 제기이므로 각하되는 것이 원칙이다. 그러나 원고가 피고의 사망 사실을 모르고 소를 제기한 경우에는 이를 각하하는 것보다는 당사자표시정정을 통해 피고를 정정할 수 있는 기회를 부여함이 타당하다. 새로이 소를 제기하여야 하는 부담을 제거할 필요가 있기 때문이다.[2] 한편, 상속인이 소송수계의 방법을 통해 이미 사망한 당사자의 지위를 이어받는 것은 논리적으로 성립되기 어려우므로 표시정정의 방법이 타당하지만 상속인이 소송수계신청을 한 경우에는 이를 당사자표시정정으로 보아 보정을 명하는 것이 바람직하다.[3] 아울러 상속인이 피고의 소 제기 전 사망 사실을 법원에 알리지 않고 소송수계를 통해 절차에 관여하였다면 동 판결은 상속인에게 미친다고 보아야 한다. 후에 상속인들이 소송수계의 효력을 다투는 것은 신의칙에 반하기 때문

---

1) 大判(全) 1978. 5. 9. 75다634. 이 판결의 결론에는 찬성하면서도 사위(詐僞)의 방법으로 얻어낸 공시송달명령에 의거한 공시송달 역시 무효로 보아야 한다는 견해가 있다(이재성, "허위주소에다 소를 제기하여 얻은 판결의 효력", 민사재판의 제문제 2권(1980), 335−336면 참조). 그러나 이러한 해석은 재심사유를 규정하고 있는 법 제451조 제1항 제11호에 비추어 다소 무리라고 생각된다.

2) 판례의 일관된 입장이기도 하다(大判 1960. 10. 13. 4292민상950). 한편, 서울高決 2005. 4. 20. 2004라693에서는 1990년 법 개정을 통해 피고경정제도가 도입되었으므로 당사자표시정정은 순수한 의미의 오기의 정정에 한하도록 함이 타당하다고 판시한 바 있다. 경청할만한 견해이지만 피고경정은 1심에 한해 인정될 뿐 아니라 원고의 경정은 여전히 인정되지 않으므로 표시정정제도의 존재의의는 여전히 크다고 할 수 있다. 동 2004라693 결정은 대법원에 의해 받아들여지지 않았다(大決 2006. 7. 4. 2005마425).

3) 大判 1983. 12. 27. 82다146에서는 이미 사망한 당사자의 상속인들이 표시정정이 아닌 소송수계신청을 하였음에도 이를 표시정정의 취지로 해석해서 적법한 것으로 보고 있다.

이다(이시, 144면).

　　② 법원이 소 제기 전 피고의 사망 사실을 간과하고 내린 판결은 일방 당사자가 실재하지 않으므로 원칙적으로 무효이다. 따라서 사망한 피고를 상대로 한 소송에서 패소한 원고가 동 판결에 대해 상소를 제기하더라도 이는 상소의 대상이 없는 위법한 상소제기라고 보아야 할 것이다(상소각하의 대상).[1] 그러나 만일 동 사안에서 사망한 피고가 패소하였다면 상속인으로서는 외관을 갖춘 판결이 존재하는 데 따른 위험을 제거할 실익이 있으므로 1심 판결 후 피고의 상속인이 절차를 수계한 후에 상소나 재심을 제기하는 것은 가능하다고 봄이 타당하다(같은 취지의 견해로는 이시, 144면).[2] 그런데 무효인 본안판결과 관련된 사건에서 판례는 사망한 피고를 당사자로 한 1심 판결이 선고된 후 피고의 상속인이 소송수계신청을 함과 동시에 항소를 제기한 경우에도 동 항소는 부적법하다는 이유로 항소를 각하함이 정당하다고 판시함으로써 다른 견해를 취하고 있을 뿐 아니라[3] 항소심에서 원고가 상속인들로 당사자표시정정을 하는 것도 허용되지 않는다고 판시하고 있다.[4]

　　2) 원고가 사망한 경우　　① 소 제기 전에 원고가 사망하였음에도 불구하고 타인이 망인의 이름으로 소를 제기한 경우에는 원고명의의 제소는 부적법한 것으로 그 부분은 각하되어야 한다.[5] 원고가 피고의 사망사실을 모르고 제소한 경우와는 다르기 때문이다. 또한, 소 제기 당시 이미 사망한 당사자와 상속인을 공동원고로 표시한 경우라도, 상속인이 자기 고유의 권리뿐만 아니라 이미 사망한 당사자의 권리에 대한 자신의 상속분에 관한 권리도 함께 행사한 것으로 볼 수 없다.[6] 그러나 망인의 상속인이 망인의 이름으로 재심의 소를 제기한 것임이 명백한 경우에는 당사자 표시정정을 허용하여야 한다.[7] 상속인 입장에서 망인으로 표시를 하여야 하는 것으로 오해한 것이니만큼 당사자표시를 잘못한 것으로 볼 수 있기 때문이다.

---

1) 大判 2000. 10. 27. 2000다33775; 大判 2002. 8. 23. 2001다69122 등도 같은 취지임.
2) 무효인 보전처분을 대상으로 한 大判 2002. 4. 26. 2000다30578 사건에서는 이미 사망한 자를 채무자로 한 처분금지가처분신청은 부적법하고 그 신청에 따른 처분금지가처분결정이 있었다고 하여도 그 결정은 당연무효로서 그 효력이 상속인에게 미치지 않는다고 판시하면서도 채무자의 상속인은 일반승계인으로서 무효인 그 가처분결정에 의하여 생긴 외관을 제거하기 위한 방편으로 가처분결정에 대한 이의신청으로써 그 취소를 구할 수 있다고 판시하고 있다.
3) 大判 1971. 2. 9. 69다1741.
4) 大判 2015. 1. 29. 2014다34041 참조. 판례는 명시적으로 근거를 제시하지 않고 있으나 패소한 피고의 상속인들이 1심에서 관여하지 못한 상태에서 패소판결이 선고된 점을 주목하여 1심 판결 자체를 무효로 취급하는 것이 상속인들을 보호하는 방안이라고 판단하는 것이 아닌가 추측된다(즉, 패소한 피고의 상속인들의 심급이익 보호차원).
5) 大判 1990. 10. 26. 90다카21695(이 판결에서는 다른 공동원고가 이미 사망한 사람을 원고의 1인으로 한 사안임).
6) 大判 2015. 8. 13. 2015다209002.
7) 大判 1979. 8. 14. 78다1283.

② 원고로서 소를 제기하고자 하는 사람이 소송대리인을 선임하였으나 소 제기하기 전에 사망을 하였고 그러한 사실을 모르는 소송대리인이 망인을 원고로 하여 소를 제기한 경우 당해 소는 적법한 것인가 문제된 사안에서 판례[1]는 당사자가 사망하더라도 소송대리권이 소멸하지 않으므로(법 95조 1호) 당해 소가 적법하다고 판시한 바 있다. 그러나 소가 계속되지도 않았음은 물론 심지어 소가 제기되지 않은 상태에서 법 제95조 제1호를 적용하는 것은 타당하지 않다. 법 제95조가 적용되는 상황은 기본적으로 소송절차가 개시된 상태를 전제로 하는 것이며 이를 더 엄밀하게 해석하자면 소송계속이 이루어진 때라고 할 수 있다. 결국, 적어도 소송절차가 개시되지 않은 상태에서(즉, 소 제기 전 시점)는 당사자 본인이 사망하게 되면 소송대리권도 소멸한다고 보는 것이 타당하다.[2]

(2) 소 제기 후 소송계속 전에 사망한 경우

1) 소장이 법원에 접수되더라도 소송계속은 소장부본이 상대방인 피고에 송달된 시점이므로 이 기간 사이에 당사자가 사망을 하는 경우에는 이론적으로 문제가 된다. 소송계속 직전의 사망도 소송계속 후 변론종결 전에 사망한 것에 준할 것이라는 견해가 있으나 판례는 소 제기 전 사망과 동일시하고 있다.[3] 소송계속 시점을 기준으로 소의 전후는 물론 사람의 생존 여부를 따져 2당사자 대립구조 존부를 판단하는 것이 원칙이므로 판례의 입장이 타당하다.

2) 원고가 소 제기 후 소송계속 전 사망한 경우에는 피고의 사망과 달리 소송계속 이후에 사망한 경우와 마찬가지로 법 제233조 제1항을 유추하여 상속인이 소송을 수계하여야 한다는 견해(정/유/김, 188면; 김홍, 127면)가 있다. 그러나 피고에 대해서는 소송계속 시점을, 원고에 대해서는 제소시점을 기준으로 사망여부를 따지는 것에 대한 합리적인 이유가 무엇인지 설명이 없어 의문이다. 판례 역시 피고가 소 제기 후 소송계속 전에 사망한 경우와 동일하게 보고 있다. 즉, 파산선고 전에 채무자가 채권자를 상대로 채무 부존재 확인의 소를 제기하였으나 그 소장 부본이 송달되기 전에 채무자에 대하여 파산선고가 이루어진 경우이다. 이 사건에서 대법원은 파산재단에 관한 소송에서 원고인 채무자는 당사자적격이 없으므로 제기된

---

1) 大判 2016. 4. 29. 2014다210449. 일본의 최고재판소 역시 같은 입장이다(最高裁 昭和 51. 3. 15. 判例時報 814号 114面). 아울러 이러한 대법원의 입장을 지지하는 견해가 있다. 채영호, "판례해설－변호사에게 소송을 위임한 사람이 소 제기 전에 사망하였으나 변호사가 사망 사실을 모르고 사망자 명의로 소송을 제기한 것이 적법한가", 법률신문 2016. 5. 27. 참조.

2) 졸고, "소 제기 전 당사자의 사망과 소송대리인의 소송대리권", 법조 719호(2016. 10), 564면 이하 참조.

3) 大判 2015. 1. 29. 2014다34041에서 사망자를 피고로 하는 소 제기는 부적법한 것으로서 그와 같은 상태에서 제1심판결이 선고되었다 할지라도 그 판결은 당연무효이며 그 판결에 대한 사망자인 피고의 상속인들에 의한 항소나 소송수계신청 역시 부적법하다고 판시함과 아울러 이러한 법리는 소 제기 후 소장부본이 송달되기 전에 피고가 사망한 경우에도 마찬가지로 적용된다고 판시하였다. 한편 大判 2017. 5. 17. 2016다274188에서는 사망자를 채무자로 하여 지급명령을 신청하거나 지급명령 신청 후 정본이 송달되기 전에 채무자가 사망한 경우에도 지급명령은 효력이 없다고 판시하고 있다.

소는 부적법한 것으로서 각하되어야 하고, 소송계속을 전제로 한 파산관재인의 소송수계신청 역시 부적법하다고 판시하였다.[1]

(3) 소송계속 후 변론종결 전에 사망한 경우

소송계속 후 당사자가 사망을 하게 되면 절차는 중단되며(소송대리인이 있는 경우는 제외) 상속인 등 소송절차를 계속하여 수행할 자격이 있는 사람은 절차를 수계하여야 한다(233조). 한편 중단사유가 있음에도 불구하고 이를 간과하고 진행된 상태에서 선고된 판결을 당연무효로 볼 것인가 하는 문제가 있다. 소 제기 전에 당사자가 이미 사망한 경우, 이를 간과한 판결은 당연무효라는 것이 우리 판례 입장임은 앞서 본 바와 같다. 그렇다면 당사자가 절차 진행 도중 사망한 것을 간과한 판결 역시 당연무효로 보는 것이 이론의 일관성 측면에서 타당할 것이나 대법원은 종전의 무효설을 버리고 전원합의체 판결을 통해 대리권의 흠결이 있었던 것과 마찬가지로 보아 상소와 재심사유가 될 뿐이라고 하여 소위 위법설을 따르고 있다.[2] 따라서 판결이 선고된 후 상속인은 수계절차를 거쳐 상소를 제기하거나 재심의 소를 제기할 수 있다.

(4) 변론종결 이후 사망한 경우

변론 종결 후 판결 당사자가 사망한 경우에는 수계절차가 필요 없으며 선고된 판결 역시 아무런 흠이 없다. 비록 변론 종결 후 판결 선고 전에 사망을 한 경우도 동일하다. 이는 소송절차의 중단 중에도 판결 선고는 가능하기 때문이다(247조 1항). 한편, 승소한 원고는 사망한 피고의 상속인들을 상대로(218조에 따라 기존 판결의 효력을 받게 됨) 집행을 하는 것이 가능하며 이를 위해서는 승계집행문을 부여받아야 한다(민집 31조).

4. 법인격부인이론

(1) 법인격부인의 법리의 수용과 법인격부인의 역적용

1) **법인격부인**　　거래한 상대방이 법인이지만 동 법인이 배후실체에 의해 법인격이 남용되거나 형해화(形骸化)된 경우가 종종 있다. 이때 상대방이 당해 법인을 상대로 소를 제기하더라도 채권자가 권리의 만족을 얻기는 좀처럼 어렵다. 배후 실체가 법인 명의의 재산을 거의 만들지 않는 경우가 대부분이기 때문이다. 이러한 경우 거래 상대방이 당해 거래에 있어 법인격을 남용한 배후 실체를 상대로 소를 통해 책임을 물을 수 있다면 상대방의 권리만족을 도모하는 데 많은 도움이 될 것이다. 이를 법인격 부인의 법리라고 한다. 우리 판례는

---

1) 大判 2018. 6. 15. 2017다289828.

2) 大判(全) 1995. 5. 23. 94다28444. 판결의 무효사유는 극히 제한적으로 인정하는 것이 타당하고 소송경제의 측면에서도 그러하다.

과거 개별사건에서의 법인격 부인을 좀처럼 인정하지 않았으나 점차 이를 인정하게 되었다.[1] 따라서 거래 상대방이 소 제기 전에 이러한 상황을 파악하였다면 법인과 배후실체를 공동피고로 하여 부진정연대 책임을 소구하면 될 것이다.[2] 그러나 거래 상대방으로서는 법인격이 부인되어야 하는 상황을 소 제기 전에 파악하는 것이 쉽지 않아서 법인을 상대로 이미 소를 제기한 후에야 비로소 이러한 사실을 알게 되는 경우가 적지 않다. 이때 어떤 방법으로 배후의 실체를 기존 소송절차로 끌어들일 수 있는가 하는 문제가 소송법상으로는 매우 중요하다. 아울러 판결이 선고되고 확정된 후 집행단계에서 비로소 법인격 남용의 사실을 알게 된 경우의 처리 방법도 역시 소송법상 중요한 문제이다.

  2) 법인격부인의 역적용   배후의 개인이 법인을 형해화한 상황을 타개하는 것이 기존 법인격부인의 법리였다면 배후의 개인이 자신의 재산을 빼돌려 법인을 신설한 경우 동법인에게 배후의 실체의 채무를 부담시킬 수 있는가 하는 것이 법인격부인의 역적용 문제이다.[3] 대법원은 배후의 실체인 개인이 새로 설립한 회사를 실질적으로 운영하면서 자기 마음대로 이용할 수 있는 지배적 지위에 있다고 인정되는 경우로서, 회사 설립과 관련된 개인의 자산 변동 내역, 특히 개인의 자산이 설립된 회사에 이전되었다면 그에 대하여 정당한 대가가 지급되었는지 여부, 개인의 자산이 회사에 유용되었는지 여부와 그 정도 및 제3자에 대한 회사의 채무 부담 여부와 그 부담 경위 등을 종합적으로 살펴보아 회사와 개인이 별개의 인격체임을 내세워 회사 설립 전 개인의 채무 부담행위에 대한 회사의 책임을 부인하는 것이 심히 정의와 형평에 반한다고 인정되는 때에는 회사에 대하여 회사 설립 전에 개인이 부담한 채무의 이행을 청구하는 것도 가능하다고 보았다.[4] 판례는 나아가 배후의 실체가 회사를 설립하는 경우뿐 아니라 같은 목적으로 기존 회사의 법인격이 이용되는 경우, 즉 회사가 이름뿐이고 실질적으로는 개인기업에 지나지 않은 상태로 될 정도로 형해화된 경우와 회사의 법인격이 형해화될 정도에 이르지 않더라도 개인이 회사의 법인격을 남용하는 경우가 있을 수 있다고 한다.[5]

---

1) 大判 2001. 1. 19. 97다21604에서 " … 회사가 외형상으로는 법인의 형식을 갖추고 있으나 이는 법인의 형태를 빌리고 있는 것에 지나지 아니하고 그 실질에 있어서는 완전히 그 법인격의 배후에 있는 타인의 개인기업에 불과하거나 그것이 배후자에 대한 법률적용을 회피하기 위한 수단으로 함부로 쓰이는 경우에는, 비록 외견상으로는 회사의 행위라 할지라도 회사와 그 배후자가 별개의 인격체임을 내세워 회사에게만 그로 인한 법적 효과가 귀속됨을 주장하면서 배후자의 책임을 부정하는 것은 신의성실의 원칙에 위반되는 법인격의 남용으로서 심히 정의와 형평에 반하여 허용될 수 없고, 따라서 회사는 물론 그 배후자인 타인에 대하여도 회사의 행위에 관한 책임을 물을 수 있다고 보아야 한다"고 판시한 바 있다.

2) 大判 2016. 4. 28. 2015다13690; 大判 2024. 3. 28. 2023다265700.

3) 학설은 긍정설과 부정설, 절충설 등이 대립된다. 이에 대한 상세는 정준우, "법인격 부인론에 관한 최근 판례의 비판적 검토", 한양법학 34권 4집(2023), 124면 참조.

4) 大判 2021. 4. 15. 2019다293449.

5) 大判 2023. 2. 2. 2022다276703.

(2) 소송법상의 문제

1) **당사자표시정정의 가부**　　① 최초부터 형해화된 법인과 배후 실체 혹은 기존 회사가 채무면탈의 목적으로 기업의 형태와 내용이 실질적으로 동일한 신설회사를 설립한 경우 종전회사와 신설회사[1] 모두를 피고로 소를 제기한 경우에는 문제가 없으나 형해화된 법인 혹은 종전회사만을 피고로 한 상태에서 배후의 실체나 신설회사로 당사자표시정정을 할 수 있는지 여부에 대해 견해가 대립된다.[2] 소송승계에 준해서 긍정하는 견해가 있는 반면(정/유/김, 190면) 이는 임의적 당사자변경에 해당하므로 불가능하다는 입장도 있다. 한편 원칙적으로는 임의적 당사자변경에 해당하지만 구회사와 동일한 실질을 갖는 신설회사를 설립한 경우에는 예외적으로 표시정정이 가능하다는 수정 임의적 당사자변경설(이시, 142면; 전원, 167면) 등을 주장하기도 한다.

② 법인격이 부인되는 상황인지 여부는 거래 당시의 제반 상황을 종합적으로 고려한 상태에서 이루어지는 실체심리를 마쳐야만 판단이 가능한 문제이므로 소송 진행 도중에 당사자표시정정 가능 여부를 판단하는 것은 용이하지 않을 뿐 아니라 나중에 법인격이 부인되는 상황이 아니라는 것이 밝혀지면 원래 상태로 되돌리기도 어렵게 되므로 당사자표시정정을 통해 문제를 해결하는 것은 현실적으로 매우 어렵다(김홍, 131면도 동일한 취지를 보인다). 판례도 이를 명시적으로 인정한 예는 보이지 않는다.

2) **집행력의 확장 문제**　　거래 상대방이 법인에 대해 승소판결을 받았으나 집행단계에서 법인격이 남용되었거나 형해화되었다는 사실을 뒤늦게 알게 되는 경우가 있다. 이 경우 기존 법인을 상대로 받은 판결에 대해 승계집행문을 부여받아 신설회사나 배후 실체의 재산에 대해 강제집행을 할 수 있는가에 대해 논의가 있으나 판례[3]는 이를 부인하고 있다. 권리관계의 공권적인 확정 및 그 신속·확실한 실현을 도모하기 위하여 절차의 명확·안정을 중시하는 소송절차 및 강제집행절차에 있어서는 그 절차의 성격상 구 회사에 대한 판결의 기판력 및 집행력의 범위를 신설 회사에까지 확장하는 것은 허용되지 않는다는 취지인데 타당한 것으로 판단된다(김홍, 132면).

(3) 평　가

법인격이 남용되거나 형해화된 경우 배후 실체는 과거 법인의 인적·물적 자산을 그대로 승계한 다른 신설법인을 설립하여 남용되거나 형해화된 법인에 대해 권리를 가진 채권자 등의 권리행사를 방해하는 경우가 일반적이다. 판례는 점차 이러한 법인격 남용이나 형해화

---

1) 大判 2006. 7. 13. 2004다36130.
2) 당사자의 추가는 원초적으로 불가능하다는 전제에서 이러한 논의가 전개된 것으로 추측된다.
3) 大判 1995. 5. 12. 93다44531.

의 형태를 인정하여 배후실체나 신설법인의 책임을 인정하고 있으나 그렇다고 하더라도 소
송진행 과정에서의 당사자표시정정이나 판결 확정 후의 집행절차에서의 승계집행문 부여까
지 인정하고 있지는 않다.[1] 사실 이러한 소송에서는 당해 거래 당시 법인격이 부인되어야
하는 상황인지 여부가 핵심적인 쟁점이 되므로 섣불리 표시정정을 허용하는 것이 용이하지
않으며 판결의 효력을 확장하는 것도 쉽게 판단하기 어렵기 때문일 것이다. 당사자의 추가와
같은 임의적 변경을 유연하게 인정하지 않는 한 본질적인 문제가 해결될 가능성은 보이지
않는다. 다만, 1심 소송절차에서는 피고경정을 통해 배후 실체로 당사자를 교체하는 것은 가
능할 것이다.

제 3 절 당사자 능력

Ⅰ. 소송절차와 각종 능력 개념

(1) 사람이 법률행위를 하기 위해서는 권리능력, 행위능력과 의사능력 등이 필요하듯이
소송절차에서 원고나 피고의 지위에서 일반적인 소송행위를 하기 위해서는 당사자능력과 소
송능력이 요구된다. 필수적 변호사 선임제도가 채택된 나라에서는 이러한 능력을 갖춘 사람
이 있다 하더라도 법정에서 변론을 할 수는 없으므로 변론능력의 개념이 필요한데, 필수적
변호사 선임제도를 취하지 않는 우리의 경우도 소송관계를 분명하게 하기 위해 대리인이나
당사자의 진술을 금지하는 경우가 있어 변론능력의 개념 역시 필요하다(144조).

(2) 소송절차는 원고의 청구를 토대로 형성되므로 당사자가 소구하는 청구에 대해 일정한
자격(당사자적격)을 갖추지 못한 경우에는 당사자적격이 흠결되어 정당한 소송수행을 할 수 없
게 된다. 당사자적격 여부는 특정소송에서 청구와 관련되어지는 문제이므로 당사자능력이나
소송능력 등과는 달리 소의 이익 부분에서 다루어지는 것이 보다 합리적이다. 한편, 당사자능
력과 당사자적격은 소송요건인 반면 소송능력과 변론능력은 소송행위의 유효요건에 해당한다.
그러나 제소 당시 원고의 소송능력이 흠결되면 소 제기행위 자체가 무효가 되므로 소 전체가
부적법해진다는 의미에서 제한적으로나마 소송요건으로 취급되는 경우가 있을 뿐이다.

---

1) 그러나 기존회사에 대한 소멸시효가 완성되지 않은 상태에서 채무면탈을 목적으로 신설된 회사가 기존회사
와 별도로 자신에 대하여 소멸시효가 완성되었다고 주장하는 것 역시 별개의 법인격을 갖고 있음을 전제로
하는 것이어서 신의성실의 원칙상 허용될 수 없다는 것이 판례 입장이다(大判 2024. 3. 28. 2023다265700). 앞
으로 절차적인 문제에 대해서도 전향적인 입장 전환이 필요하다고 판단된다.

Ⅱ. 당사자능력의 의의

1. 내 국 인

당사자능력이라 함은 민사소송의 주체(원고와 피고 그리고 공동소송참가인과 독립당사자참가인 등)로서 소송상 여러 효과의 귀속주체가 될 수 있는 일반적인 능력을 의미한다. 따라서 누가 당사자인가의 문제를 정하는 당사자의 확정과는 구분되는 개념이다. 그러나 소송절차에서의 당사자능력은 절대적인 개념은 아니며 필요에 따라 당사자능력을 법령을 통해 부여할 수도 있다.[1]

2. 외 국 인

외국인 역시 기본적으로 당사자능력을 갖는다. 자연인과 법인과 같은 실질적 당사자능력을 갖는 주체는 문제가 없으나 법인 아닌 사단이나 재단과 같은 형식적 당사자능력을 갖는 경우에는 적용법률에 따라 결론이 달라질 수 있어 문제가 된다. 따라서 여러 학설[2]이 대립하고 있으나 외국인의 당사자능력은 그가 속한 본국소송법에 따라 결정하여야 할 것이나 본국소송법에 의하여 당사자능력이 인정되지 않더라도 법정지소송법에 의하여 당사자능력이 인정되면 법정지소송법을 누적적으로 적용하여 당사자능력을 인정하는 것이 타당하다(소위 누적적용설, 강, 212면).[3]

Ⅲ. 실질적 당사자능력자

민법상의 권리능력자는 소송절차에서도 당연히 당사자능력이 인정된다(51조). 이를 실질적 당사자능력자라고 한다.

1. 자 연 인

(1) 자연인은 출생 시부터 사망에 이르기까지 누구나 당사자능력을 갖는다. 따라서 내·외국인의 구분이 없으며 우리의 재판권이 미치지 않는 외국인(외국국가 등도 포함)의 경우 당해 특권을 포기하고 국내에서 소송의 당사자가 될 수 있다. 북한주민의 경우는 다소 복잡

---

1) 법 제52조에서 법인 아닌 사단이나 재단에 당사자능력을 부여하는 것을 대표적으로 들 수 있으나 각종 법률에서도 이를 인정하고 있다. 예를 들어 변호사법 제58조의26은 조합의 실질을 갖는 법무조합에 대해 당사자능력을 부여하고 있다.

2) 법정지법설, 본국소송법설, 누적적용설 등에 대한 설명은 전병서, "국제민사소송법 서설 및 외국인 당사자의 소송상취급", 사법행정 416호(1995), 13면 이하 참조. 동 논문에서는 법정지법설을 지지하고 있다(15면).

3) 유승훈, "국제관련 사적 분쟁해결과 관련한 현재의 제문제", 민사소송 1권(1998), 519면도 동지.

한 양상을 나타내고 있다. 우리 판례는 헌법 제3조에 따라 대한민국의 법령이 북한에도 효력을 미치는 것으로 보고 있어 북한주민 역시 국내법에 따른 당사자능력 개념을 적용하게 된다.[1]

(2) 판례는 민법상 사람의 출생 시기를 태아가 모체로부터 전부 노출된 때로 파악하고 있다.[2] 따라서 태아의 경우는 원칙적으로 권리능력이 인정되지 않는다. 하지만 손해배상(민 750조), 상속(민 1000조 3항) 및 유증(민 1064조), 사인증여(민 562조)와 같은 법률관계에서는 이미 태어난 것으로 취급되고 있는데 판례는 정지조건설의 입장에서 태아가 살아서 출생한 때에 출생시기가 문제의 사건의 시기까지 소급하여 그 때에 태아가 출생한 것과 같이 법률상 취급하는 것에 불과하므로 이러한 예외적인 경우에도 태아에게는 당사자능력이 인정되지 않는다고 해석하고 있다.[3] 하지만 통설은 해제조건설의 입장에서 태아인 상태에서 일단 권리능력을 인정함이 타당하므로 법령상 예외적으로 권리가 인정되는 경우에는 소송에서의 당사자능력도 인정함이 타당하다고 한다.[4]

2. 법　인

(1) 법인은 법률의 규정에 따라 정관으로 정한 목적 범위 내에서 내·외국 법인을 불문하고 권리능력이 인정됨으로써(민 34조) 당연히 당사자능력이 인정된다. 법인의 사망은 법인의 청산이나 파산사무의 완료시점이 된다.[5] 법인의 해산에 따른 청산 혹은 파산 절차 도중(민 81조, 상 245조, 회생·파산 328조)은 물론 청산종결등기가 있더라도 청산사무가 남아 있는 한 당사자능력을 갖게 된다. 다만 법인이 해산한 경우 이사가 청산인이 되지만(민 82조) 파산한 경우에는 파산관재인이 선임되어 각각 청산업무와 파산업무를 관장하게 된다.

(2) 공법인인 국가나 지방자치단체(지방자치 3조 1항)는 민법상의 권리능력을 가지므로 실질적인 당사자능력을 갖는다. 국가가 당사자가 되는 국가소송의 경우는 법무부장관이 국가를

---

1) 大判 1990. 9. 28. 89누6396 등. 그러나 이러한 입장을 견지하는 것이 남·북 주민 간의 법률문제 등을 해결하는 데 합리적인 방안인지는 의문이다. 최근에는 남·북 간의 법적 문제를 준국제사법의 문제(국제사법을 유추적용하는 방법)로 취급해야 한다는 견해가 학계의 다수입장으로 보여진다. 따라서 당사자능력과 관련해서 외국인의 경우와 유사하게 누적적용설을 적용할 수 있을 것이다.

2) 大判 1976. 9. 14. 76다1365. 서울高判 2007. 3. 15. 2006나56833. 형법의 관점에서는 전부노출설이 아닌 분만개시설(소위 진통설)을 취하고 있다(大判 1982. 10. 12. 81도2621 참조).

3) 大判 1976. 9. 14. 76다1365.

4) 태아인 상태에서 부모나 모를 법정대리인으로 하여 태아 본인의 자격으로 상속권을 보전하기 위한 조치(예를 들면 상속재산에 대한 가압류나 가처분 등)를 할 수 있는지 여부가 두 견해의 실질적인 차이점이 나타나는 부분일 것이다. 사산율이 지극히 낮은 점과 권리나 증거의 보전 필요성을 고려하면 해제조건설이 타당하다. 그러나 이 경우 부모를 법정대리인으로 인정할 것인지 혹은 모(母)만을 법정대리인으로 인정할 것인지가 문제되며 만에 하나 사산을 하게 되면 기존의 소송절차가 무위에 돌아갈 수 있다는 난점이 있다.

5) 大判 1992. 10. 9. 92다23087.

대표하므로(국가소송 2조) 변호사를 선임할 수 있지만 소송수행자 지정을 통해 국가를 대리하게끔 하는 것도 가능하다. 따라서 많은 국가 사건에 있어 검사나 법무부직원, 공익법무관은 물론 행정청의 직원이 국가를 대리하고 있다(국가소송 3조). 그러나 지방자치단체의 경우는 관련 특별법이 없어 변호사나 정부법무공단을 선임하여야 소송대리를 할 수 있다. 행정청은 당사자능력이 없지만 행정소송법에 따라 취소소송 등에서 피고 적격을 갖는다(행소 13조).

(3) 단체의 하부조직이나 내부기관은 당사자능력을 갖지 못한다. 예를 들어, 지방자치단체의 하부행정구역에 해당하는 읍·면 등은 당사자능력을 갖지 못하며(자치구가 아닌 구(區)도 동일하다, 지방자치 3조 3항), 법인의 기관에 불과한 지위를 갖는 경우에도 당사자능력이 인정되지 않는다. 따라서 노동조합의 선거관리위원회[1]나 사립대학의 학장,[2] 대한불교조계종 총무원,[3] 전국버스운송사업조합연합회 공제조합[4] 등도 당사자능력이 인정되지 않는다. 그러나 재단법인의 하부조직이라 하더라도 별도로 자신의 기관과 그 대표자를 두고 있고 기본재산을 보유하면서 모체가 되는 기관과 별도의 재정으로 운영하고 있다면 독립된 법인 아닌 재단으로 취급될 수 있으며[5] 사단법인의 하부조직의 하나라 하더라도 스스로 단체로서의 실체를 갖추고 독자적인 활동을 하고 있다면 사단법인과는 별개의 독립된 비법인사단으로 볼 수 있다.[6]

IV. 형식적 당사자능력자

민법상 권리능력자가 아니더라도 단체로서의 성격을 실질적으로 갖는 경우에는 당사자능력을 인정하고 있다. 법인이 아니라도 사단으로서의 실체를 갖추고 대표자 또는 관리인을 통하여 사회적 활동이나 거래를 하는 경우에는 그로 인하여 발생하는 분쟁은 그 단체가 자기 이름으로 당사자가 되어 소송을 통하여 해결하도록 하기 위함이다.[7] 특히 우리 민법이 비영리법인의 경우 주무관청의 허가를 얻도록 하고 있어(민 32조) 적지 않은 단체들이 법인의 실질을 갖고 있으면서도 법인격을 취득하지 못하고 있다. 소송절차에서는 이들 법인이 아닌 사단이나 재단의 경우 대표자나 관리인이 있는 경우에는 그 사단이나 재단의 이름으로 당사자가 될 수 있는 길을 열어두고 있다(52조). 문제는 법 제52조가 조합에게는 당사자능력을 인정하고 있지 않아 어떤 단체가 법인 아닌 사단인지 혹은 조합인지 여부를 결정하는 기준이

---

1) 大判 1992. 5. 12. 91다37683.

2) 大判 1987. 4. 14. 86다카2479.

3) 大判 1967. 7. 4. 67다549.

4) 大判 1991. 11. 22. 91다16136.

5) 大判 1998. 7. 24. 96누14937(대한예수교장로회총회 산하 신학연구원).

6) 大判 2009. 1. 30. 2006다60908(대전충남 시민연합, 전북 시민연합 등); 大判 2018. 4. 26. 2015다211289(항만근로자 퇴직충당금 관리위원회).

7) 大判 2022. 8. 11. 2022다227688.

무엇인가 하는 것을 개별적으로 결정하여야 한다는 데 있다.

1. 법인이 아닌 사단·재단

(1) 법인이 아닌 사단

1) 사단과 조합   사단이라 함은 일정한 목적을 위하여 조직된 다수인의 결합체로서 대외적으로 사단을 대표할 기관에 관한 정함이 있는 단체를 말한다.[1] 법인이 아닌 사단은 법인으로서 주무관청의 허가나 법적 요건을 갖추지 못해 비영리 혹은 영리법인으로 등록되지는 않았지만 그 실질상 사단의 성격을 가진 단체를 지칭한다. 조합은 구성원의 개인성이 강하게 드러나는 인적 결합체인 점에서 사단과는 차이가 있으나 현대사회에서 양자의 구분을 명확하게 하는 것은 쉽지 않다. 따라서 민사소송규칙에서는 법인이 아닌 사단 등의 당사자 능력을 판단하는 자료의 제출을 법원이 요구할 수 있도록 규정하고 있다(민규 12조).

2) 법인이 아닌 사단의 특성과 조합과의 구분   ① 판례는 조합과 비교해서 법인이 아닌 사단의 특성을 다음과 같이 파악하고 있다. 즉, 고유의 목적과 사단적 성격을 가지는 규약을 만들어 이에 근거하여 의사결정기관 및 집행기관인 대표자를 두는 등의 일정한 조직을 갖출 것, 기관의 의결이나 업무집행방법이 다수결의 원칙에 의하여 행하여질 것, 구성원의 가입·탈퇴와 무관한 단체의 존속, 그 조직에 의하여 대표의 방법, 총회나 이사회 등의 운영, 자본의 구성, 재산의 관리 기타 단체로서의 주요사항이 확정되어 있는 경우 등을 법인이 아닌 사단의 특성으로 열거하고 있다.[2]

② 우리 법 체계는 민법에서 비영리 단체를, 상법에서 영리단체를 분리해서 규정하고 있다.[3] 회사의 내부관계에 있어 민법상의 조합 규정을 준용(상 195)하는 합명회사는 법인의 형태를 가지면서 내·외부관계를 규율하는 상세한 규정을 갖고 있다. 결국 같은 인적 결합체라 하더라도 그 목적에 따라 단체의 성격이 규정될 수 있다. 이는 과거 혈연·지연 등에 의해 형성된 자연적인 집단의 성격을 갖는 종중이나 마을이 일정한 재산을 소유하는 데서 단체법적 규율이 필요하게 된 것으로 보여진다. 따라서 법인이 아닌 사단과 조합을 구분하는 것은 매우 어려우며 그 구분에 따라 소유관계를 일의적으로 구분해서 적용하는 것도 부자연스러운 일이다.[4]

③ 현대사회에서는 법인이 아닌 사단의 조직 특성을 갖춘 조합이 적지 않게 존재하고

---

1) 大判 1991. 11. 26. 91다30675.

2) 大判 1992. 7. 10. 92다2431.

3) 영리를 목적으로 하는 사단도 가능하지만 상사회사 설립 조건에 따라야 하며 모두 상사회사에 관한 규정을 준용하게 되어 있다(민 39조).

4) 송이채취를 위해 관행적으로 구성된 산림계를 법인이 아닌 사단의 이론으로 접근하는 것도 타당한 측면이 있으나 계원의 자격취득과 상실원인 등을 보면 조합의 성격이 강하다고 생각된다(배병일, "송이채취에 관한 산림계의 관습", 토지법학 24-1호, 77면 이하 참조).

있다. 비근한 예로 변호사로 구성된 법무법인 중 법무조합(변호 58조의18 이하 참조)은 위의 법인
이 아닌 사단의 조직 특성을 모두 갖추고 있지만 조직의 형태만을 조합으로 하고 있으며 변
호사법에 규정이 없는 한 민법의 조합 관련 규정을 준용하고 있다(변호 58조의31). 법무법인의
구성원이 합명회사의 사원으로서의 연대책임을 부담하는 데 반해(변호 58조 1항, 상 212조) 법무
조합은 구성원이 손실분담비율에 따른 책임만을 부담하게 된다(변호 58조의24). 결국 법인이 아
닌 사단과 조합의 구분은 조직의 특성보다는 구성원의 책임관계를 어떻게 정할 것이냐에 따
라 결정된다고 봄이 타당하다.

3) 법인이 아닌 사단의 종류

① **자연발생적인 법인이 아닌 사단**　　i) 법원은 종중이나 문중과 같이 일정한 혈연집
단의 경우와 한내마을회,1) 예산군 광시면 대리2) 등 동회(洞會)는 물론 자연적으로 형성된 마
을로서의 자연마을인 동·리3)와 같은 촌락공동체가 재산을 소유하는 경우에도 법인이 아닌
사단으로서의 실체를 인정해 오고 있다.4) 그러나 예외적으로 인정되지 않는 경우도 있는데,5)
대법원은 촌락공동체의 경우 ⓐ 주민의 공동편익 또는 공동복지를 목적으로 공동체의 이익
을 위한 활동을 하여야 하고, ⓑ 의사결정기관으로서 부락회의 혹은 총회가 있고, ⓒ 규약
또는 관행에 의하여 정하여진 대표자가 부락을 대표하되, ⓓ 반드시 성문의 규약이 아니더라
도 관례에 따른 불문의 규약6)이 존재해야 함을 요구하고 있다.7)

ii) 고유한 의미의 종중은 공동선조의 후손 중 성년인 사람을 종원으로 하여 구성되는
자연발생적인 종족집단으로서 특별한 조직행위를 필요로 함이 없이 관습상 당연히 성립하는
것이다.8) 고유 의미의 종중에 해당하는지 여부는 종중의 목적, 그 성립과 조직의 경위, 구성
원의 범위와 자격 기준, 종중 규약의 내용 등을 종합하여 판단하여야 하며,9) 자연발생적으로
성립하는 고유한 의미의 종중이라도 일정한 정도로 조직을 갖추고 지속적인 활동을 하는 단

---

1) 大判 2009. 1. 30. 2008다71469. 임시조사령에 의해 동·리의 명의로 査正된 경우 이는 단순히 행정구역을
　가리키는 것이 아니고 그 행정구역 내에 거주하는 주민들로 구성된 법인 아닌 사단으로서의 주민공동체를
　의미한다고 판시하였다.
2) 大判 2008. 1. 31. 2005다60871.
3) 大判 1999. 1. 29. 98다33512.
4) 이는 조선고등법원의 판례에서부터 인정되기 시작하였다고 한다(임상혁, "洞·里의 당사자능력과 조선고등법
　원의 관습 선언", 법사학연구 28호, 73면 참조. 한편, 임상혁 교수는 판례가 상용하고 있는 "자연부락"은 일본이
　17세기부터 천민이 거주하던 곳을 지칭하던 용어라는 것을 지적하면서 "자연촌"이라는 용어를 사용하고 있다.
5) 자연촌(자연마을)의 비법인사단성이 부인된 예도 있다. 의령군 궁유면 토곡리 당동부락(大判 1993. 3. 9.
　92다39532), 행정리(大判 1991. 7. 26. 90다카25765). 상세한 내용은 정정미, "촌락공동체(자연부락)의 재산에
　관한 소송", 대전지방법원 실무연구자료 7권, 6면 이하 참조.
6) 종중의 경우에도 불문의 규약으로 가능하다는 판례가 있다(大判 1966. 7. 26. 66다881).
7) 정정미, 전게논문, 8면 참조.
8) 大判(全) 2005. 7. 21. 2002다13850; 大判 2023. 12. 28. 2023다278829.
9) 大判 2020. 10. 15. 2020다232846.

체성과 대표자가 있어야 하므로 그와 같은 비법인사단의 요건을 갖추어야 당사자능력이 인정된다.[1] 한편, 종중이 자연발생적으로 성립한 후에 정관 등 종중규약을 작성하면서 일부 종원의 자격을 임의로 제한하거나 확장하더라도 그러한 규약은 종중의 본질에 반하여 무효이고, 그로 인하여 이미 성립한 종중의 실재 자체가 부인되는 것은 아니다. 또한 종중이 종중원의 자격을 박탈하거나 종중원이 종중을 탈퇴할 수 없는 것이어서 공동선조의 후손들은 종중을 양분하는 것과 같은 종중분열을 할 수 없다.[2]

　　iii) 판례는 고유한 의미의 종중 외에도 공동선조의 후손 중 특정 지역 거주자나 지파 소속 종중원만으로 조직체를 구성하여 활동하고 있다면 종중 유사의 권리능력 없는 사단으로서 원칙적으로 그 적법성이 인정된다고 한다.[3] 따라서 종중 유사단체는 사적 자치의 원칙 내지 결사의 자유에 따라 구성원의 자격이나 가입조건을 자유롭게 정할 수 있으나, 어떠한 단체가 고유 의미의 종중이 아니라 종중 유사단체를 표방하면서 그 단체에 권리가 귀속되어야 한다고 주장하는 경우, 우선 권리 귀속의 근거가 되는 법률행위나 사실관계 등이 발생할 당시 종중 유사단체가 성립하여 존재하는 사실을 증명하여야 하고, 다음으로 당해 종중 유사단체에 권리가 귀속되는 근거가 되는 법률행위 등 법률요건이 갖추어져 있다는 사실을 증명하여야 한다. 특히 종중 유사단체의 성립 및 소유권 귀속을 인정하려면, 고유 종중이 소를 제기하는 데 필요한 여러 절차를 우회하거나 특정 종중원을 배제하기 위한 목적에서 종중 유사단체를 표방하였다고 볼 여지가 없는지 신중하게 판단하여야 한다.[4] 한편, 고유 종중 또는 종중 유사단체가 비법인사단으로서의 실체를 갖추고 당사자로서의 능력이 있는지 여부는 사실심인 원심 변론종결시를 기준으로 하여 그 존부를 판단하여야 한다.[5]

　　② 인위적인 법인이 아닌 사단　　　인위적인 법인이 아닌 사단의 경우는 종중이나 자연마을과 달리 인위적인 조직행위가 따르게 된다. 따라서 보다 엄격한 단체성 요건이 요구된다. 판례가 인정하고 있는 법인이 아닌 사단으로는 구 주택건설촉진법(현 주택법)상의 재건축조합,[6] 설립중의 회사, 노동조합, 공동주택의 입주자대표회의[7] 등이 있다.

　　③ 종교단체　　　종교단체는 종교의 종류와 그 교리에 따라 조직의 특성이 다를 뿐 아니라 종교단체의 형성과정이 다종다양하여 단체의 성격을 일의적으로 정의하기는 어렵다(천

---

1) 大判 2023. 7. 27. 2020다216752.

2) 大判 2023. 12. 28. 2023다278829.

3) 大判 1996. 10. 11. 95다34330; 大判 2020. 10. 15. 2020다232846.

4) 大判 2019. 2. 14. 2018다264628; 大判 2020. 4. 9. 2019다216411.

5) 大判 2023. 7. 27. 2020다216752.

6) 大判 2003. 7. 22. 2002다64780. 주택조합에는 지역, 직장, 리모델링 주택조합 등이 있다. 한편 도시 및 주거환경 정비법에 따른 주택재건축조합이나 주택재개발조합은 법인으로 간주하고 있다(동법 18조 1항).

7) 大判 2008. 9. 25. 2006다86597.

주교의 경우는 예외적임). 법원은 사설사찰(개인사찰)[1]이 아닌 종단에 등록된 사찰은 독자적인 권리능력과 당사자능력이 있다는 점은 인정하지만 조직의 성격이 법인이 아닌 사단 혹은 재단인지 여부에 대해서는 명확한 결론을 내지 않고 있다[2] 즉, 사찰 조직의 구체적인 성격(사단법인 혹은 재단법인인지 여부)에 대해서는 다소 애매한 입장을 표명하고 있다.[3] 그러나 전통사찰보존법에 따라 전통사찰로 지정된 사찰은 법인이 아닌 재단으로 보는 것이 일반적인 판례 입장이다.[4] 한편, 법원은 기독교 단체인 교회에 대해서는 불교단체와 달리 일반적으로 법인이 아닌 사단으로 보고 있다.[5] 즉 다수의 교인들에 의하여 조직되고, 일정한 종교활동을 하고 있으며 그 대표자가 정하여져 있다면 법인이 아닌 사단으로서 당사자능력이 있다고 한다.[6]

4) 법인이 아닌 사단의 소유관계와 소송　　① 민법은 법인이 아닌 사단의 사원이 집합체로서 물건을 소유하는 경우에는 총유로 소유형태를 규정하고 있다(민 275조 1항). 총유관계의 내용은 정관이나 계약에 의하여 결정될 수 있으나(민 275조 2항) 민법은 기본적인 사항을 규정하고 있다. 사원은 총유물에 대해 지분이 인정되지 않으며 그 관리와 처분은 사원총회의 결의에 의한다는 점이 가장 중요하다(민 276조 1항). 따라서 법인이 아닌 사단이 능동적으로 혹은 수동적으로 소를 제기하거나 제기당하는 경우 사원총회의 결의를 거쳐 법인이 아닌 사단 자체를 당사자로 하거나[7] 법인이 아닌 사단 구성원 전원이 당사자가 되어 필수적 공동소송 형태를 갖추어야 한다.[8] 한편, 적법한 대표자 자격이 없는 비법인 사단의 대표자가 한 소송행위를 후에 적법한 대표자가 추인한 경우는 행위 시에 소급하여 효력을 갖게 되는데 이러

---

1) 大判 2005. 6. 24. 2003다54971. 이 판결에서는 불교신도나 승려 등 개인이 토지를 매수하여 그 지상에 사찰건물을 건립한 다음 주지를 두고 그 곳에서 불교의식을 행하는 경우 위 사찰의 창건주가 특정 종단에 가입하여 그 소속 사찰로 등록을 하고 사찰의 부지와 건물에 관하여 그 사찰 명의로 등기를 마침으로써 사찰재산을 창건주 개인이 아닌 사찰 자체에 귀속시키는 등의 절차를 거쳤다면 이로써 그 사찰은 법인 아닌 재단 또는 사단으로서 독립된 권리주체가 될 수 있지만 이에 이르지 못한 경우에는 창건주의 개인사찰로 보아야 한다고 판시하고 있다.

2) 사찰을 사단으로 인정할 경우에는 사원 및 사원총회라는 개념이 도입되어야 하므로 승려 외에 신도들이 사원총회의 구성원 자격이 있는가 하는 문제가 발생할 수 있으며 교회와 마찬가지로 "사찰분열"의 현상을 인정하지 않을 수 없을 것이다(박해성, "종교단체에 대한 법적 규율", 민사판례연구(XIX), 594면 참조).

3) 大判 1996. 1. 26. 94다45562; 大決 2005. 11. 16. 2003마1419.

4) 大判 1991. 6. 14. 91다9336 참조. 민유숙, "개인사찰 건물의 소유권 귀속", 대법원 판례해설 통권 54호 (2005), 41-42면 참조.

5) 大判 2001. 6. 15. 99두5566.

6) 大判 1991. 11. 26. 91다30675.

7) 大判 2018. 10. 25. 2018다210539; 大判 2021. 5. 13. 2020다282889. 비법인사단이 사원총회의 결의 없이 제기한 소는 소 제기에 관한 특별수권을 결하여 부적법하고 그 경우 소 제기에 관한 비법인사단의 의사결정이 있었다고 할 수 없다. 그러나 채권자가 법인이 아닌 사단을 대위해서 권리행사하는 경우에는 사원총회의 결의 등 내부결의를 거칠 필요는 없다(大判 2014. 9. 25. 2014다211336).

8) 大判 1994. 5. 24. 92다50232; 大判 1995. 9. 5. 95다21303.

한 추인은 상고심에서도 할 수 있으며 아울러 비법인 사단의 총유재산에 관한 소송이 사원 총회의 결의 없이 제기된 경우에도 추인이 가능하다.[1]

② 판례에 따르면 총유재산의 보존행위로서 소를 제기하는 경우에도 사원총회의 결의를 거쳐 법인이 아닌 사단이나 구성원 전원이 당사자가 되어야 한다고 하여 사원이 단독으로 보존행위를 위한 소를 제기할 수 없다고 하는데 의문이다.[2] 법인이 아닌 사단 자체의 당사 자능력을 인정하거나 구성원 전체가 소를 제기하는 것을 스스로 인정하면서도 보존행위의 경우 구성원 각자의 제소를 금지하는 것(당사자적격을 부인하는 것)은 그 자체로 논리적인 모순을 담고 있기 때문이다. 어떤 형태로든 소유권을 가진 자에게 재산의 보존을 위한 독립적인 조치를 불허하는 것은 개인의 재산권행사에 대한 중대한 법익침해에 해당한다.

(2) 법인이 아닌 재단

1) 일정한 목적을 위한 재산의 집단을 재단이라고 하며 주무관청의 허가가 없어 법인격을 취득하지 못한 재단을 법인이 아닌 재단이라고 한다. 출연자의 재산출연으로 재단의 재산이 구성되지만 동 재산은 출연자의 소유로부터 독립되어야 하며 정관에 따라 관리주체가 일정한 목적 아래(육영사업이나 장학회 등) 사업을 지속적으로 유지함으로써 사회생활상 하나의 단위를 구성하여야 한다. 재단법인의 경우에도 출연재산의 관리를 위한 인적 조직이 요구되지만 사단과는 달리 구성원은 사원의 성격을 갖지 못하며 출연된 재산의 관리를 위한 목적에 한정된다. 그러나 실제로 그 구분이 모호한 것은 사실이다.

2) 대법원은 학교에 대해 독자적인 당사자능력을 인정하고 있지 않으며 단지 학교는 교육시설의 명칭이나 영조물에 불과하다고 한다.[3] 이러한 법리는 비송사건에서도 동일하다고 한다.[4] 결국 국·공립학교의 경우는 국가나 지방자치단체가 사립학교의 경우는 학교법인이 당사자능력을 갖게 된다. 반면에 유치원은 계속적인 목적과 원칙에 따라 설립자에 의하여 관리 운영되는 사실상 사회생활상 하나의 단위를 이루는 조직을 가지는 법인 아닌 재단이라고 인정한 바 있다.[5]

---

1) 大判 2016. 7. 7. 2013다76871; 大判 2018. 7. 24. 2018다227087.
2) 大判(全) 2005. 9. 15. 2004다44971. 대법원은 총유의 경우에는 공유나 합유의 경우처럼 보존행위는 그 구성원 각자가 할 수 있다는 민법 제265조 단서 또는 제272조 단서와 같은 규정을 두고 있지 않은 점을 중요한 근거로 제시하고 있으나 이 판결에 대해서는 많은 논란이 있다. 총유의 경우에도 보존행위는 구성원이 단독으로 할 수 있다고 보아야 한다는 입장이 있으며 보존행위에 대해서도 사원총회의 결의를 요구하는 것은 부당하다는 지적 등이 그것이다.
3) 大判 2001. 6. 29. 2001다21991(법인으로 전환되기 전의 서울대학교는 교육시설의 명칭에 불과). 大判 1975. 12. 9. 75다1048(사립학교 역시 학교법인이 경영하는 하나의 교육시설에 불과).
4) 大決 2019. 3. 25. 2016마5908. 이 사건에서 대법원은 외국인학교의 당사자능력을 부인하고 있다.
5) 大判 1968. 4. 30. 65다1651.

2. 민법상 조합의 당사자능력

(1) 조합의 법적 성격

1) 민법상 조합은 2인 이상이 상호출자하여 공동사업을 경영할 것을 약정함으로써 성립된다(민 703조 1항). 동 계약 혹은 법률의 규정에 의해 설립된 조합체는 하나의 단체로서 합유의 형태로 물건을 공동소유하게 되는데(민 271조) 조합원의 지분은 인정되지만 합유물 자체의 처분뿐 아니라 그 지분의 처분에도 조합원 전원의 동의가 요구된다(민 273조). 그런데 조합은 사단이나 비법인 사단에 비해 구성원의 개성이 강하게 반영되는 반면 단체성이 약하다는 이유로 민법상 법인에도 속하지 않아 독립된 인격을 갖지 못할 뿐 아니라 법인 아닌 사단이나 재단과 달리 소송법상으로도 당사자능력이 인정되지 않고 있어(법 52조) 오래 전부터 해석론을 통해 당사자능력을 인정할 것인지 여부를 두고 논란이 되어 왔다.

2) 변호사가 구성할 수 있는 단체의 한 종류인 법무조합은 민법상 조합에 관한 규정이 준용되지만(변 58조의31) 실정 법규를 통해 당사자능력이 인정되고 있다(변호 58조의26). 한편, 농업협동조합과 같은 경우에는 근거법령에서 조합과 중앙회를 법인으로 취급하고 있다(농업협동조합법 4조 1항). 반면, 상법상 합자조합에 대해서는 민법의 조합에 관한 규정이 준용될 뿐(상 86조의8, 4항) 당사자능력과 관련해서 별도의 규정을 두고 있지 않다.

(2) 학설의 대립

1) **긍정설과 문제점**   조합에 당사자능력을 인정하여야 한다는 견해의 대부분은 조합과 법인이 아닌 사단 간의 구분이 모호하고 소송수행이 불편하다는 현실적인 측면을 강조하고 있다(김/강, 145-147면 참조). 따라서 법 제52조의 법인이 아닌 사단에는 조합이 포함된다는 주장,[1] 조합자체의 당사자능력을 인정하고 업무집행조합원을 법인의 법정대리인에 준하는 지위를 인정하자는 견해(김/강, 147면) 등이 제기되고 있다. 그러나 조합에 당사자능력을 인정하는 경우 가장 해결하기 어려운 문제는 민법상의 소유관계는 물론 집행절차와 조화를 이루기 어렵다는 점이다. 예를 들어 조합재산에 대한 집행을 위해서는 조합원 전원에 대한 집행권원이 필요한데[2] 조합 자체를 피고로 하여 승소판결을 받는다면 조합원 각자에 대한 분할책임을 추급하기 어렵다는 점이 문제될 수 있기 때문이다.[3] 또한 조합이 원고가 되어 이전등기청구소송을 제기하여 승소하더라도 부동산등기법상 조합명의로 이전등기를 할 방법이

---

1) 이동률, "조합의 당사자능력", 민사소송(Ⅰ), 579-580면 참조.
2) 大判 2015. 10. 29. 2012다21560. 동 판결에서는 조합재산에 대한 강제집행의 보전을 위한 가압류의 경우에도 조합원 전원에 대한 가압류명령이 필요하다고 한다.
3) 新堂幸司 교수는 조합원 명의로 승계집행문을 부여받아 문제를 해결할 수 있다고 주장한다(新堂幸司, 147-149面).

없는데 이 경우도 승계집행문을 이용해서 조합원 명의로 등기할 수 있는지 여부가 문제된다. 나아가 조합의 당사자능력을 인정하게 되면 합명회사와의 실질적 구분도 모호해질 염려가 있다는 지적도 있다.

2) 부정설과 대안   ① 법 제52조에서는 권리능력이 인정되지 않는 법인이 아닌 사단이나 재단에 대해 당사자능력을 인정하면서도 조합에 대해서는 당사자능력을 인정하고 있지 않다. 조합이 사단이나 재단에 비해 단체성이 약한 계약적 기속관계에 불과하다는 점, 조합재산은 조합원의 재산관계로부터 독립되어 있지 아니한 합유이고(민 703조) 조합채무 또한 조합재산에서 변제되지만 성질상으로는 조합원 각자의 채무이므로 조합채권자는 직접 조합원에 소구하여 조합원의 개인재산을 집행할 수 있어(민 711조) 당사자능력을 인정할 수 없다는 입장으로 파악된다. 이와 같이 조합원의 소유형태가 조합원 개인책임에 가까운 합유라는 점에서 조합자체에 대한 판결로 구성원인 조합원에 대한 분할책임을 추급하는 것이 어렵다고 지적하는 견해도 나오게 되며 결국 조합의 경우는 전원이 원고가 되거나 피고가 될 수밖에 없다는 것이다.

② 당사자능력이 인정되지 않음으로써 발생하는 절차상의 불편에 대해서는 아래와 같은 대안이 제시되고 있다.[1]

i) 민법 제709조는 업무집행조합원에게 대리권이 있다고 추정하고 있으므로 동 규정을 통해 업무집행조합원을 법률상 소송대리인으로 볼 수 있다는 견해가 있다. 그러나 위 규정은 법률행위에 관한 대리권 추정에 불과하므로[2] 이를 근거로 업무집행조합원에게 재판상 대리권이 있다고 보는 것은 타당하지 않다.

ii) 조합에는 통상 대표자의 지위를 갖는 업무집행조합원이 선임되므로(민 706조) 동인에게 임의적 소송신탁을 허용함으로써 조합원 전원이 당사자가 되어야 하는 불편을 해소할 수 있을 것이다. 판례 역시 조합 업무를 집행할 권한을 수여받은 업무집행 조합원은 조합재산에 관하여 조합원으로부터 임의적 소송신탁을 받아 자기 이름으로 소송을 수행할 수 있다고 판시하고 있다.[3] 그러나 업무집행조합원이 특정 소송에 대해 당연히 소송수행권을 갖는 것은 아니므로 조합규약이나 조합결의에 의하여 업무집행조합원 본인의 이름으로 조합재산을 관리하고 대외적 업무를 집행할 권한을 수여받아야 한다. 이 경우의 소송당사자는 조합이 아닌 업무집행조합원 개인이므로 그 표시는 "○○조합 업무집행조합원 ○○○"로 표시하는 것이 타당할 것이다.

---

1) 조합원 전원이 소송대리인을 선임하거나 선정당사자를 선정함으로써 절차의 번잡함을 회피할 수는 있지만 이 방안들은 조합에 대한 당사자능력을 부인하는데 따른 대안이라고 할 수는 없을 것이다.

2) 大判 2002. 1. 25. 99다62838.

3) 大判 1984. 2. 14. 83다카1815; 大判 2001. 2. 23. 2000다68924 등 참조.

iii) 조합에 대해 당사자능력을 인정하지 않는 현행법 체계 하에서 해석론을 통해 당사자능력을 인정하는 것은 무리라고 생각된다. 따라서 현행법상으로는 업무집행조합원에 대한 임의적 소송신탁을 통해 절차적인 불편을 해소하는 판례의 방안이 가장 합리적인 대안일 것이다. 그러나 궁극적으로 조합에 당사자능력을 부여하는 법 규정을 설치하는 것이 필요하고 가능하다고 판단된다. 조합에 대해 권리능력을 인정하는 문제는 민법의 합유 관련 규정과의 정합성 때문에 민법 자체의 개정작업이 요구된다고 판단되지만,1) 당사자능력을 부여하는데 있어서는 아무런 문제가 없기 때문이다. 오히려 거래의 편의를 도모할 수 있고 효율을 증진시키는 방법이 될 것이다.2) 권리능력 없는 사단이나 재단과 마찬가지로 부동산등기법 개정을 통해 등기능력을 인정함으로써 그 효율은 더욱 배가 될 수 있을 것이다. 더구나 개별 실정법에서도 조합에 당사자능력을 인정함으로써 단체활동의 편의를 제고하고 있는데 변호사법 제58조의26에서 법무조합에게 당사자능력을 인정하는 것이 대표적이다. 하지만 보다 안정적인 접근을 위해서 조합에 대표자가 있고 사단성을 갖추고 있는 경우로 제한해서 당사자능력을 인정함이 타당할 것이다. 사단성 여부는 구성 인원의 다과보다는 조직 체계와 규약 유무 등으로 결정하는 것이 바람직하다.

3) 외국의 경우　① 독일에서도 과거에는 조합에 대해 권리능력을 인정하지 않았으나 2001년에 독일연방대법원이 판례를 변경하여 권리능력을 인정하였고,3) 최근에는 독일 민법 제705조를 개정하여 권리능력있는 조합을 인정하기에 이르렀다.4) 즉, 조합은 조합원들의 공통된 의사에 따라 법적 거래에 참여할 때에는 스스로 권리를 취득하거나 의무를 부담할 수 있는 권리능력이 인정되지만 조합원 상호간의 법률관계를 규율하는 경우에는 권리능력이 인정되지 않는다. 즉 외적조합의 경우는 권리능력을 명시적으로 인정하게 된 것이다. 독일 도산법에서도 민법상 조합과 같은 법인격 없는 조합에 대해서도 도산절차가 개시될 수 있음을 인정하고 있다(독일 도산법 11조 2항 1호). 반면, 우리의 채무자회생 및 파산에 관한 법률에서는 조합에 대해 도산능력을 인정하고 있지 않다.5) ② 일본에서도 민사소송법 제52조와 마찬가지로 법인아닌 사단이나 재단에 당사자능력을 부여하고 있지만(일민소 29조) 조합에 대해서는 명시적인 규정을 두고 있지 않다. 다만 오래전부터 일본최고재판소는 조합에 대해 당사자

---

1) 윤진수, "민법상 조합의 권리능력에 관한 독일의 동향", 법조 27권 1호(2023. 2), 52-53면 참조.

2) 윤진수, 전게논문, 53면도 같은 견해이다.

3) BGHZ 146, 341, 347(NJW 2001, 1056).

4) 2021년 "Das Gesetz zur Modernisierung des Personengesellschaftsrechts"의 제정을 통해 독일민법이 개정되었으며 2024 1. 1.부터 발효되었다. 독일민법 제705조 제2항이 신설되어 외적조합에 대해 권리능력을 인정하게 된 것이다. 개정의 상세한 내용은 윤진수, 전게논문, 37면 이하 참조.

5) 채무자회생 및 파산에 관한 법률 제297조(그 밖의 법인에의 준용) 제295조 및 제296조의 규정은 제295조의 규정에 의한 법인 외의 법인과 법인 아닌 사단 또는 재단으로서 대표자 또는 관리자가 있는 것에 관하여 준용한다.

능력을 인정해 오고 있다.[1]

V. 당사자 능력의 조사와 흠결의 효과

1. 소송요건 및 심리방법

(1) 당사자능력의 존재는 본안판결을 받기 위한 소송요건에 해당하므로 사실심 변론종결시까지 갖추어지면 되고 법원은 직권으로 이를 조사할 의무가 있다. 특히 법인이 아닌 사단이나 재단 등이 당사자가 된 경우 법원은 정관이나 규약 그 밖의 당사자능력을 판단하기 위해 필요한 자료의 제출을 당사자에게 요구할 수 있다(민규 12조). 아울러 조합의 업무집행조합원이 조합으로부터 임의적 소송신탁을 받아 당사자로서 소송수행을 하는 경우에도 규약이나 결의 내용 등에 대한 조사가 필요하다.

(2) 원고가 법인이 아닌 사단이라고 주장하면서 동 사단을 대리하여 대표자가 소를 제기하였으나 피고는 원고가 조합에 불과하다고 주장하면서 단체성을 부인하는 경우가 있을 수 있다. 이때 원고는 자신이 당사자능력이 있음을 주장·입증하여야 한다. 만일 원고가 1심 법원의 심증을 형성하는 데 실패하여 패소판결을 받더라도 이에 따른 원고의 상소 자체는 적법하다. 즉, 일단은 원고를 능력자로 취급해서 재판을 할 수밖에 없다.[2]

2. 당사자능력 흠결에 대한 조치

법원의 조사결과 당사자능력이 흠결된 사실이 발견된 경우에는 그 흠의 보정이 가능한 경우에는 보정을 명하되(59조) 그것이 불가능한 경우에는 소를 각하하여야 한다. 흠의 보정은 당사자표시정정이나 피고경정(260조) 제도를 통해 가능하다. 판례는 1심에서만 허용되는 피고경정제도의 한계를 인식해서 당사자표시정정제도의 활용가능성을 폭넓게 인정하고 있다(표시정정 제도 부분 참조). 한편, 소송계속 중에 당사자의 사망이나 합병 등으로 당사자능력을 상실한 경우에는 소송절차가 중단되고 절차의 수계 문제가 발생하게 된다(233조, 234조). 그러나 상속인 등이 수계할 수 없는 일신전속적인 사항에 대해서는 당사자 일방이 사망하더라도 수계가 이루어질 수 없다(이혼소송 도중 당사자 일방이 사망한 경우).

---

1) 最高裁 昭和 37. 12. 18. 判決 民集 16卷 12号 2422面. 判例百選(4版) 24面.
2) 大判 1997. 9. 12. 97다20908에서 원고 "북한반공애국투자유족회"는 법인이 아닌 사단이라고 주장하면서 소를 제기하여 대법원에까지 이르렀으나 단체성을 인정받지 못함으로써 소를 각하당했다.

3. 당사자능력을 간과한 판결의 효력

(1) 법적 위험이 없는 무효인 판결

당사자능력이 없는 자를 당사자로 하여 제기한 소 혹은 당사자능력이 없는 자를 상대로 한 소가 선고되고 이것이 확정된 경우에는 동 판결이 무효라는 점은 지극히 당연하며 이 확정재판에 대해서는 불복을 허용할 필요조차 없다. 예를 들어 사람이 아닌 도롱뇽을 원고로 한 사건에서 재판부가 이를 간과함으로써 원고 승소판결이 선고되고 확정된다고 하더라도 동 판결이 집행될 위험성은 없으므로 이를 무효인 판결로 취급하는 데 아무런 문제가 없다.[1] 또한 단체가 실재하지 않는데도 불구하고 단체와 대표자의 존재를 오인해서 가처분결정이 내려졌다고 하더라도 그 가처분결정은 누구에게도 그 효력을 발생할 수 없는 무효인 결정이다.[2]

(2) 법적 위험이 있는 무효인 판결

1) 당사자가 실재하지 않은 상태에서 선고된 판결이라도 법적 위험을 내포하는 경우가 있다. 이러한 경우에는 상속인 등이 무효인 판결을 제거하는 것을 허용할 필요가 있다. 따라서 판결이 확정되기 전에는 상소로써 이를 다툴 수 있고 형식적으로 확정되더라도 당사자가 사망함으로써 무효인 판결이 선고되는 과정에서 소송서류의 송달 등이 망인에게 공시송달로 이루어진 경우와 같이 당사자의 책임질 수 없는 사유에 기해 불변기간을 준수하지 못한 경우에는 추완상소를 통해 상속인 등이 이를 다툴 수 있음은 당연하다.[3]

2) 판결이 확정된 경우의 구제방법에 대해서는 견해가 대립된다. 위와 같이 추완상소가 허용되는 경우를 제외하면 무효로 보아야 한다는 입장(호, 233면), 소송능력의 흠결을 유추하여 재심을 허용하여야 한다는 입장(방, 169면; 정/유/김, 200면)들이 있는 반면 학교법인이나 조합원 전원을 상대로 제소해야 함에도 학교나 조합을 상대로 소를 제기한 경우와 같이 단체의 사회적 실재가 있는 경우에는 재심을 허용할 이익이 없으므로 당해 판결은 유효하다고 하는 견해(김/강, 149면; 이시, 154면; 송/박, 132-133면; 강, 133면)도 있다. 이 견해에 따르면 이러한 경우에도 당해 사건에 한해서는 당사자능력이 있는 것으로 취급할 것이므로 반드시 집행 불능의 문제가 생기는 것은 아니라고 지적하고 있으나 의문이다. 판결을 집행하기 위해서는 집행문 부여신청을 통해 집행문이 부여되어야 하는데 집행절차에 있어서도 당사자능력의 부재는 집행행위의 무효를 야기할 뿐 아니라 집행기관은 집행절차에서 당사자능력 유무를 직권으로

---

1) 大決 2006. 6. 2. 2004마1148,1149.
2) 大判 1994. 11. 11. 94다14094; 大決 2008. 7. 11. 2008마520.
3) 大判 1992. 7. 14. 92다2455(실종자를 피고로 하는 소송에서 실종자에 대해 공시송달의 방법으로 소송서류가 송달된 경우이다).

조사해야 하기 때문이다.[1] 따라서 조합이나 학교 등이 당사자로 표시되었으나 실제로 조합
원 전원 혹은 학교법인이 실제적으로 소송수행을 하였다면 판결경정(211조) 등을 통해 당사자
능력이 있는 조합원 전원이나 학교법인 등으로 변경하지 않는 한 판결에 따른 집행은 현실
적으로 불가능하다.[2] 만일, 조합이나 학교 등의 명칭으로 소를 제기 당함으로써 조합원 전원
이나 학교법인 등이 실제적으로 소송절차에 관여할 수 없었다면 동 판결은 무효로 취급됨이
마땅하다.

제 4 절   소송능력과 변론능력

Ⅰ. 의   의

소송능력이라 함은 당사자나 참가인으로서 소송행위를 유효하게 하거나 그 상대방이 될
수 있는 능력을 의미하며 민법상 행위능력에 대응하는 개념이다. 민법상의 행위능력 개념은
제한능력자를 보호하는 데 치중을 하지만 소송능력은 소송행위의 안정성을 보다 강조함으로
써 양자의 보호범위는 상이할 수 있으나 개정 법률은 민법의 행위능력과 소송법상의 소송능
력을 일치시키고 있다. 소송능력은 당사자나 참가인으로서 유효한 소송행위를 할 수 있는 능
력을 의미하므로 증거조사의 객체인 증인이나 당사자신문의 경우는 소송능력이 요구되지 않
는다. 한편, 민법상 대리인은 행위능력을 요하지 않는다(민 117). 하지만 제한능력자는 법정대
리인인 후견인이 될 수 없고(민 937조 1, 2호), 원칙적으로 단독으로는 소송행위를 할 수 없으
므로(55조) 제한능력자를 임의대리인으로 하는 것 역시 허용될 수 없다고 보아야 한다(이시,
164면).

Ⅱ. 소송능력자와 제한능력자

1. 소송능력자

(1) 소송능력의 유무 역시 법에 특별한 규정이 없으면 민법에 따르므로 민법상의 행위
능력자는 소송능력을 갖는다. 자연인이 아닌 법인의 경우는 자연인인 대표기관을 통해 대외
적인 법률행위를 하게 되는데 이는 대리와 구분되지만 법인의 대표에 관하여는 대리에 관한

---

1) 이시윤, 「민사집행법(6판)」, 75면.
2) 이미 실재하지 않는 망인을 상대로 한 것이지만 판결이 형식적으로 확정된 상태에서는 당사자표시정정이
   불가능하다는 것을 전제로 하는 것이다. 집행절차에서도 당사자표시정정이 가능하지만 이미 사망한 사람 앞
   으로 판결이 선고되어 확정된 후 집행절차에서 상속인으로 당사자표시정정하는 것은 허용되지 않는다.

규정을 준용하게 된다(민 59조 2항). 소송행위에 있어서도 법인, 법인 아닌 사단의 경우 대표자나 관리인에 대해서는 법정대리와 법정대리인의 관한 규정을 준용하고 있다(64조). 이는 법인 자체가 당사자능력을 갖지만 대표기관인 자연인의 행위를 통해서만 대외적인 활동을 할 수 있으므로(법인 자체는 소송능력이 인정되지 않음) 법정대리와 법정대리인에 관한 규정을 준용하고 있는 것이다.

　　(2) 소송능력의 경우는 당사자능력과 달리 외국인은 본국법에 따라 소송능력이 없더라도 우리나라의 법률에 따라 소송능력이 인정된다는 특별규정(57조)이 있어 논의의 전개가 다를 뿐 당사자능력과 본질은 동일하다. 따라서 법 제57조에 충실하게 외국인의 소송능력은 그의 본국소송법에 따르되[1] 이 경우 소송능력이 인정되지 않더라도 우리 민사소송법상 소송능력이 인정되면 소송행위가 가능하게 된다.

2. 제한능력자

민법상의 행위무능력자는 소송절차에서 역시 소송무능력자로 취급되었으나 2013년 7월 시행된 개정 민법은 일률적인 행위무능력자 개념을 버리고 가급적 개인의 각각의 능력에 따라 행위능력의 범위를 달리해서 개별화하는 소위 제한능력자 개념을 채택하게 되었다. 따라서 한정치산이나 금치산제도와 같은 일률적인 행위무능력 개념을 버리고 피성년후견이나 피한정후견과 같은 제한능력 개념을 도입하게 되었다. 민법상의 제한능력자를 소송절차에서 어떻게 취급할 것인가에 대해서는 2016. 2. 3. 민사소송법 개정(2017. 2. 4. 시행)을 통해 밝히게 되었다. 그 핵심은 제한능력자의 소송능력 역시 행위능력과 마찬가지로 일률적으로 부정하지 않고(즉, 법정대리인에 의해서만 소송행위를 할 수 있는 것이 아니라) 제한능력자의 행위능력이 인정되는 부분에서는 소송능력도 인정하는 것이다(55조).

(1) 미성년자

미성년자의 소송능력은 민법 및 민사소송법의 개정으로 변화된 것이 없고 여전히 법정대리인을 통해서만 소송행위를 할 수 있다(5조 1항 본문).[2] 다만, 미성년자가 독립하여 법률행위를 할 수 있는 경우에는 포괄적으로 소송능력이 인정된다(55조 1항 1호). 따라서 미성년자가 혼인을 한 경우(민 826조의2), 미성년자가 법정대리인으로부터 허락을 얻은 특정한 영업(민 8조 1항)에 관하여는 성년자와 동일한 행위능력이 있으므로 미성년자가 영업을 위해 하는 일체의 거래에 대해서는 단독으로 소송행위를 하는 것이 가능하다.[3] 또한 미성년자라 하더라도 근

---

1) 강현중, "외국인의 민사소송상 지위", 섭외사건의 제문제(하), 재판자료 34집(1986), 427-428면.
2) 따라서 여전히 미성년자를 소송무능력자의 범주로 포섭이 가능한데 민법이 제한능력자의 개념을 도입하게 됨에 따라 미성년자도 현행법상으로는 제한능력자로 취급함이 온당하다.
3) 미성년자가 혼인을 하게 되면 그 후에는 모든 분야에서 독립적으로 소송행위가 가능하다. 나아가 영업의

로계약과 관련해서는 근로계약의 체결과 임금청구에 관한 소송에서는 단독으로 소송행위를
할 수 있다(근기 67조 1항, 68조).

(2) 피성년후견인

질병, 장애, 노령, 그 밖의 사유로 인한 정신적 제약으로 사무를 처리할 능력이 지속적
으로 결여된 사람에 대하여 본인을 비롯한 이해관계인은 가정법원에 성년후견개시의 심판을
신청할 수 있다(민 9조). 개정 전 금치산자에 해당하는 경우로서 피성년후견인은 법정대리인
에 의해서만 소송행위를 할 수 있다(55조 1항). 따라서 피성년후견인의 법률행위는 취소가 가
능하지만(민 10조 1항) 금치산자와 달리 가정법원이 피성년후견인 개인의 상황을 감안하여 취
소할 수 없는 피성년후견인의 법률행위의 범위를 정할 수 있고(민 10조 2항) 따라서 이 범위에
서는 소송능력도 갖게 된다(55조 1항 2호). 한편, 민법에서는 피성년후견인이 일용품의 구입 등
일상생활에 필요하고 그 대가가 과도하지 아니한 법률행위는 단독으로 할 수 있도록 하고
따라서 성년후견인이 이를 취소할 수 없도록 하였는데(민 10조 4항) 민사소송법에서는 이 부분
에 대해 아무런 언급을 하고 있지 않아 문제이다. 피성년후견인의 이익보호와 절차의 안정을
위해 소송능력을 부정하여야 한다는 견해(이시, 165면; 정/유/김, 225면)가 있으나 의문이다. 민법
상의 행위능력과 소송법상의 소송능력을 일치시키고자 한 것이 제한능력자 관련 소송법 개
정의 취지였을 뿐 아니라 피성년후견인은 법원에 의해서 일정범위에서 소송능력을 인정받을
수도 있는데 적은 금액의 일용품의 구입 등 일상생활에서까지 후견인을 통해 소송행위를 하
여야 한다는 것은 균형에 맞지 않기 때문이다.[1]

(3) 피한정후견인

질병, 장애, 노령, 그 밖의 사유로 인한 정신적 제약으로 사무를 처리할 능력이 부족한
사람에 대하여 본인을 비롯한 이해관계인은 가정법원에 한정후견개시의 심판을 신청할 수
있다(민 12조 1항). 피한정후견인은 종전의 한정치산자에 해당하는 개념이지만 행위능력의 범
위는 다르다. 일단 피한정후견인은 원칙적으로 행위능력자이다. 다만, 한정후견인으로부터
동의를 받아야 하는 행위의 범위가 정해지면 그 한도에서만 행위능력을 상실할 뿐이다(민 13
조 1항). 이러한 민법의 태도 변화에 대해 그대로 소송능력자로 인정해주자는 견해, 피한정후
견인이 동의를 받아야 하든 그렇지 않든 소송무능력자로 취급해야 한다는 견해 등이 대립하

허락을 받아 가게를 운영하게 된 경우 가게 운영을 위한 각종 계약 등으로부터 파생되는 소송에 있어서는
법정대리인의 도움 없이 단독으로 소송행위를 할 수 있다.

1) 법 제55조 제1항 각호에서 민법 제10조 제4항을 명시하지 않은 것은 피성년후견인이 독립하여 법률행위를
할 수 있는 경우이므로 굳이 예외사유의 하나로 명시할 필요가 없었다고 생각된다. 더구나 미성년자도 독립
하여 법률행위를 할 수 있는 경우에는 소송능력을 갖는데(민 55조 1항 1호) 같은 제한능력자인 피성년후견
인을 달리 취급할 이유가 없다.

고 있었다. 개정법은 전자의 견해와 같이 피한정후견인은 한정후견인의 동의가 필요한 행위를 제외하고는 단독으로 소송행위를 할 수 있게 되었다(55조 2항).

(4) 의사무능력자

의사능력이란 자신의 행위의 의미나 결과를 정상적인 인식력과 기억 등을 바탕으로 합리적으로 판단할 수 있는 정신적 능력 내지는 지능을 말하는 것으로서, 의사능력의 유무는 구체적인 법률행위와 관련하여 개별적으로 판단되어야 한다.[1] 이러한 의사능력이 흠결된 경우 소송능력은 인정되지 않으며 그 행위는 무효이다. 다만, 개정법은 법 제62조를 준용하여 특별대리인을 통해 의사무능력자 본인이 소를 제기하거나 혹은 의사무능력자를 상대로 소를 제기하고자 하는 경우의 문제를 해결하고 있다(62조의2 1항).

3. 일부 행위능력자의 소송능력

민법의 제한능력자는 아니지만 피특정후견인(민 14조의2)과 피임의후견인(민 959조의14)이 새로이 민법에 신설되었다. 이들을 어떻게 취급할 것인가에 대해서도 약간의 고찰이 필요하다.

(1) 피특정후견인

질병, 장애, 노령, 그 밖의 사유로 인한 정신적 제약으로 일시적 후원 또는 특정한 사무에 관한 후원이 필요한 사람에 대하여 본인과 이해관계인이 가정법원에 특정후견의 심판을 신청할 수 있다(민 14조의2). 피특정후견인은 전반적으로 완전한 소송능력을 가진 정상적인 사람이지만 일시적 혹은 특정한 사무에 관한 후원이 필요한 경우 특정후견이 개시될 수 있을 뿐이다. 그러나 이 역시 질병, 장애, 노령, 그 밖의 사유로 인한 정신적 제약을 원인으로 한다는 점에서 앞서 본 피성년후견이나 피한정후견 제도와 동일한 선상에 있어 특정후견인의 후견이 필요한 행위에 대해서는 예외적으로 피특정후견인의 소송능력을 제한할 것인지 여부가 문제된다. 가정법원이 특정후견인에게 대리권을 수여하게 되면(민 959조의 11, 1항) 법정대리인으로 보아야 하며 그 경우 본인은 소송능력자로 볼 수 없다는 견해(호, 257면)가 있으나 다소 의문이다. 우선, 특정후견은 본인의 의사에 반해 할 수 없다는 점(민 14조의2 2항), 피특정후견인이 행위를 하는 데 특정후견인의 동의를 얻어야 한다는 등의 제약이 없다는 점 등을 고려해보면 피특정후견인의 소송능력은 제한되지 않는다고 보는 것이 타당하다.

(2) 피임의후견인

이는 후견계약을 통해 질병, 장애, 노령, 그 밖의 사유로 인한 정신적 제약으로 사무를 처리할 능력이 부족한 상황에 있거나 부족하게 될 상황에 대비하여 자신의 재산관리 및 신상보호에 관한 사무의 전부 또는 일부를 다른 자에게 위탁하고 그 위탁사무에 관하여 대리

---

1) 大判 2012. 3. 15. 2011다75775.

권을 수여하는 것이다(민 959조의14). 따라서 임의후견인은 임의대리인의 일종이므로 본인의 소송능력을 제한할 근거는 되지 못한다(같은 취지의 견해로는 호, 257면).

Ⅲ. 소송능력의 소송법상 효과

1. 소송능력의 법적 지위와 흠결

(1) 소송행위의 유효요건

소송능력은 기본적으로 개별적인 소송행위의 유효요건이다. 하지만 소송능력이 흠결된 원고가 소를 제기하면 부적법한 소 제기가 되므로 이 경우에는 소송능력이 소송요건으로 작용한다. 아울러 미성년자를 상대로 소를 제기한 경우에도 당해 소가 부적법해지는 것은 아니지만 미성년자에게 송달하는 것 자체는 부적법하며 법정대리인이나 특별대리인 등을 통해 피고가 대리되지 않는 한 본안판결을 할 수 없게 된다. 이러한 측면에서 소송능력은 소송요건으로 작용하게 된다. 한편, 법원은 무효인 소송행위가 발생하지 않도록 소송의 어느 단계에서건 당사자의 소송능력 유무를 직권으로 조사하여야 한다. 소송과정에서 소송능력 유무가 다투어지는 경우는 드문데 성년여부나 후견심판 여부는 객관적인 자료를 통해 확인이 용이하기 때문이다. 그러나 제한능력자의 소송능력 범위를 둘러싼 분쟁이 많아질 것으로 판단된다.

(2) 소송능력 흠결의 효과

1) 소송능력을 흠결한 소송행위   민법과 달리 원칙적으로 무효이다. 제한능력자의 소송행위뿐 아니라 제한능력자에 대한 소송행위도 원칙적으로 무효이므로 그 자백이나 청구포기는 물론 제한능력자에게 판결정본을 송달하더라도 그 효과는 발생하지 않는다. 그러나 소송능력은 당사자능력과 달리 기본적으로 그 흠은 치유가 가능하므로 소송능력의 흠이 발견되면 일단 기간을 정하여 보정을 명하고 급박한 경우에는 제한능력자로 하여금 일시적으로 소송행위를 하게 할 수도 있으며(59조) 특별대리인을 선임(62조)할 수도 있다.

2) 법정대리인과 특별대리인   당사자의 소송능력이 흠결된 경우는 법정대리인이 소송행위를 할 수 있다. 그러나 법정대리인이 없거나 법정대리인에게 소송에 관한 대리권이 없는 경우(62조 1항 1호), 법정대리인이 사실상 또는 법률상 장애로 대리권을 행사할 수 없는 경우(2호), 법정대리인의 불성실하거나 미숙한 대리권 행사로 소송절차의 진행이 현저하게 방해받는 경우(3호)에는 제한능력자의 친족, 이해관계인(제한능력자를 상대로 소송행위를 하려는 사람 포함), 대리권 없는 성년후견인, 대리권 없는 한정후견인, 지방자치단체의 장 또는 검사는 소송절차가 지연됨으로써 손해를 볼 염려가 있다는 것을 소명하여 수소법원에 특별대리인을 선임하여 주도록 신청할 수 있다(62조 1항 본문). 한편, 소 제기 후에 당사자가 소송능력을 상실

하게 되는 경우에는 소송절차가 중단되며 소송능력을 회복한 당사자나 법정대리인이 된 자가 절차를 수계하여야 한다(235조).

3) 소송능력을 간과한 판결   법원이 당사자의 소송능력이 흠결된 것을 간과하고 판결을 선고한 경우 동 판결을 당연무효로 보기는 어려우며 일단 유효한 판결로 보는 것이 타당하다. 이 경우는 제한능력자의 대리권이 흠결된 것으로 볼 수 있으므로 판결 확정 전에는 상소로써, 확정 후에는 재심(451조 1항 3호)을 통해 흠을 치유하도록 하는 것이 바람직하다. 판결 선고 후에 소송능력을 회복한 당사자나 법정대리인이 추인을 함으로써 종전 판결의 효력이 유지될 수도 있다.

4) 제한능력자 상대방의 패소   제한능력자와 다투어 소송에서 패소한 자가 승소한 제한능력자 측의 소송능력 흠결을 이유로 상소나 재심을 구할 수 있는지 여부가 문제된다. 그러나 이 경우 패소자는 승소한 상대방의 대리권 흠결을 직접적인 사유로 주장하는 것이 일반적일 것이다. 예를 들어 법인의 대표자 등이 대표권이 상실되거나 제한된 상태에서 승소판결을 받거나 화해를 한 경우, 패소한 상대방 측은 법인의 대표권 흠결 문제를 제기할 실익이 있을 수 있다. 판례도 대표권이나 대리권의 흠결을 이유로 한 재심사유는 기본적으로 대표권이나 대리권의 흠결이 있는 당사자 본인의 보호를 위한 것이지만 그 상대방이 그러한 사유를 주장함으로써 이익을 받을 수 있는 경우에는 재심사유로 삼을 수 있다고 보고 있다.[1]

2. 추   인

(1) 유동적 무효와 추인

제한능력자의 소송행위는 확정적인 무효가 아니라 유동적으로 무효일 뿐이다. 소송행위가 있은 후 소송능력을 갖게 된 당사자 본인 혹은 법정대리인이 추인하면 소송행위는 행위시로 소급하여 처음부터 유효하게 된다(60조).

(2) 추인의 방법과 시기

추인은 반드시 명시적일 필요는 없고 후속적인 소송행위를 통해 묵시적으로도 가능하다.[2] 아울러 심급의 제한이 없어 상고심에서도 가능하다.[3] 한편, 원칙적으로 소송행위 일부에 대한

---

1) 大判 1990. 11. 13. 88다카26987. 이 사건은 파산관재인이 법원의 허가 없이 재판상화해를 하였던바, 상대방이 당해 관재인의 소송행위에 대한 대리권 혹은 대표권의 흠결을 들어 화해의 무효를 주장하면서 준재심의 소를 제기한 사건이다. 이 사건에서 대법원은 관재인은 소송행위를 함에 필요한 수권의 흠결이 있는 것으로서 법 제422조(현행 451조) 제1항 제3호 소정의 재심사유에 해당하는 것이고, 한편 재심사유가 있는 자의 상대방 측에서도 그러한 사유를 주장함으로써 이익을 받을 수 있는 경우에는 이를 재심사유로 삼을 수 있는 것이므로 준재심의 소가 적법하다고 판단하였다. 한편 大判 1983. 2. 8. 80사50을 들어 패소한 상대방이 승소자 측의 소송능력 흠결을 주장하며 상소나 재심으로 다툴 수 없다고 설명하는 견해가 있으나(이시, 169면) 동 판결 역시 앞선 88다카26987 판결과 같이 소송능력 흠결을 통해 이익을 받을 수 있는 경우에는 재심사유로 주장할 수 있다고 판시하고 있다.

2) 大判 2007. 2. 22. 2006다81653; 大判 2020. 6. 25. 2019다246399.

추인은 허용되지 않지만[1] 다른 소송행위와 분리해도 독립의 의미를 가지는 독립적 소송행위만을 제외한 나머지 소송행위를 추인하는 것은 적법하다.[2] 소송의 혼란을 초래할 염려가 없고 소송경제상 적절하기 때문이다.

Ⅳ. 변론능력

1. 개 념

법정에 출석하여 법원을 상대로 유효하게 소송행위를 할 수 있는 능력을 변론능력이라고 한다. 소송능력을 가진 자는 원칙적으로 변론능력을 갖는다. 따라서 우리말을 하지 못하는 외국인이나 듣거나 말하는 데 장애가 있는 사람도 변론능력이 인정되며 다만 통역인을 통해 자신의 의사표현을 할 뿐이다(143조 1항).[3] 더구나 우리는 필수적 변호사 선임제도를 취하고 있지 않아 당사자 본인은 누구나 변론능력을 갖고 있다. 다만 일정한 경우 당사자가 법원으로부터 제재를 받은 경우 변론능력이 제한될 수 있을 뿐이다.

2. 변론능력이 제한되는 경우

(1) 필수적 변호사 선임제도

증권관련집단소송의 원·피고가 되는 당사자 및 소비자단체소송을 제기하는 원고는 변호사를 소송대리인으로 선임하여야 하며(증권 5조 1항 및 소비 72조) 헌법재판에서도 사인(私人)은 물론 국가기관이나 지방자치단체 역시 변호사 자격을 가진 사람을 통해서만 재판업무를 수행할 수 있다(헌재 25조 2항, 3항).[4] 따라서 이들 절차에서는 원고나 사인(私人)이 소송능력을 갖더라도 변론능력이 없어 법정에서 변론을 할 수 없다. 일반 민사사건과 달리 이들 사건의 원고로 하여금 변호사를 선임하도록 요구하는 것은 국민의 재판청구권을 침해할 소지가 크다. 우선, 증권관련 집단소송이나 단체소송의 경우 남소의 우려를 내세우고 있으나 이는 필수적 변호사 선임제도를 정당화할 수 없다. 소 제기에 따른 비용 부담의 증가를 통해 남소를 제한

---

3) 大判 2012. 4. 13. 2011다70169.
1) 大判 2008. 8. 21. 2007다79480.
2) 大判 1973. 7. 24. 69다60.
3) 변론은 당사자가 법관의 면전에서 말을 함으로써 진행하는 것이 원칙이므로 "말"이 중요한 요소를 이룬다. 하지만 변론의 핵심은 자유로운 토론의 장인 법정에서의 자유로운 의사표현이다. 따라서 말을 할 수 없는 경우에는 수화(手話) 등을 통해 자신의 의사표현을 자유롭게 할 수 있도록 배려하는 것이 필요할 뿐이므로 발언이나 청각 등에 장애가 있는 사람을 변론능력이 없는 것으로 취급하는 것은 타당하지 않다.
4) 헌법재판의 각종 절차에서 사인(私人)에게 변호사를 선임하도록 강제한 헌법재판소법 제25조 제3항에 대한 위헌확인을 구한 헌법소원이 있었으나 헌법재판소는 합헌결정을 한 바 있다(憲裁 2010. 3. 25. 2008헌마439). 그러나 헌법소원심판의 본질과 심리 방법의 특수성에 비추어 헌법재판에서의 필수적 변호사 선임제도가 적정하지 않다고 보는 일부 재판관의 반대의견도 있는데 경청할 만하다.

한다는 것은 자력이 없는 국민에게만 적용되는 일방적인 불이익이기 때문이다. 더구나 변호사를 필수적으로 선임하도록 함으로써 수반되는 비용부담증가는 국민의 재판청구권을 심각하게 제약하는 것이므로 변호사 선임을 통해 달성할 수 있는 공공의 이익(소송경제 등)과 비교형량하더라도 부당하다.[1] 국민의 권리를 적절히 보호하고 소송경제를 달성하고자 하는 공익을 위해 제한적으로 필수적 변호사 선임제도를 취해야 한다면 무자력인 원고에게는 아무런 추가조건 없이 국선대리인을 선임할 수 있는 길을 열어주어야만 헌법적인 정당성을 확보할 수 있을 것이다.

(2) 진술 · 발언금지 재판

1) 법원은 소송관계를 분명하게 하기 위해 준비기일이나 변론기일에 당사자 혹은 대리인에게 진술을 금지하고 변론을 계속할 새 기일을 정할 수 있다(144조 1항). 이를 진술금지의 재판이라고 한다. 이 경우 법원은 변호사의 선임을 명할 수 있다(144조 2항). 한편, 변론기일이나 준비절차에서 소송지휘권의 하나로 재판장의 명령에 따르지 않는 사람에게 발언을 금지하는 발언금지 재판(135조 2항, 286조 등)도 있다. 양자를 비교해 볼 때 진술금지 재판은 당해 심급에서 변론을 금지하는 재판이라고 해석되는 반면(이시, 170면), 발언금지 재판은 당해 기일에서의 발언을 일시적으로 금지하는 것으로 판단된다.

2) 변호사 선임명령의 대상은 당사자 본인이나 대리인인데(144조 1항, 2항) 대리인에게 진술을 금지하거나 변호사를 선임하도록 명했을 때는 본인에게 그 취지를 통지하도록 하고 있다(3항). 여기서 대리인이라 함은 변호사가 아닌 대리인을 의미한다. 그런데 변호사인 소송대리인에 대해서는 일시적인 발언금지는 가능하지만(재판장의 명령에 불응하는 경우 등) 심급에서 진술하는 것 전체를 금지하는 진술금지재판은 할 수 없다고 보아야 한다.

3. 변론능력의 흠결과 효과

(1) 변론능력 역시 소송능력과 마찬가지로 소송행위의 유효요건에 해당하므로 이를 흠결한 경우의 조치는 소송능력의 흠결의 경우와 마찬가지로 취급함이 타당하다.[2] 따라서 법원은 변론능력이 없는 자의 소송관여를 배척하고 변호사 등에 의한 소송행위가 이루어지도록 노력하여야 하지만 굳이 변론무능력자에게 이익이 되는 행위를 절대무효로 볼 필요는 없다(정/유/김, 212면).[3]

---

1) 헌법재판의 경우 국선대리제도(헌재 70조)가 있으나 헌법재판을 제기하는 신청인 위주의 제도라고 보기 어렵다. 우선, 신청인에게 자력이 없어야 할 뿐 아니라 당해 심판청구가 명백히 부적법하거나 이유 없는 경우 또는 권리의 남용이라고 인정되지 않아야 하기 때문이다. 앞서 본 2008헌마439 결정의 반대의견에서도 국선대리제도의 문제점을 적절히 지적하고 있다.

2) 변론무능력자의 소송행위는 추인할 수 없는 절대무효로 보는 견해가 있다(이시, 171면).

3) 憲裁 1992. 6. 26. 89헌마132에서도 변호사 자격이 없는 사인(私人)이 한 심판청구나 주장은 변호사인 대리

(2) 변호사를 선임하지 않은 채 증권관련집단소송이나 헌법소원 등을 제기한 경우 이를 접수단계에서 거부할 것이 아니라 법 제144조를 유추하여 변호사선임명령을 하는 것이 바람직하다.[1] 헌법소원의 경우는 청구인이 자력이 없는 경우 국선대리인을 신청할 수 있으며 헌법재판소 역시 공익상 필요한 경우에는 국선대리인을 선임할 수 있어 제도적인 장치가 마련되어 있다(헌재 70).

(3) 발언금지 재판과 달리 법 제144조에 따른 진술금지 재판은 당해 심급 소송절차에서의 당사자 혹은 대리인의 진술을 전면적으로 제한한다는 점에서 그 재판에 신중을 기할 필요가 있다. 따라서 진술금지 사유가 소멸한 경우에는 이를 즉시 취소하여야 할 뿐 아니라 능력의 부족으로 인한 진술금지 명령을 함에 따라 변호사선임 명령을 한 경우에는 직권에 의한 소송구조결정 등으로 국민의 재판받을 권리가 침해되지 않도록 주의할 필요가 있다.[2] 나아가 소 혹은 상소를 제기한 사람이 변호사선임명령을 준수하지 않음으로써 각하(144조 4항)당하는 불이익이 발생하지 않도록 주의함이 필요한데 특히 항소심에서 항소인이 변호사선임명령을 받고 이를 이행하지 아니하여 항소가 각하되는 경우 그에게 불이익한 1심 판결이 확정되는 결과를 가져오므로 이러한 경우 법원은 변호사선임명령을 할 것인지 여부를 더 신중하게 판단할 필요가 있다.[3]

제 5 절 소송상의 대리인

Ⅰ. 소송상의 대리인의 개념과 종류

1. 개   념

(1) 소송절차 진행 과정에서 실제로 소송행위를 하지만 당사자의 이름으로 소송행위를 하거나 받는 사람을 소송상의 대리인이라고 한다. 따라서 대리인이 행한 소송행위의 효과도 소송 당사자인 본인에게 귀속된다. 이 점에서 소송상의 대리인은 자신의 이름으로 소송수행을 하지만 그 효과는 본인에게 귀속되는 소송담당자(파산관재인이나 선정당사자)와도 다르다. 민

인이 추인하면 효력이 인정된다고 설시한 바 있다.

1) 헌재실무에서도 대리인의 선임 없이 심판청구한 경우 지정재판부의 사전심사단계에서 상당한 기간(7일 내지 10일)을 정하여 대리인을 선임하도록 보정명령을 발하고 있다(헌법재판실무제요, 34면).

2) 부산高判 2004. 4. 22. 2003나13734,13741.

3) 大決 2023. 12. 14. 2023마6934. 이 사건에서 특히 대법원은 패소할 것이 분명하지 아니한 경우 법원은 소송비용을 지출할 자금능력이 부족한 사람에 대하여 신청 또는 직권으로 소송구조를 할 수 있으므로 소송구조를 통하여 소송관계를 분명하게 할 수 있는 사안인지도 아울러 살필 필요가 있다고 판시하였다. 매우 타당한 접근이 아닐 수 없다.

법상의 대리인은 법률행위를 대리하지만 소송상의 대리인은 소송행위를 대리하는 점에서 차이가 있으며 소송행위의 일체성, 연속성, 외관존중의 특성으로 인해 민법상의 대리와는 적지 않은 차이를 나타낸다. 가장 중요한 차이는 소송상의 대리권은 서면으로 증명되어야 한다는 점(58조, 89조), 대리권이 소멸하더라도 상대방에게 통지하지 않으면 그 소멸의 효력을 주장할 수 없다는 점(63조, 97조), 소송대리권을 임의로 제한하지 못하며(91조) 대부분 법정되어 있다는 점(56조, 90조) 등이다.

(2) 민사조정절차에서는 본인이 출석해야 하지만 법원의 허가를 얻어 대리인을 출석하게 하거나 보조인과 함께 출석할 수 있다(민조 12조 1항). 가사소송절차도 동일하다(가소 7조 1항). 다만 가사소송절차에서는 변호사가 아닌 자가 보조인이 되려면 재판장이나 조정장 등의 허가를 얻어야 한다(가소 7조 2항). 결국 보조인은 당사자를 대신하는 것이 아니라 당사자와 함께 출석하여 도울 수 있을 뿐이라는 점에서 대리인과 다르다.

2. 종　　류

대리인이 대리권을 취득하게 되는 데는 두 가지 길이 있다. 하나는 법이 정하는 바에 따라 대리인이 되는 경우이며(법정대리인) 다른 하나는 당사자의 소송위임에 따라 대리권을 취득하는 경우(임의대리인)이다. 법정대리인의 대리권의 범위는 법에 의해 정해지지만 임의대리인의 대리권은 본인의 위임내용에 따라 정해지게 되므로 제한이 가능하다. 그러나 변호사인 임의대리인의 권한은 포괄적인 것으로 그 범위를 제한할 수 없다(91조). 법률전문가인 변호사에게 포괄적인 대리권을 수여하더라도 본인에게 불이익이 없을 뿐 아니라 절차의 원활한 진행을 위해서도 대리권의 범위를 제한하는 것은 바람직하지 않기 때문이다. 임의대리인은 본인에 의해 직접 선임되는 경우가 일반적이다. 하지만 대리인은 본인으로부터 특별수권을 받아 대리인을 선임할 수 있는데(90조 2항 4호) 이를 복대리인(復代理人)이라고 한다. 복대리인은 대리인이 선임하지만 본인을 대리하는 임의대리인이다. 대리인은 본인을 대리하는 복대리인을 선임하는 권한을 수여받은 것에 불과하다.

Ⅱ. 법정대리인

1. 개념과 법적 지위

(1) 법정대리인은 소송수행을 해야 하는 본인에 의해 선임된 대리인이 아니라 법률규정이나 법원 등 국가기관 등에 의해 선임된 대리인을 지칭한다. 소송수행을 독자적으로 할 수 없는 당사자를 보호하기 위한 국가적인 배려라고 할 수 있다. 따라서 법정대리인은 임의대리

인과는 다소 다른 법적 지위를 갖게 되며 당사자에 준하는 지위를 갖는다고 볼 수 있다. 우선, 미성년자와 피성년후견인 등은 원칙적으로 법정대리인을 통하지 않고는 소를 제기할 수도 없으며 변호사를 선임할 수도 없다(55조 1항 참조). 따라서 모든 송달은 법정대리인인 미성년후견인(민 928조)이나 성년후견인(민 929조)에게 하여야 하므로(179조) 법정대리인의 표시는 소장의 필수적 기재사항이다(208조 1항 1호). 반면에 피한정후견인은 소송능력이 인정되므로 한정후견인의 동의가 필요한 행위에 관하여는 대리권 있는 한정후견인(민 959조의4)에 의해서만 소송행위를 할 수 있다(55조 2항).

(2) 임의대리인의 경우는 본인이 대리인의 진술을 취소하거나 경정할 수 있지만(94조) 법정대리인의 소송행위를 무능력자가 경정할 수는 없으며 법정대리인의 사망·대리권의 소멸은 본인의 사망 등에 준해 소송절차가 중단된다(235조). 한편, 법원이 당사자 본인의 출석을 명할 필요가 있는 경우에도 법정대리인이 선임된 상태에서는 법정대리인의 출석을 명하여야 한다(140조 1항 1호, 145조 2항). 법원이 법정대리인을 신문할 경우에도 증인신문이 아닌 당사자 신문 규정에 따라야 한다(372조).

2. 법정대리인의 종류

(1) 실체법상의 법정대리인

대리에 관한 특별한 규정이 없으면 민법이나 그 밖의 법률에 의하도록 하고 있어(51조) 실체법상의 법정대리인은 당연히 소송법상으로도 법정대리인이 된다. 따라서 미성년자에 대한 친권자인 부모(민 909조)나 미성년후견인(민 928조)이나 성년후견인(민 929조) 및 대리권 있는 한정후견인(민 959조의4) 등은 소송법상으로도 법정대리인이 된다. 한편, 민법상의 이해상반행위를 위한 특별대리인(민 64, 921조), 부재자관리인(민 22조 내지 26조) 등이 법정대리인으로서 소송대리권을 행사할 수 있음에는 다툼이 없다. 그러나 민법상의 상속재산관리인(민 1053조),[1] 유언집행자[2] 등에 대해서는 이를 대리인으로 볼 것인지 혹은 소송담당자로 볼 것인지 견해가 대립되고 있다(상세한 내용은 제3편 제2장 제4절 제3자의 소송담당 참조).

---

1) 大判 1976. 12. 28. 76다797; 大判 2007. 6. 28. 2005다55879에서는 재산상속인의 존재가 분명하지 아니한 상속재산에 관한 소송에 있어서 정당한 피고는 법원에서 선임된 상속재산관리인이라고 하여 소송담당자임을 명확히 하고 있다.

2) 大判 2001. 3. 27. 2000다26920에서 유언집행자는 유증의 목적인 재산의 관리 기타 유언의 집행에 필요한 모든 행위를 할 권리의무가 있으므로, 유증 목적물에 관하여 경료된, 유언의 집행에 방해가 되는 다른 등기의 말소를 구하는 소송에 있어서는 유언집행자가 이른바 법정소송담당으로서 원고적격을 가진다고 판시하고 있다. 나아가 민법 제1103조 제1항은 "지정 또는 선임에 의한 유언집행자는 상속인의 대리인으로 본다"고 규정하고 있으나, 이 조항은 유언집행자의 행위의 효과가 상속인에게 귀속함을 규정한 것이지, 유언집행자의 소송수행권과 별도로 상속인 본인의 소송수행권도 언제나 병존함을 규정한 것은 아니라고 해석하고 있다.

(2) 소송상의 특별대리인

1) 의의와 범주

① **제한능력자를 위한 특별대리인**　　미성년자, 피성년후견인 그리고 한정후견인의 동의가 필요한 행위를 하는 피한정후견인 등은 원칙적으로 법정대리인에 의해서만 소송행위를 할 수 있는데(55조 1항) 이들에게 법정대리인이 없거나 법정대리인에게 소송에 관한 대리권이 없는 경우, 혹은 법정대리인이 사실상 또는 법률상 장애로 대리권을 행사할 수 없는 경우,[1] 혹은 법정대리인의 불성실하거나 미숙한 대리권 행사로 소송절차의 진행이 현저하게 방해받는 경우 등에는 제한능력자의 친족, 이해관계인(제한능력자를 상대로 소송행위를 하려는 사람을 포함), 대리권 없는 성년후견인, 대리권 없는 한정후견인, 지방자치단체의 장 또는 검사는[2] 소송절차가 지연됨으로써 손해를 볼 염려가 있다는 것을 소명하여 수소법원[3]에 특별대리인을 선임하여 주도록 신청할 수 있다(62조 1항). 예를 들어, 미성년자 등을 상대로 소를 제기하고자 하는 상대방은 법정대리인을 표시하여 그 자에게 소장 등이 송달되도록 하여야 하는데 법정대리인이 없거나(친권자가 모두 사망하였는데 아직 후견인이 선임되지 않은 경우) 있더라도 소송진행 도중에 법정대리권을 행사할 수 없는 경우가 발생할 수 있다. 이 경우 상대방은 절차의 지연으로 인한 손해발생 가능성을 소명하여 수소법원에 특별대리인 선임을 신청할 수 있게 된다.

② **법인을 위한 특별대리인**　　법인의 대표자에게는 법정대리와 법정대리인에 관한 규정이 준용됨으로써(64조) 법인에 대표자가 없거나 있더라도 대표권을 행사할 수 없는 경우(대표자의 자격이나 대표권에 흠이 있는 경우)에는 특별대리인 선임을 신청할 수 있다. 그런데 특별대리인이 선임된 후 소송절차가 진행되던 중에 법인의 대표자 자격이나 대표권에 있던 흠이 보완되었다면 특별대리인에 대한 수소법원의 해임결정이 있기 전이라 하더라도 그 대표자는 법인을 위하여 유효하게 소송행위를 할 수 있는지 여부가 문제된다. 판례는 특별대리인은 법인의 대표자가 대표권을 행사할 수 없는 흠을 보충하기 위하여 마련된 제도이므로 이러한 제도의 취지에 비추어 보면 특별대리인이 선임된 후 소송절차가 진행되던 중에 법인의 대표자 자격이나 대표권에 있던 흠이 보완되었다면 특별대리인에 대한 수소법원의 해임결정이 있기 전이라 하더라도 그 대표자는 법인을 위하여 유효하게 소송행위를 할 수 있다고 하면

---

[1] 친권자와 자 간의 이해가 상반되는 경우(민 921조), 법인과 이사의 이익이 상반되는 경우(민 64조) 등과 같이 법률상의 장애가 있는 경우가 대표적인 선임사유에 해당한다. 그러나 법정대리인이 질병이나 장기간의 여행 등과 같이 사실상 대리권 행사에 장애가 있는 경우는 견해가 대립된다. 장기 부재중인 법정대리인이 미리 소송대리인을 선임해서 그 대리권을 행사하는 경우까지 특별대리인을 선임할 필요는 없지만 이러한 조치가 취해지지 않은 상태에서는 부득이 특별대리인을 선임할 수밖에 없으므로 사실상의 장애를 일률적으로 특별대리인 선임사유에서 배제하기는 어렵다고 생각된다.

[2] 大決 1981. 11. 19. 81카43에서는 무능력자 본인에 의한 특별대리인 선임신청이 부적법하다고 판시하고 있다.

[3] 수소법원은 본안 사건이 장래에 계속될 혹은 이미 계속되어 있는 법원을 의미한다(大決 2024. 2. 15. 2023마7226).

서도[1] 가처분재판에 의하여 법인 등 대표자의 직무대행자가 선임된 상태에서 피대행자의 후임자가 적법하게 소집된 총회의 결의에 따라 새로 선출되었다 해도 그 직무대행자의 권한은 위 총회의 결의에 의하여 당연히 소멸하는 것은 아니므로 사정변경 등을 이유로 가처분결정이 취소되지 않는 한 직무대행자만이 적법한 대표자라고 판시[2]한 바 있어 혼선을 빚고 있다.

③ 의사무능력자를 위한 특별대리인   의사무능력자를 위한 특별대리인의 선임 등에 관해서도 제한능력자를 위한 제62조를 준용하고 있다(62조의2 1항). 한편, 의사무능력자의 특별대리인이 소의 취하, 화해, 청구의 포기·인낙 또는 제80조에 따른 탈퇴를 하는 경우에는 제한능력자 등과 달리 후견감독인이 없으므로 법원은 그 행위가 본인의 이익을 명백히 침해한다고 인정할 때에는 그 행위가 있는 날부터 14일 이내에 불허가결정을 할 수 있다(62조의2 2항).

2) 특별대리인 선임 및 개임절차

① 법원은 상대방이나 제한능력자의 친족 등의 특별대리인 선임·개임·해임신청에 대해 결정으로 재판하여야 하며 이를 특별대리인에게 송달하여야 한다(62조 4항). 이 경우의 송달은 특별한 법적 효과는 없으며 선임결정은 고지로써 효력이 발생한다. 한편 제한능력자의 이익을 가장 잘 보호해 줄 수 있는 사람을 특별대리인으로 선임하여야 하므로 법원은 그 선임이나 개임·해임에 재량권을 갖지만 제한능력자에게 가장 유리하도록 그와 가까운 친족이나 법률전문가인 변호사를 특별대리인으로 선임하는 것이 바람직하다.

② 법원은 소송계속 후 필요하다고 인정하는 경우 직권으로 특별대리인을 선임·개임하거나 해임할 수 있다(62조 2항). 개임·해임에 대한 당사자의 신청권은 인정되지 않으므로 법원으로서는 종전 특별대리인이 제한능력자의 이익을 잘 대변하지 못한다고 판단하면 직권으로 개임·해임을 명할 수 있다.

③ 특별대리인의 선임·개임이나 해임 결정에 대해서는 불복이 인정되지 않지만[3] 이에 대한 기각결정에 대해서는 통상의 항고가 가능하다. 특별대리인이 선임된 후에 제한능력자에 대한 실체법상의 법정대리인이 선임되거나(법정후견인) 기존의 친권자가 법정대리권을 행사할 수 있는 상태가 되면 법원으로서는 기존 특별대리인을 해임하는 것이 바람직하지만 특별한 사유가 있는 경우에는 그러하지 아니하다. 가장 중요한 것은 당해 소송에서 제한능력자의 이익이 가장 잘 대변되어야 하기 때문이다.

3) 특별대리인의 권한   특별대리인은 특별한 상황에서 절차의 지연을 방지하고자 법원이 임명하는 대리인이므로 권한의 범위는 대리권있는 후견인과 기본적으로 동일하다(62조

---

1) 大判 2011. 1. 27. 2008다85758.
2) 大判 2010. 2. 11. 2009다70395.
3) 大決 1963. 5. 2. 63마4.

3항). 따라서 특별대리인이 소송행위를 함에 있어 후견감독인이 있는 경우에는 그의 동의를 얻어야 하는 것이 원칙이다(민 950조 1항 5호; 반대견해로는 김홍, 198-199). 그러나 특별대리인이 상대방으로부터 제기당한 소나 상소에 관하여 소송행위를 하는 경우에는 특별한 권한의 수여가 필요 없다(56조 1항 참조). 한편, 명시적인 규정은 없지만 특별대리인이 특별한 수권없이 스스로 소를 제기하고 이를 수행하는 것도 가능하다고 보아야 한다. 권리를 소구하는 행위가 본인에게 해가 될 가능성은 거의 없기 때문이다.[1] 다만, 소의 취하, 화해, 청구의 포기·인낙 또는 법 제80조의 규정에 따른 탈퇴를 하는 경우와 같이 실질적으로 권리의 소멸이나 중대한 변경을 가져오는 경우에는 후견감독인이나 가정법원으로부터 특별한 권한을 수여받아야 한다(56조 2항). 나아가 사법상의 의사표시 역시 권리의 소멸이나 변경을 가져오는 것이 아니면 특별한 권한 수여 없이 가능하다.[2] 한편, 판례는 법인 또는 법인 아닌 사단의 대표자가 없거나 대표권을 행사할 수 없는 경우에 선임된 특별대리인은 법인 또는 법인 아닌 사단의 대표자와 동일한 권한을 가져 그 소송수행에 관한 일체의 소송행위를 할 수 있다고 보고 있어 상소제기는 물론 상소취하 역시 임의로 할 수 있다고 보고 있다.[3]

3. 법정대리인의 대리권

(1) 법정대리권의 범위

민법과 달리 법정대리권은 서면으로 증명되어야 하며 소송기록에 이를 편철하여야 한다(58조). 무권대리나 표현대리의 문제를 원초적으로 단절하기 위함이다. 한편, 법정대리인의 권한은 민법, 그 밖의 법률에 따르도록 되어 있으나(51조) 소송절차에서는 일정한 특칙을 마련하고 있다. 아울러 법정대리인이 친권자인지 혹은 후견인인지 여부에 따라 그 대리권의 범위가 다르다는 점을 유념하여야 한다.[4]

1) 친권자는 자(子)의 행위를 목적으로 하는 채무를 부담하는 경우는 본인의 동의를 얻어야 하고(민 920조) 친권자와 자(子) 간 혹은 수인의 자(子) 간의 이해상반행위를 함에는 특별대리인의 선임이 요구된다(민 921조). 하지만 이러한 경우 외에는 대리권이나 동의권에 제한이 없으므로 모든 소송행위가 가능하다. 즉 친권자 단독으로 소취하, 화해 등의 소송종료행위를 하는 것도 가능하다.[5]

---

1) 김용배, "특별대리인 제도-민사소송법 제58조와 민법 제921조를 중심으로", 실무연구(Ⅵ), 81~82면 참조. 大判 1983. 2. 8. 82므34도 분명하지는 않지만 같은 취지로 이해될 수 있다.
2) 大判 1993. 7. 27. 93다8986.
3) 大判 2010. 6. 10. 2010다5373; 大判 2018. 12. 13. 2016다210849,210856.
4) 이 점에서 법 제56조가 법정대리인의 종류를 불문하고 소송행위에 대한 후견감독인(구법상의 친족회)으로부터의 수권 여부를 일률적으로 정하고 있는 것은 바람직하지 못하다고 평가된다.
5) 大判 1974. 10. 22. 74다1216.

2) 후견인과 같은 일반적인 법정대리인은 친권자에 비해 법정대리권이 상당히 제한되고 있다. 우선, 법정대리인이 소 제기 등의 능동적 소송행위를 함에 있어서는 후견감독인이 있는 경우 그의 동의가 필요하다(민 950조).[1] 그러나 이를 그대로 소송절차에 적용할 경우 미성년자 등을 상대로 소를 제기하는 상대방 측에게 불측의 손해를 입힐 수가 있다(후견감독인이 동의를 거절하거나 지연하는 경우). 이에 소송법은 수동적인 소송행위는 법정대리인 단독으로 가능하도록 하되(56조 1항) 소의 취하나 화해, 청구의 포기, 인낙 또는 소송탈퇴 등 소송종료 효과를 나타내는 소송행위에 대해서는 후견감독인으로부터 특별한 권한을 수여받도록 하고 있으며(56조 2항 본문) 후견감독인이 없는 경우에는 가정법원으로부터 특별한 권한을 받도록 하고 있다(56조 2항 단서).

(2) 공동대리

1) 임의대리인의 경우는 개별대리가 원칙인 반면(93조 1항) 법정대리에 관해서는 개별대리 원칙을 명시적으로 규정하고 있지 않아 견해가 대립된다. 우선 송달의 경우는 명문의 규정(180조)을 통해 공동대리인 중 한 사람에게만 송달하는 것으로 정리가 되었으나 나머지 부분은 해석에 맡겨 있는 실정이다. 다수설은 소나 상소제기 그리고 법 제56조 제2항에서 규정하는 소송종료행위를 함에는 명시적으로 공동으로 하여야 하지만 다른 소송행위는 단독으로 하여도 다른 공동대리인이 묵인하면 공동으로 한 것으로 보아도 무방하다고 보고 있다(이시, 178-179면; 정/유/김, 233면). 아울러 각 대리인의 변론내용이 상호 모순되는 경우에는 더 이익이 되는 것을 받아들여야 한다고 한다. 그러나 이러한 다수학설은 개별대리와 다른 원칙을 지향하는 법의 취지와 모순된다.

2) 법이 명문의 규정을 통해 규율하고 있는 송달의 경우와 다른 법률에서 명시적으로 달리 규정하고 있는 경우를 제외하고는 법정대리인의 수동적 소송행위와 능동적 소송행위 모두 본인에게 유·불리함을 떠나 공동으로 해야 한다고 보는 것이 타당하다. 법이 법정대리의 경우는 개별대리 원칙을 선언하고 있지 않기 때문이며 수동적 소송행위는 공동대리인 중 한 명에게 하여도 효력이 있다는 것 역시 법이 명문으로 인정하여야 하기 때문이다(상 208조 2항에서는 명시적으로 인정). 더욱이 공동대리인 상호 간에 모순된 주장을 하는 경우에는 당해 소송행위를 무효로 보아야 한다. 다수설은 본인에게 더 이익이 되는 법정대리인의 행위를 인정하여야 한다고 하지만(김홍, 187면) 이러한 해석의 법적 근거는 전혀 없으며 구체적인 소송행위의 유·불리를 일률적으로 정하기도 어렵기 때문에 절차의 혼란을 초래할 가능성이 높다는 점에서도 다수설을 수긍하기 어렵다.[2]

---

1) 大判 2001. 7. 27. 2001다5937.
2) 자연인인 법정대리인이 복수로 되는 경우에는 대부분 미성년자의 친권자인 부모가 공동대리권을 가진 경우일 것이다. 자(子)를 위한 부모의 공동대리행위가 분열되는 경우는 극히 드물 것이기 때문에 현실적으로

4. 법정대리권의 소멸과 효과

(1) 법정대리권이 소멸(본인의 행위능력 취득, 법정대리인의 파산, 후견인의 사퇴 또는 해임 등)되더라도 본인이나 대리인이 이를 상대방에게 통지하지 않으면 소멸의 효력을 주장하지 못한다(통지주의, 63조 1항).[1] 통지의 주체는 소송능력을 취득한 본인이나 신구 법정대리인 누가 하더라도 무방하다. 통지의 방식 역시 서면으로 하는 것이 바람직하나 구술로 하는 것도 가능하며[2] 반드시 변론기일에 할 필요도 없다.

(2) 법인의 경우 상대방이 대표자의 대표권 소멸사실을 모르고 소송행위를 한 경우에는 당연히 당해 소송행위는 유효하다. 문제는 상대방이 대표권의 소멸사실을 알고 있는 상황에서 구 대표자가 스스로 소를 취하한 경우에도 이것을 유효하다고 볼 것이냐 하는 문제이다. 우리 판례는 절차의 안정을 도모하는 것이 법 제63조 제1항의 목적이므로 상대방의 과실 유무를 불문하고 대리권 소멸의 통지가 없었다면 구 대표자의 소송행위(소취하, 상소취하 등)는 유효하다고 본다.[3] 결국 이러한 논리를 관철하면 새로 선임된 대표자라 하더라도 대리권 소멸의 통지가 없는 한 유효한 소송행위를 할 수 없게 된다. 다만 어떤 경위로든 법원이 구 대표자의 대리권 소멸의 사실을 알게 되면[4] 법정대리인은 소취하나 청구 포기 등 소송종료 행위를 할 수 없다(63조 1항).

(3) 법정대리인이나 법인의 대표자 등이 소송대리인을 선임하지 않은 상태에서 대리권이나 대표권을 상실하게 되면 절차는 중단되지만(235조) 중단의 시점은 사유에 따라 다르게 된다. 법정대리인 등이 사망하거나 제한능력자로 되는 후견개시 심판 등을 받게 되면 당연 중단되지만 본인이 성년이 되거나 법인의 대표자 등이 변경되면 대리권이나 대표권의 소멸사실을 상대방에게 통지한 때에 비로소 소송절차가 중단된다.[5]

이러한 문제가 발생할 가능성은 적다. 나아가 부모의 의견이 분열되는 경우 어느 쪽의 의사가 자(子)를 위한 것인지 타인이 판단한다는 것은 현실적으로 불가능할 것으로 추측되므로 이를 무효로 보는 것이 현실적인 대안이라고 판단된다.

1) 다만 법정대리인이 사망하거나 제한능력자로 되어 후견인이 선임된 경우에는 통지와 무관하게 소송능력이 상실되며 법 제235조에 따라 소송절차가 중단되므로 통지 여부에 따라 효력이 좌우되지 않는다.

2) 김능환/주석민소(1), 357면.

3) 大判(全) 1998. 2. 19. 95다52710.

4) 당사자가 이러한 사실을 통지하지 않더라도 소송 과정에 제출된 당사자(개인이나 법인) 본인의 주민등록 등본이나 가족관계부, 법인등기부 등본에 의해 미성년자가 성년자가 된 사실 혹은 법인의 대표자가 변경된 사실을 법원이 알게 되는 경우가 있을 수 있다. 이러한 경우 법정대리인이나 법인의 구대표자의 소취하 행위 등은 무효가 된다.

5) 김능환/주석민소(1), 358면.

5. 법인 등의 대표자

(1) 법인 등과 법정대리인

1) 법인이나 법인 아닌 사단·재단은 소송에 있어 당사자능력을 갖지만 소송행위는 법인 등을 구성하는 대표자에 의해 행해진다. 따라서 법인 등의 대표권을 갖는 대표자를 통해 소송행위를 함에 있어 대표권에 대해서는 별도의 논의가 있어야 하지만 법에서는 단순히 대표자를 법정대리인에 준해서 취급을 하고 있다(64조). 민법은 비영리법인과 법인 아닌 사단·재단을 규율하며 영리를 목적으로 하는 사단에 대해서는 상법을 준용하고 있어 관련 규정의 내용을 통해 법정대리인의 권한과 그 범위를 파악하여야 한다. 따라서 단순히 제한능력자를 대리하는 법정대리인과는 다른 특색을 갖게 된다.

2) 실무에서는 법인 혹은 법인아닌 사단 혹은 재단(상법상의 회사도 동일)의 대표자의 대표권을 임시적으로 정지하는 직무집행정지가처분이 빈번하게 등장한다. 이 경우 가처분신청의 상대방은 대표자 본인이 되지만 대표자지위부존재확인 청구의 본안소송의 상대방은 법인 혹은 법인아닌 사단 그 자체이다. 가처분 등으로 대표자의 대표권의 흠결이 발생하면[1] 법원은 그 흠을 보정할 수 없음이 명백한 사정이 있지 않는 한 기간을 정하여 이를 보정하도록 명할 의무가 있고, 이러한 대표권의 보정은 항소심에서도 가능하다.[2]

(2) 대표기관

1) **사법인(私法人)**   민법상 법인의 대표기관은 이사이며(민 59조 1항) 이사는 각자 회사를 대표하게 되는데 법인의 대표에 관해서는 대리에 관한 규정을 준용하고 있다(민 59조 2항). 그러나 법인과 이사의 이익이 상반하는 사항에 대해서는 이사의 대표권이 없으며 법원에 의해 선임된 특별대리인이 대표권을 갖는다(민 64조). 반면, 학교법인의 경우는 이사장이 대표권한을 갖는다(사학 19조 1항). 상법이 규율하는 영리회사의 경우는 회사의 형태에 따라 대표기관이 상이하다. 예를 들어 합명회사의 경우는 정관으로 업무집행사원을 정한 경우 외에는 각 사원이 회사를 대표하지만(상 207조) 주식회사의 경우는 대표이사가 대표권을 갖는다(상 389조).

2) **공법인(公法人)**   국가를 당사자로 하는 소송에서는 법무부장관이 국가를 대표하지만(국가소송 2조) 실제는 법무부장관이 지정한 검사, 공익법무관, 관련 행정청의 직원 등이 소송수행자로 지정되어 소송을 수행하는 것이 일반적이다(국가소송 3조). 그에 비해 지방자치단체를 당사자로 하는 소송에서는 교육이나 학예업무에 관해서는 교육감이 지방자치단체를 대표하며(지방교육 20조) 나머지 업무에 대해서는 지방자치단체장(시장이나 도지사 등)이 자치단체를

---

1) 大判 1995. 12. 12. 95다31348.
2) 大判 1990. 5. 11. 89다카15199; 大判 2024. 4. 12. 2023다313241.

대표하지만(지방자치 101) 법무부장관과 달리 소송수행자를 지정할 권한이 없다.[1]

(3) 대표자의 권한과 지위

1) 민법상의 법인 및 법인 아닌 사단·재단　　　① 민법상의 법인 및 법인 아닌 사단·재단의 대표자 역시 법정대리인에 준하고 그 대리권은 실체법상의 규정에 따르게 되므로 관련 실체법의 규정 내용에 따라 대표권의 범위와 제한이 설정된다. 특히 문제가 되는 것은 법인 등의 대표자의 대표권을 제한한 경우 이를 제3자에게 대항할 수 있는가의 문제이다. 법인의 경우는 대표자의 대표권을 제한하더라도 이를 등기하지 않으면 제3자에게 대항하지 못하도록 규정하고 있다(민 60조). 따라서 민법상 법인과 거래하는 상대방은 법인등기부를 통해 대표권의 제한 여부를 확인해 보아야 한다. 등기부상에 대표권 제한에 관한 내용이 등재되어 있지 않았다면 상대방이 대표권 제한 사실을 알았다 하더라도 법인은 당해 거래의 효력을 부인할 수 없다는 것이 판례의 입장이다.[2]

② 법인 아닌 사단·재단의 경우는 대표권 제한을 등기할 방법이 없으므로 문제가 된다. 결국 법인 아닌 사단의 대표자에 대한 대표권 제한이 있는 경우 법인 아닌 사단의 상대방이 이러한 대표권 제한을 알았거나 알 수 있었을 경우가 아니면 당해 거래는 유효하다고 보아야 하며 상대방의 악의에 대한 증명책임은 법인 아닌 사단 측에게 귀속된다고 보아야 할 것이다.[3] 한편 법인 이사의 직무대행자로 선임된 자는 법인의 통상 사무에 속하지 않는 행위를 하지 못하므로 법원의 허가 없이는 소를 취하하거나 청구의 포기·인낙은 물론 항소취하 등 소송종료행위를 할 수 없으며(민 60조의2 1항)[4] 법인은 선의의 제3자에게 책임을 져야 한다 (2항).

2) 주식회사　　　상법의 규율을 받는 영리회사의 경우에도 대표권 제한의 특칙은 존재한다. 예를 들어 주식회사의 대표이사는 회사의 영업에 관하여 재판상 혹은 재판 외의 모든 행위를 할 권한이 있으나(상 389조, 209조 1항) 그 권한에 내부적인 제한이 있더라도 선의의 제3자에게 대항하지 못한다(상 389조, 209조 2항). 따라서 대표이사가 내부적으로 이사회 결의 사항으로 되어 있는 업무에 대해 결의를 거치지 않고 한 거래행위는 상대방이 그와 같은 이사회 결의가 없었음을 알았거나 알 수 있었을 경우가 아니라면 유효하며 악의의 증명책임 역시

---

1) 이는 지방자치단체에 대한 차별적인 취급이라고 생각된다. 결국 지방자치단체장은 본인이 직접 소송을 수행하거나 변호사를 선임하여야 하는데 예산상의 문제가 뒤따르게 된다. 지방자치법을 개정하여 지방자치단체장으로 하여금 소송수행자를 지정할 권한을 인정해 주는 것이 마땅하다.

2) 大判 1992. 2. 14. 91다24564.

3) 大判 2003. 7. 22. 2002다64780; 大判(全) 2007. 4. 19. 2004다60072,60089.

4) 大判 2006. 1. 26. 2003다36225에서는 학교법인의 이사직무대행자가 한 항소취하는 통상의 사무에 속하지 않는다고 판시하였다. 大判 2006. 10. 27. 2004다63408 역시 재단법인의 이사직무대행자의 항소취하는 통상의 사무에 속하지 않는다고 보았다.

이를 주장하는 회사 측이 부담한다.[1]

Ⅲ. 임의대리인

당사자의 소송위임에 따라 대리권을 수여받은 자를 임의대리인이라 한다. 본인의 의사에 따라 소송대리권이 발생하고 소멸할 수 있다는 점에서 법정대리인과는 다르다. 임의대리인 중에는 특정한 소송사건의 처리를 위해 위임받은 소송위임에 의한 소송대리인과 일정한 직책을 가짐으로써 법령에 의해 재판상 혹은 재판외의 행위를 대리할 수 있는 권한을 갖는 법령상의 소송대리인(선장이나 상법상 지배인)이 있다. 예를 들어 상법상의 지배인은 어떤 특정 소송사건을 염두에 두고 선임되는 것이 아니라 영업주에 갈음하여 영업에 관한 포괄적인 대리권을 가짐으로써 재판상의 행위도 대리할 수 있는 권한이 있다(상 11조). 중소기업의 경우는 경력이 일천한 사원을 지배인으로 선임하여 회사가 당사자인 소송에서 회사를 대표하는 역할을 부여함으로써 변호사대리의 원칙을 회피하는 경우가 적지 않다.

1. 소송대리인제도의 특색

(1) 변호사대리 원칙

1) 법령상 인정되는 대리인을 제외하고 변호사가 아닌 자는 소송대리인이 될 수 없다(87조). 이를 변호사대리 원칙이라고 한다. 이는 변호사자격을 가진 사람만이 소송대리인이 될 수 있다는 것이지 모든 사건에서 변호사 자격을 가진 소송대리인을 선임해야 한다는 의미, 즉 필수적 변호사 선임제도를 의미하는 것은 아니다. 따라서 전체 민사본안사건의 70% 정도를 차지하는 소액사건의 대부분은 당사자 본인에 의해 소송이 수행되고 있다.[2] 다만, 증권관련 집단소송의 당사자나 소비자단체소송의 원고, 헌법재판의 당사자(私人은 물론 국가기관이나 지방자치단체) 등은 변호사를 통해서만 소송행위를 할 수 있어 제한적인 범위에서만 필수적 변호사 선임제도가 채택되고 있다.

2) 변호사대리 원칙을 통해 변호사만이 소송대리를 할 수 있도록 하는 것은 고도의 윤리의식과 전문적인 법 지식을 가진 변호사를 통한 소송대리만을 허용함으로써 소송의뢰인인 국민의 권익을 보호하고자 하는 것이지 변호사 직역의 이익을 보장해 주는 것은 결코 아니다. 다만, 대다수의 국민이 보다 쉽고 저렴하게 변호사로부터의 조력을 받을 수 있는 권리의

---

1) 大判 2003. 1. 24. 2000다20670.
2) 2022년 민사본안 1심 사건 744,123건 중 66.2%에 해당하는 492,576건이 소액사건이다. 2022년 처리된 소액사건 515,031건 중 원고만 대리인을 선임한 경우가 13.5%, 피고만 선임한 경우가 2.8%이고 양자 모두 선임한 건수는 2.3%에 불과하였다(2023 사법연감, 720면). 한편, 민사 합의 사건의 경우도 쌍방이 선임되는 비율은 55.8%, 단독사건의 경우는 21.3%에 불과하다.

보장(소송구조제도의 확대 및 소송보험 제도의 도입 등)이 충분히 이루어지지 않는 것이 우리 사회의 문제라고 할 수 있다.

3) 변호사법에 의해 보호되는 변호사업무는 소송(비송)사건, 행정심판 등 절차에서의 소송대리행위에 머물지 않고 감정·대리·중재·화해·청탁·법률상담 또는 법률관계 문서작성 등을 모두 포괄한다(변호 109조 1호). 그러나 우리나라에는 변호사법이 금지하는 행위를 적법하게 수행하는 법조 인접 전문직역이 매우 많아 변호사법이 보호하고자 하는 영역이 많은 부분 침해되고 있는 것이 사실이며 법조 인접 전문직역(특히 변리사, 법무사, 세무사, 노무사 등)에서는 변호사대리 원칙을 변호사에 의한 소송대리 독점 현상이라고 비판하고 있는 실정이다.[1]

4) 변호사대리 원칙의 예외와 문제점   ① 단독판사가 심리·재판하는 사건 가운데 그 소송목적의 값이 일정한 금액(1억 원, 민규 15조 1항 2호 가목 참조) 이하인 사건에서 당사자와 밀접한 생활관계를 맺고 있고 일정한 범위 안의 친족관계에 있는 사람 또는 당사자와 고용계약 등으로 그 사건에 관한 통상 사무를 처리·보조하여 오는 등 일정한 관계에 있는 사람(민규 15조 2항)은 법원의 허가를 얻어 소송대리를 할 수 있다(88조 1항).[2] 한편, 소액사건에서는 당사자의 배우자, 직계혈족, 형제자매는 법원의 허가 없이도 소송대리를 할 수 있다(소액 8조 1항). 그러나 1억 원 이하의 단독사건이나 소액사건이라도 항소가 제기되면 합의부의 재판을 받게 되므로 변호사대리의 원칙이 적용된다.

② 가사소송법에서는 당사자와 일정한 관계가 없는 사람도 법원의 허가를 얻어 소송대리를 할 수 있다고 규정하고 있음에도 불구하고(가소 7조 2항) 비송사건절차법에서는 소송능력자는 누구나 법원의 허가절차 없이 소송대리인이 될 수 있다고 규정되어 있어(비송 6조) 다소 법률 상호 간에 균형이 상실된 감이 없지 않다. 우선, 가사사건 역시 단독사건과 합의사건의 구분이 있음에도 불구하고(사물관할규칙 3조 참조) 허가를 통해 비변호사에 의한 소송대리를 모두 인정하고 있을 뿐 아니라 민사사건과 달리 가사사건의 비변호사는 당사자와 아무런 관계가 없어도 무방한데 이러한 차이를 두고 있는 이유나 근거가 모호하기 때문이다. 둘째, 비송사건절차법에서는 소송능력이 있으면 누구나 당연히 소송대리인이 될 수 있다고 하면서 가사비송을 포함하는 가사소송에서는 법원의 허가절차가 필요하다고 규정하고 있어 역시 모순된 내용으로 보이기 때문이다.

---

1) 변리사법 제8조에 따르면 변리사는 특허, 실용신안, 디자인 또는 상표에 관한 사항에 관하여 소송대리인이 될 수 있다고 규정하고 있어 변리사의 소송대리권 범위를 둘러싸고 논란이 계속되고 있다. 현재는 심결취소 등 제한된 부분에서만 소송대리를 허가하고 있는데 다른 직역에서도 소송대리권의 취득을 위한 노력이 끊이지 않고 있다.

2) 민사소송규칙을 통해 소송대리허가를 받을 수 있는 사람의 범위를 정하는 것은 수긍이 가지만 2억 원 중 1억 원 이하의 소송목적의 값을 갖는 단독사건에 대해서만 소송대리허가를 인정하는 것은 무슨 근거에서 기인하는 것인지 납득하기 어렵다.

③ 가사소송이나 비송사건에서는 일반 민사사건과 달리 법원의 직권탐지 혹은 직권조사
가 강화되어 있으므로(가소 17조, 비송 11조) 변호사대리 원칙을 유지할 실익이 일반 민사사건보
다 적다고 보는 견해도 있을 수 있으나[1] 의문이다. 직권탐지가 선언된 행정소송(행소 26조) 등
에서도 일반 민사사건과 다른 변호사대리의 특칙을 규정하고 있지 않을 뿐 아니라 직권탐지
나 조사가 선언된 행정·가사소송에서도 판례가 변론주의의 원칙을 고수하고 있음은 주지의
사실이기 때문이다. 더욱이 직권탐지나 조사가 강화된 절차에서는 변호사대리를 통한 당사자
의 보호 필요성이 감소된다는 논리 역시 설득력이 떨어진다. 소송과 비송의 경계가 모호해지
는 현재 상황에서 비송절차가 당사자 일방의 이익만을 도모할 수 있는 절차라는 관념도 희
박해지고 있으므로 당사자의 대립은 거의 모든 사건에 내재되어 있기 때문이다. 따라서 법률
전문가의 조력은 어떤 사건인지, 혹은 어떤 절차인지 여부를 떠나 절실하게 필요하다. 최소
한 가사 합의사건에서만이라도 변호사대리 원칙이 유지되어야 하며 가사 단독사건과 비송사
건절차법에 따른 비송사건에서도 일정한 친족관계나 공동생활관계에 있는 사람만이 법원의
허가를 통해 소송대리를 할 수 있도록 그 범위를 제한하여야 할 것이다.

④ 비교적 광범위하게 변호사대리 원칙의 예외를 인정하는 것은 그 나름의 이유(높은 본
인소송 비율, 상대적으로 고액인 변호사 수임료 등)가 있다고 하겠지만 반면에 가족이나 친인척, 직장
동료 등 비전문가의 소송수행을 통해 소송 자체가 난삽하게 되어 부득이 법원이 조정이나
화해를 강제할 수밖에 없는 상황을 조장하는 부작용도 없지 않다. 특히 본인소송 비율이 높
은 소액사건 재판은 민사소송의 원칙이 유지되지 않는 경우도 적지 않다는 비판이 많다. 소
송구조(訴訟救助)제도의 확장을 병행하면서 변호사대리 원칙의 예외 인정 범위를 축소해 나가
는 것이 바람직하다고 판단된다.

(2) 개별대리 원칙

1) 사건에 따라서는 복수의 대리인을 선임하는 경우가 있는데 이 경우에도 각 대리인은
독립적으로 본인을 대리하며(93조 1항) 본인과 대리인들 사이에 이와 다른 약정(단독대리는 무효
라는 합의 등)을 하더라도 상대방이나 법원에 대해서는 아무런 효력이 없다(93조 2항). 상대방은
복수의 대리인들 중 어느 한 대리인에게만 소송행위를 하는 것으로 족하다. 한편, 공동대리
인들이 동시에 상호 모순된 소송행위를 한 경우에는 그 어느 것도 효력이 발생하지 않는다.
예를 들어 상대방이 제출한 서면증거에 대해 인부(認否)를 하는 과정에서 공동대리인 甲은 성
립인정을 하는 반면 공동대리인 乙이 부인을 하거나 부지(不知)라고 답한 경우 유효한 소송행
위는 존재하지 않는다.

2) 공동대리인 간의 모순된 대리행위가 시간적 선후를 갖고 이루어진 경우 선행 행위가

---

1) 장달원, "가사소송법 제7조의 해석에 관한 이론과 실무", 재판자료 62집(1993), 110면 참조.

철회될 수 있는 것이면 후에 이루어진 대리인의 소송행위로 철회되고 취소할 수 없는 행위 (자백이나 청구의 포기, 인낙)인 경우에는 후에 이루어진 대리인의 소송행위는 효력이 없다고 한다(이시, 192면). 그러나 이러한 해석은 개별대리의 원칙과 부합하지 않으며 정확한 설명이라고 할 수 없다. 공동대리인 중 1인의 소송행위는 언제나 적법하고 유효하기 때문이다. 따라서 대리인 甲이 먼저 자백을 한 경우 그 후에 대리인 乙이 자백의 취소를 주장하는 것 모두 적법하다. 다만 자백취소의 효과는 반진실과 착오를 증명하는 경우에만 발생할 뿐이다. 한편 대리인 1인이 청구의 포기·인낙을 한 경우에는 그 효과로서 소송이 종료되므로 그 후의 다른 대리인의 소송행위가 효력을 가질 수 없는 것은 당연하다.

(3) 쌍방대리 금지 및 변호사법상의 수임제한과 그 위반 효과

1) 민법상의 쌍방대리 금지원칙   원고를 대리하는 甲이 피고를 위해서도 소송대리를 하는 경우 이를 쌍방대리라고 한다. 특정한 법률행위를 대리하는 대리인의 경우 본인의 허락이 없으면 동일한 법률행위에 관하여 본인과 자기거래를 할 수 없으며 동시에 상대방을 대리할 수 없다(민 124조). 이는 철저히 본인보호설에 입각하고 있는 것이지만 무권대리의 일종으로 취급되어야 하므로 본인의 사전 동의나 사후 추인으로써 쌍방대리로 인한 무권대리행위는 유효하게 된다. 법률행위에 관한 쌍방대리 금지의 원칙은 소송행위에도 유추적용될 수 있다.[1]

2) 변호사법 제31조 및 제31조의2 수임제한   일반인이 소송대리인인 경우 쌍방대리의 문제는 거의 발생하지 않는다. 그러나 변호사는 소송대리를 업으로 하고 있을 뿐 아니라 법무법인, 법무법인(유한), 법무조합 등의 형태로 변호사 사무실이 법인화되고 대규모화됨에 따라 쌍방대리의 문제가 심각하게 대두되고 있다. 이에 변호사법에서는 본인보호뿐 아니라 변호사업무의 공정성과 품위유지 등을 위해 변호사법 제31조 및 제31조의2에서 쌍방대리뿐 아니라 다른 수임제한 사유를 나누어 규정하고 있다.

① 수임을 승낙한 사건의 상대방이 위임하는 동일 사건(변호 31조 1항 1호)   동일 사건에 대해 쌍방을 대리하는 것은 기존 의뢰인의 신뢰를 배반하는 것일 뿐 아니라 변호사 직무의 공정성을 의심하게 할 충분한 사유가 있으므로 수임을 금하고 있다. 동일한 사건인지 여부는 사건의 기초가 된 분쟁의 실체가 동일한지의 여부에 의하여 결정되어야 한다. 따라서 소송물이 동일한지 여부나 민사사건과 형사사건과 같이 그 절차가 같은 성질의 것인지 여부는 관계가 없다.[2] 그러므로 동일한 변호사가 형사사건에서 피고인을 위한 변호인으로 선임

---

1) 법 제385조 제2항은 제소전화해에서 당사자 일방이 자신의 대리인 선임권을 상대방에게 위임하는 것을 금지하고 있다. 이 경우는 대리인이 쌍방을 대리하는 것은 아니므로 쌍방대리와는 무관하지만 강행규정이므로 대리인 선임권 위임 약정은 무효이며 동 약정에 의해 선임된 대리인의 소송행위 역시 무효이다.

2) 大判 2003. 11. 28. 2003다41791.

되어 변호활동을 하는 등 직무를 수행하였다가 나중에 실질적으로 동일한 쟁점을 포함하고
있는 민사사건에서 위 형사사건의 피해자에 해당하는 상대방 당사자를 위한 소송대리인으로
서 소송행위를 하는 등 직무를 수행하는 것 역시 마찬가지로 금지된다.[1]

  ② 수임하고 있는 사건의 상대방이 위임하는 다른 사건(2호)   동일한 사건은 아니지만
기존의 의뢰인으로부터 수임하고 있는 사건의 상대방이 맡기는 다른 사건(물론 이 다른 사건의
상대방은 기존 의뢰인임)[2]을 대리하게 되면 기존의 의뢰인으로부터 신뢰를 얻기 어려우며 나아
가 업무의 공정성에 의심을 받지 않을 수 없으므로 이를 금지하고 있다. 다만, 수임하고 있
는 사건의 위임인이 동의한 경우에는 그러하지 아니하다

  ③ 직무상 취급 사건(3호)   변호사가 공무원·조정위원 또는 중재인으로서 직무상 취
급하거나 취급했던 사건을 대리하는 것은 금지된다. 이는 쌍방대리의 범주에 속하는 것은 아
니다. 공무원·조정위원 또는 중재인 등은 하나의 예시일 뿐이므로 변호사가 판사로 재직 중
에 다루었던 사건 혹은 국가기관의 조사위원으로 재직 당시 다루었던 사건, 합동법률사무소
의 공증인으로서 공증한 사건의 어느 일방 당사자를 위해 대리하는 것 역시 금지된다고 할
것이다.[3]

  ④ 공직수행변호사의 퇴직 후 수임제한(변호 31조 3항)   법관이나 검사직을 비롯한
공직을 수행한 변호사(공직퇴임변호사)가 퇴직 후 자신이 퇴직 직전에 근무하던 법원이나 검찰
청 등 국가기관의 관련 사건을 바로 수임함으로써 발생하는 사법 불신(소위 전관예우에 대한 우
려)을 개선하기 위해 2011. 5. 17. 개정된 변호사법은 공직퇴임변호사로 하여금 일정기간(1년)
동안 재직하던 국가기관이 처리하는 사건을 수임할 수 없도록 제도화하였다(변호 31조 3항). 나
아가 법무법인 등에 속한 공직퇴임변호사가 담당변호사를 맡지 않으면서 편법적으로 다른
변호사의 이름을 빌려 사건을 수임하거나 업무를 수행하는 것 자체도 금지하고 있어 제도의
실효성을 높이고 있다(변호 31조 4항).

  ⑤ 변호사시험 합격자의 수임제한(변호 31조의2)   법학전문대학원 체제의 출범에 따
라 2012년부터 새로이 시행된 변호사시험에 합격한 변호사는 법률사무소의 개설뿐 아니라(변
호 21조의2) 수임에 있어서도 일정한 제한을 받고 있어 문제이다. 즉, 변호사시험에 따라 자격

---

1) 대법원은 大判 2003. 5. 30. 2003다15556에서 이러한 원칙을 확대하여 법무법인의 구성원 변호사가 형사사
  건의 변호인으로 선임된 그 법무법인의 업무담당변호사로 지정되어 그 직무를 수행한 바 있었음에도, 그 이
  후 제기된 같은 쟁점의 민사사건에서 이번에는 위 형사사건의 피해자측에 해당하는 상대방 당사자를 위한
  소송대리인으로서 직무를 수행하는 것도 금지되는 것임은 물론이고, 위 법무법인이 해산된 이후라도 변호사
  개인의 지위에서 그와 같은 민사사건을 수임하는 것 역시 마찬가지로 금지되는 것이라고 풀이한다. 더욱이
  비록 민사사건에서 직접적으로 업무를 담당한 변호사가 먼저 진행된 형사사건에서 피고인을 위한 직접적인
  변론에 관여를 한 바 없었다고 하더라도 동일하게 보고 있다.
2) 伊藤 眞, 158面.
3) 大判(全) 1975. 5. 13. 72다1183.

을 취득한 변호사는 변호사 자격을 취득한 후에도 법률사무종사기관에서 6개월 이상 법률사무에 종사하거나 연수를 마치지 않으면 사건을 단독으로 수임하지 못할 뿐 아니라 공동 수임은 물론 법무 법인 등에서 담당변호사로 지정되는 것도 제한된다(변호 31조의2 1항). 이러한 변호사시험 합격자에 대한 수임제한은 사법시험을 거쳐 사법연수원의 과정을 마친 변호사와의 형평성에 있어 문제가 될 뿐 아니라 법학전문대학원의 교육과정을 고려하더라도 부당한 과잉제한에 해당한다.1)

3) 쌍방대리·수임제한 위반의 효과

변호사가 위 수임제한 규정 등을 위반한 것임이 밝혀진 경우에는 변호사는 징계 대상이 됨은 물론(변호 91조 2항 1호) 변호사법 제31조 제1항 제3호, 제31조의2 위반 등의 경우는 형사 처벌의 대상까지 된다(변호 113조 5호, 6호). 이때 변호사의 대리 행위 자체의 효력까지 부인되어야 하는 것인지 문제가 되었다. 특히, 제1호를 중심으로 논의가 전개되었는데 각 위반 유형에 따라 달리 볼 필요가 있는데 기존 의뢰인의 이익과 변호사 직무의 공정성 보호 두 가지 법익에 대한 균형있는 고려가 필요하다.

① 변호사법 제31조 제1항 제1호, 제2호 규정 위반   i) 제1호 규정은 기존 의뢰인(혹은 상대방 당사자라고 표현되기도 하는데 이 경우는 현재 시점에 사건을 의뢰하는 반대당사자의 상대방이라는 의미임)의 변호사에 대한 신뢰만을 그 보호법익으로 한다는 견해2)가 있으나 변호사 직무의 공정성 역시 동 규정의 보호 대상으로 보아야 한다. 다만, 직무의 공정성을 강조할 경우 제1호 규정 위반은 절대무효라는 견해가 가능하게 되지만 제1호의 경우 의뢰인의 이익이 더욱 보호받아야 하므로 기존 의뢰인의 이의제기3)가 없는 한 쌍방대리 행위는 유효하다고 보는 것이 타당하다(소위 이의설). 판례4) 역시 이의설을 따르고 있다.5) 따라서 기존 의뢰인이 쌍방대

---

1) 변리사의 경우도 변리사자격 취득 후 1년 이상의 실무수습을 마쳐야 변리사등록을 할 수 있다(변리사 5조 1항, 2항). 이러한 제한은 변리사의 경우 변리사자격 취득을 위한 일정한 학업 과정(이론이나 실무)을 거치는 것이 없어 정당화될 수 있다. 반면, 법학전문대학원설치·운영에 관한 법률에 따라 설립된 법학전문대학원에서는 변호사를 위한 이론교육은 물론 실무교육 및 실무수습이 모두 이루어지고 있음은 주지의 사실이다. 따라서 변호사시험 출신 변호사에게만 유독 6개월 이상의 실무수습을 추가적으로 요구하는 것은 형평에 반하게 되어 위헌의 소지가 크다. 그러나 헌법재판소는 변호사법 제21조의2 제1항과 제31조의2 제1항 규정 모두 합헌이라고 판시하였다(憲裁 2013. 10. 24. 2012헌마480; 憲裁 2014. 6. 26. 2013헌마424).

2) 伊藤 眞, 157面.

3) 현재 시점에 사건을 의뢰하는 반대당사자 역시 이의를 제기할 수 있다고 보는 견해도 있으나 균형을 상실한 입장으로 파악된다(같은 견해로는 伊藤 眞, 158面).

4) 大判 1990. 11. 23. 90다4037,4044; 大判 2003. 5. 30. 2003다15556.

5) 기존 이의설의 설시방식과는 다른 취지로 판시한 사례가 있어 주목된다(大判 2024. 1. 4. 2023다225580). 이 사건에서 대법원은 변호사의 쌍방대리행위는 원칙적으로 무권대리행위에 해당하지만 예외적으로 본인의 허락이 있는 경우에 한하여 효력이 인정될 수 있다고 하면서 본인의 허락이 있는지 여부는 쌍방대리행위에 관하여 유효성을 주장하는 자가 주장·증명책임을 부담하고, 이때의 '허락'은 명시된 사전 허락 이외에도 '묵시적 허락' 또는 '사후 추인'의 방식으로도 가능하다고 판시하였다.

리 사실을 알거나 알 수 있었음에도 불구하고 사실심 변론종결시까지 이의를 제기하지 않은 경우에는 쌍방대리행위는 유효하다. 한편, 제2호에 대해서는 기존 의뢰인이 동의한 경우에는 유효하게 됨을 법이 인정하고 있으므로(변호 31조 1항 단서) 명시적인 동의가 없더라도 기존 의뢰인의 이의 제기가 없으면 유효하다고 봄이 타당하다.

    ii) 이의설 외에도 기존 의뢰인의 이의 유무에 관계 없이 무효로 보는 절대무효설이 있으며, 그와 반대로 이러한 변호사법의 내용은 직무규정에 불과하므로 대리인의 행위는 유효하다는 유효설, 기존의뢰인이 아닌 반대 당사자(후에 선임을 의뢰하는)의 추인이 있으면 유효하게 볼 수 있다는 추인설 등이 있다. 기존의뢰인의 이익을 보호하는 성격이 강한 변호사법 제31조 제1항 제1호, 제2호 규정 위반에 대하여는 이의설이 타당하지만 아래와 같이 변호사직무의 공정성을 강조해야 하는 경우는 무효설이 타당하다.

    ② 변호사법 제31조 제1항 제3호 규정 위반   제3호의 보호법익은 의뢰인의 이익이라기보다는 변호사 직무의 공정성이라고 봄이 타당하다. 더욱이 동 규정을 위반한 변호사의 행위는 형사처벌의 대상이 되고 있다(변호 113조 4호). 따라서 공무원의 자격으로 취급한 사건의 어느 일방을 대리하는 행위는 대리인인 변호사가 자신이 정당한 대리인이 될 수 없음을 알면서 의도적으로 대리행위를 한 것이므로 이러한 대리인의 행위는 기존 의뢰인의 이의제기 유무와 상관없이 배제하여야 마땅하며 아울러 그 행위는 무효라고 보아야 한다. 이러한 해석이 변호사법 제31조 제1항 제3호와 같은 법 제113조 제4호의 입법취지에 부합된다.[1)]

    ③ 변호사법 제31조 제3항 및 제31조의2 규정 위반   공직수행변호사의 퇴직 후 수임제한이나 변호사시험 합격자의 수임제한(규정 자체의 타당성 여부를 떠나) 역시 의뢰인의 이익을 보호하는 규정이라기보다는 변호사 직무의 공정성을 지키기 위한 규정이므로 이에 위반된 행위는 무효로 취급함이 타당하다.

(4) 심급대리 원칙

    1) **심급대리**   소송대리권의 범위는 특별한 사정이 없는 한 당해 심급에 한정되며[2)] 그 종기는 수임한 소송사무가 종료하는 시기인 당해 심급의 판결을 송달받은 때까지라고 보는 것이 확립된 판례의 입장이다(90조 2항 3호 참조).[3)] 법 제90조 제2항에서 상소제기를 특별수권사항으로 정한 것은 패소한 당사자의 보호를 위해(불변기간의 준수 등의 문제가 있으므로) 상소제기까지는 종전 심급의 대리인이 특별수권을 받아 행사할 수 있음을 규정한 것으로 해석되므

---

1) 무효설이 의뢰인에게 불측의 손해를 줄 수 있다고 하는 비판이 있으나 변호사가 공무원 자격으로 관여한 사건을 변호사로서 대리하게 하는 것을 간접적으로 허용함으로써 발생하는 변호사 직무의 공정성 훼손과 비교한다면 후자의 보호법익이 더 중요하다.

2) 大決 1996. 4. 4. 96마148; 大判 1994. 3. 8. 93다52105.

3) 大判 1995. 12. 26. 95다24609.

로 판례의 견해는 타당하다고 판단된다.[1] 그러나 심급대리의 원칙이 있다고 해서 변호사의 선관의무가 판결문 정본의 송달로 종결되는 것은 아니다. 위임사무의 종료단계에서 패소판결이 있었던 경우에는 의뢰인으로부터 상소에 관하여 특별한 수권이 없는 때에도 그 판결을 점검하여 불이익한 계산상의 잘못이 있다면 의뢰인에게 그 판결의 내용과 상소하는 때의 승소가능성 등에 대하여 구체적으로 설명하고 조언하여야 할 의무가 있기 때문이다.[2]

　　2) 심급대리 원칙의 연장으로서 파기환송 후 재판과 대리권의 부활　　　① 대리인 甲이 항소심인 고등법원에서 대리한 사건이 패소하자 당사자 본인이 새롭게 대리인 乙을 선임하여 대법원에 상고를 제기하였는바, 대법원에서 동 사건이 파기되어 다시 고등법원으로 환송된 경우 대리인 甲의 대리권이 부활된다고 보는 것이 판례의 입장이다.[3] 환송 후 재판은 환송 전 재판의 속행이라는 성격을 강조한다면 이는 심급대리 원칙의 연장선에 있다고 볼 수 있다. 그러나 통상적으로는 환송 후 재판에서는 환송 전 심리절차의 대리인 甲이 사임계를 내고 대리인 乙이 환송 후 재판에서 새로 선임계를 제출한 후에 사건을 대리하는 것이 일반적일 것이다(당사자와 대리인 甲과의 신뢰관계가 소멸되었을 가능성이 크므로). 결국 대리인 甲의 대리권이 부활되든 그렇지 않든 환송 후의 항소심에서는 본인의 의사에 따라 대리인이 결정될 것이다.[4]

　　② 환송 후 항소심 판결에 대해 다시 상고가 제기된 경우는 환송판결을 한 종전 대법원에서의 대리인의 대리권이 부활하는 것은 당연히 아니다.[5] 환송 후 항소심 판결에 대해 새로운 상고가 제기됨에 따른 새로운 상고심이기 때문이다. 한편, 재심의 경우는 신소 제기의 형식을 취하므로 새로이 대리인의 선임이 필요하다는 것이 판례의 입장이다.[6] 재심의 소 역

---

1) 법 제90조 제2항이 상소의 제기만을 특별수권사항으로 하고 있으므로 반대해석을 통해 상대방의 상소에 응소하는 행위는 통상의 대리권으로 볼 수 있고 나아가 한 심급의 종료로 대리권이 당연히 소멸되는 것은 아니라고 해석될 여지가 있다는 견해(이시, 189-190면)가 있으나 의문이다. 심급대리의 원칙이 의뢰인의 입장에서 불리하다는 입장(심급별로 수임료를 지급하는 관행)에서 나온 견해이기는 하나 법 규정의 해석론으로는 무리가 있다고 판단된다. 더구나 심급별로 변호사가 수임료를 지급받는 것은 관행에서 비롯된 것이지 심급대리 원칙에서 직접적으로 비롯된 것은 아니라고 생각된다.

2) 大判 2004. 5. 14. 2004다7354. 이 판결에서 대법원은 변호사가 계산상의 착오가 있었던 1심 판결문을 제대로 검토하지 않아 승소가능성 등을 의뢰인에게 상세히 설명하지 못한 점을 과실로 지적하고 있다. 한편, 대법원은 변호사가 의뢰인으로 하여금 항소하게 하였더라면 추가로 받을 수 있는 판결금 상당액을 변호사가 배상할 책임범위로 판단하면서 의뢰인 본인의 과실도 40%를 인정하고 있다.

3) 大判 1985. 5. 28. 84후102. 구체적인 이유 설시는 없으나 대법원의 파기 환송에 따라 사건이 환송 전 항소심에서 별도의 중단 없이 그대로 진행되므로 종전 대리인의 대리권도 부활되는 것으로 보는 것이 합리적이라는 판단에서 비롯된 것으로 판단된다(이에 대한 비판은 이시, 190면 참조).

4) 문제는 환송 후 항소심에서 환송 전 항소심의 대리인에게 기일통지서 등을 송달한 경우 그 적법성 여부와 관련해서 결론이 달라진다. 판례의 입장에 따르면 환송 전 항소심의 대리인의 대리권이 부활되므로 동 대리인에게 소송관련서류를 송달해도 적법하지만 대리권이 소멸한다는 입장에서는 부적법한 송달이 되기 때문이다.

5) 大決 1996. 4. 4. 96마148.

6) 大決 1991. 3. 27. 90마970.

시 환송 후 판결과 마찬가지로 종전 소송의 속심형태를 취하고 있기 때문에 환송판결에서와 같이 대리권이 부활된다고 볼 여지가 없는 것은 아니나 환송 후 재판이 새로운 소 제기를 필요로 하는 것은 아니라는 점, 재심은 통상의 소송절차가 아닌 비상의 구제절차이므로 성질을 달리한다는 점 등에서 재심 전 소송절차에서의 대리권이 부활된다고 볼 여지는 적다.

(5) 대리인과 복대리인

소송대리인도 특별수권을 받으면 다시 본인의 대리인(복대리인)을 선임할 수 있다(90조 2항 4호). 복대리인에 관한 구체적인 규정이 없어 민법상의 복대리 규정(민 120조 내지 123조)을 유추 적용함이 타당하다. 소송상의 대리인은 특별수권을 받아 복대리인을 선임한 것이지만 복대리인 선임에 관한 선임감독상의 책임을 부담하며(민 121조 1항 유추) 소송상의 복대리인 역시 본인의 대리인이므로 본인이나 제3자에게 소송대리인과 동일한 권리의무를 갖는다(민 123조). 소송에 있어서는 당사자 본인이 복대리인을 지명하는 경우는 거의 없으나 이 경우에도 소송대리인은 본인에게 통지의무 등을 부담한다고 해석함이 타당하다(민 121조 2항).[1]

(6) 비변호사의 대리행위

우리나라에는 다양한 법조 인접 전문직역이 오래 전부터 존재하고 있어 법정을 전제로 한 소송대리만 하지 못할 뿐 넓은 의미의 소송대리라고 할 수 있는 법률사무 대리는 폭넓게 인정되어 오고 있다. 여기에서는 좁은 의미의 소송대리행위에 국한해서 살펴보고자 한다.

1) 변호사 자격을 상실하거나 정직 중인 변호사의 대리행위   변호사는 징계절차에 의해 영구 제명되거나 제명, 혹은 3년 이하의 정직처분을 받을 수 있으며(변호 90조) 징계 확정 전이라도 법무부장관으로부터 2년 한도 내에서 업무정지명령(변호 102조)을 받을 수 있다. 이러한 제재를 받은 변호사가 타인의 소송대리를 한 경우 법원은 이들의 소송관여를 배척하여야 할 것이나 이를 모르고 재판을 진행한 경우는 당사자 보호 측면에서 무효가 아니라는 견해와 무효라는 견해(전병, 74면)가 대립하고 있다. 무효가 아니라는 견해 중에는 행위 유형을 구분하여 비변호사나 제명된 변호사의 소송행위는 무효이지만 징계에 의해 정직 중인 변호사인 경우에는 무효로까지 볼 필요가 없다는 절충적인 견해가 있다(김/강, 171-172면; 이시, 199면; 정/유/김, 255면). 그러나 비변호사(무자격이든 제명된 것이든) 혹은 정직 중의 변호사의 행위를 나누어서 행위의 효력을 구분할 실익이나 타당성은 엿보이지 않으므로 당사자 보호의 측면이나 변호사의 공익적인 직업의 성격에 비추어 모두 무효로 봄이 타당하다(전병, 74면도 같은 취지). 비변호사는 물론 영구제명이나 정직처분을 받은 변호사로부터 의뢰인이 정당한 변호를

---

[1] 복대리인은 법 제90조 제1항의 대리인의 권한범위를 넘을 수 없어 재복대리인을 선임할 수 없다는 견해가 있으나(이시, 191면) 의문이다. 이론적으로는 복대리인 역시 본인이나 제3자에게 대리인과 동일한 권리의무를 갖고 있으므로(민 123조 2항) 본인으로부터 특별수권을 받아 재복대리인을 선임할 수 있다는 점을 부인할 수는 없기 때문이다.

받을 수 있다고 기대하기는 어렵기 때문이다. 판례는 이 부분에 관해 명확한 입장을 갖고 있지는 않은 듯하다.[1]

2) 변호사대리 원칙의 잠탈과 변호사 아닌 자의 대리행위

① 일반인의 대리행위   합의부 사건에서 변호사가 아닌 당사자의 친척 등이 소송대리를 한 경우는 무권대리로 보아 당사자의 선택에 따라 추인여부를 결정하도록 함이 타당하다. 변호사대리 원칙의 보호보다는 본인 보호를 중시하는 것이 타당하기 때문이다. 한편, 지방자치단체가 소속 공무원을 자치단체의 대리인으로 선임하여 소송수행을 한 경우에는 문제이다. 판례에 따르면 지방자치단체는 민사소송[2]이나 행정소송인 당사자소송[3]에서도 소송수행자 지정을 통해 소송대리를 할 수 없다고 판시하고 있다. 그러나 영리회사의 경우에는 그 직원을 상법상 지배인으로 등재한 후 그 직원으로 하여금 소송을 수행하게 할 수 있고(상 11조 1항), 그 밖에 일부 공기업의 경우에도 정관이 정하는 바에 의하여 소속 직원을 재판상 행위를 할 수 있는 대리인으로 선임할 수 있어(한국토지주택공사법 7조) 지방자치단체의 경우에만 소속직원을 통한 소송수행을 하지 못하게 할 정당한 이유는 없다.[4] 조속한 법의 개정이 필요하다.

② 법조 인접 전문직역의 대리행위   우리나라에는 법무사, 변리사, 노무사 등 많은 법조 인접 전문직역이 존재하고 있어 변호사의 고유 업무라고 할 수 있는 법률사무대리 영역이 많은 부분 사실상 잠식되고 있는 실정이다. 법무사 단체는 소액사건에서의 소송대리를 위한 입법 활동을 지속적으로 벌이고 있으며 변리사 단체는 현재 특허법원에서의 심결취소소송 등에서의 소송대리권을 넘어 특허권 침해로 인한 손해배상 등 제한된 범위의 민사사건에서도 소송대리를 할 수 있도록 지속적으로 요구하고 있다. 한편 세무사[5]는 국세심판사건에서, 노무사는 지방노동위원회나 중앙노동위원회가 다루는 근로관계 사건에서 대리권을 갖고 있다. 뿐만 아니라 영리회사가 재판상의 행위에 있어 회사를 대리하기 위해 일반 소속직원을 지배인으로 선임하여 등기하는 경우도 적지 않다. 지배인의 자격에 부수하여 재판상 행위를 할 수 있을 뿐인데 실질적으로 지배인의 지위에 있지 않은 소속직원(경우에 따라서는 신입사원)을 소송대리를 위해서만 지배인으로 등기함으로써 변호사대리 원칙을 잠탈하고 있는 실정

---

1) 大判 2006. 6. 9. 2006두4035 참조. 대법원이 동 판결에서 자치단체 소송수행자의 소송수행을 무권대리로 파악하였다는 견해가 있으나(이시, 199면) 의문이다. 대법원은 피고 인천시가 소속 공무원으로 하여금 소송수행자로서 피고의 소송대리를 하도록 한 것은 민사소송법 제424조 제1항 제4호가 정하는 '소송대리권의 수여에 흠이 있는 경우'에 해당하는 위법이 있다고만 하고 있기 때문이다.

2) 大判 2006. 3. 9. 2005다72041.

3) 大判 2006. 6. 9. 2006두4035.

4) 김시목, "지방자치단체가 소송수행자를 지정할 수 있는지 여부", 송무자료집 10집, 367면 이하에서는 지방자치단체의 소송수행지정을 위한 입법이 필요하다고 강조하고 있다.

5) 2018. 1. 1.부터 변호사에게 자동적으로 부여되던 세무사자격이 폐지되었다.

이다.

③ 채권추심회사의 추심행위   법조 인접 전문직역만이 변호사대리 원칙을 훼손하는
것은 아니다. 신용정보 법률에 따라 설립된 채권추심회사는 상법에 따른 상행위로 생긴 금전
채권, 판결 등에 따라 권원이 인정된 민사채권에 대하여는 추심업무를 대리할 수 있기 때문
이다(신용 2조 11호). 채권추심업무에는 채무자에 대한 재산조사, 변제의 촉구 또는 채무자로부
터의 변제금 수령을 통하여 채권자를 대신하여 추심채권을 행사하는 행위만이 포함되고 있
지만(신용 2조 10호) 채권추심업무 자체가 변호사의 법률사무영역이므로 변호사 대리 원칙에
대한 우회적인 침해라고 볼 수 있다. 한편, 대부업자나 채권추심회사의 공정한 채권추심을
도모하기 위해 채권의 공정한 추심에 관한 법률이 제정되어 2009. 8. 6.부터 시행되고 있다.

2. 대리권의 발생 및 증명과 범위

(1) 대리권의 수여

소송대리권의 수여 행위는 소송대리권의 발생이라는 소송법상의 효과를 목적으로 하는
소송행위이며 대리인이 될 자의 승낙은 대리권 수여행위의 요건은 아니므로 소취하와 마찬
가지로 단독적 소송행위이다.[1] 그러나 대리인 선임은 소송위임계약을 통해 이루어지므로 위
임계약 체결과정에서의 의사표시의 하자가 있는 경우 본인이 이를 취소할 수 있는지 여부가
문제된다. 본인과 대리인의 위임계약을 통해 대리인 선임이 이루어지는 것을 대내적 관계로
보고 외부적으로 나타나는 대리인 선임은 소송행위로 보아 내부적인 위임계약상의 의사표시
하자를 이유로 대리권수여라는 소송행위를 취소하는 것은 허용되지 않는다는 것이 다수설,
판례의 입장이다.[2]

(2) 대리권의 증명

소송대리권의 존부는 법원의 직권조사사항이므로 법원은 소송대리권의 존부에 의심이
있는 경우 직권으로 대리권의 존재를 증명하도록 촉구하여야 한다. 한편 소송위임계약은 구
두 혹은 서면으로 작성될 수 있으나 구두로 할 경우 상대방으로 하여금 적법한 대리권 유무
에 대한 다툼을 유발할 수 있어 소송대리인의 권한은 서면으로 증명하도록 요구하고 있다(89
조 1항). 더구나 위임장이 사문서인 경우 법원은 재량에 따라 공증사무소의 인증을 받도록 명
할 수 있으며(89조 2항) 달리 진정하게 소송대리권을 위임한 것인지 여부를 직권으로 심리할
수 있다.[3] 물론 당사자가 법정에서 직접 구두로 대리인을 선임하고 이것이 조서에 기재된

---

1) 大判 1997. 12. 12. 95다20775.
2) 大判 1997. 10. 10. 96다35484.
3) 大決 1997. 9. 22. 97마1574. 이 결정에서는 대리인이 법원의 인증명령에도 불구하고 대리권을 증명하지
   못한 경우에는 소를 각하할 수 있고 소송비용 역시 대리인에게 부담을 명할 수 있다고 판시하고 있다.

때에는 서면증명이나 인증 등의 요건이 불필요하다(89조 3항).

(3) 소송대리권의 범위

법령상 소송대리인의 대리권은 각 실체법에서 정해놓고 있다(92조). 예를 들어 상법상의 지배인(상 11조 1항)은 영업에 관한 포괄적 대리권을, 선장(상 749조 1항, 894조 1항) 및 선박관리인(상 765조 1항) 등은 일정한 업무에 관하여만 재판상의 모든 행위를 대리할 수 있다고 규정하고 있다. 그러나 소송위임에 의한 소송대리인의 경우는 반소 · 참가 · 강제집행 · 가압류 · 가처분에 관한 소송행위 등 일체의 소송행위와 변제의 영수를 할 수 있으나(기본대리권, 90조 1항) 특별한 수권을 받아야 하는 사항도 정하고 있다(90조 2항). 아울러 변호사인 소송대리인의 대리권은 제한하지 못하지만 변호사가 아닌 소송대리인의 대리권은 제한될 수 있다(91조).

1) 소송대리권의 법정 범위(90조 1항)　　소송대리인은 특별수권사항을 제외하고는 위임을 받은 사건에 대하여 반소 · 참가 · 강제집행 · 가압류 · 가처분에 관한 소송행위 등 일체의 소송행위와 변제의 영수를 할 수 있다(90조 1항). 동 조항에서 열거하고 있는 사항은 하나의 예시일 뿐이므로 제2항에서 정하고 있는 특별수권사항을 제외한 모든 소송행위에 대해서도 대리권이 있다. 따라서 제1항에서 열거되지 않은 부수적 소송절차인 소송비용 확정절차나 위헌심판제청 등에 대해서도 당연히 대리권이 인정된다. 아울러 소송절차 진행 중 필요한 사법상의 법률행위인 취소나 상계, 해지 · 해제 등에 대해서도 대리권을 행사할 수 있다.[1]

2) 특별수권사항(90조 2항)　　① 소송대리인으로서 소송절차를 종료시키는 소의 취하, 화해, 청구의 포기 · 인낙이나 소송탈퇴 등은 물론 반소와 상소제기 및 상소취하는 물론 복대리인을 선임하는 행위에 대해서도 특별수권이 필요하다(90조 2항). 특별수권의 대상은 대부분 소송자체에 대한 처분을 담고 있어 본인에게 심각한 손해를 끼칠 수 있는 사항도 있으나 반소나 상소제기, 복대리인 선임 등은 본인에게 유리한 행위이거나 손해를 끼칠 염려가 적은 행위이므로 특별수권사항으로 할 필요는 상대적으로 적다. 그러나 우리나라의 경우 당사자 본인 소송 비율이 높고 특히 소액사건에서는 당사자와 일정한 신분관계를 가진 일반인이면 법원의 허가 없이 소송대리를 할 수 있어(소액 8조) 대리인의 자의적이거나 과실에 따른 대리행위로부터 본인을 보호할 필요가 절실하다. 이러한 측면에서 본다면 동 규정의 존재의의는 적지 않다.[2]

② 심급대리의 원칙을 인정하는 입장에서는 상소제기는 물론 상소에 따른 응소에 있어

---

1) 大判 2015. 10. 29. 2015다32585.
2) 변호사가 소송대리인인 경우에는 특별수권사항이 상대적으로 큰 의미를 갖지는 않는다고 판단된다. 불리한 소송행위를 하거나 특히 소를 처분하는 행위를 함에 있어서는 당사자의 명시적인 동의를 받지 않는 변호사는 거의 없기 때문이다. 그러나 변호사에게 소송위임을 한다는 것이 어떤 의미를 갖는 것인지 의뢰인에게 충분한 설명을 할 필요는 있다.

서도 특별수권이 필요하다(반대견해 있음). 따라서 상소제기에 대한 특별수권을 받은 대리인은 상소제기와 함께 대리권은 소멸되며[1] 상소제기에 대한 특별수권이 없다면 판결문 정본을 송달받음으로써 대리권은 소멸된다. 그러나 항소심 판결이 파기환송된 경우에는 소멸했던 대리인의 대리권이 부활된다(반대견해 있음).[2] 아울러 상대방이 상소를 제기한 경우 피상소인의 기존 대리인은 상소심에서의 응소를 비롯한 소송행위를 위해서는 상소심에서 별도의 소송위임을 받아야 한다.

3. 대리권의 소멸과 불소멸

(1) 대리권의 불소멸사유

민법상의 대리권은 본인 및 대리인의 사망, 성년후견의 개시 혹은 파산으로 소멸하게 된다(민 127조). 그러나 소송행위에 있어서는 당사자의 사망이나 소송능력의 상실 그리고 이와 동일하게 취급할 수 있는 소송담당자와 선정당사자가 그 자격을 상실한 경우에도 이들이 선임한 대리인의 대리권은 소멸하지 않는다(95조, 96조). 나아가 앞서 본 대리권의 불소멸사유가 소송절차에서 발생하면 소송절차는 중단되지만(233조 내지 240조) 대리인이 선임되어 있는 경우에는 절차가 중단되지 않음으로써(238조) 기존 당사자의 대리인은 소송수계인을 위해 대리인으로서 소송을 수행할 수 있게 된다.[3] 결국 민법과 달리 위임자 본인의 사망과 같은 사정변경이 대리권의 소멸을 초래하지 않게 되는데 이는 절차의 안정을 위한 조치라고 할 수 있다.

(2) 대리권의 소멸사유

대리인 자신이 사망하거나 성견후견의 개시 혹은 파산선고를 받게 되면 대리권은 소멸하게 된다(민 127조 2호). 법인의 경우는 합병이나 인가취소, 파산, 해산이 있으면 기존 법인의 대표자가 갖는 대표권이 소멸하게 됨은 당연하다. 한편 법령상의 대리인은 대리권을 취득하게 되는 지위나 자격의 상실로 대리권을 상실하게 된다(지배인이나 선장 자격의 상실 등). 소송위

---

[1] 상소장 제출에 따른 보정 등이 가능하고 재판장 역시 소송대리인에게 상소장에 대한 인지보정명령을 내릴 수 있다(大決 2013. 7. 31. 2013마670). 그러나 소송대리인이 상소 제기에 관하여 특별한 권한을 따로 받았다고 하더라도, 실제로 소송대리인이 아닌 당사자 본인이 상고장을 작성하여 제출한 경우에는 소송대리인에게 상소장과 관련한 보정명령을 수령할 권능이 없으므로, 원심재판장이 소송대리인에게 보정명령을 송달한 것은 부적법한 송달이어서 그 송달의 효력이 발생하지 아니한다(大決 2024. 1. 11. 2023마7122).

[2] 大判 2016. 7. 7. 2014다1447. 항소심판결이 상고심에서 파기되고 사건이 환송되는 경우에는 사건을 환송받은 항소심법원이 환송 전의 절차를 속행하여야 하고 환송 전 항소심에서의 소송대리인인 변호사 등의 소송대리권이 부활하므로, 환송 후 사건을 위임사무의 범위에서 제외하기로 약정하였다는 등의 특별한 사정이 없는 한 변호사 등은 환송 후 항소심 사건의 소송사무까지 처리하여야만 비로소 위임사무의 종료에 따른 보수를 청구할 수 게 된다.

[3] 물론 수계인은 종전 위임인의 대리인을 해임하고 새로운 대리인을 선임할 수 있다. 소송법은 대리인이 선임되어 있는 경우 당사자 본인의 사망이나 사고로 인해 절차가 중단되거나 대리권이 소멸하게 하는 것보다는 일단 절차 수계인의 대리인으로 대리권을 행사할 수 있도록 함으로써 절차의 안정을 도모하고자 하는 것이다.

임에 의한 소송대리인의 경우는 위임계약의 해지나 당해 심급에서의 판결문 정본의 송달로 대리권이 소멸하게 된다. 이러한 대리권의 소멸은 상대방에게 통지하지 않으면 효력이 발생하지 않음은 법정대리인과 동일하다(97조, 63조).

4. 대리인의 지위와 당사자의 경정권

(1) 제3자로서의 지위

대리인의 소송행위에 따른 결과는 본인에게 귀속되므로 대리인은 분명 제3자의 지위에 있다. 따라서 판결의 효력 역시 본인에게만 미치게 된다. 나아가 대리인이 증거조사의 대상이 될 경우에도 증인이나 감정인 능력이 인정된다.

(2) 소송수행자로서의 지위

대리인은 본인을 대리하지만 소송수행의 주체이므로 의사표시에 있어 그 흠결, 사기, 강박 혹은 어떤 사실에 대한 지·부지(知·不知)는 대리인을 표준하여 결정한다(민 116조 참조).

(3) 당사자의 경정권과 대리인의 종속적 지위

본인이 대리인을 선임하였다고 해서 당사자 본인의 소송수행권이 상실되는 것은 아니므로 이 점에서 제3자의 소송담당에 해당하는 선정당사자 제도 등과 다르다(물론 이 경우에도 소송수행권이 상실되지 않는다는 견해가 있음). 따라서 본인은 대리인을 선임한 후에도 법정에 출석하여 변론할 수 있으며 대리인의 사실상 진술을 바로 취소하거나 경정할 수 있다(94조).[1] 송달의 경우는 문제가 된다. 판례[2]에 따르면 소송대리인이 선임된 후에도 기일통지서나 판결정본 등의 송달을 본인에게 하여도 부적법한 것이 아니라는 입장이나 의문이다. 대리인을 선임하는 것은 특별한 의사표시가 없는 한 본인이 대리인을 통해 모든 소송행위를 하겠다는 취지를 담은 것이므로 대리인이 선임되어 있는 것이 기록상 명백한 상태에서 본인의 법적 지위에 중요한 영향을 미칠 수 있는 송달 등을 본인에게 하는 것은 무효라고 보는 것이 타당하다.[3]

Ⅳ. 무권대리와 표현대리

무권대리 행위라 함은 대리권 없는 자의 대리행위를 지칭한다. 따라서 원래부터 대리권

---

1) 대리인은 본인의 지시에 좇아 특정 소송행위를 하게 되는데 본인의 지·부지(知·不知)로 인한 불이익 발생시 대리인의 부지를 들어 자기의 이익으로 유리하게 원용할 수 없기 때문이다(민 116조 2항 참조).
2) 大決 1970. 6. 5. 70마325.
3) 70마325 결정에서도 본인에 대한 송달이 부적절하고 타당하지 않다는 점은 인정하고 있으나 송달의 효력을 좌우할 정도의 것은 아니라고 보는 듯하다. 하지만 당사자 본인이 법률전문가인 대리인을 선임하는 것은 소송서류의 송달 수령 등과 같은 중요한 소송행위를 대리인을 통해 하고자 한 것임을 유념할 필요가 있다.

의 수여를 받지 못한 경우뿐 아니라 대리권 소멸 후의 대리행위, 법정대리인의 자격 없는 자의 대리행위는 물론 대리권을 증명하지 못한 자의 대리행위도 무권대리 행위에 포함된다. 법인 대표자의 경우도 법정대리인에 준하므로 대표권 없는 대표자의 행위도 무권대리의 문제로 취급된다.

1. 무권대리

(1) 법적 성질과 효과

대리권의 존재는 소송행위의 유효요건이므로 무권대리인의 소송행위는 본인에게 효력이 미치지 않게 된다. 한편, 무권대리인이 소를 제기한 경우에는 소송요건을 흠결한 것으로 나타나므로 소는 각하된다. 그러나 무권대리 행위는 절대적인 무효는 아니므로 나중에 본인이나 대리권을 가진 자가 이를 추인하면 소급해서 유효가 된다(60조, 97조).

1) 직권조사사항　　대리권의 존부는 법원의 직권조사사항이다. 따라서 소 제기 시점이나 그 이후에도 대리인이나 대표자의 대리권의 존부가 의심스러운 경우(상업등기부상 대표자와 소장에 표시된 대표자가 다른 경우)에는 석명을 통해 정당한 대리권이 존재하는지 여부를 조사하여야 한다.1) 따라서 이 부분에 관한 자백이나 의제자백이 성립될 여지는 없다.

2) 무권대리 행위에 대한 취급　　무권대리임이 밝혀지면 무권대리인의 소송관여를 배척하되 보정의 가능성이 있으면 보정을 명하여야 한다(법인이나 종중대표자의 경우 사원총회나 종중의 결의서 혹은 특별수권사실의 증명). 보정의 가능성이 없는 경우는 소를 각하하거나(대리권이 없는 상태에서 소를 제기한 경우) 소송행위를 저지하여야 하며, 당사자 본인으로 하여금 정당한 대리인을 선임하도록 촉구하여야 한다. 보정이나 정당한 대리인의 선임이 있을 때까지 절차진행을 하지 않아야 하지만 본인에게 손해가 생길 염려가 있을 때에는 보정 등을 조건으로 일시적인 소송행위를 하게 할 수 있다(59조, 97조).

(2) 무권대리행위의 추인

1) 추인의 방식　　무효인 소송행위는 당사자나 정당한 대리권자의 일방적인 의사표시로서 확정적으로 유효나 무효로 된다. 이를 추인 혹은 추인거절의 의사표시라고 하며 이는 철회나 취소가 불가능하다. 소송행위에 대한 추인은 법률행위(민 132조)에서처럼 반드시 상대방에 대해 할 필요는 없으므로 소송행위의 종류에 따라 법원 혹은 상대방에게 하여야 한다. 추인은 명시적인 방법뿐 아니라 묵시적2)으로도 가능하며 그 시기에 있어서도 제한이 없으므

---

1) 大判 1964. 5. 12. 63다712. 한편 大判 1999. 2. 24. 97다38930에서는 소송대리권의 존부 문제를 직권탐지사항이라고 설시한 바 있는데 이는 판례가 양자의 개념을 명확하게 구분하지 않는 데서 비롯된 것으로 보인다.

2) 大判 1988. 10. 25. 87다카1382; 大判 1991. 5. 28. 91다10206.

로 법률심인 상고심에서도 추인이 가능하다.[1] 한편 추인은 무권대리 행위 전체를 대상으로 하여야 하는 것이 원칙이다(추인의 불가분성).[2] 따라서 본인에게 유리한 행위만을 대상으로 추인하는 선별적인 추인은 불가능하다. 하지만 특정 소송행위가 명백히 분리가능하고 이를 선별적으로 추인하거나 추인하지 않더라도 절차의 안정을 해하지 않고 소송경제에 반하지 않는다면 선별추인 역시 가능하다는 것이 판례의 입장이다.[3]

　　2) **추인의 효과**　　　추인을 통해 무권대리인의 소송행위는 소송행위를 한 때부터 소급적으로 유효하게 될 뿐 아니라(60조, 97조) 그 효과 역시 절대적이다. 법률행위의 경우는 추인에 따라 소급효를 제3자에게 대항하지 못하지만(민 133조 단서) 소송행위의 경우는 이러한 제한이 없다.[4]

(3) 무권대리행위를 간과한 판결의 효력

　　1) 소 제기 행위 자체가 무권대리 행위를 통해 이루어지고 변론종결시까지도 이 흠이 보정되지 않으면 법원은 소 각하 판결을 하여야 한다. 패소에 따른 소송비용은 무권대리인 본인이 이를 부담하여야 하지만 본인의 고의나 과실로 무권대리인이 되었다면 본인이 소송비용을 부담하여야 한다. 만일 법원이 이를 간과하고 판결을 선고하였다면 상소(424조 1항 4호)나 재심(451조 1항 3호)을 통해 판결을 취소할 수 있다.

　　2) 소 제기 당시에는 적법한 대리권이 있었으나 그 후에 대리권이 소멸되거나 상실된 경우 법원이 이를 알게 되었으면 무권대리인의 소송관여를 배척하고 보정을 명할 것이다. 만일 이를 모르고 판결을 선고한 경우에도 추인이 없는 한 상소(424조 1항 4호)나 재심(451조 1항 3호)을 통해 판결을 취소하여야 한다. 정당한 대리인에 의해 소송수행을 하지 못한 점은 소 제기 과정에서의 대리권의 흠과 마찬가지로 중대한 절차상의 흠이기 때문이다.

---

1) 조정을 갈음하는 결정 절차에서도 대리권 없는 자에 의한 이의신청 후 각하결정 전에 소송대리인에 의해 추인이 가능하다(大判 2023. 7. 13. 2023다225146).

2) 大判 2008. 8. 21. 2007다7948.

3) 大判 1973. 7. 24. 69다60. 원고회사의 대표권이 없는 자가 변호사를 선임하여 소를 제기하여 1심에서 승소하고 피고의 항소로 사건이 항소심에 계속 중인 상태에서 소를 취하하였는바, 나중에 정당한 대표자가 소취하행위만을 제외한 나머지 무권대리행위 전체를 추인한 것을 대법원이 적법하다고 인정하였다. 추인의 불가분성을 강조한다면 정당한 대표자는 무권대리행위 전체를 추인하지 않음으로써 기존 절차를 무효로 하여야 하는데 이 경우 다시 1심 절차를 반복하여야 한다는 소송비경제가 발생하게 된다. 그러나 추인거절로 인해 정당한 원고의 대표자가 새로운 소 제기를 해야 할 경우 소멸시효가 완성되었다면 상대방이 얻을 수 있는 기대이익이 상실되므로 선별적인 추인은 극히 제한적으로 인정함이 타당하다. 그렇지 않으면 무권대리인 측에게 불리한 행위를 제외한 유리한 행위만을 취할 수 있는 기회를 부여해 주는 것과 다름없는 결과를 초래하기 때문이다.

4) 大判 1991. 11. 8. 91다25383.

2. 표현대리

(1) 표현대리 논의의 사전 차단을 위한 조치

법률행위에서 거래의 안전을 도모하기 위한 표현대리의 법리가 소송행위에도 유추적용될 수 있는가에 대해 부정적인 견해가 지배적이다. 더구나 소송법에서는 이러한 표현대리의 논의를 사전에 차단하고자 대리권의 범위를 법정하고 있으며(90조), 대리권소멸의 경우 상대방에게 통지하지 아니하면 그 효력을 인정하지 않을 뿐 아니라(63조 1항, 97조), 대리권을 서면으로 증명하도록 요구하고 있다(58조, 97조). 이 모두가 표현대리의 논란을 불식시키고자 함이다.

(2) 종래의 논의

1) 소를 제기할 상대방 법인의 대표자가 상업등기부상 甲으로 되어 있는 경우 원고는 피고 법인의 대표자를 甲으로 하여 소를 제기할 수밖에 없다. 1심에서 원고가 승소한 후 피고 법인이 항소를 제기하면서 대표자 甲은 이 사건 소 제기 이전에 대표자의 지위를 상실하였으니 1심에서의 피고 법인의 소송행위는 무효라고 주장할 수 있는지 문제된다. 소송도중에 피고 법인의 대표자 甲이 대표자의 지위를 상실하였고 이를 상대방인 원고에게 이를 통지하지 않았다면 대리권 소멸의 효력을 원고에게 대항할 수는 없으므로(63조, 97조) 문제가 되지 않을 것이다. 그러나 처음부터 甲이 대표자가 아니었을 경우에는 문제가 된다.

2) 종래에는 소송행위에는 표현대리의 법리를 유추적용할 수 없다는 소극설과 외관존중의 법리는 소송행위에도 예외일 수 없다는 적극설 그리고 과거의 대표자를 등기부상 정리하지 않은 부실등기의 원인이 법인 자신의 고의적 태만에 의한 경우에는 표현대리의 법리를 적용하여도 좋다는 절충설 등의 대립이 있다. 소극설은 상법상 표현지배인의 경우도 재판상 행위에 대해서는 그 적용이 없다는 점(상 14조 1항 단서)을 근거로 들고 있다. 한편, 판례는 소송행위에 있어 외관존중의 법리를 인정하지 않고 있다. 즉 공정증서가 집행권원으로서 집행력을 가질 수 있도록 하는 집행인낙 표시는 공증인에 대한 소송행위로서 이러한 소송행위에는 민법상의 표현대리 규정이 적용 또는 준용될 수 없다고 명백히 판시하고 있다.[1]

(3) 소송행위와 표현대리

1) **문제의 제기** 소송법은 소송행위, 특히 대리권의 유무에 관해 외관에 따른 효과를 인정하지 않고자 많은 특칙을 두고 있는데 이러한 법의 취지에 비추어 본다면 소송행위에 있어 표현대리의 법리를 허용하지 않는 것이 바람직하다. 그런데 표현대리와 관련해서는 법

---

[1] 大判 1994. 2. 22. 93다42047. 나아가 판례는 정리회사의 관리인(제3자의 소송담당)이 법원의 허가 없이 작성한 집행증서와 그에 기한 채권자의 압류도 무효라고 판시하고 있다(大判 1999. 9. 7. 98다47283).

인이 문제되는데 대표권이 없는 법인의 종전 대표자가 법인의 이름으로 소를 제기한 경우에
는 무권대리 행위로서 본인인 회사에 그 효과를 귀속시킬 수 없다. 무효인 소 제기 행위에
해당하기 때문이며 상대방의 악의 여부를 불문한다. 한편, 법인을 피고로 하는 경우에는 송
달과 관련하여 다소 문제가 된다. 법인에 대한 송달은 송달받을 사람이 법인의 대표자이므로
그의 주소지로 송달함이 원칙이기 때문이다(송달사무처리 예규 8조 1항). 따라서 상업등기부의 기
재를 믿고 대표자의 주소지로 송달하였으나 실제 대표자가 아닌 경우 문제가 발생하게 되는
데 견해의 대립이 있다.

　　2) 적 극 설　　　소송이 실체법상의 권리관계를 처분하는 절차이므로 거래행위와 소송
은 무관한 것이 아니며 등기를 신뢰한 상대방을 희생시키는 것은 공평의 관념에 반한다는
취지에서 소송행위에도 실체법상의 표현대리의 법리가 유추되어야 한다는 견해이다.

　　3) 소 극 설　　　실체법상의 표현대리의 법리는 거래의 안전을 도모하기 위한 법리이므
로 소송행위에는 적용될 수 없다는 입장이다. 상법의 경우 재판상의 행위에 대해서는 표현지
배인 법리를 인정하고 있지 않은 점(상 14조), 상법 제39조의 부실의 등기로 인한 책임의 경우
도 거래행위를 대상으로 한다는 점 등을 종합적으로 고려한다면 이 경우도 표현대리의 법리
를 유추적용할 수는 없으며(호, 291도 같은 견해임)[1] 판례 역시 동일한 입장이다.[2]

　　4) 절 충 설　　　기본적으로는 소극설의 입장이나 법인의 고의적인 태만으로 상업등기
부의 기재가 잘못되어 있었다면 표현대리의 법리를 적용하여도 무방하다는 절충설(이시, 199면;
정/유/김, 252면)이 있다.

---

1) 법인의 경우 법인대표자의 주소지뿐 아니라 법인 주소지(본점소재지)로의 송달도 인정되고 있는데(송달사
　무처리 예규 8조 1항 단서) 대표권 유무에 따른 분쟁의 소지를 없애기 위해서는 법인에의 송달은 원칙적으
　로 법인주소지로 함이 타당할 것이다.
2) 大判 2001. 2. 23. 2000다45303,45310.

제 3 편

소의 의의와 소의 제기

제 1 장 소의 의의와 종류

제 1 절 총   론

소라 함은 자신의 권리보호를 목적으로 특정한 청구에 대해 승소판결을 해 줄 것을 법원에 요구하는 신청행위를 지칭하며 따라서 소송행위에 해당한다. 소를 통해 승소판결을 구할 수 있는 사인의 권리는 헌법상의 재판받을 권리(헌 27조)에서 구체화된 것으로 다른 제약이 있을 수 없으나 일정한 경우 법원의 허가를 얻어야 한다.[1] 한편, 소는 양당사자대립주의의 원칙에 따라 상대방이 필요하며 아울러 심판의 대상이 되는 청구(소송물)가 특정되어야 한다. 법 제249조 제1항(소장의 기재사항)은 당사자와 청구의 특정을 요구하므로 이를 위반한 소장은 각하된다(254조). 또한, 원고는 궁극적으로 소를 통해 법원으로부터 본안의 승소판결을 구하지만 법원으로부터 본안의 승소판결을 얻기 위해서는 소장의 필요적 기재사항(249조)이 갖추어지고 소정의 인지가 납부되어야(소장의 적식) 할 뿐 아니라, 소가 적법하기 위해 필요한 조건인 소송요건과 권리보호요건이 갖추어져야 한다. 이들 조건이 구비됨으로써 법원은 본안판결을 할 수 있게 되지만 원고가 원하는 승소판결을 받기 위해서는 원고의 청구와 그를 뒷받침하는 주장이 증거에 의해 증명되어야 한다.

제 2 절 소의 종류

I. 분   류

1. 제소형태나 시기에 따른 분류

(1) 단일의 소와 병합의 소

소는 제소의 형태에 따라 단일의 소와 병합의 소로 구분할 수 있다. 병합소송은 사람과 청구가 복수로 되는 형태의 소송이다. 단일한 사람이 단일한 청구를 갖고 단일한 사람을 상

---

[1] 집단소송법 제7조 제1항에 따르면 대표당사자로서 집단소송을 제기하는 자는 법원으로부터 허가를 받아야 하며, 소비자기본법 제73조 역시 동법상의 단체소송을 제기하는 단체는 법원의 허가를 얻도록 규정하고 있다. 집단소송이나 단체소송이 갖는 공익성, 당사자적격의 확대, 판결결과의 심각한 사회적 파급효과 등을 고려한 결과라고 추측되지만 절차적 기본권의 제한사유(헌 37조 2항)에 해당하는지 여부는 매우 의문이다.

대로 소를 제기하는 경우보다는 사람과 청구 중 어느 하나가 복합적으로 결합되는 병합소송
이 오히려 일반적이라고 할 수 있는데 사람이 복수로 되는 경우(65조)와 청구가 복수로 되는
경우(253조)로 구분된다. 경우에 따라서는 여러 사람이 반드시 소송의 당사자가 되어야 하는
형태의 소송도 인정하고 있으며 이에 대한 규율을 위해 특칙을 두고 있다(67조).

(2) 소송 중의 소

독립된 소가 제기된 후 종료 시까지 그 형태를 동일하게 유지하는 경우가 많지 않은데
원고는 필요에 따라 청구변경을 할 수 있을 뿐 아니라 중간확인의 소(264조)를 제기할 필요성
이 생길 수 있기 때문이다. 또한 원고는 필요한 당사자를 누락한 경우에는 공동소송인의 추
가(68조)는 물론 소송물이나 계쟁물의 양수를 받은 사람을 소송에 끌어들이는 소송인수(82조)
도 할 수 있다. 한편, 피고는 원고에 대해 반소(269조)를 제기할 수 있으나 소송 외의 제3자를
반소의 피고로 하여 소송절차에 끌어들일 수는 없다. 그러나 소송의 당사자가 아닌 제3자도
기존 독립된 소에 당사자로서 참가를 할 수 있으며(공동소송참가와 독립당사자참가) 기존 소송의
당사자 지위를 승계하였다고 해서 참가승계(81조)를 할 수도 있다.

2. 청구의 성질이나 내용에 따른 분류

(1) 민사소송과 소의 형식

소의 분류 중 가장 중요한 것은 청구의 성질이나 내용에 의한 분류이다.[1] 소를 제기하
고자 하는 자는 자신의 권리구제에 가장 적합한 소의 형태를 선택하여야 하기 때문이다. 소
의 내용이 되는 소송상의 청구는 권리 혹은 법률관계의 주장을 담고 있지만 원고는 자신의
필요에 따라 그 권리보호의 형식을 지정해야만 한다. 현재 민사소송에서 당사자가 이용할 수
있는 형식은 이행의 소, 확인의 소, 형성의 소 등 세 가지이다. 그러나 법은 증서의 진정여부
를 확인하는 소(250조)와 장래이행의 소(251조) 등에 대해서는 나름대로의 개별 규정을 두고 있
지만 구체적으로 세 가지 유형의 소를 인정한다는 규정이나 형성의 소에 대한 정의조차 내
리는 규정이 없다. 다만 정기금판결에 대한 변경의 소(252조 1항) 정도가 형성의 소의 한 유형
을 보여준다고 할 수 있다.

(2) 소의 원형과 선택

확인·이행·형성의 소 모두가 나름의 독자성을 갖는다고 보는 입장이 통설이지만 반대
의 견해도 있다(자세한 내용은 김/강, 211면 참조). 이러한 논의의 실익은 그다지 크지 않지만 이행
소송과 형성소송에는 권리의 존부확인이 포함되어 있다는 점에서 확인소송이 그 원형성을
갖고 있다는 점은 부인하기 어렵다(호, 83면). 한편, 권리·의무의 존부확인만으로 원고의 목적

---

1) 이를 분쟁해결방식의 유형에 따른 소의 종류로 구분하는 견해도 있다(김/강, 210면 참조).

달성이 가능한 경우에는 확인소송으로 충분하지만(국가에 대한 소유권확인청구를 통한 보존등기, 부등 130조 1호와 131조 2호), 피고의 임의이행이 담보되지 않는 경우에는 청구권의 강제적인 실현을 대비하기 위해(집행권원의 취득) 이행청구를 하는 것이 필요하다(건물임차인에 대한 건물인도청구). 한편, 판결을 통해 법률관계의 변경을 해야 하는 경우는 각 실정법에서 요구하는 요건과 절차대로 형성의 소를 제기하여야 한다(252조 정기금판결에 대한 변경의 소). 그러나 공유물분할의 소(민 269조)와 같이 형성요건이 법률에 담겨있지 않고 법원의 재량에 의해 결정되는 형태의 형식적 형성의 소도 있음을 유의해야 한다. 위 세 가지 유형의 소 중에서 어떤 형태의 소송 유형이 당사자에게 가장 유리한 것인지는 당사자가 처해있는 법률적 상황과 소를 통해 얻고자 하는 목적 등을 고려해서 판단하게 된다.

Ⅱ. 이행의 소[1]

1. 이행의 소와 실체법상의 권원

피고에 대해 일정한 급부의무를 확정하고 아울러 그에 대한 이행명령을 구하는 소를 이행의 소라고 한다. 일반적인 이행의 소를 정의하는 명문의 규정은 법에 없으나 이행기가 도래하지 않은 장래이행 청구가 가능하다는 규정(251조)을 통해 이행기가 도래한 청구에 대한 이행의 소가 가능하다는 것은 이론의 여지가 없다. 이행의 소는 가장 빈번하게 이용되는 형태의 소송으로서 대여해 준 금원의 반환과 이자지급을 구하는 대여금반환청구와 같은 금전지급을 구하는 소가 대표적이다. 하지만 의사진술(이전등기청구의 소), 일정한 작위(건물철거청구의 소), 부작위(통행금지를 구하는 소), 인용(민 217조 2항) 등을 구하는 소도 자주 이용된다. 이와 같이 이행의 소는 원고의 실체법상의 권원을 바탕으로 제기되어야 하므로 실체법상의 명문의 근거 규정 혹은 법리상 인정되는 권원이 없으면 이행의 소를 제기하는 것이 불가능하다.[2]

2. 이행판결과 강제집행

가집행선고부(213조) 이행판결이나 확정된 이행판결의 내용을 피고가 임의로 이행하지 않는 경우, 이행판결은 집행문부여절차(민집 30조)를 거쳐 집행권원이 되고 원고는 이에 근거하여 강제적인 권리만족을 얻을 수 있게 된다. 이 점에서 확인판결보다는 현실적인 권리 구제기능이 우월하다 할 수 있지만 판결 자체로 법률관계를 변경할 수 있는 형성판결보다는

---

1) 각종 소에 대한 구체적인 소의 이익은 제2장 제3절 이하에서 상세하게 다루게 된다.
2) 판결에 의한 등기는 승소한 등기권리자뿐 아니라 승소한 등기의무자도 단독으로 신청할 수 있다(부등 23조 4항). 大判 2001. 2. 9. 2000다60708 역시 이를 인정하고 있다. 위 부동산등기법 규정에 따라 승소한 등기의무자가 등기권리자에 대해 등기를 이전해 가라고 하는 소위 등기수취의 소(혹은 등기인수청구의 소)가 실체법상의 권원이 없는 상태에서 인정되는 예외적인 이행청구라는 견해가 있다(이시, 204면).

권리만족의 절차가 번잡해질 수 있다. 이행판결에 대한 집행절차에서는 청구에 관한 이의의 소(민집 44조) 등 또 다른 법적 분쟁을 새로이 야기할 수 있기 때문이다. 한편, 이행의 소에 대한 청구기각판결은 권리부존재를 확정하는 확인판결에 그치게 됨으로써 이행의 소에 대한 판결이 항상 이행판결로 귀결되는 것은 아니다.

Ⅲ. 확인의 소

1. 의　　의

　　원고의 피고에 대한 특정한 권리 또는 법률관계 존부의 확인을 구하는 소를 확인의 소라 한다. 권리나 법률관계의 적극적인 존재확인을 구할 수도 있고(국가를 상대로 미등기 부동산의 소유권을 주장하는 사람이 제기하는 소유권확인의 소) 의무자라고 주장되는 사람이 권리나 법률관계의 소극적 확인을 구할 수도 있다(보험회사의 보험금지급의무 부존재확인의 소 등). 한편, 이행의 소와 마찬가지로 확인의 소가 가능하다는 명문의 규정은 없으나 법률관계를 증명하는 서면의 진정성 여부를 다투는 증서의 진정여부를 확인하는 소(250조)가 가능하다는 규정은 일반적인 확인의 소가 가능함을 간접적으로 밝히고 있다. 더구나 회사소송 등에는 "확인의 소"라는 명칭이 붙은 소가 적지 않다(그러나 그 실질이 무엇인가에 대해서는 다툼이 있다. 아래 Ⅴ.에서 살펴본다).

2. 이행의 소와의 차이점

　　(1) 확인의 소는 이행의 소와 달리 구체적인 실체법상의 권원을 배경으로 하지 않고 포괄적인 법률상의 지위나 권리관계에 대한 확인을 구하는 것이 특징이다. 예를 들어 해고된 근로자는 당해 해고가 위법하다고 주장하면서 자신이 해고당하지 않았다면 받을 수 있는 임금은 물론 각종의 혜택(승진이나 전보될 수 있는 자격을 갖추기 위한 근무연한 산정 등)을 개별적으로 이행청구를 통해 구할 수도 있으나 보다 근본적으로는 해고무효확인의 소를 제기함으로써 자신의 포괄적인 법적 지위의 보전을 도모할 수 있는 것이다. 아울러 특정 보험계약상 보험금지급청구권이 있다고 주장하는 채권자에 대해 보험회사는 채무부존재확인청구를 통해 채권자가 장차 청구할 각종의 권리를 발본적으로 차단하는 효과를 얻어낼 수 있다.

　　(2) 확인의 소를 무한대로 인정하게 되면 사소한 사실상 혹은 경제적인 분쟁이 법원으로 유입하게 되는 부작용을 낳을 수 있다. 예를 들면 A교회가 B교회를 상대로 자신들이 정통 종파임을 확인해 달라는 소송을 제기하였을 때 이것이 적법한 확인의 소라고 한다면 법원은 이중고에 시달리게 된다. 우선 어느 것이 정통종파임을 확인하는 어려움이 있으며(이는 개인의 역사관, 세계관에 따라 당연히 달라질 수 있기 때문이다), 둘째, 어느 종파가 정통이라고 판단하

더라도 상대방은 결코 이에 승복하지 않을 것이기 때문이다. 따라서 확인의 소는 당사자의 법적 불안을 요건으로 하며 이를 해결하는 데 가장 유효·적절한 수단이 확인의 소라는 형태의 재판이어야 한다는 소위 확인의 이익을 엄격히 요구한다. 그렇지 않으면 법원에의 사건 폭주는 물론 법원의 권위도 실추될 위험이 크기 때문이다.

(3) 적극적 확인의 소를 통해 원고가 승소하여 동 판결이 확정되거나 소극적 확인의 소에서 원고가 패소하면 모두 권리의 존재에 대한 기판력이 발생하게 된다. 그 반대의 경우도 권리의 부존재에 대한 기판력이 발생하는 것은 당연하다. 권리존재에 대한 확인판결이 확정되어도 이행판결과 달리 협의의 집행력은 발생하지 않는다. 그러나 광의의 집행력은 발생하게 되는데 미등기 부동산에 대한 소유권확인판결을 통해 소유권보존등기를 경료하는 것(부등 65조 2호)이 대표적인 경우라고 할 것이다.

Ⅳ. 형성의 소

1. 의   의

형성의 소는 권리관계의 창설·변경·소멸을 구하는 소이다. 실체법상의 형성권 중에는 단순한 일방적 의사표시만으로도 법률관계를 변경시킬 수 있는 것이 있는 반면(해지·해제·취소·상계권 등), 반드시 소로써만 행사할 수 있는 권리(사해행위취소의 소-자세한 것은 후술함)가 있는데 후자의 권리를 행사하는 소가 형성의 소이다. 형성의 소는 명문의 규정을 통해서만 허용되는 것이 원칙이고1) 일반적으로 형성판결에는 대세적 효력이 인정되므로 제소기간이나 제소권자 등에 제한을 두고 있다. 형성의 소에 대한 청구인용판결은 확정되어야만 법률관계의 변동이 생기며 그 확정에 따라 기판력과 광의의 집행력이 발생하게 된다. 한편 청구기각판결은 형성소권의 부존재를 확인하는 판결에 그친다.

2. 종   류

(1) 실체법상의 형성의 소

1) 실체법상의 법률관계의 변동을 구하는 소로써 가사소송법상의 가류와 나류 소송의 대부분이 여기에 해당하는데 이들 사건에 대한 청구인용의 확정판결은 대세효가 인정되기 때문이다(가소 21조 1항). 우선, 가사소송 사건 중 가류 사건은 혼인·이혼·인지·입양·파양 등의 무효와 친생자관계 존부확인의 소 등인데 형성소송설이 통설이나(이시, 207면) 확인소송설을 주장하는 견해도 있다(강, 280면; 김홍, 233-234면). 한편, 가사소송 사건 중 재판상 이혼, 인지청구의 소 등이 나류 사건에 해당하는데(가소 2조 1항 1호 나목) 형성소송설이 역시 통설이다.

---

1) 大判 2001. 1. 16. 2000다45020; 大決 2020. 4. 24. 2019마6918.

다만, 이들 중 사실상 혼인관계 존부확인의 소를 둘러싸고 견해의 대립이 있다. 사실혼 관계 부존재확인청구는 확인의 소이지만 사실혼 관계 존재확인청구는 법률혼의 창설을 목적으로 하는 형성의 소로 봄이 타당하다(같은 취지의 견해로는 김/강, 220면; 이시, 205면; 정/유/김, 68면). 그러나 부존재확인 청구뿐 아니라 사실혼 관계 존재확인 청구 역시 확인의 소에 해당한다는 견해도 있으며 판례도 같은 취지라고 설명하고 있다(김홍, 235면).

2) 회사설립취소의 소(상 184조 1항), 주주총회결의취소의 소(상 376조)와 같은 회사소송이 여기에 속한다(가사 및 상사 사건에서는 소의 성질에 대해 뒤에서 보듯 다툼이 있는 형태가 적지 않다). 아울러 행정처분의 취소와 변경을 구하는 항고소송이나 공직선거와 관련된 선거무효·당선무효의 소(공직 222, 223조) 등도 소를 통해 당사자의 지위나 법률관계의 변동을 초래하므로 큰 틀에서 보아 형성소송에 속한다. 헌법재판소법에 따른 헌법소원심판(헌재 68조 이하)이나 위헌여부심판(헌재 41조 이하), 정당해산심판(헌재 55조 이하)[1] 등도 법률 규정의 효력을 소멸시킬 수 있는 점에서 형성의 소라고 볼 수 있지만 헌법재판소는 변형결정 등을 통해 법률의 효력을 잠정적으로 인정하는 결정도 가능하다는 점에서 순수한 의미의 형성의 소로 보기는 어렵다.

(2) 소송법상의 형성의 소

소송상 법률관계의 변동을 초래하는 소송법상의 형성의 소는 정기금판결 변경의 소(252조), (준)재심의 소(451, 461조), 제권판결에 대한 불복의 소(490조)와 같은 재판행위의 취소를 구하는 것이나 중재판정취소의 소(중재 36조)와 같은 재판과 유사한 효력을 갖는 행위의 취소를 구하는 것 등이 있다. 한편, 집행법상의 구제제도인 청구에 관한 이의의 소(민집 44조), 제3자 이의의 소(민집 48조), 집행문부여에 대한 이의의 소(민집 45조) 등도 확정판결의 효력을 저지하거나 취소를 구하는 점에서 형성의 소로 보는 것이 일반적이나 이들의 경우는 대세적 효력이 없다는 점에서 이견이 존재한다.

(3) 형식적 형성의 소

1) 형식은 소의 형태를 취하지만 실질은 비송인 경우로서 공유물분할청구의 소(민 268조, 269조)를 대표적으로 들 수 있다. 이는 공유물의 분할을 원하는 공유자가 협의를 통한 분할에 실패한 후 법원에 분할을 청구하는 것으로서 판례는 공유자 전원이 참여해야 하는 필수적 공동소송의 형태로 파악하고 있다.[2] 나아가 분할청구소송은 형성의 소로써 분할의 방법을 정함에 있어서는 당사자가 구하는 방법에 구애되지 않고 법원의 재량에 따른다.[3] 당사자의

---

1) 憲裁 2014. 12. 19. 2013헌다1 사건에서 통합진보당 해산결정과 함께 소속 국회의원 전원의 의원직 상실을 인정하였는데 헌법재판소법 제59조에서는 정당의 해산을 명하는 결정이 선고된 때에는 그 정당은 해산된다고만 하고 있어 논란이 되고 있다(위 헌재결정에 대한 비판은 윤영미, "2014년 헌법 중요 판례", 인권과 정의 제448호, 10면 참조).

2) 大判 2014. 1. 29. 2013다78556.

3) 大判 2011. 3. 10. 2010다92506; 大判 2010. 2. 25. 2009다79811 등.

주장에 구애받지 않는다면 굳이 소의 형태로 할 필요는 없을 것이다. 공유자의 분할방법의 주장은 참고사항에 불과하기 때문이다. 공유물분할방법을 규정하고 있는 민법 제269조를 준용하는 상속재산의 분할에 관해서는 가사비송으로 취급하고 있는 점을 보더라도 그러하다(가소 2조 1항 나호 마류사건 10호, 민 1013조 2항).[1]

   2) 판례는 순수한 의미의 경계확정의 소에 있어서도 당사자가 주장하는 경계선에 구속되지 않고 경계를 확정할 수 있다고 하고 있으며[2] 지상권이나 법정지상권상의 지료결정청구 역시 형식적 형성의 소로 보고 있다.[3] 형식적 형성의 소에서 당사자의 주장에 구애되지 않는다고 해서 변론주의를 포기하고 직권탐지주의에 의한 절차를 운용하는 것은 아니다. 형식적 형성소송에서 포기되어질 수 있는 것은 처분권주의와 그에 따른 불이익변경금지원칙일 뿐이다.[4]

3. 형성판결의 효력

   (1) 형성의 소에 대한 기각판결은 형성판결의 요건의 불비를 확인하는 확인재판에 불과하지만 청구인용 판결은 기판력·집행력[5]은 물론 법률관계를 발생·변경·소멸시키는 형성력이 발생한다. 기판력은 당사자에게만 효력이 미치지만 형성력은 원칙적으로 대세적 효력이 인정된다. 따라서 행정처분에 대한 취소판결과 법원의 지료결정 등은 제3자에게도 효력이 발생한다.[6]

   (2) 형성판결은 확정되어야 효력을 발생한다. 법률관계의 안정을 위한 것이므로 확정 전까지는 기존의 법률상태가 존중되어야 한다. 예를 들어, 주주총회결의가 소로써 취소되지 않는 한 결의의 효력을 다툴 수가 없으며,[7] 회사설립무효의 사유가 있다 하더라도 판결로써 확정되기 전에는 항변을 통해 무효를 주장할 수 없고 다른 소송의 선결문제로서도 유효한 것으로 취급되어야 한다.[8]

---

1) 이혼 시의 재산분할을 규정하는 민법 제839조의2에 따른 재산분할처분 역시 가사비송사건으로 되어 있다 (가소 2조 1항 나호 마류사건 4호).

2) 大判 1996. 4. 23. 95다54761. 이 판결에서 대법원은 원·피고 간에 경계에 관한 합의를 이루어냈더라도 원고가 소를 취하하지 않는 한 법원은 합의에 구속되지 않고 진실한 경계를 확정하여야 한다고 판시하고 있다. 한편 진실한 건물의 경계는 토지경계확정의 소의 대상이 아니라는 것에는 大判 1997. 7. 8. 96다36517 참조.

3) 大判 2001. 3. 13. 99다17142. 그러나 지료결정청구를 통해 지료를 확정해야만 지료지급청구를 할 수 있는 것은 아니며 법원의 지료결정을 전제로 지료급부청구를 하는 것도 가능하다고 한다(大判 2003. 12. 26. 2002 다61934). 다만 99다17142에 따르면 지료결정청구를 통해 법원이 지료를 확정해야만 제3자에게도 효력이 있다는 의미라고 한다.

4) 이외에도 증명책임을 원고가 다하지 못하더라도 원고 청구를 기각할 수 없다는 의미에서 증명책임원칙의 예외도 인정된다는 견해가 있다(강현중, "형식적 형성소송에 관한 약간의 고찰-실무적 견지에서-", 저스티스 30권 1호, 100면).

5) 大判 1981. 3. 24. 80다1888,1889. 동 판결에서는 공유물분할청구에 대해 매각분할을 명하는 판결이 확정되었다면 기판력과 집행력이 인정된다고 한다.

6) 大判 2001. 3. 13. 99다17142.

7) 大判 1974. 12. 24. 72다1532.

8) 판례는 주주총회결의 효력이 회사 아닌 제3자 사이의 소송에서 선결문제로 된 경우에 당사자는 언제든지

(3) 공유물분할청구가 있는 경우, 조정조서에 의해 사건이 종결되면 판결에 의한 공유물의 현물분할의 경우와 달리 공유자들이 협의한 바에 따라 토지의 분필절차를 마친 후 각 단독소유로 하기로 한 부분에 관하여 다른 공유자의 공유지분을 이전받아 등기를 마침으로써 비로소 그 부분에 대한 소유권을 취득하게 된다고 한다.[1] 그러나 동 사건의 소수견해는 공유물분할의 소에서 공유부동산의 특정한 일부씩을 각각의 공유자에게 귀속시키는 것으로 현물분할[2]하는 내용의 조정이 성립하였다면, 그 조정조서는 공유물분할판결과 동일한 효력을 가지는 것으로서 민법 제187조 소정의 '판결'에 해당하는 것이므로 조정이 성립한 때 물권변동의 효력이 발생한다고 한다.[3] 공유물분할은 공유자간의 협의를 거쳐 이루어지게 되면 협의된 바대로의 등기이전을 통해 물권변동이 발생하게 되지만 협의가 불성립된 경우 판결이나 조정, 화해(화해권고결정) 등을 통해 현물분할이 되는데 이 중 판결의 경우만 형성력을 인정하고 조정이나 화해의 경우는 다시 협의분할과 같이 등기이전을 통해 물권변동 효과를 인정한다는 것은 재판외 협의와 재판과정 중에서의 조정, 화해를 동일시하는 것으로 수긍하기 어렵다. 조정이나 화해조서 등에 확정판결과 동일한 효력을 인정하는 것(220조)은 절차의 종결이라는 소송법적 효과뿐 아니라 그 내용이 담고 있는 실체법적 효과(물권변동 효과)까지 포함하는 것이라고 보아야 할 것이다.

V. 소의 성질 논의

1. 사해행위취소의 소

(1) 내용과 성질

1) 채무자가 채권자를 해함을 알고 재산권을 목적으로 한 법률행위를 한 때에는 채권자는 그 취소 및 원상회복을 법원에 청구할 수 있다(민 406조 1항).[4] 채권자의 보전처분이나 강

당해 소송에서 주주총회결의가 처음부터 무효 또는 부존재한다고 주장하면서 다툴 수 있고, 반드시 먼저 회사를 상대로 주주총회의 효력을 직접 다투는 소송을 제기하여야 하는 것은 아니라고 하고 있다(大判 2011. 6. 24. 2009다35033).

1) 大判(全) 2013. 11. 21. 2011두1917.

2) 大決 1979. 3. 8. 79마5; 大判 2017. 5. 31. 2017다216981 등에 따르면 공유물에 대해 매각분할을 명한 판결은 경매를 조건으로 하는 특수한 형성판결로서 공유자 전원에 대하여 획일적으로 공유관계의 해소를 목적으로 하는 것이므로 그 판결의 당사자는 원고이든 피고이든 동 판결에 기하여 그 공유물에 대한 경매를 신청할 권리가 있다고 한다. 그러나 매각분할을 명한 판결은 민법 제187조에서 규정하는 판결에 해당하지는 않는다고 보아야 할 것이다(송인권, "공유물분할판결의 효력", 법조 통권 693호, 139면 참조).

3) 동 판결의 다수견해를 지지하면서도 공유물분할을 명하는 판결의 경우도 물권변동의 효력은 등기이전과 함께 발생한다는 견해가 있다(최성호, "공유물분할소송에서 조정절차에 회부되어 성립된 조정에 의한 물권변동에 관한 검토", 법학논고(경북대학교 법학연구원) 46호, 251-251면 참조). 이는 공유물분할청구를 형성의 소와 이행의 소가 결합되어 있는 것으로 파악하는 것에서 비롯되는 것으로 파악된다.

4) 민법 제839조의3에 따르면 부부 일방이 다른 일방의 재산분할청구권 행사를 해함을 알면서도 재산권을 목

제집행을 회피하기 위해 채무자가 자신의 소유 재산을 타인 명의로 이전하거나 허위의 담보를 설정하는 경우가 많아 채권자취소의 소가 빈번하게 활용되고 있다. 그런데 이 소의 성질을 둘러싸고 형성소송설, 이행소송설, 양자가 결합되어 있다는 절충설(병합설) 등의 학설이 대립하고 있다. 소의 성질을 무엇으로 보느냐에 따라 피고적격과 판결의 효력 범위가 달리 파악되므로 학설대립의 실천적 의미가 있다. 취소 및 원상회복을 법원에 청구할 수 있다는 민법 제406조 제1항의 규정을 충실히 따른다면 형성소송과 이행소송이 결합된 병합설(김홍, 237면)이 타당한 것처럼 보이지만 취소소송의 본질은 침해된 재산의 회복에 있으므로 이행소송설이 타당하다(이론과 실무 486면; 김/강, 224면; 이시, 208면).

2) 사해행위취소의 소는 이행소송이므로 사해행위로 침해된 재산을 취득한 수익자나 전득자만을 상대로 제기되어야 하며 사해행위를 취소한다는 주장은 원상회복의 선결적인 문제에 불과하므로 청구원인에서 주장되는 것으로 족하다(이론과 실무, 486면).[1] 다만, 필요에 따라 원상회복청구 없이 사해행위취소만을 구하는 경우에는 소로써 이를 구해야 하는데(민 406조)[2] 그렇다고 해서 이행소송설의 설득력이 약화된다고 보기는 어렵다. 나아가 이행소송설에 따르면 당연히 사해행위취소의 소의 판결의 효력은 당사자인 채권자와 수익자 혹은 전득자 간에만 발생하며 채무자에게 판결의 효력이 미치지 않게 된다.

(2) 판례의 입장

채권자 취소소송을 둘러싼 판례의 입장은 매우 독특하다. 일견 병합설의 입장에 있는 듯이 보이지만 이론의 일관성보다는 개별적인 사안에 따라 합리적인 결론을 도출하는 데 더 무게의 중심을 두고 있다는 인상을 주고 있다. 우선, 판례는 채권자가 채권자취소권을 행사하려면 사해행위로 인하여 이익을 받은 자나 전득한 자를 상대로 그 법률행위의 취소를 청구하는 소를 제기하여야 하는 것으로서 채무자를 상대로 그 소를 제기할 수는 없다고 하고 있으며 채권자취소에 따른 판결의 효력을 원고인 채권자와 피고 수익자 간에만 미친다고 해석하고 있다(혹은 채권자와 전득자 간).[3] 즉 상대적 효력만을 인정하고 있는 것이다.[4] 이 점에서 판례가 절대

적으로 하는 법률행위를 한 때에는 민법 제406조 제1항에 따라 사해행위취소권을 행사할 수 있다고 규정하고 있으며 신탁법 제8조에서도 사해신탁을 두어 민법 제406조 제1항의 사해행위취소 청구를 할 수 있다고 규정하고 있다.

1) 그러나 실무에서는 취소를 구하는 내용을 청구취지에 기재하는 것이 일반적이다(민사실무 Ⅱ, 151, 153면).

2) 예를 들어, 채무자의 사해행위가 수익자에 대한 채무면제인 경우에는 그 취소만을 구함으로써 목적을 달성할 수 있으므로 굳이 별도의 이행청구는 필요 없을 것이다.

3) 大判 2004. 8. 30. 2004다21923.

4) 채무자가 채권자를 해하기 위해 유일한 재산인 부동산을 수익자에게 매도하고 이전등기를 경료한 상태에서 채권자가 수익자를 상대로 사해행위취소의 소(취소와 이전등기말소청구의 병합)를 제기하여 승소판결을 받아 확정되더라도 채무자와 수익자 간에는 여전히 수익자가 소유자로 된다는 것이다. 채권자는 확정판결에 기해 부동산의 등기명의를 채무자명의로 환원한 후 강제집행을 할 수는 있으나 채무자는 자진하여 동 부동산을 채권자에게 대물변제할 수 없다는 것이다. 채무자명의로 환원되더라도 이는 채권자의 강제집행을 위한

적 효력을 전제로 한 형성소송설을 취하고 있는 것은 분명 아니며 이행소송설과 병합설 측면에서 모두 설명이 가능하다. 한편, 판례는 취소청구와 원상회복청구는 양자 모두 소로써만 청구하여야 하되 동시[1] 혹은 시기를 달리하여 청구할 수 있으나[2] 항변의 형태로 사해행위취소를 주장할 수 없다고 한다.[3] 그렇다면 판례는 기본적으로 병합설의 입장에 있다고 판단되지만 취소청구와 원상회복청구를 시기를 달리하여 분리해서 청구할 수 있다고 하는 점에서는 병합설에도 충실하지 못하다. 따라서 판례의 입장을 일관되게 설명하는 것은 매우 곤란하다.

2. 주주총회결의무효 확인 등

(1) 논의의 발단

주주총회의 소집절차 또는 결의방법의 흠을 이유로 한 결의취소의 소(상 376조)나 특정주주의 의결권이 침해된 것을 이유로 하는 부당결의취소나 변경의 소(상 381조)가 형성소송이라는 점에 대해서는 다툼이 없다. 그러나 결의 내용이 법령에 위반한 것을 이유로 한 결의무효확인의 소(상 380조)에 대해서는 상법학계에서는 확인의 소로, 소송법학계에서는 형성소송으로 보는 것이 일반적이다. 한편, 1995년 상법 개정 이후에는 결의무효확인 판결의 소급효가 인정됨으로써 성질론에 대한 다툼의 실익이 다소 감소되기는 하였으나[4] 결의무효를 소로써만 주장할 수 있다고 보아야 하는지 여부의 문제는 여전히 남아 있어 논의의 실익은 존재한다.[5]

(2) 무효확인소송설과 형성소송설의 대립

결의무효확인의 소는 취소소송과 달리 제소기간이나 제소권자의 제한을 두지 않은 점, 주식회사의 본질에 반하는 결의는 원초적으로 무효로 봄이 타당하다는 점, 결의무효의 주장을 소로써만 할 수 있다고 한다면 무효를 근거로 하는 위법배당금의 반환이나 이사에 대한 손해배상청구를 함에 있어 이중의 절차를 강요하는 것이 되어 부당하다는 점에서 확인소송에 해당한다고 보는 것이 상법학계의 다수 견해이다. 그러나 소송법학계에서는 결의무효확인의 소를 형성의 소로 파악하는 것이 다수견해이다(김/강, 224면; 이시, 207면). 취소의 소나 무효확인의 소나 흠의 정도와 내용의 차이가 있을 뿐 본질적으로 양자 간에 성질상의 차이가 없다는 점, 혼인무효의 소와 마찬가지로 반드시 독립된 소로서 확인을 구하여야 한다는 점, 확인판결

　　　것이지 채무자 소유로 복귀되는 것은 아니기 때문이다.
　　1) 大判 1980. 7. 22. 80다795.
　　2) 大判 2001. 9. 4. 2001다14108; 大判 2005. 6. 9. 2004다17535.
　　3) 大判 1978. 6. 13. 78다404.
　　4) 개정이후 현재 상법 제380조에서는 판결의 대세효를 규정하는 상법 제190조 본문만을 준용하고 소급효를 제한하는 상법 제190조 단서(판결확정 전에 생긴 회사와 사원 및 제3자 간의 권리의무에 영향을 미치지 아니한다)를 준용하고 있지 않다. 따라서 결의무효확인 판결에는 대세효뿐 아니라 소급효도 명시적으로 인정되는데 개정 전에는 확인소송설의 주된 논거의 하나로서 소급효 문제가 언급되었다.
　　5) 이철송, 「회사법강의(23판)」, 598면. 부존재확인의 소에 대해서도 동일한 논의가 적용된다.

의 대세적 효력이 있다는 점(상 380조, 190조 본문) 등이 형성소송의 근거로 제시되고 있다. 한편, 판례는 결의무효확인의 소[1]나 부존재확인의 소[2]를 기본적으로 확인소송으로 보고 있다.

(3) 결 론

주주총회결의 무효나 부존재확인의 소는 그 명칭에도 불구하고 형성의 소에 해당한다고 보아야 한다. 우선 상법 제380조가 제190조 본문을 준용함으로써 결의무효확인 판결에 대세적 효력을 인정하고 있는데 이는 법 규정 자체가 형성판결의 성격을 분명히 드러내는 것이다. 한편 제소권자나 제소기간을 설정하지 않은 점은 확인소송설의 설득력 있는 논거이기는 하나 흠의 성질상 취소의 소와 달리 제한을 두지 않은 것에 불과하므로 이를 소의 성질과 연계하는 것은 적절하지 못하다.[3] 나아가 결의무효확인의 소를 형성의 소로 보면 이를 토대로 한 위법배당금 반환청구의 소를 제기함에 있어 이중적인 수고가 필요하다고 주장하지만 양 청구를 하나의 소송절차에 병합함으로써 이러한 수고는 불필요하게 되므로 설득력 있는 논거는 되지 못한다. 앞서 본 바와 같이 확인소송설을 따르는 판례의 입장에 따르면 단체법상의 획일적인 법률관계 형성을 방해하는 결과를 초래하게 될 것이다. 따라서 결의무효와 부존재확인의 소는 형성의 소이므로 소로써만 이를 주장할 수 있고 달리 항변이나 판결이유에서 결의의 무효나 부존재를 주장하는 것은 허용되지 않는다고 보아야 한다.

---

1) 大判 1963. 5. 17. 4294민상1114.
2) 大判 1992. 8. 18. 91다39924.
3) 같은 취지의 견해로는 이철송, 「회사법강의(23판)」, 600면.

제 2 장   소의 이익

제 1 절 총   설

Ⅰ. 개념정의

소의 이익은 소송상 청구에 관해 본안판결을 구하는 것을 정당화하는 자격 내지 이익을 의미한다. 헌법 제27조는 모든 국민에게 재판받을 권리를 인정함으로써 권리를 취득하거나 의무를 면하고자 하는 자는 법원을 통해 재판을 받을 수 있도록 하고 있으며 나아가 민사실체법은 사람의 권리·의무의 발생·변경·소멸의 요건을, 민사절차법은 이러한 권리의 구현을 위한 절차법적 도구를 각기 마련하고 있다. 따라서 헌법과 실체법 및 절차법이 요구하는 조건을 충족한 소는 승소판결이라는 본안판결을 받을 자격을 당연히 갖게 되지만 그 외에도 소는 그 자체로서 보호받아야 할 가치를 내포하고 있어야 한다는 것이 현재의 통설적인 입장이다.

Ⅱ. 소의 이익 개념의 활용

구체적인 실체법적 권원을 필요로 하는 이행소송이나 형성소송의 경우는 소의 이익이라는 별도의 조건이 크게 요구되지는 않는다. 반면 확인의 소에 있어서는 구체적인 실체법적 권원이 항상 요구되지는 않기 때문에 그 허용범위를 소의 이익을 통해 적절히 제한할 필요가 크다. 따라서 현재 소의 이익은 확인의 이익을 중심으로 논의되는 것이 일반적이다.

Ⅲ. 소의 이익의 자리매김

소의 이익을 소송요건의 하나로 보는 것이 현재의 통설적인 입장인데(김/강, 242면; 이시, 214면; 호, 298면) 소의 이익이 본안판결을 받는 조건으로 작용하고 이를 흠결한 소는 부적법 각하되므로 이러한 입장은 나름의 타당성을 갖는다. 또한, 현재의 통설·판례는 소의 이익을 당사자측면에서는 당사자적격의 개념으로, 청구의 측면에서는 모든 소에 공통적으로 필요한 조건을 권리보호의 자격으로, 개별적인 소송의 형태에 따라서 요구되는 조건은 권리보호의 이익으로 구분하여 취급하고 있다.

제 2 절   권리보호의 자격

권리보호자격은 특정 유형의 소에서만 요구되는 것이 아니라 소 전반에 걸쳐 요구되는 조건으로 통상 아래와 같은 조건이 필요하다. 신의칙에 위반되지 않을 것을 권리보호자격의 하나로 열거하는 것이 일반적이나 그 부당함은 앞에서 지적하였다(제1편 제2장 제4절 IV. 4. 신의 칙의 법적 지위 참조).

I. 소구 가능한 구체적인 권리 혹은 법률관계

1. 소구 가능성

자연채무의 이행을 구하는 소[1] 혹은 재판 외에서 일방적 의사표시로 할 수 있는 계약의 해제나 해지를 소로써 구하는 것은 허용되지 않는다. 전자는 소구할 수 없는 채권이라는 점에서 소를 통한 권리구제의 가능성이 없으며, 후자는 소가 아닌 단순한 의사표시로써 의도한 법적 효과를 발생시킬 수 있다는 점에서 소를 통한 권리구제의 필요성이 인정되지 않는다.

2. 구체적인 권리나 법률관계

(1) 법률상의 쟁송

1) **구체적인 권리 내지 법률관계에 대한 다툼**   법원은 헌법에서 특별히 규정하고 있는 경우를 제외하고 일체의 법률상의 쟁송을 심판대상으로 하고 있다(법조 2조 1항). 따라서 단순히 사실문제의 확정을 위한 소는 권리보호자격이 없다. 예를 들어 어느 종교단체가 특정 종교에 속하는지 여부[2]나 족보에 특정인을 등재하는 것을 금지해달라는 소구청구[3]는 권리 보호자격이 없다. 나아가 토지대장이나 임야대장, 무허가건물대장[4]과 같은 지적공부는 특정 인의 권리·의무의 변동을 나타내는 것은 아니므로 이러한 지적공부상의 기재를 변경하거나 말소를 소구하는 경우에도 권리보호자격이 인정되지 않는다. 그러나 사실상의 확인문제라도 필요에 의해서 법률로 그 확인을 구할 법적 근거를 마련한 것이 있을 뿐 아니라(250조, 증서진 부확인의 소), 법률상의 쟁송인지 여부는 구체적인 사안에 따라 달라질 수 있음을 유념해야 한

---

1) 大判 2001. 7. 24. 2001다3122에서는 어음채권자가 회사정리절차(현재의 회생절차)에서 어음채권을 정리채 권으로 신고하지 않은 경우 자연채무가 되므로 소구할 수 없다고 판시하고 있다.

2) 大判 1980. 1. 29. 79다1124.

3) 大決 1997. 7. 9. 97마634.

4) 大判 1992. 2. 14. 91다29347.

다. 예를 들어 권리 의무관계를 나타내지 않는 무허가건물대장상의 명의자의 소유권확인청구나 건물주명의의 말소청구 등도 경우에 따라서는 소의 이익이 인정되는 경우가 있다.[1] 아울러 족보에 특정내용을 기재하지 않기로 한 당사자 간의 합의는 일반적으로 소구할 수 없는 것이지만 그 합의에 따라 구체적인 법적 의무를 수반하게 되면 동 약정에 기한 청구는 소의 이익이 인정될 수 있다.[2]

2) 법원의 권한에 속하는 다툼　　　① 구체적인 권리 내지 법률관계에 대한 다툼이더라도 법원의 권한 범위 내에 속하지 않는 경우에는 권리보호자격이 인정되지 않는다. 고도의 정치성을 띤 국가행위에 대하여는 이른바 통치행위라 하여 법원 스스로 사법심사권의 행사를 억제하여 그 심사대상에서 제외하는 영역이 있을 수 있다. 그러나 통치행위의 개념을 인정하더라도 과도한 사법심사의 자제가 기본권을 보장하고 법치주의 이념을 구현하여야 할 법원의 책무를 태만히 하거나 포기하는 것이 되지 않도록 그 인정을 지극히 신중하게 하여야 한다. 따라서 통치행위로 여겨지는 정부의 행위라 하더라도 기본권 보장규정에 저촉되거나 영향을 주는 행위에 대해서는 법원과 헌법재판소의 심판 대상이 된다. 대표적으로 유신시절 긴급조치에 대한 헌법위배 여부에 대한 재판을 들 수 있다.[3] 그러나 대법원은 그 후 대통령이 사후적으로 위헌·무효가 선언된 긴급조치를 발령한 행위가 국민 개개인에 대한 관계에서 민사상 불법행위를 구성하지는 않는다고 판시하여 논란을 빚었으나(大判 2015. 3. 26. 2012다48824) 다수의 하급심 판결[4]들이 동 대법원 판결의 잘못을 지적하면서 긴급조치 발령을 통해 국민을 체포, 구금한 행위는 불법행위를 구성한다고 판시하였고 급기야 대법원도 전원합의체판결을 통해 나라의 책임을 인정하게 되었다.[5]

　　② 정당이나 종교단체 등 자율성이 법적으로 혹은 제도적으로 어느 정도 보호되는 단체에서의 내부분쟁이 사법심사의 대상이 될 것인지 여부가 항상 문제되어 왔다. 우선, 법원은

---

1) 大判 1998. 6. 26. 97다48937 참조, 한편 대법원은 무허가건물대장은 무허가건물의 정비에 관한 행정상의 사무 처리의 편의를 위하여 작성, 비치된 대장으로써 건물의 물권변동을 공시하는 법률상의 등록원부가 아니지만 달리 무허가 건물에 관한 물권 변동을 공시할 수 있는 법률상의 등록원부가 없는 이상 무허가 건물을 표상하는 무허가건물관리대장상 기재건물의 소유권에 관한 다툼이 있을 경우 그 확인을 구하는 청구는 판결에 의하여 즉시 확정할 법률상의 이익이 있다고 판시한 바 있다(大判 1993. 6. 11. 93다6034).

2) 大判 1998. 2. 24. 97다48418.

3) 憲裁 1996. 2. 29. 93헌마186에서는 정부의 긴급재정명령이 위헌에 해당함을 판시하였다. 그 후 대법원에서는 유신시절의 긴급조치에 대한 전원합의체 판결 및 소부 판결이 이어졌다. 大判(全) 2010. 12. 16. 2010도5986(긴급조치 제1호 헌법 위배). 大決(全) 2013. 4. 18. 2011초기689(긴급조치 제9호 헌법 위배). 大判(全) 2013. 5. 16. 2011도2631(긴급조치 제4호 헌법 위배).

4) 대표적으로 긴급조치 제1호 위반으로 피소된 故 장준하 선생의 유족에게 손해배상을 인정한 서울중앙地判 2020. 5. 8. 2013가합540797을 들 수 있다. 아울러 긴급조치 관련 다른 사건이지만 항소심으로서는 처음 대법원 판결과 반대되는 입장을 지지함으로써 국가의 배상책임을 인정한 서울高判 2020. 7. 9. 2019나2038473 판결(大判 2023. 2. 23. 2020다256255에서 국가의 상고가 기각되어 확정).

5) 大判(全) 2022. 8. 30. 2018다212610 이래 다수의 판결.

정당을 둘러싼 문제와 관련된 가처분 사건에 대해 분명한 입장을 갖고 있지 못한 듯하다. 정당총재 직무집행정지 가처분 신청사건에서 상반된 입장을 보인 바 있기 때문이다.[1] 정당의 설립과 운영 과정 등에서 빚어지는 여러 갈등 현상에 대한 법원의 개입 여부는 정당행위의 법적 성격을 통한 접근보다는 문제된 행위 등이 관련자들(신청인)의 기본권을 침해하는지 여부에 의해 결정되는 것이 바람직하다.[2]

③ 종교활동은 헌법상 종교의 자유와 정교분리의 원칙에 의하여 국가의 간섭으로부터 그 자유가 보장되어 있으므로, 국가기관인 법원은 종교단체 내부관계에 관한 사항에 대하여는 그것이 일반 국민으로서의 권리의무나 법률관계를 규율하는 것이 아닌 이상 원칙적으로 실체적인 심리판단을 하지 아니함으로써 당해 종교단체의 자율권을 최대한 보장하여야 한다.[3] 그러나 일반 국민으로서의 특정한 권리의무나 법률관계와 관련된 분쟁에 관한 것이라면 종교단체의 내부관계에 관한 사항도 법원에 의한 사법심사의 대상이 될 수 있다.[4] 따라서 징계결의와 같이 종교단체 내부의 규제라고 할지라도 그 효력의 유무와 관련하여 구체적인 권리 또는 법률관계를 둘러싼 분쟁이 존재하고 또한 그 청구의 당부를 판단하기에 앞서 위 징계의 당부를 판단할 필요가 있는 경우에는 그 판단의 내용이 종교 교리의 해석에 미치지 아니하는 한 법원으로서는 위 징계의 당부를 판단하여야 한다.[5]

---

1) 정당 총재의 직무집행정지가처분신청 사건을 인용한 재판이 있는 반면(서울민사地決 1979. 9. 8. 79카21709), 정당대표의 당무행사를 정지시켜 달라는 가처분신청이나 정당대표의 당무대행자를 선임하여 달라는 가처분신청은 부적법하다고 판시한 것이 있다(서울민사地決 1987. 7. 20. 87카30864).

2) 비례 위성 정당에 불과한 미래한국당에 대한 정당등록 승인이 위헌임을 주장하는 헌법소원 사건에서 헌법재판소는 신청인들의 직접적인 기본권 침해가 없다는 이유로 이를 부적법 각하하였다(일반 국민이 제기한 사건 憲裁 2020. 5. 12. 2020헌마616; 비례대표 국회의원 후보로 등록한 사람들이 제기한 사건 憲裁 2020. 4. 21. 2020헌마570).

3) 개신교 교단 소속 교회의 목사 초빙과 관련한 교단 총회의 판결로 소속 교회의 종교적 자율권이 제한받게 되었다고 하더라도 교단의 종교적 자율권 보장을 위하여 총회판결은 사법심사의 대상이 되지 않는다고 보았다(大判 2014. 12. 11. 2013다78990). 한편, 피고 교회의 정회원에 불과한 원고가 피고 교회의 사무총회에서 소외인 등을 장로로 선출한 결의의 무효 확인을 구한 사건에서 대법원은 피고 교회의 정회원에 불과한 원고가 위 결의에 의하여 장로의 지위가 부여되는 직접적인 당사자가 아니므로 결의 무효 확인을 구할 법률상 이익이 없다고 판시한 바 있다(大判 2015. 4. 23. 2013다20311).

4) 교회의 교인들로부터 해임을 당한 목사가 교회를 상대로 제기한 해임결의무효확인청구 사건에서는 교회 내 재판절차를 거치지 않은 위 목사해임 결의는 교단 헌법 규정에 반할 뿐 아니라 헌법시행규정이 금지하는 신임투표에 의한 사임에 해당하는 것이어서 무효라고 판단하였다(大判 2019. 5. 16. 2018다237442). 결국 이 사건은 교단의 헌법과 헌법시행규정 등이 종교적 자유의 본질을 침해하지 않는다는 결론에 이르렀는데 이러한 교단 내의 법 규정 등으로 인해 목사의 법률적 지위가 변경될 수 있으므로 법원의 개입은 정당화될 수 있을 것이다.

5) 大判 2011. 5. 13. 2010다84956. 불교 종단은 중대한 해종 행위를 하였음을 이유로 소속 승려 甲을 제명하였는데 동 승려가 종단의 징계결의에 대한 무효확인을 구하였다. 통상의 경우 동 징계결의는 단순한 종교상의 자격에 관한 시비에 불과하다고 볼 수 있지만 이 사건의 경우 종단이 甲 명의 부동산 등에 대하여 명의신탁 해지 등을 이유로 처분금지가처분 및 본안소송을 제기하면서 징계결의를 명의신탁 해지 등의 원인으로 주장하는 등 甲이 징계결의의 무효확인을 구하는 것이 구체적인 권리 또는 법률관계와 무관하다고 볼 수 없었다.

(2) 사건화된 쟁송

법원은 구체적인 분쟁의 존재를 필요로 한다. 따라서 추상적으로 규범이나 규정의 효력을 다투는 소송은 권리보호자격이 인정되지 않는다. 예를 들어 아무런 분쟁이 없는 상태에서 단체의 구성원이 당해 단체의 정관규정의 효력을 다투는 것은 소의 이익이 인정되지 않는다.[1]

(3) 미완의 쟁송

소를 제기할 당시에는 원고가 구하는 청구가 적법하였으나 소송진행 도중 우연한 사정에 의해 원고가 소구하는 목적이 달성되거나 피고의 의무가 이행불능의 상태에 이르는 경우가 있다. 사해행위의 취소 및 원상회복을 구하는 소송계속 중 사해행위가 해제 또는 해지되어 그 목적부동산이 이전등기의 말소 또는 소유권이전등기의 형식으로 채무자에게 복귀한 경우[2]가 전자의 예이고, 계쟁건물에 대한 소유권이전등기청구 소송의 계속 중 건물이 전부 멸실된 경우[3]가 후자의 예이다. 판례나 일부견해(이시, 230면)는 이 경우도 권리보호이익(엄밀하게는 자격)이 흠결되어 각하하여야 한다는 입장이나 이들 경우는 실체법상의 권리가 소멸하거나 이행불능을 이유로 청구를 기각하여야 한다고 비판하는 견해도 있다(호, 304면).[4] 두 견해의 차이로 소송결과에 실질적인 차이가 발생하는 것은 아니다. 다만, 소송법적인 측면을 강조해서 소를 각하할 것인지 혹은 실체법적인 측면을 강조해서 청구를 기각할 것인지에 대한 선택의 문제일 뿐이라고 판단된다.

Ⅱ. 법률상·계약상 제소금지 사유가 없을 것

중복제소금지(259조)는 물론 재소금지 규정(267조 2항) 등이 전형적인 법률상의 제소금지 사유에 해당한다. 한편, 계약상의 제소금지 사유로는 부제소특약이 가장 전형적이지만 중재계약(중재 3조)[5]이나 소취하계약, 불상소합의 등도 유사하게 취급된다. 소취하계약이 법정 외

---

1) 大判 1992. 8. 18. 92다13875,13882,13899. 따라서 아무런 분쟁 없이 특정 단체규정들에 대한 무효확인 청구는 부적법하지만 당해 규정이 무효임을 전제로 일정한 청구를 하는 경우는 분쟁의 성격을 갖고 있으므로 적법하게 된다(大判 1992. 11. 24. 91다29026 참조).

2) 大判 2008. 3. 27. 2007다85157.

3) 大判 1976. 9. 14. 75다399.

4) 동일한 사실관계에 기해서 피해를 입은 당사자가 불법행위를 원인으로 한 손해배상청구 소송에서 일정 금원을 피해배상 명목으로 가해자로부터 수령하였음에도 불구하고, 다시금 계약상의 책임을 물어 같은 돈의 지급을 구하는 소를 제기한 경우에도 같은 문제가 발생될 수 있다. 신소송물이론에 따르면 이 경우 기판력의 문제로 해결될 수 있지만 구소송물 이론에 따르면 소의 이익 흠결을 이유로 소를 각하해야 한다는 것이 일반적인 견해이다. 그러나 이 경우도 실체법적인 권원이 소멸된 것으로 접근하는 것도 가능할 것으로 판단된다.

5) 중재계약은 당사자의 중재합의에 법적 구속력을 부여한 것으로 법률상의 제소금지 사유로 보아도 무방할 것이다.

에서 이루어지든[1] 재판상화해의 일부로 되든[2] 상관없이 소취하합의의 존재가 인정되면 권리보호자격의 흠결로 소는 각하된다.

1. 부제소특약

(1) 사적 자치와 부제소특약

부제소특약은 소를 제기하지 않겠다는 당사자 간의 합의로 과거에는 주관적 공권의 포기는 불가능하다는 입장에서 허용되지 않았으나 현재는 사적자치의 원칙상 인정된다는 것이 지배적 견해이며 판례이다. 그러나 부제소특약은 당사자의 소권을 제한하는 것이므로 엄격한 조건과 제한이 설정되어야 한다. 판례는 합의 당사자가 처분할 권리가 있는 범위 내의 것으로서 특정한 법률관계에 한정되어야 할 뿐 아니라 합의 당시에 예상할 수 있는 상황이어야 함을 강조하고 있다.[3] 그와 더불어 부제소특약은 강행법규에 위반해서는 효력을 인정받을 수 없으며[4] 대등한 교섭력이 전제되어야 함은 물론이다. 한편, 판례는 부제소합의의 존재를 직권조사사항으로 파악하고 있다.[5]

(2) 행정소송과 부제소특약

행정소송과 같은 공법상의 소송에서는 당사자가 임의로 처분할 수 없는 공법상의 권리관계를 대상으로 하여 사인의 국가에 대한 공권인 소권을 당사자의 합의로 포기하는 것으로서 허용될 수 없다는 것이 판례[6]의 입장이다. 그러나 행정소송에서도 조정이나 화해를 강조하는 법원의 현실에 비추어 본다면 이러한 일률적인 금지는 재고할 단계가 된 것으로 생각된다. 특히 부제소특약 당시 사인과 공법상의 권리주체 간에 대등한 관계가 존재한다면 부제소특약을 굳이 일률적으로 무효로 취급할 필요는 없을 것이다.

2. 불상소합의와 불항소합의

(1) 불상소합의

① 법에서는 1심 판결 선고 후에 항소심 절차를 생략하고 상고할 권리를 유보하는 비약

---

1) 大判 1982. 3. 9. 81다1312.

2) 大判 2005. 6. 10. 2005다14861.

3) 大判 1999. 3. 26. 98다63988. 이와 관련하여 당사자들이 부제소 합의의 효력이나 그 범위에 관하여 쟁점으로 삼아 소의 적법 여부를 다투지 아니하는데도 법원이 직권으로 부제소 합의에 위배되었다는 이유로 소가 부적법하다고 판단하기 위해서는 매우 신중해야 한다는 사례가 있다. 우선, 이와 같은 법률적 관점에 대하여 당사자에게 의견을 진술할 기회를 주어야 하고, 부제소 합의를 하게 된 동기 및 경위, 그 합의에 의하여 달성하려는 목적, 당사자의 진정한 의사 등에 관하여도 충분히 심리할 필요가 있다는 것이다(大判 2013. 11. 28. 2011다80449).

4) 大判 1998. 3. 27. 97다49732.

5) 大判 2013. 11. 28. 2011다80449.

6) 大判 1961. 11. 2. 4293행상60; 大判 1998. 8. 21. 98두8919.

상고합의를 규정하고 있을 뿐이다(390조 1항 단서). 그러나 1심 판결 선고 전이라도 당사자 간에 상소하지 않겠다는 합의를 할 수 있는 권리를 제한할 필요는 없으므로 1심 판결 선고 전의 불상소합의는 1심 판결을 최종심으로 하는 당사자 간의 합의로서 유효하며 1심 판결의 선고와 동시에 확정된다(강, 732면; 이시, 849–850면; 정/유/김, 846면).

② 판례 역시 불상소합의는 상소권의 사전포기와 같은 중대한 소송법상의 효과가 발생하게 되는 것이므로 반드시 서면에 의하여야 하며, 그 서면의 문언에 의하여 당사자 쌍방이 상소를 하지 아니한다는 취지가 명백하게 표현되어 있을 것을 요한다.1) 아울러 불상소합의처럼 그 합의의 존부 판단에 따라 당사자들 사이의 이해관계가 극명하게 갈리게 되는 소송행위에 관한 당사자의 의사해석에 있어서는, 표시된 문언의 내용이 불분명하여 당사자의 의사해석에 관한 주장이 대립할 소지가 있고 나아가 당사자의 의사를 참작한 객관적·합리적 의사해석과 외부로 표시된 행위에 의하여 추단되는 당사자의 의사조차도 불분명하다면, 되도록 소극적 입장에서 그러한 합의의 존재를 부정하여야 한다고 한다.2) 한편, 불상소합의를 항변사항으로 보는 견해(정/유/김, 847면)도 있으나 직권조사사항으로 파악하는 것이 타당하며 판례 역시 동일한 입장이다.

(2) 불항소합의

불항소합의는 통상 상고할 권리를 유보하지 않은 채 항소를 제기하지 않을 것을 합의하는 경우를 지칭하므로 당해 1심 판결은 선고와 동시에 확정된다.3) 따라서 그 판결선고 후에는 당사자의 합의에 의하더라도 그 불항소합의를 해제하고 소송계속을 부활시킬 수 없게 된다.4) 불항소합의 역시 불상소합의의 하나이므로 반드시 서면에 의하여야 한다는 것이 대법원의 확립된 입장이며5) 당사자 중 일방만 항소하지 않기로 하는 합의 역시 효력이 없다.6) 한편, 판례는 부제소특약과 함께 불항소합의 역시 직권조사사항으로 파악하고 있다.7)

---

1) 大判 2002. 10. 11. 2000다17803.

2) 大判 2007. 11. 29. 2007다52317,52324.

3) 김형두/주석민소(6), 90면. 그러나 불항소합의를 비약상고의 합의로 파악하는 견해도 있다(김홍, 1126면; 이시, 849면).

4) 大判 1987. 6. 23. 86다카2728.

5) 大判 2007. 11. 29. 2007다52317,52324.

6) 大判 1987. 6. 23. 86다카2728. 불항소합의와 달리 항소권의 포기는 법원에 대한 일방적인 단독의 의사표시이다. 그런데 실무에서는 당사자 중 어느 일방이 판결 선고 전에 항소권 포기서를 상대방에게 미리 교부하는 경우가 있는데 이는 항소권포기 약정으로서 유효하다는 것이 판례의 입장이다(이재곤, "불항소의 합의와 항소권포기의 약정 및 그 합의해제", 대법원판례해설 8호, 267–268면 참조).

7) 大判 1980. 1. 29. 79다2066. 따라서 상위개념인 불상소합의 역시 직권조사사항의 대상으로 파악하는 것이 판례 입장이라고 할 수 있다.

Ⅲ. 다른 특별한 구제절차가 없을 것

소송절차는 국가나 이를 이용하는 사람 모두에게 매우 고비용의 절차이므로 가급적 저비용·고효율의 권리구제절차를 다양하게 마련할 필요가 있다. 이러한 절차를 배제하고 소송절차를 이용하는 것을 차단하는 경우가 적지 않다. 특히 민사집행법, 회생·파산법, 부동산등기법, 공탁법 등에는 자체적으로 간이한 권리구제절차를 마련해 놓은 경우가 많으므로 이들 법이 정하는 절차를 이용하지 않고 바로 민사소송을 제기하는 경우에는 권리보호자격이 인정될 수 없다. 예를 들어 가압류·가처분명령에 대해서는 이의나 취소신청 등의 절차를 통해 그 적부를 다투어야 함에도 불구하고(민집 283조, 288조, 301조) 가압류·가처분집행에 따른 가압류 혹은 가처분등기의 말소를 구하는 소는 소의 이익이 없다.[1] 또한 개인회생채권자목록에 이미 기재되어 있는 채권에 관하여는 개인회생절차에서 개인회생채권 조사확정재판절차(회생·파산 604조)를 통해 채권의 존부나 범위를 다투어야 함에도 불구하고 채무자를 상대로 별도로 이행청구의 소를 제기하는 경우에는 소의 이익이 인정되지 않는다.[2] 주등기의 말소등기에 따라 등기관의 직권말소대상인 부기등기의 말소를 별도의 소로 구하거나 공탁금출금을 위한 공탁법상의 절차[3]를 배제하고 바로 국가를 상대로 공탁금지급청구소송을 제기하는 것 역시 소의 이익이 인정되지 않는다.[4]

Ⅳ. 승소확정판결이 없을 것

(1) 원고가 동일 피고를 상대로 이미 동일한 청구에 대해 승소확정판결을 받은 상태에서 동일한 소를 제기하는 경우에는 소의 이익이 부정된다.[5] 그러나 패소확정판결을 받은 상태에서 다시 동일한 소를 제기하는 경우에는 소의 이익을 흠결하는 것은 아니다(모순금지설의 입장). 물론 기판력의 본질을 반복금지설로 파악하는 경우에는 승소든 패소든 확정판결을 받은 동일 사건에 대해 다시 소를 제기하는 것은 기판력에 저촉된다.

(2) 승소확정된 판결이 있더라도 그 내용이 특정되지 않아 집행이 실시될 수 없는 경우[6]에는 소의 이익이 인정될 수 있다. 뿐만 아니라 특정되지 않은 부분에 대해서는 기판력

---

1) 大判 1976. 3. 9. 75다1923,1924.

2) 대구地判 2007. 11. 22. 2007가단46418.

3) 공탁물에 대한 출급청구에 대해 공탁관이 이를 거부하면 관할지방법원에 이의신청을 하여야 한다(공탁 12조 1항). 관할지방법원의 이의신청에 대한 결정에 대하여는 비송사건절차법에 따른 항고를 할 수 있도록 되어 있다(공탁 14조 2항).

4) 大判 1992. 7. 28. 92다13011.

5) 大判 1979. 9. 11. 79다1275.

6) 大判 1998. 5. 15. 97다57658. 판결의 경우는 집행대상이 불특정하게 되는 경우가 극히 드문 반면 화해조

이 존재하지 않으므로 재판절차를 통해 불명확한 부분을 특정하여야 한다. 나아가 원고가 승소확정판결을 받은 상태에서도 다시 동일한 소를 제기할 실익이 인정되는 경우가 있는데 판결원본의 멸실 등으로 집행문을 부여받을 수 없는 경우가 대표적이다.[1]

　　(3) 확정판결에 의한 채권의 소멸시효기간인 10년의 경과가 임박한 경우에는 예외적으로 신소가 허용되는데 이러한 경우에 신소의 판결이 전소의 승소확정판결의 내용에 저촉되지 않아야 하므로 후소 법원으로서는 그 확정된 권리를 주장할 수 있는 모든 요건이 구비되어 있는지에 관하여 다시 심리할 수 없다.[2] 그러나 위 후소 판결의 기판력은 후소의 변론종결 시를 기준으로 발생하므로, 전소의 변론종결 후에 발생한 변제, 상계, 면제 등과 같은 채권소멸사유는 후소의 심리대상이 된다.[3] 아울러 확정된 집행권원이 다른 사정에 의해 효력을 유지할 현실적인 이유가 없는 상황이라면 새로운 후소의 이익을 인정할 필요는 없게 된다. 예를 들어, 사찰재산의 양도계약에 기한 소유권등기이전청구권이 인낙조서에 의해 확정되었으나 양도계약이 관할청의 허가를 받지 못해 무효가 되어 유효한 소유권이전등기를 경료할 수 없게 되었다면 위 인낙조서에 의해 확정된 소유권이전등기청구권의 시효중단을 위한 재소(再訴)는 소의 이익이 인정될 수 없다.[4]

　　(4) 판결이 확정된 때로부터 10년이 도과될 시점까지 집행을 하지 못한 경우 이를 다시금 판결로 그 시효를 연장해 주는 것이 바람직하지 못하다는 비판도 있는데[5] 최근 대법원은 이 점에 대해 다시 한 번 종전 판례 입장을 고수하는 견해를 피력한 바 있다.[6] 대법원이 지적한 바와 같이 가압류나 압류와 달리 재판상 청구의 경우만 제한하는 것은 바람직하지 못하다. 그러나 대법원이 시효중단 제도 전반에 걸쳐 채권자 측에 경도된 입장을 피력해 온 것은 사실이다. 재판행위를 통한 시효중단 제도 전반에 대해 통일적인 재정비가 필요한 시점이

　　서의 경우는 간혹 이러한 일이 발생하게 된다(大判 1995. 5. 12. 94다25216; 大判 1992. 4. 10. 91다45356,91다45363).

1) 大判 1981. 3. 24. 80다1888,1889. 동 판결에서는 실제 판결문의 멸실이 있었던 것은 아니라 방론으로 그 필요성을 인정하고 있을 뿐이다. 그 후 재판예규의 개정 등으로 집행문을 부여할 법원에 판결원본이 없는 경우에는 판결정본에 기하여 집행문을 부여할 수 있으므로 판결원본의 멸실이 신소제기를 정당화할 근거가 되지 못한다는 지적이 있다(김홍, 279면).

2) 大判 1998. 6. 12. 98다1645; 大判 2018. 4. 24. 2017다293858; 大判 2019. 8. 29. 2019다215272.

3) 大判 2019. 1. 17. 2018다24349.

4) 大判 2001. 2. 9. 99다26979.

5) 김교창, "시효중단을 위한 재소의 이익", 서울지방변호사회 판례연구 4집, 21면 이하 참조

6) 大判(全) 2018. 7. 19. 2018다22008. 다수의견은 다른 시효중단사유인 압류·가압류나 승인 등의 경우 이를 1회로 제한하고 있지 않음에도 유독 재판상 청구의 경우만 1회로 제한되어야 한다고 보아야 할 합리적인 근거가 없으며 또한 확정판결에 의한 채무라 하더라도 채무자가 파산이나 회생제도를 통해 이로부터 전부 또는 일부 벗어날 수 있는 이상, 채권자에게는 시효중단을 위한 재소를 허용하는 것이 타당하다는 것이다. 그러나 이러한 다수의견이 채권의 소멸과 소멸시효제도를 두고 있는 민법의 기본 원칙과 확정판결의 기판력을 인정하는 민사소송의 원칙에 반한다는 반대견해 역시 존재한다.

아닌가 판단되는데 가압류를 비롯해서 판결채권이 이론적으로 영속적인 효력을 가질 수 있다는 것은 시효제도의 본질에 어긋난다고 생각되기 때문이다.

(5) 집행권원 중에서 집행력은 갖지만 기판력을 갖지 않는 간이한 집행권원(공정증서, 지급명령, 배상명령, 이행권고결정 등)이 존재하더라도 기판력을 얻기 위해 동일한 내용의 소를 제기하는 것이 허용된다고 하는 견해(김/강 250면; 김홍, 249면)가 있으나 의문이다. 간이한 절차를 통해 집행권원을 창출할 수 있는 길을 열어두었는데 다시금 아무런 제한 없이 단순히 기판력 있는 집행권원을 얻기 위한 소를 제기할 수 있도록 허용하는 것은 바람직하지 못하기 때문이다. 회생절차에서 확정된 채권을 회생채권자표에 기재하면 그 기재는 확정판결과 동일한 효력이 있으므로(그러나 기판력은 인정하지 않음) 회생채권에 관한 소송에 대해 소의 이익을 부정하는 판례[1] 역시 동일한 입장으로 파악된다. 따라서 집행권원을 통한 집행실시 과정에서 상대방이 청구에 관한 이의의 소를 제기하면 이 소송에서 집행권원의 정당성을 확인받는 것으로 충분할 것이다. 다만 간이한 집행권원의 집행력 보전을 위해 필요한 예외적인 경우에 한해서 동일한 내용의 소를 제기하는 것은 허용되어야 한다.[2]

제 3 절   권리보호의 이익

모든 소에 공통적으로 필요한 권리보호자격을 갖추더라도 개별적인 소송형태에 필요한 특수한 요건을 충족하여야 하는데 이를 권리보호의 이익이라고 한다. 소송유형별로 권리보호이익의 내용을 살펴보고자 한다.

I. 이행의 소

1. 현재이행의 소

변론종결시를 기준으로 이행기가 도래한 권리를 행사하여 이행을 구하는 것이 이행의 소이므로 기본적으로 소의 이익이 인정된다. 다만, 이행판결이 선고되어도 집행이 불가능하거나 현저히 곤란한 경우에는 문제가 될 수 있으며 집행법 등에서 간이한 방법으로 확정된 집

---

1) 大判 2014. 6. 26. 2013다17971; 大判 2020. 3. 2. 2019다243420.
2) 大判 1996. 3. 8. 95다22795,22801. 동 판결에서는 약속어음 공정증서를 가진 채권자가 제3자(원고)와 채무자(피고) 간의 소유권이전등기말소청구 사건에서 사해방지참가를 한 경우이다. 채무자가 위 소송에서 패소를 하게 되면 공정증서를 통한 집행이 불가능해지기 때문이다. 이러한 위험이 없다면 채권자는 공정증서를 통해 채무자 소유의 부동산에 압류 및 경매신청을 하여 채권의 만족을 도모할 수 있으므로 굳이 동일한 내용의 소를 제기할 이익이 인정될 필요가 없는 것이다.

행권원의 집행을 할 수 있음에도 소를 제기하는 경우 소의 이익을 인정할 것인지 문제된다.

(1) 집행불능 · 집행곤란

1) 집행이 불가능하거나(부부의 동거청구권 등) 현저하게 곤란한 경우에도 소의 이익 자체가 부정되는 것은 아니다.[1] 만약 이를 부정하게 되면 판결선고 시에 법원이 판결의 집행가능성 여부까지도 판단해야 한다는 결론에 이르게 되어 매우 부당하기 때문이다. 따라서 순차로 경료된 소유권이전등기 중 후순위 등기에 대한 말소청구가 패소 확정되어 그 전순위 등기의 말소등기 실행이 불가능해진 경우에도 그 전순위 등기의 말소를 구할 소의 이익은 인정된다.[2]

2) 금전채권 등이 가압류, 가처분된 경우 채무자는 제3채무자를 상대로 채권을 추심하거나 양도하는 등의 처분행위를 할 수는 없으나(민집 227조 1항, 296조 3항, 301조) 무조건의 이행을 구하는 소는 제기할 수 있다.[3] 그러나 추심명령이 있는 경우(통상은 압류와 추심명령이 동시에 발령되므로 양자가 분리되는 경우는 거의 없음)에는 채무자의 추심권 자체가 박탈되어 당사자적격을 상실하므로 채무자는 제3채무자를 상대로 이행의 소를 제기할 수 없다.[4] 한편, 가압류 등의 대상이 된 채권이 소유권이전등기청구권인 경우에는 채무자 역시 이행의 소를 제기할 수는 있으나 가압류의 해제를 조건으로 제3채무자를 상대로 이전등기청구의 소를 제기할 수 있을 뿐이다.[5] 소유권이전등기를 명하는 판결은 의사진술을 명하는 것이므로 판결이 확정되면 바로 등기를 경료할 수 있어 집행단계에서 달리 저지할 방법이 없기 때문이다.[6]

(2) 외국재판의 집행 등

외국의 확정재판을 국내에서 집행하고자 하는 경우 집행법상의 집행판결(민집 26조)을 신청하는 것으로 충분하다. 외국의 중재판정을 집행하는 경우도 마찬가지이다(중재 37조). 또한, 집행법상의 집행문 부여의 소(민집 33조)나 승계집행문 부여(민집 31조)를 통해 집행절차에 착수할 수 있음에도 동일한 내용의 이행의 소를 다시 제기할 경우 소의 이익을 인정할 것인지 문제되는데 특별한 이익이 인정되지 않는 한 소의 이익을 부정해야 할 것이다(김/강, 250면).

---

1) 大判 2022. 1. 27. 2018다259565. 이 사건의 원심은 원고가 제3자를 위한 계약에 기초하여 피고를 상대로 영업자 명의를 제3자로 변경하는 절차의 이행을 구한 데 대하여 승소판결이 있더라도 관할관청에 그에 따른 영업자 지위승계신고가 이루어질 수 없음을 이유로 소 각하 판결을 하였으나 대법원은 이를 파기하였다.

2) 大判 2008. 6. 12. 2007다36445.

3) 大判 2008. 5. 15. 2006다8481.

4) 大判 2010. 8. 19. 2009다70067.

5) 大判(全) 1992. 11. 10. 92다4680.

6) 따라서 이러한 효과를 나타내는 경우에는 가압류의 해제를 조건으로 하여야 한다. 판례도 주권의 교부 없이 지명채권의 양도에 관한 일반원칙에 따라 당사자의 의사표시만으로 주식을 양도할 수 있는 상황에서의 주권발행 전 주식의 양도를 명하는 판결은 의사의 진술을 명하는 판결에 해당하므로 가압류의 해제를 조건으로 하지 않는 한 법원은 이를 인용해서는 안 된다고 판시하였다(大判 2021. 7. 29. 2017다3222,3239).

(3) 일부청구와 소의 이익

1) 의   의   일정한 금전이나 대체물 등과 같이 수량적으로 가분인 급부를 목적으로 하는 특정의 채권을 가진 자가 채권의 전부가 아닌 일부만을 소송상 청구하는 것을 일부청구라고 한다. 이러한 일부청구에 대해서는 그 허용성이 문제되는데 소의 이익 유무는 물론, 소송물, 기판력 및 시효중단의 범위, 과실상계 방법과 잔부청구의 중복제소 해당 여부 등이 문제된다.

2) 허용성 여부   일부청구를 인정하게 되면 피고가 여러 차례 제소될 수 있을 뿐 아니라 법원의 부담도 증가된다는 점을 들어 이를 전면적으로 부정하는 입장이 있다(전면적 부정설; 손, 126면). 그러나 채권의 일부가 다른 채권과 식별이 가능한 경우(예를 들어, 담보부채권과 무담보채권으로 구분이 가능한 경우 등)에는 일부청구가 가능하지만 기계적으로 수량을 나누어 청구하는 것은 부정되어야 한다는 제한적 부정설도 있다. 한편, 채권자가 가분적인 채권을 임의로 나누어 청구하는 것은 사적자치의 원칙에서 비롯된 것이므로 이를 제한할 수 없다는 일부청구 긍정설도 있다(전병, 290면도 유사한 취지로 보임). 부정설과 긍정설 모두 타당한 측면이 있으나 사적자치의 원리와 사법자원의 한계에 이른 현실의 상황을 절충하여 명시적으로 일부청구임을 밝힌 경우에는 명백히 소권을 남용하지 않는 한 이를 허용함이 타당하다(명시적 일부청구 긍정설). 다수설(김홍, 273면; 박/김, 226면; 이시, 230면), 판례[1] 역시 동일한 입장이다.

3) 명시 방법   원고가 반드시 전체 손해액을 특정하여 그 중 일부만을 청구하고 나머지 손해액에 대한 청구를 유보하는 취지임을 밝혀야 할 필요는 없고 일부청구하는 손해의 범위를 잔부청구와 구별하여 그 심리의 범위를 특정할 수 있는 정도의 표시를 하여 전체 손해의 일부로서 우선 청구하고 있는 것임을 밝히는 것으로 족하다는 것이 판례의 일관된 입장이다.[2] 아울러 최근에는 일부청구임을 명시하였는지 판단할 때에는 소장, 준비서면 등의 기재뿐만 아니라 소송의 경과 등도 함께 살펴보아야 한다는 판례[3]도 등장하고 있어 명시적인 청구인지 여부에 대한 판단을 매우 탄력적으로 하고 있음을 알 수 있다.

4) 소의 이익 여부   명시적으로 일부청구임을 나타내는 소의 경우는 그 소의 이익이 인정된다. 그러나 예상되는 청구금액에 비해 현저하게 낮은 금액만을 청구하는 경우에는 그 적법성이 부정될 수 있을 것이다. 또한, 소액사건심판절차의 적용을 받고자 의도적으로 채권을 분할하는 방법 등으로 소를 나누어서 제기한 경우(소위 piecemeal litigation)는 소의 이익이 실정법상 부정된다(소액 5조의2).

---

1) 大判 1986. 12. 23. 86다카536; 大判 1989. 6. 27. 87다카2478; 大判 2016. 7. 27. 2013다96165.

2) 大判 1986. 12. 23. 86다카536; 大判 2016. 6. 10. 2016다203025.

3) 大判 2016. 7. 27. 2013다96165.

2. 장래이행의 소

(1) 개   념

사실심 변론종결시를 기준으로 이행기가 도래하지 않은 경우에는 청구적격(권리보호의 이익)이 인정되지 않지만 예외적으로 미리 청구할 필요(251조)가 있는 경우에는 소의 이익을 인정할 수 있다. 이를 장래이행의 소라 한다.

(2) 미리 청구할 필요

이행의 소에서 권리보호이익을 실정법화한 것이 바로 장래이행의 소(251조)에서 규정하고 있는 "미리 청구할 필요"라는 개념이다. 이행기가 도래하지 않은 권리를 소구하는 것이 허용될 수 있는 예외적인 상황을 인정하기 위해 필요한 권리보호이익의 내용이다.[1]

1) 정기행위나 채무자가 미리 의무의 존재를 다투는 경우   미리 청구할 필요는 소를 통한 권리행사를 가능하게 하는 것일 뿐 집행의 곤란을 대비한 개념이 아니다. 따라서 채무자가 책임재산을 은닉하거나 인멸할 염려가 있는 경우는 보전처분의 필요성이 인정될 뿐이지 소를 미리 제기할 수 있는 정당한 사유가 되는 것은 아니다. 따라서 채무자가 미리부터 이행거절의 의사표시를 분명히 하거나[2] 이행기에 채무이행이 제때에 이루어지지 않으면 채권 본래의 목적을 달성할 수 없는 정기행위(민 545조) 혹은 회복할 수 없는 손해가 발생되는 경우 등에 미리 청구할 필요가 인정된다.

2) 계속적·반복적 이행청구   ① 반복적이고 계속적으로 발생하는 채무 중 이미 지체된 부분이 발생한 경우에는 이행기가 도래하지 않은 향후의 계속적 채무 역시 이행되지 않을 것임이 변론종결시에 확정적으로 예측될 수 있어야만 미리 청구할 필요가 인정된다. 예를 들어 가옥인도청구에 있어 불법점유로 인한 손해배상이나 부당이득반환을 구하는 경우 기존의 불법점유자는 변론종결시 이후에도 가옥 인도시까지 계속 점유를 지속할 것이 확정적으로 예상되므로 원고는 변론종결시 이전은 물론 그 이후부터 가옥인도완료일까지의 임료상당의 손해배상이나 부당이득을 청구할 수 있다(현재이행청구와 장래이행청구의 병합 현상도 나타남).[3]

---

1) 이행기 미도래 채권의 권리행사는 실체법상 이유 없는 것이므로 당연히 청구기각 판결을 하는 것이 타당하지만 "미리 청구할 필요"라는 개념을 통해 소의 적법성을 부여하고자 한 것이므로 이를 흠결한 소에 대해서는 소 각하판결을 하는 것이 타당하다.

2) 선이행의무를 부담하는 채무자는 자신의 채무를 먼저 변제하여야만 비로소 그 채무를 담보하기 위하여 경료된 가등기 및 그 가등기에 기한 본등기의 말소나 새로운 소유권이전등기를 청구할 수 있지만, 채권자가 그 가등기 등이 채권담보의 목적으로 경료된 것임을 다툰다든지 피담보채무의 액수를 다투기 때문에 채무자가 채무를 변제하더라도 채권자가 위와 같은 소유권의 공시에 협력할 의무를 이행할 것으로 기대되지 않는 경우에는 채무의 변제를 조건으로 미리 본등기의 말소나 이전등기청구를 할 필요가 인정된다(大判 1992. 1. 21. 91다35175; 大判 1992. 7. 10. 92다15376,15383; 大判 2018. 7. 26. 2018다227551; 大判 2021. 10. 14. 2021다225968 등).

3) 금전지급을 구하는 소의 경우 변론종결일까지의 이자청구는 물론 그 이후부터 변제시까지의 이자청구를 통상적으로 하게 되는데 이 역시 현재이행청구와 장래이행청구의 병합에 해당한다.

② 국가나 지방자치단체 등이 무단으로 도로에 편입한 토지의 소유자가 국가 등을 상대로 변론종결 이후의 임료상당의 손실을 손해배상이나 부당이득반환청구로 구하는 경우 책임기간의 설정이 매우 중요하다. 판례에 따르면 피고가 된 국가 등의 도로폐쇄에 의한 점유종료 혹은 토지수용에 따른 원고 토지소유자의 소유권상실일까지 장래의 이행기 도래분에 대한 부당이득의 반환을 청구할 수 있다고 한다.[1] 그러나 국가나 지방자치단체 등이 해당 토지를 장래 특정 시점까지,[2] 혹은 인도할 때까지[3] 혹은 매수할 때[4]까지로 책임기간을 설정한 것은 변론종결시에 확정적으로 예정할 수 없는 경우에 해당하여 장래이행판결을 할 수 없다고 판시하였다.[5] 결국 문제된 토지 소유자인 원고의 소유권 상실이나 현재 점유자인 피고 국가 등의 점유권 상실일 중 먼저 도래하는 날까지로 종기를 설정하는 것이 실무의 관행으로 굳어진 듯하다.[6]

3) 현재이행의 청구와 장래이행의 청구　　　　피담보채무의 변제를 이유로 저당권설정등기 말소청구의 소를 제기한 경우 원고 주장과 달리 피담보채무가 완제되지 않은 경우에는 채무의 변제를 조건으로 한 말소등기청구의 취지(즉, 장래이행의 소)가 담겨 있다고 보아 장래이행청구로서 판단해 줄 수 있다는 것이 통설·판례의 입장이다(김/강, 251면).[7] 아울러 채무자가 선이행의무를 부담하고 있는 경우에도 채권자가 피담보채무의 액수를 다투고 있어 채권자의 임의이행이 기대되기 어려운 경우 역시 미리 청구할 필요가 있다고 보아 채무의 변제를 조건으로 한 장래이행의 소(가등기 및 본등기 말소청구의 소 등)를 허용함이 타당하다.[8] 한편, 이행기가 도래한 것과 도래하지 않은 장래의 청구를 병합하는 것이 가능함은 계속적·반복적 청구에서 본 바와 같다. 그 외에도 현재이행의 소와 장래이행의 소가 단순병합된 형태의 하나로서 대상청구가 인정되고 있다. 즉, 단순병합형태로서의 대상청구는 채권자가 본래적 급부

---

1) 大判 1993. 3. 9. 91다46717; 大判 2019. 2. 14. 2015다244432. 그런데 이 판결의 방론에서는 원고의 소유권 상실일까지라는 기재는 이행판결의 주문 표시로서 바람직하지 않다고 지적한다. 수소법원이 판단해야 할 사항인 소유권 변동 여부를 수소법원이 아닌 다른 기관의 판단에 맡기는 형태의 주문이고 이러한 기재는 확정된 이행판결의 집행력에 영향을 미칠 수 없는 무의미한 기재라는 취지이다.

2) 大判 1987. 9. 22. 86다카2151.

3) 大判 2002. 6. 14. 2000다37517.

4) 大判 1991. 10. 8. 91다17139.

5) 대법원에 따르면 이러한 경우는 미리 청구할 필요가 인정되지 않아 소의 이익이 인정되지 않는다는 취지로 판시한 것으로 생각되는데 이 경우는 미리 청구할 필요는 충분하나 책임기간 설정이 부적절하여 청구취지가 특정되지 않은 것에 불과하다. 따라서 사실심 법원은 원고로 하여금 청구취지를 변경하거나 특정하도록 석명을 했어야 하며 대법원은 석명의무 위반으로 원심판결을 파기하는 것이 바람직했을 것이다.

6) 大判 2023. 7. 27. 2020다277023에서는 소유자인 원고가 점유자인 자치단체 피고를 상대로 차임 상당 금원의 부당이득 반환을 구하면서 종기를 선택적으로 하지 않고 원고들의 소유권 상실일까지로만 특정해서 금원을 청구하였는데 대법원은 피고가 이 사건 계쟁토지에 관한 점유를 먼저 종료할 수도 있다고 하면서 원고의 청구를 인용한 항소심 법원이 장래이행의 소에 관한 법리를 위반하였다고 판시하였다.

7) 大判 1996. 2. 23. 95다9310.

8) 大判 1992. 1. 21. 91다35175.

청구의 현존함을 전제로 하여 이것이 판결확정 전에 이행불능이 되거나 판결확정 후에 집행
불능이 될 것을 대비하여 전보배상을 미리 청구하는 것을 말한다.[1]

  4) 형성의 소와 이행의 소 병합   제권판결 불복의 소를 제기하면서 이를 조건으로 수
표금 청구를 병합한 경우와 같이 형성의 소와 장래이행의 소를 병합한 형태의 소에서 판례
는 제권판결에 대한 취소판결의 확정 여부가 불확실한 상황에서 그 확정을 조건으로 한 수
표금 청구는 장래이행의 소의 요건을 충족하기 어렵다고 판시한 바 있다.[2] 그러나 제권판결
을 소로써 취소하지 않고는 정당한 수표금의 청구를 할 수 없는 상황에서 전자는 형성의 소
이고 후자는 이행의 소라는 이유만으로 이를 병합해서 청구할 수 없다는 대법원의 입장은
기본적으로 납득하기 어렵다.[3] 나아가 형성청구에 병합되는 이행청구에 대해 미리 청구할
필요가 없다고 판단하는 것 역시 설득력이 없다고 할 것이다. 원고 입장에서 본다면 병합이
허용되지 않을 경우 제권판결 취소의 소에서 승소하더라도 다시금 수표금 청구를 제기하여
야 하므로 그 어느 때보다 미리 청구할 필요가 크기 때문이다. 대법원은 위 2012다36661 판
결에서 두 청구가 병합될 경우 피고가 방어에 있어 부담을 가지게 된다는 점도 적시하고 있
는데, 법원이 중간판결 제도(201조)를 활성화한다면 피고에게 부담이 될 이유가 없을 뿐 아니
라 피고로서도 연관된 하나의 사실관계에 대해 두 번 제소를 당하는 것을 더 선호할 이유는
없을 것이므로 두 청구의 병합이 피고에게 부담이 될 것이라는 주장은 설득력이 없다.

  5) 조건부채무   기한부채무의 경우는 시간의 경과로써 기한의 도래가 확실하므로 미
리 청구할 필요가 충족되면 장래이행청구를 하는 데 아무런 장애가 없다. 그러나 조건부채무
의 경우는 다소 문제가 있다. 종래의 견해 중에는 조건의 성취 가능성이 희박하여 현재로서는
아무런 재산적 가치가 없는 경우에는 장래이행의 소의 대상이 되지 않는다거나(이시, 231면), 혹
은 조건이 성취될 가능성이 별로 없을 때에는 미리 청구할 필요가 인정되지 않으므로 소의
이익이 부정된다는 견해도 있다(호 314면). 그러나 조건성취 가능성 여부는 항상 소의 이익 개
념으로 포섭되는 것은 아니다. 예를 들어 행정고시 합격을 조건으로 재산의 증여를 약속한
경우, 조건부채권자가 합격하지 않은 상태에서 약속된 청구를 이행하는 소를 제기하였다면
미리 청구할 필요가 없는 한 조건이 미성취된 상태에서의 청구이니 당연히 각하판결을 받게
될 것이다. 하지만 약속을 한 사람이 그 조건 성취 전에 이를 이행할 의사가 없음을 명백히
한 경우 조건부채권자는 미리 청구할 필요가 있으므로 조건부 권리에 기초하여 장래이행청
구를 할 수 있다. 이때 조건성취 가능성 여부는 소의 이익과는 무관한 별개의 문제로서 만일

---

1) 大判 1975. 7. 22. 75다450; 大判 2011. 1. 27. 2010다77781 등 참조.
2) 大判 2013. 9. 13. 2012다36661.
3) 대법원은 공유물분할청구의 소에서도 공유물 분할청구소송의 판결이 확정되기 전에는 분할물의 급부를 청구
   할 권리나 그 부분에 대한 소유권의 확인을 청구할 권리가 없다고 판시하고 있다(大判 1969. 12. 29. 68다2425).

합격의 가능성이 전혀 없다고 판단되는 경우는 당해 법률행위가 무효로 된다고 보아 조건부 채권자의 청구를 기각하는 것이 타당하다.[1] 한편, 관련 행정청의 허가를 조건으로 하는 계약과 관련해서는 판례가 일관된 입장을 보이고 있지는 않다.[2]

Ⅱ. 형성의 소

1. 기본적인 형태와 소의 이익

형성의 소는 원칙적으로 법률에 규정을 둔 경우에 한해 인정된다는 것이 기존의 학설과 판례이다. 따라서 명문의 법률 규정에 따라 소를 제기한 경우에는 원칙적으로 소의 이익이 인정됨은 당연하다. 그러나 소송목적이 실현되거나 집행이 종료된 경우는 소의 이익이 부정된다. 따라서 회사법상 이사선임결의 취소 청구의 소(상 407조)가 진행되던 중 당해 이사의 임기가 만료되어 퇴사한 경우에는 소를 유지할 실익이 없게 되며 건물철거대집행계고처분취소소송(행정소송)이 상고심 계속 중 대상건물이 철거되면 역시 소의 이익이 없게 되므로 소를 각하하여야 한다.[3] 한편, 소의 이익의 소멸 여부는 문제가 된 당해 소의 근본적인 목적을 살펴서 결정해야 한다.[4]

2. 형성의 소와 실체법

상법에서는 이사에 대한 해임청구의 소(상 385조 2항)가 명문으로 인정되는 반면 민법상 법인의 경우는 법률에 그러한 규정이 없다는 이유로 학교법인의 이사장 혹은 조합의 이사장

---

1) 조건의 성취가능성이 전혀 없는 경우를 불능조건이라고 하며 정지조건이 불능이면 당해 법률행위는 무효로 되며 해제조건이 불능이면 조건 없는 법률행위가 될 뿐이다(김준호, 「민법강의(21판)」, 398면).

2) 토지거래허가지역의 부동산 매매의 경우 허가 없는 상태에서의 매매계약은 유동적 무효이므로 매수인이 허가를 받을 것을 조건으로 이전등기청구를 하는 것이 허용되지 않는다고 한 반면(大判(全) 1991. 12. 24. 90다12243), 大判 1998. 7. 24. 96다27988에서는 학교법인이 감독청의 허가 없이 기본재산인 부동산에 관한 매매계약을 체결한 경우 이행청구권의 기초가 되는 법률관계는 이미 존재한다고 볼 수 있고 장차 감독청의 허가에 따라 그 청구권이 발생할 개연성 또한 충분하므로, 매수인으로서는 미리 그 청구를 할 필요가 있는 한, 감독청의 허가를 조건으로 그 부동산에 관한 소유권이전등기절차의 이행을 청구할 수 있다고 판시하였다. 토지거래허가지역에서의 허가 없는 거래행위와 감독청의 허가 없는 학교법인의 재산처분 양자에 대해 다른 입장을 취하고 있는데 조건성취의 개연성이 왜 다른가에 대한 근거가 명확하지 않아 예측가능성을 결여하고 있다고 판단된다.

3) 大判 1995. 11. 21. 94누11293. 따라서 행정대집행이 완료된 후에는 철거명령의 위법을 이유로 손해배상이나 원상회복청구를 하여야 한다(大判 1976. 1. 27. 75누230).

4) 예를 들어, 어느 특정 이사 A에 대해 상법상 이사해임의 소(상 385조 2항)가 제기된 후 A가 사임하였으나 후에 개최된 주주총회에서 A를 다시 이사로 선임한 경우 기존 이사해임의 소는 소의 이익을 상실하는가 여부가 문제될 수 있다. 이사해임의 소는 특정 이사선임결의에 대한 위법을 문제 삼는 것이 아니라 A라는 특정인의 이사로서의 적격을 문제 삼는 것이므로 기존의 이사해임의 소는 소의 이익을 상실하지 않는다(이철송, 「회사법강의(23판)」, 646면; 부산地判 2004. 4. 14. 2002가합16791).

및 이사에 대한 해임청구의 소가 허용되지 않는다는 것이 판례의 일관된 입장이다.[1] 그러나 상법상의 이사해임청구 규정을 일정한 요건 하에 유추적용할 수 있다는 하급심 판례[2]가 있을 뿐 아니라 상법 제385조 제2항은 이사해임청구에 관한 예시 규정에 불과하므로 다른 비영리법인 등에도 이를 유추적용해야 한다고 보는 견해도 있다.[3] 한편, 명시적인 실체법 규정이 없더라도 권리보호이익이 있는 경우 형성의 소를 인정할 수 있다는 견해를 취한다면 다른 실체법 규정의 유추적용 문제는 고려할 필요가 없게 될 것이다.[4] 확인의 소와 달리 형성의 소는 법률관계의 직접적인 발생·변경·소멸을 가져오게 되어 보다 신중한 접근이 필요하다고 판단되므로 형성의 소를 뒷받침할 실체법규의 존재는 필요하다. 다만 실체법규에 대한 탄력적인 해석을 통해 권리의 공백을 최소화하는 것이 합리적인 대안이 될 것이므로 상법 규정을 유추해서 민법상의 비영리법인에 있어서도 이사해임청구가 가능하다고 보아야 할 것이다.

3. 채권자취소소송과 소의 이익

(1) 채권자취소소송에 있어 어느 한 채권자가 동일한 사해행위에 관하여 채권자취소 및 원상회복청구를 하여 승소판결을 받아 그 판결이 확정되었다는 것만으로 그 후에 제기된 다른 채권자의 동일한 청구가 권리보호의 이익이 없어지게 되는 것은 아니고, 그에 기하여 재산이나 가액의 회복을 마친 경우(원상회복이 종료된 경우)에 비로소 다른 채권자의 채권자취소 및 원상회복청구는 그와 중첩되는 범위 내에서 권리보호의 이익이 없게 된다는 것이 판례의 확고한 입장이다.[5] 사해행위 취소 확정판결의 존재만으로는 소의 이익이 부정되지 않고 취소채권자의 원상회복 종료까지 요구한다는 점에서 특색이 있다.[6] 따라서 여러 채권자가 사해행위취소 및 원상회복청구의 소를 제기하여 여러 개의 소송이 계속 중인 경우에도 각 소

---

1) 大決 1997. 10. 27. 97마2269; 大判 2001. 1. 16. 2000다45020 등에서는 이사해임의 소를 본안으로 하는 직무집행정지 가처분 등을 허용하지 않고 있다.

2) 서울地決 2000. 9. 29. 2000카합1702(확정) 참조.

3) 권성외 4인, 「가처분의 연구(2002)」, 441-442면 참조.

4) 예를 들어, 조상희, "민법상 사단법인, 비법인사단의 임원의 해임청구권을 피보전권리로 하는 가처분", 일감법학 10권, 56면에서는 법률의 명시적인 규정이 없더라도 형성의 소가 인정될 수 있음을 주장하고 있다.

5) 大判 2003. 7. 11. 2003다19558; 大判(全) 2015. 5. 21. 2012다952; 大判 2018. 6. 15. 2018다215763,215770; 大判 2022. 4. 14. 2021다299549. 사해행위 취소를 구하는 부분이 확정된 경우는 더 이상 취소의 대상이 없으므로 청구가 이유 없는 것이고, 원상회복을 명하는 판결이 집행되었으면 다른 채권자는 청구권이 없어 청구가 이유 없게 될 뿐이라는 비판이 있다. 그러나 이 견해는 사해행위 취소소송의 상대효를 고려하지 않는 듯하고 더구나 선행하는 취소 채권자의 원상회복 후에도 잔존하는 재산이 있으면 후행하는 사해행위 취소소송의 실익이 인정될 수 있다는 점에서 동의하기 어렵다.

6) 판례가 이와 같은 입장을 취하는 것은 사해행위취소의 소가 채권자와 수익자 간에 상대적인 효력만을 갖는다는 점, 민법 제407조가 취소와 원상회복은 모든 채권자를 위하여 효력이 있다는 규정과의 정합성을 고려한 듯하다(이계정, "민법 제407조(채권자평등주의)의 법률관계에 관한 연구", 사법논집 47집, 502면 참조).

송에서 채권자의 청구에 따라 사해행위의 취소 및 원상회복을 명하는 판결을 선고하여야 하고, 수익자가 가액배상을 하여야 할 경우에도 수익자가 반환하여야 할 가액 범위 내에서 각 채권자의 피보전채권액 전액의 반환을 명하게 된다.[1]

(2) 사해행위 취소의 소와 원상회복청구의 소는 서로 소송물과 쟁점을 달리하는 별개의 소로서 양자가 반드시 동시에 제기되어야 하는 것은 아니고 별개로 제기될 수 있으며, 전자의 소에서는 승소하더라도 후자의 소에서는 당사자가 제출한 공격·방어 방법 여하에 따라 패소할 수도 있고, 취소채권자가 사해행위 취소의 소를 제기하여 승소한 경우 그 취소의 효력은 민법 제407조에 의하여 모든 채권자의 이익을 위하여 미치고 이로써 그 소의 목적은 달성된다. 이에 비추어 보면, 채권자가 원상회복청구의 소에서 패소할 것이 예상된다는 이유로 그와 별개인 사해행위 취소의 소에 대하여 소송요건을 갖추지 못한 것으로 보아 소의 이익을 부정할 수는 없다.[2]

Ⅲ. 확인의 소

1. 확인의 이익 개관

(1) 확인의 소는 특정한 실체법상의 권리를 배경으로 하지 않을 뿐 아니라 형성의 소와 같이 명문의 법 규정에 의해 인정되는 것도 아니다. 이와 같이 실체법과 직접적으로 결부되어 있지 않은 확인의 소는 법원을 통해 권리구제를 받으려는 국민의 재판에 대한 접근권을 제고하는 반면 사건의 증가로 인해 사법부의 부담을 주는 이중성을 갖게 된다. 결국 소의 이익이라는 일정한 제약을 통해 재판에 대한 접근권을 제한할 수밖에 없으며 이는 즉시확정의 이익을 요구하는 해석론을 낳게 되었다. 즉 확인의 이익은 현재의 권리나 법률관계의 존부에 관하여 법적 불안이 존재하고 이를 제거하는 데 법원의 판결이 가장 유효·적절한 수단인 경우에만 인정된다고 하는 데 현재 이론이 없다(소위 즉시확정의 이익).[3]

(2) 아울러 확인의 이익은 직권조사사항에 해당한다. 따라서 당사자의 당사자의 주장 여부에 관계없이 법원이 직권으로 판단하여야 한다.[4] 따라서 당사자가 현재의 권리나 법률관계에 존재하는 불안·위험이 있어 확인을 구하는 소를 제기하였으나 법원의 심리 도중 시간

---

1) 大判 2022. 8. 11. 2018다202774. 이때 수익자는 공동담보가액을 초과하여 반환하게 되는 범위 내에서 이중으로 가액을 반환하게 될 위험에 처할 수 있지만 초과금액은 청구이의의 방법으로 집행권원의 집행력의 배제를 구할 수 있다는 것이 판례 입장이다.

2) 大判 2012. 12. 26. 2011다60421; 大判 2021. 7. 21. 2017다35106.

3) 이러한 해석론은 확인의 이익에 관해 명문의 규정을 두고 있는 독일 ZPO §256(1)에 기인한다. 당연한 내용이기 때문에 규정을 두지 않는다고 하지만 확인의 이익을 정의하는 규정이 필요하다.

4) 大判 2022. 6. 16. 2022다207967; 大判 2024. 6. 13. 2018다261322.

적 경과로 인해 확인을 구하는 대상이 과거의 법률관계가 되어 버린 경우, 법원으로서는 확인의 대상이 과거의 법률관계라는 이유로 확인의 이익이 없다고 보아 곧바로 소를 각하할 것이 아니라, 당사자에게 현재의 권리 또는 법률상 지위에 대한 위험이나 불안을 제거하기 위해 과거의 법률관계에 대한 확인을 구할 이익이나 필요성이 있는지 여부를 석명하여 이에 관한 의견을 진술하게 하거나 당사자로 하여금 청구취지를 변경할 수 있는 기회를 주어야 한다.[1]

2. 확인의 소의 대상적격

(1) 현재의 권리 · 법률관계

1) 대상의 현재성과 예외　　확인의 소의 대상은 현재의 권리 · 법률관계에 국한되므로 과거나 미래의 법률관계의 확인을 구하는 소는 확인의 이익이 인정되지 않는다. 예를 들어, 비법인재단 이사회에서 이사 해임결의가 있은 후 다시 개최된 이사회에서 종전 결의를 그대로 추인하거나 재차 해임결의를 한 경우에는, 당초 해임결의가 무효라고 할지라도 다시 개최된 이사회결의가 하자로 인하여 무효라고 인정되는 등의 특별한 사정이 없는 한 종전 이사회결의의 무효확인을 구하는 것은 과거의 법률관계 내지 권리관계의 확인을 구하는 것에 불과하여 권리보호의 요건을 결여한 것이다.[2] 아울러 저당권이 이미 말소된 경우라면 특별한 사정이 없는 한 그 피담보채권의 부존재확인을 구하는 소는 확인의 이익이 인정될 수 없다.[3] 그러나 과거의 주식 양도 · 양수 계약의 부존재확인을 구하는 경우에도 이를 통해 현재의 법률관계의 부존재 내지 무효확인을 구하는 취지로 해석할 여지도 충분히 있을 것이다.[4] 한편 확인을 구할 권리가 반드시 구체적으로 확정될 필요는 없으며 권리의 발생에 조건이나 기한과 같은 부담이 있는 경우나 법률관계가 형성 과정에 있는 경우에도 보호할 가치가 있는 법적 이익이 있는 경우에는 확인의 이익이 인정될 수 있다.[5]

2) 대상으로서의 권리 · 법률관계와 예외　　확인의 소의 대상은 현재의 권리 · 법률관계에 국한되므로 현재나 과거의 사실의 존재 여부에 대한 확인청구는 허용되지 않는다. 그러나

---

1) 大判 2022. 6. 16. 2022다207967.

2) 大判 2018. 12. 27. 2018다235071.

3) 大判 2013. 8. 23. 2012다17585. 동 판결에 대한 비판은 최성호, "근저당권의피담보채무에관한부존재확인의소에관한검토", 경기법조 제22호, 97면 이하 참조.

4) 大判 1987. 7. 7. 86다카2675. 결국 과거의 법률관계나 사실관계의 확인을 원고가 구하는 경우 법원으로서는 석명을 통해 확인의 이익이 인정될 수 있는 청구로의 변경이 가능한지 여부를 살펴보아야 한다.

5) 大判 2000. 5. 12. 2000다2429에서 대법원은 공사입찰절차에서 제2순위 적격심사대상자는 적격심사대상자로서의 지위 확인과 새로운 입찰공고의 무효확인을 구할 수 있다고 판시하였다. 이 사건에서 제2순위 적격심사 대상자는 추후 진행되는 적격심사에서 제1순위 적격심사대상자가 부적격판정을 받거나 계약을 체결하지 아니하면 적격심사를 받아 낙찰자 지위를 취득할 수 있는 조건부 권리를 갖고 있었다.

원고가 표면적으로는 과거의 사실관계 확인을 구하는 경우라 하더라도 그 이면에서 현재의 권리관계 확인을 구하는 것으로 볼 수 있는 경우에는 법원은 석명을 통해 청구를 명확히 하도록 할 의무가 있다. 예를 들어 원고가 과거의 농지수분배 사실에 대한 확인청구를 하는 것은 현재의 경작권확인을 구하는 것으로 해석할 여지가 있다.[1] 한편, 대법원은 전소판결로 확정된 채권의 시효중단을 위한 재판상 청구가 있다는 점에 대한 사실확인에 대해 확인의 이익을 인정하는 판결[2]을 한 바 있는데 이러한 소위 새로운 방식의 확인청구는 대상의 사실성이 너무나 명확해서 증서진부확인의 소와 같이 입법을 통해 허용되지 않는 한 기존 판례 이론에 따르면 허용될 수 없다.[3]

(2) 과거의 포괄적 법률관계

1) 고용관계 및 회사관계   과거의 포괄적 법률관계에 대한 확인청구도 예외적으로 확인의 이익이 인정될 수 있다. 예를 들어 과거의 해고처분에 대해 무효확인을 구하는 소는 과거의 법률관계에 대해 확인을 구하는 것으로서 원칙적으로는 현재의 권리관계의 존재확인(근로자로서의 지위 확인청구)을 구하는 것이 타당하다. 그러나 해고처분은 당사자 간의 신분관계(고용관계)를 포괄적으로 해소하는 처분으로서 동 해고처분의 무효확인과 함께 미지급된 임금지급청구 역시 병합할 수 있어 보다 발본적인 분쟁해결책이 될 수 있다. 따라서 해고무효확인청구와 임금지급청구를 병합해서 청구하는 것이 실무상의 관행이며 아울러 적법하다. 한편, 주주총회결의무효 내지 부존재확인의 소 역시 과거 시점의 주주총회에 대한 다툼이지만 그로인한 포괄적인 법률관계를 근본적으로 해소하는데 가장 유효한 수단이 된다.[4]

2) 신분관계   이혼으로 혼인관계가 종료된 뒤에 혼인관계 무효확인을 구하는 소 역시 혼인관계를 전제로 하여 형성되는 여러 법률관계에 관련된 분쟁을 한꺼번에 해결할 수 있는 유효·적절한 수단이므로 확인의 이익을 긍정하고 있는데[5] 지극히 타당하다. 신분관계 소송에 있어서 이러한 과거시점의 법률관계 존부확인을 통해 관련된 문제 전반을 일괄해서 해결하는 역할을 확인의 소가 수행할 수 있다.[6]

---

[1] 大判 1971. 5. 31. 71다674.

[2] 大判(全) 2018. 10. 18. 2015다232316.

[3] 동 판결에 대한 비판은 졸고, "새로운 방식의 확인소송의 출현배경과 후속조치에 대한 단상", 연세대학교 법학연구 30권 3호(2020. 9), 1면 이하 참조.

[4] 주주총회 결의 부존재확인의 소에서 확인의 이익은 주주총회 결의의 존재나 외관으로 인하여 회사를 둘러싼 현재의 권리 또는 법률관계에 장애가 생겨 그 부존재의 확인을 구함으로써 그 존재나 외관을 제거할 필요가 있는 경우 인정될 수 있다(大判 2024. 6. 13. 2018다261322).

[5] 大判(全) 2024. 5. 23. 2020므15896.

[6] 사실혼관계에 있던 배우자가 사망한 경우 사실혼 부부로서 보호받을 수 있는 여러 법적 이익의 향유를 위해 과거의 사실혼관계존재확인청구를 하는 것은 적법하다(大判 1995. 3. 28. 94므1447; 大判 2022. 3. 31. 2019므10581 등). 판례는 과거의 혼인무효확인청구(大判 1978. 7. 11. 78므7)나 입양무효확인청구(大判 1995. 9. 29. 94므1553,1560) 등도 확인의 이익이 있다고 판시하였다.

3) **징계·해임처분 등**   교원에 대한 과거의 해임처분이 현재 및 장래의 법적 지위에 영향을 미치는 경우에는 비록 과거의 법률관계라 하더라도 해임처분 등의 무효확인을 구할 법적 이익이 있다.1) 부당해고를 다투는 근로자가 그 도중에 근로계약이 만료되거나 정년에 이르는 경우2) 혹은 사립학교 교원이 소청심사청구를 하여 해임처분의 효력을 다투던 중 다른 사유로 당연퇴직사유가 발생하더라도3) 취소소송 등을 통해 각기 임금이나 보수 등을 지급받을 수 있다면 법률상 이익이 모두 인정된다. 아울러 고등학교 학생의 징계무효확인청구에 대해 대법원은 학교생활기록부 기재사항과 밀접하게 관련된 현재의 권리 또는 법률상 지위에 대한 위험이나 불안을 제거하기 위하여 유효·적절한 수단에 해당하므로 확인을 구할 법률상 이익이 인정된다고 판시하였다.4) 따라서 과거의 법률관계에 대한 확인을 구하는 원고에 대해서는 현재의 권리 또는 법률상 지위에 대한 위험이나 불안을 제거하기 위해 과거의 법률관계에 대한 확인을 구할 이익이나 필요성이 있는지를 석명하고 이에 관한 의견을 진술하게 하거나 청구취지를 변경할 수 있는 기회를 주어야 할 것이다.5)

(3) 제3자를 상대로 하거나 제3자 간의 법률관계 확인

확인의 대상은 원·피고 간의 권리나 법률관계에 국한되는 것은 아니다. 당사자 일방과 제3자 간의 권리·의무의 확인뿐 아니라(예를 들어, 피고와 제3자 간의 법률관계에 대한 존부확인청구) 제3자 간의 권리·의무 관계의 확인청구도 가능하다. 물론 청구하는 원고에게 즉시확정의 이익이 인정되는 것을 전제로 한다.6) 예를 들어 채권자는 채무자를 대위하여 제3채무자를 상대로 채무자의 권리확인의 소를 구할 이익이 인정된다.7) 압류 및 추심명령을 받은 추심채권자의 경우는 대위할 필요 없이 직접 자신의 이름으로 피공탁자를 상대로 추심채무자의 공탁물출급청구권의 존재 확인을 구할 지위를 갖는다.8)

---

1) 大判 1991. 6. 25. 91다1134; 大判 1993. 7. 27. 92다40587 등. 그러나 대법원은 大判(全) 2000. 5. 18. 95재다199에서 직위해제 또는 면직된 경우에는 징계에 의하여 파면 또는 해임된 경우와는 달리 공직이나 교원으로 임용되는 데에 있어서 법령상의 아무런 제약이 없고 이와 같은 전력이 있으면 공직 또는 교원으로 임용되는 데에 있어서 그러한 전력이 없는 사람보다 사실상 불이익한 장애사유로 작용한다 할지라도 그것만으로는 법률상의 이익이 침해되었다고는 볼 수 없으므로 그 무효확인을 구할 이익이 없다고 판시한 바 있다.

2) 大判(全) 2020. 2. 20. 2019두52386.

3) 大判 2024. 2. 8. 2022두50571.

4) 大判 2023. 2. 23. 2022다207547.

5) 大判 2020. 8. 20. 2018다249148; 大判 2022. 6. 16. 2022다207967; 大判 2022. 10. 27. 2017다9732,9749,9756 등 역시 같은 입장이다.

6) 大判 1994. 11. 8. 94다23388; 大判 2017. 3. 15. 2014다208255; 大判 2021. 5. 7. 2021다201320. 원론적으로 확인의 이익이 인정될 수 있음을 긍정하지만 실제 인정되는 사례는 드물다.

7) 大判 1993. 3. 9. 92다56575.

8) 大判 2011. 11. 10. 2011다55405; 大判 2016. 3. 24. 2014다3122,3139.

3. 확인의 이익 개념

확인의 소는 현재의 권리 또는 법률관계의 존부에 대한 현재의 분쟁으로 야기된 원고의 법률상 지위의 불안을 판결로써 즉시 제거하여야 할 현실적인 이익 또는 필요가 있어야 하는데 이를 확인의 이익이라고 한다.[1] 한편, 확인의 소의 피고는 원고의 권리 또는 법률관계를 다툼으로써 원고의 법률상 지위에 불안을 초래케 할 우려가 있는 자라야 한다. 확인의 이익을 다음의 세 가지로 분류해서 살펴본다.

(1) 법률상의 이익

1) 사실상 혹은 경제적 이해관계와의 차별　　사실상 혹은 경제적 이해관계로 인한 불안이 있는 경우에는 확인의 이익이 인정되지 않는다. 따라서 법률이 명시적으로 허용하지 않는 한 회사에 대해 경제적 이해관계만을 갖는 주주는 회사와 제3자 간에 체결된 계약의 무효확인을 구할 이익이 없다.[2] 또한, 주식회사의 채권자는 회사가 제3자와 체결한 계약이 자신의 권리나 법적 지위를 구체적으로 침해하거나 이에 직접적으로 영향을 미치는 경우에는 그 계약의 무효 확인을 구할 수 있으나, 그 계약으로 인하여 회사의 변제 자력이 감소되어 그 결과 채권의 전부나 일부가 만족될 수 없게 될 뿐인 때에는 직접 그 계약의 무효 확인을 구할 이익이 없다.[3] 일반적으로 확인의 이익이 인정되는 해고무효확인의 소의 경우도 그 소의 목적이 단순히 사회적인 명예의 손상을 회복하기 위한 것이라면 확인의 이익이 인정되지 않는다.[4] 한편, 경매절차에서 유치권자는 경락인에 대해 피담보채권의 변제를 청구할 수 없지만 유치권주장을 통해 사실상 매각물건의 낙찰가에 영향을 미치고 나아가 매각자체를 불가능하게 할 수 있으므로 다른 저당권자의 법률상 지위를 위태롭게 한다. 따라서 저당권자는 유치권자를 상대로 유치권 전체는 물론 그 일부의 부존재확인을 구할 법률상의 이익이 인정된다.[5]

2) 상대적 개념　　법률상의 이익은 상대적인 개념이다. 예를 들어, 종중의 구성원인 원고가 제사용 재산의 귀속을 정하고 있는 민법 제1008조의3과 관련하여 다툼이 있어 그 다툼을 해결하기 위한 전제로서 종중을 상대로 제사 주재자 지위의 확인을 구하는 것은 원칙적으로 법률상의 이익이 인정될 수 있다. 민법 제1008조의3 규정과 관련된 법률적 분쟁을 해

---

1) 大判 1964. 7. 14. 64다82.
2) 大判 1979. 2. 13. 78다1117; 大判 2022. 6. 16. 2018다301510. 한편 大決 2001. 2. 28. 2000마7839에 따르면 주주가 주주총회결의 부존재 확인을 구하면서 이를 피보전권리로 하여 회사와 제3자 간의 거래행위에 직접 개입하여 권리행사의 금지를 구하는 가처분 역시 할 수 없다고 한다.
3) 大判 2022. 6. 9. 2018다228462,228479.
4) 大判 1995. 4. 11. 94다4011.
5) 大判 2016. 3. 10. 2013다99409; 大判 2018. 7. 24. 2018다221553; 大判 2020. 1. 16. 2019다247385.

결함에 있어 제사 주재자의 지위 확인이 근본적으로 필요하기 때문이다. 하지만 그러한 권리 또는 법률관계와 무관하게 공동선조에 대한 제사를 지내는 종중 내에서 단순한 제사 주재자의 자격에 관한 시비 또는 제사 절차를 진행할 때에 종중의 종원 중 누가 제사를 주재할 것인지 등과 관련해서 제사 주재자 지위의 확인을 구하는 소는 확인의 이익이 인정될 수 없다.1)

(2) 법적 불안의 현존성

확인의 이익이 인정되기 위해서는 법적 불안이 현존해야 한다. 법적 불안의 현존은 상대방의 태도(부인이나 부지의 주장)에 의해서도 야기되지만2) 일정한 상태의 지속이 법적 불안으로 평가되기도 한다. 예를 들어 미등기부동산인 경우 다른 사람이 그 소유권을 다투지 않더라도 소유자는 국가를 상대로 소유권존재확인의 소를 구할 이익이 인정되며3) 상대방이 적극적으로 권리를 부인하는 것은 물론 부지로 다투는 경우도 불안이 현존한다고 보아야 한다.4) 아울러 법적 불안은 상대방 행위로 인해 원고에게 직접적인 침해를 야기해야 하므로 간접적인 법적 불안을 야기하는 것만으로는 확인의 이익이 인정되기 어렵다.5)

(3) 구제수단의 유효 · 적절성

확인의 소가 권리 혹은 법률관계의 법적 불안을 해소하는 데 가장 유효 · 적절한 수단이어야 한다. 따라서 적극적 확인의 소가 가장 유효 · 적절한 수단인 경우에는 소극적 확인의 소는 부적법하며 다른 간이하고 종국적인 분쟁해결 수단이 마련되어 있는 경우 역시 확인의 소는 부적법하게 된다.

1) 구제수단의 적절성과 실효성   확인의 소가 당사자의 권리구제에 가장 유효하고도

---

1) 大判 2012. 9. 13. 2010다88699 참조.

2) 따라서 현재 금전채무가 없다는 점에 대하여 당사자 사이에 다툼이 없는 경우 법적 불안이 없으므로 채무부존재확인을 구할 이익이 인정되지 않는다(大判 2023. 6. 29. 2021다277525).

3) 大判 1995. 9. 15. 94다27649; 大判 2019. 5. 16. 2018다242246. 이들 판결에서 대법원은 국가를 상대로 한 토지소유권 확인청구는 어느 토지가 미등기이고, 토지대장이나 임야대장상에 등록명의자가 없거나 등록명의자가 누구인지 알 수 없을 때와 그 밖에 국가가 등록명의자인 제3자의 소유를 부인하면서 계속 국가 소유를 주장하는 등 특별한 사정이 있는 경우에 확인의 이익이 있다고 판시하였다. 그러나 미등기건물에 대해서는 국가를 상대로 소유권확인을 구할 수 없는데 가옥대장이나 건축물관리대장의 비치 · 관리업무는 지방자치단체의 고유 사무이기 때문이다(大判 1999. 5. 28. 99다2188). 그러나 건축물관리대장이 생성되지 않은 경우에는 지방자치단체를 상대로 한 확인청구는 허용되지 않는다는 입장이다(大判 2011. 11. 10. 2009다93428).

4) 大判(全) 1997. 10. 16. 96다11747. 기업자가 토지수용보상금을 공탁함에 있어 절대적 불확지 공탁을 한 경우 공탁금수령권자를 모른다고 하는 것(부지)과 같지만 이 경우도 법적 불안이 현존하는 것으로 파악하고 있다. 원고가 공탁금출금을 원하더라도 기업자는 공탁금을 자진해서 지급하지 않을 것이며 다른 제3자가 공탁금을 출금해 갈 법적 불안이 여전히 상존하기 때문이다.

5) 원고가 소외인들로부터 매수한 임야가 미등기인 것을 기화로 대한민국이 소외인들의 소유권회복을 방해하자(임야대장등본의 발급 금지 등) 원고는 대한민국을 상대로 이 사건 임야의 소유권이 소외인들에게 있음을 확인하라는 소를 제기하였다. 대법원은 大判 1971. 12. 28. 71다1116 판결에서 대한민국의 이러한 행위가 원고에게 직접적인 위험이 되지 않는다고 하여 확인의 이익을 부정하였다.

적절하며 실효성을 가져야 한다. 개별 법령에서 정한 간이한 구제수단이 있는 경우는 물론, 법리상 발본적이고도 유효적절한 다른 구제수단이 있는 경우 확인의 이익은 부정될 가능성이 높다.

① 공탁물지급을 구하였으나 공탁공무원이 이를 거절한 경우 공탁법에 따른 이의신청(공탁 12조)과 항고절차(공탁 14조)를 이용해야 하는데 이를 생략하고 국가를 상대로 공탁금출급청구권의 확인을 구하거나 직접 공탁금의 지급을 구하는 소를 제기할 수 없다.[1] 한편, 변제공탁의 공탁물출급청구권자는 피공탁자 또는 그 승계인이고 피공탁자는 공탁서의 기재에 의하여 형식적으로 기재되므로 실체법상의 채권자라고 하더라도 피공탁자로 지정되어 있지 않으면 피공탁자를 상대로 하여 공탁물출급청구권 확인판결을 받았더라도 직접 공탁물출급청구를 할 수 없어 공탁물출급청구권의 확인을 구할 이익이 없다.[2]

② 소유권이전등기청구권가등기가 마쳐진 후 위 부동산에 관하여 가압류등기를 마친 가압류채권자가 가등기권자를 상대로 가등기가 담보가등기임을 확인하라는 취지의 확인의 소는 확인의 이익이 인정되지 않는다. 위 가등기가 담보가등기임에도 가등기권자가 청산절차를 거치지 않은 채 본등기를 마친다 하더라도 가압류채권자로서는 전소유자를 대위하여 본등기의 말소를 구할 수 있고 그에 따라 위 가압류등기도 회복시킬 수 있기 때문이다.[3]

③ 단체의 임원 혹은 당선인 등의 지위의 적극적 확인을 구하는 단체 내부의 분쟁에 있어서 피고가 되는 자는 그 청구를 인용하는 판결이 선고될 경우 승소판결의 효력이 미치는 단체 자체라 할 것이므로, 해당 단체 아닌 자를 상대로 지위 확인을 구하는 것은 그 지위를 둘러싼 당사자들 사이의 분쟁을 근본적으로 해결하는 유효·적절한 방법이 될 수 없어 소의 이익을 인정하기 어렵다.[4]

2) 적극적 확인의 소와 소극적 확인의 소

① 양자 간 관계   B가 A의 권리(소유권)를 부인하면서 법적 불안을 야기할 때 A는 B를 상대로 자신이 소유자라고 주장하는 적극적 확인의 소를 제기하거나 B의 소유권이 없다는 소극적 확인의 소를 제기할 수 있을 것이다. 그러나 양자 중 가장 유효·적절한 수단은 전자의 적극적 확인의 소이다. 확인의 소를 통한 A의 궁극적 목적은 자신이 소유자임을 확인받는 것이지 B가 소유자가 아니라는 것을 확인받는 것이 아니기 때문이다. 따라서 이 경우 A가 B를 상대로 제기하는 소극적 확인의 소는 확인의 이익이 부정된다.[5] 한편, A의 적극

---

1) 大判 2013. 7. 25. 2012다204815.
2) 大判 2006. 8. 25. 2005다67476.
3) 大判 2017. 6. 29. 2014다30803.
4) 大判 2011. 2. 10. 2006다65774; 大判 2024. 1. 4. 2023다244499.
5) 大判 2016. 5. 24. 2012다87898.

적 확인청구에 대해 B가 단순히 소극적 확인을 구하는 반소를 제기하는 것 역시 특별한 사정이 없는 한 소의 이익을 부정할 것이다. B가 반소가 아닌 별소로 소극적 확인의 소를 제기한 경우에는 양 소가 동일한 소이므로 중복제소에 해당한다는 입장도 있으나 엄밀히 보아 동일한 소라고 할 수는 없으므로 소의 이익이 흠결된 것으로 봄이 타당하다. A가 이행청구를 함에 대해 B가 청구기각의 의미만을 갖는 소극적 확인 청구를 하는 경우에도 확인의 이익은 부정된다.[1]

　② 3자 간 관계　　　A가 C에 대해 채권을 갖고 있다고 주장하는 데 대해 B가 C에 대한 진정한 채권자라고 주장하는 경우 채권의 귀속에 관한 다툼이 발생한다. 이때 A는 B를 피고로 하여 B가 C에 대한 채권자가 아님을 확인받을 수 있지만 이 역시 A의 궁극적인 목적에는 부합하지 못한 중도반단적인 소송에 불과하여 확인의 이익이 부정된다.[2] 이러한 경우는 A가 B를 상대로 직접 C에 대한 채권이 자신에게 귀속됨을 확인받는 것이 가장 유효·적절한 방법이기 때문이다.[3]

　③ 소극적 확인의 소의 남용 가능성　　　소극적 확인의 소에서 확인의 이익이 인정되는지 여부를 판단할 때에는 확인의 이익의 공적인 기능이나 소극적 확인의 소가 채권자에게 미치는 영향 등도 고려해야 하므로, 모든 계약 관계에서 계약 당사자들 사이에 다툼이 있다는 사정만으로 항상 채무자가 소극적 확인의 소를 제기할 수 있는 확인의 이익이 인정될 수 있는 것은 아니라는 견해가 있다. 따라서 보험회사의 보험계약자에 대한 보험금지급의무 부존재확인의 소가 선제공격적인 것으로서 남용되고 있다면 확인의 이익을 부정해야 한다고 한다.[4] 판례는 반대입장으로서 소극적 확인의 소에 대해 특별한 추가적인 조건을 요구하지 않는다.[5] EU 국가들 사이의 국제민사소송에서 채무자 측에서 절차의 지연을 도모하기 위해 채

---

1) 大判 2001. 7. 24. 2001다22246.

2) 大判 2004. 3. 12. 2003다49092에서 채무자의 제3채무자에 대한 채권을 압류하고 전부명령을 받은 원고는 동일한 압류대상 채권을 압류하고 전부 받은 또 다른 압류채권자를 피고로 하여 압류대상채권이 피고에게 귀속되지 않았음을 확인해 달라는 소를 제기하였다. 이에 대해 대법원은 설령 원고가 승소판결을 받는다고 하더라도 그 판결로 인하여 피고에 대한 관계에서 자기의 권리가 확정되는 것도 아니고 그 판결의 효력이 제3채무자에게 미치는 것도 아니어서, 이러한 부존재확인의 소는 원고의 권리 또는 법률적 지위에 현존하는 불안·위험을 해소시키기 위한 유효적절한 수단이 될 수 없으므로 확인의 이익이 없어 부적법하다고 판시하였다.

3) 大判 1988. 9. 27. 87다카2269 및 大判 1996. 10. 29. 95다56910 등. 이때 A가 B와 C를 공동피고로 하여 C에 대한 채권이 자기에게 있다는 적극적 확인을 구하면 합일확정이 된다면서 앞서의 2003다49092 판결을 거시하고 있는 견해가 있으나(이시, 240면) 의문이다. A가 B, C를 반드시 공동피고로 할 필요는 없기 때문이며 특히, C에 대해서는 채권의 지급을 구하는 이행의 소를 제기하여야 하므로 확인의 이익이 인정될 수도 없다. 더구나 B와 C를 공동피고로 한다고 해서 판결의 효력이 상호 간에 미치는 것도 아니어서 궁극적인 해결을 도모할 수 있는 방안은 아니라고 판단된다.

4) 전병서, "2021년 민사소송법 중요판례평석", 인권과 정의 505권(2022), 153면. 大判(全) 2021. 6. 17. 2018다257958,257965의 소수의견.

5) 大判(全) 2021. 6. 17. 2018다257958,257965의 다수의견.

무부존재확인의 소를 자국에서 의도적으로 먼저 제기하는 현상이 적지 않았다. 이를 소위 어뢰소송이라고 하는데 우리 국내 법원에 소극적 확인의 소를 제기하는 것만으로 절차의 지연을 도모하는 것은 생각하기 어렵고 보험회사가 소비자를 상대로 한 소극적 확인 소송이 소비자에 대한 위하적 효과를 가져온다고 보기도 어렵다. 따라서 판례 입장이 타당하다고 판단된다.

(4) 확인의 소의 보충성

확인의 소가 아닌 직접적이고도 궁극적인 구제수단이라고 할 수 있는 이행의 소 혹은 형성의 소를 통해 권리구제가 가능한 경우에는 확인의 이익은 부정된다. 이를 확인의 소의 보충성이라고 한다.

1) 중도반단의 확인청구

이행의 소를 바로 제기할 수 있는데 확인의 소를 구하는 것은 법적 위험을 제거하는데 유효·적절한 수단이 아니므로 확인의 이익이 부정된다.[1] 이행판결을 통해 분쟁을 1회적으로 해결할 수 있는데 집행력도 없는 확인판결을 이용함으로써 소를 거듭 하는 것은 소송경제에도 반하기 때문이다.[2] 이혼청구라는 형성의 소를 제기할 수 있는 상태에서 이혼청구권 확인이라는 중도반단적인 확인청구는 원칙적으로 인정될 수 없다. 결국 실체법상의 근거를 필요로 하는 이행의 소를 제기할 수 없는 상황에서 확인의 소는 권리보호의 순기능을 발휘하게 된다. 한편, 원고가 확인의 소로써 구하고자 하는 이익이 법률상의 이익이라고 한다면 구체적인 내용이 특정되지 않는다고 해서 소의 이익 자체를 부정할 필요는 없다고 판단된다.[3]

2) 포괄적인 분쟁해결을 위한 확인 청구

① 확인의 소가 이행의 소 등과의 관계에 있어 보충적인 성격을 갖는다는 것은 이행의 소와 동일한 목적을 갖고 권리회복의 범위도 동일할 경우를 전제로 한다. 따라서 파생적인

---

1) 大判 2023. 12. 21. 2023다275424.

2) 大判 1980. 3. 25. 80다16, 17. 대법원은 미등기건물의 매수인이 매도인에게 이전등기청구를 하지 않고 그 건물에 대한 사용·수익·처분권의 확인을 구하는 것은 확인의 이익이 없다고 판시한 바 있으며(大判 2008. 7. 10. 2005다41153), 주주가 주식회사를 상대로 직접 자신이 주주임을 증명하여 명의개서절차의 이행을 구할 수 있음에도 불구하고 주주권 확인을 구하는 것은 확인의 이익이 없다고 판시한 바 있다(大判 2019. 5. 16. 2016다240338).

3) 大判 2004. 8. 20. 2002다20353은 이런 차원에서 타당성이 의문시된다. 즉 온천대장상의 온천발견신고자 명의변경을 구하는 실정법적 근거가 없음을 알게 되자 원고는 온천발견신고자로 등재된 사람을 피고로 하여 온천공의 발견신고자가 원고임을 확인하고 온천공을 인도해 줄 것을 청구하였다. 대법원 역시 명의변경을 구하는 소가 불가능한 것을 인정하였을 뿐 아니라 원고의 확인청구가 법률상 이익이라는 점을 인정하였다. 그러나 대법원은 원고가 확인판결을 받는다 하여 원고 앞으로 이 사건 온천공의 발견신고자의 명의변경이 이루어지는 것도 아니고, 또한 이를 근거로 관할 시장에 대하여 온천법이 정하는 소정의 온천발견신고자에게 부여되는 이익을 구할 수도 없으니 유효·적절한 구제수단이 될 수 없다고 하여 확인의 이익을 부정하고 있다(이 판결에 대한 비판은 안정호, "온천발견신고자 명의변경을 구하는 이행의 소 및 확인의 소에 있어서의 소의 이익", 민사판례연구 28권, 641면 이하 참조).

권리에 관한 이행청구가 가능하더라도 기본적인 권리관계의 확인을 구하는 소는 적법하다. 부당한 해고를 당한 근로자는 해고시점부터의 임금지급청구라는 이행청구를 할 수 있으나 해고처분의 무효확인 청구는 단순한 임금지급의 차원을 넘어 근로자로서의 각종 지위를 요구할 법적 근거가 되므로 이행의 소와 관련하여 보충적인 성격을 갖는 것이 아니다.

② 저당권설정자가 저당권자를 상대로 피담보채무의 부존재를 청구원인에서 주장하면서 저당권설정등기 말소청구의 소를 제기하는 것이 일반적인데 말소청구와 함께 피담보채무의 부존재확인청구를 병합하거나 혹은 피담보채무의 부존재확인만을 구하는 경우 각각 확인의 이익이 문제된다. 전자와 같이 말소청구와 피담보채무 부존재확인청구를 병합한 경우 판례는 확인의 이익을 부정하고 있으나1) 반대의 견해도 있다.2) 저당권말소등기청구가 설정자와 저당권자 간에 권리·의무 관계를 종국적으로 해결하는 것은 아니므로 발본색원을 위한 분쟁해결 차원에서 부존재확인청구를 병합하는 것을 언제나 부적법하다고 보는 것은 타당하지 않다. 양 청구의 소송물이 다를 뿐 아니라 저당권의 말소를 명하는 판결이 바로 피담보 채무의 부존재를 의미하는 것도 아니기 때문이다.3) 이러한 차원에서 본다면 저당권이 설정되어 있는 상태에서 저당권이 표창하는 피담보채무의 부존재만을 구하는 소 역시 확인의 이익을 인정할 수 있다.4)

4. 증서의 진정 여부를 확인하는 소

권리나 법률관계가 아닌 사실관계의 확인은 원칙적으로 허용되지 않지만 법 규정에 의해 법률관계를 증명하는 서면의 진정 여부를 확인하는 소(250조)는 예외적으로 그 적법성을 인정하고 있다.

(1) 대상적격

법률관계를 증명하는 서면은 그 기재 내용으로부터 직접 일정한 현재의 법률관계의 존부 여부가 증명될 수 있는 문서를 지칭한다.5) 따라서 차용증서, 매매계약서 및 임대차계약서, 합의서(이행각서, 지불각서), 보관증6)과 같은 처분문서나 약속어음·수표 등의 유가증권을 의미한다. 당해 서면의 형식적인 진정성립이 인정되면(내용의 진정이 아님) 일정한 법률관계의

---

1) 大判 2000. 4. 11. 2000다5640.
2) 안철상, "근저당권 피담보채무 부존재확인청구의 소와 확인의 이익", 민사재판의 제문제 11권, 946면 참조.
3) 예를 들어 채권자와 채무자 간에 담보제공의사가 없었다거나 담보설정계약이 합의해제된 경우 등을 상정할 수 있을 것이다(물론 2000다5640 판결의 경우는 이 상황에 부합하지 않는다).
4) 안철상, 전게논문, 941~942면. 그러나 채무부존재확인의 소의 목적이 저당권설정등기말소에 있다면 확인의 이익을 인정하기 어렵다.
5) 大判 2007. 6. 14. 2005다29290,29306.
6) 大判 1991. 12. 10. 91다15317은 합의서와 보관증이 명시적으로 증서의 진정여부를 확인하는 소의 대상이 된다고 설시하고 있지 않지만 이를 전제로 판단을 전개하고 있다.

존부를 증명할 수 있어야 한다. 따라서 일정한 사실이나 현상을 기재한 보고문서는 증서의 진정여부를 확인하는 소의 대상이 될 수 없다.[1]

(2) 확인의 이익

대상적격이 있는 증서라고 해서 항상 확인의 소가 가능한 것은 아니다. 증서의 진정여부를 확인하는 소가 현재의 법적 불안을 해소할 수 있는 가장 유효·적절한 구제수단이어야만 확인의 이익이 인정된다. 따라서 증서의 진정성 등이 확인의 소에 의해 확인되면 분쟁이 해결되거나 적어도 분쟁해결에 큰 도움이 되어야 한다.[2] 만일 증서를 토대로 한 법률관계에 기초한 이행의 소가 이미 제기된 상태라면 굳이 증서 자체에 대한 진정여부를 확인하는 소를 제기할 실익은 없으므로 확인의 이익은 부정된다.[3]

제 4 절   당사자적격

I. 개념과 의의

1. 개   념

당사자적격은 소의 대상이 되는 구체적인 소송상 청구와 관련해서 일정한 이해관계를 가진 자로서 소송을 수행하고 그에 따른 본안판결을 유효하게 받을 수 있는 이익의 유무 혹은 그 자격을 의미한다. 따라서 주관적인 측면에서의 소의 이익이라고 할 수 있다. 당해 청구에 대한 권리를 주장하는 권리자와 권리자가 의무자로 지정한 상대방이 당사자적격을 가지며 소송수행권 혹은 정당한 당사자라는 표현으로 사용되기도 한다.

2. 당사자적격의 확대

당사자적격은 당해 소송의 계쟁물에 관해 민법상의 관리처분권을 가진 자가 갖는 것이

---

1) 대차대조표나 회계결산보고서(大判 1967. 3. 21. 66다2154), 세금계산서(大判 2001. 12. 14. 2001다53714), 임대차계약금 영수증(大判 2007. 6. 14. 2005다29290,29306) 등은 대상적격이 없다고 판시하고 있다.

2) 大判 1991. 12. 10. 91다15317(합의서나 보관증 등에 대한 증서의 진정여부를 확인하는 소에 대해 상대방이 강박에 의해 작성되었으므로 이를 취소한다고 주장하거나 그렇지 않다 하더라도 합의서 이후에 새로운 합의를 하였다고 주장하는 경우는 증서의 진정이 확인되더라도 원고의 법적 불안은 완전히 해소되지 않으므로 확인의 이익이 없다).

3) 大判 2014. 11. 13. 2009다3494,3500. 한편, 大判 2007. 6. 14. 2005다29290,29306에서 원고는 피고1과 피고2에 대해 증서의 진정여부를 확인하는 소를 제기하였으나 피고1은 이미 그 전에 원고를 상대로 증서를 토대로 한 이행청구를 하였으므로 원고청구는 확인의 이익이 부정되었다. 또한 피고2 역시 증서를 토대로 이행청구를 하였으나 원고가 먼저 증서의 진정여부를 확인하는 소를 제기하였으므로 이행청구에 의해 전소가 부적법해지는 것은 아니라고 판단하였다.

원칙이다. 그러나 법률에 의해 당사자적격이 확대되거나 제한되는 경우도 있다.[1] 나아가 정치발전이나 소비자보호를 위해 당사자적격을 불특정 다수인으로 확대하는 경우도 있다. 주민자치의 실현을 위해 불특정 다수의 일정 주민에게 주민소송에 대한 당사자적격을 부여하는 경우,[2] 일정 피해기간 동안의 불특정 다수의 피해자에게 대표당사자가 되어 총원을 위해 소송을 수행할 수 있는 기회를 제공하는 경우(증권관련집단소송), 혹은 일정한 단체로 하여금 소비자나 개인정보보호를 위해 기업을 상대로 부작위나 금지를 명하는 단체소송을 허용하고 있는 것을 대표적으로 들 수 있다.

II. 당사자적격을 갖는 자

누가 원고가 되어 누구를 피고로 할 것인가를 정하는 것은 민사소송의 경우 대부분 어렵지 않은 일이지만 경우에 따라서는 복잡한 법률관계로 인해 피고 지정을 잘못하여 피고경정(260조)을 해야 하는 경우가 간혹 발생한다. 그러나 우리 제도상 원고의 경정은 허용되지 않으며 피고경정 역시 민사소송에서는 1심 변론종결 시까지만 가능하다는 제약이 있어 소제기 단계에서 당사자적격자를 찾는 일은 매우 중요하다. 더구나 소의 형태가 고유필수적 공동소송인 경우에는 당사자로 해야 할 자를 누락하는 경우 소가 부적법하게 된다.

1. 이행소송

이행의 소에서는 특정한 이행청구권을 갖고 있다고 주장하는 자가 원고가 되며 원고에 의해 의무자로 지정된 자가 피고적격을 갖게 된다. 따라서 이행소송에서는 당사자적격이 문제될 여지는 거의 없다. 당사자의 권리·의무 유무는 심리 결과 판단되므로 청구인용 혹은 청구기각 판결의 대상이 될 뿐이다(본안적격의 문제). 따라서 등기의무자가 아닌 자를 상대로 등기말소청구를 하더라도 피고 적격을 그르친 것은 아니며 단지 원고의 본안청구가 이유 없는 것에 불과하다.[3]

---

[1] 회사에 대해 경제적 이해관계만을 갖는 주주에게 대표소송 등을 제기할 수 있는 권한을 부여하는 경우 혹은 파산한 자는 소송수행권이 박탈되는 경우 등을 대표적으로 들 수 있다.

[2] 일정 수 이상의 주민집단은 지방자치단체에 감사청구를 한 후에 주민소송을 제기할 수 있다. 당사자적격에 관한 가장 확대된 형태가 지방자치법상의 주민소송이라고 할 수 있다(지방자치 16조, 17조). 부당한 지방자치행정에 따른 간접적인 피해자에게 당사자적격을 폭넓게 인정해주고 있기 때문이다.

[3] 판례는 大判 1962. 2. 28. 4294민상733 이래 이를 피고적격이 흠결된 부적법한 소로 취급해 오고 있다.

2. 확인소송

(1) 확인의 소에서는 확인의 이익이 있는 자가 원고적격을, 그와 대립되는 이익을 갖는 자로서 상대방의 권리나 지위를 부인하는 자가 피고적격을 갖는다. 경우에 따라서는 확인의 소의 피고적격을 둘러싸고 견해의 대립이 심각하게 발생하게 된다. 예를 들어 기업자가 토지수용금보상금의 정당한 수령권자가 누구인지 몰라 절대적 불확지공탁을 한 경우 공탁금에 대한 정당한 수령권자는 국가와 기업자 중 누구를 상대로 공탁금출급권 확인의 소를 제기할 것인지에 대해 판례도 견해가 나뉜 적이 있었고 현재도 분명하지 않은 점이 있다.[1]

(2) 단체의 대표자 등을 선출한 결의의 무효확인을 구하는 경우 그 피고적격에 대해 견해의 대립이 있으나 판례는 그 단체 자체를 피고적격자로 보고 있다. 대세적 효력이 인정되지 않는 이사회결의무효확인이나 종중과 같은 비영리법인의 대표자를 인준하는 결의의 효력의 무효나 부존재를 구하는 소의 피고적격은 회사[2]나 종중이 갖는다. 판결의 효력을 단체 자체에 미치게 하기 위함이다.

3. 형성의 소

(1) 형성의 소는 법률 규정에 의해서 정해지므로 원·피고 적격 역시 법에서 정해주는 경우가 대부분이지만 그렇지 않은 경우도 있다. 중혼이나 입양에 대한 취소청구권자(민 818, 885조)를 법정하고 있는 경우를 대표적으로 들 수 있다.[3] 결의취소나 주주총회무효확인·부존재확인 청구 등(형성의 소)은 대세적 효력을 갖고 있으므로(상 376, 380, 190조) 성질상 피고적격은 회사로 한정된다.[4]

(2) 사해행위취소의 소와 같이 법에서 피고 적격에 대해 아무런 규정을 두고 있지 않은

---

1) 大判(全) 1997. 10. 16. 96다11747에 의해 기업자를 상대로 확인청구를 할 수 있다고 정리되었지만 국가에 대해서도 확인청구를 할 수 있는지 여부에 대해서는 명확한 입장표명이 되지 않은 것이라는 견해도 있다(이에 대한 상세는 박영호, "절대적 불확지공탁에 있어서 기업자 및 국가의 피고적격 여부", 재판과 판례 16집, 212면 이하 참조). 즉 기업자뿐 아니라 국가에 대해서도 확인청구를 할 수 있다고 보는 것이 위 전원합의체 판결의 취지라는 해석이 가능하다는 것이다.

2) 대법원은 大判(全) 1982. 9. 14. 80다2425에서 주식회사의 이사회결의는 회사의 의사결정이고 회사는 그 결의의 효력에 관한 분쟁의 실질적인 주체라 할 것이므로 그 효력을 다투는 사람이 회사를 상대로 하여 그 결의의 무효확인을 소구할 이익이 있다 할 것이나 그 이사회결의에 참여한 이사들은 그 이사회의 구성원에 불과하므로 특별한 사정이 없는 한 이사 개인을 상대로 하여 그 결의의 무효확인을 소구할 이익은 없다고 판시하였다.

3) 이외에도 상법이나 가사소송법 등에서 취소청구권자 등을 법정하고 있는 경우가 많다. 주주총회결의취소의 소를 제기할 수 있는 자는 주주나 이사, 감사 등이며(상 376), 주주대표소송이나 유지청구소송 등에 대해서도 제기권자를 법정하고 있다(상 402, 403조). 한편 가사소송에 있어서도 혼인의 무효나 취소권자(가소 24조), 부를 정하는 소의 당사자(가소 27조)를 법정하고 있다.

4) 大判(全) 1982. 9. 14. 80다2425.

경우는 문제이다. 이 소의 성격을 무엇으로 보느냐에 따라 피고적격도 달라질 수밖에 없으나 판례는 채무자가 아닌 수익자나 전득자만을 피고적격자로 인정하고 있다.[1]

Ⅲ. 제3자의 소송담당

법 제218조 제3항에서는 권리귀속주체인 다른 사람을 위하여 당사자가 된 제3자에 대한 판결의 효력이 다른 사람(본인)에게도 미친다고 규정하고 있다.[2] 권리의 귀속주체가 아닌 제3자가 당사자적격을 갖는 것을 염두에 둔 규정이라고 할 수 있는데 이를 제3자의 소송담당이라고 한다. 기본적으로 법률의 규정에 의해서 제3자에게 관리처분권이 수여됨에 따라 소송담당자가 정해지는 경우(법정소송담당)와 당사자가 자신의 의사에 따라 소송담당자를 지정할 수 있는 경우로 나뉘는데(임의적 소송담당) 후자의 경우는 법률이 그러한 임의적 소송담당을 명시적으로 인정하는 경우와 해석론을 통해 인정되는 경우로 구분된다. 그렇다면 역으로 본인이 받은 판결의 효력이 소송담당자인 제3자에게 미친다고 할 수 있는지 문제된다.

1. 법정소송담당

(1) 법률 규정에 따른 관리처분권의 부여와 제3자의 소송담당

1) 병행형 법정소송담당   권리귀속 주체의 당사자 적격은 유지되지만 제3자에게도 법률에 따라 소송수행권이 부여되는 경우가 있다. 채권자대위소송의 채권자(민 404조), 주주대표소송의 주주(상 403조), 채권질의 질권자(민 353조), 보존행위를 위한 공유자(민 265조) 등을 대표적으로 든다. 그러나 이들은 모두 자신의 권리를 행사하는 것이므로 소송담당으로 볼 수 없다는 소수 견해도 있다(호, 247면).

① 채권자 대위소송을 제기한 채권자

i) 판결효의 확장   채권자는 일정한 경우 채무자의 제3채무자에 대한 권리를 대위해서 행사할 수 있는데(민 404조)[3] 이 경우 채권자는 직접 소송의 당사자가 되어 제3채무자를

---

1) 大判 1967. 12. 26. 67다1839.
2) 판례는 반대의 상황도 긍정하고 있어 의문이다. 즉, 대법원은 아파트 관리단에게 임의적 소송담당자의 지위를 인정하고 있는데 특별한 사정이 없는 한 본인인 구분소유자가 소를 제기하여 판결이 확정되었다면 그 부분에 관한 효력도 관리단에게 미친다고 보고 있다(大判 2022. 6. 30. 2021다239301). 따라서 구분소유자가 부당이득반환청구 소송을 제기하였다가 본안에 대한 종국판결이 있은 뒤에 소를 취하하였더라도 관리단이 동일한 소를 제기한 것은 특별한 사정이 없는 한 새로운 권리보호이익이 발생한 것으로 재소금지 규정에 반하지 않는다고 판시하였다. 법 제218조 제3항은 소송담당자의 지위에서 받은 판결의 효력이 본인에게 미친다는 의미이지 본인이 먼저 받은 판결의 효력이 다른 사유로 후에 소송담당자의 자격을 가진 사람에게 미친다는 의미는 아니다. 판례는 아무런 근거없이 조문 내용을 반대로 해석하고 있다.
3) 채권자가 채무자를 대위하여 채무자의 권리를 행사할 수 있으려면 그러한 채무자의 권리를 행사함으로써 채권자의 권리를 보전해야 할 필요성이 있어야 한다. 대법원은 채무자의 부동산에 대한 공유물분할청구권이

상대로 채무자의 권리를 소로써 행사할 수 있다. 이때 채권자가 받은 판결의 효력은 채무자
가 소송계속 사실을 알았던 경우 채무자에게 확대된다(218조 3항).[1] 채권자는 보전행위 외에
채무자의 권리를 대위 행사한 경우에는 이를 채무자에게 통지하여야 하므로(민 405조 1항) 실
제로는 대위채권자가 받은 판결의 효력이 채무자에게 확장되는 경우가 대부분이다.[2]

　　ii) 소송수행권의 제한과 중복제소　　　　채권자가 대위소송을 제기한 후 채무자가 이 사실
을 안 경우에는 채무자의 관리처분권과 소송수행권은 상실되지 않고 제한될 뿐이므로(민 405
조 2항) 당사자적격은 상실되지 않는다.[3] 따라서 대위권을 행사한 채권자를 해하지 않는 범위
에서 자신의 권리를 행사하는 것(소송참가 등)이 가능하다.[4] 한편, 판례는 대위소송의 구조를
이해함에 있어 채권자의 피보전채권은 당사자적격의 유무를 결정짓는 것이고[5] 소송물은 채
무자의 제3채무자에 대한 피대위채권으로 파악하고 있다.[6] 이러한 논리들을 바탕으로 판례

대위의 목적이 될 수는 있지만 아주 예외적인 경우를 제외하고는 채권자가 자신의 금전채권을 보전하기 위
하여 채무자를 대위하여 부동산에 관한 공유물분할청구권을 행사하는 것은 책임재산의 보전과 직접적인 관
련이 없어 채권의 현실적 이행을 유효·적절하게 확보하기 위하여 필요하다고 보기 어렵고 채무자의 자유로
운 재산관리행위에 대한 부당한 간섭이 되므로 보전의 필요성을 인정할 수 없다고 판시한 바 있다(大判(全)
2020. 5. 21. 2018다879]. 한편, 채무자의 자력 유무가 보전의 필요성 여부를 결정할 수 있다는 大判(全)
2022. 8. 25. 2019다229202이 선고된 바 있다.

1) 大判(全) 1975. 5. 13. 74다1664.
2) 채권자로부터의 통지가 없다 하더라도 채무자가 대위권행사 사실을 안 경우에는 채권자에게 대항할 수 없
　다는 판례가 있다(大判 1988. 1. 19. 85다카1792).
3) 채무자가 대위소송의 계속 사실을 알기 전에는 병행형 소송담당에 해당하지만 이 사실을 알게 되면 채무자
　의 소송수행권은 박탈된다는 소수 견해도 있다(김홍, 155면). 채무자가 파산을 하게 되면 파산관재인이 당사
　자가 된다는 규정(회생·파산 359조)에 따라 당사자적격을 상실하게 되는데 채권자대위소송의 계속과 그 사
　실을 안 것만으로 파산과 동일한 효과를 채무자에게 부여한다는 것은 균형을 상실한 해석이라고 판단된다.
4) 판례에 의하더라도 대위소송이 제기된 후 채무자가 변제수령을 하거나 제3채무자로부터 등기명의를 이전
　받는 것과 같은 것은 채권자를 해하는 처분행위라 할 수 없다고 한다(大判 1991. 4. 12. 90다9407).
5) 大判 1988. 6. 14. 87다카2753; 大判 2008. 10. 23. 2008다37223. 따라서 피대위자인 채무자가 실존인물이
　아니거나 사망한 사람인 경우 피보전채권인 채권자의 채무자에 대한 권리를 인정할 수 없는 경우에 해당하
　므로 당사자적격이 없어 부적법하다(大判 2021. 7. 21. 2020다300893). 또한, 채권자의 채무자에 대한 패소판
　결이 확정된 경우 채권자가 대위권을 행사할 보전의 필요성은 인정되지 않으며(大判 1993. 2. 12. 92다25151),
　채무자의 소멸시효 항변으로 피보전채권이 소멸된 경우도 마찬가지이다(大判 2008. 1. 31. 2007다64471). 한
　편, 채권자대위권의 행사에서 채권자가 채무자를 상대로 보전되는 청구권에 기한 이행청구의 소를 제기하여
　승소판결이 확정된 경우 제3채무자가 청구권의 존재를 다툴 수 없지만 그 청구권의 취득이 소송행위를 하게
　하는 것을 주목적으로 하여 신탁법 제6조의 취지상 무효인 경우에는 청구권의 존재를 다툴 수 있다고 보아
　야 한다(大判 2015. 9. 24. 2014다74919). 이때 채권자와 채무자 사이의 확정판결 또는 그와 같은 효력이 있
　는 재판상 화해조서 등이 재심이나 준재심으로 취소되지 아니한 경우에도 동일하다(大判 2019. 1. 31. 2017
　다228618).
6) 大判 2015. 7. 23. 2013다30301,30325. 한편, 피대위채권이 변제 등으로 소멸하기 전이라면 채무자의 다른
　채권자는 이를 압류 또는 가압류할 수 있다. 아울러 채권자대위소송이 제기되고 대위채권자가 채무자에게
　대위권 행사사실을 통지하거나 채무자가 이를 알게 된 이후에는 민사집행법 제229조 제5항이 유추적용되어
　피대위채권에 대한 전부명령은 우선권 있는 채권에 기초한 것이라는 등의 특별한 사정이 없는 한 무효라는
　것이 판례의 입장이다(大判 2016. 8. 29. 2015다236547). 어느 한 채권자는 대위권 행사를 통해 채권의 독점
　적인 만족을 얻을 수 없지만 그 대위권 행사를 통해 다른 채권자의 전부명령을 통한 독점적 만족을 저지할
　수는 있다는 의미이다.

는 채권자대위소송 계속 중 채무자가 소를 제기하면 실질적으로 동일한 소라고 하여 중복제소에 해당한다고 보고 있으며1) 채무자에 대해 여러 채권자가 있는 경우 그 중 1인의 채권자가 먼저 채권자대위 소송을 제기한 경우 다른 채권자가 동일한 내용의 대위소송을 제기하더라도 중복제소에 해당한다고 보고 있다.2)

　　iii) 채무자 및 다른 채권자들의 공존　　채무자는 채권자가 먼저 제기한 소송절차에 원고를 위해 공동소송참가를 하여 자신의 이익을 보호할 수 있으며(이견 존재), 아울러 다른 채권자 역시 기존 대위소송에 공동소송참가가 가능하다(상세한 내용은 후술하는 공동소송참가 참조).3) 한편, 판례는 수인의 채권자가 하나의 대위소송을 제기하고 채무자가 이러한 사실을 알게 되어 판결의 효력을 받게 되었다면 대위소송의 원고들은 유사필수적 공동소송관계에 있다고 판시하였다.4)

　　② 주주대표소송을 제기한 주주　　주주는 회사에 대해 직접적으로 법률적 이해관계는 없다. 단지 경제적 이해관계만 있을 뿐이다. 따라서 이사가 회사에 대해 불법행위를 저지르더라도 바로 손해배상청구를 할 수는 없으며 회사에 대해 이사의 책임을 추궁할 소의 제기를 청구할 수 있을 뿐이다(상 403조 1항). 그러나 회사가 이러한 책임추궁의 소(통상은 손해배상청구의 소)를 제기하지 않을 경우 발행주식 총수의 1/100 이상의 주식을 보유한 주주는 회사를 위해 이사를 상대로 손해배상청구의 소를 제기할 수 있다(상 403조 3항). 따라서 이 소송에서 주주는 회사를 위해 소를 제기한 법정소송담당자이며 회사의 처분권 역시 상실되지 않으므로 회사 역시 주주대표소송에 주주를 위해 공동소송참가할 수 있다(상 404조 1항).5)

2) 갈음형(박탈형) 법정소송담당

　　① 관리처분권의 유무　　법률에 따라 본래의 권리관계의 주체가 실체법상의 관리처분권이 박탈됨에 따라 일정한 지위에 있는 자가 소송수행권을 취득하게 되는 경우가 있다. 예를 들어 채무자의 파산으로 파산관재인이 선임되면 파산재단에 관한 소송에 있어서는 채무자(종전의 파산자)에 갈음하여 파산관재인이 당사자적격을 갖게 되는 것을 대표적으로 들 수 있다(회생·파산 359조).6) 채무자의 제3채무자에 대한 금전채권이 가압류되더라도 채무자는 제3

---

1) 大判 1974. 1. 29. 73다351; 大判 1995. 4. 14. 94다29256.
2) 大判 1994. 2. 8. 93다53092.
3) 大判 2015. 7. 23. 2013다30301,30325.
4) 大判 1991. 12. 27. 91다23486.
5) 大判 2002. 3. 15. 2000다9086.
6) 회생절차의 경우 선임되는 관리인 역시 채무자의 재산에 관한 소송에서 관리처분권을 가지며(회생·파산 56조 1항), 당사자적격을 갖는다(회생·파산 78조). 하지만 개인인 채무자 본인이 관리인으로 선임되는 것이 오히려 원칙이며(회생·파산 74조 2항) 나아가 관리인이 선임되지 않는 경우에는 채무자 본인을 관리인으로 보고 있어(회생·파산 74조 4항) 회생절차에서는 갈음형 법정소송담당이 항상 발생하는 것은 아니라고 할 것이다. 그러나 판례는 관리인의 제3자성을 인정함으로써 채무자 본인이 관리인이 되더라도 갈음형 법정소송담당으로 취급할 여지를 두고 있다(大判 2013. 3. 28. 2010다63836 참조).

채무자를 상대로 무조건의 이행청구를 할 수 있다(즉, 채무자가 당사자적격을 계속 유지한다). 그러나 채권추심명령이 있는 경우에는 추심권자만이 이행의 소를 제기할 수 있으므로 채무자로부터 채권을 양도받은 양수인은 이행의 소의 당사자적격을 상실하게 된다는 것이 통설·판례의 입장이다.[1]

　　② 법정소송담당과 특별대리인　　민법에서 명시적으로 명칭을 특별대리인이라는 용어를 사용하는 경우(민 64조, 921조)는 큰 문제가 없으나 그 외의 경우는 다소 문제가 된다. 유언에 관한 소송에서의 유언집행자(민 1101조), 상속재산관리인(민 1053조) 등에 대해서는 민법상의 특별대리인으로 볼 것인지 혹은 소송담당자로 볼 것인지에 대해서는 견해의 대립이 있다. 결국 유언집행자[2]나 상속재산관리인[3]이 기본적으로 상속인 등의 대리인임은 부인하기 어렵지만 업무의 성격이나 상황에 따라서는 상속인의 이해관계와 배치되는 일을 수행해야 하는 경우도 있을 수 있으므로 제한적인 범위 내에서는 이들의 이름으로 독자적인 소송수행권을 인정할 필요가 있다. 이러한 차원에서 본다면 법원이 선임한 부재자 재산관리인(민 22조)은 부재자 외에 다른 이해관계인을 위한 공정한 업무를 수행할 필요성은 엿보이지 않으므로 순수한 대리인으로 파악함이 타당하다.

(2) 직무상의 당사자

　　일정한 직무 담당자에게 법률이 소송수행권을 부여하는 경우가 있다. 예를 들어 민법이나 가사소송법에서는 공익을 대변하는 지위에서 검사에게 일정한 소송절차에서 소송수행권을 인정하고 있다(민 781조 6항, 818조; 가소 24조 3항, 27조 4항). 한편 선장은 선적항 외에서는 항해에 필요한 재판상 또는 재판 외의 모든 행위를 할 권한이 있어 선박소유자의 대리인의 지위를 갖지만(상 749조 1항) 해난구조료 청구에 있어서는 직무상 소송당사자가 될 수 있다(상 894조 2항).

---

1) 大判 2000. 4. 11. 99다23888. 판례는 국세징수법에 의한 체납처분으로 채무자의 제3채무자에 대한 채권을 압류하였다가 압류를 해제한 경우, 피압류채권에 대한 추심권능과 소송수행권이 채무자에게 복귀한다고 한다(大判 2009. 11. 12. 2009다48879; 大判 2021. 5. 27. 2021다204466).
). 학설 역시 이러한 판례의 입장과 동일하며 확인의 소를 제기할 이익도 없다고 한다. 하지만 압류 및 추심명령이 내려지더라도 채무자의 소송수행권이 상실되지 않는다는 견해도 있다(이백규, "압류된 채권양수인의 이행청구와 추심명령", 민사판례연구 제24권, 519면 참조).
2) 판례는 유언집행자의 경우 민법 제1103조 제1항에서 "지정 또는 선임에 의한 유언집행자는 상속인의 대리인으로 본다"고 규정하고 있으나, 이 조항은 유언집행자의 행위의 효과가 상속인에게 귀속함을 규정한 것이지, 유언집행자의 소송수행권과 별도로 상속인 본인의 소송수행권도 언제나 병존함을 규정한 것은 아님을 확인하고 있다. 따라서 유언의 집행에 필요한 범위 내에서는 상속인과 이해 상반되는 사항에 관하여도 중립적 입장에서 직무를 수행하여야 하므로, 유언집행자가 있는 경우 그의 유언집행에 필요한 한도에서 상속인의 상속재산에 대한 처분권은 제한되며 그 제한 범위 내에서 상속인은 원고적격이 없다고 판시하였다(大判 2001. 3. 27. 2000다26920). 한편 유언집행자의 사망 등 결격사유가 있더라도 상속인의 원고적격은 인정되지 않는다는 大判 2010. 10. 28. 2009다20840도 있다.
3) 재산상속인의 존재가 분명하지 아니한 상속재산에 관한 소송에 있어서 정당한 피고는 법원에서 선임된 상속재산관리인이라는 것이 판례의 입장이다(大判 1976. 12. 28. 76다797 참조).

2. 임의적 소송담당

(1) 명문의 규정이 있는 임의적 소송담당

권리관계의 주체가 자신의 의사에 따라 임의로 제3자에게 소송수행권을 부여하는 경우를 말하며 명문의 규정이 있는 경우에만 원칙적으로 인정되므로 법 제53조에서 규정하는 선정당사자 제도를 대표적으로 든다(선정당사자를 선정하는 행위는 선정자들의 임의에 달려있다). 이와 유사한 제도로는 민사조정법상의 대표당사자(민조 18조 1항), 집단분쟁조정 절차에서 선임되는 대표당사자(소비 68조의2 1항), 다수인관련 환경분쟁조정(환조 46조)에서의 대표당사자 등이 있다(환조 46조 1항). 특수한 분야에서의 선정당사자라고 할 수 있어 임의적 소송담당의 하나로 볼 수 있다. 한편, 자신의 이름으로 소송을 수행하는 임의적 소송담당과 본인의 이름으로 소송을 수행하는 대리인의 구분이 명확하지 않은 경우가 적지 않다. 예를 들어 어음법상의 추심위임배서에 따른 피배서인을 임의적 소송담당으로 보는 견해가 통설인데(이시, 159면) 반대견해도 있다(호, 233면).[1]

(2) 명문의 규정이 없는 임의적 소송담당

1) 법률에서 규정하고 있지 않은 임의적 소송담당은 원칙적으로 허용되지 않는다는 것이 통설·판례의 입장이다. 비변호사의 소송대리를 금지하는 변호사대리 원칙(87조)과 소송신탁[2]을 금지하는 신탁법 제6조를 잠탈할 염려가 있기 때문이다. 그러나 이러한 염려가 없고 임의적 소송담당을 인정할 현실적인 필요가 있는 경우에는 예외적으로 허용하는 것이 필요하다(이시, 160면 참조).

2) 당사자능력이 인정되지 않는 조합의 경우 업무집행조합원이 조합원 전원으로부터 임의적 소송신탁을 받아 자신의 이름으로 소송수행하는 것을 허용할 필요가 있음은 두말할 나위가 없고 판례 역시 이를 인정하고 있다.[3] 판례는 그 후에도 채권의 효율적인 회수를 위해 채권자단의 대표자에게 채권양도를 한 경우 이를 적법하다고 보았다.[4] 아울러 집합건물의

---

1) 어음법 제18조의 법문상으로 보아 추심위임배서를 임의적 소송담당으로 보는 것은 무리가 있다. 더구나 반대견해가 지적하는 바와 같이 어음법 제18조 제2항에서는 어음채무자가 배서인에게 대항할 수 있는 사유로만 소지인에게 대항할 수 있다고 하여 소송의 당사자는 배서인임을 분명히 하고 있다. 실무상으로는 공연한 추심위임배서보다는 숨은 추심위임배서가 보다 일반적인데 상법학계에서는 신탁적 양도설이 통설로 되어 있다(이철송, 「어음수표법(12판)」, 378면). 숨은 추심위임배서는 유효하지만 추심위임배서에 이르게 된 경위와 방식, 추심위임배서가 이루어진 후 제소에 이르기까지의 시간적 간격, 배서인과 피배서인 간의 신분관계 등 여러 상황에 비추어 추심위임배서가 피배서인에게 오로지 소송행위를 하게 할 목적으로 이루어진 것이라면 이는 신탁법 제7조(2016년 개정 후 6조)에 따라 무효가 된다(大判 2007. 12. 13. 2007다53464).

2) 소송신탁에서의 소송행위란 민사소송법상의 소송행위에 한정되지 않고 널리 사법기관을 통하여 권리의 실현을 도모하는 행위를 말하는 것으로서 민사집행법에 의한 강제집행의 신청도 이에 포함된다(大判 2022. 1. 14. 2017다257098).

3) 大判 1984. 2. 14. 83다카1815.

4) 大判 2002. 12. 6. 2000다4210. 소 제기 등 소송행위를 하게 할 목적으로만 채권을 양도하는 경우에도 역시 신탁법 제6조를 유추하게 됨에 따라 원칙적으로 무효이다. 그러나 판례는 일관되게 소송행위를 하게 하

관리단이 관리비의 부과·징수를 포함한 관리업무를 위탁관리회사에 포괄적으로 위임한 경우에는 통상적으로 관리비에 관한 재판상 청구를 할 수 있는 권한도 함께 수여한 것으로 볼 수 있다고 하여 위탁관리회사의 당사자적격을 인정하고 있으며[1] 나아가 집합건물의 관리단으로부터 위임을 받은 입주자대표회의 역시 특별한 사정이 없는 한 구분소유자들을 상대로 자기 이름으로 소를 제기하여 공용부분 변경에 따른 비용을 청구할 권한이 있다고 판시하였다.[2]

3. 집단피해 구제와 특수한 형태의 소송담당

집단적인 피해를 구제하기 위해 단체 혹은 대표당사자를 통해 권리구제를 하는 영역이 점차 증가하고 있는 실정이다. 한편, 증권관련집단소송에서는 피해자들 총원이 위임한 대표당사자가 아니라 스스로 자천한 대표당사자 후보가 법원의 허가를 받아 대표당사자가 되는 특이한 소송담당의 모습이 나타나게 되었다.

(1) 소비자단체소송을 허용하고 있는 소비자기본법 및 개인정보 단체소송을 규정하고 있는 개인정보보호법 등에서는 소비자단체 및 비영리민간단체 등에게 소송수행권을 인정하고 있는데(소비 70조, 73조; 개인정보 51조, 54조) 이는 법정소송담당의 하나로 볼 수 있다. 다만, 남소방지 및 공정한 소송수행을 담보하기 위해 단체가 소를 제기하기 위해서는 법원의 허가가 필요하다.

(2) 종래의 임의적 소송담당과 다른 모습은 증권관련집단소송에서 나타난다. 피해자 총원이 대표당사자에게 소송수행권을 직접 부여하는 것이 아니라 대표당사자가 되려는 피해자는 스스로 소장과 허가신청서를 법원에 접수하여야 한다(증권 7조 1항). 그 후 법원은 이를 공고하고 대표당사자가 되고자 하는 다른 구성원들의 신청도 받아서(증권 10조 1항) 전체 피해자 총원을 대표하는 대표당사자를 선임하는 구조이다(증권 10조 4항). 따라서 증권관련집단소송의 대표당사자는 기본적으로 구성원 스스로 자천하고 이에 대하여 법원이 허가함으로써 선임되는 특수한 형태의 임의적 소송담당에 해당된다. 한편, 피해자 총원을 구성하는 구성원은 제외신고(증권 28조)를 통해 선임된 대표당사자가 수행한 판결의 효력을 배제할 수 있다(증권 37조).[3]

는 것이 주목적인지의 여부는 채권양도계약이 체결된 경위와 방식, 양도계약이 이루어진 후 제소에 이르기까지의 시간적 간격, 양도인과 양수인간의 신분관계 등 제반 상황에 비추어 판단하여야 할 것이라고 한다(大判 2018. 10. 25. 2017다272103; 大判 2021. 3. 25. 2020다282506).

1) 大判 2016. 12. 15. 2014다87885,87892; 大判 2022. 5. 13. 2019다229516.

2) 大判 2017. 3. 16. 2015다3570; 大判 2022. 9. 29. 2021다292425.

3) 제외신고 전의 대표당사자는 병행형 법정소송담당에 해당하고 제외신고 후의 대표당사자는 갈음형 법정소송담당에 해당한다는 견해(김홍, 164면; 이시, 161면 등)가 있으나 의문이다. 증권관련집단소송의 대표당사자는 임의적 소송담당에 해당하기 때문이며 아울러 제외신고 기간 경과 후에도 법원은 직권으로 대표당사자의 소송수행을 금지할 수 있어(증권 22조 1항) 동 기간의 도과 여부로 병행형 혹은 갈음형 법정소송담당으로

Ⅳ. 당사자적격 흠결의 효과

당사자적격은 소의 이익을 구성하므로 그 흠결은 소송요건의 흠결을 초래하게 된다. 따라서 법원은 직권으로 그 흠결 유무를 조사하여야 하며[1] 흠결이 있는 경우에는 소 각하판결을 하여야 한다. 채권자대위소송을 제기한 원고의 채무자에 대한 피보전채권이 존재하지 않는 경우 역시 대위소송을 제기할 적격이 없는 것으로서 소 각하판결을 하여야 한다. 한편, 당사자적격의 흠결을 간과하고 선고한 판결은 상소로써 구제가 가능하다. 다만, 확정되더라도 재심사유에 해당하지 않아 재심은 불가능하지만 이러한 판결이 정당한 당사자에게 효력이 미치지 않는다는 점에서 무효로 보아야 한다. 따라서 부부가 아닌 자 간의 이혼판결은 무효이며 주주 아닌 자가 주주대표소송을 제기하여 판결을 받은 경우에도 회사에 그 판결의 효력이 미치지는 않는다.[2]

구분하는 것 자체도 타당하지 않기 때문이다.

1) 大判 2008. 9. 25. 2007다60417; 大判 2018. 12. 27. 2018다268385.

2) 주주대표소송을 제기한 주주에게 강제집행실시 권한이 인정된다고 보면 주주 아닌 자에 의한 승소판결 확정을 저지할 필요가 있다. 그러나 확정 후에 주주에 의한 집행절차가 개시되더라도 패소한 피고는 청구에 관한 이의의 소를 통해 확정판결의 무효 사유를 들어 집행을 저지할 수는 있을 것이다.

제 3 장 민사재판의 객체로서의 소송상 청구

제 1 절 소송물이론과 현대적 의의

Ⅰ. 소송물의 의의와 절차법적 의미

민사소송에서의 다툼의 객체(소송의 객체)를 흔히 소송상 청구(prozessualer Anspruch) 혹은 소송물(Streitgegenstand)이라고 부른다. 그러나 소송물은 다툼의 대상이 되는 계쟁물(係爭物)과는 다른 개념이다. 건물소유자가 임차인을 상대로 건물인도청구의 소1)를 제기한 경우 계쟁물은 당해 건물 자체이지만 다툼의 대상인 소송물은 유형물이 아니라 당사자가 건물의 인도를 구하는 실체법적 권원(구소송물이론)2) 혹은 법적 지위(신소송물이론)라고 본다. 즉, 구소송물이론에 터잡은 실무에서는 원고는 소유권에 기한 방해배제청구권(혹은 소유물반환청구권)에 기초할 수도 있으며 임대인의 지위에서 임대차기간 만료에 따른 임대목적물반환청구권에 기초할 수도 있다(민사실무 Ⅰ, 110면). 같은 인도청구라 하더라도 원고 청구의 법적 구성에 따라 소송물이 달라지게 되는 것이다.

Ⅱ. 실무에서의 소송물의 의미와 역할

소송실무는 구소송물이론에 터 잡고 있다. 동일한 기초사실 관계라 하더라도 당사자는 자신의 경합하는 실체법상의 권리를 동시에 혹은 다른 시점에 순차적으로 행사하는 것이 가능하다. 따라서 피해를 입은 당사자는 손해배상청구를 통해 충분히 만족받지 못한 부분을 부당이득반환청구를 통해 만족을 받을 수도 있다.3) 나아가 동일한 근로관계에서 해고무효확인 및 임금지급청구 소송에서 승소한 근로자라 하더라도 승소한 금액을 넘는 부분에 대해 복직의무 불이행에 따른 손해배상청구를 통해 추가적인 만족을 얻을 가능성도 열려있다.4)

---

1) 종래 선박이나 건물에 대하여는 명도청구라는 표현을 사용해 왔으나(2002년 개정 전 민사소송법 690조 1항 및 718조 참조) 현행 민사집행법 제258조에서는 부동산인도청구의 집행의 경우 "명도"라는 용어를 폐기하고 "인도"라는 명칭으로 통일하였다. 그러나 실무에서는 여전히 건물에 대해서는 명도청구라는 용어가 적지 않게 관행적으로 사용되고 있다.

2) 구소송물이론의 역사, 근거 및 장·단점 등에 대한 간략한 설명은 김/강, 196-197면과 호, 113-115면 참조.

3) 大判 2013. 9. 13. 2013다45457.

4) 大判 2014. 1. 16. 2013다69385.

1. 소송물의 특정

원고는 자신이 어떤 실체법적 권원에 기초해서 청구를 하는지 명확히 해야 한다는 것이 실무의 입장이다(청구취지와 청구원인을 통한 소송물의 특정). 즉, 청구원인은 어떠한 법률관계에 기하여 청구에 이르렀는지를 알 수 있도록 특정하여야 하고 피고의 항변이 없다면 그 내용만으로 원고의 청구가 인용되기에 필요하고도 충분한 사실관계를 기재하여야 한다(민사실무 Ⅰ, 98면).1)

2. 소송물의 역할과 의미

원고가 소유권에 기한 방해배제청구(민 214조)에 기초하여 부동산인도청구를 하는 데 대해 법원이 임대인의 채권적 청구권인 원상회복청구채권(민 654조, 615조)에 기초하여 판결할 수 없다(처분권주의, 203조). 나아가 부동산 소유자인 원고는 위 두 개의 청구를 서로 교환적으로 변경할 수 있으며(262조), 동시에 선택적으로 병합하는 것 역시 가능하게 된다(253조). 한편, 두 개의 소가 동일한 목적을 가지고 있지만 중복제소에는 해당하지 않게 되며(259조) 종국판결 선고 후 소의 취하에 따른 재소금지(267조 2항)의 저촉도 받지 않게 된다. 가장 중요한 효과는 원고가 소유권에 기한 인도청구의 소에서 패소확정되더라도 기판력의 저촉(216조) 없이 임대인의 지위에서 다시 소를 제기할 수 있다는 것이다.

3. 구소송물이론의 불가피성

실무가 취하는 구실체법설 혹은 구소송물이론에 기초한다면 원고가 기초하고 있는 실체법적 권원을 중시함으로써 원고로 하여금 사실 주장 외에도 법적인 관점의 주장을 강요하고 하나의 목적(건물의 인도)을 달성하는 데 두 개의 소송을 허용하는 불합리함이 있다고 주장되기도 한다. 그러나 합리적인 사람이라면 건물인도라는 동일한 목적을 달성하기 위해 두 번의 소송을 제기하는 것을 원하지는 않을 것이다. 소유권에 기한 방해배제를 구하는 인도청구소송에서 원고에게 소유권이 인정되지 않는다는 심증이 형성되면 법관으로서는 의당 법적관점지적의무를 통해 당사자가 간과한 법률상 사항에 관한 의견진술의 기회를 부여해야 하므로 (136조 4항) 실제로 동일한 기초사실에 근거한 반복적인 소는 발생할 가능성이 낮을 것이다. 다만 문제가 되는 것은 당사자로 하여금 자신의 청구에 대한 실체법적인 권원을 파악하여 주장하도록 하는 것이 가혹하지 않은가 하는 것이다. 특히 본인소송이 많은 비율을 차지하는

---

1) 이러한 실무의 입장이 당사자에게 사실주장을 넘어 구체적인 권리·의무관계를 구체적으로 적시할 것을 요구하는 것인지는 명확하지 않다. 구소송물의 입장에서도 당사자는 특정한 권리관계를 기초지우는 사실을 주장하는 것으로 충분하다고 본다. 즉, 소유자로서 임대차관계가 종료된 건물의 인도를 구한다는 주장으로 당사자의 역할은 충분하다는 것이다. 민법 제213조에 따른 소유물반환청구권에 기초한 청구라는 것까지 정확하게 기재할 것을 당사자에게 요구하는 것은 지나친 요구일 뿐 아니라 법적인 판단의 문제로서 이는 법원의 영역이기 때문이다(같은 취지의 견해로는 伊藤 眞, 172面 참조).

우리나라 현실에서는 더욱 그렇다. 그러나 당사자가 주장하는 사실관계가 구체적인 경우 법원은 석명을 통해 원고가 의도하는 법적 효과를 구체화할 수 있으며 마지막으로 변호사선임명령(144조)을 통해 당사자를 보호할 수 있을 것이다. 또한, 본인소송이 만연한 우리 현실에서 소송물의 개념을 확대하는 것이 오히려 당사자에게는 치명적인 위험이 될 수 있다. 결국 소송물의 광협은 그 나라의 재판제도 현실을 떠나 판단하기는 어려운 일이라고 판단된다. 우리나라 사실심 법원의 심리부담이 합리적인 수준으로 경감되고 필수적 변호사 선임제도가 점진적으로 도입된다면 실무상의 소송물 파악 방법도 자연스럽게 변화되리라고 예측된다.

4. 구소송물이론의 한계와 대안

기초사실관계에 적용될 수 있는 실체법상의 권리에 따라 소송물을 구성하게 되면 소송물의 파악이 분명하게 될 것으로 생각되지만 실체법의 규정 형식과 내용이 반드시 균질하게 구성되어 있지 않으므로 곤란한 상황이 발생하게 된다. 예를 들면, 민법 제840조의 여섯 가지 재판상 이혼 사유나 법 제451조 제1항의 열한 가지 재심사유는 각각의 소송물을 구성한다고 보는 데 별 이의가 없다. 하지만 임대차계약에 기한 건물인도청구의 소에서 민법은 해지권 발생사유별로 별개의 조문을 두고 있는데(민 629조, 635조, 640조 등) 이를 별개의 소송물로 보아야 할 것인지는 분명하지 않다. 더군다나 진정명의회복을 원인으로 한 등기말소청구와 이전등기말소청구를 실질적으로 동일한 소송물이라고 본 대법원의 입장[1]대로라면 '실질적 동일성'의 경계와 한계를 설정하는 것은 더욱 어렵게 된다. 결국, 구소송물이론에 의하더라도 소송물에 대한 새로운 해석은 불가피하게 필요하게 되고 실체법규나 소송제도에 대한 본질이 무엇인가에 대한 성찰이 필요하게 된다.

Ⅲ. 신소송물이론(소송법설)

1. 배   경

당사자에게 발생한 어떤 기초사실 관계에 실체법적인 권리관계를 결합시켜서 소송물을 파악하는 현재의 실무는 일견 매우 불합리해 보인다. 예를 들어, 임대기간이 지난 임대목적물의 인도를 임차인에게 구하는 임대인 겸 소유자의 인도청구의 목적은 임차인의 점유를 풀고 건물을 자신의 실질적인 지배 하에 두고자 하는 것이지 어떤 권원에 기해서 건물을 찾아오는 것인가에 대해서는 관심이 없을 뿐 아니라 대부분 중요한 문제도 아니기 때문이다. 그럼에도 구소송물이론을 취하는 실무에 따르면 원고는 소유권에 기초해서 인도를 구할 수 있을 뿐 아니라 패소 확정된 이후에도 임대인의 원상회복청구권이라는 채권적 청구권에 기초

---

1) 大判(全) 2001. 9. 20. 99다37894.

해서 소를 다시 할 수 있게 된다. 이는 소송비경제의 극치라는 비난을 사게 될 뿐 아니라 이론적으로도 소의 본질을 왜곡하고 있다는 비난을 사기에 충분하다.[1] 현재 우리나라 학계에서는 신소송물이론을 취하는 견해가 다수 입장을 차지하고 있다.

2. 개념과 종류

실체법상의 청구권(Anspruch)과 구분되는 신청(Antrag)과 이를 근거지우는 사실관계(Sachverhalt)[2]의 두 요소를 토대로 소송물을 파악하는 견해인데 신청만의 독자성을 인정하는 입장(일지설)과 사실관계의 뒷받침을 필요로 하는 견해(이지설)의 대립이 있다.

(1) 이지설(이원설)

법원에 대한 권리주장 내지 요구로서의 소송물을 규정짓는 것은 당사자의 신청과 그를 근거지우는 사실관계라는 입장이다. 여기서의 사실관계는 구실체법설에서 소송물의 특정에 필요한 요건사실로서의 사실관계보다는 넓은 사회생활단위로서의 일반적인 개념을 의미한다. 이 견해 중에는 확인의 소 혹은 절대권 확인의 소의 경우는 사실관계의 도움 없이도 신청만으로 소송물의 특정이 가능하다는 주장이 있는 반면 확인의 소에 있어서도 두 요소 모두를 고려하여야 한다는 주장이 대립하고 있다(호, 135면).

(2) 일지설(일원설)

이지설과 달리 당사자의 신청만으로 소송물을 정해야 한다는 입장이다. 사실관계는 소송물을 정하는 데 참고가 될 뿐 소송물을 결정짓는 요소가 될 수 없다는 것이다(이시, 247면). 그러나 이 견해를 취할 경우 금전이나 대체물의 지급을 구함에 있어 사실관계를 도외시하게 되면 소송물을 특정할 수 없는 상황이 발생하게 되는 점, 그리고 사실관계를 도외시함으로써 과도하게 기판력이 확장되는 문제점을 안고 있다(호, 121-122면).

(3) 상대적 소송물론

이 견해는 상황에 따라 일지설과 이지설의 견해를 조합한다(김상, 67면; 김용, 169면). 예를 들어 기본적으로 소송물은 일지설에 의해 정하지만 기판력의 확장은 지나치게 되므로 그 부분은 이지설의 입장을 취하자는 것이다(호, 122-123면 참조).

---

1) 신소송물이 등장하게 된 독일의 학설 변천 과정에 대한 상세는 김상훈, 「소송물론에 관한 연구」, 연세대 박사학위논문(1996), 55면 이하 참조.

2) 신소송물에서 언급하는 신청과 사실관계를 우리 법에서 지칭하는 청구취지와 청구원인(249조 1항)으로 대응시킬 수는 없을 것이다. 이지설에서 사용하는 사실관계(Sachverhalt)라는 개념은 실체법상의 청구권을 식별하는 의미의 사실관계와 다르고 오히려 이는 보다 넓은 순수한 소송상 개념이라는 입장이 있다(김상훈, 전게 논문, 55-56면 참조).

Ⅳ. 소송물개념의 새로운 접근과 조화

1. 신실체법설

전통적인 실체법적 권리와 소송법설이 파악하는 소송물(일종의 법적 지위로 소송물을 파악하므로) 간의 단절을 극복하기 위해 기존의 실체법 규범을 새롭게 파악하자는 것이 신실체법설의 요체라고 할 수 있다(김/강, 201면 이하 참조). 그러나 상대적 소송물론과 마찬가지로 신실체법설도 주장하는 학자에 따라 내용이 다르다는 점이 용이한 접근을 어렵게 할 뿐 아니라(호, 126면 이하 참조) 통합된 실체법 규범을 체계화하여야 한다는 난제를 해결하기 어려운 실정이다.

2. EU 법원의 핵심 쟁점설(Core Issue Theory)

유럽연합법원(Court of Justice of the European Union)에서는 1980년대 말부터 Brussels I bis 규칙(민사 및 상사사건의 재판관할과 재판의 집행에 관한 유럽연합규칙)[1] 제27조 제2항과 제34조 제3항 등과 관련해서(국제소송경합과 외국판결의 승인) 회원국마다 다른 기판력범위를 통일하기 위한 새로운 기준을 제시하고자 노력하기 시작했다. 청구의 동일성 여부를 판단함에 있어 청구의 내용이나 형식보다는 사건에서 다루어진 핵심적인 쟁점(essential core issue)에 주목하는 입장을 견지하게 되었다.[2] 이는 소의 형식을 달리하지만 동일한 취지의 소송이 국경을 넘어 제기되고 각 EU 체약국의 국내법이 소송물을 달리 파악하는 데 따른 절충적인 방안을 도출하는 유럽법원의 노력에서 나온 산물이라고 판단된다. 그러나 이 개념은 기본적으로 Brussels I bis 규칙을 통해 규율되는 EU라는 범주에서 영미법계의 issue preclusion(쟁점에 따른 배제효)을 타협적으로 받아들인 것이라는 점에서 대륙법계 국가에서 그것도 개별국가 차원에서는 받아들이기 어려운 점이 적지 않다. 또한 아직까지는 그 개념이 명확하게 확립되었다고 보기 어렵다는 점 역시 감안하여야 하므로 이를 일반 소송 이론에까지 확대할 수 있을 것인지는 아직 의문이다.

---

1) 정식명칭은 The Regulation (EU) No 1215/2012, of the European Parliament and of the Council of 12 December, 2012, on jurisdiction and the recognition and enforcement of judgments in civil and commercial matters라고 하며 2012년 개정 이후에는 통상 Brussels I bis Regulation이라고 약칭하므로 본서에서는 Brussels I bis 규칙이라고 표기한다.

2) 영어문헌으로는 Rolf A. Stürner/Peter Murray, pp. 365-366. 독일문헌으로는 MüKoZPO/Gottwald, EuGVO Art. 27 Rn. 10-14. 참조.

3. ALI/UNIDROIT의 국제민사소송원칙1)과 소송물

세계적으로 권위 있는 단체인 ALI(American Law Institute)와   UNIDROIT(International Institute for the Unification of Private Law)가 세계민사소송절차법의 통일 내지 조화를 도모하기 위해 2004년 공동으로 발표한 위 원칙(Principles of Transnational Civil Procedure)에서는 영미법과 대륙법계 간의 소송물 개념의 조화를 도모하고 있다.2) 우선, 전소 재판의 구속력(Res Judicata) 부분에 있어서는 기본적인 틀을 영미법계에 따라 청구(claims)를 기초로 하는 청구 배제효(claim preclusion)와 쟁점을 기초로 하는 쟁점 배제효(issue preclusion) 둘로 이분하고 있다(원칙 28.2, 28.3). 청구배제효를 판단하는 기준으로는 청구와 방어 그리고 법원의 기판력 있는 재판과 판결이유를 열거하고 있다. 판단이유에 대한 구속력으로서의 쟁점배제효는 원칙적으로 인정되지 않지만 중대한 부정의(substantial injustice)를 방지하기 위한 경우에만 적용될 수 있다고 제한하고 있다. 이를 대륙법적인 관점에서 해석하면 소송물은 신청과 이유를 기준으로 판단하되 이유에 대한 구속력 내지 기판력은 원칙적으로 인정하지 않지만 예외적인 상황에서는 인정이 가능하다는 것이다.

4. 전소 재판의 구속력(Res Judicata) 이론, 청구 배제효(claim preclusion)와 쟁점을 기초로 하는 쟁점 배제효(issue preclusion)

(1) Res Judicata

대륙법의 기판력과 유사한 개념으로서의 영미의 용어3)는 전소재판의 구속력에 대한 이론(doctrine of former adjudication)이라고 할 수 있다. 전소에서 판단된 재판은 다시 res judicata(=res adjudicata, a matter already judged의 의미를 가진 라틴어)와 estoppel by judgment라는 두 개념으로 분리되는데 전자는 전소의 청구(claim)를 중심으로, 후자는 전소의 쟁점(issue)을 중심으로 후소에서 이미 재판된 전소의 청구와 쟁점을 다시 뒤집을 수 없음을 의미한다. 그 후 용어의 혼선을 겪다가 Restatement of Second of Judgment(1982)에서는 res judicata를 청구배제효(claim preclusion)로, estoppel by judgment를 쟁점배제효(issue preclusion 혹은 collateral estoppel)

---

1) ALI/UNIDROIT의 국제민사소송원칙(Principles of Transnational Civil Procedure)에 대한 공식적인 해설서는 ALI/UNIDROIT, 「Principles of Transnational Civil Procedure」, (2004, Cambridge)이다. 우리나라에서 이에 대한 개괄적인 소개는 졸고, "ALI/UNIDROIT가 채택한 국제민사소송원칙의 구조와 내용", 한양대 법학논총 23집 3호(2006. 12), 285면 이하; 강은현, 「국제민사소송원칙에 관한 연구」(2007), 한양대학교 석사학위논문 참조.
2) 졸고, "ALI/UNIDROIT가 채택한 국제민사소송원칙의 구조와 내용", 302–303면 참조.
3) 영미법계인 미국과 영국의 법률용어 사용이 절대적으로 일치하는 것은 아니다. 이곳에서 영미법의 용어는 기본적으로 미국 민사소송법학에서 사용되는 용어를 기준으로 하며 필요한 곳에서 영국 등의 법률용어나 제도를 언급하기로 한다.

로 사용할 것을 권고하였다.[1]

(2) claim preclusion

영미의 청구배제효에 있어서 청구(claim 또는 cause of action)가 무엇인가에 대해서는 역시 논란이 많다. 다만, 이 원칙은 흡수와 금지의 하위법리(Merger and Bar)로 나뉘는데 전소에서 승소한 자는 후소에서 동일한 청구에 기초해서 더 큰 손해배상액을 요구할 수 없게 되며(Merger), 전소에서 패소한 자 역시 같은 청구에 기초해서 동일한 소를 제기할 수 없게 된다(Bar). 이는 마치 우리의 기판력이론과 유사한 것처럼 보이지만 신소송물이론의 범주보다도 훨씬 넓은 개념으로 청구를 파악하는 것이 일반적이므로 영미의 이 개념을 우리의 기존 소송물 개념과 대비하는 것은 무리가 있다. 특히, 동일 거래로 인한 청구(소위 transactional test)의 경우는 한 번의 소송만이 가능하다는 입장이 원칙적이므로 손해의 객체가 다르더라도 후소제기가 차단되며[2] 아울러 일부청구 자체가 원칙적으로 불가능하다.[3]

(3) issue preclusion

쟁점배제효[4]는 후소의 청구가 무엇이든지 간에 동일 당사자 간에 전소에서 실제로 다루어지고 판단된 사실 및 법률에 관한 쟁점에 대해서는 후소에서 다른 판단을 할 수 없다는 원칙이다.[5] 이는 청구가 달라 청구배제효가 적용될 수 없는 사안에서 효력을 발휘하게 된다. 특히, 쟁점배제효는 판결의 당사자 간에만 미친다는 원칙(doctrine of mutuality)의 예외를 형성하게 되어 전소의 당사자가 아닌 제3자(stranger)라도 전소에서 판단된 쟁점의 결과를 전소의 당사자에게 주장하는 것이 가능하게 되었다.[6] 즉, 후소의 피고(제3자)가 방어적인 차원에서 전소 쟁점에 대한 판단결과를 전소의 당사자(후소의 원고)에게 주장하는 것(defensive non-mutual estoppel)[7]을 넘어 후소의 원고(제3자)가 전소의 당사자(후소의 피고)에게 이를 적극적으로 주장하는 것(offensive non-mutual estoppel)[8]도 허용하는 판례가 나타나게 되었다.[9] 전소의 쟁점에 대한 법원의 판단을 전소의 당사자가 아닌 제3자가 후소에서 이를 적극적으로 전소의 당사자

1) Friedenthal/Kane/Miller, p. 611. 그러나 res judicata가 이 두 개념을 포괄하는 상위 개념으로 여전히 사용되기도 한다.
2) Kevin Clermont, 「Principles of Civil Procedure」, (Thomson West, 2005), p. 312.
3) Rolf A. Stürner/Peter Murray, p. 357에서도 독일민사소송법 역시 넓은 의미의 청구배제효를 인정하고 있지 않다고 기술하고 있다.
4) 미국의 쟁점배제효에 대한 상세한 소개는 권혁재, 「쟁점의 형성 및 쟁점 배제효에 관한 연구」, 연세대학교 박사학위 논문(2005), 124면 이하 참조.
5) Kevin Clermont, 「Principles of Civil Procedure」, p. 322.
6) Bernard v. Bank of America, 122 P. 2d 892(CAl. 1942).
7) Blonder-Tongue Labs, Inc. v. University of Ill. Found, 402 U.S. 313(1971).
8) Parklane Hosiery Co. v. Shore, 439 U.S. 322(1979).
9) Kevin Clermont, 「Principles of Civil Procedure」, pp. 336-337.

에게 주장할 수 있게 됨으로써 특정 쟁점에 대한 일회적인 판단이 파급적인 효력을 가질 수 있다는 것을 의미한다.

V. 소송물개념의 현대적 의의

소송물 개념은 한 나라의 사법자원(Judicial Resources)의 효율적인 분배를 위해 매우 중요한 역할을 담당하게 된다. 동일한 사실 및 거래관계로부터 발생할 수 있는 분쟁의 가능성과 횟수를 소송물 개념을 통해 조절할 수 있기 때문이다. 영미와 같이 청구와 쟁점에 대한 배제효를 당사자를 넘어 제3자에게까지 확대하게 되면 분쟁해결의 효율성은 높아질 수 있지만 분쟁 피해자들의 권리구제의 가능성은 그만큼 좁아지게 될 수 있다. 더욱이 한 번의 소 제기를 통해 그 재판의 여파가 청구와 당사자를 넘어 제3자와 쟁점에까지 미치게 된다면 하나의 소송절차 안에서 각 쟁점별로 엄청난 노력을 들이지 않으면 불의의 타격을 입게 될 가능성도 적지 않을 것이다. 한편, 소송물의 개념을 상대적으로 좁게 보는 대륙법계 국가인 우리의 경우는 앞서 본 소송물개념의 조화(확장가능성의 모색이라고 해도 좋을 것이다)를 위한 노력을 기울여야 할 것이다. 그러나 소송물 개념의 광협은 당사자의 권리구제에 직접적인 영향을 미치게 되므로 신중한 접근이 필요하며 단순히 이론적인 측면과 세계적인 경향만을 고려할 수는 없다는 데 문제의 심각성이 있다.

1. 법 현실과 법 정책적 측면에서의 구소송물이론 지지

소송물에 관해 현재의 우리의 실무가 취하고 있는 입장을 구실체법설로 파악하는 것이 통설적인 입장이다. 청구의 기초가 되는 사실관계뿐 아니라 이를 뒷받침하는 실체법상의 권리나 법률관계의 주장을 통해(실체법 규정에 대한 명시적인 언급은 없더라도) 소송물을 파악함으로써 비교적 명확하고 예측가능한 소송물개념을 제공한다는 점에서 장점을 갖고 있다. 더구나 1심 법원의 업무량이 심각할 정도로 폭주하고 있는 현실, 본인소송의 비율이 압도적으로 많다는 현실 등을 종합해 볼 때 동일한 기초사실에서 파생할 수 있는 가능한 모든 법적 문제를 1회적으로 해결하는 것은 현실적으로 어렵다. 따라서 이러한 법 현실을 고려한다면 구소송물이론이 현실적으로 우리에게 가장 적절한 소송물 파악방법이라고 생각된다(같은 취지의 견해로는 김홍, 305면 참조).

2. 신소송물이론과 법 현실

동일한 기초사실에 대해 실체법적으로 청구권이 경합함으로써 원고의 선택권이 발생하는 경우, 예를 들면 계약의 일방이 계약위반을 하였는데 이것이 동시에 불법행위를 구성하는 경우 혹은 건물소유자가 건물 일부를 임대한 후 임대차계약관계가 종료되면 임대인은 소유권자의 지위에서 방해배제청구권을 행사할 수도 있으며 임대인의 지위에서 원상회복청구권을 행사할 수도 있게 된다. 여기서 원고에게 두 개의 청구권을 독립적인 소송물로 구성할 수 있는 지위를 인정함으로써 생기는 불합리함을 비판하는 것이 소위 신소송물이론이다. 이들 소송에서 원고는 손해배상이나 건물인도를 받을 수 있는 법적 지위에 있는 것이므로 그 법적 지위를 실체법이 어떻게 규정하든 기초되는 사실과 분쟁은 하나이며 이로 인한 소송 역시 하나만 존재하는 것이 바람직하다는 것이다. 이론적으로는 지극히 타당하며 합리적인 소송물 파악방법의 하나라고 생각되며 우리나라의 경우도 학설의 대부분은 이 견해를 지지하고 있다. 그러나 이러한 기초사실관계를 통해 자신에게 경합하는 여러 권리가 존재한다는 사실, 이로 인해 한 번의 기회에 이 모든 경합하는 청구권을 주장하여야 한다는 사실은 법률전문가가 아니면 파악하기 어렵다. 더욱이 한 번의 기회밖에 없다는 심리적 부담은 소송진행을 난삽하게 할 우려가 없지 않다. 한편 심리를 하는 법원 역시 가능한 모든 법적 권리를 찾아내어 기초사실관계에 적용해야 한다는 부담을 지게 되며 당사자가 주장하지 못한 쟁점을 법정에 현출시켜야 한다는 부담 역시 갖게 된다. 당사자에게는 법률지식이, 법원에게는 심리할 수 있는 충분한 시간과 여력이 필요한 이론이 신소송물이론이다. 그러나 불행히도 우리의 현실은 이 이론을 펼칠 수 있는 기본적인 여건이 조성되지 못한 것으로 판단된다.

제 2 절   각종의 소와 소송물의 특정

I. 소송물과 청구취지 및 청구원인

실무에서 소송물은 기초적인 사실관계 외에 실체법적 권원이 더해져서 특정된다. 법에서도 청구의 기초가 변경되지 아니하는 한도 안에서 청구의 취지 또는 원인의 변경을 통해 청구의 변경이 이루어질 수 있음을 규정하고 있다(262조 1항). 따라서 일반적으로는 소장의 청구취지와 청구원인 양자의 결합을 통해서 소송물이 특정되지만 소의 형태나 종류에 따라서는 청구취지만으로도 소송물이 특정될 수 있다. 또한 모든 실체법규정이 현재의 소송물 이론을 염두에 두고 제정되거나 개정되는 것이 아니므로 실체법 규정에 대한 재해석이 필요한 경우도 적지 않다(예를 들면, 민법 840조 각 이혼사유와 임대차계약을 둘러싼 각종 해지사유가 같은 비중을 갖고 있는 것인지 여부 등). 따라서 각종의 소의 형태에 따라 소송물 파악을 개별적으로 살펴보아야 할 필요가 여기에 있다.

Ⅱ. 각종 소송에서의 소송물 파악과 특정

1. 이행의 소

(1) 금전의 지급을 구하는 소

1) **청구권의 경합**　　① 금전의 지급을 구하는 소는 청구취지만으로는 소송물의 특정이 불가능하다. 청구취지상으로는 금전지급의무의 성격이나 내용을 기재하지 않고 일정금원의 지급을 구하는 것만을 기재하기 때문이다. 따라서 청구원인에서는 청구를 뒷받침하는 구체적인 사실을 기재하되(민규 62조 1호) 실체법적 권원이 발생할 수 있는 요건사실(주요사실)을 간결한 문장으로 분명하게 작성하여야 한다(민규 4조 1항). 예를 들어 민법 제750조에 따른 불법행위를 원인으로 한 손해배상청구를 하는 경우에는 청구취지에는 소의 결론에 해당하는 「피고는 원고에게 10,000,000원을 지급하라」라고만 기재하고 청구원인에서 민법 제750조가 요구하는 요건사실, 즉 피고의 고의·과실에 기한 위법행위와 결과로서의 손해, 그리고 상호간의 인과관계를 증명할 수 있는 구체적인 사실을 기재하여야 한다.1)

② 동일한 손해배상청구를 하더라도 계약상의 채무불이행을 이유로 한 손해배상청구(민 390조)와 불법행위를 원인으로 한 손해배상청구(민 750조)는 청구권이 경합함으로써 소송물이 다르므로2) 어떤 권원에 기초해서 소를 제기하는 것인지를 분명히 해야 한다. 법원 역시 처분권주의에 따라 원고가 구성한 소송물 범위 내에서 판결하여야 한다. 원고가 계약책임을 묻는 경우에는 통상 피고 자신이 채무불이행이 없었다는 점을 증명하여야 하므로 불법행위 책임을 묻는 경우보다 증명책임 부분에서 원고에게 유리하다. 따라서 원고는 양 청구를 선택적으로 병합하거나 주위적·예비적으로 병합하는 것도 가능하다고 보아야 한다. 한편 원고는 동일한 기초사실로부터 손해배상을 받고자 하는 것이 목적이므로 불법행위를 원인으로 한 손해배상청구를 통해 손해를 전보받은 후에 동일한 내용의 소를 계약책임에 근거하여 제기하였다면 이 같은 후소는 소의 이익이 부정된다.

2) **손해배상청구와 소송물**

① **생명·신체의 침해를 원인으로 한 손해배상과 소송물**　　우리 판례는 이러한 소의 경우 손해를 3개로 대별하여 각 손해별로 소송물을 달리 보고 있음을 주의하여야 한다. 즉 적극적 손해와 소극적 손해(일실수익) 그리고 위자료 청구를 각각의 소송물로 보고 있는데 이는 피침해이익을 기준으로 소송물을 구분하는 것으로 실체법상의 권원을 기준으로 소송물을

---

1) 민소규칙 제62조 제2호, 제3호에서는 피고가 주장할 것이 명백한 방어방법에 대한 구체적인 진술은 물론 입증이 필요한 사실에 대한 증거방법도 기재하도록 요구하고 있는데 변론의 집중을 위한 조치이기는 하나 소를 제기하는 원고에게 지나친 부담을 지우는 것으로 판단된다.

2) 大判 2008. 9. 11. 2005다9760.

나누는 기본적인 판례의 입장과는 다소 상이하다.[1] 대법원이 이러한 손해3분설을 계속 유지하는 것은 이론적인 타당성이나 우월성에서 비롯되는 것은 아니라고 판단된다. 오랜 관행으로 3분설이 유지되어 온 점, 이 견해를 취하더라도 실무상 별 불편이 없었다는 점, 원고에게는 손해를 분류해서 각각의 것을 별개의 소송물로 취급해 주는 것이 오히려 유리하다는 점이 작용하고 있는 듯하다.[2] 분쟁의 1회적 해결을 강조하면서 이러한 대법원의 입장을 비난하는 견해가 있으나 합리적인 원고는 기초사실이 동일한 손해를 3분하여 제기하지는 않는다는 점을 유념할 필요가 있다.

② 예상할 수 없는 손해의 확대와 소송물　　　변론종결시까지 예상하지 못한 손해가 발생하여 추가적인 치료비 등의 청구가 필요한 경우 확정된 전소의 기판력에 의해 확대된 추가적인 손해를 청구할 수 없는 것인지 문제된다. 기초적인 사실관계(동일한 불법행위)가 동일한 상황에서 확정판결의 표준시에 예측하지 못한 후유증[3]이나 심각한 상황의 변화가[4] 생긴 경우 이에 대한 추가적인 손해배상청구를 인정할 것인가의 문제이다. 전소의 확정판결 표준시점에 합리적인 예측이 불가능한 것이었다면 새로운 소송물로 보아 추가적인 손해에 대한 배상판결을 인정해주는 것이 바람직하다. 만일 확정된 전소판결이 정기금판결의 형식으로 선고되었다면 변경의 소를 통해 문제를 해결할 수도 있다(252조).

3) 일부청구의 소송물

① 명시적 일부청구 긍정설　　　1억 원의 손해배상 채권을 가진 원고가 명시적으로 그 일부로서 5천만 원만을 청구한다면 소송물은 5천만 원으로 한정된다고 봄이 타당하다. 일부청구를 악의적으로 남용하는 경우(소액 5조의2)는 별론으로 하되 현실적인 필요에 의해서 명시적으로 일부만을 청구하는 것을 굳이 금지할 이유는 없기 때문이다.[5] 그러나 아무런 언급도 없이 5천만 원을 청구하면서 동 금액이 손해의 전부인양 청구하였다면 당해 청구에 대한 판결로써 나머지 잔부에 대해서도 기판력이 미친다고 보아야 한다. 확정된 전소의 청구가 일부

1) 大判 1976. 10. 12. 76다1313. 이러한 대법원의 입장을 비판하는 견해는 적지 않다(배기원, "손해배상청구의 소송물", 사법논집 11집, 296－297면). 반면 대법원은 물건에 대한 손해에 있어서는 피해객체마다 소송물을 구성한다고 보고 있다(大判 1969. 12. 16. 65다2363).

2) 大判 1994. 6. 28. 94다3063에서 대법원은 불법행위로 인한 손해배상에 있어 재산상 손해나 위자료는 단일한 원인에 근거한 것인데 편의상 이를 별개의 소송물로 분류하고 있는 것에 지나지 아니한 것이므로 이를 실질적으로 파악하여, 항소심에서 위자료는 물론이고 재산상 손해(소극적 손해)에 관하여도 청구의 확장을 허용하는 것이 상당하다고 판시한 바 있다.

3) 大判 1980. 11. 25. 80다1671.

4) 大判 2007. 4. 13. 2006다78640. 피해자의 여명기간이 예상외로 수년 연장됨으로써 그로 인한 치료비 등의 추가지출이 발생한 경우이다.

5) 大判 1989. 6. 27. 87다카2478. 한편, 판례는 그 명시방법에 있어서도 반드시 전체 손해액을 특정하여 그 중 일부만을 청구하고 나머지 손해액에 대한 청구를 유보하는 취지임을 밝혀야 할 필요는 없고 일부청구하는 손해의 범위를 잔부청구와 구별하여 그 심리의 범위를 특정할 수 있는 정도의 표시를 하여 전체 손해의 일부로서 우선 청구하고 있는 것임을 밝히는 것으로 족하다고 한다.

였다고 주장하는 것을 후소에서 비로소 주장하는 것을 허용할 필요는 없기 때문이다.

② **명시적 일부청구의 한계 설정 필요성 여부**   불법행위를 원인으로 한 손해배상청구에 있어서 정확한 손해발생액을 특정할 수 없는 초기 단계에서는 일부청구를 하는 경우가 일반적이다. 즉, 인신손해의 경우 신체감정이 이루어지지 않아 구체적인 일실손해를 산정하기 어려운 상황을 대표적으로 들 수 있다. 이는 명시적일 뿐 아니라 과도기적인 일부청구이므로 그 적법성을 의심할 이유는 없다. 그러나 비용절감을 위한 경우 혹은 승소가능성에 대한 예측이 어려운 사건에서 일부청구를 하는 경우 등은 그 적법성 판단이 매우 어렵다. 소위 실험소송을 위한 일부청구를 허용할 것인가 하는 점이다. 미국의 소송제도에서는 분할청구가 원칙적으로 금지되고, 독일에서도 명시적 일부청구가 통설, 판례이지만 채권의 총액이 불분명한 손해배상청구 등의 경우는 일부청구를 허용하지 않는 것이 일반적인 현상이다(김/강, 218면). 그러나 소송구조제도가 활성화되지 않고 있을 뿐 아니라 소송비용 부담이 상대적으로 큰 우리나라의 경우는 원고의 다른 악의가 명백히 인정되지 않는 한 비용절감 등을 위한 일부청구를 허용하는 것이 바람직하다.

4) 부당이득반환청구의 소송물   부당이득반환청구의 소송물은 법정채권으로서의 부당이득반환청구권인데 그 핵심은 법률상 원인 없이 타인의 재산 또는 노무로 인하여 이익을 얻고 이로 인하여 타인에게 손해를 가한 사람은 그 이익을 반환하여야 한다는 것이다(민 741조). 부당이득반환청구의 동일성 여부를 결정짓는 '법률상 원인 없음'의 개별적인 사유는 소송물이 아닌 단순한 공격방어방법에 불과하다. 따라서 집행채무자가 집행채권 소멸 원인으로 주장할 수 있는 부당이득반환청구 사유가 여러 가지인 경우 이들은 법률상의 원인 없는 사유에 관하여 공격방법이 다른 데 지나지 않으므로 그 중 어느 사유를 주장하여 패소의 확정판결을 받은 경우에 다른 사유를 주장하여 다시 청구하는 것은 기판력에 저촉되어 허용될 수 없다.[1]

(2) 특정물이나 대체물(종류물)의 인도를 구하는 소

1) 특정물의 인도를 구하는 소   ① 특정물의 인도를 구하면서 소유권에 기한 반환청구권에 기초하는 경우와 점유권에 기초하는 경우는 서로 영향을 미치지 아니하며 점유권에 기인한 소는 본권에 관한 이유로 재판하지 못한다(민 208조). 이는 결국 양자의 소송물을 달리한다는 점을 실정법규가 명백히 선언한 것이라고 할 것이다.[2] 한편, 임대목적물에 대한 인도

---

1) 大判 2008. 2. 29. 2007다49960. 한편, 채무불이행에 따른 법정해제이든 아니면 합의에 의한 자동해제이든 이러한 사정들은 매매계약이 효력을 상실하여 그에 따라 이행된 급부가 반환되어야 한다는 공격방어방법인 사유에 불과하므로 소송물은 동일하다고 보아야 한다(大判 2019. 1. 17. 2018다244013 참조).

2) 大判 1996. 6. 14. 94다53006에서는 소유권에 기하여 미등기 무허가건물의 반환을 구하는 청구취지 속에는 점유권에 기한 반환청구권을 행사한다는 취지가 당연히 포함되어 있다고 볼 수는 없고, 소유권에 기한 반환청구만을 하고 있음이 명백한 이상 법원에 점유권에 기한 반환청구도 구하는지의 여부를 석명할 의무는 없

청구의 경우도 소유권에 기하거나(민 213조) 혹은 임대인의 채권적 청구권(임대목적물 반환청구 채권)에 기초하는가 여부에 따라 소송물은 달라지게 된다. 따라서 청구취지 외에 청구원인도 함께 보아야 소송물을 특정할 수 있다.

　　② 임대인이 임차인을 상대로 원상회복청구권(민 654조, 615조)에 기초하여 임대목적물에 대한 인도청구를 하면서 그 사유로써 임대차계약기간의 종료를 근거로 하는 경우와 차임연체에 따른 임대차계약 해지(민 640조)를 근거로 하는 경우 소송물이 서로 다른가 하는 점이 문제된다. 즉 임대차계약의 종료사유마다 별개의 소송물을 구성하는가의 문제인데 민법에서는 각 사유별로 별개의 법조문을 두고 있어 이를 각기 별개의 소송물로 보는 입장도 가능할 것이다. 그러나 임대차 관계라는 기초적인 사실관계 안에서 계약이 기간 만료로 종료되거나 어느 일방의 채무불이행에 따라 해지되는 것에 불과하므로 이들 종료사유별로 별개의 소송물을 구성한다고 보는 것은 부적절하다.[1] 다만 임대인의 지위에서 임대목적물의 반환을 구하는 소의 경우는 기판력의 확장으로 인한 불의타를 방지하기 위해 법원이 석명권의 행사를 적극적으로 행사할 필요가 있다(상세한 내용은 제6편 제3장 제3절 Ⅳ. 2. 참조).

　2) 대체물의 인도를 구하는 청구와 대상청구　　대체물의 인도를 구하는 소는 청구를 특정하는 데 유념하여야 한다. 예를 들어 「백미 1가마를 인도(지급)하라」라는 청구취지로는 소송물이 특정되지 않는다. 적어도 「일반 중등품 백미 1가마(80키로그람들이)」정도로는 특정되어야 지급의무가 특정되며 강제집행 역시 가능하게 된다. 한편 종류물(대체물)의 인도를 구하면서 강제집행의 불능에 대비한 청구를 병합하는 경우[2]가 있는데 이는 별개의 소송물로서 단순병합에 해당한다. 본래의 대체물의 청구가 기각되는 것을 전제하는 것이 아니며 집행시점에 불능이 될 것에 대비하는 것이므로 법원은 두 개의 청구 모두에 대해 판단하여야 한다.

(3) 의사의 진술을 구하는 소

　등기는 등기권리자와 의무자가 공동으로 신청하는 것이 원칙이지만(부등 23조 1항) 등기의무자나 등기권리자[3]가 이러한 절차에 협력하지 않는 경우 상대방은 판결로써 등기의무자나 등기권리자의 의사에 갈음하여 단독으로 등기신청을 할 수 있게 된다(부등 23조 4항).

　1) 소유권이전등기청구의 소

　　① 등기원인별 소송물 파악　　　매매를 원인으로 한 소유권이전등기청구의 소송물은 매

　다고 판시하였다.

1) 소송실무도 하나의 소송물로 보고 있는 것으로 파악된다(요건사실론, 111면).

2) 大判 1984. 6. 26. 84다카320.

3) 등기권리자가 이전등기 등을 경료하지 않음으로써 등기의무자가 각종 조세공과금 등을 부담하는 경우가 있어 등기의무자가 등기권리자를 상대로 이전등기를 경료(인수)해 가도록 청구하는 경우가 있다(大判 2001. 2. 9. 2000다60708).

매를 원인으로 한 소유권이전등기청구권 자체의 존부이지 매매계약 자체의 존부나 소유권의 유무가 소송물이 아니다.1) 한편 이전등기청구의 경우는 이전등기신청 원인별로 소송물을 달리한다는 것이 판례의 입장이다.2) 따라서 매매를 원인으로 한 이전등기청구소송을 진행하던 중 취득시효 완성을 주장하는 것은 단순한 공격방어방법의 변경이 아니고 청구의 추가적 변경에 해당하게 된다. 이러한 판례이론은 청구취지와 청구원인에 의하여 표현되고 특정되는 실체법상의 개개의 권리 또는 법률관계를 소송물로 파악하는 입장에서는 당연한 논리적 귀결이라고 할 수 있으며3) 아울러 이전등기에 있어 등기원인이 등기를 식별하는 매우 중요한 수단이 되므로 등기원인별로 소송물을 구성해야 한다는 논거에서도 비롯된 것으로 해석할 수 있다. 부동산등기법에서도 등기관이 갑구 또는 을구의 권리에 관한 등기를 할 때에는 등기원인과 그 연월일을 기록하도록 요구하고 있어(부등 48조 1항 4호) 등기원인의 특정이 매우 중요하다. 원고는 이러한 부동산등기법이 요구하는 요건을 충족하기 위해 청구취지에서 등기원인 및 일자 등을 정확히 기재하여 소송물을 특정하여야 한다.4)

② 명의신탁 관계   명의신탁의 관계에 있어 명의신탁자는 명의수탁자에 대하여 신탁해지를 하고 신탁관계의 종료 그것만을 이유로 하여(원상회복청구권) 등기명의의 이전을 청구할 수 있음은 물론, 신탁해지에 따라 복귀된 소유권 자체에 기해서도 그와 같은 청구를 할 수 있으며 양 청구는 청구원인을 달리하는 별개의 소송으로 보고 있다.5) 명의신탁해지에 따라 신탁자에게는 소유권자의 지위와 원상회복청구권이라는 채권자의 지위를 겸유한다는 입장에서 판례는 양 청구를 별개의 소송물로 보고 있다.

2) 말소등기청구의 소

① 원인무효에 기한 소유권이전등기말소청구   이 경우도 소송물은 말소청구권의 존부이지 소유권의 존부 자체가 소송물이 될 수 없다는 것이 판례의 확고한 입장이다.6) 한편 말소원인별로 별개의 소송물을 구성하는 것인가에 대해서는 그 동일성 식별의 표준이 되는 청구원인, 즉 말소등기청구권의 발생원인은 당해 "등기원인의 무효"에 국한되므로, 전소에서 한 사기에 의한 매매의 취소주장과 후소에서 한 매매의 부존재 또는 불성립의 주장은 청구원인인 등

---

1) 大判 1969. 5. 13. 68다2437.
2) 大判 1968. 3. 19. 68다123.
3) 노경래, "말소등기청구사건에 관한 확정판결의 기판력의 범위", 대법원판례해설 제1호, 135면 참조.
4) 「피고는 원고에게 별지목록기재 부동산에 관하여 2010. 5. 1.자 매매를 원인으로 한 소유권이전등기절차를 이행하라」 혹은 「피고는 원고에게 별지목록기재 부동산에 관하여 2010. 5. 1.자 시효취득을 원인으로 한 소유권이전등기절차를 이행하라」는 형식의 청구취지 작성이 요구된다.
5) 大判(全) 1980. 12. 9. 79다634. 명의신탁자의 계약해지로 인해 수탁자 명의의 소유권이전등기가 원인 없는 것이 되므로 소유권에 기한 방해배제청구권에 기해 이전등기말소를 구할 수는 있으나 이를 이유로 이전등기를 구할 수는 없다고 하여 동 판결을 비판하는 견해가 있다. 소유권이전등기가 원인무효인 경우 이를 근거로 이전등기를 구할 수는 없다는 것이 종전 대법원의 일관된 입장이었기 때문이다(大判 1981. 1. 13. 78다1916).
6) 大判 1972. 10. 10. 72다1430. 이전등기청구의 경우도 동일한 입장이다(大判 1990. 1. 12. 88다카24622).

기원인의 무효를 뒷받침하는 독립된 공격방어방법에 불과하다는 것이 판례의 입장이다.[1]

② 다른 사유에 기한 소유권이전등기말소청구   후발적 실효사유에 의하여 장래에 향하여 실효됨을 원인으로 말소등기청구를 하는 경우에는 등기원인 무효를 원인으로 한 말소등기청구와는 소송물을 달리한다. 예를 들어 담보목적으로 경료된 소유권이전등기의 피담보 채무를 변제하였음을 이유로 하여 말소를 구하는 본소청구와 소유권이전등기가 원인무효임을 이유로 하여 말소를 구하는 전소청구는 소송물이 다르다.[2] 한편, 계약상의 해제권을 행사함으로써 이전등기의 말소를 구하는 것과 원인무효에 기한 말소청구 역시 소송물을 달리한다.[3]

③ 저당권(전세권, 지상권 등) 등 설정등기말소청구   저당권을 비롯한 제한물권 등의 말소등기청구의 경우도 소유권이전등기말소청구의 경우와 동일한 논리가 적용되어야 할 것이다. 그러나 판례[4]는 근저당권설정등기말소청구의 소에서 사기에 의한 의사표시취소를 원인으로 한 말소청구와 피담보채무의 부존재를 원인으로 한 말소청구를 별개의 소송물로 취급하고 있다.[5] 한편, 후발적 실효사유를 저당권 등 말소등기청구의 청구취지에 기재하여야 한다는 것이 실무의 입장이다(민사실무 Ⅱ, 101면).[6]

④ 진정명의회복을 원인으로 한 이전등기청구   소유권이전등기가 원인무효인 경우 진정한 소유자는 등기명의자를 상대로 직접 이전등기를 구할 수는 없으며 소유권에 기한 방해배제청구의 차원에서 말소만을 구할 수 있었다.[7] 그 후 대법원은 이미 자기 앞으로 소유권을 표상하는 등기가 되어 있었거나 법률의 규정에 의하여 소유권을 취득한 자는 말소청구 외에도 진정명의회복을 원인으로 한 이전등기청구가 가능하다는 입장을 표명하였다.[8] 문제는 소유권이전등기말소등기청구소송(전소)과 진정명의회복을 원인으로 한 이전등기청구(후소)가 동일한 소송물을 담고 있는가 하는 것이다. 청구취지와 청구원인을 달리하므로 소송물이 다르지만 전

---

1) 大判 1981. 12. 22. 80다1548 이 판결 이후 大判 1993. 6. 29. 93다11050; 大判 2011. 6. 30. 2011다24340 등을 통해 확립된 판례의 입장이 되었다. 따라서 소유권이전등기말소청구의 경우는 말소원인을 따로 기재할 필요 없이 말소대상이 되는 등기의 관할등기소, 접수연월일, 접수번호, 등기종류 등만을 특정하면 된다(민사실무 Ⅱ, 101면).

2) 大判 1983. 3. 8. 82다카1203.

3) 大判 1993. 9. 14. 92다1353.

4) 大判 1986. 9. 23. 85다353.

5) 명시적인 이유 설시는 없어 분명하지는 않으나 소유권의 경우는 원인무효의 각 사유가 민법 제214조에 귀결될 수 있어 각개의 원인무효 사유를 공격방어방법으로 볼 여지가 있으나 저당권 등의 말소청구의 경우는 이를 포섭할 근거규정이 없다는 차이점이 있다는 것을 추론할 수 있다.

6) 따라서 다음과 같이 해지사유를 특정해서 적시하는 것이 실무 관행이다. 「피고는 원고에게 별지목록기재 부동산에 관하여 00지방법원 00등기소 2010. 5. 1. 접수 제0000호로 경료한 근저당권설정등기에 대하여 2010. 9. 1.자 해지를 원인으로 한 말소등기절차를 이행하라」.

7) 大判 1981. 1. 13. 78다1916.

8) 大判(全) 1990. 11. 27. 89다카12398. 대법원은 부동산등기법에 없는 이전등기청구원인을 인정하는 결과가 되자 등기예규 718호(현재는 2007. 4. 27. 개정을 통해 등기예규 1182호로 됨)를 통해 진정명의회복을 원인으로 한 이전등기판결에 기한 등기를 수리하도록 하고 있다.

소에서 패소한 자가 후소에서 승소한다는 것은 전후모순의 결과에 빠지므로 기판력의 작용 측면에서 후소는 허용되지 않는다고 보아야 한다. 그러나 대법원(다수견해)은 전·후의 양소가 실질적으로 목적이 동일하고 소유권에 기한 방해배제청구권으로서 그 법적 근거와 성질이 동일하므로 소송물이 실질적으로 동일하다고 보았다.[1] 그러나 이러한 논거는 설득력이 없다. 재심소송이나 이혼소송의 경우 재심사유나 이혼사유별로 소송물을 달리 보는 대법원의 기존 견해를 설득력 있게 설명하기 어렵기 때문이다. 더구나 소송물을 청구의 실질적인 측면에서 파악하면 실체법적 규범으로부터 소송물을 파악하는 판례의 기존 입장은 설 곳이 없게 된다.[2]

⑤ 소유권이전등기말소청구와 소유권확인청구   소유권이전등기말소청구의 소에서 패소확정판결을 받은 당사자가 바로 동일한 취지의 진정명의회복을 원인으로 한 이전등기청구의 소를 제기하는 것이 아니라 소유권확인청구를 통해 승소확정 판결을 받은 후 비로소 후소를 제기하는 것 역시 전소의 기판력에 저촉되는 것인지 여부가 문제된다. 종전에는 대법원도 소유권이전등기말소청구소송에서 패소한 당사자도 그 후 소유권확인의 소를 제기하여 승소판결을 받고 그 확정판결에 기하여 진정한 소유자명의의 회복을 위한 소유권이전등기를 청구할 수 있다고 판시하여 이를 긍정한 바 있다.[3] 그러나 대법원은 위 99다37894 전원합의체 판결에서 88다카26482 판결을 변경 대상으로 열거하고 있어 후에 제기하는 확인소송의 적부에 대해 명확한 입장을 알 수 없었다. 그러나 위 99다37894 전원합의체 판결의 환송심에 대한 상고심판결[4]에서 대법원은 이전등기말소청구 소송에서 패소확정 판결을 받았다 하더라도 나중에 소유권확인을 구할 이익은 있다고 판시함으로써 종전 입장을 재확인하고 있다.[5]

2. 확인의 소

(1) 확인의 소의 소송물

확인소송의 소송물은 원고가 청구취지에 표시하는 특정한 권리 또는 법률관계의 존부에 관한 확인요구이다. 원고는 확인청구의 경우 특정한 권리나 법률관계에 대한 실체법적 성질

---

1) 大判(全) 2001. 9. 20. 99다37894.
2) 졸고, "소송물의 실질적 동일성과 기판력의 작용이론–판례분석과 시론을 중심으로–", 한양대 법학논총 25집 2호(2008. 6), 115면 이하 참조.
3) 大判 1990. 12. 21. 88다카26482.
4) 大判 2002. 9. 24. 2002다11847.
5) 2002다11847 판결과 같이 이전등기말소청구소송에서 패소한 당사자가 후소로 소유권확인의 소를 제기할 수 있고 나아가 승소한다면 다시금 말소청구의 소를 제기할 수 있는 것인지 혹은 진정명의회복을 원인으로 한 이전등기청구의 소를 제기할 수 있는 것인지는 현재의 판례 태도로는 분명하지 않다. 말소등기청구라는 전소에서 패소확정되었다 하더라도 소유권확인의 소에서 승소판결을 받아 소유권의 존재를 인정받았다면 전소 변론종결 후에 새로운 사유의 발생이 있는 것으로 보아 기판력의 저촉 없이 새로이 말소청구나 진정명의회복을 원인으로 한 이전등기청구를 할 수 있다고 봄이 타당하다(99다37894 판결의 취지와 상반될 수 있으나 소유권확인청구 자체가 기판력에 저촉되지 않는다고 보는 한 불가피한 결론이다).

결정을 스스로 해야 하는데, 예를 들어 자신이 특정한 물건에 대한 소유권을 갖고 있는지 아니면 단순한 임차권을 갖고 있는지 결정하지 않으면 상대방에 대해 확인을 구할 대상을 특정할 수 없게 된다. 따라서 소장의 청구취지만으로도 소송물은 특정된다. 따라서 소유권확인을 구하는 소에서 원고가 소유권의 취득원인을 무엇으로 하는가는 공격방어방법에 불과하다. 이러한 측면에서 확인의 소를 둘러싼 신·구 소송물이론 간의 이론적인 대립은 거의 없다. 판례 역시 동일한 입장을 취하고 있다.[1] 다만, 신소송물이론 중에서 이분지설을 확인의 소의 경우까지 확대하는 견해에서만 여전히 청구취지와 청구원인의 사실관계가 확인의 소의 소송물을 결정하여야 한다고 주장하고 있다(호, 135면).[2]

(2) 확인의 소 청구취지 특정방법

확인의 소의 소송물은 청구취지에 기재된 권리 또는 법률관계(법적 지위)에 따라 확정되므로 확인을 구하는 대상을 명확히 특정할 수 있도록 그 종류, 범위, 발생원인[3] 등(250조의 경우는 문서의 작성일자 등)을 명확히 하고 목적물도 특정하여 청구취지에 표시하여야 한다. 아울러 확인청구는 당사자 간의 다툼이 있는 권리나 법률관계에 관하여 법원에 대해 그 존재 내지 부존재의 확정 선언을 구하는 것이므로 청구취지는 선언적인 형태의 '확인한다'라고 기재하는 것이 실무의 관행이다(민사실무 I, 85면).

3. 형성의 소

(1) 형성의 소 일반과 소송물

법원에 대해 형성권의 존재를 확정하고 그 내용에 따라 일정한 권리나 법률관계의 직접적인 발생·변경·소멸 등을 청구하는 것으로 법률의 규정이 있는 경우에만 가능하다. 형성의 소는 청구취지에 기재된 내용만으로 소송물이 특정되지 않으며 형성청구의 원인이 되는 실체법적 근거에 따라 소송물이 특정된다. 예를 들어 「원고와 피고는 이혼한다」라는 청구취지만으로는 소송물이 특정되지 않고 민법 제840조의 재판상 이혼 사유별로 소송물을 달리 구성한다.[4] 각 이혼사유나 재심사유가 독립적인 청구원인을 구성하기 때문이다. 물론 이혼

---

1) 大判 1987. 3. 10. 84다카2132.

2) 동 견해에 따르면 大判 1991. 5. 28. 91다5730 역시 이원설적인 입장을 취했다고 파악하고 있으며 동 판결을 중심으로 판례의 입장이 변경되어야 한다고 주장하고 있다(호문혁, "확인소송의 소송물과 재소 여부", 민사판례연구(XV), 331면 참조). 그러나 동 판결에서는 전·후 두 개의 소가 법 제240조 제2항(현행법 267조 2항)의 동일한 소인지 여부가 문제된 것에 불과하고 전소는 증여에 따른 전체 부동산에 대한 소유권확인을, 후소는 상속에 따른 상속지분의 확인을 구하는 것으로 원고가 주장하는 소유권의 내용이 다르다고 봄이 타당하다.

3) 물권의 경우는 발생원인의 기재가 불필요하다는 것이 일반적인 견해이다(민사실무 I, 85면).

4) 大判 1963. 1. 31. 62다812 판결; 大判 2000. 9. 5. 99므1886 등. 재심소송의 경우도 재심사유별로 소송물을 달리한다고 본다(大判 1970. 1. 27. 69다1888; 大判 1992. 10. 9. 92므266 등).

청구나 재심청구를 구하는 법적 지위를 하나의 소송물로 보고 각 사유는 단순한 공격방어방법으로 보는 것도 하나의 대안이 될 수는 있지만(이시, 261면) 형성판결을 구성하는 각 사유의 중요성을 고려할 때, 그리고 심리의 명확성을 제고하기 위해서는 이혼이나 재심청구의 각 사유를 독립된 청구원인으로 보는 것이 타당하다.

(2) 개별적인 형성의 소와 소송물

1) 주주총회결의취소·무효 및 부존재확인의 소와 소송물

① 원   칙   회사법상 주주총회 결의의 하자에 따른 구제방법으로서 주주총회결의 취소의 소(상 376조), 무효·부존재확인의 소(상 380조) 등이 있는데 이들 상호 간에 소송물을 달리하는 것인지 문제된다. 물론 이들 소송은 주주총회의 결의 하자의 종류와 내용에 따른 것으로 하나의 소송물로 파악하는 입장도 있을 수 있다. 그러나 실무상으로는 이들을 별개의 소송물로 취급하고 있다. 결의취소소송과 무효확인소송(혹은 부존재확인) 상호 간은 행정소송과 달리 하자의 종류를 명백히 달리하고 있어 소송물을 같이한다고 보는 것은 무리가 있다. 나아가 결의무효확인의 소와 부존재확인의 소의 경우도 상호 소송물을 달리하고 별개의 소를 인정하고 있으므로 상호 간에 소송물을 같이하지는 않지만 석명을 통해 청구변경을 유도하는 것이 바람직할 것이다.

② 탄력적인 운용   대법원은 결의취소의 소 제기 기간 내에 결의무효나 부존재 확인 소송[1]을 제기한 경우에는 제소기간 경과 후라도 결의취소의 소로 소 변경하거나 추가변경하는 것을 허용함으로써 융통성 있는 태도를 보이고 있다.[2] 이는 주주총회 결의의 흠의 종류에 따라 대응되는 소의 형태를 달리함에 따라 발생할 수 있는 불합리함을 제거하고자 한 것으로 탄력적인 제도 운영이라는 측면에서 바람직하다고 평가할 수 있다.

2) 행정소송과 소송물

① 원   칙   행정행위의 흠의 내용과 정도에 따라 행정처분 취소청구소송과 무효확인소송이 구분되므로 양자의 소송물이 문제될 수 있다. 그러나 기본적으로 소의 형태가 다르

---

1) 결의무효확인의 소와 부존재확인의 소 상호 간의 관계에 대해 대법원 역시 소송물을 공통으로 하는 관계로 보고 있다면서 大判(全) 1983. 3. 22. 82다카1810을 드는 견해가 있으나(이시, 261-262면) 의문이다. 1983년 당시는 상법 개정이 이루어지기 전으로 부존재확인의 소가 상법에 존재하지 않았지만 학설과 판례가 이를 인정하였고 무효확인의 소에 관한 규정을 유추적용하였다. 1984년 상법 개정으로 상법 제380조에 비로소 부존재확인의 소가 신설되었는바, 이는 결의무효확인의 소와 다른 형태의 소를 입법적으로 인정한 것이며 따라서 양소가 소송물을 공통으로 한다고 보기는 어렵다. 소송물을 공통으로 한다면 부존재확인의 소를 입법적으로 별도로 설치할 이유가 없었을 것이다.

2) 大判 2003. 7. 11. 2001다45584에서는 원고가 주주총회 결의취소의 소 제기 기간 내에 주주총회결의 부존재확인의 소를 제기하였으나 나중에 취소소송으로 변경한 경우 제소기간을 준수한 것으로 보고 있다. 한편 大判 2007. 9. 6. 2007다40000 판결에서는 주주총회결의취소소송 제기기간 내에 그 결의 무효확인의 소를 제기하였다가 취소소송 제기기간 경과 후에 동일한 하자를 원인으로 한 취소소송으로 소를 변경하거나 추가한 경우에도 취소소송의 제기기간을 준수한 것으로 보고 있다.

고 청구취지 역시 다르므로 소송물은 상이하다고 보아야 한다.[1] 다만 취소의 소와 무효확인의 소가 흠의 정도에 따라 구분되는 것이므로 취소청구소송에서 패소한 원고가 다시금 무효확인청구를 제기하는 것은 확정된 전소와 모순된 판단을 구하는 것으로 기판력의 작용에 의해 차단된다.[2]

② 취소소송과 무효 등 확인소송은 별개의 소송   행정처분에 대한 무효 등 확인의 소에는 특별한 반대의사표시가 없는 한 취소를 구하는 취지도 포함된다고 보아야 한다는 것이 판례의 입장인데[3] 다소 의문이다. 행정소송법 제4조에서는 항고소송의 종류로 취소소송과 무효 등 확인소송, 부작위위법확인소송 등으로 명백히 구분하고 있을 뿐 아니라 서로 간의 변경을 소의 변경으로 분명히 규정하고 있기 때문이다(행소 21조 1항). 법원으로서는 석명을 통해 취소소송으로의 변경을 유도하는 것이 처분권주의에 부합하는 바람직한 해결방안이라고 판단된다.

③ 탄력적인 운용   무효 등 확인의 소와 달리 행정처분 취소청구의 경우는 제소기간의 제약이 있고(행소 20조) 조세부과처분의 경우는 전심절차를 거쳐야 하는 등의 제약이 있으므로(국기 56조 2항) 기간의 준수여부가 문제될 수 있다. 그러나 무효 등 확인의 소와 취소의 소는 본질적인 차이가 있다고 하기보다는 흠의 정도와 내용에 따른 구분에 불과한 것이므로 양자의 관계를 너무 엄격하게 설정할 필요는 없을 것이다. 따라서 무효 등 확인의 소를 취소의 소 제기기간 내에 제기한 경우에는 그 기간이 도과한 후에 취소청구를 병합하더라도 이를 적법한 것으로 취급할 필요가 있다.[4] 반면 무효사유가 있음에도 원고가 행정처분 취소의 소를 제기한 경우 무효 등 확인판결을 할 수는 없지만 취소의 사유보다 중대하고 명백한 흠이 있으므로 원고가 구하는 바에 따라 처분을 취소하는 것이 결과적으로는 타당할 것이다.[5] 그러나 무효사유가 있음에도 원고가 취소청구의 형식을 취하고 있어 제소기간을 준수하지 않음으로써 소각하 판결을 받을 위험이 있다면 법원은 석명을 통해 무효 등 확인의 소로 소를 변경할 수 있는 기회를 제공하는 것이 필요하다.[6] 전형적인 법적 관점 지적의무(136조 4항)의 하나라고 할 수 있기 때문이다.[7]

---

1) 大判 1992. 3. 10. 91누5273도 동일한 입장이다.
2) 大判 1996. 6. 25. 95누1880에서는 취소소송의 기판력이 무효확인청구에 미친다고 보고 있으나 보다 정확하게 본다면 확정된 전소와 후에 제기된 후소가 상호 모순되므로 기판력이 작용하는 것으로 보는 것이 타당하다.
3) 大判 1987. 4. 28. 86누887; 大判 2018. 10. 25. 2015두38856.
4) 大判 2005. 12. 23. 2005두3554 및 大判 2012. 11. 29. 2012두3743 등도 같은 취지이다.
5) 실무상으로도 무효사유가 있는데 취소청구를 기각하는 경우는 거의 찾아볼 수 없다고 한다(안철상, "과세처분 무효확인소송", 재판자료 61집(1993), 116면 참조).
6) 같은 취지의 견해로는 최세영, "행정행위의 무효와 행정소송" 사법논집 7집(1976), 552면. 그러나 안철상, 전게논문, 116면에서는 석명의 대상이 아니라고 한다.
7) 大判 1995. 12. 26. 95누14220에서도 심사청구에 대한 제소기간 준수 여부에 대해 석명을 구하고 입증을

④ 무효선언을 구하는 취소의 소   행정소송법에는 명문의 규정이 없음에도 무효선언을 구하는 취소소송을 판례가 인정하고 있어 소송물이 무엇인지 문제된다. 대법원은 당연무효를 선언하는 의미에서의 취소를 구하는 소를 인정하면서 하나의 항고소송으로 파악, 전심절차를 준수하여야 한다고 판시하고 있다.[1] 결국 무효 등 확인의 소와는 소송물을 달리하는 것으로 파악하고 있다.[2] 행정소송법에서는 취소소송과 무효 등 확인소송을 명백히 구별하고 있는데(행소 4조 2호) 이들을 결합한 형태의 소의 형식을 인정할 필요성이 무엇인지 의문이다. 더구나 무효선언을 구하는 취소소송의 경우도 제소기간이나 전심절차 등을 거치도록 한다면 이 소의 존재의의는 더더욱 없다고 생각된다.

촉구하여야 함에도 불구하고 적법한 전심절차를 거치지 아니하였음을 들어 소를 부적법 각하한 것은 법 제136조 제4항 소정의 당사자가 명백히 간과한 것으로 인정되는 법률적인 관점에 관하여 당사자에게 의견진술의 기회를 주지 아니한 잘못이 있다고 판시한 바 있다.

1) 大判(全) 1976. 2. 24. 75누128; 大判 1993. 3. 12. 92누11039 등.

2) 大判 1971. 2. 25. 70누125.

제 4 장 소송요건

Ⅰ. 소송요건의 의의

1. 기본개념과 특성

국민에게 보장된 소권의 행사를 통해 본안의 승소판결을 얻고자 하는 원고는 소송법에서 요구하는 적식의 소장을 작성하여 관할법원에 접수하여야 한다. 헌법이 보장하는 재판청구권의 실현과정이라고 할 것이다. 원고는 법원이 당연히 자신의 청구에 대해 본안판단을 통해 승소판결을 해 줄 것을 기대하지만 그 전제로서 당해 소가 일정한 조건을 충족해서 본안판결을 받을 수 있는 자격을 갖추어야 한다. 이와 같이 소가 본안재판을 받는 데 필요한 요건을 소송요건이라고 하는데 이러한 의미에서 본안판결요건(김/강, 227면) 혹은 본안재판요건(호, 296면)이라고도 한다. 소송요건은 소 전체의 적법성을 문제삼는 것이므로 소송능력과 같은 개별적인 소송행위의 유효요건과는 다르며 실무상으로는 소송요건에 대한 심리 후에 본안심리를 진행하는 것이 아니라 양자를 병행함으로써 소송경제적인 재판 운용을 하고 있음을 주의하여야 한다.[1]

2. 소 제기 요건과의 비교

실체법 등에서 소 제기에 필요한 조건을 설정하는 경우가 있다. 대표적인 것이 주주대표소송과 같이 제소자의 일정한 자격을 요구하는 경우(상 403조 1항 주식보유요건 등)와 출소기간을 정하는 경우(행소 20조) 등이다. 이들 소 제기 요건을 충족하지 못한 소 역시 부적법하다는 측면에서 소송요건과 유사하지만 소송요건과 달리 소 제기 요건은 소 제기 시점에서의 요건 충족이 요구된다는 점에서 서로 상이하다. 최근에는 소 제기 자체를 법원의 허가사항으로 규정하는 경우도 나타나고 있어(증권 7조 1항, 소비 73조 1항) 소권의 지나친 제한이라는 비판도 등장하고 있다. 한편, 소송성립요건과의 비교를 시도하는 경우도 있으나(김/강, 229면) 소송성립요건이라는 용어 자체의 개념이 명확하지 않을 뿐 아니라 소송요건을 소송성립요건이라는 개념으로 설명하는 견해[2]도 거의 없어 굳이 비교 개념의 대상으로 할 필요는 없다.

---

[1] 이러한 차원에서 본다면 소송요건을 본안심리요건이라고 하는 것은 정확한 표현이 될 수 없다. 변론종결 후 판결을 선고하여야 하는 상황에서 소송요건의 흠결이 있는 경우에는 본안에 대한 판단을 할 수 없을 뿐이다.

[2] 과거 大判 1955. 9. 6. 4288행상59 등에서 이러한 용어를 사용한 바가 있을 뿐이다.

II. 소송요건의 종류

소송요건을 통일적으로 규율하는 명문의 규정은 없다. 다만 그 요건이 흠결되면 소 전체의 적법성을 상실하게 되는 사유들을 소송요건으로 분류할 수 있을 뿐이다. 결국 소를 구성하는 법원, 당사자, 소송물 세 측면에서 소송요건을 찾아낼 수 있으며 소 제기의 실질을 갖는 각종 제도 역시 독자적인 적법요건을 설정하고 있다.

1. 일반 소송요건

(1) 법원에 관한 것

재판권이나 국제재판관할권을 흠결한 소는 보정과 이송이 불가능하다는 점에서 소송요건을 흠결한 소로 부적법 각하된다. 민사소송사항에 속하지 않는 소를 제기하거나 전속관할 혹은 직무·토지·사물관할 등을 위반한 소는 이송을 통해 보정이 가능하지만 일단 소 자체의 적법성을 흠결하게 할 수 있다는 점에서 이들도 소송요건에 해당한다고 할 수 있다.

(2) 당사자에 관한 것

원·피고 중 어느 일방의 당사자능력이나 당사자적격이 흠결되면 소 자체가 부적법해진다. 제한능력자나 소송대리권 없는 자가 소를 제기하는 경우는 소 제기 행위가 무효가 되므로 소 제기 자체가 부적법해진다. 그러나 그렇다고 해서 소송능력이나 소송대리권의 존재가 소송요건이 되는 것은 아니다. 이들은 소송행위의 유효요건이지만 원고의 소 제기 단계에서는 소송요건과 같은 기능을 할 뿐이다.

(3) 소송물에 관한 것

청구가 특정되지 않거나 기판력에 저촉되는 소는 부적법하다. 아울러 제기된 소가 진행 중인 다른 소와 동일하거나(중복소송) 본안에 관한 종국판결 선고 후 취하한 다음 제기된 재소에 해당하는 경우 역시 부적법하다. 한편, 현재의 통설은 소의 이익을 소송요건의 하나로 분류하고 있다. 따라서 권리보호의 자격과 이익을 갖지 못한 청구는 소의 이익을 흠결한 것으로 부적법하게 된다.

(4) 소송장애(訴訟障碍)사항

소극적 요건사항으로서 그 부존재가 본안판결의 전제조건이 되는 사항을 말한다(김/강, 231면). 같은 사건이 이미 계속되어 있거나(259조), 재소금지에 해당하는 경우(267조 2항), 중재합의가 있는 경우(중재 9조) 등에는 소송요건을 흠결하게 된다. 이를 소송장애사항이라고 한다.

2. 개별 소송요건

소 제기 이후에도 신소제기의 실질을 갖는 여러 제도를 통해 당사자 및 이해관계인들의 권리보호를 도모하고 있다. 원고입장에서는 청구의 변경(262조), 병합(253조), 중간확인의 소 (264조), 필수적 공동소송인의 추가(68조) 등을 통해 자신의 권리구제를 탄력적으로 도모할 수 있는데 이들 제도의 이용을 위해서는 법 규정이 요구하는 조건(소송요건)을 충족해야 한다. 피고 입장에서는 반소(269조)의 제기를 통해, 제3자의 경우는 공동소송참가(83조)나 독립당사자참가(79조) 등을 통해 기존 소송절차를 이용해서 신소제기의 실질을 갖는 제도를 이용할 수 있는바, 각 제도에서 요구하는 법정 조건들을 충족해야 하므로 이들 조건 역시 개별 소송요건으로 작용하게 된다.

Ⅲ. 소송요건의 조사

1. 직권조사사항과 항변사항

(1) 직권조사사항

소송요건은 소의 적법요건이므로 법원이 직권으로 조사하여야 할 사항이지만(재판권의 부재나 원고의 당사자능력, 당사자적격의 흠결 등) 일반적으로는 재판 과정에서 상대방이 본안전 항변의 형태로 이들 문제를 거론하게 된다. 그러나 그렇다고 해서 모든 소송요건이 다 직권조사의 대상이 되는 것은 아니다. 뒤에서 보듯 항변사항도 존재하기 때문이다. 한편, 견해에 따라서는 직권조사사항 중 재판권의 존재(이시, 338면)는 물론 전속관할의 유무(정/유/김, 379면) 나아가 소송능력, 대리권의 존부 등(김/강, 232면)은 직권탐지사항이라고 달리 분류하는 경우도 있다. 그러나 어떤 소송요건이 직권탐지의 대상이고 직권조사의 대상이 될 것인지의 경계는 매우 모호해서 이를 구분하기가 매우 어려울 뿐 아니라 직권탐지사항을 강조하고 그 대상을 확대하면 변론주의와 처분권주의를 형해화할 염려가 크므로 굳이 이를 구분할 필요는 없다고 판단된다. 한편, 판례는 문제된 내용이 부제소특약과 같은 직권조사사항이라 하더라도 변론과정에서 이를 쟁점화하여 당사자에게 의견진술의 기회를 보장하고 필요한 경우에는 석명권을 행사하여 당사자에게 불의의 타격이 되지 않도록 하는 것이 중요하다고 설시하고 있다.[1]

(2) 항변사항

항변사항인 소송요건에 대해서는 당사자가 적시에 방소항변의 형태로 주장하지 않으면

---

1) 大判 2013. 11. 28. 2011다80449 참조. 판례는 불항소합의(大判 1980. 1. 29. 79다2066) 역시 직권조사사항으로 파악하고 있다.

그 흠이 치유되는 것을 지칭한다. 특히 임의관할위반(30조), 피고의 신청에 의한 소송비용담보제공명령(117조 내지 119조), 중재합의의 존재(중재 9조 2항) 등은 1심 법원에서 본안의 변론이 있기 전에 제기하지 않으면 흠결된 소송요건이 치유됨으로써 다시 그 흠을 거론하지 못하게 된다.

(3) 증거법적 문제

소송요건의 존부는 소의 적법성 여부를 좌우하는 주요문제이므로 자백이나 자백간주의 대상이 될 수 없다.[1] 엄격한 증거조사를 통해 시행함이 타당하다. 그러나 자유로운 증명으로 충분하다는 견해도 있다.[2] 아울러 법원의 직권조사를 통해 혹은 피고의 방소항변에 따라 소송요건의 존부에 의심이 드는 경우에는 원고가 소송요건의 존재에 대해 증명책임을 부담하게 된다. 본안의 승소판결을 받을 이익은 원고에게 귀속되기 때문이다. 그런데 항변사항인 소송요건에 대한 증명책임을 누가 부담하는가 하는 문제는 어려움이 있으나 원칙으로 돌아가 항변제출자인 피고에게 증명책임이 귀속된다고 봄이 타당하다(이시, 216면).

2. 소송요건 판단의 기준시

(1) 판례의 혼선

소송요건은 소 제기 요건과 달리 소 제기 시점에 충족되어야 하는 것은 아니다. 따라서 일반적으로는 사실심의 변론종결시점을 소송요건의 존부판단의 기준시점으로 보고 있다(김/강, 235면; 이시, 216면). 그러나 판례의 입장은 명확하지 않다. 즉, 전치절차를 거쳐서 소를 제기하여야 함에도 불구하고 소 제기 당시 혹은 사실심의 변론종결 당시에는 전치기간이 도과되지 않았으나 상고심에서 비로소 그 기간이 도과된 경우의 처리 방법에 대해 혼선이 일고 있기 때문이다. 항소심 법원이 전치기간이 도과되지 않은 상태에서 판결을 선고하였으니 파기되어야 한다는 판결(사실심 변론종결시를 기준으로 봄)이 있는가 하면[3] 이와 다른 사건에서 대법원은 상고심에서의 소의 이익 상실(즉, 변론종결 후의 사정 변경)을 상고심 판결에 반영하고 있어 일관된 입장을 보여주고 있지 못하다. 즉, 근저당권말소등기청구소송의 상고심 절차 진행 도중 근저당권이 다른 사유로 말소되자 대법원은 소의 이익이 흠결되었으므로 소를 각하하여야

---

1) 大判 2002. 5. 14. 2000다42908.

2) 강용현, "소송요건에 관한 판단의 기준시", 민사재판의 제문제 10권(2000), 741면. 자유로운 증명의 경우 확신의 정도가 낮은 것이 아니고 증거규율을 지배하는 당사자평등주의, 변론공개, 직접주의, 구술주의의 일부 후퇴를 말하는 데 지나지 않는다는 것에 근거하고 있으나 의문이다. 예를 들어 외국에 거주하는 대한민국 국민인 원고의 소송대리인의 소송대리권의 존부 문제는 원고가 주재하는 나라의 한국대사관이나 영사관에서 인증한 위임장을 통해 확인하는 것이 증거조사의 원칙이라 할 것이다. 만일 소송대리권 유무의 문제가 자유로운 증명으로 가능하다면 영사관 직원의 사적인 진술서나 통화녹취서 등으로도 가능하게 된다. 이는 소송요건의 중요성에 비추어 부당하다고 생각된다.

3) 大判(全) 1977. 5. 24. 76다2304.

한다고 판시한 것이다.[1] 사실심 변론종결시를 기준시로 한다면 그 후의 상황변화를 고려해서 상고심 판결을 선고할 수는 없기 때문이다.

(2) 상고심 변론종결시(혹은 판결선고시)

소송요건 존부 판단의 기준시점을 사실심 변론종결시로 보는 가장 큰 이유는 상고심이 사후심으로서 법률심에 해당하며 원심판결이 적법하게 확정한 사실은 상고법원을 기속하기 때문이다(432조). 그러나 법원이 직권으로 조사하여야 할 사항의 경우는 이러한 사실심 판단에 구속되지 않으므로(434조) 직권조사사항인 소송요건 존부를 판단하는 사실의 변화에 대해서는 상고심에서도 이를 반영하여 상고심 변론종결시를 기준으로 소송요건의 존부를 판단하는 것이 타당하다.[2] 그러나 실무상으로는 상고심의 변론이 통상 열리지 않고 있는바, 이 경우는 당연히 판결선고시가 기준이 될 것이지만 변론이 열리는 경우에는 변론종결시점까지의 직권조사사항과 관련된 사실관계의 변화를 반영하면 족할 것이다.[3] 따라서 상고심 절차 도중에 소송요건 존부와 관련된 주장과 증거가 제출되면 그 자체로 명백한 증거가 되는 경우는 별론이지만(역수 계산을 통해 확인이 가능한 전치기간의 도과, 등기부등본을 통한 말소등기 여부 확인 등) 사실확인이 필요한 경우에는 변론을 열어 증거조사를 시행함이 타당하다.[4]

3. 소송요건의 심리 방식

(1) 소각하 판단의 선순위 원칙

소송요건은 본안의 승소판결을 받는 데 있어 기본적으로 갖추어야 할 적법조건이므로 원칙적으로 본안의 사유를 판단하기 전에 심리하는 것이 원칙이다. 그러나 실무상으로는 소송요건에 대한 방소항변이 있더라도 본안의 심리와 병행해서 심리하는 것이 원칙이다(심리의 병행). 소송경제를 위함이다. 따라서 판결선고 당시 소송요건의 흠결이 인정될 뿐 아니라 본안에 대한 판단을 할 수 있을 정도로 성숙된 경우 당연히 소 각하 판결을 선고하여야 한다(소 각하 판단의 선순위성 보장).[5] 그러나 소송요건 간의 심리의 우선순위는 없다.

---

1) 大判 2003. 1. 10. 2002다57904. 한편, 원고가 사법시험 1차 시험 불합격처분취소청구소송을 제기하였으나 패소하자 상고를 제기하였는바, 원심판결 선고 후 원고가 새로이 실시된 1차 시험에 합격을 하게 되자 대법원은 이 경우 기존 취소청구소송의 소의 이익이 소멸된다고 하여 소를 각하한 바 있다(大判 1996. 2. 23. 95누2685).

2) 최근 대법원 판결에서도 이러한 경향이 강하게 나타나고 있다(大判 2017. 5. 17. 2016두40580; 大判 2018. 9. 28. 2016다231198; 大判 2020. 1. 16. 2019다247385 등).

3) 강용현, "소송요건에 관한 판단의 기준시", 민사재판의 제문제 10권(2000), 743-744면에서는 상고심 심리 종결시를 기준으로 판단해야 한다고 주장한다.

4) 대법원의 업무 부담 증가의 문제는 있지만 정당한 재판을 도출하기 위한 부득이한 조치라 아니할 수 없다.

5) 大判 1983. 2. 8. 81누420; 大判 1990. 12. 11. 88다카4727 참조.

(2) 선순위성 부정과 절충 시도

소송요건 및 본안사유의 존부에 대한 심리가 병행해서 이루어지는 가운데 원고청구가 주장자체로 이유 없거나 더 이상의 유력한 증거가 없어 청구기각 판결을 하는 것이 가능할 정도로 심리가 성숙된 경우 법원이 소송요건에 대한 심리를 더하지 않고 원고 청구를 기각할 수 있는지 여부가 문제된다. 원고 대리인의 대리권 유무가 문제되는 경우 이를 확정하지 않고 본안판결을 하는 것은 자칫 무효인 소 제기로 인해 당사자인 원고가 불이익을 받을 염려가 있으므로 이 상태에서 본안판결을 하는 것은 바람직하지 못하다. 한편, 부제소특약이나 소의 이익과 같이 무익한 소를 배제시킬 목적의 소송요건의 경우는 이에 대한 판단을 뒤로 미루고 청구기각의 종국판결로 사건을 종결하여도 무방하다는 절충적인 견해가 있다(김/강, 234면; 이시, 217-218면). 이 견해에 따르면 피고의 본안전 항변이 있더라도 그 내용과 성질에 따라서는 법원이 이에 대한 판단을 하지 않고 바로 청구기각판결을 할 수 있다는 것이다. 그러나 피고의 입장에서는 소각하 판결을 받고자 하는 특별한 이익이 존재할 수 있을 뿐 아니라 항소심에서 본안에 대한 판단이 변경될 경우 새로이 소송요건에 관한 심리를 진행하여야 한다는 점에서 소송경제에도 반할 수 있다. 소송요건 존부에 대한 의심이 있음에도 불구하고 이 부분에 대한 심리와 판단을 하지 않은 채 본안판결을 선고하는 것은 어느 모로 보나 바람직하지 못한 결론을 이끌 가능성이 농후하다.

Ⅳ. 소송요건 흠결의 효과

1. 본안전 항변과 판단

실무상으로는 피고의 본안전 항변에 따라 소송요건의 존부 문제가 제기되는 것이 일반적이다. 피고의 본안전 항변은 법원의 직권발동을 촉구하는 의미밖에 없지만 법원으로서는 중간판결이나 종국 판결이유에서 이를 판단하는 것이 바람직하다. 더구나 관할위반의 항변이나 담보제공명령신청, 중재합의의 존재 등은 순수한 항변사항으로 취급되므로 반드시 판단을 해주는 것이 필요하다.

2. 소각하판결의 의미

(1) 소송요건의 흠과 소각하판결

소송요건의 흠이 발견되었다고 해서 바로 소각하판결을 하여야 하는 것은 아니다. 소송요건의 흠이 보정 가능한 경우에는 보정을 명하고 전속관할위반이 있는 경우나 임의관할에 대한 관할위반의 항변이 있으면 이송을 통해 문제를 해결하여야 한다. 그러나 보정이 불가능하거나 제도상 다른 방법이 없으면 소각하판결을 할 수밖에 없으며 소장심사 단계에서는 변론 없이 소각하판결을 할 수 있다(219조). 한편, 소송요건이 흠결된 소에 대해서는 소각하판결을 선고하는 것이 원칙이지만(판결 주문형식: 이 사건 소를 각하한다) 소송요건의 흠결을 이유로 원고청구를 배척하면서 주문에서 단지 청구기각이라는 표현을 사용하였더라도 본안에 대한 기판력이 발생하는 것은 아니므로 파기사유가 되는 것은 아니다.[1]

(2) 기판력 유무

소송요건 흠결을 이유로 한 소각하판결은 소송요건의 부존재를 확인하는 판결로써 그 소송요건의 흠결에 관하여 기판력이 미친다.[2] 따라서 기판력의 표준시 이전에 그 흠이 치유되었다는 사유로 새로운 소를 제기할 수는 없으나 표준시 후에 흠결된 소송요건이 치유되었음을 이유로 다시금 소를 제기할 수 있음은 당연하다.[3]

(3) 흠의 간과

소송요건의 흠을 간과하고 선고한 판결은 그 자체로 위법하므로 상소를 통해 이를 취소할 수 있다. 그러나 흠을 간과한 판결이 확정된 경우에는 재심사유에 해당하는 경우에만 재심의 소를 통해 이를 취소할 수 있다. 한편 소송요건을 갖춘 소에 대해 그 흠결을 이유로 소를 각하한 1심판결에 대해서는 항소심법원은 원심판결을 취소하고 사건을 환송해야 하지만 본안판결을 하기에 성숙한 경우에는 스스로 자판할 수 있다(418조, 425조).

---

1) 大判 1979. 11. 27. 79다575; 大判 1992. 11. 24. 91다29026. 항소심에서 1심 주문 형식의 잘못을 시정하여야 하는지 여부는 문제이다.

2) 大判 1997. 12. 9. 97다25521.

3) 大判 1994. 6. 14. 93다45015. 甲은 확정된 종전 소송의 원고 종중 대표자로서 소를 제기하였으나 대표권이 흠결되었음을 이유로 소각하판결을 선고받았다. 甲은 동일한 내용의 새로운 소송을 제기하면서 자신이 종전 소송판결의 확정 후에 소집된 종중총회에서 새로이 대표자로 선임되었음을 들어 적법한 대표자임을 주장하였다. 이에 법원은 후소에 종전에 확정된 소송판결의 기판력이 미칠 여지가 없다고 판시하였다.

제 5 장   소의 제기

소장의 제출을 시작으로 정식의 소송절차는 시작된다. 법원은 사건에 대한 배당절차를 거쳐 담당재판부를 정하게 되며 해당 재판부의 재판장은 소장의 심사를 거쳐 이를 피고에게 송달하게 된다. 피고가 정해진 기간 내에 답변서를 제출하게 되면 원칙적으로 변론기일을 지정해서 변론과 증거조사를 거친 후 판결을 선고하게 된다. 2011. 5.부터 시행된 전자소송은 소 제기방식에 큰 변화를 초래하고 있으며 2015. 3. 23.부터는 형사사건을 제외한 거의 모든 사건(시군법원 사건은 물론 민사집행 및 비송사건도 포함됨)이 전자적으로 소를 제기할 수 있게 되었다.

제 1 절   소 제기 방식

Ⅰ. 종이문서에 의한 방식

소는 법원에 서면에 의한 소장을 제출함으로써 제기하는 것이 원칙이다(248조 1항). 따라서 소 제기 시점은 소장을 법원에 제출한 때이다. 그런데 소권을 남용하는 소 제기가 빈번해짐에 따라 법원은 소장에 붙인 인지액이 민사소송 등 인지법 제13조 제2항에서 정한 최소한의 금액에 미달하는 경우 소장의 접수를 보류할 수 있게 되었다(2항). 따라서 최소한의 인지액을 보정하게 되면 비로소 법원에 소장이 접수되는데 이 경우 소 제기 시점은 소장 제출시로 소급된다(3항).[1] 소장제출과 접수 시점 사이에 보류단계를 설정함으로써 소장제출만으로 사건배당이 바로 이루어지는 것을 방지하고자 한 것이다. 이는 전자소송의 경우에도 동일하게 적용된다(전자문서 9조 2항, 3항 등). 한편, 소액사건에서는 구술제소(소액 4조)나 양 당사자의 임의출석에 의한 소 제기도 가능한 것으로 되어 있지만(소액 5조) 실무상으로는 거의 전무하며 당사자는 법원에 비치된 간이한 소장 양식에 공란을 채워 접수하는 것이 일반적이다. 서면을 통한 제소를 요구하는 것은 소장의 내용을 분명히 해서 공격·방어의 대상을 명확하게 하려는 취지이다.

---

1) 김상연/ 주석민소 9판(3), 93~94면 참조.

Ⅱ. 전자문서에 의한 방식

2010. 3. 24. 시행된 전자문서이용법에 따라 2011. 5. 2.부터 법원의 전산정보처리시스템을 이용한 민사소송 진행에 동의한 자는 사용자 등록을 한 후에 법원의 전산정보처리시스템을 이용하여 대법원규칙으로 정하는 바에 따라 소장을 전자문서로 제출할 수 있게 되었다. 따라서 전산정보처리시스템을 이용하여 제출된 전자문서는 전산정보처리시스템에 전자적으로 기록된 때에 접수된 것으로 본다(전자문서 9조 1항). 다만 종이소송과 마찬가지로 보류단계를 설정하고 있다. 즉, 전산정보처리시스템을 이용하여 소장이 제출된 경우 접수 보류 사유가 없어야만 그에 대하여 전자적으로 접수확인을 받을 수 있으며 접수확인을 받은 소장은 전산정보처리시스템을 이용하여 제출된 때 접수된 것으로 보고 있다(전자문서 9조 2항).

Ⅲ. 소 제기의 의제

당사자가 최초 정식의 소를 제기하지 않고 제소전화해 혹은 민사조정을 신청하거나 독촉절차(462조)를 이용할 수 있다. 그러나 제소전화해나 조정이 불성립하거나 지급명령에 대한 이의가 있는 경우 등에는 소가 제기된 것으로 의제된다(388조, 472조, 민조 36조). 소 제기 시점은 신청인 보호를 위해 조정 등의 신청 당시로 소급되는데 인지액의 차액은 보정을 하여야 한다.

Ⅳ. 소 제기와 허가

민사소송의 제기는 당사자의 소권행사이므로 그 제기 여부에 대해서는 아무런 제한이 없는 것이 원칙이다. 그러나 남소방지 차원에서 일정한 소를 제기하는 경우에는 법원의 허가를 요하는 경우가 있다. 증권관련집단소송을 제기하는 자는 소장과 함께 소송허가신청서를 동시에 법원에 제출하여야 하며(증권 7조 1항) 소비자단체소송을 제기하는 단체 역시 소장과 함께 소송허가신청서를 법원에 제출하여야 한다(소비 73조 1항).[1]

---

1) 두 소송절차에서 소송허가요건으로 요구하는 내용은 대부분 소의 적법성 여부에 관한 것으로서 소 제기 후 적법성 심사단계에서 얼마든지 고려할 수 있는 문제들이라고 생각되므로 별도의 허가절차를 두는 것은 바람직하지 않다.

제 2 절　소장기재사항

Ⅰ. 필요적 기재사항

소송서류는 간결한 문장으로 분명하게 작성하여야 하며 특별한 사유가 없는 한 A4 용지를 세워서 쓰도록 해야 한다(민규 4조). 그 중에서도 소장은 당사자와 청구를 특정하는 소송서류이므로 법에서는 필요적 기재사항(249조 1항)과 임의적 기재사항(2항)을 규정하고 있다. 전자는 재판장의 소장심사의 대상이 되며 이를 흠결하는 경우 소장각하명령을 받을 수 있다(254조 2항).

1. 소송당사자와 법정대리인

(1) 당사자의 특정

당사자는 소장에 표시된 대로 파악됨이 원칙이므로 개인이나 법인을 불문하고 특정할 수 있는 요소를 기재하여야 한다. 따라서 당사자의 이름·주소와 연락처(전화·팩시밀리·전자우편 주소 등)를 기재하여야 한다(민규 2조 1항 2호). 한편, 법인이나 법인 아닌 사단·재단의 경우는 단체의 명칭과 대표자를 정확히 기재하여야 한다. 조합의 경우는 원칙적으로 조합원 전원이 당사자가 되어야 하지만 조합대표자가 임의적 소송신탁을 받은 경우는 조합대표자만을 원고로 할 수 있다.

(2) 법정대리인의 표시

당사자가 제한능력자인 경우에는 법정대리인을 반드시 표시하여야 한다. 예를 들어, 당사자가 미성년자일 경우에는 친권자인 부모(민 909조), 친권자가 없는 경우 등에는 미성년후견인(민 928조) 등을 표시하여야 한다. 나아가 성년자라도 성년후견개시심판이 있는 경우에는 성년후견인을 기재하여야 함은 당연하다(민 929조). 한편, 소송대리인과 같은 임의대리인이 선임된 경우에는 소송서류의 송달을 위해 주소와 연락처 등을 기재하는 것이 바람직하며 실무도 그러하다. 소송대리인이 법무법인 등인 경우는 담당변호사를 기재하는 것이 요구된다.

2. 청구취지

(1) 의　　의

청구취지는 원고가 소 제기를 통해 구하는 결론 부분으로서 판결주문에 대응되는 것이다. 청구취지를 토대로 소송물은 물론 소가의 산정, 사물관할 등 소송의 중요한 요소들이 결정되고 법원의 재판 범위가 결정된다. 따라서 청구취지가 특정되지 않거나 분명하지 않으면 소의 대상이 특정되지 않으므로 법원은 직권으로 보정을 명하고 이에 응하지 않는 경우 소

를 각하할 수밖에 없다.[1]

(2) 기재 원칙과 방법

1) 기재원칙   청구취지는 판결주문에 대응되고 판결주문은 그 자체로 집행이 가능하도록 기재되어야 하므로 청구취지는 되도록 간단하고 명확하게 기재되어야 하며 확정적인 의사표시를 담아야 한다. 아울러 주문의 기재방식과 동일한 것이 원칙이다. 다만 소송내적 조건의 설정은 가능하다. 예를 들면 예비적 청구나 반소, 예비적 공동소송 등의 소송내적 조건을 설정하는 것은 가능하다. 한편, 청구취지에는 소송비용에 대한 재판과 가집행선고의 신청도 기재하는 것이 일반적이지만 본래적 의미의 청구취지라고는 할 수 없다(민사실무 I, 58면).

2) 이행의 소   ① 금전지급을 구하는 경우는 청구취지에서 그 원인이나 금전의 성격을 굳이 밝힐 필요는 없으므로(집행절차에서 금전의 성격 등이 집행의 내용을 결정하지 못하기 때문이다) 단순히 금전의 지급을 구하는 것으로 족하다.[2] 외화채권의 경우는 외화자체의 지급을 구하거나 이를 원화로 환산한 금액[3]을 청구하는 것 모두 가능하다.

② 특정물의 인도청구를 구하는 경우는 집행의 편의를 위해 가능한 한 목적물을 명확히 특정하여야 한다.[4] 특히 등기관련 청구의 경우는 등기신청에 갈음하여 판결로써 등기를 신청하는 것이므로(의사진술을 명하는 판결) 부동산등기법에서 요구하는 바에 따라 청구취지를 기재하여야 한다. 따라서 소유권이전등기청구의 경우는 등기원인을 반드시 청구취지에 기재하여야만 한다.[5] 그러나 말소청구소송의 경우는 말소될 등기를 특정하는 것으로 족하다(판결 자체가 말소의 원인이 되기 때문이다).[6]

③ 종류물의 인도청구의 경우에도 강제집행이 가능하도록 품명, 수량 외에 품질, 종별 등 목적물의 표준을 특정하여 표시하여야 한다(민사실무 I, 62-63면). 아울러 종류물의 인도청구를 하는 때에는 집행불능에 대비하여 미리 환산금의 지급을 구하는 단순병합의 대상청구를 하는 것이 일반적이다.[7]

---

1) 大判 1981. 9. 8. 80다2904.

2) 금전지급청구의 예시는 다음과 같다. 「피고는 원고에게 1억 원 및 이에 대한 소장부본 송달 다음 날부터 다 갚는 날까지 연 15%의 비율에 의한 금원을 지급하라」.

3) 大判(全) 1991. 3. 12. 90다2147에서는 채무자가 현실로 이행할 때에 가장 가까운 사실심 변론종결 당시의 외국환 시세를 우리나라 통화로 환산하는 기준시로 삼아야 한다고 판시한 바 있다.

4) 「피고는 원고에게 서울 ○○구 ○○동 ○○번지 대지 ○○평방미터 중 별지도면표시 1, 2, 3, 4, 5, 1의 각 점을 순차로 연결한 선내 부분 ○○평방미터를 인도하라」.

5) 「피고는 원고에게 별지목록기재 부동산에 관하여 ○○○○.○○.○○.자 매매를 원인으로 한 이전등기절차를 이행하라」.

6) 「피고는 원고에게 별지목록기재 부동산에 관하여 ○○법원 ○○등기소 ○○○○. ○○. ○○. 접수 제1111호로 경료한 소유권이전등기의 말소등기절차를 이행하라」.

7) 「피고는 원고에게 백미(○○○○년산, 평택미, 중등품) ○○가마(가마당 ○○키로그람들이) 및 이에 대한 소장부본 송달 다음 날부터 다 갚는 날까지 연 15%의 비율에 의한 백미를 지급하라. 위 백미에 대한 강제집

3) **확인의 소**　　　확인의 소는 구체적인 집행을 전제하지 않으므로 이행청구와 같은 엄격함은 요구되지 않는다. 다만 확인을 구하는 권리의무관계가 명확하게 나타나도록 청구취지를 분명히 하여야 한다.1) 특히 의무의 일부 부존재를 구하는 소극적 확인의 경우는 전체 채무를 특정함으로써 확인을 구하는 부분이 특정되도록 유념하여야 한다.2)

4) **형성의 소**　　　형성의 소는 청구취지를 통해 형성판결을 통해 얻고자 하는 형성의 대상과 내용을 특정하여야 한다.3) 공유물 분할청구와 같은 형식적 형성의 소의 경우 원고의 청구취지에 법원이 구속되는 것은 아니지만 원고가 바라는 바의 청구를 명확히 나타내도록 구체적으로 특정하여야 한다.

3. 청구원인

(1) 기재되어야 할 내용

청구원인에는 원고의 청구를 뒷받침하는 구체적인 사실을 기재하여야 할 뿐 아니라 피고가 주장할 것이 명백한 방어방법에 대한 구체적인 진술과 입증이 필요한 사실에 대한 증거방법도 기재하여야 한다(민규 62조). 원고 주장을 뒷받침하는 증거방법은 물론 예상되는 항변에 대한 재반박까지 청구원인에 기재하도록 하고 있는데 이는 사건 초기단계에 사건을 분류하고 관리하기 위한 필요에서 기인한다.

(2) 청구원인의 기재 정도

1) **사실기재설과 식별설**　　　종래부터 청구원인의 기재정도와 관련하여 사실기재설과 식별설의 대립이 있었다. 사실기재설은 원고의 소송상청구를 이유 있게 하는 모든 사실을 기재할 것을 요구하는 견해이다. 반면에 식별설은 청구취지를 도출하는 데 필요한 사실만을 기재하는 것만으로 충분하다는 입장인데 사실주장에 대한 법적 관점이나 평가를 담을 필요가 있다는 구식별설과 그럴 필요까지는 없다는 신식별설이 나뉘어 왔다. 본인소송 비율이 높은 우리의 현실을 고려한다면 당사자로 하여금 청구취지를 도출하는 데 필요한 사실주장만을 담도록 요구하는 신식별설이 타당하지만 사건관리와 조기 사건 해결을 지향한다면 법적 관점까지 기재하는 것을 요구하는 것도 필요하다.

행이 불능일 때에는 백미 1가마당 ○○원의 비율로 환산한 금원을 지급하라」.
1) 「원고 甲과 피고 乙 사이에서 서울 ○○구 ○○○로 ○○ 대지 ○○ 평방미터가 원고 甲의 소유임을 확인한다」.
2) 「원고의 피고에 대한 공증인가 ○○법무법인 ○○○○. ○○. ○○. 작성 0000년 증서 제○○호 약속어음 공정증서에 기한 약속어음금 채무는 1억 원을 초과해서는 존재하지 아니함을 확인한다」.
3) 「원고와 피고는 이혼한다」혹은 「피고와 소외인 간의 별지목록기재 부동산에 관한 0000. 00. 00. 매매계약은 이를 취소한다」등과 같이 원고가 소를 통해 얻고자 하는 법률관계의 변동 대상 등을 명확히 특정하여야 한다.

2) **민사소송규칙의 입장**   규칙 제62조에 따르면 청구원인에서 상대방의 방어방법은 물론 원고주장을 뒷받침하는 증거방법의 적시까지 요구하고 있어 원고가 법적 판단을 전제로 하지 않고 사실관계를 주장하는 것이 사실상 불가능하다.[1] 더구나 조기에 사건을 분류하고 관리하기 위해서는 원고의 법적 관점 선택이 조속히 밝혀지는 것이 바람직할 것이다. 따라서 적어도 법률전문가가 소송을 대리하는 경우는 법적 관점을 정한 후 주장을 정리하고 이에 따라 요구되는 증거방법과 상대방이 명백히 주장할 것이 예상되는 방어방법에 대한 진술을 하도록 요구할 필요가 있다. 그러나 본인소송의 경우는 이러한 요구 자체가 무리한 것이므로 규칙의 적용은 탄력적으로 할 필요가 있다.

Ⅱ. 임의적 기재사항

1. 소장과 준비서면 기재정도

법 제249조 제2항에서는 소장에 준비서면에 관한 규정(274조)을 준용하고 있는데 이로써 소장을 가급적 준비서면에 버금가도록 상세하게 적을 것을 권고하고 있는 것이다. 다만, 규칙 제62조로 인해 청구원인에는 청구를 뒷받침하는 구체적 사실은 물론 피고가 주장할 것이 명백한 방어방법에 대한 구체적인 진술과 입증이 필요한 사실에 대한 증거방법에 대해서도 기술하여야 한다.

2. 소장각하사유와 규칙 제62조

사건관리와 집중심리를 위해서는 규칙 제62조가 요구하는 상세하고도 구체적인 소장 작성이 필요한 것이지만 이를 충족하지 못하는 소장이라고 해서 바로 소장각하의 대상이 된다고 볼 수는 없다. 규칙 제62조는 사건관리와 집중심리를 위한 규정으로서 권고적인 내용을 담고 있다고 보아야 하므로 청구취지와 이를 식별할 수 있는 청구원인의 기재가 있으면 법 제254조 제2항에 따른 소장각하를 할 수 없다.

---

1) 예를 들어 원고가 손해배상청구를 하면서 아무런 법적 관점의 선택 없이 계약책임과 불법행위책임을 동시에 물을 수 있는 사실관계를 모두 기재하였다고 가정하면 상대방의 예상되는 방어행위에 대한 주장과 증거방법 역시 양자 모두에 필요한 것을 주장하여야 한다는 결론에 이르게 된다. 이렇게 되면 소장의 작성이 어려워질 뿐 아니라 기재 내용 자체도 복잡해지므로 사건관리 측면에서는 오히려 바람직하지 못한 결과를 초래할 것이다.

제 3 절   재판장의 소장심사

I. 소장심사

1. 소장심사의 대상과 보정명령

(1) 재판장은 소장에 기재된 필수적 기재사항(249조 1항)과 법이 정하는 소정의 인지가 붙어있는지 여부를 심사하게 된다(254조 1항). 이에 대한 흠이 발견되면 재판장은 상당한 기간을 정하여 보정을 명하여야 하며 필요하다고 인정하는 경우에는 청구이유에 대응하는 증거방법을 구체적으로 적어내도록 하거나 인용한 서면증거를 첨부하여 제출하도록 추가명령을 할 수 있다(254조 4항).

(2) 보정명령에 따라 흠이 보완되는 경우 소 제기 시점을 둘러싸고 다소의 논란이 있다. 인지보정명령의 경우는 보정에 따라 최초의 소장접수 시점을 소 제기 시점으로 보는 데 문제가 없으나 필수적 기재사항의 내용이 불명확하여 청구가 특정되지 않았음을 이유로 보정명령을 한 경우에는 문제가 된다. 최초의 소장 내용으로는 청구를 특정할 수 없을 정도라고 한다면 보정이 이루어진 시점에 적식의 소장이 제출된 것으로 보는 것이 타당하다(같은 취지의 견해로는 전병, 14면, 반대견해로는, 호, 104면).

(3) 인지 보정명령에 따라 인지액에 해당하는 현금을 수납은행에 납부하면서 잘못하여 인지로 납부하지 않고 송달료로 납부한 경우 원심 재판장이 상소인에게 인지를 보정하는 취지로 송달료를 납부한 것인지에 관하여 석명을 구하고 다시 인지를 보정할 수 있는 기회를 부여해야 한다.[1] 타당한 접근이라고 판단된다.

2. 보정명령에 대한 불복

(1) 소장각하명령

정당한 보정명령에 응하지 않은 경우 재판장은 명령으로 소장을 각하하여야 한다(254조 2항).[2] 그러나 임의적 기재사항의 경우는 소장각하가 아닌 소각하 판결을 하여야 한다.[3] 소

---

1) 大決 2014. 4. 30. 2014마76; 大決 2021. 3. 11. 2020마7755.
2) 인지를 미첨부한 채 소송구조신청을 한 경우 소송상 구조신청에 대한 기각결정이 확정되기 전에는 소장을 각하할 수 없다는 것이 대법원의 입장이었다(大決 2002. 9. 27. 2002마3411). 이를 악용하여 시간을 지체하는 수법으로 소권을 남용하는 사례가 많았기에 일정한 기준 이하의 인지 미첨부의 경우 소장 접수를 보류하는 빙안을 강구하게 되었다(248조 2항).
3) 大決 2013. 9. 9. 2013마1273에서도 소장에 대표자의 표시가 되어 있는 이상 그 표시에 잘못이 있다 하더라도 이를 정정하라는 보정명령을 하였으나 그에 대한 불응을 한 경우 법원은 소장을 각하할 것이 아니라 판결로써 소를 각하할 수 있다고 하였다.

장을 각하함으로써 결과적으로 소각하판결을 받은 것과 동일한 효력이 발생하게 되는데 소
장각하명령을 행정처분으로 이해하는 견해도 있다(송/박, 254면). 소장각하명령이 확정되면 소
장에 붙인 인지액의 1/2에 해당하는 금액의 환급을 청구할 수 있게 된다(인지 14조 1항 1호).

(2) 각하명령의 시적 한계

재판장의 소장각하는 소장부본이 상대방에게 송달된 후에는 할 수 없다.[1] 소장심사는
소송계속이 발생하기 전에 재판장으로 하여금 소장의 형식적인 요건을 심사하도록 함으로써
재판의 능률을 촉진하기 위한 것이다. 따라서 소장부본의 송달로 소송계속이 발생하면 법원
과 당사자 간에는 소송법률관계가 형성되므로 재판장이 단독으로 소장을 각하할 수는 없으
며 소송계속 후 보정이 이루어지 않는 경우에는 소를 각하하여야 한다(김홍, 331면; 전병, 16면;
호, 104~105면). 그러나 재판장의 여유있는 소장심사를 위해서는 그 시한을 변론개시 시점으로
보아야 한다는 견해도 있다(송/박, 254면; 이시, 276면).

(3) 보정명령과 소장각하명령에 대한 불복방법

부당한 인지보정명령을 받은 원고가 보정명령 자체의 위법을 들어 불복할 방법은 없다
는 것이 판례 입장이다.[2] 따라서 원고는 인지를 보정하든지 혹은 소장각하명령에 대해 즉시
항고할 수밖에 없다(254조 3항). 한편 판례는 소장의 적법성 여부는 소장각하명령 시점을 기준
으로 판단하여야 하므로 소장각하명령에 대한 즉시항고 도중에 인지보정을 하더라도 흠이
보정되는 것은 아니라고 하고 있어[3] 보정명령에 자체에 대한 불복이 인정되지 않을 뿐 아니
라 소장각하명령 후에 원고가 자진하여 보정하는 것도 아무런 효력이 없게 된다.

(4) 흠의 치유

1심과 항소심 법원의 재판장이 인지부족을 발견하지 못하고 간과한 경우라도 상고심 법
원에서 이를 보정하면 그 흠이 치유된다.[4] 상고심에서조차 이를 발견하지 못하고 판결이 선
고된 경우는 그 흠이 치유된 것으로 보아야 할 것이다.

---

1) 大決 1973. 10. 26. 73마641.
2) 大決 1995. 6. 30. 94다39086,39093에 따르면 인지보정명령은 법에서 일반적으로 항고의 대상으로 삼고 있
  는 법 제409조 소정의 "소송절차에 관한 신청을 기각하는 결정이나 명령"에 해당하지 아니하고 또 이에 대
  하여 불복할 수 있는 특별규정도 없으므로, 인지보정명령에 대하여는 독립하여 이의신청이나 항고를 할 수
  없고 다만 보정명령에 따른 인지를 보정하지 아니하여 소장이나 상소장이 각하되면 그 각하명령에 대하여
  즉시항고로 다툴 수밖에 없다고 한다.
3) 大決 1969. 9. 30. 69마684.
4) 大判 1969. 12. 26. 67다1744,1745,1746.

Ⅱ. 소장부본의 송달

1. 소장의 송달

재판장의 소장심사 후 법원은 소장부본을 바로 피고에게 송달하여야 한다(255조 1항, 민규 64조 1항). 소장에 준하는 반소장 등의 경우도 동일하다(민규 64조 2항). 소장부본의 송달로써 소송계속이 발생하게 되며 시효중단과 소장에 담겨있는 의사표시에 따른 실체법상의 효과가 발생하게 될 뿐 아니라 소장부본 송달 다음날부터는 지연손해금의 법정이율이 연 12%(2019. 6. 1. 부터)가 된다(특례 3조 1항 및 법정이율에 관한 규정). 아울러 피고는 방어를 준비할 수 있는 시간을 확보하게 되므로 송달은 가급적 조속히 실시하는 것이 바람직하다.

2. 송달불능과 소장각하

원고가 기재한 피고 주소지나 송달장소가 잘못된 경우 혹은 피고가 주간에는 주소지 등에 소재하고 있지 않은 경우 소장이 반송되는 경우가 있다. 이러한 경우를 송달불능이라고 한다. 이러한 경우 재판장은 주소보정을 명하고 보정이 이루어지지 않는 경우에는 소장을 각하하여야 한다(255조 2항). 원고로서는 소장의 반송 이유가 무엇인지를 확인하고 폐문부재인 경우에는 야간송달을 신청하고, 이사불명 등의 사유가 있는 경우에는 피고의 최후 주민등록지 통·반장으로부터 불거주확인서를 받아 공시송달 등을 신청하는 방법을 통해 주소보정을 실시하여야 한다.

Ⅲ. 답변서제출의무와 무변론판결

1. 답변서제출의무

공시송달의 경우를 제외하고 소장을 송달받은 피고는 원고의 청구를 다투는 경우에는 소장부본을 수령한 날부터 30일 이내에 답변서를 제출하여야 한다(256조 1항). 법원은 소장 송달시 이러한 취지를 피고에게 알려야 한다(256조 2항). 답변서에는 청구취지에 대한 답변과 준비서면의 기재 사항 외에도 소장에 기재된 개별적인 사실에 대한 인정 여부와 제기하는 항변과 이를 뒷받침하는 구체적 사실은 물론 이들 주장을 증명하는 증거방법 등을 상세히 기재하고 (민규 65조 1항) 증거방법 중 입증이 필요한 사실에 관한 중요한 서면증거의 사본을 첨부하여야 한다(민규 65조 2항). 사건의 초기 분류와 사건관리를 위해 추상적인 답변서를 지양하게 하고 보다 구체적인 답변서를 유도하기 위한 것이다. 요건에 부합하지 않는 답변서가 제출된 경우 재판장은 법원사무관등으로 하여금 방식에 맞는 답변서의 제출을 촉구하도록 할 수 있다(민규 65

조 3항). 방식에 맞는 답변서가 제출되면 법원은 답변서의 부본을 원고에게 송달하여야 한다 (256조 3항). 서면공방절차를 통해 원고의 재반박을 준비하게 하기 위함이다.

2. 변론기일의 지정/변론준비절차 회부

적식의 답변서가 제출되면 재판장은 무변론판결을 하는 경우가 아니면 바로 변론기일을 지정하여야 하지만 사건을 변론준비절차에 회부할 수도 있다(258조 1항, 민규 69조 1항). 2008년 법 개정을 통해 준비절차회부를 선택적인 것으로 전환하였다. 재판장은 사건의 성격에 따라 변론방식 혹은 준비절차 방식으로 적절하게 쟁점정리를 할 수 있게 되었는데 재판부 사정에 따라 보다 유연한 대처를 할 수 있게 되었다.

3. 무변론판결

(1) 개　　념

1) 피고가 소장 부본 송달일부터 30일 이내에 다투는 취지의 답변서를 제출하지 않은 경우 법원은 피고가 청구의 원인된 사실을 자백한 것으로 보고 변론 없이 원고 승소판결을 선고할 수 있다(257조 1항). 이를 무변론판결이라고 한다. 한편 피고가 답변서를 제출하였으나 그 내용이 청구원인된 사실을 모두 자백하는 것이고 따로 항변을 하지 않는 경우에도 무변론판결을 선고할 수 있도록 하고 있다(257조 2항). 결국 피고가 답변서를 아예 제출하지 않는 경우는 물론 답변서를 제출하더라도 원고의 청구원인사실을 명시적으로 자백하거나 다투는 취지의 내용이 없으면 무변론판결을 할 수 있다.

2) 법원이 답변서 제출을 기다린 후 무변론판결 선고기일을 지정하게 되면 절차의 지연이 초래될 수 있으므로 법원은 피고에게 소장 부본을 송달하면서 답변서 제출이 없는 경우 무변론판결 선고를 할 수 있을 뿐 아니라 그 기일까지 지정해서 소장과 함께 통지할 수 있다(257조 3항). 이렇게 함으로써 피고에게 답변서 제출을 촉구하는 효과와 함께 지체 없이 무변론판결을 선고할 수 있어 소송촉진의 효과도 달성할 수 있게 된다.

(2) 불가능한 경우

1) 답변서 제출기간이 비교적 단기라는 점, 규칙에서 요구하는 답변서 기재방식이 매우 구체적이라는 점을 고려한다면 '원고의 청구를 기각한다'라는 정도의 간단한 답변서가 제출되는 것만으로도 무변론판결은 저지할 수 있다.

2) 피고가 답변서를 제출하지 않거나 원고청구를 인정하는 취지의 답변서를 제출하더라도 직권으로 조사할 사항이 있는 경우,[1] 무변론판결 선고기일이 지정된 후 그 선고 전에 다

---

1) 예를 들어 전속관할을 위반한 소 제기인 경우, 피고가 우리나라의 재판권에 복종하지 않는 대상인 경우

투는 취지의 답변서가 제출된 경우 등에는 무변론판결을 할 수 없다(257조 1항 단서).

3) 1심 법원이 피고의 답변서 제출 사실을 간과한 채 무변론판결을 한 경우 항소심 법원은 1심 판결을 취소하되 이 경우 반드시 사건을 환송하여야 하는 것은 아니므로 제1심에서 본안판결을 할 수 있을 정도로 심리가 된 경우, 또는 당사자의 동의가 있는 경우에는 항소법원은 스스로 본안판결을 할 수도 있다.[1]

(3) 무변론 원고패소 판결의 가능성

1) 무변론판결이라고 해서 무조건 원고 전부승소판결이 선고되는 것은 아니므로 예를 들어 금전지급청구의 경우 지연손해금 산정의 이자율이나 기간 산정이 부당한 경우 일부기각판결이 선고될 수 있다(김홍, 337면; 이시, 279면). 그러나 이 경우도 원고가 보정이나 석명을 통해 청구를 바로 잡을 수 있다면 변론을 열어 기회를 주는 것이 마땅하다. 즉, 원고가 청구하는 바 그대로 승소판결을 할 수 없는 경우에는 변론을 여는 것이 필요하다.

2) 소장에 비추어 원고 주장 자체로 소가 부적법하거나 원고청구가 이유 없음이 명백한 경우에도 변론 없이 원고청구를 기각할 수 있는가에 대해 견해 대립이 있다. 보정의 가능성이 없으면 소각하 판결이나 청구기각의 무변론 패소판결도 가능하다는 견해가 있다(이시, 279면). 소액사건에서 법원은 소장·준비서면 기타 소송기록에 의하여 청구가 이유없음이 명백한 때에는 변론없이 청구를 기각할 수 있는 점(소액 9조 1항)에 비추어보더라도 소송경제상 이러한 해석이 타당하다는 것이다. 반면에 변론주의에 대한 예외는 위 소액사건의 규정과 같이 법률상 명문의 규정이 있어야만 가능하므로 무변론 청구기각 판결은 원칙적으로 허용될 수 없다는 입장이 있다(김홍, 337면). 판례 역시 불가능하다는 입장이다.[2] 소장심사 단계에서 주장 자체로 이유 없는 청구를 담았다고 해서 소장을 각하할 수는 없듯이 소장에 기재된 내용만으로 변론 없이 소를 각하하거나 청구기각 판결을 할 수는 없다. 법원은 소에 대해 변론을 열어 재판할 의무를 부담할 뿐 아니라 법적 관점 지적의무를 비롯한 석명의무를 부담하고 있기 때문이다. 소송경제적인 측면에서 보더라도 소송촉진을 위해 무변론판결을 도입한 것인데 무변론판결에 대해 원고가 항소하는 결과를 초래한다면 원래의 제도 도입 취지 자체가 몰각되는 것이라고 할 것이다.

등에는 무변론 판결을 선고할 수는 없다.

1) 大判 2013. 8. 23. 2013다28971; 大判 2020. 12. 10. 2020다255085.

2) 大判 2017. 4. 26. 2017다201033. 동 판결에서 대법원은 무변론판결은 원고의 청구를 인용할 경우에만 가능하고, 원고의 청구가 이유 없음이 명백하더라도 변론 없이 하는 청구기각 판결은 인정되지 아니한다고 설시하고 있으나 근거에 대해서는 언급이 없다.

제 6 장 소 제 기 의 효 과

제 1 절 소송계속

I. 의의와 발생시기

소장이 법원에 접수되는 것으로써 사실상 법원은 재판행위를 개시할 수 있게 된다. 그런데 관념적으로는 소장 부본이 상대방에게 송달된 시점에 원고와 피고 그리고 법원이 재판을 할 수 있는 상태에 이르게 되며 이 시점을 소송계속 시점으로 파악하는 것이 우리의 통설·판례[1]이다. 따라서 중복소송의 경우 소의 선후도 법원에 계속된 시점을 기준으로 한다(259조). 그러나 독일과 달리(독일 ZPO § 261(2)에서는 소장부본 송달시점을 소송계속 시점으로 보고 있음) 우리에게는 소송계속 시점에 관한 명문의 규정이 없으며 소장 접수일로부터 소장부본 송달일까지 소요되는 기간은 원고의 의사와 무관하게 법원의 사정에 따라 기간의 장단이 발생하므로 이를 기준으로 전소와 후소를 구분하는 것은 재고할 필요가 있다. 섭외사건의 경우 국제사법 제11조 제5항에 따라 소의 선후는 제소시를 기준으로 하고 있는 점 역시 참고할 필요가 있다.[2]

II. 소송계속의 효과

소가 법원에 계속된 후에는 이해관계인이 소송에 참가할 수 있으며(71조) 당사자는 참가할 수 있는 제3자에게 소송고지도 할 수 있으며, 참가승계, 인수승계 등(71조, 82조, 83조, 84조)도 가능하다. 단지 법조문에 "소가 계속 중"이라는 표현에서 비롯된 것인데 이러한 참가나 인수, 소송고지 등을 소장부본 송달 이후에만 가능하다고 보아야 할 이유는 없으므로 이러한 제도의 조기 이용을 위해서도 소송계속 시점을 소 제기 시점으로 보는 것이 타당하다.

---

1) 大判 1994. 11. 25. 94다12517,12524.
2) 미국 연방사건의 경우 소장 접수로써 소가 계속된 것으로 보고 있어(pendency with filing, FRCP § 3) 국제적 소송경합이 발생하면 우리나라 법원에 제기된 소는 미국법원에 제기된 소보다 상대적으로 후소로 취급될 가능성이 높아지게 되는 불합리함이 있다. 따라서 이에 대한 시정을 위해 이러한 특별규정을 설치하게 된 것이다. 그러나 국내사건 상호간에도 송달기간이라는 가변적인 조건에 의해 소의 선후를 정하는 것은 역시 불합리하다.

Ⅲ. 소   멸

소송계속은 소장각하, 판결의 확정, 소취하는 물론 이행권고결정이나 화해권고결정 등 소송의 종료원인으로 소멸된다. 소송계속이 소멸된 것을 간과한 채 진행한 소송에 대하여는 판결로써 소송종료선언을 하여야 한다.

Ⅳ. 유사 소송계속

독촉절차(472조), 제소전화해절차(388조), 혹은 조정절차(민조 36조)는 판결절차에 갈음하는 것으로서 이의신청이나 소 제기 신청에 의해 당연히 판결절차로 이행하는 것이므로 소송계속의 효과를 인정하는 것이 통설의 입장이다(김/강, 258면). 그러나 일정한 조건에 의해 판결절차로 이행된다고 해서 독촉절차나 제소전화해, 조정절차의 개시를 소송계속으로 볼 수 있다는 것은 논리적으로 설득력이 없다. 각 절차의 존재 목적이나 성질에 비추어 소송계속에 따른 효과를 인정할 것인지 여부를 개별적으로 결정하는 것이 타당하다. 지급명령의 신청에는 그 성질에 어긋나지 않는 한 소에 관한 규정을 준용하고 있으며(464조) 제소전화해 신청의 경우도 동일하다(385조 4항). 따라서 이들 절차의 개시에 소송계속을 인정하는 데 문제가 없다. 그러나 조정절차에는 민사소송법상의 중복제소나 소송참가 등의 규정을 준용하는 규정이 없어(민조 38조) 소송계속을 인정하기 어렵다. 더욱이 조정절차는 특별한 규정이 있는 경우를 제외하고는 성질에 반하지 않는 한 비송사건절차법 제1편이 준용되므로 소송계속을 인정하기 어렵다.

제 2 절 중복된 소 제기의 금지

Ⅰ. 의   의

법원에 계속되어 있는 사건에 대해 동일한 소를 다시 제기하는 것은 금지된다(259조). 후소는 소위 중복소송으로 부적법 각하된다. 동일한 사건을 동일법원은 물론 국내의 다른 법원이나 외국의 법원에 제소하는 것도 금지된다. 중복소송금지 규정을 통해 피고는 이중의 소를 방어해야 하는 부담을 덜고 법원으로서는 판결의 모순·저촉을 방지할 수 있게 된다. 그러나 보다 중요한 것은 사법자원(judicial resources)의 낭비를 막음으로써 소송경제를 도모할 수 있다는 점이다. 따라서 판결의 모순·저촉 방지 효과는 부수적인 것으로 취급함이 타당하며 중복제소와 같이 전·후 양소가 아직 확정되지 않은 상태에서는 동일 소송의 개념을 확대해서 파악함으로써 소송경제를 도모하는 것이 무엇보다 중요하다.

Ⅱ. 중복제소가 되기 위한 요건

1. 전소가 계속 중일 것

전소가 계속되어 있는 상태에서 동일한 후소가 다시금 제기되는 상황이다. 따라서 전소가 확정된 상태인 경우에는 기판력의 문제로 전환된다. 전소의 적·부나 이유유무는 일단 문제되지 않는다.[1] 형식적인 측면에서만 중복제소여부를 판단하기 때문이다. 후소는 소 제기의 실질을 가지면 되므로 독립의 소의 형태를 요구하지 않는다. 따라서 다른 소송에서 소의 변경이나 반소, 중간확인의 소의 형태로 제기된 소가 전소와 동일하면 중복제소에 해당한다. 그러나 공동소송참가의 경우는 독자적인 이익이 있으므로 별개의 문제이다(반대견해는 이시, 287면 참조). 한편, 소송계속 시점을 소장부본의 송달시점으로 파악하는 현재 실무 입장에서는 전소와 후소의 지위는 역전이 가능하게 되는데(호, 140-141면 참조) 먼저 소장이 접수되더라도 소요되는 송달기간에 따라 후소가 될 수 있다.

2. 전소와 후소가 동일할 것

전후소의 동일성은 일단 당사자와 소송물의 동일성으로 판별될 수 있다. 그런데 기판력은 확정된 전소와 소송계속 중인 후소 간에 문제되는 것이고 중복제소금지는 전·후 양소 모두 소송계속 중인 것에 불과하다. 따라서 진행 중인 후소가 확정되었을 때를 가정하면 어렵지 않게 기판력이론으로 전후 양소의 동일성 여부를 판별할 수 있다. 하지만 전후 양소가 공존하는 상황에서는 기판력과는 다른 접근이 필요한 경우가 있다. 특히, 중복제소 금지 원칙을 소송경제적인 측면에서 바라본다면 그러한 차별성이 부각될 수 있다.

(1) 당사자가 동일할 것

1) 대립당사자의 동일성   전후양소의 당사자가 동일해야 한다. 따라서 원고 甲이 피고 乙을 상대로 소유권존재확인청구를 한 경우(전소), 乙이 별소로 동일한 물건에 대해 丙을 상대로 소유권존재확인청구를 한 경우(후소)에는 동일한 소라고 할 수 없다(이시, 287면).

2) 제3자 소송담당   甲이 파산한 후 파산관재인 A가 乙을 상대로 파산재단에 관하여 소를 제기하게 되면(전소) 동 판결의 효력은 甲 본인에게도 미치게 되므로(218조 3항) 甲 본인이 나중에 동일한 후소를 제기하더라도 당사자가 동일한 경우에 해당한다(물론 甲은 처분권한의 상실로 당사자적격도 없다, 회생·파산 359조). 그러나 병행형 소송담당의 경우는 이 경우와 달리 기

---

1) 大判 2017. 11. 14. 2017다23066.

존의 권리자가 아주 권리를 상실하는 것은 아니므로 소송담당자가 제기한 소송에서 어떤 지위를 갖는 것인지 문제가 된다. 특히 채권자대위소송이 그러하다.

　　3) **채권자대위소송**　　① 채권자대위소송의 계속 중 채무자가 제3채무자를 상대로 동일한 소를 제기하는 경우 이는 동일한 소송이므로 중복제소에 해당한다는 것이 판례입장이다.[1] 채무자가 대위소송의 계속사실을 안 경우에만 기판력이 미치므로(74다1664 판결) 모르고 제기한 경우에는 참가의 기회를 주고 후소를 중복제소로 각하하여야 한다는 견해가 있으나(김/강, 262면; 이시, 288면) 의문이다. 대위소송의 계속 사실을 몰랐던 채무자에게 참가의 기회를 제공하는 것의 여부와 상관없이 후소는 각하될 수밖에 없으며 후소에서 중복제소 여부가 문제된 상황에서 채무자가 대위소송의 계속사실을 모른다는 것은 상정하기 어렵기 때문이다. 한편, 채권자대위소송이 중복된 경우 역시 판례는 후소를 중복제소로 보고 있으며,[2] 채무자가 먼저 소를 제기한 후 채권자가 채무자를 대위하여 대위소송을 제기한 경우도 역시 중복제소로 파악하고 있다(제7편 제4장 제5절 Ⅱ. 참조).[3]

　　② **채무자의 소 제기와 압류채권자의 추심소송**　　i) 채권자가 채무자의 제3채무자에 대한 금전채권을 (가)압류하더라도 채무자는 제3채무자를 상대로 무조건의 이행을 구하는 판결을 얻을 수는 있다.[4] 다만, 압류의 효력으로 채무의 영수를 할 수 없게 되므로 제3채무자에 대한 집행은 할 수 없게 된다. 그러나 만일 (가)압류된 채권이 소유권이전등기청구권이라면 무조건의 이행을 명하는 판결을 받을 수는 없으며 가압류의 해제를 조건으로 인용판결을 받을 수 있을 것이다.[5] 또한, 소유권이전등기청구권에 대한 압류가 있으면 변제금지의 효력에 따라 제3채무자는 채무자에게 임의로 이전등기를 이행하여서는 아니 되나, 이러한 압류에는 청구권의 목적물인 부동산 자체의 처분을 금지하는 대물적 효력이 없으므로, 제3채무자나 채무자로부터 이전등기를 마친 제3자에 대하여는 취득한 등기가 원인무효라고 주장하여 말소를 청구할 수 없지만, 제3채무자가 압류결정을 무시하고 이전등기를 이행하고 채무자가 다

　　1) 大判 1992. 5. 22. 91다41187.
　　2) 大判 1988. 9. 27. 87다카1618; 大判 2021. 5. 13. 2020다71690. 이 경우도 전소의 채무자가 대위소송이 계속된 사실을 알았을 경우에만 후소로 제기된 대위소송이 중복소송이 된다는 견해가 있다(이시, 288면).
　　3) 大判 1981. 7. 7. 80다2751. 이 경우는 채권자가 대위소송을 제기할 당사자적격이 흠결된 것이라고 보는 판례도 있음을 유의할 필요가 있다(大判 1992. 11. 10. 92다30016 및 大判 2009. 3. 12. 2008다65839 참조).
　　4) 大判 2000. 4. 11. 99다23888.
　　5) 大判 1999. 2. 9. 98다42615. 동 판결에 따르면 소유권이전등기청구권의 압류나 가압류는 청구권의 목적물인 부동산 자체의 처분을 금지하는 대물적 효력은 없고, 또한 채권에 대한 가압류가 있더라도 이는 채무자가 제3채무자로부터 현실로 급부를 추심하는 것만을 금지하는 것이므로 채무자는 제3채무자를 상대로 그 이행을 구하는 소송을 제기할 수 있고 법원은 가압류가 되어 있음을 이유로 이를 배척할 수는 없다. 하지만 압류의 대상이 소유권이전등기를 명하는 판결인 경우에는 의사의 진술을 명하는 판결로서 이것이 확정되면 채무자는 일방적으로 이전등기를 신청할 수 있고 제3채무자는 이를 저지할 방법이 없게 되므로 가압류의 해제를 조건으로 하지 않는 한 법원은 이를 인용하여서는 안되는 것이며, 가처분이 있는 경우도 이와 마찬가지로 그 가처분의 해제를 조건으로 하여야만 소유권이전등기절차의 이행을 명할 수 있다고 한다.

시 제3자에게 이전등기를 마쳐준 결과 채권자에게 손해를 입힌 때에는 불법행위에 따른 배상책임을 진다.[1] 그러나 채권자가 환가명령의 하나인 추심명령을 받은 경우에는 채무자는 추심권이 박탈당하게 되므로 이행의 소를 제기할 수 있는 당사자적격도 상실하게 된다.[2] 그러나 금전채권에 대하여 압류 및 추심명령이 있었다고 하더라도 이는 강제집행절차에서 압류채권자에게 채무자의 제3채무자에 대한 채권을 추심할 권능만을 부여하는 것으로서 강제집행절차상의 환가처분의 실현행위에 지나지 아니한 것이며 이로 인하여 채무자가 제3채무자에 대하여 가지는 채권이 압류채권자에게 이전되거나 귀속되는 것이 아니다. 따라서 추심권능은 그 자체로서 독립적으로 처분하여 환가할 수 있는 것이 아니어서 압류의 대상이 될 수는 없다.[3]

ii) 채무자가 제3채무자를 상대로 제기한 이행의 소가 법원에 계속되어 있음에도 압류채권자가 제3채무자를 상대로 압류된 채권의 이행을 청구하는 추심의 소(민집 238조)를 제기한 경우 대법원은 이를 중복제소로 보고 있지 않다.[4] 그러나 압류 및 추심명령에 의해 채무자의 추심권은 압류채권자에게 이전되어 채무자가 먼저 제기한 소는 당사자적격 상실을 이유로 각하될 것이지만 이것으로 나중에 제기된 후소가 중복소송이라는 사실을 변하게 하지는 않는다(전소는 전소, 후소는 후소일 뿐이다). 즉, 법 제259조가 규정하는 중복된 소 제기의 금지는 소송의 계속으로 인하여 당연히 발생하는 소 제기의 효과이다. 따라서 압류채권자는 채무자가 제3채무자를 상대로 제기한 이행의 소에 법 제81조, 제79조에 따라 승계참가하여 문제를 해결할 수 있다. 만일 채무자가 제기한 이행의 소가 상고심에 계속 중에 채권에 대한 압류 및 추심명령을 받아도 문제는 없다. 상고심이 압류 및 추심명령으로 인하여 채무자가 당사자적격을 상실한 사정을 직권으로 조사하여 압류 및 추심명령이 내려진 부분의 소를 파기할 것이므로 압류채권자는 파기환송심에서 승계인으로서 소송참가를 할 수 있기 때문이다.

4) 채권자취소소송　A라는 채권자가 채무자의 행위를 사해행위라고 하여 민법 제406조에 따른 취소의 소를 제기한 경우, 다른 채권자 B 역시 채무자의 동일한 행위를 사해행위라고 하여 취소의 소를 제기한 경우 판례는 취소권을 채권자 각자의 고유권한으로 파악하여 후소를 중복제소로 파악하고 있지 않다.[5] 판례는 한걸음 더 나아가 A채권자가 제기한 취소

1) 大判 2007. 9. 21. 2005다44886; 大判 2022. 12. 15. 2022다247750.
2) 大判 2000. 4. 11. 99다23888.
3) 大判 2019. 1. 31. 2015다26009; 大判 2019. 12. 12. 2019다256471.
4) 大判(全) 2013. 12. 18. 2013다202120. 다수의견의 논거는 첫째, 압류채권자에 의한 후소를 허용하더라도 제3채무자에게 불합리하게 과도한 이중 응소의 부담을 지우고 본안 심리가 중복되어 당사자와 법원의 소송경제에 반한다거나 판결의 모순·저촉의 위험이 크다고 볼 수 없다. 둘째, 압류채권자는 채무자가 제3채무자를 상대로 제기한 이행의 소에 법 제81조, 제79조에 따라 참가할 수도 있으나, 채무자의 이행의 소가 상고심에 계속 중인 경우에는 승계인의 소송참가가 허용되지 아니하므로 압류채권자의 소송참가가 언제나 가능하지는 않으며, 압류채권자가 채무자가 제기한 이행의 소에 참가할 의무가 있는 것도 아니라고 한다.

의 소가 인용확정되더라도 후소의 소의 이익이 상실되는 것은 아니며 다만 그에 기하여 A채권자가 취소의 소를 통해 재산이나 가액의 회복을 마친 경우에 비로소 다른 채권자 B의 채권자취소 및 원상회복청구는 그와 중첩되는 범위 내에서 권리보호의 이익이 없게 된다고 한다.[1] 다만, 채권자가 사해행위취소 및 원상회복청구를 하면서 보전하고자 하는 채권을 추가하거나 교환하는 것은 사해행위취소권과 원상회복청구권을 이유 있게 하는 공격방법에 관한 주장을 변경하는 것일 뿐이지 소송물 또는 청구 자체를 변경하는 것이 아니므로, 채권자가 보전하고자 하는 채권을 달리하여 동일한 법률행위의 취소 및 원상회복을 구하는 채권자취소의 소를 이중으로 제기하는 경우 전소와 후소는 소송물이 동일하다고 판시하고 있다.[2]

(2) 청구가 동일할 것

1) 소송물과 동일성　　　실무는 동일한 청구라 하더라도 청구원인을 뒷받침하는 실체법상의 권리가 다르면 소송물이 다르다고 보고 있다(소위 구소송물 이론). 따라서 동일한 재산손해에 대한 손해배상청구의 소가 제기되더라도 전소는 채무불이행책임에 근거하고 후소는 불법행위에 근거한다면 당해 후소는 중복제소에 해당하지 않는다. 그러나 합리적인 원고라고 한다면 이를 분리해서 소를 제기하는 경우는 없을 것이며 하나의 소송절차에서 선택적으로 병합하는 경우가 일반적이다. 그러나 몇 가지의 경우는 청구의 동일성 여부가 아래와 같이 문제된다.

2) 일부청구와 잔부청구 간의 문제　　　전소를 통해 일부청구를 하던 중 잔부에 대해 후소를 제기한다면 이것이 중복제소에 해당하는지 문제된다. 전소가 사실심에서 진행 중이라면 청구취지의 확장을 통해 문제를 쉽게 해결할 것이므로 현실적으로 이러한 일이 발생할 가능성은 거의 없다. 그러나 판례처럼 명시적 일부청구 긍정설의 입장에서는 전소에서 명시적인 일부청구임을 밝혔다면 잔부를 구하는 후소는 중복제소에 해당하지 않게 된다고 보아야 한다.[3] 다만, 이러한 입장이라고 해도 전소에서 손쉽게 청구의 확장을 통해 잔부를 구할 수 있음에도 별개의 소로 잔부청구를 구하는 후소를 제기하는 것은 바람직하지 못하므로 이 경우 후소 관할법원은 사건을 전소 법원으로 이송하거나 이부하는 방식으로 문제를 해결하는 것이 바람직하다.[4]

---

5) 大判 2003. 7. 11. 2003다19558. 채권자대위권은 제3자 소송담당으로 보는 반면 채권자취소권은 채권자의 고유권한으로 파악하는 한 이러한 판례의 입장은 타당하다는 견해가 있다(이시, 289면). 그러나 대위권이나 취소권 모두 계약 당사자의 권리를 채무자의 채권자가 제3채무자(수익자 혹은 전득자)를 상대로 행사하는 것이라는 측면에서는 본질적으로 다를 바가 없다.

1) 大判 2012. 4. 12. 2011다110579.

2) 大判 2012. 7. 5. 2010다80503.

3) 大判 1985. 4. 9. 84다552.

4) 위 84다552 판결 역시 전소가 상고심에 계류 중인 관계로 별도의 후소를 제기한 것이다.

3) 상계항변과 중복제소 문제

① 항변사항과 선결적 법률관계   전소에서 소송물이 아닌 선결적 법률관계나 항변을 토대로 한 후소를 제기하더라도 중복제소가 되는 것은 아니다. 예를 들어, 甲이 乙을 상대로 A 부동산에 대한 소유권이전등기말소청구의 소를 제기한 후 甲이 선결적 법률관계인 소유권 존재확인을 구하는 후소를 제기할 경우 중복제소가 아니다(甲이 전소에서 이미 소유권이 본인에게 있음을 주장한 사실이 있어도 결과는 동일하다). 한편, 위 말소청구소송에서 피고 乙이 매매대금의 반환을 구하는 동시이행항변을 한 후에 별소로 甲을 상대로 매매대금반환청구의 소를 제기하더라도 당연히 중복제소는 아니다.

② 상계항변   i) 단순한 항변이 아닌 상계항변의 경우에는 견해의 대립이 있다. 법 제216조 제2항에서 상계를 주장한 청구가 성립되는지 아닌지의 판단은 상계하자고 대항한 액수에 한하여 기판력을 가진다고 규정하고 있기 때문이다. 예를 들어, 甲이 乙을 상대로 1억 원의 대여금반환청구의 소를 제기하였는데(전소) 乙이 甲에 대해 물품대금채권 1억 원을 갖고 있는 경우를 상정하자. 乙이 전소에서 甲에 대해 물품대금채권을 자동채권으로 해서 상계항변을 하거나 두 채권이 견련관계에 있는 등 반소요건을 충족한다면 반소를 제기할 수 있을 것이다. 물론 물품대금채권을 소송물로 하는 별소를 제기하는 것도 가능할 것이다(이미 별소가 제기된 상태일 수도 있다). 이러한 방법 중 어느 하나만을 선택해서 행사하면 되는데 상계항변을 한 후 자동채권을 소송물로 하는 물품대금청구의 소를 따로 제기하거나(소위 항변 선행형) 혹은 이미 물품대금청구의 소가 제기된 상태임에도 전소에서 동 채권을 자동채권으로 해서 상계항변을 나중에 하는 경우도 발생할 수가 있다(소위 별소 선행형). 이때 후에 제기한 별소나 상계항변을 중복제소금지 규정에 대한 유추적용을 통해 금지할 것인지 여부가 문제이다.

ii) 적극설(유추적용 부정)   상계항변에 대해 중복소송금지 규정에 대한 유추적용을 부정하는 입장으로 상계항변이 선행하거나 후행하는 두 가지 경우 모두 동일하게 보는 입장이다(김홍, 360-361면). 판례도 동일한 입장인데 우선, 상계항변 역시 방어방법인 항변에 불과하므로 특별한 사정이 없는 한 별소로 계속 중인 채권을 자동채권으로 하는 소송상 상계의 주장이 허용된다고 한다(별소 선행형).[1] 아울러 항변 선행형에서도 판례는 먼저 제기된 소송에서 상계 항변을 제출한 다음 그 소송계속 중에 자동채권과 동일한 채권에 기한 소송을 별도의 소나 반소로 제기하는 것도 가능하다고 본다.[2]

iii) 소극설(유추적용 긍정)   후에 제기된 소를 중복제소로 보거나 후에 행사한 상계

---

1) 大判 2001. 4. 27. 2000다4050. 그러나 일본 판례는 반대로 소극설을 지지하고 있다(最高裁, 1991. 12. 17. 日民集 45卷 9号 1435面). 일본의 통설적인 입장은 적극설이나(河野正憲, 300-301面 이하 참조) 유력한 반대 견해가 있다(伊藤 眞, 193-194面 참조).

2) 大判 2022. 2. 17. 2021다275741.

항변을 중복제소에 준하는 것으로 보는 소극설(강, 299면; 이영, 255면; 전병, 293면)이 있는데 상계
항변에 제공된 채권에 대해서는 기판력이 발생하므로 그 전후에 별소를 제기하는 것을 허용
하게 되면 심판의 모순 및 저촉을 피할 수 없다는 것을 논거로 제시하고 있다.

　　iv) 절 충 설　　　기본적으로 적극설에 찬동하면서도 항변 선행형과 별소 선행형을 구분
해서 취급하는 절충적인 견해가 있다. 즉, 이미 소송에서 상계항변으로 제공된 반대채권에
대해서는 별소 제기를 금하고 반소를 제기하도록 유도하거나 병합하도록 해야 한다는 견해
(이시, 290면)와 계속 중인 전소에서 소송물을 이루고 있는 채권을 후소에서 다시 상계항변으
로 제공하는 경우에는 전소에서 이 채권이 소송물로 되어 있어 반드시 이에 대한 판단이 제
시될 것이므로 후소에서의 상계항변은 이를 중복한 소 제기의 금지규정을 준용하여 각하하더
라도 주장자에게 불이익을 강요하는 것은 아니라고 주장하는 견해(김/강, 266면) 등이 그것이다.

　　v) 상계항변이 인용되면 인용된 범위 내에서 기판력이 발생하는 것은 사실이지만 통상
의 상계항변은 예비적 형태로 제기되며 인용 여부에 대해서도 불투명하다. 더구나 상계항변
이 인용된다 하더라도 자동채권에 대한 독립된 집행권원이 필요한 경우에는 별소 제기의 필
요성이 인정된다. 따라서 판례와 같이 적극설의 입장이 타당하다. 다만 판례도 설시하는 바
와 같이 이부나 이송, 변론의 병합 등을 통해 절차의 효율성을 도모해야 하는 것은 당연한
법원의 임무이다(피, 45면도 같은 취지로 보인다).

　　4) 이행 및 형성의 소와 확인의 소 충돌　　　확인의 소는 이행ㆍ형성소송의 원형이므로
청구취지는 다르지만 양자 간의 충돌이 있는 경우 중복제소의 문제인지 확인의 이익 문제인
지 혼란스런 상황이 발생하게 된다. 이를 나누어 살펴본다.

　　① 적극적 확인청구와 소극적 확인청구　　　원고의 적극적 확인청구에 대해 피고가 소극
적 확인청구를 한 경우 피고가 청구기각을 구하는 것 이상의 의미가 없으므로 동일사건이라
는 견해가 있다(이시, 291면). 중복제소에 해당한다는 것인지 불분명하지만 후소는 동일한 것이
아니라 상황에 따라 확인의 이익 유무로 판단하면 족하다. 따라서 이 상황은 중복제소의 문
제가 아니라 확인의 이익 문제이므로 기본적으로는 피고의 소극적 확인청구는 확인의 이익
이 부정될 것이다. 거꾸로 원고가 소극적 확인청구를 하는 데 대해 피고가 적극적 확인청구
를 한다면 이 경우는 원칙적으로 확인의 이익이 인정될 수 있지만 경우에 따라서는 부정될
수도 있다. 피고가 이행청구를 할 수 있음에도 불구하고 적극적 확인청구에 머무르고 있다면
확인의 소의 보충성 원칙에 반하기 때문이다.

　　② 확인청구와 이행청구 및 형성청구　　　기본적으로 확인청구와 이행(형성)청구는 청구
취지가 상이하므로 중복제소의 법리로 접근하는 것은 바람직하지 않고 확인의 이익(특히 보충
성의 문제)을 통해 문제를 해결하는 것이 간명하고 분명하다.

i) 동일한 원고가 이행의 소를 제기한 후 동일한 내용의 확인의 소를 제기한 경우에는 당연히 후소는 확인의 이익이 없으므로 각하의 대상이 된다. 현재의 통설적 견해는 이 경우도 중복제소의 문제로 접근하고 있으나(이시, 291-292면) 청구취지가 다른 후소를 동일한 소라고 하는 것은 이론적으로 무리가 있으므로 확인의 이익 유무로 판단하는 것이 타당하다(같은 취지의 견해로는 호, 154면).

ii) 원고가 확인의 소를 제기한 후 당해 소송에서 청구변경을 하지 않은 채 이행의 소를 별도로 제기하는 상황은 문제이다. 특별한 사정이 없는 한 먼저 제기된 확인의 소는 확인의 이익이 부정되어야 한다. 물론, 확인의 소에서 청구의 변경을 하지 않고 이행의 소를 후소로 제기하였으니 이 후소를 중복제소로 보아 각하시켜야 한다는 견해(김/강, 267면; 송/박, 285면; 이시, 291-292면; 전병, 287면 등 다수설의 입장)도 있을 수 있다. 그러나 청구취지가 명백히 다름에도 이를 중복제소로 보는 것은 이론상 문제가 있을 뿐 아니라 경우에 따라서는 전소인 확인의 소가 상급심에 계속 중이므로 청구의 변경이 불가능할 수도 있을 것이므로 일률적으로 이행의 소를 중복제소로 보는 것도 무리이다. 그렇다고 해서 전소가 사실심에 있으면 중복제소에 해당하고, 상고심에 있으면 중복제소가 아니라고 하는 견해(김홍, 355면)도 동의하기 어렵다. 전소의 진행상황에 따라 중복제소 여부가 결정된다는 것은 너무 기교적이기 때문이다. 결국, 이행의 소를 제기할 수 있음에도 중도반단적인 확인의 소를 처음부터 제기한 것이므로 전소인 확인의 소를 보충성의 원칙에 따라 각하함이 간명하다.

iii) 원고의 소극적 확인청구에 대해 피고가 이행청구를 반소로 제기한 경우 원고의 소극적 확인청구가 반소로 인해 그러한 사정만으로 본소청구의 확인의 이익이 소멸하여 본소가 부적법하게 된다고 볼 수는 없다. 비록 소극적 확인청구이지만 소송요건을 구비한 본소가 적법하게 제기된 이상 이행청구라고 하는 반소의 제기로 확인의 이익을 흠결한다고 곧바로 결론을 내릴 수는 없기 때문이다. 더구나 소극적 확인의 소가 먼저 제기된 것이므로 중복제소라고 할 수도 없음은 당연하며 판례도 같은 입장이다.[1]

Ⅲ. 효 과

1. 소극적 소송요건

제기된 소가 중복소송인지 여부는 소극적 소송요건에 해당하므로 법원은 직권으로 이를 조사하여야 한다. 당사자의 항변은 직권발동을 촉구하는 의미밖에 없다. 한편, 전소와 후소가 동 시간대에 공존할 수는 없으므로 후소는 중복소송으로 각하되어야 한다. 이를 간과하고

---

1) 大判 1999. 6. 8. 99다17401,17418.

후소 판결이 선고된 경우 상소를 통해 확정을 저지하여야 한다.

2. 전·후소의 역전 현상

　　후소판결이 전소판결보다 먼저 확정된 경우 중복소송이라는 이유만으로 확정된 후소판결이 당연무효가 되는 것은 아니다. 적법한 전소의 확정판결이 먼저 확정된 후소의 결론과 같은 경우는 별문제이나 결론이 다른 경우에는 문제가 된다. 전·후 양소가 결론이 다른 채 확정된 경우는 부득이 나중에 확정된 판결이 재심의 대상이 되므로(451조 1항 10호) 처음에는 적법했던 전소판결이 취소될 운명에 놓이게 된다. 결국 중복해서 제기된 후소가 먼저 확정됨에 따라 적법했던 전소 확정판결을 취소시키는 결과를 초래하게 되는 결과가 되는데 부득이한 일이다. 한편, 재심소송을 통해 후에 확정된 전소 판결이 취소되기 전에는 동 판결이 새로운 것이기 때문에 존중되어야 한다는 견해도 있으나(이시, 294면) 의문이다.1)

Ⅳ. 국제적 소송경합

　　　　(상세는 제9편 제3장 제3절 참조)

제 3 절　실체법상의 효과

Ⅰ. 소멸시효와 취득시효의 중단

　　소 제기(민법에서는 청구라는 용어를 사용함, 민 168조, 170조)에 의해 소멸시효가 중단(민 168조 1호)될 뿐 아니라 취득시효 역시 중단된다(민 247조 2항). 가압류나 가처분과 같은 임시적 처분의 경우도 시효중단의 효과를 인정하고 있어(민 168조 2호) 이보다 더욱 명백한 권리행사의 한 방법인 소 제기에 대해 시효중단의 효과를 인정하는 것은 지극히 타당하다. 그러나 재판상 청구의 의미와 시효중단의 범위를 둘러싸고 견해의 대립이 있다.

---

　　1) 전후에 확정된 두 개의 판결(어느 것이 중복소송이든)이 저촉된 채로 서로 우선권을 주장할 수 없는 상태에 이르게 된다고 보는 것이 보다 합리적일 것이다. 판례 역시 기판력 있는 전소판결과 저촉되는 후소판결이 그대로 확정된 경우에도 전소판결의 기판력이 실효되는 것이 아니고 재심의 소에 의하여 후소판결이 취소될 때까지 전소판결과 후소판결은 저촉되는 상태 그대로 기판력을 갖는다고 판시한 바 있다(大判 1997. 1. 24. 96다32706).

1. 재판상 청구의 의미

(1) 적극적인 소 제기와 그에 상응하는 권리행사

1) 기본개념　　　재판상 청구라 함은 사권을 보호하기 위해 민사소송절차에서 행사되는 제반 수단을 의미하므로 이행의 소, 확인의 소,[1] 형성의 소 등이 제기되면 시효중단의 효력이 발생할 뿐 아니라 지급명령신청[2]을 하는 경우에도 동일하다. 따라서 시효취득의 대상인 목적물 자체의 인도 내지 소유권존부 확인이나 소유권에 관한 등기청구 소송과 아울러 소유권 침해로 인한 방해배제 및 손해배상 혹은 부당이득반환 청구 소송 등도 당연히 포함된다.[3] 재심의 소[4]와 같은 형성소송 역시 재판상 청구에 해당하며 반소나 중간확인의 소 등의 형태로 제기되는 경우도 당연히 재판상 청구에 포함된다.[5] 한편, 도산법 제294조에 따른 채권자의 파산신청 역시 시효중단 사유인 재판상의 청구에 해당한다고 보아야 한다.[6] 그러나 형사고소나 이에 기한 형사재판이 개시된 경우 고소나 형사재판을 재판상의 청구로 볼 수는 없으므로 시효중단의 효과는 발생하지 않는다.[7]

2) 소송참가　　　소의 실질을 갖는 공동소송참가나 독립당사자참가의 경우는 당연히 시효중단의 효과를 인정하여야 할 것이지만 공동소송적 보조참가나 보조참가의 경우는 견해의 대립이 있을 수 있다. 그러나 양자의 경우 모두 권리자가 재판상 권리를 주장하여 권리 위에 잠자는 것이 아님을 표명한 것이므로 시효중단 사유에 해당한다고 봄이 타당하다.[8]

---

1) 大判(全) 2018. 10. 18. 2015다232316에서 다수의견은 판결이 확정된 청구권이 시효로 소멸하는 것을 방지하기 위해 시효중단을 위한 소를 제기하였다는 점에 관한 확인을 구하는 것도 채권자가 소의 제기라는 방식을 통해 그 권리를 주장함으로써 자신이 권리 위에 잠자지 않는 자임을 표명한 때에 해당함이 명백할 뿐만 아니라, 그로써 시효의 기초인 권리불행사의 사실상태가 파괴되었다고 평가하기에 충분하므로, 위와 같은 확인소송도 시효중단사유인 재판상의 청구에 해당한다고 보고 있다. 따라서 동 판결의 다수의견에 따르면 시효중단을 위한 후소로 이행소송뿐 아니라 청구권 자체의 확인을 구하는 소, 그리고 확정된 판결이 존재한다는 사실의 확인을 구하는 것 역시 재판상 청구에 해당한다는 것이다.

2) 大判 2011. 11. 10. 2011다54686.

3) 大判 1995. 10. 13. 95다33047.

4) 大判 1997. 11. 11. 96다28196.

5) 大判 2014. 2. 27. 2013다94312에서는 이미 사망한 자를 피고로 하여 제기된 소는 부적법하여 상속인을 피고로 하는 당사자표시정정이 이루어진 경우와 같은 특별한 사정이 없는 한, 시효중단 효력이 없다고 판시한 바 있다.

6) 大決 2023. 11. 9. 2023마6582. 이는 파산채무자의 재산을 보전하여 공평하게 채권의 변제를 받는 재판절차를 실시하여 달라는 것으로서 도산법 제32조에서 규정하고 있는 파산채권신고 등에 의한 파산절차참가와 유사한 재판상 권리 실행방법에 해당하기 때문이다.

7) 大判 1999. 3. 12. 98다18124. 동 판결에서는 아울러 검사 작성의 피의자신문조서 중 피의자가 채무를 승인하는 의사가 표시된 진술기재 부분만으로 소멸시효의 중단사유로서 승인의 의사표시가 있는 것으로 볼 수 없다고 판시하였다. 그러나 만일 피의자신문당시 상대방인 권리자와 대질신문 과정에서 승인의 의사표시가 있었다면 효력을 인정해도 무방할 것이다.

8) 大判 2014. 4. 24. 2012다105314에서 보조참가는 손해배상청구권의 소멸시효를 중단시켰다고 판시한 바 있다(반대견해는 김/강, 269면).

3) **특정승계**   시효중단의 효력은 특정승계인에게도 미치므로 계속 중인 소송에 소송목적인 권리 또는 의무의 전부나 일부를 승계한 특정승계인이 소송참가하거나 소송인수한 경우에도 소송이 법원에 처음 계속된 때에 소급하여 시효중단의 효력이 발생한다.[1]

4) **추심소송**   채무자가 제3채무자를 상대로 제기한 금전채권의 이행소송에서 동 채권에 대해 채권자의 압류 및 추심명령이 있게 되면 채무자가 제기한 이행소송은 당사자적격의 상실로 각하될 것이다. 그런데 위 이행소송의 계속 중에 피압류채권에 대하여 채무자에 갈음하여 당사자적격을 취득한 추심채권자가 위 각하판결이 확정된 날로부터 6개월 내에 제3채무자를 상대로 추심의 소를 제기하였다면(민 170조 2항), 채무자가 제기한 재판상 청구로 인하여 발생한 시효중단의 효력은 추심채권자의 추심소송에서도 그대로 유지되는지 문제된다. 대법원은 채무자가 권리주체의 지위에서 한 시효중단의 효력은 집행법원의 수권에 따라 피압류채권에 대한 추심권능을 부여받아 일종의 추심기관으로서 그 채권을 추심하는 추심채권자에게도 미친다는 논거에서 시효중단의 효력이 추심소송에서도 유지된다고 판시하고 있다.[2]

5) **행정소송**   일반적으로 위법한 행정처분의 취소, 변경을 구하는 행정소송은 사권을 행사하는 것으로 볼 수 없으므로 사권에 대한 시효중단사유가 되지 못한다. 다만 판례는 잘못 납부한 조세에 대한 부당이득반환청구권을 실현하기 위한 수단이 되는 과세처분의 취소 또는 무효확인을 구하는 소는 그 소송물이 객관적인 조세채무의 존부확인으로서 실질적으로 민사소송인 채무부존재확인의 소와 유사할 뿐 아니라, 과세처분의 유효 여부는 그 과세처분으로 납부한 조세에 대한 환급청구권의 존부와 표리관계에 있어 실질적으로 동일 당사자인 조세부과권자와 납세의무자 사이의 양면적 법률관계라고 볼 수 있으므로 조세환급을 구하는 부당이득반환청구권의 소멸시효중단사유인 재판상 청구에 해당한다고 판시하였다.[3]

(2) 응소를 통한 시효중단

1) **인정범위**   시효중단 사유인 재판상 청구라는 문언에는 응소라는 수동적인 개념이 포함되어 있다고 보기는 어렵다. 그러나 상대방의 청구에 대해 적극적인 응소행위를 하고 이것이 인용된 경우에는 시효중단의 효력을 인정해 주더라도 시효제도의 취지에 반하는 것은 아니다.[4] 적극적인 응소행위의 기준을 설정하기는 어려우나 단순한 부인만으로는 시효중단

---

1) 大判 2010. 6. 24. 2010다17284.

2) 大判 2019. 7. 25. 2019다212945. 대법원은 종전에 大判 2013. 12. 18. 2013다202120 판결에서 채무자가 제3채무자를 상대로 제기한 이행의 소가 법원에 계속되어 있는 경우에도 압류채권자는 제3채무자를 상대로 압류된 채권의 이행을 청구하는 추심의 소를 제기할 수 있고, 이는 중복된 소 제기에 해당하지 않는다고 판시하였다. 채무자의 이행소송과 채권자의 추심소송이 공존할 수 있음을 인정하는 셈인데 그러므로 후에 제기된 추심소송에서 추심권자는 먼저 제기된 이행소송의 시효중단효과가 추심소송에 미친다고 주장할 수 있는 여지가 생긴 것이다.

3) 大判(全) 1992. 3. 31. 91다32053.

4) 大判(全) 1993. 12. 21. 92다47861.

의 효과를 부여할 수는 없으며 이를 넘어 자신의 권리라는 점을 적극적으로 주장·입증하는 것이 필요하다. 다만 응소행위를 통한 시효중단의 인정은 정당한 권리나 의무를 가진 자가 제기한 소송에서 응소한 경우에만 발생한다.[1] 아울러 응소를 통한 시효중단은 원고가 청구한 소송물을 기초로 결정된다. 따라서 부동산을 점유한 사람이 소유자를 상대로 매매를 원인으로 한 이전등기청구소송을 제기한 경우 매매계약 체결 사실을 부인한 피고의 응소는 취득시효에 관한 시효를 중단시키지는 못한다.[2]

2) 변론주의와 종기   시효중단의 효과를 발생시킬 수 있는 응소행위가 있다 하더라도 시효중단을 원하는 당사자는 당해 응소행위를 통해 시효가 중단되거나 다른 소송에서의 응소행위를 통해 시효가 중단되었다는 점을 변론에서 주장하여야만 한다.[3] 이는 변론주의의 원칙상 당연하다고 할 것이다. 한편, 시효중단의 주장은 취득시효가 완성된 후라도 사실심 변론종결 전이라면 가능하지만[4] 적극적인 응소행위는 시효 완성 전에 이루어져야 한다.

3) 효력발생시기   시효중단 효과는 적극적인 응소행위 시점에 발생한다고 보는 것이 타당하다.[5] 따라서 법정에서 권리주장을 담은 진술을 구술로 한 시점이나 이러한 주장을 담은 서면을 제출한 때로 볼 것이다.[6] 한편, 권리자인 피고가 응소하여 권리를 주장하였으나 그 소가 각하되거나 취하되는 등의 사유로 본안에서 그 권리 주장에 관한 판단 없이 소송이 종료된 경우에도 민법 제170조 제2항을 유추적용하여 그때부터 6월 내에 재판상의 청구 등 다른 시효중단 조치를 취하면 응소 시점에 소급하여 시효중단의 효력이 인정된다.[7] 따라서 여러 차례의 선행소송에서 권리자인 피고가 적극적으로 응소하였으나 모두 각하된 경우 시효중단 효과는 인정되지 않고 단지 재판 외의 최고로서의 효력만을 가질 뿐이다.[8] 한편, 민법 제174조가 시효중단 사유로 규정하고 있는 최고를 여러 번 거듭하다가 재판상 청구 등을 한 경우에 시효중단의 효력은 항상 최초의 최고 시점에 발생하는 것이 아니라 재판상 청구 등을 한 시점을 기준으로 하여 이로부터 소급하여 6월 이내에 한 최고 시점에 발생한다.[9]

---

1) 大判 2004. 1. 16. 2003다30890. 채무자를 위해 저당권을 설정한 물상보증인이 채권자이자 저당권자인 피고를 상대로 제기한 근저당권설정등기말소청구 소송에서 근저당권자인 피고가 적극적인 응소를 하더라도 물상보증인인 원고는 채무자가 아니므로 피담보채권에 관한 소멸시효가 중단되지 않는다는 것이 동 판결의 요지이다.

2) 大判 1997. 12. 12. 97다30288.

3) 大判 1997. 2. 28. 96다26190. 이 판결은 다른 소송에서 응소행위를 하였으나 시효중단의 주장은 없었던 경우 당해 소송에서 그 응소행위가 시효중단의 의미를 갖는다는 주장을 하는 것이 가능하다는 취지로 해석된다. 물론 이 경우 종전 소송에서의 응소행위 시점에 시효중단의 효력이 발생한 것으로 보아야 할 것이다.

4) 大判 2005. 12. 23. 2005다59383,59390 및 大判 2010. 8. 26. 2008다42416,42423.

5) 大判 2005. 12. 23. 2005다59383,59390.

6) 김용균, "응소행위와 시효중단", 법조 43권4호(1994. 4), 135-136면; 한승, "응소와 시효중단", 민사판례연구 17권(1995. 4), 22면.

7) 大判 2010. 8. 26. 2008다42416,42423; 大判 2019. 3. 14. 2018두56435.

8) 大判 2019. 3. 14. 2018두56435.

9) 大判 1983. 7. 12. 83다카437; 大判 2019. 3. 14. 2018두56435.

2. 시효중단의 범위

(1) 소송물과 공격방어방법

재판상 청구를 통한 시효중단의 범위는 원칙적으로 소송물인 권리관계에 국한됨이 원칙이며 공격방어방법으로 주장한 권리는 중단의 대상이 아니다. 따라서 불법행위를 원인으로한 손해배상청구의 소는 채무불이행을 원인으로 손해배상청구에 대한 시효를 중단시키지는못한다.[1] 그러나 소의 종류에 따라서는 파생된 권리관계에 대한 시효중단을 인정할 필요가있다. 예를 들어, 원고가 파면처분무효확인의 소를 제기한 경우 이는 보수금채권을 실현하는근본적인 방법이므로 보수금채권에 대한 시효가 중단된다고 보아야 한다.[2] 아울러 기존 채권의 지불확보를 위해 수표를 지급받은 경우 수표금 채권에 대한 청구는 원인채권과 표리관계에 있어 수표금 청구소송을 제기하더라도 원인채권에 대해서도 시효중단의 효력이 발생한다.[3] 그러나 원인채권에 대한 소만을 제기한 경우 수표금청구에 대한 시효중단의 효과를 인정하기는 어렵다.[4] 수표의 지급이 당연히 전제되는 것은 아니기 때문이다.

(2) 일부청구

1) **명시설의 내용과 타당성**   원고가 1억 원의 채권 중 6천만 원만을 청구한다고 하여명시적으로 채권의 일부만을 청구하는 경우라면 6천만 원 부분에 대해서만 시효중단의 효력이 생긴다고 봄이 타당하다. 따라서 나머지 4천만 원 부분은 청구취지 확장신청을 통해 혹은나중에 별소를 제기하는 것을 통해[5] 시효중단의 효과를 얻을 수 있는데 만일 일부임을 명시하지 않은 경우에는 채권의 동일성이 인정되는 범위에서 그 전체인 1억 원에 대해 시효중단효과가 발생한다(명시설 내지 절충설: 이시, 298면; 김홍, 392면). 명시설 외에도 명시적인 청구를 하는지 여부와 관계없이 그 권리관계 전부인 1억 원에 대해 시효중단의 효력이 발생한다고 하는 전부중단설(김/강, 271면; 송/박, 290면)과 명시 여부를 떠나 청구한 6천만 원 부분에 대해서만시효중단된다는 일부중단설 등이 있다.

2) **판례 입장(명시설의 확장)**   ① 판례는 기본적으로 명시설의 입장을 취하면서도[6]일정한 경우 시효중단 범위를 확대하는 경향을 보였다. 즉, 소 제기 시점에서 아직 전체손해가 확정되지 않았기 때문에 부득이 일부청구를 하는 것이고 법원의 신체감정결과에 따라 청

---

1) 판례 역시 동일한 입장이다. 大判 2001. 3. 23. 2001다6145 및 大判 2002. 5. 10. 2000다39735 등 참조.
2) 大判 1978. 4. 11. 77다2509. 大判 1994. 5. 10. 93다21606도 유사하다.
3) 大判 1994. 12. 2. 93다59922.
4) 大判 1961. 11. 9. 4293민상748.
5) 大判 1975. 2. 25. 74다1557.
6) 大判 2012. 11. 15. 2010두15469; 大判 2019. 7. 4. 2014다41681.

구취지를 확장할 의사가 명백한 경우 등에는 소 제기 시점에 전체 청구에 대한 시효가 중단된다고 보았다.1) 특정 시점에 구체적으로 청구금액을 특정하지 못할 뿐 전체금액을 청구하는 취지가 분명하기 때문인데 이 경우는 물론 원고가 나중에 청구취지 확장을 한 사례이다.

② 만일 원고가 전체 청구의 일부라고 하면서 6천만 원의 지급을 구하였으나 실제로는 청구취지 확장을 하지 못한 채 승소판결을 받고 소송이 종료되었다고 가정해보자. 나중에 원고가 원래 전체 손해는 1억 원이라고 하면서 전소에서 인정된 금액을 제외한 나머지 금액인 4천만 원의 지급을 구하는 후소를 제기한 경우 후소의 대상이 된 청구의 시효중단 여부가 문제될 수 있다. 명시설의 입장에서는 전소에서 청구되지 않았던 4천만 원의 후소청구 부분에 대해 시효중단되었다고 볼 수는 없다.2) 그런데 판례는 이 부분에 대해 독특한 효력을 인정하고 있다. 즉, 소를 제기하면서 장차 청구금액을 확장할 뜻을 표시한 채권자로서는 장래에 나머지 부분을 청구할 의사를 가지고 있는 것이 일반적이라고 할 것이므로, 다른 특별한 사정이 없는 한 당해 소송이 계속 중인 동안에는 나머지 부분(4천만 원 부분)에 대하여 권리를 행사하겠다는 의사가 표명되어 최고에 의해 권리를 행사하고 있는 상태가 지속되고 있는 것으로 보아야 하고, 채권자는 당해 소송이 종료된 때부터 6월 내에 민법 제174조에서 정한 조치를 취함으로써 4천만 원 부분에 대한 소멸시효를 중단시킬 수 있다는 것이다.3) 대법원은 이 사건 전에도 소위 "법원의 행위를 통해 이루어지는 소송고지로 인한 최고"에 대하여는 당해 소송이 계속 중인 동안 최고에 의해 권리를 행사하고 있는 상태가 지속되는 것으로 보아 당해 소송이 종료된 때부터 6월 내에 민법 제174조에 정한 조치를 취함으로써 소멸시효를 중단시킬 수 있다는 점을 밝혀 왔다.4) 그러나 이 사건에서는 소송고지와 달리 법원의 재판행위가 직접적으로 개입되지 않았음에도 일반의 최고와는 다른 법적 효과(소송진행되는 동안 시효중단되며 소송종료시부터 6월 내에 재판상 청구를 하면 된다)를 인정하는 것이 타당한지 의문이다. 법이 예정하고 있지 않은 "새로운 형태의 최고"를 법원이 창출하는 것이 아닌가 생각되는데 해석론의 경계를 넘어선 준입법의 형태라고 판단된다.

3. 시효중단의 효력과 소멸

소 제기에 따른 시효중단은 소장을 법원에 접수한 때에 발생하지만 피고경정(260조 2항),5)

---

1) 大判 1992. 4. 10. 91다43695; 大判 2020. 2. 13. 2017다234965; 大判 2022. 11. 17. 2022두19; 大判 2023. 10. 12. 2020다210860,210877.

2) 大判 2021. 6. 10. 2018다44114.

3) 大判 2020. 2. 6. 2019다223723; 大判 2022. 5. 26. 2020다206625. 일본 最高裁 平成25. 6. 6.(最高裁 民事判例集 67卷 5号 1208面) 판결 역시 동일한 입장이다. 동 판결에서는 민법상의 최고와 구분한다는 의미에서인지 "재판상의 최고"라는 표현을 사용하고 있다.

4) 大判 2009. 7. 9. 2009다14340.

5) 당사자표시정정과 달리 피고경정 절차를 이용할 경우에는 경정시점에 새로운 피고에 대한 시효중단의 효

청구의 변경(262조 2항), 중간확인의 소(264조 2항) 등을 제기한 때에는 당해 서면을 법원에 제출한 때에 시효중단의 효력이 발생한다(265조). 그러나 제기된 소가 각하, 기각, 취하된 경우에는 시효중단의 효력이 소급해서 소멸한다(민 170조 1항). 다만 이 경우에도 6월 내에 재판상 청구를 하거나 보전처분 등을 다시 하는 경우는 최초의 재판상 청구로 인해 중단된 것으로 본다(같은 조 2항). 한편 소송종료선언은 이미 소가 종결된 것을 확인하는 것에 불과하므로 이 시점을 시효진행의 기산점으로 볼 수는 없으며,1) 청구기각판결이 확정된 후 재심을 청구하였다고 해서 시효가 중단되는 것도 아니다.2)

Ⅱ. 법률상 기간 준수효과

1. 제척기간과 출소기간

제척기간을 규정하고 있는 것 중에는 권리의 행사를 재판상으로만 행사하도록 요구하고 있는 경우가 있는데 이를 출소기간이라고 한다. 따라서 모든 제척기간이 출소기간이 되는 것은 아니지만 해석론을 통해서 일부 규정을 출소기간으로 보는 경우도 있다.3) 채권자취소소송(민 406조), 상속회복청구(민 999조), 회사설립무효 혹은 취소의 소(상 184조)를 규정하고 있는 법은 일정한 기간 내에 소로써만 권리행사를 하도록 명시적으로 요구하고 있는데 이것이 명시적인 출소기간이며 소송요건을 구성하게 된다(이시, 299면). 출소기간은 물론 제척기간 역시 시효기간과 달리 직권조사사항이며4) 이들을 준수하지 못하면 소를 각하당하게 되며5) 소를 제기함으로써 이러한 제척기간이나 출소기간을 준수하게 된다.

2. 제척기간이나 출소기간의 준수 범위

(1) 시효중단의 범위와 마찬가지로 제기된 소를 통해 제소기간이나 출소기간을 준수하였는지 여부는 소의 형태나 소송물에 따른 기판력의 범주와 반드시 일치할 필요는 없다. 따

력이 발생하므로 표시정정의 관행이 쉽게 사라지지 않는다고 판단된다.

1) 大判 1969. 9. 30. 69다1161.

2) 大判 1992. 4. 24. 92다6983.

3) 일반적인 제척기간을 재판상 권리를 행사하도록 하는 출소기간으로 이해하는 견해도 있으나 법 규정은 재판상으로만 권리행사를 하도록 하는 경우를 따로 규정하고 있어 모든 제척기간을 출소기간으로 파악하는 것은 타당하지 않다. 판례도 동일한 입장이다(大判 1985. 11. 12. 84다카2344 참조). 그런데 판례는 해석론을 통해서도 제척기간을 출소기간으로 제한해서 운용하는 경우가 있다. 민법 제204조 제3항과 제205조 제2항 소정의 점유보호청구권 규정을 출소기간으로 해석하고 있다(大判 2002. 4. 26. 2001다8097,8103; 大判 2021. 8. 19. 2021다213866).

4) 大判 2000. 10. 13. 99다18725; 大判 2019. 6. 13. 2019다205947.

5) 민법 제999조가 규정하는 상복회복청구권과 관련하여 동조 제2항에서 "상속회복청구권은 … 소멸된다" 라고 규정하고 있으므로 제척기간(출소기간을 의미하는 것으로 보임)을 준수하지 못한 경우에도 소각하가 아니라 청구를 기각하는 사유에 불과하다는 견해가 있다(호, 138면).

라서 주주총회결의에 관하여 부존재확인의 소가 상법 제376조 소정의 제소기간 내에 이미 제기되어 있다면, 동일한 하자를 원인으로 하여 결의의 날로부터 2월이 경과한 후 취소소송으로 소를 변경하거나 추가한 경우에도 부존재확인의 소 제기 시에 제기된 것과 동일하게 취급하여 제소기간을 준수한 것으로 보아야 한다는 판례의 입장을 이해할 수 있다.[1]

(2) 위와는 반대로 출소기간이 도과되면 무효사유의 추가적인 주장도 허용되지 않는다는 사례가 있어 일관성에 문제가 있다. 대법원은 신주발행무효의 소(상 429조)와 이 규정의 유추적용을 통한 전환사채발행 무효의 소에 있어서 6월의 출소기간이 도과된 후에는 새로운 무효사유의 추가가 불가능하다고 한다. 이들 소에서 출소기간을 둔 것은 법률관계의 조기 확정을 위한 것이기 때문이라고 한다.[2] 그러나 이들 소에서 무효사유는 소송물을 구성한다고 보기는 어려우며 단순한 공격방어방법에 불과하다. 출소기간을 준수하여 제기된 적법한 소에서 공격방어방법의 추가나 변경을 출소기간 내로 제한하는 것은 소송경제상 그리고 신속한 재판을 위해서도 바람직하지 않다.[3]

Ⅲ. 지연손해금의 법정이율

1. 의   의

(1) 특례법 규정과 법정이율

2020. 11. 현재 민법상의 법정이율은 연5%(민 379조), 상사채무에 관한 법정이율은 연6%(상 54조)이다. 따라서 다른 법률 규정이나 당사자의 약정이 없으면 민사채권의 경우 연 5%, 상사채권의 경우 연 6%의 지연손해금을 청구할 수 있다. 그러나 금전채권을 소로 구한 경우에는 지연손해금의 기준이 되는 법정이율은 그 금전채무의 이행을 구하는 소장 또는 이에 준하는 서면이 채무자에게 송달된 날의 다음 날부터 연 12%의 법정이율이 적용되고 있다 (2019. 5. 21. 개정된 특례법 3조 1항 본문의 법정이율에 관한 규정).[4] 한편, 객관적 병합소송에 있어서

---

1) 大判 2003. 7. 11. 2001다45584; 大判 2007. 9. 6. 2007다40000 등. 주주총회결의의 흠의 성격과 내용에 따라 부존재확인, 무효확인, 취소의 소 등을 규정하고 있어 어느 하나의 소를 제기함으로써 출소기간을 준수하였다면 다른 청구에 대해서도 기간준수를 한 것으로 봄이 타당하다. 흠의 성격과 내용에 따른 소의 형태를 결정하는 것이 소 제기 단계에서 용이하지 않으며 심리도중 새로운 흠이 발견되는 경우도 있을 수 있기 때문이다.

2) 大判 2004. 6. 25. 2000다37326; 大判 2007. 2. 22. 2005다77060,77077 등.

3) 청구에 관한 이의의 소에서도 하나의 소송절차에서 모든 이의사유를 주장하도록 유도함으로써 1회의 소송에서 분쟁을 종결하도록 하고 있을 뿐 이의사유 주장에 기간을 두고 있지는 않기 때문이다. 대법원의 견해는 원고가 무효의 소 제기 단계에서 주장했던 무효사유를 소송 종결 시까지 유지하도록 강요하는 것으로써 매우 부당할 뿐 아니라 원고로서는 주장가능한 모든 무효사유를 초기 단계에 주장할 수밖에 없어 오히려 소송을 지연시키는 폐단을 낳을 우려가 있다.

4) 憲裁 2003. 4. 24. 2002헌가15에서는 구 소송촉진 등에 관한 특례법(2003. 5. 10. 개정 전) 제3조 제1항에 대해 위헌결정을 한 바 있다. 개정 전에는 적용 이율을 "대통령령에 위임한다"라고만 되어 있어 포괄적인 위

는 각 소송물마다 위와 같은 법리가 적용되므로 하나의 소송에서도 청구별로 특례법 제3조 제1항의 적용을 달리하게 된다.[1]

(2) 규정 취지와 현실

판례에 따르면 이러한 특례법상의 지연손해금 특별 규정은 채권자의 실손해를 배상하는 이율로서의 기능과 악의적인 채무자에 대한 벌칙의 기능을 함께 가진다고 보고 있는데[2] 저금리 시대(심지어 제로 금리시대)에 연 12%의 지연손해금 부담은 패소한 피고에 대해 지나친 부담이 아닌가 하는 우려를 낳고 있다. 법정이율을 탄력적으로 적용할 수 있도록 대통령령으로 규정하고 있는데 아무래도 시간적인 지체 현상이 발생하고 있으므로 사실심변론종결시 기준 시중금리의 일정 배수로 법정이율을 정하도록 하는 방안도 강구할 필요가 있다.

2. 적용이 배제되는 경우

(1) 장래이행의 소와 이에 준하는 경우

특례법에 따른 지연손해금 적용은 채권자의 실손해 배상을 보장하는 기능도 있지만 주로 패소한 당사자에 대한 제재로 파악하는 것이 타당하다. 따라서 채무자에게 제재를 가할 수 없는 경우, 즉 성질상 혹은 내용상 이러한 특례법상의 지연손해금을 적용할 수 없는 상황이 존재한다. 우선, 장래이행의 소(법 251조)의 경우는 성질상 특례법 제3조가 적용되지 않는다(특례법 3조 1항 단서). 변론종결시점에 아직 이행기가 도래하지 않았기 때문이다. 따라서 재산분할로서 금전지급을 명한 경우,[3] 사해행위취소를 이유로 가액배상을 명한 경우[4] 등에서는 판결이 확정되어야 채무자가 이행지체책임을 부담하게 되므로 특례법상의 지연손해금 규정을 적용할 여지는 없다. 한편, 쌍무계약에서 쌍방의 채무가 동시이행 관계에 있는 경우 일방의 채무의 이행기가 도래하더라도 상대방 채무의 이행제공이 있을 때까지는 그 채무를 이행하지 않아도 이행지체의 책임을 지지 않는 것이므로 이 경우에도 특례법 소정의 지연손해금 규정이 적용될 수 없다.[5]

(2) 원본채권의 소멸 및 준거법 문제

소송진행 도중에 원본채권이 소멸함으로써 원래의 금전채무는 소멸하고 그 채무의 이행지체로 인한 지연손해의 배상만이 남게 된 경우에는 특례법 소정의 지연손해금을 적용할 수

임 입법이라는 비난이 있었다. 위 헌재 결정에 따라 '연 100분의 40 이내의 범위에서'라는 제한 규정이 특례법 제3조 제1항에 삽입되었다.

1) 大判 2009. 7. 9. 2006다73966.
2) 大判(全) 1987. 5. 26. 86다카1876.
3) 大判 2001. 9. 25. 2001므725,732.
4) 大判 2009. 1. 15. 2007다61618.
5) 大判 2002. 10. 25. 2002다43370.

는 없다.[1] 특례법 규정 및 취지에 의하더라도 원본채권이 소멸된 상태에서 지연손해금 지급 여부만을 다투는 상황에서 채무자에 대한 제재를 부과하는 것은 적절하지 않기 때문이다. 한편, 금전채무에 관하여 채무자가 채권자를 상대로 채무부존재확인소송을 제기하였을 뿐 이에 대한 채권자의 이행소송이 없는 경우에는 지연손해금 산정에 대하여 특례법 소정의 지연손해금을 적용할 수는 없다.[2] 아울러 원본채권의 준거법이 외국법인 경우에도 특례법을 적용할 수는 없다. 특례법 규정을 전적으로 절차법에 속하는 것으로만 볼 수도 없을 뿐 아니라 오히려 그 본질은 금전채무의 불이행으로 인한 손해배상의 범위를 정하기 위한 실체법의 성질을 갖기 때문에 지연손해금 역시 준거법인 외국법을 적용해야 한다.[3]

(3) 항쟁의 타당성

1) 채무자에게 그 이행의무가 있음을 선언하는 사실심 판결이 선고되기 전까지 채무자가 그 이행의무의 존재 여부나 범위에 관하여 항쟁하는 것이 타당하다고 인정되는 경우에는 그 타당한 범위에서 특례법상의 지연손해금 법정이율이 적용되지 않는다(특례법 3조 2항). 다툼의 타당성 여부는 비록 채무자가 패소하였지만 이행의무의 존재 여부나 범위를 두고 피고의 주장과 증거방법 등이 나름의 설득력을 가진 경우라고 할 것인데 결국 법원의 사실인정과 평가와 관련된다.[4]

2) 타당한 범위

① 사실심 제한설   법원이 고려할 수 있는 '타당한 범위'를 두고 견해의 대립이 있을 수 있다. 특례법 제3조 제2항의 규정 내용이 "채무자에게 그 이행의무가 있음을 선언하는 사실심 판결이 선고되기 전까지 채무자가 그 이행의무의 존재 여부나 범위에 관하여 항쟁하는 것이 타당하다고 인정되는 경우에는 그 타당한 범위에서 제1항을 적용하지 아니한다"라고 되어 있어 매우 모호하기 때문이다. 대법원 전원합의체 판결 다수의견에 따르면 '타당한 범위'의 문구 해석을 함에 있어 당해사건의 사실심 판결선고시까지를 기준으로 하고 있으며 따라서 사실심판결 선고 이후에는 특례법 제3조 제1항의 적용을 배제할 수 없는 것으로 보고 있다.[5]

② 상고심 포함설   특례법 제3조 제2항에서 "그 타당한 범위" 안에서 제1항의 규정을 적용하지 아니한다고 규정하고 있을 뿐 그 적용하지 아니하는 기간의 명시가 없고 다만

---

1) 大判 2010. 9. 30. 2010다50922.

2) 大判 2021. 6. 3. 2018다276768.

3) 大判 1997. 5. 9. 95다34385; 大判 2012. 10. 25. 2009다77754 등.

4) 大判 1984. 2. 14. 83다카875,876,877; 大判 2014. 4. 10. 2013다52073,52080; 大判 2019. 2. 28. 2016다 215134 등에서는 피고의 주장이 상당한 근거가 있음을 토대로 특례법의 법정이율을 적용하지 않고 있다.

5) 大判(全) 1987. 5. 26. 86다카1876.

위 조항의 전단에 "사실심판결이 선고되기까지"라는 문언이 있으나 그 전후 문맥을 검토하면 이것이 그 적용하지 아니하는 기간의 범위를 한정한 것이라 보기 어렵다(86다카1876 판결 소수 의견 참조). 더구나 다수의견에 따르면 채무자의 주장이 아무리 상당하다고 하더라도 상고 제기 후에는 무조건 특례법상의 지연손해금 법정이율에 따른 책임을 부담하게 되는데 이는 부당하게 상고권을 침해하는 결과를 초래하게 될 것이다. 특례법 제3조 제2항의 핵심적인 취지는 채무자의 항쟁이 타당한 것인지 여부이므로 사실심이나 법률심 여부를 떠나 법원이 재량으로 그 책임의 범위를 정하도록 하여야 한다. 따라서 상고심절차에서도 항쟁함이 상당하였지만 패소한 채무자는 특례법상의 지연손해금 법정이율의 적용을 면할 수 있다.

제 7 장 특수한 소 제기와 간이소송절차

제 1 절 배상명령 제도

Ⅰ. 의의와 특색

형사소송절차와 민사소송절차는 엄격하게 분리되어 있으나 형사사건의 피해자로 하여금 가해자를 상대로 한 별도의 민사소송절차를 이용하게 하는 것은 시간적으로나 경제적으로 불합리하다. 따라서 일정한 범죄의 피해자에 대해서는 형사소송절차를 진행하는 법원이 직권 혹은 피해자의 신청에 따라 형사소송절차에서 가해자에게 손해배상을 명하거나 합의된 손해 배상액의 지급을 명할 수 있도록 하고 있다(특례 25조 이하). 이것을 배상명령이라고 한다.

Ⅱ. 요   건

1. 대상이 되는 범죄

제1심 혹은 제2심의 형사공판절차에서 일정한 범죄(폭행·상해나 재산죄 등)의 피고인에 대해 유죄판결을 선고할 경우 가능하다(특례 25조 1항). 그러나 피고인과 피해자 사이에 합의된 손해배상액이 있는 경우에는 죄의 종류를 묻지 않고 법원은 배상명령을 할 수 있다(특례 25조 2항). 피해자로서는 피고인의 형사재판 절차 과정에서 합의를 통해 손쉽게 집행력이 있는 집행권원을 취득할 수 있게 되는 편리함을 누릴 수 있게 된다.

2. 배상명령의 대상이 되는 손해

법원은 직권 혹은 당사자의 신청에 따라 범죄행위로 인해 발생한 직접적인 물적 피해, 치료비 손해 및 위자료의 배상을 명할 수 있다(특례 25조 1항). 법문에서 직접적인 물적 피해라고 하고 있어 일실수익과 같은 소극적 손해는 배상명령의 대상이 되지 않는다고 해석된다(김/강, 275면). 이런 해석에 의할 경우 피해자는 일실손해에 대해 다시금 민사소송을 제기하여야 하므로 배상명령제도의 취지가 반감된다는 비판이 있을 수 있으나 일실손해를 포함하게 되면 형사절차의 지연이 발생하게 되므로 부득이하다.

3. 배상명령 제외 대상

피해자의 성명·주소 등이 분명하지 않거나 피해금액이 특정되지 않는 경우, 피고인의 배상책임 유무나 범위가 명백하지 않은 경우, 배상명령으로 인해 공판절차가 현저히 지연될 우려가 있거나 형사소송절차에서 배상명령을 하는 것이 타당하지 않을 경우 법원은 배상명령을 할 수 없다(특례 25조 3항). 피고인과 피해자가 분명하게 파악되고 피고인의 민사적 책임이 복잡한 증거조사 없이도 비교적 쉽고 분명하게 입증될 수 있는 경우에만 배상명령을 할 수 있다는 취지로 파악된다. 아울러 피해자가 이미 법원의 다른 절차를 통해 손해배상청구를 한 경우에는 배상신청을 할 수 없다(특례 26조 7항). 배상신청이 소의 제기와 동일한 효력이 있기 때문이다(같은 조 8항).

Ⅲ. 배상명령 절차

가해자에 대한 형사사건에서 피해자에 대한 배상을 명하는 것으로서 민·형사 사건의 혼재가 발생하는 특색이 있다. 일반민사 사건과의 다른 절차적인 특색은 다음과 같다.

1. 배상명령 신청과 그 효력

피해자는 서면뿐 아니라 형사법정에 출석하여 증언과정에서 말로 배상명령을 신청할 수도 있다(특례 26조 5항). 배상명령의 신청 역시 소의 제기와 동일한 효력(시효중단, 기간준수 등의 실체법적 효력)이 있으므로 법원의 다른 절차(민사소송뿐 아니라 지급명령, 민사조정 등의 신청도 포함된다고 보아야 함)를 통해 손해배상청구를 한 경우에는 배상명령을 신청할 수 없다(특례 26조 7항). 그러나 배상명령 신청 후에 민사소송 등을 제기하는 경우는 배상명령 자체에 기판력이 없을 뿐 아니라 직접적인 물적 손해만으로 제한하고 있는 점 등을 고려하여 후에 제기된 민사소송은 중복제소가 되지 않는다고 보아야 한다(김/강 277면; 이시, 304면). 즉 소 제기 효력은 실체법적인 효력만을 갖는 것으로 보아야 한다. 그러나 뒤에 민사소송 등이 제기된 경우 시효중단 등의 특별한 사유가 없는 한 법원은 형사공판절차의 지연 등을 이유로 배상명령 신청을 취하하도록 종용하는 것이 타당하다. 한편 배상신청 금액이 합의부의 사물관할에 속하더라도 형사사건의 관할이 변경된다고 볼 수는 없다. 배상명령 신청사건 자체가 비교적 용이하게 책임유무와 범위를 정할 수 있는 것으로 국한하고 있기 때문이다.

2. 소송비용과 소송대리

배상명령 신청에 따른 비용은 원칙적으로 국고부담이므로 피해자에게 경제적 부담을 지우지 않고 있다(특례 35조). 아울러 피해자의 배우자나 직계혈족 등은 배상명령 절차에서 신청금액의 다과와 상관없이 법원의 허가를 얻어 소송대리를 할 수 있으며 피고인의 형사사건 변호인은 피고인의 소송대리인 자격까지 겸유할 수 있다(특례 27조 2항). 한편 배상명령신청이 있는 경우에는 신청인에게 공판기일을 통지하여야 하는데(특례 29조 1항) 만일 피해자가 출석을 하지 않더라도 그 진술 없이 재판할 수 있도록 하고 있다(특례 29조 2항). 따라서 피해자는 기일 불출석에 따른 불이익을 입게 되지 않는다.

3. 증거조사

배상명령신청 사건에 대한 증거조사는 원칙적으로 법원의 직권에 의한다(특례규칙 24조 1항). 아울러 피고사건의 범죄사실에 대한 증거조사와 함께 배상책임의 유무에 관한 증거조사를 할 수 있으며 피고사건의 범죄사실을 인정할 증거는 배상책임의 유무에 범위를 정하는 증거로도 사용할 수 있게 하고 있다(특례규칙 24조 2항, 3항). 결국 범죄사실에 대한 증거조사에 편승하여 배상책임 유무에 대한 증거조사를 하는 것을 원칙적인 형태로 하고 있다. 따라서 당사자에 의한 증거제출이나 증거조사는 절차의 지연을 초래하지 않아야 할 뿐 아니라 법원의 허가가 있어야 하며(특례 30조 1항) 법원의 불허가재판에 대해서는 불복이 불가능하다(2항).

4. 배상명령과 불복

(1) 배상명령은 유죄판결의 선고와 동시에 하여야 한다(특례 31조 1항). 그러나 배상신청이 적법하지 않은 경우뿐 아니라 이유가 없거나 배상명령을 하는 것이 타당하지 않은 경우에는 결정으로 이를 각하하여야 한다(특례 32조 1항). 배상명령을 하는 것이 타당하지 않은 경우란 배상명령신청을 통해 민사적 구제를 하는 것이 용이하지 않은 경우는 물론(증거조사나 금액확정 등) 배상명령 신청으로 인해 불합리하게 공판절차를 지연하는 등의 사유가 있는 경우를 말한다. 법원의 전부 각하결정이나 일부 인용결정[1] 등의 경우 신청인은 패소된 부분에 대해 불복이 불가능하다(특례 32조 4항). 따라서 피고인 등의 불복으로 항소가 제기된 경우에도 항소심에서 다시 동일한 배상신청을 할 수도 없다.[2]

---

1) 법문에는 법원이 일부인용을 하는 것이 가능하도록 되어 있고 배상신청에 관한 예규(재형 2003-8) 제6조 역시 일부인용을 활용하도록 규정하고 있지만 실무상으로는 전부 인용이 안 되면 신청을 전부 각하하는 것이 일반적이라고 한다. 이에 따라 배상신청의 이용률이 저조하다는 법조 일각의 지적이 있다(법률신문 2013. 11. 22자 입력기사 "배상명령 활성화 위해 법원이 '일부 인용' 적극 활용을" 참조).

2) 大判 2022. 1. 14. 2021도13768; 大判 2016. 8. 24. 2016도7968.

　(2) 배상명령은 유죄판결의 선고와 동시에 주문에 표시하여야 하지만 특별한 이유가 없
는 한 이유는 기재하지 않는다(특례 31조 1항, 2항). 배상명령에 따른 가집행선고는 의무적인 것
은 아니며 피고인은 가집행선고에 대하여 유죄판결에 대한 상소와 함께 집행정지신청을 할
수 있다(특례 31조 3항, 4항). 유죄판결에 대한 상소에 따라 배상명령 역시 당연히 상소심으로
이심된다(특례 33조 1항). 상소심에서는 원심의 유죄판결을 파기하고 무죄, 면소, 공소기각 등
의 재판을 할 때에는 반드시 원심의 배상명령을 취소하여야 하지만 원심판결을 유지하는 경
우에도 상소심은 원심의 배상명령을 취소하거나 변경할 수 있다(특례 33조 2항, 4항). 피고인은
유죄판결이 아닌 배상명령 자체에 대해서만 불복하는 경우 형사소송법에 따른 즉시항고를
할 수도 있다(특례 33조 5항).

Ⅳ. 배상명령의 효력과 현황

1. 집행력 있는 정본으로서 기판력 불인정

　확정된 배상명령이나 가집행선고 있는 배상명령은 집행력 있는 민사판결 정본(민집 28조
1항)과 같은 효력이 인정되므로(특례 34조 1항) 별도의 집행문의 부여절차 없이 집행력을 갖지
만 기판력은 인정되지 않는다(특례 34조 4항, 민집 44조 2항). 비록 형사절차에서의 민사문제에 관
한 판단이지만 기판력을 인정하지 않는 것은 문제이다. 피고인에게 다시 한 번 집행권원인
배상명령에 대해 다툴 수 있는 기회를 부여하기 때문이며 아래에서 보듯 민사상 다툼에 관
한 형사소송 절차에서의 화해에 대해 기판력을 인정하는 것과도 균형이 맞지 않는다.

2. 현황과 문제점

　2019년까지는 연간 1만 건에서 1만 5천 건 정도 접수되었으나 2020년부터 급격한 상승
률을 보이고 있으며 2022년 한 해에는 50,272건이 신청되었다. 평균적인 인용률은 약 35%에
서 50% 사이에 머물고 있다.[1] 법원의 직권에 의한 배상명령은 통계상으로는 전혀 파악되지
않고 있으며 인용된 배상명령액의 집행 여부도 파악되고 있지 않다(2022년 인용된 배상명령액은
1400억 원에 이름). 앞으로 배상명령제도 존치 여부에 대한 판단에 앞서 정밀한 통계분석이 요
구된다.

Ⅴ. 형사소송 절차에서의 화해

　형사피고사건의 피고인과 피해자 사이에 민사상 다툼(해당 피고사건과 관련된 피해에 관한 다

---

1) 2023 사법연감, 775면 참조.

툼을 포함하는 경우로 한정한다)에 관하여 합의한 경우, 피고인과 피해자는 그 피고사건이 계속
중인 제1심 또는 제2심 법원에 합의 사실을 공판조서에 기재하여 줄 것을 공동으로 신청할
수 있는데(특례 36조 1항) 제3자도 피고인의 지불을 보증하거나 연대책임을 부담할 수 있다(특
례 36조 2항). 이러한 합의가 기재된 공판조서는 법 제220조의 화해조서와 동일한 효력을 갖는
다(특례 36조 5항). 따라서 법문상으로는 이러한 민사상 다툼에 관한 형사소송절차에서의 화해
를 기재한 공판조서는 기판력을 갖는 것으로 해석된다.[1]

제 2 절 간이소송절차

금전, 그 밖에 대체물이나 유가증권의 일정한 수량의 지급을 목적으로 하는 청구에 대
하여 통상의 절차 대신에 간이한 절차를 이용하도록 강제하거나(소액사건) 선택할 수 있도록
(독촉절차) 간이소송절차를 마련하고 있다. 전자는 소액규칙 제1조의2에서 정하는 범위의 사건
에 대해서는 강제적으로 적용되는 절차인 반면, 후자는 채권자의 선택에 따라 선택될 수 있
는 선택사항이라는 점에서 가장 큰 차이가 있다. 아울러 전자는 일반의 정상적인 절차와는
다른 약식의 재판절차를 반드시 거쳐야 하지만 후자는 독촉절차를 선택했다 하더라도 채무
자의 이의를 통해 정식의 절차로 이행될 수 있도록 설계되어 있다.

Ⅰ. 소액사건심판절차

1. 소액사건의 범위와 이송 등

(1) 소액사건심판의 대상

소액사건심판법과 동 규칙은 제소한 때의 소송목적의 값이 3,000만 원을 초과하지 아니
하는 금전 기타 대체물이나 유가증권의 일정한 수량의 지급을 목적으로 하는 제1심의 민사사
건에 대해서는 정식의 절차가 아닌 소액사건심판절차에 따라 재판을 하도록 하고 있다. 제소
시를 기준으로 판단하여야 하므로 제소 당시의 유가증권의 평가액이 3,000만 원 이하라면 그
후의 가치상승이 있더라도 소액사건으로 심리되는 데 지장이 없다(실무제요 Ⅲ, 354면). 아울러
제소 당시를 기준으로 소액사건으로 심판되던 중 다른 소액사건의 병합심리로 인해 소송 목
적의 값이 상승하더라도 소액사건으로 심판되어야 한다.[2]

---

[1] 동 화해에 대해 배상명령과의 균형상 기판력까지 생긴다고 할 수 없다는 견해가 있으나(이시, 305면) 법문
상 명백히 화해조서의 효력을 준용하고 있어 해석론을 통해 기판력을 부인하기는 어렵다고 생각된다. 입법
론적으로는 오히려 배상명령에도 기판력을 인정함이 타당하다.

(2) 재배당과 이송

소의 변경으로 소액사건이 아닌 사건으로 되거나 당사자참가, 중간확인의 소 또는 반소의 제기 및 변론의 병합으로 인하여 소액사건이 아닌 사건과 병합심리하게 된 경우에는 각 사건의 사물관할에 따라 일반 단독사건으로 재배당하거나 합의부로 이송하여야 한다(소액규 1조의2 1호 내지 2호). 물론, 소액사건이 시군법원의 관할이었던 경우에는 당연히 지방법원이나 지원으로 사건을 이송하여야 한다. 시군법원은 소액사건의 범주를 넘는 일반 민사사건을 심리할 수 없기 때문이다.

2. 소액사건심판절차의 특색

(1) 이행권고결정제도

1) 개   념   2001. 1. 29. 소액사건심판법의 개정을 통해 도입된 제도이다. 법원은 소가 제기된 경우에 아무런 변론이나 심리가 없는 상태에서도 결정으로 소장부본이나 제소조서등본을 첨부하여 피고에게 청구취지대로 이행할 것을 권고할 수 있다(소액 5조의3 1항). 이는 독촉절차의 지급명령이나 법상의 화해권고결정(225조)과 유사한 제도로서 소액채권자에게 신속하게 권리구제를 받을 수 있도록 하는 것을 목적으로 하고 있으며(김/강, 906면), 임의적 전치절차로 파악하고 있다(이시, 960면).

2) 송달과 이의신청   ① 소액사건이 독촉절차 또는 조정절차에서 소송절차로 이행된 때, 청구취지나 청구원인이 불명한 때 혹은 그 밖에 이행권고를 하기에 적절하지 아니하다고 인정하는 때를 제외하고는 법원은 언제든 이행권고결정을 할 수 있고(소액 5조의3 1항) 동 결정등본을 우편송달이나 공시송달 외의 방법으로 피고에게 송달할 수 있어야 한다(소액 5조의3 4항, 5항). 아무런 변론 없이 원고 승소 재판을 해주는 데 따른 불이익을 최소화하기 위해 적법한 송달이지만 의제적인 우편송달과 공시송달을 제외하고 있다.

② 피고는 이행권고결정의 등본을 받은 날부터 2주일이라는 불변기간 내에 서면으로 이의신청을 할 수 있는데(소액 5조의4) 추후보완 역시 가능하다(소액 5조의6). 피고의 이의신청은 원고 주장사실을 다툰 것으로 의제되지만 1심 판결 선고 전까지 이의신청을 취하할 수도 있다(소액 5조의4, 4항, 5항). 이의신청의 취하를 통해 이행권고결정은 확정될 수도 있으므로(소액 5조의7, 1항 3호) 이행권고결정은 제1심 법원에서 판결이 선고된 때에야 비로소 그 효력을 잃는다(소액 5조의7, 3항).

3) 이행권고결정의 효력   이행권고결정은 피고가 불변기간 내에 이의하지 않을 경우, 피고가 이의신청을 하였으나 적법하지 않아 각하된 경우 및 이의신청이 취하된 경우 등에는

---

2) 大判 1992. 7. 24. 91다43176 참조.

확정판결과 동일한 효력을 갖게 된다(소액 5조의7, 1항). 소액사건심판법은 권고결정에 대해 강제집행의 특례를 인정함으로써 별도의 집행문 없이도 이행권고결정 정본만으로도 집행이 가능하도록 배려하고 있다(소액 5조의8, 1항).

4) 이행권고결정제도의 운용상황 법 규정상으로는 이행권고결정제도가 의무적인 것은 아니다. 하지만 실무상으로는 원칙적으로 이행권고결정[1]을 한 후에 이의신청이 있으면 변론절차로 심리하는 방식이 바람직하다고 권장하고 있다(실무제요 Ⅲ, 358면).

(2) 심리 및 불복절차의 특칙

1) 제소단계 소액사건심판절차는 원고에게는 매우 간이하고 유리한 반면 다투고자 하는 피고에게는 매우 불리한 제도라고 할 수 있어 원고가 의도적으로 청구를 분할하여 소액사건심판절차를 이용하고자 할 경우 이는 각하판결의 사유가 된다(소액 5조의2).

① **구술 혹은 소장양식 기입에 의한 소 제기** 서면에 의한 소 제기 대신에 구술에 의한 소 제기가 가능하며(소액 4조 1항) 당사자 쌍방이 임의로 출석하여 소송에 관해 변론할 수도 있다(소액 5조). 실무상으로는 구술에 의한 제소조서 작성보다는 접수창구에 비치된 소장양식(소액예규 2조 가, 나)에 기입방식으로 소장을 작성하도록 유도하는 것이 일반적인데 법원으로서는 서면에 의한 제소가 행정적으로 간편하기 때문일 것이다. 그러나 구술제소 역시 거부하지 못하도록 하여 국민의 자유로운 이용선택을 보장하고자 노력하고 있다(실무제요 Ⅲ, 377면).

② **소송대리인 특칙** 당사자의 배우자·직계혈족 또는 형제자매는 법원의 허가 없이 소송대리인이 될 수 있는데 이는 법 제88조, 제89조의 특칙이다. 신분관계와 수권관계는 서면으로 증명되어야 하지만 수권관계는 구술로도 가능하다(소액 8조).

2) 심리 및 증거조사 단계 소액사건심판절차의 이상은 신속하고 간이한 재판을 통한 조속한 결론의 도출이므로 1회의 변론기일로 심리를 마치도록 하는 것이 바람직하다(소액 7조 2항). 따라서 심리과정은 생략과 간이화를, 증거조사과정은 직권에 의한 증거조사가 원칙이다.

① **심리과정의 특색** 소액사건심판에서는 변론은 물론 변론갱신 절차가 생략될 수 있을 뿐 아니라(소액 9조) 조서의 기재도 생략될 수 있다(소액 11조). 아울러 이용자의 편의를 위해 공휴일은 물론 야간의 개정이 가능하며(소액 7조의2)[2] 원격영상재판[3]도 가능하다(원격특례 3조 참조).

---

1) 2022년 제1심에 접수된 민사본안 건수는 744,123건인데 이 중 소액사건은 492,576건으로 66%에 해당하며 이 중 이행권고결정으로 종결된 건수는 58,532건으로 11%에 그치고 있다(2023 사법연감, 895면).

2) 1990년 법 개정을 통해 도입된 야간 법정제도는 바쁜 근로자들을 위해 고안된 것이나 20년 간 그 이용이 없다가 2010. 5. 수원지방법원 안산지원에서 처음으로 시행된 바 있다. 그러나 그 후에도 법원의 인력 부족 등으로 시행이 거의 되지 않았다. 2023년 공휴일이나 야간에 재판을 한 법원은 김천지원 구미시 법원에 불과하다고 한다.

3) 정부의 초고속 정보통신기반 구축을 위한 시범사업으로 95년 8월부터 96년 1월까지 6개월의 구축기간을

② **증거조사의 특색**　　　변론기일 전이라도 증거신청이 가능할 수 있으며(소액 7조 3항) 필요한 경우에는 직권으로 증거조사가 가능할 뿐 아니라 증인신문 역시 판사가 주도함으로써 직권주의적 색채가 강하다(소액 10조 1항, 2항). 증인이나 감정인에 대한 신문도 가급적 자제하고 서면으로 이를 대체하고 있다(소액 10조 3항). 이 서면신문에 따른 신문서는 소액규칙 제6조에 따라 법원의 서면신문결정, 신문서의 송달과 제출로 그 과정이 이루어지므로 서면증거가 아니라 간이화된 증인신문조서라고 보아야 한다(실무제요 Ⅲ, 382면도 같은 취지임).[1]

3) **선고 및 불복제도의 특색**　　　소액사건의 경우는 변론종결 후 즉시 선고가 가능하며 판결이유의 기재도 생략할 수 있다(소액 11조의2). 뿐만 아니라 소액사건에 대한 지방법원 본원 합의부의 제2심 판결이나 결정·명령에 대하여는 법률·명령·규칙 또는 처분의 헌법위반여부와 명령·규칙 또는 처분의 법률위반여부에 대한 판단이 부당한 때와 대법원의 판례에 상반되는 판단을 한 때에만 상고 또는 재항고를 할 수 있을 뿐이다(소액 3조).[2] 따라서 상고특례법도 적용되지 않으므로 절대적 상고이유나 법령위반 등을 이유로 한 상고 등은 허용되지 않음으로써 사실상 2심제와 다를 바 없다(김/강, 911면).

3. 문제점과 대안의 제시

(1) 소액사건의 범위 문제

1) 소액사건심판법이 제정된 1973. 2. 24(같은 해 9. 1. 시행)에는 소액사건은 법 제2조에서 20만원을 넘지 않는 민사사건을 대상으로 하고 있었다. 그것이 1980년 개정법부터 소액사건규칙에서 그 범위를 정하게 되었고 91년 500만 원, 93년 1,000만 원, 97년에는 2,000만 원을 소액사건의 한도로 정했다. 약 20년간 동 금액의 한도를 유지하던 중 급기야 2017. 1. 1.부터

거쳐 홍천군법원–인제·양구군법원, 경주지원–울릉등기소 사이에 설치된 '원격영상재판 시스템'은 1996. 2. 9. 첫 재판을 했다. 그러나 이용실적의 저조와 고비용으로 2001년 모두 폐지되었다. 그 후 2010. 3. 24. 원격특례법이 개정되었다.

1) 간이화한 증인신문조서로 하기 위한 서면신문제도가 오히려 절차가 복잡하여 활용도가 떨어지고 있어 문제이다. 오히려 법 제310조에 다른 서면증언방식이나 진술서에 대한 공증을 통한 서면 제출이 빈번한 것이 현실이다(실무제요 Ⅲ, 38면).

2) 大判 2004. 8. 20. 2003다1878에서는 대법원 판례에 상반된 판단이라는 법문에 대해 매우 특이한 해석을 하고 있어 주목된다. 즉, "소액사건에 있어서 구체적 사건에 적용할 법령의 해석에 관한 대법원판례가 아직 없는 상황에서 같은 법령의 해석이 쟁점으로 되어 있는 다수의 소액사건들이 하급심에 계속되어 있을 뿐 아니라 재판부에 따라 엇갈리는 판단을 하는 사례가 나타나고 있는 경우, 소액사건이라는 이유로 대법원이 그 법령의 해석에 관하여 판단을 하지 아니한 채 사건을 종결하고 만다면 국민생활의 법적 안전성을 해칠 것이 우려된다고 할 것인바, 이와 같은 특별한 사정이 있는 경우에는 소액사건에 관하여 상고이유로 할 수 있는 '대법원의 판례에 상반되는 판단을 한 때'의 요건을 갖추지 아니하였다고 하더라도 법령해석의 통일이라는 대법원의 본질적 기능을 수행하는 차원에서 실체법 해석적용에 있어서의 잘못에 관하여 직권으로 판단할 수 있다고 보아야 한다"라고 판시한 것이다(최근에도 이러한 경향은 계속되고 있다. 大判 2020. 1. 16. 2018다41801; 大判 2024. 1. 4. 2022다285097; 大判 2024. 2. 8. 2021다206356 등). 이에 대해서는 대법원의 입법행위적인 해석에 의한 대법원 관할의 확장이라는 비판(이시, 932면)이 있다.

는 소액사건규칙의 개정을 통해 3,000만 원을 소액사건의 한도로 하는 조치를 취하게 되었는데 국민의 소득수준이나 경제규모에 비추어 과도한 조치임이 명백하다.[1]

　　2) 2022년도 제1심 민사 본안 건수는 744,123건인데 이 중 소액사건은 492,576건으로 66%에 해당하는데 이 중 1천만 원까지의 사건이 440,706건이고 그 이상 2천만 원까지는 91,938건, 그 이상 3천만 원까지는 46,701건에 불과하다.[2] 이러한 현상은 거의 매년 일정한데 이는 소액사건을 소송목적의 값 3천만 원 이하로 설정한 것이 매우 부적절하다는 것을 반증한다고 할 것이다. 우선, 1,000만 원 이하의 사건이 실질적인 소액사건으로 취급되어야 한다는 점을 보여주고 있다. 아울러 2,000만 원에서 3,000만 원까지의 소송목적의 값을 갖는 사건이 46,701건에 불과한데 이들 사건을 2017년부터 소액사건으로 편입시킨다고 해서 어떤 소송경제적인 실익이 있는지 의문이 들게 된다.

(2) 판결이유 불기재 문제

소액사건에 대한 심리절차의 특례는 매우 파격적이어서 사실 소액사건에서 패소한 당사자는 항소를 포기할 수밖에 없을 것이다. 조서의 생략도 많고 특히 판결이유가 기재되지 않아 당사자는 물론 항소심 법관은 1심 법원 판단의 이유를 정확히 파악하기 어렵기 때문이다. 2018년부터 2022년까지의 민사본안 합의부사건의 평균 항소율은 38.8%인 데 비해 단독사건(소액사건 포함)의 항소율은 같은 기간 8.08%에 불과하다.[3] 이와 같은 항소율의 차이에는 여러 가지 이유가 있겠지만[4] 소액사건에 대한 항소가 어렵다는 것은 쉽게 추론할 수 있다. 항소하는 경우를 대비해서 1심에서 다툼이 치열하게 있었던 사건은 적어도 판결이유를 간략하게나마 기재해 주는 것이 필요할 것이다.

(3) 소액사건의 대리인 문제

2022년 합의사건의 쌍방대리인 선임사건은 전체 합의사건의 55.8%에 이르지만 단독사건은 21.3%, 소액사건의 경우는 2.3%에 불과하다. 더 문제인 것은 원고만 선임하는 비율이 13.5%인 데 비해 피고만 단독으로 선임하는 비율은 2.8%에 불과하다는 것이다.[5] 이는 심각한 당사자 간의 불균형을 의미한다고 판단된다. 로스쿨 출신 변호사들이 배출되기 시작한 2012년도부터 의미있는 수치의 변화가 기대되었으나 2024년 현재도 여전히 변화의 조짐은

---

1) 2017. 12. 현재 기준으로 독일의 경우는 600 유로를(ZPO §495a), 일본의 경우는 60만 엔(日民訴 368조 1항)을 일반 민사사건과 다른 소액사건으로 취급하고 있는 점, 미국의 경우도 30여개 주가 5천 달러를 소액사건의 기준으로 하고 있는 점으로 보더라도 우리의 소액 기준이 과도한 것임을 알 수 있다.

2) 2023 사법연감, 801면.

3) 2023 사법연감, 806~807면.

4) 소액사건에서는 피고가 다투지 않아 원고가 전부 승소하는 경우도 많을 뿐 아니라 다투었다 하더라도 금액이 소액이라 쉽게 항소를 포기할 수도 있을 것이다.

5) 2023 사법연감, 720면.

보이지 않고 있는 듯하다. 민사본안 사건 중 가장 많은 비율을 차지하는 소액사건에서 법률 전문가의 조력을 받지 못하는 비율이 이렇게 크다는 것은 매우 심각한 현상으로 받아들여져야 될 것이다. 수년 내에 변호사 수의 증가로도 이러한 현상이 해소되지 않는다면 법무사 등 관련 법조직역에게 소액사건에 대한 대리권 부여 문제를 심각하게 고려해야 할 것이다.[1]

II. 독촉절차

1. 의의 및 요건

(1) 의   의

1) 금전, 그 밖에 대체물이나 유가증권의 일정한 수량의 지급을 목적으로 하는 청구(소액사건과 달리 금액의 한도가 없음)에 대하여 법원은 채권자의 일방적인 서면신청에 따라 채무자에 대한 심문이나 변론절차 없이(ex parte) 채무자에게 지급을 명하는 지급명령을 발하게 된다. 동 명령에 대해 채무자가 일정기간 내에 이의를 제기하지 않으면 동 지급명령은 확정판결과 동일한 효력을 갖게 되는데 이러한 간이한 집행권원의 획득절차를 독촉절차라고 한다(462조 이하에서 규정). 한편, 지급명령의 신청을 담은 독촉절차는 종국판결을 받기 위한 소의 제기는 아니지만, 채권자로 하여금 간이, 신속하게 집행권원을 취득하도록 하기 위하여 이행의 소를 대신하여 법이 마련한 특별소송절차이므로 민법 제170조 제1항에 규정하고 있는 '재판상의 청구'에 해당할 뿐 아니라 특별한 사정이 없는 한, 지급명령 신청이 각하된 경우라도 6개월 이내 다시 소를 제기한 경우라면 민법 제170조 제2항에 의하여 시효는 당초 지급명령 신청이 있었던 때에 중단되었다고 보아야 한다.[2]

  2) 2006년 독촉절차에서의 전자문서 이용 등에 관한 법률(동 법률은 2014. 5. 20. 전자문서 이용법의 개정을 통해 폐지됨)[3]이 제정되어 2007년부터는 전자적인 방법으로 독촉절차의 이용이 가능하게 됨으로써 현재는 전자적인 형태로 독촉절차를 이용하는 비율이 훨씬 많아지게 되었다. 금전채권을 갖고 있는 채권자가 채무의 존재와 범위를 거의 다투지 않는 채무자를 상대로 저렴하고도 손쉽게 집행권원을 얻는 절차이므로 실제로 많이 이용되고 있으며 법원 역시 독촉절차관련 재판업무처리에 관한 지침(재민 2002-4)을 통해 독촉절차 이용 활성화에 노력하고 있다. 법원뿐 아니라 변호사 단체 역시 다툼이 거의 없는 금전청구 사건에 있어서는 독촉절차 이용을 적극 권장함으로써 사법자원의 효율적인 활용은 물론 소송당사자의 노력과

---

1) 졸고, "소액사건심판절차와 소송대리제도의 개선방안 시론", 「21세기 상사법·민사소송법의 과제」(荷邨鄭東潤先生古稀紀念論文集, 2009), 733면 이하 참조.
2) 大判 2011. 11. 10. 2011다54686.
3) 2014. 12. 1.부터 전자독촉절차 역시 전자소송 홈페이지에서 통합되어 운용되고 있다.

부담을 경감하도록 노력하여야 할 것이다.[1]

(2) 요   건

1) 청구요건   금전, 그 밖에 대체물이나 유가증권의 일정한 수량의 지급을 목적으로 하는 현재이행청구이어야 한다. 따라서 청구조건이 성취되기 전 혹은 기한이 도래하기 전에 지급명령을 신청하는 것은 부적법하다. 그러나 원고가 피고에게 반대급부를 부담하고 있으며 원고의 청구와 동시이행관계에 있는 경우에는 상환이행을 명하는 지급명령을 할 수 있으므로 지급명령 신청이 가능하다(김/강, 897면). 이때 반대급부는 지급명령신청의 대상이 아니어도 무방하며 반대급부를 이행해야 하는 자도 지급명령 신청인에 한정되는 것은 아니다.[2]

2) 지급명령의 송달   채무자에 대한 심문절차 등이 보장되지 않는 일방의 절차이므로 대한민국에서 공시송달을 제외한 다른 송달 방법을 통해서만 지급명령의 송달이 가능해야 한다(462조). 따라서 법원은 지급명령을 공시송달에 의하지 아니하고는 송달할 수 없거나 외국으로 송달하여야 할 때에는 직권에 의한 결정으로 사건을 소송절차에 부칠 수 있으며(466조 2항) 채권자 역시 주소보정명령을 받은 경우 보정 대신 소 제기 신청이 가능하다(466조 1항).

3) 전속관할   독촉절차는 지급명령 신청 시를 기준으로 채무자의 보통재판적이 있는 곳의 지방법원이나 법 제7조 내지 제9조, 법 제12조 또는 법 제18조의 규정에 의한 관할법원의 전속관할에 속한다(463조).[3] 전속관할임에도 불구하고 원고에게는 다양한 선택지가 보장됨으로써(특히 8조 의무이행지 관할) 원고는 자신에게 가장 편리한 곳의 법원에 지급명령을 신청할 수 있게 되었다. 한편, 전속관할에 위반된 신청에 대해서는 이송을 하는 것이 아니고 신청을 각하하여야 한다(465조 1항). 간이한 절차를 오히려 복잡하게 할 수 있기 때문이다. 그러나 법원이 전속관할을 위반한 신청에 대해 이를 간과하고 지급명령을 한 경우에는 채무자는 이의 신청을 통해 다툴 수밖에 없다(실무제요 Ⅲ, 407면).

---

1) 2011년 이래 연간 독촉절차 신청건수는 1백만 건을 상회하고 있었으나 2016년 160만건을 기록한 후에는 매년 감소추세에 있다. 2022년 역시 전년에 비해 감소하여 전체 1,040,923건이 접수되어(이 중 989,270건이 전자독촉절차를 통한 것임) 민사사건 총 4,111,230건 중 25.3%를 차지하였다. 한편 지급명령 발령률은 2022년 82.4%에 이르고 있다(2023 사법연감, 727면).

2) 大決 2022. 6. 21. 2021그753. 이 사건에서 신청인은 '채무자는 신청외인으로부터 별지 부동산을 인도받음과 동시에 돈을 지급하라'고 하는 지급명령 신청을 하였다. 반대급부의 내용이나 제3자의 개입을 제한하여야 한다는 견해(위 사건의 사법보좌관과 제1심 단독판사)도 가능하나 법에서 반대급부의 내용을 제한하고 있지 않으며 제3자의 개입 역시 금지하고 있지 않다. 더구나 반대급부나 제3자 관련 부분은 기판력이 발생하지 않아 불의의 피해는 발생할 여지가 거의 없다.

3) 종래 독촉절차는 단독판사의 사물관할에 속했지만, 2014. 12. 30. 법원조직법 개정에 따라 사법보좌관의 업무에 속하게 되었다(법조 54조 2항 1호, 사보규 2조 1항 2호).

2. 지급명령 절차

(1) 신   청

지급명령의 신청에는 소에 관한 규정이 기본적으로 준용되므로(464조) 서면에 의한 청구취지와 청구원인의 기재가 요구된다. 아울러 소장의 기본 인지액의 1/10에 불과하지만 인지액도 납부하여야 한다(인지 7조 2항).

(2) 심리와 재판

1) 각하결정   지급명령의 신청이 법 제462조 규정에 위반하거나 관할위반이 있는 경우 혹은 신청의 취지로 보아 청구에 정당한 이유가 없는 것이 명백한 때에는 그 신청을 각하하여야 한다(465조 1항). 청구의 일부만 지급명령을 할 수 없는 때에는 그 일부에 대하여만 신청을 각하하여야 한다(465조 1항 2문). 이러한 신청 각하결정에 대해서는 불복할 수 없다(465조 2항). 각하결정을 통해 기판력이 발생하지 않으므로 굳이 불복을 허용하기보다는 새로이 신청을 하거나 소를 제기하는 것이 보다 용이하기 때문이다.

2) 지급명령과 그 확정   신청에 대한 각하사유가 없거나(465조) 지급명령을 하지 않을 사유가 없는 한(466조) 법원은 채무자에 대한 심문 없이(467조) 지급명령을 발하고 양당사자에게 이를 송달하여야 한다(469조 1항). 한편, 지급명령에 대하여 이의신청이 없거나, 이의신청을 취하하거나, 각하결정이 확정된 때에는 지급명령은 확정판결과 같은 효력이 있다(474조). 지급명령은 독자적인 집행권원이며(민집 56조 3호) 원칙적으로 별도의 집행문이 필요 없으나(민집 58조 1항) 기판력이 인정되는 것은 아니다. 지급명령에 대한 청구에 관한 이의의 주장에 대해 민사집행법 제44조 제2항의 규정이 적용되지 않기 때문이다(민집 58조 3항).[1]

3. 채무자의 이의신청과 소송절차

(1) 이의신청의 의의와 방법

채권자의 일방적인 신청에 의해 발령된 지급명령에 대해 불복의 기회를 부여함으로써 절차의 적법성과 정당성을 부여하는 절차의 일환으로 이의신청이 인정된다. 채무자는 지급명령을 송달받은 날부터 불변기간인 2주 이내에 이의신청을 함으로써 지급명령의 효력을 상실

---

1) 확정된 지급명령에 기판력을 인정하여야 한다는 견해가 있는데(김/강, 904면) 분쟁의 신속한 해결을 위해서는 이러한 입장도 경청할 만하다고 판단된다. 그러나 법 제474조와 민사집행법 제58조 제3항이 모순된다는 견해는 동의하기 어렵다. 법 제474조의 "확정판결과 동일한 효력이 있다"는 표현은 민사집행법 제58조 제3항에서 "민사집행법 제44조 제2항의 규정을 적용하지 않는다"는 표현을 통해 명확하게 제한되고 있기 때문이다. 입법자는 확정된 지급명령에 기판력을 인정하고 있지 않으므로 입법론적으로 접근하는 것은 얼마든지 가능하지만 해석론을 통해 이 문제에 접근하는 것은 적절하지 않다(大判 2009. 7. 9. 2006다73966 참조).

시킬 수 있다(470조 1항).[1] 이의신청에 대해서는 특별한 규정이 없으므로 구술이나 서면으로
할 수 있고 이의사유를 밝힐 필요가 없다.

(2) 이의신청에 대한 조사와 재판

이의신청에 대해 법원은 적부를 심사하고 부적법하다고 인정한 때에는 결정으로 이를
각하하여야 한다(471조 1항). 이에 대해서는 즉시항고가 허용된다(2항). 그러나 현재는 독촉절차
와 이의절차 모두 사법보좌관의 업무로 되어 있어 사법보좌관이 한 각하결정에 대해서는 일
단 이의신청을 하여야 하고(법조 54조 3항) 이를 통해 법관의 재판을 받을 수 있게 된다. 한편,
이의신청에 따라 사건이 소송사건으로 이행된 후 나중에 이의신청의 부적법함이 밝혀진다
하더라도 이미 소송절차로 이행된 절차를 되돌릴 수는 없다고 봄이 타당하다(이시, 971면).

(3) 이의신청의 효과와 취하

1) 적법한 이의신청으로 인해 지급명령은 효력을 상실하게 되고(470조 1항) 원고가 지급
명령을 신청한 때에 이의신청된 청구목적의 값에 관하여 소가 제기된 것으로 간주된다(472조
2항). 따라서 소송목적의 값에 따라 지방법원 단독 혹은 합의부 사건으로 배당된다. 소송으로
이행됨에 따라 지급명령을 발령한 법원은 채권자에게 상당한 기간을 정하여, 소를 제기하는
경우 소장에 붙여야 할 인지액에서 소 제기신청 또는 지급명령신청 시에 붙인 인지액을 뺀
액수의 인지를 보정하도록 명하여야 한다(473조 1항). 채권자가 위 기간 이내에 인지를 보정하
지 아니한 때에는 법원은 결정으로 지급명령신청서를 각하하여야 한다(2항).

2) 이의신청 역시 소송행위이므로 취하가 가능한데 이의신청이 각하되기 전 혹은 적법
한 이의신청에 따라 소송절차로 이행되기 전까지는 취하가 가능하다고 할 것이다(김/강, 903면;
이시, 972면. 그러나 1심 판결선고 시까지 가능하다는 반대견해 있음. 정/유/김, 1120면).[2]

3) 이의신청에 따라 소송절차로 이행되더라도 시효중단의 효과는 지급명령신청시에 발
생한 것으로 보아야 한다(이시, 971면도 같은 견해임).[3]

---

1) 지급명령이 발령되었다고 하더라도 그것이 채무자에게 송달되기 전에 한 채무자의 이의신청은 부적법하지
   만 그 후에 채무자에게 지급명령이 적법하게 송달되면 그 하자는 치유된다는 것이 판례 입장이다(大決 2024.
   6. 7. 2024마5496).
2) 大判 1977. 7. 12. 76다2146,2147.
3) 大判 2015. 2. 12. 2014다228440.

제 8 장   소송구조(訴訟救助)

I. 의   의

당사자가 법원에 소를 제기하는 데는 인지대와 송달비용과 같은 재판비용을 비롯해서 소장 작성을 법무사에게 의뢰하거나 변호사를 선임하는 경우에 소요되는 선임료 등 당사자비용이 필요하다. 더구나 강제집행을 하는 데 있어서도 각종 비용이 소요될 뿐 아니라 소를 제기당한 피고 역시 응소를 하는 데 비용이 소요된다. 예를 들어 증인여비나 감정신청에 따른 감정료와 같은 증거조사비용은 물론 반소를 제기하는 경우에는 소를 제기하는 것과 유사하게 비용이 소용되는 것이다. 이들을 소송비용이라고 하는데 법원은 비용을 필요로 하는 소송행위에 대해서는 예납을 하도록 하는 것이 원칙이며 예납이 없는 경우에는 법원은 그 소송행위를 하지 않을 수 있다(116조). 결국 당사자는 돈이 없으면 소를 제기하지 못하거나 방어를 하지 못하게 되는 상황에 직면하게 되는데 이러한 상황을 방치할 수 없어 법 제128조 이하에서는 일정한 조건 하에서 이러한 당사자를 돕기 위해 소송구조절차를 설치해서 운영하고 있다.

II. 요   건

소송비용을 지출할 자금능력이 부족한 당사자는 소송구조를 신청할 수 있으며 법원은 직권으로도 소송구조를 할 수 있다. 다만, 패소할 것이 분명하지 않아야 한다(128조 1항 단서). 이를 분설하면 다음과 같다.

1. 소송비용을 지출할 자금능력의 부족

(1) 소송비용

법 제128조에서 말하는 소송비용은 민사소송비용법 내지 법 제129조 소정의 재판비용이나 소송비용에 한정되는 것이 아니라 소송수행에 소요되는 전반적인 비용을 의미한다는 견해가 지배적이다(김/강, 932면; 이시, 281면). 따라서 이론적으로는 승소에 필요한 조사연구비는 물론 변호사비용 일체 등이 포함된다. 하지만 규칙이 정하는 소송비용은 증거조사나 서류의 송달을 위한 비용, 그 밖에 당사자가 미리 내야 할 소송비용을 의미하는 것으로 파악된다(민규 25조 1항). 아울러 변호사나 집행관의 보수 역시 변호사 보수의 소송비용 산입에 관한 규칙 또는 집행관 수수료 규칙을 참조하여 재판장의 감독 하에 법원사무관등이 정하도록 하고 있어(민규 26조 2항) 현실의 소송비용은 이론과는 다를 수밖에 없다.

(2) 자금능력의 부족

자금능력의 부족 여부는 당사자 본인의 수입에만 의존해서 판단하되 당사자가 소송비용의 전부나 일부를 지출하면 당사자 본인과 피부양자(반드시 동거가족이어야 할 필요는 없다)의 경제생활에 위협을 받게 될 경우이다. 일단 「국민기초생활 보장법」에 따른 수급자, 「한부모가족지원법」에 따른 보호대상자, 「기초노령연금법」에 따른 수급자 등은 자금능력이 부족한 자로 간주된다(구조예규 3조의2). 하지만 이러한 생활보호대상자가 아닌 경우에도 법원에서 요구하는 재산관계진술서를 통해 자금능력의 부족여부를 소명하면 된다.[1] 한편 법인의 경우에도 소송구조를 받을 수 있으며 외국인 역시 소송구조의 대상이 된다(구조예규 3조 3항).

2. 패소할 것이 분명하지 않을 것

(1) 종전에는 승소가망이 없는 것이 아닐 것이라는 요건을 설정하였으나 구조의 활성화를 위해 패소할 것임이 분명하지 않은 경우에는 구조를 받을 수 있도록 하고 있다. 따라서 자금능력이 부족한 경우에는 대부분의 경우 구조를 받을 수 있는 여건은 마련되어 있다고 할 것이다. 한편, 패소할 것이 분명한 경우에는 소송구조 신청비용 및 구조신청 기각결정에 대한 불복절차에 소요되는 비용 역시 구조대상에서 제외된다(128조 2항). 악의적으로 동일한 소송을 반복하면서 소송구조신청을 통해 절차 지연을 도모하는 것을 방지하기 위함이다.[2]

(2) 패소할 것이 명백하지 않다는 것은 소송상 구조신청의 소극적 요건이므로 신청인이 승소의 가능성을 적극적으로 진술하고 소명하여야 하는 것은 아니고 법원이 당시까지의 재판절차에서 나온 자료를 기초로 패소할 것이 명백하다고 판단할 수 있는 경우가 아니라면 그 요건은 구비되었다고 할 것이다. 또한, 제1심에서 패소한 당사자가 항소심에서 소송구조를 신청하는 경우에도 신청인이 적극적으로 항소심에서 승소할 가능성을 진술하고 소명하여야 하는 것은 아니고 법원은 신청인의 신청이유와 소명자료는 물론 본안소송에서의 소송자료 및 증거자료도 함께 종합하여 항소심에서 신청인이 패소할 것이 확실한지를 판단하여야 할 것이다.[3]

---

1) 大決 2003. 5. 23. 2003마89에 따르면 이와 같은 자금능력에 대한 서면의 제출은 신청인이 소송비용을 지출할 자금능력이 부족한 사람이라는 점을 소명하기 위한 하나의 방법으로 예시된 것으로 봄이 상당하므로 신청인으로서는 다른 방법으로 자금능력의 부족에 대한 소명을 하는 것도 가능하다고 할 것이고, 법원은 자유심증에 따라 그 소명 여부를 판단하여야 한다고 판시하고 있다.

2) 진상범/주석민소 9판(1), 1091−1092면 참조.

3) 大決 2001. 6. 9. 2001마1044; 大決 2021. 5. 27. 2021스576.

3. 소송구조의 절차

(1) 당사자의 신청 혹은 직권

구조를 원하는 당사자는 서면으로 구조신청을 하되 신청인 및 가족의 자금능력을 적은 서면(재산관계진술서)을 첨부하여야 한다(민규 24조). 이는 자금능력이 없다는 사실에 대한 소명 방법의 하나를 규정하고 있는 것이므로 신청인이 재산관계진술서를 제출하지 않았다고 하여 소송구조신청을 받아들이지 않는 것은 부당하다.[1] 더구나 법 제128조 제1항은 직권으로도 소송구조신청을 할 수 있도록 하고 있어 재산관계진술서의 제출이 반드시 강제되는 것은 아니다.

(2) 재판과 불복

1) **즉시항고의 주체와 대상**　　소송구조에 대한 재판은 소송기록을 보관하고 있는 법원이 결정으로 재판한다(128조 3항). 아울러 구조절차와 관련된 재판(구조결정 및 구조취소결정 등)에 대하여는 신청인에게 즉시항고를 허용하고 있다(133조 본문). 구조신청을 기각하거나 각하한 결정에 대해서도 즉시항고가 인정되는지 여부에 대해 의견대립이 있지만[2] 즉시항고의 대상에서 이를 제외할 특별한 이유가 없으며 구조신청에 대한 배척은 신청인에게 매우 중요한 사안이고 신속하게 결정되어야 하므로 즉시항고의 대상이 된다고 해석함이 타당하다. 이에 비해 상대방은 소송비용의 담보면제를 명한 구조결정(129조 1항 3호)에 대해서만 즉시항고할 수 있다(133조 단서). 이는 다른 구조대상과 달리 담보면제를 하게 되면 상대방이 승소한 경우에도 원고로부터 소송비용을 지급받을 수 없게 되는 불이익이 있어 예외적으로 즉시항고를 허용하고 있는 것이다.[3]

2) **인지첩부와 구조신청**　　인지첩부를 하지 않은 상태에서 소장이나 항소장, 상고장 등을 접수하면 재판장은 소장이나 상소장 등의 보정명령을 발하게 된다. 이때 원고나 상소인 등이 소송구조신청을 하게 되면 재판장의 보정명령은 그 효력이 정지되고 아울러 소송구조 신청에 대한 기각결정이 확정될 때까지 인지첩부 의무는 저지된다고 보는 것이 판례의 입장 이다.[4] 따라서 법원은 소송구조신청에 대한 기각결정이 확정된 시점에 바로 소장을 각하할 수는 없으며 구조신청 기각결정 확정일로부터 최초 재판장의 보정명령에 따른 보정기간이

---

1) 大決 2003. 5. 23. 2003마89.
2) 김용덕/주석민소(2), 262면. 법 제133조 본문에서 "이 절에 규정한 재판에 대하여는 즉시항고할 수 있다"고 되어 있는데 구조신청에 대한 기각이나 각하 결정이 규정되어 있지 않아 견해의 대립이 발생한 것으로 추측된다.
3) 법원행정처, 「민사소송법 개정내용 해설(2002)」, 46-47면.
4) 大決 2002. 9. 27. 2002마3411; 大決 2010. 4. 13. 2010마165; 大決 2011. 10. 4. 2011마1223 등 대법원의 일관된 입장이다.

도과되어야 소장이나 상소장을 각하할 수 있다.[1] 이러한 해석은 구조신청을 한 당사자를 보호할 뿐 아니라 나름 정치한 이론이라고 생각된다. 하지만 소송구조신청을 통해 인지첨부를 유예하고자 했던 당사자를 보호하기에는 다소 불충분하다. 인지첨부를 유예하기 위해 구조신청을 한 당사자가 변호사를 선임하는 경우는 거의 없을 것이므로 구조신청기각결정일부터 최초 보정명령 기간 내에 인지를 첨부하지 않으면 소장이나 상소장이 각하된다는 사실을 인식하는 당사자는 매우 드물 것이기 때문이다. 따라서 재판장의 인지보정명령은 재판장의 소송지휘권에 해당하므로 소송구조신청을 통해 정지되는 것이 아니라 일단 소멸되는 것으로 보아야 하며 구조신청기각결정이 확정됨에 따라 재판장은 당사자의 어려운 경제적 사정을 고려해서 충분한 기간을 두고 새로운 보정명령을 하는 것이 바람직하다. 더구나 최초의 보정명령을 발할 때와 소송구조신청기각결정이 확정된 당사자에게 보정명령을 발할 때의 사정이 크게 달라졌음에도 동일한 보정기간을 담은 보정명령의 효력을 되살리는 것 역시 바람직하지 못하다는 것도 충분히 고려해야 할 것이다.

Ⅲ. 구조의 효과

1. 객관적 범위

(1) 재판비용(129조 1항 1호)

국고에 납입할 인지대와 당사자가 먼저 선납하여야 하는 체당금(송달료, 증인여비 등)이 재판비용에 포함된다. 소송비용에는 재판비용 외에도 재판준비를 위해 필요한 소장의 작성이나 증거수집 등을 위한 당사자비용도 포함되는 것이나 재정적인 부담으로 인해 재판비용만을 소송구조의 대상으로 하고 있다. 유예되는 비용 중에서 법원이 현실적으로 지급해야 하는 비용(송달료나 증인여비 등)은 국고에서 체당하여 지급하는 것이 원칙이므로 법원사무관등은 서면이나 재판사무시스템을 이용한 전자적인 방법으로 경비출납공무원에게 그 소송비용의 대납지급을 요청하여야 한다(민규 25조).

(2) 변호사 및 집행관의 보수와 체당금(2호)

변호사 선임료나 집행관의 보수 및 이들의 체당금(변호사의 여비나 통신비 내지 집행관의 직무집행에 소요되는 비용, 집행관 19조 1항) 역시 지급유예가 될 수 있다. 우리나라는 비록 필수적 변호사 선임제도를 취하고 있지 않지만 변호사 보수[2]를 소송구조의 범위에 포함시키지 않는다

---

[1] 大決 2008. 6. 2. 2007무77.
[2] 여기서 말하는 변호사의 보수는 변호사가 소송구조결정에 따라 소송구조를 받을 사람을 위하여 소송을 수행한 대가를 의미하는 것이지 소송구조를 받을 사람의 상대방을 위한 변호사 보수까지 포함되는 것은 아니다(大判 2017. 4. 7. 2016다251994 참조).

면 실질적인 소송구조의 목적을 달성하기 어려울 것이며 더구나 승소확정판결을 받고도 집행
비용이 없어 집행절차를 밟지 못한다는 것 역시 매우 불합리한 일이므로 집행관의 수수료와
체당금에 대해서도 소송구조를 허용하는 것이 당연하다. 구조결정에 따른 변호사의 선임은
해당 변호사회에서 담당하는 것이 원칙이지만 법원이 이를 관장할 수도 있다(구조예규 8, 9조).

(3) 소송비용 담보제공 면제(3호)와 그 밖의 비용(4호)

소송구조결정을 통해 소송비용에 관한 담보제공(117조)을 면제받을 수 있다. 그러나 보전
처분에 따른 담보제공의무는 면제의 대상이 아니다. 그 밖에도 대법원 규칙을 통해 소송구조
를 통한 비용의 유예나 면제를 규정하도록 하고 있으나 현재까지 추가적인 대상을 규칙에서
정하고 있지는 않다.

2. 주관적 범위

소송구조는 이를 받은 당사자에게만 효력이 있는 것이지 소송승계(일반승계나 특정승계 모두)
가 이루어졌다고 구조결정의 효력까지 승계되는 것은 아니다(130조 1항). 한편 법원은 승계인에
게 유예된 비용의 납입을 명할 수 있으나(130조 2항) 승계인은 상속인이나 합병에 따른 존속법
인 혹은 신설법인과 같은 일반(포괄)승계인에 국한되고 특정승계인은 포함되지 않는다고 할 것
이다. 특정승계인이 피승계인이 유예받은 소송비용을 대신 납입할 의무는 없기 때문이다.[1] 피
승계인의 포괄승계인은 법원의 비용납입결정에 대해 즉시항고로써 이를 다툴 수 있다(133조).

Ⅳ. 납입·추심결정과 구조의 취소

소송구조를 통해 유예된 소송비용은 일정한 사유가 발생하면 납입 혹은 추심결정을 통
해 회수된다. 소송구조 예규는 몇 가지의 사유를 통해 이를 분류하고 있다.

1. 포괄승계인에 대한 납입결정(130조 2항)

법 제130조 제2항에서는 승계인에 대한 납입결정을 언제든지 할 수 있는 것처럼 규정하
고 있으나 예규에서는 승계인이 소송비용을 지급할 자금능력을 갖는 때에 한하여 별도의 구
조취소결정 없이 납입결정을 할 수 있다고 하고 있다(구조예규 17조 1호).

2. 구조의 취소를 이유로 한 납입결정(131조)

구조를 받은 사람이 소송비용을 납입할 자금능력이 있다는 것이 판명되거나 자금능력이

---

1) 김용덕/주석민소(2), 247면.

있게 된 때에는 소송기록을 보관하고 있는 법원이 직권 혹은 당사자의 신청에 따라 구조결정
을 취소하고 납입결정을 할 수 있다(131조).

3. 재판의 확정을 이유로 한 납입 혹은 추심결정(132조)

구조결정을 받은 당사자가 패소함으로써 소송비용부담의 재판을 받게 되면 국가는 구조결
정을 받은 당사자로부터 유예한 재판비용 등을 회수하여야 한다. 그러나 구조결정을 받은 당사
자가 승소한 경우에는 상대방으로부터 받을 수 있는 소송비용을 국가가 직접 추심할 수 있는
권능을 갖게 된다(132조 1항). 구조결정에 따라 당사자를 도운 변호사와 집행관 역시 추심권을
갖게 되는데(132조 2항, 3항) 최종적으로 보수를 받지 못하게 되더라도 국고로부터 당해 보수를
지급받을 수 있다(129조 2항). 한편 소송구조를 받은 사람의 상대방이 소송비용 전부를 부담하는
재판이 확정되고 상대방으로부터 추심할 소송비용이 30만 원을 초과하는 때에는 제1심 수소법
원은 상대방에 대한 납입유예비용의 추심결정을 반드시 하여야 한다(구조 예규 17조 3호 단서).

V. 소송구조제도의 현황

1. 민사소송법상의 소송구조제도

소송구조 예규는 그동안 거의 사문화되다시피 한 민사소송법상의 소송구조제도를 활성
화하는 데 큰 기여를 하게 되었다.[1] 2005년경부터는 개인파산·회생제도가 시행되고 사건이
급증하자 파산·회생 사건에 대한 소송구조 지정변호사제도가 2005. 12. 1. 서울중앙지방법
원에서부터 시작되었고 이후 전국법원으로 확산되었다. 일반 민사사건에 소송구조를 위한 지
정변호사제도가 시행된 것은 2010년부터인데 인천지방법원이 2010. 1. 1.부터 처음으로 지정
변호사제도를 운영하였다. 아울러 대법원은 2010. 9. 1.부터 소송구조 예산을 통해 외국인에
대한 소송구조를 활성화하고자 서울중앙(임금지급청구 사건)·행정법원(난민소송)·가정법원(이혼소
송) 등에 외국인 소송전담변호사를 지정해서 운영하고 있다. 외국인의 국내체류가 급격히 증
가하는 반면 법적 보호 장치가 미흡하다는 판단에서 비롯된 것으로 활성화가 기대되고 있다.
한편, 2022년 한 해 동안 지방법원에 접수된 구조신청은 7,627건이며, 789건은 직권에 의한
소송구조가 이루어졌는데 인용률은 61%에 불과하다.[2]

---

1) 2002년 사법사상 처음으로 사법부 예산에 3억 원의 소송구조 예산이 편성되었다고 한다(법률신문 2002. 7.
   9. 자 기사 참조).
2) 2023 사법연감, 731면 참조.

2. 기타 법률구조제도

(1) 소송법상의 구조제도보다는 법률구조법(1987. 7. 1.부터 시행)에 따라 설립된 대한법률구조공단이 사실상 일반 서민의 소송구조를 위한 대표적인 제도로 인식되고 있다. 더구나 각종 시민단체 등이 무료법률상담 등을 통해 소송구조의 일각을 담당해 온 것 역시 사실이다. 현재 대한법률구조공단, 한국가정법률상담소, 대한가정법률복지상담원을 세 축으로 법률구조를 실시하고 있으며 실적 역시 소송구조에 비할 바가 아니다.[1]

(2) 하지만 소송구조는 국가가 주도적으로 역할을 담당해야 하는 중요한 사업으로 구조공단이나 시민단체 등의 개별주체의 사업 활동에 의존할 성격의 것이 아니다. 따라서 앞으로는 민사소송법에 토대를 두고 법원이 주도하는 소송구조의 원칙적인 모습을 구현해야 할 것이다.

---

1) e-나라지표에 게시된 자료에 따르면 2023년 한 해 동안 민사 및 가사 사건에 대한 구조건수는 121,417건에 이르고 있으며 2022년에 비해 6.6% 증가된 상황이다.

제 1 심 소송절차

제 1 장 총 론

제 1 절 심리절차 구조의 변천

Ⅰ. 변론기일 반복형

법 제정당시부터(법률 547호 1960. 7. 1. 시행) 변론준비절차는 합의사건에 한정되었지만 운용을 할 수 있는 법적 근거가 존재했다(제정법 253조 이하). 그러나 실제로는 거의 활용되지 않고 있다가 1980년대부터 준비절차에 대한 관심이 집중되기 시작했다. 이 시기부터 사건 증가에 비례해서 사법자원(司法資源)의 인프라가 증가될 수 없다는 것을 인식하게 되었기 때문이다. 당시의 민사재판은 소장이 접수되면 사건의 분류나 사전 검토 없이 일률적으로 소장부본과 함께 변론기일 통지서를 피고에게 송달해서 바로 변론절차를 개시하는 방식이었다. 따라서 동일한 성격의 변론기일이 반복됨과 동시에 간헐적으로 제출되는 증거들에 대한 증거조사가 산발적으로 실시되어 소송절차가 공전되거나 지연되는 현상이 잦아지게 되었다.[1]

Ⅱ. 집중화된 주된 변론기일형

1980년대부터 90년대에 걸쳐 준비절차 운영방식을 다각도로 실험해 보았지만 그다지 큰 성과는 거두지 못하였다. 우선 준비절차의 활용이 합의부만에 국한되었고 준비절차에서는 증거조사 시행이 법적으로 불가능했던 점 등이 그 원인으로 거론되지만 준비절차가 법원의 선택사항이었고 변론의 집중을 위한 법원의 인력 등 주변 인프라가 충분하지 못했던 것이 가장 중요한 요인이었다고 생각된다.[2] 이러한 단점을 시정하기 위해 2002년 법 개정을 통해 단독·합의사건을 불문하고 변론준비절차를 필수적인 사전 절차로 규정하였고(2008 개정 전 258조 1항), 인증(人證)에 대한 증거조사를 제외하고 변론준비절차에서 대부분의 증거결정 및

---

1) 법원행정처, 「신모델의 도입과 시행상황의 평가」(2004), 1면 이하에서는 종전 심리방식의 폐해를 다음과 같이 요약하고 있다. ① 변론기일의 형해화 ② 형식화된 증인신문 ③ 접수건수에 연동하는 업무처리 경향 ④ 접수순서에 따른 기일지정 ⑤ 당사자의 재판절차 소외 ⑥ 재판부의 사건 장악력 부족 등.
2) 90년대의 집중심리의 상황을 이해하는 데는 강현중, "한국에서의 집중심리의 실무", 사법행정 366호(1991), 43면 이하 참조.

증거조사를 할 수 있는 법적 근거(281조, 289조 2항)를 마련하였다. 이는 21세기 대부분의 선진
제국이 추구하는 집중화된 주된 변론기일형 심리구조(concentrated main hearing system)[1]를 지향
하는 것으로서 변론구조의 상당한 변화를 초래하였고 긍정적인 평가도 적지 않았다.[2]

제 2 절　2002년 신모델과 2008년 선택적 준비절차

Ⅰ. 2002년 신모델[3]

1. 준비절차의 필수화와 주된 변론기일제도

2002년 법 개정을 통해 집중화된 주된 변론기일제도(main hearing system)를 도입하면서 준
비절차를 모든 사건에 필수화하고(2002 개정법 258조 1항) 예외적인 경우에만 변론기일을 지정하
는 방식으로 심리구조를 전환하였다. 또한 과거의 준비절차가 활성화되지 못한 점에 대한 반
성적 차원에서 증거신청은 물론 증거조사까지 준비절차에서 가능하도록 하고(2002 개정법 281
조 3항) 주된 변론기일에는 당사자와 증인에 대한 신문을 집중적으로 시행하도록 강구하였고
(2002 개정법 287조 3항) 변론기일은 1회로 종결되는 것을 지향하였다(2002 개정법 287조 1항). 이렇
게 함으로써 변론과 증거조사가 당해 변론기일에 집중되어 종전의 변론기일과 달리 차등화
된 "주된 변론기일"의 역할을 수행하도록 하였다. 하지만 준비절차에서 당사자의 주장과 쟁
점만 정리되는 것이 아니라 증거조사까지 거의 모두 이루어지게 되어 변론절차와 준비절차의
차이점이 없어진 반면 준비절차에서는 합의부 법관 전원이 아니라 재판장이나 수명법관만이
참여하여 소송을 진행함으로써(2002 개정법 280조 2항, 3항) 공개주의와 직접주의에 대한 훼손이
라는 비판이 적지 않았다. 한편 준비절차 과정에서 사건에 따른 특성을 고려하지 않고 기계
적으로 서면공방절차를 선행하여(2002 개정법 280조 1항) 변론준비기일이나 변론기일까지 다소
장시간에 걸쳐 당사자가 재판부를 대면하지 못하는 불편을 야기하였다는 비판도 있었다.

2. 변론기일방식의 운영

2002년 신모델 하에서도 준비절차를 기계적으로 열었던 것은 아니었으며 조기 1회 변론
기일지정을 통해 쟁점정리나 증거조사 등을 합리적으로 운영하려는 노력들이 진행되었다. 더

---

1) Rolf. A. Stürner, "The Principles of Transnational Civil Procedure", RabelsZ Band 69(2005), S. 224 이하 참조.
2) 졸고, "신모델하의 민사소송절차 구조와 절차 관리자로서의 법관의 역할-국제민사소송원칙(Principles of
Transnational Civil Procedure)과의 비교를 중심으로-", 민사소송 10권 2호(2006. 11), 68면 이하에서는 서구
의 집중화된 주된 변론기일형 심리구조의 변천과 발전에 대해서 상세히 살펴보고 있다.
3) 신모델 도입 당시의 동 제도에 대한 소개와 검토는 조수정, "민사소송 심리방식의 개선", 민사판례연구(ⅩⅩⅣ),
915면 이하 참조.

구나 최초 신모델 지침에서도 이 방안을 배제한 것은 아니었다.[1] 이는 절차의 신속이 무엇보다 요구되는 건물인도 사건 등에서는 서면공방절차를 생략하고 답변서 제출 후에 바로 변론기일을 지정하는 경우와 2회의 서면공방을 기다리지 않고 1회의 서면공방만으로도 변론기일로 진입할 수 있는 사건을 파악하여 조기에 변론기일을 지정하고자 한 것이다.[2]

Ⅱ. 신모델의 문제점

1. 변론준비기일과 그 한계

신모델이 목표한 집중화된 주된 변론기일제도는 준비절차를 통한 철저한 재판의 준비를 거쳐 1회의 집중화된 주된 변론기일을 지향하는 것이었다. 따라서 준비절차의 강화가 필수적으로 요구되었다. 2002년 신모델 역시 준비절차를 강화하였으나 대부분의 쟁점정리와 증거조사가 재판장이나 수명법관의 단독 주재 하에 공개된 법정이 아닌 준비절차실이나 판사실에서 비공개로 이루어지게 되었다.[3] 절차의 능률과 화해 및 조정의 가능성을 높이기 위해 부득이한 조치였지만 종전의 변론기일 중심의 심리원칙을 무시한다는 비난(공개재판주의와 직접심리주의 등)이 적지 않았고 대법원 역시 급기야 변론준비기일과 변론기일은 등가적일 수 없다는 판결을 선고하기에 이르렀다.[4] 이는 변론준비절차와 준비기일이 변론절차와 변론기일의 기능을 대체할 수 있게 되었지만 변론에 필요한 심리원칙(공개재판주의와 직접심리주의 등)을 준수하지 못함에 따라 발생된 필연적인 결과라고 생각된다. 더구나 합의부원의 활용이 원초적으로 불가능한 단독재판부의 경우는 준비절차 운영이 더 큰 부담으로 작용하게 되었다.[5]

2. 필수적인 준비절차제도의 문제점

집중심리를 위한 준비절차의 활성화 노력은 2002년 법 개정 이전에도 꾸준히 지속되어

---

1) 법원행정처, 새로운 민사사건 관리모델 실무편람(2001), 57-58면에서도 증인신문이 필요 없는 사건이나 건물인도 사건에서 사전에 검증·감정 등 증거조사가 완료되어 있는 사항에 대해서는 변론기일을 바로 열어 심리를 종결하는 것이 준비절차를 거치는 것보다 경제적이라는 점을 강조하고 있다.

2) 김건수, "조기 1회 기일 방식의 활용실태와 바람직한 운영방안", 재판자료 104집(2004), 329면 이하 참조. 조기 1회 변론기일의 필요성은 업무의 분장이 불가능한 단독재판부에서 그 필요성이 더욱 컸다고 생각된다.

3) 신모델 하의 변론준비절차 운영방식에 대한 비판과 대안 제시는 졸고, "신모델 하에서의 변론준비기일과 변론기일의 상관성 연구-동질성 및 대체가능성을 중심으로-", 한양대 법학논총 22집 1호(2005. 6), 101면 이하 참조.

4) 大判 2006. 10. 27. 2004다69581에서는 준비기일의 불출석이 변론기일의 불출석과 연계되어 당사자 불출석으로 인한 소취하간주의 효과가 발생할 수 없다는 점을 확인하였고 大判 2006. 11. 10. 2005다41856에서는 배당이의의 소의 첫 변론기일에는 변론준비기일이 포함될 수 없음을 확인하였다.

5) 신모델 시행 후 1년 시점에서 민사단독재판부 입장에서 바라본 신모델에 대한 전망은 박재완, "민사단독 재판 현장에서 바라 본 신모델", 재판자료 97집(2002), 77면 이하 참조.

왔으나 별 실효를 거두지 못하자 모든 사건에 대해 준비절차를 반드시 거치도록 하였는데 (2002 개정법 258조 1항) 이러한 단선적이고 경직된 준비절차제도의 설정은 법원이나 재판부의 사정 혹은 사건에 따른 특성을 도외시하게 되어 준비절차가 불필요한 사건에서도 이를 거쳐야 하는 불합리함을 야기하게 되는 부작용을 낳게 되었다.

Ⅲ. 2008년 선택적 준비절차제도

2008년 법 개정은 무변론판결을 하는 경우가 아니면 조속히 변론기일을 지정해서 심리를 진행할 것을 규정하였고 예외적으로 변론준비절차를 열 수 있도록 기본 심리구조를 변경하였다(258조 1항). 이러한 법 개정에 대해서는 준비절차를 통한 변론의 집중 제도를 위해 신모델을 들여 온 지 불과 6년여 만에 2002년 개정 전의 심리방식으로 회귀하는 졸속적인 것이라는 비판이 있다(이시, 372면 이하). 그러나 법 개정 과정의 문제점은 별론으로 하더라도 준비절차를 선택적·예외적인 것으로 규정하였다고 해서 2002년 당시 신모델이 추구하던 집중화된 주된 변론기일 방식의 심리구조를 포기한 것으로 볼 수는 없다.[1]

1. 정치한 사건분류와 조기 변론기일 지정

2008년 개정 법률은 2002년 법 개정 이전과 같이 소장이 접수되면 무조건 변론기일을 지정하는 것이 아니라 피고의 답변서 제출에 따라 사건을 정밀하게 검토해서 최단 기간 안에 변론기일을 지정하되 변론이 가능한 한 속행되지 않을 것을 요구하고 있다(민규 69조 1항, 2항). 이는 사건분류를 통한 사건관리를 전제하고 있는 것으로 서면공방절차를 실질화하고 기일전 증거조사(289조 2항)를 통해 증거조사가 완료된 경우는 바로 변론기일을 지정하여 사건을 조기에 종결할 것을 주문하는 것으로 해석되어야 한다. 즉 사건관리를 통해 불필요한 준비절차를 지양하고 조기에 지정된 변론기일을 통해 사건을 신속하게 종결하는 것을 지향하고 있다.

2. 준비절차 방식의 이원화

2008년의 개정은 조기 변론기일의 지정을 통한 심리를 원칙적인 형태의 심리구조로 설정하고 있지만 변론기일 방식의 준비절차를 추가적으로 도입한 것으로 해석함이 타당하다.[2] 공개주의와 직접주의의 훼손에 대한 반성적 차원에서, 아울러 단선적인 준비절차 방식에서

---

1) 상세한 내용은 졸고, "민사소송절차의 심리구조와 변론준비절차의 투명화–2008년 민사소송법 258조 개정과 관련하여–", 민사소송 15권 1호(2011), 280면 이하 참조.
2) 일본도 준비적 구두변론제도(日民訴 164조 이하 참조)를 쟁점 및 증거의 정리를 위한 절차의 하나로 규정하고 있는 점은 우리에게 시사하는 바가 크다.

탈피하기 위한 차원에서 변론기일 방식의 준비절차를 운용할 수 있는 여지를 인정하고 있는 것이다.[1]

3. 준비절차와 준비기일 방식의 적용 범위

답변서 제출 후 수차례의 서면공방절차를 거쳤으나 사건의 성격으로 보아 변론기일 지정이나 변론기일 방식의 준비절차가 적합하지 않은 경우, 즉 1회의 변론기일로 쟁점정리가 완결되기 어렵거나 화해나 조정이 가능한 사건 등에 대해서는 재판장은 사건을 준비절차에 회부하는 것이 바람직하다(258조 1항 단서). 한편 재판장은 사건의 신속한 진행을 위해 필요한 경우에는 준비절차 회부와 동시에 변론준비기일을 정하고 기간을 정해서 당사자로 하여금 서면과 증거신청을 제출하도록 할 수 있다(민규 69조 3항). 이는 준비절차에서의 절차 지연을 방지하고 서면공방을 원활하게 촉진하기 위해 변론준비기일을 조기에 지정하고자 한 것으로 판단된다.

4. 집중화된 주된 변론기일형 심리구조의 전망

2002년 도입한 신모델의 목표 설정은 매우 시의적절했고 아울러 전 세계의 선진국가들이 추구하는 집중화된 주된 변론기일형 심리구조(main hearing system)를 지향한 점에서도 매우 탁월한 선택이었다고 평가된다. 다만, 준비절차를 필수적인 전치 절차로 운영을 하게 됨에 따라 합의부보다는 상대적으로 단독재판부의 부담이 커지게 되었고 준비기일 등의 운영 역시 합의부원 단독으로 비공개 위주의 재판을 하다 보니 법관의 부담이 가중되었고 심리의 기본원칙을 침해한다는 지적이 적지 않았다. 따라서 2008년 개정을 통해 준비절차를 선택적인 것으로 전환함에 따라 재판부의 사정에 따라 변론기일 방식의 준비절차 운영도 얼마든지 가능하지만 그렇다 하더라도 준비절차 성격의 변론기일인지 주된 기일인지 여부를 분명히 해서 변론의 집중을 도모하는 것을 간과해서는 안 될 것이다.[2]

---

1) 2002년 개정 법률에서도 조기변론기일 제도를 활용할 수 있었으나(2002 개정법 258조 1항 단서) 예외적인 선택대상이었다는 점이 현행법과 다른 점이다.
2) 상세한 내용은 졸고, "민사소송절차의 심리구조와 변론준비절차의 투명화-2008년 민사소송법 258조 개정과 관련하여-", 312면 이하 참조.

제 2 장   심리절차의 기본원칙

제 1 절   당사자주의와 직권주의

I. 기본개념

재판의 기본 목적은 실체적인 진실발견에 있다. 대립하는 당사자들의 주장과 증거방법 가운데 법원은 어느 한 쪽의 손을 들어주어야 하는 것이다. 이러한 결론을 도출하는 데 유럽의 근대 국가는 두 가지의 법 체계를 발전시켜 왔다. 그 하나는 영국이 발전시킨 당사자주의 (adversary system)[1]와 독일과 프랑스로 대표되는 직권주의(inquisitorial system)[2]였다. 그러나 어느 나라도 순수한 의미의 당사자주의나 직권주의만을 토대로 재판하는 경우는 거의 없었다.[3] 다만 어떤 요소가 지배적인가 하는 것에 차이가 있을 뿐이다. 통상 당사자주의와 직권주의의 차이점은 세 가지 측면에서 거론된다. 첫째, 소를 개시하고 심리의 범위를 결정하는 주체는 누구인가 둘째, 증거수집 및 증거조사의 주체는 누구인가 셋째, 절차의 순서와 성격을 누가 결정하는가 하는 부분에서 양자는 근본적인 차이를 나타낸다.[4] 당사자주의 절차에서는 당사자가 소를 개시하고 그 범위도 결정하며, 증거수집 및 제출 그리고 증거조사에 있어서도 원칙적으로 당사자의 주도하에 절차가 이루어진다. 나아가 증거가 제출되고 법적인 쟁점을 다투는 순서와 형태에 대해서도 당사자가 이를 주도적으로 결정한다.[5] 이러한 기준에서 본다

---

1) 대륙법계에서는 영미제도를 당사자주의(adversarial system)라고 하기보다는 탄핵주의(accusatorial system)라고 지칭하는 것이 일반적이었다고 한다(Amalia D. Kessler, "Our Inquisitorial Tradition: Equity Procedure, Due Process, and the Search for an Alternative to the Adversarial", 90 Cornell L. Rev. 1181, 1187).

2) 통상 직권주의 혹은 규문주의라는 용어는 불합리한 제도라거나 중세시대의 고문이나 화형제도를 연상시킨다. 그러나 근대 국가 성립 이후의 직권주의는 심리방식의 차이만을 담고 있을 뿐 법에 의한 재판을 기초로 한다는 점에서 중세시대의 자의적인 재판절차를 의미하는 것은 아니다.

3) Amalia D. Kessler, "Our Inquisitorial Tradition: Equity Procedure, Due Process, and the Search for an Alternative to the Adversarial", p. 1187. 영미에서도 형평법원에서는 직권주의적 색채가 강한 절차를 운영해 왔다고 한다.

4) Engelmann, 「A History of Continental Civil Procedure」, pp. 3-81에서는 양자의 차이를 7가지 범주로 나누고 있다. (1) 소의 범주와 내용을 누가 결정하는지 여부 (2) 누가 소의 개시와 진행을 책임지는지 여부 (3) 소송절차가 분리되어 어느 특정 절차에서 하지 않은 행동은 추후 절차에서 할 수 없는지 여부 (4) 증거가치가 형식적으로 혹은 규칙에 의해 고정되어 있는지 혹은 법관의 자유로운 평가에 의해 합리적으로 판단되는지 여부 (5) 절차가 서면 혹은 구술로 진행되는지 그리고 증거 역시 서면 혹은 구술에 의한 것이 가능한지 여부 (6) 법원이 당사자와 증인을 직접 대면하는지 혹은 다른 매개인을 통해 간접적으로 접촉하는지 여부 (7) 절차가 공개되는지 여부 등이다.

5) Amalia D. Kessler, "Our Inquisitorial Tradition: Equity Procedure, Due Process, and the Search for an

면 우리의 민사소송절차는 당사자주의를 근간으로 하고 있음을 알 수 있다. 당사자는 소의 개시 여부는 물론 그 범위를 결정하며 증거수집 및 제출에 대한 책임 역시 당사자가 부담하고 있다. 다만 법원이 절차를 직권으로 진행한다는 측면에서 직권주의적 요소가 다소 가미되어 있을 뿐이다.

1. 직권주의 및 직권탐지주의

당사자주의와 대척점에 있는 개념으로서 직권주의 혹은 직권탐지주의1)란 용어를 자주 사용하는데 이 개념도 주의해서 사용할 필요가 있다.2) 엄밀한 의미에서의 직권주의(Inquisitorial system)는 절차의 진행은 물론 사실 및 증거조사에 있어 국가를 대표하는 법관이 그 모든 절차를 주도하는 형태를 의미한다.3) 따라서 독일법에서 사용되는 변론주의와 대응되는 개념으로서의 직권탐지주의(Untersuchungsmaxime)는 직권주의보다는 협소한 개념으로 법원이 당사자가 주장하지 않은 사실에 기초하고 직권에 의한 증거조사를 통해 판단할 수 있다는 것을 의미한다.

2. 처분권주의와 변론주의

현대 민사소송절차에서 가장 핵심적인 내용이라고 할 수 있는 처분권주의(Dispositionsmaxime)와 변론주의(Verhandlungsmaxime)는 당사자가 주도하는 심리방식의 핵심을 나타내는 것으로 대륙법계 특히 독일법에서 발전된 제도와 이론이다. 따라서 영미 문헌에서 사용되는 당사자주의(adversarial system)와는 직접 대응하는 개념은 아니지만 둘 다 당사자 주도의 심리절차를 지칭한다는 점에서는 어느 정도 동일하다고 할 수 있다. 하지만 당사자주의는 단지 처분권주의와 변론주의만을 포괄하는 것이 아니라 절차의 진행, 증거조사의 방식, 판단의 주체 등 다양한 개념을 포섭4)하기 때문에 양자를 기계적으로 비교하는 것은 곤란하다. 우리나라에

Alternative to the Adversarial", p. 1188.

1) 직권주의를 직권진행주의나 직권탐지주의로 해석하여 전자는 처분권주의와 후자는 변론주의와 대응시켜 설명하는 방식도 있었다(이영섭, "민사소송에 있어서의 당사자주의와 직권주의", 고시계 11권 9호(1966), 31면 이하 참조).

2) 예를 들어, 처분권주의와 변론주의를 결합한 개념이 당사자주의이며 그에 대척되는 개념이 직권주의라고 하는 견해가 적지 않다(이시, 317면).

3) 근세에 들어 직권주의의 전형은 18세기 프로이센의 프레드리히 대제가 제정한 민사소송법이라고 할 수 있다(Rolf A Stürner/Peter Murray, p. 28). 계몽적 전제군주제도를 표방한 위 법에서는 직권에 의한 사실조사의 책임이 모두 법관에게 있었을 뿐 아니라 기존의 법관 외에 지도법관(instrurierender Richter, instructing judge)으로 하여금 당사자와 직접 접촉을 하여 쟁점을 구성하는 데까지도 관여하도록 하였다. 나아가 당사자를 대변하는 변호사 제도는 없어지고 정의를 대변한다는 국가공무원(Justizkommissare, Justice Commissioners)이 당사자의 요구와 필요에 따라 당사자를 도와주도록 하였다.

4) 예를 들어 영미의 증거개시절차(discovery)에서는 원칙적으로 법원이 개입하지 않으며 송달(service) 절차 역시 당사자가 책임을 지고 있다. 나아가 배심사건에서 사실의 판단 주체는 법관이 아니라 일반 시민인 점을 감안하면 당사자주의 개념은 매우 광범위하다는 것을 알 수 있다.

서는 과거 당사자주의를 당사자처분권주의의 줄인 말로 파악하거나 변론주의로 파악하기도
하였다.[1]

Ⅱ. 당사자주의와 직권주의의 수렴

1. 당사자주의의 변화

영미의 학자들이 대륙법계의 직권주의적 전통을 비민주적인 절차로 곡해하는 경우가 적
지 않았다. 소장을 비롯한 소송서류의 송달도 당사자가 책임을 지고 대부분의 증거수집 및
조사과정을 당사자들 주도 하에 진행하는 증거개시절차(discovery) 및 민사사건에서의 배심원
제도(jury system)를 종합해 본다면 영미의 절차는 확실히 대륙법계 국가들의 절차에 비해 보다
강력한 당사자 주도형의 절차임을 부인할 수는 없다. 하지만 당사자주의의 강조는 사건을 처
리하는 데 많은 시간과 비용을 초래하게 되었고 미국 증거개시절차(discovery)는 대표적인 고
비용의 절차로 지목되어 왔다. 결국 영미법계 국가가 강조하던 당사자주의는 복잡한 대형소
송의 빈번한 출현과 사법자원의 한계를 경험하게 됨에 따라 변화를 도모하지 않을 수 없게
되었으며 대륙법계 국가의 절차에 관심을 갖게 되었다.[2] 결국 영국은 1999년 Woolf 판사의
개혁절차에 힘입어 새로운 민사소송규칙(Civil Procedural Rules, 이하 CPR이라 함)을 제정하게 됨으
로써 대륙법계 국가의 절차법과 유사한 구조를 채택하게 되었다.[3] 아울러 미국에서도 증거
개시절차를 개혁하고 법관의 적극적인 사건개입을 강조하는 사건관리(case management) 개념을
제한된 분야에서나마 도입하기에 이른다.

2. 당사자주의와 직권주의의 수렴

직권주의의 전형이라고 할 수 있는 18세기 프레드리히 대제의 민사소송법 이후 독일도
많은 변화를 거치게 되었고 특히 1806년 프랑스 민사소송법의 영향을 통해 당사자 주도의
절차로 복원되었다. 나아가 당사자와 대리인의 권한 확대와 함께 법관의 권한은 축소되었다
(독일의 경우는 1877년의 민사소송법을 대표적으로 들 수 있다). 따라서 19세기 이후의 대륙법계 국가
(독일이나 프랑스)의 민사소송절차를 비민주적인 직권주의로 취급하는 것은 오해에서 비롯된 것

---

1) 이영섭, "민사소송에 있어서의 당사자주의와 직권주의", 30면.
2) 대표적인 저작으로 John H. Langbein 교수의 "German Advantage in Civil Procedure"라는 논문을 들 수
   있다(52 U. Chi. L. Rev. 823 (1985)).
3) 당사자주의와 관련해서 CPR의 입장을 요약하면 첫째, 준비절차의 강화를 통해 법관이 사건내용을 숙지한
   상태에서 변론절차에 진입하게 한 점, 둘째, 법관의 권한을 강화한 점, 셋째, 소송 외에 대체적인 분쟁해결이
   가능한 사건의 경우는 화해 등을 적극적으로 모색하게 한 점 등을 들고 있다(J. A. Jolowicz, "Adversarial
   and Inquisitorial Models of Civil Procedure", I.C.L.Q. 2003, 52(2), 281, pp. 286-287).

이다.[1] 더구나 현대에 들어서는 당사자주의와 직권주의에 대한 시각이 많이 변화되었는데 주로 절차에서 갖는 법관의 역할을 둘러싸고 당사자주의와 직권주의를 대비하였기 때문이다.[2] 영미에서도 절차 내에서 법관이 적극적으로 심리에 참여하고 나아가 사건관리(case management)까지 해야 한다는 사고가 지배적으로 되어 이를 위해서는 당사자 주도의 절차가 불가피하게 후퇴할 수도 있음을 인정하게 되었다.[3]

제 2 절 처분권주의

I. 의   의

1. 개   념

법원은 당사자가 신청하지 아니한 사항에 대해서는 판결하지 못한다(203조)는 규정은 민사소송의 중핵을 담고 있다. 이 규정은 절차의 개시부터 심판의 대상, 종료에 이르기까지 민사소송의 틀을 당사자가 형성·진행·종료시킨다는 것을 의미하며 흔히 이를 처분권주의라고 한다.

2. 처분권주의와 변론주의

처분권주의는 법원이 아닌 당사자가 소송물을 처분할 수 있는 자유를 갖고 있음을 나타내지만 결국 당사자는 사실주장을 통해 소송물을 구성하거나 변경, 소멸시키게 되므로 당사자의 주장을 법원이 간과하는 경우 처분권주의에 위반하게 된다. 이에 비해 변론주의는 재판자료의 수집·제출책임이 당사자에게 있다는 점에서는 처분권주의와 분명하게 구별되지만 변론주의의 주된 내용이 당사자가 주장하지 않은 주요사실을 판단의 기초로 할 수 없다는 점에서는 처분권주의와의 구분이 모호하게 된다.[4] 결국 간과된 당사자의 사실주장이 소송물

---

1) Rolf A Stürner/Peter Murray, p. 155 참조.

2) 법이 지배하는 19세기 이후, 특히 현대의 민사소송 절차에서 민주적 혹은 비민주적이라고 당사자주의와 직권주의를 대비하는 것은 의미를 잃게 된 것으로 보아야 한다. 현재는 법관이 절차 내에서 어떤 역할을 할 것인지에 관심이 모아지게 된 것이다.

3) 영국 Cambridge 대학의 J.A. Jolowicz 교수는 당사자주의가 오랜 시간 영국 민사소송절차의 초석역할을 했지만 현재는 당사자의 자유보다는 적합한 분쟁해결 수단을 통해 보다 정확한 결정을 도출하는 것이 중요하므로 당사자 자유의 후퇴도 감내해야 한다고 주장하고 있다(J. A. Jolowicz, "Adversarial and Inquisitorial Models of Civil Procedure", p. 295).

4) Rosenberg/Schwab/Gottwald, §76 I. Rdnr. 2에서도 과거에는 역사적 혹은 내용적인 측면에서 양자를 종종 구분하지 않았다고 한다. 우리나라에서도 처분권주의는 변론주의의 한 내용이라고 하여 양자의 구분을 부인하는 견해도 있다(방, 392면; 반대 견해로는 김용욱, 233면).

의 처분을 초래하는 결과를 야기하는 것이면 처분권주의를 위반하는 것이고 그 단계에 이르지 않으면 단순히 변론주의를 위반하는 것이라고 구분할 수 있지만 양자가 중첩되는 부분도 존재하므로 양자의 명확한 구분이 항상 가능한 것은 아니며 실질적으로 구분의 필요성도 크지 않다. 변론주의 혹은 처분권주의든 이를 위반한 재판은 위법한 재판으로서 취소될 운명에 놓이게 되기 때문이다. 보다 중요한 것은 법원이 당사자의 의사에 반해서 혹은 당사자의 주장 없이 소송을 형성·진행·종료시키거나 중요한 사실판단을 해서는 안 된다는 것이다.

3. 처분권주의의 제한과 한계

(1) 처분권주의는 원칙적으로 변론주의가 적용되는 절차에서만 발휘되므로 직권탐지주의를 표방하는 가사소송(일부 가사사건에 국한됨)이나 행정소송 등에서는 처분권주의가 일정부분 후퇴한다. 그러나 위 두 절차에서 직권탐지주의가 일부 인정된다 하더라도 소의 개시를 대체하는 경우는 없다. 다만, 일단 소가 개시되면 부분적으로 당사자의 소송물 처분에 일정한 제한이 가해지는 경우가 있다. 예를 들어, 가·나류 가사사건의 경우는 청구의 인낙이나 자백 등이 제한되고 있다(가소 12조 단서). 또한, 행정처분 취소 판결의 효력이 대세적이라는 점을 들어(행소 29조 1항) 화해나 조정 등이 행정사건에서는 불가능하다는 견해가 지배적이다(상세한 내용은 제6편 제2장 제2절 청구의 포기·인낙 부분 참조).

(2) 직권탐지주의를 표방하는 규정이 없는 회사관계소송의 경우에도 원고승소판결이 확정되면 대세효가 인정되므로(상 190조) 원고패소와 동일한 청구의 포기는 가능하지만 원고 승소와 동일한 의미를 갖는 청구의 인낙이나 화해는 불가능하다는 견해가 지배적이다(이시, 325면; 김홍, 403면). 주주대표소송의 경우는 법원의 허가 없이는 소취하는 물론 청구의 포기·인낙·화해까지 불가능하다(상 403조 6항).[1] 그러나 집단적인 이해관계를 대표하는 형태의 소송에서는 처분권주의가 다른 형태로 제한되고 있다. 즉, 집단소송법상의 집단소송, 소비자기본법 및 개인정보호법상의 단체소송의 경우는 소를 제기함에 있어 법원의 허가를 얻도록 하고 있다.[2] 남소의 우려 때문이라고 하지만 소권에 대한 지나친 제약이며 처분권주의에도 반한다.

---

1) 주주대표소송의 피고가 된 회사의 이사 등이 책임을 인정하고 청구를 인낙하는 것까지 법원의 허가를 얻도록 한 것은 지나친 법원의 개입이라고 판단된다. 증권관련집단소송의 경우도 피고의 인낙에 대해서는 제한이 없다(증권 35조 1항).

2) 집단소송법상의 허가제도 자체에 대한 근본적인 비판은 오정후, "증권관련집단소송법에 대한 민사소송법적 고찰", 증권법연구 5권 1호, 260면 이하 참조.

Ⅱ. 절차의 개시와 종결

1. 개   시

당사자의 소 제기가 없는 한 소가 개시되지 않는다. 즉 법원의 직권에 의한 민사재판의 개시는 존재하지 않는다. 그러나 부수적 재판은 당사자의 신청 없이 재판이 가능하다. 예를 들어 소송비용의 재판(104조), 직권에 의한 소송구조(128조 1항), 직권에 의한 판결의 경정(211조 1항), 가집행선고(213조 1항) 등은 당사자의 신청 없이 법원이 직권으로 재판을 할 수 있다.

2. 종   결

처분권주의는 당사자에게 자유롭게 소를 종결시킬 수 있는 자유를 부여한다. 소를 제기하였다고 하여 법원에 의한 판결을 기다려야 할 의무는 없는 것이다. 따라서 당사자는 소의 취하는 물론이고 청구의 포기·인낙을 할 수 있으며 상호 간에 화해를 함으로써 소송을 자유로이 종결시킬 수 있다. 나아가 상소취하는 물론 불상소의 합의, 상소권의 포기, 부집행의 합의 등도 가능하다.

Ⅲ. 심판의 대상과 범위

당사자가 요구하는 신청의 대상과 범위 내에서 법원은 판단을 하게 되는데 신청의 질적·양적 동일성 범위 내에서 판단할 수 있을 뿐이다. 당사자의 신청 범위가 불분명한 경우에는 석명을 통해 이를 바로잡은 상태에서 판단을 하여야 하며 신청 범위 내인지 여부는 실체법적인 해석이 필요한 경우도 있다.

1. 기본원칙

(1) 당사자가 구성한 소송물

1) 법 제203조에 규정된 "당사자가 신청한 사항"은 당사자가 구성한 심판의 대상, 즉 소송물을 의미한다. 우리 재판 실무는 당사자가 소구하는 청구의 실체법상 권원에 기초해서 심판의 대상을 파악한다. 따라서 당사자가 구성한 소송물의 성질과 범위를 초과해서 법원이 판단하게 되면 처분권주의를 위반한 위법한 판결이 된다.[1] 예를 들어, 건물소유자이자 임대인인 원고가 소유물반환청구권(민 213조)에 기초해서 건물인도를 구하고 있는데 법원이 임대차계약 종료에 따른 원상회복 청구권(민 654조, 615조)에 기초해서 건물인도를 명하는 것은 처분

---

[1] 大判 2020. 1. 30. 2015다49422.

권주의에 반하게 되는 것이다. 또한, 채권자가 소로써 채무자가 건물에서 퇴거할 것을 구하고 있는데 법원이 채무자의 건물 인도를 명하는 것은 처분권주의에 반하여 허용되지 않는다.[1] 한편, 이혼사유별로 별개의 소송물을 구성한다고 보는 판례의 입장에 따르면 부정행위를 이유로 이혼청구(민 840조 1호)를 하는 원고에 대해 악의의 유기(민 840조 2호)를 이유로 원고 승소판결을 선고할 수는 없다.

2) 실체법에서 청구권이 경합하는 경우, 예를 들면 불법행위를 원인으로 한 손해배상청구와 채무불이행에 따른 손해배상청구가 경합해서 인정되는 경우도 각각의 청구가 별개의 소송물을 구성하므로 법원은 원고가 기초하고 있는 청구에 기초해서 판단을 해야 한다.[2] 하지만 법조경합의 경우는 판례가 다소 혼선을 빚고 있다. 즉 자동차사고의 피해자가 가해 차량의 소유자를 상대로 소를 제기하면서 민법상의 사용자책임(민 756조)에 기초하더라도 법원은 자배법 제3조를 적용할 수 있다는 판례가 주류이기는 하나,[3] 이러한 경우 사용자책임을 묻는 것도 가능하다는 판례가 있기 때문이다.[4]

(2) 당사자가 선택한 소의 형식과 순서

당사자는 소의 형식을 선택할 수 있으며 청구의 예비적 병합(253조)은 물론 예비적 공동소송(70조)에 있어서도 청구나 피고의 순위를 임의로 결정할 수 있다. 따라서 원고의 확인청구가 중도반단적인 것에 불과하더라도 법원이 임의로 이행판결을 선고할 수 없으며 원고가 적법하게 소를 변경하지 않는 한 소의 이익 흠결을 이유로 소를 각하할 수밖에 없다.

(3) 비송의 성질을 가진 소

공유물분할의 소(민 269조 1항)를 제기하는 원고는 자신이 원하는 분할 방법을 소로써 제시하지만 이는 법원을 구속하지 못한다. 따라서 법원은 원고가 구하는 방식이 아닌 다른 분할 방법을 선택할 수 있는데[5] 소의 형식을 갖고 있지만 실질적으로는 비송절차의 성격을 갖는 형식적 형성소송으로 파악되기 때문이다. 한편, 공유물 분할과 달리 실정법에 명문의 규

---

1) 大判 2024. 6. 13. 2024다213157. 건물의 '인도'는 건물에 대한 현실적·사실적 지배를 완전히 이전하는 것을 의미하고, 건물에서의 '퇴거'는 건물에 대한 채무자의 점유를 해제하는 것을 의미할 뿐, 더 나아가 채권자에게 점유를 이전할 것까지 의미하지는 않는다는 점에서 건물의 '인도'와 구별된다.

2) 승소를 바라는 원고는 대개의 경우 경합하는 두 개의 청구를 선택적 혹은 예비적으로 병합하게 되는데 이 경우 법원은 당사자가 병합한 방식에 따라 판결을 하는 것이 원칙이다.

3) 大判 1970. 11. 24. 70다1501; 大判 1997. 11. 28. 95다29390; 大判 2020. 1. 30. 2016다267890.

4) 大判 1970. 8. 31. 70다714. 예를 들어 자배법은 피해자의 원활한 구제를 위해 민법에 대한 특별법으로서의 기능을 수행하게 된다. 그렇다고 하더라도 원고가 민법에 기초해서 청구를 하는데 아무런 석명절차 없이 바로 특별법에 따른 재판을 하는 것은 처분권주의에는 반하지 않더라도 당사자들, 특히 피고에게 불의타(不意打)가 된다. 따라서 석명(법적 관점의 지적)을 통해 특별법에 의한 청구로 변경하도록 한 후에 재판을 하는 것이 필요하다.

5) 공유자 1인에게 공유물에 대한 단독소유를 인정하고 나머지 공유자에게는 가격배상만 하는 것도 가능하다 (大判 2004. 10. 14. 2004다30583).

정은 없지만 통설·판례는 경계확정의 소를 인정하면서 이 역시 비송의 실질을 갖는 형식적 형성소송으로 파악하고 있다.[1] 따라서 법원은 원고가 소로써 구하는 경계에 구속되지 않고 임의로 경계를 결정할 수 있다.[2]

2. 질적·양적 동일성

(1) 양적 상한과 일부인용

1) 소송물과 처분권주의　　법원은 원고청구를 소송물별로 구분해서 각 소송물(청구)의 양적 상한 범위 내에서만 판결하여야 한다. 예를 들어, 인신사고에 따른 손해배상청구소송에서 원고가 일실수익을 1억 원, 치료비 등 직접손해로 5천만 원을, 위자료로 2천만 원을 청구하였으면 법원은 각 소송물별로 상한을 준수해야 한다는 것이 판례의 확고한 입장이다.[3] 한편 금전지급청구에 있어서도 이자청구는 원금청구와는 별도의 소송물을 구성할 뿐 아니라 이자청구를 규정짓는 원금, 기간, 이율 모두 원고 주장의 한도를 초과할 수 없다.[4] 따라서 이자 총액은 원고 청구 범위 내라 하더라도 원고가 구하는 이자 기산시점을 법원이 임의로 앞당기면 처분권주의에 반하게 되는 것이다(반대 견해로는 이시, 322면; 정/유/김, 345면).

2) 일부청구와 과실상계

① 안분설과 외측설　　원고가 손해의 일부만을 청구하는 경우 원고의 과실을 상계하는 상황이 발생할 수 있다. 이때 원고가 구하는 일부청구 금액을 기준으로 할 것인지 전액을 기준으로 할 것인지 여부가 문제된다. 안분설은 일부청구 금액을 기준으로, 외측설은 손해

---

[1] 大判 1993. 11. 23. 93다41792에서는 토지경계확정의 소에 있어서 법원으로서는 당사자 쌍방이 주장하는 경계선에 기속되지 아니하고 스스로 진실하다고 인정하는 바에 따라 경계를 확정하여야 한다고 판시하였다. 이 판결이 경계확정 소송에서는 처분권주의가 배제된다는 취지를 담고 있는 것은 아니라는 반론도 있다(김원태, "경계확정소송에 관한 연구", 민사소송 제4권(2001), 143면 이하 참조).

[2] 大判 2021. 8. 19. 2018다207830.

[3] 大判 2006. 10. 13. 2006다32446; 大判 2022. 4. 28. 2022다200768. 예를 들어, 총 금액 1억 7천만 원이 상한이 되는 것이 아니라 소송물 별로 각 1억, 5천, 2천만 원이 각각의 소송물의 상한으로 작용하게 되는 것이다. 이것이 판례가 취하는 소위 손해3개설의 입장에서 비롯된 것이다. 판례가 취하는 손해3개설의 입장을 비판하면서 인신사고에 따른 손해를 하나로 보아야 한다는 견해도 있으며(김/강, 358면; 이시, 321면), 재산적 손해와 정신적 손해로 이분함이 타당하다는 견해(호, 375-376면)도 있다. 이론적으로는 후자의 견해가 타당하다. 우리 민법도 재산 이외의 손해에 대한 배상 규정(민 751조)과 생명침해로 인한 위자료청구를 별개로 규정(민 752조)하고 있을 뿐 아니라 금전배상으로 부득이 귀일된다고 해서 정신적 손해에 대한 위자료부분을 금전채권과 동일시하는 것은 바람직하지 못하다. 한편, 판례가 재산적 손해를 적극적 손해와 소극적 손해로 구분하는 것은 법적 근거보다는 효율적인 재판 운용 측면에서 비롯된 것으로 추측된다. 우선, 인신사고의 경우 가장 핵심이 되는 손해는 일실수익의 산정을 통해 구체화되는 소극적 손해인데 이 경우 신체감정 등의 절차가 필요하고 아울러 후유증의 손해 등이 발생할 수 있어 이를 별개의 소송물로 취급하는 것이 효율적인 재판운용 측면에서 바람직할 수 있다는 것이다. 더구나 아직도 본인소송이 많은 재판 현실에 비추어 본다면 손해3개설은 피해자 측을 보호하는 기능을 수행하는 점도 무시하지 못한다. 즉, 당사자가 법률의 무지로 소극적 손해에 대한 배상청구를 누락한 경우에도 별소로 이 부분을 추후에 청구할 수 있게 된다.

[4] 大判 1989. 6. 13. 88다카19231.

전체 액수를 기준으로 과실상계하는 방법이다. 외측설이 통설의 입장이며 판례 역시 외측설을 유지하고 있다. 따라서 원고가 명시적으로 일부청구임을 밝히고 있음에도 전체 손해액을 기준으로 과실상계한 금액을 산정하고(잔액) 이 잔액이 청구액보다 작은 경우에는 잔액을, 잔액이 청구액을 초과하는 경우에는 청구액을 인용한다. 그런데 학설 중에는 당사자의 의사를 중시해서 원고 스스로 자신의 과실을 인정하고 감액한 금액을 청구하는 경우에는 외측설에 의해도 무방하지만 단순히 잔부를 유보하고 명시적으로 일부만을 청구하는 경우에는 안분설에 따라 산정하는 것이 타당하다는 견해도 있다(이시, 322면; 호, 366-367면).

　② 외측설의 장단점　　전체손해가 1억 원임에도 원고가 그 일부로서 5천만 원을 명시적으로 청구하는 경우 원고의 기여과실이 50%라고 가정해보자. 안분설에 따르면 원고는 2,500만 원 한도에서[5000만 원×(10-5)/10] 승소하는 반면(잔액 청구를 위해 다시 소를 제기할 가능성은 남는다), 외측설에 따르면 청구하는 금액 5천만 원 전액에 대해[1억 원×(10-5)/10] 원고가 승소하게 되므로 다시금 소를 제기할 가능성은 차단된다. 잔부를 유보하고 명시적으로 일부청구를 하는 것을 허용하면서 전체 손해액을 기준으로 과실상계를 하는 외측설의 방법은 당사자의 의사에 반할 뿐 아니라 상호 모순되므로 이론적으로는 안분설이 타당할 수 있다. 하지만 잔부청구를 위해 다시 소를 제기하는 것을 억지하는 측면에서는 외측설이 효과적이므로 법 정책적인 측면에서 판례의 입장이 타당하다.1)

　3) 채무부존재확인청구　　① 소극적 확인의 소에 있어 채무자가 전체 채무액 중 자인하는 채무의 상한을 설정하여 청구하는 경우에는 법원은 원고가 자인하는 채무금액을 넘어 구체적으로 채무금액을 특정해서 판결하는 것이 가능하다. 예를 들어 원고의 청구취지가 "원고의 피고에 대한 2010. 3. 5.자 어음금채무 1억 원 중 5,000만 원을 초과해서는 존재하지 아니함을 확인한다"라고 한다면 전체 채무액 중 5,000만 원을 넘는 부분(1억 원 한도)에 대한 판단을 구하는 취지가 명백하므로 원고가 자인하는 5,000만 원을 초과하는 채무가 있다면 그 부분을 특정해서 판단하는 것은 처분권주의에 반하지 않는다. 그러나 원고가 자인하는 5,000만 원의 채무보다 적게 인정하는 것은 처분권주의에 반한다. 예를 들어, 법원은 "원고의 피고에 대한 2010. 3. 5.자 어음금채무 1억 원 중 3,000만 원을 초과해서는 존재하지 아니함을 확인한다"라는 식의 판결은 할 수 없다.

　② "원고의 피고에 대한 2010. 3. 5.자 물품대금채무는 존재하지 아니함을 확인한다" 혹은 "원고의 피고에 대한 2010. 3. 5.자 물품대금채무는 5,000만 원을 초과하여서는 존재하지 아니함을 확인한다"라는 청구취지를 기재한 경우에는 채무의 상한이 정해져 있지 않아 당사

---

1) 판례는 원고가 금전채권 중 일부만을 명시적으로 구함에 대해 피고가 상계의 항변을 하는 경우에도 원고의 채권전액을 기준으로 상계하고 남은 잔액과 청구액을 비교하여야 한다고 판시하고 있다(大判 1984. 3. 27. 83다323,83다카1037).

자의 청구범위가 무엇인지 그 의사가 명확하지 않다.[1] 따라서 법원의 심리결과 원고의 잔존 채무가 1억 원이라고 판단되는 경우 원고청구를 그대로 기각할 것인지 아니면 원고의 채무 는 1억 원이라는 것을 판단할 것인지 문제된다. 소송물이 가분적이고 분량적인 판단이 가능 한 경우에는 특단의 사정이 없는 한 잔존하는 채무액수를 특정하여 판단함으로써 일부패소 판결을 할 수 있다는 것이 판례의 입장이다.[2] 채무자인 원고가 자신의 채무액을 확인받고자 한다면 상한과 하한을 정하여 청구범위를 특정하는 것이 일반적일 것이다. 그러나 채무자체 가 부존재한다든지 일정 범위 이상으로는 채무가 존재하지 않는다는 청구를 하는 경우에는 원고가 자신의 구체적인 채무액을 확인받고자 하는 것이라고 속단할 수는 없다. 따라서 법원 으로서는 석명을 통해 원고의 의사를 확인해서 청구를 기각하거나 구체적인 채무액수를 판 단해서 판결하는 것이 처분권주의에 충실한 태도라고 생각된다.[3]

(2) 질적 상한과 일부인용

1) 상환이행판결이나 조건부판결   ① 임대인의 임차인에 대한 무조건적인 건물인도 청구에 대해 임차인인 피고가 임대보증금 반환청구채권에 기초하여 동시이행항변을 하는 경 우, 혹은 피담보채무의 변제를 이유로 근저당권설정등기 말소청구소송이라는 현재이행의 소 를 제기한 데 대해 피담보채무의 잔존을 인정하고 이를 변제할 것을 조건으로 말소청구를 인용하는 장래이행 판결을 해야 하는 경우 등이 처분권주의에 반하는지 문제된다. 원고는 반 대급부의무가 없다는 것을 전제로 무조건의 이행을 구함에 대해 동시이행항변이나 조건을 붙인 판결은 처분권주의에 반한다고 볼 수 있기 때문이다.

    ② 동시이행판결과 관련해서 대법원은 분명하지 않은 입장이다. 즉, 그대로 청구기각을 해야 한다는 입장도 있으나[4] 무조건의 이행청구 안에는 상환이행판결을 구하는 취지가 담겨 있다고 해석하는 판결도 있기 때문이다.[5] 한편 조건부 판결과 관련해서 대법원은 피담보채

---

1) 원고가 채무의 상한을 정하고 있지 않아 법원이 원고의 청구보다 많은 채무금액이 잔존하는 판단을 해야 하는 경우에는 단순히 원고의 청구를 기각하는 것이 당사자의 의사에 보다 부합한다고 판단할 수 있기 때문 이다.

2) 大判 1971. 4. 6. 70다2940; 大判 1983. 6. 14. 83다카37. 따라서 원고가 "1983. 11. 21.자 소비대차에 기한 원고의 피고에 대한 채무는 금 48,290,000원을 초과하지 아니함을 확인한다"라고 청구한 경우 법원은 "1983. 11. 21.자 소비대차에 기한 원고의 피고에 대한 채무는 금원 65,000,000원 및 그에 대한 1985. 3. 1.부터 완 제일까지 연 2할 5푼의 비율에 의한 지연손해금을 초과하여 존재하지 아니함을 확인한다"고 판시하여야 한 다(大判 1994. 1. 25. 93다9422의 원심법원인 서울高判 1993. 1. 13. 92나31813의 청구취지와 판결주문을 비 교한 것이다).

3) 같은 취지의 견해로는 유태현, "일정금액을 초과한 채무부존재확인청구소송의 소송물", 민사판례연구(Ⅵ), 240-241면. 반대 입장으로는 조용호, "채무부존재확인소송", 사법논집 20집(1989. 12), 446면 참조.

4) 大判 1980. 2. 26. 80다56. 그러나 원고의 청구 내용에 반대급부 의무가 없다는 취지를 분명히 한 예외적인 경우라고 볼 수도 있을 것이다.

5) 大判 1979. 10. 10. 79다1508.

무 자체는 인정하면서 이에 대한 소멸을 주장하는 경우는 조건부 판결을 할 수 있으나[1] 피담보 채무가 발생하지도 않았음을 전제로 말소등기청구소송을 제기한 경우에는 피담보채무의 변제를 조건으로 장래이행 판결을 할 수 없다는 입장이다.[2]

③ 존중되어야 할 것은 원고의 합리적인 의사이므로 무조건의 이행판결을 구하는 원고의 청구에는 조건부나 상환이행판결을 수용할 의사가 내포되어 있다고 보아야 한다. 다만 청구기각판결보다 조건부판결이나 상환이행판결이 원고에게 특별히 불이익할 수 있다는 점에 대해 합리적인 근거가 있거나 조건부 혹은 상환이행판결 등을 거부하는 원고의 명시적인 의사가 있다면 법원이 청구기각판결을 선고하여야 함은 당연하다. 이러한 예외적인 경우에도 법원은 석명을 통해 원고의 의사를 확인하는 절차를 거치는 것이 요구된다.

2) 피고의 건물매수청구권의 행사와 처분권주의   대지소유자가 건물 등의 소유를 목적으로 한 대지임차인을 상대로 기간만료 등을 이유로 대지 위에 현존하는 건물에 대한 철거소송을 제기한 경우에 임차인인 피고는 건물매수청구권을 행사할 수 있다(민 643조, 283조). 이 경우 형성권인 매수청구권의 행사로 건물에 대한 매매계약이 체결됨으로써 임대인인 원고는 자신이 매수한 건물에 대한 철거청구를 하는 결과가 되어 통상은 원고가 건물대금과 상환으로 건물인도를 구하는 청구로 청구취지를 변경하는 것이 일반적이다. 만일 원고가 이러한 청구변경을 하지 않는 경우 법원이 임의로 건물대금과 상환으로 건물인도판결을 할 수 있는지 문제된다. 건물매수청구권은 철거 대상이 되는 건물이나 기타 공작물 등이 비교적 고가의 물건으로서 무조건 철거하는 것보다는 그 보존을 위해 사회경제적인 차원에서 인정되는 것이므로 법원이 임의로 청구취지와 다른 판결을 할 수 있다는 견해가 있을 수 있으며 나아가 원고의 철거청구 안에는 건물인도청구도 포함되어 있다고 볼 수 있다. 그러나 건물철거 및 대지인도청구는 소유권에 기초하거나 임대차계약상의 원상회복청구권에 기초하는 것으로 매수청구권의 행사로 체결된 매매계약에 터 잡은 건물인도청구와는 본질적으로 소송물을 달리한다. 그러나 임대인인 원고입장에서는 건물매수에 따른 부담과 기간을 갱신하는 부담과의 비교형량을 통해 차라리 철거청구를 기각당하고 피고와의 재협상을 통해 기간갱신에 합의할 가능성을 열어 둘 필요도 배제할 수 없다. 따라서 법원으로서는 원고에게 석명을 구해서 철거청구를 계속 유지할 것인지 혹은 건물인도청구로 청구를 변경할 것인지 여부를 확인할 의무가 있다고 봄이 타당하다.[3] 이는 소송경제를 위한 차원이기도 하지만 피고의 매수청구권 행사에

---

1) 大判 1990. 7. 10. 90다6825,6832; 大判 2023. 11. 16. 2023다266390.

2) 大判 1991. 4. 23. 91다6009.

3) 大判(全) 1995. 7. 11. 94다34265는 종래의 우리 대법원의 입장과 마찬가지로 원고의 건물철거와 그 부지인 도청구에는 건물매수대금 지급과 동시에 건물인도를 구하는 청구가 포함되어 있다고 볼 수는 없다고 하고 있다. 다만 분쟁의 1회적 해결을 위해서는 원고에게 석명을 구해서 그 의사를 확인하는 것이 필요하다고 판시함으로써 종전 판례의 입장을 변경하고 있다.

따른 원고의 선택권을 보호하여야 한다는 상호 간의 균형 유지 차원에서도 필요한 것이다.

　　3) 원물반환과 가액반환　　　　사해행위취소소송(민 406조)에서의 원상회복방법으로는 원물반환이 원칙이지만 부득이한 경우 예외적으로 가액반환이 인정된다. 원물반환을 구하는 원고 청구에 대해 법원이 가액반환을 명할 수 있는지 여부가 처분권주의와 관련하여 문제된다. 사해행위를 전부 취소하고 원상회복을 구하는 채권자의 주장 속에는 사해행위를 일부 취소하고 가액의 배상을 구하는 취지도 포함되어 있으므로, 채권자가 원상회복만을 구하는 경우에도 법원은 가액의 배상을 명할 수 있다는 것이 기본적인 입장이다.[1] 또한, 저당권이 설정되어 있는 부동산을 제3자에게 사해양도한 후 저당권의 피담보채무가 변제되어 저당권이 말소된 경우 원물반환이 불가능하므로 원고가 원물반환을 구하더라도 법원은 가액반환을 명할 수 있다고 한다.[2] 이는 가액반환이 원물반환의 질적·양적 일부에 해당한다는 의견에 기초하고 있는 것이다.[3] 그러나 원물반환청구와 가액반환청구가 질적·양적 일부관계에 있다는 것은 납득하기 어렵다. 양자는 기본적으로 양립이 불가능하기 때문이다.[4] 더구나 실무상으로도 양자의 전환은 청구변경을 통해 이루어지고 있으며 상대방의 방어권 측면에서도 납득하기 어렵다. 원고의 원물반환청구에 대해 피고는 가액반환청구가 제기된 경우까지 염두에 두고 방어를 해야 하기 때문이다. 한편 기판력 측면에서도 문제가 있다. 법원이 소송진행 도중 저당권의 피담보채무가 소멸된 것을 모른 상태에서 원고의 원물반환청구를 기각하고 이 판결이 확정된 경우에는 원고는 다시 가액반환청구를 할 수 없게 되기 때문이다. 소송진행 도중 원물반환이 불가능하게 되었다는 것을 파악한 경우에는 법원은 석명을 통해 청구변경을 유도하여야 하며 나아가 가액반환청구에 대해 심리가 되지 않은 상태에서 원물반환청구에 대한 판결이 확정된 경우는 가액반환을 위한 청구는 새로이 개시될 수 있어야 한다.[5]

　　4) 개별책임과 연대책임　　　　원고가 피고들에 대해 개별책임을 소구하는데 대해 법원이

---

1) 大判 2001. 9. 4. 2000다66416.

2) 이 경우 대법원은 부동산의 가액에서 저당권의 피담보채무액을 공제한 잔액의 한도에서 사해행위를 취소하고 그 가액의 배상을 구할 수 있을 뿐이고 그와 같은 가액 산정은 사실심 변론종결시를 기준으로 하여야 한다는 입장을 확고히 하고 있다(大判 1999. 9. 7. 98다41490 등).

3) 그러나 원물반환과 달리 가액반환의 경우는 채권자가 사실상 우선변제를 받을 수 있는 결과를 초래하므로 원물반환을 구하는 청구취지에 가액반환을 구하는 취지가 포함되어 있다고 볼 수 없다는 반대 입장도 있다 (김창종, "채권자취소권행사에 의한 원상회복의 방법 및 내용", 사법논집 26집(1995), 법원행정처, 171면).

4) 물론 판례에 따르면 원고가 가액반환청구를 할 수 있음에도 위험부담을 감수하면서 원물반환청구하는 것을 허용함으로써 양자가 선택적인 관계에 놓이는 경우도 있다(大判 2001. 2. 9. 2000다57139 참조). 예를 들면 사해행위로 양도된 부동산에 선의의 제3자가 저당권 등을 취득함에 따라 가액배상을 청구하는 것이 합당함에도 굳이 위험부담을 감수하면서 수익자 명의의 등기말소를 구하거나 채무자 앞으로의 이전등기를 청구할 수 있다고 판시하였기 때문이다. 그러나 이러한 경우에는 원물반환청구에 가액반환청구가 내포되어 있다고 볼 수 없음은 자명하므로 이는 오히려 판례의 이론이 일관되지 못함을 보여주는 사례라고 판단된다.

5) 이 부분에 관한 상세한 내용은 박치봉, "원물반환을 청구취지로 하는 사해행위취소소송에서 가액배상판결을 할 수 있는가?", 재판과 판례 11집(대구판례연구회, 2001. 6), 69면 이하 참조.

연대책임이나 부진정연대책임을 인정하는 것은 처분권주의에 반한다. 원고가 청구한 것 이상의 것을 법원이 부여하는 결과를 초래하기 때문인데 판례 역시 동일하다.[1] 그러나 그 역의 경우는 문제이다. 예를 들어, 원고의 피고들에 대한 부진정연대나 연대책임을 묻는 청구에 대해 분할책임을 인정하는 경우는 단순이행청구에 대해 상환이행이나 조건부 이행을 명하는 것과 다름없으므로 원칙적으로 원고의 의사에 포함되어 있다고 보는 것이 타당할 것이다. 그러나 판례는 이 역시 처분권주의에 반하는 것으로 파악하고 있다.[2]

3. 위반효과

처분권주의 위반 여부는 판결의 선고 내용을 보아야 비로소 파악할 수 있는 판결 내용의 흠에 해당한다. 따라서 절차상의 위법을 지적하는 이의권의 대상이 되지 않는다. 신청하지도 않은 사항에 대한 판결이므로 그 흠은 크지만 당연무효로 보지 않는 것이 다수입장이며 상소로만 다툴 수 있을 뿐이다(김홍, 417면; 이시, 326면). 아울러 처분권주의 위반은 재심사유에는 해당하지 않으므로 재심을 통해 구제받을 수는 없다. 한편, 처분권주의 위반 판결에 대해 항소가 제기된 경우 항소심에서 청구취지 변경이나 부대항소 등을 통해 심판의 대상이 되면 처분권주의 위반의 흠은 치유될 수 있다.[3]

제 3 절   변론주의

Ⅰ. 의   의

1. 개념과 근거

변론주의는 시민적 자유주의 사상에 터 잡은 1806년 프랑스 민사소송법, 1877년의 독일 민사소송법 등에서 연유하는 개념으로서 최초에는 처분권주의 개념을 포괄하고 있었을 뿐 아니라 기일출석이나 송달 등도 당사자에게 맡기는 형태를 취하였다.[4] 그러나 최근에는 변론주의와 처분권주의를 구분하게 되고 기일출석이나 송달 등 절차진행은 국가주도 형태로

---

1) 大判 2013. 5. 9. 2011다61646.

2) 大判 2014. 7. 10. 2012다89832.

3) 예를 들어 원고가 대여원금만을 청구했음에도 불구하고 1심 법원이 법정이자 부분에 대해서까지 인용판결을 한 경우, 피고의 항소에 따라 항소심에서 원고가 청구변경을 통해 약정이자 및 법정이자를 병합해서 청구하게 되면 1심판결의 흠은 치유된다. 이 경우 반드시 피고의 항소가 수반될 필요는 없다. 원고가 대여원금에 대해 일부 승소해서 패소 부분에 대해 항소한 후 이자부분에 대한 청구확장도 가능하기 때문이다.

4) 1806년의 프랑스 민사소송법과 1877년의 독일 민사소송법의 상호 영향과 발전은 Rolf A Stürner/Peter Murray, pp. 28-29 참조.

변형된 것이다.[1] 현재 변론주의는 당사자가 재판자료의 수집 및 제출에 대한 책임을 부담하는 절차형태만을 지칭하는 것으로 축소되어 있다. 따라서 변론주의 하에서는 당사자가 주장한 사실과 제출한 증거방법만을 판결의 기초로 하여야 한다. 그러나 법에는 변론주의를 채택하고 있다는 명시적인 규정은 없으며 다만 변론주의의 핵심 개념의 하나라고 할 수 있는 처분권주의를 선언하고 있는 점(203조), 법원은 보충적으로만 직권에 의한 증거조사를 할 수 있다는 내용(292조) 등으로부터 변론주의를 기조로 하고 있다는 추론이 가능하다. 한편, 민사소송의 특별절차라고 할 수 있는 가사소송과 행정소송에서 직권탐지주의를 나타내는 예외 규정을 두고 있어(가소 12조, 17조, 행소 26조) 민사소송은 변론주의를 취하고 있다는 반대해석도 역시 가능하다.

2. 소송관과 변론주의

변론주의는 자유주의적 소송관에 근거하고 있다. 절차의 내용을 형성하는 자유를 인정하는 변론주의는 당사자 간의 대등한 능력이 전제되어야만 공정성을 담보할 수 있는데 현실적으로는 여러 가지 측면에서 능력의 차이가 존재하므로 진실이 법정에서 반드시 승리하지는 못한다는 결론에 이르게 된다. 이러한 불합리함을 개선하기 위해 사회주의나 공산주의에 입각한 소송관이 나타나게 되었고 급기야 1960년대에 이르러 사회적 소송관이 등장하게 되었다. 그 핵심은 당사자 간의 불평등을 법원이 보충하는 차원에서 석명의무를 파악하고 법원과 당사자들이 협력하여 진실발견 작업에 공동체를 형성해야 한다는 것으로 요약할 수 있다.[2] 변론주의는 역사적으로 규문주의가 횡행하던 중세시대를 넘어 시민의 자유를 근간으로 한 역사적·사회적 변화의 모습이 재판의 형태로 등장한 것으로 이에 대한 근본적인 회의나 포기는 자유주의적 시민질서를 포기하는 것과 다름없다고 판단된다. 사회구조적인 불평등으로부터 빚어지는 변론주의의 단점은 법원의 적극적인 재판에의 개입이나 직권탐지주의의 도입으로 근본적으로 해결될 수 있는 것은 아니다. 더구나 석명의무의 범위 확대를 통한 법원의 적극적 개입은 자칫 또 다른 불평등을 야기할 수도 있어 매우 신중한 접근이 필요하다. 변론주의의 단점 보완은 소송법 이론의 차원이 아닌 제도적인 장치의 보완으로 해결되어야 할 것이다.[3]

---

1) 자세한 내용은 호문혁, "민사소송에 있어서의 이념과 변론주의에 관한 연구", 법학(30권 3·4호), 222-223면 참조.

2) 상세한 내용은 호문혁, 전게논문, 234면 참조.

3) 가장 시급한 것은 경제력의 차이로 변호사선임권이 침해되지 않도록 해야 한다는 점이다. 이를 위해 장기적으로는 변호사 보수를 의료보험과 같이 사회보험화하는 노력이 필요하다. 아울러 소액사건을 제외한 일반 민사사건에 대해서는 필수적 변호사 선임제도를 도입하여야 할 것이다. 다른 한편으로는 소액사건의 범위를 구분하여(예를 들면 500만 원 이하인 소가의 소액사건) 소송대리인 자격을 법학전문대학원 재학생은 물론 다른 법조인접직역 전문자격사(법무사 등)에게 부여하는 방안 등을 적극 검토하여야 할 것이다.

3. 본질과 수단

변론주의의 근거를 논함에 있어 사적자치를 반영한 본질적인 가치라는 본질설, 재판자료의 수집·제출 책임을 개인의 성취동기에 맡기는 것이 진실발견을 위한 가장 합리적인 방법이라는 수단설, 절차보장에 의한 공평한 재판을 위한 것이라는 절차보장설 등의 학설이 대립하고 있다. 나아가 이들 중 어느 하나의 견해보다는 이 모든 취지를 다 담고 있다는 다원설의 입장도 등장하고 있다. 그러나 수단설을 제외한 다른 학설들은 변론주의를 포기하고 직권탐지주의를 취하겠다고 선언하고 있는 가사소송법이나 행정소송법의 입장을 설명하기 곤란하다. 또한, 법관의 적극적인 절차 관여를 독려함으로써 사건을 관리하는 차원의 절차를 지향하는 현대 민사소송의 흐름을 이해하기도 어렵다. 근세에 들어 변론주의를 최고의 가치로 평가한 것은 자유주의라는 이념적 흐름과 진실발견에 효과적이라는 이중적인 의미에서 비롯된 것이다. 그러나 법치주의가 확립된 현대 국가의 경우는 자유주의에 대한 회의나 의혹은 사라지게 되었으므로 변론주의가 갖는 중요한 가치는 효과적이고 실체적인 진실발견에 얼마만큼 기여하느냐 하는 것에 모아지게 되었다. 따라서 변론주의는 사법제도를 운용하는 국가의 현실에 따라 변용될 수 있는 수단적 가치라고 평가되어야 한다. 물론 법치주의가 확립되지 않은 국가의 경우는 변론주의가 여전히 자유주의의 이념적 지표로서 기능해야 함은 물론이다.[1]

Ⅱ. 변론주의의 내용

절차형성의 책임을 당사자가 갖고 있는 변론주의 하에서는 법원에게 세 가지 측면에서 제약을 가하고 있다. 첫째, 사실에 대한 주장책임은 당사자에게 있으며 법원은 이에 구속된다. 둘째, 당사자가 자백한 사실은 법원을 구속한다. 셋째, 법원은 보충적으로만 직권증거조사를 할 수 있다는 것이다(292조). 변론주의는 진실발견을 위한 가장 적절한 수단이 되기 위해 일정한 내재적 제약을 가진 개념으로 진화되어 왔다. 아래에서 구체적으로 살펴본다.

1. 주요사실에 대한 주장책임과 구속력

(1) 주요사실과 간접사실 그리고 보조사실

1) **사실의 구분 필요성**   판결의 기초가 되는 사실에 대한 주장책임은 당사자에게 있

---

1) 영국이 1999년 민사소송법 개혁을 통해 법관의 절차에 대한 적극적인 개입(case management)을 강조하며 절차적 정의의 기본에 당사자의 평등, 비용의 절약, 사법자원의 효율적인 분배 등을 설정하는 것을 두고 (CPR Rule 1.1. 참조) 법치국가 혹은 자유주의의 이념이 포기되었다고 보지는 않는다. 다만, 재판의 효율을 위해 변론주의를 후퇴시키고 있을 뿐이라고 평가할 것이다. 그러나 과거 프로이센에서 이러한 입법을 하였다면 변론주의에 대한 심각한 위협이라고 평가되었을 것이다.

으므로 법원은 당사자가 주장하지 않은 사실을 기초로 판단할 수 없다.[1] 그렇다면 당사자가 주장하는 모든 사실에 법원이 구속되어야 하는 것인지 문제된다. 예를 들어, 변제의 항변을 제기하는 피고는 원고를 직접 만나서 돈을 갚았다고 주장함에 반해 피고가 신청한 증인의 증언에 의하면 피고가 아니라 증인이 원고에게 돈을 갖다 주었다고 하는 경우 법원은 증인의 증언이 신빙성이 있다고 판단하지만 자신이 직접 돈을 주었다는 피고 주장에 구속되어야 하는지 하는 문제이다. 피고의 주장 중에서 중요한 것은 피고가 변제하였느냐 여부의 문제이므로 이 부분에 대한 주장에는 구속되지만 변제하는 과정의 상세한 경위 사실(직접 주었는지 증인을 통해 주었는지)까지 법원을 구속한다고 보는 것은 법원의 원활한 심증형성을 방해하게 될 수 있다. 이러한 이유로 사실을 구분하는 기술적인 필요가 발생하게 된 것이다.

2) 주요사실과 간접사실   위의 예에서 변제사실은 주요사실이며 돈을 건넨 과정은 간접사실에 해당한다. 주요사실은 증명의 목표가 되는 사실로서 대부분 권리의 발생·변경·소멸이라는 법적 효과를 발생시키는 법규상의 요건사실과 일치한다.[2] 반면에 간접사실[3]은 주요사실을 추단하게 하는 정황사실을 지칭한다. "돈을 갚았다"라는 주요사실을 신빙성 있게 하기 위해서는 누가 어떻게 어떤 경로로 돈을 돌려주었는지 하는 점을 증명할 현실적인 필요가 발생한다. 한편 간접사실 중에는 증거방법의 증거능력이나 증거가치와 관련된 사실이 있는데 이를 보조사실이라고 구분해서 칭하고 있다. 예를 들어 위의 사례에서 피고측 증인에 대해 과거 위증죄로 처벌된 사실이 있을 뿐 아니라 소방관서 등에 자주 허위 신고를 하여 형사처벌까지 받은 사실이 있다는 주장은 보조사실에 해당한다. 증언의 증거가치를 폄하하기 위한 사실에 해당하기 때문이다.

3) 요건사실과 주요사실의 파악방법   법률효과를 발생시키는 법규의 요건사실을 주요사실로 파악하는 법규기준설이 통설과 판례[4]의 입장이다. 따라서 주요사실을 파악하기 위해서는 실체법적 근거규정이 요구하는 요건사실을 파악하는 것이 선행되어야 한다(요건사실과 주요사실의 일치). 예를 들어, 교통사고 피해자가 직접 가해자를 상대로 민법 제750조에 따른 손해배상청구를 하는 경우 원고는 가해자의 고의·과실, 손해발생, 인과관계[5] 등을 주요사실로

---

1) 大判 2010. 1. 14. 2009다69531; 大判 2018. 10. 25. 2015다205536; 大判 2019. 8. 9. 2019다222140; 大判 2021. 3. 25. 2020다289989.
2) 판례도 동일한 입장이다(大判(全) 1983. 12. 13. 83다카1489; 大判 2018. 12. 27. 2015다58440,58457).
3) 大判 2014. 3. 13. 2013다213823,213830.
4) 大判(全) 1983. 12. 13. 83다카1489; 大判 2018. 12. 27. 2015다58440,58457.
5) 민법 750조에는 인과관계에 대한 언급은 없다. 위법행위와 타인에 대한 손해만이 법 규정에 담겨있는데 인과관계를 요건사실로 파악해서 원고에게 주장·입증하도록 하는 것은 법 규정에 대한 해석론에서 비롯된 것으로 이 부분에 대해서는 다툼이 없다. 그러나 다툼이 있는 경우도 빈번하다. 따라서 실체법을 입법할 때 소송에서 누가 무엇을 증명해야 하는 것을 분명히 하는 것이 매우 중요하다. 불필요한 분란을 예방하기 위해서이다.

파악하여 이를 주장하고 증명하여야 한다. 결국 원고는 자신이 구하는 소의 소송물을 특정하고 당해 청구를 근거지우는 법규의 해석을 통해 요건사실을 파악해야 한다. 그런데 과실과 같은 일반조항(신의성실, 권리남용, 정당한 사유 등)을 구성요건으로 하는 경우는 무엇을 주요사실로 볼 것인가에 대해 견해 대립이 있는데 이들은 가치판단의 결론을 담은 평가적 개념일 뿐이므로 이들 개념의 기초가 되는 개별적인 사실을 주요사실로 파악하는 것이 타당하다(요건사실론, 13면 참조). 따라서 위 교통사고 사례에서 원고는 가해자의 과실이 있다는 주장만으로는 부족하고 예를 들면 가해자의 졸음운전이라는 특정 사실을 통해 과실을 구체화하여야 한다는 의미이다. 결국 졸음운전이라는 특정 사실이 요건사실이며 주요사실이 된다.[1] 따라서 졸음운전에 의한 과실을 주장하는 원고의 청구에 대해 법원이 원고가 주장하지도 않은 음주운전에 의한 사고라는 과실을 근거로 판결할 수는 없다.

4) **개별 사안에서의 주요사실**   법 규정의 분석을 통한 주요사실의 파악이 언제나 용이한 것은 아니다. 법 규정 자체가 모호한 경우도 있을 뿐 아니라 법 정책적인 차원에서 주요사실 여부를 달리 파악해야 하는 경우도 있기 때문이다. 이하에서는 대표적으로 문제되는 것 두 가지만을 예시하고자 한다.

① **대리와 관련된 행위**

i) **본인과 대리인**   본인이 직접 계약을 체결하였는지 혹은 대리인을 통해 계약을 체결하였는지 여부가 별개의 주요사실을 구성하는지 논의되고 있다. 즉, 원고 본인이 직접 피고와 계약을 체결했다고 주장하는데 법원이 대리인을 통해 계약을 체결한 것으로 인정할 수 있느냐 하는 문제이다. 본인이든 대리인이든 계약체결의 효과는 본인에게 귀속되므로(민 114조 1항) 당사자 본인이 직접 계약을 체결하였다고 주장하더라도 증거조사 결과 대리인에 의해 계약이 체결되었다는 심증이 형성되면 법원이 이를 인정할 수 있다고 본다. 대리행위를 통한 계약체결은 법적 효과를 나타내는 경위사실로 보아야 하기 때문이다. 한편 판례는 양자를 별개의 주요사실로 파악하면서도 간접적 주장이 가능하다는 입장을 취하고 있으나[2] 간접사실로 파악하는 판결[3]도 있어 일관된 입장은 아닌 것으로 파악된다.[4]

---

1) 이 상황에서는 요건사실과 주요사실이 분리된다는 견해도 있다(호, 394-395면). 즉, 과실이라는 가치판단이 요건사실이 되고 그 기초를 이루는 사실이 주요사실이 된다고 보는 입장이다. 그러나 과실이나 신의성실 등 법적 판단을 담은 평가적 개념을 사실의 하나인 요건사실로 취급하는 것 자체가 무리이다. 평가를 이루는 기초사실을 요건사실이자 주요사실로 보는 것이 간명하고 사실의 개념에 충실하다고 판단된다. 한편, 과실이라는 개념은 법적 평가에 불과하다고 보아 음주운전과 같이 과실을 특정지우는 사실을 준주요사실로 파악하는 견해도 있으나(김/강, 367면; 이시, 331면; 김용, 183면; 정영, 428면) 그렇다면 "과실" 자체가 주요사실로 될 수밖에 없는데 이 역시 사실 개념에는 부합하지 않는다.

2) 大判 1990. 6. 26. 89다카15359.

3) 大判 1998. 4. 14. 97다39308.

4) 양자를 구분하여 별개의 주요사실로 보는 판례 입장이 실질적으로는 주장의 정도를 상당히 완화하여 별도의 주장을 요구하는 의미가 무색할 정도라는 지적이 있는데(김홍, 418면) 타당한 지적이라고 생각된다. 大判

ii) 유권대리와 무권대리   당사자의 유권대리 주장에는 표현대리 주장도 포함되어 있어 법원이 이를 판단해야 하는지 논의가 있다. 판례에 따르면 표현대리는 기본적으로 무권대리라는 점에서 유권대리와는 구성요건 해당사실이 서로 다르다고 판단하고 있다.[1] 판례는 권한을 넘은 표현대리에 있어 표현대리에 따른 효과를 주장하는 상대방이 선의이고 대리인에게 권한이 있다고 믿는 데 정당한 이유가 있음을 증명해야 한다고 하여 유권대리를 주장하는 본인의 증명책임의 내용과 달리 보고 있다.

② 소멸시효와 취득시효 기산점   판례는 소멸시효의 기산점을 주요사실로 보는 반면[2] 취득시효의 기산점은 기본적으로 간접사실로 보고 있어 이론의 일관성이 결여된 것이 아닌가 하는 의문이 제기된다. 판례에 따르면 원칙적으로 당사자가 취득시효 기산일을 어디로 정하든 무방하지만 점유기간 중 제3자가 소유권을 취득하여 등기가 경료되거나 법률에 의하여 소유권을 취득하는 경우에는 법원은 현출된 재판자료에 따라 기산점을 정할 수 있다는 것이다.[3] 원칙에 입각해 본다면 권리의 소멸이나 취득을 초래하는 소멸시효나 취득시효의 기산점은 법률효과를 발생시키는 기본적 사실에 해당하므로 모두 주요사실이라고 보는 것이 일관성 있는 견해라고 할 것이다.[4] 그러나 점유기간 중 제3자의 소유권취득이 발생하게 되었을 때 취득시효의 기산점이 어디냐에 따라 시효완성을 주장하는 자의 권리 취득 여부가 좌우되므로 기산점 선정을 당사자에게 맡길 수 없다는 현실적인 필요성이 강하게 대두된다. 따라서 판례의 입장이 타당하다고 생각된다. 법 정책적인 측면에서 주요사실 여부가 결정되는 사례의 하나라고 판단된다.

(2) 주요사실의 주장방법과 소송자료와 증거자료의 구분

1) 법원을 구속하는 주요사실은 당사자의 진술을 통해 법원에 현출되어야 하는데 이를 소송자료(혹은 사실자료)라고 한다. 반면 증거방법에 대한 증거조사결과 나타나는 사실은 증거

1971. 4. 20. 71다278 역시 당사자가 주장한 바 없어도 계약서상의 날인행위를 다른 사람이 대신해서 했다는 사실을 인정한 것은 변론주의에 위반되지 않는다고 판시하였다. 대리행위가 개입되면 단순한 대행과 달리 다소 복잡한 사실관계가 형성되므로 별개의 주요사실로 파악하는 것도 합리적인 판단이라고 생각되지만 그 본질을 도외시하면서 별개의 주요사실로 보는 것은 다소 무리라고 생각된다.

1) 大判(全) 1983. 12. 13. 83다카1489; 大判 1990. 3. 27. 88다카181.

2) 大判 1995. 8. 25. 94다35886에 따르면 소멸시효의 기산점은 채무의 소멸이라고 하는 법률효과 발생의 요건에 해당하는 소멸시효 기간 계산의 시발점으로서 소멸시효 항변의 법률요건을 구성하는 구체적인 사실에 해당하므로 이는 변론주의의 적용 대상이라고 판시하고 있다.

3) 大判 1992. 11. 10. 92다29740. 취득시효 완성 전에 제3자가 소유권을 취득하게 되면 시효완성자가 새로운 소유자에게 대항할 수 없다고 보기 때문이다.

4) 소멸시효를 규정하는 민법 제166조에서 소멸시효 기산점에 관한 규정을 두고 있어 이는 주요사실로 볼 수 있으나 취득시효에 관하여는 아무런 규정이 없어 간접사실로 보아야 한다는 견해가 있으나 의문이다. 민법 제166조에서 소멸시효는 권리를 행사할 수 있는 때부터 진행한다고 규정하고 있는 것은 기간의 미도래나 조건불성취 등이 있는 경우에는 시효가 진행되지 않는다는 취지를 담은 것이지 특별히 기산점을 요건사실로 하기 위한 것이라고 보기 어렵기 때문이다.

자료일 뿐 법원의 판단기초가 되는 소송자료가 될 수 없다. 변론주의 하에서는 소송자료와 증거자료가 엄격히 구분되어야 하기 때문이다. 예를 들어 증인의 증언을 통해 원고가 20년간 이 사건 부동산을 아무런 방해 없이 경작을 해 왔다는 취지의 진술은 당사자가 주장한 사실이 아니라 증인신문결과(증거자료)일 뿐이므로 법원은 이에 구속되어 취득시효 완성여부에 대한 판단을 할 수 없다. 이러한 상황과 논리는 일견 부당해 보일 수 있다. 그러나 이 원칙을 인정하지 않으면 상대방의 입장에서 방어의 대상이 너무 광범위하고 증거조사 결과에 대한 평가가 제각각일 수가 있어 법관의 자의적인 판단이 개입될 여지가 많게 된다.[1]

　　2) 학설의 대부분은 소송자료와 증거자료의 준별을 지지하고 있으나 실체적 진실발견에 부합하는 재판을 위해 반대하는 입장도 있다(김/강, 369면; 이영, 138면). 판례 역시 초창기에는 소송자료와 증거자료를 준별하고 있었으나 이를 모호하게 하는 판결들을 지속적으로 해오고 있다. 즉, 당사자가 법원에 서면증거를 제출하며 그 입증취지를 진술함으로써 서면증거에 기재된 사실을 주장하거나 그 밖에 당사자의 변론을 전체적으로 관찰하여 간접적으로 주장한 것으로 볼 수 있는 경우에도 주요사실의 주장이 있는 것으로 보고 있는 것이 그것이다.[2] 판례는 이러한 단계를 넘어 주장은 반드시 명시적인 것이어야 하는 것은 아니고 당사자의 주장 취지에 비추어 이러한 주장이 포함되어 있는 것으로 볼 수 있으면 족하며, 또한 반드시 주장책임을 지는 당사자가 진술하여야 하는 것은 아니고 소송에서 쌍방 당사자 간에 제출된 소송자료를 통하여 심리가 됨으로써 그 주장의 존재를 인정하더라도 상대방에게 불의의 타격을 줄 우려가 없는 경우에는 그 주장이 있는 것으로 보아 이를 재판의 기초로 삼을 수 있다고 한다.[3] 판례의 이러한 태도는 상대방의 방어권을 침해할 우려가 있을 뿐 아니라 변론주의의 근간을 훼손할 염려도 있어 문제이다. 더구나 규칙 제28조는 "말"에 의한 구술재판을 강조하면서 당사자의 의도를 말로 명확히 할 것을 강조하고 있다. 그런데 주요사실을 명시적으로 주장하지도 않은 당사자에게 석명의 기회도 부여하지도 않은 상태에서 제출된 증거자료와 변론의 전체적인 관찰만을 근거로 요건사실을 인정한다는 것은 말에 의한 쟁점의 명확화를 강조한 법규의 취지와 정면으로 배치된다(같은 취지의 견해로는 이시, 329면; 호, 399면). 증거는 증거조사의 대상일 뿐 "스스로 말을 할 수 없음"을 유념해야 한다.

2. 자백의 구속력

　　당사자가 자백한 사실(자백한 것으로 간주되는 것도 포함된다)은 법원을 구속한다. 따라서 자백

---

1) 시효취득을 먼저 주장하고 이를 뒷받침하는 증거를 위해 증인을 신청하는 것이 일반적이므로 증인의 증언을 통해 원고의 점유 사실이 처음 현출되는 것은 드문 일일 것이다. 그러나 소송진행에 따라서는 이러한 역순의 일도 발생할 수 있으므로 원고는 증인의 증언을 토대로 시효취득 주장을 스스로 해야만 한다.

2) 大判 2002. 11. 8. 2002다38361,38378; 大判 2006. 2. 24. 2002다62432.

3) 大判 2008. 4. 24. 2008다5073; 大判 2021. 7. 8. 2018다248688 등.

한 사실에 대해서는 증거를 통해 다른 판단을 할 수 없다. 즉, 자백이 법관의 심증에 반하더라도 법원은 자백에 구속된다. 다만 현저한 사실에 반하는 자백에 대해서도 구속력을 인정할 것인가는 논의가 있다(자백에 대한 구체적인 내용은 제5편 제2장 제5절 참조).

3. 증거에 대한 제출책임

증거에 대한 제출권 역시 당사자에게 있다. 다만 법원은 당사자가 신청한 증거를 통해 심증을 형성하기 어려운 경우에만 보충적인 의미에서 직권으로 증거조사할 수 있을 뿐이다 (292조). 민사소송은 대등한 두 대립 당사자의 공격방어를 통해 진실을 규명해 가는 절차이므로 법원이 실체적 진실발견과 구체적인 심증형성을 한다는 명목 하에 적극적으로 증거신청을 종용하는 것은 불이익을 입는 당사자 입장에서 보면 편파적인 재판으로 비추어질 수 있기 때문이다. 법원은 양 당사자의 증거신청이 소진되었음에도 심증형성이 어려워 증명책임 분배 원칙에 따라 판결할 수밖에 없는 막다른 상황에서만 직권에 의한 증거조사를 시행하여야 하며 이 경우에도 가급적 당사자를 통한 증거신청을 유도하는 것이 바람직하다.

Ⅲ. 변론주의의 적용범위와 보완

변론주의는 사실과 증거에 대한 제출책임을 당사자에게 부과하였지만 재판의 전 범위에 걸쳐 이 원칙이 적용되는 것은 아니다. 실체적 진실발견을 위한 수단임에 비추어 보다 나은 진실발견수단이 적법절차 범위 내에서 채택될 수 있다면 변론주의는 후퇴될 수 있다. 다만, 개념의 혼동을 정리함으로써 보다 간명한 기준의 제시가 필요하다.

1. 직권판단사항

변론주의가 지배하는 영역은 사실 및 증거방법에 대한 제출 책임의 영역에 국한된다. 이를 토대로 한 법적 평가 영역은 법원의 고유영역이므로 변론주의와는 무관하다. 원고가 피고를 상대로 금전의 지급을 구하는 소를 제기한 경우 피고가 변제의 항변을 하지 않는데 변제되었다는 판단을 할 수는 없지만 당해 청구가 신의성실의 원칙에 반한다거나 권리남용에 해당하는지 여부는 법원의 직권판단의 대상[1]이 되므로 피고의 주장이 없더라도 법원의 판단이 가능하다. 한편, 판례는 일관해서 당사자의 주장이 없어도 과실상계를 직권으로 판단할 수 있다는 입장이며[2] 나아가 원고가 1심 종국판결에 가집행선고를 부칠 것을 요구하지 않아도 법원은 법 제213조 규정에 따라 직권으로 가집행선고를 할 수 있을 뿐 아니라,[3] 피고가

---

1) 大判 1989. 9. 29. 88다카17181.
2) 大判 2013. 6. 13. 2012다91262.

2년의 단기 소멸시효의 항변을 하였을 뿐이지만 법원은 문제된 채권이 상사채권이므로 5년의 도과로 시효소멸하였다는 법적 판단을 할 수 있다.[1] 결국, 직권판단의 대상이 되는 것은 법의 적용이나 해석에 관한 사항이므로 변론주의를 보완하는 개념은 될 수 없다. 따라서 이를 직권조사사항과 동일시 할 수는 없다.[2]

2. 직권탐지주의와 변론주의

변론주의는 실체적 진실발견을 위한 수단이므로 순수한 민사사건이 아닌 영역에서는 사실과 증거수집의 제출책임을 당사자로부터 법원으로 이전하는 경우도 생겨나게 된다. 비송사건, 가사소송, 행정소송 등이 그러한 분야라고 할 수 있는데 규정 내용에 있어 약간의 차등이 있을 뿐 아니라 판례 역시 법 규정과는 다른 해석을 하고 있어 혼동이 생기고 있다.

(1) 직권탐지주의의 원칙

변론주의와 대척점에 있는 직권탐지주의에서는 세 가지의 반대 원칙을 기본 입장으로 한다. 우선, 사실과 증거방법에 대한 수집책임은 법원에게 존재하며 둘째, 당사자의 사실주장에 법원은 구속되지 않을 뿐 아니라(자백법칙 배제) 마지막으로 모든 증거조사 역시 직권으로 시행함을 원칙으로 한다. 직권탐지주의라 하더라도 법치주의 국가에서 이루어지는 절차이므로 당사자의 사실주장이나 증거제출이 배제되는 것은 아니며 다만 그 책임의 주체를 법원으로 하는 것에 불과하다. 따라서 직권탐지주의 절차라 하더라도 당사자에게 주어지는 헌법상의 재판청구권을 토대로 한 변론권과 각종 방어권은 동일하게 보장되어야 한다.

(2) 다양한 형태의 직권탐지주의 규정

1) 가류 또는 나류 가사소송사건에 대해서는 법원이 직권으로 사실조사 및 필요한 증거조사를 할 수 있으며(가소 17조) 행정소송에서는 법원은 필요하다고 인정할 때에는 직권으로 증거조사를 할 수 있고 당사자가 주장하지 아니한 사실에 대해서도 판단할 수 있다(행소 26조). 한편, 비록 소송절차는 아니지만 비송절차 역시 법원이 직권으로 사실의 탐지와 필요하다고 인정하는 증거의 조사를 할 수 있으며(비송 11조), 행정심판에서도 당사자가 주장하지 않은 사실에 대해서도 법원이 심리할 수 있다(행심 39조)고 규정하고 있다.

2) 행정소송의 직권탐지주의를 재량적 직권탐지주의, 가사소송의 그것을 기속적 직권탐

---

3) 大判 1991. 11. 8. 90다17804.

1) 大判 2006. 11. 10. 2005다35516 및 大判 2008. 3. 27. 2006다70929,70936; 어떤 권리의 소멸시효기간이 얼마나 되는지에 관한 주장은 단순한 법률상의 주장에 불과하여 변론주의의 적용 대상이 되지 않아 직권판단의 대상이 된다는 大判 2023. 12. 14. 2023다248903도 동일 취지이다.

2) 판례 중에는 양자를 명확히 구분하고 있지 않는 경우도 적지 않다. 아울러 학설 중에도 판례가 신의칙 위반이나 과실상계, 권리남용 등을 직권조사사항으로 파악하고 있다고 보는 견해가 있다(이시, 338면 참조).

지주의라고 구분하는 견해도 있으나(이시, 336면)[1] 의문이다. 양자의 구분이 실정법적으로 명확하지 않으며 법관이 직권탐지를 어느 범위까지 해야 그 의무를 이행한 것인지 구분할 방법도 없기 때문이다. 더구나 비송과 행정심판절차는 물론 각종 여러 실정법에서 이러한 명확한 기준을 갖고 직권탐지 관련 입법을 하였는지조차 매우 의심스럽기 때문이다. 한편 행정소송법 제26조 규정에 대해서는 여러 견해가 대립하고 있으나 행정법학계에서는 오히려 변론주의 보충설 혹은 직권탐지주의 가미설이 대세를 이루고 있어 주목을 끈다.[2]

(3) 판례의 입장

1) 가사소송과 직권탐지주의　　가사소송법이 제정되기 전인 인사소송법(8조, 9조, 12조 등, 1990.12. 31. 동법 폐지) 시기의 판례이기는 하지만 대법원은 일관해서 직권에 의한 사실조사와 증거조사 규정은 변론주의를 배제하려는 것이 아닐 뿐 아니라 이혼소송의 당사자가 주장하지도 않고 심리과정에서도 나타나지 않은 독립된 공격방어방법에 대해서까지 법원이 조사하여야 하는 것은 아니라는 취지의 판결을 해왔다.[3] 가사소송법 시행 이후의 판례도 크게 다르지는 않다. 즉, 인지소송과 친생자관계부존재확인소송의 경우에도 당사자의 입증이 충분하지 못할 때에는 가능한 한 직권으로도 사실조사 및 필요한 증거조사를 하여야 한다고 판시하고 있어[4] 당사자의 입증이 충분하지 못한 경우를 전제조건으로 하고 있다. 따라서 판례는 가사소송법 제17조가 변론주의를 배제하는 것이 아니라 이를 보충하거나 최소한 가사소송절차에서는 직권탐지주의를 가미하여야 한다는 의미로 파악하고 있음을 알 수 있다.

2) 행정소송과 직권탐지주의　　행정소송법 제26조 규정에 대한 대법원의 해석도 가사소송의 경우와 크게 다르지 않다는 점에서 양자를 기속적 혹은 재량적 직권탐지주의로 구분하는 것은 설득력을 갖지 못한다. 우선, 대법원은 행정소송에서 기록상 자료가 나타나 있다면 당사자가 주장하지 않았더라도 판단할 수 있음을 지속적으로 강조하고 있다.[5] 이는 행정소송법 제26조를 직권탐지주의 규정으로 이해하기보다는 변론주의를 보충하는 규정으로 이해하고 있음을 간접적으로 나타내고 있는 것이다.

---

1) 김연, "가사절차에서의 진실발견", 민사소송 17권 2호, 493면 이하 참조. 행정소송의 직권탐지주의를 임의적 직권탐지주의, 가사소송의 그것을 필요적 직권탐지주의로 구분하는 견해도 같은 입장으로 보인다(권재문, "가사소송법 제17조의 연혁과 문제점", 법사학연구 29호, 271-272면). 그러나 후자의 견해는 가사소송절차 안에서도 직권탐지주의가 반드시 적용되어야 하는 절차와 행정소송과 같이 임의적으로 적용되어야 하는 절차로 구분될 수 있다고 한다.

2) 정하중, "행정소송에 있어서 직권탐지주의와 입증책임", 고려법학 64호(2012. 3), 206면.

3) 大判 1987. 12. 22. 86므90; 大判 1990. 12. 21. 90므897 등.

4) 大判 2002. 6. 14. 2001므1537; 大判 2010. 2. 25. 2009므4198.

5) 大判 1995. 2. 14, 94누5069; 大判 2006. 9. 22. 2006두7430; 大判 2010. 2. 11. 2009두18035; 大判 2011. 2. 10. 2010두20980 등.

(4) 소 결

1) 직권탐지주의와 공익의 실현   민사관련 사건에서 실무적으로 순수한 의미의 직권탐지주의를 완전하게 실현하는 절차는 거의 없을 것으로 판단되지만 비송절차에서는 나름 직권탐지주의에 가까운 절차 운영을 하는 것으로 판단된다.[1] 그러나 소송절차에서는 일차적으로 당사자의 변론활동을 통한 결과에 의존하고 있으며 따라서 판례는 변론주의를 원칙으로 하되 필요한 한도에서만 직권탐지주의를 가미하고 있는 것으로 평가될 수 있을 것이다. 이러한 변론주의를 기조로 하는 법원의 입장에 대해서는 비판적인 견해가 없지 않으나[2] 직권탐지주의를 강조한다고 해서 행정소송이나 가사소송이 추구하는 공익적 측면이 항상 긍정적 측면으로만 발현된다고 볼 수 없어 사건에 따라 세부적인 기준을 정치하게 마련하는 노력이 필요하다.

2) 직권탐지주의에서 변론주의 패러다임   직권탐지주의 절차에서 변론주의와 가장 이질적인 부분은 당사자가 주장하지 않은 사실을 법원이 직권으로 사실탐지를 하는 것인데 이것이 허용되는 절차는 비송절차(비송 11조)뿐이고 행정심판(행심 39조), 행정소송절차(행소 26조) 등에서는 주장하지 않은 사실에 대해 심리하거나 판단할 수 있다고만 규정되어 있어 약간의 차등을 두고 있다(그러나 이 모두가 같은 의미를 갖는다고 보아도 무리는 없을 것이다). 반면 가사소송에서는 직권에 의한 사실 및 필요한 증거조사를 할 수 있다고 해서 나름의 차별성이 보인다(가소 17조). 그 다음으로는 법원이 필요한 경우 언제나 직권으로 증거조사를 할 수 있는 절차인데 증권관련집단소송(증권 30조)절차가 그것이다. 변론주의가 지배하는 민사소송절차에서는 원칙적으로 당사자가 신청한 증거에 의해 법원이 심증을 형성하지 못한 경우에 직권으로 증거조사를 하여야 한다(292조).

3) 판례의 타당성   나류 가사사건에 속하는 재판상 이혼청구에서 원고가 배우자의 부정행위를 원인으로 이혼을 구하는 경우(민 840조 1호) 법원이 가사소송법 제17조의 규정에 따라 당사자가 주장하지 않은 민법 제840조 제3호의 사유(배우자나 그 직계존속으로부터 심히 부당한 대우를 받은 때)를 심리하는 것은 정당한 것인지 검토해 보자. 원칙적으로 법원은 제3호의 사유를 심리할 의무는 없다. 당사자가 주장하지 않았기 때문이다. 그러나 다만, 증인의 증언에서 혹은 다른 증거방법을 통해 제3호의 사유가 있을 수 있음이 객관적으로 명확해진 때

---

1) 大判 2013. 7. 12. 2011므1116,1123에서 법원은 재산분할이라는 비송절차가 직권탐지주의에 의하고 있으므로(비송 11조) 당사자의 주장에 구애되지 않고 재산분할의 대상이 무엇인지 직권으로 사실조사를 하여 포함시키거나 제외시킬 수 있다고 하고 있으며 당사자가 소송 중에 일부 재산에 관한 분할방법에 관한 합의를 하였다고 하더라도, 법원으로서는 당사자가 합의한 대로 분할을 하여야 하는 것은 아니다라고 판시하고 있다. 대법원의 일관된 입장이다(大決 2022. 11. 10. 2021스766; 大判 2023. 12. 21. 2023므11819; 大判 2024. 5. 30. 2024므10370).
2) 정하중, 전게논문, 247-248면; 김연, 전게논문, 511면 등.

법원이 당해 사실에 대한 조사를 할 수 있다고 보는 것이 가사소송법 제17조 규정의 취지에 부합된다. 이 절차가 민사소송절차였다고 한다면 법원은 증거조사 결과 나타난 증거자료를 통해 판단을 할 수는 없으며 당사자의 주장이 없는 한 더 이 부분을 조사하는 것은 변론주의에 반한다. 직권탐지주의를 규정하는 가사소송법 제17조가 존재함으로써 당사자가 주장하지 않은 사실과 제출하지 않은 모든 증거를 조사하여야 한다는 것은 현실적이지도 않을 뿐 아니라 본래의 취지에도 부합하지 않는다고 판단된다. 따라서 비송절차가 아닌 직권탐지주의를 규정하고 있는 제반 소송절차에서는 원칙적으로 변론주의를 보완하는 차원에서 적절히 절제된 사실 및 증거조사를 통해 실체적 진실발견에 기여하는 것이 바람직하며 이것이 판례의 기본적 태도라고 생각된다.

3. 직권조사사항

(1) 개념과 의의

1) 개   념   변론주의 하에서는 원칙적으로 당사자의 신청이나 이의가 없으면 법원이 그에 대하여 판단할 필요가 없다. 그러나 당사자의 신청이나 이의가 없어도 법원이 직권으로 조사하여 판단해야 할 중요한 사항이 존재한다. 법에서도 직권조사사항은 상고이유로 하지 않더라도 상고심법원이 직권으로 조사하여야 함을 규정하고 있으며(434조)[1] 관할에 관한 사항이 직권조사사항의 하나로 명시적으로 예시되고 있다(32조). 그러나 그 외에도 소송요건이나 상소요건 등과 같은 소의 적법성 자체를 좌우하는 중요 사항들이 직권조사사항에 해당한다. 직권조사사항도 변론주의라는 심리의 대원칙 하에 이를 보완하는 도구개념에 불과하므로 당사자의 아무런 신청이나 이의제기가 없음에도 법원이 직권으로 사실을 탐지하여 소송요건의 존부를 판단해야 하는 것은 아니다. 당사자의 주장이나 현출된 증거에 비추어 의심이 가는 경우 상대방의 이의 등을 기다리지 않고 당사자에게 직접 석명을 구함으로써 소송요건 충족 여부를 조사해서 확정하는 것으로 법원의 임무는 완수된다.[2]

2) 변론주의의 보완 도구   직권조사사항을 변론주의나 직권탐지주의와 마찬가지로 심리원칙의 하나로 취급하여 이들 심리원칙의 중간지대라고 하는 견해가 있다(이시, 337면). 그

---

1) 사실심에서 변론종결 시까지 당사자가 주장하지 아니한 직권조사사항에 해당하는 사항을 상고심에서 비로소 주장하는 경우에 그 직권조사사항에 해당하는 사항은 상고심의 심판범위에 포함되므로, 소송대리권 수여에 흠이 있는 경우에는 민사소송법 제424조 제1항 제4호의 절대적 상고이유에 해당한다(大判 2015. 2. 26. 2014다229061).

2) 大判 2007. 6. 28. 2007다16113에서 대법원은 "법원은 그 기간의 준수 여부에 관하여 직권으로 조사하여야 하므로 그 기간 준수 여부에 대하여 의심이 있는 경우에는 필요한 정도에 따라 직권으로 증거조사를 할 수 있으나, 법원에 현출된 모든 소송자료를 통하여 살펴보았을 때 그 기간이 도과하였다고 의심할 만한 사정이 발견되지 않는 경우까지 법원이 직권으로 추가적인 증거조사를 하여 기간 준수의 여부를 확인하여야 할 의무는 없다"고 판시하였다.

러나 직권조사사항은 법원이 직권으로 조사할 사항을 지칭하는 것으로 재판자료의 수집·제출책임의 소재를 달리하는 심리원칙들과는 무관하며 변론주의를 보완하는 도구개념으로 파악하여야 하므로 이를 중간적인 형태의 심리원칙으로 파악하는 것은 적절하지 못하다.

(2) 구체적인 대상

1) 재량기각과 사정판결　　법원의 직권조사의 대상은 소의 적법성을 좌우하는 소송요건이나 소송계속의 존부 등이라고 할 것이다. 이들 사항은 당사자의 주장이나 이의가 없더라도 현출된 재판자료 등을 통해 존부에 의문이 제기되는 경우에는 법원이 직권으로 이를 조사할 수 있다. 한편, 상법 제189조, 제379조 등에서 규정하는 재량에 의한 청구기각판결을 판례[1]는 직권탐지사항으로 파악하고 있을 뿐 아니라 학설 중에는 상법상의 재량기각판결과 행정소송법상의 사정판결(행소 28조)을 위한 재판자료는 모두 직권탐지사항이라는 견해가 있으나(이시, 337면)[2] 의문이다. 우선, 상법상의 재량기각판결은 공익적인 사항도 아니므로 이를 직권탐지사항이나 직권조사사항으로까지 보아야 할 근거는 매우 희박하다.[3] 한편, 행정소송에서 나타나는 사정판결의 경우는 행정처분이 취소 대상이라 하더라도 그 취소가 현저히 공공복리에 반하는 경우에는 취소청구를 기각할 수 있다고 규정하고 있으므로(행소 28조 1항) 일견 직권탐지사항으로 볼 여지는 충분하다. 판례[4]도 같은 취지로 판단된다.

2) 외국법규 등　　사실관계에 법규를 적용하는 것은 법원의 책무이고 외국법규나 관습법 등의 존재와 내용 역시 법령과 같이 판단의 대전제이므로 이를 밝히는 것은 법원의 기본 임무에 해당하여 원칙적으로 직권판단의 대상이다. 다만 이를 확인하고 수집하는 데 법원이 최대한의 노력을 기울여야 한다는 취지에서 이를 직권조사사항으로 규정한 경우가 있다(국제 18조).[5]

(3) 직권조사사항의 취급

직권조사사항은 이의권의 포기 대상이 아니므로 당사자의 이의 여부와 상관없이 조사해서 이를 판단하여야 한다. 따라서 자백이나 자백간주의 대상이 될 수도 없다.[6] 나아가 직권

---

1) 大判 2003. 7. 11. 2001다45584.
2) 이를 직권탐지사항으로 보게 되면 사정판결 등의 사유가 있는지 여부에 대해 당사자들 간에 아무런 공방을 하지 않았더라도 법원 스스로 사정판결을 할 수 있게 된다. 그러나 법원이 사정판결 등의 사유가 있다고 의심되면 당사자들에게 주의를 환기하여 공격방어를 하게 한 후 미진한 부분에 대해서만 직권으로 조사하여 사정판결 유무를 판단하는 것이 바람직하다. 직권탐지사항은 당사자들에게 불의타가 될 수 있다는 것을 전제하고 있기 때문이다.
3) 이철송, 「회사법강의(23판)」, 613면도 재량기각판결을 탐지사항으로 볼 근거가 없다고 한다.
4) 大判 2006. 9. 22. 2005두2506.
5) 법규의 존재여부는 법원의 직권탐지사항이라는 판례도 있으나(大判 1981. 2. 10. 80다2189) 표현의 오류로 보여진다(大判 1990. 4. 10. 89다카20252 참조).
6) 大判 1983. 12. 27. 82누484; 大判 2002. 5. 14. 2000다42908.

조사사항은 상고인이 이를 상고사유로 하지 않거나 사실심에서 다루어지지 않았다 하더라도 상고법원의 심리의 대상이 된다(법 434조). 따라서 당사자가 사실심 변론종결시까지 이에 관하여 주장하지 아니하였다고 하더라도 상고심에서 새로이 이를 주장·증명할 수 있으며 당연히 상고심의 심판대상이 된다.[1]

(4) 직권탐지사항과의 구별 필요성

1) 직권조사사항 중에서도 재판권이나 재심사유의 존부와 같은 고도의 공익성이 있는 사항에 대해서는 당사자의 주장이나 항변이 없어도 법원이 직권으로 탐지해서 판단해야 한다는 취지에서 직권탐지사항이라는 개념을 사용해 오고 있다.[2] 그러나 직권탐지사항 개념은 실정법에서도 규정하고 있지 않으며 현실적으로나 실무상으로도 양자를 구분하는 것이 명확하지 않아 양자의 구분 실익이 있는지는 다소 의문이다. 판례는 양자를 구분해서 사용하는 것이 일반적이며 기판력의 저촉여부나 권리보호요건의 존부는 직권조사사항으로 보고 있는데[3] 소송대리권의 존부 문제에 대해서는 직권조사사항으로 취급한 판례[4]가 있는 반면 직권탐지사항이라고 한 판례도 있다.[5] 판례에 따르면 직권조사사항의 경우는 구체적인 사실에 관하여 사실심의 변론종결 당시까지 당사자의 주장이 없는 한 법원은 이를 고려할 수 없고, 또 다툼이 있는 사실에 관하여는 당사자의 입증을 기다려서 판단함이 원칙이라는 입장이다.[6] 이에 반해 직권탐지사항은 당사자의 주장이나 제출된 증거방법 등을 고려하지 않고 법원이 직권으로 탐지할 수 있는 대상이라는 것이다.

2) 한국인 甲이 일본국 국민인 乙을 상대로 한국 법원에 공사대금지급의 소를 제기한 경우, 피고 乙의 거주지와 송달장소가 대한민국으로 되어 있고 피고는 재판권이나 관할권에 대해 아무런 이의를 제기하지 않을 뿐 아니라 제출된 서면들을 보아도 피고에 대한 대한민국의 재판권을 의심할만한 사정은 보이지 않는다고 가정해보자. 재판권 유무를 직권조사사항으로 보는 입장에서는 재판권 유무에 대해 법원이 관여할 필요는 없을 것이다. 당사자가 이에

---

1) 大判 2009. 10. 29. 2008다37247; 大判 2010. 2. 25. 2009다85717.

2) 재판권이나 재심사유 외에도 경험법칙·외국법규·관습법은 물론 소송능력에 이르기까지 법원이 직권으로 사실을 탐지하여야 한다는 취지에서 직권탐지사항으로 분류하는 견해도 있다(김/강, 373면; 이시, 322면). 한편, 직권조사사항을 직권탐지형과 변론주의형으로 구분해서 설명하는 견해도 있는데(김홍, 216면) 이러한 입장이 직권탐지사항 개념을 인정하지 않는 것인지 아니면 동 개념 대신 직권탐지형 직권조사사항을 사용해야 한다는 것인지 확실하지 않다.

3) 大判 1981. 6. 23. 81다124. 동 판결에서 직권조사사항은 그 요건 유무의 근거가 되는 구체적인 사실에 관하여 사실심의 변론종결 당시까지 당사자의 주장이 없는 한 법원은 이를 고려할 수 없고, 또 다툼이 있는 사실에 관하여는 당사자의 입증을 기다려서 판단함이 원칙이라고 하고 있다.

4) 大判 1964. 5. 12. 63다712.

5) 大判 1999. 2. 24. 97다38930. 그러나 다른 사항에 대해 직권탐지사항으로 본 판례는 공간된 자료 중에는 보이지 않는다.

6) 大判 1981. 6. 23. 81다124.

대해 이의를 제기한다거나 제출된 자료 가운데 이를 의심하게 할 내용이 없기 때문이다. 그러나 재판권 유무는 매우 중요한 문제이므로 이를 직권탐지사항으로 보아야 한다는 입장에서는 재판권 유무에 대한 판단을 위해 당사자의 주장이나 제출된 증거방법 등이 없더라도 직권으로 탐지하여야 한다고 한다. 법원으로서는 당사자의 주장이 없더라도 재판권의 존부가 의심된다면 석명 등을 통해 얼마든지 당사자의 진술이나 자료 등을 통한 입증의 유도가 가능한 점에 비추어 굳이 직권탐지사항이라는 개념을 설정해서 직권조사사항과 구분할 필요는 없다고 판단된다.

4. 진실의무와 완전의무

(1) 당사자의 진실의무

당사자에게 재판자료의 수집·제출에 대한 책임을 부여하는 변론주의가 당사자의 제한 없는 무제약적인 소송행위를 허용하는 것인가에 대해서는 논란이 있을 수 있다. 소송절차의 공격과 방어에 있어 적극적인 기망과 은폐는 허용되지도 않을 뿐더러 형사 범죄(소송사기 등)를 구성할 수 있기 때문이다. 하지만 사실관계에 대한 다소의 과장, 전체가 아닌 유리한 사항만을 구분해서 언급하는 선별적인 진술, 혹은 상대방의 오해에 대한 소극적인 침묵 등은 적지 않게 일어날 것이다. 당사자는 소송절차에서 어느 부분까지 어떻게 진실해야 하는지 그 경계를 명확히 설정하는 것은 쉽지 않은 일이다. 하지만 공정한 재판을 위해서는 당사자들이 주장을 함에 있어 최소한 주관적인 진실에 반하지 않으면서(진실의무 혹은 정직의무) 아울러 선별적인 진술이 아닌 완전한 진술을 할 의무(완전의무)를 부과할 필요가 있는데 이를 포괄해서 진실의무라고 한다. 법제에 따라서는 일찍부터 일반적인 진실의무[1]를 규정하고 있는 나라도 있으나 우리의 경우는 일반적인 규정은 없지만 당사자와 증인의 거짓 진술에 대하여 제재를 규정하고 있는 법 제363조, 제370조를 근거로 일반적인 진실의무가 전제되어 있다고 보는 것이 현재 우리 학계의 통설적인 입장이다.

(2) 변호사의 진실의무

당사자의 진실의무도 중요하지만 소송대리인인 변호사의 진실의무 역시 매우 중요하다. 변호사는 직무를 수행함에 있어 진실을 은폐하거나 거짓 진술을 하지 않아야 한다(변호 24조 2항). 의뢰인의 이익보호와 객관적 진실 사이의 갈등을 해소할 수 있는 명확한 기준이 필요하지만 많은 부분 해석론에 맡겨진 상태이다.[2]

---

[1] 1895년 오스트리아 민사소송법 §178(현재 §178(1))이 그 시초이며 독일은 1933년 개정을 통해 ZPO §138(1)에서 진실의무를 규정하고 "당사자는 사실 상황(tatsächliche Umstände)에 관한 진술을 완전하고도 진실하게 하여야 한다"고 되어 있다.

[2] 비록 형사사건이지만 변호사의 진실의무에 대한 명시적인 판례가 선고된 바 있다. 대법원은 大判 2012. 8.

(3) 위반 및 제재

일반적인 진실의무를 명시적으로 인정하고 있는 독일이나 오스트리아도 그 위반에 대한 제재에 대해서는 법에서 언급하고 있지 않다. 우리 소송법에서는 당사자나 이해관계인의 적극적인 거짓에 대해서는 과태료라는 행정벌을 통해 제재를 가하고 있다(301조, 363조, 370조 등). 법원이 당사자나 증인의 진실하지 않은 주장 혹은 증언을 믿지 않을 것임은 너무 당연하고 과태료라고 하는 추가적이면서도 소송 외적인 제재를 가하는 것은 더 이상의 소송법적 의미를 부과하기는 어렵다는 취지의 입법적 결단이 아닌가 생각된다. 그렇다면 우리의 경우 진실의무 자체에 대해 독립적인 존재의의를 부과하는 것에 대해 재고할 필요가 있다.[1] 한편, 변호사의 진실의무를 규정하고 있는 변호사법에서도 그 위반에 대해서는 벌칙 규정은 존재하지 않는다.

제 4 절   석명권과 석명의무

I. 의   의

1. 개   념

(1) 소송지휘를 담당하는 재판장은 소송관계를 분명하게 하기 위해 당사자에게 사실상 혹은 법률상 사항에 대하여 질문할 수 있으며 증명책임을 부담하는 당사자에게도 증명을 촉구할 수 있다(136조 1항). 이를 석명권이라고 한다. 반면 당사자 역시 상대방 주장이 분명하지 않은 경우 법원에게 상대방 당사자에게 설명하도록 요청할 수 있는데 이를 구문권이라고 한다(136조 3항). 한편 법원은 당사자가 간과한 것이 분명한 법률상 사항에 대해서는 당사자에게 의견진술의 기회를 부여해야 하는데(136조 4항) 이를 통상 법적 관점 지적의무라고 칭하고 있다.

(2) 변론주의 하에서 당사자는 판결의 기초가 되는 재판자료 제출에 책임을 지지만 당

---

30. 2012도6027에서 형사변호인의 기본적인 임무가 피고인 또는 피의자를 보호하고 그의 이익을 대변하는 것이라고 하더라도, 그러한 이익은 법적으로 보호받을 가치가 있는 정당한 이익으로 제한되고, 변호인이 의뢰인의 요청에 따른 변론행위라는 명목으로 수사기관이나 법원에 대하여 적극적으로 허위의 진술을 하거나 피고인 또는 피의자로 하여금 허위진술을 하도록 하는 것은 허용되지 않는다고 판시하였다. 그러나 변호사에게는 진실의무가 인정되는 것이지만, 변호인이 신체구속을 당한 사람에게 법률적 조언을 하는 것은 그 권리이자 의무이므로 변호인이 적극적으로 피고인 또는 피의자로 하여금 허위진술을 하도록 하는 것이 아니라 단순히 헌법상 권리인 진술거부권이 있음을 알려 주고 그 행사를 권고하는 것을 가리켜 변호사로서의 진실의무에 위배되는 것이라고는 할 수 없다는 판결도 있다(大決 2007. 1. 31. 2006모656).

1) 견해에 따라서는 진실의무에 대한 제재가 마땅치 않고 그 효과도 미미하다는 것을 인정하고 있을 뿐 아니라 그 제재 역시 진실의무 위반 자체에서 비롯되는 것도 아님을 밝히고 있다(호, 414면).

사자의 모든 진술이 보충 없이 분명하고 확실할 수는 없다. 더구나 당사자는 순수한 사실관계 외에도 법률적 관점이나 의견에 대해서도 주장할 필요가 있는데 실체법적 권원에 기초해서 소송물을 파악하는 우리 실무에서는 더욱 그러하다.[1] 따라서 법원과 상대방 당사자는 소송관계를 분명하게 하기 위해 진술을 하는 당사자에게 질문할 권리가 보장된다. 재판장은 운동경기의 심판처럼 일어난 사건과 현상에 대한 판단만을 하는 것이 아니라 의견교환을 위한 소통의 장을 마련해서 사건관계를 분명히 할 법 발견자로서의 권리가 있다. 이는 당사자나 대리인이 법률전문가라고 해서 모든 쟁점을 명확하게 부각할 수 있는 것은 아니며 더구나 법관 역시 올바른 판단을 위해서는 당사자가 제기하는 주장과 쟁점을 말로써 명확히 할 필요가 있는 것이다(민규 28조 참조).

2. 의무로서의 석명과 그 범위

석명권은 법원의 권능인 측면도 있지만 동시에 법원의 의무라는 점에 대해서는 거의 다툼이 없다.[2] 사실상·법률상 사항에 관한 당사자의 명확한 의사를 전제로 하지 않는 한 법원이 올바른 판단을 할 수는 없기 때문이다. 그런데 석명권의 행사를 법원의 순수한 재량으로 보아 이에 대한 위반이 위법하지 않다는 견해(소극설)는 오래 전에 존재했으나[3] 현재 이러한 주장을 하는 견해는 거의 찾기 어렵다. 다만, 석명권의 범위가 석명의무의 범위보다 좀 더 넓어서 석명의무 위반이 위법하여 상고이유가 되기 위해서는 석명권의 불행사로 인해 심리가 현저하게 조잡하게 될 것을 요구하는 견해(소위 절충설)가 적지 않다(김/강, 377면; 이시, 340면). 그러나 법원에게 주어진 석명권을 적절히 행사하지 못해 판결 결과에 영향을 미쳤다면 당해 판결은 위법을 면하기 어려우므로 상고이유가 되는 것은 당연하다(소위 적극설로서 같은 취지의 견해로는 방, 386면; 이영, 143면; 호, 412면).[4] 절충설과 같이 석명권과 석명의무의 범위를 달리할 이론적·실천적 근거는 없으며 석명의무위반이 법이 정한 바에 따라 판결결과에 영향을 미쳤는지 여부만이 상고이유 해당 여부를 결정해 준다고 보는 것이 타당하다.

---

1) 大判 2009. 11. 12. 2009다42765에서는 손해배상청구의 법률적 근거가 계약책임인지 불법행위책임인지 불명확함에도 석명권을 행사하지 않고 불법행위책임을 묻는 것으로 단정한 뒤 증명이 부족하다는 이유로 청구를 받아들이지 않은 원심판결을 파기하였다.

2) 판례 역시 오래 전부터(大判 1952. 9. 6. 52다43과 大判 1953. 3. 5. 4285민상146 등) 석명권이 석명의무를 내포하고 있음을 인정해 오고 있다.

3) 노영빈, "석명권과 변론주의", 사법행정(1968. 5), 20면.

4) 일부 견해에서는 권능으로서의 석명이 의무로서의 석명보다는 좀 더 넓다고 하는데(이시, 340면) 그 근거는 밝히지 않고 있다. 기본적으로 석명은 법원의 재량사항이라는 점에 근거하고 있는 것으로 판단된다. 하지만 변론주의를 보완해서 사회적 법치국가 이념을 실현하는 도구로서 석명권을 파악하면서 이를 재량의 성격이 더 강한 것으로 보는 것은 전후 모순된 모습으로 비추어질 수도 있을 것이다.

3. 석명권·석명의무의 현대적 의의

(1) 법 제136조 제1항은 석명권 행사의 목적으로 분명하게 "소송관계를 분명하게 하기 위하여"라고 선언하고 있다. 현행법 하에서는 오히려 준비절차에서 석명이 빈번하게 행해질 수 있는데 준비절차의 진행 목적 역시 주장과 증거의 정리에 있기 때문이다(279조 1항). 당사자의 주장이 명확하고 제출되는 증거 역시 당사자의 주장을 뒷받침하는 신빙성과 관련성이 있어야만 법원은 이를 토대로 법적 판단이 가능하기 때문이다. 석명은 어느 당사자를 특별히 유리하게 하려는 것도 아니고 그렇다고 불리하게 하려는 것도 아니다. 다만, 당사자가 주장하는 내용이 다의적이거나 불분명한 경우 이를 분명히 해서 법원의 판단은 물론 상대방의 방어에 도움을 주기 위한 것이다.

(2) 석명권이 변론주의의 결함을 보충하여 사회적 법치국가 이념에 부합하며 아울러 당사자의 실질적 평등을 보장하는 제도라고 파악하는 견해가 있다(이시, 339면). 한편, 석명제도는 소송관계를 분명히 하여 적정한 재판을 함으로써 이길 당사자를 이기게 하는 것뿐이라는 다소 완화된 해석을 하는 입장도 있다(호, 402면). 그러나 법 제136조 제1항은 가치중립적인 규정이라고 판단되며 따라서 재판의 적정을 위해 석명을 강조하는 것에 그치는 것으로 판단된다. 다만 동조 제4항은 법률적 관점에 있어 이길 가능성이 있는 당사자에게 기회를 한 번 더 부여하여야 한다는 점을 강조하는 차원에서 변론주의의 보완 내지 수정 의도가 어느 정도 담겨있다고 볼 수는 있을 것이다. 그러나 "이길 자를 이기게 하는 것"이 아니라 "이길 수 있는 가능성이 있는 자에게 재고의 기회를 한 번 더 부여하는 것"에 불과하다. 따라서 여전히 가치중립적이라고 보아야 한다.

Ⅱ. 석명 범위의 확대와 한계

1. 소극적 석명

석명권을 인정하는 기본취지는 법문에도 명백한 바와 같이 소송관계를 분명하게 하기 위한 것으로 소극적인 석명이 원칙이다. 따라서 당사자가 현출한 사실상·법률상 사항을 토대로 석명하여야 하며, 당사자의 주장을 명확히 하는 것을 기본으로 한다. 석명의 방식은 당사자에 대한 질문, 증명촉구(136조 1항), 재판장을 통한 설명 요구(3항), 의견진술의 기회 부여(4항)를 기본 유형으로 한다. 따라서 현출되지 않은 새로운 사실이나 증거방법에 대한 암시나 연상 자체도 금지된다. 따라서 법원과 당사자 간, 당사자 상호 간의 의사소통의 오해를 방지하고 말하고 제출한 주장과 증거방법에 대한 정확한 이해를 도모하기 위한 것이 석명제도이다. 따라서 이를 과도하게 평가하는 것은 자제할 필요가 있다.

2. 적극적 석명

소송관계를 분명히 하는 차원을 넘어 새로운 신청·주장·공격방어방법 등을 암시하거나 시사하는 석명은 변론주의의 보완 차원의 석명권의 범위를 일탈한 것으로 허용되지 않는다. 예를 들어, 피고가 줄곧 원고가 주장하는 계약을 체결한 바 없다는 항변을 하고 있는데 계약에 따른 변제항변 여부에 대해 석명을 하는 것은 위법하다.[1] 이러한 원칙은 행정소송이나 가사소송이라고 해서 크게 달라질 것은 없다.[2]

3. 제한부 적극적 석명

적극적 석명은 허용되지 않지만 다각적인 이익교량을 통해 합리적으로 석명범위를 정할 수 있다는 주장이다. 제한부 적극적 석명의 대표적인 것으로 후술하는 94다34265 판결(피고의 매수청구권 행사에 따른 청구변경 여부에 대한 석명)이나 법적 관점 지적의무 규정의 도입 등을 들고 있다(김/강, 381, 383면).[3] 한편, 본인소송의 경우는 변호사가 대리하는 사건의 경우보다 석명의 범위나 정도 혹은 빈도를 달리할 필요가 있다는 견해(이시, 341면)도 있는데 같은 맥락이라고 판단된다.[4] 그러나 다각적인 이익교량을 통해 합리적으로 석명범위를 정할 수 있다는 원칙적인 표현으로는 무엇이 적법한 석명인지, 무엇이 부적법한 것인지 가늠할 수가 없어 구체적인 기준이 되지 못한다. 한편, 본인소송의 문제점은 필수적 변호사제도나 소송구조의 확대, 변호사 선임명령의 활성화와 같은 민사소송의 제도적 측면에서 해결되어야 할 문제이지 석명의 정도나 빈도 등을 달리할 근거는 되지 못한다.[5] 본인소송이든 변호사대리의 소송이든

---

1) 大判 2001. 10. 9. 2001다15576; 大判 2018. 11. 9. 2015다75308.
2) 행정소송에 있어서도 변론주의를 근간으로 하고 있음을 강조하는 판례는 석명권의 행사범위에 있어서도 민사소송과 유사하게 보고 있다(大判 2001. 10. 23. 99두3423 참조).
3) 적극적 석명도 필요한 한도 내에서 허용되나, 적극적 석명이 변론주의가 내포하는 분쟁내용의 자주적 형성기능 및 공평한 재판에 대한 신뢰확보를 저해하는 것을 부정할 수 없으므로, 이러한 기능이 보장되는 범위 내에서만 인정되어야 한다는 견해도 같은 입장이라고 평가된다(김홍, 436면).
4) 大判 2014. 12. 11. 2013다59531에서 대법원은 소송의 정도로 보아 당사자가 무지, 부주의나 오해로 인하여 증명을 하지 않는 경우, 더욱이 법률전문가가 아닌 당사자 본인이 소송을 수행하는 경우라면, 증명을 촉구하는 등의 방법으로 석명권을 적절히 행사하여 진실을 밝혀 구체적 정의를 실현하려는 노력을 게을리하지 말아야 한다고 판시한 바 있다(이전에도 유사한 판례는 계속되었다 大判 1989. 7. 25. 89다카4045 참조).
5) 이러한 논리대로 한다면 대규모 환경피해에 대한 손해배상청구소송에서 변호사가 500명 이상 근무하는 대형로펌의 환경전담 팀이 기업 측을 대리하는 반면 피해자 측은 로스쿨을 갓 졸업한 신참변호사 1인을 선임한 경우라면 역시 후자를 위해 석명의 내용과 빈도를 달리해야 한다는 결론에 이르게 된다. 당사자 간의 힘의 불균형은 하드웨어 차원의 보완(국선변호사를 통한 조력은 물론 필수적 변호사제도 및 소송구조제도 확대)을 통해 당사자 스스로의 힘을 대등하게 해주는 것이 바람직하다. 다원화된 사회에서 법관이 스스로 사건과 상황에 따라 강자와 약자를 구분해서 약자를 도와 구체적 정의를 실현하라고 주문하는 것은 매우 위험한 결론에 이를 수 있기 때문이다.

현출된 주장과 증거관계에 비추어 통상적으로 예견되는 주장이나 증명활동이 없는 경우에는 증명촉구와 아울러 주장을 정리하게 할 필요가 있는 것은 당연하기 때문이다.[1]

Ⅲ. 석명의 행사 방법과 대상

1. 질문과 구문(求問)

재판장과 합의부원은 직권으로 질문을 통해 소송관계를 분명히 할 권능과 책임이 있다. 아울러 당사자의 구문권을 통해 상대방에게 설명을 요구할 수 있다. 이를 대상별로 나누어 살펴보고자 한다.

(1) 청구취지와 소송물의 특정

1) 청구취지가 불분명하거나 불특정 혹은 부정확한 경우에는 판단의 전제를 확정할 수 없어 소를 각하할 수밖에 없다. 소송물이 특정되지 않는 경우에도 원고가 소를 통해 바라는 바를 확정할 수 없어 상황은 동일하다. 따라서 인신사고에 따른 손해배상청구를 하면서 일실 수익과 적극적 손해를 구분하지 않고 청구를 하는 경우, 청구를 병합하거나 변경하는 경우 예비적 혹은 선택적 병합인지 추가적 혹은 교환적 변경인지 여부를 분명히 하지 않은 경우 법원은 석명을 통해 이를 분명히 하여야 한다.

2) 법원은 전혀 다른 청구취지로의 변경이나 소송물의 변경을 유도하는 석명을 할 수 없다. 그러나 판례는 청구기초의 동일성의 범위 내에 있다면 원고가 명시적으로 주장하지 않더라도 제출한 증거를 통해 볼 때 원고가 구하고자 하는 청구를 추측할 수 있고 원고가 법률적 견해의 착오에 기인하여 청구를 추가하지 않는 경우 석명이 필요하다고 판시한 바 있다.[2] 한편 청구가 불명확한 것은 아니지만 피고의 방어권 행사로 인해 상황의 변화가 발생하여 소송경제를 위해 원고에게 청구변경 여부를 석명하여야 하는 경우가 있다. 대지소유자인 원고가 대지를 임차한 건물소유자 피고를 상대로 한 건물철거 및 대지인도청구 소송에서 피고가 건물매수청구권을 행사하게 되면 원고에게 종전 철거청구를 유지할 것인지 아니면 예비적으로라도 매매대금의 지급과 상환으로 건물인도청구로 청구를 변경할 것인지 석명을 통해

---

[1] 다만 석명의 방법을 달리 할 필요는 있을 것이다. 즉 당사자 본인에게 석명을 하는 경우에는 보다 쉬운 용어로 다소 상세한 석명이 가능할 것이다. 이러한 석명을 통해서도 당사자 본인이 이해를 하지 못하여 주장을 정리하지 않거나 증명행위를 간과하는 경우 당해 사안이 판결 결과에 중대한 영향을 미치는 것이라면 변호사 선임명령(144조 2항)을 통해 당사자 본인을 보호하는 방도도 고려해 보아야 한다.

[2] 大判 1995. 2. 10. 94다16601(원고가 제출한 서면증거와 증인신청 내용 등을 볼 때 원고가 명시적이지는 않지만 환지약정을 원인으로 한 이전등기청구도 구하는 것으로 볼 수 있다면 석명이 필요하다는 판례). 한편 대법원은 항소심에서 청구변경을 하면서 계산착오로 1심에서 인용된 금액보다 축소된 금액을 청구하는 경우(大判 1997. 7. 8. 97다16084), 청구원인이 착오로 인해 청구취지 및 증거내용과 모순되는 경우(大判 1990. 1. 25. 88다카31637) 등에는 법원의 석명의무가 인정된다고 판시하였다.

원고의 의사를 확인해야 한다는 것이 판례의 입장이다.[1] 피고의 매수청구권은 형성권이므로 이것이 인정되면 원고청구는 기각될 수밖에 없어 분쟁의 1회적 해결에 반하기 때문이다.

(2) 주장의 특정을 위한 석명

1) 주장 자체로 내용을 특정할 수 없는 경우, 청구원인과 청구취지 간에 혹은 증거자료와 이를 토대로 한 당사자의 주장이 각각 상호 모순되는 경우, 당사자의 주장이 법률적 관점에서 보아 현저한 모순이나 불명료한 부분이 있는 경우 등에는 법원은 적극적으로 석명권을 행사하여 당사자에게 의견 진술의 기회를 주어야 한다. 예를 들어, 원고가 상법상 보험자대위권에 기초한 것인지 아니면 민법상 구상금채권에 근거하는 것인지 불분명하다면 이러한 내용은 모두 법적 근거를 달리하는 것이자 이로 인해 요건사실에 대한 증명책임이 달라지고 법적 효과도 동일하지 아니한 중대한 법률적 사항에 해당하므로 법원으로서는 적극적으로 석명권을 행사하여 당사자에게 의견 진술의 기회를 주어야 한다.[2]

2) 일정한 법적 효과를 의도하는 당사자가 요건사실 중 일부를 누락한 경우가 문제이다. 예를 들어 당사자가 어떠한 법률효과를 주장하면서 미처 깨닫지 못하고 그 요건사실 일부를 빠뜨린 경우에는 법원은 그 누락사실을 지적하고, 당사자가 이 점에 관하여 변론을 하지 아니하는 취지가 무엇인지를 밝혀 당사자에게 그에 대한 변론을 할 기회를 주어야 할 의무가 있다.[3] 나아가 사실심법원은 당사자가 어떤 법률효과를 주장하면서 부주의 또는 오해로 인하여 명백히 간과한 법률상의 사항이 있거나 그 주장에 법률적 관점에서 보아 모순이나 불명료한 점이 있는 경우에는 적극적으로 석명권을 행사하여, 당사자에게 설명 또는 증명하거나 의견을 진술할 사항을 지적하고 그에 관하여 변론을 하게 하는 등으로 소송관계를 명확하게 할 석명 또는 지적의무가 있다.[4] 그러나 누락된 요건사실에 대한 석명이 새로운 공격방어의 제출을 암시할 수 있다면 법원의 석명은 허용될 수 없다. 예를 들어, 주장내용으로 보아 등기부취득시효를 주장하는 것이 분명한 당사자에게 점유취득시효 주장 여부를 석명하거나[5] 유권대리의 주장을 하는 당사자에게 표현대리 주장이 포함되어 있는지 여부를 석명하는 것은 허용되지 않는다.[6]

---

1) 大判(全) 1995. 7. 11. 94다34265 참조.

2) 大判 2022. 4. 28. 2019다200843. 담장철거 등을 구하는 소에서 유사한 취지의 大判 2023. 4. 13. 2021다271725 참조.

3) 大判 2005. 3. 11. 2002다60207. 일정한 법적 효과를 의도한다는 것을 명백히 하였다면 그에 필요한 요건사실 중 일부를 누락한 점에 대해 석명을 하는 것은 새로운 공격방어방법 등을 유도하는 적극적 석명이라 할 수는 없을 것이다.

4) 大判 2023. 7. 27. 2023다223171,223188.

5) 大判 1997. 3. 11. 96다49902.

6) 물론 유권대리 주장 안에 표현대리에 관한 주장도 포함되어 있다는 견해에 따르면 소극적 석명에 해당할 것이다.

(3) 증명촉구

1) 당사자가 주장을 하였으나 그를 뒷받침하는 입증을 다하지 못한 경우에는 법원은 당연히 증명을 촉구할 의무와 권능이 있다(136조 1항). 그러나 법원이 특정 쟁점에 대해 심증형성을 못했다고 해서 모든 경우에 증명을 촉구할 필요는 없다. 당사자가 부주의·법률지식의 미비 혹은 착오 등으로 증명을 간과한 것임이 분명한 경우에만 석명이 필요하다.[1]

2) 불법행위나 채무불이행에 따른 손해배상청구에 있어 손해의 발생사실은 인정되나 손해액에 관하여는 증명이 부족하거나 없는 경우 혹은 사안의 성질상 입증이 곤란한 경우 법원의 조치가 문제된다. 전자의 경우는 당사자에게 증명을 촉구하는 석명으로 충분하다.[2] 후자의 경우와 같이 사안의 성질상 손해액입증이 어려운 경우에도 법원은 청구를 기각하지 말고 증거조사결과와 변론전체의 취지를 종합하여 당사자들 사이의 관계, 불법행위와 그로 인한 재산적 손해가 발생하게 된 경위, 손해의 성격, 손해가 발생한 이후의 여러 정황 등 관련된 모든 간접사실들을 종합하여 손해의 액수를 판단할 수 있다.[3] 법원의 석명에도 불구하고 이에 응하지 않거나 증명이 부족한 경우에는 청구를 기각할 수밖에 없다.[4]

2. 법적 관점의 지적

(1) 의의와 법적 성질

당사자가 간과한 것이 분명한 법률상 사항에 대해 법원은 당사자에게 의견진술의 기회를 부여해야 한다(136조 4항). 질문 및 증명촉구와 함께 의견진술의 기회 제공이 법 제136조가 규정하는 석명의 한 방법으로 제시되고 있는데 다만 법률상 사항으로 제한되어 있는 점, 제1항에서는 현출된 법률상 사항에 대해 질문을 통한 석명이지만 제4항에서는 간과된 법률상 사항으로서 질문이 아닌 의견진술의 기회부여라는 점에서 특색이 있다.[5] 이 규정에 대한 해석은 다양한 형태로 나타나는데 제한부 적극적 석명의 이론을 받아들인 것이라는 견해(김/강, 383면), 지적의무의 법규화는 석명권이 동시에 의무라는 것을 명확히 한 것이며 due process

---

1) 大判 1990. 4. 27. 89다카6638; 大判 2009. 10. 29. 2008다94585.
2) 大判 1982. 4. 13. 81다1045; 大判 2008. 2. 14. 2006다37892.
3) 大判 2007. 11. 29. 2006다3561. 판례의 취지는 법 제202조의2에 반영되었다.
4) 大判 1997. 9. 30. 97다21383. 한편 일부 판결에서(大判 1986. 8. 19. 84다카503,504; 大判 2002. 5. 28. 2000다5817 등) 경우에 따라 직권으로 손해액을 심리·판단해야 한다는 표현을 사용하고 있어 이를 직권조사사항으로 보는 것인지 혹은 법원의 재량에 따른 판단을 할 수 있다는 것인지 모호하다. 그러나 2006다3561에서 법관에게 손해액의 산정에 관한 자유재량을 부여한 것이 아님을 명백히 하고 있어 직권으로 손해액을 심리·판단할 수 있다는 것은 석명의무를 강조한 취지로 해석함이 타당하다.
5) 독일 ZPO §139(2)에 따르면 법률적·사실적 관점 모두가 대상이 되며 법원은 간과된 쟁점을 지적하고 (hinweisen) 의견진술의 기회를 부여할 것을 규정하고 있다. 우리의 경우는 간과된 사실적 관점을 지적하여야 하는지 여부에 대해서는 침묵하고 있다.

의 내용을 이루는 심문청구권을 법률상의 사항으로까지 확장한 것이라는 견해(이시, 346면 참조) 등은 일단 지적의무를 석명의 한 태양으로 취급하는 입장이라고 할 수 있다. 한편, 지적의무를 석명의무가 아닌 법적 심문청구권에 기초한 상위개념에서 직접 비롯된 것으로 파악하는 견해[1] 혹은 석명의무와 지적의무는 행사방법이 지적이라는 점에서 공통하지만 지적의무의 뿌리는 법적 심문청구권이고 이는 법에서 당연히 인정되는 것이므로 법규화로 인해 강조되고 있을 뿐이라는 견해(호, 415-416면) 등은 지적의무와 석명은 별개의 제도적 목적을 가진 수단으로 파악한다.

(2) 행사요건

1) 당사자의 명백한 간과		법률상 지식의 부족이든 혹은 과실에 기한 것이든 어떤 상황에서 반드시 짚고 넘어가야 하는 법률상 사항에 대해 당사자가 이를 언급하지 않거나 언급을 하더라도 불명료 혹은 불완전하거나 모순이 있는 경우를 의미한다.[2] 예를 들면, 단순히 부동산을 점유만 하고 있는 사람이 등기부 취득시효를 주장하는 경우 혹은 한 번도 문제된 부동산에 등기명의를 가져본 적이 없는 사람이 진정명의회복을 원인으로 한 소유권이전등기청구를 하는 경우를 가정할 수 있다. 또한, 당사자의 주장이 불분명한 경우도 지적이 필요하다. 피고가 첫 기일에 출석하여 원고가 제기한 사건에 대해서는 중재합의가 있다고 하면서 본안에 관한 변론을 동시에 하는 경우에는(중재 9조 2항 참조) 중재합의의 존재 주장의 의미에 대해 의견진술의 기회를 부여함이 타당하다.

2) 판결결과와 불의의 타격		간과된 법률상 주장으로 인해 판결 결과에 영향을 미쳐 불의의 타격을 받는 결과에 이를 가능성이 있어야 한다. 따라서 방론이나 부수적 사항에 대한 법률적 관점까지 지적의무의 대상이 될 수는 없다. 법 제136조 제4항이 법률상 사항에 국한하고 있으므로 당사자가 사실주장을 하지 않음으로써 간과하게 되는 법률적 쟁점에 대해서는 법원의 지적의무 대상이 될 수 없다.

3) 법률상 사항의 종류와 의미		① 판례가 인정하는 의견진술의 대상이 되는 법률상 사항은 크게 세 부류로 나눌 수 있다. 우선 당사자들이 청구의 기초로 하고 있는 법률상 사

---

1) 장석조, "공정한 재판을 받을 권리–법적 청문 청구권을 중심으로–", 재판자료 76집(97. 6), 572면 참조. 동 견해는 법적 관점 표명의무를 규정하는 법 제136조 제4항은 사회국가원리의 반영이라 할 법 제136조 제1항과는 달리 법적 청문 청구권과 직결되어 있고, 법 제136조 제4항을 위배하는 경우에는 절차적 기본권인 법적 청문 청구권이 침해되는 것으로 파악하고 있다.

2) 大判 2002. 1. 25. 2001다11055; 大判 2010. 5. 27. 2009다95516; 大判 2021. 9. 16. 2021다200914,200921. 이들 판결의 기조는 다음과 같다. 즉, 당사자가 부주의 또는 오해로 인하여 증명하지 아니한 것이 분명하거나 쟁점으로 될 사항에 관하여 당사자 사이에 명시적인 다툼이 없는 경우에는 법원은 석명을 구하고 증명을 촉구하여야 하고, 만일 당사자가 전혀 의식하지 못하거나 예상하지 못하였던 법률적 관점을 이유로 법원이 청구의 당부를 판단하려는 경우에는 그 법률적 관점에 대하여 당사자에게 의견진술의 기회를 주어야 한다는 것이다.

항과 법원이 적용하고자 하는 법률상 사항이 서로 상이하여 당사자에게 의견진술의 기회를 부여하지 않으면 예상하지 못한 불의의 타격이 되는 재판결과를 초래하는 경우이다.[1] 둘째, 준거법의 문제로서 당사자들은 국내법을 준거법으로 하여 다투고 있는데 법원은 외국법을 준거법으로 하여 판단하고자 하는 경우 예상하지 못한 재판결과를 초래하게 되므로 의견진술의 기회를 부여해야 한다. 마지막 세 번째는 개별적인 법률 요건사실의 일부를 누락하여 원고가 예상외의 청구기각판결을 받게 되는 경우이다.[2] 이 세 번째 유형에 대해서는 이견이 있다. 법 제136조 제4항의 법률상 사항은 청구나 항변의 근거가 되는 법적 관점을 지칭하는 것으로서 예상치 못한 법적용에 따른 폐해를 방지하기 위한 것인데 판례가 법률상 사항을 넘어 사실상 사항에까지 지적의무를 규정하는 제4항을 적용하고 있어 변론주의를 심각하게 침해하고 있다는 견해(호, 420면)가 그것이다.

② 독일과 달리 법률상 사항에 대해서만 의견진술의 기회를 부여하도록 하고 있는 법 제136조 제4항의 취지에 비추어 판례가 사실상 사항에 대해서까지 이를 확장하는 것은 부당하다고 할 수 있으므로 이를 지적하는 소수견해는 일견 타당하다. 그러나 지적의무 역시 석명의무의 한 유형이라고 보는 입장에서는 질문 혹은 지적과 의견진술의 방법을 통해 석명을 하는 것에 실질적인 차이는 없다고 할 것이다. 판례가 인정하는 세 번째 유형 역시 법원이 석명을 하여야 할 사안임은 부인하기 어렵기 때문이다. 나아가 법 제136조 제1항과 제4항에서 법률상 사항의 의미를 달리 사용하였다는 근거를 찾기 어렵다는 점, 근본적으로 법률상 사항과 사실상 사항을 명확하게 구분하는 것도 용이하지 않다는 점에서 위 소수견해의 설득력은 반감된다. 즉 제1항과 제4항의 법률상 사항을 엄격하게 구분할 법적·실천적 근거가 약하다는 것이다.

(3) 법원의 지적과 위반의 효과

1) **법원의 지적 시기와 방법**　　사건에 적용되어야 할 법적 관점은 사건의 종류와 성격에 따라 결정되는 시기가 제 각각이므로 법원이 지적해야 할 시점을 일률적으로 정하기는

---

1) 당사자들은 본안에만 전력을 기울이고 있었는데 전혀 당사자들이 문제삼지 않았던 제소기간의 도과나 피고적격의 흠결을 이유로 법원이 소를 각하하고자 하는 경우를 대표적으로 들 수 있다. 또한 자동차 사고의 피해자인 원고는 가해차량의 소유자에게 민법상의 사용자책임을 묻고 있는데 법원은 자배법과 법조경합의 관계에 있다고 하여 자배법 제3조를 그대로 적용하여 원고승소 판결을 선고한다면 피고의 방어권은 심각하게 침해된다. 한편 당사자들은 자신들의 법률관계가 도급계약에 기초하고 있는 것으로 판단해서 공방을 벌이고 있는데 법원이 매매계약으로 판단해서 판결하고자 하는 경우도 마찬가지라고 할 것이다.

2) 약속어음의 수취인 부분이 비어있음에도 불구하고 원고가 변론에서 이 부분에 관해 아무런 주장을 하지 않았던 경우에는 의견진술의 기회를 주지 않고 원고의 약속어음금 청구를 바로 기각할 수는 없다(大判 1993. 12. 7. 93다25165). 한편 대법원은 당사자 사이에 결정의 송달 여부만 다투어졌을 뿐 경정결정의 송달 여부에 관하여는 명시적으로 다툼이 없어서 이를 간과한 원고에게 법원이 의견진술의 기회를 주지도 않은 채 패소판결을 선고하였다면 당사자가 전혀 예상하지 못하였던 법률적인 관점에 기한 예상외의 재판으로 원고에게 불의의 타격을 가한 것이라고 판시하였다(大判 1994. 6. 10. 94다8761).

어렵다. 다만, 새로운 사실자료의 제출이라는 엉뚱한 결과가 되지 않도록 가급적 청구와 항변의 근거가 되는 법률적 사항을 당사자와 공유함으로써 재판부와 당사자들이 서로 다른 법적 관점의 측면에서 변론을 진행하지 않도록 주의할 필요가 있다. 아울러 법률적 사항에 대한 지적에 있어서도 법원이 생각하는 구체적인 법률적 관점을 노출하는 것보다는 보다 추상적인 방법으로 의견진술을 유도하는 것이 바람직하다.

2) **위반의 효과**   법적 관점에 대한 지적을 통해 당사자에게 의견진술의 기회를 주었어야 함에도 불구하고 그대로 판결함으로써 패소자에게 불의의 타격을 주어 판결 결과에 영향을 미친 경우에는 위법한 판결로써 당연히 불복의 대상이 될 뿐 아니라 상고이유가 된다.[1]

Ⅳ. 석명권의 남용

1. 석명의 주체와 시기

석명권은 소송지휘권의 일종이므로 합의부의 경우는 재판장이, 단독사건의 경우는 단독판사가 이를 행사한다(136조 1항). 합의부원은 재판장에게 알리고 석명을 할 수 있다(2항).[2] 당사자는 상대방에게 직접 질문을 할 수는 없으며 재판장을 통해 상대방에게 설명할 것을 요구할 수 있을 뿐이다(3항). 석명은 변론기일뿐 아니라 준비절차에서도 할 수 있다(286조, 136조). 변론이나 준비기일에 임해서 석명을 하는 경우가 일반적이지만 준비절차가 강화된 후에는 미리 석명의 내용을 고지하고 변론기일이나 준비기일 이전에 준비하도록 명하는 경우도 적지 않다(137조, 286조 이를 석명준비명령이라고 한다).

2. 석명의 방법

구체적인 사안에 있어 소극적 석명과 적극적 석명을 명확하게 구분하는 것이 어려울 뿐 아니라 일방 당사자에 대한 석명은 타방 당사자에게 궁극적으로 불이익한 결과를 초래하는 경우가 적지 않다. 따라서 타방 당사자의 입장에서 불만이 생기지 않도록 공정하고도 중립적인 자세를 견지하는 것이 매우 중요하다.

3. 석명의 남용

석명과 관련된 법원의 위법 행위는 두 가지 유형으로 분류할 수 있다. 첫 번째는 법원이

---

1) 大判 1998. 9. 8. 98다19509.
2) 전문심리위원의 역할 중 하나가 소송관계를 분명하게 하기 위한 것이므로(164조의2 1항) 재판장의 허가를 얻어 당사자나 증인 혹은 감정인 등 소송관계인에게 질문을 할 수 있다(164조의2 3항). 그러나 이를 석명권의 행사로 보기는 어렵다. 일단 전문심리위원은 합의에 참가할 수 없는 지위에 있지 않으며 심리위원의 질문권이 소송지휘권에서 비롯되는 것은 아니기 때문이다.

석명의무를 위반하여 석명을 게을리 함으로써 발생하는 소극적인 형태의 것이고(심리미진을 초래하는 경우), 두 번째는 새로운 공격방어방법 등을 일방 당사자에게 지적하는 등 적극적 석명을 하여 타방 당사자에게 패소판결의 위험을 야기하는 소위 석명권의 적극적인 남용이다. 석명의무 위반으로 인해 판결 결과에 영향을 미친 전자의 경우에는 상소를 통해 바로잡을 수 있게 될 기회가 있다. 그러나 후자의 경우는 재판장의 위법하고도 적극적인 석명권 남용으로 인해 결정적인 공격방어방법 등이 지적되어 당사자 중 일방이 이를 활용하면 상소를 통해 이를 바로잡기는 불가능하다.[1] 재판장의 적극적 석명에 자극을 받은 당사자가 석명내용을 자신의 주장으로 전환한다고 해서 신의칙에 반한 소송행위라고 볼 수는 없기 때문이다. 더구나 적극적 석명을 했는지 여부를 증명하기도 어렵다. 적극적 석명을 확대하기 어려운 이유 중의 하나이다.

V. 석명처분

1. 의   의

석명은 재판장이 소송관계를 분명하게 하기 위해 당사자에게 질문이나 증명촉구, 지적과 의견진술의 기회를 부여하는 것이다. 또 다른 하나의 방법은 법원이 일정한 처분을 하는 것인데 당사자나 법정대리인에게 출석을 명하거나 물건을 제출하게 하고 검증이나 감정·조사를 촉탁하는 등 증거조사에서 활용되는 방법까지도 명할 수도 있는데 이를 석명처분이라고 한다(140조).[2]

2. 석명처분의 결과

석명처분 역시 소송지휘권의 일종이지만 질문이나 증명촉구 등의 방법을 활용하는 석명과 활용방법이 사뭇 다르다. 당사자에게 의견을 구하거나 지적 혹은 암시를 하는 것이 아니라 법원이 필요한 사람 혹은 증거방법 등의 제출을 명하는 것이다. 증거조사에서 활용되는 검증이나 감정, 조사의 촉탁 등을 준용하고 있으나(140조 2항) 이는 증거조사가 아니므로 석명처분에 따른 결과물은 증거자료가 아니다. 따라서 석명처분에 따라 제출된 결과물에 대해서는 다시금 증거조사 절차를 거쳐야 한다.

---

1) 물품대금청구의 소를 제기당한 피고가 변제의 항변을 하였으나 이를 입증할 증거가 없자 이를 딱하게 여긴 재판장이 원고의 권리가 발생한지 오랜 시간이 경과하였으니 이를 검토해 볼 것을 피고에게 석명한 경우 이 취지를 감지한 피고가 다음 기일에 소멸시효의 항변을 제출하여 결국 피고 승소판결을 받은 경우를 가정해 보자. 원고는 재판장의 석명권 남용을 근거로 항소를 제기할 수 있고 원심 재판장의 석명이 위법한 것은 사실이지만 소멸시효완성된 것 역시 사실이라면 위법한 석명을 근거로 피고 승소의 원심판결을 번복할 수는 없을 것이다.
2) 실무상으로는 석명처분을 행사하는 일은 많지 않다고 한다(안정호/주석민소(2), 397면). 법률로 정해진 절차에 따라야 하는 증거조사 등을 소송지휘권의 일종인 석명처분으로 하는 것이 바람직하지 않다는 점에서 현대 소송절차에서 석명처분의 역할이 남아있는지 의문이다.

제 5 절　직권진행주의와 소송지휘권

Ⅰ. 의　　의

1. 직권진행주의

변론주의와 처분권주의를 기조로 하고 있는 절차라 하더라도 절차의 외적 진행을 반드시 당사자에게 일임할 필요는 없다. 절차의 능률적 측면에서 법원에게 주도적인 역할을 부여할 수도 혹은 당사자에게 이를 일임할 수도 있는 것이다.[1] 현재 법의 입장은 직권진행주의를 기조로 하면서 당사자 주도의 절차 진행을 결합하고 있는 절충형이라고 할 수 있다. 우선 송달과 관련해서 직권송달의 원칙을 고수하고 있지만(174조) 당사자 쌍방 모두가 변호사를 선임한 경우에는 변호사 상호 간에 서류의 교부(전자적 방법 포함)를 한 후에 이를 증명하는 서류의 제출로 송달을 갈음할 수 있다(민규 47조).[2] 한편, 기일의 지정과 변론개정 시간의 지정은 재판장의 고유권한이지만(39조, 42조, 43조 등) 변론준비기일을 거친 사건의 경우는 당사자의 의견을 들어 변론기일을 지정하도록 하고 있어(72조 2항) 당사자의 의견을 참작하도록 하고 있다.

2. 소송지휘권과 이의권

직권진행주의는 절차 내에서 주로 재판장의 소송지휘권으로 나타난다. 중요한 절차적인 사항에 대해서는 별개의 조문을 두고 있지만(예를 들어 136조의 석명이나 구문권 행사 등) 그 외에 소송절차에 관한 주도적인 권한 행사는 궁극적으로 재판장에게 귀속된다(135조). 이와의 균형을 위해 당사자에게는 소송절차에 관한 이의권(151조)을 두고 있다. 이 경우도 중요한 개별적인 사항에 대하여는 별도의 규정을 두고 있으나(예를 들어 이송신청 등) 그 외에 포괄적인 절차와 관련된 소송지휘권 행사에 대해서는 추상적인 이의권을 두고 있다. 물론 이의권은 법원의 행위뿐 아니라 상대방 당사자의 행위에 대해서도 제기되어질 수 있으나 주로 법원의 소송행위가 그 대상이 된다.

---

[1] 1877년 독일 민사소송법은 소송서류의 송달과 변론기일의 결정까지 당사자에게 일임하고 있었다. 반면 당사자가 주도권을 갖는 절차의 전형이라 할 수 있는 현재의 미국 연방민사절차에서도 송달은 당사자에게 책임이 부과되고 있지만(FRCP §4(c)) 변론기일의 지정과 운영은 법관의 고유권한사항으로 되어 있다(FRCP §40). 그 후 독일은 1898년 개정을 통해 절차의 지연을 방지하기 위해 송달업무 등을 법원의 권한으로 변경하였다(김/강, 316면 참조).

[2] 필수적 변호사 선임제도가 실현되고 전자소송이 보편화된다면 직권송달의 원칙을 고수할 현실적인 필요성은 많이 감소될 것으로 판단된다.

II. 소송지휘권

1. 개념 및 내용

(1) 소송지휘권은 소송절차의 신속하고도 원활한 진행을 위해 법원에게 인정된 소송의 주재권능이며 동시에 책무이다. 당사자가 소송물을 특정하고 재판자료에 대한 수집·제출에 대한 책임을 부담하고 있지만 절차의 진행을 관장하는 권능은 법원에 귀속시키고 있다. 하지만 이는 절차의 촉진과 효율을 위한 필요에서 비롯된 것으로서 당사자의 소송진행을 지원하는 것이 근본적인 목적이다. 따라서 소송지휘권의 행사는 법원 중심으로 행사되기보다는 소송촉진과 집중심리를 저해하지 않는 범위에서 당사자의 편의와 원활한 소송활동을 보장하는 측면에서 전개되어야 한다.

(2) 소송절차 전반에 걸쳐 법원의 소송지휘권이 발현되지만 좁은 의미로는 변론에서의 재판장이나 수명법관·수탁판사의 변론지휘권을 지칭한다(135조, 139조). 즉, 재판장은 변론이나 준비기일에서 당사자나 증인 등의 발언을 허가하거나 금지할 수 있으며(135조), 석명은 물론(136조), 변론을 제한·분리·병합할 수 있을 뿐 아니라(141조) 변론을 종결하는 시점을 결정하고 아울러 종결된 변론을 재개하는 것 역시 가능하다(142조).

2. 주체와 형식

소송지휘권은 법원에 귀속되지만 변론에서는 재판장이 이를 행사한다(135조 1항). 합의부에서 수명법관을 통해 직무를 수행하게 할 필요가 있는 경우에는 재판장이 합의부원 중에서 수명법관을 지정하게 된다(139조 1항). 그러나 수명법관을 통한 소송지휘는 법적인 근거가 있어야 하므로 화해의 권고(145조)나 증인신문 등의 증거조사(297조, 313조, 335조, 354조)와 같이 법이 명시적으로 허용한 경우에만 가능하다. 아울러 수명법관의 업무에 따른 기일의 지정·변경(165조 1항), 기간의 신축(172조 3항) 등도 가능하지만 수권된 사항에 한정되어야 한다. 예를 들어 검증이나 증인신문을 위임받은 수명법관이 당사자 본인에게 화해를 권고하는 것은 수권 밖의 사항으로서 허용되지 않는다.

3. 당사자의 신청권

소송절차에 관한 지휘권을 필요에 의해서 법원에게 부여했지만 법원이 그 권능을 행사하지 않거나 행사하더라도 절차규정에 부합하지 않게 행사하는 경우가 있을 수 있다. 전자의 경우 당사자는 신청권을, 후자의 경우는 이의권을 행사할 수 있다. 그러나 소송지휘권은 법원의 직권에 속하는 것이어서 당사자의 신청은 직권발동을 촉구하는 의미밖에 없다는 것이 일반적인 견해이다(이시, 364면). 다만 실기한 공격방어방법에 대한 각하신청(149조 2항), 소송절차의 수계신청에 대한 재판(243조) 등과 같이 일정한 경우 당사자의 신청에 대해 재판으로 답할 것을 규정한 것이 있을 뿐이다.

Ⅲ. 소송절차에 관한 이의권

1. 의   의

소송절차의 진행에 있어 법원이나 상대방 당사자가 관련 규정에 어긋난 행위를 한 경우 당사자는 바로 이의를 제기하여 이의 시정을 구할 수 있는 권리를 갖는다. 이를 이의권이라고 하며(종전의 용어로는 책문권) 법에서는 소극적인 형태로(권리의 상실 형태로) 규정함으로써(151조) 당사자가 적시에 이의제기를 하지 않으면 포기와 상실의 대상이 됨을 규정하고 있다. 이는 이의권의 적용대상이 절차규정 중 포기와 상실의 대상이 되는 임의규정에 한정되는 것임을 반증하는 것이라고 할 것이다.

2. 적용범위와 포기 및 상실

(1) 절차규정 중 임의규정에 위배된 행위

1) 법원이나 상대방이 소송절차 규정에 위배된 행위를 한 경우 당사자는 이의제기를 통해 그 행위의 효력을 문제삼을 수 있다. 절차규정이므로 소송행위의 방식, 시기, 장소 등 형식적인 것에 한한다. 따라서 소송행위의 내용이나 그 주장의 적부 등은 이의의 대상이 될 수 없다. 하지만 단순한 훈시규정에 위반된 행위에 대해서는 이의제기 자체가 허용되지 않는다. 예를 들면 법원이 자신에게 부과된 기간을 준수하지 않은 것에 대해서는(199조, 207조 등) 이의제기의 대상이 되지 않는다.[1]

2) 강행규정에 위반된 행위는 이의제기 유무와 상관없이 그 흠이 치유되지 않는다. 따라서 위반된 대상이 강행규정인 경우에는 당사자의 이의권이 포기되거나 상실되지 않는다(151조 단서). 소송법규 중 무엇이 강행규정이고 임의규정인가에 대해서는 논란의 여지가 있을 수 있으나 일단 법원의 직권조사사항은 강행규정에 해당한다고 볼 수 있다. 예를 들어 판결문정본의 송달에 있어 흠이 있는 경우에는 상소인의 상소권을 중대하게 침해하는 것이므로 이에 대한 이의제기를 하지 않았다고 해서 송달의 흠이 치유되는 것은 아니며 이의권이 상실되지도 않는다.[2] 하지만 답변서[3]나 준비서면 등과 같은 소송서류의 송달의 흠은(원고에게 송달되지도 않

---

1) 大判 2008. 2. 1. 2007다9009.
2) 大判 1972. 5. 9. 72다379.
3) 大判 1962. 12. 27. 62다704.

은 답변서를 진술하도록 하는 경우) 당사자에게 심각한 방어권의 침해를 초래하지 않는 한 임의규정
을 침해한 것으로 이의권의 대상이 되지만 적시에 이를 행사하지 않으면 그 흠은 치유된다.[1]

(2) 이의권의 포기와 상실

1) 소송절차와 관련된 법원이나 상대방의 소송행위에 대해 불이익을 입는 당사자가 사
후적으로 법원에 대해 명시적으로나 묵시적으로 이의권을 행사하지 않겠다는 의사표시를 하
는 것이 이의권의 포기이다. 기일통지서 등을 수령하지 못한 당사자가 우연히 법원사이트의
사건 검색을 통해 기일을 알고 출석한 후 이의권을 행사하지 않고 변론을 하겠다고 진술하
는 경우를 전형적인 예로 들 수 있다. 이의권의 포기는 변론이나 준비절차에서 법원에 대한
의사표시로 하는 것이며 사전 포기는 허용되지 않는다.

2) 이의권을 포기하지 않더라도 소송절차에 관한 규정에 어긋난 소송행위가 있었음을
알았거나 알 수 있었음에도 이의권을 바로 행사하지 않으면 이의권은 상실된다. "바로"는 이
의를 제기할 수 있었던 최초의 기회를 의미하므로 상황에 따라 다르다. 예를 들어, 증거조사
에 대한 기일통지서를 받지 못해서 증거조사에 참여하지 못한 당사자가 다음 변론기일에 출
석하여 증거조사에 대한 이의를 제기하지 않으면 이의권은 상실되는 반면, 당사자 일방이 서
면증거의 사본을 원본의 대용으로 제출하는 경우에는 당해 변론기일에 즉시 이의를 제기하
지 않으면 이의권은 상실된다.[2]

3) 이의권이 포기되거나 상실되면 소송절차의 흠은 치유되고 당해 소송행위는 유효하게
된다. 법원의 흠 있는 소송행위에 대해서는 당사자 모두가 이의권을 포기하거나 상실하여야
유효하게 된다. 예를 들어 법원이 양 당사자 모두에게 기일통지서를 송달하지 않고 기일을
열어 1회의 양쪽 당사자 불출석 상황을 조성하더라도 다음 기일에 원·피고 중 어느 일방이
라도 이의를 제기하면 종전기일은 무효가 된다.[3]

---

1) 불이익을 입게 되는 당사자나 대리인이 즉시 이의를 제기함으로써 기일을 속행하여 방어권을 충분히 보장
받을 수도 있지만 송달되지 않은 답변서에 특별한 내용이 없는 경우 등에는 이의제기의 현실적인 필요성은
없다. 이의제기를 하지 않음으로써 그 흠은 치유되고 절차가 신속하게 진행될 수 있는 것이다.

2) 大判 1996. 3. 8. 95다48667 참조.

3) 이때 1회의 양쪽 당사자의 불출석으로 인해 불이익을 받을 원고가 다음 기일에 이의를 제기하지 않는데도
불구하고 이익을 얻을 수 있는 피고가 이의를 제기할 수 있는지 의문이 제기될 수 있다. 소취하 간주제도가
피고에게 항상 이익이 된다는 보장도 없을 뿐 아니라 외관상 이익을 받는 당사자라 하더라도 절차의 위법을
지적할 수 있는 권리는 있다는 점에서 긍정해야 할 것이다.

제 6 절   공개심리주의

Ⅰ. 협의의 공개재판원칙

1. 헌법상의 원칙과 민사소송절차

(1) 헌법과 법원조직법

재판의 심리와 판결을 공개하도록 하는 것은 헌법상의 원칙이다(헌 109조). 다만 심리는 국가의 안전보장이나 안녕질서를 방해하거나 선량한 풍속을 해할 염려가 있는 경우에만 법원의 결정으로 공개하지 않을 수 있다(헌 109조 단서). 법원조직법은 이를 보다 구체화하여 공개재판을 하지 않는 이유를 결정에서 개시하도록 하고 있으며 비공개재판의 경우도 재판장은 적당하다고 인정되는 자의 재정을 허가할 수 있다(법조 57조 2항, 3항).

(2) 재판공개원칙의 범주

종래에는 재판공개의 원칙을 좁게 해석함으로써 재판의 심리과정이 다른 제3자가 방청할 수 있는 상태에서 행해지면 이 원칙이 충족된 것으로 인식해 왔다. 하지만 판결이 확정된 후 당사자나 이해관계인 등이 소송기록의 열람이나 복사를 통해 당해 사법판단의 과정이나 결론이 타당한가 여부에 대한 사후적인 평가를 통한 사법통제가 오히려 절실히 필요하다. 따라서 재판공개 원칙이 태동한 근대에는 밀실재판의 지양을 위한 일반인의 방청 권리가 중요했지만 이 부분이 어느 정도 달성된 현대사회에서는 오히려 종결된 사건의 소송기록 열람이나 복사 등을 통한 사후적인 감독이 더 중요한 의미를 갖게 된 것이다. 따라서 넓은 의미의 재판공개의 원칙에는 소송기록에 대한 열람 및 복사권도 포함되어야 한다.

(3) 위반의 효과

변론을 공개하는 규정에 어긋나는 때에는 절대적 상고이유가 된다(424조 1항 5호). 동 규정에서 "변론을 공개하는 규정"이란 헌법 제109조와 법원조직법 제57조를 의미하므로 심리는 물론 판결 선고 역시 당연히 공개되어야 하며 이를 위반한 경우 절대적 상고이유가 됨은 의문의 여지가 없다.[1]

---

[1] 정선주, "민사소송절차에서 공개재판의 원칙과 비밀보호", 서강법학연구 2호(2000), 188면에서는 법 제424조 제1항 제5호가 규정하는 변론에는 판결선고가 포함되는지 여부가 불문명하므로 입법적으로 명확하게 규정하여 분명하게 하여야 한다고 지적하고 있으나 의문이다. 심리과정은 다른 여러 법익의 보호를 위해 비공개로 할 실익이 있지만 판결 선고를 비공개로 할 이유는 찾아보기 어려우며 헌법 제109조 역시 판결 선고에 대한 공개에는 예외를 인정하고 있지 않다.

2. 심리 공개의 범위

(1) 공개대상 재판

심리과정이 공개되어야 하는 재판은 그 형식 여하를 불문하고 대면으로 실시되는 것은 물론 영상재판만으로 이루어진 경우에도 권리관계를 확정하는 소송사건의 재판을 의미한다. 다만, 영상재판의 방식으로 재판이 열리게 되는 경우에는 그에 따른 재판공개의 방법에 따라 공개하는 것이 필요하다(상세한 내용은 제4편 제4장 제1절 IV. 영상기일과 영상재판 참조). 따라서 그 대상 역시 변론절차와 판결이므로 법관의 합의과정이나 서면심리만이 예정되어 있는 결정절차나 심리불속행 판결 과정 등을 공개할 필요는 없다. 한편 비송사건의 심리는 심문절차이므로 원칙적으로 비공개로 할 수 있지만(비송 13조) 민사조정절차는 심문절차가 아니므로 공개가 원칙이다. 다만 비공개로 할 수 있을 뿐이다(민조 20조).

(2) 준비절차와 준비기일

변론준비절차 그 중에서도 준비기일의 공개 여부는 문제가 된다. 그 핵심은 준비기일에 어떤 기능을 부여하는가에 달려있다. 2002년 법 개정 이후의 변론준비절차 및 준비기일은 쟁점의 정리를 넘어 소송관계를 뚜렷하게 하여야 했을 뿐 아니라 인증을 제외한 모든 증거조사가 종결되도록 예정되어 있어 기능에 있어서는 변론기일과 다름없었다. 그러나 실무에서는 준비절차와 준비기일을 비공개로 진행해 왔는데 이는 효율적인 재판 진행과 화해촉진의 의도에서 비롯된 것이었다. 이러한 실무현실 하에서는 변론준비기일을 변론기일과 등가적으로 판단할 수 없다는 것이 대법원의 입장이었는데[1] 매우 타당한 지적이었다고 판단된다. 이러한 문제의식 하에 2008년 법 개정을 통해 준비절차를 선택적인 것으로 변경하고(258조 1항) 변론준비절차의 기능을 당사자의 주장과 증거를 정리하는 것으로 변경하였다(279조 1항). 이러한 기능 하에서는 준비절차와 준비기일을 비공개로 하는 것에 어느 정도 정당성을 부여할 수 있다.

3. 민사재판과 공개재판원칙

(1) 재판공개 원칙에 대한 회의적인 시각

실무에서는 형사재판과 달리 민사재판에서는 재판공개의 원칙이 엄격하게 준수되어야 할 필요가 없다는 의견이 적지 않다. 과거 변론기일의 기능을 갖는 준비기일 등에서도 화해의 가능성을 높이기 위해 비공개로 하는 것을 강조해 왔음을 보아도 알 수 있다. 학계에서도 민사재판에서는 대중의 무관심 등으로 공공에 의한 절차의 통제적 기능이 떨어지고 재판공

---

1) 大判 2006. 10. 27. 2004다69581.

개의 원칙은 구술재판과 연계되어야 효과가 큰 반면 실제로는 서면에 의한 재판이 우세하므로 재판의 비공개를 엄격하게 제한할 필요가 없다는 견해도 등장하고 있으나 의문이다.[1)]

(2) 민사재판에서의 재판공개원칙의 정당성과 근거

재판공개는 국민의 사법부에 대한 신뢰를 형성하는 데 기본적인 조건이며 과거의 밀실재판의 경험을 통해 근대 시민이 획득한 가장 중요한 가치의 하나임을 부인할 수는 없다. 더군다나 재판공개는 방청하는 제3자에게 재판과정을 모두 이해시키고자 하는 취지에서 비롯된 것도 아니므로 구술재판이 축소된다고 해서 비공개재판을 정당화하는 사유가 될 수도 없다(현재는 오히려 구술재판을 지향하고 있으므로 전제 사실 역시 잘못되었다). 한편, 민사재판의 공개원칙은 형사재판의 그것에 비해 필요성이나 당위성이 떨어진다는 지적 역시 수긍하기 어렵다. 형사재판에서는 국가권력으로부터 개인의 인권보호 차원이 강조되는 것이므로 국가권력에 대한 감시가 중요한 것임은 당연하다. 그러나 그에 못지않게 민사재판 과정에서도 국가권력에 대한 감시기능이 필요할 뿐 아니라 당사자들에 대한 대등한 취급 여부 역시 매우 중요한 요소이므로 사적인 분쟁이라는 이유로 민사재판에서의 공개원칙이 후퇴되어도 문제가 없다는 접근방식은 문제가 있다. 마지막으로 재판과정에서 개인이나 기업의 정보보호 측면은 무시될 수 없는 가치이므로 심리과정을 비공개로 할 수 있음이 헌법상 보장되어 있다(헌 109조). 아울러 소송기록 및 판결서에 대한 열람 등에 대해서도 제한을 할 수 있는 제도적 장치가 마련되어 있다(163조, 163조의2 등). 그러나 이 모두가 공개재판 원칙 하에서 정당화될 수 있는 것임을 유념할 필요가 있다.

Ⅱ. 광의의 공개재판원칙

1. 개   념

(1) 재판심리 과정과 판결선고를 공개하라는 헌법상의 원칙은 단순히 재판과정을 공개하고 선고기일에 누구나 참여할 수 있는 기회를 제공하는 것으로는 충분하지 않다. 재판에 대한 사후적인 감시 역시 필요하다. 이를 위해서는 소송기록의 열람이 반드시 필요한데 구술과 서면주의 재판이 혼재된 현대의 재판과정에서는 단순한 방청만으로 법원의 재판 과정의 적법성과 타당성 여부를 쉽게 판단하기 어렵기 때문이다. 따라서 국민 누구나 소송기록에 대한 접근권이 보장되어야 한다는 점에서 헌법상의 재판공개 원칙은 변론과정과 판결 선고의 공개뿐 아니라 소송기록에 대한 접근권까지 포함된다고 보아야 한다.

(2) 2007. 5. 17. 법 개정을 통해 공개를 금지한 변론이 아닌 경우에는 누구든지 권리구

---

1) 정선주, "민사소송절차에서 공개재판의 원칙과 비밀보호", 179면 참조.

제·학술연구·공익적 목적으로 타인의 소송기록의 열람을 신청할 수 있게 되었다(162조 2항). 당해 소송기록의 관계인이 동의하지 않는 경우에는 열람이 불가능하지만(162조 3항, 민규 37조의3 참조) 소송의 이해관계인이 아닌 일반 제3자가 권리구제나 공익적 목적으로 확정된 소송기록의 열람을 할 수 있도록 허용한 것은 진일보한 입법이라고 평가할 수 있으며 광의의 공개재판원칙의 실현을 위한 전단계라 할 수 있다.[1]

2. 열람제한

(1) 비밀기재 부분의 열람 등 제한

재판공개원칙을 확대하면서 이로 인한 부작용을 방지하기 위해서는 소송당사자가 소송 도중에 공방을 위해 개시한 비밀자료 등을 적극적으로 보호할 수 있는 절차를 인정해 주는 것이 바람직하다. 이를 위해 소송당사자는 사생활에 대한 중대한 비밀로서 이것이 제3자에게 열람되면 당사자의 사회생활에 지장이 클 경우(163조 1항 1호)나 부정경쟁방지법 제2조 제2호가 규정하는 영업비밀(2호) 등을 소송기록 중에서 특정하여 열람제한 신청을 법원에 할 수 있다.[2]

(2) 개인정보 기재부분의 열람 등 제한

소송관계인의 생명 또는 신체에 대한 위해의 우려가 있다는 소명이 있는 경우에는 법원은 해당 소송관계인의 신청에 따라 결정으로 소송기록의 열람·복사·송달에 앞서 주소 등 대법원규칙으로 정하는 개인정보로서 해당 소송관계인이 지정하는 부분이 당사자를 포함하여 제3자에게 공개되지 아니하도록 보호조치를 할 수 있다(163조 2항, 2025. 7. 11. 시행).

(3) 열람제한 결정 취소신청과 재판

당사자의 열람제한 신청과 이에 대한 재판은 보호대상이 되는 비밀을 특정하여야 하는데(민규 38조) 이는 동 규정이 국민의 기본권인 알 권리를 제한하기 때문이다. 한편 열람제한 신청이 있으면 그 신청에 관한 재판이 확정될 때까지 제3자는 열람신청이 제한되지만(163조 3항, 2025. 7. 11. 시행) 이해관계를 소명한 제3자는 열람제한 사유의 부존재 내지 사후적인 소멸을 이유로 법원의 열람제한 결정에 대한 취소신청을 할 수 있다(4항, 2025. 7. 11. 시행).

---

1) 일본 민사소송법 제91조 제1항에 따르면 누구라도 소송기록의 열람을 청구할 수 있도록 규정하고 있어 우리 법에 비해 공개재판의 원칙을 철저히 실행하고 있음을 알 수 있다. 한편, 독일 ZPO §299(2)에 따르면 제3자가 법적인 이해관계를 소명하면 당사자의 동의 없이 소송기록을 열람할 수 있다고 하여 우리와 일본의 중간 정도 수준에서 재판공개의 원칙을 실현하고 있다.

2) 동 규정은 우리나라가 1995년 발효된 WTO/TRIPs(무역관련 지식재산권협정)의 회원국으로서 2000. 1. 1. 부터 협정이행의무를 준수해야 하기 때문에 삽입된 것인데(이기택/주석민소(2), 508면) 일본 민사소송법 제92조의 내용과 매우 유사하다.

제 7 절 쌍방심리주의와 무기대등의 원칙

I. 형식적 무기대등의 원칙

(1) 국민의 재판받을 권리(헌 27조)와 평등권 보장 원칙(헌 11조)은 소송절차에서의 기회균등의 보장 형태로 구현된다. 따라서 변론절차에서는 당사자 쌍방의 출석이 보장된 상태에서 진행되어야 할 뿐 아니라 변론에서 자유로운 진술권과 이의권 등이 보장되어야 한다. 이러한 쌍방심리주의는 형식적인 무기대등의 원칙을 구현하는 것이라고 할 수 있다. 이를 위해 법에서는 송달을 통한 엄격한 기일통지제도(167조)를 운영하고 있으며 송달업무를 공정하게 수행하기 위해 국가가 관장하고 있다. 법정에서의 변론과 증거조사 실시에 있어 당사자는 자유로운 진술이 보장됨은 물론 재판장에게 석명을 요구할 수 있다(136조). 본인의 출석이 어려운 경우를 대비해 대리인제도를 활성화하고 있을 뿐 아니라 대리권의 흠은 재심사유(451조 1항 3호)로까지 규정함으로써 본인의 이익을 최대화하고 있다.

(2) 모든 재판절차에서 쌍방심리주의가 관철되는 것은 아니다. 결정절차에서는 변론이 임의적일 뿐 아니라(134조 1항) 절차의 신속이 요구되는 보전처분 절차에서는 일방에 의한 신청과 소명자료만으로 재판이 이루어지는 것이 보통이다(민집 280조, 301조). 더구나 가압류이의나 가처분이의 절차에서도 변론기일이 보장되지 않고 있어(심문기일로도 가능, 민집 286조 1항, 307조) 쌍방심리주의 원칙이 충분히 구현되고 있지 않다.

II. 실질적 무기대등의 원칙

쌍방심리주의의 형식적 구현이 반드시 실질적인 무기대등의 원칙을 보장하는 것은 아니다. 당사자 일방은 변호사를 선임하였으나 상대방은 본인소송을 하는 경우의 재판, 증거가 편재된 상태에서의 재판(의료과오소송이나 기업 상대 환경소송 등) 등에서는 실질적인 무기대등의 원칙의 구현이 필요하다. 소송구조(legal aid)의 활성화가 담보된 상태에서의 필수적 변호사제도의 도입, 문서제출명령이나 증거수집제도의 활성화, 법원의 석명의무 확대, 의무위반에 대한 제재수단의 확대 등이 실질적인 무기대등의 원칙을 구현하는 데 반드시 필요하다고 할 것이다.

제 8 절 구술심리주의와 서면심리주의

Ⅰ. 구술심리주의 원칙

　　판결절차에서는 당사자가 법정에서 소송에 대해 변론을 실시하여야 하는데(134조 1항) 변론은 중요한 사실상 혹은 법률상 사항에 대하여 말로 진술하고 법원이 이를 확인하는 방식으로 실시하는 것을 원칙으로 하고 있다(민규 28조 1항). 변론을 법정에서 말로 하도록 하는 것은 진실발견에 있어 가장 유효, 적절한 수단이기 때문인데 당사자 간의 생생한 진술을 통한 의견교환은 쟁점파악에 용이할 뿐 아니라 판단자인 법관 역시 당사자 주장의 미진한 부분에 대해 즉각적인 석명을 통해 사실관계를 보다 정확하고 쉽게 파악할 수 있는 장점이 있기 때문이다. 말로 하는 구술변론의 단점(기록의 어려움 등)을 보완하기 위해 변론의 속기와 녹음, 녹화 등을 할 수 있는 제도적 장치(159조, 민규 37조 등)를 마련하고 이를 변론조서의 일부로 활용할 수 있도록 제도화하고 있다(159조 2항).

Ⅱ. 서면심리주의 보완

　　구술심리주의의 관철을 위해서는 우선 재판부의 업무부담이 적정하여야 하고 녹음이나 속기 등을 통해 구술된 진술 내용을 완벽하게 재연할 수 있는 시설이나 인력 등이 요구된다. 그러나 속기나 녹음·녹화를 통해 변론을 저장할 경우 이를 기록화하고 사후에 이를 확인하는 데 많은 시간과 비용이 소요된다는 점에서 서면에 의한 보완이 필요하다.

1. 특정 소송행위에 대한 서면 요구

　　소(248조)나 상소, 재심의 제기는 물론 소 제기에 준하는 중간확인의 소(264조)와 청구의 변경(262조 2항), 공시최고의 신청(477조 2항), 소송의 종료를 의도하는 소취하(266조 3항), 항소권의 포기(395조 1항) 등은 서면에 의한다. 아울러 일정한 법적 효과를 발생하는 관할합의(29조 2항), 소송고지(85조 1항), 피고경정(260조 2항) 등 역시 이를 분명하게 하고 추후의 증명이 용이하도록 서면에 의할 것이 요구된다. 한편 청구의 포기나 인낙 등은 법정에서 구술로 하는 것이 원칙이지만 서면에 이러한 취지의 내용을 적고 공증사무소의 인증을 받은 경우에는 출석하지 않고서도 포기·인낙의 효과를 인정하고 있다(148조 2항).

2. 서면에 의한 소송기록 작성 요구

변론기일의 진행은 구술로 하되 그 내용은 변론조서를 통해 담겨서(152조 1항) 소송기록에 편철된다. 변론기일에 진행되는 증거조사를 기재하는 조서 역시 변론조서에 준해서 작성된다(160조).

3. 효율적인 변론진행을 위한 요구

변론기일에 당사자가 신청하거나 주장할 내용을 구술로 진술하는 경우 많은 시간이 소요될 뿐 아니라 산만한 진행이 될 수 있으므로 변론에서 신청하거나 주장할 내용을 미리 준비서면에 작성해서 제출하도록 하고 있다(272조 1항, 273조). 변론준비절차에서도 당사자로 하여금 준비서면 등을 제출하고 교환하게 하여 쟁점을 정리하고 있다(280조 1항). 준비서면을 미리 내게 함으로써 상대방은 그에 대한 방어를 준비하고 변론기일이나 준비기일에서의 변론을 효율적이고 집중적으로 시행할 수 있게 된다. 또한 준비서면을 제출하고도 기일에 출석하지 않은 경우에 동 준비서면에 담긴 내용을 진술간주되도록 함으로써 절차의 공전도 방지할 수 있게 된다(148조 1항).

Ⅲ. 실질적 구술심리주의

(1) 구술주의 보완을 위한 서면주의의 도입은 절차적인 효율성을 제고하였으나 업무의 과중한 부담을 갖고 있는 법원으로서는 부득이 서면 중심의 재판을 하지 않을 수 없었다.[1] 그러나 2002년 법 개정 이후에는 준비절차나 변론절차에서의 형식적인 구술변론을 지양하기 위해 변론은 당사자가 말로 중요한 사실상 또는 법률상 사항에 대하여 진술하거나, 법원이 당사자에게 말로 해당사항을 확인하는 방식으로 하며(민규 28조 1항) 법원은 당사자에게 중요한 사실상 혹은 법률상 쟁점에 대해 의견을 진술할 기회를 제공하도록 하고 있다(2항). 따라서 형식적인 구술변론을 지양하고 중요한 쟁점에 대해서는 당사자가 반드시 변론에서 구술로 진술해야 한다.

(2) 이러한 구술 중심의 변론 진행은 준비절차에서도 동일하게 적용된다. 즉 변론준비기일에서도 당사자가 말로 변론의 준비에 필요한 주장과 증거를 정리하여 진술하거나, 법원이 당사자에게 말로 해당사항을 확인하여 정리하도록 하고 있다(민규 70조의2). 변론기일에서 변

---

1) 예를 들어 종전에는 당사자나 대리인이 법정에서 "○○년 ○○월 ○○일에 제출한 준비서면을 진술합니다"라는 한마디로 구술변론을 대체하는 현상이 많았다. 따라서 법정은 서면의 교환과 진술을 확인하는 장소로 되었고 본격적인 신청과 주장은 미리 서면에 의하는 것이 일반적이었다.

론준기일 결과를 진술하는 경우(287조 2항)에도 반드시 구술로 진술할 것을 요구하고 있다. 이는 "준비기일결과를 원용합니다"라는 식의 형식적인 진술을 지양할 것을 주문하고 있는 것인데 구체적인 쟁점과 증거에 대해 당사자에게 의견진술의 기회를 부여하는 것이 마땅하다. 그러나 간단한 사건인 경우에는 법원이 당사자에게 해당사항을 확인하는 방식으로도 할 수 있다(민규 72조의2).

제 9 절   적시제출주의

I. 의   의

(1) 2002년 법 개정 전에는 수시제출주의라는 제목 하에 공격방어방법은 특별한 규정이 없으면 변론의 종결까지 제출할 수 있다고 규정되어 있었으나 법 제146조에 따르면 공격방어방법은 소송의 정도에 따라 적절한 시기에 제출되어야 한다고 규정되어 있다. 이를 적시제출주의라고 한다. 그러나 수시제출주의 규정이 있던 당시에도 아무 때나 공격방어방법을 제출해야 한다는 의미로 해석되지는 않았다. 더구나 당시에도 실기한 공격방어방법은 각하되어야 한다는 조문은 지금과 동일하게 존재했다. 다만 현행법에서는 공격방어방법이 "적시"에 제출되어야 한다는 점을 구체적으로 명시하고 있을 뿐 아니라 실효성을 높이고자 재판장이 정한 공격방어방법에 대한 제출기한을 준수하지 않으면 당해 공격방어방법을 각하할 수 있는 재정기간제도(147조)는 물론 변론준비기일을 종결함에 따른 실권효를 새롭게 규정하였다(285조 1항). 그러나 종전의 실기한 공격방어방법에 대한 각하 역시 활성화되지 않은 것과 마찬가지로 새로운 두 제도 역시 활발하게 활용되고 있지는 못하다.

(2) 법 제146조가 규정하는 "적절한 시기"라는 것은 바라보는 관점에 따라 다른 의미를 가질 수 있다. 당사자는 가장 효과적인 공격방어를 위해 주장과 증거신청의 시기를 저울질하지만(자신에게 유리한 결론을 도출하는 데 기여하도록) 법원의 입장에서는 가급적 모든 주장과 증거가 조속한 시간 내에 제출되어질 것을 요구하는 것이 일반적이므로 적절한 시기는 당사자와 법원의 입장에서 제각각 상이하다. 그러나 법 제149조와 법 제272조의 규정들을 연계해서 보면 법 제146조가 규정하는 적절한 시기의 의미는 "늦지 않게" 그리고 "변론의 집중을 도모할 수 있게"라는 의미로 해석된다. 따라서 재판의 신속한 진행을 위해서 아울러 변론의 집중을 위해 법원이 원하는 적절한 시기에 공격방어방법을 제출하라는 절차 촉진과 변론 집중의 이중적인 의미로 법 제146조가 규정된 것으로 파악함이 타당하다.

Ⅱ. 재정기간 설정

1. 제출기간의 협의와 설정

(1) 재판장은 당사자의 의견을 들어 당사자에게 특정한 사항에 관한 공격방어방법의 제출시한을 설정할 수 있다(147조 1항). 법 제146조가 규정하는 적절한 시기를 재판장이 당사자의 의견을 들어 설정하는 것이다. 이는 법 제149조가 규정하는 실기한 공격방어방법의 판단시점에 대한 모호함을 기한 설정을 통해서 명확하게 한 것이다.

(2) 법원은 당사자의 의견을 들어 기한을 설정할 수 있도록 규정되어 있으므로 당사자의 의견에 반해서 제출 기한을 임의로 정할 수는 없으며 상호 협의를 거쳐 당사자가 제출기한에 동의한 경우에만 실권적 제재를 가할 수 있다. 법 제149조의 실기한 공격방어방법에 대한 각하를 위해서는 당사자의 고의 또는 중과실과 소송완결의 지연을 요구하면서 단순히 법원이 지정한 제출기한의 미준수로 실권적 제재를 가하는 것은 상호 균형이 맞지 않기 때문이다. 제출 기간의 미준수에 따른 실권적 제재를 가할 수 있는 정당한 근거는 당사자와의 협의를 통해 당사자 스스로 제출기간에 동의를 한 것에서만 찾을 수 있다.

2. 협의 위반의 효과

당사자가 법원과 협의 후 결정된 공격방어방법에 대한 제출기한을 도과한 경우 당해 공격방어방법을 제출할 수 없는 실권적 제재를 받게 된다(147조 2항 본문). 그러나 당사자는 정당한 사유로 기간 준수를 하지 못한 점에 대해 소명하면 공격방어방법을 제출할 수 있게 된다(2항 단서). 당사자에게 악의적인 소송지연의 의도가 엿보이지 않는 한 정당한 사유 여부에 대한 판단은 탄력적으로 운용을 할 필요가 있다.

Ⅲ. 실기한 공격방어방법의 각하

1. 의   의

당사자가 제출기간을 준수하지 않을 뿐 아니라 고의나 중대한 과실로 공격방어방법을 뒤늦게 제출함으로써 소송의 완결을 지연시킨 경우 법원은 직권 혹은 당사자의 신청에 따라 결정으로 이를 각하할 수 있다(149조 1항). 그러나 오래 전부터 이 규정이 있었지만 그 적용이 활발하지 않았다. 과거에는 수시제출주의를 취했기 때문이라는 견해도 있을 수 있으나 그보다는 실무상 이 규정을 적용하는 것에 부담을 느낀 법원이 실기한 공격방어방법으로 주장이나 증거를 배척하기보다는 증거신청을 각하하는 우회적인 방법을 사용하였기 때문이라고 평가되고 있다.[1] 한편, 준비절차에서도 실기한 공격방어방법 규정이 준용되므로(286조, 149조) 준비절차에서도 실기를 이유로 공격방어방법을 각하할 수 있는 여지는 열어두고 있다. 이와 더불어 준비절차에서 준비기일을 연 경우에는 준비기일을 종결한 효과로서 다시 실권효의 제재 규정을 두고 있어(285조) 이중적인 실권제재 규정을 설치하고 있다.

2. 적용범위와 대상

(1) 적용범위

실기한 공격방어방법의 각하는 재판자료의 수집·제출의 책임이 당사자에게 있는 변론주의 절차에서만 적용될 수 있으므로 직권탐지주의 절차에는 적용되지 않는다. 아울러 변론주의 하에서도 법원의 직권조사사항에 대하여는 적용이 없다. 한편 준비절차에서 준비기일을 연 뒤에는 준비기일 종결에 따른 실권적 제재(285조)만이 적용된다는 주장이 있으나[2] 준비기일 종결 후 변론과정에서 법원도 예상하지 못한 새로운 쟁점이 부각된 경우도 배제할 수 없으므로 실기한 공격방어방법 규정이 적용될 여지는 충분히 있다.

(2) 적용대상

1) 원·피고가 제출하는 모든 사실상 주장으로서의 공격방어방법이 대상이 된다(청구변경이나 중간확인의 소, 반소 등은 공격방어방법이 아니므로 대상이 되지 않는다). 법률상 주장에 대해서는 별도의 증거조사가 필요하지 않을 뿐 아니라 이로 인해 소송의 완결이 지연되는 것도 아니므로 실기한 공격방어방법의 대상이 되지 않는다.[3]

2) 유일한 증거방법도 실기한 경우 각하될 수 있는지 논의가 있다. 유일한 증거방법을 예외적으로 취급하는 것은 당사자의 증명활동을 보장하기 위해 증거신청에 대한 법원의 자유로운 결정을 제한하는 개념이므로(290조 단서) 실기한 상태에서 제출되는 증거방법이 유일하더라도 절차촉진 의무를 위반한 경우에는 각하 대상이 된다고 봄이 타당하다(같은 취지의 견해로는 김/강, 395면; 이시, 354면). 판례의 입장은 동요하고 있다.[4]

---

1) 안정호/주석민소(2), 455면.

2) 성수제, "적시제출주의와 실권효-민사소송법 제149조 제1항에 대한 해석론을 중심으로 하여-", 신 민사소송법과 민사집행법에 의한 실무운영자료, 사법연수원(2002), 97면.

3) 大判 1992. 10. 27. 92다28921.

4) 판례는 이 부분에 있어 뚜렷한 입장을 보이고 있지 않다, 즉 大判 1962. 7. 26. 62다315에서는 유일한 증거를 실기한 공격방어방법이라는 이유로 각하할 수 없다고 하고 있으나 大判 1969. 4. 15. 69다67에서는 유일한 증거방법이라 하더라도 당사자가 신청절차를 지연함으로써 그 증거조사가 취소된 때에는 그 증거조사를 하지 못하게 된 책임은 당사자에게 있다고 판시하였다.

3. 요   건

(1) 적기의 상실

1) 구체적인 소송진행 상황에 비추어 공격방어방법이 적시에 제출될 수 있었던 시점을 경과한 것을 의미한다. 단순히 예상되는 방어가 제 때에 제출되지 않은 것만을 기준으로 삼을 수는 없다. 따라서 변론준비기일에서 쟁점이 정리되고 필요한 증거조사도 종료된 경우, 기간을 정해서 공격방어방법의 제출이 명해진 경우(147조), 법원의 석명이나 석명준비명령(137조)이 있었을 경우에는 시기에 늦었는가 여부에 대한 판단이 다소 용이하다. 실기했는지 여부는 항소심의 속심적 성격을 고려해서 사실심 전체를 두고 판단하는 것이 타당한데(김/강, 394면; 이시, 354면)[1] 1심부터 21개월이 지난 후 항소심에서 뒤늦게 위조의 항변이 제기되었으나 항소심 진행 도중에 비로소 위조의 증거가 발견되어 주장을 하게 된 것이라면 실기한 공격방어방법이 아니라고 한 사례가 있다.[2]

2) 유치권의 항변이나 상계항변은 그 성격상 소송 초기단계에 현출되는 것을 기대하는 것은 무리이므로 여러 가지 정황을 고려해서 실기 여부를 판단해야 한다. 판례 중에는 항소심 제4회 변론기일에 비로소 유치권의 항변을 제기한 경우 실기한 공격방어방법으로 각하하는 사례가 있는데[3] 이는 당해 사건이 건물철거 및 대지인도청구였기 때문인 것으로 판단된다.[4] 한편, 환송 전 재판절차에서 상계항변을 할 기회가 있었음에도 불구하고 환송 후 소송절차에서 비로소 주장하는 경우 등은 실기한 공격방어방법에 해당한다고 본 사례가 있다.[5] 의도적인 소송지연을 위해 증인신청을 한 후 여비를 예납하지 않거나 증인신청을 한 당사자 본인이 출석을 하지 않는 경우가 있는데 이러한 경우 나중에 동일한 증인을 재차 신청하는 경우에는 실기한 공격방어방법으로 각하될 가능성이 높다.[6]

---

1) 大判 1962. 4. 4. 4294민상1122.

2) 大判 1992. 2. 25. 91다490 판결, 大判 2006. 3. 10. 2005다46363,46370,46387,46394에서도 항소심에 이르러 동일한 쟁점에 관한 대법원판결이 선고되자 그 판결의 취지를 토대로 새로운 주장을 제출한 것은 실기한 공격방어방법에 해당하지 않음을 판시한 바 있다.

3) 大判 1962. 4. 4. 4294 민상1122.

4) 전형적인 공격방어방법을 조기에 제출하지 않는 것은 절차의 지연을 도모한다고 볼 수밖에 없을 것이다. 예를 들어, 건물철거 및 대지인도청구에 대한 유치권의 항변, 임대차계약종료에 따른 건물인도청구에 대한 임대보증금반환채권에 기한 동시이행항변 등은 전형적인 공격방어방법이므로 이들을 소송초기 단계에 제출하지 않는 것을 넘어 항소심에 이르러 주장하는 것은 실기한 공격방어방법으로 각하될 가능성이 높다고 할 것이다.

5) 大判 2005. 10. 7. 2003다44387,44394. 그러나 이 사례를 일반화하는 것은 조금 우려된다. 환송 전 재판절차에서 피고가 상계항변을 할 수 있었으나 부제소합의로 승산이 있다고 생각해서 이를 의도적으로 하지 않은 점을 자인하였고 나아가 환송 후 원심에서 주장한 상계항변의 자동채권의 존부가 의심스러워 상당한 증거조사가 필요한 상황이었기 때문이다.

6) 大判 1968. 1. 31. 67다2628 참조.

(2) 고의나 중과실

1) 당사자나 소송대리인의 고의나 중과실이 있어야 한다. 고의나 중과실의 대상은 법 제149조의 내용에 비추어 시기에 늦은 것에 대한 것이지 소송완결의 지연에 대한 고의나 과실을 요구하는 것은 아니다. 고의나 중과실이 없었다는 점은 제출자가 증명해야 한다. 고의나 중과실 유무의 판단을 함에 있어 당사자나 소송대리인이 법률지식이 있는지 여부, 개별적인 공격방어방법의 성격 등을 고려해서 판단해야 한다. 본인소송을 하는 일반인에게 공격방어방법을 변호사와 같이 적시에 제출할 것을 기대하기는 어렵기 때문이다.

2) 공격방어방법을 시기에 늦게 제출하는 당사자에 대해 고의나 중과실을 인정하는 것은 용이한 일은 아니다. 공격방어방법에 대한 제출시기의 지연을 당사자 일방의 책임으로 전가할 수만은 없기 때문이다. 재판장의 적절한 석명과 제출기한의 설정 등을 통해 당사자가 특정한 공격방어방법을 특정 시기에 제출해야 한다는 인식을 갖게 하여야만 시기에 늦은 공격방어방법에 대해 고의나 중과실 조건을 부과할 수 있을 것이다.

(3) 소송완결의 지연

1) 법 제149조 제1항에서 규정하는 시기에 늦게 공격방어방법을 제출한다는 것의 의미를 두고 견해의 대립이 있다. 제출된 공격방어방법에 대해 심리를 하면 이를 각하할 때보다 소송의 완결이 지연되면 충분하다는 소위 절대설이 있다(이시, 355면; 정/유/김, 333면). 이에 대해 소송완결이 지연되는지 여부에 대한 판단을 함에 있어 당해 공격방어방법이 적시에 제출되었다면 소송완결을 지연시켰을 것인가의 가정을 기준으로 지연 여부를 판단해야 한다는 소위 상대설의 견해(호, 436면)도 있다. 그러나 적시에 제출되었을 시점이 언제인가에 대해서도 견해가 대립될 수 있어 불필요한 분쟁을 야기할 우려가 클 뿐 아니라 현실적으로도 공격방어방법이 제출된 시점을 기준으로 지연 여부를 판단하는 것이 법 제149조의 적용 여부를 판단하는 데 간명하다.

2) 시기에 늦은 공격방어방법이라 하더라도 법률상의 주장[1]이나 재정증인에 대한 증인신문이 요구되는 경우와 같이 지연의 위험을 초래하지 않는 경우에는 실기한 공격방어방법이라고 할 수 없다. 또한 시기에 늦은 공격방어방법이라 하더라도 따로 심리하거나 증거조사를 하여야 할 사항이 남아 있어 어차피 기일의 속행을 필요로 하고 그 속행기일의 범위 내에서 공격방어방법의 심리도 마칠 수 있거나 공격방어방법의 내용이 이미 심리를 마친 소송자료의 범위 안에 포함되어 있는 때에는 소송의 완결을 지연시키는 것으로 볼 수 없다.[2]

---

1) 大判 1992. 10. 27. 92다28921에서 피고가 대법원 환송판결 후 원심에서 비로소 원고가 농지매매증명을 얻지 못하였다는 항변을 하였더라도 이는 법률상 주장으로서 별도의 증거조사를 필요로 하지 아니하고, 이로 말미암아 소송의 완결이 지연되는 것도 아니므로 실기한 방어방법이 아니라고 보았다.

2) 大判 2010. 1. 14. 2009다55808; 大判 2003. 4. 25. 2003두988 등. 한편, 변론이 재개됨에 따라 공격방어방

4. 효   과

(1) 실기한 공격방어방법뿐 아니라(149조 1항) 공격방어방법이 적시에 제출되더라도 그 취지가 분명하지 않고 당사자가 필요한 설명을 하지 않는 경우에는 법원은 직권 혹은 당사자의 신청에 따라 결정으로 각하할 수 있다(149조 2항). 후자는 실기한 공격방어방법에 대한 각하가 아니라 석명준비명령 등에 불응한 당사자에 대한 제재로서 실기한 공격방어방법과 마찬가지로 결정에 의한 각하대상이다.

(2) 법 제149조에 따르면 실기한 공격방어방법과 석명에 불응한 공격방어방법에 대해서는 반드시 법원이 각하해야 한다는 견해(송/박, 350면)도 있으나 법원의 재량사항이라고 보는 것이 일반적이다(김/강, 396면). 한편, 실기한 공격방어방법에 대해서는 별도의 재판을 통해 결정으로 각하할 수 있으나 결정에 의하지 않고 판결이유에서도 판단할 수 있다.[1] 동 결정은 소송지휘에 관한 재판이므로 독립된 불복이 허용되지 않으며 언제든지 취소할 수 있다(222조). 따라서 각하결정을 받은 자는 종국판결에 대한 상소와 함께 불복하여야 한다.[2]

Ⅳ. 그 밖의 실권적 제재 규정

적시제출주의를 관철하는 것은 당사자 간의 공평한 공방을 보장할 뿐 아니라 재판의 효율성과 신속성도 제고하게 된다. 변론준비절차에서 준비기일이 열려서 종결이 되면(285조) 공격방어방법에 대한 실권적 효과가 발생하게 된다. 한편, 중간판결(201조)이 선고되면 중간판결을 위한 공격방어방법에 대한 실권적 효과가 당해 심급에서 발생한다.

제10절   직접심리주의

Ⅰ. 개   념

판결은 기본이 되는 변론에 관여한 법관에 의해 이루어져야 한다는 것이 직접심리주의 원칙이다(204조 1항). 기본이 되는 변론이라 함은 준비절차 혹은 변론절차이든 명칭에 상관없

법을 제출하게 되면 변론재개 자체로 인한 소송완결의 지연은 고려할 필요 없이 법 제149조 제1항이 규정하는 요건을 충족하는지를 기준으로 그 해당 여부를 판단하면 된다는 것이 대법원의 입장이다(大判 2010. 10. 28. 2010다20532).

1) 大判 1994. 5. 10. 93다47615.

2) 각하신청을 배척당한 당사자는 불복이 허용되지 않으므로 항소심 등에서 다시금 각하신청을 하는 방법으로 자신의 주장을 관철하고자 할 것이다.

이 판결의 기초가 되는 주장과 증거에 대한 증거조사 및 변론이 이루어짐으로써 법관의 심증형성의 기초를 이룬 절차를 의미한다. 따라서 변론종결시까지 한 번도 변론에 관여하지 않은 법관이 선고에 관여하였다면 이는 법률에 따라 판결에 관여할 수 없는 법관이 선고한 판결이므로 절대적 상고이유에 해당한다.[1] 가장 이상적인 직접심리주의의 관철을 위해서는 재판이 개시되어 종료될 때까지 법관의 변동이 없어야 할 것이다. 그러나 부득이 법관의 경질이 있는 경우 종전 변론 진행 내용과 결과에 대한 직접 심리의 결여를 어떻게 보완할 것인지가 문제된다. 특히 법관의 이동이 잦은 우리나라에서는 특히 강조되어야 할 심리원칙의 하나라고 생각되지만 법 규정과 실무는 오히려 이 원칙을 매우 경시하는 듯한 인상을 주고 있다.

Ⅱ. 직접심리주의의 보완

1. 종전 변론 결과의 구술 진술

(1) 변론의 갱신

법관의 경질이 있는 경우에는 당사자는 종전의 변론결과를 구술로 진술하여야 하는데 (204조 2항) 이를 통상 변론의 갱신이라고 한다. 현행법 하에서는 이로써 직접주의의 원칙을 준수하는 것으로 의제되고 있으며 형식적으로나마 구술주의 원칙도 관철하고 있다. 그러나 종전 실무는 "종전 변론결과를 진술합니다"라는 한마디 진술과 조서의 정리로 갱신절차를 갈음하였다.[2]

(2) 판례동향

변론의 갱신이 필요한 경우는 법관의 경질이 있는 경우뿐 아니라 재심사유가 인정되어 재심법원이 본안심리를 하게 된 경우에도 변론의 갱신이 필요하다. 이때 재심으로 부활된 소송에서 당사자는 종전의 변론결과를 진술해야 하는데 판례는 변론의 갱신절차를 밟지 아니하였다 하더라도 당사자가 그 부활된 심급의 최종변론기일에서 소송관계를 표명하고 변론을 하였다면 이것으로써 변론을 갱신한 효과는 발생한다고 보고 있다.[3] 더욱이 제1심 법관의 경질이 있었으나 당사자가 종전의 변론의 결과를 진술치 않았다 하더라도 변론종결 시점에 당사자 쌍방이 소송관계를 표명하고 변론을 함으로써 치유될 뿐 아니라[4] 그렇지 않다 하더

---

1) 大判 1972. 10. 31. 72다1570.
2) 사실 우리나라에서는 재판부의 교체가 잦아 그 때마다 변론을 다시 하는 것도 비효율적이라는 인식이 팽배해 있다. 따라서 아예 재판부 구성원의 경질이 예상되는 경우에는 주요 증인에 대한 신청을 뒤로 미루는 대리인들이 많아지게 되었고 이 역시 소송기술의 하나라고 평가될 정도이다.
3) 大判 1966. 10. 25. 66다1639.
4) 大判 1968. 7. 2. 68다37.

라도 나중에 항소심에서 제1심 변론의 결과를 진술한 경우에는 그 하자는 항소심 판결절차에 영향을 주지 않는다고 보고 있다.[1]

2. 증인신문의 재실시

법관의 경질에 따른 서면재판의 우려를 불식하기 위해 단독판사나 합의부 법관의 과반이 경질된 때에는 당사자의 신청에 따라 이미 신문한 증인을 다시 신문하여야 한다(204조 3항). 그런데 소액사건의 경우는 예외를 규정하고 있어 문제이다(소액 9조 2항). 더구나 당사자의 신청이 있는 경우에만 가능하도록 규정하고 있으나 새로 구성된 재판부 역시 직권으로 이미 신문한 증인을 재신문할 수 있다고 해석하여야 할 것이다. 증인신문은 특히 그 증인의 태도증거가 중요하기 때문에 새로 부임한 법관이 증인신문조서만으로는 올바른 심증을 얻기 어려우므로 당사자 신청과 함께 법원의 직권으로 재신문을 실시할 수 있어야 한다. 한편, 판례는 당사자의 신청이 있더라도 종전에 증인을 신문할 당시에는 당사자 사이에 다툼이 있었으나 현재는 당사자 사이에 다툼이 없어서 증명이 필요 없게 된 경우, 다른 증거들에 의하여 심증이 이미 형성되어 새로 심증을 형성할 가능성이 없는 경우, 소송의 완결을 지연하게 할 목적에서 재신문을 신청하는 것으로 인정되는 경우 등에는 재신문을 하지 않아도 된다고 하는데[2] 의문이다.[3]

Ⅲ. 직접심리주의의 예외

직접심리주의의 보완 차원을 넘어 예외를 인정하는 부분이 있다. 특히, 합의부의 경우 준비절차진행은 재판장 단독으로 가능할 뿐 아니라 합의부원을 수명법관으로 하여 준비절차를 담당하게 할 수 있다(280조 2항, 3항). 아울러 준비절차에서의 증거조사 역시 합의부원 전원이 참여하지 않을 수 있는 법적 근거가 마련되어 있는데(281조) 이로써 직접심리주의 예외를 명시적으로 인정하고 있다.[4] 나아가 본안 절차에서도 법원 밖에서의 증거조사절차에 있어 합의부 전원이 아니라 합의부원 혹은 다른 법원 판사로 하여금 증거조사를 할 수 있도록 하여 직접심리주의의 예외를 인정하고 있다.

---

1) 大判 1963. 8. 22. 63다316.
2) 大判 1992. 7. 14. 92누2424.
3) 법 제204조 제3항에서는 증인신문만을 규정하고 있으나 심증형성에 결정적인 역할을 할 수 있는 증거조사, 예를 들면 현장검증 등의 절차에 대해서도 유추될 수 있다고 보아야 한다. 법 제204조 제3항은 기본이 되는 변론에 관여한 법관이 재판을 하여야 한다는 직접심리주의 원칙 구현을 위한 하나의 예시에 불과하므로 현장검증 등이 기본이 되는 변론을 구성하고 있다면 이에 대한 재실시도 당연히 고려되어야 하기 때문이다.
4) 2002년 법 개정을 통해 합의부 사건의 준비절차에서 재판장이나 수명법관인 합의부 배석 판사 단독으로 쟁점정리 차원을 넘어 증거결정과 증거조사를 가능하도록 한 것은 절차의 능률을 위한 부득이한 조치였는지 모르지만 1심 절차에 대한 불신을 초래할 수 있는 매우 부적절한 것이었다고 평가된다.

제 3 장 변   론

제 1 절 총   론

Ⅰ. 변론의 의의와 필요성

(1) 공정한 판결을 위해서는 적정한 심리가 필요하다. 심리는 법원이 소송물에 관한 판단에 필요한 사실을 확정하고 그 사실의 존부에 필요한 판단자료를 획득하기 위해 행하는 절차이다. 우리 재판제도는 심리에 필요한 제 원칙 가운데 변론주의와 구술주의를 원칙적으로 채택하고 있어 당사자는 심리과정에서 법관의 면전에서 자신의 책임으로 판결의 기초가 되는 사실을 구술로 진술하고 증거를 제출해야 하는데 이를 통상 변론(Verhandlung, hearing)이라고 한다.1)

(2) 집행력과 형성력이라는 강력한 효력을 갖는 판결은 변론의 보장 없이는 정당성을 가질 수 없다. 따라서 법원은 판결을 위해서 필수적으로 변론을 열어서 당사자들의 주장을 듣고 당사자들이 신청한 증거를 조사하여 사실확정 절차를 거쳐야 한다. 이를 필수적 변론이라고 한다(134조 1항 본문). 판결절차는 필수적 변론(구술변론)에 의하는 것이 원칙이다. 하지만 법에서는 변론 없이 판결할 수 있는 경우를 규정하고 있다. 소송요건이나 상소요건의 흠이 보정될 수 없는 경우에는 변론 없이 소각하나 상소각하를 할 수 있으며(219조, 417조), 상고심 판결은 변론을 열지 않는 것이 원칙적인 형태로 굳어졌으며(430조) 심리불속행 판결, 무변론 판결(257조) 등 역시 변론 없이 하는 판결의 전형으로 자리잡았다.

(3) 결정으로 완결할 사건과 같이 법원이 변론을 열 것인지 여부를 결정할 수 있는 임의적 변론절차도 있다(134조 1항 단서). 임의적으로 열린 변론절차에서는 반드시 구술변론을 할 필요는 없다(통설). 과거에는 임의적 변론절차라 하더라도 일단 변론을 열면 판결로 재판하는 것이 원칙이었으나 2005년 민사집행법의 개정으로 가압류·가처분에 대한 이의신청 및 취소

---

1) 변론의 의미를 파악함에 있어 세 가지(이시, 307면) 혹은 네 가지 종류의 개념으로(호, 450면) 분류해서 파악하는 견해가 있다. 즉, 법에서 변론의 의미를 당사자의 소송행위, 법원의 소송지휘, 증거조사, 재판 등을 모두 포괄하거나 이 중 일부를 포괄하는 의미로 사용되고 있기 때문이라고 한다. 예를 들어 변론의 제한(141조), 변론의 종결(207조), 변론의 지휘(135조), 변론의 준비(258조) 등에 있어 변론이 함축하는 의미가 각각 다르다는 것이 위 견해(호, 450면)의 요체라고 할 수 있다. 변론이라는 용어가 법문 안에서 다양한 의미로 사용되고 있어 이러한 해석이 나오는 것이지만 그렇다 하더라도 변론의 주체는 당사자이며 법원은 변론의 진행을 돕는 형태의 보조적인 역할을 하는 것임을 분명히 인식할 필요가 있다.

신청에 대한 재판은 변론을 열더라도 결정으로 재판하도록 규정하고 있어(민집 286조 1항, 3항) 이 원칙은 유지되지 않게 되었다.

(4) 임의적 변론절차에 있어 변론을 열지 않는 경우 법원은 당사자나 이해관계인, 그 밖의 참고인을 심문할 수 있다(134조 2항). 심문은 변론과 근본적으로 다르다. 우선, 법원은 심문절차를 통해 당사자가 주장하는 내용을 정확하게 파악하여 쟁점을 추출하고 당사자나 관계인에 대한 심문을 통해 판단에 필요한 자료를 얻어내기 위해 심문절차를 이용할 뿐이다. 따라서 심문절차에서의 피심문자는 법원의 실체진실 발견을 위한 객체로서 변론에서 요구되는 당사자나 증인의 권리를 주장할 수 없으며 심리에 따른 제 원칙의 적용을 주장할 여지가 없다. 이에 따라 피심문자 역시 당사자나 증인의 의무와 유사한 의무를 부담하지 않는다.[1]

(5) 심문절차를 열지 여부는 대부분 법원의 재량이지만(478조 2항) 반드시 심문절차를 열거나 열지 말도록 법이 요구하는 경우가 있다. 소송인수 여부를 결정하거나(82조 2항), 제3자에 대하여 문서제출을 명하는 경우(347조 3항) 등에는 반드시 심문절차를 열도록 요구하고 있는 반면 지급명령을 함에 있어서는 심문을 하지 말도록(467조) 법에서 요구하고 있다. 심문절차를 거침으로써 절차의 지연을 초래하는 것을 방지하기 위함이다.

Ⅱ. 필요적 변론의 의미

(1) 재판에서는 진실발견을 위한 당사자와 법원의 노력이 결집되어야 하는데 그 방법은 서면에 의한 주장에 의존하는 방법과 당사자들로 하여금 법정에서 구술로 자신의 주장을 펼치도록 하는 방법이 있을 수 있다. 법은 당사자가 소송에 대해 법원에서 변론을 하도록 요구하고 있으며 다만 결정으로 할 사건에 대해서는 변론을 열 것인지 여부를 정할 수 있다(134조 1항). 결국 변론은 당사자들이 기일에 법관의 면전에서 신청을 이유 있게 하는 자신의 주장을 펼치고 이를 뒷받침하는 증거방법을 제출하는 방법을 통해 재판을 진행하는 절차를 의미한다(가장 좁은 의미). 구술에 의한 재판을 중시하는 것은 오랜 역사적인 경험을 통해 진실발견을 위한 가장 합리적인 도구라는 확신에 근거한다.

(2) 변론이라는 용어는 경우에 따라 당사자의 신청, 주장, 증거방법의 제출뿐 아니라 법원의 증거조사와 소송지휘나 판결선고 등 재판행위까지 포함하는 개념으로 사용하기도 한다.

---

1) 참고인에 대한 심문의 경우 증인과 같은 입장에 서는 자도 있을 수 있으므로 출석을 요구받는 참고인에 대해서는 증언거부권이 준용된다는 견해(이시, 310면)가 있으나 의문이다. 증언거부권이 준용된다면 증인의무를 인정한다는 전제에서 출발하는 것인데 심문절차에서 출석요구를 받은 관계인은 출석의무나 진술의무를 인정할 수 없으므로 증언거부권 자체도 준용될 여지가 없다고 판단된다. 더구나 증인에 대한 증거조사방식은 증인신문이므로 심문은 증거조사방식이 될 수 없으며 따라서 심문의 대상자는 권리도 없을 뿐더러 그에 따른 어떤 의무도 부과할 수 없다고 판단된다. 이러한 의무를 부과하기 위해서는 변론을 열어야 한다.

증거조사도 법정에서 이루어지는 것이 원칙이고(297조의 반대해석) 현행법은 변론기일을 집중증거조사기일로 운영하고자 하기 때문이다(293조). 더욱이 변론의 속기나 녹음에 있어서는 모든 과정을 대상으로 하고 있어 변론의 의미는 다양하게 파악될 수 있다. 한편, 판결절차는 필요적으로 변론을 거치는 것이 원칙이나 일정한 경우 예외를 인정하고 있다. 1심에서의 무변론판결(219조), 항소심에서의 무변론 항소각하 판결(413조)이 대표적이다. 상고심에서는 변론을 여는 것 자체가 임의적이며 필요한 경우에만 변론을 열 수 있도록 하고 있다(430조). 한편 소송비용의 담보제공을 하지 못한 경우도 변론 없이 소 각하를 할 수 있도록 하고 있다(124조).

Ⅲ. 변론의 방법

2007. 11. 28. 개정 규칙 제28조에서는 변론의 방법을 규정하고 있는데 당사자와 법원 모두 구술에 의한 변론을 시행할 것을 강조하고 있으며 법원은 당사자로부터 구술의 방법을 통해 당사자들의 주장을 확인하도록 요구하고 있다(민규 28조 1항). 나아가 법원은 변론에서 당사자에게 중요한 사실상·법률상 쟁점에 관하여 의견을 진술할 기회를 부여해야 한다는 점도 아울러 강조하고 있다(동조 2항). 동 규정은 준비절차에서 서면공방을 통해 정리된 쟁점을 변론에서는 구술을 통해 재차 확인을 해야 한다는 의미를 담고 있다. 그러나 현행 제258조 제1항에서는 준비절차를 선택적으로 하고 있으므로 준비절차를 거치지 않고 변론방식으로 쟁점정리를 한 경우에는 이 규정의 의미가 퇴색되었다고 볼 수도 있다. 그러나 규칙 제28조는 쟁점정리절차를 준비기일의 방식으로 하든 변론방식으로 하든 기일에서의 구술변론을 강조한 것으로 볼 수 있다. 나아가 제2항에서 법률상 쟁점 외에도 중요한 사실상 쟁점에 대해서도 진술할 기회를 제공해 주어야 한다는 점에서 활발한 토론의 장을 마련하고 법원의 석명의무의 확대 시도를 엿볼 수 있는 것으로 평가할 수 있다. 즉 서면주의에 대한 구술주의의 선택과 확대를 강조한 것으로 보아야 할 것이다.

제 2 절　변론의 준비

현행법은 변론의 집중을 지향하고 있는데 이를 위해 변론을 서면으로 준비하도록 요구하고 있다(272조 1항). 그 외에도 변론의 준비를 위한 변론준비절차를 마련하고 있는데 준비절차에서는 변론이 효율적이고 집중적으로 실시될 수 있도록 당사자의 주장과 증거가 정리되어야 한다(279조 1항). 2002년 개정법에서는 준비절차가 필수적인 절차로 규정되어 있었지만

2008년 법 개정에 따라 준비절차는 선택적인 것으로 변경되었으며(258조 1항 단서) 피고의 답
변서가 제출되면 바로 변론기일을 지정하는 것이 원칙이다. 준비절차에서는 증거의 정리를
위해 증거신청은 물론 인적 증거에 대한 증거조사 외에 물적 증거에 대한 증거조사(281조)가
원칙적으로 가능하며 필요한 경우에는 준비기일을 열어 주장과 증거를 정리할 수 있도록 하
고 있다(282조 1항).

Ⅰ. 변론의 준비로서의 준비서면

1. 의의와 종류

(1) 서면주의의 보충

변론은 구술로 하는 것이 원칙이지만 법은 변론의 집중을 도모한다는 차원에서 변론을
서면으로 준비하도록 요구하고 있다(272조). 구술주의를 보충하는 의미에서 서면주의를 도입
하고 있는 대표적인 예라고 할 수 있다. 한편 법에 따르면 준비서면은 상대방에게 그 부본이
송달되어 상대방도 준비를 하여야 하므로 변론기일 전에 충분한 시간을 두고 법원에 제출되
어야 한다(273조).[1] 변론기일에 법정에서 구술로 변론할 것을 서면으로 작성하여 미리 법원에
제출하고 그 부본 역시 상대방에게 송달되어야 하므로 절차의 집중은 물론 불의타를 방지하
는 기능 역시 갖게 된다.[2]

(2) 준비서면의 역할

현행법은 소장에 준비서면에 관한 규정을 준용하고 있을 뿐 아니라(249조 2항) 답변서 기
재사항 역시 준비서면에 기재할 내용을 적도록 하고 있어(민규 65조 1항) 청구취지 변경신청서
등에도 공격방어방법에 관한 사항을 기재하는 것이 일반적이다.[3] 한편, 청구취지변경을 담
은 서면을 준비서면이라는 명칭으로 제출하더라도 법원은 실질적인 내용에 따라 판단해야
하며[4] 준비서면은 법정에서 구술로 주장할 내용을 일목요연하게 정리해서 제출하는 것으로
서 공격이나 방어에 대한 예고에 불과하다. 따라서 준비서면을 변론기일이나 준비기일 전에
제출하더라도 법정에서 구술로 진술하지 않고 철회하는 것도 가능하다. 철회된 준비서면에

---

1) 2007년에 신설된 규칙 제69조의3에서는 새로운 공격방어방법을 담은 준비서면의 경우 변론기일이나 준비
   기일의 7일 전까지 상대방에게 송달될 수 있도록 적당한 시기에 제출하여야 한다고 규정하고 있다.
2) 그렇다고 해서 당사자는 준비서면에 기재된 내용만을 변론기일에 진술하여야만 하는 것은 아니다. 상대방
   이 출석하는 한 새로운 주장을 구술로 할 수 있다(276조 1항 참조). 그러나 준비서면에 기재되지 않은 새로
   운 주장에 대해서는 상대방에게도 그에 대한 반론 제기를 위한 시간을 부여해야 하므로 절차의 지연이 초래
   될 수 있다.
3) 통상 항소장이나 상고장 등에는 그 이유를 기재하지 않는 것이 일반적이지만 이유를 기재하였다면 준비서
   면의 성격도 갖는다고 보아 그에 대한 판단이 요구된다(大判 1973. 11. 27. 73다566 참조).
4) 大判 1965. 4. 27. 65다319.

기재된 주장은 판단의 기초로 할 수 없다.[1]

(3) 답변서와 요약준비서면

당사자의 주장은 소장이나 청구취지변경신청서, 답변서, 항소장이나 상고장 등에도 담길 수 있다. 따라서 이러한 당사자의 주장이 담긴 서면은 준비서면의 성격을 갖는다. 다만, 답변서는 원고의 소장에 대한 피고의 최초 준비서면으로서 제출의무의 대상일 뿐 아니라(256조 1항) 일정 시한 내에 제출하지 않으면 피고는 무변론판결을 받을 수 있으므로(257조 1항) 중요한 의미를 갖는다. 아울러 준비서면이라는 명칭으로 답변서를 제출하여도 무방하다(256조 4항). 법은 답변서 외에도 요약준비서면이라는 형태의 준비서면을 별도로 규정하고 있는데 이는 재판장이 변론종결에 임박하여 당사자의 공격방어방법의 요지를 파악하기 어렵다고 인정되는 경우 당사자로 하여금 변론이 진행되는 과정 중에 주장했던 쟁점과 증거의 정리 결과를 요약해서 제출하도록 요구한 서면을 지칭한다(278조). 요약준비서면의 취지는 당사자의 종전 주장 내용 가운데 분명하지 않은 부분을 명확히 하기 위한 것에 불과하므로 당사자가 요약준비서면에서 명시적으로 철회하거나 변경하지 않는 한 당사자의 종전 주장은 여전히 유효한 것으로 파악하여야 한다.[2]

2. 기재사항과 첨부서류

준비서면에는 당사자 자신의 공격방어방법뿐 아니라 상대방의 청구와 공격방어방법에 대한 진술을 기재해야 하며(274조 1항 4호, 5호) 여기에는 사실상 주장을 증명하기 위한 증거방법과 상대방의 증거방법에 대한 의견(서면증거에 대한 인부 포함)도 기재해야 한다(274조 2항).[3] 한편 당사자가 준비서면에서 언급한 문서를 소지하고 있는 경우에는 그 등본이나 사본을 첨부하여야 하며(275조) 외국어로 작성된 문서에 대하여는 그 번역문을 붙여야 한다(277조).

---

1) 실무상으로 변론이 종결된 후에도 당사자들이 준비서면의 성격을 갖는 서면을 제출하는 경우가 적지 않다. 법원은 이러한 참고서면에 새로운 공격방어방법이 담겨 있어도 이를 판단의 기초로 할 수 없다. 다만 변론의 재개를 통해 변론의 기회를 부여하게 되면 판단의 기초가 될 수 있다.

2) 요약준비서면의 취지상 특별한 사정이 없으면 "요약준비서면과 상충되거나 기재가 없는 주장은 철회한다"는 취지가 포함된 것으로 보아야 한다는 견해가 있으나 의문이다. 요약준비서면은 법원의 편의를 위한 것에 불과한 것이므로 이로 인해 당사자에게 새로운 위험을 부담시킬 수는 없을 뿐 아니라 아무런 법적 근거도 없다. 나아가 이러한 해석은 법원이 요약준비서면만을 보고 재판을 할 수 있다는 결론에 이르게 되어 매우 부당하다. 따라서 당사자의 의사를 확인해서 요약준비서면과 상충되거나 기재가 없는 주장은 철회한다는 취지의 내용을 조서에 기재하는 방법은 가능하다는 견해(박영재/주석민소(4), 535면) 역시 타당하지 않다. 요약준비서면은 준비서면의 하나일 뿐 효력의 우위가 인정되는 특수한 준비서면이 아니다.

3) 변론을 준비하는 준비서면에 증거방법과 이에 대한 의견을 기재하도록 한 것은 현행법이 변론과 증거조사를 사실상 하나의 절차로 통합해서 변론의 집중을 기하고자 하는 취지에서 비롯된 것으로 보인다.

3. 준비서면의 제출·부제출의 효과

(1) 제출효과

1) 진술간주효과   당사자가 변론기일 전에 준비서면을 제출하게 되면 당해 기일에 불출석하더라도 준비서면이 진술간주될 수 있다(148조 1항). 당사자가 불출석한 경우 변론을 진행할지 여부는 법원의 재량에 속하므로 반드시 서면이 진술간주되는 것은 아니지만 법원이 변론을 진행할 경우는 불출석한 당사자가 제출한 서면은 진술간주되어야 한다는 것이 판례의 입장이다.[1]

2) 준비서면의 송달 효과   당사자가 제출한 준비서면이 상대방에게 송달되면(공시송달 제외) 상대방의 불출석에도 불구하고 준비서면에 기재된 사항을 진술할 수 있으며 상대방은 명시적으로 다투지 않은 것으로 되어 자백간주의 불이익을 입게 된다(150조 3항, 1항). 한편, 준비절차에서 변론준비기일을 연 경우에는 일정한 실권적 제재를 부여하고 있으나(285조) 소장이나 준비절차 전에 제출한 준비서면에 적힌 사항은 이러한 실권적 제재 범위 밖에 있다.

(2) 부제출의 효과

1) 무변론판결과 준비절차 종결   답변서나 준비서면이 적정시기에 제출되지 않으면 당사자에게 일정한 불이익이 부과된다. 이로써 준비서면의 제출을 간접적으로 촉구하게 된다. 우선 피고는 소장부본을 송달받은 날부터 30일 이내에 답변서를 제출하지 않으면 무변론 패소판결을 받게 된다(257조 1항). 아울러 준비절차의 진행을 위해 준비서면 등의 제출을 요구하였으나 이를 제출하지 않으면 준비절차를 종결하여야 한다(284조 1항 2호).

2) 사실주장의 금지   단독사건의 변론은 상대방의 준비가 필요한 경우를 제외하고는 서면으로 준비하지 않을 수 있다(272조 2항). 따라서 합의사건의 경우는 준비서면의 제출이 언제나 요구되며 준비서면을 제출하지 않은 상태에서 상대방이 불출석한 경우에는 준비서면에 적지 않은 사실을 주장하지 못한다(276조). 출석한 당사자가 주장하지 못하는 사실에는 주요사실과 간접사실 등이 모두 포함되며 신청에 관한 사실도 법 규정의 취지에 비추어 포함된다고 보아야 한다. 하지만 소송요건에 관한 사실이나 법률상의 진술 등은 법원의 직권조사사항이거나 참작사항이라는 점에서, 상대방 진술에 대한 부인·부지의 주장은 불출석한 상대방도 충분히 예상할 수 있는 것이라는 점에서 진술금지의 대상에서 배제된다.

3) 증거신청과 사실주장   상대방의 불출석 상태에서 준비서면에 적지 않은 사실을 주장할 수 없다는 법 규정을 확대해석하여 증거신청 역시 사실인정에 매우 중대한 영향을

---

[1] 大判 2008. 5. 8. 2008다2890. 진술간주제도는 절차의 촉진을 위한 것이지 불출석한 당사자를 위해 인정되는 것은 아니다. 따라서 반드시 진술간주되는 것이 불출석한 당사자에게 항상 유리하게만 작용하지는 않는다.

미치므로 금지되어야 한다는 주장이 있는 반면(강, 475면; 송/박, 303면) 상대방이 충분히 예상할 수 있는 증거신청인 경우에는 배제할 수 없다는 절충적인 입장(김/강, 447면; 이시, 371면)이 대립하고 있다. 현행법은 2002년 개정 이전의 구법과 달리 당사자는 증거방법과 상대방의 증거방법에 대한 의견을 기재하도록 요구하고 있으므로(274조 2항) 증거조사를 원하는 증거방법에 대해서는 이를 준비서면에 기재하여야 한다. 따라서 준비서면에 기재되지 않은 증거방법을 증거신청하고 증거조사까지 시행하는 것은 당사자의 방어권을 침해하는 것이라고 보아야 하므로 절충설의 견해는 현행법 하에서는 타당하지 못하다. 아울러 증거신청에 대한 상대방의 증거항변을 보장하는 것 역시 매우 중요하므로 상대방의 불출석 상태에서 준비서면에서 기재하지 않은 증거신청을 하는 것은 원칙적으로 금지되어야 한다.

II. 준비절차의 개시와 진행

1. 개시와 대상

준비절차의 개시여부는 법원이 아닌 재판장의 고유권한이지만 재판장은 답변서가 제출되면 원칙적으로 가능한 최단기간 내에 제1회 변론기일을 지정하여야 한다(민규 69조 1항). 다만 사건을 변론준비절차에 부칠 필요가 있는 경우에는 준비절차를 개시할 수 있으며(258조 1항 단서) 변론기일을 연 뒤에도 사건을 준비절차에 부칠 수 있다(279조 2항). 한편, 준비절차의 정의와 목적상 효율적이고 신속한 재판의 진행을 위한 경우에 준비절차가 필요하므로 사실관계와 쟁점 및 증거가 복잡하여 이를 사전에 정리할 필요가 있는 사건, 혹은 조정이나 화해가 가능한 사건 등이 그 대상이 될 것이다. 항소심에서도 준비절차가 가능하므로(상고심도 변론을 연다면 가능할 것임) 준비절차는 1심에 국한되는 것은 아니다.

2. 준비절차의 진행

변론준비절차의 진행은 재판장이 담당하지만(280조 2항) 합의사건의 경우 합의부원을 수명법관으로 하여 준비절차를 담당하게 할 수 있으며 다른 판사에게도 촉탁할 수 있다(280조 3항, 4항). 합의사건의 경우 직접주의에 대한 예외를 인정하고 있는 것이다. 한편 당사자 역시 주장과 입증을 충실히 할 수 있도록 사전에 사실관계와 증거를 상세히 조사할 의무가 있다(민규 69조의2).

3. 음성의 송수신 및 인터넷 화상장치 등에 의한 준비절차 협의

준비절차에서도 재판장 등은 준비서면이나 그 밖의 서류를 제출하게 하여 당사자 사이에 이를 교환하게 하고 증거를 신청하게 함으로써 주장사실과 증거방법에 대한 현출이 이루어지도록 진행한다(280조 1항). 아울러 규칙에서는 이러한 주장의 교환과 증거신청에 있어 당사자 간의 협의를 권고하는 등 당사자들의 능동적인 절차 운영을 중시하고 있는데 이는 매우 바람직한 현상이다(민규 70조 2항, 3항, 4항). 이러한 협의를 신속하고 효율적으로 시행하기 위해 음성의 송수신을 통해 동시에 통화하거나 인터넷 화상장치를 이용할 수도 있음을 명백히 하고 있다(민규 70조 5항). 그러나 이 방법으로는 모든 준비절차 대상을 망라하는 것이 아니라 변론의 준비와 진행 및 변론에 필요한 시간에 관한 협의(민규 70조 3항), 그리고 준비서면의 제출횟수, 분량, 제출기간 및 양식에 관한 협의(4항) 등만이 가능하도록 하여 쟁점과 증거의 정리는 대면 심리를 통해서만 가능하게 되어 있다(5항).

4. 증거조사

재판장 등은 변론의 준비를 위해 필요하다고 인정하면 증거결정을 할 수 있으며 준비절차의 목적 범위 안에서 필요한 경우 증거조사도 가능하다(281조 1, 2항). 증거법에서는 변론기일 전에도 증거신청과 증거조사가 가능하다고 규정하고 있으나(289조 2항) 준비절차에서는 준비절차의 목적 범위 안에서 필요한 경우에만 증거조사가 가능하므로 무제한한 증거조사가 허용되는 것은 아니다.[1] 한편, 준비절차에서도 증거결정과 증거조사가 허용됨에 따라 합의사건의 경우 직접주의가 심각하게 훼손되는 현상이 발생하게 되므로 증인신문의 경우는 예외적인 경우(313조에 해당하는 경우)에만 허용되며 증거결정에 대해 당사자가 이의신청을 하게 되면 합의부를 통한 감독이 가능하도록 규정하고 있다(281조 2항).

5. 변론준비기일의 지정 및 진행과 효과

(1) 준비기일의 지정과 당사자의 출석

1) 재판장 등은 준비절차 진행 도중 주장 및 증거의 정리를 위해 필요하다고 인정하는 경우 혹은 변론준비절차에 부쳐진 뒤 준비기일 지정 없이 4월이 경과한 경우 등에는 준비기일을 열어 당사자를 출석하게 할 수 있다(282조 1항, 2항). 당사자는 재판장의 허가를 얻어 제3자와 함께 출석할 수도 있다(3항).[2] 소송대리인이 선임된 경우 당사자 본인의 출석의무는 없으나 화해나 조정 등을 위해 법원은 당사자본인의 출석을 명할 수 있다(민규 29조의2).

2) 실무상 준비기일은 법원의 공간 사정에 따라 준비절차실이나 판사실에서 비공개로

---

1) 이러한 제한의 설정이 준비절차에서 어떤 실질적인 작용을 할 수 있을지는 의문이다. 각각의 증거결정이나 증거조사에 대해 개별적인 목적을 사후적으로 검증하는 것이 어렵기 때문이다.
2) 법인이 당사자인 경우 법인 대표자와 함께 회계담당자나 관련업무의 실무종사자 등이 함께 출석해야 하는 경우가 적지 않을 것이다.

진행하는 것이 일반적이다. 준비기일에서는 당사자의 주장과 증거를 정리하는 데 그치므로 공개재판의 원칙에 반하지 않는다고 보는 견해가 지배적이다. 그러나 준비절차에서 증인신문을 제외한 모든 증거조사가 실시될 수 있다는 점, 제3자의 출석이 재판장의 허가 사항이라는 점 등에서 재판공개의 원칙이 훼손될 우려가 없지 않다. 한편, 준비기일에도 변론조서에 관한 규정이 준용되므로(283조 2항) 조서가 작성되어야 하는데 특히 증거에 관한 진술을 명확히 하도록 요구하고 있으며(283조 1항) 준비기일의 특성상 준비절차의 시행결과도 기재하여야 한다(민규 71조, 70조).

(2) 준비기일의 진행과 법적 성격

1) 준비기일 역시 변론기일과 마찬가지로 당사자가 말로 변론의 준비에 필요한 주장과 증거를 정리하여 진술하거나, 법원이 당사자에게 말로 해당 사항을 확인하여 정리하여야 한다(민규 70조의2). 한편, 준비절차에는 변론절차에 관한 규정이 적지 않게 준용되고 있는데 준비기일과 직접적인 관련이 많이 있다. 우선 준비절차에서는 화해권고결정을 하는 것이 가능한데(286조, 252조 이하) 이외에도 판결이 아닌 당사자에 의한 소송종료나(청구의 포기 · 인낙이나 화해 등) 조정 등은 가능하다. 그러나 변론준비기일은 변론기일이 아니므로 준비절차나 준비기일을 통해 심증이 형성되더라도 바로 결심하고 판결을 선고할 수는 없다. 즉 준비기일이 변론기일을 대체할 수는 없다.[1]

2) 당사자는 준비기일에 불출석함에 따라 일방 혹은 쌍방불출석에 따른 불이익이 발생하게 된다(286조, 148조, 268조). 그런데 준비절차의 신속한 진행을 위해 당사자가 변론준비기일에 불출석한 경우에는 준비절차를 종결할 수도 있다(284조 1항 3호). 다만 변론의 준비를 계속해야 할 필요가 있는 경우에는 예외이다(1항 단서). 한편, 양쪽 당사자가 준비기일에 불출석하더라도 변론기일의 불출석으로 승계되지 않으므로 소취하간주를 위한 양쪽 당사자의 2회 불출석 요건은 준비기일이나 변론기일에서의 각 2회의 불출석을 의미한다.[2]

3) 재판장 · 수명법관 또는 수탁판사는 상당하다고 인정하는 때에는 당사자의 신청을 받거나 동의를 얻어 비디오 등 중계장치에 의한 중계시설을 통하거나 인터넷 화상장치를 이용하여 변론준비기일을 열 수 있다(287조의2 1항).

---

1) 준비기일이 변론기일화되는 것은 지양되어야 할 뿐 아니라 현행법 제279조 제1항이 개정되어 준비기일에서 소송관계를 뚜렷하게 할 필요는 없다고 주장하는 견해가 있다(이시, 379면). 직접주의와 공개주의가 후퇴된 상태의 준비기일이 변론기일과 등가적일 수는 없지만 그렇다고 해서 소송관계를 분명하게 할 필요성이 없다고는 할 수 없다. 준비절차나 준비기일이 열리게 된다면 법원은 최대한 소송관계를 분명히 할 의무가 있으며 당사자는 이에 협력할 의무가 있다.

2) 大判 2006. 10. 27. 2004다69581.

Ⅲ. 준비절차의 종결

1. 종결원인

준비절차 운영의 가장 큰 문제 중 하나는 변론의 집중을 위한 준비절차가 오히려 절차의 진행을 지체시키는 결과를 초래할 수 있다는 것이다. 따라서 현행법은 준비절차가 개시된 때로부터 6월이 경과되거나 당사자의 비협조 등으로 준비서면을 제출하지 않거나 증거신청을 하지 않는 경우, 나아가 준비기일 등에 당사자가 출석하지 않으면 원칙적으로 준비절차를 종결하도록 규정하고 있다(284조 1항). 그러나 변론의 준비를 위해 필요하다고 인정하는 경우에는 준비절차를 계속 진행할 수는 있다(1항 단서).

2. 준비기일 종결의 효과

준비절차에서 준비기일을 열 것인지 여부는 법원의 판단에 달려있지만 일단 준비기일을 열면, 준비기일에서 주장·제출하지 않은 공격방어방법은 변론기일에 주장·제출할 수 없다는 차단효과(실권효)가 발생하게 된다.[1] 그러나 소장 및 준비절차 전에 제출한 준비서면에서 적힌 사항은 물론(285조 3항) 공격방어방법의 제출로 인해 소송을 현저히 지연시키지 않거나 중대한 과실 없이 준비절차에서 제출하지 못하였다는 것을 소명한 때에는(285조 1항 1호 내지 2호) 변론절차에서 공격방어방법을 제출할 수 있다. 한편, 당사자가 제출하는 공격방어방법이 법원의 직권조사사항에 속하는 경우는 물론(285조 1항 3호) 직권탐지주의절차에 의하는 경우에도 준비기일의 종결에 따른 실권효는 적용되지 않는다.

3. 준비절차를 마친 뒤의 변론

(1) 조속한 변론종결

1) 제1회 변론기일 종결 지향   준비절차를 거친 뒤에는 제1회 변론기일을 거친 뒤 바로 변론을 종결할 수 있어야 하며 당사자는 이에 협력하여야 한다(287조 1항). 준비절차를 거치고도 변론기일을 반복하게 되면 오히려 절차의 지연을 초래할 가능성이 높기 때문이다.

2) 계속심리주의 지향   준비절차를 거치고도 변론이 2일 이상이 소요되는 때에는 가능한 한 종결에 이르기까지 매일 변론을 진행하여야 한다(민규 72조 1항 본문). 특별한 사정이 있는 경우에도 가능한 최단기간 안의 날로 다음 변론기일을 지정하여야 한다(단서). 부

---

1) 이러한 실권효가 법 제410조에 따라 항소심절차에도 미친다는 견해가 있으나(김/강, 456면; 이시, 381면; 김형두/주석민소(6), 162-163면) 의문이다. 항소심 절차에서도 별도로 준비절차와 준비기일이 열리게 되므로 실권효는 심급에 따라 판단할 문제이기 때문이다. 더구나 항소심은 기본적으로 속심의 성격을 갖고 있는데 준비절차와 준비기일을 1심에서 열었다는 이유만으로 항소심의 성격이 사후심으로 바뀐다고 볼 수도 없다.

득이한 사정이 있어(증거조사 대상인 증인의 갑작스런 불출석 등) 다음 변론기일을 지정할 필요가 생기더라도 매일 혹은 최단 시간 내에 기일을 정해서 절차의 지연을 최소화하고자 하는 취지이다.

　　3) 집중증거조사 지향　　　법원은 변론기일에 변론준비절차에서 정리된 결과에 따라서 바로 집중적인 증거조사를 하여야 하는데(287조 3항, 293조) 물적 증거에 대한 증거조사는 준비절차에서도 가능하므로(281조) 변론기일에는 주로 증인신문과 당사자본인신문이 이루어지게 된다(281조 3항 참조).

　　(2) 변론준비기일 결과 진술

　　준비절차에서 준비기일이 열린 경우에는 당사자의 의견 교환이 있는 상태이므로 그 종결에 따라 일정한 실권효가 발생하게 된다(285조). 따라서 준비기일의 결과를 변론에서 진술하는 것은 중요한 의미를 가지며 구체적인 실권사항이 무엇인지 확인될 수 있도록 구체적으로 진술되어야 한다(287조 2항 참조).

　　4. 영상 준비기일·심문기일·변론기일의 지정

　　재판장 등은 상당하다고 인정하는 때에는 당사자의 신청을 받거나 동의를 얻어 비디오 등 중계장치에 의한 중계시설을 통하거나 인터넷 화상장치를 이용하여 변론준비기일 또는 심문기일을 열 수 있다(287조의2 1항). 그러나 변론기일을 열 경우에는 보다 엄격한 조건, 즉 교통의 불편 또는 그 밖의 사정으로 당사자가 법정에 직접 출석하기 어려운 경우 당사자의 신청을 받거나 동의를 얻어 영상 변론기일을 열 수 있다. 물론, 이 경우에도 법원은 심리의 공개에 필요한 조치를 취하여야 한다(2항).

제 3 절　 변론의 실시

I. 변론의 내용

1. 신　　청

(1) 본안의 신청

　　원고는 소장에 기재된 청구취지를 통해 소송물에 관한 판단을 법원에 구하게 되는데 이를 본안의 신청이라고 통상 지칭한다. 예를 들어, "피고는 원고에게 1억 원을 지급하라"라는 청구취지를 통해 소송물에 관한 재판을 구하게 된다(김/강, 409면). 그런데 통상의 청구취지에는 본안에 대한 신청 외에 소송비용에 대한 재판과 가집행선고 등의 재판을 구하는 것이 일반적인데 이들에 대한 판단도 넓은 의미에서 본안의 재판에 해당한다고 볼 수 있다(김/강, 409-410면). 그러나 법원은 원고의 신청 유무에 상관없이 직권으로 재판하여야 한다는 점에서 (104조, 213조) 법원을 기속하는 순수한 의미의 본안의 신청이라고 보기는 어렵다. 한편, 피고는 반대신청을 통해 원고의 본안의 신청에 대해 소각하 내지 청구기각 판결을 구하게 되는데 소송물에 관한 재판을 구한다는 점에서 본안의 신청이라고 하는 견해(김/강, 409면)와 피고의 반대신청을 통해 소송물이나 재판내용이 바뀌는 것이 아니므로 소송상의 신청이라고 하는 견해(이시, 383면)가 대립한다. 본안의 신청을 어떻게 파악하느냐의 차이에 불과한데 소송물 자체에 대한 요구와 이에 대한 거부를 담은 것이므로 소송상의 신청으로는 보기 어려우므로 각각 본안의 신청으로 봄이 타당하다.

(2) 소송상 신청

민사소송에서 일반적으로 신청이라 함은 소송절차의 개개의 파생적 · 부수적 사항에 관한 당사자의 법원에 대한 절차적인 요구를 지칭하므로 통상은 소송상의 신청이라고 부르고 있다. 관할의 지정신청(26조), 이송신청(35조), 기피신청(43조) 등을 대표적으로 들 수 있다.1) 이러한 재판절차에 관한 신청 외에도 증거조사절차에 있어 증거신청은 물론 집행절차나 보전절차에서도 신청이라는 용어가 일반적으로 사용되고 있다. 한편, 신청은 특별한 규정이 없는 한 서면이나 말로 할 수 있다(161조 1항). 단순한 증거신청 외에는 서면으로 하는 것이 일반적이다. 당사자가 신청을 말로 하는 경우에는 법원사무관등의 앞에서 하여야 하며 법원사무관등은 신청의 취지에 따라 조서 또는 그 밖의 서면을 작성한 뒤에 기명날인 또는 서명하여야 한다(161조 2항, 3항).

2. 공격방어방법(주장과 증거신청)

원고는 변론주의에 따라 본안의 신청을 정당화하기 위해 재판자료를 제출할 책임을 부담하므로 법률상 · 사실상의 주장은 물론 증거신청을 통해 입증을 주도한다. 원고와 피고가 자신들의 본안의 신청을 정당화하기 위해 제출하는 주장과 증거신청을 통틀어 공격방어방법이라고 한다. 예를 들어, 원고가 피고를 상대로 대여금의 반환을 구하는 소를 제기하면서(본안의 신청) 통상적으로 피고에게 돈을 빌려준 사실을 주장하고 증인을 신청하게 되는데 이를 공격방법이라고 한다. 피고는 원고청구가 이유 없으니 이를 기각해달라는 주장과 함께(본안의

---

1) 당사자가 형식적으로는 일정한 신청을 하지만 당사자에게 신청권이 인정되지 않는 경우에는 법원의 직권 발동을 촉구하는 의미로 해석된다. 예를 들어, 판례는 관할위반에 따른 이송신청(34조 1항)에 대해서는 법원이 답변할 의무가 없다고 판시하고 있다(大決 1970. 1. 21. 69마1191). 변론재개신청(142조)이나 조사촉탁신청(294조) 등의 경우도 당사자에게 신청권이 인정되지 않는다는 견해가 있다(이시, 383면).

신청) 돈을 빌린 사실이 없다고 하면서 자신도 증인을 신청하는 경우, 이를 방어방법이라고 한다. 소송 도중에 원고가 청구를 변경하거나 피고가 반소를 제기하는 것은 소송물 자체에 대한 변화를 도모하는 것이므로 본안의 신청이지 공격방어방법은 아니다. 한편, 변론과정에서 누가 어떤 사실을 주장하고 증명해야 하는지 여부는 주장책임과 증명책임을 통해 결정된다(상세한 내용은 제5편 제3장 제2절 참조).

(1) 법률상의 주장

1) **광의와 협의의 개념**　　당사자의 법률상의 주장은 법원을 구속하지는 못하지만 원고의 본안신청을 정당화하기 위해서는 구체적인 권리관계의 존부에 관한 자신의 판단은 물론(협의의 법률상 주장) 관련 법규의 존부나 내용 그리고 해석에 관한 법률상 주장(광의의 법률상 주장) 역시 필요한 경우가 많다. 예를 들어, 원고가 진정한 상속인으로서 참칭상속인을 상대로 소유권이전등기말소청구의 소를 제기하면서 스스로 당해 소의 성격은 상속회복청구권의 행사라는 주장 등은 전형적인 협의의 법률상 주장이라고 할 수 있으며 피고가 원고의 청구에 대해 신의칙에 반하는 부적법한 소라고 주장하는 것 역시 전형적인 광의의 법률상 주장에 해당한다. 그러나 두 개념 모두 법원을 구속하지는 못하므로 법원은 자신의 법률적 평가에 근거하여 판단할 수 있으며 상대방이 일방의 법률적 주장에 대해 동의하거나 자인하더라도 권리자백으로서 순수한 의미의 자백이 될 수 없다. 그러나 원고가 구하는 청구, 즉 소송물 자체에 대한 법률상 주장을 인정하는 것은 청구의 인낙에 해당하므로 소송종료효과를 갖게 된다(220조).

2) **법률상 주장과 소송물**　　소송물을 실체법상의 권리주장으로 파악하는 구이론과 실무에 따르면 원고는 본안의 신청을 어떤 실체법적 근거에 기초하여 청구하는 것인지 특정할 의무가 있으며 법원은 이러한 법률상 주장에 구속된다(처분권주의 영역에 속한다). 즉, 동일한 손해배상청구라 하더라도 계약책임으로 구성할 것인지 혹은 불법행위 책임으로 구성할 것인지 여부에 따라 소송물이 다르게 특정되며 법원은 계약책임을 소구하는 청구에 대해 불법행위 책임을 인정할 수 없게 된다.

(2) 사실상의 주장

1) **개　　념**　　사실상의 주장은 신청을 정당화하는 구체적 사실에 대한 진술을 의미한다. 사실상의 주장은 당사자의 내심의 사실은 물론 구체적 사실의 존부에 대한 인식이나 지식을 진술하는 것으로서 주장하는 사실의 내용에 따라 주요사실, 간접사실, 보조사실 등으로 구분된다(변론주의). 한편, 사실상의 주장 가운데 자백으로 취급되지 않은 진술은 자유로운 철회가 가능하다.[1] 한편, 주장은 구체적이고 분명하여야 하므로 조건이나 기한에는 친하지 않지만 주장 자체에 내재적인 조건을 붙이는 것은 합리적이고 논리적인 범위 내에서 가능하

---

[1] 大判 1993. 6. 25. 92다20330. 묵시적인 철회도 가능하다는 것이 판례 입장이다.

므로 가정적인 선택적·예비적 주장이나 항변도 가능하다.[1] 청구의 병합과 달리 가정적인 주장이나 항변의 경우에는 선택적·예비적 형태의 결합이 명확하게 구분되지 않지만 당사자의 입장에서 순서를 붙인 가정적 주장이나 항변의 경우 가급적 당사자의 의사를 존중해서 판단하는 것이 바람직하다. 그러나 상계의 항변[2]이나 지상물에 대한 건물철거청구소송에서 피고의 지상물에 대한 매수청구권의 행사는 예비적 항변으로 취급되어야 한다. 양자 모두 단순한 항변이 아니라 항변제출자인 피고의 입장에서 원고 청구를 인정하는 것과 다름없는 불리한 선택이기 때문이다.[3]

2) 피고의 답변과 방어   원고의 소 제기와 법률상·사실상 주장에 대해 통상 피고는 소 자체에 대한 청구기각이나 각하를 구할 뿐 아니라 법률상 주장에 대해서는 다른 해석이나 법리 주장 등 역시 법률상의 주장을 통해 방어를 하게 되고, 사실상 주장에 대해서는 부인이나 부지 혹은 또 다른 사실의 주장 내지 항변 등을 통해 방어를 한다. 한편, 피고는 원고의 청구에 대해 답변서를 제출할 의무를 부담하는데(256조) 다투는 취지의 답변서는 무변론 판결(257조)을 면하게 해 준다. 한편, 답변서에는 준비서면에 기재할 내용(274조)뿐 아니라 소장에 기재된 개개의 사실에 대한 인정 여부는 물론 항변과 이를 뒷받침하는 구체적인 사실을 적시하여야 한다(민규 65조). 그러나 피고는 상황에 따라 아래와 같은 여러 가지 대응 방안을 적절히 조합해서 활용할 수 있다.

① 부   인

i) 직접부인(소극부인/단순부인)   상대방이 증명책임을 부담하는 사실에 대한 소극적인 거부를 담은 진술을 직접부인이라고 한다. 예를 들어 원고가 돈을 빌려주었다는 주장에 대하여 피고가 "그런 사실 없다"라고 주장하는 경우이다. 따라서 원고는 돈을 빌려주었다는 주요사실에 대한 증명책임을 여전히 부담하게 된다.

ii) 간접부인(적극부인/이유부부인)   같은 거부의 진술이지만 원고 주장과 양립되지 않는 사실을 적극적으로 주장하는 형태의 부인이다. 부인하는 이유를 제시하는 형태라는 의미에서 이유부 부인이라고도 한다. 예를 들어, 원고가 돈을 빌려주었다는 주장에 대해 "돈을 받은 것은 사실이나 이는 빌린 것이 아니라 원고가 그냥 주어서 받은 것이다"라고 하는 피고의 답변은 전형적인 이유부부인에 해당한다. 단순부인에 비해 좀 더 구체적인 진술이 담겨 있다는

---

1) 大判 1989. 2. 28. 87다카823,824.
2) 大判 2014. 6. 12. 2013다95964.
3) 상계의 항변을 하는 것은 원고청구가 인정된다면 부득이 자신이 갖고 있는 원고에 대한 반대채권으로 대등액에서 채권을 소멸시키겠다는 의사가 담겨 있는 것이므로 암묵적으로 원고의 청구를 받아들이는 것과 다름없다. 지상물에 대한 건물철거청구에서 피고가 매수청구권을 행사한다는 것 역시 대지소유자인 원고의 철거청구권을 인정하는 대신 지상물의 가치를 평가해서 매수해달라고 하는 취지이므로 피고가 선택할 수 있는 마지막 선택사양이라고 봄이 타당하다.

점에서 재판부로서는 간접부인 형태의 진술을 선호하지만 사건에 따라서는 단순부인 외에는 대응 방법이 없는 경우도 있다.[1] 원고 주장의 대여사실과 피고 주장의 증여사실은 양립할 수 없어 항변과는 다르며 따라서 피고가 증여사실을 증명할 책임을 부담하지는 않는다.[2]

② 추정된 부인으로서의 부지(不知)   원고의 주장사실에 대해 피고가 알지 못한다고 진술하는 경우(부지)에는 그 사실을 다툰 것으로 추정된다(150조 2항). "아니다"가 아닌 "모른다" 역시 거부의 진술과 다름없기 때문이다. 당사자가 관여한 것으로 주장된 행위에 대해서는 부지라는 답변이 허용되지 않는다는 견해가 있으나(이시, 386면) 의문이다. 법상으로는 이러한 해석을 할 법적 근거가 없기 때문이다. 한편, 서면증거에 대한 인부절차에 있어 당사자 본인이 문서의 작성자 명의로 되어 있는 경우에는 성립을 인정하거나 부인하는 것이 원칙이지만 문서에 날인된 인영이 자신이 사용하던 것인지 기억을 하지 못하는 경우 부지로 답할 수밖에 없다(민사실무 Ⅰ, 176면). 판례 역시 당사자 본인이 작성자로 되어 있는 문서에 대해 부지로 다투는 것을 금하고 있지는 않으며 다만, 부지로 다투는 경우에도 문서의 진정성립 여부에 대한 심리를 보다 철저히 할 것을 요구하고 있을 뿐이다.[3]

③ 침 묵   상대방 주장 사실을 명백히 다투지 않는 경우를 말한다. 대부분은 변론 전체의 취지상 다툰 것으로 인정되지만 예외적으로 원고 주장 사실에 대해 전혀 언급이 없는 경우에는 자백한 것으로 간주된다(150조 1항). 피고가 인낙이나 자백을 하지 않는 한 다투는 것이 일반적이므로 법원은 석명을 통해 피고가 누락한 쟁점에 대해 다툴 기회를 부여하는 것이 필요하다.

④ 자백과 항변   자신에게 불리한 주요사실을 자인하는 것을 자백이라고 한다. 자백이 성립하면 진실에 반하고 착오에 기해 자인한 것임을 증명하지 못하면 취소할 수 없게 된다(288조). 예를 들어, 원고가 대여금반환청구의 소를 제기하였는데 피고가 돈을 꾼 사실을 인정하게 되면 자백이 성립하게 되므로 피고는 함부로 이를 취소하거나 번복할 수 없게 된다(상세한 내용은 제5편 제2장 제5절 Ⅱ. 참조). 한편, 피고가 돈을 꾼 사실은 자백했지만 이미 꾼 돈을 갚았다는 주장은 얼마든지 가능하며 이 진술은 단순한 부인과 달리 원고 주장과 양립가능한 새로운 사실의 주장이다. 통상 이를 항변이라고 한다(이하 3. 부분에서 별개로 논한다).

(3) 증거신청

당사자 일방의 사실상·법률상 주장에 대해 상대방이 부인하거나 부지로 다투는 경우에

---

1) 원고 주장에 대해 구체적인 내용이 없는 단순부인은 원칙적으로 허용되지 않는다는 견해도 있으나(이시, 389면) 의문이다. 돈을 원고로부터 받거나 빌리지도 않은 피고 입장에서는 단지 빌린 사실이 없다는 단순부인 외에 더 이상 진술할 내용이 없을 수 있기 때문이다. 문서의 진정성립에 대한 부인의 경우 이유를 구체적으로 밝히도록 요구하고 있으나(민규 116조) 이는 서면증거에 대한 인부의 문제일 뿐이다.

2) 大判 1990. 5. 25. 89다카24797.

3) 大判 2000. 10. 13. 2000다38602.

는 주장한 사실 등을 증명하기 위해 증거신청을 하게 된다. 증거신청은 증거와 증명할 사실의 관계를 구체적으로 밝혀야 하며(민규 74조) 상대방은 증거항변을 통해 신청한 증거가 채택되지 않도록 방어를 하게 된다. 신청된 증거를 증거조사할지 여부는 법원이 증거결정을 통해 판단하게 되는데 증거신청을 기각하는 경우에는 그 이유를 명확히 밝혀주어야 한다.

3. 항 변

(1) 개 념

소송법상의 항변은 피고가 원고의 주장을 배척하기 위해 절차상·실체상 혹은 본안의 이유를 들어 방어하는 행위 일체를 의미한다. 따라서 넓은 의미의 항변에는 소 각하를 구하는 소송상의 항변과 청구기각을 구하는 실체상 혹은 본안의 항변 모두가 포함된다. 이 중에서 당사자에게 신청권이 인정되고 증명책임 부담과 관련된 것은 실체상의 항변이다.[1]

(2) 종 류

1) 소송상의 항변

① 본안전 항변 실체법상의 효과와는 무관한 절차적인 사유에 기인한 항변으로 소 각하 등의 판결을 구하는 피고 주장을 소송상의 항변[2]이라고 한다(본안전 항변 혹은 방소항변). 예를 들어 소의 적법요건 흠결 여부는 법원의 직권조사사항에 속하는 것이므로 재판권이나 국제재판관할의 흠결 주장은 법원의 직권발동을 촉구하는 의미만 있다.[3] 한편, 신의칙 위반이나 권리남용에 해당하는지 여부는 법원이 직권으로 판단할 수 있으므로[4] 이들 사유를 들어 주장하는 경우도 직권발동을 촉구하는 의미밖에 없으며 본안전 항변에 해당한다. 한편, 중재합의의 항변(중재 9조)이나 부제소특약의 항변 등은 당사자의 주장이 있어야만 법원의 판단이 가능한 경우로서 본안전 항변에 해당한다.[5]

② 증거항변 당사자의 증거신청에 대한 상대방의 저지 행위도 증거항변이라는 용어

---

1) 실체법상의 항변권(동시이행항변권이나 보증인의 최고·검색의 항변권 등)은 이행을 거절할 수 있는 권리를 지칭하지만 소송법상의 항변은 방어방법으로서의 사실주장이라는 점에서 차이가 있다. 소송절차에서도 항변권이라는 표현을 사용하지만 실체법상의 의미와는 다른 것임을 유념할 필요가 있다.

2) 견해에 따라서는 본안에 대한 항변만을 항변으로 보는 견해가 있으나(정/유/김, 486면) 통설은 소송상의 항변을 넓은 의미의 항변의 하나로 파악한다(이시, 388면). 그러나 이러한 구분은 해석론에 기초하는 것에 불과하며 규칙 제65조 제1항 제2호에서는 모든 항변과 이를 뒷받침하는 구체적 사실의 적시를 요구하고 있어 오히려 항변의 개념을 넓게 파악하고 있다.

3) 판례는 소송대리권의 유무(大判 1994. 11. 8. 94다31549), 혹은 추완상소 시의 추완사유 유무(大判 1999. 4. 27. 99다3150)는 법원의 직권조사사항이라는 이유로 판단유탈의 사유가 되지 않는다고 판시하고 있다.

4) 大判 1989. 9. 29. 88다카17181; 大判 1995. 12. 22. 94다42129; 大判 2023. 6. 29. 2023다214993.

5) 원고의 청구에 대해 피고측에서 신의칙에 반한다 혹은 권리남용에 해당한다는 주장을 하는 경우 일부 판례에서 이를 "권리남용에 해당한다는 항변"이라는 표현을 사용하는 예가 적지 않다(大判(全) 2012. 10. 18. 2010다103000]. 이를 선해해서 피고의 본안전 항변 혹은 방소항변으로 파악하는 것이 타당하다.

로 표현하는 경우가 있다. 예를 들어 시기에 늦은 공격방어방법의 제출이라는 이유로 증거신청 자체가 위법하다고 주장하거나 증거조사결과 역시 신뢰성이 없다는 이유로 심증형성의 원인으로 하지 말 것을 주장하는 경우 등이다. 증거신청에 대한 채택여부나 증거력 유무 문제는 법원의 고유권한에 속하므로 법원은 이러한 증거항변에 대해 구속받지 않는다. 따라서 좁은 의미의 항변에 속하지 않는다.

2) 본안의 항변

① 개 념   피고가 원고 주장 사실을 전제로 이와 양립 가능한 다른 사실을 주장함으로써 원고 청구를 배척하기 위한 사실상의 주장을 본안의 항변이라고 한다. 통상 원고는 권리근거규정에 따른 권리근거사실을 주장하게 되는데 피고가 이러한 사실의 존재를 인정함과 동시에 이와 양립 가능한 다른 반대규정(권리장애규정·권리소멸규정·권리저지규정)의 요건사실을 주장하는 것이 항변이다. 따라서 이를 제한부 자백이라고 표현하기도 한다. 일단 원고 주장사실을 인정하기 때문이다. 예를 들어, 원고가 매매계약에 기초한 소유권이전등기청구의 소를 제기한 경우 피고가 매매계약을 체결한 것은 사실이지만 통정허위표시였다고 주장하거나(권리장애사실), 소유권이전등기의무를 면제해 주었다는 주장(권리소멸사실), 혹은 원고가 잔대금을 지급하지 않아 이전등기를 해주지 않고 있다는 주장(권리저지주장) 등은 전형적인 항변에 해당한다. 한편, 소송 기술적으로는 일단 부인하면서 가정적으로 항변을 제출하는 경우도 있다. 예를 들어, 매매계약을 체결한 사실은 없지만 설사 있다 하더라도 통정허위표시로서 무효에 해당한다는 주장은 가정적인 항변에 해당한다.

② 종류와 판단   i) 권리장애사실은 실체법상 법률효과의 발생에 장애가 되는 규정 즉 권리장애규정의 요건사실을 지칭한다.[1] 대부분 법률행위의 무효사유를 주장하는 경우가 여기에 해당한다. 따라서 피고가 의사무능력을 주장하거나 통정허위표시(민 108조)·불공정한 법률행위(민 104조)[2] 등을 주장하는 경우에는 이를 주장하는 피고가 증명하여야 한다.

ii) 권리소멸사실은 권리근거규정에 의해 발생된 권리를 소멸시키는 권리소멸규정의 요건사실을 주장하는 경우이다. 피고가 변제나 면제·경개·혼동·소멸시효나 취득시효 완성 등의 주장을 하는 경우가 전형적인 형태라고 할 수 있다. 한편, 해제조건의 성취 주장은 권리소멸사실의 주장이라고 할 수 있으나 정지조건부 법률행위라는 주장은 권리저지사실의 주장이라고 할 수 있다.[3] 권리저지사실은 권리근거규정에 의해 이미 발생한 권리의 행사를 저지시키는 권리저지규정의 요건사실을 주장하는 경우이다. 피고가 기한의 유예를 받았다고 주장하거나 유치권을 행사하는 경우를 대표적으로 들 수 있다.

---

1) 大判 1985. 5. 14. 84누786.
2) 大判 1991. 5. 28. 90다19770.
3) 大判 1993. 9. 28. 93다20832.

iii) 이들 각 사실의 구분이 반드시 명확한 것은 아니다. 예를 들어 권리근거규정과 장애규정의 구분은 법 조문상의 본문과 단서, 원칙 규정과 예외 규정 등으로 일견 구분되지만 반드시 이 유형에 모두가 포섭되는 것도 아니며[1] 나아가 구분 자체가 모호한 경우도 적지 않다.[2] 목적물인도청구에 대해 점유권을 주장하는 경우(민 213조 단서)도 권리저지사실로 분류하지만(이시, 391면) 보는 시각에 따라서는 권리소멸사실로 볼 수도 있기 때문이다. 또한 견해의 대립도 존재한다. 예를 들어, 신의칙위반이나 권리남용 주장에 대해서는 강행규정 위반을 들어 법원의 직권판단 대상이라는 것이 판례의 주류적인 태도임에도 권리저지사실의 항변으로 취급하는 견해(이시, 391면)도 있기 때문이다. 한편, 판례는 공서양속 위반[3]이나 불공정한 법률행위[4]에 대해서는 직권조사사항이 아니라 당사자의 주장을 필요로 한다고 판시하고 있는데 이에 따라 이들 사유를 권리장애항변으로 분류하는 견해(이시, 390면; 김홍, 486면)도 있다. 그러나 신의칙위반·권리남용과 마찬가지로 공서양속 위반은 당사자의 주장이 없어도 법원이 직권으로 판단할 수 있으므로 이를 권리장애사실이나 저지사실로 취급하는 것은 적절하지 않다. 그러나 불공정한 법률행위의 경우는 당사자의 궁박·경솔·무경험 등이 주장·입증되지 않으면 법원의 판단이 사실상 불가능하므로 신의칙위반·권리남용·공서양속 위반과는 달리 권리장애사실에 해당한다.

iv) 직권조사사항 역시 사실의 존부가 불분명해진 경우에는 증명책임의 분배원칙이 적용되어야 하므로 소송요건과 같은 경우에는 본안판결을 받는 것이 유리하게 작용되는 원고나 상소인이 그 부담을 지는 것이 타당하다.[5] 하지만 신의칙에 기초해서 원고 청구에 대한 직권에 의한 감경을 주장하는 경우 혹은 권리남용을 주장하거나 공서양속 위반에 따른 소각하를 주장하는 경우 등에는 이들을 주장하는 자가 증명책임을 부담한다고 보는 것이 타당하다.[6]

---

1) 법인 아닌 사단이 그 관리규정에 따라 회원인 피고에게 일정한 이행을 구하는 경우 피고가 당해 관리규약이 무효인 총회결의에 의해 성립된 것이라고 주장한다면 이는 권리장애사실의 주장이라고 할 수 있다. 따라서 피고는 총회결의의 무효를 증명하여야 한다(大判 1995. 11. 7. 94다24794).

2) 상속인이 민법 제999조에 따라 참칭상속인을 상대로 상속회복청구의 소를 제기하였으나 피고가 상속재산 분할협의에 따른 정당한 상속인이라고 주장하는 경우를 가정해 보자. 피고는 정당한 상속인을 주장하는 차원에서는 권리근거사실을 주장하는 것으로도 보이지만 원고의 상속회복청구를 기준으로 본다면 이에 대한 권리장애사실을 주장하는 것으로도 파악될 수 있다.

3) 大判 1974. 9. 24. 74다815.

4) 大判 1991. 5. 28. 90다19770.

5) 大判 1997. 7. 25. 96다39301에서는 원고의 소송대리권의 존부가 문제되었고 大判 2022. 10. 14. 2022다247538에서는 피고의 추완항소의 적법성 여부가 문제되었으므로 전자의 경우는 원고가, 후자의 경우는 항소인이 증명책임을 부담하게 된다.

6) 大判 1992. 4. 28. 91다29972는 원고가 피고의 동시이행항변권의 행사가 권리남용에 해당한다는 주장만 하고 있을 뿐 이를 입증하지 못한 사안이다.

(3) 항변에 대한 원고의 대응

1) 피고의 일차적인 부인이나 항변으로 다툼이 종결되는 경우는 극히 드물다. 원고는 피고의 항변에 대해 다시 부인 혹은 항변(재항변이라 함)의 형태를 통해 다투게 될 것이다. 우선, 원고가 피고의 항변 사실을 부인할 수도 있는데 이 경우 피고는 여전히 항변에 대한 증명책임을 부담하게 된다. 하지만 원고가 피고의 항변에 대해 재항변을 하는 경우에는 재항변 사실에 대한 증명책임을 부담하게 된다.[1] 이에 대해서는 피고가 다시금 재재항변을 통해 다툴 수가 있게 되므로 이론적으로 항변에 대한 재항변, 재재항변은 물론 이에 대한 반복 및 순환이 가능하게 된다.

2) 임대인인 원고가 임대차기간만료를 이유로 건물인도청구를 하는 경우 피고는 임대차계약이 묵시적으로 갱신(민 639조)되었다는 항변을 제기할 수 있다. 이때 원고는 묵시적으로 갱신된 사실을 전제로 민법 제635조에 따른 해지통고를 하였으므로 임대차계약은 종료되었다는 재항변을 할 수도 있다. 한편, 이에 대해 피고는 다시 원고의 재항변을 전제로 원고가 해지통고한 것은 사실이지만 통고한 날로부터 6월이 아직 경과하지 않았으므로 임대차계약은 종료되지 않았다는 권리저지의 재재항변을 제기할 수 있다(민 635조 2항).

(4) 항변과 부인의 구별과 그 실익

1) **항변과 부인의 구분**   당사자가 변론에서 다투는 내용을 크게 양분하면 항변과 부인으로 대별할 수 있지만 항상 쉽게 구분되는 것은 아니며 구분을 의식하고 주장하는 것도 쉽지 않다. 그러나 당사자와 대리인은 자신의 주장이 부인 혹은 항변으로 취급되는지 여부를 염두에 두고 공격방어를 해야 한다. 자신의 주장이 항변으로 성질결정이 되면 주장사실에 대한 증명책임을 스스로 부담하게 되기 때문이다. 즉, 항변은 부인과 달리 상대방 주장 사실 일부 혹은 전부에 대한 자인을 전제로 하며 그와 양립가능한 별개의 사실을 주장하는 구조를 취한다. 즉, 부인은 원고 주장에 대해 단순히 "아니다(No)"로 가능하지만 항변은 "그렇다. 하지만(Yes, But)"의 구성 형식을 갖게 된다. 예를 들어, 원고의 대여금반환청구에 대해 돈을 빌린 사실이 없다는 주장(No)은 단순부인이지만, 돈을 빌렸지만(Yes, But) 갚았다는 것은 항변에 해당한다. 따라서 원고의 주장과 양립가능한 돈을 갚았다는 주장을 한 피고는 변제사실에 대한 증명책임을 부담하게 된다는 사실을 염두에 두어야 한다. 하지만 피고가 돈을 받은 것은 사실이나 그냥 주어서 받았다는 것은 전체적으로 부인에 해당하지만 돈을 받은 것은 인정하고 있다는 점에서 직접적이고 소극적인 부정이 아닌 간접적이고 적극적인 이유부부인에

---

[1] 채무자가 특정한 채무의 변제조로 금원을 지급하였다고 주장함에 대하여, 채권자가 이를 수령한 사실을 인정하면서도 다른 채무의 변제에 충당하였다고 주장하는 경우 재항변에 해당하며 이러한 사실을 주장·증명하여야 할 것이다(大判 2021. 10. 28. 2021다251813).

해당한다.[1] 이 경우 돈의 수수 사실은 다툼 없는 사실이 되고 쟁점은 돈이 건너간 성격 즉 대여인지 증여인지 여부가 쟁점이 되며 이 부분은 여전히 대여를 주장하는 원고가 증명책임을 부담하게 된다.[2]

2) 구분의 실익   첫째, 항변은 항변제출자에게 증명책임이 있지만 부인의 경우에는 여전히 원고가 청구원인 사실에 대한 증명책임을 부담한다. 따라서 증명책임의 소재를 명확히 하는 기능이 있다. 둘째, 부인의 경우는 직접부인이든 간접부인이든 증명책임의 부담이 전가되지 않으므로 부인한 사실에 대한 판단을 굳이 판결이유에 담을 필요는 없다. 예를 들어, 피고가 돈은 받았지만 증여받은 것이라는 주장을 담은 간접부인을 한 경우에도 증여받았다는 주장은 항변이 아니므로 법원이 판결에서 굳이 증여 여부에 대한 판단을 할 필요는 없다는 것이다. 다만, 항변의 경우는 당해 사실에 대한 증명책임을 부담하는 당사자의 주장과 입증이 담겨있으므로 이에 대한 판단이 판결이유에서 나타나야 한다. 그렇지 않으면 판단유탈에 해당한다. 하지만 판례는 판결이유에 주문에 이르게 된 경위가 명확히 표시되어 있는 이상 당사자의 주장이나 항변에 관한 판단은 반드시 명시적으로만 하여야 하는 것이 아니고 묵시적 방법이나 간접적인 방법으로도 할 수 있다는 입장이다.[3]

4. 소송절차에서의 형성권 행사

(1) 의   의

피고는 소 제기 전에 이미 행사한 형성권 행사의 효과를 변론에서 주장하는 경우도 있지만 변론 도중에 사법상(私法上)의 형성권(해제·해지·취소·상계권 등)을 행사하는 경우도 있다. 후자와 같이 공격방어방법으로 행사한 형성권의 법적 효과는 변론 전에 행사하는 형성권과 달리 절차의 상황에 따라 그 법적 효과가 문제될 수 있다. 예를 들어, 형성권의 행사를 실기한 공격

---

1) 원고가 피고명의의 등기가 허위의 보증서를 토대로 구 부동산소유권이전등기등에관한특별조치법에 의하여 경료된 원인무효인 등기라는 청구에 대해 피고가 당해 등기가 명의신탁을 위해 경료된 것이라는 주장을 하거나(大判 2000. 9. 5. 2000다27268) 혹은 교환계약을 통해 당해 토지를 취득하였다는 주장(大判 1990. 5. 25. 89다카24797)은 항변이 아니고 적극부인에 해당한다는 것이 판례의 입장이다.

2) 실무상으로는 간접(적극)부인이 있는 경우 피고 역시 증여받은 것이라는 사실에 대한 공격방어를 적극적으로 하여야 하는 부담이 생기는 것은 사실이다. 원고의 대여사실 입증에 대하여 탄핵하는 것만으로는 법관의 심증형성을 방해하는 데 충분하지 않을 수 있기 때문이다. 따라서 간접부인은 부인하는 측에게도 증명의 부담을 주게 되는 측면이 있다. 하지만 쟁점을 조기에 정리해서 가급적 다투는 부분을 특정해서 변론을 집중하고자 하는 법원의 입장에서는 당사자로 하여금 구체적인 사실의 적시를 동반하는 간접부인을 당연히 선호하게 된다.

3) 大判 2011. 7. 14. 2011다23323. 뿐만 아니라 대법원은 당사자가 주장한 사항에 대한 구체적·직접적인 판단이 표시되어 있지 않지만 판결 이유의 전반적인 취지에 비추어 주장의 인용 여부를 알 수 있는 경우 또는 실제로 판단을 하지 않았지만 주장이 배척될 것이 분명한 경우에도 판단누락의 위법은 존재하지 않는다고 판시하고 있는데(大判 2014. 10. 30. 2012두25552) 매우 의문이다. 판결은 설득의 과정이며 당사자가 증명책임을 부담하는 사항에 대해 주장과 증거신청을 하였다면 마땅히 답을 해주는 것이 법원의 임무이기 때문이다.

방어방법에 해당한다고 하여 각하하거나 혹은 소취하 내지 각하판결이 있는 경우 절차에서 행사한 형성권의 사법적 효과는 어떻게 되는지 하는 것이다. 특히 상계권 행사는 자동채권과 수동채권 간의 대등액에서 권리소멸 효과를 초래하는데 절차에서 행사한 상계항변이 실기한 공격방어방법이라고 하여 각하된 경우 그 사법적인 효과는 잔존하는지 여부가 문제된다.

(2) 학설과 판례의 입장

1) 형성권 행사의 종속성　　소송절차에서 공격방어방법으로 활용된 형성권 행사의 독자성을 인정하느냐 여부가 학설 대립의 관건이다. 우선, 소송절차에서의 형성권 행사 역시 일체로써 단일한 소송행위로 규율되어야 한다는 견해가 있는데 이것이 소송행위설의 입장이다(방, 416면). 따라서 소송행위설에서는 소취하 등으로 형성권 행사의 사법상 효과는 소멸하게 된다. 소송행위설과 같은 결론에는 이르지만 하나의 행위가 두 개의 성격을 겸유하고 있다고 보는 양성설도 주장된 바 있다. 하지만 형성권 행사가 소송절차에서 이루어졌다는 이유만으로 형성권 행사의 사법상 효과를 일체 부인하는 것은 타당하지 않다고 판단된다.

2) 형성권 행사의 독립성과 상계권　　소송절차에서 사법상의 형성권을 행사한 경우 두 개의 행위는 병존하고 다른 하나의 효과가 소멸한다고 해서 다른 행위의 법적 효과가 소멸되는 것은 아니라는 병존설이 있다. 이 견해에 따르면 원고가 매매계약에 기한 소유권이전등기청구의 소를 제기한 경우 절차 도중에 피고가 매매계약에 대한 해제의 의사표시를 하였다면 원고가 나중에 소를 취하하더라도 피고의 해제권 행사의 효과는 지속된다. 그러나 병존설을 일관해서 취할 경우 소송상 행사한 상계항변이 실체적인 판단을 받지 못하고 실기한 공격방어방법으로 각하된다면 반대채권은 상계로 소멸하지만 원고의 소구채권(수동채권)은 소멸하지 않는 불합리함이 있다는 지적이 있다. 따라서 소송상 상계항변이 실기한 공격방어방법으로 각하되거나 소의 취하나 소각하 판결 등이 있어 상계항변에 대한 판단이 실제로 없는 경우에는 상계의 사법상의 효과도 전혀 발생하지 않는다는 신병존설을 취하는 것이 다수 학설의 입장이다(김/강, 442면; 이시, 393면). 판례는 적어도 사법행위가 소송행위로 인해 소멸되지 않는다는 입장을 취한 바 있었으며[1] 나아가 소송상 상계항변과 관련해서 신병존설과 같은 입장을 취한 판결도 있다.[2]

---

[1] 大判 1982. 5. 11. 80다916. 이 사건에서 원고는 소장의 송달로 계약해제권을 행사하였으나 그 후 소를 취하하였다. 대법원은 이 경우에도 해제권 행사의 효력에 아무런 영향도 미치지 않는다고 판시하였다.

[2] 大判 2013. 3. 28. 2011다3329. 이 판결에서 대법원은 상계항변은 수동채권의 존재가 확정되는 것을 전제로 하여 행하여지는 일종의 예비적 항변으로서 당사자가 소송상 상계항변으로 달성하려는 목적, 상호양해에 의한 자주적 분쟁해결수단인 조정의 성격 등에 비추어 볼 때, 당해 소송절차 진행 중 당사자 사이에 조정이 성립됨으로써 수동채권의 존재에 관한 법원의 실질적인 판단이 이루어지지 아니한 경우에는 그 소송절차에서 행하여진 소송상 상계항변의 사법상 효과도 발생하지 않는다고 봄이 타당하다고 판시하였다.

5. 소송상 합의(소송계약)

소가 제기되기 전 혹은 소가 제기된 후에라도 당사자들은 합의를 통해 일정한 소송법적 효과를 의도함으로써 법률적 불안을 해소하는 경우가 적지 않다. 관할합의(29조), 담보제공 및 변경합의(122조, 126조), 기일변경합의(165조 2항), 비약상고의 합의(390조 1항 단서) 등은 소송법에서 규정된 전형적인 소송상 합의인데1) 이들 법정 소송상 합의에 대해서는 소송행위라고 하는데 이견이 없다. 다만, 실무에서는 이와 같은 명문의 규정이 없는 경우에도 소송상 합의가 여러 분야에서 활용되고 있어 그 적법성 여부와 법적 성격에 대해 논의가 전개되고 있다.

(1) 의의 및 적법성

소송법상의 효과발생을 주된 목적으로 하는 당사자들의 합의를 소송상 합의라고 한다. 과거에는 법에서 명시적으로 인정하는 소송상 합의 외에는 적법성을 인정하지 않았으나 현재는 변론주의와 처분권주의가 지배하는 절차에서는 강행법규에 어긋나지 않는 한 소송상 합의는 적법하고 유효하다는 것이 지배적인 견해이다. 따라서 부제소특약(상세는 제3편 제2장 제2절 Ⅱ. (1) 참조)2)은 물론 소취하 합의(상세는 제6편 제2장 제1절 Ⅴ 참조)3)를 비롯해서 불상소합의(상세는 제3편 제2장 제2절 Ⅱ. (2) 참조),4) 상소취하 합의,5) 부집행계약,6) 증거계약(증거계약 상세는 제5편 제3장 제1절 Ⅳ. 2. (3) 참조) 등이 실무상 활용되고 있는데 그 법적 성질을 둘러싸고 견해가 대립되고 있다.

(2) 법적 성질

1) 사법행위(사법계약)설   소송상의 합의는 소송절차에 관한 합의이지만 이로 인해 소송법상의 효과가 직접적으로 발생하는 것은 아니며 다만 의무자가 약정한 내용대로 작위·부작위 의무를 부담하게 되는 사법상의 계약에 불과하다는 입장이다. 이 견해 중에는 의무자가 이행을 하지 않을 경우 그 이행을 직접적으로 소구할 수 있다는 입장도 있으나(의무이행소구설) 상대방에게 항변권만 인정하는 입장도 있다(항변권설). 따라서 소취하 합의가 있음에도 원고가 소를 취하하지 않을 경우 피고는 소취하합의의 존재를 주장, 입증함으로써 소의 이익 흠결을 이유로 한 소각하 판결을 받을 수 있게 된다. 나아가 당사자 사이에 항소취하의 합의가 있는데도 항소취하서가 제출되지 않는 경우 상대방은 이를 항변으로 주장할 수 있고,

---

1) 소송법에 명문의 규정이 있는 경우에는 이들을 소송행위로 파악하는데 문제가 없다. 다만, 관할합의의 경우 그 특성상 민법상의 의사표시의 흠 규정을 유추적용할 것인가 여부의 문제는 남게 된다.

2) 大判 2008. 2. 14. 2006다18969.

3) 大判 2010. 5. 13. 2009다105246.

4) 大判 2015. 5. 28. 2014다24327; 大判 2002. 10. 11. 2000다17803 등.

5) 大判 2018. 5. 30. 2017다21411(항소취하의 합의 사건).

6) 大判 1996. 7. 26. 95다19072; 大判 1993. 12. 10. 93다42979 등.

이 경우 항소심법원은 항소의 이익이 없다고 보아 그 항소를 각하함이 원칙이다.[1] 이러한 항변권설이 현재의 다수설이다(박/김, 315면; 방, 420면; 범/곽, 325면; 이시, 397면).

   2) 소송행위(소송계약)설   소송법상의 효과를 의도한 합의이므로 그 처분효과는 소송 절차 내에서 적극적 혹은 소극적으로 발생한다는 입장이며 이 견해가 논리적 일관성이 있다고 보는 견해이다. 그러나 소송법에 명문의 규정이 없으므로 당사자에게 작위 혹은 부작위 의무를 부과하지는 못한다. 따라서 소취하 합의의 존재가 밝혀지면 법원은 소각하 판결이 아니라 소송종료선언을 해야 하는데 당사자의 소취하 합의 존재 주장은 법원의 직권발동을 촉구할 뿐이다(김/강, 330면; 손, 217면). 한편, 소송행위설에서 한 걸음 더 나가서 소송계약을 통해 당사자에게 작위·부작위 의무 부과 효과도 발생한다고 보는 발전적 소송계약설도 아울러 주장되고 있다(정/유/김, 462면). 일부 판례에서 소송상 합의에 해당하는 부제소합의를 소송행위로 파악하는 듯한 설시를 한 것이 있어 혼선을 주고 있는 것이 사실이다.[2] 그러나 대부분 부제소합의가 초래하는 법적 효과가 중대함에 비추어 해석을 엄격히 하여야 한다는 취지로 기술하고 있어 판례가 이를 순수한 소송행위로 파악한다고 단정하기는 어렵다.

   3) 병 존 설   소송상 합의에는 소송행위와 사법행위가 병존한다고 하는 입장이다(전병, 145면; 전원, 318면). 예를 들어 소취하 합의를 하게 되면 원고는 소를 취하해야 하는 사법상의 의무를 부담하게 되는데 만일 피고를 통해 합의의 존재가 주장, 입증되면 법원은 소송계속소멸효과를 반영해서 소송종료선언을 해야 한다는 것이다.[3]

   4) 판례 입장   판례는 소송상 합의 일반에 대해 명시적으로 사법계약설을 취한다는 입장을 판시한 바는 없지만 개별적인 합의에 대해서는 명시적으로 사법계약임을 밝힌 바 있다. 즉, 부집행계약은 채권자가 특정의 채권에 관한 채무명의에 기한 강제집행을 실시하지 않는다는 사법상의 계약이라는 점,[4] 소취하 합의가 사법계약임을 전제로 민법에 따라 취소할 수 있음을 판시하였고[5] 이러한 견해가 주류적인 판례의 입장이다.[6] 다만, 일부 판결에서 부제

---

1) 大判 2018. 5. 30. 2017다21411.

2) 大判 2013. 11. 28. 2011다80449에서 소송법상 효과라는 표현을 쓰고 있었으나 大判 2019. 8. 14. 2017다 217151에서는 "부제소합의는 소송당사자에게 헌법상 보장된 재판청구권의 포기와 같은 중대한 소송법상의 효과를 발생시키는 것이다. 이와 같이 그 합의의 존부 판단에 따라 당사자들 사이에 이해관계가 극명하게 갈리게 되는 소송행위에 관한 당사자의 의사를 해석할 때는…"이라고 하여 소송행위라는 표현까지 사용하고 있다.

3) 伊藤 眞, 325面.

4) 大判 1993. 12. 10. 93다42979; 大判 1996. 7. 26. 95다19072.

5) 大判 2020. 10. 15. 2020다227523,227530.

6) 당사자 간에 강제경매 신청취하의 약정을 체결한 경우에, 그 신청을 취하하지 아니한다고 하여, 소송으로 그 취하를 청구할 수 없다는 취지의 판례(大判 1966. 5. 31. 66다564)가 있으며 기본적으로 소취하 합의가 있게 되면 소의 이익이 부정된다는 입장이다(大判 2005. 6. 10. 2005다14861). 한편, 조건부 소취하 합의도 가능하며 그 경우에는 조건의 성취사실이 인정되지 않는 한 그 소송을 계속 유지할 법률상의 이익이 인정된다고 한다(大判 2013. 7. 12. 2013다19571).

소합의를 소송행위라고 표현하는 예가 간혹 있으나 순수한 사법상계약과는 다른 신중한 해석을 필요로 한다는 의미에서 사용하는 것으로 판단된다.[1]

5) 소   결   소송상의 합의에 따라 바로 소송행위를 한 것과 동일한 효력이 발생해야 한다는 것이 소송행위설의 핵심이다. 그러나 소취하 합의가 있다고 해서 소취하를 한 것과 동일한 효력이 발생한다고 보는 것은 논리의 비약이다. 더구나 소송법에서 요건 등에 대해 명시적으로 규정하고 있는 것도 아닐 뿐 아니라 법정 밖에서 이루어진 경우가 많아 바로 직접적인 효과를 인정하는 것은 법적 불안을 야기할 가능성도 적지 않다. 이러한 비판은 발전적 소송계약설에 대해서도 동일하게 적용될 수 있다. 한편, 병존설은 소송상의 합의 안에 사법행위와 소송행위가 병존하는 것으로 보아 당사자 간의 사법상의 의무는 물론 소송법상의 효과도 정당화할 수 있다고 주장하지만 사법행위와 소송행위가 병존하면서 어떻게 각 행위의 효과가 다르게 나타나는지에 대해서는 침묵하고 있어 이를 취하기 어렵다. 반면에 사법행위설(항변권설)은 소송법상의 효과를 의도하는 당사자의 의사가 직접적으로 절차에 반영되지 않는다는 단점이 있으나 소송상 합의의 성질을 분명하게 나타내고 있을 뿐 아니라 그 구제방안 역시 효율적이므로 가장 타당한 견해라고 판단된다.

(3) 유효요건과 효과 등

1) **항변사항과 직권조사사항**   소송상 합의의 경우 소 제기 전 혹은 법원 밖에서 이루어지는 것이 대부분이고 사법계약의 성질을 가지므로 이들의 존재를 당사자가 주장, 입증하는 것이 원칙이다. 다만, 소송상의 합의의 내용이 소송요건을 구성하거나 소의 이익과 관련된 경우에는 이에 대한 직권증거조사가 필요하다. 예를 들어, 부제소특약을 소극적 소송요건 혹은 소의 이익 흠결사유로 보는 판례의 입장에 따르면 이는 직권조사사항의 대상이 된다.[2] 아울러 판례는 항소의 적법요건의 하나인 불항소합의의 존부 역시 직권조사사항의 하나로 파악하고 있다.[3]

2) **유효요건과 판단방법**   ① 소송상의 합의는 행위능력과 대리권의 존재로 충분하며 의사표시의 흠이 있는 경우에도 민법 규정을 적용할 수 있게 된다. 조건부 소취하합의 역시 가능하게 된다.[4]

---

1) 大判 2019. 8. 14. 2017다217151 참조. 그 뒤에 大判 2022. 7. 28. 2021다293831에서는 '부제소합의가 있었다는 항변권을 행사할 수 있다'라는 표현을 사용하고 있다.

2) 大判 1999. 3. 26. 98다63988; 大判 2013. 11. 28. 2011다80449.

3) 大判 1980. 1. 29. 79다2066; 大判 2002. 10. 11. 2000다17803; 大判 2007. 11. 29. 2007다52317,52324 등 참조. 명문의 규정이 있는 불항소합의(390조 1항 단서)나 그와 동일시할 수 있는 불상소합의 등의 존부는 직권조사사항이지만 부제소특약 등과 같이 명문의 규정이 없는 소송상 합의는 항변사항이라는 반론이 있으나(김홍, 462-463면) 다소 의문이다. 동 주장대로라면 명문의 규정이 있는 관할합의나 담보제공합의, 기일변경합의 등에 대해서도 법원이 직권으로 조사하여야 한다는 결론에 이르기 때문이다.

4) 大判 2013. 7. 12. 2013다19571.

② 사법상 계약의 성질을 가진 소송상합의 존재와 내용은 당사자의 주장이 제기됨으로써 비로소 문제가 되는 경우가 일반적이므로 소송상 합의의 존재가 절차 내에서 증명되면 법원은 변론종결시점을 기준으로 그에 따른 적절한 재판을 하면 된다. 따라서 소취하합의 존재가 주장, 입증되면 법원은 소의 이익 흠결을 이유로 소를 각하하면 된다.

3) 효력범위   소송상의 합의는 그 당사자는 물론 그 포괄승계인과 채권의 특정승계인에게도 효력이 미치지만 물권의 특정승계인에게는 미치지 않는다(정/유/김, 464면). 아울러 소송상 합의는 합의의 대상인 특정한 법률관계를 둘러싼 분쟁에 국한되는 것이 원칙이다.

Ⅱ. 당사자의 소송행위

변론에서 당사자는 앞서 본 본안의 신청과 공격방어방법(주장과 증거신청) 외에도 다양한 형태의 소송행위를 통해 절차를 구성하게 된다. 대표적인 것이 소송상 합의와 같은 것이다. 뿐만 아니라 변론 과정에서의 당사자의 행위는 순수한 소송행위로부터 사법상의 행위에 이르기까지 다양한 패러다임을 담고 있어 법률행위론에서와 같은 일반적인 소송행위론을 통해 이를 분류, 정리할 필요가 있다.

1. 의   의

법률행위와 대비되는 소송행위는 무엇인가에 대해 오랜 견해의 대립이 있다. 기피·제척신청(41조 이하)이나 이송신청(34조), 소의 취하(266조) 등과 같이 소송법에 요건과 효과가 상세하게 규율되는 행위가 소송행위라는 데는 이견이 없다. 그런데 소송법에는 요건 등에 대해서는 상세한 규정이 없지만 효과만을 규정한 것들도 적지 않다. 대표적인 것이 청구의 포기·인낙(220조)과 같은 것이다. 이들을 소송행위라고 하지 않을 수 없다. 그런데 소의 제기나 소취하 합의 등은 소송법적인 효과뿐 아니라 일정한 범주에서 실체법적인 효과도 발생하게 되는데 이들을 소송행위로 편입할 것인지 여부는 효과의 경중을 가려 결정하는 것이 바람직할 것이다. 결국, 어떤 행위가 소송절차에 대한 법적 효과를 주된 목적으로 하는 경우 이를 소송행위라고 분류할 수 있다(김/강, 324면; 정/유/김, 456면; 김상, 216면; 전병, 133면). 그러나 요건과 효과가 모두 소송법에 의해 규율되는 행위를 소송행위로 정의하는 것이 과거의 다수견해였다(방, 418면; 이시, 394면; 호, 443면).

2. 종   류

(1) 소송행위의 성질에 따른 분류

의사의 통지, 관념의 통지 그리고 소송법률행위라고 할 수 있는 의사표시가 있다. 의사표시에는 단독행위, 합동행위, 그리고 앞서 본 소송상합의가 있다. 민법의 법률행위의 체계를 빌어 소송행위를 설명하는 것으로 실천적으로 큰 의미는 갖지 못한다.

(2) 소송행위의 목적과 기능에 따른 분류

1) 취효적 소송행위   법원에 대해 일정한 재판을 해 줄 것을 요구하는 행위와 이를 이유 있게 하는 자료 제공활동을 의미한다(김/강, 326면 이하). 신청과 주장 및 증명활동으로 구분될 수 있다. 취효적 소송행위는 법원의 재판을 요구하는 행위이므로 재판이 없는 한 독자적인 의미를 갖지 못한다. 아울러 재판이 있기 전에는 소송행위의 철회가 가능한 것이 원칙이며 법원으로부터 적법성과 이유 유무 여부 등을 심사받게 된다.

2) 여효적 소송행위   취효적 소송행위 이외의 모든 소송행위가 여효적 소송행위에 해당하는데 법원의 재판 없이 당사자의 소송행위 자체만으로 법적 효과를 갖게 되는 소송행위를 의미한다. 따라서 여효적 소송행위는 취효적 소송행위와 달리 철회할 수 없는 것이 원칙이다. 앞서 본 소송행위의 성질에 따라 여효적 소송행위는 다음과 같이 분류할 수 있다. 즉, 의사표시의 성질을 갖는 소의 취하나 청구의 포기·인낙 등이 있고, 의사통지의 성질을 갖는 송달의 수령이나 답변서나 준비서면을 통한 공격방어방법의 예고 등이 있으며 관념의 통지에 해당하는 소송대리인 선임신고나 대리권 소멸 통지, 그리고 법원에 출석하거나 준비서면 등을 제출하는 사실행위 등이 있다.[1]

3. 특   성

(1) 인적 요건

소송행위가 유효하기 위해서는 당사자능력과 소송능력이 필요하다. 경우에 따라서는 변론능력도 필요하게 되며 법정대리인이 필요한 경우에는 법정대리권이 요구된다. 소송위임에 의한 소송대리인의 경우에는 소송대리권이 필요한데 민법상의 표현대리의 법리는 적용되지 않는다는 것이 통설·판례의 입장이다.

(2) 방식과 효력발생

판결절차는 기본적으로 변론을 열어야 하므로 대부분의 소송행위는 변론에서 진행된다

---

[1] 소의 제기나 상소 제기 등은 재판을 구한다는 의미에서는 취효적 소송행위이나 소송계속 효과와 이심의 효과를 각기 갖고 있으므로 여효적 소송행위이기도 하다.

(134조 1항). 변론은 말로 중요한 사실이나 법률상 사항에 대하여 진술하거나 법원이 당사자에게 말로 해당사항을 확인하는 방식으로 한다(민규 28조 1항). 따라서 준비서면 등이 미리 변론기일 전에 법원에 제출되어도 이를 법정에서 말로 진술하지 않으면 소송자료가 될 수 없다. 다만, 소송물을 특정하거나 변경하는 행위, 불복행위 및 소송종료 효과를 나타내는 행위 등은 서면으로 할 것이 요청된다. 예를 들어, 소의 제기(248조), 중간확인의 소(264조 2항), 반소(260조), 청구의 변경(262조 2항), 독립당사자참가(79조 2항)은 물론 항소(397조), 상고(425조), 재심(455조)과 같은 불복과 소취하(266조 3항), 항소취하(393조 2항), 상고취하(425조), 재심취하(455조) 등은 서면에 의할 것이 요청된다.

(3) 소송행위의 부관

1) 조 건

① 소송 외적 조건　　　소송행위의 효력의 발생과 소멸을 장래 불확실한 사실의 성립 여부에 의존시키는 부관을 조건이라고 한다. 원칙적으로 법률행위와 달리 소송행위는 조건과 친하지 않다는 것이 일반적인 견해이다. 소송행위는 법률행위와 달리 절차를 조성하는 행위이므로 조건이 부착된 소송행위를 기본적으로 허용하게 되면 절차가 불안정하게 되므로 이를 허용할 수 없는 것이다. 예를 들어, 제3자의 승낙을 조건으로 소를 제기하거나 제1피고가 이행하지 않을 것을 조건으로 제2피고에 대해 청구를 하는 경우 등을 예로 들 수 있는데 이러한 것들을 소송 외적 조건이라고 한다.

② 소송 내적 조건　　　조건 중에는 절차의 불안정을 초래하지 않는 소송 내적 조건도 있는데 이러한 경우는 오히려 절차의 효율적인 운영을 위해 허용할 필요가 있다. 예비적 신청과 예비적 주장을 대표적으로 들 수 있다. 예비적 신청은 예비적 공동소송(70조)이나 청구의 예비적 병합, 예비적 반소 등과 같이 사람이나 청구에 순위를 붙여 소를 제기하는 것으로 소의 내용에 조건을 붙이는 것이 아니라 소나 청구 자체를 제기하는 것에 조건을 붙이는 것이다. 따라서 외부의 우연한 사정을 조건으로 하는 것이 아니라 절차 내에서 사람과 청구에 순위를 붙인 것으로 절차를 불안하게 할 염려가 없을 뿐 아니라 절차의 효율성을 위해서도 필요하다. 한편, 예비적 주장 역시 주장내용에 조건을 붙이는 것이 아니고 주장을 제출하는 것에 조건을 붙이는 것을 말한다. 예를 들어, 원고의 대여금반환청구에 대해 돈을 받은 것은 사실이지만 증여받은 것이라는 주장과 함께 설사 그렇지 않다 하더라도 이미 돈을 돌려주었다는 가정적인 변제 항변 역시 절차를 불안정하게 하기보다는 피고의 다양한 전술적 공격방어를 가능하게 하는 수단이라고 할 수 있다.

2) 기 한
소송행위의 효력 발생 혹은 소멸을 장래 발생할 것이 확실한 사실의 성립에 의존하게 하는 부관을 기한이라고 한다. 소송행위에는 기한을 붙이는 것을 어느 경우에나 허용할 수가 없는데 이를 허용하게 되면 소송절차가 매우 불안정해질 수밖에 없기 때문이다. 이는 관할합의와 같은 재판 외의 소송행위라고 해서 다르지 않다(김/강, 341면).

(4) 소송행위의 철회와 취소

1) **철회·정정·보충의 가능성**   소송행위 중 취효적 소송행위(신청·주장·증거신청 등)는 법원의 재판이 있기 전에는 원칙적으로 철회나 정정 혹은 경정 등이 자유롭다. 처분권주의와 변론주의가 적용되기 때문인데 대리인의 사실상 진술에 대해서는 본인이 언제든지 이를 곧 취소하거나 경정할 수 있는 것을 예로 들 수 있다(94조). 그러나 철회나 취소가 소송절차의 안정을 해할 우려가 있거나 상대방에게 일정한 법률상 지위나 이익이 발생한 경우에는 철회의 제약을 받게 되는데(김/강, 338면) 우선, 위의 당사자의 경정권은 본인이 "바로" 취소해야 하며 증거조사가 개시된 후에는 증거신청을 철회할 수가 없게 된다. 절차의 안정을 해할 우려가 있기 때문이다. 아울러, 자신에게 불리한 상대방의 진술에 대해 자백을 한 경우는 철회에 제한이 뒤따르게 된다. 한편, 여효적 소송행위는 법원의 행위가 개입되지 않은 상태에서 당사자의 소송행위로 바로 효과가 발생하기 때문에 원칙적으로 임의로 철회할 수가 없게 된다. 소의 취하는 물론 상소취하,[1] 청구의 포기·인낙을 대표적으로 들 수 있다.

2) **의사의 흠과 소송행위의 취소**   소송행위에 의사의 흠이 있는 경우, 즉 사기나 강박 혹은 착오에 기해서 소송행위를 한 경우 민법과 마찬가지로 소송행위를 취소(민 109조, 110조)할 수 있는지 문제된다.

① **유추 부정설과 예외**   판례[2]는 소송행위의 구분 없이(소 제기 전 혹은 재판 외 행위를 불문하고) 민법의 의사표시의 흠 규정을 소송행위에 유추할 수 없다고 한다. 소송행위는 법률행위와 달리 단발적인 행위가 아니라 절차를 조성하는 일련의 과정 안에 있으므로 의사표시의 흠을 이유로 연결고리의 단절이 있게 되면 전체 절차의 안정성을 보장할 수 없기 때문이다. 따라서 소송행위에는 표시주의와 외관주의가 철저하게 관철되어야 한다는 입장이다. 다만, 문제된 소송행위가 사기, 강박 등 형사상 처벌받을 타인의 행위로 인한 것일 뿐 아니라 그 타인의 행위에 대하여 유죄판결이 확정되고 그 소송행위가 그에 부합되는 의사 없이 외형적으로만 존재할 때에 한하여 재심사유를 규정하는 법 제451조 제1항 제5호를 유추하여 그 효력을 부인할 수 있다고 한다.[3]

② **제한적 유추 긍정설**   소송행위를 세분하여 절차조성에 영향이 적은 소송행위에

---

1) 大判 2007. 6. 15. 2007다2848,2855.

2) 大判 1997. 10. 10. 96다35484(소송위임행위가 강박에 의해 이루어진 경우); 大判 1997. 6. 27. 97다6124(사무원의 착오에 의한 소의 취하); 大判 1980. 8. 26. 80다76(항소취하); 憲裁 2005. 3. 31. 2004헌마911(기망에 의한 헌법소원심판청구의 취하); 大判 1979. 5. 15. 78다1094(화해).

3) 大判 1984. 5. 29. 82다카963. 그러나 大判 1985. 9. 24. 82다카312,313,314에서는 타인의 강요와 폭행에 의하여 이루어진 소취하 약정 및 소취하서 제출은 무효라고 해서 일관된 입장을 결여하고 있다.

대해서는 사법상의 의사표시 취소 규정을 유추해야 한다는 입장이 있다. 우선, 소 제기 전 혹은 소송 외에서 하는 관할합의 등의 경우는 절차를 조성하는 소송행위가 아니므로 의사표시의 흠 규정을 유추적용하는 데 큰 이견은 없다(김/강, 338면; 이시, 400면; 정/유/김, 469면). 이 견해는 한 걸음 더 나아가 소송절차를 종료시키는 재판상화해나 청구의 포기와 인낙, 소취하 등과 같은 소송행위에 대해서도 의사표시의 흠 규정을 유추하여야 한다는 입장이다(정/유/김, 469면).

③ 소 결   소송의 종료를 초래하는 청구의 포기·인낙이나 화해, 소의 취하를 둘러싼 견해의 대립이 가장 첨예하다. 제한적 유추 긍정설을 취하는 입장 중에는 청구의 포기와 인낙이나 화해의 성격을 사법적인 것으로 보고 있어(정/유/김, 469면) 민법 규정의 유추를 주장하는 것이 오히려 자연스럽다. 그러나 민법 규정의 유추 적용을 통해 착오에 기한 소취하 역시 취소할 수 있다고 보는 것은 소송행위가 가져야 할 절차조성적인 특성을 너무 가볍게 보는 것이 아닌지 우려된다. 따라서 기본적으로 법 제451조 제1항 제5호의 재심사유를 유추해서 이 문제를 해결하는 방안을 지지한다. 따라서 착오에 기한 소송행위의 취소는 원칙적으로 불가능하다고 본다. 다만, 소송행위가 사기, 강박 등 형사상 처벌받을 타인의 행위로 인한 경우에는 착오와 달리 본인의 잘못에 의한 것이 아니므로 법 제451조 제1항 제5호의 재심사유를 유추해서 구제하는 것이 타당하다. 이 경우 주류적인 판례가 요구하는 유죄의 확정판결과 그 소송행위가 그에 부합되는 의사 없이 외형적으로만 존재할 때라는 추가적인 조건이 구제의 범위를 부당하게 좁힌다는 비난이 있으나(이시, 400면) 법 제451조 제1항 제5호의 사유를 유추하면서 같은 조 제2항의 규정을 사기·강박의 경우에만 유추적용하지 않아야 할 타당한 이유를 제시하는 것은 어렵다.[1] 따라서 판례의 입장대로 유죄의 확정판결 요건도 필요하다고 보는 것이 불가피하다.[2]

(5) 소송행위의 흠과 치유

1) 흠 있는 소송행위의 취급   소송행위의 흠이 있게 되면 행위의 유형과 종류에 따라 취급을 약간씩은 달리하게 된다. 법원에 대해 재판을 요구하는 취효적 소송행위에 흠이 있는

---

1) 아예 처음부터 법 제451조 제1항 제5호 재심사유 규정을 소송행위의 취소에 유추하는 것 자체가 무리가 있다는 지적은 이러한 점에서 타당하다(호, 448면). 그러나 동 견해는 소취하의 경우는 민법 제110조를 유추적용하여 소취하의 취소를 인정하여야 할 것이라고 하면서도 청구의 포기와 인낙, 화해 등에 대해서는 기판력의 문제가 있어 다른 각도에서 검토해야 할 것이라고만 언급하고 있어 구체적인 해결책은 제시하지 않고 있다.

2) 최근 대법원은 大判 2012. 6. 14. 2010다86112 및 大決 2012. 11. 21. 2011마1980 등에서 상소취하나 지급명령에 대한 이의신청의 취하의 경우 법 제451조 제1항 제5호의 규정을 유추적용하여 그 효력이 부정될 수도 있으나, 같은 조 제2항에 따라 그 형사상 처벌받을 행위에 대하여 유죄의 판결이나 과태료 부과의 재판이 확정된 때 또는 증거부족 외의 이유로 유죄의 확정판결이나 과태료부과의 확정재판을 할 수 없는 경우에 가능하다고 일관해서 판시하고 있다.

경우는 부적법한 것으로 취급되어 법원으로부터 배척을 받게 된다. 예를 들어, 본안 및 소송
상 신청과 증거신청 등이 부적법하면 법원으로부터 각하 재판을 받게 된다. 한편, 법원의 재
판행위가 개입되지 않는 여효적 소송행위의 경우는 흠의 효과가 유·무효의 문제로 나타나
게 된다. 예를 들어, 소취하를 하였으나 상대방이 동의하지 않는 경우, 혹은 미성년자 본인이
법정에서 소취하의 의사표시를 한 경우 등은 모두 무효이다. 결국, 취효적 소송행위이든 여
효적 소송행위이든 당사자가 의도한 효과는 발생하지 않는다는 점에서는 동일하지만 그 과
정의 설명이 다를 뿐이다.

2) 흠의 제거와 치유

① 보 정 흠 있는 소송행위를 바로 각하하거나 무효로 취급하기보다는 그에 대
한 보정이나 정정이 가능한 경우에는 이를 허용함이 타당하다. 예를 들어, 소송능력이 없는
미성년자가 소를 제기한 경우에도 법원은 소를 바로 각하할 수 없고 기간을 정해서 보정을
명하여야 한다(59조). 소장에 당사자를 잘못 기재한 경우에도 이를 정정할 수 있는 당사자표
시정정 제도가 실무에서는 정착되고 있는 것도 같은 맥락이라고 할 수 있다. 물론 부적법한
소로서 그 흠을 보정할 수 없는 경우에는 변론 없이 판결로 소를 각하할 수밖에 없음은 당
연하다(219조).

② 추 인 불완전하거나 무효인 소송행위를 사후에 확정적으로 유효하게 하는 일
방적 의사표시를 추인이라고 한다. 위의 사례에서 미성년자가 제기한 소를 사후에 적법한 법
정대리인이 추인을 하게 되면 소송행위는 소급적으로 유효하게 된다(60조). 아울러 소송대리
권 없는 자가 제기한 부적법한 소로서 소각하된 후 그 사건 상고심에서 보정된 소송대리인
이 추인한 경우에는 행위시에 소급하여 적법한 소로된다.[1] 아울러 적법한 대표자 자격이 없
는 비법인 사단의 대표자가 사실심에서 한 소송행위를 상고심에서 적법한 대표자가 추인하
는 것 역시 가능하다.[2] 한편, 추인의 시기적 제한은 없으므로 판결 선고 후나 확정 후에라도
가능하다(424조 2항, 451조 1항 3호).

③ 이의권의 포기 및 상실 소송절차에 관한 규정에 흠이 있는 경우에는 적기에 이
의를 제기하지 않음으로써 그 흠에 대해 어떤 조치를 취하지 않더라도 자연적으로 흠이 치
유된다(151조). 소송절차에 관한 경미한 규정과 관련된 경미한 흠이 아니라도 판결이 일단 확
정되면 재심사유에 해당하지 않는 한 확정된 판결을 탄핵할 방법은 없게 된다. 그런 차원에
서는 대부분의 흠이 일정한 시간의 경과로 인해 자연적으로 치유될 수 있음을 인정할 수밖
에 없다.

---

1) 大判 1969. 6. 24. 69다511.
2) 大判 1997. 3. 14. 96다25227; 大判 2010. 12. 9. 2010다77583; 大判 2019. 9. 10. 2019다208953; 大判 2022.
   4. 14. 2021다276973.

④ 무효행위의 전환　　　당사자가 의도한 효과를 발생할 수 없는 무효인 소송행위이지만 궁극적으로 행위자에게 유리한 다른 효과를 발생시킬 수 있는 소송행위로 인정해 주는 것을 의미한다. 법률행위에서의 무효행위의 전환(민 138조)을 유추한 것이다. 예를 들어, 당사자는 독립당사자참가신청을 하였으나 동 신청 자체로는 부적법하지만 보조참가신청으로 인정할 수 있는 경우,[1] 불복할 수 없는 결정이나 명령에 대해 통상항고를 한 경우 이를 특별항고로 보아 대법원으로 기록을 송부하는 경우[2] 등이 그러한 예이다. 아울러 항소기간이 도과된 후 항소장을 제출한 경우에도 그 전체적인 취지에 비추어 추완항소의 주장이 있는 것으로 볼 수 있는 경우에는 당연히 그 사유에 대하여 심리·판단하여야 하고, 증거에 의하여 그 항소기간의 경과가 그의 책임질 수 없는 사유로 말미암은 것으로 인정되는 이상, 그 항소는 처음부터 소송행위의 추후보완에 의하여 제기된 항소라고 보아야 한다는 것이 판례의 입장이다.[3]

제 4 절　변론의 과정

Ⅰ. 변론의 개시와 진행

1. 말과 변론

(1) 변론은 직권 혹은 당사자의 신청에 따라 재판장이 지정한 기일(165조 1항)에 공개된 법정(법조 56조, 57조)에서 진행되며 사건과 당사자의 이름을 부름[4]으로써 기일이 개시된다(169조). 변론준비기일을 거친 사건의 경우는 준비기일의 결과를 진술하는 것으로(민규 72조의2), 변론기일이 바로 지정된 경우에는 소장 진술에 이어 답변서의 진술을 통해 진행된다. 한편, 당사자는 변론 전에 사실관계와 증거를 사전에 상세히 조사·정리해서 주장 및 증거신청을 해야 하는 의무를 부담한다(민규 69조의2).

(2) 변론은 당사자가 말로 중요한 사실상 또는 법률상 사항에 대하여 진술하거나, 법원이 당사자에게 말로 해당사항을 확인하는 방식으로 진행하여야 한다(민규 28조 1항). 따라서 과거 실무에서와 같이 "소장을 진술합니다" 혹은 "2011. 2. 5.자 답변서를 진술합니다"와 같은 형식적인 구술 진술은 지양되어야 하므로 제출된 소장·준비서면, 답변서의 주요 내용을 구술로 직접 진술하여야 한다. 아울러 법원은 변론에서 당사자에게 중요한 사실상 또는 법률상

---

1) 大判 1960. 5. 26. 4292민상524.

2) 大決 1981. 8. 21. 81마292.

3) 大判 2008. 2. 28. 2007다41560.

4) 소송당사자에 대한 호명으로 충분하며 소송수행자나 소송대리인의 이름을 부르지 않았다고 해서 위법은 아니라는 판결이 있다(大判 1970. 11. 24. 70다1893).

쟁점에 관하여 의견을 진술할 기회를 주어야 한다(민규 28조 2항).1) 이러한 구술 중심의 변론
진행은 자칫 절차의 지연을 초래할 수 있으나 재판장이 사건을 숙지하고 당사자가 변론 전
에 사실관계와 증거에 대한 정보를 상세히 파악하고 있다면 문제되지 않을 것이다.

2. 변론의 일체성

현행법은 소 제기 후 무변론판결을 할 사건이 아닌 경우에는 바로 처음부터 변론기일을
지정하는 것을 원칙적인 모습으로 하고 있어(258조 1항) 변론기일의 반복은 부득이하다. 준비
절차를 거친 경우에는 제1회 변론기일에 사건을 종결하는 것을 지향하고 있으나(287조 1항) 훈
시적인 규정에 머문다. 따라서 변론도중 언제 공격방어방법을 제출하느냐 하는 것은 당사자
의 소송전략과 전술에 달려있으므로 실기한 공격방어방법으로 각하되지 않는 한 당사자는
주장과 증거방법이 최고의 효과를 나타낼 수 있는 적절한 시기를 선택해서 공격방어방법
을 제출할 수 있으며 이 경우 소송자료로서의 효력은 동등하다. 이를 변론의 일체성이라
고 한다.

Ⅱ. 변론의 제한 · 분리 · 병합

법원은 변론을 진행하는 도중에 사건의 신속한 진행 · 해결을 위해 혹은 효율적인 소송
진행을 위해 변론을 제한하거나 분리 · 병합할 수 있다(141조). 법 제141조에는 명령이라고 표
현하고 있으나 이 권한은 법원에게 귀속되는 것이므로 소송지휘에 관한 결정의 대상이다. 이
는 법원의 재량사항으로서 당사자는 이에 대해 불복할 수 없다. 변론기일에 변론의 제한, 분
리 또는 병합의 결정이 있을 때에는 그 결정은 서면으로 작성하지 아니한 재판이므로 조서
의 필요적 기재사항(154조 5호)으로서 그 결정의 내용과 고지사실을 조서에 기재하여야 한다.

1. 변론의 제한

변론의 제한은 당사자의 변론권을 제한하는 것이 아니라 재판의 효율적인 진행을 도모하
고자 변론의 순서 등을 정해서 순차적으로 주장과 증거신청을 하도록 하는 재판에 해당한다.2)

---

1) 동 규칙의 내용과 법 제136조가 규정하는 석명권과의 관계가 문제된다. 특히 법 제136조 제4항은 당사자
가 간과하였음이 분명한 법률상 사항에 대해서만 의견진술의 기회를 주도록 하고 있음에 반해 규칙은 중요
한 사실상 · 법률상 쟁점 모두에 대해 의견진술의 기회를 주도록 하고 있어 명백한 차이를 보이고 있기 때문
이다. 구술재판을 강조하는 차원에서 규칙을 정비하였으나 민사소송법상의 원칙과 충돌하는 현상이 빚어지
고 있음은 매우 유감스러운 일이다.
2) 당사자의 중복적인 진술이나 불필요한 증거신청 등에 대한 제한은 재판장의 소송지휘권의 행사(222조)로
보아야 할 것이다. 따라서 법 제141조의 변론제한은 "변론의 정리"라는 표현으로 바꾸는 것이 바람직하다.

중요한 본안전 항변이 제출되고 그 주장의 타당성이 농후할 경우 본안에 관한 주장과 증거신청을 일단 유보하고 당해 본안전 항변에 관한 주장과 증거신청만을 우선적으로 처리하는 경우가 전형적인 예일 것이다(국제재판관할 유무의 항변 등). 아울러 중간판결(201조, 454조)의 대상이 되는 사안에서 책임원인이나 재심사유의 유무 등을 먼저 심리하기 위한 변론제한 역시 가능하다.

2. 변론의 분리

(1) 개　념

병합된 소송절차에서 사건의 일부를 분리하는 것은 실무상 매우 드문 일에 속한다. 한편, 합일확정이 요구되는 필수적 공동소송의 경우와 같이 변론의 분리 자체가 부적법한 경우도 있으며 청구가 선택적 혹은 예비적으로 병합된 경우에도 변론의 분리는 부적절하다. 따라서 사람이나 청구가 단순하게 병합되어 있는 경우가 주로 변론분리의 대상이 될 것인데 주로 사람이 병합된 통상공동소송의 경우가 일반적이다. 예를 들어, 수인의 피고 중 일부는 송달불능되고 다른 일부는 기간 내에 답변서를 제출하지 않은 경우 모든 사건에 대해 추후 기일을 지정하는 것보다 송달불능된 피고들에 대한 변론을 분리해서 변론을 진행하는 것이 소송경제상 바람직하다.

(2) 변론의 분리와 증거조사

송달불능된 피고를 분리한 채 증거조사가 실시되었는데, 나중에 분리되었던 피고에 대해 변론을 병합해야 하는 경우가 있다. 이때 이미 실시된 증거조사결과를 분리되었던 피고에 대해 역시 사실인정의 자료로 삼을 수 있는지 여부가 문제되는데 실무에서는 원고로 하여금 분리되었던 피고에게 사용할 증거방법을 특정하여 거시하게 한 다음 피고가 이의하지 않는 경우에는 그대로 별도의 증거조사 없이 증거자료로 사용하고 있다(실무제요 II, 320면). 증거조사에 참여하지 못한 당사자에게 당해 증거조사의 결과에 대해 이의여부를 물어 이의가 없는 경우에는 재판의 자료로 할 수 있다는 논리는 법리적으로 납득하기 어렵다. 증거조사에 참여할 권리는 변론과 함께 당사자의 재판청구권의 핵심을 이루는 것이므로 이의권의 포기대상이 될 수 없기 때문이다(151조). 따라서 증거조사에 참여할 수 없었던 당사자의 이의 유무와 상관없이 그에게 증거조사 결과를 불리하게 적용할 수는 없으므로 이러한 상황에서는 새로이 증거조사를 하여야 한다.

3. 변론의 병합

(1) 개념과 요건

변론 병합은 동일한 법원 내에 계속하고 있는 사건번호를 달리하는 여러 사건을 하나의 절차에서 심리하기 위한 결정을 의미한다.[1] 법원의 재판에 의한 병합이므로 당사자 스스로가 하는 공동소송이나 청구병합과 구분된다. 변론 병합의 결과 공동소송이나 청구의 객관적 병합이 발생하므로 그 결과에 따른 요건을 충족해야 한다. 따라서 공동소송의 주관적 요건(65조)이나 청구 상호 간에 법률상의 관련성은 물론 같은 종류의 소송절차에서 심판될 수 있어야 한다.[2] 물론 병합되는 청구 상호 간에 견련성이 요구되지 않는 경우도 있으며(행소 10조, 가소 14조) 법률상 병합심리가 강제되는 경우도 있다(상 188조, 328조, 376조 등). 단독판사의 사물관할에 속하는 두 개의 사건이 변론 병합되어 소송목적의 값이 합의부의 사물관할에 속하더라도 합의부로 사건을 이송할 필요는 없다. 소송경제상 별개의 사건이 병합된 것이므로 소송목적의 값을 합산한 것을 기준으로 새로 사물관할을 정할 현실적인 필요가 없기 때문이다.[3]

(2) 변론과 증거조사

변론이 병합된 후에는 변론과 증거조사가 공통으로 이루어지는 것은 당연하지만[4] 병합된 종전 소송절차에서 이루어진 변론과 증거조사 결과를 어떻게 취급할지 문제된다. 변론이 병합됨으로써 청구의 병합만 일어나는 경우에는 별도의 원용이 필요 없으나 당사자가 추가되는 형태의 공동소송이 되는 경우에는 당사자의 원용이 필요하다(이시, 405면; 정/유/김, 484면). 여기서 한 걸음 더 나아가 당사자가 병합 후의 심리에서 특별히 이의제기 없이 소송행위를 한 경우에는 묵시적으로 원용한 것으로 볼 수 있다는 견해[5](실무제요 Ⅱ, 324면)가 있으나 의문이다. 이러한 경우에는 법원의 석명의무를 인정해서 당사자의 원용 여부를 확인하는 절차가

---

1) 서로 다른 법원에 계속되어 있는 관련사건은 이송을 통해 결과적으로 병합이 가능해진다. 한편, 합의부와 단독판사 간의 사무분장을 사물관할로 취급하는 현 체계에서는 이 경우도 이송절차가 요구되지만 동일 법원 내에서는 변론의 병합절차를 통해서도 동일한 목적을 달성할 수 있다(사건배당 예규 14조 3호 참조).

2) 원고가 제기한 소에 대해 피고가 같은 사건에서 반소를 제기하지 않고 같은 법원에 다른 사건으로 원고가 되어 별소를 제기한 경우 이 두 개의 소를 변론 병합하여 본소·반소로 구성할 수 있는지 문제된다. 당사자의 동의를 통해 이러한 반대 방향의 변론병합이 이루어질 수 있다고 한다면 소송경제적인 측면에서 바람직한 현상이다. 그러나 실무상으로는 거의 행해지지 않고 단지 병행심리를 하는 데 그친다고 한다(실무제요 Ⅱ, 321면).

3) 大決 1966. 9. 28. 66마322 역시 같은 취지이다.

4) 병합 후의 서면증거의 목록과 증인 등의 목록은 원칙적으로 그대로 남겨둔다. 다만 기본사건과 병합된 사건의 서증번호가 중복될 경우에는 병합된 사건의 서증은 철회시킨 후 번호 부여를 다시하게 된다(실무제요 Ⅱ, 323면).

5) 안정호/주석민소(2), 374면.

선행되어야 하므로 묵시적인 원용을 인정할 사안은 아니기 때문이다.

(3) 병행심리

변론의 병합 요건은 충족하지 못하지만 판결의 모순·저촉을 피하기 위해 여러 사건의 절차진행만을 동시에 하는 병행심리가 실무상 활용되고 있다. 별개인 두 개 이상의 사건이 동시에 진행된다는 의미일 뿐이므로 원칙적으로는 서면증거나 증인에 대한 증거조사 역시 별도로 신청하고 신문하여야 한다.[1] 즉 전혀 다른 두 개의 사건을 단지 같은 법정, 같은 시각에 동시에 재판을 하는 경우에 불과하다.

Ⅲ. 변론종결과 재개의무

1. 법원의 재량

법원은 종결된 변론을 다시 열도록 명할 수 있는데(142조) 이 경우 법원은 그 결정과 동시에 변론기일을 지정하고 당사자에게 변론을 재개하는 사유를 알려야 한다(민규 43조). 그러나 실무상으로는 당사자가 변론재개신청을 하는 경우가 빈번한데 당사자에게 변론재개 신청권이 인정되는지 여부, 즉 재개결정 여부는 법원의 전적인 재량사항인지 여부가 문제된다. 판례는 당사자가 변론종결 후 주장·증명을 제출하기 위하여 변론재개신청을 한 경우 당사자의 변론재개신청을 받아들일지 여부가 원칙적으로 법원의 재량에 속한다는 입장이다. 다만 변론재개신청을 한 당사자에게 변론을 재개하여 그 주장·증명을 제출할 기회를 주지 않은 채 패소의 판결을 하는 것이 법이 추구하는 절차적 정의에 반하는 경우 혹은 사건의 적정하고 공정한 해결에 영향을 미칠 수 있는 소송절차상의 위법이 드러난 경우에는 변론을 재개하고 심리를 속행할 의무가 있다고 판시하고 있다.[2]

2. 재개의무와 법원의 설명의무

판례는 변론의 재개 여부를 법원의 원칙적 재량사항이라고 보면서도 예외적으로 재개의

---

1) 증인의 경우 한 번의 증인신문으로 두 사건에서 모두 증거조사를 한 것으로 취급하는 것이 실무상의 관행인 듯하다. 편의상 이러한 방법을 취한다 하더라도 두 개의 사건은 별개이므로 증인의 증언이 한 사건에서만 위증으로 확정된다면 그 사건에 대한 재심사유가 될 뿐이지 병행심리된 다른 사건의 재심사유가 될 수는 없다(大判(全) 1980. 11. 11. 80다642 참조).

2) 大判 2014. 10. 27. 2013다27343; 大判 2021. 3. 25. 2020다277641; 大判 2021. 10. 28. 2020다290538; 大判 2022. 12. 29. 2022다263462 등. 법원이 사실상 또는 법률상 사항에 관한 석명의무나 지적의무 등을 위반한 채 변론을 종결한 경우(大判 2011. 6. 10. 2011다5592), 당사자가 책임질 수 없는 사유로 관건적 요증사실을 주장·증명하지 못한 경우(大判 2011. 10. 13. 2009다2996) 등 여러 가지 표현을 사용하고 있는데 모두 당사자의 재판청구권, 좀 더 구체적으로는 당사자의 변론권 내지 방어권을 중대하게 침해한 것으로 요약될 수 있다.

무를 인정하는 경우도 있다. 그런데 법원이 변론을 재개해야 할 사유로 언급하는 절차적 정
의와 사건의 적정하고 공정한 해결은 결국 국민의 재판청구권이 침해되지 않아야 한다는 것
을 의미하는 것이다. 따라서 국민의 재판청구권을 침해하는 중대한 절차상의 위법이 있는 경
우에는 변론을 반드시 재개해야 한다. 그렇다면 변론의 재개 여부는 재량사항이 아니고 법원
의 의무사항으로 파악함이 타당하다. 따라서 당사자에게 변론재개신청권을 인정하는 것이 마
땅하며 동 재개신청에 대해서는 재개불허의 사유를 당사자에게 고지함으로써 법원의 설명의
무를 다하여야 한다. 아울러 동 불허결정에 대해서는 통상의 항고(439조) 역시 가능하다.[1]

Ⅳ. 변론조서

1. 의   의

변론기일에 일어나는 당사자 간의 공격방어를 상세하게 기술하기 위해 법원사무관등이
작성하는 조서를 변론조서라고 한다. 법정에서 당사자 간의 공격과 방어는 말로 진행되는 것
이 가장 바람직하지만 이를 객관적으로 기술해 놓지 않으면 어떤 주장과 공격방어가 일어났
는지 정확히 알 수 없으므로 기록을 통해 이러한 사실에 대한 다툼을 없애고자 한 것이다.

2. 조서의 기재와 생략

(1) 법원사무관등의 조서작성

법원사무관등은 변론기일에 참여하여 기일마다 조서를 작성하여야 하는데(152조 1항) 이
를 준용하는 변론준비기일이나 그 밖의 화해기일, 증거조사 기일도 동일하다. 그러나 변론을
녹음하거나 속기하는 경우 그 밖에 이에 준하는 특별한 사정이 있는 경우에는 법원사무관등
을 참여시키지 아니하고 변론기일을 열 수 있다(152조 1항 단서). 한편, 변론기일이나 변론준비
기일이 아닌 경우에는 재판장이 필요하다고 인정하는 경우 법원사무관등을 참여시키지 않고
기일을 열 수 있다(2항). 그러나 법원사무관등이 참여하지 않은 경우에도 법원사무관등은 그
기일이 끝난 뒤에 재판장의 설명에 따라 조서를 작성하고, 그 취지를 덧붙여 적어야 한다(3
항). 한편, 재판장이나 법원사무관등의 기명날인이나 서명이 없으면 조서가 무효로 된다고 봄
이 타당하다. 뿐만 아니라 재판장이나 법원사무관등의 기명만 있고 날인이 없는 경우에도 달
리 볼 이유는 없으므로 조서 자체는 무효로 된다고 봄이 타당하다.[2]

---

1) 大判 1992. 9. 25. 92누5096에서는 변론의 재개 여부는 법원의 직권사항이고 당사자에게 신청권이 없으므
   로 이에 대한 허부의 결정을 할 필요조차 없다고 한다. 또한, 大判 1972. 5. 9. 72다333에서는 변론의 재개여
   부는 법원의 직권사항이므로 재개 없이 판결을 선고하였다고 해서 위법하지 않다고 한다. 그러나 이들 판례
   의 입장은 최근의 위 판례 경향에 비추어 폐기되어야 할 판결들로 보인다.
2) 大決 1965. 4. 28. 65마205에서는 경락기일조서에 그 조서를 작성한 서기의 날인이 결여되면 그 조서는 무

(2) 형식적 기재사항

법 제153조가 규정하는 각호의 내용을 기재하여야 하는데 출석한 당사자 및 관계인의 이름 및 날짜와 장소 등 형식적인 사항이 주축을 이룬다. 형식적 기재사항을 적은 후에는 재판장과 법원사무관등이 기명날인 또는 서명을 하여야 하는데 재판장이 할 수 없는 경우에는 합의부원이, 법관 모두가 할 수 없는 경우에는 법원사무관등이 사유를 기재할 수 있다(153조). 한편, 형식적 기재사항 중 제1, 2, 5호와 같은 중요한 사항의 기재가 없으면 조서가 무효로 된다고 하는데(이시, 408면; 정/유/김, 487면) 다른 사항 역시 경미한 사안이 아님에도 불구하고(특히 변론의 공개여부를 규정하는 6호) 위와 같이 특정 사유들만 무효로 된다는 해석의 근거는 다소 모호하다. 모든 사유를 등가적인 것으로 인정하여 어느 하나라도 흠결이 있으면 당해 조서는 무효로 된다고 봄이 타당하다.

(3) 실질적 기재사항

실질적 기재사항은 형식적 기재사항과 달리 변론에서 있었던 주요사항을 의미한다. 따라서 당사자의 변론 내용은 물론, 법원의 소송행위 및 증거조사 결과 등이 실질적 기재사항으로서 조서에 기재되어야 한다. 그러나 그 내용이 기재되지 않았다고 해서 조서가 무효로 취급되는 것은 아니다. 한편, 다만 법은 변론의 요지를 적되 특정한 사항은 반드시 기재하여 이를 분명히 하도록 요구하고 있다. 즉, 화해, 청구의 포기·인낙, 소취하와 자백, 증인·감정인의 선서와 진술, 검증의 결과, 재판장이 적도록 명한 사항과 당사자의 청구에 따라 적는 것을 허락한 사항, 서면으로 작성되지 아니한 재판, 재판의 선고 등이 그것이다(154조). 그러나 법 제154조에 규정된 내용은 변론의 요지를 나타내는 예시적인 사항이므로 그 외에도 변론의 과정과 진행사항은 물론 상세하지는 않더라도 재판이나 변론의 대강의 요지를 알 수 있는 실질적 내용 양자를 모두 기재하는 것이 바람직하다(민사실무 Ⅱ, 489면).

(4) 조서기재의 생략

1) 일반 소송절차   당사자의 이의가 없는 한 조서에 적을 사항은 대법원규칙이 정하는 바에 따라 생략할 수 있다(155조 1항). 그러나 변론방식에 관한 규정의 준수, 화해, 청구의 포기·인낙, 소의 취하와 자백에 대하여는 어느 경우에도 생략이 불가능하다. 한편, 규칙 제32조에 따르면 소송이 판결에 의하지 아니하고 완결된 때에는 재판장의 허가를 받아 증인·당사자 본인 및 감정인의 진술과 검증결과의 기재를 생략할 수 있으나 당사자의 이의가 있는 경우에는 조서를 작성하여야 한다(민규 32조 3항).

2) 소액사건   소액사건의 경우는 판사의 허가가 있는 경우에는 조서에 기재할 사

효가 되어 경락기일에 적법한 절차를 거친 후에 경락허가결정을 선고하였는지 여부를 증명할 수 없으므로 그 경락허가결정은 위법하다고 한다.

항을 생략할 수 있으나 당사자의 이의가 있는 경우에는 생략이 불가능하다(소액 11조 1항). 생략이 가능한 경우에도 변론의 방식에 관한 규정의 준수와 화해·인낙·포기·취하 및 자백에 대하여는 적용할 수 없으므로 조서에는 반드시 이들 사항이 기재되어야 한다(소액 11조 2항).

3. 조서의 기재방식

(1) 통상의 방식

조서의 기재방법에 관하여는 법률상 아무런 정함이 없으며 형식적 기재사항 등은 전산양식예규가 정한 전산양식을 사용하고 있어 큰 어려움은 없다(민사실무 II, 490면). 한편, 실질적 기재사항에 대해서도 법원사무관등이 직접 작성하고 간결한 문장으로 분명하게 작성하면 된다(민규 4조 1항). 법 제157조에 따르면 조서가 당해 기일에 바로 작성되는 것처럼 규정되어 있지만 통상은 법원사무관등이 기일에 참여를 하더라도 당해 기일에는 법정에서 메모 형태로 작성된 후 기일 종료 후에 조서를 작성하는 것이 일반적이다(민사실무 II, 490면). 법원사무관등이 기일에 참여하지 않은 경우에는 당연히 기일이 끝난 후 작성될 수밖에 없을 것이다.

(2) 변론의 속기 · 녹음과 변론조서

1) 도입배경   2002년 개정법은 변론의 집중과 준비절차의 강화에 따라 법원사무관등의 조서작성의 부담을 경감하기 위해 변론을 녹음하거나 속기하는 경우에는 법원사무관등을 참여시키지 아니하고 변론기일을 열 수 있도록 하였다(152조 1항 단서). 다른 한편으로는 법원이 직권으로 변론의 전부 또는 일부를 녹음하거나, 속기자로 하여금 받아 적도록 명할 수 있도록 하였고 이를 조서의 일부로 삼을 수 있도록 하였다(159조 1항, 2항). 이러한 녹음·속기에 관한 규정은 준비기일에도 준용되었다(283조 2항).

2) 녹음·속기와 전자소송   법 제152조와 제159조 등은 재판시설과 장비의 개선이 뒤따르지 못해 한동안 사문화되었으나 최근 전자소송의 활성화를 위해 재판시설이 현대화됨에 따라 다시 활용될 가능성이 높아지게 되었다. 그러나 전자통신기술의 발달로 녹음·속기보다는 녹화테이프, 컴퓨터용 자기디스크·광디스크, 그 밖에 이와 비슷한 방법으로 음성이나 영상을 녹음 또는 녹화하여 재생할 수 있는 매체로 대체되어 갔다(민규 37조 1항). 이는 평면적인 차원의 기록에서 영상 등까지 한꺼번에 저장할 수 있는 저장매체 수단의 발전에 따른 것이었다. 그런데 요즘 전자소송에서는 사건기록 일체가 전자문서화됨으로써 변론조서를 비롯한 각종 조서 역시 전자문서로 작성하거나 그 서류를 전자문서로 변환하여 전산정보처리시템에 등재하도록 되어 있다(전자문서 10조 1항).

3) 녹음·속기와 변론조서　　　변론의 속기·녹음에 관한 업무처리요령(이하 요령이라 함, 2015. 1. 29. 개정)에 따르면 현재 녹음·속기는 세 가지의 종류로 그 기능에 따라 분류될 수 있다. 우선, 법 제152조 제1항에 따라 변론을 녹음·속기하는 경우 법원사무관등은 변론에 참여하지 않을 수 있는데 이 경우에는 나중에 재판장의 설명에 따라 조서를 작성한다(152조 3항). 이때에는 재판장의 허가를 받아 녹음테이프 또는 속기록을 조서의 일부로 삼을 수 있게 된다(민규 36조 1항, 요령 2조 2호 및 3장). 두 번째는 법원의 직권 혹은 당사자의 신청에 따라 변론의 전부 또는 일부를 녹음하거나, 속기사로 하여금 받아 적도록 명할 수 있는데 이 경우에는 이를 조서의 일부로 삼을 수 있게 된다(159조 1항, 2항, 요령 2조 2호 및 3장). 세 번째로는 조서 작성의 편의를 위한 속기와 녹음도 인정되고 있다(요령 2조 3호 및 4장).

4) 소 결　　　법원사무관등이 변론기일에 참석하여 변론조서 등을 작성한다고 할 때 당해 조서가 동시간대에 즉시적으로 작성되는 것이 아니라 당해 변론기일에서는 메모만이 작성되고 그 후에 현장에서의 메모와 기억 등을 토대로 재작성되는 것이다. 따라서 법원사무관등의 성실성 및 기억력에 의존하게 되는 불합리함이 있었고 즉시적으로 확인이 불가능하므로 이를 탄핵하고자 하는 당사자의 기억에도 한계가 존재했다. 따라서 변론기일에서의 모든 진행 상황을 녹음하거나 속기하는 것은 매우 바람직한 현상이고 객관적인 자료로서의 가치도 높다. 다만, 모든 법정시설에 이러한 장비를 설치해야 하는 점, 그리고 이를 이용할 경우에 비용 부담의 주체 및 정도 역시 문제된다(민규 33조 1항은 신청인 부담 원칙을 선언하고 있다). 더욱이 녹음테이프의 재생(민규 34조 2항)이나 녹취서의 작성(민규 35조)이 필요한 경우도 발생할 수 있어 녹음·속기제도의 도입으로 조서와 관련된 분쟁이 말끔히 해소되는 것은 아니라는 것을 유념할 필요가 있다.

4. 조서의 공개

(1) 관계인에 대한 공개

조서는 관계인이 신청하면 그에게 읽어주거나 보여주도록 되어 있다(157조). 따라서 소송의 당사자 혹은 법정대리인, 참가인이나 증인은 조서의 낭독이나 열람을 신청할 수 있다(민규 37조의3). 인터넷을 통한 기록열람이 신속해지고 용이하게 되는 점은 전자소송 확대의 가장 큰 이점 중 하나라고 할 것이다.

(2) 당사자 및 이해관계인 그리고 제3자의 소송기록의 열람과 그 제한

일반인인 제3자의 민사사건 소송기록에 대한 접근권은 원칙적으로 허용되지 않는다. 그나마 소송기록 중 판결서에 대한 접근은 과거보다는 다소 완화된 것이 사실이나 여전히 비실명화 작업 등으로 인해 해독이 어려운 상황이고 전산자료화하는데도 큰 장애가 되고 있다.

1) 소송기록의 열람 등   ① 당사자나 이해관계를 소명한 제3자는 대법원규칙이 정하는 바에 따라, 소송기록의 열람·복사, 재판서·조서의 정본·등본·초본의 교부 또는 소송에 관한 사항의 증명서의 교부를 법원사무관등에게 신청할 수 있다(162조 1항). ② 누구든지 공개를 금지한 변론에 관련된 소송기록을 제외하고는 권리구제·학술연구 또는 공익적 목적으로 대법원규칙이 정하는 바에 따라 법원사무관등에게 재판이 확정된 소송기록의 열람을 신청할 수 있다(2항). 그러나 이 경우에는 소송관계인이 동의하여야 하며(3항, 민규 37조의3) 복사 등은 허용되지 않는다.

2) 비밀 기재부분의 열람 등 제한   사생활에 관한 중대한 비밀로서 제3자의 열람허용이 당사자의 사회생활에 큰 지장을 줄 우려가 있거나 영업비밀(부정 2조 2호)의 보호를 위해 당사자의 신청에 따라 당사자를 제외한 이해관계인이나 제3자의 소송기록에 대한 열람 등이 제한될 수 있다(163조 1항). 당사자가 동 규정에 따른 신청을 하기 위해서는 소송기록 가운데 비밀이 적혀있는 부분을 특정하여 서면으로 하여야 하며 제한결정 역시 비밀이 적혀있는 부분을 특정해야 한다(민규 38조). 즉, 소송기록 전반에 대한 열람제한이 아니라 비밀이 적혀 있는 부분에 대한 특정을 통해 열람제한을 최소화하고자 함이다.[1]

3) 개인정보 기재부분의 열람 등 제한   소송관계인의 생명 또는 신체에 대한 위해의 우려가 있다는 소명이 있는 경우에는 법원은 해당 소송관계인의 신청에 따라 결정으로 소송기록의 열람·복사·송달에 앞서 주소 등 대법원규칙으로 정하는 개인정보로서 해당 소송관계인이 지정하는 부분이 당사자를 포함한 제3자에게 공개되지 아니하도록 보호조치를 할 수 있다(163조 2항 신설, 2023. 7. 11. 개정, 2025. 7. 12. 발효). 비밀기재부분과 달리 상대방 당사자도 개인정보 기재부분에 대한 접근이 제한될 수 있다.

(3) 제3자의 판결서 열람과 복사

1) 2011. 7. 18. 법 개정에 따라 제163조의2를 신설함으로써 2015. 1. 1.부터는 누구든지 판결이 확정된 사건의 판결서를 인터넷, 그 밖의 전산정보처리시스템을 통한 전자적 방법 등으로 열람 및 복사할 수 있게 되었다. 그 후 2020. 12. 8. 법 개정을 통해 2023. 1. 1.부터는 확정되지 아니한 사건에 대하여도 판결서의 인터넷 열람·복사가 허용되게 되었으며(163조의2 1항), 나아가 임의어 검색이 가능하게 되었다(2항). 그러나 소액사건심판법 적용 사건의 판결서, 상고심절차에 관한 특례법 제4조의 심리불속행 상고기각판결서 및 법 제429조에서 규정하는 상고이유서를 제출하지 아니함으로 말미암은 상고기각판결서에는 적용되지 않는다(163

---

1) 예를 들면, 원고가 교통사고를 당해 손해배상청구의 소를 제기하였으나 노동능력상실률 산정을 위한 신체감정을 실시하였는데 그 결과 에이즈 환자라는 것이 의도하지 않게 밝혀진 경우 원고는 소송기록 중 진료기록부에 동성애자이며 에이즈 환자라는 내용이 나타나는 부분을 특정해서 열람을 금지해 줄 것을 신청할 수 있다는 것이다.

조의2 1항). 한편,　법원사무관등이나 그 밖의 법원공무원은 열람 및 복사에 앞서 판결서에 기재된 성명 등 개인정보가 공개되지 아니하도록 비실명 처리를 하여야 한다(163조의2 3항, 민사 판결서 열람 및 복사에 관한 규칙 3조 3호, 4조).

　　2) 현재 일반 국민이 민사 관련 판결서 사본을 열람하거나 취득하는 방법은 세 가지가 있다. 우선, 판결서 사본 제공신청 제도가 있는데 확정 및 미확정된 모든 심급의 판결과 결정문을 포함한다(아래 인터넷 열람제도의 대상 재판 및 가사 사건 등은 제외). 누구든지 사건번호를 특정하여 신청하면 개인정보 등을 삭제한 판결서사본을 신청인의 청구방법에 따라 이메일, 직접, 우편, 모사전송의 방법으로 제공받을 수 있다(전자우편 등을 통한 판결서 제공에 관한 예규, 2023. 9. 26. 개정). 두 번째는 판결서 인터넷 열람제도인데 2015. 1. 1. 이후 확정되거나 2023. 1. 1. 이후 선고된 민사·행정·특허 사건 판결서(미확정 포함)를 임의어 검색을 통해 열람할 수 있다. 마지막으로는 법원도서관 특별열람실을 직접 방문하여 법원이 보유하고 있는 판결문을 직접 검색·열람할 수 있다(판결문 검색·열람을 위한 특별창구의 설치 및 이용에 관한 내규, 2006. 5. 1. 시행). 가사 및 소년 사건을 제외한 전 사건에 대해 비실명처리되지 않은 판결문들을 검색 및 열람할 수 있다.1)

5. 조서의 증명력

　조서가 무효이거나 없어지지 않는 한 변론의 방식이 적법하게 준수되었는지 여부에 대한 증명은 변론조서로만 가능하다(158조). 변론의 진행과 내용을 적는 변론조서를 둘러싼 분쟁을 예방하기 위해 부득이 변론의 방식에 관한한 변론조서에만 배타적인 증거력을 인정한 것이다(일종의 법정증거주의의 채택). 한편, 변론의 방식이란 변론조서에 기재되는 형식적 기재사항과 아울러 변론의 외형적인 사항을 의미한다. 따라서 언제, 누가 변론이나 판결선고 등에 출석하였는지, 변론은 공개되었는지 등이며 참가한 사람이 어떤 말을 했는지 등은 변론의 내용에 해당하는 것으로 변론조서가 아닌 일반적인 증거를 통해 증명이 가능하다. 한편, 실질적 기재사항에 대해서는 자유로운 증명이 가능하다. 그러나 대법원은 실질적 기재사항에 대해서도 강한 추정력을 인정하고 있는데2) 사실상 추정에 그치는 것으로 보아야 한다.

---

1) 따라서 미확정 재판에 대한 공개제도가 시행될 경우 판결문 원문에 대한 접근을 계속 유지할지는 알 수 없다[박병민, "한국의 민사판결서 공개 제도", 2022년도 한일 민사소송법학회 공동학술대회 자료집(2022. 1. 8. zoom 화상회의 실시), 5면 참조].

2) 大判 1980. 9. 24. 80다1586,1587 이래 법원의 확고한 입장이다. 다만, 大判 2010. 4. 29. 2009다38049에서는 변론의 내용이 조서에 기재되어 있을 때에는 다른 특별한 사정이 없는 한 그 내용이 진실한 것이라는 점에 관한 강한 증명력을 갖는다고 할 것이나, 그 의미가 명료하지 않은 경우에는 소송진행 과정에서의 당사자들의 변론 등을 종합하여 합리적인 해석을 하여야 한다고 판시하였다.

제4장　심리절차의 진행과 정지

제1절　기　　일

Ⅰ. 의　　의

기일은 법관, 당사자, 소송관계인(증인이나 감정인) 등이 일정한 장소(법정이나 증거조사 현장 등)에 모여 소송행위를 하기로 정한 시점을 말한다. 기일은 그 목적에 따라 심문기일·변론기일·변론준비기일·증거조사기일·조정기일·화해기일·판결선고기일 등으로 구분될 수 있다.

Ⅱ. 기일의 지정과 신청

1. 기일지정

(1) 구분 지정과 평일 지정

기일은 미리 장소와 연·월·일 및 개시시각을 밝혀서 지정하여야 하며 한 기일에 여러 사건을 진행해야 하는 우리 법원 실정에서 당사자와 소송관계인의 편의를 위해 규칙은 사건의 변론의 개정시간을 구분하여 지정하도록 하고 있다(시차제 출석 요구, 민규 39조). 기일은 평일로 지정하는 것이 원칙이지만(166조) 필요한 경우에는 공휴일도 지정할 수 있다. 소액사건의 경우는 생업에 종사하는 당사자들의 편의를 위해 야간이나 공휴일에도 기일을 지정할 수 있도록 하고 있다(소액 7조의2).

(2) 기일지정 방법

기일지정은 소송지휘에 해당하므로 법원이 직권으로 정하는 것이 원칙이지만 당사자의 신청에 따라 정할 수도 있다(165조 1항).[1] 한편, 절차의 촉진과 당사자의 편의를 위해 기일지정에 일정한 제약을 가하고 있는데 우선, 무변론판결(257조)을 할 사안이 아니면 바로 변론기일을 지정하여야 하며, 준비절차를 거친 경우에는 바로 변론기일을 지정하여야 할 뿐 아니라

---

1) 大決 1989. 9. 7. 89마694에서는 기일의 지정, 변경 및 속행은 오직 재판장의 권한에 속하는 것이라고 판시하고 있다. 즉, 당사자의 증거조사를 위한 속행신청에도 불구하고 기일지정을 하지 않고 변론을 종결하였더라도 종국판결에 대한 불복절차에 의하여 그 판단의 당부를 다툴 수 있는 것은 별론으로 하고 별도로 항고로써 불복할 수는 없다고 한다.

(258조) 1회의 변론으로 사건을 종결하는 것을 원칙으로 하되 2일 이상의 심리가 소요되는 경우에는 매일 변론을 열거나 부득이한 경우에는 최단기간 안에 다음 기일을 지정하도록 요구하고 있다(민규 72조 1항). 한편 준비기일을 거친 사건의 경우는 변론기일을 지정함에 있어 당사자의 의견을 듣도록 요구하고 있는데(민규 72조 2항) 이는 1회의 변론기일로 종결하기 위해 당사자에게 충분한 시간을 주도록 요구하는 데서 비롯된 것으로 보인다.

(3) 기일추정

차회 기일지정을 함에 있어 시점을 특정하지 않고 추후에 지정하기로 하는 경우가 간혹 있다. 이를 기일의 추후지정(혹은 기일추정)이라고 한다. 규칙은 절차의 촉진을 위해 기일을 변경하거나 변론을 연기 또는 속행하는 때에는 소송절차의 중단 또는 중지, 그 밖에 다른 특별한 사정이 없으면 다음 기일을 바로 지정하여야 한다고 하여(민규 42조 1항) 가급적 기일추정을 지양하고 있다.

2. 기일지정신청

(1) 기일지정의무 유무

기일은 주로 재판장이 직권으로 지정하지만 당사자의 신청에 따라 지정할 수도 있다(165조 1항). 당사자의 기일지정신청에 대해 법원이 지정의무를 부담하는 것인지 여부가 다투어질 수 있는데 순수하게 법원의 재량사항이라고 보는 입장도 있을 수 있으나 상황에 따라서는 지정의무를 인정하거나 최소한 지정하지 않는 이유를 설명할 의무가 있다고 할 것이다. 당사자가 기일지정신청을 하는 경우를 나누어 보면 다음과 같다.

(2) 기일지정신청 사유와 법원의 의무 여부

① 동일한 쟁점을 가진 사건이 대법원에 계류 중이거나 적용 법률의 위헌성 여부가 헌법재판소에 계류 중이어서 그 결과를 보고 재판을 해야 하는 사유가 있는 경우 등에는 재판부가 기일을 특정하지 않고 추정하는 경우가 있다. 그 후 기일이 추정된 사유가 소멸한 경우에는 당사자가 기일지정신청을 통해 법원의 기일지정을 촉구하는 것이 가능하다. ② 다음으로는 양쪽 당사자가 2회 불출석한 후에 원고가 1월 이내에 기일지정신청을 하지 않으면 소취하간주되므로(268조 2항) 이를 방지하기 위해 기일지정신청을 하는 경우가 있다. 이 경우는 직권에 의한 기일지정을 촉구하는 것이 아니라 당사자의 의무로서 기일지정신청을 하는 것이므로 법원 역시 이를 통해 기일지정을 해야 할 의무가 있다. ③ 마지막으로는 소의 취하에 따른 소송종료 효과를 다투기 위해 기일지정신청 방식으로 본안의 신청을 하는 경우가 있다(민규 67조). 이 기일지정신청은 통상의 기일지정신청과 달리 법원의 직권발동을 촉구하는 것이 아니라 본안의 신청이므로 법원은 변론을 열어 종국판결로 답해야 한다. 한편 당사자 일

방이 화해조서의 당연무효사유를 주장하면서 기일지정신청을 한 경우에도 법원으로서는 그 무효사유의 존재 여부를 가리기 위하여 기일을 지정하여 심리를 한 다음 무효사유가 존재한다고 인정되지 아니한 때에는 판결로써 소송종료선언을 하여야 한다는 것이 판례의 입장이다.[1]

3. 기일의 변경

(1) 의   의

기일변경은 이미 정해진 기일을 그 기일의 개시 전에 지정을 취소하고 새로운 기일을 지정하는 것을 말한다. 반면 개시된 기일에 변론을 진행하지 않고 다음 기일을 지정하는 기일의 연기나 개시된 기일에 변론을 하였지만 심리를 더 하기 위해 다음 기일을 정하는 기일의 속행 등과 구분된다. 기일변경 시에는 당사자는 물론(민규 42조 2항) 증인이나 감정인 등 출석요구를 받은 사람들에게 변경의 통지를 하여야 한다(민규 44조 1항).

(2) 요   건

1) 기일변경은 소송지휘에 해당하므로 법원의 사정에 의해 직권에 의한 기일변경이 가능하다. 그러나 절차의 촉진을 위해 기일변경을 가급적 자제하도록 하는 것이 현행법의 기본취지이다. 따라서 현저한 사유가 없는 한 변론기일이나 준비기일을 변경하는 것은 허용되지 않는다(민규 41조). 다만 첫 변론기일이나 준비기일은 당사자들의 변론준비가 필요하므로 합의에 의한 변경이 가능하다(165조, 민규 41조). 따라서 첫 기일이라 하더라도 합의가 되지 않은 상태에서 기일변경신청을 한 경우에는 현저한 사유가 없는 한 기일변경을 허가할 수 없다.

2) 무엇이 현저한 사유인가는 문제이다.[2] 변론권의 부당한 제약을 방지하기 위해서는 가급적 그 사유를 넓게 인정함이 타당하므로 불가항력뿐 아니라 주장이나 증거제출의 준비를 하지 못한 데 정당한 사유가 있는 경우에도 현저한 사유에 해당한다.[3] 한편, 증인을 대동하기로 한 당사자가 증인 불출석을 이유로 기일변경 신청을 하는 것은 일단 현저한 사유로 보기 어렵지만 이들 사유도 구체적인 사정을 고려해서 법원이 비교형량하여야 할 것이다. 이때 법원은 기일변경을 통해 초래되는 절차의 지연과 기일변경을 불허하였을 때 발생하게 될 당사자의 불이익을 상호비교하는 것이 바람직하다.

---

1) 大判 2000. 3. 10. 99다67703. 조정조서에 대한 이의신청을 통해 불복한 경우도 기일지정신청을 한 것으로 본 예가 있다(大判 2001. 3. 9. 2000다58668).
2) 학설의 대부분은 부득이한 사유보다는 다소 넓게 보아야 한다고 하는데(이시, 422면) 양자의 차이는 명확하지 않다.
3) 대리인이나 당사자 본인의 질병으로 인한 변론준비의 미흡은 현저한 사유에 해당한다고 볼 수 있을 것이다(이시, 423면에서는 구체적인 경우에 법원의 자유재량으로 정할 사항이라고 한다). 당사자가 책임질 수 없는 사유로 인해 송부촉탁한 서류나 신체감정결과의 미도착 등도 역시 현저한 사유로 볼 수 있을 것이다.

(3) 기일변경 불허의 효과

기일변경신청에 대한 법원의 판단은 법원의 직권사항이므로 그 허부재판에 대해서는 당사자가 불복할 수 없다. 그러나 기일변경신청에 대해 법원이 불허하는 경우 이를 미리 고지하는 것이 필요하며,[1] 원·피고 간 합의에 의해 변론기일연기신청을 하면 가급적 이를 허용함이 바람직하다.[2] 만일 기일변경신청에 현저한 사유가 있었음에도 법원이 이를 간과하고 기일변경을 불허하게 됨에 따라 방어권행사에 중대한 침해를 받아 패소판결을 받은 경우에는 문제이다. 기일에 정당하게 대리되지 않았음을 근거로 상소와 재심사유로까지 될 수 있다는 견해가 있는데 타당한 지적이다(이시, 423면; 정/유/김, 642면).

4. 기일의 통지

(1) 기일통지 방법

기일에 출석을 필요로 하는 사람에게는 기일통지서(출석의무가 없는 당사자 등)나 출석요구서(출석의무가 있는 증인 등)를 송달하여 통지하는 것이 원칙이다(167조 1항). 그러나 당해기일에 출석한 사람에게는 속행기일의 출석을 고지하는 것으로 충분하며(1항 단서) 소송관계인이 일정한 기일에 출석하겠다고 적은 서면을 제출한 때(168조), 혹은 법원사무관등이 그 법원 안에서 송달받을 사람에게 서류를 교부하고 영수증을 받은 때(177조 2항)에는 송달의 효력을 가진다.

(2) 기일의 간이통지

엄격한 송달의 방식으로 행하는 것이 원칙이지만 법원은 대법원규칙이 정하는 간이한 통지방법(전화·팩시밀리·보통우편 또는 전자우편 및 그 밖에 상당하다고 인정되는 방법)[3]에 따라 기일을 통지할 수 있다(민규 45조). 그러나 간이통지의 경우는 기일에 출석하지 아니한 당사자·증인 또는 감정인 등에 대하여 법률상의 제재, 그 밖에 기일을 게을리한데 따른 불이익을 줄 수 없다(167조 2항).

(3) 부적법한 기일통지의 효력

기일의 통지가 적법하게 이루어지지 않은 상태에서 이루어진 기일의 진행 실시는 위법

---

1) 大判 1962. 11. 1. 62다567에서는 기일변경신청에 대해 법원의 명시적인 답변은 필요 없다는 취지로 판시하고 있다.
2) 大判 1982. 6. 22. 81다791에서는 속행기일에 당사자가 기일변경신청을 하고 출석하지 않은 경우 재판장이 기일을 변경하지 아니한 채 지정된 변론기일에서 사건과 당사자를 호명하였다면 불출석의 효과가 발생한다고 한다. 이 사건에서는 원·피고들 간 전원의 합의로 변론기일연기 신청을 제출하였으나 법원이 이를 받아들여주지 않았던 사건이다.
3) 상당하다고 인정되는 방법에 문자메시지나 메신저 프로그램, 혹은 페이스북과 같은 SNS를 이용하는 것도 포함하는 것인지는 의문이다. 문자메시지를 그 예로 드는 견해가 있다(이시, 424면). 구체적인 예규나 지침 없이 새로운 형태의 통지 방법을 인정하는 것은 혼란을 초래할 염려가 있다.

하지만 무효사유가 되지는 않는다는 것이 다수 견해이다(이시, 424면; 정/유/김, 639면). 당사자가 우연한 기회에 기일에 출석하여 변론을 함으로써 이의권은 포기되거나 상실되지만1) 그렇지 못해 패소판결을 받은 경우에는 기일에 정당하게 대리되지 않은 사람에 준하여 상소나 재심을 통해 구제될 수 있다. 그러나 대법원은 판결선고에 대한 기일통지를 일반 변론기일에 대한 통지와 구별하는 입장을 보이고 있어 의문이다.2) 즉, 판결의 선고는 당사자가 재정하지 않은 경우에도 할 수 있는 것이므로 법원이 적법하게 변론을 진행한 후 이를 종결하고 판결선고기일을 고지한 때에는 재정하지 않은 당사자에게도 그 효력이 있는 것이고, 그 당사자에 대하여 판결선고기일 통지서를 송달하지 않았다 하더라도 이를 위법이라고 할 수 없다는 입장을 일관되게 취하고 있기 때문이다.3) 당사자가 판결선고기일에는 아무런 소송행위를 할 수도 없다는 것은 자명하지만 선고기일이 지정된 사실을 알게 된 당사자는 변론재개신청 등을 통해 자신의 주장·입증을 새롭게 도모할 수도 있는 이익이 있으므로 이에 대한 통지가 없더라도 위법은 아니라는 판례의 입장은 온당하지 못하다.

(4) 기일진행방법

기일은 사건과 당사자의 이름을 부름으로써 시작되는데(169조) 대리인이 선임된 사건의 경우는 대리인의 출석여부를 심리하여야 한다. 통상 본인은 출석하지 않는 것이 일반적이므로 대리인의 출석여부를 확인하는 것이 필요하기 때문이다. 그러나 당사자를 위해 여러 명의 대리인이나 소송수행자가 있을 경우 개별적인 이름을 호명하는 등의 방법을 사용할 필요까지는 없다는 것이 판례의 입장이다.4)

Ⅲ. 당사자의 기일 불출석

1. 변론과 기일

판결은 구술변론을 거쳐서 행하는 것이 원칙이므로(134조 1항) 변론기일(286조 변론준비기일 포함)에 당사자 한 쪽이나 양 쪽이 출석하지 않으면 소송진행은 불가능하게 된다. 그러나 적법한 기일통지나 고지를 받은 당사자나 당사자들이 변론에 출석하지 않는다고 해서 절차를

---

1) 大判 1984. 4. 24. 82므14.
2) 소액사건이 아님에도 불구하고 판결선고기일을 지정하지 아니한 채 변론기일에 바로 판결선고를 하는 것은 위법하다(大判 1996. 5. 28. 96누2699).
3) 大判 1959. 2. 26. 4291민상471; 大判 2003. 4. 25. 2002다72514.
4) 대리인이 당일 법정에 있었는가에 대해 심리할 필요는 없다는 판지의 근거로 大判 1970. 11. 24. 70다1893을 예로 드는 견해가 있다(이시, 424면; 김홍, 527면). 그러나 동 사건의 취지는 뚜렷하지 않다. 다만 이 판결에서도 지적한 바와 같이 변론조서에는 출석한 당사자·대리인·통역인을 기재하도록 하고 있는바(153조 4호) 이는 적어도 대리인의 출석여부를 확인하여야 한다는 의미로 새겨야 할 것이다.

진행하지 못하게 되면 의도적인 소송지연이 가능하게 되어 부당하다. 따라서 현행법은 한 쪽 혹은 양 쪽 당사자가 불출석하는 경우 일정한 불이익을 부과할 뿐 아니라 절차를 진행할 수 있는 법적 근거를 마련하고 있다. 이러한 법적 제재를 부과하기 위한 요건은 다음과 같다.

(1) 필요적 구술변론 기일

판결선고기일에서의 불출석은 기일불출석에 따른 불이익이 발생하지 않는다(이시, 413면; 정/유/김, 495면). 한편 같은 변론기일이라 하더라도 임의적 변론기일은 결정절차에서 법원이 변론을 열 것인지 여부에 대한 재량권을 갖는 절차로서(134조 1항 단서) 필요적 변론절차와는 다른 의미를 갖는다. 즉, 변론의 실시 여부가 법원의 재량이라는 점, 변론이 열리더라도 구술변론에 현출된 자료뿐 아니라 서면으로 제출된 증거도 법원의 판단자료가 될 수 있다. 따라서 임의적 변론기일에서 불출석하더라도 진술의제나 자백간주, 취하간주 등의 법적 효과를 인정할 필요가 없게 된다.[1]

(2) 적법한 기일통지

당사자나 대리인이 적법한 기일통지를 받았음에도 불구하고 불출석하거나 출석하더라도 변론을 하지 않은 경우이다. 따라서 기일통지의 수단인 송달이 무효인 경우는 기일불출석에 따른 불이익의 효과는 발생하지 않는다. 공시송달의 방법을 통해 기일통지를 한 경우에는 자백간주의 효과는 발생하지 않는다는 것이 법 규정이다(150조 3항 단서). 그렇다면 공시송달에 의한 경우에는 진술간주나 소취하간주의 효과는 발생하는 것인지 문제되는데 일부 학설에서는 진술간주·소취하간주 등의 기일불출석의 효과도 발생하지 않는 것으로 해석하고 있으나(이시, 413면), 판례는 요건이 갖추어진 공시송달을 통한 기일 통지의 경우에는 소취하간주의 효과가 발생한다는 입장이다.[2]

(3) 물리적 출석과 변론 없음

당사자나 대리인이 출석을 하더라도 진술금지의 재판(144조 1항)을 받은 경우나 퇴정명령 혹은 임의로 퇴정을 한 경우에도 기일불출석의 효과는 발생된다. 당사자가 출석은 하였으나 변론을 하지 않는 경우(원고 불출석 상태에서 취하간주의 효과를 의도하는 피고는 통상 변론을 하지 않겠다는 진술을 함)도 기일불출석의 효과를 받는다. 물리적 출석이 있더라도 당사자의 변론이 없으면(자의든 타의든) 기일을 준수한 것으로 볼 수 없기 때문이다. 한편, 당사자가 단순히 청구기

---

1) 伊藤 眞, 238面; 竹下守夫/日本註釋(3), 92面.
2) 大判 1987. 2. 24. 86누509. 그러나 판례는 大判 1997. 7. 11. 96므1380에서 공시송달의 요건이 불비되었음에도 불구하고 재판장이 당사자에 대한 변론기일 소환장을 공시송달한 경우, 그 당사자는 각 변론기일에 적법한 절차에 의한 송달을 받았다고 볼 수 없으므로, 위 공시송달의 효력이 있다 하더라도 쌍방 불출석의 효과가 발생한다고 볼 수 없다고 판시하였다. 법원은 공시송달의 요건이 불비되더라도 재판의 형태로 이루어지는 공시송달 자체는 유효하지만 기일불출석에 따른 불이익은 발생하지 않는다는 입장을 취하고 있다.

각을 구하거나 기일변경이나 연기만을 구하는 경우에는 변론한 것이라고 볼 수 없다는 견해가 있으나(이시, 413면) 의문이다.[1] 사실상의 주장을 하지 않고 단지 청구기각만을 구하는 진술은 적법하고 타당한 변론의 방법은 아니지만(민규 28조) 기일불출석의 제재를 부과할 만큼의 비난가능성이 있다고는 할 수 없다. 아울러 기일변경이나 연기를 구하는 것도 일종의 소송전략일 수 있으므로 이를 무조건 변론하지 않은 것이라고 보는 것 역시 성급한 결론이라고 판단된다(같은 취지의 견해로는 정/유/김, 495면).

2. 한 쪽 당사자의 결석과 그 효과

적법한 기일통지를 받고 한 쪽 당사자가 출석을 하지 않은 경우 현행법은 진술간주와 자백간주 두 가지 방법으로 변론의 진행을 도모함으로써 기일 불출석으로 인한 절차의 지연을 방지하고 있다.

(1) 진술간주

1) **의　　의**　　원고 또는 피고가 변론기일(변론준비기일 포함, 286조)에 출석하지 아니하거나, 출석하고서도 본안에 관하여 변론하지 아니한 때에는 그가 제출한 소장·답변서, 그 밖의 준비서면에 적혀 있는 사항을 진술한 것으로 보고 출석한 상대방에게 변론을 명할 수 있도록 하고 있다(148조 1항). 이를 진술간주라고 한다. 진술간주의 불이익을 부과하고 변론을 진행할 것인지 혹은 기일을 연기할 것인지 여부는 법원의 재량사항이라고 할 것이다. 그러나 변론을 진행하는 경우에는 불출석한 당사자가 제출한 서면에 대해 진술의제를 반드시 하고 상대방으로 하여금 변론을 하도록 하여야 한다.[2] 한 쪽 당사자가 불출석한 상태에서 변론을 진행하는 것 자체가 불이익이 되는 것이므로 이를 넘어 제출된 서면조차 진술된 것으로 보지 않는다면 법익의 균형이 상실되기 때문이다.

2) **요건과 대상**　　① 변론기일이나 변론준비기일에 원고든, 피고든 한 쪽 당사자가 불출석한 경우이어야 한다. 첫 기일은 물론이고 그 뒤의 속행기일과 항소심에서의 변론기일에 불출석하는 경우도 포함된다. 다만 임의적 변론기일에 해당하는 상고심에는 적용이 없다. 한편, 변론준비기일을 종결함에 따라 일정한 차단효가 발생하는 경우에는(285조 1항) 진술간주 효과도 발생하지 않는다고 보아야 한다.

② 진술간주의 대상이 되는 서면은 소장, 답변서, 그 밖의 준비서면이다. 따라서 명칭여

---

1) 이 견해에서는 大判 1955. 7. 21. 4288민상59(大判 1989. 7. 25. 89다카4045도 같은 취지)를 근거로 들고 있으나 이 사건에서 피고는 이미 1심에서 의제자백 판결을 받은 바 있고 후에 항소를 제기하였으나 항소심에서도 원고청구를 기각해 줄 것만을 진술할 뿐 다른 변론을 하지 않은 경우이다. 이는 피고가 항소심에서도 원고의 청구를 다툴 의사가 없다고 보는 데 중점이 있는 것이지 변론을 하지 않은 것이라고 보기는 어렵다고 생각된다.

2) 大判 2008. 5. 8. 2008다2890.

하에 불구하고 준비서면의 기능을 갖는 서면은 모두 진술간주된다(청구취지 및 청구원인 변경신청서 등). 다만 답변서를 제출한 피고가 불출석하여 진술간주되더라도 이로 인해 변론관할이 발생하지는 않는다.[1] 이는 현실의 변론을 요구하는 변론관할의 속성으로부터 비롯된 것이다. 그런데 서면증거가 첨부된 준비서면이 진술간주되는 경우 증거신청을 한 것으로 볼 수 있는지 문제된다. 판례는 서면증거의 경우 당사자가 변론기일 또는 준비절차기일에 출석하여 현실적으로 제출하여야 한다는 점을 들어 서면증거가 첨부된 준비서면이 진술간주되어도 증거신청을 한 것으로 보지 않는다.[2]

　　3) 효　　과　　　진술간주의 효과는 불출석한 당사자가 출석한 것과 동일한 상황을 의제함으로써 기일을 공전시키지 않고 출석한 당사자의 공격방어를 가능하게 하는 데 주된 목적이 있다. 따라서 불출석한 당사자가 미리 아무런 서면을 제출하지 않은 경우 입게 되는 자백간주의 불이익은 발생하지 않는다. 그런데 진술간주되는 서면에 상대방의 주장을 시인하는 취지의 의사표시가 담겨있는 경우 이를 재판상 자백으로 볼 것인지 혹은 자백간주로 볼 것인지 문제된다. 현행법은 구법과 달리 진술간주되는 서면에 청구의 포기·인낙이나 화해의 의사표시가 있고 공증사무소의 인증이 있는 경우에는 그 효력의 발생을 인정하고 있다(148조 2항, 3항). 이들 의사표시는 서면에 명확하게 드러나고 거기에 공증사무소의 인증까지 요구되고 있어 적어도 표시된 의사표시의 명확성에는 의심이 없다.[3] 그러나 자백의 경우는 상황이 다르다. 불출석한 당사자가 제출한 서면만으로는 자백의 의사를 가지고 있는지 여부가 모호한 경우가 많기 때문이며 자백간주로 취급하더라도 증거조사의 필요는 없으므로 재판절차의 진행에 장애가 되는 것도 아니다. 따라서 자백간주의 효과만을 부여하는 것이 타당하다고 생각된다. 그렇지 않으면 후에 불출석한 당사자가 그 사실을 다투고자 하는 경우 자백취소의 제한을 받게 되어 비상한 부담을 지게 되는 경우가 발생하게 될 것이다. 불출석에 따른 제재의 효과가 어느 정도까지 미치도록 하는가는 출석한 상대방이 얻는 이익과의 균형을 고려해서 결정되어야 할 것이므로 자백간주로도 그 불이익은 충분하다고 판단된다(반대견해로는 김/강, 287면; 이시, 417면; 정/유/김, 497면).

(2) 자백간주(의제자백)

　　1) 의　　의　　　공시송달의 방법을 제외한 송달을 통해 적법하게 기일통지서를 수령한 당사자가 답변서나 준비서면 등을 제출하지 않은 채 기일에 출석하지 아니한 경우에는 상대방 주장 사실을 명백히 다투지 않은 것으로 취급되어 자백간주의 불이익을 입게 된다(150조 1항).

---

[1] 大決 1980. 9. 26. 80마403.
[2] 大判 1991. 11 8. 91다15775.
[3] 다만 이러한 의사표시를 하게 된 경위나 진위여부 등을 법관이 직접 확인할 수 없다는 점에서 내재된 하자의 위험이 존재할 뿐이다.

자백간주로 취급되는 것과 자백이 성립되는 것은 효과 면에서 차이가 크다. 불출석으로 인해 자백간주가 되더라도 추후에 그 부분을 다툼으로써 변론 전체의 취지에 비추어 다투는 것으로 인정되는 경우에는 자백간주의 효과는 소멸될 수 있기 때문이다(150조 1항 단서).

　　2) **의제자백 판결과 무변론판결**　　　자백간주는 원고나 피고 모두에게 동일하게 적용되지만 소송진행 도중에 한 쪽 당사자가 불출석하는 경우에는 자백간주 규정이 거의 의미를 갖지 못한다. 앞서 본 바와 같이 변론전체의 취지상 다툰 것으로 볼 수 있는 경우가 대부분이기 때문이다.[1] 따라서 2002년 법 개정 이전에 피고가 소장부본을 송달받고도 첫 기일에 아무런 답변서를 제출하지 않은 상태에서 불출석하는 경우에 소위 의제자백 판결을 하는 경우에만 의미를 가질 수 있었다. 그러나 신법에서는 무변론판결(257조)을 도입하게 됨에 따라 의제자백 판결의 의미가 퇴색되었다. 즉 과거에는 소장이 접수되면 일차적으로 변론기일을 지정, 통지한 후 답변서가 제출되지 않으면 선고기일을 지정하여 소위 의제자백 판결을 하였으나 현행법은 소장의 송달을 통해 피고에게 답변서제출의무를 부과한 후 30일 이내에 답변서 제출이 없으면 미리 정해진 선고기일에 변론 없이 원고승소의 무변론판결을 하고 있기 때문이다.

3. 양쪽 당사자의 결석과 그 효과

　　한 쪽 당사자가 변론기일에 결석하면 진술간주나 자백간주 등의 제재를 통해 문제를 해결하고 있는데 양 쪽 당사자의 불출석은 드문 일이지만 소취하의 간주를 통해 제재를 하고 있다. 그러나 양 쪽 당사자가 모두 불출석하는 경우뿐 아니라 원고가 불출석하고 피고가 출석한 경우에도 피고는 변론을 하지 않음으로써 양 쪽 당사자의 불출석 효과를 의도하는 경우도 적지 않다. 우리 법제는 양 쪽 당사자의 불출석에 매우 관대한 편이라 두 번의 불출석만으로는 불이익이 발생하지 않으며 다시 일정 기간 내에 기일지정신청을 하지 않거나 기일지정신청을 한 후 한 번 더 양 쪽 당사자가 불출석을 해야만 소취하 간주효과가 발생한다.

(1) 양 쪽 당사자의 1회 불출석

　　1) 양 쪽 당사자가 변론기일이나 변론준비기일에 1회 불출석하거나 출석하더라도 변론하지 않는 경우에는 변론을 그대로 진행할 수 없고 재판장은 다시 변론기일 등을 지정하여 기일통지를 하여야 한다(268조 1항).[2] 그러나 증거조사만을 위한 기일이나 판결선고기일에는

---

1) 예를 들어, 원고가 피고의 답변서를 받은 후 다투는 취지의 준비서면 등의 제출 없이 다음 기일에 출석하지 않는다면 자백간주의 효과가 발생할 것이다. 하지만 원고가 그 다음 기일에 나와 피고의 종전 주장사실을 다투게 되면 이러한 자백간주의 효과는 소멸된다.
2) 변론준비기일의 경우는 다음 준비기일을 지정할 것인지 혹은 준비절차를 종료하고 변론기일을 지정할 것인지 법원이 재량권을 갖는다고 보아야 한다(284조 1항 3호 참조).

당사자의 출석을 필요로 하지 않으므로 예정된 재판을 진행할 수 있다.

　　2) 양 쪽 당사자의 불출석 당시 이미 판결을 할 수 있을 정도로 성숙되었다면 1회 불출석만으로도 소송기록에 의한 재판이 가능하다는 견해가 있으나(정/유/김, 501면) 의문이다.[1] 우선, 우리 법은 2회의 불출석을 소취하 간주의 기본조건으로 설정하고 있어 일본의 상황과는 다르다. 즉, 일본 민사소송법 제263조에 따르면 기본적으로 1회의 불출석이 있으면 기일종료를 선언하는 것이 원칙이고[2] 아울러 기일종료와 함께 판결을 하기에 성숙한 경우에는 변론을 종결하는 것이 가능하다는 해석을 하고 있다.[3] 나아가 일본 민사소송법 제244조는 양 쪽 당사자 혹은 한 쪽 당사자가 불출석한 경우 심리의 현상 및 당사자의 소송수행의 상황을 고려해서 상당하다고 인정하는 때에는 종국판결을 하는 것이 가능하다고까지 하고 있다. 소송촉진을 위해서 바람직한 입법의 한 형태라고 할 수 있으나 우리 제도 하에서는 양 쪽 당사자의 1회의 불출석은 새로운 변론기일을 위한 기일통지의 요건일 뿐이다(같은 취지의 견해로는 이시, 414면).

(2) 양 쪽 당사자의 2회 불출석

　　1) **개　　관**　　　같은 심급의 같은 종류의 기일에 연속 혹은 비연속적으로 2회의 불출석이 있으면 법원은 새로운 기일을 지정하지 않고 기일을 종료하게 되며 당사자가 2회째 불출석한 기일로부터[4] 1월 이내에 기일지정신청을 하지 않으면 소취하간주의 효과가 발생한다(268조 2항). 1월의 기간은 불변기간이 아니므로 추완의 대상은 아니다.[5] 한편, 당사자의 기일지정신청에 따라 변론기일이 지정되더라도 그 기일이나 그 후에 열리는 기일에 재차 1회의 양 쪽 당사자의 불출석이 있게 되면 바로 취하간주의 효과가 발생한다(268조 3항). 한편, 상소심 절차에서는 동일한 요건 하에 취하간주의 효과가 발생하지만 소취하가 아닌 상소취하가 의제된다(268조 4항).

　　2) **2회 불출석 계산**　　　같은 심급의 변론준비기일과 변론기일은 같은 종류의 기일이 아니므로 기일불출석의 흠이 승계되지 않는다(엄밀하게는 불출석의 횟수가 상호 더해지지 않는다). 즉, 준비기일에서 1회, 변론기일에서 1회씩 양 쪽 당사자의 불출석이 있더라도 불출석의 효과가 상호 승계되지 않으며[6] 파기환송 전과 파기환송 후의 기일 역시 상호 승계되지 않는다

---

1) 最高裁 第3小法廷 1966. 11. 22. 昭40(オ) 319号 判決 역시 같은 견해이다.

2) 일본 민사소송법 제263조에서는 쌍방의 불출석이 1회 있는 경우 1개월 이내에 기일지정신청이 없으면 소취하 간주 효력이 발생한다고 규정하면서 아울러 당사자 쌍방이 연속해서 2회 쌍방 불출석하는 경우에도 동일하다고 규정하고 있다. 즉 1회 쌍방불출석이 있는 경우 법원은 기일종료를 선언하고 당사자의 기일지정신청을 기다리거나 다음 기일을 지정할 수 있는 선택권이 인정된다.

3) 伊藤 眞, 258面 참조.

4) 大判 1992. 4. 14. 92다3441.

5) 大判 1997. 7. 11. 96므1380.

6) 大判 2006. 10. 27. 2004다69581. 한편, 배당이의 소에서는 첫 변론기일에 불출석하면 소취하 간주의 불

는 것이 판례입장이다.[1] 청구의 변경이 있는 경우에는 문제이다. 추가적 변경의 경우는 변경 전의 기일불출석의 효과가 청구변경 후에도 승계되지만 교환적 변경의 경우는 구청구가 취하되므로 승계되지 않는다는 견해가 있다(이시, 415면; 김홍, 520면). 그러나 교환적 변경 역시 청구기초의 동일성 범위 내에서만 가능한 것이고 기일불출석의 흠이 승계되는지 여부는 절차단위로 파악해야지 청구별로 판단하게 되면 불출석의 의미를 파악하는 것이 매우 어렵다. 따라서 청구의 교환적 변경이 있다 하더라도 기존 절차에서의 기일불출석의 효과는 변경된 청구에 따른 절차에도 계속 승계된다고 봄이 타당하다. 이러한 해석이 소송촉진을 위한 차원에서도 바람직하다.

3) 양 쪽 당사자의 2회 불출석 효과와 저지가능성   양 쪽 당사자가 2회 불출석을 하게 되더라도 1월 이내에 당사자 중 어느 한 쪽[2]이 기일지정신청을 하게 되면 소취하간주의 효과는 발생하지 않는다. 따라서 2회의 불출석이 있으면 법원은 속행기일을 지정하지 않고 당해 변론기일을 종료하면 된다. 그런데 이 상황에서 법원이 소취하간주의 효과를 발생시키지 않는 다른 행위를 적극적으로 할 수 있는지 문제된다. 즉, 2회 불출석이 있음에도 불구하고 법원이 새로운 기일을 지정하거나 변론을 종결하고 판결 선고기일을 지정할 수 있는지 하는 문제이다. 판례는 양 쪽 당사자의 2회 불출석이 있음에도 직권으로 신기일을 지정한 때에는 당사자의 기일지정신청에 의한 기일지정이 있는 경우와 마찬가지로 보아야 한다고 판시한 바 있다.[3] 학설은 대립하고 있는데 제1회 불출석의 경우는 변론을 종결하고 판결을 선고할 수 있다고 하면서 제2회 불출석의 경우는 법원이 변론을 종결하고 판결을 선고할 수 없다고 하는 견해(정/유/김, 503면)와 제1회 불출석의 경우는 법원은 변론기일을 지정해야 하지만 제2회 불출석의 경우는 변론을 종결하고 판결을 할 수 있다는 견해가 그것이다(이시, 414면).

4) 소 결

① **피고의 선택권**   양 쪽 당사자의 불출석으로 인한 소의 취하 간주제도는 기일에 불출석한 당사자(특히 원고)에 대한 일정한 제재의 성격을 갖고 있지만 경우에 따라서는 소취하를 바라는 당사자들 간의 합의에 의해 불출석 상태가 지속되기도 한다. 한편, 피고는 원고의 불출석 상태에도 불구하고 단독의 변론을 거쳐 청구기각판결을 도모할 수도 있으며 혹은

이익을 입게 되어 있는데(민집 158조) 동 규정의 "첫 변론기일"에는 준비기일이 포함되지 않는다고 판시한 바 있다(大判 2006. 11. 10. 2005다41856). 결국, 원고가 배당이의의 소의 첫 준비기일에 출석하더라도 첫 변론기일에 불출석하면 소취하 간주된다는 것으로 양 기일의 성격이 동일하지 않다는 것을 의미한다.

1) 大判 1963. 6. 20. 63다166. 명시적인 이유는 밝히고 있지 않으나 같은 심급, 같은 종류의 기일임은 부정하기 어렵다. 하지만 종국판결의 성격을 갖는 파기환송 판결에 의해 환송된 심리절차는 명백히 구분되는 절차로서 당사자의 불이익을 최소화하고자 하는 정책적 의지가 반영된 것이 아닌가 생각된다.

2) 반드시 원고만 기일지정신청을 할 이익이 있는 것은 아니다. 피고로서도 취하간주되는 것보다는 원고 청구기각이라는 소송의 궁극적인 결과를 바라는 경우에는 기일지정신청이 가능하다고 보아야 할 것이다.

3) 大判 1994. 2. 22. 93다56442; 大判 2002. 7. 26. 2001다60491.

변론을 하지 않음으로써 소취하 간주의 효과를 의도할 수도 있다.

　　② 당사자 불출석의 단계적 효과　　　1회의 양 당사자의 불출석이 있는 경우 법원의 판단에 따라 판결을 하기에 성숙한 경우에는 변론을 종결하고 판결을 선고할 수 있다는 해석은 양 당사자의 불출석으로 인한 소취하 제도에 정면으로 배치되는 해석이라고 판단된다. 그러나 소송절차의 탄력적인 운용을 위해서는 이러한 방법론도 선택 가능한 것이므로 법 개정을 통해 입법적인 결단이 이루어지면 가능할 것이다. 한편, 법이 정한 양 당사자의 2회 불출석 조건이 충족되더라도 법원의 다른 적극적인 행동(기일지정이나 변론종결을 통한 판결선고)이 가능하다고 하면 소취하 간주제도는 활용 가능성이 매우 좁아지게 된다. 우선, 당사자의 신뢰를 무너뜨리게 되고 예측가능성을 저해하게 될 우려가 있기 때문이다. 따라서 법원은 양 당사자의 2회 불출석이 있게 되면 기일을 종료하고 당사자의 기일지정 신청 여부를 기다리는 것이 바람직하다. 만일, 2회 불출석 후에 법원이 착오로 기일지정을 하게 되면 이 역시 위법한 행위이므로 취하간주의 효과를 의도하는 당사자는 이의권의 행사를 통해 기일지정의 취소를 구하여야 한다. 한편, 당사자는 기일지정이 취소된 때부터 1개월간의 기간 내에 기일지정신청을 하는 것이 가능하다.

　　③ 배당이의의 소와의 균형　　　배당이의의 소에서는 원고가 소송의 첫 변론기일에 출석하지 않는 경우에는 바로 소취하 간주의 효과(민집 158조)가 발생되는데 일반 소송과의 균형이 크게 문제된다.[1] 이 규정을 합헌이라고 한다면 일반 소송에서의 소취하 간주 규정은 2회 불출석이 있으면 자동적으로 취하간주되도록 한 1990년 개정 이전의 법 규정으로 환원하는 것이 타당하다(90년 법 개정 이전의 241조 참조).

Ⅳ. 영상기일과 영상재판

1. 입법취지

(1) 시행 경위

　　2020년 시작된 팬데믹의 지속은 민사재판의 기일 형태의 변화를 촉진하는 계기가 되었다. 법 제287조의2(2021. 11. 18. 시행)에 따르면 재판장 등은 당사자의 신청 혹은 동의를 얻어 변론준비기일이나 심문기일을 비디오 등 중계장치에 의한 중계시설을 통하거나 인터넷 화상장치를 이용하여 열 수 있다(1항). 변론기일의 경우는 다소 요건을 강화하여 교통의 불편 또는 그 밖의 사정으로 당사자가 법정에 직접 출석하기 어렵다고 인정하는 때에는 법원이 당사자의 신청을 받거나 동의를 얻어 비디오 등 중계장치에 의한 중계시설을 통하거나 인터넷

---

[1] 憲裁 2005. 3. 31. 2003헌바92 결정은 민사집행법 제158조 규정이 합헌이라고 판시하고 있다.

화상장치를 이용하여 변론기일을 열 수 있게 되었다(2항 1문). 팬데믹의 종료 후에도 영상변론을 통한 영상재판은 지속적으로 증가세에 있으며 신속하고도 경제적인 재판을 지향하는 사법 소비자 및 사법 공급자의 수요에 부응하게 되었다.[1]

(2) 물리적 현존성과 직접심리주의

모든 국민은 헌법과 법률이 정한 법관에 의하여 법률에 의한 재판을 받을 권리를 가진다(헌법 27조 1항). 공판은 법정에서 하는 것이 원칙이지만(법조 56조 1항) 법원장은 필요에 따라 법원 외의 장소에서 개정하게 할 수 있다(2항). 헌법 제27조 제1항과 법원조직법 제56조가 당사자 및 관계인의 물리적인 출석을 전제로 한 재판만을 고려한 것이라고 보기는 어렵다. 그러나 형사재판과 관련된 사건에서 대법원은 "헌법 제27조가 보장하는 기본권, 즉 법관의 면전에서 모든 증거자료가 조사·진술되고 이에 대하여 피고인이 공격·방어할 수 있는 기회가 실질적으로 부여되는 재판을 받을 권리를 침해하는 것이므로"라고 하여 "면전"이라는 표현을 사용함으로써 물리적인 대면을 요구하는 것처럼 보이고 있다.[2] 그러나 "법관의 면전"이라는 의미를 물리적 현존의 의미로만 여길 필요성이나 합리성은 없다고 판단된다. 한편, 원격증인신문과 같은 원격지에서의 변론이나 증인신문이 직접주의(204조)에 부합하는지 여부가 문제된다는 견해(이시, 316면)도 있으나 의문이다. 법 제204조가 규정하는 내용은 기본이 되는 변론에 관여한 법관이 판결하도록 요구하는 것일 뿐 법관과 당사자들간의 물리적인 접촉을 통해 심리할 것을 전제하는 것은 아니라고 생각되기 때문이다.

2. 영상기일의 신청과 동의

(1) 신   청

영상기일의 신청은 기일에서 하는 경우가 아니면 서면으로 하여야 한다(민규 73조의2 1항). 아울러 당사자는 신청 대상이 되는 기일의 종류(변론준비기일, 심문기일, 변론기일 등)를 선택하거나, 희망하는 방식(중계시설 또는 화상장치)에 관한 의견을 진술할 수 있다(영상지침 8조 2항). 재판장 등 혹은 법원은 지체없이 실시 여부를 당사자에게 통지하여야 한다(민규 73조의2 3항).

(2) 편면적 영상재판의 가능성

영상기일은 당사자의 신청과 동의가 반드시 전제된다. 이는 준비기일이든 변론기일이든 동일하다(287조의2 1항, 2항). 증인신문과 감정인 신문의 경우는 당사자의 의견을 듣는 것과 대비된다(327조의2 1항, 339조의3 1항). 따라서 원고가 교통의 불편 등 사유로 다음 변론기일에 참석이 어려워 인터넷 화상장치를 통한 변론기일의 출석을 신청한 경우 법원이 상당하다고 판

---

1) 2023년 10월부터 월 3천 건 이상의 영상재판이 매월 실시되고 있다고 한다(법률신문 2023. 12. 21. 기사).
2) 大判(全) 2000. 6. 15. 99도1108.

단하면 상대방인 피고에게 화상장치를 통한 변론기일의 출석 여부를 문의하고 동의한다면 다음 변론기일을 영상기일로 열 수 있게 된다. 그러나 만일 피고가 영상기일 방식에 동의하지 않더라도 피고가 원하는 바대로 직접 출석을 하는 것을 허용함으로써 소위 하이브리드 혹은 편면적 영상재판 방식의 재판을 허용하고 있다. 재판장 등 또는 법원은 한쪽 당사자로부터 영상기일의 신청 또는 동의가 있는 경우 그대로 진행해도 무방하지만 양쪽 당사자에 대한 영상기일이 필요하다고 인정하는 때에는 상대방에 대하여 영상기일 동의 여부를 확인할 수 있기 때문이다(민규 73조의2 6항).[1] 편면적 영상재판의 경우 물리적으로 불출석한 당사자에 대한 불리한 심증형성의 우려를 표명하는 견해도 없지 않으나 당사자 스스로 영상재판에 따른 불이익을 감수하겠다고 선택하는 것까지 막을 이유는 없다고 본다.[2]

(3) 영상재판 신청권

당사자의 영상기일 신청에 대해 법원이 이를 불허한 경우 불복이 가능한 것인지 문제된 바 있다. 1심 법원은 영상재판에 대한 신청권이 당사자에 없음을 이유로 기각했지만 항고법원인 광주고등법원은 당사자의 영상재판에 대한 신청권을 인정하고 이를 법원이 부당하게 거절한 경우 민사소송법 제439조에 따른 통상항고권을 인정한 바 있다.[3] 소송당사자에게 영상재판을 신청을 할 수 있도록 하였다면 의당 법원은 재판의 형태로 답을 주고 이에 대한 당사자의 불복권 역시 명시적으로 인정하는 것이 국민의 헌법상 재판청구권을 구현하는 방법일 것이다.

3. 영상기일의 실시

(1) 실시 방법

영상기일은 당사자, 그 밖의 소송관계인을 비디오 등 중계장치에 의한 중계시설에 출석하게 하거나 인터넷 화상장치를 이용하여 지정된 인터넷주소에 접속하게 하고, 영상과 음향의 송수신에 의하여 법관, 당사자, 그 밖의 소송관계인이 상대방을 인식할 수 있는 방법으로 한다(민규 73조의3 1항). 중계시설은 법원 청사나 관공서 그 밖의 공사단체에 설치되고(2항, 3항) 법원 등에 의해 관리되므로 대면재판과 크게 다를 바는 없다.

---

1) 영상지침 제11조 제3항에서는 영상기일의 출석유형을 정해서 기일통지서를 송달하도록 하고 있는데 쌍방 화상장치와 일방 화상장치는 물론 모든 당사자가 중계시설을 통하여 출석하거나, 일부 당사자는 중계시설을 통하여 출석하고, 다른 당사자는 법정에 직접 출석하거나 화상장치를 이용하여 출석하는 경우까지도 예상하고 있다.

2) 유아람/주석민소 9판(3), 718면에서는 물리적으로 출석하는 당사자의 입장에서도 아무런 불이익이 없다고 한다.

3) 광주 高決 2022. 10. 20. 2022라1116,1117. 법 제287조의2 규정 자체가 매우 모호하다. 신청을 받거나 동의를 얻어 기일을 열 수 있다고만 할 뿐 신청에 대해 재판의 형태로 답을 해줄 수 있는 근거조차 없다.

(2) 당 사 자

인터넷 화상장치를 이용하는 경우에는 소송당사자가 소재하는 곳에서 지정된 인터넷 주소에 접속하는 것이므로 대면재판과 달리 당사자의 상황을 정확히 파악하기는 힘들다. 이러한 정황이 의심스러운 경우에는 화상장치를 통한 변론기일을 여는 것은 지양해야 한다. 당사자가 영상기일에 지정된 인터넷 주소에 접속하지 않는 경우에는 불출석으로 처리되지만 당사자가 책임질 수 없는 사유가 있었던 경우에는 예외이다(민규 73조의3 5항).

(3) 법   관

영상기일은 법원 청사 내의 법정에서 여는 것이 원칙이지만 법원장의 허가가 있는 경우 법원 청사 외에서도 열 수 있으므로(민규 73조의4 1항) 팬데믹 상황이 재현된다면 재판부는 각자의 소재지에서 인터넷 접속을 통해 영상기일을 열 수도 있다. 영상지침 역시 각 법관이 개별 장치를 사용하는 방법과 모든 법관이 하나의 장치를 사용하는 방법 모두 허용하고 있다(영상지침 13조 1항). 지침에서 순서를 정하고 있지 않지만 일차적으로는 법정 등 한 곳에서 모여 하나의 장치를 통해 영상재판을 진행하는 것이 바람직할 것이다. 다만, 법관들이 법정에서 모여 영상기일을 진행할 수 없는 상황이라고 한다면 법정 밖에서 법관들 각자가 있는 장소에서 화상장치를 통해 재판하는 것도 역시 가능하다.

4. 개정의 장소와 심리의 공개방법

법 제287조의2 제2항에 따라 영상 변론기일에 대해서만 심리의 공개를 위한 조치가 필요하다. 따라서 영상재판을 위한 전용 법정에서 재판부 전원이 출석한 상태에서 영상 변론기일을 연다면 당해 법정에서 제3자가 방청하는 것이 가능하므로(민규 73조의4 1항) 공개재판주의에 부합한다. 그러나 법정 외에서 다양한 형태의 영상 변론기일이 열린다면 법원 청사 내 공개된 장소에서의 중계나 법원행정처장이 정하는 방법에 따른 인터넷 중계가 간명한 방법이 될 수 있다(2항 2호). 그러나 인터넷 중계가 전통적인 의미에서의 재판공개 원칙과 부합되는 것인지에 대한 의문이 제기될 수 있다. 설사 그렇지 않다 하더라도 인터넷 중계[1] 자체에 대해서는 많은 우려가 뒤따르고 있다. 당사자나 증인의 얼굴이 공개되는 문제, 재판 영상을 녹화하여 편집하는 등의 방법으로 유포하는 문제 등이 중점적으로 지적되고 있다. 관련 기술의 개발과 합의 등을 통해 공개재판주의와 프라이버시 침해 방지 간의 적절한 타협점을 찾아야 할 것이다.

---

[1] 법원은 인터넷 스트리밍 방법을 통한 중계를 예상해서 법원 TV를 웹페이지에서 개설하고 있다 (tv.scourt.go.kr). 재판의 방청을 원하는 사람은 동 TV에서 인터넷을 통해 실시간 중계내용을 시청할 수 있다.

5. 국제소송에서의 영상재판의 가능성

(1) 우리나라 법원이 외국에 거주하는 외국인 피고에게 이메일을 이용해서 전자적으로 소장과 같은 재판서류를 송달해서 영상준비기일이나 영상기일을 여는 것은 물론이고 당해 외국에 거주하는 외국인을 증인으로 영상신문하는 것이 가능한 것인지 여부에 대해 논의가 있다. 한국법원이 주재하는 영상재판 혹은 한국법원에서 이메일을 통한 외국으로의 전자송달은 구체적인 물리력을 수반하지 않기 때문에 오프라인에서의 송달이나 증인신문과는 차원이 다르므로 적법성을 인정할 수 있다는 입장이 있다. 그러나 국제협약이나 국내법적 근거가 명시적으로 없는 상태 혹은 협약이나 법령 등에서 상대방 국가의 사전 동의를 요구하고 있음에도 단지 사이버 공간에서 송달과 재판이 이루어진다는 것만으로 당연히 적법한 절차가 된다는 것은 받아들이기 어렵다.

(2) 한편, 우리나라 법원이 영상재판으로 주재하는 준비기일이나 변론기일에 외국에 거주하는 외국인이 자진해서 당사자로서 참여하는 것은 당해 외국국가의 사전허가가 없거나 협약 등에서 허용하는 것이 아니더라도 적법하다는 견해가 있다. 변론기일 등은 국가의 주권행사가 명백하게 나타나는 송달이나 증거조사와 다르다는 이유에서 비롯된 것으로 추측된다. 이 부분과 관련되어 한국은 양자협약이나 국내법령에 명시적인 규정이 없다. 그러나 이 상황 역시 기본적으로 송달이나 증거조사와 다를 바가 없다. 법원의 재판행위는 고도의 주권행위에 속하는 것으로서 그것이 오프라인에서 열리든 영상으로 열리든 중요하지 않다. 당사자가 온라인으로 재판에 참여한다고 해서 재판국의 공권력행사에 불복종할 수는 없으며 각종 재판행위에 따를 수밖에 없다. 그에 위반하는 경우 재판국의 법률에 따른 불이익은 물론 법정모욕죄라고 하는 형사범죄에도 저촉될 수 있다.

제 2 절 기 간

I. 의 의

기간이란 어떤 시점부터 다른 시점까지의 시간의 경과를 의미한다. 재판의 적정만을 고려한다면 어떤 소송행위를 일정 기간 내에 하도록 하는 것은 바람직하지 못할 것이다. 그러나 경제적이고 신속한 재판 역시 민사소송의 이상의 하나이므로 기간의 설정을 통해 재판을 효율적이고 신속하게 진행할 필요가 있다. 법은 다양한 성격의 기간을 둠으로써 필요한 소송행위마다 적절한 형태의 기간을 설정하고 있다.

Ⅱ. 종   류

1. 법정기간과 재정기간

소송절차에서 당사자는 각종 소송행위를 함에 있어 일정한 기간의 제약을 받는데 대부분은 법이 정한 법정기간이지만 소장(254조)이나 소송능력의 보정기간(59조)과 같이 법이 명시적으로 정하지 않고 법원이나 재판장이 정하는 재정기간도 있다. 법이 불변기간으로 정하고 있는 경우를 제외한 대부분의 법정기간과 재정기간은 통상기간으로서 기간의 신축이 가능하다(172조 1항 본문)는 점에 특색을 갖는다.

2. 행위기간과 유예기간

(1) 행위기간

행위기간에는 고유기간과 직무기간이 있다. 대부분의 법정기간은 당사자에게만 준수가 요구되는 행위기간으로서의 고유기간이다. 가장 대표적으로는 상소제기기간(396조, 425조, 444조) 및 재심제기기간(456조), 상고이유서 및 답변서 제출기간(427조, 428조 2항)을 들 수 있는데 그 외에도 보정기간(59조, 97조, 254조), 담보제공기간(120조 1항), 준비서면 제출기간(273조) 등이 있다. 한편, 행위기간에는 고유기간 외에 법원에게 준수가 요구되는 직무기간, 예를 들면 판결선고기간(199조, 207조 1항), 판결송달기간(210조), 소송기록 송부기간(400조, 421조, 438조) 등도 있으나 모두 훈시적 규정으로 보고 있어 이를 어기더라도 재판의 효력에는 영향이 없다.

(2) 유예기간

당사자나 소송관계인이 준비를 하거나 숙고를 할 수 있는 여유기간을 주거나 혹은 일정한 소송행위의 효력이 발생하는 데 기간을 설정한 경우가 있다. 이를 유예기간(혹은 숙려기간)이라고 한다. 가압류 이의신청에 대한 심리를 종결하고자 하는 경우 상당한 유예기간을 두어야 하며(민집 286조 2항), 물건에 대한 압류일과 매각일 사이에는 1주 이상의 기간을 두도록 하고 있는데(민집 202조) 이 기간들이 전자의 대표적인 예이다. 이에 반해 공시송달의 효력발생기간(196조)은 후자의 대표적인 예이다. 한편, 제척 또는 기피신청의 경우는 신청한 날로부터 3일 이내에 이유와 소명방법을 서면으로 제출하도록 요구하고 있는데(44조 2항) 이 기간 설정의 취지는 당사자에게 숙려기간을 부여하는 것이라기보다는 신청 후 이유와 소명방법을 제출하는 데 필요한 행위기간을 설정한 것으로 보는 것이 합리적이다(같은 취지의 견해로는 호, 352면).[1]

---

[1] 법 제44조 제2항의 기간을 유예기간으로 보는 견해가 있으나(이시, 425면; 정영, 679면) 그렇다면 상고이유서 제출기간 등도 역시 유예기간으로 보아야 할 것이다. 제척이나 기피신청은 물론 항소 및 상고이유서 등의 제출을 신청이나 상소 제기 후 일정 기간 내에 제출하도록 한 취지를 당사자의 숙려를 위한 기간으로 해석할 여지는 충분히 있다. 따라서 이들 모두를 유예기간으로 보는 것은 일관성과 타당성이 어느 정도 인

3. 불변기간과 통상기간

당사자가 준수해야 하는 법정기간에는 법이 특별히 정한 불변기간과 그 외의 통상기간이 있다. 불변기간은 법에서 명시적으로 정해지는 경우가 일반적인데 대부분 재판에 불복하는 기간이다. 즉, 항소, 상고 및 즉시항고기간 등의 상소기간(396조 2항, 425조, 444조 2항)과 재심제기기간(456조 2항), 제소전화해의 소 제기 신청기간(388조 4항), 화해권고결정(226조 2항), 이행권고결정(소액 5조의4), 지급명령(470조 2항), 조정을 갈음하는 결정(민조 34조 5항) 등에 대한 각 이의신청기간 등이 법에 명시된 불변기간의 대표적인 사례이다. 불변기간은 통상기간과 달리 기간의 신축이 자유롭지 못하고 기간을 준수하지 못한 데 따른 불이익이 크므로 법에서 명확하게 규정할 필요가 있다.[1] 그 대신에 법원이 부가기간(172조 2항)을 정할 수 있으며 아울러 당사자가 책임질 수 없는 사유로 기간을 준수하지 못한 데 따른 추완이 허용되는 장점은 있다(173조).

(1) 불변기간과 부가기간

불변기간은 주로 불복신청기간과 같은 중요한 기간으로서 기간의 신축이 불가능한 대신 부가기간을 통해 당사자의 사정(해외에 거주하는 경우 등)을 반영할 수 있는 제도적 장치가 마련되어 있다(172조 1항, 2항). 예를 들어, 항소는 판결문정본을 송달 받은 날부터 2주 이내에 제기하여야 하는데(396조 1항) 전부패소한 피고가 미국에 거주하고 있을 때 기간이 너무 짧을 수 있으므로 2주의 부가기간을 더해서 4주의 기간을 항소 제기 기간으로 특별히 허용해 줄 수 있다.[2] 부가기간이 부여되면 원래의 항소기간과 더해져 전체 기간이 불변기간이 되므로 기간의 신축은 불가능하며(172조 1항 단서) 한 번 부가기간이 정해지면 다시 부가기간을 정할 수 없고 일단 불변기간이 경과되어도 부가기간을 정할 수 없게 된다(실무제요 Ⅱ, 174면). 한편, 부가기간에 대한 재판은 법원의 직권사항이므로 이에 대한 법원의 결정에 대해 당사자는 불복할 수 없다.

(2) 통상기간과 기간의 신축

기간의 신축에 관한 재판은 법이 정한 기간 혹은 재정기간을 늘이거나 줄이는 재판을 일컫는데 소송지휘권의 하나이므로 직권에 의한 판단이 요구되며 결정이나 명령으로 한다. 재판의 상황과 당사자의 사정에 따라 법 혹은 법원 등이 정한 기간을 탄력적으로 신축 운영함으로써 재판의 적정을 도모한다. 신축에 관한 재판은 기간의 진행에 앞서 하는 것이 원칙이지만 기간이 진행되는 도중에도 가능하다. 하지만 이 경우 기간을 신장하는 것은 언제나

정될 수 있지만 상고이유서 제출기간을 행위기간으로 보면서 제척이나 기피신청의 이유와 소명방법의 제출기간을 유예기간으로 보는 것은 일관성이 결여된 것으로 판단된다.

1) 憲裁 1992. 7. 23. 90헌바2,92헌바2,25.

2) 별도의 재판을 통해 부가기간을 부여할 수도 있으나 판결주문에 "피고를 위하여 이 판결에 대한 항소 부가기간을 2주로 정한다" 등으로 정할 수 있다(실무제요 Ⅱ, 174면). 통신 및 운송수단의 발전으로 이러한 부가기간 부여가 흔한 일은 아니나 당사자의 신청이 있으면 판결선고와 동시에 주문에 부기하는 것이 바람직할 것이다.

가능하지만 기간을 단축하는 데는 불이익을 입는 당사자의 동의가 필요하다고 해석함이 타당하다(민사실무 Ⅱ, 173면).[1]

Ⅲ. 진행과 계산

1. 기간의 진행

기간을 정하는 재판에서 시기(始期)를 정한 경우에는 그 때부터, 정함이 없는 경우의 기간은 재판의 효력이 생긴 때부터 진행한다(171조). 예를 들어 법원이 소장보정명령을 내리면서 5일 이내에 보정하라고 명령한 경우 언제부터 5일이 기산되는가 하는 문제이다. 시작 시점을 정하지 않은 것이므로 이 경우는 재판의 효력이 생긴 때(221조 1항), 즉 보정명령이 고지된 때부터 5일 이내에 보정명령을 하면 된다. 결국 기간 계산의 원칙으로 돌아가서 00년 00월 01일에 고지를 받았다면 2일부터 기산되어 6일 자정을 도과함으로써 보정기간이 만료된다. 한편 소송절차의 중단과 중지로 기간의 진행 역시 정지되며 소송절차의 수계나 재 진행 시점으로부터 다시 전체기간이 새롭게 진행된다(247조 2항).

2. 기간의 계산

(1) 초일불산입

기간의 계산은 민법에 따른다(170조). 따라서 기간을 시·분·초로 정한 때에는 즉시로부터 기산하지만(민 156조) 일·주·월·년으로 정한 때에는 오전 0시부터 시작하지 않는 한 초일 불산입의 원칙에 따른다(민 157조). 가장 중요한 것은 상소제기기간을 준수하는 것이다. 예들 들어, 항소는 판결이 송달된 날부터 2주일 이내에 제기하여야 한다고 규정하고 있으므로(396조 1항) 00년 00월 01일에 판결문을 수령한 당사자는 2일 0시부터 항소제기기간이 개시된다는 점, 그리고 15일 자정이 도과됨으로써 항소제기기간이 도과된다는 점을 인식해야 한다.

(2) 토요일 혹은 공휴일

기간의 말일이 토요일 또는 공휴일에 해당한 때에는 기간은 그 익일로 만료하게 된다(민 161조). 기간의 말일이 토요일인 경우 그 다음 날도 공휴일인 일요일이므로 기간은 월요일에 만료하게 되며 그 일요일로부터 연휴가 개시된다면 기간은 연휴 다음날 만료하게 된다.[2] 그

---

1) 예들 들어, 2회 양 쪽 당사자의 불출석 후의 기일지정신청 기간은 법에 따르면 1개월로 되어 있지만(268조 2항) 이는 통상기간으로 법원은 결정에 의해 기간 진행 전 혹은 도중에 이를 2개월로 신장하거나 혹은 15일로 단축할 수 있다. 그러나 기간을 15일로 단축하는 경우에는 당사자의 동의가 요구된다. 한편, 재판장이 원고에게 소장에 대한 보정을 5일 이내에 할 것을 명하였으나 사정상 5일 안에 보정이 불가능할 경우 원고는 기간을 신장해 줄 것을 신청할 수 있다. 재판장은 기간의 신축에 관한 재판을 할 수도 있으나 적정한 기간까지 소장각하를 하지 않는 것으로 사실상 기간을 신장하는 것도 가능하다.

2) 大決 2008. 6. 12. 2006마851.

러나 기간 초일이 공휴일인 경우에는 민법 제161조의 적용이 없으므로 기간은 초일의 익일부터 기산한다.[1] 민법 제161조는 기간의 말일이 공휴일에 해당함으로써 발생할 불이익을 막자고 함에 그 뜻이 있는 것이므로 기간의 초일에 대해서는 그 적용의 필요가 없기 때문이다.

Ⅳ. 소송행위의 추완

1. 의　　의

법정기간 중 통상기간의 경우는 기간의 신축이 가능하므로 당사자의 사정이 있는 경우 기간의 시작 전 혹은 진행하는 동안에 기간의 신장을 법원에 신청할 수 있다. 그러나 불변기간의 경우는 부가기간의 설정은 가능하지만 기간의 신축은 불가능하므로 당사자의 주관적인 사정을 반영하는 것이 매우 어렵다. 따라서 불변기간의 경우 기간의 신축이 불가능한 대신에 추후보완의 가능성을 열어둠으로써 양자 간의 균형을 도모하고 있다. 즉, 당사자가 책임질 수 없는 사유로 말미암아 불변기간을 지킬 수 없었던 경우에는 그 사유가 없어진 날부터 2주 이내(외국에 있는 경우는 3주)에 게을리 한 소송행위를 보완할 수 있다(173조 1항). 이를 소송행위의 추후보완(혹은 추완)이라고 한다.

2. 추완의 대상이 되는 기간

불변기간만을 대상으로 한다는 점은 법 제173조의 규정상 명백하다. 그러나 추후보완의 필요성과 당위성을 강조하면서 불변기간이 아니더라도 추후보완이 가능할 수 있도록 해석하는 것이 필요하다는 견해가 있다(다수설). 특히 상고이유서와 재항고이유서의 제출기간은 실질적으로 불변기간과 마찬가지로 운용하고 있으므로 이 기간을 준수하지 못한 경우에는 추후보완규정을 유추해서 적용하여야 한다고 주장하지만(이시, 428면) 판례는 반대 입장을 견지하고 있다.[2] 법 규정에 대한 문리적 해석에 따르면 판례의 입장이 타당하다. 하지만 판례 입장대로 상고이유서제출기간이 통상기간이라면 기간의 신축이 가능해야 하는데 실무상 이러한 일은 거의 없는 것으로 안다.[3] 더구나 상고심에서는 변론을 열지 않는 것을 원칙적인 형태로 하고 있어 상고인은 상고이유서 외에는 주장을 펼칠 기회가 차단되고 있다. 결국 상고심의 실무 운용은 당

---

1) 大判 1982. 2. 23. 81누204. 이 판결에서 법원은 당시 공휴일인 7. 17.에 국세심판청구 기각결정문을 수령한 경우 행정소송의 제소기간은 다음 날인 7. 18.부터 기산된다고 판시하였다. 반면에 원고는 7. 17.이 공휴일이므로 송달의 효력은 7. 18.에 발생하고 제소기간은 7. 19.부터 기산하여야 한다고 주장하였으나 독단적인 견해라고 배척되었다.

2) 大決 1981. 1. 28. 81사2.

3) 상고이유서 제출기간에 대한 신축이 자유롭다면 불변기간으로 보는 것보다 통상기간으로 보는 것이 당사자 보호에 더 충실할 수 있을 것이다. 예를 들어 상고이유기간이 진행되는 도중 새로운 상고이유가 발견된 경우 이에 대한 추가를 위해 상고이유제출기간을 신장할 수 있도록 허용한다면 당사자 보호에 충실할 수 있을 것이다(最高裁 1968. 5. 2. 昭 40(オ) 1180号(判例 times 225号, 84面) 참조).

사자에게 매우 불리하게 운용되고 있으며 상고이유서제출기간을 불변기간으로 취급하는 것과 크게 다르지 않다. 결국 입법적으로 이를 불변기간으로 하는 것이 타당하지만 지금도 절차의 균형상 상고이유서와 재항고이유서의 제출기간에 대해서는 추완을 인정하는 것이 바람직하다.

3. 추완사유

(1) 개   념

당사자가 책임질 수 없는 사유(ohne ihr Verschulden)라 함은 당사자가 그 소송행위를 하기 위하여 일반적으로 하여야 할 주의를 다하였음에도 불구하고 그 기간을 준수할 수 없었던 사유를 가리키고, 그 당사자에는 당사자 본인뿐만 아니라 그 소송대리인 및 대리인의 보조인도 포함된다는 것이 판례의 일관된 입장이다.[1] 아울러 책임질 수 없는 사유의 존재는 추완신청을 하는 측이 주장, 입증하여야 한다.[2] 한편, 소액사건의 경우는 이행권고결정에 대한 이의신청기간을 불변기간으로 규정하면서 부득이한 사유로 기간을 준수하지 못한 경우에는 추완이 허용된다고 규정하고 있다(소액 5조의6, 1항).[3] 1877년 독일민사소송법에서 요구되던 "천재(天災) 기타 피할 수 없는 사변"이 현재의 책임질 수 없는 사유로 완화된 것인데 이는 결국 당사자가 자신의 영역에서 과실이 없었음에도 불구하고 기간을 준수하지 못한 상황을 의미한다고 해석된다. 부득이한 사유 역시 책임질 수 없는 사유와 표현만 다른 것이지 과실 없음의 수준을 낮춘 것으로 파악하기는 어렵다고 판단된다.

(2) 인정사례

1) 천재지변과 이에 준하는 사태   천재지변에 의해 서류의 제출이 늦어진 경우에 대해서는 이견이 없다. 아울러 천재지변에 준하는 사태, 즉 내란이나 소요, 우편업무 종사자 등의 파업 등으로 인해 합리적으로 예측할 수 없는 기간이 소요되어 서류의 제출이 늦어진 경우 역시 동일하다.[4]

2) 당사자 외의 고의나 과실 개입   법원이나 송달 과정상 당사자 외의 영역에서 과실이 개입된 경우에도 당사자에게 책임을 부담시킬 수는 없다. 따라서 제1심 소송절차에서 한 번도 빠짐없이 변론기일에 출석하여 소송을 수행하였는데 법원이 직권으로 선고기일을 연기하면서 당사자에게 이를 통지하는 절차를 누락한 경우,[5] 법원이 당사자의 변경된 주소

---

1) 大判 1999. 6. 11. 99다9622; 大判 2016. 1. 28. 2013다51933.
2) 大判 2012. 10. 11. 2012다44730.
3) "부득이한 사유"가 당사자가 책임질 수 없는 사유보다 완화된 것이라는 견해가 있으나 그 근거가 무엇인지는 밝히고 있지 않다(정/유/김, 1112면).
4) 따라서 단순히 우편물의 증가로 인한 서류접수의 지연은 당사자에게 귀책사유가 있다고 본 판례의 태도는 정당하다(大判 1991. 12. 13. 91다34509 참조).
5) 大判 2001. 2. 23. 2000다19069.

를 간과하여 종전 주소지로 송달한 경우[1] 등에는 당사자에게 추완사유를 인정할 수 있다. 한편, 우편집배원의 불성실한 업무처리로 인해 제1심 판결정본이 공시송달됨으로써 당사자가 항소기간을 준수하지 못한 경우에도 추완사유가 인정되며[2] 무권대리인이 소송을 수행하고 판결정본 등을 송달받은 경우에도 추완사유가 인정된다.[3]

　　3) 공시송달 관련　　　　소장부본의 송달부터 공시송달에 의한 재판을 통해 판결이 선고되어 당사자가 불변기간을 준수하지 못한 경우에는 특별한 사정이 없는 한 원칙적으로 추완사유가 인정된다.[4] 따라서 소장부본 등이 이미 공시송달의 방법으로 송달된 상태에서 제1심법원이 피고에게 전화로 연락하여 소장부본 송달에 관한 내용과 변론기일 등을 안내해 주었다는 정도의 사정만으로는 귀책사유가 있다고 단정할 수 없다.[5] 아울러 조정절차로부터 소송절차로 이전됨으로써 당사자가 절차의 변경에 따른 주소변경신고를 제대로 하지 못해 공시송달이나 우편송달 등을 받아 불변기간을 준수하지 못한 경우에도 추완사유는 인정될 수 있다.[6] 그러나 처음에는 정상적인 송달절차가 진행되던 중 당사자의 책임으로 공시송달을 하게 된 경우는 그러하지 아니하다.[7] 공시송달을 유발한 책임은 당사자에게 있기 때문이다.

(3) 부정사례

　　1) 추완사유의 인정여부를 좌우하는 주체인 당사자에는 당사자 본인뿐만 아니라 당해 사건의 소송대리인 및 그 대리인의 보조인도 포함된다.[8] 따라서 소송대리인이 판결정본의 송달을 받고도 당사자에게 그 사실을 알려 주지 않은 경우에는 추완사유로 인정될 수 없다.[9] 그러나 다른 사건의 대리인은 당사자 본인과 동일시 할 수 없으므로 추완사유 유무를 따질 필요조차 없다.[10]

　　2) 소송계속 중 이사를 하면서 법원에 신고를 하지 않거나 소송대리인이 사임한 후 소송진행 상황을 본인이 제대로 파악하지 않은 경우,[11] 예견되는 배달기간을 고려하지 않고 항

---

1) 大判 2007. 12. 14. 2007다54009.

2) 大判 2003. 6. 10. 2002다67628.

3) 大判 1996. 5. 31. 94다55774. 따라서 적법한 대리권 있는 대리인이 판결정본의 송달을 받고도 이를 제때에 당사자에게 알리지 않아 불변기간을 도과한 경우에는 추완사유를 인정할 수 없다. 판례도 동일하다(大判 1984. 6. 14. 84다카744).

4) 大判 2000. 9. 5. 2000므87; 大判 2006. 2. 24. 2004다8005; 大判 2015. 6. 11. 2015다8964.

5) 大判 2021. 8. 19. 2021다228745 사건은 추완상소인이 휴대전화로 변론기일과 장소를 고지 받은 경우이고, 大判 2021. 3. 25. 2020다46601 사건은 추완상소인이 사건번호와 채권자만 기재된 문자메시지를 받은 경우이다.

6) 大判 2015. 8. 13. 2015다213322.

7) 大判 2023. 10. 26. 2023다118; 大判 2021. 11. 25. 2018다27393; 大判 1998. 10. 2. 97다50152.

8) 大判 2016. 1. 28. 2013다51933; 大判 1999. 6. 11. 99다9622.

9) 大決 1984. 6. 14. 84다카744.

10) 大判 2022. 9. 7. 2022다231038; 大判 2022. 4. 14. 2021다305796.

11) 大決 1993. 6. 17. 92마1030; 大判 1998. 10. 2. 97다50152.

소장을 우송한 경우,[1] 교도소에 수감된 사정[2] 등은 귀책사유에 해당한다는 것이 판례의 입장이다.[3] 원고의 지병으로 인한 집중력 저하와 정신과 치료 등으로 인하여 지속적으로 집중하기 힘든 상태에 있었던 관계로 부득이하게 기간 준수를 할 수 없었던 경우 역시 추완사유가 되기 어렵다.[4]

4. 소송행위의 추완절차

(1) 추후보완기간의 기산점

당사자가 책임질 수 없는 사유로 말미암아 불변기간을 지킬 수 없었던 경우에는 그 사유가 없어진 날부터 2주 이내에 게을리한 소송행위를 보완할 수 있다(173조 1항 본문). 그 사유가 없어진 날이란 천재지변, 그 밖의 이와 유사한 사유의 경우에는 그 재난이 없어진 때이다. 단 공시송달에 의한 판결의 송달사실을 과실없이 알지 못한 경우에는 당사자가 그 판결이 단순히 선고된 사실을 안 때가 아니라 공시송달의 방법으로 송달된 사실(사건기록의 열람이나 새로이 판결문 정본을 수령한 때)을 안 때라고 할 것이다.[5] 그러나 대상판결이 구법상의 의제자백 판결인 경우에는 판결정본을 수령하더라도 그 판결이 공시송달의 방법에 의해 송달된 사실을 알게 되었다고 볼 수 없을 것이다.[6] 2주간의 추후보완기간은 기간의 신축이나 부가기간의 대상이 될 수 없음을 유의하여야 한다(173조 2항).

(2) 추후보완신청

당사자는 게을리한 소송행위를 본래의 방식에 따라 하면 된다. 예를 들어, 상소제기기간을 게을리한 당사자는 추후보완사유가 있는 경우 상소장을 관할법원인 원심법원에 접수하는 것으로 족하다. 굳이 추완상소임을 밝힐 필요는 없으나[7] 통상은 추완상소장이라는 명칭의 상

---

1) 大判 1991. 12. 13. 91다34509.
2) 大判 1992. 4. 14. 92다3441. 이 사안은 가처분이의 사건으로서 채무자의 이의로 인해 변론이 열리게 되었는데 채권자인 신청인이 구속된 상태에 있었다. 판례는 채권자인 신청인이 적극당사자이므로 자신의 구속 사실이 추완사유가 될 수 없다고 하였다.
3) 소송계속 중 수감된 당사자는 법 제185조에서 정한 송달장소 변경의 신고의무를 부담하지 않으므로 요건을 갖추지 못한 공시송달로 상소기간을 지키지 못하게 된 것을 감안해서 특별한 사정이 없는 한 추완 상소를 할 수 있다는 판례도 있다(大判 2022. 1. 13. 2019다220618). 구금된 상황이 여러 원인에 기인할 수 있고 상황도 일률적이지 않아 개별적인 사안마다 구체적인 사정을 고려해서 추완사유 유무를 판단하는 것이 필요하다.
4) 大判 2011. 12. 27. 2011후2688.
5) 大判 1994. 12. 13. 94다24299; 大判 2019. 10. 31. 2019다14479 등에 따르면 소장과 판결정본 등이 공시송달의 방법에 의하여 송달되어 피고가 과실 없이 그 판결의 송달을 알지 못함으로써 그 책임을 질 수 없는 사유로 인하여 항소기간을 준수할 수 없었던 이상, 그 후 피고가 그 판결에 기하여 경료된 등기부등본에 의하여 판결이 선고된 사실을 알 수 있었던 사정이 생겼음에도 피고가 과실로 이를 알지 못하였다고 하더라도 그러한 사정만으로는 항소기간을 준수할 수 없었던 사유가 소멸한다고 볼 수 없다고 판시한 바 있다.
6) 大判 2008. 2. 28. 2007다41560.
7) 大判 2008. 2. 28. 2007다41560.

소장을 제출하는 것이 일반적이다. 추완사유의 유무는 법원의 직권조사사항이지만 당사자는 책임질 수 없는 사유로 기간을 준수하지 못했음을 주장·입증할 필요가 있다. 한편, 추후보완신청은 별도의 독립된 신청절차가 아니므로[1] 추완된 소송행위에 따른 심리와 함께 추완신청의 적부를 함께 판단하게 된다. 예를 들어 추완항소를 제기한 경우 추완사유의 심리와 함께 항소심의 심리도 병행하게 된다. 따라서 추완사유가 존재하지 않는 경우에는 항소를 각하하고 추완사유가 인정되는 경우에는 적법한 항소제기가 있는 것과 동일한 상황에서 판단하면 된다.

(3) 효　　력

1) 추후보완신청은 통상 판결이 확정된 후에 상소 제기와 함께 하는 것이 보통이다. 따라서 추완상소의 제기로 이미 확정된 판결의 형식적 확정력이나 기판력, 집행력 등을 배제할 수 있는지 문제된다. 판례는 동요하고 있다. 추완항소에 의해 불복의 대상이 된 판결이 취소될 때까지는 확정판결의 효력이 배제되지 않는다고 판시한 것이 있는 반면,[2] 적법한 추완항소가 있는 이상 판결은 확정되지 않는다고도 한 바 있다.[3] 법 제500조에서 상소의 추후보완신청에 따른 집행정지제도를 인정하고 있는 것은 이미 확정된 판결에 대해 집행력을 인정하는 것을 전제하는 것이라고 볼 수 있으므로 추완항소의 제기만으로 형식적 확정력이나 기판력, 집행력이 저지된다는 것은 법 규정의 취지에 반하는 것이라고 판단된다(이시, 432면; 정/유/김, 649면).[4]

2) 추완항소의 제기로 1심 판결의 형식적 확정력이나 기판력, 집행력이 저지되지 않더라도 집행력은 강제집행정지신청(500조)을 통해 항소심 판결 선고시까지 유예할 수 있다. 한편, 1심 판결의 확정력이나 기판력은 추완항소 자체의 적법 여부를 통해 결정되는 것은 아니고 추완항소의 제기로 인해 항소심 절차는 일단 적법하게 열리게 된다. 따라서 추완항소가 인용되거나 이에 대한 기각판결을 받게 되는 경우에는 이 시점에서 기판력과 확정력이 발생한다. 반면, 추완항소 자체가 부적법하여 항소 각하 판결을 받게 되는 경우에는 1심 판결에 대한 항소기간 도과 시점에서 기판력과 확정력이 소급해서 발생하게 된다. 따라서 항소기간이 도과된 상태에서 피고가 추완항소를 제기하였으나 원고가 항소심 절차 도중 소를 취하한 경우 이는 유효하다.[5] 그러나 대법원은 제1심판결에 대한 항소기간이 지나면 판결이 확정되고 적법한 추완항소가 제기되지 않은 이상 소송계속은 소멸하므로 추완항소 절차에서 이루어진

---

[1] 형사소송법상의 상소권회복신청에 대해서는 법원이 그 허부에 관한 결정을 별도로 해야 한다(형소 347조 1항). 따라서 상소에 따른 심리와 분리해서 심판하게 된다.

[2] 大判 1978. 9. 12. 76다2400.

[3] 大判 1979. 9. 25. 79다505. 추완항고에 대한 것으로는 大決 1998. 3. 4. 97마962.

[4] 정선주, "소송행위의 추완", 저스티스 30권 2호(97. 6), 159면에서는 추완으로 인해 종전의 판결은 확정되지 않은 것으로 보아야 한다고 주장한다.

[5] 문영화, "추완항소가 제기된 후의 민사소송절차", 법조 73권 1호, 32면도 역시 같은 견해라고 판단된다.

원고의 소 취하는 그 대상이 없어 무효라고 판시하였다.[1] 아울러 부적법한 추완항소 제기 중에 이루어진 참가승계 역시 부적법하므로 각하의 대상이 된다고 한다.[2] 그러나 상소의 추후보완신청을 통해 항소심 절차가 개시되었으면 그 안에서 이루어진 소송행위는 일단 유효한 것으로 보아야 할 것이다.

5. 소송행위의 추완과 재심

당사자가 상대방의 주소 또는 거소를 알고 있었음에도 소재불명 또는 허위의 주소나 거소로 하여 소를 제기한 탓으로 공시송달의 방법에 의하여 판결정본이 송달된 때에는 법 제451조 제1항 제11호에 의하여 재심을 제기할 수 있음은 물론이나 또한 법 제173조에 의한 소송행위 추완에 의하여도 상소를 제기할 수도 있다. 문제는 재심의 경우는 보충성의 원칙이 적용되므로(451조 1항 단서) 일단 먼저 추완 기간 내에 추완상소를 제기하여야 하는지 여부이다. 그러나 두 개의 제도는 별개이므로 추완상소를 하지 않으면 재심의 소를 제기할 수 없는 것이 아니다(보충성 원칙의 대상이 아니다). 따라서 당사자는 추완상소와 재심을 선택적으로 행사할 수 있으며 판례도 같은 입장이다.[3]

제3절　송　　달

I. 의　　의

1. 개　　념

송달은 재판권의 한 작용으로서 당사자 및 그 밖의 소송관계인에게 소송상의 서류 등을 법정의 방식에 따라 시행하는 통지행위이다. 법은 직권송달의 원칙을 취하고 있어 송달업무는 법원의 법원사무관등이 담당하고 있다(174조, 175조). 다만 당사자의 신청에 의한 공시송달이나 공휴일의 송달 등이 허용되고 있다. 한편 송달은 당사자나 소송관계인의 소송관여를 보장하기 위해 법정의 방식에 따른 엄격한 조건을 부과한다. 하지만 소송에서의 모든 통지행위를 송달에 의할 경우 절차의 번잡을 초래하여 소송지연을 유발할 수 있으므로 단순한 통지를 요구하는 경우(242조, 수계신청에 대한 상대방에의 통지)뿐 아니라 변론에 출석한 사람에게는 기

---

1) 大判 2021. 11. 25. 2018다27393. 이 사안에서 원고는 피고가 제기한 추완항소 절차에서 소를 취하하였으나 나중에 동 소취하가 무효라고 하면서 재심의 소를 제기하였다. 법원은 이를 소취하의 효력을 다투기 위한 기일지정신청으로 해석하여 심리를 진행하였다.

2) 大判 2016. 8. 29. 2016다25300.

3) 大判 2011. 12. 22. 2011다73540.

일을 직접 고지하게 된다(167조 1항). 아울러 규칙은 전화, 팩시밀리, 전자우편, 휴대전화 문자 전송 등의 간이한 방법에 의한 기일 통지나 당사자 상호 간의 송달 등을 강구하고 있다(민규 46조, 47조). 나아가 전자소송의 출현으로 전자적인 방법에 의한 송달도 중요한 위치를 차지하게 될 것이다. 전자문서이용법에서는 송달이나 통지를 받을 자가 미리 전산정보처리시스템을 이용한 민사소송 등의 진행에 동의한 등록사용자로서 대법원규칙으로 정하는 자인 경우 등에는 전산정보처리시스템에 의하여 전자적으로 송달하거나 통지할 수 있음을 규정하고 있다 (전자문서 11조 1항).

2. 송달서류

서류를 송달할 경우 원본이 아니라 등본 또는 부본을 교부하여 실시하는 것이 원칙인데 (178조 1항) 송달할 서류의 제출에 갈음하여 조서나 그 밖의 서면을 작성한 때에는 그 등본이나 초본을 교부하도록 하고 있다(178조 2항). 한편 명문의 규정은 없으나 성질상 기일통지서나 출석요구서는 법원이 작성한 원본을 통해 송달하여야 하며, 판결서(210조 2항)는 정본을 송달하는 것이 원칙이다. 결정이나 명령에 대해서는 판결서와 달리 일반적인 규정은 없으나 다만 법에서 특히 정본을 송달해야 한다는 특별 규정이 있는 경우가 있을 뿐이다(40조 2항의 이송결정 등). 이러한 명문의 규정이 없는 경우 해석론이 대립할 수 있다. 즉 결정과 명령에는 판결에 관한 규정이 준용되는 점에서 정본이 요구된다고 볼 수 있지만 다른 한편으로는 특별한 규정이 없으면 송달받을 사람에게 서류의 등본 또는 부본을 교부하여 하도록 하고 있는 점을 보면 등본을 통한 송달도 가능하다는 견해도 있을 수 있다. 판례[1]는 결정·명령이 집행권원이 되는 등 그 성질상 정본의 송달을 필요로 하거나 또는 특별한 규정이 있는 경우를 제외하고는 결정·명령의 송달은 등본을 송달하는 방법에 의하더라도 무방하다는 입장이다.[2] 그러나 결정·명령 역시 판결과 같은 재판의 한 형식이고 집행권원이 되는지 여부에 따라 정본과 등본의 형식을 달리할 수 있다는 근거가 없다는 점, 등본에 비해 정본을 작성하는 데 수고가 더 드는 것도 아니라는 점 등을 고려한다면 결정·명령 역시 정본의 형태로 송달하는 것이 타당하다.

---

1) 大決 2003. 10. 14. 2003마1144.

2) 원본을 그대로 복사 혹은 프린트의 방법으로 전사한 후에 권한 있는 자가 인증을 한 문서가 정본, 등본, 부본, 초본 등이다. 원본의 일부만을 전사한 초본을 제외하고는 모두 원본의 내용과 동일하다. 다만 정본은 원본과 마찬가지의 효력을 부여하기 위해 법원사무관등이 "정본임"을 인증한 문서로서 판결정본에 집행문이 부여되어야 집행력 있는 정본이 된다(민집 28조 1항). 이에 비해 등본이나 부본은 원본의 존재와 내용을 증명할 뿐 원본으로서의 효력은 갖지 못한다. 한편 부본은 당사자가 법원에 제출하는 소장이나 항소장, 준비서면 등의 원본 외에 문서로서 상대방이나 다른 사람에게 송달을 하기 위한 것이다.

Ⅱ. 송달의 담당과 실시기관

1. 송달담당자

송달업무는 법원사무관등이 처리한다(175조 1항). 법원사무관등은 송달하는 곳의 지방법원에 속하는 법원사무관등 혹은 집행관에게 송달업무를 촉탁할 수 있다(2항). 공시송달 역시 일차적으로는 법원사무관등의 처분을 통해 이루어지는데(194조 1항) 재판장의 명령에 의할 수도 있으며 재판장은 법원사무관등의 처분을 취소할 수도 있다(194조 3항, 4항).

2. 송달 실시기관

(1) 우편집배원 · 집행관 · 법원경위 · 법원사무관등

송달을 실시하는 기관은 우편집배원과 집행관이다(176조). 이들은 송달업무를 실시함에 있어 국가경찰공무원의 원조를 요청할 수 있다(176조 3항). 우편집배원은 통상의 업무시간과 주중에만 활동하므로 당사자나 소송관계인이 주간과 주중에 출근 등으로 인해 서류의 송달을 받기 어려운 경우가 많다. 결국 공휴일이나 일출 전, 일몰 후에 송달을 할 수밖에 없어 당사자는 집행관에 의한 특별송달을 신청하여 송달을 실시한다. 한편 법원은 집행관을 사용하기 어려운 사정이 있다고 인정되는 때에는 법원경위로 하여금 소송서류를 송달하게 할 수 있다(법조 64조). 한편 법원사무관등도 법정에 출석한 사람에게 서류를 직접 교부하고 영수증을 받음으로써 송달실시를 할 수 있다(177조).

(2) 송달통지

송달한 기관은 송달에 관한 사유를 서면으로 대법원 규칙이 정하는 방법에 따라 법원에 통지하여야 한다(193조). 현재는 전자통신매체를 이용한 통지로 서면통지에 갈음할 수 있다(민규 53조). 한편 송달통지가 없으면 법원으로서는 송달서류가 수신자에게 도달하였는지 여부를 확인할 수 없으므로 송달통지는 매우 중요하다. 하지만 송달통지서의 작성은 송달의 요건이 될 수 없으며[1] 송달통지는 송달사실에 대한 단순한 증거방법에 불과하므로 그 내용이 송달의 실질적 내용과 다르더라도 다른 증거방법에 의해 송달의 적부를 증명할 수 있다.[2]

Ⅲ. 송달받을 사람

송달받을 사람은 당연히 송달서류의 수신인으로 지정된 자이다. 그러나 아래와 같은 자

---

1) 大判 1952. 10. 30. 4285민상106.

2) 大判 1964. 6. 9. 63다930(민사소송); 大判 1986. 2. 25. 85누894(행정소송); 大決 2000. 8. 22. 2000모42(형사소송).

도 예외적으로 송달받을 자격을 갖게 된다.

1. 법정대리인

(1) 수신자가 제한능력자인 경우에는 당연히 법정대리인이 송달받을 사람이 된다(179조). 법인이나 조합을 제외한 단체에 대한 송달 역시 법정대리인에 준하는 대표자 또는 관리인에게 하는 것이 원칙이므로(64조) 법인 대표자의 주소지로 송달함이 원칙이다.[1] 그러나 법인의 본점소재지만을 소장에 표기하는 경우가 실무상 빈번하므로 이 경우는 본점소재지로 송달하는 것이 타당하다. 만일 본점소재지로의 송달이 이루어지지 않는 경우에는 법인 대표자의 주소지로 송달을 실시하여야 하고 이것도 송달불능이 되는 경우에만 등기우편에 의한 발송송달을 할 수 있다.[2]

(2) 국가를 당사자로 하는 소송에서는 소송수행자나 소송대리인이 있는 경우에는 이들에게 송달해야 하지만 이들이 선임되지 않은 경우에는 수소법원에 대응하는 검찰청의 장에게 송달하도록 요구하고 있다(국가소송 9조). 국가소송의 효율성을 제고하기 위해 법무부장관의 권한을 검찰청의 장에게 위임함에 따라 송달장소도 수소법원에 상응하는 검찰청의 장에게 하도록 한 것이므로 이를 위반하여 국가를 대표하는 법무부장관에게 송달하는 것은 부적법하다.[3]

2. 소송대리인

송달받을 자가 소송대리인을 선임한 경우에는 대리인에게 송달하는 것이 원칙이다. 당사자는 일체의 권한을 소송대리인에게 위임하였기 때문이다. 그러나 소송대리인이 선임되었음에도 불구하고 본인에게 소송서류를 송달한 경우 그 효력이 문제된다. 판례는 대리인이 선임되었음에도 본인에게 송달하는 것이 적절한 것은 아니지만 송달은 유효하다고 판시하였다.[4] 그러나 당사자 본인이 소송대리인을 믿고 외유를 한다거나 장기부재 중인 경우 보충송달을 통해 송달이 이루어지게 되는 경우, 혹은 송달서류의 의미를 제대로 파악하지 못해 제때에 대리인에게 이를 교부하지 않아 불변기간 등을 준수하지 못하는 경우가 발생할 수 있

---

1) 송달사무처리 예규 제8조 제1항 참조. 그러나 大判 2007. 1. 25. 2004후3508에서는 법인에 대한 송달은 본점 소재지에서 그 대표이사가 이를 수령할 수 있도록 함이 원칙이라고 판시하고 있어 다소 혼선을 빚고 있다. 법상으로는 법인 대표자의 주소지를 1차적인 송달장소로 하는 것을 지향하지만 실무상으로는 오히려 법인의 본점소재지에서 대표자가 서류를 송달받도록 하는 것이 원칙인 듯하다. 어떤 입장을 취하든 법인에 대한 송달에 있어서는 법인 본점소재지와 법인 대표자의 주소지 양자에 대한 송달이 실시되고 두 곳 모두 송달불능되어야만 등기우편에 의한 발송송달이나 공시송달이 가능하다는 점에서는 이견이 없다.
2) 大判 2001. 8. 24. 2001다31592.
3) 大判 2002. 11. 8. 2001다84497.
4) 大決 1970. 6. 5. 70마325. 학설도 대체로 이에 동의하고 있다(이시, 436면; 정/유/김, 653면; 김홍, 545면).

다. 더구나 소송절차 진행 도중에는 소송대리인에게 줄곧 소송서류가 송달되다가 판결정본만 당사자 본인에게 송달되는 경우도 발생할 수 있으므로 소송대리인이 있는 상황에서 당사자 본인에 대한 송달은 원칙적으로 부적법하다. 한편 소송대리인이 여럿인 경우 공동대리인들이 어느 1명의 대리인을 지명·신고하지 않는 한 대리인 중 1명에게만 송달하면 족하다(180조, 민규 49조).

3. 송달수령권자 및 송달영수인

(1) 법규상의 송달수령권자

군사용의 청사 혹은 선박에 속하여 있는 사람에 대한 송달은 그 청사 또는 선박의 장에게 하여야 하며(181조), 체포·구속·유치된 사람에 대한 송달은 송달수신인을 감금한 관서의 장에게 하여야 한다(182조). 따라서 군대 청사의 지휘관이나 선장, 교도소장이나 구치소장 등은 법령상의 송달수령권자이다.[1] 법령상의 수령권자는 당해 송달수신인에게 이를 전달할 의무를 부담하며 송달받을 본인이 소송수행을 하는 데 지장을 받지 않도록 조치할 의무가 있다(민규 50조). 그러나 송달은 법령상의 수령권자에게 도달하는 것으로 효력이 발생하며 실제로 수신인에게 전달되었는지 여부는 문제되지 않는다는 것이 판례의 입장이다.

(2) 송달영수인의 지정

당사자·법정대리인이나 소송대리인은 주소 외에 송달장소를 정해서 법원에 신고할 수 있으며 이 경우에는 송달영수인을 정할 수 있다(184조). 당사자의 편의를 위한 측면에서 송달장소와 송달영수인을 임의로 지정할 수 있도록 한 것은 매우 타당한 일이다. 주소지 외에 장소를 송달장소로 지정하면서 송달영수인을 따로 명시적으로 지정하지 않아도 지정된 송달장소가 당사자 본인의 주소지가 아닌 경우에는 송달영수인을 지정하는 취지로 해석될 수 있으므로 주의를 요한다.[2]

Ⅳ. 송달실시 방법

송달방법을 크게 보면 국내송달과 국외송달로 구분할 수 있다. 국외송달의 경우도 교부

---

1) 大判(全) 1982. 12. 28. 82다카349; 大決 2009. 10. 8. 2009마529; 大判 2021. 8. 19. 2021다53 등에서는 재감자에 대한 송달을 교도소 등의 소장에게 하지 않고 수감되기 전의 종전 주소나 거소에 한 경우 그 송달을 무효로 보고 있다. 아울러 수소법원이 송달을 실시함에 있어 당사자 또는 소송관계인의 수감사실을 모르고 종전의 주소나 거소에 한 경우도 동일하다.
2) 항소심에서 사건을 대리한 변호사가 당사자로부터 상고심에서의 소송대리를 아직 수임받지 못한 상태에서 상소제기의 특별수권을 이용하여 당사자 이름으로 상고장을 제출하였는데 변호사는 송달장소를 자신의 사무소로 기재하였다. 대법원은 이를 변호사가 당사자를 위해 송달영수인을 지정하는 취지로 해석하였다(大判 2001. 5. 29. 2000재다186).

송달의 원칙이 유지되어야 함은 국내송달과 다를 바가 없다.

1. 교부송달

송달은 원칙적으로 특별한 규정이 없는 한 송달받을 사람의 주소·거소·영업소 또는 사무소(이하 "주소등"이라 함)에서 송달할 서류의 등본 또는 부본을 직접 교부하여야 한다(178조 1항, 183조 1항). 그러나 송달받을 사람의 주소 등에서 본인의 손에 송달서류를 직접 교부하는 것이 용이하지는 않으므로 법은 몇 가지의 예외를 인정하고 있다.

(1) 송달할 장소의 추가

1) 근무장소   법정대리인에게 송달하는 경우에는 본인의 사무소나 영업소에서도 가능하다(183조 1항 단서). 아울러, 주소등을 알지 못하거나 송달할 수 없는 경우, 혹은 근무장소를 송달장소로 지정한 경우에는 송달받을 사람이 고용·위임 그 밖에 법률상 행위로 취업하고 있는 다른 사람의 주소 등(이하 "근무장소"라 한다)에서 송달할 수 있다(183조 2항). 이때의 근무장소는 현실의 근무장소로서 고용계약 등 법률상 행위로 취업하고 있는 지속적인 성격을 가져야 한다.[1] 핵가족화되고 가족 모두가 주간에 학교나 직장 등에서 근무하는 경우가 빈번해지는 사회현상을 반영한 것이다. 그런데 근무장소는 종된 송달장소이므로 송달받을 사람 본인 외에는 서류를 수령할 의무가 없어 송달의 요건이 주소 등에 비해 다소 엄격하다. 즉 근무장소에 있는 법 제183조 제2항이 규정하는 다른 사람(사용자 등) 혹은 그 법정대리인이나 피용자 그 밖의 종업원으로서 사리를 분별할 지능이 있는 사람이 수령을 거부하지 않는 경우에만 그에게 서류를 교부할 수 있도록 하여(186조 2항) 소위 유치송달이 허용되지 않는다.

2) 만나는 장소   송달받을 사람의 주소 등 혹은 근무장소가 국내에 없거나 알 수 없는 때(183조 3항), 혹은 이러한 주소 등이 있더라도 송달받을 사람이 동의하면 만나는 장소에서 송달을 할 수 있다(4항).[2] 제3항의 경우는 공시송달을 하거나 국외송달을 하여야 하는 사안이지만 송달받을 사람의 친인척 등이 국내에 거주하는 경우 상대방은 그 곳으로의 송달을 통해 만나는 장소에서의 송달을 시도해 볼 수 있을 것이다. 한편 이 경우는 송달받을 사람이 수령의무가 있으므로 본인이 거부해도 유치송달을 할 수 있지만, 제4항의 경우는 송달 수령의무가 없으므로 본인의 동의가 없으면 만나는 장소에서의 송달이 불가능하다.

---

1) 大判 2015. 12. 10. 2012다16063. 동 판결에 따르면 다른 주된 직업을 가지고 있으면서 어느 직장의 비상근이사, 사외이사 또는 비상근감사의 직에 있다면 이를 지속적인 근무장소라고 할 수 없다고 판시하고 있다.

2) 이를 조우(遭遇)송달 혹은 출회(出會)송달이라고도 한다. 원래는 일본의 출회송달을 조우송달이라는 우리 한자어로 변용한 것으로 보인다. 그런데 조우라는 것은 우연히 만난다는 의미인데 당사자가 송달서류를 들고 송달영수인을 우연히 만나서 송달서류를 건넨다는 상황의 설정이 매우 부자연스럽다. 우리말 그대로 만나는 장소에서의 송달로 지칭함이 자연스럽다. 어차피 교부송달에서 송달장소가 추가되는 것에 불과하므로 새로운 방식의 송달이라고도 할 수 없기 때문이다.

(2) 보충송달

송달장소에서 송달받을 사람을 만나지 못한 경우에 일정한 관계에 있는 사람에게 서류를 교부함으로써 송달을 실시하는 것을 보충송달이라고 한다(186조). 현행법상으로는 주소 등과 같이 근무장소 외의 송달할 장소에서뿐 아니라(1항) 근무장소에서도 보충송달이 가능하다(2항, 근무장소에서는 대리수령의 동의가 있어야 함). 따라서 송달할 장소가 아닌 곳에서는 보충송달이 적법하게 실시될 수 없으므로 송달장소가 아닌 곳에서 사무원, 고용인 또는 동거자를 만난 경우에는 사무원 등이 송달받기를 거부하지 아니한다 하더라도 그 곳에서 사무원 등에게 서류를 교부하는 것은 보충송달의 방법으로서 부적법하다.[1] 아울러 송달의 효력은 송달받을 사람의 근무장소에서 송달받을 사람을 고용하고 있는 사람 등에게 서류가 교부된 경우 그로써 발생하는 것이지 위 서류가 송달받을 사람 본인에게 전달된 때에 송달의 효력이 발생하는 것이 아니다.[2] 나아가 송달받을 본인이 그 서류의 내용을 아는지 여부는 문제되지 않는다.[3]

1) 사리를 분별할 능력   사리를 분별할 능력이라 함은 행위능력과 달리 일률적인 개념은 아니며 그에 이를 것을 요구하는 것도 아니므로 미성년자라 하더라도 일정한 연령 이상이 되는 경우에는 사리를 분별할 능력이 있다고 본다. 하지만 어느 연령이 그 기준이 될 수 있는지 단언하기는 매우 어렵다. 판례는 사법제도 일반이나 소송행위의 효력까지 이해할 수 있는 능력이 있어야 한다고 할 수는 없을 것이지만 적어도 송달의 취지를 이해하고 그가 영수한 서류를 송달받을 사람에게 교부하는 것을 기대할 수 있는 정도의 능력은 있어야 한다고 판시하고 있다.[4] 그러나 실제 사례에서는 매우 주관적인 판단에 좌우될 수밖에 없다. 즉 2005마1039 사건에서는 8세 3개월된 어린이가, 95모20 사건[5]에서는 8세 4개월 정도의 어린이가 각각 소송서류를 송달받았으나 전자에서는 사리를 분별할 능력이 없다고 판시하였으나 후자에서는 송달받을 능력이 있다고 판시하였기 때문이다.[6] 송달실시기관이 특별히 주의를 주고 당부하는 등의 특별한 조치를 하는 경우에는 예외적인 취급을 할 수 있다는 입장[7]도 수긍하기 어렵다. 이를 증명하기도 어렵거니와 사리를 분별할 능력이 없는 사람에게

---

1) 大決 2018. 5. 4. 2018무513.

2) 大判 2018. 8. 30. 2018다229984.

3) 大判 2018. 7. 12. 2016재다50045.

4) 大決 2005. 12. 5. 2005마1039. 결국 연령과 취학여부 등만으로 송달받을 능력의 유무를 기계적으로 판단하는 것은 매우 어렵다는 것을 시인하지 않을 수 없다.

5) 大決 1995. 8. 16. 95모20.

6) 그러나 大判 2013. 1. 16. 2012재다370에서는 8세 9개월된 어린 아이에게 행한 상고기록접수통지서 송달은 부적법하다고 판시하였다.

7) 大決 2005. 12. 5. 2005마1039 참조.

하는 주의나 당부가 의미를 갖기 어렵기 때문이다. 일정한 연령기준을 설정해서 보충송달에 따른 혼선을 방지할 필요가 있다.

2) 사무원·사용자/피용자·동거인   ① 보충송달을 통해 송달서류를 수령할 수 있는 사람은 주소 등 송달의 경우는 사무원, 피용자, 동거인 등이고(186조 1항) 근무지 송달의 경우는 사용자 혹은 그 법정대리인이나 피용자, 종업원 등이다(186조 2항). 결국 주소지(반드시 주민등록상의 주소지일 필요는 없다)[1]에서의 동거인과 영업소나 근무장소에서의 사무원, 피용자 등의 범주가 보충송달의 적법성을 좌우하는 관건이 된다. 아울러 본인과 수령대행인 사이에 당해 소송에 관하여 이해의 대립 내지 상반된 이해관계가 있는 때에는 수령대행인이 소송서류를 본인에게 전달할 것이라고 합리적으로 기대하기 어렵고, 이해가 대립하는 수령대행인이 본인을 대신하여 소송서류를 송달받는 것은 쌍방대리금지의 원칙에도 반하므로, 본인과 당해 소송에 관하여 이해의 대립 내지 상반된 이해관계가 있는 수령대행인에 대하여는 보충송달을 할 수 없다.[2]

② 특히 동거인의 개념을 일의적으로 정하는 것은 매우 어렵다. 친족관계 여부를 떠나 동일세대에 속하고 생계를 같이 하는 사람으로 한정하는 것이 보다 분명한 방법이 될 수 있다(같은 취지의 견해로는 호, 343면). 판례도 같은 입장이다.[3] 이와 달리 세대를 달리하는 임대인·임차인 관계라 하더라도 평소에 등기우편물을 수령해오는 관계라면 송달수령의 권한을 인정하여야 한다는 반대견해(이시, 439면)도 있다. 그러나 평소 우편물을 수령해 오는 관계인지 여부는 임대인과 임차인의 개별적인 사정에 따라 달라질 수 있을 뿐 아니라 우편집배원 등이 일일이 이를 확인할 수도 없어 판례의 입장이 타당하다. 한편 사회생활의 변화에 따라 대도시에서는 아파트거주민이 증가함에 따라 아파트의 경비원이나 관리인이 여러 세대의 우편물을 수령하고 전달해 주는 일이 보편화되어 있다. 이 경우 경비원이나 관리인은 아파트주민들로부터 송달수령권을 위임받은 것으로 보는 것이 타당하다.[4]

③ 피용자의 개념은 분명하지만 그에 비해 사무원의 의미나 범주는 다소 모호한 면이 있다. 더구나 판례는 사무원의 개념을 확장해서 파악하고 있어 문제이다. 즉 동법상의 사무원은 반드시 송달받을 자와 고용관계에 있을 필요는 없고 평소 송달받을 자 본인을 위하여 사무 등을 보조하는 자이면 충분하다고 하면서 예를 들어 대학교에서 문서의 접수, 발송, 분

---

1) 大決 2000. 10. 28. 2000마5732.

2) 大判 2016. 11. 10. 2014다54366; 大判 2021. 3. 11. 2020므11658.

3) 大判 1982. 9. 14. 81다카864; 大判 2021. 4. 15. 2019다244980,244997. 따라서 법률상 배우자라고 하더라도 별거와 혼인공동체의 실체 소멸 등으로 소송당사자인 상대방 배우자의 '동거인'으로서 보충송달을 받을 수 있는 지위를 인정할 수 없는 특별한 경우에는 송달의 효력에 관하여 심리하여 판단할 필요가 있다고 한다 (大判 2022. 10. 14. 2022다229936).

4) 大判 2000. 7. 4. 2000두1164.

제 4 편   제 1 심 소송절차

류 등의 업무를 담당하는 교직원이 그 대학교 내 창업보육센터에 입주한 송달받을 기업과 고용관계에 있지는 않으나 평소 그 기업을 위하여 우편물 수령사무 등을 보조해왔다면 그 기업의 수령대행인이 될 수 있는 사무원에 해당한다고 보았다.[1] 나아가 송달받을 변호사와 같은 사무실을 나누어 사용하는 다른 변호사의 사무원이 명시적 또는 묵시적 위임에 따라 송달받을 대리인의 우편물 수령에 관한 사무 등을 보조해 왔으므로 송달서류를 수령할 수 있는 사무원으로 본 판결도 있다.[2]

(3) 유치송달

송달받을 사람 혹은 법 제186조 제1항에서 정하는 사무원·피용자 또는 동거인 등이(주소 등에서 보충송달을 받을 수 있는 사람) 정당한 사유 없이 송달받기를 거부하는 경우에는 송달장소에 송달서류를 놓아둘 수 있는데 이를 유치송달이라고 한다. 그러나 근무장소에서 보충송달을 받을 수 있는 사람은 그 의사에 반해서 실시하는 유치송달은 불가능하다. 원칙적인 송달장소가 아니라는 점에서 주소 등에서의 송달과 차등을 두고 있는 것이다.

2. 송달함 송달

교부송달 등의 송달방법이 가능한 경우에도 법원과 당사자의 편의를 위해 송달함을 통한 송달제도 이용이 가능하다. 일반인보다는 상시적으로 송달받을 서류가 많은 변호사나 기업의 이용을 염두에 둔 것으로 일정한 수수료를 선납하여야 한다(민규 52조 2항). 법원에 설치될 송달함의 이용신청은 법원장 등에게 서면으로 하게 되며(민규 52조 1항) 송달함을 이용한 송달의 담당자는 역시 법원사무관등이다(188조 2항). 송달함을 이용한 송달을 통해 송달시간을 절약할 수 있는 이점이 있으나 송달함에 서류를 넣은 지 3일이 지나면 송달된 것으로 간주되므로(188조 3항) 항시 송달함의 내용을 확인해야 하는 부담이 있다.

3. 우편송달

정상적인 송달이 어려운 특정 상황에서 송달수령자에 대한 등기 우편물의 발송과 발송시점에 송달의 의제를 통해 송달의 효과를 내고자 하는 것이 우편송달이다. 즉, 법 제185조 제2항과 제187조의 상황에서 불가피하게 등기우편을 통해 송달을 하고 송달을 의제하게 된다(민규 51조). 즉, 우편송달은 발송한 때에 송달된 것으로 본다(189조). 판례에서는 이를 발송송달이라고 칭하는 경우가 빈번하나[3] 법에는 발송송달이 존재하지 않는다. 매우 부적절한

---

1) 大決 2009. 1. 30. 2008마1540.

2) 大判 2007. 12. 13. 2007다53822. 판례와 같이 사무원의 개념을 확장하는 것보다는 아파트 관리인이나 경비원에서와 마찬가지로 송달수령권을 다른 사람이나 다른 회사의 직원에게 명시적 혹은 묵시적으로 위임한 것으로 보는 것이 보다 설득력이 있다고 생각된다.

3) 大判 2022. 3. 17. 2020다216462에서는 법 제185조 제2항에 따른 발송송달, 법 제187조에 따른 발송송달,

용어 사용이 아닐 수 없다. 우편집배원에 의한 일반적인 서류의 송달방법과의 혼선을 피하고
자 한다면 법 제185조 제2항에 의한 우편송달 혹은 법 제187조에 의한 우편송달이라는 용어
를 구분해서 사용하는 것이 바람직하다.

(1) 종류와 요건

1) 185조 2항에 의한 우편송달   재판이 진행되는 도중에 송달장소의 변경이 있는 경
우 당사자·법정대리인은 이를 법원에 신고할 의무가 있다(185조 1항). 당사자 등이 이러한 신
고를 하지 않을 뿐 아니라[1] 법원이 기록을 통해서도 달리 송달할 장소를 알 수 없는 경우에
는 법원사무관등은 송달서류를 우편송달 할 수 있으며(185조 2항, 민규 51조) 이 경우 발송 시에
송달된 것으로 간주한다(189조). 이때 '달리 송달할 장소를 알 수 없는 경우'라 함은 상대방에
게 주소보정을 명하거나 직권으로 주민등록표 등을 조사할 필요까지는 없지만, 적어도 기록
에 현출되어 있는 자료로 송달할 장소를 알 수 없는 상황을 의미한다.[2] 한편, 법 제185조 제
2항은 이 경우에 종전에 송달받던 장소에 대법원규칙이 정하는 방법으로 발송할 수 있다고
규정하고 있을 뿐이므로 비록 당사자가 송달장소로 신고한 바 있다고 하더라도 그 송달장소
에 송달된 바가 없다면 그 곳을 '종전에 송달받던 장소'라고 볼 수 없다.[3]

2) 187조에 의한 우편송달   송달할 장소에서 교부송달은 물론이고 보충송달이나 유
치송달을 할 수 없는 경우에 우편송달이 가능하며(187조) 이 경우 역시 발송시에 송달된 것으
로 간주한다(189조). 송달하여야 할 장소란 실제 송달받을 자의 생활근거지가 되는 주소·거
소·영업소 또는 사무소 등 송달받을 자가 소송서류를 받아 볼 가능성이 있는 적법한 송달
장소를 의미한다.[4]

(2) 방   법

1) 법 제185조 제2항에 따른 주소변경신고의무를 게을리해서 촉발되는 송달불능 상황(기
존 주소지에의 송달이 이사불명으로 회신된 경우)은 향후에도 지속될 것임이 추정되므로 당해 송달서
류뿐 아니라 그 후의 일련의 서류 등도 계속해서 우편송달을 할 수 있다. 하지만 법 제187조
에 의한 우편송달은 송달하여야 할 장소[5]에서 보충송달이나 유치송달 등이 불가능한 경우를

등기우편에 의한 발송송달이라는 명칭을 각기 사용하고 있다. 그러나 아무런 수식어 없이 발송송달이라는
용어도 사용한다(大判 2022. 1. 13. 2019다220618).
1) 주소변경신고를 하더라도 변경된 주소로의 송달 역시 불가능한 경우도 포함한다(大判 2009. 5. 28. 2009다
5292). 한편 소송당사자가 24회에 걸쳐 신고 또는 변경신고한 송달장소 중 11곳에 대한 송달이 송달불능된
경우에는 소송기록과 그동안의 송달 결과를 종합하여 직권으로 공시송달을 명할 수 있다고 판시하였다(大命
2008. 4. 15. 2008스11).
2) 大判 2018. 4. 12. 2017다53623; 大判 2021. 4. 15. 2021두30051; 大判 2022. 3. 17. 2020다216462.
3) 大決 2005. 8. 2. 2005마201; 大判 2012. 1. 12. 2011다85796.
4) 大判 2001. 9. 7. 2001다30025; 大判 2022. 3. 17. 2020다216462; 大判 2023. 5. 18. 2023다204224.
5) 송달하여야 할 장소란 실제 송달받을 자의 생활근거지가 되는 주소, 거소, 영업소 또는 사무실 등 송달받

전제하므로 각 발송서류마다 적식의 송달을 한 후에만 우편송달이 가능하다.1)

2) 우편송달을 통해 송달받을 자가 송달서류를 현실적으로 수령할 가능성은 거의 없다. 이 점은 공시송달의 경우도 동일하다. 따라서 화해권고결정·이행권고결정에 따른 결정문의 송달은 우편송달이나 공시송달을 통해 할 수 없다(225조 2항, 소심 5조의3). 당사자의 이의신청권을 보장하기 위함이다.

4. 공시송달

(1) 의의와 요건

1) 법원사무관 등은 송달받을 자(당사자와 이에 준하는 보조참가인 등에 대한 송달에 한함)의 주소 등 또는 근무장소를 알 수 없는 경우, 혹은 외국에서 하여야 할 송달의 경우 우리 공관을 통한 촉탁송달을 할 수 없거나 하더라도 효력이 없을 것으로 인정되는 경우에 직권 혹은 당사자의 신청에 따라 공시송달을 할 수 있다(194조 1항). 이를 공시송달처분(194조 5항)이라고 하는데 송달할 서류를 법원사무관등이 보관하고 법원게시판에 게시하는 방법, 관보·공보·신문을 통한 게재나 전자통신매체를 이용하는 방법 등을 이용하여 공시한 날로부터 일정기간의 경과로써 송달의 효력을 인정하는 것이다(195조, 민규 54조 1항).2) 공시송달은 법 제185조 제2항이나 제187조에 따른 우편송달과는 그 요건이나 절차가 다르지만 송달받을 자가 송달서류를 받을 수 있는 가능성이 거의 없다는 점에서는 거의 유사하다.3)

2) 공시송달 업무를 법원사무관등의 소관업무로 변경한 후에도 재판장은 소송의 지연을 피하기 위하여 필요하다고 인정하는 때에는 공시송달을 명할 수 있으며(194조 3항) 직권으로 또는 신청에 따라 법원사무관등의 공시송달처분을 취소할 수도 있다(194조 5항). 그러나 법원사무관등이 처분으로 한 공시송달과 재판장이 명령으로 한 공시송달명령을 동등하게 취급할 것인지의 문제가 발생할 수 있다.4)

3) 원고가 소권(항소권을 포함한다)을 남용하여 청구가 이유 없음이 명백한 소를 반복적으로 제기한 것에 대하여 법원이 변론 없이 판결로 소를 각하하는 경우에는 재판장은 직권으

을 자가 소송서류를 받아 볼 가능성이 있는 적법한 송달장소를 말하는 것이다. 따라서 소장과 항소장에 원고의 주소지로 기재되어 있기는 하나 당시 원고의 실제 생활근거지가 아닌 곳으로 변론기일 통지서를 우편송달한 것은 우편송달로서의 효력이 없다는 판례가 있다(大判 2001. 9. 7. 2001다30025).

1) 大決 1990. 1. 25. 89마939. 이 점에서 개별적인 서류마다 공시송달을 해야 하는 상황과 동일하다.

2) 공고예규 제2조에 따라 현재는 공시사항을 법원 홈페이지 법원공고란에 게시하는 방법으로 하고 있다.

3) 통상의 송달방법으로 송달이 이루어져 오던 당사자가 송달이 되지 않는 경우에는 송달시마다 우편송달을 하는 것이 원칙이지만 법원사무관등은 직권으로 공시송달을 하는 것도 가능하며 이 방법이 실무상 많이 활용되고 있다.

4) 법원사무관등이 한 공시송달에 흠이 있는 경우 이를 재판으로 보아 공시송달 자체는 유효하다는 논리를 앞으로도 전개할 수 있는지 문제될 수 있기 때문이다. 더구나 재판장은 직권 혹은 신청에 따라 법원사무관등의 공시송달 처분을 취소할 수가 있어 효력의 차등이 발생하고 있다.

로 피고에 대하여 공시송달을 명할 수 있다(194조 4항). 부적법한 소로서 그 흠을 보정할 수 없는 경우에는 변론없이 소를 각하할 수 있으나(219조) 이 경우에도 피고에 대해 소장부본이나 소송서류 및 판결문 정본 등을 송달하여야 하는데 소권을 남용하여 소를 제기하는 경우에는 기본적으로 재판비용의 납부도 없는 경우가 많아 부득이 공시송달의 방법으로 피고에게 송달할 수 있는 방법을 강구하게 된 것이다.[1]

(2) 절   차

공시송달의 신청을 위해서는 신청인이 송달받을 당사자의 주소나 근무장소 등을 알 수 없다는 점을 소명하여야 한다(194조 2항). 일반적으로 송달받을 자의 주민등록이 말소되었거나 주민등록이 되어 있더라도 실제로 그 곳에 거주하지 않고 있다는 점을 소명하여야 한다. 한편, 외국에서 할 송달에 대한 공시송달의 경우 국내의 그것과 동일한 방법으로 하지만(195조)[2] 공시송달의 요건 관련 문제는 헤이그송달협약 제15조와 관련해서 해석상의 문제가 있다(상세한 내용은 실무제요 Ⅲ, 550면 이하 참조).

(3) 효   력

1) 송달서류의 첫 공시를 명하는 공시송달명령은 게시일로부터 2주가 지나야 효력을 발생하는데(196조 1항 본문) 외국에서 할 송달의 경우는 그 기간을 2월로 한다(196조 2항). 그러나 후속의 송달서류에 대한 공시송달은 내·외국에서의 송달을 불문하고 게시한 다음 날부터 효력이 발생한다(196조 1항 단서). 이들 기간은 불변기간이 아니므로 신축이 가능한 것이 원칙이지만 법에서는 특별히 신장은 가능하지만 축소는 불가능하다고 규정하고 있다(196조 3항).

2) 통상의 송달이 가능함에도 불구하고 법원이 당사자의 신청에 따라 혹은 직권으로 공시송달명령을 한 경우 이에 대한 효력이 문제된다,[3] 판례는 부적법한 공시송달명령이지만 재판의 형태로 이루어진 송달이므로 유효하다고 본다.[4] 따라서 공시송달명령에 대해 불복하거나 무효임을 전제로 재송달을 신청할 수 없으며 부적법한 송달로 인해 패소한 당사자는 추후보완항소나 재심을 통해 구제를 받을 수 있다는 것이 판례의 입장이다(판례에 대한 비판은 송/박, 267면 참조).

3) 공시송달을 통해 송달을 받은 당사자에게는 자백간주나 소취하간주와 같은 기일불출석의 불이익이 부과되지 않으며 답변서제출의무 등도 부과되지 않는다. 아울러 외국의 확정판결

---

1) 박태일/주석민소 9판(2), 467면 참조.

2) 2002년 법 개정에 따라 개정된 법 제195조는 민사공조법 제10조와 저촉되는데 신법 우선 원칙에 따라 후자는 폐지된 것으로 본다(실무제요 Ⅲ, 552면 참조).

3) 당사자가 이미 사망하거나 법인의 대표자가 사망한 경우 등과 같이 공시송달이 아닌 통상의 송달이 있더라도 송달이 무효인 경우에는 공시송달명령 역시 무효이다(大判 2007. 12. 14. 2007다52997).

4) 大決(全) 1984. 3. 15. 84마20.

이 공시송달과 같은 방법에 의해 선고된 것이라면 국내에서 그 효력을 인정받을 수 없게 된다.

5. 송달의 특례

(1) 종전 간이통지 방식

적법·적식의 송달은 당사자나 소송관계인의 절차참여권을 보장하는 데 가장 중요한 요소의 하나로서 송달의 부적법 내지 무효는 소송절차 전체의 효력을 좌우하게 된다. 그러나 엄격한 송달방식의 준수는 그만큼 많은 시간을 소요하게 되며 나아가 절차의 지연을 초래할 우려가 있다. 이에 법은 기일에 대한 간이통지를 규정하여(167조 2항) 전화·팩시밀리·보통우편 또는 전자우편이나 그 밖에 상당하다고 인정되는 방법으로 기일통지를 할 수 있도록 하고 있다(민규 45조). 한편, 소송대리인이 변호사인 경우에는 법원사무관등은 송달을 함에 있어 우선적으로 간이한 방법을 활용하여야 하는데 전화·팩시밀리·전자우편 또는 휴대전화 문자전송을 이용할 수 있다(민규 46조 3항). 한편 양 당사자가 변호사를 소송대리인으로 선임한 경우에는 소송대리인 사이에 송달할 서류는 간이한 방법으로 송달할 수 있는 특칙을 마련하고 있다(민규 47조).

(2) 전자적 송달이나 통지

1) 법원사무관등은 송달이나 통지를 받을 자가 미리 사전에 전산정보처리시스템을 이용한 민사소송(이하 전자소송) 등의 진행에 동의한 등록사용자인 경우, 혹은 사후적으로 전자소송의 진행에 동의한 자인 경우, 그리고 등록사용자가 국가, 지방자치단체, 그 밖에 그에 준하는 자로서 대법원규칙으로 정하는 자인 경우에는 전자적으로 송달하거나 통지할 수 있다(전자문서 11조 1항). 물론 소송대리인이 있는 경우에는 대리인에게 송달한다(2항). 변호사가 소송대리를 하는 경우, 변호사에게 전자소송으로 진행하도록 강제하는 나라들이 있으나 우리의 경우는 당사자 본인의 선택 사항으로 남겨 두고 있을 뿐이다.

2) 전자소송에서의 송달은 법원사무관등이 송달할 전자문서를 전산정보처리시스템에 등재하고 그 사실을 송달받을 자에게 전자적으로 통지하는 방법으로 하는데(전자문서 11조 3항), 이 경우 송달받을 자가 등재된 전자문서를 확인한 때에 송달된 것으로 본다(4항 본문). 다만, 그 등재사실을 통지한 날부터 1주 이내에 확인하지 아니하는 때에는 등재사실을 통지한 날부터 1주가 지난 날에 송달된 것으로 의제하고 있다(4항 단서). 물론, 전산정보처리시스템의 장애로 인해 전자문서를 확인하는 것이 불가능한 기간은 산입되지 않는다(5항). 한편, 대법원은 전자소송의 등록사용자가 전자우편주소와 휴대전화번호를 전자소송시스템에 입력한 경우에는 등록사용자의 별다른 요청이 없는 한 반드시 전자우편과 문자메시지 양자의 방법으로 전자문서의 등재사실을 통지하여야 하고, 그 등재된 전자문서가 등록사용자의 미확인으로 송

달 간주되는 시기는 전자우편과 문자메시지 양자 모두의 방법으로 등재사실이 통지된 날부
터 1주가 지난 날이라고 보아야 한다고 판시하고 있다.[1] 그러나 송달의제 규정에 대해서는
기간이 지나치게 단기간이라는 점, 의제를 인정하기 전에 경고 메일이나 문자메시지 등을 사
전에 송부하는 것이 타당하다는 점에서 적지 않은 비판이 있었고 급기야 헌법소원이 제기된
바 있다.[2]

　　3) 원고가 등록사용자로서 전자소송을 이용해서 소장을 제출하더라도 상대방인 피고가
이에 동의하지 않으면 전자문서를 전산정보처리시스템을 통하여 출력하여 그 출력한 종이서면
을 민사소송법에 따라 송달하여야 한다(전자문서 12조 1항 2호).[3] 원고가 전자소송으로 소를 제기
하는 비율은 90%를 상회하지만 상대방이 이에 동의해서 완전한 형태의 전자소송으로 진행되
는 것은 상대적으로 매우 낮은 비율이다. 이로써 소위 전자소송과 종이소송의 혼재로 인해 법
원 직원들의 업무 과중은 물론 법원으로서 비용의 과다지출이 문제되고 있다. 전자소송으로
제소된 피고들에 대해 획기적인 인센티브를 마련해서 동의율을 제고할 필요가 절실하다.[4]

V. 외국에서 하는 송달(외국으로의 송달)과 외국으로부터의 송달

1. 직접실시방식과 간접실시방식

(1) 영사송달과 외국관할법원 송달촉탁

　　1) 외국에서 하는 송달은 재판장이 외국에 주재하는 대한민국의 대사·공사·영사를 통
한 촉탁방식을 취하는 직접실시방식이나 외국의 관할 공공기관 등에 촉탁하는 간접실시방식
중 하나를 취해왔다(191조). 우리의 경우 외국에 거주하는 대한민국 사람에게 송달하는 데 영
사송달이 주로 사용되어 왔는데 이것이 직접실시방식이다.[5] 한편, 외국의 관할 공공기관 등

---

1) 大決 2013. 4. 26. 2013마4003.
2) 헌법재판소는 2024. 7. 18. 2022헌바4 헌법소원 사건에서 전자문서 11조 4항 단서 규정이 위헌이라는 청구
　 인의 주장에 대해 동 규정이 헌법상의 재판청구권을 침해하지 않는다고 결정하였다. 헌법재판소는 전자적
　 송달제도는 소송당사자가 소송진행의 편의를 위해 전자소송 진행에 대한 동의를 하고 전자소송에 관한 통지
　 를 수신할 전자우편주소·휴대전화번호를 사전에 입력하였음을 전제로 한 것이고, 전자송달 간주 조항을 통
　 해 소송지연을 방지하는 한편 소송당사자의 적극적인 재판 절차 참여를 유도하여 신속하고 적절한 심리를
　 구현할 수 있다는 점을 고려할 때, 전자송달 간주 조항은 신속하고 공정한 재판의 실현이라는 헌법적 요청
　 에도 부합한다고 판시하였다. 타당한 결론이라고 판단된다.
3) 그 외에도 군 관계인에게 할 송달(181조), 구속된 사람 등에게 할 송달(182조), 전쟁에 나간 군인 등에게
　 할 송달(192조)이나 전산정보처리시스템의 장애가 있는 경우(전자문서 12조 1항 1호, 3호) 등에도 출력된 종
　 이문서로 송달해야 한다.
4) 피고가 소송으로 인해 지출해야 할 비용들에 대한 파격적인 절감 대책이 필요하다. 예를 들어 증인여비나
　 검증, 감정 비용의 할인, 궁극적으로 패소한 경우에도 소송비용부담에 있어 일정 비율의 감액 등을 고려해
　 볼 수 있다.
5) 영사관계에 관한 비엔나협약 제5조 J항에서도 "파견국 영사는 파견국 법원을 위하여 소송서류 또는 소송
　 이외의 서류를 송달할 수 있다"고 하여 인정한다. 이 영사송달은 자국민에 대한 경우에는 묵인되는 것이 관

에 촉탁하는 간접실시방식의 경우 우리는 외교경로를 통해 해당국의 법원에 송달하는 방법 (외국 관할법원 송달촉탁)을 주로 해왔는데 외국에 거주하는 외국인 등에게 송달하는 방식이다.[1]

2) 법 제191조는 외국에서 하는 송달에 대한 원칙만을 선언하고 있을 뿐이고 구체적인 내용은 국제민사사법공조법에서 규율하고 있다. 나아가 동 법에서는 out-bound 뿐 아니라 in-bound 사법공조촉탁을 함께 규율하고 있다(국제공조 1조). 사법공조는 송달이나 증거조사에 있어 국내절차를 외국에서 시행하는 문제, 그리고 외국절차의 국내에서의 수행을 위한 국제적인 협조를 말한다(국제공조 2조 1호).

(2) 국제민사사법공조 등에 관한 예규

국제민사사법공조 등에 관한 예규(2023. 11. 23. 개정 및 시행, 이하 국제공조예규라 함)에 따르면 외국 관할법원 송달촉탁은 [(1) 수소법원 → (2) 법원장 → (3) 법원행정처 → (4) 우리나라 외교부 → (5) 피촉탁국 주재 한국 대사관 → (6) 피촉탁국의 외교부 → (7) 피촉탁국의 해당 법원]의 경로를 거치게 되는 반면, 영사 송달촉탁은 [(1) 수소법원 → (2) 법원장 → (3) 법원행정처 → (4) 우리나라 외교부 → (5) 피촉탁국 주재 한국 대사관]의 경로를 거치게 된다(국제공조예규 4조 2항, 3항). 매우 번잡한 경로를 거쳐야 할 뿐 아니라 각국은 자국에서 외국법원의 송달행위가 주권침해라는 인식이 강해 외국에 거주하는 대한민국 국민에게 하는 영사송달조차 허용하지 않는 나라들도 있고 나아가 외국관할 법원 송달촉탁은 너무 많은 시간이 소요된다는 점에서 모두 불편하였다. 따라서 현재 세계 각국은 다자조약과 양자조약을 통한 송달의 효율화를 도모하고 있다. 한편, 외국으로부터 오는 재판서류에 대한 송달에 대해서는 민사소송법에 명시적인 규정이 없고 조약이나 협약으로부터 파악이 가능하다.

2. 조약과 송달

(1) 양자조약과 송달

1) 우리나라는 호주와 중국, 몽골, 우즈베키스탄, 태국 등과 양자조약의 형태로 민사사법공조조약을 체결함으로써 개별 국가 간의 특성을 살린 민사사법공조를 공고히 하고 있으며 따라서 이들 나라에 대해서는 양자조약이 국내법에 우선한다(국제공조 3조). 2000. 1. 16. 발효된 대한민국과 호주 간의 민사사법공조조약(이하 한호조약이라 함)은 뒤이은 양자조약의 전례

행이다[피정현, "외국에서 하는 송달", 비교사법 창간호(95. 2), 294면 참조].

1) 우리 법원은 송달을 재판행위로서 재판권의 한 작용으로 파악한다. 따라서 외국에 거주하는 대한민국 사람에게는 우리의 외교 공관을 통해 직접송달하는 것이 가능하지만 외국인에 대해서는 재판권의 침해행위가 될 수 있으므로 외교경로를 통한 간접송달의 방식을 취해온 것이다(반면 미국은 공개적으로 이러한 제한을 두지 않았다). 大判 1992. 7. 14. 92다2585에서 대만(당시는 자유중국)법원이 대만의 한국주재 대사관을 통해 대한민국 국민에게 재판서류를 송달한 것은 부적법한 송달이므로 이러한 송달에 기초한 판결은 승인 요건을 충족하지 못한 외국판결이라고 판시한 바 있다.

가 되고 있어 간략히 살펴볼 필요가 있다.

2) 호주로의 재판서류의 송달을 위한 촉탁과 호주로부터 대한민국으로의 재판서류의 송달을 위한 촉탁은 각 나라의 중앙당국을 통해서 한다(한호조약 8조 1호). 우리나라는 법원행정처를, 호주는 법무부를 중앙당국으로 지정하였으므로(한호조약 2조) 외국에 재판서류를 송달하고자 하는 대한민국의 수소법원은 법원장을 통해 법원행정처로 서류를 보내면 법원행정처가 호주 법무부에 촉탁을 하게 된다(한호조약 8조, 13조). 한편, 호주 법원이 우리나라에 재판서류를 송달하고자 하는 경우에는 그 역순으로 절차가 진행된다. 한편, 우리 법원의 촉탁에 대해 수탁체약국인 호주는 중앙당국인 법무부를 통해 송달하는데 호주법에서 정한 방식이나 요청된 특정방법으로 한다(한호조약 11조 2호). 다만, 수탁체약국인 호주는 촉탁의 실시가 자국의 공서에 반하거나 자국의 주권 또는 안보에 위해가 된다고 판단하는 경우에 한하여 촉탁의 실시를 거절할 수 있을 뿐(한호조약 11조 3호), 국내법상 자국이 소송물에 대하여 전속관할권을 가지고 있다고 주장하거나 신청의 근거가 되는 소가 자국의 국내법상 허용되지 아니한다는 이유만으로 촉탁의 실시를 거절할 수는 없다(한호조약 11조 4호). 매우 강력한 조약의 내용이 아닐 수 없다. 이러한 조약 내용에도 불구하고 두 나라는 타방 체약국의 영역 안에 있는 자국민에게 자국의 외교관 또는 영사관원을 통하여 강제력을 사용함이 없이 재판상 서류의 송달을 실시할 수 있는 영사송달의 길을 열어두고 있다(한호조약 13조 1호).

(2) 다자조약과 송달 그리고 국제공조예규

1) 민사 또는 상사의 재판상 및 재판외 문서의 해외송달에 관한 협약(이하 헤이그 송달협약이라 함)은 1969년 발효된 국제협약인데 2000. 8. 1. 국내에서도 헤이그 송달협약이 발효되었다. 헤이그 송달협약은 원칙적 송달방식으로 중앙당국에 의한 송달을 규정하고 있으나(헤이그 송달협약 2조) 영사송달 방식도 보충적인 방식으로 인정하고 있다(헤이그 송달협약 9조). 따라서 이 협약에 가입하게 됨에 따라 기존의 영사송달과 외교경로를 통한 송달 외에 중앙당국을 통한 송달도 가능하게 된 것이라고 볼 수 있는데 일본과 같이 헤이그 송달협약 체약국으로서 동 협약의 다른 체약국에 대해서만 영사송달을 허용하는 나라가 있으므로 동 협약에 가입함으로써 영사송달의 범위가 확장되는 효과도 있다. 결국 우리가 헤이그 송달협약에 가입함에 따라 이 협약에 의거해서 재일한국인에 대해 영사송달이 가능하게 된 것이다.

2) 헤이그 송달협약 역시 한호조약과 마찬가지로 중앙당국에 의한 송달방식을 취하고 있는데(엄밀하게는 한호조약 및 후속 양자조약 등이 헤이그 헤이그 송달협약 방식을 뒤따른 것임) 외국으로부터의 송달촉탁을 중앙당국이 직접 수령하게 되므로 외교경로를 통한 송달에 비해 절차가 간소해지고 시간이 절약되는 효과를 가져왔다. 헤이그 송달협약상으로는 한호 양자조약과 달리 우리나라의 법원행정처는 수신업무만 가능한 것처럼 되어 있으나 현재 국제공조예규에서

는 촉탁을 실시하는 발신기관의 업무도 겸하고 있다. 한편, 헤이그 송달협약에 따른 송달촉
탁에서는 수소법원의 재판장이 촉탁서, 문서의 요지 등을 기재하는 반면(국제공조예규 5조 1항),
양자조약에서는 수소법원의 재판장이 촉탁요청서와 서류의 요지를 작성하고 중앙당국인 법
원행정처가 촉탁서를 작성함으로써(국제공조예규 6조의2 1항, 2항) 차이가 있는 듯이 보이지만 두
경우 모두 수소법원의 재판장이 필요한 주요서류에 대한 작성의무를 부담하고 있어 실질적
인 차이는 없다.

　　3) 국제공조예규는 외국에 대한 송달촉탁을 헤이그 송달협약에 따른 송달촉탁, 양자조약
에 따른 송달촉탁, 외국 관할법원에 하는 송달촉탁(국제공조예규 5조 1항), 영사 송달촉탁(국제공조
예규 5조 2항 1호) 등 네 가지를 인정하고 있다. 송달받을 사람의 국적이 대한민국일 경우에는
당사자의 의사에 반하지 않는 한 영사 송달촉탁을 하도록 하고 있으며(국제공조예규 3조 2항), 외
국인인 경우에는 양자조약, 헤이그 송달협약 가입국인 경우는 당해 조약과 협약이 정하는 송
달촉탁을 하고 그 외에는 외국 관할법원에 하는 송달촉탁을 하도록 한다(국제공조예규 3조 3항).

　　4) 헤이그송달협약 및 양자조약에 따른 송달촉탁은 [(1) 수소법원 → (2) 법원장 → (3)
우리나라 중앙당국(법원행정처) → (4) 피촉탁국의 중앙당국(법무부, 외교부, 대법원 등 나라에 따라 다양
함) → (5) 피촉탁국의 해당 법원]의 경로를 거치게 되는데 필요한 경우 헤이그송달협약 및 양
자조약상 영사관의 경로 또는 외교경로를 이용할 수 있는 길도 열려 있다(국제공조예규 4조 1항).

3. 외국으로부터의 송달

　　외국으로부터의 촉탁, 특히 송달에 대한 사법공조는 국내에서 송달할 장소를 관할하는
제1심 법원이 관할권을 갖는다(국제공조 11조). 다만, 외국으로부터의 송달에 관한 사법공조촉
탁이 있는 경우 일정한 요건이 충족되어야 한다. 우선, 외국의 촉탁법원이 속하는 국가와 우
리나라 사이에 사법공조조약이 체결되어 있어야 하는데 이것이 없더라도 사법공조를 촉탁하
는 외국법원이 속하는 국가가 동일 또는 유사한 사항에 관하여 대한민국 법원의 사법공조촉
탁에 응한다는 보증을 해야 한다(국제공조 4조, 12조 1호). 또한 촉탁이 외교상의 경로를 거쳐야
하며 대한민국의 안녕질서와 미풍양속을 해할 우려가 없을 것, 그리고 송달받을 자의 성명·
국적·주소 또는 거소를 기재한 서면에 의할 것이 요구된다(국제공조 12조 2호, 3호, 4호). 이상의
국제공조법의 원칙에 따라 예규에서는 양자조약을 체결한 국가, 헤이그 송달협약 체약 국가
들 간의 송달촉탁에 대해 각기 규정을 하고 있다(국제공조예규 3장 14조 이하 참조).

4. 국제적 전자송달의 가능성

헤이그 송달협약이나 우리나라가 체결한 양자조약 그리고 국내법에 외국에 거주하는 외국인에게 국제적 전자송달을 허용하는 명시적 규정은 없다. 한편, 헤이그 송달협약 제10조 (a)에서는 간이한 우편경로(postal channel)를 인정하고 있는데 여기에는 이메일도 포함된다는 해석을 하고 있다.[1] 하지만 대한민국은 헤이그 송달협약 제10조에 대해 유보선언을 하였으므로 국제전자송달을 허용하기 어려운 상황이고 외국법원의 그러한 행위 역시 용인되기 어렵다.[2]

VI. 송달의 흠

1. 송달의 무효와 이의권의 상실

송달장소(183조)가 아닌 곳이나 송달받을 사람이 아닌 사람에게 한 송달, 보충·유치송달을 해보지도 않은 채 실시한 우편송달 등은 원칙적으로 무효이다. 그러나 송달받을 사람이 이를 추인하는 경우 혹은 이의 없이 변론하거나 수령하는 경우에는 이의권은 포기·상실된다(151조). 예를 들어 기일통지서의 송달이 무효인 경우 당사자가 우연히 기일을 알게 되어 출석하여 변론하는 경우에는 이의권이 포기·상실된 것으로 본다.

2. 망인에 대한 송달과 불변기간

망인에 대한 송달이 이루어진 경우는 원칙적으로 무효이다.[3] 그런데 망인 앞으로 송달된 서류를 상속인이 아무런 이의 없이 현실적으로 수령하게 되면 이의권을 포기하거나 상실한 것으로 취급된다는 견해가 있으나 의문이다(이시, 445면). 만일 송달된 서류가 기일통지서나 준비서면 등이라면 소송수계인 지위에서 이를 수령함으로써 송달의 흠이 치유되었다고 볼 수 있지만 불변기간과 관계된 송달서류라면(판결정본이나 압류 및 전부명령의 정본 등의 송달) 그 흠은 치유되지 않는다고 보아야 한다. 판례는 판결문정본의 송달과 관련해서는 이의권의 포기·상실의 대상이 되지 않는다고 보면서[4] 같은 불변기간인 즉시항고기간과 관련된 송달에 대해서는 이의권의 포기·상실을 인정하는 듯한 판결을 하고 있어 의문이다.[5]

---

1) Hague Conference on Private International Law (HCCH), Practical Handbook on the Operation of the Service Convention (2016), p. 177.

2) 김효정, "이메일에 의한 국제송달의 도입방안", 인권과 정의(2023), 93-94면.

3) 大判 1966. 10. 21. 66다1584; 大判 1994. 4. 26. 93누13360 등.

4) 大判 1972. 5. 9. 72다379; 大判 2002. 11. 8. 2001다84497 등.

5) 大判 1998. 2. 13. 95다15667 참조. 이 사안에서는 압류채권자의 압류 및 전부명령이 제3채무자에게 송달

제 4 절   소송절차의 정지

I. 의   의

(1) 대석적인 변론이 요구되는 판결절차에서 일방당사자에게 변론을 할 수 없는 사고가 생긴 경우에는 소송절차가 법률상 진행되지 않도록 함으로써 당사자의 절차참여권을 보장할 필요가 있다. 이를 소송절차의 정지라고 하며 현행법상으로는 중단과 중지 등 두 개의 제도가 있다.

(2) 소송절차의 정지는 대석적인 변론이 요구되는 판결절차에만 적용되는 것이 원칙이나 이에 준해서 대석적인 변론이 필요한 절차에서는 이를 유추적용함이 필요하다. 예를 들면 항고절차, 독촉절차, 제소전화해절차, 파산절차, 조정절차, 소송비용확정 절차 등에서도 정지제도가 인정된다고 봄이 타당하다. 하지만 절차참여권보다는 절차의 신속이 요구되는 강제집행(임의경매, 보전처분 절차 포함)[1]이나 증거보전절차에는 정지제도를 인정할 필요성은 크지 않다. 아울러 대석적인 변론이 요구되지 않는 공시최고절차나 비송절차에서도 정지제도의 유추는 원칙적으로 인정되지 않는다.

(3) 소송절차의 정지는 법률상 당연히 절차가 진행되지 않는 것을 의미한다. 따라서 법원이 사실상 절차를 진행하지 않기 위해 변론기일을 추후지정하거나 기일을 연기하는 것과는 근본적으로 다르다. 문제는 정지사유가 법원에 현출되지 않아 법률상으로는 절차가 진행될 수 없음에도 사실상으로는 절차가 진행되는 데 있다.

II. 소송절차의 중단

1. 의   의

소송절차의 중단이라 함은 당사자의 사망이나 법인의 합병과 같이 소송행위를 할 수 없는 객관적 사정이 발생하는 경우 소송절차의 진행이 법률상 당연히 정지되는 것을 말한다.

되었으나 이미 송달 전에 제3채무자는 사망을 하였는데 상속인이 이를 수령한 것이다. 그 뒤 압류채권자는 상속인명의로 경정결정을 받아 이를 다시 망인의 주소지로 송달을 하였는데 이때 다시 상속인이 동 경정결정을 수령한 것이다. 대법원은 경정결정이 확정됨에 따라 압류 및 전부명령 정본이 제3채무자에게 최초로 송달된 때에 소급하여 압류 및 전부명령의 효력이 발생한다고 하면서 상속인의 즉시항고기간 역시 도과되었다고 판시하였다. 이 사건에서 문제된 압류 및 전부명령 송달 여부는 제3채무자의 즉시항고 제기기간(불변기간)과 관련되므로 상속인의 사실상 수령행위 여부를 떠나 당해 송달은 무효로 보아야 한다.

1) 집행의 실효성을 확보하기 위해 기판력의 주관적 범위를 변론종결 후 승계인에게 확장하였으므로(218조 1항) 변론종결 후에 집행채무자가 사망한 경우에는 집행채권자가 승계집행문을 부여받아(민집 31조) 집행을 진행할 수 있어 집행절차의 정지가 인정될 필요성은 거의 없다.

중단은 법정사유에 의해 발생하며 일정한 자격을 가진 자의 절차수계나 법원의 속행명령에 의해 해소된다.

2. 중단사유

(1) 당사자능력의 상실

1) **자연인의 사망(233조)** 　　자연인이 소송계속 중 사망하고 소송물인 권리의무가 상속의 대상이 되는 경우에는 소송절차가 당연히 중단된다. 따라서 소 제기 전 혹은 변론종결 후 사망을 한 경우에는 절차는 중단되지 않으며 소송물 자체가 일신전속적인 것이라 상속되지 않는 경우(이혼사건[1])이나 직위해제 및 면직처분 무효확인 소송[2] 등) 혹은 상속인이 상속포기기간 내에 상속포기를 한 경우 등에는 절차가 중단되지 않고 종료된다.[3] 나아가 한 당사자의 사망으로 인해 상대방 당사자의 지위를 승계하는 경우에도 혼동으로 인해 절차는 종료된다. 한편 공동소송인 중 1인이 사망을 한 경우에는 공동소송의 형태에 따라 효과가 달리 나타난다. 즉 통상공동소송의 경우는 사망한 당사자와 상대방 간에만 절차가 중단되지만 필수적 공동소송의 경우는 전체 절차가 중단된다(67조 3항).

2) **법인의 합병(234조)** 　　법인의 합병은 자연인의 사망과 같으므로 합병된 회사가 진행하던 소송절차는 당연히 중단되고 합병한 회사(신설법인 혹은 존속법인)가 절차를 수계하여야 한다(234조).[4] 법인이 파산이나 합병 외의 사유로 해산한 경우에는 청산의 목적 범위 내에서

---

1) 大判 1994. 10. 28. 94므246,253에서는 이혼사건에 병합되는 재산분할청구 역시 사망과 함께 종료된다고 한다. 한편 사실혼관계에 있어서도 일방의 사망은 병합된 재산분할청구의 종료를 초래한다(大判 2006. 3. 24. 2005두15595). 그러나 이혼이 성립된 후에 제기된 재산분할청구소송에 대해서는 의견이 분분하다. 상속이 가능하다는 견해에서는 수계가 가능하지만 부정설에서는 소송이 종료된다고 보고 있다(진현민, "당사자의 사망이 이혼, 위자료, 재산분할 청구소송 및 보전절차에 미치는 영향", 서울가정법원 법관가사재판실무연구회 실무연구[X] (2005. 7), 385면 이하 참조). 그러나 대법원은 이혼청구와 병합된 위자료청구소송은 당사자 일방의 사망과 함께 종료되지 않는다고 한다(大判 1993. 5. 27. 92므143). 위자료청구는 일신전속권이지만 행사상의 일신전속권이므로 이미 망인이 위자료청구를 한 이상 이는 양도나 상속이 가능하다는 것이다. 한편 이혼판결이 확정된 후 재심이 제기된 상황에서 재심피고가 사망을 한 경우에는 검사가 이를 수계하도록 하는 것이 판례의 입장이다(大判 1992. 5. 26. 90므1135). 그러나 재심원고가 사망을 한 경우는 문제이다. 검사에게 재심원고적격까지 인정할 수 없다는 견해가 있다(진현민, 전게논문, 378면).

2) 大判 2007. 7. 26. 2005두15748.

3) 이사가 그 지위에 기하여 주주총회결의 취소의 소를 제기하였다가 소송 계속 중에 사망한 경우(大判 2019. 2. 14. 2015다255258)는 물론 단체의 정관에 따른 의사결정기관의 구성원이 그 지위에 기하여 위 단체를 상대로 그 의사결정기관이 한 결의의 존재나 효력을 다투는 민사소송을 제기하였다가 그 소송계속 중에 사망한 경우 역시 소송절차는 종료된다(大判 2019. 8. 30. 2018다224132). 이사와 의사결정기관의 구성원 지위 모두 일신전속적이기 때문이다.

4) 관련 법령에서 대규모점포 등 개설자가 사망하거나 점포를 양도, 혹은 다른 법인과 합병하는 경우 등에는 그 상속인이나 양수인, 합병 후 존속하는 법인이나 합병으로 설립되는 법인이 대규모점포 등 개설자의 지위를 승계한다고 규정하고 있는 반면, 대규모점포 등 관리자의 지위승계에 대하여는 아무런 규정이 없으므로 새로이 설립된 사단법인이 종전 관리자인 번영회의 지위를 승계하였다는 것을 근거로 수계신청을 한 것은 위법하다(大判 2022. 1. 27. 2020다39719).

청산법인으로서 존속하므로 소송절차의 중단은 발생하지 않는다(민 81조). 아울러 상법상 주식회사의 유한회사로의 조직변경은 주식회사가 법인격의 동일성을 유지하면서 조직을 변경하여 유한회사로 되는 것이고 그 역의 경우도 동일하므로 그와 같은 사유로는 소송절차가 중단되지 않고 소송절차 수계 역시 필요 없다.[1]

　　한편 회사분할 또는 분할합병으로 인하여 설립되는 회사 또는 존속하는 회사는 분할하는 회사의 권리와 의무를 분할계획서 또는 분할합병계약서가 정하는 바에 따라서 승계하므로(상 530조의10) 기존 회사의 소송절차는 중단된다. 한편 법인이 아닌 사단이나 재단에도 법 제234조가 준용된다는 것이 통설이다(이시, 448면).

(2) 소송능력의 상실 등(235조)

　　당사자의 변경은 없지만 소송수행권의 교체로 인한 절차의 중단이 필요한 상황이다. 당사자가 소송능력을 상실하거나 제한되면(피성년후견이나 피한정후견 개시 심판 등) 법정대리인이 소송수행을 하여야 하므로 절차의 중단이 발생한다. 한편 기존의 법정대리인이나 대표자의 대표권의 소멸은 상대방에게 통지하여야 효력이 발생하므로(63조 1항, 64조) 통지가 있어야 절차가 중단된다. 따라서 대표권이 소멸된 종전 대표자가 이를 통지하기 전에 한 행위는 상대방이 이 사실을 알든 모르든 유효하다.[2] 또한 대표자가 가처분에 의해 직무집행이 정지된 경우에도 통지를 통해 소송절차가 중단된다.[3]

(3) 당사자적격의 상실

1) 소송담당자(237조)　　　　일정한 자격에 의하여 자기 이름으로 남을 위하여 소송당사자가 된 사람이 그 자격을 잃거나 사망하면 절차는 중단되며 이 경우 같은 자격을 가진 사람이 절차를 수계하여야 한다(237조 1항). 기본적으로 제3자의 소송담당을 지칭하는 것으로 해석되고 있지만 절차의 중단이라는 측면에서 보면 반드시 일치하는 것도 아니다. 예를 들어 파산관재인이나 회생절차의 관리인, 유언집행자, 부재자관리인, 해난구조료 청구에 있어 선장 등과 같은 법정소송담당자 및 직무상의 당사자는 남을 위한 소송수행이라고 할 수 있어 이들의 자격상실은 절차의 중단을 초래하게 된다. 하지만 자신의 권리를 자신의 이름으로 행사하는 경우, 예를 들면 압류 및 추심명령을 받아 추심소송을 제기한 자나 채권질권을 가진 자의 권리행사는 남을 위한 것이 아니므로 추심권이나 질권의 상실은 청구기각사유는 될지언정 절차중단 사유는 되지 못한다. 아울러 자신의 채권보전을 위해 채무자의 권리를 대위해서 행사하는 대위채권자 역시 피보전채권의 흠결은 소 각하 사유일 뿐 절차의 중단사유가 될

---

1) 大判 2021. 12. 10. 2021후10855.
2) 大判(全) 1998. 2. 19. 95다52710.
3) 大判 1980. 10. 14. 80다623,624.

수 없다.[1]

2) 선정당사자　　선정당사자가 자격을 상실하거나 사망한 경우도 제3자의 소송담당과 다르지 않다. 복수의 선정당사자가 있는 경우에는 전원의 자격상실이나 사망이 있어야 절차가 중단된다(237조 2항). 선정당사자 일부의 자격상실이나 사망이 있는 경우에도 다른 선정당사자가 있으면 이들이 소송행위를 할 수 있기 때문이다(54조). 절차의 중단이 있는 경우 새로운 선정당사자나 선정자 전원이 절차를 수계할 수 있다.

3) 수탁자의 임무종료　　신탁재산에 관한 소송의 당사자로 된 수탁자의 임무가 종료된 경우 절차는 중단되며 새로운 수탁자가 절차를 수계하여야 한다(236조).

4) 파산 및 회생절차와 소송절차의 중단

① 파산절차의 개시　　당사자가 파산선고 전에 파산재단에 편입될 재산과 관련된 소송절차를 진행하던 중에 파산선고를 받게 되면 소송절차는 중단된다(239조). 파산선고와 동시에 파산한 채무자는 당사자적격을 잃고 관재인이 당사자 적격을 갖게 되므로 관재인이 절차를 수계하여야 한다(회생·파산 359조). 관재인이 소송절차를 수계한 뒤에 파산절차가 해지되면 다시 소송절차는 중단되고 이 경우에는 파산선고를 받았던 채무자 본인이 절차를 수계하여야 한다(240조).

② 회생절차개시　　회생절차개시결정이 있게 되면 채무자의 재산에 관한 소송절차 역시 중단되며(회생·파산 59조 1항) 파산절차와 마찬가지로 관리인이 당사자적격을 갖게 되므로 절차를 수계하여야 한다(회생·파산 78조).[2] 파산절차에서와 마찬가지로(회생·파산 384조) 회생절차가 개시되면 채무자의 업무의 수행과 재산의 관리 및 처분을 하는 권한은 관리인에게 전속하기 때문이다(회생·파산 56조 1항). 한편 관리인이 절차를 수계한 뒤에 회생절차가 종료되면 채무자 본인이 다시 절차를 수계하여야 한다(회생·파산 59조 4항).[3]

---

1) 주주대표소송에 대해서 통설은 채권자 대위소송과 동일하게 파악하고 있다(이시, 449면; 정/유/김, 669면). 그러나 주주대표소송은 조금 다른 특성을 갖는다. 주주대표소송은 주주가 그 자격으로 제3자인 회사를 위해 제기한 소이므로 주주의 공익권 행사의 성질을 갖는다. 따라서 원고로 된 주주의 자격 상실은 절차의 중단을 초래한다고 보는 것이 타당하다. 그런데 상법 제403조 제5항에서는 원고가 발행주식을 하나도 보유하지 못하게 되면 소가 부적법하게 되는 것으로 규정하고 있어 절차의 중단을 인정하지 않는 것으로 해석할 수밖에 없어 문제이다.

2) 회생절차에서는 자연인의 경우 채무자 본인, 개인이 아닌 채무자의 경우 그 대표자를 관리인으로 선임하도록 하고 있어(회생·파산 74조 1항) 채무자가 개인인 경우에는 채무자 본인이 관리인이 될 가능성이 높다. 더구나 관리인을 따로 선임하지 않는 경우도 예정하고 있고 이러한 경우 채무자 본인을 관리인으로 보고 있다(회생·파산 74조 3항, 4항).

3) 채무자 본인이 관리인이 되거나 관리인으로 취급되는 경우에도 절차를 수계하여야 하는지 의문이 제기될 수 있다. 그러나 이 경우도 채무자 본인은 관리인의 지위에서 절차를 수계하는 것이므로 수계의 형식을 밟아야 한다고 본다.

5) 채권자취소소송 및 채권자대위소송

① 채권자취소소송과 파산절차   채권자가 제3채무자를 상대로 제기한 채권자취소소송이 계속 중 채무자가 파산선고를 받게 되면 그 소송절차는 파산관재인이 소를 제기한 파산채권자를 수계하거나(상대방이 수계요구를 할 수도 있다) 파산절차의 종료에 이르기까지 중단된다(회생·파산 406조). 파산관재인은 개별채권자가 제기하였던 채권자취소소송을 도산법상의 부인의 소로 변경하여 파산재단의 증가를 위해 진행하게 될 것이다. 따라서 채권자취소소송의 계속 중 채무자에 대하여 파산선고가 있었는데, 법원이 그 사실을 알지 못한 채 파산관재인의 소송수계가 이루어지지 아니한 상태로 소송절차를 진행하여 판결을 선고하였다면, 그 판결은 채무자의 파산선고로 소송절차를 수계할 파산관재인이 법률상 소송행위를 할 수 없는 상태에서 사건을 심리하고 선고한 것이므로 위법하다.[1]

② 채권자취소소송과 (개인)회생절차   채권자가 제3채무자를 상대로 제기한 채권자취소소송이 계속 중 채무자가 회생절차개시결정을 받게 되면 소송절차는 중단되며 관리인이 소를 제기한 채권자를 수계할 수 있다(회생·파산 113조, 59조). 파산절차에서와 같은 논리가 적용될 수 있다. 한편, 소송절차의 중단과 수계절차 규정이 없는 개인회생절차에서도 채권자취소권 행사에 따른 소송절차 중단 규정은 준용되고 있다(회생·파산, 584조 1항, 406조). 따라서 채권자가 제3채무자를 상대로 채권자취소소송을 제기하였는데 채무자가 개인회생절차 개시결정을 받은 경우 채무자가 개인회생채권자를 수계할 때까지 절차는 중단된다. 이를 간과하고 절차를 진행하여 선고한 판결 역시 위법하다.[2]

③ 채권자대위소송   채권자대위소송의 계속 중 채무자가 파산선고를 받거나 회생절차개시결정을 받은 경우에 대해서는 아무런 명문의 규정이 없으나 채권자취소소송 관련 규정을 유추해서 파산관재인이나 관리인이 절차를 수계할 때까지 절차가 중단되는 것으로 봄이 타당하다. 판례 역시 채권자대위소송도 그 목적이 채무자의 책임재산 보전에 있고 채무자에 대하여 파산이 선고되면 그 소송 결과는 파산재단 규모의 증감에 직결된다는 점은 채권자취소소송에서와 같다고 보면서 이와 같은 채권자대위소송의 구조, 채무자회생법의 관련 규정 취지 등에 비추어 보면, 민법 제404조의 규정에 의하여 파산채권자가 제기한 채권자대위소송이 채무자에 대한 파산선고 당시 법원에 계속되어 있는 때에는 다른 특별한 사정이 없는 한 민사소송법 제239조, 채무자회생법 제406조, 제347조 제1항을 유추 적용하여 그 소송절차는 중단되고 파산관재인이 이를 수계할 수 있다고 보고 있다.[3]

---

1) 大判 2015. 11. 12. 2014다228587; 大判 2022. 5. 26. 2022다209987; 大判 2023. 2. 23. 2022다267440.

2) 大判 2014. 5. 29. 2013다73780. 한편, 채무자가 개인회생절차개시결정을 받게 되면 개인회생채권자는 채권자취소소송을 제기할 수 없게 된다(大判 2010. 9. 9. 2010다37141).

3) 大判 2013. 3. 28. 2012다100746.

3. 중단이 발생하지 않는 경우

(1) 소송대리인의 존재

위의 중단사유 (1) 내지 (3)의 경우 소송대리인이 선임되어 있는 경우에는 절차가 중단되지 않는다(238조). 위의 각 사유가 발생하더라도 소송대리권은 소멸하지 않기 때문이다(95조, 96조). 그러나 파산의 경우는 파산관재인과 채무자 사이에 이해관계가 대립될 수 있으므로 채무자가 파산할 당시 채무자의 소송대리인이 관재인을 그대로 대리하는 것은 허용되지 않는다. 그러나 회생절차에서는 개인의 경우 채무자 본인이 관리인이 되는 것이 원칙이므로(회생·파산 74조 2항) 소송대리인이 선임되어 있는 경우 절차가 중단되지 않는다고 볼 수 있다. 그러나 채무자 본인이 관리인으로 선임되지 않는 경우에는 파산과 마찬가지로 채무자의 대리인이 관리인을 계속 대리하는 것을 허용할 수 없다.

(2) 소송대리인의 권한

1) 소송대리인과 상소제기의 특별수권   소송대리인은 기존 당사자의 대리인으로서 별도의 수계절차 없이도 새로운 당사자의 대리인이 된다. 즉 기존의 당사자가 사망해도 소송대리인은 상속인의 대리인으로서 절차의 중단 없이 소송수행을 할 수 있게 되며 판결의 효력 역시 상속인에게 미치게 된다. 기존 당사자의 대리인이나 상속인은 상속인들의 명의로 절차를 수계하여야 하며 대리인이 상속인을 알 수 없는 경우에는 망인 명의로 판결을 받아도 무방하며 이 경우에도 판결의 효력은 상속인에게 미친다.[1] 한편, 소송대리인의 대리권은 심급대리의 원칙상 당해 심급의 판결문 정본의 송달로써 소멸된다.[2] 그런데 변호사인 소송대리인은 통상적으로 소송위임을 받을 때 상소제기의 특별수권까지 부여받으므로 당해 심급의 판결정본이 소송대리인에게 송달되어도 소송대리권이 소멸되지 않으며 상소제기시 비로소 소송절차가 중단된다.[3] 따라서 이 경우에는 상소심에서 적법한 수계절차를 거침으로써 소송절차의 중단이 해소된다.[4]

2) 소송대리인이 기존 당사자의 사망 후 정당한 상속인들 명의로 절차를 수계하여야 하는데 잘못하여 상속인 중 일부를 누락하거나 혹은 정당하지 못한 상속인 명의로 절차를 수계하는 경우가 발생할 수 있다. 이 경우 누락된 상속인이나 정당한 상속인에 대해서도 당해

---

1) 大判 1995. 9. 26. 94다54160. 망인 명의로 받은 판결을 받은 후 정당한 상속인 명의로 판결경정을 하는 것이 가능하다(大判 2002. 9. 24. 2000다49374). 한편 경정절차를 거치지 않고 망인의 승계인을 위해서 혹은 망인의 승계인에 대한 강제집행을 위해 승계집행문을 부여하는 것도 가능하다고 할 것이다(大決 1998. 5. 30. 98그7).

2) 大判 1996. 2. 9. 94다61649.

3) 大判 2016. 9. 8. 2015다39357.

4) 大判 2016. 4. 29. 2014다210449.

심급의 판결이 확정되는지 혹은 여전히 중단된 상태로 있는지 여부에 대해 논란이 있다. 우선, 누락된 상속인이나 정당한 상속인에게도 판결의 효력이 미치므로 소송대리인이 이들을 누락한 채 상소를 제기하거나 상소를 제기하지 않은 경우 판결은 확정된다는 것이 판례[1]의 입장이다(상세한 내용은 제7편 제5장 제3절 Ⅱ. 참조).

4. 중단의 해소

소송절차의 중단은 수계신청이나 법원의 속행명령에 의해 해소된다. 그러나 파산선고에 따른 관재인의 소송수계 전에 파산절차가 해지되면 파산선고를 받은 채무자의 지위가 복원되므로 달리 채무자의 수계신청절차 없이 종전의 소송절차가 진행된다(239조 2문).

(1) 수계신청

1) **수계신청권자**   ① 수계신청은 절차의 중단사유가 발생한 당사자 측의 수계인이나 상대방(241조)이 절차의 속행을 구하는 신청이다. 당사자 측의 수계신청권자는 각 사유마다 법정되어 있는데 자연인의 사망의 경우는 상속인(상속인은 상속포기기간 경과 후에 수계신청이 가능하다), 상속재산관리인, 그 밖의 법률에 의하여 소송을 계속하여 수행할 사람(유언집행자나 수증자 등)이다(233조 1항).[2] 한편, 파산재단에 속하는 재산에 관하여 파산선고 당시 법원에 계속되어 있는 소송은 파산관재인 또는 상대방이 수계할 수 있다(회생·파산 347조 1항).[3]

② 공동상속재산의 경우 필수적 공동소송관계가 아니므로 상속인 전원이 절차를 수계할 필요는 없으며 일부 상속인만 수계하여 소송을 진행하여 상급심에 이심되더라도 수계하지 않은 상속인의 절차는 중단된 채 당해 심급에 잔존하게 된다.[4] 한편 신분관계를 다루는 가사소송에 있어서는 원고가 사망을 하면 소송절차가 종료되는 것이 원칙이다(이혼소송[5] 등). 그러나 신분관계와 관련된 소송의 기판력은 제3자에게까지 미치는 경우가 있어 소송절차를 종료시키는 것이 부당한 경우가 있다. 우선, 다른 제소권자가 승계할 수 있도록 한 경우가 있는데 혼인취소나 인지청구의 소 등과 같이 제소권자가 여러 사람이고 제소기간의 제한이 있는 경우에는 원고의 사망으로 소송이 종료되는 것을 방지할 필요가 있다. 따라서 가류·나류

---

1) 大決 1992. 11. 5. 91마342.
2) 법인의 대표자가 직무집행정지가처분에 의해 직무집행이 정지된 경우는 직무대행자가 수계신청권자가 된다.
3) 따라서 파산재단에 속하지 않는 이혼으로 인한 재산분할청구권은 수계의 대상이 아니다(大判 2023. 9. 21. 2023므10861,10878).
4) 大判 1994. 11. 4. 93다31993. 이 사건에서 원고 甲과 乙은 공동으로 소를 제기하였는데 그 후 원고 甲이 소송진행 도중 사망을 하게 되자 상속인 중의 1인인 원고 乙이 甲을 소송수계하여 1심 판결이 선고되었다. 이 사건이 항소심으로 이심되자 사망한 원고 甲으로부터 포괄유증을 받았다고 주장하는 丙, 丁은 항소심에서 수계신청을 하였는바, 대법원은 丙, 丁이 수계인이라면 甲의 사망으로 절차가 중단된 1심 법원에 수계신청을 하여야 한다고 판시하였다.
5) 大判 1994. 10. 28. 94므246,94므253; 大判 1985. 9. 10. 85므27.

소송의 경우 다른 제소권자의 승계신청을 통해 절차가 속행될 수 있도록 하였으며(가소 16조) 6개월 내에 다른 제소권자의 승계신청이 없으면 소가 취하된 것으로 간주된다(가소 16조 2항, 3항).

　③ 공익적인 차원에서 검사의 수계절차를 허용해야 하는 경우가 있다. 즉, 친생자관계존부 확인소송의 소송물은 일신전속적인 것이지만 당사자 일방이 사망한 때에는 일정한 기간 내에 검사를 상대로 하여 그 소를 제기할 수 있다(민 865조 2항). 따라서 당초에는 원래의 피고 적격자를 상대로 친생자관계존부 확인소송을 제기하였으나 소송 계속 중 피고가 사망한 경우 원고의 수계신청이 있으면 검사로 하여금 사망한 피고의 지위를 수계하게 하여야 한다. 그러나 그 경우에도 가사소송법 제16조 제2항을 유추적용하여 원고는 피고가 사망한 때로부터 6개월 이내에 수계신청을 하여야 하고, 그 기간 내에 수계신청을 하지 않으면 그 소송절차는 종료된다고 보아야 한다.[1)

　2) 관할법원　　수계신청은 중단 당시 소송이 계속된 법원에 하여야 한다. 1심 절차 진행 중에 당사자가 사망하였으나 소송대리인이 있어 절차가 중단되지 않다가 1심 종국판결 정본의 송달로 소송대리권이 소멸하게 되면 절차가 중단된다. 이 경우 절차의 수계를 1심 법원에 하여야 하는지 아니면 항소심에 하여야 하는지 견해가 대립된다. 법 제243조 제2항과 상소장의 원 법원 제출주의(397조)를 들어 원 법원에 하여야 한다는 견해가 있으나(이시, 452면; 정/유/김, 672면), 판례는 상급심 법원에도 수계신청을 할 수 있다는 입장이다.[2) 당사자의 구제절차의 편의성과 소송경제를 고려한다면 상황에 따라 원 법원과 상급심 법원 중 어느 하나를 택일해서 절차를 수계할 수 있다고 봄이 타당하다.[3) 소송절차가 중단된 사실을 모른 채 상소를 제기한 경우 상소심에서 상속인들이 절차를 수계함으로써 그 흠을 치유할 수 있도록 허용하는 것이 바람직하기 때문이다.

　3) 절차와 재판　　① 수계신청은 수계사유가 발생한 측의 새로운 당사자뿐 아니라 상대방 측도 할 수 있다(241조). 수계신청은 서면으로 하여야 하며(민규 60조 1항), 동 서면에는 중단사유와 수계할 사람의 자격을 소명하는 자료를 첨부하여야 하며(2항) 법원은 소송수계신청 사실을 상대방에게 통지하여야 한다(242조). 수계신청을 하여야 함에도 불구하고 당사자가 표시정정신청 등의 제목으로 서면을 제출한 경우 이를 수계신청의 취지로 해석할 수 있다는 판례[4)도 있으나 석명을 통해 수계신청의 형식을 취하도록 유도하는 것이 바람직하다.

　② 법원은 수계사유 유무에 대하여 직권으로 이를 조사하여야 하며 수계사유가 없는 경우에는 결정으로 기각하여야 한다(243조 1항). 이에 대해서는 통상의 항고가 가능하다. 한편

大判 2014. 9. 4. 2013므4201.
2) 大判 1963. 5. 30. 63다123.
3) 大判 1996. 2. 9. 94다61649; 大判 2003. 11. 14. 2003다34038.
4) 大判 1980. 10. 14. 80다623,624.

수계신청이 적법하다고 판단되는 경우에는 수계신청에 대한 인용결정이 별도로 필요한 것은 아니며 사실상 변론을 속행함으로써 족하다는 것이 판례입장이다.[1] 아울러 소송수계를 인용하는 묵시적인 재판은 소송지휘에 관한 재판이므로 독립하여 항고할 수 없다. 그러나 재판의 송달 후에 소송절차가 중단된 경우에는 수계여부에 대한 명시적인 결정이 필요하다. 재판의 효력을 명백히 하기 위함이다.[2]

③ 소송수계신청이 인용되었으나 나중에 참칭수계인으로 밝혀진 경우에는 판결 선고 전이면 수계재판을 취소하고 수계신청을 각하하여야 한다(실무제요 Ⅱ, 469면). 만일 법원이 이를 취소하지 않고 참칭수계인에 대해 실체판단을 하였다면 진정수계인에 대한 관계에서는 소송은 아직도 중단상태에 있다고 할 것이지만 참칭수계인에 대한 관계에서는 판결이 확정된 이상 기판력을 가진다는 것이 판례입장이다.[3]

(2) 법원의 속행명령

중단사유가 발생한 당사자의 정당한 수계인이나 상대방이 적정한 기간 내에 절차의 수계를 하지 않는 경우 법원은 직권으로 속행명령을 할 수 있다(244조). 법원이 수계적격자를 직권으로 파악해서 이들과 상대방 모두에게 속행명령을 하는 것이다. 속행명령으로 절차의 중단은 해소된다. 속행명령 대신에 법원이 당사자들에게 변론기일을 통지하는 것이 가능한지에 대한 의견대립이 있으나 중단 중의 행위는 무효라는 점에서 속행명령을 통한 중단의 해소가 선행되지 않으면 기일지정행위의 효력을 인정하기 어렵다. 한편 속행명령은 중간적 재판이므로 독립적인 불복의 대상이 되지 않는다.

Ⅲ. 소송절차의 중지

소송절차의 중지는 중단과 유사하나 재판에 의한 중지가 인정된다는 점, 다른 사람의 절차의 수계가 인정될 수 없다는 점에서 중단과 다르다. 하지만 일단 중지가 일어나면 수계 외의 효과는 중단과 차이가 없다.

1. 당연중지

천재지변, 그 밖의 사고로 법원이 직무를 수행할 수 없을 경우에 소송절차는 그 사고가 소멸될 때까지 자동적으로 중지된다(245조). 중지사유의 소멸로 중지 역시 해소된다.

---

1) 大判 1969. 9. 30. 69다1063; 大判 2006. 11. 23. 2006재다171.
2) 유남석/주석민소(3), 464면.
3) 大判 1981. 3. 10. 80다1895.

2. 재판에 의한 중지

법원의 장애가 아닌 당사자의 장애로 인해 당사자가 부정기간 동안 소송행위를 할 수 없는 경우[1]에는 법원은 직권으로 결정에 의해 소송절차를 중지할 수 있으며(246조 1항) 아울러 법원은 동 결정을 직권으로 취소할 수 있다(2항). 당사자에게 중지신청에 관한 신청권이 있는가에 대해서는 다툼이 있으나 법조문의 규정 내용상 인정하기 어려우며 다만 직권발동을 촉구하는 의미는 있다.

3. 다른 법령에 의한 중지 등

다른 절차와의 관계에서 소송절차를 중지할 필요가 있어 당연히 혹은 법원의 재량에 의해 소송절차를 중지하는 경우가 있다.

(1) 당연중지

법원이 법률의 위헌여부의 심판을 헌법재판소에 제청한 때에는 당해 소송사건의 재판은 헌법재판소의 위헌여부의 결정이 있을 때까지 정지된다(헌재 42조 1항). 또한 당해 소송사건이 조정절차에 회부된 경우에도 그 조정절차가 종료될 때까지 소송절차는 중지된다(민조규칙 4조 2항). 한편 증권관련집단소송(증권규칙 11조)이나 소비자단체소송(소비규칙 12조 1항) 등에서 일정한 사유가 있는 경우 소송절차가 중지된다.[2]

(2) 재량에 의한 중지

회생절차의 개시신청이 있게 되면 법원은 이해관계인의 신청이나 직권으로 회생절차개시의 신청에 대한 결정시까지 채무자의 재산에 관한 소송절차를 중지할 수 있으며(회생·파산 44조 1항 3호) 법원은 소송절차를 진행하다가 필요하다고 인정된 때에는 특허에 관한 심결이 확정될 때까지 그 소송절차를 중지할 수 있다(특허 164조 2항).

(3) 해석에 의한 중지

법령에 명문의 규정이 없는 상태에서 해석론을 통한 절차의 중지를 인정할 것인지 여부가 문제된다. 예를 들면 소송절차의 선결문제가 다른 민·형사 재판에서 진행되고 있는 경우 혹은 국내에 제기된 소와 동일한 소가 먼저 외국법원에 계속 중인 경우(국제적 소송경합) 등에

---

1) 일정 지역의 소요나 분규사태로 당사자의 이동이 불가능한 경우뿐 아니라 중병 등으로 법원에의 출석이나 소송대리인과의 연락 자체가 불가능한 경우 등을 상정할 수 있다. 따라서 장기간의 외유, 국내여행 등의 사유는 여기에 해당하지 않는다.

2) 채무자에 대한 회생절차의 개시는 동일한 채무자에 대한 파산절차나 채무자의 재산에 대하여 이미 행한 회생채권이나 회생담보권에 대한 강제집행 등을 정지시키지만(회생·파산 58조 2항) 이는 엄밀히 보아 법 제245조 이하의 소송절차의 중지가 아니다.

는 현재 진행되고 있는 절차를 그대로 진행하는 것보다는 선결문제에 대한 판결이나 외국법원의 판결 결과를 보고 판단하는 것이 바람직할 것이다. 따라서 해석에 의한 소송절차의 중지를 인정할 실익이나 필요성은 매우 크다고 할 것이므로 당사자에게 절차중지 신청권을 인정함이 마땅하다.

Ⅳ. 소송절차 정지의 효과

소송절차의 정지로 인해 기간의 진행 역시 정지되며 중지사유의 해소부터 다시 전 기간이 진행한다. 한편 소송절차의 정지로 인한 법적 효과를 당사자와 법원 측면에서 나누어 살펴본다.

1. 당사자의 소송행위

절차가 정지된 상태에서 행한 당사자의 소송행위는 무효이지만 상대방이 아무런 이의를 제기하지 않거나 명시적·묵시적으로 추인함으로써 당해 소송행위는 유효하게 된다. 정지제도 자체가 공익적 목적을 가진 것이 아니라 당사자의 절차참여권을 보장하기 위한 점에서 근거를 찾을 수 있다.

2. 법원의 소송행위

(1) 중단 중의 법원의 소송행위 역시 원칙적으로 무효지만 당사자의 이의권의 포기나 상실로써 유효하게 된다. 따라서 중단사유의 발생을 간과한 판결에 대해 상속인들이 사실상 송달을 받아 상소를 제기하고 상소심에서 절차를 수계하면 상소와 수계는 적법한 것으로 보아야 한다. 변론종결 전의 중단사유의 발생을 간과하고 판결을 선고한 경우에도 당연무효인 판결은 아니며 확정 전이면 상소로써 확정 후에는 재심으로써 다툴 수 있기 때문이다.[1]

(2) 소송대리인이 선임되어 있는 상태에서 소송절차의 진행도중 당사자가 사망을 한 경우 소송대리인은 상속인 명의로 절차를 수계하여야 하지만 이를 이행하지 않은 상태에서 판결이 선고되는 경우가 있다. 이때에는 절차의 중단이나 위법이 없으므로 판결집행을 위해서는 상속인들 명의로 판결을 경정하는 것으로 충분하다.[2]

(3) 소송대리인이 선임되어 있지 않은 상태에서 당사자가 사망을 하였음에도 불구하고

---

1) 大判(全) 1995. 5. 23. 94다28444에서 중단을 간과한 판결은 대리인에 의하여 적법하게 대리되지 않았던 경우와 마찬가지로 보아 대리권 흠결을 이유로 상소 또는 재심에 의하여 그 취소를 구할 수 있을 뿐이라고 판시하였다. 그러나 당연승계를 인정하지 않는 차원에서뿐만 아니라 당사자의 재판청구권을 침해할 우려가 있다는 차원에서도 중단을 간과한 판결을 유효하다고 볼 수 없다는 견해도 있다(호, 371면).

2) 大判 2002. 9. 24. 2000다49374도 같은 취지이다.

이를 간과하고 판결이 선고된 경우에는 중단상태에서 절차가 진행된 위법이 있으나 무효는 아니므로 구제방안이 필요한데 단순히 판결경정을 통해 상속인 명의로 당사자를 변경하는 것은 적절하지 못하다. 오히려 변론종결 후의 당사자의 변경이 있는 경우와 유사하므로 승계집행문 규정(민집 31조)을 준용하는 것이 타당하다.[1] 따라서 패소한 피고가 절차도중에 사망한 경우라면 원고는 승계집행문을 부여받는 방법으로 상속인들에 대한 집행절차에 착수하는 것이 가능하고 반면 사망한 피고의 상속인들은 승계집행문부여에 대한 이의의 소(민집 45조)를 제기함과 동시에 잠정처분(민집 46조)을 함으로써 절차를 정지시키고 상소나 재심을 통해 구제를 받아야 할 것이다.

---

1) 大決 1998. 5. 30. 98그7도 같은 취지이다.

증거법

제 1 장 총   설

제 1 절 증   거

Ⅰ. 증거의 의의

1. 증거수집과 증거조사

민사재판에서는 대립되는 양 당사자의 주장을 토대로 각 주장의 시시비비를 가리는 구체적인 사실 확정 절차가 선행되어야 한다. 법원은 확정된 사실관계에 기존의 법 규정을 적용함으로써 구체적인 결론을 도출할 수 있기 때문이다. 결국 법원이 당사자의 상충된 주장 가운데 사실 주장의 진실성 여부를 판단하기 위해서는 사실 주장을 뒷받침하는 증거의 타당성과 신뢰성에 의존할 수밖에 없다. 객관적이고 합리적인 증거를 통한 사실인정만이 당사자와 제3자를 설복시킬 수 있기 때문이다. 그런데 법은 재판자료의 수집, 제출 책임을 당사자에게 일임하는 변론주의를 취함으로써 증거에 대한 1차적인 제출책임 역시 당사자에게 부여하고 있으며, 법원은 변론전체의 취지와 증거조사의 결과(증거자료)를 참작하여 자유로운 심증으로 사실주장의 진실성 여부를 판단하여야 한다(202조, 자유심증주의). 당사자는 기본적으로 증거의 수집, 제출책임을 부담하지만 제출된 증거가 법원의 심증 형성에 기여할지 여부는 미지수이며, 당사자가 신청하는 모든 증거방법을 법원이 조사할 의무도 없으므로(290조) 당사자에게는 증거방법을 획득하기 위한 증거수집권이 중요한 반면 법원에게는 증거에 대한 합리적인 취사선택과 엄격한 증거조사가 매우 중요하다.

2. 증거의 개념

증거는 당사자의 신청이나 법원의 직권에 의해 조사되지만 모든 증거조사 결과가 법관의 심증형성에 영향을 미치는 것은 아니다. 이러한 단계별 과정에서의 증거개념을 구분하기 위해 증거방법, 증거자료, 증거원인이라는 개념을 구분해서 사용하고 있다. 예를 들어 원고가 대여사실의 증명을 위해 A를 증인신문해 줄 것을 신청한 경우를 가정해 보자. 이때 증인 A는 증인신문이라는 증거조사의 대상인 증거방법이 되며 증인신문에 따라 작성되는 증인신문조서는 증거조사의 결과로서 증거자료가 된다. 증거자료 중 법관의 심증형성의 원인이 된 증거자료를 증거원인이라고 한다. 법관은 증거자료와 변론전체의 취지를 토대로 자유심증주의(202조)에 기초하여 판단을 하게 되므로 증거원인은 증거자료에 국한되지 않고 변론전체의 취지도 증거원인이 될 수 있다. 이 점에서 증거만을 자유심증의 대상으로 하는 형사소송절차와 상이하다(형소 308조).

Ⅱ. 증거의 종류

1. 직접증거와 간접증거

증거는 지향하는 증명의 대상이 무엇인지, 그리고 증명책임의 소재와 관련해서 여러 명칭으로 지칭된다. 우선 청구의 주요사실을 직접적으로 증명하기 위한 증거를 직접증거라고 하며, 간접사실과 보조사실을 증명하기 위한 증거를 간접증거라고 한다. 예를 들어, 대여금청구사건에서 차용증은 대여사실을 뒷받침하는 직접증거에 해당할 것이다. 하지만 차용증이 없을 경우 원고가 피고에게 차용금 상당액을 송금한 무통장 입금증은 대여사실을 증명하기 위한 훌륭한 간접증거가 될 수 있다. 자유심증주의를 취하는 현행법 하에서는 직접증거 없이 간접증거만을 통해서도 증명이 가능하므로 그 구별의 실익은 크지 않다.

2. 본증과 반증

(1) 본증과 반증

1) 요증사실에 대한 증명책임을 부담하는 당사자가 제출하는 증거 혹은 증명활동을 본증이라고 하는데 법관에게 요증사실의 존재에 대한 확신을 심어줄 정도의 증명이 요구된다. 반면 증명책임을 부담하지 않는 상대방이 제출하는 증거 혹은 증명활동을 반증이라고 한다. 반증의 경우에는 본증을 통해 법관에게 형성될 수 있는 확신을 의심스럽게 할 정도의 심증형성으로 충분하다. 예를 들어, 매매대금의 지급을 구하는 원고는 계약체결이라는 요증사실의 증명을 위해 법관의 확신이 들 정도의 본증을 필요로 하지만, 증명책임을 부담하지 않는 상대방은 계약체결이 이루어지지 않았을 수도 있다는 정도의 가능성에 대한 심증을 형성하게 하는 정도의 증거(반증)만으로 충분하다.

2) 반증에는 직접반증과 간접반증이 있다. 직접반증은 증명책임을 부담하는 당사자가 증명하려고 하는 사실에 대해 직접적인 탄핵을 하는 증거 혹은 증명활동을 의미한다. 원고가 건물인도청구의 소를 제기하자 피고가 원고 주장의 건물은 이미 멸실되어 존재하지 않는다는 사실을 증명하는 것과 같다. 간접반증은 증명책임을 부담하는 당사자가 간접사실을 통해 요건사실을 증명한 경우 그 상대방이 별개이지만 양립가능한 간접사실의 증명을 통해 원고의 증명을 탄핵하는 증거 혹은 증명활동을 말한다. 이때 간접사실은 주요사실에 대해서는 반

증으로 족하지만 간접사실 자체에 대해서는 법관으로 하여금 확신을 갖게 할 정도의 증명이 요구되므로 본증의 정도로 증명하여야 한다(김/강, 434면; 정/유/김, 507면). 예를 들어, 원고가 차용증과 같은 직접증거 없이 대여일시에 피고가 차용금액 상당의 물품을 구입했다는 내용의 확인서(간접증거)를 통해 대여사실을 증명한 경우, 피고가 물품구입을 위한 금전은 자신의 친척인 소외 A로부터 차용한 돈이라는 것을 증명하기 위해 A를 증인으로 신청한다면 이는 간접반증에 해당한다.

(2) 반대사실의 증명을 위한 증거

원고가 법률상 추정을 받는 상황이라면(민 198조, 민법의 점유계속의 추정), 피고는 동 추정사실과 반대되는 사실을 증명(반대사실의 증명)함으로써 당해 추정을 번복할 수 있는데 이 경우 반대사실의 증명을 위한 증거 역시 본증의 정도로 증명되어야 한다. 반면에 사실상의 추정을 받는 사실을 탄핵하기 위해서는 반증으로 족하다.

제 2 절   증거법의 기본이념

Ⅰ. 증거에 의한 사실인정

법원에서 당사자가 자백한 사실과 현저한 사실을 제외한 사실에 대해서는 증명이 필요하다(288조). 증명을 위해서는 증거의 신청과 조사가 필요하다(289조 1항). 법원에 현출된 사실은 증거를 통해 증명되지 않으면 인정되지 않는 것이 원칙이다. 법정에서는 상반된 주장을 하는 당사자들이 각기 주장사실을 뒷받침하는 증거를 제출하게 되므로 증거조사를 통해 증거의 신뢰성 여부를 평가하게 되며 이를 통해 당사자가 주장하는 사실의 진위를 판단하게 된다.

Ⅱ. 변론과 증거조사의 결합과 분리

변론과 증거조사는 관념적으로 분리되지만 통상은 변론과 증거조사는 법원에서 한 기일에 동시에 진행되는 것이 일반적이다. 그러나 변론 및 증거조사의 집중을 위해 증인신문과 당사자신문은 모든 주장과 증거를 정리한 뒤에 일괄적으로 진행되는 것을 지향하고 있다(293조, 민규 75조 1항). 한편, 법원 밖에서 혹은 외국에서 증거조사를 하는 경우에는 변론기일과 분리되어 증거조사가 실시된다(296조, 297조). 따라서 증거조사가 변론과 분리되어 밖에서 실시되는 경우에는 변론은 원칙적으로 허용되지 않는다.[1]

---

1) 예를 들어 재판부나 수명법관이 현장검증을 실시하는 도중에 변론을 하더라도 이는 아무런 효력을 갖지

Ⅲ. 재판절차에서 사전절차 중심으로

증거조사는 변론기일에 실시되는 것이 원칙이지만 절차의 중심이 준비절차로 옮겨지게 되고 변론과 증거조사의 집중을 위해(293조) 변론 전에 증거조사가 실시될 수 있는 여건이 조성되었다. 즉, 증거의 신청과 조사는 변론기일 전에도 가능하며(289조 2항) 변론준비절차에서는 당사자의 주장과 증거를 정리하는 차원에서(279조 1항) 필요한 범위 안에서 증거조사를 할 수 있다(281조 3항). 다만 준비절차에서의 증인신문이나 당사자신문은 증인이 정당한 사유로 수소법원에 출석하지 못하는 경우 등 예외적인 경우에만 가능하다(313조). 결국 인증에 대한 신문을 제외한 물적 증거에 대해서는 기일 전 준비절차에서 증거조사가 모두 실시될 수 있는 길이 열리게 되었다.

Ⅳ. 증거조사에서 증거수집 중심으로

증거를 통한 사실인정에 있어 가장 어려운 점은 필요한 증거방법의 확보에 있다고 할 수 있다. 현행 증거보전제도(375조)는 증거조사의 시기를 앞당기는 역할을 할 뿐 증거방법에 대한 획득수단을 정하고 있는 것은 아니다. 각종 증거조사 방법에 있어서도 증거방법에 대한 획득을 위한 수단을 정하고 있는데, 예를 들면 문서제출명령(343조)과 이를 준용하는 검증절차(366조 1항)를 통해 필요한 문서나 검증물의 제출을 명할 수 있으며 증인신문이나 감정 등에 있어서도 증인의무(303조)와 감정의무(344조) 등을 규정하고 있다. 그러나 이러한 제도는 증거조사를 위한 목적으로 운용될 뿐 증거수집을 위한 독자적인 기능을 갖지는 못한다. 특히 소제기 전에 증거방법을 획득할 수 있는 제도적 장치가 필요한데 이를 통해 사전에 관련 정보를 수집함으로써 소 자체를 예방하는 기능을 수행할 수 있을 뿐 아니라 화해를 독려하는 역할도 할 수 있어 매우 긍정적인 제도라 할 수 있다. 이러한 차원에서 변호사법 제75조의2가 규정하는 변호사회의 사실조회 제도는 매우 시의적절하다고 할 수 있다.[1]

못한다. 그러나 통상적으로 대리인은 법정 밖에서의 증거조사에서도 자신의 주장을 펼치는 경우가 있는데 이는 법관에 대한 심증형성에 사실상 도움이 될 수 있을 것이다.

[1] 증거조사 중심에서 정보 및 증거수집제도로의 패러다임 전환을 강조하는 입장으로는 졸고, "민사소송에서의 증거조사절차에 있어 몇 가지 문제점", 한양대 법학논총 27집 2호, 23면 이하 참조.

제 3 절   증거능력과 증명력

Ⅰ. 증거능력과 제한

1. 증거능력의 개념

(1) 증거능력이라 함은 증거방법으로서 증거조사의 대상이 될 수 있는 일반적인 자격을 말한다. 통신비밀보호법 제4조에서 불법검열에 의하여 취득한 우편물이나 그 내용 및 불법감청에 의하여 지득 또는 채록된 전기통신의 내용은 재판 또는 징계절차에서 증거로 사용할 수 없다고 규정하여 증거능력을 입법적으로 제한하고 있다. 따라서 증거능력이 없는 증거에 대해서는 증거조사를 허용할 수 없으며 이는 증거능력이 없는 증거를 통해 법관이 잘못된 심증을 형성하는 것을 저지하기 위함이다.

(2) 법은 자유심증주의를 취하고 있어 모든 증거방법은 민사재판에서 증거능력을 갖는다는 것이 현재까지의 통설·판례의 입장이다(김/강, 464면; 이시, 457면).[1] 그러나 자유심증주의라고 해도 모든 증거자료를 토대로 법관이 임의로 심증을 형성할 수 있는 것은 아니며 오히려 증거능력이 있는 증거방법에 대해 적법한 증거조사를 거친 증거자료를 토대로 심증을 형성하는 것이 올바른 자유심증주의라고 판단된다.[2] 따라서 증거능력이 없는 증거방법을 조사하는 것은 부적법한 증거조사가 되며 이를 토대로 심증을 형성하는 것 역시 자유심증주의에 반하는 것이다.[3] 따라서 민사소송절차에서도 일정한 증거방법에 대해서는 증거능력을 제한함으로써 증거조사의 대상이 되는 것을 원초적으로 배제할 필요가 있다.[4]

(3) 우선, 뒤에서 보듯이 위법하게 수집한 증거방법에 대해서는 증거능력을 인정하지 않

---

1) 大判 1981. 4. 14. 80다2314; 大判 2009. 9. 10. 2009다37138,37145 등 참조. 이들 판결에서 증거에 관하여 자유심증주의를 채택하고 있기 때문에 상대방의 부지중 비밀로 대화를 녹음한 소위 녹음테이프를 위법으로 수집되었다는 이유만으로 증거능력을 부정할 수 없다고 설시하고 있다.

2) 大判 2018. 4. 12. 2016다223357.

3) 大判 1982. 8. 24. 82다카317에서 대법원은 " … 자유심증주의는 증거의 증명력을 법정하지 아니하고 오로지 법관의 자유로운 판단에 맡기는 것을 말하기는 하나 이는 형식적, 법률적인 증거규칙으로부터의 해방을 뜻할 뿐 법관의 자의적인 판단을 용인한다는 것이 아니므로 적법한 증거조사 절차를 거친 증거능력 있는 적법한 증거에 의하여 사회정의와 형평의 이념에 입각하여 논리와 경험의 법칙에 따라 사실주장의 진실여부를 판단하여야 할 것이며 … "라고 표현하고 있다.

4) 선서하지 않은 감정인에 의한 신체감정결과는 증거능력이 없다는 판결이 있으나 이는 증거능력이 흠결되었다기보다는 증거조사절차를 위반함으로써 당해 증거조사 결과를 증거로 할 수 없다고 보는 것이 타당하다. 한편 법정대리인 A는 당사자신문의 대상일 뿐 증인능력이 없다고 하거나(372조) 기피당한 감정인 B는 감정인 능력을 상실한다고 하여 증거능력이 상실된다고 하는 견해도 있으나(이시, 457면) 이는 증인적격이나 감정인 적격을 상실함으로써 증거로써 허용되지 않는 것에 불과할 뿐 증거능력을 상실한 것이라고 보기는 어렵다. 위 사례에서 법정대리인 A는 증인적격은 없지만 당사자신문의 방법을 통해 증거조사될 수 있으며 감정인 B는 기피당하지 않은 다른 사건에서는 얼마든지 감정을 실시할 수 있기 때문이다.

아야 한다. 나아가 문서의 일부가 사후에 조작된 것으로 인정되는 경우1) 역시 이에 대한 증
거능력을 인정할 수 없다. 전문증거나 소 제기 후에 당해 소송절차에서 사용되기 위해 작성
된 문서 등은 이들에 해당하지 않으므로 법령의 근거 없이 증거능력을 부인하기 어렵다(다만
장기적으로는 민사재판에서도 이러한 문서에 대한 증거능력을 배제할 필요가 있다).

2. 위법수집증거의 증거능력

(1) 증거조사의 대상 적격

1) 형사소송법 제308조의2는 적법한 절차에 의하지 아니하고 수집한 증거는 증거능력이
없음을 선언하고 있다. 반면 민사재판에서는 위법수집증거의 증거능력을 제한하고 있지 않
다. 학설은 독일의 영향을 받아 인격권침해설과 위법성설, 그리고 절충설 등이 대립하고 있
다. 민사와 형사절차 공히 정의를 세우는 재판과정이라는 점에서 민사재판에서는 위법수집증
거가 허용될 수 있다는 논거는 없다고 판단된다. 더구나 해킹 등과 같은 전자적 침해행위가
빈번해지는 현실에서 위법수집 증거를 법정에서 계속 허용한다면 재판의 공정성이나 염결성
은 더 이상 유지될 수 없을 것이며 전자적인 재판을 지향하는 현 단계에는 더욱 그러하다.

2) 민사소송의 자유심증은 무제한 증거방법에 대한 증거조사 결과를 통해 형성된 심증
을 기초로 판결하라는 것이 아니고 적법하게 수집된 증거에 대해 적법한 증거조사를 거쳐
심증을 형성하는 것을 전제한다. 따라서 위법하게 수집한 증거방법에 대해 원칙적으로 증거
능력을 인정하고 그 위법행위가 헌법에서 정한 인격권을 침해한 경우는 증거능력을 부정하
되 다시 정당행위에 해당하거나 현저히 우선되어야 할 이익이 존재하는 경우에는 증거능력
을 인정하여야 한다는 견해(김홍, 587면) 등은 동의하기 어렵다.2) 오히려 위법수집증거는 원칙
적으로 증거능력이 부정되어야 하며 당해 위법성을 조각할 만한 사유가 있는 경우에는 예외
로 하되 위법한 수집행위를 통해 증거를 획득하고 제출한 당사자에게 그 증명책임이 귀속되
어야 한다.

(2) 증거능력

1) 형사소송법 제308조의2가 신설된 이후에도 법원은 형사소송에서의 적법절차 원칙과
실체적 진실 규명 간의 조화를 도모하여야 한다는 취지에서 절차적인 위법을 통해 얻어진
증거를 유죄의 인정근거로 하고 있으나3) 매우 의문이다. 위 형사소송법 규정은 이러한 법원

---

1) 大判 1979. 8. 14. 78다1283.
2) 우선, 인격권의 침해가 있는 위법행위가 있어야만 증거능력이 부정되어야 한다는 이론적인 논거를 찾기가
어렵다. 나아가 인격권의 침해가 있더라도 위법성 조각사유가 있다면 다시 증거능력이 인정될 수 있다는 논
리는 가치개념의 상대성을 인정하는 것으로 증거능력을 인정할 수밖에 없다는 결론에 이르게 된다.
3) 大判(全) 2007. 11. 15. 2007도3061.

의 비교형량을 허용하고 있지 않기 때문이다. 민사소송에서는 형사절차에서보다 더 증거부족 현상이 심각하다는 것은 주지의 사실이므로 우리 판례가 위법수집증거에 대해 관대한 것은 어쩌면 현실상황을 고려한 불가피한 선택일 수도 있다. 어느 누구도 위법한 증거수집행위를 정당하고 권장할 만한 행위라고 평가하지는 않기 때문이다. 그러나 위법수집증거에 대하여 원칙적으로 증거능력을 인정하고 이를 부정하는 측에게 증거능력이 없다는 점에 대한 증명 책임을 부담시킨다는 것은 위법행위를 묵인하는 것이라고밖에 생각되지 않는다.

　　2) 타인 간의 통신 내용을 무단으로 녹취하는 것은 통신비밀보호법상으로도 금지되는 행위이며 그 결과물 역시 동 법에 의해 증거능력이 인정되지 않는다. 그러나 상대방과의 대화를 동의 없이 녹취하는 경우에 대해 판례는 줄곧 증거능력을 인정하고 있을 뿐 아니라 녹음한 내용을 담은 녹취록에 대해서도 매우 관대한 입장을 보이고 있다.[1] 대화의 일방 당사자가 상대방과의 대화를 녹음한 행위는 형법상의 범죄나 통신비밀보호법이 금지하는 행위에 해당하지 않지만 이는 명백히 개인의 기본권(개인의 Privacy는 물론 통신비밀보호권)을 침해하는 행위임은 부인하기 어렵다. 따라서 헌법상의 기본권 보호대상이지만 현실적인 여건상 이를 범죄로 취급하지 않는 상대방과의 대화내용의 무단녹취에 대해 법원이 무조건 증거능력을 인정하는 것은 바람직하지 않으며 지양되어야 한다.[2]

Ⅱ. 증명력(증거력/증거가치)

증명력은 증거자료가 요증사실을 증명하는 증거로서의 가치를 의미한다. 특히 서면증거의 경우는 형식적 증명력과 실질적 증명력으로 구분하여 증명력을 파악하고 있다. 증명력의 평가는 법관의 자유심증에 의하므로 증거조사 결과 산출된 증거자료에 대해 일률적으로 증거가치의 대소를 논할 수는 없다. 하지만 공증이라는 제도를 통해 서면증거의 증거가치를 증가시키는 것과 같이 새로운 증거방법에 대해서도 여러 가지 방안을 통해 증거가치의 향상을 도모하고 있다. 예를 들어, 전자문서에 대한 증명력 제고를 위해 전자서명법은 공인인증서에 기초한 전자서명(공인전자서명)을 통해 전자문서의 증거가치를 제고하고 있으며(전자서

---

1) 大判 1981. 4. 14. 80다2314; 大判 2009. 9. 10. 2009다37138,37145 등. 그러나 제3자의 경우는 설령 전화통화 당사자 일방의 동의를 받고 그 통화 내용을 녹음하였다 하더라도 그 상대방의 동의가 없었던 이상, 이는 여기의 감청에 해당하여 통신비밀보호법 제3조 제1항 위반이 되고, 이와 같이 제3조 제1항을 위반한 불법감청에 의하여 녹음된 전화통화의 내용은 제4조에 의하여 증거능력이 없다는 것이 판례 입장이다(大判 2021. 8. 26. 2021다236999).

2) 이외에도 녹취내용은 녹취를 하는 사람의 의도에 따라 대화내용이 의도적으로 설정될 뿐 아니라 편집의 가능성도 높아 그 자체로서도 증명력을 갖기 어렵다고 판단된다. 이러한 낮은 증명력을 갖는 증거방법으로 인해 민사재판에서 위법수집증거의 증거능력을 원칙적으로 인정한다는 것은 현실적인 측면에서도 설득력이 없다고 판단된다.

명 2조) 공인전자서명이 있는 경우에는 당해 전자서명이 서명자의 서명, 서명날인 또는 기명날인이고, 당해 전자문서가 전자서명된 후 그 내용이 변경되지 아니하였다고 추정하고 있다 (전자서명 3조 2항).

제 2 장 증　　명

제 1 절 총　　설

Ⅰ. 실체적 진실발견과 증명의 정도

　　형사소송 절차에서 법관의 심증은 합리적인 의심이 없는 정도의 증명에 이를 것을 요구하고 있다(형소 307조 2항). 이는 영미의 합리적인 의심의 배제(beyond reasonable doubt) 원칙을 명시적으로 수용한 것으로 평가되며, 따라서 범죄사실의 인정을 위해서는 가능한 모든 합리적인 의심을 넘어설 수 있는 정도의 고도의 증명이 요구된다. 민사재판이라고 해서 형사재판에서의 심증의 정도보다 낮은 단계를 요구하는 것은 아니다. 그러나 민사절차는 형사절차와 달리 양 당사자가 대립하며 증거에 대한 제출책임 역시 각자의 증명책임 소재에 따라 각자에게 부여된다. 법원은 양 당사자 중 어느 한 당사자의 손을 들어줄 수밖에 없는데 양 당사자의 증명의 정도가 충분하지 않더라도 상대적인 증거의 우월을 통해 승패를 결정할 수밖에 없는 상황에 놓일 수 있다. 따라서 민사재판에서는 형사재판과 달리 합리적인 의심의 배제라는 명제의 역할이 제한적일 수밖에 없다.

Ⅱ. 법관의 확신과 증거의 우월

1. 고도의 개연성에 대한 확신

　　민사재판에서의 증명은 증거를 통해 구체적 사실(요증사실)의 존재에 대해 법관으로 하여금 확신을 갖게 하는 행위 또는 그 확신된 상태를 지칭한다. 그런데 "법관의 확신"이라는 개념에 대해서는 통상 자연과학에서의 논리적 증명이 아니라 진실에 대한 고도의 개연성을 의미하는 역사적 증명으로 족하다고 하면서 그 판정에 있어서는 통상인이라면 의심을 품지 않을 정도의 진실성의 확신을 가진 상태라고 설명하고 있다.[1] 한편 독일에서도 사실 인정을

---

　　1) 大判 1990. 6. 26. 89다카7730 사건(의료과오소송)에서 " … 민사소송에 있어서의 인과관계의 입증은 추호의 의혹도 있어서는 아니 되는 자연과학적 증명은 아니고 경험칙에 비추어 모든 증거를 종합 검토하여 어떠한 사실이 어떠한 결과발생을 초래하였다고 시인할 수 있는 고도의 개연성을 증명하는 것이며 그 판정은 통상인이라면 의심을 품지 아니할 정도로 진실성의 확신을 가질 수 있는 것임이 필요하고 또 그것으로 족하다 할 것이다…"라고 판시하고 있다.

위한 심증형성의 정도는 완전한 확신(volle Beweis)을 요구하며 그 의미는 합리적인 의심을 잠재울 고도의 개연성을 의미한다고 한다.[1] 이러한 해석과 독일법계의 논의는 위에서 언급한 형사재판에서의 증명의 정도와 다르지 않음을 알 수 있으며 우리가 민사재판에서 요구하는 "고도의 개연성에 대한 확신"은 영미에서의 "합리적인 의심을 배제하는 원칙"과 다름없다.

2. 증거의 우월

보다 강도 높은 증명을 통해 사실인정을 하는 것 그 자체를 비난할 수는 없으나 이 경우 증명책임을 부담하는 측은 증명에 큰 부담을 지게 되고 나아가 빈번하게 진위불명의 상태에 빠지게 되므로 그 불이익은 언제나 증명책임을 부담하는 측이 부담하게 된다. 변론주의가 지배하는 민사재판의 특성상 통상인이라면 의심을 품지 않을 정도의 고도의 개연성을 통한 확신을 형성하도록 증명을 한다는 것은 현실적으로도 매우 어렵다. 결국 형사재판에서의 증명정도와 동일한 수준을 민사재판에서 요구하는 것은 무리이므로, 일방 당사자의 주장과 증거를 통한 증명이 상대방의 그것보다 우월하다면 법관은 사실인정에 대한 확신을 가져도 좋다는 소위 "증거의 우월(preponderance of evidence) 이론"이 보다 현실적이고 공평의 견지에서도 타당하다. 이를 통해서 진위불명의 상태를 최소화함으로써 증명책임을 부담하는 당사자에게 일방적인 불이익을 주지 않도록 하는 것도 필요하기 때문이다.

제 2 절 증명정도의 완화

Ⅰ. 소명(疎明)

소명이란 즉시 조사할 수 있는 증거(소명자료)를 통해 법관으로 하여금 사실의 존재에 대한 충분한 가능성이 있음을 추측하게 하는 당사자의 행위 또는 그 상태를 말한다.[2] 이는 법 스스로가 증명의 정도(심증의 정도)를 낮춘 것으로 법 규정이 특별히 허용한 경우에만 가능하다.[3] 증명과정을 대체하는 소명절차를 인정하는 것은 절차의 신속성이 보다 중요한 가치가

---

[1] Jauernig/Hess, §49 Ⅱ. Rn. 4. 한편, 자유심증주의는 객관적으로는 고도의 개연성, 주관적으로는 법관의 확신 두 가지를 요구한다고 설명하고 있으나(이시, 535면) 의문이다. 즉, 어떤 상태에 이르러야 법관이 확신을 가진 것이라고 판단할 수 있느냐가 문제의 핵심이므로 위 견해에 의하면 무엇이 고도의 개연성인지 그리고 법관의 확신은 어떤 상태에서 도달될 수 있는 것인지 다시 문제가 되므로 순환논법에 빠져버리게 되기 때문이다.

[2] 이 경우는 당사자 일방이 제출한 소명자료만으로 판단하게 되므로 증거의 비교를 전제하는 증거의 우월이론이 적용될 여지는 없다.

[3] Jauernig/Hess, §49 Ⅱ. Rn. 5.

있는 경우(보전처분절차)이거나 혹은 파생적인 절차 문제와 관련이 있을 때이다. 따라서 소명은
즉시 증거조사할 수 있는 증거에 의하여야 하며 보증금의 공탁이나 선서로써 갈음될 수 있
다(299조 2항).

Ⅱ. 법령과 해석에 의한 완화

모든 민사사건 그리고 모든 사실에 대해 동일한 증명의 수준을 요구하는 것이 과연 합
리적인지 혹은 실제 가능한 것인지 매우 의문이다. 재판 역시 그 시대의 자연과학이나 인접
학문의 수준에 의해서 자체적인 한계를 가질 수밖에 없다. 불법행위를 원인으로 한 손해배상
청구소송(특허, 환경오염, 의료과오, 지식재산권 침해 등)에서 인과관계 및 구체적인 손해액 산정을
위한 문제는 일반 대여금반환청구소송에서 돈을 빌려준 사실이 있는가 여부를 증명하는 것
과는 증명의 정도를 달리할 필요가 있을 것이다.

1. 법 규정에 의한 완화(법 202조의2 등)

(1) 특허사건(특허 128조 5항)이나 공정거래사건(독점 57조), 하도급관련 사건(하도급 35조 3항)
에서는 손해액의 산정이 어려운 경우가 많아 변론 전체의 취지와 증거조사의 결과에 의하여
인정되는 모든 사정을 종합하여 상당하다고 인정되는 금액을 손해배상 액수로 정할 수 있도
록 하고 있었다. 민사소송절차에서도 판례[1]는 동일한 취지의 판결을 해오던 중 2016. 3. 29.
법 제202조의2를 신설함으로써 이를 명시적으로 규정하게 되었다.[2] 이는 손해가 발생된 것
은 인정되나 손해액을 증명하기 위하여 필요한 사실을 증명하는 것이 해당 사실의 성질상
극히 곤란한 경우에는 증명도와 심증의 정도를 경감함으로써 손해의 공평·타당한 분담을
지도원리로 하는 손해배상제도의 이상과 기능을 실현하려는 취지에서 비롯된 것이다. 따라서
법원이 법 제202조의2 규정을 적용하여 손해액을 인정할 때에도 손해액 산정의 근거가 되는
간접사실들의 탐색에 최선의 노력을 다해야 하고 탐색해 낸 간접사실들을 합리적으로 평가
하여 객관적으로 수긍할 수 있는 손해액을 산정하여야 한다.[3] 아울러 법 제202조의2 규정은

---

1) 大判 1987. 2. 24. 85다카416에서는 "불법행위의 가해자가 피해자에 대하여 배상하여야 할 손해액은 원래
　 증거에 의하여 구체적으로 확정함이 원칙이라 하겠으나, 수입상실액을 구체적 증거에 의하여 인정하는 대신
　 에 평균수입액에 관한 통계나 노동능력상실률 등을 이용하여 추상적 방법으로 산정하는 방식이 널리 행해지
　 고 있으며, 이런 산정방법은 그 공평성과 합리성이 인정되는 한 법에 의하여 허용된다"고 판시한 바 있다.
2) 독일의 경우는 손해의 범위는 물론 손해의 발생 여부에 대해서도 다툼이 있는 경우 법원이 모든 사정을
　 참작해서 자유로운 심증에 의해 판단할 수 있다고 규정하고 있으며(ZPO §287(1)), 일본의 경우는 손해가 발
　 생한 것이 인정되었으나 손해의 성질상 그 금액을 증명하는 것이 매우 곤란한 경우 법원은 변론전체의 취지
　 와 증거조사 결과에 기초해서 상당한 손해액을 인정할 수 있다고 규정하고 있다(日民訴 248조).
3) 大判 2016. 11. 24. 2014다81511. 한편, 大判 2021. 10. 14. 2020다277306에서는 법원이 손해배상의 범위를

특별한 정함이 없는 한 채무불이행이나 불법행위로 인한 손해배상뿐만 아니라 특별법에 따른 손해배상에도 적용되는 일반적 성격의 것으로 파악하여야 한다.[1]

　　(2) 집단소송법 제34조 제2항에 따르면 증거조사에 의하여도 정확한 손해액 산정이 어려운 경우에는 제반 사정을 참작하여 표본적·평균적·통계적 방법 그 밖의 합리적 방법으로 손해액을 정할 수 있다고 규정하고 있는데 전체적으로는 동일한 취지의 것으로 파악된다.

2. 사회정의와 형평의 이념 강조를 통한 증명의 완화

　　법 제202조의2와 같은 명문의 규정이 없더라도 판례는 오래전부터 민사분쟁에 있어서의 인과관계는 의학적·자연과학적 인과관계가 아니라 사회적·법적 인과관계이고, 그 인과관계는 반드시 의학적·자연과학적으로 명백히 입증되어야 하는 것은 아니라는 입장을 견지해 오고 있다.[2] 나아가 인과관계의 증명이 어려운 현대형 소송(공해소송·의료과오소송·제조물책임소송 등)에서는 그 증명의 완화를 여러 측면에서 도모하고 있는데 예들 들어, 공해관련 환경소송에서 " … 가해행위와 손해발생 사이의 인과관계의 고리를 모두 자연과학적으로 증명하는 것은 곤란 내지 불가능한 경우가 대부분이고, 가해기업은 기술적·경제적으로 피해자보다 원인조사가 용이할 뿐 아니라 자신이 배출하는 물질이 유해하지 않다는 것을 입증할 사회적 의무를 부담한다고 할 것이므로, 가해기업이 배출한 어떤 물질이 피해 물건에 도달하여 손해가 발생하였다면 가해자 측에서 그 무해함을 입증하지 못하는 한 책임을 면할 수 없다고 봄이 사회형평의 관념에 적합하다 … "[3]고 판시함으로써 인과관계 증명에 사회적 의무와 사회형평의 관념을 강조하고 있다. 이로써 자유심증주의를 규정하고 있는 법 제202조에서 강조하는 사회정의와 형평의 이념을 재확인하고 있는 것으로 평가된다.

제 3 절 엄격한 증명과 자유로운 증명

I. 엄격한 증명

　　엄격한 증명(Strengbeweis)이란 법률이 정한 일정한 증거방법에 대해 법률이 정한 증거조

산정함에 있어 어쩔 수 없이 추정치를 사용하게 되는 경우가 있으나 그때에도 추정치는 사회평균인의 일반적인 관점에서 현실과 크게 동떨어진 전제 하에 도출된 것이거나 통계적·확률적인 관점에서 볼 때 합리적인 범위를 넘어서는 것이어서는 안 된다는 입장을 분명히 하고 있다.

1) 大判 2020. 3. 26. 2018다301336.
2) 大判 1969. 9. 30. 69다1130; 大判 2000. 3. 28. 99다67147.
3) 大判 2004. 11. 26. 2003다2123; 大判 2009. 10. 29. 2009다42666.

사절차(증인신문, 감정, 서증, 검증, 당사자신문)에 따라 행하는 증명을 의미한다. 이에 반해 자유로운 증명(Freibeweis)은 이러한 증거법적 구속에서 자유로운 형태의 증명을 의미한다. 소명이 증명의 정도를 완화하는 것이라고 한다면, 자유로운 증명은 증거방법과 증거조사절차의 형식적 엄격성의 정도를 완화한 것이라고 할 수 있다.[1] 이 두 개념의 분화는 형사소송절차에서 비롯된 것으로 피고인의 죄책과 형벌에 대해서는 엄격한 증명을 요구한 반면 정상참작사유 등에 대하여는 자유로운 증명이 가능하다는 이론적 토대에서 발전된 것이다.[2]

Ⅱ. 자유로운 증명

1. 자유로운 증명의 개념과 허용성

자유로운 증명이라 함은 법정된 증거방법이나 증거조사절차로부터 다소는 완화된 증명절차를 의미한다. 증거방법과 엄격한 증명으로부터의 해방이라는 과제는 형사소송절차보다는 절실하지 않은 점에서 민사소송에서 자유로운 증명 개념의 필요성은 그다지 크지 않고 그 내용과 타당한 범위에 대해서도 정설이 없다(정/유/김, 508면). 그럼에도 불구하고 대부분의 자유로운 증명은 증거신청이나 증거조사방식, 당사자의 참여, 직접주의, 구술주의 등 엄격한 법적 규제의 후퇴를 의미한다고 한다(김/강, 469면; 이시, 461면; 정/유/김, 508-509면). 그러나 자유로운 증명이라는 개념은 소명과 달리 우리 실정법상 법적 근거가 없을 뿐 아니라,[3] 그 완화의 정도를 어느 정도까지 할 것인지, 그 대상을 무엇으로 할 것인지 뚜렷한 기준이 없어 해석론에 근거하고 있는데 이에 근거하여 증거조사 절차에서의 당사자참여, 직접주의나 구술주의 등 기본원칙을 후퇴시킨다는 것은 바람직하지 못하다. 다만, 증거방법이나 증거조사를 엄격한 증명과 달리 다소 완화하는 선에서 그쳐야 할 것이다.

2. 자유로운 증명의 대상

(1) 원칙적으로 자유로운 증명의 대상은 사실이 아닌 법규나 경험법칙, 관습법, 외국법규의 내용 등과 같은 직권판단의 대상인 것들에 한정하여야 할 것이다.[4] 이에 대한 조사의

---

1) Jauernig/Hess, §49 Ⅲ. Rn. 11.

2) 윤용섭, "엄격한 증명과 자유로운 증명", 재판자료 22집, 57면 이하 참조.

3) 법 제294조가 규정하는 조사의 촉탁을 자유로운 증명의 한 유형이라고 볼 여지는 있으나 이는 정보 및 증거수집방법이지 엄격한 의미에서의 증거조사는 아니다. 또한 법 제140조의 석명처분은 사실관계를 명료하게 하기 위한 법원의 석명권행사를 보충하는 것으로서 소송지휘에 해당하므로 법적 성격이 전혀 다르다.

4) 대법원은 大判 1992. 7. 28. 91다41897에서 섭외사건에 적용할 준거외국법의 내용을 증명하기 위한 증거방법과 절차에 관하여 우리나라의 민사소송법에 어떤 제한도 없으므로 자유로운 증명으로 충분하다고 판시한 바 있다. 이 판결에서는 하와이주법의 내용을 확인함에 있어 특정사건의 하와이주 항소법원의 판결과 하와이주 변호사 작성의 의견서 기재만으로 하와이 주법의 내용을 인정하고 있다.

무가 일차적으로 법원에게 있기 때문이다.[1] 따라서 외국법의 내용을 엄격한 증명의 대상이라고 본다면 당해 외국의 관할 당국에 조회하는 절차를 통해 증거조사를 하여야 하지만 해당 국가의 법무부 등에서 홈페이지에 게시한 외국법의 내용을 그대로 채택하는 것은 자유로운 증명의 대상이기 때문에 가능하다.

　(2) 직권조사사항과 결정절차 및 상고심절차의 요증사실 등은 자유로운 증명이 허용된다는 것이 일반적인 견해인 듯하다(김/강, 469면; 이시, 462면). 그러나 직권조사사항 중 소송요건이나 상소요건 등은 엄격한 증명을 요한다는 반대견해도 있다(정/유/김, 509면). 변론이 전제되지 않은 결정절차나 변론이 통상 열리지 않는 상고심 절차에서는 엄격한 증명의 원칙이 적용되기 어렵지만 직권조사사항 중 소송요건이나 상소요건 등은 당연히 엄격한 증명의 대상이 되어야 할 것이다.

　(3) 엄격한 증명의 대상임에도 불구하고 당사자의 승낙을 통해 법원이 간이하고 적절하다고 생각되는 방법으로 증거조사를 하는 것이 가능한지 문제된다. 독일의 경우는 명문의 규정을 통해 이것을 허용하고 있다[ZPO § 284(2)]. 명문의 규정이 없는 상태에서 엄격한 증명의 대상이 되는 증거방법에 대한 증거조사를 당사자의 동의를 통해 임의로 변경하는 것은 허용될 수 없다.

제 4 절 증명의 대상

　법 제288조에서는 당사자가 자백한 사실과 현저한 사실은 증명을 필요로 하지 않는다고 규정함으로써 이를 제외한 사실이 증명의 대상임을 명백히 하고 있다. 그러나 경우에 따라서는 전문적인 경험법칙이나 법규 등도 증명의 대상이 되는 경우가 있어 이를 간략히 살펴보고자 한다.

Ⅰ. 사　실

1. 주요사실·간접사실·보조사실

　증명의 주된 대상은 물론 주요사실이지만 이를 직접적으로 증명하기 어려운 경우에는

---

1) 국제사법 제18조에 따르면 법원은 국제사법에 의하여 지정된 외국법의 내용을 직권으로 조사·적용하여야 하며, 이를 위하여 당사자에게 그에 대한 협력을 요구할 수 있다고 규정하고 있다. 이는 외국법에 대한 일차적인 조사의무가 법원에게 있음을 인정하고 있는 것이며 따라서 당사자는 자유롭게 외국법의 존재와 내용을 증명하는 것이 가능하다.

간접사실을 통해 증명을 하여야 하므로 간접사실 역시 증명의 대상이 된다. 대여금청구 사건에서 돈을 빌려준 사실을 증명하기 위한 직접적 증거(예를 들어 차용증 등)가 없는 경우 채무자의 통장계좌에 돈을 입금한 사실(간접사실)을 증명할 필요성이 생길 수 있기 때문이다. 증거방법의 증거능력이나 증명력과 관계되는 보조사실 역시 증명대상이 된다. 원고 측 증인 A가 행한 증언의 신빙성을 탄핵하기 위해 원고와 증인 A가 내연관계라는 사실을 증명할 필요가 있는 경우 등을 가정할 수 있다.

2. 재판과 관련된 사실

증명의 대상인 사실은 재판에 관련이 있어야 한다거나 혹은 재판에 영향을 미칠 정도의 것이어야 한다(이시, 463면; 정/유/김, 520면). 무익한 항변이나 불필요한 원고 측 주장 등에 대해서까지 증명을 허용하게 되면 절차의 지연만 초래될 뿐이므로 법관의 적절한 소송지휘가 필요하다. 따라서 증거와 요증사실 간의 관련성뿐 아니라 중요성도 고려해야 하는 이유가 바로 그것이다.

Ⅱ. 경험법칙

1. 일반적인 경험법칙

우리가 통상적으로 경험칙이라고 할 때는 각개의 경험으로부터 귀납적으로 얻어지는 사물의 성상이나 인과의 관계에 관한 사실판단의 법칙이라고 할 수 있다.[1] 따라서 "사람은 늙으면 죽는다" 혹은 "물은 위에서 아래로 흐른다"는 명제는 가장 전형적인 경험칙(일반적인 경험칙)이라고 할 수 있으나 특정인 甲이 어제 사망하였다는 것은 구체적 사실에 해당한다. 따라서 일반적인 경험법칙은 법규와 같이 판단의 대전제 역할을 하므로 기본적으로 증명을 요하지 않는다. 자유심증주의를 규정하는 법 제202조에서도 논리와 경험의 법칙에 따라 사실주장의 진위를 판단하도록 요구하고 있어 이를 뒷받침하고 있다.

2. 전문적인 경험법칙

(1) 구체적인 경험적 사실의 축적을 통한 공통인식의 형성 과정이 누구에게나 받아들여질 수 있는 일반적이고도 명백한 일반적인 경험법칙이 있는가 하면(진정 경험법칙) 경험적 사실의 축적이 있더라도 전문적인 지식이 부족하면 판단을 하기 어려운 전문적인 경험법칙도 존재한다. 예를 들어, 연령별 평균수명에 관한 간이생명표에 따른 기대여명의 산정은 일반적

---

1) 大判 1992. 7. 24. 92다10135.

인 경험칙에 속하지 않고 전문적인 경험법칙에 속한다. 아울러 특별한 기능이 없는 도시 일용노동자나 농촌일용노동에 종사하는 자의 일실수입 산정의 기초가 되는 월 가동일수 문제도 누구에게나 받아들여질 수 있는 경험칙이 존재한다고 보기 어렵다. 결국, 전문적인 경험법칙은 증명이 필요하다(김/강, 472면; 이시, 464면; 정/유/김, 522면). 한편, 이는 자유로운 증명으로 족하다고 하는 견해(손, 249면; 이시, 464면; 전병, 379면; 전원, 358면; 정/유/김, 522면)가 있으나 의문이다. 자유로운 증명이 가능하다면 앞서 본 기대여명이나 일용노동자의 월 가동일수를 객관적이고 합리적인 국가의 통계자료가 아닌 증인의 증언 등을 통해 인정할 수 있다는 결론에 이르기 때문이다. 엄격한 증명을 통해 인정되는 것이 타당하다.

　　(2) 전문적인 경험법칙 역시 불변의 것은 아니며 시대의 변천과 관련 학문 등의 발전에 따라 변화를 하게 된다. 예를 들어 일반 육체노동자의 가동연한을 보더라도 처음에는 경험칙상 만 55세라고 보았으나 1989년 전원합의체 판결을 통해 만 60세로 변경되었으며, 급기야 2019년 전원합의체 판결의 다수견해는 만 65세로 이를 변경하게 되었다.[1] 동 전원합의체 판결에서 보여진 두 개의 다른 별개의견(60세를 초과하는 연령을 가동연한으로 해야 한다는 점에는 동의하지만 63세가 적정하다는 의견과 60세를 넘는 나이로 해야 하지만 일률적으로 연령을 정할 수는 없다는 견해 등)과 마찬가지로 어떤 경험법칙이 그 사회에서 100% 수용될 수는 없을 것이다.

3. 경험법칙위반과 상고이유

(1) 상고이유 긍정설(법률문제설)

일반적인 경험칙의 인정을 그르치거나 이를 위반한 경우에는 당연히 판단의 전제에 오류가 있는 것이므로 법률문제로서 상고이유가 된다고 보아야 한다(정/유/김, 522면). 전문적인 경험칙 역시 증명이 필요한 것일 뿐 판단의 전제로서 작용하는 점은 일반적인 경험칙과 다르지 않으므로 이를 그르친 경우에도 상고이유가 된다.[2] 한편, 경험칙 위반이라 해서 모두 상고심의 심사를 받게 된다면 상고심이 제3의 사실심이 될 우려가 있다고 하면서 경험법칙의 적용에 현저한 오류가 있는 경우에만 상고이유가 된다고 하는 절충설을 주장하는 견해도 있다(이시, 465면).

(2) 상고이유 부정설(사실문제설)

경험법칙은 법규와는 달리 사실판단의 과정에서 필요한 법칙에 불과하고 그 취사선택도 사실심법관의 자유심증에 맡겨져 있으므로 사실심법관의 전권에 속하고 상고이유가 될 수 없다는 견해이다. 더욱이 상고심법관은 적법한 감정의견에 기하고 있는 사실심법관에 비해

---

1) 大判(全) 2019. 2. 21. 2018다248909; 大判 2019. 4. 3. 2018다291958.
2) 판례도 상고이유로 인정하고 있다(大判 1971. 11. 15. 71다2070).

문외한이므로 그에게 사실의 인정을 비판하게 하는 것은 무의미하다고 비판한다(김/강, 472면; 박, 287면; 방, 461면).

(3) 소   결

예를 들어, 사실심이 일용근로자의 월 평균가동일수를 경험칙에 따라 22일로 정하였다고 가정해보자. 이때 월 평균가동일수는 22일로 정하는 것 자체는 법률판단이 아닌 사실인정의 문제라고 할 수 있다. 그러나 가동일수를 판단하는 데 있어 경험칙의 역할은 법규와 다를 바 없는데 판단의 전제가 되었기 때문이며 그렇다면 그런 판단의 전제가 어떻게 형성되었는지를 당사자가 납득할 수 있어야 할 것이다. 따라서 이를 법률문제로 파악하는 것은 지극히 타당하다. 한편, 경험칙의 적용이 현저한 오류에 해당하는 경우에만 법률문제로 보아야 한다는 견해는 일견 타당한 듯이 보이지만 오류의 현저성 여부를 판단하는 것 자체가 매우 어렵다는 점에서 현실적인 판단 기준이 되기에는 미흡하다고 판단된다. 단순한 사실오인을 경험칙 위반으로 몰아가는 것이 상고인이 흔히 쓰는 우회방법이지만 그렇다고 해서 경험칙의 판단과정에서의 역할이 바뀌는 것은 아니며 더욱이 판단의 전제가 되는 경험칙 인정을 사실심 법관의 전권사항으로 하는 것도 바람직하지 않다.

Ⅲ. 법   규

사실판단의 전제가 되는 법규의 존부확정이나 적용은 법원의 고유 업무이므로 증명의 대상이 되지 않는다. 그런데 외국법규나 관습법 내지 사실인 관습과 관련해서는 증명의 대상이 되는지 여부가 불분명한 점이 있다.

1. 외국법규와 관습법 등

우선 외국법규의 내용에 대해서는 법원이 직권으로 조사할 사항임을 명백히 하고 있어 (국제 18조) 당사자의 증명의 대상이 될 수는 없으며 단지 법원의 직권조사에 협력할 의무만 있다고 할 것이다. 한편 법령과 같은 효력을 갖는 관습법은 당사자의 주장이나 입증을 기다릴 필요 없이 법원이 직권으로 이를 확정하여야 하고 사실인 관습은 그 존재를 당사자가 주장·입증하여야 하지만 관습은 그 존부자체도 명확하지 않을 뿐만 아니라 그 관습이 사회의 법적 확신이나 법적 인식에 의하여 법적 규범으로까지 승인되었는지의 여부를 가리기는 더욱 어려운 일이므로 당사자가 이를 주장·입증할 필요가 있다는 것이 판례의 입장이다.[1]

---

1) 大判 1983. 6. 14. 80다3231.

2. 존부 및 내용이 증명되지 않는 경우의 법적용

외국법규는 물론 외국관습법의 존부를 확정할 수 없는 경우는 문제이다. 글로벌 시대에 섭외사건에 적용될 외국법규의 내용을 확인하는 것이 어려운 것은 아니지만 사안에 적용될 외국법규나 판례가 존재하지 않는 경우가 가장 문제이다. 국내에서는 국내실질법을 적용해야 한다는 입장, 유사법을 적용해야 한다는 입장, 조리에 의해서 판단해야 한다는 견해1) 등이 대립하고 있다. 판례는 일관되게 조리설의 입장을 취하고 있다.2) 다만, 조리의 내용은 가능하면 원래 적용되어야 할 외국법에 의한 해결과 가장 가까운 해결 방법을 취하기 위해서 그 외국법의 전체계적인 질서에 의해 보충 유추되어야 하고, 그러한 의미에서 그 외국법과 가장 유사하다고 생각되는 법이 조리의 내용으로 유추될 수도 있다고 한다.3) 사안에 적용될 외국법규나 관습법 등이 존재하지 않는 경우 결과적으로 법관은 입법자의 역할을 할 수밖에 없게되므로 가장 공정한 결과를 초래할 수 있도록 조리에 근거해서 판단하는 것이 가장 바람직할 것이다. 한편, 외국법규에 대한 증명은 전문적인 경험법칙과는 달리 자유로운 증명으로 가능하다. 예를 들어 외국 법령의 내용을 그 나라의 관보 게재를 통해서만 인정할 필요는 없으므로 인터넷 사이트나 해당 국가의 변호사의 증언 등을 통해 인정하는 것도 가능하다.

제 5 절 불요증사실

Ⅰ. 의   의

법 제288조는 당사자가 자백(Geständnis)한 사실과 현저한 사실(offenkundige Tatsache)은 증명이 필요하지 않다고 규정하고 있다. 현저한 사실과 달리 자백은 변론주의 하에서만 의미를 갖는다. 따라서 가사소송 중 가류와 나류 사건과 같이 직권탐지주의가 적용되는 절차에서는 자백이 배제되고 있다(가소 12조). 반면에 현저한 사실은 증명과정이 없더라도 같은 결론에 이를 것이라는 확신에서 비롯된 것이므로 절차의 성격과는 무관하게 모든 절차에서 증명이 배제된다. 한편 자백은 상대방의 주장을 적극적으로 시인하는 점에서 소극적으로 다투지 않음으로써 자백의 효과가 의제되는 경우(150조 1항)와는 구분된다.

---

1) 피정현, "민사소송에서 외국법의 적용", 비교사법 7권 2호(2015), 832면.
2) 大判 2021. 7. 8. 2017다218895.
3) 大判 2000. 6. 9. 98다35037.

Ⅱ. 재판상 자백

1. 의의와 법적 성질

변론이나 변론준비기일에 상대방이 증명책임을 부담하고 자백을 하는 당사자 본인에게는 불리한 주요사실을 시인하는 사실상의 진술을 재판상 자백이라고 한다. 자백은 법원에 대한 단독적 소송행위로서 대표적인 구속적 소송행위에 해당한다. 한편 자백의 대상은 구체적인 주요사실이라는 점에서 소송물 자체를 대상으로 하는 청구의 인낙과는 구별되며 법정 밖에서의 자인(自認)[1]과도 구별된다. 자백은 통상 상대방의 주장이 있은 후에 후발적으로 발생하는 것이 일반적이지만 당사자 스스로 선행해서 자인을 하는 경우도 있을 수 있는데 선행자백과 관련해서 문제된다(후술).

2. 자백의 대상

자백의 대상은 상대방이 증명책임을 부담하는 주요사실이다

(1) 권리자인과 자백

1) 자백은 상대방의 사실상 주장에 대한 시인을 의미할 뿐이므로 법률적인 주장이나 법적 평가, 법적 판단에 대한 불리한 진술은 자백이 아닌 권리자인(權利自認)[2]에 해당한다. 따라서 상대방의 관련 법규에 대한 해석이나 의견, 사실에 대한 규범적 판단에 동조하는 행위는 자백이 될 수 없다. 당사자의 처분 권한에 속하는 것이 아니기 때문이다. 원고가 피고와 맺은 담보권설정계약은 약한 의미의 양도담보라고 주장하자 피고 역시 이를 자인한 경우 이는 사실관계에 대한 법적 평가에 불과하므로 이러한 당사자 간의 의견 일치가 자백이 될 수 없는 것과 같다.[3]

2) 법률적 용어로 표현되었으나 실질은 사실주장을 담고 있는 경우에는 자백의 대상이 될 수 있다. 법률용어이지만 이미 일반인들 사이에서 널리 사용되고 있어 사실관계를 축약해서 표현하는 도구로 사용되는 것이 확립된 경우, 예를 들면 목적 부동산을 임차하였다는 표현은 사실관계의 법적 평가라기보다는 사실주장(일정한 돈을 주고 물건을 빌린 사실)을 법적인 용어인 '임차'로 표현한 것에 불과하다고 할 것이다. 따라서 이는 권리자인이 아니라 자백에 해

---

1) 자신에게 불리한 사실을 인정한다고 모두 재판상 자백이 되는 것은 아니므로 일상용어의 의미로 사용되는 경우는 재판상 자백과 구분하는 의미에서 '자인(自認)'이라는 표현을 사용하기로 한다.

2) 종래에는 이를 권리자백으로 불렀으나 자백이 아니라고 하면서 권리자백이라는 용어를 사용하는 것은 자백의 일종이라는 오해를 불러일으킬 수 있어 용어의 올바른 사용법이 아니라고 판단되므로 본서에서는 '권리자인'이라는 표현을 쓰도록 한다.

3) 무명혼합계약을 동산질권설정계약이라고 주장하는 경우(大判 1962. 4. 26. 4294민상1071), 법정변제충당의 순서에 대한 주장(大判 1990. 11. 9. 90다카7262; 大判 1998. 7. 10. 98다6763), 이행불능에 해당한다는 주장 등 역시 법적평가를 담은 법률상 주장에 해당하므로 이들 모두 자백의 대상이 될 수 없다(大判 2009. 4. 9. 2008다93384).

당한다고 볼 수 있다.

(2) 선결적 법률관계에 관한 자인

1) 소유권에 기한 건물인도청구소송에서 선결적 법률관계인 원고의 소유권을 인정하는 피고의 진술은 원칙적으로 권리자인이므로 자백이 아니다. 학설 중에는 선결적 법률관계는 당해 청구의 소전제에 해당하므로 사실관계와 다를 바 없다는 이유로, 혹은 선결적인 법률관계에 대해서는 중간확인의 소가 가능하고 이 경우 피고가 인낙도 할 수 있는데 자백을 인정하지 않을 이유가 없다는 논거를 들어 자백이 대상이 될 수 있다고 주장하고 있다(이시, 467면). 그러나 자백의 대상을 사실에 한정하는 것은 당사자의 처분 가능한 영역이기 때문이며 법적 판단 영역은 법원의 고유 영역에 해당하므로 이를 당사자의 임의 처분에 맡기는 것은 타당하지 않다. 더욱이 선결적인 법률관계라는 이유만으로 자백의 구속력을 당사자와 법원 모두에게 적용한다면 법원은 최종적인 법적 판단을 함에 있어 선결관계에 대한 자백이 잘못된 것을 알더라도 이를 바로 잡을 기회를 갖지 못하게 되며 당사자들도 선결적인 법률관계에 대한 인정을 쉽게 할 수 없으므로 불필요한 다툼을 유발할 가능성이 높다.

2) 종전의 판례는 기본적으로 선결적 법률관계에 대한 자인을 권리자인으로 보고 있다.[1] 하지만 상대방의 소유권을 인정하는 진술은 소유권의 내용을 이루는 사실로 볼 수 있다고 하면서 이를 자백으로 취급한 판결도 있다.[2] 이러한 상반된 두 판결을 조화한다는 취지에서 대법원은 "소유권을 선결문제로 하는 소송에 있어서 피고가 원고 주장의 소유권을 인정하는 진술은 그 소전제가 되는 소유권의 내용을 이루는 사실에 대한 진술로 볼 수 있으므로 재판상 자백이라 할 것이나, 이는 사실에 대한 법적 추론의 결과에 대하여 의문의 여지가 없는 단순한 법 개념에 대한 자백의 경우에 한하여 인정되는 것이고, 추론의 결과에 대한 다툼이 있을 수 있는 경우에는 이른바 권리의 자백으로서 법원이 이에 기속을 받을 이유는 없다"고 판시한 바 있다.[3]

3) 이러한 일련의 판례 입장은 "소유권을 인정하는 진술"에 대한 기본적인 오해에서 비롯된 것으로 판단되므로 이를 정리할 필요가 있다. 예를 들어 소유권에 기한 이전등기말소청구소송에서 원고가 단순히 등기부등본만을 증거방법으로 제출하고 부동산에 대한 소유권을 취득하게 된 경위나 혹은 관련 사실에 대해 아무런 진술이 없는 상태를 가정해 보자. 이 상황에서 피고가 원고의 소유권을 인정하는 진술을 하였다면 이는 명백히 권리자인에 해당한다. 그 진술의 대상은 소유권의 내용을 이루는 구체적인 사실이 아니라 소유권의 유무라는

---

1) 大判 1979. 6. 12. 78다1992.

2) 大判 1989. 5. 9. 87다카749.

3) 大判 2007. 5. 11. 2006다6836. 이 판결의 취지를 한 마디로 요약하자면 선결적 법률관계인 소유권 유무에 대한 판단이 어려운 경우에는 자백으로 볼 수 없으나 그렇지 않은 경우에는 자백으로 보아야 한다는 것이다.

법적 판단이기 때문이다.

　4) 한편, 소유권의 내용을 이루는 구체적 사실, 달리 표현하자면 소유권 유무의 기초를 이루는 구체적 사실이 원고로부터 주장된 상태에서 피고가 원고의 소유권을 인정한다는 진술을 통해 원고 주장의 구체적 사실을 포괄적으로 인정했다면 이를 사실에 대한 자백으로 인정하는 것이 가능하다. 그 진술의 대상은 소유권의 유무를 넘어 구체적인 사실이기 때문이다. 앞서 본 87다카749 사건이 전형적인 사건이다. 임야소유권에 기초해서 피고에게 이전등기말소철구를 구하는 이 소송에서 원고는 이 사건 임야는 원래 원고의 부친인 망 소외 1 외 3인의 공유였다는 사실을 진술하였고 피고는 과거 동 임야가 원고의 부친 등 소외인의 소유였음을 인정하였다. 따라서 피고의 동 진술은 단순한 권리자인에 머무는 것이 아니라 소유권의 기초가 되는 사실을 인정한 것이다. 따라서 자백의 구속력을 인정하는 것이 가능하다.

　5) 결국 구체적 소송상태를 전제로 해서 판단할 수밖에 없으며 소송행위의 의사해석의 문제라고 판단된다.[1] 즉, 자인하는 당사자의 진술이 상대방이 주장하는 사실을 대상으로 하는 것이라고 판단될 수 있다면 비록 형식은 전제가 되는 소유권을 인정하는 진술이라 하더라도 자백으로 취급하는 것이 가능할 것이다.

(3) 간접사실이나 보조사실에 대한 자인

　1) 실무에서는 주요사실뿐 아니라 간접사실이나 보조사실 등에 관해서도 다툼이 없는 경우에는 다툼 없는 사실로 정리하는 것이 관행인 듯하다. 하지만 다툼 없는 사실로 정리한다고 해서 모두 자백의 법리에 구속되는 것은 아니다. 자백의 대상을 간접사실이나 보조사실에 대해서까지 확장하게 되면 재판의 진행이 용이하게 되는 측면은 있을 수 있으나 증거조사 결과와 다를 경우 법원은 자백과 달리 판단을 할 수 없게 되므로 실체적인 진실발견에 장애가 발생하게 된다. 따라서 간접사실이나 보조사실에 대해서는 자백의 대상이 되지 않는다고 봄이 타당하다[2]. 그러나 간접사실이나 보조사실에 대해서도 자백을 인정해야 한다는 견해가 등장하고 있다.[3]

　2) 판례는 간접사실이나 보조사실에 대한 자백을 인정하지 않으면서도 예외를 폭넓게 인정하고 있다. 우선, 문서의 성립에 관한 자백은 보조사실에 관한 자백이기는 하나 그 취소에 관하여는 다른 간접사실에 관한 자백취소와는 달리 주요사실의 자백취소와 동일하게 처리하여야 할 것이므로 문서의 진정성립을 인정한 당사자는 자유롭게 이를 철회할 수 없다고

---

1) 伊藤 眞, 362面도 같은 취지이다.
2) 大判 1994. 11. 4. 94다37868; 大判 2004. 5. 14. 2003다57697; 大判 2018. 6. 28. 2016다31885 등.
3) 피정현, "재판상 자백의 성립요건으로서의 자백의 대상-간접사실·보조사실의 자백을 중심으로-", 비교사법 14권 3호, 1152면 이하 참조. 동 논문에서는 간접사실·보조사실의 자백에 구속력을 인정하여 철회의 요건을 충족하여야만 철회할 수 있도록 하는 것이, 자백당사자가 언제든지 철회할 수 있음에 의한 불의타 혹은 심리의 혼란 등의 폐해를 방지할 수 있다고 한다.

할 것이고, 이는 문서에 찍힌 인영의 진정함을 인정하였다가 나중에 이를 철회하는 경우에도 마찬가지라고 판시하고 있다.[1] 나아가 소극적 손해를 산정하는 기준이 되는 피해자의 사고 당시 수입,[2] 후유장애등급,[3] 노동능력상실율,[4] 기대여명[5] 등에 대한 일치된 진술도 자백으로 취급하고 있다. 소극적 손해라는 주요사실을 구성하는 제 요소로서의 수입, 생계비, 상실율 등은 엄밀히 보아 주요사실 자체라고 할 수는 없을 것이다. 결국 이들 제반 사실은 간접 사실이지만 주요사실을 구성하는 기준이 될 뿐 아니라 재판의 효율적인 진행을 위해 예외적으로 자백의 효과를 부여하는 것이라고 판단된다. 반면에 노동능력상실비율 등은 경험칙에 비추어 법관이 규범적으로 정하는 합리적이고 객관성 있는 것이어야 하므로 판례 입장은 부당하다는 견해가 있다(김홍, 627면).

(4) 자백과 증명책임

1) 불리한 진술이라 함은 상대방이 증명책임을 부담하는 사실에 대해 자인을 하는 경우를 지칭한다(증명책임설). 경우에 따라서는 자신이 증명책임을 부담하는 사실에 대해서도 자인을 하는 경우가 있을 수 있으며 이를 바탕으로 패소가능성이 있으면 자백에 해당한다고 보는 견해도 있다(패소가능성설). 예를 들어 원고의 대여금반환청구에 대해 변제사실에 대한 증명책임을 부담하는 피고가 변제의 항변을 하면서 원고의 청구 금액 중 일부는 갚았으나 나머지는 아직 갚지 않았다고 진술한 경우 후자 부분을 자백으로 볼 수 있는가의 문제이다. 증명책임설에 따르면 이는 자백에 해당하지 않지만 패소가능성설의 입장에서는 변제하지 않았다는 진술 부분에 대해서도 자백의 구속력을 인정하게 된다. 한편, 판례는 분명하지 않으나 원고들이 소유권확인을 구하고 있는 사건에서 원고들의 피상속인 명의로 소유권이전등기가 마쳐진 것이라는 점은 원래 원고들이 입증책임을 부담할 사항이지만 위 소유권이전등기를 마치지 않았다는 사실을 원고들 스스로 자인한 바 있고 이를 피고가 원용한 이상 이 점에 관하여는 자백이 성립한 결과가 되었다고 하여 패소가능성설을 취하는 것으로 판단된다.[6]

2) 자인한 사실이 자백으로 취급되지 않더라도 자신에게 불리한 사실을 진술한 후에 이를 번복하는 것은 쉽지 않다. 더구나 진술의 번복은 법관에게도 매우 불리한 심증형성을 하게 될 것임이 분명하다. 이 점에서 자백의 대상이 증명책임 부담 유무에 따라 달라지는지 여부는 그렇게 중요하지 않다고 할 수도 있다. 그러나 우리 판례는 종전의 자백이 진실에 반하

---

1) 大判 2001. 4. 24. 2001다5654.
2) 大判 1998. 5. 15. 96다24668.
3) 大判 2006. 4. 27. 2005다5485.
4) 大判 1982. 5. 25. 80다2884.
5) 大判 2018. 10. 4. 2016다41869.
6) 大判 1977. 12. 27. 77다1968,77다1969; 大判 1993. 9. 14. 92다24899 등.

더라도 착오에 기인한 것 역시 별도로 증명할 것을 요구하고 있어 자백취소를 매우 엄격하게 운용하고 있다. 따라서 종전의 불리한 진술을 자백으로 보느냐 여부는 실무상으로 중요한 의미를 갖게 되므로 진술자의 증명책임 유무를 고려하지 않고 불리한 진술을 무조건 자백으로 취급하는 것은 부당한 결과를 초래하기 쉽다. 증명책임을 부담하는 사실에 대해 스스로 불리한 진술을 하는 경우는 법의 무지에서 비롯되는 경우가 대부분인데 본인소송의 비율이 절대적으로 많은 우리나라에서는 그러한 현상이 더더욱 빈번하므로 법 정책적인 측면에서도 증명책임을 부담하는 사실을 자백의 대상으로 보는 것은 적절하지 않다(같은 취지의 견해로는 이시, 469면; 피, 166면).

3. 방 식

(1) 변론기일이나 준비기일의 소송행위

1) 자백은 변론기일이나 준비기일에 소송행위로서 진술되어야 하며 법원 밖에서 자인하는 것은 자백의 효과를 얻지 못한다. 물론 자인하는 진술을 법정 밖에서 한 사실 그 자체가 법관에게 불리한 심증을 형성할 가능성이 있음은 물론이나 그것은 별개의 문제이다.

2) 법원에 제출되어 상대방에게 송달된 준비서면 등에 자백에 해당하는 내용이 기재된 경우, 그것이 변론기일이나 변론준비기일에서 진술 또는 진술간주가 되면 재판상 자백이 성립하게 된다.[1] 한편, 자백은 명시적인 진술이 있는 경우에 인정되는 것이 보통이지만, 자백의 의사를 추론할 수 있는 행위가 있으면 묵시적으로 자백을 한 것으로 볼 수도 있다. 다만 상대방의 주장에 단순히 침묵하거나 불분명한 진술을 하는 것만으로는 자백이 있다고 인정하기에 충분하지 않다.[2]

(2) 상대방의 주장과 일치하는 진술

1) 상대방의 주장과 일치하면 족하므로 반드시 상대방의 주장 후에만 자백이 성립하는 것은 아니다. 즉 선행해서 자인을 하고 상대방이 원용함으로써 재판상 자백이 성립하는 경우도 가능하다. 따라서 선행해서 자인한 상태에서 상대방의 원용이 있기 전에는 자백이 아니므로 원용이 있어야 비로소 (선행)자백이 되는 것이다.[3] 대부분의 학설은 원용 전의 상태인 선행자인을 선행자백이라고 부르고 있다(강, 510면; 이시, 469면). 그러나 상대방의 원용 전 선행자인(판례에서는 자인진술[4]이라고 한다)이 아무런 구속력을 갖지 못한다고 하면서 이를 선행자백이라고 부르는 것은 적절하지 못하며 용어 사용에 혼란만 가중할 것이다. 선행자백은 자백의

---

  1) 大判 2021. 7. 29. 2018다276027.
  2) 大判 2021. 7. 29. 2018다267900; 大判 2022. 4. 14. 2021다280781.
  3) 大判 1986. 7. 22. 85다카944 역시 동일한 입장이다.
  4) 大判 2007. 3. 30. 2006다79544; 大判 2009. 9. 10. 2009다29281,29298.

한 형태로서 선행하는 자인행위에 상대방의 원용이 더해져 자백의 효과가 나타나는 것으로
정리함이 타당하다.1)

　　2) 상대방의 원용 전 선행자인은 자백이 아니므로 당사자 스스로가 이를 철회하는 것이
가능하며 판례의 일관된 입장이다.2) 그런데 이 경우에도 법원에 대해서는 구속력이 발생하
므로 법원이 선행자인과 다른 사실인정을 할 수 없다는 견해가 있다(강, 510면; 이시, 469면).3)
그러나 자백이 성립되지 않은 상태에서의 일방의 불리한 진술을 제한된 효력을 갖는 자백
의 범주(그것도 법원을 구속한다는 편면적인 구속력)로 포섭하는 것은 아무런 법적 근거가 없어 부
당하다.

(3) 조건 · 기한/일부 자백

자백은 법원에 대한 단독적 소송행위이므로 조건이나 기한과 친하지 않으며 상대방이 불
출석한 상태에서도 가능하다. 나아가 자백은 상대방 주장 전부에 대해 해야 할 필요가 없으
므로 가분적인 형태의 자백도 가능한데 물적인 일부 자백은 물론 질적인 일부 자백도 가능하
다. 예를 들어, 원고가 1억 원의 대여금반환청구를 하는데 피고가 돈을 받은 것은 사실이나
이는 증여받은 것이라고 주장하는 경우에는 전체적으로 원고청구를 부인하는 취지이지만 돈
을 수수한 사실은 인정하는 것이 된다(소위 이유부 부인). 한편, 피고가 1억 원 모두를 변제하였
다고 항변하더라도 이 진술 안에는 돈을 빌린 사실에 대한 자백이 담겨 있다(소위 제한부 자백).

4. 효　　과

자백이 성립되면 법 제288조에 따라 해당 자백한 사실은 불요증사실이 되므로 증명대상
에서 제외되며 법원 역시 이에 구속되므로 자백한 사실과 다른 사실인정을 할 수 없게 된다.
그러나 자백한 사실이 항상 진실이라는 보장은 없으며 당사자 역시 그 취소가 이론적으로는
가능하다(288조 단서). 즉, 종전의 자백이 진실에 반하고 착오에 기인하였다는 점을 증명함으로
써 자백의 구속력을 배제할 수 있으나 증명이 용이하지 않을 뿐 아니라 법관에게 이미 형성
된 심증을 번복하는 것 역시 쉽지 않다. 따라서 자백의 구속력은 매우 강고하므로 변론절차
에서 자백을 하는 것은 매우 신중을 기해야 한다.

---

1) 예를 들어, 1억 원의 대여금반환청구의 소에 대해 피고가 변제주장을 하지 않았음에도 원고가 청구 금액
   의 일부인 5천만 원의 변제를 받았다는 주장을 스스로 한 경우 선행자인이 된다. 이에 대해 상대방인 피고가
   이를 원용하면 재판상 자백의 일종인 선행자백이 성립된다.
2) 大判 1986. 7. 22. 85다카944; 大判 2016. 6. 9. 2014다64752; 大判 2018. 8. 1. 2018다229564.
3) 이 견해에서는 大判 2005. 11. 25. 2002다59528,59535도 같은 입장을 취하는 것으로 예시하고 있으나 동
   판결은 원·피고 모두 동일한 사실 주장을 하고 있어 재판상 자백이 성립한 상태를 전제로 하고 있어 선행
   자인이 법원을 구속한다는 견해와는 전혀 다른 내용이라고 판단된다.

(1) 법원에 대한 구속력

변론주의 하에서 당사자는 사실과 증거에 대한 수집·제출책임을 부담하므로 당사자 간에 일치된 사실주장에 반하는 사실인정을 할 수는 없다. 따라서 법원이 허위자백이라는 심증을 갖고 있다 하더라도 자백에 반하는 사실을 인정할 수는 없다.[1] 그러나 자인의 내용이 현저한 사실에 반하는 경우나 객관적으로 불가능한 사실을 인정하는 자인 혹은 명백히 경험칙에 반하는 자인은 자백으로서의 효과를 인정할 수 없다.

(2) 당사자에 대한 구속력

구속적 소송행위인 자백은 당연히 원칙적으로 취소나 철회가 불가능하다. 자백을 통해 소송의 주된 진행 방향이 다른 쟁점으로 이동됨으로써 이를 돌이킨다는 것은 매우 큰 혼란을 야기할 수 있기 때문이다. 그러나 반면에 자백은 그 법적 효과(불이익)가 매우 큰 소송행위이므로 진실에 반하고 그것이 착오에 기인한 것이었음이 증명된다면 이를 취소할 수 있도록 특별히 허용하고 있다(288조 단서). 이를 자백의 취소라고 하여 법률행위의 취소와 구별하고 있다. 자백을 취소하는 데는 반드시 명시적일 필요는 없으므로 종전에 자백한 사실과 다른 사실을 주장함으로써 묵시적으로도 자백을 취소할 수 있다.[2]

1) 반진실·착오   법 제288조 단서는 자백이 진실에 반하고 착오에 기인한 경우에는 취소할 수 있다고 규정하고 있다. 진실에 반한다는 사실이 증명된 경우에 착오까지 별도의 증명이 필요한가에 대해서는 논란이 있다. 자신에게 불리한 진실에 반한 자백을 당사자 스스로 의도했을 것이라는 것을 상정하기는 어려우므로 진실에 반한다는 것이 증명된 경우 이는 착오에 기한 것임을 추정하는 것이 타당하다고 생각된다. 그러나 판례는 엄격히 반진실과 착오 양자에 대한 증명을 요구해왔다.[3] 최근에는 이러한 입장을 완화하여 반진실이 증명된 경우 자백이 진실에 반한다는 증명이 있다고 하여 그 자백이 착오로 인한 것이라고 추정되는 것은 아니지만 변론 전체의 취지에 의하여 그 자백이 착오로 인한 것이라는 점을 인정할 수 있다고 판시한 바 있다.[4]

2) 상대방의 동의   자백의 취소에 대해 상대방이 동의하는 경우에도 취소의 효과를 인정할 것인지 문제된다. 자백은 사적 자치의 원칙에 따라 당사자의 처분이 허용되는 사항에 관하여 그 효력이 발생하는 것이므로 자백의 취소에 대해 상대방이 동의하는 경우에는 취소의 효과가 발생한다는 것이 판례의 입장이다.[5] 자백취소에 대한 동의는 명시적이거나 묵시

---

1) 大判 1966. 11. 29. 66다1872; 大判 2021. 7. 29. 2018다276027; 大判 2022. 1. 27. 2019다277751.

2) 大判 1996. 2. 23. 94다31976.

3) 大判 1994. 6. 14. 94다14797.

4) 大判 1997. 11. 11. 97다30646; 大判 2004. 6. 11. 2004다13533 등.

5) 大判 1990. 11. 27. 90다카20548.

적이어도 가능하지만 단순히 상대방이 아무런 이의를 제기하지 않는 것만으로는 취소에 동
의하였다고 볼 수 없다.[1]

　　3) **제3자의 형사상 처벌받을 행위**　　제3자의 형사상 처벌받을 행위로 인해 자백을 하
게 되었다면 재심사유에 해당하게 되는데(451조 1항 5호) 이 경우에 당사자는 자백을 취소할
수 있다는 견해도 있으나[2] 통설은 자백 자체를 무효로 본다(김/강, 481면; 이시, 473면; 정/유/김,
533면). 청구의 포기·인낙이나 소취하 등과 달리 자백이 절차를 종료시키거나 하는 것이 아
닌 한 이러한 자백을 무효로 취급하더라도 절차의 안정을 해칠 가능성은 없으므로 통설의
견해가 타당하다.

　　(3) 구속력의 범위

　　1) **행정소송**　　자백의 구속력은 변론주의에서 비롯된 것이므로 변론주의를 취하고 있
는 절차에서만 구속력이 인정된다. 따라서 직권탐지주의를 취하는 절차나 변론주의라 하더라
도 직권조사사항에 대해서는 자백의 효과가 발생하지 않으므로 증거에 의한 사실인정을 할
수 있다. 한편, 행정소송절차는 직권탐지주의에 의할 것을 행정소송법이 규정하고 있으나(행
소 26조) 판례는 변론주의의 기조를 유지할 것을 거듭 밝히고 있으며 직권조사사항을 제외[3]
하고는 자백의 구속력을 인정하고 있다[4](김홍, 605-606면; 호, 488면도 같은 견해). 그러나 이에 반
대하는 견해도 있다(손, 253면; 이시, 472면).

　　2) **가사소송**　　가사소송의 경우도 규정 내용상으로는 행정소송절차에서 보다 강한 직
권탐지주의를 취하고 있는 듯하지만(가소 17조) 판례는 이에 대해서도 제한적으로 해석[5]을 하
고 있어 자백의 구속력을 인정할 것인지 여부가 문제된다. 그러나 가사소송법은 신분법적 성
격이 강한 가류, 나류 사건에 대해서는 민사소송법상의 자백과 자백간주 규정을 적용하지 않
는다는 명문 규정을 통해 이 문제를 정리하였다(가소 12조 단서).[6]

　　3) **회사관계소송**　　직권탐지주의에 의한 절차는 아니지만 판결의 대세효가 인정됨을
근거로 자백이 허용되지 않는다는 견해가 있으나(이시, 472면) 다수학설(정/유/김, 531면; 호, 488면)
은 자백의 구속력을 부인할 법적 근거가 없음을 들어 자백의 구속력을 인정하고 있다. 한편,
주주대표소송의 경우 당사자는 법원의 허가를 얻지 아니하고는 소의 취하, 청구의 포기·인

---

1) 大判 1987. 7. 7. 87다카69.
2) 취소설을 취하면서 사실심에서는 유죄판결이 없이 형사상 처벌행위를 이유로 한 자백취소는 물론 항소이
　유로도 할 수 있으나 법률심인 상고심에서 비로소 취소를 주장하기 위해서는 법률심에서의 주장이므로 유죄
　판결이 요구된다는 견해도 있다(신광렬/주석민소(5), 137면).
3) 직권조사사항인 행정처분의 존부는 자백의 대상이 될 수 없다(大判 1990. 10. 10. 89누4673).
4) 大判 1992. 8. 14. 91누13229.
5) 大判 1990. 12. 21. 90므897. 동 판결에서 대법원은 이혼소송의 당사자가 주장하지도 않고 심리과정에서
　나타나지도 아니한 독립한 공격방어방법에 대한 사실까지 법원이 조사하여야 하는 것은 아니라고 판시하
　였다.
6) 大判 2021. 12. 10. 2019므11584,11591(혼인무효, 가류사건).

낙·화해를 할 수 없다고 규정하고 있으나(상 403조 6항) 이사인 피고가 인낙하는 것에 대해 법원의 허가를 받아야 할 필요는 없다는 견해도 있다.[1] 한편, 자백은 소송물에 대한 처분이 아니므로 원칙적으로 법원의 허가를 받을 필요는 없다고 판단되지만 자백의 대상과 내용이 청구의 포기나 화해를 할 정도의 효과를 갖는 것이라고 하면 법원의 허가를 요한다고 본다.

5. 자백간주

(1) 의의와 효력

자백은 당사자의 진술을 통해 성립하는 것이 일반적이나 일정한 경우에는 자백을 한 것으로 간주하여 절차의 촉진과 효율성을 도모하고 있다. 당사자가 변론에 불출석하거나, 출석을 하더라도 상대방의 주장사실을 명백히 다투지 않는 경우(150조 1, 3항), 소장 부본을 송달받고 기한 내에 답변서를 제출하지 않는 경우(257조 1항) 등에 자백한 것으로 간주하고 있다. 자백간주 효과는 통상의 자백과 달리 당사자의 부작위에 대한 일종의 제재로서의 성격을 갖지만 당사자를 구속하지는 않는다. 따라서 변론종결시까지 상대방 주장을 다툼으로써 자백간주의 효과를 저지할 수 있다. 아울러 답변서 부제출에 따라 무변론 패소판결(257조)을 받더라도 항소를 통해 항소심에서 이를 새로이 다툴 수 있는 기회를 갖게 된다.

(2) 자백간주의 유형

1) **기일출석**   변론과정에서 당사자가 상대방의 주장을 명백히 다투지 않는 경우에도 자백으로 취급하겠다는 취지이다(150조 1항). 그러나 당사자가 상대방의 주장을 특정해서 반박하지 않더라도 변론종결시까지의 당사자의 주장을 살펴 "변론전체의 취지"상 다툰 것으로 인정될 수 있는 경우에는 자백한 것으로 간주되지 않는다(150조 1항 단서). 여기서의 "변론전체의 취지"를 법 제202조(자유심증주의)에서 언급되는 변론의 일체성이라고 해석하여 변론종결 당시의 상태에서 변론 전체를 관찰하여 구체적으로 정하여야 한다는 견해가 있다(이시, 474면). 그러나 법 제202조의 변론전체의 취지는 증거원인으로서 작용하는 이미지의 개념이 강한 반면, 법 제150조 제1항 단서의 변론전체의 취지는 변론과정 전체를 통틀어 다툰 사실이 있는지 없는지의 문제이므로 이미지로는 부족하고 어느 시점에서 구체적으로 다툰 사실이 나타나야 할 것이다. 이런 차원에서 본다면 양자는 구분되는 것이 타당하다.[2] 1심에서 자백간주

---

[1] 이철송, 「회사법강의(23판)」, 805면. 그러나 피고의 지위에 있는 이사와 원고인 주주가 담합하여 청구금액을 과소하게 한 후 피고가 인낙을 하게 된다면 회사에 손해가 발생할 가능성이 있으므로 인낙에 대해서도 법원의 허가를 얻도록 하는 것이 바람직하다. 한편 집단소송법 제35조에서는 소의 취하, 소송상화해, 혹은 청구의 포기는 법원의 허가가 필요하다고 하여 청구인낙을 제외하고 있다. 그러나 증권관련집단소송은 소송허가절차를 거치면서 대표당사자의 자격과 자질까지도 법원의 사전 심사를 받게 되므로 주주대표소송과 같이 담합의 성격을 갖는 청구인낙을 할 가능성은 거의 없다.

[2] 大判 2022. 4. 14. 2021다280781; 大判 2022. 7. 14. 2018다263069 등에서도 변론 전체의 취지로 보아 다투었다고 볼 것인지는 변론종결 당시까지 당사자가 한 주장 취지와 소송의 경과를 전체적으로 종합해서 판단

규정에 의해 패소판결을 받은 피고가 항소를 제기한 상황에서 원심판결의 취소를 구할 뿐 원고의 청구원인 사실에 대해 아무런 언급이 없었다면 항소심에서도 자백한 것으로 간주될 수 있다.[1] 청구기각을 구하거나 원심판결의 취소를 구하더라도 구체적인 사실 주장에 대한 반박이 없으면 자백간주의 불이익을 입게 된다.

　　2) 불 출 석　　　법 제150조 제3항에 따르면 당사자가 공시송달에 따른 기일통지서를 받은 경우가 아닌 한 변론기일에 출석하지 않는 경우에도 자백간주 규정이 준용되는데 결국 적법한 기일통지를 받고도 아무런 준비서면이나 답변서 등을 제출하지 않은 상태에서 불출석을 하는 경우에는 자백간주의 불이익을 입게 된다. 만일, 제1심에서 피고에 대하여 공시송달로 재판이 진행되어 피고에 대한 청구가 기각되었다고 하여도 피고가 원고 청구원인을 다툰 것으로 볼 수 없으므로, 원고가 항소한 항소심에서 피고가 공시송달이 아닌 방법으로 송달받고도 다투지 아니한 경우에는 법 제150조의 자백간주가 성립된다.[2] 한편, 당사자가 변론기일 전에 미리 다투는 취지의 답변서나 준비서면 등을 제출한 상태라면 불출석하더라도 이들 서면이 진술 간주되므로(148조 1항) 자백간주의 불이익은 입지 않게 된다.

　　3) 답변서 부제출　　　2002년 개정 전 법에 따르면 소장 부본을 송달받은 피고가 다투는 취지의 답변서를 제출하지 않은 채 제1회 변론기일에 불출석하는 경우 원고의 청구원인 사실에 대한 자백으로 간주하여 소위 "의제자백 판결"을 하는 경우가 빈번하였다. 이러한 의제자백 판결을 하기 위해서는 변론을 열어야 했지만 현행법에서는 소장 부본을 먼저 피고에게 송달하고 피고가 다투는 취지의 답변서를 30일 내에 제출하지 않으면(256조) 변론 없이 바로 원고 승소판결을 선고할 수 있도록 하고 있다(257조).

Ⅲ. 현저한 사실

1. 현저한 사실과 변론주의

　　현저한 사실은 일반인에게도 널리 알려진 공지의 사실(die allgemein bekannten Tatsachen)을 의미하지만 법관이 재판업무 등과 같은 직무를 통해 알게 된 법원에 현저한 사실(die gerichtskundigen Tatsachen)도 포함된다는 것이 일반적인 견해이다. 현저한 사실과 관련해서는 아래에서 보듯이 어떤 사실이 불요증사실로서 현저한 사실인지 여부도 문제이지만 당사자의 주장이 없어도 법원이 현저한 사실임을 들어 직권으로 판결의 기초로 할 수 있는지 여부가 문제된다. 현저한 사실이 주요사실로서 기능하는 경우에는 당연히 변론주의의 원칙상 당사자의

해야 한다고 설시하고 있다.
　1) 大判 1989. 7. 25. 89다카4045.
　2) 大判 2018. 7. 12. 2015다36167.

주장이 있어야 판결의 기초로 할 수 있다고 봄이 타당하다.

2. 현저한 사실의 종류와 내용

(1) 공지의 사실

1) 공지의 사실과 경험법칙　　통상의 지식과 경험을 가진 사람이라면 누구나 그 사실을 알 수가 있으므로 증거를 통한 사실 인정이 오히려 불필요하고 무의미하다고 느껴지는 정도의 사실을 공지의 사실이라고 한다. 공지의 사실과 경험법칙은 엄격히 구분되어야 함이 마땅하다. 전자는 사실의 문제이고 후자는 판단의 대전제가 되는 평가적 개념이기 때문이다.[1] 예를 들어 "모든 사람은 죽는다"라는 명제는 경험법칙에 해당하지만 "백범 김구 선생은 암살당했다"는 명제는 공지의 사실에 해당한다. 우리 판례에서는 공지의 사실과 경험법칙을 엄격히 구분해서 사용하고 있지 않은 듯하다. 예를 들어 종래 우리나라 부동산의 시가가 상승세에 있었다는 점이나 일용노동에 종사하는 사람의 월평균 가동일수가 25일이라는 점[2] 등은 경험칙에 해당하는 것임에도 이를 공지의 사실로 인정한 판결들이 있기 때문이다.[3]

2) 공지의 사실과 상고이유　　어떤 사실을 공지의 사실로 인정하여 증거를 통한 사실인정을 배제하는 경우 상고이유가 될 수 있는지 여부에 대해 학설과 판례가 대립하고 있다. 이를 순수한 사실문제로 보아 상고이유가 될 수 없다고 보는 견해가 있는 반면(호, 494면) 공지라고 인정하기에 이른 경로는 통상인의 사고에 비추어 납득할 수 있어야 하므로 그 한도에서 제한적으로 상고심의 심사를 받아야 한다는 견해도 있다(이시, 477면). 공지의 사실인지 여부는 외관적으로는 사실인정의 문제로 보이지만 요증사실을 불요증사실로 취급하는 것은 객관적인 증거 없이 사실인정을 하는 것과 동일한 결과에 이르므로 증거법의 법리를 위반한 위법을 수반하게 된다. 따라서 법률위반의 문제이므로 상고이유에 해당한다고 보는 것이 타당하다.[4]

---

1) Jauernig/Hess, §49 Ⅴ. Rn. 29 참조.

2) 大判 1970. 2. 24. 69다2172은 이를 공지의 사실로 취급하고 있는 반면 大判 1992. 12. 8. 92다26604 등에서는 이를 경험칙으로 보고 있다.

3) 한편 大判 1971. 3. 9. 71다226은 8.15 해방 직전에 우리 국민들이 대부분 일본식으로 창씨개명을 하였던 것은 공지의 사실이라 할 것이라고 한 반면 大判 1979. 11. 27. 79다728에서는 1924년부터 1933년까지의 사이에 그 성명이 "중천주(中川湊)"라고 되어 있으면 반증이 없는 한 일본인이라고 추정하는 것이 경험칙에 부합한다고 판시하고 있다. 해방 전에 등기부상 특정한 일본식 이름으로 기재된 경우 이를 경험칙이나 공지의 사실로 접근하는 것은 그 자체로 문제가 있다고 판단된다. 해방 전에 우리나라 사람의 대다수가 창씨개명을 한 것은 경험칙에 속한다고 할 수 있으나 등기부에 기재된 특정한 일본식 이름이 한국 사람인지 여부를 이로써 판단하는 것은 무리가 있기 때문이다.

4) 판례 역시 大判 1967. 11. 28. 67후28에서 원심이 자의적으로 공지의 사실로 인정한 것은 증거 없이 사실인정을 한 것이 위법하다고 하여 원심판결을 파기하고 있다.

(2) 법원에 현저한 사실

1) 법원에 현저한 사실이라 함은 누구나 알고 있는 공지의 사실이 아니더라도 법관이 직무상 경험으로 명확하게 기억하고 있는 사실을 지칭한다. 예를 들어, 민사본안 사건을 담당하는 법관에게 당해 사건과 관련된 다른 사건에 대한 판결 결과나 당해 사건에 대한 소속 법원의 보전처분 결과는 당해 법원에 현저한 사실이 될 수 있다.[1] 법원에 현저한 사실은 공지의 사실보다는 신뢰도나 정확성이 다소 떨어진다는 점은 부인하기 어렵다. 따라서 증명할 사실과의 경계가 다소 모호한 경우가 있다. 예를 들어 법관의 기억에 명확히 남아 있지 않고 기록이나 자료를 통해 확인해야 하는 경우도 법원에 현저한 사실이라고 할 수 있는지 문제될 수 있다. 대법원의 다수의견은 직종별임금실태조사보고서와 한국직업사전에 기재된 내용과 같이 법원에 비치된 기록 등을 조사하여 곧바로 그 내용을 알 수 있는 사실도 법원에 현저한 사실이라고 판시한 바 있다(이를 지지하는 견해로는 김홍, 614면).[2] 그러나 동 사건의 반대의견이 지적하는 바와 같이 다수의견과 같이 해석한다면 변론에 전혀 현출되지 아니하였음에도 불구하고 사실심 법원이 그 사실을 피해자의 수입을 인정하는 자료로 이용하게 됨으로써 소송당사자가 예상하지 못한 불이익한 재판을 받게 될 우려가 있음을 주목할 필요가 있다. 따라서 법원에 현저한 사실은 법관이 직무상 경험으로 명백히 기억하고 있는 사실로 제한함이 마땅하며 판례에서 문제가 된 직종별임금실태조사보고서나 한국직업사전 등에 대해서는 당사자에게 석명권을 행사하여 관련 증거방법을 제출하도록 유도하는 것이 가장 바람직하다.[3]

2) 법관이 우연히 사적으로 알게 된 사실은 법원에 현저한 사실이 될 수 없다. 합의부의 경우는 과반수 이상의 법관에게 현저하면 법원에 현저한 사실이라고 하는 것이 일반적인 학설이다(호, 496면). 한편, 법원에 현저한 사실에 대한 잘못된 인정은 공지의 사실과 마찬가지로 증거에 의한 사실인정을 위반하는 결과를 초래하므로 상고이유가 된다(반대 호, 496면).

---

1) 따라서 관련된 다른 사건의 판결결과나 보전처분 결과를 넘어 당사자가 주장하지 않았음에도 불구하고 판결 등에 나타난 사실관계는 법원에 현저한 사실이 아니다(大判 2010. 1. 14. 2009다69531; 大判 2019. 8. 9. 2019다222140).

2) 大判(全) 1996. 7. 18. 94다20051. 한편 대법원은 통계청이 정기적으로 작성하는 한국인의 생명표에 의한 남녀별 각 연령별 기대여명 역시 법원에 현저한 사실이라고 판시한바 있는데(大判 1999. 12. 7. 99다41886) 경험법칙으로 보아야 한다는 견해가 있다(이시, 477면).

3) 같은 취지의 견해로는 문일봉, "직종별 임금실태조사보고서의 기재내용이 법원에 현저한 사실인지 여부", 판례실무연구 Ⅰ(1997), 46면 참조.

제 3 장 증거에 의한 사실인정

자백한 사실과 현저한 사실을 제외하고 판결의 기초가 되는 사실은 변론에 현출된 증거에 의해서 인정되어야 한다. 어떤 특정 사실을 인정함에 있어 특정 증거에 의하여야 한다는 과거의 증거법정주의는 단순한 사회질서 안에서는 법관의 자의적인 판단을 방지하고 높은 예측가능성이라는 장점을 갖고 있었지만 복잡한 현대사회에서는 걸맞지 않는 제도라고 할 수 있다. 따라서 법은 법관이 다양한 증거를 통해 자유롭게 증거를 평가해서 사실 인정하는 것을 원칙으로 하면서(202조, 자유심증주의) 예외적인 상황에서만 증거법정주의를 채택하고 있다 (158조, 조서의 증명력). 한편 증거에 의한 사실인정은 법관의 심증형성을 통해서 이루어져야 하는데 변론절차에서 당사자 중 어느 당사자가 어떤 사실을 증명해야 하는가의 문제가 대두된다(주관적 증명책임). 아울러 경우에 따라서는 제출된 증거들만으로는 법관의 심증이 형성되지 않는 경우도 있으므로 이러한 경우 그 위험을 감수해야 할 당사자를 정하는 작업이 필요한데(객관적 증명책임) 증명책임을 통해 여기에 대한 답을 찾게 된다.

제 1 절 자유심증주의

I. 의의와 한계

1. 민사재판과 자유심증주의

법관은 증거에 대한 자유로운 평가를 통해 사실주장에 대한 진위여부를 판단한다(202조). 증거의 증명력은 법관의 자유판단에 의한다는 형사소송법 제308조 규정이 더욱 간명하게 이를 잘 나타내고 있다. 법관을 구속할 수 있는 것은 헌법과 법률에 국한되며, 법관은 오로지 자신의 양심에 따라 독립하여 심판할 수 있는 권리가 헌법 제103조에 의하여 아울러 보장되고 있다. 이로 인해 야기될 수 있는 불이익을 방지하기 위해 법관의 인적 독립 역시 헌법 제106조가 보장하고 있다. 그런데 법은 자유심증을 보장하는 제202조에서 법관의 판단자료를 형사소송과 달리 증거조사결과에 국한시키지 않고 변론전체의 취지도 참작할 것을 규정하고 있으며 사회정의와 형평의 이념, 그리고 논리와 경험칙 등에 부합하는 심증형성을 요구하고 있다.

2. 변론주의의 내재적 제약

민사소송의 자유심증주의는 변론주의의 제약을 받게 된다. 사실과 증거에 관한 일차적인 제출책임이 당사자에게 있으므로(292조) 법관은 판단의 기초가 되는 재판자료의 수집에 적극적인 역할을 할 수 없게 되며 따라서 내재적인 제약을 받게 된다. 그러나 석명권(136조)과 석명준비명령(137조), 석명처분(140조) 등은 물론 보충적인 직권증거조사(292조 단서) 등에 의해 어느 정도 심증형성을 위한 자료수집에 역할을 할 수 있게 된다. 한편, 변론주의를 실체적 진실발견의 수단으로 보는 소극적인 입장에서는 법관의 적극적인 소송자료 형성 기능을 인정하고 있다.

3. 사실인정의 위법과 자유심증주의 위반

자유심증주의는 법관을 신뢰하는 것으로부터 출발하지만 법관의 재량을 절대적으로 인정하는 것은 아니다. 논리와 경험법칙, 사회정의와 형평의 이념에 입각한 자유심증을 요구하는 법 규정의 취지 역시 자유심증이라는 재량의 한계가 있음을 암시하고 있는 것이다.[1] 따라서 위법하게 수집한 증거방법을 토대로 심증을 형성하거나 위법한 증거조사절차를 거쳐 형성된 증거조사결과에 터 잡아 사실인정을 하게 되면 이는 단순한 절차위반과 사실오인에 그치는 것이 아니라 자유심증주의를 위반한 것으로 평가되므로 법률위반에 해당된다. 따라서 당연히 상고이유가 된다.

Ⅱ. 심증형성의 토대

1. 증거조사 결과

(1) 적법하게 수집한 증거방법과 적법한 증거조사

법관은 적법하게 수집한 증거로서 증거능력을 가진 증거에 대한 적법한 증거조사절차를 거친 결과 얻어진 증거자료를 토대로 재판을 하여야 한다.[2] 따라서 공정한 재판을 위해서는 증거방법에 대한 제한 역시 필요하다. 예를 들어 위법하게 수집한 증거방법을 토대로 심증형성을 할 수는 없으며, 적법하게 수집한 증거방법이라 하더라도 증거조사절차상의 흠이 있는 경우에는 그 결과를 증거원인으로 할 수 없다. 증거조사는 증거신청단계부터 채부결정 그리

---

1) 大判 2020. 8. 27. 2017다211481 참조.

2) 판례도 동일한 취지로 보인다(大判 2023. 10. 12. 2023다242875; 大判 2022. 1. 13. 2021다269562; 大判 2018. 4. 12. 2016다223357 등). 그러나 이들 판례에서는 "적법한 증거조사절차를 거친 증거능력 있는 적법한 증거에 의하여"라고 하여 증거조사절차를 거친 증거를 증거능력 있는 적법한 증거라고 표현하고 있어 "적법하게 수집한 증거"에 중점을 두지 않는 듯하다.

고 조사에 이르는 전 과정을 의미하므로 증거신청에 대해 합리적인 이유 없이 채택을 거부하거나 유일한 증거를 증거조사하지 않은 경우 등도 위법한 증거조사에 해당한다. 한편 형사소송절차와 달리(형소 310조의2) 민사소송절차에서는 전문증거에 대한 증거능력 역시 아무런 제한이 없다. 다만 재판장은 증인신문 과정에서 증인이 직접 경험하지 않은 사실의 진술을 구하는 신문을 제한할 수 있을 뿐이다(민규 95조 2항 4호).[1] 전문증언의 경우는 직접 경험한 자의 진술에 대한 반대신문이 보장되지 않으므로 민사소송절차에서도 원칙적으로 허용하지 않는 것이 바람직하다.

(2) 증명력의 자유평가와 제한

1) 기본원칙　　　증거자료에 대한 증명력은 법관의 자유심증에 의한다. 증거에 대한 취사선택은 물론, 직접증거와 간접증거, 인증과 서면증거 간의 기본적인 우열은 인정되지 않으므로 법관이 자유로이 평가할 수 있다. 물론 증거방법이나 증거가치를 법에서 예외적으로 규율하는 경우에는 그 한도에서 자유심증은 제약을 받는다. 또한, 논리와 경험칙에 비추어 증거가치가 높은 증거조사결과를 배척하거나 상대적으로 증거가치가 적은 증거조사결과를 신뢰하는 경우에는 심증형성의 과정을 판결이유에서 설시하여야 할 의무가 있다.[2]

2) 확정된 민·형사 판결의 인정사실　　　진정성립이 인정된 처분문서의 기재내용에 반하는 사실을 인정하는 경우나 관련 민·형사 사건의 확정된 판결에서 인정된 사실과 배치되는 사실을 인정하는 경우에는 그 심증형성의 과정을 판결이유에서 구체적으로 밝혀야 한다. 판례의 입장은 다소 모호하다. 즉 민사재판에 있어서 이미 확정된 관련 민사사건에서 인정된 사실은 특별한 사정이 없는 한 유력한 증거가 되므로 합리적인 이유설시 없이 이를 배척할 수 없다고 하면서도[3] 다른 판례에서는 구체적인 이유를 설시할 필요는 없다고 하고 있기 때문이다.[4]

---

[1] 규칙 제95조 제2항에서는 정당한 사유가 있는 경우에는 증인이 직접 경험하지 않은 사항에 대한 증인신문이 가능한 것으로 규정하고 있다. 전문증언이 정당화될 수 있는 사유는 형사소송법 제316조의 전문증거의 예외 규정에서 언급하고 있는 내용이 하나의 기준이 될 수 있을 것이다.

[2] ZPO §286(1)에서는 법관의 심증형성의 원인을 판결에서 밝히도록 요구하고 있다. 명문의 규정이 없는 우리 법 하에서는 일반적인 의무로 이를 인정하기 어렵지만 서면증거의 내용과 배치되는 내용의 증언을 믿거나 증언내용과 배치되는 당사자신문의 결과를 믿는 경우 등에는 심증형성의 경로를 밝힐 의무가 있다고 봄이 타당하다.

[3] 大判 1998. 2. 24. 97다49053.

[4] 大判 1997. 3. 14. 95다49370; 大判 2002. 6. 11. 99다41657. 동 판결과 위 97다49053 판결의 입장이 서로 어긋나지 않는다는 견해가 있다(호, 507면). 합리적인 이유 설시를 요구하고 있으나 이를 구체적으로 혹은 일일이 설시할 필요까지 없다는 것이 판례의 입장이라고 선해하는 경우에 가능한 견해라고 생각된다. 그러나 이미 관련된 사건이기는 하지만 확정된 판결에서 인정한 사실관계를 달리 인정하는 경우에 그 사유를 구체적으로 설시하지 않는다면 이를 합리적인 이유 설시라고 할 수 있는지는 의문이다.

(3) 증거공통의 원칙

1) **개   념**   증거제출자는 자신에게 유리한 증거라고 판단하여 증거를 제출하지만 결과적으로 불리한 증거로 작용되는 경우도 있을 수 있다. 예를 들어 원고가 자신에게 유리한 서면증거라고 생각해서 계약서를 법원에 제출했지만 결과적으로 원고에게 불리하게 작용될 수 있다는 것이다. 즉, 당사자 일방이 제출한 증거방법은 그 당사자에게 유리하게만 작용하는 것은 아니다. 이를 증거공통의 원칙이라고 한다. 증명력의 자유평가라고 하는 측면에서 본다면 당연한 결과로서 우리 실무에서도 이러한 원칙이 인정되고 있다.[1]

2) **원용과 증거공통의 원칙**

① **원용의 의미**   민사소송법에서 "원용"은 타인이 이미 행한 소송행위를 반복해서 하지 않으면서도 자신이 한 것과 동일한 소송법적 효과가 나도록 하는 간이한 의사표시를 의미한다. 예를 들어 참가인이 참가허부 결정 전에 행한 소송행위를 소송당사자가 원용한 경우에는 참가인의 참가가 최종적으로 허용되지 않더라도 그 원용된 소송행위는 효력을 갖게 된다(75조 2항). 그러나 소송실무에서는 보다 광범위하게 원용행위가 사용되고 있다. 예를 들어, 당사자 일방이 제출한 서면증거나 신청한 증인의 증언 내용 등이 자신에게 유리하다고 판단한 상대방 당사자가 당해 증거방법을 자신이 제출하거나 신청한 것인 양 하기 위해 통상 "이익으로 원용한다"는 표현을 사용하고 있다. 이는 상대방이 제출한 증거방법에 대한 증거조사 결과를 자신이 제출한 것과 동일하게(즉, 자신에게 유리하게) 취급해 줄 것을 요구하는 것이다.

② **원용과 증거공통의 원칙**   피고가 원고 측 증인 A의 증언 내용이 자신에게 이익이 된다고 판단해서 이를 이익으로 원용하는 경우 그 효과를 둘러싸고 다툼이 있다. 다수학설은 증거공통의 원칙이 변론주의와 무관하고 일단 제출한 증거를 어떻게 평가하느냐 하는 것은 법원의 직무이므로 상대방의 원용은 법원의 증거판단에 주의를 환기시키는 것에 불과하다고 한다(김/강, 497면; 이시, 534면). 그러나 증거공통의 원칙은 원고 측 증인 A의 증언이 오히려 피고 주장의 신빙성을 공고히 할 수 있다는 것에 그치는 것으로서 증거제출자와는 무관하게 법관의 심증이 형성될 수 있음을 의미할 뿐이다. 따라서 증인 A는 피고가 제출한 증거방법이 아니므로 법원은 피고 주장의 당부를 판단하더라도 증인 A의 증언에 대한 증거판단을 할 필요는 없다. 따라서 피고가 자신의 주장의 근거로서 증인 A의 증언에 대한 증거판단을 받고자 한다면 "원용"이 필요하므로 원용이 단순히 법원의 증거판단에 주의를 환기시키는 것에 불과한 것은 아니다.[2] 피고의 원용이 있는 경우 법원은 피고 주장을 뒷받침하는 A의 증언에

---

1) 大判 1974. 10. 8. 73다1879; 大判 2004. 5. 14. 2003다57697; 大判 2021. 4. 29. 2020다294806 등 역시 증거공통의 원칙을 인정하고 있으며 상대방의 원용이 필요없다고 판시하고 있다.

2) 大判 1974. 10. 8. 73다1879; 大判 1983. 5. 24. 80다1030 등 역시 동일한 취지로 해석된다.

대한 구체적인 증거판단을 해야 하기 때문이다.

③ 공동소송인 간의 증거공통의 원칙

i) 본래 의미의 증거공통의 원칙　본래적 의미의 증거공통의 원칙은 증거제출자의 의사와는 상관없이 법원의 재량에 의해 증거제출자에게 불리하게 평가될 수 있는 원칙을 의미하므로 통상공동소송인 1인이 제출한 증거가 상대방이나 다른 공동소송인에게 유리하게 혹은 불리한 증거로 평가될 수 있음은 지극히 당연하다.1) 다만, 필수적 공동소송인 상호 간에는 법 제67조 제1항에 따라 공동소송인 1인의 행위는 모두의 이익을 위해서만 효력이 있으므로 불리한 증거방법 제출은 다른 공동소송인에게 효력이 없다.

ii) 공동소송인 독립의 원칙을 수정하는 의미의 증거공통의 원칙　통상공동소송인 상호 간에 적용되는 독립의 원칙(66조)을 수정하는 의미로서 증거공통의 원칙이 논의되어 왔다. 이때의 증거공통의 원칙은 공동소송인 1인이 제출한 증거를 다른 공동소송인의 명시적인 원용 없이 그에게 유리한 사실인정의 자료로 사용할 수 있는가 여부의 문제이다. 현재의 학설은 공동소송인 상호 간에도 이러한 의미의 증거공통의 원칙이 적용된다고 하는 점에 이견이 별로 없다. 실무 역시 통상공동소송의 경우 공동소송인 상호 간에 증거공통의 원칙을 인정하고 있는 것으로 파악된다(실무제요 Ⅰ, 293-294면).2) 다만 자백의 경우는 다른 공동소송인에게 변론전체의 취지로 평가될 수 있을 뿐이라고 하여 그 효력을 제한하고 있을 뿐이다.3) 한편, 공동소송인 간의 이해관계가 대립되는 경우에까지 확장되는 것은 아니라는 제한을 하는 입장(김/강, 516면; 이시, 740면)이 있으나 의문이다. 이해관계가 대립된다고 하여 유리한 사실 인정의 자료로 사용할 수 있는 것까지 제한할 현실적인 필요가 없기 때문이다. 어차피 제출된 증거는 제출자의 의도와 상관없이 유리하게도 혹은 불리하게도 작용될 수 있다.

2. 변론전체의 취지

증거원인으로서의 변론전체의 취지라 함은 변론과정에서의 당사자의 진술내용 및 그 시기, 태도 등과 그 변론과정에서 직접 얻은 인상 등 일체의 자료(증거자료를 제외한) 또는 상황을 말한다는 것이 종래 판례와 학설의 입장이다.4) 그러나 이 모든 유형, 무형의 자료와 상황은 최종적으로 법관에게 형성된 이미지(인상)로 남게 되지만 그 이미지의 궤적을 추적할 단서는

---

1) 예를 들어, 가해차량 두 대의 운전자가 손해배상청구 소송의 공동피고가 된 경우 각 피고는 자신의 과실이 없음을 주장할 것이고(면책주장) 이를 위해 각기 증거를 제출하게 될 것이다. 그 중 어느 한 피고 제출의 증거가 다른 공동피고에게 유리하게(공동면책을 주장하는 경우) 혹은 불리하게(단독 면책을 주장하는 경우) 작용할 수도 있는데 이는 증거공통의 원칙상 당연하다고 할 수 있을 것이다.

2) 판례가 증거공통의 원칙을 부정하고 있다고 파악하는 견해가 있다(홍기문, "공동소송인 독립의 원칙", 민사재판의 제 문제(1995), 119면 참조).

3) 大判 1976. 8. 24. 75다2152.

4) 大判 1983. 7. 12. 83다카308.

소송기록 어디에도 없다. 따라서 이미지로서의 변론전체의 취지는 증거조사 결과를 뒷받침하는 보조적인 역할에 그쳐야 한다. 우리 법 하에서는 독일과 달리 심증형성의 주요원인이나 과정을 판결에 담을 의무가 없으므로 이를 독립적인 증거원인으로 취급할 경우 법관의 자의적인 판단을 제어할 방법이 없기 때문이다. 판례 역시 변론 전체의 취지가 사실인정의 한 자료가 될 수 있으나 증거로서의 변론의 취지는 보충적 효력에 그치는 것에 불과하여 변론의 취지만으로는 사실인정의 자료로 할 수 없다고 판시하고 있다.[1] 그러나 판례는 문서의 진정성립[2]과 자백의 철회요건으로서의 착오[3]에 대해서는 변론전체의 취지만으로 이를 인정할 수 있다고 하여 예외적인 취급을 하고 있다.

Ⅲ. 자유심증의 정도

1. 개   관

자유심증의 정도라는 것은 법관이 사실인정에 어느 정도의 확신을 갖는 것이 요구되는가의 문제이지만 내심의 확신 정도를 구체적으로 측정하는 것은 불가능한 것으로서 이념적 지표의 문제라고 할 것이다. 법관이 재판을 통해 수학적 증명과 같이 객관적이고 확실한 증명 과정을 국민에게 보여줄 수 있다면 가장 바람직하겠지만 재판과정에서 이러한 증명이 불가능하다는 점은 누구나 수긍한다. 다만 사회과학적 혹은 역사적 증명의 경우 그 수준을 어느 정도로 설정할 것인가에 대해서는 법 제도에 따라 혹은 사람에 따라 다른 기대수준을 요구하고 있다.

2. 증명의 수준

(1) 원   칙

1) 법관이 증명되어야 하는 어떤 사실에 대해 확신을 갖게 되는 상황은 수학적 증명에 의해 갖게 되는 자연과학적 확신과는 구분된다. 사회과학적 증명 혹은 역사적 증명은 어느 정도의 확신을 요구하는가에 대해서는 사건의 종류에 따라 혹은 법제에 따라 다른 표현을 사용해 오고 있다.

2) 역사적 증명 가운데 가장 고도의 수준을 표현하는 것은 합리적인 의문이 배제되는

---

1) 大判 1984. 12. 26. 84누329.

2) 大判 1982. 3. 23. 80다1857. 법원이 변론전체의 취지만으로 진정성립을 인정하고자 하는 것은 당해 문서의 실질적 가치를 신뢰하고자 하는 취지에서 비롯되는 것이 일반적이므로 이를 허용함은 궁극적으로 다툼 있는 사실을 변론전체의 취지로 인정하는 것과 다를 바가 없다. 따라서 이러한 판례의 태도는 바람직하지 못하다.

3) 大判 2000. 9. 8. 2000다23013. 그러나 재판상 자백에 대한 취소요건으로서의 반진실과 착오는 등가적인 관계에 있다고 보기 어렵다. 반진실이 직접사실이나 간접사실에 의해 증명되었다면 종전의 자백은 착오에 기인한 것이라고 추정하는 것이 논리법칙이나 경험칙상 타당하다.

고도의 개연성이라고 할 수 있다. 독일에서는 민·형사 사건을 망라해서 이러한 완전한 증명을 요구하고 있으며[1] 우리나라의 통설도 이러한 수준을 요구하고 있다(김/강, 467면; 이시, 535면). 그러나 영미의 경우는 형사사건과 민사사건에서 요구하는 수준을 달리하고 있다. 형사사건에서는 소위 합리적인 의심을 배제하는 확신(beyond reasonable doubt)의 수준을 요구하지만 민사에서는 증거의 우월(preponderance of evidence)로 족하다는 것이 일반적이다.[2] 증거의 우월은 증인의 수나 물적 증거의 양의 비교우위를 의미하는 것이 아니라 개연성이나 설득력의 비교우위를 말하므로[3] 합리적인 의심을 잠재우는 정도는 아니더라도 그럴 가능성이 높은 개연성을 의미한다고 평가할 수 있다.

    3) 증명책임 부담자에게 어느 정도의 증명 수준을 요구할 것인지 여부는 그 나라 국민들의 법 의식과 사회·경제적인 여건, 특히 국민들이 특정한 법률행위를 할 때 법률전문가로부터 쉽고 저렴하게 법률서비스를 받을 수 있는지 여부 등을 종합하여 결정하는 것이 필요하다. 따라서 이러한 제반 상황 등을 고려할 때 현재 우리나라에서 민사사건의 관련 증거를 통해 법관에게 합리적인 의심을 잠재울 정도의 고도의 개연성을 증명책임 부담자에게 요구하는 것은 무리라고 생각된다. 그러나 무조건 증거의 우월이론에 터 잡아 증명수준을 개연성 정도로 낮추는 것도 불합리하므로 증명책임 부담자가 제출한 증거와 변론 전체의 취지만을 종합했을 때는 주장을 믿을 만한 고도의 개연성이 인정되지만 상대방의 증거까지 종합해서 볼 때는 합리적인 의심의 여지가 있을 수 있는 정도의 증명의 우월을 요구하는 것이 바람직하다.

(2) 탄력적인 증명

1) 표현증명과 간접반증   ① 사건에 따라서는 일반적인 경험칙에 의하더라도 어떤 사실의 경과를 쉽게 파악할 수 있는 고도의 개연성이 인정되는 경우가 있다. 예를 들어 수술 후 환자의 복부 안에 조그만 가위와 같은 수술도구가 남아있는 경우나 다리 위를 운행하던 차량이 강물에 추락한 경우 등에는 그 행위 경과와 결과 자체만으로도 의사나 운전자의 과실이 인정될 수 있는 것과 같다. 이러한 상황에서는 별도의 증명이 요구되지 않으며 증명수준의 완화도 불필요하다. 이와 같이 사실의 전개과정이 경험칙상 극히 정형적(定型的)인 과정을 거쳐 일어남에 따라(소위 정형적인 사상경과) 피해자인 원고는 의사나 운전자의 과실을 별도로 증명할 필요가 없게 되는 것을 표현증명(Anscheinbeweis 혹은 prima-facie-Beweis)이라고 한다. 이는 추정의 단계를 넘어 증명된 것으로 보아야 하며 자유심증에 있어 심증의 정도를

---

1) Jauernig/Hess, §49 Ⅱ. 1.
2) McCormick on Evidence, §339, p. 568. 그러나 일부 민사사건의 경우 양자의 중간단계인 명백하고 설득력있는 증명(clear and convincing proof)이 요구되는 경우가 있다(McCormick on Evidence, §340, p. 569).
3) McCormick on Evidence, §339, p. 568.

완화하는 것의 일종으로 보는 것이 타당하다(같은 견해로는 호, 514면).[1] 그러나 표현증명을 사실
상 추정의 일종으로 보아 증명책임이 경감되는 사안으로 취급하는 견해도 있다(이시, 551면).[2]

　　② 사실상의 추정이 있는 경우에는 A사실의 존재가 인정되더라도 B사실의 추정 자체를
다툴 수 있는 여지가 있으나(즉 A사실이 반드시 B사실을 초래하는 것은 아니라는 주장이 가능함) 표현증
명의 경우는 그와 같은 다툼이 무의미할 정도의 고도의 개연성이 인정되는 경우이므로 상대
방은 A사실의 존재와 양립가능한 별개의 사실을 통해 B사실이 존재하지 않을 수 있음을 증
명할 수밖에 없다. 예를 들어 위의 사례에서 상대방은 환자의 복부 안에 남아있는 가위가 당
해 수술 이전부터 존재했었다는 사실을 증명하거나 혹은 강한 지진으로 인해 불가피하게 자
동차가 강물 속으로 추락할 수밖에 없었다는 사실을 증명함으로써 표현증명으로 인한 불이
익을 면할 수 있는 것이다. 이를 통상 간접반증이라고 한다.[3]

　　2) 상당한 개연성을 통한 인과관계의 증명　　공해소송, 의료과오, 제조물책임 소송 등
(이른바 현대형 소송)에서 불법행위와 손해와의 인과관계를 통상의 수준으로 증명하는 것은 현
실적으로 불가능하다. 위와 같은 소송에서는 불법행위와 손해의 발생을 주장하는 원고가 개
인인 반면 상대방인 피고는 기업, 병원, 국가기관 등인 경우가 대부분이므로 증거가 피고에
게 편재되어 있을 뿐 아니라 일반인으로서는 기계나 공장시설, 병원 등의 메커니즘을 쉽게
이해할 수 없기 때문이다. 현대형 소송 가운데서도 구체적인 유형에 따라 고의나 과실의 증
명 정도를 완화하는 방법은 약간씩 다르지만 상당한 개연성의 정도로 수준을 낮추고 있는
점은 동일하다(상세한 내용은 후술).

　　3) 법 규정을 통한 증명의 완화

　　① 표준적 · 평균적 · 통계적인 방법　　증권관련 집단소송에서는 표준적 · 평균적 · 통계
적인 방법을 통한 손해의 산정을 허용하고 있다(증권 34조 2항). 증권관련 집단소송의 속성상
정확히 파악할 수 없는 피해자 집단 총원의 일정 피해기간(class period) 동안의 집단적인 손실
을 기존의 개별적이고 구체적인 방법으로 산정할 수는 없기 때문에 위와 같이 표준적 · 평균
적 · 통계적인 방법의 사용을 처음부터 인정했던 것이다.

---

1) 독일법상의 표현증명이 영미의 res ipsa loquitur 원칙(the things speaks for itself)과 동일하다는 입장이
　있는 반면 표현증명과 달리 영미법상의 원칙은 증명책임이 상대방에게 전환된다는 점에서 차이가 있다는 지
　적도 있다(오대성, 법학논총 4집(조선대학교), 165면 참조).
2) 어떤 A라는 사실의 발생이 통상의 경험칙에 비추어 B사실의 발생으로 이어질 것이라는 추정이 가능한 경
　우 우리는 통상 B사실이 사실상 추정된다고 한다. 그러나 표현증명은 A사실의 존재가 B사실을 추정하는 단
　계를 넘어 A사실의 존재를 통해 B사실의 존재가 증명된 것으로 보는 것이다. 표현증명을 강도 높은 고도의
　개연성이 인정되는 사실상의 추정이라고 하여 추정의 강도만을 달리한다면 사실상의 추정과 표현증명 간에
　실질적인 차이를 설정하기는 쉽지 않게 된다.
3) 간접반증은 간접사실을 통해 과실이라고 하는 요건사실의 심증 형성을 방해하는 것이므로 반증에 해당하
　지만 간접사실 자체에 대해서는 본증의 정도에 이르는 증명을 해야 한다.

② 법 제202조의2 상당한 손해액의 인정   i) 불법행위를 원인으로 한 손해배상청구 소송에서 손해 발생의 책임은 인정되지만 구체적인 손해액의 입증이 어려운 경우가 있다. 예를 들어 전문의 시험에 합격한 피해자가 사망한 경우 장래 일실수익을 산정해야 하는 경우(편의상 A 사례라고 함), 혹은 행정입법의 부작위로 인해 군법무관의 보수청구권이 침해된 경우의 손해액을 산정해야 하는 경우(편의상 B 사례라고 함)를 가정해 보자. 우선 A 사례의 경우 전문의 시험에 합격한 사람의 가동연한까지의 장래 수익을 산정하여야 하지만 변론종결시점에서 이를 정확히 예측하는 것은 사실상 불가능하다. 결국 공평성과 합리성이 보장되는 범위 내에서 평균수입액에 관한 객관적인 통계(직종별 임금실태조사보고서) 등을 이용해서 피해자의 일실수익을 통계적으로 산정하는 방법을 사용할 수밖에 없을 것이다.[1] B 사례의 경우는 통계적인 산정까지도 불가능한 경우라고 할 수 있다. 군법무관의 보수를 검사의 예에 준하도록 하는 법률(구 군법무관임용법 6조)의 위임을 받고도 행정입법을 하지 않음으로써 입게 된 군법무관들의 손실액수 산정을 위해서는 손해액의 산정근거가 되는 간접사실들을 탐색하고 이를 합리적으로 평가하여 객관적으로 수긍할 수 있는 손해액을 산정해야 한다는 것이 판례[2]의 입장이다.

ii) 이러한 판례이론을 입법화하여 손해가 발생한 사실은 인정되나 구체적인 손해의 액수를 증명하는 것이 사안의 성질상 매우 어려운 경우 법원은 변론 전체의 취지와 증거조사의 결과에 의하여 인정되는 모든 사정을 종합하여 상당하다고 인정되는 금액을 손해배상 액수로 정할 수 있다(202조의2).[3] 예를 들어 영업비밀이나 영업상 주요 자산인 자료 등을 부정취득한 자가 얻은 이익을 구체화하기 위해서는 엄밀한 금액산정이 어렵기에 법원은 변론 전체의 취지와 증거조사의 결과에 의하여 인정되는 모든 사정을 종합하여 상당하다고 인정되는 금액을 손해배상 액수로 정할 수 있다.[4]

iii) 대법원은 법 제202조의2를 적용해야 하는 상황에서 당사자 사이의 관계, 채무불이행이나 불법행위와 그로 인한 손해가 발생하게 된 경위, 손해의 성격, 손해가 발생한 이후의 정황 등을 고려해야 하며 손해배상책임이 인정되는 경우 법원은 손해액에 관한 당사자의 주장과 증명이 미흡하더라도 적극적으로 석명권을 행사하여 증명을 촉구하여야 하고, 경우에 따라서는 직권으로 손해액을 심리·판단하여야 한다는 점을 강조하고 있다.[5]

---

1) 大判 1988. 4. 12. 87다카1129 참조.
2) 大判 2007. 11. 29. 2006다3561에 따르면 당사자들 사이의 관계, 불법행위와 그로 인한 재산적 손해가 발생하게 된 경위, 손해의 성격, 손해가 발생한 이후의 여러 정황 등을 간접사실로 열거하고 있다.
3) 최근 손해배상을 인정함에 있어 발생한 손해의 3배를 넘지 않는 범위에서 책임을 묻는 경우가 생겨나고 있다(하도급거래 공정화에 관한 법률 35조 2항). 이러한 소위 3배 배상 제도는 원사업자에 대한 제재로서의 성격도 갖고 있지만 실제 발생하는 손해를 정확히 산정할 수 없다는 취지에서 비롯된 것으로도 파악이 가능하다.
4) 大判 2017. 9. 26. 2014다27425.
5) 大判 2020. 3. 26. 2018다301336; 大判 2021. 5. 27. 2017다230963; 大判 2021. 6. 30. 2017다249219 등 참조.

Ⅳ. 자유심증의 한계와 예외

1. 자유심증주의의 한계

증거방법이나 증명력에 관해 법관의 자유로운 판단을 통한 심증형성을 보장하는 자유심증주의는 자칫 법관의 자의적인 판단을 야기할 위험이 있다. 제202조는 법관의 판단이 논리와 경험법칙, 사회정의와 형평의 이념에 부합할 것을 요구하고 있는데, 이는 자유심증이 법관에게 무제한한 자유를 인정하는 것이 아니라는 것을 극명하게 암시하고 있는 것이다. 논리와 경험칙, 형평의 이념은 민사소송의 이상인 적정과 공평의 개념으로부터 도출될 수 있지만 사회정의의 이념은 민사소송의 이념을 넘는 새로운 기준이므로 법관은 심증을 형성하는 데 있어 사회정의를 저해하는 요소를 배제하고 이를 구현하도록 노력할 것이 요구된다.[1] 따라서 법관은 위법수집증거를 통한 심증형성을 지양해야 하며, 당사자 간의 사회적 교섭력이 대등하지 못할 경우 증명책임의 전환이나 완화를 도모해야 한다. 나아가 심증형성의 과정이 가급적 판결문에 잘 나타나도록 함으로써 당사자의 상소권을 실질적으로 보장하도록 노력하여야 한다.

2. 자유심증주의의 예외

(1) 증거방법 등의 제한

자유심증주의의 예외로서 법에서 증거방법이나 증거능력, 증명력 등을 제한하는 경우가 있다. 대리권의 존재는 서면으로만 증명하도록 하거나(58조 1항) 소명방법은 즉시 증거조사할 수 있는 것으로 제한하는 것(299조), 변론 방식의 준수 여부의 증명은 변론조서만으로 제한한 것(158조) 등은 증거방법을 제한하는 예로 들 수 있다. 불법검열에 의하여 취득한 우편물이나 그 내용 및 불법감청에 의하여 지득 또는 채록된 전기통신의 내용은 재판절차에서 증거로 사용할 수 없도록 한 것(통신비밀 4조)은 증거능력을 제한하는 대표적인 규정이라고 할 수 있다. 한편 공·사문서에 대한 진정성립 추정(356조 1항)은 증명력을 제한하는 대표적인 것이라고 할 수 있다.

(2) 증명방해와 자유심증주의

민사소송에서 증명행위는 승소를 위해 매우 중요한 요소인데 상대방의 적극적·소극적인 증명방해행위로 인해 증명책임을 부담하는 당사자가 많은 어려움을 겪게 되는 경우가 빈번하다. 특히 환경소송이나 의료과오소송과 같은 현대형 소송의 경우 증거의 편재와 함께 상대방의 적극적·소극적 증명방해 행위가 당사자의 증명활동을 심대하게 침해하는 경우가 적

---

1) 자유심증을 통한 심증형성에 있어 "사회정의와 형평의 이념"이라는 구절은 독일이나 일본 현행법에서는 보이지 않는 특이한 내용이다(ZPO §286(1), 日民訴 247조 참조).

지 않다. 법에서 규정하고 있는 증명방해 행위와 함께 해석론상 인정될 수 있는 증명방해 행위의 유형과 효과에 대해 살펴본다.

1) 법률상 증명방해 행위   현행법상 증명방해 행위는 일정한 의무를 부담하는 자가 적극적 혹은 소극적으로(작위·부작위) 상대방이 유리하게 활용할 수 있는 증거방법을 제출하지 않거나 훼손하는 것 혹은 법원의 명령을 정당한 이유 없이 의도적으로 준수하지 않는 것을 지칭한다.

① 법원의 문서 혹은 검증물 제출명령(349조, 366조)이나 당사자본인신문을 위한 출석명령(369조) 등을 정당한 이유 없이 따르지 않는 경우에는 상대방 주장을 진실한 것으로 인정할 수 있도록 하고 있다. 한편, 제3자가 문서제출명령을 받고도 이러한 명령에 따르지 않은 경우에는 증언거부에 대한 제재 규정을 준용하여 과태료의 처분을 받도록 하고 있다(351조, 318조).

② 상대방의 사용을 방해할 목적으로 제출의무 있는 문서를 훼손하거나 사용할 수 없게 하는 경우에도 그 문서의 기재에 대한 상대방의 주장을 진실한 것으로 인정할 수 있다(350조). 동 규정에서 언급하는 제출의무 있는 문서가 법 제349조에서 언급하는 제출명령이 발부된 상태에서의 문서에 국한되는지 여부는 조문상 분명하지 않다. 다만 법 제350조에서 규정하는 "제출의무 있는 문서"의 의미를 법 제344조에서 규정하는 추상적인 제출의무가 있는 문서(다시 말해 문서제출명령이 발해지지 않은 상태의 문서)로 해석하는 것이 문서의 사용방해에 따른 제재의 범위를 넓힐 수 있다.[1]

2) 해석론상의 증명방해 행위   ① 법 제349조와 제350조에 규정되어 있는 증명방해 행위 유형 외에도 일반적으로 증명방해를 인정할 것인지 여부에 대해 판례의 입장은 분명하지 않다. 예를 들어 제출하는 서면증거(진료기록 등)를 변조[2]하거나 혹은 감정절차를 수행함에 있어 신체감정의 대상자인 당사자가 의도적으로 재감정절차에 협력하지 않는 경우 법원은 증명방해 여부를 살펴 방해를 하는 측에 적절한 불이익을 부과하여야 한다는 입장을 표명한 바 있으나[3] 증거자료에의 접근이 훨씬 용이한 일방 당사자가 상대방의 증명활동에 협력하지 않는다고 하여 상대방의 입증을 방해하는 것이라고 단정할 수 없다고 판시한 적도 있기 때문이다.[4]

---

1) 일본은 우리와 달리 일본 민사소송법 제224조 하나의 조문(당사자가 문서제출명령에 불응한 경우 등의 효과) 안에서 제출불응(1항)과 사용방해(2항)를 같이 규정하고 있다. 그러나 동조 제2항의 사용방해의 대상 문서는 실제 문서제출명령과 상관없이 일반적인 문서제출의무가 있는 것이면 족하다고 한다(松浦馨=加藤新太郎/條解民事訴訟, 1254面).

2) 大判 1995. 3. 10. 94다39567; 大判 2010. 7. 8. 2007다55866 등. 문서에 대한 변조행위를 법 제350조가 규정하는 사용방해 행위의 한 유형으로 볼 여지는 충분하다고 생각된다. 신의칙에 의한 증명방해행위를 인정하는 것보다는 실정법 규정에 대한 탄력적인 해석을 통해 증명방해행위를 인정하는 것이 보다 합리적이라고 판단되기 때문이다.

3) 大判 1994. 10. 28. 94다17116; 大判 1999. 2. 26. 98다51831 등.

4) 大判 1996. 4. 23. 95다23835.

② 법이 규정하는 증명방해 행위는 열거적인 것이 아니고 예시적인 것으로 보는 것이 타당하다. 따라서 법원의 명령에 따른 감정절차에 당사자가 협력하지 않는 행위, 혹은 당사자의 적극적인 증거훼손 행위는 증명방해에 해당하는 것으로 보아야 한다. 다만, 법원의 명령이 없는 상태에서 당사자가 제출의무도 없는 증거방법을 자진해서 제출하지 않는다고 하여 증명방해 행위로 취급할 수는 없다. 나아가 고의가 아닌 과실에 의해서 증거방법을 훼손한 경우도 신의칙에 기한 증거보존의무를 명확히 인정하기 어려운 상황에서 증명방해의 범주로 무조건 포함하는 것은 문제가 있다. 다만 법령상의 보존의무를 부담하는 주체가 이를 과실로 멸실하거나 훼손한 경우에는 증명방해에 준해서 취급해야 할 것이다.[1]

3) 증명방해 행위에 대한 제재   과학기술의 급속한 발전으로 전자적인 형태의 증거물이 급속도로 증가되고 전문적인 영역이 확대됨에 따라 증거편재 현상이 심화될 뿐 아니라 일반인인 원고는 이러한 전문적인 영역에 대하여 문외한인 경우가 대부분이므로 증명방해에 대한 적극적인 대응 없이는 법관의 자유심증은 공허한 것이 되고 만다. 일반적인 증명방해 행위에 대한 제재의 법적 근거는 법 제1조의 신의칙 규정이라고 할 수 있다.[2] 증명방해 행위의 유형은 위에서 본 바와 같이 모두 동등한 정도의 위법성을 갖고 있는 것은 아니다. 따라서 행위유형에 따라 제재효과를 달리 부여하는 것이 바람직하다.

① 기존 학설과 판례   법 규정에 따른 증명방해 행위에 대한 제재는 "상대방의 주장을 진실한 것으로 인정할 수 있다"는 것인데(350조 참조), 종래부터 이에 대한 해석을 둘러싸고 견해의 대립이 있었다. 판례는 소극적인 증명방해뿐 아니라 진료기록의 변조와 같은 적극적인 증명방해에 대해서도 법관의 자유심증에 따라 방해자에게 불리한 평가를 할 수 있을 뿐이라고 하여[3] 증명책임이 증명방해자에게 전환되거나(증명책임 전환설) 상대방이 주장하는 요증사실이 바로 증명된 것(법정증거설)으로 볼 수는 없다는 입장을 취해왔고 다수 학설 역시 이러한 판례의 자유심증설을 지지하고 있다(이시, 539면; 정/유/김, 517면; 호, 510면; 김홍, 694면).[4]

---

[1] 예를 들어 의료법 제22조 제2항에 따르면 의료인이나 의료기관 개설자는 진료기록부 등을 보존할 의무가 부과되어 있다.

[2] 독일에서도 신의칙설 외에도 독일기본법상의 무기평등의 원칙, 소송법상의 협력의무, 사안해명의무 등을 근거로 제시하고 있다(Rosenberg/Schwab/Gottwald, §115 Ⅱ. Rdnr. 20). 그러나 견해에 따라 제재의 종류나 범주를 달리하는 것도 아니므로 학설 대립의 의미는 크지 않다고 판단된다.

[3] 大判 1993. 11. 23. 93다41938에서는 문서제출명령을 어기고 문서를 제출하지 않은 경우이며, 大判 1995. 3. 10. 94다39567은 진료기록의 변조행위가 문제된 경우이다. 大判 2024. 5. 17. 2018다262103 역시 자유심증설을 취하고 있다.

[4] 원칙적으로 자유심증설을 따르면서도 공해소송이나 대량피해소송에서는 증명책임의 전환도 가능하다는 견해가 있으나 의문이다(이시, 539면). 일반소송과 현대형 소송을 분리해서 양자의 증명방해에 따른 법적 효과를 달리 볼 근거가 명백하지 않기 때문이다. 소위 현대형 소송에서는 원고의 입증이 훨씬 어렵고 증거확보가 힘들다는 것을 감안한 것으로 보이는데 다른 일반소송 역시 유사한 상황은 얼마든지 있다. 현재는 전자통신의 발달과 전자적인 증거의 일반화 등으로 증거의 편재 현상은 어느 특정 부분에 국한된 문제는 아니라고 생각되기 때문이다.

② 증명방해 행위의 유형과 그에 따른 제재의 차별화   i) 증거를 적극적으로 왜곡하거나 증거와 관련된 법원의 명령을 어기는 행위는 법률의 규정 여하를 불문하고 단순한 방해 차원에 머무는 것이 아니라 법관의 자유심증을 침해하고 왜곡하는 것으로서 중대한 위법행위에 해당한다. 따라서 증명책임을 부담하지 않는 증명방해자가 증명책임을 부담하는 상대방의 입증을 어렵게 하기 위해 관련 증거를 은닉하거나 훼손한 경우에는 증명방해자로 하여금 당해 사실과 관련된 증명책임을 부담케 하여 증명책임을 전환시키는 것이 가능하다고 보아야 한다(증명책임 전환설).[1]

ii) 증명책임을 부담하는 당사자가 상대방의 탄핵을 저지하기 위해 증거 등을 왜곡하거나 증거조사 절차에 의도적으로 협력하지 않는 경우에는 달리 볼 필요가 있다. 앞서 본 94다17116 판결에서 원고에 대한 1심에서의 신체감정결과가 신빙성이 없어 항소심 법원이 재감정을 실시하고자 하는데 원고가 이에 협조하지 않는 상황을 가정해 보자.[2] 이 경우 증명책임을 전환하는 것은 아무 의미가 없고 결국 증명방해를 하는 원고 주장을 신뢰할 것이냐 여부의 문제만 남는다. 법원은 원고가 증명책임을 다하지 못한 것으로 평가하여야 할 것이다. 법관은 신체감정결과를 의심하고 있는데 이를 불식시켜야 하는 것은 원고 본인의 책임이기 때문이다. 탄핵하는 상대방 주장을 받아들이는 것이 아니라 증명책임을 부담하는 원고 스스로가 증명을 다하지 못한 것으로 보아야 한다.

iii) 법령상 증거보존의무를 부담하는 자가 과실로 이를 멸실하거나 훼손한 경우에도 위의 예에 따라 그 책임을 부담해야 한다. 예를 들어 의료과오소송을 제기당한 의사가 과실로 진료기록부 일체를 분실하거나 멸실한 경우에는 의사 본인이 아무런 과실이 없었음을 적극 증명해야 하는 부담을 갖게 된다. 의사는 법령상 진료기록 등에 대한 보존의무가 있으므로 이러한 불이익을 감수할 지위에 있다고 할 수 있다. 그러나 이러한 보존의무가 없는 당사자가 과실로 증거방법 등을 멸실하거나 분실한 경우에는 그 증거방법의 증명가능성이나 내용에 따라 법원이 차등해서 그 효과를 결정하는 것이 바람직할 것이다.[3]

iv) 종전의 판례와 학설은 일반적인 증명방해를 인정하면서도 그 제재에 대해서는 일률적인 효과만을 인정하였다. 그러나 증명방해 행위자의 증명책임 유무, 고의 또는 과실에 기인한 증명방해인지 여부에 따라 비난가능성의 정도는 다르며 아울러 각종의 행위 유형이 예

---

1) 예를 들어, 불법행위를 원인으로 한 손해배상청구의 소를 제기한 원고는 피고의 고의·과실을 증명하여야 할 책임이 있으나 피고가 보존의무가 있는 자료나 문서제출명령을 받은 문서 등을 고의적으로 훼손한 것이 밝혀진 경우에는 피고 스스로 고의·과실이 없었음을 증명하도록 해야 한다.

2) 동 사건에서는 어떤 원인으로 재감정이 실시되지 못했는지 밝혀지지 않은 상태이지만 원고의 비협조로 인한 경우를 가정하는 것이다.

3) 독일에서도 과실에 의한 증명방해가 있는 경우 법관의 자유심증의 틀 안에서 적절히 이를 고려하여야 한다는 것이 다수 학설의 입장이다(Rosenberg/Schwab/Gottwald, §115 Ⅱ. Rdnr. 24).

상될 수 있어 제재 효과를 일률적으로 정하는 것은 다소 무리가 따른다. 그러나 문제는 우리 판례가 일률적으로 자유심증설에 입각한 나머지 제재효과의 범주를 너무 축소시키고 있다는 것이다. 증명방해 행위의 유형에 따라서는 얼마든지 증명책임을 전환하거나 증명의 완성을 부인할 수 있어야 한다.[1]

4) 증명방해의 새로운 패러다임으로서의 증거인멸 개념   기존의 증명방해 이론은 재판절차에서 구체적으로 제출이 명해진 문서나 당사자가 법원에 이미 제출한 증거방법을 둘러싼 논의에 치중되었음은 부인하기 어렵다. 그러나 전자문서가 종이문서를 대체하는 경향이 늘어가고 전자소송이 확대되어짐에 따라 재판 전 단계에서의 잠재적인 증거방법에 대한 증거인멸(spoliation)에 관심을 갖게 되었다.[2] 현재 민사소송절차에서 e-discovery를 시행하고 있는 미국에서는 전자문서(혹은 전자정보)를 둘러싼 증거인멸 행위를 어떻게 정의하고 취급할 것인지에 대한 논의가 매우 활발한데[3] 우리에게 적지 않은 시사점을 주고 있다.[4]

(3) 증거계약

1) 의   의   증거계약은 소송상합의의 일종으로서 좁은 의미의 증거계약은 증거방법의 제출에 관한 당사자 간의 합의를 말하지만 넓은 의미로는 판결의 기초가 되는 사실의 확정방법에 관한 당사자간의 합의 일체를 지칭한다. 증거제한계약이 전자에 속한다면 자백계약, 증명책임을 변경하거나 면제하는 등의 증명책임계약, 사실의 확정을 제3자의 판단에 위임하는 중재감정계약 등은 후자에 속한다.[5]

2) 종류와 허용성 여부   변론주의가 적용되는 통상의 민사소송절차에서는 법원에 제출될 증거를 제한하는 증거제한계약이나 일정한 주요사실에 대해 자백한 것으로 합의하는 자백계약 및 증명책임의 귀속을 변경하거나 면제하는 등의 증명책임계약 역시 허용된다. 한편, 당사자들이 일정한 사실에 대한 평가나 판단(중재감정)을 제3자에 맡기고 그 판단에 구속

---

1) 독일 판례 역시 증명방해에 따른 효과를 증명정도의 경감부터 증명책임의 전환까지 차등적으로 인정하고 있음은 매우 시사적이다(Rosenberg/Schwab/Gottwald, §115 Ⅱ. Rdnr. 20 참조). 우리나라에서도 독일 판례이론에 자극을 받아 제재의 차등적 효과(고의·과실의 구분)를 주장하는 견해가 있었다. 나아가 방해유형을 세분하여 제재의 효과를 달리하여야 한다는 소위 방해유형론도 등장하였다(손용근, "민사소송에 있어서 입증방해에 관한 이론과 판례의 검토", 저스티스 29권 3호(1996), 108–109면 참조).

2) 소송절차를 떠나 증거인멸 자체가 독립적인 불법행위 책임의 원인이 될 수 있음을 지적하는 견해(이시, 540면)가 있는데 이는 시의적절한 지적이라고 할 수 있다.

3) 상세한 내용은 이덕훈, "증명방해와 그에 대한 제재에 관한 연구", 법과정책연구 12집 3호(2012. 9), 한국법정책학회, 899면 이하 참조.

4) 종래에도 소송 외에서의 증거보존 의무 유무에 대해서는 논의가 있었으나 실제로 크게 문제되지는 않았다. 하지만 최근 들어 대부분의 문서 등이 전자적으로만 존재한 상태에서 폐기되는 경우가 빈번해 지고 있어 어떤 전자문서를 어떻게, 언제까지, 누가 보관하여야 하는가의 문제가 등장하고 있다. 현실적인 규제를 위해서는 추상적인 논의(신의칙 혹은 협력의무 등)에서 벗어나야 할 때라고 생각된다.

5) 伊藤 眞, 352面.

을 받기로 하는 중재감정계약(상세는 제5편 제4장 제3절 Ⅲ. 4. 참조) 역시 가능하다. 그러나 변론주의하에서도 자유심증주의를 침해하는 증명력(증거력) 계약은 허용되지 않는다. 따라서 특정한 서면증거나 증인의 증언을 진실한 것으로 인정하는 합의 혹은 소명만으로도 권리관계의 존재를 인정하기로 하는 합의[1] 등은 허용되지 않는다.

3) 효　과　증거제한계약의 대상이 된 증거방법을 법원에 제출하는 등 증거신청을 하는 경우 상대방은 동 계약의 존재를 주장, 입증하여야 하며 이것이 인정되면 증거신청은 각하된다.[2] 한편, 자백계약에 반해서 특정 요건사실을 입증하고자 하는 증거신청 역시 같은 방법으로 각하될 수 있다.

제 2 절　증명책임

Ⅰ. 의　의

1. 객관적 증명책임과 주관적 증명책임

(1) 개　념

1) 객관적 증명책임　재판을 하다보면 법관이 당해 사건의 승패를 가늠할 수 없는 진위불명(non liquet)의 상태에 이르게 되는 수가 있다. 즉 원·피고의 주장과 증거, 변론전체의 취지를 종합해 보더라도 어느 쪽의 주장이 진실인지 알 수 없는 경우라고 할 것이다. 원고가 피고를 상대로 대여금반환청구의 소를 제기하여 소송을 진행하고 있는데 피고 작성의 차용증이 없어 돈을 빌려준 사실이 있는지 여부에 대해 법관에게 확신을 주지 못하는 경우가 대표적인 예라고 할 것이다. 이때 법관은 원고에게 대여사실에 대한 증명을 촉구할 것이다. 대여사실은 대여금반환을 구하는 원고에게 유리한 사실이고 청구원인을 구성하는 요건사실이므로 이를 원고가 증명하지 못한다면 원고를 패소시킬 수밖에 없는데 결국 원고는 객관적 증명책임이라고 하는 결과책임을 부담하고 있는 셈이다.

2) 주관적 증명책임　위 사례에서 법원의 촉구를 받은 원고는 돈을 빌려줄 당시 입회하였던 사람을 증인으로 신청하거나 자신의 무통장입금증 등을 증거로 제출할 것이다. 이는 원고가 주관적 증명책임이라고 하는 증거제출책임을 부담하기 때문인데 자신이 이 사실을 증명하지 못하면 진위불명이 되어 결과적으로 패소판결을 받을 위험(객관적 증명책임)을 부담하므로 행위책임으로서의 주관적 증명책임도 부담하게 된다.

3) 증명책임을 부담하지 않는 자의 행위　위 사례에서 대여사실에 대한 아무런 증명

---

1) 서울地判 1996. 6. 13. 94가합30633.
2) 伊藤 眞, 353面에서는 증거능력이 흠결되는 것으로 보고 있다.

책임을 부담하지 않는 피고라 하더라도 변론에서 아무런 행위를 하지 않는 것은 아니다. 피고는 자신이 원고로부터 돈을 빌리지 않았다는 사실을 증명하고자 증인 등을 신청하겠지만 이는 원고의 주장을 탄핵하는 의미를 가질 뿐이며 법관이 대여사실에 대한 심증을 형성하지 못하도록 저지하는 역할을 할 뿐이다. 즉, 증명책임이 없는 자도 자신의 주장이 정당하다는 것을 입증하기 위해 증명활동을 할 수밖에 없지만 이는 어디까지나 대여사실에 대한 법관의 확신 형성을 저지함으로써 요증사실의 존부에 대해 진위불명 상태로 이르게 하는 것이 목표이므로 반증으로 충분하다. 하지만 피고의 노력으로 반대사실(돈을 빌리지 않았다는 사실)이 증명될 수도 있음은 물론이다.

(2) 주관적 증명책임의 필요성

결과책임인 객관적 증명책임의 현실적인 투영이라고 할 수 있는 주관적 증명책임은 변론단계에서 요구되는 당사자의 행위책임이다. 결과책임을 부담하는 당사자는 변론과정에서 적극적인 증명활동이 요구되며 법원도 증명책임을 부담하는 당사자에게 증명을 촉구하게 될 것이다. 따라서 직권탐지주의 하에서는 주관적 증명책임을 논할 여지는 거의 없다. 아울러 양자의 개념은 고정적이고 규범적이므로 양자가 분리되어 결과책임은 원고가, 행위책임은 피고가 지는 상황은 발생하지 않는다. 위 사례에서 원고가 대여사실을 주장하고 관련 증거를 제출했다고 해서 증거 제출책임(주관적 증명책임)이 피고에게 이전되지는 않기 때문이다. 나아가 피고가 반증이나 반대증거를 제출하지 않음에 따라 원고 주장사실의 신빙성이 증가하는 것은 경험칙에 따른 결과일 뿐 이것을 증거부제출에 따른 법적 효과라고 볼 수는 없다. 결국 증명책임이 고정되고 변화되지 않는다면 주관적 증명책임을 별도로 인정할 실익은 크지 않다.[1]

2. 영미의 주장책임과 증명책임

최근 현대형 소송인 의료과오소송[2]이나 제조물책임소송[3] 등에서는 prima facie case나 res ipsa loquitur라는 영미의 증명책임과 관련된 다소 생소한 용어들이 자주 등장하게 된다. 새로운 사회현상을 해결하기 위한 노력의 일환으로 영미 증거법이론이 많이 유입되고 있는

---

[1] 일부 견해에 따르면 증명책임의 소재에 따라 항변과 부인, 본증과 반증이 구분되며 자백의 성부와 누구에게 증명촉구를 할 것인가 등이 결정된다고 하여 주관적 증명책임의 기능을 강조하고 있다(이시, 542면). 그러나 이들 구분의 기준은 여전히 객관적 증명책임의 소재에 따라 결정되는 것이므로 이들을 구분하기 위해 주관적 증명책임 개념이 필요한지는 의문이다.

[2] 노태헌, "의료소송 사건에서의 사실추정칙(Res Ipsa Loquitur)", 대법원 판례해설 제77호(2008), 207면 이하에서는 大判 2008. 7. 24. 2007다80657을 평석하면서 동 판결이 의료소송에서 처음으로 res ipsa loquitur 원칙을 원용하여 피고 병원 의료진의 책임에 관하여 포괄적으로 과실을 추정하였다고 평가하고 있다.

[3] 이규호, "제조물책임소송상 일응의 추정", 민사소송 제6권(2002. 8), 201면 이하에서는 大判 2000. 2. 25. 98다15394 사건이 영미법상 res ipsa loquitur의 법리를 수용한 것으로 일응의 추정의 전형을 보여준다고 평가하고 있다.

데 이들 개념이 기존의 법 개념으로 흡수될 수 있는지 혹은 새로운 개념으로 파악해야 하는 것인지 논란이 적지 않다.

(1) 설득책임과 증거제출책임

미국에서도 주장책임(burden of pleading)과 증명책임(burden of proof)은 일치한다. 그러나 증명책임이라는 용어는 두 가지 의미를 모두 내포한다. 그 하나는 설득책임(burden of persuasion)이고 다른 하나는 증거제출책임(burden of producing evidence, or burden of evidence, or the duty of going forward)이다. 설득책임은 당사자들이 모든 증거제출책임을 다하고 모든 증거들이 법정에 현출된 경우에만 작용하게 되는 결과책임이며 소송 진행 과정에서 책임의 주체가 변경되지 않는다. 반면 증거제출책임은 특정 쟁점에 대한 증거가 제출되지 않았을 때 불리한 판단을 받을 책임을 의미한다.[1] 설득책임을 부담하는 자(대부분 원고)가 일차적으로 관련 증거를 제출할 책임을 부담하는 것은 당연하다. 그런데 만일 원고가 특정 쟁점에 대해 충분한 증거를 제출함으로써 법관이 배심원으로 하여금 이에 대한 진위여부를 판단하도록 허용하는 경우(혹은 prima facie case에 이르는 경우), 상대방인 피고에게 증거제출 책임이 이전되는지 여부는 논란의 여지가 있으나 통상은 제출책임이 이전(shift)된다고 표현한다.[2] 그러나 제출책임이 피고에게 이전된다고 하더라도 설득책임을 부담하는 원고와 달리 피고는 자신에게 불리한 판단이 내려질 수도 있다는 위험(risk)을 부담하는 것에 불과하다. 더구나 피고가 제출책임에 따라 증거를 제출하더라도 이 위험은 지속되며 더구나 아무런 증거를 제출하지 않더라도 원고 제출의 증거들이 설득력이 없는 경우에는 원고의 주장이 배척될 수도 있다.[3] 따라서 엄밀히 본다면 상대방인 피고에게 이전되는 것은 증거를 제출함으로써 절차를 촉진하도록 하는 의무에 불과하다고 할 수 있다. 이런 차원에서 설득책임과 분리된 증거제출책임은 단순히 절차촉진책임(the duty of going forward)이라고 할 수 있을 것이다.

(2) prima facie case와 res ipsa loquitur

독일법상의 표현증명(prima facie Beweis 혹은 Anscheinsbeweis)[4]과 대비되는 것으로 흔히 영미법상의 prima facie case(at first face case)와 res ipsa loquitur(the thing speaks for itself)가 거론된다.[5] 사실추정법칙(res ipsa loquitur/the thing speaks for itself)은 원래 영미의 불법행위법에서 인

---

1) John W. Strong, McCormick on Evidence(5th Ed. 1999), Vol. 2. p. 409.

2) John W. Strong, McCormick on Evidence(5th Ed. 1999), Vol. 2. p. 419; 31A C.J.S. Evidence §199.

3) John W. Strong, McCormick on Evidence(5th Ed. 1999), Vol. 2. p. 419.

4) 종래에는 표현증명을 "일응의 추정"이라는 표현으로 사용한 경우가 많았다. 그러나 우선, 일응이라는 표현 자체가 일본어에서 유래된 점, 그리고 독일어 원어 Beweis를 추정이라고 번역한 것은 오류라는 지적이 있다(호, 514면). 가급적 표현증명이라는 용어로 통일해서 사용하는 것이 바람직하다.

5) 오대성, "의료과오소송에 있어서 표현증명에 관한 고찰-판례를 중심으로-", 조선대학교 법학논총 4집(1998), 164면 이하에서 두 개념을 상세히 논하고 있다.

정되던 사실추정법칙으로서 말 그대로 행위 상황 자체가 스스로 말을 하는 것과 같아 과실의 존재에 대해 더 이상의 설명이 필요 없을 정도라는 것이다. 즉, ① 손해가 누군가의 과실이 없이는 통상 발생할 수 없고, ② 그 손해가 피고의 배타적 지배하에 있는 어떤 사람 또는 시설에 의해서 발생된 것이고, ③ 그리고 여기에 원고의 행위 또는 기여과실(contributory negligence)이 존재하지 않을 때는 그 손해에 대한 피고의 과실을 인정한다는 것이다.1) 한편, 표현증명(prima facie case)은 통상 두 가지의 의미로 사용되는데 그 하나는 단지 어떤 증거가 배심원에게 현출될 수 있는 정도에 이른 것을 의미한다. 즉, 당해 증거가 요증사실을 증명하는 데 관련성이 있고 진정한 것이므로 본안심리에 현출될 수 있는 자격이 있다는 의미로 사용된다. 다른 하나는 증명된 정도가 보다 강한 것으로서 증거의 제출책임을 상대방에게 이전할 수 있는 정도에 이른 것을 의미한다.2) 즉 단순히 본안에 제출될 수 있는 자격(배심원에게 현출될 수 있는 자격)을 넘어 합리적인 사실상의 추론(reasonable inference)을 통해 요증사실을 인정할 수 있는 정도에 이른 것을 의미한다.

Ⅱ. 증명책임의 분배

요증사실에 대한 객관적 증명책임을 누구에게 부담시킬 것인가에 대한 논의는 법제에 따라 다른 접근을 해왔다. 대륙법계 그 중에서도 독일에서는 당사자가 자신에게 유리한 법규범의 요건사실을 증명해야 한다는 소위 법률요건분류설이 지배적인 견해가 되었다. 그러나 미국에서는 우선적으로 주장책임에 주목한다. 즉 주장책임을 부담하는 자가 일반적으로 증명책임을 부담하는 점에 착안하고 있지만 결국 이것으로는 충분하지 못함을 인정하고 다양하고 복합적인 여러 요소에 대한 고려가 증명책임을 분배하는 기준으로 작용할 수밖에 없다는 점을 인정하고 있다.3) 우리의 경우도 법률요건분류설을 근간으로 하고 있으나 소송의 유형에 따라 혹은 편의와 공평, 정책적 견지에서 증명책임을 전환하거나 완화하고 있다.

---

1) 오대성, 전게논문, 164면.
2) McCormick on Evidence, p. 44. fn. 4.
3) McCormick, on Evidence, p. 415에서는 현재의 상황을 변화시키고자 하는 당사자에게 증명책임을 부담시키는 것이 자연적인 성향임을 인정하면서도 정책적인 고려, 편의, 공평, 가능성에 대한 법적 평가 등도 증명책임의 부담자를 결정하는 요소라고 기술하고 있다.

1. 법률요건분류설

(1) 권리근거규정의 요건사실

당사자는 자신에게 유리한 적용법규의 요건사실(주요사실)에 대한 증명책임을 부담한다. 따라서 권리의 존재를 주장하는 원고는 권리근거규정의 요건사실(권리발생사실)을 증명하여야 한다. 따라서 대여금반환청구의 소를 제기한 원고는 민법 제598조가 규정하는 빌려주고 돌려받기로 한 약정사실을 주장하여야 할 뿐 아니라 이에 대한 증명책임을 부담한다. 아울러 불법행위를 원인으로 한 손해배상청구의 소를 제기한 원고는 민법 제750조가 규정하는 상대방의 고의 · 과실, 손해의 발생, 양자 간의 인과관계를 주장하고 증명하여야 한다. 한편, 권리발생사실은 통상 원고가 증명책임을 부담하지만 소극적 확인소송이나 청구이의의 소, 배당이의의 소 등에서는 원고가 오히려 권리의 부존재 사실(권리장애 · 권리소멸 · 권리저지 사실 등)을 증명해야 한다.

(2) 반대규정의 요건사실

권리의 존재를 다투는 상대방은 자기에게 유리한 반대규정의 요건사실(통상적으로는 항변사실)을 증명할 책임을 부담한다. 예를 들어 매매를 원인으로 한 소유권이전등기청구의 소를 제기한 원고는 권리근거규정인 민법 제563조에 따라 그 요건사실인 매매계약 체결사실을 주장하고 이를 증명하면 족하다. 이때 이를 다투는 상대방은 매매계약이 통정허위표시에 의해 체결되었다(권리장애사실), 혹은 계약이 해제되었다(권리소멸사실), 혹은 매매대금의 지급이 이루어지지 않아 이전등기를 해 줄 수 없다(권리저지사실)는 등의 반대규정의 요건사실을 주장하는 항변이 가능하다. 이러한 사실들은 피고가 자신에게 유리한 법적 효과를 의도하는 것이므로 당해 법 규정(반대규정)의 요건사실(통정허위표시, 계약해제, 동시이행항변권 발생에 필요한 사실 등)을 증명할 책임이 있다. 그러나 매매계약을 체결한 바 없다는 등의 피고 주장은 원고 주장과 다른 별도의 법적 효과를 의도하는 것이 아니라 단순히 원고주장을 부인하는 것에 그치므로 증명책임을 부담하게 되지는 않는다. 따라서 피고가 매매계약이 존재하지 않는다는 주장을 뒷받침하기 위해 증인을 신청하거나 다른 물증을 제출하는 것은 원고에게 유리한 심증이 형성되는 것을 방해하는 행위에 해당한다.

(3) 직권조사사항

소송요건과 같은 직권조사사항에 대해서도 그 존부가 불분명한 경우에는 증명책임의 법리가 적용되어 본안판결을 받는 것 자체가 원고에게 유리하므로 소송요건에 대한 증명책임은 원고에게 있다는 것이 판례의 입장이고[1] 학설 역시 동일한 입장이다(이시, 544면; 호, 530면; 김홍, 701면). 그러나 엄밀하게 본다면 소송요건은 소의 적법요건이므로 그 존부확정의 책임은

---

[1] 大判 1997. 7. 25. 96다39301; 大判 2021. 10. 28. 2019두60714.

1차적으로 법원에게 귀속한다. 소송요건을 구성하는 사실의 존부에 대하여 진위불명의 상태가 일어나지 않도록 하는 것이 법원의 임무라고 할 수 있다. 따라서 이를 증명책임의 대상으로 보는 것은 부적절하다고 판단되므로 법원은 소송요건의 존부를 확정하는 데 최선을 다하여 어느 쪽으로든 심증형성을 해야 할 의무가 있다고 보아야 한다. 다만 소송요건 중에는 피고의 항변이 있어야만 판단이 가능한 것이 있는데(관할위반 여부나 중재합의의 존재 등) 이 경우도 그 존부 확정의 책임은 법원이 부담하여야 한다(반대 견해로는 호, 530-531면 참조).

2. 기타 학설과 한계

(1) 법률요건분류설은 입법자의 합리적인 증명책임의 분배가 전제되는 경우에만 형평과 정의 관념에 부합할 수 있다. 그러나 민사소송의 이상인 공평과 경제라는 측면에서 분배원칙을 수정해야 할 필요성이 발생하게 된다. 특히 증거가 편재될 수 있는 소송형태(제조물책임소송이나 공해소송, 의료과오소송 등)인 경우 혹은 당사자의 증거수집 방법이 정비되어 있지 않은 소송법 하에서는 법규범에 따른 증명책임 분배 원칙을 고수하는 것은 자칫 당사자 간의 심각한 불균형을 초래할 수 있다. 이러한 불합리한 결과를 시정하기 위한 노력으로서 개연성설, 위험영역설이나 증거거리설 등이 독일과 일본 등지에서 발흥하게 되었다.

(2) 위험영역설은 요증사실이 어느 당사자의 영역에서 발생한 것이냐에 따라 증명책임을 분배하는 이론이다. 따라서 제조물책임소송이나 공해소송 등 소위 현대형 소송에서는 법률요건분류설이 갖지 못하는 장점을 갖게 된다. 그러나 일반이론으로서 갖추어야 하는 보편성을 갖추지 못하고 있어 분배이론으로 삼기에는 부족하다고 판단된다(호, 534면). 증거거리설은 이익형량을 가장 중요시하는 이론으로서 증거수집의 용이성, 증명의 난이 등을 종합적으로 고려하여 증명책임을 분배하려는 이론이다. 한편 개연성설은 새로운 증명책임의 분배원칙이 아니라 주로 공해소송에서 원고의 증명책임의 정도를 완화해주기 위한 이론으로 평가될 수 있어[1] 위험영역설이나 증거거리설과는 약간 차원을 달리한다. 즉 증명책임의 분배이론이 아니라 증명도의 완화라고 보는 것이 타당하기 때문이다.

(3) 법률요건분류설(규범설)이 갖는 한계는 실정법의 한계에서 비롯되는 것이다. 규범설의 단점은 구체적인 사건의 성질을 파악하지 않는 일반성에 기인하는 것이므로 구체적인 사건에 따른 미세조정이 필요하다. 미세조정의 도구로서는 증거에 대한 접근성이나 형평성 등 제반의 이해관계를 종합적으로 고려하는 것이 필요하다. 나아가 증거수집수단의 확충을 통해

---

[1] 우리나라에서 공해소송의 효시는 大判 1973. 5. 22. 71다2016을 든다(구연창, "우리나라의 공해판결", 환경법연구 제2권(1980), 157면 이하). 그러나 공해소송에서 개연성설을 최초로 취급한 대법원 판결로는 大判 1973. 11. 27. 73다919 사건이 대표적으로 언급된다(구연창, 전게논문, 168면). 이 사건에서 대법원은 공해사건에서 증명책임의 법리를 특수하게 취급할 이유는 없다고 하면서 하급심이 인정한 개연성이론을 받아들이지 않았으나 大判 1974. 12. 10. 72다1774 사건에서 처음으로 개연성이론을 받아들이고 있다.

문제를 해결하는 노력도 절실하게 필요하다.

Ⅲ. 원칙의 수정

1. 증명책임의 전환

(1) 법 규정에 의한 전환

1) 법 규정을 통한 직접적인 전환　　① 법률요건분류설에 따른 원칙을 고수하는 경우 사건의 종류나 성질에 따라 불합리한 결과를 초래하는 경우가 있어 일정한 경우에는 증명책임을 아예 상대방에게 전환하는 법 규정이 존재한다. 예를 들어 불법행위를 원인으로 한 손해배상청구소송에서 과실의 존재는 피해자인 원고가 증명책임을 부담하지만(민 750조) 공작물이나 동물의 점유자는 자신의 주의의무를 해태하지 않았음을 증명하여야 한다(민 758, 759조). 이외에도 제조물책임법 제4조 제1항, 자동차손해배상보장법 제3조 등에서는 기본적으로 제조자나 자동차 운행자는 자신의 과실 없음을 증명하여야 하지만 증명책임을 전환하거나 완화하는 구체적인 방법은 약간씩 상이하다.

　　② 자기를 위하여 자동차를 운행하는 자(통상 소유자)는 운행으로 인해 발생한 사고에 대해 전적으로 무과실책임을 부담하므로(자보 3조 본문) 운행으로 인한 피해자는 교통사고 발생만을 주장, 입증하는 것으로 충분하다.[1] 따라서 소유자는 운전자의 무과실, 피해자의 고의로 인한 사망 혹은 부상, 구조상의 결함 등을 증명하여야만 책임을 면할 수 있다(자보 3조 1호, 2호). 반면 제조물책임의 경우는 약간 그 구조가 상이하다. 우선, 제조업자는 제조물의 결함으로 생명·신체 또는 재산에 손해를 입은 자에게 그 손해를 배상하여야 하지만[2] 제조물의 결함 유무에 대해서는 일단 피해자가 일정 사실(정상사용 상태에서의 손해발생, 제조업자 지배영역에서의 원인 발생, 비통상적인 사고 등)을 증명하여야 한다(제조 3조의2 1호 내지 3호). 피해자의 이러한 증명이 있으면 제조물의 결함과 손해 및 그 인과관계의 존재를 추정하게 되는데(제조 3조의2 본문) 손해의 발생과 경로 등을 세분화해서 나름 기초적이고 증명이 손쉬운 일정부분만 피해자로 하여금 증명하게 하고 나머지 기술적이고 어려운 부분은 제조업자가 증명하도록 배려한 것으로 판단된다.

　　2) 법률상의 추정을 통한 간접적인 전환　　① 법 규정에서 어떤 전제 사실의 존재를 통

---

1) 특허법 제130조, 개인정보보호법 제39조, 하도급거래공정화에 관한 법률 제35조 등에서도 특허권을 침해한 자, 개인정보처리자, 원사업자 등이 자신의 면책사유를 스스로 증명해야만 하는 구조를 취하고 있다.

2) 제조물책임이란 제조물에 통상적으로 기대되는 안전성을 결여한 결함으로 인하여 생명·신체나 제조물 그 자체 외의 다른 재산에 손해가 발생한 경우에 제조업자 등에게 지우는 손해배상책임이다. 따라서 제조물에 상품적합성이 결여되어 제조물 그 자체에 발생한 손해는 하자담보책임으로서 그 배상을 구하여야 한다(大判 2000. 7. 28. 98다35525; 大判 2019. 1. 17. 2017다1448).

해 일정한 권리나 사실(추정사실)을 추정하는 경우가 있는데 이를 법률상 추정이라고 한다. 추정
되는 내용에 따라 법률상 권리추정과 사실추정으로 구분된다. 법률상 권리추정으로는 점유자의
권리는 적법한 것으로 추정하는 규정(민 200조)을, 법률상 사실추정으로는 전후 양시의 점유를 통
해 그 기간 동안의 점유가 계속되었음을 추정하는 규정(민 198조)을 각각 대표적으로 들 수 있다.

　　② 법률상의 추정 규정이 있다고 해서 증명책임이 완전하게 상대방에게 이전되는 것은
아니다. 다만, 증명책임을 부담하는 자는 추정사실을 어렵게 증명하기보다는 보다 용이한 전
제사실의 증명을 통해 추정사실을 우회적으로 증명할 수 있게 된다. 예를 들어, 점유기간 내
내 중단 없이 점유한 사실을 증명하고자 할 경우 현행법 하에서는 전후 양 시점의 점유만을
증명하는 것으로 전후 양시의 점유 계속 사실을 증명할 수 있다(이 점에서는 증명 대상의 변화에
따른 증명책임의 완화 내지 간접적인 전환). 이에 따라 상대방은 추정사실이 존재하지 않는다는 점
을 증명하여야 하는데 이러한 점에서 증명책임이 상대방에게 전환되는 효과가 있다. 그러나
이러한 법률상의 추정을 통한 증명책임의 전환은 법 규정의 직접적인 전환과는 달리 일단
전제사실에 대한 증명이 요구되므로 완전한 의미의 전환이라고 할 수는 없으며 따라서 법률
상 추정을 통한 증명책임의 전환을 증명책임의 완화로 취급하는 견해가 있다(이시, 549면). 한
편 상대방은 추정되는 사실이나 권리가 아니라 전제사실의 부존재를 주장함으로써 추정자체
를 일어나지 않게 할 수 있는데 이때 전제사실에 대한 부존재의 증명은 반증으로 족하지만
추정사실에 대해서는 반증으로는 부족하고 반대사실의 증거를 통해 본증으로 증명하여야 한
다(호, 518-519면).

3) 유사추정(類似推定)　　　추정은 전제사실의 존재를 통해 사실이나 권리가 추정되는
구조를 갖고 있다. 그러나 추정이라는 용어를 사용하지만 본래의 추정과는 다른 유사추정이
존재한다.

　　① 잠정적 진실　　　아무런 전제사실이 없는 무조건적인 추정을 하는 경우가 있다. 점
유자의 점유는 소유의 의사, 선의, 평온 및 공연한 점유라는 추정 규정(민 197조 1항)은 아무런
전제사실을 요구하지 않고 단순히 점유 그 자체에 일정한 추정을 하고 있어 민법 제200조가
규정하는 법률상 추정과는 형식적인 측면에서 상이하다. 이를 잠정적 진실이라고도 하는데
(상 47조 2항; 어음 29조 1항 등) 이 역시 증명책임의 소재를 나타내는 절차적인 규정에 불과하다.
결국, 상대방은 점유로부터 추정되는 사실을 다투기 위해서는 점유자의 점유가 타주점유임을
증명하여야 하므로 증명책임의 전환 현상이 일어나는데1) 따라서 효과 측면에서는 법률상 추

---

1) 大判(全) 1997. 8. 21. 95다28625에서는 악의의 무단점유가 입증된 경우 자주점유의 추정은 깨진다고 보았
　고, 점유자가 진정한 소유자라면 통상 취하지 아니할 태도를 나타내거나 소유자라면 당연히 취했을 것으로
　보이는 행동을 취하지 아니한 경우 등 외형적·객관적으로 보아 점유자가 타인의 소유권을 배척하고 점유할
　의사를 갖고 있지 아니하였던 것이라고 볼 만한 사정이 증명된 경우에도 그 추정은 깨어진다고 보았다(大判
　2007. 4. 13. 2006다22944).

정과 대동소이하다.[1]

② 의사추정과 증거법칙적 추정   기한은 채무자의 이익을 위한 것으로 추정하는 민법 규정(민 153조 1항)은 사실상의 추정이 아니라 법률행위의 해석규정이므로 의사추정이라고 한다. 한편, 실체법상의 요건사실과는 달리 자유심증에 대한 예외를 규정하고 있는 경우가 있는데 문서의 진정추정 규정(356, 358조)이 그것이며 이를 증거법칙적 추정이라고 한다. 법 규정에 의한 추정이지만 요건사실과는 무관한 소송법상의 추정이므로 증명책임의 전환은 일어나지 않는다. 따라서 상대방은 반증으로써 진정추정을 복멸할 수 있다(반대견해 있음).

(2) 해석론에 의한 전환

증명책임이 해석을 통해 전환될 수 있는가의 문제에 대해서는 견해가 대립하고 있으나 입법적 결단이 없는 상태에서 증명책임을 상대방에게 전환하는 것은 부적절하다. 그럼에도 불구하고 우리 판례는 등기명의자에게 권리추정력을 인정함으로써 그 상대방이 무효사유를 증명하지 않는 한 등기원인 사실에 대한 입증이 부족하다는 이유로 등기를 무효라고 단정할 수 없다는 입장이다.[2] 더욱이 판례는 주주명부에 기재된 자를 주주로 추정하고 있어 이를 부인하는 상대방 측에서 입증할 것을 요구하고 있다.[3] 이러한 판례 입장이라면 자동차등록원부나 각종 지적공부에 기재된 내용에 대해서도 권리추정을 인정하여야 한다는 결론에 이르게 되는데 입법적 결단 없이 해석론으로 권리추정을 확대해서 인정하는 것은 법 규범이 가져야 하는 예측가능성을 훼손하는 것이라고 판단된다.

2. 증명책임의 완화

(1) 표현증명 그리고 간접반증(제3장 제1절 Ⅲ. 참조)

(2) 공해소송에서의 개연성설과 신개연성설

1) 산업화의 진전에 따라 공해로 인한 피해가 증대되는 반면 가해자의 과실과 손해 간의 인과관계를 증명하는 것은 매우 어려운 일로 대두됨에 따라 이를 해결하기 위한 여러 견해가 등장하게 되었다. 일본에서 발흥된 개연성이론은 인과관계의 증명정도를 낮춤으로써(고

---

1) 大判 2022. 5. 12. 2019다249428에 따르면 점유자의 점유가 소유의 의사가 있는 자주점유인지 여부는 점유 취득의 원인이 된 권원의 성질이나 점유와 관계가 있는 모든 사정에 의하여 외형적, 객관적으로 결정되며 따라서 점유자가 성질상 소유의 의사가 없는 것으로 보이는 권원에 바탕을 두고 점유를 취득한 사실이 증명되었거나, 점유자가 타인의 소유권을 배제하여 자기의 소유물처럼 배타적 지배를 행사하는 의사를 가지고 점유하는 것으로 볼 수 없는 객관적 사정, 즉 점유자가 진정한 소유자라면 통상 취하지 아니할 태도를 나타내거나 소유자라면 당연히 취했을 것으로 보이는 행동을 취하지 아니한 경우 등 외형적, 객관적으로 보아 점유자가 타인의 소유권을 배척하고 점유할 의사를 갖고 있지 아니하였던 것이라고 볼만한 사정이 증명된 경우에도 그 추정은 깨어진다고 한다.
2) 大判 1979. 6. 26. 79다741.
3) 大判 1985. 3. 26. 84다카2082; 大判 2010. 3. 11. 2007다51505 등 참조.

도의 확실성이나 개연성에서 상당한 정도의 개연성으로) 원고의 증명책임을 완화시켜 주고자 한 학설
이었으나 그 이론적 근거가 미흡하여 많은 비판을 받게 되었다.1)

　　2) 다소 모호한 개연성설의 내용을 소송법적으로 구체화하고 분석적으로 접근하기 위
해 기존의 간접반증이론을 도입하는 견해가 출현하였는데 이를 통상 신개연성설이라고 한
다. 신개연성설의 핵심은 공해소송의 인과관계의 고리를 몇 개의 주요사실로 나누고(원인물
질의 발생 → 배출 → 확산 → 피해자에의 도달→ 손해의 발생) 이 중 일부를 원고가 증명하되 그 연결
고리는 경험칙을 통한 사실상의 추정을 통해 증명책임을 완화하고자 한 것이다. 따라서 피고
는 원인물질이 유해하지 않거나 배출된 사실이 없음을 증명해야 한다.2) 즉 증명주제 중 일
부를 피고에게 분담하게 하고 원고의 증명도를 사실상의 추정을 통해 완화함으로써 개연성
이론의 모호성을 극복하고자 한 것이다.

　　3) 우리 판례는 공해소송에서 기본적으로 개연성 이론을 취하고 있는 것으로 평가되고
있다.3) 그 뒤에 선고된 大判 1984. 6. 12. 81다558(소위 진해화학 사건)에 대해서는 개연성설의
범주를 벗어나지 않는다는 견해(호, 502면)와 간접반증이론에 입각한 증명책임의 분배라고 하
는 새로운 입장이라는 견해(이시, 537면)가 대립하고 있다.4) 중요한 것은 동 판결이 예전의 판
례들과 달리 원고와 피고가 주장·입증, 혹은 반증하여야 할 사항들을 구체적으로 명시했다
는 점이다. 그러나 대법원은 신개연성설과는 달리 여전히 원고로 하여금 유해물질의 배출 사
실, 통상의 참을 한도를 넘는 유해정도, 유해물질의 도달, 피해자의 손해 발생과 같은 모든
과정을 증명할 것을 요구하고 있다는 비판이 있다.5)

　　4) 개연성설이나 신개연성설은 환경소송에서 어떤 가해행위로부터 손해라는 결과발생에
이르는 과정을 보다 정밀하게 세분화해서 피해자가 부담하는 증명책임의 내용과 정도를 완
화해주는 데 큰 기여를 해왔다고 평가된다. 특히, 판례가 신개연성설의 입장에서 증명의 대
상과 피고의 반증 대상을 구분해서 제시하고자 하는 노력은 높이 평가할만하다.6) 다만, 오염

---

1) 임치용, "환경소송에서의 인과관계와 입증책임", 재판자료(94집), 84-85면 참조. 일본에서는 개연성설의
　근거를 사실상의 추정이론이나 영미의 증거우월이론에서 찾으려고 했다.
2) 이 부분에 대해서도 일본의 학자 간에 견해의 대립(천경송, "공해소송에 있어서의 인과관계의 입증", 사법
　논집 8집(1977), 134면 이하 참조)이 있으나 대강의 과정은 동일하다.
3) 大判 1974. 12. 10. 72다1774 판결을 그 효시로 드는 것이 보통이다.
4) 이용우, "공해소송에 있어서의 판례동향", 사법행정 291호(1985), 41-42면에 따르면 이 판결의 설시 내용
　이 일본의 신개연성설(특히 淡路剛久 교수)의 영향을 받았음을 알 수 있다. 동 논문의 필자는 이 판결을 선고
　한 대법관 중 1인이었기 때문이다.
5) 임치용, 전게논문, 103-104면 참조. 대법원의 이러한 경향은 大判 2004. 11. 26. 2003다2123을 거쳐 大判 2013.
　7. 25. 2012다34757; 大判 2013. 10. 24. 2013다10383; 大判 2019. 4. 23. 2018다237428; 大判 2020. 6. 25. 2019
　다292026,292033,292040 등에도 동일하게 이어지고 있다. 다만 수인한도를 판결이유에서 언급하게 된 것은
　2013다10383 사건 이후로 판단된다. 그렇다고 해서 그 이전 판결들과 크게 다른 입장이라고 생각되지는 않는다.
6) 예를 들어, 大判 2012. 1. 12. 2009다84608,84615,84622,84639 사건에서 "수질오염으로 인한 공해소송인 이
　사건에 있어서 피고가 그 운영의 수도권매립지로부터 유해한 오염물질이 포함된 침출처리수를 배출하고, 그

물질의 도달로 인한 피해나 손해의 발생을 원고가 어느 정도까지 증명하여야 할 것인지에 대한 구체적인 기준 제시는 아직 미흡한 실정이다. 즉, 피고가 배출하는 오염물질의 피해지역의 도달까지만 원고가 입증하면 충분한 것인지 그로 인한 최소한의 피해(예를 들면 어획량의 감소 등)까지 증명하여야 하는 것인지 분명한 기준제시가 필요하다.

(3) 의료과오소송

1) 의료과오소송에서는 의사의 치료행위에 대한 과실 입증이 가장 문제된다. 치료행위는 환자의 신체에 대한 침해행위를 동반하지만 이는 치료목적의 침해행위로서 정당성이 인정된다. 그러나 통상적인 의료과정에서는 예상할 수 없는 결과가 발생한 경우 일반인으로서는 고도의 전문지식이 요구되는 의료상의 과실을 증명하기는 쉽지 않을 뿐 아니라 당해 과실과 손해 간의 인과관계를 밝히는 것은 더더욱 어려우므로 그 책임을 경감할 필요성이 발생한다. 종전 판례[1]는 피해자에게 일반인의 상식수준에서 의료상의 과실이 존재하는 것을 입증하도록 요구하고 인과관계의 증명 역시 치료행위와 결과 사이에 의료행위 외에 원인이 개입될 가능성이 없다는 소극적인 증명을 통해 인과관계를 추정해 왔다. 이 경우 가해자인 의사는 자신의 무과실을 증명해야 하는 것은 아니며[2] 다만, 원고 주장의 과실이 존재하지 않았음을 반증으로 증명하거나 환자의 사망이나 손해가 전혀 다른 원인에 기인한 것이라는 것을 간접반증의 방법(본증에 해당)으로 증명함으로써 책임을 면할 수 있게 된다.

2) 위에서 본 93다52402 판결이 의료과오 사건의 확립된 선례로서 언급되어 왔으나[3] 일반인의 상식에 바탕을 둔 의료상의 과실이라고 하는 것이 매우 모호하다는 점과 실무의 상황을 잘 반영하지 못한다는 지적이 있었다.[4] 그리하여 최근에는 피해자가 의료행위 당시 임상의학 분야에서 실천되고 있는 의료수준에서 통상의 의료인에게 요구되는 주의의무의 위반, 즉 진료상 과실로 평가되는 행위의 존재를 증명하고, 그 과실이 환자 측의 손해를 발생시킬 개연성이 있다는 점을 증명한 경우에는, 진료상 과실과 손해 사이의 인과관계를 추정할 수 있다는 판시 내용으로 발전하였다. 한편 손해 발생의 개연성은 자연과학적, 의학적 측면

오염물질이 원고들이 조업하는 어장에 도달하였으며, 그 이후에 이 사건 어장이 오염되어 어획량이 감소하는 등의 피해가 발생한 사실이 각 모순 없이 증명되면 피고의 침출처리수 배출과 이 사건 어장에서 발생한 피해 사이의 인과관계가 일응 증명되었다고 할 것이므로, 피고가 반증으로 피고가 배출한 침출처리수에는 해양생물에 악영향을 끼칠 수 있는 원인물질이 들어 있지 않거나, 원인물질이 들어 있다고 하더라도 안전농도 범위 내에 속한다는 사실을 증명하거나, 간접반증으로 원고들이 입은 피해는 피고가 배출한 침출처리수가 아닌 다른 원인이 전적으로 작용하여 발생한 것을 증명하지 못하는 이상 피고는 그 책임을 면할 수 없다고 할 것이다"라고 판시하여 원·피고의 증명대상과 그 정도를 구분해서 제시하고자 함을 알 수 있다.

1) 大判 1995. 2. 10. 93다52402.

2) 大判 2003. 11. 27. 2001다20127; 大判 2019. 2. 14. 2017다203763.

3) 大判 2018. 11. 29. 2016다266606,266613을 비롯한 여러 판결에서 언급한 바 있다.

4) 박영호, "의료과실소송에 있어서 과실과 인과관계의 입증과 그 방법", 저스티스 77호(2004), 90면 이하; 문현호, "의료과오 사건에서 인과관계 증명에 관한 최신 대법원 판결", 의료법학 24권 4호(2023), 22면 참조.

에서 의심이 없을 정도로 증명될 필요는 없으나, 해당 과실과 손해 사이의 인과관계를 인정하는 것이 의학적 원리 등에 부합하지 않거나 해당 과실이 손해를 발생시킬 막연한 가능성이 있는 정도에 그치는 경우에는 증명되었다고 볼 수 없다고 한다.[1]

3) 2022다219427 판결에서 보여준 판시 내용의 변화가 의료과실에 대한 증명책임에 있어 구체적으로 어떤 변화를 얼마만큼 초래할 것인지는 명확하지 않다. 다만 과실판단의 눈높이를 일반인의 상식 수준에서 통상의 의료인의 수준으로 격상한 점은 피해자의 과실 입증을 보다 더 어렵게 할 가능성이 있다는 점에서 우려된다. 한편, 93다52402 판결에서는 다른 원인의 개입가능성의 부존재를 통해 인과관계를 추정했으나 이번 판결에서는 합리적 의심을 잠재울 수 있는 정도와 막연한 가능성 사이에 위치 지울 수 있는 개연성이라는 기준을 제시한 것[2]은 나름의 의미가 있다고 생각된다. 다른 원인의 개입가능성 여부는 개연성을 판단하는 하나의 요소에 불과하다고 생각되기 때문이다.

(4) 조세소송에서의 증명(입증)의 필요

조세소송에서 조세부과처분의 적법성에 대한 증명책임은 과세관청인 피고에게 있지만 과세관청이 특정 사실에 대해 상당한 정도로 증명을 한 경우, 입증의 난이도 내지 당사자의 형평을 고려하여 납세자에게 증명의 필요를 돌릴 수 있다는 것이 판례의 입장이다.[3] 예를 들어, 법인세 부과처분의 적법성 여부를 판단함에 있어 과세관청이 납세의무자가 신고한 어느 비용의 용도와 그 지급의 상대방이 허위임을 상당한 정도로 입증하였다면 소득금액을 산정함에 있어서 공제하여야 할 손비의 구체적인 항목에 관한 입증은 그 입증의 난이라든가 당사자의 형평 등을 고려하여 납세의무자에게 그 입증의 필요를 돌릴 수 있다는 것이다.[4] 이러한 증명의 필요 개념을 주관적 증명책임과 동일한 의미로 해석할 수도 있지만 이는 조세소송의 특수성을 반영한 증명책임의 완화 방안으로 평가함이 타당하다.

---

1) 大判 2023. 8. 31. 2022다219427 참조.

2) 大判 2023. 8. 31. 2022다219427 민사사건에서는 문제된 해당 의사의 과실이 인정되었으나 동일한 해당 의사 대한 형사사건에 대해 동일 재판부는 무죄 취지로 같은 날 파기환송을 하였다(大判 2023. 8. 31. 2021도 1833).

3) 일부 판례(大判 1995. 7. 14. 94누3407)는 이 경우 납세자에게 증명책임이 전환된다는 표현을 사용하기도 하여 혼선을 빚고 있다.

4) 大判 1999. 1. 15. 97누15463; 大判 2015. 6. 23. 2012두7776(종합소득세 부과처분에 있어 공제되어야 할 필요경비의 내역 등).

제 4 장　증거조사

　　재판은 공개된 법정에서 시행하는 것이 원칙이다(헌 109조, 법조 56조 1항, 57조). 증거조사는 합의부 법관이 모두 출석한 가운데 법정에서 시행되는 것이 원칙이며 변론기일에 변론과 증거조사가 함께 이루어진다(결합주의, 297조의 반대해석). 증거조사는 증거신청권을 갖는 당사자의 증거신청으로 시작되어 법원의 증거채부결정을 거쳐 증거조사로 마무리된다. 법관은 증거조사결과와 변론전체의 취지를 토대로 자유로운 심증형성을 하게 되는데(202조) 만일 증명책임을 부담하는 당사자가 법관에게 확신을 심어주지 못하면 증명책임의 법리에 따라 패소의 불이익을 입게 된다.

제 1 절　증거수집과 증거조사

Ⅰ. 개　　념

　　절차적 기본권인 재판청구권(헌 27조)으로부터 당사자의 절차참여권이 도출되며 절차참여권은 변론권과 증명권으로 구성된다. 종래의 증명권[1]은 증거조사단계에서의 당사자의 권리보호에 초점이 맞추어져 있었다. 그러나 최근 들어 기업관련 사건이 증가하고 거래관계가 복잡해졌을 뿐 아니라 집단적인 분쟁이 증가함에 따라 증거의 편재는 물론 관련 증거의 내용과 소재를 정확히 파악하는 것조차 어려운 경우가 빈번해졌다. 따라서 현행법은 당사자의 증거수집을 위한 제도적 장치를 마련하고 사건관리를 통한 집중심리의 활성화를 도모하고 있다. 이는 영미의 증거개시(discovery)제도와는 비견될 수 없지만 우리 나름의 증거수집제도를 마련함으로써 절차의 효율성과 적정성을 제고하고 있는 점에서 주목된다.

---

1) 종래부터 증거에 대한 당사자의 권리를 증명권으로 파악하는 견해가 있었으며(정동윤, "증거에 관한 당사자권－이른바 증명권에 관하여", 고려대학교 법학논집 24권(1986), 105면 이하), 증명권에는 증거신청·제출권, 증거보전신청권, 증거조사에의 참여권, 증거수집에의 협력요구권을 포함되는 것으로 파악하였다(이시, 478면).

II. 증거수집 및 제출

사건관리를 통한 절차의 효율성 극대화와 구조개혁에 따른 집중주의의 실현을 위해서는 당사자가 소지한 증거방법을 조기에 현출시키는 것이 중요하지만 청구와 관련된 중요한 증거가 상대방이나 제3자에게 있다는 것이 경험칙상 인정될 경우 이러한 증거를 효율적으로 수집할 수 있는 절차적 도구를 마련하는 것이 더욱 중요하다. 현대에 들어 각종 소송에서 증거의 편재현상이 더욱 두드러지고 있을 뿐 아니라 전자적인 형태의 증거방법이 증가하고 있어 이에 대한 조작이나 은폐, 훼손 등이 과거 어느 때보다 훨씬 용이해졌기 때문이다.

1. 증거수집권

현행법은 준비서면에 자신의 증거방법과 상대방의 증거방법에 대한 의견을 함께 적도록 요구함으로써(274조 2항) 증거에 대한 조기 현출을 유도하고 있으며 문서제출의무를 일반의무화하고 문서목록제출(346조) 및 비밀심리제도(347조 4항)를 새로이 도입함으로써 당사자의 증거수집권을 활성화할 수 있는 토대를 마련하고 있다. 이러한 제도의 도입은 법원의 의지 여하에 따라서는 당사자의 증거수집권을 적극적으로 확장할 수 있는 토대가 될 수 있을 것으로 기대된다.

2. 문서목록제출신청

증거를 신청함에 있어 당사자는 증명할 사실(요증사실)은 물론 신청 증거와 요증사실 간의 관련성을 구체적으로 밝혀야 할 뿐 아니라(289조 1항, 민규 74조) 증인을 신청하는 경우에는 증인의 기본적인 신상정보뿐 아니라 증인이 사건을 알게 된 경위나 과정 등을 소상하게 밝혀야 한다. 그러나 사건에 따라서는 증명책임을 부담하는 자가 신청단계에서 정확하게 증거를 특정할 수 없는 경우가 있을 수 있으므로 일정한 경우 증거의 모색을 위한 신청을 허용할 필요가 있다. 현행법은 문서목록의 제출신청(346조, 일종의 문서정보공개 제도)을 인정함으로써 당사자에게 부분적으로나마 모색적 증명을 인정하고 있으며 이는 증거수집권의 확대를 위해 반드시 필요하다.

3. 영업비밀 등의 보호

증거수집권의 인정과 확대는 필연적으로 개인의 사생활이나 영업비밀 등을 침해할 가능성도 내포하게 된다. 그러나 문서의 경우에는 비밀심리절차(347조 4항)를 통해 이해관계의 충돌을 예방할 수 있으며 다른 증거방법의 경우도 동 규정을 유추적용하는 것이 필요하다.

제 2 절 증거조사의 개시

Ⅰ. 증거신청

1. 신청방법

(1) 모색적 증명의 금지

요증사실을 증명하기 위해 당사자가 증거방법을 지정해서 증거조사를 해 줄 것을 신청하는 소송행위를 증거신청이라 한다. 증거신청권은 원칙적으로 당사자에게 있으며 증거신청을 위해서는 증명할 사실을 특정하여야 하고(289조 1항) 증거와 증명할 사실의 관계를 구체적으로 밝혀야 한다(민규 74조). 따라서 증명할 사실을 특정하지 않고 증거조사를 통해 증명할 사실을 특정하고자 하는 모색적 증명(Ausforshungsbeweis)[1]은 현행법상 원칙적으로 금지된다.[2]

(2) 상대방 진술기회 보장

당사자의 주장뿐 아니라 증거신청에 대해서 상대방은 자신의 의견을 개진할 수 있는 기회를 보장받아야 한다. 증거신청에 대한 채택을 저지하고자 하는 경우에는 통상 구술변론 과정에서 증거항변을 통해 이루어지지게 된다. 신청된 증거가 증거가치가 없다거나 중복된 증거라는 등의 증거항변이 가능하다. 그러나 준비서면에도 이러한 공격방어방법에 대한 진술과 의견을 기재하도록 하고 있다(274조 1항 5호, 2항).

2. 신청시기와 철회가능성

(1) 증거신청은 변론기일이나 준비기일에 함이 원칙이지만 기일 전에도 증거신청과 증거조사는 가능하며(289조 2항) 변론집중을 도모하는 차원에서 준비절차에서도 증거신청이 가능하다(281조). 따라서 준비절차가 행해진 경우 변론기일은 집중증거조사기일의 역할을 하도록 운영되어야 한다(287조 3항). 그러나 증인신문과 당사자본인신문을 제외한 모든 증거신청 및

---

1) 피정현, "모색적 증명", 고시연구 26권 12호(99. 11), 106-107면에 따르면 모색적 증명은 독일의 인지청구 소송에서 소를 제기당한 피고(원고의 부친이라 주장되는 자)가 구체적인 근거를 제시하지 않고 원고의 모친이 다른 불특정한 남자와 관계를 맺고 원고를 출산한 것이라 주장하면서 의심되는 몇 사람에 대한 유전자 감정은 물론 원고의 모친에 대한 증인신문을 구한 경우 어떤 조건하에서 이러한 증거신청을 수용할 것인지 하는 문제로 논의가 시작되었다고 한다.
2) 증거의 구조적 편재현상을 시정하고 당사자의 실질적 평등을 도모하기 위해 다수의 소액피해자가 제기하는 현대형 소송에서는 제한적인 범위에서나마 이를 허용해야 할 필요가 있다는 견해가 있다(박/김, 356면; 이시, 479면도 같은 취지임). 문서목록제출신청(346조)에서는 서증신청의 경우 당사자가 증명할 사실을 개괄적으로 표시하는 것이 허용됨으로써 제한된 범위에서나마 모색적인 증명이 허용된다고 볼 수 있다. 명백한 증거 낚기(fishing expedition)가 아니라면 일정한 조건을 세워 모색적인 증명을 허용하는 것도 적극적으로 고려할 필요가 있다.

증거자료의 현출은 가급적 제1회 변론기일이 종료되기 전(변론준비기일을 연 경우에는 변론준비기일 이전을 말한다)에 완료되도록 운영되고 있는 것이 재판실무이다.[1] 따라서 제1회 변론기일(준비기일이 열리는 경우에는 제1회 준비기일)에는 제출된 증거(사실조회회보, 감정서 등)의 원용, 서증채부 및 인부 등 증인신문·당사자본인신문을 제외한 증거방법에 대한 조사가 종료되어야 한다.

   (2) 현행법은 증거방법을 가급적 조기에 현출시키기 위해 소장에서부터 증거방법을 기재하고 문서인 증거방법의 경우에는 이를 첨부하도록 요구하고 있다(249조 2항, 274조 2항, 275조 1항). 재판장은 소장심사 시에 원고에게 청구이유에 상응하는 증거방법을 구체화하고 소장에서 인용한 서증의 등본이나 사본을 제출할 것을 명할 수 있다(254조 4항). 답변서에도 준비서면에 관한 규정을 준용하고 있어(256조 4항) 피고 역시 증거방법을 구체적으로 설시하고 문서인 증거방법은 답변서에 첨부하여야 한다.

   (3) 증거신청은 당해 증거방법에 대한 증거조사가 개시되기 전에는 임의로 철회할 수 있으나[2] 증거조사가 개시된 후 종료되지 않은 경우에는 상대방의 동의를 얻어야만 철회가 가능하며 증거조사가 종료된 이후에는 철회는 불가능하다.[3]

Ⅱ. 증거채부결정

1. 법원의 재량과 한계

(1) 부적법 각하 대상

   법원은 당사자가 신청한 증거를 모두 증거조사할 필요는 없다. 우선, 증거신청 자체가 부적법한 경우에는 법원은 이를 각하하여야 하므로 증거능력이 없는 증거, 증거와 요증사실 간의 관련성이 없거나 관련성을 밝히지 못한 증거를 위한 증거신청 및 시기에 늦은 증거신청은 각하 대상이 된다.

(2) 재량에 따른 각하 결정

   증거신청 자체가 적법하더라도 증거채택을 거부할 수 있는 재량권이 법원에게 인정되는데(290조, 유일한 증거는 제외), 증거조사의 장애가 있는 경우(291조)뿐 아니라 동일 사실을 증명하기 위한 중복적인 증거신청은 이를 각하할 수 있다. 그러나 법원의 심증이 형성된 사실관계

---

1) 사건관리 예규 제11조 가.항 참조. 따라서 사건에 따라 통상적으로 예견되는 증거신청(교통사고로 인한 손해배상사건에 있어 신체감정, 건물인도사건에 있어 측량감정, 관련 형사기록이 있는 사건에 있어 문서송부촉탁 등)의 경우는 기일 전에 증거신청에 관한 안내서를 송부하거나 전화 또는 팩시밀리 등으로 신청을 촉구하고 있다(사건관리 예규 11조 나.항 참조).

2) 대판 1971. 5. 25. 70다3013.

3) 증인신문이 다 종료되고 나서 당해 증인을 신청한 당사자가 증언 내용이 자신에게 불리하다고 해서 증거신청 자체를 철회하는 것을 인정한다면 재판의 적정성은 물론 경제성까지 침해될 것이다.

로 인해 불이익을 입을 당사자가 제기하는 새로운 증거신청은 이를 채택하여야 한다(같은 견해로는 김/강, 499면; 이시, 482면; 정/유/김, 581면).

(3) 유일한 증거

1) 법 제290조 제1항 단서는 당사자가 주장한 사실에 대한 유일한 증거에 대해서는 법원이 재량으로 증거채택을 거부할 수 없다고 규정하고 있다. 유일한 증거라 함은 증거능력이 있고 요증사실과 관련성이 있는 증거로서 당사자가 주장한 특정 사실을 증명할 수 있는 유일한 증거방법을 지칭한다. 따라서 유일한 증거인지 여부에 대한 판단은 각 사실(쟁점)별로 판단할 문제이며, 상급심의 경우에는 전 심급을 통해 유일한지 여부를 판단하여야 한다.

2) 유일한 증거는 주요사실에 대한 증거로서 직접증거라야 하므로 간접사실이나 보조사실에 대한 증거인 간접증거는 포함되지 않는다는 견해가 있다(이시, 483면; 정/유/김, 583면; 김홍, 620면).[1] 그러나 공해소송이나 의료과오소송 등에서는 주요사실이 아닌 간접사실이 결정적인 역할을 하게 되며 이들 간접사실을 증명할 간접증거는 유일한 증거로서 보호되어야 한다. 따라서 주요사실을 증명하는 직접증거만으로 유일한 증거의 범위를 제한하는 것은 부당하다.[2] 한편, 증거방법의 신뢰성 여부에 대한 보조사실에 대한 증거는 원칙적으로 유일한 증거로 취급될 수 없다.[3] 그러나 법관의 심증 형성에 영향을 줄 수 있는 증거방법인 경우에는 유일한 증거에 해당한다고 보아야 한다.[4] 같은 맥락에서 유일한 증거는 증명책임의 귀속여부와 관련 없이 인정되어야 하므로 본증은 물론 반증의 경우에도 유일한 증거의 법리는 적용되어야 한다(같은 견해로는 김/강, 501면; 이시, 483면, 반대 견해로는 김홍, 620면; 박, 295면; 정/유/김, 620면). 그러나 판례는 그 당사자에게 증명책임이 있는 사항에 관한 유일한 증거를 의미한다고 하여 반대견해를 취하고 있다.[5]

3) 유일한 증거에 법 제291조가 규정한 증거조사의 장애 사유가 있는 경우 법원이 증거조사를 하지 않을 수 있는지 문제된다. 당사자의 증명권과 절차의 경제성이라는 양 법익이 충돌하는 대표적인 경우로서 법원은 부득이 증거조사를 거부할 수밖에 없다.[6] 당사자에게 증명권으로서의 증거수집권을 인정하더라도 무한정한 절차의 지연을 초래하는 것을 방치할 수는 없기 때문이다.

---

1) 그러나 간접사실이나 보조사실에 대해서도 유일한 증거가 있을 수 있음을 암시하는 견해도 있다(김/강, 500면).

2) 같은 취지의 견해로는 오석락, "유일한 증거방법", 법정 7권 2호, 31~32면 참조. 판례 역시 보조사실에 대해서 유일한 증거를 인정한 바 있다(大判 1962. 5. 10. 4294민상1510 참조).

3) 오석락, 전게논문, 32면.

4) 판례 역시 사문서의 진정성립을 위한 증인의 증언을 채택하지 않은 것은 위법하다고 판시한 바 있다(大判 1963. 8. 31. 63누109 참조).

5) 大判 1962. 7. 19. 62다260; 大判 1980. 1. 13. 80다2631; 大判 2023. 2. 23. 2022다286144 등.

6) 大判 1973. 12. 11. 73다711 참조.

2. 이유 명시와 불복

(1) 증거채부 결정은 소송지휘권이므로 법원은 언제든지 이를 취소, 변경할 수 있으며
(222조) 별도의 불복절차가 허용되지 않는다. 아울러 당사자가 신청한 증거에 대하여 법원이
반드시 증거채부 결정을 할 필요는 없다는 것이 판례의 입장이다.[1] 그러나 증거신청에 대한
채부결정은 단순한 소송지휘권을 넘어 당사자의 증명권 보장에 매우 중요한 사안이므로 법
원은 명시적이고 구체적인 이유와 함께 채부결정을 당사자에게 고지하는 것이 바람직하다.
나아가 증거채부 결정의 위법은 당사자의 증거권을 침해함으로써 법 제202조의 자유심증주
의에 반하므로 상고사유에 해당한다.

(2) 재판실무에서는 증거신청에 대한 채부결정이 변론기일(준비기일) 전에도 이루어질 수
있으므로(신체감정신청이나 문서송부촉탁 신청 등) 서면에 의한 채부결정을 고지함에 있어서는 그
근거를 명백히 제시하는 것이 바람직하다. 한편, 합의부 사건의 준비절차에서는 재판장 혹은
수명법관, 수탁판사 등에 의해 단독으로 절차가 진행될 수 있으므로(280조), 단독으로 내린 증
거결정에 대해서는 법 제138조에 따른 이의신청이 가능하다.

Ⅲ. 직권증거조사

1. 보충성과 임의성

직권탐지주의에 의한 가사소송절차(가소 12조, 17조)나 행정소송절차(행소 26조)[2]에서는 직
권증거조사가 원칙이지만 변론주의원칙이 지배하는 민사소송절차에서는 증거에 대한 수집ㆍ
제출 책임 역시 당사자에게 귀속한다. 따라서 예외적으로 당사자가 신청한 증거에 의하여 심
증을 형성할 수 없거나 그 밖에 필요하다고 인정한 때에만 직권으로 증거조사를 할 수 있다
(292조).[3] 따라서 법원이 직권증거조사를 하지 않았다고 해서 원칙적으로 이를 위법한 재판이
라 할 수 없다. 소송의 최종단계에서 당사자들이 주장, 증명한 내용으로는 심증형성이 어려
운 경우 법원은 진위불명의 상태를 인정하고 증명책임의 귀속 여하에 따라 소송의 승패를
결정하는 것은 변론주의 원칙상 당연하기 때문이다.

---

1) 大判 1965. 5. 31. 65다159 참조.
2) 판례는 행정소송법 제26조 규정에 불구하고 행정소송절차에서도 기본적으로 변론주의가 원칙이라고 한다.
3) 소액사건심판이나 증권관련집단소송절차에서는 증거조사에 관한 특칙을 둠으로써 법원은 필요하다고 인정
   하는 경우 직권에 의한 증거조사를 할 수 있다(소액 10조, 증권 30조).

2. 의무 위반과 석명권의 범위

소송요건과 같은 직권조사사항에 대하여는 법원이 직권으로 심리·조사할 의무가 있으므로 증명책임을 부담하는 당사자에게 증명을 촉구하고 그로 인해 심증이 형성되지 않는 경우에는 직권으로 증거조사를 할 필요가 있다. 한편, 불법행위를 원인으로 한 손해배상청구소송에 있어 피고의 책임이 인정됨에도 불구하고 손해액에 대한 증명이 미흡한 경우 역시 법원은 석명권을 행사하여 증명을 촉구하여야 한다. 그런데 법원이 석명권을 행사하였음에도 불구하고 원고가 이에 불응하거나 당사자의 증명이 여전히 미흡한 경우 법원은 원고의 청구를 배척하는 것이 온당하다.[1] 판례 중에는 이러한 경우 법원이 직권으로라도 손해액을 입증하여야 한다는 취지의 판시를 한 것이 있다.[2]

제 3 절　증거조사의 실시

법은 엄격한 증명을 위한 증거조사방법을 6가지로 구분하여(증인신문, 감정, 서증, 검증, 당사자신문, 그 밖의 증거에 대한 증거조사) 규정하고 있다.[3] 법 제294조가 규정하는 조사의 촉탁(실무상의 사실조회)은 법 제352조가 규정하는 문서송부의 촉탁과 법 제140조 제5호의 석명처분으로서의 조사·촉탁과 유사한 것으로 그 법적 성격에 대해 논란의 여지가 있다(후술).

Ⅰ. 원칙과 예외

1. 직접주의와 공개주의

재판은 공개된 법정에서 진행되어야 하므로(법조 56조 1항) 재판의 주된 내용을 이루는 변론과 증거조사 역시 법정에서 실시하는 것이 원칙이다. 아울러 직접주의의 원칙(204조 1항)에 따라 재판의 기본이 되는 변론과 증거조사에 관여한 법관이 판결을 하여야 하므로 합의부 사건의 경우 3인의 법관 모두가 변론과 증거조사에 참여하여야 한다. 따라서 변론기일 전에

---

1) 大判 1997. 12. 26. 97다42892,42908; 大判 1994. 5. 13. 93다45831 등 참조.
2) 大判 1987. 12. 22. 85다카2453; 大判 2002. 5. 28. 2000다5817 참조. 한편, 대법원은 징발법 제19조에 따른 보상요율을 정함에 있어 국가에 대한 석명권 행사 후 그 보상요율이 부당한 때는 직권으로 감정을 명해야 한다고 설시한 바 있다(大判 1980. 7. 22. 80다127).
3) 법은 제2편 제3장 제2절 이하의 각 절의 제목을 증인신문, 당사자신문 등으로 분명히 표기함으로써 증거조사방식을 중심으로 규정하고 있는데 2002년 법 개정에서 제7절의 제목을 "그 밖의 증거"로 한 것은 체제상의 오류이다.

증거신청은 가능하지만 적어도 증거에 대한 채부결정과 증거조사는 변론기일에 이루어지는 것이 바람직하다. 다만 현행법은 변론과 증거조사의 집중을 위해 변론기일 전에도 증거신청과 조사를 할 수 있다고 하여(289조 2항) 재판의 능률을 지향하고 있다.

2. 준비절차에서의 증거조사와 한계

현행법은 무변론판결을 할 사건 이외에는 바로 변론기일을 지정하도록 하고 있으며 준비절차에 부칠 필요가 있는 사건의 경우만 준비절차를 열게 된다(258조 1항). 한편, 준비절차에서도 변론과 증거조사의 집중을 도모하지만 준비절차의 한계로 인해 당사자의 주장과 증거를 정리하는 차원에 머물게 된다(279조 1항). 준비절차에서는 재판장 등이 변론의 준비를 위해 필요한 경우 증거결정을 할 수 있으나(281조 1항) 주장과 증거의 정리를 위한 목적과 범위 내에서 증거조사를 할 수 있을 뿐이다(281조 3항).[1] 따라서 준비절차나 준비기일에서는 심증 형성에 결정적인 증거에 대한 증거결정과 증거조사를 할 수 없다. 이는 준비절차의 진행을 재판장 단독으로 하고 있을 뿐 아니라 재판장은 수명법관 혹은 수탁판사로 하여금 준비절차를 담당하게 할 수 있으므로(280조), 합의부의 경우 적어도 증거조사에 대한 직접주의가 침해되는 결과가 초래되기 때문이다. 준비절차나 준비기일의 운영이 비공개적으로 운용되고 있어 재판공개주의 역시 침해되고 있는 현실도 무시할 수 없다.

3. 법령상의 예외적 취급

(1) 법원 밖에서의 증거조사

법원은 필요하다고 인정할 경우 법원 밖에서 증거조사를 할 수 있는데(현장검증이나 감정 등), 이 경우도 합의부 판사 전원이 참여하는 것이 원칙이나 부득이한 경우에는 수명법관이나 수탁판사로 하여금 단독으로 증거조사를 실시하게 할 수 있다(297조 1항, 2항). 현행법은 증인신문의 경우도 상당한 이유가 있고 당사자의 이의가 없는 경우에는 수명법관이나 수탁판사가 증인신문을 할 수 있도록 예외사유를 넓히고 있다(313조 3호). 법원 밖에서 증거조사를 하는 경우에는 변론과 증거조사가 분리되므로 당사자는 변론을 할 수 없지만 증거조사절차는 공개되어야 한다.[2]

---

1) 2008. 12. 26. 법 개정을 통해 법 제258조 제1항과 제279조 제1항이 개정되어 필수적인 준비절차 선행 제도는 폐지되었으며 준비절차의 목적도 소송관계를 분명히 하는 것이 아니라 당사자의 주장과 증거를 정리하는 데 있음을 분명히 하였다. 그러나 법 제279조 제1항의 개정으로 인해 준비절차에서의 증거결정과 증거조사가 실질적으로 제한되고 있는지는 다소 의문이다.

2) 大判 1971. 6. 30. 71다1027 판결은 법원 밖에서 증거조사를 할 경우 반드시 공개심리의 원칙이 적용되는 것은 아니라고 판시하였다. 그러나 재판은 공개되어야 한다는 헌법 제109조의 원칙과 법 제160조에 따라 법 제153조가 준용되므로 증거조사 조서에도 절차의 공개여부가 기재되어야 하는데 특별한 이유 없이 비공개로 증거조사하는 것은 위법이다.

(2) 외국에서 시행하는 증거조사

외국에서 시행하는 증거조사의 경우는 법원이 직접 출장을 나가는 것이 현실적으로 어려우므로 해당 국가에 주재하는 대한민국의 대사·공사·영사 또는 그 나라의 관할 공공기관에 촉탁하도록 하고 있다(296조 1항). 재판은 일국의 주권을 행사하는 것이므로 해당국이 우리 법원의 증거조사를 거부하면 강제적으로 이를 시행할 수는 없으므로 여러 나라는 해당국과 국제사법공조조약을 체결하거나 국제적인 다자협약에 가입함으로써 문제를 해결하고 있다(특히, 증인신문과 관련하여 논의가 되므로 해당 부분에서 상세히 논하기로 한다).[1] 한편, 외국에서 시행한 증거조사는 그 나라의 법률에 어긋나더라도 자국법인 우리 민사소송법에 어긋나지 않으면 효력을 갖게 된다(296조 2항).

4. 원용과 적법한 증거자료

수소법원이 아닌 수명법관이나 수탁판사가 증거조사를 한 경우나 외국에서 시행한 증거조사 결과 등은 당사자가 변론에서 구두로 이를 원용하여야 적법한 증거자료가 된다(같은 견해로는 호, 547면, 반대 견해로는 김/강, 504면; 이시, 488면; 정/유/김, 587면). 현실적인 필요에 의해서 예외적으로 수명법관이나 외국에 주재하는 공무원 등으로 하여금 증거조사를 하도록 허용한 것에 불과한 것이므로 적법한 증거자료가 되기 위해서는 당사자의 원용이 필요하기 때문이다. 더욱이 법 제287조 제2항에서도 변론준비기일을 마친 뒤의 변론기일에서는 변론준비기일의 결과를 진술하도록 하고 있는 점(실질적인 변론에의 상정), 증거보전절차에서도 직접주의의 요청 때문에 동일한 증인을 변론에서 재신문할 수 있도록 규정한 점 등에 비추어 당사자의 원용을 요하도록 해석하는 것이 타당하다.[2] 그러나 헤이그 증거조사협약이나 양자조약 등에 의해 외국에서 시행된 증거조사 결과는 바로 국내법적 효력을 가지므로 따로 원용할 필요는 없으며 당사자에게 의견진술의 기회를 부여하는 것으로도 충분하다.

---

1) 우리나라도 증거조사에 관한 대표적인 다자조약인 헤이그 증거조사협약(정식명칭은 "민사 또는 상사에 관한 외국에서의 증거수집에 관한 협약"–Convention on the Taking of Evidence Abroad in Civil or Commercial Matters–)에 가입하였고 2010. 2. 16. 국내에서 발효되었다. 한편, 우리나라는 호주와 중국, 몽골, 우즈베키스탄, 태국 등과 양자조약의 형태로 민사사법공조조약을 체결함으로써 개별 국가 간의 특성을 살린 민사사법공조를 공고히 하고 있다.

2) 수소법원이 기일 전에 증거조사를 하거나(준비절차에서의 증거조사), 법원 밖에서 증거조사를 한 경우에도 공개된 법정에서 이루어진 것이 아니므로 변론에서 당사자의 원용이 필요하다. 그러나 이 경우에도 당사자에게 의견진술의 기회를 부여하는 것으로 충분하다는 견해도 있다(정/유/김, 587면).

Ⅱ. 증인신문

1. 의   의

(1) 증인신문과 증인의 의의

사람을 증거방법으로 할 경우 그 사람으로부터 증거조사를 통해 얻어내고자 하는 것이 무엇이냐에 따라 증거조사 방식은 다르다. 우선, 그 사람(증인)이 과거에 경험한 어떤 사건에 대한 기억을 필요로 하는 경우에는 증인신문 방식이 필요하다. 그러나 그 사람이 소송의 당사자 본인이라면 우리 법 체계상 당사자본인신문이 요구된다(법제에 따라서는 이 경우도 증인신문을 한다). 한편, 그 사람의 신체에 대한 특징, 혹은 부상의 정도 등을 얻어내고자 하는 경우에는 검증이나 감정의 증거조사 방식이 사용된다. 따라서 증인신문의 대상이 되는 객체인 증인은 자신이 경험한 특정 사건에 대한 기억을 구두로 진술하여야 하므로 대체성이 없으며 그 경험이 특별한 학식이나 전문지식을 필요로 하더라도 이는 법 제340조가 규정하는 감정증인(鑑定證人)[1]에 불과하다.

(2) 증인능력과 당사자본인신문

법원은 특별한 규정이 없으면 누구든지 증인으로 신문할 수 있다(303조). 따라서 제한능력자,[2] 선서무능력자(322조)의 경우도 이론상 선서만을 배제한다면 증인신문의 대상이 된다.[3] 현행법은 당사자신문제도를 설치하여 당사자와 법정대리인(이에 준하는 법인 대표자)은 당사자신문을 하도록 규정하고 있으므로 당사자신문의 대상이 되는 자를 제외한 모든 자는 증인능력이 있다. 한편, 판례는 당사자신문이 보충적인 증거방법으로 취급되던 시기에도 당사자나 법정대리인을 증인으로 잘못 신문한 경우, 상대방이 지체 없이 이의하지 아니하면 이의권의 포기, 상실로 인하여 하자가 치유된다고 판시하였다.[4] 이는 양 증거조사 방식의 유사성에 기인하는 것으로 생각된다. 종래 공동소송인 상호간에 상호 증인이 될 수 있는가에 관하여 공동의 이해관계 유무에 따라 증거조사방식을 달리하여야 한다는 견해가 있었으나(이시, 490면; 정/유/김, 590면; 호, 548면), 공동의 이해관계라는 구별기준이 모호할 뿐 아니라 기본적으로 공동의 이해관계가 있다 하더라도 특정 쟁점과 관련해서는 제3자의 지위에 있을 수 있으므로 일률적으로 증인신문 방식에 의해 조사를 하는 것이 간명하다.

---

1) 우연한 기회에 사건 현장에 있던 의사가 피해자의 피해상황을 전문가의 입장에서 보다 상세히 법정에서 진술하는 경우를 가정할 수 있다.
2) 법 제303조나 형사소송법 제146조 역시 누구든지 증인으로 신문할 수 있다고 하여 증인능력을 기본적으로 제한하고 있지 않다.
3) 선서의 취지를 이해하지 못하는 사람을 증인으로 신문할 현실적인 필요는 없을 것이다.
4) 大判 1992. 10. 27. 92다32463.

2. 증인의무와 증언거부권

(1) 증인의무

우리나라 재판권에 복종하는 모든 국민은 민사재판에 증인으로서 출석요구되면, 법정에 출석하여 선서한 후 당사자와 법원의 신문에 구두로 진술할 공법상의 의무를 부담한다(일반의무, 303조). 아울러 재판장의 소송지휘에 따라 문자를 손수 쓰거나 그 밖의 필요한 행위를 하여야 한다(330조).

(2) 증언거부권 및 동의거부권

법이 증언거부권을 인정하는 것은 실체적인 진실발견을 포기하더라도 유지하여야 할 사회적 가치를 보호하고자 하는 취지에서 비롯된 것이다.[1] 통상은 증인신문내용을 불문하고 일정한 신분관계에 있는 자에게 거부권을 인정하는 절대적인 거부권(예를 들어 신분관계에 기인한 증언거부권, ZPO § 383)과 증인신문의 내용에 따라 거부권을 인정하는 상대적인 거부권 등이 있으나 법은 후자의 경우만을 인정하고 있다.

1) 거부권 및 동의권의 내용

① 자기부죄(自己負罪)금지   증인의 증언이 증인 본인이나 그의 친족 또는 이러한 관계에 있었던 사람, 증인의 후견인 또는 증인의 후견을 받는 사람 등으로 하여금 공소제기되거나, 유죄판결을 받게 될 염려가 있는 사항, 또는 자기나 그들에게 치욕이 될 사항에 관한 것인 때에는 증언을 거부할 수 있다(314조). 이는 증인 자신의 헌법상의 자기부죄(自己負罪)금지 원칙(헌 12조 2항)과 맥을 같이 하는 것일 뿐 아니라 증인 본인과 제3자 간의 인간적·사회적 관계의 훼손을 방지하고자 하는 취지에서 비롯된 것이다.

② 전문직업인의 비밀엄수의무   증인이 될 자가 변호사, 변리사, 공증인, 공인회계사, 세무사, 의료인, 약사, 그 밖에 법령에 따라 비밀을 지킬 의무가 있는 직책 또는 종교의 직책에 있거나 있었던 사람으로서 직무상의 비밀에 속하는 사항에 대하여 신문을 받을 경우(315조 1항 1호) 증언을 거부할 수 있는데, 이는 증인이 될 자가 일정한 전문직업인으로서 법령 내지 관습법(종교인과 신도와의 관계)에 따라 비밀엄수의무가 존재하고 전문직업인에 대한 신뢰확보라는 사회적 가치를 보호하기 위함이다. 변호사(변호 26조)나 의료인(의료 19조) 등 법이 규정하는 전문 직종은 제한적 열거사항으로 보아야 한다. 그러나 비밀준수의무의 이익 귀속 주체(피의자나 환자 등)가 스스로 그 이익을 포기한 경우에는 비밀유지의무가 해제된 것으로 보아야 한다(315조 2항 참조). 만일, 비밀유지의무의 주체가 증언거부를 하지 않고 임의로 증언을 한 경우에는 당해 증언의 증거능력을 부인할 필요는 없다. 단지, 이익귀속주체와의 계약상 내지

---

1) 伊藤 眞, 345-346面.

공법상의 의무를 위반한 것에 지나지 않기 때문이다.[1]

　③ 기술 또는 직업의 비밀　　증인이 법 제315조 제1항 제1호가 열거하는 전문직이나 종교적인 직업에 종사하지 않더라도 기술 또는 직업의 비밀[2]에 속하는 사항에 대하여 신문을 받을 때도 증언을 거부할 수 있다(315조 1항 2호). 종래 영업비밀은 생산·판매방법 및 기타 영업활동에 유용한 기술상 또는 경영상의 정보로서 비공연성, 독립된 경제적 가치, 지속적인 비밀유지의 특성을 갖는다고 풀이되어 왔다(부정 2조 2호). 그러나 증언거부의 대상이 되는 기술의 비밀은 반드시 그 자체로서 경제적 가치를 가질 필요는 없다. 따라서 기술상의 know-how 혹은 영업활동이 아닌 예술가나 운동선수의 비기(秘技), 비결(秘訣) 등도 객관적인 비밀성이 인정되고 이것이 공개됨으로 인해 보유자의 사회적·경제적 활동에 불이익을 준다면 증언거부의 대상이 되어야 한다(기술의 비밀).[3] 직업의 비밀 역시 그 공개로 인해 그것을 기초로 하는 직업활동이 불가능 혹은 곤란해지는 경우 인정될 수 있을 것이다(아파트분양원가, 고객명단 등).[4] 한편, 비밀의 귀속주체만이 증언거부를 할 수 있는지 여부가 문제된다. 즉, 제3자가 비밀의 내용을 알고 있는 경우 동인에게도 기술 또는 직업의 비밀을 이유로 증언거부를 할 수 있는지 논란의 여지가 있다. 증언을 해야 하는 제3자가 비밀의 귀속주체와 고용관계에 있다거나 계약상 비밀을 보호하여야 할 의무가 있는 경우에만 증언거부를 할 수 있다고 봄이 타당하며, 이러한 관계에 있지 않은 사람이 우연한 기회에 이를 알게 된 경우에는 증언거부를 인정할 필요는 없을 것이다.

　④ 전·현직 공무원의 직무상 비밀　　대통령이나 국회의원 그리고 기타 공무원이나 공무원이었던 사람이 직무상의 비밀에 관한 사항을 신문할 경우 법원은 그 당사자 본인이나 소속 관청 혹은 감독관청의 동의를 얻어야 한다(304조 내지 306조). 그러나 동의권자(대통령 본인, 국무회의, 국회 등)는 국가의 중대한 이익을 해치는 경우를 제외하고는 동의를 거부하지 못한다(307조).

　2) 증언거부신청 및 재판　　증언거부권을 행사하는 자는 그 이유를 소명하여야 하는데,[5] 이때 수소법원은 반대되는 이해관계를 가진 (증인 신청을 한) 당사자를 심문하여 증언거부의 당부를 재판하여야 한다(317조 1항). 이 재판에 대해 (쌍방의) 당사자나 증인은 즉시항고를

---

1) 같은 취지의 견해로는 伊藤 眞, 348面.
2) 독일 ZPO §384(3)이 규정하는 "Kunst- oder Gewerbegeheimnis"를 일본 민사소송법 제197조 제3호가 수용하면서 이를 기술 또는 직업의 비밀로 규정하고 있었다.
3) 예를 들면 가수의 특정 창법, 기계체조 선수의 독특한 스트레칭 비법 등(伊藤 眞, 349面 참조).
4) 伊藤 眞, 345面 脚注 302 참조.
5) 일단 출석요구를 받게 된 증인이 거부권행사를 하고자 하는 경우 서면으로 증언거부의 의사표시를 할 수는 있을 것이다. 그러나 법원이 동 서면을 보고 증인신문의 결정을 취소하지 않는 한 출석의무가 면해지는 것은 아니므로 이 경우는 법정에 출석해서 증언거부의 의사표시를 하고 거부사유를 소명하는 것이 일반적이다(신광렬/주석민소(5), 290面). 그러나 증언 내용 중 일부에 대해서만 거부사유가 있을 경우에는 일단 출석해서 거부하는 사항을 특정하여야 할 것이다.

할 수 있다. 증언거부신청이 타당한 경우 법원은 당해 증인에 대한 증거조사결정을 취소하여야 하지만 거부신청이 부당한 경우에는 동 신청을 기각하고 증인신문을 속개하거나 증인을 출석하게 하여 신문하여야 한다. 증언거부에 대한 재판을 통해 거부사유가 없음이 확정되었음에도 증인이 증언을 거부하는 경우에는 소송비용의 부담은 물론 과태료를 부과할 수 있다(318조, 311조 1항, 8항, 9항).[1] 증언거부권의 고지에 관하여는 명문의 규정이 없으므로 거부권의 고지가 없더라도 위법하지 않다는 것이 판례[2]와 학설(이시, 494면)의 입장이다.

3) 취재원의 비밀과 이익교량설　　일본의 하급심과 통설은 증언거부의 대상이 되는 비밀은 보호할 가치가 있는 것으로서 공표로 인한 비밀귀속주체의 불이익과 증언거부로 인해 희생되는 진실발견 및 재판의 공정과 비교교량을 통해 결정되어야 한다고 주장한다. 구체적으로는 당해사건의 공익성의 정도, 대체증거의 유무, 증명책임의 소재 등을 비밀의 중요성과 비교해서 결정해야 한다고 한다.[3] 취재원의 비밀과 관련해서도 이익형량을 통해 증언거부의 대상이 된다고 판시한 바 있다.[4] 그러나 유력한 소수설은 이 같은 비교형량을 비난하면서 법원은 단지 비밀의 객관적 성질을 파악해서 증언거부의 대상이 되는지 여부를 판단하면 족하다고 한다(객관설).[5] 비교형량설을 취할 경우 증언거부의 대상이 되는지 여부가 구체적인 사건의 사정에 따라 달라질 수 있어 증언거부권 제도의 원래의 취지에 반할 수 있고, 예측가능성이 결여되는 단점이 있다. 한편, 객관적 판단에만 의존하는 객관설의 경우 증언거부의 대상이 되는지 여부에 대한 예측가능성이 높아지는 반면, 증언거부의 대상이 되는 비밀의 범위가 지나치게 확대되는 폐해가 발생할 우려가 높다. 따라서 보호되어야 하는 비밀의 범위를 일의적으로 정의하고자 하는 객관설보다는 비교형량설이 보다 타당하다고 생각된다. 따라서 취재원의 비밀과 관련해서도 기자와 취재원 간의 계약 존재 여부, 취재원의 보호가치와 공개함으로써 얻게 되는 진실발견의 공익성 등을 사건에 따라 비교형량해서 증언거부의 타당성 여부를 판단함이 타당하다.

3. 현행법상의 증인조사방식

(1) 증인신청 방법과 채부결정

현행법은 증거조사의 집중을 도모하고 있어 인증에 대한 신문은 변론기일에 집중적으로

---

1) 증언거부에 대한 제재를 규정한 법 제318조는 증인이 출석의무를 준수하면서도 증언거부를 하는 경우에만 적용되는 규정이라고 보아야 한다. 따라서 감치나 구인은 할 수 없다. 그러나 만일 증인이 출석의무 자체를 이행하지 않는다면 감치와 구인을 할 수 있다.

2) 大判 1957. 3. 8. 4290형상23.

3) 伊藤 眞, 349-350面.

4) 札幌高決 昭和 54. 8. 31. 下民 30卷 5-8号 403面.

5) 伊藤 眞, 350-351面.

실시하여야 하며(293조, 287조 3항), 당사자는 부득이한 사정이 없는 한 필요한 증인을 일괄하여 신청하여야 한다(민규 75조 1항).[1] 아울러, 증인을 신청하는 당사자는 증인을 지정하여 신청하여야 할 뿐 아니라(308조, 소정외 증인신청의 금지), 증인의 이름은 물론 주소·연락처·직업, 증인과 당사자의 관계, 증인이 사건에 관여하거나 내용을 알게 된 경위, 증인신문에 필요한 시간 및 증인의 출석을 확보하기 위한 협력방안 등을 구체적으로 밝혀야 한다(민규 75조 2항). 현행법상 법원은 변론준비절차나 준비기일 종료 시까지 인증을 제외한 다른 모든 증거에 대한 증거조사를 종료할 수 있지만(281조, 282조), 신청된 증인에 대하여는 법 제313조(수명법관 등에 의한 증거조사)에 해당하는 경우가 아닌 한 증거결정만을 하고 증인에 대한 신문은 변론기일에 집중적으로 실시하여야 한다. 따라서 법원은 준비절차 종료 전까지 증인신청에 대해 일괄해서 증거결정을 하고 이를 고지하여야 한다.

(2) 증인신문의 사전단계

증인신문은 원칙적으로 법정에서 구술로 시행되는 것이 원칙이다. 따라서 증인신문을 위해서는 증인의 출석, 선서 그리고 진술이 뒤따라야 한다.

1) 출석요구와 불응에 대한 제재   당사자가 신청한 증인이 법원에 의해서 증인으로 채택된 경우 출석요구 절차를 거치는 것보다는 신청한 당사자가 증인을 대동하는 경우가 실무상 빈번하다(소위 대동증인). 그러나 신청한 당사자 측에서 증인을 대동하지 못할 경우에는 증인에 대한 출석요구절차가 개시된다(민규 81조 참조). 증인이 법원으로부터 출석요구를 받았음에도 불구하고 정당한 사유 없이 이에 불응하는 경우 법원은 일정한 제재를 통해 출석을 강제할 수 있다. 우선, 법원은 증인으로 하여금 증인의 불출석으로 인해 야기된 소송비용을 부담시키고 500만 원 이하의 과태료를 부과할 수 있으며, 그 후에도 증인이 불출석을 하게 되면 7일 이내의 감치에 처한다(311조). 다른 강제방법으로는 법 제312조에 따른 강제구인이 있는데 법원은 사안에 따라 강제구인 여부도 고려하여야 하지만 실효성이 없어 거의 활용되지 못하고 있다.

2) 선서의 거부와 면제   재판장은 증인신문에 앞서 증인에게 선서의 취지를 밝히고 위증의 벌을 경고한 후 선서를 하도록 하여야 한다(319조, 320조). 증인은 법정에서 기립한 채 선서서에 따라 선서할 의무가 있으며 이를 소리 내어 읽고 기명날인 또는 서명을 하여야 한다(321조 3항 전단). 증인이 선서서를 읽지 못하거나 기명날인 등을 하지 못하면(문맹 혹은 시각장애인 등의 경우) 재판장은 참여한 법원사무관등이나 법원공무원으로 하여금 이를 대신하게 할 수 있다(321조 3항 후단). 그러나 16세 미만인 사람이나 선서의 취지를 이해하지 못하는 사람에

---

1) 규칙이 산발적인 증인신청을 지양하고 증인은 물론 당사자신문의 경우에도 일괄적인 증거조사 신청을 유도하는 것은 요증사실과 관련해서 중복적인 증거조사 신청을 억지하기 위한 것이라고 판단된다.

게는 선서를 시킬 수 없다(선서무능력자, 322조). 법 제314조에 따라 증언거부를 할 수 있는 사람이 증언을 하고자 하는 경우에는 선서의무를 면제해 줄 수 있다(323조). 또한, 증인이 자기 또는 법 제314조에 규정된 어느 한 사람과 현저한 이해관계가 있는 사항에 관하여 신문을 받을 때에는 선서거부를 할 수 있으나(324조) 증언거부와 마찬가지로 그 이유를 소명하여야 하며 선서거부에 정당한 사유가 없는 경우에는 소송비용을 부담하거나 과태료를 부과받을 수 있다(326조). 증언거부와 마찬가지로 법원은 선서거부권에 관한 고지의무가 없다고 해석된다.[1]

(3) 증인신문의 진행

증인신문은 구술신문을 원칙으로 하며(331조) 교호신문의 방식에 따른다(327조 1항). 한 기일에 신문할 증인이 여러 명인 경우에는 따로 따로 신문을 하는 격리신문의 방식을 취하여야 하지만(328조 1항) 필요한 경우에는 증인 상호 간의 대질을 명할 수도 있다(329조). 그러나 이러한 원칙은 여러 가지 이유로 인해 수정되고 있다.

1) 교호신문제도와 직권신문제도의 조화　　우리는 1960년 법 제정 당시 독일과 마찬가지로 재판장에게 증인신문에 대한 주도권을 인정하는 직권신문제도를 채택하였다. 그러나 1961년 개정을 통해 증인의 법정에서의 구술증언을 획득하는 방법으로 영미에서 유래된 교호신문제도를 받아들임으로써 신문의 주도권을 당사자에게 부여하고 재판장은 당사자의 신문이 끝난 뒤에 보충적인 신문을 하는 것을 원칙으로 해왔다(327조 1항, 2항). 그러나 2002년 개정을 통해 대륙법계의 직권신문제를 보충적으로 받아들이고 있는데, 재판장은 법 제327조 제1항, 제2항의 규정에도 불구하고 언제든지 신문할 수 있으며 적정한 경우에는 당사자의 의견을 들어 처음부터 재판장이 주도적으로 신문을 할 수도 있다(같은 조 3항, 4항). 아울러 재판장은 주신문에 앞서 증인으로 하여금 그 사건과의 관계와 쟁점에 관하여 알고 있는 사실을 개략적으로 진술하게 할 수 있다(민규 89조 1항 단서). 이 모두가 직권주의의 도입을 위한 과도기적인 입법의 형태라고 할 수 있지만 현행법의 기본 틀은 교호신문제도라고 할 것이다.

2) 교호신문방식에 의한 증인신문

① 원　　칙　　증인신청을 한 당사자는 증명할 사항과 이에 관련된 사항에 관하여 먼저 주신문을 하게 된다(민규 91조 1항). 상대방은 주신문에 나타난 사항과 이에 관련된 사항에 관하여만 반대신문을 할 수 있지만(민규 92조 1항) 재판장의 허가가 있는 경우에는 주신문에 나타나지 않은 사항에 대하여도 신문할 수 있다(민규 92조 4항). 신청인은 반대신문에 대해 재주신문을 할 수 있으나 주신문의 예에 따른다(민규 93조 2항). 경우에 따라서는 재반대신문이 허용될 수 있다.

② 유도신문　　반대신문의 경우에는 증인으로부터 일정한 답변을 하도록 유도하는 유

---

1) 大判 1971. 4. 30. 71다452.

도신문이 가능하다(민규 92조 2항). 증인은 상대방에 대해 적대적인 관계에 있는 경우가 대부분
이므로 유도신문을 허용하지 않으면 진실을 도출하기 어렵기 때문이다. 따라서 주신문의 경
우에도 증인이 신청한 당사자에게 적의를 보이거나 종전의 진술과 상반된 진술을 하는 경우
등에는 유도신문이 가능하다(민규 91조 2항).

　　③ 탄핵신문　　　증언은 요증사실을 증명하기 위한 것이지만 당사자는 증언 자체의 신
빙성이나 증인의 신용성과 관련된 사항, 즉 증언의 증명력을 다투기 위한 사항에 대해서도
신문할 수 있다(민규 94조). 이를 탄핵신문이라고 한다.

　3) 서면에 의한 구술증언의 보충

　　① 증인신문사항제출 방식　　　증인신문을 신청한 당사자는 신문기일 전에 미리 질문할
내용을 기재한 증인신문사항을 법원에 제출하여야 하며 법원 역시 이를 신문기일 전에 상대
방에게 송달하여야 한다(민규 80조 1, 2항). 증인을 신청한 당사자에게 신문사항을 미리 제출하
도록 하고 이를 미리 상대방에게 송달하도록 하는 것은 쟁점을 분명히 하고 반대신문의 준
비를 가능하게 함으로써 불의타를 방지하고 신문기일에서의 효율적인 진행을 도모하기 위함
이다. 법원은 주신문사항을 미리 보고 이에 대한 수정을 명할 수 있다(민규 80조 3항). 반대신
문사항은 증인을 신청한 당사자에게 미리 줄 필요는 없으며 신문 직전에 법정에서 교부하는
것이 일반적인 관행이다.

　　② 증인진술서 방식

　　i) 의　　　의　　　규칙 제79조에서는 효율적인 증인신문을 위해 증인진술서 방식에 의한
증인신문을 도입하고 있다. 법원은 필요하다고 인정하는 경우 증인을 신청한 당사자에게 증
인진술서를 제출하도록 명령할 수 있다(민규 79조 1항). 증인은 자신이 경험한 사실을 시간적인
순서에 따라 기재하고 서명날인하여야 한다(민규 79조 2항). 쟁점별로 기재하지 않고 시간적인
순서에 따라 기재하도록 한 것은 증인의 기억을 보다 선명하게 하기 위한 것이며 쟁점별로
이루어지는 증인신문을 보완하기 위한 것이다. 제출된 증인진술서는 법원에 의해 신문기일
전에 상대방에게 송달되어야 한다(민규 79조 4항).

　　ii) 기능과 한계　　　증인진술서제도는 영국의 증인진술서(witness statement)에서 기원을 찾
을 수 있으나 직접적인 연원은 일본의 실무라고 할 수 있다.[1] 일본 실무에서는 증인진술서
를 다양한 용도로 활용하고 있으나 규칙 제79조 제1항에서는 명백하게 "효율적인 증인 신
문"을 위한 용도로 제한하고 있다. 따라서 증인진술서는 증인의 증언을 보다 명료하게 할 수
있도록 도움을 주고 상대방에게는 증인의 경험사실과 내용을 미리 알게 함으로써 반대신문

──────────

1) 증인진술서에 관한 상세한 내용은 졸고, "개정안과 신모델 하에서의 증인조사방식에 대한 소고", 민사소송
　　제5권(2002. 2), 264면 이하 참조. 일본은 여전히 실무상의 제도로 운영하고 있을 뿐 법적 근거를 마련하고
　　있지 않다. 여기에는 제도의 남용 우려에 대한 변호사 단체의 목소리가 높기 때문이다.

을 효율적으로 할 수 있도록 도움을 주는 것에 그쳐야 한다. 그러나 우리 실무에서는 증인진술서를 서면증거로 취급하고 나아가 주신문을 진술서로 갈음하는 경우가 빈번해지고 있어 문제이다.[1] 이러한 실무현상은 규칙이 정한 진술서의 개념과 기능을 넘는 것으로서 법적 근거가 없을 뿐 아니라 구술증언의 원칙을 심각하게 훼손하는 결과를 초래한다. 또한 진술서에 기재된 내용은 반대신문 과정에서 번복이 되는 경우가 많은데 진술서를 그대로 서면증거로 취급하게 되면 상반된 내용의 증거를 소송기록에 남겨두게 되는 결과가 되어 오판의 위험성을 증가시킬 염려가 있다. 진술서를 주신문에 갈음하는 것으로 한다면 진술서는 주신문에 해당하는 것에 불과하므로 이를 서면증거로 취급하는 것 역시 적절하지 못하다. 따라서 증인진술서는 증거개시적 기능과 증인신문의 효율성 제고를 위한 보조적 기능으로 제한하여야 하며 증인신문의 보조자료로만 활용하는 것이 타당하다.

(4) 서면에 의한 증언

1) 문서 등을 이용한 증언　　　증인은 재판장의 허가 없이는 서류에 의존하여 진술하지 못한다(331조). 증인신문은 증인이 갖고 있는 기억을 정확히 재현하는 과정이므로 서류를 통한 기억의 보완은 증인신문의 본질에 어긋난다. 다만 위증의 염려가 없는 경우 혹은 복잡한 수치 등을 증인이 정확하게 기억하기 어렵다고 판단되는 경우, 현장상황을 정확히 설명하기 위해 모형이나 사진 등이 필요한 경우 등에는 재판장은 증인에게 문서·도면·사진·모형·장치, 그 밖의 물건 등(이하 문서 등이라 함)을 이용하여 증언하는 것을 허가할 수 있다(민규 96조 1항). 그러나 문서 등이 법정에 증거로서 현출될 것인 경우에는 증인신문에 앞서 문서 등에 대한 증거조사를 먼저 하는 것이 원칙이다. 만일 참조할 문서 등이 증거로서 제출될 것이 아닌 경우에는 신문에 앞서 상대방에게 열람할 기회를 주어야 한다(민규 96조 2항). 그러나 상대방이 이의하지 않는 경우에는 예외로 한다. 재판장은 필요한 경우에는 문서 등을 증인신문조서에 첨부하도록 할 수 있으며 이에 대한 제출을 명할 수 있다(민규 96조 3항). 한편, 증인의 장애로 부득이 서면을 통해 묻거나(청각장애) 답하게 하는 경우(언어장애)가 있다. 재판장은 이러한 경우 법원사무관등에게 질문 또는 회답을 적은 서면을 낭독하게 할 수 있는데(99조) 이는 공정을 기하기 위함이다.

2) 증언에 갈음하는 서면　　　법원은 증인과 증명할 사항의 내용 등을 고려하여 상당하다고 인정하는 경우에는 출석 증언에 갈음하여 증언할 사항을 적은 서면을 제출하게 할 수 있다(310조 1항). 구술증언 원칙을 유지하는 것을 포기하고 소액사건(소액 10조 3항)과 마찬가지로 서면에 의한 증언을 허용하게 되었다. 그러나 소액사건과 달리 상대방의 이의가 있는 경

---

[1] 실무에서는 진술서를 제출하게 하는 경우 따로 증인신문사항을 제출하지 않도록 하고 있으며 간단한 사항만을 주신문으로 하게 하는 경향이 있다. 그러나 반대신문 과정에서 본래의 진술이 유지되지 않는 경우에는 재주신문을 하게 될 수밖에 없고 그렇게 되면 오히려 시간적인 소모가 더 많아지는 단점이 있다.

우 혹은 법원이 직권으로 판단하여 필요하다고 인정하는 때에는 서면증언을 한 사람을 출석
증언하게 할 수 있다(310조 2항). 여기서 상대방의 이의는 이미 채택된 증거에 대한 증거조사
방법만 변경하는 것이므로 직권발동을 촉구하는 의미밖에 없다는 견해도 있으나 서면증언은
반대신문의 기회를 차단하는 극히 예외적인 제도이므로 당사자의 이의가 있으면 증인을 출
석하게 해서 신문하는 것이 바람직하며 상대방의 출석이 예상되지 않는 경우에만 활용하는
것이 바람직하다(공시송달의 경우나 피고가 출석하지 않는 사건의 경우 등).1) 한편 증언에 갈음하는 서
면은 비록 서면의 형식을 갖추고 있더라도 증언에 해당한다. 하지만 서면증언의 경우 증언자
는 선서의무가 없으므로 위증의 벌에 대한 부담이 없어 강한 증명력을 부여하는 것은 곤란
하다.

(5) 영상신문

1) 국내사건　　　 법원은 증인이 물리적으로 멀리 살거나 교통이 불편한 경우 혹은 심리
적으로 법정에서 당사자 등과 대면하여 진술하면 부담을 가지게 되어 정신의 평온을 현저하
게 잃을 우려가 있는 경우 등에는 당사자의 의견을 들어 비디오 등 중계장치에 의한 중계시
설을 통하거나 인터넷 화상장치를 이용하여 신문할 수 있도록 하고 있다(327조의2 1항). 영상
증인신문은 법정에 출석해서 이루어진 증인신문과 동일한 효과를 갖는다(2항). 영상기일이 가
능해짐에 따라(287조의2) 영상신문도 활성화될 가능성이 매우 높다. 영상 증인신문 절차 역시
영상기일의 실시방식에 따른다(민규 95조의2, 73조의 3).

2) 국제사건　　　 한국은 헤이그 증거조사협약의 회원국이지만 동 협약 제16조, 제17조
에 대해 이의를 유보하였다. 따라서 다른 회원국이 대한민국 영토 내에서 한국민을 상대로
자신의 영사나 대사 혹은 수임인(commissioner)을 통해 직접 증거조사를 할 수 없고 역으로 한
국법원 역시 외국에 거주하는 외국인에 대해 직접 증거조사를 할 수 없다.2) 그러나 양자조
약의 경우는 다르다. 즉, 한호조약에서는 수임인에 의한 직접증거조사를 상호 인정하고 있으
며(한호조약 25조), 사전 허가 하에 영상에 의한 증인신문도 가능하다(한호조약 24조). 한편, 한미
영사협약 제4조 다호에 따르면 한국법원은 미국에 거주하는 미국인에 대해 미국 주재 대한
민국 대사, 영사에게 증인신문을 촉탁할 수 있음을 규정하고 있다.3)

---

1) 견해에 따라서는 진단서의 진정성립을 위해 작성자인 의사를 증인으로 신문해야 하는 경우를 반대신문권
　　보장의 필요성이 크지 않은 경우로 들고 있지만(이시, 496면) 의문이다. 진단서의 진정성립 여부에 따라 사
　　건의 승패가 갈릴 수 있는 중요한 문제라고 한다면 이를 서면증언으로 대체할 수는 없기 때문이다.

2) 한애라, "민사소송에서 외국 거주 증인의 영상증언에 관한 검토", 법조 72권 4호(2023), 83면.

3) 최근 미국 법무부는 영상증언에 관한 대한민국 법원행정처 질의에 대해 "대한민국 법원은 민사소송절차에
　　서 미국에 거주하는 사람이 자발적으로 영상 증인신문에 응하는 경우 사법공조절차에 의하지 아니하고도 영
　　상증인신문을 할 수 있다"고 회신하였다[송무선례 제202204-1호(2022. 4. 15. 제정)]. 미국은 다른 헤이그 증
　　거조사협약 체약국에 대해서도 동일한 태도를 취하고 있다고 한다(한애라, 전게논문, 114면 참조).

Ⅲ. 감   정

1. 의   의

감정은 법관의 판단을 보충하기 위해 특별한 학식과 경험을 가진 전문가로 하여금 그 전문지식과 경험을 이용해서 일정한 판단을 하게 한 후 이를 법원에 보고하게 하는 증거조사를 말한다. 전문화된 시대에 법관이 모든 분야에 정통할 수 없으므로 사계의 권위자나 전문가를 통해 법관의 판단을 보충하고자 하는 것이다. 2016. 3. 29. 법 개정(2016. 9. 1. 시행)을 통해 감정절차와 감정결과의 공정성·투명성·신뢰성을 확보하기 위하여 감정인의 전문성을 보장하고 당사자의 참여권과 공방권을 확충하는 방향으로 감정에 의한 증거조사절차를 개선하였다.

(1) 감정의 대상

본래 감정의 대상은 판단의 대전제가 되는 법규나 관습, 경험법칙 등이다. 즉 감정인은 이들의 존부는 물론 그에 대한 의견과 판단을 법원에 보고하는 것이다. 따라서 감정인은 외국법규나 상관습의 존재 유무와 그를 통한 일정한 의견과 판단을 법원에 보고하게 된다. 그러나 실무상으로는 재판의 소전제가 되는 사실판단을 위한 감정이 보다 일반적이다. 피해자의 노동능력상실률 산정을 위한 신체감정, 공사비나 하자보수비, 임료 등의 산정을 위한 감정 등이 빈번하기 때문이다.

(2) 감정인의 특성

1) 공평성 요구   감정인은 증인과 달리 자신의 기억을 진술하는 것이 아니며 자신의 학식과 경험을 통한 의견과 판단을 법원에 제공하는 것이므로 공평성이 요구된다. 따라서 감정인의 지정은 법원이 하며(335조), 결격사유가 있을 뿐 아니라(334조 2항) 감정인에 대한 기피절차도 마련되어 있다(336, 337조).

2) 감정의무와 감정인의 의무   ① 감정할 능력이 있는 사람은 학식과 경험에 기초한 의견과 판단을 제공하므로 증인과 달리 대체성이 인정되지만 증언이나 선서를 거부할 수 있는 사람을 제외하고는 감정할 의무를 부담한다(334조 1항). 감정능력의 희소성이 있을 수 있을 뿐 아니라 법원은 당해 사안에 가장 적합한 감정인을 지정하고자 하기 때문이다. 감정의무에는 출석의무·선서의무·감정의견 보고의무 등이 포함된다.

② 감정인은 스스로의 감정능력을 감안해서 감정사항이 자신의 전문분야에 속하지 아니하는 경우 또는 그에 속하더라도 다른 감정인과 함께 감정을 하여야 하는 경우에는 곧바로 법원에 감정인의 지정 취소 또는 추가 지정을 요구하여야 한다(335조의2 1항). 아울러 자신에게

맡겨진 감정업무를 다른 사람에게 위임해서는 안된다(2항). 이러한 감정인의 의무는 전문직업 인으로서의 갖추어야 할 기본적인 임무를 선언한 것에 불과한데 구체적인 의무 위반에 대한 제재 규정을 도입하는 것이 필요하다. 아울러 법원은 감정인의 적합성 및 전문성 등을 충분 히 고려한 후 감정인을 지정하여야 하지만 감정인 스스로도 자기 역량을 넘어서는 부분에 대한 감정을 맡아서는 안되며 스스로의 역량에 속하는 업무를 타인에게 위임하는 것도 하지 말아야 한다.

2. 절 차

(1) 기본절차

1) 감정진술　　감정절차는 기본적으로 증인신문절차를 준용하므로(333조) 당사자의 신 청에 의해 감정이 실시되는 것이 원칙이다. 예외적으로 직권에 의한 증거조사가 가능할 뿐이 다(292조). 감정신청을 하는 당사자는 감정사항을 기재한 서면을 함께 제출하여야 하는데(민규 101조 1항) 통상 감정인을 복수 추천하는 경우가 일반적이다. 감정인은 선서를 하고(338조) 재판 장의 명에 따라 감정결과를 서면이나 말로 진술할 수 있다(339조 1항). 이러한 감정진술에 대 해서는 당사자에게 서면이나 말로써 의견을 진술할 기회가 보장되어야 한다(339조 3항). 실무 상으로는 통상 감정인의 감정결과는 서면으로 제출하게 하는 것이 일반적이다. 한편 감정서 의 내용이 불분명하여 감정인으로 하여금 감정내용을 보충하게 하는 경우가 있는데 이 경우 는 감정의 연장이라고 보는 것이 타당할 것이다.

2) 감정인신문　　감정인신문은 이중적인 의미로 사용된다. 즉, 감정인에게 감정사항 을 알리고 감정을 명하는 단계에서 감정인 신문을 하는 경우도 있으나 감정의견을 서면으로 제출한 후 법원이 감정인에 대해 보충진술을 듣기 위해 신문을 하는 경우도 있기 때문이다. 감정인에 대해서는 재판장이 신문하며 합의부원과 당사자는 재판장에게 알리고 신문할 수 있다(339조의2 2항, 3항). 다만, 당사자의 신문은 중복되거나 쟁점과 관계없는 때, 혹은 필요한 사정이 있는 경우 재판장에 의해 제한될 수 있다(339조의2 3항 단서). 증인신문과 달리 감정인 신문에 있어서는 재판장이 주도적으로 신문할 수 있도록 하고 있는데 당사자의 참여권과 공 방권을 확충하고자 한 2016년 법 개정 취지에 부합하는 것인지 의문이다.

3) 영상신문　　법원은 감정인이 법정에 직접 출석하기 어려운 특별한 사정이 있거나 외국에 거주하는 경우 등에는 당사자의 의견을 들어 비디오 등 중계장치에 의한 중계시설을 통하여 신문하거나 인터넷 화상장치를 이용하여 신문할 수 있다(339조의3 1항). 이 경우에는 감 정인이 법정에 출석하여 이루어진 감정인 신문으로 취급된다(2항).

(2) 감정증인

특별한 학식과 경험에 의하여 알게 된 사실에 관한 신문은 증인신문에 관한 규정을 따르게 되는데(340조), 예를 들어 지진이 발생한 현장에 우연히 있던 지질학자나 외과의사를 증인으로 신문하는 경우가 발생할 수 있는데 이 경우 이들은 사건을 목격한 목격자로서 자신들의 기억을 토대로 진술하게 되지만 전문지식을 갖춘 사람으로서 일반인과는 다른 내용의 증언을 할 수 있다. 따라서 이들은 기본적으로 증인에 해당하지만 특별히 감정증인이라고 칭한다(340조). 따라서 감정증인에 대해서도 증인신문의 규정을 따르도록 하고 있는데 다만, 비디오 등 중계장치 등에 의한 감정증인신문에 관하여는 감정인신문 규정(339조의3)을 준용한다(340조 단서). 따라서 감정증인에 대해서는 인터넷 화상장치를 통한 신문이 가능하다(민규 103조의2 2항).

(3) 감정촉탁

감정을 명할 경우에는 통상 감정인을 법원으로 부르거나(필적감정 등) 법관들이 감정인을 대동하고 현장에 나가 감정대상물을 직접 확인하고 감정사항을 명하는 것(하자보수비 감정 등)이 일반적이다. 하지만 법원은 필요하다고 인정하는 경우에는 공공기관이나 학교, 그 밖에 상당한 설비가 있는 단체 또는 외국의 공공기관에 감정을 촉탁할 수 있다(341조 1항). 감정 내용이 복잡할 뿐 아니라 종합적이고 다각적인 감정이 요구되는 경우에는 개인보다는 공신력이 있는 기관이나 단체에 감정을 촉탁하는 것이 효율적이기 때문이다. 한편, 감정촉탁의 경우는 법관이 감정대상물을 직접 확인하지 않고 실시하므로 감정사항이나 감정대상물이 불명확한 경우에는 부적절하며(이시, 504면) 선서의무 등이 면제되므로 촉탁대상은 권위 있는 기관으로서 공정성과 신뢰성, 전문성 등이 담보되어야 한다.[1]

3. 감정결과의 채부

감정결과는 증거조사결과로서 당사자의 원용 없이 증거로 할 수 있으며[2] 이를 신뢰할지 여부도 법관의 자유심증에 달려있다.[3] 전문가나 전문기관의 의견이나 판단은 법관의 판단을 보조할 뿐 법적인 평가와 신뢰여부는 전적으로 법관에게 달려있기 때문이다. 한편 1차 감정결과에 대한 신뢰도가 부족할 경우 재감정을 실시하는 경우가 있는데 재감정 실시 여부

---

1) 大判 1982. 8. 24. 82다카317.

2) 大判 1994. 8. 26. 94누2718.

3) 大判 2019. 5. 30. 2015다8902에 따르면 감정인의 신체감정 결과는 증거방법의 하나로서 법원이 어떤 사항을 판단할 때 특별한 지식과 경험이 필요한 경우에 판단의 보조수단으로 이용하는 데에 지나지 않는다고 한다. 따라서 법관은 모든 증거를 종합하여 자유로운 심증으로 특정 감정 결과에 따라 후유장해의 인정 여부를 판단할 수 있고, 이러한 판단은 논리와 경험의 법칙에 반하지 않는 한 적법하다고 한다.

도 법관의 직권사항일 뿐 아니라 경합하는 여러 개의 감정결과 중 어느 것을 신뢰하느냐 여부도 기본적으로 법관의 자유심증에 달려 있으나[1] 동일한 감정사항에 대하여 2개 이상의 감정기관이 서로 모순되거나 불명료한 감정의견을 내놓고 있는 경우 각 감정기관에 대하여 감정서의 보완을 명하거나 증인신문 혹은 사실조회 등의 방법을 통하여 정확한 감정의견을 밝히도록 하는 등 적극적인 조치를 강구하여야 한다.[2] 아울러 배척하는 감정결과에 대해서는 그 이유를 개략적으로나마 판결문에서 설시하는 것이 필요하다고 판단된다.[3]

4. 중재감정계약과 사감정(私鑑定)

(1) 중재감정계약

중재감정계약은 계약 초기 단계부터 계약의 일부분을 정하지 않고 제3자의 판단에 일임하는 권리형성형 중재감정계약이 있는 반면(매매대금은 제3자의 중재감정에 따른다는 약정), 법률관계의 특정 내용을 판명하거나 확정할 수 없는 경우에 중재감정인이 이를 해명하거나 확정하는 사실확정형 중재감정계약이 있다(기성고에 따른 공사대금을 제3자의 중재감정에 따른다는 약정). 전자는 계약의 내용을 이루는 실체법적인 계약임이 분명한 반면 사실확정형 중재감정계약에 대해서는 견해의 대립[4]이 있으나, 우리나라의 통설과 판례는 이를 소송상의 증거계약으로 파악하고 있다. 한편, 이러한 중재감정결과가 당사자와 법원을 구속하는가 여부가 문제되는데 특히 중재감정결과가 신빙성이 없는 경우에 법원이 이를 변경할 수 있는지 문제된다. 이를 증거계약의 일종으로 보는 한 중재감정 절차가 약정내용과 명백히 다르거나 그 결과가 객관적으로 신뢰할 수 없는 명백한 사정이 있는 경우에는 법원은 중재감정결과에 구속될 필요는 없으며 다른 증거를 통해 사실인정을 할 수 있다고 본다. 판례 역시 동일한 입장을 취하고 있다.[5]

(2) 사 감 정

소송실무에서는 당사자가 감정절차에 의하지 않고 일방적으로 해당 분야의 전문가에게 감정을 의뢰하여 그 결과를 서면증거로 법원에 제출하는 경우가 적지 않게 이루어지고 있다(교통사고 원인분석, 신체감정. 토지가격 감정 등). 이를 정식의 감정과 구분하기 위해 사감정이라는

---

1) 大判 2002. 9. 24. 2002다30275; 大判 2019. 10. 31. 2017다204490,204506.

2) 大判 2023. 4. 27. 2022다303216.

3) 大判 1989. 6. 27. 88다카14076에서는 경험칙이나 논리법칙에 위배되지 않는 한 적법하고 어느 감정결과를 채용하고 그 나머지를 배척하는 이유를 구체적으로 명시할 필요가 없다는 입장이다. 그러나 감정결과의 선택이 경험칙이나 논리법칙에 위배되는지 여부를 확인하기 위해서는 그 이유 설시가 개략적으로나마 반드시 필요하다.

4) 상세한 내용은 문일봉, "중재감정의 구속력배제와 법원의 조처", 인권과 정의 230호, 102면 이하 참조.

5) 大判 2011. 11. 24. 2011다9426 및 大判 2007. 4. 12. 2004다39467. 이와 반대되는 취지로는 伊藤 眞, 353면 참조.

용어를 사용하고 있다. 판례는 이를 서증으로 취급하여 사실인정의 자료로 할 수 있다는 입장을 확고히 하고 있다.[1] 그러나 사감정의 객관성을 담보하기 어렵다는 점, 경제적 우위에 있는 당사자에게 절대적으로 유리하다는 점, 정식의 감정절차를 훼손할 수 있다는 점에서 사감정을 증거방법으로 취급하기보다는 당사자의 주장으로 평가하거나 정식의 감정결과를 보충하는 의견으로 취급하는 것이 바람직하다. 다만 상대방이 증거방법으로 하는 데 이의가 없는 경우에는 증거방법으로 취급하는 것이 가능하다고 볼 것이다.

Ⅳ. 서 증

1. 서증과 문서의 의의

(1) 서증이란 문서를 열람하여 그 기재 내용을 증거자료로 하기 위한 증거조사를 일컫는다(실무에서는 흔히 "서증조사"라는 표현을 쓴다). 문서의 증명력이 상대적으로 매우 높으므로 정치한 법 규정을 통해 증거조사를 실시하고 있다. 과거에는 서증의 대상이 주로 종이문서에 국한되었으나 현대에 들어서는 종이문서의 기능이 축소되고 전자문서가 보편적으로 사용되고 있을 뿐 아니라 전자소송 시대가 전개됨에 따라 서면증거 및 서증의 의미와 방법도 변화할 시점을 맞이하게 되었다.

(2) 문서란 문자나 기호, 부호 등을 통해 작성자의 일정한 사상이 표현된 종이나 기타 유형물을 의미한다. 작성자의 사상이 표현되어야 한다는 점에서 악보나 문패 등은 문서로 볼 수 없다. 반면 기호나 부호로 거북껍질에 기재된 것도 문서로 볼 수 있다. 종이에 문자로 기재된 것이라 하더라도 증거조사의 목적이 그 의미와 내용을 증거자료로 하기 위한 것이 아니라 문서의 외형이나 존재자체를 증거자료로 할 때는 검증의 대상이 될 뿐이다. 따라서 문서가 위조되었다는 취지로 제출된 위조문서는 검증의 대상일 뿐 서증의 대상이라고 볼 수 없다.[2]

2. 문서의 종류

(1) 공문서와 사문서

공문서는 공무원이 직무상 작성한 문서를 말한다. 공증권한이 있는 자가 작성한 문서를

---

1) 大判 1965. 10. 26. 65다1660; 大判 2002. 12. 27. 2000다47361 등. 한편, 大判 2006. 5. 25. 2005다77848에서는 법원이 감정인을 지정하고 그에게 감정을 명하면서 착오로 감정인으로부터 선서를 받는 것을 누락함으로 말미암아 그 감정인에 의한 감정 결과가 증거능력이 없게 된 경우라도, 그 감정인이 작성한 감정 결과를 기재한 서면이 당사자에 의하여 서증으로 제출되고, 법원이 그 내용을 합리적이라고 인정하는 때에는, 이를 사실인정의 자료로 삼을 수 있다고 한다. 한편, 문일봉, "중재감정의 구속력배제와 법원의 조처", 109면에서도 사감정을 서면증거로 증거평가하는 것에 원칙적으로 찬성하고 있다. 그러나 증명력 평가에 신중을 기할 것을 요구하고 있다.

2) 大判 1991. 5. 28. 90다19459.

공정증서라고 하는데 일정한 요건 하에 집행력을 갖는다. 공무원이 작성하더라도 직무 외의 문서를 작성한 경우는 공문서로 볼 수 없다. 한편 공문서 외의 문서를 사문서라고 하는데 양자를 구분하는 이유는 공문서는 그 성립의 진정이 추정되지만(356조 1항) 사문서는 진정한 것임을 당사자가 증명하여야 한다는 점(357조)에서 큰 차이가 있기 때문이다. 예를 들어, 법원의 접수인이 찍힌 소장의 경우 접수인은 공문서이므로 진정성립이 추정되지만 나머지 서면 내용은 사문서이므로 당사자가 진정성립을 증명하여야 한다. 따라서 하나의 문서에 공·사문서가 병존하는 경우에는 공문서 부분의 진정성립이 인정된다고 하여 바로 사문서 부분 자체의 진정성립이 추정되거나 인정될 수는 없으며1) 상대방은 각각 별개로 인부(認否)하는 것이 통례이다.

(2) 처분문서와 보고문서

1) 증명의 대상이 되는 법률행위, 의사표시 등 처분행위가 문서로써 이루어진 경우 당해 문서를 처분문서라고 한다. 계약서, 유가증권, 행정처분 통지서 등을 대표적으로 들 수 있다. 보고문서는 이와 달리 문서작성자의 경험, 판단, 사실 등을 기재한 것으로서 상업장부, 호적부, 진단서 등을 대표적으로 들 수 있다. 처분문서의 경우는 진정성립이 인정되면 처분행위가 있었음이 당연히 인정될 수 있으므로(실질적 증명력의 인정) 보고문서와의 구별 실익이 있다.

2) 판결서는 판사의 처분(의사표시)을 담은 처분문서이므로 언제 어느 법원에서 어떤 판결이 선고된 바 있음을 나타내는 것에 그쳐야 한다. 그런데 판결에는 그러한 처분에 이르게 된 과정과 사실판단 역시 담기게 마련인데 이러한 판단(judgment) 내용을 보고문서적인 것으로 보아서 사실에 대한 증명자료로 활용할 수 있다는 것이 대법원의 일관된 입장이다.2)

(3) 원본과 사본 등

1) 법원에 문서를 제출하거나 보낼 때에는 원본, 정본 또는 인증이 있는 등본으로 하여야 한다(355조 1항). 원본이라 함은 문서 작성자가 일정한 사상을 표현하기 위해 작성한 문서 그 자체를 의미한다. 원본을 그대로 전사(轉寫)한 것을 사본이라 하며 그 중 일부를 발췌한 것을 초본이라고 한다. 한편 원본의 존재와 내용을 증명하기 위해 공무원이 사본한 것을 등본이라고 하는데 그 중 등본이라는 인증문언을 기재한 것을 인증등본이라고 한다. 한편, 사본 중에서 원본과 동일한 효력을 갖도록 관계공무원이 "정본임"을 확인한 문서를 정본이라고

---

1) 大判 2018. 4. 12. 2017다292244.
2) 大判(全) 1980. 9. 9. 79다1281 및 大判 2010. 9. 30. 2009다76195,76201 등 참조. 79다1281 사건의 소수의 견은 다수의견과 같이 판결서에 실질적 증거력을 인정한다면 제2심인 항소심은 제1심의 판결서만을 검토하고 제1심의 사실인정이 잘 되었다고 판단해서 항소기각 판결을 할 수 있고 제3심인 상고심도 또한 제1, 2심의 판결서들만을 검토한 후 사실 인정이 잘 되었다고 판단해서 상고기각의 판결을 할 수 있다는 불합리한 결과가 나온다고 비판하고 있다.

한다. 예를 들어, 판결서 원본은 법원의 소송기록에 편철하여야 하므로 당사자에게는 판결서 정본을 송달하게 되는데(210조 2항) 판결서 말미에 "정본임"표시를 하게 된다.

2) 사본에 의한 증거제출은 부적법하지만 원본의 존재와 진정성립에 다툼이 없고 사본을 원본의 대용으로 하는 데 상대방의 이의가 없는 경우에만 법 제151조에 따른 이의권의 상실을 통해 적법한 증거신청이 된다.[1] 그러나 원본을 분실하여 부득이 사본을 제출하는 경우가 있는데 상대방이 그 원본의 존재나 그 진정성립에 대해 이의를 제기함으로써 원본 제출 효과는 없어지게 되며 단지 그와 같은 내용의 사본이 존재한다는 것을 의미하는 것에 그친다.[2] 다만 사본을 제출하는 측에서 사본과 같은 원본이 존재하고 진정하게 성립한 것을 별도의 증거를 통해 증명하면 원본을 제출하는 것과 동일한 효과를 얻어낼 수 있다.[3] 따라서 당사자가 원본 대신 사본을 제출하는 경우에는 원본에 갈음하는 사본인지[4] 혹은 원본이 없어 사본 자체를 증거방법으로 제출하는 것인지를 석명을 통해 분명히 해야 한다.[5]

3. 문서의 증거능력과 증명력

(1) 증거능력

문서의 증거능력과 증명력에 대해서 우리 법에 명문의 규정은 없으나 독일의 영향을 받아 증명력을 형식적 증명력과 실질적 증명력으로 구분하고 있을 뿐 증거능력에 대해서는 자세한 논의가 없다. 위조된 문서[6]나 사후에 작성된 문서,[7] 사본인 문서 등에도 증거능력을 인정하는 것이 판례의 입장이다.

(2) 문서의 형식적 증명력

1) 어떤 문서가 증거방법으로서 법원에 제출되면 법원은 일단 당해 문서가 작성명의자에 의해서 작성된 것인지 확인하고 다음으로는 작성명의자의 완전한 의사를 담고 있는지 확

---

1) 大判 2002. 8. 23. 2000다66133.

2) 大判 1992. 4. 28. 91다45608; 大判 2023. 6. 1. 2023다217534.

3) 大判 2023. 6. 1. 2023다217534; 大判 2002. 8. 23. 2000다66133 등에서는 사본에 대한 서증 신청 당사자가 문서 원본을 분실하였다든가, 선의로 이를 훼손한 경우, 문서제출명령에 응할 의무가 없는 제3자가 해당 문서의 원본을 소지하고 있는 경우, 원본이 방대한 양의 문서인 경우 등 원본 문서의 제출이 불가능하거나 곤란한 상황에서는 원본을 제출할 필요가 없지만, 서증 신청당사자가 원본을 제출하지 못하는 것을 정당화할 수 있는 구체적 사유를 주장·증명하여야 한다고 한다.

4) 재판실무상으로는 원본 보관의 어려움으로 인해 문서의 사본을 제출하는 것이 일반적이다. 이 경우 문서의 내용 전부를 복사하여야 하며 문서 사본에 원본과 다름이 없다는 취지를 적고 기명날인 혹은 서명하여야 한다(민규 107조 1항).

5) 大判 1996. 3. 8. 95다48667.

6) 大判 1972. 9. 29 72다1103. 위조된 문서라고 제출하는 경우에는 大判 1991. 5. 28. 90다19459 참조.

7) 소 제기 후 소송당사자에 의하여 작성된 사문서는 증거능력이 없다는 판례가 주류를 이루었으나(大判 1959. 5. 7. 4291민상29,30 등) 大判 1964. 9. 8. 64다315 이후에는 증거능력을 인정하고 있다.

인해야 한다. 작성명의자의 문서라 하더라도 상대방이나 타인의 강요에 의해서 문서가 작성
될 수도 있을 뿐 아니라 작성 후에 변조되어 작성명의자의 완전한 의사를 반영하지 못할 수
있기 때문이다. 이를 포괄해서 문서의 진정성립의 문제 혹은 형식적 증명력의 문제로 취급해
왔다.[1] 그러나 형식적 증명력을 갖춘 문서라 하더라도 당해 문서가 요증사실을 어느 정도
증명할 수 있는가의 문제는 별개로서 이는 법관의 자유심증에 달려 있다. 이러한 실질적인
증거가치를 실질적 증명력이라고 한다.

　　2) 형식적 증명력은 증거의 실질적 증명력을 논함에 있어 전제사실이 된다(이시, 512면). 이
는 진정성립이 인정되지 않는 문서를 토대로 심증형성을 할 수 없다는 의미로 파악되는데 결
국, 형식적 증명력은 증거능력 개념으로 포섭되어야 하는 개념이다. 따라서 문서가 위조되거
나 변조 혹은 강요나 협박에 의해 본인의 의사에 반해서 작성된 것이라면 이는 증거능력이 없
는 증거로서 배척되는 것이 타당한데 우리는 형식적 증명력의 개념으로 다루고 있을 뿐이다.

　　3) 증거능력이 없는 증거는 증거조사를 하지 않아야 하지만 당해 문서가 위조나 변조되
었는지 여부는 증거조사 과정을 거쳐서 밝혀지는 것이 일반적이므로 부득이 일련의 증거조
사 과정을 거칠 수밖에 없다. 결국, 배심원이 아닌 전문법관이 사실인정을 하는 제도 하에서
는 문서의 증거능력 유무나 실질적 증명력 유무를 판단하는 과정이 혼재하게 된다. 따라서
법관은 형식적 증명력 내지 증거능력이 없는 증거라고 밝혀진 증거를 통해 심증이 형성되는
것을 스스로 저지해야 하는 임무도 부담하게 된다.

(3) 문서 성립의 인부와 구속력

　　1) 법 규정 등에서 명시적으로 증거능력을 제한하는 경우와 달리 당사자는 인부절차를
통해 문서의 진정성립 여부에 대한 의견진술을 하게 된다. 문서의 진정성립을 문서 제출자의
상대방이 인정하는 경우에는 굳이 형식적 증명력 유무에 대한 증거조사를 진행할 필요가 없
기 때문이다. 한편, 현재 재판실무에서는 모든 문서에 대해 인부절차를 거칠 필요는 없다는
입장이다. 따라서 법률행위에 관한 처분문서와 같은 중핵적 증거가치를 갖는 문서(소위 필요적
인부문서)에 대해서만 인부절차를 하도록 하고 있다[사건예규 13조 나(1)].[2] 아울러 서증에 관한
증거조사 과정에서 인부를 누락하여 증거조사를 다하지 아니한 흠이 발생하지 아니하도록
석명권 행사 등의 적절한 조치를 통하여 필요적 인부 문서에 해당하는지 여부를 명백히 밝
혀야 한다[사건예규 13조 나(2)].

　　2) 문서 제출자의 상대방은 제출된 문서에 대해 부인, 부지, 침묵, 성립인정 등 크게 네
가지의 형태로 인부를 할 수 있다. 상대방이 부인하거나 부지로써 다툰 경우에는 문서제출자

---

　1) 전자의 문제를 진정성립의 문제로, 후자의 문제를 형식적 증명력의 문제로 구분해서 접근하는 견해도 있
　　다(정선주, "문서의 증거력", 민사소송 제3권, 252면 이하).
　2) 사건관리방식에 관한 예규(재일 2001-2, 2023. 9. 14. 개정 2023. 10. 19. 시행) 13(나) 참조.

는 문서의 진정성립을 증명하여야 한다. 상대방은 인부의 대상이 되는 문서가 자신의 명의로 되어 있는 경우에는 부지로써 다투지 못하며 부인을 하거나 성립인정을 하여야 한다. 나아가 부인을 할 수 있는 경우에도 부인의 이유를 명시하도록 함으로써 단순부인의 형태를 지양하고 있다(민규 116조).

3) 상대방이 침묵하거나 성립인정을 하게 되면 진정성립을 위한 별도의 증거조사는 요구되지 않는다. 문서의 진정성립에 대한 자인은 주요사실이 아닌 보조사실에 대해 자인하는 것이므로 취소나 철회가 자유로운 것이 원칙이다. 그러나 판례는 이 경우에도 주요사실의 자백취소와 동일하게 처리하여야 한다는 입장이며[1] 나아가 인영의 진정성립에 대해서도 동일한 논리를 적용하고 있다.[2] 판례의 취지는 문서의 인부를 신중하게 함으로써 절차의 안정과 촉진을 도모하려는 것으로 판단되나 문서의 종류를 처분문서로 제한하지 않고 있는 점, 아무런 법적 근거 없이 보조사실에 대한 자인에 대해 자백의 법리를 적용하는 점 등에 있어 설득력이 다소 떨어진다.[3]

4) 상대방이 부인을 하거나 부지를 하게 되는 경우 문서의 진정성립 여부 판단을 위한 몇 가지의 방법을 규정하고 있다. ① 우선 필적이나 인영을 대조하여 증명할 수 있다(359조). 이를 위해 대조용 문서에 대한 제출을 강제할 수 있는 근거를 마련하고 있으며 상대방에 대해서는 대조용 문서를 손수 써야 하는 의무를 부과하고 있다(361조). 한편, 인영의 대조는 사실심인 원심법원의 자유심증에 속하는 사항으로서 문서작성자의 인영과 문서의 인영이 동일하다고 인정할 때에는 특별한 사정이 없는 한 문서의 진정성립을 인정할 수 있으며, 이 경우 법원은 반드시 감정으로써 인영의 동일 여부를 판단할 필요가 없고 육안에 의한 대조로써도 이를 판단할 수 있다.[4] ② 두 번째는 증인의 증언에 의하여 그 진정성립을 인정하는 것이 가능하다. 이 경우 그 신빙성 여부를 판단함에 있어서는 증언 내용의 합리성, 증인의 증언 태도, 다른 증거와의 합치 여부, 증인의 사건에 대한 이해관계, 당사자와의 관계 등을 종합적으로 검토하여야 한다.[5]

---

1) 大判 1967. 4. 4. 67다225.
2) 大判 2001. 4. 24. 2001다5654. 판례는 명시적으로 근거를 제시하지 않고 있는데 구속력을 인정하는 견해는 ① 문서의 성립의 진정은 실체적 권리관계의 존부를 판단하기 위한 주요사실과는 독립적인 입증대상이라는 점, ② 처분문서는 그의 성립의 진정이 직접적으로 법률관계의 존부판단과 결부된다는 점, ③ 문서의 성립의 진정에 관한 추정규정(356조, 358조)이 있다는 점 및 ④ 처분문서는 증서의 진정여부를 확인하는 소(250조)의 대상이 된다는 점 등에서, 그 중요성에서 주요사실에 근접하다는 점을 이유로 자백의 성립을 긍정한다(피정현, "재판상 자백의 성립요건으로서의 자백의 대상", 비교사법 38호(2007), 1151면 참조).
3) 판례의 입장이 처분문서에 대해서만 자백의 법리를 적용하는 것인지는 불분명하다. 판시 내용으로는 그러한 제한을 명시적으로 하고 있지 않기 때문이다. 그러나 문제가 된 대부분의 사건이 처분문서를 대상으로 하고 있는 점은 분명하다. 大判 1988. 12. 20. 88다카3083에서는 위임장이, 大決 1990. 3. 9. 89다카21781에서는 매도증서가, 위 2001다5654에서는 보증보험약정서 등에 대한 진정성립이 각각 문제되었기 때문이다.
4) 大判 1991. 10. 11. 91다12707.
5) 大判 2016. 10. 27. 2014다72210.

5) 당사자나 대리인이 고의나 중대한 과실로 진실에 어긋나게 문서의 진정을 다툰 때에는 과태료의 제재를 받을 수 있다(363조). 문서의 진정성립을 의도적으로 부인하거나 부지로써 다투게 되면 그에 대한 증명을 위해 많은 시간과 노력이 소요되므로 이에 대한 제재를 통해 절차의 촉진을 도모하고자 하는 취지에서 비롯된 것이다.

(4) 진정의 추정과 반증

공문서와 사문서의 진정성립에 관해서는 아래와 같이 법에서 추정 규정을 두고 있다. 이와 같은 추정은 전제사실을 통한 법률상 추정이 아니라 증거법칙적 추정에 불과하므로 실질적으로는 사실상 추정에 해당되어 상대방은 반증을 들어 진정성립 여부를 다툴 수 있다(같은 견해로는 이시, 510면; 정/유/김, 610면).[1] 반면, 반대사실의 증명을 통해서만 번복할 수 있다는 견해도 있다(김/강, 526-527면; 김/홍, 648면).

1) 공문서의 진정 추정   법은 공문서와 사문서를 구분하여 일정한 요건 하에 진정의 추정을 하고 있다. 즉 문서의 작성방식과 취지에 의하여 공무원이 직무상 작성한 것으로 인정된 때에는 진정한 공문서로 추정하고 있다(356조 1항). 사문서와 달리 작성명의나 인영 등을 보는 것이 아니라 작성방식과 취지를 통해 진정성립을 추정하고 있는 것이다. 공문서가 진정한지 의심스러운 때에는 법원은 직권으로 해당 공공기관에 조회할 수 있으며 외국의 공공기관이 작성한 것으로 인정한 문서에도 동일한 법리가 적용된다(356조 2항, 3항). 따라서 제출된 외국의 공문서가 진정한 공문서로 추정되기 위하여는 제출한 문서의 방식이 외관상 외국의 공공기관이 직무상 작성하는 방식에 합치되어야 하고, 문서의 취지로부터 외국의 공공기관이 직무상 작성한 것이라고 인정되어야 한다.[2] 법원이 외국의 공공기관이 직무상 작성하는 방식을 알 수 없는 경우가 대부분이므로 이러한 요건이 충족되는지를 심사할 때 공문서를 작성한 외국에 소재하는 대한민국 공관의 인증이나 확인을 거치는 것이 바람직하다.[3] 그러나 공문서 추정 역시 증거법칙적 추정에 불과하므로 위조 또는 변조 등 특별한 사정이 있다고 볼 만한 반증이 있는 경우에는 위와 같은 추정은 깨어진다.[4]

2) 사문서의 진정 추정 규정

① **완성문서에 대한 2단계 추정**   사문서의 경우는 진정한 것임을 증명하여야 한다는

---

1) 이를 사실상의 추정을 명문화한 것이라는 견해가 있는 반면(강, 572면) 문서의 진정성립의 추정은 법률상의 추정으로 보아야 한다는 견해(정선주, "문서의 증거력", 민사소송 제3권, 258면; 호, 562-563면)도 있다. 그런데 공문서의 진정 성립 추정과 관련하여 이를 법률상의 추정으로 보면서도 상대방은 반증으로 추정을 번복할 수 있다고 하는 견해도 있다(호, 561면).

2) 大判 2016. 3. 10. 2013두14269.

3) 그러나 판례는 자유심증에 따라 판단할 문제이므로 다른 증거와 변론 전체의 취지를 종합하여 인정할 수도 있다고 한다(大判 2016. 12. 15. 2016다205373).

4) 大判 2018. 4. 12. 2017다292244.

규정(357조)을 두면서도 본인이나 대리인의 서명, 날인, 혹은 무인이 있는 경우에는 진정한 것으로 추정을 하고 있어(358조) 공문서와 달리 제한적인 추정을 받고 있다(이시, 510면). 따라서 사문서의 경우는 문서에 날인된 작성명의인의 인영이 작성명의인의 인장에 의하여 현출된 인영임이 인정되는 경우에는 특단의 사정이 없는 한 그 인영의 성립 즉 날인행위가 작성명의인의 의사에 기하여 이루어진 것으로 추정되고(1단계 추정), 인영의 진정성립이 추정되면 민사소송법 제358조의 규정에 의하여 완성문서로서의 문서전체의 진정성립까지 추정된다(2단계 추정).[1]

② 1단계 추정과 복멸 　 　 1단계 추정은 사실상 추정에 해당하므로[2] 인영이 진정한 경우라 하더라도 날인행위가 작성명의인 이외의 자에 의하여 이루어진 것임이 반증을 통해 밝혀진 경우에는 1단계 추정은 깨어지게 된다. 따라서 날인행위가 작성명의인의 의사에 기해서 이루어지지 않았다는 사실에 대해 법원으로 하여금 의심을 품게 할 정도의 것으로 족하며 이로써 인영의 진정을 통한 진정성립의 추정은 깨어진다.[3]

③ 2단계 추정의 법적성격과 복멸 　 　 인영의 진정성립이 인정되면 법 제358조에 따라 문서전체의 진정성립이 추정되지만 상대방은 당해 문서가 작성명의인의 의사에 반해서 혹은 작성명의인에 의사에 기하지 않고 작성되었다는 사실들을 증명함으로써 이러한 추정을 깰 수 있다. 이러한 법 제358조의 추정을 법률상의 추정으로 보는 견해(호, 562면) 혹은 증거법칙적 추정이기는 하나 반증이 아닌 본증으로 추정력을 깰 수 있다는 견해(김홍, 658-659면) 등이 있다. 이를 사실상 추정이라고 본다면 구태여 법 규정을 둘 필요가 없었다는 것을 근거로 들고 있다. 그러나 법 제358조에 따른 추정은 전제사실을 통해 어떤 사실을 추인하는 과정을 담고 있는 것이 아니라(즉 실체법상의 요건사실과는 무관하다) 증거법칙을 소송법에서 선언하고 있는 것에 불과하다. 따라서 유사적 추정의 일종으로서 사실상 추정과 마찬가지로 반증을 통해 복멸이 가능하다고 보아야 한다.[4] 판례는 이 부분에 있어 혼선을 나타내고 있다. 우선, 반증을 통해 번복이 가능하다는 입장,[5] 혹은 간접반증 등의 증거가 필요하다거나[6] 혹은 그 문서가 작성명의인의 의사에 반하여 혹은 작성명의인의 의사에 기하지 않고 작성된 것이라는 것은 그것을 주장하는 자가 적극적으로 입증하여야 하고 이 항변사실을 입증하는 증거의 증명력은 개연성만으로는 부족하다는 취지의 판시를 한 바 있다.[7] 본증을 통한 증명의 정도는

---

1) 大判 1982. 8. 24. 81다684.

2) 大判 2013. 8. 22. 2012다94728.

3) 大判 1997. 6. 13. 96재다462; 大判 2013. 8. 22. 2012다94728 등에서도 인영의 진정성립을 다투는 자는 반증을 들어 그 진정성립의 추정을 깨뜨릴 수 있는 사정 등을 적극적으로 입증하여야 한다고 판시하였다.

4) 大判 2014. 9. 26. 2014다29667.

5) 大判 2011. 11. 10. 2011다62977.

6) 大判 2003. 4. 11. 2001다11406; 大判 2021. 9. 30. 2019다245457.

7) 大判 1987. 12. 22. 87다카707; 大判 1997. 6. 13. 96재다462; 大判 2008. 11. 13. 2007다82158.

아니지만 반증 이상의 것이 필요하다는 의미로 파악은 되는데 그러한 위치 설정이 가능한
것인지 의문이다. 입장을 분명히 정리해야 할 것이다.

④ 미완성문서(백지문서)와 진정추정   문서의 교부 당시 작성명의자의 날인만 되어
있는 백지문서를 타인이 보충한 경우에도 진정추정 규정의 적용을 받을 것인지에 대해서는
견해의 대립이 있다. 판례는 문서제출자인 원고 스스로 피고로부터 날인만 받은 채 보관하고
있던 백지위임장 등을 원고 소송대리인에 의해서 백지부분이 보충된 것이라는 것을 인정하
고 있는 사안에서 이 경우 원고는 스스로 정당한 권원에 의해서 백지가 보충된 것임을 증명
해야 한다고 판시하였다.[1] 이에 대해 백지 날인 문서를 교부한 것이 사실이라면 보충권의
수여도 있는 것으로 보아 진정성립을 추정하는 것이 타당하다는 반론이 있다(이시, 511면). 그
러나 인영의 진정을 통한 추정은 반증으로 번복될 수 있는 약한 것이므로 타인이 내용을 보
충한 백지문서에까지 추정의 범위를 확대하는 것은 균형이 맞지 않는다는 측면에서 판례의
입장이 타당하다고 생각된다.

⑤ 위조·변조의 항변   i) 문서가 위조되었다는 증거항변이 제출되면 법원으로서는
우선, 인영이 항변제출자의 것인지 여부를 석명한 후 그 성립의 진정을 증명하도록 하여야
한다. 만일, 인영이 항변제출자 자신의 것이라고 한다면 일단 문서의 진정성립이 추정되므로
항변제출자는 반증을 통해 그 추정을 복멸해야 하지만 인영 자체도 항변제출자의 것이 아니
라고 주장한다면 문서제출자는 처음부터 성립의 진정을 증명해야 한다.

ii) 문서가 변조되었다는 항변은 문서의 진정성립은 인정하되 문서의 일부 내용이 작성
자의 의사에 반해서 변경되었다는 증거항변이다. 따라서 이를 주장하는 항변제출자가 이러한
사실을 증명해야 한다.[2]

(5) 실질적 증명력(증거력)

서증은 문서에 표현된 작성자의 의사를 증거자료로 하여 요증사실을 증명하려는 증거조
사절차이므로 우선 그 문서가 거증자에 의하여 작성자로 주장되는 자의 의사에 의하여 작성
된 것임이 밝혀져야 하고, 이러한 형식적 증거력이 인정되지 아니하면 이를 증거로 쓸 수 없
게 된다(이러한 차원에서 증거능력 개념의 기능을 수행한다고 할 수 있다). 그 형식적 증거력이 인정된
다음 비로소 작성자의 의사가 요증사실의 증거로서 얼마나 유용하느냐에 관한 실질적 증명
력을 판단하여야 한다.[3] 문서의 실질적 증명력은 법관의 자유심증에 달려있으므로 당사자가
개입할 여지는 없다. 통상은 보고문서와 처분문서를 구분하여 실질적 증명력을 설명하는 것
이 일반적이다.

---

1) 大判 1988. 4. 12. 87다카576; 大判 2003. 4. 11. 2001다11406.
2) 大判 1995. 11. 10. 95다4674.
3) 大判 2015. 11. 26. 2014다45317.

1) 처분문서　① 법원은 특별한 사정이 없는 한 진정하게 작성된 처분문서에 기재된 의사표시의 존재 및 내용을 인정하여야 한다.[1] 당해 문서를 통해 의사표시가 이루어졌을 것이라는 강력한 사실상의 추정이 인정되기 때문이지만 추정의 범위는 기재된 의사표시의 존재와 내용에 국한되며 반증을 통해 추정을 복멸하는 것 역시 가능하다. 한편, 진정성립이 인정되는 처분문서를 배척하고 이를 증거원인으로 하지 않는 경우는 다소 이례적인 일이므로 이에 합당한 이유[2]가 있어야 하며 아울러 이를 판결이유에서 설시하여야 한다.[3]

② 처분문서가 부동문자로 기재되어 있는 경우에는 주의를 요한다. 이것이 약관에 해당하는 경우에는 약관규제에 관한 법률의 적용을 받게 되기 때문이다. 하지만 개인 대 개인의 계약체결의 경우에도 부동문자로 되어 있는 계약서 등을 사용하는 경우에는 소위 예문해석 이론에 따라 처분문서의 실질적 증거력을 파악하는 것이 합리적이다. 즉 부동문자로 된 계약 내용이 일방에게 불리하고 일견 불합리한 경우에는 당사자의 의사를 고려해서 그 계약 내용의 의미를 파악하고 그것이 예문에 불과한 것인지의 여부를 판단하여야 한다.[4]

2) 보고문서　보고문서에는 법적인 처분을 담은 의사표시는 없고 단지 작성자의 관찰이나 인식이 담겨 있을 뿐이므로 진정성립이 인정된다고 하여 어떤 법적인 효과가 직접 발생하는 것은 아니다. 따라서 보고문서를 신뢰할지 여부는 법관의 자유심증에 달려있다. 그러나 보고문서라 하더라도 인증(人證)보다는 서면증거에 높은 증명력을 인정하는 실무의 관행을 볼 때 진정성립이 인정된 보고문서를 배척하는 경우는 드물다. 더구나 판례는 보고문서인 공문서에 높은 증명력을 부여하는 경향이 강하다.[5]

---

1) 大判 2016. 10. 27. 2014다72210; 大判 2018. 7. 12. 2017다235647; 大判 2019. 2. 14. 2018다275727; 大判 2019. 9. 10. 2017다291586. 한편 대법원은 당사자 사이에 계약의 해석을 둘러싸고 이견이 있어 처분문서에 나타난 당사자의 의사해석이 문제 되는 경우에는 문언의 내용, 약정이 이루어진 동기와 경위, 약정으로 달성하려는 목적, 당사자의 진정한 의사 등을 종합적으로 고찰하여 논리와 경험의 법칙에 따라 합리적으로 해석하여야 하며 이 경우 문언의 객관적인 의미가 명확하다면, 특별한 사정이 없는 한 문언대로 의사표시의 존재와 내용을 인정하여야 한다고 판시해 오고 있다(大判 2005. 5. 27. 2004다60065; 大判 2019. 10. 17. 2018두60588).

2) 다른 증거를 통해 볼 때 처분문서 기재 내용의 의사표시가 있다고 보기 어려울 때, 혹은 객관적인 사실관계에 부합하지 않는 경우 등을 예로 들 수 있다.

3) 大判 1967. 1. 31. 66다2122.

4) 大判 1997. 11. 28. 97다36231. 또한, 근저당권설정계약서가 부동문자로 인쇄된 일반거래약관의 형태를 취하고 있다고 하더라도 이는 처분문서이므로 진정 성립이 인정되는 때에는 특별한 사정이 없는 한 계약서의 문언에 따라 의사표시의 내용을 해석하여야 하나, 근저당권설정계약 체결의 경위와 목적, 피담보채무액, 근저당권설정자와 채무자 및 채권자와의 상호관계 등 제반 사정에 비추어 당사자의 의사가 계약서 문언과는 달리 일정한 범위 내의 채무만을 피담보채무로 약정한 취지라고 해석하는 것이 합리적이라고 인정되는 경우에 당사자의 의사에 따라 담보책임의 범위를 제한할 수 있다고 판시한 바 있다(大判 2017. 7. 18. 2015다206973).

5) 大判 2015. 7. 9. 2013두3658,3665 참조. 법원은 공증문서, 토지대장이나 임야대장과 같은 지적공부는 물론 확정한 민·형사판결서에서 인정된 사실에 대해서는 높은 증명력을 인정하고 있다. 그러나 민사재판에서 제출된 다른 증거 내용에 비추어 형사판결의 사실판단을 그대로 채용하기 어렵다고 인정될 경우에는 이를 배

3) 등기추정력 문제　　　　판례는 등기명의자에게 권리추정을 인정하고 있다.[1] 등기에 공신력을 인정하지 않고 있을 뿐 아니라 명문의 법 규정 없이 권리추정을 하는 것은 문제가 있다는 견해도 있으나 등기명의자가 진정한 권리자일 개연성이 높다는 점, 권리추정을 통해 증명책임을 분배하는 것이 보다 용이하게 소송을 진행할 수 있다는 점 등을 들어 이를 지지하는 견해도 있다.[2] 나아가 판례는 상업등기부, 토지대장,[3] 임야대장, 토지사정원부 등의 기재에 대해서도 강한 추정력을 인정하고 있으나 이는 사실상의 추정[4]에 머문다.

4. 서증절차

서증의 신청은 원칙적으로 소지한 문서를 제출하거나 소지한 사람이 문서제출의무를 부담하고 있는 경우에는 그것을 제출하도록 명할 것을 신청하는 방식에 의한다(343조, 344조 등). 그러나 문서를 소지한 사람이 제출할 의무가 없는 경우에는 문서송부촉탁을 하거나 이것이 어려운 경우에는 문서가 소재한 장소에서 서증을 실시한다. 서증신청은 증거조사 신청에 해당하지만 문서를 소지하고 있지 않은 경우에는 증거수집수단의 일환으로 작용하기도 한다. 특히 문서제출명령의 신청은 서증신청이 아니라 주요한 증거수집수단[5]의 하나라고 할 수 있기 때문이다.

(1) 소지한 문서의 직접제출

1) 당사자가 당해 서면증거를 보관하고 있는 경우에는 이를 직접 법원에 제출하는 방법으로 서증 신청을 하게 되는데 이때 당사자는 서면증거의 원본, 정본 또는 인증 있는 등본을 제출하여야 한다(355조 1항). 실무상으로는 편의상 문서의 사본을 제출하는 것이 일반적이지만 이 경우도 증거조사의 신청 대상은 여전히 원본이다(원본 대용 사본의 제출). 그러나 상대방이 원본존재와 진정성립을 인정하면 이의권의 포기로 간주하여 사본에 의한 증거신청은 적법하게 된다.[6] 만일 서증신청자가 사본 자체를 원본으로 하여 제출하는 경우에는 문제가 다르다. 즉 이 경우 사본은 독립한 증거조사의 대상이 되지만 별도의 증거를 통해 사본과 동일한 원본이 존재하고 이것이 진정하게 성립된 것임이 증명되어야 한다.[7] 만일 사본 제출자가 이를

척할 수 있음은 당연하다(大判 2022. 7. 28. 2019다202146).

1) 大判 1979. 6. 26. 79다741.
2) 백현기, "등기의 추정력", 재판자료 26집, 104~105면 참조,
3) 大判 2015. 7. 9. 2013두3658,3665.
4) 大判 2010. 7. 8. 2010다21757.
5) 증거조사 차원에서 증거수집수단으로의 패러다임 전환을 상세히 논한 박지원, 「증거수집절차로서의 문서제출명령의 문제점과 개선방안 연구」(한양대 박사학위 논문, 2009) 참조.
6) 大判 1996. 3. 8. 95다48667.
7) 大判 1992. 4. 28. 91다45608.

증명하지 못하면 그러한 사본이 존재한다는 것 이상의 의미는 없는 것이다.

2) 원고가 제출한 서면증거는 甲호증으로, 피고가 제출한 것은 乙호증, 독립당사자참가인이 제출한 것은 丙호증으로 번호를 붙여 정리한다. 공동원고나 공동피고 등이 제출한 서면증거는 구분하지 않고 순서에 따라 甲호증 혹은 乙호증으로 정리한다.

(2) 문서제출명령

1) **의   의**   진실규명을 위한 재판절차에서 서면증거의 역할은 증언의 가치보다 항상 우위를 점하는 것이 사실이다. 그러나 법원은 원칙적으로 누구든지 증인으로 신문할 수 있어(303조) 증언확보를 위한 근거를 마련하고 있는 반면, 문서확보를 위한 도구는 매우 제한적이었다. 이에 현행법은 문서제출의무를 증인의무와 마찬가지로 형식상으로나마 일반의무화함으로써 서면증거라고 하는 가장 신빙성 있는 증거를 확보할 수 있는 수단을 보완하고자 하였다. 이는 서증신청의 한 방법이지만 보다 근본적으로는 매우 유용한 증거수집수단이라고 할 수 있다. 그러나 문서제출의무를 일반의무화하고자 한 현행법의 취지는 광범위한 예외를 인정함으로써 그 의의가 다소 훼손된 감이 없지 않아 매우 유감이다.

2) **문서제출의무의 범위**[1]

① **절대적 제출의무 문서**   i) 당사자가 소송에서 인용한 문서(344조 1항 1호)는 예외 없이 제출을 거부할 수 없다. 당사자 일방이 소송절차에서 자신에게 유리한 자료로 인용한 문서는 상대방에게도 이용기회를 제공해야 한다는 형평의 차원에서 인용문서를 제출의무의 대상으로 하고 있다. 따라서 인용문서는 당사자가 소송에서 문서 그 자체를 증거로서 인용한 경우뿐만 아니라 자기 주장을 명백히 하기 위하여 적극적으로 문서의 존재와 내용을 언급하여 자기 주장의 근거나 보조자료로 삼은 문서도 포함한다.[2] 보통은 당사자가 인용한 문서를 스스로 소지하고 있는 경우가 일반적인데 제3자가 보관하는 문서에 대해서도 당사자 일방이 인용하고 이를 인용문서로서 제출을 강제할 수 있는가 문제될 수 있다.[3] 최근 대법원은 제3자가 보관하는 문서를 당사자 중 일방이 인용한 사건에서 이에 대한 문서제출명령을 인정한 바 있다.[4] 그러나 당사자가 인용한 문서에 대해 절대적인 제출의무를 인정하는 것은 상대방

---

1) 2002년 개정안에 대한 비판으로는 졸고, "민사소송법개정안의 문서제출의무 범위", 인권과 정의 299호, 35면 이하 참조.

2) 大決 2017. 12. 28. 2015무423.

3) 일본 민사소송법 제220조 제1항에서는 "당사자가 소송에서 인용한 문서를 스스로 소지하는 때"라고 하고 있으나 우리는 단순히 "당사자가 소송에서 인용한 문서를 가지고 있는 때"라고 하고 있어 논쟁이 될 여지가 있다.

4) 大決(全) 2023. 7. 17. 2018스34. 이 사건에서 대법원은 인용문서 여부에 대한 언급은 하지 않고 있다. 그러나 원심에서는 이 사건 통화내역은 소외 2가 상대방인 소외 1의 부정행위를 주장하면서 그 보조자료로 삼은 문서로서 인용문서에 해당하므로 이를 가지고 있는 통신회사로서는 그 제출을 거부할 수 없다고 판시하여 제3자인 통신회사가 보관하고 있는 통화내역을 인용문서로 파악하고 있다.

과의 절차적인 균형을 위한 것일 뿐 제3자가 보관하는 문서에 대해 단순히 인용함으로써 제출의무를 창출할 근거는 없으므로 당사자가 스스로 소지한 문서로 국한하는 것이 타당하다 (김홍, 668면; 정/유/김, 653 등도 당사자가 소지한 문서라는 표현을 사용하고 있다).

　　ii) 신청자가 인도나 열람을 청구할 수 있는 사법상 권리가 있는 문서(344조 1항 2호)는 예외 없이 제출을 거부할 수 없다. 따라서 채무를 모두 변제한 변제자가 채권자에게 채권증서를 요구할 사법상의 권리가 있으므로(민 475조) 제출요구를 받은 채권자는 상대방이든 제3자이든 이를 거절할 수 없다. 한편, 현행법에서 인도·열람 문서의 대상을 사법상의 권리로 제한한 것은 오히려 제출의무의 대상을 개정 전보다 축소했다는 비판을 면하기 어렵다. 2002년 법 개정 이전에는 신청자가 문서소지자에 대하여 그 인도나 열람을 구할 수 있는 때라고만 되어 있어(개정 전 법 316조 2호) 공법상의 권리를 배제하고 있지 않았기 때문이다.[1]

　　iii) 인용문서와 인도·열람문서에는 법 제344조 제1항 제3호에서 규정하는 제출거부 사유가 명시적으로 규정되어 있지 않다. 아울러 인용문서 등이 법 제344조 제2항에서 정하는 공무문서에 해당하거나[2] 공공기관의 정보공개에 관한 법률 제9조에서 정하고 있는 비공개 대상정보에 해당한다고 하더라도 특별한 사정이 없는 한 그에 관한 문서 제출의무를 면할 수 없으므로[3] 명실상부한 절대적 제출의무 문서라고 할 수 있다.[4]

　　② 상대적 제출의무 문서　　　i) 문서가 신청자의 이익을 위해 작성되었거나(이익문서) 신청자와 문서소지자 간의 법률관계에 관하여 작성된 것인 때(법률관계 문서)에는 제출의무가 발생한다(344조 1항 3호). 그러나 이익문서나 법률관계 문서의 경우는 각종의 증언거부 사유, 즉 공무원의 신분으로부터 파생하는 증언거부사유(344조 1항 3호 가목/304조 내지 306조), 증인이나 증인의 친족들이 형사소추를 당하거나 치욕이 될 사항에 관한 것으로서 증언거부사유(344조 1항 3호 나목/314조), 직무상의 비밀(344조 1항 3호 다목/315조 1항 1호)이나 기술이나 직업의 비밀(344조 1항 3호 다목/315조 1항 2호) 등에 기초한 증언거부 사유 등으로 제출의무가 면해질 수 있어 상대적 제출의무만이 인정된다.

　　ii) 이익문서나 법률관계 문서는 법 제344조 제2항이 규정하는 일반문서와 달리 공무문

---

1) 판례 역시 "신청자기 문서소지자에 대하여 그 인도나 열람을 구할 수 있는 때"라 함은, 신청자가 문서의 인도 열람을 청구할 수 있는 실체법상의 권리를 가지는 모든 경우를 가리키며, 그것이 물권적이든 채권적이든, 또는 계약에 근거하는 것이든 법률규정에 근거하는 것이든 이를 묻지 않는다고 판시한 바 있다(大決 1993. 6. 18. 93마434).

2) 大決 2008. 6. 12. 2006무82.

3) 大決 2017. 12. 28. 2015무423.

4) 필자는 2001년경 민사소송법 개정안에 대한 평을 함에 있어 인용문서와 인도·열람문서에 대해 절대적 제출의무가 인정되는 문서라고 하면서도 제출거부사유의 유추적용 여부 및 공무문서와의 충돌 문제 등을 지적한 바가 있다(졸고, "민사소송법개정안의 문서제출의무 범위", 49면 참조). 그러나 그 이후 문서제출의무 범위의 확대를 위한 개선이 전혀 이루어지고 있지 않아 적어도 인용문서와 인도·열람문서는 절대적인 제출의무의 대상으로 보아야 할 것이라는 입장을 갖게 되었다.

서라고 해서 제출의무가 면제되는 것은 아니며 공무원의 신분으로부터 파생하는 증언거부사유(344조 1항 3호 가목/ 304조 내지 306조)에 해당해야만 제출의무가 면제된다.

iii) 이익문서는 신청자의 이익을 위해 작성된 문서로서 제출의무의 대상이 된다. 이익문서인지 여부는 일차적으로 문서의 작성목적을 통해 정해진다. 따라서 신청자를 수유자로 하는 유언장이나 신청자를 대리인으로 하는 위임장 등은 신청자의 법률상의 지위를 부여하기 위해 작성된 것이므로 이익문서에 해당한다.[1] 그러나 문서의 작성 목적이 언제나 분명한 것은 아니다. 예를 들어 진료행위의 적정성 확보를 위해 작성된 진료기록부는 신청자인 환자나 환자의 가족들에게는 이익문서의 성격을 가지므로 의료사고가 난 경우 그 제출을 요구할 수 있으나 제약회사나 국가도 이에 대한 이익을 가지는지 여부는 다툼의 소지가 있다.[2]

iv) 문서가 신청자와 소지자 간의 법률관계에 대해 작성된 경우 법률관계 문서로서 제출의무가 인정된다. 신청자와 소지자 간의 계약서와 같이 법률관계 자체가 기재된 것뿐 아니라 계약의 의무이행을 위해 교환된 인감증명서도 법률관계문서에 포함된다. 따라서 법률관계의 발생 또는 법률관계에 따른 권리·의무의 기반을 마련하거나 그 내용을 명확히 하기 위해 작성된 소위 생성과정의 문서 등도 법률관계문서에 해당한다(이시, 516면; 전원, 436면). 이 범주를 넘어 당사자간의 법률관계를 구체화하거나 명확히 하는데 필요한 중요한 문서인 경우에도 법률관계문서성을 인정할 필요가 있다.[3]

③ 일반문서　　위의 제 문서에 해당하지 않더라도 공무원 또는 공무원이었던 사람이 그 직무와 관련하여 보관하거나 가지고 있는 문서를 제외한 모든 문서는 제출의무의 대상이 된다(344조 2항). 이에 터 잡아 현행법이 문서제출의무를 일반의무화한 것이라고 평가하고 있으나(손, 270; 이시, 517면; 전원, 437면; 피, 183면) 제출의무 예외의 범위가 지나치게 넓어 일반의무화를 인정한 것이라고 보기 어려울 정도이다. 일단 공무문서를 전면적으로 제외하고 있을 뿐 아니라(344조 2항 본문) 유죄판결이나 치욕에 해당할 수 있는 근거에 기초한 증언거부에 해당하는 문서, 직무상의 비밀, 기술이나 직업의 비밀에 기초한 증언거부에 해당하는 문서(같은 조 2항 1호, 1항 3호 나목, 다목), 오로지 문서를 가진 사람이 이용하기 위한 문서(같은 조 2항 2호)는 제출의무의 대상에서 제외되기 때문이다(전병, 427면은 한정적 일반의무화라는 표현을 사용).

i) 공무문서(344조 2항 전단)[4]　　제출의무의 예외 사유로 규정된 공무원이 직무와 관

---

1) 伊藤 眞, 475面 참조.
2) 제약회사나 국가 등이 진료기록에 대해 이익문서성을 주장할 수 있는지 여부에 대해서는 일본의 하급심 판례들이 서로 엇갈린 입장을 나타내고 있다고 한다(伊藤 眞, 476面 참조).
3) 日本最高裁 2023. 3. 24. 民集 74卷 3号 455面에 따르면 사체부검 결과를 기재한 전자문서도 손해배상청구와 관련된 법률관계를 명확하게 하는 내용을 갖는 것이므로 법률관계문서성을 갖는다고 판시하였다[伊藤 眞, 477-478面 참조].
4) 박지원, "공공기관에 대한 문서제출명령의 개선방안에 대한 소고", 민사소송 15권 1호(2011), 381면 이하 참조.

련하여 보관하거나 가지고 있는 문서를 공문서로 한정해서 파악하는 것이 일반적이다. 그러
나 규정 내용상으로는 작성명의자를 불문하므로 사문서라 하더라도 관청에 제출되어 공무원
이 보관하고 있으면 제출거부 문서가 될 수 있다.[1] 따라서 그 범위는 공문서의 범위보다 한
층 넓다고 할 수 있다. 이러한 의미에서 동 규정의 문서는 공문서가 아닌 공무문서로 분류하
는 것이 타당하다. 한편, 당사자가 공무문서에 대하여 공법상 청구권이 있는 경우에는 이를
스스로 획득하여 제출할 수 있다(가족관계부 등). 이러한 공법상 청구권이 없는 경우에도 법원
에 문서송부촉탁신청을 하여 이를 획득하는 방법이 있다. 그러나 관할 관공서가 내부 규정에
근거하여 법원의 요청을 거절할 경우(재판이 종료되지 않은 수사기록 등) 당사자는 행정관서에 정
보공개청구를 할 수밖에 없다. 여기에서도 거절당하는 경우에는 행정소송을 통해 승소하여야
만 당해 문서를 획득할 수 있게 된다.[2] 결국 당사자와 법원 모두 당해 민사재판에서 당장
활용하여야 할 공무문서를 획득하지 못함으로써 재판에 크나큰 지장을 초래하게 되었는데
공무문서 전체를 제출의무의 대상에서 전면적으로 제외함으로써 초래된 결과이다.

　　ii) 공소제기나 치욕이 될 내용이 담긴 문서　　　증언거부사유의 하나로서 인정되는 것으
로 문서에 기재된 내용이 제출자 본인이나 그의 친족 또는 이러한 관계에 있었던 사람, 제출
자의 후견인 또는 제출자의 후견을 받는 사람 등으로 하여금 공소제기되거나, 유죄판결을 받
게 될 염려가 있는 사항, 또는 자기나 그들에게 치욕이 될 사항 등인 경우 요구된 문서의 제
출을 거부할 수 있다(소위 자기부죄금지의 원칙; 344조 2항 1호, 1항 3호 나목, 314조).

　　iii) 전문직업인의 비밀을 담은 문서　　　증언거부사유의 하나로서 인정되는 것으로 문서
제출자가 변호사, 변리사, 공증인, 공인회계사, 세무사, 의료인, 약사, 그 밖에 법령에 따라 비
밀을 지킬 의무가 있는 직책 또는 종교의 직책에 있거나 있었던 사람으로서 직무상의 비밀에
속하는 사항이 기재된 문서의 제출을 거부할 수 있다(344조 2항 1호, 1항 3호 다목, 315조 1항 1호).

　　iv) 기술이나 직업의 비밀을 담은 문서　　　증언거부사유의 하나로서 인정되는 것으로
문서에 기재된 내용이 기술 또는 직업의 비밀에 속하는 경우 그 제출을 거부할 수 있다(344조
2항 1호, 1항 3호 다목, 315조 1항 2호). 제출거부의 대상이 되는 기술의 비밀은 반드시 그 자체로

---

1) 大決 2010. 1. 19. 2008마546에서는 지방검찰청 검사 등이 보관하고 있는 검찰인사명령서와 제3자에 대한
　　수사기록 또는 진정사건 기록 등에 대한 문서제출명령이 문제되었다. 대법원은 '공무원 또는 공무원이었던
　　사람이 그 직무와 관련하여 보관하거나 가지고 있는 문서'는 국가기관이 보유·관리하는 공문서를 의미한다
　　고 파악하면서 국가의 제출의무를 부인하면서 이러한 공문서의 공개에 관하여는 공공기관의 정보공개에 관
　　한 법률에서 정한 절차와 방법에 의하여야 한다고 판시하였다. 그러나 문제가 된 수사기록이나 진정기록에
　　는 일반 사인이 제출한 사문서 등이 편철되어 있을 것이므로 수사기록 문서 중 이러한 사문서들에 대해서는
　　제출의무를 인정했어야 할 것이다. 법원이 이러한 검토를 거치지 않는다는 것은 제출의무가 면제되는 대상
　　을 공문서가 아닌 공공기관이 보관, 관리하는 사문서와 같은 공무문서를 포괄하는 것으로 파악하고 있음을
　　반증하는 것이다.
2) 大決 2024. 4. 25. 2023마8009도 동일한 취지이다. 이 사건에서는 금융감독원의 특별민원대응팀과 특별민
　　원심의위원회의 회의록이나 결재서류 등 활동내역을 확인할 수 있는 문서들이 문제되었다.

서 경제적 가치를 가질 필요는 없으며 기술상의 know-how 혹은 영업활동이 아닌 예술가나 운동선수의 비기(秘技), 비결(秘訣) 등도 객관적인 비밀성이 인정되고 이것이 공개됨으로 인해 보유자의 사회적·경제적 활동에 불이익을 준다면 제출거부의 대상이 되어야 한다(기술의 비밀). 한편, 직업의 비밀은 그 사항이 공개되면 직업을 영위하는데 심각한 영향을 미치고 이후 직업의 수행이 어려운 경우를 지칭한다. 그러나 어느 정보가 직업의 비밀에 해당하는 경우에도 문서 소지자는 비밀이 보호가치 있는 비밀일 경우에만 문서의 제출을 거부할 수 있다고 보아야 한다. 나아가 어느 정보가 보호가치 있는 비밀인지를 판단할 때에는 정보의 내용과 성격, 정보가 공개됨으로써 문서 소지자에게 미치는 불이익의 내용과 정도, 민사사건의 내용과 성격, 민사사건의 증거로 문서를 필요로 하는 정도 또는 대체할 수 있는 증거의 존부 등 제반 사정을 종합하여 비밀의 공개로 발생하는 불이익과 달성되는 실체적 진실 발견 및 재판의 공정을 비교형량하여야 한다.[1]

　　v) 자기전용(自己專用)문서　　　오로지 문서를 가진 사람이 이용하기 위한 문서(344조 2항 2호)는 제출의무로부터 면제되고 있는데 일본에서는 자기사용문서[2]라는 이름으로 불려왔고 기업 내의 내부품의서(대출품의서 등)나 메모 등이 문제되어 왔다.[3] 우리의 경우는 이러한 문서 개념에 대해 논의가 많지 않았기에 현재는 일기나 개인의 서신과 같은 프라이버시의 보호를 위한 것으로 파악하는 견해가 대부분이었다. 그러나 최근에는 가업의 수출입거래는 물론 합병관련 문건 등이 문제가 되었는데 수출입거래에 따른 신용장거래 내용 및 물품거래 및 수수료 약정서 등은 물론[4] 합병관련 회사들의 경영실적을 나타내는 서류[5]들이 다툼의 대상이 되었다. 우선, 어느 문서가 오로지 문서를 가진 사람이 이용할 목적으로 작성되고 외

---

1) 大決 2015. 12. 21. 2015마4174. 이 사건에서 대법원은 피신청인들이 거래처인 제3자에 대해 비밀준수의무를 부담한다 하더라도 이 사건 본안소송에서의 진실 발견과 공정한 재판의 필요성이 제3자가 매매계약 관련 정보에 대하여 가지는 비밀의 중요성보다 우월하다는 이유로 피신청인들의 주장을 배척하였다(大決 2016. 7. 1. 2014마2239 역시 같은 취지임).

2) '자기사용문서'라는 것은 일본 1892년(明治 24년)에 최초로 시행된 일본의 소위 旧旧민사소송법(일본의 旧 민사소송법은 1929년 시행된 민사소송법을 지칭하며, 일본의 현행 민사소송법은 1998년부터 시행된 법을 지칭한다) 제336조 제2호의 공통문서에 대응되는 개념으로 발전된 것이라고 한다. 이러한 공통문서는 독일 ZPO의 공통문서를 일본에서 받아들인 것으로 이것이 현재의 법률관계문서로 발전하였다(新堂幸司,「民事訴訟法學の展開」(有斐閣, 2000), 218~219面 참조). 당시에는 문서가 신청인과 문서 소지자 간의 공통의 이익을 위해 작성되거나 적어도 신청인만을 위해 작성된 것임이 요구되어졌고 소지인만을 위해 작성된 문서는 제출의무 대상에서 제외되었다. 즉, 내부적 자기사용을 위해 작성된 것은 법률관계 문서에 해당하지 않는다는 것이며, 이러한 자기사용문서의 이론은 일반론으로서 거의 이론 없이 받아들여졌다.

3) 일본의 논의에 대한 상세는 졸고, "민사소송법개정안의 문서제출의무 범위", 42면 참조. 사실 우리나라에서는 이 문서 개념이 생소한 것이 사실인데 과연 이 규정을 그대로 답습한 것이 타당한 것인지는 매우 의문이다. 따라서 일본의 용어인 자기사용문서 대신에 법조문 의미에 충실하게 자기전용문서라고 부르기로 한다. 판례나 일부학설은 자기이용문서라는 용어를 사용하고 있는데 이는 "오로지"라는 문구를 도외시한 것이 아닌가 판단된다.

4) 大決 2015. 12. 21. 2015마4174.

5) 大決 2016. 7. 1. 2014마2239.

부자에게 개시하는 것이 예정되어 있지 않으며 개시할 경우 문서를 가진 사람에게 심각한 불이익이 생길 염려가 있다면 당해 문서는 특별한 사정이 없는 한 자기전용문서에 해당한다.[1] 그러나 이러한 주관적인 사정만으로 자기전용문서 여부를 판단할 수는 없다. 따라서 신청인이 열람 등을 요구할 수 있는 사법상 권리를 가지는 문서와 대등한 정도의 정보가 문서의 기재 내용에 포함되어 있는 경우, 객관적으로 보아 외부에서의 이용이 전혀 배제된 것이 아닌 경우, 문서 자체는 아니지만 문서에 기재된 정보의 외부 개시가 예정되어 있거나 정보가 공익성을 가지는 경우 등에는 자기전용문서에 해당한다고 볼 수 없다.[2]

　　3) **문서목록제출명령제도**　　① 문서제출명령신청을 위해서는 문서를 표시함은 물론 문서의 취지를 특정하여야 한다(345조). 즉 문서를 구체적으로 특정할 것을 요구하고 있다. 결국 신청당사자가 문서를 구체적으로 특정하지 못하면 문서제출명령의 신청이 불가능했다. 그러나 당사자가 상대방이 소지하고 있는 문서를 구체적으로 특정하는 것은 사실상 매우 어렵다. 더구나 증거편재 현상이 두드러지는 환경소송이나 기업을 상대로 한 소비자소송의 경우는 더욱 그러하다. 이러한 문제를 시정하기 위해 신법은 문서목록제출명령 제도를 도입하였다.

　　② 상대방이 어떤 관련 문서를 갖고 있는지 구체적으로 특정할 수 없는 당사자는 문서의 취지와 증명할 사실을 개괄적으로 기재한 상태에서 상대방이 소지한 문서 혹은 신청내용과 관련해서 서면증거로 제출할 문서의 표시와 취지를 적어내도록 요구할 수 있게 되었다(346조). 즉 문서에 대한 구체적인 특정을 하지 못하더라도 상대방이 소지하는 문서의 목록과 함께 그 취지까지도 제출을 요구할 수 있게 됨으로써 유용한 증거수집수단을 갖게 된 것이다.

　　③ 이 제도를 법 제346조에 충실하게 문서제출명령과 연결해서 그 전 단계로서만 인정하여야 한다는 견해도 있을 수 있으나 문서의 취지와 증명할 사실을 개괄적으로만 기재함으로써 상대방에게 문서목록과 취지를 요구할 수 있게 한 취지는 강력한 증거수집수단으로 활용할 것을 요구한 것이라고 해석함이 타당하다.[3] 더구나 문서목록제출 제도를 문서제출의무의 대상이 되는 것으로 범위를 국한한다면 이 규정의 근본적인 취지는 몰각될 수밖에 없을 것이다.

　　4) **문서제시명령제도(비밀심리제도)와 문서일부 제출명령**　　① 문서제출명령의 실효성을 담보하기 위해서는 부제출에 대한 제재를 강화하는 측면도 요구되지만 문서제출명령의 합리성을 담보하는 것이 더욱 중요하다. 특히 문서의 경우는 당해 사건에서 필요로 하는 정보 외에도 제출자의 보호되어야 할 다른 정보(프라이버시 보호나 기업비밀을 보호하기 위한 정보 등)

---

1) 大決 2015. 12. 21. 2015마4174.
2) 大決 2016. 7. 1. 2014마2239. 이에 대한 평석으로 졸고, "오로지 문서를 가진 사람이 이용하기 위한 문서의 개념과 한계", 법조 722호(2017. 4), 601면 이하 참조.
3) 이에 대한 상세는 졸고, "민사소송절차에서의 정보 및 증거공개와 수집제도–문서목록제출명령을 중심으로–", 민사소송 제12권 1호(2008), 266면 이하 참조.

를 담고 있는 경우가 많아 전체적인 문서를 제출하도록 명하는 것이 불합리한 경우가 많다. 한편 제출의무가 있는 문서인지 여부를 확인하기 위해서는 법원이 이를 직접 확인해야 할 필요성이 있는 경우도 적지 않다.

　② 현행법은 이러한 당사자의 이익을 보호하기 위해 문서제시명령(비밀심리제도)과 문서일부 제출명령 제도를 규정하고 있다. 우선 법원은 신청의 대상이 된 문서가 제출의무 있는 문서인지 여부를 심사하기 위해 문서제시명령을 할 수 있는데 이 경우 다른 사람이 보지 않도록 조치하여야 한다(347조 4항). 형사소추나 치욕, 직무상 혹은 직업상의 비밀준수의무, 기업비밀 보호를 위해 제출의무가 면해지는지 여부를 판단하여야 하기 때문이다. 따라서 법원은 이 과정에서 상대방이 당해 문서를 열람하는 것도 금할 필요가 있다.

　③ 문서제시명령과 문서일부 제출명령은 밀접한 관계가 있다. 제출의무 있는 문서의 일부만이 보호되어야 하는 경우인지 혹은 문서의 일부의 제출로써 보호되어야 할 제출자의 법익이 심각하게 훼손되는지 여부 등은 법원이 문서에 대한 열람을 통해서만 확인가능하기 때문이다. 따라서 법원은 비밀심리를 통해 문서의 일부제출을 명하거나 문서의 일부를 삭제함으로써 나머지 문서 등의 제출을 명할 수도 있을 것이다.

5) 문서제출명령신청 및 심판절차

① 문서제출명령신청과 재판

　i) 문서제출명령신청　　신청을 위해서는 문서의 표시와 취지는 물론 소지자와 증명할 사실 및 제출의무의 원인 등을 구체적으로 밝혀야 한다(345조). 결국 신청인은 상대방이 어떤 문서를 소지하고 있는지 구체적인 확신이 없으면 제출명령을 신청하기 어렵다. 따라서 상대방이 소지하고 있는 문서의 표시와 취지에 대한 정보공개를 사전에 요구하는 권리를 인정하는 것이 필요하므로 신법이 문서목록제출명령신청제도를 신설하게 된 것이다(346조). 그러나 문서목록이 제출되더라도 신청인은 그 중에서 제출의무가 있는 일부만을 신청하게 되므로 문서목록제출 요구의 대상은 반드시 제출의무가 있는 문서만으로 국한할 필요가 없으며 따라서 문서목록제출제도는 제출명령과는 독립된 증거수집수단 내지 문서정보공개수단으로 활용되어야 한다.

　ii) 심리와 재판　　법원은 결정으로 신청에 대한 답을 해야 한다(347조 1항). 제3자에 대해 문서의 제출을 명하는 경우에는 제3자 또는 그가 지정하는 자를 심문하도록 요구하고 있다(347조 3항). 신법에서는 제출의무 유무를 판단하기 위해 비밀심리를 열 수 있도록 하고 있으며 아울러 문서의 일부를 제출하는 명령도 가능하도록 하고 있다(347조 2항, 4항). 따라서 제출의무의 면제 대상인지 여부가 문제되는 경우에는 가급적 이러한 제도를 이용함으로써 제출명령제도를 활성화하여야 한다. 한편, 문서제출명령신청에 대한 재판에 대해서는 즉시항고

가 허용된다(348조). 이는 문서제출의 신청에 대한 재판이 증거채부 결정과 같이 단순한 소송
지휘권에서 비롯되는 것이 아님을 반증한다. 따라서 법원은 명시적으로 신청에 대한 재판을
해야 하며 이를 무시하고 아무런 재판 없이 묵시적으로 이를 기각한다면 당사자의 증명권(구
체적으로는 증거수집권)을 침해하는 것으로서 위법한 재판이 된다. 그러나 판례는 제출신청에 대
한 묵시적인 기각을 인정하면서 이는 판단유탈을 구성하지 않는다고 함으로써 즉시항고권을
인정한 법의 취지를 훼손하고 있어 문제이다.[1]

　　② 문서의 부제출 및 훼손에 대한 제재　　i) 제출명령을 받고도 당사자 일방이 문서를
제출하지 않거나 사용방해를 목적으로 문서를 훼손하는 등 이를 사용할 수 없게 한 때에는
문서의 기재에 대한 상대방의 주장을 진실한 것으로 인정할 수 있다(349, 350조). ‘상대방의 주
장을 진실한 것으로 인정할 수 있다’라는 법문에 대해서는 견해가 대립하고 있다. 여전히 법
관의 자유심증에 맡겨야 한다는 자유심증설(김홍, 627-628면; 호, 570면)과 요증사실 자체를 진실
한 것으로 인정할 수 있다는 법정증거설(강, 585면)의 대립이 그것이다. 한편 행정소송, 공해소
송 및 국가상대소송의 손해배상청구 소송에 있어서는 제한적으로나마 요증사실이 직접 증명
되었다고 보아야 한다는 절충설도 있다(범/곽, 438면; 송/박, 590면; 이시, 520면). 한편, 판례[2]는 당
사자가 문서제출명령에 따르지 아니한 경우에는 법원은 상대방의 그 문서에 관한 주장, 즉
문서의 성질, 내용, 성립의 진정 등에 관한 주장을 진실한 것으로 인정하여야 한다는 것이지
그 문서에 의하여 입증하고자 하는 상대방의 주장사실까지 반드시 증명되었다고 인정하여야
한다는 취지는 아니라고 하여 자유심증설에 무게를 두고 있다.

　　ii) 당사자 일방이 문서를 소지하고 있음에도 불구하고 제출명령에 불응하거나 의도적으
로 사용방해를 할 목적으로 문서를 훼손하는 행위에 대해 여전히 자유심증에 따라 사실인정
을 할 수 있다고 한다면 동 규정들(349조, 350조)을 따로 설치할 이유는 없었을 것이다. 이들
규정이 없더라도 당연히 법관의 자유심증에 의할 것이기 때문이다. 따라서 다른 특별한 사유
가 없는 한 제출불응이나 사용방해를 한 경우에는 당해 서면의 기재 내용을 증명된 것으로
취급하여야 한다(소위 증명의제). 법문에서 상대방의 주장을 진실한 것으로 인정할 수 있다고
하여 임의적인 판단을 허용한 것은 자유심증에 따르라는 것이 아니며 다만 법원이 제출불응
이나 사용방해에 따른 증명의제가 다른 증거에 의해서 부당하다고 판단하는 경우에는 이를
무조건 증명된 것으로 보지 않아도 된다는 것을 의미하는 것일 뿐이다. 최근 판례는 고의적
인 훼손이 아니더라도 문서의 훼손으로 인한 불이익은 훼손된 문서를 제출한 당사자가 부담
하여야 한다고 판시한 바 있다.[3]

---

1) 大判 1992. 4. 24. 91다25444. 판단유탈의 위법보다는 오히려 증명권의 침해로 보는 것이 타당하다고 판단
　 된다.
2) 大判 1993. 6. 25. 93다15991.
3) 大判 2015. 11. 17. 2014다81542.

iii) 제3자의 위반에 대한 제재는 증언거부에 대한 제재에 준한다(351조, 318조). 따라서 증인이 출석하지 않은 경우의 제재 중에서 일부의 제재(과태료)만을 받게 된다. 제출명령에 대한 불응이나 사용방해가 증인출석의무가 아닌 정당한 사유 없는 증언거부와 동등한 취급을 받는 것이 타당한지는 의문이다. 문서제출명령을 받고 이를 어기는 것은 출석요구를 받은 증인이 법정에 출석하지 않는 것보다 더욱 비난가능성이 있기 때문이다.

(3) 문서송부촉탁

1) 개 념 법은 문서제출의무와 관계없이 문서소지자의 협력의무(352조의2)에 기초해서 필요한 문서의 송부를 촉탁할 수 있는 송부촉탁제도를 마련하고 있다(352조). 문서소지자의 제출의무 유무를 불문하고 보다 간편한 송부촉탁제도를 통해 증거방법을 획득하고자 하는 취지이다. 문서제출의무의 대상에서 공무문서를 일괄적으로 제외함으로써(344조 2항) 국가기관이나 관공서 등이 보관하는 문서의 획득이 어렵게 되었으나 협력의무1)의 부과를 통해 필요한 문서를 획득하는 것이 보다 원활해질 수 있다는 장점이 있다. 실무상으로는 문서제출명령의 실효성이 그다지 높지 않아 문서송부촉탁을 통한 자발적인 협력을 구하는 것이 보다 일반적인 관행으로 자리잡은 듯하며 국가기관이나 관공서 등에 한정해서 문서송부촉탁을 하는 것이 일반적이지만 법 규정상의 명시적인 제한은 없다. 그런데 문서를 소지한 일반 국민이 당해 문서에 대한 제출의무가 없는 상태에서 법원의 송부촉탁에 대해서 협력할 의무를 부담한다는 것은 논리적으로 다소 수긍하기 어렵다. 또한 문서소지자가 국가기관이나 관공서인 경우에는 당연히 기관 대 기관의 입장에서 협력할 의무가 있으므로 굳이 협력의무를 규정할 필요는 없었을 것이다.2)

2) 증거수집기능 법원에 송부촉탁된 문서는 증거조사가 완결된 것이 아니므로 별도의 서증절차가 필요하다. 따라서 실무상으로도 문서가 법원으로 송부되면 법원사무관등은 바로 신청인에게 그 사실을 통지하여 도착된 문서 중 서면증거로 제출하고자 하는 문서를 지정하게 하여 서증부호와 번호를 정리한 목록을 제출하게 하도록 하고 있다(민규 115조). 이러한 차원에서 본다면 문서송부촉탁제도가 증거조사, 특히 서증신청의 한 방법으로 규정되어 있지만 기능적으로는 증거수집기능을 담당하고 있음을 알 수 있다.

3) 검찰보존사무규칙의 문제 민사재판을 위해서는 검찰이 보관하는 수사기록에 대한 증거조사가 필요한 경우가 종종 있다. 과거에는 법원이 직접 수사기록이 보관되어 있는 검찰청사를 방문해서 증거조사를 하는 경우가 많았으나(법원 밖에서의 증거조사의 일환으로 실무상

---

1) 문서소지자가 법원의 문서송부촉탁에 대해 협력의무를 부담하는 것의 근거가 무엇인지 다소 의문이다. 더구나 협력의무의 불이행에 대한 아무런 제재가 없어 피촉탁자의 자발적인 협력을 구하는 것 이상의 의미가 없다는 것도 문제이다.
2) 다만 이러한 협력의무 규정의 신설배경은 검찰의 수사기록에 대한 문서송부촉탁과 관련된 것으로 판단된다.

기록검증이라는 용어를 사용했다), 인증등본 송부촉탁의 방법도 많이 활용되어 왔다. 그러나 검찰이 내부규칙에 불과한 검찰보존사무규칙[1] 제24조에 근거하여 법원의 문서송부촉탁을 거부하거나 일부 서류만을 송부함으로써 민사재판에 많은 지장을 초래하게 되었다.[2] 관련 형사소송법 개정과 그에 따른 보존사무규칙의 개정에도 불구하고 근본적인 문제는 여전히 남아 있다. 문서송부촉탁과 같은 법원의 서증에 대해서 여전히 검사가 그 당부를 판단하게 되어 있기 때문이다. 한편 아직 종결되지 않은 사건의 수사기록에 대해서도 문서송부촉탁신청을 할 수 있는가 여부에 대해서도 법 규정은 아무런 내용을 담고 있지 않고 있다. 법 제344조 문서제출의무에서 권리문서라 하더라도 사법상의 권리로만 그 범위가 제한되고 공무문서가 일반적인 제출의무에서 제외됨에 따라 검찰의 자발적인 협력 없이는 필요한 수사기록을 송부받을 수 없는 실정이다. 당사자는 결국 검찰에 대해 열람·등사신청을 해서 거부처분을 받게 되면 행정소송을 통해 관련 자료를 획득하는 방법 외에는 없다. 물론 검찰의 입장에서 수사기록의 송부 등을 통해 발생할 수 있는 부작용의 예방을 위해 혹은 민사사건의 증거확보 차원에서 고소, 고발을 일삼는 행위에 대한 경종을 주기 위해 신중한 접근을 하는 것은 이해할 수 있으나 법원의 증거조사의 일환인 문서송부촉탁을 내부규칙에 근거한 검사의 처분으로 거부하는 것은 바람직하지 못하다.[3] 국민의 알 권리와 검찰이 보호하고자 하는 법익 간의 균형을 최종적으로 판단하는 기관은 법원이기 때문이다. 설사 검찰이 수사기록 등을 보존하는 주무관청으로서 이러한 권한 행사가 정당하더라도 각각의 수사기록에 대한 거부의 구체적 사유를 밝히지 아니한 채 열람·등사를 거부하는 것은 신청인의 알 권리를 침해하는 것이므로[4] 관련 법 제도의 시급한 정비가 요구된다.[5]

(4) 문서 소재지에서의 서증

　　문서를 직접 제출하거나 문서송부촉탁을 할 수 없는 사정이 있거나 하기 어려운 경우 법원은 그 문서가 있는 장소에서 서증의 신청을 받아 조사할 수 있다(민규 112조 1항). 이는 법원 밖에서 실시하는 증거조사의 일환이라고 볼 수 있다(297조). 과거에는 법원이 검찰청에 보

---

1) 憲裁 2008. 7. 22. 2008헌마496 참조.

2) 검사의 이러한 거부처분은 사건 당사자와 대리인의 알권리라는 기본권을 침해한 것이라는 헌법소원이 있었으나 헌법재판소는 행정소송 등의 구제절차를 거치지 않고 제기한 헌법소원심판청구는 부적법하다고 각하하였다(憲裁 1998. 2. 27. 97헌마101).

3) 형소법 제59조의2에서도 법원의 문서송부촉탁 등에 대해서는 언급이 없다. 다만 보존규칙 제24조 및 제24조의2에서는 법원의 기록검증이나 문서송부촉탁 신청에 대해서는 공개함이 적합하지 않다고 인정되는 명백한 사유가 없는 한 이에 응하도록 하고 있으며 필요한 부분만을 등본으로 송부할 수 있도록 하고 있다.

4) 大判 1999. 9. 21. 98두3426.

5) 서울行判 2015. 3. 26. 2014구합69099에서 불기소처분 등으로 수사가 종결된 사건의 수사서류 등은 정보공개법 제9조 제1항 제4호에 해당하는 정보라고 볼 수 없다고 하면서 공개할 것을 명령했다. 아울러, 검찰보존사무규칙 제22조와 같이 수사기록의 열람·등사를 제한하는 규정이 있다고 하더라도 이러한 규정들을 정보공개법 제9조 제1항 제1호 소정의 '법률에 의한 명령'에 해당한다고는 할 수 없다고 설시하였다.

관되어 있는 수사기록 등을 검증의 방법으로 증거조사하고 수사기록을 검증조서에 첨부하는 방식의 소위 기록검증을 해왔으나 시간과 노력이 많이 소요되자 이를 지양하고 인증등본 송부촉탁을 많이 활용하게 되었다. 그러나 최근 검찰에서 신청인의 진술서 등만을 선별해서 송부하는 경우가 많아 특별히 필요한 서면증거가 수사기록에 있는 경우에는 문서소재지인 검찰청 등에서 서증을 실시해야 할 필요성이 발생하였다. 비단 검찰관련 수사기록뿐 아니라 문서보관의 필요성으로 인해 외부 반출이 허용되기 어려운 고문서 등의 경우에도 현장에서 서증을 실시할 필요가 있을 수 있어 이러한 증거조사 방법도 필요하다고 판단된다.[1]

(5) 조사 · 송부의 촉탁(사실조회)

1) 의 의 법 제294조에서는 조사의 촉탁이라는 제목 하에 보관 중인 문서의 등본이나 사본의 송부를 촉탁할 수 있다고 규정하고 있다.[2] 실무상으로는 사실조회라고 하는 제도였으나 현행법에서는 법 조문의 제목과 달리 문서의 송부까지 촉탁할 수 있는 것으로 확대해서 규정하였다. 사실조회를 하는 과정에서 그 근거가 되는 문서나 자료를 송부할 필요성이 많이 발생하는 실무상의 필요성을 감안한 것이다. 아울러 현행법에서는 사실조회의 대상을 종전의 기관이나 단체뿐 아니라 개인에 대해서도 가능한 것으로 확대하고 있다.

2) 송부촉탁의 의미 종전의 사실조회 대상은 특정회사 소속의 보험모집인의 연령분포라든지 특정 연도의 일정기간 동안의 강수량 등 당해 기업이나 기관의 인력을 동원해서 간단히 조사할 수 있는 사항들이었다. 감정이라는 법정 증거조사 방식을 통해 증거조사를 해야 하지만 조회 대상 기관이나 단체의 공신력과 조사의뢰 사항의 단순성 등을 이유로 간이한 방법의 증거 수집수단으로 활용해 왔던 것이다. 따라서 개정을 통해 문서의 송부를 촉탁할 수 있다 해도 이는 조사과정에서 참고한 자료나 근거자료를 의미하는 것으로 제한해서 해석하여야 한다. 그렇지 않다면 문서송부촉탁이라는 정식의 서증절차를 밟아야 하기 때문이다.

3) 조사 및 송부촉탁의 법적 성격 조사의 촉탁을 별도의 증거조사 방법으로 취급하는 견해가 적지 않다(이시, 528면). 나아가 사실조회 결과와 송부된 문서는 문서송부촉탁의 경우와 달리 서증으로 제출할 필요가 없고 당사자에 의한 원용도 필요 없으며 단지 당사자에게 의견진술의 기회만 부여하면 된다는 견해가 있다(이시, 528면; 정/유/김, 641면). 사실조회결과를 감정결과와 마찬가지로 완결된 증거조사결과로 취급하는 입장에서 비롯된 것으로 판단된다. 그러나 사실조회는 감정이나 문서송부촉탁이라는 엄격한 증거조사 절차를 간이하고 신속

---

1) 문서소재지에서의 서증 역시 서증의 한 방법이므로 규칙이 아닌 법에서 규정하는 편이 더 적절하다고 판단된다. 다만 법원 밖 증거조사 중 한 방법으로 서증을 실시하는 것을 고려한다면 규칙에서 정하는 것도 무방하다는 견해가 있을 수 있다.

2) 따라서 조문의 제목을 조사 및 송부촉탁으로 변경할 필요가 있다.

하게 하기 위한 대체 수단으로서 정식의 증거조사 절차가 아니며 오히려 증거수집수단으로 보아야 한다. 조문의 위치나 형식을 보아도 정식의 증거조사가 아님을 쉽게 알 수 있다. 이러한 간이한 증거수집수단을 통한 결과물을 감정결과와 같이 완결된 증거조사결과와 동일시하는 것은 매우 부적절하므로 조회결과물과 그에 따른 송부문서 등은 서증의 절차를 통해 증거조사를 시행하는 것이 마땅하다. 더구나 신법은 개인에게도 조회나 송부를 의뢰하고 있어 문서의 형식적 증명력에 대한 담보도 약화되어 있어 사후적인 서증절차의 필요성이 증대되었다고 할 것이기 때문이다. 종래의 실무에서 사실조회결과를 마치 감정결과처럼 이익으로 원용하는 경우가 많은데 이는 시정되어야 할 것이다.

V. 검   증

1. 의   의

검증이란 법관이 직접 오관의 작용을 통해 사물의 성상이나 현상을 검사하여 얻은 인식을 증거자료로 하는 증거조사를 의미한다. 같은 문서라 하더라도 문서에 담겨있는 작성자의 의미나 사상을 증거자료로 하고자 하는 경우에는 서증을 통해야 하지만 그 지질 혹은 필적이나 인영의 동일성 여부를 확인하고자 한다면 검증을 통해 증거조사를 하여야 한다. 즉 동일한 문건이라 하더라도 그 목적에 따라 증거조사 방법이 달라져야 한다. 사람을 증거방법으로 하는 경우도 그 사람의 기억을 얻고자 한다면 증인신문을 통해야 하지만 다른 사람과의 유전자 동일성 여부나 신체의 노동능력상실 정도 등을 평가하기 위해서는 검증이나 신체감정을 통해야 하는 것과 동일하다.

2. 신청 및 절차

(1) 검증을 신청하고자 하는 경우에는 검증의 목적물을 표시하여 신청해야 한다(364조). 검증신청에는 기본적으로 서증절차를 준용하고 있으므로 검증물제출명령을 신청하거나 검증물의 제출을 촉탁할 수도 있다(366조 1항). 통상 검증을 신청하는 경우에는 병행해서 감정을 신청해야 할 필요가 많으므로 검증명령과 동시에 감정을 명하거나 증인을 신문할 수 있도록 하고 있다(365조).

(2) 당사자가 검증물을 제출하지 않거나(신체를 대상으로 하는 경우에는 출석하지 않은 경우) 검증물의 사용을 방해한 때에는 검증물에 대한 상대방의 주장을 진실한 것으로 인정할 수 있다(366조 1항). 제3자가 이러한 의무를 위반한 경우에는 과태료에 처해진다(366조 2항). 한편 검증의 실효성을 담보하기 위해 감정의 경우와 마찬가지로 법원의 허가를 얻어 시설물에의 출입이 가능하며 저항이 있는 경우에는 국가경찰공무원의 원조를 구할 수도 있다(366조 3항, 342조).

3. 검증수인의무 그리고 문서제출의무

(1) 전통적인 해석론

명문의 규정이 없는 상태에서 검증목적물을 점유하는 당사자나 제3자는 정당한 이유가 없는 한 검증물을 제시하여 검증에 응할 의무가 있으며(소위 검증수인의무) 공법상의 일반적 의무의 하나라고 해석되었다(이시, 523면; 정/유/김, 661-662면). 추상적인 공법상의 일반적 의무의 범주에 대해서는 증인의무 및 이에 대한 증언거절 사유를 유추하는 것으로 보인다(정/유/김, 662면).[1]

(2) 문서송부촉탁에서의 협력의무 규정의 준용 의미

검증절차에서는 문서송부촉탁의 규정을 준용하고 있었는데 2007년 법 제352조의2 규정이 신설됨에 따라 협력의무 규정 역시 준용되고 있다. 동 규정의 협력의무는 기본적으로 문서제출의무와 무관한 상태에서의 자발적인 협력을 구하는 것이므로 공법상의 일반적 의무라고 해석되는 검증수인의무와 상응하기 어렵다.

(3) 문서제출의무와의 관계

1) 검증수인의무라는 공법상의 일반적 의무를 인정하고 문서제출명령신청절차를 대부분 준용하면서도 문서제출의무를 준용하지 않는 것(366조 1항에서 344조만은 준용하지 않고 있다)은 전통적으로 문서제출의무는 한정적인 의무인 반면 검증은 그러한 제한이 없는 일반의무로 본 데서 비롯된다. 따라서 검증의 경우는 증언거절사유를 유추 적용했던 것이다.[2]

2) 문서제출의무도 증언의무와 마찬가지로 일반의무화된 현행법에서 더구나 문서제출의무 위반에 대한 제재 규정은 준용하면서 법 제344조만을 준용하지 않는 것도 설득력이 없다.[3] 문서를 통해 의미와 사상을 파악하기 위한 서증이 아니라 문서의 성상이나 현상을 파악하기 위해 검증신청을 하는 경우 문서제출의무 없는 문서를 당사자나 제3자가 검증절차에서 검증목적물로 제출하는 것을 기대하는 것은 현실적으로 불가능하기 때문이다. 향후 문서제출의무를 명실상부하게 일반의무화하고 검증의 대상 범위와 일치시키는 것이 바람직하다.

---

1) 과거 일본의 통설이며 현행법 하에서도 통설의 지위를 갖고 있다고 한다[手嶋あさみ/ 新注釋民事訴訟法(4), 839-840面 참조]. 나아가 과거 일본 판례 역시 검증의 일반의무성을 인정하고 증언거절권을 유추적용한 사례가 있다고 한다(伊藤 眞, 501面).
2) 최근 일본의 最高裁 決定[令和 3(2021). 3. 18 民集 75卷 3号 822面 역시 증언거절사유를 유추하고 있다.
3) 또한 법 제366조 제1항에서 법 제351조(제3자가 문서를 제출하지 아니한 때의 제재)를 준용하지 않는 것도 부적절하다. 검증목적물을 소지하는 사람이 당사자가 아닌 제3자인 경우에도 검증수인의무가 있기 때문이다.

Ⅵ. 당사자신문

1. 의   의

(1) 당사자신문은 소송당사자의 경험사실을 증인과 같이 진술하게 하고 이를 증거자료로 하기 위한 증거조사를 말한다. 소송당사자의 법정에서의 진술은 소송자료이지만 증거조사의 객체로서 당사자신문 과정에서 진술한 것은 증거자료에 불과하다. 따라서 상호 간의 혼동이 일어나지 않도록 주의하여야 한다. 소송에서 당사자를 대표하는 법정대리인에 대해서는 증인신문이 아니라 당사자신문의 방식으로 증거조사를 하여야 한다(372조). 따라서 법정대리인에 준하는 법인의 대표도 당사자신문의 방식으로 증거조사를 한다(64조).[1]

(2) 당사자신문은 신청하는 당사자 본인을 신문해 달라고 하는 것이 통상의 경우이다. 증거방법의 부족 등으로 인해 당사자 본인의 진술을 주장이 아닌 증거자료로 하기 위함이기 때문이다. 그러나 상대방 당사자 본인에 대한 신문신청도 가능하다.[2] 나아가 공동소송인 중 1인을 상대방 당사자 혹은 다른 공동소송인이 신청할 경우에는 증인신문 혹은 당사자신문을 해야 할 것인지 문제이다. 결국 신문할 내용이 무엇인지 여부에 따라 신문방법을 정해야 할 것이다. 공동소송인들과 공통의 이해관계를 가진 것에 대해서는 당사자신문의 방법으로 증거조사를 하는 것이 타당하지만 그렇지 않은 경우에는 증인신문의 방식이 타당하다.[3]

2. 절   차

(1) 당사자신문은 당사자의 신청에 의해서 뿐만 아니라 직권으로도 신문할 수 있으며 당사자를 신문함에 있어서는 반드시 선서를 하게 하여야 한다(선서의 필수화, 367조). 한편, 법원은 효율적인 당사자신문을 위하여 필요하다고 인정하는 때에는 당사자신문을 신청한 당사자에게 당사자진술서 또는 당사자신문사항을 제출하게 할 수 있다(민규 119조의2 1항). 증인신문과 마찬가지로 신문사항 방식뿐 아니라 진술서 방식도 당사자신문에 도입을 하게 된 것이다(민규 119조의2 2항).

(2) 당사자의 경우도 증인과 마찬가지로 출석·선서·진술의 의무를 부담하며 정당한 사

---

1) 민사소송의 당사자는 증인능력이 없으므로 증인으로 선서하고 증언하였다고 하더라도 위증죄의 주체가 될 수 없고, 이러한 법리는 민사소송에서의 당사자인 법인의 대표자의 경우에도 마찬가지로 적용된다(大判 2012. 12. 13. 2010도14360).
2) 김형배/주석민소 9판(4), 663면.
3) 伊藤 眞, 502面; 김형배/주석민소 9판(4), 663면도 같은 취지로 보인다. 예를 들어 교통사고 사건의 피고들로서 차량 운전자, 차량 소유자, 보험회사 등이 있을 경우 차량 소유자가 같은 공동소송인 운전자를 신문하고자 할 경우 사고에 대한 운전자의 과실 없음을 밝히기 위해 신문한다면 공통의 이해관계를 갖는 것이므로 당사자신문을 해야하지만, 차량소유자가 사고당시 차를 매각하여 소유자의 지위에 있지 않음을 밝히고자 한다면 차량소유자는 제3자의 지위를 가지므로 증인신문을 해야 한다.

유 없이[1] 불출석하거나 선서·진술을 거부한 때에는 신문사항에 관한 상대방의 주장을 진실한 것으로 인정할 수 있다(369조). 이는 제출명령에 따른 문서부제출에 따른 제재로서 요증사실이 증명된 것으로 보는 것과 달리 진술을 거부한 상대방의 신문사항에 기재된 내용을 진실한 것으로 인정한다는 취지이다.[2] 허위진술에 대해서는 과태료에 처하게 된다(370조).

3. 당사자신문의 독립적 지위와 증명력

신법에서는 당사자신문의 보충성을 폐지하고 아무런 제한 없이 다른 증거자료와 동등하게 당사자신문결과를 통해 심증형성을 하도록 허용하고 있다.[3] 따라서 당사자신문 결과만으로 주요사실을 인정하더라도 증거법칙에 위반되지 않는다는 것이 판례의 태도이다.[4] 그러나 변론주의 하에서 당사자신문이 다른 증거자료와 동등하게 독립적인 지위를 갖는 것이 타당한가에 대해서는 강한 의구심이 제기되고 있다(호, 575면). 제3자적인 지위에서 이루어지는 증인의 증언에 대해서도 신뢰를 하지 못하는 것이 현실임을 감안할 때 당사자신문을 통해 사건의 전모를 파악하고 변론의 효율적인 진행을 도모하는 것이 바람직한 것인지에 대해서는 의문이 제기된다.

Ⅶ. 그 밖의 증거방법에 대한 증거조사

1. 기본입장과 특성

(1) 법 제374조는 도면·사진·녹음테이프·비디오테이프·컴퓨터용 자기디스크, 그 밖에 정보를 담기 위하여 만들어진 물건으로서 문서가 아닌 증거방법에 대해서는 감정, 서증, 검증의 방법을 준용해서 규칙에 세부적인 규정을 두도록 규정하고 있다. 그런데 규칙 제120조 내지 제122조는 저장매체에 담겨져 있는 정보의 종류가 문자정보인지 혹은 음성이나 영상자료인지에 따라 구체적인 증거조사방법을 달리하고 있지만 기본적으로 검증의 방법을 사용하고 있다.

(2) 엄격한 증명을 위한 증거조사는 법이 정한 방식에 따라 시행되어야 한다. 그런데 그

---

1) 大判 2010. 11. 11. 2010다56616에 따르면 법정에 나올 수 없는 정당한 사유란 질병, 교통기관의 두절, 관혼상제, 천재지변 등을 말한다고 할 것이고, 그러한 정당한 사유의 존재는 그 불출석 당사자가 이를 주장·입증하여야 한다.

2) 大判 1990. 4. 13. 89다카1084. 따라서 법원이 이를 적용함에 있어서는 상대방당사자의 요건사실에 관한 주장사실을 바로 진실한 것으로 인정할 것이 아니라 당사자 본인신문사항 가운데 어느 항을 진실한 것으로 인정한 연후에 그에 의하면 상대방 당사자의 요건사실에 관한 주장사실을 인정할 수 있다고 하여야 한다.

3) 2002년 법 개정 이전에는 다른 증거방법에 의하여 법원이 심증을 형성하지 못한 경우에만 당사자신문을 하도록 허용했지만 현행법에서는 이러한 제한이 삭제되었다.

4) 大判 2013. 6. 13. 2010다34159.

밖의 증거에 대해서는 법에서 증거조사 방식에 대한 결단을 내리지 않고 규칙에 위임하고
있다. 즉, 법에서는 감정, 서증, 검증을 준용한다고 하였으나(374조) 너무 추상적이고, 오히려
규칙에서 문자정보에 대해서는 출력문서를 통해, 음성이나 영상정보에 대해서는 검증의 방식
으로 증거조사를 한다는 결단을 내리고 있다.[1] 정상적인 법과 규칙의 위계라면 우선, 법에서
검증의 방식으로 증거조사를 한다는 원칙을 선언하고 하위 규정인 규칙에서 문자정보에 대
해서는 출력문서를 통해서도 검증을 할 수 있으며, 음성이나 영상에 대해서는 녹음테이프 등
을 재생하는 방식 등으로 검증할 수 있다는 세부적인 내용을 담아야 했을 것이다.

2. "자기디스크 등"과 "녹음테이프 등"

(1) 자기디스크 등과 문자정보

컴퓨터용 자기디스크, 광디스크, 그 밖에 이와 비슷한 정보저장매체(민소규칙에서는 이를
"자기디스크 등"이라고 함)에 저장된 문자정보, 도면, 사진 등을 증거자료로 하는 경우에는 출력
문서를 제출할 수 있도록 하고 있다(민규 120조 1항, 3항). 그러나 이 경우 증거조사의 대상은
여전히 자기디스크 등에 저장된 문자정보이므로 출력문서는 저장매체에 대한 검증을 원활하
게 하기 위한 도구에 불과하다. 따라서 출력문서에 대한 증거조사는 검증의 절차에 의한다.
소송기록에는 증거방법란에 "출력문서조사(자기디스크 등)"라고 기재하고 판결문에 인용할 경
우에도 "출력문서조사결과"라고 기재한다(실무제요 Ⅲ, 228-229면). 결국 저장매체에 대한 증거신
청을 하는 자는 원칙적으로 저장매체와 출력문서를 동시에 제출하고 상대방이 출력문서를
통한 증거조사에 이의가 없는 경우 매체를 반환받는 방식으로 증거조사가 이루어지게 된다.

(2) 녹음테이프 등과 음성·영상

1) 녹음 혹은 녹화테이프와 자기디스크 등(이를 "녹음테이프 등"이라고 부르고 있다)에 저장된
정보가 음성이나 영상인 경우에는 이들 매체를 재생하여 검증하는 방법으로 증거조사를 하
도록 하고 있다(민규 121조 2항). 이 경우에도 법원이나 상대방의 요구에 의해 녹음테이프 등의
녹취서를 제출할 수 있도록 하고 있어(민규 121조 3항) 녹음테이프의 경우 실무적으로는 녹취
서를 서면증거로 제출해서 증거조사하는 것이 오히려 일반적이라고 할 수 있다.[2]

2) 음성이나 영상이 녹음테이프나 녹화테이프에 담겨있는 경우 문서와 달리 별도의 재

---

1) 더구나 규칙 제120조는 자기디스크 등에 기억된 문자정보에 대해서는 출력문서를 제출할 수 있다고만 하
   고 있지 검증의 방식으로 증거조사한다는 표현도 없다. 아울러 도면이나 사진에 대해서만 감정, 서증, 검증
   의 규정을 준용하고 있을 뿐이다(규칙 122조).

2) 大判 1999. 5. 25. 99다1789에서도 당사자 일방이 녹음테이프를 증거로 제출하지 않고 이를 속기사에 의하
   여 녹취한 녹취문을 증거로 제출하고 이에 대하여 상대방이 부지로 인부한 경우, 법원은 녹음테이프의 검증
   을 통하여 대화자가 진술한 대로 녹취되었는지 확인하여야 할 것이지만, 그 녹취문이 오히려 상대방에게 유
   리한 내용으로 되어 있다면 그 녹취 자체는 정확하게 이루어진 것으로 보이므로 녹음테이프 검증 없이 녹취
   문의 진정성립을 인정할 수 있다고 보았다.

생장치를 필요로 하므로 이는 검증의 대상이 되어야 한다는 것이 종래의 판례 입장이다.[1] 그러나 엄밀히 본다면 검증의 대상은 진술자의 진술이 제대로 녹음이 되었는지 혹은 영상이 제대로 촬영되었는지 여부에 그친다.[2] 테이프의 내용 중 화자의 진술 내용이나 사상 등을 증거방법으로 하는 경우가 보다 일반적이므로 이는 서증절차와 유사하다.[3] 더구나 최근에는 사진은 물론 음성이나 동영상도 모두 전자적인 형태로 저장되는 것이 오히려 일반적이므로 음성이나 동영상 등이 변조되거나 편집된 것이 아닌지 여부는 검증에 의할 것이지만 그 내용을 통해 의미나 사상을 증거자료로 하기 위한 증거조사는 서증에 의한다고 보아야 한다.

3. 전자문서와 증거조사

(1) 기본 입장

전자문서를 총괄적으로 규율하고 있는 전자거래기본법(2002. 7. 1. 시행)에서는 "전자문서"를 정보처리시스템에 의하여 전자적 형태로 작성, 송신·수신 또는 저장된 정보 일체를 지칭하고 있으며(전자거래 2조 1호) 아울러 전자적 형태로 되어 있다는 이유로 문서로서의 효력이 부인되지 않음을 선언하고 있다(전자거래 4조 1호). 따라서 민사소송 규칙에서 자기디스크 등(민규 120조)과 녹음테이프 등(민규 121조)으로 정의해서 규율하고 있는 저장매체에 담겨 있는 내용이 문서나 도면·사진뿐 아니라 음성이나 영상인 경우에도 모두 전자문서에 포섭된다. 한편 전자문서이용법 제2조에서는 "전자문서"를 컴퓨터 등 정보처리능력을 가진 장치에 의하여 전자적인 형태로 작성되거나 변환되어 송신·수신 또는 저장되는 정보로 정의함으로써 정보 저장매체에 따른 구분은 하고 있지 않다.

(2) 전자문서이용법 및 동 규칙과 증거조사

전자문서이용법과 동 규칙에서는 전자문서에 대한 증거조사의 특례를 규정하고 있는데 정보의 내용에 따라 이분해서 규정하고 있으며 민사소송법상의 감정·서증·검증의 규정을 준용하고 있다(전자문서 13조 2항).

1) **문자등 정보**　문자, 그 밖의 기호, 도면·사진 등에 관한 정보에 대한 증거조사는 전자문서를 모니터, 스크린 등을 이용하여 열람하는 방법으로 한다(전자문서 13조 1항 1호). 이 열

---

1) 大判 1981. 4. 14. 80다2314.
2) 예를 들어 동영상의 내용이 성인물에 해당하여 청소년에게 유해한지 여부를 판단하기 위해 영상을 재생하는 것은 검증이나 감정에 해당할 수 있지만 영상 안에서 화자의 말이나 행동을 통해 어떤 의미나 사상을 파악하는 것은 서증에 해당한다고 보아야 한다. 검증은 법관의 감각을 통해 사물의 성상이나 상태를 검사하여 그 결과를 증거자료로 하는 것이기 때문이다. 더구나 문서의 개념이 전자문서로 확대된 현실에서 문자정보와 음성, 영상을 구분할 실익은 거의 없어졌기 때문이다.
3) 결국 녹음테이프나 녹화테이프 등이 문서가 아니므로 서증의 대상이 아니라고 해왔지만 이제 사람의 사상 등을 담는 방법이 다양해짐으로써 서증의 의미를 확대할 필요가 있다고 판단된다.

람행위가 증거조사 방법이 될 수 없음은 분명하다. 그 뒤 전자문서이용 규칙에서는 전자문서법 제13조 제1항 제1호의 방법(열람 방법) 이외에 필요한 경우 직권 또는 당사자의 신청에 따라 검증 또는 감정의 방법으로 할 수 있다고 규정한다. 전자문서이용법과 동 규칙의 내용은 열람행위라는 오감의 인식작용을 통한 서증을 기본적인 증거조사 방법으로 하면서 필요한 경우 직권 또는 당사자의 신청에 따라 검증 또는 감정의 방법으로도 증거조사할 수 있도록 규정하고 있다(전자문서규 32조 1항).

　　2) **음성·영상 등 정보**　　음성이나 영상정보에 대한 증거조사는 전자문서를 청취하거나 시청하는 방법에 의한다(전자문서 13조 1항 2호). 이 역시 청취나 시청이 증거조사 방법이 될 수 없는데 전자문서이용 규칙에서 이들 행위가 서증임을 간접적으로 밝히면서 필요한 경우 직권 또는 당사자의 신청에 따라 다른 방법으로 검증하거나 감정의 방법으로도 증거조사할 수 있도록 규정하고 있다(전자문서규 33조 1항).

　　3) 위에서 본 전자문서이용법과 동 규칙을 보면 민사소송법 및 동 규칙과 마찬가지로 법과 규칙의 위계가 전도된 것으로 보인다. 전자문서이용법에서 열거된 열람·청취·시청 등의 감각을 이용한 단순 인식행위가 서증에 해당한다는 것을 전자문서이용 규칙이 오히려 정의해 주고 있기 때문이다. 양자의 관계 설정을 넘어 이를 최대한 선해한다면 전자문서이용법에서의 전자문서에 대한 증거조사는 열람·청취·시청 등의 오감의 인식작용을 통한 서증이고 동 규칙은 서증을 보완하기 위해 민사소송법상의 감정·검증 규정을 준용할 수 있다는 결론을 제시하고 있는 것이다.

　　3) **견해 대립**　　전자문서이용법에 규정된 열람·청취·시청 등을 독립의 증거조사로 파악하거나 기존의 증거조사방법의 결합체로 인식하는 견해[1]도 있다. 한편, 종이소송절차에서는 전자문서를 소송기록에 편철할 수 없으므로 검증으로 보았으나 전자소송절차에서는 전자문서 자체를 전자적인 기록에 편철할 수 있으므로 서증의 방법이 타당하다는 견해도 있다.[2] 전자문서이용법의 열람·시청·청취는 서증을 위한 오감의 인식행위를 나타낸 것으로 별도의 증거조사 방법을 창설한 것은 아니다. 또한 기록의 편철가능성 여부로 검증 혹은 서증 등 증거조사 방법을 나누는 것도 이론적으로 더 이상 받아들이기 어렵다. 과거 녹음테이프가 법

---

　　1) 오민석, "전자소송의 현황과 미래", 민사소송 21권 2호(2017), 21면에서는 "전자문서를 본래 예정된 정보의 전달 방법에 따라 열람, 청취나 시청하는 방식의 증거조사에 대하여 민사소송법상 서증, 감정, 검증 중에서 어떤 규정을 적용 또는 준용할 것인지에 대하여 견해가 나뉜다"고 하여 열람·청취·시청 등을 기본적인 증거조사 방식으로 보고 있는 듯한 표현을 하기도 한다. 한편, 문자 등 정보에 대한 열람은 서증과 검증의 결합으로 파악하고, 음성이나 영상에 대한 청취와 시청은 검증의 방법으로 파악하는 견해도 있다(정, 780면). 한편, 전휴재, 「민사전자소송 시행 10년, 그 성과와 전망—민사 본안소송을 중심으로」, (2022, 사법정책연구원), 203면에서는 민사소송법 개정 시안을 제시하고 있는데 전자문서에 대한 증거조사 방법으로 열람·청취·시청 등을 제시하고 있는 것으로 보인다. 이러한 증거조사 방법에 대해 민사소송법상의 감정·서증·검증 규정을 준용하고 있기 때문이다.
　　2) 전휴재, "민사소송의 성과와 전망—규범적 측면을 중심으로—", 17면.

정에 처음 증거방법으로 등장했을 당시 다른 도구의 도움을 얻어야만 증거방법을 인식할 수 있었고 녹음테이프를 종이기록에 편철할 수 없었던 상황을 모면하고자 부득이 검증절차를 활용했던 것에 불과하다. 그러나 증거조사 방법은 일차적으로 증거방법으로부터 얻고자 하는 것이 무엇인가로부터 결정된다. 따라서 그 대상이 녹음테이프 등, 자기디스크 등, 전자문서 등에 담긴 내용이 문자든 음성 혹은 영상이든 그 내용에 남긴 의미를 파악하고자 하는 것이라면 서증에 의하여야 한다.

4. 민사소송법과 전자문서법의 갈등과 조화

(1) 증거조사 방법의 갈등

민사소송법상의 그 밖의 증거에 대해서는 검증의 방법이 선택된 반면 전자문서법에서는 기본적으로 서증의 방법이 선택되었으므로 양자의 갈등 관계가 존재할 수밖에 없다. 따라서 신법인 전자문서법을 우선 적용해야 한다는 견해, 민사소송법은 저장매체를, 전자문서법은 전자문서를 증거방법으로 하므로 전자정보의 제출형태에 따라 구분해야 한다는 견해, 종이소송에서는 민사소송법을, 전자소송에서는 전자문서법이 적용되어야 한다는 견해 등이 대립될 수 있음을 지적한 바 있다.[1]

(2) 전자소송에서의 통합

전자소송 실무에서는 전자문서에 대한 증거조사 결과를 서증 등 목록에 일괄해서 보관하고 있어 서증절차에 의하는 것으로 볼 수 있지만[2] 일반 종이소송에서는 민사소송법에 따라 검증의 방법에 의할 수밖에 없다.[3] 현재로서는 일정기간 동안 양자의 공존은 불가피하다.[4] 문제는 편면적인 전자소송에서 발생한다. 그러나 당사자 쌍방 모두가 전자소송을 하는 것에 동의하지 않더라도 재판장이 소송기록에 대한 전자기록화[5]를 명하는 경우에는 소송기

---

[1] 함윤식, "전자소송 관련 법령의 주요 내용과 쟁점", 법조 655호(2011. 4), 340-341면에서 이를 예견한 바 있다.

[2] 전휴재, "민사소송의 성과와 전망-규범적 측면을 중심으로-", 민사소송 25권 3호(2021), 17면.

[3] 大決 2010. 7. 14. 2009마2105가 대표적이다. 동 결정에서 대법원은 동영상 파일은 검증의 방법으로 증거조사를 하여야 하므로 문서제출명령의 대상이 될 수는 없고, 사진의 경우에는 그 형태, 담겨진 내용 등을 종합하여 감정ㆍ서증ㆍ검증의 방법 중 가장 적절한 증거조사 방법을 택하여 이를 준용하여야 한다고 판시하였다. 전자소송이 일반화된 현재에도 종이소송 형태로 위 사건이 진행된다면 같은 결론을 낼 수밖에 없을 것이다. 물론 전자소송 형태로 진행되었다면 기본적으로 서증의 대상이 될 것이다.

[4] 실제로 검증에 의하든 서증에 의하든 전자문서에 담긴 정보에 대한 오감의 인식을 통해 그 의미와 사상을 파악하는 것에 있어 차이는 없다. 다만, 우리의 경우 검증절차에서 문서제출의무 규정을 준용하고 있지 않아 논란이 될 수 있다. 이 점에서도 검증수인의무와 문서제출의무를 동조화할 필요가 있다.

[5] 민사소송 등에서의 전자문서 이용 등에 관한 업무처리지침[(재일 2012-1) 2024. 7. 31. 개정 및 시행, 이하 전자문서지침이라 함] 제2조 제1호에서 "전자화"라 함은 전자장비를 이용하여 종이서류를 전자문서로 변환하는 작업을 말한다고 하여 전자화문서의 범위를 종이문서로 한정하고 있는데 법원의 전산정보처리시스템에 의해 해독이 불가능한 구식정보를 해독가능한 전자문서로 변환한 것도 고려하여야 한다(피정현ㆍ한충수, 「전

록이 전자화될 수 있으므로1) 자기디스크 등에 담긴 정보를 제출하는 경우가 생기면 전자기
록화 명령을 통해 소송기록을 전자화하고 서증 절차를 통해 증거조사하는 것이 가능하고 필
요하다. 최근 전자문서지침의 개정을 통해 전자소송에 대한 당사자의 동의와 상관없이 민사
소송사건(시·군법원의 사건은 제외한다), 가사소송, 행정소송 사건기록을 전자화하게 되어(전자문서
지침 27조 2항 10호 내지 12호 신설) 민사소송법의 그 밖의 증거 규정을 적용할 여지는 거의 없을
것으로 보인다.

제 4 절 증거보전과 증거수집

Ⅰ. 의   의

법원은 소 제기 이후는 물론 그 이전에도 미리 증거조사를 하지 않으면 당해 증거를 사
용하기 곤란한 경우 당사자의 신청에 따라 증거조사를 실시할 수 있다(375조, 376조). 중요한
증인이 거의 죽음에 이르러 급박하게 증인신문이 필요한 경우, 혹은 개발사업으로 인해 가까
운 시일 내에 수몰될 지역에 위치한 가옥에 대한 현장검증을 해야 할 필요가 있을 경우 등
을 대표적인 예로 들 수 있다.

Ⅱ. 요   건

미리 증거조사를 하지 않으면 당해 증거를 사용하기 곤란한 경우에 가능하다. 따라서
소 제기 이전은 물론 소 제기 이후라 하더라도 이러한 보전의 필요성이 발생하면 증거보전
을 할 수 있다. 소송계속 중인 경우에는 법원이 직권으로 증거보전 결정을 할 수도 있다(379
조). 한편, 증거방법을 장래에 사용하기 곤란하다는 보전의 필요성 요건은 절대적인 것은 아
니다. 증권관련 집단소송에서는 증거보전의 필요성이 없어도 당사자의 신청에 따라 증거조사
를 통한 증거보전이 가능하도록 허용하고 있기 때문이다(증권 33조).

Ⅲ. 절   차

증거보전 신청을 하고자 하는 자는 상대방을 표시하고, 요증사실과 보전하고자 하는 증

─────────────

자적인 형태의 정보에 관한 증거조사방법 연구」, 74면).
　1) 전휴재, "민사소송의 성과와 전망–규범적 측면을 중심으로–", 19면 각주 19.

거와 사유를 밝혀야 한다(377조 1항). 아래에서 보듯이 상대방의 표시를 하지 않아도 되는 경우가 있으나 증거보전의 사유는 소명되어야 한다(377조 2항). 증거보전을 위한 증거조사 기일은 긴급한 경우를 제외하고 신청인과 상대방에게 통지하여야 한다(381조).

1. 소 제기 전 증거보전신청

신청인은 증거조사의 대상이 되는 증거방법의 소재지(증인이나 서면증거를 소지한 사람의 거소 혹은 검증 목적물의 소재지)를 관할하는 지방법원에 증거보전신청을 하여야 한다(376조 1항). 소 제기 전 단계에서 장래의 피고를 특정할 수 없는 경우에도 증거보전신청은 가능하다(378조 1문). 예를 들어, 뺑소니 교통사고의 피해자가 아직 가해자를 특정하지 못해도 사고 목격자의 증언을 확보하기 위한 경우를 대표적으로 들 수 있다. 이 경우 법원은 장래의 피고를 위해 특별대리인을 선임할 수 있다(2문).

2. 소 제기 후 증거보전신청

소송계속 중인 상태에서도 증거보전의 필요성이 발생할 수 있다. 준비기일이나 변론기일 전의 단계에서 증인신문의 필요성이 갑자기 발생하는 경우도 있을 수 있기 때문이며 당해 증거를 사용할 심급의 법원에 하여야 한다(376조 1항). 따라서 본안의 소가 1심 법원에 계속 중인 경우에는 당해 1심 수소법원에 신청을 하고, 본안이 2심인 고등법원에 계속 중인 경우에는 수소법원인 당해 고등법원에 신청을 하는 것이 원칙이다. 그러나 급박한 경우에는 심급에 관계없이 증거목적물 소재지나 검증목적물이 있는 곳을 관할하는 지방법원에 신청할 수도 있다(376조 2항). 따라서 항소심에 본안이 계속 중이더라도 지방법원에 증거보전신청을 할 수 있어 심급을 달리하는 경우가 발생할 수 있다.

Ⅳ. 효　　과

증거보전 결정에 대해서는 불복이 불가능하다(380조). 긴급을 요하는 절차이므로 불복을 허용하게 되면 실기하게 될 염려가 있기 때문이다. 다만 증거보전신청을 각하하는 결정에 대하여는 통상항고가 가능하다. 한편 증거보전에 관한 기록은 본안소송의 기록이 있는 법원에 송부되어야 하며(382조), 증거보전에 관한 비용은 소송비용의 일부로 한다(383조). 한편, 증거보전절차에서 신문한 증인이라 하더라도 본안 절차에서 당사자가 다시 신문하고자 신청한 때에는 법원은 그 증인을 신문하여야 한다(384조). 직접주의 구현을 위한 법 규정으로서 법원이 절차의 지연 등을 들어 증인신청을 배척할 수 없다.

V. 증거보전제도의 새로운 패러다임

소 제기 전·후의 증거보전을 위한 소송법상의 기존 제도는 증거의 사용곤란을 전제하고 있지만 반드시 장래의 사용곤란을 전제하지 않는 광의의 증거보전제도 역시 필요하다. 즉, 장래의 사용곤란뿐 아니라 신청인의 이익이 있는 경우에도 증거보전을 허용할 필요가 있을 뿐 아니라 증거보전을 증거수집을 위한 수단으로 활용할 수도 있기 때문이다. 특히, 소 제기 전의 증거수집을 위한 사실조회제도의 활용이나 증거수집 처분 등도 넓은 의미의 증거보전으로 포섭할 수 있다.[1]

1. 변호사회의 사실조회

지방변호사회는 회원인 변호사가 수임사건과 관련하여 공공기관에 조회하여 필요한 사항의 회신이나 보관 중인 문서의 등본 또는 사본의 송부를 신청하는 경우 특별한 사유가 없는 한 그 신청에 따라 공공기관에 이를 촉탁하고 회신 또는 송부받은 결과물을 신청인에게 제시하도록 하고 있다(변호 75조의2). 이는 소 제기 전에 정보수집을 위한 사실조회를 허용함으로써 불필요하게 제소하는 것을 방지하는 역할뿐 아니라 소 제기 후의 불필요한 증거조사절차를 생략할 수 있도록 해서 절차의 촉진을 도모하는 역할을 할 수 있을 것으로 기대된다.

2. 독일의 독립적 증거조사

독일은 1991년 사법간소화법을 통한 소송법 개정을 통해 종래의 증거보전절차를 확대하여 소극적인 증거보전의 필요성뿐 아니라 신청자가 법률상 이익을 갖는 경우에는 증거보전을 신청할 수 있도록 하고 있다(ZPO § 485). 이를 독립적 증거조사(selbständiges Beweisverfahren)라고 한다. 법률상 이익은 소 제기 전의 감정 등을 통해 인적·물적 손해 혹은 물적 하자의 원인 등을 확정함으로써 소송이 제기되는 것을 회피할 수 있는 이익 등을 의미한다(2항). 즉, 단순히 소송 진행에 있어 필요하게 될 증거방법을 미리 조사하는 소극적인 증거보전의 차원을 넘어 사전 증거조사의 시행으로 소송의 발생을 저지하는 적극적인 증거보전(조사)을 의미하는 것이다.[2]

---

[1] 졸고, "민사소송에서의 증거조사절차에 있어 몇 가지 문제점-정보 및 증거수집제도로의 인식 전환을 위한 시론-", 한양대 법학논총 27집 2호, 23면 이하 참조.

[2] 상세한 내용은 정규상, "집중심리 내지 소송외적인 분쟁해결을 위한 전제로서의 독립적인 증거조사절차에 관한 연구", 중앙대 법학논문집 22집(1997), 91면 이하 참조.

3. 일본의 증거수집처분 등

(1) 일본 민사소송법은 소 제기 후에 법원의 개입 없이 당사자 간의 정보교환을 골자로 하는 당사자조회제도(日民訴 163조)[1]를 운영하다가 2003년 민사소송법 개정을 통해 제1편 제 6 장(日民訴 132조의2 내지 132조의9)에 소 제기 전 예고통지자(豫告通知者) 조회 제도와 증거수집 처분을 신설하기에 이르렀다. 소 제기를 하고자 하는 잠재적 원고가 잠재적 피고인 상대방에게 예고통지를 서면으로 하게 되면 예고통지자인 잠재적 원고에게 일정한 소송법상 권능을 인정해주는 제도이다. 소 제기 전 단계에서 일정한 사항에 대한 조회를 인정함으로써 소 제기 후의 절차의 촉진을 도모할 수 있을 뿐 아니라 화해를 촉진할 가능성도 높아질 것으로 기대된다.[2] 우선 소를 제기하고자 하는 자가 상대방(잠재적 피고)에게 청구의 요지와 분쟁의 요점 등을 기재한 서면(제소 예고통지)을 발송하게 되면 양 당사자 간에는 준소송계속(準訴訟係屬) 상태가 발생하게 된다. 그러나 피예고통지자(被豫告通知者)도 예고통지에 대한 답변을 하게 되면 예고통지자와 마찬가지의 권능이 인정된다.

(2) 준소송계속 상태에서 상대방에게 요구할 수 있는 내용은 우선 당사자조회에 준하는 예고통지자 조회(日民訴 132조의2)이며 다음은 증거수집처분(日民訴 132조의4)이다. 당사자 조회와 다른 점은 조회기간을 4월 이내로 정하고 있으며 주장 또는 입증준비를 하는 데 필요성이 명백한 경우로 한정하고 있다. 조회내용의 대상이 되지 않는 것 역시 당사자조회의 경우보다 광범위하다. 일단 당사자조회로 허용되지 않는 것(日民訴 1베63조 각호)은 예고통지자 조회의 대상이 되지 않으며 그 외에도 사생활과 영업비밀의 보호를 위한 예외사유가 인정된다(日民訴 132조의2 1항 1호 내지 3호).

(3) 증거수집처분 역시 준소송계속 상태임을 감안하여 요건을 엄격히 하고 증거수집처분으로 인정되는 수단 역시 최소화하고 있다. 우선 소 제기 후에 입증을 위해 필요한 것이 명백한 것이어야 하며 신청인이 이를 직접 수집하는 것이 곤란하다는 점이 인정되어야 한다(日民訴 132조의4 1항 본문). 이러한 처분사유가 인정되는 경우에도 예외적으로 수집에 소요되는 시간이 부당하게 오래 소요되거나 촉탁을 받는 자의 부담이 상당하지 않은 경우에는 증거수집처분을 할 수 없다. 증거수집처분의 신청도 예고통지가 된 날로부터 4월 이내에 이루어져야 하는데 증거수집처분 신청에 대한 재판에 대해서는 불복할 수 없다. 이러한 엄격한 조건이 충족되면 법원은 문서송부촉탁, 조사의 촉탁, 전문가의 의견진술의 촉탁 및 집행관에 의

---

1) 일본 민사소송법 제163조가 규정하는 당사자조회는 소송계속 중 상대방에 대해 주장 또는 입증을 준비하는 데 필요한 사항에 관해서 조회를 구하는 것으로 제1호 내지 제6호에서 금지되는 조회사항 및 방식을 규정하고 있다. 예를 들어 구체적이거나 개별적이지 않은 조회, 상대방에게 모욕을 주거나 곤혹감을 주는 조회 등은 금지되고 있다.

2) 伊藤 眞, 前揭書, 281面.

한 현황조사 등을 명할 수 있다(日民訴 132조의4 1항 1호 내지 4호). 상대방에게 강제력이 부과될 수 있는 문서제출명령 등은 인정되지 않고 있으며 상대방의 자발적인 협력을 통해 이루어질 수 있는 방법에 한해서 법원이 협력을 하게 된다.1)

---

1) 秋山幹男 外5, 「コンメンタル民事訴訟法 Ⅱ」(日本評論社, 2007), 586面에 따르면 입법 초기 단계에는 독일의 독립증거조사제도의 도입 역시 고려되었지만 동 제도를 통한 제소전 단계에서의 감정(鑑定)이 일본 소송구조에는 적절하지 않다는 점이 지적됨에 따라 이에 대신해서 제소예고통지를 전제로 하면서(남용방지를 위해 제소를 전제로 한 것임) 당사자의 정보 및 증거수집에 초점이 맞추어진 제소전 조회제도와 증거수집처분이 일원적인 형태로 도입되었다고 한다.

제 6 편

소송의 종료

제1장 총   설

Ⅰ. 소송종료사유

당사자의 소 제기는 법원의 종국판결을 통해 종료되는 것이 원칙이다. 그러나 우리 제도는 소송사건을 조정에 회부해서 조정결정으로 사건을 종결시키거나 소송절차에서 화해권고결정(225조 이하) 등을 통해 판결에 의하지 않고 사건을 종결시킬 수 있는 제도적 장치를 마련하고 있다(물론 당사자의 이의권은 보장된다). 당사자 역시 사적 자치의 원리에 따라 당사자 스스로 소송을 종료시킬 수 있는 제도적 장치가 마련되어 있는데 소취하(266조)·청구의 포기·인낙·화해(220조) 등이 그것이다. 이외에도 대립당사자 구조의 소멸로 당연히 소송절차가 종료되는 경우도 있다(이혼소송 중 배우자 일방의 사망). 한편 종국재판이나 당사자의 소취하 등의 행위가 없는 상태에서 소송이 종료되었음을 선언하는 확인적 재판형태인 소송종료선언이 실무상 발전되어 왔다. 따라서 소송종료선언은 소송의 종료사유가 아니라 소송이 종료되었음을 법원이 확인함으로써 절차를 사실상 종결한다는 점에서 종료사유와는 본질을 달리한다.

Ⅱ. 소송종료선언

소송종료선언은 종국판결로 계속중이던 소송이 유효하게 종료되었음을 확인하는 제도이다. 이 제도는 실무상 운용되어 오던 관행[1]을 1983년부터 시행된 민사소송규칙 제67조, 제68조를 통해 입법화한 것이다. 다만 동 규칙은 소취하의 효력을 다투거나 취하간주의 효력을 다투는 절차의 일환으로 소송종료선언을 규정하고 있으나(민규 67, 68조), 실무에서는 이보다 훨씬 다양하게 소송종료선언 제도를 활용해오고 있다.

1. 소송종료선언의 사유

(1) 명문의 규정을 통한 소송종료선언 사유

1) 소 혹은 상소취하의 효력을 다투는 이유 없는 기일지정신청   당사자의 일방적인 소취하 의사표시와 상대방의 동의 혹은 동의간주에 의해 소송이 종결되므로 취하에 따른 소송

---

1) 재판실무 변천을 간략하게 기술한 박우동, "소송종료선언의 재판", 사법논집 14집(1983. 12), 297-298면 참조.

의 종료를 위해 별도의 재판이 필요하지 않다. 그러나 소취하 의사표시를 착오로 하였다고
주장하는 원고나, 소취하에 대해 동의를 한 적이 없다고 다투는 피고는 달리 이를 다툴 방법
이 없게 된다. 결국 당사자들은 소취하가 무효라거나 부존재한다는 것을 주장하면서 종전의
재판을 속행해 줄 것을 신청하는 기일지정신청을 할 수밖에 없다(민규 67조 1항). 아울러 소취
하 간주에 따른 효과를 부인하는 당사자 역시 기일지정신청을 통해 재판의 속행을 구할 수
있다(민규 68조). 법원은 이 경우 변론을 열어 기일지정신청의 사유가 있는지 여부를 판단하여
야 하는데(민규 67조 2항) 그 사유가 없다고 판단되면 소송이 종료되었음을 종국판결로 선언하
여야 한다(민규 67조 3항).[1] 이를 소송종료선언이라고 한다. 만일 기일지정신청사유가 있는 경
우에는 별도의 재판이 반드시 필요한 것은 아니므로 법원은 중간판결을 하거나 종국판결에
서 그 판단을 표시하면 된다.

　　2) 종국판결 선고 후 소취하　　종국판결 선고 후에 소를 취하하였으나 소송기록이 아
직 상소심으로 송부되기 전에 기일지정신청이 된 경우는 조금 다른 취급이 필요하다. 상소이
익이 있는 자 모두가 상소하거나 당사자 일부가 상소하고 나머지는 상소권이 소멸된 경우
등에는 상소심 법원이 기일지정신청에 대한 재판을 하는 것이 타당하다(민규 67조 4항 1호). 그
외의 경우에는 원심법원이 기일지정신청이 이유 없으면 소송종료선언을, 이유 있으면 소취하
무효선언 판결을 선고하여야 한다(민규 67조 4항 2호). 소취하무효선언 판결이 확정된 때에는
상소기간은 그 다음날부터 전체기간이 새로이 진행되므로 판결법원은 종국판결 후에 하였어
야 할 절차를 계속하여 진행하여야 하고, 당사자는 종국판결 후에 할 수 있었던 소송행위를
할 수 있게 된다(민규 67조 5항).

　　(2) 해석론을 통한 소송종료선언 사유

　　1) 당사자대립구조의 소멸　　일신전속적인 권리를 소송물로 하는 청구에 있어 당사자
일방이 사망한 경우에는 당해 소송은 당연히 종료된다(이혼소송 도중 당사자 일방이 사망한 경우
등). 이 경우 법원은 굳이 소송종료선언을 할 필요도 없으나 사건 관계를 분명하게 하기 위해
혹은 당사자 사이에 다툼이 있어 기일지정신청을 한 경우에는 소송종료선언판결을 할 수 있
다.[2] 헌법소원 사건에서도 헌법재판소는 헌법소원을 제기한 자가 사망한 경우 일신전속적인
권리에 해당한다는 이유로 심판절차종료선언결정을 한 바 있다.[3]

---

1) 예를 들면 법원은 "이 사건 소는 0000. 00. 00. 소취하로 종료되었다"라는 판결주문을 통해 소송종료선언
　 을 하게 된다.
2) 大判 1994. 10. 28. 94므246,94므253.
3) 憲裁 2010. 11. 25. 2009헌라12.

2) 소송종료의 간과　　① 법원이 청구의 포기·인낙·화해[1]·조정의 성립 및 판결의 확정 등으로 소송이 종료된 사실을 간과하고 소송을 진행한 경우 상급법원은 직권으로 소송종료선언 판결을 하여야 한다. 여러 개의 청구가 복잡하게 병합되어 있는 사건의 경우 종종 이러한 현상이 나타나고 있다.[2]

② 청구의 포기·인낙·화해·조정의 성립 등으로 소송이 종료되었고 사실상 절차가 진행되지 않음에도 불구하고 당사자가 기일지정신청을 통해 청구의 포기 등이 무효라고 다툴 수 있느냐 하는 것이 문제된다. 청구의 포기·인낙·화해·조정 등은 소송행위로서의 성격을 갖고 있을 뿐 아니라 실정법상 이들의 흠은 준재심절차에 의해서만 다툴 수 있으므로 기일지정신청을 통해 그 무효를 주장하는 것은 허용될 수 없다고 보는 것이 이론상 일관성이 있다. 판례[3]도 동일한 입장이다.

③ 다만, 예외적으로 화해조서[4]나 조정조서[5] 등에 당연무효의 사유(화해성립시 화해당사자의 사망이나 화해나 조정의 성립 자체에 대한 의문을 제기하는 경우 등)가 있음을 주장하는 경우에는 기일을 열어 심리를 한 후 소송종료선언 여부를 판단해야 한다. 소취하의 효력을 다투는 기일지정신청과 청구의 인낙·포기·화해·조정조서 등의 효력을 다투는 기일지정신청은 법적 성격을 달리한다고 보는 것이 타당한데 전자는 권리로서의 신청이지만 후자의 경우는 법원의 직권발동을 촉구하는 것에 그치기 때문이다. 법원으로서는 무효인 화해나 조정을 성립시킬 수는 없으므로 당사자의 신청 내용 중에 당연무효사유가 존재한다고 하면 이에 대한 심리가 필요하며 이러한 차원에서 기일지정신청을 수용할 필요가 있다.

2. 법적 성격과 효과

(1) 소송종료선언은 실체적 판단을 담지 않은 소송판결로써 소송이 이미 종결되었음을 확인하는 확인판결에 해당한다. 이에 대해서는 당연히 상소가 허용된다.

(2) 이유 없는 기일지정신청에 따른 소송종료선언판결에는 기일지정신청 이후의 소송비용에 대한 재판이 부수되어야 한다.[6] 한편, 법원이 소송종료된 것을 간과함에 따른 소송종료선언의 경우에도 그 소송종료 후의 소송비용에 관하여 재판하여야 한다(이시, 565면; 정/유/김, 682면).

---

1) 화해권고결정에 대해 이의를 하지 않은 당사자들에 대하여 심리, 판단한 원심판결을 파기하고 대법원이 소송종료선언을 한 바도 있다(大判 2010. 10. 28. 2010다53754).
2) 大判 2012. 9. 27. 2011다76747(분리확정된 청구 부분까지 항소심으로 이심된 것으로 보고 판단한 원심판결의 경우). 大判 2003. 1. 24. 2002다56987(소가 교환적으로 변경되었음에도 신청구에 대해서는 판단하지 않고 구청구에 대해서만 심리, 판단한 경우).
3) 大判 1977. 1. 11. 76다333.
4) 大決 1990. 3. 17. 90그3.
5) 大判 2001. 3. 9. 2000다58668.
6) 大決 2005. 5. 20. 2004마1038.

제2장 당사자의 소송행위에 의한 종료

제1절 소 취 하

Ⅰ. 의 의

1. 개 념

소취하는 제기된 소의 전부나 일부에 대한 소송계속의 소급적 소멸을 의도한 소 제기 당사자의 법원에 대한 일방적 의사표시를 말한다. 따라서 상대방의 동의를 필요로 하지 않는 단독적, 여효적 소송행위이다. 다만 상대방이 본안에 관하여 준비서면을 제출하거나 준비기일에서 진술하거나 변론을 한 뒤에는 상대방의 동의가 있어야 소취하에 따른 법적 효과가 발생하게 될 뿐이다(266조 2항).

2. 다른 개념과의 구분

(1) 상소취하·청구포기

소취하는 상소취하와(393조) 다르다. 상소취하는 제기된 상소의 소급적 소멸을 통해 원심판결이 확정되는 것을 의도하는 것이므로 소송계속의 소급적 소멸이 아니라 종전 종국판결을 확정하는 효과를 갖는다. 따라서 상소취하의 효력발생을 위해 상대방의 동의가 불필요하며(393조 2항) 상소심의 종국판결 선고 전까지 상소취하가 가능하다(393조 1항). 한편 소취하는 자신의 청구가 이유 없다는 것을 자인함과 아울러 향후의 소 제기를 영구히 포기하는 청구포기와 달리 제기된 당해 소송의 소급적 소멸만을 의도하는 것으로서 동일한 소송물을 담은 재소의 가능성은 여전히 남아있다.

(2) 소의 변경

소송진행 도중에 청구원인의 변경 없이 가분적인 청구금액을 감축하는 경우가 흔히 발생한다. 다수학설(이시, 567면; 김홍, 728면)과 판례[1]는 당사자 보호를 위해 감축된 부분에 대해 소의 일부취하가 있는 것으로 해석하고 있다. 따라서 상대방의 명시적 혹은 묵시적인 동의가 필요하게 된다.[2] 그러나 소의 일부취하로 보는 것도 당사자의 보호를 위해서는 미흡하

---

1) 大判 2004. 7. 9. 2003다46758.
2) 大判 1993. 9. 14. 93누9460.

므로 이를 소의 변경으로 파악해야 한다(같은 취지의 견해로는 호, 751면). 소의 변경으로 보게 되면 항소심에서도 재소금지의 염려 없이 청구금액의 감축이 가능하기 때문이다.

Ⅱ. 요   건

1. 소송행위로서 유효한 요건

(1) 소의 취하의 자유 및 허가

소의 취하는 소송행위이므로 소송능력이 필요하며 대리인을 통한 소의 취하를 위해서는 특별한 수권행위가 필요하다. 고유필수적 공동소송에서는 소의 취하행위가 불리한 소송행위에 해당하므로 공동소송인 전원이 소를 취하해야 한다. 그리고 소취하의 의사표시는 당사자의 자유로운 의사에 일임되어 있다. 따라서 변론주의나 직권탐지주의 절차 여부를 불문하고 소의 취하는 언제나 가능하다. 소의 취하가 실체법상의 권리·의무관계에 변동을 초래하는 것은 아니기 때문이다. 그런데 주주대표소송(상 403조)이나 증권관련집단소송(증권 35조), 주민소송(지방자치 17조 14항)에서는 원고가 본인뿐 아니라 다른 사람의 이익을 대변하는 입장에 있으므로 소의 취하를 위해서는 법원의 허가가 필요하다. 한편, 법원이 석명을 통해 소취하를 권유하는 것이 가능하다는 견해도 있으나(이시, 569면) 의문이다. 실무에서도 소 전체 혹은 무익한 청구부분을 취하하도록 종용하는 경우가 간혹 있는데 법적 관점 지적의무를 통해 지적하는 차원을 넘어 해결방안(취하)까지 제시하는 것은 석명의 범위를 일탈하는 것이라고 판단되며 자칫 사법불신을 초래할 염려도 있다(같은 취지의 견해 호, 755면 참조).[1]

(2) 소의 취하와 의사표시의 흠

소의 취하행위는 소송행위이므로 원칙적으로 의사표시의 하자에 관한 규정을 유추적용할 수는 없는 것이 원칙이다. 그러나 소의 취하가 실체법상의 법률관계를 확정한다는 효과는 전혀 없으므로 소의 취하에도 의사표시의 하자 규정을 유추적용해서 이를 취소할 수 있다고 하는 견해가 있다(정/유/김, 687면; 호, 754면). 그러나 판례와 다수견해는 다른 입장이다. 우선, 판례는 이 부분과 관련해서 특이한 입장을 갖고 있다. 의사표시의 흠 가운데 착오로 취하서를 법원에 제출하는 경우[2] 등에는 소취하를 유효하다고 보아 취소할 수 없다고 하면서 다른 사람의 폭행이나 강요에 의해 취하서를 제출한 경우에는 이를 무효로 보고 있기 때문이다.[3]

---

1) 소의 취하를 종용함으로써 소를 취하하게 하는 것이 언제나 소취하 당사자에게만 불리한 것만은 아니며 오히려 상대방에게 불리하게 작용할 수도 있다. 판단을 받고자 하는 상대방 역시 동의를 종용받을 수 있기 때문이다.

2) 大判 1997. 6. 27. 97다6124(사무원의 착오로 취하서를 제출한 경우), 大判 2004. 7. 9. 2003다46758(착오에 의한 청구감축), 大判 2009. 4. 23. 2008다95151(취하서 제출에 조건을 붙인 경우/취하서 제출에 대한 대리권 수여 사실 부인).

3) 大判 1985. 9. 24. 82다카312,313,314. 그러나 憲裁 2005. 3. 31. 2004헌마911에서는 피청구인의 기망에 의해

즉, 의사표시의 흠을 유발한 타인의 행위가 형사처벌을 받을 행위로써 재심사유에 해당하는 위법이 있다면 법 제451조 제1항 제5호를 유추하여 소의 취하의 무효나 취소를 주장할 수 있다는 것이다. 다수설 역시 이 부분에 있어서는 판례와 동일한 입장이다(이시, 572면). 다만, 이 경우에도 재심사유에서 요구하는 유죄의 확정판결(451조 2항)까지는 필요 없다는 것이 다수 견해의 입장인 반면 주류적인 판례의 입장은 유죄의 확정판결을 요구하고 있다.[1]

2. 소취하의 시기와 피고의 동의

(1) 소취하의 시기

소의 취하는 제소 후 판결이 확정될 때까지 언제나 가능하다(266조 1항). 따라서 1심 판결 선고 후라도 확정되기 전이면 취하가 가능하며 대법원에 소송이 계속되어 있어도 취하는 가능하다. 즉, 우리 법제는 소취하에 대한 시기적인 제한은 없어 매우 자유로운 소취하 제도를 운영하고 있는 셈이다. 다만, 본안에 대한 종국판결이 있은 후에 소를 취하하면 재소가 금지되는 불이익이 있을 뿐이다(267조 2항). 한편, 소송계속을 소장이 상대방에게 송달되는 시점으로 보는 종래 입장에서는 소송계속 전에 소를 취하하는 것은 엄밀한 의미에서 소 제기 행위의 철회이지만 편의상 소취하로 취급하고 있는 것이다. 그러나 소송계속을 소 제기 시점으로 보는 한 이는 언제나 소취하의 문제일 뿐이다.

(2) 상대방의 동의 여부

원고가 소를 취하하는 데 상대방의 동의가 필요한 것은 아니다. 취하는 법원에 대한 소송행위이기 때문이며 상대방의 동의가 없으면 단지 취하의 효력이 발생하지 않는 경우가 있을 뿐이다.

1) 상대방의 동의 필요 여부와 범위

① 상대방 응소 수준과 동의   피고가 본안에 관해 준비서면을 제출하는 경우 혹은 변론준비기일에서 진술하거나 변론을 한 때에는 피고의 동의를 얻어야 소취하의 효력이 발생한다(266조 2항).[2] 변론관할(30조)의 경우는 준비기일에서의 진술이나 본안의 변론이 있어야 하지만 피고가 본안에 대한 준비서면을 제출하는 것만으로도 상대방의 동의가 필요하다. 소취하의 경우는 상대방이 제기된 소에 대한 적극적인 응소의지를 표현하는 것만으로도 당해 소송을 통한 분쟁해결의 이익을 보호할 필요가 있기 때문이다. 따라서 상대방이 이송신청이

헌법소원심판청구를 취하하였다고 하더라도 이를 무효라 할 수 없으며 임의로 이를 취소할 수 없다고 하였다.
1) 大判 1984. 5. 29. 82다카963; 大判 2012. 6. 14. 2010다86112; 大決 2012. 11. 21. 2011마1980 등.
2) 상대방이 있는 마류 가사비송사건인 재산분할심판 사건의 경우 심판청구 취하에 상대방의 동의를 필요로 하지 않고, 상대방이 취하에 부동의하였더라도 취하의 효력이 발생한다(大判 2023. 11. 2. 2023므12218). 보전처분 절차에서의 보전명령신청이나 이의신청 등의 취하에는 상대방의 동의가 필요 없다. 보전명령 자체가 일방적 신청절차이고 상대방 모르게 하는 밀행적 성격을 갖고 있기 때문이다.

나 기일변경신청만을 담은 서면만을 제출하는 경우 혹은 단순히 소 각하나 청구기각을 구하는 문구만을 기재한 답변서를 제출하는 경우에는 동의가 필요 없다.[1] 한편, 피고의 반소를 유발한 원고가 본소를 취하하게 되면 피고는 원고의 동의 없이 반소를 취하할 수 있다(271조).

　　② 동의하는 자의 범위　　　소의 종류와 성격에 따라 동의를 해야 하는 자의 범위가 달라지게 되는데 고유필수적 공동소송의 경우와 독립당사자참가의 경우 문제될 수 있다. 예를 들어, 원고가 고유필수적 공동소송의 공동소송인인 경우에는 전원의 소취하 행위가 필요하다는 점은 이론이 없으나(김/강, 542면) 공동소송인인 피고 모두가 동의를 해야 하는지는 다소 의문이다(이시, 571면은 모두의 동의가 필요하다고 봄). 소취하에 대한 동의는 피고들에게 유리한 행위일 가능성이 높기 때문이다. 한편, 독립당사자참가의 경우도 현행법은 편면참가를 허용하고 있어 참가인의 소취하에는 원·피고 모두의 동의를 요한다는 과거 판례[2]가 계속 유지될 수 있는지는 의문이다.[3] 예를 들어, 참가인이 당사자 일방만을 상대로 독립당사자참가를 한 경우에도 참가신청의 취하를 위해서는 당사자 모두에게 동의를 받아야 한다는 것은 매우 부적절할 수 있기 때문이다.

2) 상대방 동의의 법적 성격과 방식

　　① 법적 성격　　　상대방의 동의 행위 역시 법원에 대한 소송행위이므로 소송능력이 필요하고 조건을 붙일 수 없다. 소의 취하는 법원에 대한 일방적 소송행위이지만 상대방의 동의 없이는 효력이 발생하지 않으므로 동의는 소취하의 효력발생 요건이다. 하지만 소취하 행위 자체는 법원에 대한 의사표시를 함으로써 완결되는 것이므로 상대방의 동의 전이라도 임의로 철회할 수 없다.[4] 한편, 원고의 소취하 의사표시가 있은 후 피고의 동의 여부를 확인하지 않은 상태에서 그대로 재판하는 것은 위법하다는 것이 판례의 입장이다.[5]

　　② 방　　식　　　동의는 명시적으로 해야 하지만 묵시적인 방법으로도 가능하다는 것이 판례의 입장이다.[6] 피고의 동의 거절의 의사표시 역시 소송행위이므로 임의적인 철회가 불가

---

1) 과거의 판례 중에는 피고가 주위적으로 소각하를, 예비적으로 청구기각을 구한 경우 본안에 관한 것은 예비적으로 구한 것이므로 원고는 피고의 동의 없이 소취하를 할 수 있다고 판시한 바 있으나(大判 1968. 4. 23. 68다217,218) 의문이다. 중요한 것은 피고의 응소의지의 표현이라고 할 수 있기 때문이다. 소송전략상 소송요건에 관한 본안전 항변을 먼저 주장하는 것이 일반적인데 단지 본안전 항변을 주위적으로 주장했다는 이유만으로 피고의 이익을 보호하지 않아도 된다는 결론은 동의하기 어렵다. 예비적 항변이라 하더라도 본안에 관해 주장을 담았다면 원고의 소취하에는 피고의 동의가 필요하다고 보아야 한다.

2) 大判 1981. 12. 8. 80다577.

3) 아울러 독립당사자 참가 후에 원고가 소를 취하하는 경우에는 참가인의 동의가 필요하다는 예전 판례(大決 1972. 11. 30. 72마787)에 대해서도 새로운 검토가 필요하다.

4) 大判 1997. 6. 27. 97다6124 역시 적법한 소취하의 서면이 제출된 이상 그 서면이 상대방에게 송달되기 전·후를 묻지 않고 원고는 이를 임의로 철회할 수 없다고 판시하였다.

5) 大判 2005. 7. 14. 2005다19477.

6) 大判 1993. 9. 14. 93누9460.

능할 뿐 아니라 동의 거절과 동시에 원고의 소취하 행위는 효력이 발생하지 않은 채 소멸하게 되므로 거절의 의사표시를 철회하여 다시 동의하더라도 소취하의 효력이 발생하지 않는다.[1]

　　③ 소송대리인의 동의　　소송대리인이 소취하에 대한 동의를 위해서는 본인으로부터 특별수권을 받아야 하는지 문제된다. 소취하는 명백한 특별수권사항이지만(56조 2항, 90조 2항) 소취하에 대한 동의 여부에 대해서는 명문의 규정이 없기 때문이다. 특별수권규정은 예외적 규정이라는 점, 소취하에 대한 동의가 피고에게 중요한 사항이기는 하지만 이보다 더 중요하다고 할 수 있는 자백에 대해서도 특별수권규정을 두고 있지 않다는 점을 고려한다면 소취하에 대한 동의에는 특별수권이 필요 없다고 보는 것이 타당하다. 판례 역시 동일하다.[2]

Ⅲ. 소취하의 방법

1. 서면과 말에 의한 취하와 동의

소의 취하는 서면으로 하는 것이 원칙이지만 변론이나 준비기일에서 말로 할 수 있다(266조 3항). 소장이 송달된 뒤에는 소취하서를 상대방에게 송달하여야 한다(4항). 상대방의 동의 없이는 취하의 효력이 발생하지 않기 때문이다. 변론이나 준비기일에 당사자 일방이 말로써 취하를 하였으나 상대방이 불출석한 경우에는 당해 기일의 조서등본을 송달하여야 한다(5항).

2. 취하간주와 상대방의 이의

소취하에 대한 동의 역시 말이나 서면으로 할 수 있다. 상대방의 동의여부가 불분명해서 나타날 수 있는 불합리함은 동의를 의제함으로써 문제를 해결하고 있다(266조 6항). 따라서 소의 취하에 부동의하고자 하는 상대방은 기일에 출석해서 소의 취하 의사표시를 듣게 된 경우에는 당해 소를 취하한 날부터, 상대방이 기일에 출석하지 아니한 경우에는 법 제266조 제5항에서 정하는 그 기일의 조서등본이 송달된 날부터 2주 이내에 이의를 제기하여야 한다(266조 6항).

Ⅳ. 효 　 과

소가 취하되면 취하된 부분에 대해서는 소가 처음부터 계속되지 않은 것으로 본다(267조 1항). 따라서 소 제기 이후에 있었던 모든 소송행위는 그 효력을 상실하게 되는데 소송 도중에 이루어진 사법행위도 효력을 잃는지 여부가 문제될 수 있다. 한편, 소취하의 자유를 인정하면서도 본안에 대한 종국판결 선고 후에 소를 취하한 경우에는 다시 동일한 소를 제기하

---

1) 大判 1969. 5. 27. 69다130,131,132.

2) 大判 1984. 3. 13. 82므40.

지 못한다고 하여(267조 2항) 소취하를 제한하고 있는데 이러한 입법 태도가 바람직한 것인지
에 대해 논란이 있다.[1]

1. 소송계속의 소급적 소멸

(1) 소송행위의 소멸 여부

당사자와 법원의 소송행위 모두 소급적으로 소멸하는 것이 원칙이다(267조 1항). 다만 기
존의 소와 독립된 소송행위의 효과는 그대로 남게 된다. 예를 들어 보조참가나 공동소송적
보조참가[2]행위는 본소의 취하로 소멸하게 되지만 제3자가 공동소송참가나 독립당사자참가를
한 경우,[3] 혹은 상대방이 반소나 중간확인의 소를 제기한 경우에는 본소의 취하로 영향을 받
지 않게 된다.

(2) 사법행위(私法行爲)의 소멸 여부

소 제기에 따른 시효중단 효과는 소의 취하로 소급적으로 소멸한다는 민법 제170조 규
정 외에는 소송진행 도중에 이루어진 사법행위의 효과에 대하여 아무런 규정이 없어 해석론
상 문제가 되고 있다. 예를 들어, 소송 도중에 계약해제의 의사표시를 하였으나 그 뒤에 소
취하를 한 경우 해제의사표시 역시 소급적으로 효력을 상실하는가 여부의 문제이다. i) 소취
하와 함께 해제의 의사표시도 효력이 상실된다는 소송행위설 ii) 기본적으로 사법행위는 소
송행위와 별개의 행위이므로 소취하와는 무관하게 효력이 존속한다고 보는 사법행위설(병존
설) iii) 병존설을 취하면서도 예외적으로 상계권의 행사가 실기한 공격방어방법으로 각하되는
경우, 혹은 상계권 행사 후 소가 취하되거나 소각하 판결이 선고되면 상계의 사법적인 효과
도 같이 소멸한다는 소위 신병존설 등이 주장되고 있다(김/강, 442면; 김홍, 484면; 이시, 573면; 정/

---

[1] 우리 법제는 일본 민사소송법의 입장과 동일하다(日民訴 262조 2항). 소취하의 자유로운 형태의 전형은 독
일 법제이다. 즉, 독일의 경우는 시기와 횟수에 제한 없이 원고가 자유롭게 소를 취하할 수 있어 우리와는
다른 입장을 취하고 있다. 다만, 피고는 새롭게 소가 제기된 경우 전에 취하된 소의 비용이 지급될 때까지
응소를 거부할 권리가 있을 뿐이다(ZPO §269(6)). 이에 반해 미국은 two dismissal rule이 적용된다. 즉, 첫
번째는 심급이나 시기와 상관없이 그리고 아무런 불이익 없이 소취하가 가능하지만(물론 피고가 답변서 등
을 제출한 후에는 법원의 허가가 필요함) 동일한 소송에 대한 두 번째 소취하 통지는 실체문제에 대한 판결
(adjudication on the merits)과 동일하게 취급된다(FRCP §41(a)(1)(B)). 이는 원고의 두 번째 소취하는 실체
문제에 대해 기판력 있는 패소판결을 받는 것과 같은 취급을 받게 되는 것을 의미하는데 결국, 원고는 두 번
째까지는 자유로이 소를 취하할 수 있다는 결론에 이르게 된다(Friedenthal/Kane/Miller, p. 464).

[2] 제3자가 공동소송참가를 한 경우에는 피참가인 쪽 당사자와 합일확정될 관계에 있으므로 고유필수적 공동
소송이라면 일부 원고들의 취하가 허용되지 않지만(大判 2007. 8. 24. 2006다40980), 소송공동이 강제되지 않
는 유사필수적 공동소송에서는 일부 원고들의 취하가 허용된다(大判 2013. 3. 28. 2011두13729). 한편, 공동
소송적 보조참가의 경우는 당사자적격이 없는 제3자의 참가를 전제하므로 본소의 취하로 참가는 소급적으로
소멸한다.

[3] 참가인의 독립당사자참가 후 본소가 취하되면 쌍면참가의 경우는 기존의 원·피고를 상대로 한 공동소송
의 형태로 남게 되지만(大判 1991. 1. 25. 90다4723) 편면참가의 경우는 단일한 형태의 소로 남게 된다.

유/김, 479면). 판례 중에는 계약해제권과 관련하여 병존설의 입장을 취하는 것이 있었으나[1] 소송상 방어방법으로서의 상계항변은 통상 그 수동채권의 존재가 확정되는 것을 전제로 하여 행하여지는 일종의 예비적 항변으로서 당해 소송에서 수동채권의 존재 등 상계에 관한 법원의 실질적 판단이 이루어지는 경우에 비로소 실체법상 상계의 효과가 발생한다고 하여 신병존설의 입장을 취하고 있다.[2]

(3) 소송비용확정 문제

원고가 소를 취하하더라도 법 제114조에 따른 소송비용액 확정신청은 가능하므로 피고가 소의 취하에 동의한 후 이를 신청할 수 있으며 이는 사법보좌관의 업무로 되어 있다(법조 54조 2항 1호).[3] 이 경우 원고를 패소자에 준하여 소송비용 전액을 부담시켜야 한다는 견해(이시, 574면)가 있으나 의문이다. 소취하의 원인은 매우 다양하므로 소취하의 원인을 살펴 비용분담을 결정하는 것이 원칙이기 때문이다. 하지만 소의 취하에 대한 피고의 동의에는 이러한 소송비용 측면을 고려하게 될 뿐 아니라 대부분 화해를 대용하는 의미에서 소의 취하를 하게 되는 경우가 일반적이므로 실제로 피고가 소송비용액 확정신청을 하는 예는 많지 않다. 한편, 소의 일부취하의 경우는 나머지 청구에 대한 소송비용과 함께 취하 부분에 대해서도 역시 함께 고려하여야 한다.

2. 재소금지

(1) 의   의

판결 확정 전에는 소송이 상급심에 계류 중이어도 언제든지 소를 취하할 수 있다(266조 1항). 그러나 본안에 대한 종국판결 선고 후에 소를 취하한 뒤에는 다시금 동일한 소를 제기할 수 없다는 재소금지 규정을 두고 있다(267조 2항). 결국 법은 1심 종국판결 선고 후에는 원고로 하여금 심리적 부담감을 느끼게 함으로써 자유롭게 소의 취하를 할 수 없도록 하여 판결이 실효화(失效化)되는 것을 방지하고 있으며 이는 일종의 소의 취하에 대한 제재라고 할 수 있다.[4] 소의 취하를 통해 소송계속을 소급적으로 소멸시킴으로써 소가 제기되지 않았던 상태로 되돌리는 것을 인정하면서 다른 한편 종국판결 선고 후에는 소멸한 전소를 기준으로

---

1) 大判 1982. 5. 11. 80다916.

2) 大判 2013. 3. 28. 2011다3329; 大判 2015. 3. 20. 2012다107662 등. 병존설을 취한다고 해서 상계의 소송상 특성을 무시한다는 것은 아니었으므로 판례가 신병존설로 입장을 변경했다고 보기는 어렵다. 과거 병존설을 취하던 필자 역시 상계의 경우 예외를 인정하지 않을 수 없으므로 판례의 입장을 지지한다.

3) 법원에 조정을 신청한 사건이 소송으로 이행되지 않은 채 조정신청의 취하 등으로 종료되는 경우 민사소송법에서 정하는 소송비용부담 및 확정절차에 관한 조항을 민사조정절차에 유추적용할 수 있고, 그 조정절차비용에 변호사보수도 산입될 수 있다(大決 2022. 10. 14. 2020마7330).

4) 이것이 취하에 대한 제재인지 혹은 재소에 대한 제재인지 견해가 나뉘지만 결국 양자 모두를 지향하는 것이 입법자의 의도라고 파악되므로 견해 대립의 의의는 적다고 할 수 있다.

동일한 소를 재차 제기하지 못하게 하는 것은 불필요한 분쟁을 유발할 가능성이 크다.

(2) 요　　건

1) 본안에 대한 종국판결 선고 후의 취하

① 본안판결과 소송판결의 구분　　　종국판결이 소송판결이나 소송종료선언 등인 경우에는 재소금지의 대상이 되지 않는다. 같은 종국판결임에도 소송판결에 대해서 재소금지의 제재를 가하지 않는 것은 본안 판단이 없는 상태에서 재소를 제한하는 것은 부당하다는 전제에서 비롯된다. 종국판결이 무효인 경우에는 이에 대한 소의 취하 역시 무효이므로 재소금지의 적용대상이 될 수 없다.[1]

② 항소심에서의 교환적 변경과 재소금지 적용 여부　　　i) 제1심 판결 선고 후 소의 전부나 일부를 항소심에서 명시적으로 취하하는 경우는 재소금지에 대한 제재를 쉽게 의식할 수 있다. 반면에 항소심에서 청구를 교환적으로 변경하는 경우에는 종전의 구청구가 취하되는 것으로 취급된다는 점, 이로 인해 재소금지의 제재까지 부과될 수 있다는 점이 문제된다. 통설(김/강, 547면; 김홍, 928면)과 판례는 소의 교환적 변경의 성격을 구청구 취하와 신청구의 제기 두 가지가 겸유된 결합설로 파악하고 있다. 따라서 항소심에서 교환적 변경을 하게 되면 구청구에 대해서는 본안의 종국판결 선고 후에 소취하를 한 것이 되므로 이에 대해서는 재소금지의 제재를 부과해야 한다는 입장이다. 따라서 판례에 따르면 항소심에서 구청구를 신청구로 교환적 변경을 한 후 다른 사정에 의해 다시 신청구를 구청구로 교환적 변경을 하는 것은 원칙적으로 허용되지 않는다.[2] 물론 소의 교환적 변경을 통해 취하된 것으로 취급된 구청구를 다시 제기할 정당한 이익이 있는 경우에는 재소금지의 저촉을 받지 않게 된다. 우선, 원고가 토지거래허가지역 내의 부동산에 대한 소유권이전등기청구의 소를 제기하여 1심에서 승소한 후 항소심에서 토지거래허가절차의 협력을 구하는 소로 청구의 교환적 변경을 하였으나 나중에 토지거래허가가 난 후에 다시 이전등기청구의 소를 제기한 경우,[3] 채권자취소소송 진행 중에 채무자에 대한 회생개시결정이 있어 소송절차가 중단된 후 청구취지를 변경하여 부인소송을 진행하다가 회생절차가 폐지된 경우, 기존의 원고인 채권자는 소송을 수계하고 다시 청구취지를 채권자취소청구로 변경하여야 하는데 이 역시 재소금지에 저촉되

---

1) 예를 들어, 망인을 상대로 제기한 소에 대해 1심 종국판결이 선고되었다면 동 판결은 무효이므로 원고가 이를 항소심에서 취하한다고 해서 재소금지의 효과가 발생할 수는 없다. 다만 원고의 소취하가 있기 전에 망인의 상속인 등이 항소를 제기해서 소송절차가 유효하게 되었다면 그 때부터는 원고가 항소심에서 소를 취하하는 경우 재소금지의 적용을 받아야 한다. 그러나 판례는 재소금지에서 말하는 종국판결은 유효한 판결을 전제한다는 입장에서 재소금지의 적용 대상이 아니라고 하여 반대의 견해를 취하고 있다(大判 1968. 1. 23. 67다2494). 이러한 판례의 입장은 무효인 판결을 야기한 원고를 지나치게 보호하는 결과를 초래할 뿐 아니라 유효하게 된 소송절차를 소취하가 있다고 해서 다시 무효로 취급하게 되므로 매우 부적절하다.

2) 大判 1987. 6. 9. 86다카2600 등 다수.

3) 大判 1997. 12. 23. 97다45341.

지 않는다.[1]

　　ii) 청구의 교환적 변경을 외적인 현상대로 파악하면 탈락되는 구청구가 소취하의 모습
으로 비추어질 수 있으나 청구의 변경은 법 제262조가 규정하는 별개의 소송행위일 뿐이다.
따라서 법 제262조가 규정하는 요건을 갖추면 그에 따른 청구 변경의 효과가 발생하는 것으
로 파악하는 것이 옳다(같은 취지의 견해로는 호, 767면). 한편, 재소금지는 종국판결 후 취하한 소
를 다시금 후에 별소로 제기함에 따라 소송비경제를 초래하는 데 따른 제재적 조치의 하나
인데 청구의 교환적 변경의 경우는 별개의 소를 제기한 것이 아니라 소송진행 상황에 따라
항소심에서 청구를 교환적으로 변경하였을 뿐이므로 비난가능성의 정도도 매우 미약하다.[2]
따라서 청구의 교환적 변경으로 인해 소멸되는 구청구는 취하된 것이 아닐 뿐 아니라 비난
가능성도 없어 재소금지의 적용대상이 아니다.[3]

　　2) 전소와 후소는 동일한 소이어야 한다　　재소금지의 제재를 가하기 위해서는 취하된
소(전소)와 새로이 제기되는 소가 동일해야 한다(267조 2항). 그러나 재소금지는 중복제소나 기
판력의 문제와는 다른 차원의 문제이다. 따라서 "동일한 소"의 범주도 다를 뿐 아니라 설사
동일한 소라 하더라도 취하된 청구에 대한 재소를 정당화할 사유가 있다면 후소는 적법하다.
결국 법 제267조 제2항에서 말하는 "같은 소"는 형식적인 요건일 뿐이며 중요한 것은 다시
제기되는 후소를 정당화할 사유가 있느냐 하는 것이다.

　　① 당사자의 동일

　　i) 승계인과 재소금지　　취하된 소와 동일한 후소를 제기할 수 없는 자는 전소의 원고
와 변론종결 후의 일반승계인으로 국한되어야 한다. 따라서 변론종결 전 승계인으로서 소송
에 참가하지도 않은 제3자에게 이러한 제재 효과를 부과할 수는 없기 때문이다.[4] 한편, 특정
승계인에 대해서도 재소금지의 제한이 미치는지 여부에 대해서는 견해가 대립된다. 판례[5]는

---

[1] 大判 2022. 10. 27. 2022다241998.

[2] 이러한 오해는 중복제소와 관련해서도 나타난다. 전소와 후소가 동시에 진행되던 중 후소에 대한 1심 본
　안판결이 먼저 선고되었음에도 원고가 후소를 취하하게 되었다. 그렇다면 이제 적법한 전소만을 진행하면
　될 터인데 판례는 이 경우에도 재소금지의 법리에 따라 원고는 전소를 유지할 수 없다고 판시하고 있다(大判
　1967. 7. 18. 67다1042).

[3] 통설 중에는 이러한 불합리함을 해소하기 위해 소변경을 하는 경우 그 형태가 교환적인지, 추가적인지 반
　드시 석명사항으로 하고 원고가 특별히 명시하지 않으면 추가적 변경으로 보아야 한다는 견해가 있다(이시,
　577-578면). 통설에 따른 문제점을 해소하려고 하는 시도는 이해된다. 하지만 법원이 석명을 통해 원고에게
　교환적 변경을 한다면 구청구는 취하되는 것이므로 다시 청구하지 못한다는 것을 암시해 준다고 해서 문제
　의 본질이 해결되는 것은 아니다. 구청구를 현재 유지할 필요가 없는 상태에서 재소금지를 의식해서 교환적
　변경 대신 추가적 변경을 할 수도 없는 것이며 상황에 따라서는 구청구로 회귀할 필요성도 생길 수 있기 때
　문이다. 문제의 본질은 재소금지라는 제재를 청구변경을 하는 원고에게 부과할 만큼 행위에 대한 비난가능
　성이 있는가 하는 점이다.

[4] 大判 1969. 7. 22. 69다760.

[5] 大判 1981. 7. 14. 81다64,65.

변론종결 후 특정승계인 역시 재소금지의 대상이 된다고 보고 있는데 학설은 다소 제한적인 입장에서 재소금지의 대상이 되는 것으로 파악하고 있다. 예를 들어, 전소의 취하를 알면서 승계하였다는 등의 특별한 사정이 없는 한 특정승계인은 재소금지의 대상이 될 수 없다는 견해(이시, 575면)가 있는 반면 원칙적으로 특정승계인도 재소금지의 대상이 되지만 소취하에 대한 책임이 없고 다시 승계인이 소를 제기할 새로운 필요성이 있으면 후소가 허용된다는 입장도 있다(정/유/김, 692면).[1] 그러나 변론종결 후에 전소의 계쟁물을 매매나 법률행위 등을 통해 취득한 특정승계인을 재소금지의 제재 대상으로 포함하는 것은 부당하다(같은 취지의 견해로는 호, 759면). 재소금지는 기판력이론과는 달리 일종의 제재이므로 당사자와 동일시할 수 없는 특정승계인에게는 기본적으로 그 책임을 물을 수 없기 때문이다.

    ii) 소송담당과 재소금지   선정당사자(53조)를 선정한 선정자들도 선정당사자와 동일하게 재소금지 제재를 받는 지위에 있다. 선정자들 본인의 의사로 임의적 소송담당자인 선정당사자를 선정한 데 따른 책임의 귀속을 인정할 수 있기 때문이다(218조 3항 유추). 그러나 본인으로부터 명시적 위임을 받지 않은 제3자가 법정소송담당자로서 소를 취하한 경우 본인에게도 재소금지의 제재를 받도록 하는 것이 타당한지는 의문이다. 예를 들어 채권자대위소송을 제기한 채권자가 본안의 종국판결 선고 후 소를 취하한 경우 이를 피대위자인 채무자가 알았다면 나중에 피대위자 본인이 제기하는 후소 역시 재소금지 규정에 저촉되는지 여부가 문제되는데 판례는 이를 긍정하고 있다.[2] 그러나 채권자가 대위소송을 제기하였음에도 본안의 종국판결 후 이를 취하함으로써 입게 되는 재소금지의 제재를 채무자 본인이 부담하기 위해서는 그에 대한 충분한 책임과 비난가능성이 있어야 하는데 이러한 사정을 인정하기 어려우므로 채무자 본인은 재소금지의 제재를 원칙적으로 받지 않는다고 보아야 한다.[3] 한편, 추심의 소와 관련해서 본다면 추심권자의 항소심에서의 소취하 후 채무자 본인의 소 제기 역시 재소금지에 저촉되지 않는다고 보아야 한다. 아울러 복수의 추심채권자 상호 간에도 재소금지의 저촉을 받는지 문제된다. 대법원은 추심권자가 선행 추심소송에서 패소판결을 회피할 목적 등으로 종국판결 후 소를 취하하였다거나 다른 추심권자가 소송제도를 남용할 의도로 동일한 추심소송을 후소로 제기하였다고 보기 어려운 사정이라면 후소는 새로운 권리보호이익이 발생한 것으로 볼 수 있다고 판시하였다.[4] 대위권을 행사하는 여러 채권자들의 상

---

1) 두 견해 모두 타당하지 않다. 우선, 단순히 전소취하 사실을 알면서 특정승계를 하였다고 해서 승계인에게 재소금지의 제재를 부과해야 한다는 전자의 견해는 비례의 원칙상 부당하다. 후자의 견해 역시 특정승계인이 원칙적으로 재소금지의 대상이 된다고 보는 출발 자체가 문제가 있으며 책임과 필요성 문제는 당사자의 동일성 문제가 아니라 권리보호이익의 문제일 뿐이다.

2) 大判 1981. 1. 27. 79다1618,1619; 大判 1996. 9. 20. 93다20177,20184. 채권자대위소송을 제3자의 소송담당으로 보지 않는 입장에서는 본인이 제기하는 후소는 별개의 소라고 볼 수 있다(호, 760면).

3) 伊藤 眞, 418면도 같은 견해이다.

4) 大判 2021. 5. 7. 2018다259213. 다만 이 판결에서 전소의 취하 및 후소제기의 목적을 고려하는 듯한 설시

호관계도 동일하게 파악할 수 있을 것이다.

② 소송물의 동일과 선결적 법률관계   전소와 후소의 소송물이 동일해야 한다. 따라서 전소가 임대차계약과 같은 채권적 청구권에 기초한 건물인도청구인 경우에는 후소로 소유권에 기한 건물인도청구를 함으로써 재소금지의 저촉을 회피할 수 있게 된다.[1] 문제는 선결적 법률관계와 관련해서 발생한다. 즉, 원고가 전소에서 원본채권에 대한 이행의 소(전소)를 제기하였으나 항소심에서 소를 취하한 후 다시 이자채권에 대한 이행을 구한 경우(후소) 후소와 전소의 소송물은 동일하지 않으므로 재소금지에 저촉되지 않는다고 보아야 한다(박, 474면; 이시, 576면).[2] 그런데 일부학설(김/강, 547면; 김홍, 744면)이나 판례[3]는 "동일한 소"의 개념을 확장하여 취하된 전소가 후소의 선결적 법률관계를 소송물로 한 경우 비록 소송물은 다르지만 본안의 종국판결 후에 전소를 취하한 자는 전소의 목적이었던 권리 내지 법률관계의 존부에 대하여는 다시 법원의 판단을 구할 수 없는 관계상 위 제도의 취지와 목적에 비추어 후소에 대하여도 동일한 소로서 재소금지에 저촉된다고 해석한다. 판례의 취지는 이렇게 해석하더라도 후소를 정당화하는 이익이 있으면 동일한 소가 아니므로 원고를 구제할 수 있어 부당하지 않다는 것이다.[4] 그러나 소송물이 다르지만 제도의 취지상 동일한 소로 보아 재소금지에 저촉된다는 해석은 법이 예정하고 있지 않으며 부당하게 당사자의 소권을 제약한다. 나아가 판례의 입장에 따른다면 전소의 종국판결 선고 후 소를 취하한 자는 전소에서 패소확정판결을 받는 것보다 더 큰 불이익을 받을 수 있어 더더욱 부당하다.[5]

③ 후소를 정당화할 권리보호의 이익   소를 취하하는 이유는 매우 다양한데 본안의 종국판결 후 항소심에서 피고가 위법행위의 중지를 약속하거나 이행을 약속한 경우, 혹은 객관적인 상황의 변화가 생긴 경우 등에 소를 취하하는 경우가 많다. 이러한 상황에서 소를

는 납득하기 어렵다. 재소금지의 제재적인 성격을 강조하는 취지에서인지는 모르나 확인 불가능하고 의미도 모호한 수사에 불과하다.

1) 大判 1991. 1. 15. 90다카25970.

2) 伊藤 眞, 417~418面도 같은 견해이다. 그러나 일본의 통설은 재소금지에 해당한다고 보고 있다.

3) 大判 1989. 10. 10. 88다카18023.

4) 大判 2023. 3. 16. 2022두58599에서도 재소금지 법리는 기판력의 범위나 중복제소금지와는 다르므로 재소를 정당화할 이익이 있으면 동일한 소가 아니라고 하는 언급을 반복하고 있다. 그러나 법 제267조 제2항의 재소금지 법리는 동일한 소 여부 판단에 재소의 이익 여부를 포함시키는 것이 아니라 동일한 소 여부에 대한 판단은 기판력의 범위와 일치해서 보되 후소를 정당화할 권리보호이익이 따로 있는지 살펴보라는 취지이다.

5) 같은 취지의 견해로는 이시, 576면이 있다. 그러나 동 견해는 전소의 소송물 속에 후소의 소송물이 포함된 경우에는 재소금지의 효과를 받는다고 하면서 大判 1958. 3. 6. 4290민상784 판결을 예로 들고 있다. 동 판결에서는 농지개혁법 실시 후 자경지라 하여 그 인도를 청구한 소송에는 자경지를 원인으로 하는 경작권 확인의 청구도 당연히 포함되었다고 할 것이므로 자경지를 원인으로 농지에 대한 인도청구의 소를 제기하여 본안의 종국판결을 받은 후 그 소를 취하한 자는 그 후 자경지를 원인으로 하는 경작권확인 청구의 소를 제기할 수 없다고 판시하였다. 그러나 이 사안에서는 전소와 후소의 소송물의 포함 여부로 접근할 것이 아니라 후소로 제기된 확인청구의 확인의 이익 유무로 접근하는 것이 타당할 것이다. 따라서 전소의 소송물 안에 후소의 소송물이 포함된 경우라고 하는 상황은 상정하기 어렵다.

취하한 원고에게는 동일한 후소를 저지할 타당한 이유가 없으므로 원고는 동일한 소를 다시 제기할 수 있게 된다. 따라서 당사자와 청구가 전소와 동일하더라도 후소를 정당화할 권리보호이익이 있으면 재소금지에 저촉되지 않는다. 이 점이 재소금지의 법리를 중복제소금지의 그것과 본질적으로 다르게 만드는 중요한 요소이다. 예를 들어, 전소취하 후 새로운 권리침해가 발생하거나 피고에 의해 소취하가 유발된 경우[1] 등이 대표적인데 그 외에도 전소취하의 책임을 원고에게 돌릴 수 없는 객관적 사정이 있었던 경우에도 재소는 허용될 수 있다.[2]

(3) 효   과

1) 재소금지와 청구의 포기   재소금지에 해당하는지 여부는 법원의 직권조사사항이므로 피고의 동의로 흠이 치유될 수 없다. 나아가 재소가 금지된다고 하여 실체법상의 권리 자체가 소멸하는 것은 아니므로 소구할 수 없는 자연채무의 상태로 남게 된다.[3] 청구의 포기를 할 수 없는 가사소송 등에서는 재소금지 원칙이 적용되지 않는다는 것이 통설이다(김/강, 548면; 이시, 578면; 정/유/김, 695면). 청구의 포기가 불가능한 소에서도 소취하는 가능하지만 다시 동일한 소를 제기하는 것을 막을 수는 없다는 취지로 해석된다. 그러나 청구의 포기를 할 수 없는 소송은 대부분 소취하 역시 금지되어 있거나 법원의 허가사항으로 되어 있어 재소금지의 원칙이 적용될 여지는 매우 적다(상 403조 6항, 증권 35조 1항).

2) 재소금지와 가사사건   가사사건의 경우는 법에서 명시적으로 청구의 인낙, 자백 등만을 배제하고 있어(가소 12조) 청구의 포기가 언제나 가능한지 여부에 대해서는 견해가 대립하고 있다.[4] 가사소송의 범주가 워낙 다양하여 일률적으로 청구포기를 긍정하거나 부인하는 것은 부적절하므로 당사자의 임의 처분이 가능한 사건에 대해서만 청구의 포기를 인정하는 것이 바람직할 것이다. 나아가 청구의 포기가 가능한 경우에는 소취하 역시 가능하다고 보아야 하므로 이 경우에는 재소금지의 원칙이 적용되어야 한다.

---

1) 大判 1981. 7. 14. 81다64,65(전소취하 후에 신소유자가 계쟁물에 대한 소유권을 취득하였고 그 후 동일 피고의 새로운 소유권침해행위 발생); 大判 1993. 8. 24. 93다22074(피고가 전소취하의 전제조건인 약정사항을 지키지 아니함으로써 위 약정이 해제 또는 실효되는 사정변경이 발생한 경우).

2) 大判 1997. 12. 23. 97다45341(토지 매수인이 매도인을 상대로 부동산에 관하여 매매를 원인으로 한 소유권이전등기절차 이행의 소를 제기하여 승소판결을 받았지만, 항소심에서 매매에 따른 토지거래허가신청절차의 이행을 구하는 소로 변경하여 당초의 소는 종국판결 선고 후 취하된 것으로 되었다 하더라도, 그 후 토지거래허가를 받고 나서 다시 소유권이전등기절차의 이행을 구하는 경우).

3) 원고는 권리는 있으나 다시 동일한 소를 제기할 수 없게 되어 권리구제를 받을 수 없게 되고 이를 이유로 부당이득반환청구도 할 수 없게 된다(大判 1969. 4. 22. 68다1722). 절차적인 흠을 통해 실체법상의 권리구제가 사실상 봉쇄되는 결과를 낳게 된다.

4) 이에 대한 상세는 김원태, "가사소송에서의 청구의 포기·인낙 및 소송상화해의 가부에 관한 검토", 법이론과 실무 3집, 79면 이하 참조.

V. 소취하의 합의

1. 개   념

소취하는 당사자의 법원에 대한 일방적 의사표시인 반면 소취하의 합의는 법정 외에서 원고가 피고에 대해 소를 취하할 것을 약속하는 합의를 지칭한다. 소송법적 효과를 갖는 당사자 간의 계약이므로 양자의 성격을 모두 갖게 되는데 어느 부분을 강조하느냐에 따라 그 취급이 달라진다.

2. 법적 성질

(1) 소송계약설

소취하 합의를 유효한 것으로 본다면 이는 소송행위에 해당하므로 소송법상의 효과를 그대로 인정하는 것이 논리적으로는 간명하다. 따라서 이 견해에 따르면 소취하의 합의를 당사자가 변론에서 주장하지 않더라도 소송계속이 소급적으로 소멸하는 것을 인정해서 법원이 직권으로 소송종료선언을 해야 한다는 견해가 가능하다. 그런데 소송계약설을 취하면서도 처분권주의가 인정되는 범위 내에서 혹은 소송상 계약이 소송에서 주장·증명되면 소송법상 효과가 직접 발생하고 법원은 소송종료선언을 해야 한다고 하여 수정적인 내용의 소송계약설(혹은 발전적 소송계약설)이 주장되고 있다(김/강, 554면; 정/유/김, 696면).

(2) 사법계약설(항변권 발생설)

소송계약설을 유지하는 경우 소취하의 합의 후에 진행된 소송절차를 무효로 보아야 하므로 항소심이나 상고심에서 소취하의 합의 사실이 밝혀지면 그간에 진행된 절차가 무용지물이 되어 버리는 소송비경제가 발생하게 된다. 따라서 소취하의 합의에 따라 바로 소송법상의 효과를 인정하는 것은 무리이므로 소취하의 합의를 사법상의 계약으로 파악하는 견해가 현실적으로 타당하다. 판례 역시 소취하합의의 의사표시는 민법 제109조에 따라 법률행위의 내용의 중요 부분에 착오가 있는 때에는 취소할 수 있다고 판시하고 있다.[1] 다만, 소취하 합의를 사법상의 계약으로 파악하더라도 이 계약을 통해 직접적인 소구권(예를 들면 직접적인 소취하의 합의를 이행하라는 소)을 인정하기보다는 현재 진행 중인 소송절차에서 항변권을 인정하는 것으로 충분하다. 따라서 소취하 합의의 존재를 주장하는 당사자는 항변을 통해 합의의 존재사실을 주장·입증하여야 한다. 이 견해가 다수학설(이시, 569면)이며 판례[2]의 입장이기도 하다.

---

1) 大判 2020. 10. 15. 2020다227523,227530.
2) 大判 2005. 6. 10. 2005다14861.

3. 항변권 발생설에 따른 취급

소취하의 합의의 존재가 항변을 통해 인정되는 경우 법원은 소각하 판결을 하여야 한다. 그 근거가 무엇인가에 대해서는 견해가 대립된다. 소취하의 합의에도 불구하고 원고가 소를 계속 유지하는 것은 신의칙에 위반된 행위이며 아울러 권리보호의 이익이 없다는 견해가 있는 반면(이시, 569면), 신의칙과는 무관하며 권리보호자격의 흠결을 이유로 소를 각하해야 한다는 견해도 있다(호, 770면). 소취하의 합의를 사법상의 계약으로 보면서 그 의무 위반을 바로 신의칙위반으로 규율하는 것은 적절하지 않으며 그렇게 볼 현실적인 필요성도 없다. 더구나 특정한 소송형태에만 소취하 의무 위반이 적용되는 것은 아니므로 권리보호자격의 흠결을 근거로 소를 각하하는 것이 타당하다. 다만 판례[1]는 권리보호의 이익 흠결을 이유로 소를 각하하고 있는데 이 용어를 권리보호의 자격과 구분하는 것인지는 명확하지 않지만 넓은 의미에서 소의 이익 흠결로 취급하는 것으로 판단된다.[2]

제 2 절　청구의 포기와 인낙

Ⅰ. 의　　의

1. 정의와 비교개념

청구의 포기라 함은 변론기일이나 준비기일에 구술로 혹은 공증사무소로부터 인증을 받은 서면(148조 2항)을 통해 원고가 자신의 청구가 이유 없음을 자인하는 법원에 대한 일방적인 진술이며, 인낙은 위와 동일한 방식으로 피고가 원고의 청구가 이유 있음을 자인하는 법원에 대한 일방적인 진술이다. 청구의 포기 · 인낙은 판결이 확정되기 전이면 언제든지 가능하며 이러한 의사표시가 변론조서나 준비기일조서에 기재되면 다른 재판절차 없이 확정판결과 동일한 효력이 발생함으로써 소송은 종료된다(220조). 따라서 청구의 포기 · 인낙은 청구의 대상이 되는 소송물 자체에 대한 자인을 담고 있는 것으로 개별적인 사실에 대한 자인을 담은 자백과 구분되며 소송계속의 소급적 소멸만을 담은 소취하와도 명백히 구분된다. 즉, 소취하는 분쟁의 휴지기를 갖는 것이고 청구의 포기와 인낙은 분쟁의 종결을 의미하는 것이다. 한편, 청구의 포기와 인낙은 한쪽 당사자의 일방적인 승리이자 상대방의 일방적인 패배를 의미

---

1) 大判 1982. 3. 9. 81다1312.

2) 大判 2007. 5. 11. 2005후1202에 따르면 소취하 합의 역시 계약이므로 당사자 간에 묵시적으로 합의해제될 수 있음을 인정하고 있다.

하는 데 반해, 화해는 양 쪽 당사자 중 어느 누구도 전부승소 혹은 전부패소가 없는 상태에서 서로의 양보가 담겨있어야 한다는 점에서 차이가 있다.

2. 청구의 일부에 대한 포기와 인낙

통상공동소송이나 소의 객관적 병합의 경우 특정 당사자 혹은 특정 청구 부분에 대한 청구의 포기와 인낙이 가능하다는 점은 다툼이 없다. 별개의 소송물이기 때문이다. 그런데 가분적인 청구의 일부에 대한 청구의 포기와 인낙이 가능한지 여부에 대해서는 논란이 있을 수 있으나 명시적 일부청구 긍정설에 따르면 가능하다고 볼 것이다(김/강, 556면).

Ⅱ. 법적 성질

1. 소송행위설

청구의 포기·인낙을 법원에 대한 일방적 소송행위로 파악해서 청구의 당부에 대한 지식이나 판단의 통지(관념의 통지)로 보는 것이 통설(김/강, 557면; 이시, 582면; 정/유/김, 716면)과 판례1)의 입장이다. 따라서 따라서 소송을 종료시키는 효력이 있을 뿐이고, 실체법상 채권·채무의 발생 또는 소멸의 원인이 되는 법률행위라 볼 수 없다.2) 또한, 의사표시의 흠을 이유로 무효나 취소를 구할 수는 없게 된다. 법 제461조에 따르더라도 청구의 포기·인낙조서의 효력을 다투기 위해서는 준재심절차를 통하도록 하고 있어 입법적으로 소송행위설을 따르고 있다.3)

2. 사법행위설과 양성설 등

사법행위설에 의하면 청구의 포기와 인낙은 사법상 권리의 처분을 목적으로 하는 일방적 의사표시로 파악한다. 따라서 사법상 권리의 처분을 수반하지 않는 소극적 확인의 소나 타인 간의 권리의무에 대한 확인 소송 등에서 청구의 포기·인낙이 가능하다는 것을 설명하기 어렵게 된다(김/강, 557면). 한편, 양성설은 청구의 포기·인낙은 하나의 행위로서 소송행위와 사법행위적인 성격이 겸유되어 있다고 보는 반면 양행위병존설은 외형상으로는 하나의 행위로 보이지만 사법행위와 소송행위 두 개의 행위가 병존하는 것이라고 파악한다. 이들 견해

---

1) 大判 1957. 3. 14. 4289민상439; 大判 2022. 3. 31. 2020다271919.
2) 大判 2022. 3. 31. 2020다271919.
3) 청구의 포기와 인낙이라는 중대한 법익의 포기가 법원 밖에서 당사자 사이의 합의에 의해 이루어지므로 당해 의사의 진정성과 순수성이 보장되어야 함은 마땅하다. 그러나 이를 중시하게 되면 절차의 안정성이 오히려 위험하게 되므로 선택의 기로에 설 수밖에 없었고 입법자는 절차의 안정을 선택한 것이다. 따라서 해석론을 통해서 명백한 입법자의 의도를 변경하려고 하는 것은 바람직하지 않다. 정/유/김, 700면도 입법의 타당성에 대해 의구심을 제기하고 있을 뿐이다.

는 청구의 포기와 인낙에 사법행위의 성격이 오로지 혹은 소송행위와 겸해서 존재함을 강조하면서 결국 의사표시의 흠이 있는 경우 그 취소나 무효 등을 주장할 수 있음을 강조하고 있으나 소극적 확인의 소 혹은 증서의 진정여부를 확인하는 소 등에서 포기나 인낙의 대상이 되는 채무의 승인 내지 처분이라고 하는 사법행위의 존재를 찾아내기 어렵다(김/강, 557면).

Ⅲ. 요　　건

1. 당사자에 관한 요건

　청구의 포기와 인낙은 소송행위이므로 당연히 소송능력이 요구되며, 법정대리인(56조 2항)이나 소송대리인(90조 2항)이 청구의 포기와 인낙을 하기 위해서는 특별수권이 필요하다. 한편, 필수적 공동소송의 경우에는 공동소송인 전원이 청구의 포기와 인낙을 하지 않으면 효력이 발생하지 않는다. 청구의 포기와 인낙은 명백히 불리한 행위이기 때문이다(67조 1항). 나아가 독립당사자참가가 있는 경우에도 원고나 피고가 인낙을 하더라도 효력이 발생할 수가 없게 된다. 세 당사자의 이해가 대립되는 가운데 양 당사자의 합의로 권리관계를 종결짓게 할 수는 없기 때문이다(79조 2항, 67조 1항).

2. 청구에 관한 요건

(1) 포기와 인낙의 대상으로서의 당해 소의 소송물

　청구의 포기와 인낙의 대상이 되는 것은 당해 소의 소송물에 국한될 필요는 없다. 당해 청구를 인낙하는 대신 원고가 다른 청구를 포기할 수도 있기 때문이며 이는 결국, 전체적으로 보면 제소전화해를 하는 것과 다르지 않기 때문이다(실무제요 Ⅲ, 258면은 반대견해). 한편, 예비적으로 병합된 청구에 대해서만 인낙하는 것도 무효라는 것이 판례 입장이지만[1] 주위적 청구가 배척되는 경우에만 효력을 갖는 제한적인 인낙으로 파악하는 견해가 타당하다(이시, 584면). 예비적 청구에 대한 인낙이 선행하면 원고로서도 주위적 청구를 취하하거나 포기할 가능성이 전혀 없지 않으며 이러한 제한부 인낙 자체가 절차를 지연시키거나 혼란스럽게 할 염려도 없기 때문이다.

(2) 인낙의 대상 적격

　상대방이 원고 청구를 인낙하기 위해서는 청구권원 자체가 현행법 하에서 인정될 수 있어야 한다. 따라서 법에서 인정되지 않는 물권을 소구하거나(영구소작권 등) 공서에 반하는 권리(중혼이나 축첩계약 등)를 소구하는 것에 대해 인낙을 하더라도 효력을 인정할 수 없다. 그러나 불법원인급여에 기한 청구(민 746조)를 인낙하는 경우는 문제이다. 예를 들어, 도박 빚을

---

1) 大判 1995. 7. 25. 94다62017.

받으려는 채권자의 청구에 대해 피고가 이를 인낙한 경우처럼 강행법규에 반하는 청구에 대해 피고가 인낙을 한 경우 그 효과를 인정할 수 없다는 입장(김/강, 559면; 정/유/김, 702면)과 이러한 청구는 대세적인 효력이 있는 것도 아니고 당사자 간에만 효력이 발생하는 것이므로 인낙의 효력을 인정하더라도 무방하다는 견해(이시, 585면)가 대립한다. 판례 역시 인낙의 효력을 인정하고 있다.1) 한편, 공서양속 위반이나 강행법규위반을 담은 청구가 아니더라도 원고의 주장 자체로 이유가 없는 경우가 있는데 이러한 경우에는 인낙으로 인한 위험은 전적으로 당사자 간의 문제일 뿐이므로 인낙을 허용해도 무방하다(같은 취지의 견해로는 정/유/김, 702면).

(3) 변론주의 영역에서의 청구

처분권주의가 지배하는 절차에서 청구의 포기와 인낙이 가능하다는 점은 이론이 없으나 직권탐지주의가 지배하는 영역 특히, 행정소송이나 가사소송, 회사관계 소송 등에서 문제가 된다. 이들 절차가 완전한 직권탐지주의가 아니라는 점, 그리고 가사소송과 같은 경우에는 성격이 다양한 절차가 혼재되어 있어(심지어 소송과 비송까지) 일률적인 판단이 어렵다는 점 등이 그 원인으로 지목될 수 있다.

1) 가사소송   법 규정에 따르면 가사소송사건 중 가류, 나류 사건에 대해서는 직권탐지주의가 적용되어야 하지만(가소 17조) 판례는 기본적으로 변론주의를 완전히 포기하고 있지는 않다. 또한 위 가류, 나류 사건들에 대해서는 청구의 인낙만 허용되지 않는다고 명시적으로 규정하고 있어(가소 12조) 당연한 반대해석으로는 청구의 포기는 가능한 것으로 보아야 함에도 불구하고(김/강, 558면) 청구가 배척된 경우에도 제3자에게 기판력이 미치므로(가소 21조 2항) 청구의 포기 역시 허용되지 않는다고 해석하는 견해가 있다(이시, 584면; 정/유/김, 701면). 나아가 이혼이나 파양소송의 경우는 협의이혼과 협의파양도 가능하므로 명문의 규정(가소 12조)에도 불구하고 인낙이 가능하다는 입장이 있다(이시, 584면).2) 결국, 가사소송절차 안에는 하나의 특성으로 성격을 결정짓기 어려운 다양한 형태의 소송 및 비송절차가 혼재되어 있는데 한, 두 개의 조문을 통해 모든 가사소송절차를 일률적으로 규율하고자 하므로 문제가 발생하고 있는 것이다.3)

2) 행정소송   행정소송절차 역시 직권탐지주의가 적용되고 있으나(행소 26조) 변론주의가 절차의 기조를 형성하고 있음은 부인하기 어렵다.4) 아울러 처분 등을 취소하는 확정판

---

1) 大判 1969. 3. 25. 68다2024.
2) 결국 명시적인 법조문에 정면으로 반하는 해석론이 빈번하게 나타나고 있는데 이러한 법형성적인 해석론은 신중할 필요가 있다고 판단된다.
3) 가사사건의 각 사건유형마다 공익성의 정도와 대심적 구조인지의 여부 등을 고려하여 변론주의 제한의 정도를 개별적으로 정할 필요가 있다는 입장을 취하는 견해가 있는데 매우 설득력이 있다고 판단된다(권재문, "가사소송법 제17조의 연혁과 문제점-가사소송 절차에서의 직권탐지주의와 관련하여-", 271-272면 참조).
4) 大判 2001. 1. 16. 99두8107에서도 행정소송에 있어서 직권주의가 가미되어 있다고 하더라도 여전히 변론

결은 제3자에 대해서도 효력이 있으므로(행소 29조 1항) 인낙이 허용될 수는 없다. 그러나 청구의 포기는 가능하다고 보아야 한다. 취소청구 소송에서 패소한 경우는 대세적 효력이 없을 뿐 아니라 주관적 공권의 경우도 포기가 가능하다고 보아야 할 것이다(반대 견해로는 정/유/김, 701면). 아울러 행정소송에서도 화해와 조정이 권장되고 있는 점을 주목할 필요가 있다.1)

3) 회사소송　　원고 승소의 경우 편면적인 대세효를 갖고 있는 회사소송(상 190조 및 이를 준용하는 376조, 380조 등)을 고려한다면 청구의 포기는 가능하지만 인낙이나 화해는 허용되지 않는다고 보아야 한다(김/강, 559면; 김홍, 746면). 회사소송절차에는 직권탐지주의가 적용되어야 한다거나(이영, 210면) 재량기각판결(상 189조, 379조 등) 등을 고려하면 제한적으로나마 직권탐지주의를 적용해야 한다는 견해 등이 있으나 의문이다. 회사소송절차 역시 기본적으로 사적 이익을 소송물로 하고 있는 민사소송절차이다. 다만, 단체법적 성격으로 인해 원고 승소판결의 경우 대세적인 효력을 인정하고 있을 뿐이다. 따라서 직권탐지주의 원리를 적용해야 할 이론적인 혹은 현실적인 이유가 존재하지 않는다. 나아가 재량기각판결 역시 직권탐지사항으로 볼 근거가 없으므로2) 제한적으로 직탐지주의를 적용해야 한다는 주장도 설득력이 없다고 판단된다.3)

3. 소송요건과 청구의 포기와 인낙

청구의 포기와 인낙은 본안에 관한 확정판결과 동일한 효력이 있으므로 소송요건의 흠이 있는 상태에서는 포기나 인낙을 허용할 수 없고 소각하 판결을 하는 것이 타당하다(김/강, 559면; 이시, 585면; 정/유/김, 702면). 중대한 흠이 아닌 관할위반이나 중복제소 위반, 소의 이익 흠결 등의 경우에는 청구의 포기와 인낙을 허용해 주어도 무방하다는 견해도 있다(강, 613면).

Ⅳ. 시기와 방식

1. 시기와 철회

청구의 포기와 인낙은 시기에 제한이 없으므로 어느 때나 가능하다. 따라서 종국판결 선고 후라도 확정 전이면 청구의 포기와 인낙을 위한 기일지정신청을 받아주는 것이 바람직하다. 한편, 청구의 포기와 인낙을 담은 진술은 변론조서나 변론준비기일 조서에 기재(220조)

주의를 기본구조로 하는 이상 행정처분의 위법을 들어 그 취소를 청구함에 있어서는 직권조사사항을 제외하고는 그 취소를 구하는 자가 위법사유에 해당하는 구체적 사실을 먼저 주장하여야 한다고 판시한 바 있다.

1) 박정훈, "행정소송에 있어 소송상화해", 인권과 정의 279호(1999), 8면 이하 참조.

2) 大判 2003. 7. 11. 2001다45584에서는 특별한 사정이 있는 경우에는 당사자의 주장이 없더라도 법원이 직권으로 재량에 의하여 취소청구를 기각할 수도 있다고 하여 직권탐지사항을 인정한 듯한 설시를 한 바 있다. 그러나 재량기각판결 여부가 공익적 사항도 아닌데 법원이 직권으로 재량기각 사유 존재 여부를 살펴보도록 하는 것은 적절치 못하다. 도산절차와는 성격을 달리하는 것으로 보아야 할 것이다.

3) 같은 취지의 견해로는 이철송, 「회사법강의(23판)」, 613면.

되기 전 혹은 포기나 인낙이 담겨있는 답변서나 준비서면이 진술간주되기 전이면 상대방의
동의 없이 철회가 가능하다. 그러나 법관이 법원사무관등에게 조서의 작성을 명하기 전까지
상대방의 동의 하에 철회가능하다는 견해(정/유/김, 704면) 혹은 자백철회에 준해서 인낙 등의
내용이 진실에 반하고 착오에 기한 것임을 증명하거나 상대방의 동의가 있는 경우에 철회가
가능하다는 견해 등이 있다(김/강, 560면; 이시, 587면).[1]

2. 구술과 서면방식

　　청구의 포기와 인낙은 변론기일이나 변론준비기일에 법원을 상대로 말로 직접 진술하고
동 진술이 조서[2]에 기재됨으로써 확정판결과 동일한 효력을 갖게 된다(220조). 법원에 대해
하는 것이므로 상대방의 출석 여부와는 관계없으며 소취하와 달리 상대방의 동의도 필요 없
다. 당사자의 출석과 직접 진술을 통해 청구의 포기와 인낙에 대한 진정성을 확보하고자 한
취지였다. 그러나 당사자가 불출석하더라도 진정성을 담보할 수 있는 조치가 수반된다면 제
출한 답변서나 준비서면의 진술간주를 통해 청구의 포기와 인낙을 인정할 수 있을 것이다.
따라서 2002년 개정을 통해 답변서나 준비서면에 청구의 포기와 인낙의 의사표시가 적혀 있
고 여기에 공증사무소의 인증이 있는 때에는 동 서면의 진술간주를 통해서도 청구의 포기와
인낙의 효력이 발생하는 것으로 변경하였다(148조 2항).[3]

V. 효   과

1. 소송의 종료효과

　　청구의 포기와 인낙 진술이 있으면 우선 당해 소가 소송요건을 갖춘 적법한 것인지 여
부를 판단해야 한다. 적법한 소일 뿐 아니라 당사자의 진정한 의사임이 확인된다면 변론조서
등에 이 사실을 기재하게 함으로써 그 조서는 확정판결과 동일한 효력을 갖게 된다(220조).

---

1) 청구의 포기와 인낙의 진술에 대해 법 제288조가 규정하는 자백철회 규정을 준용하는 것이 바람직한 것인
　지는 의문이다. 청구의 포기와 인낙은 단순히 특정 사실에 대한 불리한 진술이 아니라 청구 자체에 대한 포기
　와 승인을 담은 진술이므로 그 효과가 발생하기 전에는 자유로이 철회할 수 있도록 함이 바람직하기 때문이
　다. 경솔한 청구의 포기와 인낙이 문제되는 것이 아니라 청구의 포기와 인낙이 자유로운 의사에 기인한 것이
　냐 하는 것이 관건이다. 이런 차원에서 본다면 자백의 철회 규정을 준용하여야 한다는 입장은 타당하지 않다.
2) 변론기일의 조서나 준비기일의 조서에 기재되면 그것으로 효과가 나타난다. 그런데 실무에서는 별도의 포
　기 · 인낙 조서를 작성하는 것이 일반적이다(민규 31조). 별도의 조서를 통해 청구취지와 청구원인 등을 기재
　함으로써 동 조서가 갖는 기판력 등의 범위를 명확히 할 수 있기 때문이다. 따라서 별도의 조서 작성이 없어
　도 포기 · 인낙의 효력에는 지장이 없다(大判 1969. 10. 7. 69다1027).
3) 공증사무소의 인증을 요구하는 것이 당사자의 편의에 이바지할 것이 없고 그 활용도 기대하기 어려울 것
　이라는 비판이 있으나(이시, 586면) 의문이다. 출석과 진술을 갈음하는 장치로서 공증사무소의 인증을 요구
　하는 것은 적절한 제한이라고 생각되기 때문이다. 더구나 청구의 포기와 인낙에 대해서는 소송행위설을 취
　하는 것이 현재의 실무 관행이라 당사자 의사의 진정성 확보가 매우 중요한 문제이다.

이로써 소는 종료되고 청구의 포기는 원고 청구기각의 확정판결을, 청구의 인낙은 원고 승소의 확정판결을 의미한다. 따라서 소송종료를 위한 별도의 절차가 수반되는 것은 아니며 위와 같이 청구의 포기와 인낙의 진술이 조서에 기재되었음에도 계속 절차가 진행된다면 당사자의 이의신청이나 직권으로 소송종료선언의 판결을 하여야 한다.

2. 기판력과 흠을 다투는 방법

청구의 포기와 인낙이 기재된 조서에는 확정판결과 동일한 효력이 있을 뿐 아니라(220조), 동 조서에 재심사유가 있는 경우에는 재심에 준하는 준재심 절차를 통해서만 흠을 치유할 수 있다는 규정(461조)이 있어 포기와 인낙에 집행력, 형성력은 물론 기판력이 존재한다는 점에 대해 이견은 거의 없다(다만 정/유/김, 705면 등에서는 입법론적인 재고를 필요로 한다는 주장을 하고 있다). 그런데 당사자 일방이 청구의 포기와 인낙에 당연무효 사유가 있음을 주장하면서 기일지정신청을 한 경우는 부득이 변론을 열어 당연무효사유의 존부를 심리하고 그 사유가 없으면 소송종료선언 판결을 할 수밖에 없을 것이다.[1]

제 3 절   재판상화해

전통적으로 재판상화해라 함은 소송계속 후 수소법원 면전에서 당사자들이 상호양보 아래 합의한 내용에 따라 소송을 종료시키고자 하는 소송상화해와 소송 계속 전에 단독판사 앞에서 하는 제소전화해(385조 1항)를 지칭하였다. 그러나 사건의 증가와 사법자원의 부족으로 화해를 촉진하고자 소송법에는 서면화해를 허용하고 있을 뿐 아니라(148조 3항) 화해권고결정(225조 이하)을 설치하였다. 한편 소송촉진법에서는 형사소송절차 과정에서도 관련 민사사건에 관한 화해를 가능하게 하는 제도를 아울러 도입하였다(특례 36조). 이 모두를 재판상화해의 범주로 포섭할 수 있다.

I. 소송상화해

1. 의   의

소송계속 중 양 당사자가 소송물인 권리관계에 대한 상호 주장을 서로 양보하여 소송을 종료시키는 행위를 소송상화해라고 한다. 현재는 양 당사자 모두가 법정에 출석해서 직접 구

---

[1] 화해조서의 당연무효를 주장하면서 기일지정신청을 한 경우, 변론을 열어 당연 무효사유 존재 여부를 심리한 후 소송종료선언을 하여야 한다는 大判 2000. 3. 10. 99다67703이 있다. 청구의 포기와 인낙에 대해서도 동일한 문제가 발생할 가능성은 존재한다.

두로 진술할 필요는 없다. 당사자 일방이 불출석하더라도 당사자가 진술한 것으로 보는 답변서, 그 밖의 준비서면에 화해의 의사표시가 적혀 있고 공증사무소의 인증을 받은 경우에는 상대방 당사자가 변론기일에 출석하여 그 화해의 의사표시를 받아들이면 화해는 성립된다(148조 3항). 그러나 이러한 서면화해가 인정되더라도 최종적으로 상대방 당사자가 출석해서 화해의 의사표시를 명시적으로 받아들여야 하므로 화해는 법정에서 이루어져야 한다는 기본원칙에는 변함이 없다. 이러한 엄격한 형식을 요구하는 것은 일반적인 민법상의 화해계약과는 다른 강력한 법적 구속력이 인정되기 때문이다.

2. 법적 성질

(1) 소송행위설

소송상화해는 당사자 간의 합의(계약)이지만 소송의 종료라는 소송법적 효과를 의도하는 것이므로 사법상의 화해계약과는 다른 소송행위로서의 합의로 파악되어야 한다.[1] 더구나 화해조서 등에 대해 준재심을 통한 구제만을 허용하는 현행법(461조)상으로는 화해가 소송행위라는 점, 무제한적인 기판력을 갖는다는 점을 부인하기 어렵다(김/강, 566면; 송/박 492면; 김홍, 753면).[2]

(2) 절충적인 학설

무제한적인 기판력을 인정하는 소송행위설에 대해 비판적인 견해가 과거부터 많았고 이러한 난점을 해결하기 위해 절충적인 견해가 적지 않다. 우선 소송상화해라는 하나의 행위 안에 소송행위와 사법행위가 경합하고 있다는 양성설(양행위경합설)이 그것이며(손, 319면; 이시, 597면; 전원, 578면) 다른 하나는 소송상화해 안에는 화해계약과 소송종료를 목적으로 하는 소송행위 두 개가 존재한다는 양행위병존설이다. 절충설의 기본적인 의도는 화해계약의 흠이 있음에도 소송상화해에 판결과 같이 무제한적인 기판력을 인정하는 것은 문제가 있으므로 소송계약의 유효함을 전제로 소송행위로서의 화해의 효력을 인정하자는 것이다(소위 제한적 기판력설).[3] 그러나 다수학설인 양성설을 취하면서도 기판력을 부정하는 견해는 물론(정/유/김, 716

---

1) 현재 우리나라에서 소송행위설을 취하는 대부분의 학자는 소송상화해를 계약이 아닌 합동행위로 파악하고 있다(김/강, 566면). 화해가 법관의 면전에서만 구술로 허용되던 시기에는 이러한 합동행위설이 타당성을 가질 수 있었지만 법 제148조 제3항에서 서면에 의한 화해가 인정되는 현재 시점에서는 설득력을 갖기 어렵다. 서면화해는 명백히 청약과 승낙의 형태를 갖고 있기 때문이다.

2) 1990년 법 개정 당시 준재심의 대상(현행 461조)에서 법 제220조가 규정하는 조서를 삭제하는 안이 제출되었으나 최종적으로 존치하는 방향으로 결정되었다는 점에서 소송행위설과 무제한 기판력설을 취하는 것은 명백한 입법적 결단이었다는 견해가 있다(이동흡, "재판상화해의 효력", 사법논집 24집, 574-575면 참조).

3) 양성설을 취하는 학자 중에는 양행위병존설과의 차별성을 강조하기 위해서인지 병존설에 의하면 소송행위설과 동일한 결론에 이르러 부당하다든지 너무 기교적이라는 등의 비판을 가한다(손 288면; 이시, 592면; 호, 774면). 그러나 병존설의 경우 사법행위와 소송행위를 두 개로 보더라도 양자의 견련관계를 인정해서 사법행위의 유효를 전제로 소송행위의 유효성을 인정하자는 견해도 있으므로(竹下守夫=上原敏夫/條解民事訴訟, 1475面) 일률적으로 병존설이 소송행위설과 동일한 결론에 이른다는 비판은 정확하지 않다. 아울러 하나의 행위 안에 사법행위와 소송행위가 경합한다는 설명이 오히려 더 기교적인 설명이라고 생각된다.

면), 법 제461조로 인해 불가피하게 무제한적인 기판력을 인정할 수밖에 없다는 견해도 있다(호, 782면).

(3) 판례의 입장과 조화로운 해석

1) 판례는 최초 경합설의 입장에 있었으나 판례를 변경하여 소송행위설을 취하게 되었다.[1] 그러나 판례는 소송행위설을 취하면서도 사안에 따라서는 실효조건부 화해를 인정하고 있을 뿐 아니라[2] 소송상화해에 창설적 효력을 인정하고 있어[3] 일관된 입장을 보이고 있지는 못하다(판례에 대한 상세한 비판은 정/유/김, 709-710면 참조).

2) 법 제220조와 제461조는 물론 민사집행법을 주목할 필요가 있다. 소송상화해라는 그 밖의 집행권원(민집 56조 5호)에 대해서는 청구에 관한 이의의 소를 제기하더라도 지급명령이나 공정증서와 달리 이의사유의 시기적 제한을 둠으로써(민집 44조 2항의 적용을 배제하지 않음으로써 변론종결시점에 상응하는 화해 시점 이전의 사유로는 화해의 효력을 다투지 못한다)[4] 소송상화해가 확정판결과 동일한 효력을 가질 뿐 아니라 기판력을 갖고 있다는 점을 소송법과 집행법이라는 실정 법규가 명백히 하고 있는 것이다. 따라서 소송상화해는 일정한 소송법적 조건 하에서 당사자 간의 합의를 통해 판결과 같은 효력을 갖게 됨으로써 실체법과는 절연된 소송행위로서의 효력을 갖게 되며 제한 없는 완전한 기판력도 갖게 된다. 만일, 소송상화해를 사법(私法)행위로부터 절연하지 않는다면 의사표시의 흠을 이유로 화해의 효력을 다툴 수 있게 되고 결국 무제한적인 기판력을 가진 집행권원으로 인정한 입법적 결단은 그 빛을 잃게 될 것이다. 따라서 현행 법 체계 하에서는 소송상화해는 소송행위의 결과물이며 무제한적 기판력을 갖고 있다고 보아야 할 것이다. 발생할 수 있는 의사표시의 흠은 화해의 다른 제도적 측면을 보완함으로써 저지해야 할 대상일 뿐이다.

3. 요　　건

(1) 당사자에 관한 요건

소송상화해는 당사자 본인 및 대리인이 할 수 있으나 소송물에 대한 처분이므로 대리인이 화해를 하기 위해서는 특별수권이 필요하다(56조 2항, 90조 2항). 통상공동소송의 경우는 소송물에 대한 각자의 처분이 가능하므로 공동소송인 각자가 개별적으로 화해하는 것이 가능하지만 필수적 공동소송의 경우는 전원이 일치해서 하지 않으면 효과가 없다. 한편 합일확정

---

1) 大判(全) 1962. 4. 18. 4294민상1268과 그 후의 大判 1962. 5. 31. 4293민재6 등.

2) 大判 1988. 8. 9. 88다카2332.

3) 大判 1977. 6. 7. 77다235(제소전화해 관련) 이래 일관된 입장이다. 화해권고결정 제도 도입 이후에도 화해의 창설적 효력을 인정하는 판례 입장은 유지되고 있다(大判 2014. 4. 10. 2012다29557).

4) 지급명령이나 공정증서에 대해서는 민사집행법 제44조 제2항의 적용을 배제함으로써(민집 58조 3항, 59조 3항) 집행력은 인정해도 기판력을 인정하지 않는다는 입장을 분명히 하고 있다.

이 요구되는 독립당사자참가의 경우도 참가인을 배제한 원·피고 간의 화해는 효력을 인정할 수 없다는 것이 판례의 입장이다.1) 한편, 원·피고 간의 소송상화해에 당사자가 아닌 보조참가인이나 소송 외의 제3자가 화해의 당사자가 될 수 있는지 문제된다. 판례는 이를 긍정하고 있는데2) 분쟁의 1회적 해결을 도모하는 차원에서도 이를 허용함이 타당하다.

(2) 소송물에 관한 요건

1) 화해적격

① 소송물과 화해   화해의 대상은 원칙적으로 당해 소송의 객체인 소송물이어야 한다. 따라서 소송행위를 대상으로 하는 화해는 무효이다. 따라서 "원고는 소를 취하하고 피고는 이에 동의한다"는 내용의 화해는 효과를 나타낼 수 없다.3) 한편, 원고가 제기한 소가 소송요건을 갖추지 못한 경우 혹은 당사자가 화해를 하고자 하는 대상이 당해 소의 소송물이 아닌 경우 그 취급이 문제된다. 제소전화해도 허용되므로 반드시 소가 적법한 형태일 필요는 없다고 하지만(이시, 593면) 당사자가 실재하지 않거나 전속관할을 위반한 청구에 대해 법원이 화해를 허용할 수는 없을 것이다(김/강, 566면). 따라서 상대적으로 경미한 소송요건이 흠결된 경우(중복제소금지 혹은 재소금지 등)는 화해가 허용될 수 있을 것이다. 또한 화해를 함에 있어 당사자의 의사합치가 명백하다면 소송물 이외의 청구에 대한 화해를 허용해도 무방하지만 서면에 의한 화해(148조 3항) 방식으로는 인정하기 어렵다.

② 변론주의와 화해   화해의 대상인 권리관계가 자유로이 처분될 수 있어야 하므로 변론주의 절차에서만 화해가 가능하다는 것이 일반적인 견해이다(김/강, 566면; 이시, 592-593면). 또한 형성판결로만 얻을 수 있는 효력은 화해나 조정을 통해 발생되지 않는다고 한다. 즉, 형성소송인 청구이의의 소에서 강제집행을 불허한다는 화해권고결정이 확정되거나4) 조정을 갈음하는 결정이 확정되더라도 기판력을 가진 확정판결과 동일한 효력이 발생하지 않는다.5) 그러나 행정소송이나 가사소송에서도 순수한 사적 이익의 처분에 해당하는 경우는 화해가 가능하다고 보아야 한다. 예를 들어 인지청구나 친생자관계존부확인의 소 등과 같이 일신전속적인 권리로서 다른 이해관계인에게도 영향을 미치는 사건의 경우는 화해가 허용되지 않

---

1) 大判 2005. 5. 26. 2004다25901,25918; 大判 2009. 1. 30. 2007다9030,9047.

2) 大判 1981. 12. 22. 78다2278.

3) 그러나 판례는 이러한 내용의 화해권고결정을 유효한 것으로 보고 재소금지의 효과까지 인정하고 있으나 매우 의문이다(大判 2021. 7. 29. 2018다230229). 동 판례에 대한 비판은 문영화, "'원고는 소를 취하하고 피고는 이에 동의한다'는 내용의 화해권고결정의 효력", 민사소송 27권 2호, 87면 이하 참조.

4) 大決 2022. 6. 7. 2022그534. 다만 화해권고결정의 문구를 부집행 합의가 이루어졌다는 뜻으로 새길 여지는 있으므로 집행취소서류의 기능을 수행할 수는 있다고 판시하고 있다. 경매절차에서의 매각허가결정의 취소를 당사자들이 화해한 경우는 당사자 사이에 매매계약이 성립된 것에 불과하다고 보는 입장과 유사하다 (大決 1980. 1. 17. 79마44).

5) 大判 2023. 11. 9. 2023다256577.

지만 이혼이나 재산분할청구 사건에서는 화해가 널리 행해지고 있으며 행정사건의 경우도 화해나 조정이 사실상 우회적으로 행해지고 있다.[1]

③ 대세효와 화해   화해를 통한 당해 소송물의 처분이 원고 본인에게 국한되지 않고 다른 이해관계인에게 영향을 미치는 경우에는 화해가 제한될 수 있다. 예를 들어 증권관련집단소송을 제기한 대표당사자의 이익은 사적인 손해배상청구이지만 총원을 대표하는 역할을 수행하고 있으므로 화해를 하기 위해서는 법원의 허가가 필요하다(주주대표소송의 주주인 원고도 동일한 맥락이다).[2] 한편 회사합병무효의 소[3]나 주주총회결의취소소송이나 부존재확인의 소 등의 경우[4]도 승소판결의 경우는 대세적 효력이 인정되므로 원고청구를 일부라도 인용하게 되는 화해가 허용되지 않는다고 보아야 한다.

2) 화해의 내용

① 양   보   어느 일방 당사자의 전적인 승소나 패소는 청구의 포기나 인낙에 해당하는 것일 뿐 화해라고 할 수는 없다. 양보의 내용은 여러 가지 형태로 나타날 수 있다. 예를 들어 원고 청구금액을 전부 인정하더라도 피고가 기한의 유예를 받거나 소송비용부담을 면제받을 수 있다면 이는 양보에 해당하여 화해라고 할 수 있게 된다.

② 강행법규   화해의 내용이 강행법규에 반하거나 사회질서에 위반해서는 안 된다. 법원으로서는 그러한 내용을 담은 화해내용을 조서화하여서는 안되지만 결과적으로 그러한 내용이 담긴 화해조서가 만들어졌다면 이는 당연무효의 경우는 별론으로 하더라도 준재심절차에 의해서만 다투어질 수 있다는 것이 판례의 입장이다.[5]

③ 실효조건부 화해   화해의 내용 안에 당사자 일방의 의무이행이 조건부인 경우 등은 일반적으로 허용되지만 화해 자체의 효력을 조건부로 하는 실효조건부 화해(제3자의 이의가

---

1) 물론 모든 행정사건이 조정이나 화해가 가능한 것은 아니다. 다만 3개월의 영업정지처분에 대해 원고가 과도하다는 주장을 하면서 영업정지처분 취소청구의 소를 제기한 사건을 예로 들어보자. 이 경우 원고가 1개월의 영업정지를 명한다면 이를 수용하겠다는 의사표시를 하고 처분청 역시 3개월의 영업정지가 다소 과도하다는 판단을 한다면 상호 화해를 통해 문제를 보다 간명하게 해결할 수 있을 것이다. 현재로서는 이러한 화해조항에 대한 효력에 대하여 의견이 분분하므로 처분청은 종전 처분에 대한 경정처분을 하고 이에 대하여 원고는 소취하를 하는 등의 우회적인 화해나 조정의 방법을 사용하고 있다. 처분청의 재량에 따른 행정처분이 가능하고 당해 사건의 결과가 다른 유사 사건에 대해 영향을 끼치지 않는다면 행정사건이라도 화해나 조정을 막을 이유는 없다고 생각되므로 입법적인 검토가 요망된다.
2) 채권자대위소송이나 취소소송을 제기한 채권자의 경우 상대방과 화해를 하는 것이 가능한지 여부가 문제될 수 있다. 채권자취소소송의 상대효를 인정하는 한에서는 화해가 가능하다고 볼 수 있지만 대위소송의 경우는 채무자의 제3채무자에 대한 권리를 처분하는 것이므로 항상 화해가 가능하다고 보기는 어렵다.
3) 大判 1993. 5. 27. 92누14908. 이 판결에서는 인낙이 허용되지 않는다고 판시하고 있는데 같은 취지로 본다면 화해 역시 허용되지 않는다고 보아야 할 것이다.
4) 大判 2004. 9. 24. 2004다28047. 이 판결에서는 인낙은 물론 같은 효과를 나타내는 화해나 조정 등도 효력이 없음을 선언하고 있다.
5) 大判 1999. 10. 8. 98다38760. 조정조서에 대해서도 동일한 입장이다(大判 2014. 3. 27. 2009다104960, 104977 참조). 반대 입장은 이재성, "강행법규위반의 소송상화해의 효력", 사법행정 13권 10호, 22면 이하 참조.

있으면 화해를 무효로 한다는 조건이 들어 있는 경우 등)를 허용할 것인지에 대해서는 다툼이 있다. 화해의 성질에 따라 달리 보아야 한다는 견해도 있지만(이시, 594면) 화해의 성질과는 무관하게 실효조건부 화해는 가능하다는 입장도 있다(호, 780면). 화해를 소송행위로 본다고 해서 화해내용에 실효조건을 붙이는 것 자체를 불가능하거나 모순된다고 볼 수는 없다는 측면에서 이론적으로는 후자의 견해가 타당하다고 생각된다. 그러나 실효조건부 화해를 허용하게 되면 화해조서의 효력은 유동적인 것이 되고 기판력이 제3자의 의사에 따라 좌우되는데 이는 화해조서에 무제한한 기판력을 인정하는 법 제461조 규정의 취지에 정면으로 배치될 수 있다. 따라서 화해를 소송행위로 취급하면서 실효조건부 화해를 인정하는 것은 이론적으로는 가능하지만 소송법의 취지와 법적 안정성에 반하는 결과를 초래하므로 타당하지 않다. 한편 판례[1]는 오래 전부터 이러한 실효조건부 화해를 유효한 것으로 인정해 오고 있는데 이론의 일관성 측면이 아니라 법적 안정성 측면에서 비판받아 마땅하다.[2]

(3) 시기와 방식

1) **시   기**   화해는 소송계속 이후에는 소송의 어느 단계에서도 가능하며 판결절차나 결정절차에서도 가능하다. 그런데 소송계속이 발생하기 전인 가압류·가처분(보전처분) 단계에서는 소송계속이 발생하지 않았으므로 소송상화해가 불가능하지만 가압류·가처분 이의신청에 따라 결정절차로 전환되므로 이 단계에서는 본안에 대한 소송상화해가 가능하다고 보아야 한다.

2) **방   식**   화해는 구술화해가 원칙이다. 즉 양당사자가 기일에 출석해서 구술로 화해내용을 진술하면 변론조서나 준비기일조서에 이를 기재함으로써 동 조서는 확정판결과 동일한 효력을 갖게 된다(220조).[3] 현행법은 서면에 의한 화해를 인정하고 있는데 불출석한 당사자가 이미 제출한 서면에 화해의 취지를 기재하고 공증을 받은 경우에는 동 서면의 진술의제를 통해 화해의 의사표시가 있는 것으로 보고 상대방이 출석해서 이를 받아들인 경우

---

1) 大判 1965. 3. 2. 64다1514; 大判 1988. 8. 9. 88다카2332 등.

2) 판례에서 나타난 대부분의 실효조건부 화해는 화해의 효력을 제3자의 의사에 맡기거나 혹은 당해 법률관계를 관장하는 관련 유관기관의 허가 여부에 맡기고 있음을 알 수 있다(大判 1993. 6. 29. 92다56056; 大判 1988. 8. 9. 88다카2332; 大判 1965. 3. 2. 64다1514 등). 소송당사자 이외의 제3자가 원·피고 간의 법률관계에 결정적인 역할을 한다면 그를 화해의 당사자로 해야 할 것이다. 한편 유관기관의 허가여부에 따라 화해의 효력이 달라진다면 그 허가여부를 기다려서 화해를 해도 늦지 않을 것이다. 실효조건부 화해가 만들어지는 것은 성급하게 화해로 사건을 종결하고자 하는 데서 비롯되는 경우가 많으므로 이를 지양하는 것이 타당하다.

3) 규칙 제31조에서는 변론기일에서의 조서 외에 별도의 화해조서를 따로 작성할 것을 요구하고 있다. 이는 형식적인 화해조서를 작성하기 위함이므로(청구취지와 원인 등 형식적인 사항의 기재) 화해의 효력은 법 제220조에 따라 변론조서 등에 화해 사실이 기재됨으로써 발생한다고 보아야 한다. 규칙제정의 오류라는 지적도 있으나(호, 758면) 변론조서에 기재된 화해내용을 갖고 집행력 있는 정본으로 사용하는 것이 불편하기 때문에 정식의 문건을 만드는 절차를 규정하고 있는 것으로 해석함이 타당하다.

에는 화해가 성립된 것으로 보고 있다(148조 3항).[1]

4. 효   과

(1) 소송종료효 및 집행력과 형성력

화해조서는 확정판결과 동일한 효력이 인정되므로 화해로 인해 소송절차는 종료된다. 판결이 아닌 화해로 사건이 종결되는 것이다. 화해가 준재심으로 취소되면 화해로 인해 종결된 시점부터 절차는 다시 진행된다. 화해당사자들이 화해비용과 소송비용의 부담에 대하여 특별히 정한 바가 없으면 그 비용은 당사자들이 각자 부담하는 것으로 하되(106조), 소송비용 부담 원칙만 정하고 액수를 정하지 않은 경우에는 법원은 당사자의 소송비용확정신청에 따라 결정으로 그 액수를 정해야 한다(113조). 한편, 화해조서는 판결 외의 그 밖의 집행권원으로 민사집행법에서 인정되고 있다(민집 56조 5호). 따라서 구체적인 이행의무를 화해조항이 담고 있다면 집행력 있는 정본으로서 역할을 하게 되며 법률관계의 창설을 내용으로 하고 있다면 형성력 역시 인정된다(김/강, 572면).

(2) 기 판 력

1) 무제한적인 기판력(현행법)   법 제220조, 제461조에 따르면 화해조서는 확정판결과 동일한 효력이 있을 뿐 아니라 무제한적인 기판력이 인정됨을 알 수 있다(민집 44조 2항의 적용을 배제하고 있지 않다). 판례의 입장도 변함없이 동일하다.[2] 한편, 헌법재판소 역시 법 제461조가 합헌임을 확인한 바 있다.[3] 따라서 현행법 하에서는 화해의 효력에 대해 제한적인 기판력을 주장할 정당한 근거는 찾기 어렵다.

2) 입법론과 당위성   현행법 하에서도 화해에 대해 제한적인 기판력을 인정해야 한다는 주장의 핵심적인 논거는 화해는 판결과 달리 당사자 간의 합의에 의한 것이므로 실체법상의 하자가 있을 수 있으며 이에 대한 구제를 준재심절차로만 가능하게 하는 것은 과도한 조치라는 것이다. 즉 화해에 실체법상의 흠이 없는 경우에만 기판력을 인정하자는 것이 제한적 기판력설의 핵심이라고 할 수 있다. 그러나 이는 입법정책의 문제이다.[4] 분쟁의 조속한 해결을 촉진하기 위해 화해제도를 도입한 것이고 그에 대한 효력을 어느 범주까지 인정할 것

---

1) 법 제148조 제3항에 따르면 화해를 수락하는 측은 반드시 기일에 출석해서 구술로 이를 수락해야 하는 것처럼 규정되어 있다. 그렇다면 상대방 역시 인증된 서면으로 화해를 수락할 수는 없는지 그리고 궁극적으로는 양 당사자 모두 불출석하면서 화해를 담은 서면을 인증받아 제출한 경우도 가능한 것인지 문제된다. 화해에는 무제한적인 기판력이 발생한다는 점, 법 제148조 제3항의 문구는 상대적으로 명확하다는 점을 고려한다면 화해를 수락하는 측은 반드시 출석해서 의사를 표시해야 하는 것으로 보아야 할 것이다.

2) 大判 1962. 2. 15. 4294민상914. 일본의 주류적 판례는 제한적 기판력설을 취하고 있으나 이는 법 제461조와 같은 규정이 일본 민사소송법에 없기 때문이다(같은 취지의 견해로는 이동흡, "재판상화해의 효력", 575면).

3) 憲裁 1996. 3. 28. 93헌바27.

4) 입법정책의 문제이지만 현재로서는 기판력 부정설이 타당하다는 견해가 있다(피, 317면 참조)

인지 여부는 전적으로 입법자의 결단에 달려있기 때문이다.[1] 재판상화해는 법관의 면전에서 구술로 이루어져야 한다는 점(비록 일부 서면화해제도가 도입되었지만 최종 확인은 구술로 하도록 요구됨)에서 흠 있는 의사의 개입가능성이 적으며 이미 오랜 시간에 걸쳐 확정판결과 동일한 효력이 부여되어 오고 있었으므로 화해의 위험성을 충분히 주지하고 있다는 점에서 제한 없는 기판력을 부여하는 것이 타당하다고 판단된다.[2] 다만, 화해를 통한 분쟁해결을 강조한 나머지 법원으로부터의 화해 권유가 종용이나 강권으로 비추어지는 경우가 적지 않다는 점, 법원이 화해를 조속히 도출하기 위해 집행불가능한 화해조항이나 실효조건부 화해조항을 삽입하는 것은 화해의 공신력을 저해할 뿐 아니라 화해의 강력한 효력에 비추어 자제되어야 할 것이다.

(3) 창설적 효력

1) 개　　념　　우리 판례는 재판상화해에 대해 소송행위설의 입장에서 확정판결과 동일한 효력을 갖는 것으로 파악하면서도 화해는 물론 이와 동일한 효력을 갖는 조정에 대해서도 창설적 효력(민 732조)을 인정하고 있다. 즉, 화해가 이루어지면 종전의 법률관계를 바탕으로 한 권리·의무관계는 소멸함과 동시에 재판상화해에 따른 새로운 법률관계가 유효하게 형성된다는 것이다. 종래에는 제소전화해와 관련된 판례에서 자주 언급되었으나[3] 민사조정법상의 조정,[4] 화해권고결정[5] 등에 대해서도 명시적으로 창설적 효력을 인정하고 있다. 이러한 태도는 소송행위설을 취하는 판례의 기본적 입장과는 모순되는 것이라는 지적도 있으나(이시, 584면) 화해에 의한 분쟁해결을 화해 이전의 사유에 의하여 복멸시키는 것을 금지시켜 화해의 실효성을 확보하게 된다면서 이를 긍정적으로 평가하는 견해도 있다(강, 629면).

2) 법적성격　　판례가 소송행위설을 취하면서 민법상의 화해계약에서 인정되는 창설적 효력을 인정하는 것은 이론의 일관성을 해치는 것은 분명하나 소송상화해 등이 갖고 있

---

1) 현재는 사법기관이 아닌 행정위원회에 대한 합의 등에 대해서도 재판상화해와 동일한 효력을 인정하고 있는 추세이며 헌법재판소는 개별적인 사안에 따라 그 위헌성을 판단하고 있다. 예를 들어 憲裁 2009. 4. 30. 2006헌마1322에서는 특수임무수행자 보상에 관한 법률에 따른 보상금지급에 동의한 경우에는 재판상화해와 동일한 효력을 부여하는 규정을 합헌으로 판단하였으나 국가배상법 제16조에 대해서는 위헌으로 판단한 바 있다(憲裁 1995. 5. 25. 91헌가7).

2) 제소전화해의 현실적인 측면을 고려할 때 공정증서와 달리 무제한적인 기판력을 인정하는 것은 형평에 어긋나며 법적 안정성을 강조한 나머지 실체법상의 흠을 다투어 통상의 절차에 의한 재판을 받는 것을 막는 것은 국민의 재판청구권을 침해할 소지가 있다는 지적이 있다(이시, 596면). 그러나 본래의 공정증서의 작성 주체는 국가기관이나 공무원이어야 하지만 현재 여러 가지 사정상 사적인 공증인에게 그 업무가 위임되어 있는 상태일 뿐 아니라 여러 가지 측면에서 공정증서 작성이 매우 용이하다는 점에서 제소전화해와 차등적인 효과를 부여하는 것은 일면 타당하다고 볼 수 있다. 나아가 소송행위의 법적 안정성을 중시해서 실체법적인 흠을 통상적인 절차로 다투지 못하게 하는 것은 청구의 포기·인낙도 마찬가지이므로 굳이 화해에 대해서만 제한적인 기판력을 인정해야 한다는 것은 설득력이 떨어진다고 생각된다.

3) 大判 1977. 6. 7. 77다235; 大判 2001. 4. 27. 99다17319.

4) 大判 2006. 6. 29. 2005다32814,32821; 大判 2007. 6. 28. 2005두7174; 大判 2019. 4. 25. 2017다21176.

5) 大判 2008. 2. 1. 2005다42880; 大判 2014. 4. 10. 2012다29557; 大判 2022. 1. 27. 2019다299058.

는 안정적이고도 종국적인 분쟁해결효과를 제고하기 위해서는 부득이한 일이다. 한편, 판례 중 일부에서 재판상 화해에 사법상의 화해계약이 그 내용을 이루는 것이면 화해는 창설적 효력을 가진다는 표현을 하고 있어[1] 양행위 병존설을 취하는 듯한 혼선을 주고 있다는 지적이 있으나(김홍, 802) 의문이다.[2]

　　3) 범　　위　　　화해의 창설적 효력이 미치는 범위는 당사자가 서로 양보를 하여 확정하기로 합의한 사항에 한하며, 당사자가 다툰 사실이 없거나 화해의 전제로서 서로 양해하고 있는 데 지나지 아니한 사항에 관하여는 그러한 효력이 생기지 아니한다.[3] 따라서 변제기 후의 지연손해에 대하여 화해조항에 별도의 정함이 없으면 변제기 후의 지연손해는 법정이율에 의하여야 한다.[4]

(4) 화해의 흠과 그 치유

　　1) 경정사유와 당연무효 사유　　　화해조서에 명백한 오기 등이 있는 경우에는 판결과 마찬가지로 화해조서에 대한 경정(211조)이 허용된다. 한편, 화해 당사자 일방이 화해가 존재하지도 않는데 화해조서 등이 만들어졌다는 주장을 하면서 당연무효를 주장하고 아울러 기일지정신청을 한 경우에는 기일을 열어 당연무효사유의 존부에 대한 판단을 하는 것이 타당하다.[5] 따라서 무효사유가 존재하지 않는 경우에는 소송종료선언을 하여야 한다. 한편, 갑, 을, 병 사이에 제1화해가 성립한 후에 갑과 을 사이에 다시 제1화해와 모순 저촉되는 제2화해가 성립하였다 하여도, 제1화해가 조서에 기재되어 확정판결과 동일하게 기판력이 발생한 이상 제2화해에 의하여 제1화해가 당연히 실효되거나 변경되고 나아가 제1화해조서의 집행으로 마쳐진 을 명의의 소유권이전등기 및 이에 기한 제3자 명의의 각 소유권이전등기가 무효로 된다고 볼 수는 없다.[6]

　　2) 당연무효 외의 사유　　　화해에 당연무효 사유가 없는 한 화해에 대한 흠은 재심사유

---

1) 大判 2001. 4. 27. 99다17319. 그러나 이와 달리 2017다21176 판결 등에서는 "재판상의 화해는 확정판결과 같은 효력이 있고 사법상의 화해계약은 창설적 효력을 가진다"라는 표현을 사용하고 있기 때문이라고 한다.

2) 2017다21176 판결에서 99다17319 판결을 명시적으로 인용하고 있을 뿐 아니라 문장 표현 여부를 떠나 창설적 효력을 인정하는 그 자체는 소송행위설로 정당화될 수는 없기 때문이다.

3) 大判 2001. 4. 27. 99다17319; 大判 2019. 4. 25. 2017다21176.

4) 大判 1981. 9. 8. 80다2649. 한편, 조정의 경우 부동산 소유권이전등기에 관한 조정조서의 기판력은 소송물이었던 이전등기청구권의 존부에만 미치고 부동산의 소유권 자체에까지 미치지는 않는다(大判 2017. 12. 22. 2015다205086).

5) 판례도 동일한 입장이다(大判 2000. 3. 10. 99다67703 참조). 동 판결에서 소송수계를 한 원고(상고인)는 피소송수계인 망인과 상대방인 피고 간에 화해가 존재하지 않았음에도 마치 재판상화해가 이루어진 것처럼 화해조서가 작성되었으므로 이 사건 화해조서는 무효라고 주장하며 제1심 법원에 기일지정신청을 하였다. 이에 대해 대법원은 그 무효사유의 존재 여부를 가리기 위하여 기일을 지정하여 심리를 한 다음 무효사유가 존재한다고 인정되지 아니한 때에는 판결로써 소송종료선언을 하여야 한다고 판시하였다. 한편 조정조서에 대해서도 동일한 논리가 적용되어야 할 것이다(大判 2001. 3. 9. 2000다58668).

6) 大判 1995. 12. 5. 94다59028.

에 해당하는 경우에 한해서 준재심(461조)을 통해서만 치유가 가능하다.[1] 반면에 화해에 대해 기판력을 부인하거나 제한적인 기판력을 인정하여야 한다는 입장에서는 화해의 흠이 있는 경우 준재심절차를 이용할 필요 없이 기존의 소를 속행하거나(기일지정신청을 통해) 별도의 소 혹은 화해무효확인의 소를 제기하는 것도 가능할 것이다(이시, 597면).

   3) 화해내용의 불특정 혹은 불이행   화해내용이 특정되지 않아 집행이 곤란한 경우 등에는 확정판결의 예와 마찬가지로 동일한 청구를 제기할 실익이 인정될 수 있다.[2] 한편 화해내용에 대한 불이행을 이유로 이를 해제하고 기일지정신청을 하는 것은 허용되지 않는다.[3]

   4) 실효조건부화해   실효조건부화해를 인정하는 판례의 입장에서는 실효조건의 성취로 화해의 효력은 당연히 소멸하게 되므로 화해 성립 전의 법률관계를 주장할 수 있게 된다.[4] 따라서 화해 전의 법률관계를 근거로 새로이 소를 제기하는 것은 가능하지만 기일지정신청을 통해 화해 이전의 소송상태로 환원시키는 것은 허용되기 어렵다고 판단된다.[5] 한편, 만일 실효된 화해조서에 기해 집행이 들어온 경우에는 청구이의의 소를 통해 집행을 저지할 수 있을 것이라는 견해가 가능하나 청구이의의 소는 유효한 판결을 전제로 하므로 집행문부여에 대한 이의의 소를 통해 저지하여야 한다는 견해가 있다.[6]

II. 화해권고결정

1. 취지와 의의

   법원·수명법관 또는 수탁판사는 소송에 계속 중인 사건에 대하여 직권으로 당사자의 이익, 그 밖의 모든 사정을 참작하여 청구의 취지에 어긋나지 아니하는 범위 안에서 사건의 공평한 해결을 위해 화해를 권고하는 결정을 할 수 있다(225조 1항). 양 당사자 모두 일방적으로 승소할 수 없는 사건임에도 화해가 잘 이루어지지 않는 경우 법원은 화해권고결정을 통해 당사자의 화해를 유도할 수 있는 기회를 갖게 되었다. 이는 민사조정법상의 조정을 갈음하는 결정(민조 30조) 제도와 매우 유사한데 별도의 조정절차의 회부 없이 소송진행 도중 수소법원의 법관 등이 바로 화해권고결정을 할 수 있다는 점에서 조정절차보다도 오히려 더 편리한 제도라고 할 수 있다.

---

1) 大判 1992. 11. 27. 92다8521.
2) 大判 1965. 2. 3. 64다1387; 大判 1995. 5. 12. 94다25216.
3) 大判 1962. 2. 15. 4294민상914; 大判 2012. 4. 12. 2011다109357(조정조서).
4) 大判 1965. 3. 2. 64다1514; 大判 1996. 11. 15. 94다35343.
5) 이동흡, "재판상 화해의 효력", 민사재판의 제문제 제8호(1994), 810면도 같은 견해인데 종전 절차의 부활을 도모하는 기일지정신청도 가능하다는 견해가 있다(안병희, "소송상 화해에 있어서 몇 가지 문제점", 사법논집 3집(1972), 390면).
6) 안병희, 전게논문, 390면.

2. 절 차

(1) 결정에 의한 화해권고

법원은 물론 수명법관이나 수탁판사도 직권으로 화해권고결정을 할 수 있다(225조 1항). 이는 변론절차뿐 아니라 준비절차 등에서도 권고결정이 가능하다는 것을 의미하며 합의부 사건이라 하더라도 준비기일을 주재하는 수명법관이 단독으로 화해권고결정을 할 수 있게 되었다. 당사자의 이익과 그 밖의 모든 사정을 고려한다는 점, 청구취지에 어긋나지 않는 범위에서 사건의 공평한 해결을 위해 결정을 한다는 점 등이 모두 조정을 갈음하는 결정과 동일하다. 조정절차가 아닌 판결절차 진행 도중에 조정제도와 동일한 요건 하에서 화해권고결정을 할 수 있도록 한 것이 과연 타당한 것인지는 매우 의문이다.[1]

(2) 송 달

화해권고결정에는 소액사건의 경우를 제외하고는 청구취지와 청구원인이 기재되어야 한다(민규 57조 1항). 나아가 화해권고결정에 대해 당사자는 이의권을 갖고 있으므로 화해권고결정은 당사자들에게 송달되어야 하며 이 송달은 당사자들에게 반드시 도달되어야 하므로 우편송달이나 공시송달 등의 방법으로는 할 수 없다(225조 2항). 화해권고결정 후에 우편송달이나 공시송달 외의 방법으로는 송달이 불가능하다는 것이 밝혀지면 화해권고결정을 취소해야 한다(민규 59조).

(3) 이의신청과 절차

당사자는 화해권고결정서 정본을 송달받은 날부터 2주 이내(불변기간임) 혹은 그 송달 전에도 이의신청을 할 수 있다(226조 1항, 2항). 이의신청은 법령상의 방식에 따라 정해진 기간 내에 제기되어야 하며 이것이 흠결된 것이 명백한 경우에는 이의신청은 각하된다(230조). 아울러 이의신청권은 신청 전까지 서면으로 포기할 수 있으며 이의신청 후에도 당해 심급이 종결되기 전까지는 상대방의 동의를 얻어 이의신청을 취하할 수 있다(228조 1항).

3. 효 력

화해권고결정은 일정 기간 내에 이의신청이 없는 때, 이의신청에 대한 각하결정이 확정된 때, 당사자가 이의신청을 취하하거나 이의신청권을 포기한 때에는 재판상화해와 같은 효력을 갖게 되므로(231조) 제한 없는 기판력을 갖게 된다. 한편, 화해권고결정에 대한 적법한

---

1) 법 제225조 제1항에서 화해권고결정의 주체를 법원으로 하였으므로 상고심 법원도 가능하다는 견해가 있으나 의문이다(이시, 598면). 현재 상고심 절차에서는 새로운 주장이나 증거방법을 제출할 수 없을 뿐 아니라 변론을 열지 않는 것이 일반적이므로 사실심 기록만으로 화해내용을 정할 수밖에 없어 다소 부적절하기 때문이다.

이의신청이 있게 되면 소송절차는 화해권고결정 이전의 상태로 돌아가게 되며 그 이전의 소송행위는 그대로 효력을 유지한다(232조 1항). 그러나 이의신청 후라도 취하가 허용되므로 당해 심급의 판결이 선고될 때까지는 화해권고결정은 여전히 유효하며 그 심급의 판결 선고로 효력을 상실하게 된다(232조 2항).

Ⅲ. 제소전화해

1. 의   의

민사상의 다툼이 생긴 경우 당사자는 소를 제기할 수도 있으나 소 제기 전에 법원에 화해신청을 하여 소송상화해와 같은 집행력과 기판력을 가진 화해조서를 만들 수도 있는데 이를 제소전화해라고 한다(385조). 따라서 법에 규정된 제소전화해는 분쟁이 발생한 후 당사자 간의 합의를 통해 집행력있는 권원의 하나인 제소전화해조서를 만들기 위해 법원에 화해를 신청하도록 한 것이다. 그러나 현실적으로 다툼이 생긴 후에 일방에 의한 화해신청이 받아들여질 가능성은 없으므로 거래 실무에서는 오히려 분쟁 발생 전 집행력을 가진 집행권원을 만드는 데 이 제도를 활용해 오고 있다. 즉, 금전채권인 경우에는 공정증서를 통해서, 금전채무가 아닌 부동산 인도의무 등과 같은 채무의 경우는 제소전화해조서를 계약 체결 단계에 만들어 둠으로써 상대방의 계약 불이행시 별도의 소 제기 없이 바로 집행을 할 수 있는 장치를 마련하는 것이다.

2. 절차와 요건

(1) 화해신청과 대리인

일방 당사자는 민사상의 다툼에 관하여 청구의 취지 및 원인과 다투는 사정을 밝혀 상대방의 보통재판적이 있는 곳의 지방법원에 화해신청을 할 수 있다(385조 1항). 통상적으로는 당사자 간의 관할합의를 통해 법원이 정해지며 단독판사의 사물관할에 속하게 된다. 아울러 시군법원에서도 제소전화해는 가능하다(법조 33조, 34조 1항 2호). 제소전화해신청에는 소에 관한 규정을 준용하므로(385조 4항) 특별한 사정이 없는 한 소 제기에 따른 소송법상·실체법상의 효과가 수반된다. 한편, 당사자는 화해신청을 위해 대리인을 선임하는 권리를 상대방에게 위임할 수 없다(385조 2항).

(2) 민사상의 다툼

제소전화해신청의 요건은 일반 소송상화해와 동일하지만 제소전화해의 경우 법 제385조 제1항의 "민사상의 다툼"이 무엇인가에 대하여 견해의 대립이 있다. 즉 현실적으로 다툼이 있어야만 화해신청을 할 수 있다는 견해가 있는 반면(이시, 601면) 반드시 현실의 분쟁에 국한할 필요는 없으며 장래의 분쟁 발생의 소지가 있는 경우도 제소전화해 신청의 대상이 될 수 있다는 견해가 그것이다(정/유/김, 724면; 송/박, 498면). 법 조문의 형식적인 면만 본다면 어느 쪽 해석도 가능하지만 현재 실무의 모습을 보면 제소전화해의 기능은 이미 발생한 분쟁에 대한 화해가 아니라 장래 발생할 분쟁에 대비한 집행권원 확보에 중점이 있다. 따라서 장래의 분쟁에 대비한 제소전화해조서의 작성은 현행법상 가능하다고 봄이 타당하며 종래의 판례 역시 이러한 입장에 있었다. 그런데 일부 하급심 판결에서 종래의 법원 입장과 다른 견해를 취함으로써 현실적인 분쟁이 발생하고 있어야 한다는 조건을 요구한 바 있었으나 현재는 분쟁의 현실성을 요구하고 있지 않다.[1]

(3) 심　　리

1) 적법한 화해신청이 있게 되면 법원은 신청서 부본을 피신청인에게 송달하고 재판장은 화해기일을 정해서 당사자에게 통지하여야 한다(385조 4항에 따른 소 제기 절차 준용). 불출석에 따른 불이익 규정, 즉 양쪽 당사자의 불출석에 따른 취하 간주 규정을 준용할 수 있는지 여부가 문제되는데 실무상으로는 2회 불출석하게 되면 화해불성립으로 처리하고 있다(실무제요 Ⅲ, 400면).

2) 현재 제소전화해 심리 절차에서 법원의 주된 임무는 화해의 권고나 종용이 아니라 집행권원이 되는 제소전화해가 정당하게 정상적으로 작성된 것인지(특히 적법한 대리권 유무) 아울러 화해내용이 강행법규에 위반되는지 여부 등을 심사하는 데 있다. 실무상으로는 이미 오래 전부터 제소전화해 제도가 현재의 분쟁보다는 장래의 분쟁 방지 및 집행권원의 확보에 있기에 경제적 약자에게 불리한 내용의 집행권원이 발생하지 않도록 법원이 노력하고 있다. 아울러 정당하고 적법하게 작성된 화해조서라면 나중에 집행을 하는 데 지장이 없도록 목적물의 표시는 물론 도면의 첨부 등이 완벽한지 여부를 정밀히 심사해야 한다(실무제요 Ⅲ, 401면). 따라서 법원은 필요한 경우 대리권의 유무를 조사하기 위하여 당사자본인 또는 법정대리인의 출석을 명할 수 있는데(385조 3항) 강행법규 등에 반하는 내용의 화해신청이 있으면 그 수정을 명하고 이에 불응하는 경우 화해신청을 각하할 수 있다.

(4) 화해성립과 불성립

1) 화해가 성립된 때에는 법원사무관등은 조서에 당사자, 법정대리인, 청구의 취지와 원인, 화해조항, 날짜와 법원을 표시하고 판사와 법원사무관등이 기명날인 또는 서명한다(386

---

1) 하급심의 혼선에 대한 자세한 소개는 장재형, "집행증서의 범위의 확대에 관한 실증적 분석과 검토-건물 등 부동산의 인도청구권에 관한 제소전화해와의 비교 분석을 중심으로-", 인권과 정의 423호(2012. 2), 91면 이하 참조.

조). 화해조서와 마찬가지로 당해 기일의 조서와 별도로 제소전화해조서를 작성한다(민규 31
조). 아울러 법원사무관등은 화해가 있는 날부터 1주 안에 그 조서의 정본을 당사자에게 송
달하여야 한다(민규 56조). 한편, 화해가 성립되면 그 화해비용은 특별한 합의가 없는 한 각자
부담하는 것이 원칙이다(389조).

　　2) 법원의 권유나 권고에도 불구하고 당사자 간에 화해가 성립되지 않거나 신청인 또는
상대방이 기일에 출석하지 않은 경우 화해가 불성립한 경우에 해당하며 이 경우에도 법원사
무관등은 그 사유를 조서에 기재하여야 한다(387조 1항). 아울러 이 조서의 등본을 당사자에게
송달해 주어야 한다(3항). 조서 등본의 송달을 통해 신청인과 피신청인이 소 제기 신청을 할
수 있는 기간 등을 명백하게 하기 위함이다.

(5) 화해불성립에 따른 소 제기신청

　　화해가 성립되지 않으면 조서의 등본을 송달받은 날부터 2주 이내에 신청인과 상대방
모두 소 제기 신청을 할 수 있다(388조 1항, 3항). 적법한 소 제기 신청이 있으면 화해신청을
한 때에 소가 제기된 것으로 보게 되는데(388조 2항) 신청인이나 피신청인 어느 쪽이 소 제기
신청을 해도 신청인은 원고가 되고 피신청인은 피고가 된다(실무제요 III, 403면). 화해신청인이
소 제기 신청을 하는 경우에는 인지를 추가로 붙여야 함은 당연하다. 따라서 제소전화해의
경우는 정식의 소 제기에 필요한 인지액의 1/5이므로 소 제기 신청을 하면 4/5를 추가로 붙
여야 한다(인지 7조 1항, 3항). 그런데 화해의 피신청인이 소 제기 신청을 한 경우에도 본안의
단계에서는 추가로 인지를 붙여야 하는데 원고가 된 화해신청인이 이를 하지 않으면 소장이
각하되므로 부득이 피고가 대납하거나 반소를 통해 소를 유지할 수밖에 없을 것이다(실무제요
III, 404면).

3. 효력과 제소전화해조서의 취소

(1) 소송상화해와 동일

　　제소전화해조서 역시 화해조서의 효력과 동일하다(220조). 제한 없는 기판력과 집행력을
가진 집행권원으로서 준재심에 의하지 않고는 그 흠을 다툴 수가 없는데 이는 일반 화해조
서의 효력과 동일하다.[1] 한편, 법원의 개입이 상대적으로 적은 상태에서 이루어진 화해조항
을 둘러싼 내용적인 분쟁이 많아 특히 창설적 효력을 둘러싼 분쟁이 많이 발생하고 있음은
주지의 사실이다.

(2) 제소전화해조서의 취소

　　제소전화해에 있어서는 종결될 본안 소송이 계속되었던 것이 아니고 종결된 것은 제소

---

1) 大判 1992. 11. 27. 92다8521.

전화해 절차뿐이므로, 준재심을 통해 제소전화해가 취소되더라도 화해절차의 불성립이 될 뿐이다.[1] 나아가 재심사유가 인정되는 이상 그 화해의 내용이 되는 법률관계가 실체관계에 부합되는지 여부를 따질 수도 없어 법 제460조(결과가 정당한 경우의 재심기각)가 적용될 여지도 없다.[2]

4. 문제점과 대안

(1) 제소전화해를 둘러싼 쟁점

소송상화해를 둘러싼 논의는 민사소송법학계와 실무계가 첨예하게 대립하는 부분의 하나이다. 우선, 순수한 소송행위인지 여부, 기판력을 인정할지 여부, 인정한다면 무제한적 기판력을 인정할 것인지 여부, 창설적 효력이라는 것을 인정할 필요가 있는지 여부 등 여러 논점에 대해 대립되는 견해가 적지 않다. 특히 제소전화해는 여러 화해제도 중에서 가장 많은 문제가 있는 것으로 지적되어 왔고 위 화해를 둘러싼 위 논점 외에도 현실적으로 다툼이 없음에도 불구하고 집행권원의 확보 차원에서 장래 발생할지도 모르는 분쟁을 위해 제소전화해 제도를 이용하도록 하는 것이 과연 타당한 것인지에 대해서도 많은 논의가 있었다. 사실 가등기담보법이 생기기 전에는 악덕 사채업자 등이 부당하게 채무자의 재산을 가로채는 수단으로 제소전화해 제도가 악용되어 왔음은 주지의 사실이다.

(2) 비금전채권에 대한 효율적인 집행권원 확보

금전채권에 관해서는 독촉절차에 따른 지급명령이나 공정증서 등을 통해 손쉽게 집행권원을 획득할 수 있으나 비금전채권의 경우는 제소전화해 절차 외에는 손쉽게 집행권원을 얻을 수 있는 방법이 없다. 결국 이러한 제도적 미비가 제소전화해 제도를 다소 편법적으로 활용하게 만든 주된 이유임을 간과해서는 안 된다. 최근에는 이러한 점을 시정하기 위해 2013. 5. 28. 공증인법 제56조의3을 신설하여 건물이나 토지 또는 대통령령으로 정하는 동산의 인도 또는 반환을 목적으로 하는 청구에 대하여 강제집행을 승낙하는 취지를 기재한 공정증서를 작성할 수 있도록 하였다.[3] 이는 하나의 방안이 될 수 있을 것으로 생각되는데 다양한 시장의 수요를 적절히 반영할 수 있는 효율적인 집행권원 마련에 더욱 노력을 경주하여야 할 것이다.

---

1) 大判 1996. 3. 22. 95다14275.

2) 大判 1998. 10. 9. 96다44051.

3) 일단 매우 고무적인 일이 아닐 수 없으나 가장 많은 수요가 있는 임대차건물의 인도와 관련해서는 지나친 제약을 담고 있어 실무계에서는 활용이 매우 저조하다는 비판이 일고 있다. 즉, 공증인법 제56조의3 제1항 단서에 따르면 임차건물의 인도 또는 반환에 관한 공정증서는 임대인과 임차인 사이의 임대차 관계 종료를 원인으로 임차건물을 인도 또는 반환하기 전 6개월 이내에 작성되는 경우로서 그 증서에 임차인에 대한 금원 지급에 대하여도 강제집행을 승낙하는 취지의 합의내용이 포함되어 있는 경우에만 작성할 수 있도록 하고 있기 때문이다. 이에 대한 소개와 비판은 정동윤, "집행증서의 대상의 확대: 공증인법의 개정을 중심으로", 법조 689호(2014. 2), 15-18면.

제3장 종국판결에 의한 소송의 종료

제1절 재 판

Ⅰ. 재판의 의의

1. 광의의 개념

재판은 일정한 판단주체가 실정법규 내지 내부적인 규정에 따라 분쟁사건의 옳고 그름을 판단하는 과정 혹은 그 결과를 의미한다. 따라서 반드시 법원에 의한 것을 의미하지는 않으며 행정기관의 각종 심판절차는 물론 징계절차 등도 일종의 재판이라 할 수 있다.

2. 협의의 개념

모든 국민은 헌법 제27조에 따라 헌법과 법률이 정한 법관에 의한 재판을 받을 권리를 갖고 있다. 행정기구에 의한 심판을 받든 사기업 혹은 공기업에 의한 징계처분을 받든 국민은 자신의 권리구제를 위해 최종적으로 법관에 의한 재판을 받을 수 있다. 따라서 협의의 재판은 삼권분립 하의 사법부를 구성하는 법관에 의한 분쟁해결절차를 의미한다. 다만 법관의 업무 일부를 사법보좌관이나 법원사무관등에게 분장함으로써 재판의 외관을 갖는 처분(223조, 사보규칙 3조) 등이 많이 존재하고 있다.

Ⅱ. 재판의 종류

1. 판결·결정·명령

(1) 주체적인 측면

재판을 하는 주체가 누구냐에 따라 판결(Urteil), 결정(Beschluss), 명령(Verfügung)을 구분하는 첫 번째 의미가 있다. 우리나라는 1심에서도 합의부와 단독판사의 구분이 있어 합의부의 경우는 법원의 권한과 재판장 혹은 수명법관의 권한이 구분되어 있는 반면, 단독판사의 경우는 1인이므로 법원과 재판장의 권한이 중복된다. 그렇다하더라도 재판의 주체가 법원인 경우는 판결·결정의 형태로, 재판장이나 수명법관 등은 명령을 할 수 있을 뿐이다.[1] 그러나 법

---

[1] 따라서 법 규정에 재판의 주체를 누구로 하는지를 유념해야 한다. 따라서 재판의 주체가 법원으로 되어 있는 경우는 합의부의 경우 합의를 거쳐서 재판하여야 한다. 하지만 재판장, 수명법관 혹은 수탁판사 등으로

문에 명령이라고 되어 있는 경우에도 실질은 결정인 경우가 적지 않아(지급명령, 압류명령, 추심·전부명령 등) 양자의 구분의 실익이 점차 감소되고 있다.

(2) 절차적인 측면

절차적인 측면에서 보면 판결은 결정·명령과 확연히 구분된다. 판결의 형태로 재판을 하기 위해서는 변론을 여는 것이 원칙이기 때문이다(134조 1항). 아울러 판결은 선고절차가 필요하며(206조) 판결서 역시 당사자에게 송달하여야 한다(210조). 불복방법 역시 항소와 상고절차를 통해 진행된다. 이에 반해 결정·명령은 변론을 열 것인지 여부가 임의적인 선택사항이며(134조 1항 단서) 결정문이나 명령문 작성 역시 의무적인 것이 아니고 조서로 대체되어질 수 있다(154조 5호). 송달 역시 필요하지 않고 상당한 방법으로 고지1)하면 효력을 갖게 되며(221조 1항) 판결과 달리 항고와 재항고절차에 따른다.2)

2. 종국적·중간적 재판

어떤 재판이 당해 심급을 종결시키는가 여부에 따른 구분으로서 판결은 대부분 종국판결이지만 결정이나 명령의 대부분은 중간적 재판으로서 재판의 도중에 발생하는 지엽적인 분쟁에 대한 법원의 중간적 판단을 담게 된다. 중간판결(201조)과 재심사유에 관한 중간판결(454조)과 같이 중간적 재판의 성질을 갖는 판결은 실무상 드물지만 결정이나 명령의 형태는 매우 많다. 예를 들면, 인지보정명령(254조 1항), 제척·기피신청에 대한 재판(46조 1항) 등 소송절차의 요소요소에 중간적인 재판을 필요로 하는 경우가 매우 많다. 한편, 중간적 재판에 대해서는 특별한 규정이 없는 한 독립해서 불복의 대상이 되지 않으며 단지 종국적 재판이 있은 뒤에 이와 함께 상급심의 판단을 받을 수 있을 뿐이다(392조).

3. 명령적·확인적·형성적 재판

재판의 내용과 효력에 따른 구분으로서 명령적 재판은 특정인에게 작위나 부작위를 명하는 것으로 이행판결이나 문서제출명령, 검증목적물 제출명령(366조 1항) 등이 대표적이다. 확인적

지정하고 있는 경우는 그들 단독으로 재판행위를 할 수 있다. 예를 들어 합의부 사건의 변론준비절차의 경우 재판장이 준비절차의 진행을 담당하지만(280조 2항), 재판장은 합의부원을 수명법관으로(3항) 혹은 다른 판사(수탁판사)에게도 촉탁을 할 수 있다(4항). 그러나 준비절차 진행 중 재판장 등의 증거결정에 대해 이의신청이 있게 되면 합의부의 재판을 통해 답을 해주어야 한다(281조 2항, 138조).

1) 결정의 경우도 법에서 요구하는 경우 선고가 필요하다. 즉, 매각허부의 결정은 선고하여야 하며(민집 126조 1항), 회생계획인가 여부에 대한 결정도 선고하여야 한다(회생·파산 245조 1항).

2) 이러한 판결과 결정 간의 구분은 이제 많이 희석되어 있는 실정이다. 우선, 변론이 전제되지 않은 판결이 점차 증가하고 있다(219조, 413조, 429조, 430조 1항, 소액 9조 1항, 심리불속행판결 등). 더구나 가압류이의 사건에서는 법원이 변론과 심문기일을 선택할 수 있으며 설사 변론을 열더라도 이유가 기재된 결정으로 재판하는 것으로 족하다(민집 286조 1항, 3항, 4항).

재판은 현재의 권리나 법률관계의 확정 또는 증서의 진정여부를 확인하기 위한 재판으로서 확인판결과 소송비용액확정결정(110조) 등이 대표적이다. 한편, 형성적 재판은 기존 법률관계의 변경과 새로운 법률관계의 형성을 내용으로 하는 재판으로서 형성판결과 담보취소 및 변경 결정(125조 1항, 126조), 압류(권리관계의 고정)·추심(추심권의 이전)·전부명령(권리의 이전) 등이 대표적이다.

제 2 절　판결의 종류

판결은 여러 기준에 의해서 종류를 구분할 수 있다. 우선 당해 심급의 절차를 종결시키는지 여부에 따라 중간판결(201조)과 종국판결(198조)로 구분된다. 종국판결 중에는 그 심급의 절차를 종료시키는 범위에 따라 전부판결과 일부판결(200조)로 구분된다. 또한, 판단의 내용에 따라 본안판결과 소송판결로 구분되는데 본안판결은 청구인용판결과 청구기각판결로 다시 구분될 수 있다. 청구인용판결은 소의 유형에 따라 확인판결, 이행판결, 형성판결로 다시 구분될 수 있다. 한편 중간판결의 일종인 원인판결(201조 2항), 재판의 누락에 따른 추가판결(212조 1항) 등도 있다.

Ⅰ. 중간판결

1. 의　　의

중간판결(201조)은 소송계속 중 심리가 종결되지 않은 상태에서 소송물 자체가 아닌 특정한 소송법적 혹은 실체법적 쟁점에 관해 법원이 미리 결론을 내고 선고하는 확인재판의 성격을 가진 판결을 의미한다. 중간판결은 법원이 반드시 해야 하는 당위의 개념이 아니라 쟁점의 정리와 절차의 촉진을 위해 재량에 따라 활용할 수 있는 선택 가능한 절차적 도구이다. 따라서 당사자에게는 신청권이 없으며 중간판결이 적절한 상황에서도 법원은 재량에 따라 이를 종국판결의 이유 속에서 판단할 수 있다.[1] 한편 중간판결제도는 특정한 쟁점에 관해 미리 판결을 선고함으로써 불필요한 공방을 미리 차단할 수 있는 장점은 있으나 당해 심급 법원으로서는 중간판결에 구속됨으로써 종국판결을 위한 운신의 폭이 줄어든다는 단점이 있어 현재 실무상으로는 거의 활용되고 있지 않은 실정이다.

---

1) 憲裁 2007. 7. 30. 2007헌마837 참조.

2. 중간판결의 대상

(1) 독립한 공격방어방법

독립한 공격방어방법이란 본안에 관한 주장이나 항변 중에서 다른 공격방어방법과는 명확히 구분되고 그 자체로서 하나의 완성된 법률효과를 판단할 수 있는 것을 지칭한다. 소유권확인청구소송에서 소유권의 취득원인으로서 매매, 증여, 취득시효 등을 주장하는 경우 혹은 매매대금반환청구소송에서 피고가 변제, 면제, 소멸시효의 항변 등을 하는 경우에는 각개의 주장과 항변만으로도 청구를 인용하거나 기각할 수 있으므로 이는 독립한 공격방어방법이라 할 수 있다. 따라서 불법행위를 원인으로 한 손해배상청구 소송에서 고의나 과실을 주장하는 것과 같이 법률효과 발생을 위한 하나의 요소에 불과한 경우에는 독립한 공격방어방법이 될 수 없다.

(2) 중간의 다툼

중간의 다툼이란 독립한 공격방어방법에 속하지는 않지만 본안판단을 함에 있어 그 전제가 되는 소송절차상의 사항에 관한 선결적인 다툼을 지칭한다. 따라서 국제재판관할과 같은 소송요건의 존부,[1] 상소의 적부, 소송상화해나 소취하의 효력, 상소추후보완의 효력 등을 둘러싼 다툼이 그 대상이 될 수 있으나 법이 결정으로 재판하도록 한 사항에 대해서는 중간판결을 할 수 없다.[2] 그러나 판례는 종국판결의 전제가 되는 개개의 쟁점을 미리 정리·판단하여 종국판결을 준비하는 재판이 중간판결이라 하여 반드시 소송절차에 관한 사항으로 제한하고 있지는 않다.[3]

(3) 원인판결

청구의 원인과 액수에 대해 다툼이 있는 경우, 원인에 대해서도 중간판결을 할 수 있다 (201조 2항). 예를 들어 불법행위를 원인으로 한 손해배상청구소송에서 손해의 범위에 대한 판단이 매우 어렵고 오랜 시간이 소요될 것이라는 판단이 서게 되면 법원으로서는 우선 그 책임 유무에 대한 판단(원인판결)을 선행하는 것이 소송경제적으로 바람직하다. 상대방의 책임이 인정되지 않는다면 불필요하게 책임의 범위에 대해 심리를 할 필요는 없을 것이고 원고 청구기각의 종국판결을 선고하는 것으로 사건은 종결될 것이기 때문이다. 한편 원인판결에서

---

1) 서울地判 1996. 1. 12. 94가합66533(중간판결); 서울地判 1997. 5. 8. 95가합11856, 96가합14175(중간판결) 등.
2) 예를 들어, 청구의 변경(263조), 보조참가(73조), 소송수계의 허부(243조) 등에 대한 재판은 결정으로 하여야 하므로 중간판결의 대상이 될 수 없다.
3) 大判 1994. 12. 27. 94다38366 및 大判 2011. 9. 29. 2010다65818 참조. 특히, 후자의 판결에서는 원심법원이 중간판결로서 실체적인 판단을 하고 있어 주목된다.

말하는 "청구의 원인"은 법 제249조에서 말하는 청구를 특정하기 위한 청구원인과 다르다고
보아야 한다. 즉, 중간판결의 대상이 되는 원인은 실체법상의 청구권의 존부를 둘러싼 모든
사실관계 중에서 액수를 제외한 일체의 것을 지칭하는 것으로 해석하여야 한다(김/강, 582면).
따라서 원인판결의 심리 대상은 원고의 청구 가운데 금전의 지급 범위를 제외한 일체의 사
실관계가 되며 피고의 항변 등도 모두 포함된다.

(4) 재심사유

법원은 재심재판에 있어 재심의 소의 적법성 및 재심사유의 존재 여부를 가리는 중간판
결을 본안의 심리와 분리하여 먼저 할 수 있다(454조 1항). 재심사유가 존재하면 중간판결로
이를 선고하고 추후에는 본안에 집중할 수 있게 되지만(2항) 부존재함이 밝혀지면 소를 각하
하게 될 것이다.

3. 절차와 효과

(1) 절차적 특성

중간판결을 할 것인지 여부는 법원의 재량사항이므로 중간판결을 하지 않고 종국판결의
이유에서 판단하는 것으로 족하다(실제 중간판결은 매우 드물다). 한편, 중간판결은 기능적으로는
소송지휘의 재판(222조)과 공통하는 면이 있지만 판결의 형식으로 선고되는 것이므로 판결서
의 작성(208조)은 물론 선고의 방식과 판결서의 송달 등의 규정에 따라야 한다. 다만 종국판
결은 아니므로 소송비용에 대한 재판은 할 수 없다.

(2) 효   과

1) **구 속 력**   중간판결은 소송당사자와 중간판결을 한 당해 법원을 기속함으로써
당사자는 중간판결 이전에 제출할 수 있었던 공격방어방법을 제출하지 못하게 되며(실권적 효
과) 법원 역시 중간판결의 결론과 다른 종국판결을 선고할 수 없다(자기구속력). 그러나 종국판
결이 갖는 기판력이나 집행력은 발생하지 않는다(김/강, 582면; 이시, 610; 피, 338면).

2) **중간판결과 상소**   중간판결은 독립해서 상소의 대상이 되지 못하며 종국판결에
대한 상소와 함께 상소심의 판단을 받을 수 있을 뿐이다(392조). 아울러 중간판결의 자기구속
력은 당해 심급에만 미치므로 항소심 법원은 중간판결과 다른 판단을 할 수 있을 뿐 아니라
당사자 역시 항소심절차에서는 실기한 공격방어방법에 해당하지 않는 한 공격방어방법 제출
에 대한 제약이 없다.

Ⅱ. 종국판결

1. 의   의

(1) 개   념

종국판결은 소 제기 혹은 상소제기로 인해 심급에 계속된 소송사건 전체(전부판결) 혹은 일부(일부판결)에 대한 심리를 종결한 후 당해 심급을 종료시키기 위해 선고하는 재판을 말한다(198조). 청구의 당부 판단 단계를 거쳐 선고되는 본안판결(청구인용판결과 청구기각판결) 외에도 소의 적부 판단 단계에서 부적법 판단을 받아 각하되는 소송판결 등이 있다. 아울러 법원은 사건 전부에 대해 판단하고자 하였으나 사건의 일부를 누락하고 판단하지 않은 경우 누락된 부분에 대한 추가적인 판결(추가판결)도 종국판결의 일종이다.

(2) 환송판결과 이송판결

상급법원의 환송판결과 이송판결 역시 종국판결에 해당한다는 점에 대해서는 학설과 판례가 일치된 입장을 보이고 있다(김/강, 583면). 대법원은 항소심의 환송판결은 심급을 이탈시키는 판결로써 종국판결에 해당한다고 판시[1]하여 항소심의 환송판결에 대한 상고를 허용한 바 있다. 나아가 대법원의 환송판결도 당해 사건에 대하여 재판을 마치고 그 심급을 이탈시키는 판결인 점에서 당연히 제2심의 환송판결과 같이 종국판결로 보고 있다. 그러나 대법원은 상고심의 환송판결이 중간적 재판의 실질을 갖는 종국판결이므로 재심대상 적격이 없다고 판시하여 독특한 법적 지위를 부여하고 있다.[2]

2. 전부판결과 일부판결

(1) 전부판결

1) 개   념   하나의 소송절차 안에서 심리되는 모든 사건의 전부를 동시에 완결시키는 종국판결을 전부판결이라 한다(198조). 1대 1 소송에서 하나의 청구를 심판의 대상으로 하는 경우에는 하나의 전부판결로서 문제될 것이 없다. 그러나 당사자가 다수이고 청구의 병합, 반소, 변론의 병합 등이 이루어져 청구도 복수가 된 경우(즉, 여러 개의 소송이 결합된 경우)에도 모든 당사자의 모든 청구를 판단하는 전부판결이 선고되면 이것을 하나의 판결로 보는 것이 타당하다.

2) 상소와 판결의 개수   통상공동소송을 대상으로 한 하나의 전부판결에 대해 상소가 있더라도 항소하지 않은 당사자의 청구는 분리확정된다. 이와 달리 필수적 공동소송의 경

---

1) 大判(全) 1981. 9. 8. 80다3271.
2) 大判(全) 1995. 2. 14. 93재다27,34. 대법원 판결에 대한 비판은 유병현, "파기환송판결과 재심의 대상-대법원 1995. 2. 14. 선고, 93재다27,34 전원합의체 판결을 중심으로-", 인권과 정의 232호, 80면 이하 참조.

우는 항소하지 않은 공동소송인의 청구도 항소심으로 이심된다. 한편, 동일 당사자 간의 청구가 병합된 경우 선고된 전부판결에 대해 일부에 대해서만 불복이 되더라도 모든 청구는 확정되지 않고 상소심으로 이심된다.

(2) 일부판결

1) 개　념　　전부판결과 달리 심리되고 있는 사건의 일부에 대해서만 분리해서 판결할 수 있는데 이를 일부판결이라 한다(200조 1항). 변론이 병합(141조)된 경우와 본소, 반소(269조)의 경우에도 그 중 일부에 대해서만 판결하는 경우 역시 일부판결로 취급하고 있다(200조 2항). 일부판결이나 그 나머지 부분에 대한 잔부판결 역시 종국판결이므로 각기 독립해서 상소의 대상이 되며 상소기간도 독자적으로 진행되므로 확정시기도 각기 다르게 된다. 소송비용에 대한 재판은 사건을 완결하는 재판에서 직권으로 판단하는 것이 원칙이지만 사정에 따라 일부판결에서도 소송비용에 대한 재판을 할 수 있다(104조 단서).

2) 허용성과 필요성　　일부판결을 허용하는 이유는 사건에 따라 그 일부에 대해 판결을 하기에 성숙한 경우, 나머지 부분에 대한 심리절차를 기다리지 않고 조속히 판결을 해 주는 것이 당사자에게 이익이 되고(가집행선고부 일부판결의 경우), 분쟁을 합리적이고 신속하게 진행할 수 있기 때문이다. 따라서 가분적 청구의 일부에 대해 특별한 사정이 없는 한 일부판결을 허용할 필요성은 없다.[1] 더구나 중간판결과 달리 일부판결에 대해서는 독자적으로 상소가 가능하므로 하나의 사건이 둘 이상으로 분리될 수 있고 나아가 각 판결의 내용이 충돌할 염려가 있으므로 일부판결을 할 것인지 여부에 대해서는 신중한 접근이 필요하다. 한편, 합일확정이 요구되는 소송의 경우는 법률상 일부판결이 금지된다. 필수적 공동소송을 비롯해서 공동소송참가, 독립당사자참가, 예비적·선택적 공동소송 등이 그 예이다. 한편, 법률상으로는 금지되는 것은 아니지만 청구의 성질상 분리된 일부판결이 부당한 결과를 초래할 염려가 있는 경우에도 일부판결이 금지되는 것인지 문제된다. 예를 들어, 대법원은 청구의 예비적 병합에 관해서는 일부판결이 허용되지 않는다고 판시한 반면[2] 선택적 병합에 관해서는 일관된 입장을 보이고 있지 않다.[3] 청구가 예비적·선택적으로 병합된 경우 굳이 일부판결을 할 필요는 없을 것이다. 상호 긴밀히 관련된 청구이기 때문이다. 본소와 반소가 동일한 목적을 담고 있는 경우(이혼청구에 대한 반소로서의 이혼청구, 동일 목적물에 대한 소유권부존재확인 청구에 대하여 반소로서의 인도청구 등)에도 일부청구의 필요성은 인정되지 않는다. 하지만 실수로 전부판결을 하고자 했으나 일부에 대해서만 판단한 경우 이를 위법하다고 볼 수는 없을 것이다.

---

1) 가분적 청구 중 액수가 확정된 부분에 대해서도 제한 없이 일부판결이 가능하다는 입장(이시, 612면)이 있는 반면, 법률상 식별·특정의 기준이 있어야 한다는 입장(김/강, 586면) 등이 있다.

2) 大判(全) 2000. 11. 16. 98다22253.

3) 大判 1998. 7. 24. 96다99은 일부판결이 불가하다고 판시한 반면, 大判 1986. 9. 23. 85다353에서는 선택적 병합의 일부를 판단하지 않은 경우 재판누락으로 보아 일부판결이 가능한 것으로 보았다.

3. 재판의 누락과 추가판결

(1) 개   념

1) 법원이 사건의 전부 혹은 일부에 대해 완전한 판결을 하고자 하였으나 착오 등에 의해 그 중 일부에 대한 판단을 누락한 경우를 지칭하며 누락된 부분에 대한 추가적인 판결을 추가판결이라고 한다(212조). 누락된 대상은 다툼의 대상인 소송물이므로 단순히 공격방어방법을 간과해서 빠뜨리는 판단누락(451조 1항 9호)과는 본질적으로 다르다.

2) 본소와 반소가 병합되어 있는 사건에서 본소만을 판단한 경우, 원리금의 상환을 구하는 대여금반환청구 소송에서 이자에 대한 판단을 누락한 경우를 전형적인 예로 들 수 있다. 재판누락인지 여부는 판결 주문을 기준으로 판단하여야 한다. 따라서 판결이유에서 특정 청구를 배척한다는 설시가 있다 하더라도 판결주문에서 그에 대한 기각 주문이 없다면 이는 재판의 누락에 해당한다.[1] 반대로 판결이유에서는 아무 설시가 없더라도 주문에 그에 대한 판단결과가 기재되어 있다면 이유를 붙이지 아니한 위법은 별론으로 하고 적어도 재판의 누락이라고 볼 수는 없다.[2]

(2) 추가판결

누락된 청구 부분은 이론상 여전히 종료되지 않은 채 선고 법원에 잔류하게 되므로(212조 1항) 상소의 대상이 될 수 없고 상소하더라도 그 대상이 없어 부적법 각하 판결을 받게 된다.[3] 잔류하는 청구에 대해서는 법원이 직권으로 기일을 지정하여 변론을 진행한 후 추가판결을 하는 방법, 혹은 당사자 어느 일방이 기일지정신청을 통해 추가판결을 하는 방법이 모두 가능하다. 이와 같이 잔부에 대한 선고법원의 판결을 추가판결이라고 한다(212조 1항).[4]

(3) 필수적 공동소송과 재판누락

필수적 공동소송(67조), 독립당사자참가(79조 2항), 예비적·선택적 공동소송(70조 1항), 공동소송참가(83조 1항)와 같이 합일확정이 요구되는 필수적 공동소송의 법리가 적용되거나 준용

---

1) 大判 2004. 8. 30. 2004다24083; 大判 2017. 12. 5. 2017다237339 참조. 이 경우 명백한 판결의 오류로 판단되면 경정결정에 의해서 정정함이 옳다는 견해가 있으나(김/강, 587면; 이시, 613면) 의문이다. 이유 중의 판단 내용을 주문에 기재하지 않은 조치는 법관의 단순한 착오에 기인할 수도 있으나 소송물에 관한 법리오해로 인해 의도적으로 주문에 기재하지 않았을 가능성도 있기 때문에 이를 단순한 경정 대상으로 보기는 어렵기 때문이다.

2) 大判 2002. 5. 14. 2001다73572도 같은 취지임.

3) 大判 1969. 6. 10. 68다1859.

4) 이러한 우회적인 추가판결의 방식이 사용되는 예는 실무상 드물다. 따라서 이미 선고된 판결 부분이 항소심에 계류 중일 때는 누락된 부분에 대해 소를 취하하고 항소심에서 청구의 추가적인 병합을 하는 것이 보다 일반적이다. 그러나 항소가 제기되지 않아 1심판결이 확정된 경우나 항소심에서 누락이 있었던 경우에는 상고심에서 청구의 변경이 불가능하므로 부득이 우회적인 추가판결의 방법을 사용할 수밖에 없다.

되는 경우, 청구의 예비적·선택적 병합의 경우와 같이 청구 상호 간의 불가분성 여부가 문제되는 사례에 있어 일부판결이 가능한지 여부와 재판누락이 있는 경우 그 구제방안에 대해 견해가 대립되고 있다.

　　1) **필수적 공동소송의 법리**　　소송목적이 공동소송인 모두에게 합일적으로 확정되어야 할 공동소송의 경우에 법 제67조가 규정하는 필수적 공동소송의 특별규정이 적용되며 이 규정은 합일확정이 요구되는 독립당사자참가(79조), 공동소송참가(83조), 예비적·선택적 공동소송(70조) 등에도 적용되거나 준용된다. 따라서 이 같은 형태의 소송에서는 공동소송과 청구의 병합이 강제되므로 어느 한 청구를 누락한 채 상소 등이 제기되면 합일확정의 목적을 달성할 수 없게 될 뿐 아니라 소 자체가 부적법하게 될 수도 있다. 따라서 합일확정이 요구되는 소송에서는 일부판결이 허용되지 않을 뿐 아니라 법원이 청구의 일부를 누락해도 이를 재판의 누락으로 취급하기보다는 누락한 재판 자체가 필수적 공동소송의 법리를 위반한 위법한 판결이므로 상소제기가 있는 경우 일체의 청구가 상소심으로 이심되고 자동적으로 상소심의 심판대상이 된다고 봄이 타당하다(위법재판설).[1] 그러나 일부판결이 불가능한 경우 재판의 누락이 있으면 이를 판단누락의 일종으로 보아 상소 또는 재심으로 다투어야 한다는 견해도 있다(판단누락설).

　　2) **청구의 병합**　　청구의 예비적·선택적 병합의 경우는 필수적 공동소송의 경우와 달리 청구 상호 간에 합일확정이 요구되지 않으며 이론적으로도 청구 상호 간의 불가분성을 인정하기 어렵다. 즉 청구의 예비적·선택적 병합은 단지 우연한 기회에 당사자의 선택에 따라 청구가 병합되었을 뿐이고, 당사자가 언제든지 소취하 등을 통해 병합 형태를 해소할 수 있는 상대적인 구속력을 가진 청구 병합에 불과하기 때문이다. 따라서 청구가 병합된 상태에서 일부판결을 하는 것이 불가능한 것은 아니며 다만 부적절할 뿐이다. 따라서 병합된 청구 중 일부를 판단하지 않은 것은 재판누락에 해당하므로 추가판결을 통해 문제를 해결하는 것이 보다 타당하다. 그러나 대법원은 예비적 병합 청구 사건에 있어서도 필수적 공동소송에서와 유사하게 위법재판설의 입장에서 재판누락을 인정하지 않고 누락된 청구 역시 상소심으로 이심된다고 보고 있다.[2] 그러나 선택적 병합에 대해서는 혼선을 빚고 있다.[3]

---

1) 김/강, 587-588면도 같은 취지의 견해로 보인다. 한편, 大判 1991. 3. 22. 90다19329,19336에서 대법원은 추가판결의 대상이 아니라는 설시는 하면서도 상소심으로 이심되고 심판의 대상이 되는 근거에 대해서는 언급이 없다. 그러나 위법재판설의 입장에 가깝다고 보인다.

2) 大判(全) 2000. 11. 16. 98다22253. 그런데 이 판결을 해석함에 있어 대법원이 재판누락을 재심사유에 해당하는 판단누락에 준해서 보고 있다는 견해가 있으나 의문이다. 동 판결에서 대법원은 단지 예비적 청구를 판단하지 않았다는 것을 나타내기 위해 "판단을 누락" 했다는 표현을 한 것이지 재판누락에 대비되는 의미의 '판단누락'을 사용한 것은 아니라고 판단되기 때문이다. 한편, 현행법은 재판누락(212조)과 판단누락(451조 1항 9호)을 명확히 구분하고 있는데 재판누락이라는 현상에 대해 특정한 경우에는 판단누락으로 보아야 한다는 주장 자체도 매우 기교적이고 납득하기 어렵다.

3) 졸고, "선택적·예비적 병합의 청구 일부를 탈루한 판결에 대한 상소에 따른 문제", 법조 515호, 148면 이

4. 소송판결과 본안판결

(1) 본안판결

소로 제기된 청구에 대하여 법원이 그 이유 유무에 대한 실체적인 판단을 함으로써 원고 청구를 인용하거나 기각하는 종국판결을 의미한다. 인용판결은 원고의 소가 이행·형성·확인청구인지 여부에 따라 다른 효력을 나타내지만 기각판결은 원고의 청구가 이유 없다는 확인적 재판의 성격을 갖는다.

(2) 소송판결

원고가 제기한 소가 본안판결을 받기 위해서는 일정한 소송법적 요건을 갖추어야 한다. 이를 갖추지 못한 부적법한 소나 상소에 대해서 내려지는 종국판결(소송종료선언도 동일)이 소송판결이다. 소송판결을 위해서 반드시 변론을 열 필요는 없으며(219조, 413조) 소송판결 역시 기판력을 갖지만 흠결된 소송요건을 보정한 후에 다시 소를 제기하는 것이 가능하다.

Ⅲ. 판결의 성립과 선고

법관은 이론적으로는 원고의 청구를 둘러싼 사실관계의 다툼을 통해 분쟁사실관계를 확정한 후(소전제) 관련 실체 및 소송법규를 적용하여(대전제) 그 법률효과를 확정하게 된다(김/강, 589면 이하 참조). 관점을 바꾸어 실정법 질서의 차원에서 본다면 법관은 우선, 헌법과 법률을 소재로 재판하되 인적·물적 독립을 이룬 상태에서 양심에 어긋나지 않는 재판을 해야 한다(헌 103조). 보다 구체적으로는 변론주의와 처분권주의가 지배하는 민사소송절차에서 법관은 증거재판주의에 입각한 재판을 하되 형사사건보다는 상대적으로 재량의 폭이 큰 민사상의 자유심증주의(202조)에 따라 사실확정과 법 적용을 하게 된다. 한편, 내부적으로 성립된 판결 원본에 기초해서 재판장은 주문을 읽어 판결을 선고하게 되는데(206조) 판결은 동 선고로 효력이 생긴다(205조). 즉, 내용이 확정되고 그에 따라 작성된 판결서를 법정에서 낭독함으로써 효력이 발생한다. 하지만 이 효력을 당사자에게 미치게 하려면 판결문의 정본이 당사자에게 송달되어야 한다.

하 참조. 선택적 병합의 경우 추가판결설의 입장을 취한 판례(大判 1986. 9. 23. 85다353)가 있는 반면, 大判 1998. 7. 24. 96다99 판결은 판단되지 않은 선택적병합 청구 사건 역시 항소심으로 이심된다고 판시하였다.

1. 판결내용의 확정

(1) 직접주의 실천

판결의 기본이 되는 변론에 관여한 법관만이 판결할 수 있다(직접주의, 204조). 당사자의 주장·입증이 종료되고 판결을 하기에 성숙되면 절차를 종결하고 선고기일을 지정한다(207조). 따라서 판결의 내용이 확정되기 전에 법관이 바뀌면 당사자는 종전의 변론 결과를 구술로 진술하여야 한다(204조 2항). 한편, 단독판사가 바뀌거나 합의부 법관의 반 수 이상이 바뀐 경우에는 당사자가 종전에 신문했던 증인을 다시 신문해 주도록 증인신문을 재차 신청하더라도 이를 받아주어야 한다(204조 3항). 직접주의의 실현을 위해 매우 중요하기 때문이다.

(2) 합의제의 실천

단독제의 경우와 달리 합의제의 경우는 합의절차(법조 66조)를 거쳐서 판결 내용을 확정하여야 한다. 합의는 공개하지 않으며(법조 65조) 특별한 규정이 없으면 과반수로 결정한다(법조 66조 1항). 또한 사실심 합의체의 경우는 결론을 도출할 수 있도록 과반에 이를 때까지의 합의 방법을 정해 놓고 있으며(법조 66조 2항) 나아가 소수의견을 판결서에 기재하지 않는다. 한편, 대법원의 경우는 합의에 관여한 모든 대법관의 의견을 표시하도록 하고 있다(법조 15조). 그러나 대법원의 부(部)에서 재판하는 경우는 대법관들의 의견의 일치가 있는 경우에 가능하므로(법조 7조 1항 단서) 대법관 각자의 의견을 기재할 상황이 발생하지 않는다. 전원합의체의 경우에만 반대의견이나 보충의견을 개진할 수 있게 된다. 그런데 대법원 전원합의체의 경우에는 사실심과는 달리 과반수에 이르도록 합의방법을 정하지는 않으므로 과반수 결정사항에 관하여 의견이 2개의 설로 나뉘어 각 설이 과반수에 이르지 못할 때에는 원심재판을 변경할 수 없게 된다(법조 66조 3항).

2. 판결서의 작성과 교부

판결서는 선고 전에 작성되는 것이 원칙이며 법정된 사항이 기재되어야 하고 판결한 법관이 서명날인 하여야 한다(208조 1항). 법관이 서명날인함에 지장이 있는 때에는 다른 법관이 판결에 그 사유를 적고 서명날인하여야 하는데(208조 4항) 판결 내용확정에 관여한 법관이 단순히 출장이나 전근을 간 경우와 같이 서명날인에만 지장이 있는 경우로 한정된다. 내용이 확정되지 않은 상태에서 다른 법관이 관여하게 되면 변론을 재개해서 심리를 다시 거쳐야 한다(204조 2항). 판결서에는 당사자와 법정대리인(208조 1항 1호), 주문(2호), 청구의 취지 및 상소의 취지(3호), 이유(4호), 변론종결일(5호), 판결하는 법원(6호) 등을 기재하여야 한다. 이 중에서 주문과 이유가 가장 중요하다.

(1) 주문기재

1) 주문의 구성과 역할　　주문은 당사자의 청구의 취지에 대응하는 법원의 압축된 답변이자 결론이며 본안의 주문 외에 소송비용과 가집행에 관한 것 등 세 가지로 구성된다. 판결 주문에 기초해서 집행을 실시하여야 하므로 주문은 누가 보더라도 간결하고 명백해야 하므로 주문을 둘러싸고 여러 견해가 대립된다면 잘못된 주문이다. 만일, 주문이 특정되지 않아 집행이 불가능하게 된 경우 판결경정(211조)이 가능하다면 이에 의할 것이나 그렇지 않다면 상소에 의한 취소가 가능하다. 그러나 상소기간의 도과로 확정된다고 하여도 집행불능의 무효인 판결이라고 보아야 하므로 원고는 같은 소를 다시 제기할 수 있다(이시, 617면; 정영, 968면).[1]

2) 본안에 대한 주문　　청구취지에 대응하는 판결의 결론이다. 판결의 주문은 명확하여야 하며 주문 자체로서 내용이 특정될 수 있어야 하므로, 주문은 어떠한 범위에서 당사자의 청구를 인용하고 배척한 것인가를 그 이유와 대조하여 짐작할 수 있을 정도로 표시되고 집행에 의문이 없을 정도로 이를 명확히 특정하여야 한다.[2] 예를 들어, 소송판결은 「이 사건 소를 각하한다」로 충분하다. 원고인용판결의 경우는 사건 별로 유형화되어 있지만 승소의 범위를 소의 형태별로 구체적으로 특정하는 것이 중요하다. 즉, 이행판결의 경우는 「피고는 원고에게 1억 원을 지급하라」, 혹은 「피고는 원고에게 0000. 00. 00.자 매매를 원인으로 한 소유권이전등기절차를 이행하라」 등으로 승소범위를 특정하되 금전의 경우는 굳이 금전의 성격을 밝힐 필요는 없다. 한편 확인판결의 경우는 확인의 대상을 명백하게 특정하여야 하므로 「별지목록기재 부동산은 원고의 소유임을 확인한다」, 형성판결의 경우 역시 변경될 권리·의무관계를 명확히 나타내야 하므로 「원고와 피고는 이혼한다」라는 형식의 주문을 기재해야 한다.

(2) 이유기재

1) 기본원칙(이유기재의 간이화 및 그 한계)　　판결서의 이유에는 주문이 정당하다는 것을 인정할 수 있을 정도로 당사자의 주장, 그 밖의 공격방어방법에 관한 판단을 표시하여야 한다(208조 2항). 따라서 쟁점인 사실에 관하여 증거조사의 결과와 변론의 전취지에 의하여 사실을 인정하고, 그 인정된 사실과 증명을 요하지 아니하는 사실을 합하여 거기에 법령을 적용함으로써 주문의 결론에 도달한 판단과정을 표시하면 된다.[3] 따라서 당사자의 주장과

---

1) 판결 자체는 무효가 아니지만 주문의 특정을 위한 재소는 허용된다는 견해도 있다(김홍, 788면).

2) 大判 2006. 3. 9. 2005다60239. 그러나 일체의 관계가 명료하게 되어야 하는 것은 아니고 판결의 주문이 어떠한 범위에서 당사자의 청구를 인용하고 배척한 것인가를 그 이유와 대조하여 짐작할 수 있는 정도로 표시되면 족하다(大判 1995. 6. 30. 94다55118).

3) 大判 2004. 3. 26. 2003다60549.

기타 공격 또는 방어방법의 "전부에 관하여" 판단할 필요는 없다. 판결 이유의 간이화를 지향한 결과이다. 그러나 판결이유는 당사자의 불복 여부를 결정짓게 하는 매우 주요한 요소이고 상소심 역시 원심의 판결이유가 구체적이지 않으면 정확한 판단을 내리기 매우 곤란할 뿐 아니라(불복 및 상소심판단 기능), 설득력 있는 이유 기재는 원초적으로 당사자의 불복을 방지할 수 있으므로(불복방지 기능) 판결주문의 결과에 대해 합리적으로 납득할 수 있도록 패소한 측의 주요한 주장 및 항변에 대해서는 이유 설시가 반드시 필요하다. 즉, 판결 주문이 정당하다는 것을 뒷받침하는 측의 주장과 증거에 대해서만 판단하지 말고 판결주문의 결과에 배치되지만 패소한 측의 타당하고 설득력 있는 주장과 증거에 대해서도 이유 설시가 필요하다는 것이다. 판결은 승소한 측을 납득시키는 것이 목적이 아니고 패소자를 설득시키는 것을 기본 목적으로 하기 때문이다.

  2) **이유기재의 생략과 알 권리 침해**   법원 부담의 경감 차원에서 법은 꾸준히 이유기재의 정도를 완화해 왔으며 급기야는 이유 기재를 생략하는 차원까지 이르게 되었다. 우선, 법 제208조 제3항에서는 무변론판결, 자백간주, 공시송달에 의한 판결의 경우는 청구를 특정함에 필요한 사실과 상계항변에 관한 사항만을 기재하도록 하고 있으며, 항소심 판결의 경우 1심 판결의 이유를 인용할 수 있게 되었다(420조). 나아가 소액사건의 판결서(소액 11조의2), 상고심리불속행판결, 상고이유서부제출에 따른 상고기각 판결 등은 이유 기재를 아예 생략할 수 있도록 하고 있다. 배상명령제도(특례 31조 2항 단서)나 결정·명령 등은 판결이 아니므로 이유를 생략하더라도 큰 문제는 없으나 전체 민사사건에서 큰 비중(70% 내외)을 차지하는 소액사건의 경우 이유 전체를 생략할 수 있도록 한 것은 매우 중대한 법익 침해라고 판단된다. 불복을 하는 당사자 측이나 항소심 법원 역시 1심 판결의 이유를 알 수 없으므로 항소심에서 전혀 새로운 판단을 하는 결과에 이르게 되며 판결서의 설득 기능을 전혀 수행할 수 없게 된다. 따라서 청구를 특정함에 필요한 사실과 상계항변은 물론 판결에 이르게 된 주장과 항변을 단문 형식으로라도 판결이유로서 표시해 주어야 한다. 패소자는 적어도 자신이 왜 졌는가를 알 권리가 있기 때문이다.

  3) **이유기재와 증거의 취사선택**   증거의 취사선택은 원칙적으로 사실심 법관의 자유로운 심증에 맡겨져 있으므로 처분문서 등 특별한 증거가 아닌 한 그 채부의 이유(증거가치의 판단 이유)를 일일이 밝힐 필요는 없다(김/강, 592면; 이시, 618면).[1] 그러나 증거를 취사하여 인정한 사실이 경험칙상 통상적인 사회적 사실이라고 할 수 없을 경우에는 그와 같은 인정의 근거가 된 이유를 밝혀주어야 한다.[2] 그런데 판례는 사실인정을 위한 증거취사에 있어 매우 관대한 입장을 보이고 있다. 즉, 처분문서 등 특별한 증거가 아닌 한 어느 증거 내용 중

---

  1) 大判 1996. 6. 28. 96다16247.
  2) 大判 2004. 3. 26. 2003다60549.

법원이 인정한 사실과 저촉되는 부분에 대하여는 특히 이를 채택하지 않는다는 명시가 없어도 무방하다는 취지이다.[1] 이유기재의 간소화를 위한 것이기는 하나 적어도 어느 증거방법이 이중적인 의미를 갖는 경우, 즉, 사실인정에 긍정적인 측면과 부정적인 측면을 동시에 갖고 있다면 왜 부정적인 측면을 채택하지 않고 긍정적인 측면을 채택하는 것인지에 대해서는 간략하나마 이유 기재가 요구된다. 패소한 측으로서는 합리적인 의심을 버리기 어려울 뿐 아니라 법관이 증거방법의 부정적인 측면을 간과했다고 생각할 충분한 이유가 있기 때문이다.

4) 이유불비와 이유모순/판결이유 간이화   이유불비와 이유모순은 절대적 상고이유가 된다(424조 1항 6호). 나아가 판결에 영향을 미칠 중요사항에 대한 판단누락은 재심사유가 되는데(451조 1항 9호) 이는 소송물이 아닌 주요쟁점에 대한 판단을 간과하는 것을 의미한다. 판결이유에 대한 간이화 추진으로 인해 법관의 부담이 경감됨으로써 충실한 사실심리가 이루어질 가능성이 높아진 것은 사실이다. 하지만 판결은 설득의 작업 과정임에도 이유기재를 생략하거나 1심의 판결이유를 인용할 수 있도록 하는 것은 매우 부적절한 처사가 아닐 수 없다. 더구나 이유불비를 절대적 상고이유로 하고 있는 점, 이유에 대한 판단누락을 재심사유로 하고 있는 점에 비추어 보더라도 이유기재의 생략이나 판결이유의 인용 등은 소송법의 기본정신에 배치되는 것으로서 부득이한 경우로 최소화해야 할 것이다.

3. 판결의 선고와 송달

(1) 판결의 선고와 법정기간

1) 판결은 작성된 것만으로는 아무런 효력을 갖지 못한다. 선고를 통해서 비로소 효력이 발생한다(205조). 신속한 재판을 위해 판결은 소가 제기된 날부터 5월 이내에, 항소심과 상고심은 기록송부를 받은 날부터 5월 이내에 각기 선고하여야 한다(199조). 아울러 변론을 종결한 날을 기준으로 하면 2주 이내에 선고하여야 하는데 아무리 복잡한 사건이라도 4주를 넘기지 않아야 한다(207조 1항). 그러나 이 모든 기간은 훈시기간이라는 데 다툼이 없으며 실제로 기간이 준수되지 않는 것이 오히려 일반적이다.[2] 심급과 사물관할별로 정치한 구분을 통해 법정기간을 합리적으로 설정하고 설정된 기간은 엄격히 준수되도록 노력하여야 할 것이다. 민사본안의 모든 사건을 아무런 구분 없이 5개월이라는 법정기간을 일률적으로 설정하는 것이 타당한 것인지는 재고할 필요가 있다.

2) 2022년도 민사본안 제1심 사건 중 법정기간 내에 판결로 처리된 사건에서 합의사건의 경우는 21.6%에 불과하지만 단독의 경우는 59.9%에 이른다. 한편 항소심 중 고등법원은

---

1) 大判 1996. 2. 9. 95다28267.
2) 大判 2008. 2. 1. 2007다9009 및 憲裁 1999. 9. 16. 98헌마75 역시 동일한 취지이다.

15.3%, 지방법원 항소부는 14.2%에 불과한 반면, 상고심의 경우는 89.8%로서 매우 높다.[1]
단독의 경우 소액사건까지 포함하고 있어 법정기간 내 처리비율이 상대적으로 높은 것이라
고 판단되며 대법원 사건의 경우 90% 정도의 사건이 법정기간 내에 처리되고 있는바, 이는
전체 상고사건의 60-70% 내외가 심리불속행판결로 종료되기 때문일 것이다. 심리불속행판결
은 상고기록을 받은 날부터 4개월 이내에 판결 원본이 법원사무관등에게 교부되어야 하기
때문에(상고 6조 2항) 법정기간 내 사건 해결에 많은 기여를 할 것으로 추정된다.

    3) 2019년과 2022년 두 해의 민사사건의 처리기간을 비교해 보는 것은 의미가 있다. 전
체적으로 처리기간이 지연되고 있음을 많이 지적하고 있기 때문이며 이로 인해 신속한 재판
이 가장 절실하다고 주장하고 있기 때문이다. 우선, 제1심 합의사건의 경우는 298일에서 420
일로 늘어난 것은 사실이다. 하지만 단독사건은 211일에서 229일로, 소액사건은 134일에서
138일로 거의 변화가 없다. 한편, 항소심의 경우도 고등법원은 236일에서 315일로, 지방법원
항소부는 248일에서 324일로 소폭 늘어났다.[2] 상고심의 경우는 135일에서 145일 정도로 소
폭 상승하였으나 큰 의미는 없어 보이며 한편, 2022년의 경우 합의부 사건의 상고심 처리 기
간은 189일, 단독사건의 경우는 123일 정도 소요된 것으로 나타났다.[3]

    4) 2022년 전체 1심 민사본안사건 중 합의사건은 3.7%에 불과하다. 나머지 96.7% 사건
의 1심 재판 소요기간은 평균 183일에 불과하다. 상고심의 경우도 평균하면 약 5개월의 시간
밖에 소요되지 않는다. 외국에 비해 상대적으로 너무 빠르다는 느낌까지 들 정도이다. 일부 합
의부 사건, 일부 상고심 사건의 경우 지나치게 지체되는 경우는 없지 않지만 전체적인 상황에
비추어 우리 사법의 가장 큰 문제를 재판의 지연으로 보는 것은 문제가 있다고 판단된다.

(2) 판결의 선고와 송달

    선고기일에는 당사자가 출석하지 않아도 판결을 선고하는 데는 지장이 없으며(207조 2항)
재판장은 작성한 판결서 원본에 따라 주문을 읽어 선고하며 필요한 때에는 이유를 간략히
설명할 수도 있다(206조). 판결서는 선고 뒤에 바로 법원사무관등에게 교부하여야 하며(209조),
법원사무관등은 판결서 정본을 작성해서 판결서 원본을 교부받은 날부터 2주 이내에 당사자
에게 송달해 주어야 한다(210조). 상소기간은 당사자가 판결서 정본을 송달받은 날부터 기산
된다. 그러나 판결서 정본이 적법하게 송달되지 않았다면 그 판결에 대한 상소기간은 진행되
지 않는다.[4]

---

1) 2023 사법연감, 810면.
2) 2020 사법연감, 589면 및 2023 사법연감 934-949면 참조.
3) 2023 사법연감 810면과 948-949면을 종합해보면 상고심 사건의 경우 동일인에 의한 반복적인 재소가 빈
   번하여 사건통계에 차이가 매우 많다. 따라서 2022년 상고심 사건의 평균 처리기간이 동일한 반복사건을 포
   함하면 11.7개월이 되지만 이를 제외하고 산정하면 4.9개월에 불과하다. 주의해야 할 대목인데 동일 반복된
   사건을 굳이 통계에 반영할 필요는 없을 것이다.
4) 大判 2018. 10. 12. 2018다239899.

제 3 절 판결의 효력

절차에 관여한 법관의 노력을 통해 판결문이 작성되고 선고됨으로써 효력이 발생하지만 사람의 일이기에 판결서의 형식이나 실질에 있어 적정성을 유지하지 못하는 경우가 있을 수 있다. 소송지휘에 해당하는 재판은 법원 스스로 언제든지 이를 취소할 수 있지만(222조) 판결은 자기구속력이 있어 판결법원 스스로 이를 시정하는 것도 엄격한 절차에 따라야 한다. 아울러 당사자도 법이 정한 불복기간을 도과하면 재심사유가 없는 한 더 이상 판결을 탄핵하기 어렵게 된다. 그러나 판결의 적정성을 유지하기 위해 법은 몇 가지의 제도적 장치를 마련하고 있다.

Ⅰ. 자기구속력

1. 의   의

판결을 선고한 법원 스스로 자신의 판결에 구속을 당하게 되므로 스스로 이를 취소하거나 변경하는 것이 허용되지 않는다. 이를 자기구속력(기속력, 구속력이라고도 한다)이라고 한다. 일정한 경우에는 어떤 판결이 다른 심급의 법원 등을 구속하는 경우가 있는데 법에서는 통상 이를 기속이라는 표현을 사용하고 있다. 즉, 상고심 법원은 사실심 법원의 사실판단에 기속되며(432조), 상급법원의 판단 역시 하급심 법원을 기속할 수 있으며(436조 2항, 법조 8조), 이송결정을 받은 법원에 대한 기속력(38조) 역시 동일하다.[1] 한편, 판결이 아닌 결정·명령의 경우는 법원 스스로 재판을 경정할 수 있으며(446조) 소송지휘의 재판은 언제나 취소할 수 있다는 점에서(222조) 판결절차에서의 자기구속력과는 다르다.[2]

2. 판결의 경정

(1) 의   의

판결 법원 스스로 혹은 신청에 따라 판결에 잘못된 계산이나 기재, 그 밖에 이와 유사한 잘못이 있는 경우에는 경정결정을 통해 이를 바로잡을 수 있다(211조 1항). 이는 판결이 확정된 후라도 가능하다. 누가 보더라도 명백한 계산착오나 오기 등이 있는 경우에는 상소 등의

---

[1] 헌법재판소의 법률의 위헌결정은 법원과 국가기관 및 지방자치단체를 기속하는데(헌재 47조 1항) 이는 다른 기관 간의 기속력의 문제이므로 판결의 자기구속력의 범주로 포섭하는 것은 무리이다.

[2] 미국의 경우는 판결을 선고한 법원 스스로 새롭게 사실심리를 하거나 판결의 변경 혹은 수정을 할 수 있도록 하고 있어 우리와는 매우 대조적이다(FRCP §59 참조). 한편, 일본 역시 판결이 법령에 위반된 사실을 발견한 때에는 선고 후 1주일 내에 한해서 그리고 새로이 변론을 열 필요가 없는 상태에서 변경판결을 하는 것이 가능하다(日民訴 256조 1항). 명백한 법령위반이 판결에 있음이 판결 선고 후 발견되었다면 판결 법원 스스로 이를 시정할 수 있는 기회를 제한적으로 주는 것도 검토해볼 가치가 있다고 판단된다.

번잡한 절차를 거치지 않고 간단하게 경정결정을 통해 구제할 수 있는 길을 열어두고 있는 것이다. 이 규정은 이행권고결정에도 적용되어야 할 뿐 아니라[1] 결정·명령 등에도 준용되는데(224조) 확정판결과 동일한 효력이 있는 청구의 포기·인낙 및 화해조서(220조)에도 준용된다고 해석함이 타당하다.

（2) 요   건

1) 판결 내용의 변경 없이 잘못된 계산이나 기재 혹은 이와 유사한 잘못을 바로잡는 것이어야 한다. 경정이 가능한 잘못에는 그것이 법원의 과실로 생긴 경우뿐만 아니라 당사자의 청구에 잘못이 있어 생긴 경우도 포함된다. 아울러 경정결정을 할 때에는 소송의 모든 과정에 나타난 자료는 물론 경정대상인 판결 이후에 제출된 자료도 다른 당사자에게 아무런 불이익이 없는 경우나 이를 다툴 수 있는 기회가 있었던 경우에는 소송경제상 이를 참작하여 그 잘못이 명백한지 여부를 판단할 수 있다.[2]

2) 따라서 판결 확정 후 정확한 집행을 위해 확정판결에 첨부할 도면을 교체하는 것,[3] 가사사건에서 당사자에 대한 주민등록상의 주민등록번호와 호적(현재는 가족관계증명서)상의 생년월일이 서로 부합하지 않는 경우,[4] 취득시효 완성을 원인으로 한 소유권이전등기를 명하는 판결의 주문 및 그에 첨부된 감정도면상의 면적이 실제로는 13㎡임에도 감정상의 착오로 16㎡로 잘못 표시되었음이 강제집행 실시과정에서 밝혀진 경우[5] 등에는 경정이 허용된다.

3) 그러나 판단내용의 잘못이나 판단누락은 경정의 대상이 될 수 없다. 따라서 이유와 주문의 기재가 불일치하거나 명백히 모순되는 경우, 청구원인에는 원금지급을 구하는 내용이 있으나 청구취지에는 이를 누락하여 법원이 청구취지대로 판결한 경우에는 경정을 허용할 수 없다. 나아가 원고대리인이 당사자의 주소와 청구취지 등을 잘못 기재하였으나 변론종결시까지 이를 발견, 변경하지 못하고 법원도 이를 간과했을 뿐 아니라 소송의 전 과정에 나타난 자료에 의하더라도 그 오류가 명백하지 아니한 경우에는 이른바 판결에 명백한 오류가 있다고 볼 수 없다.[6] 또한, 판결경정으로 주문의 내용을 실질적으로 변경하는 것은 허용할 수 없으므로 계좌관리기관에 위탁매각을 명한 매각명령의 내용을 집행관이 직접 매각하는 것으로 변경하는 것은 매각명령의 주문의 내용을 실질적으로 변경하는 것에 해당하여 허용

---

1) 大決 2022. 12. 1. 2022그18.
2) 大決 2020. 3. 16. 2020그507; 大決 2023. 6. 15. 2023그590; 大決 2023. 8. 18. 2022그779.
3) 大決 2006. 2. 14. 2004마918.
4) 大決 2000. 12. 12. 2000즈3. 그러나 단순히 판결문상에 주민등록번호가 기재되지 않은 경우에도 관련 법령에 따라 기재할 필요가 없는 경우(大決 2022. 3. 29. 2021그713) 혹은 집행문부여신청 과정에서 해결할 수 있는 경우(大決 2022. 9. 29. 2022그637) 등에는 경정신청이 기각된다.
5) 大決 2000. 5. 24. 99그82.
6) 大決 1984. 12. 26. 84그66.

될 수 없다.[1]

(3) 절   차

1) 신청 혹은 직권   당사자의 신청 혹은 직권으로 경정결정을 하는 것이 가능하며 시기상의 제한은 없으므로 판결이 확정된 후에도 가능하다(211조 1항). 경정은 결정으로 함이 원칙이나 보다 절차가 엄격한 판결로 하였다고 해서 위법은 아니다.[2]

2) 경정의 주체   경정대상 판결을 선고한 법원이 경정결정을 하는 것이 원칙이지만 소송기록이 상급심에 있는 경우에는 절차의 편의상 상급심 법원도 할 수 있다는 견해가 있는 반면(김/강, 595면; 이시, 624면; 호, 600면) 경정의 원칙상 기록소재지가 아니라 경정대상 판결을 선고한 법원만이 경정결정을 할 수 있다는 반대의 견해도 있다. 판례는 상급심 법원도 사건이 이심되는 한 경정결정을 할 수 있다는 입장에 있으나[3] 통상공동소송에서 분리확정된 청구 부분에 대해서는 항소심의 심판대상이 아니므로 항소심이 경정을 할 수 없다는 입장이다.[4]

3) 경정과 불복   경정결정에 대해서는 즉시항고가 가능하지만 판결에 대해 적법한 항소가 있는 때에는 독립해서 즉시항고를 허용할 필요는 없다(211조 3항). 한편, 경정신청기각 결정에 대해서는 불복할 수 없다는 것이 통설, 판례의 입장이다(김/강, 596면; 이시, 624면).[5] 소송절차에 관한 신청을 기각한 결정이라고는 볼 수 없어 통상항고(439조)가 허용되지 않을 뿐 아니라 법 제211조 제3항 본문의 반대해석상으로도 즉시항고는 불가하기 때문이다. 따라서 판결경정신청 기각결정에 대하여는 특별항고(449조 1항)만이 허용된다. 경정신청 불허의 결정에 대한 항고를 함에 있어 당사자가 특별항고라는 표시를 하지 않았고 항고법원을 대법원으로 지정하지 않았다고 하더라도 이를 특별항고로 처리하여 기록을 대법원에 송부하는 것이 타당하다.[6]

---

1) 大決 2023. 11. 7. 2023그591.

2) 大判 1967. 10. 31. 67다982.

3) 大決 1984. 9. 17. 84마522.

4) 大決 1992. 1. 29. 91마748; 大決 2008. 10. 21. 2008카기172. 그러나 판례의 취지에 따르면 신청인은 판결이 확정되어 1심법원에 기록이 보관될 때까지 경정을 위해 기다려야 한다는 결론에 이르게 되므로 부당하다. 분리확정된 사건이 비록 항소심으로 이심되지 않았다 하더라도 실질적으로 그 기록을 보관하고 있는 항소심 법원이 경정결정을 해주는 것이 바람직하다.

5) 大決 1995. 7. 12. 95마531.

6) 大決 1982. 5. 11. 82마41. 특별항고가 허용되기 위해서는 신청인이 그 재판에 필요한 자료를 제출할 기회를 전혀 부여받지 못한 상태에서 그러한 결정이 있었다든가, 판결과 그 소송의 전 과정에 나타난 자료 및 판결 선고 후에 제출된 자료에 의하여 판결에 오류가 있음이 분명하여 판결이 경정되어야 하는 사안임이 명백함에도 불구하고, 법원이 이를 간과함으로써 기각 결정을 한 경우가 해당된다고 한다(大決 2004. 6. 25. 2003그136).

(4) 효   력

1) **소급효와 예외**	경정결정이 있게 되면 판결의 원본과 정본에 덧붙여 기재하거나 정본을 회수하기 어려운 경우에는 결정의 정본을 별도로 작성하여 당사자에게 송달하여야 한다. 이로써 경정결정은 원판결과 일체가 되어 판결선고 시에 소급해서 효력이 발생한다.[1] 그러나 상황에 따라서는 소급효가 제한되고 경정결정이 도달한 때에 효력이 발생하는 경우도 있다.[2]

2) **경정과 상소**	판결에 대한 상소기간은 경정결정으로 인해 변동되는 것은 아니다. 다만, 경정 결과 새로운 상소이유가 발생할 수가 있는데 추완상소(173조)가 허용될 수 있는지 여부가 문제된다. 이를 허용하여야 한다는 견해가 다수 학설이나(김/강, 597면) 판례는 부정적이다.[3]

Ⅱ. 형식적 확정력

1. 의   의

1심과 항소심의 종국판결이 선고되더라도 상소를 통해 원 판결을 취소할 수 있는 기회가 남게 된다. 민사소송절차에서는 직권에 의한 상소는 허용되지 아니하므로 일정한 기간 내에 당사자의 불복이 없게 되면 판결은 비로소 취소불가능한 상태에 이르게 되는데 이때 판결은 형식적으로 확정됨으로써 형식적 확정력을 갖게 된다. 판결은 형식적 확정력을 가져야 비로소 내용적인 확정력과 집행력 등을 갖게 된다. 앞서 본 바와 같이 중간판결은 독립한 상소대상이 되지 않으므로 그 자체로서는 형식적 확정력을 갖지 못한다.

2. 판결의 확정시기와 범위

(1) 판결선고와 동시에 확정되는 경우

상고심판결(심리불속행 판결도 포함)이나 제권판결 그리고 불상소합의가 있는 경우에는 판결선고시에 형식적 확정력을 갖게 된다. 비약상고의 합의(390조 1항 단서)가 있는 경우는 상고기

---

1) 大判 1998. 2. 13. 95다15667.

2) 大判 1999. 12. 10. 99다42346 참조. 동 판결에서는 채권가압류결정에 대한 경정결정이 있었는데 동 경정결정이 제3채무자의 입장에서 볼 때 객관적으로 당초 결정의 동일성에 실질적 변경을 가하는 것이라고 인정되는 경우, 그 경정된 내용의 채권가압류결정의 효력은 경정결정이 제3채무자에게 송달된 때로 보고 있다.

3) 大判 1997. 1. 24. 95므1413,1420. 그러나 백춘기, "경정결정이 있는 경우 추완상고의 허용 여부", 대법원판례해설 28호(1997년 상반기), 278면과 문일봉, "위산판결의 경정과 추완상소", 인권과 정의 257호, 76면 등에서는 동 판결이 명시적으로 추완상소가 일반적으로 불가능하다고 하지는 않고 있어 장차 사안이 다르면 추완상소가 허용될 수 있는 여지를 남기고 있는 것으로 파악하고 있다.

간이 도과된 때에 확정된다.

(2) 상소가 허용되는 경우와 단일청구

1) 상소기간 만료시(상소를 제기하지 않고 기간을 도과시킨 경우는 물론이고 상소를 제기하였으나 상소를 취하한 경우[1])와 상소기간 도과 전에 상소권을 포기한 경우(394조, 425조)에는 그 시점에 판결이 확정된다. 한편, 상소각하판결이나 상소장각하명령이 있는 경우에는 다시 요건을 갖추어 상소를 제기할 수 있으므로 이론적으로는 상소기간 도과 시점에 판결이 확정된다. 아울러 상소기각판결은 동 판결이 확정될 때에 원판결 역시 확정된다(이시, 626면).

2) 1개의 청구 일부를 기각하는 판결에 대하여 일방 당사자만이 항소한 경우 원심판결의 심판대상이었던 청구 전부가 불가분적으로 항소심에 이심되지만 그 심판범위는 이심된 부분 가운데 항소인이 불복한 한도로 제한되므로 항소심의 심판대상이 되지 아니한 부분은 항소심판결 선고와 동시에 확정된다.[2]

(3) 다수당사자 소송과 청구의 병합

1) 공동소송   ① 통상 공동소송의 경우 패소한 공동소송인 중 상소하지 않은 당사자의 청구는 분리되어 확정되므로 공동소송인 각자의 상소기간이 도과된 때에 각자의 판결이 확정된다.

② 필수적 공동소송의 경우는 심리의 특칙인 법 제67조 규정에 의해서 패소하고도 불복하지 않은 당사자의(혹은 당사자에 대한) 청구 역시 합일확정을 위해 상소심으로 이심되며 합일확정의 필요를 위한 한도에서는 패소하고도 불복하지 않은 당사자에게 불이익하거나 이익이 되는 판결이 상소심에서 선고될 수도 있다. 그러나 판례는 예외적으로 독립당사자참가에 있어 참가인의 청구가 각하된 경우, 참가인이 상소를 제기하지 않으면 참가인의 청구는 분리되어 확정된다는 입장[3]을 취하고 있다. 따라서 참가인의 상소기간이 도과된 때에 분리 확정된다.

2) 단순병합   ① 동일 당사자 간에 단순병합된 청구 가운데 항소가 제기되지 않은 청구 역시 항소심에 이심되지만 청구의 확장이나 부대항소가 없는 한 심판의 범위에는 포섭되지 않는다. 한편, 항소심에서 심판의 대상이 되지 않은 청구는 상고의 대상이 되지 않으므로[4] 그 확정시기를 둘러싸고 견해의 대립이 있다. 항소심 변론종결시설(독일의 통설),[5] 항소심

---

1) 상소취하 후에도 상소기간 만료 전이면 다시 상소를 제기할 수 있다(김형두/주석민소(8판), 제396조 99-100면 참조). 소취하 후에도 재소금지에 저촉되지 않는 한 다시 소를 제기할 수 있는 것과 동일한 논리에서 비롯된다.

2) 大判 2020. 3. 26. 2018다221867.

3) 大判 1992. 5. 26. 91다4669,4676.

4) 大判 1992. 11. 27. 92다14892; 大判 2015. 10. 29. 2013다45037.

5) 윤진수, "1. 제1심 패소부분에 불복하지 않았던 당사자의 상고와 상고범위 2. 계속적 공급계약에 있어서

판결 선고시설, 상고심판결 선고시설 등이 대립하고 있으나 우리 판례는 특별한 이유 설명 없이 항소심판결 선고시에 확정된다고 본다.[1] 변론종결 후 판결선고 시점 사이에 당사자는 청구의 확장이나 부대항소 등을 할 수 없을 뿐 아니라 변론이 재개되더라도 이는 변론종결 시점이 늦추어지는 것에 불과하므로 항소심 변론종결시에 확정된다고 봄이 타당하다(이시, 626면도 같은 취지임).

　　② 병합된 청구 중 어느 하나가 항소심에서는 심판의 대상이 되었으나 패소자가 상고를 제기하면서 불복의 대상으로 하지 않은 경우에도 그 확정시기를 둘러싸고 견해의 대립이 있다. 항소심에서와 마찬가지로 불복하지 않는 부분도 상고심으로 이심되기 때문이다. 이 경우 상대방이 부대상고를 할 수 있는 종기(판례상으로는 상고이유서 제출기한 도과시점) 혹은 부대상고권을 포기한 시점에 확정된다고 보는 판례[2]도 있으나 주류적인 판례는 법 제434조(직권조사사항에 대한 예외)에 따라 소 각하 판결을 받을 수 있으므로 상고심판결 선고시에 확정된다고 본다.[3] 상고심절차에서도 변론이 열리는 경우에는 부대상고 등이 가능한 변론종결시가 확정시점이 되겠지만 통상의 경우 변론이 열리지 않으므로 불복하지 않은 청구에 대한 부대상고가 가능한 종기를 확정시점으로 보아야 한다. 상고심에서 부대상고가 가능한 종기를 상고이유서 제출기간 도과시로 보는 것이 판례[4]와 다수 견해(이시, 626면)이지만 상고이유답변서 제출기한을 확정 시점으로 보아야 할 것이다(제8편 제3절 3. 참조). 한편, 상고심판결시설을 주장하는 견해에서는 상고심에서는 직권조사사항에 대한 예외가 인정되므로(434조) 상고심판결시에 상고되지 않은 청구 부분도 확정된다고 주장하나(김홍, 800면) 앞서 언급한 바와 같이 불복되지 않은 청구는 심판의 대상이 아니므로 상고심에서 직권으로 조사하여 이를 각하하는 것도 불가능하다고 보아야 한다(제8편 제2장 2. 참조).

　　3) 선택적 병합　　　　선택적 병합 청구소송에서 원고가 승소한 경우에는 별 문제가 발생하지 않는다. 피고의 상소는 병합된 청구 모두에 대한 불복으로 간주되기 때문이다. 즉, 판결이유에서 승소 판결의 원인이 된 청구와 함께 선택적으로 병합된 나머지 청구에 대해서도 불복한 것으로 보아야 한다. 한편, 원고가 병합한 청구 모두에 대해서 패소한 후 그 중 한

　　기본계약의 성립과 개별계약의 성립 3. 기본계약 불이행으로 인한 손해배상의 범위", 사법행정 392호, 61-62면에서는 변론종결시설로 볼 경우 변론재개가 되는 경우를 설명하기 곤란하다는 이유를 들어 항소심판결 선고시설을 지지하고 있다. 그러나 변론종결시설을 취한다 하더라도 재개가 되는 경우를 염두에 두지 않은 것은 아니다. 최종적으로 변론이 종결되는 시점을 판결확정으로 보는 것이지 변론이 재개된다고 하여 확정된 판결이 부활된다고 볼 이유는 없을 것이다. 여기서의 변론종결시는 실질적으로 변론이 종결되어 당사자가 더 이상 부대항소 등을 할 수 없는 시점인 것이다.

1) 大判 2001. 4. 27. 99다30312; 大判 2021. 9. 15. 2020다297843.
2) 大決 2006. 4. 14. 2006카기62.
3) 大判 2001. 12. 24. 2001다62213; 大判 2007. 1. 11. 2005다67971.
4) 大判 2013. 2. 14. 2011두25005.

청구에 대해서만 불복한 경우에 대해서는 문제가 된다. 우선 선택적·예비적 병합의 경우 일부판결이 불가능하고 변론의 분리가 불가능하다는 입장에서 이와 같은 원고의 일부 불복 자체가 허용되지 않는다는 입장이 있다.[1] 그러나 청구상호 간의 불가분성은 필수적 공동소송의 합일확정의 요청과는 달리 해석론에 터 잡고 있을 뿐이며, 얼마든지 소취하 등을 통해 병합된 청구의 일부를 종료시킬 수 있음에 유의하여야 한다. 아울러 청구 상호 간의 불가분성이 당사자의 처분권주의에 우선할 수는 없으므로 불복하지 않는 청구부분에 대해서 법원이 심판을 하는 것은 처분권주의에 위반된다. 판례 역시 선택적 병합 청구 중 일부에 대해서만 불복한 경우 심판대상은 불복범위로 제한된다고 판시한 바 있다.[2] 결국 항소심에서 불복하지 않은 청구는 항소심 변론종결시에 확정된다고 보아야 한다.

4) 예비적 병합　　예비적으로 병합된 소송에서도 상소제기에 따른 이심범위와 심판범위는 원칙적으로 상이하다. 하지만 주위적 청구가 인용될 것을 해제조건으로 예비적인 청구를 병합한 병합의 특성상 예외적으로 이심범위와 심판범위가 일치되는 경우가 있다. 즉, 원고의 주위적 청구가 인용되자 피고가 상소를 하게 되면 주위적 청구는 물론 예비적 청구도 이심될 뿐 아니라 상소심이 인용된 주위적 청구를 배척할 경우 당연히 예비적 청구에 대해서도 심판하여야 한다.[3] 주위적 청구를 배척하는 경우에는 예비적 청구에 대해서도 심판하여야 한다는 것이 예비적 병합 청구의 논리 자체에 내재되어 있기 때문이다. 따라서 원심에서 주위적 청구가 인용된 경우 피고가 제기하는 상소에는 이미 인용된 주위적 청구뿐 아니라 주위적 청구가 상소심에서 기각될 경우 예비적 청구에 대한 기각을 구하는 신청 역시 포함되어 있다고 보아야 한다. 그러나 주위적 청구가 기각되고 예비적 청구만이 인용되자 피고가 예비적 청구에 대해 항소한 경우, 주위적 청구는 당연히 이심되지만 원고의 별도의 불복이 없으므로 심판범위에 편입되지 않아 항소심은 예비적 청구에 대해서만 판단을 하여야 한다.[4] 따라서 항소심의 심판범위에 편입되지 않은 주위적 청구는 항소심 변론종결시에 확정된다.

---

1) 김인호, "각 심급에서의 이심의 범위, 심판대상 및 청구의 확정시기", 법조 553호, 125면 이하 참조. 동 논문에서는 원고가 패소한 후 병합된 청구 중 일부에 대해서만 불복하는 경우 자체를 상정하고 있지 않다.

2) 大判 1998. 7. 24. 96다99.

3) 大判(全) 2000. 11. 16. 98다22253. 동 판결에서 대법원은 "청구의 예비적 병합이란 병합된 수개의 청구 중 주위적 청구(제1차 청구)가 인용되지 않을 것에 대비하여 그 인용을 해제조건으로 예비적 청구(제2차 청구)에 관하여 심판을 구하는 병합형태로서, 이와 같은 예비적 병합의 경우에는 원고가 붙인 순위에 따라 심판하여야 하며 주위적 청구를 배척할 때에는 예비적 청구에 대하여 심판하여야 하나 주위적 청구를 인용할 때에는 다음 순위인 예비적 청구에 대하여 심판할 필요가 없는 것이므로, 주위적 청구를 인용하는 판결은 전부판결로서 이러한 판결에 대하여 피고가 항소하면 제1심에서 심판을 받지 않은 다음 순위의 예비적 청구도 모두 이심되고 항소심이 제1심에서 인용되었던 주위적 청구를 배척할 때에는 다음 순위의 예비적 청구에 관하여 심판을 하여야 하는 것이다 … "라고 판시하였다.

4) 大判 1995. 1. 24. 94다29065. 동 판결에서 항소심 법원은 불복되지 않은 주위적 청구에 대해서도 판단을 하였으나 대법원은 이를 무의미한 판결로 간주하고 이를 이유로 원고가 주위적 청구에 대해 상고하더라도 이는 부적법한 상고라고 판시하고 있다.

3. 형식적 확정력의 배제

판결이 형식적으로 확정되었다 하더라도 일정한 경우에는 확정력의 배제를 위한 절차가 마련되어 있다. 소송행위의 추후보완의 하나로서 추완상소가 허용될 수 있다(173조). 그러나 추완상소에 따른 상소심절차가 진행된다고 해서 형식적 확정력이나 집행력이 당연히 배제되는 것은 아니다. 따라서 법 제500조에 따른 강제집행정지 신청을 통해 별도로 집행을 저지하여야 한다. 재심의 소도 마찬가지의 법리가 적용된다.

4. 판결의 확정증명

판결이 확정되면 소송당사자는 그 판결에 기하여 기판력을 주장하거나, 가족관계등록부에의 신분기재, 등기신청 등을 위해 판결이 확정되었음을 증명할 필요가 있다. 당사자는 소송기록을 보관하고 있는 법원사무관등에게 신청하여 판결확정증명서를 교부받게 된다. 판결이 확정되면 1심 법원에 기록이 보관되므로(421조, 425조) 확정증명은 통상 1심 법원의 법원사무관등으로부터 교부받게 된다. 그러나 소송이 상급법원에 계속 중이라도 그 사건의 일부가 확정된 경우1)에는 소송기록이 상급법원에 있기 때문에, 확정부분에 대한 증명서는 상급법원의 법원사무관등으로부터 교부받아야 한다(499조 2항).

Ⅲ. 기판력 일반

1. 의의와 문제점

판결이 형식적으로 확정되면 당사자는 더 이상 다툼의 대상이 된 분쟁에 대해 불복할 수 없게 되며 관련 법원은 기속력을 받게 된다. 이는 당해 사건을 다룬 법원과 당사자에게 국한되는 것이지만 법은 여기에 그치지 않고 확정된 전소 법원의 종국판결이 당사자나 승계인은 물론 후소 법원에 대해서도 일정한 내용적인 구속력을 가지도록 요구하고 있다. 따라서 동일한 당사자가 동일 사건에 대해 다시금 소를 제기하는 경우 후소법원은 전소법원의 판결과 모순되거나 저촉되는 판결을 할 수 없다. 이를 판결의 기판력 혹은 실질적 확정력이라고 부른다.

---

1) 대법원의 환송판결로 사건이 원심법원(지방법원 항소부나 고등법원)에 계속되어 있는 경우 불복되지 않은 청구는 환송판결로 확정되므로 1심이 아닌 원심에서 확정증명을 받을 경우가 생긴다.

2. 기판력의 본질론

(1) 기판력의 정당화 근거

동일한 사건에 대해 전소판결의 효력을 후소에까지 미치도록 하는 것은 분쟁에 대한 1회적 해결을 위해 반드시 필요한 개념이고 재판기관인 법원을 운영하는 국가의 입장에서 사법자원의 효율적인 운영을 위해서도 요구된다. 따라서 분쟁의 1회적 해결을 도모하는 법적 안정성과 사법자원의 효율적인 배분을 위한 법 정책적인 필요가 기판력 제도를 운용하는 목적이라고 할 수 있다. 한편 당사자의 측면에서 본다면 확정된 전소의 효력 때문에 후소에서 주장이나 증거방법 등의 제출 기회가 차단되는 것은 헌법상의 재판청구권(헌 27조 1항)을 침해하는 것이라고 주장할 여지가 있다. 하지만 전소의 절차에서 재판자료에 대한 제출이 충분히 보장되었음에도 불구하고 불리한 판결이 선고되고 확정되었다면 후소에서의 소송행위가 일정부분 제한될 수밖에 없다는 점은 인정하지 않을 수 없으며 그 제한의 범위(시적·객관적·주관적인 측면에서)에 대한 논의가 필요하게 된다.

(2) 성　　질

확정된 전소판결의 후소에 대한 내용적 효력의 법적 성격을 규명하고자 하는 많은 노력이 있었다(김/강, 607면 참조). 그 간의 논의는 확정판결을 실체법상의 법률요건사실의 일종으로 파악하는 소위 실체법설과 당사자와 법원에 대한 소송법상의 구속력으로 파악하는 소송법설의 대립으로 요약할 수 있다. 그런데 소송법설은 전소 판결이 확정됨에 따라 발생하는 기판력을 소송법에서 어떤 위치로 자리매김하느냐에 따라 다시 모순금지설과 반복금지설로 구분된다.

1) 실체법설과 파생적 견해

① 판결은 화해계약(민 732조)과 같이 당사자 간의 실체법상의 권리관계를 변경하는 것이므로 구속력의 본질은 여기에 있다고 보는 입장이다. 즉, 판결은 그 내용대로 당사자 간의 법률관계를 변경하는 것으로서 특히 부당판결은 종래의 법률관계를 수정, 변경하는 것으로 법원과 당사자도 여기에 구속된다는 입장이다. 이와 유사한 것으로 권리실재설이나 구체적 법규범설 등이 있는데 이들 모두 판결을 통해 가상의 권리가 실재화된다는 것으로 실체법설과 동일하게 판결의 실체적 성격을 강조한다. 그러나 기판력은 당사자에게만 미친다는 주관적 범위의 한계, 실체적 판단이 결여된 소송판결 역시 기판력이 발생한다는 점 등에 비추어 실체법설을 지지하기는 어려우며 현재 실체법설을 지지하는 견해는 우리나라에서 찾아보기 힘들다.

② 물건 점유자를 상대로 한 물건의 인도판결이 확정되면 이는 점유자는 인도판결 상대방에 대하여 소송에서 더 이상 물건에 대한 인도청구권의 존부를 다툴 수 없고 인도소송의 사실심 변론종결 시까지 주장할 수 있었던 정당한 점유권원을 내세워 물건의 인도를 거절할

수 없다는 것만을 의미한다. 즉, 의무 이행을 명하는 동 판결의 효력이 실체적 법률관계에
영향을 미치는 것은 아니므로 점유자가 그 인도판결의 효력으로 판결 상대방에게 물건을 인
도해야 할 실체적 의무가 생긴다거나 정당한 점유권원이 소멸하여 그때부터 그 물건에 대한
점유가 위법하게 되는 것도 아니라는 것이다.[1] 그러나 확정판결이 비록 상대적이지만 당사
자 간의 실체법적인 법률관계를 변경시키는 효과를 갖는다는 것을 전혀 부정할 수는 없다.
특히 부당판결에 따른 법률관계의 변화는 물론 판결이 확정되더라도 당사자 간의 합의로써
그 법률관계를 변경시키는 것을 소송법설을 통해서는 명쾌하게 설명하기 곤란하다.[2]

  2) 소송법설 중 모순금지설   모순금지설에 따르면 기판력은 후소법원이 확정된 전소
판결과 다른 모순된 판단을 할 수 없는 순수한 소송법적인 제약으로 파악한다. 따라서 확정
된 전소와 동일한 후소가 제기되는 것 자체를 금지하는 것으로 파악하지는 않는다. 즉 전소
에서 승소하거나 패소한 원고가 동일한 소를 다시 제기하더라도 소 자체가 기판력으로 인해
부적법한 것은 아니지만 후소 법원은 어차피 전소판결과 다른 판결을 할 수 없어 결과적으
로 소의 이익이 흠결되어 부적법 각하되어야 한다고 설명한다(호, 698면). 우리 판례 역시 모
순금지설을 취하고 있으나 위 학설과는 다른 접근방식을 취한다. 즉 전소에서 승소한 원고가
다시 동일한 소를 제기한 경우에는 권리보호이익(소의 이익)을 흠결하여 각하[3]되어야 하지만
전소에서 패소한 원고가 다시금 동일한 소를 제기하는 경우에는 전소판결의 판단을 원용하
여 원고청구를 기각해야 한다는 것이 그것이다.[4]

  3) 소송법설 중 반복금지설(신소송법설)   소송법설 중에는 일사부재리를 기판력이 갖
는 구속력의 근거로 파악하여 기판력을 소극적 소송요건으로 파악하는 반복금지설이 있다(김/

---

  1) 大判 2019. 10. 17. 2014다46778; 大判 2022. 12. 1. 2022다258248도 같은 취지이다.
  2) 예를 들어, 원고가 피고에 대해 1천만 원의 대여금 반환청구 채권이 있다는 사실이 판결에 의하여 확정되
     더라도 그 후에 당사자는 위 금액을 500만원으로 감액한 약정금 채권으로 변경할 수 있다는 점에서 판결의
     실체법적 성격을 전혀 부인하는 것이 어렵다는 지적이 있다. 그러나 이러한 결론은 기판력의 실체법적 성질
     에서 비롯된다고 보기보다는 오히려 민사재판이 사적자치가 허용되는 사법상의 권리관계를 다루는 데서 기
     인하는 것으로 보아야 한다. 즉, 확정된 판결 내용을 토대로 당사자는 별도의 실체법적 계약을 통해 종래의
     법률관계를 변경하게 되는 것이라고 파악함이 타당하다.
  3) 大判 2016. 9. 28. 2016다13482.
  4) 大判 1979. 9. 11. 79다1275; 大判 1989. 6. 27. 87다카2478. 이러한 대법원의 견해를 출처 불명의 독자적인
     견해라고 비판하는 견해가 있다(호, 699면). 그러나 대법원의 접근방식이 독일에 없다는 그 자체로 비난받을
     일은 아니라고 생각된다. 다만 전소에서 패소한 경우의 후소가 소의 이익이 있다는 전제에서 출발한 대법원
     의 접근방식은 동의하기 어렵다. 어차피 전소와 다른 판단을 할 수 없는 것이라면 소의 이익을 부정하는 것
     이 오히려 간명하기 때문이다. 한편 다른 각도에서 판례가 취하는 모순금지설을 비판하는 견해가 있다. 즉
     모순금지설을 취한다면 승소한 원고가 같은 소송물에 관해 동일한 소를 제기한 경우 동일한 결론의 승소판
     결을 다시 선고하여야 함에도 소의 이익이 흠결되었다고 하여 소를 각하하는 것은 이론적인 모순이 있다고
     지적하는 견해가 그것이다(이시, 629면). 하지만 이 경우 원고청구가 각하되는 것은 기판력에 의한 것이 아
     니라 동일한 소송의 반복을 피하고자 하는 소의 이익 측면에서 비롯된 것이므로 이를 모순금지설의 단점이
     라고 하는 것은 수용하기 어렵다. 소에 적용되는 원리는 기판력만 있는 것이 아니기 때문이며 이론의 일관
     성 측면을 강조한다면 모두 소의 이익 흠결을 이유로 각하함이 타당하다.

강, 612면; 이시, 629면). 따라서 전소에서 원고가 승소했는지 여부를 떠나 일사부재리를 위해 동일한 후소는 각하되어야 한다는 입장이다. 그러나 이 학설 중에서도 전소와 소송물이 동일하지 않은 선결관계나 모순관계에 있는 후소에 대해서는 청구기각 판결을 하여야 한다는 견해가 있어(이시, 631면) 논리의 일관성을 유지하기 어렵다는 단점이 있다.[1]

4) 권리보호요건에 토대를 둔 모순금지설의 장점   동일한 내용의 후소를 저지하는 것은 모순금지설이나 반복금지설이나 동일하다. 다만, 모순금지설은 동일한 소의 반복을 무조건 금지하는 것이 아니라 확정된 전소판결과 모순된 결과가 후소를 통해 발생하는 것을 저지하는 데 필요한 만큼만 후소를 억제하게 된다. 따라서 전소와 후소의 소송물이 동일한 경우에는 소의 이익 개념을 통해 후소를 각하하면 충분하다(이 점에서 패소한 원고가 제기한 후소는 기각판결을 해야 한다는 판례의 입장[2]은 불필요하게 기교적이다). 한편, 후소가 전소와 소송물이 동일하지는 않지만 전소 판결의 주문과 정면으로 모순된 경우 혹은 전소의 선결적 판단을 해치는 경우에는 후소 역시 각하를 면치 못하게 될 것이다(이 점에서 기판력이 작용하는 경우에는 청구기각을 해야 한다는 일부 반복금지설의 설명 역시 불필요하게 기교적이다). 이러한 점에서 기판력을 권리보호요건에 의지해서 설명하는 견해가 타당하다고 판단된다(호, 697–699면).

3. 기판력의 발현 모습

기판력은 전소와 후소의 소송물이 동일한 경우에만 발현되는 것이 아니라 전소의 기판력있는 법률관계가 후소의 선결관계로 되는 경우(선결관계), 혹은 후소가 확정된 전소와 명백히 모순되는 경우(모순관계)에도 발현된다(소극적 작용). 아울러 전소의 기판력은 후소 판단의 전제로 되어 적극적인 측면으로도 기능한다(적극적 작용). 한편 기판력은 전소의 승소자에게 반드시 유리하게만 작용되는 것은 아니므로 전소의 확정 내용이 후소에서는 승소자에게 불리하게 작용할 수도 있다(기판력의 쌍면성).[3] 그러나 주의할 것은 확정된 전소판결의 주문에 포함된 내용이 후소를 구속하거나 후소에 작용하는 것이지 판결이유의 판단은 문제되지 않는다는 것이다.[4] 즉 확정판결의 기판력은 그 판결의 주문에 포함된 것, 즉 소송물로 주장된 법률

---

1) 이러한 비판을 극복하기 위해 전소와 동일한 후소를 제기하는 경우에는 반복금지의 기능이 작용하고, 선결관계나 모순관계에 있는 소송물을 내용으로 하는 후소에는 모순금지의 기능이 작용한다는 절충적인 입장을 취하는 견해도 있다. 그러나 이러한 견해는 기판력의 본질을 설명하는 것이 아니라 기판력이 작용하는 측면을 설명하고 있을 뿐 아니라 기판력의 본질이 모순금지에 있고 이로써도 모든 현상에 대한 설명이 가능한데 굳이 소송물의 동일성 여부에 따라 기판력의 본질을 달리 파악할 현실적인 필요도 없다.

2) 大判 1979. 9. 11. 79다1275; 大判 1989. 6. 27. 87다카2478.

3) 예를 들어, 甲이 乙을 상대로 건물소유권확인의 소를 제기하여 승소하였다면 나중에 乙이 제기한 동일 건물에 대한 철거청구소송에서 甲은 이 건물이 자신의 소유가 아니라고 주장할 수 없게 된다. 그러나 丙이라는 제3자가 건물철거청구의 소를 제기한 경우에는 甲은 자신의 소유권을 부인할 수 있다. 기판력은 당사자에게만 미치기 때문이다.

4) 예를 들어, 대지소유권에 기한 방해배제청구권에 기초해서 건물철거를 구하는 소에서 패소한 피고가 후소

관계의 존부에 관한 판단의 결론 그 자체에만 미치는 것이고 판결이유에서 설시된 그 전제가 되는 법률관계의 존부에까지 미치는 것은 아니다.[1]

(1) 소송물이 동일한 경우

1) **기본원칙**   전소에서 원고가 승소하든 혹은 패소하든 동일한 소를 다시 원고가 제기하게 되면 소의 이익이 흠결되므로 소각하 판결을 받게 된다. 그러나 판례는 전소에서 패소한 원고가 동일한 소를 제기한 경우에는 청구기각판결을 하여야 한다고 한다. 한편, 판결내용의 불특정[2]이나 판결문원본 멸실과 같은 특별한 사유가 있어 동일한 소를 제기하는 경우에는 소의 이익이 인정된다.

2) **시효중단을 위한 후소**   ① 전소에서 승소 확정 판결을 받은 원고라 하더라도 예외적으로 확정판결에 의한 채권의 소멸시효기간인 10년의 경과가 임박한 경우에는 그 시효중단을 위한 후소는 소의 이익이 인정된다.[3] 이 경우에도 후소 판결이 전소의 승소확정판결의 내용과 저촉되어서는 안 되므로 후소 법원으로서는 그 확정된 권리를 주장할 수 있는 모든 요건이 구비되어 있는지에 관하여 다시 심리할 수는 없다.[4] 다만, 전소의 변론종결 후에 발생한 변제, 상계, 면제 등과 같은 채권소멸사유는 후소의 심리대상이 될 수 있으므로 채무자인 피고는 후소 절차에서 위와 같은 사유를 들어 항변할 수 있고 심리 결과 그 주장이 인정되면 법원은 원고의 후소 청구를 기각하여야 하는데 따라서 후소가 전소 판결이 확정된 후 10년이 지나 제기되었다 하더라도 곧바로 소의 이익이 없다고 하여 소를 각하해서는 안 되고, 채무자인 피고의 항변에 따라 원고의 채권이 소멸시효 완성으로 소멸하였는지에 관한 본안판단을 하여야 한다고 판시하고 있다.[5] 대법원의 입장은 확정판결에 따른 소송물인 채권의 시효완성을 저지하기 위한 후소의 이익을 인정하는 한편 피고에 대해서는 전소 확정판결 변론종결 후의 채권소멸사유를 주장할 수 있는 기회를 부여하고자 한 것으로 판단된다. 확정된 전소 판결에 대해 청구에 관한 이의의 소가 아닌 시효중단을 위한 후소에서 채무소멸 여부를 다툴 수 있는 기회를 부여하는 것이 이론적으로는 모순점이 있으나 소송 경제적으로는 타당한 접근 방법으로 생각된다.

② 대법원은 위와 같이 영구히 소멸하지 않을 수도 있는 채권의 존재를 인정하는 시효

에서 전소 원고를 상대로 대지소유권부존재확인의 소를 제기하는 것은 가능하다. 전소에서 원고가 대지소유자인 사실은 철거청구의 요건사실이었지만 판결주문의 판단은 아니고 단지 판결이유에서 판단된 것에 불과하기 때문이다.

1) 大判 2000. 2. 25. 99다55472; 大判 2021. 4. 8. 2020다219690.
2) 大判 1992. 4. 10. 91다45356,91다45363(화해조서); 大判 1998. 5. 15. 97다57658(판결).
3) 종전 판례에서도 이러한 점이 인정되어 왔으나 大判(全) 2018. 7. 19. 2018다22008 판결에서 반대 의견이 개진되었다. 반대 의견의 핵심은 다수의견에 의할 경우 영구적으로 소멸하지 않는 채권을 인정하게 된다는 것이다.
4) 大判 2018. 4. 24. 2017다293858; 大判(全) 2018. 7. 19. 2018다22008.
5) 大判 2019. 1. 17. 2018다24349.

완성 저지를 위한 후소를 인정함과 아울러 이 후소에서 채무자의 실체적인 사유에 기한 항변도 허용하는 판결[1]을 선고한 후에 이행소송 형태의 후소가 많은 문제점을 갖고 있으니 새로운 형태의 확인소송이 필요하다고 판시하고 있다.[2] 그 근본적인 원인은 시효중단을 위한 후소의 형태로 전소와 소송물이 동일한 이행소송이 제기되면서 채권자가 실제로 의도하지도 않은 청구권의 존부에 관한 실체 심리를 진행하는 데에 있으며 한편, 채무자는 그와 같은 후소에서 전소 판결에 대한 청구이의사유를 조기에 제출하도록 강요되고 법원은 불필요한 심리를 해야 한다는 것이다.[3]

③ 이 문제를 해결하기 위해 대법원은 전소 판결로 확정된 채권의 시효를 중단시키기 위한 조치, 즉 '재판상의 청구'가 있다는 사실에 대해 확인을 구하는 형태의 '새로운 방식의 확인소송'이 허용되어야 한다고 강조한다. 따라서 확인소송의 청구취지는 '전소 판결로 확정된 채권에 관하여 시효중단을 위한 재판상의 청구가 있었다'는 점에 대한 확인을 구하는 형식이 될 것이며 이 소송에서는 채권자는 전소 판결이 확정되었다는 점만 주장·증명하면 되고, 전소 변론종결 후의 사정(청구이의사유)은 심리 대상이 아니다. 따라서 채무자는 후소에서 전소 판결에 대한 청구이의사유를 주장·증명할 필요가 없고, 후소 판결 확정 여부에 관계없이 자신의 필요에 따라 청구이의의 소를 제기하여 청구이의사유에 대해서 주장하면 된다.[4]

④ 대법원은 2019. 1. 29. 민사소송 등 인지규칙을 개정하여 새로운 방식의 확인소송에 대한 권리의 가액을 대폭 하향 조정하였을 뿐(이행소송으로 제기할 경우에 해당하는 소가의 10분의 1) 아니라 그 권리의 가액이 3억 원을 초과하는 경우에는 이를 3억 원으로 봄으로써 동 소송의 최대 소송목적의 값은 3천만 원이 된다. 따라서 10억 원의 판결금 채권을 가진 채권자가 소멸시효 완성이 임박한 시점에 시효연장을 위한 확인의 소를 제기하기 위해서는 단 140,000원(3천만 원×45/10,000+5천 원, 민인법 2조 1항 2호 및 민인규칙 18조의3)의 인지대만을 납부하면 된다.[5]

(2) 선결관계

확정된 전소의 주문에서 판단된 내용이 후소의 선결문제가 되는 경우에도 후소는 전소의 기판력에 저촉되어 당사자로서는 전소의 결론과 다른 주장이나 항변을 할 수 없고 법원 역시 후소를 각하하여야 한다(판례는 청구기각의 형식을 취함). 예를 들어 원고가 소유권확인청구

---

1) 大判(全) 2018. 7. 19. 2018다22008.

2) 大判(全) 2018. 10. 18. 2015다232316.

3) 그러나 이 모든 문제는 대법원이 2018다22008 판결에서 스스로 시효중단을 위한 후소를 허용하면서 동시에 채무자인 피고의 채무소멸 주장 등이 가능하다고 한 것에서 비롯된 것이다.

4) 이에 대한 상세한 비판은 졸고, "새로운 방식의 확인소송의 출현배경과 후속조치에 대한 단상", 24면 이하 참조.

5) 이행소송의 형태로 시효완성 저지를 하게 되면 4,055,000원의 인지대를 납부해야 한다(10억 원×35/10,0000+555,000원, 민인법 2조 1항 4호).

의 소를 제기해서 승소판결을 받아 확정된 후 후소에서 동일한 피고를 상대로 소유권에 기한 인도청구의 소를 제기하였다면 후소의 당사자와 법원은 전소에서 확정된 원고의 소유권을 부인하는 주장(항변)이나 판단을 할 수 없게 될 것이다.[1] 한편, 배당이의의 소에서 패소의 본안판결을 받은 당사자가 그 판결이 확정된 후 상대방에 대하여 위 본안판결에 의하여 확정된 배당액이 부당이득이라는 이유로 그 반환을 구하는 소를 제기한 경우에는, 전소인 배당이의의 소의 본안판결에서 판단된 배당수령권의 존부가 부당이득반환청구권의 성립 여부를 판단하는 데에 있어서 선결문제가 된다고 할 것이므로, 당사자는 그 배당수령권의 존부에 관하여 위 배당이의의 소의 본안판결의 판단과 다른 주장을 할 수 없고, 법원도 이와 다른 판단을 할 수 없다.[2]

(3) 모순된 반대관계

확정된 전소의 주문에서 판단한 내용과 명백히 모순·반대되는 후소를 제기한 경우에는 전소의 기판력에 저촉된다. 예를 들어 甲이 乙을 상대로 계쟁건물에 대하여 매매를 원인으로 한 소유권이전등기청구의 소를 제기하여 승소판결을 받아 확정되었음에도 후소에서 乙이 위 매매계약은 체결된 바 없다고 주장하면서 甲을 상대로 이전등기말소청구의 소를 제기한다면 이는 전소 주문에서 판단된 확정판결과 모순되는 주장으로서 허용될 수 없으며 법원 역시 이를 인정할 수 없는 기판력을 받게 되므로 후소를 각하하여야 한다(판례는 청구기각 형식을 취함).[3]

4. 기판력의 소송상 취급

(1) 직권조사사항

기판력은 분쟁의 1회적 해결과 사법자원의 효율적인 배분을 위한 제도로서 개인적인 법익의 차원을 넘는 공익 차원의 문제이다. 따라서 후소 법원은 직권으로 이를 조사하여[4] 기판력 있는 판단이 이미 존재한다면 동일한 청구의 후소를 소의 이익 흠결을 이유로 각하하여야 할 것이다. 나아가 전소의 소송물과 후소의 소송물이 선결·모순반대 관계에 있는 경우에도 기판력이 미치므로 소를 각하하여야 하지만 판례는 소송물이 동일한 경우와 달리 청구

1) 大判 2000. 6. 9. 98다18155. 그러나 판례는 채권채무의 존부에 관한 청구와 그 채권, 채무관계를 원인으로 한 등기의 말소청구권의 존부는 별개의 소송물이므로 채무부존재확인의 확정판결의 기판력은 그 채무부존재를 원인으로 하는 등기 말소청구 소송에 미칠 수 없다고 한다(大判 1980. 9. 9. 80다1020).

2) 大判 2000. 1. 21. 99다3501. 한편, 채권자대위권을 행사함에 있어서 채권자가 채무자를 상대로 하여 피보전채권에 기초하여 이행청구의 소를 제기하여 승소판결을 선고받고 그 판결이 확정되면 제3채무자는 그 청구권의 존재를 다툴 수 없게 되는 것(大判 2007. 5. 10. 2006다82700,82717) 역시 선결관계로 설명할 수 있다(호, 715면 참조).

3) 大判 1969. 4. 22. 69다195; 大判 1995. 3. 24. 93다52488. 그러나 후소에서 전소 피고가 당해 목적물에 대한 소유권확인청구를 구하는 것은 가능하다(大判 1987. 3. 24. 86다카1958).

4) 大判 1981. 6. 23. 81다124.

기각을 하여야 한다는 입장이다. 한편, 반복금지설의 입장에서는 기판력의 존재를 소극적 소송요건으로 취급하고 있다(이시, 629면).

(2) 기판력과 법률관계

당사자의 합의를 통해 기판력의 범주를 확장·축소하는 것은 허용되지 않는다. 하지만 기판력에 의해 확정된 권리관계를 당사자 간의 합의로써 변경하는 것은 가능하다. 그렇다고 해서 판결 자체의 권리창설적 효력을 인정하는 것은 아니며 다만, 당사자들은 판결에 따른 권리·의무관계를 실현하여야 할 의무를 부담하게 될 뿐이다. 판결의 확정 후에도 당사자들은 얼마든지 합의를 통해 판결이 실현하고자 하는 법률관계를 변경할 수 있는데 이는 사적 자치의 원리에서 비롯된 것으로 파악하여야 한다. 한편, 전소의 기판력에 저촉되는 후소판결이 선고된 경우에도 이를 당연무효로 볼 수는 없다. 이를 재심사유(451조 1항 10호)로 규정하고 있기 때문이다. 후소는 상소나 재심의 소를 통해 취소되어야 할 위법한 판결이라 할 것이다.[1]

5. 기판력 있는 재판

(1) 본안판결과 소송판결

1) 소송판결　　　본안판결이나 소송판결 모두 종국판결인 이상 확정됨으로써 기판력이 발생한다. 따라서 이행판결은 물론 확인·형성판결도 기판력이 발생한다. 소송판결은 본안인 권리관계 존부에 기판력이 생기는 것이 아니라 소송요건의 흠으로 인한 부적법 각하 판단에 대해 기판력이 발생한다. 따라서 흠이 보완되지 않은 상태에서 동일한 소를 제기하면 기판력에 저촉된다.[2] 따라서 후소에서 흠결된 소송요건을 보완하여 새로이 소를 제기하는 것은 가능하다.[3] 소송물이 특정되지 않아 청구기각 판결이 선고되어도 역시 본안에 관해서는 기판력이 발생하지 않는다.[4]

2) 결정·명령　　　판결이 아닌 결정·명령은 원칙적으로 소송지휘(222조)나 집행행위와 관련된(집행정지결정 500조, 501조 등) 재판이므로 기판력이 인정되지 않는다. 따라서 한 번 신청

---

1) 확정된 후소판결이 확정된 전소판결과 상충하는 경우, 양자의 효력관계를 둘러싸고 견해의 대립이 있다(김/강, 633면 참조). 후소판결을 당연 무효로 보지 않는 데서 비롯되는 문제이다. 후소는 전소보다 새로운 표준시의 판단이라는 점에서 후소가 재심에 의해 취소되기 전에는 후소의 기판력이 우선한다고 보는 견해가 있다(이시, 613면). 이 견해에 따르면 확정된 전소에 기한 강제집행을 후소 판결을 근거로 청구에 관한 이의의 소를 제기하여 집행을 저지할 수 있다는 결론에 이르게 되고 후소판결에 기한 집행을 전소판결로 저지할 수 없다는 결론에 이르게 된다. 이러한 사태가 흔하게 일어날 가능성은 없지만 후소판결이 재심에 의해서 취소될 때까지 전·후 양소의 판결에 따른 집행은 정지되어야 한다고 봄이 타당하다. 즉 어느 쪽도 상대 판결보다 우월하다고 할 수 없는 상황이 발생하게 되는데 이는 불가피한 현상이라고 할 수밖에 없다.

2) 大判 1992. 5. 26. 91다4669,4676; 大判 2015. 10. 29. 2015두44288.

3) 大判 2003. 4. 8. 2002다70181; 大判 2023. 2. 2. 2020다270633.

4) 大判 1983. 2. 22. 82다15.

을 해서 기각을 당해도 다시 요건을 갖추어 재차 신청을 하더라도 무방하며 법원 역시 새로운 신청에 국한해서 재판을 하여야 한다.[1] 그러나 실체관계를 종국적으로 해결하는 의미를 갖는 소송비용확정결정,[2] 간접강제의 수단으로 명하는 손해배상금 지급결정(민집 261조) 등은 예외적으로 기판력이 인정된다.

　　3) 보전처분　　　가압류·가처분명령(실질은 결정)과 같은 보전처분 역시 기판력이 발생하지 않는다. 보전처분이 피보전권리에 대한 확정적인 판단을 담고 있는 것으로 볼 수는 없기 때문이다.[3] 보전절차와 관련하여 가압류·가처분 명령에 대해서도 한정적으로나마 기판력을 인정해야 한다는 견해(김/강, 617면; 이시, 634면)들이 있으나 다소 의문이다. 보전소송의 소송물을 피보전권리의 존부와 보전의 필요성 두 가지로 복합적으로 파악하더라도 긴급성·밀행성을 전제로 신청인의 소명자료만을 토대로 판단하는 가압류·가처분 명령 절차와 같은 일방적인 신청절차(ex parte procedure)에 법적 안정성을 추구하는 기판력의 개념을 적용하는 것은 적절하지 않기 때문이다. 따라서 보전처분 절차에 있어서는 동일 사항에 관한 신청에 관해서도 특별한 사정이 없는 한 다시 심리되는 것이 원칙이라고 보아야 한다.[4]

　　(2) 확정판결과 동일한 효력이 있는 것

　　1) 각종 조서　　　청구의 포기·인낙·화해조서(220조)·조정조서(민조 29조, 가소 59조) 및 중재판정(중재 35조) 등은 집행력과 함께 기판력도 인정된다(다만 화해조서에 대해서는 다툼이 있다). 그러나 법 조문에 "확정판결과 동일한 효력이 있다" 혹은 "재판상화해와 동일한 효력이 있다"라는 표현이 있더라도 기판력의 시적 범위에 따른 차단효과를 규정하고 있는 민사집행법 제44조 제2항을 적용하지 않는 경우에는 기판력이 인정되지 않는다. 이행권고결정(소액 5조의7, 5조의8 3항), 확정된 지급명령(474조, 민집 56조 3호, 58조 3항), 공정증서(민집 56조 4호, 59조 3항) 등을 그 예로 들 수 있다.

　　2) 파산채권자표　　　파산채권의 신고와 조사절차를 거쳐 확정된 채권을 파산채권자표에 기재한 때에는 파산채권자 전원에 대해 확정판결과 동일한 효력이 인정되며(회생·파산 460조), 파산한 채무자가 채권조사기일에 이의를 제기하지 않으면 파산채권자표의 기재가 채무자에 대해서도 확정판결과 동일한 효력을 갖게 된다(회생·파산 535조 1항). 이로써 채권자는 파산종결 후에 파산채권자표의 기재에 따라 채무자의 재산에 대해 강제집행을 할 수 있다(2항).

---

1) 大決 1987. 2. 11. 86그154.

2) 大決 2002. 9. 23. 2000마5257.

3) 大判 1977. 12. 27. 77다1698 판결; 大決 2008. 10. 27. 2007마944 등 역시 보전소송의 인용확정판결이 피보전권리에 관해 기판력이 발생하지 않는다는 점을 명확히 하고 있다.

4) 다만 동일한 내용의 보전처분 신청을 동시에 여러 법원에 제출하거나 반복해서 제출하는 경우에는 이를 제한할 필요가 있으나 근거에 대해서는 보다 심도 있는 연구가 필요하다(박용규, "보전처분 재판의 기판력 유무", 재판자료 45집, 302면 참조).

문제는 채권자표의 기재가 판결이 갖는 것과 같은 기판력을 갖는가 하는 점인데 이에 대해서 학설은 다투어지고 있다. 판례[1]는 이를 부정하고 있고 실무 역시 절차 내의 불가쟁의 효력만을 인정하고 있다.[2]

3) 회생채권자표   회생절차에서도 회생채권자표와 담보권자표가 작성되는데 채권신고 후에 작성되는 채권자표는 회생채권자 등에 대하여 확정판결과 동일한 효력이 인정되며 (회생·파산 168조), 회생계획인가 후에 작성되는 채권자표는 채무자를 비롯한 회생채권자 등에 대해 확정판결과 동일한 효력이 인정된다(회생·파산 255조 1항). 한편, 회생절차에서의 채권자표에 대해서도 기판력 인정여부가 다투어지고 있으나 다수설·판례는 이를 부정하는 입장이다.[3] 파산이나 회생절차가 종료된 경우 혹은 회생절차가 폐지되고 파산절차로 이행된 경우 채권자표가 그 이후의 절차에 있어서도 실체적·절차적인 구속력을 계속 유지할 것인가 여부는 중요한 문제이고 파산절차와 회생절차에서의 채권자표의 기능과 역할이 다르다는 점도 고려되어야 할 것이다. 기판력을 부인해야 한다면 확정판결과 동일한 효력이 있다는 표현을 사용하지 않든지 혹은 민사집행법 제44조 제2항을 적용하지 않는다는 규정을 설치하여 기판력 인정여부를 입법적으로 명백히 하는 것이 좋았을 것이다. 기판력 인정 여부를 학설이나 판례에 맡긴다는 것은 법의 예측 가능성을 심각하게 훼손하는 일이기 때문이다.

4) 외국의 확정재판 등   2014. 5. 20. 법 제217조의 개정으로 외국의 확정판결은 물론 이와 동일한 효력을 갖는 재판도 일정한 요건을 갖춘 경우 자동적으로 국내에서 효력을 갖게 되었다. 더욱이 외국판결의 국내적 효력이라는 측면보다는 외국재판의 승인이라는 측면을 강조하기 위해 법조문의 표제 역시 외국재판의 승인으로 변경하였다. 한편, 법 제217조의 2에서는 외국의 재판 중 손해배상에 관한 확정재판에 대해서는 별도의 승인조건을 추가적으로 설정하고 있다(상세한 내용은 제9편 제4장 참조).

Ⅳ. 기판력의 범위와 법 정책

전소의 기판력이 광범위한 구속력을 갖는다면 국민의 재판청구권이 침해될 소지가 많을 뿐 아니라 재판의 적정성도 보장되기 어렵다. 그렇다고 그 범위를 협소하게 인정한다면 동일

---

1) 大判 2006. 7. 6. 2004다17436.
2) 서울중앙지방법원 파산부 실무연구회, 「법인파산실무」, 303면.
3) 大判 2003. 9. 26. 2002다62715는 '확정판결과 동일한 효력'이라 함은 기판력이 아닌 정리절차 내부에서의 불가쟁의 효력으로 보고 있다. 따라서 회생채권자표에 명백한 오류가 기재된 경우 회생법원의 경정결정에 의하여 이를 바로잡을 수 있고, 회생절차 내부에서는 더 이상 다툴 수 없다고 하여도 무효 확인의 판결을 얻어 이를 바로잡을 수도 있다(大判 2024. 3. 28. 2019다253700). 개인회생채권자표에 대해서도 확인적 효력만을 인정하고 있다(大判 2017. 6. 19. 2017다204131).

하거나 유사한 사건을 반복해서 재판하게 됨으로써 법적 안정성은 물론 분쟁의 1회적 해결과 사법자원의 효율적 배분이라는 기판력제도의 목적과 정면으로 배치된다. 따라서 기판력의 범위를 정하는 것은 이론적인 측면도 중요하지만 그 시대가 갖고 있는 법적 인프라를 고려해야 한다. 따라서 법원의 인적·물적 역량과(법관 1인당 사건처리 수 등), 국민들의 법 감정을 비롯한 법률문화(상대적으로 높은 상소 비율, 법조직역에 대한 불신, 조정·화해 등에 대한 회의적인 시각, 소액사건의 비정상적인 증가 등)는 물론 사회·경제·정치 전반에 걸친 사법(司法) 인프라(높은 본인소송 비율, 빈약한 소송구조제도 등)를 고려한 정책적 결정이 필요하다. 법은 제216조와 제218조에서 기판력의 객관적·주관적 범위를 법정하고 있음에도 그에 대한 논의는 여전히 분분하다.

1. 시적 범위

(1) 법적 근거

주관적·객관적 범위와 달리 시적 범위에 대해서는 법에 명시적인 규정을 두고 있지 않다. 하지만 민사집행법 제44조 제2항이 확정판결의 사실심 변론종결시점을 표준시점으로 해서 그 전의 사유로는 당해 확정판결의 집행을 저지할 수 없도록 표준시의 차단효과를 규정하고 있다. 따라서 위 규정의 반대해석에 의하면 변론종결 후의 사유로는 확정판결의 집행을 저지할 수 있다는 것을 알 수 있다. 나아가 기판력의 주관적 범위를 규정하고 있는 법 제218조의 반대해석을 통해서도 기판력의 시적 범위를 짐작할 수 있다. 즉 변론종결시점 이후에는 소송물이나 당사자 지위의 이전이 있더라도 확정판결의 효력이 여전히 승계인에게 미치지만(표준시의 주관적 범위 확장 효과) 그 외의 새로운 사유를 근거로 한 공격방어는 얼마든지 가능하다는 것을 나타내고 있기 때문이다. 결국 위 규정들을 종합할 때 기판력은 일정한 시간적 한계를 갖고 있다는 것을 알 수 있다.

(2) 판결의 판단시점과 내재적 한계

1) 판결은 사실심 변론종결시점에서의 당사자 간의 권리의무관계에 대한 판단을 담은 것으로서 표준시 이전과 이후의 권리관계에 대한 판단을 담고 있지 않다(판결의 구속력 범위 밖이다). 즉 판결은 모든 시간대의 권리관계를 판단하는 것이 아니라 공격방어방법의 제출 만료시점(변론종결시점)의 권리관계에 대한 판단을 의미한다. 예를 들어 법원이 2008. 4. 16(변론종결일 2008. 4. 2.)「피고는 원고에게 1억 원을 지급하라」는 판결을 선고하고 동 판결이 확정되었다고 가정하면, 이 판결은 2008. 4. 2. 시점에 피고가 원고에게 돈 1억 원을 지급할 의무가 있다는 것을 확인하고 그 이행을 명한 것에 불과하다. 따라서 원고와 피고 간에 4. 2. 이전에 이러한 금전 채권·채무가 있었는지 혹은 4. 2. 이후에도 원고와 피고 간에 채권·채무관계가 존재하는지 여부는 동 판결에 담겨있지 않다.

2) 위 소송에서 원고가 패소판결을 받은 후에 후소로써 위 원본채권에 터잡아 2008. 1. 1부터 같은 해 4. 1까지의 이자(A 부분: 변론종결일 이전) 및 2008. 4. 3부터 장래 발생할 이자(B 부분: 변론종결일 이후)의 지급을 구한 경우 A 부분은 원금채권에 관한 전소판결의 기판력에 저촉되지 않는다. 다만 변론종결 후인 B 부분에 관해 전소판결이 선결적인 원본채권의 부존재를 확정(원고 패소판결에 따른 확정)했으므로 그 부분에 관한 이자청구를 하는 후소는 기판력에 저촉(모순관계)된다.[1]

(3) 표준시 전에 존재한 사유에 근거한 공격방어방법에 대한 차단효

민사집행법 제44조 제2항에서 청구이의의 소의 이의사유를 변론종결 후의 사유로 제한함으로써 변론종결 전 사유를 들어 확정판결에 따른 집행을 저지할 수 없음을 명백히 선언하고 있다. 후소에서 차단되는 것은 확정된 전소판결의 표준시 전에 존재했던 공격방어방법이다. 따라서 당사자는 후소에서 이러한 공격방어방법을 주장할 수 없게 된다. 제출하지 못한 점에 대한 당사자의 과실유무나 기대가능성은 고려되지 않는다.[2] 원고가 계쟁물에 대한 소유권의 확인을 구하는 소를 제기함에 있어 취득원인사실로서 정당한 상속을 주장하였으나 인정할 근거가 없다고 하여 패소 확정판결을 받았음에도 다시 소유권확인청구의 소를 제기하면서 전소에서 주장이 가능했던 취득시효 완성을 새로이 후소에서 주장하는 것은 기판력에 저촉된다.[3] 한편 원고가 대여금반환청구의 소에서 승소한 후 동 판결이 확정되자 강제집행에 착수한 경우, 피고가 그 집행을 저지하고자 청구이의의 소(민집 44조)를 제기하면서 청구권원이 되는 대여금채권은 이미 전소의 변론종결 전에 변제되어 소멸되었다고 주장하는 것 역시 기판력에 저촉되므로 배척될 수밖에 없다. 그러나 소유권이전등기청구의 소나 이혼청구와 같이 각 이전등기나 이혼의 원인이 별개의 소송물을 구성하는 경우에는 전소 확정판결의 기판력에 저촉되지 않는다. 기판력에 의해 차단되는 것은 소송물을 구성하는 공격방어방법에 국한되기 때문이다.

(4) 표준시 후의 형성권 행사

1) 형성권 및 상계권　　　전소의 표준시 전에 발생한 사법상의 형성권(취소, 해제, 상계권 등)을 행사하지 않다가 변론종결 후 이를 행사해서 청구이의의 소 등을 통해 확정된 전소의 집행을 저지할 수 있는가의 문제가 논의되어 왔다. i) 상계권을 포함한 모든 형성권은 전소

---

1) 大判 1976. 12. 14. 76다1488.

2) 大判 2005. 5. 27. 2005다12728.

3) 大判 1987. 3. 10. 84다카2132. 이 판결에 대한 비판은 호문혁, "확인판결의 기판력의 범위", 민사판례연구 (XI), 403면 이하. 동 논문에서는 확인소송의 소송물을 판단함에 있어 이원설의 입장을 취하고 있어 취득원인 사실이 다른 후소는 전소의 기판력을 받지 않는다고 한다. 소송물 이론의 당부를 떠나 전소에서 쟁점이 되지 않은 문제(취득시효 문제)에 대해 기판력으로 배척하는 것은 외형상의 법적 평화만을 추구하고 구체적 타당성에 기한 진정한 법적 평화는 외면하는 것이 된다는 지적은 매우 설득력이 있다.

의 확정판결에 의해 차단되지 않는다는 입장이 있다(비실권설; 호, 725면).[1] ii) 상계권을 포함한
모든 형성권은 전소의 확정판결에 의해 실권된다는 견해가 있다(전부실권설).[2] iii) 상계권을
제외한 일반적인 형성권은 전소의 확정을 통해 실권되지만 상계권만은 예외적으로 실권되지
않는다는 견해가 있다(상계권 예외설). iv) 상계권을 다른 형성권과 달리 취급하더라도 전소 표
준시 전에 상계권이 있음을 알면서도 이를 행사하지 않은 경우에는 실권된다는 견해(조건부
상계실권설)가 있다(이영, 193면; 이시, 622-623면). 상계권의 경우는 취소나 해제권과 같은 일반 형
성권과는 달리 전소의 소구채권을 소멸시키거나 무용지물로 만드는 것이 아니고 순수하게
자기의 반대채권을 처분하는 행위이므로 앞서의 형성권과는 달리 실권되지 않는다고 보아야
한다(통설의 입장).[3] 따라서 상계권자는 확정된 전소에 터 잡은 집행절차를 청구이의의 소를
통해 저지할 수 있게 됨으로써 무익한 집행을 방지하고 반대채권으로 인해 빚어질 또 다른
소송을 예방할 수 있게 된다. 물론 조건부 상계실권설이 주장하는 바와 같이 전소의 확정 전
에 예비적으로라도 상계권행사를 하였다면 더더욱 절차가 간명하게 될 수 있는 것이 아닌가
하는 반론이 제기될 수는 있다. 그러나 소구채권과는 무관한 반대채권을 전소에서 반드시 행
사하여야 한다는 의무를 상계권자에게 지우는 것은 부당하다.

   2) 지상권자나 임차인의 건물매수청구권   대지소유자가 건물소유를 목적으로 토지를
임차한 임차인에 대해 건물철거 및 대지인도청구의 소를 제기한 경우 건물소유자인 토지임
차인은 건물매수청구권을 행사함으로써 자신의 이익을 지킬 수 있다. 따라서 임차인이 형성
권인 매수청구권을 행사한 경우는 그 의사표시의 도달로 매매계약이 체결됨으로써 대지소유
자인 원고는 피고에게 매매대금의 지급과 상환으로 건물을 인도해 줄 것을 요구하는 취지의
청구취지 변경을 하여야 하며, 법원은 임차인의 매수청구권이 인정되는 경우 원고에게 청구
취지 변경 여부에 대해 석명을 하여야 한다.[4] 원고가 석명에 불응하는 경우에는 기존의 철
거청구와 대지인도청구를 기각할 수밖에 없다. 따라서 원고로서는 임차인의 매수청구권이 인
용될 것에 대비해서 매매대금의 지급과 상환으로 건물인도를 구하는 예비적 청구취지를 추
가하는 것이 바람직하다. 그런데 전소에서 임차인이 자신에게 매수청구권이 있음을 알면서도
이를 행사하지 않고 판결이 확정된 후에야 비로소 매수청구권을 행사하면서 청구이의의 소
를 통해 전소 확정판결의 집행을 저지할 수 있는지 문제된다. 앞서 본 상계권의 행사와 동일

---

1) Rosenberg/Schwab/Gottwald, §155 Rdnr. 4. 역시 동일한 입장이다.
2) 독일의 통설, 판례이다(MüKoZPO/Gottwald, ZPO §322 Rn. 159 참조).
3) 판례도 동일한 입장이다(大判 1966. 6. 28. 66다780; 大判 2005. 11. 10. 2005다41443). 일본의 통설과 판례
   역시 상계권은 실권되지 않는다는 입장이다(伊藤 眞, 520面 참조). 그러나 다른 형성권에 대해서는 개개의 형
   성권의 실체법적 성질이나 절차의 경위를 감안해서 표준시 전의 형성권 행사가 기대될 수 있었던 경우에는
   기판력의 차단효과를 인정하는 견해가 지배적이라고 한다(伊藤 眞, 516面).
4) 大判(全) 1995. 7. 11. 94다34265.

한 맥락에서 집행을 통해 매수청구권의 대상이 되는 건물이 철거집행을 통해 멸실되지 않았다면 임차인은 청구이의의 소를 통해 이를 저지할 수 있으며 별소로 매매대금의 지급을 구할 수 있다고 보아야 한다.[1]

3) 한정승인과 면책결정　① 형성권의 행사는 아니지만 상속인의 책임범위가 제한되는 한정승인과 관련해서 문제가 있다. 즉 채권자가 피상속인의 금전채무를 상속한 상속인을 상대로 그 상속채무의 이행을 구하여 제기한 소송에서 이미 한정승인을 한 채무자가 이 사실을 변론에서 주장하지 않으면 책임의 범위는 현실적인 심판대상으로 등장하지 아니하여 주문에서는 물론 이유에서도 판단되지 않으므로 그에 관하여 기판력이 미치지 않는다는 것이 판례의 입장이다.[2] 따라서 채무자는 그 후 채권자의 집행에 대해 위 한정승인 사실을 원인으로 청구에 관한 이의의 소를 제기할 수 있게 된다. 그러나 상속채무의 이행을 구하는 소의 소송물에는 책임의 범위도 포함된다고 보는 것이 합리적이므로[3] 변론종결 전에 한정승인 사실을 항변으로 제출하지 않은 경우 기판력에 의해 차단된다고 봄이 타당하다.

② 파산채권자가 개인채무자를 상대로 채무 이행을 청구하는 소송에서 채무자가 변론종결전에 받은 면책 사실을 주장하지 않아 면책된 채무 이행을 명하는 판결이 선고되어 확정된 경우에도 개인채무자는 그 후 면책된 사실을 내세워 청구이의의 소를 제기할 수 있는지 문제된다. 대법원은 변론종결전에 면책 주장을 하지 않았다는 이유만으로 청구이의의 소를 통해 면책된 채무에 관한 확정판결의 집행력을 배제하는 것을 허용하지 않는다면 면책제도의 취지에 반하고 확정된 면책결정의 효력을 잠탈하는 결과를 가져올 수 있으므로 확정판결에 관한 소송에서 주장되지 않았던 면책 사실도 청구이의소송에서 이의사유가 될 수 있다고 한다.[4]

(5) 표준시 이후에 발생한 새로운 사유

1) 표준시 후의 사실자료　① 기판력은 표준시 전의 공격방어방법을 차단할 뿐이므로 표준시 이후에 발생한 새로운 사유(사실자료에 국한됨)를 원인으로 새로운 소를 제기하거나 원고의 집행을 저지하는 청구이의에 관한 소를 제기하는 것은 무방하다. 따라서 전소 확정

---

1) 大判 1995. 12. 26. 95다42195.

2) 大判 2006. 10. 13. 2006다23138. 강대성, 「민사집행법」, 삼영사(2006), 187면; 박두환, 「민사집행법」, 법률서원(2002), 81면 등도 기판력 부정설을 취하면서 판례의 입장과 동일한 견해를 피력하고 있다.

3) 민일영, "청구이의의 소에 관한 실무상 제 문제", 「강제집행·임의경매에 관한 제 문제(상)」, 220면도 같은 취지이다. 한편 대법원 역시 당사자가 한정승인 사실을 주장하게 되면 소송물의 범위에 포함되는 것으로 보고 있다. 大判 2003. 11. 14. 2003다30968에 따르면 상속재산이 상속채무의 변제에 부족하다고 하더라도 상속채무 전부에 대한 이행판결을 선고해야 하지만 그 채무가 상속인의 고유재산에 대해서는 강제집행을 할 수 없는 성질을 가지고 있으므로, 집행력을 제한하기 위하여 이행판결의 주문에 상속재산의 한도에서만 집행할 수 있다는 취지를 명시하여야 한다고 판시하고 있기 때문이다.

4) 大判 2022. 7. 28. 2017다286492.

후에 조건이 성취되는 경우,[1] 전소에서 피담보채무의 변제로 양도담보권이 소멸하였음을 원인으로 한 소유권이전등기의 회복 청구가 기각된 경우, 장래 잔존 피담보채무의 변제를 조건으로 소유권이전등기의 회복을 청구하는 것 등은 가능하다.[2]

② 반면, 표준시 후에 법률이나 판례의 변경, 법률에 대한 위헌결정, 전소 판단의 기초가 되었던 행정처분의 변경 등으로 인해 전소판결의 결론이 달라질 수 있다 하더라도 전소의 기판력에 의해 차단된다는 것이 판례의 입장이다.[3] 경우에 따라서는 기판력은 차단되지만 일정한 경우 재심의 소(451조 1항 8호, 판결의 기초가 된 민사나 형사의 판결, 그 밖의 재판 또는 행정처분이 다른 재판이나 행정처분에 따라 바뀐 때)에 의해 구제될 수 있는 경우도 있다.[4] 그러나 법령의 변경, 법령에 대한 위헌 결정 등은 재심사유도 되지 않으므로 당사자의 구제는 불가능하게 된다.[5] 법적 안정성을 위해 불가피한 일이다.

2) 장래이행판결과 차단효

① 장래이행판결의 효력　　　　원고가 건물인도를 구하면서 장래 피고가 건물을 인도할 때까지의 임료상당의 부당이득반환을 구하는 경우 그 장래이행판결의 효력은 변론종결 이후의 권리관계에 대해서도 계속 미친다고 보는 것이 타당하다. 그러나 표준시 이후부터 인도시까지의 임료산정은 변론종결시점을 기준으로 장래 예측에 터 잡은 것이므로 상황의 변화에 따라서는 임료가 매우 부당하다는 것이 명백해지는 경우가 있다(임료의 폭등이나 폭락). 이때 표준시 이후 특정 시점에서의 적정 임료(예를 들면 월 500만 원)와 이미 전소에서 확정된 임료(예를 들면 월 50만 원) 간의 차액 450만 원의 지급을 구하는 것이 허용될 것인가 문제된다.

② 일부청구의 의제이론　　　　판례[6]의 다수의견은 확정된 장래이행판결의 기판력이 장래

---

1) 大判 2002. 5. 10. 2000다50909.

2) 大判 2014. 1. 23. 2013다64793.

3) 大判 1998. 7. 10. 98다7001; 大判 2019. 8. 29. 2019다215272.

4) 大判(全) 1981. 11. 10. 80다870(관재국장이 귀속재산(부동산)을 소외 회사에게 매도(불하)하고 그 이전등기가 된 뒤에 관재국장이 위 매각처분을 취소하자 국가가 이를 이유로 소외 회사들을 상대로 제기한 위 소유권이전등기말소청구의 소(전소)가 국가 승소로 확정된 뒤, 소외 회사가 제기한 행정소송에서 위 매각처분 취소처분을 취소한 판결이 확정되었다면 소외 회사는 이로써 법 제422조(현 451조) 제1항 제8호의 사유를 들어 재심을 구함은 별론으로 하고, 국가에 대하여 위 매각을 원인으로 위 부동산에 대한 소유권이전등기절차의 이행을 구하는 것은 위 전소의 민사확정판결의 기판력에 저촉된다).

5) 大判 1998. 7. 10. 98다7001(공상을 입은 군인이 국가배상법에 의한 손해배상청구의 소를 제기하였으나 다른 법령에 의한 보상을 받을 수 있다는 이유로 패소판결이 선고되고 그 판결이 확정된 후 실제로 구 국가유공자 예우 등에 관한 법률(1997. 1. 13. 법률 제5291호로 개정되기 전의 것)상의 보상을 받기 위한 신체검사에서 등외 판정을 받아 보훈수혜 대상자가 될 수 없음이 판명된 경우, 이는 종전의 확정 판결이 있은 후에 비로소 그 판결에서 전제로 삼은 바와는 다르게 다른 법령에서 보상을 받을 수 없음이 객관적으로 판명되게 된 것이어서, 판결확정 후에 새로운 사유가 발생하여 사정변경이 있은 경우에 해당한다고 할 수 있고, 이를 들어 법령이나 판례 혹은 판결의 기초가 된 행정처분의 변경이 있은 것과 마찬가지라고는 볼 수 없다). 이 판결에 대한 비판은 조수정, "변론종결 이후에 발생한 새로운 사유", 민사판례연구 제22권, 485면 이하 참조.

6) 大判(全) 1993. 12. 21. 92다46226.

에도 미친다는 것을 인정하면서도 종전의 청구를 일부청구로 의제하는 이론을 통해 사정변경에 따른 추가적인 청구를 인용하였다. 그러나 별개의견은 다수의견의 결론에 동조하면서도 확정된 전소에서 인용된 금액이 상당할 수 없는 정도의 사정변경이 있었다면 전소의 변론종결시까지 주장할 수 없었던 사유가 그 후 새로 발생한 것으로 보아야 한다고 주장하였다. 다수의견이나 별개의견 모두 표준시 이후의 예측불가능한 사정의 변경을 인정하고 기판력이 추구하는 법적 안정성보다는 구체적인 타당성을 우선시하였다. 그러나 이론적으로는 다수의견이나 별개의견 모두 설득력이 없는 것은 마찬가지였다. 변론종결 후의 새로운 사정변경이 있다고 해서 종전의 전부청구가 일부청구로 전환될 수도 없는 것이며 나아가 새로운 사정변경이 시적 범위의 예외로 되는 것도 아니기 때문이다. 이에 정기금 판결제도를 도입하게 되었다.

(6) 정기금판결에 대한 변경의 소

1) 의　　의　　현행법은 2002년 개정을 통해 정기금의 지급을 명한 판결이 확정된 뒤에 그 액수 산정의 기초가 된 사정이 현저하게 바뀜으로써 당사자 사이의 형평을 크게 침해할 특별한 사정이 생긴 때에는 확정된 판결의 당사자는 장차 지급할 정기금 액수를 변경해 줄 것을 소로써 구할 수 있는 정기금판결에 대한 변경의 소를 도입하였다(252조).[1] 따라서 확정된 판결의 당사자는 판결이 확정된 이후에도 형평성의 침해를 이유로 장래의 정기금 액수의 증감청구를 할 수 있게 되었다. 그러나 이러한 정기금판결에 대한 변경의 소는 판결 확정 뒤에 발생한 사정변경을 요건으로 하는 것이므로 단순히 종전 확정판결의 결론이 위법·부당하다는 등의 사정을 이유로 정기금의 액수를 바꾸어 달라고 하는 것은 허용되지 않는다.[2]

2) 법적 성질과 소송물

① 법적 성질　　이미 확정된 판결에 대해 사후적인 변경을 구하는 것으로 형성의 소의 성질을 갖는다. 그러나 전소판결에서 명한 금액을 증액하는 변경판결에는 이행판결의 요소가 내포된다. 확정된 판결의 집행을 저지하는 집행법상의 청구이의의 소, 확정판결 자체의 흠을 이유로 판결의 효력 자체를 취소하는 재심의 소와 달리 종전판결의 내용을 사후적인 사유를 이유로 변경한다는 점에서 이들 소송과는 차별성이 있다.

② 소　송　물　　변경의 소에서는 확정된 전소판결의 사실관계를 토대로 한 권리·의무관계뿐 아니라 그 후에 변경된 새로운 사실관계에 터잡은 권리·의무관계 역시 심판의 대상이 된다. 확정된 전소판결의 내용과 새로운 사실관계 형성에 따른 새로운 법률관계를 비교형량하는 과정이 필수적이기 때문이다. 따라서 전소의 소송물과 동일할 수는 없으며 그렇다고 해서 전소 확정 후의 새로운 사실관계만을 심리할 수도 없다.

---

1) 앞서 본 전원합의체 판결의 불합리함을 해소하기 위해 독일제도(ZPO §323)를 모방한 입법이라고 한다(이시, 624면). 한편 일본(日民訴 117조 1항) 역시 우리와 유사한 제도를 두고 있다.

2) 大判 2016. 3. 10. 2015다243996.

   3) 요   건   변경의 소는 확정된 전소판결의 기판력을 입법적으로 부인하는 제도로
서 분쟁의 1회적 해결을 통한 법적 안정성의 법익보다 구체적 타당성을 보호할 가치가 큰
예외적인 상황을 전제한다. 법 제252조가 요구하는 요건을 분설한다.

   ① 정기금의 지급을 명한 확정판결   변경의 소의 대상은 변론종결시점 이후에도 패
소자가 일정한 비율의 정기금을 지급해야 하는 확정된 정기금판결[1]이다. 정기금판결의 원인
은 변론종결 전에 발생한 채권에 국한되지 않고 종결시점 이후 장래에 발생할 정기금 채권
역시 포함된다. 교통사고를 원인으로 한 손해배상판결(정기금판결)에서 원고인 피해자의 일실
수익산정의 기초가 된 농촌일용노임이나 도시일용노임 등이 급상승하거나 심각하게 하락한
경우, 원고는 변경의 소를 통해 정기금의 지급을 증액해 줄 것을 청구할 수 있으며, 이에 반
해 피고는 정기금의 감액을 청구할 수 있다. 그러나 변론종결 당시 예상되었던 피해자의 손
해가 불측의 후유증 발생으로 확대된 경우에는 그로 인해 증가된 손해는 별소를 통해 구제
받을 수 있으므로[2] 변경의 소의 대상이 되지 않는다.

   ② 액수산정의 현저한 사정 변경   i) 변론종결 당시 정기금의 범위를 결정짓는 기초
사정이 그 후 현저하게 변경되어야 한다. 그 증명책임은 원고에게 있다. 현저한 변경인지 여
부는 전소 변론종결 당시 참작자료와 새로운 시점의 그것을 상호 비교 검토해서 법원의 재
량으로 판단한다. 우선 전소 변론종결시점에서의 예상가능성을 검토하되 사실적 상황을 중점
적으로 고려함이 타당하다.[3] 또한 증감액수의 편차가 당사자 사이에 형평을 크게 침해할 정
도인지 여부를 판단하여야 한다.

   ii) 어느 정도의 금액 변동이 현저한 사정변경으로 인해 당사자 간의 형평을 해치게 되
는 것인지 그 경계는 명확하지 않다. 전소의 변론종결일 이후 변경의 소 변론종결 당시까지
사이에 피고들 점유토지의 공시지가는 약 2.2배 상승하였고 ㎡당 연임료는 약 2.9배 상승한
정도라면 전소의 확정판결이 있은 후에 그 액수 산정의 기초가 된 사정이 현저하게 바뀜으
로써 당사자 사이의 형평을 크게 침해할 특별한 사정이 생겼다고 할 수 없다는 대법원 판
결[4]이 있으나 하급심 중에는 지료나 임료의 변동률이 1.5배 이상 2배 미만인 경우는 변경청

---

1) 불법행위의 피해자가 후유장애로 장래에 계속적으로 치료비나 개호비 등을 지출하여야 하는 경우에 정기
   금 지급과 일시금 지급 중 어느 방식으로 손해배상을 청구할 것인지는 원칙적으로 피해자 자신이 선택할 수
   있지만 궁극적으로는 법원의 재량사항이라는 것이 법원의 확립된 입장이다(大判 1992. 10. 27. 91다39368; 大
   判 2021. 7. 29. 2016다11257).

2) 大判 2007. 4. 13. 2006다78640.

3) 법률의 개정과 같은 법률적 상황도 고려해야 한다고 하는 견해(이시, 626면; 강영수/주석민소(4), 205면
   등)들이 있으나 의문이다. 이러한 법률적 상황의 변동은 결국 사실적 상황의 변화를 초래하는 것이 일반적이
   기 때문이다. 한편, 정선주, "정기금판결에 대한 변경의 소-한국과 독일의 입법례 비교-", 비교사법 11권 2
   호, 416면에서도 독일의 판례를 들어 법률의 개정이나 헌법에 상응하는 새로운 해석이 행해진 경우를 포함
   하여 법률적 상황이 바뀐 것은 사실의 변경에 준하지만 판례 변경은 이에 해당하지 않는다고 한다.

4) 大判 2009. 12. 24. 2009다64215.

구가 인용될 확률이 높다는 보고가 있다.[1]

　③ 장차 지급할 정기금 금액의 변경 　　　i) 법 제252조 제1항에서는 "장차 지급할 정기금 액수를 바꾸어 달라는 소"를 제기할 수 있다고 하여 증감액수의 산정 시기를 다소 모호하게 규정하고 있다. 이에 대해 소 제기 시점을 기점으로 하여 장차 지급할 정기금액수만이 변경의 소의 대상이 된다고 하는 견해가 다수이며(김/강, 606면; 이시, 627면)[2] 판례 역시 동일한 입장으로 파악된다.[3] 그러나 우리의 경우 독일이나 일본과 달리 변경청구의 대상을 소 제기일 이후로 명시적으로 한정하고 있지 않으며 92다46226 전원합의체 판결 이후에도 판례는 여전히 일부청구 의제이론을 유지하고 있어[4] 문제이다. 결국 현재 판례의 입장은 현저한 사정변경이 있던 시점부터 소 제기 시점 이전까지는 일부청구 의제이론을 통해, 소 제기 시점 이후에는 변경청구를 통해 구제를 인정하고 있는 셈인데 이럴바에는 변경청구의 대상을 현저한 사정변경이 있었던 시점부터 인정하는 것이 간명하고 정기금판결제도의 도입 취지에도 부합된다고 판단된다.

　4) 절차와 재판 　　　변경의 소는 전소 확정판결의 1심 법원의 전속관할로 한다(252조 2항). 변경의 소를 인용하는 경우에는 원 판결 중 금액부분에 대한 증감을 명하는 변경판결을 선고하여야 한다. 따라서 변경의 소는 증감된 금액에 대한 집행권원이 될 뿐이므로 원 판결에서 선고한 원래의 금액에 대해서는 동 판결이 집행권원이 된다.[5] 아울러 확정된 정기금판결에 대한 강제집행이 완료된 경우에는 감액을 구하는 변경의 소는 더 이상 권리보호의 이익이 없다(이시, 626면). 한편, 변경의 소를 제기함으로써 원 판결의 집행력이 당연히 정지되는 것은 아니므로 변경의 소를 제기하는 자는 따로 집행정지신청을 해야 한다(500조, 501조).

2. 객관적 범위

　확정판결의 기판력은 판결의 주문에 포함된 것에 한해 발생함이 원칙이다(216조 1항). 따

---

1) 문영화, "정기금판결 변경의 소의 현저한 사정변경의 의미", 민사소송 18권 2호, 270면 이하 참조. 동 논문은 2002년부터 2014. 6까지의 하급심 판결 21건을 분석한 결과를 담고 있다.

2) 아마도 입법적으로 해결하고 있는 독일과 일본의 입법례가 많은 영향을 미치지 않았나 생각된다. 즉, ZPO §323 ③에 따르면 변경의 소는 소가 계속된 이후의 시기에 한해서 허용된다고 명시하고 있으며 日民訴 제117조 제1항 역시 소 제기 이후에 지불기한이 도래하는 정기금에 한해서 변경의 소가 가능하다.

3) 大判 2009. 12. 24. 2009다64215.

4) 大判 1999. 3. 9. 97다58194; 大判 2011. 10. 13. 2009다102452.

5) 원 판결이 인정한 정기금이 월 50만 원인데, 변경의 소를 통해 100만 원으로 증액된 경우를 가정하자. 이때 변경의 소 주문은 "피고는 원고에게 매월 50만 원의 비율에 의한 금원을 추가로 지급한다"로 하는 것이 타당하다. 따라서 이전 50만 원에 대해서는 원 판결이 집행권원이 된다. 만일 100만 원의 정기금지급 판결이 변경의 소를 통해 50만 원으로 감액된 경우에는 "피고는 원고에게 매월 50만 원의 비율에 의한 금원을 감액하여 지급한다"로 주문을 작성하는 것이 바람직하다. 이로써 원 판결은 월 50만 원에 대해서만 집행권원을 갖게 된다. 원 판결 역시 확정된 판결로써 집행권원이 되므로 2개의 판결 모두가 집행권원이 된다고 보는 것이 타당하다.

라서 판결이유의 판단대상이 된 주요쟁점이라 하더라도 기판력을 갖지 못한다. 단지 상계항 변이 있는 경우 상계로 인해 소멸하는 액수에 한해서만 기판력이 발생한다는 예외를 인정하고 있다(216조 2항). 그러나 주문에 포함된 것이 구체적으로 무엇인지 아울러 판결이유의 판단에 대해서도 기판력을 인정함이 타당하다는 견해가 있어 이를 살펴보고자 한다.

(1) 판결주문에 포함된 것

1) 의   의   ① 판결의 주문에는 당사자의 청구에 대한 답변으로써 소송물에 대한 판단이 표시된다. 따라서 당해 소송의 소송물에 대한 결론적인 답변으로서의 판결주문에 한정해서 기판력이 발생하고 판결주문에 이르게 된 경위나 쟁점 등 판결이유의 기재 대상에 대해서는 기판력이 발생하지 않는다. 그러나 판결주문은 집행을 고려해서 작성되어야 하므로 기술적인 필요에 의해서 간결, 명확, 무색하게 작성되는 것이 원칙이다. 따라서 금전지급을 명하는 판결의 주문은 단순히 "피고는 원고에게 1억 원을 지급하라"는 형식으로 기재되므로 판결이유의 기재로서 보충되지 않으면 소송물을 특정하기 어렵다. 또한, 소송판결이나 청구기각 판결에서는 주문만으로는 소송물을 특정할 수 없으므로 이유를 통한 보충이 필요하다. 따라서 주문을 특정하기 위해 필요한 한도에서 이유의 기재 역시 기판력의 범주에 포섭된다.

② 우리 판례는 판결주문에 한정해서 기판력이 미친다고 하는 엄격한 원칙을 고수하고 있다. 즉   甲이 乙을 상대로 소유권확인의 소를 제기하였으나 甲에 대한 농지분배가 무효라는 이유로 원고청구가 기각되자(전소) 乙은 甲을 상대로 후소에서 소유권확인을 구하였으나 후소법원은 이번에는 오히려 甲에 대한 농지분배가 유효하다는 이유로 乙의 청구를 기각할 수 있다고 한다.[1] 판결이유에 대해 구속력이 없으므로 법원은 실체적 진실에 부합하는 판단을 자유로이 할 수 있다는 장점이 있으나 기판력의 기술적인 측면이나 상대성을 이해하지 못하는 일반인의 입장에서는 기이한 현상이라고 생각할 수 있다.

2) 소송물의 이동(異同)과 기판력

① 청구취지가 다른 경우

i) 진정명의회복을 원인으로 한 이전등기청구   두 개의 소가 청구취지가 다른 경우에는 원칙적으로 기판력의 저촉은 없다. 그러나 기판력은 소송물이 동일한 경우뿐 아니라 후소가 선결적인 전소의 확정판결에 저촉되거나 모순되는 경우에도 기판력이 작용하므로 외관상 청구취지가 다른 경우에도 기판력에 저촉되는 경우가 있다. 한편 진정명의회복을 원인으로 하는 이전등기청구소송과 소유권에 기한 이전등기말소청구는 외관상의 청구취지는 상이하지만 실질적으로 그 목적이 동일하고, 두 청구권 모두 소유권에 기한 방해배제청구권으로서 그

---

1) 大判 1968. 9. 30. 68다1411.

법적 근거와 성질이 동일하므로 상호 간에 기판력의 저촉이 있다고 본 대법원 판결[1]을 둘러싼 대법관 사이의 의견대립이 주목을 끈다. 별개의견과 반대의견은 공히 두 개의 소송이 청구취지가 다르므로 상호 간의 기판력의 저촉은 없다고 본다.[2] 다수의견[3] 역시 청구취지가 다르므로 소송물이 형식적으로 다르다는 입장은 동일하지만 그 실질적인 목적과 법적 성질이 동일하다는 데 초점을 맞춤으로써 결론적으로 "실질적인 동일성"을 인정하고 있다. 그러나 두 개의 소송은 청구취지가 다르므로 소송물이 동일하다고 볼 수 없지만 두 청구의 본질은 소유권에 기한 방해배제청구권이라는 점은 다툼이 없다. 따라서 소유권에 기한 방해배제청구권을 소송물로 하는 소유권에 기한 말소등기청구소송(전소)에서 원고가 패소 확정판결을 받았음에도 불구하고 후소인 진정명의회복을 원인으로 한 이전등기청구소송에서 피고가 승소한다면 명백히 전소와 모순되는 결과에 이르게 된다. 즉 기판력의 작용측면에서 후소가 허용되지 않는다고 설명하는 것이 보다 설득력이 있고 합리적이라고 생각된다.[4]

ii) 배당이의의 소와 부당이득반환청구   채권자 乙이 경매절차에서 배당표상에 다른 채권자 甲에 대한 배당이 잘못되었다는 것을 이유로 이의를 제기하였으나 받아들여지지 않으면 乙은 甲을 상대로 집행법상의 배당이의의 소(민집 154조)를 제기할 수 있다. 한편 채권자 乙은 배당이의의 소를 제기하는 대신에 배당이의 여부 또는 배당표의 확정 여부와 관계없이 배당받을 수 있었던 배당금을 수령한 다른 채권자 甲을 상대로 부당이득반환 청구를 할 수도 있다.[5] 그런데 乙이 배당이의의 소를 제기하였으나 패소확정 판결을 받았다면 이 경우에

---

1) 大判(全) 2001. 9. 20. 99다37894.

2) 특히 반대의견은 " … 우선 그 청구취지가 다르므로, 이러한 법리의 적용을 배제할 만한 상당한 법적 근거가 없다면 각각의 소송물이 다르다고 보아야 한다. 이 두 소송에서 말소등기청구권과 이전등기청구권이 실질적으로는 동일한 목적을 달성하기 위한 것이라 하더라도 각각에 다른 법률효과를 인정하여 별개의 소송물로 취급하는 것도 가능하고, 실체법과 함께 등기절차법의 측면에서 보면 이들 청구권의 법적 근거가 반드시 동일하다고만 볼 수도 없는 것이며, 또한 실제적인 측면을 고려할 때, 소유권이전등기의 말소청구와 함께 진정명의의 회복을 원인으로 하는 소유권이전등기청구를 중첩적으로 허용함이 타당하다 … "고 판시한 바 있다. 엄격한 실체법설을 유지하는 입장이라고 생각되는데 타당한 측면도 있다.

3) 다수의견은 " … 말소등기에 갈음하여 허용되는 진정명의회복을 원인으로 한 소유권이전등기청구권과 무효등기의 말소청구권은 어느 것이나 진정한 소유자의 등기명의를 회복하기 위한 것으로서 실질적으로 그 목적이 동일하고, 두 청구권 모두 소유권에 기한 방해배제청구권으로서 그 법적 근거와 성질이 동일하므로, 비록 전자는 이전등기, 후자는 말소등기의 형식을 취하고 있다고 하더라도 그 소송물은 실질상 동일한 것으로 보아야 하고 … "라고 판시하고 있다.

4) 소유권의 회복을 구하는 원고가 동일한 소에서 진정명의회복을 원인으로 한 이전등기청구(A 청구)와 소유권이전등기말소청구(B 청구)를 선택적으로 혹은 예비적으로 병합하여 청구하는 것은 가능하다. 원고에게 소유권이 존재한다는 사실이 주장·입증되지 않는다면 A, B 청구는 모두 기각되어야 하지만, 동 사실이 증명된다 하더라도 B 청구는 인용되고, A 청구는 기각될 수 있기 때문이다(원고가 계쟁 부동산을 원시취득한 것도 아니고 등기부상 소유자로 등재된 바도 없는 경우 등).

5) 大判 1964. 7. 14. 63다839 이래 대법원의 확고한 입장이었다. 최근 대법원에서는 배당이의를 하지 않은 채권자가 배당절차에서 배당받은 다른 채권자를 상대로 부당이득반환 청구의 소를 제기하여 새삼스럽게 자신의 실체법적 권리를 주장하는 것을 허용해서는 안 된다는 반대견해가 있었으나 소수견해에 그치게 되었다(大判(全) 2019. 7. 18. 2014다206983).

도 乙이 다시 甲을 상대로 부당이득반환청구의 소를 제기할 수 있는지 여부가 문제된다. 배당이의의 소의 판결이 배당에 관한 이의권의 확인 내지 형성에 그치는 것이고, 그에 따라 반사적으로 강제집행절차가 수행될 뿐 실체법상의 권리까지 변동시키는 것이 아니라는 입장에서 배당이의의 소에 대한 본안판결이 있은 후라도 다시 실체법상의 소를 제기할 수 있다고 하는 견해가 있다. 그러나 대법원은 배당이의의 소에서 패소의 본안판결을 받은 당사자가 그 판결이 확정된 후 상대방에 대하여 위 본안판결에 의하여 확정된 배당액이 부당이득이라는 이유로 그 반환을 구하는 소를 제기한 경우에는, 전소인 배당이의의 소의 본안판결에서 판단된 배당수령권의 존부가 부당이득반환청구권의 성립 여부를 판단하는 데에 있어서 선결문제가 된다고 할 것이므로, 당사자는 그 배당수령권의 존부에 관하여 위 배당이의의 소의 본안판결의 판단과 다른 주장을 할 수 없고, 법원도 이와 다른 판단을 할 수 없다고 판시하였다.[1] 앞서의 진정명의회복을 원인으로 한 이전등기청구 사건과 달리 기판력의 작용 측면으로 설명한 것은 지극히 자연스럽고 타당하다.[2]

　　iii) 부동산에 대한 특정부분 매수청구　　　1필의 토지 중 특정부분에 대한 소유권이전등기청구와 같은 토지 전부의 지분에 대한 지분권이전등기청구는 청구취지가 다르므로 별개의 소송물에 해당한다는 것이 판례의 다수의견이다.[3] 그런데 이 사건의 별개의견은 소송물의 범위와 기판력의 범위는 항상 일치하는 것은 아니며 따라서 기판력의 객관적 범위를 판단함에 있어서도 법적 안정성의 관점에서 소송물의 동일성 여부에만 의존할 것이 아니라 절차보장의 관점에서 후소의 당사자가 전소의 소송절차 내에서 문제로 된 당해 소송물에 관하여 변론을 하고 또 그에 대한 법원의 판단을 받을 기회가 있었느냐 하는 점을 당연히 고려하여야 한다고 주장하고 있다. 이 입장은 기판력의 정당성의 근거를 절차보장적 측면에서도 고찰하여야 한다는 것으로 주목할 만하다. 그러나 같은 일자의 매매계약이지만 특정부분을 매수하였다는 주장과 함께 자신이 점유하는 특정부분 1,500평에 대한 이전등기청구를 하는 것(전소)과 전체 토지 중의 일정 지분을 매수하였다는 주장에 기초한 청구(후소)는 청구취지뿐 아니라 전제사실을 달리하고 있는 것으로 보아야 할 것이다. 토지의 일부를 매수하면서 특정부분을

---

1) 大判 2000. 1. 21. 99다3501.

2) 오종윤, "배당이의소의 성질과 기판력", 인권과 정의 287호, 105면 이하 참조.

3) 大判(全) 1995. 4. 25. 94다17956. 이 사건의 반대의견은 전·후 양소의 소송물이 오히려 동일하다고 본다. 즉 전·후 양소의 소송물은 공히 1960. 9. 17.자 매매계약을 원인으로 한 이 사건 토지의 이전등기청구권이라고 한다. 전소의 청구의 내용인 이 사건 계쟁토지의 일부인 특정부분 전부에 대한 소유권이전등기청구와 후소의 청구 내용을 이루고 있는 이 사건 계쟁토지 전체에 관한 지분이전등기청구가 그 특정부분 한도 내에서 동일 소송물이냐 여부는 동일한 소송목적물에 관한 가분적인 실체법상의 청구권의 일부청구에 있어서와 같이 전부청구와 일부청구와의 관계에 있느냐 아니면 질적으로 전혀 다른 청구이냐 여부에 달려 있는데 전소는 전체 토지 중 특정부분 토지에서의 지분을 구하고 있으므로 후소(전체 토지 중의 지분)의 분량적 일부에 불과하다는 점을 들고 있다. 청구의 실체법적인 본질 규명을 통해 소송물과 기판력의 이동(異同)을 구분하고자 하는 전통적인 판례의 입장을 대변한다.

매수한 것인지 혹은 그 지분을 매수한 것인지 여부는 당사자에게 매우 중요할 뿐 아니라 전소의 청구취지 안에 후소의 청구를 포함하는 것이라고 단정할 수 없기 때문이다. 분쟁을 1회적으로 해결하고자 하는 의지가 법원에게 있다면 석명권 행사를 통해 당사자로 하여금 예비적 병합을 유도하는 것이 바람직할 것이다.

② 청구취지는 동일하지만 청구원인을 이루는 사실관계나 실체법상의 권리관계를 달리하는 경우

i) 원칙과 예외   동일한 급부를 목적으로 하지만 이를 근거지우는 사실관계 혹은 실체법상의 권리관계를 달리하는 경우에는 각각의 소송물을 구성하므로 상호 간에 기판력의 저촉은 없다(구소송물이론). 동일한 금전의 지급을 구하면서 주위적으로는 어음채권에 기해서, 예비적으로는 원인채권에 기해서 청구를 병합하는 것이 통상의 경우인데 이는 어음발행사실과 원인채권 발생사실을 달리하는 것으로서 별개의 청구라고 할 것이다. 한편 화물의 운송을 의뢰한 송하인(送荷人)이 운송물의 멸실에 대해 운송인에게 손해배상을 구하는 경우, 송하인은 운송계약위반에 따른 책임을 묻거나 혹은 불법행위책임을 선택적으로 물을 수 있으므로 통상 두 청구를 선택적으로 병합하게 된다. 이 소송은 원고가 동일한 사실관계에서 비롯된 손해를 배상받고자 하는 것이지만 그를 근거지우는 실체법상의 권리를 달리하므로 다른 소송물로 취급된다. 따라서 재심의 소를 제기하더라도 법 제451조 제1항 각호가 정하는 재심사유별로 소송물을 달리하므로 상호 간에 기판력의 저촉은 없다.[1] 민법 제840조 각호가 정하는 재판상 이혼사유도 별개의 독립적인 청구원인을 구성하므로 소송물을 달리하게 되고 상호 간에 기판력의 저촉은 없다.[2] 한편 명의신탁자는 명의수탁자에 대하여 신탁해지를 하고 신탁관계의 종료만을 이유로 하여 이전등기절차의 이행을 청구할 수 있음은 물론, 신탁해지에 따른 소유권에 기해서도 그와 같은 청구를 할 수 있는데 이 경우 양 청구는 청구원인을 달리하는 별개의 소송이라는 것이 판례의 입장이다.[3]

ii) 임대차 해지사유   민법이 정하고 있는 임대차의 법정해지사유별로 별개의 소송물을 구성할 것이냐 하는 문제가 있다. 즉 임대인이 임차인을 상대로 임대인의 지위에 기한 건물인도청구의 소를 제기하면서 임대차계약의 해지 원인으로서 무단전대(민 629조 2항)를 주장하였으나 패소 확정된 경우 후소에서 전소 변론종결 전에 이미 피고가 2기 이상의 차임을 연체(민 640조)를 하고 있었으므로 계약을 해지하고 인도청구의 소를 제기하는 경우 양자를 별개의 소송물로 볼 것인지 문제된다. 이를 별개의 소송물로 본다면 원고의 차임연체의 주장은 전소 확정판결이 갖는 기판력의 시적 범위에 저촉되지 않게 된다. 실체법설을 엄격히 적

---

1) 大判 1992. 10. 9. 92므266.

2) 大判 2000. 9. 5. 99므1886.

3) 大判(全) 1980. 12. 9. 79다634.

용할 경우에는 각 민법규정이 임대인의 해지권을 개별적으로 규정하고 있으므로 별개의 소송물이 된다고 보아야 할 것이다. 하지만 이혼청구권이나 재심사유와 달리 단순히 법정해지사유를 인정하고 있을 뿐이고 독자적인 임대목적물 반환청구권을 각기 인정해주는 것은 아니다. 더구나 분쟁의 1회적 해결을 도모하여야 하는 기판력제도의 취지에 비추어 본다면 표준시 전에 존재하는 법정해지사유는 공격방어방법에 불과하다(김상원, 267면). 한편, 약정해지사유에 기초한 인도청구는 민법 제548조에 따른 원상회복청구권에 기초한 법정해지사유와 달리 해지계약 혹은 민법 제741조 부당이득반환청구권에 기초하고 있으므로 법정해지사유에 기초한 인도청구와는 소송물을 달리한다(같은 취지의 견해로는 김상원, 268면).

iii) 이전등기청구   채권적 청구권에서 비롯된 이전등기청구권을 소송물로 하는 경우 각 청구권을 발생시키는 개별원인에 따라 소송물을 구성하므로 동일 계쟁물에 대해 매매를 원인으로 한 이전등기판결은 대물변제, 시효취득, 약정이나 교환계약에 기한 이전등기청구소송에 기판력을 미칠 수 없다.[1] 특히 이전등기판결의 주문에는 등기원인을 기재하도록 하고 있어 판결주문만으로도 소송물을 특정할 수 있을 뿐 아니라 집행 역시 가능하다. 한편 명의신탁해지를 원인으로 한 이전등기청구와 진정명의회복을 원인으로 한 이전등기청구는 각각 소유권과 소유권에 기한 방해배제청구권을 소송물로 하는 청구로서 채권적 청구권을 원인으로 하는 위의 소송과는 성격을 달리한다.

iv) 말소등기청구 등   소유권에 기한 말소등기청구소송의 소송물은 당해 등기의 말소등기청구권(본질은 소유권에 기한 방해배제청구권으로서 물권적 청구권)이고 그 동일성 식별의 표준이 되는 청구원인, 즉 말소등기청구권의 발생원인은 당해 등기원인의 무효라 할 것으로서 등기원인의 무효를 뒷받침하는 개개의 사유는 독립된 공격방어방법에 불과하여 별개의 청구원인을 구성하는 것이 아니라는 것이 대법원의 확립된 입장이다.[2] 한편 소유권확인청구소송에서 패소한 당사자는 소유권에 기한 말소청구의 소를 제기하더라도 기판력에 저촉되지만 그 역의 관계에서는 기판력이 미치지 않는다. 즉 이전등기말소청구소송에서 패소한 당사자는 계쟁물에 대한 소유권확인청구의 소를 제기할 수 있는데, 후자의 소송물은 말소청구소송의 선결적인 법률관계인 소유권의 존부를 대상으로 하기 때문이다.

3) 일부청구(상세한 내용은 제3편 제3장 제2절 Ⅱ. 1. 참조)   1억 원의 손해배상 채권을 가진 원고가 명시적으로 그 일부로서 5천만 원만을 소구한다면 소송물은 당해 청구로 한정된다고 봄이 타당하다. 그러나 일부청구임을 명시하지 않은 채 5천만 원을 전체 손해인 듯 소구하였다면 나머지 잔부에 대해서도 기판력이 미친다고 봄이 타당하다. 일부청구인지 여부는 반드시 잔부청구를 유보할 정도의 명확성이 요구되는 것은 아니지만 일부청구하는 손해

---

1) 大判 1996. 8. 23. 94다49922.
2) 大判 1993. 6. 29. 93다11050.

의 범위를 잔부청구와 구별하여 그 심리의 범위를 특정할 수 있는 정도의 표시를 하여 전체 손해의 일부로서 우선 청구하고 있는 것임을 밝혀야 한다.

4) 소송판결　　　소송요건의 흠결을 이유로 선고되는 소송판결은 주문에서 판단한 소송요건의 존부에 관하여 발생하지만 주문의 표시가 「이 사건 소를 각하한다」로 되므로 판결이유를 통해 보충하지 않으면 어떤 소송요건의 부존재에 대하여 기판력이 발생했는지 확인할 수 없다.

(2) 판결이유 중의 판단과 기판력

1) 원　　칙　　　판결이유 중의 판단에 대해서는 기판력이 미치지 않는다. 법 제216조 제2항에서도 상계항변을 제외한 나머지에 대해서는 기판력이 발생하지 않음을 명백히 하고 있다. 판결이유에 기재되는 내용으로서는 주장과 공격방어방법을 통한 사실인정이 주류를 이루게 되지만 법률적 판단은 물론 경우에 따라 선결적인 법률관계에 대한 판단도 담겨지게 된다. 나아가 원·피고로서는 당해 사건을 승소하기 위해 궁극적으로는 자신에게 불리한 주장이나 항변도 하게 되는 경우가 있다. 그런데 만일 이러한 모든 사실주장이나 법적 판단에 기판력이 미친다고 한다면 당사자는 공격과 방어에 있어 너무나 많은 제약이 따르게 되므로 신속한 대응을 하기 어렵게 되고 나아가 절차가 지연될 우려도 많다.

2) 상계의 항변

① 원칙과 취지　　　판결 이유 중의 판단임에도 불구하고 상계 주장에 관한 법원의 판단에 기판력을 인정한 취지는 분쟁의 1회적 해결을 도모하고자 하는 데서 비롯된 것이다.[1] 따라서 피고가 자신의 반대채권을 자동채권으로, 원고가 소구하는 채권을 수동채권으로 하여 상계의 의사표시를 하고 자동채권의 존부에 대해 실질적인 판단을 거쳐 대등액에서 채권이 소멸하게 되면 그 범위에서 기판력이 발생한다.[2]

② 인정조건과 형식　　　상계항변에 기판력이 발생하기 위해서는 자동채권의 존부에 대해 실질적인 판단이 있어야 한다. 따라서 피고가 상계항변을 하였으나 내용적인 당부 판단에 앞서 실기한 공격방어방법이라는 이유로 각하되거나(149조), 실체법상(민 496조 내지 498조) 혹은 해석론에 의해 상계가 금지되거나[3] 상계부적상을 이유로 상계항변이 기각(민 492조 1항 본문)

---

1) 大判 2022. 2. 17. 2021다275741에서는 기판력을 인정하지 않는다면 원고의 청구권의 존부에 대한 분쟁이 나중에 다른 소송으로 제기되는 자동채권의 존부에 대한 분쟁으로 변형됨으로써 상계 주장의 상대방은 상계를 주장한 자가 그 자동채권을 이중으로 행사하는 것에 의하여 불이익을 입을 수 있게 될 뿐만 아니라, 상계 주장에 대한 판단을 전제로 이루어진 원고의 청구권의 존부에 대한 전소의 판결이 결과적으로 무의미하게 될 우려가 있게 되므로, 이를 막기 위함이라고 설시하고 있다.

2) 만일 이에 대해 기판력이 인정되지 않는다면 피고는 반대채권을 소구채권으로 하여 원고를 상대로 소를 제기할 가능성이 농후할 뿐 아니라 원고 역시 대등액에서 소멸된 채권을 부인하고 전소에서 기각된 청구부분(대등액에서 소멸한 금액 부분)에 대해 부당이득을 원인으로 반환청구할 수 있게 되므로 상호 모두 법적인 안정을 얻기 어렵다.

된 경우에는 기판력은 발생하지 않는다. 또한 상계의 효과로서 소멸한 대등한 금액 범위 내에서만 기판력이 발생하므로 나머지 잔액에 대해서는 추후 소구하는 것이 가능하다. 상계항변은 피고가 자신의 다른 채권으로 원고의 소구채권을 소멸시키는 것이므로 실질적으로는 원고가 승소하는 것과 다름없으나 판결형식은 원고패소로 나타난다. 피고로서는 원고의 소구채권을 다투게 되므로 상계항변은 통상 예비적으로 주장하는 것이 일반적이다.[1]

　　③ 수동채권의 적격　　　상계 주장에 관한 판단에 기판력이 인정되는 경우는, 상계 주장의 대상이 된 수동채권이 소송물로서 심판되는 소구채권이어야 한다. 즉 상계를 주장한 반대채권과 그 수동채권을 기판력의 관점에서 동일하게 취급하여야 할 필요성이 인정되는 경우를 말한다고 봄이 상당하므로[2] 상계 주장의 대상이 된 수동채권이 동시이행항변의 형태로 행사된 채권일 경우에는 그러한 상계 주장에 대한 판단에는 기판력이 발생하지 않는다는 것이 판례의 입장이며[3] 타당하다. 일반적으로 동시이행항변을 통해 행사된 채권의 존재나 범위가 법원에 의해 인정되지 않는다 하더라도 기판력은 발생하지 않으므로 항변권자는 별소를 통해 위 채권에 대한 소구를 할 수 있다. 그런데 우연히 상대방이 동시이행항변의 형태로 행사된 채권을 수동채권으로 하여 상계의 의사표시를 한 경우에도 기판력이 발생한다고 한다면 기판력의 부당한 확대를 가져오게 되어 법 제216조가 정한 취지에 반하게 될 것이다.

---

3) 大判 1975. 10. 21. 75다48에서는 항변권이 부착된 채권을 자동채권으로 한 상계는 허용되지 않으며, 大判 2014. 6. 12. 2013다95964에서는 피고의 소송상 상계항변에 대하여 원고가 소송상 상계의 재항변을 하는 것은 다른 특별한 사정이 없는 한 허용되지 않는다고 판시하고 있다.

1) 예를 들어 원고가 100만 원의 매매대금채권(A채권)을 소구함에 대해 피고는 이를 다투지만 혹시나 하는 생각으로 기존에 원고에 대해 갖고 있던 물품대금채권(B채권) 120만 원을 자동채권으로 하여 상계의사표시를 예비적으로 하였다고 가정해보자. 이때 법원이 반대채권인 B채권의 존부를 심리하여 그 존재를 인정하고 아울러 원고의 A채권 역시 인정하면 대등액인 100만 원 범위에서 양 채권은 소멸하게 되며 이 범위에서 기판력도 발생하게 된다. 그러나 이 경우 판결주문은 "원고의 청구는 이를 기각한다"로 표현된다. 따라서 판결이유를 보지 않으면 기판력의 범위를 정할 수 없게 된다. 나중에 피고는 상계하고 남은 20만 원의 물품대금채권을 이유로 원고를 상대로 별소를 제기할 수 있을 것이다.

2) 따라서 원고가 소로써 구하는 소구채권을 수동채권으로 하는 경우가 일반적이지만 확정된 전소 판결에 기해 강제집행이 착수되자 전소 피고가 상계를 주장하면서 청구에 관한 이의의 소를 제기한 경우에도 상계의 대상이 되는 수동채권은 전소의 소구채권이므로 이에 해당한다.

3) 大判 2005. 7. 22. 2004다17207. 이 사건은 원고(매도인)가 피고(매수인)를 상대로 매매계약해제에 따른 건물인도청구의 소(전소)를 제기한 데서 출발한다. 전소에서 피고는 원고에게 지급한 계약금과 중도금 일부를 반환받음과 동시에 건물을 인도할 의무가 있다는 내용의 동시이행항변을 하였다. 동 항변에 대해 원고는 피고로부터 지급받아야 할 계쟁 부동산에 대한 점유사용료(자동채권)가 피고의 동시이행항변으로 주장한 계약금 및 중도금 반환채권(수동채권)을 초과하였다고 주장하면서 상계의 재항변을 하였다. 상계의 재항변이 인용됨에 따라 원고는 무조건의 인도판결을 받았고, 동 판결은 그대로 확정되었다. 그런데 그 후 전소 피고(후소 원고)는 전소 원고(후소 피고)를 상대로 계약금 및 중도금반환(전소에서 동시이행항변으로 주장한 내용)을 구하는 소(후소)를 제기하였으나 1심과 항소심은 전소에서 판단한 상계 재항변에 기판력이 있다고 판시하였다. 그러나 대법원은 만일 상계 주장의 대상이 된 수동채권이 동시이행항변에 행사된 채권일 경우에는 그러한 상계 주장에 대한 판단에는 기판력이 발생하지 않는다고 하면서 이는 전소에서 동시이행항변에 행사된 채권을 나중에 소송상 행사할 수 없다면 법 제216조가 예정하고 있는 것과 달리 동시이행항변에 행사된 채권의 존부나 범위에 관한 판결 이유 중의 판단에 기판력이 미치는 결과에 이르기 때문이라고 한다.

④ **기판력의 범위**　　　소구채권에 대한 상대방의 상계항변이 실질판단을 거쳐 배척된 경우에는 그 부존재에 대해 기판력이 생기는 것은 당연하다. 그러나 상계항변이 인용된 경우에는 자동채권(반대채권)이 수동채권(소구채권)과 대등액에서 소멸된 점에 기판력이 발생할 뿐이다. 그런데 이와 달리 자동채권과 수동채권이 존재하였고 상계로 인해 대등액에서 모두 소멸된 사실에 기판력이 발생한다고 보는 견해(이시, 659면; 정/유/김, 793면)도 있다. 이러한 견해는 법 제216조 제2항에서 '청구가 성립되는지 아닌지'의 판단에 기판력이 있다는 문구에 충실한 해석이라고 보여진다. 그러나 동 조문의 목적은 상계항변을 한 반대채권자가 별소를 통해 동일한 채권을 소구하는 것을 차단하기 위한 것일 뿐 자동채권과 수동채권의 과거 존재사실까지 확정하기 위한 것이라고 해석할 합리적인 이유는 보이지 않는다. 더구나 어느 견해를 취하든 상계항변이 채택된 경우에 부당이득이나 손해배상 등의 후소가 허용되는 것은 아니므로(김/강, 630면) 기판력의 본래 성질에 맞도록 소멸된 사실에만 기판력이 발생한다고 해석함이 타당하다.

(3) 기판력의 객관적 범위에 대한 확장이론과 대안

분쟁의 1회적 해결과 사법자원의 효율적 분배가 기판력의 정당성의 근거라고 한다면 기판력의 범위를 판결주문에 국한시키는 것은 매우 비효율적이며 비경제적일 것이다. 그러나 우리 실정법은 명백히 기판력의 범위를 판결주문에 국한시키고 있으며 쟁점이 된 선결적인 법률관계에 대하여 기판력을 얻고자 한다면 중간확인의 소를 이용하도록 제도화되어 있음을 간과할 수 없다. 나아가 기판력의 범주를 소송물(claim)을 넘어 쟁점(issue)은 물론 그 효력을 제3자에게까지 확대하는 미국의 기판력이론을 우리가 수용하는 것도 비현실적일 뿐 아니라 타당하지도 않다. 결국 실정법과 기판력의 정당성 근거 사이의 접점을 밝히고 합리적인 범위에서 전소 판결의 효력을 실질적으로 확장하는 묘책이 요구된다.

1) **쟁점효 이론**　　　판결주문에 기판력을 한정하는 우리 실정법과 판례 입장에 대해 외국의 논의를 바탕으로 오래 전부터 기판력을 확장하려는 시도가 끊임없이 제기되어 왔다.[1] 그 중에서도 일본 新堂幸司 교수가 제창한 쟁점효 이론은 우리에게도 많은 영향을 미친 것으로 평가되고 있다.[2] 그러나 우리나라에서는 다수의 학자가 이를 반대해 왔으며(이시, 656면; 정/유/김, 798-799면) 우리 판례는 물론 일본 판례 역시 부정적이다. 최근에는 미국의 쟁점차단효과(issue preclusion)이론에 직접적인 영향을 받아 판결이유에서 판단된 쟁점에 대해서도 구

---

[1] 일본의 쟁점효이론 및 독일의 각종 이론에 대한 상세한 소개는 권혁재, 「민사소송쟁점심리론」, 394-425면 참조.

[2] 동 교수의 이론은 60년대 중반 일본 하급심에서 적지 않은 지지를 얻었으나 1969년 일본 최고재판소가 이를 수용하지 않음으로써 실무에는 정착되지 않았다. 우리나라에서도 70년대 이전부터 동 이론에 대한 소개가 이루어진 듯하다(김주상, "판결이유 중의 판단과 금반언", 저스티스 11권 1호(1973. 12), 109면 이하 참조).

속력을 인정하자는 주장이 간헐적으로 제기되고 있다.[1]

　　2) **신의칙설과 판결의 증명효 이론**　　일본의 쟁점효 이론이나 미국의 쟁점차단효과를
전면적으로 받아들일 수는 없지만 법 제1조가 규정하는 신의칙과 판결의 증명효 이론을 통
해 전소 판단의 구속력을 후소에까지 확장하는 견해가 있다.

　　① **신의칙(선행행위와 모순되는 거동금지 원칙)**　　전소에서 주장한 내용과 소송물이
다른 후소에서 주장하는 내용이 외관상 상호 모순되면 신의칙에 어긋나는지 여부를 검토해
보아야 한다. 그러나 이 경우 무조건 신의칙(선행행위와 모순되는 거동금지 원칙)에 어긋난다고 볼
수는 없으며[2] 제소의 경위, 전·후 양소의 쟁점 등을 충분히 고려하여야 한다. 더욱이 기존
의 민사소송절차에서의 공방은 후소에서의 영향을 고려하지 않고 쟁점별로 탄력적인 주장을
전개하는 것이 일반적이므로 전소에서의 주장을 그 자체로 후소에서 차단하기 위해서는 단
순히 주장의 반대성·모순성만으로는 부족하며 주장 차단을 인정할 특별한 사정이 존재해야
한다. 그러나 아직까지 전소에서의 쟁점에 대한 당사자의 주장을 후소에서 차단하는 판례는
보이지 않고 있다.[3]

　　② **판결의 증명효**　　전소에서 판단된 쟁점 및 판결 이유에서의 사실인정이나 권리관
계에 관한 법률판단은 후소에서 직접적인 구속력을 갖지 못한다. 하지만 전소 판결이 후소에
미치는 사실적 영향을 부인하기는 어렵다. 전소판결 이유 중에 나타난 사실인정 혹은 권리관
계에 관한 법률판단이 후소의 판단에 대하여 갖는 사실상의 증명효과를 증명효라고 한다.[4]
우리 판례도 전소 판결 자체의 실질적 증거력[5] 인정을 통해 간접적으로 전소판결의 영향을
인정한 바 있으며 나아가 이미 확정된 관련 민사 및 형사사건에서 인정된 사실은 특별한 사
정이 없는 한 유력한 증거가 되므로, 합리적인 이유설시 없이 이를 배척할 수 없다고 판시한

---

1) 강태원, "판결이유중의 판단에 대한 쟁점효", 법이론과 실무 5집, 55면 이하; 권혁재, 「민사소송쟁점심리론」,
　476면 이하 참조.

2) 大判 1984. 10. 23. 84다카855; 大判 1995. 5. 26. 94다1487.

3) 신의칙, 특히 금반언의 원칙을 인정한 판례는 다수 있으나 전소와 후소에서의 주장의 모순 등을 이유로 신의
　칙(금반언의 원칙)을 적용한 예는 찾아보기 힘들다. 즉 배당요구를 한 임차인이 나중에 인도청구의 소를 제기한
　낙찰자에게 임대차기간이 종료되지 않았다면서 대항을 한 경우(大判 2001. 9. 25. 2000다24078) 신의칙위반을 인
　정하고 있으나 이는 임차인의 배당요구라는 전의 행위를 문제삼은 것에 불과하다. 한편 당사자 일방이 추완항소
　를 제기하여 적법성을 인정받았으나 본안에서 패소하자 상고를 제기하면서 추완항소 자체가 부적법하다고 주장
　하는 경우(大判 2001. 9. 25. 2000다24078), 원고의 당사자추가신청이 부적법한 것이었음에도 불구하고 1심법
　원이 이를 간과하고 허용하였을 뿐 아니라 피고도 이에 동의함으로써 1심 절차가 진행되었는데 항소심에서
　원고가 다시 동 신청의 부적법성을 주장하는 경우(大判 1998. 1. 23. 96다41496) 등에서 법원은 신의칙위반을
　이유로 당사자의 주장을 배척하였으나 이는 모두 동일 소송절차에서의 문제이지 전·후소의 문제는 아니다.

4) 山本戸克己, "判決の證明效", 民商法雜誌 臨時增刊 78卷 3号(1978. 6), 217面 이하 참조.

5) 大判(全) 1980. 9. 9. 79다1281 다수의견은 "…판결서는 처분문서이기는 하지만 그것은 그 판결이 있었던가
　또 어떠한 내용의 판결이 있었던가의 사실을 증명하기 위한 처분문서라는 의미일 뿐 판결서 중에서 한 사실
　판단을 그 사실을 증명하기 위하여 이용을 불허하는 것이 아니어서 이를 이용하는 경우에는 판결서도 그 한
　도 내에서는 보고문서이다…"라는 입장을 취함으로써 판결 자체의 증거자료적 성격을 인정한 바 있다.

바도 있다.[1] 특히 전후 두 개의 민사소송이 당사자가 같고 분쟁의 기초가 된 사실도 같으나 다만 소송물이 달라 기판력에 저촉되지 아니한 결과 새로운 청구를 할 수 있는 경우는 더욱 그러하다고 판시한 바 있다.[2] 그러나 새로이 진행된 민사재판에서 제출된 다른 증거 내용에 비추어 확정된 관련 민사사건 판결의 사실인정을 그대로 채용하기 어려운 경우에는 합리적인 이유를 통해 이를 배척할 수 있음은 당연하다.[3] 결국 이러한 판례의 입장은 전소에서 인정된 사실관계를 뒷받침하는 증거와 후소에서의 새로운 증거 간의 증명력의 우열문제로 접근하였을 뿐 전소 판단의 실질적인 구속력이나 우월적 지위는 전혀 인정하고 있지 않으므로 이를 기판력의 대용이나 우회적인 구속력의 확장으로 보기 어렵다.

3. 주관적 범위

기판력은 원칙적으로 사건 당사자에게 국한해서 효력을 미치는 것이 원칙이다. 따라서 사건 당사자 이외의 제3자에게 당해 판결의 효력은 미치지 않는다.[4] 그러나 법 제218조는 당사자와 동일시할 수 있는 제3자(제3자의 소송담당의 경우의 본인)와 변론종결 후 승계인 그리고 당사자를 위해 청구의 목적물을 소지한 사람에게도 판결의 효력이 미치도록 규정하고 있다.

(1) 당 사 자

1) 기판력의 상대성　기판력은 상대적인 효력을 갖는다. 절차에 참여하지 않은 제3자는 자신의 방어권을 행사할 기회를 갖지 못하였으므로 당해 판결의 효력이 미치지 않는다고 봄이 공평의 견지에서도 타당하다. 그러나 경우에 따라서는 판결의 효력이 제3자에게도 일정한 영향을 미치는 경우가 적지 않으며 그 정도 역시 단순한 사실상의 불이익을 넘어 법률상의 불이익(참가적 효력) 혹은 판결의 효력과 같은 직접적인 효력의 성격을 갖는 경우도 있다. 이때 제3자는 각종의 참가제도를 통해 자신의 이익을 대변할 기회를 갖게 된다.

---

1) 大判 1990.12.11. 선고 90다카7545 판결

2) 大判 1995. 6. 29. 94다47292. 원고는 전소에서 피고 소유의 대지 및 건물에 대한 매매계약을 체결하고 대금을 지급하였으니 등기를 이전해 줄 것을 요구하였으나 기각을 당하자 후소에서는 매매계약 체결 사실을 거듭 주장하면서 전소 판결에 의해 이전등기가 불가능하게 되었으므로 자신이 지급한 계약금 등 매매대금을 돌려줄 것을 요구하는 부당이득반환청구의 소를 제기하였다. 원고는 후소에서 자신과 아들이 작성한 서면증거와 친척 두 명의 증언을 새로이 제출하였는데 원심은 이를 믿고 원고승소판결을 선고하였다. 그러자 대법원은 "위 갑 제2, 3호증은 그 작성자가 원고 본인 또는 원고 본인과 다름없는 그 아들일 뿐만 아니라 종전사건에서 제출되지 아니하였다가 이 사건 소송에 비로소 제출된 경위에 관한 합리적인 설명이 없고, 위 각 증언 또한 원고와 밀접한 친족관계에 있는 자들의 증언인 점에 비추어, 위 각 서증 및 증언만으로 종전사건에서 인정한 사실과 다른 사실인정을 할 만한 사정이 있는 경우에 해당한다고 보기 어려움은 명백하다 할 것이다"라고 판시하면서 원심판결을 파기환송하였다(그 후에도 大判 2008. 6. 12. 2007다36445; 大判 2007. 11. 30. 2007다30393 등 참조).

3) 大判 2018. 8. 30. 2016다46338,46345; 大判 2019. 8. 9. 2019다222140(동 판결에서는 전소 민사판결 이유 중의 사실관계가 현저한 사실에 해당하지 않음을 분명히 하고 있다).

4) 大判 2018. 9. 13. 2018다231031.

2) **법인격 부인이론과 기판력**	법인격부인이 인정되는 경우에도 법인에 대한 판결의 효력이 바로 배후에 있는 개인에게 미친다고 볼 수는 없다. 즉 상대방은 법인 혹은 배후에 있는 개인 혹은 신설된 배후기업에게 책임을 소구할 수는 있지만[1] 법인에 대한 판결의 효력을 그대로 개인에게 미치게 하는 것은 절차의 명확성·일관성·안정성을 추구하는 기판력의 성질상 허용될 수 없다.[2] 이는 법인격이 남용된 경우나 형해화된 경우 역시 동일하게 보아야 한다. 그러나 법인격이 형해화된 경우에는 법인에 대한 판결의 효력을 그대로 개인에게도 확장해야 한다는 견해도 있다(이시, 661면 참조).[3]

3) **제3자에의 확장**

① **가사 및 행정소송절차**	신분관계를 정하는 가사소송법은 그 특성상 직권조사를 원칙으로 하고 있으며(가소 17조)[4] 기판력의 주관적 범위에 관한 특칙을 설치하고 있다(가소 21조). 즉 가사소송 중 가류, 나류 사건의 청구인용판결은 제3자에게도 효력이 미치며(가소 21조 1항), 청구가 배척되는 경우에도 원칙적으로 판결의 효력이 확장된다. 다만 예외적으로 제소권자가 사실심 변론종결 전에 참가할 수 없었음에 대해 정당한 사유가 있었을 경우에만 다시 소를 제기할 수 있다(가소 21조 2항). 한편 행정소송절차 역시 직권심리절차를 규정하고 있으나(행소 26조) 판례는 가사소송과 마찬가지로 직권탐지주의를 채택한 것으로는 보지 않고 있다.[5] 행정처분취소 혹은 그 무효확인청구가 인용되는 경우에만 판결의 효력은 제3자에게 확

---

1) 대법원은 大判 2006. 7. 13. 2004다36130에서 "기존회사가 채무를 면탈할 목적으로 기업의 형태·내용이 실질적으로 동일한 신설회사를 설립하였다면, 신설회사의 설립은 기존회사의 채무면탈이라는 위법한 목적달성을 위하여 회사제도를 남용한 것이므로, 기존회사의 채권자에 대하여 위 두 회사가 별개의 법인격을 갖고 있음을 주장하는 것은 신의성실의 원칙상 허용될 수 없다 할 것이어서 기존회사의 채권자는 위 두 회사 어느 쪽에 대하여서도 채무의 이행을 청구할 수 있다"고 판시한 바 있다.

2) 대법원은 大判 1995. 5. 12. 93다44531에서 "甲회사와 乙회사가 기업의 형태·내용이 실질적으로 동일하고, 甲 회사는 乙 회사의 채무를 면탈할 목적으로 설립된 것으로서 甲 회사가 乙회사의 채권자에 대하여 乙회사와는 별개의 법인격을 가지는 회사라는 주장을 하는 것이 신의성실의 원칙에 반하거나 법인격을 남용하는 것으로 인정되는 경우에도, 권리관계의 공권적인 확정 및 그 신속·확실한 실현을 도모하기 위하여 절차의 명확·안정을 중시하는 소송절차 및 강제집행절차에 있어서는 그 절차의 성격상 乙회사에 대한 판결의 기판력 및 집행력의 범위를 甲회사에까지 확장하는 것은 허용되지 아니한다"고 판시한 바 있다.

3) 동 견해에 따르면 법인이 형해화된 경우와 남용된 경우가 명확히 구분되는 것처럼 설명하고 있으나 실제로 그 구분이 모호한 경우가 많아 법인이 형해화된 경우라고 하여 판결의 효력을 확장하는 것은 매우 위험한 접근 방법이 될 수 있다. 더구나 조세피난처의 paper company도 법인이 형해화된 경우로 예시하고 있으나 project financing 사업은 물론 외국자본이 국내 주식시장에 투자를 하는 경우 대부분 paper company 형태를 이용하고 있음을 유념할 필요가 있다.

4) 大判 1990. 12. 21. 90므897에 따르면 " … 직권으로 증거를 조사하도록 규정되어 있다고 하여 이혼소송의 당사자가 주장하지도 않고 심리과정에서 나타나지도 아니한 독립한 공격방어방법에 대한 사실까지 법원이 조사하여야 하는 것은 아니므로 … "라고 하여 가사소송절차는 순연한 직권탐지주의절차가 아니라고 보고 있다.

5) 大判 1986. 6. 24. 85누321에 따르면 " … 행정소송법 제26조에 법원은 필요하다고 인정할 때에는 직권으로 증거조사를 할 수 있고 당사자가 주장하지 아니한 사실에 대하여도 판단할 수 있다고 규정하고 있기는 하나 이는 행정소송의 특수성에서 연유하는 당사자주의, 변론주의에 대한 일부 예외규정일 뿐 법원이 아무런 제한 없이 당사자가 주장하지도 않은 사실을 판단할 수 있다는 것은 아니다 … "라고 판시하였다.

장되며(행소 30조 1항, 38조 1항) 가사소송과 같은 주관적 범위의 예외조항은 없다.

② **회사관계소송**　　회사관계 소송의 경우도 청구가 인용된 경우에 한해 판결의 효력이 확장된다. 따라서 합명회사의 설립무효의 소에 대한 인용판결은 제3자에 대해 그 효력이 미치며(상 190조), 동 규정은 합병무효의 소는 물론 각 회사형태에 따라 준용되고 있다. 특히 주식회사의 경우 설립무효의 소(상 328조 1항)는 물론 주주총회결의 취소의 소(상 376조), 주주총회결의 및 부존재확인(상 380조), 부당결의의 취소·변경의 소(상 381조), 신주발행무효의 소(상 430조), 감자무효의 소(상 446조) 등에 상법 제190조가 준용되고 있다. 한편 이사회의 결의에 하자가 있는 경우에 대해서 상법은 아무런 규정을 두고 있지 아니하나 그 결의에 무효사유가 있는 경우에는 이해관계인은 언제든지 또 어떤 방법에 의하든지 그 무효를 주장할 수 있다. 그러나 이사회결의무효확인의 소가 제기되어 승소확정판결을 받은 경우라 하더라도 주주총회결의무효확인의 소 등과는 달리 상법 제190조가 준용될 근거가 없으므로 대세적 효력은 없다는 것이 판례의 입장이다.[1]

③ **추심소송과 참가명령**　　확정판결과 같은 집행력 있는 정본을 가진 채권자는 채무자의 제3채무자에 대한 채권을 압류해서 추심절차를 통해 현금화할 수 있지만 제3채무자의 임의이행이 없는 경우에는 추심의 소를 별도로 제기해야 한다(민집 249조 1항). 이때 제3채무자는 법원에 추심의 소에 참가하지 않은 다른 채권자를 추심의 소의 원고 쪽으로 참가하도록 명해 줄 것을 첫 변론기일까지 신청할 수 있고(3항), 법원의 참가명령을 받은 다른 채권자는 소송에 참가여부를 떠나 판결의 효력을 받게 되므로(4항) 다시 제3채무자를 상대로 추심의 소를 제기할 수 없게 된다(판결의 승패에 영향 받지 않는다).

4) 집단소송과 단체소송을 통한 확대　　기판력 확장은 특별법을 통해 증가되고 있는 추세이다. 증권관련집단소송의 경우에는 제외신고를 하지 않은 구성원에게도 판결의 효력이 미치도록 주관적 범위를 확장하고 있으며(증권 37조),[2] 소비자단체가 제기한 단체소송에서 원고의 청구를 기각하는 판결이 확정된 경우 이와 동일한 사안에 관하여는 다른 단체 역시 단체소송을 제기할 수 없는 기판력을 받게 된다(소비 75조).

---

1) 大判 1988. 4. 25. 87누399(주식회사의 이사회); 大判 2000. 1. 28. 98다26187(민법상의 법인의 이사회). 판례에 찬성하는 견해는 이철송, 「회사법강의(23판)」, 681면; 윤경, "이사회결의무효확인의 소, 직무집행정지 및 직무대행자선임가처분과 공동소송참가", 인권과 정의 303호, 93~94면. 반면에 이시, 670면은 회사관계소송의 법리를 유추하여 인용판결의 경우 대세적 효력을 인정하여야 한다고 주장한다. 한편, 大判 1963. 12. 12. 63다449에서는 수인이 제기하는 이사회결의무효확인의 소를 유사필수적 공동소송으로 보고 있다.

2) 문제는 증권관련집단소송의 경우는 구성원의 명시적인 의사표시 없이 기판력이 확장되는 데 있다. 실제로 절차참여를 하지 못한(혹은 자신이 구성원에 속하는 것을 적극적으로 의식하지도 못한) 구성원에게 기판력이 미치도록 하는 동 제도가 기존의 기판력이론으로 설명될 수는 없다.

(2) 변론종결 뒤의 승계인

1) 승계주의와 승계인 개념의 동일성　　　법은 소송승계주의를 취함으로써 소송 진행 도중에 제3자가 소송물인 실체법상의 권리의무를 이전받은 경우(승계)에는 스스로 참가승계(81조)를 하거나 상대방의 소송인수신청(82조)을 통해 인수승계인으로 기존 소송에 편입되어야 한다. 이러한 승계절차를 거치지 않으면 기존 당사자 간의 판결은 소송 도중의 승계인에게 효력이 미치지 않게 되므로(218조 참조) 기존의 소는 실체법상의 무권리자에 의한, 혹은 무권리자를 상대로 한 무용한 판결에 그치게 된다. 그러나 이러한 승계가 변론종결 뒤에 발생하게 되면 법 제218조 제1항에 따라 승계인에게도 기존 당사자 간에 이루어진 판결의 효력이 미치게 되므로 별도로 승계절차를 밟을 필요가 없고 다만 집행단계에서 승계집행문을 부여받아 집행을 실시하면 된다.[1] 한편, 변론종결 전과 뒤의 승계인의 범주는 동일하게 파악하는 것이 일반적이다(제7편 제5장 제3절 Ⅲ. 참조).

2) 승계의 태양과 시기　　　주로 문제가 되는 것은 당사자의 임의처분에 따른 특정승계이지만 일반승계는 물론 강제경매 혹은 법률의 규정 등에 의한 승계 역시 여기에 해당하며 피승계인의 승패 등은 무관하다. 변론종결 전후의 구분은 법률행위의 효력발생 시점을 기준으로 판단하여야 하므로 권리관계의 승계가 변론종결 전에 조건부로 행해지고 변론종결 뒤에 조건이 성취된 경우는 당연히 변론종결 뒤의 승계인에 해당한다.[2] 아울러 매매와 관련해서는 이전등기가 이루어진 시점을 기준으로 판단하여야 하며[3] 가등기와 관련해서도 본등기 시점을 기준으로 승계 여부를 판단해야 한다.[4] 한편, 채권양수인이 소송계속 중의 승계인이라고 주장하며 참가신청을 한 경우 채권자로서의 지위의 승계가 소송계속 중에 이루어진 것인지 여부는 채권양도의 합의가 이루어진 때가 아니라 대항요건이 갖추어진 때를 기준으로 판단하여야 한다.[5] 따라서 채권양수인이 법 제218조 제1항에 따라 확정판결의 효력이 미치는 변론종결 후의 승계인에 해당하는지 여부도 채권양도의 합의가 이루어진 때가 아니라 대항요건이 갖추어진 때를 기준으로 판단하여야 한다.[6]

---

1) 따라서 법은 변론종결 전에는 당사자에게 책임을 부여하는 반면, 변론종결 이후에는 법 제218조 규정에 의해 기판력을 확장함으로써 실체관계와 부합하는 적정한 판결을 형성하도록 제도화하고 있다. 그런데 대법원은 大判 2022. 3. 17. 2021다210720에서 변론종결 후 승계인에 대해 승계집행문을 부여받거나 승계집행문 부여의 소를 제기하지 않고 승계인에 대해 새로이 소를 제기하여 진행하는 것을 허용하는 판결을 하고 있어 매우 의문이다. 위 판례에 따르면 승계인에 대한 후소를 소의 이익 흠결로 각하하면 새로이 승계집행문부여의 소를 다시 제기하여야 하는데 이는 가혹하고 소송경제에도 반한다는 것이다.

2) 伊藤 眞, 536面.

3) 大判 2005. 11. 10. 2005다34667,34674.

4) 大判 1992. 10. 27. 92다10883.

5) 大判 2019. 5. 16. 2016다8589.

6) 大判 2020. 9. 3. 2020다210747.

3) 승계의 대상

① 소송물인 실체법상의 권리의무 자체의 이전   승계인은 피승계인의 법률상 지위를
포괄적으로 승계하는 당연승계인과 특정한 권리·의무만을 이전받는 특정승계인으로 이분되
는데 그 중에서 특정승계인의 범위가 특히 문제된다. 그런데 소송절차에서 당사자의 지위를
이전받는 승계인은 원칙적으로 당해 소송의 소송물이 되는 권리의무 그 자체를 이전받아야
하는데 이 경우에는 소송물인 권리의무의 성격과 관계없이 승계인이 될 수 있다. 따라서 원
고가 금전채권의 지급을 구하는 소송에서 원고로부터 당해 채권을 양수받은 자, 혹은 채무자
인 피고로부터 채무를 면책적으로 인수한 면책적 채무인수인[1]은 소송법상 승계인이다. 아울
러 소유권 자체에 대한 확인을 구하는 소송에서 소유권을 이전받은 자 역시 승계인이 된다.
이 경우 승계의 시기가 변론종결 전이면 참가승계나 인수승계를 통해, 그 이후면 피승계인에
대한 판결의 효력이 승계인에게 미치게 된다.

② 실체법상 혹은 소송법상의 지위의 이전   소송물인 권리의무 자체를 이전받는 것은
아니지만 소송당사자로부터 일정한 권리나 의무를 이전받는 사람에게 전소 판결의 효력을
미치도록 하는 것이 보다 합리적인데(일종의 기판력의 확장) 이들이 소송물과 관련된 실체법상의
권리관계를 승계하는 것인지 혹은 당사자적격이나 분쟁주체인 지위와 같은 소송법상의 지위
를 승계하는 것인지에 대해 오랜 동안 논의가 있었다. 예를 들어 변론종결 뒤에 당사자로부
터 물건의 점유를 이전받거나 등기명의를 이전받은 제3자는 소송물을 이전받은 것은 아니지
만 이들에게 판결의 효력을 미치게 할 현실적인 필요가 크므로 이들에게 판결의 효력을 미
치게 할 근거가 필요했던 것이다. 제3자는 피승계인의 실체법적 지위를 이전받은 것이라는
견해(실체적 의존관계설)가 있었으나 현재는 당사자적격 내지 분쟁주체인 지위를 이전받은 것이
라는 입장(소위 적격승계설 내지 분쟁주체인 지위이전설)[2]이 우리의 다수 견해(이시, 662면)이며 판례
역시 동일하다.[3] 이에 대해서는 실체법상의 권리관계의 승계에 초점을 맞추고 입법자의 의

---

1) 大判 2016. 5. 27. 2015다21967. 동 판결에서도 중첩적 채무인수인은 승계인에 해당하지 않는다고 보고 있
  다. 당사자의 채무는 그대로 존속하며 중첩적 채무인수인은 이와 별개의 채무를 부담하는 것에 불과하기 때
  문이다. 영업양수인 역시 그 확정판결상의 채무에 관하여 이를 면책적으로 인수하는 등 특별사정이 없는 한
  변론종결 뒤의 승계인에 해당된다고 할 수 없다는 것이 판례의 입장이다(大判 1979. 3. 13. 78다2330). 그 후
  의 판례도 영업양도인과 영업양수인은 부진정연대채무 관계에 있으며 재판을 통한 시효중단의 경우에도 그
  효과가 승계되는 것은 아니라고 한다(大判 2023. 12. 7. 2020다225138).

2) 적격승계설은 변론종결 뒤의 승계인을 넓게 인정하는 일본 판례의 입장을 이론적으로 뒷받침하기 위해 兼
  子 교수가 발전시킨 이론으로 일본의 통설적인 지위를 갖게 된다. 그러나 현재는 당사자적격의 이전보다는
  분쟁주체인 지위가 이전한 것으로 파악하는 것이 보다 적절하다는 취지에서 후자가 다수견해를 차지하고 있
  다고 한다(伊藤 眞, 611面 참조). 우리의 경우는 양 견해를 동일한 것으로 파악하는 입장도 있지만(이시, 662
  면) 다른 견해로 파악하는 입장도 있다(정/유/김, 851-852면). 양자의 경계를 설정하는 것이 명확하지 않
  지만 분쟁주체인 지위설이 보다 유연한 입장인 것만은 분명하다.

3) 大判 2003. 2. 26. 2000다42786. 동 판결은 소송절차 진행 도중의 승계의 문제를 다루고 있는데 대법원은
  소송의 목적물인 권리관계의 승계라 함은 소송물인 권리관계의 양도뿐만 아니라 당사자적격 이전의 원인이

도나 당사자와 제3자간의 공평 등을 고려해서 승계인 여부를 결정해야 한다는 비판적인 견해[1]가 제기되고 있다. 그러나 구소송물 이론에 터 잡아 일차적으로 소송물의 성격을 기준으로 승계인 여부를 판단하는 판례의 방법론이 보다 현실적이며 예측가능하다는 장점을 갖고 있다.

4) 승계인 여부에 대한 판단방법

① 소송물인 물권적 청구권과 채권적 청구권 구분   i) 소송물의 기초가 되는 권리의 무관계 혹은 그로부터 파생된 권리의무에 대한 분쟁주체인 지위를 이전받는 경우에도 모두가 다 판결의 효력을 받는 승계인이 될 수는 없으며 원고가 구성한 소송물의 법적 성격에 따라 판결의 효력을 받는 승계인 여부가 결정된다.[2] 예를 들어 건물 소유자 겸 임대인이 임차인을 상대로 건물인도청구의 소를 제기하여 승소하고 동 판결이 확정된 경우, 소유권에 기한 인도청구를 하였다면 후에 당해 건물을 전대받은 전차인은 승계인에 해당하지만 원고가 임대인의 지위에서 채권적 청구권인 원상회복청구권에 기해서 위 확정판결을 받았다면 전차인에 대해서는 전소 확정판결의 효력이 미치지 않게 된다.[3] 신소송물 이론에 의하면 이러한 소송물의 구분 자체를 인정하지 않으므로 위의 사례의 경우 모두 변론종결 뒤의 승계인에 해당하게 되겠지만(이시, 663-664면) 그 범위의 과도한 확대를 제한하기 위해 소송물이 순수한 채권적 청구권(소위 교부청구권)인 경우에는 기판력의 확장을 인정하지 않는 견해(강, 697면), 혹은 청구권의 성질과는 무관하게 소송제도의 목적 등을 고려해서 승계인 여부를 합목적적으로 정하면 족하다는 견해 등이 있다.[4] 한편, 소송물이론과 상관 없이 또는 전소의 소송물이 채권적청구권이든 물권적청구권이든 그로 인하여 승계인의 범위가 달라지는 것은 아니며 승계인에게 작용하는 기판력의 범위가 달라질 뿐이라는 견해도 있다.[5]

ii) 판례는 위 이론에 입각해서 대지 소유권에 기한 방해배제청구로서 그 지상건물의 철거를 구하여 승소확정판결을 얻은 경우 위 확정판결의 변론종결 뒤에 건물에 대한 소유권이 전등기를 경료한 자가 있다면 그는 민사소송법 제218조 제1항의 변론종결 뒤의 승계인에 해당한다고 판시한 바 있고,[6] 甲이 乙을 상대로 소유권에 기하여 건물철거 및 대지인도청구소송을 제기하여 패소확정된 사건의 변론종결 이후에 丙이 乙로부터 위 건물을 매수하였다면 丙은 그의 지위를 승계한 변론종결 뒤의 승계인에 해당하므로 甲이 丙을 상대로 한 건물철거

되는 실체법상의 권리 이전을 널리 포함하는 것이라고 설시하고 있다.

1) 伊藤 眞, 612-613面.

2) 大判 2016. 6. 28. 2014다31721.

3) 大判 1991. 1. 15. 90다9964.

4) 후자의 입장이 일본에서 신소송물이론을 지지하는 견해의 다수 입장이며 일본 판례도 소송물의 성질에 따라 승계인 여부를 결정하고 있지는 않다고 한다(伊藤 眞, 544-545面).

5) 이무상, "기판력과 집행력의 확장 및 고유의 공격방어방법을 갖는 승계인", 법조(통권 668호), 62면.

6) 大判 1992. 10. 27. 92다10883.

및 대지인도청구의 후소는 기판력에 저촉된다는 판시를 하였다.[1] 반면에 전소의 소송물이 채권적 청구권인 소유권이전등기청구권일 때에는 전소의 변론종결 후에 전소의 피고인 채무자로부터 소유권이전등기를 경료받은 자는 전소의 기판력이 미치는 변론종결 후의 제3자에 해당한다고 할 수 없다고 판시하였다.[2]

　iii) 판례 중에는 논란의 대상이 되는 것들이 몇 가지 있다. 우선, 甲이 乙을 상대로 소유권이전등기의 말소등기절차 이행을 구하는 소(전소)를 제기하여 승소확정판결을 받았는데, 위 판결의 변론종결 후에 乙로부터 건물 등의 소유권을 이전받은 丙이 甲을 상대로 위 건물의 인도 및 차임 상당 부당이득의 반환을 구하는 소(후소)를 제기한 사안에서 판례는 전소 판결에서 소송물로 주장된 법률관계는 건물 등에 관한 말소등기청구권의 존부이고 이것이 후소인 건물인도 등 청구의 소의 선결문제가 되거나 건물인도청구권 등의 존부가 전소의 소송물인 말소등기청구권의 존부와 모순관계에 있다고 볼 수 없어 전소의 기판력이 건물인도 등 청구의 후소에 미친다고 할 수 없다고 판시하였다.[3] 이 판결이 기판력의 배제를 판례가 본격화하는 것이라면서 기존 판례와 저촉되는 것은 아닌지 의문을 제기하는 입장(이시, 662~663면)도 있으나 승계인이 전소판결의 기판력이 미치는 등기말소청구와 전혀 다른 건물인도 등을 구한 사안이므로 타당하다는 입장(정/유/김, 853면)도 있다. 동 판결은 대법원이 분쟁주체인 지위설보다는 적격승계설에 가깝다는 것을 보여주는 대표적인 사례라고 보여진다. 분쟁주체인 지위에 보다 더 중점을 두었다면 전소의 말소등기청구와 후소의 건물인도 청구 간의 형식적인 차이는 중요하지 않기 때문이다. 대법원은 같은 물권적 청구권이라 하더라도 후소에서의 청구가 전소의 청구와 밀접한 유사성을 요구하고 있다. 판례의 입장이 타당하다.

　iv) 다음으로 대법원은 원고 측과 피고 측의 권리이전의 상황을 구분해서 판단하는 듯한 경향을 보이고 있다. 우선, [제1사례] 건물 소유권에 기한 물권적 청구권을 원인으로 하는 건물인도청구의 소에서 패소한 원고로부터 변론종결 후에 건물을 매수한 제3자가 전소의 피고를 상대로 건물인도청구의 소를 제기한 경우 위 제3자가 가지게 되는 건물인도청구권은 적법하게 승계한 건물 소유권의 일반적 효력으로서 발생된 것이고, 위 건물인도소송의 소송물인 패소자(원고)의 건물인도청구권을 승계함으로써 가지게 된 것이라고는 할 수 없으므로, 위 제3자는 변론종결 후의 승계인에 해당하지 않는다고 판시하였다.[4] 그러나 유사한 상황을 담

---

1) 大判 1991. 3. 27. 91다650,667.
2) 大判 1993. 2. 12. 92다25151. 나아가 대법원은 토지의 소유자가 소유권에 기하여 토지의 무단 점유자를 상대로 차임 상당의 부당이득반환을 구하는 소송을 제기하여 승소하고 동 판결이 확정된 경우, 이러한 소송의 소송물은 채권적 청구권인 부당이득반환청구권이므로, 전소 변론종결 후에 토지의 소유권을 취득한 사람은 변론종결 뒤의 승계인에 해당하지 않는다고 한다(大判 2016. 6. 28. 2014다31721).
3) 大判 2014. 10. 30. 2013다53939.
4) 大判 1999. 10. 22. 98다6855. 그 후에도 大判 2020. 5. 14. 2019다261381에서 토지 소유권에 기한 가등기 말소청구소송에서 청구기각된 확정판결의 기판력은 위 소송의 변론종결 후 토지 소유자로부터 근저당권을

은 91다650판결에서는 [제2사례] 원고가 피고를 상대로 건물철거 등의 소를 제기하여 패소확정된 사건의 변론종결 이후에 제3자가 피고로부터 위 건물을 매수하였다면 제3자는 피고의 지위를 승계한 변론종결 뒤의 승계인에 해당하므로 전소의 원고가 제3자를 상대로 한 건물철거 등의 후소는 전소 기판력에 저촉된다는 판시를 하였다. 제1, 제2 사례에서 전소 상황은 동일하다. 다만 제1 사례에서는 전소 원고로부터 소유권을 이전받은 후소의 원고가 문제되는 반면에, 제2 사례에서는 전소 피고로부터 소유권을 이전받은 후소의 피고가 문제된다는 점만 다르다.[1]

  v) 두 사례 모두 변론종결전 상황이라면 제3자는 원고측이든 피고측이든 가릴 것 없이 당연히 승계인에 해당되어 참가승계나 인수승계를 통해 절차에 관여할 수 있게 될 것이다. 다만, 판례는 제1사례에서 원고를 승계한 제3자에게 기판력을 미치게 하면 계속되는 피고의 방해행위를 억지할 방법이 없게 되므로 이를 회피하고자 한 듯하다.[2]

  ② 실질설과 형식설의 구분   통정허위표시에 의한 등기이전이 있음을 이유로 하는 말소등기절차청구소송의 변론종결 후에 패소한 피고로부터 목적부동산의 양도를 받아 소유권이전등기를 마친 제3자는 전소 확정판결의 기판력을 받는 변론종결 뒤의 승계인에 해당하는가의 논의가 있었다. 선의의 제3자는 자신의 고유의 항변권인 민법 제108조 제2항에 따른 선의를 주장함으로써 전소의 기판력 확장을 시도하는 전소 원고의 청구를 배척할 수 있는 지위에 있는데 이를 절차적으로 어떻게 반영할 것인지의 논의이다.

  i) 실 질 설   변론종결 뒤의 승계인은 종전 당사자에 준하므로 승계인은 승계한 권리관계에 관하여 종전 당사자와 같은 모양으로 기판력에 구속된다. 따라서 승계인이란 당사자와 동일시할 지위에 있는 자이어야 하는데 고유의 항변권을 가진 제3자는 당사자와 동일시할 수 있는 지위에 있다고 할 수 없으므로 기판력이 확장되는 승계인의 범위에서 제외된다. 따라서 위 사례에서 제3자는 승계인에 해당하지 않는다.

  ii) 형 식 설   제3자가 고유의 항변권을 갖는가 여부는 나중의 문제이고 위 사례에서 일단 패소한 피고로부터 등기명의를 이전받는 제3자는 변론종결 뒤의 승계인에 해당하므로

  취득한 제3자가 근저당권에 기하여 같은 가등기에 대한 말소청구를 하는 경우에는 미치지 않는다고 판시하였다.

 1) 이러한 대법원의 판결들에 대해 기판력의 주관적 범위를 객관적 범위와 연계시킴으로써 주관적 범위를 축소시킨 문제점이 있다는 지적(이시, 662면)이 있으며, 새로운 물권자에게 최대한 절차보장을 해 준다는 입장에서 선고된 것이라고 해석하는 견해도 있다(전원열, "2020년 분야별 중요판례분석(민사소송법)", 법률신문 2021. 2. 18. 기사).

 2) 원고로부터 소유권을 이전받은 제3자가 원고로서 기존 피고에 대해 물권적청구권을 행사하는 상황은 반드시 전소 청구의 상황과 동일한 것은 아니다. 나아가 피고의 새로운 침해행위에 대해 소유권자로서 물권적청구권을 행사하는 것은 별개의 소송물로 파악할 수 있으므로 승계인에게 미치는 기판력에 저촉된다고 볼 수 없다.

기판력이 확장된다는 입장이다. 그 근거로는 소송물에 대한 당사자적격 내지 분쟁주체인 지위의 승계에서 찾을 수 있기 때문이라고 하거나(김/강, 634면), 추정승계인제도를 그 근거로 제시하고 있다(이시, 664면). 한편, 위 사례에서 제3자는 기판력을 받더라도 자신이 가진 고유의 항변권을 통해 원고의 집행을 저지할 수 있어 결과에 있어서는 승계인으로 보지 않는 실질설의 입장과 다를 바 없다고 주장한다.

　　iii) 구분 불필요설　　　실질설과 형식설의 구분은 필요하지 않으며 기판력의 작용이론을 통해 문제를 해결할 수 있다는 입장이다.[1] 즉, 승계인이 고유의 항변권을 주장하는 경우 당연히 전소의 기판력이 작용하지 않는 것이므로, 고유의 항변권을 가진 승계인을 그렇지 않은 승계인과 구별하여 따로 논할 필요 없이 기판력의 작용이론으로 문제해결이 가능하다는 것이다.[2]

　　iv) 소　　　결　　　학설로는 형식설이 다수설이나 판례는 실질설의 입장을 갖고 있다.[3] 소송의 계쟁물이 양도됨으로써 외관적으로만 전 당사자의 지위가 이전된 것처럼 보일 뿐 제3자가 실질적으로 종전 당사자의 지위를 승계한 사실이 없음에도 불구하고 종전 소송의 분쟁주체인 지위나 당사자적격의 이전이 발생했다고 보는 형식설의 입장은 의제적인 접근방법으로 보인다. 더구나 추정승계인제도는 변론종결 전의 승계사실을 미리 진술하도록 함으로써 기판력의 확장 여부를 분명히 하려는 것일 뿐이므로 승계인의 범위를 결정하는 논거로 삼는 것은 다소 부적절하다. 한편, 형식설에서는 어느 설에 의하더라도 고유의 항변권을 가진 제3자는 결과적으로 전소 확정판결의 기판력을 받지 않게 되므로 두 견해의 실질적인 차이가 없다고 주장한다. 그러나 형식설에 따르면 판결의 효력을 받지 않아도 되는 제3자가 스스로 나서서 집행문부여에 대한 이의의 소(민집 45조) 등을 통해 집행을 면해야 하는 결론에 이르게 되므로 실질설과 동일하다는 주장은 설득력을 잃게 된다. 따라서 실질설이 타당하다(같은 견해로는 김홍, 806면; 호, 731면).

　　5) 추정승계인　　　① 변론종결 전에 소송물 자체에 대한 승계가 있거나 계쟁물의 양도 등이 있어 소유자가 변동되면 상대방은 승계인으로 하여금 소송을 인수하도록 조치를 취하여야 한다. 당해 판결의 기판력은 변론종결 전 승계인에게 미치지 않기 때문이다. 따라서 법

───────────

1) 피정현, "변론종결 후의 승계인에 대한 판결의 효력", 비교사법 6권 1호, 560–561면; 최성호, "기판력의 확장과 변론종결 후 특정승계인에 관한 연구", 『단국대학교 법학논총』(34권 2호), 582면; 이무상, "기판력과 집행력의 확장 및 고유의 공격방어방법을 갖는 승계인", 70–72면 등이 이 입장에 있다. 이러한 견해는 일본의 中野貞一郎 교수로부터 영향을 받은 것으로 추정되는데 현재는 伊藤 眞 교수 역시 불필요설의 입장을 지지하고 있다(伊藤 眞, 618–619面 이하 참조).

2) 위 사례에서 제3자가 전소에서 패소한 피고에게 정당한 권원이 있다는 주장을 하게 되면 이는 기판력에 저촉되지만, 제3자가 전소 피고가 무권리자라 하더라도 자신이 선의의 제3자로서 유효하게 소유권을 취득했다고 주장하는 것은 가능하다는 점에서 실질설, 형식설의 구분에 따른 접근이 불필요하다는 것이다.

3) 大判 1980. 11. 25. 80다2217.

은 피승계인인 종전 당사자가 소송물이나 계쟁물을 양도하고서도 이를 변론종결시까지 법원에 진술하지 않으면 변론종결 후에 승계한 것으로 추정한다는 규정(218조 2항)을 두고 있는데 이를 추정승계인 제도라고 한다. 따라서 뒤늦게 승계사실을 알게 된 원고는 승계집행문(민집 31조) 부여를 신청하게 되는데 승계시기를 고려할 필요는 없다. 기판력의 확장을 저지하고자 하는 승계인이 변론종결 전의 승계를 주장, 입증해야 할 책임이 있기 때문이다.[1] 그러나 부동산의 경우에는 등기이전시점이 명확하므로 추정승계인 제도는 실효성이 크지 않다. 따라서 원고는 본안의 소를 제기하기 전에 미리 피고를 상대로 처분금지 혹은 점유이전금지가처분과 같은 적절한 다툼의 대상에 관한 가처분(민집 300조)을 해놓지 않으면 소송이 진행되는 동안 소송물 자체 혹은 계쟁물의 이전에 따른 위험을 감수해야만 한다.

　② 법 제218조 제2항에 규정된 진술의무의 주체를 둘러싸고 견해의 대립이 있으나 소송의 당사자인 피승계인으로 해석함이 타당하다. 소송 절차 밖에 있는 승계인이 진술을 하는 것도 현실적이지 못하며 법 규정 역시 "당사자"라고 규정하고 있기 때문이다. 한편, 법 규정에서는 무변론판결(법 257조)의 경우에는 판결선고시까지 승계사실을 진술하지 않았으면 변론종결 뒤의 승계인으로 추정한다고 규정하고 있는데 입법적으로 문제가 있다는 지적이 있다(이시, 665면).

(3) 청구목적물의 소지자

　1) 의　　의　　　확정판결의 기판력은 당사자나 변론을 종결한 뒤의 승계인 등을 위하여 청구의 목적물을 소지한 사람에 대하여도 효력이 미친다(218조 1항). 청구의 목적물은 소송물인 특정물의 인도청구권의 대상이 되는 동산, 부동산 등을 의미하는데 청구권의 법적 성질은 제한이 없다. 아울러 소지의 시기도 법 규정상 변론종결 전후를 따지지 않는다. 따라서 승계와 달리 소지인은 법적 개념이라기보다는 사실적 개념에 가깝다.

　2) 범　　위　　　i) 목적물을 운송하는 운송업자, 수치인, 창고업자 등이 전형적인 예로 거론된다. 그러나 임차인, 전차인, 전세권자, 질권자 등은 자신의 고유한 권원에 의해 점유를 하는 경우이므로 청구목적물의 소지인에 해당하지 않는다. 한편, 소지인은 승계인은 아니지만 그에 대해 기판력과 아울러 집행력이 미치고(민집 25조 1항) 판결에 표시된 이외의 자이므로 승계집행문 부여 절차를 준용하게 된다(2항).[2] 그러나 당사자와 동일시 할 수 있는 당사자 본인의 기관이나(법인 채무자의 소속 임직원 등이 소지하는 경우), 점유보조자(민 195조) 등에 대해서는 별도의 집행권원 없이 집행이 가능하다.

　ii) 민법상의 점유보조자는 가사상, 영업상 기타 유사한 관계에 의하여 타인의 지시를 받

---

1) 大判 2005. 11. 10. 2005다34667,34674.

2) 따라서 집행채권자는 집행의 대상이 되는 집행채무자 소유 물건이 창고업자 등에 의해 보관되어 있음을 증명하여야 집행을 실시할 수 있게 된다(이승영/주석민집, §31, 175면 참조).

아 물건에 대한 사실상의 지배를 하는 자이다(민 195조). 동거가족과의 관계에서 이들을 단순 점유보조자로 볼 것인지 여부가 문제되는데 일률적으로 판단할 수 없고 상황에 따라 점유보조자 혹은 점유자로 보아야 할 것이다. 판례 역시 동일한 입장이다. 건물을 원시취득한 소유자의 동거가족들은 그 점유보조자에 불과하지만 원시취득자가 건물을 매도하고 퇴거하였음에도 불구하고 그 동거가족들이 그 의사에 반하여 건물부분을 계속 점유하고 있다면 이들은 불법점유자에 해당한다고 보았고,1) 처가 아무런 권원 없이 토지와 건물을 주택 및 축사 등으로 계속 점유·사용하여 오고 있으면서 소유자의 명도요구를 거부하고 있다면 비록 그 시부모 및 남편과 함께 이를 점유하고 있다고 하더라도 처는 소유자에 대한 관계에서 단순한 점유보조자에 불과한 것이 아니라 공동점유자로서 이를 불법점유하고 있다고 봄이 상당하다고 판시한 바 있다.2) 위와 같은 경우에는 동거가족이나 처 등에 대해 독립한 집행권원이 필요하다.

3) 유추확장의 문제   강제집행의 면탈을 위해 물건을 가장해서 양수한 경우 법 제 218조를 유추하여 양수인을 패소한 당사자를 위해 목적물을 소지한 사람으로 볼 수 있다는 견해(이시, 666면)가 다수입장이며 아울러 법인격이 형해화되어 부인되는 경우에도 유추가 가능하다는 견해(강, 691면)가 있다. 이러한 유추의 목적은 기판력과 집행력의 확장을 통해 악의적인 허위양도나 법인격부인 행위 등을 제어하고자 하는 것으로 충분히 타당성을 갖고 있다. 하지만 해석론을 통한 기판력 및 집행력의 확장은 법적 안정성을 지나치게 해할 수 있어 입법적인 해결이 필요하다고 할 것이다(동지의 견해로는 김홍, 864면).

(4) 제3자 소송담당과 기판력의 확장

1) 갈음형 소송담당   다른 사람의 권리에 관하여 자신의 이름으로 소송을 수행하는 제3자의 소송담당의 경우 소송담당자가 받은 판결은 권리귀속주체인 다른 사람에게도 미치게 된다(218조 3항). 따라서 파산절차의 파산관재인(회생·파산 355조, 359조), 회생절차의 관리인(회생·파산 74조, 78조) 등은 각 절차에서 당사자적격을 가지며 이들이 받은 판결의 효력은 채무자에게 당연히 미치게 된다. 그런데 소위 병행형 소송담당의 경우, 특히 주주대표소송과 채권자 대위소송의 경우는 약간의 논의가 요구된다.

2) 병행형 소송담당

① **주주 대표소송**   발행주식 총수의 1/100 이상을 가진 주주가 회사에 대해 이사의 책임을 추궁하는 소를 제기하도록 요구하였으나 회사가 이러한 요구를 거부하는 경우 위 주주는 회사를 위하여 이사들을 상대로 주주 대표소송(상 403조)을 제기할 수 있다. 이때 주주는

---

1) 大判 1980. 7. 8. 79다1928.
2) 大判 1998. 6. 26. 98다16456,16463.

회사에 대하여 지체 없이 소를 제기한 사실을 알려야 할 의무가 있으므로(상 404조 2항) 판결
의 효력을 회사에 미치게 하는 데 따른 정당성은 확보된다. 따라서 대표소송은 제3자 소송담
당의 전형적인 모습을 보여주며 본인인 회사는 주주가 제기한 기존 대표소송에 주주를 도와
공동소송참가를 할 수 있다(상 404조 1항, 이견 있음).1) 한편, 회사가 대표소송의 피고가 된 이사
들을 위해 보조참가를 할 수 있는가에 대해 논의가 있으나 대표소송 개념 자체가 회사를 위
해 인정되는 것이므로 회사의 이익에 반하는 대표소송은 배척되어야 함이 마땅하다. 따라서
주주들로부터 책임의 추궁을 받는 이사를 위해 회사가 보조참가를 하는 것을 허용하는 것은
소수주주권으로 대표소송을 인정한 법 취지에 반한다.

　　② 채권자대위소송과 채권자취소소송　　i) 채권자가 제기한 대위소송의 결과 얻어진
판결의 효력은 원래 이익의 귀속주체인 채무자가 알고 있었던 경우에만 동인에게 미치게 된
다.2) 채무자에게 절차 참가의 기회를 부여하기 위함이라고 보여지므로 판례의 입장은 지극
히 타당하다.3) 한편 피대위채권의 귀속주체인 채무자는 대위소송의 계속 사실을 안 경우에
는 판결의 효력을 받을 뿐 아니라 당사자적격 역시 갖고 있으므로 채권자가 제기한 대위소
송에 공동소송참가(이견 있음)를 할 수 있다. 그러나 채권자가 채무자에 대한 피보전권리 없이
제3채무자를 상대로 대위소송을 제기한 때에는 오히려 채무자는 피고를 위해 보조참가를 할
수 있을 뿐 아니라 독립당사자참가를 통해 자신의 권리를 보호할 수 있다고 해석된다. 판례
는 기본적으로 대위소송의 소송물을 채무자의 제3채무자에 대한 채권의 존부(피대위채권)로,
채권자의 채무자에 대한 채권을 피보전채권으로 각기 파악하여 전·후소의 소송물의 이동(異
同)을 판단하고 있다. 따라서 채무자가 제3채무자를 상대로 한 소송의 판결의 효력은 채권자
의 대위소송에도 미치며,4) 어느 한 채권자의 대위소송의 판결의 효력은 다른 채권자의 대위
소송에도 미친다고 본다.5) 이러한 논리의 연장선상에서는 수인의 채권자가 공동으로 채무자
의 권리를 대위행사하는 경우 수인의 채권자 상호 간에는 유사필수적 공동소송의 법리가 적
용된다고 보는 것이 논리의 일관성에 충실한 견해라고 생각된다.6)

　　ii) 채권자취소소송을 제기하는 채권자는 채권자대위소송을 제기하는 채권자와 달리 자
신의 고유한 권리를 행사하는 것이므로 제3자 소송담당에 해당하는 것은 아니다. 아울러 그

---

1) 大判 2002. 3. 15. 2000다9086.

2) 大判(全) 1975. 5. 13. 74다1664.

3) 판례가 채무자의 주관적인 사정을 이유로 판결의 효력 확장 여부를 결정하고 있어 부당하다는 지적부터 채
　무자가 단순히 소송계속 사실을 안 것만으로는 부족하다는 입장에서 판례를 비판하는 견해들이 적지 않다.

4) 大判 1979. 3. 13. 76다688.

5) 大判 1994. 8. 12. 93다52808.

6) 大判 1991. 12. 27. 91다23486 역시 유사필수적 공동소송관계로 파악하고 있으나 이 판례를 판결의 반사효
　를 인정하는 예로 드는 견해도 있다(이시, 668면). 유사필수적 공동소송과 반사효와는 무관하다는 견해는 최
　건호, "확정판결의 반사효와 유사필수적 공동소송", 저스티스 86호, 63면 이하 참조.

취소소송의 기판력은 그 취소권을 행사한 채권자와 그 상대방인 수익자 또는 전득자와의 상대적인 관계에서만 미칠 뿐 그 소송에 참가하지 아니한 채무자 또는 채무자와 수익자 사이의 법률관계에는 미치지 않으므로[1] 기판력이 확장되는 것도 아니다. 따라서 어느 한 채권자가 제3채무자를 상대로 채권자취소소송을 제기하더라도 그 소송을 통해 실제로 원상회복이 이루어지지 않는 한 다른 채권자는 동일한 제3채무자를 상대로 채권자취소소송을 제기할 수 있다. 이미 다른 채권자에 의해 취소소송을 통해 원상회복이 이루어진 경우에는 다른 채권자의 채권자취소소송은 그 한도에서 소의 이익을 상실하게 될 뿐이다.[2]

(5) 소송탈퇴자

제3자가 자발적으로 독립당사자참가나 참가승계를 한 경우, 혹은 인수승계를 통해 승계인이 된 경우 기존 당사자는 당해 소송에서 상대방의 동의를 얻어 탈퇴할 수 있지만 판결의 효력은 받게 된다(80조).

제 4 절 판결의 기타 효력

Ⅰ. 집 행 력

1. 개   념

협의의 집행력은 이행을 명한 판결을 민사집행법에 따라 강제적으로 실현할 수 있는 효력을 말한다. 집행권원에 기해 건물을 철거하거나 인도 집행하는 경우는 물론 강제경매나 강제관리 등과 같이 채무자의 의사에 반해 일정한 물리력 혹은 그와 유사한 실력행사를 수반하게 된다. 그러나 이전등기나 말소등기를 명하는 판결에 따라 등기소에 등기신청을 하는 것과 같이 물리력을 행사하지 않고 판결 내용이 요구하는 상태를 실현할 수 있는 효력을 광의의 집행이라고 한다. 형성·확인 판결은 광의의 집행력만을 갖는다. 확정된 이혼판결이나 친자관계존부확인 판결과 같이 법률관계를 변경시키거나 소유권확인판결과 같이 단독적인 등기신청을 통해 소유권을 취득할 수 있게 하는 효력을 지칭한다.

2. 집행력을 가진 재판과 조서

확정된 판결이 아니더라도 가집행선고가 붙은 종국판결(213조) 역시 집행력을 갖게 되며, 항고로만 불복할 수 있는 재판, 확정된 지급명령, 강제집행 수락문구가 있는 공정증서, 화

---

1) 大判 1988. 2. 23. 87다카1989; 大判 2015. 11. 17. 2013다84995.
2) 大判 2008. 4. 24. 2007다84352.

해·청구의 인낙조서 등과 같이 확정판결과 동일한 효력을 갖는 것들도 집행력을 갖는다(민집 56조). 그 밖에 형사판결에 부대해서 선고하는 배상명령(특례 34조), 민사조정법상의 조정조서 및 조정을 갈음하는 결정, 화해권고결정, 이행권고결정 등도 집행력을 갖는다. 승인조건을 갖춘 외국재판(217조)은 그 자체로서 (협의의) 집행력을 갖지 못하며 국내법원의 집행판결을 통해 집행력을 갖게 된다(민집 27조).

3. 집행력의 범위

집행력의 범위는 원칙적으로 기판력의 범위와 일치한다. 따라서 기판력이 판결에 표시된 당사자 이외의 사람에게 효력이 미치는 때에도 그 사람에 대해 혹은 그 사람을 위해 집행력이 미친다(민집 25조 1항). 그러나 위와 같은 경우에는 승계집행문이나 재판장의 명령, 집행문 부여에 대한 소를 통해 집행의 주체나 대상을 명확히 하여야 한다(민집 25조 2항). 그러나 경우에 따라서는 기판력의 범위와 집행력의 범위가 상위한 경우가 있다. 즉 채권자대위소송의 기판력은 채무자가 이를 안 경우에 미치지만 그렇다고 해서 원고인 채권자와 채무자 간에 집행력이 미치는 것은 아니다.[1] 대위소송에서 채권자와 채무자 간의 채권은 당해 소송의 피보전권리에 불과하기 때문이다.

Ⅱ. 형 성 력

형성의 소가 인용되고 동 판결이 확정됨에 따라 당사자 간의 법률관계를 창설·변경·소멸시키는 효력이 발생하게 되는데 이를 형성력이라고 한다. 형성력이 소급할 것인지 여부는 소송의 형태에 따라 개별적으로 결정함이 타당하다. 따라서 친생부인의 소나 인지청구의 소(가소 2조 1항 1호 나목) 등의 경우는 그 효력을 소급시키는 것이 타당하지만 주주총회결의취소 판결이나 이혼판결 등의 경우는 표준시 이후의 장래효만을 인정하는 것이 바람직하다(김/강, 647-648면)[상세한 내용은 제3편 제1장 제2절 Ⅳ. 참조].

Ⅲ. 법률요건적 효력

민법을 비롯한 실체법규에서 확정판결의 존재를 법률요건으로 정하고 그에 대해 일정한 법률효과의 발생을 규정한 경우가 있다. 이를 판결의 법률요건적 효력이라 한다. 단기소멸시효의 채권이라 하더라도 확정판결을 통해 시효기간이 연장되는 효과가 있다(민 165조 1항). 보증인에 대해 변제를 명하는 판결이 확정되면 금전의 지급이 현실적으로 이루어지지 않더라

---

1) 大決 1979. 8. 10. 79마232.

도 구상금채권이 발생된다(민 442조 1항 1호). 자기의 소유권을 증명하는 확인판결은 미등기토지에 대한 보존등기신청을 가능하게 한다(부등 130조 2호).

Ⅳ. 실체법적 효과와 판결의 효력 확장

1. 반사효 개념의 필요성 여부

제3자가 당사자 간에 확정된 판결의 효력을 직접적으로 받지는 않지만 부수적으로 발생되는 실체법상의 효과에 의해 영향을 받는 의존관계에 있는 경우가 있다. 이러한 상황에서 제3자가 받는 효과를 반사적 효력이라고 하여 법률요건적 효력과 분리해서 설명하는 견해가 있다(김/강, 644면; 이시, 673면). 예를 들어 채권자와 주채무자 사이의 소송에서 주채무자가 승소확정의 판결을 받은 경우에는 보증인은 이 판결의 결과를 원용해서 보증채무의 이행을 거절할 수 있는데 이는 판결의 반사효에 근거한다고 한다.[1] 그러나 이러한 결과는 판결 효력의 이중성(소송법 및 실체법적 효력)으로부터 비롯되는 것에 불과할 뿐이다. 즉 소송법설의 입장에서 판결의 효력을 파악하더라도 판결이 가지는 실체법적 효과는 부정될 수 없다는 점이다. 위의 사례에서 주채무가 성립되지 않았다거나 혹은 성립하였지만 소멸하였다는 이유로 주채무의 부존재가 채권자와의 사이에서 확정되었다면 보증인은 그 판결의 실체법적인 효과를 원용해서 채권자에게 대항할 수 있음에 불과한 것이지 채권자나 후소법원에 어떤 구속력을 발생시키는 것은 아니다.[2]

2. 채권자대위소송과 기판력의 예외적 확장

채권자대위소송에 있어 채무자가 제3채무자를 상대로 제기한 소송의 확정판결이 채권자에게 미치는 효력, 그리고 채권자 상호 간에 대위소송의 확정판결의 효력이 미치는 것을 반사효로 설명하는 견해가 있다(이시, 673-674면). 그러나 채권자대위소송의 소송물은 채무자의 제3채무자에 대한 피대위채권의 존부이므로 채권자가 제3채무자를 상대로 대위소송을 제기하더라도 소송물은 채무자의 제3채무자에 대한 채권으로서 동일하며, 또한 대위권자는 소송담당자이므로 이를 알고 있는 채무자가 대위소송의 판결의 효력을 받는 것 역시 극히 당연하다. 따라서 채무자가 제3채무자를 상대로 받은 판결의 기판력은 대위소송을 제기하는 채권자

---

1) 그 외에도 합명회사의 소송에서의 승패가 그 사원에게 미치는 영향, 공유자의 승소판결을 다른 공유자가 제3자에 대해 원용하는 경우 등을 반사효의 예로 거론하고 있다(이시, 673면).

2) 만일 채권자와 주채무자 간의 판결 결과에 기판력에 유사한 구속력을 보증인에게도 인정한다면 이는 소위 기판력의 상호성을 부인하는 것으로 미국의 공격적 쟁점효를 인정하는 결과에 이르게 된다. 따라서 전소 확정판결의 실체법적인 효과에 의해 법률적인 이해관계를 갖는 자는 당해 법리를 규율하는 개별 실체법 원칙에 의해 다루어지는 것으로 족하다.

에게도 확장된다고 봄이 타당하다(정/유/김, 807-808면). 한편 수인의 채권자가 공동으로 대위소
송을 제기하는 경우에도 상호 간에 반사효를 받는 관계이므로 유사필수적 공동소송에 해당한
다고 한다(이시, 674면). 그러나 이는 복수의 소송담당자인 채권자들이 제기하는 소송이므로 판
결이 구구하게 선고되는 것을 방지하기 위해 합일확정의 필요성이 요구되고 소송수행권을 합
유하는 관계에 있으므로 유사필수적 공동소송관계로 파악하는 것이 타당하다.[1] 그런데 판
례[2]는 채권자들이 제기한 당해 대위소송을 채무자가 알고 있으므로 판결의 효력은 채무자에
게도 미치고 따라서 채권자인 원고들에게도 판결의 효력이 미치므로 원고들은 유사필수적
공동소송 관계에 있다고 설시함으로써 판결의 효력(기판력)을 받는 수인이 제기한 소송으로
취급하고 있다.

제 5 절 종국판결에 부수하는 재판

I. 가집행선고

1. 의   의

(1) 개   념

확정판결에 부여되는 집행력을 미확정의 종국재판에 부여하는 형성적 재판을 가집행선
고(213조)라고 하며 가집행의 선고가 내려진 재판은 확정판결이 아닌 그 밖의 집행권원으로
분류된다(민집 56조 2호). 명칭은 임시의 집행이지만 집행절차나 실시방법 등은 확정판결에 의
한 집행과 다를 바 없다. 단지 가집행선고를 명한 판결이 상소심에서 변경될 가능성을 갖고
있어 그 실효와 원상회복이 문제될 뿐이다. 법제에 따라서는 1심 종국판결이 당연히 집행력
을 갖는 경우도 있지만 독일법을 계수한 우리는 원칙적으로 확정된 판결만이 집행력을 갖는
다. 그러나 이 원칙을 고수하게 되면 패소한 피고는 아무런 부담 없이 상소를 제기함으로써
판결의 확정을 저지할 수 있어 절차의 지연과 함께 채권자의 권리만족이 매우 지체될 위험
이 있다. 따라서 확정되지 않은 1심 종국판결에도 집행력을 부여함으로써 상소의 남용을 억

---

1) 최건호, "확정판결의 반사효와 유사필수적 공동소송", 저스티스 86호, 63면 역시 같은 취지의 견해이나 채
   권자들의 관계가 항상 유사필수적공동소송 관계에 있지는 않다고 한다. 즉 채권자들이 채권자대위권에 터
   잡아 채무자의 가분적인 채권을 중첩되지 않는 범위 내에서 행사하고 있을 때에는 합일확정의 필요가 부정
   되는 경우도 있을 수 있다는 것이다. 그러나 대위소송의 소송물은 피대위채권의 존부라는 점을 고려한다면
   이 견해에 동의하기 어렵다. 채권자들의 채무자에 대한 채권의 존부는 단순히 대위소송의 소송요건일 뿐이
   고 심판의 대상은 채무자의 제3채무자에 대한 피대위채권이므로 이를 기준으로 합일확정의 필요성 여부를
   판단하여야 하기 때문이다.
2) 大判 1991. 12. 27. 91다23486.

지하고 채권자의 권리구제를 도모하게 된 것이다.

(2) 문 제 점

가집행을 선고한 재판은 상소를 통해 언제든지 변경될 가능성이 있으므로 미확정 재판의 집행 실시는 여러 문제를 야기할 소지가 다분하다. 즉 가집행이 실시된 후에 원판결이 취소·변경되더라도 원상회복이 불가능한 경우가 대부분이다(건물철거를 위한 가집행). 따라서 가집행선고는 원 판결의 유지가능성과 변경가능성뿐 아니라, 집행실시에 따른 원상회복의 가능성 여부도 충분히 고려해서 채권자의 조속한 권리만족과 패소자의 회복 불가능한 손해 발생가능성을 비교 형량해서 신중하게 운용되어야 한다.

2. 요   건

현행법에 따르면 법원은 재산권의 청구에 관한 미확정의 종국판결에 대하여 가집행의 선고를 붙이지 아니할 상당한 이유가 없는 한 직권으로 담보제공을 하거나 하지 아니하고 가집행선고를 하여야 한다(213조 1항).

(1) 상당한 이유

위 법조문에 따르면 재산권의 청구에 관한 판결에는 가집행을 의무적으로 선고하여야 하는 듯이 보이지만 가집행선고를 붙이지 아니할 상당한 사유 존부에 대해 판결이유에서 구체적인 설시를 하여야 하는 의무가 법원에게 없을 뿐 아니라, 실무관행도 이를 요구하고 있지 않아 가집행선고 여부는 여전히 법원의 재량에 있다고 보는 것이 타당하다(반대 견해로는 이시, 690면). 가집행을 붙이지 아니할 상당한 이유는 두 가지 요소를 내포한다. 즉 회복할 수 없는 손해방지와 가집행선고의 필요성이 없는 경우를 들 수 있다.[1] 가집행선고의 필요성은 가집행선고가 실체법관계의 변동을 초래할 경우는 물론 동 판결의 상소심에서의 변경가능성과 유지가능성을 비교형량해서 판단하여야 한다. 대지소유자가 제기한 건물철거 청구소송에 대해 1심 법원이 원고승소 판결을 선고하였으나 동 판결이 상소심에서 취소·변경될 가능성이 적지 않은 경우(피고가 적극적으로 다투고 있으며 더욱이 건물매수청구권을 행사하지 않은 상태인 경우)에는 회복할 수 없는 손해방지를 위해서 그리고 가집행선고의 필요성이 인정되지 않으므로(변경가능성) 1심 종국판결에 가집행선고를 붙이지 아니할 상당한 이유가 있다고 할 것이다.

---

1) 가집행선고의 필요성 판단은 1990년 법 개정으로 삭제되었으나 이는 현행법상의 "상당한 이유"에 내포되어 있다고 보아야 한다. 현행법이 과거 개정 전의 "법원이 필요하다고 인정한 때에는"이라는 표현을 삭제하였으나 가집행선고는 언제나 모든 판결에 붙여서 선고되어야 하는 것은 아니기 때문이다.

(2) 가집행선고의 대상

재산권의 청구에 관한 승소 종국판결로서 집행 가능한 것이어야 한다.

1) **재산권의 청구**   중간판결과 소 각하, 청구기각 판결에 대해서는 성질상 가집행선고를 할 수 없으며 비재산권에 관한 소(이혼소송, 인지청구의 소 등)에 대해서도 가집행선고를 할 수 없다.[1] 또한 민법상의 재산분할청구권은 이혼을 한 당사자의 일방이 다른 일방에 대하여 재산분할을 청구할 수 있는 권리로서 이혼이 성립한 때에 그 법적 효과로서 비로소 발생하는 것이므로 당사자가 이혼이 성립하기 전에 이혼소송과 병합하여 재산분할의 청구를 하고, 법원이 이혼과 동시에 재산분할을 명하는 판결을 하는 경우에도 이혼판결은 확정되지 아니한 상태이므로, 그 시점에서 가집행을 허용할 수는 없다.[2] 그러나 재산권에 관한 소라 하더라도 의사의 진술을 명하는 판결(등기절차의 이행을 명하는 판결 등)은 확정되어야 효력이 있으므로(민집 263조 1항) 가집행선고가 불가능하다는 것이 통설이다.[3]

2) **집행 가능한 판결**   법 규정(213조, 민집 56조 2호)상으로는 협의의 집행이 가능한 이행판결뿐 아니라 광의의 집행이 가능한 확인 · 형성판결에 대해서도 가집행선고가 가능하다고 볼 여지는 충분하다. 그러나 판례는 형성청구에 있어서는 법률에 특별한 규정이 있거나 또는 그 성질이 허용하는 경우 이외에는 가집행선고를 붙여서 미리 그 집행력을 발생시킬 수 없다고 할 뿐 아니라[4] 실무상으로도 확인 · 형성판결에 가집행선고를 붙이는 경우는 거의 없다.[5] 광의의 집행력을 갖는 확인 · 형성판결의 경우에도 가집행선고를 붙일 필요가 있을 수 있으며 실정법 역시 이행판결에만 가집행선고를 부칠 수 있다고 제한하고 있지 않으므로 확인 · 형성판결에도 필요한 경우 가집행선고가 가능하다고 봄이 타당하다. 그러나 확인 · 형성판결은 실체법상의 권리의무관계의 변동을 초래하는 것이 대부분이고(공유물 분할, 경계확정의 소, 사해행위 취소의 소, 회사법상의 각종의 소), 장래 취소가능성이 있는 임시적인 법률관계의 변동

---

1) 비송사건에 있어서도 금전의 지급을 명하는 사건에서는 가집행선고를 할 수 있는 경우가 있다. 예를 들어 민법 제837조에 따른 이혼 당사자 사이의 양육비 청구 사건은 마류 가사비송사건인데 관련 규정(가소 42조 1항 및 가소규칙 94조 1항)에 따라 가집행선고의 대상이 된다(大判 2014. 9. 4. 2012므1656).

2) 大判 1998. 11. 13. 98므1193.

3) 일본의 통설 역시 동일하다(伊藤 眞, 544面). 그런데 김/강, 644면은 반대의 견해를 취한다. 양자의 견해대립은 민사집행법 제263조 제1항에 대한 서로 다른 해석에서 비롯된다. 통설은 위 규정이 의사표시의 의제시점을 확정 판결 시로 정하고 있어 가집행선고를 하더라도 의사표시가 의제가 될 수 없으므로 원천적으로 이를 불허하는 것이 타당하다는 것이다. 그러나 소수설은 위 규정이 집행실현 간주시점을 확정 판결 시로 한 것에 지나지 않는다고 주장하면서 이로써 가집행선고의 불허 이유가 될 수 없다고 한다. 일본의 소수설(新堂 幸司, 743面) 역시 동일한 취지의 주장을 하고 있는데 이 경우 가집행선고부 판결의 집행은 확정판결과 달리 간접강제에 의하여야 한다고 한다.

4) 大判 1966. 1. 25. 65다2374.

5) 물론 청구에 관한 이의의 소, 집행문부여에 대한 이의의 소, 제3자 이의의 소 등에 있어 강제집행 정지 · 취소 결정의 취소 · 변경 · 인가 판결에 직권으로 가집행선고를 하여야 하는 것과 같이 실정법이 명문의 규정을 통해 허용하는 경우는 예외이다(민집 47조 2항, 48조 3항).

을 허용하는 것은 이해관계인의 확대를 통해 거래의 안전을 해칠 우려가 있으므로 가집행선고를 할 필요성이 인정되지 않을 뿐이다.[1]

3. 가집행선고의 절차 및 방식

법원은 직권으로 가집행선고를 하되, 동 선고는 물론, 이를 면제하는 가집행면제선고 역시 판결 주문에 표시하여야 한다(213조 3항, 면제선고는 실무상 거의 없음).

(1) 직권에 의한 선고

당사자가 소장에서 가집행을 선고해 줄 것을 신청하는 것이 일반적인 실무관행이지만 이는 엄밀히 보아 법원의 직권발동을 촉구하는 의미밖에 없다. 따라서 가집행선고는 처분권주의를 근거로 하는 법 제415조의 적용을 받지 않으므로 가집행선고가 붙지 않은 원고 승소의 제1심판결에 대하여 피고만이 항소한 항소심에서 법원이 항소를 기각하면서 가집행선고를 붙였다 하여 제1심 판결을 피고가 신청한 불복의 한도를 넘어 불이익하게 변경한 것이라 할 수 없다.[2] 한편 항소법원이나 상고법원은 1심판결 혹은 항소심 판결 중에 불복신청이 없는 부분에 대해서는 당사자의 신청에 따라 결정으로 가집행선고를 할 수 있어 신청에 의한 가집행결정이 가능하다(406조, 435조).[3] 그러나 결정에 의한 가집행선고가 있더라도 그 후에 불복범위를 확장하거나 부대항소 혹은 부대상고를 제기하는 것을 차단하는 것은 아니며 이로써 가집행선고가 실효되는 것도 아니다.

(2) 담보제공과 가집행면제선고

1) 담보제공과 법률관계　　법원은 승소자(반소원고 역시 가집행선고에 대한 이익이 있다)에게 담보를 제공할 것을 조건으로 혹은 무담보로 가집행선고를 할 수 있다. 담보제공 여부는 법원의 재량이지만 어음금·수표금 청구에 관한 판결에는 무담보로 가집행선고를 하여야 한다(213조 1항 단서). 승소자가 제공하는 담보는 가집행선고 있는 판결의 집행이 실시되는 경우, 후일 가집행선고가 취소 또는 변경됨으로 말미암아 채무자가 입게 되는 손해액을 예상하여 담보액을 정한다(실무제요 I, 438면). 패소자는 이 담보에 대해 질권과 같은 권리를 자동적으로 취득하게 된다(123조).

2) 가집행면제선고　　법원은 가집행선고를 함에 있어 직권 혹은 당사자의 신청에 따

---

1) 이외에도 장래이행판결이나 상소기각 판결, 그리고 소송비용 재판 등에 가집행을 선고할 수 있는지 여부에 대해 논의가 있다.

2) 大判 1991. 11. 8. 90다17804.

3) 가집행을 신청하였으나 이에 관한 법원의 결정이 있기 전에 부대항소 등의 불복신청이 있는 경우에는 가집행을 선고할 수 없다는 견해가 있으나 의문이다. 이러한 해석은 오로지 가집행신청을 배척하기 위한 편법적인 불복신청을 유발할 가능성이 많아 사건의 신속한 해결을 방해할 뿐이다. 가집행신청 후의 불복신청의 확장이나 부대항소 등은 가집행선고의 필요성 여부에 대한 판단 사항으로 작용할 뿐이다.

라 채권전액을 담보로 제공하고 가집행을 면제받을 수 있음을 선고할 수 있다(213조 2항). 이를 가집행면제선고라고 한다. 면제선고에 있어 구체적인 사정을 고려하지 않고 무조건 채권전액을 담보로 제공할 것을 요구하는 위 법 규정은 가집행선고 자체의 변경가능성을 염두에 두지 않고 있어 균형을 상실하고 있다. 한편 이 면제선고를 위한 담보금은 다른 담보금과 달리 가집행의 지연으로 인한 손해뿐 아니라 승소자의 기본채권까지 담보한다는 견해(이시, 691면)가 있으나 의문이다. 가집행선고부 판결을 받은 승소자가 제공하는 담보에 대해서는 가집행으로 인한 손해만을 담보하는 것으로 해석하는 것과 균형이 맞지 않을 뿐 아니라 법 제123조 이하에서 정하는 소송상 담보의 취지와도 형평이 맞지 않기 때문이다. 가집행면제를 어렵게 하고자 한 취지에서 전액담보를 요구한 법 규정 자체도 문제가 되지만 이를 계기로 동 담보가 승소자의 기본채권까지 담보한다고 보는 것은 더욱 무리한 해석이라고 판단된다.

4. 가집행선고의 효력

(1) 종국적인 만족과 해제조건부 만족

1) 이중적인 성격   가집행선고는 판결의 선고와 동시에 효력이 발생하므로 집행문을 부여받아 이를 집행할 수 있다(민집 30조). 가집행은 가압류·가처분과 같은 보전처분이 아니므로 확정판결에 기한 본집행과 다를 바 없이 집행을 통한 종국적인 만족(금전의 수령, 건물의 철거 등)이 가능하지만 이는 어디까지나 상소심에서 그 가집행의 선고 또는 본안판결이 취소되는 것을 해제조건으로 하여 발생하는 것이다.

2) 가집행선고에 따른 금전지급과 변제효과   가집행선고에 따른 금전지급과 관련해서는 기술적인 논의가 전개된다. 가집행선고부 종국판결에 따라 집행절차(예를 들어 경매절차를 통한 배당)를 통해 돈이 지급되든지, 혹은 임의로 판결금을 채권자에게 교부하든지(가지급금) 상관없이 변제의 효력은 확정적으로 발생하는 것이 아니다. 따라서 항소심 법원으로서는 판결금의 가지급 여부를 참작할 필요 없이 청구의 당부를 판단하여야 한다.[1] 한편, 패소한 피고(채무자)는 상소심에서 원판결의 취소와 함께 가지급물반환신청(일종의 특수한 반소)을 하는 것이 일반적이다.[2] 결국 종국판결에 따라 가지급된 금원은 판결이 확정되어야 그 시점에서 확정적으로 변제의 효과가 발생한다.[3] 만일 종국판결이 변경되어 가지급금이 확정판결에서 선고

---

1) 大判 1993. 10. 8. 93다26175, 26182(반소); 大判 2009. 3. 26. 2008다95953, 95960; 大判 2020. 1. 30. 2018다204787 등 참조. 따라서 1심에서 1억 원의 지급을 명하는 원고 전부 승소판결이 선고된 후 피고가 그 중 5천만 원을 가지급금으로 지급한 경우, 피고의 항소가 이유 없으면 항소법원은 항소기각 판결을 선고하면 된다. 즉 항소법원이 가지급금 5천만 원을 고려하여 1심 판결을 5천만 원의 지급을 명하는 판결로 변경할 필요가 없다는 의미이다.

2) 大判 1982. 1. 19. 80다2626에서 대법원은 여러 증거를 종합해 볼 때 가집행 판결에 기해 판결금 채권을 채무자가 임의로 교부하였다고 해서 이를 순수한 합의에 의한 임의변제로 볼 수 없다고 하여 가지급물반환 신청이 가능하다고 판시하였다.

3) 大判 1995. 6. 30. 95다15827에 따르면 판결 확정 전에 가지급을 하더라도 확정된 시점에야 변제의 효과가

된 금액보다 초과지급된 경우에는 동 금액만큼 원고가 부당이득한 것이 되므로 피고는 부당이득반환청구를 통해 권리를 구제받을 수 있다.[1] 그러나 건물철거 등을 가집행한 경우는 원상회복이 불가능하므로 손해배상의 문제만이 남게 된다.

(2) 상소와 강제집행정지결정

상소제기로 인해 가집행선고의 효력이 당연히 정지되는 것은 아니고 이를 위해서 패소자는 별도의 강제집행정지 결정을 얻어내야 한다(501조). 그러나 가집행선고는 본안의 청구로부터 독립된 청구로서의 지위를 갖지는 못하므로 가집행선고 자체만을 대상으로 한 불복은 허용되지 않으며(391조, 425조), 본안과 함께 불복 상소되더라도 본안에 대한 상소이유가 없는 한 잘못된 가집행선고에 대한 시정 역시 허용되지 않는다.[2]

5. 실효와 회복

가집행선고는 본안판결이 아직 확정되지 않은 상태에서 종국적인 만족을 부여하게 되므로 가집행선고를 명한 본안판결의 변경·취소에 따른 가집행선고의 실효와 원상회복의 문제를 내포하고 있다.

(1) 가집행선고의 실효

1) **실효의 원칙**   가집행선고부 판결에 대한 상소심에서 가집행선고 자체 또는 본안판결을 변경하게 되면 그 한도에서 가집행선고도 효력을 즉시 상실하게 된다(215조 1항). 승소당사자 본인이 항소심에서 가집행선고를 받은 청구를 취하하는 경우에도 동 선고는 효력을 잃는다.[3] 그러나 실효의 효과가 소급하지 않음으로써 이미 완료된 집행절차를 통해 권리를 취득한 자는 아무런 영향을 받지 않게 된다. 소급효를 인정하게 되면 집행절차를 통해 권리를 취득한 제3자의 지위가 불안정하게 됨으로써 거래의 안전을 침해할 소지가 있기 때문이다.[4]

발생하므로 동 변제는 변론종결 후에 발생한 것이므로 청구이의사유가 된다고 한다.

1) 문제는 1심 종국판결에 따라 원고가 일부 가지급을 받은 후에 항소심에서 원고의 지위가 제3자에게 승계된 경우에 발생한다. 예를 들어 2천만 원의 지급을 명하는 1심 판결에 따라 원고가 가집행을 통해 1천만 원의 가지급을 받은 후에 항소심에서 원고를 승계한 제3자가 여전히 2천만 원의 지급을 구하는 경우를 가정하자. 가지급은 변제의 효과가 없다는 논리를 그대로 적용하면 권리승계인은 여전히 2천만 원의 지급을 피고에게 구할 수 있는 반면 피고는 가지급금을 받아간 원고에게 1천만 원의 지급을 구할 수 있을 뿐이다. 이러한 결론을 지지하는 大判 1982. 12. 14. 80다1101이 있다(이에 대한 비판은 이재성, "가집행에 의한 변제의 효력", 대한변호사협회지 86호(1983), 59면 참조).

2) 大判 1994. 4. 12. 93다56053.

3) 大判 1995. 4. 21. 94다58490,58506.

4) 大判 1993. 4. 23. 93다3165 판결은 " … 가집행선고 있는 판결에 기한 강제집행은 확정판결에 기한 경우와 같이 본집행이므로 상소심의 판결에 의하여 가집행선고의 효력이 소멸되거나 집행채권의 존재가 부정된다 하더라도 그에 앞서 이미 완료된 집행절차나 이에 기한 경락인의 소유권취득의 효력에는 아무런 영향을 미치지 아니한다 할 것이고, 다만 강제경매가 반사회적 법률행위의 수단으로 이용된 경우에는 그러한 강제경매의 결과를 용인할 수 없다"고 판시하였으며 이는 확정판결에 기한 본집행의 경우도 동일하다(大判 1996.

   2) **조건부 실효와 가집행선고의 부활**   제1심 판결에 붙은 가집행선고는 그 본안판결
을 변경한 항소심판결에 의하여 변경의 한도에서 실효되지만 이는 변경된 그 본안판결의 확
정을 해제조건으로 한다는 것이 판례의 입장이다.[1] 따라서 동 항소심판결을 파기하는 상고
심판결이 선고되면 가집행선고의 효력은 다시 부활된다고 한다. 그러므로 가집행선고부 제1
심 판결이 항소심판결에 의하여 취소되었다 하더라도 그 항소심판결이 미확정인 상태에서는
가집행선고부 제1심 판결에 대한 강제집행정지를 위한 담보(501조, 500조)는 그 사유가 소멸되
지 않는다.[2] 그러나 판례는 항소심에서 비로소 가집행선고부 판결이 선고된 경우, 상고법원
이 동 판결을 파기해서 환송하게 되면 앞서의 1심판결의 가집행선고 부활 여부의 논의와 달
리 당해 파기 환송판결이 비록 확정된 것은 아니더라도 가집행의 정지를 위한 담보사유는
소멸된다고 판시하고 있다.[3]

   (2) 가지급물반환신청(원상회복)과 손해배상

   1) **가지급물반환신청**   ① 가집행선고부 본안판결에 따라 가지급금 등을 교부한 자는
항소심에서 본안판결의 변경을 구하면서 이미 지급한 가지급물의 반환을 구하는 신청(가지급
물반환신청)을 병합할 수 있다. 명칭은 비록 신청이지만 소송 중의 소로써 반소의 성격을 가진
다. 그러나 무조건적인 반소라기보다는 본안판결의 변경을 조건으로 하는 예비적 반소라고
보는 것이 타당하다.[4] 그러나 상소심에서의 반소와 달리 상대방의 동의가 필요 없다는 점에
서 특수한 반소라고 할 수 있다. 한편, 반소의 실질을 갖는 가지급물반환신청은 변론이 요구
되므로 항소심에서는 언제나 가능하지만 상고심에서는 원칙적으로 불가능하다. 단 예외적으
로 그 판단에 사실심리가 불필요한 경우에는 상고심에서도 가능하다.[5]

   ② 1심에서 패소한 당사자가 항소심에서 가지급물반환 및 손해배상을 신청하지 않았더
라도 본안판결이 항소심에서 변경되어 상대방이 상고를 제기하면 상고심에서 가지급물반
환과 손해배상을 신청할 수 있다(물론 사실심리가 필요 없는 경우에 한한다).[6] 가지급물반환신청은

---

  12. 20. 96다42628 참조).

  1) 大決(全) 1999. 12. 3. 99마2078.

  2) 따라서 1심법원의 가집행선고부판결의 집행정지를 위해 담보를 제공한 패소자는 항소심에서 1심판결이 취
     소·변경되더라도 동 항소심 판결이 대법원에서 확정될 때까지 제공한 담보를 회수할 수 없게 된다. 제3자를
     위해서는 실효의 소급효를 제한하면서도 가집행채무자에 대해서는 실효의 효과를 조건부로 해석하여 매우
     부당한 결과를 초래하고 있다. 이러한 대법원의 입장에 대한 비판은 졸고 "가집행선고의 실효와 부활", 민사
     소송 제11권 1호, 237면 이하 참조.

  3) 大決 1984. 4. 26. 84마171; 大決 1966. 4. 19. 66마107 등.

  4) 大判 2023. 4. 13. 2022다293272; 大判 2005. 1. 13. 2004다19647에서는 가집행채무자가 항소를 제기하였으
     나 이유 없다고 이를 기각하는 경우에는 가지급물반환신청에 대해 판단할 필요가 없다고 한다.

  5) 大判 2007. 5. 10. 2005다57691.

  6) 大判 2003. 6. 10. 2003다14010,14027은 구체적인 근거를 제시하지 않으면서도 이것이 불가능하다고 한다.
     그러나 가집행선고는 독립된 청구가 아니므로 항소심에서 가지급물반환신청 등을 하지 않았다고 해서 가집

가집행으로 인한 원상회복의 일환으로서 인정되며 부당이득반환의 법적 성질을 갖는다.[1] 가지급물은 가집행의 결과 패소자가 승소자에게 지급하거나 교부한 물건(부동산 포함)이나 금전을 의미하며 반환이 가능한 것이어야 한다. 따라서 철거집행이 종료되거나 경매절차에서 물건의 매각이 완료된 경우에는 가지급물반환신청은 불가능하고 손해배상 청구만이 가능하다.

　2) 손해배상　　① 가집행채무자는 가집행으로 말미암았거나 그 면제를 위해 입은 피해에 대해 손해배상을 청구할 수 있다(215조 2항). 가집행채권자는 미확정재판에 집행력을 부여받으므로 그 특혜의 반대급부로서 무과실책임을 부담한다는 것이 일반적인 견해이다.[2] 우리 제도에 따르면 가집행은 원칙적으로 법원의 직권에 의해 선고되는 것이므로 상소심의 변경판결에 의해 승소자가 손해배상책임을 부담하더라도 이의 본질을 위법설의 입장에서 보기는 어렵고 적법설이 타당하다.[3] 따라서 과실상계[4]나 소멸시효를 인정하더라도 민법의 일반규정(민 396조, 민 162조)을 준용하는 입장이 타당하다.[5]

　② 손해배상은 그 가집행과 상당인과 관계가 있는 모든 손해를 망라하므로 경우에 따라서는 정신적 손해도 포함될 수 있다(호, 606면; 정영, 1064면, 반대 견해로는 이시, 694면).[6] 한편, 상소심에서 이러한 원상회복과 손해배상을 병합해서 신청하지 않는 경우에는 이를 위해 별도의 소를 제기해야 하므로 가지급물반환신청과 손해배상청구를 상소심에서 병합해서 신청하는 것이 바람직하다.

Ⅱ. 소송비용의 재판

1. 소송비용

　소송비용은 민사소송의 이상 실현의 한 축을 담당하는 부분으로서 저비용의 소송경제적인 제도 운영은 민주사회에서 필수적으로 요구되는 사항이기도 하다. 형사재판을 받는 피고

행선고가 확정되는 것도 아니므로 상고심에서 비로소 이를 신청하는 것을 차단할 이유는 없다고 판단된다.

1) 大判 2005. 1. 14. 2001다81320.

2) 과실책임주의를 주장하는 견해는 伊藤 眞, 536면 참조.

3) 과거에는 위법행위를 원인으로 한 일종의 민법상의 불법행위책임이라는 설과 적법행위이지만 민사소송법이 특별히 인정한 법정책임 또는 위험책임이라는 설의 대립이 있었으나 근래에는 이를 위험책임이며 무과실책임이라고 하는 데에 학설이 거의 일치하고 있다. 판례 또한 같은 입장이다(大判 1979. 9. 25. 79다1476; 大判 2010. 11. 11. 2009다18557).

4) 大判 1984. 12. 26. 84다카1695에서는 패소자가 항소심에 가서야 비로소 선의취득의 항변을 제기한 경우, 大判 1995. 9. 29. 94다23357에서는 항소심에서 비로소 임차보증금반환채권을 이유로 한 동시이행항변을 한 경우에는 과실상계의 원인이 될 수 있다고 한다.

5) 구도일, "가집행선고의 실효로 인한 손해배상의 성질과 범위 및 과실상계", 대법원판례해설 4호, 76면 역시 같은 취지의 견해임. 그러나 위법설을 취하는 것과 결과에 있어 차이가 없다.

6) 아무런 권원 없는 자가 철거청구의 소를 제기하여 증거 등을 조작함으로써 가집행선고부판결을 얻어 패소자가 거주하던 집을 철거한 경우에는 가집행채무자의 정신적 피해를 배상할 충분한 사유가 있다고 할 것이다.

인이 자신의 재판에 대해 비용을 부담하지 않는 것과 마찬가지로 민사재판을 요구하는 당사자 역시 국가가 무료로 자신의 재판을 해 줄 것을 요구할 권리가 있다고 주장할 수도 있을 것이다. 그러나 현대의 민주국가는 대부분 민사재판에 따른 비용에 대해 정도의 차이는 있으나 신청인에게 일정 부분 부담을 하도록 원칙을 정하고 있지만(소위 재판유상주의) 그 부담의 정도는 국민의 재판청구권을 침해하지 않는 정도의 수준에서 정해져야 한다. 아울러 합리적으로 설정된 소송비용 수준을 부담할 수 없는 국민에게는 소송구조(legal aid, 128조 이하)를 통해 국가가 대신 그 비용을 부담하거나 유예해 주는 제도적인 장치가 요구된다.

(1) 광의의 소송비용

법원은 소송비용을 지출할 자금능력이 부족한 사람의 신청에 따라 또는 직권으로 소송구조(128조 이하)를 할 수 있는데 여기서의 소송비용(128조 1항)은 아래에서 보는 재판비용이나 당사자비용, 변호사보수 등의 협의의 소송비용뿐 아니라 소를 준비하고 소송수행하는 데 소요되는 전반적인 비용을 의미한다(김/강, 932면). 따라서 이론적으로는 승소에 필요한 사적으로 선임한 전문가의 조사연구비는 물론 이들에 대한 자문료 등이 포함될 수 있다.

(2) 협의의 소송비용

1) 의 의 소송비용에 대한 재판을 통해 패소자는 그 비용을 부담하게 되는데 그 기준이 되는 것이 협의의 소송비용이다. 따라서 당사자가 특정한 소송절차를 수행하기 위해서 지출한 비용 중 민사소송비용법, 민사소송 등 인지법, 민사소송법과 동 규칙, 변호사보수의 소송비용산입에 관한 규칙(2018. 3. 7. 개정 4. 1. 시행)과 각종 예규 등을 통해 범위가 정해진 비용을 지칭한다(지출한 전체의 비용을 의미하는 것이 아님). 따라서 승소자가 재판을 위해 일정 금원을 지출했다고 해서 이 돈 모두를 패소자가 부담하는 것은 아니며 법령을 통해 일정한 범위로 제한되는데 이것이 협의의 소송비용이다.

2) 범주와 종류 사전에 소를 제기하기 위한 소의 준비행위를 위한 비용(증거보전절차, 제소전화해, 독촉절차)은 본안의 소송비용의 일부가 된다(383조, 389조 단서, 473조 4항). 판결에 대한 불복을 위한 항소 및 상고비용 역시 본안의 비용이 된다. 그러나 가압류·가처분 등 보전처분에 소요된 비용이나 강제집행을 위한 비용(민집 53조)은 본안의 소송비용에 포함되지 않는다. 이를 3분하면 아래와 같다.

① **재판비용** 당사자가 소송절차 및 관련 절차를 수행하기 위해 법원에 납부하는 비용으로서 인지액(인지 1조)과 민사소송비용법에서 규정하고 있는 각종 소송행위에 따른 비용(민비 3조 이하)을 의미하는데 이들 비용은 신청인이 미리 납부해야 한다(116조 1항). 그러나 이들 비용은 종국적으로는 소송비용의 부담 재판을 받은 사람으로부터 상환받을 수 있다(98조).

② **당사자비용** 당사자가 소송수행을 하는 데 소요되는 비용이지만 재판비용과 달리

법원에 납부하지 않고 직접 제3자에게 지출하는 비용을 의미한다. 대법원 규칙이 정하는 범위 안에서의 변호사보수(109조 1항)가 대표적이며 대법원 규칙 범위 내의 소장 기타 소송에 필요한 서류의 서기료 및 도면의 작성료(민비 3조) 등도 여기에 포함되는데 법무사에게 지급한 또는 지급할 서기료, 도면작성료 및 제출대행 수수료는 대한법무사협회의 회칙이 정하는 법무사의 보수에 관한 규정에 정한 금액 범위 내에서만 인정된다(민비규칙 2조 3항).

③ 변호사보수   i) 당사자가 지출하는 당사자비용 중 가장 큰 부분은 변호사보수인데 승소자가 부담한 변호사보수 역시 패소자에게 부담시키는 것이 원칙이지만(98조) 변호사보수는 당사자가 보수 계약에 의하여 지급한 또는 지급할 보수[1]의 범위 내에서 각 심급단위로 소송목적의 값에 따라 변호사보수 규칙상의 별표 기준에 의하여 산정된다(변호사보수규칙 3조 1항).[2][3] 그런데 변호사보수 산정의 기준이 되는 소송목적의 값은 민사소송 등 인지법 제2조의 규정에 따르도록 되어 있다(인지규칙 4조 1항). 한편, 변호사에게 계쟁사건 처리를 위임하면서 보수지급 및 수액에 관하여 명시적인 약정을 아니하였더라도, 무보수로 한다는 등 특별한 사정이 없는 한 보수지급의 묵시적 약정이 있는 것으로 보아야 한다.[4] 또한, 본안소송을 위임받은 변호사가 당사자를 대리하여 소송비용액 확정신청을 하면서 당사자로부터 그 대가를 별도로 지급받거나 지급받기로 하였다면, 소송행위에 필요한 비용의 한도에서 그 대가 역시 변호사 보수에 포함될 수 있다.[5] 또한, 소송비용에 산입되는 변호사의 보수는 각 심급단위로 산정하여야 한다(보수규칙 3조 1항). 따라서 가처분에 대한 이의는 같은 심급의 불복신청으로서 다시 가처분 신청의 당부를 심리·판단하여 달라는 신청이므로 가처분 사건 및 이에 대한 가처분이의 사건은 모두 하나의 심급단위로 보아 소송비용에 산입되는 변호사의 보수를 산

---

1) 소송비용에 산입되는 변호사의 보수에는 당사자가 보수계약에 의하여 현실적으로 지급한 것뿐만 아니라 사후에 지급하기로 약정한 것까지 포함되고, 제3자가 지급한 경우에도 당사자가 지급한 것과 동일하다고 볼 수 있는 사정이 인정되면 소송비용에 산입되는 변호사보수로 인정할 수 있다(大決 2020. 4. 24. 2019마6990). 따라서 소송비용액확정 절차에 편입될 변호사보수를 판단할 때에는 실제 지급 여부는 영향을 미치지 아니한다(大決 2022. 4. 8. 2021마7301).

2) 예를 들어 1,000만 원의 소송목적의 값을 가진 민사본안사건에서 원고가 1심에서 변호사를 선임해서 200만 원의 보수를 지급하였다고 가정하자. 이 경우 원고가 전부 승소하면 변호사보수 200만 원을 피고에게 부담지울 수 있어야 하지만 법 제109조 제1항과 변호사보수 규칙 제3조 제1항 및 별표에 따르면 소송비용에 산입되는 변호사보수는 소송목적의 값 1,000만 원의 10%인 100만 원만 피고에게 부담지울 수 있게 된다. 즉, 100만 원은 원고가 돌려받을 수 없게 되는 자기 부담 비용으로 남게 된다. 따라서 변호사 수임료가 높으면 높을수록 그 간격이 커지게 되므로 당사자는 승소의 의미가 줄어들게 된다(사건이 항소, 상고되면 이 현상은 더욱 심화된다).

3) 신청인의 변호사 보수를 확정할 때에는 신청인이 변호사에게 보수계약에 따라 지급하거나 지급할 금액과 변호사보수 규칙에 따라 산정한 금액을 비교하여 그 중 작은 금액을 소송비용으로 결정한 다음, 그에 대하여 소송비용 부담재판의 분담비율을 적용하여 계산해야 한다. 통상적으로 변호사에 대한 실제 수임료는 변호사보수 규칙에서 정한 금액보다 상회하지만 그렇지 않은 경우도 있다. 따라서 양자를 비교해서 적은 금액을 기준으로 분담비율을 정해야 한다(大決 2022. 5. 31. 2022마5141 참조).

4) 大判 1995. 12. 5. 94다50229; 大決 2023. 11. 9. 2023마6427; 大判 2024. 4. 4. 2023다298670.

5) 大決 2023. 11. 2. 2023마5298.

정하여야 한다.[1]

ii) 공동소송의 경우 각 공동소송인별로 부담할 소송비용액 산정에 대해서는 명확한 기준이 없어 판례에 맡겨져 있는 상태이다. 판례[2]는 "수인의 공동소송인이 공동으로 변호사를 선임하여 소송을 수행하게 한 경우에 특별한 사정이 없는 한 각 공동소송인별로 소송물가액을 정하여 변호사보수 규칙 제3조에 의한 변호사보수를 각 개인별로 산정한 다음 이를 합산할 것이 아니라, 동일한 변호사를 선임한 공동소송인들의 각 소송물가액을 모두 합산한 총액을 기준으로 변호사보수 규칙 제3조에 따른 비율을 적용하여 변호사보수를 산정하는 것이 옳다" 고 판시하였으나 사실 이에 대한 명백한 근거 규정은 없다. 아울러, 공동소송인 중 일부만이 변호사보수를 실제 지급한 경우 그 일부에 대해서만 변호사보수를 배분하고 변호사보수를 지급하지 않은 공동소송인에게는 배분해서는 안 된다.[3]

iii) 당사자가 지출한 실제 보수비용 전액을 패소자에게 부담지우지 않고 일정한 비율 안에서만 소송비용으로 인정하는 것은 우리 현실상 변호사보수가 변호사에 따라 일정하지 않을 뿐 아니라 성공보수 약정[4]도 적지 않아 이를 전부 인정하게 되면 패소자의 부담이 너무 커지기 때문이다.[5] 변호사보수가 합리적으로 체계화되고 균질한 성격을 갖게 된다면 소송비용으로 반영되는 비율도 상향될 것이다.

2. 소송비용의 부담 재판

(1) 재판 방식

1) 소송비용 확정재판과 분리　　법원은 사건을 완결하는 재판에서 직권으로[6] 그 심급의 소송비용 전부에 대하여 재판하여야 한다(104조). 따라서 판결주문에 어느 당사자가 얼마의 소송비용액을 부담할 것인지 구체적으로 재판하여야 하는 것이 원칙이다. 하지만 판결 선고 단계에서는 어느 당사자가 소송비용의 전부 혹은 일부를 부담한다는 식의 재판을 하고[7]

---

1) 大決 2024. 1. 25. 2023마7238에 따르면 가처분사건에서 받은 수임료와 동 가처분 이의사건에서 받은 수임료를 더하여 중복해서 소송비용에 산입한 원심결정을 파기하고 있다.

2) 大決(全) 2000. 11. 30. 2000마5563.

3) 大決 2022. 12. 20. 2022마6583.

4) 大判(全) 2015. 7. 23. 2015다200111에서 대법원은 형사사건에서의 성공보수 약정은 무효라고 판시하였다.

5) 변호사보수 규칙에 따라 산정한 변호사보수 전부를 소송비용에 산입하는 것이 현저히 부당하다고 인정되는 경우에는 법원은 상당한 정도까지 감액 산정할 수 있다(동 규칙 6조 1항). 따라서 감액신청이 있으면 대법원은 소송목적의 값 등 여러 사정을 감안해서 공정이나 형평의 이념에 반하는 결과 여부를 판단하고 있다(大決 2022. 5. 12. 2017마6274; 大決 2024. 4. 19. 2024마5007).

6) 그러나 원고는 「소송비용은 피고의 부담으로 한다」라는 청구취지를 기재하는 것이 일반적이고 실무관행이다. 이는 법원의 직권발동을 촉구하는 의미가 있을 뿐이다.

7) 「소송비용 중 2/3는 원고가, 나머지는 피고가 각 부담한다」라는 방식으로 판결 주문을 작성하는 것이 일반적이다.

그 재판이 확정된 후 당사자의 신청을 받아 별도의 절차로 구체적인 소송비용액의 확정재판을 하는 것이 실무관행이다(110조). 다만 민사소송에서 서로 대립하는 상대방이 없거나 형식상 상대방이 있더라도 상대방에게 공격 또는 방어할 수 있는 기회가 보장된 대심적 소송구조가 아닌 경우에는 소송비용의 부담자 등을 정할 필요가 없다.[1]

  2) 상소와 재판누락   ① 상급법원에서 상소를 기각하거나 각하할 때는 그 심급의 소송비용만을 판단하면 되지만 원심판결을 취소하거나 파기하는 경우에는 소송의 총비용에 대해 재판하여야 한다(105조).[2] 소송비용의 재판을 누락한 경우에는 법원은 직권으로 또는 당사자의 신청에 따라 그 소송비용에 대한 재판을 하게 되는데(212조 2항) 만일 본안판결에 대하여 적법한 항소가 있는 때에는 그 효력을 잃는다. 이 경우 항소법원은 소송의 총비용에 대하여 재판을 해야 한다(212조 3항).

  ② 소송비용에 대한 재판에만 불복이 있는 경우에는 독립해서 상소를 제기할 수 없으므로(391조, 425조) 부득이 본안에 대해 상소를 제기하여야만 소송비용에 대한 재판에 불복할 수 있다. 그런데 판례는 한 걸음 더 나아가 소송비용의 재판에 대한 불복은 본안에 대한 불복의 전부 또는 일부가 이유 있는 경우에 한하여 허용된다는 것이 확고한 입장이다. 따라서 본안에 대한 상고가 이유 없는 이상 소송비용에 대한 재판에 잘못이 있다는 주장은 받아들일 수 없다고 한다.[3]

(2) 패소자 부담의 원칙과 예외

  1) 원   칙   소송비용은 패소자가 부담하는 것이 원칙이다(98조). 당연한 원칙인 것 같지만 패소로 인한 소송비용 부담으로 인해 제소하는 것을 국민들이 꺼리게 되면 재판청구권에 대한 제한으로 작용될 수도 있다.[4] 한편, 원고의 일부패소의 경우는 법원이 제반 사정을 종합하여 재량에 의해 정할 수 있는 것이므로 반드시 청구액과 인용액의 비율만으로 정

---

1) 大決 1985. 7. 9. 84카55; 大決 2010. 5. 25. 2010마181 등. 한편, 大決 2019. 11. 29. 2019카확564에 따르면 피상고인이 상고심이 진행될 것으로 추측해서 소송대리인을 선임하고 선임비용을 지출하였으나 상고장각하로 절차가 진행되지 않은 경우 이는 대심적 소송구조에서 지출된 비용이 아니어서 상대방에게 부담시킬 수 없고 그 비용부담자 등을 정할 필요도 없다고 한다.

2) 「소송총비용은 1심과 2심 모두 피고의 부담으로 한다」.

3) 大判 2005. 3. 24. 2004다71522,71539. 소송비용재판에 대해서는 독립해서 불복을 하지 못한다고 해서 본안에 대한 불복의 기회에 문제가 된 소송비용재판을 시정해 줄 것을 요구하는 것까지 묵살할 이유는 없다. 즉, 소송비용이 현실화됨에 따라 그 금액이 적지 않을 뿐 아니라 심급이 거듭되면 그 부담도 계속 증가하므로 본안에 대한 불복사유가 없어 배척되더라도 잘못된 소송비용재판은 상급심이 취소할 수 있도록 함이 타당할 것이다. 소송비용부담 재판에 대한 불복을 위해 어쩔 수 없이 본안에 대한 불복을 하는 경우도 생길 수 있다는 반론이 있을 수 있으나 기우에 가깝다고 판단된다.

4) 미국의 경우는 소송비용을 각자 부담하는 것이 원칙인 듯이 인식되어 있으나 변호사보수를 제외한 일반적인 소송비용은 패소자가 승소자에게 상환해야 하는 구조를 갖고 있다(FRCP §54(d)(1)). 다만, 독점금지법과 같은 특별법에서는 원고가 승소하면 피고로부터 변호사비용을 전보받을 수 있는 예외를 인정하고 있을 뿐이다(한국민사소송법학회, 「민사소송비용제도의 정비 방안 연구」, 법원행정처(2009), 190면 이하 참조).

해야 하는 것은 아니다.[1] 그러나 부대청구 금액을 제외한 청구금액 대비 인용금액의 비율로 정하는 것이 일반적인 실무관행이라고 할 수 있다.[2] 사정에 따라서는 한 쪽 당사자에게 소송비용의 전부를 부담하게도 할 수 있는데(101조 단서) 일방의 패소 부분이 극히 근소한 경우 그러하다(실무제요 I, 391면도 같은 취지임).

2) 예   외   법원은 사정에 따라 승소한 당사자로 하여금 소송비용의 전부나 일부를 부담하게 할 수 있다. 우선, 승소자라 하더라도 그 권리를 늘리거나 지키는 데 필요하지 아니한 불필요한 행위로 말미암은 소송비용(99조 전단)을 부담해야 한다. 나아가 비록 피고가 패소는 하였지만 자신의 권리를 늘리거나 지키는 데 필요한 행위로 야기된 소송비용의 전부나 일부 역시 승소한 원고가 부담할 수도 있다(99조 후단). 한편, 승소한 당사자라 하더라도 그로 인해 불필요하게 소송이 지연된 때에는 법원은 지연됨으로 말미암은 소송비용의 전부나 일부를 승소자에게 부담지울 수 있다(100조).

(3) 특수한 경우

1) 공동소송   공동소송인이 승소한 경우에는 상대방이 소송비용을 부담하게 되지만[3] 패소한 경우에는 공동소송인 모두가 소송비용을 균등하게 부담하는 것이 원칙이다(102조 1항 본문). 다만, 법원은 사정에 따라 공동소송인에게 소송비용을 연대하여 부담하게 하거나 다른 방법으로 부담하게 할 수 있다(1항 단서). 따라서 판결주문에서 공동소송인별로 소송비용의 부담비율을 정하거나, 연대부담을 명하지 아니하고 단순히 "소송비용은 공동소송인들의 부담으로 한다"고 정하였다면 공동소송인들은 상대방에 대하여 균등하게 소송비용을 부담하고, 공동소송인들 상호 간에 내부적으로 비용분담 문제가 생기더라도 그것은 그들 사이의 합의와 실체법에 의하여 해결되어야 한다는 것이 판례의 입장이다.[4] 물론, 법원은 권리를 늘리거나 지키는 데 필요하지 아니한 행위로 생긴 소송비용은 그 행위를 한 당사자에게 부담하게 할 수 있다(102조 2항).

2) 참가소송과 무권대리인   ① 참가소송비용에 대한 참가인과 상대방 사이의 부담과, 참가이의신청의 소송비용에 대한 참가인과 이의신청 당사자 사이의 부담에 대하여도 기존 소송비용 부담의 원칙과 예외 규정(98조 내지 102조)이 그대로 적용된다(103조). 따라서 소송비용의 부담에 관한 주문에 '보조참가로 인한 부분'을 특정하지 않은 채 패소한 당사자가 부담한다는 취지만 기재되어 있더라도, 피참가인이 전부 승소한 경우에는 당연히 패소한 당사자가

---

1) 大判 2007. 7. 12. 2005다38324.
2) 예를 들어 원고가 9,000만 원의 대여금반환을 청구하였는데 6,000만 원만 승소한 경우 「소송비용 중 1/3은 원고가, 나머지는 피고가 각 부담한다」라고 판단하는 것이 일반적이다.
3) 공동소송인이 승소한 경우 상대방이 부담해야 할 변호사보수의 산정방법에 대해서는 大決(全) 2000. 11. 30. 2000마5563 참조.
4) 大決 2001. 10. 16. 2001마1774.

보조참가로 인한 소송비용까지도 부담하는 것으로 볼 수 있다. 그러나 피참가인이 일부 승소하였음에도, 주문에 '보조참가로 인한 부분'이 특정되지 않은 채 피참가인과 상대방 당사자 사이의 소송비용 부담 비율만 기재되어 있다면, 여기에는 보조참가로 인하여 생긴 부분까지 당연히 포함되었다고 볼 수 없어 이에 관한 소송비용의 재판이 누락된 경우에 해당하므로, 당해 소송비용의 재판을 누락한 법원이 직권 또는 당사자의 신청에 따라 이에 대한 재판을 추가로 하여야 한다(212조 2항).[1]

② 법정대리인 또는 소송대리인으로서 소송행위를 한 사람이 그 대리권 또는 소송행위에 필요한 권한을 받았음을 증명하지 못하거나, 추인을 받지 못한 경우에 그 소송행위로 말미암아 발생한 소송비용에 대하여는 법원이 직권 혹은 당사자의 신청에 따라 그 비용을 갚도록 명할 수 있다(107조 2항). 이 경우 소가 각하된 경우에는 소송비용은 그 소송행위를 한 대리인이 이를 부담하는 것이 원칙이지만(108조, 107조 2항)[2] 소송대리인이 그 소송위임에 관하여 중대한 과실이 없었다면 소송을 위임한 자에게 부담시키는 것이 타당하다.[3]

3. 소송비용액 확정절차

(1) 의　　의

판결 중 소송비용 재판에서 구체적인 부담액수를 정할 수는 있지만 실무상으로는 부담주체와 비율만을 정하고 구체적인 부담액수는 별도의 재판에 의한다. 즉, 위 재판이 확정되거나, 소송비용부담의 재판이 집행력을 갖게 된 후[4]에 당사자가 서면으로 소송비용액 확정신청을 제출하면 제1심 법원은 결정으로 그 소송비용액을 확정하게 되는데(110조 1항) 이를 소송비용액 확정절차라고 한다. 그런데 2005년부터는 사법보좌관이 소송비용 확정절차를 담당하게 되었으나 소송비용액 계산은 여전히 법원사무관등이 그대로 담당하는 것으로 되어 있을 뿐 아니라(115조) 법 제110조에서는 제1심 법원이 확정절차를 담당하는 것으로 규정되어 있어 다소 혼선이 발생하였다.[5] 그렇다면 원고의 소송비용 상환청구권은 소송비용부담의 재

---

1) 大決 2022. 4. 5. 2020마7530.
2) 大判 2013. 9. 12. 2011두33044.
3) 大判 1997. 7. 25. 96다39301.
4) 2002년 개정을 통해 소송비용부담의 재판이 집행력을 갖게 된 후에도 소송비용 확정신청을 할 수 있도록 배려하였는데, 이는 가압류, 가처분 사건에 대한 결정과 관련해서 의미를 갖는다. 보전처분 결정 등은 바로 집행력이 생기므로 소송비용에 대한 재판이 있는 경우 바로 소송비용 확정신청이 가능하기 때문이다. 임시의 지위를 정하는 가처분이나 공사금지가처분 등 변론이나 심문이 열리는 가처분절차에서 일반 재판과 버금가는 정도의 소송비용이 지출되는 경우가 적지 않은데 이러한 경우 조속한 소송비용의 상환을 위해서 필요한 조문이라고 할 것이다.
5) 대법원은 법 제110조 제1항에서 규정하는 1심 법원의 관할을 성질상 수소법원의 전속관할에 속하는 것으로 보고 있다. 따라서 지방법원 합의부가 재판한 민사합의사건에 관한 소송비용액 확정신청에 대하여 한 사법보좌관의 처분에 이의신청이 있을 경우 본안사건의 수소법원이라고 할 지방법원 합의부가 아닌 단독판사가 재

판으로 확정되지만 그 수액은 소송비용 확정결정이라는 부수적 재판으로 구체화된다. 따라서 소송비용 부담의 재판과 분리되어 소송비용 확정결정이 확정된 뒤에는 이는 항고로만 불복할 수 있는 재판의 일종이므로(민집 56조 1호) 동 정본에 집행문을 직접 부여받아 소송비용에 대한 집행을 할 수 있게 된다.

(2) 성질과 한계

1) 집행권원적 성격   소송비용 상환의무가 재판에 의하여 확정된 경우에, 소송비용액 확정절차에서는 상환할 소송비용의 수액을 정할 수 있을 뿐이고, 그 상환의무 자체의 존부를 심리·판단할 수는 없다.[1] 그러나 채권자는 소송비용 확정결정을 근거로 민사집행법상의 재산명시명령(민집 61조)을 신청할 수 있게 된다.[2]

2) 기판력 유무와 범위   결정·명령재판에도 실체관계를 종국적으로 판단하는 내용의 것인 경우에는 기판력이 인정될 수 있다. 따라서 이미 기판력 있는 본안판결에서 소송비용 상환의무의 실체관계 판단이 확정된 후에 그에 근거하여 법원이 상환청구권자인 당사자가 신청한 수액에 따라 소송비용 확정결정을 하였다면 그 소송비용에 관한 결정은 본안판결의 소송비용 부담의 실체관계 판단을 계량적으로 구체화한 종국적 판단을 내용으로 하는 것이므로 마찬가지로 기판력이 인정된다.[3] 아울러 확정된 소송비용액 확정사건의 기판력은 일부만 청구한 것임을 밝히지 않는다면 개별비용항목과 액수에만 미치는 것이 아니라 신청인의 소송총비용에 미친다.[4] 따라서 신청인이 종전에 소송비용액 확정신청을 함에 있어 변호사보수 항목에 관하여만 청구하면서 나머지를 유보하고 일부만을 청구한다는 취지를 명시하지 않았다면, 그 소송비용액 확정결정의 기판력은 종전 신청에서 누락된 제반 소송비용에도 미치게 된다.

3) 비송사건적 성격   소송비용액 확정절차는 권리의무의 존부를 확정하는 것이 아니라는 점에서 비송적 성격을 가지므로 개개의 비용항목이나 금액에 관하여는 처분권주의(203조)가 적용되지 않는다. 따라서 법원은 당사자가 신청한 총 금액을 한도로 부당한 비용항목을 삭제·감액하고 정당한 비용항목을 추가하거나 당사자가 주장한 항목의 금액보다 액수를 증액할 수도 있다.[5]

  판하는 것은 전속관할 위반이라고 판시한 바 있다(大決 2008. 6. 23. 2007마634 및 大決 2010. 4. 16. 2010마 357).
1) 大判 2011. 3. 24. 2010다96997; 大決 2020. 7. 17. 2020카확522.
2) 大決 1995. 4. 18. 94마2190.
3) 大決 2002. 9. 23. 2000마5257; 大決 2011. 9. 8. 2009마1689.
4) 大決 2002. 9. 23. 2000마5257.
5) 大決 2011. 9. 8. 2009마1689.

(3) 절차와 소송비용액의 계산

1) 소송비용 부담의 재판 혹은 재판상화해를 통해 비용상환청구권이 인정된 당사자와 그 승계인은 비용상환의무가 인정된 당사자 혹은 제3자(107조)를 상대로 서면으로 소송비용 확정을 신청하여야 하며(민규 18조) 비용계산서, 그 등본과 비용액을 소명하는 데 필요한 서면을 제출하여야 한다(110조 2항). 아울러 법원은 소송비용액을 결정하기 전에 상대방에게 비용 계산서의 등본을 교부하고, 이에 대한 진술을 할 것과 일정한 기간 이내에 비용계산서와 비용액을 소명하는 데 필요한 서면을 제출할 것을 최고하여야 한다(111조 1항).

2) 상대방이 비용의 전부를 부담하는 경우에는 신청인(비용상환청구권자)이 지출한 비용만을 계산하여 부담할 소송비용 액수를 정하면 된다. 그러나 신청인과 상대방이 공동으로 부담하여야 할 경우에는 당사자들이 부담할 비용은 대등한 금액에서 상계된 것으로 보고 있으므로(112조) 일단 각 당사자들이 지출한 비용액을 각기 산출해서 확정하고 분담비율에 따라 각자가 부담할 액과 상대방이 부담할 액을 정하여야 한다. 그 후 상대방이 부담할 액수를 대등액에서 상계하고 남은 차액에 관하여 비용상환 청구권자가 의무자에게 지급하도록 명하여야 한다.[1] 그러나 신청인의 소송비용확정신청에 대해 피신청인이 부담한 비용에 대한 소명에 필요한 서류를 기간 내에 제출하지 않으면 법원은 신청인의 비용에 대하여서만 결정할 수도 있다(111조 2항). 따라서 피신청인이 신청인의 비용에 대해서만 분담액을 정한 제1심 결정에 대하여 즉시항고를 하면서 자신의 비용계산서와 그 비용액을 소명하는 데 필요한 서면을 제출한 경우에 원칙적으로는 이를 함께 고려하여 소송비용 분담액을 다시 산정하여 확정하는 것이 타당하다. 그러나 피신청인이 별도의 소송비용액확정결정을 신청하여 그 결정이 확정된 경우에는 피신청인은 그 결정에 따라 자신의 소송비용액을 상환받아야 할 것이므로, 위와 같이 별도의 결정에서 상환받는 것으로 확정된 피신청인의 소송비용액에 대해서는 피신청인이 상환하여야 할 소송비용액과 상계를 하여서는 안 된다(112조 단서 참조).[2]

3) 확정판결에 따른 소송비용액확정결정 신청권 및 청구권에 대한 포기 역시 가능하므로 이에 대한 포기를 합의한 후 확정신청을 하는 경우,[3] 확정된 본안재판에 부수하여 소송

---

1) 大決 2024. 4. 19. 2024마5007. 여기서 상계의 대상이 되는 '그 각자의 비용총액 각각에 대하여 분담비율에 따라 각자가 부담할 소송비용액'은 각 당사자가 그 상대방에게 소송비용 상환의무를 부담할 부분만을 의미하고, 자신이 지출한 비용총액에 대하여 자신의 분담비율을 적용한 부분은 상대방에게 그 상환의무를 부담하지 않아 상계의 대상에서 제외된다. 예를 들어 「소송비용 중 1/2은 원고가 나머지는 피고가 각 부담한다」라는 소송비용부담의 재판이 있었고 원고가 지출한 비용총액은 2,000만 원인데 반해, 피고가 지출한 비용총액은 500만 원이라고 가정해 보자. 원고가 지출한 비용의 상대방 부담 부분은 1,000만 원이 되는 반면, 피고가 지출한 비용의 상대방 부담 부분은 250만 원이 된다. 그렇다면 이 두 금액의 차액 750만 원을 피고가 원고에게 상환해야 한다는 결론에 이르게 된다. 결국 소송비용 부담 비율이 1/2씩 되는 경우에는 소송비용을 많이 지출한 당사자 측이 비용상환청구권자가 될 확률이 높게 된다.

2) 大決 2023. 9. 27. 2022마6885.

3) 大決 2010. 3. 30. 2009스146.

비용 부담 재판이 이루어진 후 채무자가 도산절차에서 면책을 받은 경우 등에도 소송비용액 확정을 구할 소의 이익은 부정된다.[1]

4. 소송비용의 담보

(1) 의   의

원고가 대한민국에 주소·사무소와 영업소를 두지 아니한 때 또는 소장·준비서면, 그 밖의 소송기록에 의하여 청구가 이유 없음이 명백한 때 법원은 직권 혹은 당사자의 신청에 따라 원고에게 소송비용에 대한 담보를 제공하도록 명하여야 한다(117조 1항, 2항). 원고가 패소할 경우 소송비용 부담을 이행하지 않을 가능성에 대비하여 담보제공의무를 규정한 것이므로 거꾸로 원고가 담보제공 신청을 할 수는 없다.[2] 담보제공을 신청한 피고는 원고가 담보를 제공할 때까지 응소를 거부할 권리가 있으나(119조) 피고가 본안에 관하여 변론하거나 준비기일에서 진술한 경우에는 담보제공을 신청하지 못한다(118조). 한편, 담보제공신청에 관한 결정에는 즉시항고가 가능한데(121조) 법원의 직권에 따른 담보제공명령에 대해서도 동 규정을 준용해서 즉시항고가 가능하다고 보아야 한다.[3]

(2) 담보제공 결정과 방법

법원은 담보제공을 명하는 경우 담보액과 기간을 정하여야 하는데(120조 1항) 담보액은 피고가 각 심급에서 지출할 비용의 총액을 표준으로 해서 정한다(2항). 한편, 담보는 당사자들 사이에 특별한 약정이 없는 한 금전 또는 법원이 인정하는 유가증권을 공탁하거나 민사소송규칙에 따른 지급보증위탁계약서를 제출하는 방법으로 제공할 수 있다(122조). 당장 현금의 지급이 필요없는 지급보증위탁계약서의 방식이 선호되고 있는데 이를 위해서는 법원의 사전 허가가 필요하다(민규 22조 1항). 담보가 제공된 후에라도 법원은 담보제공자의 신청에 따라 결정으로 공탁한 담보물을 바꾸도록 명할 수 있다(126조).

(3) 담보취소결정

담보제공자가 담보물을 돌려받기 위해서는 취소신청을 통해 담보사유가 소멸[4]되었음을 증명하여 법원으로부터 취소결정을 받아야 하는데(125조 1항) 담보권리자인 피고로부터 담보취소에 대한 동의를 받으면 담보취소결정을 받을 수 있다(2항). 한편, 원고가 소송에서 패소

---

1) 大決 2023. 12. 21. 2023마6918.

2) 大決 2012. 9. 13. 2012카허15.

3) 大決 2011. 5. 2. 2010부8도 같은 취지임. 2010년 법 제117조 제1항을 개정함에 따라 법 제121조 역시 "담보제공 관련 결정에 대하여는 즉시항고를 할 수 있다"라고 개정했어야 했다.

4) 담보제공명령 후에 대한민국에 주소나 사무소를 갖게 되었음을 증명하는 경우 혹은 원고가 전부 승소하여 소송비용이 전적으로 피고에게 부담된다는 판결이 확정된 경우 등이다.

하면 피고는 담보물에 대한 질권을 행사하여 소송비용의 만족을 얻게 될 것이다. 그런데 피고가 이러한 권리를 행사하지 않을 경우 담보제공자인 원고의 신청에 따라 법원은 담보권리자인 피고에게 일정한 기간 이내에 그 권리를 행사하도록 최고할 수 있는데 담보권리자가 그 행사를 하지 아니하는 때에는 담보취소에 대하여 동의한 것으로 의제된다(3항).

(4) 담보제공 효과와 준용절차

1) 담보권과 그 성질 제공된 담보에 대해서는 피고가 질권자와 동일한 권리를 갖게 되므로(123조) 담보물을 통해 우선변제를 받을 수 있다. 담보권자가 갖는 권리가 구체적으로 무엇인가에 대해서는 학설의 대립이 있다. 종전의 통설과 판례[1]는 원고의 공탁물회수청구권에 대하여 채권질권을 갖는 것이라고 파악하였다. 따라서 소송비용액 확정결정을 받은 피고는 이를 집행권원으로 하여 원고의 공탁물회수청구권에 대해 압류 및 전부명령을 받아내는 방법을 활용하였다. 그러나 원고의 공탁물회수청구권은 담보사유가 소멸되어 담보취소되는 경우에 발생하는 조건부 권리인데 피고의 담보권이 담보권소멸을 조건으로 하여 발생하는 회수청구권에 있다는 것은 논리적으로 모순이라는 지적이 있는데 타당한 지적이다. 따라서 피고는 공탁물 위에 직접 담보권을 갖는 사람으로서 공탁물출급권을 가질 뿐 아니라 이를 통해 우선변제권을 갖는다고 봄이 타당하다(김/강, 927면).[2]

2) 담보공탁금 대법원은 담보공탁 예규를 제정하여 담보공탁금의 출급 내지 회수절차에 관한 실무기준을 마련하고 있다. 담보공탁금이란 소송비용의 담보제공과 같은 당사자의 소송행위 혹은 법원의 처분(강제집행의 정지, 실시, 취소 등)으로 인해 담보권리자가 받게 될 손해를 담보하기 위한 금전공탁을 말한다(담보공탁 예규 2조 가항). 소송비용의 담보를 위한 공탁금이 전형적인 담보공탁금인데 소송비용 담보 관련 규정은 그 자체보다는 다른 법률에 따른 소 제기(회사의 해산명령에 따른 담보제공을 규정한 상 176조 3항 및 이를 준용하는 상 237조 등)에 준용될 뿐 아니라(127조) 가집행관련 담보(214조), 민사집행법상의 담보(민집 19조 3항)에도 준용되고 있다.[3]

---

1) 大決 1969. 11. 26. 69마1062.

2) 김용덕/주석민소(2), 191면.

3) 담보공탁 예규에서는 담보권 실행방법을 몇 가지 제시하고 있는데 우선, 담보권리자가 공탁원인 사실에 기재된 피담보채권이 발생하였음을 증명하는 서면(소송비용확정결정의 확정증명 등)을 통해 직접 출급청구를 할 수 있음을 규정하고 있다(담보공탁 예규 4조 가항). 나아가 질권실행 방법(담보공탁 예규 4조 나항)과 담보권자 스스로 담보취소결정을 받아 공탁물을 교부받는 방법 등도(담보공탁 예규 5조) 제시되어 있다. 담보채권자는 이 중에서 어느 하나를 선택해서 담보권을 실행할 수 있는데 실무에서는 담보취소 방법도 많이 활용되고 있다고 한다(실무제요 I, 425면).

제6절　판결의 무효와 편취/부당판결

　　판결의 절차적인 흠 혹은 실체법상의 흠은 상소를 통해 구제되는 것이 원칙이다. 그러나 판결에 중대한 흠이 있는 경우에는 부득이 당해 판결을 무효로 취급하지 않을 수 없다. 또한 당사자의 기망에 의해 명백히 실체법상의 권리관계와 다른 결론을 담은 판결이 선고되어 확정되는 경우도 있다. 이러한 흠을 치유하는 방법에 대해 고찰하고자 한다.

Ⅰ. 판결의 무효[1]

1. 무효인 판결과 그 종류

(1) 의　　의

　　외관적으로 성립된 판결을 무효로 볼 수 있는가에 대해서는 견해의 대립이 있으나 현재의 통설과 판례는 무효를 인정하고 있다. 특히 당사자 일방이 소 제기 전에 사망한 상태에서 절차가 진행되어 판결이 선고된 경우에는 그 효력을 인정할 수 없다. 따라서 무효인 판결에 대해서는 어떤 효력도 인정할 수 없는 것이 원칙이다.[2]

(2) 종　　류

1) **절차상의 흠**　　① 비실재자나 소 제기 전부터 이미 사망한 망인을 당사자로 한 판결은 무효이며[3] 소가 계속 중인 경우에 당사자 일방이 사망하였으나 청구의 성격상 수계가 불가능한 경우 이를 간과한 판결 역시 무효이다.[4] 따라서 이러한 무효인 판결에 대한 항소나 상고는 그 자체로 부적법하다.[5] 재판권이 미치지 않는 사람에 대한 소는 소송요건을 흠결한 것으로 부적법 각하 대상이 되지만 이를 간과한 판결은 재판권이 미치지 않는 당사자 스스로 복종하지 않는 한 강제할 수 없게 된다. 그렇다고 해서 동 판결을 무효라고 취급하는

---

1) 판결의 부존재를 논의하는 경우가 있다(김/강, 598면; 이시, 675면). 판결의 모습을 갖추었으나 전혀 판결이라고 할 수 없는 것을 말한다. 선고되지 않은 판결문 초안 등을 그 예로 들고 있으나 사실상 위험성이 없어 논의할 가치는 없다고 생각된다. 이를 사이비 판결이라고 부르는 경우도 있다(호, 974면 참조).

2) 무효인 판결은 부존재와 달리 당해 심급을 완결시키며(김/강, 598면) 당해 법원을 구속하는 기속력이 있으므로 형식적 확정력을 갖는다는 견해 등이 있으나(이시, 677면; 피, 464면) 의문이다. 무효인 판결이 심급을 이탈시키고 나아가 법원 스스로 무효인 판결에 기속된다면 이미 그 판결은 무효가 아님을 인정하는 것과 다름 아니기 때문이다. 위험의 제거를 위해 부득이 그러한 상황을 인정하게 되는 것은 별론이지만 그렇다고 해서 무효인 판결에 일정한 효력을 의도적으로 부여할 필요는 없을 것이다.

3) 大判 1994. 12. 9. 94다16564.

4) 혼인계속 중 당사자 일방이 사망한 경우(大判 1982. 10. 12. 81므53), 의원면직처분 무효확인 소송 계속 중 원고의 사망(大判 2007. 7. 26. 2005두15748).

5) 大判 1994. 1. 11. 93누9606; 大判 2002. 8. 23. 2001다69122.

것(김/강, 597면; 이시, 676면; 호, 975면)은 타당하지 못하다. 당사자의 복종을 통해 동 판결은 강제 되어질 수 있고 그 점에서 유효하기 때문이다.

② 소 제기 후 당사자 일방이 사망을 하였으나 상속인에 의한 수계가 가능한 경우는 문 제이다. 이 역시 당연무효인 판결이라는 견해가 있으나 판례는 당사자 일방이 사망을 하더라 도 당연무효인 판결로 보지 않고 대리권의 흠결이 있는 것으로 보아 상속인에 의해 상소나 재심을 청구할 수 있는 것으로 보고 있다.[1] 소위 위법설을 취하는 것으로 상속인은 판결정 본을 수령하여 상소나 재심을 제기한 후 동 절차에서 소송을 수계할 수 있게 된다. 상소인은 상소심에서 중단 후의 절차를 추인함으로써 본안판결을 받을 수도 있으며 추인을 거부함으 로써 원심판결을 파기환송하게 할 수도 있는 선택권을 갖게 된다. 한편 선고된 판결이 상속 인에게 유리한 승소판결인 경우에는 가집행이나 본집행을 위해 승계집행문을 부여받아 집행 절차에 착수할 수 있게 된다.[2]

③ 소송대리인이 있는 상태에서 당사자가 사망한 경우는 다른 문제를 야기한다. 판례는 소송대리인이 있는 경우에는 망인을 당사자로 표시한 상태에서 소송대리인이 소송을 수행할 수 있다고 보고 있는데[3] 상속인이 망인을 당연승계한 것을 전제하는 것이다. 결국 망인 명 의의 판결은 상속인 전원에게 효력이 미치게 된다. 이 경우 판결정본이 소송대리인에게 송달 된 때 비로소 절차는 중단되므로 상속인의 상소권이 침해될 염려는 없으나 소송대리인이 상 소제기에 대한 특별수권을 받은 경우(실무상으로는 변호사 위임장에 통상 특별수권 사항으로 포함되어 있다)에는 상소기간이 진행된다는 문제점이 있다.[4] 따라서 상속인이 복수인 경우 이들 모두 가 상소를 제기하여야 하는데 이를 모르는 상속인 일부가 기간 내에 상소를 제기하지 않거 나 대리인이 상속인 일부를 누락하게 되면 패소판결이 확정되어 더 이상 다툴 여지가 없게 된다.[5] 결국 소송대리인은 절차 진행 도중 당사자가 사망하게 되면 상속인 모두를 파악하여 이들 명의로 절차를 수계하도록 하는 것이 가장 바람직하다.[6]

---

1) 大判(全) 1995. 5. 23. 94다28444. 종전 판결은 무효설과 위법설로 대립되었으나 본 판결로 위법설을 취하 게 되었다. 위법설이 이론상으로나 실무상으로 타당하다는 견해는 서기석, "당사자의 사망이 재판 및 집행절 차에 미치는 영향", 인권과 정의 266호, 53면 참조. 판례 입장에 반대하는 견해는 소송대리인이 없는 경우에 는 절차가 중단된 상태이므로 이를 간과한 판결은 무효로 보아야 하며 대리인이 있는 경우에도 상속인이 수 계하지 않은 상태에서 망인을 당사자로 한 판결은 무효라고 보아야 한다고 지적한다(호, 976면 참조).

2) 大決 1998. 5. 30. 98그7 참조. 상대방이 승소한 경우에도 상속인에 대한 집행을 위해서는 승계집행문을 부 여받아야 할 것이다. 이에 대해 상속인들은 상소나 재심을 제기함과 동시에 집행정지를 구하거나 승계집행 문 부여에 대한 이의의 소를 통해 집행을 저지할 수 있다.

3) 大判 1995. 9. 26. 94다54160.

4) 大決 1992. 11. 5. 91마342. 상소심으로 이심된 때부터(즉 소송대리권이 소멸된 후)는 절차가 중단된다고 보아야 한다.

5) 大決 1992. 11. 5. 91마342.

6) 소송중단사유가 법원의 직권조사사항인지 여부가 문제되는데 판례는 직권조사사항으로 파악하고 있는 것 으로 판단된다(大判 1996. 2. 9. 94다24121이나 大判 1987. 3. 24. 85다카1151 등). 이러한 판례 견해에 대한

2) 판결 내용의 흠

① 심판대상이 아닌 것을 판단한 경우   조정이나 재판상화해의 대상인 권리관계는 사적 이익에 관한 것으로서, 당사자가 자유롭게 처분할 수 있는 것이어야 하므로, 성질상 당사자가 임의로 처분할 수 없는 사항을 대상으로 한 조정이나 재판상화해는 효력이 없어 당연무효이다.[1] 한편, 소취하에 의해 심판대상이 되지 않음에도 이를 간과하고 선고한 판결 역시무효로 보며(이시, 676면; 호, 974면) 1심에서 주위적 청구가 기각되고 예비적 청구가 인용된 상태에서 피고만 항소를 제기하는 경우에는 예비적 청구만이 심판의 대상이 되는데 항소심 법원이 주위적 청구에 대해 판결을 하는 것은 심판의 대상이 아님에도 불구하고 그 부분에 대한 판단을 한 것으로 무의미한 판결에 그친다.[2]

② 판결내용의 불명확과 일부무효   판결 내용이 명확하지 않아 집행이 불가능하게 되는 경우가 있다. 이 경우 집행불능인 판결이 항상 무효인 것은 아니며 단지 집행이 불가능한 경우도 있다. 예를 들어, 원고가 인도청구의 소를 제기하면서 인도 대상이 되는 건물의 위치와 면적을 잘못 특정하게 되면 승소판결을 받더라도 집행이 불가능하게 된다(단순히 관련 정보를 잘못 기재한 경우에는 판결의 경정이 가능할 것이다). 이때 원고는 동일한 소를 다시 제기할 이익을 갖는다는 데는 이의가 없다.[3] 그런데 이 경우 후소법원이 확정된 전소판결과 다른 실체 판단(예를 들면 원고 청구기각 판결)을 할 수 있는지 문제된다. 인도 대상 건물의 위치와 면적에 관한 판단에 대해서만 무효를 인정하고 후소 법원은 종전의 판결과 다른 결론을 내릴 수 없다는 견해가 있다(이시, 676면). 전소의 변론종결시점과 모든 상황이 동일한 경우에는 이러한 결론이 가능하지만 계쟁목적물의 현상이 현저하게 달라져서 동일한 건물이라고 할 수 없을 정도에 이른다면 종전 판결의 기판력은 미칠 수 없다고 보아야 한다.

2. 상소 등을 통한 외관제거의 실익

(1) 무효인 판결에 기한 집행 개시 전

무효인 판결이라 하더라도 판결로서의 외관을 갖추고 있으므로 집행문을 부여받아 집행절차에 착수할 수 있는 위험성을 갖고 있다면 이를 어떻게 제거할 것인가 하는 것이 문제된다. 예를 들어, 이미 사망함으로써 실재하지 않는 피고를 상대로 실재하지 않는 물건의 반환을 구하는 소는 확정되더라도 아무런 위험성을 갖지 않는다. 그러나 실재하는 물건이고 망인

반대 입장은 김광태, "당사자의 사망으로 인한 소송중단을 간과한 승소판결에 대한 상대방의 상소", 민사판례연구(XX), 483-484면 참조. 반대 견해는 절차중단 사유가 공익적인 근거에서 인정되는 것이 아니므로 중단사유가 발생한 측의 상대방이 그 위법을 들어 상소하는 것은 허용될 수 없다고 주장한다.

1) 大判 2012. 9. 13. 2010다97846.
2) 大判 1995. 1. 24. 94다29065.
3) 大判 1998. 5. 15. 97다57658.

의 상속인이 점유하고 있는 물건의 반환을 명하는 판결인 경우에는 상속인은 집행의 위험에 직면하게 되므로 그 위험을 제거할 필요성이 인정된다. 이 경우 상속인은 무효인 판결에 대해 상소를 제기할 수 있는가 여부에 대해 다툼이 있을 수 있으나 위험의 제거를 위해서는 부득이 하므로 이를 인정함이 타당하다.[1] 이때 망인에 대한 소송서류 및 판결정본 등의 송달은 무효이므로 상소제기 기간이 도과될 염려는 없다. 아울러 망인에 대한 송달방법이 공시송달에 의한 경우도 이를 무효로 보는 것이 타당하므로 상속인의 상소제기기간은 소송절차를 수계하여 판결정본을 송달받은 때부터 진행한다.[2]

(2) 무효인 판결에 기한 집행 개시 후

승소한 당사자가 무효인 판결에 기초해서 집행을 개시한 경우에는 집행 역시 당연 무효이지만 사실상의 집행을 저지하여야 할 현실적인 필요성이 있으므로 상속인은 집행문부여에 대한 이의신청(민집 34조)이나 집행법상의 이의의 소 등을 통해 구제신청을 할 수 있다. 그러나 별도의 집행절차가 필요하지 않은 의사진술을 명하는 재판(이전등기청구소송 등)의 경우는 문제이다. 집행채권자가 판결확정증명을 받아 바로 이전등기를 할 수 있으므로 청구에 관한 이의의 소를 제기할 실익이 없기 때문이다.[3] 따라서 무효인 판결에 기해 이미 집행까지 종료된 경우는 상소나 청구이의의 소 등을 통한 외관제거의 기회가 없으므로 현재의 위법한 상태를 제거하기 위해서는 곧바로 원상회복청구를 구하는 소(예를 들면 소유권이전등기말소청구 등)를 허용해야 할 것이다.

---

1) 大判 2014. 2. 27. 2013다94312; 大判 2002. 4. 26. 2000다30578에서 채무자의 상속인은 일반승계인으로서 무효인 그 가처분결정에 의하여 생긴 외관을 제거하기 위한 방편으로 가처분결정에 대한 이의신청으로써 그 취소를 구할 수 있다고 판시한 바 있어 무효인 판결의 경우에도 위험이 상존하는 한 상소를 제기하는 것을 허용하고 있다.

2) 大判 2007. 12. 14. 2007다52997. 한편 大判(全) 1995. 5. 23. 94다28444에서는 소송계속 중 어느 일방 당사자의 사망에 의한 소송절차 중단을 간과하고 판결이 선고된 경우에는 당연무효로 보지 않고 상소 또는 재심에 의하여 그 취소를 구할 수 있다고 한다. 그러나 이 경우에도 적법한 상속인들이 수계신청을 하여 판결을 송달받아 상고하거나 또는 사실상 송달을 받아 상고장을 제출하고 상고심에서 수계절차를 밟는 데 있어 상소제기 기간이 문제되지는 않는다.

3) 판례 역시 같은 입장이다. 즉 대법원은 大判 1995. 11. 10. 95다37568에서 "대지에 대한 수분양자 명의변경 절차의 이행을 소구함은 채무자의 의사의 진술을 구하는 소송으로서 그 청구를 인용하는 판결이 선고되고 그 소송이 확정되었다면, 그와 동시에 채무자가 수분양자 명의변경 절차의 이행의 의사를 진술한 것과 동일한 효력이 발생하는 것이므로 위 확정판결의 강제집행은 이로써 완료되는 것이고 집행기관에 의한 별도의 집행절차가 필요한 것이 아니므로, 특별한 사정이 없는 한 위 확정판결 이후에 집행절차가 계속됨을 전제로 하여 그 채무명의가 가지는 집행력의 배제를 구하는 청구이의의 소는 허용될 수 없다"고 판시하였다 (大判 2021. 7. 8. 2021다218168도 동지).

Ⅱ. 판결의 편취와 부당취득 및 부정이용

1. 개념의 구분

(1) 판결의 편취

당사자가 상대방이나 법원을 기망하여 당사자의 절차 참여권을 배제한 상태에서 판결을 얻어내는 것을 판결의 편취라고 한다. 여기에는 ① 당사자가 다른 사람의 이름을 사칭하여 소를 제기하는 경우(성명모용소송이나 참칭대표자), ② 상대방의 주소를 알고 있음에도 불구하고 이를 속이고 공시송달명령을 받아 승소판결을 받거나 ③ 상대방의 주소를 허위로 기재한 후 자신의 일당에게 소장 등을 송달받게 하여 마치 적법한 송달이 있음에도 피고가 답변서를 제출하지 않는 상황을 만드는 경우(무변론판결의 유도) ④ 재판 외에서 소취하 합의를 하고서도 절차를 계속 진행하여 상대방의 절차관여를 불가능하게 하거나 기망의 방법 등으로 상대방의 절차참여를 방해한 경우[1] 등을 대표적인 예로 들 수 있다.[2] 상대방의 절차 참여권을 침해한 상태에서 얻어진 판결이므로 동 판결의 효력을 부인하여야 한다는 데는 이견이 없으나 그 방법과 구제수단을 둘러싸고 견해의 대립이 있다.

(2) 부당판결과 판결의 부정이용

당사자가 허위사실을 주장하거나 증거 등을 조작하여 법원이나 상대방을 기망함으로써 자신에게 유리한 판결을 취득하는 것은 앞서 본 판결의 편취와 달리 상대방의 절차 참여권을 배제한 상태에서 이루어진 것은 아니다. 따라서 이를 판결의 편취와 구분해서 취급할 필요가 있으며 이를 판결의 부당취득으로 정의하며 그로 인해 얻어진 판결을 부당판결이라 부르기로 한다. 한편 정상적인 절차를 통해 판결을 획득하였지만 당해 판결을 부정하게 이용하는 경우(판결금 수령 후 당해 판결에 기해서 재차 집행을 하는 경우)도 있을 수 있으므로 이는 판결의 부정이용이라 할 수 있다.[3]

---

1) 大判 2007. 5. 31. 2006다85662. 甲은 새마을금고로부터 대출금의 지급을 구하는 소를 제기당하자 그 직원에게 문의를 하였는바, 위 소송은 내부감사용이고 강제집행용이 아니므로 응소할 필요가 없다는 새마을 금고 직원의 답변을 듣고 응소를 하지 않음으로써 의제자백으로 패소 판결을 받게 되었다. 이에 甲은 새마을금고가 불법행위를 저질렀다고 주장하면서 손해배상청구의 소를 제기하게 된 것이다.

2) 편취의 한 유형으로 원고가 증거를 위조하거나 허위의 주장을 제출하여 유리한 판결을 얻어낸 경우도 포함시키는 견해가(장석조, "공정한 재판을 받을 권리", 재판자료 76집, 591면) 있으나 의문이다. 편취의 정도에 이르려면 상대방의 절차관여를 배제할 정도에 이르러야 하기 때문이다.

3) 이재성, "판결의 부당집행과 청구이의", 판례평석집(8권), 219면 및 권혁재, "부당판결의 집행에 대한 청구이의의 소", 민사집행법연구 1권, 42면 등에서도 허위주장과 증명에 의한 승소판결 취득을 편취판결과 구분하여 부당판결이라는 용어를 사용하는 것이 타당하다고 지적하고 있다. 그러나 판결의 편취와 판결의 부당취득을 같은 의미로 사용하는 입장도 있다(지원림, "확정판결에 기한 강제집행과 불법행위", 민사판례연구(XVI), 박영사 189면).

(3) 구제방법의 차등

판결의 편취가 있는 경우는 당사자의 절차참여권을 배제한 위법이 있어 판결의 부당취득 및 부정이용과는 위법의 정도가 다르므로 다른 취급을 하여 비상의 구제책을 허용하는 것이 타당할 수 있다. 그러나 민사재판의 경우는 양 당사자의 주장에 어느 정도의 허위와 과장이 포함될 수 있으므로 부당취득과 부정이용의 경우는 개별적인 위법의 정도를 비교형량해서 구제방법을 허용하는 것이 타당한지 여부를 개별적으로 판단하여야 한다.

2. 편취판결에 대한 구제책

(1) 허위주소에의 송달과 공시송달을 이용한 편취

1) **판례의 입장**　　　편취된 판결을 당연 무효로 보아야 한다는 견해도 있으나 망인을 상대로 소를 제기한 경우와는 달리 확정판결의 외관과 함께 집행의 위험이 상존할 뿐 아니라 법 제451조 제1항 제11호에서 이들 사유를 재심사유의 하나로 규정하고 있어 이를 당연 무효로 보기는 어렵다(이시, 677-678면). 그러나 판례는 허위의 주소와 가공의 송달수령자를 이용한 경우에는 판결문 정본의 송달이 무효이므로 당해 판결은 형식적으로 확정되지 않을 뿐 아니라 기판력도 가질 수 없다고 본다. 반면 상대방의 소재지를 알면서도 공시송달을 신청하여 이를 통해 판결을 받은 경우에는 형식적이나마 판결문 정본의 송달은 유효한 것이라고 봄으로써 양자의 취급을 달리하고 있다. 허위주장에 기한 공시송달명령이지만 일단 법원의 재판이 개입된 것이므로 송달자체는 유효하다고 보는 것이다. 결국 구제방법에 있어서도 허위의 주소와 가공의 송달수령자를 이용한 경우에는 판결문 정본의 송달이 무효이므로 상대방은 언제든지 상소를 제기할 수 있을 뿐 아니라(재심의 대상이 될 수 없다) 상소를 제기하지 않더라도 편취판결에 의해 이전등기가 경료된 경우에는 직접 당해 등기의 말소청구의 소를 제기할 수 있다고까지 판시하고 있다.[1] 반면 공시송달을 이용한 판결의 편취의 경우에는 판결문 정본의 송달이 유효한 것으로 보고 상소의 추후보완과 재심(451조 1항 11호)을 선택적으로 이용할 수 있도록 해석하고 있다(송/박, 799-800면; 호, 994-995면).

2) **소　　결**　　　판례에 반대하는 학설은 위의 두 경우 모두 법 제451조 제1항 제11호에 해당하므로 상소의 추후보완이나 재심을 통해 구제하는 것이 바람직하다고 주장한다(이시, 678면; 정/유/김, 826면). 법 제451조 제1항 제11호의 규정 내용이 다소 모호한 것은 사실이다. 하지만 공시송달을 이용해서 송달 자체는 적법한 경우와 허위주소로 소장 등을 송부하도록 하여 송달 자체가 무효인 경우를 동등하게 취급할 것을 법이 주문한 것은 아니라고 봄이 타

---

1) 大判(全) 1978. 5. 9. 75다634 및 大判 1981. 3. 24. 80다2220. 나아가 대법원은 大判 1976. 2. 10. 75다330 에서 허위주소로 송달된 지급명령에 기한 강제집행은 무효라고 판시하고 있다.

당하다. 이러한 해석이 그 한계를 일탈한 것으로는 보이지 않으며 오히려 법 제451조 제1항 제11호에 대한 합목적적인 해석이라고 판단된다.

(2) 성명모용소송/참칭대표자 및 소취하합의의 위반

성명모용소송에 따른 판결이나 참칭대표자에 의해 선고된 판결은 기본적으로 피모용자에게는 효력이 미치지 않는다. 그러나 집행의 위험성이 상존하므로 피모용자는 상소의 추후 보완이나 재심(451조 1항 3호 대리권의 흠결규정 유추)을 통해 구제받을 수 있다. 소취하합의에 반해 소를 진행하여 판결을 편취한 경우나 기망 등을 통해 상대방을 절차에 관여하지 못하게 한 경우에도 동일한 논리로 구제절차를 이용할 수 있다.

3. 집행법상·실체법상의 구제책

(1) 집행저지와 불법행위 성립 인정

편취판결에 기초해서 강제집행이 실시되는 경우 당해 강제집행을 저지하는 방법 내지 절차의 종료 후 실체법적인 구제방법이 무엇인지 논의가 되고 있다. 허위주소나 공시송달을 통한 판결편취의 경우 재심사유로 규정하고 있는 법의 취지에 비추어 본다면 바로 손해배상이나 부당이득반환을 구할 수는 없으며 재심의 소를 거쳐 승소한 후 손해배상이나 부당이득반환을 구하도록 하는 것이 논리적으로는 타당할 것이다. 그러나 편취판결에 기초한 집행은 당사자의 절차참여권을 침해한 것으로서 그에 따른 집행은 권리남용에 해당하고 이를 용인하는 것은 또 다른 불법을 허용하는 것이므로 바로 당해 집행을 저지하는 것을 허용하고 집행이 종료된 부분에 대해서는 불법행위에 기초한 손해배상청구도 허용하여야 할 것이다. 대법원[1] 역시 이러한 편취판결에 기초한 강제집행이 종료된 부분에 대해서는 불법행위를 원인으로 한 손해배상청구권을 인정하고 아직 종료되지 않은 부분에 대해서는 청구에 관한 이의의 소로 집행을 저지할 수 있음을 설시하고 있다.[2] 한편 기망을 통해 상대방의 소송관여를 배제하고 의제자백으로 판결을 얻어 집행에 나아간 행위에 대해서도 불법행위를 인정한 바 있다.[3] 그러나 확정판결은 소송당사자를 기속하는 것이므로 재심의 소에 의하여 취소되거나 청구이의의 소에 의하여 집행력이 배제되지 아니한 채 확정판결에 기한 강제집행절차가 적

---

1) 大判 2001. 11. 13. 99다32899. 이 사건에서 원고는 피고가 송달받는 것을 방해하여 의제자백으로 인한 승소판결을 받았다. 피고는 나중에 재심을 청구하였으나 무슨 연유인지 모르나 재심청구가 각하되기까지 하였다.

2) 양자의 인정범위를 달리해야 하고 특히 청구이의의 소를 인정하는 범위를 불법행위로 인한 손해배상청구의 범위보다 넓게 보아야 한다는 견해(장석조, "판결의 편취와 절차적 기본권", 법조 통권 493호, 69면; 황형모, "확정판결의 부당집행에 대한 구제수단", 부산지방판례연구회편 판례연구 제8집, 405면)가 있으나 의문이다. 우선 양자의 요건을 구체적으로 달리 설정하는 것 자체가 매우 어려울 뿐 아니라 집행저지를 하지 못한 당사자에게 책임을 더 지울 당위성은 특별히 없다고 생각되기 때문이다(다른 이유를 거시하고 있지만 결론에 있어서는 필자와 동일한 견해를 취하는 입장은 권혁재, "부당판결의 집행에 대한 청구이의의 소", 46-47면 참조.

3) 大判 2007. 5. 31. 2006다85662.

법하게 진행되어 종료되었다면 강제집행에 따른 효력 자체를 부정할 수는 없고, 강제집행이 이미 종료된 후 다시 확정판결에 기한 강제집행이 권리남용에 해당하여 허용될 수 없다는 등의 사유를 들어 강제집행에 따른 효력 자체를 다투는 것은 확정판결의 기판력에 저촉되어 허용될 수 없다.[1]

(2) 권리남용의 인정 요건

편취판결은 재심사유에 해당할 뿐 아니라 당사자의 기본적인 권리의 하나인 절차참여권을 배제한 상태에서 선고된 판결이므로 재심의 소라고 하는 우회적인 제도보다는 청구에 관한 이의의 소와 손해배상청구를 통해 보다 직접적인 구제를 인정해주는 것이 바람직하다. 그러나 대법원은 확정판결에 기한 집행을 불허하고 이를 불법행위로 인정하는 데 따른 부담을 의식하고 당사자의 절차적 기본권이 근본적으로 침해된 상태에서 판결이 선고되었거나 확정판결에 재심사유가 존재하는 등 확정판결의 효력을 존중하는 것이 정의에 반함이 명백하여 이를 묵과할 수 없는 경우와 같이 극히 예외적으로만 권리남용을 인정하고 있다.[2] 결국 대법원은 당사자의 절차적 참여권이 침해되고 재심사유가 존재하는 편취판결에 대해서는 예외적으로나마 청구에 관한 이의의 소를 통한 집행저지와 불법행위로 인한 손해배상청구를 인정하고자 하는 취지로 받아들여진다. 따라서 당사자의 허위주장이나 증거조작 등을 통해 단순히 실체적 권리관계와 다른 판결이 선고되어 확정됨으로써 집행에 착수하는 경우에는 이러한 예외를 인정하지 않겠다는 의지의 표현이라고 해석된다.[3]

(3) 부당이득반환청구

편취판결에 따른 집행은 당연히 부당집행을 구성하게 되고 이는 불법행위를 구성하게 되므로 집행 결과 채권자가 취득한 이득은 부당이득으로서 당연히 반환되어야 할 것이다. 편취판결에 대해서까지 당사자가 재심의 소를 통해 확정판결을 취소하도록 요구하는 것은 가혹할 뿐 아니라 부당집행이 불법행위를 구성한다면 의당 그 결과로서 취득한 이득은 부당이득이 될 것이기 때문이다.[4]

---

1) 大判 2024. 1. 4. 2022다291313.

2) 大判 2001. 11. 13. 99다32899; 大判 2014. 5. 29. 2013다82043.

3) 大判 1995. 12. 5. 95다21808 판결에서는 단지 당사자들이 허위주장을 하여 실체적 권리관계에 반하는 판결을 얻어 집행에 나간 것에 불과하다고 하여 불법행위의 성립을 부정하였다. 아울러 大判 2019. 2. 28. 2018다272735 역시 불법행위 성립을 부정하고 있다.

4) 권혁재, "부당판결의 집행에 대한 청구이의의 소", 43면에서는 비록 부당판결에 관한 것이기는 하나 판례가 불법행위를 간혹 인정하면서도 부당이득반환을 인정하지 않는 것은 타당하다는 견해를 피력하고 있다.

4. 부당판결과 판결의 부정이용

(1) 원칙적인 구제책

상대방의 절차 관여가 배제되지 않은 상태에서 허위 주장이나 증거조작 등에 의해 유리한 판결을 획득한 경우 당해 판결은 상소를 통해 취소되어야 함은 마땅하다. 그러나 과연 편취판결과 마찬가지로 무효 혹은 상소의 추완이나 재심청구가 가능한지 여부는 사안에 따라 달리 판단될 수밖에 없다. 그러나 당사자의 절차 참여가 보장된 것을 전제로 한다면 상소의 추완은 인정될 가능성이 없으므로 재심사유에 해당하는 경우나 집행법상의 구제책이 허용되는 경우에만 구제가 가능할 것이다. 예를 들어, 승소한 당사자가 이미 판결금을 수령하였음에도 동일 채무자의 재산에 대해 집행을 개시하는 경우와 같은 판결의 부정이용의 경우 당해 집행은 부당집행에 해당하게 된다. 그러나 판결금의 지급이 확정판결의 변론종결시점 이후라면 청구에 관한 이의의 소를 통해 구제받을 수 있지만 변제가 변론종결 전에 이루어진 경우에는 청구에 관한 이의의 소의 사유가 될 수 없으므로 집행저지는 원칙적으로 불가능하다.

(2) 대법원 판결의 예외 인정과 혼선

대법원은 부당판결의 경우에도 청구에 관한 이의의 소나 불법행위로 인한 손해배상청구를 인정하는 경우가 있어 의문을 자아내고 있다. 편취된 판결의 경우에도 절차참여권의 배제와 재심사유의 존재, 정의관념에 비추어 묵과할 수 없는 예외적인 상황을 요건으로 열거하면서 단순히 실체적인 권리관계와 다른 판결을 의도적으로 창출하였다는 이유만으로 확정판결의 집행저지와 불법행위를 인정하는 것은 문제가 있을 뿐 아니라 그 기준도 모호하기 때문이다.

1) **특별한 구제를 인정하는 판례**   부당판결, 판결의 부정이용에 따른 부당집행은 앞서 본 것처럼 편취판결의 경우와는 달리 재심사유가 있는 경우에만 재심의 소로 구제할 수 있을 뿐이다. 하지만 일부 판례는 확정판결의 내용이 실체적 권리관계에 배치되는 경우 그 판결에 의하여 집행할 수 있는 것으로 확정된 권리의 성질과 그 내용, 판결의 성립 경위 및 판결 성립 후 집행에 이르기까지의 사정, 그 집행이 당사자에게 미치는 영향 등 제반 사정을 종합하여 볼 때, 그 확정판결에 기한 집행이 현저히 부당하고 상대방으로 하여금 그 집행을 수인하도록 하는 것이 정의에 반함이 명백하여 사회생활상 용인할 수 없다고 인정되는 경우에는 그 집행은 권리남용으로서 허용되지 않는다고 판시하고 있다.[1] 나아가 판례는 이 경우

---

1) 大判 1997. 9. 12. 96다4862. 이 판결의 사실관계는 다음과 같다. 채권자가 연대보증인 중 1인에 대한 소송에서 변론종결 전에 다른 보증인의 변제 및 담보물건의 경매로 보증채무액의 일부가 변제되었는데도 보증한도액 전부의 지급을 구하는 청구를 유지하여 위 금원 전부의 지급을 명하는 판결을 받게 되었다. 그 후 나머지 보증채무도 변제에 의하여 소멸하였으나 채무자에 대하여 확정판결을 받아두었음을 기화로 채권자는 그 판결에 기한 강제경매신청을 하였다가 채무자가 보증채무의 소멸을 이유로 이의를 제기하자 경매신청을 취하하게 되었다. 그러나 채권자는 그 뒤 채무자 거주의 아파트에 관하여 다시 강제집행을 신청하였다.

집행채무자는 청구에 관한 이의의 소를 제기해서 집행을 저지할 수 있다고 하면서 이를 규정한 취지는 부당한 강제집행이 행하여지지 않도록 하려는 데 있으므로 판결을 집행하는 자체가 불법인 경우에는 그 불법은 당해 판결에 의하여 강제집행에 착수함으로써 비로소 외부에 나타나서 이의의 원인이 된다고 보아야 한다는 것이 판례의 논거이다.[1)]

2) 특별한 구제를 인정하지 않는 판례　　판례 중 일부는 판결에 따른 집행이 불법행위를 구성하기 위해서는 소송당사자가 상대방의 권리를 해할 의사로 상대방의 소송 관여를 방해하거나 허위의 주장으로 법원을 기망하는 등 부정한 방법으로 실제의 권리관계와 다른 내용의 확정판결을 취득하여 집행을 하는 것과 같은 특별한 사정이 있어야 하는데 확정판결의 내용이 단순히 실체적 권리관계에 배치되어 부당하고 또한 확정판결에 기한 집행 채권자가 이를 알고 있었다는 것만으로는 그 집행행위가 불법행위를 구성하지 않는다고 판시하고 있다.[2)] 이외에도 확정된 전소판결과 관련된 후소 사건에서 전소판결과 상반된 판결이 선고되어 확정되었더라도 그러한 사정만으로 전소의 소 제기나 확정판결이 불법행위를 구성한다고 할 수 없다고 판시하였다.[3)]

3) 편취판결과 부당판결 등의 구분 필요　　부당판결과 부당집행에 대한 판례는 위에서 본 바와 같이 일관성이 결여되어 있다. 학설도 판결의 편취와 부당판결을 명확히 구분하지 않음으로써 편취판결을 부당판결의 예로 설시하는 경우도 적지 않다. 더구나 대법원이 거시하고 있는 요건 자체가 매우 모호할 뿐 아니라 대법원의 입장은 이미 확정된 전소판결의 내용이 실체적 권리관계에 배치되는지 여부를 청구에 관한 이의의 소나 불법행위를 원인으로 한 손해배상청구의 소를 심리하는 후소 법원에서 판단하도록 허용하는 것과 다름없게 된다. 그렇다면 법이 예외적으로 인정하고 있는 재심제도 외에 또 다른 확정판결에 대한 구제수단을 법원이 임의로 인정하는 것과 다름없다. 따라서 판결의 편취와 같이 절차적 기본권에 대한 침해가 명백하여 확정판결의 집행이 또 다른 불법을 용인하는 것과 동일한 수준의 위법성이 인정되어야만 당해 집행을 저지할 수 있다고 하여야 할 것이다.[4)]

---

1) 大判 1984. 7. 24. 84다카572.

2) 大判 1992. 12. 11. 92다18627 판결; 大判 1995. 12. 5. 95다21808. 후자의 사건에서 대법원은 부동산을 매도하여 이전등기까지 경료한 당사자가 나중에 양도담보로 이전한 것이라고 허위주장을 하면서 정산금청구의 소를 제기하여 승소판결을 받은 경우 이것만으로는 불법행위를 구성하지 않는다고 판시하였으나 의문이다. 확정된 승소판결은 허위주장을 통한 부당판결에 해당하고 청구에 관한 이의의 소를 통해 집행저지를 인정한 다른 사안과 크게 다르지 않기 때문이다. 그러나 이 판결에 대한 평석인 조관행, "확정판결에 기한 강제집행과 불법행위", 대법원판례해설 24호, 124면에서는 동 판결을 사위판결이라고 정의하면서 위 정산금청구소송에는 재심사유가 존재하지 않으므로 위 확정판결에 기한 집행 역시 묵과할 수 없는 정도에 이른 것이 아니라고 한다.

3) 大判 1991. 2. 26. 90다6576. 이들 판결 외에도 大判 2006. 7. 6. 2004다17436 참조.

4) 민일영, "청구이의의 소에 관한 실무상의 문제점", 재판자료 제35집, 224면 이하에서는 확정판결에 따른 집행절차를 불법행위로 인정해서 바로 집행력을 저지하는 것을 허용하게 되면 판결절차와 집행절차를 구분해서 운용하는 우리 제도의 근간을 훼손할 우려가 있다는 지적을 하고 있는데 타당한 지적이다.

5. 소송사기

(1) 개   념

1) 법원을 기망하기 위한 허위의 주장과 입증   민사소송의 당사자들은 모든 쟁점에 대해 확신에 찬 주장만을 할 수는 없으며 경우에 따라서는 과장된 주장을 하기도 한다. 따라서 소송사기에 해당하는 범위를 무작정 확대하는 것은 소송절차를 위축시키게 되므로 그 경계를 합리적으로 설정하는 것이 필요하다.[1] 우선, 소송사기는 법원을 기망하여 자기에게 유리한 판결을 얻음으로써 상대방의 재물 또는 재산상 이익을 취득하는 것을 내용으로 하는 범죄로서, 원고 측에 의한 소송사기가 성립하기 위하여는 제소 당시에 그 주장과 같은 채권이 존재하지 아니하다는 것만으로는 부족하고 그 주장의 채권이 존재하지 아니한 사실을 잘 알고 있으면서도 허위의 주장과 입증으로써 법원을 기망한다는 인식을 하고 있어야만 하는 것이고,[2] 이와 마찬가지로, 피고 측에 의한 소송사기가 인정되기 위해서는 원고 주장과 같은 채무가 존재한다는 것만으로는 부족하고 그 주장의 채무가 존재한다는 사실을 잘 알고 있으면서도 허위의 주장과 입증으로써 법원을 기망한다는 인식을 하고 있어야만 한다.[3]

2) 피신청인의 처분행위에 갈음하는 내용과 효력   소송사기에 있어서 피기망자인 법원의 재판은 피해자의 처분행위에 갈음하는 내용과 효력이 있어야 하고, 그렇지 않으면 착오에 의한 재물의 교부행위가 있다고 할 수 없어서 사기죄는 성립되지 않는다.[4] 따라서 독촉절차상의 지급명령, 공시최고절차상의 제권판결, 강제집행 절차와 관련하여 법원, 나아가 집행관을 기망하는 경우까지도 소송사기에 해당한다고 보아야 한다. 판례 역시 진정한 임차권자가 아니면서 허위의 임대차계약서를 법원에 제출하여 임차권등기명령을 신청한 당사자의 행위는 소송사기의 실행의 착수에 해당하는 것으로 보고 있다.[5]

(2) 소송사기 해당 여부

판결의 편취행위는 당사자의 절차참여권을 의도적으로 배제함으로써 이 단계에서 이미 사기죄가 성립될 수 있어 그 이후의 절차를 더 이상 논의할 필요는 없을 것이다. 하지만 부당판결이나 부당집행의 경우는 소송사기죄에 해당하는지 여부를 판단하기 위해서는 구체적

---

1) 大判 2007. 4. 13. 2005도4222 판결에서도 " … 소송사기 행위를 처벌하는 것은 필연적으로 누구든지 자기에게 유리한 주장을 하고 소송을 통하여 권리구제를 받을 수 있다는 민사재판제도의 위축을 초래하고 본질적으로 민사분쟁인 사안을 소송사기라는 형사분쟁으로 비화시킬 위험이 있으므로 극히 신중해야 할 것이다 … "라고 판시한 바 있다(大判 2022. 5. 26. 2022도1227; 大判 2024. 1. 25. 2020도10330 등도 같은 취지).

2) 大判 2003. 5. 16. 2003도373.

3) 大判 2004. 3. 12. 2003도333.

4) 大判 2002. 1. 11. 2000도1881.

5) 大判 2012. 5. 24. 2010도12732.

인 검토가 필요하다.

1) **허위주장**　　소송사기는 당사자의 허위주장과 증거조작이 병행되어 진행되는 것이 일반적이지만 허위주장만으로도 사기죄는 성립할 수 있다.[1][2] 사기죄의 요건을 충족하기 위해서는 객관적이고도 명백한 사실임을 당사자가 인식하면서도 주요사실을 허위로 주장하는 경우로 국한되어야 한다. 따라서 상대방의 주장이 진실한 것임을 알면서 이를 묵비하거나 단순히 부인하는 것만으로는 소송사기에 해당한다고 보기 어렵다.[3] 아울러 허위 주장사실에 대해 증명책임을 부담하는지 여부는 문제되지 않는다.

2) **증거조작과 증명방해**　　사기죄를 구성하기 위한 증거조작은 처분문서 등을 거짓으로 만들어 내거나 증인의 허위 증언을 유도하는 등 객관적이면서도 제3자 명의의 증거를 조작하는 행위를 말한다. 따라서 당사자가 소 제기에 앞서 자신의 명의로 피해자에 대한 일방적인 권리주장을 기재한 통고서 등을 작성하여 내용증명우편으로 발송한 후 이를 증거로 법원에 제출하였다 하더라도 이를 사기죄를 구성하는 증거조작이라고 할 수는 없다.[4] 상대방의 증명활동을 방해한 경우는 문제이다. 소극적인 증명방해 행위, 즉 상대방에게 유리한 증거를 제출하지 않는 경우에는 소송사기가 성립된다고 보기 어렵다.[5]

3) **망인을 상대로 한 제소와 소송사기 성부**　　판례에 따르면 원고의 의사내용을 불문하고 망인을 상대로 한 소 제기 행위는 소송사기가 될 수 없다고 한다. 즉 대법원은 ① 생존자로 오인하고 허위내용의 소장의 제출은 물론 허위증거 등을 제출하였으나 이미 피고가 사망한 경우,[6] ② 사망한 자인 줄 알았지만 사망한 자에게도 판결효력이 미친다고 생각하고 소를 제기한 경우,[7] ③ 사망한 자인 줄 알았고 사망한 자에게는 판결의 효력이 미치지 아니

---

1) 大判 1990. 1. 23. 89도607. 동 판결에서는 피고인이 이 사건 부동산에 관하여 소유권이전청구권 보전의 가등기를 마쳐주고 그 후 그에 대한 매매계약을 체결한 다음 그 소유권이전등기에 필요한 서류를 작성, 교부해 주고서도 가등기 등 말소청구소송에서 위 가등기와 소유권이전등기는 제3자들의 문서위조와 인감위조 등에 의하여 이루어진 원인무효의 등기라고 주장하였다면, 피고인이 단순히 사실을 잘못 인식하였다거나 법률적 평가를 잘못한 것이 아니라 권리가 존재하지 아니함을 잘 알고 있으면서도 허위의 주장을 한 것이므로 사기미수죄를 유죄로 인정한 것은 정당하다고 판시하였다.

2) 그러나 大判 2024. 1. 25. 2020도10330에서는 소송당사자들은 조정절차를 통해 원만한 타협점을 찾는 과정에서 자신에게 유리한 결과를 얻기 위하여 노력하고, 그 과정에서 다소간의 허위나 과장이 섞인 언행을 하는 경우도 있으니 이러한 언행이 일반 거래관행과 신의칙에 비추어 허용될 수 있는 범위 내라면 사기죄에서 말하는 기망행위에 해당한다고 볼 수는 없다고 판시하였다.

3) 박동율, "소송사기", 형평과 정의 20집, 155면 참조, 동 논문(155~156면)에서는 당사자가 단순한 부인에 그치지 아니하고 더 나아가 상대방의 주장사실과 양립할 수 없는 별도의 사실을 주장함으로써 간접적으로 상대방의 주장사실을 부정하는 간접부인의 경우 꼭 허위증거를 제출하거나 위증을 교사하지 않더라도 사기의 고의를 인정할 수 있다고 하는데 의문이다. 이에 따르면 이유부부인의 경우는 대부분 소송사기가 된다는 결론에 이르게 되어 당사자의 소송활동을 위축할 우려가 크기 때문에 찬성하기 어렵다.

4) 大判 2004. 3. 25. 2003도7700.

5) 大判 2002. 6. 28. 2001도1610.

6) 大判 1997. 7. 8. 97도632.

7) 大判 2002. 1. 11. 2000도1881.

한다는 것도 알면서 사망한 자를 상대로 소를 제기한 경우와 같은 세 가지 유형에서 모두
사기죄를 인정하지 않고 있다. 학설 역시 ① 사건의 유형에 대해서는 미수범으로 처벌할 것
을 제안하는 경우도 있으나 대부분 무효인 판결이 위험성이 없다거나 구성요건의 착오 등을
이유로 무죄라고 주장하고 있다.[1]

---

1) 천진호, "사자를 상대로 한 소송사기의 형사책임", 저스티스 67호(2002. 6), 202면 이하 참조.

제 7 편

복잡소송형태

제 1 장 복수의 청구

제 1 절 개 관

(1) 단일 원고의 단일 피고에 대한 단일 청구가 소의 기본단위일 것이다. 지금까지의 논의는 모두 이러한 기본 단위를 전제로 하였지만 실제 그런 소송은 오히려 드물다고 할 것이다. 더구나 소송물에 대해 구실체법설을 취하는 실무 입장에서는 가장 단순한 청구라고 할 수 있는 대여금반환청구에도 원금과 이자라는 두 개의 복수 청구가 담겨 있다고 보기 때문이다. 한편, 사람이 복수가 되면 청구도 당연히 복수가 된다. 거래관계가 복잡해짐에 따라 이해관계인 수도 많아짐에 따라 소가 제기되면 원고와 피고 외에도 이해관계를 가진 여러 사람이 기존 소송절차에 자신의 이해관계를 유리하게 반영시키고자 참가 등을 하게 된다. 나아가 현대사회에서는 피해자를 정확히 파악하는 것조차 어려운 소액·다수의 집단적인 피해구제절차도 중요한 화두로 떠오르고 있으며 이를 해결하기 위한 여러 제도들이 소개되고 있다. 따라서 본서에서는 이 모두를 아우르기 위해 복잡소송1)이라는 표현을 쓰고자 한다.

(2) 하나의 소송절차에 여러 개의 청구를 묶어 동시에 심리·재판하는 것을 소의 객관적 병합이라고 한다(253조). 1대 1 소송에서의 병합형태가 원칙적인 모습이지만 여러 당사자 간의 소송(다수당사자 소송)에서는 자연히 여러 청구가 병합된다. 한편, 소송 도중에 원고에 의한 소의 추가(중간확인의 소)나 피고에 의한 소의 추가(반소) 역시 넓은 의미의 청구 병합에 포함될 수 있다. 한편 소 제기 시에 특정된 청구는 절차가 진행되는 도중 원고의 요구에 따라 변경될 수 있다(262조). 청구의 후발적 병합이나 변경은 소송이 진행되는 동안, 원고의 필요나 심리상황의 변화에 따라 원고가 탄력적으로 소를 운용할 수 있도록 허용함으로써 기존 소송절차의 무용화를 방지하고 소송경제를 달성하는 데 매우 긴요한 도구이다. 다만 청구의 병합이나 변경은 소를 제기한 당사자에게 일방적으로 유리한 제도이므로 상대방에 대한 보호가 필요하다. 피고가 제기하는 반소의 경우도 원고에게는 불의의 공격이 될 수 있으므로 상대방인 원고의 보호가 요구된다.

---

1) 김/강, 653면 역시 이 용어를 사용하고 있는데 사람과 청구가 복수가 되면 심리가 복잡해진다는 의미로 사용된 것이다. 한편, 다른 교과서에는 통상 복수의 소송 혹은 병합소송, 복합적 소송형태라는 등의 표현이 사용되고 있다. 독일과 미국에서도 대부분 사람과 청구의 복수라는 표현을 많이 사용하고 있다.

제 2 절　소(청구)의 객관적 병합

청구의 객관적 병합은 단순한 공격방어방법이 병합된 것과는 구분된다. 즉, 소송물이 복수인 형태가 청구의 병합인 반면 청구를 이유 있게 하는 주장이나 항변이 복수인 경우를 공격방어방법의 복수라고 한다. 예를 들어 매매를 원인으로 한 이전등기청구소송에서 시효취득을 원인으로 한 이전등기청구를 병합한 경우에는 청구(소송물)의 병합이 되지만, 원고가 유효한 매매계약의 존재를 주장하기 위해 피고와 직접 계약을 체결하였다는 주장을 하는 가운데 피고의 대리인과 매매계약을 체결하였다는 주장을 추가하는 것은 공격방법의 복수로 취급된다. 따라서 무엇을 소송물로 파악하느냐에 따라 청구의 병합 혹은 공격방법의 복수로 달리 취급될 수 있다.[1]

Ⅰ. 병합요건

1. 동종의 소송절차

동종의 소송절차에서 심리될 수 있는 청구 상호 간에만 병합이 인정된다는 원칙을 의미한다. 따라서 민사사건은 비송사건, 가사사건 및 행정사건과 절차의 종류를 달리하므로 원칙적으로 병합이 불가능하다. 그러나 법 규정을 통해 혹은 해석론상 다른 종류의 절차라 하더라도 병합을 허용하는 경우가 있다.

(1) 법 규정을 통한 예외

행정소송법 제10조에서는 행정소송의 대상이 되는 당해 처분 등과 관련되는 손해배상이나 부당이득반환, 원상회복 등의 민사상 청구를 병합할 수 있음을 규정하고 있다.[2] 한편, 민사사건과 비송사건은 절차의 종류를 달리하므로 서로 병합이 허용되지 않지만 가사소송법 제14조 제1항에서는 가사소송과 가사비송사건이 상호 병합될 수 있는 예외를 인정하고 있다(이혼사건과 비송사건인 재산분할청구의 병합).

(2) 재심의 소 및 제권판결에 대한 불복의 소와 민사소송

1) 재심의 소와 일반 민사소송을 병합할 수 없다는 것이 판례의 입장이지만,[3] 통설은

---

1) 법은 법원이 재판을 함에 있어 판결에 영향을 미칠 중요한 사항(공격방어방법)에 대한 판단을 누락한 경우에는 재심사유로까지 규정하고 있다(451조 1항 10호). 그러나 소송물을 누락한 경우에는 당해 청구는 상급심으로 이심되지 않고 재판을 누락한 법원에 사건이 잔류한다고 보고 있다(212조).

2) 大判 2000. 10. 27. 99두561에서는 관련성의 개념을 민사상 청구의 내용 또는 발생 원인이 행정소송의 대상인 처분 등과 법률상 또는 사실상 공통되거나, 그 처분의 효력이나 존부 유무가 선결문제로 되는 등의 관계에 있어야 함이 원칙이라고 판시하고 있다.

3) 大判 1997. 5. 28. 96다41649에서는 그와 같은 민사상 청구는 별소를 제기하여야 한다고 할 뿐 그 이유에

재심대상판결이 상급심 판결인 경우에는 병합하는 민사상 청구에 대해 심급의 이익을 박탈하게 되므로 재심대상판결이 1심판결인 경우에는 재심의 소와 함께 재심의 소가 인용될 경우 필요한 원상회복 청구(일반 민사상의 청구)를 병합하는 것이 허용되어야 한다고 주장한다(이시, 701면. 예를 들어 확정된 재심대상판결에 의해 소유권이 이전된 경우 당해 이전등기의 말소청구를 재심의 소에 병합하는 경우). 한편, 판례는 제권판결에 대한 불복의 소(490조 2항)와 다른 청구의 병합가능성에 대해 혼선을 빚고 있다. 즉, 제권판결에 대한 불복의 소는 재심의 소와는 성질상 차이가 있을 뿐만 아니라 소송경제를 도모하고 서로 관련있는 사건에 대한 판결의 모순 저촉을 피하기 위하여서도 다른 민사상의 청구를 병합하여 심리판단하게 하는 것이 타당하다는 판례[1]가 있는 반면, 이는 형성의 소이므로 이를 전제로 한 수표금 청구 등 이행청구를 병합할 수 없다는 판례도 있기 때문이다.[2] 소송경제의 측면에서 보더라도 굳이 별소를 통해 문제를 해결하여야 한다고 해석할 필요는 없다고 생각된다. 또한 제권판결에 대한 불복의 소가 형성의 소이므로 판결이 확정되어야 권리변동의 효력이 생긴다는 점 때문에 이행청구를 병합하는 것이 불가능하다는 논리는 수긍하기 어렵다. 형성청구와 병합된 이행청구 역시 전제된 형성청구가 확정될 때까지 효력발생이 저지된다고 보아야 하고 이 점을 수인하고 당사자가 병합청구하는 것이라고 본다면 아무런 문제가 없기 때문이다.

　　2) 판례는 오래전부터 부작위채무나 부대체적 작위채무의 이행을 명하면서 동시에 강제집행의 성격을 갖는 간접강제를 명할 수 있다고 판시하였고 최근에는 전원합의체 판결을 통해 재확인했다.[3] 동 판결의 소수 반대의견 핵심은 판결절차와 집행절차는 준별되어야 하므로 법적 근거없이 판결절차에서 집행법상의 간접강제를 명할 수 없다는 지적이다. 그런데 다수의견은 오히려 이를 금지하는 명문의 규정이 없다고 논거를 제시하고 있어 혼란스럽다. 법률이 명시적으로 허용하거나 금지하지 않는다면 사법수요자의 현실적, 경제적 편의를 위해 가능한한 제도를 유연하게 활용하는 것이 바람직할 것이다.

2. 공통의 관할법원

　　제25조 제1항에 따르면 청구의 병합의 경우 어느 한 청구에 대해 관할권이 있는 법원은 병합된 청구 모두에 대해 관할권을 갖게 되므로 어느 한 청구가 전속관할에 해당하지 않는 한 관할 문제는 발생하지 않는다.

대해서는 구체적인 언급이 없으나 재심의 소와 민사상 청구는 서로 다른 종류의 절차라고 하는 것이 주된 이유로 파악된다. 한편, 판례의 입장을 지지하는 견해도 있다(김홍, 907-908면).

1) 大判 1989. 6. 13. 88다카7962.

2) 大判 2013. 9. 13. 2012다36661.

3) 大判(全) 2021. 7. 22. 2020다248124.

3. 청구 상호 간의 관련성

단순병합의 경우는 청구 상호 간의 관련성이 요구되지 않는다. 그러나 선택적·예비적 병합의 경우는 청구 상호 간의 관련성이 요구된다. 예를 들어 매매대금반환청구를 하면서 이와 전혀 사실관계를 달리하고 무관한 대여금반환청구를 선택적·예비적으로 병합하는 것은 허용되지 않기 때문이다.

Ⅱ. 청구병합의 종류

1. 단순병합

(1) 개   념

원고가 상호 관련이 있거나 무관한 여러 개의 청구를 병렬적으로 심판해 줄 것을 요구하는 형태의 병합이다. 따라서 법원은 모든 청구에 대해 판단을 하여야 한다. 병합된 청구 중 어느 하나라도 누락되면 재판의 누락이 되므로 그 청구는 판결법원에 잔류하게 된다. 따라서 당사자는 재판이 누락된 청구에 대해 판결 법원에 기일지정신청을 하여 변론을 재개하게 한 후 추가판결을 받아야 한다(212조).

(2) 대상청구

1) 단순병합으로서의 대상청구   원고가 물건(특정물 혹은 대체물)의 인도청구와 함께 변론종결 후의 이행불능(특정물의 경우)이나 집행불능(대체물의 경우)이 될 것을 대비해서 대상청구[1]를 병합하여 미리 이행판결을 구하는 경우이다(실무제요 Ⅱ, 80-81면 참조).[2] 이 경우 두 청구의 병합은 현재의 급부청구와 장래의 급부청구와의 단순병합에 속한다.[3] 따라서 본래의 급부청구를 기각해야 하는 경우는 당연히 이행(집행)불능을 전제로 한 대상청구 역시 기각되어야 한다. 만일 본래의 청구가 인용될 사건이지만 변론종결 전에 이미 이행(집행)불능이 됨

---

1) 민법에서 논의되는 대상청구권은 채무자가 이행의 목적물을 대신하는 이익을 취득하는 경우에 채권자가 그 이익을 청구할 수 있는가의 여부로서 논의된다. 예를 들어 토지에 대한 이전등기의무를 부담하는 피고가 토지수용에 따라 수용보상금을 받은 경우 당해 수용보상금을 이전등기청구권자가 요구할 수 있느냐의 문제이다(大判 1992. 5. 12. 92다4581,4598). 그러나 소송법에서의 대상청구권은 본래의 급부를 금전적으로 평가한 것을 단순병합이나 예비적 병합의 형태로 청구하는 것을 의미한다. 민법에서의 대상청구권은 본래의 급부에 갈음하는 대체이익에 대한 청구권이므로 대체이익청구권이라는 용어를 사용하는 것이 바람직하다는 견해가 있다(송덕수, "대상청구권", 민사판례연구(ⅩⅥ), 31-32면 참조).

2) 단순병합인 대상청구의 주문 예는 다음과 같다. 「피고는 원고에게 백미(2015년, 철원산 상등품) 100가마(가마당 80킬로그램 들이)를 지급하라. 동 백미에 대한 강제집행이 불능일 때에는 백미 1가마당 200,000원의 비율로 환산한 금원을 지급하라」(민사실무 Ⅱ, 82면 참조).

3) 大判 2006. 3. 10. 2005다55411. 한편, 대상금액은 사실심 변론 종결당시의 본래적 급부의 가격을 기준으로 산정하여야 하며(大判 1975. 7. 22. 75다450 참조) 당사자가 대상청구를 예비적으로 병합하더라도 법원은 단순병합으로 취급하여 양자 모두에 대해 판결하여야 한다(大判 2011. 8. 18. 2011다30666,30673 참조).

으로써 이를 기각하여야 하는 경우에는 본래의 청구를 계속 유지할 것인지 여부를 석명해서 청구 변경을 유도하는 것이 바람직할 것이다.[1]

2) 예비적 병합으로서의 대상청구　　특정물에 대한 인도청구를 하면서 변론종결시의 이행불능을 우려하여 대상청구를 하는 경우에는 예비적 병합에 해당하므로 법원은 주위적 청구를 기각하는 경우에만 예비적으로 병합된 청구를 판단하여야 한다.[2]

2. 선택적 병합

(1) 개　　념

원고가 병합된 여러 개의 청구 중 어느 한 청구라도 법원이 인용한다면 나머지 청구에 대해서는 심판을 구하지 않는 형태의 병합을 선택적 병합이라고 한다. 따라서 원고에게 모든 청구는 등가적인 관계에 있는 것이고 어느 청구가 인용되더라도 원고는 불복의 이익이 인정되지 않는다. 법원은 원고의 청구를 모두 기각하고자 한다면 병합된 모든 청구에 대하여 판단을 하여야 한다. 어느 한 청구라도 이를 누락한다면 재판누락이 된다(이견 있음, 상세는 후술함). 한편, 선택적 병합은 동일한 목적을 위한 청구권 혹은 형성권이 경합하는 경우에 인정되는 병합 형태이므로 어느 한 청구권을 행사해서 목적을 달성하게 되면 다른 경합하는 청구권을 소구할 수는 없으며 이 경우에는 소의 이익이 흠결된다. 또한 소구하는 급부의 목적이 단일하므로 대부분 청구취지는 단일한 형태로 나타나고 청구원인에서만 선택적으로 병합한 사실이 나타나게 된다.

(2) 양립할 수 없는 청구들의 선택적 병합

종래의 판례[3]와 통설은 양 청구가 상호 간에 양립할 수 없는 경우는 이를 선택적으로 병합할 수 없다고 보았다.[4] 예를 들어, 매매계약이 유효함을 전제로 이전등기를 구하면서 다른 한편으로 무효임을 전제로 매매대금의 반환을 선택적으로 병합하게 되면 원고는 매

---

1) 大判 1969. 10. 28. 68다158은 이와 같은 경우 종속적인 청구 역시 기각해야 한다고 판시하고 있으며 학설 중에는 이 경우 목적물 인도청구는 기각하더라도 대상청구 부분은 전보배상청구로 선해하여 인용해야 한다는 견해도 있다(손한기, "소의 객관적 병합에 관한 연구", 법조 46권 10호(1997. 10), 109면 참조).

2) 大判 1962. 6. 14. 62다172. 예를 들어, 원고가 피고에게 특정 화가의 작품인 특정 그림의 인도를 구하면서 변론종결시점의 이행불능을 대비해서 손해배상청구를 하는 경우에는 두 청구는 예비적 병합관계에 있으므로 법원은 두 청구를 동시에 인용할 수는 없으며 주위적 청구가 인용되면 예비적 청구에 대한 판단을 할 수 없게 된다.

3) 大判 2014. 4. 24. 2012두6773; 大判 1982. 7. 13. 81다카1120. 이 사건에서 원고는 소장에서 명의신탁해지를 원인으로 한 이전등기를 구하였으나 심리도중 피고명의의 등기가 원인무효임을 근거로 소유권이전등기말소청구로 소를 변경하였다. 그러나 항소심에서 다시 명의신탁해지를 원인으로 이전등기를 구하는 것으로 변경하고 예비적으로 말소청구를 구하였으나 변론에서는 선택적으로 병합한다고 진술하였다. 대법원은 선택적 병합으로의 청구변경은 부적법한 것으로 직권으로 불허해야 한다고 판시하였다.

4) 강현중, "청구의 예비적 병합과 선택적 병합의 실무상 몇 가지 문제점에 관한 고찰", 민사법의 제 문제(온산방순원 선생 고희기념), 352-353면; 문일봉, "선택적 병합과 청구권경합" 법조 48권 3호, 124-126면 참조.

매의 유효성을 주장하는 동시에 매매의 무효를 주장하는 것이 되어 주장의 일관성을 인정할 수 없고 나아가 신청자체가 불특정하게 되기 때문이다.[1]

3. 예비적 병합

(1) 양립 불가능한 청구의 예비적 병합

양립될 수 없는 여러 개의 청구에 순위를 붙여 1차적 청구가 인용될 것을 해제조건으로 2차적 청구의 심판을 구하는 형태의 병합을 예비적 병합이라고 한다. 양립할 수 없는 청구라는 것은 법리적으로 혹은 논리적으로 양립할 수 없는 청구를 의미한다. 매매계약이 유효함을 전제로 한 이전등기청구와 동 매매계약이 무효임을 전제로 한 매매대금반환청구는 법리적으로나 논리적으로 양립할 수 없는 청구에 해당한다. 예비적 병합의 형태를 활용함으로써 하나의 소송절차 안에서 당사자 간의 법률관계를 일거에 해결할 수 있게 되므로 소송경제에 기여하는 바가 크다.

(2) 양립 가능한 청구의 예비적 병합

1) 상호간에 양립 가능한 청구라 하더라도 순위를 붙여 청구할 합리적인 필요성이 있는 경우에는 청구를 예비적으로 병합하는 것도 가능하다(소위 제한적 긍정설, 김홍, 936면; 범/곽, 614면; 전병, 561면).[2] 반면에 이러한 합리적 필요성 요건도 필요하지 않고 당연히 예비적으로 병합하는 것이 가능하다는 긍정설(박, 603면; 호, 856면)과 이를 부정하는 견해(이시, 705면)도 있다. 실무상으로 가장 빈번한 것은 어음금청구와 그 원인채권이 상호 양립 가능함에도 불구하고 예비적 형태로 병합하는 것이 보다 일반적이다. 어음소송이 갖는 신속성, 증명의 수월성 등으로 원고에게는 두 개의 청구가 등가적인 관계에 있지 않기 때문이다. 주류적인 판례는 합리적인 필요성을 요구하고 있다고 판단되지만[3] 합리적 필요성에 대한 언급이 없는 판례[4]도 있어 다소 혼선을 야기하고 있다. 한편, 일부 판례 중에는 병합의 형태가 선택적 혹은 예비적 병합인지 여부는 당사자의 의사가 아닌 병합청구의 성질을 기준으로 판단하여야 한다고 하는 판결들[5]이 있는데 이를 부정설로 취급하는 견해들(박, 602면; 범/곽, 613면)도 있다.

---

1) 문일봉, 전게논문, 124면 이하에서는 양립할 수 없는 청구를 선택적으로 병합하는 것을 허용할 때 발생하는 여러 단점을 자세히 열거하고 있다. 그러나 이러한 지적은 현행법이 예비적·선택적 공동소송을 명시적으로 인정하고 있는 점에 비추어 설득력이 다소 떨어지게 되었다. 양립할 수 없는 청구를 토대로 사람을 달리하여 공동소송을 영위할 수 있도록 법이 허용하고 있는 상황에서 동일한 당사자에 대해 양립불가능한 청구를 선택적으로 병합하는 것을 금할 이유가 없을 뿐 아니라 소가 특정되지 않는다고 하여 부적법하다고 할 수 없기 때문이다.

2) 이러한 형태의 병합을 부진정 예비적 병합이라고 보는 입장이 다수 견해이며 일부 판례도 이러한 용어를 사용하고 있다(大判 2002. 9. 4. 98다17145 참조).

3) 大判 2002. 10. 25. 2002다23598; 大判 2021. 5. 7. 2020다292411; 大判 2023. 3. 16. 2022다279658 등.

4) 大判 2002. 9. 4. 98다17145; 大判 2007. 6. 29. 2005다48888.

5) 大判 2014. 5. 29. 2013다96868; 大判 2018. 2. 28. 2013다26425; 大判 2022. 5. 12. 2020다278873 등.

2) 한편, 원고가 주위적으로 채무불이행 내지 불법행위책임을 들어 1억 원을, 예비적으로는 주위적 청구와 양립가능한 약정금 및 지연손해금을 이유로 5천만 원의 지급을 구한 사건에서 주위적 청구가 예비적 청구보다 적게 인정될 경우에는 문제이다(예를 들어 주위적 청구에 대한 인용금액이 3천만 원인 경우). 이 경우 원고로서는 예비적 청구에 대한 판단을 해 줄 것을 바랄 수 있기 때문이다. 판례도 주위적 청구에서 인용되지 아니한 수액 범위 내에서의 예비적 청구에 대해서도 판단하여 주기를 바라는 취지인지 여부를 석명하여 그 결과에 따라 판단하여야 할 것이라고 판시하였다.[1]

3) 청구병합의 형태가 어떤 것인지는 당사자의 의사가 아닌 병합청구의 성질을 기준으로 판단하여야 하고, 항소심에서의 심판 범위도 그러한 병합청구의 성질을 기준으로 결정하여야 하는 것은 당연하다. 그런데 판례는 실질적으로 선택적 병합 관계에 있는 두 청구에 관하여 당사자가 주위적·예비적으로 순위를 붙여 청구하였고, 그에 대하여 제1심법원이 주위적 청구를 기각하고 예비적 청구만을 인용하는 판결을 선고하여 피고만이 항소를 제기한 경우에도, 항소심으로서는 두 청구 모두를 심판의 대상으로 삼아 판단하여야 한다고 판시한 바 있어 의문을 자아내고 있다.[2] 양립 가능한 청구도 합리적인 필요성이 있는 경우에는 예비적으로 구성할 수 있음을 인정하면서 항소심의 심판범위를 판단함에 있어서는 병합의 본질에 따라 선택적 병합의 경우와 같이 판단하라고 하는 것은 모순된 입장으로 보여지기 때문이다. 예비적 병합을 허용한 이상 동 병합의 법리에 따라 재판하는 것이 당사자의 신뢰를 보호하는 방법일 것이다.[3]

(3) 부진정 예비적 병합

해고무효확인을 구하면서 동 청구가 인용되면 그간 지급받지 못한 임금지급이나 부당한 해고처분에 따른 손해배상청구를 병합하는 경우와 같이 전제되는 청구가 인용될 것을 정지조건으로 후속적인 청구를 병합하는 경우가 있는데 이를 종래부터 부진정 예비적 병합이라고 칭해왔다.[4] 이 경우는 전제되는 청구가 인용되어야 후속 청구에 대한 판단이 가능하게 되므로 후속청구는 전제되는 청구에 종속적이며 양 청구는 의존관계에 서게 된다.[5] 그러나

---

1) 大判 2002. 10. 25. 2002다23598.
2) 大判 2014. 5. 29. 2013다96868. 동 판례에 대하여는 법원의 석명권 행사를 통해 문제를 해결하여야 한다는 비판이 있다(전병서, "양립 가능한 여러 개 청구의 객관적 예비적 병합의 가부", 법률신문 2014. 8. 18). 반면, 판례 입장을 지지하는 견해도 있다(이기택, "선택적 병합과 예비적 병합의 구별", 법률신문 2014. 11. 24).
3) 그러나 판례는 大判 2018. 2. 28. 2013다26425에서 종전 입장을 고수하고 있다.
4) 손한기, "소의 객관적 병합에 관한 연구", 법조 46권 10호(1997), 115-116면 참조.
5) 이러한 형태는 주관적 병합의 경우에도 나타날 수 있는데 공동명의 예금자 중 1인이 다른 명의자에 대해서는 지분반환청구에 동의를 구하고 은행에 대해서는 예금반환을 공동소송의 형태로써 구하는 경우이다. 이 때 동의를 구하는 소가 인용되지 않으면 은행에 대한 예금반환청구는 더 나아가 살펴 볼 필요 없이 이유 없

전제되는 청구가 인용될 것을 정지조건으로 후속청구를 병합하는 것이므로 위의 진정한 예비적 병합과는 구분되고 한편, 양 청구가 양립가능하다는 점에서는 단순병합에 가깝다.

Ⅲ. 병합청구의 절차와 심판

1. 병합청구와 심리의 공통

법원은 청구가 병합된 사건에 대해서는 병합의 요건이 갖추어졌는지 여부를 우선해서 직권으로 조사하여야 한다. 어느 청구가 다른 법원의 전속관할에 속하는 경우, 혹은 가정법원이나 행정법원에서 심리되어야 하는 경우에도 당해 청구를 결정으로 이송해야 한다. 아울러 소장심사 단계에서 인지가 적정하게 첩용되었는지 여부도 조사하여야 한다. 병합의 요건이 갖추어진 때에는 각 청구에 대한 개별적인 소송요건을 조사하는 것이 필요하다. 한편, 병합된 사건은 단순병합 사건이라 하더라도 가급적 변론을 분리해서 심리하지 않는 것이 바람직하며 실무상으로도 병합된 청구에 대한 변론을 분리하는 경우는 거의 없다. 선택적 혹은 예비적으로 병합되어야 할 관련사건이 다른 법원에 계속 중인 경우에는 법원이 적극적으로 사건을 병합해서 심리하는 것이 바람직하다.

2. 병합소송의 판결과 상소

(1) 단순병합의 심판과 상소

1) 재판누락과 추가판결   단순병합된 청구에 대해서는 전부판결을 하는 것이 원칙이다. 이론상으로는 변론의 분리나 일부판결(200조)이 가능하지만 하나의 소송절차를 둘 이상으로 분리하는 것은 바람직하지 못하므로 전부판결이 원칙이고 실무상으로도 분리해서 판결하는 경우는 거의 없다. 한편, 병합된 청구 중 어느 하나를 누락한 경우에는 재판누락에 해당하므로 판결 법원은 추가판결(212조 1항)을 통해 문제를 시정해야 한다. 따라서 법원은 직권 혹은 당사자의 신청에 의해 변론을 재개하고 누락된 청구부분에 대해 판결을 선고하여야 한다. 재판누락된 청구를 간과한 채 선고된 판결에 대해 상소가 제기된 경우에는 심리가 된 청구만이 상소심으로 이심되고 누락된 청구는 판결법원에 잔류하게 되므로 사건이 분리되는 불합리한 결과가 발생된다. 결국 누락된 재판에 대해 불복이 있은 후 추가판결에 대해 불복이 있게 되면 상소심에서 변론을 병합해서 재판을 함으로써 다시 하나의 절차에서 재판하는 것이 가능하게 된다.

2) 상소와 상소불가분의 원칙   병합된 청구에 대해 전부판결이 있는 경우, 그 일부에

게 된다는 점에서 부진정 예비적 병합의 구성과 유사하다(大判 1994. 4. 26. 93다31825 참조).

대해서만 상소가 제기되더라도 불복하지 않은 나머지 청구 역시 확정이 차단되고 상소심으로 이심된다는 것이 통설·판례[1]이다. 여러 개의 청구가 병합되어 있다 하더라도 일괄해서 하나의 판결을 통해 선고되므로 이를 분리해서 취급함이 적절하지 않을 뿐 아니라, 현행법은 항소장에 항소 당사자와 항소취지만을 기재하도록 하고 있어(397조 2항) 이것만으로는 항소 시점에 불복범위를 구체적으로 특정하기 어렵다는 점 등을 근거로 들고 있다.[2] 그러나 무엇보다도 법이 항소심까지는 속심구조를 취한다는 점, 그리고 부대항소(403조)와 부대상고(425조)가 비교적 자유롭게 허용되고 있다는 점이 청구에 관한 확정차단과 이심의 효력을 인정하는 주된 사유일 것이다.[3] 그러나 우연히 청구가 단순병합되어 있다는 이유만으로 불복의사가 없는 청구 부분도 당연히 상급심으로 이심된다는 것은 자연스럽지 못할 뿐 아니라 그 부분에 대한 확정이 지연됨으로써 승소당사자에게 예기치 않은 불이익이 될 수 있다는 점에서 분리확정을 주장하는 소수견해(김/강, 663면)도 있다.[4]

(2) 선택적 병합의 심판과 상소

1) 심판의 방식　① 선택적 병합의 경우는 두 개의 청구가 원고에게는 등가적인 것이므로 법원은 어느 청구를 인용하든지 선택의 자유가 있다. 따라서 병합된 두 개의 청구 중 인용되지 않는 청구 부분에 대해서는 판결이유에서 따로 언급할 필요가 없으며 승소한 원고가 자신이 원하던 청구를 받아 주지 않았다는 이유로 상소할 이익도 인정되지 않는다. 그러나 원고의 청구를 기각하는 경우에는 병합된 청구 모두에 대해 판단해서 기각사유를 밝혀주어야 한다.

② 선택적으로 병합된 청구가 가분적이고 그 중 일부만 인용되는 경우 법원이 어떤 선택을 하여야 하는지 문제제기를 하는 경우가 있다(실무제요 Ⅱ, 86-87면). 예를 들어, 채무불이행책임과 불법행위책임을 선택적으로 병합한 경우 두 청구에 대한 인용금액의 차이가 많을 경우에는 문제가 될 수 있다. 법원으로서는 양 청구 간의 인용금액 차이가 큰 경우에는 석명을 통해 병합의 형태를 예비적 병합의 형태로 변경하도록 종용하는 것이 바람직하다. 이는 합리적 필요성이 있는 경우로서 예비적 병합의 형태로 구성이 가능하기 때문이다. 그렇지 않다 하더라도 병합된 청구 어느 하나에 대해 일부 인용을 하는 경우에는 다른 청구에 대해서도 판단을 해서 원고에게 가장 유리한 청구를 인용해주어야 하며 그러한 판단과정이 판결문에 나타나도록 하는 것이 필요하다(한 청구에 대한 일부 인용은 일부 패소판결이므로 다른 청구에 대한 심리

---

1) 大判 1966. 6. 28. 66다711 역시 같은 취지임.
2) 한위수, "청구가 단순병합된 소송에 있어 일부청구부분에 대하여만 항소 및 상고가 된 경우 항소심에서 불복하지 아니한 청구부분의 확정시기", 민사재판의 제문제(송천 이시윤박사화갑기념논문집), 274면.
3) 우리 상고심 절차가 사후심이자 법률심으로서 임의적 변론을 원칙으로 하고 있어 부대상고의 가능성과 범위는 부대항소와 달리 많은 제약이 있으나 판례에 의하더라도 상고이유서제출기간 내에는 부대상고를 할 수 있다(大判 1997. 11. 28. 97다38299 참조).
4) 이재성, "판결의 일부확정에 관한 시론(상)", 법정 197호, 44면 역시 분리확정설을 지지한다.

가 수반되는 것이 당연하다).[1]

2) 상소와 상소불가분의 원칙

① 원고청구기각, 원고 항소   원고청구를 기각하는 경우에는 선택적으로 병합된 모든 청구에 대해 판단한 것이므로 패소한 원고가 특별히 불복의 범위를 축소하지 않고 항소하는 한 모든 청구는 이심되고 당연히 심판의 대상이 된다. 그러나 원고가 명시적으로 일부에 대해서만 불복한 경우에는 불복하지 않은 부분은 이심되지만 심판의 대상이 될 수 없음은 자명하다(정/유/김, 982면). 한편, 선택적으로 병합된 수개의 청구를 모두 기각한 항소심판결에 대하여 원고가 상고한 경우에는 위 청구 중 일부라도 그에 관한 상고가 이유 있다고 인정할 때에는 원심판결을 전부 파기하여야 한다.[2] 이러한 법리는 성질상 선택적 관계에 있는 청구를 당사자가 심판의 순위를 붙여 청구한다는 취지에서 예비적으로 병합한 경우에도 마찬가지로 적용된다.[3] 한편, 제1심에서 원고의 청구가 기각되어 원고가 항소한 다음 항소심에서 청구를 선택적으로 병합한 경우 법원은 병합된 수 개의 청구 중 어느 하나의 청구를 선택하여 심리할 수 있고, 어느 한 개의 청구를 심리한 결과 그 청구가 이유 있다고 인정될 경우에는 원고의 청구를 기각한 제1심 판결을 취소하고 이유 있다고 인정되는 청구를 인용하는 주문을 선고하여야 한다.[4]

② 원고청구인용, 피고 항소   원고청구를 인용한 판결에 대해 피고가 불복하는 경우에도 판단되지 않은 청구 역시 항소심으로 이심되고 원칙적으로 항소심의 심판 대상이 된다. 판례에 따르면 수개의 청구가 제1심에서 처음부터 선택적으로 병합되고 그 중 어느 한 개의 청구에 대한 인용판결이 선고되어 피고가 항소를 제기한 경우는 물론, 원고의 청구를 인용한 판결에 대하여 피고가 항소를 제기하여 항소심에 이심된 후 비로소 청구가 선택적으로 병합된 경우에 있어서도 항소심은 제1심에서 인용된 청구를 먼저 심리하여 판단할 필요는 없고, 선택적으로 병합된 수개의 청구 중 제1심에서 심판되지 아니한 청구를 임의로 선택하여 심판할 수 있다고 한다.[5] 그 결과 1심에서 심리되지 않은 청구가 이유 있다고 인정되고 그 결

---

1) 大判(全) 2016. 5. 19. 2009다66549 역시 동일한 취지이다. 이에 대해 대법원이 선택적 병합 청구에 대한 효용을 해하고 있다는 비판이 있다(권혁재, "선택적 병합 청구에 있어서의 일부 승소판결", 법조 최신판례분석(2016. 8), 580면). 그런데 동 비판 역시 선택적 병합의 경우 법원은 가장 유리한 청구를 기초로 판결해야 한다는 점은 인정하고 있다. 다만, 그것으로써 나머지 병합청구에 대한 심판이 이루어진 것으로 보아야 한다는 입장이다. 그러나 가분적인 청구 중 어느 한 청구의 일부만을 인용하면서 선택적으로 병합된 다른 청구에 대한 판단을 판결문에서 전혀 하지 않는다면 판결의 정당성은 담보되지 않을 것이다.

2) 大判(全) 1993. 12. 21. 92다46226; 大判 2020. 1. 30. 2017다227516; 大判 2021. 7. 8. 2018다286642; 大判 2023. 4. 27. 2021다262905.

3) 大判 2022. 3. 31. 2017다247145. 이러한 판례 입장에 대해 양립가능한 청구를 예비적으로 병합하는 것을 부정하는 사례에 해당한다는 견해가 있는 반면에 예비적으로 병합할 합리적인 필요성이 없는 사례에 해당하는 것이어서 판례가 선택적병합의 경우와 같이 전부 심판의 대상으로 한 것이라는 견해(김홍, 944면)도 있다.

4) 大判 2017. 4. 28. 2017다200368,200375; 大判 2021. 7. 15. 2018다298744.

5) 大判 1992. 9. 14. 92다7023.

론이 제1심 판결의 주문과 동일하더라도 제1심 판결을 취소한 다음 새로이 청구를 인용하는 주문을 선고해야 한다.[1] 선택적으로 병합된 경우라 하더라도 소송물이 다른 청구에 대해 승소판결을 하는 것이므로 1심 판결을 취소한 후 새로운 청구를 인용하는 것이 합리적이며, 나아가 당사자로 하여금 선택적으로 병합된 청구 중 어느 소송물에 대해 승소하였는지 판결 주문을 통해 파악할 수 있게 하는 것이 바람직하기 때문이다(김홍, 943면도 같은 취지임). 그러나 구소송물이론을 따르지 않는 한 항소기각을 하여야 한다는 견해도 있다(강, 368면; 이시, 709면; 정/유/김, 958면).

(3) 예비적 병합의 심판과 상소

1) 심판의 방식   예비적 병합의 경우는 선택적 병합과 달리 심판의 순서가 당사자에 의해 정해져 있으므로 법원은 원고의 주위적 청구를 먼저 판단한 후 이를 인용하게 되면 예비적 청구에 대해서는 판단을 할 필요가 없으나 주위적 청구를 기각하는 경우에는 마땅히 예비적 청구에 대해서도 판단을 하여야 한다. 주위적 청구의 일부가 기각되는 경우에도 예비적 청구에 대한 판단이 필요한지 문제된다. 판례는 원고가 주위적 청구의 일부를 특정하여 그 부분이 인용될 것을 해제조건으로 하여 그 부분에 대하여만 예비적 청구를 하였다는 등의 특별한 사정이 없는 한, 주위적 청구원인에 기한 청구의 일부가 기각될 운명에 처하였다고 하여 다시 그 부분에 대한 예비적 청구원인이 이유 있는지의 여부에 관하여 나아가 판단할 필요는 없다고 판시한 바 있다.[2] 그러나 양립가능한 예비적 병합의 경우 주위적 청구의 인용금액이 예비적 청구 금액보다 적을 경우 법원으로서는 주위적 청구에서 인용되지 않은 금액 범위 내에서 예비적 청구 부분에 대해서도 심리해 줄 것을 원하는지 여부를 석명하여야 한다고 판시한 바 있다.[3]

2) 상소와 상소불가분의 원칙   ① 주위적 청구가 인용된 경우에는 피고가 상소하더라도 예비적 청구 역시 당연히 상소심으로 이심되고 특별한 사정이 없는 한 예비적 청구도 심판의 대상이 된다. 예비적 병합의 성질상 주위적 청구가 배척되면 당연히 예비적 청구에 대해 심판하여야 하기 때문이다. 패소한 피고는 항상 이 점을 유념하여야 한다. 만일 원고의 병합청구 모두가 기각된 경우, 원고가 모든 청구에 대해 상소를 제기하면 모두 이심되고 아울러 심판의 대상이 됨은 당연하지만 원고는 어느 한 청구에 대해 불복하지 않는 경우도 있

---

1) 大判 2006. 4. 27. 2006다7587,7594; 大判 2021. 7. 8. 2018다286642; 大判 2021. 11. 25. 2021다259855.

2) 大判 2000. 4. 7. 99다53742. 이 사건 역시 양 청구가 양립불가능한 청구는 아니었다. 원고는 주위적으로 물품대금청구를, 예비적으로는 손해배상청구를 한 것인데 주위적 청구의 일부가 소멸시효가 완성된 상황이었다. 이 경우 손해배상청구 부분에 대한 판단을 하였더라도 역시 소멸시효가 완성될 것이므로 더 이상 판단을 하지 않은 것으로 보인다. 따라서 결론이 달라질 상황이었다고 한다면 당사자에게 석명을 해서 예비적 청구 부분에 대해 판단을 해주는 것이 바람직했을 것으로 보인다.

3) 大判 2002. 10. 25. 2002다23598.

으므로 불복범위를 살펴볼 필요가 있다.

② 주위적 청구가 기각되고 예비적 청구가 인용된 경우, 피고만이 상소를 제기하더라도 주위적 청구 역시 상소심으로 이심된다. 이때 주위적 청구 역시 심판의 대상이 되는지 여부가 문제된다. 원고가 부대항소나 부대상고를 제기하지 않는 한 주위적 청구는 심판의 대상이 되지 않는다는 것이 판례의 입장이다.[1] 주위적 청구가 기각된 상태에서 원고가 상소나 부대상소를 제기하지 않는 것은 불복의사가 없을 뿐 아니라 주위적 청구를 인용할 경우 이익변경금지 원칙에 위배된다. 따라서 피고의 불복으로 상고되어 사건이 파기 환송되더라도 환송 후 법원은 예비적 청구 부분에 대해서만 심판할 수 있으며 파기환송판결에 의해 주위적 청구는 확정된다.[2] 그런데 이 경우 이심되었지만 심판의 대상이 아닌 주위적 청구에 대해 피고가 상소심에서 인낙을 할 수 있는지 여부에 대해 판례와 일부 학설은 가능하다고 하고 있으나 의문이다.[3] 주위적 청구는 원고의 부대항소에 의해 심판의 대상이 되기 전에는 소송물이 아니므로 피고가 인낙할 대상이 없으므로 주위적 청구에 대한 인낙을 인정함은 부당하다. 원고가 주위적 청구에 대해 불복하지 않은 이유 중에는 상황의 변화에 따라 예비적 청구가 오히려 원고에게 더욱 유리할 수 있기 때문이다. 따라서 항소심에서 피고의 주위적 청구에 대한 인낙을 인정하는 것은 원고에게 오히려 불의의 타격이 될 수도 있다.

(4) 선택적·예비적 병합 청구의 누락과 치유방법

1) 청구 상호 간의 불가분성과 상소심으로의 이심   ① 선택적·예비적 병합의 경우는 단순병합과 달리 하나의 소송절차에 관련 청구가 병합되어 있으므로 변론의 분리는 물론 일부판결은 허용되지 않는다. 그런데 법원이 이를 간과하고 병합된 청구의 일부를 재판하지 않은 경우 치유방법을 둘러싸고 견해의 대립이 있다. 대다수의 학설은 선택적·예비적 병합의 경우 청구 상호 간에 불가분성이 있어 일부판결이 불가능하므로 이를 위반한 판결은 위법한 재판이므로 상소를 통해 누락된 청구까지도 전부 상소심으로 이심된다고 보거나(위법재판설, 호, 810, 812면), 판단누락(451조 1항 9호)에 준해서 상소심으로 이심된다고 주장한다(김/강, 664면; 이시, 708면).[4] 일부판결이 허용되지 않지만 법원의 잘못으로 소송물인 청구를 누락한 것이므로 재판누락(212조)이고 따라서 추가판결을 통해 구제하는 것이 원칙이다.[5] 선택적·예비적

---

1) 大判 2007. 1. 11. 2005다67971.

2) 大判 2001. 12. 24. 2001다62213.

3) 大判 1992. 6. 9. 92다12032. 김신, "주위적청구 기각·예비적청구 인용의 1심판결에 불복항소한 피고가 항소심에서 주위적청구를 인낙할 수 있는가?", 부산판례연구(IV), 373면은 이 경우에도 인낙이 가능하다고 한다.

4) 예비적 병합과 선택적 병합을 달리 취급해서 선택적 병합의 경우는 일부판결이 가능하다고 보는 견해도 있다(강, 367면).

5) 재판누락에 따른 추가판결의 방법은 절차적으로 번거롭고 불편할 수 있다. 재판누락이 1심에서 있었다면 추가판결의 방법보다는 항소법원에서 청구변경을 통해 누락된 청구를 새로이 병합하는 방법을 모색할 수 있다(물론 누락된 청구부분은 원심법원에서 소를 취하하여야 할 것이다). 한편, 재판누락이 항소심에서 비로소

병합의 경우 재판누락 외에 달리 해결방안을 제시해주는 실정법적 규정이 없기 때문이다.

　　② 판례는 예비적 병합에 대해서는 재판누락으로 보던 입장을 상소심으로의 이심을 인정하는 것으로 명시적으로 선회하였는데[1] 설시 내용에 비추어 위법재판설에 가깝다. 선택적 병합의 경우에는 통일적인 견해를 취하고 있지 못했으나,[2] 96다99판결 이후의 최근 판결들에서 심판되지 않은 선택적 병합 청구부분이 상소심으로 이심된다는 판시를 여러 차례 한 바 있어 선택적 병합과 관련하여 위법재판설로 입장을 정리한 것으로 보인다.[3]

2) 상소심으로의 이심설에 대한 비판

　　① 당사자에 대한 피해 발생　　　다수 견해와 같이 누락된 재판임에도 상소심으로 이심된다고 하면 당사자가 청구의 일부가 누락된 사실을 알지 못해서 상소심에서 누락된 청구부분을 다투지 않게 되면(즉, 심판대상으로 하지 않으면) 다시는 누락된 청구에 대한 판단을 받지 못하게 되는 불합리한 결과를 피할 수 없게 된다. 예를 들어, 선택적으로 병합된 청구 A, B 중 A만을 판단해서 원고 청구를 기각한 1심 판결에 대해 원고가 항소를 제기하였으나 B에 대한 재판이 누락된 사실을 몰라서 이를 항소심에서 다투지 않은 경우 B에 대한 청구는 항소심판결 선고 시 혹은 변론종결시에 확정되므로 원고는 상고심에서 B에 대해서 다툴 수 없게 된다.[4]

　　② 이론적 흠　　　i) 선택적·예비적 병합의 청구 상호 간의 불가분성을 이유로 일부판결이 불가능하다는 점을 들어 이심설이 주장되고 있으나 우선 청구 상호 간의 불가분성이라는 개념 자체의 근거가 모호하다. 필수적 공동소송은 합일확정의 필요성이라는 법 제67조를 통해 인정되는 것이지만 청구병합의 경우 청구 상호 간의 불가분성이라는 것은 어디에도 근거를 찾기 어렵다. 또한 합일확정의 필요성과 달리 원고는 언제든지 일부취하 등을 통해 선택적·예비적 병합 청구의 연결고리를 해소할 수 있으며 현행법상 병합된 청구를 별소로 제기한다 하더라도 다소 비경제적일 뿐 위법사유가 될 수는 없다.

　　　　있었다면 상고심에서 청구변경은 불가능하므로 부득이 항소심에서 누락된 청구에 대한 추가판결을 받아야 할 것이다. 그러나 판단되지도 않은 청구가 상고심으로 이심되는 것보다는 보다 합리적인 해결 방안이라고 판단된다.

　1) 大判(全) 2000. 11. 16. 98다22253; 大判 2017. 3. 30. 2016다253297; 大判 2023. 12. 7. 2023다273206.

　2) 大判 1986. 9. 23. 85다353은 선택적으로 병합된 청구의 일부를 누락한 경우에는 당해 사건이 원심법원에 잔류하므로 상고를 하더라도 그 대상이 없어 위법하다고 보았으나 大判 1998. 7. 2. 96다99에서는 "제1심법원이 원고의 선택적 청구 중 하나만을 판단하여 기각하고 나머지 청구에 대하여는 아무런 판단을 하지 아니한 조치는 위법한 것이고, 원고가 이와 같이 위법한 제1심판결에 대하여 항소한 이상 원고의 선택적 청구 전부가 항소심으로 이심되었다고 할 것이므로, 선택적 청구 중 판단되지 않은 청구 부분이 재판의 탈루로서 제1심법원에 그대로 계속되어 있다고 볼 것은 아니다"라고 판시한 바 있다(동 판결에서 대해서는 졸고, "선택적·예비적 병합의 청구 일부를 탈루한 판결에 대한 상소에 따른 문제", 법조 515호, 167-168면 참조).

　3) 大判 2017. 10. 26. 2015다42599; 大判 2018. 6. 15. 2016다229478 등 참조.

　4) 大判 1998. 7. 24. 96다99에서 이러한 폐단이 명확하게 나타났다.

ii) 판례는 이심의 근거를 모호하게 설명하고 있다. 즉, 일부판결이 불가능한데도 불구하고 일부판결을 한 위법한 재판이므로 누락된 청구도 상소심으로 모두 이심된다는 것이다. 그러나 일부판결이 잘못된 것이라 하더라도 나타난 현상은 일부판결이므로 법 제212조에 따라 나머지 청구는 원심에 잔류한다고 보는 것이 타당한 해석이다. 한편, 법원이 선택적·예비적 병합 청구의 일부를 누락한 경우에는 판단누락에 해당하므로 누락된 청구 역시 상소심으로 이심된다고 보는 견해(이시, 708면)도 있으나 이 역시 의문이다. 실정법규가 명백히 재판누락(212조)과 판단누락(451조 1항 9호)을 구분하고 있는데 선택적·예비적 병합청구를 일부 누락한 경우에는 재판누락을 판단누락으로 취급해야 한다는 주장은 법리적으로나 논리적으로 납득하기 어렵기 때문이다.

제 3 절 청구의 변경

I. 개   관

1. 개념과 방법

(1) 개   념

법 제262조에 따르면 원고는 소 제기 후라도 변론종결시까지 청구기초의 동일성이 유지되고 절차를 현저하게 해하지 않는 한도 내에서 청구취지 또는 청구원인의 변경을 통해 청구의 변경을 할 수 있다. 청구를 변경한다는 것은 당사자의 동일성을 유지하면서 소송물의 변경을 통해 소의 변경을 초래하는 것이다.[1] 원고는 변론이 진행됨에 따라 새로이 발견되는 사실관계나 증거를 통해 소송물을 자유로이 변경시킴으로써 자신에게 가장 유리한 판결을 얻을 수 있도록 청구를 최적화할 수 있다.

(2) 방   법

청구의 변경은 청구취지나 청구원인의 변경을 통해 이루어지는데 청구취지의 변경은 판결주문에 영향을 미치므로 서면으로 하여야 하고 상대방에게 송달하여야 한다(262조 2항, 3항). 반대해석상 청구원인의 변경은 청구취지의 변경을 유발하지 않은 상태에서 구술로도 가능하지만 소송물의 특정이 어려운 경우가 많다. 따라서 청구원인의 변경도 가급적 서면을 통해 하는 것이 바람직하며 실무 역시 그러하다.

---

1) 청구의 변경이라는 용어를 소의 변경과 동일하게 사용하는 경우가 있다(김/강, 667면). 소를 구성하는 법원이나 당사자의 변경도 소의 변경을 초래할 수 있으나 통상적으로 청구의 변경을 소의 변경이라고 칭하는 경우가 일반적이다. 그러나 엄밀히 보면 법 제262조에서는 청구의 변경을 명시적으로 규정하고 있으므로 소의 변경과 동일시하는 것은 오해의 소지가 있다.

2. 청구취지의 변경

(1) 청구취지의 변경과 소의 변경

동일한 건물에 대하여 소유권에 기한 인도청구의 소를 제기한 원고가 철거청구로 변경하는 것은 청구의 교환적 변경에 해당하며 철거청구에 대지인도청구를 추가하는 경우에는 추가적 변경에 해당한다. A 건물에 대한 인도청구를 B 건물에 대한 인도청구로 변경하는 것도 청구의 변경을 초래한다. 이는 엄밀히 보아 소송물의 변경을 가져오는 것은 아니지만 심판대상(계쟁목적물)의 변경은 항상 청구취지의 변경을 초래하므로 청구의 변경에 포함된다.

(2) 청구취지의 확장과 감축

1) 청구취지의 확장   청구원인의 변경 없이 청구취지에 기재된 심판범위를 확장하는 것을 청구취지의 확장이라고 하는데 그것이 질적이든 양적이든 상관없다. 따라서 상환이행판결을 구하다가 무조건 이행청구로 청구취지를 변경하는 경우(질적 확장) 혹은 손해배상금으로 1억 원의 지급을 구하던 원고가 이를 2억 원으로 확장하는 경우(양적 확장) 역시 청구의 변경이 된다.

2) 청구취지의 감축   청구취지에 기재된 심판범위를 축소하는 것을 청구취지의 감축이라고 하는데 무조건 이행청구에서 조건부나 상환이행청구로 바꾸거나(질적 변경) 2억 원의 손해배상금을 청구하다가 1억 원으로 축소하는 경우(양적 변경)를 지칭한다. 그런데 이러한 청구취지의 감축은 소의 변경이 아니라는 것이 다수설·판례이다(김/강, 677면; 이시, 711면).[1] 감축된 부분은 청구의 일부포기로도 볼 수 있으나 다수설은 소의 일부취하로 보고 있다. 청구의 감축은 소송법적으로 청구변경에도 해당할 수 있고 다른 측면에서는 소의 일부취하나 일부포기로도 볼 수 있다. 하지만 법은 독일과 달리[2] 상대방의 동의 없이도 청구의 변경을 사실심에서 비교적 자유롭게 할 수 있도록 하고 있는 반면(262조) 소취하는 상대방의 동의가 필요할 뿐 아니라 항소심에서의 소취하는 재소금지의 장애물이 있어 함부로 항소심에서 소취하를 하는 것이 부담스럽게 되어 있다. 따라서 상대방의 동의는 물론 재소금지의 불이익을 의식해서 원고가 항소심에서 청구의 감축을 자유로이 하지 못하게 되면 판결문 작성에 있어서도 불필요한 부담이 생길 뿐 아니라 원고입장에서는 부당하게 과도한 소송비용을 부담하게 될 수도 있어 소송운용의 위축현상이 올 수도 있다. 더구나 청구의 확장은 상대방의 동의

---

1) 大判 1983. 8. 23. 83다카450. 그런데 大判 2004. 7. 9. 2003다46758 및 大判 2005. 7. 14. 2005다19477 등에서는 수량적으로 가분인 청구라는 단서를 달고 있어 질적인 청구취지의 감축에 대해서는 소취하로 보지 않는다는 것인지 분명하지 않다.

2) 독일에서는 상대방의 동의가 있거나 법원이 적절하다고 인정하는 경우에만 청구의 변경이 가능하다(ZPO §263). 그러나 청구원인의 변경이 없는 청구의 확장과 감축은 상대방의 동의 없이도 가능한 청구의 변경에 해당한다(ZPO §264 Ⅱ).

없이 할 수 있게 하면서 상대방에게 유리한 감축은 동의를 얻으라고 하는 것 역시 균형이 맞지 않는다. 이러한 제반의 상황을 고려한다면 청구의 감축을 굳이 소의 일부취하로 취급할 이유는 없으므로(같은 취지의 견해 호, 816면) 확장과 마찬가지로 청구의 변경에 해당하는 것으로 봄이 타당하다.

　　3) 청구취지의 보충 및 정정　　　청구취지를 보충하거나 정정하는 경우 외관상 청구취지 의 변경을 가져오게 되지만 그것이 청구를 특정하기 위한 경우에는 청구의 변경에 해당하지 않는다. 예를 들어 같은 건물의 철거를 구하는데 지번이나 면적, 구조 등의 정정을 위해서 청구취지를 정정하는 것은 청구의 변경에 해당하지 않는다. 그러나 건물의 일부에 대한 철거 를 구하다가 추녀부분에 대한 철거로 변경하는 것은 계쟁물의 변경에 해당하므로 청구의 변 경에 해당한다.1) 특히 행정소송과 같이 제소기간을 준수해야 하는 경우는 청구취지의 변경 이 실질적인 청구의 변경인지 혹은 단순한 청구취지의 정정에 불과한지 여부가 매우 민감하 게 다투어진다. 따라서 법원으로서는 청구취지의 변경이 있다 하여 무조건 청구의 변경으로 취급하지 말고 청구취지를 변경하게 된 원인과 경위를 살펴 단순히 불분명한 청구취지를 보 완·정정하기 위한 것인지 여부를 세밀하게 판단하여야 한다.2)

3. 청구원인의 변경

(1) 유　　형

　　청구원인을 변경하는 것에는 두 가지 종류가 있다. 그 하나는 사실관계는 동일하지만 법적 관점을 변경하는 것이고 다른 하나는 기초되는 사실관계 자체를 변경하는 경우이다. 예 를 들어, 건물소유자 겸 임대인이 소유권에 기한 건물철거청구의 소를 제기한 후 임대인의 원상회복청구권에 기초하여 철거청구를 하는 것으로 변경하는 경우가 전자에 해당하며 동일 계쟁부동산에 대하여 처음에는 매매계약을 원인으로 이전등기를 구하다가 나중에 전혀 다른 교환계약에 기초해서 이전등기를 구하는 경우가 후자에 해당한다. 양자 모두 청구의 변경에 해당한다. 한편 동일한 사고에 대해 과속운전에 의한 과실을 주장하다가 졸음운전에 의한 과 실을 주장하거나 고의에 의한 사고라는 주장 등으로 변경하는 것은 주요사실을 달리하는 것 이므로 청구의 변경으로 보는 것이 타당하다. 과실이라는 평가를 이루는 기초사실(음주, 과속, 졸음운전 등)을 요건사실이자 주요사실로 보는 것이 간명하고 사실의 개념에 충실하다고 판단 되기 때문이다(상세한 내용은 제4편 제2장 제3절 Ⅱ. 참조). 한편, 과실책임을 주장하다가 고의에 의 한 책임을 소구하는 경우에는 기초되는 사실관계를 변경하는 것이므로 청구원인의 변경으로 봄이 타당하다.

　　1) 大判 1969. 5. 27. 69다347.
　　2) 大判 2008. 2. 1. 2005다74863 참조.

(2) 공격방어방법의 변경

청구원인의 변경과 유사하지만 청구의 변경을 초래하지 않는 공격방어방법의 변경이 있다. 소유권확인의 소를 제기함에 있어 소유권의 취득원인을 달리하여 주장하는 경우를 대표적으로 들 수 있는데 직접적으로 청구의 원인을 구성하지 않는 간접적이거나 선결적인 권원의 변경은 공격방어방법의 변경으로 보는 것이 간명하다.[1] 판례는 소유권이전등기말소청구사건의 소송물은 소유권방해배제 청구권이며 청구원인은 등기원인의 무효로 보고 있다. 따라서 등기원인을 무효로 할 수 있는 각종의 사유는 단지 공격방어방법에 불과하다고 한다.[2]

(3) 법조경합과 청구원인

교통사고 피해자가 민법상의 불법행위를 원인으로 한 손해배상청구의 소를 제기한 후 청구원인을 법조경합관계에 있는 자배법 제3조에 기한 손해배상청구로 바꾸는 경우를 공격방어방법의 변경이라고 하는 견해가 있다(이시, 712면). 그러나 이는 전형적인 청구의 변경에 해당한다. 법원은 당사자가 민법에 기한 손해배상청구를 하더라도 직권으로 법조경합관계에 있는 자배법을 적용해야 하는 것은 별론으로 하더라도[3] 당사자에 의해 소송물이 변경되는 것은 부인할 수 없기 때문이다.

Ⅱ. 형   태

1. 추가적 변경

원래의 청구를 유지하면서 새로운 청구를 추가적으로 제기하는 형태의 변경을 의미한다. 대여금의 원금만을 소구하던 중 이자지급 청구를 추가적으로 병합하는 경우가 전형적인 예이다. 추가적 변경의 결과 후발적으로 소의 객관적 병합(253조)이 일어나게 되므로 동종의 절차에서 심리될 수 있는 청구에 한정된다.

---

[1] 대법원은 사해행위취소청구소송에서 피보전채권의 추가나 교환(大判 1964. 11. 24. 64다564) 혹은 가등기에 기한 본등기청구에서 피담보채권의 변경(大判 1992. 6. 12. 92다11848) 등은 공격방어방법의 변경에 해당한다고 판시한 바 있다.

[2] 大判 1993. 6. 29. 93다11050.

[3] 大判 1997. 11. 28. 95다29390. 이 사건에서 원고는 민법상의 사용자책임과 자배법상의 책임을 선택적으로 병합하였고 원심은 사용자책임을 인정하여 원고 승소판결을 선고하였다. 그러나 대법원은 피고가 운행지배자의 지위에 있었다면 의당 자배법을 우선적으로 적용해야 한다고 판시하였다.

2. 교환적 변경

(1) 다수설과 판례

원래의 청구에 갈음하여 새로운 청구를 제기하는 경우로서 원래의 청구에 대한 판단을 철회하는 것을 전제로 한다. 우리나라의 종래 통설과 판례[1]는 구청구에 대한 소취하와 새로운 신소제기가 결합된 형태로 파악해 왔다. 구청구에 대한 철회를 소취하로 보게 되므로 상대방의 동의가 요구된다는 견해가 다수설이나 청구기초의 변경이 없어야 하다는 청구변경의 요건 충족으로 상대방의 동의는 불필요하다는 소수견해(방, 336면; 정/유/김, 974면; 정영, 733면)도 있다.[2] 한편 청구의 교환적 변경은 소취하와는 무관한 제도로서 독자적인 소의 종료원인으로 파악하는 견해도 있다(호, 819-820면).[3] 따라서 이 견해에서는 청구변경을 통해 구청구가 종료되는 것은 소취하가 아니므로 상대방의 동의가 필요 없다고 한다.

(2) 법적 성질

교환적 변경의 경우 외관적으로는 구청구에 대한 소취하의 모습을 갖추고 있는 것은 사실이다. 그러나 소취하는 기본적으로 제기된 소를 소급적으로 소멸시키고자 하는 제도임에 반해 청구의 교환적 변경은 청구의 기초가 동일한 것을 전제로 구청구를 새로운 청구로 변경하여 소를 유지하고자 하는 데 근본적인 목적이 있으므로 소취하의 법리를 청구변경에 그대로 적용하는 것은 바람직하지 못하다.[4] 결국, 청구의 교환적 변경은 법 제262조가 규정하는 독자적인 소송행위로서 법 규정에 의해 규율되는 것으로 충분하다. 따라서 교환적 변경을 함에 있어 종전 청구에 대한 상대방의 동의는 불필요하다. 이에 대해서는 상대방인 피고의 구청구에 관한 기각판결을 받을 이익이라는 절차권이 도외시된다는 비판(이시, 712면)이 있으나 청구기초의 동일성 요건을 통해 상대방의 이익은 충분히 보호되고 있다고 평가된다(같은 취지의 견해로는 호, 820면).

---

1) 大判 1987. 11. 10. 87다카1405; 大判 2021. 4. 15. 2016다271523.
2) 이 부분에 대한 판례의 견해는 분명하지 않다. 大判 1969. 5. 27. 68다1798 판결을 두고 판례가 상대방의 동의를 요하지 않는다고 보는 견해가 있으나(문일봉, "소의 변경에 관한 새로운 고찰", 사법논집 27집, 222면 참조) 반대의 견해도 있다. 한편 大判 1970. 2. 24. 69다2172 판결을 들면서 판례가 상대방의 동의를 요하지 않는다는 견해(이시, 712면)가 있으나 이 판결은 정면으로 상대방의 동의 여부를 판단하고 있지 않아 적절한 판례는 아닌 것으로 판단된다.
3) 호문혁, "선결적 법률관계와 재소금지", 민사판례연구(XIII), 234-236면. 문일봉, 전게논문, 224-225면 참조.
4) 大判 1975. 5. 13. 73다1449에서도 청구의 교환적 변경은 구청구를 취하하고 신청구에 대한 재판을 구하는 것이므로 그 신청구가 적법한 소임을 전제로 하여 구청구가 취하된다고 하면서 신청구가 부적법하여 법원의 판단을 받을 수 없는 청구인 경우까지도 구청구가 취하되는 소위 교환적 변경이라고 볼 수는 없다고 판시하였다. 결국 판례도 청구의 변경을 무조건적으로 구청구의 취하와 신소제기의 결합 형태로 파악하고 있지는 않다.

3. 청구변경의 형태와 석명

원고는 청구의 변경을 원하는 경우 통상 "청구취지 및 청구원인 변경신청서"를 제출하게 되는데 청구의 변경 형태를 분명히 밝히는 것이 필요하다. 법원은 당사자 신청의 청구변경이 불분명한 경우에는 석명을 통해 이 부분을 명백히 해야 한다. 특히 신청구가 그 자체로 부적법한 경우에는 교환적 변경을 직권으로 불허해야 한다(263조). 당사자는 항소심에서 교환적 변경을 하는 경우 판례 이론에 따르면 구청구는 취하되는 것으로 간주되므로 재소금지의 제재를 받을 수 있음을 항상 유념해야 한다.

Ⅲ. 요   건

청구의 변경은 원고로 하여금 소송물의 자유로운 변경을 통해 최적의 청구를 유지할 수 있게 하는 기능을 갖는 반면, 자유로운 청구의 변경은 피고의 입장에서는 방어의 어려움을 초래할 수 있다. 이러한 상반된 이해관계를 조절하기 위해 법은 일정한 요건을 부과하고 있다. 청구의 추가적 변경이 있는 경우에는 결과적으로 청구가 병합되므로 병합청구의 일반적인 요건도 충족해야 한다.

1. 청구기초의 동일성

청구의 변경은 청구의 기초가 바뀌지 않는 한도 안에서만 가능하다(262조 1항). 청구기초의 동일성은 결국 신·구 청구 간에 밀접한 관련성을 의미하는데 당사자가 이를 바꾸더라도 상대방 당사자의 방어권을 침해하지 않는 정도를 요구하게 된다. 청구기초의 동일성 요건은 이와 같이 상대방의 방어권 보장을 위한 것이므로 상대방이 이의 없이 변론을 하거나 응소한 경우에는 그 하자는 치유되며 상대방은 이의권을 상실한다. 이른바 사익적 요건에 해당한다고 보는 것이 통설의 입장이다(이시, 715면).[1] 따라서 중요한 것은 피고의 방어권 보장을 침해하지 않는 밀접한 관련성이 무엇인가 하는 점이다.

(1) 견해의 대립

청구기초의 동일성이 무엇인가에 대한 여러 견해의 설명이 있으나 크게 보면 청구의 저변에 있는 이익 혹은 사실에 주목하느냐 여부에 따라 설명이 나뉜다. 변경 전후의 청구를 법률적으로 구성하기 전의 사실적인 분쟁이익을 중심으로 보는 입장이 이익설이며 반면에 청구 저변의 근본적인 사회현상으로서의 사실에 중점을 두는 것이 사실설의 입장이라고 할 것이다. 사실

---

1) 大判 1982. 1. 26. 81다546; 大判 2011. 2. 24. 2009다33655.

설 중에는 신·구 청구의 사실자료 사이에 심리의 계속을 정당화할 정도의 공통성이 있는, 소위 사실자료동일설을 지지하는 입장도 있다(이시, 714면). 한편, 병용설은 신청구와 구청구의 재판자료의 공통뿐 아니라 이익관계 등도 서로 공통적인 경우로 보는 입장이다(정/유/김, 967-968면).

(2) 원칙으로서의 이익설

변경 전후의 청구 간의 청구기초의 동일성을 요구하는 근본적인 목적이 무엇인가 하는 것에 주목해야 한다. 청구를 추가적 혹은 교환적으로 변경함에 따라 가장 피해를 입을 수 있는 측은 상대방인 피고 측이고 법원 역시 그 정도는 아니지만 심리의 효율성 측면에서 보면 그 시점까지 들인 시간과 노력이 무용지물이 될 수 있어 피해자의 범주에 속할 수 있다. 따라서 청구의 기초라는 개념은 신청구가 구청구와 밀접한 관련성이 있어서 그 기초되는 사실관계나 이익이 동일하고 단지 해결방법이나 법률적 관점 등에 변경이 있는 경우를 의미한다고 보는 이익설의 입장이 타당하다고 할 수 있으며 주류적인 판례의 입장이기도 하다.[1]

(3) 보충적인 사실자료의 동일성

전후 청구 간의 기초가 되는 사실관계나 이익이 동일하더라도 예외적으로 상대방의 종전 주장과 증거방법 등을 무용지물로 만들어 새로운 재판자료의 창출을 필요로 하는 경우에는 청구기초의 동일성을 인정하기 어렵다(재판자료의 동일성 유지 요건). 즉, 이익설을 토대로 청구기초의 동일성을 우선적으로 판단하지만 피고의 방어권을 침해하거나 기존 제출된 방어방법 등을 무용지물로 만드는 경우에는 청구기초의 동일성을 인정하기 어렵다. 일부 판례도 이러한 입장을 나타내고 있다.[2]

(4) 예시 사례

대지소유자인 원고가 건물소유를 목적으로 한 대지임차인을 상대로 임대인의 지위에서 건물철거 청구의 소를 제기한 경우를 가정해 보자. 소송진행 도중에 ① 건물철거청구의 청구권원을 소유권에 기한 반환청구권으로 변경하는 것은 법률적 관점만 변경된 경우이고 ② 대지인도청구의 소를 추가하거나 임료 등을 추가적으로 청구하는 것은 철거청구에 부수한 청구로서 기초사실에는 전혀 변경이 없는 경우이며 ③ 측량감정 결과 종전의 철거 대상 건물을 추가하거나 변경하는 것 역시 기초사실에는 전혀 변경이 없는 경우이다. 그러나 만일 원고가 철거청구의 대상인 피고 소유 건물의 등기명의를 말소하라는 이전등기말소청구의 소로 청구변경을 하는 경우는 문제이다. 철거청구와 말소청구의 기초가 되는 사실관계나 이익이 동일하다 할 수 없으며 피고 역시 철거청구에 대한 방어와 말소청구에 대한 방어를 위한 재판자료가 동일하다 할 수

---

1) 大判 1966. 1. 31. 65다1545; 大判 1987. 7. 7. 87다카225; 大判 2001. 3. 13. 99다11328 등 참조.
2) 大判 2015. 4. 23. 2014다89287,89294; 大判 2017. 5. 30. 2017다211146. 종전의 재판자료를 활용할 수 없게 됨으로써 절차의 지연이 초래되는 경우가 대부분이다.

없어 청구기초의 동일성을 인정할 수 없기 때문이다. 그러나 피고가 청구변경에 이의 없다면 법원 역시 다른 특별한 사유가 없는 한 굳이 청구변경을 불허할 이유는 없을 것이다.

2. 현저한 소송절차의 지연

청구기초의 동일성이 인정된다고 하더라도 새로운 청구를 추가하거나 교환적으로 청구를 변경함으로써 소송절차를 현저하게 지연하는 경우에는 청구변경을 허용할 수 없다. 이 요건은 상대방이 청구 변경에 동의하더라도 법원이 직권으로 고려해야 하는 공익적 요건이라고 할 것이다. 그러나 절차를 현저하게 지연하는지 여부를 일률적으로 판단하기는 어렵다. 재판의 종결 단계에서 청구변경을 하더라도 기존의 재판자료를 이용해서 판단할 수 있는 경우에는 현저한 절차지연이라고 볼 수는 없다. 대여금반환청구에서 원금만을 청구하던 원고가 결심단계에서 이자청구를 추가하였지만 이자약정 유무에 대한 추가 증거조사가 불필요한 경우가 그러한 예이다.[1] 그러나 교통사고에 기인한 손해배상청구 소송에서 일실수익만을 청구하던 원고가 최종 변론 단계에서 직접손해만을 구하는 교환적인 청구 변경을 하는 경우에는 종전의 재판자료를 무용화하고 새로운 재판자료의 수집을 필요하게 하므로 절차를 현저하게 지연하는 것이라고 할 것이다.[2]

3. 청구변경의 종기

청구변경은 사실심인 1심과 항소심에서만 가능하며 법률심인 상고심에서는 불가능하다. 항소심에서 교환적 변경이 있는 경우에는 신청구에 대해서는 항소심이 사실상 1심 재판을 하는 것과 동일하게 된다. 한편, 청구의 교환적 변경을 구소취하와 신소 제기의 결합으로 보는 다수견해와 판례의 입장에서는 항소심에서 청구의 교환적 변경이 있을 경우 구청구에 대해 재소금지의 제재가 부과된다고 한다. 하지만 청구의 교환적 변경은 법 제262조가 정하는 청구의 변경일 뿐이므로 소멸되는 구청구가 재소금지의 대상이 될 수는 없다. 나아가 피고의 항소로 인해 진행된 항소심에서 원고가 교환적 변경을 하게 되면 피고의 항소취하는 그 대상이 없어 무효가 된다고 한다.[3] 항소심에서의 청구의 교환적 변경으로 종전 청구는 취하된 것이 아니라 소멸되었으므로 항소취하의 대상이 없는 것은 결론적으로 동일하지만 새로이 변경된 신청구를 위해 심리가 진행되어야 한다.

---

1) 大判 1998. 4. 24. 97다44416에서도 항소심에서 청구변경을 하였으나 새로운 청구의 심리를 위하여 종전의 소송자료를 대부분 이용할 수 있기 때문에 소송절차를 현저히 지연케 한다고 할 수 없다고 판시한 바 있다.

2) 大判 1964. 12. 29. 64다1025 판결에서는 어음금청구 사건에서 2회에 걸쳐 파기환송된 사건의 항소심 변론 종결 단계에서 원인채권을 구하는 청구로 변경하는 것은 소송절차를 현저하게 지연하는 것이라고 판시한 바 있다.

3) 大判 1995. 1. 24. 93다25875.

4. 소의 객관적 병합 요건으로서의 같은 종류의 소송절차

청구변경에 따라 신청구와 구청구가 병합되는 경우에는 같은 종류의 소송절차에 의하여야 하므로 이를 청구변경의 요건으로 요구하는 것이 일반적이다(김홍, 957면; 이시, 717면). 그러나 청구를 교환적으로 변경함으로써 청구의 병합이 수반되지 않는다면 이를 고집할 이유는 없다. 따라서 재심의 소와 통상적인 소 간에도 변경을 허용할 필요가 있으며(이시, 717면도 동지) 특히 행정소송과 민사소송의 상호 경계가 모호하여 행정소송으로 제기하여야 할 것을 민사소송으로 혹은 그 역의 경우도 적지 않으므로 상호간의 변경을 허용함이 타당하다.

(1) 민사소송에서 행정소송으로

원고가 고의 또는 중대한 과실 없이 행정소송으로 제기하여야 할 사건을 민사소송으로 잘못 제기한 경우 수소법원이 만약 그 행정소송에 대한 관할도 동시에 가지고 있고, 행정소송으로서의 소송요건을 모두 충족하고 있다면 원고로 하여금 항고소송으로 소 변경을 하도록 하여 그 1심법원으로 심리·판단하여야 한다는 것이 대법원의 일관된 입장이었다.[1] 따라서 수소법원이 행정사건에 대한 관할권을 갖지 못할 경우에는 이송을 하여야 하지만[2] 행정사건으로서 요건 흠결이 명백한 경우에는 사건을 각하하여야 한다고 판시하였다.[3]

(2) 행정소송에서 민사소송으로

대법원은 앞서 본 바와 같이 민사소송을 행정소송 형태로 소 변경하는 것을 명시적으로 인정해 오고 있었으나 그 역의 관계에 대해서는 관련 판례가 없었다. 대법원은 최근 공법상 당사자소송과 민사소송이 서로 다른 소송절차에 해당한다는 이유만으로 청구기초의 동일성이 없다고 해석하여 양자 간의 소변경을 허용하지 않을 이유가 없다고 판시하여 주목되고 있다.[4] 사법 수요자의 입장에서 매우 바람직한 판결이 아닐 수 없다.

Ⅳ. 절차와 심판

1. 청구변경의 신청

(1) 서면에 의한 신청

청구의 변경은 청구취지나 청구원인의 변경을 통해 이루어지므로 당사자는 청구취지 변경신청서나 청구원인 변경신청서를 법원에 제출하는 것이 일반적이다. 하지만 청구원인의 변

---

1) 大判 1999. 11. 26. 97다42250; 大判 2020. 1. 16. 2019다264700; 大判 2020. 4. 9. 2015다34444.
2) 大判 2009. 9. 17. 2007다2428; 大判 2018. 7. 26. 2015다221569; 大判 2023. 6. 29. 2021다250025.
3) 大判 2020. 10. 15. 2020다222382.
4) 大判 2023. 6. 29. 2022두44262.

경을 통한 청구의 변경은 반드시 서면으로 신청할 필요는 없다(262조 2항 반대해석). 그러나 청구취지 변경을 서면으로 하지 않았다 하더라도 상대방이 이의권을 행사하지 않으면 그 흠은 치유된다 할 것이다.[1] 서면에 의한 변경을 요구하는 것은 상대방의 방어권 보장을 위한 것이기 때문이다. 한편 소 제기를 구술로 할 수 있는 소액심판의 경우는 당연히 청구의 변경도 구술로 가능하다고 할 것이다(소액 4조).

(2) 청구변경 신청서의 송달과 효과

청구변경을 담은 서면은 상대방에게 송달하여야 한다(262조 3항). 청구변경에 따른 상대방의 방어권 보장을 도모하기 위함이다. 추가되거나 교환적으로 변경된 신청구는 변경신청서의 송달 시나 변론기일에 교부함으로써 소송계속의 효력이 발생하지만[2] 시효중단이나 기간준수의 효과는 변경신청서의 접수시점을 기준으로 산정해야 한다(265조, 262조).

2. 청구변경의 허가

법원은 청구의 변경이 적법하다고 판단되면 별도의 중간적 재판 없이 추가된 청구나 신청구를 심리하는 것으로 족하다. 다만 상대방이 이를 다툴 때에는 결정이나 종국판결의 이유에서 판단하여야 한다. 청구변경이 적법하다고 하여 신청구나 추가적 청구에 대해 심리하는 경우 이에 대하여 상대방인 피고가 불복할 수 있는지 여부에 대해 명문의 규정은 없다.[3] 현재의 다수설과 판례는 이에 대해서는 불복할 수 없다는 견해를 취하고 있는데 소송경제적인 측면을 강조하는 데서 비롯된 것으로 보인다(김/강, 674면; 이시, 719면).

3. 청구변경의 불허

(1) 불허사유

법원은 청구의 변경이 부적법하다고 판단되면 당사자의 신청 혹은 직권으로 이를 불허하는 결정을 하여야 한다(263조). 그런데 청구 변경에 있어 청구기초의 동일성 요건을 충족하지 못하였으나 상대방의 이의가 없는 경우에도 법원은 직권으로 불허결정을 할 수 있는지 문제된다. 동일성 요건을 사익적 요건이라고 본다면 법원은 가급적 직권으로 불허결정을 하기보다는 새로이 추가된 청구나 변경된 청구를 계속 심리하는 것이 바람직하다. 다만, 청구변경으로 인해 소송물이 특정되지 않아 심판을 하기 어려운 경우 혹은 현저하게 절차를 지

---

1) 大判 1993. 3. 23. 92다51204.
2) 大判 1992. 5. 22. 91다41187.
3) ZPO §268에서는 소 변경이 없다는 취지나 소 변경이 적법하다는 재판에 대해서는 불복할 수 없음을 명시적으로 규정하고 있다. 한편 행정소송법 제21조 제3항에서는 소의 변경에 대한 허가결정에 대해서는 즉시항고를 인정하고 있다.

연하는 경우에만 직권으로 불허결정을 하는 것이 타당할 것이다.

(2) 불허결정에 대한 불복

법원의 불허결정은 종국적인 재판이 아니므로 독립해서 항고를 할 수는 없으며 종국판결에 대한 상소로 다툴 수밖에 없다(김/강, 673면). 한편, 항소심 법원이 당사자의 불복에 따라 1심 법원의 청구변경 불허결정을 취소하고 새로운 청구에 대해 심리할 수 있음은 당연하다. 따라서 이 경우 신청구는 1심 재판을 받지 않은 상태에서 처음으로 항소심에서 재판을 받게 된다.

4. 간과판결

청구변경이 적법하면 새로이 교체되거나 추가된 신청구에 대해서도 판단을 하여야 하는데 법원이 구청구에 대해서만 판결한 경우 재판의 누락현상이 일어나게 된다.

(1) 교환적 변경과 재판누락

항소심 법원이 청구변경으로 새로이 심판대상이 된 신청구에 대해 판단하지 않고 종래의 구청구에 대해서만 판결한 경우 이를 당연무효의 판결이라고 할 수는 없다. 이는 청구변경을 통해 소송물을 변경했음에도 불구하고 종전의 청구에 대해서만 판결한 것이므로 처분권주의에 반하는 위법한 판결이다. 따라서 현재 상고심에 계속된 소멸된 구청구에 대해서는 소송종료선언을 해야 하지만 누락된 신청구는 항소심법원에 잔류하고 있으므로 추가판결을 통해 시정하여야 한다[1](송/박, 618면; 이시, 720면). 항소심에서 청구의 교환적 변경을 통해 구청구는 소멸되었고 신청구를 판단하여야 함에도 이를 간과하고 구청구에 대해 판단한 것은 명백한 재판누락이므로 다수 견해와 판례의 태도가 타당하다.[2]

(2) 추가적 변경과 재판누락

청구의 추가적 변경이 있게 되면 외관상 청구의 후발적 병합이 발생하게 된다. 교환적 변경을 독자적인 하나의 소송현상으로 파악하는 견해도 추가적 변경에 대해서는 후발적 병합으로만 파악해서 단순병합이 되는 경우에는 추가판결을, 나머지 병합형태의 경우는 상소심으로 이심된다고 하고 있다(호, 832면). 그러나 앞서 본 바와 같이 추가적 변경을 통해 기존의 청구와 추가된 청구가 단순병합이든 선택적·예비적 병합이든 누락된 청구에 대해서는 원심에서 추가판결을 통해 문제를 시정하는 것이 원칙이다.

---

1) 大判 2003. 1. 24. 2002다56987; 大判 2017. 2. 21. 2016다45595.
2) 교환적 변경의 경우 상대방의 상소가 있으면 사건 전체가 상소심으로 이심되므로 상소심법원은 원심판결을 취소하고 누락된 신청구에 대해서 바로 판단할 수 있다는 견해가 있는데 원심법원이 재판을 누락한 것이 아니라 청구하지 않은 것(구청구)을 재판한 것으로 볼 수 있다는 논거에서 출발한다(호, 832면). 이 방식으로 접근하면 법 제212조가 규정하는 재판누락과 추가판결은 존재의의가 없게 된다. 재판누락은 실질적으로 당사자가 재판해 달라고 한 청구를 법원이 재판하지 않았으므로 처분권주의에 위반된 재판이고 따라서 모든 재판누락에 대해 굳이 추가판결을 할 필요가 없게 될 것이기 때문이다.

제 4 절 중간확인의 소와 반소

Ⅰ. 중간확인의 소

1. 의   의

재판이 소송의 진행 중에 쟁점이 된 법률관계의 성립여부에 매인 때에는 당사자는 진행 중인 재판과 별소로 혹은 기존 청구와 함께 당해 법률관계의 확인을 구하는 소를 제기할 수 있다. 이를 중간확인의 소라고 한다(264조). 예를 들어 소유권에 기한 방해배제청구권을 권원으로 하는 건물인도청구 소송에서 임차인인 피고가 원고의 건물소유권을 다투는 경우 원고는 통상 자신에게 건물에 대한 소유권이 있다는 점을 증명하는 것으로 족하다. 굳이 양당사자 모두 건물소유권 존부에 대한 기판력 있는 판단을 얻어낼 필요가 없는데 당해 인도청구 사건에서는 원고의 물권적 청구권(인도청구권)의 존부가 문제될 뿐이기 때문이다. 만일 건물소유권의 존부에 대한 기판력 있는 판단이 필요하다면 원고는 소유권존재확인청구를 당해 소송에 추가적으로 병합할 수 있으며 피고는 반소로써 소유권부존재확인청구를 당해 소송에 병합할 수 있다. 원고가 제기하는 중간확인의 소는 소의 후발적·추가적 병합에 해당하며 피고가 제기하는 경우는 반소에 해당하므로 굳이 중간확인의 소 규정을 별도로 설치할 필요는 없었다고 생각된다.

2. 요   건

(1) 선결적 법률관계에 대한 다툼

1) 선결적인 법률관계에 국한되므로 쟁점이 되는 사실관계에 대해서는 중간확인의 소를 제기할 수 없다.[1] 본소청구에 대한 선결관계는 중간확인의 소의 판결 선고 시까지 현실적으로 존재하여야 함은 물론 본소 판결에 영향을 미칠 수 있는 것이어야 한다(통설). 예를 들어 본소청구가 취하되거나 각하되는 경우에는 중간확인청구는 그 재판결과에 영향을 미칠 수 없는 것이 일반적이므로 이에 대해 별도의 심리를 할 필요가 없어 확인의 이익 흠결을 이유로 부적법 각하하여야 한다. 한편 재심청구를 하면서 중간확인의 소를 제기하는 것은 재심청구가 인용될 것을 전제로 하여 재심대상소송의 본안청구에 대하여 선결관계에 있는 법률관계의 존부의 확인을 구하는 것이므로, 재심사유가 인정되지 않아서 재심청구를 기각하는 경우에는 중간확인의 소의 심판대상인 선결적 법률관계의 존부에 관하여 나아가 심리할 필요 없이 각하하여야 한다.[2]

---

1) 大判 1984. 6. 26. 83누554,555.
2) 大判 2008. 11. 27. 2007다69834,69841.

2) 본소청구를 기각하는 경우에는 경우를 나누어 살펴보아야 한다. 본소청구 기각 사유가 중간확인청구에서 확인을 구하는 것과 무관하다면 확인의 이익 흠결로 이를 부적법 각하하여야 하지만 관련이 있다면 중간확인청구에 대해서도 별도의 판단을 하여야 하기 때문이다. 예를 들어 소유권에 기한 건물인도청구소송에서 원고가 소유권확인의 중간확인청구를 하였으나 소유권이 인정되지 않아 청구가 기각되는 경우에는 중간확인청구에 대해서도 기각판결을 하여 기판력 있는 판단을 남겨야 한다.1) 그러나 만일 원고의 본소청구가 건물소유권의 존부와 무관한 사유로 기각됨으로써 본소청구에서 소유권의 존부에 대해 판단하지도 않은 경우라면 중간확인청구는 확인의 이익을 흠결하는 것으로 취급하여야 한다.

3) 권리관계에 관한 다툼은 중간확인청구 당시 존재하면 충분하다(정/유/김, 988면). 따라서 소송진행 도중 선결적 법률관계에 대해 다툼이 있어 중간확인의 소를 제기하였으나 나중에 상대방이 이를 인정하더라도 중간확인의 소의 소의 이익은 소멸하지 않는다. 이 상황에서 소의 이익을 부정하게 되면 중간확인의 소의 기능은 발휘될 수 없기 때문이다.

(2) 사실심 계속 및 변론종결 전

중간확인의 소는 독립적인 소는 아니지만 소의 형태를 가지므로 법률심인 상고심에서는 제기할 수 없다. 원고가 중간확인청구를 하는 것은 청구변경의 실질을 가지므로 상대방의 동의 없이 가능하다. 문제는 항소심에서 피고가 중간확인청구를 하는 경우인데 이는 반소의 실질을 가지므로 상대방인 원고의 동의가 필요한지 문제된다(412조). 중간확인청구는 본소청구와 선결적 법률관계에 있는 문제에 국한되므로 당해 법률관계는 이미 1심부터 쟁점으로 다투어오던 것이다. 따라서 상대방의 심급의 이익을 해할 염려가 없으므로 동의가 불필요하다(412조 1항).

(3) 기타 청구의 병합 요건을 갖출 것

1) **전속관할 유무**   본소청구에 대하여 관할권을 갖는 수소법원은 중간확인의 소가 다른 법원의 전속관할에 속하지 않는 이상 관할권을 갖게 된다(264조 1항). 토지관할에 대한 관련재판적을 규정하고 있는 법 제25조의 특칙이라고 할 수 있는데 반소를 규정하고 있는 법 제269조 제1항도 동일한 취지이다. 본소청구가 합의부에 계속 중인 경우에는 중간확인청구가 단독판사의 사물관할에 속하더라도 법 제264조에 따라 합의부에서 심리하는 데 문제는 없다. 반면, 본소 청구가 단독판사의 사물관할에 속하는 경우 중간확인청구가 병합되면 원고 측의 경우는 두 개의 소가를 합산하여 합의부 이송 여부를 결정하고 반소의 형태로 중간확인의 소가 제기되면 법 제269조 제2항에 따라 합의부 이송여부를 결정하는 것이 타당하다. 한편, 중간확인청구가 다른 법원의 전속관할에 속하는 경우에는 이를 각하하는 것보다는 관

---

1) 서울高判 1980. 10. 29. 79나1074.

할법원으로 이송함이 타당하다.

2) 동종의 소송절차　　본소청구가 민사소송사항인데 선결적인 법률관계가 가사소송사항이거나 행정소송사항인 경우에는 원칙적으로 중간확인의 소가 불가능하다. 그런데 행정처분 등의 효력 유무 또는 존재 여부가 민사소송의 선결문제로 되어 당해 민사소송의 수소법원이 이를 심리·판단하는 경우에는 행정소송법을 준용할 수 있다는 규정(행소 11조)을 들어 적어도 행정처분무효확인청구 등을 중간확인의 소로 병합해서 제기할 수 있는 것으로 해석하는 견해(이시, 723면; 호, 836면)가 있으나 의문이다. 행정소송법 제11조는 민사소송의 심리 중 행정처분의 효력 등이 선결문제가 된 경우 민사법원의 심리방법을 규정한 것이지 민사법원에 행정처분의 무효확인을 별도로 구할 수 있다는 의미가 아니다. 더욱이 민사소송은 국가나 지방자치단체를 상대로 제기할 수는 있어도 당사자능력이 없는 행정청을 상대로 제기할 수는 없으므로 본소가 민사소송인 상황에서 행정청을 상대로 하는 중간확인의 소를 병합할 수는 없다(같은 취지의 견해로는 강, 456면; 김홍, 943면). 한편, 가사소송절차의 경우는 행정소송법 제11조와 같은 선결적 법률관계와 같은 규정도 없을 뿐 아니라 대부분의 관할 규정이 전속관할로 되어 있어 민사소송절차에 중간확인의 소로 가사사건을 병합해서 제기할 수 있는 가능성은 거의 없다.

3. 절차와 심판

(1) 소 제 기

중간확인의 소 역시 소송 중의 소이므로 서면으로 작성해서 제출하여야 하며 상대방에게 이를 송달하여야 한다(264조 2항, 3항). 원고가 제기하는 중간확인의 소는 청구변경의 실질을, 피고가 제기하는 그것은 반소의 실질을 갖지만 중간확인의 소 역시 독립된 제도로서의 특질도 아울러 갖는다. 한편, 소송대리인이 선임된 경우 피고가 제기하는 반소의 경우는 특별수권사항이므로 반소의 실질을 갖는 중간확인의 소 역시 본인으로부터 특별수권을 받아야 하지만 원고가 중간확인의 소를 제기하는 경우에는 특별수권이 필요 없다고 한다(이시, 724면; 정/유/김, 989면). 반소청구에 대해 본인의 특별수권을 요구한 것은 본소청구에 대한 방어 차원을 넘어 새로운 공격 양상으로 소송의 양상이 변화되고 그에 따른 추가적인 비용의 발생도 예상하지 못하였기 때문이다. 그러나 피고가 제기하는 중간확인의 소는 반소의 실질을 갖지만 위와 같은 위험성을 갖고 있지 않으며 일종의 공격방어방법의 성격도 갖는다고 보아야 한다. 따라서 원고가 제기하는 중간확인의 소와 더불어 피고가 제기하는 경우도 굳이 본인의 특별수권사항으로 볼 필요는 없을 것이다(결론적으로 동일한 취지의 견해로는 호, 837면).

(2) 심   판

중간확인의 소에 대한 심리는 소의 추가적 변경과 반소와 동일한 법리에 의해 이루어진다. 병합요건의 충족여부를 살펴 이에 대한 흠결이 있고 독립의 소로서 취급할 수 없는 경우에는 이를 각하하여야 한다. 중간확인의 소는 본소청구와 밀접한 관련성을 갖고 제기되는 것이므로 이를 본소청구와 분리해서 판결하는 것은 부적법하지는 않지만 매우 부적절하다. 아울러 중간확인의 소 역시 독립한 청구이므로 이에 대한 재판은 중간판결이 아니라 중간확인의 판결이라는 종국재판이다. 따라서 하나의 판결에서 선고하더라도 이를 분리해서 별도의 주문으로 판결하여야 하며 이를 누락한 경우에는 재판의 누락에 해당한다.[1]

Ⅱ. 반   소

1. 의   의

(1) 반소의 개념과 주체

소송계속 중에 피고가 당해 절차에서 제기하는 소를 반소라 한다(269조). 따라서 반드시 피고가 원고에 대해서만 제기하는 것에 국한되지 않고 독립당사자참가에 있어서는 피고의 지위에 서게 되는 기존의 원고와 피고 역시 참가인에게 반소를 제기할 수 있다.[2] 승계인의 경우도 동일하다. 그러나 공동소송적 보조참가인이나 보조참가인은 당사자가 아니므로 반소의 주체나 객체가 될 수 없다. 반소는 방어방법의 차원을 넘어 독립적인 소이므로 단순히 본소청구의 기각을 구하는 의미밖에 없는 경우에는 반소로써 허용되지 않는다.[3]

(2) 항변과 반소의 차이

소를 제기당한 측은 방어를 위한 변론뿐 아니라 공격도 시행하게 되지만 당해 공격은 항변에 머무는 것이 일반적이므로 상대방에게 압박의 수단이 되지 못할 뿐 아니라 집행권원이 되지도 못한다. 예를 들어 임대인이 임차인을 상대로 건물인도청구의 소를 제기하면 임차인은 통상 임대보증금반환청구권을 근거로 동시이행항변을 제기한다. 동시이행항변이 인용되면 건물인도와 보증금반환을 동시에 이행하라는 상환이행판결이 선고되지만 임차인인 피고는 동 판결을 근거로 원고를 상대로 집행을 할 수는 없다. 보증금반환요구는 단순히 방어수단에 그쳤기 때문이다. 피고가 보증금반환에 대한 독자적인 집행권원을 얻기 위해서는 항변이 아닌 반소의 형태로 임대보증금반환청구의 소를 제기하여야 한다. 피고가 반소를 통해

---

1) 大判 2008. 11. 27. 2007다69834 참조.
2) 大判 1969. 5. 13. 68다656.
3) 大判 2007. 4. 13. 2005다40709,40716.

집행권원을 취득하게 되면 판결 후에 원고가 보증금을 돌려주지 않기 위해 인도 집행에 착수하지 않더라도 피고는 금전판결에 기해 비로소 집행절차에 착수할 수 있게 된다.

(3) 반소의 장점

반소를 통하면 항변과 달리 집행권원을 취득할 수 있는 장점이 있을 뿐 아니라 실기한 공격방어방법의 각하(149조)라는 절차적 위험을 피해나갈 수도 있게 된다. 물론 현행법에서도 반소가 소송절차를 현저하게 지연하지 않아야 함을 조건(269조 1항)으로 부과하고 있으나 반소청구의 조건 자체에서 본소청구 혹은 방어방법과의 견련성이 요구되므로 현저한 지연을 이유로 반소청구가 각하되는 경우는 드물다.

(4) 반소 표시와 인지

반소가 제기된 경우 당사자는 원고(반소피고), 피고(반소원고) 등으로 표시한다. 반소 역시 독립된 소이므로 반소청구취지를 표시하여야 하며 판결이유와 주문에서도 본소청구와 반소청구를 구분하여 설시하는 것이 일반적이다. 반소장에는 소송목적의 값에 따른 인지를 붙여야 하지만(인지 4조 1항) 본소와 목적이 같은 반소의 경우는 본소에서 산정한 인지액과 반소에 따른 인지액 간의 차액만을 붙이면 된다(인지 4조 2항).[1]

2. 종   류

(1) 단순반소와 예비적 반소

1) 단순반소   원고의 본소청구에 대해 아무런 조건 없이 반소를 제기하는 경우이다. 통상의 반소는 모두 여기에 해당한다. 따라서 원고청구가 인용 혹은 배척되더라도 이와 무관하게 반소에 대해 판단을 하여야 한다.

2) 예비적 반소   예비적 반소는 단순반소와 달리 원고의 본소청구가 인용되거나 배척될 것을 조건으로 반소를 제기하는 경우이다. 예를 들어 원고가 매매계약을 원인으로 이전등기청구의 소를 제기한 경우 피고는 매매계약체결 자체를 부인하지만 만일 원고청구가 인용될 경우를 대비해서 매매대금의 지급청구를 예비적 반소로 제기하는 경우가 있다(인용 조건의 반소). 아울러 만일 원고의 위 이전등기청구가 배척되는 경우에는 원고의 악의적인 소송수행으로 인한 손해배상을 피고가 예비적으로 청구할 수도 있다(배척 조건의 반소, 항소심에서 제기하는 가지급물에 관한 반환청구도 같은 맥락임). 인용조건의 예비적 반소가 일반적이다.

3) 예비적 반소와 상소   ① 인용조건부 예비적 반소가 제기되면 본소청구가 배척되

---

[1] 본소와 반소의 목적이 같은 경우로는 동일 계쟁물에 대해 원고가 소유권확인청구를 하고 피고 역시 반소로 소유권확인청구를 하는 경우 혹은 원고의 이혼청구에 대해 피고 역시 이혼청구를 반소로 제기하는 경우 등과 같이 소송물을 같이하는 경우뿐 아니라 계쟁물건이 동일한 경우까지도 포함하는 것으로 해석함이 타당하다(실무제요 Ⅱ, 105면).

는 경우 예비적 반소를 판단할 필요가 없음은 당연하다. 아울러 원고가 위 재판에 불복하면 예비적 반소 부분도 당연히 이심되고 심판대상에 속하게 된다(소위 숨겨진 반소). 따라서 항소심이 1심 판결을 취소하고 원고의 청구를 인용한다면 당연히 예비적 반소 부분에 대해 심판해야 한다.

② 1심 법원이 원고의 본소청구를 각하하면서 판단하지 않아야 될 피고의 인용조건부 예비적 반소까지 각하하였는데 원고만이 항소한 경우 예비적 반소 역시 항소심의 심판대상이 되는지 여부가 문제되었다. 판례는 예비적 반소 부분에 대한 1심 법원의 판단이 효력이 없지만 항소심에서 원고의 항소를 받아들여 본소청구를 받아들이는 이상 피고의 예비적 반소청구도 심판대상으로 하였어야 한다고 판시하였다.[1] 그러나 피고가 어찌되었건 배척된 예비적 반소에 대해 아무런 항소도 제기하지 않았으므로 항소심의 심판대상이 되지 않는다는 반대견해도 있다(이시, 728면). 절차상의 위법을 저지른 1심 법원으로 인해 피고에게 불측의 손해를 입힐 필요는 없으므로 결과적으로 판례의 처리가 타당하지만 이론적으로는 다소 문제가 있다.[2]

(2) 재 반 소

피고의 반소에 대해 원고가 다시 재반소를 제기하는 것은 이론적으로나 현실적으로 가능하다. 예를 들어, 원고가 피고를 상대로 유치권부존재확인의 소를 제기하자 피고가 반소로써 점유권에 기한 건물인도청구의 소를 제기한 상황에서 원고가 다시금 피고의 반소가 인용될 것을 조건으로 소유권에 기한 건물인도청구의 소를 재반소의 형태로 제기하는 상황이 발생할 수 있다.[3] 아울러 재반소의 실질을 갖는 것으로 평가될 수 있는 청구도 있을 수 있음을 유념하여야 한다. 즉, 원고가 이혼청구를 하면서 재산분할청구도 병합한 경우 피고가 반소로 역시 이혼청구를 한 경우를 가정해 보자. 이때 원고의 이혼청구는 배척하면서 피고의 이혼청구를 인용하게 된다면 원고가 제기한 재산분할청구에 대해서도 판단을 해주어야 한다는 것이 대법원의 입장이다. 이는 원고가 특별한 반대의사를 밝히지 않는 한 원고의 이혼청구가 기각되고 피고의 이혼청구가 인용된다면 재산분할청구를 계속 유지한다는(인용조건부 재

---

1) 大判 2006. 6. 29. 2006다19061.

2) 이 사건에서 1심 법원이 원고의 본소청구만 각하하는 정상적인 판단을 하였다면 원고의 항소와 함께 피고의 예비적 반소는 당연히 항소심으로 이심되고 당연히 심판대상도 되었을 것이다. 그런데 불필요한 1심 법원의 예비적 반소에 대한 판단으로 모든 문제가 발생하였는데 이론적으로만 보면 잘못된 판단에 대한 불복이 없었음에도 불구하고 심판대상으로 한 것은 잘못이다. 예비적 반소에 대한 판단이 법원의 잘못으로 선고되었다면 그대로의 불복절차가 뒤따라야 하는 것이 정상적이기 때문이다. 다만, 항소심으로서는 피고에게 법적관점지적을 통해 피고로 하여금 부대항소를 하도록 유도하는 노력이 필요했다고 판단된다(단지 예비적 반소를 계속 유지할 것인지 여부에 대한 석명으로도 충분했기 때문이다).

3) 大決 2013. 5. 31. 2013마198. 이 사건 자체는 점유이전금지가처분 사건이나 동 가처분이 발해지게 된 배경에는 위와 같은 반소, 재반소 등이 혼재된 사건이 있었다.

반소청구) 의사로 평가할 수 있기 때문이다.[1)]

(3) 다양한 형태의 반소와 필요성

1) 경직된 소송절차의 완화 필요성 반소를 규정하고 있는 법 제269조에는 반소가 반드시 기존 당사자나 혹은 원고만을 상대방으로 해야 한다는 제한은 없다. 따라서 당사자의 추가 등 소의 변경을 극도로 제한하는 소송법의 경직된 모습을 개선하는 차원에서 반소청구에서나마 자유로운 당사자의 추가를 도모할 필요가 있다. 특히, 분쟁의 1회적 해결을 도모하고 소송경제를 촉진하기 위해서는 아래와 같은 유연한 반소를 허용하는 것을 적극적으로 고려할 필요가 있다.

2) 제3자반소와 공동소송인 간의 반소 ① 원고가 피고를 상대로 제조물책임소송을 제기하자 피고는 제조물의 흠이 원고와 자신들에게 부품을 공급한 제3자의 과실이 경합한 것에 기인한 것이라고 주장하면서 제3자와 원고를 공동의 피고로 하는 반소(소위 제3자 반소)를 인정하면 매우 경제적이다. 뿐만 아니라 경우에 따라서는 위 사건에서 제3자가 피고와 이해관계가 일치되어 원고만을 반소피고로 하는 제3자반소도 가능할 것이다. 이를 전면적으로 긍정하는 견해(김/강, 683면)와 제3자가 원고와 필수적 공동소송인의 관계에 있다면 피고가 원고와 제3자를 공동피고로 한 제3자반소가 가능할 것이라는 제한적인 긍정설(이시, 727면; 정/유/김, 977면)이 있었다. 최근 대법원은 후자의 견해를 따르는 판결을 한 바 있다.[2)] 전향적인 판결이기는 하나 제3자반소를 허용했다기보다는 필수적 공동소송인의 추가의 한 유형에 불과하다는 비판이 가능할 것이다.

② 한편, 원고가 두 명의 등기명의자(공유자)를 상대로 각 지분이전등기청구의 소를 제기하자 피고 중 한 명이 자신이 이 사건 부동산의 유일한 소유자라고 주장하면서 공동피고의 한 사람인 나머지 공유자를 상대로 지분이전등기청구의 반소를 제기하는 소위 공동소송인 간의 반소(횡소 혹은 교차청구)를 병합하면 매우 효율적이고 경제적인 소송절차가 될 것이다.

3) 강제반소 우리 제도는 반소의 제기 여부를 전적으로 당사자의 선택에 맡기고 있으나 분쟁의 1회적 해결과 소송경제를 위해 반소를 강제하는 것이 필요할 때가 있다. 임대인의 건물인도청구에 대해 피고는 보증금반환채권을 토대로 동시이행항변을 하는 경우가 전형적인데 이러한 경우 피고로 하여금 강제적으로 반소를 제기하게끔 하는 것이 필요할 수 있다(소위 강제반소). 동시이행항변만으로는 보증금에 관해 집행권원이 발생되지 않으므로 나중에 피고가 자진해서 건물을 인도해도 임대인이 보증금 반환을 하지 않는 경우에는 피고가 다시금 소를 제기해야 하는 비경제적인 상황이 벌어지기 때문이다. 그런데 강제반소를 인정하게

---

1) 大判 2001. 6. 15. 2001므626,633.

2) 大判 2015. 5. 29. 2014다235042,235059,235066.

되면 피고는 당해 소송에서 임대보증금의 반환을 구하는 반소를 반드시 제기하여야 하는데 (별소 제기는 불가능하게 됨) 본인소송이 절대 다수인 우리나라 여건에서 아직은 시기상조라는 주장이 강하다.

3. 요 건

반소는 소송경제를 위해 유용한 제도임은 분명하나 절차의 현저한 지연을 초래하거나 반소청구 자체가 다른 법원의 전속관할에 속하는 경우에는 당해 소송에서의 병합이 불가능하다(269조 1항). 따라서 이들 요건에 대해서는 법원이 직권으로 조사하여야 한다. 하지만 본소청구나 방어방법과의 관련성 요건은 상대방인 원고의 방어권을 보장하기 위한 것이므로 관련성이 없는 반소청구라 하더라도 상대방이 이의하지 않는 한 당해 반소청구는 적법하다. 즉 관련성 요건은 이의권 상실의 대상이 된다.[1]

(1) 본소청구 혹은 방어방법과의 관련성

반소는 원고의 청구변경(262조)에 대응하는 피고의 적극적인 방어무기라고 할 수 있다. 그런데 청구변경에는 청구기초의 동일성 요건이 요구되는 것과 대비하여 반소에는 본소청구 및 방어방법과의 관련성을 요구하고 있다. 그러나 이들 요건은 모두 사익적 요건으로서 상대방이 이의를 제기하지 않는 한 청구기초의 동일성이나 관련성 요건을 충족하지 않아도 무방하다.

1) 본소청구와의 관련성 반소청구가 본소청구와 동일한 법률관계의 확인이나 형성을 구하는 경우(원고의 이혼청구에 대해 피고 역시 반소로 이혼청구를 하는 경우)는 물론 본소의 청구원인과 공통된 사실관계나 법률관계에 기초해서 반소를 제기하는 경우에도 반소가 본소청구와 관련성이 있다고 할 수 있다. 후자의 예로는 원고가 매매를 원인으로 한 소유권이전등기청구의 소를 제기하자 피고가 동일한 매매계약에 기한 매매대금지급 청구의 소를 반소로 제기하는 경우를 들 수 있다.

2) 본소에 대한 방어방법과의 관련성

① 개념과 필요성 본소에 대한 방어방법과의 관련성이라 함은 본소청구에 대한 피고의 항변사유와 그 대상이나 발생 원인에 있어 공통성이 있는 경우를 말한다. 이 요건을 따로 구분하는 것은 반소의 허용범위를 확대함에 있어 기준을 설정하기 위함이다. 따라서 방어방법과의 관련성을 근거로 반소를 제기하기 위해서는 방어방법이 적법해야 하고 이미 현출되어 있어야 한다. 그러나 반소제기와 동시에 항변사유를 주장하는 것은 가능하다. 예를 들어 피고가 상계항변이나 동시이행항변을 제기하면서 동시에 상계 후 남은 잔액을 반소로 청

---

1) 大判 1968. 11. 26. 68다1886.

구하거나 임대보증금반환채권을 반소로 구하는 것이 가능하다.

② 방어방법의 적법성

i) 상계항변과 실기한 공격방어방법   방어방법이 적법해야 한다는 점에 대해서는 우선, 원고가 상계가 금지되는 채권을 소구하는 경우 피고가 상계항변을 하면서 반소청구를 하더라도 피고의 자동채권에 대한 심리가 불필요하므로 부적법 각하하여야 한다(김/강, 686면; 이시, 729-730면). 한편, 실기한 공격방어방법으로 각하(149조)된 항변에 기초한 반소청구 역시 부적법하다는 주장이 있으나(이시, 730면) 항변이 각하되었다고 하여 독립의 소인 반소까지 바로 부적법해진다는 것은 수긍하기 어렵다. 반소가 현저하게 절차를 지연했느냐 여부로써 반소의 적법성 여부를 독자적으로 판단하는 과정이 필요하다.

ii) 점유의 소와 본권의 소   민법 제208조 제2항에서는 점유권에 기인한 소는 본권에 관한 이유로 재판하지 못한다고 규정하고 있어 본권에 기초한 반소제기도 허용되지 않는 것인지 의문시될 수 있으나 반소는 독립의 소로 취급되어야 하므로 본권에 기한 반소는 적법하다고 보는 것이 타당하다(김/강, 685면; 이시, 730면).

(2) 절차의 현저한 지연

반소제기로 인해 본소절차에 현저한 지연이 발생한다면 반소청구는 부적법하다. 신법은 이러한 점을 감안하여 법 제269조를 개정하여 반소청구로 인해 절차가 현저히 지연되는 경우에는 반소가 허용될 수 없음을 명백히 하였다. 실기한 공격방어방법의 이념과 궤를 같이하는 것으로 파악된다.

(3) 사실심 변론종결시

반소는 독립의 소이므로 사실심 변론종결시까지만 가능하다. 법률심인 상고심에서는 예비적 반소의 실질을 가지는 가지급물반환신청만이 가능하다. 하지만 이 경우에도 사실심리를 요하지 않는 경우로만 국한된다. 한편, 반소청구가 다른 법원의 전속관할에 속하는 경우에는 본소청구와 병합되어 심리될 수 없음은 자명하다. 아울러 동종의 소송절차에서 심리되어야 하는 조건도 당연히 충족되어야 한다.

(4) 동종의 소송절차와 전속관할 위반 유무

본소와 반소를 통해 청구가 병합되므로 병합요건으로서 동종의 절차에 속하여야 함은 물론이다(253조).

① 전속관할과 전속적 합의관할   반소청구가 다른 법원의 관할에 전속된 경우에는 반소청구가 불가능함은 당연하다(269조 1항 단서). 그러나 전속적 관할합의가 있는 경우에는 문제이다. 전속적 관할합의는 전속관할은 물론 아니지만 당사자 간의 합의로써 특정 법원만을

관할법원으로 하기로 약정한 것이므로 이를 위반한 경우에는 당연히 관할위반이 되기 때문이다. 반소청구 제기 자체가 필연적이거나 공익적인 것은 아니므로 특별한 사유가 없는 한 반소청구에 대해 전속적 관할합의가 있는 경우에는 본소 관할 법원에 반소청구를 할 수 없다고 해석함이 타당하다(방, 344면; 이영, 250면; 김용욱, 218면; 한, 586면). 그러나 반소제기에 따른 재판이 공익적인 것이라는 이유로 전속적 관할합의가 있더라도 본소 관할법원에게 반소를 제기할 수 있다는 견해도 있다(김/강, 686면; 이시, 732면).

② **사물관할과 변론관할** 본소가 단독사건임에도 반소가 합의사건인 경우에는 법원은 직권 혹은 당사자의 신청에 따라 사건 전체를 합의부로 이송하여야 하지만 합의부 사건인 반소에 대해 변론관할이 발생하면 단독판사가 사건을 계속 심리할 수 있다(269조 2항). 반소 자체로는 합의부 사건은 아니지만 본소청구의 소송목적의 값과 합산하면 합의부 사건이 되는 경우는 여기에 해당하지 않는다는 것이 실무의 입장이다(실무제요 II, 106면). 이러한 해석이 법 제269조 제2항의 법문에도 충실하며 본소와 반소가 각기 단독사건인데 두 개의 청구가 한 절차에서 심리된다고 하여 합의부로 사물관할을 변경하여야 할 필연적인 이유도 없다.

③ **국제재판관할** 본소가 대한민국 법원에 제기되어 있는 상태에서 피고가 반소로 제기하고자 하는 청구에 대해 대한민국 법원이 국제재판관할권이 없더라도 소송절차를 현저히 지연시키지 않는 한 피고는 본소의 청구 또는 방어방법과 밀접한 관련이 있는 청구를 목적으로 하는 반소를 대한민국 법원에 제기할 수 있다(국제 7조). 그러나 반소 청구의 대상이 다른 나라 법원에 전속관할에 속하지 않아야 한다. 한편, 본소 청구나 방어방법과 밀접한 관련성이 없더라도 원고가 이의를 제기하지 않는다면 대한민국 법원은 반소청구에 대해 심리하는 것이 가능하다.

4. 절차와 심판

(1) 반소의 제기

1) **제기 방식** 반소는 본소에 관한 규정을 따르므로(270조) 본소에 적용되는 모든 규정이 적용된다. 따라서 본소를 구술로 제소할 수 있는 소액사건에서는 반소 역시 구술로 제기할 수 있으며(소액 4조) 반소청구취지와 반소청구원인을 기재하여야 한다. 반소에 붙여야 하는 인지 역시 본소에 붙여야 하는 인지대 산정방식과 동일하다(인지 4조 1항). 다만 본소와 그 목적이 동일한 반소의 경우에는 차액주의에 따라 반소의 인지액에서 본소의 인지액을 공제한 차액의 인지만 붙이면 된다(인지 4조 2항).

2) **항소심에서의 반소 제기** 반소는 항소심에서도 제기할 수 있으나 상대방의 심급의 이익을 해하지 않는 경우이어야 한다(412조 1항). 상대방의 심급의 이익을 해하지 않는 경우라

함은 반소청구의 기초를 이루는 쟁점이 1심에서 충분히 다투어져서 항소심에서의 반소제기가 단순히 항변을 반소로 전환한 것에 불과한 경우를 말한다. 예를 들어 피고가 임대보증금 반환채권에 근거하여 1심에서 동시이행항변을 하였고 이에 대해 1심에서 충분히 다투어진 상태에서 항소심에서 이를 근거로 반소청구를 한 경우를 말한다.[1] 한편, 심급의 이익을 해하더라도 상대방의 동의가 있는 경우에는 항소심에서 반소제기가 가능하며 상대방이 반소제기에 대하여 이의를 제기하지 않고 본안에 관해 변론한 경우는 반소 제기에 동의한 것으로 간주된다(412조 2항). 따라서 항소심에서 원고가 피고의 반소제기에 대해 반소청구를 기각한다는 진술만으로는 동의를 의제할 수는 없다.[2]

(2) 반소의 심리와 재판

1) 반소요건과 소송요건 반소가 제기되면 반소요건은 물론 소송요건의 흠결 여부를 조사하여야 한다. 소송요건이 흠결되면 보정이 되지 않는 한 반소요건의 충족여부와는 상관없이 반소를 각하하여야 한다. 그런데 소송요건은 갖추고 반소요건만을 흠결한 반소에 대해서는 견해가 대립한다. 즉, 이 경우도 반소를 각하해야 한다는 판례 입장[3]과 반소가 독립의 소로서의 요건을 갖춘 경우에는 분리해서 심판하는 것이 당사자의 이익을 보호하고 소송경제적인 측면에서 바람직하다는 다수 견해(분리심판설)의 대립이 그것이다(김/강, 687-688면; 이시, 733면; 정/유/김, 984면).[4]

2) 반소의 취하

① **본소를 취하한 원고(반소피고)의 동의** 반소를 취하하는 데 있어서도 소취하와 마찬가지로 상대방인 원고의 동의가 필요하다(266조 2항). 그러나 본소가 취하된 경우에는 피고는 원고의 동의 없이 반소를 취하할 수 있다(271조). 반소는 원고의 본소로 인해 유발된 것인데 원고가 본소를 유지하지 않으면서 반소취하 여부에 대해 동의권을 갖는다는 것은 부당하기 때문이다. 원고가 본소 청구를 포기한 경우에도 법 제271조가 준용된다고 봄이 타당하다.[5]

② **본소 각하와 원고(반소피고)의 동의** 본소가 원고의 의사에 의하지 않고 부적법

---

1) 大判 2005. 11. 24. 2005다20064,20071.
2) 大判 1991. 3. 27. 91다1783,1790(반소).
3) 大判 1965. 12. 7. 65다2034,2035. 그러나 이 사건은 항소심에서 반소를 제기한 사안이므로 판례의 입장이 각하설의 입장에 서 있다고 단정하기는 어렵다는 견해가 있을 수 있다. 따라서 1심에서 제기된 반소에 대해서는 분리심판을 하고 항소심에서 제기된 경우는 각하해야 한다는 견해가 있다(김홍, 954면).
4) 소송요건을 갖추었지만 반소요건을 갖추지 못한 청구를 각하하는 것보다는 분리해서 심판함이 타당하다는 견해는 이론상으로는 타당해 보이지만 반소제기에 따라 바로 반소에 대한 적법성 여부 판단을 받는 것이 아닌 현실을 감안하면 다소 의문이다. 즉, 최종 판결 단계에서 본소 및 반소의 적부를 함께 판단하는 것이 일반적인 실무인데 이 단계에서 반소청구를 분리해서 심판하겠다고 법원이 선언할 수 있는 것인지 혹은 그렇게 할 실익이 있는지 의문이 들기 때문이다.
5) 송우철/주석민소(4), 439면.

각하된 경우에는 문제이다. 이 경우는 법 제271조가 유추적용될 수 없으므로 반소피고인 원고의 동의 하에서만 반소를 취하할 수 있다는 판례 입장과[1] 반소는 본소로 인해 유발된 것이므로 본소가 여하한 사유로든 소멸되면 반소의 존속 여부는 반소원고의 단독적인 의사에 의해 결정되는 것이 타당하다는 의견이 대립한다. 반소청구의 본소청구에의 종속성 여부가 관건이라고 생각된다. 반소의 경우 사익적 요건이기는 하지만 본소청구와의 관련성이 요구되는 것은 부인할 수 없으며 본소로 인해 유발된 성격이 강하므로 본소청구가 자의든 타의든 소멸된 후에는 반소청구의 존립을 원고(반소피고)가 좌우하게 하는 것은 바람직하지 않다. 따라서 본소청구의 소멸 후에는 반소원고는 자유로이 반소를 취하할 수 있다고 본다(김/강, 688면도 같은 취지임).

3) 본안재판   심리의 중복이나 재판의 불통일을 방지하기 위해 본소와 반소는 병합심리하는 것이 마땅하며 1개의 전부판결로 재판하여야 한다. 그러나 절차의 번잡이나 지연 등을 방지하기 위해 변론의 분리나 일부판결은 할 수 있다(200조 2항). 아울러 본소나 반소 중 어느 하나를 판단하지 않으면 재판누락이 된다.[2] 하나의 전부판결 안에 본소와 반소에 대한 판결주문을 별도로 내야 하지만 그 중 소송비용은 특별한 사정이 없는 한 본소와 반소를 통틀어 소송총비용에 관한 재판을 하는 것이 일반적이다.

---

1) 大判 1984. 7. 10. 84다카298.

2) 청구의 예비적 · 선택적 병합에 대해서는 법 제200조 제2항의 규정에도 불구하고 해석론으로 일부판결이 불가능하다는 입장을 취하면서 본소 · 반소의 경우에는 절차의 번잡이나 지연의 염려 등 예외적인 경우에는 일부판결이 가능하다는 견해(김/강, 688면; 이시, 733면; 정/유/김, 985면)는 다소 납득하기 어렵다. 청구의 예비적 · 선택적 병합에 있어 청구 상호 간의 불가분성을 해석론으로 취한다면 본소 · 반소의 불가분성 역시 당연히 인정하는 것이 논리적이기 때문이다. 반소는 그 자체가 본소를 전제로 하며 이로 인해 유발된 것이므로 예외적으로라도 이를 분리해서 재판하는 것은 반소라는 개념 자체의 존재를 공허하게 할 수 있어 오히려 어떤 면에서는 예비적 · 선택적 병합청구의 경우보다 불가분성이 더욱 강할 수 있기 때문이다.

제 2 장   다수당사자소송

제 1 절 개   관

소송의 기본은 1대 1 소송이라고 할 수 있지만 법률관계가 복잡해지고 거래관계가 다양화됨에 따라 당사자가 복수인 형태의 소송이 증가하고 있는 추세를 보이고 있다. 이와 같이 당사자 중 어느 일방이 2인 이상인 경우를 다수당사자소송이라고 한다. 원고나 피고 측에 2인 이상의 당사자가 처음부터 관여하게 되는 공동소송이 전형적인 형태라고 할 수 있다. 다수당사자소송을 1대 1 소송과 구분해서 논의하는 이유는 공동소송인 상호 간의 이해관계가 항상 일치하지 않음으로써 상대방 혹은 공동소송인 간의 관계 설정이 다소 복잡해지기 때문이다. 그러나 공동소송인 각자가 독립된 지위를 갖는 통상공동소송이 일반적이고 원칙적인 형태라고 할 수 있으며 판결의 합일확정이 요구되는 필수적 공동소송은 예외적인 형태의 공동소송이라고 할 것이다. 한편, 필수적 공동소송의 심리의 특칙을 규정하고 있는 법 제67조는 합일확정이 요구되는 공동소송참가에는 당연히 적용되며(83조 1항), 예비적·선택적 공동소송(70조 1항), 공동소송적 보조참가(78조), 독립당사자참가(79조) 등에는 준용이 되고 있다. 모두 공동소송인 상호 간에 모순 없는 일관된 판결을 도출하기 위한 방편으로 법 제67조를 준용하고 있는 것이다. 그러나 각 제도마다 갖고 있는 특성이 달라(특히 공동소송인 상호 간의 이해관계의 대립과 일치 등) 오히려 개별적인 제도에 맞추어 심리의 특칙을 마련하는 것이 더 바람직할 것이다.

제 2 절 공동소송

Ⅰ. 의   의

하나의 소송절차에 3인 이상의 여러 사람이 원고나 피고가 되어 진행되는 소송형태를 공동소송이라고 한다(소의 주관적 병합). 따라서 원고나 피고 어느 측이 2인 이상이면 공동소송이 된다. 피해자와 가해자가 복수인 경우 피해자들이 원고가 되어 가해자들을 상대로 불법행위를 원인으로 한 손해배상청구의 소를 제기하는 형태가 전형적인 공동소송이다. 한편, 소를 제기하는 단계에서부터 당사자가 복수인 경우도 있으나 최초에는 1대 1 소송이었으나 소송

진행 도중에 제3자가 소송에 참가를 하거나 여러 사람이 소송을 승계하거나 인수하는 경우 등에도 후발적으로 공동소송이 형성된다. 통상공동소송의 경우는 후발적으로 제3자의 추가가 허용되지 않지만 필수적 공동소송과 예비적·선택적 공동소송의 경우는 후발적으로 추가가 가능하다(68조). 그러나 공동소송의 경우에도 후발적으로 변론이 분리되거나 일부 당사자가 소를 취하, 청구의 포기·인낙을 하는 경우에는 1대 1 소송으로 환원될 수 있다.

Ⅱ. 요   건

복수의 당사자가 하나의 소송절차에 관여를 하게 되면 분쟁을 1회적으로 해결할 수 있는 소송경제의 목적을 달성할 수는 있으나 주관적으로나 객관적으로 상호 무관한 당사자들의 청구가 혼재될 경우 합리적인 절차 진행이 불가능해질 수 있다. 따라서 법은 공동소송의 주관적 요건을 법으로 규정하고 있으며(65조), 사람이 복수가 되는 경우 당연히 청구도 병합되므로 객관적인 요건(253조)도 충족되어야 한다.

1. 주관적 요건

(1) 권리·의무 및 발생원인의 공통성(65조 1문)

법 제65조 제1문에서는 공동소송인 상호 간의 관련성을 2분하고 있다. 우선 ① 권리·의무 자체가 공통하여 가장 밀접한 관련성을 갖는 경우(연대보증인 수인에 대해서 보증책임을 소구하는 경우) ② 권리·의무 자체가 공통하지는 않지만 발생원인이 법률상·사실상 공통한 경우이다(은행이 대출채무자와 보증인을 공동피고로 하여 대출원리금의 상환을 소구하는 경우/동일한 교통사고로 인해 부상당한 피해자 수인이 가해자를 상대로 소를 제기하는 경우 등). 위의 두 경우는 공동소송인 상호 간의 관련성이 매우 밀접하여 하나의 소송절차를 통해 분쟁을 해결하는 것이 바람직하므로 관련재판적이 준용된다(25조 2항). 따라서 위 두 상황에서는 관할법원에 대한 염려 없이 하나의 소송절차로 소를 제기할 수 있게 된다.

(2) 권리·의무 혹은 그 발생원인의 동종성(2문)

법 제65조 제2문에서는 제1문과 달리 권리·의무 자체 혹은 발생원인이 공통하지는 않지만 같은 종류에 불과하더라도 공동소송을 허용하고 있다(하숙집 주인이 각기 다른 임대차계약에 기해 하숙하는 학생들을 일시에 피고로 하여 부동산 인도청구의 소를 제기하는 경우). 권리·의무의 동종성만을 토대로 공동소송을 허용하는 것이 타당한지는 매우 의문이다. 법은 이 경우 관련재판적을 준용하지 않음으로써 공동소송의 부당한 확장을 저지하고 있다.

2. 객관적 요건

(1) 공통의 관할

고유필수적 공동소송을 제외하고는 공동소송인과 상대방 간의 청구가 각기 병합된 것과 같으므로 청구의 객관적 병합의 요건이 갖추어져야 한다. 따라서 공동소송은 동종의 절차로서 공통의 관할권이 있는 법원에서 심판되어야 한다.

(2) 필수적 공동소송과 통상공동소송의 병합

두 개의 절차가 하나의 소송절차에서 병합되어 심판될 수 있는지 여부가 문제될 수 있다. 예를 들어 공유자 중 1인이 3인의 다른 공유자 전원을 상대로 공유물 분할청구를 하면서 공유물과 관련된 금전지급청구를 공유자 2인에 대해서만 하는 경우를 가정할 수 있다. 양자 간에 심리의 원칙이 다르다 하더라도 동종의 절차이므로 공동소송으로 진행하는 것이 가능하며 청구별로 심리의 원칙을 달리해서 적용하면 된다. 다만, 이들을 공동소송으로 진행함에 따라 소송비경제가 발생하는 경우에는 변론을 분리하는 것도 가능하다.

3. 직권조사사항과 항변사항

공동소송의 객관적 요건은 직권조사사항이지만 주관적 요건은 상대방의 이의가 있는 경우에만 조사하여야 할 항변사항이라는 견해가 통설적인 입장이다. 그러나 이는 주관적 견련성이 없는 사건에 대해 판결이 선고되더라도 부적법한 판결이 아니라는 것을 의미할 뿐이므로 당사자의 이의가 없더라도 사건을 분리(141조)해서 심리할 것이 요구된다.[1]

제 3 절   통상공동소송

Ⅰ. 의   의

법 제65조가 규정하는 견련관계를 갖는 다수의 당사자가 하나의 소송에 관여되는 공동소송의 경우 이는 우연한 기회에 같은 절차 안에서 진행되는 것뿐이므로 각자는 독립된 지위를 갖게 되며 서로에게 영향을 미치는 관계에 있지 않게 된다. 이러한 형태의 공동소송이 일반적이므로 이를 통상공동소송이라고 한다.

---

1) 이기택, "통상공동소송에 있어서 변론분리중의 증거조사와 관련된 실무상 문제", 민사재판의 제문제(8권), 600면; 大判 1959. 5. 22. 4290행상180 역시 같은 취지이다.

Ⅱ. 심리의 원칙

1. 통상공동소송인 독립의 원칙

공동소송인 가운데 한 사람의 소송행위 또는 이에 대한 상대방의 소송행위와 공동소송인 가운데 한 사람에 관한 사항은 다른 공동소송인에게 영향을 미치지 않는다(66조). 따라서 이론적으로는 공동소송인 간의 연합관계나 협력관계가 성립될 수 없으므로 공동소송인 중 1인은 소를 취하하거나 자백, 청구의 포기ㆍ인낙 등을 하는 데 아무런 제한이 없다(소송자료의 불통일). 더구나 공동소송인 중 1인이 사망을 하게 되면 당해 절차만이 중단될 뿐 다른 공동소송인의 절차는 그대로 진행이 된다(소송진행의 불통일). 공동소송인은 다른 공동소송인에 대해 타인에 불과하므로 같은 피고의 지위에 있더라도 절차 내에서 원고와 피고를 상대로 독립당사자참가를 할 수 있으며 대리인도 될 수 있다.

2. 사실상 소송진행의 통일

법률적으로는 독자적인 별개의 지위를 갖지만 하나의 소송절차에서 심리되고 있는 점에서 절차의 개시나 진행, 증거조사 및 판결의 선고 등은 동일한 기일에 진행되는 것이 일반적이다. 공동소송인 중 일부에 대해 송달이 되지 않는 경우 등에는 변론을 분리하는 것이 일반적이나 판결은 통상적으로 함께 하고 있는 것이 실무관행이다.

3. 수정이론과 타당성

(1) 주장공통의 원칙의 유추 가능성

공동소송인 중의 1인의 주장이나 항변이 다른 공동소송인에게 유리한 경우 명시적인 원용이 없더라도 그에게 효력이 미친다고 보는 견해가 있다(김/강, 694면). 이러한 주장이나 항변에 대하여 다른 공동소송인이 적극적으로 저촉되는 행위를 하지 않은 경우로 한정하는 한정적 긍정설도 같은 입장이라고 할 수 있다(이시, 741면). 이들 견해는 역사적 사실은 하나밖에 없다는 논리에 기초하고 있으며 이를 거역하는 판결은 국민들로부터 사법불신을 초래할 뿐이라고 지적한다. 그러나 변론주의와 법 제66조가 규정하는 공동소송인 독립의 원칙이라는 취지에 비추어 본다면 이러한 견해는 수긍하기 어렵다(같은 취지의 견해로는 김홍, 963면; 정/유/김, 999면).[1] 판

---

[1] 주장공통의 원칙을 긍정하는 견해는 채권자가 주채무자와 보증인을 공동피고로 하여 제소한 사건을 예로 들고 있다. 즉 위 소송에서 주채무자는 변제의 항변을 하였으나 보증인은 아무런 항변을 하지 않음으로써 주채무자는 승소하는 데 반해 보증인이 패소하는 결과가 초래되는 것을 허용할 수 없다는 것이다. 공동소송에서 이러한 결과를 허용할 수 없다고 한다면 원고가 주채무자와 보증인을 분리해서 제소한 경우에도 양자에게 동일한 결론이 도출되어야 하고 서로 다른 결론이 나는 것을 허용해서는 안 될 것이다. 그러나 변론주의를 근간으로 하고 있는 한 이러한 결과는 불가피하다. 결국 우연한 기회에 공동소송인이 되었다고 해서 동일한

레도 부정하는 입장이다.[1]

(2) 공동소송인 독립의 원칙을 수정하는 의미의 증거공통의 원칙

통상공동소송인 상호 간에 적용되는 독립의 원칙(66조)을 수정하는 의미로서 증거공통의 원칙을 논의해 왔다. 이때의 증거공통의 원칙은 공동소송인 1인이 제출한 증거를 다른 공동소송인의 명시적인 원용 없이 그에게 유리한 사실인정의 자료로 사용할 수 있는가 여부의 문제이다. 현재의 학설은 공동소송인 상호 간에도 이러한 의미의 증거공통의 원칙이 적용된다고 하는 점에 이견이 별로 없다(제5편 제3장 제1절 Ⅱ. 1. 참조).

4. 이론상의 합일확정소송

본질적으로는 통상공동소송이지만 중요한 쟁점을 공통으로 하거나 각 청구가 목적과 수단의 관계에 있는 경우(예를 들면 어음소지인이 동일 어음의 여러 배서인들을 상대로 어음금의 지급을 구하거나 종전 등기부상의 소유자가 순차로 이전등기를 경료받은 여러 사람을 상대로 이전등기말소청구를 하는 경우)에는 법률상은 아니지만 이론상 합일확정이 요청된다는 견해가 있었다(김/강, 698면 이하). 이러한 형태의 공동소송을 종래부터 이론상 합일확정소송 혹은 준합일확정소송이라고 칭해 왔지만 독자적 개념으로 인정할 필요는 없다고 판단된다(정/유/김, 1008면). 일반적인 통상공동소송과 차별을 인정해야 할 법리적 혹은 현실적인 필요를 인정하기 어렵기 때문이다.[2]

제 4 절   필수적 공동소송

통상공동소송과 달리 판결결과가 합일적으로 확정될 것이 법률상 요구되는 소송이다(67조). 다수의 이해관계인 모두가 소송당사자가 되지 않는 한 소 자체가 부적법해지는 경우가 고유필수적 공동소송이며, 이해관계인 모두가 소송당사자가 될 필요는 없지만 일단 공동소송인이 되면 합일확정의 요구에 따라 필수적 공동소송의 법리가 적용되는 경우가 유사필수적 공동소송이다.

결론이 도출되어야 하고 분리해서 제소되었다고 해서 다른 결론이 나도 된다는 주장은 받아들이기 어렵다.

1) 大判 1994. 5. 10. 93다47196.

2) 김/강, 699면에서는 이론상의 합일확정소송에서 공동소송인은 서로 보조참가인과 유사한 지위에 있게 된다고 하는데 의문이다. 이 형태의 소송에서 각 공동소송인의 이해관계가 일치된다는 보장은 없으며 오히려 각 공동소송인은 적대적인 관계에 놓이게 될 상황이 많을 것이기 때문이다.

Ⅰ. 고유필수적 공동소송

1. 의   의

어떤 형태가 고유필수적 공동소송에 해당하는지 여부에 대해서는 아무런 법 규정이 없어 이를 둘러싸고 견해의 대립이 있다. 실체법상의 관리처분권이 공동으로 귀속되는 경우에 한정되어야 한다는 입장(이시, 742면)과 분쟁의 1회적 해결을 위한 차원에서 소송법적 관점(판결의 모순회피를 위한 절차법적 이익)도 같이 고려되어야 한다는 견해가 대립하고 있는 것이다(김/강, 695면; 정/유/김, 1001면). 고유필수적 공동소송은 소를 제기하는 자에게는 소권의 제한으로 작용하므로 엄격히 해석하여 실체법적인 측면에서 요구되는 경우로 국한하는 것이 타당하지만 판결의 모순회피를 위한 절차법적 이익이 강한 경우에는 예외적으로 필수적 공동소송을 인정하는 것도 불가피하므로 후자의 견해가 타당하다.

2. 소유형태와 필수적 공동소송

(1) 총유관계 소송

법인이 아닌 사단의 소유 형태인 총유의 경우는 구성원의 지분이 인정되지 않으므로 총유관계 소송은 법인이 아닌 사단 스스로 당사자가 되지 않는 한 구성원 전원이 소송당사자가 되어야 한다. 따라서 필수적 공동소송의 형태가 된다. 보존행위의 경우에도 구성원 전원이 소송당사자가 되어야 하는지는 의문이다. 대법원은 소를 제기한 법인이 아닌 사단의 구성원이 설사 사단의 대표자라거나 사원총회의 결의를 거쳤다 하더라도 소송의 당사자가 될 수는 없고 이러한 법리는 총유재산의 보존행위로서 소를 제기하는 경우에도 마찬가지라 보았다.[1]

(2) 합유관계 소송

조합은 권리능력뿐 아니라 당사자능력도 갖지 못한다. 따라서 조합이 소유한 재산(부동산)은 조합원 전원의 명의로 등기될 수밖에 없다. 한편 실체법상으로 조합의 소유형태는 합유로서 합유물의 처분이나 변경은 전원의 동의가 있어야 하므로(민 272조, 273조) 공유와는 다른 성격을 갖게 된다. 그러나 민법은 합유물의 처분·변경에 제한을 가하면서도 전원의 동의에 의한 합유지분의 처분(민 273조)은 물론 조합채권자의 조합원에 대한 개별적인 권리행사를 인정하고 있어(민 712조) 소송형태를 결정짓는 것이 매우 어렵다. 결국 조합재산이나 조합채무

---

1) 大判(全) 2005. 9. 15. 2004다44971. 동 판결에서 대법원은 총유의 경우는 공유나 합유와 달리 보존행위를 구성원 각자가 할 수 있다는 규정이 없다는 점을 강력한 근거로 제시하고 있으나 매우 의문이다. 이 사건의 원고가 종중총회에서 종중 대표자로 선임되었을 뿐 아니라 종중 총회에서 피고를 상대로 소유권회복을 하기로 결의까지 되었기 때문이다. 법인이 아닌 사단의 단체성이 강하므로 보존행위까지도 그 구성원이 할 수 없다고 보는 것은 논리적으로 납득하기 어렵다. 동 판결에 대한 비판은 최안식(법률신문 3554호), 김교창(법률신문 3570호) 참조.

인지 여부뿐 아니라 권리의 성격이 대체적인 것인지 여부에 따라서도 소송형태가 결정된다.

  1) 필수적 공동소송의 형태   ① 조합이 동업약정에 따라 토지 등을 매수하여 이를 조합재산으로 한 경우 이에 관한 이전등기청구소송은 조합원 전원이 원고가 되어야 하는 필수적 공동소송에 해당한다.[1] 아울러 제3자가 합유로 등기된 부동산을 매수한 후 조합원을 상대로 이전등기청구의 소를 제기하는 경우에도 조합원 전원을 상대로 소를 제기하여야 하는 필수적 공동소송의 형태를 갖게 된다.[2] 나아가 합유로 소유권이전등기가 된 부동산에 관하여 명의신탁 해지를 원인으로 한 소유권이전등기절차의 이행을 구하는 소송 역시 조합재산인 합유물의 처분에 관한 소송으로서 합유자 전원을 피고로 하여야 하는 고유필수적 공동소송에 해당한다.[3] 한편, 동업자금을 공동명의 예금계좌에 입금한 경우에는 예금반환청구채권은 준합유 관계에 있어 조합원이 공동으로 이를 행사하여야 한다.[4] 실체법이 이해관계인의 재산관계를 조합으로 간주하는 경우(신탁법 45조, 특허법 139조 2항)에도 필수적 공동소송의 형태를 갖게 된다.

  ② 소송수행권이 여러 사람에게 공동으로 귀속하는 경우에도 관리처분권을 준합유하는 것으로 보아 필수적 공동소송으로 보는 것이 일반적이다(이시, 743면). 파산관재인과 회생관리인이 복수인 경우(회생·파산 75조, 359조), 동일한 선정자단에서 선출된 수인의 선정당사자(53조 1항)와 증권관련집단소송에서의 복수의 대표당사자들(증권 10조 이하) 역시 공동으로 소송을 수행하여야 하므로 이들 상호 간은 필수적 공동소송관계에 있다.

  2) 필수적 공동소송의 형태가 아닌 경우   조합이 피고가 되는 수동소송의 경우는 채무의 대체성 여부에 따라 필수적 공동소송 여부가 결정된다.[5] 즉 조합의 채권자는 조합재산에 의한 공동책임을 묻지 않고 각 조합원의 개인적 책임에 기하여 금전채권을 행사하기 위해 조합원 각자를 상대로 하여 그 이행의 소를 제기할 수 있게 된다.[6] 한편 합유물에 관한 것이라 하더라도 보존행위(민 272조)에 해당하는 소송은 합유자 각자가 소를 제기할 수 있다.[7]

---

[1] 大判 1994. 10. 25. 93다54064.

[2] 大判 1983. 10. 25. 83다카850.

[3] 大判 2015. 9. 10. 2014다73794,73800.

[4] 大判 2008. 10. 9. 2005다72430.

[5] 김재형, "조합채무", 민법학논총(후암 곽윤직 선생 고희기념), 417-418면 참조.

[6] 大判 1991. 11. 22. 91다30705. 이 사건에서 피고는 자연인 개인인데 소외인 등과 동업으로 분양사업을 하면서 업무집행조합원의 지위를 갖고 있었다. 피고는 수분양자인 원고와 분양계약을 합의해제하면서 납부한 일부 분양대금을 원고에게 반환하기로 약정하였다. 이에 원고는 피고만을 상대로 약정한 분양대금의 반환을 구하는 소를 제기하였는데 대법원은 피고적격을 인정하고 나아가 피고가 부담한 것은 조합채무이지만 조합원 전원을 위하여 상행위가 되는 행위로 책임을 부담하였으니 다른 조합원과 연대하여 이를 지급할 책임이 있다고 판시하였다.

[7] 大判 1997. 9. 9. 96다16896. 합유물에 관하여 경료된 원인무효의 등기에 대해 소유권이전등기말소를 구하는 소송은 합유자 각자가 제기할 수 있다.

(3) 공유관계 소송

1) 통상공동소송   ① 공유는 소유권이 지분의 형태로 공존하고 있어 지분처분의 자유가 인정되므로(민 263조) 지분처분의 의미를 갖는 공유관계 소송은 통상공동소송에 해당한다. 예를 들어 공유자에 대한 지분이전등기청구소송[1]이나 공유자의 지분이전등기청구소송은 모두 통상공동소송에 해당한다. 판례는 공유물에 대한 침해행위로 인한 손해배상청구권의 행사는 공유자가 각자의 지분 비율에 따라서만 행사할 수 있다고 보고 있으며[2] 상대방이 공유자 중 일부에 대해 지분관련 청구를 하는 경우에도 동일하게 통상공동소송으로 취급된다. 또한, 보존행위가 아닌 한 각 공유자는 다른 공유자의 지분확인을 구할 이익이 없으며 나아가 공유자가 다른 공유자의 지분권을 대외적으로 주장하는 것을 공유물의 보존행위에 속한다고 할 수 없으므로, 자신의 소유지분을 침해하는 지분 범위를 초과하는 부분에 대하여 등기의 말소를 구할 수는 없다.[3] 따라서 공유자들은 자신의 지분 범위 내에서의 말소를 공동으로 청구할 수 있으며 이는 통상공동소송에 해당한다.

② 보존행위를 위해 불가분적인 권리를 행사하는 경우에는 지분권을 넘어 공유물 전체에 대해 권리를 행사할 수 있다(민 265조). 예를 들어 토지를 소유하는 각 공유자는 공유물에 대한 보존행위로서 건물 전체에 대한 철거를 구할 수 있으며[4] 혹은 보존행위로서 전체 토지에 대한 등기말소청구도 가능하다.[5] 또한, 토지소유자가 그 위에 수인이 공유하는 건물에 대해 철거를 구하는 경우에도 공유자 전원을 상대로 소를 제기할 필요는 없다.[6] 그런데 대법원은 공유물의 소수지분권자가 다른 공유자와 협의 없이 공유물의 전부 또는 일부를 독점적으로 점유·사용하고 있는 경우 다른 소수지분권자는 공유물의 보존행위로서 그 인도를 청구할 수는 없고, 다만 자신의 지분권에 기초하여 공유물에 대한 방해 상태를 제거하거나 공동 점유를 방해하는 행위의 금지 등을 청구할 수 있다고 하여 종전 판결들의 입장을 변경하

---

1) 大判 1994. 12. 27. 93다32880,93다32897.
2) 大判 1970. 4. 14. 70다171. 손해배상청구는 보존행위가 아니라는 입장에서 이와 같이 지분권의 행사만 가능하다고 보는 것인지 여부는 불분명하다. 과거 대법원이 大判 1962. 4. 12. 4294민상1242에서 이를 보존행위로 보았기 때문이다. 이와 관련하여 판례의 입장이 변경된 것으로 해석하는 견해가 있다(홍대식, "공유물의 보존행위: 공유물의 인도청구와 말소등기청구", 재판실무연구(수원지방법원) 2권, 174면).
3) 大判 1994. 11. 11. 94다35008; 大判 2010. 1. 14. 2009다67429; 大判 2023. 12. 7. 2023다273206 등.
4) 大判 1971. 12. 14. 71다1950.
5) 大判 1993. 5. 11. 92다52870. 그러나 공유자가 등기말소 청구 대신에 진정명의회복을 원인으로 한 이전등기청구를 한 경우에는 공유자 자신의 지분 한도 내에서만 이전등기가 가능하다는 것이 판례입장이다(大判 1990. 12. 21. 88다카20026).
6) 大判 1993. 2. 23. 92다49218. 한편 大判 2022. 6. 30. 2021다276256에서는 소유 지분의 범위에서 철거를 명하는 확정판결을 받은 건물 공유자가 계속하여 건물을 점유하는 것은 토지 소유자가 건물 전체의 철거를 명하는 확정판결을 받지 못하여 철거집행이 불가능한 상황에 따른 반사적 효과에 지나지 않는다고 판시한 바 있다.

였다.[1] 애초에 보존행위를 공유자 중 1인이 단독으로 할 수 있도록 한 것은 보존행위가 다른 공유자에게도 이익이 되기 때문이라는 점을 고려한 것으로 판단된다. 그러나 공유자 일부가 부적법한 행위를 통해 공유의 목적 달성을 방해하는 경우 일시적이나마 그 위법상태를 제거하기 위해 다른 공유자들의 인도를 구할 수 있는 권리를 보존행위로 인정하는 것은 부득이 필요하다고 판단되므로 판례의 변경 취지에 동의하기 어렵다.

2) **예외적인 필수적 공동소송**

① **공유물분할의 소**   i) 이는 공유자의 공유물에 대한 분할청구권이라는 형성권을 기초로 한 형성의 소에 해당하므로[2] 공유자가 다른 공유자 모두를 상대로 소를 제기하여야 하는 고유필수적 공동소송에 해당한다.[3] 그런데 공유물분할을 규율하는 민법 제269조에서는 분할의 방법에 관한 실체법상의 권리를 공유자에게 인정하고 있지 않아 공유물 분할의 소에 있어서는 법원의 재량에 의해 분할방법을 정하게 된다.[4] 결국 이 소의 실질은 비송사건에 해당하여 이 소를 형식적 형성의 소로 분류하고 있다.[5]

ii) 공동소송인 중 일부가 제기한 상소는 다른 공동소송인에게도 그 효력이 미치며 이 경우 공동소송인 전원에 대한 관계에서 판결의 확정이 차단되고 그 소송은 전체로서 상소심에 이심되며, 상소심 판결의 효력은 상소를 하지 않은 공동소송인에게 미치므로 상소심으로서는 공동소송인 전원에 대하여 심리·판단해야 한다.[6] 한편, 공유물분할청구소송 계속 중 변론종결일 전에 공유자의 지분이 이전된 경우에는 변론종결 시까지 참가승계나 인수 승계 등의 방식으로 그 일부 지분권을 이전받은 자가 소송당사자가 되지 않으면 소 자체가 부적법하게 된다.[7]

iii) 공유물분할을 구하기 위해서는 공유자 간의 사전 분할협의가 요구되는데(민 269조 1항) 이 요건이 실체법상의 분할청구권의 발생요건인지 아니면 단순히 소의 이익에 해당하는

---

1) 大判(全) 2020. 5. 21. 2018다287522; 大判 2024. 6. 13. 2024다213157.

2) 大判 1969. 12. 29. 68다2425.

3) 大判 1968. 5. 21. 68다414,415; 大判 2012. 6. 14. 2010다105310에서는 공유물분할청구의 소는 공유자 전원에 대하여 판결이 합일적으로 확정되어야 하므로, 공동소송인 중 1인에 소송요건의 흠이 있으면 전 소송이 부적법하게 된다고 한다.

4) 大判 1991. 11. 12. 91다27228.

5) 大判 2015. 7. 23. 2014다88888. 공유물분할청구의 소는 원고가 구하는 방법에 구애받지 않고 재량에 따라 합리적 방법으로 분할을 명할 수 있어 다양한 방법이 제시되고 있다. 즉, 여러 사람이 공유하는 물건을 현물분할하는 경우에는 분할청구자의 지분 한도 안에서 현물분할을 하고 분할을 원하지 않는 나머지 공유자는 공유로 남게 하는 방법(大判 2020. 8. 20. 2018다241410,241427), 공유자 중 1인 혹은 수인에게 단독소유권을 인정하고 다른 공유자에게 지분가격을 지급하는 방법도 제시되고 있으며(大判 2022. 9. 7. 2022다244805), 현물분할이 아닌 경매분할의 방법은 매우 신중하게 판단하여야 한다는 취지의 판결들(大判 2023. 6. 29. 2020다260025; 大判 2023. 6. 29. 2023다217916)도 있다.

6) 大判 2003. 12. 12. 2003다44615,44622; 大判 2022. 6. 30. 2022다217506.

7) 大判 2014. 1. 29. 2013다78556; 大判 2022. 6. 30. 2020다210686,210693.

지 여부가 다투어지고 있다.[1] 공유물 분할에 관해 사전협의를 거치도록 한 것은 소를 미연에 방지하기 위한 주의적 규정으로 해석함이 타당하며 따라서 이미 협의분할이 이루어졌음에도 불구하고 공유물분할의 소를 제기하게 되면 소의 이익을 흠결하게 된다. 따라서 소 제기 전 사전 분할협의를 거치지 않았더라도 공유물 분할청구의 소 계속 중 협의 절차를 거치거나 다른 공유자가 분할 방법 등에 대해 다툰다면 그 흠은 치유될 수 있다. 그러므로 사전 분할협의를 분할청구권의 발생요건으로 보거나 분할청구를 허용할 수 없다는 견해[2]는 동의하기 어렵다.

② 경계확정의 소　　형식적 형성소송으로 파악하는 것이 통설·판례의 입장이다.[3] 따라서 토지소유권의 범위의 확인을 목적으로 하는 소와는 달리 인접한 토지의 경계가 불분명하여 그 소유자들 사이에 다툼이 있다는 것만으로 권리보호의 필요가 인정된다. 한편 인접하는 토지의 한편 또는 양편이 여러 사람의 공유에 속하는 경우에 그 경계의 확정을 구하는 소송은 관련된 공유자 전원이 공동으로 제소하고 상대방도 관련된 공유자 전원을 공동으로 제소할 것을 요건으로 하는 고유필수적 공동소송으로 파악하고 있다.[4]

③ 공동상속인 상속재산관련 청구　　상속재산의 분할에 관한 심판은 상속인 중의 1인 또는 수인이 나머지 상속인 전원을 상대방으로 하여 청구해야 하므로(가규 110조) 필수적 공동소송이라는 데 의문은 없다. 다만, 어느 재산이 상속재산에 속하는지 여부에 대한 재판을 구하는 공동상속인 간의 상속재산확인의 소에 대해 판례는 확인의 이익을 인정하면서 필수적 공동소송으로 보고 있다.[5] 또한, 공유물 전체에 대한 소유관계 확인도 이를 다투는 제3자를 상대로 공유자 전원이 하여야 한다.[6] 한편, 주택공급을 신청할 권리와 분리될 수 없는 청약저축의 가입자가 사망하였고 그에게 여러 명의 상속인이 있는 경우에 그 상속인들이 청약저축 예금계약을 해지하려면, 금융기관과 사이에 다른 내용의 특약이 있다는 등의 특별한 사정이 없는 한 상속인들 전원이 해지의 의사표시를 하여야 한다.[7]

3) 가변적인 형태

① 가등기에 기한 본등기 청구　　형성권을 준공유하는 경우에도 합일확정이 요구되는 필수적 공동소송으로 보는 것이 판례의 확립된 입장이었다. 즉, 대법원은 복수채권자의 채권을 담보하기 위하여 그 복수채권자와 채무자가 채무자소유의 부동산에 관하여 복수채권자

---

1) 김소영, "공유물분할의 소에 대하여", 사법논집 24집, 160면 이하 참조.
2) 이용훈, "공유물분할의 소와 관련된 몇 가지 문제에 대하여", 사법논집 4집, 136면.
3) 大判 1993. 11. 23. 93다41792,41808.
4) 大判 2001. 6. 26. 2000다24207.
5) 大判 2007. 8. 24. 2006다40980.
6) 大判 1994. 11. 11. 94다35008; 大判 2023. 12. 7. 2023다273206.
7) 大判 2022. 7. 14. 2021다294674; 大判 2023. 12. 21. 2023다221144.

전원을 공동매수인으로 하는 매매예약을 체결하고 그에 따른 소유권이전등기청구권보전의 가등기를 경료한 경우에 복수채권자는 매매예약완결권을 준공유하는 관계에 있어 채무자에 대한 매매예약완결의 의사표시 및 이에 따른 가등기에 기한 소유권이전등기의 이행을 구하는 소는 필수적 공동소송이라고 판시해 왔다.[1] 그러나 최근 수인의 채권자가 공동으로 매매예약완결권을 가지는 관계인지 아니면 채권자 각자의 지분별로 별개의 독립적인 매매예약완결권을 가지는 관계인지는 매매예약의 내용에 따라야 한다고 판시[2]하여 종전 84다카2188 판결 등을 제한적으로 변경하기에 이르렀다. 따라서 계약 내용에 따라서는 공유자가 단독으로 개별적인 지분에 대한 이전등기청구의 소를 제기하는 것이 가능하게 되었는데 이 형태가 일반적인 모습이라고 판단된다.[3]

　　② 공동명의 예금계좌 관련 청구　　　공동명의 예금을 둘러싼 법률관계도 그 내용에 따라 달리 파악해야 한다. 앞서 본 바와 같이 조합재산을 공동명의로 은행 예금계좌에 입금한 경우 예금반환청구채권은 준합유 관계에 있어 조합원이 공동으로 예금반환청구권 등을 행사하여야 하지만 공동명의 예금의 목적이 동업 이외의 것으로 단독 예금 인출 등을 방지하고자 한 경우에는 예금채권은 분량적으로 분할되어 각 공동명의 예금채권자들에게 귀속되므로 자신의 지분에 따라 은행에 예금반환청구가 가능하다. 다만, 공동반환특약에 따른 제한이 있을 뿐이다.[4]

3. 가사소송과 회사관계소송

(1) 가사소송

가사사건 중에는 제3자가 다른 사람의 권리관계, 특히 신분관계의 변동을 도모하는 소송절차가 적지 않다. 그 경우에는 권리관계의 당사자들을 모두 공동피고로 해야 하는 상황이 발생한다. 예를 들어, 제3자가 제기하는 혼인무효나 취소의 소 혹은 이혼무효나 취소의 소 등(가소 24조 2항)은 부부 쌍방을 피고로 하여야 하는 필수적 공동소송에 해당한다. 그러나 제3자가 제기하는 친자관계존부확인의 소의 경우는 견해의 대립이 있다. 즉 판례는 부모 및 자

---

1) 大判 1985. 5. 28. 84다카2188; 大判 1985. 10. 8. 85다카604.

2) 大判(全) 2012. 2. 16. 2010다82530.

3) 개별 실정법에서 규정된 권리의 성격과 내용을 판단해서 공동으로 권리를 행사할지 여부를 결정해야 한다. 대법원은 집합건물법 제48조 제4항에서 정한 매도청구권은 위 규정에서 정하고 있는 매도청구권자 각자에게 귀속되고, 각 매도청구권자들은 이를 단독으로 행사하거나 여러 명 또는 전원이 함께 행사할 수도 있다고 봄으로써 통상 공동소송관계에 있음을 판시하였는데(大判 2023. 7. 27. 2020다263857) 타당한 결론이다. 공동으로 권리를 행사하여야 한다는 것은 기본적으로 소권에 대한 크나큰 제약이기 때문이다.

4) 大判 2008. 10. 9. 2005다72430. 따라서 자신의 지분에 해당하는 예금의 반환을 구하는 당사자는 다른 공동명의자와 은행을 공동피고로 하여 공동명의자에게는 예금인출의 동의를 구하고, 은행에 대해서는 예금반환을 구하는 소를 병합하는 것이 가능하다.

(子)를 공동피고로 하는 필수적 공동소송으로 보는 경우도 있으나[1] 부모 중 일방과 자(子) 사이에 친자관계가 있는 경우에는 친자관계가 없는 부부 일방과 자(子)만을 상대로 소를 제기하는 것이 타당하다.[2]

(2) 회사관계소송

회사관계소송의 대부분은 유사필수적 공동소송이나 해석론상 일부 소송을 필수적 공동소송으로 보는 견해가 있다. 예를 들어 소수주주에 의한 이사해임의 소(상 385조)의 경우 회사와 이사가 공동피고가 되어야 한다는 입장도 있기 때문이다.[3]

Ⅱ. 유사필수적 공동소송

1. 의   의

소 제기를 함에 있어 다수인이 공동의 당사자가 될 필요는 없으나 일단 공동의 당사자가 된 경우는 합일확정의 필요성으로 인해 필수적 공동소송의 법리가 적용되는 형태의 공동소송을 유사필수적 공동소송이라 한다. 소송법상의 합일확정의 필요에 의해서 인정되는 형태의 필수적 공동소송이라고 할 수 있다.

2. 유   형

(1) 판결에 대세효가 인정되는 경우

1) **승소판결**   회사법상의 소 중에는 원고 승소판결의 경우 대세적 효력(소위 편면적 대세효)을 명시적으로 인정하는 경우가 있다[상 190조를 준용하는 각종 소송, 합병무효의 소(상 240조), 주식교환무효의 소(상 360조의14, 4항), 주식이전무효의 소(상 360조의23, 4항), 주주총회결의 취소의 소(상 376조 2항), 주주총회결의 무효·부존재 확인의 소(상 380조), 주주총회 부당결의 취소·변경의 소(상 381조 2항), 신주발행무효의 소(상 430조), 감자무효의 소(상 446조) 등]. 예를 들어 주주총회 결의무효 및 부존재확인의 소(상 380조)는 주주 1인이라도 제기하는 것이 가능하지만 여러 명의 주주가 소를 제기하는 경우 주주마다 서로 다른 판결이 선고되면 승소판결에 대세효를 인정하는 것과 심각한 충돌이 발생하게 된다. 따라서 공동의 원고인 주주는 필수적 공동소송이 법리에 구속된다.[4] 한

---

1) 大判 1970. 3. 10. 70므1.
2) 같은 취지의 견해로는 김주수/김상용, 「친족·상속법: 가족법(11판)」, 313면 참조.
3) 박길준·권재열/주석상법(3), 219면 참조. 한편 소수주주가 청산인의 해임을 구하는 소(상 539조 2항)를 제기하는 경우 회사와 청산인 모두를 상대로 소를 제기하여야 한다는 취지의 판례(大決 1976. 2. 11. 75마533)도 있으나 방론에서 이를 언급하고 있어 판례의 입장을 명확하게 파악하기는 어려운 실정이다.
4) 大判(全) 2021. 7. 22. 2020다284977의 소수의견은 편면적 대세효를 가진 회사소송은 통상공동소송에 속한다고 주장한다. 통상공동소송이 공동소송의 원형이고 기본적인 형태라는 점을 강조한 점은 매우 긍정적으로

편, 특허를 무효로 한다는 심결이 확정된 때에는 당해 특허는 제3자와의 관계에서도 무효로 되는 것이므로, 동일한 특허권에 관하여 2인 이상의 자가 공동으로 특허의 무효심판을 청구하는 경우 그 심판은 심판청구인들 사이에 합일확정을 필요로 하는 이른바 유사필수적 공동심판에 해당한다.[1]

2) 패소판결　　패소판결에 대세효를 인정하는 경우도 있다.[2] 소비자단체소송(소비자 70조 이하)에서 원고청구가 기각되어 확정되면 다른 소비자단체가 동일한 사안에 대해 단체소송을 제기할 수 없다(소비자 75조). 따라서 여러 적격 소비자단체가 공동으로 단체소송을 제기한 경우 유사필수적 공동소송관계에 있게 된다고 보아야 한다.

(2) 합일확정의 필요성에 의한 경우

1) 판결의 대세효가 명시적으로 인정되지 않더라도 소송법상 필요에 의해서 필수적 공동소송의 법리가 적용되는 경우가 있다. 예를 들어 주주대표소송(상 403조)에 대한 승소판결은 대세적 효력이 인정되지 않지만 여러 주주가 제기한 대표소송의 결과가 원고인 주주마다 달라지는 것은 소송법상 허용될 수 없다. 따라서 다수의 주주가 원고가 된 경우에는 필수적 공동소송의 법리에 따른다. 또한 여러 명의 채권자가 채권자대위소송을 제기한 경우 그들의 관계가 유사필수적 공동소송관계에 있다는 것이 다수설과 판례[3]의 입장이다.[4] 채무자가 대위소송 계속 사실을 알게 된 경우 판결의 효력을 받게 되므로 대위소송의 채권자들 상호간에도 판결의 효력이 미친다는 입장에서 유사필수적 공동소송관계에 있다고 볼 수도 있으나 합일확정의 필요성으로 인해서도 이러한 관계를 인정할 수 있다. 한편, 대법원은 동일한 채권에 대해 복수의 채권자들이 압류·추심명령을 받은 경우 어느 한 채권자가 제기한 추심금소송에서 확정된 판결의 기판력은 그 소송의 변론종결일 이전에 압류·추심명령을 받았던 다른 추심채권자에게 미치지 않는다고 판시하였다.[5] 따라서 여러 명의 추심권자들이 추심의

평가된다. 다만, 이 사건에서는 어느 견해를 취하든 아무런 차등이 없음에도 불구하고 사건성이 없는 상태에서 전원합의체 판결을 하는 것이 적절한지는 매우 의문이다.

1) 大判 2009. 5. 28. 2007후1510.

2) 소비자 단체소송은 금전의 지급을 구하는 등의 소는 제기할 수 없고 단순히 사업자의 위법행위의 중지나 금지를 구하는 소(소비자 70조)이므로 승소판결에 대해 대세효를 인정할 실익이 없다. 그렇다고 해서 패소판결에 대해 대세효를 인정하는 것도 바람직하지 못하다. 사업자에 대한 부담을 덜기 위함이기 때문이다. 다만, 패소판결이 원고의 고의로 인한 것이거나 판결이 확정된 후 그 사안과 관련하여 새로운 연구결과나 증거가 나타난 경우에는 예외이다(소비자 75조 1호, 2호).

3) 大判 1991. 12. 27. 91다23486.

4) 그러나 통상공동소송관계에 있다는 견해도 있다. 즉, 수인의 채권자에 의한 채권자대위소송이 제기된 경우 판례에 따르면 채무자가 채권자대위소송의 계속을 알았으면 유사필수적 공동소송으로 보고 채무자가 몰랐으면 통상공동소송이 된다고 보는데, 이와 같이 채무자의 주관적 사정에 따라서 수인의 채권자들의 관계가 좌우되는 것은 타당하지 못하다는 취지이다(호, 863면).

5) 大判 2020. 10. 29. 2016다35390.

소를 공동으로 제기한 경우 통상 공동소송관계에 있다고 볼 여지도 있으나 추심권자는 선량한 관리자의 주의의무를 부담할 뿐 아니라 집행채권자들 간의 공정한 배당절차를 위해 추심신고 등을 할 의무가 있으므로 추심권자들 상호간에 구구한 판결 결과는 이러한 목적을 해치게 되므로 합일확정의 필요성을 인정하여야 한다.

   2) 위와 같이 합일확정의 필요성에 의해 유사필수적 공동소송이 인정되는 상황을 판결의 직접적 효력이 아닌 반사효로 설명하는 견해들이 있으나(이시, 748면; 정/유/김, 1004면) 의문이며 판례 역시 반사효를 인정하고 있지 않다.

   3) 대법원은 당사자가 참가승계인의 승계 여부에 대해 다투지 않으면서도 소송탈퇴, 소취하 등을 하지 않거나 이에 대하여 상대방이 부동의하여 부득이 소송에 남아 있다면 기존 당사자와 승계인은 통상 공동소송관계에 있다고 보았다. 그러나 최근에 입장을 바꾸어 당사자와 승계참가인의 청구 사이에는 필수적 공동소송에 관한 법 제67조가 적용된다고 판시하였다.[1] 다수당사자 소송제도와의 정합성, 승계인과 기존 당사자 간의 중첩된 청구를 모순 없이 합일적으로 확정할 필요성 등을 종합적으로 고려한 결과라고 한다.

Ⅲ. 필수적 공동소송의 심판

   필수적 공동소송은 판결의 합일확정이 요구되므로 통상공동소송과 달리 상호 독립의 원칙 대신 상호의존관계에 따른 심리특칙이 적용된다(67조). 즉, 공동소송인 1인의 소송행위는 모두의 이익을 위해서만 효력을 가지지만, 공동소송인 1인에 대한 소송행위는 공동소송인 모두에게 효력이 미치는 소송자료의 통일(67조 1항, 2항), 공동소송인 1인에 대한 소송절차의 중단, 중지사유의 발생은 모두에게 효력이 미쳐 절차 전체가 중단, 중지되는 소송진행의 통일이 요구된다(67조 3항). 소송자료 및 소송진행의 통일을 통해 판결의 합일확정이 도모되지만 상소와 관련해서는 필수적 공동소송의 형태에 따라 심리특칙의 예외가 인정될 수 있다.

1. 소송요건의 조사와 흠의 치유

   필수적 공동소송의 경우도 소송요건은 공동소송인 각자 개별적으로 판단되어야 한다. 고유필수적 공동소송의 경우 공동소송인 1인에 대해 소송요건의 흠결이 있으면 전체 소가 부적법하게 된다. 그러나 유사필수적 공동소송의 경우는 공동소송인 중 1인에게 흠결이 있어도 그 부분만 각하되는 것에 그치게 된다. 한편, 고유필수적 공동소송의 경우 일부 당사자가

---

1) 大判(全) 2019. 10. 23. 2012다46170; 大判 2022. 6. 16. 2018다301350. 구체적인 사안의 타당성을 고려하면 대법원의 고심과 판례 변경을 이해 못할 바도 아니지만 그렇다고 해서 법 개정 후 17년이 지난 시점에 개정 입법의 취지를 비로소 판결에 반영한다는 것은 매우 아이러니하다.

누락된 경우 법 제68조에 따라 1심 변론종결시까지 누락된 필수적 공동소송인을 추가할 수 있다. 한편, 항소심절차에서는 필수적 공동소송인의 추가가 허용되지 아니하므로 법 제83조에 따른 공동소송참가를 통해 위법성을 해소할 수 있다.[1]

2. 소송자료의 통일

(1) 공동소송인 1인의 행위

1) 유리한 행위　　공동소송인 1인의 행위는 공동소송인 모두의 이익을 위해서만 효력이 인정된다(67조 1항). 따라서 공동소송인 전체에게 유리한 행위만이 유효하다. 유효한 행위인지 여부는 객관적으로 판단하므로 전략상 유리하다고 판단되어 공동소송인 1인이 청구 일부에 대해 포기를 하거나 인낙·자백·화해를 하더라도 무효로 보아야 한다. 공동소송인 1인의 답변서 제출, 기일이나 기간의 준수도 전원에 대해 효력을 발생하게 되므로 무변론판결이나 취하간주 등의 불이익도 발생하지 않는다. 불리한 소송행위를 반드시 공동소송인 전원이 일시에 해야 하는 것은 아니라고 판단된다. 일부 공동소송인의 자백 후 다른 공동소송인이 다른 기일에 동일한 자백을 한다면 자백으로서의 효과는 인정된다.

2) 불리한 행위와 유사필수적 공동소송　　불리한 행위는 공동소송인 전원이 하지 않으면 효력이 없다. 따라서 청구의 포기와 인낙·화해·자백 등의 행위는 전원이 해야 효력이 발생한다. 한편, 소의 취하 역시 고유필수적 공동소송에서는 불가하지만 유사필수적 공동소송에서는 공동소송인 1인의 자발적인 소의 취하가 가능하다. 이러한 측면에서 유사필수적 공동소송에서는 취하간주의 불이익은 불출석한 공동소송인에게도 발생한다는 견해가 있으나(이시, 750면) 의문이다. 유사필수적 공동소송의 경우 다른 공동소송인에게 영향이 없는 공동소송인 1인의 소취하만 예외적으로 허용되는 것이므로 다른 공동소송인의 기일출석으로 인한 유리한 법적 효과를 배제할 이유는 없기 때문이다.

(2) 공동소송인 1인에 대한 행위

공동소송인의 상대방이 공동소송인 중 1인에 대해서만 소송행위를 하더라도 전원에게 유리하든 불리하든 전체에게 효력이 발생한다(67조 2항). 상대방으로 하여금 공동소송인 전원에게 일일이 소송행위를 하도록 강제한다면 절차진행이 원활하지 못하게 되는 불편이 발생하게 되므로 이를 해소하고자 한 것이다. 결국, 필수적 공동소송인 중 1인만 출석하더라도 재판진행은 아무런 지장 없이 진행될 수 있게 된다.

---

[1] 법 제83조의 공동소송참가를 통해 결과적으로 법 제68조의 필수적 공동소송인의 추가 규정을 우회적으로 회피할 수 있는 결과가 되므로 항소심에서의 공동소송참가를 부인하는 견해도 있을 수 있으나 참가는 참가인의 자발적인 행위에서 비롯되는 것이므로 기존 당사자가 누락된 공동소송인을 추가하는 법 제68조와는 입법취지를 달리하는 것이므로 이를 허용하지 않을 이유는 없다.

3. 소송진행의 통일

(1) 소송진행의 일체성

합일확정의 필요에 따라 변론을 분리하거나 일부판결을 할 수 없다. 법원의 실수나 착오로 공동소송인 일부를 누락한 채 일부판결을 하더라도 상소제기가 있게 되면 전체 소송이 상소심으로 이심되며 당연히 상소심의 심판대상이 된다.[1] 또한, 공동소송인 일부에게 소송절차의 중단이나 중지사유가 발생하면 절차 전체가 중단 또는 중지된다.

(2) 상소와 소송진행의 통일

1) 상소기간의 진행과 상소기간의 유용　　상소기간은 공동소송인 각자에게 개별적으로 진행되지만(개별진행설) 전원에 대해 상소기간이 도과될 때 판결이 확정된다. 그런데 필수적 공동소송인 A, B 가운데 A에 대해서는 상소기간이 도과하였지만 아직 B에 대해서는 상소기간이 도과되지 않은 상태에서 A가 B의 남아있는 상소기간을 이용해서 자신이 상소를 제기할 수 있는지 여부가 문제된다. 개별진행설의 입장을 관철한다면 이를 허용할 수 없다.[2]

2) 상소하지 않은 공동소송인의 상소심에서의 지위

① 이심의 효력　　필수적 공동소송인 A, B가 패소판결을 받았음에도 이 중 A만이 상소를 제기한 경우 B 역시 상소심으로 이심되고 심판의 대상이 됨은 다툼이 없다. 합일확정을 위해 부득이 상소하지 않은 B 역시 항소심으로 이심되고 이 경우 상소인 A의 노력으로 B는 상소심에서 원심보다 유리한 판결을 받을 수도 있게 되는 것이다(이익변경금지 원칙의 배제). 한편, A의 항소로 인해 B는 원심보다 더 불리한 판결을 받을 수도 있음은 물론이다(불이익변경금지 원칙의 배제).

② 상소하지 않은 당사자의 지위

i) 상소심 당사자설　　상소하지 않은 필수적 공동소송인 B의 상소심에서의 지위가 문제된다. 현재 지배적인 견해는 불복하지 않은 B를 상소인이 아닌 단순한 상소심 당사자로 보고 있다. 따라서 실제 상소를 제기한 A만이 상소에 따른 인지대 납부의무, 패소에 따른 상

---

1) 大判 2011. 6. 24. 2011다1323. 물론, 법원이 단순히 오기로 공동소송인 일부를 누락해서 판결을 작성한 경우는 판결경정을 통해 구제가 가능할 것이다. 문제가 되는 것은 법원이 공동소송인 중 일부에 대해 의도적으로 일부판결을 선고하는 경우이다.

2) 같은 취지의 견해로는 最高裁 2003. 11. 13(民集 57卷 10号 1531面). 물론, 공동소송인 전원의 상소기간이 도과되기 전에는 판결이 확정되지 않고 공동소송인 중 어느 1인이라도 상소제기를 이 기간 내에 제기하면 모두에게 효력이 미치므로 반드시 자신의 상소기간 내에 상소를 제기할 필요는 없다는 견해도 나름의 설득력이 있다(송/박, 644면). 그러나 특정 공동소송인이 자신에게 주어진 상소기간 내에 상소를 제기하지 않은 상태에서 다른 공동소송인의 상소기간이 남아있는 것을 빌미로 상소를 제기할 수 있다고 하는 것은 합일확정의 필요에 의해서 인정되는 심리의 특칙을 지나치게 확대해석해서 필수적 공동소송인에게 과도한 이익을 부여하는 것이라는 비판을 면하기 어렵다.

소비용 부담의무를 가지며 상소에 따른 심판범위 역시 A에 의해서만 특정·변경되며 상소의 취하 여부도 A에 의해서만 결정된다고 한다(이시, 752면; 정/유/김, 1008면; 호, 866면).[1] 그러나 보다 중요한 것은 상소하지 않은 공동소송인 B가 상소심에서 무엇을 할 수 있는가 하는 것이다. 이에 대해 상소심 당사자설은 B의 구체적인 소송법상 지위나 역할을 제시하고 있지는 않다.

ii) 상소인설　　상소하지 않은 당사자 B는 합일확정을 위해 상소심으로 이심된 당사자임에도 불구하고 공동소송인 A의 상소에 의해 더욱 불리한 판결을 받을 수 있는 "위험"을 갖고 있는 당사자임을 중시해야 한다. 따라서 B에게 어떤 소송행위를 허용할 것인지 여부를 결정하는 것이 우선되어야 한다(인지대나 소송비용부담은 부수적인 문제임). 더구나 상소하지 않은 B는 A의 상소를 통해 당연히 자신이 상소심으로 이심되어 다툴 수 있는 기회를 가질 수 있다는 신뢰도 갖고 있게 된다(상소를 제기하지 않았다고 해서 상소 의사나 의지가 없다고 단정할 수도 없다). 더구나 필수적 공동소송에서 공동소송인은 공동운명체로서 이해관계를 달리하는 것을 상정하기 어렵다. 따라서 공동소송인 A의 상소제기를 통해 B 역시 당연히 상소심으로 이심되므로 B에게 다툴 수 있는 기회를 제공하는 것이 필요하다(이 점에서 이해관계가 서로 대립되는 독립당사자참가의 경우와 다르다). 따라서 변론기일이나 증거조사기일에 참여할 수 있는 기회를 제공해야 하며[2] 그에 따라 뒤늦게라도 상소심에서 변론에 관여를 하게 되면 필수적 공동소송의 심판 원리에 따라 심리를 해야 한다. 한편, 변론의 기회를 주었음에도 B가 상소심에서 전혀 관여를 하지 않는 경우에는 소송비용부담을 명할 수 없으며 또한 불복한 당사자 A단독으로 상소취하 역시 가능할 것이지만 이 경우에도 공동소송인 전체에게 불리한 행위는 효력을 갖지 못한다.

iii) 판례의 입장　　판례는 오래 전부터 패소한 필수적 공동소송인의 일부가 상소하지 않더라도 상소심으로 이심되는 것은 물론 당사자로 취급해서 심리해야 한다고 판시한 바 있다.[3] 이는 상소하지 않은 공동소송인 역시 상소인으로 취급한다는 의미로 파악된다. 그러나 92누17297 판결, 94다33002 판결 등에서 대법원은 상소하지 않은 공동소송인을 상소한 공동

---

1) 장석조/주석민소(Ⅰ), 490-491면. 한편, 판례의 입장은 명확하지 않다. 다만 지배적인 견해에 따르면 大判 1993. 4. 23. 92누17297 및 大判 1995. 1. 12. 94다33002 등에서 상소하지 않은 공동소송인을 단순히 "피고"라고만 표시하는 것, 상고비용을 실제로 상고한 공동소송인에게만 부담시키는 것으로 보아 상소심 당사자설을 취하는 것으로 파악하고 있다.

2) 같은 취지의 견해로는 변재승, "필요적 공동소송인 중 일부의 상소", 사법논집 23집(1992), 226면. 일본의 통설과 판례는 여전히 상소인설에 입각하고 있다(伊藤 眞, 598面).

3) 大判 1968. 5. 21. 68다414,415에서는 " … 소송의 목적이 공동소송인의 전원에 대하여 합일적으로 확정되어야 할 경우 즉 필요적 공동소송에 있어서는 공동소송인 가운데 한 사람이 제기한 항소는 다른 공동소송인에게도 그 효력이 미치는 것이므로 다른 공동소송인들도 항소심의 당사자로 되는 것이며 따라서 제1심의 공동소송인 가운데 항소를 제기하지 않은 공동소송인이 있는 경우에도 원심으로서는 제1심의 판결을 받은 공동소송인 전원에 대하여 변론기일에 소환을 하고 심리, 판단을 하여야 하는 것이다 … "라고 판시하였다.

소송인과 구분하여 표기하고 패소에 따른 소송비용도 상소한 공동소송인에게만 부담지우고 있는데 이를 두고 판례가 상소심 당사자설을 취하고 있다고 하는 견해가 있다(이시, 752면; 정/유/김, 1008면).[1] 한편, 판례[2]는 유사필수적 공동소송의 경우도 고유필수적 공동소송과 동일한 취급을 취하고 있다.

제 5 절   특수한 형태의 공동소송

Ⅰ. 예비적 · 선택적 공동소송

1. 의의와 입법 취지

(1) 예비적 · 선택적 공동소송(70조)은 특수한 형태의 공동소송으로서 공동소송인 가운데 일부의 청구가 다른 공동소송인의 청구와 법률상 양립할 수 없거나 공동소송인 가운데 일부에 대한 청구가 다른 공동소송인에 대한 청구와 법률상 양립할 수 없는 경우 필수적 공동소송의 법리(67조 내지 69조)에 따라 공동소송인 전원에 대해 판단을 강제하는 형태의 공동소송을 의미한다. 사안에 따라서는 원고가 A, B 중 누가 책임의 주체인지 정확하게 파악하지 못하는 경우가 종종 있다. 이 경우 원고로서는 A를 상대로 소를 제기한 후 패소 확정되면 처음부터 책임의 주체라고 의심했던 B를 상대로 동일한 소를 제기하여야 하는 불편이 따른다. 만약 A와 B를 처음부터 하나의 소에서 공동피고(주위적 · 예비적 피고 혹은 둘 중 어느 하나로서 선택적 피고)로 할 수 있다면 원고로서는 소송경제를 도모할 수 있을 것이다. 이를 강학상 소위 "소의 주관적 예비적 병합 혹은 주관적 선택적 병합"의 문제로 논의해 왔으나 판례는 일찍부터 이러한 형태의 공동소송이 원고만을 일방적으로 보호하는 것이라는 취지에서 이를 인정하지 않았다.[3] 그러나 실무상의 필요성은 꾸준히 제기되어 오고 있었던 것으로 판단된다.

(2) 주관적 예비적 병합을 인정할 경우 발생하는 가장 큰 문제는 피고의 법적 지위가 불

---

1) 실무제요 Ⅰ, 286-287면 역시 상소하지 않은 필수적 공동소송인은 상소인이 아닌 단순한 상소심 당사자로 파악해야 한다고 하면서 94다33002 판결을 예로 들고 있어 동일한 입장으로 파악된다.

2) 大判 1991. 12. 27. 91다23486. 그러나 일본 판례 중에는 유사필수적 공동소송의 경우 고유필수적 공동소송과 다른 취급을 하는 사례가 있어 주목된다. 最高裁 平成 12. 7. 7. 第2小法廷判決 民事訴訟法判例百選(4版), 218面 참조.

3) 大判 1972. 11. 28. 72다829; 大判 1993. 5. 11. 92수150 등 참조. 학설 역시 다수견해는 부정적이었으나 이러한 판례와 다수입장에 대해 비판적인 견해 역시 일찍부터 존재했다(이재상, "주관적 예비적 병합의 소의 적부", 민사재판의 이론과 실제 1권(1976), 45-46면 참조). 그러나 주관적 · 선택적 병합에 대해서는 논의가 상대적으로 많지 않았다(한종렬, "주관적 · 선택적 병합에 관한 소고", 경북대 법대논총 제20집(1982. 11), 17면 이하 참조).

안해진다는 점일 것이다. 아울러 일부 피고만의 항소 제기 등으로 인한 판결의 불통일 문제가 그 다음으로 문제된다. 이러한 문제점에 대해서는 주관적 예비적 병합의 법적 구성을 독립당사자참가의 법리를 유추적용하거나 준 필수적 공동소송[1]에 의해서 해결될 수 있다는 견해가 대두되었다. 소의 주관적 예비적 병합은 현실의 필요를 반영하고 소송경제라는 거시적인 목적에는 분명 부합하는 제도이기는 하지만 피고의 법적 지위를 불안하게 하고 판결의 불통일이라는 적지 않은 위험을 가진 제도이기에 전면적인 차원이 아닌 부분적·수정적인 차원의 도입을 하자는 것이었는데 이러한 절충적인 입장에서 탄생한 것이 예비적·선택적 공동소송이며 그 절충의 핵심은 "법률상 양립할 수 없는 청구"를 대상으로 한 수정된 필수적 공동소송의 법리의 도입이라고 할 수 있다.

2. 허용요건

(1) 법률상 양립불가능성

1) **실체법상의 양립불가능**   ① 법 제70조가 규정하는 법률상의 양립불가능은 실체법상의 양립불가능을 의미한다. 따라서 단순히 A 혹은 B와 계약을 체결했으므로 이들 중 어느 한 당사자를 예비적 혹은 선택적 피고로 설정하는 것은 허용되지 않는다. 이러한 형태를 인정한다면 종래 논의되어 오던 주관적 예비적 병합을 인정하는 것과 다르지 않기 때문이다. 따라서 채권양도의 효력을 다투는 채무자에 대해 양수인이 주위적 원고, 양도인이 예비적 원고가 되어 채무자를 상대로 소를 제기하는 경우, 면책적 채무인수 상황에서 그 효력이 불분명한 경우, 임차보증금 반환의무를 임대인 혹은 양수인이 부담하는지 불분명한 상황에서 임대인을 주위적 피고, 양수인을 예비적 피고로 하여 소를 제기하는 경우[2] 혹은 공작물의 설치·보존에 하자(민 758조)가 있음을 이유로 점유자를 주위적 피고로, 공작물의 소유자를 예비적 피고로 하는 경우[3]와 같이 주위적·예비적 당사자의 청구나 책임이 병존할 수 없는 법률적 상태를 "법률상 양립불가능"이라고 정의할 수 있다. 공동소송인 양자의 권리나 책임이 공존할 수 있는 가능성이 법률적으로 상정할 수 없는 상황을 의미한다. 따라서 아래의 소송상 양립불가능성과 대비된다.

② 법인의 경우는 문제이다. 법인과 법인대표자 중 어느 쪽과 계약을 체결하였는지 확신이 서지 않는 상대방이 법인과 대표자를 선택적 혹은 예비적 피고로 하여 소를 제기하는

---

1) 강현중, "소의 주관적 예비적 병합에 관한 재론", 민사재판의 제문제(9권), 408-409면 참조.

2) 大判 2021. 11. 11. 2021다251929.

3) 이 상황 하에서 공동원고나 공동피고를 예비적 형태가 아닌 선택적으로 구성하는 것도 법 제70조 하에서는 허용된다. 청구병합에서 청구가 양립불가능할 경우 일차적으로 예비적 병합의 형태로 구성되는 것이 원칙인 반면 예비적·선택적 공동소송에서는 공동원고나 공동피고의 구성 방법을 원고에게 전적으로 일임하고 있다.

것은 법률상 양립불가능에 해당하지 않는다(이론과 실무, 402-403면). 양자 모두가 계약 당사자일
수 있기 때문이며 어느 한 당사자의 책임인정이 다른 당사자의 책임 없음을 구성할 법적 보
장이 없기 때문이다. 그러나 법인과 법인을 대표하는 대표자 혹은 업무담당자를 예비적·선
택적 피고로 하여 제소하면서 피고 법인에 대해서는 대표자나 업무담당자의 유권대리에 기
초해서 계약책임을, 피고 대표자나 업무담당자는 무권대리인으로 밝혀지는 경우의 손해배상
책임을 구하는 형태는 법률상 양립불가능으로 인정할 수 있다.[1]

2) 판례의 소송법상(사실상)의 양립불가능 개념   ① 판례는 실체법상의 양립불가능성
을 넘어 소송법상의 양립불가능성이라는 개념을 사용하여 예비적·선택적 공동소송의 적용
범위를 확대하고 있다. 우선, 원고가 소 제기 당시 피고적격이 없는 자를 피고로 지정한 것
을 시정하기 위해 피고적격이 있는 자를 추가하는 것을 허용하고 있다. 즉, 원고가 아파트
입주자대표회의 구성원 개인을 피고로 삼아 제기한 동 대표 지위부존재확인의 소의 계속 중
에 아파트 입주자대표회의 자체를 예비적 피고로 추가하는 것이 허용된 바 있으며,[2] 근로자
인 원고가 임원 개인을 상대로 제기한 고용계약서상의 퇴직금조항의 무효확인청구 사건에서
도 소 계속 중에 원고가 회사 자체를 예비적 피고로 추가하는 것 역시 허용한 바 있다.[3] 아
울러, 교통사고를 당한 피해자인 원고들이 의왕시와 경기도를 공동피고로 하여 선택적 공동
소송을 제기하였는데 항소심인 서울고등법원은 사실상 양립불가능의 경우도 예비적·선택적
공동소송으로 구성될 수 있다고 판시하였다.[4] 이들 사안의 공통점은 앞서 본 채권양도·양
수나 채무인수 혹은 임대보증금반환의무의 승계 여부 사안과 같이 문제된 양자의 법적책임
의 존부가 실체법적으로 상호 의존관계에 있는 것이 아니라 A 또는 B의 책임 소재 여부가
사실관계 여하에 달려있을 뿐 아니라 당사자적격 혹은 책임의 공존이 가능하다는 점이다.

---

1) 서울중앙地判 2004. 3. 25. 2002나44365,2003나27930(상고심은 大判 2004. 11. 12. 2004다21572 사건)에서
수분양자인 원고는 주택조합을 주위적 피고로, 분양업체를 예비적 피고로 하여 소유권이전등기청구의 소를
제기하였는데 분양업체가 주위적 피고인 주택조합을 대리할 대리권이 있었는지 여부에 따라 예비적 공동소
송 형태로 구성한 것이다.

2) 대법원은 大決 2007. 6. 26. 2007마515에서 " … 동일한 사실관계에 대한 법률적인 평가를 달리하여 두 청
구 중 어느 한 쪽에 대한 법률효과가 인정되면 다른 쪽에 대한 법률효과가 부정됨으로써 두 청구가 모두 인
용될 수는 없는 관계에 있는 경우나, 당사자들 사이의 사실관계 여하에 의하여 또는 청구원인을 구성하는
택일적 사실인정에 의하여 어느 일방의 법률효과를 긍정하거나 부정하고 이로써 다른 일방의 법률효과를 부
정하거나 긍정하는 반대의 결과가 되는 경우로서, 두 청구들 사이에서 한 쪽 청구에 대한 판단 이유가 다른
쪽 청구에 대한 판단 이유에 영향을 주어 각 청구에 대한 판단 과정이 필연적으로 상호 결합되어 있는 관계
를 의미하며, 실체법적으로 서로 양립할 수 없는 경우뿐 아니라 소송법상으로 서로 양립할 수 없는 경우를
포함하는 것으로 봄이 상당하다 … "고 판시한 바 있다. 이 사안을 법률상 양립할 수 없는 것(동일한 사실관
계에 대한 법률적 평가상 양립불가능성)이라고 평가하는 견해도 있다(김홍, 1013면). 소송법상 양립불가능성
에 대한 묘사를 위해 설시한 내용 이상의 것이 아니므로 이를 법률상 양립불가능성의 범주에 포함시키는 것
은 적절치 않다.

3) 大判 2008. 4. 10. 2007다86860.

4) 大判 2004. 5. 14. 2004다9244(원심인 서울高判 2004. 1. 14. 2003나6639에서 구체적인 설시를 하고 있다).

② 대법원은 위 동 대표 사건에서 "소송상 양립불가능"이라는 개념을 사용하면서 법률상 양립불가능의 범주에 포함시키고 있으나 그 실질은 "사실상의 양립불가능성"을 의미하는 것으로 판단된다.[1] 결국 대법원은 공동소송인의 청구 혹은 공동소송인에 대한 청구가 사실상 양립 불가능한 경우라 하더라도 공동소송인의 청구나 공동소송인에 대한 청구가 동시에 인용될 수 없거나 어느 한 쪽의 승소가 다른 쪽의 패소를 가져오는 관계라면 예비적·선택적 공동소송이 가능하다는 입장으로 법 제70조를 확대해석하고 있다고 평가된다.[2]

3) 학계의 입장　　법률상 양립가능성에 대한 해석을 둘러싼 학계의 입장은 매우 다양하다. 판례의 입장을 지지하면서 기존의 경직된 당사자 변경 및 추가제도에 대한 보완을 가져올 수 있다는 유연한 입장[3]에서부터 법률상 양립불가능성을 엄격하게 해석해서 공동소송인 중 한 사람의 승소는 다른 공동소송인의 필연적인 패소를 법률상 보장하는 경우를 전제로 한다는 비교적 엄격한 견해의 대립[4]을 양 극단으로 하여 절충적인 견해들이 제시되고 있다.

(2) 통상공동소송과의 공존 가능성

원고가 주위적 청구와 예비적 청구를 하면서 주위적 청구부분에 대해서만 주위적 피고와 예비적 피고를 설정하는 것도 가능하다.[5] 이 경우 주위적 피고에 대한 예비적 청구 부분과 예비적 피고와는 통상공동소송관계에 있는 경우가 발생할 수 있게 된다.[6] 물론 소송진행 도중에 이러한 예비적 피고를 추가하는 것도 가능하며 사실상 양립가능한 청구들을 예비적으로 청구병합한 경우에도 이를 허용한 바 있다.[7] 한편, 원고 측 예비적·선택적 공동소송의 형태에서 통상공동소송을 결합하는 것 역시 가능하다.[8]

---

1) 이규진, "민사소송법 제70조 소정의 예비적·선택적 공동소송의 요건", 대법원판례해설 67호(2008), 623면 참조.

2) 大判 2008. 3. 27. 2005다49430과 大判 2008. 7. 10. 2006다57872 등에서 예비적·선택적 공동소송을 인정하고 있다.

3) 오상현, "예비적·선택적 공동소송에 관한 판례분석", 법조(2010. 2), 42-43면.

4) 이론과 실무, 402면. 이 제도의 폐지를 주장하는 호문혁 교수 역시 판례 입장을 비판하면서 법 제70조의 법률상 양립 불가능의 의미는 실체법상 'A가 아니면 B가 인정되는' 양립 불가능한 상황이 '예정'되어 있는 경우에 한정되어야 한다고 주장하고 있다(호문혁, "예비적 공동소송의 요건", 민사판례연구(XXXⅢ-1)(2011), 856-857면).

5) 大判 2014. 3. 27. 2009다104960,104977.

6) 大判 2009. 3. 26. 선고 2006다47677.

7) 大判 2015. 6. 11. 2014다232913. 이 사건의 주위적·예비적 피고들은 결국 공동불법행위자로서 부진정연대책임이 인정되었다. 이 사건 항소심은 이 사건 소가 예비적·선택적 공동소송 관계에 있지 않다고 판단하여 직권으로 통상공동소송으로 보고 판단하였다. 그러나 대법원은 이 사건 소가 예비적·선택적 공동소송과 통상공동소송이 결합된 형태로 파악하고 있다(계경문, "양립할 수 있는 청구를 병합한 예비적·선택적 공동소송의 심리", 법조 721호(2017. 2), 664면 이하 참조).

8) 大判 2012. 9. 13. 2009다23160.

(3) 항소심에서 변론병합을 통한 예비적 · 선택적 공동소송

1) 예비적 · 선택적 공동소송은 법 제68조의 준용에 따라 제1심 변론종결시까지만 가능하다. 이 점을 중시해서 항소심에서의 예비적 · 선택적 공동소송을 부인하는 입장이 있다(김홍, 1042면). 그러나 법률상 양립할 수 없는 두 개의 소송절차가 항소심에 계속 중이고 당사자들이 동의한다면 변론병합을 통해 예비적 · 선택적 공동소송으로 구성하는 것도 가능하다 할 것이다(정영, 901면도 동지).

2) 판례 가운데는 항소심에서 후발적으로 예비적 피고를 추가하는 것을 문제 삼지 않은 사례가 있는데 명시적인 판단이 없어 항소심에서 후발적인 예비적 피고의 추가를 허용하는 것인지는 분명하지 않다.[1] 그러나 제1심에서 예비적 · 선택적으로 심리할 수 있을 정도로 변론이 성숙되었을 때에는 항소심에서도 상대방이 동의를 받아 예비적 · 선택적 공동소송이 가능하다고 보고 있다(강, 825면). 변론병합의 방법이 아닌 후발적인 예비적 · 선택적 공동소송이 항소심에서도 일반적으로 가능하다는 입장인지는 분명하지 않지만 항소심에서의 예비적 · 선택적 공동소송의 가능성을 열어두고 있는 것은 분명하다.

(4) 허용요건 판단

예비적 · 선택적 공동소송 역시 공동소송이므로 공동소송의 병합요건과 일반적인 소송요건을 갖추어야 한다. 그 외에도 아래 사항을 검토하여야 한다.

1) 예비적 · 선택적 공동소송을 제기하고자 하는 경우에는 반드시 이를 명시적으로 밝혀야 한다(법 70조 1항, 68조 1항, 2항). 합일확정이 요구되는 법 제67조를 준용하고는 있지만 청구의 포기 인낙, 화해 및 소취하 등이 가능하기 때문에 반드시 공동으로 소를 제기할 이유가 없기 때문이다. 따라서 당사자의 의사가 분명하지 않은 경우에는 적극적으로 이를 석명해서 공동소송관계의 법적성질을 분명히 할 필요가 있다.[2]

2) 예비적 · 선택적 공동소송으로 소를 제기하였으나 요건을 충족하지 못한 경우 소 자체를 각하하기보다는 통상공동소송으로 취급해서 심리하는 것이 바람직하다.[3]

3. 형태와 문제점

법 제70조 제1항에서는 원고측이 예비적 · 선택적 공동소송의 공동소송인이 될 수 있을 뿐 아니라 피고측 역시 예비적 · 선택적 공동소송인이 될 수 있음을 명백히 하고 있다. 어느

---

1) 大判 2008.4.10. 선고 2007다36308. 동 판결에서는 용어의 사용도 분명하지 않으며 선정당사자인 원고와 선정자들의 청구가 사실상으로도 양립가능해서 예비적 · 선택적 공동소송에 대한 기본적인 고정관념을 뛰어넘고 있다.

2) 대법원은 준비서면에서의 진술만으로도 예비적 · 선택적 공동소송의 의사표시가 있는 것으로 판단하고 있는데(大判 2008. 4. 10. 2007다86860) 별도의 명시적인 신청을 요구하는 것이 바람직하다.

3) 大判 2009. 3. 26. 2006다47677.

측이 공동소송인이 된다고 하더라도 차이는 발생하지 않는다. 한편, 다음의 형태가 논의될 수 있을 것이다.

(1) 원시형과 후발형

공동소송인이 최초부터 예비적·선택적으로 구성되어 공동소송을 유지하는 경우뿐 아니라 소송 계속 중에 당사자가 예비적·선택적 공동소송인으로 추가되는 것이 가능하다. 법 제70조가 필수적 공동소송인의 추가를 규정하는 법 제68조를 준용하고 있기 때문이다. 후발적인 예비적·선택적 공동소송의 경우 다음의 상황이 문제될 수 있다. 즉, 소송 진행 도중 원고 입장에서 피고 외의 다른 사람을 피고로 추가하고 싶은 경우 필수적 공동소송 형태가 아니더라도 예비적·선택적 피고로 구성해서 당사자를 소송에 끌어들이는 것이 가능하다. 사실상의 양립불가능의 경우도 공동소송을 허용하는 판례 입장에 따르면 얼마든지 가능할 것이다.[1]

(2) 예비형·선택형

법문에서 명백한 바와 같이 공동소송인은 원고의 자유로운 선택에 따라 예비적·선택적으로 구성될 수 있다. 예비적·선택적 공동소송을 이용하고자 하는 원고는 자신이 원하는 바에 따라 공동소송인이 되는 피고를 예비적 혹은 선택적으로 구성할 수 있으며 원고가 공동소송인인 경우에도 스스로 구성이 가능하다. 청구병합과 달리 예비적·선택적 공동소송에서는 공동소송인 간의 구성을 원고 스스로 아무런 제한 없이 선택할 수 있는데 법 제70조 제2항에 따라 모든 공동소송인에 대해 판결이 선고되어야 하기 때문이다. 다만, 당사자가 공동소송인을 주위적·예비적으로 구성하였는데 예비적 원고가 승소하거나 혹은 예비적 피고에 대해 승소하면 주위적 원고는 상소의 이익이 인정될 수 있지만 공동소송인이 선택적으로 구성된 경우에는 누가 승소하든 혹은 누구를 상대로 승소하든 상소이익은 인정되지 않을 것이다. 그런데 문제는 공동소송인 상호 간의 관계를 당사자 스스로 임의적으로 제한 없이 이렇게 선택할 수 있도록 한 것이 타당한 것인가 하는 점이다.[2]

4. 심리방법

(1) 필수적 공동소송의 법리 준용과 한계

1) **법 제70조 제1항 본문**   이 규정에 따르면 예비적·선택적 공동소송에는 법 제67

---

1) 문제는 법원의 허가를 받아 후발적으로 예비적·선택적 공동소송 형태가 되었는데 나중에 다시 청구를 변경하면서 공동피고들에게 통상 공동소송인으로서 공동책임을 물을 수 있느냐 하는 점이다. 필수적 공동소송인이 아니면 처음부터 당사자로 추가될 수 없었겠지만 소송진행 상황에 따라 부득이 공동책임을 묻는 상황이 되면 이를 불허하기도 어렵다. 소송경제적인 측면에서는 청구의 변경을 허용하는 것이 타당하기 때문이다.

2) 실제로 현재까지의 사례 중에서 공동소송인을 선택적으로 구성한 경우는 매우 드문데 서울高判 2004. 1. 14. 2003나6639(상고심은 大判 2004. 5. 14. 2004다9244)를 대표적으로 들 수 있다.

조 내지 제69조가 준용됨으로써 필수적 공동소송의 법리가 적용되어야 한다. 따라서 공동소송인 중 한 사람에게 소송절차의 중단 또는 중지사유가 있는 경우에도 공동소송인 모두에게 그 효력이 미치게 되며 변론의 분리나 일부판결은 할 수 없다(67조 3항). 한편, 공동소송인 중 일부가 상소를 제기하더라도 당사자 전원에 대한 판결 확정이 차단되며 상소심에서 불이익 변경금지 원칙도 적용되지 않는 등 필수적 공동소송의 법리와 동일한 결과에 이르게 된다. 나아가 공동소송인 1인의 행위는 모두의 이익을 위한 경우에만 효력이 발생하므로(67조 1항) 원칙대로라면 공동소송인 1인이 한 청구의 포기 · 인낙 · 화해 및 소취하 등은 그 효력이 인정되지 않아야 한다. 그러나 필수적 공동소송과 예비적 · 선택적 공동소송의 공동소송인은 상호 간에 이해관계의 방향이 다르므로 어떤 특칙이 필요하게 된다.

   2) 법 제70조 제1항 단서와 제70조 제2항   예비적 · 선택적 공동소송의 공동소송인은 필수적 공동소송의 공동소송인과 성격을 달리하므로 필수적 공동소송의 심리특칙을 준용하면서도 공동소송인 각자는 청구의 포기 · 인낙 · 화해 및 소취하를 할 수 있도록 예외를 두고 있다(70조 1항 단서). 나아가 공동소송인 전부에 대해서 판단할 것을 요구하고 있다(70조 2항).[1] 이러한 특칙의 설치가 의도한 대로의 효과를 나타낼 수 있는지 여부를 두고 논란이 일고 있으며 해석의 어려움을 낳고 있다. 법 제70조 제1항 본문과 단서는 전혀 어울리지 않는 내용이며 공동소송인 모두에 대하여 판단하도록 요구한 제2항 역시 예비적 · 선택적이라는 설정과 조화되지 않기 때문이다.

   3) 예비적 · 선택적 공동소송의 본질   예비적 · 선택적 공동소송은 법 제67조를 제한적으로 준용하는 특수한 성격을 가진 공동소송으로서 기존의 통상공동소송이나 필수적 공동소송으로 구분 짓기 어렵다. 따라서 필수적 공동소송의 법리 중 소송진행의 통일 원칙은 준용되지만 소송자료의 통일 원칙은 준용되지 않는다고 보아야 한다. 아울러 소의 주관적 예비적 병합과 소의 주관적 추가적 병합을 궁극적으로 도입하는 과도기적 형태로 평가하는 것이 바람직하다.

   (2) 소송진행의 통일

   1) 기본원칙   예비적 · 선택적 공동소송의 소송진행은 법 제67조가 제한적으로 준용됨으로써 최소한 소송진행은 통일적으로 이루어져야 한다. 즉, 변론과 증거조사는 공통된 기일에 실시되어야 하며 공동소송인 가운데 한 사람에게 소송절차를 중단 또는 중지하여야 할 이유가 있는 경우 그 중단 또는 중지는 모두에게 효력이 미친다(67조 3항). 한편, 판결은 공동소송인 전부에 대해 하나의 판결로써 하여야 하며 공동소송인 중 일부만 상소하더라도 전체

---

[1] 이 점에서 예비적 · 선택적 공동소송은 종전부터 논의되어 오던 소의 주관적 예비적 · 주관적 선택적 병합과는 다소 거리가 있다. 용어를 혼동해서 사용하는 경우가 많으므로 주의할 필요가 있다.

소송이 상소심으로 이심되며 아울러 심판대상이 된다.[1]

2) 상소심에서의 지위   원고 甲이 주위적 피고 乙에게 패소하고 예비적 피고 丙에게는 승소한 경우를 가정해보자(다른 상황도 동일하므로 하나의 예를 들 뿐이다). 이 경우 상소이익은 원고 甲과 예비적 피고 丙에게 인정될 수 있는데 그 중 예비적 피고 丙만 상소한 경우 원고 甲은 당연히 피항소인의 지위에 있게 되는데 반해 주위적 피고 乙의 지위가 문제된다. 이 경우에도 주위적 피고 乙은 상소심 당사자가 된다는 것이 다수견해(이시, 760면; 정/유/김, 1016면; 실무제요 I, 294면)이나 매우 의문이다. 이 경우 상소이익이 인정되는 원고 甲이나 예비적 피고 丙 가운데 누가 상소하든 1심에서 승소한 주위적 피고 乙은 나머지 어느 누구와도 동일한 이익을 가질 수가 없기 때문이다(이 점이 필수적 공동소송인과도 다르다). 따라서 1심에서 유일하게 승소한 주위적 피고 乙은 항소심에서 당연히 피항소인(피상소인)의 지위를 갖게 되며 항소심 변론에도 관여할 수 있는 기회가 제공되어야 한다. 항소한 예비적 피고 丙이 항소심에서 승소하면 이론적으로 주위적 피고 乙은 패소할 가능성이 농후하게 되기 때문이다. 물론 피고들 乙, 丙 모두 항소심에서 승소할 수 있지만 그 경우보다는 예비적 피고 丙의 승소는 주위적 피고 乙의 패소를 의미할 가능성이 높은 것이 예비적·선택적 공동소송의 논리구조임은 명확하다. 다수견해는 이렇게 판결이 피고 乙에게 불리하게 변경될 수 있음을 인정하면서도(이시, 760면) 상소하지 않은(엄밀하게는 상소할 수 없었던) 주위적 피고 乙이 단순히 상소심 당사자라고만 하고 있어 문제이다. 이는 주위적 피고 乙의 방어권을 침해하고 예비적·선택적 공동소송의 기본 구조에도 반하는 해석이다.

3) 조정을 갈음하는 결정 및 화해권고결정과 분리확정   ① 대법원은 조정을 갈음하는 결정(민조 30조)과 관련하여 예비적·선택적 공동소송에는 법 제67조 내지 제69조가 준용되어 소송자료 및 소송진행의 통일이 요구되지만 청구의 포기·인낙, 화해 및 소의 취하는 공동소송인 각자가 할 수 있으므로 일부 공동소송인이 이의하지 않았다면 원칙적으로 그 공동소송인에 대한 관계에서는 조정을 갈음하는 결정이 확정될 수 있다고 판시한 바 있다.[2] 그러나 대법원은 이러한 원칙을 선언하면서도 문제가 된 결정에서 분리 확정을 불허하고 있거나, 그렇지 않더라도 그 결정에서 정한 사항이 공동소송인들에게 공통되는 법률관계를 형성함을 전제로 하여 이해관계를 조절하는 경우 등과 같이 결정 사항의 취지에 비추어 볼 때 분리 확정을 허용할 경우 형평에 반하고 또한 이해관계가 상반된 공동소송인들 사이에서의 소송

---

1) 大判 2011. 2. 24. 2009다43355; 大判 2018. 12. 27. 2016다202763; 大判 2022. 4. 14. 2020다224975.
2) 大判 2008. 7. 10. 2006다57872. 사건의 내용은 다음과 같다. 할부약정에 의해 자동차를 매수한 원고가 자동차 판매회사인 주위적 피고에 대해 채무불이행 책임을 소구함과 동시에 원고가 납입한 자동차 대금을 예비적 피고가 주위적 피고에게 지급하지 않았을 경우를 대비해서 예비적 피고에 대해서는 채무부존재확인청구와 할부금의 반환을 구한 사건이었다. 이 사건은 사실상 양립불가능한 청구를 전제로 하고 있으며 아울러 원고들의 피고들에 대한 위자료 청구는 통상공동소송의 형태를 띠고 있다.

진행 통일을 목적으로 하는 법 제70조 제1항 본문의 입법 취지에 반하는 결과가 초래되는 경우에는 분리 확정이 허용되지 않는다고 하여 예외를 인정하고 있다. 최근 화해권고결정에 대해서도 동일한 논리를 적용한 바 있다.[1]

② 대법원은 조정을 갈음하는 결정이나 화해권고결정 등에 대해 일부 공동소송인만 이의하지 않는 경우에도 법 제70조 제1항 단서가 적용되어 해당 부분은 원칙적으로 분리확정이 가능하다고 보고 있으나 동 상황에는 제1항 본문이 적용되어야 하므로 분리확정이 불가능하다고 보는 것이 타당하다. 법 제70조 제1항 단서에서 언급하는 청구의 포기 · 인낙, 화해 및 소의 취하는 당사자의 순수한 소송행위를 의미하는 것인 반면 조정을 갈음하는 결정이나 화해권고결정 등의 경우는 법원의 재판이 개입되는 것이기 때문이다. 따라서 일부 공동소송인이 이의하지 않더라도 다른 일부 공동소송인이 이의를 하는 것은 판결에 대한 상소를 하는 것과 유사한 성질을 가지므로 사건 모두가 확정 차단되고 소송절차로 복귀하는 것으로 취급함이 타당하다(232조 1항, 민조 36조).[2]

(3) 소송자료의 불통일

1) 소송자료의 불통일(70조 1항 단서)   법 제70조 제1항 본문에서는 필수적 공동소송의 심리 특칙 규정(제67조)을 준용하면서 단서에서 공동소송인 각자가 혹은 각자에 대해 청구의 포기 · 인낙 · 화해 및 소취하는 자유로이 할 수 있다고 규정하고 있어 명백히 모순된 내용을 담고 있다. 결국, 법 제70조 제1항의 전체적인 의미는 법 제67조를 제한적으로 준용한다는 것을 선언하는 것으로 파악해야 한다. 따라서 법 제67조를 준용하되 소송자료의 통일 원칙은 준용하지 않는다는 것을 선언하는 것이라고 해석함이 타당하다(같은 취지의 견해로는 호, 878면). 예비적 · 선택적 공동소송의 구조는 필수적 공동소송의 그것과는 근본적으로 다르기 때문이며 나아가 공동소송인 중 어느 한 사람의 승소는 다른 공동소송인의 패소를 의미하므로 공동소송인 모두의 이익을 위한 소송행위라고 하는 것이 본질적으로 존재할 수 없기 때문이기도 하다.

2) 청구의 포기 · 인낙 · 화해 및 소의 취하   예비적 · 선택적으로 구성된 공동원고 중 한 사람이 소를 취하하거나 청구를 포기하는 것은 아무런 문제를 야기하지 않는다. 단일 소

---

1) 大判 2015. 3. 20. 2014다75202. 그러나 대법원은 이 사건과 위의 2006다57872 사건 모두에서 조정을 갈음하는 결정이나 화해권고결정에 대해 일부 이의하지 않았다 하더라도 동 부분이 분리확정이 되지 않는다고 하여 예외적인 상황을 인정하였다. 조정을 갈음하는 결정이나 화해권고결정 등에도 법 제70조 1항 단서를 반드시 적용해야 한다는 전제에서 접근을 한 결과 원칙과 예외의 혼선을 빚는 것이 아닌가 판단된다.

2) 2006다57872 사건의 원심 법원(대전고등 2006. 7. 26. 2004나8188)의 결론도 동일하며, 오상현, "예비적 · 선택적 공동소송에 있어서의 합일확정과 당사자의 처분", 성균관법학 21권 3호(2009. 12), 449-450면 역시 같은 견해이다. 한편, 원고와 이의를 하지 않은 주위적 피고 사이에서 재판이 확정되어도 무방하였을 것이라는 견해(호, 880면)도 있다.

송만이 남게 되어 재판을 진행하는 것으로 족하다. 그런데 인낙이나 화해의 경우에는 이론적인 문제가 발생할 수 있다. 우선, 예비적 공동소송의 경우 예비적 원고나 예비적 피고는 법률상 혹은 그 성격상 후순위에 있는 것도 아니면서 원고들의 의사로 예비적인 지위에 놓이게 되는 것처럼 보인다. 예를 들어, 양도인과 양수인이 공동원고가 되어 채무자를 상대로 예비적 공동소송을 제기할 경우 누가 주위적 원고가 될 것인지는 원고들의 자의적인 의사에 의할 뿐 법리적으로 그 순위를 정할 수는 없는 것이며 심지어 선택적인 원고가 되어도 아무런 문제가 없는 것이다. 피고들이 공동피고가 되어도 상황은 동일하다.

① 일부 인낙불허설　　인낙이나 화해의 경우 주위적 피고가 원고의 청구를 인낙하거나 주위적 원고의 청구를 피고가 인낙하는 것은 별 문제가 없을 것이나 원고의 청구에 대해 예비적 피고가 인낙하거나 피고가 예비적 원고의 청구를 인낙하는 것은 효력이 없다고 하는 견해(강, 212면; 호, 879면)가 있으나 의문이다. 예비적 공동소송에서 예비적 피고에 대한 청구는 주위적 피고에 대한 청구를 인용할 것을 해제조건으로 해서 청구인용판결을 구하는 것이라는 기본구조를 고려할 때 주위적 피고에 대한 청구에 대하여 아무런 판단이 없는 상태에서는 예비적 피고가 청구인낙도 할 수 없다고 보는 것이 타당하다는 논거이다.

② 인낙허용설　　일부 인낙불허설은 법 제70조 제1항 단서를 정면으로 어기는 견해일 뿐 아니라 논리적으로도 모순이다. 현행 예비적·선택적 공동소송에서는 앞서 본 바와 같이 공동소송인의 구성(예비적인지 선택적인지 여부)이 전적으로 원고에게 달려있으며 양자 간의 법률적 성질의 차이도 전혀 없다. 그런데 선택적 피고는 언제든지 인낙이 가능하고 예비적 피고는 인낙이 불가능하다고 한다면 원고의 의사에 의해서 인낙의 효력이 좌우된다는 결론에 이르게 되어 매우 부당하다.[1] 따라서 예비적 공동소송의 경우도 선택적 공동소송의 경우와 마찬가지로 예비적 원고에 대한 인낙이나 예비적 피고의 인낙 등이 발생할 수 있다는 점을 염두에 두어야 한다. 이는 화해의 경우도 동일하다.

3) 재판상 자백　　불리한 소송행위의 전형이라고 할 수 있는 자백의 경우도 원칙적으로 공동소송인 모두가 같이 하지 않으면 자백의 효력이 없다는 견해(이시, 759면)와 한 사람의 자백이 다른 공동소송인에게 유리하면 유효하다는 견해가 있다(정/윤/김, 1015면; 정영, 784면). 그러나 승패를 반드시 나누어 가져야 하는 공동소송인 모두가 같이 할 수 있는 자백이란 어떤 것이 있을 수 있는지 의문이며 자백의 유·불리를 일일이 구분하여 효력 유무를 구분하자는

---

1) 인낙불허설에서는 예비적으로 병합된 청구에 대해 인낙을 하더라도 효력이 없다는 大判 1995. 7. 25. 94다 62017을 논거의 하나로 들고 있으나 의문이다. 청구의 예비적 병합은 선택적 병합과 달리 구분 지표가 분명히 존재하므로 당사자의 의사를 존중할 필요가 있는 반면 예비적·선택적 공동소송의 경우는 양자의 구분 지표가 없으며 전적으로 원고의 의사에 달려있을 뿐이다. 더구나 청구의 예비적 병합의 경우는 주위적 청구가 우선적인 판단을 받아야 할 현실적인 가치의 우위가 있지만 예비적 공동소송의 주위적 원고나 주위적 피고가 더 우선시되어야 할 현실적인 가치우위도 없음을 유념할 필요가 있다.

견해도 현실성이 없다. 공동소송인 각자는 아무런 제한 없이 각자 자백을 할 수 있다고 보아야 한다. 공동소송인 각자의 자백이 공동소송인 모두의 패소를 초래하는 상황을 야기한다 하더라도 이는 당사자 스스로의 소송행위를 통해 비롯된 것이므로 예비적·선택적 공동소송의 법리에 어긋난다고 볼 수는 없다(같은 취지의 견해 호, 880-881면).

Ⅱ. 소의 주관적 추가적(예비적) 병합

1. 소의 주관적 추가적 병합

(1) 실정법상의 소의 주관적 추가적 병합

소가 진행되는 가운데 당사자가 추가되는 상황은 예외적으로만 인정되고 있다. 우선, 기본적으로 당사자가 사망을 하거나 채권양도 혹은 채무인수 등이 일어나 복수의 사람이 기존 당사자를 수계하거나 참가·인수 승계하는 경우(81조, 82조), 혹은 제3자가 스스로 공동소송참가(83조)를 해서 절차에 참여하는 경우 등이 그것이다. 그 다음으로는 기존의 당사자가 소송 도중에 어떤 필요에 의해서 제3자를 소송에 끌어들이는 방법이 인정되는가 하는 것인데 실정법상으로는 원고에 의한 필수적 공동소송인의 추가(68조)제도와 이를 준용하는 절차에서 당사자의 추가가 가능하며 집행법상 추심의 소에서 피고에 의한 공동소송인 참가명령 신청(민집 249조 3항)제도가 인정되고 있다.

(2) 해석론을 통한 소의 주관적 추가적 병합

통상공동소송의 경우 소송물의 이전이 없는 상태에서도 소송 계속 중 새로운 당사자를 추가할 필요가 발생하는 것은 당연하다. 이러한 경우 해석론에 따른 주관적 추가적 병합을 인정할 것인지에 대해 견해가 대립되어 있다. 판례는 고유필수적 공동소송이 아닌 한 당사자의 추가는 허용되지 않는다는 입장을 고수해 오고 있다.[1] 그러나 다수 학설은 이를 인정하자는 입장이다. 최소한 1심 절차에서만이라도 당사자의 추가를 허용하는 것이 분쟁해결의 효율성 측면에서 바람직할 것이다. 더욱이 판례가 예비적·선택적 공동소송의 요건을 완화해서 사실상 양립불가능한 청구에까지 당사자의 추가를 허용하고 있는 상황에서 소의 주관적 추가적 병합을 인정하지 않을 이유가 없다.

2. 소의 주관적 예비적 병합

(1) 종전의 학설을 통해 주장되어 오던 소의 주관적 예비적 병합은 청구의 제한 없이 원

---

1) 大判 1993. 9. 28. 93다32095; 大判 2009. 5. 28. 2007후1510 등. 일본의 최고재판소도 이를 부정하고 있다(最高裁 1987. 7. 17 民集 41-5-1402).

고든, 피고든 주위적 원·피고가 아니면 예비적 원·피고에 대한 청구를 인용해 줄 것을 요구하는 형태의 소였다. 소의 주관적 예비적 병합을 반대하는 가장 큰 논거는 예비적 피고의 법적 지위가 너무 취약하다는 점에 있었고 결국은 원고의 자의적인 의사에 기해 투망식 소송이 될 가능성이 높았다는 지적이었다.[1] 사실 원고가 주위적·예비적으로 구성되는 것은 아무 문제가 되지 않을 것이다. 이러한 구성에 따른 불이익을 예비적 원고 스스로 인식하고 제기한 소송이기 때문이다. 실제로 문제된 사건도 모두 피고와 관련된 것이다.[2]

　　(2) 법 제70조가 규정하는 예비적·선택적 공동소송은 소의 주관적 예비적 병합을 허용할 경우의 폐단을 시정하는 차원에서 도입한 제한적인 형태의 주관적 예비적 병합이라고 할 수 있다. 그런데 예비적·선택적 공동소송을 판례와 같이 사실상의 양립불가능한 청구로까지 그 대상을 확대한다면 사실상 주관적 예비적 병합을 허용하는 것과 크게 다를 바가 없게 된다. 다만, 일본의 동시심판신청에 의한 공동소송(日民訴 41조)[3]과 달리 예비적·선택적 공동소송을 필수적 공동소송의 법리에 따라 재판하는 것일 뿐이다. 그러므로 주관적 예비적 병합을 허용함으로써 빚어질 수 있는 투망식 소송을 염려한다면 예비적·선택적 공동소송의 대상을 법률상 양립할 수 없는 청구로 한정해서 법 제70조에 따라 통일적인 재판을 도모하는 것이 바람직하다고 판단된다.

　　(3) 이론적인 면을 떠나 정책적으로도 소의 주관적 예비적 병합을 허용할 것인가 여부에 대해 심도 있는 검토가 필요하다. 예를 들어, 도로관리책임의 주체가 경기도인지 혹은 의왕시인지 정확한 정보에 접근할 수 없는 당사자로서는 두 개의 지방자치단체를 공동피고로 할 수밖에 없는 경우도 있기 때문이다.[4] 주관적 예비적 병합을 허용하면 소송이 복잡해질 뿐 아니라 경솔한 제소를 조장한다거나 소송지연을 가져올 수 있다는 등의 폐해를 지적하는 경우도 있으나 현대사회의 발전과 사회구조의 복합화 등으로 당사자가 아무리 노력해도 정확하게 책임의 주체를 특정하기 어려운 경우가 적지 않으므로 소의 주관적 예비적 병합을 허용해야 할 필요성이 증가하고 있는 것은 부인하기 어려운 현실이다. 특히, 행정소송이나 가사소송에서는 이러한 현상이 일반 민사소송에서보다 상대적으로 빈번하게 일어나고 있으며[5] 일반 민사사건의 경우에도 사회·경제구조의 복잡화로 최종적인 책임의 주체를 사전에

---

1) 大判 1997. 8. 26. 96다31079.

2) 大判 1972. 11. 28. 72다829; 大判 1993. 5. 11. 92수150; 大判 2002. 11. 8. 2001두3181 등.

3) 일본도 우리와 같은 고민에서 소의 주관적 예비적 병합의 문제점을 해결하는 차원에서 동시심판의 신청에 따른 공동소송을 인정하였다(日民訴 41조). 그러나 일본의 동시심판의 신청에 따른 공동소송은 우리와 달리 원고의 공동피고에 대한 청구가 법률상 양립하지 않는 경우로 제한된다(원고 측이 공동소송인이 되는 것은 인정하지 않는다). 아울러 심리도 통상공동소송의 심리원칙을 따르게 되는데 다만 변론과 재판을 분리하지 않고 진행할 뿐이다(이 제도에 대한 간략한 설명은 河野正憲, 702-704面 참조).

4) 大判 2004. 5. 14. 2004다9244의 원심판결인 서울高判 2004. 1. 14. 2003나6639 참조.

5) 지방자치의 발달로 국가와 지방자치단체 간의 책임분담관계는 물론 지방자치단체 간의 책임분담 역시 일

특정하기 어려운 경우도 적지 않다. 이러한 점을 고려한다면 장기적인 관점에서 소의 주관적 예비적 병합을 도입하는 문제도 적극 고려해야 할 것으로 판단된다.

반인이 정확히 파악하는 것이 쉽지 않다.

제 3 장   집단분쟁해결제도

제 1 절 개   관

I. 종래의 집단분쟁과 대응

공동소송은 다수당사자의 소송을 규율하는 제도이지만 현대사회에서 발생하는 소규모·대규모의 집단적인 피해 사태에 따른 재판을 효율적으로 운용하기 위해서는 별도의 장치가 필요하다. 예를 들어 원고들의 수가 50명에서 100명 정도에 이르는 경우 혹은 수백 명에서 수천 명에 이르는 경우나 불특정다수의 피해자가 발생한 경우 등을 상정해 볼 수 있는데 각기 재판의 효율성을 제고하기 위한 장치가 필요하지만 집단의 규모나 크기에 따라 대응 방안은 다르다고 생각된다. 비교적 소규모 집단을 이루는 사람들은 대부분 법인격을 가진 단체나 법인이 아닌 사단이나 재단 등에 귀속되므로 단체 그 자체가 당사자가 되어 소송을 수행할 수 있지만(52조) 그렇지 못한 경우에는 동일 집단의 대표가 당사자가 되어 소송을 수행하는 방법이 있는데 그것이 선정당사자 제도(53조)이다. 당사자능력을 갖지 못하는 조합 혹은 마을 단위의 피해를 입은 경우 그 구성원들은 업무집행조합원이나 마을 대표자를 선정당사자로 하여 소송을 수행한다면 모든 당사자들이 법정에 출석하는 불편을 덜 수 있으며 법원역시 모든 당사자들에게 소송관계 서류를 송달해야 하는 불편을 덜 수 있게 된다.

II. 현대사회와 집단분쟁

현대사회에서 일어나는 집단적인 분쟁의 특성(불특정다수의 소액피해자)을 고려할 때 크게 두 가지 점에서 소송법적인 접근과 적절한 해결방안이 필요하다고 생각된다. 즉, 소액피해자의 소권보호와 불특정 다수 피해자의 효율적인 피해구제가 그것이다. 소액피해자는 자신이 입은 피해정도에 비추어 소 제기라는 번거롭고 고비용의 절차를 기피하게 마련이므로 저비용의 절차가 필요하며 나아가 특정이 어려운 다수피해자들을 하나의 원고로 결집할 수 있는 절차적인 도구 역시 필요하다. 국가가 이러한 소송법적인 도구들을 마련해야 할 의무는 개인의 소권보호 차원에서 비롯된 것이기도 하지만 개인의 사적 집행(私的 執行, private enforcement)의 실현 보장을 통해 불법행위에 대한 억제 효과를 도모하는 것이라고 할 수 있다. 현재 우리 사회에서는 일관된 방식의 집단구제절차를 운영하지 않고 사회 분야에 따라 유럽 방식의 단체소송과 미국·캐나다 방식의 대표당사자소송(class action) 방식을 두 축으로 집단구제절차를 운영하고 있다. 아울러 재판의 방식이 아닌 집단분쟁조정의 방식과 같은 대체적 분쟁해결 방식을 일부 분야에서 활용하고 있는 것도 하나의 큰 특징이라고 할 수 있다.

Ⅲ. 한국의 집단분쟁 해결 제도 변화[1]

1990년대 들어 법무부 주도 하에 집단적인 공동소송[2]에 대한 논의가 처음 시작되었지만 사실 당시에는 이러한 제도의 도입 필요성이 사회적으로 크게 부각된 상태는 아니었다. 한국에서 1980년대까지 다수의 원고들이 소를 제기하는 경우(간척지 확장에 따른 관행어업 종사자들의 손해배상청구 소송이 가장 대표적일 것이다) 선정당사자 제도(53조)를 통해 변호사를 선임하고 공동소송을 수행했는데 기껏해야 한 마을 단위의 원고들(50명에서 수백 명 정도) 숫자에 불과했기 때문에 그리 큰 불편은 없었다. 아울러 관행어업 종사자의 손해배상청구 소송에서는 피해자가 누구인지 분명했기에 그들의 피해액 역시 감정을 통해 손쉽게 밝힐 수 있었다. 하지만 우여곡절 끝에 집단소송법이 2005. 1. 1.부터 시행(회사 자산 규모 2조 원 미만 법인의 경우는 2007. 1. 1. 이후 최초로 행해진 행위로 인한 손해배상청구분부터 적용)되었고 뒤이어 소비자보호법이 소비자기본법으로 개정되면서 단체소송이 소비자 분야에 도입되었다(동법상의 단체소송 규정은 2008. 1. 1.부터 시행). 그리고 최근에는 개인정보보호법이 시행됨에 따라(2011. 9. 29. 시행) 개인정보 침해행위에 대해서도 단체소송 형태의 소 제기가 가능하게 되었다. 미국의 제외신고 방식의 집단소송(class action)이 증권관련집단소송에만 한정되고 뒤이어 입법되는 집단적인 구제절차에서는 오히려 위법행위의 금지나 중지만을 구할 수 있는 단체소송 방식만이 채택된 것은 정치적이고 사회적인 역학관계에서 비롯된 것이지 수요자인 국민의 입장이나 양 제도의 효율성 등이 고려된 것은 아니라고 판단된다. 2000년대 초반 경부터 우리 사회에서는 소비자문제나 공정거래 분야에서 소액·다수 피해자를 양산하게 되는 사건들이 빈번하게 일어났으나 피해

---

1) 한국의 집단분쟁 현황에 대한 기술은 졸고, "소비자 집단분쟁해결 수단으로서의 집단중재의 도입 가능성 고찰", 국제사법연구 제17호(2011), 475면 이하 참조.

2) 집단소송이라는 용어에 대한 정확한 규정이 필요하다. 과거에는 대륙법계 방식의 단체소송(Verbandsklage)과 영미의 class action을 지칭하는 대표당사자 소송을 일괄해서 집단소송이라는 용어를 사용하였다. 그런데 최근에는 "대표당사자소송"이라는 용어 대신에 "집단소송"이라는 단어를 class action을 지칭하는 용어로 사용하는 것이 일반화된 듯한데 2005년 집단소송법이 제정, 시행된 영향이 큰 것으로 보인다. 아울러 기판력의 확장 없이 단순히 원고들의 수가 다수인 경우에는 "공동소송"이라는 용어를 사용하는 것이 적절할 것이다. 더구나 단순히 원고가 다수인 민사소송(정확히는 공동소송) 역시 언론기관 등에서 집단소송이라는 단어를 사용하고 있어 용어 사용에 혼선이 빚어지고 있다. 본고에서는 다수 원고가 제기하는 민사소송을 "집단적인 공동소송"이라고 표현하고 영미의 class action을 집단소송이라고 정의하기로 한다. 집단소송법 시행 이후에는 대표당사자 소송이라는 용어의 사용이 다소 부적절해졌기 때문이다.

배상을 원하는 소액·다수의 피해자들이 이용할 수 있는 집단적인 구제절차가 없었기에 이들은 소규모의 집단을 이루어 제각각 공동소송을 제기할 수밖에 없었다는 점에서도 현재의 집단적인 구제절차가 제 기능을 수행하고 있지 못함을 알 수 있다.

제 2 절 선정당사자 제도

Ⅰ. 의의와 법적 성질

1. 의   의

공동의 이해관계를 가진 여러 사람이 공동소송인이 되어 소송을 수행할 경우 이들 가운데에서 모두를 위하여 공동소송인들의 대표격인 소송수행자로 선출된 1인 혹은 여러 사람을 선정당사자라고 한다(53조 1항). 선정행위는 당사자능력은 있으나 단체를 구성하지 못하는 다수의 사람(선정자)이 소송수행을 간편하게 하기 위해 일종의 대표자인 선정당사자를 단수 혹은 복수로 선출하는 것을 의미한다. 공동소송인들의 의견이 나뉘어 각기 다른 선정당사자를 선정할 경우도 있을 수 있으므로 이 경우 공동소송인들은 여러 선정자단으로 나뉠 수 있다. 공동소송인이 수인에서 수백에 이르는 정도의 소규모 집단분쟁 해결에 도움을 줄 수 있을 것이나 공동소송인 모두의 명시적인 선정행위가 필요하다는 점(명시적인 개별 행위), 선정당사자가 소송을 수행하는 도중에 공동의 이해관계를 가진 사람이 추가적으로 선정자단에 추가될 수 있는 장치가 명시적으로 설치되어 있지 않다는 점에서(추가장치의 불비) 대규모적인 분쟁해결에는 한계가 있다.

2. 법적 성질

선정행위는 선정자가 선정당사자에게 소송수행권을 수여하는 단독적 소송행위이므로(이시, 766면; 합동행위라는 견해로는 방, 177면) 선정자에게는 소송능력이 있어야 하며 아울러 선정당사자의 자격 유무는 소송요건인 당사자적격 유무에 해당하므로 법원이 직권으로 이를 조사하여야 한다. 이러한 선정행위는 일종의 신탁행위로서 선정당사자는 임의적 소송담당자에 해당하므로 소송대리인이 아니다. 한편, 선정행위에 흠이 있는 경우에는 법원이 보정을 명해야 하지만(61조, 59조) 사후적인 추인도 역시 가능하다(61조, 60조). 나아가 선정당사자제도는 공동소송인들이 선택할 수 있는 선택사항의 하나이므로 이 제도 이용이 강제되는 것은 아니다.[1]

---

[1] 민사조정법에서는 선정당사자라는 용어 대신 대표당사자라는 표현을 사용하고 있으며(민조 18조 1항) 조정담당판사는 필요한 경우 당사자에게 대표당사자를 선임하도록 명할 수 있다(민조 18조 2항). 그러나 민사

Ⅱ. 요   건

공통의 이해관계를 가진 공동소송인들이 전체로서 혹은 그룹을 이루어(선정자단) 공동소송인 중 단수 혹은 복수의 선정당사자를 선정하는 행위가 요구된다.

1. 공동소송인과 그들 가운데 선정된 선정당사자

선정당사자는 대리인이 아니므로 공동소송인들 가운데서 선정되어야 한다. 한편, 공동소송인이 단체를 이루지 못하거나 단체로 인정받지 못할 경우 구성원들 전원이 소송의 당사자가 되어야 함이 원칙이다. 이 경우 구성원들은 자신들의 대표자로 선정당사자를 선정해서 소송수행을 할 수 있게 된다. 따라서 조합체의 경우 조합원들은 업무집행조합원을 선정당사자로 선정할 수 있으나1) 법인이 아닌 사단이나 재단의 경우는 원칙적으로 사단이나 재단의 이름으로 당사자가 될 수 있으므로(52조) 굳이 선정당사자제도를 이용할 필요는 없다. 그러나 판례는 권리능력 없는 사단의 경우도 사원 전원이 소송의 당사자가 되어 소를 제기할 수 있음을 인정하고 있어2) 선정당사자 제도를 이용할 가능성을 인정하고 있다.

2. 공동의 이해관계

(1) 법 제65조와의 관계

선정당사자를 선정할 수 있는 공동소송인은 법 제53조에서 규정하는 공동의 이해관계를 가져야 한다. 소송자료와 소송진행의 통일이 보장되는 필수적 공동소송인의 경우는 공동의 이해관계를 갖고 있다고 볼 수 있지만 법 제65조에서 규정하는 통상공동소송의 요건을 충족하는 것만으로 충분한지 여부가 문제된다. 법 제65조 제2문에서 규정하는 통상공동소송의 요건이 너무 광범위해서 공동소송은 가능하지만 공동소송인들의 이해관계는 상반될 수 있기

조정법상의 대표당사자는 집단소송법상의 대표당사자(증권 2조 4호)와는 선임과정이나 역할이 다르므로 주의를 요한다.

1) 물론 조합의 경우는 업무집행조합원이 조합원들로부터 임의적 소송신탁을 받아 본인의 이름으로 조합 소송을 할 수 있으므로 조합이 원고가 되는 경우에는 선정당사자 제도를 이용할 필요는 그만큼 줄어들게 된다. 그러나 조합원 모두가 피고가 된 경우는 선정당사자 제도를 이용할 필요나 이익이 있다.

2) 大判 1994. 5. 24. 92다50232; 大判 2007. 7. 26. 2006다64573 등 참조. 그러나 단체를 구성하는 사원들이 모두 당사자가 되어 소를 제기하는 상황을 인정할 현실적인 필요성이 있는지 의심된다. 더구나 대법원은 법인 아닌 사단의 경우 단체성이 강하므로 총유재산에 대한 지분권이 인정되지 않는다는 취지에서 구성원 개인이 총유재산의 보존을 위한 소를 제기할 수 없다는 입장을 취하고 있어 의문은 증폭된다. 단체가 인정됨에도 불구하고 구성원 모두가 총유재산에 관한 소를 제기할 수 있다면 그 구성원의 일부가 보존행위를 하는 것을 불허할 이유가 없기 때문이다. 대법원은 총유재산에 관한 지분권이 구성원에게 없다는 것을 그 이유로 거시하고 있으나 지분권의 유무가 보존행위의 적부 판단에 필수적인 요소는 아니라는 점에서 이해하기 어렵다. 지분권이 없더라도 법인 아닌 사단의 구성원은 총유재산에 관한 권리를 분명히 갖고 있으며 이는 보존행위를 정당화할 충분한 이유가 된다고 판단된다. 판례의 모순된 입장은 시정되어야 할 것이다.

때문이다. 따라서 법 제53조에서 규정하는 공동의 이해관계는 법 제65조 제1문의 조건(권리 · 의무가 공통하거나 같은 원인으로 발생한 경우)을 충족하는 경우로 제한되어야 한다. 판례 역시 법 제65조 제2문에서 규정하는 공동소송의 요건을 충족하는 것만으로는 부족하고 주요한 쟁점이 공통될 것을 요구하고 있다.[1)

(2) 흠결과 효과

선정자들 상호 간에 공동의 이해관계가 없음에도 불구하고 선정당사자를 선정한 경우에는 선정당사자에게 당사자적격이 인정되지 않으므로 법원은 직권으로 선정을 불허해야 한다.[2) 법원이 이러한 흠결을 간과하고 선고한 판결은 위법한 판결이므로 상소를 통해 취소되어야 하는데 동 판결이 확정된 경우에는 법 제451조 제1항 제3호가 정하는 재심사유인 법정대리권 · 소송대리권 또는 대리인이 소송행위를 하는 데에 필요한 권한의 수여에 흠이 있는 때에 해당되는지 여부가 문제된다. 판례는 이 경우 비록 선정자가 그 선정당사자와의 사이에 공동의 이해관계가 없었다고 하더라도 실질적인 소송행위를 할 기회 또는 적법하게 당해 소송에 관여할 기회를 박탈당한 것이 아니므로 위 재심사유에 해당하지 않는 것으로 보며 심지어 공동의 이해관계가 없는 선정당사자가 인낙을 한 경우도 동일하게 보고 있다.[3)

Ⅲ. 선정시기와 방법

(1) 선정행위는 기본적으로 소송행위이므로 조건과 친하지 않으며 소송계속 전후를 불문하고 가능하다. 아울러 선정행위를 통한 소송수행권의 수여는 서면으로 증명되어야 하고 (58조 1항) 소송기록에 첨부되어야 한다(2항).[4) 선정당사자 역시 당사자이므로 선정행위를 통해 선정당사자의 소송수행권을 제한하는 것은 원칙적으로 허용되지 않는다(화해나 조정에 대한 권한을 제한하는 것 등). 따라서 선정의 효력은 소송종료 시까지 지속된다고 봄이 타당하지만[5) 미리 선정행위 당시부터 심급을 제한하는 것은 허용된다고 보아야 한다(김/강, 719면).[6)

---

1) 大判 1997. 7. 25. 97다362 참조. 판례에서 법 제65조 제2문을 명시적으로 제외하지 않는 것은 그런 경우라 하더라도 주요한 쟁점을 공통으로 하는 경우에는 선정이 가능하다는 것을 나타내는 것이라고 할 수 있다.

2) 大判 1997. 7. 25. 97다362.

3) 大判 2007. 7. 12. 2005다10470 등.

4) 당사자표시에 「원고 甲(선정당사자)」라고 표시하고 판결서 말미에는 선정자들의 성명과 주소를 기재한 선정자명단을 작성하여 첨부한다(실무제요 Ⅰ, 268면). 선정당사자는 선정자명단에 기재하지 않는 것이 통상적이지만 기재하였다고 해서 위법한 것은 아니라는 것이 판례의 입장이다(大判 2011. 9. 8. 2011다17090).

5) 大判 2003. 11. 14. 2003다34038.

6) 大決 1995. 10. 5. 94마2452 역시 같은 취지임. 그러나 선정서에 제1심 소송절차만을 수행하게 하는 내용이 조건으로 붙어 있어도 특별한 사정이 없는 한 그 선정의 효력은 제1심 소송에 한정할 것이 아니라 소송의 종료 시까지 소송수행권을 갖는다는 견해(이시, 766면)가 있으나 의문이다. 특별한 사정이라는 것이 다소

(2) 선정은 선정자들 개개인이 개별적으로 하는 것이므로 다수결을 통해 선정당사자를 정하는 것이 아니다. 공동소송인의 의견이 나뉘어 공동소송인별로 별도의 선정당사자를 선정하는 것도 가능하므로 공동소송인과 그 중에서 선정된 선정당사자가 공동으로 소송수행을 하는 경우도 발생할 수 있다. 한편, 후발적으로 선정자들과 공동으로 이해관계를 갖는 사람들이 추가될 수 있는 제도적인 장치가 없으므로 부득이 별소를 제기한 후 변론을 병합하는 방법 등으로 소송을 진행하는 수밖에 없다. 집단적인 피해 상황에서는 후발적인 참여가 흔히 발생하는 반면 이를 수용할 제도적인 장치가 없어 문제이다.[1]

Ⅳ. 효　　과

1. 선정당사자의 지위

(1) 선정당사자의 권한

선정자들로부터 소송수행권을 수여받은 선정당사자는 공동소송인의 1인이라는 지위와 다른 공동소송인의 대표자라는 이중적인 지위를 갖게 된다. 따라서 대리인의 지위보다는 강한 지위를 보장받게 되므로 소취하나 화해, 포기, 인낙 및 대리인 선임 등에 필요한 특별한 수권이 별도로 필요 없으며(90조 2항의 적용 배제) 소송행위는 물론 소송수행에 필요한 사법상의 행위도 단독으로 가능하다.[2] 따라서 당연히 소송대리인의 선임과 이에 수반되는 보수 약정 역시 단독으로 가능하다고 보아야 한다.[3] 한편, 변호사가 아닌 소송대리인에 대해서는 소송대리권을 제한할 수 있으나(91조 단서) 선정당사자는 특별수권도 필요 없는 당사자와 유사한 지위를 갖고 있으므로 선정자들이 선정행위를 통해 선정당사자의 소송수행권을 제한하였다

모호하다는 점, 선정의 효력을 특정 심급에 한정한다고 해서 절차의 안정을 해치지 않는다는 점, 기존의 선정행위도 선정행위의 취소나 철회를 통해 변경할 수 있다는 점 등을 고려할 때 선정의 효력을 특정한 심급에 한정하는 것을 금지할 이유가 없기 때문이다.

1) 일본에서는 선정행위를 통해 선정당사자가 소송을 수행하는 상황에서 선정자들과 공동의 이익을 가진 제3자가 선정자로 참가하는 소위 추가적 선정이 가능하다(日民訴 30조 3항). 뒤에서 볼 class action 중 소위 권리신고방식(opt-in)과 유사한 효과를 낼 수 있는 제도라고 생각되므로 소규모의 집단적인 구제절차에만 활용가능한 선정당사자 제도를 대규모적인 집단구제절차로 변신시킬 수 있는 좋은 방안이라고 판단된다. 그러나 우리 현행법 하에서 명문의 규정 없이 추가적 선정을 인정하기는 어렵다고 생각되는데 통상공동소송에서의 주관적 추가적 병합을 허용하고 있지 않기 때문이다. 따라서 전향적인 법 개정을 도모하는 것이 바람직하다.

2) 大判 2003. 5. 30. 2001다10748.

3) 大判 2010. 5. 13. 2009다105246은 반대 입장이다. 동 판례는 선정당사자가 변호사와 체결하는 보수약정은 소송위임에 필수적으로 수반되어야 하는 것은 아니므로 그 자격에 기한 독자적인 권한으로 행할 수 있는 소송수행에 필요한 사법상의 행위라고 할 수 없다고 한다. 그러나 대리인 선임행위는 소송당사자나 법정대리인이 하여야 할 가장 기본적인 재판준비행위로서 법 제90조 제2항 제4호에서도 대리인에 대한 특별수권 사항으로 규정하고 있는데 이러한 특별수권이 필요 없는 선정당사자에게 변호사에 대한 수임료약정은 단독으로 할 수 없다고 하는 것은 심각한 논리적 모순이라고 하지 않을 수 없다. 더구나 변호사에 대한 소송위임에 보수약정은 필수적으로 수반되는 사항이 아니라는 위 판례의 인식도 매우 의문이다.

하더라도 이로써 상대방에게 대항할 수 없다.

(2) 수인의 선정당사자

동일한 이해관계를 갖는 공동소송인이라 하더라도 선정당사자를 선정하는 과정에서 의견이 갈려 별개의 선정자단으로 분리되는 경우가 있다. 아울러 일부 공동소송인은 스스로 소송수행을 할 수도 있다. 이러한 경우 공동소송인 본인과 다른 선정자단에서 선정된 선정당사자들 상호 간의 관계는 당해 소송의 형태에 따라 통상공동소송이나 필수적 공동소송의 법리에 따르게 된다. 예를 들어 공동소송인 A, B, C, D, E, F가 있을 경우 A는 본인 스스로 소송수행을 하고, B와 C는 B를 선정당사자로, D와 E, F는 D, E를 각 선정당사자로 선정할 수 있으며 이 경우 소송수행권은 당사자 본인인 A와 선정당사자인 B, D, E가 공동으로 행사한다. 이때 다수설은 A, B, (D + E) 이 세 그룹 간의 관계는 본래 소송의 형태에 따라 통상공동소송이나 필수적 공동소송의 법리에 따르는데, 한 선정자단에서 선정된 D와 E는 소송수행권을 준합유하므로(혹은 판결의 승패가 동일해야 하므로) 둘의 관계에서는 필수적 공동소송의 법리가 적용되어야 한다고 한다(같은 취지로는 김/강, 719면; 이시, 768면; 호, 891면).

2. 선정자의 지위

(1) 선정자의 소송수행권 존속 유무

소가 계속 되기 전에 이미 선정당사자를 선정했다면 아무런 문제는 없으나 소송계속 중 선정당사자가 선정되면 선정자는 당연히 소송에서 탈퇴한 것으로 간주된다(53조 2항). 그런데 선정 후 선정당사자와 선정자의 관계를 규율하는 법 규정이 없어 견해의 대립이 있다. 선정자와 선정당사자 간에는 일종의 신탁관계가 형성되어 있다는 점, 선정당사자의 자격 상실로 인해 당연히 선정자가 소송수행을 할 수 있는 것은 아니라는 점, 선정당사자는 대리인이 아니라는 점 등을 고려하면 선정을 통해 선정자의 소송수행권은 일단 상실된다고 봄이 통설, 판례[1]의 입장이다(김/강, 720면). 선정자는 선정행위의 취소 등을 통해 얼마든지 선정당사자를 통제할 수 있고 소송수행권을 다시 회복할 수 있으므로 이러한 견해를 취한다고 해서 선정자의 보호에 소홀한 것은 아니다. 따라서 선정자가 선정당사자를 통해 소송을 수행하면서 다시금 동일한 소를 제기하는 것은 중복제소에 해당하는 것이 아니라 당사자적격이 흠결된 소로 각하되어야 한다.[2] 아울러 선정자가 기존 선정당사자가 제기한 소송에 관여하기 위해서

---

1) 大決 2013. 1. 18. 2010그133 참조.

2) 적격상실설을 취하면서도 이 경우 중복제소에 해당한다고 보는 견해들이 있으나 의문이다(김/강, 720면; 호, 893면). 한편, 이러한 모순된 입장을 비판하는 견해에 대해서는 적격상실 여부는 선정당사자가 제기한 소에서 문제되는 것이므로 별소를 중복제소로 인정하는 데 아무런 지장이 없다고 반박한다(호, 893면). 그렇다면 선정자는 선정당사자가 제기한 소에서만 당사자적격을 상실하고 그 외의 상황에서는 당사자적격을 그대로 유지하고 있다는 논리가 되는데 너무 기교적인 설명이라고 판단된다. 한편, 중복소송의 유무는 당사자

는 이론적으로만 본다면 공동소송적 보조참가를 할 수 있을 뿐이며 당사자신문이 아니라 증인신문의 대상이 되어야 한다.

(2) 선정당사자가 받은 판결의 효력과 집행

선정당사자가 받은 판결 및 그에 따른 집행력은 당연히 선정자에게도 미친다(218조 3항, 민집 25조 1항). 선정자는 원칙적으로 당사자가 아니므로 판결문상의 별지에 선정자목록에 표시될 뿐이다. 선정당사자가 집행권원의 주문에 권리자로 표시되면 단독으로 일괄해서 강제집행하는 것이 가능하다. 다만, 선정자가 강제집행을 하는 것도 가능한데 이 경우는 형식상 승계집행문을 부여받아야 한다. 한편, 선정당사자가 집행권원의 주문에 의무자로 표시되면 권리자는 선정당사자에 대해서는 집행문을, 선정자들에 대해서는 승계집행문을 각기 부여받아 집행할 수 있다.

3. 선정당사자의 자격상실

(1) 선정당사자의 자격은 사망 혹은 선정행위의 명시적·묵시적[1] 취소 등을 통해 상실된다. 선정당사자의 자격이 상실되면 법정대리인과 마찬가지로 상대방에게 이를 통지하여야 하며(63조 2항) 법원에도 이를 신고하여야 한다(민규 13조 2항). 한편, 선정당사자의 일부가 사망을 한 경우에는 소송절차는 중단되지 않지만 전원이 사망하거나 선정행위 등이 모두 취소된 경우에는 소송절차는 중단된다(237조 2항). 물론 소송대리인이 있는 경우에는 중단되지 않는다(238조).

(2) 법 제53조의 선정당사자는 공동의 이해관계를 가진 여러 사람 중에서 선정되어야 하므로, 선정당사자 본인에 대한 부분의 소가 취하되거나 판결이 확정되는 등으로 공동의 이해관계가 소멸하는 경우에는 선정당사자는 선정당사자의 자격을 당연히 상실한다는 것이 판례의 확고한 입장이다.[2] 하지만 이로 인해 소송절차 역시 중단되므로 불복한 선정자가 절차를 수계할 때까지 절차를 진행할 수는 없다.[3]

적격의 유무보다 우선하여 판단할 문제이므로(중복소송금지가 당사자적격보다 일반적인 소송요건임) 적격상실설의 입장에서도 중복소송에 해당한다고 보는 것이 논리적으로 아무런 문제가 없다는 견해도 있으나(김홍, 1016면) 소송요건 상호 간에 우열이나 판단의 선후가 있다는 점을 쉽게 인정하기 어렵다.

1) 大判 2015. 10. 15. 2015다31513.

2) 大判 2006. 9. 28. 2006다28775; 大判 2007. 5. 31. 2005다44060; 大判 2015. 10. 15. 2015다31513.

3) 2006다28775에서는 선정당사자 청구 부분에 대한 불복이 없어 선정당사자의 자격이 상실된 점을 인정하면서도 이로 인한 절차의 중단을 간과하고 있다[이에 대한 비판은 오정후, "소송계속 중 선정당사자가 자격을 잃은 사건에서 나타난 몇 가지 민사소송법적 문제", 민사소송 12권 1호(2008. 5), 60면 이하 참조].

제 3 절   집단소송(class action)과 단체소송

Ⅰ. 증권관련집단소송

1. 도입경위

불특정 다수인의 소액피해를 구제하기 위한 수단을 강구하던 우리 사회는 우여곡절 끝에 2005. 1. 1.부터 증권관련 집단소송을 시행하게 되었다. 최초 모든 분야에 걸쳐 집단소송 제도를 도입하고자 하였으나 경제계에 미칠 충격과 소송의 남용을 우려한 나머지 극히 제한된 분야(자본 125조, 162조, 170조, 175조, 177조, 179조 등에 따른 증권신고서나 사업보고서 등의 허위기재, 내부자 거래, 시세 조종 및 부정거래행위 등으로 인한 손해배상청구)로 대상을 국한하게 되었다(증권 3조). 그러나 미국의 전형적인 제외신고 방식의 집단소송(opt-out class action)을 전격적으로 받아들인 파격적인 법률이었고 따라서 기존 민사소송절차 원칙에 예외가 되는 규정이 적지 않았다.

2. 가상의 사례

2014. 3. 2. 상장법인 A 회사는 사업보고서 등에 허위의 내용을 적시함으로써 주식가격이 급등하게 되었고 이를 신뢰한 투자법인 甲 회사를 비롯한 수백 혹은 수천의 자연인과 법인이 허위공시 이후부터 위 A 회사 주식을 실제 가치보다 높은 가격으로 매입을 하였다고 가정해 보자. 그런데 이러한 허위공시는 2014. 5. 6. 검찰의 수사발표를 통해 시장에 알려지게 되었고 이 날부터 A 회사의 주식가치는 급락을 하게 되었다. 한편, 허위공시 등에 의한 피해를 입은 개별피해자는 A 회사를 상대로 각자 손해배상청구를 할 수 있는데(자본 162조) 이 경우 각 주식 매수인들은 자신이 매수한 시점의 정상적인 주식 가액보다 더 많은 가액을 주고 주식을 샀으니 그 차액상당액이 손해액이라고 주장할 것이다. 그런데 매수인 중에는 단 1주를 산 사람부터 수만 주에 이르는 주식을 매입한 자연인도 있을 수 있고 투자회사 등과 같은 법인도 있을 것이다. 한편, 일반적인 손해배상청구 소송에서는 각 개별피해자는 피해기간(2014. 3. 2.부터 2014. 5. 6.까지를 class period라고 한다) 내의 A 회사의 주식 매입과 매도 사실을 증명하고 나아가 각 시점의 A 회사 주식의 정상가격을 산정하여 구체적인 손해액을 입증하여야 할 것이다.

(1) 집단적인 피해의 특징

우선, 주식시장에서의 이러한 허위공시행위와 같은 불법적인 행위로 인해 야기된 전체 손해액과 피해자를 정확히 알 수 없다는 데 가장 큰 특징이 있다(불특정 피해액과 피해자). 설사, 피해자 일부가 자신이 피해자라는 것을 인식한다 하더라도 소 제기에 따른 시간적·경제적

비용과 얻을 수 있는 손해배상액과의 대비를 통해 개별적인 소송을 통한 권리구제가 비효율적이라는 것을 인식하고 소송을 포기하게 되는 경우가 적지 않을 것이다(소액 다수 피해자의 소송포기 효과). 따라서 허위공시를 통해 A 회사가 얻은 불법적인 이득을 개별 피해자의 손해배상청구를 통해 회복하는 것이 불가능하다(불법행위 억지 효과 부재). 결과적으로 A 회사는 허위공시를 하였지만 민사적으로는 이득을 얻을 것이다. 한편, 국가는 A 회사의 이러한 불법적인 이득을 형사처벌 등을 통해 국고로 환수하여야 할 것이지만 행정적·형사적 처벌이 선진 외국에 비해 강력하지 못하므로 시장이 입은 피해액을 상회하는 회수율을 보여주지는 못할 것이다(공적 집행의 한계).

(2) 절차법적 특성

1) **허가요건**[1)]   집단적인 피해가 있다고 해서 모두 제외신고 방식의 증권관련 집단소송이 적합한 구제수단이라고 할 수는 없다. 집단소송법은 구성원이 50인 이상이고, 청구의 원인이 된 행위 당시를 기준으로 그 구성원이 보유하고 있는 증권의 합계가 피고 회사의 발행 증권 총수의 1만분의 1 이상일 것(1호)과 법률상 또는 사실상의 중요한 쟁점이 모든 구성원에게 공통될 것(2호), 그리고 집단소송이 총원의 권리 실현이나 이익 보호에 적합하고 효율적인 수단일 것(3호)을 아울러 요구하고 있다(동법 12조 1항 1호 내지 3호). 1호에서 요구하고 있는 50인 조건과 주식보유 요건은 불특정 다수의 피해자 집단을 전제하는 집단소송의 요건으로는 다소 부적절한 것으로 판단된다.

2) **전반적인 절차의 진행**   집단소송법은 허가절차·판결절차·분배절차 등 세 가지 절차가 혼재되어 있는 극히 예외적인 구조를 갖고 있다. 따라서 소를 제기하는 데 법원의 허가를 요구하고 있는 점(동법 7조 이하),[2)] 판결금의 분배절차를 별도로 규정하고 있는 점(동법 39조 이하) 등이 가장 대표적인 특색이다. 그러나 이 법의 가장 큰 특징은 집단의 총원을 위해 집단소송을 수행하겠다는 의욕을 가진 대표당사자가 법원의 허가를 통해 정해지면 피해자 집단(동법 2조에서는 총원이라는 표현을 쓰는데 미국법상으로는 class에 해당) 모두가 원칙적으로 동 판결의 효력을 받는다는 것이다(동법 37조). 예를 들어, 위 사례에서 피해자 중 가장 큰 피해를 입었다고 주장하는 甲 회사는 스스로 대표당사자가 되기 위해 변호사를 소송대리인으로 선임해서(동법 5조 1항에 따라 필수적으로 변호사를 선임해야 한다) 소장과 소송허가신청서를 법원에 제출하여야 한다(동법 7조 1항). 이 소송에서 피해자 총원은 피해기간 동안 A 회사의 주식을 사고 판 사람이 될 것이며 이들 각자는 총원을 구성하는 각각의 피해자를 지칭한다(동법 2조). 법원

---

1) 이에 대한 상세는 졸고, "증권관련집단소송법의 허가요건과 허가절차상의 몇 가지 문제점", 인권과 정의 331호(2004), 156면 이하 참조.

2) 민사소송을 제기하는 데 법원의 허가를 요구하도록 한 이 법의 취지에 대해서는 비판이 적지 않다. 오정후, "증권관련집단소송법에 대한 민사소송법적 고찰", 증권법 연구 5권 1호, 260면 이하 참조.

은 甲이 제기한 소가 적법하고 대표당사자 및 소송대리인이 적합하다고 판단할 경우, 대표당
사자와 소송대리인은 물론 총원의 범위와 제외신고기간을 정해서 소송허가결정을 해야 한다
(동법 15조 2항). 허가된 총원의 범위에 속하게 된 구성원은 법원이 정한 제외신고 기간 내에
서면으로 제외신고(opt-out)를 하든지 혹은 그 기간 내에 개별적인 소를 제기함으로써 동 집단
소송의 기판력에서 벗어날 수 있다(동법 28조, 37조 참조). 한편, 재판결과 대표당사자가 승소하
게 되고 동 판결이 확정되면 1심 수소법원은 분배절차를 실시하게 된다(동법 41조 이하). 총원
을 구성하는 구성원은 이 분배절차에서 권리의 신고를 하고 확인을 받아 자신의 피해액을
분배관리인으로부터 지급받게 된다(동법 49조). 최종적으로 분배종료보고서가 법원에 제출되고
난 후에 남은 돈은 피고에게 지급된다(동법 55조).

   3) 기판력의 확장과 정당성 확보방안   현재 집단소송의 가장 큰 약점은 총원을 구성
하는 다수 구성원들이 자신도 모르는 대표당사자 甲에 의해 제기된 집단소송의 패소판결의
기판력 확장으로 인해(동법 37조) 자신이 입은 실제 피해를 영원히 배상받을 수 없게 될 가능
성이 있다는 점이다. 이러한 부당한 기판력의 확장을 방지하기 위해 집단소송법은 첫째, 대
표당사자 및 소송대리인의 선임과 사임, 퇴임은 물론 집단소송의 총원이 되는 피해자를 가급
적 개별적으로 파악하여 이를 고지, 공지하도록 최선의 노력을 기울이고 있다(동법 10조, 18조,
25조 등). 이를 토대로 피해자는 당해 집단소송에서 탈퇴하겠다는 제외신고(opt-out)의 의사표시
를 법원에 함으로써 혹은 개별 소송을 제기함으로써 대표당사자가 제기한 집단소송의 기판
력으로부터 벗어날 수 있는 길이 보장되어 있다. 둘째, 집단 총원의 구성원은 소송 진행 도
중에 누구나 법원의 허가를 얻어 대표당사자가 될 수 있다는 점이다(동법 21조 1항). 따라서 집
단소송법은 복수의 대표당사자 가능성을 열어두고 있으며(동법 20조) 법원이 직권으로 혹은 다
른 대표당사자의 신청에 따라 어느 특정 대표당사자의 소송수행을 금지할 수 있는 결정을
할 수 있다(동법 22조 1항). 다만, 현행법은 대표당사자의 가장 중요한 요건으로서 피해규모가
가장 클 것을 요구하고 있는데(동법 11조 1항) 개인보다는 법인을 선호하는 것으로 판단된다.

   (3) 실체법적 특성

   위 가상 사례에서 피해자 甲 회사는 피해기간 내에 수십, 수백 차례 주식의 매입과 매도
를 불규칙하게 반복하였을 것이다. 그렇다면 각 매입, 매도 시점에 시세조종이 없었으면 형
성될 정상가격을 먼저 산정해야 손해배상액을 특정할 수 있을 것이다. 그 정상가격을 정확하
게 산정하기는 어렵고 결국 표본적·평균적·통계적 방법으로 할 수밖에 없을 것이다(동법 34
조 2항).[1]

---

[1] 증권관련집단소송의 손해산정과 분배에 관한 상세한 내용은 졸고, "증권관련집단소송에서의 손해 산정과
   분배절차", 저스티스 72호(2003), 28면 이하 참조.

3. 이용현황

한국의 증권관련 집단소송법이 도입[1]될 당시에도 대표당사자 이외의 집단 구성원의 소송절차 참여권을 둘러싼 헌법적인 문제가 제기되었으나 독일과 달리 그리 큰 반향을 불러일으키지는 못하였다. 그보다는 제도 남용에 대한 깊은 우려가 각계, 특히 경제단체에서 제기되었기에 이러한 불안을 불식시키기 위한 각종 장치의 설치가 관심의 대상이 되었다. 우선, 대표당사자가 비용의 예납을 부담하여야 할 뿐 아니라 패소한 경우 소송비용을 부담하게 될 것이다(동법 16조 참조, 대표당사자의 패소에 따른 위험부담의 증가).[2] 둘째, 법원이 소송대리인의 선임 및 사임은 물론 변호사보수 등과 관련해서도 허가절차를 통해 직접적인 통제권을 행사하도록 하였다(변호사의 성공보수 통제).[3] 셋째, 집단 구성원의 제외신고(opt-out) 기회를 최대한 보장하기 위해 집단 구성원에 대한 개별적 통지와 공고절차 등을 철저히 하였다(이로 인해 소송비용 증대와 소송절차의 지연 문제가 발생하였다). 사실 미국의 집단소송이 활성화된 바탕에는 그 나름의 소송제도의 기본적인 특성이 기여하였다고 생각되는데 첫째, 소송비용 중 가장 큰 비중을 차지하는 변호사보수에 대한 각자 부담의 원칙(소위 American Rule),[4] 둘째, 변호사에 대한 성공보수(contingent fee) 제도 인정, 셋째, 한도 없이 부풀려질 수 있는 배상액 제도와 배심원제도(punitive damage system과 jury system) 등이 집단소송 성장에 필요한 3대 요소가 되었다고 생각된다. 한국의 집단소송법은 이러한 거품을 모두 제거한 "한국형 제외신고 방식의 집단소송"이었기에 시행 후 10년이 거의 다 되어 가는 2015. 2. 현재까지 그 활용 실적이 매우 미미한 상황이다.[5]

---

1) 2009. 4. 13. 사모펀드회사인 서울 인베스트먼트 클럽(investment club) 주식회사와 피해자 개인 1인이 공동 대표당사자로서 주식회사 진성티이씨(진성TEC)를 상대로 분기실적에 대한 허위공시 등을 이유로 제기한 증권관련집단소송이 최초의 집단소송으로 파악되고 있다. 이 사건 외에 2015. 2. 현재까지 총 10건 정도가 소 제기 공고되었음을 파악할 수 있다. 진성티이씨 사건은 양측의 화해로 소송이 모두 종결되었으며 2012. 1. 30. 분배종료보고서가 작성되어 사건이 종료된 상태이다. 사건과 관련된 서면은 위 대법원 사이트에서 확인할 수 있다.
2) 1996년경 발간된 최초의 법무부 초안은 국가가 집단소송의 소송비용을 부담하는 것을 원칙으로 하였다.
3) 변호사 선임 및 보수에 대해서도 법원의 통제를 받도록 하여 변호사의 지나친 성공보수 약정을 억제하고자 한 것이 집단소송법의 원래 취지였다. 그러나 최근 분배종료된 진성티이씨 사건에서 법원은 변호사보수를 화해금의 20%로 인정하고 있어 이러한 법 취지에 부합하는 것인지 의문이 들고 있다. 이는 결코 적은 변호사보수라고 할 수 없기 때문이다. 법원은 이러한 점을 의식해서인지 분배계획안을 수정 인가하면서 원고 대리인들이 착수금을 받지 않기로 한 점, 소송비용 역시 대리인들이 우선 부담하기로 하여 패소에 따른 비용부담의 위험을 지기로 한 점, 대리인이 분배관리인으로 선정되는 경우 별도의 분배관리비용을 받지 않기로 한 점 등을 20% 성공보수 인정의 사유로 장황하게 열거하고 있다(분배계획안 인가결정 3면 이하 참조).
4) 한국민사소송법학회, 「민사소송비용제도의 정비 방안 연구」(법원행정처, 2009), 189면 이하 참조.
5) 원인 분석에 대한 상세는 졸고, "증권관련집단소송법의 허가요건과 허가절차상의 몇 가지 문제점", 인권과 정의 331호(2004), 166면 이하 참조.

Ⅱ. 다수인관련 분쟁조정제도

증권관련집단소송 제도가 도입되기 이전부터 환경분쟁조정법에서는 권리신고 방식(소위 opt-in 방식)의 다수인관련 분쟁조정제도가 마련되어 있었다. 동 절차도 허가, 조정 및 배분절차로 삼분되어 있는데 다수인에게 동일한 원인으로 인한 환경피해가 발생하거나 발생할 우려가 있는 경우에는 그 중의 1인 또는 수인이 대표당사자로서 조정을 신청할 수 있다(동법 46조 1항). 한편, 대표당사자가 아닌 자로서 당해 분쟁의 조정결과와 이해관계가 있는 자는 공고가 있은 날부터 60일 이내에 조정절차에 참가를 신청할 수 있다(동법 52조 1항). 조정의 효력(동법 55조, 33조 참조, 재판상화해와 동일한 효력)은 대표당사자와 참가를 신청한 자에게만 효력이 미치게 되므로(동법 53조) 이해관계인 모두에게 미치게 되는 것은 아니다.[1]

제 4 절 단체소송과 집단분쟁조정

Ⅰ. 소비자보호

1. 소비자 단체소송

2006. 9. 소비자기본법의 개정을 통해 다수의 소비자가 피해를 입은 경우 두 가지 방향에서 집단적인 권리구제를 인정하고 있다. 그 하나는 단체소송 방식을 통한 소비자 권리구제이며 다른 하나는 단체를 통한 집단분쟁조정방식이 그것이다. 우선, 단체소송은 일정한 자격을 갖춘 소비자단체나 비영리민간단체, 상공회의소와 중소기업협동조합 등이 소비자의 생명·신체 또는 재산에 대한 권익을 직접적으로 침해하고 그 침해가 계속되는 경우 법원의 허가를 얻어 소비자권익침해행위의 금지·중지를 구하는 소를 의미한다(동법 70조).[2] 소비자가 능동적인 주체가 될 수 없는 점, 기업의 이익을 대변하는 단체도 원고적격을 갖는다는 점, 아울러 금전배상을 구하는 청구는 허용되지 않는다는 점 등이 가장 큰 특색이다.[3] 아울러 소비

---

1) 현재 다수인관련 분쟁조정제도의 이용실적은 매우 미미한 것으로 파악되고 있으며 중앙환경분쟁조정위원회의 통계표상으로도 다수인관련분쟁조정 실적은 따로 파악되지 않고 있어 정확한 분석이 어렵다. 예를 들어, 2014년에는 2013년 이월 사건(141건)을 포함하여 총 401건의 사건이 환경분쟁조정위원회에 접수되어 236건이 환경분쟁조정(재정, 조정, 중재합의)으로 처리되었다. 피해원인 중 가장 큰 비중을 차지하는 것이 소음·진동(85%)이며 일조(8%), 대기오염(2%), 수질오염(2%), 기타(3%) 등으로 나타나고 있다[환경분쟁사건 처리 등 통계자료(2014. 12. 31. 기준)].

2) 다른 단체와 달리 비영리민간단체지원법 제2조에 따른 비영리민간단체가 단체소송을 제기하기 위해서는 법률상 또는 사실상 동일한 침해를 입은 50인 이상의 소비자로부터 단체소송의 제기를 요청받아야 하는데(동법 70조 3호 가목) 이러한 추가적인 제한을 설치하는 것이 타당한지는 의문이다.

3) 상세한 내용은 졸고, "소비자보호를 위한 바람직한 집단소송시스템-소비자보호법 개정안의 단체소송제도

자단체소송의 경우에는 패소판결의 기판력이 다른 단체에게만 미치도록 하고 있어(동법 75조) 소비자 개인의 제소권에는 영향을 주지 않도록 되어 있다. 단체소송 도입 당시부터 침해행위의 중지나 금지를 구하는 단체소송만으로 과연 기업의 불법적인 행위를 억지할 수 있는지 여부에 대해 의문이 많이 제기되었는데 결국 그 예상대로 이용실적은 매우 저조한 상황이다.[1] 그럼에도 불구하고 부작위나 금지를 구하는 형태의 단체소송이 계속 입법화되고 있다.

2. 소비자 집단분쟁조정

소비자기본법에서는 소비자가 주체적으로는 개시할 수 없지만 다수의 피해자가 금전배상을 받을 수 있는 집단분쟁조정제도가 설치되어 있다. 즉 소비자기본법에서는 국가·지방자치단체·한국소비자원 또는 소비자단체·사업자는 소비자의 피해가 다수의 소비자에게 같거나 비슷한 유형으로 발생하는 경우로서 대통령령[2]이 정하는 사건에 대하여는 한국소비자원에 설치된 소비자분쟁조정위원회에 집단분쟁조정을 의뢰할 수 있도록 하고 있다(동법 68조 1항). 집단분쟁조정에 이해관계가 있는 당사자(소비자나 사업자 모두)들은 그 분쟁조정에 당사자로 참가 신청을 할 수 있는데(동법 68조 3항) 그 중 3명 이하를 대표당사자로 선임할 수도 있다(동법 68조의2 1항). 소비자가 능동적으로 집단분쟁조정을 개시할 수는 없으나 제기된 집단분쟁조정절차에 참가는 할 수 있으며 대표당사자를 통해 자신들의 이익을 대변할 수 있는 통로도 열려있다. 아울러 조정위원회는 사업자가 조정위원회의 집단분쟁조정의 내용을 수락한 경우에는 집단분쟁조정의 당사자가 아닌 피해자에 대한 보상계획서를 작성하여 조정위원회에 제출하도록 사업자에게 권고할 수도 있어(동법 68조 5항) 분쟁조정의 당사자가 아닌 소비자에 대한 구제도 염두에 두고 있음을 알 수 있다. 결과적으로 소비자집단분쟁조정절차는 단체소송과 달리 금전배상 청구가 가능하다는 점, 소비자나 사업자는 추후 당해 분쟁조정절차에 참여가 가능하다는 점 등에 비추어 단체소송보다는 한 걸음 나아간 것이라고 파악된다. 그러나 소비자가 주체적으로 이러한 절차를 개시할 수는 없고 소비자단체 등에 개인적으로 혹은 50인 이상이 함께 집단분쟁조정을 신청하거나 소비자단체 등이 이미 개시한 절차에 이해관계인으로서 참가할 수 있을 뿐이라는 점에서 여전히 우회적이고 수동적인 성격을 갖는다. 개정된 소비자기본법에 따라 집단분쟁조정제도가 시행된 2007년 이후 최근 5년간 집단분쟁조정

를 중심으로-", 민사소송 10권 1호(2006), 152면 이하 참조.

1) 최초의 소비자단체소송은 경제정의실천시민연합, 한국 YMCA전국연맹 등 4개 소비자 단체가 SK브로드밴드를 상대로 제기한 사건이다. 소비자단체들은 2008. 10. 21. 서울남부지방법원으로부터 소비자단체소송의 허가를 얻어 냈는데 SK 브로드밴드가 당사자의 동의 없이 개인정보를 제3자에게 제공하는 불법행위를 지속적으로 자행했으므로 이를 금지해 달라는 취지의 소를 제기한 것이다.

2) 소비자 시행령 제56조에 따르면 물품 등으로 인한 피해가 같거나 비슷한 유형으로 발생한 것으로서 피해자의 수가 50명 이상이고 사건의 중요한 쟁점이 사실상 또는 법률상 공통될 것을 요구하고 있다.

으로 신청된 건수는 15건(2010년), 15건(2011년), 10건(2012년), 10건(2013년), 10건(2014년)에 불과하다.[1]

Ⅱ. 개인정보보호

　　2011. 9. 30. 발효된 개인정보보호법은 최근 들어 빈번하게 발생하고 있는 집단적인 개인정보유출에 대한 구제방안으로서 소비자기본법상의 단체소송과 집단분쟁조정절차를 모델로 한 단체소송(동법 51조 이하)과 집단분쟁조정절차(동법 49조)를 두게 되었다. 그러나 개인정보 단체소송은 소비자 단체소송과는 약간 다른 점을 갖고 있으며 상호 모순점이 있어 문제이다. 우선, 적격단체는 개인정보처리자가 동법 제49조에 따른 집단분쟁조정을 거부하거나 집단분쟁조정의 결과를 수락하지 않는 경우에만 법원에 권리침해 행위의 금지·중지를 구하는 단체소송을 제기하는 것이 가능하다(동법 51조). 그런데 집단분쟁조정절차에서는 원상회복이나 손해배상 등에 대해 조정안을 작성할 수도 있는데(동법 47조 1항) 분쟁조정결과를 수락하지 않는 경우 적격단체가 제기할 수 있는 단체소송은 행위의 금지나 중지만을 구할 수 있도록 되어 있어 전후모순이 아닌가 하는 점이 그것이다.[2]

제 5 절 집단분쟁과 피해자 구제

Ⅰ. 현행 제도의 문제점[3]

　　제한적인 분야에만 적용되는 증권관련집단소송과 위법행위의 금지나 중지만을 구할 수 있는 소비자기본법상의 단체소송방식은 국민들의 기대에 미치지 못하는 제도라는 것이 과거의 이용 상황을 보더라도 명백하다. 그럼에도 불구하고 최근에 도입된 개인정보보호법에서는 비효율적인 단체소송방식을 다시 규정하고 있어 권리구제의 의지가 있는 것인지 여부에 대해 회의를 갖게 하고 있다. 한편, 증권관련집단소송은 미국의 집단소송방식을 그대로 도입한 것처럼 보이지만 대표당사자에게 큰 책임을 지우고 있을 뿐 아니라 소송대리인의 선임 및 수임료 등 모든 분야에 법원의 통제가 엄격히 가해지고 있어 자유로이 이 제도를 활용하는

---

1) 법 개정 후 최초의 집단분쟁조정 사건은 2007. 3. 28. 소비자보호원이 개시한 아파트 입주민 62명의 손해배상청구사건이다.

2) 소비자단체소송에서는 집단분쟁조정 절차에 대한 불복이나 불이행이 단체소송의 선결문제로 되어 있지는 않기 때문이다(소비 70조).

3) 상세한 내용은 졸고, "소비자 집단 분쟁해결 수단으로서의 집단중재제도의 도입가능성 고찰", 국제사법연구 제17호(2011), 475면 이하 참조.

것이 어렵게 되어 있는 실정이다. 특히, 최근에는 다양한 분야에서 발생하는 피해 유형과 내용은 점차 대규모적이고 복잡해지는 반면 피해 액수나 그 피해 내용의 전문성에 비추어 도저히 몇몇 개인이 거대기업이나 국가 혹은 지방자치단체 등을 상대로 소를 제기할 엄두가 나지 않는 경우가 적지 않다.

Ⅱ. 인터넷·모바일 공동소송과 외국의 집단소송제도 이용 가능성

1. 인터넷·모바일 공동소송[1]의 출현

국민들의 효율적인 피해구제에 적합한 집단적인 구제제도가 마련되지 않음에 따라 국민들은 잘 발달되어 있는 인터넷망과 모바일 시스템을 이용해서 자신들의 이익을 최대한 반영하고자 노력하고 있다. 최초 대기업 통신회사의 가입자 개인정보 유출 사건을 통해 촉발된 불만[2]은 대부분의 금융기관들이 담합을 통해 소비자들에게 부당하게 비용을 부담시킨 것에 대해 폭발하게 되었다. 4만여 명의 피해 소비자들이 바란 것은 부당하게 납부한 근저당권 설정비를 돌려받는 것이었으므로 소비자기본법상의 집단분쟁조정을 신청하였으나 금융기관들은 조정결정을 거부하였고 이에 대해 단체소송은 아무런 역할을 해 줄 수 없게 되었다.[3] 이 사건은 소비자기본법과 동법이 제시하고 있는 집단분쟁조정과 단체소송이 얼마나 수요자의 요구를 외면하고 있는지를 명확하게 보여준 예의 하나라고 할 수 있다. 이제 소비자들과 젊은 변호사들은(일부 대형 로펌도 가세하고 있음) 소액 다수피해 사건의 경우 실정법에 의존하기보다는 인터넷과 모바일을 통해 원고들을 모집하여 사건수임을 함으로써 소송비용을 최소화하고 집단의 크기를 확대함으로써 재판 이전에 사회적인 여론을 형성해 가는 모습을 보여주고 있다. 이를 인터넷·모바일 공동소송이라 칭할 수 있는데 실정법이 제공해주지 못하는 소액 다수 피해자의 집단적인 피해구제를 위해 현재 우리 사회가 가장 많이 활용하는 소송형태라고 볼 수 있을 것이다.[4]

---

1) 상세한 내용은 졸고, "인터넷·모바일 공동소송의 현황과 대안", 한양대 법학논총 29집 4호(2012. 12), 241면 참조.

2) 졸고, "인터넷·모바일 공동소송의 현황과 대안", 247면 이하 참조. 특히 2008년도부터 드러나기 시작한 대기업의 개인정보 무단 유출에 대한 국민들의 분노는 컸으나 그 제재는 매우 미미했다. 예를 들어 피해자는 50만 명을 넘었으나 실제 민사소송을 제기한 사람은 2만 여명에 불과하였고 이 가운데 피해들이 승소한 경우도 2,500명 정도의 소규모 그룹에 불과하였다. 반면에 불법 정보유출 사건의 당사자인 SK 브로드밴드는 3,000만 원의 과태료 처분을 받는 데 그쳤고, 정보유출책임자인 위 회사 간부들은 형사 기소되었지만 벌금 1,500만 원, 500만 원 등을 선고받는 데 그쳤다. 그 뒤로도 대기업의 정보유출은 끊이지 않고 있는 실정이다.

3) 인터넷·모바일 공동소송의 전형적인 모습은 26,691명의 원고를 단 보름 만에 모집한 애플 컴퓨터에 대한 손해배상청구소송일 것이다(전게논문, 248면 참조).

4) 인터넷·모바일 공동소송에 대한 상세한 내용과 문제점 지적은 전게논문, 249면 이하 참조.

2. 미국 집단소송절차의 class로 직접 참가

인터넷·모바일 공동소송의 활용으로 소비자들의 욕구가 충분히 만족되지는 않고 있는 듯하다. 결국, 소비자들의 진정한 바람은 단순히 소액인 자신의 피해액수의 회복에 있는 것이 아니라 정보유출은 물론 소비자들을 기만하는 대기업의 행위(대한항공 등 항공회사들의 화물운임의 세계적인 담합행위, 현대자동차 등의 연비과장광고 및 폭스바겐 등의 배출가스 조작 등)를 억지해 줄 수 있는 제재적 성격을 갖는 민사적 도구를 원하는 것으로 보인다. 2015년 발생한 폭스바겐의 배출가스 조작에 대해 다수의 한국 원고들이 국내 법원에 손해배상청구 소송을 제기하기도 했지만 가장 관심을 끌고 있는 것은 한국소비자 두 명이 폭스바겐 차량 소유자 12만 5천 명을 대표하는 대표당사자가 되어 직접 미국 LA 연방지방법원에 집단소송(class action)을 제기한 것이다.

Ⅲ. 집단분쟁 구제절차와 사적 집행(私的 執行, private enforcement)

문제점이 없지 않지만 인터넷·모바일 공동소송이 여전히 우리 사회에서 활발하게 사용되고 있으며 급기야 미국 법원에 직접 집단소송을 제기하는 상황이 벌어지고 있는 2015년의 상황을 주목할 필요가 있다. 이제 우리 사회 구성원들은 실효성이나 강제성이 없는 집단분쟁조정이나 위법행위의 중지 혹은 금지를 구하는 소극적인 단체소송만으로는 집단적인 피해구제가 완전하게 이루어지지 않는다는 사실을 알고 있을 뿐 아니라 사회·경제 시스템의 global화는 분쟁해결 수단까지도 미국 등과 동조화될 수 있다는 것을 알고 있는 것이다. 이러한 사회변화와 소비자의 수요 변화에 걸맞는 집단분쟁해결절차는 동시에 사적 집행[1]의 기능을 수행할 수 있는 능동적이고 적극적인 수단이어야 한다. 그런 차원에서는 증권관련집단소송방식의 제외신고식 집단소송(class action)을 모든 분야에서 도입함과 동시에 이를 활성화할 수 있도록 집단소송법을 새로이 정비할 필요가 있다.[2]

---

[1] 우리와 같은 유럽, 특히 독일법 계수 국가는 공적 집행을 통한 사회, 경제질서의 확립이 가장 안정적이고 효율적인 제도라고 인식하고 있었으나 현대에 들어서 국가의 공권력이 효율적으로 작동하지 않는 부분에 대해서는 개인이나 민간단체들이 공적 집행의 역할을 대신하는 사적 집행(private enforcement)의 역할 수행이 필요하게 되었고 오히려 효율적인 수단이라는 점은 여러 방면에서 주장되고 있다[김차동, "민사적 구제수단(私的執行)의 행정·형사적 구제수단(公的執行)에 대한 비교우위", 한양대학교 법학논총 31권 1호(2014), 447면 이하 참조].

[2] 중재제도 역시 이러한 사회변화의 요구에 부응할 필요가 있을 것이다. 집단중재에 관한 소개를 담은 졸고, "소비자 집단분쟁해결 수단으로서의 집단중재의 도입 가능성 고찰", 국제사법연구 17호(2011), 475면 이하 참조.

제 4 장   제3자의 소송참가

제 1 절 개   관

기존 소송에 이해관계 있는 제3자가 관여하는 형태를 규율하는 것이 소송참가제도이다. 참가제도를 인정하는 것은 제3자가 기존 소송에 관여함으로써 여러 사람을 둘러싼 분쟁을 1회적으로 해결하고자 하는 소송경제적인 취지에서 비롯된 것이다. 법은 이해관계의 정도(판결의 효력을 받는지 여부와 기존 소송에서 당사자적격이 있는지 여부가 가장 중요한 기준이 됨)에 따라 참가인의 소송상 지위를 달리 정하고 있다. 같은 참가제도 중에서 독립당사자참가는 다른 참가와 달리 당사자 어느 일방을 돕기 위한 것이 아니라 기존의 당사자와 대립되는 이해관계를 갖는 자가 이용할 수 있는 제도이다. 한편 기존 소송당사자의 지위를 승계한 자의 적극적인 참가를 통한 참가승계도 있지만 상대방이 승계인을 강제로 소송에 편입하고자 하는 인수승계제도 역시 존재한다.

제 2 절 보조참가

I. 의   의

소송결과에 이해관계가 있는 제3자가 당사자 중 어느 일방(피참가인)을 돕기 위해 법원에 계속 중인 소송에 참가하는 것을 말한다(71조). 보조참가인은 당사자가 아니므로 종된 당사자라고도 한다. 제3자가 당사자의 지위도 갖지 못하면서 보조참가를 하는 것은 피참가인의 소송수행이 미흡해서 이를 방치하게 되면 피참가인이 패소할 가능성이 높은 경우이고 아울러 피참가인이 패소함으로써 추후 참가인과 피참가인 간의 장래의 소송을 대비하기 위함이다. 그러나 보조참가인은 자신의 이름으로 소송을 수행함으로써 대리인과는 구별되며 기존 당사자 간의 판결의 효력을 직접 받지 않는다는 점에서 매우 독특한 지위를 갖게 된다.

Ⅱ. 요   건

1. 타인 간의 소송이 계속 중일 것

(1) 판결절차와 결정절차

1) 타인 간의 소송이 계속 중일 것을 요하므로 사실심이든 법률심인 상고심이든 무관하게 참가할 수 있다. 소송이 계속 중이라는 것은 판결절차를 의미하는 것으로 파악하여야 하며 따라서 대립당사자 구조가 아닌 결정절차에서는 보조참가가 허용되지 않는다(김/강, 731면; 김홍, 1027면, 반대견해로는 이시, 787면). 판례 역시 기본적으로 불허설의 입장이다.[1] 따라서 독촉절차(462조 이하)에 있어 이의를 통해 판결절차로 이행되면(472조) 그 때 보조참가가 가능하다고 보는 것이 타당하다. 그러나 가압류·가처분절차의 경우는 달리 볼 필요가 있다. 즉, 가압류·가처분 명령 절차뿐 아니라 이의나 취소절차에서 변론이 열리는 경우에는 보조참가를 허용하는 것이 바람직하기 때문이다(같은 취지의 견해로는 김홍, 1027면).[2]

2) 헌법재판과 관련해서는 논쟁적인 부분이 있다. 헌법재판소는 헌법소원과 관련해서는 청구인을 위한 보조참가를 허용한 바 있다.[3] 반면에 지방세법 관련 위헌법률심판제청사건에서 규범통제절차인 헌법재판소법 제41조 제1항에 의한 위헌법률심판절차에 있어서는 대립당사자 개념을 상정할 수 없을 뿐만 아니라 위헌심판결정에 따른 대세적 효력으로 인해 보조참가인에게 이른바 참가적 효력을 미치게 할 필요성이 존재한다고 볼 수도 없기 때문에 보조참가를 준용하기 어렵다고 판시한 바 있다.[4]

(2) 공동소송관계

공동소송인 상호 간에도 보조참가의 이익이 있으면 참가가 가능하다(김/강, 731면). 한편, 항소나 상고제기와 함께 공동소송인 관계를 이탈하면서 상대방을 위해 보조참가를 하는 것

---

[1] 大決 1973. 11. 15. 73마849; 大決 1994. 1. 20. 93마1701.

[2] 가압류·가처분신청에 대한 재판에서는 변론 없이 재판할 수 있다(민집 280조 1항, 301조). 그러나 임시의 지위를 정하는 가처분절차에서는 변론이나 심문기일을 여는 것이 원칙이다(민집 304조, 300조 2항). 아울러 가압류이의나 가처분이의 절차에서는 변론을 열 수 있다(민집 286조 1항, 301조). 이와 같이 보전절차에서 변론이 열리는 경우 비록 재판의 형식을 결정으로 하여야 하지만(민집 286조 3항) 당사자의 공방이 실질적으로 이루어진다면 보조참가를 허용하는 것이 필요한데 문제는 보전절차에서는 피참가인이 패소하더라도 참가인과 피참가인 사이에 참가적 효력을 인정하기 어렵다는 것이다. 궁극적인 책임의 유무는 본안소송절차에서 결정될 것이기 때문이다.

[3] 憲裁 1991. 9. 16. 89헌마163. 이에 대해 헌법소원심판 과정에서 보조참가를 허용할 실익이 없다는 주장도 있다(김현철, "헙법소원심판의 특수성 소고", 헌법논총 4집(1993), 300면).

[4] 憲裁 2020. 3. 26. 2016헌가17, 2017헌가20, 2018헌바392(병합). 이 사건에서는 위헌법률심판제청을 한 제청신청인을 위한 보조참가가 있었을 뿐 아니라(제2보조참가인) 신청인과 상반된 이해관계를 가진 법인들이 보조참가를 하였고(제1보조참가인) 나아가 과세처분이 적법하다는 주장을 하기 위해 김해시장(제3보조참가인)도 보조참가를 한 사건이었다.

역시 가능하다.1) 예를 들어, 교통사고 피해자인 원고가 두 대의 가해차량 소유자 X, Y를 공동피고로 해서 손해배상청구의 소를 제기하였는데 X에 대해서는 일부 승소, Y에 대해서는 전부패소를 하였다고 가정해보자. 원고가 동 판결에 대해 항소할 의사가 없다는 것을 알게 된 피고 X는 동 판결이 확정되면 자신이 결과적으로 전부 책임을 지게 되므로 Y에 대한 구상권 확보를 위해 오히려 원고를 위한 보조참가신청을 함과 동시에 항소를 제기(72조 3항 참조)할 실익이 발생하게 되는 것이다(원고의 의사에 반하지 않는 것을 전제로 함은 물론이다).

2. 소송결과에 이해관계가 있을 것(참가이유)

(1) 소송결과의 의미

1) 판결주문에 대한 이해관계　① 보조참가의 이익이 인정되기 위해서는 기존 "소송결과"에 법률적인 이해관계가 있어야 한다. 소송결과에 이해관계가 있다는 것은 기존 소송의 소송물에 대한 판단에 따라(즉, 판결주문에 대한 판단에 따라) 참가인의 법률적 지위가 직접적으로 영향을 받는 관계에 있는 것을 의미하는데 특히 피참가인이 패소함에 따라 참가인이 피참가인으로부터 구상을 당하거나 손해배상청구를 당할 염려가 있는 경우가 대표적이다. 즉 채권자가 연대보증인을 상대로 제기한 소송에서 주채무자가 연대보증인을 위해 보조참가를 할 이익이 인정되는데 연대보증인의 패소는 곧 주채무자에 대한 구상금채권의 발생을 의미하기 때문이다. 또한 교통사고를 당한 피해자가 가해자인 피보험자를 상대로 제기한 손해배상청구소송에서 보험회사는 피보험자를 위해 통상 보조참가를 하게 되는데 이는 피참가인인 피보험자의 패소는 보험회사에 대한 보험금채권의 발생을 의미하기 때문이다.

② 피참가인의 패소에 따라 참가인과의 구상관계 등이 직접적으로 성립되지 않는다 하더라도 그 판결을 전제로 하여 보조참가를 하려는 자의 법률상의 지위가 결정되는 관계에 있다면 보조참가의 이익이 인정될 수 있다. 예를 들어, 계쟁 건물의 원시취득자인 원고가 소유권에 기한 방해배제청구로서 피고에 대하여 건축주명의변경절차의 이행을 구하는 소를 제기하였는데 원고가 이 사건 소송에서 패소할 경우에는 매매계약이 해지되는 것을 조건으로 해서 계쟁 건물을 매수한 자는 원고를 위한 보조참가의 이익이 인정될 수 있다.2) 나아가 피고 관할관청이 패소하면 원고가 종전의 이사 및 이사장의 지위를 회복하게 되고 이는 학교법인의 이사회 구성원과 대표자가 변경되는 관계에 있으므로 이 사건 소송의 결과에 의하여 그 법률상 지위가 결정되는 관계라고 할 것이어서 학교법인으로서는 피고 관할관청을 위한 보조참가의 이익이 인정될 수 있다.3)

---

1) 大判 1999. 7. 9. 99다12796.
2) 大判 2007. 4. 26. 2005다19156.
3) 大判 2001. 1. 19. 99두9674; 大判 2003. 5. 30. 2002두11073.

2) **판결이유에 대한 이해관계**   ① 소송결과의 의미를 판결주문에 국한하지 않고 판결 이유 중의 판단에 의해서 법률적인 영향을 받는 경우도 보조참가의 이익이 인정되어야 한다 는 소수의 주장이 있다(강, 216면; 전병, 624면). 예를 들어 교통사고의 여러 피해자 중 1인이 여 러 가해자 중의 1인에 대해서만 소를 제기한 경우를 가정해보자. 이때 다른 피해자가 원고를 위해 보조참가하는 경우 혹은 다른 가해자가 피고를 위해 보조참가하는 경우 통설에 따르면 보조참가의 이익이 인정되지 않는다. 그러나 제소당한 가해자를 위해 다른 가해자(정확하게는 가해자라고 주장되어지는 자)가 보조참가하는 경우에는 피참가인의 패소에 따라 불법행위자들 간 의 구상관계가 성립될 수 있어 보조참가의 이익이 인정될 수 있다는 주장이 있을 수 있다. 그러나 피고의 승패라는 소송결과에 바로 법률상 이해관계가 있다고 인정하기는 어렵다. 피 고의 패소가 다른 가해자의 책임 유무에 직접적인 의존관계가 성립하기 어렵고(피고가 패소하 더라도 오히려 책임이 인정되지 않을 수도 있다) 따라서 양자 간의 관계가 너무나 다양하게 전개될 수 있기 때문이다.[1]

② 보조참가는 참가인이 누구를 위해 참가하느냐에 따라 보조참가의 이익이 인정되거나 부인될 수 있다. 교통사고를 원인으로 한 손해배상청구소송의 사실심에서 피고 3인 중 1인 만이 책임을 전부 부담하게 되자, 동 피고는 상고하지 않는 원고를 위해 보조참가신청을 함 과 동시에 나머지 피고들을 상대로 상고를 제기한 사건이 있었다.[2] 이 사건에서 피참가인인 원고가 나머지 피고들에 대해 상고심에서 전부 패소하게 되면 보조참가인이 종전의 다른 두 피고에 대해 전혀 구상금 청구를 할 수 없게 되므로 소송결과인 판결주문에 대하여 이해관 계를 갖게 되어 참가이익이 인정된다.[3]

③ 실제 사건에 있어서는 제3자가 계속된 소송으로부터 영향을 받는 것은 분명한데 그 것이 판결주문 혹은 판결이유에 의해서 영향을 받는 것인지 여부를 명확히 구분하기 어려운 경우가 적지 않다. 더구나 경우에 따라서는 계속 중인 소송의 판결이유 중의 판단이 추후 제 3자와 기존 당사자들 간의 소송에 영향을 미칠 수도 있으므로 보조참가의 참가이익 개념을 확대할 필요성은 충분히 있다고 판단된다.

(2) 법률상의 이해관계

1) 보조참가의 이익은 사법상 혹은 공법상의 법률적인 이해관계를 의미하므로 단순히

---

1) 그러나 분명한 것은 판결 이유에 따른 법률상 이해관계는 분명히 존재한다는 것이며 실제로 실무에서는 이러한 경우 보조참가가 허용된 예도 발견된다(大判 1995. 10. 12. 94다48257 참조).

2) 大判 1999. 7. 9. 99다12796.

3) 이 사건에 대해 대법원이 기존의 입장을 바꾸어 판결이유에 대한 이해관계까지도 참가의 이익을 인정해서 이를 확장하고 있다는 해석을 하는 일부 견해들(김/강, 732면; 이시, 762면; 전병서, "보조참가의 이익", 법률 신문 2863호 14면)이 있으나 설명한 바와 같이 공동불법행위자 중 1인이 원고를 위해 보조참가한 사건임을 유념할 필요가 있다.

사실상·경제적·감정적 이해관계만으로는 참가의 이익이 인정될 수 없다. 예를 들어, 채권자 甲이 주채무자 乙에게 돈을 빌려주면서 丙을 연대보증인으로 한 경우를 가정해 보자. 그후 甲이 연대보증인 丙을 상대로 대여금반환청구의 소를 제기한 경우 丙의 부친이 丙을 돕기 위해 보조참가하는 것은 감정적·정서적 이해관계이지 법률상의 이해관계라고 할 수 없다. 나아가 만일 丙이 위 소송에서 패소하면 채권의 추심이 어렵다고 느낀 丙의 다른 채권자 X가 보조참가하는 경우도 경제적 이익1)이 있는 것은 몰라도 법률상의 이해관계라고 할 수는 없다.2) 반면, 주채무자 乙은 연대보증인 丙이 패소할 경우 구상을 당할 지위에 있으므로 법률상의 이해관계가 충분히 인정된다.

2) 법률상의 이해관계와 경제적 이해관계가 언제나 분명하게 구분되는 것은 아니다. 예를 들어, 부동산 위의 선순위 가압류권자 甲이 부동산 소유자인 채무자 乙을 상대로 본안소송을 제기한 경우 당해 부동산 위의 후순위 근저당권자 丙은 채무자인 부동산 소유자 乙을 위해 보조참가할 이익이 있는지 여부가 문제될 수 있다. 후순위 근저당권자 丙으로서는 선순위 가압류권자의 피보전채권이 존재하지 않는다는 것이 판결을 통해 인정되면(즉, 채무자 乙이 승소하면) 배당금 수령권자로서의 지위 상승(적어도 동순위자의 배제)이라는 법률적 이익과 함께 배당금의 증액이라는 경제적 이익을 동시에 누리게 되는데 이를 보조참가의 이익이 있는 법률상의 이해관계가 있는 것으로 취급할 것인지는 다소 모호하기 때문이다. 경제적 이익은 법률상 지위의 상승을 수반하지 않지만 법률상 지위의 상승은 경제적 이익을 수반하는 것이 일반적이고 이러한 경우 보조참가의 이익을 인정해 주는 것이 분쟁의 1회적 해결과 방어권 보장이라는 측면에서도 바람직하다고 판단된다.3) 한편, 회생채권자가 제기한 채권자취소소송이 계속되어 있던 중 채무자에 대한 회생절차가 개시되어 관리인이 소송을 수계하고 부인의 소로 변경한 경우 소송결과가 채무자 재산의 증감에 직접적인 영향을 미치는 등 회생채

---

1) 대학입시 합격자인 원고가 피고 학교법인에 대해 등록금 환불을 구하는 소를 제기하자 다른 사립대학들이 피고 학교법인을 위해 보조참가를 한 사안에서 대법원은 원고의 등록금환불청구의 결과에 따라서는 다른 대학에도 파급효가 미치게 되지만 그것만으로는 법률상의 이해관계가 있다고 할 수 없다고 판시한 바 있다(大判 1997. 12. 26. 96다51714 참조)

2) 大判 2018. 7. 26. 2016다242440 판결도 유사하다.

3) 大判 2003. 5. 30. 2002두11073 역시 이와 유사한 입장이다 다른 요소의 개입 없이 직접적으로 법률상의 이해관계를 형성하는 사례는 오히려 드물 것이다. 이와 유사한 판례로 大決 2014. 5. 29. 2014마4009를 들 수 있다. 채무자 甲 소유 부동산에 관한 임의경매절차에서 제3순위로 배당받은 가압류권자 乙(원고)이 제4순위로 배당받은 甲(피고)을 상대로 실제 배당받을 금액을 확정하기 위한 구상금 청구의 소를 제기하여 승소판결을 받았으나 甲이 구상금채권 부존재를 주장하면서 추완항소를 하자, 피고 甲의 배당금 채권에 관하여 채권압류 및 추심명령을 받은 丙이 甲을 위해 보조참가를 신청한 사안에서, 대법원은 丙이 이 사건 소송결과에 대하여 법률상의 이해관계가 있다고 보았다. 이 사건에서 대법원은 소송결과에 따라 가압류권자인 乙(원고)과 채무자 겸 매각 부동산의 소유인 甲(피고)이 배당받을 실제 배당금액이 달라지고, 그에 따라 甲이 배당받을 잉여금에 대하여 압류 및 추심명령을 받은 보조참가인 丙이 추심할 수 있는 금액도 달라지므로 丙은 이 사건 소송의 판결 결과를 전제로 하여 법률상의 지위가 결정되는 관계에 있다고 판단하였다.

권자의 법률상 지위에 영향을 미친다고 볼 수 있다. 따라서 종전에 채권자취소의 소를 제기
한 회생채권자는 특별한 사정이 없는 한 소송결과에 이해관계를 갖고 있어 관리인을 돕기
위하여 보조참가를 할 수 있다.[1]

(3) 다른 참가와의 관계

다른 참가(공동소송적 보조참가나 공동소송참가)의 이익을 갖는 당사자도 보조참가의 형태로
참가하는 것은 부적법하다고 할 수 없지만 참가인의 객관적인 지위에 따라 그 지위를 인정
함이 타당하다. 예를 들어, 파산관재인의 소송수행에 대해 채무자(파산자) 본인이 관재인을 위
해 보조참가신청을 하더라도 공동소송적 보조참가인의 지위를 인정해 줌이 상당하다. 한편,
독립당사자참가가 가능하더라도 보조참가를 할 수 있다는 견해(호, 909면)가 있으나 의문이다.
양자는 양립할 수 있는 개념이 아니기 때문이다. 한편, 판례[2]는 독립당사자참가를 하면서 예
비적으로 보조참가하는 것을 허용하지 않고 있는데 예비적 병합이나 예비적 피고 개념을 인
정하고 있으므로 예비적 참가도 인정해야 한다는 반대 견해도 있다(이시, 790면).[3]

3. 현저한 지연이 없을 것

보조참가로 인해 소송절차가 현저하게 지연되는 경우에는 참가가 허용되지 않는다(71조
단서). 보조참가인은 독립된 당사자가 아니므로 피참가인의 지위를 초월해서 소송행위를 할
수 없다. 따라서 보조참가로 인해 소송절차가 현저하게 지연되는 상황은 사실상 상정하기 어
렵다. 더구나 피참가인이 실기한 공격방어방법의 제재를 받는 상황이라면 보조참가인의 공격
방어 역시 허용될 수 없으므로 보조참가를 통한 현저한 소송지연이라는 것은 원칙적으로 생
각하기 어렵다.[4]

4. 소송행위로서의 요건을 갖출 것

보조참가신청 역시 소송행위이므로 당사자능력은 물론 소송능력을 갖출 것이 요구된
다. 따라서 당사자능력이 없는 행정청은 민사소송법상의 보조참가는 할 수 없지만 행정소송

---

[1] 大決 2021. 12. 10. 2021마6702.

[2] 大判 1994. 12. 27. 92다22473,22480.

[3] 형식 논리적으로 보면 독립당사자참가를 하면서 예비적으로 보조참가신청을 하는 것도 허용하는 것이 당연
한 것으로 생각될 수 있다. 그러나 권리주장참가의 경우 계쟁물이 자신의 것이라고 주장하면서 예비적으로는
원·피고 중 어느 일방을 돕겠다는 상황 설정이나 사해방지참가에서 원·피고가 결탁해서 참가인을 해하고 있
다면서 예비적으로 그 중 어느 일방을 돕겠다는 취지의 신청을 인정하는 것이 예비적 피고나 예비적 청구를
인정하는 것과 같은 맥락에 있는 것인지 매우 의문이다. 후자의 두 개념은 하나의 목적을 위해 사람이나 청구
를 예비적으로 설정하는 것임에 반해 독립당사자참가와 예비적 보조참가신청은 전혀 다른 목적을 갖고 있을
뿐 아니라 원·피고 중 누구를 도울 것인지 여부도 특정되지 않은 매우 기이한 구조를 갖게 되기 때문이다.

[4] 재판을 지연하거나 심리를 방해할 목적으로 다수인이 보조참가신청을 하는 경우 혹은 절차 지연을 위해
뒤늦게 보조참가신청을 하는 경우 등을 현저한 지연의 사례로 들고 있다(실무제요 I, 304면).

법에 따른 참가신청은 할 수 있다(행소 17조 1항). 행정청이 민사소송법상의 보조참가를 하였더라도 행정소송법상의 참가신청을 한 것으로 보아 판단함이 타당하고 판례 역시 동일한 입장이다.[1]

Ⅲ. 참가절차

1. 참가신청의 방식

참가신청은 서면이나 구두(161조 2항)로 참가의 취지와 이유를 밝혀 참가하고자 하는 소송이 계속된 법원에 제기하여야 한다(72조 1항). 서면으로 참가신청을 하는 경우에는 법원은 이를 양 당사자에게 송달하여야 한다(2항). 아울러 보조참가인은 참가신청과 동시에 참가인으로서 할 수 있는 소송행위를 할 수 있다(3항). 따라서 참가신청과 함께 이의신청은 물론 상소제기도 동시에 할 수 있다.[2]

2. 참가허가여부에 대한 재판

(1) 참가신청에 대한 이의

보조참가신청에 대한 당사자의 이의 제기가 있는 경우 참가이유를 소명하여야 한다(73조 1항). 이때 피참가인 역시 참가에 대한 이의제기를 할 수 있다고 봄이 타당하다. 피참가인을 방해하기 위한 위장된 보조참가신청을 차단할 필요가 있기 때문이다. 그러나 당사자가 참가신청에 대해 즉시 이의를 제기하지 않고 변론하거나 준비기일에서 진술하면 이의신청권을 상실하게 된다(74조). 한편, 법원 역시 직권으로 참가인에게 소명을 요구할 수 있도록 하고 있는데(73조 2항) 그 취지가 다소 의문이다. 참가이유도 없이 소송대리를 할 목적으로 보조참가신청을 함으로써 변호사대리 원칙을 피하기 위한 편법을 저지하기 위함이라고 하지만 공익적인 요건도 아닌 보조 참가이유에 대해 법원이 직권으로 간섭하고자 함은 바람직하지 않은 현상이라고 할 것이다.

(2) 법원의 허가여부에 대한 재판

법원은 당사자의 이의신청이나 직권에 의한 소명 요구에 대한 답변을 듣고 참가허부에 대한 재판을 하여야 한다(73조 1항, 2항). 이러한 법원의 결정에 대해서는 즉시항고가 가능하다(3항). 법 제73조의 취지상 법원은 참가허부에 대한 재판을 별도의 결정을 통해 바로 하는 것이 바람직하다. 그런데 실무에서는 보조참가의 이유가 인정되는 경우에는 별도의 허가결정을 할

---

1) 大判 2002. 9. 24. 99두1519.
2) 大判 1981. 9. 22. 81다334.

필요가 없다는 입장이나 의문이다(실무제요 I, 299면). 참가허부에 대한 재판을 조속히 함으로써 이의제기를 한 당사자나 보조참가인 모두에게 법원의 분명한 입장을 표명하는 것이 소송진행에 도움이 될 뿐 아니라 법 제73조의 취지 역시 그러하기 때문이다(이시, 791면도 같은 취지).

3. 참가인의 소송관여와 참가신청의 취하

보조참가인은 참가신청에 대해 이의가 있는 경우에도 법원으로부터 불허결정이 날 때까지는 소송행위를 할 수 있지만(75조 1항) 불허결정이 나게 되면 그 소송행위는 소급적으로 효력을 상실한다. 하지만 당사자가 참가인의 소송행위를 원용하는 경우에는 그 소송행위는 효력을 갖는다(2항). 한편, 참가인이 후에 참가신청을 취하한 경우 그 때까지의 소송행위의 효력이 문제될 수 있다. 당사자가 원용하지 않는 한 판결자료로 할 수 없다고 보는 것이 법 제75조의 규정 취지와 부합된다(같은 취지의 견해로는 정/유/김, 1041면; 송/박, 660면; 호, 903면). 그러나 당사자의 원용이 없어도 판결자료로 할 수 있다는 반대견해도 있다(이시, 791면; 김홍, 1032면).[1]

IV. 참가인의 소송상 지위

1. 원칙적 종속성과 예외적 독립성

(1) 원칙적인 종속성

보조참가인은 종된 당사자로서 피참가인을 보조하는 역할이 주된 임무이다. 따라서 피참가인의 의사에 반하는 행위나 불리한 행위를 할 수 없는 종속적인 지위에 있다. 판결문에 보조참가인으로 표시되지만 당사자는 아니며 당사자본인신문이 아닌 증인이나 감정인으로서의 능력을 가질 뿐이다. 아울러 보조참가인에게 사망과 같은 중단사유가 생겨도 절차는 중단되지 않으며 참가인은 피참가인의 상소기간 내에 상소를 제기하여야 한다.[2]

(2) 예외적 독립성

참가인의 종속성은 피참가인과의 관계에서 비롯되는 것이므로 참가인 스스로의 이익을 방어하기 위한 절차적 기본권은 보장되어야 한다(예외적 독립성). 따라서 참가인에 대해 기일통지나 소송서류 등의 송달 등이 이루어져야 하며,[3] 참가인의 출석은 피참가인의 불출석에 따른 불이익을 상쇄한다.

---

1) 반대견해는 증거를 제출한 참가인의 참가신청이 부적법 각하되어도 법원이 이미 실시한 증거방법에 의하여 법원이 얻은 증거자료의 효력에는 아무런 영향이 없다는 판례(大判 1971. 3. 31. 71다309,310)를 거시하고 있으나 이는 법 제75조 제1항에 의해 인정되는 당연한 결과일 뿐 참가인의 취하 문제와는 무관하다.

2) 大判 2007. 9. 6. 2007다41966.

3) 大判 2007. 2. 22. 2006다75641.

2. 참가인의 가능한 행위

참가인은 기본적으로 피참가인을 위해 공격·방어·이의·상소, 그 밖의 모든 소송행위를 할 수 있다. 따라서 증거신청은 물론 적극적인 방어 역시 가능하다. 그러나 참가인의 종속성으로 인해 내재적인 제한이 있다.

(1) 소송진행정도에 따른 제한

참가할 때의 소송의 진행정도에 따라 할 수 없는 소송행위는 할 수 없다(76조 1항). 예를 들어 상고심에서 보조참가를 한 참가인은 새로운 사실 주장을 할 수 없음은 당연하다. 공격방어방법의 실기 여부도 피참가인을 기준으로 판단되어야 한다.

(2) 피참가인의 소송행위와 어긋나거나 불이익한 행위

기본적으로 참가인은 피참가인의 소송행위와 어긋나는 행위, 혹은 불이익한 행위를 하더라도 효력이 없다(76조 2항). 다만, 궁극적으로 피참가인이 참가인의 행위에 동조하거나 묵인하면 참가인의 행위는 여전히 유효하다. 예를 들어, 피참가인이 자백한 내용을 참가인이 취소한 경우에도 피참가인이 추후 이에 동의한다면 참가인의 자백취소는 유효하다. 그러나 참가인이 제기한 항변이나 상소 등을 후에 피참가인이 철회한다면 참가인의 행위는 효력을 상실한다. 아울러 피참가인에게 불리한 자백, 청구의 포기·인낙·소취하 등은 그 행위 자체가 피참가인에게 불리하므로 효력이 없다. 피참가인이 소송에 적극적으로 관여하지 않는 상태에서 참가인이 행한 각종 소송행위는 피참가인의 명시적인 반대의사 표시가 없다면 유효하다.

(3) 방어를 넘어선 적극적 공격과 사법상 권리행사의 가부

보조참가인은 피참가인을 보조하는 것에 머무는 것이 기본이므로 제기한 소의 형태나 내용을 변경할 수 없다는 것이 통설·판례의 입장이다(이시, 793면; 정/유/김, 1043-1044면).[1] 따라서 소의 변경이나 반소, 중간확인의 소 등은 제기할 수 없다고 한다. 나아가 피참가인의 사법상의 권리(계약의 해제 혹은 취소권 및 상계권 행사 등) 역시 행사할 수 없다는 것이 통설의 입장이다. 그러나 피참가인은 보조참가인의 주장을 철회하는 등 보조참가인의 행위와 저촉되는 행위를 통해 자신의 이익을 보호할 수 있으므로 허용해도 무방하다는 소수견해도 있다(김/강, 735면). 보조참가인의 본질적 특성상 피참가인이 만들어 놓은 청구의 범위나 피참가인이 고유하게 갖는 실체법상의 권리 등을 넘어서는 행위를 보조참가인이 당연히 할 수 있다고 볼 수는 없다. 소수견해는 피참가인이 부재한 상태에서 보조참가인이 주도적으로 소송을 운용해 나가는 상황을 염두에 두지 않고 있어 불합리하다.[2] 다만, 피참가인이 보조참가인과 함께 소

---

1) 大判 1992. 10. 9. 92므266.

2) 예를 들어, 피참가인이 출석하지 않는 상황에서 보조참가인이 단독으로 변론을 하게 되면 소수견해가 지

송진행을 하고 있는 등 보조참가인의 적극적인 행위(형성권 행사 및 소의 변경 등)를 충분히 인지하고 있음이 명백한 경우(즉, 피참가인의 철회권이 명백하게 보장되는 경우)에는 보조참가인의 적극적인 소송행위나 사법행위도 유효하다고 보는 것이 합리적이다. 나아가 소송진행 내용이나 정도에 따라서는 피참가인을 위해 사법상의 형성권이나 반소 혹은 소의 변경 등이 반드시 필요한 경우도 있으므로 이러한 경우에는 보조참가인의 행위를 유효한 것으로 보아야 한다.[1]

V. 참가적 효력

1. 보조참가인에 대한 판결의 효력

(1) 보조참가인이 참가한 소송이라 하더라도 당해 판결은 당사자에게만 효력이 미칠 뿐이다. 그런데 법 제77조에서는 일정한 제한을 설정하면서 참가인에게도 재판의 효력이 미친다고 규정하고 있어 이를 둘러싼 재판의 효력에 대해 학설의 대립이 있었으나 현재는 기판력이 아닌 보조참가인 제도에 독특한 참가적 효력이라고 하는 데 학설과 판례[2]가 일치하고 있다. 이는 피참가인이 본안에서 패소 판결을 받아 확정되는 경우(소송판결의 경우는 책임소재를 따질 여지가 없음) 참가인과 피참가인 간의 파급소송에서 참가인에게 부과되는 구속력으로 파악된다. 비록 독립적인 지위를 갖지는 못했지만 참가인의 일정한 소송관여가 보장되었음에도 불구하고 피참가인이 패소를 하였다면 그로 인해 야기된 과정과 결과에 대해서는 보조참가인도 책임을 부담하여야 한다는 것이 참가적 효력의 기본적인 구조라고 할 수 있다.

(2) 예를 들어, 채권자 甲이 연대보증인 丙을 상대로 대여금반환청구의 소(제1소송)를 제기하자 주채무자 乙이 피고 丙을 위해 보조참가한 경우를 가정해보자. 피고 丙이 승소하면 아무 문제가 없으나 본안에 대해 패소판결을 받아 동 판결이 확정되면 연대보증인 丙(피참가인)은 주채무자 乙(보조참가인)을 상대로 구상금청구의 소(제2소송)를 제기하는 것이 일반적일 것이다. 참가적 효력은 이 제2소송에서의 참가인과 피참가인 간의 책임부담을 규정한 것이다. 즉, 제2소송에서 피고가 된 주채무자 乙은 원고가 된 연대보증인 丙에 대해 제1소송의 판결이유에서 판단된 부분에 대해서도 다른 주장을 하지 못하게 되는 부담을 지게 된다. 즉, 주채무자 乙은 주채무가 원래부터 존재하지 않았다거나 이미 변제 등으로 소멸되었다는 주장

적하듯이 피참가인의 저촉행위를 통해 보조참가인을 제어할 수 없게 된다. 보조참가인의 무리한 청구변경이나 사법행위 등으로 피해를 입는 당사자는 피참가인이므로 보조참가인에게 많은 권한을 허용하는 것은 매우 위험하다는 점을 유념해야 한다.

1) 예를 들어, 피참가인 원고가 건물인도청구의 소를 하던 도중 보조참가인이 원고를 도와 보조참가를 하였는데 건물이 멸실된 것이 명백한 경우를 가정해보자. 이 상황에서 피참가인 원고가 손해배상청구로 청구를 변경하여야 함에도 불구하고 보조참가인을 믿고 불출석을 하는 등 소송관여를 하지 않는다면 보조참가인의 청구변경을 유효하다고 하지 않을 수 없다.

2) 大判 1988. 12. 13. 86다카2289.

등으로 구상의무를 부인하거나 회피하는 주장을 제2소송에서 할 수 없게 된다.

2. 참가적 효력의 범위

(1) 주관적 범위

참가적 효력은 참가인과 피참가인 사이에서 문제되는 판결의 효력이다.[1] 따라서 참가인과 피참가인의 상대방은 직접적인 관련성이 없다.[2] 앞서 1의 (2) 사례에서 보듯이 피참가인 丙(연대보증인)이 본안에 관해 패소 확정판결을 받은 후 제기된 참가인 乙(주채무자)에 대한 제2소송에서 주채무자 피고 乙은 연대보증인 원고 丙에 대해 일정한 사실을 주장할 수 없는 구속력을 받게 된다.

(2) 객관적 범위

1) 보조참가인의 참가이유는 소송결과(판결주문)에 이해관계가 있는 경우에만 인정되지만 일단 참가이익이 인정되면 참가적 효력은 전소(제1소송) 확정판결의 결론(주문)에만 미치는 것이 아니다. 즉 참가적 효력은 전소 확정판결의 결론의 기초가 된 사실상 및 법률상의 판단으로서 보조참가인이 피참가인과 공동이익으로 주장하거나 다툴 수 있었던 사항 모두에 미치게 되며[3] 결론에 영향을 미칠 중요한 판결이유로서 선결적인 법률관계에도 미친다. 그러나 전소 확정판결에 필수적인 요소가 아니어서 결론에 영향을 미칠 수 없는 부가적 또는 보충적인 판단이나 방론 등에까지 미치는 것은 아니다.[4]

2) 앞서 1의 (2) 사례에서 확정된 제1소송의 판결주문에 근거한 결론(물론 판결이유의 보충이 다소 필요함)은 연대보증인 피고 丙이 채권자인 원고 甲에게 돈을 지급할 의무가 있다는 것뿐이다. 이 제1소송의 결과만으로 연대보증인 丙과 주채무자 乙 간의 제2소송의 구속력 내용을 판단할 수는 없다. 결국 제1소송의 주된 판결이유가 제2소송의 구속력의 주된 내용이 된다. 즉, 주채무는 여전히 존재한다는 사실, 연대보증인 丙이 주채무자 乙을 위해 연대보증한 사실 등이 구속력의 주된 내용이 될 것이므로 제2소송에서 주채무자 乙(피고)은 연대보증인 丙(원고)에게 주채무가 이미 소멸했으니 구상의무가 없다는 주장은 할 수 없게 되는 것이다.

3. 참가적 효력과 기판력의 차이

(1) 주관적 범위

기판력은 소송의 승패와 관련 없이 소송당사자 사이에서만 발생하는 효력으로서 법원의

---

1) 大判 1971. 1. 26. 70다2596.
2) 참가인과 피참가인의 상대방 간에도 일정한 재판의 효력을 확장하자는 견해(소위 신기판력설)가 주장되었으나 지지를 받고 있지는 못하다(김/강, 737면 참조).
3) 大判 2020. 1. 30. 2019다268252.
4) 大判 1997. 9. 5. 95다42133.

직권조사사항이다. 아울러 그 효력은 판결주문에 한해서만 미치므로 판결이유에서 판단되는 쟁점에 대해서는 구속력이 발생하지 않는다. 이에 비해 참가적 효력은 참가인과 피참가인 사이에서만 발생하는 구속력으로서 피참가인이 패소한 경우에만 발생하는 특성을 갖고 있다. 더구나 참가적 효력은 피참가인에게 일방적으로 유리한 것으로서 참가인에게만 부담으로 작용하는 측면이 있다.

(2) 객관적 범위

참가적 효력은 판결주문뿐 아니라 판결이유에까지 그 효력이 미침으로써 기판력의 범주보다 넓은 범위에서 참가인을 구속한다. 당사자도 아닌 보조참가인에게 피참가인의 패소에 대한 책임을 광범위하게 인정하는 근거는 제3자로서 타인 소송에 관여한 데 대한 책임 부담의 성격에서 비롯된다. 그러므로 참가인이 소송에서 주장한 기존의 내용과 다른 주장을 후소에서 허용한다면 보조참가로 인해 비롯된 소송의 복잡화, 지연 등이 의미가 상실될 것이다. 결국 보조참가를 원하는 제3자는 피참가인의 패소에 따른 위험부담을 사전에 정밀하게 평가하여야 한다.[1]

(3) 직권조사사항과 항변사항

참가적 효력은 기판력과 달리 당사자의 원용을 기다려 고려하면 충분하다는 견해(김/강, 738면; 이시, 796면; 정/유/김, 1047면, 김홍, 1041면)가 다수 학설이나 의문이다. 참가적 효력은 기판력과 달리 소의 적법성 여부를 좌우하는 소송요건의 기능을 수행하지는 않지만 보조참가로 인해 법원 및 당사자의 노력과 시간이 배가되었으므로 소송경제를 위해 그 결과에 대한 구속력을 제2소송에까지 확대하는 것이 바람직할 것이다. 앞서 (1)의 2) 사례에서 연대보증인 丙이 제기한 제2소송(구상금 청구의 소)에서 주채무자 피고 乙이 주채무가 소멸되었다는 주장을 하는 것을 허용하게 되면 모처럼 인정한 참가적 효력을 통한 소송경제 효과는 빛이 바래질 것이다. 따라서 제2소송의 원고 丙과 피고 乙이 제1소송에서 피참가인과 보조참가인 관계였다는 것이 변론과정에서 드러난다면 법원은 원고 丙의 원용 여부와 관계없이 참가적 효력을 적용하는 것이 바람직하다.

4. 참가적 효력의 배제

(1) 참가적 효력은 보조참가인의 참가에 불구하고 피참가인이 패소함에 따른 불이익이므로 보조참가인이 책임질 사유가 없는 경우에는 참가적 효력이 배제됨이 당연하다. 따라서 법 제77조에서는 제76조의 규정에 따라 참가인이 소송행위를 할 수 없거나, 그 소송행위가 효력을 가지지 아니하는 때, 피참가인이 참가인의 소송행위를 방해한 때, 피참가인이 참가인

---

[1] 참가적 효력의 범위를 판결이유에까지 확장함으로써 발생하는 위험부담은 사전에 고려됨으로써 방지될 수 있다. 따라서 기판력의 범위 역시 주요쟁점에 대해 확장하는 것도 고려할 가치가 있다.

이 할 수 없는 소송행위를 고의나 과실로 하지 아니한 때에는 참가적 효력이 미치지 않는다고 규정하고 있다.[1] 예를 들어, 원고 甲이 피고 乙을 상대로 한 양도담보약정을 원인으로 한 지분권이전등기청구소송에 丙이 乙의 보조참가인으로 참가하여 그 사실을 부인하였음에도 불구하고 乙이 이를 인낙하였다면 그 인낙조서의 효력은 丙에게까지 미칠 수 없게 된다.[2]

　　(2) 참가적 효력은 전소 확정판결에 필수적인 요소가 아니어서 결론에 영향을 미칠 수 없는 부가적 또는 보충적인 판단이나 방론 등에까지 미치는 것은 아니다.[3] 아울러 전소가 확정판결이 아닌 조정을 갈음하는 결정[4]이나 화해권고결정[5]에 의하여 종료된 경우에는 확정판결에서와 같은 법원의 사실상 및 법률상의 판단이 이루어졌다고 할 수 없으므로 참가적 효력이 인정되지 아니한다.

제 3 절   공동소송적 보조참가

Ⅰ. 의　　의

　　당사자 간의 판결의 효력이 제3자에게 미치지만 그 제3자는 당해 소송에 당사자적격을 갖지 못하는 경우가 있다. 파산절차의 개시에 따라 파산관재인 혹은 관리인이 선임되면 파산재단 혹은 채무자의 재산에 관한 소송에서는 채무자(파산자)는 당사자적격을 상실하고 파산관재인 혹은 관리인이 당사자가 된다(회생·파산 78조, 359조). 이때 관재인이 수행한 소송의 결과는 파산한 채무자 본인에게도 효력이 미치게 된다(218조 3항). 이때 채무자 본인이 관재인을 도와 보조참가한 경우 어떤 지위를 인정할 것인가에 대해 오래 전부터 논의되어 왔다. 2002년 개정된 현행법은 참가인에게 공동소송적 보조참가인의 지위를 인정하게 되었다. 보조참가인은 피참가인에 비해 종된 지위를 갖고 있으나(76조) 본 소송의 판결의 효력을 받는 공동소송적 보조참가인에게는 그보다 강력한 지위를 인정해 주어야 하는데 현행법은 법 제67조와 제69조를 준용함으로써 참가인과 피참가인의 관계를 필수적 공동소송인의 지위로 격상하고 있다. 그러나 공동소송적 보조참가인이 무엇을 할 수 있는 것인지에 대해서는 법 제67조와

---

1) 법 제77조에서 열거하는 사유가 있다는 것만으로는 참가적 효력이 배제되지는 않으며 이러한 사정이 없었다면 피참가인이 전소에서 승소할 수 있었다는 점을 참가인이 주장·입증하여야 한다는 견해가 있으나 의문이다(이시, 796면; 김홍, 1043면). 법 제77조에서는 이러한 요건을 보조참가인에게 요구하지 않고 있을 뿐 아니라 이러한 사실을 증명하는 것 자체가 사실상 매우 어렵기 때문이다.

2) 大判 1988. 12. 13. 86다카2289.

3) 大判 1997. 9. 5. 95다42133.

4) 大判 2019. 6. 13. 2016다221085.

5) 大判 2015. 5. 28. 2012다78184.

제69조를 준용한다는 것만으로는 답이 되지 않는다. 더욱이 아래에서 보듯이 공동소송적 보조참가가 인정되는 여러 상황에서 피참가인과 참가인의 관계 설정을 일률적으로 하는 것 역시 바람직하지 않을 수 있다(이론과 실무, 428면 참조).

Ⅱ. 유 형

1. 박탈형(갈음형) 제3자 소송담당

파산관재인이나 관리인이 진행하는 소송(회생·파산 78조, 359조)에 채무자(파산자)가 이들을 도와 참가하는 경우, 유언집행자(민 1101조)가 진행하는 소송에 상속인이 참가하는 경우, 집행채권자가 제3채무자를 상대로 제기한 추심의 소(민집 249조)에 채무자가 참가하는 경우, 선정당사자를 선정한 선정자가 후에 선정당사자를 도와 참가하는 경우(선정자의 당사자적격이 상실된다는 견해에서) 등에 원래의 채권자나 선정자가 이 소송에 참가한 경우 등을 대표적으로 들 수 있는데 원래의 권리자가 권리행사의 제한을 받는 제3자 소송담당의 경우가 전형적인 예라고 할 수 있다. 그러나 원래의 권리자가 그 지위를 상실하지 않는 채권자대위소송의 채무자 혹은 주주대표소송에서의 회사의 참가, 추심위임배서의 배서인 등의 참가는 공동소송참가로 보아야 한다(상세는 후술함).[1]

2. 형성소송의 형성판결

가사·회사·행정소송 등의 형성판결은 대세적 효력이 있으므로 판결의 효력은 받지만 당사자적격이 없는 자의 참가는 기본적으로 공동소송적 보조참가가 된다. 그러나 이 세 가지 형태의 소도 각기 특성을 갖고 있어 동일하게만 바라볼 수 없게 되었다.

(1) 가사소송

가사소송법상 가류 또는 나류 가사소송사건의 청구를 인용한 확정판결은 제3자에게도 효력이 있을 뿐만 아니라 청구를 배척한 판결이라 하더라도 확정된 경우에는 다른 제소권자는 사실심의 변론종결 전에 참가하지 못한 데 대하여 정당한 사유가 있지 아니하면 다시 소를 제기할 수 없게 된다(가소 21조). 따라서 가사소송의 경우는 제3자가 제소권자인 경우 공동소송참가를, 제소권자가 아닌 제3자는 당사자적격은 없지만 판결의 효력을 받게 되므로 공동소송적 보조참가인의 지위를 갖게 된다.

---

[1] 채권자대위소송과 주주대표소송의 경우 모두 공동소송적 보조참가라고 주장하는 견해(이시, 797-798면), 주주대표소송에서의 회사의 참가를 공동소송적 보조참가로 보는 반면 채권자대위소송에 대해서는 언급이 없는 견해(김/강, 739-740면), 주주대표소송에서 회사의 참가를 공동소송참가로 보면서 채권자대위소송의 채무자의 참가는 공동소송적 보조참가로 보는 견해(정/유/김, 1058면) 등 다양한 견해가 있다.

(2) 회사소송

회사소송의 경우는 설립무효 혹은 취소의 판결은 편면적으로 대세적 효력을 갖는다(상 190조). 동 규정을 준용하는 각종 회사법상의 소 역시 편면적인 대세효를 갖게 된다. 예를 들어, 주주 A가 제기한 주주총회결의취소의 소(상 376조)에 원고를 돕기 위해 참가한 다른 주주 B는 편면적이지만 판결의 효력을 받는 지위에 있고 당사자적격도 인정되므로 공동소송참가인의 지위를 가질 수 있다. 그러나 참가시기가 결의의 날로부터 2월이 지난 시점이라면 당사자적격을 갖지 못하므로 주주 B는 공동소송적 보조참가인의 지위밖에 가질 수 없게 된다(이 시, 798면; 정/유/김, 1050면).

(3) 행정소송

행정소송법에는 제3자 혹은 행정청의 신청에 의해 기존 취소소송에 참가를 신청할 수 있으며 아울러 법원은 직권으로 이들을 참가시킬 수도 있다(행소 16조, 17조).[1] 아울러 처분을 취소하는 확정판결은 제3자에게도 효력이 있으므로(29조 1항) 행정소송법 제16조, 제17조에 따른 참가인 역시 공동소송적 보조참가인의 지위에 있다고 보아야 한다. 따라서 보조참가신청을 하더라도 공동소송적 보조참가인의 지위를 인정해 주어야 하며 보조참가신청에 대해 행정소송법 제16조에 따른 절차를 밟지 않았다 하더라도 민사소송법상의 공동소송적 보조참가인의 지위를 인정해 줄 수 있다.[2]

Ⅲ. 참가인의 지위

1. 중간자적 지위

판결의 효력은 받지만 당사자적격이 없는 공동소송적 보조참가인은 보조참가인보다는 강력한 지위를 갖게 되지만 공동소송참가인보다는 종속적인 지위를 갖게 된다. 따라서 그 경계를 명확히 설정하는 것은 매우 어렵지만 제78조에서 제67조의 필수적 공동소송의 심리특칙이 준용됨으로써 필수적 공동소송인에 준하는 지위가 인정되고 있다. 한편 공동소송적 보조참가인 역시 상고심에서도 참가할 수 있다.

2. 구체적인 범위

(1) 독립적인 지위

1) 참가인은 피참가인의 의사에 반하는 소송행위를 할 수 있으나(76조 2항의 배제) 양자 모

---

1) 행정소송법 제16조, 제17조는 취소소송에 규정되어 있으나 다른 행정소송에 모두 준용(행소 38조 1항, 2항)되고 있다.
2) 大判 2012. 11. 29. 2011두30069.

두에게 이익이 되는 경우에만 효력을 갖는다. 따라서 소나 상소의 취하, 청구의 포기·인낙, 자백 등은 피참가인이 단독으로 해도 효력이 발생하지 않는다(78조, 67조 1항). 그런데 피참가인은 소의 취하를 단독적으로 할 수 있다는 견해(김홍, 1048면; 이시, 799면; 정/유/김, 1051면)가 있으며 판례 역시 공동소송적 보조참가인과 피참가인의 관계가 유사필수적 공동소송 관계에 가깝다는 이유로 피참가인의 단독적인 소취하를 인정하고 있다.[1] 그러나 공동소송적 보조참가인은 판결의 효력은 받지만 당사자적격이 없어 피참가인의 소취하 후에는 단독으로 동일한 소를 제기할 수 없다. 즉, 피참가인의 소취하는 공동소송적 보조참가인에게 회복할 수 없는 피해를 줄 우려가 크다는 점에서 피참가인은 단독으로 소를 취하할 수 없다고 보는 것이 합리적이다. 한편, 판례는 재심의 소를 취하하는 문제는 일반적인 소를 취하하는 것과 달리 확정된 종국판결에 대한 불복의 기회를 상실하게 하여 더 이상 확정판결의 효력을 배제할 수 없게 하는 행위이므로 공동소송적 보조참가인에 대하여는 불리한 행위에 해당하여 피참가인이 단독으로 할 수 없다고 판시한 바 있다.[2] 통상의 소취하와 재심의 소취하를 구분해서 후자의 경우에만 공동소송적 보조참가인에게 불리한 상황이 발생한다고 본 판례의 입장에는 동의하기 어렵다.[3]

2) 상소기간은 물론 상고이유서제출기간 역시 공동소송적 보조참가인에 대한 판결정본 송달 시부터 독자적으로 진행된다. 따라서 판결이 확정되기 위해서는 양자 모두의 상소기간이 도과되어야 한다.[4] 한편, 상대방이 피참가인이나 공동소송적 보조참가인 1인에게 한 행위는 양자 모두에게 효력이 발생하며(67조 2항) 공동소송적 보조참가인에게 소송절차를 중단하거나 중지하여야 할 사유가 발생한 경우에는 전체의 절차가 중단·중지된다(67조 3항). 이 경우 참가인의 이익이 해할 우려가 있는 경우에만 절차가 중단·중지된다는 견해(이시, 800면; 김홍, 1049면)가 있으나 절차의 중단이나 중지는 그 사유의 발생이 있는 경우 일괄적으로 인정되는 것이 바람직하며 중단이나 중지사유 자체가 당사자에게 불이익한 것이므로 불이익 유무를 개별적으로 판단하는 것 역시 모순된 주장이라고 판단된다.

(2) 종속적인 지위

법 제67조를 준용하는 외에는 공동소송적 보조참가 역시 기본적으로 보조참가인의 지위를 갖는다. 따라서 공동소송적 보조참가인 역시 참가 당시의 소송상태를 전제로 피참가인을 보조하기 위하여 참가하는 것이므로 참가할 때의 소송 진행정도에 따라 피참가인이 할 수 없는 행위는 할 수 없다.[5] 나아가 청구의 변경이나 반소 제기 등은 기본적으로 할 수 없다

---

1) 大決 2013. 3. 28. 2012아43.
2) 大判 2015. 10. 29. 2014다13044.
3) 동 판례에 대한 비판은 졸고, "공동소송적보조참가인의 법적 지위", 법조 통권 718호(2016. 8), 583면 이하 참조.
4) 大判 2012. 11. 29. 2011두30069 역시 같은 취지임.
5) 大判 2018. 11. 29. 2018므14210. 한편, 동 판결에서 대법원은 판결 확정 후 재심사유가 있을 때에는 보조참가인이 피참가인을 보조하기 위하여 보조참가신청과 함께 재심의 소를 제기할 수 있지만 참가인의 재심청

(보조참가인과 마찬가지로 예외적으로는 가능). 또한 피참가인이 이미 자백한 사항을 단독적으로 취소할 수 없으며 시기에 늦은 공격방어방법 역시 제출할 수 없는 제약을 받게 된다. 만일 참가인이 증거조사의 대상이 되는 경우에는 당사자적격이 없으므로 증인신문의 방식으로 신문함이 타당하다.

제4절　소송고지

Ⅰ. 의의와 법적 성질

1. 의　　의

법원에 소송이 계속 중인 가운데 당사자 중 어느 일방은 참가할 수 있는 이해관계를 가진 제3자에게 스스로 소송고지를 하여 제3자에게 일정한 효력을 발생하게 할 수 있다. 따라서 공동소송적 보조참가 혹은 공동소송참가, 독립당사자참가 등을 할 수 있는 제3자에 대해서도 소송고지를 할 수는 있으나 고지자는 피고지자와의 참가적 효력을 갖는 것이 주된 목적이므로(86조, 77조) 대부분 보조참가의 이익을 갖는 제3자에게 고지를 할 실익이 있다. 따라서 보조참가가 참가인이 적극적으로 본 소송에 관여하는 형태라면 소송고지는 역으로 기존 당사자가 제3자를 참가하도록 적극 유도하는 것이며 실제로 참가를 하지 않더라도 참가적 효력을 제3자에게 미치게 하기 위해 소송고지제도를 활용한다(86조, 77조 참조). 즉, 채권자 甲이 연대보증인 乙을 상대로 대여금반환청구의 소를 제기한 경우 주채무자 丙이 자진해서 피고 乙을 위해 보조참가하면 다행이지만 그렇지 않은 경우 피고 乙은 자신이 패소할지 모른다는 불안감도 있지만 패소할 경우 주채무자 丙에게 구상을 해야 하는데 주채무자가 구상책임을 부인할지도 모른다는 불안도 갖고 있다. 따라서 이러한 미래의 불안을 대비하기 위해 피고 乙은 주채무자 丙에게 소송고지를 해 둘 필요가 생기는 것이다.

2. 법적 성질

법 제84조의 소송고지는 소송이 계속되어 있다는 단순한 사실의 통지에 불과하며 소송고지자의 선택사항에 불과하다. 즉, 의무는 아니고 권능에 속한다. 소송고지를 하는 당사자는 이미 제기된 소송에서 패소할 경우 불가피하게 소송을 하게 될 사람을 미리 절차에 끌어들여 나중에 벌어질 분쟁을 예방하거나 대비하기 위해 소송고지를 이용한다.

구 당시 피참가인인 재심청구인이 이미 사망하여 당사자능력이 없다면, 이를 허용하는 규정 등이 없는 한 보조참가인의 재심청구는 허용되지 않는다고 판시하였다.

Ⅱ. 소송고지의 요건

1. 소송계속

소송이 계속 중이면 사실심이나 법률심 모두 소송고지가 가능하다. 보조참가와의 균형을 고려한다면 결정절차나 항고절차에서는 소송고지를 할 수 없다고 해석함이 타당하다.

2. 고 지 자

(1) 주   체

소송당사자뿐 아니라 참가인(보조참가인 포함) 역시 소송고지가 가능하다. 소송고지를 받은 피고지자 역시 다른 제3자에게 소송고지가 가능하며(84조 2항) 따라서 연쇄적인 소송고지 역시 이론적으로 가능하다. 한편, 소송고지는 당사자의 권한일 뿐 의무는 아니며 이는 선택가능한 소송전략 수단의 하나일 뿐이다.

(2) 고지의무

일정한 경우 법은 고지를 의무화하고 있다. 민사집행법상의 추심의 소(민집 238조)를 제기한 자, 주주대표소송(상 404조 2항)을 제기한 주주, 채권자대위소송의 경우 채권자(민 405조) 등은 제소 사실을 채무자 혹은 회사 등에게 통지하여야 한다. 그러나 이러한 고지나 통지는 고지자를 위한 것이 아니고 피고지자에게 일정한 절차 참여 기회를 주기 위한 것이므로 법 제84조의 소송고지와는 기본적인 취지를 달리한다. 한편, 고지의무를 위반한 경우에는 개별적인 검토가 필요하다. 추심의 소의 경우 추심권자는 채무자에게 이를 고지하여야 하지만 이는 추심의 소를 제기하기 위한 요건도 아니며 직권조사사항도 아니다.[1] 압류 및 추심명령에 의해 이미 채무자는 자신의 채권에 대한 추심권을 상실한 것이므로 여기서의 고지는 추심소송의 사실을 알려주고 참가 기회를 부여하는 기능을 갖는 것에 불과하다. 그러나 주주대표소송이나 채권자대위소송에서 회사나 채무자에게 이를 고지하는 것은 기판력의 확장을 위한 정당성의 근거가 되므로 이러한 고지가 없으면 판결의 효력이 채무자나 회사에게 미치지 않는다고 해석함이 타당하다.[2]

(3) 피고지자

피고지자는 소송당사자 이외의 자로서 당해 소송에 어떤 형태로든 참가할 수 있는 자격을 가진 제3자를 지칭한다. 우선 판결의 효력(기판력)을 받는 제3자와 참가적 효력을 받는 제3자가 피고지자로서의 적격이 있다. 그러나 소송당사자인 고지자로서는 당해 소송에서의 패소를 우려해서 2차적으로 발생할 수 있는 소송에 대비하기 위해 보조참가의 이익을 갖는 제

---

1) 大判 1976. 9. 28. 76다1145,1146.
2) 大判(全) 1975. 5. 13. 74다1664.

3자에게 고지를 하는 것이 가장 실익이 있다. 따라서 실무상으로도 소송고지는 보조참가의
이익을 갖는 제3자에게 하는 것이 일반적이다.

Ⅲ. 소송고지의 절차와 방식

1. 소송고지서와 송달

소송고지를 하는 당사자는 그 이유와 소송의 진행정도를 기재한 서면을 법원에 제출해
야 하며 동 서면은 피고지자는 물론 소송의 상대방에게도 송달하여야 한다(85조). 소송고지자
는 피고지자가 참가이유를 갖고 있음을 기재하여야 하며 고지 당시의 소송 진행 정도를 특
정하여야 하는데 이는 법 제76조 제1항 단서에 따라 참가인이 할 수 없는 소송행위를 정하
기 위해서 필요하기 때문이다. 따라서 소송고지 당시의 소송진행 정도를 가급적 상세히 기재
하는 것이 바람직하다(준비절차 혹은 변론절차인지 여부, 고지 당시까지의 주요 쟁점과 공격방어방법 등).

2. 고지서에 대한 방식 심사

법원은 소송고지서에 기재된 고지 이유와 관련해서 그 방식과 형식적 요건만을 심사하
는 것으로 충분하다. 보조참가 이익의 유무에 대해 당사자들에게 일임하는 것과 마찬가지로
소송고지의 이익 유무를 법원이 직권으로 판단할 필요는 없기 때문이다. 소송 고지서상의 방
식이 위배된 경우에는 소송고지 신청을 각하할 수 있으며 이에 대해서는 통상항고(439조)로
불복이 불가능하다. 소송고지 신청 역시 소송절차에 관한 신청에 해당하기 때문이다. 한편,
소송고지서 방식의 흠이 있음에도 불구하고 참가신청을 하거나 지체 없이 이의권(151조)을 행
사하지 않으면 그 흠은 치유된다고 봄이 타당하다.

Ⅳ. 효   과

소송고지서는 상대방과 피고지자에게 송달되어야 하지만(85조 2항) 고지의 효력은 고지서
가 피고지자에게 적법하게 도달한 때에 발생한다.[1] 따라서 상대방 당사자에 대한 송달이 이
루어지지 않더라도 소송고지의 효력에는 영향이 없다(정/유/김, 1054면; 김홍, 1054면).

1. 소송법상의 효과

(1) 피고지자의 지위

소송고지를 받은 피고지자는 참가 여부를 임의로 결정할 수 있을 뿐 아니라 다시 제3자

---

1) 大判 1975. 4. 22. 74다1519.

에게 소송고지를 할 수도 있다. 피고지자가 판결의 효력을 받는 관계에 있는 경우(공동소송참가나 공동소송적 보조참가)에는 참가신청에 대해 상대방도 이의제기를 할 수 없다. 그러나 보조참가신청을 하는 경우에는 상대방은 이의를 제기할 수 있으나 고지자는 당연히 이의를 제기할 수 없다. 한편, 피고지자가 고지를 받고도 참가하지 않은 경우에는 당해 소송에서는 아무런 지위를 갖지 못한다. 다만, 고지자가 패소한 경우 고지자와 피고지자 간의 제2소송에서 전소에서 확정된 판결이유 등에 대해 일정한 구속, 참가적 효력을 받게 된다.

(2) 참가적 효력

1) 소송고지와 참가 의제   피고지자가 보조참가의 이익을 갖고 있는 경우에는 참가를 하거나 하지 않더라도 고지자가 패소할 경우 양자 사이에 법 제77조가 정하는 참가적 효력이 발생한다. 만일 피고지자가 실제로 참가를 하지 않았더라도 참가적 효력은 발생하는데 피고지자가 소송고지를 받고 참가할 수 있었던 시점에 참가한 것으로 의제해서 그 시점을 기준으로 참가적 효력의 유무를 판단하게 된다(86조, 77조). 따라서 피고지자가 소송고지를 받은 시점에 이미 고지자가 결정적인 주요사실에 대한 자백을 하여 피고지자가 참가하였더라도 상황을 변화시킬 가능성이 없었던 경우(77조 1호), 혹은 당연히 주장하였어야 할 중요한 항변(국제재판관할권의 부존재나 소멸시효의 항변 등)을 제출하지 않음으로써 패소한 경우(77조 3호) 등에는 피고지자에게 참가적 효력을 미치게 할 수 없다.

2) 고지자의 상대방을 위한 참가   피고지자가 고지자로부터 소송고지를 받고도 오히려 고지자의 상대방을 위해 보조참가를 한 경우에는 문제이다. 소송고지를 받은 피고지자가 고지자를 위해 참가하지 않고 상대방을 위해 보조참가한다는 것은 이론상 양측 모두에게 참가이익이 있는 것이므로 고지자가 패소하면 고지자와 간의 참가적 효력이 발생하고(소송고지의 효력) 상대방이 패소하면 그 상대방과의 참가적 효력이 발생하는 것으로 해석함이 타당하다(보조참가의 효력). 피고지자에게 참가적 효력이 미치는 것은 고지자의 신뢰를 배반한 신의칙위반의 효과 때문이므로 피고지자가 상대방에게 참가하면 고지자와 간의 참가적 효력이 생기지 않는다는 반대견해(이시, 803면), 혹은 이 경우 고지자와 피고지자가 공동으로 소송을 수행한 바 없으므로 부정해야 한다는 견해(정/유/김, 1056면)가 있으나 의문이다. 고지자가 소송고지를 하는 것은 이해관계가 있는 피고지자로부터 도움을 얻고자 하는 측면도 있겠지만 그보다는 고지자가 패소할 경우 피고지자에 대한 구상이나 손해배상청구를 할 경우를 대비한 안전장치의 성격이 더욱 크다고 할 것이다. 따라서 당사자 양측의 이해관계를 갖고 있는 제3자가 자신의 전략에 따라 고지자의 상대방 측으로 보조참가를 하더라도 고지의 효과를 벗어날 수는 없다고 보아야 할 것이다. 만일 반대견해처럼 본다면 피고지자는 자신의 이해관계에 따라 고지자와의 참가적 효력을 벗어나기 위해 전략적으로 상대방을 위해 보조참가를 할 수도

있을 것이다. 이는 소송고지제도를 통해 얻고자 했던 효과는 아니다.

　　3) 양 당사자로부터의 소송고지　　앞의 논의를 더 전개하면 제3자가 원·피고 모두로부터 동시에 혹은 시차를 두고 소송고지를 받는 경우도 발생할 수 있다. 이 경우 피고지자가 어느 누구를 위해 참가를 하든 하지 않든 패소한 측과 참가적 효력의 구속력을 받게 될 것이다. 이 경우 어느 한 쪽을 선택해서 보조참가를 하더라도 결과는 동일하다. 참가적 효력의 발생 유무를 피고지자의 전략적 선택에 따라 좌우되게 하는 것은 바람직하지 못하기 때문이다.

2. 실체법상의 효과

(1) 특별 규정을 통한 시효중단

소송고지에 대해 시효중단의 효력을 일반적으로 인정하는 실정법규는 없다. 다만 어음법과 수표법상의 상환청구권에 대해서는 특별히 시효중단의 효력을 인정하고 있다(어음 80조, 수표 64조 등).

(2) 해석론을 통한 시효중단

판례는 오래 전부터 소송고지에 대해 일정한 요건 하에 민법상 최고(민 174조)로서의 효력을 인정해 오고 있었다.[1] 최근에는 이와 관련된 판례가 발전하여 소송고지의 요건을 갖추고 그 소송고지서에 고지자가 피고지자에 대하여 채무의 이행을 청구하는 의사가 표명되어 있으면 민법 제174조에 정한 시효중단사유로서의 최고의 효력을 인정하고 있다. 아울러 시효중단의 기산점은 당사자가 소송고지서를 법원에 제출한 때로 보고 있으며[2] 최고 후 6월 내에 재판상 청구 등을 하여야 시효중단의 효력이 인정되지만 소송고지 제도의 특성상 당해 소송이 계속되어 있는 동안은 권리행사를 지속하고 있는 것이므로 6월의 기간은 당해 소송이 종료된 때(확정된 때)부터 기산된다고 보고 있다.[3] 민법 제174조가 규정하는 최고의 범주 안에 소송고지를 포함하는 것은 지극히 당연한 해석이라고 판단되며 시효중단에 대한 너그러운 해석도 매우 합리적이다. 다만, 법 제85조 제1항에서는 소송고지서에 그 이유와 소송진행의 정도만을 기재하도록 요구하고 있어 고지자가 피고지자에게 채무의 이행을 청구하는 의사표명이 담겨 있을 것을 요구하고 있지 않다는 점을 주목할 필요가 있다. 따라서 고지서의 전체적인 취지에 비추어 고지자가 피고지자에 대해 권리행사를 하는 취지가 담겨 있어도 최고로서의 효력을 인정해 줌이 타당하다.

---

1) 大判 1970. 9. 17. 70다593.
2) 大判 2015. 5. 14. 2014다16494.
3) 大判 2009. 7. 9. 2009다14340.

제 5 절 공동소송참가

Ⅰ. 의의와 법적 성질

(1) 소송목적이 한 쪽 당사자와 제3자에게 합일적으로 확정되어야 할 경우 그 제3자는 공동소송인으로 소송에 참가할 수 있다(83조). 통상 유사필수적 공동소송과 같이 대세적 효력을 갖는 소송에서 판결의 효력을 받는 제3자가 후발적으로 참가하는 경우 참가인은 판결의 효력은 물론 당사자적격이 인정되므로 공동소송참가가 가능하다. 따라서 참가인은 기존의 당사자와 동일한 권리·의무를 향유하고 부담하며 법 제67조에 따른 필수적 공동소송의 심리특칙의 적용을 받는다. 예를 들어, 주주가 제기한 주주총회결의취소의 소(상 376조)가 진행되는 동안 다른 주주는 제소기간 내에 같은 취지의 소를 별도로 제기할 수 있지만 기존 소송에 공동소송참가를 하도록 유도함으로써 소송경제를 도모할 수 있다(그러나 만일 다른 주주가 제소기간을 도과하게 되면 공동소송적 보조참가밖에 할 수 없을 것이다).

(2) 원고는 고유필수적 공동소송에 있어 공동소송인의 일부를 누락한 경우에는 제1심 변론종결시까지 원고 또는 피고를 추가할 수 있다(68조). 그렇다면 필수적 공동소송에서 누락된 공동소송인은 법 제83조에 따른 공동소송참가를 1심 혹은 상소심에서도 할 수 있는지 문제된다. 법이 필수적 공동소송인의 추가를 1심 변론종결시까지로 제한한 점, 상소심에서 공동소송참가를 허용하게 되면 법 제68조 규정을 우회적으로 잠탈한다는 점 등을 고려하면 고유필수적 공동소송의 경우에는 공동소송참가를 불허해야 한다는 견해도 가능할 것이다. 그러나 원고가 주도하는 필수적 공동소송인의 추가와 제3자가 자발적으로 기존 소송에 관여하는 공동소송참가는 서로 제도의 취지가 다르므로 고유필수적 공동소송의 경우도 공동소송참가는 가능하다고 봄이 타당하다(김/강, 745면; 이시, 823-824면).

Ⅱ. 요   건

1. 사실심 및 상고심 소송계속

공동소송참가는 판결의 효력을 받을 뿐 아니라 당사자적격까지 갖고 있는 제3자가 참가하는 형태를 갖게 되므로 신소 제기의 실질을 갖는다. 따라서 사실심에서는 당연히 참가할 수 있지만 법률심인 상고심에서는 신소 제기가 불가능하므로 공동소송참가가 불가능하다는 것이 판례입장이다.[1] 이에 반해 통설은 참가를 하지 않더라도 어차피 기판력을 받게 되므로

---

[1] 大判 1961. 5. 4. 4292민상853. 대법원은 大判 2002. 3. 15. 2000다9086에서 주주가 제기한 주주대표소송의

방어권의 보장 차원에서라도 공동소송참가를 허용하는 것이 타당하다고 주장한다(김/강, 745면; 범/곽, 720면; 이시, 820면; 반면에 전원, 662면 부정설). 공동소송참가가 신소제기의 실질을 갖는다는 점을 부인할 수는 없지만 참가는 독자적인 소송법상의 제도로서 그 자체의 의미와 기능을 인정해 주어야 할 것이다. 판결의 효력을 받을 뿐 아니라 당사자적격을 갖는 제3자가 뒤늦게 상고심에서라도 공동소송참가를 통해 자신의 권리를 보호하려는 것을 신소의 의미를 갖는다고 해서 저지하는 것은 재판청구권의 침해를 가져올 우려가 크다.

2. 판결의 효력과 당사자적격

판결의 효력을 받을 뿐 아니라 피참가인이 진행하는 소송에 대해 당사자적격이 인정되어야 하므로 본래적 형태의 유사필수적 공동소송과 고유필수적 공동소송의 경우가 공동소송참가의 전형적인 예가 된다. 그러나 특별한 형태의 소송의 경우 공동소송참가가 가능한지 여부가 문제될 수 있는데 채권자대위소송에서 채무자 혹은 다른 채권자가 동일 채무자를 대위하여 기존 채권자를 위해 참가하는 경우, 혹은 주주대표소송에서 회사가 주주를 위해 참가하는 경우(상 404조 1항), 추심소송 제기 후 다른 추심권자의 참가 등이 그러하다. 한편, 선정당사자를 선정한 경우에는 선정자가 당사자적격을 상실하므로 공동소송적 보조참가를 할 수 있지만 당사자적격을 여전히 유지한다는 입장에서는 공동소송참가가 가능하고 아울러 추심위임배서를 받은 피배서인 역시 소송대리인에 불과하지만 이를 임의적 소송담당으로 보는 입장에서는 배서인은 공동소송참가가 가능할 것이다(그러나 이시, 822면은 두 경우 모두 중복제소금지에 저촉되어 공동소송적 보조참가만이 가능하다고 한다).

(1) 채권자대위소송

채권자대위소송은 전형적인 제3자 소송담당의 하나로서 채권자가 대위권을 행사하더라도 권리귀속주체인 채무자는 처분권이 제한되기는 하지만 그 권리자체를 상실하지 않는다(민 405조 2항). 따라서 병행형 소송담당의 하나로서 당사자로서의 지위를 인정하지 않을 이유가 없으므로 채무자가 대위소송에서 채권자를 위해 참가하는 경우 공동소송참가에 해당한다.[1] 그런데 다수견해는 채무자의 공동소송참가가 중복제소금지에 저촉된다는 것을 이유로 공동

항소심에서 회사가 원고인 주주를 위해 참가한 것을 두고 공동소송참가라고 인정하고 있다. 주주대표소송에서 다른 주주들 및 회사의 참가를 공동소송참가로 파악하는 것은 지극히 타당하며 이로써 주주대표소송의 유지요건(소 제기 후 1주 이상의 주식 보유 요건)의 충족도 용이하게 된다(상 403조 5항). 아울러 상고심에서도 소송 유지요건의 충족이 필요한 상황이 발생할 가능성이 있으므로 공동소송참가를 상고심에서 허용할 실익도 충분하다.

1) 예를 들어 실체법상 대위권자의 권리행사를 통해 채무자의 처분권이 제한되어야 하지만 채무자가 채권자의 대위소송에 채권자를 도와 참가하는 것을 채권자를 해하는 처분행위라고 볼 수는 없다. 더구나 채권자의 대위소송이 제기되더라도 상황에 따라서는 채무자가 독립당사자참가를 제기할 가능성도 열려 있으므로 기존 소송에 채권자를 도와 참가하는 것을 공동소송적 보조참가로 취급하는 것은 상호간의 균형이 맞지 않는다.

소송적 보조참가로 취급해야 한다고 주장하면서(이시, 798면) 중복제소금지의 법리는 별소로 동일한 소를 제기하는 경우뿐 아니라 참가의 경우에도 적용될 수 있다고 한다. 그러나 중복제소금지의 법리는 동일한 소를 별소로 제기함으로써 소송경제에 반하고 판결의 모순저촉을 초래할 위험이 있는 경우에 발현되는 법리이므로 채무자가 채권자를 도와 참가하는 것을 중복제소에 해당한다고 보는 것은 부당하다. 한편, 공동소송적 보조참가가 가능하다는 다수설의 결론에는 찬성하지만, 당사자의 지위를 얻지 못하는 이유는 대위소송의 계속과 이를 알게 됨에 따라 채무자의 처분권이 박탈되어 당사자적격을 상실하기 때문이라고 하는 견해도 있다(김홍, 155면).[1] 그러나 채무자가 파산을 하게 되면 파산관재인이 당사자가 된다는 규정(회생·파산 359조)에 따라 당사자적격을 상실하게 되는데 채권자대위소송의 계속과 그 사실을 안 것만으로 파산과 동일한 효과를 채무자에게 부여한다는 것은 현저히 균형을 상실한 해석이다. 한편, 판례는 채권자대위소송이 진행하던 중 다른 채권자가 동일 채무자를 대위해서 원고측에 공동소송참가를 한 경우 이를 적법하다고 판시한 바 있다.[2]

(2) 주주대표소송

주주대표소송 역시 채권자대위소송과 마찬가지로 병행형 소송담당의 전형적인 모습을 갖고 있으므로 주주가 제기한 대표소송에서 회사가 주주를 위해 참가한 경우 공동소송참가에 해당한다. 판례 역시 주주대표소송[3]에서 회사의 원고인 주주에의 참가를 공동소송참가로 취급하고 있다.[4] 그러나 앞서 본 채권자대위소송과 동일한 논리에 근거해서 이 역시 공동소송적 보조참가로 보아야 한다는 견해가 있으며(이시, 798면) 채권자대위소송의 경우 채무자의 참가는 공동소송적 보조참가이지만, 대표소송에서 회사의 주주에의 참가는 공동소송참가라고 보는 견해도 있다(정/유/김, 1058면).[5] 주주대표소송이 주주에 의해 제기되어도 권리귀속주체인 회사의 권리가 제한된다는 명시적인 규정은 없어 이 점에서 채권자 대위소송과 달라

---

1) 김상균, "공동소송적 보조참가에 관한 고찰", 법조 570호, 92-93면.

2) 大判 2015. 7. 23. 2013다30301,30325.

3) 최근에는 일본의 입법에 따라 주주대표소송에서 회사가 피고가 된 이사들을 위해 보조참가를 할 수 있는지 여부에 대해 논의가 있다. 주주대표소송은 회사를 위해 소수주주들이 회사를 대신하여 회사에 손해를 끼친 이사들을 상대로 소를 제기하는 것으로 만일 회사가 이사들을 위해 보조참가를 하는 것을 허용한다면 주주대표소송 제도 자체의 취지가 몰각될 것이다. 따라서 해석론으로서는 회사가 피고들을 위해 보조참가하는 것을 허용할 수는 없다고 판단되며 반드시 필요하다면 법 개정을 통해 회사의 보조참가를 허용하는 방안을 강구하여야 할 것이다. 그러나 현실적으로 주주의 대표소송이 회사를 위한 것이 아니라는 것이 소송에서 밝혀진다면 청구가 기각될 것이므로 굳이 회사로 하여금 피고들을 위해 보조참가를 인정해 줄 필요성은 없다고 판단된다.

4) 大判 2002. 3. 15. 2000다9086은 "회사가 대표소송에 당사자로서 참가하는 경우 소송경제가 도모될 뿐만 아니라 판결의 모순·저촉을 유발할 가능성도 없다는 사정과, 상법 제404조 제1항에서 특별히 참가에 관한 규정을 두어 주주의 대표소송의 특성을 살려 회사의 권익을 보호하려 한 입법 취지를 함께 고려할 때, 상법 제404조 제1항에서 규정하고 있는 회사의 참가는 공동소송참가를 의미하는 것으로 해석함이 타당하고, 나아가 이러한 해석이 중복제소를 금지하고 있는 법 제234조에 반하는 것도 아니다"라고 판시한 바 있다.

5) 김상균, "주주대표소송에서의 소송참가", 민사소송 제4권, 237-238면.

회사의 참가를 공동소송참가로 보는데 큰 장애는 없다.

(3) 추심소송

추심소송에서 집행력 있는 정본을 가진 모든 채권자는 공동소송인으로 원고 쪽에 참가할 권리를 가지는데(민집 249조 2항) 이는 공동소송참가라 할 것이다. 그리고 제3채무자는 원고측에 참가하지 아니한 다른 채권자를 공동소송인으로 원고 쪽에 참가하도록 명할 것을 법원에 신청할 수 있다(동조 3항). 명령을 받은 채권자가 설사 소송에 참가하지 않더라도 동 판결의 효력이 미치게 되는데(동조 4항) 이는 기판력이라고 보아야 한다.

3. 합일확정의 필요와 공동소송참가

공동소송참가는 참가인과 피참가인에 대해 판결의 합일확정이 필요한 경우에 허용된다. 즉 기존 소송의 판결이 대세적 효력이 있고 그 효력을 받는 제3자가 마침 당사자적격도 있으므로 기존 소송에 당사자로 참가하여 피참가인과 공동으로 상대방과 공격방어를 벌이는 형태를 형성하게 된다. 따라서 유사필수적 공동소송과 고유필수적 공동소송의 형태에서 판결의 효력을 받는 제3자가 참가하는 것이 전형적인 공동소송참가의 모습이다. 한편, 수인의 채권자가 제기하는 채권자대위소송이나 다수의 주주가 제기하는 주주대표소송의 경우도 복수의 원고들은 유사필수적 공동소송관계에 있게 되므로 다른 채권자가 대위소송에 참가하는 경우나 다른 주주가 대표소송의 원고 측에 참가하는 것 역시 공동소송참가로 보아야 한다. 그러나 판결의 대세효가 인정되지 않거나 판결의 효력이 제3자에게 확대되지 않는 소송에의 참가는 공동소송참가로 취급될 수 없다. 예를 들어 이사회결의무효확인을 구하는 소는 일반 형태의 무효확인소송으로서 판결의 대세적 효력이 없으므로 그 결과에 법률적 이해관계를 갖는 이사는 단지 보조참가를 할 수 있을 뿐이다.[1]

Ⅲ. 참가절차와 효과

1. 서면과 인지대

공동소송참가 신청(83조 2항)에는 법 제72조가 준용되고 있으므로 원칙적으로 참가인은 참가의 취지와 이유를 밝혀 소송이 계속된 법원에 서면이나 구두로 참가를 신청할 수 있다. 그러나 원고 측에 참가하는 경우는 신소제기의 실질을 갖고, 피고 측에 참가하는 경우는 답변서의 제출과 동일시될 수 있으므로 소액사건을 제외하고는 서면을 제출하여야 한다. 아울러 원고 측에 공동소송참가를 하는 경우에는 심급에 따라 요구되는 인지를 붙여야 한다(인지 6조 1항).

---

1) 大判 2001. 7. 13. 2001다13013.

2. 참가와 재판

공동소송참가는 신소 제기의 실질을 가지므로 당사자가 이의를 제기할 수 없으나 법원은 직권으로 그 요건을 심사하여 종국판결 시점에 그 적부를 판단하여야 한다. 공동소송참가의 요건을 갖추지 못한 경우라도 공동소송적 보조참가나 보조참가의 요건을 갖추었으면 석명을 통해 참가신청의 변경을 유도함이 바람직하다. 그러나 공동소송참가신청에 대해 법원이 임의로 다른 형태의 참가로 해석을 하여 참가인의 소송관여를 허용하는 것은 바람직하지 못하다.[1]

제 6 절   독립당사자참가

Ⅰ. 의   의

1. 개념과 유형

독립당사자참가는 소송목적의 전부나 일부가 자기의 권리라고 주장하거나(권리주장참가), 소송결과에 따라 권리가 침해된다고 주장하는(사해방지참가) 제3자가 당사자의 양 쪽(쌍면참가) 또는 한 쪽을 상대방(편면참가)으로 하여 당사자로서 소송에 참가하는 형태(79조 1항)를 말한다. 기존 소송에 당사자로서 참가하는 점에서 공동소송참가와 유사하나 어느 한 당사자를 돕기 위해 참가하는 것이 아니라 자신의 독립된 권리를 확보하고자 하는 차원에서 쌍방 당사자 모두의 이익과 배치되고 양립되지 않는 주장을 편면적 혹은 쌍면적으로 하는 점에서 공동소송참가와 다르다.

2. 심리원칙

독립당사자참가절차에서는 이를 규율하는 별도의 규정이 있는 것이 아니라 필수적 공동소송의 심리 특칙인 법 제67조가 준용되고 있을 뿐이다(79조 2항). 독립당사자참가를 합일확정의 필요성이 있는 제도로 파악하고 있는 점에서는 동의할 수 있으나 독립당사자참가는 필수적 공동소송과 달리 3자 모두가 대립·견제관계에 있어 법 제67조의 원칙을 준용하는 것이 타당한 것인지는 매우 의문이다.

---

[1] 위 2001다13013(이사회결의무효확인소송에 이사가 공동소송참가를 한 경우임)에서 법원은 공동소송참가신청이 부적법하다고 하여 각하판결을 하고 있다. 위 사안에서 이사가 보조참가를 하였더라면 아무런 문제가 없었을 것이나 법원은 이 부분에 대해 아무런 석명을 하지 않은 것으로 판단된다.

Ⅱ. 절차 구조를 둘러싼 논의

1. 3개소송병합설과 3면소송설

독립당사자참가의 본질을 이해하는 데는 크게 보면 2개의 견해가 대립되어 왔다고 할 수 있다. 즉, 세 당사자 간의 견제와 대립 관계를 전통적인 2당사자 대립 구조 안에서 이해하려는 견해(공동소송설, 3개소송병합설)와 실질적인 면을 중시해서 3당사자 간의 3면적인 분쟁이 하나의 소송에 결합되어 있는 3면소송설의 대립이 그것이다. 후자의 입장이 현재의 통설·판례라고 할 수 있다(강, 233면; 김/강, 749면; 정/유/김, 1061면). 그러나 3개소송병합설을 지지하는 소수 견해도 있다(이시, 806-807면; 호, 927면). 독립당사자참가에 대한 구조론으로서의 논의가 실질적인 의미가 있는 것인지 여부는 차치하더라도 3면소송설은 3당사자 간의 명확한 대립·견제관계의 필요성을 강조하는 근거로서뿐 아니라 필수적 공동소송의 심판특칙인 제67조를 준용하는 근거로서, 또한 모순되지 않은 단일한 합일확정 판결의 이념을 지탱하는 거점으로서 충분한 설득력이 있다고 판단된다.[1] 그러나 하나의 합일확정된 판결을 지향하는 3면소송설은 자체적으로 모순을 갖고 있었는데 참가인이나 원고는 비록 동의는 필요하지만 독립적으로 취하가 가능할 뿐 아니라 참가인의 참가에 따라 원고나 피고는 스스로 소송에서 탈퇴할 수도 있으며 상소기간 역시 개별적으로 진행된다는 것이 법률상·해석상 인정되고 있기 때문이다(80조). 독립당사자참가 형태의 소송에서는 심리의 특칙으로서 법 제67조를 준용하지만 독립당사자참가의 구조는 상대적으로 매우 느슨하며 언제든지 해체될 수 있는 조직구성을 갖고 있어 이를 하나의 공간에서 강력한 긴장관계를 가진 3면적인 것으로 파악하기에는 애초부터 무리가 있었다.[2]

2. 편면참가와 독립당사자참가 구조론

편면참가를 입법적으로 허용하는 경우에도 필연적으로 3면소송설의 포기가 뒤따라야 한다고는 생각되지 않는다. 편면참가의 경우라 하더라도 청구가 매개되지 않을 뿐 3자 간에는 대립·견제관계가 분명히 존재하는 경우가 일반적이고,[3] 법은 기존 당사자의 탈퇴를 입법적으로 허용하고 있어(80조) 현행법상으로도 3면 관계는 관념적인 상태로만 인정되는 경우가 적

---

1) 大判 1991. 12. 24. 91다21145,21152.

2) 이러한 비판에 대해 3면소송설을 지지하는 견해 중에는 3면소송이라는 것도 가분적인 1개의 청구라고 생각한다면 취하나 탈퇴, 상소기간의 개별 진행 등이 설명될 수 있다고 한다(정/유/김, 1061면). 그러나 이러한 설명은 3개소송병합설의 입장에서 오히려 설득력 있게 전개할 수 있는 것이 아닌가 생각된다. 즉, 하나의 소 안에 가분적인 3개의 청구가 결합되어 있는 것에 불과하므로 필요한 최소한도의 범위에서만 합일확정에 따른 제약을 받고 그 외에는 자유로이 소의 취하와 탈퇴가 가능하다고 설명할 수가 있는 것이다.

3) 예를 들면 원고가 목적 부동산에 대해 소유권 확인 및 인도 청구를 하는 경우 자신이 목적 부동산의 진정한 소유자라고 하는 참가인이 피고만을 상대로 소유권확인 및 인도청구를 하는 경우 원고와 참가인 사이에는 아무런 청구가 없으나 대립·견제관계는 존재하게 된다.

지 않기 때문이다. 그러나 경우에 따라서는 쌍면참가라 하더라도 3자 간의 이해관계가 분명하게 대립하지 않는 참가 형태가 있을 수 있을 뿐 아니라[1] 편면참가가 입법적으로 허용되는 상황에서까지 참가인과 상대방 간의 관념적인 대립·견제관계를 인정해서 이를 3면적인 소송구조로 파악할 실익도 없다고 생각된다. 따라서 편면참가의 경우에도 청구가 직접 제기되지 않은 당사자 사이에 관념적 대립·견제관계를 이유로 3면소송 관계를 인정하자고 하는 것은 과거의 잔영에 대한 지나친 집착이 아닌가 판단된다. 또한 3면소송설이라고 하는 구조론은 자칫 경직된 참가제도 운영에 대한 근거로서 작용할 수 있는 가능성이 농후하다는 것은 과거의 판례를 보더라도 명백하다. 물론, 참가 당시의 편면참가 형태가 쌍면참가 방식으로 전환될 수도 있겠지만 그 역의 관계도 얼마든지 가능할 뿐 아니라, 변화하는 소송관계를 더 이상 일정한 틀에 가두려는 시도는 지양되어야 할 것으로 생각된다. 편면참가의 허용과 더불어 참가제도의 자유로운 이용에 빗장을 지르던 독립당사자참가 구조론과 3면소송설을 과감히 포기하는 것이 편면참가를 인정하는 입법취지라고 판단된다.[2]

3. 법 제67조의 제약을 받는 탄력적인 3개소송병합설

양당사자 대립구조에서 제3자가 독립당사자참가인으로 절차에 관여하더라도 당해 절차가 합일확정이 요구되는 필수적 공동소송의 형태로 성질이 전환되는 것은 아니다. 다만, 필요한 한도에서 사실상 합일확정이 요구되는 3개의 소송이 병합된 것이므로 법 제67조의 준용 역시 필요한 최소한도의 범위에서 탄력적으로 이루어져야 할 것이다. 또한 편면참가가 허용됨에 따라 외관적으로는 반드시 3개 소송이 병합되어 있는 형태로 나타나지는 않지만 참가인과 기존 소송의 양 당사자는 대립적인 이해관계를 갖는 것은 변함이 없다(기존 당사자 일방이 탈퇴해야만 3자 간의 긴장은 해소되고 양자 간의 긴장관계로 전환된다). 따라서 언제든지 참가인은 3개 소송이 명시적 혹은 묵시적으로 병합된 형태로 독립당사자참가 절차의 구조를 바꿀 수가 있는 것이다. 결국, 편면참가가 실정법으로 허용되는 현행법 하에서도 독립당사자참가 절차는 탄력적으로 명시적 혹은 암묵적인 3개소송이 병합되어 있는 구조로 파악함이 타당하다.[3]

---

1) 大判 1971. 11. 23. 71다1563,1564.
2) 상세한 내용은 졸고, "편면참가를 둘러싼 제반 문제 고찰–민사소송법 개정안과 관련하여–", 변호사 32집 (2002), 162–163면 참조. 반대견해로는 김창형, "편면적 독립당사자참가에 관한 제반 문제 고찰", 사법논집 41집, 173면 및 박민수, "사해방지참가의 요건에 관하여"–大判 2001. 8. 24. 2000다12785,12792–, 판례연구 14집(2003. 2), 부산판례연구회, 645면 참조. 한편 伊藤 眞, 620面에 따르면 편면적 참가를 한 경우에 이를 3면 소송으로 보기는 어려울 것이라고 하면서 합일확정의 근거는 3면소송이라고 하는 소송구조가 아니고 대립·견제관계에 있는 각 당사자 간에 모순 없는 판결을 구하는 독립당사자참가제도의 취지에서 찾아야 할 것이라고 한다. 또한 高橋宏志, "獨立當事者參加について(一)", 法學敎室 No. 219(98. 12), 115面은 일본법상의 독립당사자참가는 3면관계의 소송을 중시한 결과가 아니라 타인 간의 소송으로 불이익을 받을 제3자를 보호하기 위한 것이라고 하면서 일본 개정법이 편면참가를 정면으로 허용한 것은 이를 반증하는 것이라고 한다. 이 역시 3면소송설을 유지·고수해야 할 필요성은 없다는 견해가 아닌가 생각된다.
3) 오시영, "편면참가의 법적 성질에 대한 고찰", 민사소송 14권 2호(2010), 744–745면에서는 편면참가는 3당사자 2개소송이 병합된 것이며, 쌍면참가는 3개소송이 병합된 것으로 분리해서 파악하고 있는데 다소 의문

Ⅲ. 참가요건

1. 타인 간의 소송계속

(1) 타인 간의 소송

타인 간의 소송이 계속 중이어야 하며 소송절차는 판결절차 및 이에 준하는 절차이어야 한다. 행정소송에서는 행정청을 피고로 삼아야 하므로 독립당사자참가가 불가능하다고 하는 판례[1]가 있었으나 편면참가가 허용되는 현행법 하에서는 행정청만을 상대로 참가하는 것이 가능할 것이다. 또한 본소의 보조참가인이나 공동소송에 있어서 공동소송인은 모두 타인이므로 독립당사자참가를 할 수 있지만 보조참가인이 독립당사자참가를 하는 경우 보조참가인의 지위는 종료된다고 보아야 한다.[2] 또한 제3자는 제1심의 당사자가 아니더라도 참가와 동시에 항소할 수 있다.[3]

(2) 소송계속

1) **독촉절차**　　독촉절차에서 독립당사자참가를 할 수 있는지 여부에 대해 논의가 있으나 채무자가 아무런 이의를 제기하지 않는 상황에서는 참가가 불가능하지만 채무자의 이의를 통해 소송절차로 전환이 되면(472조 2항) 그 때 참가하는 것은 가능하다(이시, 807면). 따라서 제소전화해절차나 강제집행절차,[4] 중재절차, 공시최고절차 등에서는 독립당사자참가가 허용되지 않는다.

2) **상소절차**　　항소심절차에서 참가할 수 있다는 데는 이론이 없으나 사건이 상고심에 계류 중인 상태에서 제3자가 신소 제기의 실질을 갖는 독립당사자참가를 할 수 있는지 견해가 대립된다. 아울러 항소심 판결 선고 후 당사자 어느 누구도 상고를 제기하지 않아 판결이 확정되려 할 때 독립당사자참가와 동시에 상고를 제기하는 것이 가능한지 역시 문제된다. 독립당사자참가가 소 제기의 실질을 갖고 있어 상고심에서는 사실심리가 불가능하므로 독립당사자참가가 불가능하다는 것이 판례[5] 입장이며 이를 지지하는 견해(김홍, 1059면)들도 있다. 그러나 독립당사자참가가 있다고 해서 반드시 사실심리가 새롭게 필요한 것은 아니며[6] 또한 참가로 인해 새로운 사실 심리가 필요하다는 것이 밝혀진 경우에는 사

이다. 우선, 쌍면참가와 편면참가는 서로 다른 유형의 소송이 존재하기 때문에 분류된 것이 아니므로 양자를 이분해서 법적 성질을 달리 볼 이유가 없기 때문이다.

1) 大判 1970. 8. 31. 70누70.

2) 大判 1993. 4. 27. 93다5727,5734.

3) 大判 1996. 3. 8. 95다22795,22801.

4) 보전처분의 발령을 위해 변론을 연 경우(임시의 지위를 정하는 가처분 등) 혹은 가압류, 가처분이의 사건에서 변론이 열린 경우 등 보전처분 관련절차에서도 독립당사자참가가 가능한지 문제될 수 있다.

5) 大判 1977. 7. 12. 76다2251,77다218.

6) 예를 들어, 사인 간에 특정 부동산에 대한 소유권확인청구소송이 제기되어 상고심에 이르게 되었고 그 과

건을 파기환송하여 하급심에서 추가적으로 사실심리를 하도록 하면 될 것이다. 한편, 당사
자 중 어느 누구도 상고를 제기하지 않아 사해판결이 확정되는 것을 저지하기 위해서도
독립당사자참가와 동시에 상고를 제기하는 것을 허용함이 타당하다(같은 취지의 견해로는 이시,
807-808면).[1]

3) 재심절차

① 재심절차 진행 중의 독립당사자 참가   확정된 판결에 대한 재심의 소는 확정된 판
결의 취소와 본안사건에 관하여 확정된 판결에 갈음한 판결을 구하는 복합적 목적을 가진
것으로서 이론상으로는 재심의 허부와 재심이 허용됨을 전제로 한 본안심판의 두 단계로 구
성되는 것이라고 할 수 있다. 따라서 제3자가 타인 간의 재심소송에 법 제79조에 의하여 독
립당사자참가를 하였다면, 이 경우 제3자는 아직 재심대상판결에 재심사유 있음이 인정되어
본안사건이 부활되기 전에는 원·피고를 상대방으로 하여 소송의 목적의 전부나 일부가 자
기의 권리임을 주장하거나 소송의 결과에 의하여 권리의 침해를 받을 것을 주장할 여지가
없는 것이고, 재심사유 있음이 인정되어 본안사건이 부활된 다음에 이르러서 비로소 위와 같
은 주장을 할 수 있는 것이므로, 결국 제3자는 재심대상판결에 재심사유가 있음이 인정되어
본안소송이 부활되는 단계를 위하여 조건부 독립당사자참가를 하는 것이다.[2]

② 판결의 효력이 제3자에게 확장되는 경우   원고 甲과 피고 乙 간의 판결의 효력이
제3자인 丙에게도 확장될 경우 丙이 확정된 판결의 재심을 구할 당사자적격이 있음은 당연
하다(이시, 935면; 호, 988면). 이 경우 丙이 독립당사자참가 방식에 의해 본소 당사자를 공동피
고로 하여야 한다는 것이 다수견해인데(김/강, 886면; 송/박, 788면; 이시, 935면; 정/유/김, 924면) 이에
반해 기존의 당사자 사이에서 재심소송이 계속 중에만 독립당사자참가인으로서 개입할 수
있다는 입장도 있다(호, 988면). 다수견해의 정확한 입장이 무엇인지는 다소 애매하다. 그런데
다수견해의 입장을 판결의 효력을 받는 제3자의 보호를 위해 제3자가 독립당사자참가신청을
하면서 재심청구를 할 수 있다고 해석하는 견해[3]도 있으나 이 역시 의문이다. 재심청구의
원고적격은 본 소송의 패소당사자이므로 일단 판결의 효력을 받는 제3자는 패소당사자를 대

정에서 소유권의 귀속에 관해 많은 주장과 증거가 현출되어 있는 상태에서 국가가 상고심에서 독립당사자참
가를 하여 국가소유라는 것을 주장하는 것을 가정해보자. 그 간에 당사자들이 제출한 주장과 증거만으로도
당해 부동산이 기존 당사자의 것이 아니라 국가 소유라는 심증을 형성하는 데 충분하다면 마침 국가의 참가
를 통해 분쟁을 일거에 해결할 기회를 갖게 될 것이다.

1) 상고심에서 독립당사자참가가 가능하다고 하는 견해의 대부분은 조건부 허용설을 취하고 있는 듯하다. 즉,
   사건이 대법원에서 파기환송되면 그 때 사실심리를 받을 수 있으므로 일단 참가신청을 허용해야 하고 상고
   가 기각 혹은 각하될 때에는 참가신청을 부적법 처리하여야 한다고 하는 것이 그것이다(김/강, 752면; 이시,
   807-808면). 결국 이 견해들에 따르면 상고심에서는 독립당사자참가 신청만 일단 허용하되 본소의 판단 여
   부에 따라 참가신청의 운명이 결정된다는 의미로 받아들여지는데 결과적으로 상고심에서는 독립당사자참가
   가 불가능하다는 견해와 다를 바가 없게 되므로 독자적인 의미가 있는 견해인지 의문이다.

2) 大判 1994. 12. 27. 92다22473,22480 참조.

3) 홍기태/주석민소(7), 47면.

신하여 본 소송의 승소당사자를 재심피고로 하여 재심의 소를 제기함과 동시에 독립당사자참 가신청을 하는 것이 가능하다고 보아야 하기 때문이다. 확정된 본 소송이 재심의 소 제기를 통해 부활해야만 제3자인 丙의 독립당사자참가신청의 대상이 가능해지게 되므로 일단 재심청 구를 통해 본 소송의 부활을 도모해야 하는데[1] 본 소송의 원·피고 모두를 공동피고로 해야 한다는 다수견해는 재심소송의 기본구조와 상응되지 않는 논리를 바탕으로 하고 있다.

(3) 사실심의 변론종결 후 독립당사자참가

이 경우에도 가급적 변론재개를 통해 참가신청에 대한 판단을 하는 것이 바람직하다. 어차 피 참가인으로서는 새로운 소를 제기할 가능성이 높기 때문이다. 만일 참가인의 청구가 주장 자체로 부적법하거나 심리를 속행할 필요성이 없는 경우에는 변론재개 없이 본소 청구에 대한 판단만을 하여야 한다. 독립당사자참가신청은 변론에서 진술된 바 없으므로 판결의 대상이 될 수 없기 때문이다. 한편 변론이 재개되지도 않고 참가인의 취지가 사건을 일거에 해결하려는 의지가 없는 한, 참가신청을 독립의 소로 취급하여야 한다는 견해(이시, 808면)가 있으나 의문이 다. 당사자의 의사가 무엇인지 명백하지 않은 상태에서 독립의 소로 취급하는 것이 반드시 신청 인에게 이익이 될 것인지 확신할 수 없으며 절차적으로도 실제로 가능한지 의문이기 때문이다.

2. 참가이유와 형태

(1) 권리주장참가

1) 양립불가능한 청구   권리주장참가인은 참가하려는 소송의 원·피고 쌍방 혹은 일 방에 대하여 본소청구의 전부 혹은 일부와 양립할 수 없는 별개의 청구를 하여야 하고, 그 주장 자체로 양립불가능성이 인정되어야 한다.[2] 그 결과 원고의 본소 청구 중 일부에 대해 서만 권리주장참가를 할 수도 있다.[3]

2) 주 장 설   참가인의 청구와 본소 청구 간의 양립불가능성은 논리적인 의미에서의 양립불가능성을 의미하며 주장 자체로서 그 양립불가능성이 인정되면 참가 자체는 적법하다 (소위 주장설). 예를 들어, 원고가 피고에 대해 계쟁물에 대해 소유권확인을 구하는 청구에 대 해 참가인이 자신이 진정한 소유자라고 주장하면서 참가하는 경우, 혹은 원고가 매매를 원인 으로 이전등기청구의 소를 제기하는 경우 참가인이 자신이 원고가 주장하는 매매계약의 진 정한 당사자라고 주장하는 경우[4] 등은 주장자체로서 양립불가능한 것으로 적법한 권리주장 참가의 이유가 될 수 있다.[5] 그러나 주장자체로서 원고나 피고에 대해 승소가능성이 없는

---

1) 大判 1994. 12. 27. 92다22473,22480.
2) 大判 1995. 8. 25. 94다20426,20433.
3) 大判 2007. 6. 15. 2006다80322,80339; 大判 2017. 4. 26. 2014다221777,221784.
4) 大判 1991. 12. 24. 91다21145,21152.
5) 이중매매의 경우도 주장 내용에 따라 다른 평가를 받게 된다. 즉, 제2 매수인이 매도인을 상대로 이전등기 청구의 소를 제기하자 제1 매수인이 매도인인 피고를 상대로 자신이 먼저 부동산을 매수하였으므로 자신의

경우에는 양립불가능성의 요건을 충족하지 못한다.[1]

(2) 사해방지참가

원·피고 간에 진행되는 소송의 결과에 따라 자신의 권리가 침해된다고 주장하는 제3자는 법 제79조 제1항 후단의 사해방지참가를 할 수 있다. 다소 추상적인 법 문구에 대해 법원은 사해방지참가를 위해서는 본소의 원고와 피고가 당해 소송을 통하여 제3자를 해할 의사를 갖고 있다고 객관적으로 인정되고 그 소송의 결과 제3자의 권리 또는 법률상의 지위가 침해될 우려가 있어야 한다고 나름대로 이를 구체화하고 있다.[2]

1) 양립가능한 청구　　사해방지참가의 성격상 권리주장참가와 달리 원고의 청구와 양립불가능할 필요는 없다고 한다.[3] 그러나 기존의 판결결과가 어느 정도 참가인에게 영향을 미쳐야 권리침해의 염려라는 요건이 충족되는 것인지에 대해서는 견해의 대립이 있다.

2) 사해의사와 권리침해의 염려

① **권리침해의 염려를 둘러싼 학설의 대립**　　사해방지참가제도가 사해행위의 취소권이나 통정허위표시의 무효 주장과 같은 목적을 소송진행 도중에 달성하고자 하는 것이므로 본소 판결의 효력(기판력)을 직접적으로 받는 자만이 사해방지참가를 할 수 있다고 하는 견해가 있다(판결효설). 그러나 이 견해는 사해방지참가의 활용범위를 지나치게 제한하게 되므로 소송결과에 이해관계를 갖는 제3자까지 참가인의 범위를 확장하여야 한다는 견해(이해관계설)가 등장하게 되었다. 하지만 이 경우 보조참가인의 이익과 구분이 모호하다는 점에서 비판을 받고 있다. 현재로서는 본소 당사자들의 사해의사만으로 충분하다는 사해의사설이 다수의 견해라고 할 수 있다. 그러나 사해의사의 존재만으로 참가의 이익을 인정한다면 이해관계를 갖는 누구라도 참가의 이익을 가진다는 결과에 이르게 되어 다시 문제가 될 수 있다. 다만 사해의사설은 사해의사가 있는 경우 권리침해의 염려가 강력하게 추정된다는 입장이라고 할 수 있으나 두 요건은 등가적인 관계에 있다고 봄이 타당하며 판례 역시 같은 입장으로 파악된다.

② **결합설(사해의사와 권리침해의 염려)**　　판례는 줄곧 사해의사와 함께 권리침해의 염려를 참가의 조건으로 명시하고 있다. 즉 사해방지참가도 본소의 원고와 피고가 당해 소송

이전등기청구권이 우선한다고 주장하면서 참가를 하는 경우에는 주장 자체로서 원고의 청구와 양립 가능하므로 참가는 부적법하다. 그러나 이 사건에서 원고와 피고 간의 제2매매 계약이 무효 혹은 해제되었음을 주장하면서 정당한 매수인인 참가인이 피고를 상대로 이전등기를 구하면서 참가를 하는 것은 적법하다(大判 1988. 3. 8. 86다148,149,150, 86다카762,763,764 참조).

1) 大判 1980. 7. 22. 80다362,363에 따르면 " … 참가인의 주장자체로 보아 참가인이 피고에게 대하여는 승소할 수 있다 하여도 원고에게 대하여 승소할 수 없는 경우에는 당사자 참가로서의 참가요건을 구비하지 못한 것이라 할 것이다 … "라고 판시하고 있다.

2) 大判 2017. 4. 26. 2014다221777,221784.

3) 大判 1990. 4. 27. 88다카25274,25281.

을 통하여 참가인을 해할 의사를 갖고 있다고 객관적으로 인정되고 그 소송의 결과 참가인
의 권리 또는 법률상 지위가 침해될 우려가 있다고 인정되는 경우에만 허용될 수 있다.[1] 이
러한 판례 입장이 사해의사설과 큰 거리가 있는 것은 아니라는 견해가 있다(이시, 811면). 그러
나 제3자를 사해하려는 의사만 있다고 하여 무조건 제3자가 사해방지참가를 할 수 있다고
보기는 어렵다. 적어도 보조참가인이 갖는 이해관계는 필요하다고 생각되며, 그러한 의미에
서 판례가 언급하는 권리침해의 염려는 사해방지참가의 또 다른 요건이라고 생각된다. 따라
서 사해의사와 함께 권리침해의 염려가 결합된 조건이 필요하다(소위 결합설).[2]

   ③ 판례의 태도

   i) 긍정사례   판례는 보조참가의 이익을 인정함에 있어 판결주문에 이해관계를 갖는
경우로 제한하고 있으나 사해방지참가의 경우에는 본소 판결이유에 의해서 영향을 받는 경
우에도 사해방지참가의 이익을 인정하고 있어 주목된다. 선순위 근저당권자인 원고가 부동산
소유자를 상대로 불법적으로 말소된 근저당권설정등기의 회복을 구하는 경우 이 소송에서
승소하더라도 원고는 다시 후순위 근저당권자를 상대로 승낙을 구하는 소를 제기하여야 한
다. 더구나 후순위 근저당권자는 본 소송의 판결 결과와는 직접적으로 이해관계도 없다. 따
라서 후순위 근저당권자가 토지 소유자인 피고를 위해 보조참가를 하더라도 판결 주문에 이
해관계가 있는 것은 아니므로 참가의 이익이 인정되지 않을 것이다. 그러나 판례는 이 경우
후순위 근저당권자의 사해방지참가를 허용하고 있어[3] 주목된다. 한편, 원고가 피고를 상대
로 피고명의의 지분이전등기가 원인무효라고 주장하면서 말소등기청구의 소를 제기하였으나
참가인은 이미 피고 지분에 대해 공정증서에 기한 집행권원을 통해 강제집행에 착수한 상태
였기에 원·피고 간의 소송이 자신을 해하기 위한 것이라고 주장하면서 원고에 대해서는 지
분의 부존재확인청구를, 피고에 대해서는 금전지급을 구하는 사해방지참가를 하였고 법원 역
시 이를 인정하였다.[4] 그러나 만일 이 사안에서 참가인이 집행권원이 없는 단순한 채권자인
경우에도 사해방지참가의 이익을 인정할 수 있을지는 의문이다. 강제집행에 착수한 상태에
있는 채권자로서는 권리침해의 염려가 인정될 여지가 많지만 단순히 채권자의 책임재산 보
전을 위한 사해방지참가는 허용되지 않을 수 있기 때문이다.[5]

   ii) 부정사례   사해의사는 인정되지만 권리침해의 염려를 인정할 수 없는 상황도 적지

---

1) 大判 1999. 5. 28. 98다48552,48569.
2) 졸고, "사해의사와 권리침해의 염려", 판례연구 15집(변호사회), 56~57면 참조.
3) 大判 2001. 8. 24. 2000다12785,12792. 동 판례에 따르면 후순위 근저당권자는 선순위 근저당권을 수인하
   여야 할 것이기에 본안소송의 결과는 당연히 후순위 근저당권자를 상대로 승낙을 구하는 소에 사실상 영향을
   미치게 됨으로써 후순위 근저당권자의 권리의 실현 또는 법률상의 지위가 침해될 염려가 있다고 보고 있다.
4) 大判 1996. 3. 8. 95다22795,22801.
5) 伊藤 眞, 656面도 같은 취지이다.

않게 발생할 수 있다는 점을 유념할 필요가 있다.[1] 한편, 사해방지참가는 사해행위가 완료되기 전의 상태에서 참가를 통해 사해행위의 완성을 저지하는 기능을 수행할 수도 있으나 문제는 참가인의 권리침해염려의 존재 여부라고 할 것이다. 그러나 판례는 취소효과의 상대효를 근거로 사해행위취소를 이유로 한 사해방지참가 자체를 부적법한 것으로 보고 있어[2] 문제이다.

(3) 권리주장참가와 사해방지참가의 관계

권리주장참가와 사해방지참가는 소송물을 달리하는 것으로서 동일한 급부를 목적으로 하므로 선택적 혹은 예비적 병합이 가능하다. 즉, 두 참가신청 모두 동일한 목적의 급부를 지향하므로 단순병합은 원칙적으로 불가능하지만 원고의 본소청구가 여러 개의 청구로 병합되어 있는 경우 그 일부에 대해서는 권리주장참가를, 나머지 부분에 대해서는 사해방지참가를 할 수 있으므로 단순병합 역시 가능할 수 있다. 권리주장참가나 사해방지참가 모두 신청취지는 동일하므로 참가인은 신청원인을 통해 자신이 어떤 참가를 하는 것인지 분명히 밝혀야 한다. 그러나 법원 역시 석명을 통해 참가의 종류를 분명히 해 두는 것이 필요하다.[3]

(4) 중첩적 독립당사자참가

원고와 피고 간의 소송 도중에 제3자 丙이 독립당사자참가를 하였는데 다시 丁이라는 제3자가 별개의 독립당사자참가를 한 경우 丙과 丁 간의 소송법적인 법률관계가 인정될 수 있는지 문제된다. 과거 판례는 이를 부정했으나[4] 학설은 4면 소송 등을 인정해서 일거에 하나의 판결로 통일적인 해결을 도모해야 한다는 견해가 다수인데(김/강, 753면; 이시, 814면) 구체적으로 그 절차를 어떻게 할 것인지에 대해서는 언급하고 있지 않다. 제2참가인 丁이 제1참가인 丙에게도 특정한 청구를 할 수 있는 것인지 그리고 할 수 있다면 어떤 청구를 할 수 있

---

[1] 大判 2003. 6. 13. 2002다694,700 사안도 사해의사가 있다 하더라도 권리침해의 염려가 없어 사해방지참가를 인정하지 않고 있다. 이 사례에서 참가인들은 원고와 피고들이 통모하여 현존건물에 관하여 원고 명의로 소유권보존등기를 마친 다음 부당한 이익을 얻으려 한다는 이유로 사해방지를 위한 독립당사자참가를 하였다. 그러나 원고가 참가인들을 제외한 나머지 피고들에 대하여 승소한다고 하더라도 참가인들이 주장하는 바와 같이 현존건물의 소유권자는 참가인들이므로 참가인들의 권리 실현 또는 그 법률상의 지위의 확보가 사실상 불가능해지거나 장애를 받는 것이 아닐 뿐만 아니라, 이로써 위 건축물관리대장상의 등록건물과 현존건물 사이에 동일성이 유지되는지 여부에 관한 사실인정 및 판단에 어떠한 영향을 미치는 것도 아니므로, 원고의 이 사건 본소의 소송 결과에 의하여 참가인들의 권리가 침해될 우려가 없다고 판시하였다.

[2] 大判 2014. 6. 12. 2012다47548,47555. 그러나 大判 1990. 4. 27. 88다카25274,25281에서는 사해방지참가인이 수익자인 원고를 상대로 사해행위취소청구를 하는 것에 대해 적법하다고 판시한 바 있어 판례를 변경하는 것인지 여부가 불분명하다. 한편, 사해행위가 완성된 상태에서 취소소송이 제기된 경우는 상대효가 인정되지만 완성되기 전 사해행위에 대해 사해방지참가를 한 경우에는 동 판결의 효력은 수익자인 원고뿐 아니라 채무자인 피고에게도 미친다고 보는 것이 오히려 타당할 수 있을 것이다. 아직 사해행위가 완성되기 전이므로 취소의 소의 법리에 전부 구속될 필요는 없기 때문이다. 사해방지참가의 활성화를 위해 전향적인 해석이 필요하다.

[3] 大判 1992. 5. 26. 91다4669,4676에서는 참가인이 독립당사자참가신청을 함에 있어 원고와 피고가 사해소송을 수행하고 있다는 등의 특별한 주장을 한 바 없다면 권리주장참가를 한 것으로 보아야 할 것이라고 판시한 바 있다. 그러나 석명을 통해 당사자의 분명한 의사를 밝혀두는 것이 필요하다.

[4] 大判 1958. 11. 20. 4290 민상308,309,310,311; 大判 1963. 10. 22. 62다29. 등.

는지 등을 입법적으로 정하는 것이 필요한 것으로 판단된다.

3. 참가의 취지

(1) 쌍면참가

본 소송의 원·피고 모두에 대해 일정한 급부의 이행·형성·확인 등을 요구하는 신청을 하여야 한다. 보조참가와 공동소송적 보조참가, 공동소송참가 등은 피참가인을 돕거나 기존 당사자의 청구에 편승해서 갈 수 있으나 독립당사자참가의 경우는 적극적으로 자기를 위한 청구를 당사자 모두에게 할 것이 요구된다. 따라서 원·피고 모두에게 소유권확인청구를 하는 경우도 있을 수 있으며 원고에게는 소유권확인청구를, 피고에게는 소유권에 기한 인도청구의 소를 제기하는 형태의 독립당사자참가가 가능하다.

(2) 편면참가

1) **개 념** 편면참가가 실정법상 허용됨에 따라 참가인과 본소의 양 당사자 중 어느 한 측에만 명시적인 신청을 하는 것으로 독립당사자참가신청이 가능하게 되었다. 따라서 권리주장 참가인으로서는 양립불가능한 3자 간의 대립·긴장관계를 형성하기 위해 불필요하게 쌍면참가를 하지 않아도 된다. 나아가, 양립불가능성이 반드시 요구되지 않는 사해방지참가를 하는 경우에도 편면참가는 가능하며 나름의 효용이 있다.[1] 한편, 편면참가가 허용됨으로써 독립당사자참가의 활용이 증가되리라 예측되었으나 눈에 띌 정도의 변화는 없다. 편면참가의 허용으로 인해 억지춘향격의 쌍면참가를 위한 신청취지의 양면적 구성은 필요가 없어졌으나 그렇다고 3자 간의 대립과 긴장관계를 해소하기 위해 독립당사자참가를 해야 하는 상황이 대폭 늘어난 것은 아니기 때문이다.

2) **유 형** ① 원고 청구와 양립할 수 없는 청구를 원고나 피고 어느 일방에 대해서만 함으로써 본래의 목적을 달성할 수 있다면 편면참가의 형태를 취하는 것이 오히려 간명하다. 예를 들면, 원고(자연인이나 법인)가 국가를 상대로 부동산의 소유권확인청구를 하는 경우 과거 참가인은 원고와 국가 모두를 상대로 자신이 부동산의 실제 소유자라고 쌍면적인 확인청구를 하여야 했지만 현재 참가인은 국가만을 상대로 소유권확인청구를 해서 승소하더라도 소유권보존등기를 할 수 있으므로 굳이 원고를 상대로 소유권확인청구를 할 필요는 없다. 그러나 참가인이 원고를 상대로 확인청구를 하지 않더라도 3자 간의 긴장관계는 여전히 존재하며 참가인은 언제든지 원고에 대한 확인청구를 필요에 따라 추가할 수 있다.

---

1) 사해방지참가의 경우 양 당사자가 사해의사를 갖고 소를 제기하여 권리침해의 염려를 야기하였지만 참가인의 권리회복을 위해서는 반드시 양 당사자 모두에게 신청을 할 필요는 없기 때문이다. 예를 들어, 매수인이라고 주장하는 원고가 피고를 상대로 매매를 원인으로 한 소유권이전등기청구의 소를 제기한 경우 진정한 계약당사자라고 주장하는 제3자는 원고와 피고가 서로 짜고 자신을 해하려고 한다는 주장(사해방지참가 이유)을 하면서 피고만을 상대로 이전등기를 구하는 신청취지를 하는 것으로도 충분할 것이다.

② 원고가 피고를 상대로 매매나 증여를 원인으로 소유권이전등기청구를 하고 있는데 참가인이 당해 계쟁물이 자신의 소유권 범위 내에 있다고 하면서 피고에 대해서는 소유권확인청구를, 원고에 대해서는 단순히 원고 청구기각을 구한 사안에서 과거 판례는 원고에 대해 적극적으로 독립된 청구를 하지 않았다고 하여 당사자참가를 부적법한 것으로 취급한 바 있다.[1] 현행법 하에서는 이 경우에도 참가인은 피고만을 상대로 한 소유권확인청구를 함으로써 편면참가가 가능할 것이다. 그러나 원고와의 대립된 관계는 여전히 존속하는 것이며 참가인은 원고를 상대로 단순히 원고청구를 기각해 달라는 것보다 적극적으로 소유권확인청구를 함으로써 쌍면참가를 하는 것 역시 가능하다.

③ 원고가 피고를 상대로 가옥에 대한 인도청구의 소를 제기하자 피고는 본건 계쟁가옥이 제3자인 丙의 소유라고 주장하면서 원고에게 이를 인도할 수 없다고 항변하고 있는 상황을 가정해보자. 이때 丙이 독립당사자참가를 한 경우 피고가 丙의 소유권을 다투지 않으므로 피고에 대한 청구는 소의 이익이 없어 丙의 참가 자체가 부적법하다는 판례[2]가 있었다. 이 판례가 정당하다면 편면참가가 허용되는 현행법 하에서는 제3자 丙이 소의 이익이 없는 피고에 대한 참가 없이도 원고에 대한 편면참가를 통해서 적법한 독립당사자참가를 할 수 있게 되었다고 평가할 수 있다. 그러나 이 상황에서도 쌍면적인 독립당사자참가는 가능하다. 제3자인 丙의 소유권을 다투지 않는 피고에 대해 참가를 하였다고 해서 소의 이익을 부정하는 것은 법 제80조의 탈퇴 규정을 고려하지 않은 형식적인 판단에 불과하므로 이 경우에도 법원은 마땅히 쌍면참가를 허용함이 마땅하다.

4. 소송요건과 소의 병합요건

참가인의 각 청구는 신소 제기의 실질을 가지므로 소의 이익은 물론 당사자 능력 등 소송요건을 갖추어야 한다. 참가인이 참가신청 전에 이미 본소의 양 당사자 혹은 일방 당사자를 상대로 같은 청구의 별소를 제기한 경우에는 동 참가신청은 중복제소에 해당한다(이시, 813면).[3] 한편, 참가신청은 결과적으로 본소청구와 병합되어 심판되어야 하므로 본소청구와 동종의 소송절차에서 심리될 수 있어야 하며[4] 다른 법원의 전속관할에 속하는 경우에는 참가신청이 허용될 수 없다. 아울러 독립당사자참가인이 수 개의 청구를 병합하여 독립당사자참가를 하는 경우에는 각 청구별로 독립당사자참가의 요건을 갖추어야 하고, 편면적 독립당사자참가가 허용된다고 하여, 참가인이 독립당사자참가의 요건을 갖추지 못한 청구를 추가하는

---

1) 大判 1992. 8. 18. 92다18399,18405.

2) 大判 1965. 11. 16. 64다241; 大判 1970. 2. 10. 69다73,74 등.

3) 大判 1994. 11. 25. 94다12517,12524.

4) 大判 1995. 6. 30. 94다14391,14407.

것을 허용하는 것은 아니다.[1]

Ⅳ. 참가절차

1. 참가신청

1) 독립당사자참가의 신청은 보조참가의 신청방식(72조)을 준용하므로 참가의 취지와 이유를 밝혀 참가하고자 하는 소송이 계속된 법원에 제기하여야 한다. 독립당사자참가 신청은 신소제기의 실질을 가지므로 소액사건의 경우를 제외하고는 서면에 의하여야 한다. 이때 본소송의 당사자는 이의신청을 할 수 있으며 법원은 참가의 적부를 선결문제로서 판단해 주어야 한다는 소수견해가 있으나(김/강, 755면) 의문이다. 우선, 이의신청권을 인정하는 실정법적 근거가 없을 뿐 아니라(79조 2항은 72조만 준용하고 이의신청권을 규정하고 있는 73조는 준용하고 있지 않음) 소 제기의 실질을 갖는 독립당사자참가 신청에 대해 기존 당사자가 이의 제기권을 갖는다는 것도 논리적으로 부적절하기 때문이다. 한편 독립당사자참가 신청은 보조참가와 달리 자신의 독립된 청구를 담아야 하므로 쌍면참가의 경우에는 양 당사자에 대해, 편면참가의 경우에는 어느 일방에 대해 청구취지와 청구원인을 밝혀야 한다.

2) 기존 당사자의 대리인은 참가신청인의 대리인을 겸할 수 없으며 독립당사자참가 역시 신소 제기의 실질을 가지므로 소장에 준하는 인지를 붙여야 한다(인지 6조). 한편, 독립당사자참가를 하면서 예비적으로 어느 일방에 대한 보조참가를 하는 것을 굳이 불허할 이유는 없다. 당사자 참가제도가 기존 당사자들과 대립·견제 관계를 유지하는 것이라 하더라도 예비적으로 어느 일방의 보조를 위한 참가를 허용한다고 해서 절차의 혼선을 초래할 우려는 없기 때문이다. 그러나 판례는 반대 입장을 취하고 있다.[2]

---

1) 大判 2022. 10. 14. 2022다241608,241615.
2) 大判 1994. 12. 27. 92다22473,22480에서 대법원은 " … 이러한 제도의 본래의 취지에 비추어 볼 때, 당사자참가를 하면서 예비적으로 보조참가를 한다는 것은 허용될 수 없는 것이고 비록 소송관계인의 소송행위가 분명하지 아니한 경우에 이를 합리적으로 해석하여 그 소송관계인에게 유리한 쪽으로 보아 줄 수 있는 경우가 있다 하더라도, 이 사건의 경우와 같이 당사자참가인들이 제1심에서부터 상고심에 이르기까지 그 참가가 당사자참가임을 명시하고 있는 경우에는, 상고이유서에 비로소 '예비적으로 원고의 보조참가인'이라는 표시를 덧붙였다 하여, 당사자참가인들의 소송행위를 원고를 위한 보조참가 소송행위로 보아 줄 수는 없는 것이라고 할 것이다"라고 판시한 바 있다.

2. 참가에 대한 재판

(1) 참가요건과 소송요건의 조사

법원은 참가요건과 소송요건을 직권으로 조사하여 두 요건을 불비한 참가에 대해서는 각하를 하여야 한다. 학설에 따라서는 참가요건의 흠이 있는 경우 무조건 참가를 각하하기 보다는 사건을 분리해서 심리하거나 기존의 당사자를 상대로 한 공동소송으로 취급함이 타당하다는 견해가 있다(김/강, 755면; 이시, 815면; 정/유/김, 1071면). 그러나 이 견해는 이론적으로는 타당할지 몰라도 참가요건에 대한 적법성 심사를 본안에 앞서 선결적으로 하도록 법에서 요구하고 있지 않은 현행법 하에서는 무리이다. 즉, 참가의 적부와 본안의 재판을 재판 선고 단계에서 판결이유를 통해 동시에 판단하는 현재 실무의 입장에서는 받아들이기 어려운 주장이라 할 것이다.

(2) 본안심리

독립당사자참가소송은 필수적 공동소송의 심리 특칙을 준용함으로써 본소의 당사자 및 참가인과의 합일확정을 도모하고 있다(79조 2항, 67조). 그러나 독립당사자참가는 합일확정의 필요성의 강도가 필수적 공동소송과는 다르다. 우선, 참가인은 자신의 권리를 조기에 보전하고자 참가하는 것이지만 반드시 참가가 필연적인 것은 아니며 참가로 인해 합일확정이 요구되는 소송형태로 전환되는 것도 아니다. 다만, 유사필수적 공동소송과 마찬가지로 우연한 기회에 참가를 하였으므로 이를 통일적으로 해결할 현실적인 필요성만이 존재할 뿐이다. 그러나 유사필수적 공동소송과 달리 참가인이 본소 판결의 기판력을 받는 관계에 있는 것도 아니다. 따라서 법 제67조의 준용 범위를 어떻게 제한하느냐 하는 것이 중요한 관건이 된다. 특히 상소와의 관련성에 있어 위와 같은 독립당사자참가의 특성을 충분히 고려할 필요가 있다.

1) 소송진행의 통일 　유사필수적 공동소송과 마찬가지로 공통의 기일을 통해 재판을 하는 것이 요구되며 변론의 분리는 허용되지 않는다. 소송절차의 중단·중지 사유가 발생하면 모든 소송절차가 정지된다. 다만 상소기간은 필수적 공동소송과 마찬가지로 개별적으로 진행되는 것이 원칙이다.

2) 소송자료의 통일 　유사필수적 공동소송과 마찬가지로 독립당사자참가가 있게 되면 세 당사자 간의 모순 없는 판결이 선고되어야 한다. 따라서 일부판결은 허용되지 않으므로 소송물에 대한 재판을 누락하게 되면 위법한 재판으로서 상소제기에 따라 상소심으로 이심되어야 한다(김/강, 756면).[1] 이 점이 청구의 선택적·예비적 병합과 다른 점이다.

---

1) 일부판결을 한 경우 잔부에 대한 추가판결에 의해 보충되지 않고 이를 판단누락으로 보아 상소로써 시정하여야 한다는 견해(이시, 817면)는 판례(大判 1991. 3. 22. 90다19329,19336; 大判 1995. 12. 8. 95다44191)도 동일한 입장에 있는 것처럼 적시하고 있으나 위 판결 어디에서도 판단누락으로 취급하는 표현은 없다. 판례

① **법 제67조 제1항**　상호 대립·견제 관계에 있는 세 당사자 간에 필수적 공동소송과 같은 공동소송인 간의 연합관계는 존재하지 않으므로 독립당사자참가의 경우에는 법 제67조 제1항이 주로 어느 한 당사자에게 불리한 소송행위는 효력을 발생하지 않는다는 개념으로 작용된다(모두의 이익을 위한 행위라는 것이 본질상 인정되지 않기 때문이다). 따라서 원고가 청구를 포기하거나 혹은 피고가 원고나 참가인의 청구 중 어느 하나를 인낙하는 행위, 한 당사자를 배제한 채 이루어지는 두 당사자 간의 화해, 혹은 상소취하 등은 효력이 발생하지 않는다. 참가인의 청구를 원고나 피고 중 어느 일방이 인낙을 하는 경우도 동일하다. 기존 당사자인 원고나 피고가 참가인과 당사자 어느 일방 간의 판결 결과에 승복하고자 하는 경우에는 법 제80조가 규정하는 탈퇴를 통해 나머지 당사자의 재판 결과를 기다려야 한다. 그러나 본안에 영향을 미치지 않는 한 참가인이 자신의 청구를 포기하거나 참가신청을 취하하는 행위는 원칙적으로 허용된다.

② **법 제67조 제2항**　독립당사자참가의 경우 세 당사자는 상호 대립·견제관계에 있으므로 원고의 피고에 대한 소송행위의 효력이 당연히 참가인에게 미치는 것은 아니다(피고에 대한 송달로써 참가인에 대한 송달의 효력이 발생하지 않는다). 따라서 각 당사자와 참가인은 나머지 대립되는 사람 모두에게 각기 별도의 소송행위를 하여야 한다. 그러나 어느 한 당사자나 참가인의 상소가 있는 경우 합일확정의 필요에 따라 상소를 제기하지 않는 당사자나 참가인에게 효력이 미칠 수 있다.

(3) 판결과 그에 대한 상소

1) 상소하지 않은 부분의 이심 여부와 심판 방법

① **이 심 설**　i) 필수적 공동소송과 달리 독립당사자참가의 경우는 세 당사자의 이해 대립관계가 존재하므로 한 당사자의 승소는 필연적으로 대립되는 두 당사자의 패소를 초래한다. 이 경우 패소한 두 당사자 모두 상소한 경우에는 모든 청구가 상소심으로 이심된다는 데 이견이 있을 수 없다. 문제는 패소한 당사자 중 어느 일방만이 상소하고 다른 당사자는 상소를 하지 않은 경우에 발생한다. 독립당사자참가소송의 경우 필수적 공동소송의 특칙인 법 제67조를 준용한다는 점, 독립당사자참가의 성격상 세 당사자 간에 본안에 관한 합일확정이 요구되고 청구들이 분리 확정된다면 내용상의 모순이 발생할 수 있다는 점 등을 들어 상소하지 않은 당사자의 청구도 상소심으로 이심된다는 이심설이 통설의 입장이다(김/강, 756면; 이시, 815면). 판례 역시 이심설을 지지하고 있으나[1] 참가인의 참가신청이 각하된 상태에서 당사자 중 일방만이 상소하고 참가인이 상소하지 않은 경우에는 분리확정된다는 입장을 오래

가 적시하는 문구만으로는 어떤 입장에 있는 것인지 명확하지는 않지만 전체적인 취지는 위법재판설에 가까운 것으로 봄이 합리적이라고 판단된다.

1) 大判 2007. 12. 14. 2007다37776,37783.

전부터 취해오고 있어[1] 완전한 이심설이라고 할 수는 없다.

ii) 이심설이 타당하다. 다만, 당사자의 상소에 의해 모든 청구가 이심된다 하더라도 상소심의 심판범위는 원칙적으로 상소한 당사자의 불복범위에 국한된다. 그러나 부득이한 경우 세 당사자 사이의 결론의 합일확정의 필요성 때문에 패소하고도 상소하지 않은 당사자의 지위가 변경되어야 하는 경우가 있다. 따라서 세 당사자 사이의 결론의 합일확정을 위하여 필요한 경우에는 상소 또는 부대상소를 제기한 바 없는 당사자에게 결과적으로 원심판결보다 유리하게 혹은 불리한 내용으로 판결이 변경되는 것도 배제할 수는 없다.[2] 이러한 이심설을 취하는 결과 상소하지 않은 당사자의 상소심에서의 지위가 문제되는데 필수적 공동소송의 경우와 달리 이해관계가 각기 대립된다는 점에서 해석론의 어려움이 발생한다.

② 분리확정설 내지 제한적 이심설   통설과 판례의 입장과 달리 불복하지 않은 당사자의 청구는 원칙적으로 분리확정되는 것이지만 합일확정의 필요가 있는 경우에만 제한적으로 이심된다는 입장이다. 법 제67조가 준용되더라도 독립당사자참가의 특성을 고려해서 불복하지 않은 당사자의 청구 모두를 일률적으로 상소심으로 이심된다고 보지 않고 개별적인 사안에 따라 이심 및 심판범위를 획정하는 것이 타당하다는 견해[3]이다.

2) 상소하지 않은 당사자의 상소심에서의 지위   이심설이나 제한적 이심설을 취하든 합일확정 필요에 의해 패소하고도 상소하지 않은 당사자 혹은 참가인이 상소심으로 이심되는 경우가 발생하는데 이 경우 상소심에서의 지위를 어떻게 파악하느냐를 둘러싸고 견해의 대립이 있었다. 예를 들어 원고 甲이 피고 乙을 상대로 소유권확인을 구하자 참가인 丙이 계쟁물은 자신의 소유라고 하면서 두 당사자를 상대로 독립당사자참가를 하였으나 원고 甲의 청구가 인용되고 乙, 丙 모두 패소한 경우를 가정해보자. 이때 참가인 丙만 상소하고 피고 乙은 상소를 제기하지 않았다.

① 필수적 공동소송과의 차이   이심설 혹은 제한적 이심설을 취하든 일단 합일확정의 필요에 의해 모든 사건은 상소심으로 이심되었지만 상소하지 않은 당사자 피고 乙을 어

---

1) 大判 1992. 5. 26. 91다4669,4676. 참가인의 참가신청이 각하되었음에도 참가인이 상소하지 않은 경우에는 참가인 부분이 분리 확정된다는 입장에 대해 판례는 구체적인 설명이 없다. 참가인의 신청이 각하된 경우에는 상소심에서도 치유될 수 없다는 점에서 이러한 입장을 취하는 것이 아닌가 생각된다. 그러나 상소심에서 얼마든지 청구변경을 통해 소송요건이나 참가요건의 치유가 가능하므로 이 경우만을 예외적으로 취급하는 것은 납득하기 어렵다.

2) 大判 2007. 10. 26. 2006다86573,86580. 이 사건의 1심에서 원고와 참가인은 피고에 대하여 각기 일부승소를 하였다. 그런데 원고는 참가인의 피고에 대한 일부승소를 취소하라는 취지의 항소를, 참가인은 원고의 피고에 대한 일부승소를 취소하라는 취지의 부대항소를 제기하였으나 항소심은 원고와 참가인의 피고에 대한 일부인용 판결을 모두 취소함으로써 결과적으로 항소나 부대항소를 제기하지 않은 피고에게 유리한 항소심 판결이 선고되었다. 이에 대해 원고와 참가인은 불이익변경금지원칙을 위반한 위법한 판결이라는 이유로 상고를 제기하였으나 대법원은 독립당사자참가의 합일확정의 요청에 따른 부득이한 결과라고 판시하였다(大判 2022. 7. 28. 2020다231928도 유사 취지).

3) 이재성, 「평석집(Ⅵ)」, 21면; 김주상, "민사항소심의 심판대상과 심판범위", 사법논집 5집, 351면.

떻게 취급할 것인지 필수적 공동소송이나 예비적·선택적 공동소송과 마찬가지로 문제가 된다. 다만, 필수적 공동소송의 경우와 다른 점은 독립당사자참가의 경우 모든 당사자의 이해관계가 기본적으로 대립관계에 있다는 점이다. 이점은 예비적·선택적 공동소송과 유사하지만 독립당사자참가의 당사자들이 더 대립적인 관계에 있다고 봄이 타당하다. 즉, 패소한 당사자 중 한 당사자의 상소제기가 다른 당사자에게 반드시 유리한 것은 아니라는 점이다.

　② 피상소인설의 타당성

　i) 학설의 대립　　패소한 후 상소하지 않은 피고 乙의 상소심에서의 지위를 둘러싸고 견해의 대립이 있는데 상소인설, 피상소인설(방, 233면; 이영, 114면), 상대적 이중지위설(김/강, 758면), 상소심 당사자설(이시, 816면) 등으로 대별된다.

　ii) 상소인설과 피상소인설　　법 제67조 제1항의 준용을 강조한다면 패소한 참가인 丙의 상소제기에 따라 피고 乙 역시 상소인으로 보는 것이 타당하지만(상소인설) 독립당사자참가는 필수적 공동소송과 달리 3자 간의 이해관계가 대립되므로 법 제67조 제2항을 준용하는 것이 보다 자연스럽다. 따라서 패소한 참가인 丙의 상소는 대립적인 이해관계를 가진 상소하지 않은 피고 乙에게 피상소인의 지위를 부여하게 된다. 물론, 상소한 참가인 丙과 상소하지 않은 피고 乙 모두 패소하였으므로 이해관계가 일치한다고 볼 수도 있지만 이는 일시적인 것에 불과하고 어차피 승소한 원고 甲뿐 아니라 상소인 丙과 피고 乙 역시 궁극적으로는 이해관계가 대립된다. 한편, 상소하지 않은 피고 乙을 피상소인으로 본다고 해서 그 지위가 고정되는 것은 아니며 피고 乙은 필요에 따라 부대상소를 제기할 수도 있으며 소송진행 상황에 따라 자신의 이익을 지킬 수 있는 여러 수단을 강구하게 될 것이다. 보다 중요한 것은 상소하지 않은 피고 乙 역시 상소심에서 변론과 방어를 할 수 있도록 당사자의 지위를 부여해 줄 현실적인 필요가 있다는 점이다. 합일확정의 필요에 의해서 상소하지 않은 乙을 상소심으로 이심시키고 나아가 불이익변경금지나 이익변경금지의 원칙을 적용하지 않아야 한다면 더더욱 乙의 변론권과 방어권을 보장해 줄 필요가 있다.

　iii) 상대적 이중지위설　　이 견해는 상소하지 않은 피고 乙의 이중적 지위를 잘 설명해 줄 수 있는 것처럼 보이지만 상소인에 대해서는 피상소인의 지위를, 피상소인에 대해서는 상소인의 지위를 인정하고 있어 상소하지 않은 乙의 지위를 오히려 피상소인설보다 더 도식적으로 파악하게 되어 부당한 결과를 초래하게 된다.[1]

　③ 상소심 당사자설과 문제점　　i) 상소심 당사자설은 피고 乙의 상소심에서의 지위는 상소인 혹은 피상소인도 아니며 단순히 합일확정을 위해 이심된 상소심 당사자의 지위를 갖는 것에 불과하다고 주장한다. 따라서 상소인이나 피상소인으로서의 의무도 없는 특수한 지

---

1) 상대적 이중지위설에서도 상소하지 않은 당사자의 상소심에서의 지위를 설명하고 있는데(김/강, 758–759면) 상소심 당사자설의 설명과 크게 다르지 않다.

위라고 한다(이시, 816면). 당사자 표시도 단순히 피고 乙로 표시하여야 한다고 한다.1) 하지만 이해관계가 대립되고 분쟁관계에 있는 소송절차에서 상소인도 피상소인도 아닌 제3의 중립적인 지위(상소심 당사자)를 인정하는 것은 실정법상으로도 근거가 없다.

ii) 상소심 당사자설은 상소하지 않은 피고 乙에게 소송관여를 보장하여야 하는지 여부에 대해서도 구체적인 언급이 없거나 있더라도 모순된 주장이 제기된다. 즉, 상소하지 않은 피고 乙은 단순히 상소심 당사자로서 특수한 지위를 가지며 따라서 인지첩용이나 상소비용 부담의무 등이 없고 심판범위에 관여할 수 없어 부대상소도 할 수 없다고 한다(이시, 816면). 그 외에도 상소취하권도 없지만 기일통지, 소송서류의 송달 등 변론의 기회가 부여되는 것은 당연하다고 주장한다(김홍, 1096면). 그러나 합일확정의 필요 범위 내에서는 다른 상소인의 상소결과 상소하지 않은 乙의 지위가 유리하게 변경될 수 있음을 인정하고 있으며(이시, 816면; 정/유/김, 1097면) 나아가 피고 乙은 상소를 하지 않았기 때문에 1심에서보다 불리하게 판결이 변경될 수 있음은 지극히 당연하다고 설명하고 있다(정/유/김, 1073면).

iii) 변론의 기회를 부여한다는 것은 자신에게 유리한 재판의 결과를 가져올 수 있는 변론권이 보장된다는 것을 의미한다. 상소절차에서 비용부담 의무는 없지만 아무런 권리도 없는 상태에서 변론기회를 준다는 것은 매우 모순된 주장 내용이 아닐 수 없다.2) 더구나 판례나 학설은 상소하지 않은 피고 乙에게 판결 결과가 유리 혹은 불리하게 될 수도 있음을 모두 인정하고 있는데 단순히 상소를 제기하지 않았다는 이유로 실질적인 방어권을 박탈하는 것은 부당하다. 필수적 공동소송의 법리에 따라 합일확정의 필요에 따라 이심된 상황이라면 최소한의 방어권 행사를 인정해 주어야 할 것이다. 즉, 피상소인의 지위에서 부대상소는 제기할 수 있어야 할 것이고 이러한 적극적인 변론 결과 소송비용에 대한 부담을 부과할 수 있을 것이다.

3. 단일소송 등으로의 환원

독립당사자참가는 고유필수적 공동소송과 달리 각 당사자 간의 합일확정이 법률적으로 강제되는 것은 아니다. 따라서 세 당사자 간의 관계가 당사자의 의사에 의해 얼마든지 해소될 수 있다. 참가 후 종전의 당사자 중 어느 일방이 탈퇴(80조)하는 경우는 물론 원고나 참가인이 본소나 참가신청을 취하하는 경우를 그 대표적인 예로 들 수 있다.

---

1) 판례의 입장은 분명하지 않다. 大判 1981. 12. 8. 80다577에서는 항소하지 않은 참가인들도 항소심에서의 당사자라는 표현을 사용하고 있으나 이 표현이 상소심 당사자설을 따른 결과인지는 명확하지 않다.
2) 현재 민사소송 변론절차에서 당사자가 아닌 보조참가인이 가장 축소된 자기방어권을 행사한다고 생각되는데 단순히 상소심 당사자라는 이름으로 실질적인 자기 방어권 행사를 할 수 없다는 것은 납득하기 어렵다.

(1) 본소의 취하

참가신청 후 원고는 자신의 본소를 취하할 수 있으나 이 경우에는 피고뿐 아니라 참가인의 동의가 필요하다.[1] 참가인이 원고나 피고만을 상대로 편면참가를 한 경우에도 원고의 소취하에는 참가인의 동의를 필요로 한다. 편면참가에서도 참가인은 여전히 기존 분쟁과 참가를 통해 세 당사자의 소송관계를 해소하고자 했던 것이고 비록 피고만을 상대로 편면참가를 했더라도 원고의 청구와는 양립할 수 없는 청구를 하고 있는 것이므로 원고 소취하에 이해관계를 갖고 있기 때문이다.[2] 한편, 쌍면참가에 있어 본소취하가 효력을 발생하게 되면 참가인의 원·피고에 대한 청구만이 남게 되므로 공동소송형태로 소송이 잔존하게 된다고 보는 것이 통설·판례이다(김/강, 759면; 김홍, 1098면).[3] 참가인 청구의 법적 성질, 혹은 법적인 선택에 따라 통상공동소송이나 필수적 공동소송 관계가 될 것이다. 그러나 편면참가의 경우에는 본소의 취하로써 참가인의 원고 혹은 피고에 대한 단일한 소송만이 남게 된다.

(2) 참가의 취하와 각하

1) 참가신청 역시 소 제기의 실질을 갖고 있으므로 소취하의 규정을 유추해서 참가인 스스로 원·피고의 동의를 얻어 취하할 수 있다고 해석된다.[4] 참가인이 편면참가를 한 경우에도 참가신청의 취하를 위해서는 역시 원·피고 모두의 동의를 필요로 한다.[5] 한편, 최초에는 쌍면참가를 하였지만 어느 일방에 대한 신청을 취하함으로써 편면참가 형태로의 전환이 가능함은 물론이고 그 역의 경우도 가능하다.

2) 참가신청이 취하되거나 각하된 경우 참가인이 제출한 증거방법(丙 호증)에 대한 증거조사결과를 어떻게 취급할 것인지 문제된다. 당사자 측에서 원용하지 않는 한 효력이 없다고 보는 견해(이시, 819면)가 있으나 판례는 일관된 입장을 보이지 않고 있다. 즉 참가가 부적법한 이상 기존의 당사자가 원용하지 않은 증거에 대해서는 증거판단을 할 수 없다는 판례가 있는 반면,[6] 증거자료의 효력에는 아무런 문제가 없다는 판결[7]을 한 바도 있기 때문이다. 법원이 참가의 적법성 여부를 선결적으로 판단하는 것도 아니고 본안에 대한 종국판결과 함께 판결이유에서 선고하는 것이 일반적이므로 그간 사실 확정에 필요하다고 판단된 증거방법을

---

1) 大決 1972. 11. 30. 72마787.
2) 같은 취지의 견해로는 김창형, "편면적 독립당사자참가에 관한 제반 문제 고찰", 사법논집 41집, 228–229면. 그러나 반대 견해도 있다. 즉, 참가인이 피고를 상대로 편면참가를 한 경우에는 원고는 참가인의 동의 없이 본소를 취하할 수 있다는 손한기, "독립당사자참가에 관한 연구–개정안의 편면적 참가를 중심으로", 민사소송 제5권, 156면 참조.
3) 大判 1991. 1. 25. 90다4723.
4) 大判 1981. 12. 8. 80다577.
5) 김창형, "편면적 독립당사자참가에 관한 제반 문제 고찰", 231면.
6) 大判 1966. 3. 29. 66다222,223.
7) 大判 1971. 3. 31. 71다309,310.

채택해서 증거조사를 했다면 당사자의 원용여부와 상관없이 이를 본안에 대한 증거로서 판단하는 것이 마땅하다. 더구나 참가인의 청구가 부적법 각하되는 많은 경우가 참가인의 이해관계의 희박함보다는 청구 상호 간의 양립불가능성이라는 기술적인 이유가 많았다는 점을 고려하더라도 시간과 비용을 들여 얻어낸 증거자료를 참가가 부적법 각하되었다는 이유로 바로 사장시킬 필요는 없을 것이다.

3) 참가를 각하한 경우에는 그 각하판결이 상소심에서 확정될 때까지 본소에 관한 판결을 미루는 것이 원·피고·참가인 간의 합일확정을 위해 필요하다는 견해(이시, 819면; 정/유/김, 1075면)가 있으나 의문이다. 독립당사자참가에는 법 제73조가 준용되지 않으므로 참가허부에 대한 재판이 선행되는 것이 아닐 뿐 아니라 이 견해를 유지한다면 원고청구가 각하된 경우에도 합일 확정을 위해 전체 청구에 대한 판결을 뒤로 미루어야 한다는 결론에 이르게 되어 부당하다. 판례 역시 반대 입장이다.[1]

(3) 기존 당사자의 소송탈퇴

1) 기본적인 탈퇴의 모습과 조건부 포기·인낙설 법 제80조에 따르면 제3자가 독립당사자참가를 한 경우 기존의 당사자 중 어느 일방은 상대방의 승낙을 얻어 소송에서 탈퇴할 수 있으며 탈퇴를 하더라도 판결의 효력은 탈퇴한 당사자에게 미치므로 소송탈퇴는 참가인과 잔존 당사자 간의 소송결과를 수인하겠다는 의미의 조건부 청구의 포기·인낙의 의사표시를 담은 소송행위로 파악하는 것이 타당하다(조건부 청구의 포기·인낙설). 그러나 소송수행권만 잔존 당사자에게 인정한다는 취지의 소송담당설을 주장하는 견해도 있다(김홍, 1101-1102면; 이시, 818-819면; 정/유/김, 1140면). 이 견해에 따르면 기존 당사자 중 일방이 탈퇴를 하더라도 탈퇴자와 관련된 소송계속은 여전히 남게 된다. 그러나 탈퇴자가 이해관계가 대립되는 참가인과 잔존 당사자에게 임의적 소송신탁을 한다는 점, 또한 탈퇴한 당사자는 언제든지 임의적 소송신탁을 해지하고 다시 소송당사자의 지위로 돌아올 수 있다고 보는 점 등은 매우 부자연스럽다. 법이 탈퇴자의 복귀[2]를 예상하고 있는지도 매우 의문이기 때문이다.[3] 한편, 조건부 청구의 포기·인낙설을 따를 경우 탈퇴자가 승소하는 상황에 대해 달리 처리가 없다고 비판하는 견해(김홍, 1102면)가 있으나 의문이다. 소송탈퇴 제도 자체가 참가인과 잔존당사자 간의 소송결과를 수인하겠다는 확정적인 의사표시이므로 탈퇴자의 승소 상황이 된다고 하여도 그 논리적 결과는 변함이 없다. 따라서 탈퇴자에 대해 달리 다른 판결을 할 수 없게 된다.[4]

---

1) 大判 1976. 12. 28. 76다797.
2) 피정현, "독립당사자참가 소송에서의 탈퇴", 원광법학 31권 1호(2015), 89면 참조.
3) 선정당사자와 선정자의 관계(53조 2항)로 보는 견해가 있으나 법적 근거가 없으며 같은 이해관계를 갖는 사람들 사이에서 발생하는 선정당사자 제도를 독립당사자참가 제도에 접목하는 것 역시 무리이다.
4) 伊藤 眞, 746面도 같은 견해이다.

2) 구체적인 사례   원고가 피고를 상대로 건물인도청구의 소를 제기하자 피고는 당해 건물이 제3자의 소유인데 권원 없는 원고가 인도를 구한다고 다투었는데 이때 마침 제3자 丙이 쌍면적인 권리주장참가를 해 온 경우를 가정해 보자(이하 탈퇴 사례라고 함). 피고는 더 이상 소를 진행할 필요를 느끼지 않으므로 원고의 동의를 얻어 소송에서 탈퇴할 수 있다. 이 경우 종래의 통설과 판례는 조건부 청구의 포기·인낙설에 따라 원고의 피고에 대한 청구와 참가인 丙의 피고에 대한 청구는 소멸한 것으로 보았다.[1] 따라서 참가인 丙의 원고에 대한 청구만 남게 되는데 이 경우 원고와 참가인 丙 간의 판결의 효력은 탈퇴한 피고에게도 미치게 된다(80조 단서). 만일 참가인 丙이 잔존하는 원고에 대해 승소할 경우 피고에 대해서는 법 제80조에 따라 판결의 효력이 미치지만 실제로 인도집행을 위해서는 집행권원이 필요하므로 판결 자체의 주문에 탈퇴자 피고의 이행의무 내용을 선언하는 방법이 가장 무난할 것이다(이시, 820-821면; 정/유/김, 1078면; 실무제요 I, 310면). 이러한 과정이 현재의 실무이고 판례의 입장을 나타내는 것이지만 위의 결과에서 원고의 피고에 대한 청구기각판결이 판결주문에 생략됨으로써 그 효력을 설명할 수 없다는 단점이 있음은 부인할 수 없다(김/강, 761면; 정/유/김, 1139면).

3) 탈퇴의 요건

① 참가형태

i) 사해방지참가   소송탈퇴 제도는 권리주장참가의 형태에서 빈번하게 활용될 여지가 많다. 그러나 사해방지참가의 경우에도 소송수행의지가 없는 어느 일방이 소송탈퇴를 원하는 경우 이를 금지할 이유는 없다.[2] 반대 입장은 본 소송이 사해소송이라면 당사자 일방이 소극적일 리가 없고 사해방지참가는 본소 청구와 양립이 가능한데 이러한 경우에 탈퇴를 허용할 수 없다고 한다(송/박, 695면; 호, 945면). 그러나 사해소송이라 해서 반드시 양 당사자가 모두 공격방어를 실제로 해야 할 현실적인 필요는 없으며 본소 청구와 양립가능한 상태에서 참가가 허용되는 것과 본소 당사자 일방이 조건부로 소송에서 탈퇴하는 것과는 직접적인 연관은 없으므로 반대견해는 설득력을 갖지 못한다.

ii) 편면참가   편면참가의 경우에도 소송탈퇴가 허용되어야 하는지 검토할 필요가 있다. 우선, 참가인이 청구의 대상으로 한 일방 당사자가 탈퇴를 원하고 그 상대방 당사자가 이에 동의하는 경우에는 외관적으로는 참가인의 명시적인 청구가 전혀 없는 상태가 되므로

---

1) 大判 2011. 4. 28. 2010다103048; 大判 2014. 10. 27. 2013다67105,67112. 두 사건 모두 참가승계에 따라 피승계인이 탈퇴한 경우이다. 참가승계의 경우에도 법 제80조를 유추적용하고 있으므로 독립당사자참가의 경우와 다를 바 없다.

2) 법 제80조의 규정 내용이 일견 권리주장참가만을 지칭하는 것으로 보이지만 조문의 제목이 명백하게 "독립당사자참가소송에서의 탈퇴"이므로 사해방지참가를 배제할 근거는 없다. 더구나 법 제82조 제3항에서는 소송인수의 경우에도 소송탈퇴를 허용하고 있어(참가승계의 경우는 해석론을 통해) 적용범위를 제한할 이유는 더더욱 없다.

문제가 된다.[1] 위 2)의 탈퇴 사례에서 참가인 丙이 쌍면참가를 하지 않고 피고만을 상대로 소유권에 기한 인도청구를 하였는데 이때 피고가 탈퇴를 원하는 경우를 상정하면 된다. 참가인 丙으로서는 피고의 탈퇴로 인해 불이익을 입는 것은 아니므로 원고에 대한 소유권확인청구를 병합해서 명시적으로 청구하고 탈퇴를 허용함이 타당하다.[2] 한편, 위와 같이 피고를 상대로 건물인도를 구하는 편면참가를 하고 있는데 원고가 탈퇴하고자 하는 경우에는 피고의 동의만 있으면 탈퇴를 허용하는 데 아무런 문제가 없다.

② 상대방과 참가인의 승낙   법 제80조에 따르면 제3자가 독립당사자참가를 한 경우 기존의 당사자 중 어느 일방은 상대방의 승낙을 얻어 소송에서 탈퇴할 수 있다고 규정하고 있는데 원고나 피고가 독립당사자참가소송에서 탈퇴하는 것이 상대방이나 참가인에게 특별하게 불이익을 주는 것이 아니라면 승낙 자체도 불필요하다는 견해가 있다(이시, 821면; 정/유/김, 1076면, 반대 견해로는 김홍, 1100면; 호, 946면). 한편, 상대방의 동의까지는 필요 없고 통지로도 가능하다는 중간적인 견해(김/강, 761면)도 있다. 일방 당사자의 탈퇴가 상대방이나 참가인에게 불이익을 끼칠지 여부는 쉽게 판단되는 것은 아니므로 법문에 충실하게 상대방의 동의를 얻어 탈퇴하도록 해야 한다. 이때 참가인의 동의까지 필요한 것은 아니다. 한편, 소송탈퇴가 있더라도 그 시점까지의 탈퇴자의 소송행위는 그대로 유효하다고 보아야 한다.

③ 참가신청의 적법성과 탈퇴행위의 유효요건   소송의 탈퇴는 참가가 적법한 경우에만 허용되는 것이므로, 참가신청이 부적법한 경우에는 기존 당사자의 소송탈퇴는 허용되지 않는다.[3] 아울러 탈퇴행위는 소송행위이므로 그 유효요건을 구비해야 한다.[4] 제1심 소송절차에서 소송탈퇴를 하였는데 항소심에서 참가가 부적법하다고 판단한 경우에는 사건을 1심으로 환송해야 한다는 견해(호, 945면)도 있지만 탈퇴자와 상대방 사이의 소송은 여전히 탈퇴 당시의 심급에 계속되어 있으므로 항소심 법원은 제1심 판결을 취소하고 독립당사자참가 신청을 각하할 수 있을 뿐 탈퇴자와 상대방 간의 청구를 판단할 수 없다.[5] 한편, 탈퇴 요건의 구비 여부에 다툼이 있으면 법원은 이에 대해 심리하여야 하며 탈퇴가 유효하면 그대로 참가인과 상대방 간의 청구에 대해서만 심리하면 된다.[6] 만일 탈퇴가 부적법하면 참가인과 종

---

1) 이에 대해 김창형, "편면적 독립당사자참가에 관한 제반 문제 고찰", 233면에서는 편면참가소송에서 청구는 없지만 본소청구 및 참가청구와 동시에 3자 사이에서 합일확정해야 할 "청구 없는 당사자 간의 권리관계"가 심판대상으로 쉽게 추출될 수 있으므로 명시적인 청구가 없더라도 재판이 가능하다는 입장을 피력하고 있다.

2) 이러한 견해에 대해 김창형, 전게논문, 232면에서는 강제할 방법이 없다는 점에서 근본적인 해결책이 될 수 없다고 비판하고 있다. 그러나 참가인이 상대방에 대해 추가적인 청구를 하지 않으면 참가소송 자체가 붕괴되는 사태가 일어남에도 불구하고 추가적인 청구를 하지 않을 참가인은 없을 것이다.

3) 서울高判 1967. 4. 25. 66나575; 승계에 관한 것으로는 大判 2012. 4. 26. 2011다85789 사례가 있다.

4) 피정현, "독립당사자참가 소송에서의 소송탈퇴", 원광법학 31권 1호(2015), 85면.

5) 大判 2012. 4. 26. 2011다85789 사례는 승계와 관련된 것이지만 독립당사자참가의 경우도 동일하게 보는 것이 타당하다.

6) 김지향/주석민소 9판(1), 687면에 따르면 탈퇴가 유효한 경우 종국판결로서 탈퇴자에 관한 소송종료선언을

전 당사자들 사이의 재판을 그대로 진행하는 것으로 충분하다.

4) 탈퇴자에 대한 판결의 효력   소송탈퇴 후 잔류한 당사자 간의 판결은 탈퇴자에게도 효력이 미친다(80조 단서). 이때의 판결효력은 기판력과 집행력 모두를 포함한다는 것이 통설의 입장이다. 따라서 2)의 탈퇴 사례에서 만일 피고가 탈퇴하고 참가인이 원고에 대해 승소판결을 받은 경우 탈퇴자에 대해서도 기판력뿐 아니라 집행력이 미치므로 집행의 편의와 확실성을 담보하기 위해서는 판결주문에 탈퇴자를 표시하고[피고(탈퇴)] 아울러 참가인의 원고에 대한 승소판결뿐 아니라 피고의 인도의무 역시 기재하여야 한다. 만일 판결주문에 탈퇴자에 대한 표시나 판결 주문 내용 등이 누락된 경우에는 판결경정사유가 된다(김/강, 763면; 김홍, 1102면).[1]

하여야 한다고 한다. 조건부 포기·인낙설을 따르더라도 굳이 소송종료선언을 해야 할 필요는 없다고 생각된다. 그러나 소송담당설을 지지하면서 소송종료선언을 하여야 한다는 주장은 상호 모순되는 입장이 아닌가 생각된다. 소송담당설의 입장에서는 탈퇴자와 관련된 청구가 잔존한다고 보아야 할 것이기 때문이다.
1) 만일 2)의 탈퇴 사례에서 피고가 탈퇴를 하였음에도 참가인과 원고청구가 모두 기각되어야 하는 결론에 이르는 상황 역시 이론적으로는 가능하다.

제 5 장 당사자변경

소송절차의 진행 도중 당사자가 새로운 제3자로 교체되거나 추가되는 경우가 있다. 이를 총칭하여 당사자의 변경이라고 한다. 당사자가 교체되는 경우에는 종전 당사자의 지위를 승계하느냐 여부에 따라 임의적 당사자변경과 소송승계로 구분될 수 있다.

제 1 절 임의적 당사자변경

I. 의   의

(1) 소송계속 중 당사자가 임의의 의사로 당사자를 교체하는 것을 임의적 당사자변경이라고 한다. 그러나 광의로는 당사자를 추가하는 것도 포함한다. 따라서 당사자가 변경된다는 점에서 당사자의 동일성을 전제로 하는 당사자 표시정정과는 개념을 달리하며, 변경되거나 추가되는 당사자가 종전 당사자의 지위를 승계하지 않는다는 점에서 소송승계와 다르다. 따라서 원고 스스로, 혹은 피고를 잘못 지정하거나 필수적 공동소송인 중 일부를 누락한 경우에 임의적 당사자변경이 요구된다.

(2) 법은 당사자의 변경을 극도로 억제해 오고 있었으므로 1990년 개정 이전에는 당사자의 임의의 의사에 기한 당사자의 변경을 전혀 허용하지 않았다. 그러나 1990년 개정법에 의해 비로소 피고경정(260조)과 필수적 공동소송인의 추가(68조)가 명시적으로 허용되었다. 그러나 판례는 여전히 이들을 제외한 임의적인 당사자 변경에 대해서는 부정적인 입장을 취하고 있다. 따라서 통상 공동소송관계에 있는 경우에는 공동소송인의 추가가 불가능하며 원고를 잘못 지정한 경우에도 피고 경정과 달리 원고의 교체는 허용되지 않고 있다.

(3) 판례는 경직된 제도 운영에 따른 불합리함을 당사자 표시정정제도를 통해서 완화하고자 했다. 예를 들어 망인을 피고로 한 경우 상속인으로 당사자 표시정정하는 것을 허용한 바 있으며,[1] 시설물에 불과함으로써 당사자능력이 없는 학교를 나중에 당사자능력이 있는 학교법인이나 개인 등으로 표시정정[2]하는 것을 허용한 바 있다. 사실 이러한 표시정정은 엄밀히 보아 당사자의 변경을 초래하는 것이므로 허용될 수 없는 사안이지만 소송경제적인 측

---

1) 大決 2006. 7. 4. 2005마425.
2) 大判 1978. 8. 22. 78다1205.

면에서 허용되어 온 것으로 판단된다.

(4) 임의적 당사자변경을 허용하여야 한다는 학설의 주장을 받아들여 2002년 법 개정의 초기 단계에서는 주관적 추가적 병합을 허용하고자 하였으나 여의치 않게 되자 예비적·선택적 공동소송을 신설하기에 이르렀다. 이는 공동소송인 스스로 혹은 상대방이 공동소송인에 대해 법률상 양립불가능한 청구를 예비적 혹은 선택적으로 소구하거나 소구를 당하는 것으로 제한적인 범위에서 주관적 예비적 병합 내지 주관적 선택적 병합을 인정한 것이다(70조). 이로 써 필수적 공동소송인이 아니더라도 후발적으로 예비적·선택적 공동소송을 통해 당사자를 추가할 수 있게는 되었지만 심리에 있어 다소 어려움이 발생한다는 것은 전술한 바와 같다.

Ⅱ. 법적 성질

임의적 당사자변경의 법적 성질을 둘러싸고 소변경설, 특수행위설, 복합설(신소제기와 구소 취하의 복합행위) 등의 학설 대립이 있다(상세한 학설의 내용은 김/강, 766-771면 참조). 소변경설은 당 사자의 교체나 추가현상을 소변경(청구의 변경)의 일종으로 취급하고자 하는 독일의 오랜 판례 이론으로서 현재 우리나라에서 이를 지지하는 견해는 찾기 어렵다.

1. 복합행위설(구소취하·신소제기의 복합)

당사자가 교체되거나 추가되는 경우 구소의 취하와 신소제기가 복합적으로 결합되어 이 루어지는 것으로 파악하는 결합설은 현재 다수학설을 점하고 있을 뿐 아니라(김/강, 770; 이시, 827면), 법이 명시적으로 인정하고 있는 피고 교체방법인 피고경정(260조 2항, 261조 4항 참조) 역 시 이러한 견해에 터 잡고 있는 것이라고 할 수 있다. 따라서 법 제260조가 규정하는 피고경 정을 가장 잘 설명할 수 있는 이론적인 도구라고 생각된다. 그러나 구소의 취하와 함께 종전 에 이루어진 변론결과는 원칙적으로 소멸되어야 하므로 새로이 제기된 신소에서는 처음부터 변론과 증거조사 등을 다시 실시하여야 할 뿐 아니라, 항소심에서의 당사자의 변경을 설명할 수 없는 단점이 있다. 더구나 행정소송이나 가사소송에서는 피고경정이 사실심 변론종결시까 지 가능하다는 점에서 전체적인 피고경정제도를 일관해서 설명할 수 없는 결함을 갖고 있는 것도 사실이다.

2. 특수행위설

당사자의 교체를 단일한 특수행위로 보고 독립된 제도로서 해석을 도모하고자 하는 것 이 소위 특수행위설이다(정/유/김, 1099면). 따라서 기존의 소변경제도 등의 이론을 유추할 필요 없이 독자적인 해석론을 통해 임의적 당사자변경제도를 설명하고자 한다. 핵심적인 것은 항

소심에서의 임의적 당사자 변경을 설명할 수 있다는 점(이 경우는 새로운 피고의 동의도 필요하다),
그리고 종전의 변론결과를 일정부분 인정함으로써 절차의 연속성을 어느 정도 도모할 수 있
다는 점이 가장 큰 장점으로 거론된다. 그러나 임의적 당사자변경의 하나로서 명문으로 인정
되고 있는 현행 피고경정제도와 조화되기 어렵다는 단점이 지적되고 있다(김/강, 769면).

3. 결   어

법 제260조가 규정하는 피고경정 제도는 앞서 지적한 바와 같이 결합설에 입각해 있음
을 부인하기 어렵다. 또한 항소심에서의 피고경정을 인정하고 있는 행정소송법 제14조 제5항
역시 종전 청구는 취하된 것으로 간주하고 있어 결합설의 입장을 명시적으로 나타내고 있는
것으로 파악된다. 그러나 가사소송이나 행정소송 모두 피고경정결정이 되면 새로운 피고에
대한 소송은 처음에 소를 제기한 때로 소급된다는 점을 규정하고 있는데(행소 14조 4항, 가소 15
조 2항), 항소심에서의 피고 경정을 1심으로까지 소급한다는 것은 경정결정이 신소제기의 실
질을 갖는다는 결합설과 상응하기 어렵다. 결국 피고경정제도 전반을 아우를 수 있는 이론적
인 토대는 특수행위설이라고 봄이 타당하다(정/유/김, 1098-1099면). 다만 우리 법은 임의적 당사
자변경이라는 특수행위 가운데 피고경정을 입법적으로 도입함에 있어 결합설에 따른 이론적
도구를 일부 활용하고 있는 것에 불과하다고 보는 것이 타당하다.

제 2 절   법률에 의한 임의적 당사자변경

Ⅰ. 개   관

일단 현행법은 1대 1 소송이나 통상공동소송에서는 피고를 경정하는 것(260조) 외에는 당
사자의 변경을 허용하지 않고 있다. 따라서 피고를 추가하거나 원고를 교체, 변경하는 것도 허
용되지 않는다. 단지 필수적 공동소송인의 추가를 규정하는 법 제68조를 적용하거나 준용하는
절차에서만 당사자의 추가가 가능할 뿐이다. 매우 경직된 절차운영이라고 하지 않을 수 없다.

Ⅱ. 피고경정

1. 요   건

(1) 소 제기 단계의 착오 등

원고가 피고를 잘못 지정한 것이 분명한 경우에는 법원은 원고의 신청에 따라 1심 변론

종결시까지 결정으로 피고를 교체할 수 있다(260조 1항). 피고를 잘못 지정한 것이 분명한 경우라 함은 청구취지나 청구원인의 기재 내용 자체로 보아 원고가 법률적 평가를 그르치는 등의 이유로 피고의 지정이 잘못된 것이 명백하거나 법인격의 유무에 관하여 착오를 일으킨 것이 명백한 경우 등을 말한다. 따라서 소송초기 단계에 소장 등을 보고 피고 지정이 잘못된 경우 이를 시정할 수 있는 기회를 제공하는 것이다. 소송을 진행하여 증거조사 등을 통해 피고의 지정이 잘못된 것을 인지하게 되는 경우까지 피고 경정의 대상이 될 수는 없다(같은 취지의 견해로는 호, 952면; 김홍, 1095-1096면, 반대의 견해로는 이시, 801면; 정/유/김, 1101면).[1] 긴 시간에 걸쳐 심리를 한 결과 피고를 잘못 지정했음이 판명될 때마다 피고 경정을 통해 새로운 심리를 시작할 수는 없기 때문이다. 이러한 상황을 개선할 수 있는 방안은 일정한 조건 하에 주관적 추가적 병합을 허용하는 것이지 피고경정은 그 답이 아닐 것이다. 따라서 소장의 청구원인과 첨부된 계약서 등에 비추어 법인과 계약을 하였음이 명백함에도 불구하고 피고를 담당이사나 대표이사 개인으로 한 경우, 혹은 소장에 기재된 내용에 미루어 민사책임의 주체를 오해하여 본인이 아닌 대리인을 피고로 한 경우 등을 전형적인 예로 들 수 있다. 한편, 피고의 지정이 명백히 잘못되었고 당사자가 이를 간과함이 명백한 경우에는 법원이 석명권을 행사하여 이를 시정할 기회를 당사자에게 부여함이 마땅하다.[2]

(2) 소송물의 동일성

피고경정은 종래의 소송수행의 결과를 이용하기 위한 것이므로 교체 전후를 통해 소송물이 동일하여야 한다(김/강, 773면; 이시, 829면; 정/유/김, 1101면). 그러나 소송은 동태적으로 변화되는 것이므로 피고경정 당시에만 소송물이 동일하면 족하다. 피고경정 후 새로운 사정의 변화로 청구취지를 변경하거나 추가하는 것을 금지할 이유는 없다.

(3) 피고의 동의

피고가 본안에 관하여 준비서면을 제출하거나, 준비기일에서 진술하거나 변론을 한 뒤에는 종전 피고의 동의를 필요로 한다(260조 1항 단서). 피고경정신청서를 송달받은 피고가 2주 이내에 이의를 제기하지 않으면 동의한 것으로 간주된다(4항).

---

1) 大決 1997. 10. 17. 97마1632. 이 사건에서 원고는 도급계약서상의 수급인을 상대로 소를 제기하였으나 피고의 답변과 증거를 보고 진정한 수급인은 보조참가인이라고 주장하면서 피고경정을 신청한 사건이었다. 그러나 대법원은 동 판결에서 피고로 되어야 할 자가 누구인지를 증거조사를 거쳐 사실을 인정하고 그 인정 사실에 터 잡아 법률 판단을 해야 인정할 수 있는 경우는 이에 해당하지 않는다고 하면서 경정신청을 기각하였다.

2) 大判 2004. 7. 8. 2002두7852 참조. 일반 민사사건에서도 동일한 취지의 판결이 있다(大判 2006. 11. 9. 2006다23503 참조).

2. 절   차

피고의 경정은 서면으로 신청하여야 하며(260조 2항), 소장이 종전 피고에게 송달된 상태라고 한다면 경정신청서 역시 상대방에게도 송달해 주어야 한다(3항). 한편 경정신청 시점에는 소송물이 동일하여야 하므로 새롭게 인지를 첩용할 필요가 없이 구 소장의 인지를 유용해도 무방하다(김/강, 773면). 그러나 경정이 허가된 후에는 청구의 변경이 가능하다. 법원은 피고 경정신청에 대해 그 허부를 결정으로 답해야 하며 이를 피고에게도 송달하여야 한다(261조 1항). 신청을 불허하는 결정을 한 경우에는 종전 당사자에게만 송달하는 것으로 족하며, 신청을 허가하는 결정을 한 때에만 그 결정의 정본과 소장 부본을 새로운 피고에게도 송달하여야 한다(2항). 종전 피고만이 피고경정 허가결정에 대해서 불복할 수 있으며 그것도 피고경정에 동의하지 않았음을 이유로 하는 경우에만 가능하다(3항). 따라서 피고경정신청에 대한 불허가 결정에 대해서는 불복방법이 없다.

3. 효   과

(1) 취하간주 효과와 신당사자의 소송행위

경정허가결정을 통해 종전 피고에 대한 소는 취하된 것으로 간주하고 있다(261조 4항). 따라서 이론적으로는 당사자들이 종전의 소송결과를 원용하지 않는 한 원고와 새로운 피고 간에는 아무런 효력이 없다. 따라서 새로이 심리를 하는 것이 원칙이다. 일부 학설에 따르면 신당사자가 경정에 동의한 경우나 신당사자 역시 구소송에 관여해 온 경우 혹은 양자를 동일시할 수 있는 경우에는 원용이 없더라도 효력이 미친다거나 종전 피고의 소송진행의 결과를 다툴 수 없다고 한다(김/강, 774면; 이시, 829면). 하지만 기본적으로 신당사자와 구당사자 간에는 동일성이 없으므로 원용을 필요로 한다고 보는 것이 소송을 명확히 하는 데 필요할 뿐 아니라 신당사자의 동의라는 것 자체가 법률 규정에 없으므로 이에 대해 법적 효과를 부여하는 것도 바람직하지 않다. 경정결정에 따라 새로이 당사자가 된 사람의 방어권을 보장하는 차원에서 신당사자는 구당사자의 행위에 구애받지 않고 소송행위를 할 수 있다고 보아야 한다.

(2) 실체법상의 효과

새로운 피고에 대한 경정신청서가 접수된 시점을 시효중단과 기간준수 등의 기준시점으로 하고 있다(265조, 260조 2항). 입법적으로는 소 제기 시에 소급하는 것이 바람직하다는 입장(이시, 830면; 정/유/김, 1102면)이 있는데 매우 타당한 지적이다.[1] 한편, 판례도 원고가 피고경정

---

[1] 우선, 해석론으로 운용하고 있는 당사자 표시정정의 경우는 소급해서 시효중단 등의 효과를 인정하고 있는데 피고경정과 표시정정 간에 경계가 매우 모호해서 피고경정과 차등을 두는 것이 불합리하다. 또한 참가·인수승계의 경우뿐 아니라 가사소송(가소 15조 2항)과 행정소송(행소 14조 4항) 절차에서는 피고경정의

신청을 하였으나 표시정정의 실질을 갖는 경우 비록 소송에서 피고의 표시를 바꾸면서 피고경정의 방법을 취하였다 해도 피고표시정정으로서의 법적 성질 및 효과는 잃지 않는다고 하면서 시효중단 효과를 인정하고 있다.[1] 결론에 있어서는 타당하지만 무리한 해석론이라고 하지 않을 수 없다. 입법적인 해결이 요망된다.

4. 항소와 원·피고경정

(1) 항소심에서의 피고경정

1) 법적 성질   법 제260조에서는 명시적으로 제1심 변론종결시까지만 피고경정이 가능하다고 명시하고 있지만, 가사소송이나 행정소송(가소 15조, 행소 14조)에서는 사실심변론 종결시까지 피고 경정이 가능하다는 점을 분명히 하고 있다.[2] 그러나 행소법 제14조 제4, 5항에서는 피고경정 결정이 있은 때에는 새로운 피고에 대한 소송은 처음에 소를 제기한 때에 제기된 것으로 보고 있을 뿐 아니라, 종전의 피고에 대한 소송 역시 취하된 것으로 보고 있어 기본적으로 결합설을 취하고 있는 것으로 판단된다.[3] 결합설이 갖고 있는 근본적인 문제점을 입법을 통해 해소하고 있는 점은 높이 평가할 수 있지만 새로운 피고의 동의절차도 생략한 채 항소심에서의 피고경정을 신소 제기로 의제하는 것은 다소 무리가 아닐까 생각된다. 이러한 행소, 가소에서의 피고경정은 입법적으로 인정되고 있는 특수한 행위라고밖에 설명할 수 없다.

2) 필요성과 가능성   행정소송이나 가사소송과 달리 민사소송에서는 법 제260조가 1심 변론종결시까지만 피고경정을 허용하는 이유는 무엇일까? 일반 민사사건과 달리 행소와 가소에서는 당사자적격을 가진 피고를 찾는 것이 기술적으로 쉽지 않다는 점과 제소기간이 법정화되어 있는 경우가 많아 자칫 피고를 잘못 지정한 것을 항소심에서 뒤늦게 알게 된 경우, 다시는 원고가 동일한 소를 제기하지 못할 가능성이 높다는 점을 들 수 있다. 그러나 현대에 있어서는 일반 민사사건에 있어서도 법률관계의 복잡화로 인해 피고를 손쉽게 찾기가 어려운 경우가 적지 않으며 새로운 소의 제기를 원고에게 강요하는 것이 경제적으로나 시간

경우 처음 소가 제기된 때로 시기를 소급하고 있음을 유념해야 한다. 입법의 균형이 필요한 부분이라고 판단된다.

1) 大判 2009. 10. 15. 2009다49964.

2) 가사소송법 제15조 제1항에서는 명문으로 사실심 변론종결시까지 피고경정이 가능하다고 규정하고 있는 반면, 행정소송법 제14조 제1항에서는 이를 명시하고 있지 않지만, 법 제260조의 반대해석상 사실심 변론종결시까지 가능한 것으로 해석함이 타당하다(大決 2006. 2. 23. 2005부4 역시 같은 입장).

3) 더구나 항소심에서 피고경정이 있는 경우에도 새로운 피고의 동의절차도 생략하고 있어 심급의 이익이 침해될 소지도 적지 않다. 이러한 입법 취지에 비추어 항소심에서의 피고경정은 1심부터 실질적으로 소송에 관여해 온 주체를 새로운 피고로 경정하는 것을 기본적으로 염두에 두고 있는 것이 아닌가 추측된다. 그렇지 않다면 경정절차를 통해 편입되는 새로운 피고가 1심에서 패소한 피고의 지위를 감수해야 할 책임이나 이유가 없기 때문이다.

적으로 매우 가혹한 경우가 적지 않다. 더구나 피고의 동일성은 인정될 수 없어 당사자 표시 정정이 허용될 수 없지만 전·후 피고 간에 실질적인 차이가 없어 사실상 새로운 피고가 소송을 수행해 온 경우라면 피고경정을 허용하더라도 비경제적이거나 법적 불안을 야기할 가능성이 전혀 없다. 따라서 민사사건에서의 피고경정을 다른 절차보다 엄격하게 운용할 당위성은 없다고 생각되므로 일반 민사사건에서도 항소심에서 피고경정을 허용함이 마땅하다. 이를 위해서는 근본적으로 입법적인 해결이 필요하지만, 현재도 행정소송법 제14조를 유추해서 이를 허용함이 타당하다(판례 반대).[1]

(2) 원고경정

원고 본인의 법률적 지위를 그르치는 것은 피고를 잘못 지정하는 것보다 비난가능성이 높다는 점에서 원고경정을 피고경정과 달리 법률로서 인정하지 않고 있는 것으로 판단된다. 판례 역시 특별한 이유를 제시하지 않고 임의적 당사자 변경을 허용하지 않는다는 점을 들어 원고 경정을 불허하고 있을 뿐이다.[2] 그러나 기존의 원고가 그 경정을 신청하는 것은 대부분 이미 소송에 관여해 오던 주체가 기관이나 단체의 당사자능력 혹은 적격을 오해하여 이를 시정하는 차원에서 이루어지는 것이 대부분이므로 이를 굳이 불허할 이유는 없다고 판단된다. 항소심에서의 경정 역시 피고경정과 동일한 취지에서 허용함이 타당하다. 아울러 원고경정의 경우는 심급을 막론하고 새로운 원고의 동의가 반드시 필요하다고 보아야 한다.

Ⅲ. 필수적 공동소송인의 추가

1. 요   건

고유필수적 공동소송의 원고는 누락된 당사자의 일부를 소송진행 도중 추가할 수 있는데 이를 필수적 공동소송인의 추가(68조)라고 한다. 고유필수적 공동소송에서 일부 당사자를 누락한 경우에는 당사자적격의 흠을 초래하므로 공동소송인의 추가를 허용하지 않으면 소를 각하할 수밖에 없으므로 소송경제상 당사자의 추가를 허용하고 있다. 그러나 유사필수적 공동소송이나 통상공동소송에서는 허용되지 않고 있다. 피고경정과 마찬가지로 제1심 변론종결시까지만 추가가 가능하며 추가된 당사자는 종전의 당사자와의 관계에서 공동소송인이 되

---

1) 大判 1991. 8. 27. 91다19654에서 원고는 삼척시교육장을 상대로 구상금청구의 소를 제기하였으나 사실은 삼척시가 책임주체임을 항소심에서 알게 되었는데 항소심에서의 피고경정이 불가하다는 이유로 각하판결을 받았다. 이 사건이 처분의 취소 등을 구하는 행정소송이었다면 피고경정이 가능했을 것이다.

2) 大判 2003. 3. 11. 2002두8459에서 원고 개인(울산참여자치연대의 대표자)이 항소심에서 자신의 소속단체인 울산참여자치연대로 당사자 표시정정을 신청하였으나 임의적 당사자변경에 해당한다고 하여 허용하지 않은 바 있다.

므로 공동소송인의 요건을 갖추어야 한다. 다만, 원고의 추가는 추가될 사람의 동의를 얻은 경우에만 허가할 수 있다고 규정하여 추가되는 원고의 절차권을 보장하고 있다.

2. 신청과 불복

원고의 추가신청은 추가될 당사자의 이름·주소와 추가신청의 이유를 적은 서면으로 하여야 한다(민규 14조). 당사자의 추가는 기존의 당사자와 소송관계를 형성하게 되므로 소 제기에 준하는 절차가 요구되기 때문이다. 법원은 원고의 추가신청을 심사하여 그 허부를 결정으로 재판하되, 허가결정을 하게 되면 모든 당사자에게는 결정정본을, 추가되는 당사자에게는 그와 함께 소장부본도 송달하여야 한다(68조 2항). 한편, 추가신청을 기각한 결정에 대하여는 원고가 즉시항고를 할 수 있으나(6항), 허가결정에 대해서는 이해관계인이 추가될 원고의 동의가 없었다는 것을 사유로 하는 경우에만 즉시항고가 가능하다(4항). 그러나 허가결정에 대한 즉시항고는 집행정지의 효력을 갖지 못하므로(5항) 당사자의 추가에 따른 절차는 계속 진행된다.

3. 효   과

허가결정에 따라 공동소송인이 추가된 경우에는 처음에 소가 제기된 때에 추가된 당사자와의 사이에 소가 제기된 것으로 의제된다(68조 3항). 시효중단이나 기간준수의 효과 역시 제소 시점으로 소급하게 되므로 피고경정의 경우 신청서가 접수된 시점을 기준으로 하는 경우(265조)와는 다르다. 한편, 공동소송인의 추가를 통해 필수적 공동소송관계는 여전히 유지되므로 기존의 소송결과 중에서 새로이 추가된 당사자에게 유리한 부분만이 효력을 갖게 된다고 본다.

Ⅳ. 소의 주관적 추가적 병합

예비적·선택적 공동소송을 규율하는 법 제80조에서 필수적 공동소송에 관한 제68조를 준용함으로써 필수적 공동소송관계가 아니더라도 새로운 당사자를 후발적으로 소송에 끌어들이는 하나의 계기를 마련하게 되었다. 즉, 당사자는 법률상 양립불가능한 청구를 예비적 혹은 선택적인 원·피고에게 추가적으로 병합할 수 있게 됨으로써 새로운 유형의 당사자 추가가 허용된다. 1대 1 소송이나 통상공동소송에서도 어차피 소의 주체가 될 당사자를 추가할 필요성이 발생하게 되는 일이 적지 않다. 물론 누락된 당사자가 기존 소송의 원고나 피고가 되지 않더라도 소 자체의 적법성이 문제되는 것은 아니지만 소송경제상 굳이 이들의 추가를 불허할 이유는 없다. 현재 대법원은 법 제80조의 요건을 완화해서 실체법상 양립불가능한 청구뿐 아니라 소송법상으로 양립불가능한 청구도 예비적·선택적 공동소송으로 할 수 있다고 하여 그 가능성의 길을 확대하고 있다.[1] 이 경우 예비적·선택적으로 추가된 당사자관계를 다시 통상공동소송의 형태로 추후에 변경하는 것을 방지할 수 없어 결과적으로는 예비적·선택적 공동소송을 통해 당사자를 추가하는 방법으로 활용될 가능성도 없지 않다.[2] 그렇다면 제한적인 범위에서나마 소의 주관적 추가적 병합을 허용하는 결과에 이르게 된다. 예비적 피고의 지위를 불안하게 하는 주관적 예비적 병합의 경우는 차치하더라도 소의 주관적 추가적 병합을 명시적으로 허용하는 것은 절차의 안정을 저해할 염려가 없을 것으로 판단된다 (제2장 제5절 Ⅱ. 참조).[3]

제 3 절　소송승계

Ⅰ. 개　　설

1. 기본개념

소송계속 중에 소송당사자인 자연인의 사망, 혹은 법인의 합병 등으로 소송물인 권리의무가 포괄적으로 이전되는 경우(당연승계)는 물론 소송물인 권리의무가 양도·양수되거나 계쟁목적물이 제3자에게 이전됨에 따라 당해 사건에 관한 당사자적격(혹은 분쟁주체의 지위)이 특정적으로 이전되는 경우(특정승계)를 아울러서 소송승계라고 한다. 따라서 당사자가 변경된다는 점에서는 임의적 당사자변경과 동일하지만 승계는 피승계인의 지위를 승계인이 포괄적 혹은 특정적으로 승계함으로써 당사자가 변경되는 것이므로 그 점에서는 차이가 있다.

2. 변론종결 전 승계인과 변론종결 후 승계인

변론종결 전의 승계인은 피승계인의 절차상의 지위를 이어받는 반면, 변론종결 후 승계

---

1) 大決 2007. 6. 26. 2007마515.

2) 예를 들어 원고가 피고 A를 상대로 손해배상 청구의 소를 제기한 후 책임의 주체가 불분명하므로 B를 예비적인 피고로 추가한 경우를 가정하자. 그 후 원고가 A, B 모두 공동불법행위자로서 부진정연대책임을 묻고자 하는 경우 그 둘은 통상공동소송인의 관계에 놓여진다. 이러한 청구변경을 통한 공동소송형태의 변경은 자칫 예비적·선택적 공동소송을 당사자추가의 방편으로 활용할 여지도 적지 않다.

3) 최초 소의 주관적 추가적 병합이나 주관적 예비적 병합의 남용을 우려하여 예비적·선택적 공동소송 제도(70조)를 도입하였으나 동 제도의 운용상의 문제점이 드러나고 있어 그 활용정도가 빈번하지 않은 것으로 판단된다. 이런 상황이라면 오히려 예비적·선택적 공동소송제도를 폐지하고 소의 주관적 추가적 병합 등을 명시적으로 허용하는 방안도 적극적으로 검토할 필요가 있다.

인(218조 1항)은 피승계인이 받은 재판의 효력, 기판력을 그대로 이어받게 된다. 따라서 변론종결 전의 승계인은 피승계인이 진행해 온 절차의 효과를 그대로 승계하게 된다. 현행법상 양 승계인의 범주를 달리하는 어떤 근거도 없으므로 일단은 양자의 범위를 동일하게 보는 것이 타당하다. 다만 변론종결 전 승계인의 경우는 소송이 진행되고 있는 상태이므로 좀 더 탄력적으로 승계인의 범위를 확장할 수 있다고 보는 견해(정/유/김, 1149-1150면)도 있음을 유념할 필요가 있다.

II. 당연승계

1. 원   인

소송계속 중 실체법상의 포괄승계의 원인이 있는 때에는 두 가지 형태의 소송법상 효과가 발생한다. 하나는 당연승계로서 상속인 등이 피상속인의 소송상의 지위를 그대로 이어받는 것이고 다른 하나는 피상속인의 사망으로 절차의 진행을 중단하고 소송수계가 이루어질 수 있도록 배려하는 것이다(233조, 234조). 이는 무기대등의 원칙을 실현하고자 하는 취지에서 비롯된 것이다. 한편, 구체적인 당연승계의 원인으로서는 당사자의 사망(233조)을 비롯해서 법인의 합병(234조), 당사자인 신탁법상의 수탁자가 그 임무를 종료한 때(236조), 일정한 자격에 의하여 당사자가 된 자의 자격상실(237조 1항), 선정당사자가 진행하는 소송에서 선정당사자 전원의 사망 혹은 자격상실(237조 2항), 파산의 선고나 해지(239조), 회생절차의 개시나 종료(회생·파산 59조) 등을 예로 들 수 있다.

2. 소송상의 취급

(1) 중단과 수계

당연승계의 원인이 발생하게 되면 실체법상으로는 승계인에게 피승계인의 권리와 의무가 포괄적으로 이전되지만 절차적으로는 소송절차가 중단되고 상속인이나 합병을 통한 신설법인 혹은 존속법인 등이 수계절차를 통해 소송절차를 이어가야 한다(233조, 234조). 수계신청은 승계인 또는 상대방이 할 수 있다(241조).

(2) 수계재판

법원은 소송절차의 수계신청에 대해 수계사유 여부를 직권으로 조사하여 이유가 없는 경우에는 결정으로 이를 기각하여야 하지만(243조 1항, 각하설은 정/유/김, 1082면),[1] 이유가 있다

---

[1] 법 제243조 제1항은 수계신청이 이유 없는 경우 이를 결정으로 기각하여야 한다고 규정하고 있으므로 재판형식은 기각결정이 보다 타당하다. 승계인의 적격이 없는 사람이 수계신청을 한 경우에는 각하결정을 하고, 소송물이 일신전속적인 것이어서 당사자의 사망으로 절차가 종료되었음에도 수계신청을 한 경우에는 수

고 판단하는 경우에는 별도의 재판 없이 절차를 속행할 수 있다.[1] 결국, 수계신청에 대한 명시적인 재판 없이 승계인의 소송절차 관여를 허용하게 되므로 나중에 승계이유가 없음이 발견된 경우에는 그 처리를 둘러싸고 견해의 대립이 있다. 판례는 뒤늦게라도 수계재판을 취소하고 수계신청을 각하하여야 한다는 입장이다.[2] 그러나 결국 참칭승계인에 대해서 변론까지 열어 진행한 것이므로 그 사람에 대한 소를 각하해야 한다는 견해(강, 522면; 이시, 834면)와 수계재판을 취소하고 수계신청을 기각해야 한다는 견해(김홍, 1103면; 호, 965-966면) 등도 있다. 부수적 재판의 하나인 수계절차의 흠으로 인해 발생한 상황에 대해 소각하 판결을 하는 것은 절차를 오히려 더 번잡하게 할 수 있어 바람직하지 않으므로 법 제243조 제1항에 충실하게 수계재판을 취소하고 수계신청을 기각하는 것이 타당하다. 판례가 앞서 본 80다1895 판결에서는 수계신청을 각하한다고 표현하였으나 표현의 오류일 뿐 같은 견해라고 판단된다(같은 취지의 견해로는 김홍, 1103-1104면).

(3) 당사자의 사망과 수계

1) 소송대리인 없이 사망한 경우　　소송계속 중 당사자인 피상속인이 소송대리인 없이 사망한 경우 공동상속재산은 상속인들의 공유이므로 소송의 목적이 공동상속인들 전원에게 합일확정되어야 할 필수적 공동소송관계라고 인정되지 아니하는 이상 반드시 공동상속인 전원이 공동으로 수계하여야 하는 것은 아니다. 또한 수계되지 아니한 상속인들에 대한 소송은 중단된 상태로 그대로 피상속인이 사망한 당시의 심급법원에 계속되어 있다.[3] 따라서 이런 경우 사건이 분리되는 결과가 되므로 절차의 비효율이 초래될 수 있다. 상속인들은 자신의 지분비율대로 피승계인을 수계해서 절차를 속행할 수 있지만 가급적 상속인 전원이 수계하는 것이 바람직하므로 법원도 상속인 전원이 절차를 수계하도록 배려하는 것이 필요하다.

　① **당사자의 사망을 간과한 경우**　　절차진행 도중 당사자 일방이 사망하였음에도 이를 간과하고 판결을 선고한 경우에는 무효인 판결이라고 보는 입장과 위법하지만 유효한 판결이라는 견해의 대립이 있다. 판례는 이러한 판결이 소송에 관여할 수 있는 적법한 수계인의 권한을 배제함으로써 절차상의 위법은 있지만 당연무효라고 볼 수 없고, 다만 대리권 흠결을 유추하여 상소 또는 재심에 의하여 그 취소를 구할 수 있을 뿐이라고 판시한 바 있

계신청이 이유가 없으므로 이를 기각하여야 한다는 구분을 하는 입장이 있다(정/유/김, 1082면). 그러나 후자의 경우에도 결국 승계인의 적격이 없는 사람이 수계신청을 한 것이므로 각하결정을 하더라도 문제는 없게 된다. 법 제243조 제1항에서 언급하는 "이유 없다"의 의미를 판결에 대한 기각사유만을 의미하는 것이라고 제한해서 볼 필요는 없다. 판결 절차에서도 점차 각하와 기각의 구분이 모호해지고 있는데 결정 절차에서까지 엄밀한 구분을 시도하는 것은 공연한 혼란만 야기할 수 있어 우려된다.

1) 大判 1984. 6. 12. 83다카1409.
2) 大判 1981. 3. 10. 80다1895.
3) 大判 1993. 2. 12. 92다29801.

다.[1] 그러나 소송수계 절차가 이루어져야 승계도 비로소 발생한다고 하여 망인 명의의 판결은 당사자능력이 흠결된 상태에서의 판결이므로 당연무효라고 주장하는 견해도 있다(호, 969면). 당사자의 사망으로 실체법상으로는 당연승계가 이루어졌지만 이것이 절차적으로 반영되지 않은 것에 불과하므로 이를 당연무효인 판결이라고 보기는 어렵다.

　　② 당사자의 사망과 집행문제　　　당연승계 사실을 간과한 판결을 통한 집행에 대해서는 견해가 대립되고 있다. 판례는 사망한 자가 당사자로 표시된 판결에 기하여 사망자의 승계인을 위한 또는 사망자의 승계인에 대한 강제집행을 실시하기 위하여는 민사집행법 제31조를 준용하여 승계집행문을 부여함이 타당하다는 견해를 취하고 있지만,[2] 다수학설은 이 경우 변론종결 후의 승계가 이루어진 것이 아니므로 일단 실질적 당사자인 상속인 명의로 판결을 경정(211조)한 후 통상적인 집행문을 통해 집행을 실시하여야 한다고 주장한다.[3] 엄밀하게 보면 법 제211조의 경정사유에는 해당하지 않지만 일단 당연승계 사실을 간과한 판결을 유효로 보는 한 뒤늦게라도 법원이 당사자의 기재가 잘못되었다는 것을 알고 경정결정을 통해 이를 시정하는 것이 가장 무난한 해결방법이다.[4]

　　2) 당사자의 사망과 소송대리인의 존재　　　① 당연승계 사유가 있더라도 피승계인에게 소송대리인이 선임되어 있으면 소송절차가 중단되지 않는다(238조).[5] 나아가 피승계인의 소송대리인이 상속인을 위해 자동적으로 대리권을 갖게 되므로(물론 상속인들이 나중에 소송대리인을 교체하는 경우는 별개의 문제임) 상속인들의 상속분에 맞추어 청구취지 변경(정정)신청을 하는 것이 일반적이다. 소송대리인이 이러한 변경(정정)신청을 하지 않는 경우에도 법원은 피상속인의 양적인 청구금액의 한도 내에서 각 그 상속분에 따른 청구가 있다고 보아 법원이 직권으로 상속분에 따른 분할지급의 판결을 명하는 것도 가능하다.[6]

　　② 소송대리인이 위에서 언급한 정정신청을 하지 않거나 혹은 소송대리인이 이를 알지 못함으로써 법원이 당연승계 사실을 간과하고 망인 명의로 판결을 선고한 경우 그 집행방법을 둘러싸고 여러 논의가 전개되고 있다. 이 경우에도 판결경정에 의하여야 한다는 입장과 승계집행문을 통해 문제를 시정하여야 한다는 입장이 대립하고 있는 가운데 두 방법 모두

1) 大判(全) 1995. 5. 23. 94다28444. 이 경우 적법한 상속인들은 판결 선고 후 수계신청을 하여 판결을 송달받아 상고하거나 또는 사실상 송달을 받아 상고장을 제출하고 상고심에서 수계절차를 밟은 경우에도 그 수계와 상고는 적법한 것이라고 보아야 한다. 만일 판결이 확정된 경우에는 재심청구와 아울러 소송수계신청을 하여야 한다.
2) 大決 1998. 5. 30. 98그7.
3) 서기석, "당사자의 사망이 재판 및 집행절차에 미치는 영향", 인권과 정의 266호, 59면 참조.
4) 유병현, "소송계속중 사망한 자를 당사자로 표시한 판결의 승계인에 대한 기판력과 집행방법", 이십일세기 민사소송법의 전망(하촌 정동윤선생 화갑기념논문집), 337-338면 참조.
5) 이 경우에도 상속인 등이 소송절차를 수계하는 것은 당연히 가능하다(大判 1972. 10. 31. 72다1271,1272).
6) 大判 1970. 9. 17. 70다1415.

가능하다는 견해도 제시되고 있다. 소송대리인이 있는 경우에는 피상속인이 소송진행 가운데 사망하더라도 당연히 상속인의 대리인으로서 절차를 진행해 온 것이므로 당사자의 표시를 여전히 피상속인으로 하였더라도 이는 경정사유에 해당한다고 보는 것이 타당하다.

③ 소송대리인의 존재와 불합리

i) 상속인의 누락과 표시된 상속인의 항소　　당사자의 사망으로 인한 당연승계이론과 소송대리인의 존재에 따라 소송절차가 중단되지 않는다는 점, 실무상 소송대리인 선임계약에는 상소제기의 특별수권 사항이 포함되어 있다는 점이 복합적으로 작용하여 정당한 상속인 중 일부가 누락된 채 소송수계가 된 경우 누락된 상속인에 대한 재판의 효력이 문제된 바 있다. 즉, 소송대리인을 선임한 상태에서 피고가 1심 절차 진행 도중 사망을 하자 원고 측은 상속인을 당사자로 표시하기 위해 상속인 甲1로 소송수계신청을 하였고 동인에 대해 일부 승소판결을 받게 된다. 이때 상속인 甲1이 항소를 제기하였는데 원고는 항소심에서 비로소 또 다른 상속인 甲2의 존재를 알게 되어 비로소 항소심에서 수계신청을 하게 된다. 대법원은 이 사건에서 사망한 피고의 소송대리인은 모든 상속인을 위해 소송수행을 하는 것이고 동 판결의 효력도 표시되지는 않았지만 정당한 상속인 모두에게 미친다고 판시하였다. 따라서 1심 판결문 정본이 소송대리인에게 송달된 때 1심 대리권이 소멸하므로 누락된 상속인 甲2에 대한 절차도 이 시점에서 중단되어야 하는데 사망한 피고의 소송대리인이 상소제기의 특별수권을 갖고 있었으므로 누락된 상속인 甲2의 항소제기기간은 진행되어 도과되었고 당해 판결은 확정된 것으로 판단한 것이다.[1] 다수학설 역시 이러한 판결의 입장을 지지하면서 누락된 상속인들과 소송대리인에게 책임질 수 없는 사유로 기간을 준수하지 못한 경우라면 추완상소를 허용하거나 이것이 불가능하면 누락된 상속인들을 위한 손해배상 등 실체법의 문제로 해결할 수밖에 없다고 한다(이시, 834면; 정/유/김, 1083면; 정영, 703면).

ii) 상속인의 누락과 망인의 소송대리인의 항소　　위 사례에서 만일 상속인 甲1이 아니라 망인의 소송대리인이 판결에 표시된 상속인 甲1만을 항소인으로 표시해서 판결 전체에 불복을 하였다면 누락된 상속인 甲2의 지위가 달라질 수 있는지 문제된 바 있다. 앞서 본 91마342 결정에 충실하자면 이 경우도 상속인 甲2 부분은 항소기간의 도과로 확정되었다고 봄이 타당하지만 대법원은 상속인 甲2가 아닌 망인의 소송대리인이 항소를 제기한 것에 주목하고 " … 당사자 표시가 잘못되었음에도 망인의 소송상 지위를 당연승계한 정당한 상속인들 모두에게 효력이 미치는 판결에 대하여 그 잘못된 당사자 표시를 신뢰한 망인의 소송대리인

---

1) 大決 1992. 11. 5. 91마342. 이 사건의 원심법원은 일단 수계신청의 형식으로 그 상속인이 특정되어 그 특정된 상속인을 당사자로 하여 판결이 선고되었을 때에는 그 판결은 상속인으로 표시된 특정인에 대하여만 효력이 있을 뿐이고 그 특정에서 누락된 다른 상속인에 대해서는 그 판결의 효력이 생기는 것은 아니라고 판시하였다. 따라서 원고와 상속인 乙 간의 사건은 1심에 잔류하고 있는 것이므로 乙에게는 기회가 남아있게 되는 것이다. 이론적인 측면을 떠나 당사자의 구제를 위해서는 적절한 방안이 아니었나 판단된다.

이나 상대방 당사자가 그 잘못 기재된 당사자 모두를 상소인 또는 피상소인으로 표시하여 상소를 제기한 경우에는, 상소를 제기한 자의 합리적 의사에 비추어 특별한 사정이 없는 한 정당한 상속인들 모두에게 효력이 미치는 위 판결 전부에 대하여 상소가 제기된 것으로 보는 것이 타당하다 … "고 판시하였다.[1] 이 사건에서 상속인 甲2는 항소심에서 소송수계신청을 통해 재판을 받을 수 있는 기회를 갖게 되었으므로 결과적으로 앞의 91마342 결정보다는 나은 결과가 도출되었지만 표시된 상속인 甲1이 항소하느냐 혹은 망인의 소송대리인이 상소하느냐에 따라 결과가 달라져야 되는 것인지에 대해서는 많은 의문이 남는다.

　　iii) 소　　결　　　위 사례들에서 파생되는 모든 문제는 당연승계를 인정하는 데서 온다고 보는 소수견해가 있다(호, 967-968면).[2] 그러나 가장 큰 문제는 1심에서 선임된 소송대리인이 특별수권 규정에 의해 판결정본을 받은 후에도 지속적으로 대리권을 갖고 있는 데서 문제가 비롯된다. 따라서 1심 소송대리인의 실수로 상속인을 누락해서 수계절차를 밟게 되면 정당한 상속인 등이 절차의 진행을 알지도 못한 상태에서 판결이 확정되는 불이익을 입게 되므로 이를 불가피하다고 받아들이는 다수학설과 판례를 지지하기는 어렵다. 그렇다고 특별수권 규정이 부동문자로 된 예문에 불과하다는 해석[3] 또한 지나친 감이 없지 않다. 당사자가 생존한 경우에는 특별수권 규정에 의해 종전 심급의 대리인이 상소장까지 제출해줄 수 있을 뿐 아니라 대리인이 정당한 상속인을 모두 수계한 경우와 같은 일반적인 경우에는 동 규정의 효율성이 적지 않기 때문이다. 오히려 91마342 결정의 원심법원의 태도와 같이 비록 상속인들은 피상속인의 사망으로 실체법적으로 당연승계를 하는 것이지만 수계신청서나 판결 과정에서 일단 상속인으로 표시되면 표시된 상속인들에 대해서만 수계절차의 효력이 미치는 것으로 보는 것이 정당한 상속인들의 방어권의 보호 차원에서 바람직하다고 판단된다.

Ⅲ. 특정승계

1. 소송물양도의 일반론

(1) 소송물의 양도·양수와 소송승계

1) **승계주의와 소송물의 양도·양수**　　　본래적 의미의 소송물의 양도·양수라 함은 소송계속 중 소송의 목적인 권리나 의무(소송물 자체)의 전부 혹은 일부가 제3자에게 이전되는

---

1) 大判 2010. 12. 23. 2007다22866. 동 판결에 대한 비판은 호, 968-969면 참조.
2) 동 견해에 따르면 상속인등이 수계절차를 밟아 당사자로 표시되어야 비로소 당사자가 변경되므로 확실히 사례들에서 파생한 문제점은 해결할 수 있게 된다. 그러나 이 문제를 해결하기 위해 실체법에서 인정되는 당연승계이론을 포기하고 소위 형식적 당사자개념을 채택하는 것은 여러모로 위험부담이 크다.
3) 최충근, "소송수계신청과 특별수권", 민사재판의 제문제(7권), 634면.

것을 의미한다(81조, 82조). 예를 들어, 물품대금의 지급을 구하는 소를 제기한 원고가 당해 채권을 제3자에게 양도하거나 채무자인 피고가 당해 물품대금 지급채무를 제3자에게 채무인수하도록 하는 경우가 전형적인 사례라고 할 수 있다. 우리 법제는 이러한 소송물의 양도·양수에 따라 실체법상의 권리·의무를 승계한 자가 당해 소송을 (참가 혹은 인수)승계하지 않으면 기존 당사자들의 소는 무권리자의 청구(채권양도가 있는 경우)로 혹은 의무 없는 자에 대한 청구(면책적 채무인수가 있는 경우)로써 청구기각 판결을 받게 된다. 따라서 양수인이나 채무인수인은 제81조, 제82조 규정에 따라 승계인으로 자발적인 참여를 하거나 기존 소송의 당사자에 의해 강제적으로 절차를 인수하여야 한다. 이러한 방식이 소위 승계주의에 해당한다.[1]

　　2) 소송물의 양도·양수 개념의 확대　　　법 제81조, 제82조의 소송물 양도에는 순수하게 소송물이 이전되는 경우뿐 아니라 계쟁목적물이 양도됨에 따라 당사자적격 혹은 분쟁주체인 지위(혹은 당사자적격)[2]가 이전되는 경우도 포함된다고 파악하는 것이 다수입장이다(이시, 836면; 정/유/김, 1149면; 호, 957면). 예를 들어, 대지소유자가 대지 지상에 불법 건축물을 소유한 자에 대해 건물철거 및 대지인도청구의 소를 제기한 경우를 가정해보자. 소송 진행 도중에 건물소유자인 피고가 건물의 소유권을 제3자에게 양도한 경우에는 소송물이 양도된 것은 아니지만 계쟁목적물의 소유권을 양수받은 제3자는 건물철거소송의 피고적격 혹은 분쟁주체인 지위를 이전받은 것과 다름없다. 따라서 제3자는 스스로 참가승계를 하거나, 그렇지 않으면 원고가 소유권을 이전받은 제3자를 인수승계를 통해 기존의 소송을 이어받도록 해야 한다.

　　3) 소송물인 채권적 청구권　　　승계인의 범위를 분쟁주체인 지위를 이전받는 사람에게까지 확장하더라도 문제가 된 소송의 소송물이 채권적 청구권인 경우에는 피고의 지위를 이전받은 제3자에 대해 원고가 대항할 수 없으므로(역으로 제3자는 고유의 항변권을 갖는다고 표현할 수 있음) 과연 제3자를 승계인으로 볼 것인지 여부가 문제된다. 우리 판례는 승계인 여부를 정함에 있어 당해 소송의 소송물의 법적 성격을 이분하여 판단하고 있다. 즉 소송물이 물권적 청구권인 경우에는 계쟁목적물의 양도·양수가 있게 되면 양수인을 승계인으로 보지만, 소송물이 채권적 청구권인 경우에는 이를 승계인으로 취급하지 않는다. 예를 들어, 소유권에 기한 건물철거 및 대지인도청구 소송 진행 중에 건물의 소유권을 이전받은 제3자는 승계인에 해

1) 입법례에 따라서는 이러한 승계를 인정하지 않고 소의 계속을 통해 당사자를 고정 내지 항정시키는 법제도 있다. 예를 들어 ZPO § 265에 따르면 소송물의 양도가 있더라도 기존의 당사자적격은 변함이 없으며 이들에 대한 판결은 소송물을 양수받은 사람에게 그대로 효력을 미치게 된다. 따라서 우리나라와 같이 당사자의 지위를 고정시키기 위한 가처분이 필요하지 않게 된다.
2) 승계인에게 당사자적격이 이전되는 것인지 혹은 분쟁주체인 지위가 이전되는 것인지에 대해 견해의 대립이 있다(정/유/김, 1148-1149면 참조). 어느 설을 취하든 결론에는 차이가 없지만 추가적 인수 등의 경우 기존 당사자의 피고적격도 계속 유지되는 경우가 있는데 당사자적격이라는 소송법적 개념을 가분적으로 파악하는 것이 타당한 것인지 의문이 든다. 따라서 넓은 의미의 소송승계 개념을 유지하기 위해서는 분쟁주체인 지위가 승계인에게 이전되는 것이라고 봄이 보다 간명하고 합리적이라고 판단된다(정/유/김, 1149면도 같은 견해임).

당하지만, 채권적 청구권을 바탕으로 한 소유권이전등기청구소송 진행 중에 등기명의를 피고로부터 경료받은 제3자는 승계인에 해당하지 않으므로 참가승계를 하거나 인수승계를 시킬 수 없게 된다.1) 채권적 청구권에 기초해서 소를 제기한 원고는 당해 소송물이나 계쟁목적물을 양수한 자에게 궁극적으로 대항할 수 없으므로 이들을 승계인으로 취급하여 굳이 소송에 관여시킬 이유가 없다는 데서 기인한다(상세한 내용은 제6편 제3장 제3절 Ⅳ. 3. 부분 참조).

(2) 변론종결 전의 승계인과 변론종결 뒤의 승계인

법은 소송물의 양도·양수가 언제 일어났는가를 기준으로 그 법적 효과를 달리해서 취급하고 있다. 만일 양도·양수가 변론종결 전에 일어난 경우에는 법 제81조, 제82조에 따른 소송승계를 통해 권리·의무를 양수받은 사람이 소송의 당사자가 되어야 하지만(그렇지 않으면 기존의 판결은 양수인에게 미치지 않는다), 변론종결 후에 양도·양수가 있게 되면 이러한 승계절차가 없어도 기존 당사자 간의 판결의 효력은 양수인에게 미치게 된다(218조 1항). 따라서 우리 법은 변론종결 전·후를 통해 승계인의 범위를 달리해서 취급하고 있지 않다.

(3) 소송승계주의와 추정승계인 및 가처분제도

1) **추정승계인제도와 문제점**   법이 소송승계주의를 취함에 따라 당사자들은 소송계속 중에 소송물인 권리·의무가 제3자에게 양도되는지 여부를 주의 깊게 살펴보아야 하는 부담을 갖게 된다. 이러한 불합리함을 완화하기 위해 추정승계인 제도를 설치하여 당사자가 변론종결시까지 승계사실을 주장하지 않으면 변론종결 후에 승계한 것으로 추정하여 판결의 효력을 미치도록 도모하고 있다(218조 2항). 그러나 이러한 추정규정은 실제 큰 기능을 발휘하지 못한다. 예를 들어 소유권이전등기청구 소송 도중에 피고가 그 등기명의를 제3자에게 이전한 경우에는 이전등기 일자가 부동산 등기부에 명백히 기재됨으로써 나중에 위의 추정을 뒤집는 것은 어렵지 않고 기존 당사자 간의 판결은 이전등기를 경료한 제3자에게 효력이 미치지 않을 뿐 아니라 대항할 수도 없기 때문이다.

2) **가처분의 필요성**   원고는 소송계속 중 발생할 수 있는 소송물인 권리나 의무의 제3자로의 이전을 줄곧 감시하기 어렵기 때문에 오히려 본안 소송을 제기하기 전에 계쟁목적물에 대한 처분금지가처분이나 점유이전금지가처분(민집 300조)을 함으로써 당사자를 고정하는 효과를 도모하고 있다. 원고는 가처분이 이루어진 후에 계쟁목적물을 취득한 제3자에 대해 가처분의 효력으로 대항할 수 있기 때문이다. 따라서 우리 법제 하에서는 가처분이 매우 빈번하게 활용되고 있는 것이다.

---

1) 大決 1983. 3. 22. 80마283.

(4) 추가적 인수의 인정 여부

1) 개념과 예시   대지소유자인 원고가 대지 지상에 불법 건축물을 소유한 피고에 대해 건물철거 및 대지인도청구의 소를 제기한 경우 피고가 소송진행 도중 계쟁목적물인 건물의 일부를 임대한 경우에는 그 임차인 역시 건물철거의무를 부담하는 자로부터 파생된 의무 혹은 철거의무의 일부로서의 퇴거의무를 일부 이전받게 되므로, 원고는 임차인에게 기존 소송을 인수승계하도록 하여 퇴거청구를 병합할 수 있다(김/강, 783면; 이시, 839면; 실무제요 Ⅰ, 313면). 이것이 소위 추가적 인수에 해당한다.

2) 판례의 입장   특정 판례[1]를 언급하면서 판례가 추가적 인수에 대해 부정적이라는 견해가 있으나(김홍, 1110면; 이시, 837면; 정/유/김, 1148면) 의문이다. 위 사건에서 원고는 피고를 상대로 철거청구소송을 진행하던 중 건물의 소유권을 이전받은 제3자를 인수승계하면서 이 제3자에 대해서는 철거청구가 아닌 소유권이전등기를 말소하라는 청구를 제기하였다. 이에 대해 대법원은 소송당사자가 제3자로 하여금 그 소송을 인수하도록 하기 위해서는 그 제3자에 대하여 인수한 소송의 목적된 채무이행을 구하는 경우에만 허용된다고 하면서 인수승계 신청을 불허하였다. 이 판결은 법원이 인수승계 중 추가적 인수를 부정한 것이 아니라 승계 자체를 인정하지 않은 것으로 해석하여야 한다.[2] 즉, 인수대상 소송의 목적된 채무이행은 피고에 대한 철거청구라는 방해배제청구권인데 반해 제3자에게 인수하도록 요구하는 것은 소유권이전등기말소라는 전혀 성격이 다른 채무이행을 구하고 있는 것이므로 인수승계의 대상이 될 수 없는 것이다(소위 청구변경형 승계를 인정하지 않는 입장이라고 해석하는 것이 타당하다).

2. 승계의 종류

(1) 참가승계

1) 개념과 종류   소송계속 중 소송목적인 권리나 의무의 전부 혹은 일부를 승계하였다고 주장하면서 승계인 스스로가 기존 소송에 참가하여 새로운 당사자로서 소송절차에 관여하는 것을 말한다(81조). 따라서 원고 甲이 피고 乙을 상대로 물품대금의 지급을 구하는 소를 제기한 후 소외 丙이 자신이 위 물품대금채권을 양도받은 양수인이라고 주장하면서 참가승계(권리참가승계)를 하는 경우뿐 아니라 소외 丁이 피고가 부담하는 위 채무를 면책적으로 인수하였다고 주장하면서 참가승계(의무참가승계)를 하는 경우도 역시 가능하다. 한편, 서면으로 참가승계 신청을 하는 경우 소송 당사자 모두에게 이를 송달하여야 하며 참가승계 신청은

---

1) 大決 1971. 7. 6. 71다726.

2) 승계를 단순형 소송승계와 청구변경형 소송승계로 구분해서 설명하는 견해도 있는데(정/유/김, 1147면). 71다726 사례를 전형적인 청구변경형 소송승계로 보고 있다. 후자의 경우 참가승계는 가능하지만 강제로 소송에 편입되는 인수승계의 경우는 제한적으로 인정되어야 한다고 주장하고 있다.

승계인으로서 할 수 있는 소송행위와 동시에 할 수 있다(81조, 79조, 72조). 승계인과 피승계인 간에는 기본적으로 다툼이 없는 경우가 대부분이며 아울러 권리뿐 아니라 의무에 대한 참가승계를 규정하면서도 독립당사자 참가 규정에 따르도록 한 것(81조)은 적절하지 않다. 따라서 참가승계인과 피승계인 사이에 승계사실에 대한 다툼이 있는 경우에만 독립당사자참가 규정을 준용하는 것이 마땅하다.

　2) 참가신청과 재판　　　권리승계를 주장하면서 참가승계하는 경우에는 소 제기에 준하므로 참가승계인은 소장의 필요한 필요적 기재사항을 작성하여 제출하여야 한다.[1] 하지만 피승계인이 다투지 않는 경우 인지를 붙일 필요는 없다. 상고심에서 권리승계참가를 하는 것은 허용될 수 없다는 부정설(김/강, 783면; 김홍, 1131면; 이시, 838면)과 가능하다는 긍정설(정/유/김, 1090면)이 대립하고 있는데 판례는 부정설의 입장이다.[2] 나아가 법원은 당해 참가신청이 적법한지 여부를 직권으로 조사하여야 하는데 참가요건은 소송요건에 해당하므로 참가요건에 흠이 있는 경우에는 변론을 거쳐 판결로 참가신청을 각하하여야 한다.[3] 예를 들어, 청구이의의 소가 제기되기 전에 그 집행권원에 표시된 청구권을 양수한 자가 신청한 권리승계참가는 소송계속 중에 권리의 이전을 받은 것이 아니므로 신청 자체로 부적법하다.[4] 따라서 이러한 경우 변론을 거쳐 참가신청을 각하하여야 하는데 본소의 판결과 함께 선고하는 것이 일반적이다. 한편, 참가요건을 갖추더라도 승계가 있었는지 여부는 별개의 문제이다. 따라서 참가인 주장의 권리이전 사실(승계 사실)이 실체심리를 통해 인정되지 않으면 당해 청구를 기각해야 한다(이시, 840면).

　3) 참가승계의 효과　　　적법한 참가승계가 있는 경우에는 소송이 법원에 처음 계속된 때에 소급하여 시효중단이나 법률상 기간 준수의 효력이 생긴다(81조). 아울러 참가승계인이 주장하는 승계사실을 피승계인이 다투지 않는 경우에는 이해관계의 대립이 없으므로 피승계인에게 아무런 청구(참가취지)를 할 필요도 없을 뿐 아니라 피승계인의 대리인이 참가승계인을 동시에 대리해도 쌍방대리가 되지 않는다.[5]

---

1) 참가승계뿐 아니라 인수승계신청에 대해 피승계인이나 상대방이 이의를 제기할 수 있다는 견해(정/유/김, 1090면)가 있으나 의문이다. 참가신청이 소 제기에 해당하고 참가요건은 소송요건에 해당한다고 보면서 실정법규에도 명시되어 있지 않은 이의권의 존재를 인정하는 것은 상호 모순된다고 보기 때문이다.

2) 大判 1995. 12. 12. 94후487; 大判 2001. 3. 9. 98다51169. 그러나 사실심 변론종결 전에 의무를 승계한 제3자가 상고심에서 의무승계참가를 할 수 있는지 여부에 대해서는 논란이 있을 수 있다. 참가승계인 스스로가 자진해서 피고의 의무를 승계하였다고 주장하면서 법률심인 상고심에 참가함으로써 심급의 이익까지도 포기한다면 이를 불허할 이유는 없다고 생각된다. 지금까지의 판례도 권리승계인의 상고심에서의 승계참가를 부정하고 있을 뿐, 의무승계인의 상고심에서의 승계참가 허부에 대해서는 명시적인 의사를 담은 판결은 아직 없다.

3) 大判 2007. 8. 23. 2006마1171; 大判 2012. 4. 26. 2011다85789.

4) 大判 1983. 9. 27. 83다카1027.

5) 大判 1969. 12. 9. 69다1578.

4) 쌍면참가로의 전환　　참가승계인의 승계 주장을 피승계인이 다투는 경우 승계인은 피승계인에게도 일정한 청구를 하여야 하므로 결국 독립당사자참가와 같이 쌍면참가의 형태를 띠게 된다. 그러므로 법원은 인지법 제2조, 제6조 제2항에 따라 참가승계인으로 하여금 인지를 붙이도록 명하고 새로운 청구에 대하여 별도의 사건번호를 부여하고, 소송기록에 합철하여야 한다.[1]

(2) 인수승계

1) 개념과 종류　　소송계속 중 소송목적인 권리·의무의 전부 혹은 일부를 승계한 자가 자진해서 승계참가를 하지 않는 경우 법원은 당사자의 신청에 따라 그 제3자로 하여금 절차를 승계하도록 할 수 있다. 이를 인수승계라고 한다(82조). 특히 채무를 승계한 자는 자진해서 참가승계를 하지 않을 것이므로 상대방 당사자가 이를 강제적으로 인수시키는 것이 일반적이지만, 권리를 승계한 자도 승소가능성이 없다는 판단 하에 승계참가를 하지 않을 경우도 있으므로 권리승계인에 대해서도 강제적인 소송인수가 가능하도록 규정하고 있다. 따라서 당사자는 소송인수 규정을 통해 권리승계인이나 의무승계인을 그 의사에 반해서 소송으로 끌어들일 수 있다.

2) 인수신청과 재판

① 시기와 신청취지　　소송의 인수는 사실심 변론종결 전에만 가능하다는 데 이론이 없다. 인수승계의 경우 승계인의 자발적인 의사에 의한 것이 아니므로 상고심에서 권리나 의무를 다툼 없이 인수시키는 것은 사실상 불가능하기 때문이다. 한편, 인수를 신청하는 소송당사자는 인수인에 대해 요구하는 바를 구체적으로 밝혀야 한다. 교환적 인수의 경우에는 종전 청구취지를 그대로 유지하는 것이므로 「피신청인은 피고를 위하여 본건 소를 인수한다」라는 취지로 충분하다. 하지만 추가적 인수의 경우에는 기존의 청구취지와는 다르므로 추가적 인수인에 대한 청구취지와 원인을 새로이 추가하여야 한다.[2]

② 신청주체와 절차　　인수승계의 신청인은 기존 소송의 당사자이므로 피승계인의 상대방 당사자만이 신청할 수 있는 것은 아니다(다수설). 피승계인도 경우에 따라서는 제3자로 하여금 절차를 승계하도록 할 필요가 있기 때문이다. 법원은 인수신청에 대해 당사자와 제3자를 심문하여 결정으로 재판하여야 한다(82조 2항). 소송인수신청을 각하하는 결정에 대해서는 항고할 수 있으나(439조), 소송인수 결정은 승계인의 적격을 인정하여 이를 당사자로서 취

---

1) 민사접수서류에 붙일 인지액 및 그 편철방법 등에 관한 예규(재민 91-1) 별표[재판예규 제1692호, 시행 2018. 7. 1.] 참조.

2) 예를 들어 건물철거소송이 진행되는 도중에 건물의 소유권이 A에게 이전되고 A가 다시 B에게 건물의 일부를 임대해 준 경우 원고는 다음과 같은 인수승계신청을 하여야 한다. 「피신청인 A는 피고를 위해 본건 소를 인수한다. 피신청인 B는 별지목록기재 표시 건물 중 별지도면표시 "가" 부분에서 퇴거하라」.

급하는 취지의 중간적 재판이므로 이에 불복이 있으면 본안에 대한 판결과 함께 상소할 수 있을 뿐이다.[1] 한편 소송 계속 중에 소송목적인 의무의 승계가 있다는 이유로 하는 소송인 수신청이 있는 경우 신청의 이유로서 주장하는 사실관계 자체에서 그 승계적격의 흠결이 명백하지 않는 한 결정으로 그 신청을 인용하여야 하는 것이고, 그 승계인에 해당하는가의 여부는 피인수신청인에 대한 청구의 당부와 관련하여 판단할 사항으로 심리한 결과 승계사실이 인정되지 않으면 청구기각의 본안판결을 하면 되는 것이지 인수참가신청 자체가 부적법하게 되는 것은 아니다.[2]

    3) 인수승계의 효과   인수승계에 따라 피승계인의 지위를 그대로 승계하게 되며 그에 구속된다. 아울러 최초의 소 제기에 따른 시효중단과 기간준수의 효과도 소급하여 발생하게 된다(82조 3항). 추가적 인수의 경우에는 피승계인의 행위와 모순되는 독자적인 행위를 보다 넓게 인정하여야 한다고 주장하는 견해도 있으나(이시, 840-841면) 오히려 추가적 인수는 승계인의 권리·의무로부터 파생되는 권리·의무에 국한되므로 승계인과 마찬가지의 구속력을 받게 된다고 보아야 한다(김홍, 1135면도 같은 견해).

3. 피승계인의 소송탈퇴

(1) 피승계인이 탈퇴하는 경우

    1) 승계와 탈퇴   참가승계나 인수승계 후 피승계인은 상대방의 동의를 얻어 소송에서 탈퇴[3]할 수 있으며 이 경우 법원의 심판대상은 기존 당사자 일방과 승계인 간의 청구로 변경되며 피승계인과 상대방 사이의 소송관계는 종료된다.[4] 따라서 법원은 승계인의 청구 혹은 승계인에 대한 청구에 대하여 새로이 판단하여야 한다.[5] 또한 승계인과 기존 당사자 간의 판결의 기판력과 집행력은 탈퇴한 당사자에게도 미치게 된다(82조 3항, 81조, 80조). 따라서 원고가 피고의 동의를 얻어 탈퇴하였는데 원고를 승계한 승계인이 패소하는 상황도 가능하다(조건부 포기·인낙설).

    2) 승계인의 참가신청이 부적법할 경우   ① 소송의 탈퇴는 참가·인수 승계가 적법한 경우에만 허용되는 것이므로, 승계가 부적법한 경우에는 피승계인의 소송 탈퇴는 허용되지

---

1) 大決 1981. 10. 29. 81마357.
2) 大判 2005. 10. 27. 2003다66691.
3) 참가승계를 규정하고 있는 법 제81조에서는 법 제80조를 명시적으로 준용하고 있지 않아 약간의 혼란이 생기는 듯하다. 다만 독립당사자참가 방식(79조)에 따라 참가승계하도록 하고 있어 당연히 법 제80조 규정을 준용하는 것으로 해석할 여지도 있으나 참가승계의 방식을 독립당사자참가와 같이 한다고 하여 법 제80조 규정을 당연히 준용한다고 해석할 수는 없을 것이다. 따라서 참가승계의 경우에도 인수승계를 규정하고 있는 법 제82조 제3항과 같이 명시적으로 법 제80조를 준용하는 문구를 삽입함이 타당하다.
4) 大判 2011. 4. 28. 2010다103048.
5) 大判 2004. 1. 27. 2000다63639.

않고 피승계인과 상대방 사이의 소송관계가 유효하게 존속한다. 따라서 승계인의 참가 신청이 부적법함에도 불구하고 1심 법원이 이를 간과하여 승계인의 참가신청과 피참가인의 소송탈퇴가 적법함을 전제로 승계인과 상대방 사이의 소송에 대해서만 판결을 하였는데 항소심에서 승계인의 참가신청이 부적법하다고 밝혀진 경우, 피승계인과 상대방 사이의 소송은 여전히 탈퇴 당시의 심급에 계속되어 있게 된다. 따라서 항소심 법원은 제1심 판결을 취소하고 참가신청을 각하할 수 있을 뿐이고 피승계인과 상대방 간의 소는 1심 법원에 잔류하게 된다.[1]

　　② 한편, 소송물의 양도나 채무인수가 무효라는 이유 등으로 승계인의, 혹은 승계인에 대한 청구가 기각된 경우에는 탈퇴한 원고의 재소나 피고에 대한 책임을 구하는 청구 등이 가능하다(김홍, 1136면).[2] 판례도 이러한 상황에서의 재소를 허용하고 있는 것으로 판단된다. 즉, 인수승계 후 피승계인 원고가 상대방의 동의를 얻어 소송에서 탈퇴하였는데 승계의 원인이 된 채권양도가 무효로 판단되어 승계인이 각하 판결을 받아 확정된 경우 탈퇴한 원고가 승계인에 대한 판결이 확정된 날부터 6개월 내에 다시 탈퇴 전과 같은 재판상의 청구 등을 한 때에는, 탈퇴 전에 원고가 제기한 재판상의 청구로 인하여 발생한 시효중단의 효력이 그대로 유지된다고 보았다.[3]

(2) 피승계인이 탈퇴하지 않거나 탈퇴할 수 없는 경우

1) 권리·의무의 일부승계만이 있는 경우, 혹은 추가적인 인수만이 있는 경우에도 피승계인이 탈퇴할 이유는 없으며 아울러 피승계인이 탈퇴하고자 하더라도 그 상대방이 부동의하면 탈퇴는 불가능하다. 이와 같이 승계인과 피승계인이 자의든 타의든 소송에 함께 남게 되는 경우 양자는 통상공동소송인의 관계에 있게 되며[4] 법원으로서는 양자의 청구 혹은 양자에 대한 청구 모두에 대해 판단하여야 한다.

　　① 판례의 입장　　　판례 역시 양자의 관계를 통상공동소송 관계로 인정해 오고 있었으나 최근 그 입장을 변경하여 원고가 승계참가인의 승계 여부에 대해 다투지 않으면서도 소송탈퇴, 소 취하 등을 하지 않거나 이에 대하여 피고가 부동의하여 원고가 소송에 남아 있다면 승계로 인해 중첩된 원고와 승계참가인의 청구 사이에는 필수적 공동소송에 관한 민사소송법 제67조가 적용된다고 판시하였다.[5] 승계참가에 관한 법 규정과 2002년 법 개정에 따른 다른 다수당사자 소송제도와의 정합성, 원고 승계참가인과 피참가인인 원고의 중첩된 청구를 모순 없이 합일적으로 확정할 필요성 등을 종합적으로 고려하면 권리승계형 승계참가의 경

---

1) 大判 2012. 4. 26. 2011다85789.

2) 문영화, "소송승계와 탈퇴의 효력", 민사소송 20권 1호(2016. 5), 223-224면도 같은 견해이다.

3) 大判 2017. 7. 18. 2016다35789.

4) 피정현, "소송승계에서 원고, 피고, 참가인간의 소송형태와 심판방식", 원광법학 38집 1호(2022. 3), 145면도 같은 견해이다.

5) 大判(全) 2019. 10. 23. 2012다46170.

우에도 원고의 청구가 그대로 유지되고 있는 한 독립당사자참가소송이나 예비적·선택적 공동소송과 마찬가지로 필수적 공동소송에 관한 규정을 적용하여 같은 소송 절차에서 두 청구에 대한 판단의 모순, 저촉을 방지하고 이를 합일적으로 확정할 필요성이 있다는 논리에 기초하고 있다.[1]

  ② 판례에 대한 비판   참가승계의 경우 법 제79조의 형식을 빌려 참가하지만 반드시 독립당사자참가의 실질을 갖는 것을 전제하지 않았으므로 법 개정 이전에도 편면참가 형태의 참가승계가 허용되었다. 판례 역시 아주 오래 전에는 참가승계의 경우 피참가인과의 다툼이 없어도 쌍면적인 신청형식을 취할 것을 요구하였으나 태도를 변경하여 편면참가 형태의 참가승계를 인정하였다.[2] 그러나 그렇다고 해서 그러한 참가승계가 독립당사자참가의 실질을 갖는 것은 아니었다. 참가승계가 독립당사자참가의 실질을 갖기 위해서는 승계사실을 피승계인이 다투어야 하며 이로써 승계인은 민사소송 등 인지법에 따라 인지를 첨부하고(인지법 6조 2항, 2조) 법원 역시 독립한 민사사건으로 취급하게 되는 것이다.[3] 따라서 참가승계의 경우 독립당사자참가의 형식을 빌리는 것일 뿐이며 이 사건 대상판결의 사안과 같이 승계사실의 다툼이 없는 경우에는 개정 전후를 불문하고 독립당사자참가의 실질을 갖지 않으므로 편면참가에 준하는 소송구조로 파악할 수 없다. 한편, 예비적·선택적 공동소송은 고유 필수적 공동소송과 달리 당사자가 신청을 하지 않으면 인정될 수 없다. 그럼에도 불구하고 대법원은 이 사안에서 마치 승계인과 피승계인 간의 청구가 양립할 수 없는 것이므로 당해 절차를 예비적·선택적 공동소송으로 간주하여 법 제67조를 적용할 수 있다고 판단하고 있는데 이는 명백히 처분권주의를 위반하는 것이다.[4]

    2) 피승계인이 승계사실을 다투는 경우 3자간의 소송형태를 어떻게 구성할 것인가에 대한 견해의 대립이 있다. 권리자측이나 의무자측의 승계 여부를 떠나 이러한 경우에는 피승계인과 승계인 그리고 피승계인의 상대방 사이에 3면적인 관계가 형성되므로 법 제79조에 따라 심리하는 것이 타당하다(손, 461면; 호, 962-963면도 같은 취지임). 한편, 권리자 측에서 이러한

---

  1) 이 판결에 대한 상세한 비판은 졸고, "참가승계와 필수적 공동소송의 심리특칙-대법원 2019. 10. 23. 선고 2012다46170 전원합의체 판결을 중심으로-", 법조 69권 2호(2020. 4), 1면 이하 참조. 곽승구, "승계참가인과 피참가인의 소송관계에 관한 연구", 홍익법학 22권 1호(2021), 384면; 이태영, "권리승계형 참가승계의 소송관계", 강원법학 63권(2021.5), 268-269면 등도 필수적 공동소송의 심리특칙을 적용해야 한다는 판례 입장을 비판하고 있어 기본적으로는 필자와 같은 견해를 갖고 있다고 보여진다.

  2) 大判 1975. 11. 25. 75다1257,1258. 이시윤/주석민사소송법(I)(사법행정학회, 1991), 439면.

  3) 민사접수서류에 붙일 인지액 및 그 편철방법 등에 관한 예규(재민 91-1) 개정 2018. 6. 7. [재판예규 제1692호, 시행 2018. 7. 1.] 별표 참조.

  4) 보충의견에서는 이를 의식해서인지 원고와 참가승계인이 법원의 석명에 따라 자신들의 청구취지와 청구원인을 예비적·선택적 공동소송으로 변경하는 경우 예비적·선택적 공동소송 절차에 따라 소송을 진행하여야 한다고 설시하고 있다. 그러나 이러한 사안에서 과연 법원이 당사자에게 석명을 구하는 것이 적절한 것인지 의문이다.

승계형태가 나타나면 독립당사자참가의 형태가 되므로 법 제79조에 따라 심리하면 되지만 의무자 측에서 이러한 승계형태가 나타나면 예비적 공동소송의 형태가 되므로 법 제70조에 따라 심리하여야 한다는 견해(김홍, 1137면; 이시, 841면)가 있는데 의문이다. 우선, 예비적·선택적 공동소송의 경우는 원고가 임의로 예비적 혹은 선택적인 관계를 설정할 수 있으므로 일률적으로 예비적 공동소송으로 볼 근거가 없다. 또한 참가나 인수승계의 경우 예비적·선택적 공동소송이 요구하는 법률상 양립불가능한 외관을 갖게 되는 경우는 극히 제한되어 있으므로 이를 일반화하는 것은 매우 어렵다. 마지막으로 승계의 경우 예비적·선택적 공동소송과 유사한 외관이 만들어졌다고 해서 승계인과 피승계인 간에 필수적 공동소송의 법리를 적용해야 할 필연적인 이유도 없다는 점에서 위 견해를 받아들이기 어렵다.

4. 참가·인수 승계와 독립당사자참가 그리고 공동소송 형태

(1) 승계제도와 독립당사자참가는 이론상 접점이 없음에도 참가승계를 법 제79조에 따라 해야 한다는 법 제81조의 규정 내용과, 인수승계를 규정하는 법 제82조 제3항에서 법 제80조 규정을 일부 준용하는 규정 내용으로부터 독립당사자참가와의 관련성을 갖게 되었다. 그러나 승계의 본래적 모습은 소송물에 대한 특정승계인이 자발적으로 혹은 당사자의 신청에 따라 기존 절차를 이어가는 것이므로 기본적으로 독립당사자참가와는 무관하다. 유일하게 연결될 수 있는 상황은 승계인이 승계신청을 하였는데 피승계인이 이를 다투는 경우인데 이 경우는 승계인이 독립당사자참가신청으로 전환하는 절차가 진행된다.

(2) 피승계인은 승계인의 절차 참여 후 상대방의 동의를 얻어 탈퇴할 수 있으며 탈퇴로 인해 승계인과 상대방 간의 판결의 효력을 받게 되지만 독립당사자참가의 경우와 달리 승계 자체가 인정되지 않는 경우에는 권리인의 재소와 의무자에 대한 재 소구가 가능하다.

(3) 피승계인이 탈퇴하고자 하는데도 상대방이 동의하지 않아 탈퇴할 수 없을 경우 승계인과 피승계인 간에는 이해관계의 대립이 없고 합일확정의 필요성도 인정되지 않는다. 따라서 승계인과 피승계인 간에는 필수적 공동소송의 심리특칙이 적용될 여지가 없다. 다만, 승계인과 피승계인의 권리 혹은 의무관계가 법률상 양립 불가능한 경우에는 후발적으로 예비적 혹은 선택적 공동소송의 형태로 소의 형태를 변경할 수 있는 가능성은 언제나 열려 있다. 이와 같은 선택을 당사자들이 하지 않는 한 이들은 통상 공동소송인의 관계에 있게 된다.

(4) 참가승계를 규정하는 법 제81조에서 법 제79조에 따른다는 내용을 삭제하고(독립당사자참가의 실질을 갖는 것으로 오해) 대신에 보조참가신청절차를 규정하는 법 제72조에 따라 참가신청하는 것으로 개정하는 것이 바람직하다. 이로써 참가승계와 인수승계 관련 규정에서 법 제67조를 준용하거나 유추할 수 있는 여지를 차단하는 것이 바람직하다.[1]

---

1) 일본은 법문에서 명시적으로 권리에 대한 참가승계에 대해서는 독립당사자참가의 규정에 따른다고 하여

필수적 공동소송의 심리특칙을 적용하고(일민소 49조 1항), 의무에 대한 인수승계에 대해서는 통상 공동소송에 해당하는 동시심판의 특칙을 준용하고 있다(일민소 50조 3항). 일본에서도 필수적 공동소송의 심판특칙을 적용하는 것을 폐지하고 인수승계 제도와 같이 동시심판의 특칙을 적용하도록 하자는 개정제안이 있다고 한다(피정현, "소송승계에서 원고, 피고, 참가인간의 소송형태와 심판방식", 146면 참조).

민사소송법

제8편

상소 및 재심절차

제 1 장 상소제도 개관

제 1 절 상소의 의의와 목적

Ⅰ. 상소의 의의

상소란 당사자가 재판의 확정 전에 상급법원에 대해 선고된 재판의 잘못을 지적하면서 이를 취소 혹은 변경해 줄 것을 요구하는 불복신청방법을 의미한다. 우리 법상으로는 항소, 상고, 항고 등이 인정되고 있다. 상소는 재판의 확정 전에 상급심에 불복하는 것으로서 확정된 재판에 대해 재심리를 요구하는 재심절차나 당해 심급절차 안에서 불복하는 각종의 이의제도(138조, 441조, 226조, 470조 등) 등과는 확연히 구분된다. 헌법재판소에서 이루어지는 헌법소원 등도 비상의 권리구제 수단일 뿐 통상의 상소제도에는 포함되지 않는다.

Ⅱ. 상소의 자유와 내재적 제약

(1) 헌법 제27조 제1항에 따르면 모든 국민은 헌법과 법률이 정한 법관에 의하여 법률에 의한 재판을 받을 권리를 가진다. 이러한 재판청구권에는 재판에 대한 불복권 역시 당연히 포함된다. 법관은 법과 양심에 따라 재판을 하게 되지만 그 재판과정이나 결과에 있어 실체법적 혹은 절차법적인 오류의 가능성을 항상 내포하고 있기 때문이다. 정당하면서도 자신에게 유리한 재판결과를 추구하는 당사자의 권리는 마땅히 존중되어야 하지만 그렇다고 무제한한 불복을 허용할 수는 없다. 상대방인 승소자의 권익도 동등하게 보호되어야 할 뿐 아니라, 사법자원(司法資源) 역시 일정한 한계가 있으므로 무제한적인 불복이 허용될 수는 없는 것이다. 따라서 상소의 자유는 보장되지만 그 자유는 일정한 내재적 제약을 가질 수밖에 없다는 점을 유념해야 한다.

(2) 우리나라에서도 근대적인 국가를 형성하기 이전부터 재판에 대해서는 불복이 허용되어 왔으며 근대화를 거치면서 기본적으로 3심제를 유지하게 되었다. 법에 따르면 민사재판의 경우에는 속심으로서의 항소심이 사실 및 법률문제 전반에 대해 1심의 연장선에서 재판을 진행한다. 그러나 사건이 2차적인 불복을 통해 상고심 법원에 도달하게 되면 상고심 법원은 사실심 변론종결시까지 제출된 사실 및 증거만을 토대로 사실심 법원의 법령적용이나 해

석의 오류 여부를 판단하게 된다(423조). 즉 상고심은 법률심으로서의 기능만을 수행하도록 구성되어 있다. 하지만 이러한 3심제는 헌법상의 요구가 아니므로 특별한 경우에는 변형이 가능하다.

Ⅲ. 상소의 목적과 최고법원의 역할

1. 상소의 목적

상소제도를 운영하는 근본적인 목적은 다음 두 가지에서 찾을 수 있다. 첫째, 당사자의 정당한 권리구제를 도모하기 위함이다. 3심제 하에서 이 목적을 강조한다면 상고심 역시 법률문제 외에 하급심이 재판한 사실판단의 적부 및 당부에 대해서도 심리를 하는 것이 마땅하다. 둘째, 법령해석의 통일을 도모하기 위함이다. 대법원을 정점으로 해서 고등법원과 지방법원 등 하위법원을 설치해서 최고법원으로 하여금 제반 법률문제에 대해 법원이 일치된 목소리를 내도록 할 필요가 있기 때문이다.

2. 최고법원의 역할

상소를 통해 최고법원에 이르는 길을 어떤 범위에서 어떤 방식으로 허용할지 여부는 그 나라의 사법 인프라의 상황과 정책판단에 달려있다. 상소의 목적을 권리구제 기능에 초점을 둔다면 최고법원은 하급심 판결의 법률문제뿐 아니라 사실문제에 대해서도 심리를 하도록 함이 마땅하다. 그러나 법령해석의 통일에 중점을 둔다면 가급적 최고법원으로의 사건 집중을 억제하기 위해 법률심으로서의 기능만을 수행하도록 함이 타당하다. 이에 한 걸음 더 나아가 최고법원은 법령해석의 통일과 함께 사회통합을 위한 비전 제시 기능을 수행하는 정책법원의 역할을 강조한다면 최고법원이 이를 위해 필요하다고 판단하는 사건만을 재판하도록 하는 것도 가능하다.

3. 권리구제형 대법원

현재 대법원은 법률심으로서의 기능을 수행할 것을 천명하고 있다. 따라서 법 제432조에서는 사실심법원이 적법하게 확정한 사실은 상고법원을 기속한다고 규정하고 있다. 이는 대법원의 당사자에 대한 권리구제기능에 초점을 두면서도 소수인원으로 구성된 대법원에 법률심으로서의 기능만을 부여함으로써 사건부담을 경감하기 위한 조치라고 해석된다. 한편 대법원은 현재 위헌법률심사제청권을 갖고 있을 뿐 법률의 위헌성 여부에 대한 최종 판단은 헌법재판소가 담당하고 있어 정책법원으로서의 역할을 수행할 수 있는 구조를 갖고 있지 못하다. 한편, 헌법재판소는 법률의 위헌심사권을 비롯해서 헌법소원심판권 등을 갖고 있다. 이들 권한을 통해 헌법재판소는 미국의 연방대법원이 수행하는 정책법원으로서의 기능을 어느 정도 수행하고 있다. 따라서 우리나라에서 대법원을 비롯한 각급 법원은 당사자의 권리구제기능에 초점을 맞추어 제도개선을 도모하는 것이 바람직하다.

제 2 절   상소제한의 필요성과 과정

Ⅰ. 상소제한의 필요성

헌법 제27조에 따른 기본권으로서의 재판청구권은 헌법과 법률이 정한 법관으로부터 법률에 의한 재판을 받을 권리를 의미한다. 따라서 모든 사건이 1심부터 대법원인 최종심에 이르기까지 차별 없이 재판받을 수 있도록 보장되지는 않는다. 물론 모든 국민은 자신의 사건에 대해 최고법원으로부터 판단을 받고자 하는 희망이 있으나 한정된 사법자원(judicial resources)으로부터 모든 국민이 균등하게 만족할 수 있는 재판제도를 마련하는 것은 쉬운 일이 아닐 것이다. 결국, 권리구제를 바라는 당사자의 무한정한 욕구와 사법자원의 효율적인 배분을 통해 현실적인 정의를 구현하고자 하는 국가의 이익 간의 교차점을 찾아내는 것이 무엇보다 필요하다. 따라서 상소제한의 범위와 내용은 그 시대와 개별 국가의 법 제도 상황은 물론 국민들의 법 감정 등을 고려해서 적절한 타협안을 마련해야 한다.

Ⅱ. 상소제한의 과정과 내용

1. 상고심으로의 접근권 제한

(1) 허가상고 제도

1961년 법 제정 당시부터 1981년까지는 상고심을 법률심으로 하는 제한 외에는 다른 상소의 제한은 없었다. 그러나 1981. 3. 1.부터 시행된 소송촉진법을 통해 상고를 제한하기에 이르렀는데 권리상고의 대상을 제한하고 그 외의 사항에 대해서는 대법원 규칙에 따른 허가를 받아야 상고할 수 있도록 하였다. 이러한 개정은 당시 신군부의 등장으로 인해 국가보위입법회의라는 비상 입법기관을 통해 제정된 소송촉진법에 의한 것으로 국민의 개혁 요구에 따른 것은 전혀 아니었다는 평가가 중론이다.[1]

---

1) 정동윤, "상고심 절차에 관한 특례법 소고", 법조 44권 1호(1995), 5면 참조.

(2) 변형된 허가상고 제도의 부활(심리불속행 제도)

1990년 법의 대폭적인 개정과 함께 소송촉진법도 개정을 하게 되었는데 국민과 재야 법조계로부터 비판을 받아 오던 상고제한을 철폐하기에 이르렀다. 제6공화국에 접어 들어 사회 분위기가 어느 정도 민주화됨에 따른 것으로 평가되며 다시 법 제정 당시의 상태로 환원된 것이다. 그러나 그 후 대법원은 상고특례법의 제정(1994. 9. 1. 시행)을 통해 "심리불속행 제도"를 도입하게 되었고 이 제도가 현재까지도 계속 유지되고 있다. 이 제도는 세계에서 유래 없는 독특한 제도라고 하지만 민사소송법보다 강화된 심리속행 사유를 설정하고(상고 4조 1항) 동 사유가 없으면 심리불속행 판결을 통해 상고를 기각함으로써 사실상 상고허가제와 다를 바가 없다(같은 취지의 견해로는 이시, 860면).[1] 더구나 심리불속행 판결은 이유의 기재가 없으며 선고절차 없이 송달로써 그 효력이 발생하는(상고 5조 1항, 2항)[2] 매우 편의적이고 예외적인 재판 형태임을 부인하기 어렵다.

2. 소액사건의 확대와 상고제한 강화

소액사건심판법의 적용대상이 되는 민사사건에 대해서는 상고특례법의 제한보다 강화된 형태로 상고가 제한되고 있다. 즉, 법률·명령·규칙 또는 처분의 헌법위반여부와 명령·규칙 또는 처분의 법률위반여부에 대한 판단이 부당한 때 혹은 대법원의 판례에 상반되는 판단을 한 때에만 상고가 가능하다(소액 3조). 문제는 소액사건의 범위(소송목적의 값이 3,000만 원 이하)가 매우 넓어서 매년 전체 민사본안 사건의 70% 정도가 소액사건에 해당한다는 점이다.

3. 사실상의 상소제한

상고특례법이나 소액사건심판법 등을 통해 상고심으로의 접근권을 제한하는 것 외에도 법규나 실무관행 중에는 불복의 기회를 억지하고자 하는 것들이 적지 않다. 우선, 재산권의 청구에 관한 판결에는 반드시 가집행 선고를 하도록 함으로써(213조) 패소한 당사자의 불복이 매우 어려울 뿐 아니라 항소를 위해 강제집행정지를 신청하는 경우(501조, 500조)에도 거의 판결금 전액을 현금 공탁할 것을 요구하는 실무관행이 자리잡고 있어 항소심으로의 접근이 매우 제한되고 있다. 더구나 상한 없는 인지액은 물론 항소, 상고에 따른 인지액의 증가율(1.5배 및 2배)이 매우 높아 심급을 달리해서 재판을 받는 것이 매우 부담이 되고 있다. 한편, 변호사

---

1) 이호원, "한국 민사상고제도의 개선방안", 민사소송 17권 2호, 213면도 같은 견해이다.
2) 심리불속행 제도의 현황은 졸고, "2014년 상고법원 설치 논의에 대한 비판적 성찰과 새로운 대법원 제도에 대한 시론적 고찰", 한양대 법학논총 31집 4호, 383–384면 참조. 심리불속행 판결로 걸러지는 상고사건의 비율이 2007년부터 2011년까지는 전체 상고사건의 60%를 상회하였으나 2012년부터는 50% 선에 머물고 있다.

보수 역시 심급대리원칙이 유지되고 있어 당사자로서는 불복에 따른 비용부담도 적지 않은 것이다. 이런 제반의 사정들이 패소한 당사자로 하여금 상소를 하는 데 적지 않은 장애물로 작용하고 있다.

제 3 절 상소의 종류와 요건 및 효력

Ⅰ. 상소의 종류와 불복방법의 선택

1. 상소의 종류

상소에는 항소, 상고, 항고의 세 종류가 있다. 항소와 상고는 모두 판결에 대한 불복절차이고 항고는 결정 혹은 명령에 대한 불복방법이다. 항소는 1심 종국판결에 대한 불복신청으로서 원 판결에 대한 사실상 혹은 법률상 이유에 기인한다. 다만 비약상고의 합의가 있거나 불항소의 합의가 있는 경우에는 항소가 허용되지 않는다(390조 1항). 한편 상고는 고등법원이 선고한 종국판결과 지방법원 합의부가 제2심으로서 선고한 종국판결에 대해(422조) 법률상 이유에 터 잡아 불복신청을 하는 것이다. 상고법원은 원심법원이 적법하게 확정한 사실에 대해서는 기속을 당하므로 상고법원에서는 새로운 사실심리가 허용되지 않는다(432조). 이에 반해 항고는 판결이 아닌 결정·명령에 대한 불복신청이다. 한편 항고법원의 결정에 대해서는 다시 불복할 수 있는데 이를 재항고라고 한다. 항고에 대해서는 항소의, 재항고에 대해서는 상고의 규정이 원칙적으로 준용된다(442조).

2. 형식에 어긋나는 재판

(1) 법은 재판의 대상이 무엇인가에 따라 그에 적합한 재판의 종류를 정하고 있으며 선고된 재판의 종류에 따라 아울러 불복방법도 정해지게 된다. 따라서 당사자 본인뿐 아니라 법원도 이를 혼동하는 경우가 간혹 있어 판결로 할 것을 결정으로, 혹은 결정으로 재판하여야 할 것을 판결로 하는 경우가 발생하게 된다. 이와 같이 원래 정해진 재판 형식이 아닌 다른 형식의 재판을 하는 것을 위식의 재판 혹은 형식에 어긋나는 재판(440조)이라고 하는데 이 경우 어떤 불복방법을 선택하여야 하는지 문제된다.

(2) 법 제440조에 따르면 결정이나 명령으로 재판할 수 없는 사항에 대하여 결정 또는 명령을 한 때에는 항고할 수 있다고 하여 법원의 잘못된 재판으로 인해 불이익이 없도록 당사자는 선고된 재판의 외관에 따른 불복방법을 선택할 수 있도록 배려하였다. 그러나 이러한 법 규정이 당사자가 원래 선고되어야 할 재판형식에 따른 불복을 불허하는 것은 아니라고

판단된다. 따라서 법원은 가처분의 취소신청에 대해서 개정된 민사집행법 제286조 제3항에 따라 결정으로 재판하여야 함에도 불구하고 예전처럼 판결로 재판한 경우에도 당사자는 항소를 제기하거나 혹은 원래의 적법한 불복방법인 항고를 선택할 수 있다고 보아야 한다(소위 선택설, 이시, 846면; 김홍, 1123면).

Ⅱ. 상소의 요건

1. 의   의

상소제기가 있다 하더라도 상소가 갖추어야 할 기본적인 요건(상소요건)을 갖추어야만 본안 심리를 할 수 있다. 따라서 상소를 통해 상소인이 유리한 판결을 얻기 위해서는 상소가 적법하고 이유를 구비하여야 한다. 상소법원은 상소요건을 갖추지 못한 상소에 대해서는 이를 부적법 각하하여야 하며 상소가 적법하더라도 이유를 갖추고 있지 못하면 상소를 기각하여야 한다.

2. 상소의 일반적 요건

각각의 상소에 대해서는 그 특유의 요건도 필요하지만 일반적으로 상소제기에 필요한 요건도 존재한다. 적극적 요건으로는 상소의 대상적격, 적식의 상소제기와 기간의 준수, 상소의 이익 등을 거론하는 것이 일반적이다. 한편 소극적 요건으로는 상소포기나 불상소의 합의 등이 있다. 상소요건은 소송요건과 마찬가지로 법원의 직권조사사항이다. 상소요건의 충족여부는 상소제기 시점을 기준으로 판단해야 하는 사항(상소기간 준수 등)이 아니라면 심리종결 시를 기준으로 판단하여야 한다. 예를 들어 상소권의 포기는 상소 제기 후에도 가능하므로 상소심 심리종결 시까지 포기가 가능하다.

(1) 상소대상 적격이 있을 것

1) 상소가 아닌 다른 불복방법이 있는 경우에는 상소대상 적격이 없다. 예를 들어 조서의 기재에 관하여 불복이 있으면 법 제164조 규정에 의한 이의의 방법에 의하여야 하고, 이를 상고이유로 삼을 수 없다.[1] 또한, 무효인 판결은 원칙적으로 상소의 대상이 될 수 없다.[2] 그러나 이해관계인 등은 예외적으로 무효인 판결의 외관의 존재로 인해 권익을 침해받을 우려가 있는 경우에는 상소 등을 통해 그 판결의 취소를 구할 수 있다.[3] 편취된 판결에 대해서도 상소나 재심을 통해 구제받을 수 있음은 당연하다.

2) 재판의 선고 전에 행한 상소는 그 대상이 없어 부적법하다. 나중에 재판이 선고되고

---

1) 大判 1995. 7. 14. 95누5097.
2) 大判 1965. 11. 23. 65다1989.
3) 大判 2002. 4. 26. 2000다30578.

전에 한 상소와 동일한 내용의 상소를 제기하여야 할 경우 전용이 가능한지 여부에 대해 논의가 있을 수 있으나 판례는 이를 부정하고 있다.[1] 그러나 선고절차가 필요없는 통상의 결정이나 명령의 경우 그 원본이 법원사무관 등에게 교부되었을 때 성립한 것이므로 본인에게 고지되기 전에도 불복은 가능하다.[2] 한편, 종국판결만이 상소의 대상이 될 수 있으므로 중간적 재판은 독립해서 상소의 대상이 될 수 없고 종국판결과 함께 상소심에서 재판을 받을 수 있을 뿐이다(391조). 법 제392조 역시 종국판결 이전의 재판은 항소법원의 판단을 받는다고 규정하여 중간판결(201조) 등도 1심 종국판결과 함께 항소심의 판단을 받게 됨을 명시적으로 나타내고 있다. 아울러 판례는 항소심에서의 환송판결이나 이송판결도 종국판결에 해당하므로 독립한 상고대상이 된다고 판시한 바 있다.[3]

(2) 적식의 상소제기와 상소기간의 준수

1) 상소제기는 법정의 방식에 따라 작성된 상소장을 법이 정한 기간 내에 판결을 선고한 원래의 법원(원심법원)에 제출함으로써 이루어진다(원심법원 제출주의 397조, 425조, 445조). 그런데 상소장을 원심법원에 제출하지 않고 상소심 법원에 제출한 경우 이송규정을 유추하여 이송을 할 것인지 혹은 이를 부정하고 단지 상소장을 원심법원으로 송부할 것인지 여부에 대한 견해의 대립이 있다. 이송을 긍정한다면 법 제40조 제1항의 규정 역시 유추적용될 수 있으므로 상소법원에 상소장을 접수한 때에 상소를 제기한 것으로 취급된다. 그러나 우리 판례[4]는 이송을 부정하고 기록을 원심법원으로 송부하는 것으로 충분하고 기간준수 여부도 원심법원으로 기록이 송부된 때를 기준으로 하고 있다.[5] 이송은 토지관할이나 사물관할 위반의 경우에만 적용되며 이송을 허용할 경우 판결의 확정시기가 매우 불확실하게 된다는 비판이 없지 않다. 하지만 심급관할 위반의 경우에도 이송규정을 유추하는 데 무리가 없으며 신속한 재판을 받고자 하는 항소인 등이 굳이 의도적으로 관할권 없는 법원에 항소장 등을 접수할 이유는 없을 것이다. 따라서 이송 규정(34조 1항)을 유추해서 상소장 등(항소장, 재항고장, 상고장 등)을 원심법원 이외의 다른 법원에 접수한 시점을 상소제기 시점(40조 1항)으로 인정함이

---

1) 大決 1998. 3. 9. 98마12.

2) 大決(全) 2014. 10. 8. 2014마667. 한편, 고지와 유사한 공고가 필요한 경우에도 그 공고 전에 불복하는 것 역시 가능하다고 한다(大決 2016. 7. 1. 2015재마94).

3) 大判(全) 1981. 9. 8. 80다3271. 그러나 판례는 대법원의 환송판결은 중간적 재판의 실질을 가진 종국판결로 보아 독립한 불복의 대상(재심)이 될 수 없다고 판시한 바 있다(大判(全) 1995. 2. 14. 93재다27,34).

4) 大決 1992. 4. 15. 92마146(항소장); 大判 2010. 12. 9. 2007다42907(상고장); 大決 1985. 5. 24. 85마178(재항고).

5) 그러나 大決 1996. 10. 25. 96마1590에서 " … 상소인이 서울지방법원 종합접수과를 서울고등법원 종합접수실로 혼동, 착각하여 서울지방법원에 상고장을 접수시키고 접수담당 공무원도 이를 간과하여 접수한 경우 … 서울지방법원 종합 접수과에 상고장을 제출한 날을 기준으로 하여 상고제기기간 준수 여부를 가려 보는 것이 상고인의 진정한 의사에도 부합하고 상고인에게 회복할 수 없는 손해도 방지할 수 있는 타당한 처리이다 … "라고 판시한 바 있다.

타당하다(같은 취지의 견해로는 김/강, 811면; 정/유/김, 842면).

2) 상소장에는 당사자와 법정대리인, 원심법원의 판결표시와 그 판결에 대한 상소취지 등을 기재하여야 한다(397조, 425조, 443조). 따라서 항소장은 물론 상고장에도 상소이유를 기재 하지 않는 것이 일반적이지만, 상고이유제출이 강제되고 있을 뿐 아니라(427조) 통상 변론이 열리지 않는 대법원의 심리 특성상 별도의 상고이유서 제출을 위한 절차를 마련하고 있다 (428조 이하).

3) 통상의 항고의 경우 별도의 항고제기 기간이 정해져 있지 않고 재판의 취소를 구할 이익이 있는 한 언제나 제기가 가능하다(439조). 그러나 다른 상소의 경우는 기간이 법정되어 있고 이는 모두 불변기간이다(396조 2항). 우선 항소와 상고의 경우는 판결서가 송달된 날로부 터 2주 이내에 제기되어야 하는 반면, 즉시항고와 특별항고는 재판이 고지된 날로부터 1주 이내에 제기되어야 한다(444조, 449조 2항). 그러나 판결이 선고된 경우에는 판결서의 송달 전 이라도 상소제기가 가능하다(396조 1항 단서). 한편 허위주소로 판결이 송달되어 허위의 송달보 고서가 작성되는 등 송달이 부적법한 경우에는 항소기간이 진행되지 않는다.[1] 따라서 이 경 우 상소가 제기되면 판결송달 전에 상소가 제기된 것에 해당하게 된다.[2]

(3) 상소의 이익

1) 상소의 이익(불복의 이익)은 소의 이익의 특수한 형태로서 상소제기라고 하는 개별적인 소송행위에 요구되는 특별한 이익을 지칭한다. 이로써 무익한 상소권의 행사를 차단할 수 있 게 된다. 어떤 경우에 불복의 이익을 인정할 것인가를 둘러싸고 견해의 대립이 있다.

① 형식적 불복설   상소제기 시를 기준으로 당사자의 신청과 판결주문을 양적 · 질적 인 측면에서 형식적으로 비교했을 때 판결주문이 그 어느 한 측면에서도 당사자의 신청보다 불리할 경우에만 불복의 이익을 인정하자는 견해이다. 따라서 원고가 전부승소한 경우에는 판결 내용과는 상관없이 원고에게 불복의 이익을 인정하지 않게 되며, 당해 상소는 부적법하 여 각하된다(통설 및 판례).[3]

② 실질적 불복설   재판이 상급심에서 실체법적으로 유리하게 변경될 가능성이 있다 면 전부승소한 경우에도 보다 유리한 판결을 위해 불복의 이익을 인정하여야 한다는 견해이 다. 예를 들어 1억 원의 손해배상청구를 한 원고가 1심에서 전부 승소하더라도 항소심에서 청구의 확장을 통해 2억 원의 배상을 받을 가능성이 있는 경우 원고의 항소는 불복의 이익 이 있다는 것이다.

③ 신실질적 불복설   원 판결이 확정되면 그 기판력이나 부수적인 효과에 의해 원고

---

1) 大判 1973. 6. 12. 72다1323.
2) 大判 1997. 5. 30. 97다10345.
3) 大判 1983. 10. 25. 83다515; 大判 2007. 7. 13. 2007다20235.

나 피고에게 보다 유리한 후소 판결을 얻을 기회를 차단하게 되는 경우에는 불복의 이익을 인정하여야 한다는 견해이다. 따라서 원고가 전부승소한 경우에도 이 판결이 확정됨으로써 그 기판력에 의해 원고가 후소로써 구할 수 있는 이익 실현이 차단되는 경우 상소이익을 인정하게 된다. 형식적 불복설을 취하면서 예외적인 상황에서 실질적 불복설을 취하는 것과 실질적인 차이를 인정할 수 없어 독자적인 견해로 취급하기 어렵다는 비판도 있다(김/강, 803면; 강, 727면).

  2) 형식적 불복설과 예외적 사안의 검토   우리 판례는 명시적으로 형식적 불복설을 취하고 있으나 예외적으로 실질적 불복설의 입장을 취하는 경우가 있다. 이러한 판례 태도가 가장 합리적이라고 판단된다(이시, 853면). 다만, 예외의 형태와 유형을 설정하는 것이 용이하지는 않다.

  ① **판결이유에 대한 불만**   이것만으로는 상소의 이익이 인정되지 않는다. 상소의 이익 유무는 기판력이 발생하는 판결주문을 토대로 판단하여야 하기 때문이다. 그러나 피고가 주위적으로는 소구채권의 소멸을 주장하면서, 예비적으로 상계의 항변을 하였으나 예비적 항변만이 인용된 경우에는 피고에게 상소의 이익이 인정된다. 상계를 주장한 자동채권에 대해 기판력이 발생하게 되고 주위적인 항변이 인용된 경우보다 불이익하기 때문이다.

  ② **선택적 병합**   경합하는 청구권을 토대로 당사자가 선택적으로 이를 병합해서 청구한 경우 그 중 어느 한 청구가 인용되면 원고에게는 상소의 이익이 인정되지 않는다. 청구를 선택적으로 병합한 것은 양 청구가 원고에게 등가적인 가치를 갖는다는 것을 스스로 인정한 것이므로 판단되지 않은 청구를 받아줄 것을 요구하면서 상소할 이익은 없다.[1]

  ③ **소송요건의 흠결로 인한 소각하 판결**   원고가 1심에서 소 각하 판결을 받은 경우 원고의 상소이익은 당연히 인정되는바, 청구기각을 주장한 피고에게도 상소의 이익이 인정된다는 견해(김홍, 1131면; 이시, 855면)가 있다. 흠결된 소송요건이 치유될 가능성이 없다면 피고의 상소를 허용하는 것은 무익한 절차를 반복하는 것에 불과하기 때문에 언제나 상소의 이익이 인정된다고 볼 수는 없다. 즉 소송요건의 흠이 보정 가능한 경우에만 피고에게 상소의 이익이 인정된다고 봄이 타당하다.

  ④ **기판력에 의한 차단**   기판력으로 인해 후소 제기의 가능성이 차단되는 경우 전부승소자에게도 상소의 이익을 인정해 주는 것이 마땅하다.

  i) 원고가 청구에 관한 이의의 소의 제1심 절차에서 전부 승소한 경우라도 다른 이의 원

---

[1] 大判 1992. 3. 27. 91다40696을 예로 들면서 소송물이론 중 구이론에 따르면 이와 같은 경우에도 상소의 이익을 인정하여야 한다고 주장하는 견해(이시, 854면)가 있으나 의문이다. 위 판결에서는 원고가 매매를 원인으로 한 소유권이전등기를 청구한 데 대하여 원심이 양도담보약정을 원인으로 한 소유권이전등기를 명한 것으로서 원심판결이 처분권주의를 위반한 위법이 있다는 것을 지적하고 있을 뿐이다. 따라서 청구권의 경합의 경우 상소의 이익을 논한 판결이 아니라는 점을 유의할 필요가 있다.

인의 주장을 위해 항소를 허용해 주어야 하는 경우가 있다. 예를 들어, 원고가 청구에 관한 이의의 소를 제기하여 제1심에서는 집행시기의 미도래를 이유로 승소하였지만 궁극적으로 집행을 저지하기 위해서는 변론종결 후 판결채무를 변제하였다는 이의사유로 승소하여야 하므로 이를 추가적으로 주장하기 위해 항소를 제기할 실익이 있다. 민사집행법 제44조 제3항에 따르면 청구에 관한 이의의 소에서 주장되지 않은 이의 원인을 토대로 새롭게 청구에 관한 이의의 소를 제기할 수 없기 때문이다.

　　ii) 잔부를 유보하지 않은 채 묵시적 일부청구를 한 경우 전부 승소하였더라도 잔부에 대한 확장을 위한 상소를 허용함이 타당하다.[1] 그러나 원고가 전부청구를 하였으나 실수로 청구금액을 과소하게 청구하여 전부승소한 경우에도 실질적으로 불복의 이익을 인정한 사례가 있어 주목된다.[2] 이 사건에서 원고는 손해배상청구를 하면서 재산상손해에 대한 청구에 대하여는 전부승소, 위자료 부분에 대해서는 일부승소를 하게 되자 위자료 부분에 관하여 항소를 제기한 후 그 항소심절차의 진행 도중에 1심에서 전부 승소한 재산상 청구 부분에 대해서도 청구취지 확장을 하였다.[3] 원심은 위의 청구취지 확장은 상소이익이 없으므로 허용될 수 없다고 판단하였으나 대법원은 하나의 소송물에 관하여 형식상 전부 승소한 당사자의 상소이익의 부정은 절대적인 것이 아니라는 점, 불법행위로 인한 손해배상에 있어 재산상 손해나 위자료는 단일한 원인에 근거한 것인데 편의상 이를 별개의 소송물로 분류하고 있는 것에 지나지 아니한 것이므로 이를 실질적으로 파악하여, 항소심에서 위자료는 물론이고 재산상손해(소극적 손해)에 관하여도 청구의 확장을 허용하는 것이 상당하다고 판시하였다.[4]

(4) 상소권의 포기

　　1) 의　　의　　　상소권은 상대방의 동의 없이 포기가 가능하다(394조, 425조, 443조). 소취하와 달리 재소의 위험이 없기 때문이다. 상소 포기로써 당사자의 상소권은 상실되며 포기 후에 제기된 상소는 부적법하다. 그러나 승소판결에 대해 대세적 효력이 인정되는 소송(상190조 및 이를 준용하는 각종 회사법상의 소)이나 필수적 공동소송의 심리 특칙을 적용하거나 준용

---

1) 大判 1997. 10. 24. 96다12276.

2) 大判 1994. 6. 28. 94다3063.

3) 이 사건에서 피고는 패소한 재산상 청구 부분에 대해 항소를 제기하지 않았다. 만일 피고가 재산상 청구에 대해 항소를 제기하였다면 원고는 당연히 부대항소의 실질을 갖는 청구취지 확장을 할 수 있었을 것이다.

4) 전병직, "전부승소자의 항소의 이익과 항소심에서의 청구취지 확장", 대법원판례해설 21호, 316면에서는 동 판결에 대하여 항소의 이익의 유무를 실질적 관점에서 파악하여 설사 전부승소자라 하더라도 청구취지의 확장을 위하여 항소할 이익이 인정되는 경우가 있음을 시사하고 있는 최초의 판결이라는 점에서 그 의미가 있다고 평가하고 있다. 이론의 일관성을 유지하기 위해서는 이 사건에서 재산상 청구만이 소구된 경우에도 독자적인 항소의 이익을 인정하였어야 할 것이다. 그러나 자신의 실수로 청구할 수 있는 금액보다 적은 금원의 지급을 구한 1심에서 전부 승소한 원고에게 독자적인 항소의 이익을 인정할 수 있을지는 의문이며 동 판결을 통해서는 그 해답을 얻기 어렵다고 생각된다.

하는 소송(예비적·선택적 공동소송, 독립당사자참가)에서도 단독적인 상소권의 포기는 허용되지 않는다. 한편 주주가 제기하는 대표소송의 경우 소의 취하, 청구의 포기·인낙·화해 등을 하는 경우에는 법원의 허가를 필요로 하는데(상 403조 6항) 패소한 원심판결을 확정시키는 상소권의 포기 역시 실질적으로 청구포기와 같은 효과를 나타내므로 법원의 허가를 받아야 한다고 해석함이 타당하다.[1]

2) 절차와 효력　　상소권의 포기는 상소 이전에는 원심법원에, 상소를 한 후에는 기록이 있는 법원에 서면으로 하는 법원에 대한 단독행위이다(395조 1항). 따라서 상소권 포기서를 제출하는 즉시 포기의 효력이 발생한다.[2] 따라서 포기에 관한 서면을 상대방에게 송달하도록 하는 것(395조 2항)은 상소권이 포기되었음을 알려주기 위함에 그친다. 한편 상소제기 후에 하는 상소포기는 상소취하의 효력도 갖게 된다(395조 3항). 한편, 판결 선고 전에 상소권을 미리 포기할 수 있는지 문제된다. 상소권 포기 여부는 선고된 판결에 대한 사후적인 판단을 통해 형성되는 것이 원칙이므로 판결 선고 전에 법원에 포기서를 제출한 경우에는 그에 대한 효력을 인정할 수 없다. 그러나 판결 선고 전 당사자 사이에 상소권 포기합의를 하는 것은 소송계약의 일종으로서 유효하므로 얼마든지 가능하다.

(5) 불상소합의

1) 비약상고의 합의　　1심 종국판결 선고 후에 양 당사자가 상고할 권리만을 유보하고 항소를 하지 않기로 하는 합의(390조 1항 단서)를 비약상고의 합의라고 한다. 동 합의에 대해서는 합의관할의 규정이 준용되므로(390조 2항) 구체적이고도 일정한 법률관계에 관한 합의가 전제되어야 하며 아울러 서면으로 작성되어야 한다(29조 2항).

2) 불상소합의　　명문의 규정은 없지만 판결 선고 전에 상소를 제기하지 않기로 하는 합의 역시 가능하다고 해석된다. 이러한 불상소합의는 일종의 소송상 합의로서 원심판결의 선고와 함께 판결이 확정되는 효과를 초래하므로 엄격하게 해석되어야 한다(상세한 내용은 제3편 제2장 제2절 Ⅱ. 참조).

---

1) 집단소송법 제38조 제1항은 명문으로 상소취하 또는 상소권의 포기의 경우에도 청구포기와 마찬가지로 법원의 허가를 얻어야 한다고 규정하고 있을 뿐 아니라 대표당사자가 정해진 기간 이내에 상소하지 않은 경우에는 상소제기 기간이 끝난 때부터 30일 이내에 구성원이 법원의 허가를 받아 상소를 목적으로 하는 대표당사자가 될 수도 있다(증권 38조 2항). 주주대표소송 역시 집단소송 못지않은 공익적인 성격을 갖고 있으므로 명문의 규정이 없다 하더라도 동 규정을 유추적용할 수는 있다고 판단된다.

2) 大決 2006. 5. 2. 2005마933. 동 결정에 따르면 1심판결 선고 후 항소권의 포기로 인해 판결이 확정된 뒤에 항소가 제기된 경우에는 원심재판장은 법 제399조 제2항을 유추하여 항소장을 각하할 수 있다고 한다.

Ⅲ. 상소의 효력

1. 확정차단 및 이심의 효력

(1) 확정차단과 분리확정

종국재판에 대하여 상소제기 기간 내에 적법한 상소가 제기되면 확정이 차단되고(498조) 모든 사건은 상소심으로 이심된다. 다만, 통상공동소송의 경우는 통상공동소송인 독립의 원칙에 따라 항소하지 않은 당사자의 청구는 분리 확정된다. 결국 청구가 병합된 경우, 그리고 필수적 공동소송의 법리가 적용되거나 준용되는 상황에서만 상소불가분의 원칙이 의미를 갖게 된다. 분리 확정이 차단됨으로써 종국재판에 가집행선고가 붙지 않는 한 집행력이 발생하지 않게 된다. 다만 통상항고의 경우에는 확정차단의 효력이 수반되지 않으므로 상소제기를 통해 집행을 저지할 수 없다. 따라서 항고대상인 결정이나 명령의 집행을 저지하기 위해서는 항고법원 또는 원심법원이나 판사로 하여금 항고에 대한 결정이 있을 때까지 원심재판의 집행을 정지하거나 그 밖에 필요한 처분을 명하도록 신청하여야 한다(448조).

(2) 이심범위와 심판범위

상소제기를 통해 원심의 모든 사건은 상소심으로 이심되는 것이 원칙이다. 그러나 하급심에서 재판의 일부를 누락한 경우에는 당해 청구는 원심법원에 잔류하게 되므로 상소의 대상이 되지 못할 뿐 아니라 이심의 효력도 발생하지 못한다(212조). 한편, 불복하지 않은 재판에 대해 이심의 효력이 발생하더라도 상소심에서 당연히 심판할 수 있는 것은 아니다. 즉 이심범위와 심판범위는 원칙적으로 다르며 상소심 절차 진행 도중 부대상소 등을 통해(부대상소의 실질을 갖는 청구의 변경 혹은 청구의 확장) 심판대상으로 편입되지 않는 한 상소심 법원은 이심된 청구 부분을 재판할 수 없다.

2. 상소불가분의 원칙

(1) 적용범위

상소제기에 따른 확정차단과 이심의 효력은 원칙적으로 상소의 대상이 된 재판(즉 불복신청 범위)에 국한되어야 하지만 불복신청 범위와 상관없이 원판결 전부에 대해 확정이 차단되고 이심된다는 것이 통설·판례의 입장이다(다만, 통상공동소송의 경우는 분리확정). 명시적인 법규정은 없으나 항소제기 시에 항소취지만을 기재하는 것으로 충분하고(397조 2항), 부대항소가 인정되고 있을 뿐 아니라(403조), 1심 판결 중 불복하지 않은 부분에 대해서는 당사자의 신청에 따라 항소심 법원이 가집행선고를 할 수 있는(406조) 규정들을 통해 간접적으로 이러한 입장을 추론하고 있다.[1] 그러나 청구의 병합과 공동소송의 형태에 따라 상소불가분의 원칙은 다른 모습으로 나타나고 있으므로 이를 분리해서 살펴볼 필요가 있다.

(2) 청구 병합 형태와 상소불가분 원칙(상세한 내용은 제7편 제1장 제2절 Ⅲ. 참조)

1) 단순병합   원심법원에서 하나의 청구에 대해 전부판결을 한 경우 혹은 병합된 수개의 청구에 대해서 전부판결을 한 경우 패소자가 그 중 일부에 대해서만 불복하거나 병합된 청구 중 일부에 대해서만 불복하더라도 모든 청구가 이심되고 확정이 차단된다. 그러나 불복하지 않은 부분은 이심되지만 당연히 상소심의 심판범위에 편입되는 것은 아니다. 피상소인은 상소심 절차 진행 도중에 부대상소(원고의 경우는 부대상소의 실질을 갖는 청구의 변경)를 통해 상소제기시점에 불복되지 않은 청구 부분을 심판범위에 편입시킬 수 있을 뿐이다. 한편, 피고가 항소한 청구 부분에 대해서는 전부 승소한 원고도 부대항소의 실질을 갖는 청구확장이 가능하다. 더구나 판례는 상대방인 피고의 항소가 없는 청구 부분에 대해서도 원고가 부대항소의 성질을 갖는 청구확장이 가능하다고 보고 있다.[1] 그러나 불복하지 않은 청구 부분을 굳이 상소심으로 이심시켜 부대항소 등의 빌미를 제공할 필요가 없다는 취지에서 반대하는 견해도 있다(호, 626면).

2) 선택적 병합   원고가 A, B 두 청구를 선택적으로 병합해서 소구하였으나 1심 법원이 A 청구를 인용하였는데 패소한 피고가 전부 불복해서 항소한 경우를 가정해보자. 이때 A, B 두 청구 모두 항소심 법원으로 이심되고 원칙적으로 심판범위에 속한다. 판례 역시 항소심 법원은 1심에서 인용된 A 청구에 대해 우선적으로 판단할 필요는 없으며 B 청구를 우선적으로 인용하더라도 무방하다고 판시하고 있다.[2] 한편, 원고의 선택적 청구를 모두 기각한 경우에는 모든 청구에 대해 판단을 하게 되므로 원고의 1심 판결에 대한 불복은 청구 전부에 대해 미치고 당연히 모든 청구에 대해 항소심이 심판할 수 있게 된다.

3) 예비적 병합   원고의 주위적 청구가 인용되어 피고가 항소한 경우에는 예비적 청구부분도 이심될 뿐 아니라 당연히 심판범위에 포함된다고 해석함이 타당하다.[3] 예비적 청구는 주위적 청구가 인용될 것을 해제조건으로 한 청구이기 때문이다. 한편 주위적·예비적 청구 모두가 기각된 경우에는 원고의 불복에 따라 모든 청구가 이심은 되지만 심판범위는

---

1) 상소불가분의 원칙을 일반원칙으로 인정하는 것은 부당하다는 지적이 있다. 일단, 통상공동소송의 경우는 상소불가분의 원칙이 적용될 여지가 없으며 필수적 공동소송의 경우는 심리의 특칙으로 인해 상소심으로 모두 이심되는 것이고 청구가 병합된 경우 역시 내용상의 특성 때문에 이심을 시킬 뿐이라는 주장이다. 따라서 단순병합된 청구라도 상호 관련성이 없는 청구에는 상소불가분의 원칙을 적용할 필요가 없다고 한다(호, 626면).

1) 大判 2003. 9. 26. 2001다68914. 이 견해에 따른다면 전부 승소한 피고 역시 상대방인 원고가 항소를 제기하면 항소심에서 원고가 불복하지 않았던 청구부분에 대해서도 반소를 제기할 수 있을 것이다. 이 역시 부대항소의 실질을 갖기 때문이다.

2) 大判 1992. 9. 14. 92다7023; 大判 2006. 4. 27. 2006다7587,7594. 그러나 항소심에서 A 청구를 기각하고 B 청구를 인용할 경우에는 일단 1심 판결을 취소하고 새로이 청구를 인용하는 방식으로 해야 한다는 입장이다.

3) 大判(全) 2000. 11. 16. 98다22253.

불복의사의 범위에 따라 결정될 것이다. 한편, 주위적 청구가 기각되고 예비적 청구가 인용되자 피고만이 항소한 경우 주위적 청구 역시 항소심 법원으로 이심되는 것은 당연하다. 그러나 원고가 패소한 주위적 청구에 대해 항소나 부대항소를 하지 않은 경우에는 항소심 법원이 주위적 청구를 판단할 수는 없다.[1]

(3) 공동소송

통상공동소송의 경우에는 공동소송인 독립의 원칙으로 인해 불복하지 않은 당사자의 청구는 분리해서 확정된다고 보는 견해가 지배적이다. 그러나 필수적 공동소송(상세한 내용은 제7편 제2장 제4절 Ⅲ. 참조)과 이에 따른 심리의 특칙인 법 제67조를 준용하는 예비적·선택적 공동소송(상세한 내용은 제7편 제2장 제5절 Ⅰ. 참조), 독립당사자참가(상세한 내용은 제7편 제4장 제6절 Ⅳ. 참조) 등에서는 합일확정의 원칙상 불복하지 않은 당사자도 상소심으로 이심되며 원칙적으로 심판범위에 포함된다.

---

1) 大判 2002. 12. 26. 2002므852.

제 2 장 항소심 절차

제 1 절 개 관

Ⅰ. 항소의 의의

항소라 함은 제1심의 종국판결에 대하여 보다 유리한 판결의 획득을 위해 그 사실인정 및 법령 적용의 위법·부당을 이유로 1심 판결의 취소 내지 변경을 구하고자 하는 제2심 법원에 대한 상소를 말한다. 항소에 따른 불복이유는 법률심인 상고심과 달리 법령적용의 적부에 국한되지 않고 사실확정 문제에 대해서도 불복이 가능하므로 항소심을 통상적으로 사실심으로 호칭한다. 지방법원의 단독판사나 합의부가 제1심 법원으로서 재판한 판결에 대해 항소제기가 가능하다. 전자에 대해서는 지방법원 합의부가, 후자에 대해서는 고등법원이 상급법원으로서 항소심 법원을 구성한다. 고등법원은 제1심으로서의 기능도 수행하므로 이 경우에는 항소절차가 생략되고 바로 상고제기가 가능하다(422조 1항).

Ⅱ. 항소심의 구조

1. 사후심제와 복심제

항소심에서 1심의 재판결과와 무관하게 새로이 재판자료(소송자료 및 증거자료)를 수집해서 재판하는 항소심 구조를 복심제라고 한다. 1심 재판 결과를 전혀 무시하고 새로이 재판을 한다는 점에서 패소 당사자의 권리구제에 충실할 수 있다는 장점은 있으나 절차를 반복하고 1심 재판결과를 도외시한다는 점에서 낭비적인 요소가 크다. 이에 반해 사후심제는 1심 재판결과를 토대로 할 뿐 새로운 재판자료의 추가적인 제출을 금하고 있다. 따라서 항소심의 심판대상은 원고의 청구가 아니라 제1심 재판결과가 된다. 우리나라의 형사소송법, 독일의 ZPO 등이 기본적으로 이러한 입장을 취하고 있다.[1] 사후심제 하에서는 새로운 소송자료의 제출이 원칙적으로 금지되므로 재판이 제1심 소송절차에 집중되는 긍정적인 측면은 있으나 제1심

---

[1] 독일 항소법원이 엄격한 사후심제도를 취하고 있는 것은 아니다. 즉, 독일의 항소법원은 기본적으로 1심 법원의 사실인정에 구속되지만 1심 법원의 사실인정에 관하여 정확성과 완전성을 의심할 만한 구체적 근거가 있는 의문이 생기거나(ZPO §529(1) Nr. 1) 새로운 사실로서 고려되어야 할 것으로 인정된 경우(ZPO §529(1) Nr. 2)에는 항소심에서도 새로이 심리가 될 수 있다.

절차에서 당사자의 방어권이 충분히 보장된다는 신뢰가 형성되지 않는 경우에는 사법제도에 대한 불신을 촉발할 수 있는 여지도 많다.

2. 속심제 운용

복심제와 사후심제의 절충적인 방안으로서 1심 소송자료를 기본적인 토대로 하지만 항소심에서도 새로운 사실 및 증거의 제출이 기본적으로 허용되는 항소심 구조가 속심제이다. 속심제 하에서도 항소심의 심판의 대상은 1심 재판의 당부이지만 새로운 소송자료의 제출이 허용된다는 점에서 사후심과는 다르다. 항소절차를 규정하고 있는 현행법은 상고이유를 제한하고 있는 법 제423조와 같은 제약을 두고 있지 않으므로 항소심이 사실심으로서 기능을 수행하고 있음을 알 수 있으며 아울러 법 제408조에서 1심 소송절차를 준용하고 있으므로 새로운 소송자료의 제출이 원칙적으로 허용되는 속심제를 취하고 있다고 판단된다(소위 변론의 갱신권 허용). 제1심에서 행한 준비절차와 각종 소송행위는 그대로 항소심에서도 효력을 갖게 되고(409조, 410조) 1심 변론결과를 항소심 법원에 진술하므로(407조 2항), 처음의 항소제기를 통해 불복범위가 정해진 상태에서 1심 변론이 상급법원에서 속행되는 것과 크게 다르지 않다.

Ⅲ. 항소요건과 항소심의 당사자

1. 항소요건

항소제기에 필요한 항소요건은 앞서 본 상소요건과 동일하다. 항소요건을 흠결하게 되면 항소는 본안심리에 들어갈 수 없고 항소는 각하된다. 1심 절차의 원고와 피고 중 불복한 자가 항소심에서의 항소인과 피항소인으로 된다. 원고의 일부승소 판결에 대해 원·피고 모두 항소를 제기하면 각자는 항소인겸 피항소인이 된다. 한편 항소제기기간 내에 항소를 제기하지 않았다 하더라도 상대방이 항소하여 항소심이 진행되는 도중에는 부대항소(403조)를 제기하는 것이 가능하다. 원고가 청구금액 전액에 대해 승소를 한 후 피고가 항소를 제기하여 항소심 절차가 진행되면 원고는 자신의 원래 청구취지 금액을 확장할 수 있다.1) 본래는 항소이익이 없었지만 피고의 항소로 인해 절차가 속행되었고 따라서 원고는 부대항소의 실질을 갖는 청구의 확장을 할 수 있게 된다.

2. 항소심의 당사자

필수적 공동소송과 그 심리의 특칙을 준용하는 독립당사자참가, 예비적·선택적 공동소송의 경우 패소한 공동소송인 중 1인만이 항소를 제기한 경우에는 항소를 제기하지 않은 다

---

1) 大判 1992. 12. 8. 91다43015.

른 공동소송인도 상소심으로 이심되는데 그 지위에 관해서는 다툼이 있다(제7편 제2장 제4절, 제5절 및 제7편 제4장 제6절 참조). 한편, 보조참가인은 피참가인의 의사에 반하지 않는 한 보조참가와 함께 항소를 제기할 수 있으나 항소심의 당사자가 될 수는 없다. 마찬가지로 공동소송참가나 독립당사자참가를 하고자 하는 자도 항소와 동시에 참가를 할 수 있으며 수계인도 항소를 함과 동시에 항소법원에 수계신청을 할 수도 있다. 그러나 소 제기 전에 이미 사망한 자를 당사자로 한 판결은 당연무효이므로 수계신청과 함께 항소를 제기하더라도 이는 부적법하다.[1]

Ⅳ. 항소제기의 방식과 흐름

1. 항소장의 제출

(1) 항소제기 방식

항소는 항소장을 제1심 법원(원심법원)에 제출함으로써 한다(397조 1항). 우리 법제는 원심법원 제출주의를 취하고 있어 항소장의 최종 수령 주체는 항소법원임에도 불구하고 제출은 원심법원인 1심 법원에 하여야 한다. 항소장에는 당사자와 법정대리인 그리고 제1심 판결에 대한 표시와 그 판결에 대한 항소의 취지 등 필요적 기재사항을 기재하여야 한다(397조 2항). 항소취지는 청구취지와 마찬가지로 항소에 따른 구체적인 불복범위가 나타나도록 하여야 한다. 상대방의 방어권 보장을 고려하여야 할 뿐 아니라 항소에 따른 인지액을 확정하기 위해서도 필요하기 때문이다. 그러나 판례에 따르면 불복의 정도는 항소심의 변론종결시까지 서면 또는 구두진술에 의하여 제1심판결의 변경을 구하는 한도를 명확히 하면 되는 것이며, 굳이 이를 항소장에 미리 특정하여 기재할 필요는 없다고 하였다.[2]

(2) 항소심에서의 변론의 집중

현행법은 항소심 절차에서도 조속하게 사실과 증거를 정리하고자 하며 특히 항소심 절차의 특성상 1심 항소인이 1심 판결의 어떤 부분에 대해 불복을 하는지, 그리고 항소심에서 새로이 제출될 주장과 증거가 무엇인지가 가장 중요한 작용을 하게 된다. 이러한 취지를 반영하여 규칙 제126조의2에서는 항소인으로 하여금 항소의 취지를 분명하게 하기 위하여 항소장 또는 항소심에서 처음 제출하는 준비서면에 i) 제1심 판결 중 사실을 잘못 인정한 부분 또는 법리를 잘못 적용한 부분, ii) 항소심에서 새롭게 주장할 사항, iii) 항소심에서 새롭게 신청할 증거와 그 입증취지, iv) 제2호와 제3호에 따른 주장과 증거를 제1심에서 제출하지 못한 이유 등을 기재하도록 요구하고 있다. 그러므로 현행법 하에서는 가급적 항소장에 불복

---

1) 大判 1971. 2. 9. 69다1741.
2) 大判 1994. 11. 25. 93다47400.

범위를 구체적으로 기재하여 특정할 것이 요구된다.

(3) 항소이유서 제출 강제

2024. 1. 16. 민사소송법 일부개정(2025. 3. 1. 시행)을 통해 항소장에 항소이유를 적지 않은 경우 항소이유서 제출이 강제된다(402조의2). 상고이유서 제출기간과 달리 40일의 항소이유서 제출 기간을 부여한 것이 특이하다(1항). 또한 항소인의 신청에 따른 결정으로 제출 기간을 1회에 한하여 1개월 연장할 수 있도록 허용하고 있으며(2항) 항소인이 제402조의2 제1항에 따른 제출 기간(같은 조 2항에 따라 제출 기간이 연장된 경우에는 그 연장된 기간을 말한다) 내에 항소이유서를 제출하지 아니한 때에는 항소법원은 결정으로 항소를 각하하여야 하는데(402조의3 1항) 동 결정에 대해서는 즉시항고가 허용된다(2항). 항소이유서의 경우 상고이유서 제출기간보다 더 길게 부여하고 기간의 연장 기회까지 부여하는 반면 이를 준수하지 않으면 상고심과 달리 결정으로 항소를 각하하도록 하고 있어 나름 차등의 의미를 가질 수 있다고 보여진다.[1]

2. 항소장 심사

(1) 원심법원의 항소장 심사권

1) 우리 법 제도가 상소장을 원심법원에 제출하도록 함에 따라 원심법원의 재판장도 항소장에 대한 1차적인 심사권(399조)을 갖게 되었다. 원심재판장의 항소장심사의 대상은 항소장에 필수적 기재사항이 갖추어져 있는지, 법률의 규정에 따른 인지를 붙였는지, 항소기간이 준수되었는지 여부 등이다. 이 중 인지보정명령을 따르지 않은 경우 항소장 각하를 하는 것은 위헌에 해당한다는 주장에 대해 헌법재판소는 이 법률 조항이 항소심 재판부담의 경감, 소송지연과 남상소의 방지, 신속한 권리의무의 실현을 위해 원심재판장으로 하여금 명령으로 항소장을 각하하도록 한 것으로서, 입법목적의 정당성과 수단의 적합성이 인정된다고 판시한 바 있다.[2]

2) 원심재판장의 각하명령에 대해서는 즉시항고가 가능한데(399조 3항), 이는 성질상 최초의 항고에 해당하므로 항고법원은 제2심 법원이 되어야 한다.[3] 한편 항소장이 원심법원의 재판장에 의하여 각하되지 않은 경우에는 원심법원의 법원사무관등은 항소장이 제출된 날부터 2주 이내에 항소기록에 항소장을 붙여 항소법원으로 송부하여야 한다(400조 1항).

---

1) 다만, 항소이유서 제출 강제제도와 상고이유서 제출 강제제도를 서로 상이하게 설정해서 운영하는 것이 법체계상 정합성이 있는 것인지는 매우 의문이며 항소이유서 제출 기간의 도입을 통해 신속한 재판의 목적을 충분히 달성할 수 있을지도 의문이다.

2) 憲裁(全) 2012. 7. 26. 2009헌바297. 행정소송에서의 인지액 관련 위헌 주장에 대해서도 유사한 판단을 한 바 있다. 憲裁(全) 2019. 9. 26. 2019헌바219 참조.

3) 大決 1995. 5. 15. 94마1059,1060.

(2) 항소법원의 항소장 심사권

1) 항소법원에 항소기록이 송부된 후에는 항소심 재판장도 항소장심사권을 갖는다(402조). 항소심 재판장의 항소장 심사권의 내용은 원심재판장의 그것과 동일하며 결과적으로 중복적인 심사를 하게 된다. 항소심 재판장의 항소장각하명령에 대해서는 즉시항고가 가능하며(402조 3항) 이는 성질상 재항고에 해당하므로(442조), 항고법원은 제3심인 대법원이 되어야 한다.

2) 항소심 재판장은 항소장에 흠이 없거나 그 흠이 보정된 경우에는 항소장 부본을 피항소인에게 송달하여야 하며(401조) 만일 항소장부본이 송달되지 못한 경우 이에 대한 보정을 명하고 보정이 되지 않는 경우에는 항소장을 각하하도록 규정하고 있다(402조 1항). 그러나 소장 송달과 달리 항소심에 이르기까지 재판이 진행되어 왔으므로 항소장이나 판결문 등에 기재된 피항소인의 주소 외에 다른 주소가 소송기록에 있는 경우에는 그 다른 주소로 송달을 시도해 본 다음 그곳으로도 송달되지 않는 경우에 항소인에게 주소보정을 명하여야 한다.[1]

3) 결국 항소인이 주소보정을 제대로 하지 못하게 되면 항소장을 각하할 수밖에 없는데, 피항소인이 자신의 주소가 변경되었음에도 이를 법원에 신고하지 않은 점에 대한 책임을 묻지 않고 이를 항소인의 전적인 책임으로 인정해서 항소장을 각하하는 것이 타당한 것인가 의문이다. 대법원은 이 경우 항소장 각하가 적법하다고 판시하고 있으나[2] 판결이 확정되기 전까지 소송당사자는 재판서류의 송달이 적시에 이루어질 수 있도록 주소변경 등의 사정이 있는 경우 이를 신고할 의무가 있으므로 이러한 상황에서는 피항소인에 대해 우편송달(185조 2항)을 하는 것이 공평한 해결책이 될 수 있다. 물론 항소심에서 기존 1심 절차에서 송달된 주소지로 송달된 바가 없어 법 제185조 제2항에서 정하는 우편송달의 요건을 충족하지 못한다는 반론이 있을 수 있지만 항소심 역시 사실심의 연장이므로 항소심에서 송달된 경력이 있는 장소가 필요하다고 판단되지 않는다.[3]

4) 일단 항소장 부본이 피항소인에게 송달되면 항소심재판장은 기일통지서 등이 송달되지 않는다는 이유로 항소장을 각하할 수는 없다.[4] 아울러 독립당사자참가소송의 제1심 본안판결에 대해 일방이 항소하고 피항소인 중 1명에게 항소장이 적법하게 송달되어 항소심법원

---

1) 大決 2014. 4. 16. 2014마4026.

2) 大決(全) 2021. 4. 22. 2017마6438은 과거의 사례들(大決 1968. 9. 24. 68마1029; 大決 1971. 5. 12. 71마317 등)을 지지하면서 항소인에게 주소보정 명령을 할 수 있고 이를 이행하지 않는 경우 항소장을 각하할 수 있음을 재확인하였다.

3) 더구나 대법원 실무는 상고장 부본이 피상고인에게 송달되지 않는 경우 우편송달이나 공시송달의 방법으로 상고장 부본을 송달하고 있어 매우 의문이다. 한편, 위 2017마6438 결정의 반대의견은 항소장부본이 송달되지 않는 경우 법원이 직권으로 송달장소 파악에 주력한 후 최종적으로는 공시송달의 방법을 통해 문제 해결을 하는 것을 제안하고 있다. 항소장부본 송달의 책임을 항소인에게 부과하지 않는 입장이라는 점에서 대안의 하나로서 긍정적으로 평가할 만하다.

4) 大決 1981. 11. 26. 81마275.

과 당사자들 사이의 소송관계가 일부라도 성립한 것으로 볼 수 있는 경우에는 항소심재판장이 단독으로 항소장 각하명령을 할 수 없게 된다.[1]

제 2 절   부대항소와 항소취하

Ⅰ. 부대항소

1. 의의와 법적 성격

피항소인은 항소기간이 도과되거나 항소권을 포기함으로써 항소권이 소멸된 뒤에도 변론종결시까지 부대항소를 제기할 수 있다(403조). 따라서 부대항소는 항소가 아니라 항소인이 청구의 확장이나 변경을 자유로이 할 수 있는 것에 대한 반대급부로서 피항소인에게 인정해주는 특수한 공격방어방법이라고 봄이 타당하다(비항소설). 따라서 부대항소는 항소제기 기간 내에 제기된 독립부대항소의 경우를 제외하고는 원칙적으로 독립성이 없으므로 항소가 취하되거나 항소가 부적법하여 각하된 경우에는 그 효력을 상실하게 된다(404조).

2. 요건과 방식

주된 항소가 적법하게 계속 중이어야 하며 항소심 변론종결시까지 주된 항소의 피항소인이 항소인을 상대로 하여야 한다. 피항소인의 항소권이 소멸되거나 포기된 경우에도 부대항소는 가능하지만(403조) 부대항소권의 포기가 있는 경우에는 불가능하다. 아울러 부대항소의 이익이 존재하여야 함은 당연하다. 한편, 부대항소에는 항소에 관한 규정이 적용되므로(405조) 항소제기에 필요한 필요적 기재사항을 기재한 부대항소장을 원심법원이나 항소법원에 제출하여야 한다(항소기록의 소재지에 제출하여야 함). 아울러 항소장에 준하는 인지를 붙여야 하지만(인지규칙 25조, 26조), 반소의 제기 또는 소의 변경을 위한 부대항소장에 첨부할 인지액은 인지법 제4조 및 제5조의 규정에 의하여 산정한다(인지규칙 26조).[2] 그러나 피항소인이 항소기간이 지난 뒤에 단순히 항소기각을 구하는 방어적 신청에 그치지 아니하고 제1심 판결보다 자신에게 유리한 판결을 구하는 적극적·공격적 신청의 의미가 객관적으로 명백히 기재된 서면을 제출하고, 이에 대하여 상대방인 항소인에게 공격방어의 기회 등 절차적 권리가 보장된 경우에는 비록 그 서면에 '부대항소장'이나 '부대항소취지'라는 표현이 사용되지 않았더라

---

1) 大決 2020. 1. 30. 2019마5599,5600.
2) 부대항소를 비항소설의 입장에서 파악하는 한 이는 독립한 방어방법이므로 굳이 인지를 붙이도록 요구할 필요는 없을 것으로 생각된다. 따라서 입법론적으로는 부대항소와 관련된 인지관련 법령은 폐지함이 타당하다.

도 이를 부대항소로 볼 수 있다.[1]

3. 부대항소의 이익

(1) 부대항소의 실질

전부승소한 당사자라 하더라도 상대방이 항소함에 따라 소송이 항소심에 계속되면 청구의 확장(원고의 경우)이나 반소(피고의 경우) 등을 제기할 수 있는데 이는 부대항소의 실질을 갖는다. 예를 들어 원고가 1억 원의 재산상 손해배상청구를 하여 전부승소하자 피고가 불복하여 항소한 경우, 원고는 비록 항소이익이 없지만 항소심에서 청구취지 변경 및 확장을 통해 재산상 손해배상청구를 2억 원으로 확장할 수 있으며 위자료 청구도 비로소 항소심에서 제기할 수 있다. 확장된 1억 원에 대한 청구와 위자료 청구는 부대항소의 실질을 갖게 되고[2] 이에 불안을 느낀 피고(항소인)가 원고의 1억 원에 대한 청구취지의 확장이나 위자료 청구를 무력화시킬 수 있는 유일한 방법은 항소취하뿐이다. 결국 부대항소는 항소인에 대항해서 피항소인이 가질 수 있는 공격방어방법의 성격을 갖는다.

(2) 부대항소와 청구의 변경

1) 부대항소와 항소심에서의 청구변경 법 제262조에서는 청구의 기초가 변경되지 않는 한도 내에서 원고는 사실심 변론종결시까지 청구의 변경을 할 수 있음을 명시적으로 규정하고 있다. 그렇다면 전부승소한 원고가 피고의 항소제기에 따라 항소심에서 부대항소가 아닌 법 제262조에 따른 청구의 변경을 하는 것이 가능하다고 한다면 원래의 항소인인 피고의 항소취하에 의하더라도 원고의 변경된 청구는 독립해서 남을 수 있게 되므로 문제가 발생하게 된다. 즉 피고의 항소제기에 따라 그에 대한 방어방법으로서 항소의 이익이 없는 원고에게 부대항소권을 인정해 준 것임에도 불구하고 항소와 독립해서 청구의 변경을 할 수 있다고 한다면 항소한 피고에게 일방적으로 불이익을 주는 결과가 초래되기 때문이다.

2) 판례의 입장 대법원은 항소의 이익이 없는 원고가 항소심에서 청구를 확장 변경한 경우 이는 피고에게 불이익이 되는 한도에서 부대항소의 실질을 갖는 것이라고 보는 입장을 갖고 있으나(앞서 본 67다1709 판결 등), 부대항소에 의하지 않고 청구의 확장을 할 수 있다는 견해를 담은 판결을 내린 경우도 있어 혼선을 야기하고 있다.[3]

3) 소 결 항소이익이 없는 원고에게 법 제262조에 따른 청구변경을 임의적으로 할 수 있다고 해석한다면 항소한 피고는 경우에 따라서는 항소를 제기하지 않은 것보다 불

---

1) 大判 2022. 10. 14. 2022다252387. 이와 유사한 상황에서 부대항소 제기 의사 여부를 석명하고 항소심의 심판대상을 분명히 해야 한다는 입장의 판례도 있다(大判 2022. 12. 29. 2022다263462).

2) 大判 1967. 9. 19. 67다1709; 大判 1995. 6. 30. 94다58261; 大判 2003. 9. 26. 2001다68914.

3) 大判 1969. 10. 28. 68다158.

이익하게 되는 경우가 있을 뿐 아니라 당사자 간의 균형을 고려하더라도 이 경우의 청구변경이나 확장은 부대항소의 실질을 갖는다고 보아야 한다(김홍, 1165면).[1] 만일 피항소인인 원고가 자신의 항소기간 내에 부대항소를 제기함으로써 독립부대항소인이 된 경우에도 피항소인인 원고는 본래적으로 항소이익이 없으므로 항소인의 항소의 취하·각하와 함께 효력을 잃는다고 보아야 한다(이시, 871면). 한편, 원고가 일부 승소하였으나 피고만이 항소한 경우, 원고에게는 본래적으로 항소이익이 인정되므로 항소기간 내에 항소를 제기하여 항소심에서 법 제262조에 따라 청구의 확장이나 청구변경을 하는 것이 가능하다. 원고는 속심인 항소심에서 각자 독자적으로 청구를 변경하거나 확장할 수 있기 때문이다. 물론, 원고가 항소기간 도과 후에 청구변경 등을 하는 경우는 부대항소의 실질을 갖는 것은 당연하다.

4. 부대항소의 효력

(1) 종속성과 독립 부대항소

부대항소는 항소와 독립해서 홀로 존속될 수 없다. 부대항소는 원칙적으로 피항소인에게 항소권이 소멸된 후 공격방어방법으로서 인정되는 것이므로 항소가 각하되거나 취하되면 부대항소 역시 효력을 상실하게 된다(404조). 피고가 부대항소를 제기한 경우, 원고가 소를 취하한다면 역시 동일하게 취급함이 타당하다. 따라서 항소인의 청구에 대한 본안심리가 있게 되면 부대항소에 대한 판단이 요구된다. 피항소인으로서는 부대항소를 통해 항소인을 심리적으로 압박하여 자진해서 항소를 취하하게 하는 효과를 지향한다. 한편, 드물지만 부대항소가 피항소인의 항소기간 내에 제기되는 경우가 있다(독립부대항소). 이러한 경우에는 부대항소의 종속성이 소멸하므로 항소가 취하되거나 각하되더라도 부대항소가 자동적으로 소멸하지는 않는다. 그러나 독립부대항소를 제기한 피항소인이 이미 항소권을 포기하거나 1심에서 전부 승소한 당사자인 경우, 혹은 독립부대항소가 소송비용이나 가집행선고만을 위해 항소를 제기한 것과 동일한 경우에는 독자적인 항소의 이익이 없으므로 독립부대항소 역시 소멸된다(이시, 874면; 정/유/김, 862면).

(2) 불이익변경금지의 원칙과 그 배제

항소인이 항소를 제기하게 되면 그 불복의 한도에서 1심 판결을 변경할 수 있을 뿐(415조) 항소법원은 항소인에게 1심 판결보다 더 불리한 재판을 할 수 없으며(불이익변경금지의 원칙), 불복한도 이상의 것을 수여할 수도 없다(이익변경금지의 원칙). 더구나 항소심 절차는 속심의 구조이므로 항소인은 심리 도중 청구는 물론 항소 범위도 확장할 수 있어 피항소인은 1심보다 더욱 불리한 재판을 받을 가능성이 있다. 이러한 힘의 불균형을 시정하고 무기대등의

---

1) 같은 취지의 견해로는 김경태, "부대상소에 관한 고찰", 사법연구자료 제12집, 166-167면 참조.

원칙을 실현하기 위해 피항소인에게는 부대항소를 인정하고 있다. 따라서 피항소인은 부대항소를 통해 원고가 1심에서 승소한 부분마저도 이를 취소시킬 수 있을 뿐 아니라 청구를 확장하거나 반소를 제기함으로써 항소인이 누릴 수 있는 불이익변경금지의 원칙을 배제시킬 수 있다.1)

II. 항소취하

1. 의   의

항소인은 항소심의 종국판결이 있기 전에 항소법원에 대해 일방적으로 항소라고 하는 신청행위를 철회하는 항소취하를 할 수 있다(393조 1항). 항소취하는 소의 취하와 달리 항소행위만을 철회함으로써 1심 종국재판을 확정시키는 효력을 가질 뿐이다. 따라서 항소권 자체를 스스로 소멸시키는 항소권의 포기와도 다르다(394조). 상대방 당사자에 대해 항소취하를 하더라도 이는 항소취하의 합의로 해석될 여지는 있으나 항소취하의 효력은 발생하지 않는다.

2. 요   건

(1) 법원의 허가 여부

항소의 취하는 항소인의 자유로운 의사에 기초해서 이루어지는 소송행위이기 때문에 소송행위 일반의 유효요건이 필요할 뿐이며 직권탐지주의 하에서도 가능하다. 그러나 항소취하에 법원의 허가를 필요로 하는 경우도 있다(증권 35조, 38조). 소의 취하, 청구의 포기·인낙, 화해 등에 법원의 허가를 요하는 경우(상 406조)와 항소를 취하하는 경우에도 법원의 동의를 필요로 하는지 문제된다. 포기·인낙 등에 대해 법원의 허가를 필요로 하는 것은 원·피고 간의 담합을 저지하고자 하는 것이므로 항소취하에 대해서도 법원의 허가를 필요로 한다고 해석함이 타당하다.

(2) 시기적 제한

항소취하는 항소심 종국판결이 선고되기 전까지만 할 수 있다(393조). 소취하는 종국판결의 확정 시까지 가능하므로(266조 1항) 항소심 판결 선고 후에는 소취하만이 가능하다. 항소심

---

1) 원고가 1억 원의 대여금반환을 구하는 소를 제기하여 1심에서 5,000만 원 부분만 승소하였는데 피고는 패소 부분 중 3,000만 원 부분만 항소를 제기하였다고 가정한다(일부불복의 항소). 항소심에서 피고는 자신이 패소한 5,000만 원 이상으로 패소할 염려가 없으며 아울러 심리 도중에 불복의 범위도 5,000만 원까지 확장할 수 있다. 항소기간 내에 항소를 제기하지 않은 피항소인 원고로서는 아무런 방어수단이 없게 되어 불균형이 발생하게 된다. 따라서 원고는 항소심 심리 도중에 1심에서 패소한 5,000만 원 부분에 대한 부대항소를 제기할 수 있으며 더 나아가 청구금액을 1억 원 이상으로 변경하는 것 역시 가능하다(1억 원을 넘는 금액은 부대항소의 실질을 갖는다고 보는 것이 판례의 입장임). 그러나 이 모든 원고의 방어수단은 피고의 항소취하로 소멸하게 되는 부대항소일 뿐이다.

판결 선고 후에도 항소취하를 허용하게 되면 상대방의 부대항소권을 보장해 준 의미가 상실되기 때문이다. 즉 항소인은 재판 결과 부대항소가 인용됨으로써 1심 판결보다 불리하게 되면 항소를 취하함으로써 부대항소인의 노력을 수포로 돌릴 수 있으므로 판결 선고 전에 결단을 하도록 유도하고 있다. 판결 선고 전이므로 변론이 종결된 후에도 항소취하는 가능하다.

(3) 방 식

항소취하는 서면으로 하여야 하지만 변론기일이나 변론준비기일에서 말로도 할 수 있다(266조 3항). 상대방이 위 기일 등에 출석하지 않은 경우에는 그 기일의 조서 등본을 송달하여야 하며(266조 5항), 항소장을 송달한 뒤에는 취하의 서면을 상대방에게 송달하여야 한다(266조 4항).

(4) 상대방의 동의와 일부취하

1) 청구병합   소의 취하와 달리 상대방의 동의가 필요 없으며(393조 2항에서 266조 2항을 준용하지 않음) 항소에 대한 일부 취하 역시 허용되지 않는다.[1] 상소불가분의 원칙상 모든 청구에 항소의 효력이 미치기 때문이다. 따라서 병합된 수개의 청구 전부에 대하여 불복한 항소에서 그중 일부 청구에 대한 불복신청을 철회하였더라도 그것은 단지 불복의 범위를 감축하여 심판의 대상을 변경하는 효과를 가져오는 것에 지나지 않으며 항소인이 항소심의 변론종결시까지 언제든지 서면 또는 구두진술에 의하여 불복의 범위를 다시 확장할 수 있는 이상 항소 자체의 효력에 아무런 영향이 없다.

2) 공동소송   통상공동소송인에 대한 항소에 있어서는 일부 공동소송인에 대한 취하가 가능하다(독립의 원칙). 그러나 필수적 공동소송에 있어서는 법 제67조의 규정에 따라 공동소송인 전원의, 전원에 대한 항소취하만이 효력을 갖는다.

(5) 참가인의 항소취하 여부

보조참가인은 스스로 항소를 제기할 수 있지만 피참가인은 언제든지 이를 취하하거나 포기할 수 있다.[2] 한편, 피참가인이 제기한 항소를 보조참가인 스스로 취하할 수 없음은 당연하지만 참가인이 항소를 제기하였다면 피참가인의 동의를 얻어 취하하는 것 역시 가능하다고 보아야 할 것이다. 그러나 공동소송적 보조참가의 경우는 참가인의 독립적 지위에 비추어 피참가인이 독자적으로 항소를 취하하는 것은 허용되지 않는다. 아울러 독립당사자참가의 경우는 패소한 두 당사자 모두가 항소를 제기한 경우에는 이들 모두가 항소를 취하하여야 효력을 발생하게 된다. 만일 패소한 당사자 중 한 당사자만 항소를 제기한 경우에는 다른 당사자가 부대항소를 제기하지 않았다면 항소한 당사자의 항소취하를 통해 항소가 소급해서 소멸하게 된다.

---

1) 大判 2017. 1. 12. 2016다241249.
2) 大判 1984. 12. 11. 84다카659; 大判 2010. 10. 14. 2010다38168.

3. 방　식

항소취하의 방식에 관해서는 소취하에 관한 규정 중 일부를 준용하고 있다(393조, 266조 3항 내지 5항). 따라서 항소취하는 서면으로 하여야 하지만 변론 혹은 변론준비기일에는 구두로도 가능하다. 아울러 항소장을 송달한 후에는 취하의 서면을 상대방에게 송달하여야 하며 구두로 한 경우에는 그 내용이 기재된 조서를 상대방에게 송달하여야 한다. 항소취하의 서면은 소송기록이 있는 법원에 제출하여야 하므로 항소가 제기되더라도 소송기록이 원심법원에 있는 경우에는 당해 법원에 취하서를 제출하여야 한다(민규 126조).

4. 효　과

(1) 항소취하는 법원에 대한 단독적인 의사표시이므로 취하서를 법원에 제출한 때, 혹은 구두로 항소취하의 의사표시를 한 때에 효력이 발생하며[1] 이로써 원심판결은 확정된다. 소취하와 달리 항소취하에는 상대방의 동의가 요구되지 않는다(393조 2항에서 266조 2항을 준용하고 있지 않다). 한편 항소취하는 항소권의 포기와 달리 항소취하 후라도 항소제기기간 만료 전이면 다시 항소를 제기할 수 있으므로 판결 선고 후 판결문 정본 송달 전에 제기한 항소를 취하한 후 다시 항소를 제기하는 것도 가능하다.[2] 항소기간 경과 후에 항소취하를 하는 경우에는 소의 취하나 항소권 포기와 달리 제1심 종국판결이 유효하게 존재하므로 제1심 판결은 항소기간 만료시로 소급하여 확정된다.[3]

(2) 항소심에서의 청구의 교환적 변경을 구청구에 대한 소취하와 신소제기라고 파악하는 판례와 다수견해의 입장에서 본다면 항소인인 원고가 항소심에서 청구에 대한 교환적 변경을 한 후 항소취하를 하더라도 취하의 대상이 없으므로(구청구는 소취하를 통해 이미 소멸하였으므로) 항소취하의 효력이 발생하지 않는다고 해석하게 된다.[4]

5. 항소취하의 합의

항소취하의 합의가 있었다는 점이 일방 당사자에 의해 주장되고 증명이 된다면 법원으로서는 그 효력을 인정해서 항소를 각하하여야 한다(사법계약설의 입장). 판례도 동일한 입장이다.[5]

---

1) 大判 1980. 8. 26. 80다76.
2) 大判 1991. 4. 23. 90다14997; 大判 2016. 1. 14. 2015므3455.
3) 大判 2017. 9. 21. 2017다233931.
4) 大判 1995. 1. 24. 93다25875; 大判 2008. 5. 29. 2008두2606.
5) 大判 2018. 5. 30. 2017다21411. 다만, 항소 이익의 흠결을 이유로 각하하여야 한다는 표현을 사용하고 있다.

6. 항소취하의 간주

양쪽 당사자가 출석하지 아니한 경우에 대한 소취하 간주 규정은 항소심 절차에서도 준용되는데, 단지 그 효과는 항소취하의 간주로 나타난다(268조 4항). 항소취하 간주는 그 규정상 요건의 성취로 법률에 의하여 당연히 발생하는 효과이고 법원의 재판이 아니므로 상고의 대상이 되는 종국판결에 해당하지 아니한다. 따라서 항소취하 간주의 효력을 다투려면 민사소송규칙 제67조, 제68조에서 정한 절차에 따라 항소심 법원에 기일지정신청을 하여야 한다.[1]

제3절　항소심의 심리와 판결

Ⅰ. 항소심의 심리

1. 심리의 대상과 심리방법

(1) 심리의 대상

항소심의 변론은 항소의 적법성 여부와 함께 당사자가 제1심 판결의 변경을 청구하는 범위 안에서 진행되며(407조 1항) 그 한도 안에서 항소심판결도 선고된다(415조). 이는 기본적으로 처분권주의(203조)에서 비롯된 것으로 항소심의 범위 역시 당사자의 의사로부터 정해지게 된다. 단, 필수적 공동소송과 그 심리의 특칙을 준용하는 예비적·선택적 공동소송과 독립당사자참가 그리고 선택적 혹은 예비적으로 병합된 청구에 있어서는 당사자가 명시적으로 불복하지 않은 부분도 합일확정의 필요 혹은 청구상호 간의 불가분성으로 인해 심리의 대상이 되는 경우가 있다.

(2) 심리의 방법

1) **변론의 갱신절차와 1심 소송행위의 효력 지속**　　항소심이 속심구조를 취하고 있어 1심에서의 재판자료는 항소심에서도 그대로 사용된다. 아울러 직접주의를 관철하는 의미에서 당사자는 제1심의 변론결과를 항소심에서 진술하여야 하며(변론의 갱신, 407조 2항) 이로써 제1심의 소송행위는 그대로 항소심에서도 효력을 갖게 된다(409조). 변론의 갱신이 형식적으로 이루어지는 실무관행을 저지하기 위해 규칙 제127조의2에서는 제1심 변론결과의 진술은 당사자가 사실상 또는 법률상 주장, 정리된 쟁점 및 증거조사 결과의 요지 등을 진술하거나, 법원이 당사자에게 해당사항을 확인하는 방식으로 할 수 있다고 규정함으로써 실질적인 갱

---

[1] 大判 2019. 8. 30. 2018다259541.

신을 요구하고 있다.

2) 변론의 갱신권(ius novorum)과 그의 제한　　　현행 항소심 구조 하에서 당사자는 새로운 소송자료를 자유로이 제출할 수 있으나 현행법은 적시제출주의(146조)와 재정기간제도(147조)를 채택함으로써 사실 및 증거의 적시적인 제출을 유도하고 있을 뿐 아니라 이와 함께 실기한 공격방어방법에 대한 각하(149조) 규정 역시 활성화하고자 하므로 과거보다는 항소심에서의 갱신권에 대한 제약을 엄격히 적용하여야 한다. 더구나 1심에서의 변론준비절차는 항소심에서도 그 효력을 유지하므로(410조) 1심에서 준비기일을 종결함에 따른 실권적 효과가 항소심에까지 미치도록 하고 있다. 이러한 일련의 조치는 1심 집중주의를 통해 항소심을 가급적 사후심 형태에 가깝게 운용하고자 하는 취지로 이해된다. 그러나 실무상으로는 여전히 실권적 제재가 활발하게 활용되고 있지 않아 입법적인 조치만으로는 부족한 실정이다. 특히 실무상 항소심에서도 준비절차를 거치게 되면서 1심에서의 준비기일의 종결효과를 항소심까지 파급시키고자 했던 최초의 의도는 많이 상실된 것으로 보인다.

3) 청구의 변경과 반소　　　원고는 청구의 기초가 변경되지 않는 한도에서 사실심 변론종결시까지 청구취지나 청구원인을 변경할 수 있다. 따라서 원고는 스스로 항소를 제기함으로써 혹은 부대항소를 통해 청구의 변경을 할 수 있다. 피고 역시 1심에서뿐 아니라 항소심에서도 반소를 제기할 수 있으며 현행법은 항소심에서 반소를 제기할 수 있는 여건을 완화함으로써(상대방의 동의나 심급의 이익을 해하지 않는 경우) 항소 혹은 부대항소를 제기한 피고가 반소를 통해 분쟁을 1회적으로 해결하도록 도모하고 있다.

2. 항소심의 심리

(1) 항소의 적법성에 대한 심리

항소제기 기간 내에 방식에 적합한 항소가 제기되었음이 확인되면 법원은 항소요건을 직권으로 조사하여야 한다. 조사결과 부적법한 항소로서 그 흠을 보정할 수 없는 경우에는 변론 없이 항소를 각하할 수 있다(413조). 그러나 통상적으로는 항소요건에 대한 심리와 본안의 심리가 병행해서 이루어지는 것이 일반적이므로 변론 없이 판결을 선고하는 경우는 극히 드물다. 소 제기 전에 이미 사망한 사람을 상대방으로 선고한 판결은 무효이므로 항소의 대상이 될 수 없으며 상속인이 수계신청과 동시에 항소를 제기한 경우에도 이를 부적법 각하하여야 한다.1) 그 외에도 항소의 이익이 없는 경우,2) 불항소의 합의가 있는 경우,3) 판결이 선고되기도 전에 항소한 경우,4) 1심 법원에서 재판이 누락되었음에도 누락된 청구에 대해

---

1) 大判 1971. 2. 9. 69다1741.
2) 大判 1973. 9. 25. 73다565.
3) 大判 1980. 1. 29. 79다2066.
4) 大判 1957. 5. 2. 4289민상647.

항소를 제기한 경우[1] 등에는 항소가 부적법하므로 각하되어야 한다.

(2) 본안의 심리와 그 대상

1) 항소심의 본안심리　　본안심리는 당사자가 1심판결에 대해 불복한 범위 내에서 불복의 당부를 재판하는 과정이다. 항소심 심리에도 1심 절차의 대부분이 준용되므로(408조) 준비절차와 본안의 변론절차를 거쳐 이루어지며 항소심 역시 변론기일은 집중증거조사를 위한 기일로 운영될 것을 목표로 하고 있다(287조). 특히 규칙 제126조의2에 따르면 항소인으로 하여금 항소의 취지를 분명하게 하기 위하여 항소장 또는 항소심에서 처음 제출하는 준비서면에 i) 제1심 판결 중 사실을 잘못 인정한 부분 또는 법리를 잘못 적용한 부분, ii) 항소심에서 새롭게 주장할 사항, iii) 항소심에서 새롭게 신청할 증거와 그 입증취지, iv) 제2호와 제3호에 따른 주장과 증거를 제1심에서 제출하지 못한 이유 등을 기재하도록 요구하고 있다. 이는 불복범위와 불복이유를 분명히 하고 갱신권의 대상과 사유가 무엇인지를 밝히도록 함으로써 새로운 사실주장과 증거제출이 법 제285조 및 제149조에 따른 실권효의 제재대상이 되는지 여부를 살피고자 함이다.

2) 심리대상　　통상공동소송의 경우는 항소하지 않은 혹은 항소의 대상이 되지 않은 공동소송인의 청구는 분리 확정되므로 이심조차 되지 않는다. 그러나 그 외의 경우는 상소불가분의 원칙에 따라 불복하지 않은 청구도 항소심으로 이심되지만 청구변경이나 부대항소 등으로 심판의 대상으로 편입되지 않는 한 심판의 대상이 되지는 않는다. 우선, 필수적 공동소송이나 그 심리의 특칙을 준용하는 절차에서는 항소하지 않은 당사자의 청구 부분도 항소심으로 이심되며 예외적으로 합일확정의 요청상 필요한 경우에는 심판의 대상이 될 수도 있다. 한편, 1심 법원의 판결이 단순병합된 청구 중 어느 하나를 누락해서 판단을 하지 않은 경우에는 재판의 누락(212조)이 되므로 추가판결의 대상이 될 뿐 항소심으로 이심되지 않으므로 심리의 대상이 될 수 없다(다툼이 없음). 그러나 청구가 선택적 혹은 예비적으로 병합된 경우에도 그 중 어느 하나를 판단하지 않은 경우에 대해서는 견해가 대립되고 있다. 선택적 혹은 예비적으로 청구가 병합된 경우에는 청구 상호 간의 불가분성으로 인해 일부판결이 불가능하다는 이유에서 누락된 판결 자체를 전부판결로 보아 누락된 청구부분도 항소심으로 이심된다는 견해(소위 위법재판설)가 다수학설이다.

3) 가집행선고　　항소법원은 제1심 판결 중에 불복신청이 없는 부분에 대하여는 당사자의 신청에 따라 결정으로 가집행의 선고를 할 수 있다(406조 1항). 한편, 신청을 기각한 결정에 대해서는 즉시항고를 할 수 있다(2항).

---

1) 大判 2005. 5. 27. 2004다43824.

Ⅱ. 항소심의 재판

1. 항소를 배척하는 경우

(1) 항소장 각하

항소장이 법 제397조 제2항이 요구하는 방식에 위배되거나, 인지를 붙이지 아니한 경우에는 원심 재판장과 항소심 재판장은 보정을 명하고 보정이 기간 내에 이루어지지 않는 경우에는 항소장을 각하하여야 한다. 아울러 항소기간이 도과된 것이 분명한 경우에도 원심재판장과 항소심재판장은 항소장을 각하하여야 한다(399조 2항, 402조 2항). 그러나 항소심에서 항소장 부본을 송달할 수 없는 경우에는 항소심 재판장이 항소장을 각하하여야 한다(402조 1항). 원심재판장이나 항소심재판장의 각하명령에 대해서는 즉시항고가 가능하다(399조 3항, 402조 3항).

(2) 항소각하

항소장이 법이 정한 요건을 충족한다 하더라도 항소요건의 흠결이 명백하고 그것이 보정될 수 없으면 변론 없이도 항소가 각하될 수 있다(413조). 반면에 항소요건의 흠결이 명백하지 않고 증거를 통해 증명되어야 하는 경우에는 변론이 열리게 되지만 항소요건의 흠결이 인정되면 항소 이유가 타당한지 여부와 상관없이 항소를 각하하여야 한다.

(3) 항소기각

1) 법이 정한 방식에 합당하고 항소요건을 갖춘 적법한 항소에 대해서는 본안심리를 실시하게 되지만 항소가 이유 없어 원심판결을 유지하는 경우에는 항소기각의 판결을 한다(414조 1항). 설사 제1심 판결의 이유가 정당하지 않더라도 다른 이유로 그 판결이 정당하다고 인정되는 경우에도 항소기각 판결을 하여야 한다(414조 2항). 예를 들어 소유권확인청구소송에서 원고가 제1심에서 원시취득을 이유로 승소하자 피고가 항소한 경우, 항소심 법원의 심리결과 원시취득이 아닌 매매를 통해 계쟁물의 소유권을 취득한 사실이 인정되면 항소법원은 1심 판결을 굳이 취소할 필요 없이 항소기각을 하면 충분하다. 어차피 결론적으로 원고의 청구가 기각될 운명은 동일하며 어떤 사유로 소유권을 취득한 것인가 여부에 대해서는 기판력이 발생하지 않기 때문이다.

2) 상계의 항변과 같이 판결이유 중의 판단이라 하더라도 기판력이 발생하는 경우에는 다른 취급이 요구된다. 예를 들어 제1심에서 피고가 주위적으로 변제의 항변을 하면서 예비적으로 다른 자동채권에 의한 상계항변을 하였는데 제1심 법원이 예비적 상계의 항변을 받아들여 원고의 청구를 기각하자 피고가 항소를 제기한 경우를 가정하자. 항소심 법원이 심리한 결과 1심의 판단과 달리 피고의 변제항변이 이유 있다고 인정하면 단순히 항소기각을 할 수 없으며 오히려 제1심 판결을 취소하고 새로이 원고청구를 기각하여야 한다. 이 경우 1심

법원이나 항소심 법원 모두 원고청구를 기각하는 점에서는 차이가 없으므로 단순히 피고의 항소를 기각하는 것으로 충분한 것처럼 보이지만 1심 법원의 판결은 기판력이 발생하는 피고의 상계 항변을 인용한 것이므로 이를 취소해야만 피고에게 피해가 발생하지 않기 때문이다.

2. 항소를 인용하는 경우

(1) 원심판결의 취소

항소법원은 제1심 판결이 부당하거나(416조) 그 판결절차가 법률에 어긋나는 경우(417조)에는 제1심 판결을 취소하여야 한다. 전자는 제1심 판결이 실체적인 사유로 부당한 경우를, 후자는 실체법적인 판단 내용이 아닌 판결 성립과정에 흠이 명백하여 절차법적으로 용인할 수 없는 경우를 그 사유로 한다.[1] 제1심 판결을 취소하게 되면 그를 보충하는 새로운 판결이 요구되는데 항소심 법원은 다음 세 가지 중 하나를 선택할 수 있다.

1) **자   판**   항소심 법원은 속심으로서 사실심의 성격을 갖고 있으므로 제1심 판결을 취소하고 스스로 재판을 하는 것이 가능하며 이것이 항소심의 원칙적인 판결 방식이다 (418조에 대한 반대해석).

2) **필수적 환송**   ① 법은 예외적으로 항소심 법원이 사건을 제1심 법원으로 환송할 수 있는 경우를 규정하고 있다(418조 본문). 즉 소가 부적법하다고 각하한 제1심 판결을 취소하는 경우에는 항소법원은 사건을 제1심 법원에 환송해야 한다. 이를 필수적 환송이라고 한다. 이는 심급의 이익을 보장하기 위한 것이므로 이 경우에도 제1심에서 본안판결을 할 수 있을 정도로 심리가 된 경우, 또는 당사자의 동의가 있는 경우에는 항소법원 스스로 자판(본안판결)할 수 있다(418조 단서).[2] 한편 필수적 환송판결의 대상임에도 불구하고 항소심 법원이 본안판결을 하였다면 이는 위법한 판결에 해당하므로 상고의 대상이 된다. 그러나 항소심에서 본안판결이 가능할 정도로 1심에서 본안에 관한 심리가 충분함에도 파기환송한 경우는 문제이다. 법 제418조 단서는 항소심 법원이 파기자판을 할지 여부는 법원의 재량사항인 것처럼 규정하고 있어 부당한 판결에 그친다고 볼 수밖에 없다. 심리의 촉진을 고려한다면 항소심 법원이 실체판단을 하는 것이 타당하다.

② 실무상으로는 항소심 법원이 환송판결하는 것을 꺼려하고 있어 법 제418조 단서 규

---

1) 변론에 관여한 바 없는 법관이 판결을 선고한 경우(大判 1971. 3. 23. 71다177), 제1심 법원이 부적법한 변론기일(요건에 해당하지도 않는데 등기우편에 의한 발송송달을 한 경우)에 변론을 종결하고 판결선고기일을 지정·고지한 경우(大判 2004. 10. 15. 2004다11988) 등을 예로 들 수 있다.

2) 제1심법원이 판결이 선고되기까지 피고가 원고의 청구를 다투는 취지의 답변서를 제출한 경우에는 무변론판결을 할 수 없음에도 불구하고(257조 1항) 제1심법원이 피고의 답변서 제출을 간과한 채 무변론판결을 선고하였다면, 항소법원은 제1심 판결을 취소하여야 한다(417조). 다만 항소법원이 제1심 판결을 취소하는 경우 반드시 사건을 제1심법원에 환송하여야 하는 것은 아니므로, 사건을 환송하지 않고 직접 다시 판결할 수 있다(大判 2020. 12. 10. 2020다255085).

정이 오히려 본문의 역할을 하고 있다는 비판이 있을 정도이다.[1] 하지만 과거 임의적 환송 제도를 운용해 본 결과 항소심 법원이 자주 환송을 하게 되면 심리의 지연이 촉발된다는 경험이 있었을 뿐 아니라 통상 1심 법원에서 본안심리와 소송요건에 대한 심리가 병행되고 있어 항소심이 본안판단을 하는 데 지장이 없을 정도로 사건이 성숙해 있는 경우가 대부분이므로 굳이 실무의 상황을 비판할 일은 아니다.[2] 한편, 항소심의 환송판결은 종국재판이므로[3] 그 자체로서 상고의 대상이 된다. 환송받은 제1심 법원은 항소심 법원의 사실상 및 법률상 판단에 기속된다(법조 8조).

③ 1심 법원이 형식상으로는 소각하 판결을 선고하였으나 그 실질은 본안판결인 경우가 있으며 그 역의 경우도 있을 수 있다. 이 상황에 있어 항소심 법원은 1심 판결주문의 형식을 따르는 것보다는 판결의 실질적 내용에 따라 자판과 환송을 결정해야 한다. 예를 들어 본안 적격의 흠결을 당사자적격의 흠결로 취급하여 소각하 판결을 하는 것이 판례의 입장이지만 이 경우 항소심 법원은 파기자판을 하는 것이 타당하다. 아울러 주문에서 청구기각 판결을 하였지만 실질은 소송요건의 흠결을 이유로 소를 각하한 경우(본안에 대한 심리가 전혀 되어 있지 않은 경우)에는 항소심 법원은 원심판결을 파기하여 환송하는 것이 타당하다.

3) 이   송   항소심 법원이 관할위반을 이유로 제1심 판결을 취소하는 경우에는 판결로 사건을 제1심의 적법한 관할법원으로 이송하여야 한다(419조). 항소심에서는 제1심 법원의 임의관할 위반을 주장하지 못하므로(411조) 이송판결의 대상이 되는 것은 전속관할을 위반한 경우로 국한된다.

(2) 불이익변경금지의 원칙

1) 의의 및 기능   ① 민사소송의 기본원칙인 처분권주의(203조)는 항소심에도 유지되고 있다. 따라서 항소법원이 제1심 판결을 변경하는 경우에도 당사자가 불복한 한도 안에서만 취소, 변경이 가능하므로(415조),[4] 항소인은 적어도 1심에서 승소한 부분에 대해서는 항소심 절차를 통해 침해받지 않게 되며 이러한 차원에서 법 제415조는 소극적으로나마 불이익

---

[1] 2022년 민사 항소사건으로 접수된 건수는 57,111건인데 이 중 환송한 건수는 20건이고 이송한 건수는 26건에 불과하다(2023 사법연감, 718면).

[2] 현재도 필수적 환송 이외에 항소심 법원의 재량에 따른 환송을 인정할 필요가 있다는 견해가 있다(김/강, 827면). 그러나 임의적 환송제도를 폐지하고 필수적 환송제도를 입법적으로 명문화하였는데 재량환송을 여전히 유효하다고 한다면 이는 법 취지와는 정면으로 배치된다고 판단된다(같은 견해로는, 이시, 883면; 호, 638면).

[3] 大判(全) 1981. 9. 8. 80다3271.

[4] 현재의 통설과 판례는 법 제415조를 민사소송에서의 불이익변경금지의 원칙을 규정하고 있는 것이라고 해석한다. 그러나 위 규정은 형사소송의 불이익변경금지의 원칙을 규정하고 있는 형소법 제368조(피고인이 항소한 사건과 피고인을 위하여 항소한 사건에 대하여는 원심판결의 형보다 중한 형을 선고하지 못한다)와는 사뭇 다르다. 이러한 점에서 출발하여 민사소송절차에 있어서는 불이익변경금지의 원칙이 불필요하다는 주장을 펴는 견해도 있다(정해종, "민사소송법상 독립적 제도로서의 불이익변경금지의 원칙과 그 문제점", 민사소송(Ⅱ), 504면 이하 참조).

변경금지의 원칙을 선언하고 있다고 해석된다. 한편 이보다 더 분명한 것은 항소인은 항소심에서 자신이 불복한 범위 이상의 것을 얻을 수 없다는 점이다. 이런 의미에서 적극적인 의미의 이익변경금지의 원칙이 작용한다. 통상 넓은 의미의 불이익변경금지의 원칙은 이익변경의 금지원칙까지도 포괄하는 개념으로 사용된다. 한편, 불이익변경금지의 원칙이 상소심에서 유지되면 패소자로서는 항소권을 행사하는 데 어느 정도의 예측가능성이 보장되므로 권리구제 기능에 도움을 줄 수 있다. 그러나 상대방의 항소나 부대항소가 있으면 불이익변경금지의 원칙은 적용되지 않을 뿐 아니라 소송요건과 같은 직권조사사항의 흠결이 있는 경우에는 상대방의 항소나 부대항소 없이도 항소인에게 불리한 소각하 판결이 선고될 수 있어 형사소송절차에서의 불이익변경금지의 원칙과는 사뭇 다른 양태를 나타낸다.

　　② 이익과 불이익의 판단은 판결 주문을 기준으로 한다. 결국 기판력의 범위를 기준으로 하게 되는데 공동소송의 경우 원·피고별로 각각 판단하여야 한다. 그러나 동시이행항변의 경우는 예외이다. 원고 청구에 대해 피고가 동시이행항변을 하고 상환이행판결이 선고된 경우를 가정해 보자. 우선, 원고만이 항소한 경우 원고는 그 반대급부를 제공하지 아니하고는 판결에 따른 집행을 할 수 없어 비록 피고의 반대급부이행청구에 관하여 기판력이 생기지 아니하더라도 항소심에서 반대급부의 내용이 원고에게 불리하게 변경된 경우에는 불이익변경금지 원칙에 반하게 된다.[1] 만일, 동시이행항변을 한 피고만이 항소한 경우, 항소심이 제1심 판결에서 인정된 금전채권에 기한 동시이행 주장을 공제 또는 상계 주장으로 바꾸어 인정하면서 그 금전채권의 내용을 항소인에게 불리하게 변경하는 것 역시 불이익변경금지 원칙에 반한다.[2]

　2) 원칙의 적용

　　① **이익변경금지의 원칙**　　항소심 법원은 1심에서 패소한 당사자에게 불복한 범위 이외의 것과 그 이상의 것을 인용해 줄 수는 없다. 예를 들어 수개의 청구를 모두 기각한 제1심판결에 대하여 원고가 그 중 일부의 청구에 대하여만 항소를 제기한 경우, 항소되지 않았던 나머지 부분도 항소로 인하여 확정이 차단되고 항소심에 이심은 되나 원고가 변론종결시까지 항소취지를 확장하지 아니하는 한 나머지 부분에 관하여는 원고가 불복한 바가 없어 항소심의 심판대상이 되지 아니하므로 항소심으로서는 원고의 수개의 청구 중 항소하지 아니한 부분을 다시 인용할 수는 없다.[3] 한편, 원고가 2억 원의 손해배상청구를 하였으나 전부 패소한 경우 그 중 1억 원에 대해서만 불복을 한 경우, 항소심 법원은 원고의 불복 범위를

---

　1) 大判 2005. 8. 19. 2004다8197,8203.

　2) 大判 2022. 8. 25. 2022다211928.

　3) 大判 2014. 12. 24. 2012다116864; 大判 1994. 12. 23. 94다44644. 대법원은 이들 사건에서 항소하지 않은 청구 부분은 항소심 판결선고시에 확정되었으므로 상고심으로서는 이 부분에 대해 파기자판을 하여 소송종료선고를 하여야 한다고 설시하고 있다.

넘어 1억 원을 초과해서 인용해 줄 수는 없다.

② 불이익변경금지의 원칙

i) 일반원칙 항소심은 항소인에게 1심보다 더 불리한 판결을 할 수 없다는 원칙으로서 항소인은 최소한 항소기각 이상의 판결을 받을 위험을 감수하지 않게 된다. 그러나 상대방 역시 항소하거나 부대항소[1]를 한 경우에는 불이익변경금지의 원칙이 적용될 수 없으며 비록 원고만이 항소하였다고 하더라도 소 자체가 직권조사사항인 소송요건을 흠결하거나 판결절차가 법률에 위배되는 경우 등에는 항소심 법원은 소를 각하거나 관할법원으로 이송하여야 한다. 따라서 불이익변경금지의 원칙이 적용되기 위해서는 처분권주의가 적용되는 일반 민사소송절차(직권탐지주의가 적용되는 사건 혹은 비송사건은 배제)에서 소 자체가 적법할 것이 요구된다. 예를 들어 원고가 2억 원의 손해배상청구를 하였으나 그 중 1억 원만이 인용되자 이에 대해 원고만이 전부 불복하여 항소를 제기한 경우 항소심은 1심에서 원고에게 인용된 1억 원을 밑도는 금액의 판결을 선고할 수 없다. 따라서 원고에게 가장 불리한 판결은 항소기각 판결이다. 다만 원고가 제기한 소가 소송요건을 갖춘 적법한 소이어야 함은 앞서 본 바와 같다.

ii) 심판대상이 아닌 청구에 대한 심사 원고가 A와 B 두 청구를 단순병합해서 청구하였으나 1심에서 A 청구만이 인용되고, B 청구는 기각되었다. 이에 원고만이 항소하였는데 항소심 법원은 A, B 청구 모두 확인의 이익이 없다고 하여 양 청구 모두에 대해 소 각하 판결을 선고할 수 있는지 문제된다. 원고의 B 청구에 대한 항소제기에 따라 A 청구는 단순히 항소심에 이심된 것에 불과하고 심판의 대상이 되지 않았음에도(피고의 부대항소도 없음) 항소심 법원이 심판의 대상이 아닌 A 청구에 대하여도 확인의 이익의 유무를 조사하여 각하할 수 있는지 여부가 문제된다. 판례는 제1심 판결은 불복의 한도 안에서만 바꿀 수 있다는 법 제415조는 법원이 당사자의 신청과는 관계없이 직권으로 조사하여야 할 사항에는 그 적용이 없는 것이므로, 항소심이 원고들이 불복하지 않은 청구에 대하여도 확인의 이익의 유무를 조사하여 원고들의 청구를 각하한 조치는 정당하고, 불이익변경금지의 원칙에 반하지 않는다고 판시하였다.[2] 항소심절차에는 상고심에서와 같이 법 제434조와 같은 명문의 규정은 없지만 직권조사사항에 대해서는 법 제415조의 제한이 적용되지 않는다는 지적은 일면 타당하다. 하지만 단순히 이심만 되고 심판의 대상이 되지도 않은 A 청구에 대해서까지 소송요건과 같은 직권조사사항 유무에 대해 심사할 권한은 없다고 보아야 할 것이다. 적어도 항소심이나 상고

---

[1] 피항소인이 항소심에서 변제 항변을 한 것은 제1심 판결에서 지급을 명한 손해배상금이 변제되어 소멸되었다는 취지이므로, 이는 제1심 판결에 대해 부대항소를 한 취지라고 볼 여지가 많으므로 불이익변경금지원칙이 적용되지 않는다(大判 2021. 2. 25. 2020다201187; 大判 2021. 10. 28. 2021다253376).

[2] 大判 1995. 7. 25. 95다14817.

심의 심판대상이 되어야만 직권조사사항 유무를 판단할 수 있다고 봄이 타당하기 때문이며 부대항소나 부대상고 등을 통해 심판의 범위에 속하게 되면 당사자의 불복이유에 구애되지 않고 직권으로 조사할 사항을 판단할 수 있게 된다고 보아야 할 것이다.

iii) 법 제418조와 학설의 대립　　1심에서 소 각하 판결을 받은 원고가 항소를 제기하였으나 항소심 심리결과 소는 적법하지만 오히려 청구가 이유 없다고 판단된 경우 불이익변경금지의 원칙과 관련하여 항소심이 어떤 형식의 재판을 하여야 할 것인지에 관해 견해가 대립된다. 불이익변경금지의 원칙을 강조하는 입장에서는 단순히 항소기각을 할 수밖에 없다고 하며 판례 역시 동일하다(항소기각설).[1] 그러나 그렇게 되면 원고가 소송요건을 보완하여 다시금 소를 제기할 기회를 갖게 되므로 소송경제에 반할 뿐 아니라 청구기각을 하더라도 불이익변경금지 원칙에 저촉되지 않는다는 점을 강조하면서 1심 판결을 취소하고 청구기각을 해도 된다는 견해가 있다(청구기각설, 강, 750면; 호, 641-642면). 한편, 이 상황(1심 소각하 판결, 항소심 심리결과 청구기각 대상)은 법 제418조의 "소가 부적법하다고 각하한 제1심 판결을 취소하는 경우"에 해당하므로 제1심 판결을 취소하고 제1심으로 환송해야 한다는 환송설도 있다(송/박, 739면). 문제의 상황에 대해서는 기본적으로 법 제418조를 적용해야 하므로 본문을 적용해야 하는 상황인 경우에는 제1심법원으로 환송을 하되, 단서를 적용해서 스스로 항소심 법원이 재판을 하는 상황에는 청구기각을 함이 타당하다. 본안판결을 할 수 있을 정도로 심리가 충분하게 이루어졌거나 당사자의 동의가 있으므로 원고에게 불측의 손해가 발생할 염려가 없기 때문이다.[2]

3) 예　　외

① 열후적인 원칙　　불이익변경금지의 원칙은 처분권주의의 또 다른 표현 양식이므로 직권탐지주의에 의한 절차에는 그 적용이 없다고 하는 것이 일반적인 견해이지만(김/강, 829면; 이시, 887면) 정확한 지적은 아니라고 생각된다. 직권주의가 지배하는 형사소송절차에서도 불이익변경금지의 원칙이 철저히 보장되고 있기 때문이다(형소 368조). 오히려 민사소송절차에서는 불이익변경금지의 원칙이 그다지 비중 있게 보호되어야 할 주요한 법익으로서 취급되고 있지 않다는 점을 인정할 필요가 있다. 비송사건의 실질을 갖는 사건(공유물분할청구, 경계확정의 소, 재산분할청구 등)이나 소송요건 등 직권조사사항에 대해서도 불이익변경금지의 원칙이 배제될 뿐 아니라 소송비용이나 가집행선고[3] 역시 예외의 하나로서 논의된다는 점에서 재판의 적정성 유지를 위해서 항소인을 보호하는 불이익변경금지의 원칙은 후퇴되고 있다.

② 법 제67조　　필수적 공동소송(제7편 제2장 제4절 참조)과 그 심리의 특칙인 법 제67조

---

1) 大判 2002. 12. 10. 2000다24894.

2) 이러한 입장을 절충설이라고 통칭하는 것이 가능하다(이시, 886면; 김형두/주석(6), 201면).

3) 大判 1991. 11. 8. 90다17804.

를 준용하는 예비적·선택적 공동소송(제7편 제2장 제5절 참조), 독립당사자참가 소송(제7편 제4장 제6절 참조) 등에서 합일확정의 필요성이라는 법익을 위해 불이익변경금지의 원칙은 후퇴된다.

③ **상계항변** i) 법 제415조 단서에 따르면 상계에 관한 주장을 인정한 때에는 불이익변경금지의 원칙이 배제된다고 하는 것을 명시적으로 규정하고 있다. 따라서 항소심에서 상계의 항변이 인정되면 원고는 1심보다 더 불리한 판결을 받게 될 수도 있다. 예를 들어 2억 원의 대여금반환청구소송에서 피고가 주위적으로는 전부 변제의 항변을, 예비적으로는 상계항변을 하였으나 1억 원에 대해서만 변제가 인정되고 나머지 부분에 대한 변제와 상계항변 역시 받아들여지지 않았음을 가정하자. 이때 원고만이 전부불복하게 되면 1심에서 일부 승소한 1억 원 부분은 항소심에서 불이익하게 변경될 수 없음이 원칙이지만 항소법원이 피고의 상계항변(1심 이래 동 항변을 유지하거나 새로이 항소심에서 상계항변을 한 경우 등)을 받아들이게 되면 원고의 인용금액이 오히려 1심보다 줄어들 가능성이 있으며 경우에 따라서는 원고청구 모두가 기각될 수도 있을 것이다.

ii) 한편, 1심에서 원고가 청구한 채권의 발생을 인정한 후 피고의 상계항변을 받아들여 원고 청구의 전부 또는 일부를 기각하고 이에 대하여 원고만 항소한 경우를 가정해 보자. 이때 항소심이 제1심과는 다르게 원고가 청구한 채권의 발생이 인정되지 않는다는 이유로 원고의 청구를 기각하는 것은 항소심의 심판범위를 벗어나 항소인인 원고에게 불이익하게 제1심 판결을 변경하는 것이어서 허용되지 않는다.[1]

---

1) 大判 2021. 2. 25. 2020다272486.

제 3 장   상고심 절차

제 1 절   개   관

I. 상고의 의의

항소심의 종국판결에 대해 법률심인 대법원에 불복하는 신청행위를 상고라고 한다. 상고는 고등법원이 선고한 종국판결과 지방법원 합의부(일부지원의 합의부도 가능)가 제2심으로서 선고한 종국판결에 대하여 할 수 있으며(422조 1항), 항소심의 환송 혹은 이송판결도 종국재판의 일종이므로 직접 상고가 가능하다.[1] 한편, 비약상고의 합의가 있는 경우에는 1심 종국판결에 대해서도 상고할 수 있다(422조 2항). 비약상고의 합의(390조 1항 단서)는 제1심의 종국판결 후 당사자 쌍방이 상고할 권리를 유보하고 항소를 하지 아니하기로 합의한 때에 한하여 가능하며 아울러 법 제29조 제2항이 준용되므로(390조 2항) 일정한 법률관계에 대해 서면으로 작성될 것이 요구된다.[2]

II. 상고심의 목적과 역할

(1) 상고심의 목적과 기능을 어떻게 구성할 것인지에 대해서는 각 나라의 고유한 입법정책에서 비롯된다. 통상 우리나라의 상고심은 두 가지의 목적, 즉 법령해석 및 적용의 통일과 당사자의 권리구제 양자를 함께 추구하는 것으로 파악되어 왔다. 그러나 대법원은 오래 전부터 상고심의 목적을 법령해석·적용의 통일에 두고자 노력하였다. 따라서 상고는 판결에 영향을 미친 헌법·법률·명령 또는 규칙의 위반이 있다는 것을 이유로 드는 때에만 할 수 있으며(423조), 원심판결이 적법하게 확정한 사실은 상고법원을 기속한다고 하여(432조) 법률심으로서 사후심적인 기능만을 수행하고자 하는 의지를 밝히고 있다. 그러나 현실적으로는 하급심 판결에 대해 심리미진이나 채증법칙의 위반 등을 이유로 파기하는 사례가 여전히 남아 있어 사실심의 사실확정 문제에 대해서도 지속적인 관여를 해 오고 있다는 비판이 상존하고 있다. 이는 우리 현실에 비추어 사실 확정을 사실심에만 맡기는 것이 아직 현실적으로 어렵

---

[1] 大判 1981. 9. 8. 80다3271.
[2] 大判 1995. 4. 28. 95다7680.

고 우리의 법 감정상 역시 최고법원인 대법원이 당사자의 권리구제 기능에 역점을 두어야 한다는 점을 강조하고 있는데서 비롯된 것으로 파악되므로 두 가지 기능 모두를 소홀히 할 수 없는 현실이다.

(2) 이러한 현실 인식에 터 잡아 상고제한 제도가 폐지된 지 오랜 시간이 흘렀으나 대법원은 상고특례법을 통해 우회적인 방법으로 상고사건을 제한하고자 도모하였으나 여전히 상고심에의 사건 폭주는 줄어들고 있지 않고 있는 실정이다. 이에 대법원은 고등법원에 상고부를 설치하는 방안을 도입하고자 하였으나 이 역시 최고법원으로서의 대법원이 당사자의 권리구제적인 기능을 수행하여야 한다는 국민의 법 감정에 밀려 실현되지 못하였고 가장 최근에는 대법원 및 고등법원과 별개의 상고법원을 설치하고자 하였다.[1]

Ⅲ. 상고이익

항소이익과 마찬가지로 상고제기에는 당사자의 상고이익이 필요하다. 따라서 전부 승소자에게는 상고이익이 인정되지 않는다. 또한 승소한 자가 판결이유 중의 판단에 불만이 있는 경우에도 상고이익은 없으며 상고 외에 다른 법적 구제 수단이 있는 경우에도 상고는 허용되지 않는다.[2] 마찬가지로 소송비용에 대한 재판은 본안판결과 독립하여 상고의 이익이 없으며 청구의 일부에 대한 재판을 누락한 경우에는 원심의 추가판결을 통해 구제받아야 하므로 상고의 대상이 되지는 않는다.

제 2 절   상고이유와 심리속행사유

상고심은 항소심과 달리 법률심이며 사후심의 성격을 갖는다. 따라서 사실심이 확정한 사실은 상고법원을 기속하며(432조) 상고심에서는 새로운 사실 주장이나 증거신청을 할 수 없다. 사실과 증거는 사실심 변론종결시까지 제출할 수 있었던 것에 한하며 그 후에 발생한 사실이라 하여도 상고심에서 이를 제출할 수는 없다. 그러나 법원이 직권으로 조사하여야 할 사항에 대하여는 이러한 제한을 받지 않으므로 당사자는 새로운 사실과 증거신청을 할 수 있으며 필요한 때에는 증거조사도 할 수 있다(434조). 예를 들어 동일 당사자 간에 동일한 소송물에 관해 기판력 있는 확정판결이 이미 존재하는지 여부에 대해서는 법원의 직권조사사

---

1) 1994년 이후 상고제도의 변화를 도모한 내용에 대한 고찰은 졸고, "2014년 상고법원 설치 논의에 대한 비판적 성찰과 새로운 대법원 제도에 대한 시론적 고찰", 381면 이하 참조.
2) 大判 1970. 1. 27. 67다774.

항이므로 당사자는 상고심에서 새로이 이를 주장하거나 증명할 수 있다.[1] 이러한 기본적인 사실관계를 토대로 상고이유를 살펴본다.

Ⅰ. 민사소송법상의 상고이유

법 제423조에서는 일반적인(상대적) 상고이유를, 제424조에서는 절대적 상고이유를 규정하고 있다. 법률심인 상고심이라고 해서 모든 법령위반이 상고이유가 되는 것은 아니고 판결에 영향을 미쳐야 한다. 그런 차원에서 법 제423조가 규정하는 상고이유를 상대적 상고이유라고 한다. 그러나 법 제424조가 규정하는 상고이유는 판결에 영향을 미쳤는지 여부를 불문하고 그 사유의 존재 자체가 상고이유가 된다. 그 사유가 판결에 직접적으로 영향을 미쳤는지 여부를 판별하기 어렵고 흠의 내용이 절차적으로 중대한 법익을 침해한 것이므로 판결에 영향을 미쳤는지 여부와 관련없이 상고이유로 규정하는 것이다(절대적 상고이유).

1. 일반적(상대적) 상고이유

(1) 법령위반

1) 법령의 범위　　① 법 제423조에서는 원심판결이 헌법·법률·명령 또는 규칙 등에 대한 법령위반이 있어야 한다고 규정하고 있다. 법령으로 거시한 헌법·법률·명령 또는 규칙은 예시일 뿐 열거적인 사항은 아니다. 따라서 국내법과 동일한 효력을 갖는 국제조약이나 협정, 지방자치단체의 조례 등은 물론이고 판결의 준거가 된 외국법[2]과 관습법도 포함된다.

② 경험법칙에 대한 위반이 법령위반에 포함되어야 하는지 여부에 대해서는 견해의 대립이 있다. 경험법칙 위반은 법령위반과 마찬가지로 사실판단의 대전제가 되는 것이므로 법령위반에 포함되어야 한다는 견해(이시, 895면; 호 653면)가 있는 반면, 법규와는 달리 사실판단의 과정에 사용되는 법칙에 불과하고 그에 대한 취사선택 역시 사실심 법관의 자유심증에 달려있으므로 당연히는 상고이유가 되지 않는다는 견해도 있다(김/강, 835면). 일반적인 경험칙의 인정을 그르치거나 이를 위반한 경우에는 당연히 판단의 전제에 오류가 있는 것이므로 법률문제로서 상고이유가 된다고 보아야 한다. 전문적인 경험칙 역시 증명이 필요한 것일 뿐 판단의 전제로서 작용하는 점은 일반적인 경험칙과 다르지 않으므로 이를 그르친 경우에도 상고이유가 된다(제5편 제2장 제4절 참조). 한편, 판례는 경험칙 위반을 상고이유로 인정하고 있으나 독자적인 사

---

1) 大判 2006. 10. 13. 2004두10227.
2) 최공웅, "외국법의 적용위반과 상고이유", 민사재판의 제문제(온산 방순원 선생 고희 기념논문집), 504면 이하 참조.

유로 취급하기보다는 심리미진이나 채증법칙 위반의 과정으로서 설시하는 것이 보통이다.1)

③ 보험약관이나 운송약관과 같은 보통거래약관을 비롯하여 회사의 정관 역시 불특정 다수인의 법률관계를 규율하므로 법령에 포함된다고 하는 견해가 있으나(이시, 895면; 호, 653면), 공공의 입법권에 의한 것이 아니고 특정한 관계나 거래관계에 있는 사람들을 대상으로 하는 것이므로 일률적으로 법령에 준해서 취급하는 것은 문제가 있다(같은 취지의 견해로는 정/유/김, 878면).

④ 종전 판례와 저촉된다는 주장에 터 잡아 상고하는 경우가 종종 있으나 우리 법제가 선례구속의 원칙을 따르고 있지 않으므로 이를 직접적인 법령위반에 해당한다고 볼 수는 없다. 단지 원심판결이 종전 판례와 다른 취지의 판결을 하였다는 주장은 원심판결이 법령해석을 그르쳤다는 주장으로 해석될 수는 있을 것이다. 한편 소액사건심판법 제3조 제2호에서는 대법원 판례에 상반되는 판결을 한 때를 하나의 상고이유로 규정하고 있다.2)

2) 법령위반의 원인과 형태   법원이 행하는 법령판단의 과정은 법령을 대전제로 하고 구체적 사실을 소전제로 하여 결론을 이끌어 내는 삼단논법의 방식을 취하게 된다. 예를 들어, 대전제 → 무주(無主)의 동산을 소유의 의사로 점유한 자는 그 소유권을 취득한다(민 252조 1항). 소전제 → A는 무주의 자전거를 선점하여 자주점유하고 있다. 결론 → A는 자전거의 소유자이다.3) 이러한 과정 가운데 법원이 잘못된 전제를 토대로 잘못된 결론을 도출하게 되면 법령위반에 해당하게 된다. 그러나 판결이유에 잘못이 있더라도 결론이 정당하면 상고이유가 되지 않는다(423조, 425조, 414조 2항). 법령위반의 원인과 형태를 구분해서 논한다.

① 법령위반의 원인에 의한 구분   법령의 내용이나 효력에 관한 오해로 인해 법령위반의 판결이 초래된 경우에는 법령해석의 과오가 있다고 지칭한다. 이에 반해 어떤 구체적인 사실관계에 법령을 적용할 요건이 갖추어지지 않았음에도 특정한 법령을 적용하거나 요건이 갖추어졌음에도 특정 법령을 적용하지 않음으로써 법령위반의 판결이 초래되는 경우에는 법령적용의 과오가 있다고 지칭한다. 특히 법령적용의 과오(법률문제)와 사실인정의 과오(사실문제)는 구분이 명확하지 않아 항상 혼돈을 야기한다. 위의 2) 사례에서 A가 계쟁물인 자전거를 점유하고 있는 사실은 사실문제이므로 사실심의 전권에 속하지만(432조), 점유자는 소유의 의사로 평온, 공연하게 점유한 것으로 추정된다는 법리(민 197조 1항)를 둘러싼 다툼은 법률문

---

1) 대법원은 문제된 남편 명의의 부동산을 부인이 아들 앞으로 이전등기를 한 후에 제3자에게 처분한 사실을 통해 처가 남편으로부터 부동산에 대한 처분권을 위임받았다는 것을 아무런 증거 없이 인정하는 것은 통상적인 경험칙에 반하고 채증법칙에 위배된다고 판시한 바 있다(大判 1971. 11. 15. 71다2070).

2) '대법원의 판례에 상반되는 판단을 한 때'라 함은 구체적인 당해 사건에 적용될 법령의 해석에 관하여 대법원이 내린 판단과 상반되는 해석을 한 경우를 말하고, 단순한 법리오해나 채증법칙 위반과 같은 사유는 이에 해당하지 않는다고 한다(大判 2006. 10. 13. 2006다53078).

3) 김상원, "상고이유에 관하여", 민사재판의 제문제(8권)(오당 박우동 선생 화갑기념), 850면 참조.

제가 된다. 또한 A와 B 사이에 매매계약이 체결되어 있는가의 여부, 그 내용이 무엇인가를 확정하는 것은 사실문제이나 그 계약이 공서양속에 반하는지 혹은 신의칙에 반하는지 여부를 판단하는 것은 평가적 문제로서 법률문제에 속한다. 한편, 상반된 증언을 한 증인 A, B의 증언 중 어느 증인의 진술을 믿을 것인지 혹은 서면증거의 증거력 유무와 같은 증거가치의 평가는 기본적으로 사실문제이나 그 판단과정이 현저하게 불합리하여 일반인의 경험법칙에 상응할 수 없다면 법률문제로 될 수도 있다.[1]

　　② 법령위반의 형태에 의한 구분　　판결에 있어 실체법규 위반은 법령판단의 부당함을 생기게 하고 판결에도 드러나게 되지만 절차법규 위반은 판결의 기초가 되는 소송절차를 위법하게 하지만 판결자체에는 숨은 상태로 내재할 뿐이다.[2] 전자를 판단의 과오라 하고 후자를 절차의 과오라고 하는바 상고에 있어서는 양자의 취급이 구별되어 있다.

　　i) 판단의 과오　　청구의 당부에 관하여 원심판결의 판단이 정당하지 않은 경우 판단의 과오가 있다고 한다. 청구의 당부 문제이므로 실체법상의 판단을 잘못한 경우에 문제된다. 실체법상의 판단 오류를 상고인이 지적한 경우에는 판단의 과오를 이유로 원심판결을 파기하는 것은 당연하지만 당사자가 지적하지 않은 판단의 오류에 대해 상고심 법원이 직권으로 판단할 수 있는가에 대해서는 의문이 있을 수 있다. 그러나 대부분의 견해는 법 제434조(직권조사사항에 대한 예외)를 상고이유불구속의 원칙을 천명한 것으로 해석하여 상고이유로 한 법령위반 외에 상고심 법원이 다른 법령위반에 대해서도 판단할 수 있으며 상고인이 주장하지 아니한 판단상의 과오를 이유로 원심판결을 파기할 수 있다고 한다(김/강, 838면; 이시, 896면; 호, 652면). 법의 적용은 법원의 고유임무이기 때문에 타당한 결론이다.

　　ii) 절차상의 과오　　원판결이 중대한 절차법규를 위반함으로써 법령위반에 해당하는 경우이다. 변론주의위반, 증거판단을 통해 자백한 사실과 다른 사실을 인정하는 경우, 법률에 위반한 증거조사절차의 시행이나 위법한 송달을 시행한 경우 등을 예로 들 수 있다. 다만 훈시규정을 위반하거나(판결선고 후 정본의 송달기간 등), 임의규정을 위반하였음에도 적시에 이의를 제기하지 않은 경우에는 절차법규의 위반이 있다고 볼 수 없다. 절차상의 과오와 관련해서는 직권조사사항에 해당하는 경우에는 상고이유로서 주장되지 않은 사항에 대해서도 상고심 법원이 당연히 조사하여야 한다(434조). 그러나 직권조사사항이 아닌 경우에는 절차위반이 있더라도 상고이유로 주장되지 않는 한 결론에 영향이 없을 것이라고 판단되기 때문에 상고이유에 국한해서 조사하여야 한다고 한다(김/강, 838면; 이시, 896-897면; 호, 653면).

　　iii) 상고이유로서의 심리미진　　대법원은 오래 전부터 심리미진을 다른 상고이유와 함

---

1) 과실상계의 사유가 있는지 여부와 그 비율 산정은 원칙적으로 사실문제이나 현저하게 불합리한 경우에는 법률문제로서 상고이유가 된다고 하는 것이 대법원의 일관된 입장이다(大判 1991. 3. 27. 90다13383).
2) 김상원, 전게논문, 852면.

께 원판결의 파기사유로 삼거나 심지어는 독립적인 상고이유로서 심리미진만을 사유로 원판결을 파기한 바 있다.[1] 이러한 현상은 민사뿐 아니라 형사사건에서도 마찬가지이다. 학설 중에는 심리미진 역시 절차법규의 위반을 지칭하는 것으로 해석하는 견해도 있으나(이시, 897면) 판례에 따라서는 심리미진이 법리오해로 포섭될 수 있는 경우도 있을 뿐 아니라 독자적으로 사용되는 경우[2]도 있어 이를 일률적으로 절차법규 위반에 해당하는 것으로 평가하기는 어렵다. 더욱이 어떤 구체적인 절차법규인지도 매우 모호하다. 대법원이 법이 규정하는 상고이유에도 열거되지 않은 심리미진이라는 어구를 실무상 통상적으로 활용해 온 데는 법률심인 상고심의 입장에서 하급심의 사실인정이 현저하게 부당하여 이를 용인하기 어려운 상황을 극복하기 위한 것임을 인정해야 한다. 아울러 법률문제와 사실문제에 대한 명백한 구분이 어려운 상황에서 회색지대에 있는 사건에 대한 파기사유로써 심리미진 내지 채증법칙 위반이라는 문구를 첨가함으로써 순수한 사실문제가 아니라는 점을 강조하고자 한 고육지책이 아니었나 생각된다. 최근까지도 마치 심리미진이 독립적인 상고이유인 듯이 설시하는 대법원 판결도 있으므로[3] 아직도 심리미진이 원판결의 중요한 파기사유로 기능하고 있음을 알 수 있다. 사실심의 충실화를 통해 법률심인 대법원이 심리미진이라는 모호한 상고이유를 매개로 해서 원심을 파기하는 관행은 지양됨이 마땅하다.[4]

　　③ 헌법위반의 주장에는 헌법규정 자체에 대한 해석 및 적용의 오류뿐 아니라 재판의 전제가 되는 법령이나 규칙이 위헌무효라는 주장도 포함된다(이시, 897면). 법률이 헌법에 위반되는 여부가 재판의 전제가 된 때에는 당해 사건을 담당하는 법원은 직권 또는 당사자의 신청에 의한 결정으로 헌법재판소에 위헌여부의 심판을 제청하게 된다(헌재 41조 1항). 당사자의 위헌 주장에 대해 법원은 합헌결정권을 갖지만 위헌이라고 판단되면 헌법재판소에 위헌제청을 하여야 한다.[5]

---

1) 박우동, "민사상고이유로서의 심리미진에 관하여", 사법논집 8집, 213면 이하에서는 심리미진을 단독 사유로 하여 원판결을 파기한 사례들을 열거하고 있다.

2) 大判 1967. 9. 19. 67다1308.

3) 大判 2007. 11. 29. 2007다54849. 이 사건에서 증명책임을 부담하는 피고는 원심에 이르기까지 망인의 상속인들의 재산 상태에 관한 주장을 하거나 그에 관한 입증자료를 제출하지 않았고 원심 역시 이에 관한 심리를 하지 않았다. 대법원은 이러한 원심의 태도를 심리미진으로 볼 수는 없으므로 이에 관한 상고이유의 주장은 이유 없다고 판시하였다. 즉, 심리미진을 마치 독립적인 상고이유인 것처럼 취급하고 있는 것이다.

4) 증거의 취사를 비롯한 채증법칙 위배나 심리미진에 따른 사실심 법원의 재판은 결국 당사자의 사실주장이 진실한지 여부를 판단함에 있어 법 제202조가 규정하는 자유심증주의를 위반한 데서 비롯된 것으로 보는 것이 타당하다. 따라서 원판결이 법령위반이 아닌 사실인정 과정에서 심리를 미진하게 하거나 채증법칙을 위반한 경우에는 법 제202조가 규정하는 자유심증주의를 위반한 것이므로 정당한 상고이유가 있다고 설시하는 것이 타당하다. 대법원 역시 大判 2006. 6. 29. 2005다11602,11619에서 증거의 취사와 사실의 인정은 사실심의 전권에 속하는 것으로서 이것이 자유심증주의의 한계를 벗어나지 않는 한 적법한 상고이유로 삼을 수 없다고 설시한 바 있어 모호한 심리미진이나 채증법칙 위반이라는 용어를 자제하고 있음을 볼 수 있다.

5) 법률의 위헌 여부의 심판제청은 그 전제가 된 당해 사건에서 위헌으로 결정된 법률조항을 적용받지 않으려는 데에 그 목적이 있고, 헌법 제107조 제1항에도 위헌결정의 효력이 일반적으로는 소급하지 아니하더라

(2) 판결에의 영향

법령위반이 있더라도 당해 판결 결과에 영향을 미치지 않았다면 적법한 상고이유가 될 수 없다. 즉 법령위반으로 인해 판결주문의 결론이 변경될 것을 요구한다. 따라서 가정적인 판단에 따른 법률해석에 오류가 있더라도 판결결과에 영향을 미친 것은 아니므로 상고이유가 될 수 없다.[1]

2. 절대적 상고이유

법 제423조가 규정하는 법령위반을 이유로 하는 상고이유는 판결에 영향을 미칠 것을 조건으로 하는 상대적인 것임에 반해 법 제424조가 규정하는 절대적 상고이유는 어느 하나의 사유가 존재하는 것만으로도 상고에 정당한 이유가 있는 것으로 간주된다. 절대적 상고이유는 절차상의 위법을 내용으로 하고 있어 우선 그 위법사유가 판결에 영향을 끼쳤는지 여부를 확인하기 어려울 뿐 아니라 그러한 위법 사유의 존재만으로도 절차의 정당성을 확보하기 어려우므로 판결에 영향을 미쳤는지 여부를 개별적으로 심사할 필요가 없기 때문이다. 또한 절대적 상고이유는 상고특례법 제4조 제1항 제6호의 심리속행 사유에 해당한다(424조 1항 1호 내지 5호).

(1) 판결법원 구성의 위법

판결법원의 구성이 법원조직법과 민사소송법에 위배된 경우를 지칭한다. 예를 들어 대법원의 부 혹은 고등법원이나 지방법원의 합의부를 2인의 대법관이나 판사로 구성된 재판부에서 판결을 선고한 경우(법조 7조 1항, 3항, 5항)를 대표적으로 들 수 있다. 또한 변론에 관여하지 않은 법관이 판결에 관여하거나 법관의 경질이 있음에도 변론의 갱신절차를 거치지 않은 경우 등(204조)이 여기에 해당한다.

(2) 판결에 관여할 수 없는 법관의 관여

법관이 제척사유가 있는 경우 혹은 기피신청에 따라 기피재판이 있었음에도 판결에 관여한 경우에는 여기에 해당한다. 또한 파기환송된 판결을 원심판결을 한 법관이 관여한 경우에도 해당한다(436조 3항). '법관이 판결에 관여한다' 함은 변론과 합의에 관여하는 것을 말하며 판결선고만을 하는 경우에는 해당하지 않는다.

도 당해 사건에 한하여는 소급하는 것으로 보아, 위헌으로 결정된 법률 조항의 적용을 배제한 다음 당해 사건을 재판하도록 하려는 취지가 포함되어 있다고 보일 뿐만 아니라, 만일 제청을 하게 된 당해 사건에 있어서도 소급효를 인정하지 않는다면, 제청 당시 이미 위헌 여부 심판의 전제성을 흠결하여 제청조차 할 수 없다고 해석되어야 하기 때문에, 구체적 규범통제의 실효성을 보장하기 위하여서라도 적어도 당해 사건에 한해서는 위헌결정의 소급효를 인정하여야 한다(大判 1991. 6. 11. 90다5450).

1) 大判 1984. 3. 13. 81누317.

(3) 전속관할 규정 위반

전속관할을 위배해서 원심법원이 재판을 한 경우 당연히 상고이유에 해당한다. 반면 임의관할 위반에 대해서는 항소심에서부터 관할위반을 주장하지 못한다(411조 본문).

(4) 대리권의 흠

대리인으로서 대리권 없이 소송수행을 한 경우뿐 아니라 기본적인 대리권은 있으나 특정한 행위를 함에 있어서는 특별수권이 필요한 경우(56조 2항, 90조 2항)를 위반한 경우도 포함된다. 그러나 이러한 직접적인 위반의 사례보다 대리권의 흠결을 보다 넓게 해석하는 것이 판례의 경향이다. 즉 대리권의 흠결이 직접적으로 없는 경우에도 당사자 본인이 정당한 소송수행권을 행사하지 못한 경우까지 동 규정을 유추하고 있는 것이다. 예를 들어 소송절차가 중단되었음에도 변론을 진행하여 판결을 선고하는 경우,[1] 성명모용소송에 의해서 절차가 진행된 경우[2] 등에도 동 규정이 유추적용되고 있다. 특히 송달과 관련해서 적지 않은 문제가 발생한다. 공시송달에 의해서 송달받은 경우와 같이 변론기일에 당사자가 책임질 수 없는 사유로 불출석을 하였음에도 절차를 진행하여 판결을 선고하는 경우에는 대리권의 흠결과 동일하게 취급하여야 한다[3](상세한 내용은 제5장 제2절 Ⅰ. 2. 참조).

(5) 변론 공개 규정 위반

헌법 제109조 및 법원조직법 제57조의 규정에 위반해서 판결의 기본이 되는 변론을 공개하지 않은 경우에는 절대적 상고이유에 해당한다. 현행법상으로는 준비절차나 준비기일에서 대부분의 변론과 증거조사가 이루어지고 있는데 대부분이 비공개로 준비절차실이나 판사실에서 시행되고 있어 문제이다. 민사재판에서 재판의 효율적인 진행을 위해 어느 정도 공개주의를 후퇴시킬 것인가에 대한 합의의 도출이 요구된다.

(6) 판결이유의 불비와 모순

판결서의 이유에는 주문이 정당하다는 것을 인정할 수 있을 정도로 당사자의 주장, 그 밖의 공격방어방법에 관한 판단을 표시하여야 하는데(208조 2항) 아예 법원이 판결의 이유를 명시하지 않거나 명시하더라도 그 이유 설시에 모순이 있는 경우를 말한다. 판결이유는 법관의 심증형성 과정을 객관화한 것으로서 당사자에게는 당해 판결에 대한 불복여부와 불복이

---

1) 大判(全) 1995. 5. 23. 94다28444.

2) 大判 1964. 11. 17. 64다328.

3) 大判 2021. 7. 21. 2021다225241; 大判 2023. 8. 18. 2023다227975. 피고에 대한 송달이 소장 부본부터 공시송달의 방법으로 이루어져 피고가 귀책사유 없이 소나 항소가 제기된 사실조차 모르고 있었고, 이러한 상태에서 피고의 출석 없이 제1심 및 원심의 변론기일이 진행되어 피고가 자신의 주장에 부합하는 증거를 제출할 기회를 상실함으로써 당사자로서 절차상 부여된 권리를 침해당한 경우, 당사자가 대리인에 의하여 적법하게 대리되지 않았던 경우와 마찬가지로 보아야 한다.

유를 결정짓는 데 결정적인 역할을 수행하며 상소심법원에 대해서도 심리의 방향은 물론 심증형성에 지대한 영향을 미치게 된다. 따라서 그 이유의 불비는 절대적 상고이유에 해당하는 것이다.[1]

1) 이유를 명시하지 않았다는 것은 판결 이유를 전혀 기재하지 않은 경우만이 아니라 이유의 설시를 누락한 경우도 포함하며 아울러 나름대로 그 이유를 명시하였더라도 이유의 어느 부분이 명확하지 아니하여 법원이 어떻게 사실을 인정하고 법규를 해석·적용하여 주문에 이르렀는지가 불명확한 경우를 일컫는다.[2] 판결에 이유를 기재하도록 하는 법률의 취지는 법원이 증거에 의하여 인정한 구체적 사실에 법규를 적용하여 결론을 도출하는 방식으로 이루어진 판단과정이 불합리하거나 주관적이 아니라는 것을 보장하기 위하여 그 재판과정에서 이루어진 사실인정과 법규의 선정, 적용 및 추론의 합리성과 객관성을 검증하려고 하는 것이다.[3] 한마디로 판결이유의 명시는 내심의 작용이라고 할 수 있는 법관의 심증형성 과정을 객관화하여 당사자가 이를 확인하고 그 과정의 잘못을 지적할 수 있는 기회를 제공하려는 것이다.

2) 직권조사사항은 통상 소의 적부를 좌우하는 소송요건의 흠결을 대상으로 하지만 판결이유가 전혀 없거나 이에 상응할 정도의 불비가 있어 당사자가 주장하는 법령위반의 당부를 판단할 수 없을 정도에 이르게 되면 그 부분에 관한 당사자의 주장이 없더라도 법원이 직권으로 이를 조사하여 판단할 수 있다고 한다.[4] 그러나 대법원은 당사자의 위헌 주장에 대해 법원이 판결에서 명시적으로 판단하지 않은 경우라 하더라도 판결이유에 주문에 이르게 된 경위가 명확히 표시되어 있는 이상 관계 법률이 위헌이라는 당사자의 주장을 판단하지 아니하였다는 사정만으로 판결에 이유를 명시하지 아니한 위법이 있다고 할 수 없고, 또한 당사자의 주장이나 항변에 대한 판단은 반드시 명시적으로만 하여야 하는 것이 아니고 묵시적 방법이나 간접적인 방법으로도 할 수 있다고 판시한 바 있다.[5] 따라서 당사자가 주장한 사항에 대한 구체적·직접적인 판단이 표시되어 있지 않더라도 판결 이유의 전반적인 취지에 비추어 주장을 인용하거나 배척하였음을 알 수 있는 정도라면 판단누락이라고 할 수

---

[1] 이러한 판결이유의 기능은 물론 이에 대한 불비가 절대적 상고이유인 점에 비추어 법 제208조 제3항에서 일정한 경우에는 기판력의 범위를 확정할 수 있는 사항만을 이유에 기재하도록 하고 특히 소액사건에서는 아예 이유의 기재를 생략할 수 있도록 한 것은 매우 유감스러운 일이다.

[2] 大判 2004. 5. 28. 2001다81245.

[3] 大判 2007. 7. 27. 2007다18478.

[4] 大判 2005. 1. 28. 2004다38624.

[5] 大判 2006. 5. 26. 2004다62597. 한편, 같은 취지의 大判 1995. 3. 3. 92다55770 판결에 대해 의문을 제기하는 견해가 있으나(이시, 900면), 위헌주장에 대해 법원이 판결이유에서 반드시 직접적이고 명시적으로 이를 판단할 필요는 없다고 생각된다. 우선 위헌주장 자체가 판결에 영향을 미치지 않는 경우가 있을 수 있고 위헌주장의 대상이 된 법령을 판결이유에서 직접 적용하였다면 간접적 혹은 묵시적으로 위헌주장에 대한 판단을 한 것으로 보아야 할 것이다.

없고, 실제로 판단을 하지 아니하였더라도 주장이 배척될 경우임이 분명한 때에는 판결 결과에 영향이 없어 판단누락의 위법이 없다.[1]

3) 이유에 모순이 있다는 것은 판결 이유가 충분히 기재되어 있더라도 전후 문맥의 모순은 물론 논리적인 연결에 흠결이 있어 판결주문의 정당함을 뒷받침하기에 부족한 경우를 지칭한다. 예를 들어 이유에서 손해배상책임을 부정하면서도 손해의 범위를 심리하고 판결주문에서 일정 금원의 지급을 명하는 경우, 특정 증인의 동일 증언 내용을 토대로 양립할 수 없는 두 개의 사실을 인정하는 경우 등이다.

3. 재심사유와 상고이유

재심사유 역시 상소로써 그 사유를 주장할 수 있으므로(451조 1항 단서) 법령위반에 해당하여 상고이유에 해당한다(통설·판례). 그러나 법 제451조 제1항 제1호 내지 제3호는 절대적 상고이유와 중복되므로(424조 1항 1호, 2호, 4호에 해당) 실질적으로는 법 제451조 제1항 제4호 이하만이 또 다른 상고사유로 취급될 수 있다. 그런데 제4호 이하의 사유가 법령위반에 해당한다면 판결에 영향을 미쳐야 상고사유가 되는 것인지 문제된다. 제4호 내지 제11호의 재심사유는 모두 절대적 상고이유로 보아야 한다는 견해[2] 혹은 이들 모두 제423조의 상대적 상고이유로 보아야 한다는 입장(김/강, 844면), 상대적 상고이유로 보되 그 각호의 사유에 따라 판결의 결과에 영향을 미칠 개연성을 탄력적으로 인정하는 것이 타당하다는 견해 등이 대립하고 있다.[3] 법 제424조가 규정하는 절대적 상고이유를 예시적인 것으로 볼 수는 없으므로 중대한 흠을 나타내는 재심사유라 하더라도 일단은 상대적 상고이유로 봄이 타당하다.

4. 소액사건과 상고이유

소액사건에 대한 상고이유는 법률·명령·규칙 또는 처분의 헌법위반여부와 명령·규칙 또는 처분의 법률위반여부에 대한 판단이 부당하거나 대법원의 판례에 상반되는 판단을 한 때(소액 3조)로 더욱 제한되고 있다. 소액사건의 범위가 지나치게 넓어 전체 민사본안 사건의 70% 가까운 사건이 소액사건으로 취급되고 있는데 상고사유까지 극도로 제한하고 있음은 매우 안타까운 일이다.[4] 그런데 대법원은 소액사건에 있어서 구체적 사건에 적용할 법령의 해

---

1) 大判 2016. 12. 1. 2016두34905; 大判 2018. 7. 20. 2016다34281.

2) 김상원, 전게논문, 854면.

3) 정준영/주석민소(6), 342면.

4) 憲裁 2012. 12. 27. 2011헌마161에서는 상고심에서 재판을 받을 권리를 헌법상 명문화한 규정이 없는 이상, 헌법 제27조에서 규정한 재판을 받을 권리에 모든 사건에 대해 상고심 재판을 받을 권리까지도 포함된다고 단정할 수 없고, 모든 사건에 대해 획일적으로 상고할 수 있게 할지 여부는 입법재량의 문제라고 할 것이므로 소액사건심판법 제3조가 소액사건에 대하여 상고의 이유를 제한하였다고 하여 그것만으로 재판청구권을 침해하였다고 볼 수 없다고 한다. 그러나 憲裁 1992. 6. 26. 90헌바25 사건에서의 변정수 재판관의 반대

석에 관한 새로운 시도를 하고 있어 주목되고 있다.[1]

Ⅱ. 심리불속행제도

1. 서　　설

(1) 도입경위와 절차

심리불속행제도는 1994년 사법개혁의 일환으로 제정된 상고특례법을 제정함에 따라 도입된 것이다. 상고특례법은 대법원이 법률심으로서의 기능을 효율적으로 수행하게 하고 법률관계를 신속하게 확정함을 제정 목적으로 하고 있으나(상고 1조) 이 제도는 기본적으로 상고허가제도를 부활해서 운영하고자 하는 법원 측 입장과 국민의 법감정상 상고허가제를 도입할 수 없다는 국회 측의 의견대립 끝에 그 타협의 산물로 만들어진 일종의 변형된 허가상고제도라고 보아야 할 것이다.[2] 상고특례법이 채택한 심리불속행제도를 형식적으로 파악하면 당사자가 법이 규정하는 상고이유에 따라 상고를 제기하는 데 아무런 장애가 없으므로 분명 상고허가제를 취한 것은 아니다. 하지만 당해 상고가 상고특례법 제4조 제1항 각호에서 규정하는 심리속행사유에 해당하지 않으면 상고심 법원의 본안심리를 받지 아니하고 바로 심리불속행판결에 의해 상고절차는 종료되므로 결과적으로 상고허가제와 같은 기능을 하는 점은 부인할 수 없다. 더구나 심리불속행판결은 판결이라는 명칭과 달리 판결이유의 기재도 필요 없을 뿐 아니라(상고 5조 1항) 별도의 선고절차도 없이 판결문을 상고인에게 송달하는 것으로서 효력이 발생하므로(상고 5조 2항) 그 실질은 결정이나 명령과 다름없다. 그럼에도 불구하고 그 명칭을 판결이라고 하여 기존의 민사소송법 이론이 갖고 있는 기본적인 틀을 훼손하고 있다.[3]

(2) 적용대상과 절차

상고특례법이 적용되는 절차는 민사소송절차 외에 가사·행정·특허소송절차의 상고사

의견 참조.

1) 대법원은 최근에도 동일한 법령의 해석이 쟁점으로 되어 있는 다수의 소액사건들이 하급심에 계속되어 있고 재판부에 따라 엇갈리는 판단을 하는 사례가 나타남으로써 국민생활의 법적 안전성을 해칠 것이 우려되는 등의 특별한 사정이 있는 경우에는 대법원 판례와 상반되는 판결이 아니더라도 상고심의 판단대상이 된다고 판시한 바 있다(大判 2004. 8. 20. 2003다1878; 大判 2024. 3. 12. 2023다290485; 大判 2024. 6. 27. 2023다307024 등도 동지).

2) 이광범, "심리불속행제도의 성과와 그 개선방안", 민사판례연구(XXIV), 1067면에서는 " … 다소 기형적이라고 볼 수 있는 심리불속행제도를 도입하게 된 것이다. 결국 「심리불속행제도」는 언젠가 도입하게 될 「상고허가제도」로 향하는 과도기적인 제도라고 평가할 수 있을 것이다 … "라고 기술하고 있다.

3) 심리불속행절차는 비공개재판일 뿐 아니라 판결이유조차 기재되지 않을 수 있으므로 재판형식을 판결로 하는 것은 자기모순의 측면이 있다. 이를 굳이 판결의 형식으로 할 것을 고집하는 것은 외관적으로나마 상고허가제도와의 차별성을 두기 위한 것이었다고 판단된다(같은 취지의 비판은 이시, 909면 참조).

건 및 항고·재항고·특별항고에도 적용된다(상고 2조, 7조). 아울러 가압류 및 가처분에 관한 판결에 대하여는 상고이유에 관한 주장을 제한해서 운용하고 있다(상고 4조 2항). 그러나 소액 사건 심판절차에는 상고특례법보다 더 제한적인 범위에서 상고이유를 운영하고 있으므로 상고특례법을 적용할 필요는 없다. 또한 대법원 전원합의체에서 심리할 대상인 사건에 대해서는 상고특례법의 적용이 없으므로(상고 6조 1항) 대법원의 소부에서 재판할 사건에 대해서만 그 적용이 있다. 한편, 대법원은 원심법원으로부터 원심의 소송기록을 송부받아 상고장과 상고이유서와 함께 기록검토를 한 후에1) 심리속행 여부를 4개월 이내(훈시기간이 아님)에 재판하여야 한다(상고 6조 2항). 동 기간이 도과된 때에는 상고특례법 제4조와 제5조를 적용할 수 없으므로 설사 그 사유가 있더라도 심리불속행판결은 할 수 없게 된다.

2. 심리속행 사유

상고특례법 제4조 제1항에서는 심리속행사유를 열거하고 있으며 이러한 사유가 없는 경우에는 심리불속행판결로 상고를 기각하여야 한다고 규정하고 있다. 아울러 상고특례법에서는 통상의 소송절차와 보전절차(상고 4조 2항)를 구분해서 속행사유를 규정하고 있으며 민사·가사·행정 사건의 재항고 및 특별항고 사건에 대해서는 기본적으로 보전절차의 속행사유를 준용하고 있다(상고 7조, 4조 2항). 이를 구분해서 살펴본다.

(1) 통상소송절차

1) 헌법위반이나 헌법에 대한 부당해석(1호)　　원심판결이 헌법에 위반한 경우로서 재판청구권(헌 27조)이나 재판공개의 원칙(헌 109조) 등을 위반한 경우를 말한다. 헌법의 관련 규정을 부당하게 해석한 경우에도 이 규정에 저촉된다.

2) 법률위반 여부에 대한 부당판단(2호)　　명령·규칙 또는 처분이 법률에 위반됨에도 불구하고 원심판결이 위반되지 않는다고 판단하거나 그 역의 경우를 말한다.

3) 대법원판례와 상반된 해석(3호)　　원심판결이 법률·명령·규칙 또는 처분에 대하여 대법원판례와 상반된 해석을 한 경우에는 심리속행을 하여야 한다. 이 규정을 반대해석하면 원심의 법령해석이 종전의 대법원판례와 같다면 심리불속행판결로써 상고기각이 되어야 한다는 결론에 이르게 된다. 그렇다면 당해 사건 외에 다른 사건에 대해 선례구속의 원칙 (doctrine of stare decisis)을 인정하지 않는 우리 법제와는 배치되는 것으로서 헌법상의 재판청구

---

1) 원심의 소송기록은 심리불속행 여부를 판단하기 위한 기록검토의 대상으로 하지 않았어야 한다는 견해가 있다(이시, 909면). 그러나 상고특례법상으로는 대법원이 상고기록을 송부받는다는 것과 그로부터 4개월간의 판단기간이 허용된다는 점만을 규정하고 있을 뿐이므로 필요에 따라서는 원심의 소송기록을 참작하지 않는다고 해서 법률위반에 해당한다고 볼 수는 없다. 하지만 원칙적으로 원심판결과 상고이유서만을 토대로 판단하는 경우에도 판결의 당부나 상고이유의 타당성 여부를 판단하기 위해서는 원심기록을 참조하여야 하는 경우가 있을 수 있으므로 원심기록을 참조하는 것을 반드시 비난할 대상이라고 보기는 어렵다.

권을 침해하는 것이 아닌가 하는 의문이 제기된다. 그러나 헌재는 "… 심급제도는 … 원칙적으로 입법자의 형성의 자유에 속하는 사항에 속하고, 개별적 사건에서의 권리구제보다 법령해석의 통일을 더 우위에 둔 입법자의 판단에 따라 상고심 재판을 받을 수 있는 객관적인 기준에 대법원판례 위반 여부를 한 요소로 삼은 것은 그 합리성이 인정될 뿐만 아니라, 판례의 법원성을 인정하지 않는 대륙법계 국가라는 이유로 실체법이 아닌 절차법인 이 사건 법률조항의 일부로 편입하여 대법원판례 위반을 심리불속행의 예외사유의 하나로 규정할 수 없는 것이 아니고, 또한 이로 인하여 새로운 권리침해가 발생하는 것도 아니다 … "라고 판시한 바 있다.1)

4) 대법원판례의 부재나 변경 필요성(4호)   법률·명령·규칙 또는 처분에 대한 해석에 관해 기존의 대법원 판례가 없거나 있더라도 변경의 필요성이 있는 경우를 지칭하며 상호 배치되는 판례가 있어 판례입장의 통일이 필요한 경우도 여기에 해당한다고 본다.

5) 중대한 법령위반(5호)   ① 중대한 법령위반을 내용으로 하는 제5호에 의해 앞서 본 제1호 내지 제4호는 그 예시로서 열거된 것에 불과하게 된다. 결국 상고특례법 제4조 제1항을 한마디로 요약하자면 원판결에 중대한 법령위반이 있는 경우에는 심리속행이 가능하다는 것이다. 그런데 '중대한 법령위반'이라는 문구를 둘러싸고 견해의 대립이 있다. 우선 이 문구는 법령에 대한 '중대한 위반'을 의미하는 것으로서 결국 판결에 영향을 끼친 법령위반이 중대한 위반에 해당하므로(상고 4조 3항 2호) '중대한'이라는 수식어는 무의미하다는 견해가 있다(정/유/김, 893면). 그렇지 않으면 '중대한 법령'인지 여부를 구분하는 것 자체는 자의적이기 때문이라고 지적한다. 다른 한편에서는 이 문구 자체를 '중대한 법령'에 대한 위반으로 해석한다. 따라서 법령위반에 관한 사항이 원칙적 중요성(grundsätzliche Bedeutung)을 갖는 경우에 중대한 법령위반에 해당한다고 설명하는 견해(김/강, 843면)나 어떠한 법령위반을 중대한 법령위반이라 할 것인가는 모호하여 자의에 흐를 면이 없지 않다고 하는 견해(이시, 906면) 등은 모두 중대한 법령위반이라는 용어에 대하여 독자성을 인정하는 입장이라고 할 것이다.

② 상고특례법은 제4조 제1항 제5호에서 중대한 법령위반을 속행사유로 하면서도 다시금 제한을 가하여 제3항에서 중대한 법령위반이 있더라도 원심판결과 관계가 없거나 영향을 미치지 않는 경우에는 상고기각판결을 하여야 한다고 규정하고 있다. 따라서 법의 취지에 비추어 본다면 중대한 법령위반은 판결에의 영향과는 독립된 독자적인 개념이라고 보아야 한다. 한편 법 제423조에서 판결에 영향을 미친 법령위반을 상고이유로 하고 있으므로 입법자가 상고특례법 제4조를 규정한 것은 심리속행을 위해서는 단순한 법령위반으로서는 부족하고 '중대한 법령위반으로서 판결에 영향을 미친 사항'이 있어야 한다는 것이다. 그렇다면 단

---

1) 憲裁 2007. 7. 26. 2006헌마551, 2007헌마88,255; 憲裁 2002. 6. 27. 2002헌마18.

순한 법령위반과 중대한 법령위반의 구분은 헌법상의 명확성의 원칙에 의해 확연히 구분되어야 하지만 무엇이 중대한 법령인가는 매우 모호하지 않을 수 없다. 헌재는 이 점을 의식하고 '법령의 중대한 위반'이라는 의미로 해석하여야 한다고 판시한 바 있다.[1]

6) 민사소송법 제424조 제1항 제1호 내지 제5호의 사유가 있는 때(6호) ① 법 제424조가 규정하는 절대적 상고이유 중 이유불비와 이유모순(6호)을 제외한 모든 사유가 심리속행사유가 된다. 이는 중대한 절차상의 과오가 있는 경우를 심리속행사유로 한 것이나 상고특례법 제4조 제3항 제2호에서는 이 경우에도 이 사유들로 인해 원심판결에 영향을 미칠 것을 추가적으로 요구하고 있어 문제가 되고 있다. 절대적 상고이유 자체가 중대한 절차적인 흠이 있는 경우로서 판결에의 영향 여부를 증명하기가 곤란하다는 점에서 법에서는 이를 전혀 고려하지 않음에도 불구하고 상고특례법에서 이를 요구하는 것은 매우 부당하다(입법의 불비). 따라서 상고특례법 제4조 제1항 제6호의 사유가 있는 경우에는 제3항 제2호 규정이 적용되지 않는다고 해석함이 타당하며 근거는 절대적 상고이유는 모두 직권조사사항이므로 심리속행을 통해 상고법원의 심리를 받아야 하기 때문이다(강, 759면).

② 상고특례법 제4조 제1항 제6호에서는 절대적 상고이유 중 유독 이유불비와 이유모순(424조 1항 6호)을 제외하고 있는데 이는 입법적 불비에 해당하므로 이 역시 중대한 법령위반에 해당한다고 보아 심리속행사유에 해당한다고 보아야 한다(같은 취지의 견해로는 정/유/김, 893면).[2] 그러나 이유불비나 이유모순의 경우는 그 정도가 심하여 원심판결의 승패를 달리하는 경우에만 중대한 법령위반에 해당한다는 견해도 있다(강, 759면).

(2) 보전절차의 특례

상고특례법 제4조 제2항에서는 가압류와 가처분에 관한 판결의 경우에는 재항고 사건과 마찬가지로 제4조 제1항의 심리속행 사유 중 제1호 내지 제3호의 사유에 해당하는 경우에만 심리속행이 가능하다. 소액사건에 대한 상고이유와 매우 흡사하며 상고심의 부담 경감을 위한 것이기는 하나 소액사건에서와 마찬가지로 보전처분 관련 사건이라고 해서 차별적인 취급을 정당화할 수 있는 것인지는 의문이다.

(3) 특례의 특례

상고특례법 제4조 제3항에서는 제1항 각호의 심리속행사유가 있더라도 주장자체로 이유

---

1) 憲裁 2002. 6. 27. 2002헌마18. 그러나 헌재는 이 사건에서 "중대한 법령위반에 관한 사항이 있는 때"에서 "중대한"의 개념은, 이 사건 법률조항의 입법취지 및 관계 규정을 고려하면, "법령의 위반이 중대한 경우"로 해석하고, 그 "중대성" 여부는 판결결과에 영향을 미치는지 여부, 즉 원심판결이 파기될 가능성 여부를 기준으로 판단하여 법령 위반으로 인하여 원심판결이 파기될 가능성이 있으면 중대한 법령위반이 있는 것으로 보아 심리불속행의 예외로서 심리속행을 허용한 것이라고 합리적인 해석이 가능하므로 명확성의 원칙에 위반되지 아니한다고 판시하였다

2) 정동윤, "상고심절차에 관한 특례법 소고", 법조(1995. 1), 14면 참조.

가 없는 경우(1호) 혹은 원심판결과 관계없거나 원심판결에 영향을 미치지 않는 때에는(2호) 상고기각판결을 하여야 한다고 규정하고 있다.

제 3 절   상고의 제기 및 효과

Ⅰ. 상고제기의 방식

상고와 상고심의 절차에는 특별한 규정이 없으면 항소심절차를 준용하므로(425조) 기본적으로 항소심절차와 유사한 절차를 영위하게 된다.

1. 상고장의 제출

상고인은 원심판결이 송달된 날부터 기산하여 2주 이내에 상고장을 원심법원에 제출하여야 한다(425조, 396조, 397조 1항). 상고장의 기재 사항 역시 항소장에 준하므로 당사자와 법정대리인, 그리고 항소심 판결의 표시와 그 판결에 대한 상고의 취지를 기재하여야 한다(425조, 397조 2항). 아울러 상고장에는 1심에서 붙인 인지액의 2배 상당의 인지를 붙여야 하며(인지 3조) 송달료 역시 예납하여야 한다.

2. 원심 재판장과 상고심 재판장의 상고장 심사

항소의 경우 1심 재판장이 1차적인 항소장 심사권을 갖는 것과 마찬가지로 상고에 관하여 항소심 재판장이 1차적인 상고장 심사권을 갖는다. 항소심 재판장의 심사권 역시 1심 재판장이 갖는 항소장 심사권과 동일한 절차와 방식에 따른다(425조, 399조). 원심 재판장이 흠이 있는 상고장을 간과한 경우에는 상고심 재판장이 상고장에 대한 보정명령과 각하명령을 발할 수 있다(425조, 402조).

3. 소송기록의 송부와 접수통지

(1) 상고장이 재판장에 의하여 각하되지 않은 경우에는 원심법원의 법원사무관등은 상고장이 첨부된 상고기록을 상고장이 제출된 날부터, 판결정본 송달 전에 상고가 제기된 때에는 판결정본이 송달된 날부터 2주 이내에 상고법원으로 송부하여야 한다(425조, 400조 1항). 상고법원의 법원사무관등은 원심법원의 법원사무관등으로부터 소송기록을 송부받은 때에는 바로 그 사유를 당사자 쌍방에게 통지하여야 한다(426조). 이 통지서에 상고인은 20일 이내에 상고이유서를 제출하여야 한다는 기재를 하고, 피상고인에게는 이 통지서와 함께 상고장부본을 송달

하는 것이 실무례이다(실무제요 Ⅲ, 308면). 이로써 피상고인도 상고인의 상고이유서제출기간 만료 시점이 언제인지 추론이 가능하며 부대상고가 가능하게 된다(425조, 401조). 한편 보조참가인이 상고한 경우에는 상고기록 접수통지서는 피참가인과 보조참가인 모두에게 송달하여야 하나, 상고이유서의 제출기간은 피참가인에 대한 송달일자를 기준으로 계산한다(실무제요 Ⅲ, 309면).

(2) 상고제기가 있더라도 상고기록이 원심법원에 보관되어 있는 경우에는 상고법원이 상고사건과 관련된 부수적인 재판을 할 수 없으므로 원심법원이 이를 담당하게 된다. 예를 들어 집행정지신청이나 소송구조신청, 상고의 취하, 상고권의 포기나 소취하 등도 원심법원에 하여야 한다.

Ⅱ. 상고이유서의 강제

1. 취   지

항소심과 달리 상고심에서의 변론은 임의적이며 특별한 경우가 아니면 구두변론 없이 판결하는 것이 가능하다(430조 1항). 대법원의 경우 소송기록에 의한 서면재판이 일반적이고 직권조사사항을 제외하고는 상고이유에 따라 불복신청의 한도에서만 심리를 하므로(431조) 상고이유서의 기능과 역할은 항소심에서의 항소이유와 달리 매우 중요하다. 따라서 법은 상고이유서의 제출을 강제하고 있는데 상고인은 위에서 언급한 소송기록접수통지를 받은 날부터 20일 이내에 상고이유서를 제출하여야 한다(427조).

2. 상고이유서 제출기간의 법적 성격

20일의 상고이유서 제출기간은 법정기간이지만 불변기간은 아니다.[1] 따라서 원칙적으로는 소송행위의 추후보완(173조)은 불가능하며 단지 기간의 신축만이 가능하다(172조 1항). 그러나 상고이유서 제출기간은 상소기간과 같이 불변기간의 성질을 가진 것으로 보아 추후보완을 인정해 주어야 한다는 견해가 있는 반면(김/강, 850면),[2] 불변기간은 아니므로 추후보완은 불가능하지만 기간의 경과 후 제출이 있더라도 기간의 신장을 인정하여 적법한 것으로 보아야 한다는 주장도 있다(이시, 903면). 보다 근본적인 문제는 상고심에서 변론이 열리지 않는다는 점에 있다. 소송경제와 신속한 재판을 위해 서면에 의한 재판으로 일관하는 상고심의 심리 특성상 상고이유서는 상고제기기간과 버금갈 정도로 상고인에게는 매우 중요하다. 따라서 이를 입법적으로 불변기간으로 규정하였어야 함에도 불구하고 이를 방치해 오고 있는 것이다. 더욱이 대법원 역시 당사

---

1) 大判 1962. 2. 8. 4293민상397에서는 상고이유서 제출기간을 불변기간으로 보아 소송행위의 추후보완을 인정하고 있으나 大決 1981. 1. 28. 81사2에서는 불변기간이 아니므로 추완신청이 허용될 수 없다고 한다.

2) 같은 취지의 견해로 보이는 정선주, "소송행위의 추완", 저스티스 30권 2호, 144면 참조.

자가 책임질 수 없는 사유로 제출기간을 준수하지 못한 경우에 재심을 허용함으로써 우회적으로 구제를 해 오고 있는데[1] 이는 당사자나 대법원 모두에게 비경제적이라고 생각된다.[2]

3. 기재방법과 판단대상

상고이유서에는 상고이유를 그 종류에 따라 구체적으로 기재하여야 한다(민규 129조 내지 131조). 규칙에서 이러한 구체적인 기술을 요구하는 것은 변론없이 상고이유서에 의해서만 심리가 이루어지므로 보다 분명하고 명확한 의사전달이 요구되기 때문이다. 한편 제출기간 이후에 제출되는 서면은 이미 적법하게 제출된 상고이유서를 보충하는 한도에서만 판단의 대상이 될 뿐이며 만일 새로운 상고사유를 기재한 경우에는 판단의 대상이 되지 못한다. 그러나 직권조사사항과 관련해서는 추가로 제출이 가능한데 이는 당사자의 지적이 없더라도 법원이 직권으로 조사할 사항이지만 법원에게 주의를 환기시킨다는 차원에서 제출의 의미가 있다.

4. 부제출의 효과

상고인이 법 제427조를 위반하여 제출기간 내에 상고이유서를 제출하지 않은 경우에는 변론없이 판결로 상고를 기각하여야 한다(429조). 동 기각 판결은 심리불속행 판결과 마찬가지로 판결이유를 기재할 필요가 없으며 판결 선고 없이 송달로써 판결의 효력이 발생한다(상고 5조 1항, 2항). 한편, 대법원은 형식적으로 상고이유서가 제출되더라도 구체적이고도 명시적인 이유 설시가 없을 때에는 상고이유를 제출하지 않은 것으로 취급하고 있다.[3] 예를 들어 상고장에 단순히 "원판결은 사실오인 내지 채증법칙의 위배가 있다"고만 기재된 경우,[4] 억울한 사정을 호소한 것에 불과한 경우,[5] 상고이유서에 원심에서 제출한 서류의 기재 내용을 원용하면서 원심 기록 일체를 빠뜨리지 않고 정독한 후 판단하여 달라고 기재되어 있는 경우[6] 등은 상고이유를 제출하지 않은 것과 같은 취급을 받게 된다.

Ⅲ. 부대상고

(1) 부대상고는 피상고인이 상고에 부대하여 원심판결을 자기에게 유리하게 변경해 줄

---

1) 大判 1998. 12. 11. 97재다445 판결 참조.
2) 憲裁 2008. 10. 30. 2007헌마532에서는 재심이 가능하다는 점, 기간 경과 후 상고이유서를 제출하더라도 기간의 신장을 인정할 수 있는 점 등을 들어 법 제429조 본문 규정이 합헌적이라고 판단하고 있다. 그러나 상고이유서 제출 기간 도과에 대해 기간의 신장을 인정한 예를 공간된 자료에서 찾기 어렵다. 비실재적이고 추상적인 사유를 들어 법 규정의 합헌성을 인정하는 것은 올바른 태도는 아니라고 판단된다.
3) 大判 1983. 11. 22. 82누297; 大判 2024. 1. 25. 2023다283913; 大判 2024. 5. 17. 2018다262103.
4) 大判 1974. 5. 28. 74사4.
5) 大判 1981. 5. 26. 81다494.
6) 大判 2008. 1. 24. 2007두23187.

것을 신청하는 것을 말한다(425조, 403조). 부대상고 역시 부대항소의 절차가 준용되므로 거의 모든 면에서 부대항소와 동일하지만 상고심이 법률심인 관계로 새로이 청구의 변경이나 반소 등을 제기할 수 없어 부대항소와 달리 전부승소자는 부대상고를 제기할 수 없다.

　　(2) 부대항소는 항소권이 소멸된 뒤에도 항소심 변론종결시까지 부대항소를 제기할 수 있으므로 부대상고 역시 상고심에서 항소심 변론종결시에 상응하는 시점까지 제기할 수 있다고 해석되어야 한다. 법에서는 변론 없이 판결을 선고하는 여러 경우에 판결선고 시점은 변론종결 시점의 대응 시점으로 파악되고 있지만(217조, 262조) 부대상고의 경우는 상고인의 공격방어의 종결시점(상고이유서 제출기간)과의 균형을 고려하여야 하므로 상고이유답변서 제출시를 부대상고의 종기로 파악하는 것이 타당하다. 그러나 판례는 항소심과 상고심의 절차상 구조에 차이가 있고 피상고인은 상고장의 송달과 소송기록접수통지를 받으므로 상고심에서 항소심에서의 변론종결시기에 대응하는 것은 상고이유서 제출기간의 만료 시라고 본다.[1] 피상고인이 소송기록접수통지서를 수령한다 하더라도 상고인의 상고이유서 제출기간 만료시점을 정확하게 파악하기 어려울 뿐 아니라, 피상고인의 공격방어방법인 부대상고의 종기를 상대방인 상고인의 공격방어방법의 종기로 설정하는 것은 양자의 균형을 상실한 태도라고 생각된다. 더구나 판례는 상고이유서 제출기간 안에 부대상고뿐 아니라 부대상고에 따른 상고이유까지도 제출할 것을 요구하고 있어[2] 이를 이행하지 않으면 부대상고는 기각되어야 한다는 점을 고려한다면 양 당사자의 무기대등의 원칙이 심각하게 훼손되고 있음을 알 수 있다.[3]

제 4 절   상고법원의 심리와 판결

Ⅰ. 상고법원의 본안심리

1. 상고이유서의 송달과 답변서의 제출

상고인의 상고이유서 제출이 있게 되면 상고법원은 그 부본이나 등본을 상대방에게 송달하여야 한다(428조 1항). 상대방은 상고이유서를 송달받은 날부터 10일 이내에 답변서를 제

---

1) 大判 2013. 2. 14. 2011두25005; 大判 1998. 7. 24. 97누20335; 大判 1968. 9. 17. 68다825.

2) 위 68다825 판결; 大判 2000. 1. 21. 99다50538.

3) 상고법원에서 변론이 열리는 경우에도(430조 2항) 쟁점의 조기제출을 유도하는 차원에서 상고이유서를 제출하게 하는 것은 바람직하지만 상고인과 부대상고인의 공격방어방법 제출의 종기를 상고이유서 제출기간으로 해석하는 것은 타당하지 않다. 물론 대법원에서의 변론은 참고인의 진술을 듣기 위한 것이라는 점을 강조하여 사실심에서의 변론과 다르다는 주장을 할 수도 있으나 대법원 역시 변론을 여는 것이 원칙이므로 (430조 1항의 반대해석) 일단 변론이 열리면 공격방어방법 제출의 종기는 변론종결 시점으로 보는 것이 법의 취지에 부합하기 때문이다.

출할 수 있다(428조 2항). 상고이유서와 달리 답변서의 제출은 의무적인 것이 아니고 피상고인의 재량에 맡기고 있다. 상고법원은 상고이유서와 마찬가지로 답변서의 부본이나 등본을 상고인에게 송달하여야 한다(428조 3항).

2. 심리의 범위

상고법원은 상고이유가 상고특례법 제4조 제1항 소정의 심리속행사유가 있는 경우에는 상고이유의 당부를 판단하기 위해 심리를 속행한다. 그러나 심리속행에 따른 별도의 재판은 요구되지 않는다. 상고법원 역시 상고이유에 따라 불복신청의 한도 안에서 심리를 하여야 하지만(431조), 법률심으로서의 기능만을 수행하므로 원심판결이 적법하게 확정한 사실에 구속된다(432조). 그러나 법원이 직권으로 조사하여야 할 사항은 불복이유나 범위와 상관없이 직권으로 판단하여야 한다(434조). 아울러 실체법의 판단의 과오에 대해서도 상고이유 불구속의 원칙에 따라 당사자가 지적하지 않았더라도 직권으로 심사할 수 있다.

3. 소송자료

상고심은 법률심이므로 사실심에서 확정된 사실관계에 터잡아 법률적인 판단만을 수행한다. 따라서 상고심에서는 새로운 사실주장이나 증거신청을 할 수 없으며 청구의 변경이나 중간확인의 소, 반소 등도 허용되지 않는다.

4. 심리방식(구술변론에의 지향)

(1) 상고법원은 상고장·상고이유서·답변서, 그 밖의 소송기록에 의하여 변론 없이 판결할 수 있는 임의적 변론절차이다(430조 1항). 2002년 개정 전에는 상고법원에서 변론이 열리는 경우는 대법원이 1심이자 최종심으로서의 역할을 하는 극히 제한된 사건에만 한정되었다. 그러나 현행법은 제430조 제2항에서 소송관계를 분명하게 하기 위하여 필요한 경우에는 특정한 사항에 관하여 변론을 열어 참고인의 진술을 들을 수 있다고 규정함으로써 상고심에서의 변론 개최 가능성을 시사하였으며, 참고인의 진술 및 참고인 의견서 제출에 대한 규칙을 마련하였다(민규 134조 및 134조의2). 아울러 2003. 10. 24. "대법원에서의 변론에 관한 규칙"을 제정, 공포한 후 2017. 12. 27. 개정함으로써 대법원에서의 변론과 참고인 진술 기회가 대폭 확대되는 계기를 마련하였다.

(2) 위와 같이 민사소송규칙과 대법원변론규칙 등이 개정된 후 상고심 사건에 대해서도 충실한 구두변론의 기회가 제공될 수 있는 여지가 마련되었으나 대법원변론규칙의 2017년 개정 이후에도 변론의 개최 여부는 상고법원의 재량사항으로서 당사자에게는 신청권조차 인정되지 않고 있음은 여전히 아쉬운 점이다. 더구나 변론을 개최하면서 당사자에게 특정사항

에 관한 변론준비를 명함에도 불구하고(대법원변론규칙 2조) 상고이유나 답변서의 제출시한을 변론종결시까지 연장하지 않고 있는데 이는 매우 부당하다. 따라서 변론이 개최되는 경우에는 공격방어방법의 제출시한을 변론종결시까지로 연장하고 부대상고도 이때까지 제기하는 것이 가능한 것으로 조정하는 것이 필요하다. 한편 법 제430조 제2항에서는 상고법원에서의 변론이 순수하게 참고인의 진술을 듣기 위한 절차로 규정하는 듯하지만 대법원 변론규칙에서 명백히 하고 있듯이 당사자의 변론과 참고인의 진술 양자 모두가 허용되므로(민규 5조 및 대법원변론규칙 5조) 이를 석명처분(140조)으로만 이해하는 것(이시, 911면)은 문제가 있다. 상고심에서의 변론 과정에서도 사실심에서의 변론과 다름없이 당사자권이 인정되어야 하며, 참고인의 진술 역시 감정인에 준해서 파악하는 것이 요구된다. 또한 앞으로는 모든 사건에 대해 변론이 개최되어야 할 것이지만 과도기적으로는 전원합의체에 회부된 사건에 대해서는 변론을 반드시 개최하는 것이 바람직하다.

(3) 대법원변론규칙의 2017년 개정을 통해 대법원 변론 혹은 선고에 대한 녹음 등이 재판장의 허가를 통해 가능하게 되었으며 인터넷 홈페이지 등을 통해 공개할 수 있도록 되었다(대법원변론규칙 7조의2). 헌법재판소는 이미 시행하고 있음에 비추어 뒤늦은 감이 없지 않으나 진일보한 정책이 아닐 수 없다. 아울러 감정인 신문과 유사하게 참고인이 비디오 등 중계장치에 의한 중계시설 또는 인터넷 화상장치를 이용하여 진술할 수 있도록 하였다(대법원변론규칙 8조).

(4) 상고심에서 열리는 변론은 임의적 변론이라는 이유로 진술간주 규정(148조)이나 상소취하 간주 규정(268조 4항) 등은 적용되지 않는다는 견해(이시, 911면; 정/유/김, 890면)가 있으나 의문이다. 변론이 임의적이거나 필요적이든 일단 열리면 변론에 관한 제 원칙이 적용되어야 하기 때문이다.[1]

Ⅱ. 상고심 재판

상고심 역시 소의 취하, 청구의 포기·인낙·화해 등으로 종료될 수 있을 뿐 아니라 종국재판에 의해 종료된다. 심리불속행 기각판결은 다른 심급에는 없는 독특한 제도로서 상고제한의 기능을 담당한다. 한편 1심 법원은 소가 제기된 날부터 5월 이내에 판결을 선고하여야 하지만 항소심과 상고심 법원은 기록을 송부받은 날부터 위 기간이 개시된다.

---

1) 변론을 여는 경우에 대석재판주의 내지 쌍방심문주의의 일반적 요청에 의해 진술간주 규정은 적용된다고 하면서도 상고심에서는 서면심리만으로 재판할 수 있으므로(430조) 상소취하 간주 규정(268조 4항)은 적용되지 않는다는 견해(김/강, 854면)도 있으나 이 역시 의문이다. 서면심리에 의하지 않고 변론이 열리게 되었으면 변론에 적용되는 원칙을 일관되게 적용하는 것이 법원칙이라고 생각되기 때문이다. 더구나 서면에 의한 재판을 원칙으로 강조하게 되면 열리게 되는 변론절차는 은혜적인 조치로 취급되고 상고심에서 변론이 열리는 것이 원칙이 될 가능성은 없게 될 것이다.

1. 상고를 배척하는 재판

① 상고심 재판장은 원심재판장과 마찬가지로 상고장심사권을 가지므로 명령으로 상고
장을 각하할 수 있다(425조, 402조). 이 명령에 대해서는 이를 심판할 상급기관이 없으므로 즉
시항고가 불가능하다.[1] ② 상고요건의 흠이 있는 경우에는 상고법원은 판결로 상고를 각하
하여야 한다. ③ 상고가 이유 없다고 인정하는 때에는(425조, 414조) 상고를 기각하는 본안판결
을 하여야 한다. 상고심의 경우도 항소심과 마찬가지로 원심판결의 이유가 정당하지 않더라
도 다른 이유에 따라 그 판결이 정당하다고 인정하면 상고를 기각하여야 한다(425조, 414조 2
항). 상고이유서를 제출하지 않은 경우 내지 제출하지 않은 것과 마찬가지로 취급되는 경우
에도 상고기각판결을 하여야 한다(429조).

2. 상고를 인용하는 판결

상고법원은 상고에 정당한 이유가 있는 경우에는 원심판결을 파기하여야 한다. 파기에
따른 후속조치로는 환송·이송·자판 등의 방법이 있다.

(1) 환송 또는 이송

원심판결을 파기하면서 추가적인 사실심리가 필요하다고 판단하게 되면 상고법원은 사
건을 원심법원으로 환송하거나 환송받아야 할 원심법원이 제척 등의 사유로 환송심을 구성
하지 못하는 경우에는 동등한 다른 법원으로 이송하여야 한다(436조 1항, 3항).

1) 환송 후의 심리절차   ① 환송판결에 따라 환송법원의 심판의 대상이 되는 것은 원
판결 중 상고법원으로부터 파기환송된 청구로 국한된다. 예를 들어 A, B, C, D 등 4개의 청
구가 단순병합된 사건에서 항소심 법원이 원고 청구를 모두 기각하자 원고가 B, C, D 3개의
청구에 대해서만 상고를 제기하였다고 가정하자. 이때 상고법원이 그 중 B에 대해서는 상고
기각, C에 대해서는 파기자판, D에 대해서만 파기환송한 경우, 환송법원의 심판대상은 D로
국한된다.[2]

② 상고법원의 환송판결에 따라 파기된 사건은 환송받은 법원에 당연히 계속되므로 환
송법원은 종전 변론의 연속선상에서(변론이 재개되는 것과 같은 효과이다) 심리를 속행하게 된다.
다만 원심판결에 관여한 법관은 환송심의 재판에 관여하지 못하므로[3] 새로운 재판부가 심리

---

1) 大決 1965. 5. 20. 65그11.
2) 한편, 판례에 따르면 A 청구는 상고의 대상이 아니지만 상고심으로 이심된 것으로 보며 따라서 A, B, C
  세 청구는 상고심판결 선고와 동시에 확정된다(大判 2001. 12. 24. 2001다62213; 大判 2007. 1. 11. 2005다
  67971 등).
3) 예를 들어, 환송전 원심판결을 한 법원의 서울고등법원 제1민사부였다면 대법원의 환송판결에 의해 사건
  을 배당받는 환송법원은 서울고등법원 제1민사부를 제외한 다른 재판부가 되어야 한다.

를 담당하게 되어 변론의 갱신절차가 요구된다(204조 2항). 또한 절차가 재개되어 속행되는 것이므로 환송 전의 항소심을 대리했던 소송대리인의 소송대리권 역시 부활된다. 따라서 환송받은 법원이 판결을 선고한 후에 종전 항소심 사건의 대리인에게 그 정본을 송달하는 것은 적법하다.1) 한편, 새로이 구성된 재판부에서 변론이 속행되는 것이므로 당해 심급의 절차에서 허용되는 모든 소송행위(청구취지나 항소취지의 변경, 반소의 제기, 부대항소, 항소의 취하 등)가 허용되며 새로운 사실심리가 이루어지므로 종전의 환송 전 원판결보다 상고인에게 불리한 판결이 선고될 가능성도 배제되지 않는다.2)

③ 환송 전 원심판결에 관여한 판사는 환송이나 이송된 사건의 재판에 관여할 수 없다(436조 3항). 환송 전 재판에 관여함으로써 편견과 예단이 형성된 법관으로 하여금 환송 후의 재판을 담당하게 하는 것은 적정한 재판을 담보할 수 없기 때문이다. 원심판결에 관여하였다는 의미는 단순히 변론에 참여하거나 증거조사를 한 경우를 의미하는 것이 아니고 최종변론과 평결에 참여한 것을 의미한다.3) 한편, 경우에 따라서는 한 사건을 둘러싸고 여러 차례 환송판결이 선고되는 경우가 있는데 이때 원심판결에 관여한 판사라는 것은 직전의 파기된 환송 전 판결에 관여한 판사를 의미한다. 따라서 1차의 항소심 판결에 관여한 법관은 2차의 항소심 판결에는 관여할 수 없지만 3차의 항소심 판결에는 관여할 수 있다.4)

2) 환송(이송)판결의 기속력(羈束力)

① 의　　의　　상고심의 파기판결에 의하여 사건을 환송받거나 이송받은 법원은 다시 변론을 거쳐 재판하여야 하지만 이 경우에는 상고법원이 파기의 이유로 삼은 사실상 및 법률상 판단에 기속된다(436조 2항). 이를 환송판결의 기속력이라고 한다. 환송판결의 법적 성질

---

1) 大判 1984. 6. 14. 84다카744. 이 사건은 대법원으로부터 사건을 환송받은 항소심 법원이 판결 선고 후 판결문 정본을 환송 전의 항소심 대리인에게 송달함으로써 빚어지게 되었다. 판결문 정본을 송달받은 종전 항소심의 대리인이 이를 당사자 본인에게 알려주지 않음으로써 상고제기 기간을 도과하였기 때문이다. 사실 종전 항소심에서 패소판결을 받은 당사자는 상고를 제기하면서 새로운 대리인을 선임하는 경우가 적지 않다. 따라서 종전 대리인의 대리권이 자동적으로 부활하는 것은 실질에 부합하지 않는 경우도 적지 않다. 이러한 사유를 들어 대리권의 부활을 반대하는 견해가 다수학설의 입장이나(이시, 914면) 환송 후의 절차가 종전 항소심의 속행절차라는 점, 종전 대리인의 대리권이 부활한다고 해서 당사자에게 특별히 불이익이 발생할 염려는 없다는 점(당사자는 환송 후 법원에서 얼마든지 대리인을 개임할 수 있기 때문)에서 판례의 입장이 타당하다(특허判決 2006. 4. 13. 2006허978 참조).

2) 이를 일종의 불이익변경금지의 원칙의 예외로 설명하는 견해(이시, 914면; 김홍, 1174면)가 있으나 의문이다. 한편, 이러한 결과가 법이 형사소송법 제368조와 달리 불이익변경금지의 원칙을 명시적으로 규정하고 있지 않으므로 생기는 불가피한 결론이라고 설시하는 판례도 있다(大判 1991. 11. 22. 91다18132). 그러나 상고법원의 파기환송 판결에 의해 사건이 사실심인 환송법원에 계속됨으로써 상고의 목적은 달성된 것이고 환송법원의 절차는 환송 전의 항소심 절차가 재개되어 속행되는 것과 동일하므로 이를 상고에 따른 불이익변경금지의 원칙으로 설명하는 것은 적절하지 못하다.

3) 大判 1973. 11. 27. 73다763 참조. 법관의 제척을 규정하고 있는 법 제41조 제5호 단서에서도 다른 법원의 촉탁에 따라 그 직무를 수행한 경우에는 제척사유에 해당하지 않는다고 규정하고 있다.

4) 민유숙/주석민소(6), 625면.

에 대해서는 중간판결의 실질을 가진 종국재판이라는 입장을 판례가 취하고 있다.1) 심급을 이탈시키는 점에서는 종국판결의 성격을 갖지만 사건을 최종적으로 종결시키는 효력은 없다는 점에서 중간판결의 실질을 갖는다고 함으로써 환송판결에 대한 재심대상 적격을 부인하는 효과를 내고 있다.

② **인정근거와 법적 성질**   i) 우리 법제는 대법원 판결의 법원성(法源性)을 인정하고 있지 않다(선례 비구속의 원칙). 그러나 동일 사건의 상급심 판결이 하급심을 기속하지 못한다면 법 질서의 불안이 야기되므로 상급법원의 판단은 당해 사건에 관하여 하급심을 기속한다는 원칙을 견지하고 있다(법조 8조). 이 원칙이 민사소송절차에 구현된 것이 바로 환송판결의 기속력이다. 따라서 환송판결의 기속력은 심급제도의 질서를 유지하기 위해 법원조직법 제8조, 법 제436조 제2항에 의해 인정되는 특수한 효력으로 파악하는 것이 바람직하다.

ii) 당해 사건에 한해서 인정되는 환송판결의 기속력은 특정 판결이 유사한 모든 후소에 대해 법원(法源)으로 작용하는 선례구속의 원칙(doctrine of stare decisis)과는 근본적으로 다르다. 그러나 우리나라에서는 사실상 대법원 판례가 다른 유사 사건에 대해서도 선례로서의 가치를 충분히 발휘하고 있다고 판단된다. 그뿐만 아니라 상고특례법 제4조 제1항 제3호에서는 심리속행 사유의 하나로서 대법원 판례와 상반된 경우를 규정하고 있으며, 나아가 상고특례법의 적용을 받지 않는 소액사건의 경우는 아예 대법원 판례위반이 상고이유로 규정되어 있는 점(소액 3조 2호)을 볼 때 선례구속의 원칙이 사실상 작용되고 있음을 인정하지 않을 수 없다.

③ **기속력의 내용**   환송이나 이송을 받은 법원은 상고법원이 파기의 이유로 삼은 사실상 및 법률상 판단에 기속된다. 따라서 기속력의 법적 성질을 기판력으로 파악할 수 없는 이유가 여기에 있다.

i) **사실상의 판단**   사실 인정에 대해서는 사실심이 전권을 갖고 있으므로2) 상고법원의 사실상의 판단은 본안에 관한 사실인정에 대한 것이 아니고 법원이 직권으로 조사하여야 할 사항(434조)으로 제한된다.3) 주로 절차위배나 재심사유를 판단함에 있어 필요한 사실로 귀결된다.4) 따라서 사건을 환송받은 법원은 본안에 관한 사실인정에 대해서는 기존의 주장과 증거는 물론 새로운 주장과 증거에 의해 새로운 사실을 인정할 수 있다. 나아가 원심이 새로운 증거조사를 하여 환송판결의 기속적 판단의 기초가 된 사실관계를 달리 인정한다면 그에 기한 새로운 법률상의 판단도 가능하고 이에 대하여는 환송판결의 기속력이 미치지 않는다.5)

---

1) 大判(全) 1995. 2. 14. 93재다27,34.
2) 불법행위로 인한 손해배상청구사건에서 책임경감사유에 대한 사실인정이나 비율을 정하는 것은 그것이 현저히 불합리하지 않는 한 사실심의 전권사항이라는 것이 판례 입장이다(大判 2020. 6. 25. 2019다 292026,292033,292040).
3) 大判 1988. 11. 22. 88누6.
4) 大判 1964. 6. 30. 63다1193. 이러한 해석이 통설과 판례의 입장이다.
5) 大判 1982. 12. 14. 80다1072 참조.

ii) **법률상의 판단**   ⓐ 상고법원의 법률상의 판단이라 함은 법령해석 및 적용상의 견해를 의미하며 사실에 대한 평가적 판단도 포함된다. 특정한 증거에 대한 취사선택은 물론 의사표시의 내용을 토대로 한 법적 평가 등이 여기에 포함된다. 그러나 환송판결의 기속력은 환송판결의 모든 판단에 대하여 생기는 것은 아니고 환송판결의 판단 중에서 원판결의 파기를 직접 이끌어낸 부정적 판단에만 기속력이 발생한다. 상급심의 하급심에 대한 관계는 일반적 · 적극적인 지도관계가 아니고 구체적 사건에 있어서 당사자의 불복신청에 기하여 파기이유가 된 것과 동일한 조치나 판단을 하급심에게 되풀이하지 않게 하겠다는 수동적 · 소극적인 관계에 불과하기 때문이다. 예컨대, 동일사실관계에 대하여 파기이유로서 A 법규를 적용한 것이 잘못이라고 하여 원심판결을 파기하면서 부수적으로 A 법규가 아닌 B 법규를 적용하여야 할 것이었다고 판시하였다 하더라도 그 환송판결의 기판력은 동일사실관계 하에서 A 법규를 적용해서는 안 된다고 하는 판단에만 생기고 B 법규를 적용하여야 할 것이라고 한 판시에 대하여는 기속력이 없으므로 원심법원은 심리한 결과 그 사실에 대하여 C 법규를 적용하였다고 하여도 그것은 환송판결의 기속력에 반하는 것은 아니다.[1]

ⓑ 상고법원이 명시적으로 설시하지 아니하였다 하더라도 파기이유로 한 부분과 논리적 · 필연적 관계가 있어서 상고법원이 파기이유의 전제로서 당연히 판단하였다고 볼 수 있는 법률상의 판단도 포함되는 것으로 보아야 한다.[2] 예를 들어, 소송요건의 흠결의 간과와 본안의 판단의 부당을 다 함께 상고이유로 주장한 상고사건에서, 상고심이 전자를 배척하고 후자를 인정하여 파기환송판결을 한 경우 소송요건에 관하여 상고심은 원판결을 긍정한 것으로 인정되고 그 소송요건에 관한 긍정적 판단은 이후 직접적 파기판단과 논리상 필연적인 관계에 있는 판단으로서 기속력이 있다.[3]

ⓒ 상고심이 어떤 상고이유를 거부 배척하여 그 점에서는 원판결을 긍정하면서 다른 상고이유로 원판결을 파기환송한 경우 그 상고이유를 부정하는 판단이 이후의 절차에서 기속력이 있는가 하는 점이 문제된다. 부정설은 어떠한 이유로든 원판결을 파기하기로 한 이상 그 파기이유로 한 판단 이외의 판단(즉, 여기서는 상고이유를 배척하는 판단)은 원래가 불필요한 방론에 불과하고 따라서 그 판단에는 기속력이 없다고 설명하고 있다(이시, 916면). 반면, 긍정설은 상고심의 중요한 임무가 각각의 상고이유에 대하여 심리를 하고 그것을 받아들일 것인가 아닌가의 판단을 하여 주는 데 있다고 전제하고, 원판결의 파기이유가 된 상고이유의 긍정적 판단이 다른 상고이유에 대하여 그것을 배척하고 부정한 판단보다 항상 중요한 의미를 갖는 것은 아니라고 하여 상고이유의 명시적 거부 판단에도 기속력을 인정하여야 한다고 설명하고 있다.[4]

---

1) 이재성, "환송판결의 성격과 기속력", 이재성 판례평석집(Ⅵ), 91–92면.
2) 大判 1991. 10. 25. 90누7890.
3) 이재성, 전게논문, 92면.
4) 이재성, 전게논문, 92면.

④ 기속력의 범위　　i) 기속력은 당해 사건에 한해서만 효력이 미친다. 당해 사건에 관한 한 1차적으로 환송을 받은 법원뿐 아니라 다시 상고를 받은 상고법원도 파기이유로 된 판단에 기속된다.[1] 그런데 만일 대법원의 소부에서 한 환송판결에 대하여 원심법원이 다시 판결을 선고하고 이에 대해 재상고가 된 사건을 전원합의체에서 판단을 하게 된 경우에도 환송판결의 파기사유에 여전히 전원합의체가 구속될 것인지에 대해서는 견해의 대립이 있다.

ii) 대법원은 소부의 판단에 따른 기속력은 전원합의체를 구성해서 판단하는 경우 미치지 않는다고 하면서 종전판결을 변경하였다.[2] 환송판결이 한 법률상의 판단을 변경할 필요가 있음에도 불구하고 대법원의 전원합의체까지 이에 기속되어야 한다면 전원합의체의 권능 행사를 통하여 법령의 올바른 해석적용과 그 통일을 기하고 무엇이 정당한 법인가를 선언함으로써 사법적 정의를 실현하여야 할 임무가 있는 대법원이 자신의 책무를 스스로 포기하게 되고 그로 인하여 하급심법원을 비롯한 사법전체가 심각한 혼란과 불안정에 빠질 수도 있을 것이며 소송경제에도 반하게 될 것이라고 한다. 그러나 비록 대법원의 소부에 의한 재판이라 할지라도 대법원 판결로서의 효력을 갖기 때문에 대법원 소부에서 한 환송판결은 당해 사건에 있어서는 재상고 사건을 심리하는 대법원(전원합의체를 구성하더라도)에 대해서도 기속력이 발생한다고 보아야 한다.[3] 이와 같이 해석하지 않는다면 동일 사건에 대해 두 개의 대법원 판결을 용인하게 되는 결과가 될 뿐 아니라 기존 소부의 대법원 판결도 다시 동일 절차 안에서 변경될 수 있다는 가능성을 소송 당사자들에게 심어주게 됨으로써 분쟁의 반복과 장기화를 초래할 염려가 크다.

(2) 파기자판

1) 상고법원은 원심판결을 파기하더라도 파기환송(이송)을 하지 않고 스스로 사건에 대하여 자판을 하여야 하는 경우가 있다. 즉 ① 확정된 사실에 대하여 법령적용이 어긋난다 하여 판결을 파기하는 경우에 사건이 그 사실을 바탕으로 재판하기 충분한 때, ② 사건이 법원의 권한에 속하지 아니한다 하여 판결을 파기하는 때(437조)가 그 경우이다. 이는 원심법원이 해야 할 판결을 상고법원이 갈음해서 하는 것이므로 소에 대한 응답이 아니라 항소에 대한 응답의 형태로 재판한다(김/강, 861면; 이시, 917면). 따라서 파기자판에 의해 사건이 언제나 종국적으로 처리되는 것은 아니다. 예를 들어 1심이 잘못 판단을 해서 소 각하 판결을 하고 항소가 되었는데도 항소심이 항소기각을 한 경우, 상고법원은 원심판결을 파기한 후 1심 판결을 취소하고 사건을 제1심으로 환송하거나 관할권 있는 다른 제1심 법원으로 이송할 수 있

---

1) 大判 1995. 8. 22. 94다43078; 大判(全) 2018. 10. 30. 2013다61381.

2) 大判(全) 2001. 3. 15. 98두15597.

3) 피정현, "파기판결의 기속력", 비교사법 제10권 3호(2003. 9), 542면; 김상수, "파기판결의 구속력과 전원합의체-대상판결: 大判(全) 2001. 3. 15. 98두15597-", 판례월보 369호, 14면 이하 참조.

다. 이때의 판결은 1심 판결을 취소하므로 파기자판의 성질을 갖지만 다시 사건을 환송하거나 이송하므로 종국적 재판은 아니다. 그러나 원심판결을 파기한 후 항소를 기각하거나 각하하는 경우, 혹은 항소를 인용하고 1심 판결을 취소하는 경우에는 종국적인 재판의 실질을 갖는다.

2) 확정된 사실에 대한 법령적용의 위배　　쟁점이 된 사실이 사실심에 의해 확정되었으나 법령적용이 잘못되어 판결을 파기하는 경우에 그 확정된 사실에 기초해서 상고법원이 판결을 하기에 충분한 경우에는 환송을 하는 대신 자판을 하여야 한다(437조 1호). 상고법원이 판결을 하기에 충분히 사건이 성숙되어 있음에도 이를 환송하게 되면 불필요한 재판의 반복이 발생하여 소송경제에 반하기 때문이다.

3) 법원의 권한에 속하지 않는 경우　　사건이 법원의 권한에 속하지 않아 판결을 파기하는 때도 파기자판을 하여야 하는데(437조 2호) 재판권의 대인적 제약이 있어 그 흠을 시정할 수 없는 경우를 말한다. 그러나 이 규정은 소가 부적법하고 당해 소송사건에서 보정이 불가능한 경우에 대한 예시 규정으로 보아야 한다.[1] 따라서 재판권의 흠결 외에 직권조사사항에 속하는 소송요건의 흠결 등이 있는 경우에도 파기자판을 하여야 한다.[2]

---

[1] 민유숙/주석민소(6), 630면.

[2] 그러나 실무상으로는 이와 같은 경우에도 대법원은 파기자판을 하지 않고 사건을 원심법원으로 환송하고 있어 비판을 받고 있다. 예를 들어 大判 1996. 11. 22. 96다34009 사건에서 대법원은 원심판결이 확인의 이익에 관한 법리를 오해하여 소를 각하하지 않고 본안에 관한 심리를 한 위법이 있다고 하면서도 사건을 원심법원으로 환송하고 있다.

제 4 장   항고절차

제 1 절 개   관

(1) 판결 이외의 결정·명령에 대한 독립된 상소를 항고라고 한다. 상급법원에 대해 결정·명령에 대한 취소를 구하는 상소의 일종이라는 점에서 동일 심급에 대해 불복하는 각종 이의신청1)과는 다르다. 또한 항소나 상고와 같이 상소의 일종이지만 간이하고 신속한 결정절차에 의한다는 점, 원법원이 스스로 내린 결정이나 명령에 대한 시정권을 갖고 있다는 점, 항고는 모든 결정이나 명령에 대해 인정되는 것이 아니고 법률이 특히 인정한 경우에만 허용된다는 점 등이 특징으로 거론된다.

(2) 소송절차를 진행하는 과정에서 발생하는 당사자 간의 다툼을 해결하기 위해 법원은 중간적인 재판을 부득이 하지 않을 수 없다.2) 이러한 중간적 재판에 대한 불복을 처리하는 데는 종국판결과 함께 상소를 통해 구제를 하는 방식과 독립된 불복절차, 즉 항고를 허용하는 방식 두 가지가 활용되고 있다. 본안심리와 밀접하게 관련되어 있고 중간적 재판의 결론에 따라 종국판결에 직접적인 영향을 미치는 사항에 대한 결정·명령(증거신청 각하결정, 소송 인수결정, 소변경신청 각하결정 등)은 종국판결에 대한 상소와 함께 심판하는 것이 합리적이다(392조).

(3) 본안과의 관련성이 적은 파생적 사항(기피신청에 대한 각하결정, 이송결정, 이송신청 기각결정, 피고 경정결정 등)이나 결정이나 명령에 의해 사건이 종료되는 경우(소장각하명령), 당사자가 아닌 제3자가 받는 결정이나 명령(증인이나 감정인이 받는 과태료의 결정), 종국판결이 있은 뒤에 성립하는 소송비용액확정결정 등에 관해서는 종국판결에 대한 불복절차와 분리하여 독립된 불복절차(항고절차)를 활용하는 것이 합리적이다. 따라서 법 제392조 단서에서 불복할 수 없는 재판과 항소로 불복할 수 있는 재판은 종국판결과 함께 항소법원의 판단을 받지 않고 독립된 불복절차를 이용하게 된다.

---

1) 수명법관이나 수탁판사의 재판에 대하여 수소법원에 불복하는 이의신청(441조), 재판장의 변론지휘에 대한 이의신청(138조), 화해권고결정(226조), 이행권고결정(소액 5조의4), 지급명령(470조), 조정을 갈음하는 결정(민조 342조)에 대한 이의, 가압류·가처분에 대한 이의신청(민집 283조, 301조) 등을 그 예로 들 수 있다.
2) 소장각하명령(254조 2항), 제척·기피 신청에 대한 결정(45조), 이송신청에 대한 결정(34조), 피고경정결정(260조) 등을 대표적인 예로 들 수 있다.

제 2 절 항고의 종류와 그 절차

Ⅰ. 항고의 종류

1. 통상항고와 즉시항고

통상항고는 항고제기 기간의 정함이 없는 항고로서 원재판의 취소를 구할 실익이 있는 한 언제나 항소제기가 가능하다. 이에 반해 즉시항고는 신속히 확정시킬 필요가 있는 경우에 불변기간인 항고제기 기간(재판이 고지된 날부터 1주일) 내에 제기하여야 하는 항고로서 법이 특별히 이를 인정한 경우에만 인정된다(이시, 917면).[1] 통상항고의 경우는 항고법원 또는 원심법원이나 판사가 항고에 대한 결정이 있을 때까지 원심재판의 집행을 정지하거나 그 밖에 필요한 처분을 명할 수 있지만(448조), 즉시항고는 당연히 집행을 정지하는 효력이 인정된다(447조).[2]

2. 최초의 항고와 재항고

판결절차에서의 항소와 상고에 대응하는 개념으로서 심급에 의한 구별이다. 최초의 항고는 제1심에서 내려진 결정이나 명령에 대해 행해지는 항고이며, 재항고는 최초의 항고에 관한 항고심의 결정에 대한 항고와 고등법원·항소법원의 결정·명령에 대한 항고를 의미한다(442조).

3. 준 항 고

수명법관이나 수탁판사의 재판에 대해서는 직접적으로 상급법원에 항고할 수 없도록 하고 1차적으로 수소법원에 이의를 신청하도록 하고 있는데 이를 준항고라고 한다(441조 1항 본

---

[1] 판례가 예외적으로 명문의 규정이 없는 상태에서 즉시항고를 인정한 사례가 있다. 우선, 법원의 직권에 의한 담보제공결정에 대해 불복규정이 없어 신청에 의한 담보제공결정에 대한 불복 규정을 유추한 사례가 있다(大決 2011. 5. 2. 2010부8). 이는 2017년 법 개정을 통해 직권에 의한 담보제공결정제도를 도입하면서(117조 2항) 불복규정을 두지 않은 입법적 실수를 감안한 것으로 보인다. 아울러 소송대리인에게 대리권이 없다는 이유로 소가 각하되고 법 제99조의 규정에 의하여 소송대리인이 소송비용 부담의 재판을 받은 경우 향후 절차에서 비용부담결정을 받은 무권대리인이 절차에 관여할 기회가 없으므로 결정을 한 법원을 상대로 즉시항고나 재항고에 의해 불복할 수밖에 없음을 인정한 사례이다(大判 1997. 10. 10. 96다48756). 위 2010부8 결정에서는 즉시항고가 법 규정을 통해서만 인정된다고 하는 민사소송법 규정은 없다고 하는데 바람직하지 못한 접근이다. 입법과정에서 즉시항고 인정여부를 신중하게 고려해서 이를 명문화함으로써 법률의 예측가능성은 물론 재판에 대한 구제의 사각지대를 최소화하여야 한다.

[2] 여기서의 집행력은 당해 재판내용을 실현하게 하는 일체의 효력을 의미하는 광의의 집행력을 말한다. 예를 들어 소송구조의 취소결정(131조)에 대하여 즉시항고를 하게 되면 취소결정의 집행이 저지되므로 당사자는 취소결정이 확정될 때까지 소송구조를 받을 수 있게 된다. 한편 절차의 신속성이 우선시되는 집행절차에서는 즉시항고의 집행정지적 효력이 없다(민집 15조 6항).

문). 수명법관이나 수탁판사는 수소법원의 수권에 의하여 수소법원의 특정한 집무를 집행하는 지위[1]에 있기 때문에 1차적으로 수소법원을 경유해서 불복하도록 한 것이며 실질은 같은 심급의 수소법원에 불복하므로 이의신청에 해당하여 준항고라고 명명한 것이다. 따라서 준항고의 대상은 수소법원이 재판하였을 경우에 항고할 수 있는 것이어야 한다(441조 1항 단서).

4. 특별항고

불복할 수 없는 결정이나 명령(28조 2항, 337조 2항, 465조 2항)에 대하여는 재판에 영향을 미친 헌법위반이 있거나, 재판의 전제가 된 명령·규칙·처분의 헌법 또는 법률의 위반여부에 대한 판단이 부당하다는 것을 이유로 하는 경우에 한하여 대법원에 특별항고를 할 수 있다(449조).

Ⅱ. 항고의 적용범위

1. 항고가 허용되는 재판

(1) 개별 법 규정에 의해 항고가 허용되는 경우

이송결정과 이송신청 기각결정에 대해 즉시항고가 허용되며(39조), 보조참가의 허부에 대한 결정(75조 3항)과 같이 법 규정에 의해 개별적으로 항고가 허용되는 경우가 있는데 이는 대부분 즉시항고에 해당하는 경우이다. 민사집행법상 보전처분에 대한 이의나 취소신청 그 외에도 법이 포괄적으로 항고를 허용하는 경우가 있다.

(2) 소송절차에 관한 신청을 기각한 결정·명령(439조)

1) 신청을 기각한 결정·명령이라고 규정되어 있으나 신청을 각하한 경우를 포함하여 신청을 배척한 경우로 해석함이 타당하다(이시, 919면; 호, 671면).[2] 소송절차에 관한 신청이므로 본안의 신청이 아닌 절차의 개시나 진행과 관련된 신청을 의미한다. 예를 들어 기일지정신청

---

1) 현행법상 대부분 증거조사절차에 산재되어 있다. 즉 수명법관·수탁판사에 의한 증인신문(313조), 법원 밖에서의 증거조사(297조)에 있어서 수명법관·수탁판사의 재판에 대해서는 수소법원에 준항고로써 불복하여야 한다.

2) 본안에 관한 소에 대하여 이를 기각하거나 각하하는 경우 그 구분이 나름대로 명백하지만 결정·명령에 대해서는 대부분 그 구분이 명백하지 않다. 이는 판결과 달리 결정과 명령에 대해서는 기판력이 인정되지 않으므로 굳이 각하와 기각을 구분할 필요가 없기 때문이다. 그러나 통상적으로는 여전히 각하와 기각을 구분하는 것이 일반적이다. 예를 들어 제척·기피신청에 대해 방식에 어긋나거나 소송의 지연을 목적으로 하는 것이 분명한 경우 이를 각하하여야 하며 제척이나 기피신청이 이유 없는 경우에는 기각 결정을 하되 동 결정 등에 대해서는 즉시항고 할 수 있다(47조 2항). 그런데 법 제47조 제3항에서는 법 제45조 제1항에 따른 각하결정에 대한 즉시항고는 집행정지효가 없다고 규정하고 있어 기각결정에 대한 즉시항고는 집행정지효과가 인정되는 것인지 의문시되지만 이 경우도 각하결정이 기각결정을 포함하는 것으로 보아 신청을 배척하는 결정으로 보는 것이 타당하다. 민사소송법이나 집행법상 결정·명령에 대한 기각 혹은 각하 결정의 구분 필요성은 실제적으로 거의 없다고 보인다.

(165조 3항), 공시송달신청(194조), 증거보전신청(375조), 소송수계신청(233조), 소송인수신청(82조) 등이 여기에 해당한다.

2) 변론재개신청(142조)이나 기일변경신청(165조)과 같은 것은 당사자에게 신청권이 인정되지 않고 법원의 직권발동을 촉구하는 의미밖에 없으므로 동 신청을 기각하더라도 항고할 수 없다는 것이 종래의 학설과 판례의 입장이다(이시, 920면; 호, 671면). 그러나 이러한 신청들에 있어서도 합리적인 이유가 인정되는 한 법원을 기속한다고 보아야 하므로 항고의 대상이 된다고 해석함이 타당하다(제4편 제3장 제4절 Ⅲ 및 제4장 제1절 Ⅱ 참조).[1] 한편 관할위반에 따른 이송의 경우 당사자에게는 신청권이 없으므로 이송신청이 있어도 이에 대한 재판을 요하지 않으며 만일 거부하는 재판이 있어도 항고나 특별항고가 불가능하다는 것이 대법원 전원합의체 결정의 다수 입장이다.[2] 따라서 판례는 관할위반에 따른 이송결정이나 이송신청 기각결정에 대해서는 법 제39조가 규정하는 즉시항고의 대상에도 포함되지 않는다고 한다.

3) 본안신청 혹은 공격·방어방법에 대한 증거신청은 물론, 판결경정신청(211조)에 대한 기각결정(화해나 인낙조서에 대한 기각결정도 동일)과 같이 소송절차에 관한 신청이 아닌 경우에는 항고의 대상이 되지 않는다. 판결경정결정 역시 본안에 관련된 것이지만 소송절차에 관한 신청을 인용한 결정이므로 통상항고의 대상이 되지 않지만 법은 특별히 이에 대해 즉시항고를 허용하고 있다(211조 3항).

(3) 방식위배의 결정·명령과 집행관련 재판

결정이나 명령으로 재판할 수 없는 사항에 대하여 결정 또는 명령을 한 때에는 항고할 수 있다. 원래 판결로 하여야 할 사항을 결정·명령으로 한 경우 그 외관에 따라 항고로써 불복하는 것을 허용하여야만 당사자에게 불이익이 없기 때문이다. 한편, 집행절차에 관한 집행법원의 재판에 대해서는 특별한 규정이 있어야만 즉시항고가 가능하며(민집 15조 1항), 민사소송절차에서의 즉시항고와 달리 집행정지적 효력이 없다(민집 15조 6항). 대신 집행법원의 집행절차에 관한 재판으로서 즉시항고를 할 수 없는 것과, 집행관의 집행처분, 그 밖에 집행관이 지킬 집행절차에 대하여서는 법원에 이의를 신청할 수 있도록 하고 있다(민집 16조 1항).

2. 항고가 허용되지 않는 재판

불복신청이 명시적으로 금지된 경우에는 항고가 허용되지 않는다[28조 2항(관할지정결정), 법관 및 감정인에 대한 제척·기피 결정(47조 1항, 337조 3항), 지급명령신청각하결정(465조 1항) 등]. 또한 항고 이외에 이의신청과 같은 불복신청이 별도로 인정되는 경우(지급명령에 대한 이의신청, 보전처분에

---

1) 인터넷 화상장치에 의한 영상재판을 신청하였으나 거부당한 경우 당사자가 영상재판불허가 결정에 대한 불복(통상항고)을 할 수 있다는 결정이 있다(광주高決 2022. 10. 20. 2022라1116,1117).

2) 大決(全) 1993. 12. 6. 93마524.

대한 이의신청 등), 최종심인 대법원의 결정 · 명령 등에 대해서는 항고가 허용되지 않는다. 수명법관이나 수탁판사의 재판에 대해서도 일단 수소법원에 이의신청을 하고 그 결정을 거쳐야만 항고가 가능하다(준항고, 441조). 이러한 불복할 수 없는 결정 · 명령에 대해서는 법 제449조가 규정하는 특별항고만이 가능하다. 한편 중간적 재판에 대해서는 독립적인 불복절차가 허용되지 않으므로 그러한 실질을 가진 결정 · 명령에 대해서는 항고가 허용되지 않는다. 예를 들면 소송인수결정(82조 1항),[1] 경매절차의 속행명령(201조, 민집 23조),[2] 가집행선고부 판결에 대한 상소제기로 인한 집행정지를 위한 공탁명령(501조, 500조)[3] 등은 중간적 재판에 해당하므로 독립적인 불복이 허용되지 않는다. 한편, 항고권의 포기와 마찬가지로 항고권 역시 실효된다는 견해가 있으나(이시, 921면), 항고의 이익이 있는 한 실효되지 않는다고 해석함이 타당하다.

Ⅲ. 항고의 절차

1. 당 사 자

항고를 제기할 수 있는 자는 원심재판에 의해 불이익을 입은 자로서 소송당사자, 보조참가인 혹은 소송당사자 이외의 제3자이다.[4] 한편 판결절차에서 파생하는 사항인 경우에는 본안소송절차의 원고와 피고가 항고인 혹은 상대방이 되는 경우가 적지 않다. 그러나 항고는 원칙적으로 두 당사자의 대립을 예상하지 않는 편면적인 불복절차로서 항고인과 이해가 상반되는 자가 있는 경우라도 판결절차에 있어서와 같이 엄격한 의미의 대립을 인정할 수 있는 것이 아니므로, 항고장에 반드시 상대방의 표시가 있어야 하는 것도 아니고, 항고장을 상대방에게 송달하여야 하는 것도 아니라는 것이 판례의 입장이다.[5] 민사집행절차에서는 항고법원이 필요하다고 인정하는 경우에는 반대진술을 하게 하기 위해 항고인의 상대방을 정할 수 있도록 하고 있는데(민집 131조 1항) 이를 보아도 항고절차의 상대방은 큰 의미가 없음을 알 수 있다. 다만, 항고로 말미암아 원재판이 상대방에게 불리하게 변경되어 그 상대방이 이에

---

1) 大決 1981. 10. 29. 81마357.

2) 大決 1974. 2. 27. 74마8.

3) 大決 2000. 9. 6. 2000그14.

4) 예를 들면 증인의무 위반에 대한 제재를 받은 증인(317조), 비용의 상환을 명받은 대리인 · 법원사무관등이나 집행관(107조), 문서의 제출을 명받은 제3자(348조, 347조) 등이 항고의 주체가 될 수 있다.

5) 大決 1997. 11. 27. 97스4. 증인이나 감정인에 대한 과태료의 재판이나 소장각하명령 등에 대해 불복하는 경우 애초부터 반대의 이해관계인이 없어 항고인이 단독의 주체가 되어 절차를 진행한다. 그러나 소장각하명령에 대한 불복을 함에 있어 판결절차의 피고가 상대방으로 기재되는 경우가 있다(大決 2004. 11. 24. 2004무54). 이는 소장각하명령에 대한 원고의 불복을 통해 항고법원이 각하명령을 취소하는 경우 그 불이익은 피고에게 돌아가므로 피고에게는 재항고의 이익이 발생한다.

불복할 권리를 갖는 경우에는 그에게 재항고의 기회를 주기 위해 결정문을 송달해야 한다(실무제요 Ⅲ, 324면).

2. 항고의 제기

(1) 항고 역시 항소나 상고와 마찬가지로 항고장을 원심법원에 제출함으로써 한다(445조). 즉시항고의 경우는 재판이 고지된 날부터 1주간의 불변기간 이내에 제기되어야 하며, 통상항고의 경우는 아무런 제약이 없으므로 불복의 이익이 있는 한 허용된다. 그런데 원심 법원이 아닌 다른 법원(예를 들어 상급법원인 항고법원)에 항고장을 제출한 경우에는 문제이다. 판례[1]는 모든 불복의 경우 원심법원으로의 이송을 부정하면서 기록을 원심법원으로 송부하는 것으로 충분하고 기간준수 여부도 원심법원으로 기록이 송부된 때를 기준으로 하고 있다. 앞서 상소의 일반원칙과 관련하여 본 것과 같이(제1장 제3절 Ⅱ. 2. 참조) 이 경우에도 이송을 긍정하는 것이 타당하다.

(2) 민사집행법상의 즉시항고에는 몇 가지 특칙이 인정된다. 우선 항고이유 제출 강제주의를 취함으로써 항고장에 항고이유를 적지 아니한 때에는 항고인은 항고장을 제출한 날부터 10일 이내에 항고이유서를 원심법원에 제출하여야 한다(민집 15조 3항). 아울러 즉시항고의 이유는 원심재판의 취소 또는 변경을 구하는 사유를 구체적으로 적어야 한다(집규 13조 참조). 한편 재항고의 경우도 동일하다(집규 14조의2 2항).

3. 항고제기의 효력

(1) 집행정지효

결정과 명령은 상당한 방법으로 고지하면 효력을 갖게 되지만(221조) 즉시항고가 제기되면 집행을 정지시키는 효력을 갖는다(447조). 그러나 통상항고의 경우에는 당연히 집행정지효가 발생하지는 않고 항고법원 또는 원심법원이나 판사는 직권 혹은 당사자의 신청에 의해 항고에 대한 결정이 있을 때까지 원심재판의 집행을 정지하거나 그 밖에 필요한 처분을 명할 수 있다(448조).

(2) 원심법원의 자기경정권(自己更正權, 再度의 考案)

1) 항소나 상고와 달리 항고(통상항고, 즉시항고, 재항고[2] 등)의 경우는 원심법원이 스스로

---

1) 大決 1992. 4. 15. 92마146(항소장); 大判 2010. 12. 9. 2007다42907(상고장); 大決 1985. 5. 24. 85마178(재항고).

2) 자기경정권은 통상항고에 대해서만 허용된다는 견해가 있다. 즉시항고는 기속력이 인정되는 결정·명령에 대한 것이기 때문이라고 한다(정/유/김, 911면). 그러나 즉시항고에 따라 집행이 정지되는 효력이 발생한다고 하여 자기기속력이 있다고 볼 수는 없으며 판례 역시 즉시항고에 대해서 자기경정권을 인정하고 있다(大決 1966. 10. 20. 66마674). 또한 비송사건절차법 제19조 제3항에서는 즉시항고로써 불복을 할 수 있는 재판

내린 결정을 경정할 수 있는 권한이 인정된다. 즉 법 제446조는 원심법원이 항고에 정당한 이유가 있다고 인정하는 때에는 그 재판을 경정하여야 한다고 규정하고 있는데 이는 항고법원에게 자기경정권을 인정해 준 것이다. 판결의 경정과는 달리 단순한 위산이나 오기만을 경정하는 것이 아니고 원래의 결정·명령을 취소 혹은 변경하는 것을 포함한다(김/강, 868면). 결국 결정·명령에는 자기구속력이 인정되지 않으며 이는 절차의 간이·신속을 도모하기 위한 것이다(김홍, 1202~1203면; 이시, 921면).

2) **자기경정권의 대상**   ① 적법한 항고만이 자기경정권의 대상이 될 수 있는지 문제된다. 예를 들어 즉시항고의 제기기간이 도과된 것이 분명하지만 항고의 내용을 통해 원심법원이 뒤늦게나마 원결정이 잘못되었음을 알게 된 경우 원결정을 경정할 수 있는가의 문제이다. 통설과 판례1)는 이 경우 원심법원이 스스로 경정할 수 없다고 한다(김홍, 1203면; 이시, 921면). 그러나 자기경정권은 원심법원의 권한인 동시에 의무이고 항고는 그 권한과 의무를 적법하게 행사하도록 하는 촉매 역할을 하는 것에 불과하므로 이 경우도 경정결정이 가능하다고 해석함이 타당하다(같은 취지의 견해로는 호, 675면). 즉시항고기간의 도과로 결정·명령이 확정되었다면 항고법원으로서도 항고를 각하할 수밖에 없는데 원심법원으로 하여금 이를 경정할 수 있게 한다면 항고법원 이상의 것을 할 수 있도록 허용하는 것이므로 부당하다는 지적이 있으나 법 제141조(변론의 제한·분리·병합), 제222조(소송지휘에 관한 재판)에 따르면 법원은 항고 없이도 기존의 결정·명령을 스스로 취소할 수 있으므로 항고의 제기 혹은 그 확정이 원심법원의 자기경정권을 제한할 수는 없다.

② 특별항고가 제기된 경우 자기경정권이 인정되는지 여부가 논해진다. 통상의 절차에 의하여 불복을 신청할 수 없는 결정이나 명령에 대하여 특별히 대법원에 위헌이나 위법의 심사권을 부여하고 있는 특별항고의 경우에 원심법원에 반성의 기회를 부여하는 자기경정을 허용하는 것은 특별항고를 인정한 취지에 맞지 않는다. 따라서 특별항고가 있는 경우 원심법원은 경정결정을 할 수 없고 기록을 그대로 대법원에 송부하여야 한다(김홍, 1202면; 이시, 921면).2)

3) **자기경정권 행사에 대한 불복**   원심법원의 자기경정권 행사에 대해 명문으로 불복을 허용하는 규정은 없다. 그러나 판결경정에 대한 즉시항고 규정(211조 3항)을 유추하여 경정결정에 대해 별도의 즉시항고가 가능하다는 견해(이시, 921면)가 있다. 최근 대법원은 이러한 유추적용을 인정하고 항소장각하명령에 대해 즉시항고가 허용되므로 원심법원 스스로 이를 취소하는 경정결정에 대해서도 즉시항고를 인정하는 것이 공평의 관점에서 타당하고 당사자

은 이를 취소 또는 변경할 수 없다고 명시적으로 규정하고 있는바, 이에 대한 반대해석을 하더라도 일반적인 즉시항고에 대해서는 자기경정권이 인정된다고 보아야 한다.
1) 大決 1967. 3. 22. 67마141.
2) 大決 2001. 2. 28. 2001그4.

의 헌법상 재판청구권을 보호하는 것이라고 판시하였다.[1] 판결경정결정에 대한 불복 규정 (211조 3항)을 결정 및 명령에 대한 자기경정권 행사에 유추하는 판례의 입장은 타당하다.[2] 판결의 경우와 달리 결정이나 명령에 대한 경정결정에는 기속력이 없더라도 판단 내용까지 바꾸는 자기경정권 행사이므로 당사자의 불복이 더욱 필요하기 때문이다. 그러나 이러한 이유 때문에 오히려 유추를 허용해서는 안 된다는 견해도 있다.[3]

4. 항고심의 절차와 심판

(1) 항고심의 소송절차에는 항소심에 관한 규정을 준용하므로(443조 1항) 항고인이나 그 밖의 이해관계인은 새로운 사실이나 증거를 제출할 수 있으며, 그 심판범위는 불복신청의 범위에 한정되고[4] 항고심의 재판이 선고되기까지는 불복신청의 범위를 확장하거나 변경하는 것이 가능하다(이시, 922면; 호, 676면). 또한 부대항고도 가능하며, 항고와 부대항고의 취하나 그 포기도 가능하다(정/유/김, 912면). 그러나 원심 재판장의 항고장 심사권은 준용되지 않는다고 보아야 한다. 원심 재판장은 항고에 대해 1차적인 자기경정권(재도의 고안)을 갖고 있으므로 굳이 별도로 항고장 심사권을 말할 필요가 없기 때문이다.

(2) 대립당사자 구조를 갖지 못하는 결정절차에서는 보조참가가 허용되지 않는다는 것이 판례입장이다.[5] 원법원은 항고의 당부를 조사하는 경우에 변론을 열거나 혹은 당사자를 심문하고 새로운 사실이나 증거조사도 할 수 있다(김/강, 869면; 이시, 922면). 항고절차는 결정으로 완결할 사건에 해당하므로 변론을 열지 여부는 법원의 재량이지만(143조 1항) 실무상으로 변론을 여는 경우는 거의 없다.

(3) 인지부족을 이유로 한 재판장의 인지보정명령에 대해 당사자가 불응하자[6] 재판장이 소장각하명령을 한 경우, 원고가 즉시항고를 제기한 후에 부족한 인지를 보충하더라도(혹은 즉시항고 전에 보충을 하더라도) 소장각하명령을 경정할 수 없다는 것이 확립된 판례의 입장이다.[7]

---

1) 大決 2023. 7. 14. 2023그585,586.

2) 전병서, "2023년 민사소송법 중요판례평석", 인권과 정의 520호(2024), 251면 역시 판례를 지지하고 있다.

3) 김경욱, "2023년 민사소송법 중요판례 분석", 안암법학 68권(2024), 357면에서는 판결에 대한 경정과 달리 기속력이 발생하지 않는 결정이나 명령에 대한 경정은 단순한 오기 등이 아니라 판단 내용까지 바꿀 수 있는 것이므로 준용이나 유추가 허용될 수 없다고 한다.

4) 비송사건절차법 제11조에 따르면 법원은 직권으로 사실의 탐지와 필요하다고 인정하는 증거의 조사를 하여야 한다고 규정하고 있으므로 동법에 따른 항고사건에서는 항고법원의 조사범위가 항고이유에 의해 제한되지 않는다(大決 2007. 3. 29. 2006마724).

5) 大決 1994. 1. 20. 93마1701.

6) 인지보정명령은 재판장의 소장심사권의 일환으로 발령되며 법 제439조 소정의 소송절차에 관한 신청을 기각하는 결정도 아니고 성격에 있어서도 중간적 재판의 성질을 가지므로 독립한 불복의 대상이 되지 못한다는 것이 판례의 확고한 입장이다(大決 1987. 2. 4. 86그157).

7) 大決(全) 1968. 7. 29. 68사49; 大決 1996. 1. 12. 95두61.

인지보정명령에 대해서는 독립한 불복방법이 허용되지 않으므로 당사자는 부득이 소장각하명령에 대해 불복할 수밖에 없는데 그 전후 과정에서 부족한 인지액을 보충하여도 한 번 내려진 각하명령을 경정할 수 없다고 한다면 당사자에게 너무 가혹한 결과를 초래하게 된다.

(4) 항고법원은 항소심 법원에 준해서 항고를 배척하는 경우 항고기각, 항고각하의 주문을 사용하며, 원재판을 취소하는 경우에는 스스로 재판하거나 원심법원으로 환송한다. 항소심 재판과 달리 환송을 제약하는 요소는 없다. 더구나 사건이 원 법원으로 환송되더라도 종전의 결정에 관여한 법관이 환송 후의 사건에 대해서도 관여하는 것이 가능하다.[1]

(5) 원심법원이 스스로 경정결정을 하면 항고의 목적이 달성되므로 항고절차는 종료된다. 그러나 원심법원의 경정결정에 대해서 다시 즉시항고가 허용되는데(211조 3항) 동 항고가 인용되는 경우 당초의 항고가 부활되는지 여부에 대해서는 견해의 대립이 있다. 당초의 항고는 경정결정에 의해 소멸된 것으로 보는 것이 타당하며 따라서 경정결정이 취소된다고 해서 부활하지는 않는다고 보아야 한다.[2]

Ⅳ. 재 항 고

1. 의   의

재항고는 이중적인 성격을 갖고 있는데 항고법원의 결정·명령에 대한 2차적인 불복의 의미와 함께 고등법원 또는 항소법원의 결정 및 명령에 대하여 제기하는 최초의 불복이라는 의미를 동시에 갖고 있으며 이들은 모두 법률심인 대법원에의 항고라는 점에서는 동일하다. 다만 재항고는 재판에 영향을 미친 헌법·법률·명령 또는 규칙의 위반을 사유로 하는 경우에만 가능하다(442조).

2. 재항고할 수 있는 재판

(1) 항고법원의 결정과 고등법원 또는 항소법원의 결정 및 명령이 재항고의 대상이 되지만 일단 종국적인 재판이어야 함은 당연하다.[3] 항고법원의 결정이라 함은 고등법원이나 지방법원 항소부가 항고심으로서 한 결정(제2심 결정)을 말한다. 또한 고등법원이나 항소법원(지방법원 항소부)의 결정·명령은 이들 법원이 제1심으로 한 결정·명령을 말한다.[4] 대법원의

---

1) 大決 1975. 3. 12. 74마413.
2) 같은 취지의 견해는 한승/주석민소(6), 690면 참조. 반대로 당초의 항고가 존속한다는 견해도 있다(이시, 921-922면). 반대 견해는 大決 1967. 3. 22. 67마141을 예로 들고 있으나 동 결정은 당초의 항고가 부활되는지 여부에 대해서는 아무런 언급이 없는 재판이다.
3) 따라서 고등법원의 위헌여부제청신청 기각결정에 대해서는 독립해서 불복 재항고하는 것이 허용되지 않는다(大決 1981. 7. 3. 80마505).
4) 예를 들어, 고등법원이나 지방법원 항소부에서 항소사건을 심리하던 도중에 보조참가신청을 한 제3자에

결정·명령에 대해서는 상급심이 더 이상 존재하지 않으므로 항고는 물론 재항고, 특별항고도 허용되지 않는다.[1]

(2) 2심으로 한 항고법원의 결정·명령에 대한 재항고 여부는 항고법원의 결정 내용에 의해서 좌우된다. 즉, 항고를 부적법 각하한 경우에는 재항고적격이 있다(439조). 그러나 항고를 기각한 결정에 대해서는 원심재판을 유지하는 것이므로 재항고가 가능한데 이 경우 항고인만이 재항고적격이 있다. 따라서 항고인 이외의 제3자는 이해관계가 있더라도 재항고할 수 없다.[2] 한편, 항고를 인용한 결정에 대해서는 그 내용이 항고에 적합한 경우에 한해서 재항고가 가능하며 이 경우에는 새로운 이해관계를 갖는 자도 재항고를 제기할 실익이 있다.[3] 예를 들어, 법관에 대한 제척·기피신청을 기각한 경우 신청인이 즉시항고를 제기하자 항고법원이 인용 결정을 하게 되면 이에 대해서는 불복이 불가능하므로(47조 1항) 동 항고법원의 인용결정에 대해서는 재항고가 허용되지 않는다. 재항고는 독자적인 제도가 아니고 법률이 결정·명령에 대해 항고를 허용하지 않는 경우에는 동일하게 재항고 역시 허용되지 않기 때문이다.[4]

(3) 재항고가 통상항고인지 혹은 즉시항고인지 여부도 항고심 결정의 성격과 내용에 의해 좌우된다고 하는데, 즉 최초의 항고가 즉시항고이고 항고법원이 이를 각하하거나 기각한 경우에는 원 재판이 유지되는 것이므로 이에 대한 재항고 역시 즉시항고의 성격을 갖는다는 것이 판례와 통설의 입장이다(김/강, 871면; 이시, 926면; 정/유/김, 914면).[5] 그러나 이러한 해석은 불복절차로서의 재항고의 성격에 부합하지 않는다. 최초의 항고로서의 재항고는 즉시항고와 통상항고로 구분하는 것이 가능하고 실익이 있지만 상고절차와 대비되는 불복절차로서의 재항고를 통상항고나 즉시항고로 구분하는 것은 법적인 근거가 전혀 없다. 따라서 불복절차로서 상고절차에 대비되는 재항고절차에는 상고심절차가 준용됨에 따라(443조 2항) 2주라는 재항고 제기 기간과 20일의 재항고이유서 제출기간이 보장되어야 한다. 물론, 원 결정에 대한

대해 이를 불허하는 결정을 하거나 항소장 각하명령을 한 경우 불복하는 자의 입장에서는 첫 번째의 항고가 되지만 법률상으로는 재항고로 분류한다. 따라서 재항고(Weitere Beschwerde)라는 용어 자체가 정확하지 않다고 할 수 있다.

1) 大決 1987. 9. 15. 87그30.

2) 大決 1992. 4. 21. 92마103.

3) 大決(全) 2002. 12. 24. 2001마1047에서 대법원은 " … 경락허가결정에 대한 즉시항고에 대하여 항고법원이 항고를 기각한 경우 항고인만이 재항고를 할 수 있고 다른 사람은 그 결정에 이해관계가 있다 할지라도 재항고를 할 수 없는 것이지만, 항고법원이 항고를 인용하여 원결정을 취소하고 다시 상당한 결정을 하거나 원심법원으로 환송하는 결정을 하였을 때에는 그 새로운 결정에 따라 손해를 볼 이해관계인은 재항고를 할 수 있다 …"고 판시하였다.

4) 한승/주석민소(6), 668면.

5) 大決 2007. 7. 2. 2006마409; 大決 2004. 5. 17. 2004마246; 大決 2002. 8. 16. 2002마362. 세 개의 판결이 모두 유사하지만 大決 2007. 7. 2. 2006마409는 다소 다른 입장에 있다는 견해는 졸고, "즉시항고에 따른 항고심 재판에 대한 재항고는 즉시항고인가?", 민사소송 15권 2호, 342-343면 참조.

항고가 즉시항고이면 이에 대한 재불복절차인 재항고도 즉시항고에 해당하게 함으로써 신속한 재판을 도모하고자 하는 취지는 충분히 이해된다. 하지만 법 제443조 제2항을 통해 재항고절차에는 상고심절차가 준용되고 있다면 수요자인 국민의 권익을 위해 당해 법 조항이 더욱 존중되어야 할 것이다.1)

3. 재항고의 절차

재항고는 상고심절차에 대응하므로 법의 상고심절차 규정을 준용한다. 따라서 재항고장은 원심법원에 제출하여야 하며, 재항고이유서의 제출이 강제되며 독립한 서면으로 재항고이유를 제출하여야 한다.2) 아울러 재항고절차에도 상고특례법이 준용되므로 재항고이유서의 부제출로 인한 재항고기각결정에는 이유를 기재하지 않을 수 있다(상고 7조, 5조 1항).

V. 특별항고

1. 의의 및 대상

특별항고라 함은 불복할 수 없는 결정이나 명령에 대해 재판에 영향을 미친 헌법위반이 있거나, 재판의 전제가 된 명령·규칙·처분의 헌법 또는 법률의 위반여부에 대한 판단이 부당하다는 것을 이유로 대법원에 제기하는 항고를 말한다(449조 1항). 법규상 즉시항고가 인정되지 않을 뿐 아니라 법 제439조에 따른 통상항고의 길이 막혀있는 경우 인정되는 비상의 불복방법이다. 예를 들면, 관할의 지정에 대해서는 불복이 불가능하며(28조 1항), 제척 또는 기피신청에 정당한 이유가 있다는 결정에 대하여는 불복할 수 없다(47조 1항). 따라서 이러한 경우 즉시항고는 물론 통상항고의 길도 봉쇄되어 있지만 만일 이들 결정이 재판에 영향을 미친 헌법위반이 있었다는 것(재판청구권이나 평등권 등의 침해)을 이유로 하는 경우에는 특별항고를 제기할 수 있다. 한편, 해석상 불복이 인정되지 않는 경우에도 특별항고가 가능하다. 예를 들어 판결 또는 화해조서경정의 신청을 이유 없다 하여 기각한 결정에 대해서는 즉시항고가 불가능할 뿐 아니라(211조 3항 참조), 이는 소송절차에 관한 신청을 기각한 결정도 아니므로 법 제439조에 따른 통상항고도 불가능하다. 따라서 법 제449조에 따른 특별항고만이 가능하다.3) 그러나 대법원은 특별항고를 허용하지 않는 경우가 있는데 우선, 통상항고나 즉시항고

---

1) 졸고, 전게논문, 359–360면. 그러나 민사집행법상의 재항고에 대해서는 집행규칙 제14조의2를 통해 이러한 해석을 불가능하게 함으로써 국민의 권익신장보다는 절차의 신속과 효율성을 중시하고 있어 매우 부당하다(위 논문 344면 이하 참조).

2) 大決 1999. 4. 15. 99마926.

3) 大決 1986. 11. 7. 86마895 참조. 집행문 부여에 대한 이의에 대한 재판(大決 1997. 6. 20. 97마250), 가압류 결정경정신청을 기각한 결정(大決 1991. 3. 29. 89그9) 등에 대해서도 별도의 불복방법이 인정되지 않으므로

가 허용되는 경우,[1] 당사자에게 신청권이 인정되지 않으므로 불복권이 인정되지 않는 경우[2] 등을 그 예로 들 수 있다.

2. 특별항고이유

(1) 재판에 영향을 미친 헌법위반이 있거나,[3] 재판의 전제가 된 명령·규칙·처분의 헌법 또는 법률의 위반여부에 대한 판단이 부당하다는 것을 이유로 하는 때에 특별항고가 가능하다(449조 1항). 한편 상고심 절차에 관한 상고특례법 제7조에 의해 특별항고에도 준용되는 상고특례법상의 심리속행사유는 원심결정이나 명령이 i) 헌법에 위반하거나 헌법을 부당하게 해석한 때, ii) 명령·규칙 또는 처분의 법률위반 여부에 대하여 부당하게 판단한 때, iii) 법률·명령·규칙 또는 처분에 대하여 대법원판례와 상반되게 해석한 때에 한하여 그것이 원심 결정이나 명령에 영향을 미친 경우에만 심리속행을 할 수 있다고 규정하고 있다. 따라서 대법원 판례위반을 특별항고의 심리속행사유로 규정하고 있는 상고특례법보다 민사소송법상의 특별항고 이유가 좁게 설정되어 있어 특별항고에 있어서는 상고특례법을 준용할 여지가 없어지게 되었다(김홍, 1189면; 이시, 929면).

(2) 당해 결정·명령에 판결에 영향을 미친 헌법위반이 있는 경우라 함은 법원의 재판이 헌법 제27조가 규정하는 국민의 정당한 재판받을 권리를 침해하는 경우를 포함하는 것이므로 절차상의 당사자권은 물론 적정절차(due process)원칙을 위반하는 경우도 포함된다. 따라서 불복방법이 인정되지 않는 판결경정신청을 기각한 결정에 있어 신청인이 그 재판에 필요한 자료를 제출할 기회를 전혀 부여받지 못한 상태에서 그러한 결정이 있었다든가, 판결과 그 소송의 전 과정에 나타난 자료 및 판결 선고 후에 제출된 자료에 의하여 판결에 오류가 있음이 분명하여 판결이 경정되어야 하는 사안임이 명백함에도 불구하고, 법원이 이를 간과함으로써 기각 결정을 한 경우 등이 이에 해당될 수 있다.[4] 그러나 당해 결정·명령을 함에 단순히 심리미진에 해당하는 정도의 흠이 있는 경우에는 헌법위반이 있었다고 보기 어렵다.

(3) 재판의 전제가 된 명령·규칙·처분의 헌법 또는 법률의 위반여부에 대한 판단이 부당하다는 것은 헌법 제107조 제2항에서 정한 대법원의 명령·규칙 및 행정처분의 심사권의

특별항고만이 가능하다.

1) 大決 1983. 11. 25. 83그37.

2) 예를 들면 당사자에게는 관할위반을 이유로 한 이송신청권이 인정되지 않으므로 이송신청을 거부하는 재판에 대해 즉시항고가 허용되지 않으며 법원이 이에 대해 재판을 하더라도 재항고 역시 인정되지 않는다는 것이 대법원의 입장이다(大決(全) 1993. 12. 6. 93마524). 따라서 이 경우 특별항고 역시 인정되지 않는다고 한다.

3) 2002년 개정 전에는 재판에 영향을 미친 헌법 또는 법률위반이라 규정하여 특별항고를 남용하는 경향이 있었고 이를 시정하기 위해 현행법은 "법률위반"을 삭제하였다.

4) 大決 2004. 6. 25. 2003그136; 大決 2020. 3. 16. 2020그507; 大決 2021. 9. 30. 2021그633.

한 표현으로서 행정에 대한 사법적 통제를 정한 것이다. 따라서 여기서의 '처분'이라 함은 행정처분을 의미하는 것이어서 사법부의 재판작용은 해당하지 않는다.[1]

3. 특별항고의 절차

(1) 특별항고절차에는 성질에 반하지 않는 한 상고심의 절차를 준용하도록 하고 있으나 (450조) 불복기간은 더욱 단축되어 재판이 고지된 날부터 1주일 이내에 원심법원에 특별항고장을 제출하여야 한다. 한편, 특별항고만이 허용되는 사안을 통상항고나 즉시항고의 형태로 제기하는 경우가 종종 있다. 예를 들어, 특별항고인이 항고장을 원심법원에 제출은 하였으나 특별항고라는 표시를 하지 않고 수신처 역시 대법원이 아닌 항고법원에 해당하는 고등법원으로 표시한 경우 판례는 일관해서 항고장을 접수받은 법원이 이를 특별항고로 보아 대법원으로 기록송부를 하여야 한다고 판시하고 있다. 아울러 고등법원으로 잘못 기록을 송부해서 동 법원이 판단을 하더라도 아무런 권한 없는 재판에 불과하다고 한다.[2]

(2) 즉시항고와 달리 특별항고의 제기로 집행정지의 효과는 발생하지 않는다. 다만 법 제448조에 따라 직권 혹은 당사자의 신청을 통해 집행을 정지할 수 있을 뿐이다(450조, 448조). 특별항고에 대해서는 원심법원의 자기경정권이 허용되지 않는다는 것이 판례입장이다.[3]

---

1) 大決 2005. 6. 15. 2004그84에서는 회사정리법원의 정관변경허가결정은 사법재판의 일종이므로 법 제449조 후단의 처분에 해당하지 않는다고 판시하고 있다.

2) 大決 2014. 1. 3. 2013마2042.

3) 大決 2001. 2. 28. 2001그4. 모든 법원의 재판은 헌법에 부합하여야 함은 당연하며 명령·규칙·처분의 위헌성 여부에 대한 최종 판단은 대법원이 갖고 있는 분명한 사실이지만 그렇다고 해서 원심법원 스스로 종전의 위헌적인 재판을 시정할 수 없다는 결론에 이르는 것은 논리의 비약이라고 생각된다.

제 5 장   재심절차

제 1 절   재심의 의의와 성질

Ⅰ. 총   설

1. 의   의

재심이라 함은 확정된 종국판결에 중대한 절차상의 흠이 있거나 판결의 기초가 된 자료에 중대한 흠이 있어 확정된 판결을 취소하고 종결된 사건에 대한 재심리와 재판을 구하는 비상의 불복방법을 말한다. 확정판결이 갖는 법적 안정성을 유지함으로써 얻는 법익보다 이를 취소함으로써 얻을 수 있는 구체적 정의의 실현의 가치가 우선하는 경우 인정된다. 확정판결에 대해 재심리를 할 만큼 중대한 흠이 있는 경우에도 판결을 당연 무효로 취급하지 않고 일정한 절차에 의해 이를 취소하고 종전에 종결된 소송을 속행하도록 하여 실체심리를 반복하는 이유는 확정판결이라는 외관이 갖는 통용성(공신력과 집행력 등)을 무시할 수 없기 때문이다.

2. 법적 성질

재심소송은 확정판결의 취소를 구하는 점에서 소송법상 인정되는 형성의 소라고 할 수 있으며, 종전에 종결된 소송절차를 계속 속행하는 점에서 부수소송의 성질을 갖는다(김/강, 876면; 이시, 932면).

3. 기능과 차별성

재심은 비상의 불복방법이라는 점에서 상소와 어느 정도 유사성을 갖지만 근본적으로 확정판결을 대상으로 한다는 점에서 미확정의 종국재판에 대한 불복방법인 상소와 다르다. 따라서 상소제기에 따른 확정차단의 효력이나 이심의 효력 등이 인정되지 않는다. 재심사유는 판결 전의 절차나 소송자료의 흠을 이유로 하는 것이므로 판결 선고 후의 사정의 변경을 원인으로 하는 변경의 소(252조)와 다르며, 상소과정에서의 장애를 구제받고자 하는 상소의 추완(173조)과도 다르다. 한편 재심의 제기를 통해 확정판결의 집행력을 배제하고자 하는 점에서는 청구에 관한 이의의 소(민집 44조)와 유사하지만 후자가 사실심변론종결 후에 발생한 사유만을 이유로 소를 제기할 수 있다는 점에서 재심과는 기본적으로 그 기능을 달리한다.

Ⅱ. 재심의 구조와 소송물

1. 재심의 구조

재심절차에서는 확정판결의 취소와 함께 종료된 종전 본안재판의 속행을 동시에 추구하므로 복합적인 성격을 갖는 절차라는 점은 부인할 수 없다. 2002년에 신설된 법 제454조 제1항에 따르면 법원은 재심의 소가 적법한지 여부와 재심사유가 있는지 여부에 관한 재판(확정판결의 취소라는 형성청구)을 본안에 관한 재판(종전 절차의 속행)과 분리하여 먼저 시행할 수 있으며, 재심사유가 있다고 인정한 때에는 그 취지의 중간판결을 통해 이를 정리하고 본안에 관하여 심리할 수 있다(454조 2항). 이러한 중간판결제도의 도입에 대해서는 기존의 재심소송절차에 아무런 영향을 미치지 않는 주의적 규정을 둔 것에 불과하다는 입장과 새로운 의미를 부여하는 견해가 대립된다. 새로운 의미를 부여하는 입장에서는 위 규정이 재심소송절차가 단계적 소송구조를 갖고 있다는 점을 입법적으로 확인한 것으로 파악하며 중간판결제도의 활성화를 요구하고 있다.[1]

2. 재심의 소송물

(1) 일원론과 이원론

일원론적인 입장(본안소송설)에서는 재심소송에서 확정판결의 취소는 종결된 소송의 본안청구에 대한 재판을 받기 위한 전제조건일 뿐 독자적인 소송물을 가리는 기준이 될 수 없다고 한다(정/유/김, 920-921면). 그러나 재심절차의 단계적 구조를 인정한다고 해서 반드시 소송물이 2개(확정판결의 취소요구 + 종결된 소의 소송물)라고 하는 이원적인 접근을 할 필요는 없지만 재심절차에서 확정판결에 대한 취소 요구가 갖는 중요성을 고려해야 한다는 점, 아울러 이를 소송물로 취급하는 것이 현행법을 해석하는 데 보다 용이하다는 점에서 이원론(소송상의 형성소송설)이 보다 타당하다고 생각된다(통설).[2] 판례[3] 역시 소송물에 있어 이원적인 접근을 하고 있다고 설명하는 견해가 있으나(이시, 933면) 동 판결이 재심절차를 단계적으로 파악하고 있는 것은 분명하지만 그렇다고 소송물을 이원적으로 파악하고 있는지 여부는 분명하지 않다.

---

1) 피정현, "재심소송의 소송구조", 비교사법 11권 2호, 619면 참조.

2) 사실 일원론이나 이원론이나 재심절차가 확정판결의 취소와 함께 종전 소송절차의 속행으로 구성되어 있다는 점을 인정한다는 점에서 크게 다르지 않다. 그러나 이원론은 확정판결의 취소라는 부분을 강조하는 반면(따라서 형성소송설로 파악되기도 한다), 일원론은 종결된 본안소송의 재개를 강조하여 재심사유의 유무는 수단에 불과하고 상소와 마찬가지로 재심의 경우도 본안의 소송물이 재심의 소송물이 되어야 한다고 본다.

3) 大判 1994. 12. 27. 92다22473,22480.

(2) 재심사유와 소송물

우리나라에서는 재심소송의 단계적인 구조를 인정하고 소송물 역시 이원적으로 파악하고 있는 입장에서도 법 제451조 제1항 각호가 규정하는 재심사유마다 별개의 소송물을 구성하는지 여부에 따라 다시 견해가 대립된다. 소위 구소송물이론에서는 재심사유별로 별개의 소송물을 구성하는 것으로 파악하는 반면,[1] 신소송물이론 중 일지설에서는 각 재심사유는 공격·방어방법에 불과하다고 본다(김/강, 878면; 이시, 933면)(이지설은 사실관계를 달리하면 별개의 소송물이라고 하여 구이론과 다르지 않다). 법 제458조 제3호에 따르면 재심소장에는 재심의 이유를 기재하도록 하고 있으며, 각 재심사유는 절차를 반복해서 심리할 정도의 중대한 흠을 담고 있을 뿐 아니라 각 사유 역시 별개의 사실관계를 토대로 하고 있어 개별적인 사유마다 소송물을 구성하는 것으로 파악하는 것이 타당하다.[2]

Ⅲ. 재심의 소의 적법 요건

재심의 소가 적법하기 위해서는 ① 재심 당사자적격 ② 재심의 대상적격 등을 갖추어야 하며 ③ 재심기간을 준수하고 ④ 재심사유의 존재를 주장해야 한다. 재심사유의 존재는 따로 다루기로 하고 앞의 세 가지 요건에 대해서 구체적으로 살펴본다.

1. 재심의 당사자적격

(1) 당사자와 변론종결 후 승계인

재심의 소는 확정된 판결에 중대한 흠이 있어 그 기판력을 유지할 수 없는 경우에 인정되는 것이므로 확정판결의 당사자는 물론 당해 확정판결의 기판력을 받는 변론종결 후 승계인,[3] 제3자 소송담당의 권리귀속 주체로서 불복의 이익이 있는 자 역시 재심소송의 당사자적격이 있다. 예를 들어, 변론종결 후 특정승계인이 재심을 제기할 경우에는 피승계인을 재심피고로 할 필요는 없으므로 확정된 본소판결의 상대방 당사자만을 재심피고로 하면 된다. 하지만 본소의 당사자 일방이 승계인과 피승계인인 상대방 당사자를 상대로 재심을 제기할 경우에는 본소 상대방과 승계인 모두와의 관계에서 기판력을 배제할 필요가 있으므로 양자를 재심피고로 하여야 한다.

---

1) 大判 1982. 12. 28. 82무2.
2) 개별적인 재심사유는 공격·방어방법에 불과하다는 일지설을 주장하는 입장에서도 재심의 소의 기각판결이 확정되어도 알지 못해서 주장할 수 없었던 별개의 재심사유까지 재심기간의 도과로 실권되는 것은 아니라고 하여 구이론과 결과에 있어서 다르지 않다(김/강, 878면; 이시, 934면).
3) 청구목적물의 소지자(218조 1항)는 소송물에 관해 독자적인 이익이 인정되지 않고 불복의 이익도 없으므로 재심원고 적격은 인정되지 않는다(伊藤 眞, 693面도 같은 견해).

954 제 8 편 상소 및 재심절차

(2) 판결의 효력을 받는 제3자

판결의 효력이 제3자에게 확장되는 경우 당해 제3자에게 재심의 원고적격을 인정하는 경우가 있다(상 406조, 행소 31조). 그 외의 경우에도 제3자에게 재심의 원고적격을 인정할 수 있는지 여부에 대해 다수 학설은 독립당사자참가 방식에 따라 본소 당사자를 공동피고로 하여 재심의 소를 제기할 수 있다고 한다(김/강, 886면; 이시, 935면; 반대견해, 호, 988면).[1]

(3) 재심의 소 제기 후 제3자의 독립당사자참가

확정된 소송의 당사자 간에 재심의 소가 제기된 경우 이해관계 있는 제3자가 재심소송에 독립당사자참가를 할 수 있는가 여부가 문제된다. 재심소송의 특성상(단계적 구조와 이원론) 소를 제기한 참가인은 재심대상판결에 재심사유 있음이 인정되어 본안사건이 부활되기 전에는 원·피고를 상대방으로 하여 소송의 목적의 전부나 일부가 자기의 권리임을 주장하거나 소송의 결과에 의하여 권리의 침해를 받을 것을 주장할 여지가 없다. 따라서 재심사유가 있다는 것이 인정되어 본안사건이 부활된 다음에야 비로소 참가인의 주장을 펼칠 수 있는 것이다. 결국 제3자는 재심대상판결에 재심사유가 있음이 인정되어 본안소송이 부활되는 단계를 위하여 당사자참가를 하는 것이라고 본다.[2]

(4) 통상공동소송과 필수적 공동소송

통상공동소송인은 각자 독립하여 소송행위를 하는 것이므로 그 중 1인이 혹은 1인에 대해 독립해서 재심의 소를 제기하거나 제기당하게 된다. 그러나 필수적 공동소송의 경우는 공동소송인 중 1인이 재심의 소를 제기하면 공동소송인 모두가 재심원고가 된다. 마찬가지로 필수적 공동소송인 중 1인에 대해서만 재심의 소를 제기하면 공동소송인 모두가 재심피고가 된다.

2. 재심의 대상적격

(1) 확정된 종국판결

재심의 대상이 되는 판결은 전부판결이든 일부판결이든 혹은 본안판결이든 소송판결이든 종국판결로서 확정된 것이면 충분하다. 따라서 중간판결은 원칙적으로 재심의 대상이 될 수 없으며 재심사유가 있는 경우에는 종국판결과 함께 재심의 대상이 될 뿐이다. 그런데 법

---

1) 일본의 통설이지만 일본의 최고재판소는 반대의 입장이다(最高裁 1988. 11. 10, 昭59(オ)1122號). 이 사건은 사후인지청구(死後認知請求)의 소가 인용된 판결이 확정되자 망부(亡父)의 아들이 본소 원고와 본소 피고(검사)를 공동피고로 하여 재심을 제기한 사건이다. 최고재판소는 본소의 당사자적격이 없는 망부의 아들이 재심을 제기할 당사자적격을 가질 수 없으므로 보조참가와 함께 재심의 소를 제기할 수 있을 뿐이라고 한다 (吉村德重, 判例タイムズ 主要民事判例解說 735号, 178面 참조).

2) 大判 1994. 12. 27. 92다22473,22480.

제452조에서는 판결의 기본이 되는 재판에 재심사유가 있을 때에는 그 재판에 대하여 독립된 불복방법이 있는 경우라도 그 사유를 재심의 이유로 삼을 수 있다고 규정하고 있다. "판결의 기본이 되는 재판"이라 함은 종국판결의 전제가 되어 이에 직접 영향을 준 재판을 의미하므로 종국판결에 선행해서 이루어진 소송절차상의 결정·명령을 의미한다.[1] 예를 들어 이송에 관한 결정(39조)이나 기피신청에 대한 각하·기각결정(47조) 등에 대해서는 즉시항고라는 독립된 불복방법이 인정되는 종국재판이므로 즉시항고와 상소 등을 거친 후 독립해서 재심청구를 할 수 있지만 이러한 재심사유를 가진 결정·명령 등이 종국판결에 영향을 미칠 수 있는 경우에는 종국판결에 대한 재심청구에 흡수해서 불복하는 것이 효율적이다. 따라서 이러한 경우에는 판결의 기본이 되는 결정·명령 등에 재심사유가 있는 것으로 족하고 추가적으로 종국판결 자체에 재심사유가 존재할 필요는 없다.[2]

(2) 환송판결

항소심의 환송판결은 종국재판[3]이기는 하나 확정력을 갖지 못하므로 상고의 대상은 되지만 당연히 재심의 대상이 되지 못한다. 그러나 대법원의 환송판결은 심급을 이탈시키는 종국판결이자 최종심의 판단이므로 확정력을 비롯한 집행력·형성력이 있어 이에 대해서는 재심이 가능하다는 견해가 있으나[4] 대법원의 다수의견은 중간판결의 실질을 갖는 종국판결에 불과하여 독립된 불복의 대상이 될 수 없다고 판시하였다.[5] 대법원의 환송판결에 대해 재심을 인정할 경우 사건이 번잡해지고 혼란만 가중될 수 있다는 정책적인 판단이 개입된 것으로 생각되지만 환송판결이 갖는 중요성에 비추어 재심사유가 있는 경우까지 이에 대한 불복을 허용하지 않는다는 것은 소송당사자의 절차상 기본권을 훼손하는 것으로 생각된다.

(3) 동일 사건의 하급심판결과 상소심판결

같은 사건의 하급심 판결과 이에 대한 상소를 배척한 판결이 확정된 경우 각각의 판결에 재심사유가 있는 경우에는 개별적으로 재심의 대상이 될 수 있다. 그러나 속심인 항소심에서 본안판결을 하였을 때에는 제1심 판결과 항소심 판결에 대해 각기 재심소송을 제기할 수는 없으며 항소심 판결에 대해서만 재심의 소를 제기할 수 있다(451조 3항). 속심인 항소심

---

1) 大判 1990. 2. 13. 89재누106.
2) 홍기태/주석민소(7), 103면. 그러나 집행법상의 매각허가결정(민집 128조)은 판결절차에 부수된 재판이 아니므로 법 제452조가 적용될 여지는 없다. 따라서 위 결정에 재심사유가 있는 경우에는 즉시항고(민집 129조 1항)와 상소를 통해 시정하고 확정된 후에는 준재심의 소를 통해 이를 구제하여야 한다.
3) 大判(全) 1981. 9. 8. 80다3271.
4) 상세한 내용은 유병현, "파기환송판결과 재심의 대상-대법원 1995. 2. 14. 선고, 93재다27, 34 전원합의체 판결을 중심으로-", 인권과 정의 232호, 80면 이하 참조.
5) 大判(全) 1995. 2. 14. 93재다27,34.

에서 본안판결을 하였다면 1심의 흠이 그대로 항소심에도 승계되어 굳이 1심과 항소심 양자에 대해 재심을 구할 필요가 없기 때문이다.

(4) 각종 조서 등

확정판결이 아닌 청구의 포기·인낙·화해조서(22조)·조정조서(민조 29조) 등도 확정판결과 동일한 효력을 갖고 있을 뿐 아니라 기판력 역시 인정되므로 준재심의 소의 대상이 된다(461조). 그러나 집행력과 형성력 등은 인정되지만 기판력이 인정되지 않는 확정된 지급명령(474조), 소액사건심판법상의 이행권고결정(소액 5조의7) 등은 재심의 대상이 되지 않는다.[1] 중재판정에 대해서는 별도로 중재판정취소의 소가 인정되므로 재심의 소가 인정되지 않으며 외국판결 역시 재심의 대상은 아니다. 당해 외국판결 자체에 어떤 흠이 있는지 아울러 그 흠에 대한 치유방법은 무엇인지에 대해서는 승인국가인 우리나라에서 문제 삼을 이유는 없으며 승인국인 우리나라 입장에서는 확정된 외국재판이 법 제217조에서 정한 각호의 사유를 충족하느냐 여부만이 문제되기 때문이다.

3. 재심기간

재심사유 중 대리권의 흠과 기판력에 저촉된 경우를 제외하고는(457조) 재심제기 기간 내에 재심의 소를 제기하여야 한다(456조). 법은 이중적인 제약을 두고 있다. 우선, 판결이 확정된 후 재심사유가 있음을 알게 된 날부터 불변기간인 30일 이내에 소를 제기하여야 되는데 이때 확정된 날로부터 5년이 지난 뒤에는 재심의 소를 제기할 수 없게 된다.

(1) 안 날로부터 30일 이내

재심사유별로 소송물을 구성하게 되므로 각 재심사유에 따라 안 날의 의미가 달라진다.[2] 따라서 판결법원의 위법한 구성(451조 1항 1호)[3]이나 판단누락(9호)을 재심사유로 하는 경우[4]에는 판결문 정본의 송달을 받은 날에 재심사유의 존재를 알았다고 봄이 타당하므로 판결문 정본의 송달 시부터 불변기간을 기산하는 것이 타당하다. 그러나 법 제451조 제1항 제4호 내지 제7호의 형사상 가벌행위를 재심사유로 하는 경우에는 가벌행위에 대한 유죄판결이 확정된 때[5] 혹은 증거부족 이외의 이유로 유죄의 확정판결을 할 수 없음(공소시효의 완성 등)을

---

1) 지급명령이나 이행권고결정 등의 효력에 대해서도 확정판결과 동일한 효력이 있다고 규정되어 있지만(474조, 소액 5조의7, 1항) 민사집행법 제58조 제3항과 소액사건심판법 제5조의8 제3항에서 청구에 관한 이의의 주장에 관하여는 민사집행법 제44조 제2항(청구에 관한 이의의 소에 있어서의 이의사유의 제한)에 의한 제한을 받지 않는다고 규정함으로써 간접적으로 기판력이 인정되지 않는다는 것을 나타내고 있다.
2) 大判 1993. 9. 28. 92다33930.
3) 大判 2011. 5. 13. 2011재다14; 大判 2000. 9. 8. 2000재다49.
4) 大判 1991. 2. 12. 90누8510.
5) 大判 1996. 5. 31. 95다33993.

알았을 때[1]부터 불변기간이 시작된다고 봄이 타당하다.

(2) 판결이 확정된 때로부터 5년

판결 확정 후 재심사유의 존재를 알지 못한 채 5년이 경과하면 그 후에 재심사유의 존재를 알게 되더라도 재심의 소를 제기할 수 없게 된다(456조 3항). 불안정한 법적 상태를 장기간 방치할 수 없는 데서 기인하며 5년의 기간은 제척기간[2]에 해당한다. 따라서 5년이라는 기간이 경과하더라도 추후보완은 허용되지 않는다.[3]

제 2 절   재심사유와 심리

Ⅰ. 재심사유

1. 개   관

(1) 의   의

재심의 소는 법 제451조에 제한적으로 열거된 재심사유가 있는 경우에만 허용된다. 재심의 소에서 재심사유는 소의 적법요건으로 취급되므로 이에 대한 주장이 없거나 주장된 사유가 재심사유에 해당하지 않으면 재심의 소는 각하된다.[4] 따라서 사실오인이나 법리오해의 위법을 들어 재심청구를 하는 경우에는 소 각하 판결을 받게 된다.[5] 한편 재심사유를 적법하게 주장하였으나 그 존재가 인정되지 않으면 재심청구를 기각하여야 한다.

(2) 재심사유와 상고이유(보충관계)

법 제451조 제1항이 규정하는 재심사유가 있더라도 당사자가 이미 상소에 의해 그 사유를 주장하였거나 이를 알고도 주장하지 않은 때에는 재심의 소가 허용되지 않는다(451조 1항 단서). 이를 재심의 소의 보충성이라고 한다. 이는 재심사유가 당연히 상고이유가 되는 것을 전제하는 것이라고 할 수 있다(이시, 939면; 호, 990면). 확정판결도 재심사유가 있는 한 취소되므로 미확정재판에 대해서도 재심사유가 있으면 상소로써 이를 취소하는 것이 바람직하기 때문이다. 따라서 재심사유를 해석함에 있어서도 상고이유와 균형을 고려하는 것이 타당하다. 결국 법 제451조 제1항 제1호 내지 제3호 그리고 제11호는 중대한 절차적 위반으로서

---

1) 大判 2006. 10. 12. 2005다72508.
2) 大判 1995. 5. 26. 94다37592. 그러나 불변기간으로 보는 견해도 있다(김/강, 888면).
3) 大判 1992. 5. 26. 92다4079.
4) 大判 1996. 10. 25. 96다31307.
5) 大判 1987. 12. 8. 87재다24.

절대적 상고이유에 해당하므로 판결 내용에 영향을 미쳤는지 여부가 문제되지 않지만 제4호 내지 제10호는 판결주문에 영향을 미칠 가능성이 있어야 한다.[1] 그러나 소액사건의 경우는 재심사유가 상고이유가 될 수 없으므로(소액 3조) 이러한 보충성의 원칙이 적용될 수 없다(김/강, 881면; 이시, 939면; 호, 990면; 정영, 1181면).

(3) 가벌적 행위와 유죄의 확정판결

재심사유 중 제4호 내지 제7호는 처벌받을 행위에 대하여 유죄의 판결이나 과태료부과의 재판이 확정된 때 또는 증거부족 외의 이유로 유죄의 확정판결이나 과태료부과의 확정재판을 할 수 없을 때에만 재심의 소를 제기할 수 있다. 즉 재심사유 외에 처벌받을 행위에 대한 유죄의 확정판결이 있는 때에만 재심의 소가 허용된다. 그런데 가벌적 행위라는 재심사유와 유죄의 확정판결 두 개의 요건이 합체되어 재심사유가 된다는 합체설(김/강, 883면)이 있는 반면 법 제451조에 열거된 가벌적인 행위만이 재심사유가 되고 유죄의 확정판결 등은 소의 적법요건이라고 보는 적법요건설(정/유/김, 927면; 김홍, 1201면)이 대립한다. 판례의 주류적 입장은 적법요건설에 터 잡고 있다.[2] 양설의 실질적 차이는 거의 없으나 적법요건설을 취하는 것이 심리의 편의를 제고할 수 있을 것으로 판단된다. 유죄의 확정판결이 없으면 더 나아가 심리할 필요 없이 재심의 소를 각하할 수 있기 때문이다. 한편, 유죄의 확정판결은 변론종결시까지 충족되면 재심의 소는 적법하다는 것이 판례 입장이다.[3]

2. 개별 재심사유

법 제451조 제1항에는 11개의 재심사유가 제한적으로 열거되어 있다. 아래에서 이를 살펴본다.

(1) 판결법원 구성의 위법(1호)

절대적 상고이유(424조 1항 1호)에 해당하는 것으로 합의부를 2인의 판사로 구성한 경우, 기본이 되는 변론에 관여하지 않은 법관을 판결에 관여한 경우는 물론 대법원에서 종전 판례를 변경하면서 전원합의체가 아닌 부(部)에서 재판한 경우 등이 여기에 해당한다.[4]

(2) 재판에 관여할 수 없는 법관의 관여(2호)

절대적 상고이유(424조 1항 2호)에 해당하는 것으로 법률상 당연히 제척(41조)의 대상이 되

---

1) 大判 1983. 12. 27. 82다146.
2) 大判 1989. 10. 24. 88다카29658. 그러나 판례가 합체설을 취하는 듯한 설시를 한 것도 있다. 예를 들어, 大判 1971. 3. 9. 71다113에서는 민사 확정판결의 증거로 된 문서나 증언이 위조, 변조 또 허위진술인 경우 그 행위에 대한 유죄의 판결이 확정되면 이로서 위 민사판결에 대한 재심사유가 된다고 하였다.
3) 大判 1983. 12. 27. 82다146.
4) 大判(全) 2000. 5. 18. 95재다199; 大判(全) 2011. 7. 21. 2011재다199 등.

는 법관이나 기피의 재판(46조)이 있는 법관, 상고심에서 파기된 원심재판에 관여한 법관(436 조 3항) 등이 여기에 해당한다. 그러나 재심대상 재판에 관여한 법관이 당해 재심사건의 재판에 관여한 경우에는 해당하지 않는다.[1]

(3) 대리권의 흠결(3호)

1) 절대적 상고이유(424조 1항 4호)에 해당하는 것으로 전형적인 절차권 침해의 유형이다. 기본적으로는 법정대리권·소송대리권 또는 대리인이 소송행위를 하는 데에 필요한 권한의 수여에 흠이 있는 때를 의미하는데 다만 추인(60조, 97조)이 있으면 재심사유가 되지 않는다. 그러나 여기에 머물지 않고 정당한 당사자나 대리인의 실질적인 소송행위가 배제되거나 왜곡됨으로써 재판청구권이나 변론권이 침해되는 상황에 대해서도 이 규정을 유추적용하고 있어 활용 범위가 넓다. 우선, 원고가 피고의 참칭대표자에게 소송서류가 송달되도록 해서 자백간주에 의한 승소판결을 받은 경우 역시 여기에 해당하는 것으로 보고 있다.[2] 나아가 판례는 소송계속 중에 당사자가 사망한 것을 간과하고 망인을 당사자로 하여 판결함으로써 상속인의 변론권을 침해한 경우,[3] 혹은 우편집배원의 잘못으로 소송기록접수통지서를 받지 못해서 상고이유서 제출 기간을 준수하지 못한 경우에도 대리권의 흠에 준해서 판단하고 있다.[4]

2) 상대방은 대리권의 흠이나 변론권의 침해를 주장함으로써 이익을 받을 수 있는 경우에 한해서 재심사유로 주장할 수 있다. 따라서 다수 당사자 사이에 주요한 공격방어방법을 공통으로 하는 것이 아니어서 공동의 이해관계가 없음에도 어느 당사자가 선정당사자로 선정되었고 법원 역시 그 선정당사자의 자격의 흠을 간과하여 그를 당사자로 한 판결이 확정된 경우에는 선정자에게 재심의 이익이 인정될 소지가 크다. 그러나 선정자 스스로가 선정당사자에게 소송수행권을 수여하는 선정행위를 하였다면 당해 소송에 관여할 기회를 박탈당한 것이 아니므로 법 제451조 제1항 제3호가 정하는 재심사유에 해당하지 않는다는 것이 판례의 입장이다.[5]

(4) 법관의 직무상 범죄(4호)

법관이 당해 담당 사건과 관련해서 수뢰죄 등 형법 각칙 제7장의 범죄나 공문서위조죄 등을 범한 경우를 말한다. 아울러 범죄행위와 재판과의 사이에 인과관계의 존재를 필요로 하

---

1) 大判 2000. 8. 18. 2000재다87.

2) 大判 1999. 2. 26. 98다47290.

3) 大判(全) 1995. 5. 23. 94다28444.

4) 大判 1998. 12. 11. 97재다445. 이러한 판례 입장에 대한 비판은 호, 993~994면 참조.

5) 大判 2007. 7. 12. 2005다10470. 한편, 大判 1992. 12. 22. 92재다259에서는 소송서류 등이 무권대리인에게 송달됨으로써 판결이 확정되더라도 당사자본인이나 소송대리인이 실질적인 소송행위를 할 기회가 박탈되지 않았으면 재심사유로 주장할 수 없다고 한다.

지 않으므로 수뢰의 경우 뇌물을 수수함으로써 족하다고 한다.1)

(5) 타인의 처벌받을 행위로 인한 자백 혹은 소송방해(5호)

상대방 당사자나 제3자 등의 범죄행위로 인해 부득이 재판상 자백을 했거나 자신에게 유리한 공격방어방법을 제출하는 데 방해를 받은 경우를 의미한다. 결국은 타인의 범죄행위로 인해 당사자의 변론권과 증명권을 침해받은 경우이다. 따라서 협박 등에 의해 주장해야 할 사실을 주장하지 못하거나 허위의 자백을 하는 것은 물론 소지한 증거방법에 대한 제출이 차단되는 것뿐 아니라 증거방법에 대한 손괴, 절취, 반환 거부2) 등도 소송방해 행위에 해당할 수 있다. 그러나 이러한 자백이나 소송방해 행위와 불리한 판결 사이의 인과관계가 존재해야 함은 물론 직접적인 원인이 되어야 한다.3) 한편, 원고가 법원을 기망하여 공시송달을 통해 판결을 편취한 경우에는 제11호의 재심사유에도 해당하는데 이러한 편취사실로 인해서 당사자나 제3자가 상대방에 대한 사기죄 등으로 유죄의 확정판결을 받은 경우에는 역시 제5호의 사유에도 해당한다는 것이 판례의 입장이다.4) 그러나 허위주소로의 송달과 자백간주 등을 통해 판결을 편취한 경우에는 판결이 확정된 것이 아니므로 재심의 대상이 아니다(호, 995면).5)

(6) 판결의 증거가 된 문서나 물건의 위·변조(6호)

판결의 증거가 되었다는 것은 그 문서나 물건이 증거로 채택되어 사실인정의 자료가 되었을 뿐 아니라 만일 증거로 채택되지 않았으면 다른 결과의 판결이 선고되었을 개연성이 있는 경우를 말한다.6) 달리 표현한다면 그 허위진술이 판결 주문의 근거가 된 사실을 인정하는 증거로 채택되어 판결서에 구체적으로 기재되어 있는 경우를 말한다.7) 한편, 여기서 말하는 문서에는 공문서나 사문서는 물론이고 어음이나 수표 등 유가증권이 모두 포함되며 물건에는 공인(公印), 사인(私印)은 물론 경계표 등도 포함된다.8) 따라서 공인이나 사인 등은 위조되거나 부정사용된 경우(형 238조, 239조)를 말하고 경계표의 경우는 주로 손괴하거나 이동하

---

1) 박우동, "민사재심에 관한 연구(2)", 법조 26권 2호(1977), 55면.

2) 大判 1985. 1. 29. 84다카1430.

3) 大判 1982. 10. 12. 82다카664; 大判 1993. 11. 9. 93다39553 등. 이들 판결에서는 간접적인 위법 내용이 재심대상 판결을 왜곡하는 정도로는 당해 요건에 해당하지 않는다고 한다.

4) 大判 1997. 5. 28. 96다41649.

5) 이 경우도 재심의 대상으로 보는 입장에서는 재심사유의 경합을 인정한다(이시, 943면; 정/유/김, 930면).

6) 大判 1994. 9. 23. 93누20566. 따라서 그 허위진술 또는 위조문서 등을 제외한 나머지 증거들만 가지고도 그 판결의 인정사실을 인정할 수 있거나 그 허위진술 또는 위조문서 등이 없었더라면 판결주문이 달라질 수도 있을 것이라는 개연성이 없는 경우 또는 허위진술, 위조문서 등이 재심대상판결이유에서 가정적 또는 부가적으로 설시한 사실을 인정하기 위하여 인용된 것이고 주요사실의 인정에 영향을 미치지 않는 사정에 관한 것이었을 때에는 재심사유가 되지 않는다.

7) 大判 2001. 5. 8. 2001다11581,11598.

8) 홍기태/주석민소(7), 72면.

는 행위(형 370조)를 의미한다. 아울러 위조에는 형사상 처벌될 수 있는 허위공문서작성이나 공정증서원본불실기재 역시 포함되지만[1] 죄가 되지 않는 사문서의 무형위조는 포함되지 않는다.[2]

(7) 허위진술에 의한 증거(7호)

1) 증인 · 감정인 · 통역인 또는 선서한 당사자나 법정대리인의 허위 진술이 판결의 증거가 된 경우이다. 허위진술이 판결의 증거가 되었는지 여부는 제6호 사유를 판단하는 경우와 다르지 않다. 따라서 가정적인 진술 등은 재심사유에 해당하지 않을 뿐 아니라[3] 그 거짓 진술이 판결 주문에 영향을 미치는 사실인정의 직접적 또는 간접적인 자료로 제공되어 그 거짓 진술이 없었더라면 판결의 주문이 달라질 수도 있었을 것이라는 개연성이 있어야 한다.[4]

2) 그러나 다른 사건에서 증언한 증인의 허위진술 등을 담은 증인신문조서가 당해 사건에서 증거로 제출된 경우에도 당해 사건의 재심사유에는 해당하지 않을 뿐 아니라[5] 심지어는 병행 심리되던 두 사건에 관하여 한 증인이 동시에 같은 내용의 증언을 한 후 한 사건에 관한 증언이 위증으로 확정된 경우, 그 사유가 다른 사건의 재심사유가 될 수 없다고까지 한다.[6] 판례는 제7호의 재심사유로 인정하기 위해서는 당해 재심 대상 사건에서 증언 등을 직접 하여야 하고 설사 병행 심리된 절차에서 증언이 직접 있었다 해도 재심 대상 사건과 관련해서 직접 위증으로 확정되어야 한다는 입장인데 매우 의문이다. 증인 등의 허위진술이 판결의 증거가 되어 재심 대상 판결의 결과가 변경될 가능성이 있다면 당연히 재심사유로 인정해 주는 것이 제7호 규정의 취지일 것이기 때문이다. 증언 등의 직접성을 요구하는 듯한 판례 해석은 지나치게 경직된 해석이라고밖에 볼 수 없으며 재심제도의 본질을 외면하는 것이라고 판단된다.[7]

(8) 판결의 기초가 된 재판 · 행정처분 등의 변경(8호)

1) 판결의 기초로 되었다는 것은 어떤 재판이나 행정처분이 그 확정판결에 법률적으로 구속력을 미치거나 또는 그 확정판결에서 사실인정의 자료가 된 것을 의미하는 것이며 재판이나 행정처분이 변경되었다는 것은 그 후 다른 재판이나 행정처분에 의하여 확정적이고 소

---

1) 大判 1997. 7. 25. 97다15470.
2) 大判 1995. 3. 10. 94다30829,30836,30843.
3) 大判 1988. 10. 11. 87다카1973,1974.
4) 大判 2016. 1. 14. 2013다53212,53229.
5) 大判 1997. 3. 28. 97다3729.
6) 大判(全) 1980. 11. 11. 선고 80다642로 종전의 판례를 변경한 후 줄곧 일관된 입장을 보이고 있다. 大判 1998. 3. 24. 97다32833 참조.
7) 같은 취지의 견해로는 이재성, "증인신문조서에 기재된 증언이 위증으로 유죄확정된 경우와 재심사유", 민사재판의 이론과 실제 제3권, 260~261면이 있다(정영, 1187면도 같은 견해).

급적으로 변경된 경우를 말한다.[1] 다시 말해 재심대상 판결이 기초로 했던 재판이나 행정처분이 확정적이고 소급적으로 변경되었기에 그 판결을 그대로 두는 것이 절차적 정의에 반한다는 것이다. 예를 들어, 어음에 대해 제권판결이 있어서 어음금청구를 기각하였고 동 판결이 확정되었는데 그 뒤에 제권판결이 취소된 경우를 대표적으로 들 수 있다.[2]

2) 재심사유는 그 하나하나의 사유가 별개의 청구원인을 이루는 것이므로, 여러 개의 유죄판결이 재심대상판결의 기초가 되었는데 이후 각 유죄판결이 재심을 통하여 효력을 잃고 무죄판결이 확정된 경우, 어느 한 유죄판결이 효력을 잃고 무죄판결이 확정되었다는 사정은 특별한 사정이 없는 한 별개의 독립된 재심사유라고 보아야 한다. 재심대상판결의 기초가 된 각 유죄판결에 대하여 형사재심에서 인정된 재심사유가 공통된다거나 무죄판결의 이유가 동일하다고 하더라도 달리 볼 수 없다는 것이 판례 입장이다.[3]

3) 재판에는 민·형사 판결뿐 아니라 가사심판, 보전재판, 비송재판 등을 망라하며 행정처분 역시 주체가 재판기관이든 행정청이든 상관없다. 다만, 그 변경은 재심대상 판결이 확정된 후이어야 하며 확정적이고 소급적이어야 한다.[4] 그러나 모든 재판의 변경이 재심사유가 되는 것은 아니고 판결의 기초가 된 재판 등이 변경됨에 따라 확정판결의 사실 인정에 영향을 미칠 수 있는 경우라야 한다. 예를 들어, 재심대상판결의 증거로 채용된 형사판결(판결의 기초가 된 재판) 등이 재심대상판결 선고 후에 변경되었더라도 그 형사판결 등을 제외한 나머지 증거들만으로도 재심대상판결의 사실인정을 충분히 할 수 있는 경우에는 재심대상판결의 기초가 된 재판이 다른 재판에 의하여 변경된 때에 해당하는 것으로 보기 어렵다.[5] 주의할 것은 행정처분이 당연무효[6]인 경우, 법령이나 판례의 변경[7], 법규에 대한 위헌 판단 역시 재심사유가 되지 않는다는 점이다.

4) 최근 대법원은 특허법상의 정정심판결정(특허 136조)과 관련하여 특허권자가 정정심판을 청구하여 특허무효심판에 대한 심결취소소송의 사실심 변론종결 이후에 특허발명의 명세서 또는 도면에 대하여 정정을 한다는 심결이 확정되더라도 정정 전 명세서 등으로 판단한 원심판결에 재심사유가 존재하지 않는다고 판시함으로써 종전 대법원의 입장을 변경하였다.[8] 특허법상의 정정심판제도를 통해 특허권자가 특허무효심판에 대한 심결취소소송뿐만

---

1) 大判 2007. 11. 30. 2005다53019; 大判 2019. 10. 17. 2018다300470.
2) 大判 1991. 11. 12. 91다25727.
3) 大判 2019. 10. 17. 2018다300470.
4) 大判 1981. 1. 27. 80다1210,1211.
5) 大判 2007. 11. 30. 2005다53019. 아울러 법률 조항 자체가 아닌 법률에 대한 해석, 적용이 위헌이라는 한정위헌 결정이 있다고 해서 재심사유가 되지는 않는다는 것이 판례 입장이다(大判 2013. 3. 28. 2012재두299).
6) 大判 1977. 9. 28. 77다1116.
7) 大判 1987. 12. 8. 87다카2088.
8) 大判(全) 2020. 1. 22. 2016후2522.

아니라 권리범위확인심판에 대한 심결취소소송, 특허권 침해를 원인으로 하는 민사소송 등을 지연시킬 수 있는 여지가 있는 것은 분명하지만 특허결정을 행정처분으로 보지 않는 다수의 견에는 기본적으로 동의하기 어렵다. 따라서 종전의 특허결정이 심결취소 소송 등에서 취소, 확정되면 정정 전 명세서 등으로 판단한 원심판결에는 법 제451조 제1항 제8호가 규정한 재심사유가 존재한다고 보아야 한다.

(9) 중요사항의 판단누락(9호)

판결에 영향을 미칠 중요한 사항에 관해 판단을 누락한 경우이다. 즉, 당사자의 공격방어방법에 대한 판단을 누락한 것인데 판결이유에 기재되는 모든 공격방어방법은 아니고 그 사실에 대한 판단을 하였다면 판결 결과에 영향을 미칠 수 있었을 사항만을 의미한다. 아울러 당사자가 현실적으로 주장하지 않은 것은 포함되지 않으며 직권조사사항에 대해서는 당사자가 그 조사를 촉구하였어야 한다.[1] 판결이유의 기재가 필요 없는 소각하 판결이나 심리불속행 판결, 소액사건심판 사건의 판결 등에서는 판단누락이 문제될 여지는 없다. 한편, 청구의 일부에 대한 판단을 하지 않은 것은 재판의 누락이므로 추가판결의 대상일 뿐 재심의 대상은 아니다. 그런데 판례는 상고법원의 판결에 당사자가 상고이유로 주장한 사항에 대한 구체적·직접적인 판단이 표시되어 있지 않았더라도 판결 이유의 전반적인 취지에 비추어 그 주장을 인용하거나 배척하였음을 알 수 있는 정도라면 판단누락이라고 할 수 없고, 더욱이 실제로 판단을 하지 않았더라도 그 주장이 배척될 경우임이 분명한 때에는 판결 결과에 영향이 없어 판단누락의 위법이 없다는 입장인데 매우 의문이다.[2] 한편, 상고심절차에관한 특례법 소정의 심리불속행사유에 해당한다고 보아 더 나아가 심리를 하지 아니하고 상고를 기각한 경우 상고이유에 대한 판단유탈이 있을 수 없으므로 이를 제9호의 재심사유로 삼을 수 없다는 것이 판례 입장이다.[3] 전체 상고사건의 상당수가 심리불속행판결로 종결되는데 사실상 다툴 수 있는 길이 봉쇄되어 있어 큰 문제가 아닐 수 없다.

---

1) 大決 2004. 9. 13. 2004마660은 직권조사사항에 해당하는지 여부를 불문하고 그 판단 여하에 따라 판결의 결론에 영향을 미치는 사항으로서 당사자가 구술변론에서 주장하거나 또는 법원의 직권조사를 촉구하였음에도 불구하고 판단을 하지 아니한 경우를 말하는 것이므로 당사자가 주장하지 아니하거나 그 조사를 촉구하지 아니한 사항은 이에 해당하지 않는다고 판시한 바 있다.

2) 大判 2008. 7. 10. 2006재다218; 大判 2022. 11. 30. 2021다287171; 大判 2024. 6. 27. 2023다275530. 판결이유를 기재하는 것은 판결에 대한 나름의 설명을 통해 법원 심증의 형성 과정을 설득력 있게 보여주기 위함이다. 법 제208조 제2항에서는 판결서의 이유에는 주문이 정당하다는 것을 인정할 수 있을 정도로 당사자의 주장, 그 밖의 공격·방어방법에 관한 판단을 표시하도록 요구하고 있다. 그럼에도 불구하고 판결 이유의 전반적인 취지 혹은 주장이 배척될 것임이 명백한 경우 등 다소 자의적이고 모호한 개념 등을 통해 판결이유의 구체성을 통한 설득을 포기한다면 사법부에 대한 신뢰는 형성되기 어려울 것이다.

3) 大判 1996. 2. 13. 95재누176; 大判 2021. 5. 7. 2020재두5145.

(10) 판결효력의 저촉(10호)

재심 대상 판결이 그 전에 선고한 확정판결에 어긋나는 때에는 재심사유에 해당한다. 예를 들면, 甲이 乙을 상대로 소유권이전등기청구의 소를 제기하여 패소 확정된 바 있음에도 불구하고(전소) 그 후에 甲이 乙을 상대로 동일한 청구를 담은 소를 제기하였는데 이번에는 甲이 승소하였고 동 판결이 확정(후소)된 경우이다. 후소는 기판력에 저촉되어 기각되어야 함에도 불구하고(모순금지설) 후소 법원이 이를 간과하여 甲이 승소 확정판결을 받게 된 것이다. 이때 확정된 후소는 확정된 전소의 기판력에 저촉되는 것으로 제10호의 재심사유가 있으므로 재심을 통해 취소되는 것이 마땅하다.[1] 전소와 후소의 동일성 여부는 당사자와 소송물의 동일성 여부로 판단하면 된다. 따라서 청구원인을 달리해서 소송물이 다른 경우[2] 혹은 확정된 전소판결이 후소의 선결관계인 때에도 동호에 해당하지 않는다.

(11) 허위주소로 인한 공시송달(11호)

甲이 乙을 상대로 소를 제기하고자 하는데 乙의 주소나 거소를 알고 있음에도 있는 곳을 잘 모른다고 하거나 주소나 거소를 거짓으로 하여 소를 제기한 경우를 재심사유의 하나로 하고 있다. 그런데 이 상황에서 甲은 두 가지 편법이 가능한데 그 하나는 공시송달을 신청하는 방법이고 다른 하나는 아예 乙에 대한 송달장소를 허위주소로 기재하고 그 주소로 송달된 법원 서류 등을 甲과 공모한 다른 사람으로 하여금 수령하게 하는 것이다. 제11호가 이 두 가지 상황 모두를 다 아우르는 것인지 아니면 전자, 즉 공시송달의 경우만을 염두에 둔 것인지는 조문 자체로는 명확하지 않다. 다만, 공시송달을 통해서 乙의 절차권을 침해한 경우에는 판결이 확정되었다고 볼 수 있지만 허위주소로의 송달을 통한 경우에는 적법하고도 유효한 송달이 없어 판결이 확정되었다고 볼 수 없어 제11호는 공시송달을 이용한 경우에만 적용된다는 것이 판례의 입장[3]인데 타당한 해석이다(같은 견해로는 호, 994-995면. 반대견해로는 이시, 947면; 정/유/김, 934면; 정영, 1190면)(제6편 제3장 판결의 편취 참조).

3. 특별법상의 재심사유

재심은 민사소송절차에서만 인정되는 것이 아니라 상법이나 행정소송법, 헌법재판소법 등에서도 특별한 경우에 확정된 재판에 대해 재심을 청구할 수 있다. 상법 제403조에 따라 주주대표소송이 제기되었으나 원고와 피고의 공모로 인하여 소송의 목적인 회사의 권리를 사해할 목적으로써 판결을 하게 한 때에는 회사 또는 주주는 확정된 종국판결에 대하여 재

---

1) 전소가 판결의 형식이 아니라 확정판결과 동일한 효력을 갖는 화해나 청구의 포기와 인낙조서, 조정조서, 외국판결 혹은 중재판정 등이라 하더라도 재심사유가 인정된다(이시, 947면).

2) 大判 1968. 4. 23. 68사13; 大判 1985. 4. 27. 85사9.

3) 大判 1978. 5. 9. 75다634; 大判 1993. 12. 28. 93다48861.

심의 소를 제기할 수 있다(상 406조). 또한, 행정처분 등을 취소하는 판결에 의하여 권리 또는 이익의 침해를 받은 제3자는 자기에게 책임 없는 사유로 소송에 참가하지 못함으로써 판결의 결과에 영향을 미칠 공격 또는 방어방법을 제출하지 못한 때에는 이를 이유로 확정된 종국판결에 대하여 재심의 청구를 할 수 있다(행소 31조). 한편, 헌법재판소법 제68조 제2항에 따른 헌법소원이 인용된 경우에 해당 헌법소원과 관련된 소송사건이 이미 확정된 때에도 당사자는 재심을 청구할 수 있다(헌재 75조 7항).

Ⅱ. 재심의 소 제기와 심리절차

1. 관할법원

(1) 1심판결과 항소심의 본안판결 그리고 상고

1) 1심판결과 항소심의 본안판결　　재심은 재심을 제기할 판결을 한 법원의 전속관할에 속한다(453조 1항). 따라서 1심 판결이 항소제기 없이 그대로 확정되었다면 동 판결에 대한 재심은 1심 법원의 전속관할에 속한다는 데 아무 이견이 없다. 그런데 항소심 법원이 동 사건에 대하여 본안판결을 하였을 때에는 제1심 판결에 대하여 재심의 소를 제기하지 못하도록 하고 있다(451조 3항). 이는 같은 사실심인 항소법원에서 본안판단을 하였다면 비록 1심 절차에서 재심사유가 존재했다 하더라도 항소심 법원의 판단에 대해 재심을 하는 것으로 충분하기 때문이다. 따라서 1심 소송 절차에서 위증이 있었고 동 위증으로 인해 당사자 일방이 패소하여 항소한 경우 항소심에서 본안판단이 있었다면 패소한 당사자는 항소심 법원에만 재심의 소를 제기할 수 있다. 물론, 항소심 절차에서 비로소 재심사유가 나타난 경우(위증 등)에는 항소법원에 재심을 제기하여야 함은 당연하다. 결국, 항소심에서 본안 판결이 있으면 1심 법원에 재심을 제기하는 상황은 발생하지 않는다.

2) 이송과 기간준수　　재심을 제기하는 자가 재심 소장을 1심 법원에 제출한 경우, 그 청구취지와 청구원인에 대한 당사자의 의사해석을 통해 재심대상판결을 항소심판결로 한 것이라고 인정될 수 있는 경우에는 1심 법원에 재심 소장을 잘못 접수한 경우라도 단순한 관할위반에 불과한 것으로 취급하여 관할법원인 항소법원으로 이송하여야 하고 제소시점 역시 최초 소장을 1심 법원에 접수한 때로 보아야 한다.1) 그러나 명백히 제1심 판결을 재심의 대상으로 한 경우에는 관할위반이 아니라 부적법한 재심의 제기이므로 각하판결을 받게 된다.

3) 상고와 사실문제　　상고가 제기되었던 사건이 확정된 경우라 하더라도 위증의 사

---

1) 大判(全) 1984. 2. 28. 83다카1981.

유를 들어 재심을 제기하는 경우와 같이 사실인정의 문제가 관련되면 역시 항소심 법원에 재심을 제기하여야 한다. 법률심인 상고심에서 직접 사실인정을 한 것이 아니기 때문이다.[1] 따라서 재심을 제기하는 당사자가 재심소장을 1심 법원이나 상고심 법원에 잘못 제출한 경우에도 항소법원으로 이송을 해주는 것이 올바르다.[2]

(2) 1심 판결과 항소각하 판결

심급을 달리하는 법원이 같은 사건에 대하여 내린 판결에 대한 재심의 소는 상급법원이 관할한다(453조 2항 본문). 예를 들어, 1심 소송절차에서 위증이 있었고 이로 인해 원고가 패소하자 원고가 항소를 제기하였는데 항소심 재판부(2명으로 구성)에서 적법한 항소 제기 기간 내에 항소를 제기하지 않았다고 하여 항소를 각하(확정됨)하였다고 가정해 보자. 항소심 법원이 본안의 판단을 하지 않았으므로 1심 판결의 재심사유와 항소심의 재심사유(재판부 구성의 위법)는 별개로 각기 존재하게 되어 각각의 법원에 재심의 소가 제기될 수 있다. 그러나 같은 사건에 대해 심급을 달리해서 두 개의 재심의 소를 진행하는 것은 비경제적이므로 항소심 법원에서 이들을 병합해서 심리하게 함으로써 소송경제를 도모하려는 것이다. 다만, 항소심판결과 상고심 판결에 각각 독립한 재심사유가 있는 경우에는 상고심 법원에서 관할의 집중을 할 수 없게 된다(2항 단서). 상고심 법원이 두 사건을 병합해서 심리하다가도 재심사유가 인정된 항소심판결에 대해서는 파기환송을 하게 되므로 결과적으로 사건이 분리되기 때문이라는 입장과[3] 대법원은 사실문제에 관해 심리하지 않는 것이 원칙이기 때문이라는 입장(정/유/김, 936면)이 있다. 후자의 입장이 보다 설득력이 있다.

2. 소의 제기

(1) 방　식

재심의 소 역시 일반적인 소의 제기와 다를 바 없다. 다만, 재심의 대상이 되는 판결의 심급의 소송절차를 준용하는 점이 특색이다(455조). 따라서 재심의 대상이 소액사건이면 구술로 소를 제기할 수 있으며 항소심 판결이라면 재심소송절차는 항소심 절차에 따라야 한다. 문제는 재심 대상 판결의 소송절차만 준수하면 되는데 인지를 재심의 대상인 절차에 맞추어 붙이도록 하는 것이다(인지 8조). 이는 국민의 재판청구권을 심대하게 침해하는 것으로 조속히 시정되어야 할 것이다.[4] 한편, 재심의 소장에는 당사자와 법정대리인은 물론, 재심할 판결의

---

1) 大決 2007. 11. 15. 2007재마26. 확정판결에서 사실인정의 자료가 된 재판 또는 행정처분이 변경되었다는 사정은 원칙적으로 사실심판결에 대한 재심사유는 될지언정 상고심판결에 대한 재심사유는 되지 않는다.
2) 大判 1984. 4. 16. 84사4.
3) 홍기태/주석민소(7), 105면.
4) 재심사유가 1심에 있는 경우와 상고심에 있는 경우 소장에 붙여야 할 인지와 마찬가지로 슬라이드 방식으로 인지를 대폭 인상하여 납부하도록 요구하는 것은 납득하기 어렵다. 정액제로 전환하는 것이 시급하다. 예

표시와 그 판결에 대하여 재심을 청구하는 취지와 재심의 이유를 필수적으로 기재하여야
한다(458조).

(2) 효   과

재심소장을 제출한 때 기간 준수 등의 효력이 생기는데(265조) 재심사유를 추가하거나 변
경하는 경우는 재심사유별로 소송물을 구성하므로 추가하거나 변경하는 때 기간준수의 효력
이 발생한다(같은 취지의 견해로는 정/유/김, 937면; 반대견해는 김/강, 889면). 한편, 재심의 소 제기로
인해 확정된 판결의 집행이 당연히 정지되는 것은 아니므로 별도의 강제집행정지신청을 하
여야 한다(500조).

3. 심리와 중간판결제도

(1) 심리절차

재심의 소는 기본적으로 재심의 대상이 되는 판결의 심급의 소송절차를 준용하므로(455
조) 재심의 소의 성질에 반하지 않는 한 준용되는 소송절차에서의 변론과 공격방어가 가능하
다. 따라서 재심원고는 중간확인의 소를 제기할 수 있는 반면1) 재심피고는 상대방이 제기한
재심소송을 이용해서 반소를 제기할 수도 있을 뿐 아니라 부대재심(附帶再審)도 제기할 수 있
다는 것이 통설이다(김/강, 890면). 아울러 재심의 소가 제기되어 있는 상태에서 제3자는 독립
당사자참가를 하는 것도 가능하다. 한편, 재심청구에 통상의 민사소송을 병합할 수 있는가에
대해 학설은 대부분 찬성하나 판례는 일관해서 부정적인 입장이다.2) 그러나 재심청구를 통
상의 청구로 변경하는 것은 허용되지 않는다고 보는 것이 통설이다(반대견해로는 이시, 950면).

(2) 심리의 순서와 중간판결

재심의 소는 중층적인 구조를 갖고 있어 심리 역시 단계적으로 구분이 가능하다. 우선,
재심의 소 자체가 적법한 것인지 여부를 판단하는 것이 선행되어야 하며 그 후에는 재심사
유가 존재하는지 여부를 심사하는 것이 합리적인 순서일 것이다. 재심사유가 존재하게 되면
확정되었던 재심대상 판결을 속행하여 확정된 종전 판결을 취소할 것인지 여부에 대한 본안
심리에 들어가게 된다. 이러한 세 가지 판단 대상이 혼재될 가능성이 있어 법원은 재심의 소
가 적법한지 여부와 재심사유가 있는지 여부에 관한 심리 및 재판을 본안에 관한 심리 및
재판과 분리하여 먼저 시행할 수 있고 중간판결을 통해 재심사유가 있음을 확인하고 본안의
심리에 집중할 수 있게 된다(454조).

를 들어, 채권자에 의한 파산신청이나 회생신청과 개인회생신청은 3만 원 정액으로 인지를 붙이도록 하고
있는데(인지 9조 1항) 이를 보면 재심사건 역시 정액으로 인지를 전환하는 것이 마땅하다 할 것이다.

 1) 大判 2008. 11. 27. 2007다69834,69841.

 2) 大判 2009. 9. 10. 2009다41977; 大判 1971. 3. 31. 71다8 등.

1) 재심의 소의 적부   재심의 소는 우선적으로 재심의 소의 요건은 물론이고 소송요건 역시 갖추어야 적법하다. 따라서 재심대상 판결을 정확하게 지정하지 못하거나(항소심 판결을 재심의 대상으로 하여야 하는데 1심 판결을 재심의 대상 판결로 한 경우) 유죄의 확정판결 없이 위증 등을 이유로 재심의 소를 제기하면 부적법 각하된다(적법요건설의 입장).

2) 재심사유의 존부   재심이 적법하면 재심사유의 존부에 대해 심리를 하는데 이에 대해서는 일차적으로 재심원고가 증명책임을 부담하지만 주장된 재심사유의 존부를 조사할 때에는 직권탐지주의가 적용된다는 것이 통설의 입장이다(김/강, 891면; 이시, 920면; 정/유,846면). 따라서 재심의 소를 취하하는 것은 가능하지만[1] 청구의 포기·인낙 및 자백[2] 등은 허용되지 않는다. 재심사유 존부 등을 당사자 간의 합의를 통해 인정하는 것을 허용할 수는 없기 때문이다. 심리결과 재심사유의 존재가 인정되지 않으면 재심의 소는 이유가 없으므로 종국판결로 재심청구를 기각하여야 한다.[3] 재심사유가 존재하는 경우에는 중간판결을 거쳐 종국판결을 할 수도 있지만 통상은 종국판결의 이유에서 판단한다.

3) 본안의 심리   재심사유가 인정되면 본안의 심리에 들어가게 되는데 확정된 재심대상 판결이 부활되어 속행되는 것이므로 변론을 갱신하여야 하며(455조, 204조) 재심대상 판결이 사실심인 경우에는 재심 당사자는 새로운 공격방어방법을 제출할 수 있다.[4] 아울러 본안의 변론과 재판은 재심청구이유의 범위 안에서만 해야 하며 재심의 이유는 소송 진행 도중에 변경할 수 있다(459조). 한편, 재심법원은 가벌적 행위에 대한 확정판결이 있더라도 반드시 그에 구속될 필요는 없으며 사실의 존부에 관한 실질적 판단을 자유로이 할 수 있다.[5]

4) 종국판결   재심의 소에 대한 판결에 대해서는 다시 그 심급에 맞추어 불복이 허용된다. 따라서 재심 대상 판결이 1심 판결인 경우에는 다시 3심의 재판이 가능해지게 되는 반면 재심 대상 판결이 상고심 판결이면 단심으로 종결된다.

① **재심청구 인용의 재판**   재심대상 판결이 부당한 경우에는 재심의 소의 불복신청의 한도 내에서 재심 대상 판결을 취소하고 이를 갈음하는 판결을 한다(459조 1항). 이 판결은 재심 대상 판결을 소급적으로 소멸시키는 형성판결에 해당한다(이시, 952면; 정/유/김, 940면). 재심의 경우에도 불이익변경 금지의 원칙이 적용되므로 부대재심이 없는 한 재심원고에게 재심 대상 판결보다 더 불리한 재판을 할 수는 없다.[6]

---

1) 공동소송적 보조참가인이 있는 경우 피참가인은 단독으로 재심의 소를 취하할 수 없다고 한다(大判 2015. 10. 29. 2014다13044).
2) 大判 1992. 7. 24. 91다45691에서는 자백간주 효과도 발생하지 않는다고 한다.
3) 大判 1990. 12. 7. 90다카21886.
4) 大判 2001. 6. 15. 2000두2952; 大判 2021. 5. 7. 2019다14950.
5) 大判 1983. 12. 27. 82다146.
6) 大判 2003. 7. 22. 2001다76298.

② **재심청구를 기각하는 재판**   재심사유가 인정된다고 해서 모두 재심청구가 인용되는 것은 아니다. 재심의 사유가 있는 경우라도 판결이 정당하다고 인정한 때에는 법원은 재심의 청구를 기각해야 한다(460조). 예를 들어, 위증이 밝혀지고 유죄의 확정판결이 있었다 하더라도 다른 주장과 증거만으로도 재심 대상 판결과 동일한 결론에 이른 경우에는 재심청구를 기각해야 한다(표준시 이전의 사유로 정당한 경우). 한편, 재심 대상 판결의 표준시를 기준으로 보면 재심사유의 존재로 인해 이를 취소해야 하지만 변론종결 후 발생한 새로운 사유로 인해 재심 대상 판결의 결론을 유지해야 하는 경우가 있다. 이 경우의 기판력의 표준시는 재심의 소의 변론종결시가 된다.[1] 한편, 후자의 경우 원판결을 취소하고 다시 같은 내용의 판결을 해야 한다는 견해가 있으나(방, 696면; 이영, 347면) 법조문에도 충실하지 않을 뿐 아니라 불필요하게 주문만 복잡해질 뿐 실질적인 도움이 되지 못한다.

Ⅲ. 준 재 심

확정판결과 동일한 효력이 있는 화해, 청구의 포기 및 인낙조서(220조)와 즉시항고로 불복할 수 있는 결정이나 명령이 확정된 경우에 재심사유가 있으면 재심의 소에 준하여 그 취소를 구하는 절차를 준재심이라고 한다(461조). 이러한 조서 등에 대해서도 준재심의 절차를 통해서만 취소할 수 있도록 함으로써 입법적으로 소송행위설을 취한 것으로 평가된다.

(1) 조서에 대한 준재심의 소

1) 화해, 청구의 포기 및 인낙의 조서는 물론 재판상화해와 동일한 효력이 있는 조정조서 등도 여기에 해당된다. 아울러 제소전화해조서도 포함된다.[2] 한편, 화해권고결정[3]이나 조정을 갈음하는 결정 역시 확정판결과 동일한 효력이 있으므로 준재심의 소를 유추해야 한다. 따라서 기판력이 인정되지 않는 이행권고결정에 대해서는 준재심이 허용되지 않는다.[4] 한편, 조서에 대한 준재심은 소로써 제기하여야 하며 판결 절차에 의해 심판한다. 조서를 취소하는 재판이 선고되면 소송이 부활하지만 제소전화해의 경우는 부활할 소송이 없고 단지 화해불성립으로 처리된다.[5]

2) 소송절차 내에서 법인 또는 법인이 아닌 사단의 대표자가 청구의 포기·인낙 또는

---

1) 大判 1993. 2. 12. 92다25151.
2) 大判 2000. 7. 6. 2000다11584. 제소전화해조서가 당연무효이거나 준재심으로 취소되지 않는 한 화해조서의 기판력에 저촉된다고 한다.
3) 大判 2006. 2. 23. 2004다27167.
4) 大判 2009. 5. 14. 2006다34190. 준재심의 소는 아니더라도 준재심 신청의 대상이 될 수 있다는 견해를 제시하는 것으로는 김상수, "확정된 이행권고결정과 준재심", 법조 652호(2011), 290-291면 참조.
5) 大判 1998. 10. 9. 96다44051.

화해를 하는 데에 필요한 권한의 수여에 흠이 있는 때에는 법인 등은 위 변론조서나 변론준
비기일조서에 대하여 준재심의 소를 제기할 수 있고, 이러한 준재심의 소는 법인 등이 포
기·인낙 또는 화해를 한 뒤 준재심의 사유를 안 날부터 30일 이내에 제기하여야 한다(461조,
220조, 451조 1항 3호, 456조, 64조, 52조). 그런데 법인 등의 대표자가 권한의 수여의 흠을 넘어 자
기 또는 제3자의 이익을 도모할 목적으로 그 권한을 남용하여 법인 등의 이익에 배치되는
청구의 포기·인낙 또는 화해를 하였고 또한 그 상대방 당사자가 위 대표자의 그러한 진의
를 알았거나 알 수 있었을 경우에는 적어도 법인 등의 이익을 정당하게 보전할 권한을 가진
다른 임원 등이 그 준재심의 사유를 안 때에 비로소 위 준재심 제기 기간이 진행된다고 보
아야 한다.1)

(2) 결정이나 명령에 대한 준재심 신청

즉시항고할 수 있는 결정이나 명령이 확정된 경우에 재심사유가 있으면 준재심을 신청
할 수 있다(461조). 따라서 소장각하명령(254조 3항), 상소장 각하명령(402조, 399조, 425조 등)이나
소송비용에 관한 결정(110조 등), 추심이나 전부명령(민집 229조 6항) 등을 그 예로 들 수 있다.
그런데 즉시항고할 수 있는 결정이나 명령을 준재심의 대상으로 한 것은 예시적인 것으로
보고 즉시항고로 불복할 수 있는 것은 아니더라도 종국적 재판의 성질을 갖는 결정이나 명
령 혹은 종국적 재판과 상관없이 독립하여 확정되는 결정이나 명령에 해당하는 경우에는 독
립하여 준재심을 신청할 수 있다는 견해가 있다(호, 1004면).2) 준재심의 경우는 신청의 방식에
따라 제기하고 결정이나 명령의 절차에 따라야 한다. 아울러 당연히 재판도 결정의 형식을
취하게 된다.

---

1) 大判 2016. 10. 13. 2014다12348.
2) 大決 2004. 9. 13. 2004마660도 같은 취지이다.

제9편

국제민사소송

제 1 장　국제민사소송법

제 1 절　개념과 관련 규정의 변천

I. 개념과 범주

1. 좁은 의미의 국제민사소송과 논의 내용

(1) 섭외적(외국적) 요소가 있는 민사절차에서 발생하는 절차법적 문제를 규율하는 법규 일체를 국제민사소송법이라고 한다(강, 810면). 독자적인 영역으로 외국에서는 오래 전부터 논의되어 왔으나[1] 섭외사건 수가 상대적으로 적었던 이유에서인지 국내에서는 크게 주목을 받지는 못하였다.[2] 한편, 좁은 의미의 국제민사소송법에는 민사소송절차로서의 외국인 당사자, 재판권, 국제재판관할, 국제민사사법공조로서의 송달과 증거조사 등이 통상적으로 포함된다. 아울러 국제재판관할에는 직접관할 규정과 외국재판의 승인 및 집행을 다루는 간접관할 모두 포함된다.

(2) 본서에서는 당사자 및 국제재판관할로서의 직접관할, 그리고 외국송달 및 외국에서의 증거조사 등은 이해의 편의를 도모하고자 국내 해당 편에서 설명을 하고 있다. 따라서 이 편 제1장에서는 국제민사소송의 기초이론에 대해서 살펴보는데 주로 법원(法源)을 중심으로 살펴본다. 제2장에서는 재판권과 재판권의 면제가 논의되며, 제3장에서는 국제재판관할의 기본원칙을 선언하고 있는 국제사법 제2조와 국제적 소송경합, 국제재판관할권의 불행사 등을 살펴본다. 마지막으로 제4장에서는 간접관할로서의 국제재판관할, 즉 외국재판의 승인·집행에 대해 살펴본다.

2. 넓은 의미의 국제민사소송

좁은 의미의 민사소송절차뿐 아니라 넓은 의미의 민사소송절차를 포함하는 국제민사소

---

[1] 독일에서는 Internationales Zivilprozess 혹은 Internationales Zivilverfahrensrecht라는 제목의 저작물들이 오래전부터 출간되어 왔으며 일본에서도 "국제민사소송법"이라는 용어로 오래전부터 독자적인 연구 대상 영역으로 인정되어 왔다.

[2] 단행본으로는 국제사법 분야에서 최공웅, 「국제소송(1984)」, 민사소송 분야에서는 김용진, 「국제민사소송전략(1997)」 등이 이 분야의 선구적인 저작물이 아니었나 생각된다. 한편, 민사소송법 교과서에서는 강, 809면 이하에서 국제민사소송법을 처음으로 별도의 절로 해서 취급했던 것으로 파악된다.

송의 개념도 존재한다. 오히려 국제도산, 국제중재절차 등을 포함해서 논의하는 경우가 일반적이다.[1] 기업 거래의 국제화와 표준화가 어느 정도 이루어졌고 앞으로의 진척속도는 더욱 빠르기 때문에 이 부분에 대한 연구 필요도 계속 증가하리라는 것은 쉽게 추론될 수 있다. 다만, 국내에서 민사소송 분야를 점차 좁은 의미로만 파악하는 경향이 있었기에(2002년 민사집행법의 분리, 2022년 국제재판관할 직접관할 규정의 분리입법 등) 중재절차나 도산절차를 도외시하는 경향이 적지 않아 문제이다.

II. 관련규정의 변천

1. 국제사법의 외연 확대

최근 섭외사건 수의 자체적인 증가는 물론 국제화의 가속화로 국제민사소송에 대한 관심이 증가되었고 그 결과 2001년 국제사법의 개정을 통해 국제사법 제2조가 신설됨에 따라 국제재판관할에 관한 원칙 규정이 처음으로 신설되었고 동시에 소위 보호관할 규정(소비자와 근로자 보호를 위한 규정)이 신설되기에 이르렀다. 그 후 2022년에는 다시금 국제사법에 대한 전면개정이 이루어짐에 따라 국제재판관할에 관한 나름의 상세한 입법이 뒤따르게 되었다. 준거법을 주된 대상으로 하던 국제사법의 영역이 국제재판관할 영역까지 넓어지게 되어 국제민사소송절차에서 한 축을 담당하게 되었다.

2. 민사소송법과 민사집행법의 변화

2002년 법 제217조의 개정을 통해 국제재판관할이라는 용어가 처음으로 법에 등장하게 되었다. 2014년 동 규정을 개정하면서 처음으로 "외국판결의 효력"에서 "외국재판의 승인"이라는 용어를 법에서 사용하게 되었으며 법 제217조 제1항 제4호의 상호보증의 요건을 대법원 판결에 맞추어 완화하게 되었다. 나아가 2014년 법 개정과 함께 법 제217조의2를 신설하여 외국재판의 승인을 통해 대한민국의 법질서가 훼손되지 않도록 이중 장치를 마련하고 있다. 이 규정은 영미 국가들의 Class Action 제도와 징벌적 손해배상 제도가 결합된 재판 등이 우리나라 법원에서 문제될 경우를 대비한 우려의 결과라고 판단된다. 한편, 2002년 법 개정을 통해 민사집행법이 소송법으로부터 분리되었고 그에 따라 외국재판의 승인은 민사소송법에서, 외국재판의 집행은 민사집행법(민집 26조, 27조)에서 각각 규율하게 되었다. 최근 2014년 법 제217조의 개정과 함께 민사집행법 제26조도 개정되어 집행판결의 대상 역시 "외국판결"에서 "외국재판"으로 바뀌게 되었다.

---

1) 독일과 일본의 국제민사소송 교재들이 보편적으로 다루는 문제들이다. 다만, 본서에서는 이들 영역을 다루지는 않는다.

제 2 절 법적 성질과 법원(法源)

Ⅰ. 법적 성질

국제민사소송법은 외국적 요소를 갖는 소송관계를 다루는 법정지법(法廷地法)의 일부로서 절차법에 속한다. 예를 들어, 섭외적 분쟁이 발생하게 되면 일단 그 사건에 적용될 준거실체법을 정하는 일(국제사법의 영역)과 그 사건에 대해 국제재판관할권을 갖는 법원을 찾는 일(국제민사소송법의 영역)이 뒤따르게 된다. 만일 섭외적 분쟁의 당사자 일방이 대한민국 법원을 선택해서 제소하게 되면 준거실체법은 국제사법의 원칙에 따라 외국법이 될 수 있어도 그 소송절차에 관해서는 법정지법인 대한민국 민사소송법이 원칙적으로 적용된다(법정지법 원칙, lex fori principle).1) 다만, 섭외적 법률관계에 대한 국제재판관할권의 유무를 정하는 것에 대해서는 법에 구체적인 규정들이 마련되어 있지 않아 법의 흠결이 있으므로 그 흠을 보충하고 해석해야 하는데 그것이 현재 국제민사소송 분야의 가장 중요한 과제이다.

Ⅱ. 법원(法源)

국제민사소송과 관련된 민사소송법 규정이 아직까지는 상세하게 마련되어 있지 않을 뿐 아니라 어느 한 법률에 집약되어 있는 것도 아니다. 또한 국제적으로 다자조약이 완비된 상태도 아니며 우리가 체결한 양자조약도 매우 미미한 실정이다. 따라서 법원의 해석에 의존하는 경향이 강하므로 국제거래 당사자들은 법적 불안을 느끼게 되므로 상대적으로 예측가능성이 높은 중재제도를 선호하게 되는 경향이 크다.

1. 국 내 법

(1) 민사소송법과 민사집행법에는 외국적 요소를 가진 특칙이 다수 산재해 있는데 외국법인의 보통재판적(5조 2항) 규정이 대표적이지만 법 제11조 규정(재산소재지 특별재판적)도 외국인을 염두에 둔 것으로 볼 수 있다. 그 외에 국제재판관할에 관한 직접관할 규정은 눈에 띄지 않는다. 한편, 간접관할로서 법 제217조에서는 외국재판의 승인 규정을 두고 있으며 민사집행법 제26조, 제27조에서는 외국재판의 집행과 집행판결 제도를 규율하고 있다. 이러한 관할 관련 규정 외에도 법 제191조에서는 외국에서 하는 송달의 방법을, 법 제296조에서는 외

---

1) 大判 1988. 12. 13. 87다카1112.

국에서 시행하는 증거조사에 대해 규율하고 있다.

(2) 국제사법 제2조에서는 국제재판관할 중 직접관할에 관한 원칙을 선언하고 있어 섭외사건에 대한 국내법원의 국제재판관할권 유무의 결정은 국제사법에 의해 이루어지고 있다. 2022년 개정을 통해 국제재판관할에 관한 세부 규정을 설치하였으나 국제사법 제2조는 여전히 남아 있다.

(3) 외국과의 사법공조를 위한 기본적인 법으로 국제민사사법공조법이 있다. 그런데 이 법에서 의미하는 "사법공조"는 재판상 서류의 송달 또는 증거조사에 관한 국내절차의 외국에서의 수행 또는 외국절차의 국내에서의 수행을 위하여 행하는 법원 기타 공무소등의 협조를 말한다(공조 2조 1호). 우리가 다자조약인 헤이그 송달협약과 헤이그 증거조사협약 등에 가입함으로써 민사공조법의 적용을 받는 상황은 많이 줄어들 것이다.

2. 조 약

우리나라에서 발효된 다자조약으로는 1961년 외교관계에 관한 비엔나 협약(1971. 1. 27. 발효, 이하 "외교협약"이라 함)¹⁾과 1963년 영사관계에 관한 비엔나 협약(1977. 4. 6. 발효, 이하 "영사협약"이라 함)²⁾ 그리고 헤이그 송달협약(2000. 8. 1. 발효)³⁾과 헤이그 증거조사협약(2010. 2. 12. 발효)⁴⁾ 등이 있다. 따라서 위 협약 가입국 간에는 위 협약이 적용됨으로써 국내의 민사공조법이나 민사소송법이 적용될 여지는 거의 없다. 한편, 다자조약 외에도 양자조약을 통해 국제민사소송과 관련된 공조를 펼치고 있다. 한국과 호주 간의 민사사법공조조약(2000. 1. 16. 발효)을 시작으로 한·중(2005. 4. 27. 발효), 한·몽골(2010. 5. 28. 발효), 대한민국과 우즈베키스탄공화국(2013. 8. 11. 발효), 한국과 태국(2015. 4. 16. 발효) 사이에도 민사상사사법공조조약이 체결된 상태이다.

---

1) 조약의 명문 명칭은 Vienna Convention on Diplomatic Relations이다.
2) 조약의 명문 명칭은 Vienna Convention on Consular Relation이다.
3) 조약의 명문 명칭은 Convention on the Service Abroad of Judicial and Extrajudicial Documents in Civil or Commercial Matters이다.
4) 조약의 명문 명칭은 Convention on the Taking of Evidence Abroad in Civil or Commercial Matters이다.

제 2 장 재판권과 재판권의 면제

제 1 절 개념과 한계

Ⅰ. 개 념

주권의 사법분야로의 발현을 재판권으로 정의할 수 있다. 나아가 재판권은 크게 민사·형사 재판권으로 대별되지만 우리나라의 특성상 헌법관련 쟁송에 대해서는 헌법재판소가 이를 담당하고 있어 헌법재판권 역시 따로 구분될 수 있다. 민·형사 재판권은 일반법원(지방법원, 지방법원 지원, 시·군 법원 및 고등법원, 대법원 등)이 행정구역의 구분에 따라 이를 행사하지만 특수법원의 설치 여부에 따라 구분되어 행사되기도 한다. 예를 들면, 특허관련 사건의 일부는 특허법원이 관장하며(법조 28조의4) 일부 지역에서는 행정법원 및 회생법원(각 서울에만 소재)과 가정법원이 별도로 설치되어 있어 민사재판권의 일부를 분할해서 관장하고 있다. 이들 일반법원 및 특수법원은 관할 사건의 본안절차뿐 아니라 이와 관련된 보전절차·강제집행절차는 물론 관련 비송사건까지 담당을 하게 된다.

Ⅱ. 한 계

재판권은 한 국가 주권의 사법적 발현이므로 자체적으로 한계를 갖게 마련이다. 종래 민사소송법 분야에서는 민사재판권에 대한 한계는 인적, 장소적, 물적 제약 등 세 가지 범주로 나누어 설명하는 것이 일반적이었는데(김/강, 37면; 이시, 59면 이하 등), 특히 재판권면제의 문제는 대인적 제약, 국제재판관할의 문제는 대물적 제약의 문제로 이를 파악해 왔다.[1] 그러나 국제재판관할권 유무의 문제를 재판권의 물적 제약의 문제로 접근하는 것은 적절하지 못하다. 우선, 국제재판관할권은 재판권의 하위 개념으로서 재판권이 전제된 후에만 논의가 될 수 있는 것이기 때문이다. 즉, 재판권의 제약 문제가 아니라는 점이다. 아울러 뒤에서 살펴보듯이 국제재판관할의 연결점으로서의 재판적은 소송물이나 부동산 소재지와 같은 물적재판

---

[1] 아울러 재판권 면제자를 치외법권자와 일치된 개념으로 파악하기도 한다(이시, 59면). 각 나라의 영토적 주권이 일방적으로 배제되었던 제국주의 시대에 사용되던 치외법권 개념을 현대 사회에서는 허용될 수 없으므로 이러한 용어 사용은 적절하지 않다고 생각된다.

적뿐 아니라 사람의 주소나 거소와 같은 인적재판적도 있으므로 국제재판관할을 재판권의 대물적 제약이라고 표현하는 것도 정확한 것은 아니라는 점을 유념하여야 한다. 따라서 여기에서는 재판권의 대인적 면제와 장소적인 면제 두 문제를 논하며 국제재판관할은 제3장에서 별도로 논하고자 한다.

제 2 절　민사재판권의 면제

민사재판권은 주권의 사법적 발현의 하나로서 민사재판을 처리하는 국가권력이다. 따라서 영토고권의 성격상 국적을 불문하고 국내에 거주하는 모든 사람에게 미친다. 그러나 국제예양·상호주의 원칙 혹은 협정 등으로 일정한 제약을 두고 있는데 이를 민사재판권의 면제 혹은 대인적 제약으로 논의해 왔다. 이러한 면제를 누릴 수 있는 주체로는 외국국가, 외교사절·영사 및 국제기구 등을 들 수 있다. 민사재판권의 면제를 어느 정도로 할 것인지 아울러 그 근거는 무엇인지에 대한 논의는 면제의 주체별로 다른 연혁을 갖고 있다고 할 것이다. 아래에서 각 개별적인 주체별로 살펴보기로 한다.

Ⅰ. 주권면제(외국 국가에 대한 민사재판권 면제)

1. 절대적 주권면제이론

외국국가에 대한 민사재판권의 면제를 주권면제 혹은 국가면제라고도 한다. 면제의 범위를 제한하지 않고 일반적으로 민사재판권의 면제를 인정하는 입장을 절대적 주권면제이론(혹은 절대면제주의)이라고 한다. 그러나 절대적이라는 표현을 사용하지만 예외가 인정되는데 재판권의 면제를 받는 국가가 우리나라에 와서 스스로 소를 제기하거나 제기된 소송에 응소를 하는 등 자발적으로 우리나라 재판권에 복종하는 것은 가능하다. 한편, 우리나라에 소재한 부동산을 직접적인 대상으로 하는 소송 등에서는 외국국가 역시 국내법원에 소를 제기하여야 하는 상황이 전개되는데 이 역시 예외의 하나라고 할 수 있다.

2. 상대적 주권면제이론

(1) 배경과 개념

현대에 들어 국가의 행위 내용이 복잡하고 다양해짐에 따라 일률적으로 민사재판권을 면제하는 것이 불합리하다는 판단이 서게 되었고 특히 20세기 후반에 들어 여러 나라들이 실정법 혹은 판결을 통해 이를 제한하는 움직임을 보이게 되었다. 즉, 외국국가 자체에 대한 민사재판권은 문제가 된 행위의 성격에 따라 재판권이 면제될 수 있다는 것인데 외국 국가의 행위라 하더라도 외국 국가의 권력행위 내지 공법적 행위(acta jure imperii)가 아닌 사법적(私法的) 행위 내지 직무적 행위 (acta jure gestionis)가 문제된 경우에는 민사재판권이 미친다는 것이다. 이를 상대적 주권면제이론이라고 한다.

(2) 면제의 범위

1) 국가의 행위를 공법적 혹은 사법적 행위로 구분한다 해도 구체적인 기준을 설정하는 것은 쉽지 않다. 행위의 주체가 국가의 권력작용을 담당하는 기관인지 여부로 구분하자는 견해, 국가의 행위 목적이나 성질에 의해서 구분을 하자는 견해, 국가의 통상활동이나 기업활동은 면제대상이 아니라는 견해 등이 있다. 아울러 일률적인 기준을 제시하는 것은 어려우므로 외국국가에게 면제의 혜택을 주어야 하는 이유와 정도 이로 인해 상대방인 개인이 입게 될 권리의 침해나 불이익 등을 비교형량해서 구체적으로 검토하는 것이 필요하다는 견해[1]도 있다.

2) 외국정부 자체가 주권면제의 대상이 된다는 점은 이론이 없으나 예를 들면, 외국정부의 외부기관은 물론 지방자치단체나 일정한 독립성을 갖는 주정부, 외국의 공단이나 공사, 공기업 등에게도 이러한 면제를 인정할 것인지가 문제될 수 있다. 이 경우도 앞서의 경우와 마찬가지로 기관의 성격, 행위의 성질 및 양 당사자의 이익 등을 비교형량해서 면제 여부를 결정하는 것이 타당하다는 견해가 있다.[2]

(3) 판례의 변천과 문제점

1) **절대적 주권면제이론**　　우리나라 법원도 종래에는 절대적 주권면제이론을 취하고 있었다. 따라서 미합중국이나 일본국을 상대로 한 민사소송이 제기되면 변론기일 등을 지정하지 않고 소장을 각하하였다.[3] 대법원에 따르면 국가는 국제관례상 외국의 재판권에 복종하지 않게 되어 있으므로 특히 조약에 의하여 예외로 된 경우나 스스로 외교상의 특권을 포기하는 경우를 제외하고는 외국국가를 피고로 하여 우리나라가 재판권을 행사할 수는 없는 것이라 판시하였다.

2) **상대적 주권면제이론으로의 전환**　　대법원은 주한미군 부대에 근무하는 우리나라 근로자가 미합중국을 상대로 제기한 해고무효확인 청구 사건에서 우리나라의 영토 내에서 행하여진 외국의 사법적(私法的) 행위가 주권적 활동에 속하는 것이거나 이와 밀접한 관련이

---

1) 石川 明, 國際民事訴訟法, 58面.
2) 石川 明, 國際民事訴訟法, 58面.
3) 大決 1975. 5. 23. 74마281.

있어서 이에 대한 재판권의 행사가 외국의 주권적 활동에 대한 부당한 간섭이 될 우려가 있다는 등의 특별한 사정이 없는 한, 외국의 사법적 행위에 대하여는 당해 국가를 피고로 하여 우리나라의 법원이 재판권을 행사할 수 있다고 하면서 상대적 주권면제이론을 택하는 판결을 하게 되었다.[1]

3) 기본이론과 판례의 문제점　　① 외국국가의 사법적 행위에 대해서는 우리나라의 재판권을 행사할 수 있다는 것이 대법원의 입장이지만 구체적으로 어떤 기준에 의해서 국가의 주권적 활동과 사법적 행위 여부를 판단할 것인지에 대해서는 상세하게 설명하고 있지 않다. 일차적으로는 객관적인 성질에 따라 사법행위 여부를 판단하고 필요한 경우에는 행위의 목적을 고려할 필요가 있을 것이다. 한편, 사법행위인지 공법적 행위인지 여부에 대한 판단을 위한 준거법은 법정지법에 의하여야 하는데 우리의 경우는 구체적인 법규가 없어 해석론을 통해 그 기준을 제시할 수밖에 없는 상황이다.

② 외국대사관 건물의 일부가 이웃한 건물의 경계를 침범하자 외국 국가를 상대로 주위적으로 건물철거 및 인도청구와 함께 부당이득반환을, 예비적으로 침범한 부분에 대한 소유권확인을 구한 사안에서 대법원은 독특한 결론을 내리고 있다. 일단, 외국이 국내 부동산을 점유하는 것은 반드시 주권적 활동에 속한다고 볼 수 없으나 부동산을 공관지역으로 점유하는 경우 해당 국가를 피고로 하여 제기된 소송이 건물의 철거와 대지인도 청구라면 외교공관의 직무 수행을 방해할 우려가 있어 재판권 행사가 제한되지만 해당 국가를 상대로 차임 상당의 부당이득반환을 구하는 것은 그 자체로 외국의 공관지역 점유에 영향을 미치지 아니하므로 재판권의 제한을 받지 않는다고 한다.[2] 한 나라의 주권은 국제적 공서에 부합되는 한 최소한으로 제한되어야 한다. 경계를 침범한 건물이 외교공관으로 사용된다고 하여 사법적인 법률관계의 성격이 변화되는 것은 아니다. 따라서 소유권을 침범당한 이웃은 당연히 금전배상청구는 물론 철거와 인도청구의 소를 제기할 수 있고 대한민국 법원 역시 재판권 행사를 할 수 있어야 한다. 판결에 따른 물리적인 집행문제에 들어서게 될 때 비로소 재판권의 면제 여부를 논하는 것이 타당하다. 대법원은 판결절차와 집행절차의 구분 없이 모든 문제를 미리 고려하고 걱정하는 예민함을 보여주고 있는 듯하다.

---

1) 大判(全) 1998. 12. 17. 97다39216. 그러나 동 판결은 외국 국가의 주권행위와 사법행위(私法行爲) 간의 구별 기준을 명확히 제시하지 못하고 있다는 지적을 받고 있다(최태현, "한국에 있어서의 제한적 주권면제론의 수용", 국제판례연구 제2집, 255면 참조). 법적안정성과 예측가능성을 제고하기 위해서는 국가면제에 관한 국내입법을 서둘러야 한다는 지적은 매우 타당하다(같은 논문, 269면).
2) 大判 2023. 4. 27. 2019다247903. 예비적 청구인 소유권확인에 대해서는 판단하지 않았지만 원심과 마찬가지로 일정한 집행을 수반하지 않는 확인청구이므로 재판권의 대상이 된다는 취지로 판시했을 것으로 추단된다.

(4) 협약 가입 혹은 개별 입법

1) UN 국가면제협약

UN총회는 2004년 "국가 및 그 재산의 재판권면제에 관한 국제연합협약(UN Convention on Jurisdictional Immunities of Sates and Their Property)"(이하 "국가면제협약"이라 함)을 채택하였다. UN 국제법위원회가 오랜 시간 노력을 통해 성안한 것이지만 아직 발효가 되지 않고 있으며 우리나라도 아직 서명하지 않은 상태이다. 주권면제의 예외 사항들을 명시적으로 제시하고 있으며 국가재산에 대한 강제조치에 대해서도 규정을 두고 있어 조속한 시일 내에 효력을 발생하게 될 것을 기대한다.[1]

2) 개별입법의 사례

국가면제협약과 같은 국제조약의 미발효로 인해 개별국가, 특히 영미법계 국가들을 중심으로 자국의 입법을 통해 이 문제를 해결하고 있다. 미국의 외국주권면제법(Foreign Sovereign Immunities Act, 28 U.S.C. §§ 1330, 1391(b), 1602~1611), 영국의 국가면제법(State Immunity Act)이 가장 대표적인 예라고 할 수 있다. 한편, 독일과 우리나라는 판례를 통해 국가면제의 예외를 인정하고 있는 실정이다.

Ⅱ. 기타 면제

1. 외국 국가원수 및 가족, 수행원에 대한 면제

외국 국가원수에 대한 재판권면제는 국제관습법에 의거하고 있으나 그 예외(재판권 복종)의 내용과 범위에 대해서는 아직 확립되어 있지 않다.[2] 외국의 원수는 그 국가의 최고 대표자로서 절대적 면제를 누리며 재임 중 그리고 그 후에도 재임기간 중에 한 공적 행위(국제적 범죄행위는 제외)에 대하여는 재판권의 면제는 유지된다. 외국원수의 가족 역시 원수와 동일한 면제의 효력을 향유한다고 보아야 할 것이다. 수행원의 경우는 공적행위에 대해서만 면제의 효력을 받게 된다.[3]

2. 외교면제

(1) 주권면제와의 차별성

외교면제의 경우에는 국가면제와는 별도로 국제관습법에 의해 논의되어 왔으나 그 후에

---

1) 동 협약에 대한 구체적인 내용은 최태현, "UN국가면제협약의 채택과 가입의 필요성", 한양대 법학논총 25집 4호(2008. 12), 123면 이하 참조.

2) 김상훈, "민사재판권 면제자와 그 소송상 취급", 민사소송 18권 2호(2015), 24면.

3) 김상훈, 전게논문, 25면.

는 외교협약에 의해 규정되고 있으며 그 대상은 원칙적으로 외교관의 공적 직무행위이다(외
교협약 31조 1항(c) 참조). 협약상 외교관에는 파견국의 공관장이나 공관의 외교직원을 말하는데
(외교협약 1조 (e)) 외교직원은 외교관의 직급을 가진 공관직원을 의미한다(같은 조 (d)). 그런데
외교관의 직무행위 범위는 주권면제의 구별기준인 주권적 행위에 판단과 비교해서 넓다는
것이 통론이다.[1] 따라서 외교면제는 주권면제와 그 근거 법리와 적용법규를 달리하게 되므
로 주권면제가 제한을 받는 경우에도 외교면제는 인정될 수가 있다.[2]

(2) 대상자와 내용

1) 외교관은 접수국의 형사재판권으로부터 광범위한 면제권을 향유하지만 민사재판권의
경우는 일정한 예외가 인정된다. 즉, 공적직무 행위 외의 직업적 혹은 상업적 활동에 관한
소송이나 개인부동산에 관한 소송, 개인자격으로 행한 유언집행인, 상속인 등으로서 관련된
상속에 관한 소송 등에서는 민사재판권의 면제가 인정되지 않는다(외교협약 31조 1항).

2) 외교면제의 대상은 외교관 본인에게 국한되는 것은 아니다. 우선, 외교관의 세대를
구성하는 그의 가족은 협약에서 명시된 외교관 본인의 특권과 면제를 함께 향유한다(외교협약
37조 1항). 한편, 공관의 행정 및 기능직원은 그들의 각 세대를 구성하는 가족과 더불어 특권
과 면제를 향유하지만 노무직원은 그들의 직무중에 행한 행위에 관하여만 면제를 향유하게
된다(2항, 3항). 나아가 공관원의 개인사용인은 취업으로 인하여 받는 보수에 대한 부과금이나
조세로부터 면제될 뿐이다(4항).

3) 외교협약에 가입하지 아니한 국가의 외교관에 대해서는 어떻게 처리할 것인지에 대
한 규정이 우리나라에는 없으므로 국제관습법에 따라 처리해야 할 것이지만 대체로 외교협
약의 면제내용과 유사한 수준을 유지하는 것이 합리적이다.[3]

3. 영사면제

(1) 영사는 외교관과 달리 본국의 경제적 이익과 해외에 있는 자국민을 보호하고 여권
업무와 혼인 · 상속 등에 관한 사법상의 문제를 처리하는 비정치적 · 상업적 업무기관이지만
(영사협약 5조) 사실상 외교채널의 역할을 수행하기도 한다. 이러한 영사제도는 예전에는 국제
관습법으로 인정되어 왔으나 영사협약 발효 이후에는 우리나라에 주재하는 이 협정에 가입
한 국가의 영사관원에 대하여는 이 협약이 적용된다.

(2) 이 협약에 따르면 영사관원과 그 사무직원은 직무수행 중의 행위에 대하여는 민사
재판권이 면제된다(영사협약 43조 1항). 단, 이들이 개인 자격으로 체결한 계약으로부터 제기되

---

1) 김상훈, 전게논문, 25면.
2) 최태현, 전게논문, 256-257면 참조.
3) 김상훈, 전게논문, 28면.

는 민사소송이나 접수국 내의 차량, 선박 또는 항공기의 사고로부터 발생하는 손해에 대하여 제3자가 제기하는 민사소송의 경우에는 접수국의 재판권에 복종한다(2항). 그러나 영사관원 및 그 사무직원의 가족은 이러한 면제를 누리지 못한다. 한편, 영사협약에 가입해 있지 아니한 영사에 대하여는 명문규정이 없으므로 기존의 국제관습법에 따라 이를 해결해야 한다.[1]

Ⅲ. 외국군대와 국제기구

1. 주한미군

(1) 공무상 불법행위

해외주둔 군대의 성격을 가진 주한미군에 대한 취급은 외교적 면제와도 그 성질을 달리한다. 대한민국과 미합중국은 주한미군과 관련해서 「대한민국과 아메리카 합중국 간의 상호방위조약 제4조에 의한 시설과 구역 및 대한민국에서의 합중국 군대의 지위에 관한 협정」(소위 "SOFA 협정")을 체결하였다. 동 협정 제23조에 따르면 미합중국 군대의 구성원(대한민국 국민을 제외하지만 카투사 소속 인원은 포함)은 공무상의 불법행위에 대해 대한민국의 민사재판권으로부터 면제를 받고 있어 피해자는 국가배상법에 따라 대한민국을 상대로 손해배상을 청구할 수 있을 뿐이다. 대한민국은 먼저 피해자에게 배상금을 지급한 후 분담비율에 따라 분담금을 미국에 청구하는 방식을 취한다.

(2) 비공무상 불법행위와 계약체결 등

주한미군의 비공무상 불법행위와 계약체결 행위 등으로 인한 피해에 대해서는 대한민국의 민사재판권이 미친다. 하지만 이를 소구하기 위해서는 대한민국의 배상금 사정(査定)과 미합중국의 배상금지급 제의 절차를 거쳐야 한다. 즉, 이러한 사전 지급절차에 대해 불복이 있는 경우에만 해당 미합중국 군인을 대상으로 대한민국 법원에 손해배상청구의 소를 제기할 수 있다(SOFA 협정 23조 6항).[2]

2. 국제기구 등

(1) 민사재판권 면제와 그 근거

국제연합과 그 전문기구를 비롯한 다양한 국제기구가 우리나라에 상주하게 됨에 따라 이들에 대한 민사재판권 문제가 심각하게 논의될 것으로 예측된다.[3] 대부분의 국제기구는

---

1) 김상훈, 전게논문, 30면.
2) SOFA 협정의 불평등성을 지적하고 개선방향을 제시한 장주영, "민사청구권 및 노무 관련조항의 개정방향", 인권과 정의 285호, 37면 이하 참조.
3) 2017년 현재 우리나라에 본부 혹은 사무소 등을 갖고 있는 국제기구는 60여개에 이른다. 그 중에서 본부

소재지 국가와 협정 등을 맺어 민사재판권의 면제를 누리지만 주권면제에서의 논의와 같이 절대적인 면제가 아닌 상대적인 면제에 머문다고 보는 것이 타당하다. 따라서 국제기구 자체의 목적 범위 내의 행위라 하더라도 그 행위가 사법적 행위에 해당하는 경우에는 민사재판권에 복종한다고 보는 것이 타당하므로 상대적 주권면제이론을 유추해서 제한의 범위를 결정하는 것이 합리적인 해결방안이라고 판단된다.

(2) 국제연합 및 전문기구

국제연합과 같은 명실상부한 국제기구에 대해서는 구체적인 면제 내용이 협약 등에 의해 관리되고 있다. 우선, 국제연합의 특권과 면책에 관한 협약(Convention on the Privileges and Immunities of the United Nations, 1946)이 있는데 우리나라는 1978년에 대한민국정부와 국제연합이 향유하는 특권과 면제에 관한 대한민국정부와 국제연합 간의 협정을 체결하여, 이 협약에서의 특권 및 면제를 우리나라에 직접 관계있는 것으로 규정하였다. 그러나 국제기구의 활동을 위해서는 국제연합 산하 전문기구의 면책권이 중요하므로 1947년 채택된 "국제연합 전문기구의 특권과 면제에 관한 협약(Convention on the Privileges and Immunities of the Specialized Agencies, New York, 21 November 1947)"이 더 의미를 갖는다. 동 협약 제3조 제4절에 따르면 유엔의 각 기구와 그 재산(property) 및 자산(assets)은 개별적으로 면제의 포기를 명시적으로 하지 아니하는 한 재판권으로부터 면제의 권리를 누리게 되는데 동 협약은 1977년 우리나라에서 발효되었다.

제 3 절   민사재판권의 장소적 범위

국내 민사재판권은 주권과 마찬가지로 우리 영토를 넘어 외국에 미칠 수 없다. 따라서 외국에서 재판서류의 송달이나 증거조사를 할 수 없다. 다만, 영사협약에 따라 가입국에 거주하는 우리 국민에 대해서는 그 외국에 주재하는 우리나라의 대사·영사 등을 통해 재판서류 등의 송달을 촉탁할 수 있다(영사송달). 현재 우리나라는 이러한 재판업무의 영토적 한계를 극복하기 위해 다자조약(헤이그 송달협약 및 증거조사협약)은 물론 양자조약(한국·호주 간, 한국·중국 간, 한국·몽고 간의 국제사법공조조약)을 체결해 오고 있다.

를 한국에 두고 있는 기구는 국제백신, 글로벌 녹색성장기구, 녹색기후기금 등 세 곳이다.

제4절 재판절차의 면제와 강제집행절차 포함 여부

Ⅰ. 문제 제기

외국국가나 외교관 등이 우리나라 민사재판권에 복종하게 되는 경우 본안 재판절차뿐 아니라 강제집행절차에도 복종해야 하는 것인지 문제가 된다.[1] 바꾸어 말하면 민사재판권에 복종하게 되는 외국국가를 상대로 법정지 법원에서 승소한 당사자가 법정지 국가 소재 외국국가의 재산을 강제집행해서 자신의 권리 만족을 얻을 수 있는가의 문제이다. 판결국인 법정지 국가 밖에 소재하는 재산에 대해서는 승인·집행의 절차가 필요하게 되므로 별개의 문제가 된다.

Ⅱ. 견해의 대립

1. 기본 배경

법정지 법원의 재판절차에 복종하는 이상 당연히 그 법정지 국가의 강제집행 절차에도 복종을 하게 된다는 견해도 있으나 강제집행은 재판절차와는 달리 외국국가의 재산에 직접적이고도 물리적인 영향을 미치게 되어 외국국가의 주권적 활동에 영향을 줄 수 있으므로 양자를 달리 취급해야 한다는 견해가 지배적이다. 따라서 상대적 주권면제이론에 따라 법정지 법원이 외국 국가에 대해 재판권을 행사한다 하더라도 승소판결에 따라 외국국가의 재산에 강제집행을 하는 것은 별개의 문제로 보아야 할 것이다. 다만, 재판절차에 대한 주권면제와 마찬가지로 그 한계 설정이 문제가 된다.

2. 구체적인 기준

(1) 재산의 성격에 따른 분류

영미의 실정법은 외국국가의 재산을 상업적 목적에 제공되는 것과 비상업적, 주권적 목적에 제공되는 것으로 구분해서 전자에 대해서는 강제집행을 허용해야 한다는 입장이 주류를 이루고 있다.[2] 주권적 목적에 제공되는 재산으로는 외교공관이나 영사관 등을 들 수 있

---

1) 이하에서는 편의상 외국국가를 중심으로 논의를 전개하기로 한다.

2) 미국의 Title 28 § 1610(a) 따르면 상업적 활동(commercial activity)에 제공되는 외국의 재산은 미합중국 법원에서 선고된 가압류나 집행으로부터 면제되지 않음을 명시적으로 선언하고 있다. 한편 영국 State Immunity Act 1978 제13조 제4항에 따르면 상업적 목적(commercial purposes)으로 사용되거나 제공된 재산은 집행으로부터 면제되지 않음을 규정하고 있다.

을 것이다. 가장 문제가 되는 것은 법정지 국가에 존재하는 외국국가의 외환계좌일 것이다.
이 경우도 계좌에 입금된 돈의 목적에 따라 집행면제 여부를 결정하는 것이 타당할 것이다.
즉, 외국국가의 국채발행을 위해 법정지 국가의 외환계좌에 돈을 입금한 경우와 상업적 활동
을 위해 입금한 경우는 차등을 두어야 할 것이다.[1] 한편, 법정지 국가에 소재하는 외국 국가
의 중앙은행 구좌에 대해 특별한 지위를 인정하는 경향이 영미 실정법에는 존재한다. 이 경
우에는 구좌 개설의 목적과 무관하게 완전한 면책을 인정하고자 하는 것이다. 그러나 이에
대해서도 비판이 존재한다.[2]

(2) 집행절차에서의 제3자적 지위

대법원은 대한민국이 미합중국을 제3채무자로 한 채권압류 및 추심명령을 발령할 재판
권을 가지지 못하고, 따라서 위 채권압류 및 추심명령은 재판권이 없는 법원이 발령한 것으
로 무효이고, 우리나라 법원은 추심금 소송에 대하여도 재판권이 인정되지 않는다고 판시한
바 있으나[3] 의문이다. 우선, 위 사건의 피압류채권은 채무자인 전기기사의 임금 및 퇴직금
채권이므로 공법적인 관계가 개입될 여지가 없다. 다음으로 채권에 대한 압류 및 추심명령이
있는 경우 제3채무자는 채무자에 대한 변제금지의 효력만을 수인할 뿐이고 이 역시 물리적
인 강제력이 수반되지 않는다. 마지막으로 이 사건 추심의 소의 피고가 되는 경우 그 기저에
는 사법적인 고용관계로부터 비롯된 임금 및 퇴직금 채권만이 존재하므로 이를 재판권의 면
제 대상으로 본 대법원은 법률관계의 실질을 파악하지 않고 외견상 나타나는 형식적인 재판
행위만을 중시한 것이 아닌가 판단된다(이시, 61면도 시대의 추세를 외면하는 판결이라고 비판).[4] 압
류 및 추심명령의 직접 상대방이 아닌 제3채무자의 지위에 놓이는 것과 추심명령에 기초한
추심의 소 모두 집행절차의 일부 과정에서 나타나는 판결절차일뿐 국가의 공권력에 기초한
물리력의 행사를 전혀 수반하지 않는다는 점을 유념할 필요가 있다.

---

1) 독일 브라질 국채사건 LG Frankfurt v. 23. 5. 2000, RIW 2001, 308. 참조.
2) 석광현, 전게서, 53면 참조.
3) 大判 2011. 12. 13. 2009다16766.
4) 문영화, "외국국가를 제3채무자로 하는 채권압류 및 추심명령에 대한 재판권행사", 성균관법학 27권 3호
(2015), 155면 이하가 상세하다. 동 논문 역시 대법원 판결 결론에 대해 비판적이다.

제 5 절   재판권 흠결과 효과

Ⅰ. 재판권의 흠결

1. 상대적 주권면제 이론과 재판권 흠결 여부

(1) 재판권의 존재는 직권조사사항(직권탐지사항으로 보는 견해도 있음)으로서 이를 흠결하면 소가 부적법하게 된다. 그런데 소장 기재 자체만으로도 피고에 대한 재판권 흠결이 명백하여 유효하게 소장을 송달할 수 없는 경우에는 소장을 각하하여야 한다는 견해가 있으며(이시, 62면) 판례 역시 동일한 입장이다.[1] 그러나 상대적 주권면제이론을 취하는 현재 입장에서는 소장 기재 자체만으로 재판권이 없다는 것을 명백하다고 단정할 수 없을 뿐 아니라[2] 변론을 열어 원고의 주장을 들어본 후 청구원인을 보충하는 등의 방법으로 소를 유지할 수 있는 길도 있으므로 변론을 열지도 않은 채 소장을 각하하는 것은 부적절하다(같은 취지의 견해로는 강, 73면; 정영, 150면). 더구나 주권면제의 대상이 되는 것인지 여부에 대해 심리를 해야 하는 경우도 적지 않을 것이다.

(2) 그런데 국제민사사법공조 등에 관한 예규에 따르면 외국 및 국제법상 국가에 준하는 대우를 받는 국제기구를 상대로 소가 제기된 경우에 당해 외국 등이 응소할 의사가 있는지의 여부를 확인하고자 하는 경우에는 수소법원의 장이 요청서를 작성하여 법원행정처장에게 외교부장관에 대하여 이를 확인하여 줄 것을 요청하도록 하고 있다(예규 26조 1항). 동 예규에 따르면 우리나라 재판권에 복종할 필요가 없는 사안으로 보이더라도 외국국가의 자발적인 응소 여부를 묻는 절차를 선행하도록 하고 있음을 알 수 있다. 따라서 앞서의 주장과 동 예규를 종합해서 본다면 재판권 존재에 대해 의심이 없을 경우에는 수소법원은 바로 소장부본을 송달하여야 하지만 어느 정도 재판권 존재 유무가 의심스러울 경우에도 수소법원의 장을 통해 외국국가의 응소 의사 여부를 확인하는 절차를 먼저 거쳐야 할 것이다. 즉, 수소법원이 아무런 조치를 취하지 않고 소장 자체를 각하하는 것은 지양하여야 한다.

---

[1] 大決 1975. 5. 23. 74마281.

[2] 석광현, 전게서, 63면에서는 재판권이 없음이 명백하지 않은 때에는 소장부본을 송달하여야 하지만 명백한 경우에는 소장을 각하하여야 한다고 한다. 그러나 소장 기재만으로 소장을 각하하는 것이 적절한지는 의문이다.

2. 흠결의 효과

재판권의 흠결을 간과한 판결은 상소를 통해 시정할 수는 있으나 확정되면 재심사유에 해당하지 않으므로 달리 구제방안은 없으나 동 확정판결은 효력을 가질 수 없어 무효이다(이 시, 62면; 강, 73면).

Ⅱ. 재판권을 흠결한 외국재판의 승인 여부

어느 외국 국가 A가 재판권이 존재하지 않음에도 불구하고 다른 외국 국가 B에 대해 판결을 선고한 경우 동 판결이 확정된다 하더라도 우리나라에서는 승인될 수 없다. 우선, 외국재판의 승인 조건을 규정하고 있는 법 제217조 규정에는 재판권 흠결에 대한 명시적인 언급은 없지만 동조 제1항 제1호에서 대한민국의 법령 또는 조약에 따른 국제재판관할의 원칙상 그 외국법원의 국제재판관할권이 인정될 것이 요구되고 있으므로 이 규정을 유추적용해서 재판권이 흠결된 외국법원의 재판 역시 우리나라에서 승인될 수 없다고 보아야 한다.

제 3 장 국제재판관할권

제 1 절 개념과 종류

I. 개 념

어느 나라의 법원이 특정한 국제민사사건을 재판할 수 있는 권한을 국제재판관할권이라고 한다. 따라서 특정 국가의 법원이 국제재판관할권을 갖기 위해서는 당해 사건에 대해 재판권을 갖고 있어야 한다. 종래에는 국제재판관할권의 문제를 재판권의 대물적 제약 측면에서 논의를 전개하는 것이 일반적이었지만(김/강, 37면; 이시, 61면)[1] 국제재판관할은 재판권과는 별개의 개념으로서 재판권의 존재를 전제로 한다. 따라서 국제민사사건에 관련된 나라들 모두가 각기 자국의 재판권 개념에 따라 재판권을 갖게 되지만 당해 사건을 어느 나라 법원이 재판하는 것이 가장 민사소송의 이상을 실현하는데 적절한 것인지 여부의 문제로 접근하는 것이 필요하다. 바로 이 분야가 국제재판관할의 영역이며 여기에서는 어느 나라의 법원이 국제재판관할권을 갖느냐 여부를 결정하는 것일 뿐 재판권의 충돌이나 제약의 문제는 없다. 아울러 어느 특정 국가가 국제재판관할권을 갖는지 여부의 문제일 뿐이므로 각 나라의 토지관할 유무를 문제 삼지는 않는다.[2]

---

1) 국제재판관할권을 재판권의 대물적 제약으로 보면서도 양자의 관계를 규정짓는 정설이 없다고 하면서 각 국이 국내법에 의해서 자국의 민사재판권의 행사범위를 자주적으로 정하는 것이 국제재판관할권의 중심 문제가 된다는 견해가 있었다(강, 71, 811면).

2) 예를 들어 성동구 행당동에 거주하는 한국 국민 A가 일본 고베(神戶) 지역에서 일본인 B가 운전하던 택시에 의해 교통사고를 당했다고 가정해보자. 한국인 A가 일본인 B를 상대로 손해배상청구의 소를 제기하고자 할 때 동 사건에 대해 한국과 일본 모두 재판권을 갖는다. 당사자 일방은 자국 국민이기 때문이며, 따라서 두 나라 법원 모두 이 사건을 재판할 수 있게 된다. 다음으로 손해배상청구라고 하는 국제민사사건을 어느 나라의 법원이 재판하는 것이 가장 민사소송의 이상 실현에 적절한 것인지를 고려하게 되는데 이것이 국제재판관할의 문제이다. 만일 일본 법원이 이 사건과 실질적 관련성을 갖는다는 판단이 서게 되면 한국인 A는 일본인 B를 상대로 일본 법원에 소를 제기하는 것이 타당하다. 따라서 이 결론에 이르는 논리적 과정 중에 재판권의 충돌과 제약은 없다. 당해 국제민사소송 사건에 가장 합리적이고 이상적인 법원(natural forum)을 찾아가는 과정일 뿐이다. 참고로 일본 법원에 제기된 이 사건을 다룰 수 있는 법원이 고베 지방재판소인지 혹은 오사카 지방재판소인지 여부는 국제재판관할 유무를 논하는 데 있어 논의 밖의 주제이다. 이는 법정지 국가의 토지관할에 속하는 문제이기 때문이다.

Ⅱ. 직접관할과 간접관할

국제재판관할은 두 가지 측면에서 고찰된다. 하나는 어떤 국제민사사건에 대해 우리나라 법원이 재판할 수 있는가의 문제이며(국제 2조 등) 다른 하나는 외국에서 선고된 재판이 국내에서 승인되고 집행될 수 있는가 여부에 대한 문제(217조, 민집 26조, 27조)이다. 전자를 직접관할(혹은 심리관할), 후자를 간접관할(혹은 승인관할)이라고 한다. 이 장에서는 직접관할로서의 국제재판관할을 다루며 간접관할 문제는 외국재판의 승인·집행으로 통상 논의되므로 다음 장에서 별도로 논의한다.

제 2 절   2001년과 2022년 국제사법 개정

국제재판관할의 문제는 어느 특정 국가가 갖고 있는 단일한 원칙만으로 문제가 해결되는 것이 아니고 국제적인 합의가 필요한 영역인데 아직 그러한 범세계적인 통일 원칙이 없으므로 각국은 나름대로의 국제재판관할 원칙을 수립해서 활용하고 있다. 우리나라도 전적으로 판례에 의존해 오던 국제재판관할 문제를 2001년 국제사법의 개정1)을 통해 국제사법 제2조를 신설함에 따라 국제재판관할(직접관할)에 관한 기본 원칙을 마련하게 되었다.

Ⅰ. 2001년 이전의 해석론

어떤 국제민사사건을 자국법원이 재판할 수 있는가에 대한 구체적인 기준을 정한 법 규정은 존재하지 않았기에 국내 사건에 대한 토지관할 규정을 토대로 이를 유추하는 소위 역추지설(逆推知說)이 통설과 판례2)의 입장이었다. 그 후 판례는 국내토지관할 규정에 의해 관할권이 인정되더라도 국제재판관할권의 특성을 고려해서 조리(條理)에 의해 관할권을 부인할 수 있다는 소위 2단계설을 취하게 되었는데 이를 수정역추지설 혹은 특단의 사정이론이라고도 한다.3) 한편, 학설 중에는 관할배분설을 주장하는 견해도 있으나 이 역시 수정역추지설이

---

1) 2001년 국제사법의 개정은 법 명칭의 변화('섭외사법'으로부터 '국제사법'으로의 전환)뿐 아니라 국제사법이 준거법의 영역에 그치지 않고 국제재판관할이라고 하는 새로운 영역을 아우르게 되는 새로운 계기가 되었다.

2) 大判 1972. 4. 20. 72다248. 대법원이 국제재판관할권에 관해서 선고한 최초의 사건인데 국내 의무이행지 관할을 그대로 국제민사사건에 적용한 사례이다.

3) 大判 1995. 11. 21. 93다39607. 대법원 판례의 변천에 대해서는 졸고, "국제사법의 탄생과 국제재판관할", 법조 제536호, 55면 이하 참조.

나 특단의 사정이론과 크게 다르지 않았다(강, 813면). 이러한 판례의 변화와 학설의 추세는 국제사법 제2조가 설치됨에 따라 큰 의미를 갖지는 못하게 되었다.

Ⅱ. 2001년 국제사법 제2조의 신설과 해석론

1. 실질적 관련성

국제민사사건이라 하더라도 일단 국내토지관할을 기초로 해서 국제재판관할권 유무를 판단하되 그 결과가 국제민사사건의 특성을 고려할 때 심히 부당한 결론이라는 판단이 서게 되면 예외적으로 국제재판관할권을 부정할 수 있다는 것이 종전 판례와 학설의 핵심이었다. 2001년 법 개정을 통해 신설된 국제사법 제2조는 전반적으로는 기존의 대법원 판례의 기조를 유지하였지만 국제재판관할의 유무를 결정하는 일차적인 기준을 국내토지관할 규정이 아닌 당사자 또는 분쟁이 된 사안과 대한민국 간에 실질적 관련성으로 대체하였다(국제 2조 1항). 그러나 기존 대법원 판례와의 정합성을 위해 제2항에서는 국내법의 관할 규정을 참작하되 국제재판관할의 특수성을 고려하도록 규정하고 있다. 그러나 국제재판관할권 유무를 판단하는 일차적인 기준은 실질적 관련성이라는 점을 유념할 필요가 있다.[1]

2. 최소한의 접촉이론

국제사법 제2조 제1항에서 사용된 실질적 관련성이라는 표현은 기존의 대법원 판결에서도 등장한 표현이지만[2] 국제사법 제2조의 입법 과정에서는 영미의 대인관할권(in personam jurisdiction)을 인정하기 위해 미국 판례법이 발전시킨 최소한의 접촉이론(minimum contacts)[3]의 영향이 가장 컸다고 판단된다. 따라서 실질적 관련성 개념은 국제민사사건의 당사자 혹은 분쟁이 된 사안이 공평(fair play)과 실질적 정의(substantial justice)의 관념에서 대한민국과 최소한의 접촉이 있어야만 대한민국 법원에 국제재판관할권을 인정할 수 있다는 의미로 파악함이 타당하다. 그러나 판례법 국가가 아닌 우리나라에서 추상적인 실질적 관련성 개념은 혼선을 가져올 수밖에 없어 국내 토지관할 규정에 버금가는 개별적이고도 구체적인 국제재판관할 규칙의 제정이 절실한 실정이다.

---

1) 졸고, "국제사법의 탄생과 국제재판관할", 68–69면 참조.
2) 大判 1995. 11. 21. 93다39607 및 大判 2000. 6. 9. 98다35037 등. 그러나 대법원이 어떤 근거에서 이 표현을 사용한 것인지는 판결 내용상으로는 명확하지 않다.
3) 최공웅, 「국제소송(1984)」, 282면 이하에서는 이를 '최소한의 관련이론'이라고 표현하면서 상세한 설명을 하고 있다.

Ⅲ. 2022년 국제사법 개정

1. 개정의 배경

2001년 국제사법 개정은 국제재판관할 입법을 위한 과도기적인 성격을 갖고 있다고 평가된다. 국제사법 제2조 자체가 실질적 관련이라는 추상적 지침만을 제시하고 소비자 및 근로자보호를 위한 국제재판관할 규정(국제 27조, 28조)을 제외한 개별적인 관할원인에 대한 규정을 두지 않았기 때문이다. 따라서 다양한 관할원인에 대해 적어도 국내 토지관할 규정에 버금가는 구체적이고 예측 가능한 개별 조문을 입법하는 것이 매우 시급했다.[1] 국제재판관할에 관한 개별 조문을 민사소송법에 둔다면 개별 국내 토지관할 규정과 병행해서 입법할 수 있어 효율성 측면에서 바람직할 것이다.[2] 그러나 이미 국제사법 제2조에 총칙 규정이 있으므로 국제사법에 세부적인 국제재판관할 관련 각칙 규정을 두는 것도 나쁘지 않다. 만일 국제사법에 국제재판관할 관련 세부 규정을 둔다면 일반 민사사건 외에도 장기적으로는 가사, 비송, 지식재산권, 해상 및 항공 등 제반 관련 분야의 국제재판관할 규정을 함께 둘 수 있는 장점을 가질 수 있기 때문이다.

2. 개정 내용

우여곡절 끝에 2022년 국제사법 전면개정을 통해 세부적인 국제재판관할의 직접관할 규정을 설치하게 되었다. 제1장 총칙의 제2절에는 기존의 일반원칙 규정인 제2조를 존치하고 제3조 이하에서 일반관할과 특별관할 규정을 두게 되었다. 그 외에도 각 분야별로 장을 나누어 준거법과 국제재판관할의 개별 규정을 설치하였다. 세부 규정 내용은 국내토지관할 규정의 해당부분에서 설명하였으므로 이 장에서는 총칙 규정 중 국내토지관할 규정과 대응되지 않는 부분에 대해서만 설명하고자 한다.

제 3 절　국제적 소송경합(lis pendens)

Ⅰ. 개　념

국내 사건의 경우는 중복제소금지의 법리에 따라 법원에 계속된 사건에 대해서는 다시

---

1) 졸고, "민사소송법상의 국내토지관할 규정에 대한 재검토와 입법론", 민사소송 8권 1호, 118면 이하 참조.
2) 졸고, "국제민사소송의 국제적인 흐름과 우리의 입법 과제―일본의 국제재판관할 관련 민사소송법 개정 법률안을 중심으로―", 민사소송 14권 2호, 66면 이하 참조. 일본은 자국 민사소송법의 국내 토지관할 규정과 병행해서 세부적인 국제재판관할 규칙을 입법하였고 이는 2012. 4. 1. 발효되었다.

동일한 소를 제기하지 못한다(259조). 그런데 전소가 외국에 계속되어 있는 경우에도 동일한 논리가 적용될 것인지 여부에 대해서는 과거부터 논란이 있었다. 이 문제를 중복소송의 입장에서 국제적 중복소제기(김/강, 260면; 이시, 294면)라는 표현을 사용하는 경우가 있으나 국제민사소송의 관점에서 본다면 국내법상의 중복제소 금지의 법리와는 다른 차원에서의 논의이므로 "국제적 소송경합" 이라는 용어가 보다 더 적절한 용어라고 판단된다. 국제사법 제11조에서도 국제적 소송경합이라는 제목으로 조문을 명시적으로 설치하였다.

II. 학설과 판례 현황과 문제점

1. 승인예측설과 판례

외저 외국에 먼저 계속된 동일 사건을 고려할 필요가 없다는 부정설이 있다. 국내에 제기된 후소만을 고려하면 충분하다고 하는 입장이며(정/유/김, 309면) 규제소극설이라고도 한다. 그러나 현재 다수 견해와 판례는 승인예측설을 지지하고 있다. 외국에 먼저 계속되어 있는 전소가 장차 국내에서 승인될 가능성이 있는지 여부를 예측해서 승인가능한 경우에는 국내법원에 제기된 후소를 각하하여야 한다는 입장이다(김/강, 261면; 이시, 295-296면). 시간적 선후에 따른 우선권을 외국에 제기된 전소에 부여하되 승인가능성 여부에 따라 국내법원에 효력을 부여하자는 논리이다. 그러나 외국에 계류된 전소를 고려하여야 하지만 국내의 후소를 각하하는 것보다는 절차의 중지를 통해 문제를 해결하는 것이 바람직하다는 입장도 있으며 승인예측설을 취하면서도 후소인 국내사건을 각하하는 것보다는 사실상 중지(기일추정의 방법 등)하는 방법을 제시하는 견해도 있다(강, 820면; 이시, 295면). 한편, 국제적 소송경합과 관련된 대법원 판결은 아직 보이지 않고 있으며 하급심은 대부분 승인예측설에 기초하고 있다.[1]

2. 국제사법의 승인예측과 소송절차 중지

국제사법은 전소에 대한 우선주의와 함께 실무와 마찬가지로 승인예측설에 기초하고 있다. 아울러 무조건 각하하는 것보다는 후소인 국내 소송절차를 중지하는 법적 근거를 마련하고 있으며(국제 11조 1항), 전소와 후소를 구분하는 기준은 제소시를 기준으로 함을 분명히 하고 있다(5항). 외국에 제기된 소와 국내법원에 제기된 소의 선후를 정하기 위해서는 소송이 계속된 시점을 서로 비교해야 하는데 이는 절차법적 문제이므로 각각 법정지국법에 따를 수밖에 없다. 그런데 각 나라마다 소송계속 시점을 달리 보고 있어 문제가 되었다. 예를 들어

---

[1] 부산地判 2007. 2. 2. 2000가합7960(미쯔비시 중공업 사건인 大判 2012. 5. 24. 2009다22549 사건의 1심 판결로 강제징용 관련 일본 최고재판소 판결의 승인불가능성을 예측).

EU 회원국들은 Brussels I bis 규칙 Art. 32(1)(a)에 따라 소장이 법원에 접수된 시점을 기준으로 소의 선후를 비교하고 있으며 미국 역시 소장의 접수시점을 소의 개시 시점으로 보고 있는 반면1) 국내에 제기된 소는 소송계속 시점(상대방에 대한 소장부본 송달 시점)을 기준으로 소의 개시 시점을 판단하게 되므로 적어도 국제적 소송경합에서는 제소 시점을 기준으로 소의 선후를 결정할 필요가 있었다.

(1) 외국법원에 국내에서 승인이 예상되는 재판이 계속 중인 경우

1) 법원은 직권 또는 당사자의 신청에 의하여 결정으로 소송절차를 중지할 수 있다. 다만, 국제사법은 전속적 국제재판관할의 합의에 따라 대한민국 법원에 국제재판관할이 있는 경우(국제 11조 1항 1호),2) 대한민국 법원에서 해당 사건을 재판하는 것이 외국법원에서 재판하는 것보다 더 적절함이 명백한 경우(1항 2호)에는 예외로 하고 있다. 한편, 이러한 법원의 중지 결정에 대해서는 즉시항고가 가능하다(2항).3)

2) 법원이 직권으로 혹은 당사자의 신청에 의해 중지결정을 하더라도 외국법원이 본안에 대한 재판을 하기 위하여 필요한 조치를 하지 아니하는 경우 또는 외국법원이 합리적인 기간 내에 본안에 관하여 재판을 선고하지 아니하거나 선고하지 아니할 것으로 예상되는 경우에 당사자의 신청이 있으면 법원은 제1항에 따라 중지된 사건의 심리를 계속할 수 있다(4항).4)

(2) 승인 요건을 갖춘 외국법원의 재판이 있는 경우

법원은 대한민국 법령 또는 조약에 따른 승인 요건을 갖춘 외국의 재판이 있는 경우 같은 당사자 간에 그 재판과 동일한 소가 법원에 제기된 때에는 그 소를 각하하여야 한다(국제 11조 3항). 중지 결정 후에 승인 요건을 갖춘 외국의 재판이 있으면 소를 각하한다는 의미인지 분명하지 않다. 그렇게 선해한다 하더라도 미확정의 재판이라도 중지 결정 후에 제출되면 무

---

1) 졸고, "국제민사소송의 국제적인 흐름과 우리의 입법 과제-일본의 국제재판관할 관련 민사소송법 개정 법률안을 중심으로-", 62-63면 참조.

2) 제1호의 경우 대한민국 법원이 전속적 관할합의에 따라 국제재판관할권을 갖는다면 외국에 제기된 전소는 국내법에 따른다면 국제재판관할권을 갖지 못하게 되므로 승인가능성이 없어 그 자체로 중지결정 사유가 될 수 없다. 그러나 Brussels I bis 규칙 Art. 29에 대한 해석에 있어 전속관할권을 갖지 않는 한 전속적 국제재판관할합의에 따른 관할권을 가진 나라도 중지의무가 있다는 견해가 지배적이므로 이에 대한 우려 때문에 명시적인 예외 사유로 한 듯하다[졸고, "국제적 소송경합(Lis Pendens)-서울중앙지방법원 2002. 12. 13. 선고 2000가합90940 판결을 중심으로-", 민사소송 8권 2호, 52-53면 참조].

3) 즉시항고에 대해 집행정지효력 유무에 대한 언급이 없으며 또한 국제사법에서 명시적으로 민사소송법을 준용하고 있지 않아 분명하지 않다. 그러나 국제사법 제2조에서 국내 토지관할 규정을 참작한다는 내용이 있으므로 법 제447조를 유추하여 즉시항고에 대해 집행정지효과를 인정함이 타당하다.

4) 법원의 재판인 중지결정을 통해 중지된 사건에 대해 당사자가 중지된 절차의 심리를 계속해 줄 것을 신청했다면 기존의 중지결정에 대한 취소재판 등이 뒤따라야 심리를 계속할 수 있을 터인데 바로 아무런 조치없이 중지된 사건의 심리를 계속할 수 있다고 하여 의문이다. 더구나 제2항에서 중지결정에 대해서는 즉시항고를 허용하고 있는데 그렇다면 중지결정이 확정된 상태에서 다시 제4항의 신청을 허용하고 있어 동 신청과 재판이 어떤 법적 성격을 갖는 것인지 분명히 할 필요가 있다.

조건 소를 각하하여야 하는 것인지 의문이다. 확정된 재판이라면 국제적 소송경합의 문제가 아니고 기판력의 저촉 문제로 취급되기 때문이다. 또한, 절차의 중지가 있는 후 승인요건을 갖춘 재판이 확정되면 필요에 따라 별도의 절차를 통해 재판의 승인·집행의 단계로 이행할 것이고 한편, 중지된 법원에 확정재판이 제출되면 당연히 소를 각하할 것이므로 굳이 이 조항이 필요한 것인지 의문이다.

Ⅲ. 국제적 소송경합과 관련문제

1. 승인예측의 한계와 대안 제시의 타당성

(1) 승인예측설의 단점

승인예측설은 몇 가지의 단점을 갖고 있다. 우선, 정확성이 담보되지 않는 외국소송에 대한 승인예측에 근거해서 국내에 제기된 동일한 후소를 각하하거나 적어도 중지해야 한다는 점이다.[1] 국제사법에서 중지절차가 도입되었다 하더라도 여전히 예측시점에 따른 오류가능성이 높을 뿐 아니라 소송의 동태적인 측면을 도외시할 우려가 크다. 또한, 승인예측설은 국내법원에 소가 제기될 수밖에 없는 예외적인 상황을 고려하지 않고 있다는 점이다. 즉, 승인예측설의 고려대상은 오로지 외국법원에 계속된 소가 우리나라에서 승인될 수 있느냐의 문제일 뿐, 새로 국내법원에 소를 제기하는 당사자의 이익을 전혀 고려대상으로 하고 있지 못하다는 것이다.

(2) 국제사법의 대안과 문제점

이러한 점에서 대한민국 법원에서 해당 사건을 재판하는 것이 외국법원에서 재판하는 것보다 더 적절함이 명백한 경우(국제 11조 1항 2호)를 예외 사유로 하고 있음은 의미가 있다. 제2호가 규정하는 자체 문구의 부자연스러움은 국제사법 제12조의 국제재판관할권 불행사의 문구를 축약한 데서 발생한 것으로 보인다. 그러나 국내 법원의 관할권 행사를 자제하고 외국법원에게 이를 허용하는 국제사법 제12조의 논리를 그 반대의 경우에도 적용하는 것이 타당한지는 의문이다. 즉, 외국법원에게 국제재판관할권이 있고 먼저 그 나라에서 소가 제기되었지만 대한민국 법원에서 재판하는 것이 보다 더 적절하다는 예외적인 사정이 명백한 경우라는 것이 어떤 상황인지 구체적일 필요가 있다는 점이다. 국제재판관할권을 양보하는 사유(국제 12조)가 국제재판관할권을 굳이 행사하겠다는 사유(국제 11조)로 될 수는 없기 때문이다.

---

1) 상세한 내용은 졸고, "국제적 소송경합(Lis Pendens)-서울중앙지방법원 2002. 12. 13. 선고 2000가합90940 판결을 중심으로-", 50면 이하 참조.

(3) 국내에서 후소를 허용할 예외적인 사유

국내에서 제기된 후소가 외국에서 먼저 제기된 전소와 동일한 소송물을 담은 후소라 하더라도 그 자체로서 권리보호의 이익이나 필요성이 있는 경우에는 존재 의의가 있다고 보아야 하므로 법 제267조 제2항의 재소금지의 법리가 유추적용되어야 한다(같은 취지의 견해로는 호, 158-159면). 예를 들어, 형식적으로는 국제적 소송경합에 해당하지만 국내법원에서 관할권을 행사할 필요가 있을 때(국내에서의 시효중단, 제소기간의 준수 등을 위한 경우)에는 국내에서의 후소는 허용되어야 할 것이다.1)

2. 동일한 소송

(1) 병행형 후소

1) 외국에서 먼저 제기된 전소와 나중에 국내에서 제기된 후소의 동일성 여부를 판단함에 있어서 당사자와 소송물의 동일성이 요구되지만 후자를 판단하는 것이 매우 어렵다. 우선, 국내법과 외국법 간의 소송물 파악 방법이 상이하고 나라마다 광협의 차이가 있기 때문이다. 특히 국내 소송실무가 소송물을 협소하게 파악하는 것을 고려해서 동일한 사실관계에서 비롯된 사건을 재구성함으로써 국제적 소송경합을 회피하는 아래와 같은 사례도 있었다.

2) 원고는 피고를 상대로 미국에서 채무불이행에 따른 손해배상청구의 소(제1청구)를 제기하였고 이 소가 계속되는 동안 다시 동일한 피고를 상대로 서울중앙지방법원에 동일한 내용의 소(후소)를 제기하였다. 후소에서 원고는 동일한 사실관계에 있음에도 불구하고 불법행위를 원인으로 한 손해배상청구(제2청구)를 선택적으로 병합하였는데 이는 국제적 소송경합을 피하기 위함이었다. 예상대로 1심 법원은 제1청구에 대해 미국법원에 계류 중인 사건과 동일하고 국내에서 승인이 예측되므로 이를 각하하였으나, 제2청구는 별개의 소송물이므로 본안판단을 한 바 있다(서울중앙지방법원 2002. 12. 13. 선고 2000가합90940 판결).2)

3) 국내법에 입각한 소송물의 형식적인 동일성 여부에 대한 판단보다는 후소의 권리보호이익 유무 판단을 통해 후소의 적법성 여부를 판단하는 것이 필요하다. 따라서 위 사안과 같은 경우 형식적으로는 국내법원의 제2청구가 전소의 소송물과 다르다 하더라도 동일한 급부 및 동일한 사실관계에 터잡고 있고 전소에서 손쉽게 불법행위 책임을 소구할 수 있다면 후소의 소의 이익은 흠결된다고 보는 것이 타당하다.

---

1) 졸고, "국제적 소송경합(Lis Pendens)—서울중앙지방법원 2002. 12. 13. 선고 2000가합90940 판결을 중심으로—", 65면 이하.
2) 이 판결에 대한 비판은 졸고, 전게논문, 60-61면.

(2) 대항형 후소

외국에 제기된 전소가 이행청구인데 국내 법원에 제기된 후소가 이행청구의 대상이 된 채권에 대한 채무부존재확인의 소인 경우가 있으며 혹은 그 반대의 상황이 있을 수 있다. 특히, 채무자 측에서 채권자의 이행청구에 대비해서 상대적으로 절차가 느린 자국 법원에 채무부존재확인 청구의 소를 먼저 제기하는 사례[1]가 EU 국가들 사이에서 발생한 바 있다(소위 Italian torpedo action 혹은 Belgian torpedo action 등 어뢰소송이라 칭한다).[2] 이행소송이 이미 국제재판관할권을 갖는 다른 나라 법원에 제기되어 있는데 후소로 자국법원 등에 채무부존재확인의 소를 제기하는 것 역시 국제적 소송경합에 해당된다.[3] 그 역의 경우 소위 어뢰소송의 경우에도 그 의도와 목적 등이 절차 지연을 위한 부존재확인 청구임이 드러난다면 자국에 제기된 후소의 적법성을 인정할 수 있다.

제 4 절 국제재판관할권의 불행사

Ⅰ. 개　　념

대한민국 법원이 특정 사건에 대해 국제재판관할권을 갖는 경우에도 법원 스스로가 국제재판관할권을 행사하기에 부적절하고 국제재판관할이 있는 외국법원이 분쟁을 해결하기에 더 적절하다는 예외적인 사정이 명백히 존재할 때에는 피고의 신청에 의하여 법원은 본안에 관한 최초의 변론기일 또는 변론준비기일까지 소송절차를 결정으로 중지하거나 소를 각하할 수 있다(국제 12조 1항). 법원은 중지결정이나 소각하 전에 원고에게 진술의 기회를 부여해야 하며(2항) 중지결정에 대해서는 즉시항고가 가능하다(3항). 영미의 불편의법정지 이론(forum non conveniens)이나 일본의 특별한 사정에 의한 소각하 제도(일민소 3조의9)를 참조한 입법으로 판단된다.

Ⅱ. 영미의 불편의법정지 이론과 일본의 특단의 사정이론

1. 개　　념

불편의법정지 이론(不便宜法廷地, forum non conveniens, 이하 FNC 이론이라 함)은 영미의 판례

---

1) Gubisch Maschenfabrick KG v. Giulio Palumbo [1987] ECR 4861.
2) 졸고, 전게논문, 53-55면.
3) 졸고, 전게논문, 54면.

이론이 확립한 것으로 자국 법원의 관할권이 인정되지만 관할권을 가진 다른 법원에서 재판을 받는 것이 당사자에게 더욱 편리할 것이라는 관점에서 자국의 관할권 행사를 거부하는 것을 의미한다. 비록 최종적으로 협약에까지는 이르지 않았지만 헤이그회의에서도 대륙법계와 영미법계를 절충하는 과정에서 FNC 이론을 채택한 바 있다.[1] FNC 이론은 영연방 국가는 물론 미국 등지에서 일반적으로 활용되고는 있지만 각 나라마다 그 운용 내용이 상이하다는 점을 주목할 필요가 있다.[2]

2. 우리 제도와 FNC이론

영미의 FNC이론을 우리 민사소송 제도 하에서 인정할 수 있는가에 대해서는 종래부터 견해의 대립이 있었다. 예측가능성의 결여를 이유로 반대하는 견해가 있는 반면, 토지관할 규정의 형식적인 적용으로부터 오는 불합리함을 탄력적으로 시정할 수 있다는 논거를 토대로 한 지지견해도 있다. 이를 지지하는 견해 중에는 법 제35조가 규정하는 손해나 지연을 피하기 위한 이송 규정(35조)을 FNC와 궤를 같이한다는 해석을 하기도 한다(이시, 126면; 정/유/김, 185면). 또한, 완벽한 국제재판관할 규정을 만드는 것이 현실적으로 불가능할 뿐 아니라 우리 민사소송법은 재량에 의한 이송을 허용하고 있음에 비추어 FNC 이론을 제한적으로 도입하여야 한다는 주장도 제기되었다.

3. 일본의 특단의 사정이론

대법원이 국제재판관할권 유무와 관련하여 취하고 있던 특별한 사정이론은 일본의 하급심과 최고재판소가 취하는 특단의 사정이론과 기본적으로 대동소이하다. 그런데 일본 판례가 취하는 특단의 사정이론을 두고 일본이 FNC 이론을 취하는 것이라는 견해가 일본 내외에서 제기되어 왔다.[3] 그러나 특단의 사정이론은 기본적으로 국제재판관할에 관한 국제적이고도

---

1) Summary of the Outcome of the Discussion in Commission II of the First Part of the Diplomatic Conference (6-22 June 2001) – Interim Text, prepared by the Permanent Bureau and the Co-reporters 제 22조.

2) 각 영미법 국가의 FNC 이론을 소개하는 문헌으로는 Ronald A. Brand 교수의 "Comparative Forum Non Conveniens and the Hague Convention on Jurisdiction and Judgments", 37 Tex. Int'l LJ. 467(2002), at 469 이하가 대표적이다.

3) 최근에도 이러한 견해는 계속 발견된다. 일본학자로서는 고베대학의 齊藤 彰 교수가 있다[Saito Akira, "Possibilities for a 'Natural Forum' Theory as Global Common Law, in Evolution of Party Autonomy in International Civil Disputes", (2005, Lexis Nexis), p. 145]. 그러나 사이토 교수는 일본의 특단의 사정이론이 점진적으로 FNC와 접근하고 있다는 표현을 사용함으로써 신중한 접근을 하고 있다. 미국의 Ronald A. Brand 교수는 일본의 특단의 사정이론(special circumstances theory)과 미국의 FNC 이론(영미가 아닌 미국에 국한된다는 점을 강조하고 있다)과의 차이점을 두 가지로 요약하고 있다. 즉 일본은 공적이익에 대한 분석이 없다는 점, 절차의 중지제도가 없다는 점을 들고 있다(Ronald A. Brand, "Comparative Forum Non Conveniens and the Hague Convention on Jurisdiction and Judgments", at 488).

통일적인 규정과 관습의 부재를 전제하고 조리에 의한 관할권 유무를 판단하고자 한 점에서 FNC와 비견되기는 어렵다. 일본 역시 특별한 사정에 의한 소각하를 민사소송법에 조문화(일민소 3조의9)함으로써 종전의 해석론을 입법화하였다.

Ⅲ. 국제재판관할권의 불행사 요건

1. 자국법원의 부적절성과 외국법원의 적절성이 명백히 존재할 것

(1) 문제된 자국법원과 외국법원이 모두 국제재판관할을 가져야 함은 물론, 특히 외국법원은 선택 가능한 여러 법원이 아니라 특정되고 이용 가능해야 한다. 그래야만 자국법원의 부적절성과 해당 외국법원의 적절성 여부를 판단할 수 있기 때문이다. 어느 법원이 가장 적절한 법원(appropriate forum or natural forum)인지 여부에 대한 판단기준에 대해 미국 연방대법원은 전통적으로 사적 이익과 공적 이익의 분석을 통해 제시하고 있다. 우선, 전자의 내용으로는 증거방법에의 접근 용이성과 그 외에 사건 심리를 용이하고, 신속하게 그리고 저렴하게 하는데 필요한 실제적인 문제들과 판결의 집행 가능성 등을 들고 있다.[1] 한편, 이러한 사적 이익 외에 고려하여야 할 공적 이익으로 사건이 발생지가 아닌 특정한 중심지에 편중됨으로써 오는 사법행정의 곤란 등을 들고 있다.[2]

(2) 영국대법원은 우선적으로 편의성과 비용뿐 아니라, 문제된 거래에 적용될 법률, 각 당사자들의 거주지와 영업행위 장소 등을 고려하여야 한다고 판시하고 있다.[3] 나아가 미국 대법원이 공적 이익을 고려하는 것에 대해 비판하면서 법정지 법원은 모든 당사자들의 이익과 사법정의라는 목적에 부합하는 경우에는 공적 이익과 공서 등을 고려할 필요 없이 관할권을 행사하여야 한다고 주장한다.[4] 보다 적정한 법원을 찾는데 사적 이익 외에 공적 이익을 별도로 고려하기보다는 이러한 공적 문제가 재판을 받는 당사자의 이익에 어떤 영향을 미치는지 여부를 고려하는 것으로 충분하다는 입장이다.[5]

(3) 일본 민사소송법은 특별한 사정에 의한 소각하 규정을 설치하면서 일본 법원이 국제재판관할권을 갖더라도(국제재판관할합의에 따라 관할권을 갖는 경우는 제외) 사안의 성질, 응소에

---

1) Gulf Oil Corp. v. Gilbert, 330 U.S. 501(1947), at 508. 동 판결에서는 이들 요소를 한 마디로 요약하고 있다. 즉, 원고가 자신의 권리를 행사함에 있어 불필요한 비용과 수고를 피고에게 부담하게 함으로써 피고를 괴롭히거나 압박(vex, harass, oppress)할 수 없다는 것이다.

2) Gulf Oil Corp. v. Gilbert, 330 U.S. 501(1947), at 508-509.

3) Spiliada Maritime Corporation Appellants v. Cansulex Ltd Respondents [1986] A.C. 460 at 478.

4) Lubbe v. Cape Plc.[2000] 1 W.L.R. 1545, at 1566-1567. Craighead 대법관은 미국 연방대법원의 Piper Aircraft Co. v. Reyno 454 U.S. 235(1981) 사건 등을 명시적으로 거론하면서 광범위한 공서를 근거로 법정지를 정하는 미국 판결의 경향을 비판하고 있다.

5) Lubbe v. Cape Plc.[2000] 1 W.L.R. 1545, at 1567.

따른 피고의 부담 정도, 증거 소재지 등 제반 사정을 고려해서 일본 법원에서 심리하는 것이 당사자 간의 형평을 침해하거나 혹은 적정하고도 신속한 심리의 실현을 방해하게 될 특별한 사정이 있으면 소의 전부나 일부를 각하할 수 있다고 규정하고 있다(일민소 3조의9). 공적 이익에 대한 고려는 대상이 되고 있지 않다.

(4) 여러 나라의 판례와 입법례 등을 종합해보면 재판의 편의성(증거에의 접근 가능성을 비롯한 재판의 신속성을 고려한 요소)과 피고의 부담 간의 균형을 우선 고려하고 사건에 적용될 준거법과 판결의 집행 가능성도 염두에 두는 것이 바람직하다.

2. 피고의 신청과 원고에 대한 진술기회

(1) 피고의 신청이 있어야만 하는데(국제 12조 1항) 피고는 예외적인 사정이 명백히 존재함을 입증하여야 하고 구체적으로 중지나 소각하 중 어느 하나를 특정할 필요는 없다. 법원도 당사자의 주장에 구애됨 없이 가장 적절하다고 생각되는 재판형태를 선택할 수 있다. 다른 적절한 법정지가 존재한다는 강력한 추정이 있다면 반대로 원고가 절차의 중지 등의 불필요성을 입증하여야 할 것이다.[1]

(2) 법원은 피고의 신청에 따라 본안에 관한 최초의 변론기일 또는 변론준비기일까지 소송절차를 결정으로 중지하거나 소를 각하할 수 있다(1항). 법원은 소송절차를 중지하거나 소를 각하하기 전에 원고에게 진술할 기회를 주어야 한다(2항).[2]

3. 중지결정과 소각하 그리고 불복

법원은 관할권의 불행사를 위해 절차를 중지하거나 소를 각하할 수 있다(국제 12조 1항). 절차의 중지를 통해 불행사 여부에 대한 재판을 하기까지의 시간을 확보할 수 있다는 점에서 바람직하다. 중지결정에 대해서는 즉시항고가 가능하다(2항). 국제사법 제11조 제2항과 마찬가지로 민사소송법이 유추되므로 즉시항고에 따른 집행정지 효력이 인정된다(447조).

---

1) Spiliada Maritime Corporation Appellants v. Cansulex Ltd Respondents [1986] A.C. 460 at 476.
2) 절차 초기에 관할권 불행사 여부를 결론짓겠다는 취지로 보여지므로 타당한 입장으로 보이나 관할권 불행사를 위해 모든 제반 요소를 고려하여야 한다는 점에서 변론도 열리기 전까지 심지어 준비기일이 열리기 전까지 결론을 내는 것이 현실적으로 가능한 것인지 의문이다. 더욱이 원고의 진술 기회는 어떤 방식으로 부여할 것인지도 분명하지 않다. 이 제도의 활용을 어렵게 만드는 요소 중 하나라고 판단된다.

제 4 장 외국재판의 승인과 집행

제 1 절 개념과 현황

Ⅰ. 개념과 국내 현황

과거에는 외국에서 선고된 재판은 당해 외국에 국한해서 효력을 갖는다는 입장도 있었지만 현재는 국제예양(international comity) 혹은 국제적 의무라는 관점 등에서 외국재판의 효력이 자국으로 확대되는 것을 인정해 오고 있다. 특히, 대륙법계 국가에서는 분쟁해결의 종국성 확보 혹은 섭외적 법률관계의 안정을 위해서 외국재판의 효력을 인정할 필요가 있다고 한다. 유럽연합국가 사이에는 Brussels I bis 규칙을 통해 상호간의 판결과 보전처분 등의 승인과 집행을 규율하고 있으나 우리나라는 이와 관련된 협약 등에 가입한 바 없어 외국재판의 승인은 법 제217조에서, 집행은 민사집행법 제26조, 제27조에서 규율하고 있었다.

Ⅱ. 헤이그 재판협약의 성안과 의의

1. 출현 배경

2019. 7. 2. Hague 국제사법회의에서는 "민사 또는 상사에서 외국재판의 승인 혹은 집행에 관한 협약(Hague Convention on the Recognition and Enforcement of Foreign Judgments in Civil or Commercial Matters, 이하 "재판협약"이라 함)"이 채택되어 최종의정서(Final Act)가 서명되었다. 이는 1971년에 발효된 "Hague 민사 또는 상사에서 외국재판의 승인 및 집행에 관한 협약(Hague Convention on the Recognition and Enforcement of Foreign Judgments in Civil and Commercial Matters, 이하 71년 협약이라 함)"의 새로운 버전이라고 할 수 있다. 71년 협약의 가입국이 네덜란드를 비롯한 5개국에 불과해서 사실상 유명무실한 존재였으므로 1992년 미국의 제안에 따라 Hague 국제사법회의는 다시금 세계적인 차원의 국제재판관할에 관한 협약 마련에 착수하였다. 수년에 걸친 작업의 결과 1999년 10월 예비초안(Preliminary Draft. 이하 "예비초안"이라 함)이 마련되었고 그 후 2001년 6월 개최된 제1부 외교회의의 위원회Ⅱ에서 임시 초안이 작성되었다. 그러나 미국과 서유럽 국가들 간의 견해차로 인하여 위 초안들은 조약으로 채택되지 못하였고 결국

협약의 범위를 전속적 국재재판관할합의에 한정하기로 하였다. 따라서 2005년 외교회의 결과 2005. 6. 30. "국제재판관할합의에 관한 협약(Convention of 30 June 2005 on Choice of Court Agreements)"(이하 "관할합의협약"이라 함)이 채택되었고 2015. 10. 1. 발효되었다. 그러나 동 관할합의 협약 역시 비준국이 EU, 덴마크, 멕시코, 싱가폴, 몬테니그로 등에 불과함으로써 범세계적인 국제협약이라고 보기는 어렵다.

2. 의   미

최근 재판협약이 출현하게 됨으로써 앞으로 국제재판관할에 관한 관심이 다시 제고될 수 있을 것으로 평가된다. 재판협약은 71년 협약과 마찬가지로 직접관할에 대한 규율 없이 간접관할에 대한 규정만을 담고 있어(소위 단일협약) 직접관할까지도 규율하는 EU 개정 규칙에 비해 완성도에 있어 아직 부족한 상태이다. 그러나 재판협약은 집행국에서 승인 및 집행을 누릴 수 있는 외국재판의 국제재판관할 근거를 간략하고 제한된 수준이지만 제시하고 있어(재판협약 5조) 직접관할에 대한 나름의 국제적인 기준도 제공하고 있다. 아울러 외국재판에 대한 승인거부사유를 구체적으로 열거함으로써(재판협약 7조) 한층 승인 및 집행에 대한 예측가능성을 높여주고 있다. 2020. 8. 현재 아직 재판협약은 발효되지 않았으나(재판협약 28조) 머지않아 발효될 것으로 예측된다.

3. 기대효과

(1) 재판협약의 반영 필요성

재판협약이 발효되고(재판협약 28조 2항 a) 우리나라 역시 협약의 당사자가 되어 이를 비준한다면 동 협약의 내용이 국내 민사소송법과 민사집행법의 간접관할 규정과 조응하는 측면도 있지만 충돌하는 국면도 존재하게 될 것이다. 이를 위한 이행입법을 하는 것도 고려할 수 있지만 이 기회에 민사소송법과 민사집행법의 관련 규정을 국제적인 수준으로 개정하는 것이 보다 바람직하다고 판단된다. 특히, 재판협약은 재판의 유통을 촉진하기 위하여 재판협약 제6조가 정한 전속관할에 따르는 것을 조건으로 국내법과 다른 조약에 따른 재판의 승인 및 집행을 금지하지 않으며(재판협약 16조, 24조) 필요에 따라 관련 규정 등을 적용하지 않겠다고 선언할 수도 있어(재판협약 14조, 17조, 18조, 19조, 25조 등) 얼마든지 국내 민사소송법 및 민사집행법의 기본 노선을 유지할 수 있으므로 간접관할 규정을 국제화하는 차원에서 재판협약을 검토하고 이를 관련 법규정에 반영할 필요성이 있다.[1]

---

1) 졸고, "헤이그 재판협약과 민사소송법 개정 논의의 필요성-관할규정의 현대화 및 국제화를 지향하며-", 인권과 정의 제493권(2020. 10), 6면 이하 참조.

(2) 관할규정의 정비 필요성

재판협약에서는 앞서 본 바와 같이 간접관할만을 규율하지만 승인·집행될 수 있는 외국재판의 자격을 논함에 있어 재판국 법원이 가져야 하는 간접관할의 목록(재판협약 5조)을 나름 체계적으로 제시하고 있어 주목된다. 본격적으로 직접관할 규정을 제공하는 것은 아니지만 국제재판관할에 관한 상세한 규정을 갖고 있지 못한 우리에게는 많은 참조가 될 것으로 판단된다. 따라서 재판협약을 검토함에 있어 민사소송법상의 간접관할 규정을 비롯해서 직접관할 규정의 설치 여부까지 고려할 필요가 있으며 보다 근본적으로 국내 토지관할 규정 자체에 대한 현대화를 위한 재검토 역시 절실하다고 생각된다. 국제재판관할 분야의 직접관할 및 간접관할 규정을 국제적인 수준으로 설치하기 위해서는 국내관할규정의 현대화가 선행되어야 하기 때문이다. 특히 현행 민사소송법상의 토지관할 규정은 1960년 법 제정당시의 내용을 근간으로 하면서 1990년 개정 당시 약간의 변경을 가한 후 근본적인 변화가 거의 없는 실정이다. 그 이후에는 2011년과 2015년 지식재산권과 국제거래에 관한 특별재판적 규정이 추가되었을 뿐이다(민사소송법 24조).

제 2 절 외국재판의 승인

I. 승인 대상

1. 승인 대상의 범주 확대

법 제217조 각호의 승인요건을 갖춘 외국법원의 확정판결 또는 이와 동일한 효력이 인정되는 재판(이하 "확정재판 등"이라 함)도 국내에서 당연히 효력을 갖는다(자동승인의 원칙, 강, 828면). 따라서 외국에서 확정된 재판 등이 존재함에도 불구하고 동일한 소송물을 내용으로 하는 후소가 국내에 제기된 경우에는 확정된 외국재판 등의 존재를 근거로 소송요건의 흠결을 주장하여 소각하판결을 구할 수 있다.[1] 한편, 법 제217조는 2014. 5. 20. 개정을 통해 외국의 확정판결뿐 아니라 이와 동일한 효력이 있는 재판 역시 승인의 대상이 된다고 하여 그 대상을 확장하고 있다. 나아가 법 제217조의2에서는 외국의 손해배상에 관한 확정재판 등의 승인을 위한 특칙을 추가로 설치하였다.

---

1) 大判 1987. 4. 14. 86므57,58. 법원은 확정된 외국판결이 법 제217조가 규정하는 승인요건을 구비하였는지 여부를 심리하여 승인요건을 갖춘 것으로 판단되면 국내에 제기된 후소를 각하하여야 한다.

2. 외국의 확정판결과 동일한 효력이 있는 재판

외국법원에서 선고된 재판의 명칭이 반드시 판결이 아니더라도 그 재판이 갖는 확정성, 기판력 등에 의해 승인 대상 여부가 결정되는 것이므로 외국의 사법기관 혹은 준사법기관이 내린 확정된 재판은 명칭 여하를 불문하고 국내에서 효력을 갖게 된다.[1] 동 개정 이전에도 대법원은 이미 재판의 형식 등을 문제삼지 않고 그 실질에 착안해서 판단해 오고 있었지만[2] 동 개정을 통해 명시적으로 재판이라는 용어로 변경됨으로써 보다 넓은 외연의 외국재판을 포섭할 수 있는 계기가 될 것으로 기대한다. 우선적으로 논의되어야 할 대상은 첫째, 화해 · 포기 · 인낙 · 조정조서 등과 같이 확정판결과 동일한 효력이 인정되는 조서 등도 이 범주에 포함될 수 있는가 하는 점이고, 둘째는 재판의 형식이 판결이 아닌 결정이나 명령과 관련된 재판이 포함될 수 있는지 하는 점이며, 셋째는 외국의 보전재판을 통해 발령된 보전처분 역시 승인의 대상이 될 수 있는가 하는 점[3] 등이다. 동 규정의 개정이 이러한 다양한 재판의 형태를 고려한 고민의 결과인지는 확인되지 않고 있다.

3. 외국의 손해배상에 관한 확정재판 등

2014년 개정을 통해 법 제217조의2를 신설하여 외국의 재판 중 손해배상관련 재판에 대해서는 승인의 특칙을 두고 있다. 즉, 외국의 손해배상에 관한 확정재판 등이 대한민국의 법률 또는 대한민국이 체결한 국제조약의 기본질서에 현저히 반하는 결과를 초래할 경우에는 재판의 전부나 일부를 승인하지 않을 수 있다는 것이다(217조의2 1항). 아울러 위 요건을 심리함에 있어서는 외국법원이 인정한 손해배상의 범위에 변호사보수를 비롯한 소송과 관련된 비용과 경비가 포함되는지와 그 범위를 고려하도록 하고 있다(2항). 이 규정들은 외국, 특히 영미법계의 징벌적 손해배상이 포함된 판결(특히 Class Action을 통한)에 대한 승인을 염두에 둔 것으로 외국판결이 전보배상을 명한 경우에는 적용이 없다.[4] 따라서 징벌적 손해배상이 포함된 확정재판 등에 대해서는 법 제217조 제1항 제3호가 규정하는 공서요건을 충족해야 함은 물론 대한민국의 법률과 대한민국이 체결한 국제조약의 기본질서(217조의2 2항)를 추가적으로 만족해야 한다는 구조를 갖게 되었다. 그러나 승인국의 법률과 국제조약의 기본질서가 그

---

1) 이 규정의 신설에 관한 배경 설명은 이규호, "외국재판의 승인 등에 관한 개정 민소법 · 민사집행법에 대한 평가", 법률신문 2014. 9. 4. 연구논단 참조.
2) 大判 2010. 4. 29. 2009다68910에서 대법원은 민사집행법 제26조에서 말하는 외국법원의 판결은 외국의 사법기관이 그 권한에 기하여 사법상의 법률관계에 관하여 대립적 당사자에 대한 상호간의 심문이 보장된 절차에서 종국적으로 한 재판으로서 구체적 급부의 이행 등 그 강제적 실현에 적합한 내용을 가지는 것을 의미하고, 그 재판의 명칭이나 형식 등이 어떠한지는 문제되지 않는다고 판시하였다.
3) 졸고, "외국보전처분의 승인 및 집행", 변호사 29집, 217면 이하 참조.
4) 大判 2015. 10. 15. 2015다1284; 大判 2016. 1. 28. 2015다207747.

나라의 국제적 공서와 다를 수 있는 것인지 그리고 다르다면 어떻게 구체적으로 다를 수 있는지 구체적인 기준 마련이 시급하다.

Ⅱ. 승인의 요건

법 제217조 제1항에서 네 가지의 승인요건을 규정하고 있는데 이는 직권조사항으로서 (217조 2항) 당사자의 주장이 없어도 이에 대한 조사가 필요하다.

1. 국제재판관할(1호)

판결을 선고한 외국 법원이 대한민국의 법령 또는 조약에 따른 국제재판관할의 원칙에 따라 국제재판관할권을 가져야 한다(대한민국 법령 등에 의해 판결선고국의 국제재판관할권이 인정되어야 함). 따라서 직접적인 국제재판관할을 규정하고 있는 국제사법 제2조의 원칙에 따라 외국 법원이 당사자 또는 분쟁이 된 사안과 실질적 관련이 있는 경우에 국제재판관할권이 인정되어(국제 2조 1항) 승인 요건을 갖추게 된다.

2. 송달의 적법성과 적시성(2호)

(1) 패소한 피고가 소장 또는 이에 준하는 서면 및 기일통지서나 명령을 적법한 방식에 따라 방어에 필요한 시간여유를 두고 송달받았거나(공시송달이나 이와 비슷한 송달에 의한 경우를 제외한다) 송달받지 아니하였더라도 실제 소송에 응소하였다면 송달의 적법성이 인정될 수 있다. 법정지인 판결국에서 피고에게 방어할 기회를 부여하기 위하여 규정한 송달에 관한 방식과 절차를 따르지 아니한 경우에도, 패소한 피고가 외국법원의 소송절차에서 실제로 자신의 이익을 방어할 기회를 가졌다고 볼 수 있는 때는 민사소송법 제217조 제1항 제2호에서 말하는 피고의 응소가 있는 것으로 봄이 타당하기 때문이다.[1] 절차적 적법성은 물론 적시성까지 요구하고 있는데 그 조건의 충족여부는 원칙적으로 판결국 법에 따른다(lex fori 원칙).[2] 그러나 다른 판례는 승인·집행국 법에 따라 적법해야 한다고 판시하고 있어 혼선이 일고 있다.[3] 이에 대해 대법원은 판결국법은 물론 승인·집행국의 법률에 의해서도 송달이 적법할 것을 요구하고 있는 것이므로 상충된 입장을 표명한 것은 아니라는 견해도 있다.[4]

---

1) 大判 2016. 1. 28. 2015다207747.
2) 大判 2010. 7. 22. 2008다31089; 大判 2016. 1. 28. 2015다207747.
3) 大判 1992. 7. 14. 92다2585에서는 우리나라에서 실시된 당시 자유중국의 영사송달의 적부를 판단함에 있어 국내법을 적용하여 판단하였다. 大判 2009. 1. 30. 2008다65815 역시 승인·집행국인 우리나라 법에 의해서 적법해야 한다고 판시하고 있다.
4) 구자헌, "외국판결 집행요건으로서의 송달의 적법성", 대법원 판례해설 제85호, 422-423면. 대법원 판결이

(2) 한편 공시송달과 같이 송달을 의제하는 경우는 승인 대상에서 제외되고 발송 시에 송달된 것으로 의제하는 우편송달(법 187조)도 제외되어야 한다. 문제는 보충송달이나 유치송달 역시 제외되어야 하는가 여부이다. 판례[1]는 승인의 대상이 되는 송달은 보충송달이나 우편송달이 아닌 "통상의 송달방법"에 의한 송달을 의미하는 것으로 해석하였으나 매우 모호하였다.[2] 최근 대법원은 보충송달이 방어에 필요한 시간 여유를 두고 적법하게 이루어졌다면 승인의 요건을 충족하는 적법한 송달이라는 점을 분명히 하였다.[3] 유치송달도 마찬가지의 논리로 접근하는 것이 필요하며 타당한 견해라고 판단된다.

3. 공서양속(3호)

외국법원의 판결의 효력을 인정하는 것이 대한민국의 선량한 풍속이나 그 밖의 사회질서에 어긋나지 않아야 하는데 이를 흔히 공서(public policy or ordre public)라고 한다. 국내법 질서의 보존을 위한 것이지만 민법 제103조가 규정하는 국내적 공서와 구분하기 위해 이를 저촉법적 공서 혹은 국제적 공서라고 통칭하고 있다. 국제적 공서와 국내적 공서의 개념상의 차이를 분명하게 설명하는 것은 매우 어렵다. 다만 국제적 공서는 보다 보편적이고 합리적인 국제적 질서라고 할 수 있으므로 국내 공서가 국제거래의 관행 등에 비추어 극히 예외적인 경우라면 국내공서를 이유로 외국판결을 승인 거부하는 것은 지양해야 할 것이다. 한편 준거법이 외국법인 경우 그 규정의 적용이 대한민국의 공서에 명백히 반하는 때에도 이를 적용하지 않는다(국제 23조). 외국판결이 실체적인 공서에 반하는지 여부를 판단하기 위해서는 부득이 외국판결의 주문뿐 아니라 이유부분에 대해서까지 검토하지 않을 수 없으며 절차적인 공서 위반 여부를 판단하기 위해 절차적인 측면에 대한 검토 역시 필요하다. 이를 나누어 살펴본다.

(1) 실체적 공서

1) 국내공서와 국제공서　외국판결의 승인이 국내의 실체법 체계가 갖고 있는 기본질서에 배치되는 경우 이를 거부할 수 있다. 극단적인 인종차별을 담은 판결이나 중혼을 허용하

실제로 판결국법과 승인·집행국 법 양자를 적용해서 송달이 적법해야 한다고 판시한 것인지는 불분명하다. 설사 그렇다고 가정하더라도 문제가 크다. 송달은 절차법의 영역에 속하므로 법정지국가의 절차에 의해 적법하면 충분한데 승인·집행국이 다시 자국법을 적용해서 적법성 여부를 따진다면 외국판결의 옳고 그름을 심사하지 못하도록 한 민사집행법 제27조 제1항에 반할 수 있기 때문이다.

1) 大判 1992. 7. 14. 92다2585.
2) 피고의 방어권 침해 여부라는 차원에서 본다면 보충송달이나 유치송달을 일률적으로 배제하는 것은 문제가 있다고 판단되기 때문이다. 아울러 우편송달이 발송송달(187조, 189조)을 의미하는 것인지 아니면 미국법상 인정되는 우편에 의한 송달을 의미하는 것인지 여부도 판례상으로는 불분명하다(졸고, "외국판결의 승인과 집행", 변호사 30집(2000), 184면 이하 참조).
3) 大判 2021. 12. 23. 2017다257746.

는 판결 등을 대표적인 예로 들 수 있다. 판례는 외국판결을 승인한 결과가 대한민국의 공서에 반하는지 여부는 판단 시점에서 외국판결의 승인이 대한민국의 국내법 질서가 보호하려는 기본적인 도덕적 신념과 사회질서에 미치는 영향을 외국판결이 다룬 사안과 대한민국과의 관련성의 정도에 비추어 판단하여야 하고, 이때 그 외국판결의 주문뿐 아니라 이유 및 외국판결을 승인할 경우 발생할 결과까지 종합하여 검토하여야 한다고 판시하였다.[1] 지극히 타당한 접근방법이라고 생각되지만 강제징용은 국제규약에서 정면으로 금지되는 행위이므로 국내공서뿐 아니라 국제공서에 해당하는 가치기준을 같이 제시했으면 하는 아쉬움이 따른다. 문명국가 사이의 최고 법원의 판단을 거부하기 위해서는 승인국 고유의 헌법가치도 중요하지만 국제적으로 수용가능한 보편적 가치를 전면에 내세울 필요가 있기 때문이다.

2) 징벌적 손해배상과 배액배상   ① 징벌적 손해배상이 포함되거나 고액의 위자료가 담긴 미국법원의 판결을 승인하는 것이 공서에 반하는지 여부가 문제되었다. 독일과 일본의 판례[2]는 공서위반을 이유로 미국의 징벌적 손해배상판결을 승인하지 않았으나 우리의 경우는 미국법원의 과도한 위자료를 담은 판결을 일부만 인정한 경우[3]와 미국법원의 배액배상 판결의 집행을 거부한 하급심 판결[4] 등이 과거에 있었다. 그러나 징벌적 손해배상과 배액배상은 구분하는 것이 필요하다. 전자는 상한이 존재하지 않을 뿐 아니라 영미의 보통법에 기인하는 것이고 후자는 2배 배상 혹은 3배 배상 등으로 상한이 실정법으로 정해져 있는 것이 일반적이다. 우리 실정법에서도 3배 배상을 규정하는 법률이 계속 증가하고 있을 뿐 아니라 이제 5배 배상(중대재해 처벌 등에 관한 법률 15조 1항)을 도입하는 분야도 나타나게 됨으로써 배액배상 제도는 낯설지 않은 제도가 되었다.

---

1) 大判 2012. 5. 24. 2009다68620[신일철주금 사건, 파기환송후 상고심 大判(全) 2018. 10. 30. 2013다61381]; 大判 2012. 5. 24. 2009다22549(미쓰비시 중공업 사건, 파기환송후 상고심 大判 2018. 11. 29. 2013다67587). 일본 최고재판소는 강제징용으로 인한 한국인 피해자들이 일본 기업을 상대로 제기한 손해배상청구를 기각하였으나 위 피해자들이 한국법원에 동일한 소를 제기하였다. 대법원은 대한민국 헌법 규정에 비추어 볼 때 일제강점기 일본의 한반도 지배는 규범적인 관점에서 불법적인 강점에 지나지 않고, 일본의 불법적인 지배로 인한 법률관계 중 대한민국의 헌법정신과 양립할 수 없는 것은 그 효력이 배제된다고 보아야 하므로, 일본판결 이유는 일제강점기의 강제동원 자체를 불법이라고 보고 있는 대한민국 헌법의 핵심적 가치와 정면으로 충돌하는 것이어서 이러한 판결 이유가 담긴 일본판결을 그대로 승인하는 결과는 그 자체로 대한민국의 선량한 풍속이나 그 밖의 사회질서에 어긋나는 것임이 분명하다고 판시하였다[위 전원합의체 판결에 대한 상세한 분석은 강은현, "일제 강제징용 배상판결에 대한 민사소송법 쟁점의 검토–2013다61381 전원합의체 판결 이후 집행절차의 개략–", 민사소송 26권 1호(2022), 201면 이하 참조].

2) BGH, Urteil 4. Jun. 1992, WM 1992, 1451; 日本最高裁, 1997. 7. 11. 裁時 第1199號 3面(소위 萬世工業 사건). 이에 대한 상세는 조상희, "징벌적 손해배상을 명한 미국 법원 판결의 집행에 관한 독일과 일본의 판례", 인권과 정의 제208호, 102면 이하 참조.

3) 흔히 서울동부地判 1995. 2. 10. 93가합19069 판결이 징벌적 손해배상에 대한 판단을 담은 것으로 거론되지만 이 사건에서 재판부는 승인대상 판결이 징벌적 손해배상을 담고 있지 않다고 전제하고 있어 과도한 위자료를 담은 외국판결에 대한 승인여부를 다룬 것으로 보아야 한다.

4) 수원지법 평택支判 2009. 4. 24. 2007가합1076.

② 2014년 외국의 손해배상에 관한 확정재판 등이 대한민국의 법률 또는 대한민국이 체결한 국제조약의 기본질서에 현저히 반하는 결과를 초래할 경우에는 해당 확정재판등의 전부 또는 일부를 승인할 수 없다는 규정을 설치하였다(217조의2 1항). 이는 영미의 징벌적 손해배상판결에 대한 방어책이지 배액배상 판결을 대상으로 한 것은 아니다. 따라서 하와이주 법원의 3배 배상 판결에 대해 집행판결을 허용하는 사례도 나름 타당하다고 판단된다.[1] 학설로는 징벌적 손해배상제도를 형사법적 성격을 갖는 것으로 파악하여 공서에 반하는 것으로 보는 입장(이시, 638면)이 우세하다.[2] 한편, 외국재판에 적용된 외국법이 우리나라의 관련법과 다소 다르다 하더라도 이것만으로 공서에 반한다고 할 수는 없다. 예를 들어 문제된 외국재판에서 재산분할 방식이 우리나라에서의 그것과 다소 차이가 있는 점, 외국재판에서 지급을 명한 배우자 부양료는 우리나라에서는 인정되지 않는다는 사정 등으로는 우리의 공서에 어긋난다고 볼 수 없다.[3] 나아가 손해배상 예정액이 부당히 과다한 경우에는 법원이 적당히 감액할 수 있다고 정한 민법 제398조 제2항은 국제사법 제23조의 국제적 강행규정이라고 볼 수 없으므로 준거법인 영국법을 적용한 결과 손해배상 예정액을 별도로 감액할 수 없다고 하여 그 적용이 공서에 반한다고 할 수 없다.[4]

(2) 절차적 공서

외국재판의 성립과정에서의 절차적인 문제가 우리의 공서에 반하는 경우에는 승인 및 집행의 대상이 될 수 없다. 그러나 민사집행법 제27조에서는 외국재판의 옳고 그름을 조사하지 않고 집행판결을 하도록 요구하고 있는 점을 유념하여야 한다. 판례에 따르면 단순히 위조·변조 내지는 폐기된 서류를 사용하였다거나 위증을 이용하는 것과 같은 사기적인 방법으로 외국판결을 얻었다는 사유는 원칙적으로 승인 및 집행을 거부할 사유가 될 수 없다. 다만 재심사유에 관한 법 제451조 제1항 제6호, 제7호, 제2항의 내용에 비추어 볼 때 패소한 피고가 판결국 법정에서 위와 같은 범죄사유를 주장할 수 없었고 또한 처벌받을 범죄행위에 대하여 유죄의 판결과 같은 고도의 증명이 있는 경우에 한하여 승인 또는 집행을 거부할 수 있다.[5]

---

1) 大判 2022. 3. 11. 2018다231550. 이 판결에서 대법원은 손해전보의 범위를 초과하는 손해배상을 명한 외국재판의 전부 또는 일부를 승인할 것인지 판단함에 있어 그 외국재판이 손해배상의 원인으로 삼은 행위가 우리나라에서 손해전보의 범위를 초과하는 손해배상을 허용하는 개별 법률의 영역에 속하는 것인지 여부가 가장 중요하다고 한다. 그러나 사회 여러 분야에서 배액 배상제도를 도입하였다면 외국재판의 청구원인이 된 분야가 우리나라에서 반드시 배액 배상제도를 도입하고 있어야 할 필요는 없다고 판단된다.

2) 강수미, "징벌적 손해배상을 명한 외국판결의 승인·집행에 관한 고찰", 민사소송 12권 2호, 141면 이하 참조.

3) 大判 2009. 6. 25. 2009다22952.

4) 大判 2024. 4. 25. 2019다261558.

5) 大判 2004. 10. 28. 2002다74213.

4. 상호보증(4호)

상호보증(Reciprocity)이란 주권의 주체가 어떤 대상에 대해 자국 국민이 상대국가에서 누리는 정도의 특권을 인정받는 것을 조건으로 상대 국가의 국민에게도 같은 정도의 특권을 부여하는 관계를 의미한다. 외국판결에 대해서도 상호보증을 요구하는 나라와 그렇지 않은 나라가 있는데 법 제217조 제4호는 명시적으로 상호보증을 요구하고 있다. 그러나 상호보증의 인정을 위해서는 상대국과의 조약이 반드시 필요한 것은 아니며 자국의 판결을 상대국이 인정한 선례가 필요한 것도 아니다. 나아가 판례는 상호보증의 정도를 완화하고 있는 추세인데 우리나라와 외국 사이에 동종 판결의 승인요건이 현저히 균형을 상실하지 아니하고 외국에서 정한 요건이 우리나라에서 정한 그것보다 전체로서 과중하지 아니하며 중요한 점에서 실질적으로 거의 차이가 없는 정도이면 충분하다고 판시한 바 있다. 더구나 외국에서 구체적으로 우리나라의 같은 종류의 판결을 승인한 사례가 없더라도 실제로 승인할 것이라고 기대할 수 있는 정도이면 충분하다고 한다.[1] 이러한 판례 입장을 반영해서 2014년 법 제217조 제1항 제4호의 문구를 변경하였다.

III. 승인 절차와 효력

1. 승인 절차

법 제217조의 요건을 갖춘 외국재판은 특별한 절차 없이 국내에서 효력을 갖는다. 이것이 소위 자동승인의 원칙이다. 따라서 우리나라에서 새로이 효력을 부여하는 것이 아니라 외국재판이 그 나라 법에 따라 갖는 효력이 우리나라로 확장될 뿐이다(소위 효력확장설로 독일의 통설). 따라서 별도의 승인절차를 필요로 하지 않는다.[2] 확정된 외국재판에서 승소한 당사자가 이 재판이 유효한 것을 전제로 국내에서 법률행위나 소송행위를 하면 되므로 오히려 그 효력을 부인하는 측에서 외국재판의 효력이 부존재한다는 소극적 확인의 소 등을 제기할 필요가 발생할 뿐이다. 다만, 국내에서 일정한 물리적인 집행을 요하는 경우에는 민사집행법 제27조에 따른 집행판결을 얻어야만 하는데 이는 외국재판의 강제집행을 허가해 달라는 취지의 재판(소위 집행가능선언, exequatur)이다(민집 26조 1항). 이러한 집행판결 제도 역시 다자협약이나 양자협약에 의해 생략되어질 수 있는데 예를 들어 EU 회원국 간에는 더 이상 집행판결이

---

1) 大判 2004. 10. 28. 2002다74213; 大判 2016. 1. 28. 2015다207747; 大判 2017. 5. 30. 2012다23832.
2) 이원/ 주석민집(2), 116면. 외국도산절차의 승인의 경우는 별도의 재판이 필요한 것과 대조되는 것이다(회생·파산 631조 참조). 한편 중재법 제37조 제1항 단서에 따르면 당사자의 신청이 있는 경우 승인결정도 가능하도록 되어 있다.

필요하지 않다(Brussels I bis 규칙. Art. 39). 우리의 경우도 외국에서 성립된 이혼판결이 많아지다 보니 국내 판결에 의한 신고절차와 동일하게 가족관계부를 정리하고 있다.1)

2. 승인의 효력

외국재판의 효력이 그대로 국내에 확장된다는 효력확장설이 통설적 견해(강, 829면)인데 재판국법에 따른 재판의 효력, 즉 기판력과 형성력 등이 그대로 승인국에서도 인정된다는 입장이다. 그러나 미국 재판에 인정되는 쟁점차단효(issue preclusion) 등을 우리나라에서도 그대로 인정할 것인지는 문제이다. 따라서 원칙적으로 재판국법에 의하더라도 승인국법이 알지 못하는 유형의 효력까지 확장을 인정할 수 없다는 견해(동등설)나 원칙적으로 재판국법에 의하지만 승인국법상 당해 외국재판에 상응하는 재판의 효력을 한도로 재판국법의 효력을 인정하는 소위 누적설 등에 대해서도 연구가 필요하다.2)

제 3 절   외국재판의 집행

법 제217조의 요건을 갖춘 외국재판은 특별한 절차 없이 국내에서 효력을 갖는다. 이것이 소위 자동승인의 원칙이다. 따라서 우리나라에서 새로이 효력을 부여하는 것이 아니라 외국재판이 그 나라 법에 따라 갖는 효력이 우리나라로 확장될 뿐이다(소위 효력확장설로 독일의 통설). 따라서 별도의 승인절차를 필요로 하지 않는다.3) 확정된 외국재판에서 승소한 당사자가 이 재판이 유효한 것을 전제로 국내에서 법률행위나 소송행위를 하면 되므로 오히려 그 효력을 부인하는 측에서 외국재판의 효력이 부존재한다는 소극적 확인의 소 등을 제기할 필요가 발생할 뿐이다. 다만, 국내에서 일정한 물리적인 집행을 요하는 경우에는 민사집행법 제27조에 따른 집행판결을 얻어야만 하는데 이는 외국재판의 강제집행을 허가해 달라는 취지의 재판(소위 집행가능선언, exequatur)이다(민집 26조 1항). 이러한 집행판결 제도 역시 다자협약이나 양자협약에 의해 생략되어질 수 있는데 예를 들어 EU 회원국 간에는 더 이상 집행판결이 필요하지 않다(Brussels I bis 규칙. Art. 39). 우리의 경우도 외국에서 성립된 이혼판결이 많아지다 보니 국내 판결에 의한 신고절차와 동일하게 가족관계부를 정리하고 있다.4)

---

1) 외국법원의 이혼판결에 의한 가족관계등록사무 처리지침(개정 2015.01.08 가족관계등록예규 제419호).

2) 석광현, 전게서, 410-411면 참조.

3) 이원/주석민집(2), 116면. 외국도산절차의 승인의 경우는 별도의 재판이 필요한 것과 대조되는 것이다(회생·파산 631조 참조). 중재법 제37조 제1항 본문에서는 자동승인을 인정하면서도 단서에서는 당사자의 신청이 있는 경우에는 승인결정을 할 수 있다고 규정하고 있다. 반면에 중재판정의 집행은 집행결정을 통해 허가되어야 가능하다(2항).

4) 외국법원의 이혼판결에 의한 가족관계등록사무 처리지침(개정 2015. 1. 8. 가족관계등록예규 제419호).

사항색인

판례색인

저자 약력

한 충 수
연세대학교 법과대학 졸업(법학박사)
제27회 사법시험합격(연수원 17기)
現 한양대학교 법학전문대학원 교수

제4판
민사소송법

초판발행	2016년 2월 25일
제4판발행	2025년 1월 10일
지은이	한충수
펴낸이	안종만·안상준
편 집	장유나
기획/마케팅	조성호
표지디자인	이영경
제 작	고철민·김원표
펴낸곳	㈜ 박영사
	서울특별시 금천구 가산디지털2로 53, 210호(가산동, 한라시그마밸리)
	등록 1959. 3. 11. 제300-1959-1호(倫)
전 화	02)733-6771
f a x	02)736-4818
e-mail	pys@pybook.co.kr
homepage	www.pybook.co.kr
ISBN	979-11-303-4831-5 93360

정 가   62,000원